本書為「十五」國家出版規劃項目

全國古籍整理出版規劃領導小組資助出版

中國佛教典籍選刊

法苑珠林校注

一

〔唐〕釋道世撰

周叔迦　蘇晉仁　校注

於中青年研究工作者的成長。爲此，我們在廣泛徵求各方面意見的基礎上，初步擬訂了中國佛教典籍選刊（第一輯）的整理出版計劃。其中，有幾部重要的佛教史籍，有中國佛教幾個主要宗派（天台宗、三論宗、唯識宗、華嚴宗、禪宗）的代表性著作，也有少數與中國佛學淵源關係較深的佛教譯籍。所有項目都要選擇較好的版本作爲底本，經過校勘和標點，整理出一個便於研讀的定本。對於其中的佛教哲學著作，還要在此基礎上，充分吸取現有研究成果，寫出深入淺出、簡明扼要的注釋來。

由於整理注釋中國佛教典籍困難較多，我們又缺乏經驗，因此，懇切希望能够得到各方面的大力支持和協助，使這項工作得以順利完成。

中華書局編輯部

一九八二年六月

校注記略

法苑珠林，唐釋道世撰。宋高僧傳釋道世傳頗爲推重，謂此書「搴文囿之菁華，嗅大義之薝蔔，以類編録，總一百篇。學人檢括，提綱舉領。十稔畢軸，行於天下。」

此書成於唐總章元年（六六八），初著録於道宣大唐内典録卷五，至宋入藏。宋、元、明、清諸藏皆爲百卷，唯嘉興藏改爲百二十卷。四庫著録及四部叢刊影印皆據嘉興藏本。以與古本卷數不合，卷次錯亂，簡葉相違，章段崩離，檢索爲難。至清道光年間，常熟燕園蔣氏刻本回復爲百卷。常熟蔣氏名因培，號燕園主人。原任山東齊河縣知縣，道光辛巳（一八二一），以事遣戍，其妾董姝發意刻此。刊正訛誤，復百卷之舊。事詳重刊法苑珠林序及重刊後記。今校注即以此刻本爲底本。

此書爲類書體。引文注有出典，標明出於某經、某論或某書。其耳聞目擊、無記載可述者，亦叙明依某人所説。具見出處有徵，不爲虚構，甚合史法。因而自四庫著録以來，清代漢學家特重此書，各家藏書志亦多著録。有評論爲「陳隋以上舊籍，唐初存者較多，其無傳書者，可以爲蒐討之用；其無足本者，可以爲校補之資，於藝苑學林自有裨益」（見劉毓崧通義堂文集卷十二書法苑珠林後）。而於佛教信衆，可「就門隨部，檢括所知，如提綱焉，如舉領焉」（見宋高僧傳釋道世傳），亦便於閲讀搜尋，得知佛理要旨。是則此書既於唐初已有佛典作了一次綜合分析及扼要記述，又廣泛徵引一般著述及民間見聞，保存了當時若干實際資料，在學術研究上具有重要價值。

此書總一百篇，各篇隨其內涵，文有長短，復綜合成百卷。篇即佛學研究分類項目。篇下分部，首爲述意部，簡述本篇要旨，俾讀者明其重點。然後按本標題内涵分部，述其要義，所述皆有所本。篇末多附有感應緣，以事證理，事理相應。「篇」爲大綱，「部」爲細目，間有少數篇中包含平列數項，或僅書其名，或亦列爲「部」。如第一劫量篇分列小三災及大三災二項。第二三界篇分列四洲及諸天二項。第八十五六度篇下分列布施部、持戒部、忍辱部、精進部、禪定部、智慧部，此六部下又各有述意部等諸部。第八十七受戒篇下分列述意部、勸持部、三歸部、五戒部、八戒部、十善部、三聚部。此七部下亦多有述意部等諸部。由此篇、項、部系統排列，全書内容可一目了然，便於翻檢。

此書以佛經故實分類編排，引經據典，推明罪福之由，使研讀者知佛教所崇尚者爲何，所破斥者爲何，藉以了解佛教概貌、佛學要義，以是詳於事相而略於義理。雖事必有理，此即附事顯理，就事而思其理，理在事中；況述意、引文，非不明理。然深窮佛理，唯歸於絶待之理，如空有不二、中邊不二、我無我不二等，故佛爲衆生説法，隨時隨機，固無定法，意在引導衆生由心見理，由相待漸歸絶待。如菩薩地持經施品言：「若非彼人所知義者，悉不施與。若是彼人所知義者，菩薩於此經卷已自知義，則便施與；若未知義，自須修學。」可見佛教極重法施，求法者必能知義，能施者必自知義，方可施與。正以衆生理解、接受能力不等，故佛法有方便教三乘與圓頓教一乘；有小大、權實、漸頓、偏圓，必求勝智，精進修學，方能盡知。若於此書詳述，則閱讀知義者必少，是知此書作者善説法要。閱讀者雖不免感到有難解、難行、難信處，然進一步續加研求，於佛教哲學必能明其體系，貫通於此書所述事相及全部教義與修因證果。

先君子叔迦先生畢生致力於佛學研究及教育事業，注重此書，曾詳爲校勘，加以標點，注明引書卷品，幾底於成。後值動亂，未曾刊行。原曾爲校注新本作序，亦已散失。幸據以校注之底本尚完好無缺。

中華書局擬訂之中國佛教典籍選刊的整理出版計劃列有此書。爰就先君子遺稿悉心釐定，足成全書，藉以完滿先君子以此奉獻讀者之遺願，冀其成爲一個便於研讀的定本。讀者如發現有不妥當、不完善處，敬望指正，使之終成便於研讀的定本，無任感謝！

一九九〇年三月周紹良謹識

校注叙録

一、道世傳略

道世是初唐傳承四分戒律的律師，也是於佛教文獻深有貢獻的學者。

他本名道世，因避太宗諱，以字玄惲行。俗姓韓，祖籍伊闕（今河南洛陽市南），先代在京都爲官，乃成爲長安（今陝西西安市）人。幼年聰敏超群，十二歲出家於青龍寺。隋大業十一年（六一五）從弘福寺智首律師受具足戒。智首是當代負有盛名的律宗大德〔一〕，道世與後來傳南山律的道宣都是同門〔二〕，研求律典，鑽尋上乘，爲三輔地區的僧人所欽敬。顯慶初，唐高宗詔慈恩寺的玄奘三藏入宫内翻譯經論，慈恩寺的大德替代三藏行道，道世即在其中。及三年（六五八），爲皇太子敕建的西明寺築成，道宣爲上座，神泰爲寺主，道世也以英才博學入居此寺，與道宣共同宣揚戒律，道行聲望，見稱當世。

他於講授之餘，深入法海，於顯慶四年（六五九）撰諸經要集二十卷，繼而又用十年之功，至總章元年（六六八）成法苑珠林一百卷，蘭臺郎李儼爲之序。另外著有毗尼討要（或作四分律討要）五卷（以上三書均存），釋門靈感録五十卷，金剛般若經集註三卷，四分律尼鈔五卷，大小乘禪門觀十卷，受戒儀式四卷，禮佛儀式二卷，敬福論十卷，略敬福論二卷，大乘十觀（或作大乘略止觀）、辯僞顯真論、百願文各一卷（以上各書均佚）。

道世於麟德元年（六六四）曾上表朝廷，陳奏道士郭行真、李榮、田仁惠等私竊佛經，改换文句，人法名數，三乘六道、五陰、十二入、大小法門，偷安道經，欺騙世人，請予以查勘。經過官吏的審問，都承認實有其事，被流放到遠州看管。

道世弘道元年（六八三）入寂，世壽八十七歲〔三〕。

二、從諸經要集到法苑珠林

道世閲讀經藏，撰成諸經要集（以下簡稱要集）一書，已是花甲之年。此書一名善惡業報論，是以善惡業報爲主題的選集，分三十部，共二十卷。輯成之後，他感到三藏浩瀚，勝義繁多，僅限於善惡業報，遠不能滿足對佛法的理解和需求、對世法的印證和啓示。故從顯慶四年開始，繼續閲讀一切經論和外典群書，在要集的基礎之上，多方取材，輯成一部内容更加廣泛，分類更加細密，查閲更加便利，工程更爲浩大的佛教知識全書——法苑珠林，以溝通世出世法，擴大佛教的理論氛圍，使之與社會心理互相契合，令讀者欣然易於接受。正如維摩詰經中所説的，「佛以一音演説法，衆生隨類各得解」。實際是要將佛教文化廣泛傳佈，使它的影響更加深入民間。所以珠林與要集二者之間，有着親緣的關係。局部有所繼承，大部分則是另起爐竈。待到珠林完成，寒暑十易，道世已是七十有二高齡。在編寫的過程之中，他不知瀝盡多少心血，耗盡多少筆墨，鑽研三藏，出入書城，終於達到目的，著成這部傳世的鉅著。

三、法苑珠林編輯宗旨和體例

作者在珠林卷九九雜要篇·述意部總結編輯此書的宗旨是：

> 經論浩博，具録難周；記傳紛綸，事有廣略。所以導達群方，開示後學，設教緣迹，焕然備悉，訓俗事源，鬱爾咸在。搜檢條章，討撮樞要，緝綴紙筆，具列前篇；其餘雜務，汲引濟俗，現可行者，疏之於後。冀令昏昧漸除，法燈遐照也。

也正如李儼序文中所説：

> 所以搴文囿之菁華，嗅大義之薝蔔……義豐文約，紐虞氏之博要，跡宣道鏡，晞祐上之弘明……舉至賾而無遺，包妙門而必盡。

此書就是從經律論三藏之中，摘取要言，依據次第，分類編纂。舉凡佛教的宇宙觀、人生觀，修行的善道法門，儆戒的惡報劣習，莫不昭示當前，令人豁然開悟。而引用的方内之書、亡佚之典，更是異采紛呈，琳瑯滿目。既是研習三藏的無盡資源，又是通達佛教的終南捷徑。

本書的體例以篇爲大類，自劫量篇開始，至傳記篇止，共一百篇。下分六百八十多部，然後是感應緣八百八十多則。這是全書的整體框架。在篇與篇、部與部之間，都有着有機的聯繫。每部的結構，則是先有述意一篇，作爲提綱；然後精選各種經律論，從不同的角度來闡明該部的主旨。在有的部中，又增有「述曰」形式的言論，表述對某些情況的補充〔四〕。最末以「頌曰」結束。感應緣則是以歷代在本土出現的一些故事，作爲佛法真實不虛的證明。

述意部佔的篇幅相當多，爲本書的重點，是用駢儷文字撰寫的。每篇都是作者精心的創作，寓意弘深，而且對仗工穩，運典愜當，辭藻華麗，文采斐然，是道世得意之作。其中偶爾也借用古人的作品，如三界篇·述意部引自世界記目録序〔五〕，千佛篇·結集部·述意部引自出三藏記集序〔六〕，妖怪篇·述意部引自搜神記〔七〕，舍利篇·述意部引自振旦神州佛舍利感通序等〔八〕，都是借前人之説，進行再創作，而爲自己立言。此外，篇末的「頌曰」，也時常引用古人的詩句，如劫量篇·大三災部末的頌引自陳僧智愷臨終的詩〔九〕，捨身篇末的頌引自劉宋謝靈運之作〔一〇〕。另外在感應緣的序言中，也常引前人之文，如變化篇·感應緣引搜神記〔一一〕，敬佛篇·觀佛部·感應緣引集神州三寶感通録等均是〔一二〕。説明作者博覽群書，擷英咀華，所下的苦功。

四、資料的來源

珠林引用的資料，至爲廣泛，首先要提到一點的，便是類書的淵源。佛教的類書，始於梁代僧旻、劉勰的衆經要鈔〔一三〕，繼有智藏的義林〔一四〕，寶唱的法寶聯璧〔一五〕，虞孝敬的内典博要〔一六〕，這些著作，唐初仍然存在（見珠林卷一百傳記篇·雜集部），道世繼承和採擷這些類書，自然是淵源有自，順理成章。可惜它們早已散佚，無從考察其引自何家。唯有寶唱的經律異相仍存於大藏之中〔一七〕，可以覆按。

異相分類從天地部開始，天部內容有三界諸天、三界成壞（小三災、大三災）、劫之長短、日月星雷。然後是佛、菩薩、聲聞、國王、太子、鬼神、畜生、地獄等。珠林分類從劫量、三界、諸天、日月開始，很明顯是受到異相的影響，其中引用的一些經論如長阿含經、譬喻經等，則更是多見。

除佛教的類書外，世俗的類書如修文殿御覽見於卷六六道篇·舍宅部·感應緣。又如卷四五審察篇·審學部·感應緣引有博物志、白澤圖、抱朴子三書，與太平御覽卷八八六精部所引次第、文字全同，如出一轍，可證二者當是引自同一類書；但出自何家，則無從得知。因類書已集中一些資料，所以利用起來就顯得很便利了。

此外，所引內典經律論，自後漢、三國、兩晉、南北朝的譯本外，當代玄奘的新譯經論，均在裒輯之中。外典經、史、子、道書，也多所徵引，而感應緣中引有：

宣驗、冥祥、報應、感通、冤魂、幽明、搜神、旌異、法苑、弘明、經律異相、三寶徵應、聖迹歸心、西國行傳、名僧、高僧、冥報、拾遺等。（卷五六道篇·報謝部·感應緣）

他如搜神後記、異苑等，也多處引用。這些感應緣集中了大量古代社會各種奇異變怪的記載，爲後世研究民間習俗和傳說，提供了極其豐富的資料。

再所引書中，有些是內外典籍中的佚書。內典如賢者五戒經、敬師經、舍利弗處胎經、赤嘴烏喻經〔一八〕，疑僞經如造天地經、像法決疑經、净度三昧經、毗羅三昧經〔一九〕，還有當時社會上流傳的陳真諦三藏譯經的注釋〔二〇〕，北魏勒那摩提翻譯的七種禮法〔二一〕，都是很寶貴的佚籍。外典如河圖玉版、龍魚河圖、外國圖〔二二〕、師曠占等〔二三〕，種類甚多，有的雖僅存一鱗半爪，仍不難看出其書的屬性，在學術上的地位，而受到後人的重視。五代釋義楚輯釋氏六帖，宋代李昉撰太平廣記，便多所援引本書。近代魯迅集古小説鉤沉，就從中輯出冥祥記、旌異記等篇。清人盛行蒐輯遺書，而不知利用此書，致多所遺漏。茆泮林輯十種古逸書之古孝子傳中，劉向孝子傳未引此書舜、郭巨、丁蘭、董永四則，宋躬之孝子傳未引王虛之一則，鄭緝之孝子傳未引丁蘭、董永二則〔二四〕，這些儒者囿於不讀佛書，不知其中寶藏甚富，乃致失之交臂，殊可歎惜。

資料的來源，除典籍外，還有同人們親口的傳説。如唐居士徐善才〔二五〕、長安店上新婦〔二六〕，都是當事人向道世所説。簡州佛跡〔二七〕、隆州令狐元軌〔二八〕、晉州屠兒〔二九〕、岐州王志〔三〇〕等則是有人證的傳聞，均可置信。此外書中還保留了許多當代的史實，這也是此書獨具的特點。一是著録隋唐的譯經，如隋笈多三藏譯的千轉陀羅尼神咒〔三一〕，西國三藏口授的願見彌勒佛咒〔三二〕，玄奘譯的讚彌勒四禮文等〔三三〕，都是不見於高僧傳和譯經目録的譯品。二是記録時人的著作。龍朔三年（六六三）敕令文學士等撰西國志六十卷，圖畫四十卷〔三四〕，其中罽賓國的漢寺、波斯匿王都城大塔、乾隆羅城雀離浮圖等〔三五〕，均見記載。王玄策的西國行傳，數見徵引〔三六〕。他如曇遷法師的十惡懺文、靈裕法師的總懺十惡偈文、玄琬法師的懺悔罪惡九行偈〔三七〕都有録文。三是載有社會上發生的大事，貞觀十七年（六四三）三月，詔令使人李義表、王玄策送婆羅門還國，十二月至摩伽陀國，巡省佛鄉，覽觀遺迹〔三八〕，十八年（六四四）十月丙申，汾州、并州文水縣殞星〔三九〕，十九年（六四五）正月，李義表、王玄策於王舍城耆闍崛山立碑，二月於摩伽陀國摩訶菩提寺樹碑，魏才書〔四〇〕，龍朔三年（六六三）宣敕西華觀道士郭行真配流愛州〔四一〕。這些史實，都是與佛教有關的大事，有很高的史料價值，可以彌補歷史記載之闕。

五、本書的整理

先師叔迦先生自一九三〇年避世青島湛山，皈心佛教以來，即深入法海，潛心三藏，於各大學、佛學院講授唯識、因明及佛教史；又爲續修四庫全書所收佛教著述撰寫提要；另注疏經論，成最上雲音法彙十餘編，其佛學之底蘊，可謂深且厚矣。六十年代初，感到本書選材精湛，品位極高；並蓄兼收，內涵豐贍，並且使用便捷，易收成效。故於授課之餘，又發弘願，爰取董氏閵閣百家道光刻本爲底本，從事注釋這一鉅大工程。

首先是校點，珠林是一部一百二十餘萬字的大書，引用佛典和經史子書極爲弘富，標出書名、人名、地名、朝代、年號，分析句讀章節，校勘文字，是大有學問，非一般學者所能勝任的。先生經過數載的辛勤，始克完成大部，個中甘苦，是可以想見的。

其次，珠林的體例，於引用之書，只列書名，不標卷數，故查找原書，頗爲繁難。先生乃徧翻三藏，注明原書的卷次品名。這一工作，非學殖豐厚，深通佛學者，是無從著手的。至於大段的引文，還比較容易查到，若是簡單數語，在數十卷或百卷以上的書中查找，便遠非易事。如卷四日月篇·星宿部有增一阿含經云「大星一由旬，小星二百步」〔四二〕，需於五十一卷中查找；卷三〇住持篇·説聽部有涅槃經云「善星比丘誦得十二部經」〔四三〕，需於四十卷中查找。卷四日月篇·照用部有智度論云「日月方圓五百由旬，而今所見不過如扇」〔四四〕。卷四日月篇·月宫部有瑜伽論云「由大海中有魚鼈等影現月輪故，有其内有黑相現」〔四五〕，均需於百卷之書中查尋，得非易事？

再次是補出引書的名稱。書中常出現「經曰」「論云」的引文，則是一樁無頭公案。如卷八千佛篇·七佛部·出時部有論云「劫末佛興世，劫初轉輪王出」〔四六〕。卷一五敬佛篇·彌陀部·業因部有或説「三十七品是菩薩净土。菩薩成佛時，念處正勤、神足、根力、覺道衆生來生其國」〔四七〕。卷二〇致敬篇·述意部有經云「敬禮此佛，能除百萬生死重罪」〔四八〕。卷三七敬塔篇·述意部有經曰「正法住，正法滅」〔四九〕。卷七〇受報篇·惡報部有書云「五色令人目盲，五音令人耳聾，五味令人口爽」〔五〇〕等等，如不是熟悉經文，留心掌故，是無法補明所引書名出處的。

另外是勘正引書的錯誤。古來即有「書經三寫，烏焉成馬」的成語。本書經過歷代的傳抄刊刻，錯誤是難免的。一類是作者本身的記錯，古人引書多憑記憶，致張冠李戴，時有出現。如卷一二千佛篇·結集部·感應緣載「先師統上發誓西行得佛牙之事」，作「齊文宣皇帝時」事〔五一〕，卷一八敬法篇·感應緣·梁南海何規條，謂出僧祐弘明集〔五二〕，其他如梁高僧傳誤爲唐高僧傳，更所在多有。一類是後人抄寫之誤，如卷六四慈悲篇·感應緣將隋慧越、唐道積、慈藏三人事跡誤作出高僧傳〔五三〕，其誤顯然，作者當不會如此。以上兩類訛誤，都在注釋中得到糾正。

六十年代中葉，當本書制定規模，尚未完成之際，「文化大革命」爆發，先生遭受衝擊，於一九七一年乃歸道山，此稿亦擱置於架上。八十年代，曾請人加以補苴。近年紹良兄以此書相委，我陸續徧讀全書，儘量補足出處卷數，於外典補者尤多，文字亦有所刊正，但相異者（如太平廣記所引）不可能全部勘校；别有數十處查不到原書出處，只能留待後賢；另外，卷三八、三九感應緣有十餘則有目無文，爰爲補遺附於卷末。

本稿原有索引，在運動中遺失無存，於是擴大範圍，重新另作。但卷帙逾百，條目近萬，作來又是一大工程。經過年餘的努力，始克完功，庶可達到得心應手之用。原始要終，倏忽之間已歷四十寒暑，而能問世，終堪告慰先師了。

蘇晉仁　一九九九年三月於中央民族大學

注

〔一〕智首，續高僧傳卷二三有傳。

〔二〕道宣，宋高僧傳卷一四有傳。

〔三〕據宋高僧傳卷四本傳、法苑珠林卷一百、大唐内典録卷五、卷十、貞元新定釋教目録卷一二、佛祖歷代通載卷一五、律宗瓊鑑章、律苑僧寶傳卷五。

〔四〕卷一劫量篇·對除部後有「述曰」：謂末法人物俱惡，有依正兩報。卷四地動部有「述曰」，略述俗書天地初分，陰陽變形，引河圖、禮統等緯書。

〔五〕卷二三界篇·述意部云：「夫三界定位，六道區分……而文博偈廣，難卒檢究。」見出三藏記集卷一二世界記目録序。

〔六〕卷一二千佛篇·結集部·述意部云：「夫真諦玄凝，法性虚寂……大寶斯在，含識……。」引自出三藏記集卷一的序文。

〔七〕卷三一妖怪篇·述意部云：「妖怪者，干寶記云，蓋是精氣之依物者也……其休咎之徵，皆可得域而論矣。」見搜神記卷六妖怪條。

〔八〕卷四〇舍利篇·述意部云：「入金剛定，預碎全身……坐處足蹈之迹。」見集神州三寶感通録卷中振旦神州佛舍利感通序。

〔九〕卷一劫量篇·大三災部末「頌曰」：「百旬芥易盡，三災理自傾。石火無恒焰，電光非久停……遺文虚滿笥，徒欣富貴盈。」見於續高僧傳卷一法泰傳，陳僧智愷臨終題的詩句：「千秋本難滿，三時理易傾。石火無恒焰，電光非久明。遺文空滿笥，徒然昧後生。」

〔一〇〕卷九六捨身篇末「頌曰」：「龔勝無遺生，李業有窮盡，嵇叟理既迫，霍子命亦殞。」此詩見於宋書卷六七謝靈運傳。

〔一一〕卷三二變化篇·感應緣序：「天有五氣，萬物化成……聖人理萬物之化者，濟之以道，其樂不然乎？」見搜神記卷一二天有五氣條。

〔一二〕卷一三敬佛篇·觀佛部·感應緣序云：「自法移東漢，教漸南吴……依緣而翔集之。」見集神州三寶感通録卷中。

〔一三〕續高僧傳卷五僧旻傳：（梁武帝）仍選才學道俗釋僧智、僧晃、臨川王記室東莞劉勰等三十人，同集上定林寺，抄一切經論，以類相從，凡八十卷，皆令取衷於旻。即衆經要鈔。

〔一四〕續高僧傳卷一寶唱傳：（梁武帝）又勑開善寺智藏纘衆經理義，號曰義林，八十卷。

〔一五〕續高僧傳卷一寶唱傳：及簡文帝之在春坊，尤耽内教，撰法寶聯璧二百餘卷，别令寶唱綴比區别，其類遍略之流。

〔一六〕續高僧傳卷一僧伽婆羅傳：逮太清中，湘東王記室虞孝敬者，學周内外，撰内典博要三十卷，該羅經論，條貫釋門，諸有要事，備皆收録，頗同皇覽、類苑之流。

〔一七〕續高僧傳卷一寶唱傳：（梁武帝）又勑撰經律異相五十五卷。

〔一八〕賢者五戒經，卷三七敬塔篇·旋繞部引。敬師經，卷四九忠孝篇·引證部引。舍利弗處胎經，卷一七敬法篇·感福部引。赤嘴烏喻經，卷七八十惡篇·瞋恚部引。

〔一九〕造天地經，卷二三界篇·方土部引。像法决疑經，卷一九敬僧篇·違損部引。净度三昧經，卷六二祭祀篇·祭祠部引。毗羅三昧經，卷四二受請篇·食時部引。

〔二〇〕真諦三藏注釋，卷三九伽藍篇·營造部引，卷四三輪王篇·會名部引。

〔二一〕七種禮法，卷二〇致敬篇·儀式部引。

〔二二〕河圖玉版、龍魚河圖、外國圖，卷五六道篇·受苦部·感應緣引。

〔二三〕師曠占，卷四日月篇·地動部引。

〔二四〕劉向孝子傳、宋躬之孝子傳、鄭緝之孝子傳，卷四九忠孝篇·業因部·感應緣引。

〔二五〕唐居士徐善才，卷六五救厄篇·感應緣自注：「道幼年自見琬師説之爾。」

〔二六〕長安店上新婦，卷七三十惡篇·殺生部·感應緣末云：「在同店人向道自説。」

〔二七〕簡州佛跡，卷一四敬佛篇·觀佛部·感應緣·簡州佛跡神光照現緣自注：「京城道俗共知，故不別引記也。」

〔二八〕隆州令狐元軌，卷一八敬法篇·感應緣·唐隆州令狐元軌末云：「京師西明寺主神察目驗説之。」

〔二九〕晉州屠兒，卷六四漁獵篇·感應緣·唐晉州屠兒殺猪有徵驗注：「并州晉陽縣人王同仁，徐王府隊正，具見説之。」

〔三〇〕岐州王志，卷七五十惡篇·邪婬部·感應緣·唐時岐州王志有冥婚怪自注：「見西明寺僧法雲，本鄉梓州，具説如是。」

〔三一〕千轉陀羅尼神咒，見卷六〇呪術篇·懺悔部。

〔三二〕願見彌勒佛咒，見卷六〇呪術篇·彌勒部。

〔三三〕讚彌勒四禮文，見卷一六敬佛篇·彌勒部·讚歎部。

〔三四〕西國志·圖畫，見卷二九感通篇·述意部。

〔三五〕罽賓國漢寺等，卷三八敬塔篇·感應緣均引西域志。

〔三六〕王玄策西國行傳，卷四日月篇·星宿部、卷一六敬佛篇·彌勒部·業因部等引。

〔三七〕十惡懺文等，見卷八六懺悔篇·洗懺部。

〔三八〕覽觀遺迹，見卷二九感通篇·聖迹部。

〔三九〕汾州、并州文水縣殞星，見卷四日月篇·星宿部。

〔四〇〕王玄策於王舍城耆闍崛山立碑等，見卷二九感通篇·聖迹部。

〔四一〕郭行真配流愛州，見卷五五破邪篇·感應緣·妖惑亂衆。

〔四二〕增一阿含經云，校注云：「出增一阿含經卷二四。」

〔四三〕涅槃經云，校注云：「出大般涅槃經卷三三。」

〔四四〕智度論云，校注云：「出大智度論卷三九。」

〔四五〕瑜伽論云，校注云：「出瑜伽師地論卷二。」

〔四六〕論云，校注云：「出雜阿毗曇心論卷九。」

〔四七〕或説，校注云：「出維摩詰所説經卷上佛國品。」

〔四八〕經云，校注云：「出觀佛三昧海經卷九。」

〔四九〕經曰，校注云：「出勝鬘師子吼一乘大方便方廣經·一乘章。」

〔五〇〕書云，校注云：「出老子上篇第十二章。」

〔五一〕先師統上發誓西行得佛牙立事，校注云：「此是蕭齊竟陵王事，作北齊文宣帝，誤。」

〔五二〕梁南海何規，原注：「見梁朝僧祐律師弘明集録。」校注云：「出出三藏記集卷七慧印三昧及濟方等學二經序讚，原注誤。」

〔五三〕隋慧越、唐道積、慈藏三人事跡，原注：「右此三驗並出高僧傳。」校注云：「『高』上原脱『唐』字，據引文補。」

校注凡例

一、本書以清道光年間常熟燕園蔣氏刻本爲底本，以磧砂藏影印本、明南藏本、嘉興藏本及高麗藏本爲主要參校本，間或校以趙城藏本、資福藏本。蔣氏刻本曾經刊正訛誤，與磧砂藏本、南藏本、嘉興藏本基本接近，互相校勘差異不大。高麗藏本據宋開寶藏及天禧、熙寧兩個修訂本并契丹藏本復刻，所用底本時代較早，可據以校正處較多。遇有疑義，則以引用之書現有古本覈對，力求翔實。

二、一般校勘方式，多是就各本互異處分别標明，不作取捨。雖表明了不同情況，便於研究者作出抉擇，但彼此平列，特别是底本有誤，仍作正文無所改動，對於中青年研究者不無困難。本書從「便於研讀的定本」這一角度考慮，就決定採取依義取文擇善而從的方式。於校正文字有不同理解者，當可通過商討得到確切答案。

三、古人引書，力求簡明，多有節引、意引、改叙等。（如同時代唐澄觀華嚴經普賢行願品疏、唐宗密隨疏鈔卷七即曾指明疏中「多取意引，不具寫文」。今道世雖未注明，但與所引之書對照，已是顯然。於此只注明其爲意引等，不依引書中原文詳叙。古今引書方式不同，亦由佛典原是「依義不依語」。）

四、本書爲類書體，徵引經籍繁富。作者引用，每因自己異常熟悉，如數家珍，而忽略了讀者尚屬生疏，須檢原書細讀。因而出現了「瑜伽論云、智度論云」一類指明出處語句，欲於百卷書中尋出某一片段，而無卷次章次等標誌，費時費力可知。其甚者僅有「經云、書云」等略語，若非熟悉，更難着手。校注時於此類情況，均已詳細注出卷次。

五、本書中有少數曾標出具體書名，而遍查無其文者，此類情況則列爲「待考」，以待再作探索。讀者如有發現，請函告出版單位，以後作適當處理。

六、底本中今日已廢用的異體字及缺筆避諱字，均逕改通用字，不出校。

重刊法苑珠林序

式仰駿迦，首崇調御。青蓮焕相之辰，紫山寄莊之始。髻湧百寶，睫照四天。吉祥之瓶，廣納赤宙；智慧之藥，俯接黔毗。莫不因妙以立覺，藉寂以探機。設教止乎一慈，建諦俟其頓悟。上行所届，微言已伸。復以三界昏寢，六賊攀緣。鼠入角而焉通，狼守齋而易毁。於是轉意珠之朗，揚慈水之瀾。吐奥旨以拔迷根，積雕談而搘險樹。芬逾薝蔔，夢發優曇。雖四十九齡未拈般若之義，而三十二士各示依趣之階。無説無聞，天花早墮；非堅非久，蠟印自傳。白馬創刹，羽林之使初歸；神龜肇年，洛陽之求益備。乃使九乘大典，西辭乎流沙；八梵唄音，東詹乎震旦。自迦葉口授之文，菩薩净行之品，覩驪龍而豎指，逢飢虎以施身，請雨有經，移山著論。至于辨意長者，成貝字之篇；善思童子，效琅函之誥。咸敷精業，婉迪羣蒙。加以前皇黼扆，喜闡勝因；儒生綺毫，樂爲釋用。梁帝重雲之講，既耀南區；姚氏草堂之集，實隆北學。曇柯之所宣譯，羅什之所發明。彦和燔髮，編定林之經藏；小山潔願，獲開善之香奩。由是綈袠繁臻，金繩密約，莊情束影之詞，啓繆開賢之制，足以躒靈飛之緑檢，抗聖籍之丹籤。列棟連甍，浮煙散竹。語夫博涉，從事斯難；索彼菁華，懵徒莫憶。

乃有沙門釋道世者，植蹤唐代，應詔西明，學通内外，誼合教宗。擬彌天之道安，爲方袍之平叔。愍夫真如易晦，法匠難遭。遂乃綜覽義林，穴穿奥賾，舉其綱紐，明其指歸。闢八藏之鍵，挈一裘之領。

大乘小乘之别，幽顯俱詳；語業意業之關，源流可溯。如酥就熟，億轉不窳；如水散泡，千沫共見。百篇之目既析，四禪之用皆純。若其敬攝旃檀，聿宣慧炬。日精入口，炫白淨之宫；月愛舒光，孕青霄之座。鐵豬受矢，玉象扶輪，獨守心王，不離智食。富樓那之姓氏，標若星躔；波頭摩之劫壽，羅於紋掌。欲使維衛威神，感而即應；尼乾邪計，見而輒摧。此則僧祇之本律，亦讚述之願海也。因以湔濯塵冥，解脱頑固，七珍勤表，五濁泛陳。以蓮舌爲振鐸，以緗素爲長桴，汲汲苦言，悢悢淒韻。逆風爇熾，懲導慾之心；行厠畫瓶，泯惜身之念。四蛇引于鼻耳，二鼠逼于胷腸。凡諸怖畏，足起信心。倘使鉢露能濡，自無酸酷；幡雲獲蔭，豈遇煻煨。敲骨剔髓之誠，濟生非悋；掬土雇花之細，得報靡窮。巨障裂而長空明，深痌蠲而凡劫盡。此猶禦寒之設諸，拯渴之蘇陀。福利之階，斯爲最要。

至若曲辨情靈，富該圖史，縟英彬蔚，麗篆紛綸。事多集夫佚文，語每秀於天拔。鵲園異跡，香散驚精；馬苑餘輝，華飛瓔珞。求黄縑于安慧，神瀵浮來；夢白服于曇延，夜光照徹。興公銘頌，遜此芳塵；休文碑狀，媿其妍製。多聞親授，阿難爲之展軨；總持强記，摩詰于焉避席。信可以梯航衆品，肴核横書。獵藻者珍比青箱，饋貧者非徒黑學。宜其千禩不刊，三教傳録者也。世所行舊槧本，曾經明人竄改，妄析爲百二十卷，全與新書藝文志著録百卷不符，以致簡葉違錯，章段崩離，字句之閒，亦多脱誤。邢子才之一適，非可例觀；賈慧遠之五論，難期闇合。披卷尋覽，能勿慨然。

清信女士董申林，虞山蔣伯生大令之簉室也。生善女天，號仙人子。珉膏飫齒，石黛修蛾，悦意馳稱，妙音作眷。懸金九十日，爭譽便娟；載車五百丸，皆名歡喜。琉璃硯匣，不犯綺詞，迷迭薰鑪，潛持密教。因披藏本，用勘此書。始知萬曆之訛，曾非惲上之失。丹鉛既匝，緇諭悉明。遄發宏心，謀資衆悦。同時名閨淑儀，大善知識，咸分華鬘，襄助鋟棃，共得百人，費凡千鎰。校讎審察，鏤造精嚴。以道光七年春月刊訂訖功，福不唐捐，美冠諸蘊。阿育建塔，受夙世之慈緣；瞿夷獻花，遘閻浮之良匹。寶髻尊宿之前，六門開示；優婆塞夷之侶，四諦顯揚。竟令佉樓半字，易旁行倒住之風；脂那全勝，播辨物類名之訓。成一切種智，爲三界導師；具此净因，超于戒垢。天銀闕下，鵠女無遇辜之經；水香園中，鹿母迎善見之律。十重緹褶，偕慧日而齊暉；五色霞牋，垂法濤而愈永。興言褒讚，略叙毗尼，心塵未離，空懷彤管。身田被潤，欲丐青苔。雖來旨之勉酬，慙覺緣之終蔽。歲在彊圉大淵獻浴佛日，萬善花室女弟子吕琴姜撰。

法苑珠林序

朝散大夫蘭臺侍郎隴西李儼字仲思撰〔一〕

洎夫六爻爰起，八卦成列。肇有書契，昭乎訓典。鳳篆龍圖，金簡玉字，百家異轍，萬卷分區。雖理究精微，言殫物範。而紀情括性，未出於寰中；原始要終，詎該於俗外。亦有藏史之説，園吏之談。寶經浮誕，錦籍紆怪。同鏤冰而無成，若書空而匪實。與夫貫華妙旨，寫葉玄詞，三乘之宏博，八藏之沈祕。競以淺深，較其優劣，亦猶蟻垤之小，〔二〕比峻於嵩華；牛涔之微，争長於江漢。夫其顯了之義，隱密之規，解脱之門，總持之苑，前際後際，並契真如；初心末心，咸歸正覺。導迷生於慾海，情塵共心垢同消；引窮子於慈室，衣寶與髻珠雙至。化溢恒沙之境，功被微塵之劫。大哉至矣，不可得而稱焉。

洎偕雨徵周，佩日通漢，蔡愔西涉，竺蘭東遊，金口之詞，寶臺之旨，盈縑積籀，被乎中域。而卷軸

〔一〕「朝散」，高麗藏本作「朝議」。「字」字原脱，據高麗藏本、磧砂藏本、南藏本補。

〔二〕「垤」字原作「蛭」，據高麗藏本、嘉興藏本改。

繁夥，條流深曠，實相真源，卒難詳覽。暨我皇唐造物，聖上君臨，玄教聿宣，緇徒允洽。傳輝寫液，照潤區宇；梵響讚音，唱咽都甸。弘宣之盛，指喻難極。屬有西明寺大德道世法師，〔一〕字玄惲，是釋門之領袖也。幼嶷聚砂，落飾綵衣之歲；慈殷接蟻，資成具受之壇。戒品圓明，與吞珠而等護；律義精曉，隨照鏡而同欣。愛慕大乘，洞明實相。爰以英博，召居西明。遂以五部餘閑，三藏徧覽。以爲古今綿代，制作多人，雖雅趣佳詞，無足於傳記，所以搴文囿之菁華，嗅大義之薝蔔。以類編録，號曰法苑珠林。事總百篇，勒成十帙。義豐文約，紐虞氏之博要；跡宣道鏡，晞祐上之弘明。其言以美，其道斯著。舉至賾而無遺，包妙門而必盡。但文繁則情墮，義略則寡聞。不欲虛搆浮詞，假盈卷軸。以事不可却，文翰似多。〔二〕披覽日久，還知其要。故於大唐總章元年，歲在執徐，律惟姑洗，三月三十日纂集斯畢。庶使緝玄詞者，探卷而得意珠；軌正道者，披文而飲甘露。繹之以知微，觀之而覩奥。與環景而齊照，將旋穹而共久。

〔一〕「寺」字原脱，據高麗藏本補。

〔二〕「似」字原作「以」，據高麗藏本、南藏本改。

目　録

第一册

卷二

卷三

卷四

卷五

卷六

卷七

卷八

卷九

卷十

卷十一

卷十二

第二册

卷十三

卷十四

卷十五

卷十六

卷十七

卷十八

卷十九

卷二十

卷二十二

卷二十三

卷二十四

卷二十五

卷二十六

卷二十七

卷二十八

卷二十九

第三册

卷三十二

卷三十三

卷三十四

卷三十五

卷三十六

卷三十七

卷四十

卷四十一

卷四十二

卷四十三

卷四十四

卷四十五

卷四十六

卷四十八

卷四十九

第四册

卷五十一

卷五十一

卷五十二

卷五十三

卷五十四

卷五十六

卷五十八

卷五十九

卷六十二

卷六十三

卷六十四

卷六十五

卷六十六

卷六十七

第五册

卷七十

卷七十一

卷七十二

卷七十三

卷七十四

卷七十五

卷七十六

卷七十七

卷七十八

卷七十九

卷八十

卷八十三

卷八十四

卷八十五

卷八十八

卷八十九

卷九十

卷九十五

卷九十六

卷九十七

卷九十八

卷九十九

卷一百

附録

法苑珠林校注卷第一

劫量篇第一 劫災有二：一小，二大。

第一小三災部别有六部

述意部　疫病部　刀兵部　饑饉部　相生部　對除部

述意部第一

夫劫者，蓋是紀時之名，猶年號耳。然則時無别體，約法而明。所以聖教弘宣，多所攸載者，雖非理觀之沖規，亦懲勸之幽旨也。若乃涉迷津於曩識，微塵之數易窮；返覺路於初心，僧祇之期難滿。此迷悟之異也，自有無間獄中，等芥城而限命；先行天上，儔衣石以受形。此善惡之殊也。至若娑婆世界，謂俄頃爲百齡，袈裟刹土，將永劫以浹日。斯染净之别也。統而言之，不過大小；大小之内，各有三焉。大則水、火、風而爲災；小則刀、饉、疫以成害。是知六年華觀，終焚蕩於沈灰；千梵瓊臺，卒漂淪於驟雨。加復診候無徵，雩祈失效，霜戈接刃，星劍交鋒，酷毒生人，崩亡殆盡。恐三界而未悟，嗟六道而悲夫。

疫病部第二

依智度論云：「何名爲劫？荅曰：依西梵正音，名爲劫簸颰陀。劫簸者。亦名劫波，秦言分別時節。颰陀者。秦言善。有二名爲賢。以多賢人出世，故名賢劫也。」〔一〕又立世阿毗曇論云：「佛世尊説一小劫者，名爲一劫；二十小劫，亦名一劫；四十小劫者，亦名一劫；六十小劫，亦名一劫；八十小劫，名一大劫。云何一小劫名爲一劫？是時提婆達多比丘住地獄中，受異熟業報，〔二〕佛説住壽一劫。云何二十小劫亦名一劫？如梵衆天二十小劫，是其壽量，佛説住壽一劫。云何四十小劫亦名一劫？如梵輔天壽量四十小劫，佛説住壽一劫。云何六十小劫亦名一劫？如大梵天壽量六十小劫，佛説住壽一劫。云何八十小劫名一大劫？佛説劫中世界經二十小劫壞，〔三〕次經二十小劫壞已空，次經二十小劫起成，次經二十

〔一〕出大智度論卷三十八釋往生品。

〔二〕「異」字原脱，據高麗藏本補。

〔三〕「經」字下原衍「云」字，據立世阿毘曇論删。

小劫起成已住。是二十小劫起成已住者，幾多已過？幾多未過？八小劫已過，十一小劫未來，第九劫現在未盡。此第九一劫幾多已過？幾多未來？定餘六百九十年在。至梁末己卯年翻此經爲斷矣。是二十小劫中間有三小災次第輪轉：一、疾疫災；二、刀兵災；三、饑饉災。」〔一〕此三小災諸經論列名前後不同。若依長阿含中阿含起世等，〔二〕初列刀兵，次列饑饉，後列疫病。若依俱舍毗曇婆沙論等，初列刀兵，次列疫病，後列饑饉。若依瑜伽對法論等，初列饑饉，後列刀兵。若據年月長短次第，依瑜伽對法論者是也。今且依立世阿毗曇論云：〔三〕此即第九中，即當第三災。「此劫由饑餓故盡。佛言：是二十小劫世界起成，得住中，第一劫。小災起時，有大疾疫，種種諸病一切皆起。閻浮提中一切國土所有人民等遭大疾疫。一切鬼神起瞋惡心，損害世人。壽命短促，唯住十歲。身形矬小，或二搩手，或三搩手；於其自量，則八搩手。所可資食，稊稗爲上。人髮衣服以爲第一。唯有刀杖以自莊嚴。是時諸人不行正法，非法貪著邪見等業，日夜生長，諸惡鬼神處處損人。是時大國王種悉皆崩亡，所有國土次第空廢，唯有小郡縣是其所餘。相去遼遠，各在一處。如是人者疾病困苦。無人布施湯藥飲食，以是因緣，壽命未應盡，横死無數。一日一夜，無量衆生，疾病疫死。由行惡法，得是果報。於此中生，劫濁而起。捨命已後，墮三惡道。時一郡縣次復荒蕪，唯少

〔一〕出立世阿毘曇論卷九小三災疾疫品。
〔二〕下「阿含」二字原脱，據高麗藏本補。
〔三〕「云」字原作「之」，據高麗藏本改。

家在，相去轉遠，各在一處。疾疫死者，無人送埋。是時土地，白骨所覆。乃至居家，次第空盡。是時劫末，唯七日在。於七日中，無量衆生遭疫死盡。設有在者，各散別處。時有一人，〔一〕合集閻浮提内男女，唯餘一萬，留爲當來人種。唯此萬人能持善行。諸善鬼神欲令人種不斷絶故，擁護是人。以好滋味，令入毛孔。以業力故，人種不斷。過七日後，是大疫病一時息滅。一切惡鬼，皆悉捨去。隨諸衆生飲食衣服，應念所須，天即雨下。陰陽調和，美味出生。身形可愛，安樂無病。譬如親愛，久不相見，忽得聚集，生喜樂心，共相攜持，不相捨離。是前劫人壽命十歲，後劫人民從其而生。壽命最長二十千歲。如此功德自然得成。與善法相應，身口意善，捨壽命後，生善道中。從天捨命，還生人道。自然賢善，戒品具足。捨壽已後，更生天道。久久如是。初劫中間，疫病窮盡，次第二劫來，續二十千歲。是劫中間第一壽量，是人從前二十千歲人所生。神力自在，資生具足，壽命四十千歲。人天道生，久久如是。説名第二劫中間第二壽量四十千歲。資生具足，壽命六十千歲，久久如是。説名第三劫中間第三壽量六十千歲。從六十千歲至八十千歲，是時女年五百歲爾乃行嫁。是時諸人唯有七病：謂大小便利、寒、熱、婬慾、飢、老等。如是時中，一切國土，富貴豐樂，無有怨賊、反逆、盜竊。村落次比，雞鳴相聞。耕種雖少，收實巨多。衣服財寶，稱意具足。安坐受樂，無所馳求。壽命八十千歲時，住阿僧祇年，乃至衆生未起十惡。從起十惡，因此百年則減十歲。次復百年，復減十歲。次第漸減至餘十歲。

〔一〕「時」字原作「有」，據高麗藏本、磧砂藏本、南藏本、嘉興藏本改。

最後十歲住不復減。長極八萬，短至十年。若佛不出世，次第如此。若佛出世，如正法住，衆生壽命暫住不減，〔一〕隨正法稍減，壽命漸減。」〔二〕

刀兵部第三

依立世阿毗曇論云：「佛說一小劫者，名爲一劫。如是同前，乃至八十小劫名大劫中，至二十小劫起成住中，第二小災起，由大刀兵。人壽十歲時，三毒邪見，日夜生長。父母兒子兄弟眷屬，互相鬭諍，何況他人。是時諸人，起鬭諍已，仍相手舞，或以瓦石刀仗，互相怖畏。四方諸國，互相伐討。一日一夜，害死無量。如是過失，自然而生。人行不善，得是果報。於此中生，劫濁而起。是時人家，一時没盡。縱有餘殘，各各分散。是時劫末，餘七日在。於七日中，手執草木，即成刀仗。由此器仗，互相殘害，怖畏困死。是時諸人，怖懼刀仗，逃竄林藪。或渡江水，隱蔽孤洲；或入坑窟，以避災難；或時相見，仍各驚走，恐怖失心；或時仆地，譬如麞鹿，遭逢獵師。如是七日，刀兵横死，其數無量。設有在者，各散别處。時有一人合集閻浮提男女，唯餘一萬，留爲當來人種。於是時中，皆行非法；唯此萬人，能行善法。諸善鬼神欲令人種不斷絶故，擁護是人。以好滋味，令入毛孔。以業力故，於劫中間留

〔一〕「減」字原作「滅」，據高麗藏本改。
〔二〕出立世阿毘曇論卷九小三災疾疫品。

人種子，自然不斷。過七日後，是大刀兵，一時息滅。一切惡鬼，皆悉捨去。隨諸衆生所須衣食，應念所須，天即雨下。陰陽調和，美味出生。身形可愛，相好還復。一切善法，自然而起。清凉寂静，安樂無病。慈悲心起，無惱害意。互得相見，生喜樂心。譬如親愛，久不相見，忽得聚集，生喜樂心，共相攜持，不相捨離。從其十歲，展轉行善，生人天中，至二十千歲，乃至壽命八十千歲，住阿僧祇年。」〔一〕自別同前，〔二〕不煩重述。

饑饉部第四

依立世阿毗曇論云：「從一小劫乃至八十小劫，住劫中第三劫小災起時，由大飢餓。災欲起時，由天亢旱。一切人民，遭大疾疫。一切鬼神，起瞋惡心，損害世人。壽命短促，唯住十歲。身形短小，或二三搩手。所食稊稗。人髮爲衣，猶爲上服。刀仗自嚴，不相恭敬。貧窮困苦，愚痴邪見，日夜生長。穀貴饑饉，舍羅柯行。見他資糧，便往奪食。以此因緣，餓死無數。一切衆生生劫濁中，自然而起，造作惡業。天不降雨，四五年中。由大旱故，覓生草菜，尚不可得，何況米穀。一切禽獸，悉取食之。於一日一夜，飢餓死者，其數無量。郡縣空盡，唯少家在，相去轉遠。不行正法，三毒轉盛。貧窮困苦，日

〔一〕出立世阿毘曇論卷九三小災刀兵品。

〔二〕「别」字，高麗藏本作「外」。

夜相應。是時六七年間，天不降雨。由大旱故，思欲見水，尚不可得，何況飲食。是劫中間，唯七日在。一日一夜，餓死無數。縱有在者，各散別處。時有一人合數閻浮提內男女大小共一萬人，留爲當來人種。人能行善，諸善鬼神欲令人種不斷絶故，擁護是人。以好滋味，令入毛孔。以業力故，人種不斷。過七日後，是飢餓一時息滅。一切惡鬼，皆悉捨去。所須衣食，天即雨下。陰陽調和，美味出生。身形可愛，相好還復。一切善法，自然而起。清涼寂静，安樂無病。慈悲入心，無惱害意。譬如親愛，久不相見，忽得聚集，生喜樂心，共相攜持，不相捨離。從於十歲，展轉行善，生人天中，壽命長遠，至二十千歲，乃至八十千歲。」〔一〕自外法因，並同初述。依立世論中三災各經七日。若依餘經論說：饑饉七年七月七日，疫病七月七日，刀兵極經七日。故瑜伽論云：「謂人壽三十歲時方始建立。當爾之時，精妙飲食，不可復得。唯煎煮朽骨，共爲讌會。若遇得一粒稻、麥、粟、稗等子，重若末尼珠，藏置箱篋而守護之。彼諸有情，多無氣勢。蹎僵在地，不復能起。由饑儉故，有情之類，亡没殆盡。如此儉災，經七年七月七日七夜，方乃得過。彼諸有情，復共聚集，起下厭離。由此因緣，壽不退減，儉災遂息。又若人壽，二十歲時，本起厭患，今乃退捨。爾時多有疫氣瘴癘，災横熱惱，相續而生。彼諸有情，遇此諸病，多悉殞没。〔二〕如是病災，七月七日七夜，方乃得過。彼諸有情，復共聚集，起中厭離。由此因緣，壽量無減，病災乃息。又人

〔一〕出立世阿毘曇論卷九小三災飢餓品。

〔二〕「殞」字原作「損」，據高麗藏本改。

壽十歲時，本起厭患，今還退捨。爾時有情，展轉相見，各起猛利殺害之心。由此因緣，隨執草木及以瓦石，皆成最極鋭利刀劍。更相殘害，死喪終盡。〔一〕如是刀災，極經七日，方乃得過。」〔二〕

相生部第五

依中阿含經云：「過去有輪王出世，名曰頂生。奉持齋法，〔三〕修行布施。國中貧者，出財用給。後經多時。然國中有貧窮者，不能出物，用給恤乏。人轉窮困，因窮便盗他物。其主捕伺收縛，送詣剎利頂生王所，白曰：天王，此人盗我物，願天王治。王問彼人曰：汝實盗耶？彼曰：實盗。所以者何？以貧困故。若不盗者，便無自濟。王即出財而給與之，語盗者曰：汝等還去，後莫復作。由斯之故，人作是念，我等亦應盗取他物。於是各競行盗。是謂因貧無物，不能給恤，故人轉窮困。因盗滋甚故，彼人壽轉減，形色轉惡。父壽八萬歲，子壽四萬歲。彼人壽四萬歲時，有人復盗，送王。王聞已，便作是念：若我國中有盗他物，更出財物盡給與者，如是竭藏，盗遂滋甚。我今寧可作極利刀。若我國

〔一〕「終」字，瑜伽論作「略」。
〔二〕出瑜伽師地論卷二。
〔三〕「齋法」原作「法齋」，據高麗藏本改。

中有偷盜者，便收捕取，坐高標下，〔一〕斬截其頭。作此念已，便敕行之。於後彼人，效此利刀，持行劫物，捉彼物主，截斷其頭。因貧盜甚，刀殺轉增。故彼人壽轉減，形色轉惡。父壽四萬歲，子壽二萬歲。人壽二萬歲時，時彼盜者便作是念：王若知實，或縛鞭我，或擯罰錢，或貫標上。我寧妄言欺誑王耶？〔二〕念已白王：我不偷盜。是爲因貧無物，不能給恤，盜殺轉增，便妄言兩舌。故彼人壽轉減，形色轉惡。父壽二萬歲，子壽一萬歲。人壽一萬歲時，人便嫉妬，邪婬轉增。故彼人壽轉減，形色轉惡。父壽一萬歲，子壽五千歲。人壽五千歲時，三法轉增，非法、欲惡貪、邪法，故父壽五千歲，子壽二千五百歲。人壽二千五百歲時，復三法轉增，兩舌、麤言、綺語，故彼壽轉減，形色轉惡。故父壽二千五百歲，子壽千歲。人壽千歲時，一法轉增，邪見是也。因一法增故，彼人壽轉減，形色轉惡。父壽千歲，子壽五百歲。人壽五百歲時，彼人不孝父母，不能尊敬沙門、梵志，不行順事，不作福業，不見後世罪，故父壽五百歲，子壽二百五十歲，或二百歲。今若長壽，或壽百歲，或不啻者。佛復告比丘曰：未來久時，人壽十歲。女生五月，即便出嫁。人壽十歲時，有穀名稗子，爲第一美食。如今秔糧，以爲上饌。所有酥油、鹽、蜜、甘蔗一切盡没。唯行十惡業道者，爲人所敬。都未有善。母於其子，極有害心；子亦於母，極有害心。父子兄弟姊妹親屬，展轉相向，有賊害心。猶如獵師，見彼鹿已，極有害心。人壽

〔一〕「標」字原作「摽」，據高麗藏本、磧砂藏本、南藏本、嘉興藏本改。下同。
〔二〕「欺」字原作「斯」，據高麗藏本、磧砂藏本、南藏本、嘉興藏本改。

十歲時，有七日刀兵劫盛。彼若捉草，即化成刀；若捉樵木，亦化成刀。以此刀兵，各各相殺。彼於七日刀兵劫過，七日便止。爾時亦有人生慙恥羞愧，厭惡不愛。彼人七日刀兵劫時，〔一〕便入山野在隱處藏。過七日已，則從山野於隱處出。更互相見，生慈愍心，極相愛念。猶如慈母，唯有一子，與久離別，遠來相見，情極愛念。便作是語：諸賢，我今相見，令得安隱。〔二〕我等由昔生不善心，令親族死盡。我等寧可共行善法，離斷殺業。行善法已，壽便轉增，形色轉好。壽十歲人生子壽二十。壽二十人復作是念：若求善者壽色轉好，我等應可更增行善，共離不與取。行是善已，壽色轉好，人生子壽四十歲。復離邪婬。行是善已，壽色轉好，人生子壽八十歲。復離妄言。行是善已，壽色轉好，人生子壽百六十歲。壽百六十已，復離兩舌。行是善已，壽色轉好，人生子壽三百二十歲。復離麤言。行是善已，壽色轉好，人生子壽六百四十歲。復離綺語。行是善已，壽色轉好，人生子壽二千五百歲。復離貪嫉。行是善已，壽色轉好，人生子壽五千歲。復離瞋恚。行是善已，壽色轉好，人生子壽一萬歲。復離邪見。行是善已，壽色轉好，人生子壽二萬歲。復離非法、欲惡貪、行邪法。我等寧可離此三惡不善法。行是善已，壽色轉好，人生子壽四萬歲。壽四萬歲時，孝順父母，尊重恭敬沙門梵志，奉行順事修習福業，見後世罪。行是善已，人生子壽八萬歲。人壽八萬歲時，此閻浮洲極大豐樂，多有人民。村邑

〔一〕「劫」字原作「起」，據高麗藏本、磧砂藏本改。
〔二〕「令」字原作「今」，據高麗藏本、嘉興藏本改。

相近，如雞一飛。女年五百歲，乃當出嫁。唯有七病：寒、熱、大小便、欲、飲食、老等，〔一〕更無餘患。時有王名螺，爲轉輪王，聰明智慧。有四種軍，整御四天下。七寶千子具足，端正，勇猛無畏，能伏他衆，統領大地乃至大海。不以刀仗，〔二〕以法教令，令得安樂。」〔三〕餘有疾病饑饉，作法延促，並皆同前。

對除部第六

依新婆沙論云：「然有聖言説彼對治，謂若有能一日一夜持不殺戒，於未來生決定不逢刀兵災起。若能以一訶梨怛雞果起殷淨心，奉施僧衆，於當來世決定不逢疫病災起。若能以一團食施諸有情，於未來世決定不逢饑饉災時。問：如是三災，餘洲有不？荅：無根本災而有相似。〔四〕謂瞋增盛，身力羸劣，數加飢渴。此説二洲。北拘盧洲亦無罪業而生彼故，又彼無有瞋增盛故。」〔五〕

述曰：衆生固執，無思悛革。慳、貪、嫉妬，惡業逾盛。所以人情嶮惡，凶毒沿流。今入末法，人物

〔一〕「欲、飲食、老」原作「利、婬欲、飢食、老」，據中阿含經删改。
〔二〕「仗」字原作「杖」，據高麗藏本、磧砂藏本、南藏本、嘉興藏本改。
〔三〕出中阿含經卷十五輪轉王經。
〔四〕「似」字原作「以」，據高麗藏本改。
〔五〕出阿毘達磨大毘婆沙論卷一百三十四。

俱惡。所有依正兩報，致令日夜衰耗。故付法藏經云：「阿恕迦王自爲僧行食時，賓頭盧用酥澆飯。阿恕迦王白言：大聖，酥性難消，能不爲疾。尊者荅曰：不爲患也。何以故？佛在時水與今酥等。是故食之，終不成病。爾時尊者欲驗斯事，使手入地下至四萬二千餘里，即取地肥而示於王。王今當知，衆生薄福。肥膩之味，皆流入地。是故世間福轉衰減。王供養已，歡喜而退。」〔一〕良由世尊韜光，未盈百年，尚有斯徵。況今向有二千，豈有精味！故瑜伽論云：「三災起時，爾時有情復有三種最極衰損：壽量衰損，依止衰損，資具衰損。壽量衰損者，所謂壽量極至十歲。依止衰損者，謂其身量極至一搩手，或復一握。資具衰損者，爾時有情唯以粟稗爲食中第一，以髮爲衣中第一，以鐵爲莊嚴中第一。五種上味，悉皆隱没，所謂酥、蜜、油、鹽等味及甘蔗變味。」〔二〕

第二大三災部此有四部

時量部　　時節部　　壞劫部　　成劫部

〔一〕出付法藏因緣傳卷三。
〔二〕出瑜伽師地論卷二。

時量部第一

依新婆沙論云：「劫有三種：一、中閒劫，二、成壞劫，三、大劫。中閒劫復有三種：一、減劫，二、增劫，三、增減劫。減者，從人壽無量歲，減至十歲。增者，從人壽十歲，增至八萬歲。增減者，從人壽十歲，增至八萬歲；復從八萬歲，減至十歲。此中一減、一增、十八增減，合二十中劫世閒成，二十中劫成已住，此合名成劫。經二十中劫世閒壞，二十中劫壞已空，此合名壞劫。總八十中劫，合名大劫。成已住中，二十中劫。初一唯減，後一唯增，中閒十八亦增亦減。」〔一〕故對法論云：「由此劫數，顯色、無色界諸天壽量也。」〔二〕

時節部第二

依奘法師西國傳云：「陰陽歷運，日月旋璣，稱謂雖殊，時候無異。隨其星建，以標月名。時極短者，謂之刹那也。」〔三〕如新婆沙論云：「彼刹那量，云何可知？有作是言：依施設論說：如中年女緝

〔一〕出阿毘達磨大毘婆沙論卷一百三十五。

〔二〕出大乘阿毘達磨集論卷三。

〔三〕出大唐西域記卷二。

續毳時，抖擻細毛，〔一〕不長不短。齊此說爲怛刹那量。彼不欲說毛縷短長，但說毳毛從指開出。隨所出量，是怛刹那。問：前問刹那，何緣乃引施設論說怛刹那量？答：此中舉麤以顯於細。以細難知，不可顯故。謂百二十刹那成一怛刹那，六十怛刹那成一臘縛。此有七千二百刹那。三十臘縛成一牟呼栗多，此有二百一十六千刹那。三十牟呼栗多成一晝夜，此有少二十不滿六十五百千刹那。此五蘊一晝一夜，經於爾所，生滅無常。有說：此麤，非刹那量。如我義者，如壯士彈指頃，經六十四刹那。有說：不然！如我義者，如二壯夫掣斷衆多迦尸細縷，隨爾所縷斷，經爾所刹那。有說：不然！如我義者，如二壯夫執挽衆多迦尸細縷。有一壯夫以至那國百練剛刀捷疾而斷。隨爾所縷斷，經爾所刹那。有說：猶麤，非刹那量。實刹那量，世尊不說。如世尊說：譬如四善射夫，各執弓箭，相背攢立，欲射四方。有一捷夫來語之曰：汝等今可一時放箭，我能遍接，俱令不墮。於意云何，此捷疾不？苾芻白佛：甚疾，世尊。佛言：彼人不及地行藥叉。地行捷疾不及空行藥叉。空行捷疾不及四大王衆天。彼天捷疾不及日月二輪。二輪捷疾不及堅行天子，此導日月輪車者。此等諸天，展轉捷疾。壽行生滅捷疾於彼。刹那流轉，無有暫停。由此故知世尊不說實刹那量。問：何故世尊不爲他說實刹那量？答：無有有情堪能知故。」〔二〕

〔一〕「擻」字原作「捒」，據高麗藏本改。
〔二〕出阿毘達磨大毘婆沙論卷一百三十六。

又依安般經云：「於一彈指頃心有九百六十轉。」〔一〕又仁王經云：「一念有九十刹那，一一刹那中復有九百生滅。」〔二〕又菩薩處胎經云：「一彈指頃有三十二億百千念。念念成形，形形皆有識。佛之威神入微識中，皆令得度。」〔三〕

又毗曇論：「合有十二重：一名刹那，二名怛刹那，〔四〕三名羅婆，四名摩睺羅，五名日夜，六名半月，七名一月，八名時，九名行，十名年，十一名雙，十二名劫。一刹那者，翻爲一念。百二十刹那爲一怛刹那，〔五〕翻爲一瞬。六十怛刹那爲一息，一息爲一羅婆。三十羅婆爲一摩睺羅，翻爲一須臾。三十摩睺羅爲一日夜。一日夜計有六百三十八萬刹那。」〔六〕僧祇律云：「二十念爲一瞬，二十瞬名一彈指，二十彈指名一羅預，二十羅預名一須臾。一日一夜有三十須臾。日極長時，晝有十八，夜有十二；極短時，晝有十二，夜有十八。春秋分便等。」〔七〕又智度論云：「晝夜六分，有三十時。春秋分時，晝

〔一〕出安般守意經序。
〔二〕出仁王般若波羅蜜多經卷上觀空品。
〔三〕出菩薩處胎經卷二三世等品。
〔四〕「名」字原脱，據高麗藏本補。
〔五〕「那」字原脱，據高麗藏本補。
〔六〕出雜阿毘曇心論卷二。
〔七〕出摩訶僧祇律卷十七。

夜各十五時。餘時增減。五月晝時有十八，夜有十二。十一月夜時有十八，晝有十二。」〔一〕

依奘法師西國傳云：「居俗日夜分爲八時。晝四夜四，於一時各有四分。月盈至滿，謂之白分。月虧至晦，謂之黑分。或十四日十五日，月有大小故也。白前黑後，合爲一月。六月合爲一行。日遊在内，北行也；日遊在外，南行也。總此二行合爲一歲。又分一歲以爲六時。正月十五日至三月十五日，漸熱也；三月十六日至五月十五日，盛熱也；五月十六日至七月十五日，雨時也；七月十六日至九月十五日，茂時也；九月十六日至十一月十五日，漸寒也；十一月十六日至正月十五日，盛寒也。如來聖教歲爲三時。正月十六日至五月十五日，熱時也；五月十六日至九月十五日，雨時也；九月十六日至正月十五日，寒時也。或爲四時：春、夏、秋、冬也。」〔二〕依論計之，十五夜爲半月。兩半月爲一月。三月爲一時。兩時爲一行。一行即半年，六月也。兩行爲一年。二年半爲一雙。此由閏故。以閏月兼本月，此謂月雙，非閏雙也。若以五年兩閏爲閏雙者，二年半有一閏，豈立隻乎。積此時數明劫有四種：一、别劫，二、成劫，三、壞劫，四、大劫。從人壽十歲漸至八萬歲，經多時八萬歲又漸減至十歲，爲一别劫。對餘總故，名爲别也。若以事格量，依雜阿含經云：「一由旬城，〔三〕高下亦爾。滿中芥子，

〔一〕出大智度論卷四十九。

〔二〕出大唐西域記卷二濫波國。

〔三〕「一」字原脱，據高麗藏本補。

百年取一。芥盡劫猶不盡。」〔一〕按此即爲别劫也。若據大劫，即以八十由旬城爲量也。樓炭經云：以二事論劫。一云：有一大城，東西千里，南北四千里，滿中芥子。百歲諸天來下取一。芥子盡，劫猶未盡。二云：有一大石，方四十里。百歲諸天來下，取羅縠衣拂。石盡，劫猶未窮。〔二〕此亦應是别劫也。第二有成劫四十，壞劫亦爾。所以然者，世間成時二十别劫，住時二十别劫，壞時二十别劫，空時二十别劫。此中以住合成，以空合壞，故各四十别劫。總此成壞，合有八十别劫爲一大劫。若更舒之，别有六劫：一别，二成，三住，四壞，五空，六大。若更束之，則有三劫：一、小劫，二、中劫，三、大劫。小則别劫，中則成壞隨一，大則總成與壞。欲界中壽一劫是小劫。初禪三天壽劫是中劫。二禪已去壽劫是大劫。外國俗筭有六十位。過此已後，不可數故，名阿僧祇。此數年爲劫。數一至六十位，名阿僧祇劫，此是大劫量也。故智度論經云：「以百由旬城爲量。百年取一芥故。喻以迦尸羅天衣，百年一拂百由旬石爲量者。」〔三〕此並格量大劫也。即按索訶世界舊云娑婆世界。一大劫中，千佛出世。尋夫劫波之號，不可以時數之，故以假石芥城等准爲一期之候。即約前中具含成住壞空四劫也。如前從十

〔一〕出雜阿含經卷三十四。

〔二〕大樓炭經中無此文，二事論劫，見雜阿含經卷三十四、增一阿含經卷五十、菩薩瓔珞大業經卷下、大智度論卷三、卷三十八，均與此立量不同。

〔三〕出大智度論卷三十八。

歲增至八萬，復從八萬還至十歲，經二十返一小劫。二十小劫爲一成劫。以年筭之，則經八千萬萬億百千八百萬歲也。止一爲小劫矣。今成劫已過，入住劫來復經八小劫。釋迦牟尼如來於住劫中當第四佛。尚餘九百九十六佛於後續次而出。依奘法師西國傳云：「夫數量之稱，謂踰繕那。舊云由旬，又曰踰闍那，又曰由延，皆訛略。踰繕那者，自古聖王一日運行也。〔一〕舊傳一踰繕那四十里矣。印度國俗乃三十里，〔二〕聖教所載唯十六里。」〔三〕故毗曇論：「四肘爲一弓，五百弓爲一拘盧舍，八拘盧舍爲一由旬。」〔四〕一弓長八尺，五百弓長四百丈，四百丈爲一拘盧舍。一里有三百六十步，一步有六尺，合有二百一十六丈爲一里。二里有四百三十二丈。計前五百弓有四百丈爲一拘盧舍，猶欠三十二丈不滿二里。計一拘盧舍減有二里，計八拘盧舍減十六里爲一由旬。若依雜寶藏經：「一拘盧舍有五里。」〔五〕計毗曇八拘盧舍爲一由旬，〔六〕合有四十里。

〔一〕「運」字，西域記作「軍」。
〔二〕「乃」字原作「及」，據高麗藏本、南藏本改。
〔三〕出大唐西域記卷二。
〔四〕出雜阿毗曇心論卷二。
〔五〕出雜寶藏經卷一鹿女夫人緣。
〔六〕見雜阿曇論卷二。

壞劫部第三

依長阿含經云：「三災上際云何？若火災起時至光音天爲際，若水災起時至遍浄天爲際，若風災起時至果實天爲際。三災欲起時，世間人皆行正法，正見不倒，修十善行。行此法時，有人得第二禪者，即踊身上昇於空中，住聖人道天道梵道，高聲唱言：諸賢當知，無覺無觀第二禪樂。人聞此聲已，即修無覺無觀。身壞命終，生光音天。是時地獄衆生罪畢命終，來生人間，復修無覺無觀得生光音天。畜生、餓鬼、阿須倫乃至六欲，皆生光音天。爾時先地獄盡，〔一〕後畜生盡已，次餓鬼、阿須倫乃至他化自在天盡已，然後人盡，無有遺餘。此世敗壞，乃成爲災。」〔二〕

又順正理論云：「乃至地獄無一有情，爾時名爲地獄已壞。諸有地獄定受業者，業力置他方獄中。由此准知旁生鬼趣。時人身内無有諸蟲，與佛身同。若時人趣，此洲一人無師法然得初静慮。從静慮起，唱如是言：離生喜樂甚樂甚静。餘人聞已，皆入静慮。命終並得生梵世中。乃至此洲有情都盡，是名已壞贍部洲人。東西二洲例此應説。北洲命盡生欲界天，由彼鈍根無離欲故。生欲界天已，静慮現前，轉得勝依，方能離欲。乃至人趣無一有情，爾時名爲人趣已壞。若諸天趣欲界六天隨一法然得

〔一〕「先」字原作「生」，據高麗藏本改。
〔二〕出長阿含經卷二十一。

初静慮，乃至並得生梵世中，爾時名爲欲天已壞。如是欲界無一有情，名欲界中有情已壞。若時梵世隨一有情無師法然得二静慮。從彼定起，唱如是言：定生喜樂甚樂甚静。餘天聞已皆入彼静慮，命終並得生極光净。乃至梵世中有情都盡，如是名已壞有情世間，唯器世間空曠而住。餘方世界一切有情感此三千世界業盡，於此漸有七日輪現，諸海乾竭，衆山洞然。洲渚三輪並從焚燎。風吹猛焰燒上天宫乃至梵宫，無遺灰燼。自地火焰燒自地宫，非他地災能壞他地。由相引起，故作是説：下火風飄焚燒上地。謂欲界火猛焰上昇爲緣，引生色界火焰。餘災亦爾，如應當知。如是始從地獄漸減乃至器世界盡，總名壞劫。」〔一〕

又觀佛三昧經云：天地始終謂之一劫。劫盡壞時火災將起。一切人民皆背正向邪，競行十惡。天久不雨，所種不生。依水泉源乃至四大駛河皆悉枯竭。久久之後，風入海底。取日上天城郭於須彌山邊，置本道中。〔二〕長阿含經云：「其後久久有大黑風暴起。海水深八萬四千由旬，吹使兩披。取日宫殿置於須彌山半，去地四萬二千由旬，安日道中。」〔三〕乃至七日次第取之，法用並然。雜心論云：「劫滅之時，由乾陀山後有七日輪住，從彼而出。又説

〔一〕出阿毘達磨順正理論卷三十二。

〔二〕觀佛三昧海經無此文，文略見大樓炭經卷五災變品。

〔三〕出長阿含經卷二十一。

云：分一日爲七日。又説云：從阿鼻地獄下出日，衆生業力故耳。〔一〕一日出時，百草樹木一時彫落。二日出時，四大海水從百由旬乃至七百由旬内，其水自然枯涸。三日出時，四大海水千由旬乃至七千由旬内，水展轉消盡。四日出時，四大海水深千由旬。五日出時，四大海水縱廣七千由旬乃至竭盡。長阿含經云：「五日出已，其後海水轉減，猶如春雨後，亦如牛跡中水，遂至涸盡，不漬人物也。」〔二〕六日出時，此地厚六萬八千由旬皆悉煙出。從須彌山乃至三千大千刹土及八大地獄，靡不燒滅，煙盡無餘。人民命終，皆依須彌山及六欲諸天皆悉命終，宫殿皆空。一切無常，不得久住。七日出時，大地須彌山漸漸崩壞，百千由旬永無遺餘。山皆洞然，諸寶爆裂，煙焰震動，至於梵天。一切惡道皆悉蕩盡，罪終福至，皆集第十五天上，十四天以下盡成灰墨。新生天子未曾見此，普懷恐懼。舊生天子各來慰勞，勿生恐怖，終不至此。人民命終生光音天，以念爲食，光明自照，神足飛行。或生他土。若生地獄，地獄罪畢，亦生天上。若罪未畢，復移他方。無日月星宿，亦無晝夜，唯有大冥，謂之火劫。火災果報，致此壞敗。劫欲成時，火乃自滅。更起大雲，漸降大雨，滴如車軸。是時此三千大千刹土，水遍其中，及至梵天。故瑜伽論云：「又諸有情能滅壞業增上力故，及依六種所燒事故，復有六日輪漸次而現。彼諸日輪望舊日輪所有熱勢，踰前四倍。既成七已，熱遂增七。云何名爲六所燒事？一、小大溝坑由第二日輪之所枯竭。二、小河大河

〔一〕出雜阿毘曇心論卷十。

〔二〕出長阿含經卷二十一。

由第三日輪之所枯竭。三、無熱大池由第四日輪之所枯竭。四、大海由第五日輪及第六一分之所枯竭。五、蘇迷盧山及以大地體堅實故，由第六一分及第七日輪之所燒然。〔一〕即此火焰爲風所鼓，展轉熾盛，極至梵世。如是世界皆悉燒已，乃至灰墨及與餘影皆不可得。從此名爲器世間已壞。滿足二十中劫，如是壞已，復二十中劫住。云何水災？謂過七火災已，於第二静慮中有俱生水界起，壞器世間。猶水消鹽。此之水界與器世間一時俱没。如是没已，復二十中劫住。云何風災？謂七水災過已，復七火災，從此無間於第三静慮中有俱生風界起，壞器世間。如風乾支節，復能消盡。此之風界與器世間一時俱没。從此壞已復二十中劫住。如是略説，〔二〕世間已壞。」〔三〕

又依順正理論云：「此水、火、風三大災起，逼有情類，令捨下地，集上天中。初火災興，由七日現。有説：如是七日輪行，猶如鴈行，分路旋運。有説：如是七日輪行上下爲行，分路旋運，〔四〕中間各相去五千踰繕那。次水災興由降瀑雨。有作是説：從三定邊空中欻然雨熱灰水。有餘復説：從下水輪起湧沸水，上騰漂浸。决定義者即此邊生。後風災興，由風相擊。有作是説：從四定邊空中欻然飄擊

〔一〕「及」字原脱，據高麗藏本補。
〔二〕「一時……略説」十八字原脱，據高麗藏本補。
〔三〕出瑜伽師地論卷二。
〔四〕「有説……運」十六字原脱，據高麗藏本補。

風起。有餘復說：從下風輪起衝擊風上騰飄鼓。〔一〕此決定義，准前應知。三災起時云何次第？要先無間起七火災，其次定應一水災起。此後無間復七火災。度七火災，還有一水。如是乃至滿七水災，〔二〕復有七火災，後風災起。如是總有八七火災，一七水災，一風災起。水風災起，皆次火災。自水風災必火災起，故災次第，理必應然。何緣七火方一水災？極光静天壽勢力故。〔三〕謂彼壽量極八大劫，故至第八方一水災。由此應知，要度七水八七火後，乃一風災，由遍浄天壽勢力故。謂彼壽量六十四劫，故第八八方一風災。如諸有情，修定漸勝，所感異熟，身壽漸長。由是所居亦漸久住。」〔四〕故毗曇論偈云：

「七火次第過，　然後一水災。　七七火七水，　復七火後風。」〔五〕

又對法論云：「如是東方無間無斷無量世界，或有將壞，或有將成，或有正壞，或壞已住，或有正成，或成已住。如於東方，乃至一切十方亦爾。如是若有情世間，若器世間，業煩惱力所生故，業煩惱

〔一〕「衝」字原脱，據高麗藏本補。
〔二〕「乃」字原作「及」，據高麗藏本改。
〔三〕「力」字原闕，據下文文例補。
〔四〕出阿毘達磨順正理論卷三十二。
〔五〕出雜阿毘曇心論卷十。

增上所起故，總名苦諦。」〔一〕

又雜心論：「問：何故壞劫不至第四禪？答：浄居天故。彼無上地生，即彼般涅槃故。亦不下生下地，非數滅故。若彼住經壞劫者，亦不然。增上福力生彼處故，内擾亂非故。若彼地内有擾亂者，則外有災患。彼初禪内有覺觀火擾亂故，外爲火災燒。第二禪内喜水擾亂故，外爲水災所漂。第三禪内有出入息風擾亂故，外爲風災所壞。問：第四禪未曾有擾亂者，何得不常？答：刹那無常所壞故，第四禪地不定相續。隨彼天生宫殿俱起。若天命終，彼亦俱没耳。」〔二〕

成劫部第四

依起世經云：「爾時復經無量久遠不可計數日月時，起大重雲，乃至遍覆梵天世界。既遍覆已，注大洪雨。其滴甚麤，或如車軸，或復如杵。經歷百千萬年，彼雨水聚漸漸增長，乃至天所住世界，其水遍滿。然彼水聚有四風輪之所住持。何等爲四？一名爲住，二名安住，三名不墮，四名牢住。彼雨斷已，復還自退下無量百千萬億由旬。當於爾時四方一時有大風起。其風名爲阿那毗羅。吹彼水聚混亂不停。水中自然生大沫聚。大風吹沫擲置空中。從上造作梵天宫殿，微妙可愛，七寶間成，謂金、

〔一〕出大乘阿毘達磨集論卷三。

〔二〕出雜阿毘曇心論卷十。

銀、瑠璃、玻瓈、赤珠、硨磲、碼碯。有斯梵天世間出生。彼大水聚復更退下無量百千萬億由旬，如前四方風起，名阿那毗羅。由此大風吹擲水沫復成宮殿，〔一〕魔身天墻壁住如梵身天無異，唯有寶色精麤異耳。如是次造他化自在天，展轉至夜摩天。六天次第具足如梵天無異，精麤異耳。時彼水聚轉復減少，乃更退下無量百千萬億由旬，湛然停住。彼水聚中四方浮沫水上，厚六十八億由旬，周闊無量。大風吹沫復造須彌山，四寶所成。復吹水上浮沫爲三十三天，七寶所成。又吹水沫於須彌山半腹之間四萬二千由旬，爲日月天子宮殿，皆七寶成。以是因緣世間便有七日宮殿安住現在。又吹水沫於海水上高萬由旬爲空居夜叉，造玻瓈宮殿。城郭亦爾。又吹水沫於須彌山四面各去山一千由旬，大海之下，作四面阿脩羅城，七寶莊嚴。又復大風吹水聚沫，造作餘大寶山。如是展轉吹水沫，過四大洲八萬小洲須彌山王并餘一切大山之外，周匝安置，名大輪圍山。高廣正等六百八十萬億由旬。牢固真實，金剛所成，難可破壞。如是大風吹掘大地，漸漸深入，乃於其中置大水聚，湛然停積。以此因緣便有大海。」〔二〕

又起世經云：「此大海水何因緣故，如是鹹苦，不堪飲食？此有三因緣。何等爲三？一者，從火災後經無量時起大重雲，彌復凝住。後降雨滴，注滿世界。彼大雨汁洗梵身天一切宮殿，次洗魔天宮殿，

〔一〕「復」字原作「不」，據高麗藏本、磧砂藏本、南藏本、嘉興藏本改。

〔二〕出起世經卷九。

次洗他化自在天、化樂天、兜率天、夜摩天宮殿。洗已，洗彼宮時所有醎辛苦味，悉皆流下。次復洗須彌山及四大洲、八萬小洲諸餘大山等。如是洗時，浸漬流蕩其中，以是因緣令大海醎，不堪飲食。第二，此大海水大神大身衆生在其中住。所有屎尿流出海中。以是因緣，其水醎苦，不堪飲食。第三，此大海水古昔諸仙曾所呪故，願海成其鹽味，不堪飲食。以是因緣令大海醎，不堪飲食。」〔一〕

又依順正理論云：「所言成劫者，謂從風起乃至地獄始有情生。謂此世間災所壞已，二十中劫唯有虚空。過此長時，次應復有等住世成劫便至。一切有情業增上力，空中漸有微細風生。是器世間將成前相。風漸增盛，成立如前所説風輪、水輪、金輪等。然初成立大梵天宫乃至夜摩天宫，復起風輪等，是謂成立外器世間。由有情力，謂光浄久集有情，天衆既多，居處迫迮。諸福減者，應散居下。此器世間。初一有情極光浄歿，生大梵處空宮殿中。後諸有情亦從彼歿，有生梵輔，有生梵衆，有生他化自在天宫，漸漸下生乃至人趣。後生餓鬼、旁生、地獄。法爾後成，壞必最初。若初一有情生無間獄，二十中成劫應知已滿。此後復有二十中劫，名成已住，次第而起。」〔二〕

立世阿毗曇論云：「一切器世界起作已成時，二種界起長：謂地、火兩界。風界起吹火界，蒸鍊地

〔一〕出起世經卷九。

〔二〕出阿毘達磨順正理論卷三十二。

界。風界恒起吹一切物使成堅實。既堅實已，一切諸寶種類皆得顯現。如是多時六十小劫，究竟已度。」〔一〕又長阿含經云：「此三及地爲四災四劫，除地説三爲大劫。唯未至第四禪，爲浄居天故。無上地可生，即於彼處涅槃，亦不下生，非數滅故，變成天地。天地更始，了無所有。亦無日月。地湧甘泉，味如酥蜜。時光音諸天或有福盡來生，或樂觀新地，性多輕躁。以指嘗之，如是三轉，得其甜味。食之不已，漸生麤肥，失天妙色。神足光明，冥然大暗。」〔二〕「後大黑風，吹彼海水，漂出日月。置須彌邊，安日道中。遶須彌山，照四天下。時諸人輩見出則歡，見入則懼。自茲以後，晝夜、晦朔、春秋、歲數，終而復始。劫初成時，諸天來下爲人，皆悉化生。身光自在，神足飛行，無有男女尊卑，衆共生世，故名衆生。有自然地味，味猶如醍醐，亦如生酥，味甜如蜜。其後衆生以手試嘗，遂生味著，漸成團食。光明轉減，無復神通。食地味多者顔色麤悴，其食少者顔色光澤，遂生勝負。因緣勝負故，便生是非。地味稍歇，咸皆懊惱：咄哉爲禍，無復地味。又生地皮，狀如薄餅。地皮又滅，又生地膚。地膚滅故。」〔三〕依增一經：「又生自然地肥，味嘗如葡萄酒。」〔四〕又樓炭經云：「地肥不生，便生兩枝葡萄，

〔一〕出立世阿毘曇論卷十大三災大災品。
〔二〕出長阿含經卷六小緣經。文首四十六字見雜阿毘曇心論卷十一。
〔三〕出長阿含經卷二十二。
〔四〕出增一阿含經卷三十四。

其味亦甘。久久食多，共相形笑。兩枝葡萄不生，更生秔米，無有糠檜，不加調和，備衆美味。衆生食之，生男女形。」〔一〕又增一經云：「時諸天子情意欲多者便成女人，故有夫妻之名。其後衆生婬欲轉增，遂夫妻共住。其餘衆生壽福行盡，後光音天來生此閒，在母胎中。因此世閒有處胎生。爾時造瞻婆大城，乃至一切城郭。自然秔米，朝刈暮熟，暮刈朝熟，刈後隨生。」〔二〕

又依中阿含經：「米長四寸，未有莖幹。時有衆生併取日糧。如是相斅，乃至併取五日秔米。漸生糠檜，刈已不生，遂有枯株。爾時衆生懊惱悲泣，各封田宅秔米以爲疆畔。其衆自藏己米，盜他田穀，無能決者。議立一平等主，善護人民，賞善罰惡。便有刀杖等物，考楚殺戮。此是生老病死之原。由有田地，致此諍訟。故各共減割以供給之。故選一人，形貌尊雅，甚有才德，請以爲主，於是始有民主之名。田宅舍屋之名，天下豐樂，不可具述。奉行十善，哀念人民，如父母愛子。人民敬主，如子敬父。人壽大久，豐樂無極。」〔三〕

又依順正理論云：「初受段食故，身漸堅重，光明隱没，黑暗便生。日月衆星，從兹出現。由漸耽味，地味便隱。從兹復有地皮餅生。競耽食之，地餅復隱。爾時復有林藤出現。競耽食故，林藤復隱。

〔一〕此段出處待考。
〔二〕出增一阿含經卷三十四。
〔三〕出中阿含經卷三十九婆羅婆堂經。

有非種香稻自生，衆共取之以充所食。此食粗故，殘穢在身。爲欲蠲除，便生二道。因斯遂有男女根生。由二根殊，形相亦異。宿習力故，便相瞻視。因此遂生非理。乃至由有劫盜過起，詮量衆内一有德人，〔一〕各以所收六分之一雇令防護，〔二〕封爲田主。因斯故立刹帝利名。大衆欽承，恩流率土。故復名大王。未有多王。自後諸王，此王爲首。」〔三〕

又長阿含經云：「佛告比丘：有四事長久無量無限，不可以日月歲數而稱計也。云何爲四？一，時世間災漸起，壞此世時，中間長久，不可以日月歲數而稱計也。二者，此世間壞已，中間空曠，無有世間。長久迥遠，不可以日月歲數而稱計也。三者，天地初起，〔四〕向欲成時，中間長久，不可以日月歲數而稱計也。四者，天地成已，久住不壞，不可以日月歲數而稱計也。是爲四事長久無量無限，不可以日月歲數而計量也。」〔五〕

頌曰：

〔一〕「詮」字原作「僉」，據高麗藏本改。
〔二〕「雇」字原作「顧」，據高麗藏本、磧砂藏本、南藏本、嘉興藏本改。
〔三〕出阿毘達磨順正理論卷三十二。
〔四〕「天」字原作「大」，據高麗藏本改。
〔五〕出長阿含經卷二十一。

百旬芥易盡，三災理自傾。石火無恒焰，電光非久停。飢寠自相噉，刀兵競相征。
疫病無醫效，空勞怨苦聲。親戚無相救，殘害有餘情。遺文虚滿笥，徒欣富貴盈。
太息波川迅，悲斯苦業縈。生滅恒敦逼，煎迫未安寧。

法苑珠林校注卷第二

三界篇第二三界有二：初明四洲，二明諸天。

第一四洲部此别十部

述意部　會名部　地量部　山量部　界量部　方土部

身量部　壽量部　衣量部　優劣部

述意部第一

夫三界定位，六道區分。麤妙異容，苦樂殊跡。觀其源始，不離色心；檢其會歸，莫非生滅。生滅輪迴，是曰無常；色心影幻，斯謂苦本。故涅槃喻之於大河，〔一〕法華方之於火宅。聖人啓悟，息駕反源。超出三有，漸逾十地也。尋世界立體，四大所成。業和緣合，與時而作。數盈災起，復歸於滅。所謂短壽者謂其長，壽長者見其短矣。夫虚空不有，故厥量無量；世界無窮，故其狀不一。於是大千爲法王所統，小千爲梵王所領，須彌爲帝釋所居，鐵圍爲藩墻之城，大海爲八維之浸，日月爲四方之燭。總總羣生，於兹是宅；瑣瑣含識，莫思塗炭。沈俗而觀，則迂誕之奢言；大道而察，乃掌握之近事耳。但世宗周孔，雅伏經書。然辯括宇宙，臆度不了。易稱天玄，蓋取幽深之名；莊説蒼天，近在遠望之色。於是野人信明，謂旻青如碧；儒士據典，謂乾黑如漆。青黑誠異，乖體是同；儒野雖殊，不知是一。然則俗尊天名，而莫識實。豈知六欲之嚴麗，十梵之光明哉。嗟夫，區界現事，猶莫之知；不思妙義，固其已矣。竊惟方等大典，多説深空，尋長含樓炭，辯章世界，而文博偈廣，卒難檢究。今簡要略，用標厥致耳。

會名部第二

長阿含、起世經等：四洲地心即是須彌山。山外別有八山圍。如須彌山下，大海深八萬四千由

〔一〕「之」字原作「云」，據高麗藏本改。

旬。其邊八山大海，初廣八千由旬，中有八功德水。依順正理論云：「一甘，二冷，三軟，四輕，五清浄，六不臭，七飲時不損喉，八飲已不傷腹。」〔一〕如是漸小，至第七山下，水廣一千二百五十由旬，其外鹹海，廣於無際。海外有山，即是大鐵圍山。四周圍輪，并一日月，晝夜迴轉，照四天下，名爲一國土。即以此爲量，數至滿千，鐵圍遶訖，名一小千，復至一千，鐵圍遶訖，名爲中千世界。即數中千，復滿一千，鐵圍遶訖，名爲大千世界。其中四洲、山王、日月，乃至有頂，各有萬億。舊云百億者，錯筭也。成則同成，壞則同壞，皆是一化佛所統之處，名爲三千大千世界，號爲娑婆世界。梵本正音，名爲索訶世界。依自誓三昧經云：「沙訶世界者，漢言忍界，謂此土人物剛强難忍，故立名號爲忍。」〔二〕其佛號曰能仁。以別束廣，名曰三界：一欲界，二色界，三無色界。初欲界者，欲有四種：一是情欲，二是色欲，三是食欲，四是婬欲。二色界有二：一是情欲，二是色欲。無色界有一：情欲。初具四，欲强色微，故云欲界。第二色界，色强欲微，故號色界。第三無色界，色絶欲劣，故名無色界。〔三〕更依華嚴辯三千大千世界，乃有多重，不煩廣述也。

〔一〕出阿毘達磨順正經論卷三十一。

〔二〕「爲忍」二字原脱，據高麗藏本補。

〔三〕見長阿含經卷十八、起世經卷一。

地量部第三

依華嚴經云：「三千大千世界以無量因緣乃成。且如大地依水輪，水輪依風輪，風輪依空輪，空輪無所依。〔一〕然衆生業感世界安住。」〔二〕故智度論云：「三千大千世界皆依風輪爲基。」〔三〕又新翻菩薩藏經云：「諸佛如來成就不思議智故，而能得知諸風雨相。〔四〕知世有大風，名烏盧博迦。乃至衆生諸有覺受，皆由此風所搖動故。此風輪量高三拘盧舍。於此風上，虚空之中，復有風起，名曰風雲輪。此風輪量高五拘盧舍。於此風上，虚空之中，復有風起名瞻薄迦。此風輪量高十踰繕那。於此風上，虚空之中，復有風起，名吠索縛迦。此風輪量高三十踰繕那。又此風上，虚空之中，復有風起，名曰去來。此風輪量高四十踰繕那。如是舍利子，次第輪上六萬八千拘胝風輪之相，如來應正等覺依止大慧，悉能了知。舍利子，最上風輪名爲周遍。上界水輪之所依止。其水高量六十八百千踰繕那，爲彼

〔一〕「水輪依風輪，風輪依空輪，空輪無所依」原作「水依風輪，風依空輪，空無所依」，據高麗藏本補。
〔二〕出大方廣佛華嚴經卷三十三。
〔三〕此段出處待考。
〔四〕「得」字原作「行」，據高麗藏本改。

大地之所依止。其地量高六十八千踰繕那。舍利子，是地量表有一三千大千世界。」〔一〕又樓炭經云：「此地深二十億萬里。下有金粟，亦二十億萬里。下有金剛，亦二十億萬里。下有水際，八十億萬里。下有無極大風，深五百二十億萬里。」〔二〕此雖六重，前四是地輪，第五是水輪，第六是風輪。金光明經云：「此地深十八萬由旬，〔三〕下有金沙。」〔四〕金沙正是金粟，下有金剛地。釋云：前風輪堅固，不可沮壞。有大洛那力人，以金剛杵擊之。杵碎，風輪無損。大洛那力者是第四梵王那羅延力，是佛身力，亦名那羅延風輪。風輪上次有水輪。水輪者，依立世經云：〔五〕深一百一十三萬由旬，減風輪三十八萬由旬。以衆生業力，水不流散。如食未消，不墮熟藏。又如倉貯米，内外物持，水輪亦爾，外由有風持不散。如世間攢酪爲酥。〔六〕此風力順轉此水成金。水深一百一十三萬由旬。既順成金水，但厚八十萬由旬。所略三十三萬由旬皆屬金地。金地輪中從少向多，應厚十二洛沙。一洛沙有十萬

〔一〕出大寶積經卷四十三菩薩藏會。
〔二〕出大樓炭經卷六。
〔三〕「十八萬」，高麗藏本作「十六萬八千」。
〔四〕出金光明經卷二堅牢地神品。
〔五〕此段出處待考。
〔六〕「攢」字原作「鑽」，據高麗藏本、磧砂藏本、南藏本、嘉興藏本改。

由旬。此輪縱廣一等。

山量部第四

今據三千大千世界之中，諸佛世尊皆垂化現。現生現滅，導聖導凡。約一四天下，即以一日月所照臨處，以蘇迷盧山爲中。唐云妙高山，舊名須彌山，又曰迷留，亦云彌婁山。此皆訛略耳。高三百三十六萬里。四寶所成：東面黄金，南面瑠璃，西面白銀，北面玻瓈。在大海中，亦深三百三十六萬里，據金輪上。如起世經云：「須彌山下有八重山：初山名佉提羅，高四萬二千由旬，上闊亦爾，七寶所成。其須彌山、佉提羅山二山之間闊八萬四千由旬，周匝無量。佉提羅山外有山，名曰伊沙陀羅，高二萬一千由旬，上闊亦爾，七寶所成。二山之間，闊四萬二千由旬，周匝無量。伊沙陀羅山外有山，名曰遊乾陀羅，高一萬二千由旬，上闊亦爾，七寶所成。二山之間，闊二萬一千由旬，周匝無量。遊乾陀羅山外有山，名曰善見，高六千由旬，上闊亦爾，七寶所成。二山相去一萬二千由旬，周匝無量。善見山外有山，名曰馬半頭，高三千由旬，上闊亦爾，七寶所成。二山之間，闊六千由旬，周匝無量。馬半頭山外有山，名曰尼民陀羅，高一千二百由旬，上闊亦爾，七寶所成。二山之間，闊二千四百由旬，周匝無量。尼民陀羅山外有山，名毗那耶迦，高六百由旬，上闊亦爾，七寶所成。二山之間，闊一千二百由旬，周匝無量。毗那耶迦山外有山，名斫迦羅，隋言輪圍，〔一〕即鐵圍山是也。高三百由旬，上闊亦爾，七寶所成。二山之間，闊六百由旬，周匝無量。上列諸山，中間皆是海水，水皆有優鉢羅華、鉢頭摩華、拘牟陀華、奔荼利迦華等，諸妙香物，遍覆於水。去斫迦羅山其間不遠，亦有空地，青草遍布，即是大海。於大海北有大樹王名曰閻浮。樹身周圍有七十由旬，根下入地二十一由旬，高百由旬，乃至枝葉四面垂覆五十由旬。」〔二〕

長阿含經云：「其山空地中有大海水，名曰鬱禪那。此水下轉輪聖王道，廣十二由旬。夾道兩邊有七重墻，〔三〕七重欄楯，七重羅網，七重行樹，周匝交飾，七寶所成。閻浮提地輪王出時，水自然去，其道平現。去海不遠，有山名鬱禪山。去此山不遠有山名金壁。過此山已，有山名雪山，縱廣五百由旬，深五百由旬。雪山中間有寶山，高二十由旬。雪山埵出高百由旬。其山頂上有阿耨達池，縱廣五十由旬。其水清冷，澄徹無穢，七寶砌壘。其池底金沙充滿，華如車輪，根如車轂。華根出汁，色白如乳，味甘如蜜。池東有恒伽河從牛口出，從五百河入於東海。池南有新頭河，從師子口出，從五百河入於南海。池西有博叉河，從馬口出，從五百河入於西海。池北有斯陀河，從象口出，從五百河入於北

〔一〕「隋」字原作「此」，據高麗藏本、磧砂藏本、南藏本、嘉興藏本改。
〔二〕出起世經卷一。
〔三〕「夾」字原作「俠」，據長阿含經改。

海。」〔一〕

依奘法師西國傳：「其瞻部洲之中地者，阿那婆荅多池也。唐云無熱，〔二〕舊曰阿耨達池，訛也。在香山之南，大雪山之北，周八百里，金、銀、瑠璃、頗胝，飾其岸焉。金沙彌漫，清波皎鏡。大地菩薩以願力故，〔三〕化爲龍王，於中潛宅。出清冷水，屬瞻部洲。是以池東面銀牛口流出殑伽河，舊曰恒河，又曰恒伽，訛也。繞池一匝，〔四〕入東南海。池南面金象口流出信度河，舊曰辛頭河者，訛也。繞池一匝，入西南海。池西面瑠璃馬口流出縛芻河，舊曰博叉河者，〔五〕訛也。繞池一匝，入西北海。池北面頗胝師子口流出徙多河，舊説曰私陀河者，訛也。繞池一匝，入東北海。或曰潛流下地，出積石山，即徙多河之流，爲中國之河源也。時無輪王應運，瞻部洲地有四主焉：南象主，則暑温宜象；西寶主，乃臨海盈寶；北馬主，寒勁宜馬；東人主，和暢多人。故象主之國，躁烈篤學，特閑異術。寶主之鄉，無禮義，重財賄。馬主之俗，天資獷暴，情忍殺戮。人主之地，風俗機變，仁義照明。四主之俗，東方爲上。其居室則東開其户，

〔一〕出長阿含經卷十八閻浮提洲品。
〔二〕「唐」字原作「此」，據高麗藏本、磧砂藏本、南藏本、喜興藏本改。
〔三〕「大」字，高麗藏本作「十」。
〔四〕「池」字原作「他」，據高麗藏本、磧砂藏本、南藏本、嘉興藏本改。
〔五〕「博」字原脱，據高麗藏本、磧砂藏本、南藏本、嘉興藏本補。

日則東向以拜。人主之地，南面爲尊。方俗殊風，斯其大槩。至於君臣上下之禮，憲章文軌之儀，人主之地，無以加也。清心釋累之訓，出離生死之數，象主之國，其理優矣。斯皆著之經誥，聞諸士俗。博閑今古，詳考見聞。然則佛興西方，法流東國。通譯音訛，方言語謬。音訛則義失，語謬則理乖。故曰：必也正名乎！貴無乖謬矣。」〔一〕

又起世經云：「阿耨達宫中有五柱堂，阿耨達龍王恒於中止。佛言：何故名爲阿耨達，其義云何？此閻浮提所有龍王，盡有三患，唯阿耨達龍無有三患。云何爲三？一者，所有諸龍皆被熱風、熱沙著身，燒其皮肉及燒骨髓，以爲苦惱。唯有阿耨達龍無有此患。二者，所有龍宫，惡風暴起，吹其宫内，失寶飾衣，龍身自現，以爲苦惱。唯阿耨達龍王無如此患。三者，所有龍王，各在宫中，相娱樂時，金翅大鳥，入宫搏撮。或始生方便，欲取龍食，龍怖懼，常懷熱惱。唯阿耨達龍無如此患。若金翅鳥王生念欲往，即便命終。故名阿耨達。阿耨達者，〔二〕秦言無惱。佛告比丘：雪山右面有城名毗舍離。〔三〕其

〔一〕出大唐西域記卷一。

〔二〕「達」字原脱，據高麗藏本補。

〔三〕「舍」字原作「金」，據長阿含經改。

城北有七黑山，黑山北有香山。其山常有歌舞唱妓音樂之聲。山有二窟：〔一〕一名爲晝，二名善晝，〔二〕七寶所成，柔軟香潔，猶如天衣。妙音乾闥婆王從五百乾闥婆，在其中止。」〔三〕又順正理論云：「四洲之中，唯贍部洲有金剛座，上窮地際，下據金輪。諸最後身菩提薩埵將登無上正等菩提，皆坐此座，起金剛定。以無餘依及餘處所有堅力，能持此坐。」〔四〕

又長阿含經云：「佛告比丘：有四大天神。何等爲四？一者地神，二者水神，三者風神，四者火神。此之四大，各共有之。故地神生惡見言：地中無水火風。時我知此地神所念，即往語言：汝嘗生念言，地中無水火風耶？荅曰：地中實無水火風也。我時語言：汝勿生此念，謂地中無水火風。所以者何？地中有水火風。但地大多故，地大得名。佛告比丘：我爲彼地神除其惡見，示教利喜，得法眼净。水中有地火風，火中有地水風，風中有地水火。但初大多故，偏得名也。」〔五〕

〔一〕「窟」字原作「崛」，據高麗藏本改

〔二〕二「晝」字原皆作「盡」，皆據長阿含經改。

〔三〕出長阿含經卷十八閻浮提洲品。作起世經誤。

〔四〕出阿毘達磨順正理論卷三十一。

〔五〕出長阿含經卷二十忉利天品。

界量部第五

依立世阿毗曇論云：「大鹹海外有山，名曰鐵圍，入水三百一十二由旬半，出水亦然。廣亦如是。周迴三十六億一萬三百五十由旬。從閻浮提南際取鐵圍山，三億六萬六百六十三由旬；從閻浮提中央取東弗于逮中央，三億六萬六百由旬；從閻浮提中央取西瞿耶尼中央，三億六萬六百由旬；從閻浮提北際取北鬱單越北際，四億七萬七千五百由旬；從鐵圍山水際極西鐵圍山水際逕度，〔一〕十二億二千八百二十五由旬。鐵圍山水際周迴三十六億八千四百七十五由旬。從此須彌山頂至彼須彌山頂邊十二億三千四百五十由旬。從此須彌山中央至彼須彌山中央十二億八萬三千四百五十由旬。從此須彌山根至彼須彌山根十二億三千十五由旬。如是義者，佛世尊說。」〔二〕依長阿含經云：「閻浮提，其地縱廣七千由旬。西瞿耶尼，其地縱廣八千由旬。東弗于逮，其地縱廣九千由旬。北鬱單越，其地縱廣十千由旬也。」〔三〕

〔一〕「逕」字，高麗藏本作「遥」。
〔二〕出立世阿毘曇論卷二數量品。
〔三〕出長阿含經卷十八閻浮提洲品。

方土部第六

尋夫方土，人别不同，總有二種：一凡，二聖。若約方言之，即有四種，所謂四天下人。若以住處言之，四天下中合有四千八處，則有四千八種之人。若直按閻浮提一方言之，如樓炭經説：大國總有三十六之大國，人亦同之。若展别論，則有二千五百小國，人亦同之。又一一國中，種類若干，胡、漢、羌、虜、蠻、夷、楚、越，各隨方土，色類不同，未可具述。故樓炭經云：此南閻浮提種類差别，〔一〕各有六千四百種人。但總彰大數，不别其名。〔二〕

長阿含經云：「佛告比丘：此四天下有八千天下圍繞。其外復有大海水周匝圍繞八千天下。復有大金剛山繞大海水。金剛山外復有第二大金剛山。二山中閒，窈窈冥冥。日月神天有大威力，不能以光照及於彼八大地獄也。」〔三〕

第一北鬱單越者，依長阿含經云：「須彌山北天下有鬱單越國。其土正方縱廣一萬由旬。人面亦方，像彼地形。有大樹王，名菴婆羅，圍七由旬，高百由旬。枝葉四布五十由旬。多有諸山浴池，華果

〔一〕「閻」字原脱，據高麗藏本補。
〔二〕此段出處待考。
〔三〕出長阿含經卷十九。

豐茂。無數衆鳥和鳴。地生軟草，槃縈右旋，色如孔翠，香如婆師，軟若天衣。其地柔軟，以足蹈地，地凹四寸，舉足還復。地平如掌，無有高下。彼土四面有四阿耨達池，各縱廣百由旬，以七寶砌。出四大河，廣十由旬。衆鳥和鳴。彼土無有溝坑、荊棘株杌，亦無蚊虻、毒蟲。地純衆寶。陰陽調柔，四氣和順。百草常生，無有冬夏。其土常有自然粳米，不種自生。無有糠檜，如白華聚，猶忉利天食，衆味具足。其土常有自然釜鍑。有摩尼珠，名曰焰光，置於鍑下，飯熟光滅，不假樵火，不勞人功。其土有樹，名曰曲躬。葉葉相次，天雨不漏。彼諸男女，止宿其下。復有香樹，高七十里，華果繁茂。其果熟時，皮殼自裂，〔一〕自然香出。或高六十里、五十里，小者五里。其果熟時，皮破自然出種種衣，或出種種嚴身之具，或出種種器，或出種種食。或戲河中，有衆寶船。彼方人民，欲入中洗浴遊戲時，脱衣岸上，乘船中流。娱樂訖已，度水遇衣便著。先出先著，後出後著，不求本衣。次至香樹，樹爲曲躬。其人手取樂器調絃，並以妙聲和絃而行，詣園娱樂。其土中夜阿耨達龍王數數時起清净雲，周遍世界，而降甘雨。如㲉牛乳，〔二〕以八味水潤澤普洽。於中夜後，净無有翳，空中清明。海出涼風，微吹人身，〔三〕舉體快樂。其土豐熟，人民熾盛。設須飲食，以自然粳米，著於釜中，以焰光珠置於釜下，飯自然熟，珠

〔一〕「殼」字原作「破」，「裂」字原作「烈」，據長阿含經改。
〔二〕「㲉」字原作「構」，據高麗藏本改。
〔三〕「微」字原作「徵」，據高麗藏本、磧砂藏本、南藏本、嘉興藏本改。

光自滅。諸有來者，自恣食之。其主不起，飯終不盡。若其主起，飯則盡竭。其飯鮮潔，如白華聚。其味如天。無有衆病，氣力充足，顔色和悦，無有衰耗。其土人身顔貌同等，不可分别。其貌少壯，如閻浮提二十許人。其人口齒平正，潔白無間。髮紺青色，無有塵垢。髮垂八指，齊眉而止，不長不短。若其土人起欲心時，有熟視女人而捨之去。彼女隨逐，往詣園林。若彼女人是彼男子父親、母親、骨肉中表，不應行欲者，樹不曲蔭，各自散去。若非親者，樹則曲蔭，隨意娱樂。一日、二日或至七日，爾乃捨去。立世阿毗曇論云：「北洲人不索女，不迎妻，不買不賣。若男子欲娶女時，諦瞻彼女。若女欲羨男時，亦須諦視男子。若不見視，餘女報言：是人看汝。即爲夫妻。男不見女看，餘男報言：是女看汝。亦爲夫妻。若自相見，便即相隨，共往别處。〔一〕若多欲者，一生之中，數唯至五。其中品者或四或三。〔二〕亦有修行至死無欲。彼人懷妊，有惡食者耳。」〔三〕彼人懷妊，七日八日便産。隨生男女，置於四衢大交道頭，捨之而去。有諸行人，經過其邊，出指含哺。指出甘乳，充遍兒身。過七日已，其兒長成，與彼人等。男向男衆，女向女衆。彼人命終，不相哭泣，莊嚴死屍，置四衢道，捨之而去。有鳥名憂慰禪伽，接彼死屍，置於他方。依立世論云：「其鳥啄屍將去，至山外而便噉食也。」〔四〕又其土

〔一〕「共」字原作「其」，據高麗藏本改。
〔二〕下「或」字原脱，據高麗藏本補。
〔三〕出立世阿毘曇論卷六云何品。
〔四〕出立世阿毘曇論卷六云何品。

人大小便時，地爲開坼。便利訖已，地還自合。其土人民，無所繫戀，亦無蓄積。壽命常定，死盡生天。彼人何故壽命常定？其人前世修十善行，身壞命終，生鬱單越，壽命千歲，不增不減。是故彼人壽命正等。若有人能施沙門、婆羅門，及施貧窮乞兒。疾病困苦者，給其衣食、乘轝、華鬘、塗香、牀榻、房舍。又造塔廟燈燭供養。其人命終生鬱單越，壽命千歲，不增不減。其土不受十惡。舉動自然與十善合。身壞命終，生天善處。是故彼人得稱爲勝於三天下。其土最上，故秦言最上。」〔一〕

立世論云：「彼土人民，悉皆白净，人所莊飾，鬚髮翠黑，恒如剃周羅。五日，頭髮自然長，横七指，無有增減。」〔二〕順正理論云：「北俱盧洲，形如方座，四邊量等，面各二千。既説界方面各二千，已具其義。邊有二中洲：一矩婆洲，二憍拉婆洲。〔三〕此二洲皆有人住。」〔四〕

第二東弗于逮。依長阿含經云：「須彌山東有天下名弗于逮，其土正圓，縱廣九千由旬。人面像彼地形。有大樹王，名伽藍浮，圍七由旬，高百由旬，枝葉四布五十由旬。」〔五〕造天地經云：「東方人

〔一〕出長阿含經卷十九地獄品、卷十八閻浮提洲品、鬱單越品。
〔二〕出立世阿毘曇論卷六。
〔三〕「婆」字原脱，據高麗藏本補。
〔四〕出阿毘達磨順正理論卷三十一。
〔五〕出長阿含經卷十八閻浮品。

物勝閻浮提人。彼土用綿絹共相市易。」〔一〕依長阿含經云：「彼土人壽二百歲，少出多減。樓炭經云：「人壽三百歲也。」〔二〕飯食魚肉。立世論云：「自不殺生，不令他殺。若有自死，則食其肉。」〔三〕以穀帛珠璣，共相市易。人有婚禮嫁娶。」〔四〕立世論云：「東弗婆提人其多欲者，一生之中其數至七。其中品者或至五六。亦有修行至死無欲。東西二洲人唯無黑色，餘同閻浮提，身有種種色。彼人頭髮莊飾，剪前被後。上下兩衣，著下竟，上衣繞身而已。」〔五〕依順正理論云：「東勝身洲，東狹西廣，三邊量等，〔六〕形如半月。東三百五十，三邊各三千，此東洲東邊廣南洲南際，故東如半月。其洲邊有二中洲者：一提訶洲，二毗提訶洲。此二洲皆有人住。」〔七〕

第三俱耶尼者，依長阿含經云：「須彌山西天下名俱耶尼，其土形如滿月，縱廣八千由旬，人面像彼地形。有樹王名曰斤提，圍七由旬，高百由旬。枝葉四布五十由旬。起世經云：「於彼樹下有一石牛，高一由

〔一〕造天地經，疑僞，今佚。
〔二〕出大樓炭經卷四。
〔三〕出立世阿毘曇論卷六。
〔四〕出長阿含經卷二十忉利天品。
〔五〕出立世阿毘曇論卷六。
〔六〕「三」字原脱，據高麗藏本補。
〔七〕出阿毘達磨順正理論卷三十一。

句。以此因緣，名瞿陀尼，此云牛貨。」〔一〕人壽三百歲。以牛馬珠玉，共相市易。人物亦勝閻浮提。」〔二〕

立世論云：「彼土人或自殺生，或令他殺，死則食肉，同閻浮提人。若眷屬死，送喪山中，燒屍棄去，或置水中，或埋土裏，或著空地。東西二洲大同閻浮提，婚禮亦同。其欲多者，一生之中數至十二。其中品者數或至十。亦有修行至死無欲。彼人莊飾，並皆被髮，上下著衣。」〔三〕依順正理論云：「西牛貨洲，圓如滿月，逕二千五百，周圍七千半。其洲邊有二中洲者：〔四〕一捨摭洲，二嗢怛羅漫理拏洲。皆有人住。」〔五〕

第四閻浮提者，依長阿含經云：「須彌山南有天下名閻浮提。其土南狹北廣，縱廣七千由旬。人面像此地形。有大樹王名閻浮提，圍七由旬，高百由旬。枝葉四布五十由旬。起世經云：「於此樹下有閻浮那檀金聚，高二十由旬。以此勝金出此樹下，故名閻浮那檀金。」〔六〕復有金翅鳥王樹，名俱利睒婆羅，圍七由旬，高百

〔一〕出起世經卷一。
〔二〕出長阿含經卷十八閻浮提洲品。
〔三〕出立世阿毘曇論卷六。
〔四〕「二」字原脱，據高麗藏本補。
〔五〕出阿毘達磨順正理論卷三十一。
〔六〕出起世經卷一。

由旬。枝葉四布五十由旬。阿脩羅王有樹，名曰善晝。〔一〕圍七由旬，高百由旬。枝葉四布五十由旬。忉利天有樹，名曰晝度，圍七由旬，高百由旬。枝葉四布五十由旬。閻浮提人，人壽百歲，中夭者多，初十無知，二十少知，猶未黠了。三十欲意盛，四十所行無端，五十所習不妄，六十慳著，七十體性遲緩，八十無榮飾，九十疾病，百歲諸根衰耗。經於三百冬夏春，三萬六千食。中間或有不具者。」〔二〕立世阿毗曇論云：「閻浮提人衣服莊飾，種種不同：或有長髮分爲兩髻，或有剃落髮鬚，或有頂留一髻，餘髮皆除，名周羅髮，或有拔除髮鬚，或有剪髮剪鬚，或有編髮，或有被髮，或有剪前被後令圓，或有裸形，或著衣服覆上露下，或露上覆下，或上下俱覆，或止障前後。」〔三〕四洲人民所食多種，〔四〕不可具述。婚禮市易現事可知。然論云：「閻浮提人一生欲事無數無量，不同餘三洲人少欲。亦有修行至死無欲。」〔五〕依順正理論云：「南瞻部洲有邊洲：一名遮末羅洲，二名筏羅遮羅洲。此二洲中皆有人

〔一〕「晝」字原作「盡」，據高麗藏本、嘉興藏本改。
〔二〕出長阿含經卷十八閻浮提洲品。
〔三〕出立世阿毘曇論卷六。
〔四〕「四」字，高麗藏本作「此」。
〔五〕出立世阿毘曇論卷六。

住。」〔一〕

身量部第七

依立世經云：「閻浮提人命促，至十歲時，身形短小，或長二搩手、三搩手，於其自身則有八搩手。」〔二〕毗曇論云：「閻浮提人至百歲時，身長三肘半，或長四肘。長阿含經云長三肘，或有不定者，大位言之。弗婆提人長八肘，瞿耶尼人長十六肘，鬱單越人長三十二肘。」〔三〕

壽量部第八

如毗曇說：閻浮提人壽命不定，有其三品：上壽一百二十五歲，中壽一百歲，下壽六十歲。其間中夭者不可勝數。且依劫減時說，有此三品。若據劫初壽命無量，或至八萬四千。依長阿含經：「閻浮提人，人壽百二十歲。中夭者多。東弗于逮人，人壽二百歲。樓炭經云：「人壽三百歲。」〔四〕西俱耶尼

〔一〕出阿毘達磨順正理論卷三十一。
〔二〕出立世阿毘曇論卷九三小災疾疫品。
〔三〕出雜阿毘曇心論卷二。
〔四〕出大樓炭經卷四。

人，人壽三百歲。北鬱單越人，人壽千歲。」〔一〕餘三方人，並有中夭者。唯北洲人定壽千年也。

衣量部第九

依起世經云：「閻浮提人身長三肘半，衣長七肘，闊三肘半。瞿陀尼人、弗婆提人身衣與閻浮提等量。鬱單越人身長七肘，衣長十四肘，上下七肘。阿脩羅身長一由旬，衣長二由旬，闊一由旬，重半起利沙。」〔二〕隋言半兩。餘經説：阿脩羅大小不定，如毗婆質多阿脩羅四倍高須彌山。〔三〕

優劣部第十

長阿含經云：「佛告比丘：閻浮提人有三事勝拘耶尼人。何等爲三？一者、勇猛强記，能造業行；二者、勇猛强記，勤修梵行；三者、勇猛强記，佛出其土。拘耶尼人有三事勝閻浮提人。何等爲三？一者多牛，二者多羊，三者多珠玉。閻浮提有三事勝弗于逮。何等爲三？一者、勇猛强記，能造業行；二者、勇猛强記，能修梵行；三者、勇猛强記，佛出其土。弗于逮有三事勝閻浮提。何等爲三？一

〔一〕出長阿含經卷二十忉利天品。
〔二〕出起世經卷七。
〔三〕此段出處待考。

者其土極廣，二者其土極大，三者其土極妙。閻浮提有三事勝鬱單越。何等爲三？一者、勇猛强記，能造業行；二者、勇猛强記，能修梵行；三者、勇猛强記，佛出其土。鬱單越復有三事勝閻浮提。何等爲三？一者無所繫屬，二者無有我所，三者壽定千歲。閻浮提人亦以上三事勝餓鬼趣。餓鬼趣有三事勝閻浮提。何等爲三？一者長壽，二者身大，三者他作自受。閻浮提人亦以上三事勝金翅鳥。金翅鳥復有三事勝閻浮提。何等爲三？一者長壽，二者身大，三者宫殿。閻浮提人亦以上三事勝阿須倫。阿須倫復有三事勝閻浮提。何等爲三？一者宫殿高廣，二者宫殿莊嚴，三者宫殿清净。閻浮提人亦以上三事勝四天王天。四天王天復以三事勝閻浮提。何等爲三？一者長壽，二者端正，三者多樂。閻浮提人亦以上三事勝忉利天、焰摩天、兜率天、化樂天、他化自在天。此諸天復有三事勝閻浮提。何等爲三？一者長壽，二者端正，三者多樂。」〔一〕

〔一〕出長阿含經卷二十忉利天品。

第二諸天部別有二十二部

辨位部　會名部　業因部　受生部　界量部　身量部
衣量部　壽量部　住處部　廣狹部　莊飾部　奏請部
通力部　身光部　市易部　婚禮部　飲食部　僕乘部
眷屬部　貴賤部　貧富部　送終部

辨位部第一

如婆沙論中說：「天有三十二種：欲界有十，色界有十八，無色界有四，合有三十二天也。第一欲界十天者：一名千手天，二名持華鬘天，〔一〕三名常放逸天，四名日月星宿天，五名四天王天，六名三十三天。總名忉利天攝。七名炎摩天，八名兜率陀天，九名化樂天，十名他化自在天。初星宿及後四，此五居空。千手、華鬘、放逸、四天、忉利，此五在山。具如下第九住處說。第二色界有十八天者：初禪有三天：一名梵衆天，二名梵輔天，三名大梵天。此大梵天無別住處。但於梵輔有層臺，高顯嚴博。大梵天王獨於上住，以別羣下。於此三天

〔一〕「天」字原脱，據高麗藏本補。

之中，梵衆是庶民，梵輔是臣，大梵是君。唯此初禪有其君臣民庶之別。〔一〕自此已上，悉皆無也。二禪之中有三天：一名少光天，二名無量光天，三名光音天。第三禪中亦有三天：一名少淨天，二名無量淨天，三名遍淨天。第四禪中獨有九天：一名福生天，二名福慶天，三名廣果天，四名無想天，此無想天亦無別所，但與廣果同皆一處。以是外道所居，故分二種別名。五名無煩天，六名無熱天，七名善現天，八名善見天，九名色究竟天。亦名阿迦尼吒天。名色界合有十八天。第三無色界中有四天：一名空處天，二名識處天，三名無所有處天，四名非想非非想處天。是名三界，總有三十二種天也。問曰：未知此三十二天幾凡幾聖？答曰：二唯凡住，五唯聖住，自餘二十五天凡聖共住。所言二唯凡住者：一是初禪大梵天王，二是四禪中無想天中，唯是外道所居。問曰：何故此二唯凡住耶？答曰：爲大梵天王不達業因，唯説我能造化一切天地人物。恃此高慢，輕蔑一切。聖人故不與居。又無想天中唯是外道，修無想定以生其中，受五百劫無心之報。外道不達，謂爲涅槃。受報畢已，必起邪見，來生地獄。以是義故，一切聖人亦不生中也。所言五唯聖人居者，謂從廣果以上，無煩、無熱等五淨居天，唯是那含、羅漢之所住也。縱凡生彼天者，要是進向那含，身得四禪，發於無漏，起熏禪業，或起一品乃至九品，〔二〕方乃得生。凡夫無此熏禪業故，不得生也。若言那含生彼，理則無疑。問曰：阿羅漢既是無生，何故亦云生彼天者？答曰：此應言欲界那含

〔一〕「別」字原作「則」，據高麗藏本改。

〔二〕「九」字，高麗藏本作「五」。

生彼而得羅漢，非謂先是羅漢而生彼也。自餘二十五天凡聖共居，不言可悉。若總據大小乘説，合有四天。」〔一〕故涅槃經云：「有四種天：一世間天，二生天，三净天，四義天。世間天者，如諸國王。生天者，從四天王乃至非想非無想天。净天者，從須陀洹至辟支佛。義天者，十住菩薩摩訶薩。以何義故十住菩薩名爲義天？以能善解諸法義，見一切法是空義故。」〔二〕

會名部第二

第一四天王者，依長阿含經云：「東方天王名提多羅吒，〔三〕此云治國主。智度論云提頭賴叉。領乾闥婆及毗舍闍神將，護弗婆提人，不令侵害。南方天王名毗瑠璃，此云增長主。智度論名毗樓勒叉。領鳩槃荼及薜荔神將，護閻浮提人。西方天王名毗留博叉，此云雜語主。智度論云毗樓博叉。領一切諸龍及富單那將，護瞿耶尼人。北方天王名毗沙門，此云多聞主。領夜叉及羅刹將，〔四〕護鬱單越人。」〔五〕智

〔一〕出阿毗曇毗婆沙論卷七。

〔二〕出南本大般涅槃經卷二十。

〔三〕「提」字原闕，據長阿含經補。

〔四〕「及」字原脱，據高麗藏本補。

〔五〕出長阿含經卷十二大會經及大智度論卷五十四釋天王品。

度論云：「天帝釋具依梵音，應云提婆那因。釋迦者此言能。提婆此言天。因，此言主。合而言之，是能天主也。須夜摩天者，此言妙善。兜率陀者，此言妙足。須洹密陀者，此言化樂。婆舍跋提者，此言他化自在天也。梵天王名曰尸棄，此言大頂，別云大器。首陀婆天者。此言净居天。」〔一〕且依智度論逐要釋此少多。自外天已上天名，具如婆沙論説。爲文繁故，不可具録也。中阿含經云：「時有異比丘來詣佛所，稽首佛足，退住一面。白佛言：世尊，何因緣名釋提桓因？佛告比丘：釋提桓因本爲人時行於頓施，沙門婆羅門貧窮困苦，施以飲食、錢財、燈明等，以堪能故，名釋提桓因。復何因緣名富蘭陀羅？告曰：彼爲人時數數行施衣被、飲食、乃至燈明，故名富蘭陀羅。復何因緣故名摩訶婆？告曰：本爲人時名摩伽婆，即以本爲名。復何因緣故名婆婆？告曰：本爲人時以婆詵私衣布施供養，故名婆婆。復何因緣故名憍尸迦？告曰：本爲人時爲憍尸迦姓故。復何因緣故名舍脂鉢低？告曰：彼舍脂爲天帝釋第一天后。復何因緣故名千眼？告曰：本爲人時聰明智慧，於一坐閒思千種義，觀察稱量故。復何因緣故名因提利？告曰：天帝於諸三十二天爲主故。佛告比丘：然彼釋提桓因本爲人時受持七種受，得天帝釋，何等爲七？謂供養父母，乃至等行惠施。」〔二〕如經偈説爲天帝釋。

〔一〕出大智度論卷五十四。

〔二〕出雜阿含經卷四十。作中阿含經誤。

業因部第三

問曰：六趣之報，造何業生？荅曰：依智度論説：「六趣之業不過善惡，各有三品：上者生天，中者生人，下者生四惡趣。」〔一〕若依此義，但善上品即得生天。不分散定別耶，若依業報差別經中具説十善得生天趣。具分定散三界差別。經云：「復有十善，能令衆生得欲界天報。具修增上十善，得生欲界天報。」〔二〕此則欲界散善業也。復有十業，能令衆生得色界天報。爲修有漏十善與定相應，此則色界定善業也。復有四業，能令衆生得無色界天報：一者、謂過一切色想，滅一切有對想，入空處定。二者、過一切空處定，入識處定。三者、過一切識處定，入無所有處定。四者、過一切無所有處定，入非想非非想處定。以是四業得無色界報。若爾此界何故不言十善業者？應言此界是無色報。離色而修，〔三〕遠離身口。是故據地但言四業，不就十善也。然上來所説皆是如來分別業報因果相當，不差

〔一〕出大智度論卷八十六。
〔二〕出佛爲迦首長者説業報差別經。
〔三〕「離」字，高麗藏本作「雜」。

異也。若依善戒經説僧持二百五十戒，尼持三百四十八戒，〔一〕亦是生天之業。〔二〕故四分律偈云：

「明人能護戒，　能得三種樂，　名譽及利養，　死得生天上。」〔三〕

此據欲界天説。又如正法念經説：「或因持戒，不殺、不盜、不婬。由斯三善，亦得生天。」〔四〕此亦生欲界、色界天，〔五〕因別時之説。然非局此三即得生天也。又如温室經説：「浴僧浄業亦得生天及上界報，此亦別時之意。非將浴僧散善得生上界。但是欲界天報。」〔六〕又如涅槃經説：「慈母於恒河救兒，兒母俱死，得生梵天。」〔七〕此是散心之慈，不以餘定善助，豈得生天。此但據遠因，非局散慈則得上生。亦如一聞涅槃不墮四趣，義亦如是。故正法念經云：「若身不殺、盜、婬，口不妄語、不綺語、不兩舌、不惡口。持此七戒，得生四天王天。若能持七種戒得生化生天。此有上、中、下。若持不殺戒得生四天王處。若持不殺、不盜，得生三十三天。若持不殺、不盜、不邪婬，得生夜摩天。若持不殺、不

〔一〕「四」字，高麗藏本作「七」。

〔二〕此段出處待考。

〔三〕出四分律比丘戒本。

〔四〕出正法念處經卷二十二。

〔五〕「色界」二字疑衍，高麗藏本無。

〔六〕出温室洗浴衆僧經。

〔七〕出南本大般涅槃經卷十。

盜、不邪婬、不妄語、兩舌、惡口、綺語，得生兜率陀天。受世間戒，信奉佛戒，不殺、不盜、不邪婬、不妄語、兩舌、惡口、綺語，得生化樂天、他化自在天。」〔一〕又長阿含經云：「先於佛所凈修梵行，於此命終生忉利天。使彼諸天增益五福：一者天壽，二者天色，三者天名稱，四者天樂，五者天威德。」〔二〕又雜阿含經云：「爾時世尊告比丘：過去世時拘薩羅國有彈琴人名曰鹿牛，〔三〕於拘薩羅國人間遊行，止息野中。有六廣大天宮天女來至拘薩羅國鹿牛彈琴人所，語鹿牛彈琴人言：阿舅，阿舅，爲我彈琴，我當歌舞。鹿牛彈琴者言：如是姊妹，我當爲汝彈琴。汝當語我，是何人，何由生此？天女荅言：阿舅且彈琴，我當歌舞，於歌頌中自説所以生此因緣。〔四〕彼人即便彈琴。彼六天女即便歌舞。〔五〕第一天女説偈歌言：

若男子女人，　勝妙衣惠施。　施衣因緣故，　所生得殊勝。　施所愛念物，　生天隨所欲。
見我居宫殿，　乘虚而遊行。　天身如金聚，　天女百中勝。　觀察斯福德，　迴向中之最。

〔一〕出正法念處經卷二十五。
〔二〕出長阿含經卷五典尊經。
〔三〕「鹿牛」，雜阿含經作「麁牛」。下同。
〔四〕「頌」字下原衍一「頌」字，據高麗藏本删。
〔五〕「便」字原作「彼」，據高麗藏本、磧砂藏本、南藏本、嘉興藏本改。

第二天女復說偈言：

若男子女人，勝妙香惠施。愛念可意施，生天隨所欲。見我處宮殿，乘虛而遊行。天身若金聚，天女百中勝。觀察斯福德，迴向中之最。

第三天女復說偈言：

若男子女人，以食而惠施。可意愛念施，生天隨所欲。見我居宮殿，乘虛而遊行。天身如金聚，天女百中勝。觀察斯福德，迴向中之最。

第四天女復說偈言：

憶念餘生時，曾爲人婢使。不盜不貪嗜，勤修不懈怠。量腹自節身，分餐救貧人。今見居宮殿，乘虛而遊行。天身如金聚，天女百中勝。觀察斯福德，供養中爲最。

第五天女復說偈言：

憶念餘生時，爲人作子婦。童嫗性狂暴，〔一〕常加麤惱言。執節修婦禮，卑遜而奉順。今見處宮殿，乘虛而遊行。天身如金聚，天女百中勝。觀察斯福德，供養中爲最。

〔一〕「童」字，高麗藏本作「嫜」。

第六天女復說偈言：

昔曾見行路，　比丘比丘尼。　從其聞正法，　一宿受齋戒。　今見處天宮，　乘虛而遊行。
天身如金聚，　天女百中勝。　觀察斯福德，　迴向中之最。

爾時拘薩羅國鹿牛彈琴人而說偈言：

我今善來此，　拘薩羅林中。　得見此天女，　具足妙天身。　既見又聞說，　當增修善業。
緣今修功德，　亦得生天上。

說是語已，此諸天女即沒不見。」〔一〕

受生部第四

第一四天王天受生者，依長阿含、智度論等，四天王天皆有婚嫁，行欲如人。然受化生。初生如二歲小兒，在其膝上。依順正理論云：「如生五歲小兒。」〔二〕別經云：男生坐父右膝，〔三〕女生坐母左膝上。兒來未久，便知飢渴。自然寶器，盛百味食。若福多者，飯色自白。中者青色，下者赤色。若渴，寶器甘露漿如食之

〔一〕出雜阿含經卷四十八。
〔二〕出阿毗達磨順正理論卷三十一。
〔三〕「父」字，高麗藏本作「母」。

色。飲不留停，如酥投火。食訖便與諸天等量。初生出時憶昔往業。戲已忘念。〔一〕

第二忉利天受生者，依毗耶娑仙人問佛經云：〔二〕「大仙當知，三十三天遊戲受樂於樹林中行。見彼天子天女同一處坐，心喜愛樂，速生彼處。如綫穿珠，牽綫珠走，不生異道。即於生時，彼天婦女手華忽生。彼女見已，自知有兒。即以此華授與夫言：若今得子，可生歡喜。彼天見之，〔三〕喜心增上，必知其妻得天童子。二天心喜，〔四〕七日滿已，長髮旋動，清净無垢，天衣具足。即彼天來生。七日之中，憶念我某處退生此天中，某我父母，我作善業，極生喜。生喜已，則心欲得即便行往詣彼處，如醉象行。臂如象鼻，〔五〕洪圓纖長，胸則平正。臂如金色。上下身麤，中身則細。行則庠審。深心勇健。腰如弓弝。〔六〕背骨平直。兩髀洪滿，如芭蕉樹。善知天法。髭鬚短細。天香甚香。爪甲赤薄。身體香潔，無主莊嚴，取莊嚴身。天無病苦。於宮殿中次第漸行，見無主天女。天女見天童子，一切悉

〔一〕出長阿含經卷二十忉利天品。

〔二〕「娑」字原作「婆」，據毗耶娑問經改。

〔三〕「天」字原作「生」，據高麗藏本改。

〔四〕「心」字原脱，據高麗藏本補。

〔五〕「臂」字原作「譬」，據高麗藏本改。下同。

〔六〕「弝」字原作「弛」，據高麗藏本、磧砂藏本、南藏本、嘉興藏本改。

來圍繞而住，作如是言：聖子善來。此汝宫殿。我無夫主，久離夫主。獨有童子。我今年少，妙色具足，應相供養。乳若金瓶，面如蓮華開敷之色。〔一〕如雲電行，端正可喜。我是天女，今相供養，奉給走使。此戲樂處如是婦女而來近之，奉給供養。彼三十三天有善法堂，天衆集處。有八萬四千柱，皆是衆寶所成。入者無諸惡觸、蚊虻等過，亦無眠睡、懈怠、嚬呻等過。無量百千天女欲心戲笑，無有嫉心、鬬諍等過。頰浄無垢，如月鏡輪。天女之法，以香彩色用點頰額，以莊嚴面。天女詠聲共相娱樂。」〔二〕起世經云：「彼於天中，或在天子，或在天女，或於坐處，或兩膝内，或兩股間，忽然而生。初生出時，即如人間十二歲兒。若是天男，即在天子坐處、膝邊，隨一處生。若是天女，即在天女兩股内生。既出生已，〔三〕彼天即稱是我兒女。初生之時，以自業故，得三種念：一自知從某處死，二自知今此處生，三知彼生是此業果，是此福報。作是念已，便思念食。即於其前有衆寶器，自然盛滿天須陀味，種種異色。有衆寶器，其須陀味色最白浄。若報中者，其色稍赤。若福下者，其色稍黑。彼天子以手把取天須陀味，内其口中，即漸消融。如酥置火，即自消融，無復形影。若有渴時，即於其前有天寶器盛滿天酒。隨福上中下，白赤黑色。略説如前。入口消融，亦同前説。飲食既訖，身遂長大。麤細高下，與舊

〔一〕「之」字原作「足」，據高麗藏本改。
〔二〕出毘耶娑問經卷下。
〔三〕「已」字原脱，據高麗藏本補。

男女等無有異。此諸天子天女等身既充足，各隨意趣，或詣園苑看。其樹自然種種衣服、瓔珞、華鬘、飲食、音樂，低垂隨取。無量億數諸天玉女在此園中。未見如是，以業熟故，了了分明憶宿世事，如視掌中。由見天女迷諸色故，正念覺知此心即滅。既失前念，著現在欲，口唯唱言：此等皆是天玉女耶？天玉女耶？此則名爲欲愛所縛。」〔一〕順正理論云：「諸天初受生時身量云何？爲六欲諸天初生如次，如五六七八九十歲人。生已身形速得圓滿。色界天衆於初生時，身量周圓，具妙衣服。一切天衆皆作聖言。爲彼言詞，同中印度。然不由學自解典言。」〔二〕

界量部第五

依起世經云：「須彌山下別有三級諸神住處。其最下級縱廣正等六十由旬，其第二級縱廣正等四十由旬，其最上級縱廣正等二十由旬。皆有七重墻院，乃至諸鳥各出妙音，莫不具足。此三級中皆有夜叉住。須彌山半高四萬二千由旬，有四大天王所居宮殿。須彌山上有三十三天宮殿，帝釋所居。三十三天已上一倍，有夜摩天。又更一倍，有兜率天。又更一倍，有化樂天。又更一倍，有他化自在天。他化天上又更一倍，有梵身天。梵身天下，於其中閒有羅摩波旬諸宮殿。倍梵身天上有光音天。倍光

〔一〕出起世經卷七。
〔二〕出阿毘達磨順正理論卷三十一。

音天上有遍净天。倍遍净天上有廣果天。倍廣果天上有不麤天。不麤天下，其間別有諸天宮殿所居之處，名無想衆生。倍不麤天上有不煩天。倍不煩天上有善見天。倍善見天上有善現天。倍善現天上有阿迦尼吒諸天宮殿。阿迦尼吒天已上更有天名無邊空處、無邊識處、無所有處、非想非非想處。此等皆名諸天住處。如是界分衆生居住，若來、若去、若生、若滅，邊際所極，此世界中。所有衆生，生老病死，墮是道中，至此不過，是名娑婆世界。無量刹土諸餘十方亦復如是。」〔一〕

又立世阿毗曇論云：「從閻浮提向下二萬由旬，是無間地獄。從閻浮提向下一萬由旬，是夜摩世間地獄處。此二中間有餘地獄。計亦有遠近，此論不述也。從此向上四萬由旬，是四天王住處。從此向上八萬由旬，是三十三天住處。從此向上十六萬由旬，是夜摩天住處。從此向上三億二萬由旬，是兜率陀天住處。從此向上六億四萬由旬，是化樂天住處。從此向上十二億八萬由旬，是他化自在天住處。有比丘問佛：世尊，從閻浮提至梵處，近遠如何？佛言：比丘，從閻浮提至梵處，其遠甚高。譬如九月十五日月圓滿時。若有一人在彼梵處，放一百丈方石，墜向下界，中間無礙，到於後歲九月圓滿時，至閻浮提地。無量光天復遠一倍。從無量光天至遍勝光天復遠一倍。從遍勝天至少净天復遠一倍。從少净天至無量净天復遠一倍。從無量净天至遍净天復遠一倍。從遍净天至無雲天復遠一倍。從無雲

〔一〕出起世經卷一。

天至福生天復遠一倍。從福生天至廣果天復遠一倍。從廣果天至無想天復遠一倍。從無想天至善現天復遠一倍。從善現天至善見天復遠一倍。從善見天至不煩天復遠一倍。從不煩天至不燒天復遠一倍。從不燒天至阿迦尼吒天復遠一倍。而説偈言：

從阿迦尼吒，　至閻浮提地，　放大密石山，　六萬五千年，〔一〕　五百三十五，　中間若無礙，　方至於閻浮。」〔二〕

智度論云：「譬如從色界初際下一丈石，經一萬八千三百八十三年方至於地。」〔三〕

〔一〕「五」字原作「至」，據高麗藏本改。
〔二〕出立世阿毘曇論卷六。
〔三〕出大智度論卷九。

法苑珠林校注卷第三

身量部第六

依雜心論云：「七極微塵成一阿耨池上塵。彼是最細色，天眼能見及菩薩輪王得見。七阿耨塵爲銅上塵。七銅上塵爲水上塵。七水上塵爲兔毫上塵。七兔毫上塵爲一羊毛上塵。七羊毛上塵爲一牛毛上塵。七牛毛上塵成一嚮遊塵。七嚮遊塵成一蟣。七蟣成一虱。七虱成一穬麥。七穬麥成一指。二十四指爲一肘。四肘爲一弓。去村五百弓爲一拘盧舍，〔一〕八拘盧舍名一由旬。故説偈言。

七塵成阿耨，　七耨成銅塵，　水兔牛毛塵，　皆從於七起。」〔二〕

故論中即以此拘盧舍用量天身，從四天王身乃至阿迦尼迦身。故婆沙論云：「四天王身長一拘盧舍四

〔一〕「村」字原作「肘」，據高麗藏本、磧砂藏本、南藏本改。

〔二〕出雜阿毘曇心論卷二。

分之一。」〔一〕若依正法念經説，四天諸身其量脩短一同王身。毗曇亦同。如「三十三天身長半拘盧舍。帝釋身長一拘盧舍。炎摩天身長一拘盧舍四分之三。若言帝釋之身何以長炎摩天者，如經説：以其過去偏脩恭敬業，得偏長也。兜率天身長一拘盧舍，與帝釋等。化樂天身長一拘盧舍及拘盧舍四分之一。他化自在天身長一拘盧舍半。」〔二〕欲界諸天身量如是。

第二色界身量者，依毗曇論説：「梵衆天身長半由延。梵福樓天長一由延。大梵天長一由延半。光天長二由延。無量光天長四由延。光音天長八由延。少浄天長十六由延。無量浄天長三十二由延。遍浄天長六十四由延。福慶天長百二十五由延。福生天長二百五十由延。廣果天長五百由延。無想天亦爾。無希望天長千由延。無熱天長二千由延。善見天長四千由延。善現天長八千由延。色究竟天長萬六千由延。」〔三〕

第三無色界，無形不可説。據大乘亦有細色，但經論略而不説。

〔一〕出阿毘達磨大毘婆沙論卷一百三十六。

〔二〕出阿毘達磨大毘婆沙論卷一百三十六

〔三〕出阿毘曇心論卷二。

衣量部第七

問曰：諸天衣服云何？荅曰：如經説：六欲界六天中皆服天衣，飛行自在。看之似衣，光色具足，不可以世間繒綵比之。色界諸天衣服雖號天衣，衣如非衣。其猶光明轉勝轉妙，不可名也。如起世經云：「四天王天身長半由旬。衣長一由旬，闊半由旬，重半兩。三十三天身長一由旬。衣長二由旬，闊一由旬，重半兩。夜摩天身長二由旬。衣長四由旬，闊二由旬，重半兩四分之一。兜率陀天身長四由旬。衣長八由旬，闊四由旬，重半兩八分之一。化樂天身長八由旬。衣長十六由旬，闊八由旬，重半兩十六分之一。他化自在天身長十六由旬。衣長三十二由旬，闊十六由旬，重半兩三十二分之一。魔身諸天身長三十二由旬。衣長六十四由旬，闊三十二由旬，重半兩六十四分之一。自此已上諸天身量長短與衣正等無差。」〔一〕起世經云：「欲界諸天衣服種種莊嚴，不可具述。然化樂、他化二天所著衣服隨心大小輕重亦爾。色界諸天不著衣服，如著不異。頭雖無髻，如似天冠。無男女相，形唯一種。」〔二〕長阿含經云：「忉利天衣重六銖。炎摩天衣重三銖。兜率陀天衣重一銖半。化樂天衣重一

〔一〕出起世經卷七。

〔二〕出立世阿毘曇論卷六。作起世經誤。

銖。他化自在天衣重半銖。」〔一〕順正理論云：「色界天衆於初生時，身量周圓，具如衣服。」〔二〕

壽量部第八

依阿毗曇論云：「天壽量者，如人間五十歲爲四天王天一日一夜。即用此日月歲數四天王天壽命五百歲，計人間日月九百萬歲。即是等活地獄一日一夜。如是日月歲數等活地獄壽五百歲，計人間百歲爲三十三天一日一夜。如是日月歲數三十三天壽千歲，計人間三億六十萬歲。〔三〕即是黑繩大地獄一日一夜。如是日月歲數黑繩地獄壽千歲，計人間二百歲，爲炎摩天一日一夜。如是日月歲數炎摩天壽二千歲，計人間十四億四百萬歲。即是衆合大地獄一日一夜。如是日月歲數衆合大地獄壽二千歲，計人間四百歲爲兜率陀天一日一夜。如是日月歲數兜率陀天壽四千歲，計人間五十七億六百萬歲。即是呼地獄一日一夜。如是日月歲數呼地獄壽四千歲，計人間八百歲爲化樂天一日一夜。如是日月歲數化樂天壽八千歲，計人間二百三十億萬歲。〔四〕即是大呼地獄一日一夜。如是日月歲數大呼地獄

〔一〕出長阿含經卷二十。
〔二〕出阿毗達磨順正理論卷三十一。
〔三〕「十」字，高麗藏本作「百」。
〔四〕「億萬」，高麗藏本作「億」。

壽八千歲，計人間一千六百歲爲他化自在天一日一夜。如是日月歲數他化自在天壽一萬六千歲，計人間九百二十一億六百萬歲。即是熱大地獄一日一夜。如是日月歲數熱大地獄壽一萬六千歲，計衆熱大地獄壽其半劫，無擇大地獄壽一劫，畜生趣極長壽亦一劫。如地持龍、餓鬼等，極長壽五百歲。第二計色界壽命者，即用劫爲量。初梵衆天壽命半劫，梵福樓天壽一劫，大梵天壽一劫半，少光天四劫，光音天八劫，少净天十六劫，無量净天三十二劫，遍净天六十四劫，福慶天一百二十五劫，福光天二百五十劫，廣果天五百劫，無想天亦爾，無希望天千劫，無熱天二千劫，善見天四千劫，善現天八千劫，色究竟天一萬六千劫。第三計無色界天壽命者，空處天二萬劫，識處天四萬劫，無所有處天六萬劫，非想非非想處天八萬劫。三界皆有中夭，唯鬱單越及兜率天最後身菩薩及無想天皆定壽命，不説中夭。餘有中夭也。」〔二〕順正理論此亦皆同。然「北俱盧人於人趣福力最强，鈍根薄塵，多諸快樂，無攝受過，死必上生。」〔三〕餘同前説。問曰：此火劫起時，上至初禪，悉皆燒盡，何故論云大梵天王得壽一劫半耶？荅曰：此言一劫半者，據積六十小劫爲一劫半，不據大劫。若據水火風大劫説者，猶是一劫合成八十小劫。小中尚少二十小劫，與彼一劫半壽義不相違也。云何知然？如舊俱舍論名爲「別劫」。〔三〕

〔一〕出雜阿毘曇心論卷二。
〔二〕出阿毘達磨順正理論卷三十一。
〔三〕出陳譯阿毘達磨俱舍釋論卷九。

立世阿毗曇論名爲「小劫」。〔一〕新俱舍論、新婆沙論名爲「中劫」。〔二〕此三名别，體唯是一，時量共等。如阿含經説，〔三〕謂從人壽八萬四千歲，百年減一年，乃至十歲。還從十歲復增至八萬四千歲。一上一下，爾許時分，名一中劫量。别小亦同。若依俱舍論説，謂：「天地始終。三災一運盡時，始名大劫。隨一水火風災，要經八十中劫。如以一中劫壞，一中劫成，十九中劫衆生次第住，二十中劫正住，十九中劫次第壞空。此則一中劫隨逢一火、水、風，壞器世界。十九中劫隨逢飢、病、刀，壞衆生世界。」〔四〕以如斯義，是故毗曇説如是言：「是處最後住，是處最初空。」〔五〕衆生最後住者，謂是最下阿鼻地獄也。是處最後空。衆生最初住者，其則不定：若據火劫，即是初禪；若約水劫，是其二禪；若約風劫，是其三禪。以此而論，是故一大劫中具彼六十中劫，并空劫中二十别劫，合有八十小劫，始爲一大劫。辯劫如是。次顯無違。今言初禪第一梵衆天壽命半劫者，當知據彼一别劫中半劫，二十中劫爲言。第二梵輔天壽命一劫者，所謂據彼一别劫四十中劫爲語。第三大梵天壽命一劫半者，當知據彼一别劫半

〔一〕出立世阿毘曇論卷九。

〔二〕出唐譯阿毘達磨俱舍論卷十二、大毘婆沙論卷一百三十五。

〔三〕此段出處待考。

〔四〕出阿毘達磨俱舍論卷十二。

〔五〕出雜阿毘曇心論卷十一。

六十中劫而說。以如斯義故，不相違也。初禪如是。二禪已上當知皆據三災大劫以明壽量，不據中別劫也。二禪之中：第一少光天壽命二劫，第二無量光天壽命四劫，第三光音天壽命八劫。若言水災既至二禪，光音諸天，何以得壽八大劫者？應知於彼七火災後，方有一水災起，上及二禪，是光音得壽八大劫也。〔一〕三禪之中：第一少凈天壽命十六劫，第二無量凈天壽命三十二劫，第三遍凈天壽命六十四劫。若言風災既至三禪，何以遍凈諸天得壽六十四大劫者？此亦應知，彼六十三運水火災後方有一風災起。是故遍凈得壽六十四劫。云何知然？此如毗曇中說：「於七火劫次第起後，然有一水災起。如是七七四十九火起時，則有其一七水災。合説即有五十六劫，更復於此五十六劫之後，復有七火劫起。於此七火之後，方有一風災起，壞及三禪，并前即爲六十四劫。以如斯義，是故遍凈得壽六十四劫。」故彼毗曇説是偈言：

「七火次第過，　然後一水災。　七七火七水，　復七火後風。」〔二〕

問曰：此四無色天識處壽命既倍空處，未知後之二天何故不倍前耶？荅曰：如婆沙論中說：有三論師俱釋此義。「第一説者，謂彼空識二處，各有無量行及餘。皆捨一切入等行，故壽命相倍。空處以有無量行故，得一萬劫壽，餘行復得一萬劫壽，是故合得二萬劫壽。識處以有無量行故，得二萬劫

〔一〕「光音」原作「何以」，據高麗藏本改。

〔二〕出雜阿毗曇心論卷十一。

壽。餘行復得二萬劫壽，以此倍前，故得四萬劫壽。上地更無無量行，故壽不倍。一説如是。第二師説者，謂彼空識二處，各有定慧二種行，故壽命相倍。定得一萬劫壽，慧行復得一萬劫壽命，故合得二萬劫壽。識處定行得二萬劫壽，慧行復得二萬劫壽。以此倍前，故得四萬劫壽。上之二地但有定行而無慧行，是故壽命不得相倍。二説如是。第三師説者謂彼四無色處定壽報分，各唯有其二萬劫壽。由有離欲、不離欲。不離欲故，是故壽命有倍不倍。空處地中以其未離自地欲故，是故但有二萬劫壽。識處地中二萬劫者，是其定壽。由離空處欲故，復得二萬劫。以此倍前，故得四萬劫壽。無所有處二萬劫者，是其定壽。由離空識二處欲故，復四萬劫壽。非想非非想地中，二萬者是其定壽。由離下之三地欲故，復得六萬劫壽。以如斯義，是故非想非非想地中得其八萬劫壽。」〔一〕三説如是，義顯於斯也。

住處部第九

問曰：諸天住處，其義云何？荅曰：如婆沙論説：「天雖有三十二，住處但有二十八重。以彼四空絶離形報，故無别處，遍在欲色二界之中。但隨欲色二界衆生成就四空無色業者，隨命終處，即便受

〔一〕出阿毘曇毘婆沙論卷四十三。

彼無色界報，故無別處。不同大乘説有色也。〔一〕其二十八重者，謂須彌山根從地上昇，去地四千由旬，繞山縱廣一萬六千由旬，〔二〕是堅手天於中止住。復上昇一倍繞山八千由旬，是彼持華鬘天於中止住。復上一倍繞山四千由旬，是彼常放逸天於中止住。復上一倍繞山四千由旬，是彼日月星宿天於中止住。復上一倍繞山四千由旬，是彼四天王天於中止住。其中由有七種金山是四天王城，〔三〕邑聚落悉在其中。〔四〕復上昇四萬由旬，至須彌山頂，縱廣四萬由旬。其中有善見城，〔五〕縱廣一萬由旬。面別有其千門。三十三天於中止住。即從此山升虚空四萬由旬，有處如雲，七寶所成，其猶大地，是炎摩天於中止住。復上一倍，有地如雲，七寶所成，是兜率陀天。復上一倍，有地如雲，七寶所成，是化樂天。復上一倍，有地如雲，七寶所成，是化自在天。如是乃至色界究竟天，皆悉有地如雲，七寶所成，相去皆倍。〔六〕不煩具説。依順正理論云：「三十三天迷盧山頂。其頂四面各二十千。若據周圍數成八萬。

〔一〕「命終……不同」十七字原脱，據高麗藏本補。
〔二〕「六千」二字原闕，據婆沙論本補。
〔三〕「山」字原脱，據高麗藏本補。
〔四〕「邑」字原脱，據高麗藏本補。
〔五〕「善」字原作「喜」，據高麗藏本改。
〔六〕出阿毘曇毘婆沙論卷七。

有餘師說：面各八十千，與下際四邊，其量無別。山頂四角各有一峰，其高廣量各有五百。有藥叉神名金剛手，於中止住，守護諸天。於山頂中有宮名善見，面二千半，周萬踰繕那。金城量高一踰繕那半。其地平坦，亦真金所成。俱用百一雜寶嚴飾。地觸柔軟如妬羅綿，於踐蹋時隨足高下。是天帝釋所都大城。城有千門，嚴飾壯麗。門有五百青衣藥叉，勇健端嚴，長一踰繕那量，各嚴鎧仗，防守城門。於其城中有殊勝殿，種種妙寶，具足莊嚴，映蔽天宮，故名殊勝。面二百五十踰繕那，周千踰繕那。是謂城中諸可愛事。城外四面四苑莊嚴，是彼諸天共遊戲處。一衆車苑。謂此苑中隨天福力，種種車現。二麤惡苑。天欲戰時，隨其所須甲仗等現。三雜林苑。諸天入中所玩皆同，俱生勝喜。四喜林苑。極妙欲塵雜類俱臻，歷觀無厭。如是四苑，形皆異方。一一周千踰繕那量。居中各有一如意池，〔一〕面各五十踰繕那量。八功德水彌滿其中。隨欲四苑，華鳥香林，莊飾業果，差別難可思議。天福城外西南角有大善法堂，三十三天時集辯論，制伏阿素洛等如法不如法事。〔二〕起世經云：「佛告比丘：以何因緣，諸天會處名善法堂？三十三天集會坐時，於中唯論微細善語深義，稱量觀察，皆是世間諸勝要法真實正理。是以諸天稱爲善法堂。又何因緣名波婁沙迦苑？隋言麤澀。三十三天王入已，坐於賢及善賢二石之上，唯論世間麤惡不善戲謔之語，是故稱波婁沙迦。又何因緣名雜色車苑？三十

〔一〕「中」字原脱，據順正理論補。
〔二〕出阿毘達磨順正理論卷三十一。

三天王入已，坐於雜色善雜色二石之上，唯論世間種種雜色相語言，是故稱爲雜色車苑。又何因緣名雜亂苑？三十三天常以月八日、十四日、十五日，放其宮内一切采女入此園中，令與三十三天衆合雜嬉戲，不生障隔，恣其歡娱，受天五欲，具足功德，遊行受樂。是故稱天共稱此園爲雜亂苑。又何因緣彼天有園名爲歡喜？三十三天王入其中已，坐於歡喜善歡喜二石之上，心受歡喜，復受極樂。是故諸天共稱彼園以爲歡喜。又何因緣名波利夜怛邏拘毗陀羅樹？彼樹下有天子住，名曰末多。日夜常以彼天種種五欲功德，具足和合，遊戲受樂。是故諸天遂稱彼樹以爲波利夜怛邏拘毗陀羅樹。」〔一〕

廣狹部第十

問曰：天量廣狹云何？荅曰：如婆沙論説：「須彌山頂面别縱廣八萬四千由旬。其中平可居處，但有四萬由旬。炎摩天倍前四萬，其地縱廣八萬由旬。如是乃至他化自在天處，次第倍前，其地縱廣六十四萬由旬。四禪之地廣狹不定，有其兩説：第一説者，初禪廣如一四天下。二禪如小千世界。三禪如中千世界。四禪廣如大千世界。第二説者：初禪如小千世界。二禪廣如中千世界。三禪廣如大千世界。第四禪地寬廣無邊，不可説其分齊。」〔二〕諸師評之，第二説是。問曰：初禪廣如小千世界乃至第

〔一〕出起世經卷七。
〔二〕出阿毘曇毘婆沙論卷七。

四禪地廣無邊者，未知於他大千之上，爲當共有初禪梵天，乃至共有色究竟天？爲當於彼一一四天下上，各各別有初禪梵天，乃至別有色究竟天耶？答曰：如樓炭經說：一一四天下上各各別有，皆悉不同。故彼說云：三千世界之中有百億四天下、須彌、大海、鐵圍、四天王天，乃至各説百億色究竟天。〔一〕此文斯顯，無勞致惑。又如順正理論云：「小者是卑下義。以除上故。如截角牛積小成餘，亦非攝彼。」〔二〕問曰：既彼一一四天下上乃至各有色究竟天者，是則處別可不相障礙耶？答曰：雖各有百億，同居一處而不妨礙。其猶光明迭相涉入，相遍到亦無障礙。彼亦如是，以彼色細妙故。故經中說：「色界諸天下來聽法，六十諸天共坐一鋒之端而不迫窄，都不相礙。」〔三〕以斯文驗，何所致疑矣。故義譬云：初禪如鄉，二禪如縣，三禪如州，四禪如國。

莊飾部第十一

如智度論云：「須彌山高三百三十六萬里，四寶所成。東面黃金，西面白銀，南面瑠璃，北面玻瓈。

〔一〕此段出處待考。
〔二〕出阿毘達磨順正理論卷三十一。
〔三〕出中阿含經卷五。

四邊繞山半有遊乾陀山谷，高四萬二千由旬。四天王各居一山。」〔一〕長阿含經云：「北面天金所成，光照北方。西面天水精所成，光照西方。東面天銀所成，光照東方。南面天瑠璃所成，光照南方。」〔二〕智度論云：「四天王各居其城。東方城名上賢，南方城名善見，西方城名周羅。北方城有三：一名可畏，二名天敬，三名衆歸。」〔三〕又長阿含經云：「般遮翼白世尊言：一時忉利諸天集善法堂，有所講論。時四天王隨其方面各當位坐。提頭賴吒天王在東方坐，其面西向，帝釋在前。毗樓勒叉天王在南方坐，其面北向，帝釋在前。毗樓博叉天王在西方坐，其面東向，帝釋在前。毗沙門天王在北方坐，其面南向，帝釋在前。時四天王皆先坐已，然後我坐。」〔四〕又立世阿毗曇論云：「如忉利天善見大城，周圍四萬十千由旬，純金爲城之所圍繞，高十由旬。城上埤堄高半由旬，門高二由旬，其外重門高一由旬半。十十由旬有一一門，城之四面爲千門樓。是諸城門衆寶所成，種種摩尼之所嚴飾。於大城四分之一，中央金城，帝釋住處。十二由旬有二門，四面四百九十九門，復有一小門，凡五百門。是城形相翼

〔一〕出大智度論卷一百。
〔二〕出長阿含經卷十八。
〔三〕出長阿含經卷二十。作智度論誤。
〔四〕出長阿含經卷五典尊經。

衛四兵：〔一〕栅塹、樹池、雜林、宫殿。作倡伎樂及諸外戲，種種寶莊，不可具述。是城中央寶樓重閣，名皮禪延多樓，長五百由旬，廣二百五十由旬，周迴一千五百由旬。其閣四邊却敵寶樓。東邊二十六所，三面各二十五所，凡一百一所。一一却敵方二由旬，周迴八由旬。其却敵上復有寶樓，高半由旬，以爲觀望。一一却敵有七女天，一一女天有七采女。樓閣之内，有萬七百房室。一一房室有七天女，一一天女，采女亦七。其天女者，並是帝釋正妃。其外却敵及内諸房，凡四億九萬四千九百正妃，三十四億六萬四千三百采女。妃及采女合有三十九億五萬九千二百。皮禪延多重閣最上當中央圓室，廣三十由旬，周迴九十由旬，高四十五由旬。是帝釋所住之處。並是瑠璃所成，衆寶廁填。」〔二〕

又雜阿含經云：「帝釋宫中有毗闍延堂，有百樓觀有七重。重有七房，房有七天后，后各七侍女。尊者大目犍連遊歷小千界，無有如是堂觀端嚴，如毗闍延堂者。」〔三〕

依起世經云：「其天宫城内雕飾，受欲歡樂，不可具説。如是説，如是處者，釋提桓因與阿脩羅女舍脂共住。帝釋化身與諸妃共住。一切諸妃作是思惟：帝釋與我共住，真身與舍脂共住。是其城内四邊住處，衢巷市鄽，並皆調直。是諸天城，隨其福德屋舍多少，衆寶所成，平正端直。是天城路數有

〔一〕「翼」字原作「亦」，據高麗藏本改。
〔二〕出立世阿毘曇論卷二天住處品。
〔三〕出雜阿含經卷十九。

五百，四陌相通，行列分明，皆如基道。四門通達，東西相見。巷巷市鄽，寶貨盈滿。其中天上有其七市：第一穀米市，第二衣服市，第三衆香市，第四飲食市，第五華鬘市，第六工巧市，第七婬女市。處處並有市官。是諸市中，天子天女往來貿易，商量貴賤，求索增減，稱量斷數，具市鄽法。雖作是事，以爲戲樂，無取無與無我所心。脱欲所須，便可提去。若樂相應，隨意而取。若不相應，便作是言：此物奇貴，非我所須。市中閒路，軟滑可愛，衆寶莊嚴。懸諸天衣，豎立幢旛。音樂等聲，恒無斷絶。又有聲言：善哉善來，〔一〕願食欲飲，我今供養。是善見大城帝釋住處，復有天州天郡天縣天村，周匝徧布。」自外諸天處寶莊嚴，〔二〕香樂隨處盈滿。受報快樂，不可録盡矣。「善見大城北門之外，經二十由旬，有大園林，名曰歡喜，周迴一千由旬。此中有池，亦名歡喜，方百由旬，深亦如是，天水盈滿。四寶爲塼，壘其底岸。」「城東門外有園名曰衆車，有池名質多羅。」「城南門外有園名之惡口，池亦同名。」「城西門外有園名雜園，池亦同名。園池大小並同前説。華果鳥林，種種翔鳴。綺飾莊嚴，不可述盡。」〔三〕

〔一〕「哉」字，高麗藏本作「來」。

〔二〕「嚴」字，高麗藏本作「飾」。

〔三〕出立世阿毘曇論卷二天住處品、卷三歡喜園品、衆車園品、惡口園品、雜園品。作起世經誤。

奏請部第十二

如立世阿毗曇論云：「時帝釋將諸天衆，欲園遊戲，至善法堂。諸天圍繞，恭敬入園。善法堂内最中柱邊有師子座，帝釋昇座。左右二邊各十六天王，行列而坐。其餘諸天，隨其高下，依次而坐。時天帝釋有二太子：一名栴檀，二名脩毗羅。是忉利天二大將軍，在三十三天左右而坐。時提頭賴吒天王依東門坐，共諸大臣及與軍衆恭敬諸天得入中坐。時毗留勒叉天王依南門坐，共諸大臣及軍衆恭敬諸天得入中坐。時毗留博叉天王依西門坐。時毗沙門天王依北門坐。並如前見，得入中坐。是四天王於善法堂世間善惡奏聞帝釋及忉利天。時佛世尊説如是事。是月八日，四天王大臣遍行世間，次第觀察，當於今日若多若少受持八戒，若多若少皆行布施，若多若少修福德行，若多若少恭敬父母沙門婆羅門家内尊長。月十四日、十五日亦如是。若無多人受持八戒布施恭敬，爾時四王往善法堂所諮問帝釋説如是事。是時諸天帝釋聞此事已，生憂惱心，説如是言：是事非善非法，家中諸天尊長諸天眷屬方應減損，脩羅伴侶日向增多。若受持八戒布施修福恭敬沙門尊長等，四王諮問諸天帝釋，心生歡喜，説如是言：是事甚善如法。諸天眷屬日向滋多，脩羅伴侶稍就減少。故引佛説祇夜偈言：

是四王大臣，　八日巡天下。　四天王太子，　十四觀世間。　十五時最勝，　四王好名聞。
故自行世間，　觀察諸善惡。　是世間人意，　與道法相應。　善尊有多人，　行施受布薩。
伏瞋能修道，　男女福增益。　是時忉利天，　得信甚歡喜。　數數生隨喜，　四天王善説。

諸天樂眷屬，轉轉得增多。願脩羅伴侶，日日就損減。隨憶念正覺，法王説聖衆。
諸天安樂住，心常生歡喜。世果出世果，人道所能得。善於佛法僧，住於三寶境。
我今爲汝等，説三賢善道。若人求真實，捨惡修行善。有如是寶貨，由少能獲多。
如諸忉利天，行小善生天。帝釋等諸天，大福德名聞。聚集善法堂，及諸餘住處。
男女善行者，四王所奏聞。清浄天所愛，熏習遍諸天。」〔一〕

通力部第十三

依樓炭經云：「在欲色二界中間别有魔宫，其魔懷嫉。譬如石磨，磨壞功德也。」「縱廣六千由旬。宫墻七重。一切莊嚴，猶如下天。」「上來七天具有十法：一、飛來無限數。二、飛去無限數。三、去無礙。四、來無礙。五、天身無有皮膚體筋脉血肉。六、身無不浄大小便利。七、身無疲極。八、天女不産。九、天目不瞬。十、身隨意，好青則青，好黄則黄，好餘色亦爾。」「又有十事：一、飛行無極。二、往還無極。三、天無盜賊。四、不相説身善惡。五、無有相侵。六、諸天齒等而通。七、髮紺青色澤長八尺。八、天人青色，髮亦青色。九、欲得白者身即白色。十、欲得黑色身即黑色。」〔二〕

〔一〕「熏」字原作「重」，據高麗藏本改。出立世阿毘曇論卷二天住處品。

〔二〕出長阿含經卷十八、卷二十，大樓炭經卷四。

起世經亦云：「一切諸天有十別法。何等爲十？一、諸天行時來去無邊。二、諸天行時來去無礙。三、諸天行時無有遲疾。四、諸天行時足無蹤跡。五、諸天身力無患疲勞。六、諸天之身有形無影。七、一切諸天無大小便利。八、一切諸天無洟唾。九、諸天之身清净微妙，無皮肉筋脉脂血髓骨。十、諸天之身欲現長短青黄赤白大小麤細隨意悉能，並皆美妙端嚴殊絶，令人愛樂。一切諸天有此十種不可思議。又諸天身充實洪滿，齒白方密，髮青齊整，柔軟潤澤，身有光明。及有神力騰虚飛遊，眼視無瞬，瓔珞自然，衣無垢膩。」〔一〕

如順正理論云：「四天王衆昇見三十三天，非三十三天昇見夜摩天等。然彼若得定所發通，一切皆能昇見於上。或依他力昇見上天，謂得神通及上天衆引接往彼隨其所應。或上天來亦能見。若上界地來向下時，非下化身，下眼不見，非其境界故。如不覺彼觸故。上界地來向下時，必化下身，爲令下見地居天。」〔二〕

立世阿毗曇論云：「閻浮提人若離通力及因他功力，不能見障外等色。餘三洲人若離他功力，則不能見障外等色。六欲諸天若離神通及他功力，於自處所不能通見障外之色。若遠觀時，唯見鐵圍山內，不能見於山外之色。大梵天王於自宫殿，若離神通及他功力，不能得見障外等色。若遠觀時，唯見

〔一〕出起世經卷七。
〔二〕出阿毗達磨順正理論卷三十一。

一千世界之内。」〔一〕

身光部第十四

依智度論云：「諸天業報生身光者，欲界諸天身常光明。以燈燭明珠等施及持戒禪定等清净故，身常光明，不須日月所照。色界諸天行禪離欲，修習火三昧故，身常出妙光明，勝於日月。及欲界果報光明離欲天。取要言之，是諸光明皆由心清净故得。若論釋佛常光明，面各一丈。諸天光明大者雖無量由旬，於丈光邊蔽而不現。」〔二〕

又優婆夷净行經云：「佛告毗舍佉：如來有六種光明。何謂爲六？一青光，二黄光，三赤光，四白光，五紅光，六紫光。光色照明，是名如來六種光明。」〔三〕

又長阿含經云：「佛告諸比丘：螢火之明不如燈燭之明，燈燭之明不如炬火，炬火之明不如積火，積火之明不如四天王，四王宫殿衣服身光不如三十三天，乃至展轉色究竟天光明不如自在天光明，自在天光明不如佛光明。從螢火明至佛光，合集爾所光明，不如苦諦集諦滅諦道諦光明。是故諸比丘欲

〔一〕出立世阿毘曇論卷六。
〔二〕出大智度論卷五十四。
〔三〕出優婆夷净行法門經卷上。

求光明者，當求苦集滅道光明。」又「人有七色。云何爲七？有人金色，有人火色，有人青色，有人黄色，有人赤色，有人白色，有人黑色。有諸天阿須倫有七色亦復如是。」〔一〕

又立世阿毗曇論云：「閻浮提衆生色身種種不同。東弗婆提、西瞿耶尼人唯除黑色，餘色同閻浮提人。北鬱單越一切人民悉皆白淨。四天王有四種色：有紺，有赤，有黄，有白。一切欲界諸天色皆亦復如是。云何諸天色有四種？如初受生時若見紺華則紺色。餘皆如是也。」〔二〕

市易部第十五

依起世經云：「閻浮提人所有市易，或以錢寶，或以穀帛，或以衆寶。瞿陀尼人所有市易，或以牛羊，或摩尼寶。弗婆提人所有市易，或使財帛，或以五穀，或摩尼寶。鬱單越人無復市易，所欲自然。」〔三〕

如起世經云：「欲界諸天如四天王天、三十三天，皆有市易，遊觀悦神。其實不同世人，如前所

〔一〕出長阿含經卷二十。

〔二〕出立世阿毘曇論卷六。

〔三〕出起世經卷七。

述。」〔一〕

婚禮部第十六

如起世經云：「餘三天下悉有男女婚嫁之法。鬱單越人無我我所，樹枝若垂，男女便合，無復婚嫁。諸龍、金翅鳥、阿脩羅等皆有婚嫁。男女法式，略如人間。六欲諸天及以魔天皆有嫁娶。略説如前。從此以上所有諸天不復婚嫁，以無男女異故。四天下人若行欲時，二根相到，流出不净。一切諸龍、金翅鳥等若行欲時，二根相到，但出風氣，即得暢適，無有不净。三十三天行欲之時，根到暢適，亦出風氣，如前龍鳥無異。夜摩天執手成欲，兜率陀天憶念成欲，化樂天熟視成欲，他化自在天共語成欲，魔身諸天相看成欲。並得暢適，成其欲事。」〔二〕

又立世論云：「四天王天若索天女，女家許已，乃得迎接。或貨，或買。欲界諸天亦復如是。閻浮提人及餘三洲、四天王天、忉利天等要須和合成欲。夜摩天相抱爲欲，兜率天執手爲欲，化樂天共笑爲欲，他化天相視爲欲。西瞿耶尼人受諸欲樂兩倍勝於閻浮提人。如是展轉乃至他化自在天受欲，兩倍勝於化樂天。餘四洲人並有惡食者，有胎長者。四天王處諸女天等無有惡食，無有胎長者，亦不生兒，

〔一〕出立世阿毘曇論卷四。作起世經誤。
〔二〕出起世經卷七。

亦不抱兒。男女生時，或於膝上，或於眠處，皆得生兒。若於女處生者，〔一〕天女作意，此是我兒。天男亦言，此是我兒。則唯一父一母。若於父膝眠處生者，唯有一父，而諸妻妾皆得爲母。亦有修行至死無欲。四天王天生欲事無量無數，亦有修行至死無欲。一切欲界諸天亦爾。凡一切女人以觸爲樂。一切男子不淨出時，以此爲樂，欲界諸天泄氣爲樂。」〔二〕

又新婆沙論云：「引契經説：劫初時人無男女根，形相不異。後食地味，男女根生。由此便有男女相異。色界離段食故，無此二根。有説男女二根欲界有用，非於色界，是故彼無。鼻舌二根，欲界有用，非於色界。是故彼問：色界天衆爲女爲男？荅：應作是説，彼皆是男。雖無男根，而有餘丈夫相，又能離染，〔三〕故説男也。」〔四〕

飲食部第十七

如起世經云：「一切衆生有四種食，以資諸大，得自住持。何等爲四？一麤段及微細食，二觸食，

〔一〕「生」字原闕，據立世論補。

〔二〕出立世阿毘曇論卷六。

〔三〕「又」字原作「叉」，據高麗藏本、磧砂藏本、南藏本、嘉興藏本改。

〔四〕出阿毘達磨大毘婆沙論卷一百四十五。

三意思食，四識食。何等衆生應食麤段及微細食？如閻浮提人等飯麨豆肉等名爲麤。及食按摩澡浴拭膏等名爲微細食。自外三洲下人及六欲諸天等，並以麤段微細爲食。〔一〕自此已上色界無色天，並以禪悦法喜爲食，無復麤段微細食也。問曰：何等衆生以觸爲食？荅曰：一切卵生得身故，以觸爲食。何等衆生以思爲食？若有衆生意思資潤，諸根增長，如魚、鼈、蛇、蝦蟆、伽羅瞿陀等，及餘衆生，以意思潤益諸根壽命者，此等皆用思爲食。何等衆生以識爲食？所謂地獄衆生及無邊識處天等，皆用識持以爲其食。」〔二〕四天王天並食須陀味，朝食一撮，暮食一撮。食入體已，轉成身。是須陀味園林池苑並自然生，是須陀味亦能化作佉陀摩尼等八種飲食。一切欲界諸天食亦皆如是。〔三〕色界諸天從初禪乃至遍淨以喜爲食。無色界已上諸天以意業爲食。問曰：諸天飲食云何？荅曰：如經説云：〔四〕欲界諸天隨其貴賤好惡不同。其福厚者，隨其所思，無不具足。飲則甘露盈杯，食則百味俱至。其福薄者，雖有飲食，恒不稱心。以不足故，猶下食來。故經云：「譬如諸天共寶器食，隨其福德飯色有異。

〔一〕「段」字原脱，據高麗藏本補。
〔二〕出起世經卷七。
〔三〕「皆」字原脱，據高麗藏本補。
〔四〕此段出處待考。

上者見白，中者見黃，下者見赤。色界諸天以禪悅爲味。」〔一〕若以四食言之，唯有觸食法也。

僕乘部第十八

問曰：諸天僕乘云何？答曰：如經說云：〔二〕如欲界六天有僕乘。僕謂僕從，乘謂騎乘。以六欲天皆有君臣妻妾尊卑上下。卑必從尊，下必隨上。乘者以六欲天皆有雜類畜生。諸天欲遊，隨意乘之。或乘象馬，或乘孔雀，或乘諸龍。若依婆沙論說：「忉利天已下具有象、馬、鳧鴈、鴛鴦、孔雀、龍等。自炎摩天已上悉無象馬四足衆生。」唯有教放逸鳥，實語鳥、赤水鳥等，訶責諸天，誡不放逸。問曰：若無象馬四足衆生，彼天欲遊，何所乘耶？答曰：即如論說，還自釋言：「雖無象馬，諸天欲出，以福力故，即有象馬，隨心化起，任意所乘。乘竟化滅。」〔三〕此教放逸鳥等遍在六欲天，皆悉有之。常與諸天爲師，訶責放逸。不唯炎摩已上偏獨有也。問曰：此鳥既是畜生，何得與天爲師？答：如正法念經說：〔四〕此鳥本爲人時於三天下教化之師。諸天本是所化衆生。由信受化故，布施持戒，今得生

〔一〕出長阿含經卷二十。
〔二〕此段出處待考。
〔三〕出阿毗曇毗婆沙論卷七。
〔四〕正法念經無此文，出處待考。

天。其鳥本爲師時，爲名利故，破戒，其心不實，今作天鳥。然由教化微善力故，今得生天。由本化師故，與諸天爲師。若見諸天放逸，即來訶責。諸天見聞，各生慚愧，改不放逸。

眷屬部第十九

問曰：諸天眷屬多少云何？荅曰：如論云：〔一〕色界諸天不可説甚多，謂彼諸天非男非女，無相匹配。生則化起，死還化滅。依正兩報宫殿自隨，以禪定爲樂，不可説其眷屬多少也。欲界諸天則有男女相匹配，故大吉義咒經云：「護世四王典領四方：提頭賴吒天王領乾闥婆衆，毗留博叉天王領究槃荼衆，毗留勒叉天王領諸龍衆，毗沙門天王領夜叉衆。此之四王，各有九十一子，姿貌端正，有大威力，皆名曰帝。此天王合有三百六十四子，能護十方。有釋提桓因典領四維，大梵天王典領上方。」〔二〕又智度論云：「一切山河樹木土地城郭一切鬼神，皆屬四天王管故，皆隨從共來。是諸鬼神中有不得般若經卷者，故來至般若波羅蜜處供養禮拜，亦爲利益。」〔三〕其忉利天已上眷屬轉多，不可具説數也。如忉利天已下眷屬多者，如帝釋具有九十億那由他天女，并有千子，及有諸臣無量共爲眷屬。故經偈

〔一〕此段出處待考。
〔二〕出大吉義神咒經卷二。
〔三〕出大智度論卷五十八。

曰：帝釋普應諸天女，九十二億那由他。天女各各自謂言，天王獨與我娛樂。〔一〕乃至少者猶有一萬天女以爲眷屬，更不減此也。

貴賤部第二十

問曰：諸天貴賤云何？荅：初欲界六天皆有貴賤，以有君臣民庶妻妾别故。如帝釋天中，帝釋爲君，三十二天爲臣，自餘天衆是民。女中悦意夫人是后，諸餘天女是妾。自餘五天類皆如此。色界之中，唯局初禪三天有貴有賤。大梵天是君，梵輔是臣，梵衆是民。自此已上諸天受報同等，更無貴賤也。

貧富部第二十一

問曰：諸天貧富云何？荅曰：如正法念經説：〔二〕如炎摩天已上乃盡色界諸天，貧富皆等。忉利天已下報有厚薄貧富之别。其福厚者，一切具足，果報有餘。其薄福者，雖有衣服七寶宮殿，食常不

〔一〕此段出處待考。
〔二〕正法念經無此文，出處待考。

足。故彼經説：〔一〕曾有薄福諸天，以患飢故，下來至此閻浮人中，摘酸棗而食。人見形殊，遂怪問之，彼則荅言：我非是人。我薄福諸天，雖有宮殿上妙衣服，食常不足故，故來於此摘棗食之。汝不須怪。廣如經説。由前修戒忍等，然不行施。

送終部第二十二

如四天王天乃至阿迦尼吒天若眷屬死，〔二〕不送不燒不棄不埋。如光焰没，無有屍骸，以化生故。四天王天自殺，令他殺，死不食肉。忉利諸天亦然。夜摩天上至阿迦尼吒天，不自殺生，亦不令他殺，死不食肉。以化生故，死無遺質也。

頌曰：

三界擾擾，六道茫茫。往還不已，受苦未央。
感此危亡。焉知溺水，詎識舟航。
報纏敦逼，楚痛分張。寔由惡業，
基累重檐，〔三〕未翥翱翔。願出穢土，遊息淨方。
一念歸正，萬壽無疆。

〔一〕此段出處待考。
〔二〕「若」字原脱，據高麗藏本補。
〔三〕「檐」字原作「擔」，據高麗藏本、磧砂藏本、南藏本、嘉興藏本改。

法苑珠林校注卷第四

日月篇第三此有一十三部

述意部　星宿部　日宫部　月宫部　寒暑部　照用部　虧盈部　昇雲部　震雷部　擊電部　降雨部　失候部　地動部

述意部第一

若夫世界未成之前，二儀尚昧；衆生貯糧之後，三光乃照。動寶意之深慈，啓吉祥之幽思。御陽精而澄流，〔一〕駕陰魄而騰暉，馳風驛而運行，應璇璣而合度。紀寒暑於三際，繫朝夕於四洲。雖歷象於上天，亦表徵於下土。至若德契元良，驅輪黄道，義乖魚水，轉鏡玄途。三舍可迴，獎善言而效祉；五重時現，示兆民而肅姦。〔二〕仰鑒玄文，俯躬懲勸。日月之用，其大矣哉！

星宿部第二

如大集經云：「爾時娑伽羅龍王白殊致羅婆菩薩言：大士，是星宿者本誰所説？誰作大星小星，〔三〕誰作日月？何日之中，何星在先？於虚空中，復誰安置三十日月，十二月年？云何爲時？繫屬何處？姓何字誰？何善何惡？何食何施？〔四〕若爲是晝是夜？日月星宿復若爲行等？汝於諸聖中第一最尊，願愍我龍，具足解説。我等聞已，脱苦奉行。爾時殊致羅婆菩薩告諸龍言：過去世時，此賢劫初，有一天子，名曰大三摩多。端正少雙，才智聰明，以正行化。常樂寂静，不樂愛染，常樂潔身。王有夫人，多貪色慾。王既不幸，無處遂心。曾於一時見驢命羣，根相出見。慾心發動，脱衣就之。驢見即

〔一〕「澄流」，高麗藏本作「流曜」。
〔二〕「兆民」，高麗藏本作「惡兆」。
〔三〕上「星」字原作「聖」，據高麗藏本改。
〔四〕下「何」字原闕，據大集經補。

交，遂成胎藏。月滿生子，頭耳口眼，悉皆似驢，唯身類人而復麤澀。駮毛被體，與畜無殊。夫人見之，心驚怖畏，即便委棄，投於厠中。以福力故，虚空不墜，時有羅刹婦，名曰驢神，見兒不污，念言：福子。遂於空中，接取洗持，將往雪山。乳哺畜養，猶如己子，等無有異。及至長成，教服仙藥，與天童子，日夜共遊。復有大天，亦來愛護此兒。飲食甘果藥草，身體轉異。福德莊嚴，大光照曜。如是天衆同共稱美，號爲佉盧虱吒漢言驢脣。大仙聖人。以是因緣，彼雪山中并及餘處，悉皆化生種種好華好果，好藥好香，種種清流，種種好鳥，在所行住，普皆豐盈。以此藥果資益因緣，〔一〕其餘形容麤相悉轉。身體端正，唯脣是驢，是故名爲驢脣仙人。是驢脣仙人學於聖法，經六萬年，翹於一脚，日夜不下，無有倦心。天見大仙，受如是苦。時諸梵衆及帝釋天并餘上方欲色界等，和合悉來，禮拜供養。乃至龍衆、脩羅、夜叉一切雲集。所有仙聖修梵行人皆來到此驢脣聖人邊，覩設供養已，合掌問言：大仙聖人欲求何等？唯願爲我諸天説之。若我能，即當相與，終不吝惜。爾時驢脣聞是語已，内心慶幸，答諸天言：必能稱我情所求者，今當略説。我念宿命過去劫時，見虚空中有諸列宿日月五星，晝夜運行而守常度，爲於天下而作照明。我欲了知分别識解暗暝故，不憚劬勞。此賢劫初無如是事。汝等一切諸天龍神憐我故來，願説星辰日月法用。猶如過去，置立安施，造作便宜，善惡好醜。如我所願，具足説之。一

〔一〕「資」字，高麗藏本作「滋」。

切天言：大德仙人，其事甚深，非我境界。若爲憐愍一切衆生如過去時，願速自説。爾時佉盧虱吒仙告一切天言：初置星宿，昴爲先首。衆星輪轉，運行虚空。告諸天衆説：昴爲先首，其事是不？爾時日天而作是言：此昴宿者，常行虚空，歷四天下，恒作善事，饒益我等。知彼宿屬於火天。是時衆中有一聖人，名大威德，復作是言：彼昴宿者，我妹之子。其星有六，形如似剃刀。一日一夜，歷四天下，行三十時，屬於火天。姓鞞耶尼。〔一〕屬彼宿者，祭之用酪。

復次置畢爲第二宿，屬於水天，姓頗羅墮。畢有五星，形如立叉。一日一夜，行三十五時。屬畢宿者，祭用鹿肉。

復次置觜爲第三宿，屬於月天。即是月天子，姓毗黎伽耶尼。星數有三，形如鹿頭。一日一夜，行十五時。屬觜宿者，祭用根及果。

復次置參爲第四宿，屬於日天。姓婆私失絺。〔二〕其性大惡，多於瞋忿。止有一星，如婦人黶。一日一夜，行三十五時。屬參宿者，祭用醍醐。

復次置井爲第五宿，屬於日天。姓婆私失絺。其有兩星，〔三〕形如脚跡。一日一夜，行十五時。

〔一〕「姓」字原作「性」，據高麗藏本、磧砂藏本、南藏本、嘉興藏本改。
〔二〕「私」字原作「利」，據高麗藏本、磧砂藏本、南藏本改。
〔三〕「其」字下原衍「於」字，據高麗藏本删。

屬井宿者，以粇米華和蜜祭之。

復次置鬼爲第六宿，屬歲星天。歲星之子，姓炮波那毗。其性温和，樂修善法。其有三星，猶如諸佛胸滿相。一日一夜，行三十時。屬鬼宿者，亦以粇米華和蜜祭之。

復次置柳爲第七宿，屬於蛇天。即姓蛇氏。止有一星，如婦人黶。一日一夜，行十五時。屬柳星者，祭用乳糜。

右此七宿當於東門。

復次置南方第一之宿，名曰七星，屬於火天。姓賓伽耶尼。其有五星，形如河岸。一日一夜，行三十時。屬此星者，宜用粇米烏麻作粥祭之。

復次置張爲第二宿，屬福德天。姓瞿曇彌。其星有二，形如人之脚跡。一日一夜，行三十時。屬張宿者，將毗羅婆果以用祭之。

復次置翼爲第三宿，屬於林天。姓憍陳如。其有二星，形如脚跡。一日一夜，行十五時。屬翼星者，用青黑豆煮熟祭之。

復次置軫爲第四宿，屬沙毗黎帝天。姓迦遮延。蝎仙人子。〔一〕其星有五，形如人手。一日一夜，

〔一〕「人」字，高麗藏本作「之」。

行三十時。屬軫星者，作莠稗飯而以祭之。

復次置角爲第五宿，屬喜樂天。姓質多羅延尼，乾闥婆子。止有一星，如婦人黶。一日一夜，行十五時。屬於角者，以諸華飯而用祭之。〔一〕

復次置亢爲第六宿，屬摩姤羅天。姓迦旃延尼。其有一星，如婦人黶。一日一夜，行十五時。屬亢星者，當取菉豆和酥蜜煮以用祭之。

復次置氐爲第七宿，屬於火天。姓呰者利多耶尼。一日一夜，行三十五時。屬氐宿者，取種種華作食祭之。

右此七宿當於南門。

次復置西方第一之宿，其名曰房，屬於慈天。姓阿藍婆耶尼。房有四星，形如瓔珞。一日一夜，行三十時。屬房宿者，以酒肉祭之。

次復置心爲第二宿，屬帝釋天。姓羅延那。心有三星，形如大麥。一日一夜，行十五時。屬心星者，以秔米粥而用祭之。

次復置尾爲第三宿，屬獵師天。姓迦遮耶尼。尾有七星，形如蝎尾。一日一夜，行三十時。屬尾

〔一〕「用」字原脱，據高麗藏本補。

星者，以諸果根作食祭之。

次復置箕爲第四宿，屬於水天。姓持叉迦旃延尼。箕有四星，形如牛角。一日一夜，行三十時。屬箕宿者，取尼拘陀皮汁祭之。

次復置斗爲第五宿，屬於火天。姓摸伽邏尼。斗有四星，如人拓地。一日一夜，行四十五時。屬斗宿者，以粇米華和蜜祭之。

次復置牛爲第六宿，屬於梵天。姓梵嵐摩。牛有三星，形如牛頭。一日一夜，行於六時。屬牛宿者，以醍醐而用祭之。

次復置女爲第七宿，屬毗紐天。姓帝利迦遮耶尼。女有四星，如大麥粒。一日一夜，行三十時。屬女宿者，以鳥肉祭之。

右此七宿當於西門。

次復置北方第一之宿，名爲虚星。屬帝釋天，娑婆天子。姓憍陳如。虚有四星，其形如鳥。一日一夜，行三十時，屬虚星者，煮烏豆汁而用祭之。

次復置危爲第二宿，屬多羅挐天。姓單那尼。一日一夜，行十五時。屬此危宿者，以粇米粥而用祭之。

次復置室爲第三宿，屬蛇頭天，蝎天之子。姓闍都迦尼拘。室有二星，形如脚跡。一日一夜，行三十時。屬室宿者，以肉血祭之。

次復置壁爲第四宿，屬林天，婆婁那子。姓陀難闍。壁有二星，形如脚跡。一日一夜，行四十五時。屬壁星者，以肉祭之。

次復置奎爲第五宿，屬富沙天，姓阿虱吒排尼。奎有一星，如婦人黶。一日一夜，行三十時。屬奎宿者，以酪祭之。

次復置婁爲第六宿，屬乾闥婆天。姓阿含婆。婁有三星，形如馬頭。一日一夜，行三十時。屬婁星者，以大麥飯并肉祭之。

次復置胃爲第七宿，屬閻摩羅天。姓跋伽毗。胃有三星，形如鼎足。一日一夜，行四十時。屬胃宿者，以粇米烏麻及以野棗而用祭之。

右此七宿當於北門。

此二十八宿，有五宿行四十五時，所謂畢、參、氐、斗、壁等。二十八宿言義廣多，特難深趣，故不具宣。我今略説是宿時，同聞諸天皆悉歡喜。〔一〕爾時佉盧虱吒仙人於大衆前合掌説言：〔二〕如是安置日月年時。此置日月年時經向一卷，以文多故不録之。大小星宿，何者名爲有六時耶？荅曰：正月二月名暄

〔一〕出大方等大集經卷四十一。

〔二〕「佉」字原脱，據高麗藏本補。

暖時，〔一〕三月四月名種作時，〔二〕五月六月名求降雨時，七月八月名物欲熟時，九月十月名寒凍之時，十有一月合十二月，〔三〕大雪之時。是十二月分爲六時。〔四〕又大星宿其數有八：所謂歲星、熒惑星、鎮星、太白星、辰星、日星、月星、荷邏候星。又小星宿有二十八，所謂從前昴至胃諸星是也。我作如是次第安置，汝等皆得見聞。於意云何？爾時一切天、人、仙人、阿脩羅、龍及那羅等皆悉合掌，咸作是言：如今天仙於天人閒最爲尊重，乃至諸龍及阿脩羅無能勝者，智慧慈悲最爲第一。於無量劫不忘憐愍一切衆生，故獲福報。一切天人之閒無有如是智慧之者。如是法用更無衆生能作是法。皆悉隨喜，安樂我等。善哉大德，安隱衆生。是時佉盧虱吒仙人復作是言：此十二月一年始終，如此方便，大小星等，刹那時法，皆已説竟。又復安置四天大王於須彌四方面所，各置一王。是諸方所各饒衆生。是時一切大衆皆稱善哉，歡喜無量。是時天、龍、夜叉、阿脩羅等日夜供養。復於後過無量世，更有仙人，名伽力出現於世。後更別説，置於星、宿、小、大月法、時節要略。」〔五〕見如經説。

〔一〕「二月」二字原脱，據高麗藏本補。

〔二〕「四月」二字原脱，據高麗藏本補。

〔三〕此句原作「十一月十二月，合此十二月」，據大集經改。

〔四〕「二」字原闕，據大集經補。

〔五〕出大方等大集經卷四十三。

今且列二十八宿所屬不同，各有靈衛。故大集經云：「爾時佛告娑婆世界主大梵天王、釋提桓因、四天王言：過去天仙云何布置諸宿曜辰，攝護國土，養育衆生？大梵天王等而白佛言：過去天仙分布安置諸宿曜辰，攝護國土，養育衆生，於四方中各有所主。

東方七宿：一者角宿，主於衆鳥；二者亢宿，主於出家求聖道者；三者氐宿，主水生衆生；〔一〕四者房宿，主行車求利；五者心宿，主於女人；六者尾宿，主洲渚衆生；〔二〕七者箕宿，主於陶師。

南方七宿：一者井宿，主於金師；二者鬼宿，主於一切國王大臣；三者柳宿，主雪山龍；四者星宿，主巨富者；五者張宿，主於盜賊；六者翼宿，主於商人；七者軫宿，主須羅吒國。

西方七宿：一者奎宿，主行船人；二者婁宿，主於商人；三者胃宿，主於婆樓迦國；四者昴宿，主於水牛；五者畢宿，主一切衆生；六者觜宿，主鞞提訶國；七者參宿，主於刹利。

北方七宿：一者斗宿，主澆部沙國；二者牛宿，主於刹利及安多鉢竭那國；三者女宿，主鴦伽摩伽陀國；四者虛宿，主那遮羅國；五者危宿，主著華冠；六者室宿，主乾陀羅國、輪盧那國及諸龍蛇腹行之類；七者壁宿，主乾闥婆善樂者。大德婆伽婆，過去天仙如是布置四方諸宿，攝護國土，養育衆生。

〔一〕前「生」字原作「主」，據高麗藏本、磧砂藏本改。
〔二〕「生」字原脱，據高麗藏本補。

爾時佛告梵王等言：汝等諦聽。我於世間天人仙中，一切知見最爲殊勝。亦使諸曜星辰，攝護國土，養育衆生。汝等宣告令彼得知。如我所分國土衆生，各各隨分攝護養育。分國多少，各屬二十八宿。」〔一〕

問曰：此之諸星形量大小云何？答曰：依增一阿含經云：「大星一由旬，小星二百步。」〔二〕樓炭經云：「大星圍七百里，中星四百八十里，小星二十里。星是諸天宮宅。」〔三〕瑜伽論云：「諸星宿中，其星大者十八拘盧舍，其中者十拘盧舍，最小者四拘盧舍。」〔四〕

述曰：若依内經，此諸星宿並是諸天宮宅。内有天住。依報所感，福力光現。若依俗書，即云是石。故宋時星落，殞星如石。或云非星，是天河石落。故俗書云：天河共地河相連，故河内時有石落。如須彌象圖山經云：「天空有河，名耶摩羅，於虚空中行，亦有大石小砂。時有漏失，即執爲星。」〔五〕此非正經，是俗所造。妄述流行，非是佛説。

〔一〕出大方等大集經卷五十六月藏分。
〔二〕出增一阿含經卷二十四。
〔三〕出大樓炭經卷六。
〔四〕出瑜伽師地論卷二。
〔五〕此經已佚。

唐貞觀十八年十月丙申後，汾州、并州文水縣兩界，天大雷震，空中雲内落一石下，大如碓嘴，脊高腹平。其文水縣丞張孝静共汾州官同奏。當時西域摩伽陀菩提寺長年師來到西京，内外博知。敕問，荅云：是龍食。二龍相諍，故落下如石。准此而言，何必天落即云是星。夫遥天之物，非凡度量。令人難知，莫若天也。俗云：天爲精氣，日爲陽精，星爲萬物之精。儒教所安也。星有墜落，乃爲石矣。精若是石，不可有光。性又質重，何所繫屬！一星之徑，大者百里。一宿首尾，相去數萬。百里之物，數萬相連，闊狹縱斜，常不盈縮。又星與日月，光色同耳，但以大小差别不同。然而日月又當石耶？石既牢密，烏兔焉容。石在氣中，豈能獨運。日月辰宿，若皆是氣，氣體輕浮，當與天合。往來環轉，不得背違。其間遲疾，理寧一等！何故日、月、五星、二十八宿各有度數，移動不均？寧當氣墮，忽變爲石！地既滓濁，法應沈厚。鑿土得泉，乃浮水上。積水之下，復有何物？江河百谷，從何處生？東流到海，何爲不溢？歸塘尾閭，渠何所到？沃焦之石，何氣所然？潮汐去還，誰所節度？天漢懸指，那不散落？水性就下，何故上騰？天地初開，便有星宿，九州未畫，列國未分，翦疆區野，若爲躔次？封建以來，誰所制割？國有增減，星無進退，災祥禍福，就中不差。懸象之大，列星之夥，何爲分野，止繫中國？昴爲旄頭，匈奴之次，西胡、東夷、彫題、交趾，獨棄之乎？以此而求，迄無了者。豈得以人事尋常，抑必宇宙之外乎！

凡人所信，惟耳與目。自此之外，咸致疑焉。儒家説天，自有數義。或渾或蓋，乍穹乍安。計極所周，苑維所屬。若有親見，不容不同。若所測量，寧足依據。何故信凡人之臆説，疑大聖之妙旨，而欲必無恒沙世界，微塵數劫乎！而鄒衍亦有九州之談，山中人不信有魚大如木，海上人不信有木大如魚。漢武帝不信弦膠，魏人不信火布。胡人見錦，不信有蟲食樹吐絲所成。吴人身在江南，不信有千人氈帳。及來河北，不信有二萬石船。皆實驗也。如世有祝師及諸幻術，猶能履火蹈刃，種瓜移井。倏忽之間，千變萬化。人力所爲，尚能如此，何況神通感應，不可思量。寶幢百由旬，座化成净土，踊生妙塔乎！

又王玄策西國行傳云：「王使顯慶四年至婆栗闍國。王爲漢人設五女戲，其五女傳弄三刀，加至十刀。又作繩技，騰虚繩上，著履而擲。手弄三仗刀楯槍等種種關伎。雜諸幻術，截舌抽腸等。不可具述。」〔一〕

日宫部第三

依起世經云：「佛告諸比丘：日天宫殿縱廣正等五十一由旬，上下亦爾。以二種物成其宫殿。正方如宅，遥看似圓。何等爲二？所謂金及玻瓈。一面兩分皆是天金成，清净光明。一面一分是天玻瓈成，净潔光明。有五種風吹轉而行。何等爲五？一名爲持，二名爲住，三名隨順轉，四名波羅訶迦，五

〔一〕西國行傳已佚。

名將行。彼日天宫之前别有無量諸天於前而行。時各常受樂，皆名牢行。依長阿含經云：「日天宫牆及地薄如華葩，〔一〕爲五風所持也。」〔二〕

又日宫殿中有閻浮檀金以爲妙輦，輦高十六由旬，方八由旬，莊嚴殊勝。天子及眷屬在彼輦中，以天五欲具足受樂。日天子身壽五百歲。子孫相承，皆於彼治。宫殿住持，滿足一劫。日天身光出照於輦。輦有光明，復照宫殿。光明相接，出已照曜，遍四大洲及諸世間。日天身輦及宫殿有一千光明，五百光明傍行而照，五百光明向下而照。日天宫殿常行不息。六月北行，於一日中漸移北向六拘盧舍，依雜寶藏經有五里。〔三〕未曾暫時離於日道。六月南行，亦一日中漸移南向六拘盧舍，不差日道。日天宫殿六月行時，月天宫殿十五日中亦行爾許。」〔四〕

月宫部第四

如起世經云：「佛告比丘：月天子宫殿，縱廣正等四十九由旬。四面垣牆，七寶所成。月天宫殿

〔一〕「及」字原脱，據高麗藏本補。

〔二〕「也」字原作「地」，據高麗藏本、磧砂藏本改。出長阿含經卷二十二。

〔三〕出雜寶藏經卷一鹿女夫人緣。

〔四〕出起世經卷十。

純以天銀天青瑠璃而相間錯。二分天銀清浄無垢，光甚明曜。餘之一分天青瑠璃，亦甚清浄。表裏映徹，光明遠照。亦爲五風攝持而行。五風如前。月天宮殿依空而行，〔一〕亦有無量諸天宮殿引前而行，恒受快樂。於此月殿亦有大輦，青瑠璃成。輦高十六由旬，〔二〕廣八由旬。月天子身與諸天女，在此輦中。以天種種五欲功德，和合受樂，隨意而行。彼月天子身壽五百歲，子孫相承，皆於彼治。然其宮殿住於一劫。彼月天子身分光明，照彼青輦。其輦光明，照月宮殿。宮殿光照四大洲。彼月天子有五百光向下而照，有五百光傍行而照。是故月天名千光明，亦復名爲凉冷光明。

又何因緣月天宮殿漸漸現耶？佛荅：此有三因緣：〔三〕一、背相轉。二、青身諸天形服瓔珞一切悉青，常半月中，隱覆其宮。以隱覆故，月漸而現。三、從日天宮殿有六十光明，一時流出，障彼月輪。以是因緣漸漸而現。

復何因緣，是月宮殿圓浄滿足？亦三因緣故令如是：一、爾時月天宮殿面相轉出。二、青色諸天一切皆青，當半月中隱。於十五日時形最圓滿，光明熾盛。譬如於多油中然火熾炬，諸小燈明皆悉隱翳。如是月宮十五日時能覆諸光。三、復次日宮殿六十光明一時流出，障月輪者。此月宮殿十五日時

〔一〕「殿」字原脱，據高麗藏本補。
〔二〕「輦」字原作「轝」，據高麗藏本、磧砂藏本改。
〔三〕「有」字原作「月」，據起世經改。

圓滿具足，於一切處皆離翳障。是時日光不能隱覆。復何因緣月天宮殿於黑月分第十五日，一切不現？此月宮殿於黑月分十五日最近日宮。由彼日光所覆翳故，一切不現。復何因緣，名爲月耶？此月宮殿於黑月分一日已去，乃至月盡，光明威德漸漸減少。以此因緣名之爲月。西方一月分爲黑白。初月一日至十五日，名爲白月。十六日已去，至於月盡，名爲黑月。此方通攝黑月，合爲一月也。復何因緣，月宮殿中有諸影現？此大洲中有閻浮樹。因此樹故，名閻浮洲。其樹高大，影現月輪。」〔一〕又瑜伽論云：「由大海中有魚鼈等影現月輪故，於其內有黑相現。」〔二〕依西國傳云：「過去有兔，行菩薩行。天帝試之，索肉欲食，捨身火中。天帝愍之，取其焦兔置於月內，令未來一切衆生舉目瞻之，知是過去菩薩行慈之身。」〔三〕

寒暑部第五

依起世經云：「復何因緣，夏時生熱？佛言：日天宮殿六月之間向北行時，一日常行六拘盧舍，未曾捨離日所行道。但於其中有十因緣，所有光明照觸彼十種山，令其生熱。復何因緣有諸寒冷？日天宮殿六月已後，漸向南行。復有十二因緣，能生寒冷。於須彌山、佉提羅迦山二山之間，有須彌海，闊

〔一〕出起世經卷十。
〔二〕「於」字原作「有」，據高麗藏本改。出瑜伽師地論卷二。
〔三〕出大唐西域記卷七。

八萬四千由旬，周迴無量。其中衆華悉皆徧滿，香氣甚盛。日天光明照觸彼海，此是第一寒冷因緣。第二、伊沙陀羅山。第三、遊乾陀山。第四、善現山。第五、馬耳頭山。第六、尼民陀羅山。第七、毗那耶迦山。第八、輪圍大山。第九、閻浮洲中所有諸河流行之處，日天照觸，故有寒冷。第十、瞿陀尼洲諸河倍多。第十一、弗婆提諸河倍多。第十二、鬱單越諸河倍多。此之十二諸河流水，日天光明照觸寒冷。」〔一〕前之生熱十二。次前八山外，第九是空中去地萬由旬，有夜叉宮殿。第十是四大洲山合爲第十也。

又立世阿毗曇論：「問言：云何冬寒？云何春熱？云何夏時寒熱？是冬時水界最長未減盡時，草木由濕未萎乾時，地大濕滑，火大向下，水界上昇。所以知然，深水最暖，淺水則冷。〔二〕寒節已至日行路，照炙不久。陽氣在内，食消則速。以是事故，冬時則寒。云何春熱？時水界長起減已盡，草木乾萎，地已燥坼。水氣向下，火氣上昇。何以知然？深水則冷，淺水則熱。冬時已過日行内路，照炙則久。身内火羸，故春熱。云何夏時冷熱？是大地八月日中恒受照炙，大雲降雨之所灑散，地氣蒸鬱。若風吹時，蒸氣消已，是時則寒。若風不起，是時則熱。是故夏中有時寒熱。」〔三〕西方四月爲一時，但立春、夏、冬，故不立秋。故立三時殿也。

〔一〕出起世經卷十。

〔二〕「冷」字原脱，據高麗藏本補。

〔三〕出立世阿毘曇論卷六。

又起世經云：「以何因緣有諸河水流於世間？佛告比丘：以有日故有熱，有熱故有炙，有炙故有蒸，有蒸故有汗濕。以汗濕故一切山中汗流爲水，以成諸河。」〔一〕

照用部第六

依長阿含經云：「劫初長成時，天地大闇。有大黑風吹大海水開，取日以照天下。著須彌半，安日道中行。旋繞四天下，照燭衆生。」〔二〕

又起世經云：「爾時世間便成黑暗，是時忽然出生日月及諸星宿，便有晝夜年歲時節，爾時日天昇大宫殿，從東方出，繞須彌山半腹而行。於西方没已，還從東出。爾時衆生復見日天從東方出，各相告言：諸仁者還是日天光明宫殿再從東出，右繞須彌，當於西没。第三見已，亦相語言：是天光明流行此也。故有如是名字出。」〔三〕

又智度論云：「日月方圓五百由旬，而今所見不過如扇。」〔四〕

〔一〕出起世經卷十。
〔二〕出長阿含經卷二十二。
〔三〕出起世經卷九。
〔四〕出大智度論卷三十九。

處處經云：「佛語阿難：人眼所見，知四十二萬由旬，人眼所見。」〔一〕

又立世阿毗曇云：「云何爲夜？云何爲晝？因月故夜，因日故晝。欲界者自性黑暗。日光隱故，是則爲夜。日光顯故，是則爲晝。」〔二〕

又起世經云：「佛告諸比丘：若閻浮洲日正中時，弗婆提洲日則始没，瞿耶尼洲日則初出，鬱單越洲正當半夜。若瞿耶尼洲日正中時，此閻浮洲日則始没，鬱單越洲日則初出，弗婆提洲正當半夜。若鬱單越洲日正中時，〔三〕瞿耶尼洲日則始没，弗婆提洲日則初出，閻浮洲正當夜半。若弗婆提洲日正中時，鬱單越洲日則始没，閻浮洲中日則初出，瞿耶尼洲正當半夜。佛告比丘：若閻浮洲人所謂西方，瞿耶尼人以爲東方。瞿耶尼人所謂西方，鬱單越人以爲東方。鬱單越人所謂西方，弗婆提人以爲東方。弗婆提人所謂西方，閻浮洲人以爲東方。南北二方亦復如是。」〔四〕

〔一〕 出處處經。

〔二〕 出立世阿毗曇論卷六。

〔三〕 「日則……洲」十七字原脱，據高麗藏本補。

〔四〕 出起世經卷十。

虧盈部第七

依立世阿毗曇論云：「云何黑半？云何白半？由日黑半，由日白半。日恒逐月行，一一日相近四萬八千八十由旬。日日相離，亦復如是。若相近時，日月圓被覆三由旬又一由旬三分之一。以是事故，十五日月初覆則盡，〔一〕是日黑半圓滿。日日離月亦四萬八千八十由旬。月日日開三由旬又一由旬三分之一。以是事故，十五日月則開凈圓滿。世間則名白半圓滿。日月若最相離行，是時月圓。世間則説白半圓滿。日月若共一處，是名合行，世間則説黑半圓滿。若日隨月後行，日光照月光。月光麤故，被照生影。此月影還自翳月，是故見月後分不圓。以是事故，漸漸掩覆。至十五日覆月都盡。隨後行時，是名黑半。若日在月前行，日日開凈，亦復如是。至十五日具足圓滿。在前行時，是名白半。」〔二〕

又起世經：「問言：復有何因緣於冬分時夜長晝短？佛荅比丘：日天宫殿過六月已，漸向南行，每於一日移六拘盧舍，無有差失。當於是時，日天宫殿在閻浮洲最極南垂。地形狹小，日過速疾。以此因緣於冬分時晝短夜長。復何因緣於春夏時晝長夜短？佛荅云：日天宫殿過六月已，漸向北行。

〔一〕「盡」字原作「晝」，據高麗藏本改。
〔二〕出立世阿毗曇論卷六。

每一日中移六拘盧舍，無有差失，異於常道。當於是時在閻浮洲處中而行。地寬行久，所以晝長。以此因緣，春夏晝長，夜分短促。」〔一〕

智度論云：「如阿鞞跋致品中所說：日月歲節者，日名從旦至日初分、中分、後分。夜亦有三分。一日一夜有三十時。春秋分時，十五時屬晝，十五時屬夜。餘時增減。若五月至，晝十八時，夜十二時。十一月至，夜十八時，晝十二時。一月或三十日半，或三十日，或二十九日半，或二十七日半。有四種月：一者日月，二者世間月，三者月月，四者星宿月。日月者，三十日半。世間月者，三十日。月月者，二十九日加六十二分之三十。星宿月者，二十七日加六十分之二十一。閏月者，從日月世間月二事中出，是名十三月。或十三月名一歲，是歲三百六十六日，周而復始。菩薩知日中分時，前分已過，後分未生，中分無住處，無相可取。日分空空，無所有到。三十日時，二十九日減，云何和合成日？月無故云何和合而爲歲？以是故，佛言世間法如幻如夢，但是誑心法。菩薩能知世間日月歲和合，能知破散無所有，是名巧分別。」〔二〕依經，人多薄福，日月交變。〔三〕或有赤日赤月，種種徵惡，具如經說。

〔一〕出起世經卷十。

〔二〕出大智度論卷四十八。

〔三〕「交」字，高麗藏本、磧砂藏本作「災」。

昇雲部第八

依起世經云：「於世間中有四種雲：一白，二黑，三赤，四黄。此四雲中若白色雲者，多有地界。若黑色雲者，多有水界。若赤色雲者，多有火界。若黄色雲者，多有風界。有雲從地上昇在虚空中一拘盧舍，二三乃至七拘盧舍住。或復有雲上虚空中一由旬乃至七由旬住。或復有雲上虚空中百由旬乃至七百由旬住。或復有雲從地上虚空千由旬乃至七千由旬住。乃至劫盡。」〔一〕長阿含經云：「劫初時有雲得至光音天。」〔二〕依經，雲亦多種。或有五色慶雲而現，或有赤雲、黑雲種種而現，不可盡説。備如仁王經等具述也。

震雷部第九

依起世經云：「佛告諸比丘：或有外道來問汝，云何因緣故虚空中有是聲耶？汝應荅云：有三因緣，更相觸故，雲聚空中有音聲出。何者爲三？一、雲中風界與地界相觸著故，便有聲出。二、於雲中風界與彼水界相觸著故，即便聲出。三、於雲中風界與彼火界相觸著故，即便聲出。所以者何？譬如

〔一〕出起世經卷八。
〔二〕出長阿含經卷二十。

樹枝相揩，即有火出。此亦如是。」〔一〕依經，雷亦多種。或有雷車鼓，鬼神桴打手擊。故俗云：稱爲天鼓。於中亦有罪惡多者霹靂而死，見受報也。

擊電部第十

依起世經云：「佛告諸比丘：或有外道來問汝，云何因緣故虚空中忽生電光？汝應荅云：有二因緣，雲中出電。何等爲二？一、東方有電名曰無厚，南方有電名順流，西方有電名墮光明，北方有電名曰百生樹。二者、或有一時東方所出無厚大電，與彼西方墮光明電相觸相對相磨相打。以如是故，從彼虚空雲聚之中出生大明，名曰電光。或復南方順流大電與彼北方百生樹大電相觸相對相磨相打。以如是故出生電光。〔二〕譬如兩木，風吹相著，忽然火出，還歸本處。」〔三〕依經，或先有雷無電，〔四〕或先有電後雷。相擊火出，〔五〕霹靂人物。

〔一〕出起世經卷八。

〔二〕「生」字原脱，據高麗藏本補。

〔三〕出起世經卷八。

〔四〕「或」字原作「文」，據高麗藏本改。

〔五〕「擊」字原作「繫」，據高麗藏本、磧砂藏本、南藏本、嘉興藏本改。

降雨部第十一

依分別功德論云：「雨有三種：一天雨，二龍雨，三阿脩羅雨。天雨細霧。龍雨甚麤，喜則和潤，瞋則雷電。阿脩羅爲共帝釋鬬，亦能降雨，麤細不定。」〔一〕依經，雨亦多種。或有無雲而雨，或有先雲而雨，或有因龍而雨，或有不依龍而雨。寔由衆生自業所感，具如經説也。

失候部第十二

如起世經云：「佛告諸比丘：有五因緣能障礙雨，令占師不測，增長迷惑，記天必雨而更不雨。何者爲五？一、於虚空中雲興，雷作伽荼伽荼、瞿厨瞿厨等聲。或出電光，或有風吹冷氣。至如是種種皆是雨相。諸占察人及天文師等，悉尅此時必當降雨。爾時羅睺阿脩羅王從其宫出，便以兩手撮彼雨雲，擲置海中。此是第一雨障因緣，占者不知，而竟不雨。第二、有時虚空起雲，雲中亦作伽荼等聲，亦出電光，復有風吹冷氣來時。占者見相，尅天降雨。爾時火界增上力生，即於其時雨雲燒滅。此名第二雨障因緣，占者不知，而遂不雨。第三、有時虚空中起雲，雲中亦作伽荼等聲，亦出電光，復有風吹冷氣來時。占者見已，記天必雨。以風界增上力生，則吹雲擲置於彼迦陵伽磧中，或置諸曠野中，或置摩

〔一〕出分別功德論卷一。

連那磧地。此名第三雨障因緣。占者不知，而遂不雨。第四、有諸衆生爲放逸污清淨行故，天不降雨。第五、爲閻浮提人有不如法慳貪嫉妬邪見顛倒故，天則不雨。此二作法並同前説。長阿含經亦同相似。以此因緣相師迷惑，占雨不定。」〔一〕

增一阿含經云：「日月有四重翳，〔二〕使不得放光明。何等爲四？一者雲，二者風塵，三者煙，四者阿須倫。使覆日月不得放光明。比丘亦有四結覆蔽人心，不得開解。一者欲結，二者瞋恚，三者愚癡，四者利養。覆蔽人心不得開解。」〔三〕

四分律亦有四種喻同前：「一者婬欲，二者飲酒，三者捉錢寶，四者邪命。有此四法亦令佛法不明了故。」〔四〕

頌曰：

火氣上昇烟，　雲氣靉靆雲。　神龍吐津霧，　颶埃坋人塵。　酒爲放逸門，　婬爲生死源。
金銀生患重，　邪命壞戒根。

〔一〕出起世經卷八。
〔二〕「四」字原脱，據高麗藏本補。
〔三〕出增一阿含經卷二十。
〔四〕出四分律卷八。

地動部第十三

依佛般泥洹經云：「阿難叉手問佛：欲知地動幾事？佛語阿難：有三因緣：一、爲地倚水上，水倚於風，風倚於空。大風起則水擾，水擾則地動。二、爲得道沙門及神妙天，欲現感應，故以地動。三、爲佛力。自我作佛前後，已動三千日月，萬三千天地，無不感發。天人鬼神多得聞解。」〔一〕

又大方等大集念佛三昧經云：「一切大地六種震動：一、動遍動、等遍動，二、震遍震、等遍震，三、涌遍涌、等遍涌，四、吼遍吼、等遍吼，五、起遍起、等遍起，六、覺遍覺、等遍覺。是六各三，合十八相。如是東涌西没，西涌東没，南涌北没，北涌南没，中涌邊没，邊涌中没。」〔二〕

又立世阿毗曇論云：「佛告富樓那：復有大神通威德諸天，若欲震動大地，即能令動。若諸比丘有大神通及大威德，觀地大相令小，小相令大。欲令地動，亦能震動。令地動有風，名鞞嵐婆。此風常吹，俱動不息。風力上昇，有風下吹，亦有傍動。是風平等，圓轉相持。」〔三〕

〔一〕出佛説方等般泥洹經卷上。
〔二〕出大方等大集菩薩念佛三昧經卷一。
〔三〕出立世阿毗曇論卷一。

又智度論云：「地動有四種：一火，二龍，三金翅鳥，四天二十八宿等。」〔一〕又諸羅漢諸天等亦能地動。

又增一阿含經云：「佛在舍衛城，告諸比丘：有八因緣而地大動。此地深六十八千由延，爲水所持，水依虛空。或復是時虛空風動而水亦動。水動，地便大動。是初動也。若比丘得神足，所欲自在，觀地如掌，能使地大動。是二動也。若復諸天有大神足，有大威力，能使地動。是三動也。若復菩薩在兜術天，欲降神下生，是時地動。是四動也。若菩薩自知在母胎中，地爲大動。是五動也。若菩薩知滿十月，當出母胎，地爲大動。是六動也。若菩薩出家於道場坐，降伏魔怨，終成等覺，地爲大動。是七動也。若未來於無餘涅槃界而般涅槃，地爲大動。是八動也。」〔二〕依經，地動亦有多種。或有地動，聖人出世。有山動，四果聖人出世。或有諸佛菩薩出世。或動一世界，多世界亦有薄福衆生感得地動，損破依正兩報。具如經說。

述曰：自下略叙俗書。天地初分，陰陽形變之意，謂有五重：一元氣，二太易，三太初，四太始，五太素。第一元氣者，依河圖曰：「元氣無形，匈匈蒙蒙。偃者爲地，伏者爲天。」〔三〕

〔一〕出大智度論卷八。
〔二〕出增一阿含經卷三十七。
〔三〕佚書，太平御覽卷一引。

禮統曰：「天地者元氣之所生，萬物之祖。」〔一〕

皇甫士安帝王世紀曰：「元氣始萌謂之太初。」〔二〕

三五歷紀曰：「未有天地之時，混沌如雞子。溟涬始可，濛鴻滋分。歲起攝提，元氣啓肇。」〔三〕

帝系譜曰：「天地初起，溟涬濛鴻。即生天皇，治萬八千歲，以木德王。」〔四〕

列子曰：「夫有形者生於無形，則天地安從生。張虔注曰：〔五〕天地無所從生，而自然生。故有太易，有太初，有太始，有太素。變而爲一，一變而爲七，七變而爲九。九者，變之究也，乃復變而爲一。一者，形變之始也。清輕者上爲天，濁重者下爲地。沖和氣者爲人。故天地含精，萬物化生也。」〔六〕

故易上繫曰：「易有太極，是生兩儀。兩儀生四象，四象生八卦，八卦定其吉凶也。」〔七〕

春秋感精符曰：「人主與日月同明，四時合信。故父天、母地、兄日、姊月。父天於圓丘之禮也，母地方澤

〔一〕佚書，太平御覽卷一引。

〔二〕佚書，太平御覽卷一引。

〔三〕佚書，太平御覽卷一引。

〔四〕佚書，太平御覽卷一引。

〔五〕「虔」字疑應作「湛」。

〔六〕出列子卷一天瑞篇第一。

〔七〕出周易卷七繫辭上。

之祭也。兄日於東郊，姊月於西郊。」〔一〕

春秋説題辭曰：「天之爲言填也。居高理下，爲人經羣陽精也。含爲太一，分爲殊名。故立字一大爲天。」〔二〕

春秋繁露曰：「天有十端。天爲一端，地爲一端。陽爲一端，陰爲一端。土爲一端，人爲一端。金爲一端，木爲一端。水爲一端，火爲一端。凡十端。」〔三〕天「亦喜怒之氣，哀樂之心，與人相副。以類合之，天人一也。春喜氣故生，秋怒氣故殺，夏樂氣故養，冬哀氣故藏。四者天人同有之。」〔四〕

爾雅曰：「穹蒼，蒼天也。李巡曰：「古時人質，仰視天形，穹隆而高，其色蒼蒼，故曰穹蒼也。」〔五〕春爲蒼天。李巡曰：「春萬物始生，其色蒼蒼，故曰蒼天也。」夏爲昊天。李巡曰：「夏萬物壯，其氣昊，故曰昊天也。」秋爲旻天。李巡曰：「秋萬物成熟，皆有文章，故曰旻天。旻，文也。」郭景純曰：「旻猶愍。愍，萬物彫落也。」冬爲上天。」〔六〕李巡曰：「冬陰氣在上，萬物伏

〔一〕緯書，太平御覽卷一引。

〔二〕緯書，太平御覽卷一引。

〔三〕出春秋繁露卷七官制象天第二十四。

〔四〕出春秋繁露卷十一陰陽義第四十九。

〔五〕出爾雅李巡注。已佚。下同。

〔六〕出爾雅釋天。

藏，故曰上天。」郭景純曰：「言時無在上臨下而已也。」〔一〕

廣雅曰：「天圓廣南北二億三萬三千五百里七十五步，東西短減四步。周六億十萬七百里二十五步。從地至天一億一萬六千七百八十一里半。下度之厚與天高等。」〔二〕

孝經周天七衡六間曰：「周天有七衡，而六間者，相去萬九千八百三十三里三分里之一，合十一萬九千里。從内衡以至中衡，從中衡以至外衡，各五萬九千五百里。」〔三〕

洛書甄曜度曰：「周天三百六十五度四分度之一。又度爲千九百三十二里。則天地相去十七萬八千五百里。」〔四〕

論衡曰：「日一日行一度，一度二千里。日晝行千里，舒疾與騏驥之步相類也。」〔五〕

白虎通曰：「日行遲，月行疾。〔六〕日行一度，月行十三度十九分度之七。日月徑千里。」〔七〕又計

〔一〕出爾雅郭璞注。

〔二〕出廣雅卷九釋天。

〔三〕出孝經援神契，太平御覽卷一引。

〔四〕緯書，太平御覽卷二引。

〔五〕出論衡卷十一説日篇。

〔六〕「月行疾」三字原脱，據高麗藏本補。

〔七〕出白虎通卷四日月篇。

日行路有其内外。從極北至極南，相去九百九十由旬。經一百八十日，日行從内至外。又經一百八十日，日行從外至内。是故名行。言日行六十里者，由輪大故。日逆天行，以行遲故，唯六十里。是故一年有十二月。六月北行，六月南行。總有三百六十度行路也。

白虎通曰：「月所以滿缺何？歸功於日也。三日成魄，八日成光，二八十六轉而歸功晦，至朔旦受符復行也。月有大小行。天左旋，日右行。日行遲，月行疾。及日爲一月。至二十九日，未及七度，即須三十日。過七度，日不可分，故乍小，明有陰陽，即有閏月。行周天三百六十五度四分度之一。十二月日不匝十二度，故三年一閏，五年再閏也。明陰不足，陽有餘。閏者，陽之餘也。」〔一〕

徐整長曆：「日月徑千里，周圍三千里。下於天七千里。」〔二〕

尚書考靈曜曰：「日光照三十萬六千里。」〔三〕

又地説書：「日月照四十五萬里。」〔四〕

列子曰：「孔子東遊，見兩小兒辯鬬。問其故，一小兒曰：我以日始出去人近，而日中時遠。一小

〔一〕出白虎通卷四日月篇。

〔二〕佚書，太平御覽卷四引。

〔三〕緯書，太平御覽卷三引，「三」作「四」。

〔四〕佚書，太平御覽卷四引。

兒以爲日初出時遠，而日中時近也。一兒曰：日初出大如車蓋，及其中纔如槃蓋。此不爲遠者小而近者大乎？一小兒曰：日初出滄滄凉凉，及其中如探湯。此不爲近者熱而遠者凉乎？孔子不能決也。兩小兒笑曰：孰謂汝多智乎！」〔一〕

桓譚新論曰：「予小時聞閭巷言：孔子東遊見兩小兒辯鬬。問其故，一兒曰：我以日始出時近，日中時遠。一兒以日初出遠，日中時近。長水校尉關子陽以爲天去人上遠而四傍近。以星宿昏時出東方，其間甚疏，相去丈餘。夜半在上視之甚數，相去唯一二尺。日爲天陽，火爲地陽。地陽上昇，天陽下降。今置火於地，從傍與上診其熱，遠近不同，乃差半焉。日中在上，當天陽之衡，故熱。於始出，從太陽中來，故凉。西在桑榆，大小雖同，氣猶不如清朝也。」〔二〕

論衡曰：「夫日月不圓，視若圓者，〔三〕去人遠也。夫日火精，在地水火不圓，在天火何故獨圓？日月在天猶五星，五星猶列星不圓，光曜若圓。何以明之？春秋之時，星賁宋都，視之石也，不圓。是知日月五星亦不圓也。」〔四〕

〔一〕出列子卷五湯問。

〔二〕出桓譚新論，隋書天文志上引。

〔三〕「若圓」二字原重，據高麗藏本删。

〔四〕出論衡卷十一說日篇。

論衡曰：「儒言日中有三足烏。日者，火也。烏火中焦爛，安得如立。然烏，日氣也。」〔一〕

詩推度災曰：「月日三日成魄，八日成光。蟾蠩體就，決鼻始萌。」宋均注曰：「決鼻，兔也。」〔二〕

春秋演孔圖曰：「蟾蠩，月精也。」〔三〕

春秋元命包曰：「陰精爲月，日行十三度，常詘任而受。受陽精也。受明精在内，故金水内景。」〔四〕

河圖始開圖曰：〔五〕「黄泉之埃，上爲青雲。赤泉之埃，〔六〕上爲赤雲。白泉之埃，上爲白雲。玄泉之埃，上爲玄雲。」〔七〕淮南又載。

河圖括地象曰：「崑崙山出五色雲氣。」〔八〕

〔一〕出論衡卷十一説日篇。

〔二〕緯書，太平御覽卷四引。

〔三〕緯書，太平御覽卷四引。

〔四〕緯書，太平御覽卷四引。

〔五〕下「圖」字原脱，據下文補。

〔六〕「赤」字原作「青」，據高麗藏本改。

〔七〕緯書，太平御覽卷八引。

〔八〕緯書，太平御覽卷八引。

易説卦曰：「巽爲風，撓萬物者莫疾於風。風以動之。」〔一〕

河圖帝通記曰：「風者，天地之使也。」〔二〕

爾雅曰：「四時和爲通正謂之景風。李巡曰：「景風，太平之風也。」南風謂之凱風。東風謂之谷風。北風謂之涼風。西風謂之太風。焚輪謂之頽。郭璞注：「暴風從上下。」扶搖謂之猋。從上下也。風與火爲忳。音屯，忳盛貌。回風爲飄。日出而風爲暴。風而雨土爲霾。音埋。陰而風爲曀。」〔三〕

易稽覽圖曰：「降陽爲風，降陽之動不鳴條。」〔四〕

易説卦曰：「震爲雷，動萬物者莫大於雷。」〔五〕

河圖帝通記曰：「雷，天地之鼓也。」〔六〕

〔一〕出周易卷九説卦。

〔二〕緯書，太平御覽卷九引。

〔三〕出爾雅釋天。

〔四〕出易稽覽圖卷上。

〔五〕出周易卷九説卦。

〔六〕緯書，太平御覽卷十三引。

左傳曰：〔一〕「藏冰以時，則雷出震；棄冰不用，則雷不發而震。」〔二〕

春秋元命包曰：「陰陽合而爲雷。」〔三〕

師曠占曰：「春雷始起，其音柏柏。格其霹靂者，所謂雄雷，旱氣也。其鳴依音，音不大霹靂者，所謂雌雷，水氣也。」〔四〕

師曠占曰：「春分雨雷有音，如雷非雷，音在地中。其所住者兵起。其下無雷而雷，〔五〕名曰天狗，行不出三年，其國凶。」〔六〕

河圖始開圖曰：「激陽爲雷。」

易稽覽圖曰：「陰陽和合其電耀。耀也，其光長。」〔七〕

〔一〕「傳」字下原衍「昭二」二字，據高麗藏本删。

〔二〕出左傳卷二十一昭公四年。

〔三〕緯書，太平御覽卷十三引。

〔四〕佚書，太平御覽卷十三引。

〔五〕上「雷」字，高麗藏本作「雲」。

〔六〕佚書，太平御覽卷十三引。

〔七〕出易稽覽圖卷上。

春秋元命包曰：「陰陽激爲電。」〔一〕

史記天官書：「電者陰陽之動也。」〔二〕

穀梁傳曰：「隱公曰霆雷。」〔三〕謂急雷，今之霹靂也。

爾雅曰：「疾雷爲霆蜺。」〔四〕郭璞注曰：「雷之急激者，謂之霹靂也。」

説文曰：「震，霹靂，震動也。」〔五〕

釋名曰：「霹靂，折也。震，戰也。所擊輒破，若攻戰也。」〔六〕

異苑曰：「沙門釋慧遠棲神廬嶽，嘗有遊龍翔其前。遠公有奴，以石擲中，仍騰躍上昇。有傾風飈曄，公知是龍之所興。登山燒香，會僧齊聲唱偈。於是霹靂迴向投龍之石，雲雨乃除。」〔七〕

〔一〕緯書，太平御覽卷十三引。
〔二〕出史記卷二十七天官書。
〔三〕出穀梁傳卷一隱公九年。
〔四〕出爾雅釋天。
〔五〕「震動」，高麗藏本作「振物」。出説文卷十一。
〔六〕出釋名卷一釋天。
〔七〕出異苑卷五。

異苑曰：「乞佛虜凶虐暴惡，嘗中霹靂，其挺引身出外，〔一〕題背四字，表其凶匿。國少時爲涉去所棄。」〔二〕

頌曰：

日月長懸，天曜恒暉。晝金夜玉，孰與玄期。出則晃朗，没已還晞。虧盈隱顯，晦朔旋璣。星辰列位，福壽靈威。聖人建立，隨業增徽。雲龍相會，昇降分離。擊動雷電，寒暑應時。

〔一〕「挺」字，異苑作「柩」。

〔二〕「棄」字，異苑作「襲」。出異苑卷四。

法苑珠林校注卷第五

六道篇第四此有六部

諸天部　人道部　阿脩羅部　鬼神部　畜生部　地獄部

第一諸天部此别四部

述意部　會名部　受苦部　報謝部

述意部第一

夫論天報，識復豐華。服玩光新，身形輕妙。而自在天上更是魔王，無想定中翻爲外道。四空之頂，邪執不輕，六欲之間，迷惑殊重。不能受持般若，供養涅槃。憍慢轉增，我人逾盛。所以頭華萎髻，〔一〕腋汗流衿，寶殿歇光，羅衣聚膩。憑斯淨心，悉皆懺蕩。普爲四王、忉利、兜率、炎摩、化樂、他化、梵王、梵輔、光音、遍淨、廣果、那含、不煩、不熱、善見、善現、空處、識處、不用處、非非想處，乃至橫窮他界，竪極上天；或復端坐華臺，動逾劫數；凝神玉殿，〔二〕一視千年。願令自然之服，〔三〕不離身形；善法之堂，永蒙遊觀。絶生離之病，無戰陣之勞。長謝五衰，恒豐七寶。色像端嚴，容儀煒燁，永離苦因，清昇樂果也。

會名部第二

問曰：云何名六趣？依毗曇論云：「趣者名到，亦名爲道。」〔四〕謂彼善惡業因道，能運到其生趣處，故名爲趣。亦可依所造之業，趣彼生處，故名爲趣。又趣者歸向之義。謂可造業能歸向於天乃至地獄也。

〔一〕「髻」字，高麗藏本作「頽」。
〔二〕「玉」字原作「王」，據高麗藏本、磧砂藏本、南藏本改。
〔三〕「令」字原作「今」，據高麗藏本改。
〔四〕出雜阿毗曇心論卷六。

問曰：唯有此六趣定，更有餘道耶？荅曰：且據一家不增減說。若依樓炭經中，〔一〕亦說九道衆生共居。一、菩薩道，二、緣覺道，三、聲聞道。帖前六道，以凡聖同居，爲欲相倣也。〔二〕天者如婆沙釋名：「光明照曜，故名爲天。」〔三〕又天者，顛也。顛謂上顛。萬物之中，唯天在上，故名顛也。又天者，顯也。顯謂高顯。萬物之中，唯天獨高，在上顯覆，故名顯也。

問曰：何故彼趣名天？荅曰：於諸趣中彼最勝最樂最善最妙最高，故名天趣。有說先造作增上身語意妙行，往彼生彼，令彼相續，故名天趣。有說光明增故名天，以彼自然光恒照晝夜故。聲論者說：能照故名天，以現勝果照了先時所修因故。復次戲樂故名天，以恒遊戲受勝樂故。

問曰：諸天形相云何？荅曰：其形上立。

問曰：語言云何？荅曰：皆作聖語。〔四〕

又立世阿毗曇論云：「天名提婆。謂行善因於此道生，故名提婆。」〔五〕今略論諸天報身之相。所

〔一〕此段出處待考。

〔二〕「倣」字，高麗藏本作「化」。

〔三〕出阿毘曇毘婆沙論卷七。

〔四〕見阿毘達磨大毘婆沙論卷一百七十二問答文。

〔五〕出立世阿毘曇論卷六。

謂諸天皆無骨肉，亦無大小便利不净。身放光明，無別晝夜。報得五通，形無障礙。故正法念經云：「譬如一室然五百燈，光明不相逼迫。諸天手中置五百天，亦復如是，不窄不妨。」〔一〕

又彼經云：「彼夜摩天或有一百或有一千，共聚在一蓮華鬚同坐，不妨不隘不窄，以善業故，自業力故。」〔二〕

又智度論云：「第三遍净天六十人坐一針頭而聽法，不相妨礙。」〔三〕

又正法念經云：「爾時夜摩天王爲諸天説偈云：

若人心念佛，　是名善命人。　不離念佛故，　是爲命中命。　若人心念法，　是名善命人。

不離念法故，　是爲命中命。　若人心念僧，　是名善命人。　不離念僧故，　是爲命中命。」〔四〕

又：「夜摩天中有三大士，常爲放逸諸天而演説法。何等爲三？一者夜摩天王牟修樓陀菩薩，二者善時鵝王菩薩，三者種種莊嚴孔雀王菩薩。是三大士常爲利他而演説法，或有令得聲聞菩提，或有

〔一〕出正法念處經卷六十四。

〔二〕出正法念處經卷四十二。

〔三〕出大智度論卷九十三。

〔四〕出正法念處經卷五十八。

今得緣覺菩提、無上菩提。」〔一〕

受苦部第三

今述諸經具明諸天趣苦。光明色界無色界苦。〔二〕上界雖勝，仍有微苦。故成實論云：「上二界中雖無麤苦，而有微細苦。何以知之？四禪中説有行立坐卧。隨有四故，皆應有苦。又色界有眼、耳、身識，即此識中所有諸受，名爲苦樂。從一威儀，求一威儀。求一威儀故，知有苦。」〔三〕又無理解，愛著已報。失時大苦。如經中説：唯得道者將命終時無憂苦色。今既是凡，寧無憂苦。論中云：無苦者，以苦相微故，説言無。如食少鹽，故言無鹽。非是一向唯樂無苦。由上界樂行寂滅不著，不能發起麤貪恚瞋，故名無苦無樂。又無刀杖等苦，〔四〕故言無苦。非無微苦。〔五〕故涅槃經云：「世間雖有上妙清净園林，然死屍處中則爲不净。衆共捨之，不生愛著。色界亦爾。雖復净妙，以有身故，諸佛菩薩

〔一〕出正法念處經卷五十九。

〔二〕「光」字諸本同，疑應作「先」。

〔三〕出成實論卷六五受根品。

〔四〕「苦」字原脱，據高麗藏本補。

〔五〕此段出處待考。

悉共捨之。若不作此觀，名不修身。」〔一〕故知有苦。

又法句喻經云：「有四比丘坐於樹下，共相問言：一切世間何者最苦？一人言：天下之苦，無過婬欲。一人言：世間之苦，無過飢渴。一人言：世間之苦，無過瞋恚。一人言：天下之苦，莫過驚怖。共諍苦義，紛紜不止。佛知其言，往到其所，問諸比丘：向論何事？即起作禮，具白所論。佛言：比丘，汝等所論，不究苦義。天下之苦，莫過有身。飢渴、寒熱、瞋恚、驚怖、色欲、怨禍，皆由於身。夫身者，衆苦之本，患禍之元。勞心極慮，憂畏萬端。三界蠉動，更相殘害。吾我縛著，生死不息，皆由身興。〔二〕欲離世苦，〔三〕當求寂滅。攝心守正，泊然無想，〔四〕可得泥洹，此最爲樂。」〔五〕故知未得聖智，滅此三界之身，當非苦耶？

問曰：色界有身，有苦可爾。無色無形，苦受何生？答曰：彼報精微，凡小不覩。無其麤礙，非無細色。廣論有無，備在別章。故智度論云：「上二界死時退時，生大懊惱，甚於下界。譬如極處，墮摧

〔一〕出大般涅槃經卷三十一。

〔二〕「興」字原作「與」，據法句譬喻經改。

〔三〕「苦」字下原衍「本」字，據高麗藏本删。

〔四〕「泊」字原作「怕」，據高麗藏本、磧砂藏本、南藏本、嘉興藏本改。

〔五〕出法句譬喻經卷三安寧品。

碎爛。」〔一〕又成實論云：「苦樂隨身，至於四禪。憂喜隨心，至於有頂。」〔二〕

問曰：生上天者離惡積善，何故報盡，即入三塗？荅曰：凡夫無始已來惡業無窮。一日貪瞋，尚受千形。況惡既多，暫伏結生。報福既盡，昔業時熟，還墮三塗。何所致惑！故成實論云：「人在色無色界，謂是涅槃。臨命盡時，見欲色中陰，即生邪見，謂無涅槃，謗無上法。當知彼中有不善業。」〔三〕又智度論云：「非有想非無想天中死，墮阿鼻地獄中。」〔四〕故知三界輪轉皆苦。

第三明欲界諸天苦者，謂彼天中鬬戰之時，遞相加害，身心俱苦。若割肢節，斷而復生。斬首截腰，則有死苦。如毗曇說：「欲界諸天有十業道離不律儀。〔五〕雖天不害天，而害餘趣。亦有截手截足，斷而還生。若斬首則死。展轉相奪，乃至十業道皆有。」〔六〕

又福欲盡時，五衰相現，則大憂惱。故涅槃經云：「天上雖無大苦惱事，然其身體柔軟細滑，見五

〔一〕出大智度論卷二十三。
〔二〕出成實論卷六五受根品。
〔三〕出成實論卷七繫業品。
〔四〕出大智度論卷十六。
〔五〕「離」字原作「雜」，據高麗藏本改。
〔六〕出雜阿毘曇心論卷三下。

相時，極受大苦。如地獄苦，等無差別。」〔一〕如蜜和毒藥，初美後苦。故正法念經偈云：

「如蜜和毒藥，是則不可食。天樂亦如是，退沒時大苦。業盡懷憂惱，捨離諸天女，退時大苦惱，不可得譬喻。善業欲盡時，如燈焰欲滅，不知何所趣，心生大苦惱。天上欲退時，心生大苦惱，地獄衆苦毒，十六不及一。一切諸焰輪，愛力之所作，愛鎖縛衆生，至諸險惡道。三界如轉輪，業繫輪不斷。是故捨愛欲，離欲得涅槃。」〔二〕

又涅槃經云：「雖復得梵天之身，乃至非想非非想天，命終之時，還墮三惡道中。雖爲四天王乃至他化自在天身。命終生於畜生道中，或爲師子、虎、兕、豺、狼、象、馬、牛、驢等。」〔三〕故知天報盡時，其身大苦。既有斯難，即須披誠，疏滌此業，懺令伏滅。若人造罪，受報盡已，後時修善，設生天上，由昔餘殃，天中微受。故正法念經云：「若於先世有偷盜業，爾時自見諸天女等奪其所著莊嚴之具，奉餘天子。若於先世有妄語業，諸天女等聞其所說生顛倒解，謂其惡罵。若於先世以酒施於持戒之人，或破禁戒而自飲酒，或作麴釀；臨命終時，其心迷亂，失於正念，墮於地獄。若於先世有殺生業，壽命短促，速疾命終。若於先世有邪淫業，見諸天女皆悉捨已，共餘天子，互相娛樂。是則名曰五衰相也。以其

〔一〕出大般涅槃經卷三十七。
〔二〕出正法念處經卷二十三。
〔三〕出大般涅槃經卷三十八。

持戒五種缺故，業綱所縛，受此業報。」又：「帝釋復觀業果，於殿中叫喚大地獄十八隔處，殺生、偷盜、邪婬、妄語業，墮此地獄，具受衆苦。從地獄出，生餓鬼中，壽命長遠。從餓鬼中死，生畜生中，互相殘害。從畜生中死，若生人中，身色憔悴，無有威德。若有餘業，得生天中，身量形貌，皆悉減劣。一切衆寶莊嚴之具，光明微少。不爲天女之所愛敬。天女背叛，捨至餘天。智慧薄少，心不正直。爲餘天子之所輕笑。若諸天衆與阿脩羅鬬戰之時，爲他所殺，以餘業故。」〔一〕

報謝部第四

依新婆沙論云：「諸天中將命終位，先有二種五衰相現：一小，二大。云何名爲小五衰相？一者、諸天往來轉動，從嚴身具出五樂聲，善奏樂人所不能及。將命終位，此聲不起。有說：復出不如意聲。二者、諸天身光赫奕，晝夜相照，身無有影。將命終時，身光微昧。有說全滅身影便現。〔二〕三者、諸天膚體細滑，入香池浴，纔出來時，水不著身，如蓮華葉。將命終位，水便著身。四者、諸天種種境界，悉皆殊妙，漂脱諸根，如旋火輪，不得暫住。將命終位，專著一境，經於多時，不能捨離。五者、諸天身力强盛，眼嘗不瞬。將命終時，身力虚劣，眼便數瞬。云何爲大五衰相？一者、衣服鮮净，今穢。二者、華

〔一〕出正法念處經卷三十一。
〔二〕「全」字原作「令」，據高麗藏本改。

冠光盛，今萎。三者、兩腋忽然流汗。四者、身體欻生臭氣。五者、不樂安住本座。前五衰相現，已不可轉。〔一〕時天帝釋以有五種小衰相現，不久當有大衰相現，心生怖畏，作是念言：誰能救我如是衰厄，我當歸依。便自了知，除佛世尊，無能救護。尋詣佛所，求哀請救。佛爲説法，便得見諦。令彼衰相，一時皆滅。故於佛前歡喜踊躍，作諸愛語，説此伽他曰：

大仙應當知，　我即於此座，　還得天壽命，　唯願尊憶持。」〔二〕

又折伏羅漢經云：「昔忉利天宫有一天，壽命垂盡，有七種瑞現：一頂中光滅，二頭上華萎，三面色變，四衣上有塵，五腋下汗出，六身形瘦，七離本座。即自思惟：壽終之後，下生鳩夷那竭國，疥癩母豬腹中作豚。甚預愁苦，不知何計。餘天語言：今佛在此，爲衆説法。唯佛能脱卿之罪耳。即到佛所，稽首作禮。未及發問，佛知告曰：一切萬物皆歸無常。汝素所知，何爲憂愁。得離豚身，常誦三自歸。如是日三。却後七日，天即壽盡，下生維耶離國作長者家子。在母胞胎，日三自歸。始生墮地，亦跪自歸。其母娩身，又無惡露。母傍侍婢，怖而棄走。〔三〕母亦深怪，謂之熒惑，意欲殺之。父知貴子，令好養之。年向七歲，與其輩類，於道邊戲。遇舍利弗、目連，兒前作禮。衆聖驚怪，具説天上事。此

〔一〕「不」字，高麗藏本作「或」。
〔二〕出阿毘達磨大毗婆沙論卷七十。
〔三〕「怖」字原作「持」，據高麗藏本改。

兒請佛到家，佛爲説經。兒及父母内外親屬皆得阿惟越致。此云不退。」〔一〕依經，天有多種，具如前三界篇中三十二門説。今對六道，略述四門。

感應緣 略引六驗

晉居士史世光

晉沙門釋慧嵬

宋俞氏有二女

魏沙門釋曇鸞〔二〕

魏居士掾弦超

梁沙門釋慧韶

夫十惡緣巨，易惑心塗；萬善力微，難感靈性。姦心頻發，凶狀屢聞。正法罕逢，教沈道喪。所以

〔一〕出舊雜譬喻經卷下。

〔二〕「曇」字原作「僧」，據高麗藏本及下正文改。

一息不追，則萬劫永別；刹那蹔隔，則千代長離。良由信毁相競，善惡交侵。愚惑之徒，輕舉邪風；淳正之輩，時遭佞逼。所以教流震旦，六百餘年。崔赫周虐，三被殘屏。禍不旋踵，殃及己身。致招感應之徵，善惡之報。是以建安感夢而疾瘳，文宣降靈而疾愈。吴王鬮寺，舍利浮光；齊主行刑，刀尋刃斷。宇文毁僧而瘡潰，拓拔廢寺而膿流。孫皓溺像而陰疼，赫連兇頑而震死。古今善惡，禍福徵祥，廣如宣驗、冥祥、報應、感通、冤魂、幽明、搜神、旌異、法苑、弘明、經律異相、三寶徵應、聖迹歸心、西國行傳、名僧、高僧、冥報、拾遺等，卷盈數百，不可備列。傳之典謨，懸諸日月。足使目覩，當猜來惑。故經曰：行善得善報，行惡得惡報。易曰：「積善之家，必有餘慶；積惡之家，必有餘殃。」〔一〕信知善惡之報，影響相從；苦樂之徵，由來相尅。余尋傳記四千有餘，故簡靈驗，各題篇末。若不引證，邪病難除。餘之不盡，冀補兹處。

晉史世光者，襄陽人也。咸和八年，於武昌死。七日，沙門支法山轉小品，疲而微卧，聞靈座上如有人聲。史家有婢，字張信，見世光在靈上，〔二〕著衣帢，具如平生。語信云：我本應墮龍中。支和尚爲我轉經，曇護、曇堅迎我上第七梵天快樂處矣。護、堅並是山之沙彌已亡者也。後支法山復往爲轉大品，又來在坐。世光生時以二旛供養，時在寺中。乃呼張信持旛送我。信曰：諾。便絶死，將信持

〔一〕出周易卷一坤文言。

〔二〕「靈」字，高麗藏本作「座」。

旛俱西北，飛上一青山上，如瑠璃色。到山頂，望見天門。光乃自提旛，遣信令還。與一青香，如巴豆，曰：以上支和尚。信未還，便遥見世光直入天門。信復道而還，倏忽醒活，亦不復見手中香也。旛亦故在寺中。世光與信於家去時，其六歲兒見之，指語祖母曰：阿爺飛上天，〔一〕婆爲見不？世光後復與天人十餘，俱還其家，徘徊而去。每來必見簪帢，去必露髻。信問之。荅曰：天上有冠，不著此也。後乃著天冠，與羣天人鼓琴行歌，徑上母堂。信問：何用屢來？曰：我來，欲使汝輩知罪福也。亦兼娱樂阿母。琴音清妙，不類世聲。家人小大，悉得聞之。然聞其聲，如隔壁障，不得親察也。唯信聞之獨分明焉。有頃去。信自送，〔二〕見光入一黑門。有頃來出，謂信曰：舅在此，日見榜撻，楚痛難勝。省視還也。舅生犯殺罪，〔三〕故受此報。可告舅母，會僧轉經，當稍免脱。舅即輕車將軍，報終也。〔四〕

右一出冥祥記。

晉長安釋慧嵬，不知何處人，止長安大寺。戒行澄潔，多栖處山谷，修禪定之業。有一無頭鬼來。嵬神色無變，乃謂鬼曰：汝無頭，便無頭痛之患，一何快哉！鬼便隱形，復作無腹鬼來，但有手足。嵬

〔一〕「爺」字，高麗藏本、磧砂藏本、南藏本作「郎」。
〔二〕「送」字原脱，據高麗藏本補。
〔三〕「生」字，高麗藏本作「坐」。
〔四〕太平廣記卷一一三引。

又曰：汝既無腹，便無五藏之憂，一何樂哉！須臾復作異形。嵬皆隨言遣之。後冬時天甚寒雪，〔一〕有一女子來求寄宿，形貌端正，衣服鮮明，姿媚柔雅。自稱天女。以上人有德，天遣我來，以相慰喻。廣談欲言，勸動其意。嵬執志貞確，一心無擾，乃謂女曰：吾心若死灰，無以革囊見試。女遂凌雲而逝，顧謂歎曰：海水可竭，須彌可傾，彼上人者秉志堅貞。後以晉隆安三年與法顯俱遊西域，不知所終。續有釋賢護，姓孫，涼州人，來止廣漢閻興寺，〔二〕常習禪爲業。又善律行，纖毫無缺。以晉隆安五年卒。臨亡，口出五色光明，照滿寺内。遺言使燒身，弟子行之。既而支節都盡，唯手一指不然。因埋之塔下。〔三〕右二出梁朝高僧傳。

宋俞氏二女，東官曾城人也。是時祖姊妹。元嘉九年，姊年十歲，妹年九歲。里越愚蒙，未知經法。忽以二月八日，並失所在。三日而歸，矖説見佛。九月十五日又失一旬，還作外國語，誦經及梵書。見西域沙門，便相開解。明年正月十五日，忽復失之。田閒作人云：見其從風徑飄上天。父母號懼，祀神求福。既而，經月乃返。剃頭爲尼，被服法衣，持髮而歸。自説見佛及比丘尼曰：汝宿世因緣，應爲我弟子。舉手摩頭，髮因墮落。與其法名，大曰法緣，小曰法綵。臨遣還曰：可作精舍，當與

〔一〕「冬」字原作「久」，據高僧傳改。
〔二〕「閻」字原作「閵」，據高麗藏本改。
〔三〕出梁高僧傳卷十一釋慧嵬傳、釋賢護傳。

汝經法也。女既歸家，即毀除鬼座，繕立精廬，夜齊誦經。夕中每有五色光明，流泛峰嶺，若燈燭。二女自此後，容止華雅，音制詮正，上京風調不能過也。刺史韋朗就里並迎供養。聞其談說，甚敬異焉。於是溪里皆知奉法。〔一〕右一出冥祥記。

魏西河石壁谷玄中寺沙門曇鸞，未詳氏族，鴈門人。家近五臺山，神迹靈異，怪逸于民。鸞因患氣疾，周行醫療。行至汾川秦陵故墟，入城東門，上望青雲，忽見天門洞開。〔二〕六欲階位，上下重複，歷然齊覩。由斯疾愈。後往江南陶隱居處，求覓仙方，冀益長壽。及届山所，接對欣然。便以仙方十卷，用酬來意。還至浙江，有鮑郎子神者，一鼓湧浪，七日便止。正值波初，無由得渡。鸞便往廟所，以情祈告。必如所請，當爲起廟。須臾神即現形，狀如二十，來告鸞曰：若欲渡者，明旦當得。願不食言。及至明晨，濤猶鼓怒。纔入船裏，恬然安静。依斯達到。梁帝見重，因出敕爲江神，更起靈廟。後辭帝還魏境，欲往名山，依方修治。行至洛下，逢中國三藏菩提流支。鸞往啓曰：佛法頗有長生不死法，勝此土仙經者乎？支唾地告曰：是何言歟？非相比也！此方何處有長生不死法。縱得長年，少時不死，終輪三有。即以觀經授之曰：此大仙方，依之修行，當得解脱生死，永絶輪迴。後移住汾州北山石壁玄中寺，一心依經，作浄土業。春秋六十有七。臨至終日，旛華幢蓋，高映院宇。香氣蓬勃，音聲繁鬧。

〔一〕見集神州三寶感通録卷下。又見本書卷二十二入道篇感應緣引。

〔二〕「洞」字原作「調」，據高麗藏本改。

預登寺者，並同矚之。以魏興和四年卒於平遥山寺，年六十有七。右一出梁高僧傳。〔一〕

魏濟北郡從事掾弦超，字義起。以嘉平中夜獨宿，夢有神女來從之，自稱天玉女，東郡人，姓成公，字知瓊。早失父母，天帝哀其孤苦，遣令下嫁從夫。當其夢也，精爽感寤，嘉其美異，非常人之容。覺寤欽想，若存若亡。如此三四夕，顯然來遊。駕輜軿，從八婢，服綾羅綺繡之衣，姿顔容體，狀若飛仙。自言年七十，視之如十五六女。車上有壺榼，清白瑠璃五具，飲啖奇異，饌具。遂下酒啖，與義起共飲食。謂義起曰：我天上玉女。見遣下嫁，故來從君。不謂君德宿時感運，宜爲夫婦。不能有益，亦不爲損。然行來常可得駕輕車，乘肥馬，飲食常得遠味異膳，繒素可得充用不乏。然我神人，不爲君子，亦無妬忌之性，不害君婚姻之義。遂爲夫婦，贈其詩一篇。其文曰：飄颻浮勃述，敖曹雲石滋。芝英不須潤，至德與時期。神仙豈虚降，應運來相之。納我榮五族，逆我致禍災。此其詩之大較。其文二百餘言，不能悉録。兼註易七卷，占卜吉凶等。義起皆通其旨。作夫婦經七八年，父母爲義起娶婦之後，分日而嫌，分夕而寢。夜來晨去，倏忽若飛。唯義起見之，餘人不見。雖居闇室，輒聞人聲，常見蹤跡，然不覩其形。後人怪問，漏泄其事。玉女遂便求去，云：我神人也。雖與君交，不願人見。而君性疏漏。我往與君積年交結，恩義不輕，一旦分别，豈不愴恨。勢不得久，各努力。呼侍御人下酒啖食。

〔一〕出唐高僧傳卷七釋曇鸞傳。作梁高僧傳誤。

發篋取織成裙衫兩腰，賜與義起。又贈詩一首。把臂告辭，涕泠流離，肅然昇車，去若飛迅。義起憂感積日，殆至委頓。後到濟北魚山陌上西行，遥望曲道頭有一馬車，似知瓊。馳前到，果是玉女也。遂披帷相見，前悲後喜。控左授接，同乘至洛，遂爲室家，尅復舊好。生於太康中猶在，但不日日往來。每於三月三日、五月五日、七月七日、九月九日、旦十五日，輒下往來，經宿而去。張茂先爲作神女賦。〔一〕

右一出搜神記。

梁蜀都龍淵寺沙門慧韶，姓陳，本潁川太丘人。少欲多智，聰敏不羣。春秋五十四，卒於本寺摩訶衍堂中。時成都民應始豐賢者，因病氣絶，而心上煖。五日方醒，云被攝至閻羅王，聞處分云：迎法師。須臾便至。王下殿合掌頂禮，更無言説。唯書文書，作一大政之字。〔二〕韶出外坐於曠路樹下，見一少童，以漆柳箕擎生袈裟，令韶著之。有十僧來迎。豐識和、慈二禪師。幢蓋列道，騰虚而去。又當終夕，有安浦寺尼，久病悶絶，醒云：送韶法師及五百僧登七寶梯，到天宫殿講堂中。其地如水精，牀席華整。亦有麈尾机案，蓮華滿池。韶就座談説，〔三〕少時便起，送别者令歸。其生滅冥祥，感見類

〔一〕出搜神記卷一。

〔二〕「字」字原作「守」，據高麗藏本、磧砂藏本、南藏本、嘉興藏本改。

〔三〕「説」字原作「設」，據高麗藏本、磧砂藏本、南藏本、嘉興藏本改。

此。以天監二年七月三日卒于龍淵寺，春秋五十有四。右一出梁高僧傳。〔一〕

第二人道部此别七部

述意部　會名部　住處部　業因部　貴賤部　貧富部

受苦部

述意部第一

夫論人道之中，身形浮僞。多諸罪業，喜造僁瑕。仁智道消，恩良義絶。所以崔杼殺君，商臣害父。七雄並争，六國連縱。互騁憍奢，各衒婬蕩。淳風永盡，美化不行。三毒競興，十纏争發。四流浩漫，五蓋幽深。顛倒無明，轉復滋甚。遂使生同險樹，命等危城。口蜜易消，井藤難久。壠頭松下，哭響摧殘；廣巷重門，悲聲嗚咽。今爲人中，悉皆懺悔。絓是圓首方足上智下愚。西盡瞿耶，東極于逮，北窮單越，南罄閻浮，乃至板屋氈帷，文身被髮，飲血茹毛，巢居穴處，雕蹄黑齒，倒住傍行，弱水毛浮，危峰繩度，邊城遠戍，裝甲負戈，㘣圄鏁囚，〔三〕檐金棒木；並願各修禮讓，人稟孝慈，息放蕩之心，斷

〔一〕出唐高僧傳卷七釋慧韶傳。作梁高僧傳誤。
〔三〕「㘣圄」，高麗藏本作「繫縛」。

荒婬之色。質齊金石，體類嵩華。八難不侵，〔一〕九横長遣也。

會名部第二

如婆沙論中釋：「人名止息意，故名爲人。謂六趣之中能止息意，故名爲人。」〔二〕謂於六趣之中，能止息煩惱惡亂之意，莫過於人，故稱止息意也。又人者，忍也。謂於世間違順，情能安忍，故名爲忍。又立世阿毗曇論云：「何故人道名摩㝹沙？此有八義：一、聰明故，二、爲勝故，三、意微細故，四、正覺故，五、智慧增上故，六、能別虚實故，七、聖道正器故，八、聰慧業所生故，説人道爲摩㝹沙。」〔三〕又新婆沙論：「問：何故此趣名末奴沙？荅：昔有轉輪王，名曼馱多，告諸人曰：汝等欲有所作，應先思惟，稱量觀察。爾時人即如王教，欲有所作，皆先思惟稱量觀察。便於種種工巧業處而得善巧。以能用意思惟觀察所作事故，名末奴沙。有説：先造作增長下身語意妙行，往彼生，令彼生相續，故名人趣。有説：多憍慢故名人，以五趣中憍慢多者無如人故。有説：能寂静意故名人，以五趣中能寂静意

〔一〕「難」，高麗藏本、磧砂藏本作「苦」。

〔二〕出阿毘曇毘婆沙論卷七。

〔三〕出立世阿毘曇論卷六。

無如人者。故契經説：人有三事勝於諸天：一、勇猛，二、憶念，三、梵行。」〔一〕

住處部第三

如新婆沙論云：「此四天下人住四大洲：謂贍部洲、毗提訶洲、瞿陀尼洲、拘盧洲。亦住八中洲。何等爲八？〔二〕謂拘盧洲有二眷屬：一、矩拉婆洲，二、憍拉婆洲。毗提訶洲有二眷屬：一、提訶洲，二、蘇訶洲。瞿陀尼洲有二眷屬：一、舍摭洲，二、嗢怛羅漫怛里拏洲。贍部洲有二眷屬：一、遮末羅洲，二、筏羅遮末羅洲。此八洲中，人形短小，如此方侏儒。有説：七洲是人所住，遮末羅洲唯邏刹娑居此。有説：此所説八，即是四大洲之異名。以一一洲皆有二異名故。如是説者，應如初説。此八中洲一一復有五百小洲以爲眷屬。於中或有人住，或非人住。或有空者也。問曰：人趣形貌云何？荅曰：其形上立。然贍部洲人面如車箱，毗提訶人面如半月，瞿陀尼人面如滿月，拘盧洲人面如方池。問曰：語言云何？荅曰：世界初成，一切皆作聖語。後以飲食時有情不平等故，及諂誑增上故，便有種種語，乃至有不能言者。」〔三〕

〔一〕出阿毗達磨大毗婆沙論卷一百七十二。
〔二〕「等」字原脱，據高麗藏本補。
〔三〕出阿毗達磨大毗婆沙論卷一百七十二。

業因部第四

依業報差别經中作四句分别：「一者、有業得身樂報，而心不樂，如有福凡夫。二者、有業得心樂報，而身不樂，如薄福羅漢。三者、有業得身心俱樂，如有福羅漢。四者、有業得身心俱不樂，如薄福凡夫。」〔一〕諸如此等皆悉報得此苦樂也。

又菩薩藏經云：「爾時世尊告賢守長者曰：長者當知，我觀世間一切衆生爲十苦事之所逼迫。何謂爲十？一者、生苦逼迫，二者、老苦逼迫，三者、病苦逼迫，四者、死苦逼迫，五者、愁苦逼迫，六者、怨苦逼迫，七者、苦受逼迫，八者、憂逼迫，九者、痛惱逼迫，十者、生死流轉大苦之所逼迫。我見如是十種苦事逼迫衆生，爲得阿耨菩提，出離如是逼迫事故，以净信心，捨釋氏家，趣無上道。復次長者，我觀世間一切衆生於無數劫，具造百千那庾多拘胝過失，常爲十種大毒箭所中。何謂爲十？一者、愛毒箭，二者、無明毒箭，三者、欲毒箭，四者、貪毒箭，五者、過失毒箭，六者、愚癡毒箭，七者、慢毒箭，八者、見毒箭，九者、有毒箭，十者、無有毒箭。長者，我見衆生爲於十種毒箭所中，求阿耨菩提，求斷如是毒箭故，以净信心，捨釋氏家，趣無上道。」〔二〕

〔一〕出佛爲首迦長者説業報差别經。

〔二〕出大寶積經卷三十五菩薩藏會。

貴賤部第五

若以四方言之，則北鬱單越無貴無賤，彼無僕使之殊，故無貴賤，餘之三方皆有貴賤。以有君臣民庶之別，大家僕使之殊，故有貴賤別類也。總束貴賤，合有六品：一、貴中之貴，謂輪王等。二、貴中之次，謂粟散王等。三、貴中之下，謂如百僚等。四、賤中之賤，謂臺奴豎子等。〔一〕五、賤中之次，謂僕隸等。六、賤中之下，謂姬妾等。麤束如是，細分難盡。

貧富部第六

若以四方言之，則北鬱單越最富平等。東西二方處中，然有優劣。南閻浮提最貧。四方不同，如經具述。又閻浮提人貧富不定，各有三品。上者如轉輪王，總攝四方，富包四海。一切所須，無不備足。即如經說：〔二〕輪王福力最大，若出世時感五奇特，七寶來應。五奇特者：一者、感於世界之中平正清浄，流泉浴池，處處皆有。二者、感天甘露生於殿庭。王渴飲之，身輕愈病。三者、感大海水減一由旬，各於内畔湧出金沙之道，使王行之，遊四天下。四者、感於牛頭之香生於海岸，王取燒之，香氣

〔一〕「臺奴」，高麗藏本、磧砂藏本作「駘駑」。
〔二〕「即」字原脱，據高麗藏本、磧砂藏本、南藏本補。此段出處待考。

彌盛，逆風遠聞四十里香。死者聞之，悉皆還活。五者、迦真鄰陀之鳥生於海中，王抱觸之，身心猗適，勝過六欲天之樂。以斯義故，往生論說偈云：

「寶性功德草，　柔軟左右旋。
觸者生勝樂，　過迦真鄰陀。」〔一〕

七寶具足，千子雄猛。如前經說。第二富中者，謂如粟散王等。第三富中下者，謂如樹提伽等。貧亦有三，思之可解。

受苦部第七

夫論人道，唯苦非樂。愚者爲樂，識者爲苦。妄見爲樂，實見爲苦。故付法藏經云：「世間衆苦，不可願樂。此身不堅，腐敗危脆。猶如聚沫，須臾變滅。端正容貌，甚可愛著。衰老既至，將安所在。外覆薄皮，謂爲嚴飾。膿血内流，惡露不净。有爲無常，甚大迅速，一視息頃，四百生滅。譬如虛空，震雷起雲，暴風卒起，尋復散滅。五欲不堅，亦復如是。共相愛樂，安隱快樂。無常既至，誰有存者。世間衆苦，甚難久居。」故知人身，唯苦無常。理應生厭，速求解脱。「一切有爲，衆苦積聚。如癰、如廁，如箭入心。生老病死，輪轉無際。無常敗壞，速朽之法。如臨死囚，命不云遠。譬如牢獄人，無可愛

〔一〕出無量壽經優婆提舍。

樂。猶路上果，衆所共擲。〔一〕此身可惡，會歸磨滅。烏鵲狐狼，〔二〕競共噉食，風吹日暴，青爛臭處。外髮毛牙齒，狼藉在地。如此之身，當何愛樂！宜勤方便，速求解脱。」〔三〕縱使富貴如天，終歸磨滅。外相似好，内恒憂懼。故大莊嚴論云：「如人著金鏁，雖能繫於人。王位亦如是，恒有憂懼想。」〔四〕守護念苦，〔五〕失則大愁。猶如衣食，遮故名樂。辛苦之中，横生樂想。故賓頭盧爲優陀延王説法經偈云：

「王位雖尊嚴，代謝不暫停。輕疾如電光，須臾歸衰滅。王位極富逸，愚者情愛樂。衰滅無時至，苦劇過下賤。王者居高位，名聞滿十方，端正甚可愛，種種自嚴身。譬如臨死者，著華鬘瓔珞，捨命未幾時。王位亦如是。佛言譬如王，常懷諸恐怖。行住及坐時，乃至一切時，於其親疏中，恒有疑懼心。臣民宫妃后，象馬及珍

〔一〕「共」字原作「苦」，據付法藏因緣傳改。
〔二〕「烏」字，高麗藏本作「烏」。「鵲」字原作「雀」，據高麗藏本、磧砂藏本、南藏本、嘉興藏本改。
〔三〕出付法藏因緣傳卷二、卷三。
〔四〕出大莊嚴經論卷二。
〔五〕「苦」字原作「若」，據高麗藏本改。

寶，國土諸所有，一切是王物。諸王捨命時，皆棄無隨者。」〔一〕又涅槃經佛説偈云：

「一切諸世間，生者皆歸死。壽命雖無量，要必有終盡。夫盛必有衰，合會有離別。壯年不久停，盛色病所侵。命爲死所吞，無有法常住。諸王得自在，勢力無等雙。一切皆遷滅，壽命亦如是。衆苦輪無際，流轉無休息，三界皆無常，諸有無有樂。有道本性相，一切皆空無，可壞法流動，常有衰患者。恐怖諸過惡，老病死衰惱，是諸無有邊，易壞怨所侵。煩惱所纏裹，猶如蠶處繭。何有智慧者，而當樂是處。此身苦所集，一切皆不净，桎縛癰瘡等，根本無義利。上至諸天身，皆亦復如是。諸欲皆無常，故我不貪著，離欲善思惟，而證於真實。」〔二〕

故賓頭盧尊者語王云：「大王宜善觀察，何有五欲而得常者？何有王位而得久停？何有國界而不遷滅？何有珍寶而不散失？何有欲樂常恒不變？何有合會而不離散？一切五欲，體性實苦，皆從妄想而生於樂。」〔三〕故王位亦苦無安。如夢所見，覺則知虛。是故智者應生厭離。即知一切内外所遷，皆

〔一〕出賓頭盧突羅闍爲優陀延王説法經。
〔二〕出大般涅槃經卷二。
〔三〕出賓頭盧突羅闍爲優陀延王説法經。

是無常。雖可麤細似異，然刹那不住。不住是同。故經說：「由色苦故，十時差別：一者膜時，二者泡時，三者皰時，四者肉團時，五者肢時，六者嬰孩時，七者童子時，八者少年時，九者盛壯時，十者衰老時。若非時無常，不應從膜乃至老死。」〔一〕良由三毒猛火燒心，熾然不絶，故受斯苦。依經云，人亦多種，具如前三界篇中，四天下洲，品類廣說。

感應緣 略引二十驗〔二〕

孔子長十尺大九圍

伍子胥長一丈大十圍

吕光長八尺四寸

龍伯國人長三十丈

天之東西南北極人各長三千萬丈

秦始皇時有大人長五丈

〔一〕出南本大般涅槃經卷三十四。

〔二〕「二十驗」，高麗藏本、磧砂藏本、南藏本作「一十八驗」，只是分段不同，且有錯亂，姑仍其舊。

僬僥國人長三尺

天竺國人皆長一丈八尺

襄武縣有大人現長三丈餘

東南有人其長七尺

西北海外有人長二千里

秦襄王時有人長二十五丈六尺

大秦國人長一丈五尺

短人國男女皆長三尺

侏儒國人長三四尺

又僬僥國人長一尺五寸

東北極竫人長九寸

王莽時有人長一尺餘

涸澤生慶忌

涸小水精生蚔

春秋演孔圖曰：「孔子長十尺，大九圍。坐如蹲龍，立如牽牛，就之如昴，望之如斗。」〔一〕吴越春秋曰：「伍子胥見吴王僚，僚望其顏色甚可畏。長一丈，大十圍，眉闊一尺。王僚與語，三日辭無復者。胥知王好之，每入言語，偘偘有勇壯之氣。」〔二〕涼記曰：「吕光，字世明。連結豪賢，施與待士。身長八尺四寸，目重瞳子，左肘生肉印。性沈重質略，寬大有度量。時人莫之識，唯王猛布衣時異之曰：此非凡人。」〔三〕河圖玉版曰：「從崑崙以北九萬里，得龍伯國，人長三十丈，生萬八千歲而死。從崑崙以東得大秦國，人長十丈。從此以東十萬里，得佻國，〔四〕人長三丈五尺。從此國以東十萬里，得中秦國，人長一丈。」〔五〕

龍魚河圖曰：「天之東西南北極，各有銅鐵額兵，長三千萬丈，三千億萬人。天之東西南北極各有

〔一〕「望之」二字原闕，據太平御覽引補。緯書，見太平御覽卷三七七引。

〔二〕出吴越春秋卷一王僚使公子光傳。

〔三〕見太平御覽卷三七七引涼州記。

〔四〕「佻國」，太平御覽引作「佻吐凋國」。

〔五〕緯書，見太平御覽卷三七七引。

金剛敢死力士，長三千萬丈，三千億萬人。天中太平之都有甲都食鬼鐵面兵，〔一〕長三千萬丈，三千億萬人。」〔二〕

洪範五行傳曰：「秦始皇二十六年，有大人身長五丈，足跡六尺，夷狄皆服。有十二人見於臨洮。」〔三〕

孔子曰：「僬僥長三尺，短之至也。長者不過十，數之極也。」今有五丈之人，此則無類而生也。是歲秦初兼六國，喜以爲瑞，鑄金人十二以像之。南戍五嶺，北築長城，西徑臨洮，東至遼東。徑數千里。故大人先見於臨洮，明禍亂所起也。後十二年而秦亡。〔四〕

魏志曰：「天竺國人皆長一丈八尺。離車國男女皆長八尺。」〔五〕

魏志曰：「咸熙二年襄武縣言：有大人現，長三丈餘，跡長三尺二寸。白髮，著黄單衣，黄巾拄杖。

〔一〕「甲都」，太平御覽引作「都甲」。

〔二〕緯書，見太平御覽卷三七七引。

〔三〕見漢書卷二七下之上五行志第七下之上。

〔四〕見國語卷五魯語下。

〔五〕太平御覽引「離車國」作「車鄰國」，「長」下有「一丈」二字。見太平御覽卷三七七引魏略。

呼民王始語云：今當太平。」〔一〕

神異經曰：「東南有人焉，周行天下。其長七尺，腹圍如長。箕頭箕頭，髮頫亂也。不飲食。朝吞惡鬼三千，暮吞三百。但吞不咋。此人以鬼爲飯，以霧露爲漿。名天郭，一名食邪，吞食邪鬼。一名黄火。〔二〕今黄火鬼，俗人依此人而名之。」〔三〕

神異經曰：「西北海外有人焉，長二千里。兩脚中間相去千里。腹圍一千六百里。但飲酒五升，天酒甘露。不食五穀魚肉。忽有飢時，向天仍飽。好遊山海間，不犯百姓，不干萬物。與天地同生，名無路之人。言無路者，高大不可爲路。一名仁，禮曰仁人。一名信，禮曰信人。一名神。與天地俱生而不没，故曰神也。」〔四〕

蜀王本記曰：「秦襄王時，宕渠郡獻長人，長二十五丈六尺。」〔五〕

〔一〕出三國志魏志卷四。

〔二〕「黄火」，高麗藏本作「黄父」。下同。

〔三〕出神異經東南荒經。

〔四〕出神異經西北荒經。

〔五〕太平御覽卷三七七引。

外國圖曰：「大秦國人長一丈五尺，猨臂長脅，好騎駱駝。」〔一〕詩含神霧曰：「東北極有人長九寸。」〔二〕國語曰：「孔子曰：僬僥長三尺，短之至也。」〔三〕魏略西域傳曰：「短人國在康居西北，男女皆長三尺，衆甚多。康居長老傳聞，嘗有商迷惑失道而到此國。國中甚多貝珠，夜光明珠。商度此國去康居可萬餘里。」〔四〕魏略曰：「倭南有侏儒國，其人長三四尺，去女王國四千餘里。」〔五〕外國圖曰：「僬僥國人長尺六寸。迎風則偃，背風則伏。眉目具足。但野宿。一曰僬僥，長三尺。其國草木夏死而冬生，去九疑三萬里。」〔六〕列子曰：「從中州以東四十萬里得僬僥國，人長一尺五寸。」〔七〕

〔一〕太平御覽卷三七七引。
〔二〕太平御覽卷三七八引。
〔三〕出國語卷五魯語下。
〔四〕太平御覽卷三七八引。
〔五〕太平御覽卷三七八引。
〔六〕太平御覽卷三七八引。
〔七〕出列子卷五湯問第五。

東北極有人名竫人，長九寸。〔一〕右此一十七驗，各依本録記也。

王莽建國四年，池陽有小人，景長一尺餘。或乘車，或步行。操持萬物，大小各自稱，三日止。〔二〕

管子曰：「涸澤數百歲，谷之下水不絶者生慶忌。慶忌者，其狀若人，長四寸。衣黄，冠，〔三〕戴黄蓋，乘小馬，好疾遊。以其名呼之，可使千里外一日反報。」〔四〕然池陽之景者，或慶忌也乎。〔五〕

又曰：「涸小水精生蚳。蚳者，一頭而兩身，其狀若蛇，長八尺。以其名呼之，可使取魚鼈。」〔六〕

右三事見搜神記。

第三阿脩羅部此别七部

述意部　會名部　住處部　業因部　眷屬部　衣食部

〔一〕出列子卷五湯問第五。

〔二〕出搜神記卷十二。

〔三〕「衣黄冠」，管子水地篇及搜神記卷十二作「衣黄衣，冠黄冠」。

〔四〕「日」字原作「名」，據搜神記改。

〔五〕出搜神記卷十二。

〔六〕出搜神記卷十二。

戰鬬部

述意部第一

夫論脩羅道者，生此一途，偏多諂曲。或稱兵鬬亂，興師相伐。形容長大，恒弊飢虛。體貌麤鄙，每懷瞋毒。稜層可畏，擁聳驚人。並出三頭，重安八臂。跨山蹋海，把日擎雲。天上求餐，海中釀酒。如斯之類，悉爲歸依。經是阿須輪王睒婆利等毗摩質多之眷屬，〔一〕佉羅騫馱之朋流。乃至婆稚羅睺之等侶，舍脂跋駝之氣類。並願除憍慢習，離諂曲心。殿堂光明，蘭藉豐滿。休兵息刃，止恚防貪。無復雨刃之苦，永絶藕絲之痛。樂聞正法，渴仰大乘。捨離弊惡之身，受端嚴之質。任持國境，擁護邦家。興建法城，弘益慧日也。

會名部第二

云何名阿脩羅道者？依立世阿毗曇論釋云：「阿脩羅者，以不能忍善，不能下意，諦聽。種種教

〔一〕「經」字原作「絓」，據高麗藏本改。

化，其心不動。以憍慢故，非善健兒，又非天故，名阿脩羅。」〔一〕餘經亦云阿須論。今依新婆沙論云：「梵本正音名素洛。素洛是天，彼非天故，名阿素洛。復素洛名端正。彼非端正，名阿素洛。」〔二〕又長阿含經云：〔三〕脩羅生女端正，生男多醜，故云不端正，或名不飲酒。此有二釋：一、由過去持不飲酒戒，宿習餘力，云不飲酒。二、由本因好酒，〔四〕四天下採華布海，釀酒不成，變爲鹹水。既不得酒，則便令斷。故云不飲酒神。婆沙論云：「或説天趣，由諂曲覆故，無決定者。或説鬼趣，由有舍脂故，得與諸天交通。」〔五〕故伽陀經云：「有鬼有畜有天。」〔六〕正法念經亦云：「有鬼有畜。」〔七〕或云劣天。劣天者，是毗摩質多，毗摩質多者，〔八〕此云響高，亦云穴居。謂大海水底出大音聲，自唱云：我是毗摩質多。故云響高。居在海穴，故云穴居也。

〔一〕出立世阿毘曇論卷六。

〔二〕出阿毘達磨大毘婆沙論卷一百七十二。

〔三〕此段出處待考。

〔四〕「本」字原脱，據高麗藏本補。

〔五〕出阿毘曇毘婆沙論卷七。

〔六〕此段出處待考。

〔七〕出正法念處經卷八。

〔八〕「毗摩質多」四字原脱，據高麗藏本補。

住處部第三

依正法念經云：「脩羅居在五處住：一、在地上衆相山中，其力最劣。二、在須彌山北，入海二萬一千由旬，有脩羅，名曰羅睺。統領無量阿脩羅衆。三、復過二萬一千由旬有脩羅，名曰勇健。四、復過二萬一千由旬有脩羅，名曰華鬘。五、〔一〕復過二萬一千由旬有脩羅，名曰毗摩質多。」〔二〕此中出聲，徹於海外，自云：我是毗摩質多阿脩羅，故云響高。其毗摩之母，依長阿含經云：「劫初成時，昔有光音天入海洗身。水精入身，生一肉卵。經八千歲，乃生一女。身若須彌。千頭少一，頭有千眼。口別有千少一。口别四牙，牙上出火，猶如霹靂。有二十四脚，有九百九十九手。此女有時在海浮戲，水精入身，生一肉卵。復經八千歲，生毗摩質多。有九頭，頭有千眼。口常火出。〔三〕手有千少一，脚唯有八。納香山乾闥婆女，生舍脂羅睺。舍脂羅睺者，是帝釋取爲夫人。」〔四〕羅睺阿脩羅，亦云障日月。是帝釋前軍。先放日光，射脩羅眼，令不見天衆。故彼以手障之。由有勢力，多共天諍。又新婆沙

〔一〕「五」字原闕，按文例補。
〔二〕出正法念處經卷十八、十九、二十。
〔三〕「火」字原作「水」，據觀佛三昧海經改。
〔四〕出觀佛三昧海經卷一。作長阿含經誤。

論：「問：諸阿素洛退住何處？有説妙高山中有空缺處，如覆寶器。其中有城，是彼所住。問：何故經説阿素洛云：我所部村落住醎海中，而阿素洛王住彼山内？有説大醎海中於金輪，上有大金臺，高廣各五百踰繕那。臺上有城，是彼所住。阿素洛王亦有四苑：一名慶悦，二名歡喜，三名極喜，四名可愛。如三十三天有波利夜怛羅樹。〔一〕阿素洛王所居樹亦有。問：阿素洛其形云何？荅：其形上立。問：語言云何？荅：皆作聖語。問：何趣所攝？有説是天趣，有説鬼趣攝。」〔二〕又起世經云：「須彌山王東面去山過千由旬，大海之下有鞞摩質多羅阿脩羅王國土住處，縱廣八萬由旬。七重欄楯，七重金銀鈴網，外有七重多羅行樹，皆是七寶所成。莊嚴校飾，不可述盡。大城之中，別立宮殿，名曰設摩婆啻宮城。縱廣一萬由旬，七重城壁，並七寶合成。高百由旬，厚五十由旬。園池華果，衆鳥和鳴。」廣説如經，不煩具録。「須彌山王南面過千由旬，大海之下，有踊躍阿脩羅王宮殿。其處縱廣八萬由旬。須彌山王西面亦千由旬，大海水下有奢婆羅阿脩羅王宮殿。其處縱廣八萬由旬。須彌山王北面過千由旬，大海水下有羅睺羅阿脩羅王宮殿。其處縱廣八萬由旬。〔三〕住處精好，共前相似。摩婆帝城，王所住處，有羅睺羅阿脩羅王聚會之所。亦名七頭。其處縱廣八萬由旬。墻壁欄楯，各有七重，七寶合成。

〔一〕「怛」字原作「恒」，據高麗藏本、磧砂藏本、南藏本、嘉興藏本改。
〔二〕出阿毘達磨大毘婆沙論卷一百六十二。
〔三〕「縱」字原脱，據高麗藏本補。

四面左近並有衆多諸小阿脩羅。」〔一〕不可述盡。備如經說。

業因部第四

依業報差別經中具述：「十業得阿脩羅報：一、身行微惡，二、口行微惡，三、意行微惡，四、起於憍慢，五、起於我慢，六、起於增上慢，七、起於大慢，八、起於邪慢，九、起於慢慢，十、迴諸善根向阿脩羅趣。」〔二〕若依正法念經廣說四種脩羅業因不同。〔三〕若約餘經多由瞋、慢及疑三種因業，得彼生報。又雜阿含經云：「阿脩羅前世時，曾爲貧人，居近河邊，常度河擔薪。時河水深，流復駛疾。此人數爲水所漂，殆死得出。時有辟支佛詣舍乞食，歡喜即施。食訖空中飛去。貧人見之，因以發願，願我後身長大，一切深水無過膝者。以是因緣，得此極大身，四大海水不能過膝。立大海中，身過須彌，手據山頂，下觀忉利天。」〔四〕

〔一〕出起世經卷五、卷六。
〔二〕出佛爲首迦長者說業報差別經。
〔三〕「業」字原脱，據高麗藏本補。見正法念處經卷十八、十九、二十。
〔四〕出雜譬喻經。作雜阿含經誤。

眷屬部第五

依正法念經云：「第一羅睺阿脩羅王有四玉女從憶念生。一名如影，二名諸香，三名妙林，四名勝德。即此四女一一皆有十二那由他侍女以爲眷屬。悉皆圍繞阿脩羅王，共相娱樂，恣情受樂。」不可具説。「第二名勇健，威勢次勝。第三名華鬘，威勢更勝。第四名毗摩質多，威勢眷屬倍數。」〔一〕更不可稱計。自餘臣妾左右僕使亦不可説。即知貴賤懸殊，不可一槩而論。

衣食部第六

若依正法念經説：〔二〕脩羅衣食自然。冠纓衣服，純以七寶，鮮潔同天。所餐飲食，隨念而生，悉皆百味，與天同等。如大論説：〔三〕彼之衣食雖復勝人，其若喫時是則不如人也。謂彼凡所食時，末後一口，要變作青泥。亦如龍王，雖食百味，末後一口，要當變作蝦蟆。是故經説不如人也。

〔一〕出正法念處經卷十八、十九。
〔二〕此段出處待考。
〔三〕此段出處待考。

戰鬬部第七

如增一阿含經云：「爾時世尊告諸比丘：受形大者，莫過阿須倫王。形廣長八萬四千由延。其口縱廣千由旬。或欲觸犯日時，倍復化身十六萬由旬，往日月前。日月王見已，各懷恐怖，不寧本處。以形可畏故，日月王懼，不復有光明。然阿須倫不敢前捉日月。何以故？日月威德有大神力，壽命極長，顔色端正，受樂無窮。住壽一劫。復是此閒衆生福祐。今日月不爲阿須倫所見觸惱。時阿須倫便懷愁憂，即於彼没。」〔一〕

又長阿含經云：「阿脩羅大有威力而生念言：此忉利天王及日月諸天行我頭上，誓取日月以爲耳璫。漸大瞋恚，加欲捶之。即命舍摩梨毗摩質多二阿脩羅王及諸大臣，各辦兵仗，往與天戰。時難陀跋難陀二大龍王身繞須彌周匝七匝，山動雲布。以尾打水，大海浪冠須彌。〔二〕忉利天曰：脩羅欲戰矣。諸龍鬼神等各持兵從次交鬬。天若不如，皆奔四天王宫。嚴駕攻伐，先白帝釋。帝釋告上，乃至他化自在天。無數天衆及諸龍鬼前後圍繞。帝釋命曰：我軍若勝，以五繫縛毗摩質多阿脩羅，將還善法堂，我欲觀之。脩羅亦曰：我衆若勝，亦以五繫縛帝釋還七葉堂，我欲觀之。一時大戰，兩不相傷。

〔一〕出增一阿含經卷三阿須倫品。

〔二〕「冠」字，高麗藏本作「灌」。

但觸身體，生於痛惱。於是帝釋現身，乃有千眼執金剛杵，頭出煙焰。脩羅見之，乃退敗。即擒質多脩羅，繫縛將還。遥見帝釋，便肆惡口。帝釋荅曰：我欲共汝講説道義，何須惡口！壽天千歲，少出多減。惡心好鬬而不破戒大修布施故。然以諂慢，故受此身。」〔一〕餘經以諂心修福，故受此身也。

觀佛三昧經云：「此毗摩質多羅阿脩羅王此鬼食法，〔二〕唯噉淤泥及藕根。其兒長大，見於諸天采女圍繞，即白母言：人皆伉儷，我何獨無？其母告曰：香山有神，名乾闥婆。其神有女，容姿美妙，色踰白玉。身諸毛孔，出妙音聲，甚適我意。今爲汝娉，適汝願不？阿脩羅言：善哉善哉！願母往求。爾時其母行詣香山，告彼樂神：我有一子，威力自在，於四天下而無等倫。汝有令女，可適吾子。其女聞已，願樂隨從。時阿脩羅納彼女已，未久之間，即便懷孕。經八千歲，乃生一女。其女顔容，端正挺特。天上天下，更無有比。面上姿媚，八萬四千。左邊右邊，各有八萬四千。前後亦爾。阿脩羅見，以爲殊異。如月處星，甚爲奇特。憍尸迦聞，求女爲妻。脩羅聞喜，以女妻之。帝釋立字，號曰悦意。諸天見之，歎未曾有。視東忘西，視南忘北。乃至毛髮皆生悦樂。帝釋至歡喜園，共諸采女入池遊戲。爾時悦意即生嫉妬，遣五夜叉往白父王：今此帝釋不復見寵，與諸采女自共遊戲。父聞此語，心生瞋恚。即興四兵往攻帝釋。立大海水，踞須彌山頂，九百九十九手同時俱作，撼善見城，摇須彌

〔一〕出長阿含經卷二十一。
〔二〕下「此」字，高麗藏本作「母」。

山。四大海水，一時波動。帝釋驚怖，靡知所趣。時宫有神白天王言：莫大驚怖。過去佛説般若波羅蜜，王當誦持，鬼兵自碎。是時帝釋坐善法堂，燒衆名香，發大誓願：般若波羅蜜是大明呪，是無上呪，是無等等呪，真實不虚。我持此法，當成佛道，令阿脩羅自然退散。作是語時，於虚空中有刀輪，帝釋功德故，自然而下，當阿脩羅上。時阿脩羅耳鼻手足一時盡落，令大海水赤如蛑珠。時阿脩羅即便驚怖，遁走無處，入藕絲孔中。」〔一〕

感應緣略引三驗

贍波國脩羅窟大頭仙人

南印度婆毗吠伽論師祈見彌勒

摩伽陀國有一人見脩羅女

西國志云：「中印度在贍波國西南山石澗中，有脩羅窟。有人因遊山修道，遇逢此窟。人遂入中，見有脩羅宫殿處，妙精華卉，乍類天宫。園池林果，不可述盡。阿脩羅衆既見斯人，希來到此，語云：

〔一〕出觀佛三昧海經卷一六譬品。

汝能久住以不？荅云：欲還本處。脩羅既見不住，遂施一桃與食訖。脩羅語言：汝宜急出，恐汝身大，窟不得容。言訖走出，身遂增長，形貌麤大，〔一〕人頭纔出，身大孔塞，遂不出盡。自爾已來，年向數百，唯有大頭如三碩甕。人見共語，具説此緣。人愍語云：我等鑿石令汝身出。其事云何？荅云：恩澤。人奏國王，具述此意。君臣共議，此非凡人，力敵千人。若鑿令出，儻有不測之意，誰能抗之。因此依舊。時人號爲大頭仙人。唐國使人王玄策已三度至彼，以手摩頭共語，了了分明。近有山内野火燒頭焦黑，命猶不死。」西國志六十卷，國家修撰，奉敕令諸學士畫圖集在中臺，復有四十卷。從麟德三年起首，至乾封元年夏末方訖。余見玄策，具述此事。

又奘法師傳云：「馱那羯磔迦國屬南印度，都城東西據山閒，各有大寺。其寺有婆毗吠伽論師，唐云明辨。於觀自在菩薩舊云觀世音菩薩是。絶粒而服水三年。立志祈請，待見彌勒菩薩。於是觀自在乃爲現色身。令在城南大山巖執金剛神所誦金剛呪三年，〔二〕神授方：此巖石内有阿素洛宮。舊云阿脩羅宫。如法行請，石壁當開。可即入中，待彌勒出，我當相報。又經三年，呪芥子擊於石壁，豁然洞開。時有百千萬衆，觀覩驚歎。論師跨門，再三顧命衆人，唯有六人從入，餘者謂是毒蛇窟，懼而不入。論

〔一〕「大」字原脱，據高麗藏本補。

〔二〕「令」字原作「今」，據高麗藏本改。

師入已，當即石門，還合如壁。」〔一〕

又玄奘法師云：「貞觀十三年，奘在中印度摩伽陀國那蘭陀寺，見一俗人説云：有一人好色。每承經言，脩羅生男極醜，生女端正。聞彼山内有阿脩羅窟，别有宫殿，甚精殊好，同天佳妙。其人思欲願見脩羅女，共爲匹對。常受持呪，精勤三年。三年將滿，所祈遂願。其人先是弟子親友。臨去召弟子相伴同去，弟子于時亦隨同行。既呪有徵，遂到宫門。門首儻者極嚴，志誠求請門人，令通夫人。門人爲通，具述來意。脩羅女喜，報守門人云：來者幾人？報云：二人。女報門人：呪者來入，同伴者且住門外。門人來報。誦呪者引入。弟子見引入已，自身不覺已到自家舍南門立。自爾已來，更不知彼人消息。弟子因此發心捨家修道，願在伽藍供養三寶。」其人具向奘法師述此因緣。

〔一〕出大唐西域記卷十。

法苑珠林校注卷第六

第四鬼神部此别十一部

述意部第一

夫論鬼神之法，特喜妖邪；冥密之中，偏多罪戾。或處幽巖，乍依高隴。絶澗深叢之裏，荒郊野莚之中。異種音聲，特奇形勢。摇動凡識，恐怖愚情。假使威光，虚爲怪相。〔一〕或復鳥形魚質，〔二〕人

〔一〕「爲」字原作「僞」，據高麗藏本、磧砂藏本、南藏本、嘉興藏本改。
〔二〕「形魚」二字原作「魚形」，據高麗藏本改。

面獸心；或鼓樂絃歌，鳴桴響鐸。如斯之類，悉皆懺悔。絓是九州房廟，萬國之靈。姑蘇泰伯，延陵季子，禹川文命，窟澤須王，水府山精，〔一〕風師雨伯，豐隆，列缺，迴禄，陵侯；或駕竹爲龍，飛梟代舄。〔二〕形依高廟，體附重樓。行雨去來，分風上下。爰及黄頭大將，針髮鬼神，繡利勒那，槃荼羅刹，三千眷屬，五百徒黨，悉爲懺悔。復有極重之障，稱爲餓鬼。眼光似電，咽孔如針。不聞漿水之名，永絶秔糧之味。肢節一時火起，動轉五百車聲。今日善根，並皆霑被。當願飢渴之鬼，飲食自然。妖媚鬼神，無復諛諂。光榮佛法，擁護世間。衛像防經，長申供養；疏善記惡，永得熏修也。

會名部第二

問曰：云何爲鬼道者？如立世論云：「鬼道名閃多，爲閻摩羅王名閃多故。其生與王同類，故名閃多。〔三〕復説此道與餘往還，善惡相通，故名閃多。」〔四〕

又新婆沙論：「問：何故彼趣名閉戾多？荅：施設論説：如今時鬼世界王名琰摩。如是劫初時

〔一〕「窟澤須王，水府山精」，高麗藏本作「窟澤頃注，水若山精」。
〔二〕「舄」字，高麗藏本作「鴈」。
〔三〕「名」字原脱，據高麗藏本補。
〔四〕出立世阿毘曇論卷六云何品。

有鬼世界王名粃多，是故往彼生彼諸有情類皆名閉戾多，即是粃多界中所有義。從是以後皆立此名。有説：由造作增長增上慳貪身語意惡行往彼生故，感飢渴業。經百千歲，不聞水名。豈能得見，況復得觸。或有腹大如山，咽如針孔，雖遇飲食而不能受。有説：被驅役故名鬼。恒爲諸天處處驅役，常馳走故，有希望故名鬼。謂五趣中從他有情希望多者無過此故。由此因緣，故名鬼趣。」〔一〕

又鬼神者，婆沙論中云：「鬼者，畏也。謂虛怯多畏，故名爲鬼。又希求名鬼。謂彼餓鬼恒從他人希求飲食，以活性命，故名希求也。」〔二〕

住處部第三

如婆沙論説：「餓鬼有二住處：一正，二邊。第一正住者，説之不定。」彼論説云：「此閻浮提五百由旬之下有餓鬼界，被閻羅王領，是其正處。」〔三〕又善生優婆塞經亦同此説：「五百由旬之下有閻羅

〔一〕 出阿毘達磨大毘婆沙論卷一百七十二。
〔二〕 出阿毘曇毘婆沙論卷七。
〔三〕 出阿毘曇毘婆沙論卷七。

鬼王城，周匝四面七萬五百千由旬。王領鬼衆於中止住。」〔一〕又如五道苦經說：〔二〕此之餓鬼正住彼鐵圍兩山中間，故說偈言：

鐵圍兩山間，　不覩日月光。

餓鬼聚其中，　償其宿罪，故第二邊住處者，如婆沙論說亦不定。有其二種：一、有威德，二、無威德。彼有威德者住山谷，或住空中，或住海邊。皆有宫殿，果報過人。彼無威德者，或依不浄糞穢而住，或依草木塚墓而止，或依屏厠故堰而居。皆無舍宅，果報劣人。又如論說：「四天下中悉有鬼住。東西二方有威德無威德鬼。於北方中唯有威德鬼住，無有無威德鬼，以其報勝故。如是乃至忉利天中亦有威德鬼神住，應彼諸天所驅使故。自上諸天更無住處故。」〔三〕新翻婆沙論亦云：「四大天衆及三十三天中，唯有大威德鬼與諸天衆守門防邏，導從給使。有說：於此贍部洲西有五百渚，兩行而住。依舊婆沙論云：「閻浮提西有五面鬼城。」〔四〕於此五百，自有兩別矣。於兩行渚中有五百城。二百五十城有威德鬼住，二百五十城無威德鬼住。是故昔有轉輪王，名你彌，告御者摩怛梨曰：吾欲遊觀，汝可引車從是道去，令

〔一〕出優婆塞戒經卷七。
〔二〕此段出處待考。
〔三〕出阿毘曇毘婆沙論卷七。
〔四〕出阿毘曇毘婆沙論卷七。

我見諸有情受善惡果。時摩怛梨即如王教，引車從於二渚中過。時王見彼有威德鬼，首冠華鬘，身著天衣，食甘美食，猶如天子，乘象馬車，各各遊戲。見無威德鬼，頭髮蓬亂，裸形無衣，顏色枯悴，以髮自覆，執持瓦器，而行乞丐。見已，深信善惡業果。問：鬼趣形狀云何？荅：多分如人，亦有傍者。或面似豬，或似種種餘惡禽獸。如今壁上彩畫所作。問：語言云何？荅：劫初成時皆作聖語，後時隨處作種種言。或有說者：隨從何處命終生此，即作彼形，即作彼語。評曰：不應作是說。若從無色界没，來生此趣，可無形無言耶？應作是說：隨所生處，言形亦爾。」〔一〕

列數部第四

依正法念經云：「餓鬼大數有三十六種。行因不等，受報各別。

一、鑊身鬼。由受他顧殺生，受鑊湯煎煮；或受他寄，抵拒不還，故受斯報也。

二、針口臭鬼。以財顧人，令行殺戮，故咽如針鋒，滴水不容也。

三、食吐鬼。夫勸婦施，婦惜言無積財，〔二〕慳悋故，常食吐也。

〔一〕出阿毘達磨大毘婆沙論卷一百七十二。

〔二〕「婦」字原脱，據高麗藏本補。

四、食糞鬼。由婦人誑夫，自噉飲食，惡嫌夫故，〔一〕常食吐糞也。

五、食火鬼。〔二〕由禁人糧食，令其合死，故受火燒嗥叫，飢渴苦也。

六、食氣鬼。多食美食，不施妻兒，常困飢渴，唯得臭氣。

七、食法鬼。爲求財利，爲人説法，身常飢渴，身肉消盡，蒙僧説法，命得存立也。

八、食水鬼。由酤酒如水，以惑愚人，不持齋戒，常患燋渴也。

九、希望鬼。由買賣諍價，欺誑取物，常患飢渴，先靈祭祀，即得食之也。

十、食唾鬼。以不净食誑出家人，身常飢渴，恒被煮燒，以求人唾，兼食不净。

十一、食鬘鬼。以前世時，盜佛華鬘，用自莊嚴，若人遭事，以鬘賞祭，因得鬘食也。

十二、食血鬼。由殺生血食，不施妻子，〔三〕受此鬼身，以血塗祭，方得食之也。

十三、食肉鬼。由以衆生身肉臠割秤之，賣買欺誑，因受此報也。多詐醜惡，人惡見之，祭祀雜肉，方得食之。

十四、食香鬼。由賣惡香，多取酬直，唯食香烟，後受窮報。

十五、疾行鬼。若有破戒而披法服，誑惑取財，言供病人，竟不施與，便自食之。由受此報，常食不淨，自燒其身。

〔一〕「嫌」字原作「婦」，據高麗藏本、磧砂藏本、南藏本、嘉興藏本改。

〔二〕「食火」原作「食食」，據高麗藏本改。正法念經作「無食」。

〔三〕「子」字原作「又」，據高麗藏本改。

十六、伺便鬼。由謀誑取財，不修福業，因受此報，身毛火出，食人氣力不净，以自存活。

十七、黑闇鬼。由枉法取財，繫人牢中，目無所見，聲常哀酸，故受闇處，惡蛇遍滿，猶刀割苦也。

十八、大力鬼。由偷盗人物，施諸惡友，不施福田，因受此報，大力神通多被苦惱也。

十九、熾然鬼。由破城抄掠，殺害百姓，因受此報，嘷哭叫唤，遍身火然，後得爲人常被劫奪也。

二十、伺嬰兒便鬼。由殺嬰兒，心生大怒，因受此報，常伺人便，能害嬰兒也。

二十一、欲色鬼。由好婬得財，不施福田，因受此報，遊行人間，與人交會，妄爲妖怪，以求活命也。

二十二、海渚鬼。由行曠野，見病苦人，欺人誑取財物，生海渚中，受寒熱苦十倍過人也。

二十三、閻羅王執仗鬼。由前世時親近國王大臣，專行暴惡，因受此報，爲王給使作執仗也。

二十四、食小兒鬼。由説呪術，誑惑取人財物，殺害豬羊，死墮地獄，後受此報，常食小兒。

二十五、食精氣鬼。由詐爲親友，我爲汝護，令他勇力没陣而死，竟不救護，故受斯報也。

二十六、羅刹鬼。由殺生命，以爲大會，故受此飢火所燒報。

二十七、燒食鬼。由慳嫉覆心，喜噉僧食，先墮地獄，從地獄出，受火爐燒身也。

二十八、不净巷陌鬼。由此不净食與梵行之人，因墮此報，常食不净也。

二十九、食風鬼。由見出家人來乞，許而不施其食，因受此報，常患飢渴，如地獄苦也。

三十、食炭鬼。由典主刑獄，禁其飲食，因受此報，常食火炭也。

三十一、食毒鬼。由以毒食，令人喪命，因墮地獄，後出爲鬼，常飢餓，恒食毒火燒其身也。

三十二、曠野鬼。由曠野湖池，造以施人，惡口決破，令行人渴乏，〔一〕故受斯報，常患飢渴，火燒其身也。

三十三、塚間食灰土鬼。由盜佛華，賣已活命，故受此報，常食死人處燒屍熱灰也。

三十四、樹下住鬼。由見人種樹爲施人作蔭，惡心斫伐，取財而用，故墮樹中，常被寒熱也。

三十五、交道鬼。由盜行路人糧，以惡業故，常被鐵鋸截身，因交道祭祀取食自活也。

三十六、魔羅身鬼。由行邪道，不信正真，因墮魔鬼，常破人善法也。」〔二〕

依順正理論云：「鬼有三種：謂無、少、多。無財復有三：炬、鍼、臭口。炬口鬼者，此鬼口中常吐猛焰，熾然無絶，身如被燎多羅樹形。此爲極慳所招苦果。鍼口鬼者，此鬼腹大量如山谷，口如鍼孔。雖見種種上妙飲食，不能受用，飢渴難忍。臭口鬼者，此鬼口中恒出極惡腐爛，臭氣過於糞穢。沸溢厠門，惡氣自熏，恒空嘔逆。設遇飲食，亦不能受。飢渴所惱，狂叫亂奔。少財亦有三：謂鍼毛、臭毛、癭。鍼毛鬼者，此鬼身毛堅剛銛利，不可附近。内鑽自體，外射多身。如鹿中毒箭，怖狂走時。若逢不净，少濟飢渴。臭毛鬼者，此鬼身毛臭甚常穢，薫爛肌骨，蒸坌腸腹，衝喉變歐，荼毒難忍。摎體拔毛，傷裂皮膚，轉加劇苦。時逢不净，少濟飢渴。言癭鬼者，謂此鬼咽惡業力故，生於大癭。如大癰腫，〔三〕

〔一〕「人」字原脱，據高麗藏本補。

〔二〕出正法念處經卷十六、十七。

〔三〕「如」字原作「加」，據高麗藏本改。

熱怖酸疼，更相剋齧。臭膿湧出，争共取食，少得充飢。多財亦有三：謂希祠、希棄、大勢。希祠鬼者，此鬼恒時往祠祀中，饗受他祭。生處法爾，時歷異方，如鳥凌空，往還無礙。由先勝解，作是希望：我若命終，諸子孫等必當祠我，資具飲食。由勝解力，生此鬼中。乘宿善因，感此祠祀。或有先世，性愛親知。爲欲皆令豐足資具，以不如法積集珍財，慳悋居心，不能布施。乘斯惡業，生此鬼中，住本舍邊便穢等處。親知追念，爲請沙門梵志孤窮供施崇福。彼鬼見已，於自親知及財物中生已有想。又自明見慳果現前，於所施田，心生浄信，相續生長，捨相應心。〔一〕由此便成順現法受。乘斯力故，得資具豐饒。希棄鬼者，此鬼欲恒收他所棄吐殘糞等，用充所食，亦得豐饒。謂彼宿生慳過失故，有飲食處，見穢或空。樂穢見空，〔二〕樂浄見穢，亦由現福。如其所應，各得豐饒飲食資具生處。法爾，所受不同，不可推徵詞到所以。〔三〕如地獄趣，異熟生色，斷已還續。餘趣則無。於人趣中有勝念智修梵行等。餘趣中無。如天中隨欲衆具皆現如斯等事。生處法然，不可於中求其定量。」〔四〕大勢鬼者，大同前婆沙論説。

〔一〕「心」字，高麗藏本作「業」。

〔二〕「樂穢見空」，高麗藏本無，磧砂藏本、南藏本作「樂見穢空」。

〔三〕「詞」字，高麗藏本作「祠」。

〔四〕出阿毘達磨順正理論卷三十一。

又瑜伽論云：「鬼趣有三：一者、外障鬼。謂彼有情由習上慳，生鬼趣中，常與飢渴相應。皮肉枯槁，猶如火炭。頭髮蓬亂，脣口乾焦，常以其舌舐略口面。〔一〕飢渴慞惶，處處馳走。所到泉池，爲諸有情手執刀杖，護不令趣。〔二〕或變成膿血，自不欲飲。是名外障鬼。二者、内障鬼。謂彼有情口如針炬，其腹寬大，縱得飲食，自不能食，是名内障鬼。謂有餓鬼名猛焰鬘，隨所飲噉，皆被燒然。由此因緣，飢渴大苦，是名無障鬼。」〔三〕

若夫善名利物，感報恬愉；〔四〕惡是損他，招果摧折。但善類登山，理爲難上；惡如崩墜，實可易行。是以天宮閑曠，來蹤蓋寡；地獄籠樊，往人争湊也。

業因部第五

如智度論說：「惡有三品。但造下品之惡，即生餓鬼趣中。」〔五〕依如十地論亦同此說。於十惡

〔一〕「略」字，高麗藏本作「掠」。
〔二〕「趣」字，高麗藏本作「覷」。
〔三〕出瑜伽師地論卷四。
〔四〕「恬」字，高麗藏本作「恰」。
〔五〕出大智度論卷三十。

業，隨造何業，一一先生三塗，後得人身。〔一〕若依正法念經說：「若起貪嫉邪佞諂曲，欺誑於他；或復慳貪，積財不施，皆生鬼道。從鬼命終，多生畜生道中。受遮吒迦鳥身，恒常飢渴，受大苦惱。唯飲天雨，仰口而承，不得更飲餘水。是故常困飢渴也。」〔二〕依業報差別經說：「具造十業生餓鬼中：一、身行輕惡，二、口行輕惡，三、意行輕惡，四、慳澀多貪，五、起非分惡，六、諂曲嫉妬，七、起於邪見，八、愛著資生即便命終，九、困飢而亡，〔三〕十、枯渴而死。以是業故，生餓鬼中。」〔四〕

又分別功德論云：「有諸沙門行諸禪觀，或在塚間，或在樹下。時在塚間，觀於死屍，夜見飢鬼打一死屍。沙門問曰：何以打此死屍耶？荅曰：此屍困我如是，是以打之。道人曰：何以不打汝心，打此死屍？當復何益也。於須臾頃復有一天，以天文陀羅花散一臭屍。〔五〕沙門問曰：何爲散花此臭屍耶？荅曰：我由此屍得生天上。〔六〕此屍即是我之善友，故來散花，報往昔恩。道人荅曰：何以不散

〔一〕見十地經論卷四。

〔二〕出正法念處經卷十六。

〔三〕「困」字原作「因」，據高麗藏本、南藏本、嘉興藏本改。

〔四〕出佛爲首迦長者說業報差別經。

〔五〕「文」、「一」二字，高麗藏本分別作「曼」、「此」。

〔六〕「我由」二字原作「由我」，據分別功德論改。

花汝心中，〔一〕乃散臭屍？夫爲善惡之本，皆心所爲，乃捨本求末耶。」〔二〕

身量部第六

如五道經說：餓鬼形量極大者，長一由旬，頭如太山，咽内如針，頭髮蓬亂，形容羸瘦，拄杖而行。如是者極衆。最小者如有知小兒，或言三寸。中間形量，依經具說，不可備録。〔三〕

壽命部第七

如觀佛三昧經說：「其有餓鬼極長壽者，八萬四千歲。」〔四〕短則不定。依成實論：「極長壽者七萬歲。」〔五〕短亦不定。若依優婆塞經說：「極長壽者一萬五千歲。如人閒五千年爲餓鬼中一日一夜。

〔一〕此句高麗藏本作「何不以花散汝心中」。

〔二〕出分别功德論卷三。

〔三〕此段出處待考。

〔四〕出觀佛三昧海經卷三。

〔五〕出成實論卷十三無常想品。

如是日夜即彼鬼壽一萬五千歲。」〔一〕計此人閒日月歲數，當二千七百萬歲也。若依正法念經說：「有鬼壽命五百歲。如人閒十年爲餓鬼一日一夜。如是日夜壽五百歲。」〔二〕計此人閒日月歲數，當一百八十萬歲也。

好醜部第八

如婆沙論云：「鬼中好者，如有威德鬼，形容端正，諸天無異。又一切五嶽四瀆山海諸神，悉多端正，名爲好也。第二醜者，謂無威德鬼，形容鄙惡，不可具說。頡如餓狗之腔，〔三〕頭若飛蓬之亂，咽同細小之針，脚如朽槁之木。口常垂涎，鼻恒流涕，耳内生膿，眼中出血。諸如是等，名爲大醜。」〔四〕

苦樂部第九

如婆沙論說：鬼中苦者，即彼無威德鬼。恒常飢渴，累年不聞漿水之名。豈得逢斯甘膳。設值大河，欲飲即變爲炬火。縱得入口，即腹爛焦然。如斯之類，豈不苦哉。第二鬼中樂者，即彼有威德中，

〔一〕出優婆塞戒經卷七。
〔二〕出正法念處經卷十六。
〔三〕「頡」字，高麗藏本作「身」。
〔四〕出阿毘曇毘婆沙論卷七。

富足豐美，衣食自然。身服天衣，口餐天供。形常優縱，策乘輕馳，任情遊戲，共天何殊。如斯之類，豈不樂哉。問曰：既有斯樂，便勝於人，何故經説人鬼殊趣？答曰：經説鬼神不如人道，略述二意：一、受報分顯不及於人。爲彼鬼神晝伏夜遊故，不及於人。二、虚怯多畏不及於人。雖有威德，以報卑劣，常畏於人。縱晝夜值人，恒避路私隱。問曰：既劣於人，何得威德報同於天？〔一〕答：然由前身大行檀故，得受威報。由前身諂曲不實，故受斯鬼道也。〔二〕

貴賤部第十

如婆沙論云：「有威德者，即名爲貴；無威德者，即名爲賤。又爲鬼王者，即名爲貴；受驅使者，即名爲賤。貧富如何？荅：有威德者，多饒衣食，僕使自在，即名爲富。身常區區，恒被敦役，麤食不聞，弊服難值，如斯之類，即名爲貧也。」〔三〕

〔一〕「於」字原脱，據高麗藏本補。

〔二〕此段出處待考。阿毘曇毘婆沙論無此文。

〔三〕出阿毘曇毘婆沙論卷七。

舍宅部第十一

如婆沙論說：「有威德者，便有宫宅七寶莊嚴。一切山河諸神，悉有舍宅依之而住。無威德者，如浮遊浪鬼飢渴之徒，悉無舍宅。權依塚墓，暫止叢林，草木巖穴，是其處所。」〔一〕故莊嚴論云：「佛言：我昔曾聞有大商主子名曰億耳，入海採寶。既得迴還，與伴别宿。失伴慞惶，飢渴所逼。遥見一城，謂爲有水。往至城邊，欲索水飲。然此城者，是餓鬼城。到彼城中，四衢道頭，衆人集處，空無所見。飢渴所逼，唱言：水水！諸餓鬼輩，聞是水聲，皆來雲集。誰慈悲者，欲與我水。此諸餓鬼，身如燋柱，以髮自纏，皆來合掌，作如是言：願乞我水！億耳語言：我渴所逼，故來求水。爾時餓鬼聞億耳爲渴所逼，自行求水，希望都息，皆各長歎，作如是言：汝可不知此餓鬼城，云何此中而索水耶？即説偈言：

我等處此城，　百千萬歲中，　尚不聞水名，　況復得飲者。　譬如多羅林，　熾然被火焚，
我等亦如是，　支節皆火然。　頭髮悉蓬亂，　形體皆毁破，　晝夜念飲食，　慞惶走十方。　飢
渴所逼切，　張口馳求索，　有人執杖隨，　尋逐加楚撻，　槌打不得近。　我等受此苦，　云何

〔一〕出阿毘曇毘婆沙論卷七。

能得水，以用惠施人。我等先身時，慳貪極嫉妬，不曾施一人，漿水及飲食，自物不與他，抑彼令不施，以是重業故，今受是苦惱。」〔一〕

感應緣略引六驗

宋司馬文宣

宋長安王胡

宋廣陵李旦

宋滎陽鄭鮮之

唐眭仁蒨

臨川諸山鬼怪

雜明俗中鬼神

〔一〕出大莊嚴論卷四。

宋司馬文宣，河内人也。頗信佛法。元嘉九年，丁母難。弟喪數月，〔一〕望旦，忽見其弟身形於靈座上，不異平日，迴遑歎嗟，諷求飲食。文乃試與言曰：汝平生時修行十善。若如經言，應得生天，若在人道。何故乃生此鬼中耶？沈吟俯仰，默然無對。文即夕夢見其弟云：生所修善，蒙報生天。旦靈床之鬼，是魔魅耳，非其身也。恐兄疑怪，故詣以白兄。文宣明旦請僧轉首楞嚴經。令人撲繫之，鬼乃逃入床下，又走户外，形稍醜惡。舉家駭懼，詈叱遣之。鬼云：餓乞食耳。積日乃去。頃之，母靈床頭有一鬼，膚體赤色，身甚長壯。文宣長息孝祖與言，往反荅對周悉。初雖恐懼，末稍安習之。鬼亦轉相附狎，居處出入，殆同家人。於時京師傳相報告，往來觀者，門巷疊跡。時南林寺有僧與靈味寺僧含沙門與鬼言論，亦甚款曲。鬼云：昔世嘗爲尊貴，以犯衆惡，受報未竟，果此鬼身。去寅年有四百部鬼大行疾癘。所應鍾災者，不忏道人耳。而犯横極衆，多濫福善，故使我來監察之也。僧以食與之。鬼曰：我自有糧，不得進此食也。含曰：鬼多知。我生何來何因作道人？荅曰：人中來。出家因緣，本誓願也。問諸存亡生死所趣，略皆荅對，具有靈驗。條次繁多，故不曲載。含曰：人鬼道殊。汝既不求食，何爲久留？鬼曰：此間有一女子應在收捕，而奉戒精勤，故難可得。比日稽留，用此故也。藉亂主人，有愧不少。自此已後，不甚見形。後往視者，但聞語耳。時元嘉十年也。至三月二十八日，語文

〔一〕「數」字原闕，據太平廣記引補。

宣云：暫來寄住，而汝傾家營福，見畏如此，那得久留。孝祖云：聽汝寄住。何故據人先亡靈筵耶？荅曰：汝家亡者各有所屬。此座空設，故權寄耳。於是辭去。〔一〕

宋王胡者，長安人也。叔死數載。元嘉二十三年，忽見形還家，責胡以修謹有闕，家事不理，罰胡五杖。傍人及鄰里並聞其語及杖聲，又見杖瘢迹，而不覩其形。唯胡獨得親接。〔二〕叔謂胡曰：吾不應死。神道須吾筭諸鬼録。今大從吏兵，恐驚損墟里，故不將進耳。胡亦大見衆鬼紛鬧于村外。〔三〕俄然叔辭去曰：吾來年七月七日當復暫還，欲將汝行遊歷幽途，使知罪福之報也。不須費設。若意不已，止可茶來耳。至期果還，語胡家人云：吾今將胡遊觀，觀畢，〔四〕當使還，不足憂也。胡即頓卧床上，泯然如盡。叔於是將胡徧觀羣山，備覩鬼怪。末至嵩高山。諸鬼遇胡，並有饌設，其品味不異世中，〔五〕唯薑甚脆美。胡欲懷將還，左右人笑胡云：止可此食，不得將還也。胡末見一處屋宇華曠，帳筵精整。有二少僧居焉。胡造之，二僧爲設雜果檳榔等。胡遊歷久之，備見罪福苦樂之報，乃辭歸。

〔一〕太平廣記卷三二五引。
〔二〕「獨」字原作「猶」，據太平廣記引改。
〔三〕「于」字原作「若」，據太平廣記引改。
〔四〕「觀」字原闕，據太平廣記引補。
〔五〕「其品」二字原作「餘族」，據太平廣記引改。

叔謂胡曰：汝既已知善之可修，何宜在家！白足阿練，戒行精高，可師事也。長安道人足白，故時人謂爲白足阿練也。甚爲魏虜所敬，虜主事爲師。〔一〕胡既奉此練，〔二〕於其寺中，遂見嵩山上年少僧者遊學衆中。胡大驚，與叔乖闊。問：何時來？二僧荅云：貧道本住此寺，往日不憶與君相識。胡復説嵩高之遇。此僧云：君謬耳。豈有此耶！至明日，二僧無何而去。胡乃具告諸沙門，叙説往日嵩山所見。衆咸驚怪，即追求二僧，不知所在。乃悟其神人焉。元嘉末有長安僧釋曇爽來遊江南，具説如此也。〔三〕

宋李旦，字世則，廣陵人也。以孝謹質素，著稱鄉里。元嘉三年正月十四日暴病，心下不冷，七日而甦。含以飲粥，宿昔復常。云：有一人持信旛來至床頭，稱府君教喚，旦便隨去。直北向行，道甚平净。既至，城閤高麗，似今宫闕。遣傳教慰勞問。呼旦可前至大廳事上見。有三十人單衣青幘，列坐森然。一人東坐，披袍隱几。左右侍衛，可有百餘。視旦而語坐人云：當示以諸獄，令世知也。旦聞言已，舉頭四視，都失向處，乃是地獄中。見羣罪人，受諸苦報，呻吟號呼，不可忍視。尋有傳教，稱府君信：君可還去，當更相迎。因此而還。至六年正月復死，七日又活。述所見事，較略如先。或有罪

〔一〕「主」字下原重一「主」字，據高麗藏本删。

〔二〕「練」字原作「諫」，據高麗藏本改。

〔三〕太平廣記卷三二三引，未注出處。

因寄語報家，道生時犯罪，使爲作福。稱説姓字，親識鄉伍。且依言尋求，皆得之。又云：甲申年當行疾癘，殺諸惡人。佛家弟子作八關齋，心修善行，可得免也。且本作道家祭酒，即欲棄籙本法。道民諫制，故遂兩事，而常勸化作八關齋。〔一〕

宋尚書僕射滎陽鄭鮮之，元嘉四年從大駕巡京。至都夕暴亡。乃靈語著人曰：吾壽命久盡，早應過世。賴比歲來敬信佛法，放生布施，以此功德，延駐數年耳。夫幽顯報應，有若影響。宜放落俗務，崇心大教。于時勝貴多皆聞云。右三人出冥報記也。〔二〕

唐眭仁蒨者，趙郡邯鄲人也。少事經學，不信鬼神，常欲試其有無。就見鬼人，〔三〕學之十餘年，不能得見。後徙家向縣，於路見一人如天官，衣冠甚暐曄，乘好馬，從五十餘騎，〔四〕視仁蒨而不言。後數見之常如此。經十年，凡數十相見。後忽駐馬呼仁蒨曰：比頻見君，情相眷慕，願與君交遊。蒨即拜之。問：公何人耶？荅曰：吾是鬼耳。姓成，名景，本弘農人，〔五〕西晉時爲別駕。今任臨胡國

〔一〕太平廣記卷三八二引。
〔二〕冥報記佚文。「三」字，宜作「四」。「人」字，高麗藏本作「驗」。
〔三〕「鬼」字原作「臭」，據高麗藏本改。
〔四〕「十」字原作「千」，據高麗藏本、南藏本改。
〔五〕「人」字原闕，據太平廣記引補。

長史。〔一〕仁蒨問：其國何在？王何姓名？答曰：黄河已北總爲臨胡國，國都在樓煩西北沙磧是也。其王即是故趙武靈王，今統此國，總受太山控攝，每月各使上相朝於太山。是以數來過此，與君相遇也。吾乃能有相益，令君預知禍難而先避之，可免横害。唯死生之命，與大禍福之報，不能移動耳。仁蒨從之。景因命其從騎常掌事，以是贈之。遣隨蒨行，有事令先報之。即爾所不知，當來告我。於是便别。掌事恒隨逐，如侍從者。須有所問，〔二〕無不先知。時大業初，江陵岑之象爲邯鄲令，〔三〕子文本，年未弱冠，之象請仁蒨於家教文本書。蒨以此事告文本，仍謂曰：成長史語我：有一事羞君不得道，既與君交，亦不能不告君。鬼神道亦有食，然不能得飽，常苦飢渴。若得人食，便得一年飽。衆鬼多偷竊人食。我既貴重，不能偷之，從君請一餐。蒨既告文本，文本即爲具饌，備設珍羞。蒨曰：鬼不欲入人屋，可於外水邊張幕設席，陳酒食於上。文本如其言。至時仁蒨見景兩客來坐，從百餘騎。既坐，文本向席再拜，謝以食之不精，亦傳景意辭謝。初文本將設食，仁蒨請有金帛以贈之。文本問：是何等物？蒨云：鬼所用物，皆與人異。唯黄金及絹爲得通用，然亦不如假者。以黄色塗大錫作金，以紙爲絹帛，最爲貴上。文本如言作之。及景食畢，令其從騎更代坐食。文本以所作金錢絹贈之。景深

〔一〕「臨」字原闕，據太平廣記引補。
〔二〕「須」字原作「頊」，據高麗藏本改。
〔三〕「江」字原闕，據太平廣記引補。

喜謝曰：因畦生煩郎君供給，郎君頗欲知壽命乎？文本辭云：不願知也。景笑而去。數年後仁蒨遇病，不甚困篤，而又不起。月餘日，蒨憑常掌事，掌事不知，便問長史。長史報云：國内不知。後月因朝太山，爲問消息，相報。至後月長史來報云：是君鄉人趙某爲太山主簿。主簿一員闕，薦君爲此官，故爲文案經紀召君耳。案成者當死。蒨問：請將案出。景云：君壽應年六十餘，今始四十。但以趙主簿橫徵召耳，當爲請之。乃曰：趙主簿相問：畦兄昔與同學，恩情深至。今幸得爲太山主簿，適遇一員官闕，明府令擇人。吾已啓公，公許相用。兄既不得長生，命當有死。死遇濟會，未必當官。何惜一二十年苟生延時耶！今文書已出，不可復止。願決作來意，無所疑也。蒨憂懼，病逾篤。景請蒨曰：趙主簿必欲致君，君可自往太山，於府君陳訴，〔一〕則可以免。蒨問：何因見府君？景曰：鬼者可得見耳。往太山廟東度一小嶺平地，是其都所。君往自當見之。蒨以告文本，文本爲具行裝。數日景又告蒨曰：文書欲成，君訴懼不可免。急作一佛像，彼文書自消。蒨告文本，以三千錢爲畫一座像於寺西壁訖。〔二〕而景來告曰：免矣。蒨情不信佛，意尚疑之。因問景云：佛法説有三世因果，此爲虚實？荅曰：皆實。蒨曰：即如是人死當分入六道，那得盡爲鬼。而趙武靈王及君今尚爲鬼耶？景曰：君縣内幾户？蒨曰：萬餘户。又曰：獄囚幾人？蒨曰：常二十人已下。又曰：萬户之内有五品

〔一〕「君」字原脱，據高麗藏本補。
〔二〕「訖」字，高麗藏本作「記」。

者幾人？蒨曰：無。又曰：九品以上官幾人？蒨曰：數十人。景曰：六道之義分一如此耳。其得天道，萬無一人，如君縣内無一五品官。得人道者萬有數人，如君縣内九品數十人。入地獄者萬亦數十，如君獄内囚。唯鬼及畜生最爲多也，如君縣内課役户。就此道中又有等級。因指其從者曰：彼人大不如我，其不及彼者尤多。蒨曰：鬼有死乎？曰：然。蒨曰：死入何道？荅曰：不知。如人知生而不知死後之事。蒨問曰：道家章醮爲有益不？景曰：道者被天帝總統六道，是謂天曹。閻羅王者，如人閒天子。太山府君如尚書令録。五道神如諸尚書。若我輩國如大州郡。每斷人閒事，道上章謂請福，如求神之恩。天曹受之下閻羅王云：以某月日得某甲訴云云，宜盡理，勿令枉濫。閻羅敬受而奉行之，如人奉詔也。無理不可求免，有枉必當得申。何爲益也。蒨又問：佛法家修福何如？景曰：佛是大聖，無文書行下。其修福者，天神敬奉，多得寬宥。若福厚者，雖有惡道文字，〔一〕不得追攝。此非吾所識，亦莫知其所以然。言畢即去。蒨一二日能起便愈。文本父卒，還鄉里。蒨寄書曰：鬼神定是貪諂。往日欲郎君飲食，乃爾慇懃。比知無復利，相見殊落漠。然常掌事猶見隨。本縣爲賊所陷，死亡略盡。僕爲掌事所導，常如賊不見，竟以獲全。貞觀十六年九月八日文官賜射於玄武門，文本時爲中書侍郎，與家兄太府卿及治書侍御史馬周、給事中韋琨及臨對坐，文本自語人云爾。右一驗出冥報

〔一〕「字」字，高麗藏本作「簿」。

記。〔一〕

臨川間諸山縣有妖魅來，常因大風雨，有聲如嘯，能射人。其所著者如蹄頭腫，大毒。有雌雄，雄急雌緩，急者不過半日，緩者不延經宿。其有旁人常以救之，救之小免則死。〔二〕俗名曰刀勞鬼。故外書云：鬼神者，其禍福發揚之驗於世者也。老子曰：「昔之得一者，天得一以清，地得一以寧，神得一以靈，谷得一以盈，侯王得一以爲天下貞。」〔三〕然則天地鬼神與我並生者也。氣分則性異，域立則形殊，〔四〕莫能相兼也。生者主陽，死者主陰。性之所託，各安其方。太陰之中，怪物存焉。右二條出搜神記也。〔五〕

韓詩外傳曰：「死爲鬼。鬼者，歸也。精氣歸於天，肉歸於土，血歸於水，脉歸於澤，聲歸於雷，動作歸於風，眼歸於日月，骨歸於木，筋歸於山，齒歸於石，膏歸於露，髮歸於草，〔六〕呼吸之氣復歸於

〔一〕「一」字原脱，據高麗藏本補。出冥報記卷中。又太平廣記卷二八七引。

〔二〕「小免」，搜神記作「少遲」。

〔三〕出老子三十九章。

〔四〕「立」字，搜神記作「別」。

〔五〕出搜神記卷十二。「二條」應作「一條」。

〔六〕「髮」字原作「露」，據太平御覽卷八八三改。

人。」〔一〕

禮記祭義曰：「宰我曰：吾聞鬼神之名，不知其所謂。子曰：氣之也者，神之盛也。魄也者，鬼之盛也。合鬼與神，教之至也。」〔二〕

依崔鴻十六國春秋前涼録曰：〔三〕「張傾，安定馬氏人。初傾之殺麴儉，儉有恨言。恨言是月光見白狗。拔劍斫之，傾萎地不起。左右見儉在傍。遂乃暴卒。」〔四〕

依神異經曰：「東北方有鬼星石室。屋三百户而共所。石傍題曰鬼門，門晝日不閉，至暮則有人語。有火星青色。」〔五〕右此四驗出其御覽。〔六〕

南陽宋定伯，年少時，夜行逢鬼，問曰：誰？鬼尋復問之：卿復誰？定伯誑之言：我亦鬼。鬼問：欲至何所？荅曰：欲至宛市。鬼言：我亦欲至宛市。遂行數里。鬼言：步行太遲，可共遞相擔

〔一〕韓詩外傳無此文，見太平御覽卷八八三鬼上引韓詩外傳。

〔二〕出禮記卷十四祭義第二十四。

〔三〕「十六」二字原脱，據高麗藏本補。

〔四〕出十六國春秋卷七十五。

〔五〕出神異經中荒經。

〔六〕御覽即修文殿御覽，北齊祖孝徵撰。已佚。

也。定伯曰：大善！鬼便先擔定伯數里。鬼言：卿大重，將非鬼也。定伯言：我新死，故身重耳。伯因復擔鬼，鬼略無重。如是再三。定伯復言：我新死，不知鬼悉何所畏忌？鬼荅言：唯不喜人唾。於是共行，道遇水。定伯令鬼先度，聽之了無聲音。定伯自度，漕漼作聲。鬼復言：何以聲？定伯曰：新死不習度水故爾，勿怪吾也。行欲至宛市，定伯便擔鬼著頭上，急持之。鬼大呼，聲咋咋然。索下，不復聽之。徑至宛市中，下著地，化爲一羊，便賣之。恐其變化，爲並唾之。得錢千五百，乃去。于時石崇言：定伯賣鬼得千五百文。右此一驗出列異傳。〔一〕

趙泰傳曰：「泰曾死而絶，有使二人扶而從西入趣宫治。合有三重黑門，周匝數十里，〔二〕高梁瓦屋。是日亦有同死者男女五六千人，皆在門外。有吏著帛單衣，持筆抄人姓名，男女左右別記。謂曰：莫動！當將汝入呈太山府君，名簿在第二十。須臾便至。府君西向坐，邊有持刀直衛。左右主者按名一一呼入，〔三〕至府君所依罪輕重斷之入獄。」〔四〕按抱朴子曰：「按九鼎記及青靈經並云：人物之死俱有鬼也。」

〔一〕「列」字原作「例」，據高麗藏本改。太平廣記卷三二一引。

〔二〕「十」字原作「千」，據高麗藏本改。

〔三〕「主」字，高麗藏本作「至」。

〔四〕太平廣記卷三七七引，作出冥祥記，較此爲略。

魏孫恩作逆時，吴興紛亂。一男子避急，突入蔣侯廟。始入，門木像彎弓射之，即死。行人及守廟者無不皆見。〔一〕右此一驗出幽冥録。〔二〕

第五畜生部此別十部

述意部　會名部　住處部　身量部　壽命部　業因部

受報部　修福部　苦樂部　好醜部

述意部第一

夫論畜生，癡報所感。種類既多，條蔓非一。〔三〕稟兹穢質，生此惡塗。頓罷慧明，唯多貪恚。所以蜂蠆蘊毒，蛇蝮懷瞋，鴿雀嗜婬，豺狼騁暴。或復被毛戴角，抱翠銜珠。嘴距鋒芒，爪牙長利。〔四〕或復聽物往還，受人驅策。犬勤夜吠，雞競曉鳴，牛弊田農，馬勞行陣。肌肉於是消耗，皮膚爲之零落。

〔一〕「皆」字原作「必」，據太平廣記引改。

〔二〕太平廣記卷二九三引，作出幽明録。

〔三〕「蔓」字，高麗藏本作「緒」。

〔四〕「牙」字，高麗藏本作「甲」。

或潛藏草澤，遂被罝羅；竄伏陂池，横遭罾網。如是畜生，悉皆懺悔。乃至鵾鵬大質，螻蟻細軀。偃鼠飲河，鷦鷯巢木。水生陸産，羽族毛羣，錦質紫鱗，丹鰓頳尾。如此之流，悉皆代爲懺悔。當令信根清净，捨此惡形；慧命莊嚴，復兹天報。無復驅馳之苦，永離屠割之悲。縱意消遥，隨心放蕩。飲啄自在，鳴嘯無爲。出彼籠樊，免乎繫縛也。

會名部第二

畜生者，如婆沙論中釋：「生謂衆生，畜謂畜養。謂彼横行，禀性愚癡，不能自立，爲他畜養，故名畜生。問曰：若以畜養名畜生者，如諸龍水陸空行，豈可爲人所養名爲畜生耶？答曰：養者義寬，具滿人間及以六天。不養者處狹，唯在人中山野澤内。又古昔諸龍亦爲人養，具在文史。今從畜養偏多，故名畜生。」〔一〕

又立世論云：「畜生梵名底栗車。因諂曲業故，〔二〕於中受生。故復説此道衆生多覆身行故，説名底栗車。」〔三〕

〔一〕出阿毘曇毘婆沙論卷七。
〔二〕「因」字上原衍「由」字，據立世論删。
〔三〕出立世阿毘曇論卷六云何品。

依新婆沙論：「名爲旁生故。問：云何旁生趣？荅：其形旁故行亦旁，以行旁故形亦旁，是故名旁生。有説彼諸有情由造作增上愚癡身語意惡行，往彼生彼，闇鈍故名旁生。謂此遍於五趣皆有。如捺落迦中，有無足者，如娘矩吒蟲等；有二足者，如鐵嘴鳥等；有四足者，如黑駮狗等；有無足者，如百足等。於鬼趣中，有無足者，如毒蛇等；有二足者，如烏鵶等；有四足者，如狐狸象馬等；有多足者，如六足百足等。於人趣三洲中，有無足者，如一切腹行蟲；有二足者，如鴻鴈等；有四足者，如象馬等；有多足者，如百足等。於拘盧洲中，有二足者，如鴻鴈等；有四足者，如象馬等；無有無足及多足者，彼是受無惱害業果處故。四天王衆天及三十三天中，有二足者，如妙色鳥等；有四足者，如象馬等。餘無者如前釋。上四天中，唯有二足者，如妙色鳥等。餘皆無者，空居天處轉勝妙故。問：彼處若無象馬等者，如何爲乘？亦聞彼天乘象馬等，云何言無？荅：由彼諸天福業力故，作非情數象馬等形而爲御乘，自娱樂也。」〔一〕

依樓炭經説：「畜生不同，大約有其三種：一魚，二鳥，三獸。於此三中一一無量。魚有六千四百種，鳥有四千五百種，獸有二千四百種。」〔二〕於彼經中但列總數，不別列名。正法念經種數不同，有四

〔一〕出阿毘達磨大毘婆沙論卷一百七十二。

〔二〕「有」字原脱，據高麗藏本補。出樓炭經。

十億，亦不列名。〔一〕

住處部第三

如新婆沙論：「問：旁生本住何處？答：本所住處在大海中。後時流轉，遍在諸趣。問：其形云何？答：多分旁側。亦有豎者，如緊捺落，畢舍遮，醯盧索迦等。問：語言云何？答：劫初成時皆作聖語。後以飲食時分有情不平等故，諂誑增上故，便有種種語，乃至有不能言者。」〔二〕

又舊婆沙論説：「畜生住處乃有邊正之别。第一正住者，或説在鐵圍兩界之間，冥闇之中；或在大海之内；或在洲渚之上。第二邊住者，謂在五趣之中。如地獄中，或有無足畜生，如彼蛇等；或有二足者，如彼烏鴟等；或有四足者，如彼狗等。此中或有實報，或有化者不定。於鬼趣中，亦有無足、二足、四足、多足畜生。謂彼有威德鬼中亦有象馬駝驢等。無威德鬼中唯有狗等。脩羅趣中，一同鬼趣中説。於天趣中，唯有二足、四足畜生，更無餘種。」〔三〕然欲色二界諸天有具不具報，化畜生者一如前天中説。

〔一〕見正法念處經卷十八。

〔二〕出阿毘達磨大毘婆沙論卷一百七十二。

〔三〕出阿毘曇毘婆沙論卷七。

身量部第四

如菩薩處胎經云：「第一大鳥不過金翅鳥。頭尾相去八千由旬，高下亦爾。若其飛時，從一須彌至一須彌，終不中止。」〔一〕廣如經說。第二獸者不過於龍。如阿含經說：「難陀跋難陀二龍，其形最大。繞須彌山七匝，頭猶山頂，尾在海中。」〔二〕第三魚身者不過摩竭大魚。如四分律說：「摩竭大魚身長或三百由旬、四百由旬，乃至極大者長七百由旬故。」〔三〕阿含經云：眼如日月，鼻如太山，口如赤谷。〔四〕若依俗書，莊周説云：「有大鵬，其形極大。大鵬之背不知幾千里。將欲飛時，擊水三千里。翼若垂天之雲，摶扶搖而上，去地九萬，方乃得逝。要從北溟至於南溟，一飛六月，終不中息。」〔五〕此當内典小金翅鳥。俗情不測，謂言別有大鵬之鳥。俗書復說水獸大者不過巨靈之龜。其形最大，首冠蓬萊，海中遊戲。亦不説其高下長短也。此龜未同小小之摩竭，不可較其優劣也。莊周說小鳥之微，不過於鷦鷯之鳥。蚊子

〔一〕出菩薩處胎經卷七。
〔二〕出長阿含經卷二十一世紀經戰鬬品。
〔三〕出十誦律卷三十三。作四分律誤。
〔四〕此段出處待考。
〔五〕出莊子卷一逍遥遊第一。

鬢上養子有卵。鬢上孚乳，其卵不落。此亦未達内曲。衆生受報極小者形如微塵，凡眼不覩。故内律云：佛令比丘漉水而飲。舍利弗乃多遍而漉，猶有細蟲。因此七日不飲水，身形枯顇。佛知其故，問：汝云何顇顇？荅佛言：佛令漉水而飲。弟子縱多遍漉，以天眼觀蟲猶尚而過，如器中粟水沙。〔一〕以護生命，不敢飲水，故身顇顇。佛告舍利弗：若以天眼觀，一切人民無有活者。自今已後，但聽肉眼看水清净，其内無蟲，即得開飲。故知衆生微報，處處皆遍。小者豈同鷦鷯之質大也。

壽命部第五

如毗曇説云：「畜生道中壽極長者，不過一劫。如持地龍王及伊羅鉢龍等。壽極短者，不過蜉蝣之蟲。朝生夕死，不盈一日。」〔二〕中間長短，不可具述。如智度論説：「佛令舍利弗觀鴿過未前後各八萬劫，猶不捨鴿身。」〔三〕故知畜生壽報長遠，非凡所測也。

業因部第六

依業報差別經中説：「具造十業，得畜生報：一、身行惡，二、口行惡，三、意行惡，四、從貪煩惱起

〔一〕「粟」字，高麗藏本作「漂」。
〔二〕出雜阿毘曇心論卷二。
〔三〕出大智度論卷十一。

諸惡業，五、從瞋煩惱起諸惡業，六、從癡煩惱起諸惡業，七、毁罵衆生，八、惱害衆生，九、施不净物，十、行於邪婬。」〔一〕若依正法念經説：「畜生種類各各差別，業因得報亦各不同。」〔二〕備如經説，不可具述。若依地持，具造十惡，一一能令衆生墮於地獄、畜生、餓鬼中；〔三〕後得人身，猶有習報。〔四〕具如餘篇中説。〔五〕

受報部第七

依賢愚經云：「爾時有諸估客欲詣他國。其諸商人共將一狗，至於中路，衆賈頓息。伺人不看，狗便盜肉。衆人瞋打而折其脚，棄野而去。時舍利弗天眼見狗癰蹸飢餓，困篤垂死。著衣持鉢，入城乞食。得已持出，飛至狗所。慈心憐愍，以食施與。狗得其食，活命歡喜。即爲狗説微妙之法，狗便命終生舍衛國婆羅門家。後舍利弗獨行乞食，婆羅門見而問言：尊長獨行，無沙彌耶？舍利弗言：我無沙

〔一〕出佛爲首迦長者説業報差别經。
〔二〕見正法念處經卷十八至二十一。
〔三〕「中」字原脱，據高麗藏本補。
〔四〕見十地經論卷四。作地持論誤。
〔五〕「如」字原作「其」，據高麗藏本改。

彌。聞卿有子，當用見與。婆羅門言：我有一子，字曰均提。年既孤幼，不任使令。比前長大，當用相與。後至七歲，以其兒付令使出家。便受其兒，將至祇洹，聽爲沙彌。漸爲説法，心開意解，得阿羅漢果，功德悉備。均提沙彌始得道已，自以智力觀過去世，本造何行，遭聖獲果。觀見前身作一餓狗，蒙和尚恩，今得人身，并獲道果。欣心内發而自念言：我蒙師恩，得脱諸苦。今當盡身供給所須。求作沙彌，不受大戒。佛告阿難：由過去世迦葉佛時，均提出家少年聲好。善巧讚唄，人所樂聽。有一老僧，音聲濁鈍，不能經唄，已得羅漢，功德皆具。年少比丘自恃好聲，見而訶之：聲如狗吠。時老比丘便呼年少：汝識我不？我得羅漢，儀式悉具。年少聞説，心驚毛竪，惶怖自責。即於其前，懺悔過咎。由其惡言，五百世中常受狗身。由其出家持浄戒故，今得見我，蒙得解脱。」〔一〕

又智度論云：「愚癡多故，受蚯蚓、蜣蜋、螻蟻、鵂鷲、角鵄之屬，諸騃蟲鳥。」〔二〕龍樹菩薩或云：婬欲情多故受鴦身。〔三〕或云：愚癡多故亦受鴦身。〔四〕問：此二鴦身爲同爲異？荅：謂習欲生者，是水鳥鳧鴨之流。習癡生者，是陸鳥鵄梟之類者。或晝見夜亦見，由欲生故，恒多連飛，並汎鳥之類

〔一〕出賢愚因緣經卷十三沙彌均提品。
〔二〕出大智度論卷十六。
〔三〕「多故」二字原作「欲」，據高麗藏本改。
〔四〕「鴦」字原作「鴦」，據高麗藏本、磧砂藏本、南藏本、嘉興藏本改。下同。

者。或夜見晝不見，由癡生故，恒多夜遊。伺鼠鵄亦二種：習欲生者是老鵄，則晝見夜不見；習癡生者是角鵄，〔一〕則夜見晝不見。

又長阿含及增一經云：「金翅鳥有四種：一卵生，二胎生，三濕生，四化生。皆先大布施，由心高凌虚，苦惱衆生，心多瞋慢，生此鳥中。有如意寶珠以爲瓔珞，變化萬端，無事不辦。身高四十里。衣廣八十里，長四十里，重二兩半。食黿鼉蟲鼈以爲段食。涅槃經云：「能食能消一切魚金銀等寶，唯除金剛也。」〔二〕洗浴衣服爲細滑食。亦有婚姻，兩身相觸以成陰陽。壽命一劫，或有減者。大海北岸一樹，名究羅瞋摩，高百由旬，蔭五十由旬。樹東有卵生龍宫，卵生金翅鳥宫；樹南有胎生龍宫，胎生金翅鳥宫；樹西有濕生龍宫，濕生金翅鳥宫；樹北有化生龍宫，化生金翅鳥宫。各各縱廣六千由旬，莊飾其上。若卵生金翅鳥飛下海中，以翅搏水，水即兩披。深二百由旬，取卵生龍，隨意而食之。華嚴經云：「此鳥食龍所扇之風，風若入人眼，人眼則失明。〔三〕故不來人閒，恐損人眼也。」〔四〕胎濕化等亦復如是。涅槃經云：「唯不能食受三歸

〔一〕「習」字下原衍「欲」字，據高麗藏本删。
〔二〕出大般涅槃經卷十二。
〔三〕「則」字原脱，據高麗藏本補。
〔四〕出大智度論卷七十二。作華嚴經誤。

者。」〔一〕有化龍子於六齋日受齋八禁。時金翅鳥欲取食之，銜上須彌山北大鐵樹上，高十六萬里，求覓其尾，了不可得。鳥聞亦受五戒。」〔二〕

又觀佛三昧經云：「金翅鳥王，名曰正音。於衆羽族，快樂自在。於閻浮提日食一龍王及五百小龍。於四天下更食，日日數亦如上。周而復始，經八千歲。死相既現，諸龍吐毒，不能得食。飢逼慞惶，求不得安。至金剛山，從金剛山直下，從大水際至風輪際。爲風所吹，還上金剛山。〔三〕如是七返，然後命終。以其毒故，令十寶山同時火起。難陀龍王懼燒此山，即降大雨，滴如車軸。鳥肉消盡，唯餘心存。心又直下，七返如前，住金剛山。難陀龍王取爲明珠，轉輪聖王得爲如意珠。若人念佛，心亦如是。」〔四〕

又樓炭、長阿含經等云：「龍還有四。皆先多瞋恚，心曲不端，大行布施，今受此形。由施福故，以七寶爲宫。宫之所在，如前金翅鳥中説也。身高四十里。衣長四十里，廣八十里，重二兩半。神力自在，百味飲食。最後一口，變爲蝦蟆。若自化眷屬，發於道心，乞施皂衣，能使諸龍各與供養者，沙不雨身，及離

〔一〕出大般涅槃經卷十二。
〔二〕出長阿含經卷十九、增一阿含經卷十九。
〔三〕「山」字原脱，據高麗藏本補。
〔四〕出觀佛三昧經卷二。

衆患。亦能變身爲蛇等，不遭蝦蟆及金翅鳥也。食黿鼉魚鼈以爲段食。洗浴衣服爲細滑食。亦有婚姻，身相觸以成陰陽。壽命一劫，或有減者。得免金翅鳥食，唯有十六王：一、娑竭，二、難陀，三、跋難陀，四、伊那婆羅，五、提頭賴吒，六、善見，七、阿盧，〔一〕八、迦句羅，九、伽毗羅，十、阿波羅，十一、伽㝹，十二、瞿伽㝹，十三、阿耨達，十四、善住，十五、憂睒伽波頭，十六、得叉迦。」〔二〕

又樓炭、華嚴經云：「娑竭龍王住須彌山北大海底。宮宅縱廣八萬由旬，七寶所成。墻壁七重，欄楯羅網，嚴飾其上。園林浴池，衆鳥和鳴。金壁銀門，門高二千四百里，廣二千二百里。彩畫殊好，常有五百鬼神之所守護。能隨心降雨，羣龍所不及。住淵湧流入海，青瑠璃色。」〔三〕

又海龍王經云：「龍王白佛言：我從劫初正住大海，從拘樓秦佛時，大海之中，妻子甚少。今者海龍眷屬繁多。佛告龍王：其於佛法出家違犯戒行，〔四〕不捨直見，不墮地獄。如斯之類，壽終已後，皆生龍中。佛告龍王：拘樓秦佛時，九十八億居家出家違其禁戒，皆生龍中。拘那含牟尼佛時，八十億居家出家，毁戒恣心，壽終之後，皆生龍中。迦葉佛時六十四億居家出家犯戒，皆生龍中。於我世中九

〔一〕「盧」字原作「虚」，據高麗藏本改。
〔二〕出大樓炭經卷四、長阿含經卷十九、二十。
〔三〕出大樓炭經卷三、長阿含經卷十九。作華嚴經誤。
〔四〕「違犯戒行」原作「違戒犯行」，據高麗藏本改。

百九十億居家出家鬭諍誹謗經戒，〔一〕死生龍中。今已有出者。以是之故，在大海中諸龍妻子眷屬，不可稱計。泥洹後多有惡優婆塞，違失禁戒，當生龍中，或墮地獄。」〔二〕

又僧護經云：「爾時世尊告僧護比丘：汝於海中所見龍王，受此龍身，牙甲鱗角，其狀可畏，臭穢難近。以畜生道障出家法，不能得免金翅鳥王之所食噉。龍性多睡，有五法不能隱身：一生時，二死時，三婬時，四瞋時，五睡時。復有四毒不能如法：一、以聲毒故，不能如法。若出聲者，聞則害人。二、以見毒故，不能如法。若見身者，必能害人。三、以氣毒故，不能如法。若彼氣噓，必能害人。四、以觸毒故，不能如法。若觸身者，必能害人。」〔三〕

修福部第八

如菩薩處胎經云：「佛告智積菩薩：吾昔一時無央數劫爲金翅鳥王。七寶宮殿，後園浴池，皆七寶成。心得自在，如轉輪王。乃能入海，求龍爲食。時彼海中有化生龍子，於其齋日，奉持八禁。時金翅鳥王身長八千由旬，左右兩翅各長四千由旬。以翅斫海取龍，水未合須臾，飛銜龍出。鳥欲食龍時，

〔一〕「出家」二字原脱，據高麗藏本補。

〔二〕出海龍王經卷二授決品。

〔三〕出因緣僧護經。

先從尾而吞。到須彌山北有大鐵樹，高下六萬里。銜龍至彼，欲得食噉。求龍尾，不知處。以經日夜，明日龍始出尾，語金翅鳥：化生龍者，我身是也。我不持八齋法者，汝即灰滅。時金翅鳥聞，悔過自責。佛之威神，甚深難量。我有宮殿，去此不遠。共我至彼，以相娛樂。龍即隨鳥，至宮觀看。今此眷屬不聞如來八關齋法，唯願指授禁戒威儀。若壽終後，得生人中。爾時龍子具以禁戒法，便讀誦之。即於鳥宮而説頌曰：

我是龍王子，　修道七萬劫。　以針刺樹葉，　犯戒作龍身。　我宮在海内，　亦以七寶成。
摩尼玻瓈珠，　明月珠金銀。　可隨我到彼，　觀看修佛事。　復益善根本，　慈潤悉周遍。

爾時鳥聞龍子所説受八關齋法，口自發言：從今以後盡形壽不殺生，如諸佛教。金翅鳥眷屬受三自歸已，即從龍子到海宮殿。彼有七寶塔，諸佛所説諸法深藏，別有七寶函，滿中佛經。見諸供養，猶如天上。龍子語鳥：我受龍身，劫壽未盡。未曾殺生，嬈觸水性。時龍子龍女心開意解。壽終之後，皆當得生阿彌陀佛國。〔一〕

〔一〕出菩薩處胎經卷七。

苦樂部第九

如經説云：如有福龍，依報快樂。具足妻妾、妓女、衣服、飲食、象馬、七珍，無不備有。優樂自在，過逾於人。乃至六欲天中，亦有鳥獸，自在受樂。亦有薄福諸龍，日别熱沙搏身，〔一〕爲諸小蟲之所唼食。又如人間畜生，驅策鞭打，擔輕負重，馳騁走使，不得自在。乃至水陸空行，乏少水草，共相殘害。又復鐵圍山間，兩界畜生，恒居瞑冥，〔二〕受苦無間，無暫時樂。如是諸苦，不可具陳。〔三〕

好醜部第十

如經説云：如龍、驥、麟、鳳、孔雀、鸚鵡、山雞、畫雉，爲人所貴，情希愛樂。如獼猴、豺、狼、虎、蛇、蚖、蝮、服鳥、梟、鵄等，人所惡見，不喜聞音。如是好醜，陳列難盡。貴賤可知，不可具述。〔四〕

〔一〕「搏」字，高麗藏本作「爆」。
〔二〕「瞑冥」，高麗藏本作「暗瞑」。
〔三〕此段出處待考。
〔四〕此段出處待考。

感應緣 略引其七

黄初有魅怪
蜀山有猳國怪
越山有鳥怪
季桓子井有羊怪
晉懷瑶家地有犬怪
高辛氏時有狗怪
西國行記人畜交孕怪

魏黄初中，頓丘界有人騎馬夜行，見道中有物，大如兔，兩眼如鏡，跳梁遮馬，令不得前。人遂驚懼墮馬，魅便就把捉，驚怖暴死。良久得甦，甦已，失魅不知所在。乃便上馬，前行數里，逢一人，相問訊已，説向者事變如此。今相得爲伴，甚佳歡喜。人曰：我獨行，得君爲伴，快不可言。君馬行疾，且前，我在後隨也。遂共行。語曰：向者物何如，乃令君懼怖耶？對曰：其身如兔，兩眼如鏡，形甚可惡。

伴曰：試顧視我耶？人顧視之，猶復是也。魅便跳上馬，人遂墮地怖死。家人怪馬獨歸，即行推見，〔一〕於道得之。宿昔乃甦，説狀如是。〔二〕

蜀中西南高山之上，有物，與猴相類，長七尺，能作人行，善走逐人，名曰猳國。一名馬化，或曰玃猨。伺道行婦女有長者，〔三〕輒盜取將去，人不得知。若有行人經過其旁，皆以長繩相引，猶故不免。此物能別男女氣臭，故取女，男不知也。〔四〕若取得人女，則爲家室。其無子者，終身不得還。十年之後，形皆類之，意亦迷惑，不復思歸。若有子者，輒抱送還其家。産子皆如人形。有不養者，其母輒死。故懼怕之，無敢不養。及長，與人不異。皆以楊爲姓。故今蜀中西南多諸楊，率皆是猳國馬化之子孫也。〔五〕

越地深山中有鳥，大如鳩，青色，名曰治鳥。〔六〕穿大樹作巢，如五六升器。户口徑數寸，周飾以土

〔一〕「見」字，搜神記作「索」，高麗藏本作「覔」。
〔二〕出搜神記卷十七。
〔三〕「長」字，搜神記作「美」。
〔四〕「知」字，搜神記作「取」。
〔五〕出搜神記卷十二。
〔六〕「治」字，搜神記作「冶」。

埡，赤白相分，狀如射侯。伐木者見此樹，即避之去。或夜冥不見鳥，鳥亦知人不見，便鳴唤曰：咄，咄，上去。明日便急上去。咄，咄，下去。明日便宜急下。若不使去，但言笑而不已者，〔一〕人可止伐也。若有穢惡及其所止者，則有虎通夕來守。人不去，便傷害人。此鳥白日見其形，是鳥也。夜聽其鳴，亦鳥也。時有觀樂者，便作人形，長三尺。至澗中取石蟹，就人火炙之，人不可犯也。越人謂此鳥是越祝之祖也。〔二〕

季桓子穿井，獲如土缶，其中有羊焉。使問之仲尼曰：吾穿井而獲狗，何耶？仲尼曰：以丘所聞，羊也。丘聞之，木石之怪，蚿蛟蝄蜽；〔三〕水中之怪，是龍罔。〔四〕土中之怪曰賁羊。夏鼎志曰：罔象如三歲兒，赤目，黑色，大耳，長臂，赤爪，索縛則可得食。王子曰：木精爲遊光，金精爲清明也。〔五〕

〔一〕「不」字原闕，據搜神記補。

〔二〕出搜神記卷十二。

〔三〕「蚿蛟」二字，高麗藏本作「驅蛟」，搜神記作「夔」字。

〔四〕「罔」字下，搜神記有「蜽」字，上無「是」字。

〔五〕出搜神記卷十二。

晉元康中，吴郡婁縣懷瑶家，忽聞地中有犬子聲隱。〔一〕其聲，〔二〕上有小穿，〔三〕大如蟥。〔四〕瑶以杖刺之，入數尺，覺如物。乃掘視之，得犬子，雌雄各一，目猶未開，形大於常犬也。哺之而食。左右咸往觀焉。長老或云：此名犀犬，得之者令家富昌，宜當養之。以目未開，還置穿中，〔五〕覆以磨礱。宿昔發視，左右無孔，遂失所在。瑶家積年無他禍福也。大興中，吴郡府舍中又得二枚物如初。其後太守張茂爲吴興兵沈充所殺。〔六〕尸子曰：地中有犬，名曰地狼。有人，名曰無傷。夏鼎志曰：掘地而得狗，名曰賈。掘地而得豚，名曰邪。掘地而得人，名曰聚。聚，無傷也。此物之自然，無謂鬼神而怪之。然則賈與地狼名異，〔七〕其實一物也。淮南萬畢曰：千歲羊肝，化爲地宰。蟾蜍得苽，卒時爲鶉。此皆因氣作以相感而惑也。〔八〕

〔一〕「犬子聲隱」，搜神記作「犬聲隱隱」。
〔二〕「其聲」二字，搜神記作「視聲發處」。
〔三〕「穿」字，搜神記作「竅」。
〔四〕「蟥」字下，搜神記有「穴」字。
〔五〕「穿」字，搜神記作「竅」。
〔六〕「張茂」，搜神記作「張懋」。「沈充」二字原闕，據搜神記補。
〔七〕「賈」字原闕，據搜神記補。
〔八〕「氣作以相感而惑也」，搜神記作「氣化以相感而成也」。出搜神記卷十二。

高辛氏有老婦人，居於王宫，得耳疾歷時。醫爲挑治，出頂蟲，大如繭。婦人去後，置以瓠蘺，覆之以盤。俄爾頂蟲乃化爲犬，其文五色，因名盤瓠，遂畜之。時戎吴盛强，數侵邊境。遣將征討，不能擒勝。乃募天下有能得戎吴將軍首者，購金千斤，封邑萬户，又賜以少女。後盤瓠銜得一頭，將造王闕。王診視之，即是戎吴。爲之柰何？羣臣皆曰：盤瓠是畜，不可官秩，又不可妻。雖有功，無施也。少女聞之，啓王曰：大王既以我許天下矣。盤瓠銜首而來，爲國除害，此天命使然，豈狗之智力哉。王者重言，霸者重信。不可以子女微軀，而負明約於天下，國之禍也。王懼而從之，令少女隨盤瓠。盤瓠將女上南山，草木茂盛，〔一〕無人行迹。於是女解去上衣，〔二〕爲僕豎之扮，著獨拗之衣，〔三〕隨盤瓠昇山入谷，止于石室之中。王悲思之，遣往視覓，天輒風雨，嶺震雲晦，往者莫至。蓋經三年，産六男六女。盤瓠死後，自相配偶，因爲夫妻。〔四〕織績木皮，〔五〕染以草實，好五色衣服，裁制著用。經後母歸，以

〔一〕「草」上原衍「山」字，據搜神記删。
〔二〕「上衣」二字，搜神記作「衣裳」。
〔三〕「拗」字，搜神記作「力」。
〔四〕「夫」字原作「次」，據高麗藏本改。
〔五〕「績」字原作「積」，據搜神記改。

語王。王遣追之男女，〔一〕天不復雨。衣服褊褳，言語侏離，飲食蹲踞，好山惡都。王順其意，有詔賜以名山廣澤，號曰蠻夷。蠻夷者，外癡内黠，安土重賜。〔二〕以其受異氣於天命，故待以不常之律。田作賈販，無關繻符傳租税之賦。有邑君長，皆賜印綬。冠用獺皮，取其遊食於水。今即梁漢巴蜀武陵長沙廬江羣夷是也。用糝雜魚肉，〔三〕叩槽而號，每祭盤瓠，其俗至今。故世稱：赤髀横裙，〔四〕盤瓠子孫。〔五〕右六條出搜神記也。

奘法師西國記云：「僧伽羅國，雖非印度之國，路次附出。此國本寶渚也。多有珍寶，栖止鬼神。其後南印度有一國王女聘鄰國，吉日送歸，路逢師子，侍衛之徒，棄女逃難，女居轝中，心甘喪命。時師子王負女而去，入深山，處幽谷，捕鹿採果，以時資給。既積歲月，遂孕男女，形貌同人，性種畜也。男漸長大，力格猛獸。年方弱冠，人智斯發，請其母曰：我何謂乎？父則野獸，母乃是人。既非族類，如何配偶。母乃述昔事以告其子曰：人畜殊途，宜速逃逝。曰：我先已逃，不能自濟。其子於後逐師子父，

〔一〕「追之」二字，搜神記作「使迎諸」。

〔二〕「賜」字，搜神記作「舊」。

〔三〕「糝」字原作「參」，據搜神記改。

〔四〕「髀」字原作「髀」，據搜神記改。「裙」字，搜神記作「裙」。

〔五〕出搜神記卷十四。

登山踰嶺，察其遊止，可以逃難。伺父去已，遂擔負母，下趣人里。母曰：宜各慎密，勿説事源。人或知聞，輕鄙我等。於是父國，國非家族，宗祀已滅，投寄邑人。人謂之曰：爾曹何國人也？曰：我本此國，流離異域，子母相攜，來歸故里。人皆哀愍，更共資給。其師子王還無所見，追戀妻兒，憤恚既發，便出山谷，往來村邑，咆哮震吼，暴害人物，殘毒生類。邑人輒出，遂取而殺。擊鼓吹貝，負弩持鉾，羣從成旅，然後免害。其王懼仁化之不洽也，乃縱獠者，期於擒獲。王躬率四兵，衆以萬計，掩捕林藪，彌跨山谷。師子震吼，人畜辟易。既不擒獲，尋復招募。其有擒執師子除國害者，當酬重賞，式旌茂績。子聞王之令，乃謂母曰：飢寒已久，宜可應募。或有所得，以相撫育。母言：不可！若是彼獸，雖是畜也，猶是汝父。豈以艱辛而興逆害父。子曰：人畜異類，禮義安在！既以違阻，此心何冀。乃抽小刃，出應招募。是時千衆萬騎，雲屯霧合。師子踞在林中，人莫敢近。子即其前，父遂馴伏。於是乎親愛忘怒，乃剚刃於腹中，尚懷慈愛，猶無忿毒，乃至刳腹，含苦而死。〔一〕王曰：斯何人哉，若此之異也。誘之以福利，震之以威禍，然後具陳始末，備述情事。王曰：逆哉！父而尚害，況非親乎！畜種難馴，兇情易動。除民之害，其功大矣；斷父之命，其心逆矣。重賞以酬其功，遠放以誅其逆。則國典不虧，王言不貳。於是裝二大舩，多儲糧糗。母留在國，周給賞功。子女各從一舟，隨波飄蕩。其男舩泛海

〔一〕「含」字原作「舍」，據高麗藏本、磧砂藏本、南藏本、嘉興藏本改。

至此寶渚，見豐珍玉，便於中止。其後商人採寶，復至渚中。〔一〕乃殺其商主，留其子女。如是繁息，子孫衆多。遂立君臣，以位上下。連都築邑，據有疆域。以其先祖擒執師子，因舉元功而爲國號。其女舩者泛至波剌斯西，神鬼所魅，産育羣女。故今西大女國是也。〔二〕故師子國人形貌卑黑，方頤大顙，情性獷烈，安忍鴆毒。斯亦猛獸遺種，故其人多勇健，斯一説也。若據佛法所記，則依起世經，昔此寶洲大鐵城中五百羅刹女之所居也。」〔三〕

又：「屈支國東境城北天祠前，有大龍池。諸龍易形，交合牝馬，遂生龍駒之子。方乃馴駕，所以此國多出善馬。聞諸先志曰：近代有王，號曰金華。政教明察，感龍馭乘。王欲終沒，鞭觸其耳，因即潛隱，以至于今。城中無井，取彼池水。龍變爲人，與諸婦人會，生子驍勇，走及奔馬。如是漸染，人皆龍種。恃力作威，不恭王命。王力乃引構突厥殺此人，少長俱戮，略無遺類。城今荒蕪，人煙斷絶。」〔四〕

右二驗出奘法師傳。

述曰：數見愚俗邪説之人云：貴賤不同，人畜殊别。何有人作畜生，畜生作人。佛説虚誑，恐不

〔一〕「復」字原作「後」，據高麗藏本改。
〔二〕「西」字原作「四」，據高麗藏本改。
〔三〕出大唐西域記卷十一。
〔四〕出大唐西域記卷一。

依實。若汝守愚不信佛言者，何故前列俗典書史，具述目驗所覩，豈亦不信？如行恩舍忍，即同楚子蛭，痼疾皆愈；宋公不禱，妖星夕退。若也行惡，如漢鴆趙王如意，蒼狗成肉；齊殺彭生，立豕爲祟。近事尚然，況復行因，善惡業報，昇沉殊趣，累劫受殃也。

法苑珠林校注卷第七

第六地獄部此別八部

述意部　會名部　受報部　時量部　典主部　王都部

業因部　誡勗部

述意部第一

夫論地獄幽酸，特爲痛切。刀林聳日，劍嶺參天，〔一〕沸鑊騰波，炎爐起焰；鐵城晝掩，銅柱夜然。如此之中，罪人遍滿。周慞困苦，悲號叫唤。牛頭惡眼，獄卒凶牙。長叉拄肋，肝心碓擣，猛火逼身，肌

〔一〕「天」字原作「大」，據高麗藏本、磧砂藏本、南藏本、嘉興藏本改。

膚浄盡。或復舂頭擣脚，煮魄烹魂，裂膽抽腸，屠身膾肉。如斯之苦，何可言念。於是沈浮鑊湯之裏，偃仰爐炭之中；肉盡戈劍之端，骨碎枯形之側。鐵床之上，詎可安眠；銅柱之間，何宜久附。眼中帶火，啼淚不垂；口裏含煙，叫聲難出。如此之處，猶爲輕者。所以寒冰之内，儻遇温風；炭火之中，若蒙凉氣。便爲歡樂，即復欣然。脱在阿鼻，稟形始奇。酸楚鐵墻，縱廣八萬由旬。爆聲震駭，〔一〕臭煙蓬勃。如魚在鏊，脂血焦然，間無暫樂，〔二〕觸緣皆苦。動轉不得，纏縛甚嚴。東西交過，上下通徹。此間劫燒，徙寄他方。他方劫盡，還歸此處。如是展轉，經無量劫。願今修福，〔三〕悉皆懺悔。當願鑊湯清浄，變作華池；爐炭氛氲，化成香蓋。危昂劍樹，即是瓊林；蓊鬱刀山，真如鷲嶺。銅柱變色，永竪法幢；鐵網改形，方開浄土。牛頭擲刃，更受三歸；獄卒棄鞭，還持五戒。怨家和解，寧有帶忿之容；債主歡喜，人無含瞋之色。亡頭失首之客，藉此完全；粉骨糜筋之士，因兹平復也。

會名部第二

問曰：云何名地獄耶？荅曰：依立世阿毗曇論云：「梵名泥犁耶，以無戲樂故，又無喜樂故，又無

〔一〕「駭」字原作「骸」，據高麗藏本改。
〔二〕「間」字原作「聞」，據高麗藏本改。
〔三〕「今」字，高麗藏本作「令」。

行出故，又無福德故，又因不除離惡業故，故於中生。復説此道於欲界中最爲下劣，名曰非道。因是事故，故説地獄名泥犁耶。」〔一〕如婆沙論中名不自在。謂彼罪人爲獄卒阿傍之所拘制，不得自在，故名地獄。亦名不可愛樂，故名地獄。又地者，底也。謂下底萬物之中，地最在下，故名爲底也。獄者，局也。謂拘局不得自在，故名地獄。「又名泥犁者，梵音此名無有。謂彼獄中無有義利，故名無有也。」〔二〕

問曰：地獄多種，或在地下，或處地上，或居虚空，何故並名地獄？答曰：舊翻地獄，名狹處局，不攝地空。今依新翻經論，梵本正音，名那落迦，或云捺落迦。此總攝人處苦盡，故名捺落迦。故新婆沙論云：「問：何故彼趣名捺落迦？答：彼諸有情無悦、無愛、無味、無利、無喜樂，故名那落迦。或有説者：由彼先時造作增長增上暴惡身語意惡行，往彼令彼相續，故名捺落迦。有説：彼趣以顛墜故名捺落迦。如頌言：

顛墜於地獄，　足上頭歸下，　由毀謗諸仙，　樂寂修苦行。

有説：捺落名人，迦名爲惡。惡人生彼處，故名捺落迦。問：何故最下大者名無閒耶？答：彼處恒受苦受，無喜樂閒，故名無閒。問：餘地獄中豈有歌舞飲食受喜樂異熟故，不名無閒耶？答：餘地獄中，

〔一〕出立世阿毘曇論卷六云何品。
〔二〕出阿毘曇毘婆沙論卷七。

雖無異熟喜樂，〔一〕而有等流喜樂。如於施設論說：等活地獄中有時涼風所吹，血肉還生。有時出聲唱言：等活。彼諸有情，欻然還活。準於如是，血肉生時及還活時，暫生喜樂，間苦受故，不名無間也。」〔二〕

受報部第三

如新婆沙論云：「問曰：地獄在何處？荅曰：多分在此贍部洲下。云何安立？有說：從此洲下四萬踰繕那，至無間地獄底。無間地獄縱廣高下各二萬踰繕那。次上一萬九千踰繕那中，安立餘七地獄。謂次上有極熱地獄，次上者熱地獄，次上有大嘷叫地獄，次上有嘷叫地獄，次上有衆合地獄，次上有黑繩地獄，次上有等活地獄。此地獄一一縱廣萬踰繕那。次上餘有一千踰繕那，五百踰繕那是白墡，五百踰繕那是泥。有說：從此泥下有無間地獄在於中央，餘七地獄周迴圍繞，如今聚落圍繞大城。

問曰：若爾施設論說當云何通？如說：贍部洲周圍六千踰繕那三踰繕那半。一一地獄其量廣大，云何於此洲下得相容受。荅曰：此贍部洲上尖下闊，猶如穀聚，故得容受。由此經中說四大海漸入漸深。又一一大地獄有十六增，謂各有四門，一一門外各有四增。一、煻煨增，謂此增內煻煨没膝。

〔一〕「熟」字原作「氣」，據高麗藏本改。
〔二〕出阿毘達磨大毘婆沙論卷一百七十二。

二、屍糞增，謂此增内屍糞泥滿。三、鋒刃增，謂此增内復有三種：一刀刃路，謂於此中仰布刀刃以爲道路；二劍葉林，〔一〕謂此林上純以銛利劍刃爲葉；三鐵刺林，謂此林上有利鐵刺，長十六指。刀刃路等三種雖殊，而鐵林同，故一增攝。四、烈河增，謂此增内有熱鹹水。并本地獄以爲十七。如是八大地獄并諸眷屬便有一百三十六所。是故經説有一百三十六捺落迦。」〔二〕

故長阿含經云：「大地獄其數總八，其八地獄各有十六小地獄圍繞。如四天下外有八萬天下而圍繞，八萬天下外復有大海，海外復有大金剛山。山外復有山，亦名金剛。樓炭經云大鐵圍山。二山中間日月神天威光並不照。八大地獄者：一想，二黑繩，三埠壓，〔三〕四叫喚，五大叫喚，六燒炙，七大燒炙，八無間。樓炭及餘經名有不同者，〔四〕猶翻有訛正，大意並同也。

第一想地獄十六者。其中衆生手生鐵爪，遞相瞋忿，以爪相爴，應手肉墮，想以爲死，故名其想。復次其中衆生懷害想，手執刀劍，遞相斫刺，剫剥臠割，身碎在地，想謂爲死。冷風來吹，尋復活起。彼自想言：我今已活。久受罪已，出想地獄，慞惶求救，不覺忽到黑沙地獄。熱風暴起，吹熱黑沙，來著

〔一〕「二」字原作「三」，據高麗藏本、磧砂藏本、南藏本、嘉興藏本改。
〔二〕出阿毘達磨大毘婆沙論卷一百七十二。
〔三〕「埠」字原作「堆」，據高麗藏本改。
〔四〕「名」字原作「各」，據高麗藏本改。

其身，燒皮徹骨。身中焰起，迴旋周還，身燒焦爛。其罪未畢，故使不死。久受苦已，出黑沙地獄，到沸屎地獄。有沸屎鐵丸，自然滿前。驅迫罪人，使把鐵丸，燒其身手。復使撮著口中，從咽至腹，通徹下過，無不焦爛。有鐵嘴蟲，唼肉達髓，苦毒無量。受罪未畢，復不肯死。久受苦已，出沸屎獄，到鐵釘地獄。獄卒撲之，偃熱鐵上，舒展其身，以釘釘手足，周遍身體，盡五百釘。苦毒號吟，猶不復死。久受苦已，出鐵釘地獄，到飢鐵地獄。即撲熱鐵上，銷銅灌口，從咽至腹，通徹下過，無不焦爛。餘罪未盡，猶復不死。久受苦已，出飢地獄，到渴地獄。即撲熱鐵上，以熱鐵丸，著其口中，燒其脣舌，通徹下過，無不焦爛，苦毒啼哭。久受苦已，出渴地獄，到一銅鍑地獄。〔一〕獄卒怒目，捉罪人足，倒投鍑中。隨湯涌沸，上下迴旋，身壞爛熟，萬苦並至，故令不死。久受苦已，出一銅鍑，至多銅鍑地獄。捉罪人足，倒投鍑中，隨湯涌沸，上下迴旋，舉身壞爛。以鐵鉤取，置餘鍑中。悲叫苦毒，故使不死。久受苦已，出多銅鍑獄，至石磨地獄。捉彼罪人，撲熱石上，舒展手足，以大熱石，壓其身上，迴轉揩磨，骨肉糜碎，苦毒切痛，故使不死。久受苦已，出石磨獄，至膿血地獄。膿血沸涌，罪人於中，東西馳走，湯其身體，頭面爛壞。又取膿血，食之通徹下過，苦毒難忍，故令不死。久受苦已，乃出膿血獄，至量火地獄。有大火聚，其火焰熾，驅迫罪人，手把熱鐵斗，以量火聚，遍燒身體，苦熱毒痛，吟呻號哭，故令不死。久受苦已，出

〔一〕「鍑」字，高麗藏本作「鑊」。下同。

量火獄，到灰河地獄。縱廣深淺，各五百由旬。灰湯涌沸，惡氣熢㶿，迴波相搏，聲響可畏。從底至上，鐵刺縱横。其河岸上，有劍樹林，枝葉華實，皆是刀劍。罪人入河，隨波上下迴覆沉没。鐵刺刺身，內外通徹，膿血流出，苦痛萬端，故令不死。乃出灰河，至彼岸上，到劍樹林。被劍割刺。身體傷壞。復有豺狼，來嚙罪人，生食其肉。走上劍樹，時劍刃下向；下劍樹時，劍刃上向。手攀手絶，足踏足斷，皮肉墮落，唯有白骨，筋脉相連。時劍樹上有鐵嘴鳥，啄頭食腦，苦毒號叫，故使不死。還入灰河，隨波沉没。鐵刺刺身，苦毒萬端，皮肉爛壞，膿血流出。唯有白骨，浮漂於水，冷風來吹，尋便起立。宿對所牽，不覺忽至鐵丸地獄。有熱鐵丸，獄鬼驅使捉之，手足爛壞，舉身火然。萬毒並至，故令不死。久受苦已，乃出鐵丸獄，至斤斧地獄，捉此罪人撲熱鐵上。以熱鐵斤斧，斫其手足耳鼻舌身體。苦毒號叫，猶不令死。久受罪已，出斤斧獄，至豺狼獄。有羣豺狼，競來𪘏齧，〔一〕肉墮骨傷，膿血流出，苦痛萬端，故令不死。久受苦已，乃出豺狼獄，至劍樹獄。入彼劍林，有暴風起，吹劍樹葉，墮其身上。頭面身體，無不傷壞。有鐵嘴烏，啄其兩目。苦痛悲號。故使不死。久受苦已，乃出劍樹獄，至寒冰獄。有大寒風，吹其身上，舉體凍傷，皮肉墮落，苦毒叫唤，然後命終，身爲不善，口意亦然，斯墮想地獄，懷懼毛豎。

〔一〕「競」字原作「竟」，據高麗藏本改。

第二黑繩大地獄。有十六小地獄，周匝圍繞，各縱廣五百由旬。何故名黑繩？其諸獄卒，捉彼罪人，撲熱鐵上，舒展其身，以熱鐵繩拼之使直。以熱鐵斧，逐繩道斫罪人作百千段。復次以鐵繩拼鋸鋸之。復次懸熱鐵繩，交橫無數，驅迫罪人，使行繩閒。惡風暴起，吹諸鐵繩，歷絡其身，燒皮徹肉，焦骨沸髓，苦毒萬端。餘罪未畢，故令不死。故名黑繩。久受苦已，乃出黑繩，至黑沙地獄，乃至寒冰地獄，然後命終。不可具述。餘十六地獄受苦痛事，準前同法，然受苦加重。由惡意向父母佛及聲聞，即墮黑繩地獄，苦痛不可稱述。

第三埠壓大地獄。亦有十六小地獄圍繞，各縱廣五百由旬。何故名埠壓？有大石山，兩兩相對。人入此中，山自然合，埠壓其身。骨肉糜碎，山還故處。苦毒萬端，故使不死。復有大鐵象，舉身火然，哮呼而來，蹴蹋罪人，宛轉其上。身體糜碎，膿血流出，號咷悲叫，故使不死。復捉罪人，臥大石上，以大石壓。復取罪人臥地，鐵杵擣之，從足至頭，皮肉糜碎，膿血流出，萬毒並至。餘罪未畢，故令不死。故名埠壓。久受苦已，乃出埠壓地獄，到黑沙地獄，乃至寒冰地獄，然後命終。但造三惡業，不脩三善行，即墮埠壓地獄，苦痛不可稱計。

第四叫喚大地獄。亦有十六小地獄圍繞，各縱廣五百由旬。何故名叫喚地獄？獄卒捉罪人，擲大鑊中，又置大鐵鍑中。熱湯涌沸，煮彼罪人。號咷叫喚，苦辛痛酸。又取彼罪人擲大鏊上，反覆煎熬。久受苦已，乃出叫喚，至黑沙地獄，乃至寒冰地獄，爾乃命終。由瞋恚懷毒，造諸惡行，故墮叫喚地獄。

第五大叫喚地獄。亦有十六小地獄圍繞。大小同前。何故名大叫喚地獄？取彼罪人，著大鐵釜中，又置鐵鑊中，熱湯涌沸，煮彼罪人。又擲大鐵鏊上，反覆煎熬，號咷大叫，苦痛辛酸。餘罪未畢，故使不死。名大叫喚。久受苦已，乃出大叫喚，乃至寒冰地獄，爾乃命終。由習衆邪見，爲愛網所牽，造卑陋行，〔一〕墮大叫喚地獄。

第六燒炙地獄。亦有十六小地獄圍繞。大小同前。何故名燒炙？將諸罪人，置鐵城中。其城火然，内外俱赤，燒炙罪人。又著鐵樓上，其樓火然，内外俱赤。又擲著大鐵陶中，其陶火然，内外俱赤。燒炙罪人，皮肉焦爛，萬毒並至，餘罪未畢，故使不死。故名燒炙。久受苦已，出燒炙地獄，乃至寒冰地獄，然後命終。爲燒炙衆生故，墮燒炙地獄，長夜受此燒炙之苦。

第七大燒炙地獄。亦有十六小地獄圍繞。大小同前。何名大燒炙地獄？謂將諸罪人置鐵城中。其城火然，内外俱赤，燒炙罪人，皮肉焦爛，萬毒並至。有大火坑，火焰熾盛。其坑兩岸，有大火山。捉彼罪人，貫鐵叉上，豎著火中，然火燒炙，皮肉焦爛。餘罪未畢，故使不死。久受苦已，出大燒炙，乃至寒冰，爾乃命終。由捨善果業，爲衆惡行，故墮大燒炙地獄。

第八無間地獄。亦有十六小地獄圍繞。大小同前。何名阿鼻地獄？此云無間地獄。何名無間？獄卒捉彼罪人，剥取其皮，從足至頂。即以其皮，纏罪人身，著火車上。輪碾熱地，周迴往反，身體碎爛，

〔一〕「卑」字原作「異」，據高麗藏本改。

皮肉墮落，萬毒並至，故使不死。又有鐵城，四面火起，東焰至西，西焰至東，南北上下，亦復如是。焰熾迴遑，間無空處。東西馳走，燒炙其身，皮肉焦爛，苦痛辛酸，萬毒並至。罪人在中，久乃開門。其諸罪人，奔走往趣。身諸支節，皆火焰出。走欲至門，門自然閉。餘罪未畢，故使不死。又其中罪人舉目所見，但見惡色，耳聞惡聲，鼻聞臭氣，身觸苦痛，意念惡法。彈指之頃，無不苦時，故名無間地獄。久受苦已，從無間出，乃至寒冰地獄，爾乃命終。爲重罪行，生惡趣業，故墮無間地獄，受罪不可稱計。名八大地獄，各歷十六，受罪如前。」〔一〕

又觀佛三昧海經云：「阿鼻地獄者，縱廣正等八千由旬。七重鐵城，七層鐵網，有十八隔子。周匝七重，皆是刀林。復有七重劍林。四角有四大銅狗，廣長四十由旬。眼如掣電，牙如劍樹，齒如刀山，舌如鐵刺。一切身毛，皆然猛火，其煙惡臭。有十八獄卒，口如夜叉，六十四眼，散迸鐵丸。狗牙上出，高四由旬。牙端火流，燒前鐵車，輪輞出火，鋒刃劍戟，燒阿鼻城，赤如融銅。獄卒八頭，六十四角。角頭火然，火化成鋼，復成刀輪。輪輪相次，在火焰間，滿阿鼻城。城内有七鐵幢，火涌如沸，鐵融流迸，涌出四門。上有十八釜，沸銅涌漫。滿城中二隔間，有八萬四千鐵蟒大蛇，吐毒火中，身滿城内。其蛇哮吼，如天震雷，雨大鐵丸。五百夜叉，五百億蟲，八萬四千嘴，頭上火流，如雨而下，滿阿鼻城。此蟲

〔一〕出長阿含經卷十九。

若下猛火，火熾照八萬四千由旬。獄上衝大海水沃焦山，下貫大海底，形如車輪。若有殺父害母，罵辱六親，命終之時，銅狗化十八車，狀如寶蓋，一切火焰化爲玉女。罪人遥見，心喜欲往。風刀解時，寒急作聲，寧得好火安在車上，然火自暴。即便命終，坐金車上，瞻玉女者，皆捉鐵斧，斬截其身。屈伸臂頃，直落阿鼻。從上隔下，如旋火輪，至於下隔。身體隔内，銅狗大吼，嚙骨唼髓，獄卒羅刹，捉大鐵叉，叉頭令起。遍體火焰，滿阿鼻獄。閻羅王大聲告敕曰：癡人，獄種！汝在世時，不孝父母，邪慢無道。汝今生處，名阿鼻獄。如是展轉，經歷大苦，説不可盡。地獄一日一夜受罪，如閻浮提六十小劫，如是一大劫。具五逆者，受罪五劫。復有衆生犯四重禁，虚食信施，誹謗邪見，不識因果，斷學般若，毁十方佛，偷僧祇物，婬泆無道，逼掠净戒尼、姊妹、親戚，造衆惡事。此人罪報，臨命終時，此等罪人經八萬四千大劫，復入東方十八隔中，如前受苦。南西北方亦復如是。身滿阿鼻獄，四支復滿十八隔中。阿鼻地獄有十八小地獄。小地獄中各有十八寒冰地獄，十八黑暗地獄，十八小地熱獄，十八刀輪地獄，十八劍輪地獄，十八火車地獄，十八沸屎地獄，十八鑊湯地獄，十八灰河地獄，五百億劍林地獄，五百億刺林地獄，五百億銅柱地獄，五百億鐵機地獄，五百億鐵網地獄，十八鐵窟地獄，十八鐵丸地獄，十八尖石地獄，十八飲銅地獄。如是阿鼻大地獄中，有此十八地獄。一一獄中别有十八隔小地獄。始從寒冰乃至

飲銅，總有一百四十二隔地獄。各有造業不同，然歷此獄受苦皆遍。」〔一〕

又起世經云：「佛告諸比丘：阿毗至大地獄中，亦有十六諸小地獄而爲眷屬，以自圍繞。各廣五百由旬。所有衆生，有生者、出者、住者。惡業果故，自然出生。諸守獄卒，各以兩手，執彼地獄諸衆生身，撲置熾然熱鐵地上。火焰直上，一向猛威。面覆於地。〔二〕便持利刀，從脚踝上，破出其筋，手捉挽之。乃至頂筋，皆相連引，貫徹心髓，痛苦難論。如是挽已，令駕鐵車，馳奔而走。其車甚熱，光焰熾然。所行之處，純是洞然熱鐵險道。去已復去，隨獄卒意，無暫時停。欲向何方，稱意即去。隨所去處，獄卒挽之，未曾捨離。隨所經歷，銷鑠罪人，身諸肉血，無復遺餘。往昔人非人時所作業者，一切悉受。以不善報故，從於東方有大火聚，忽爾出生。熾然赤色，極大猛焰，一向焰赫。南西北方，四維上下，各各如是。諸大火聚之所圍繞，漸漸逼近，受諸苦痛。從於東壁出大火焰，直射西壁，到已而住；從於西壁出大光焰，〔三〕直射北壁；從於北壁出大光焰，直射南壁。從下於上，自上於下，〔四〕縱横相接，上下交射，熱光赫奕，騰焰相衝。爾時獄卒以諸罪人，擲置六種大火聚内，乃至受於極嚴切苦，命亦

〔一〕出觀佛三昧海經卷五。

〔二〕「面」字原作「而」，據高麗藏本改。

〔三〕「光」字，高麗藏本作「火」。下同。

〔四〕「上」字原作「下」，據高麗藏本、磧砂藏本、南藏本、嘉興藏本改。

未終。彼不善業未畢未盡，於其中閒具足而受。此阿毗至大地獄中諸衆生等，以諸不善業果報故，經無量時，長遠道中，受諸苦已。地獄四門還復更開，於門開時，諸衆生等，聞聲見開，向門而走，作如是念：我等今者必應得脱。彼人如是大馳走時，其身轉復熾然猛烈。譬如壯夫執乾草炬，逆風而走，彼炬既然，轉復熾盛。彼諸衆生，走已復走，彼人身分，轉更熾然。欲舉足時，肉血俱散；欲下足時，肉血還生。及到獄門，其門還閉。既不得出，其心悶亂，覆面倒地，遍燒身皮，次燒其肉，復燒其骨，乃至徹髓，煙焰洞然。其煙蓬勃，其焰炎赫，煙焰相雜，熱惱復倍。彼人於中受極嚴苦。惡業未滅，一切悉受。此阿毗至大地獄中，於一切時，無有須臾，暫受安樂，如彈指頃。如是次第，具受此苦。世尊告諸比丘，作如是言：汝應當知彼世中閒別有十地獄。何等爲十？一、頞浮陀地獄，二、泥羅浮陀地獄，三、阿呼地獄，四、呼呼婆地獄，五、阿吒吒地獄，六、搔揵提迦地獄，七、優鉢羅地獄，八、波頭摩地獄，九、奔荼黎迦地獄，十、拘牟陀地獄。何因何緣名頞浮陀地獄耶？此諸衆生所有身形，猶如泡沫，是故名爲頞浮陀地獄。復何因緣名泥羅浮陀地獄？此諸衆生所有身形譬如肉段，是故名爲泥羅浮陀地獄。復何因緣名阿呼地獄？此諸衆生受嚴切苦逼迫之時叫唤而言：阿呼！阿呼！甚大苦也！是名爲阿呼地獄。復何因緣名呼呼婆地獄？此諸衆生爲彼地獄極苦逼時，叫唤而言：呼呼婆！呼呼婆！是故名爲呼呼婆地獄。復何因緣名阿吒吒地獄？此諸衆生以極苦惱逼切其身，但得唱言：阿吒吒！阿吒吒！然其舌聲不能出口，是故名爲阿吒吒地獄。復何因緣名搔揵提迦地獄？此諸衆生地獄之中，猛火焰色如搔揵提迦華，是故名爲搔揵提迦地獄。復何因緣名優鉢羅地獄？此諸衆生地獄之中，猛火焰色如優鉢羅華，是故名爲優鉢羅地獄。復何因緣名拘牟陀地獄？此諸衆生地獄之中，猛火焰色如拘牟陀華，是故名爲拘牟陀地獄。復何因緣名奔荼黎迦地獄？此諸衆生地獄之中，猛火焰色如奔荼黎迦華，是故名爲奔荼黎迦地獄。復何因緣名波頭摩地獄？此諸衆生地獄之中，猛火焰色如波頭摩華，是故名爲波頭摩地獄。」〔一〕

又三法度論經云：「地獄有三：一熱，二寒，三邊。」〔二〕熱地獄者，依薩婆多部有八大地獄：一等活，亦名更活。或獄卒唱生，或冷風吹活。兩緣雖異，令活一等，名等活地獄。二名黑繩地獄。先以繩拼，後以斧斫。三名衆合地獄，亦名衆磕。兩山下合，以磕罪人。四名呼呼地獄，亦名叫喚地獄。獄卒逼趁叫呼而走。五名大呼，亦名大叫喚地獄。四山火起，欲逃無路，故名大叫喚地獄。六名熱地獄，亦名燒然。火鐵狹近，於中受熱。七名衆熱地獄，亦名大燒然。山火相搏，鏕炙罪人。八名無擇地獄，亦名無間。一投苦火，永無樂閒，既苦無閒，何所可擇。此八地獄在閻浮洲下，重累而住，依三法度論云：「前二有主治，次三少主治，後三無主治。」〔三〕然此八爲本，一一各有十六園。一面有四，四四而合，總有十六。通本爲十七。八箇十七，合有一百三十六所。罪人於中，受熱惱苦。第二寒地獄亦

〔一〕出起世經卷四。
〔二〕出三法度論卷下。
〔三〕出三法度論卷下。

八：一名頞浮陀地獄。由寒苦所切，肉生細皰。二名泥賴浮陀地獄。由寒風吹，通身成皰。三名阿吒吒地獄。由脣動不得，唯舌得動，故作此聲。四名阿波波地獄。由舌不得動，唯脣得動，故作此聲。五名嘔喉地獄。由脣舌不得動，以喉内振氣，故作此聲。六名鬱波羅地獄。此是青蓮華，此華葉細。由肉色細坼，似此華裂，對日而開。七名波頭摩地獄。此是赤蓮華。由肉色大坼，似此華開。八名分陀利地獄。此是白蓮華。由彼骨坼，似此華開。前二從身相受名，次三從聲相受名，後三從瘡相受名。故俱舍論云：「於此八中衆生極寒所逼，由身、聲、瘡變異，故立此名。」〔一〕依三法度論云：「前二爲可叫，次三不可叫，後三不叫。」〔二〕此八在洲間，著鐵圍山底，仰向居止。罪人於中受寒凍苦。第三邊地獄者，依三法度論云：「亦三：一山間，二水間，三曠野。」〔三〕受別業報，此應寒熱雜受。若論壽報、命有延促。

又立世毗曇論云：「世尊説有大地獄，名曰黑闇。各各世界外邊悉有，皆無覆蓋。此中衆生自舉手，眼不能見。雖復日月具大威神，所有光明，不照彼邑。諸佛出世大光遍照。因此光明，互得相見。住在兩山世界鐵輪外邊，名曰界外。是寒地獄，於兩山間有十名。一名頞浮陀乃至第十名波頭摩。彼

〔一〕出陳譯阿毘達磨俱舍釋論卷八。
〔二〕出三法度論卷下。
〔三〕出三法度論卷下。

中衆生傍行，作向上想，猶如守宮。鐵輪外邊恒作傍行。是其身量，如頞多大。因冷風觸，其身坼破，譬如熟瓜。如竹葦林，被大火燒，爆聲吒吒。如是衆生被寒風觸，骨破爆聲，吒吒遠徹。因是聲故，互得相知，有諸衆生，此中受生。若有衆生於此閒死，多往生此。寒冰地獄在鐵輪外。若餘世界有衆生死，應生寒冰地獄，多彼世界鐵輪外生。兩界中閒其最狹處八萬由旬。在下無底，向上無覆。其最廣處十六萬由旬。」〔一〕

時量部第四

如起世經云：「佛言：如憍薩羅國斛量胡麻滿二十斛，高盛不槩。有一丈夫滿百年已，取一胡麻。如是次第滿百年已，復取一粒，擲著餘處。擲滿二十斛，胡麻盡已，爾所時節，我説其壽猶未畢盡。且以此數略而計之，如是二十頞浮陀壽爲一泥羅浮陀壽，二十泥羅浮陀壽爲一阿呼壽，二十阿呼壽爲一呼呼婆壽，二十呼呼婆壽爲一阿吒吒壽，二十阿吒吒壽爲一搔揵提迦壽，二十搔揵提迦壽爲一優鉢羅壽，二十優鉢羅壽爲一拘牟陀壽，二十拘牟陀壽爲一奔荼黎迦壽，二十奔荼黎迦壽爲一波頭摩壽，二十波頭摩壽爲一中劫。」〔二〕

〔一〕出立世阿毘曇論卷一地動品。
〔二〕出起世經卷四。

又那先比丘問佛經云：「如世間火熱，不如泥犁中火熱。如持小石著世間火中，至暮不消。取大石著泥犁火中，即消。亦如有人作惡，死在泥犁中，數千萬歲，其人不死。亦如大蟒蛟龍等以沙石爲食，即消。如人懷胎，腹中有子不消。此並由善惡業力致使消與不消。如人所作，善惡隨人，如形影隨身。人死但亡其身，不亡其行。譬如然火夜書，火滅字存。火至後成，今世所作行，後世成之。」〔一〕又如「鉢頭摩地獄中火焰熾盛。罪人去此火一百由旬，火已燒炙。若去六十由旬，罪人兩耳已聾，無所聞知。若去火五十由旬，其罪人兩目已盲，無所復見。如瞿波利比丘已懷惡心，謗舍利弗、目犍連，身壞命終，墮此鉢頭摩地獄中。」〔二〕

又如起世經云：「波頭摩地獄所住之處，若諸衆生離其處所一百由旬，便爲彼獄火焰所及。若離五十由旬，所住衆生爲彼火熏，皆盲無眼。若離二十五由旬，所住衆生身之肉血，焦然破散。謂於梵行出家人邊生污濁心故，損惱心故，毒惡心故，不利益心故，無慈心故，無净心故，自受斯殃。是故於一切梵行人所起慈身口意業，常受安樂。爾時世尊說此伽陀曰：

世間諸人在世時，　舌上自然生斤斧。　所謂口說諸毒惡，　還自衰損害其身。　應讚歎者
不稱譽，　不應讚者反談美。　如是名爲口中諍，　以此諍故無樂受。　若人博戲得資財，　是

〔一〕出那先比丘經卷下。
〔二〕出長阿含經卷十九。

爲世間微諍事。於浄行人起濁心，是名口中大鬬諍。如是三十六百千，泥羅浮陀地獄數。五頞浮陀諸地獄，反墮波頭摩獄中。以毁聖人致如是，由口意業作惡故。」〔一〕

典主部第五

如問地獄經及浄度三昧經云：「總括地獄有一百三十四界。先述獄主名字處所。閻羅王者，昔爲毗沙國王，經與維陀如生王共戰，兵力不敵，因立誓願：爲地獄主。臣佐十八人，領百萬之衆。頭有角耳，皆悉忿懟，因立誓曰：後當奉助治此罪人。毗沙王者，今閻羅王是。十八大臣者，今諸小王是。百萬之衆，諸阿傍是。」

又長阿含經云：「閻浮提南有金剛山，内有閻羅王宫，縱廣六千由旬。問地獄經云：「住獄閒城，縱廣三萬里，金銀所成。」晝夜三時有大銅鑊自然在前。若鑊入宫内，王見怖畏，捨出宫外。若鑊出宫外，王入宫内。有大獄卒，卧王熱鐵上，鐵鈎擗口，洋銅灌之。從咽徹下，無不焦爛。事竟還與采女共相娱樂。彼諸大臣同受福者，亦復如是。」〔二〕

問地獄經云：「十八王者，即主領十八地獄：一、迦延典泥犂，二、屈遵典刀山，三、沸進壽典沸沙，

〔一〕出起世紀卷四。
〔二〕出長阿含經卷十九。

四、沸屎典沸屎，五、迦世典黑耳，六、嗑嵯典火車，七、湯謂典鑊湯，八、鐵迦然典鐵牀，九、惡生典嗑山，十、寒冰，經闕王名。十一、毗迦典剥皮，十二、遥頭典畜生，十三、提薄典刀兵，十四、夷大典鐵磨，十五、悦頭典冰地獄，十六、典鐵笧，經闕王名。十七、名身典蛆蟲，十八、觀身典洋銅。」

又净度三昧經云：「復有三十地獄各有主典，不煩具録。但列五官名字者：一者、鮮官禁殺，二者、水官禁盗，三者、鐵官禁婬，四者、土官禁兩舌，五者、天官禁酒。」

問地獄經云：「閻羅王城之東西南北面，列諸地獄。有日月光而不明净。唯黑耳獄，光所不照。人命終時，生中陰。中陰者，已捨死陰，未及生陰。其罪人乘中陰身，入泥犂城。〔一〕泥犂城者，梁言寄條城，又云閉城也。是諸罪人未受罪之間，共聚是處。巧風所吹，隨業輕重，受大小身。臭風所吹，成就罪人麤醜之形。香風所吹，成就福人微細之體。」

王都部第六

如起世經云：「當閻浮洲南，二鐵圍山外，有閻摩王宫殿住處。縱廣正等六千由旬。七重墻壁，七重欄楯，七重鈴網。其外七重多羅行樹，周匝圍繞。襍色可觀，七寶所成。於其四方各有諸門，一一諸

〔一〕「泥犂城」三字原脱，據高麗藏本補。

門皆有却敵樓櫓，臺殿、園苑、華池。有種種美果彌滿，香風遠熏，衆鳥和鳴。王以惡業不善果故，於夜三時及晝三時自然有赤融銅汁，在前出生。其王宫殿即變爲鐵，五欲功德皆没不現。王見此已，怖畏不安，諸毛皆豎，即便出外。若在宫外，即走入内。時守獄者取閻摩王，高舉撲之，置熱鐵地上。其地熾然，極大猛盛，光焰炎赫。撲令卧已，即以鐵鉗開張其口，赤融銅汁，瀉置口中。時閻摩王被燒脣口，次燒其舌，後燒咽喉，復燒大腸及小腸等，次第焦然，從下而出。爾時彼王作如是念：一切衆生，以於往昔，身作惡行，口作惡行，意作惡行，并餘衆生同作業者，皆受此苦。願我從今捨此身已，更得身時，但於人間相逢受生，於如來法中當得信解，剃除鬚髮，著袈裟衣，得正信解，從家出家。既出家已，願得通證，生死已盡，梵行已立，所應作者，皆已作訖，更不復於後世受生。發如是等熏習善念，即於所住宫殿還成七寶。猶如諸天五欲功德現前具足。以三業善，便得快樂。」〔一〕

又新婆沙論：「問：諸地獄卒爲是有情數，爲是非有情數耶？荅：若以鐵璅繫縛初生地獄，有往琰摩王所者，是有情數。若以種種苦具於地獄中害有情者，是非有情數。瞻部洲下有大地獄，瞻部洲上亦有邊地地獄及獨地獄，或在谷中，或在山上，或在曠野，或在空中。於餘三洲，唯有邊地獄、獨地獄，無大地獄。所以者何？唯瞻部洲人造善猛利，彼作惡亦復猛利，非餘洲故。有説：北拘盧洲亦無

〔一〕出起世經卷四。

邊地獄等，是受純净業果處故。問：若餘無大地獄者，彼諸有情造無閒業斷善根等，當於何處受異熟耶？答：即於此贍部洲下大地獄受。問：地獄有情其形云何？答：其形如人。問：語言云何？答：彼初生時皆作聖語。後受苦時，雖出種種受苦痛聲，乃至無有一言可了，唯有斫刺破裂之聲。」〔一〕

業因部第七

如十輪經云：「有五逆罪爲最極惡。何者爲五？故心殺父母阿羅漢，破壞聲聞和合僧事，乃至惡心出佛身血。諸如是等名爲五逆。若人於五逆中作一一逆者，不得出家受具足戒。若聽出家，則犯重罪，應擯令出。若已有出家具諸威儀者，〔二〕不應加其鞭杖及諸繫閉。復有四種大罪，同於四逆，犯根本罪。何者爲四？殺辟支佛，是名殺生，犯根本罪。婬阿羅漢比丘尼，是名邪婬，犯根本罪。若人捨財與佛法僧，主掌此物而輒用之，是名爲盗，犯根本罪。若人倒見，破壞比丘僧，是名破僧，犯根本罪。若人於此四根本罪中犯一一罪，皆悉不聽佛法中出家。〔三〕設使出家，不得聽受具足戒。若受具者，應驅令出。以有出家威儀法故，不應鞭杖繫閉奪其生命。如是皆犯根本罪，非逆罪也。有是根本罪亦是逆

〔一〕出阿毘達磨大毘婆沙論卷一百七十二。
〔二〕「具」字原脱，據高麗藏本補。
〔三〕「中」字原脱，據高麗藏本補。

罪，有是逆罪非根本罪，有非根本罪亦非逆罪。何者爲逆罪亦是根本罪？若人出家受具足戒，得見諦道，斷其命根，是名逆罪亦根本罪也。如是衆生於我戒律中，應驅令出。何者爲根本罪非逆罪？若人在我法中出家，如是凡夫衆生，故害其命，若以毒藥，或墮其胎，是名犯根本非逆罪也。若有四方僧物飲食敷具，悉不應與同共利養。若有衆生於佛法僧而生疑心，此中出家，乃至見他讀誦而作留難，乃至一偈，此非根本罪亦非逆罪，是名甚惡，近於逆罪。如是衆生若不懺悔除其罪根，終不聽使佛法中出家。〔一〕設使出家受具足戒不悔過者，亦驅令出。何以故？不信正法，毁謗三乘，壞正法眼，欲滅法燈，斷三寶種，減損人天而無利益，墮於惡道。此二種人名謗正法、毁呰賢聖，地獄劫壽增長。如是諸惡業已，是名根本大重罪也。何者是不威儀根本法罪？若比丘故婬故殺凡人，不與而取，犯故妄語。於此四根本中若犯一一罪，一切比丘所作法事悉不聽入，四方僧物飲食卧具皆悉不得共同受用。然帝王大臣一切羣官不應加其鞭杖、繫閉、刑罰乃至奪命。是名根本罪體性相也。何故名爲根本重罪？若人作如是行，身壞命終，墮於惡趣。作如是行，是惡道根本，是故名爲根本罪也。譬如鐵丸，雖擲空中，終不暫住，速疾投地。如是五逆，犯四重禁及二種衆生毁壞正法，誹謗賢聖，如是等十一種罪中，若人犯一一罪者，身壞命終皆墮阿鼻地獄。」〔二〕

〔一〕「中」字原脱，據高麗藏本補。

〔二〕出大方廣十輪經卷三。

又如正法念經説：「阿鼻地獄苦千倍過前十大地獄，壽經一劫。其身長大五百由旬，造四逆人四百由旬，造三逆人三百由旬，造二逆人二百由旬，造一逆人一百由旬。彼五逆業人臨欲死時，唱唤失糞，咽喉抒氣。如是死滅，中有色生，不見其對。其身猶如八歲小兒。閻羅王然焰鐵羂，繫縛其咽，及束兩手。頭面向下，足在於上，經二千年皆向下行。〔一〕多燒焰鬘，先燒其頭，次燒其身。彼六欲天聞彼阿鼻地獄中氣，即皆消散。何以故？以阿鼻獄人極大臭故。」〔二〕

又觀佛三昧海經云：「佛告阿難：若有衆生殺父害母，罵辱六親，作是罪者，命終之時，揮霍之閒，譬如壯士屈伸臂頃，直落阿鼻大地獄中。化閻羅王大聲告敕：癡人獄種！汝在世時不孝父母，邪慢無道。汝今生處，名阿鼻地獄。作是語已，即滅不現。爾時獄卒復驅罪人，從於下隔乃至上隔。經歷八萬四千隔中，攢身而過，至鐵網際。一日一夜乃至周遍阿鼻地獄。一日一夜比此閻浮提日月歲數經六十小劫，如是壽命盡一大劫。具五逆者，其人受罪足滿五劫。復有衆生犯四重禁，虛食信施，誹謗邪見，不識因果，斷學般若，毁十方佛，偷僧祇物，婬泆無道，逼掠净戒諸比丘尼、姊妹、親戚，不知慚愧，毁辱所親。造此惡事，此人罪報臨命終時，刀風解身，俄爾之閒，身如鐵華，滿十八隔中。一一華八萬四千葉，一一葉頭身手支節各在一隔。地獄不大，此身不小。遍滿如此大地獄中，經歷八萬四千大劫。

〔一〕「千」字原作「十」，據高麗藏本改。
〔二〕出正法念處經卷十三。

此泥犁滅，復入東方十八隔中，如前受苦。此阿鼻獄南西北方經十八隔。謗方等經，具五逆罪，破壞僧祇，污比丘尼，斷諸善根，如此罪人，具衆罪者，身滿阿鼻獄，四支復滿十八隔中。此阿鼻獄，但燒此獄種種衆生。劫欲盡時，東門即開。見東門外，清泉流水，華果林樹，一切俱現。是諸罪人從下上走，到上隔中，手攀刀輪，時虚空中雨熱鐵丸。走趣東門，既至門閫，獄卒羅刹手捉鐵叉，逆刺其眼，鐵狗嚙心，悶絶而死。死已復生，見南門開，如前不異。如是西門北門亦復如是。如此時間，經歷半劫。阿鼻獄死，生寒冰中。寒冰獄死，生黑闇處。八千萬歲，目無所見，受大蟲身，宛轉腹行，諸情暗塞，無所解知，百千狐狼牽掣食之。命終之後，生畜生中，五千萬身，受鳥獸形。還生人中，聾盲瘖瘂，疥癩癰疽，貧窮下賤，一切諸衰以爲嚴飾。受此賤形，經五百身，後復還生餓鬼道中。餓鬼道中，遇善知識諸大菩薩訶責其言：汝於前身無量世時，作無限罪，誹謗不信，墮阿鼻獄，受諸苦惱，不可具説。汝今應當發慈悲心。時諸餓鬼聞是語已，稱南無佛，稱佛恩力。尋即命終，生四天處。生彼天已，悔過自責，發菩提心。諸佛心光不捨是等，攝受是輩，如羅睺羅；教避地獄，如愛眼目。」〔一〕

故起世經世尊説偈言：

「若人身口意造業，　作已入於惡道中，
如是當生活地獄，　最爲可畏毛竪處。　經歷無數

〔一〕「目」字原作「耳」，據觀佛三昧海經改。出觀佛三昧海經卷五。

千億歲，死已須臾還復活，怨讎各各相報對，由此衆生更相殺。若於父母起惡心，或佛菩薩聲聞衆，此等皆墮黑繩獄，其處受苦極嚴熾。教他正行令邪曲，見人發善必破壞，此等亦墮黑繩獄。兩舌惡口多妄語，樂作三種重惡業，不修三種善根牙，此等癡人必當入，合大地獄久受苦。或殺羊馬及諸牛，種種雜獸雞豬等，并殺諸餘蟲蟻類，彼人當墮合地獄。世間怖畏相多種，以此逼迫惱衆生，當墮磓山地獄中，受於壓磨舂擣苦。貪慾恚癡結使故，迴轉正理令別異，判是作非乖法律，彼爲刀劍轉所傷。倚恃强勢劫奪他，有力無力皆悉取，若作如是諸逼惱，當爲鐵象所蹴踏。若樂殺害諸衆生，身手血塗心嚴惡，常行如是不浄業，彼等當生叫喚處。種種觸惱衆生故，於叫喚獄被燒煮。其中復有大叫喚，此由諂曲姦猾心。諸見稠林所覆蔽，愛網彌密所沉淪，常行如是最下業，彼則墮於大叫喚。若至如是大叫喚，熾然鐵城毛竪處，其中鐵堂及鐵屋，諸來入者悉燒然。若作世間諸事業，恒多惱亂諸衆生，彼等當生熱惱處，於無量時受熱惱。世間沙門婆羅門，父母尊長諸耆舊，若恒觸惱令不喜，彼等皆墮熱惱獄。生天浄業不樂修，所愛至親常遠離，喜作如是諸事者，彼人當入熱惱獄。惡向沙門婆羅門，并諸善人父母等，或復害於餘尊者，彼墮熱惱常熾然。恒多造作諸惡業，不曾發起一善心，是人直趣阿鼻獄，當受無量衆苦惱。若説正法爲非法，説諸非法爲正法，既無增益於善事，彼人當入阿鼻獄。活及黑繩及兩獄，合會叫喚等爲五，熱惱大熱共成七，阿鼻地獄爲第八。此八名爲大地

獄，嚴熾苦切難忍受，惡業之人所作故，其中小獄有十六。」〔一〕

誡勗部第八

如起世經云：「佛告諸比丘：有三天使在於世間。何等爲三？一老，二病，三死。有人放逸，三業惡行，身壞命終，生地獄中。諸守獄者，應時即來，驅彼衆生，至閻摩王前，白言：大王，此等衆生昔在人間，縱逸自恣，不善三業，今來生此。唯願大王善教示之。王問罪人：汝昔人間，第一天使，善教示汝，善訶責汝。豈得不見出現生耶？荅言：大天，我實不見。王重告言：汝豈不見爲人身時，或作婦女或作丈夫，衰老相現，齒落髮白，皮膚緩皺，黑黶遍體，狀若胡麻，膞傴背曲，行步跛蹇，足不依身，左右傾側，頸細皮寬，兩邊垂緩，猶若牛胡，脣口乾枯，喉舌燥澀，身體屈弱，氣力綿微，喘息出聲，猶如挽鋸，向前欲倒，恃杖而行，盛年衰損，血肉消竭，羸瘦尫弱，趣來世路，舉動沈滯，無復壯形，乃至身心恒常戰掉，一切支節瘦懈難攝。汝見之不？荅言：大天，我實見之。時王告言：汝愚癡人無有智慧。昔日既見如是相貌，云何不作如是思惟：我今具有如是老法，未得遠離，可作善業，使我長夜利益安樂。彼人復荅言：大天，我實不作如是思惟，以心縱蕩行放逸故。王又告言：汝愚癡人不修善業，當具足

〔一〕出起世經卷四。

受放逸之罪。此之苦報非他人作，是汝自業，今還聚集，自受報也。

爾時閻摩王第二訶之告言：諸人豈不見第二天使世間出耶？荅言：大天，我實不見。王復告言：汝豈不見昔在世間作人身時，若婦女身若丈夫身，四大和合，忽爾乖違，病苦所侵，纏綿困篤，或卧大小牀上，糞尿污穢，宛轉其中，不得自在，眠卧起坐，仰人扶侍，洗拭抱持，與飲與食，一切須人。汝見之不？彼人荅言：大天，我實見之。王復告言：癡人！汝見如是，云何不思：我今亦有如是之法，未離患法。可作善業，令我當來長夜得大利益，大安樂事。彼人荅言：不也。我實不作如是思惟，以懈怠心行放逸故。王告：癡人！汝既懶惰不作善業，受此惡報，非他人造，還自受報。

爾時閻摩王第三訶之語言：汝愚癡人，汝昔作人時，豈可不見第三天使世間出耶？荅言：大天，我實不見。王復告言：汝人間時，豈不復見若婦人身，若丈夫身，隨時命終，置於牀上，以雜色衣而蒙覆之，將出聚落，斗帳軒蓋種種莊嚴。眷屬圍繞，舉手散髮，灰土坌頭，極大悲惱，號咷哭泣，舉聲大叫，椎胸哀慟，酸哽楚切。汝悉見不？荅言：大天，我實見之。時王告言：癡人！汝昔既見如此，何不思惟：我亦有死，未得免離。今宜作善，爲我長夜，得大利益。彼人荅言：大天，我實不作如是思惟。何以故？以放逸故。時王告言：汝既放逸，不作善業，自造此惡，非他人造。得此果報，汝還自受。以此

三使教示訶責已，敕令將去。時守獄者，即執罪人兩足兩臂，以頭向下，以足向上，遙擲置於諸地獄中。」〔一〕

夫擁其流者，未若杜其源；揚其湯者，未若撲其火。何者？源出於水，源未杜而水不窮；火沸於湯，火未撲而湯詎息。故有杜源之客，不擁流而自乾；撲火之賓，不揚湯而自止。類斯而談，可得詳矣。厭其果者，未若絶其因；怖其苦者，豈若懲於惡。因資於果，因未絶而果不窮；惡生於苦，惡未懲而苦詎息。故使絶因之士，不厭果而自亡；懲惡之賢，不怖苦而自離。凡百君子，書而誡歟！

頌曰：

生來死還送，　日往復月旋。　弱喪昏風動，　流浪逐物遷。　愚戇失正路，　漂没入重淵。
一墜幽暗處，　萬劫履鋒鋋。　六道旋環苦，　三業未曾全。　隨流無人救，　悽傷還自憐。
歸誠觀像物，　方知虚妄筌。　苦海深何趣，　思登般若船。

感應緣 略引七驗

晉居士趙泰

〔一〕出起世經卷四。

晉沙門支法衡

趙居士石長和

漢函谷鬼

廬江縣哭

吐蕃國鑊湯

唐柳智感判地獄

晉趙泰，字文和，清河貝丘人也。祖父京兆太守。泰郡察孝廉，〔一〕公府辟不就。精思典籍，有譽鄉里。嘗晚乃膺仕，〔二〕終於中散大夫。泰年三十五時，嘗卒心痛，須臾而死。下屍於地，心煖不已，屈伸隨人。留屍十日，平旦喉中有聲如雨，〔三〕俄而穌活。説：初死之時，夢有一人，來近心下。復有二人乘黄馬，從者二人，夾扶泰掖，徑將東行，不知可幾里。至一大城，崔嵬高峻，城色青黑，狀錫。將

〔一〕「察」字原作「舉」，據高麗藏本改。

〔二〕「嘗」字，太平廣記引作「當」。

〔三〕「平旦」，高麗藏本作「卒咽」，太平廣記引作「忽然」。

泰向城門入，經兩重門，有瓦屋可數千間。男女大小亦數千人，行列而立。吏著皂衣，有五六人，條疏姓字，云：當以科呈府君。泰名在三十。須臾將泰與數千人男女一時俱進。府君西向坐簡視名簿訖，復遣泰南入黑門。有人著絳衣，坐大屋下，以次呼名。問生時所事，作何罪？行何福善？諦汝等辭以實言也。此恒遣六部使者常在人間，疏記善惡，具有條狀，不可得虚。泰荅：父兄仕宦皆二千石。我少在家，修學而已，〔一〕無所事也，亦不犯惡。乃遣泰爲水官監作使，〔二〕將二千餘人，運沙裨岸，晝夜勤苦。後轉泰水官都督，知諸獄事。給泰馬兵，令案行地獄。所至諸獄，楚毒各殊。或針貫其舌，流血竟體；或被頭露髪，裸形徒跣，相牽而行。有持大杖，從後催促。鐵牀銅柱。燒之洞然。驅迫此人，抱臥其上，赴即焦爛，尋復還生。或炎爐巨鑊，焚煮罪人，身首碎墜，隨沸翻轉。有鬼持叉，倚于其側。有三四百人立于一面，次當入鑊，相抱悲泣。或劍樹高廣，〔三〕不知限量。〔四〕根莖枝葉，皆劍爲之。人衆相訾，自登自攀，若有欣競。〔五〕而身首割截，尺寸離斷。泰見祖父母及二弟在此獄中，相見涕泣。泰

〔一〕「已」字原作「曰」，據高麗藏本改。
〔二〕「使」字，太平廣記引作「吏」。
〔三〕「廣」字原脱，據高麗藏本補
〔四〕「量」字，高麗藏本及太平廣記引作「極」。
〔五〕「競」字原作「意」，據高麗藏本、磧砂藏本、南藏本改。

出獄門，見有二人齎文書來，語獄吏言：有三人，其家爲其於塔寺中懸旛燒香，救解其罪，可出福舍。俄見三人自獄而出。已有自然衣服，完整在身。南詣一門，云名開光大舍。有三重門，朱采照發。見此三人即入舍中，泰亦隨入。前有大殿，珍寶周飾，精光耀目，金玉爲牀。見一神人，姿容偉異，殊好非常，坐此座上，邊有沙門，立侍甚衆。見府君來，恭敬作禮。泰問：此是何人，府君致敬。吏曰：號名世尊，度人之師。有頃令惡道中人，〔一〕皆出聽經。時云：有百萬九千人，〔二〕皆出地獄，入百里城。在此到者，奉法衆生也。行雖虧殆，尚當得度。故開經法，七日之中，隨本所作善惡多少，差次免脱。泰未出之頃，已見十人昇虚而去。出此舍，復見一城，方二百餘里，名爲受變形城。地獄考治已畢者，當於此城，更受變報。泰入其城，見有土瓦屋數千區，各有坊巷。正中有瓦屋高壯，欄檻采飾。有數百局吏，對校文書，云：殺生者當作蜉蝣，朝生暮死；劫盗者當作豬羊，受人屠割；婬泆者作鶴鶩麞麋；兩舌者作鴟梟鵂鶹；捍債者爲驢騾牛馬。泰案行畢，還水官處。主者語泰：卿是長者子，以保罪過而來在此？泰荅：祖父兄弟皆二千石。我舉孝廉，〔三〕公府辟不行，修志念善，不染衆惡。主者曰：卿無罪過，故相使爲水官都督。不爾，與地獄中人無以異也。泰問主者曰：人有何行，死得樂報？主者

〔一〕「頃」字原作「願」，據高麗藏本改。

〔二〕「云」、「百」二字，太平廣記引無。

〔三〕「廉」字原闕，據太平廣記引補。

言：唯奉法弟子，〔一〕精進持戒，得樂報，無有謫罰也。泰復問曰：人未事法時，所行罪過，事法之後得除以不？荅曰：皆除也。語畢，主者開藤篋，檢泰年紀，尚有餘算三十年在，乃遣泰還。臨别，主者曰：已見地獄罪報如是，當告世人，皆令作善。善惡隨人，其猶影響，可不慎乎！時親表内外候視泰五六十人，同聞泰説。泰自書記，以示時人。時晉太始五年七月十三日也。乃爲祖父母二弟延請僧衆，大設福會。皆命子孫改意奉法，課勸精進。時人聞泰死而復生，多見罪福，互來訪問。時有太中大夫武城孫豐、關内侯常山郝伯平等十人，同集泰舍，款曲尋問。莫不懼然，皆即奉法也。〔二〕

晉沙門支法衡，晉初人也。得病旬日，亡經三日而穌活。説死時有人將去，見如官曹舍者數處，不肯受之。俄見有鐵輪，輪上有鐵爪，從西轉來，無持引者，而轉駛如風。〔三〕有一吏呼罪人當輪立，輪轉來轢之，翻還如此，數人碎爛。吏呼衡道人來當輪立，衡恐怖自責，悔不精進，今當此輪乎！語畢謂曰：道人可去。於是仰首見天有孔，不覺倏爾上昇。以頭穿中，兩手搏兩邊，四向顧視，見七寶宫殿及諸天人。衡甚踊躍，不能得上，疲而復還下。所將衡去人笑曰：見何等物，不能上乎！乃以衡付船官，船官行船，使爲柂工。衡曰：我不能持柂。强之。有船數百，皆隨衡後。衡不曉捉柂，蹌沙洲上。吏

〔一〕「言唯」原作「唯言」，據太平廣記引改。
〔二〕太平廣記卷三七七引。
〔三〕「駛」字，太平廣記引作「駃」。

司推衡：汝道而失，以法應斬。引衡上岸，雷鼓將斬。忽有五色二龍，推船還浮。吏乃原衡罪，載衡北行，三十許里，見好村岸，有數萬家，云是流人。衡竊上岸。村中饒狗，互欲嚙之。〔一〕衡大恐懼，望見西北有講堂，上有沙門甚衆。聞經唄之聲，衡遽走趣之。堂有十二階，衡始躡一階，見亡師法柱踞胡牀坐。見衡曰：我弟子也，何以而來？因起臨階，以手巾打衡面曰：莫來！衡甚欲上，復舉步登階，柱復推令下，至三乃止。見平地有井一口，深三四丈，塼無隙際。衡心念言：此井自然。井邊有人謂曰：不自然者，何得成井。雖見法柱，故倚望之，謂衡：可復道還去，狗不嚙汝。衡還水邊，亦不見向來船也。衡渴欲飲水，乃墮水中，因便得穌。於是出家，持戒菜食，晝夜精思，爲至行沙門。比丘法橋，衡弟子也。〔二〕

趙石長和者，趙國高人也。〔三〕年十九時，病一月餘日亡。家貧未能及時得殯殮，經四日而穌。說：初死時，東南行，見二人治道，在和前五十步。和行有遲疾，二人治道亦隨緩速，常五十步。而道之兩邊棘刺森然，皆如鷹爪。見人甚衆，羣走棘中，身體傷裂，地皆流血。見和獨行平道，俱歎息曰：

〔一〕「互」字原作「牙」，據高麗藏本改。
〔二〕太平廣記卷三八二引。
〔三〕「高」字下，太平廣記引有「邑」字。

佛子獨行大道中。前至見瓦屋采樓，〔一〕可數千間。有屋甚高，上有一人，形面壯大，著皂袍四縫，臨牕而坐。和拜之。閣上人曰：石君來耶！一别二千餘年。長和爾時意中便若憶此别時也。和相識有馮翊牧孟丞夫妻，〔二〕先死已積年歲。閣上人曰：君識孟丞不？長和曰：識。閣上人曰：孟丞生時不能精進，今恒爲我司掃除之役。孟丞妻精進，居處甚樂。舉手指西南一房曰：孟妻在此也。孟妻開牕見和，厚相慰問，遍訪其家中大小安否消息，曰：石君還時，可更見過，當因附書也。〔三〕俄見孟丞執箒提箕，自閣西來，亦問家消息。閣上人曰：聞魚龍超精進爲信，爾何所修行？長和曰：不食魚肉，酒不經口，恒轉尊經，救諸疾痛。閣上人曰：所傳不妄也。語久之間，閣上人問都録主者，審案石君名録，勿謬濫也。主者案録云：餘三十年命在。閣上人曰：君欲歸不？和對曰：願歸。乃敕主者以車騎兩吏送之。長和拜辭，上車而歸。前所行道更有傳館，吏民飲食儲跱之具。倏忽至家，惡其屍臭，不欲附之，於屍頭立。見其亡妹於後推之，踣屍面上，因得穌活。道人支法山時未出家，聞和所説，遂定入道之志。法山者，咸和時人也。〔四〕右三人出冥祥記。

〔一〕「采」字，高麗藏本作「行」，太平廣記引作「御」。

〔二〕「馮翊」二字原作「馬」，據太平廣記引改。

〔三〕「附」字原闕，據太平廣記引補。

〔四〕太平廣記卷三八三引。

漢武帝東遊，未出函谷關，有物當道，其身數十丈，其狀像牛，青眼曜睛，四足入土，動而不徙，百官驚懼。東方朔乃請以酒灌之，灌之數十斛，而怪物始消。帝問其故，荅曰：此名爲患，憂氣之所生。此必是秦家之獄地，不然則是罪人徒作之所聚也。〔一〕夫酒是忘憂，故能消之也。帝曰：吁！博物之士，至於此乎。〔二〕

廬江皖樅陽二縣境上，〔三〕有大青小青黑。居山野之中，時聞有哭聲，多者至數十人，男女大小如始喪者。鄰人驚駭，至彼奔赴，常不見人。然於哭地必有死喪。率聲若多，則爲大家；聲若小者，則爲小家。〔四〕右二事出搜神傳記。

王玄策行傳云：「吐蕃國西南有一涌泉，平地涌出激水，遂高五六尺，甚熱，煮肉即熟。氣上衝天，像似氣霧。有一老吐蕃云：十年前，其水上激，高十餘丈，然始傍散。有一人乘馬逐鹿，直赴泉中。自此已來，不復高涌，泉中時時見人骸骨涌出。垂氎布水，須臾即爛。或名爲鑊湯。此泉西北六七十里，更有一泉，其熱略等。時時盛沸，殷若雷聲。諸小泉温，往往皆然。今此震旦諸處，多有温湯。準此亦

〔一〕「徒」字原作「徙」，據高麗藏本改。
〔二〕「至」字原作「矣」，據搜神記改。出搜神記卷十一。
〔三〕「皖」字原作「晥」，形近致誤。據晉書地理志：「皖」與「樅陽」皆隸廬江。據改。
〔四〕出搜神記卷十二。

是鑊湯。故四分律下文佛言：王舍城北有熱湯，從地獄中來。初出甚熱，後流至遠處稍冷。爲有餘水相和，所以冷也。」右此一人出西國傳。〔一〕

唐河東柳智感，以貞觀初爲長舉縣令。一夜暴死，明旦而穌。説云：始忽爲冥官所追，至大官府。使者以智感見已，謂感曰：今有一官闕，故枉君任之。智感辭以親老，且自陳福業，未應便死。王使勘之籍，信然。因謂曰：君未當死，可權判録事。智感許諾謝，吏引退至曹。曹有五判官連坐，感爲第六。其廳事是長官人坐。三間各有牀，案務甚繁擁。西頭一坐處無判官。吏引智感就空坐，羣吏將文書簿帳來，取智感署，置於案上，而退立階下。智感問之，對曰：氣惡逼公。但遥以案中事荅。智感省讀，其如人間者，於是爲判句文。有頃食來，諸判官同食。智感亦欲就之，諸判官曰：君既權判，不宜食此。感從之竟不敢食。〔二〕日別吏送智感歸家，穌而方曉。自歸家中，日暝，吏復來迎。至彼而旦，故知幽顯晝夜相反矣。於是夜判冥事，晝臨縣職，遂以常。歲餘，智感在冥曹，因起至廁，於堂西見一婦女，年三十許，姿容端正，衣服鮮明，立而掩涕。智感問：是何人？荅曰：妾是興州司倉參軍之婦也，攝來此，方別夫子，是以悲傷。智感以問吏，吏曰：官攝來有所案問，且以證其夫事爾。智感因謂婦人曰：感，長舉縣令也。夫人若被勘問，幸自分疏，無爲牽引司倉，俱死無益。婦人曰：誠不願引

〔一〕此書已佚。

〔二〕「食」字原脱，據高麗藏本補。

之，恐官相逼耳。感曰：夫人幸勿相牽，可無逼迫之慮。婦人許之。既而智感還州，先問司倉：婦有疾否？司倉曰：吾婦年少無疾患。智感以所見告之，説其衣服形貌，且勸令作福。司倉走歸家，見其婦在機中織，無患也。不甚信之。後十餘日，司倉婦暴疾死。司倉始懼而作福禳之。又興州官二人考滿當赴京選，謂智感曰：君判冥道事，請問吾選得何官？智感至冥曹，以某姓名問小録事。録事曰：名簿並封在石函中，檢之二日，方可得報。及期來報，仍具二人今年所得官名號。智感以報二人。二人至京選，吏部擬其官，皆與報不同。州官聞之，以語智感。後問小録事，覆檢簿云：定如所檢不錯也。既而選人過門下，門下審，退之吏部，重名，果是冥簿檢報者。於是衆咸信服。智感每於冥簿見其親識名狀及死時日月，報之，使修福，多得免。智感權判三年，其部吏來告曰：已得隆州李司户授正官，以代公，不復判矣。智感至州，因告李刺史。李德鳳遣人往隆州審焉，其司户已亡。問其死日，即吏來告之時也。從此遂絶。州司遣智感領囚送京，至鳳州界，囚四人皆逃。智感憂懼，捕捉不獲，夜宿於傳舍。忽見其故部吏來告曰：囚盡得矣。一人死，三人在南山西谷中，並已擒縛，願公勿憂。言畢辭去。智感即請人兵入南山西谷，果得四囚。因知走不免，因來拒抗。智感格之，殺一囚，三囚受縛，果如所告。智感今在南任慈州司法。光禄卿柳亨爲臨説之。亨爲邛州刺史，見智感，親問之。然御史

裴同節亦云：見數人説如此爾。右一驗出冥報記。〔一〕

〔一〕出冥報記卷下。又太平廣記卷二九八引。

法苑珠林校注卷第八

千佛篇第五（此有十五部）

七佛部　因緣部　種姓部　降胎部　出胎部　侍養部　占相部　遊學部　納妃部　厭苦部　出家部　成道部　説法部　涅槃部　結集部

七佛部第一（此別九部）

述意部　出時部　姓名部　種姓部　道樹部　身光部　會數部　弟子部　久近部

述意部第一

蓋聞九土區分，四生殊俗。昏波易染，慧業難基。久復愛河，長流苦海。不生意樹，未啓心燈。故三明大聖，八解至人，總法界而爲智，竟虚空以作身。形無不在，量極規矩之外；智無不爲，用絶思議之表。不可以人事測，豈得以處所論。將欲啓愚夫之視聽，須示真人之影迹。其猶谷風之隨嘯虎，慶雲之逐騰龍。感應相招，仰惟常理。自鹿樹表光，金河匿曜。故像法衆生，歸向有徵。雖千佛異迹，一智同途。大悲平等，隨性欲而利生；弘誓莊嚴，運慈舟而濟溺。衆生有感，機緣契會也。

出時部第二

述曰：今據賢劫一代，分爲四時：一成，二住，三壞，四空。〔一〕就此四中，成劫已往，壞空未至，今在住劫，故有千佛出現。大約而言，三佛已往，今是第四釋尊遺法。此四時中，各分二十小劫，總爲八十小劫，始爲一大水火風劫，〔二〕名爲賢劫也。就住中二十別小劫内，依立世阿毗曇論云：「十一劫是

〔一〕「一成，二住，三壞，四空」原作「一壞，二空，三成，四住」，據高麗藏本改。
〔二〕「風」字原脱，據高麗藏本補。

未來，八劫是過去，今釋迦佛當第九劫内成佛。」〔一〕

問：此賢劫中成壞空劫，佛不出世，唯取住劫。此住劫中復未來唯十一小劫，何得頓有九百九十六佛一時出世耶？答曰：實如所難。古來諸佛亦有斯妨，會意稍難。今依藥王藥上、佛名經等，略知途路。且先録藥王藥上經文，後引佛名經和會。劫有延促不同。故藥王藥上經云：「爾時釋迦牟尼佛告大衆言：我曾往昔無數劫時，於妙光佛末法之中，出家學道，聞是五十三佛名。聞已合掌，心生歡喜，復教他人令得聞持。他人聞已，展轉相教，乃至三千人異口同音，一心敬禮，即得超越無數億劫生死之罪。初千佛者，〔二〕華光佛爲首，下至毗舍浮佛，於莊嚴劫得成爲佛，過去千佛是也。此中千佛者，拘留孫佛爲首，下至樓至如來，於賢劫中次第成佛。後千佛者，日光如來爲首，下至須彌相佛，於星宿劫中當得成佛。」〔三〕若依佛名經：「過去九十一劫有佛，名毗婆尸如來。過去三十劫有佛出世，名尸棄如來。即此劫中復有佛出世，名毗舍浮如來。」〔四〕

問曰：此九十一劫爲大爲小？答曰：是大劫也。問曰：何以得知？依舊婆沙論云：「釋迦菩薩

〔一〕出立世阿毘曇論卷九小三災疾疫品。

〔二〕「初千佛」原作「其千人」，據高麗藏本改。

〔三〕出觀藥王藥上二菩薩經。

〔四〕出佛名經卷八。

因地從毗婆尸佛以來種相好業，至今第九住劫，以經九十一大劫故。」〔二〕舊俱舍論云：「釋迦菩薩由禮底沙佛精進力故，即得超九大劫究竟成佛。」〔三〕故知九劫既大，餘九十一劫寧不是大。又依藥王藥上經：「莊嚴劫、賢劫、星宿劫，各有千佛出世。」〔三〕即知此劫亦是大阿僧祇劫。又藥王經中：「若善男子善女人及餘一切衆生聞是五十三佛名者，是人於百千萬億阿僧祇劫不墮惡道。」〔四〕依此文勢展轉，名莊嚴劫、賢劫、星宿劫等各有千佛出世，故知是過於大劫阿僧祇劫。至今賢劫中四佛出世者，亦是阿僧祇劫，非是住小劫也。既是大劫，故於賢劫之中千佛出世，無所疑也。又長阿含經云：「過去九十一劫有佛，名毗婆尸。復過去三十一劫有佛出世，名尸棄。復過去三十一劫有佛出世，名毗舍婆。」〔五〕此尸棄佛及毗舍婆佛，依佛名經即此劫中有二佛出世不別。或容阿含翻譯，〔六〕剩此三十一劫也。又更一釋云：依立世阿毗曇論：「二十住劫中，過去八劫已有三佛出世。釋迦當現在第九劫出

〔二〕出大智度論卷四。作舊婆沙論誤。

〔三〕出阿毘達磨俱舍釋論卷十三。

〔三〕出觀藥王藥上二菩薩經。

〔四〕出觀藥王藥上二菩薩經。

〔五〕出長阿含經卷一大本緣經。

〔六〕「含」字原作「舍」，據高麗藏本、磧砂藏本、南藏本、嘉興藏本改。

世。」〔一〕即以前九劫已有四佛出世，未來猶有十一劫，焉知不有多佛出世耶？故經云：「或有一劫中有無量佛出世，或無數劫中空過，無有一佛出世。」〔二〕以此義準，縱是小劫，多佛出世，亦自無妨。良由衆生根有强弱，故感見不同也。此義難知，更推後哲。

述曰：此賢劫千佛所化住境，隄封周統，奄及三千大千世界，所居土地最爲中也。以佛是能化之人，心實虚中；所化之人及以方處，亦皆是中。故此有金剛之座。餘方餘域無此座故，佛則不居。故瑞應經云：「此方國土三千，日月萬二千，天地之中央也。佛之威神，不生邊地。若居邊地，地爲之傾斜。是以古往佛興皆出於此。」〔三〕同斯成感，良爲明證也。

如長阿含經云：「過去九十一劫有佛出世，名毗婆尸，人壽八萬歲。復過去三十一劫有佛出世，名尸棄，人壽七萬歲。復過去三十一劫有佛出世，名毗舍浮，人壽六萬歲。復過去此賢劫中有佛出世，名拘樓孫，人壽五萬歲。又賢劫中有佛出世，名拘那含，人壽四萬歲。又賢劫中有佛出世，名迦葉，人壽二萬歲。我今出世，人壽百歲，少出多減。」〔四〕依智度迦延論，據釋迦人壽一萬歲世時合出。爲觀衆

〔一〕出立世阿毘曇論卷九。
〔二〕此段出處待考。
〔三〕出太子瑞應本起經卷上。
〔四〕出長阿含經卷一大本緣經。

生一萬歲已來無機可至。乃至百歲，衆生見苦敦逼，劫欲將末，故出乎世。故論云：「劫末佛興世，劫初轉輪王出。」〔一〕二不同，如下輪王篇説。

姓名部第三

此下並依增壹阿含經云。〔二〕七佛父母姓字經云：「第一維衛佛，第二式佛，第三隨葉佛，此三佛同姓拘樓。長阿含經云：「第一名毗婆尸佛，第二尸棄佛，第三毗舍婆佛。」〔三〕第四拘樓秦佛，第五拘那含牟尼佛，〔四〕第六迦葉佛。此三佛同姓迦葉。長阿含經云：「第四名拘樓孫佛，第五拘那含佛，第六同名迦葉佛。」第七今我釋迦牟尼佛，姓瞿曇。」〔五〕

〔一〕出雜阿毘曇心論卷九。
〔二〕「增壹」，按下文應爲「長」。
〔三〕出長阿含經卷一大本緣經。下注同。
〔四〕「含」字原作「舍」，據高麗藏本、磧砂藏本、南藏本、嘉興藏本改。
〔五〕出七佛父母姓字經。

種族部第四

「第一維衛佛，第二式佛，第三隨葉佛，此三佛同是刹利王種。第四拘樓秦佛，第五拘那含牟尼佛，第六迦葉佛，此三佛同是婆羅門種。第七今我作釋迦文佛，是刹利王種。第一維衛佛，父字槃裓，刹利王，母字槃頭末陀。所治國名刹末提。第二式佛，父字阿輪拏，刹利王，母字波羅訶越提。所治國名阿樓那和提。第三隨葉佛，父字須波羅提和，刹利王，母字耶舍越提。所治國名阿耨憂摩。第四拘樓秦佛，父字阿枝達兜，婆羅門種，母字隨舍迦。所治國名輪訶利提那。王字須訶提。第五拘那含牟尼佛，父字耶睒鉢多，婆羅門種，母字鬱多羅。所治國名差摩越提。王字差摩。第六迦葉佛，父字阿枝達耶，婆羅門種，母字檀那越提耶。所治國名波羅私。王名其隋。第七今我作釋迦文尼佛，父字閱頭檀，刹利王種，母字摩訶摩耶。所治國名迦維羅衛。先大王名槃提。」〔一〕統而言之，總有四族：一、婆羅門，二、刹帝利，三、毗舍，四、首陀。然則後二族卑，非土尊之所託；前二種貴，實正覺之宅生。婆羅門德行清高，刹帝利威恩遐舉。智度論曰：「隨時所尚，佛生其中。」〔二〕故釋迦出剛強之世，託王種以振威；迦葉生善順之時，居净行而摽德也。

〔一〕出七佛父母姓字經。

〔二〕出大智度論卷四。

道樹部第五

「第一維衛佛得道爲佛時，於波陀羅樹下。第二式佛得道爲佛，於分塗利樹下。第三隨葉佛得道爲佛時，於菩薩羅樹下。第四拘樓秦佛得道爲佛時，於斯利樹下。第五俱那含牟尼佛得道爲佛時，於烏暫樹下。第六迦葉佛得道爲佛時，於拘類樹下。第七今我作釋迦牟尼佛時，於阿沛多羅樹下。」〔一〕夫繡桷丹楹者，非出家之高躅；蔭松藉卉者，爰入道之清規。何者？俗以形骸之可貴，故華屋以居之；道以室家之可累，故脱屣而棄之。凡百仕人，孰能先覺。聿我調御之師，是曰生知。成道、涅槃、初生、説法，皆依樹下，斯其旨焉。有落髮抽簪，排榮涕利，可不景慕而置心哉。

身光部第六

如觀佛三昧經云：「毗婆尸佛身長六十由旬，圓光百二十由旬。尸棄佛身長四十由旬，圓光四十五由旬，通身光一百由旬。毗舍婆佛身長三十二由旬，圓光四十二由旬，通身光六十二由旬。拘留孫佛身長二十五由旬，圓光三十二由旬，通身光五十由旬。拘那含牟尼佛身長二十五由旬，圓光三十由

〔一〕出七佛父母姓字經。

旬，通身光長四十由旬。迦葉佛身長十六丈，圓光二十由旬。釋迦牟尼佛身長丈六，圓光七尺。七佛身並紫金色。」〔一〕敬尋法身平等，非有優劣。但隨機業異，故現化不同。是以釋迦牟尼出也紫金色，而千比丘咸見赭容，十六信士偏視灰色。自彼之異，佛恒一也。類此而言，謂無惑焉。依彌勒下生經云：「身長千尺，圓光二十丈。」〔二〕

會數部第七

「第一維衛佛前後三會說法。初會說經，有十萬比丘皆得阿羅漢。第二會說經，有九萬比丘皆得阿羅漢。第三會說經，有八萬比丘皆得阿羅漢。長阿含經云：「毗婆尸佛初會弟子有十六萬八千人，二會弟子有十萬人，三會弟子有三十六萬八千人。」〔三〕第二式佛亦三會說法。初會說經，有九萬比丘皆得阿羅漢。第二會說經，有八萬比丘皆得阿羅漢。第三會說經，有七萬比丘皆得阿羅漢。長阿含經云：「尸棄佛初會弟子有十萬人，第二、第三會數並同。」第三隨葉佛再會說法。初會說經，有七萬比丘皆得阿羅漢。第二會說經，有六萬比丘皆得阿羅漢。第四拘樓秦佛一會說經，有四萬比丘皆得阿羅漢。第五拘那含牟尼佛一會說經，有三萬比丘皆得阿羅漢。第六迦葉佛一會說經，有二萬比丘皆得阿羅漢。第七今我作釋迦牟尼佛一會說

〔一〕出觀佛三昧海經卷十念七佛品。

〔二〕出彌勒下生成佛經。

〔三〕出長阿含經卷一大本緣經。下注同。

經，有千二百五十比丘皆得阿羅漢。」〔一〕

述曰：上來所列七佛説法度人多少者，此據小乘。如來初成佛時，創度外道，迴邪入正聲聞弟子以爲親侍，故限斯數。若據如來一代説法，度三乘人得入道者，則無量無邊。故奘法師云：依如西域，釋迦一代説法總有三時。第一時中爲諸聲聞説有相法，爲破外道執，令悟得道。第二時中爲小行菩薩説無相法，爲破聲聞，令悟無相大乘。第三時中爲大行菩薩雙説有相無相法，爲破有相無相法，令悟中道究竟圓教。於此三時，一一隨機廣化無量。或展轉從三乘弟子邊聞法得道，亦塵沙無數。不可以一文定，不可以一義局也。

弟子部第八

依長阿含經云：「毗婆尸佛有二弟子：一名騫荼，二名提舍。尸棄佛有二弟子：一名阿毗浮，二名婆。毗舍婆佛有二弟子：一名扶遊，二名鬱多。拘樓孫佛有二弟子：一名薩尼，二名毗樓。拘那含佛有二弟子：〔二〕一名舒般那，二名鬱多樓。迦葉佛有二弟子：一名提舍，二名婆羅婆。我今有二弟子：一名舍利弗，二名大目犍連。上來列名，各述二者，此據聲聞中第一者，故別論之。毗婆尸佛有執事弟子，名

〔一〕出七佛父母姓字經。

〔二〕「含」字原作「舍」，據高麗藏本、磧砂藏本、南藏本、嘉興藏本改。

無憂。尸棄佛有執事弟子，名忍行。毗舍婆佛有執事弟子，名寂滅。拘樓孫佛有執事弟子，名善覺。拘那含佛有執事弟子，名安和。迦葉佛有執事弟子，名善友。我今有執事弟子，名阿難。毗婆尸佛有子，名方膺。尸棄佛有子，名無量。毗舍婆佛有子，名妙覺。拘樓孫佛有子，名上勝。拘那含佛有子，〔一〕名導師。迦葉佛有子，名進軍。我今有子，名羅睺羅。」〔二〕

久近部第九

依菩薩本行經云：「毗婆尸佛如來滅後，正法住世，經二萬歲。神聞佛如來滅後，正法住世，經六萬歲。別經云尸棄佛。拘樓孫馱佛如來滅後，正法住世，經五百歲。拘那含牟尼佛如來滅後，正法住世，二十九日。迦葉佛如來滅後，正法住世，經於七日。釋迦佛如來滅後，正法住世五百歲，像法住世亦五百歲。」〔三〕依善見論云：「正法住世一千年。」〔四〕

〔一〕「含」字原作「舍」，據高麗藏本、磧砂藏本、南藏本、嘉興藏本改。

〔二〕出長阿含經卷一大本緣經。

〔三〕出佛本行集經卷四。

〔四〕出善見律毘婆沙卷十八。

因緣部第二此別三部

述意部　引證部　業因部

述意部第一

夫千佛乘暉，萬靈景燭。觀機適務，極聖弘恩。所以聖人陳福以勸善，示禍以戒惡。小人謂善無益而不爲，謂惡無傷而不去。然有殃有福之言，乃華而不實；無益無傷之論，則信而有徵。是以大聖慈愍，哀斯愚惑。廣興六度，接引四生；弘宣二諦，停毒三有。故垂無限之悲，計賢劫之緣也。

引證部第二

依五仙人經云：「久遠無數劫時，有仙人處於林藪。四人爲主，一人供給奉事，未曾失意。一日遠採果蓏，誤不時還。〔一〕至日已中，四人失食懷恨，可爲凶呪。遂感而死，復生人中。有梵志能相，占之

〔一〕「誤」字原作「寤」，據高麗藏本改。

爲王，後果爲王。佛言：王者，則吾是。四仙人者，拘留秦佛、拘那含牟尼佛、迦葉佛、彌勒佛是也。其梵志者，調達是也。」〔一〕

又智度論云：「劫盡燒時，一切皆空。衆生福力，十方風至，相對相觸，能持大水。有一千頭人，二千手足，名爲韋紐天。是人臍中出千葉金色妙寶蓮華。其光大明，如萬日俱照。華中有人，結跏趺坐。此人復有無量光明，名梵天王。心生八子，八子生天地人民。是梵天王坐蓮華上。是故諸佛隨世俗，故云寶蓮華上結跏趺坐，説六波羅蜜。」〔二〕

又大悲經云：「佛告阿難：何故名爲賢劫者？由此三千大千世界劫欲成時，盡爲一水。時浄居天以天眼觀見此世界，唯一大水。見有千枝蓮華，一一蓮華各爲千葉，金色金光，大明普照，香氣芬熏，甚可愛樂。彼浄居天因見此事，心生歡喜，讚言：希有！如此劫中當有千佛出興於世。以是因緣，遂名此劫號之爲賢。我滅度後，此賢劫中當有九百九十六佛出興於世。拘留孫佛如來爲首，我爲第四。次復彌勒當補我處。乃至最後盧遮如來。如是次第，汝應當知。」〔三〕餘經後佛號爲樓至。

〔一〕出生經卷一五仙人經。
〔二〕出大智度論卷八。
〔三〕出大悲經卷三禮拜品。

業因部第三

依千佛因緣經云：「爾時世尊在王舍城耆闍崛山，從石室出，問阿難言：今諸聲聞諸菩薩等，皆講何論？阿難白佛言：世尊，諸菩薩衆各各自説宿世因緣。時有跋陀婆羅菩薩白佛言：我於今日欲少諮問，唯願天尊爲我解説。説是語時，八萬四千諸菩薩等各脱瓔珞散佛供養。所散瓔珞住佛頂上，如須彌山，嚴顯可觀。有千化佛，坐山窟中。時諸菩薩白佛言：世尊，此賢劫千佛過去世時，種何功德，常生一處，同共一家，於一劫中次第當得菩提，化度衆生？爾時世尊告諸菩薩言：吾當爲汝分別廣説。汝今當知。乃往過去無量百千萬億阿僧祇劫，復過是數，此世界名大莊嚴，劫名大寶。有佛名寶燈焰王如來。佛壽半劫。正法化世住於一劫，像法化世住於二劫。於像法中，有一大王，名曰光德，十善化民，如轉輪王。爾時大王教諸人民，讀毗陀論。時學堂中有千童子，年各十五，聰敏多知。聞諸比丘讚佛、法、僧，有一童子名蓮華德，白善稱比丘言：云何名佛、法、僧？比丘荅言：

波羅蜜滿足，　　淨性覺智慧，　　勝心得成就，　　故號名爲佛。　　無染性清淨，　　永離於世間，

不觀世五陰，　　常住名爲法。　　身心常無爲，　　永離四種食，　　爲世良福田，　　故稱比丘僧。

時千童子聞三寶名，各持香華，隨彼比丘，入塔禮拜。見佛色像，五體投地，即於像前發弘誓願。各隨阿耨菩提心，過筭數劫，必得成佛，如今世尊。隨壽長短，皆命臨終時，以聞三寶善根因緣故，除却五十一劫生死之業。命終之後，得生梵世。自憶往世聞三寶名，得生天上。時千梵王各乘宮殿，持七寶華，

至塔供養於像。時千梵王異口同音而説偈言：

慧日大稱名，久住善寂地。聞名除諸惡，自然生梵世。我今頭面禮，歸依大解脱。

説此偈已，各還梵世。跋陀婆羅，汝今當知。時彼國王十善化人者，久已成佛，毗婆尸如來是。善稱比丘，尸棄如來是。時千童子，豈異人乎？今拘留秦佛乃至最後樓至如來是。跋陀婆羅，汝今當知。我與賢劫千菩薩，從彼佛所聞三寶名，始發阿耨菩提心，其事如是。佛告跋陀婆羅菩薩言：過去無數阿僧祇劫，此娑婆世界有一大國，名波羅柰。王名梵德，常以善法化諸人民。以國付子，出家學道，得辟支佛。踊身虚空，化十八變。時千梵王各以衣裓，盛諸妙華，至優曇林中，供養辟支佛。白佛言：大德，爲我説法。時辟支佛踊身虚空，化十八變，舒手現足。中有一梵王，名曰慧見，告餘梵言：我見辟支佛受持五戒。以戒齋法，當行十善，觀諸緣起。以此善根迴向甚深阿耨菩提。願我作佛，過於辟支佛百千萬億。時千梵王命終之後，於娑婆世界千四天下，爲千轉輪王，壽命八萬四千歲。臨命終時，雪山之中有一婆羅門，聰明多智，壽命半劫。於先經中，聞過去佛號栴檀莊嚴如來。彼佛爲説甚深檀波羅蜜，不見施受心行平等。時大仙人聞此事已，從雪山出，詣千聖王，讚説施法。時千聖王各以國土付其太子，出家學道。時千聖王於雪山中，各立草菴，求無上道。即獲五通，飛騰空虚，壽命一劫。時雪山中有大夜叉身，長四千里，利牙上出高八十里，面十二里。眼出迸血，光如融銅。左手持劍，右手持叉，住聖王前，高聲唱言：我今飢渴，無所飯食。惟王矜愍，施少飲食。時千聖王告夜叉言：我等誓願一切施與。各各以水澡夜叉手，授以仙果而令食之。夜叉得果，怒棄置地，告聖王言：我父夜叉噉人精氣。我母羅刹恒噉人心，飲人熱血。我今飢急，唯須人心血，何用果爲！時千聖王告夜叉言：一切難捨，無過己身。我等今日不能捨心，持用相與。是時夜叉即説偈言：

觀心無相心，　四大色所成。　一切悉能捨，　乃應菩薩行。

時雪山中有婆羅門，名牢度跋提，白夜叉言：唯願大師爲我説法，我今不惜心之與血。即脱罩衣，敷爲高座，即請夜叉令就此座。時大夜叉即説偈言：

欲求無爲道，　不惜身心分。　割截受衆苦，　能忍猶如地。　亦不見受者，　求法心不悔。　一切無悋惜，　猶如救頭然。　普濟衆飢渴，　乃應菩薩行。

時牢度跋提聞是偈已，身心觀喜，即持利劒刺胸出心。是時地神從地涌出，白牢度跋提：唯願大仙愍憐我等及山樹神，莫爲一鬼捨於身命。牢度跋提告諸神言：

此身如幻焰，　隨現即變滅。　猶如呼聲響，　呼已更不應。　四大五陰力，　其勢不久停。　於千萬億歲，　未曾爲法死。　我今爲法故，　以心血布施。　慎勿固遮我，　障我無上慧。　以此布施報，　誓願成佛道。　若後成佛時，〔一〕　要先度汝等。

説此偈已，卧夜叉前，以劒刺頸，施夜叉血。即復破胸，出心與之。是時天地大動，日無精光，無雲而

〔一〕「若」字原作「苦」，據高麗藏本、磧砂藏本、南藏本、嘉興藏本改。

雷。有五夜叉從四方來，爭取分裂，競共食之。食已大叫，躍立空中，告千聖王：誰能行施如牢度跋提？如此行施，乃可成佛。時千聖王驚怖退没，不欲菩提，生變悔心，各欲還國。時五夜叉即説偈言：

不殺是佛種，　慈心爲良藥。　大慈常安隱，　終無老死畏。　一切受身者，　畏殺毒害人。

是故諸菩薩，　教我不殺戒。　汝今若畏死，　常行不殺事。　云何欲還國，　捨静求憒鬧！

時千聖王聞此語已，皆默然住。佛告跋陀婆羅菩薩：汝今當知，第一婆羅門讚檀波羅蜜者，過去定光明王佛是。牢度跋提者，過去然燈佛是。千聖王出家學道，見然燈佛行諸苦行，心生悔恨，於一劫中墮大地獄。雖墮地獄，菩提願力莊嚴心故，火不能燒。從是已後，復得值遇燈明王菩薩，爲其説法。從地獄出，廣爲讚歎過去千佛，解脱稱莊嚴佛乃至自在王佛。時千聖王聞千佛名，歡喜敬禮。以是因緣，超越九億那由他恒河沙劫生死之罪。跋陀婆羅，汝今當知。時千聖王豈異人乎！我等賢劫千佛是也。」〔一〕

〔一〕出千佛因緣經。

種姓部第三此别四部

述意部　王族部　種姓部　求婚部

述意部第一

敬尋白净所承，出自懃師摩王。聖輪相纂，億業重暉。所以釋迦權應，示現降生。託跡既顯，苗裔遂彰。故應迦毗丈六金容，現三十二相之儀，統領三千大千之化。愍彼四流之漂，運斯六度之舟也。

王族部第二

如長阿含經云：「天地初成，諸天下來食其地味，變化爲人。因有諍起，衆議立主。選得一人，豪族最尊，策爲國主，以治百姓。此即是釋迦先祖之王。」〔一〕廣如前劫量篇具説。又依樓炭經云：〔二〕後有他王治化，不如先王，其壽遂減。生至八萬歲，展轉稍減至一萬歲，乃至百歲。從劫初有王名大人相已

〔一〕出長阿含經卷二十二。
〔二〕此段出處待考。

來，依四分律總筭，合有八萬四千二百五十三王出世。〔一〕其中別有十大轉輪聖王，王四天下。自外諸王，不可備列。且列如來七世祖族名諱，具録如下。故五分律云：「過去有王，名鬱摩王。四分名懿師摩。〔二〕此王庶子有四名：一名照目，長阿含經名曰面光。〔三〕二名聰目，經名食衆。三名調象，經名路指。四名尼樓。經名莊嚴。尼樓王有子，名烏頭羅。烏頭羅王有子，名瞿頭羅。瞿頭羅王有子，名尸休羅。尸休羅王有四子：一名净飯，二名白飯，三名斛飯，四名甘露飯。」〔四〕若依長阿含經四分律等，皆云：師子頰王有四子：一名净飯王，有二子。一是菩薩，二是難陀。第二白飯王，有二子。一是調達，二是阿難。第三斛飯王，有二子。一是摩訶男，二是阿那律。第四甘露飯王，有二子。一是娑婆，二是跋提。〔五〕依智度論云：「師子頰王有一女，名甘露味。甘露味有子，名施婆羅。」〔六〕依雜阿含經云：「世尊姑子，名低沙比丘是

〔一〕見四分律卷三十一受戒犍度。
〔二〕見四分律卷三十一。
〔三〕見長阿含經卷十三阿摩晝經。下注同。
〔四〕出彌沙塞部和醯五分律卷十五。
〔五〕見長阿含經卷二十二、四分律卷三十一。
〔六〕出大智度論卷四。

也。」〔一〕依分別功德論云：「阿難有妹出家，作比丘尼，不出名字。嫌迦葉訶阿難作小兒者是。」〔二〕又大方便經云：「白净王劫初已來，嫡嫡相承，作轉輪王。近來二世不作輪王，而作閻浮提王。」〔三〕又優婆塞戒經云：「我於初釋迦佛所發心，於寶頂佛所滿初僧祇，於然燈佛所滿第二僧祇，於迦葉佛所滿第三僧祇。」〔四〕俱舍論云：「逆次逢勝觀、然燈、寶髻佛。則毗婆尸所滿三僧祇。若正滿爲言，在於勝觀；已滿爲語，在於飲光。」〔五〕經論不同，理各據矣。良由釋迦高貴，古今無比。宿殖福因，今受勝報。

種姓部第三

如十二遊經云：「阿僧祇時，有菩薩爲國王。其父母早喪，讓國與弟，捨行求道。遙見一婆羅門，姓曰瞿曇，因從學道。婆羅門言：當解王衣，如吾所服，受瞿曇姓。於是菩薩受瞿曇姓，入於深山，食果飲水，坐禪念道。菩薩乞食，遂還國界。舉國吏民，無能識者，謂爲小瞿曇。菩薩於城外甘蔗園中，

〔一〕出雜阿含經卷三十八。

〔二〕出分別功德論卷二。

〔三〕出大方便佛報恩經卷三論議品。

〔四〕出優婆塞戒經卷一修三十二相業品。

〔五〕出阿毘達磨俱舍釋論卷十三。

以爲精舍。佛所行讚經云：「甘蔗之苗裔。釋無勝浄王才德純備，〔一〕故曰浄飯王。」〔二〕案浄飯遠祖，乃是瞿曇之後身。以其前世居甘蔗園，故經屬甘蔗之苗裔也。於中獨坐。時有五百大賊，劫取宮物，路由菩薩廬邊。明日捕賊蹤跡，在菩薩舍下，因收菩薩。前後劫盜法以木貫身，立爲尖摽，血流於地。是大瞿曇以天眼見之，便以神足飛來，問曰：子有何罪，酷乃爾乎！卿無子孫，當何係嗣？菩薩荅言：命在須臾，何陳子孫。王使左右弩弓射殺之。瞿曇悲哀涕泣，下棺斂之。取土中餘血，以泥團之，著二器中，還其精舍。左血著左器中，其右亦然。大瞿曇言：是道人若其志誠，天神當使血化爲人。却後十月，左即成男，右即成女。於是便姓瞿曇氏。一名舍夷。〔三〕舍夷者，是西方貴姓之號。血化爲人，乃是宿世之事。恐文繁故，不可具説所因也。

又菩薩本行經云：「甘蔗王次前有王，名大茅草。即以王位，付諸大臣。大衆圍繞，送王出城，剃除鬚髮，服出家衣。王出家已，持戒清浄，專心勇猛，成就四禪，具足五通，得成王仙，壽命極長。至年衰老，肉消背曲，雖復拄杖，不能遠行。時彼王仙諸弟子欲往東西，求覓飲食，取好軟草，安置籠裏，用盛王仙，懸樹枝上。何以故？畏諸蟲獸，來觸王仙。時諸弟子，乞食去後，有一獵師，遊行山野。遥見

〔一〕「才」字原作「財」，據高麗藏本改。
〔二〕出佛所行讚經卷一生品。
〔三〕出十二遊經。

王仙，謂是白鳥，遂即射之。時彼王仙，既被射已，有兩滴血，出墮於地，即便命終。彼諸弟子，乞食來還，見彼王仙，被射命終，復見有血兩滴在地。即下彼籠，將王置地，集聚柴木，焚燒王屍，收骨爲塔。復將種種雜妙香華，供養彼塔，尊重讚歎。承事畢了，爾時彼地，有兩滴血，即便生出二甘蔗芽，漸漸高大。至時甘蔗熟，日炙開剖。其一莖蔗出一童子；更一莖蔗出一童女，端正可喜，世無有雙。時諸弟子心念王仙在世之時，不生兒子，今此兩童，是王仙種，養護看視，報諸臣知。時諸大臣召喚解相大婆羅門，教令占相，并遣作名。彼相師言：此童子者，既是日炙熟甘蔗開而出生故，一名善事。又其從甘蔗出故，第二復名甘蔗生。又以日炙甘蔗出故，亦名日種。彼女因緣一種無異，故名善賢，復名水波。時彼諸臣取甘蔗種所生童子幼小年時，即灌其頂，立以爲王。其善賢女，至年長大，堪能伏事，即拜爲王第一之妃。」〔一〕

求婚部第四

如菩薩本行經云：「時迦毗羅城不遠，復有一城，名曰天臂。彼天臂城有一釋種豪貴長者，名爲善覺。大富多財，積諸珍寶，資産豐饒，具足威德，稱意自然，無所乏少。舍宅猶如毗沙門王宮殿無異。

〔一〕出佛本行集經卷五。

彼釋長者生於八女：一名爲意，二名無比意，三名大意，四名無邊意，五名髮意，六名黑牛，七名瘦牛，八名摩訶波闍波提。隋言大慧，亦云梵天。而此梵天於諸女中年最幼小。初生之日爲諸能相婆羅門師觀占其體，云：此女嫁若生兒者，必當得作轉輪聖王，王四天下，七寶自然，千子具足，乃至不用鞭杖治民。時善覺女年漸長成，堪欲行嫁。白浄王聞自國境内有一釋氏，甚大豪富，生於八女，端正少雙，乃至相師占觀其女當生貴子。時浄飯王聞是語已，作如是言：我今當索是女作妃，令我甘蔗轉輪聖王苗裔不絶。此是律家作如是説。又言：大慧是菩薩母者，此依阿波陀那經文。又言輪頭檀王是我之父，摩耶夫人是我之母，阿波陀那經説。檢諸經文，此義是實也。時浄飯王即遣使人往詣善覺大長者家，求索大慧爲我作妃，波闍波提。隋言生活本。爾時善覺語彼使言：善使仁者，爲我諮啓大王言：我有八女，一名爲意，乃至第八名爲大慧。何故大王求最小者？大王且可待我處分七女竟已，當與小女大慧作妃。時浄飯王復更遣使語長者言：我今不待汝一一嫁七女訖，然後取於大慧作妃，汝八頭女我盡皆取。時善覺釋報大王言：若如是者，依大王命，隨意將去。時浄飯王即遣使人一時迎取八女向宮。至於宮已，即納二女自用爲妃。其二女者：第一名爲意，第八名大慧者。自餘六女分與三弟。一人與二，並妻爲妃。時浄飯王納意姊妹内於宮中，縱情嬉戲，歡娛受樂。依諸王法，治化四方。」〔一〕

〔一〕出佛本行集經卷五。

又菩薩本行經云：「時甘蔗王有第二妃，絶妙端正，生於四子：一名炬面，二名金色，三名家家象衆，四名别成。其第一善賢妃唯生一子，名爲長壽，端正可喜，世間少雙。然其骨相，不堪作王。時善賢妃如是思惟：甘蔗種王有此四子，炬面等輩兄弟羣强。我今唯有此之一子，雖極端正而無有雙，然其相分不堪爲王。作何方便令我此子得紹王位？復作此念：〔一〕是甘蔗王今於我邊，無量敬愛，深心染著，縱情蕩意。我今可窮極婦人莊飾之法，令王於我重生沈湎。若得如心，我於屏處，當乞求願。思惟是已，如上所説，莊嚴自身，令極殊絶，至於王邊。王見妃來，生重愛敬，縱逸其心。見王生如是心已，二人眠卧。妃白王言：大王當知，我今從王乞求一願，願王與我。王言：大妃，隨意不逆，從心所欲，我當與妃。時妃重質王言：若與我願，不得變悔。王言：一與妃願，後若悔者，當令我頭破作七分。妃言：大王，王之四子炬面等輩願儐出國，遣我生子長壽爲王。時甘蔗王即語妃言：我此四子無有過失，國境之内有何非祥，不聽其住！妃又白言：王已先立誓：我若悔者，頭破七分。王告妃言：我如前言，與妃所願。時甘蔗王過此夜後，至明清旦，集聚四子而告敕言：汝四童子今可出去。我治化内不得居住，遠向他國。時四童子胡跪合掌，白父王言：大王當知，我等四人無有罪惡，無諸過咎，云何父王忽然儐我出於國界？王敕子言：我知汝等實無過失，此非我意驅儐於汝，此善賢大妃之意。

〔一〕「此」字原脱，據高麗藏本補。

彼妃乞願，我不違彼，令汝出國。時四王子所生之母，各求乞隨兒去。王報諸妃：隨汝意去。時妃眷屬及諸臣百姓等各白王言：今遣此四子令出國者，我等諸臣各亦求隨去。王言：任意。時甘蔗王敕諸王子：從今已去，若欲婚姻，不得餘處取他外族，還於自家姓內，而莫令甘蔗種姓斷絶。彼諸王子受父王教已，各各自將所生之母并及眷屬資財諸馱乘等，即向北方，到雪山下，經少時住。有一大河，名婆耆羅洟。度於彼河，上雪山頂，遊涉久停，見川寬平，無諸坑坎埠阜，唯生軟細青草，清净可愛，樹林華果，蔚茂敷榮。王子見已，共相謂言：可於此閒造城治化。爾時王子既安住已，憶父王語，於自姓中求覓婚姻，不能得婦。各納姨母及其姊妹，共爲夫妻。依於婦禮，一隨王教，二恐釋種雜亂相生。爾時日種甘蔗之王召一國師大婆羅門來語之言：大婆羅門，我四王子今在何處？國師荅言：大王當知，王之四子已各出國，向於北方，乃至已生端正男女。時甘蔗王爲自所愛諸王子故，心思欲見，意情歡喜而發是言：彼諸王子能立國計，大好治化。彼等王子是故立姓稱爲釋迦。以釋迦住大樹蓊蔚枝條之陰，是故名爲奢夷耆耶。以其本於迦毗羅仙處所生故，因城立名，故名迦毗羅婆蘇都。時甘蔗王三子没後，唯一子在，名尼拘羅。」〔一〕隋言別成。長阿含經云：「住直樹林，又號釋林，因林爲姓。又父王聞四子端正，曰：此真釋子也。」〔二〕

〔一〕出佛本行集經卷五。

〔二〕出長阿含經卷十三阿摩晝經。

降胎部第四此别六部

述意部　現衰部　觀機部　呈祥部　降胎部　獎導部

述意部第一

夫誠心内感，則至覺如在；形力外單，則法身咫尺。是以能仁大師，隨緣赴機。愍焰宅之既焚，傷欲流之永騖。託白浄之宫，降摩耶之胎。啓黄金之色，破無明之闇。居兹三惑，示晝篋之非真；出彼四門，驚浮雲之易滅也。

現衰部第二

如因果經云：「爾時善慧菩薩功行滿足，位登十地，在一生補處，近一切種智，生兜率天，名聖善。爲諸天主説於一生補處之行，亦於十方國土現種種身，爲諸衆生隨宜説法。期運將至，當下作佛，即觀五事：一者，觀諸衆生熟與未熟。二者，觀時至與未至。三者，觀諸國土何國處中。四者，觀諸衆族何族貴盛。五者，觀過去因緣誰最真正應爲父母。觀此五已，即下生者，不能廣利諸天人衆。仍於天宫現五種相，令諸天子皆悉覺知菩薩期運應下作佛：一者，菩薩眼見瞬動。二者，頭上華萎。三者，衣受塵垢。四者，腋下汗出。五者，不樂本坐。諸天衆見菩薩有此異相，心大驚怖，身諸毛孔血流如雨。自相謂言：菩薩不久捨於我等。爾時菩薩又現五瑞：一者，放大光明普照三千大千世界。二者，大地十八相動，須彌海水諸天宫殿皆悉震摇。三者，諸魔宫宅隱蔽不現。四者，日月星辰無復光明。五者，天下八部皆悉震動不能自禁。是諸天見菩薩身已有五相，又覩外五現希有事，皆悉聚集，到菩薩所，頭面禮足白言：尊者，我等今日見此諸相，舉身震動，不能自安。願爲我釋此因緣耶？便荅天言：善男子，當知諸行皆悉無常。我今不久捨此天宫，生閻浮提。于時諸天聞此語已，悲號涕泣，心大憂惱，舉體血現，迷悶於地，深歎無常。爾時有天子即説偈言：

菩薩在於此，　開我等法眼。　今者遠我去，　如盲離導師。　又如欲度水，　忽然失橋舩。
亦似嬰孤兒，　喪亡其慈母。　我等亦如是，　失所歸依處。　方漂生死流，　了無有出緣。
我等於長夜，　爲癡箭所射。　既失大醫王，　誰當救我者。　滯卧無明牀，　長没愛欲海。
永絶尊者訓，　未見超出期。

爾時菩薩以偈荅曰：

我於此不久，　當下閻浮提，　迦毗羅施兜，　白净王宫生。　辭父母親屬，　捨轉輪王位，出家行學道，成一切種智。〔一〕建立正法幢，能竭煩惱海，關塞惡趣門，浄開八正路。廣利諸天人，其數不可量，以是因緣故，不應生憂惱。」〔二〕

又智度論：「問：菩薩何以生兜率天上，不在上生，不在下生？是大福德應自在生？荅曰：有人言：作業熟故，應是中生。又下生地中結使厚濁，上地中結使猛利。兜率天上不厚不利，智慧安隱故。又佛出世時不欲過故。若於下地生，命短，壽終時佛未出世；若於上地生，命長，壽未盡復過佛出時。故兜率天於六天及梵之中，上三下三。於彼天下，必生中國，中夜降神，中夜出迦毗羅國，行中道得菩提，中道爲人説法，中夜入無餘涅槃。以好中法故，中天上生。」〔三〕

觀機部第三

「如菩薩降胎，以四種觀人間：一觀時，二觀土地，三觀種姓，四觀生處。初觀時者，時有八種：佛出後第一人壽八萬四千歲時乃至第八人壽一百餘歲。菩薩如是念：人壽百歲佛出時到，是名觀時。第二觀土地者，諸佛常在中國生，多豐財寶，其土清浄。第三觀種姓者，佛生二種姓中：若刹利，若婆

〔一〕「種智」二字原作「智種」，據高麗藏本改。
〔二〕出過去現在因果經卷一。
〔三〕出大智度論卷四。

羅門。刹利種勢力大故，婆羅門種智慧大故。隨時所貴，佛於中生。第四觀生處者，何等母人能懷那羅延力菩薩，亦能自護浄戒。如是觀竟，唯中國迦毗羅浄飯王后能懷菩薩。如是思已，於兜率天下，不失正慧，入於母胎。」〔一〕

又佛本行經云：「爾時兜率天衆之中，有一天子，名曰金團。往昔已來，數曾下到閻浮地。補處菩薩名曰護明。護明知已，告金團言：金團天子，汝數下至閻浮提中。汝應知彼城邑聚落諸王種族，一生菩薩當生何家？金團天子報言：尊者，我甚知之。尊者善聽，我今當説。護明言：善！金團言：此之三千大千世界，有一菩提道場處所，在彼閻浮摩伽陀國境界之内，是昔諸佛成菩提處。如是展轉，遍歷天下諸國王處，皆不稱菩薩意。金團天子復作是言：我於閻浮提一切諸國處處聚落，處處諸王，處處城邑，處處刹利，各住諸城，而是刹利造種種業。我爲尊者經歷已來，生於無量疲極苦惱。心迷意亂，更不復能觀看餘處。唯有一刹利，從本以來，至於大衆，平量安立，世世轉輪聖王之種。乃至甘蔗苗裔已來，子孫相承，在彼迦毗羅婆蘇都釋種所生。其王名爲師子頰王，其子名爲輸頭檀王。一切世間天人之中，有大名稱。尊者堪爲彼王作子。護明菩薩報金團言：善哉！善哉！金團天子，汝善觀察諸王家種。我亦念在於此家生，我今深心如汝所説。金團當知，我定往生彼家作子。金團，往昔一生

〔一〕出大智度論卷四。

補處菩薩所託家者，有六十種功德具足滿於彼家。何等六十？彼家本來清净好種。一。一切諸聖恒觀彼家。二。彼家不行一切惡事。三。彼家所生悉皆清净。四。彼家種姓真正無雜。五。彼家體胤，〔一〕嫡嫡相承，無有斷絶。六。彼家昔來不斷王種。七。彼家所生一切諸王，皆是往昔深種善根。八。生彼家者常爲諸聖之所讚歎。九。彼家生者具大威德。十。彼家多有端正婦女。十一。彼家多有智慧男兒。十二。彼家所生心性調順。十三。彼家所生無有戲調。十四。彼家生者無所可畏。十五。彼家生者不曾怯弱。十六。彼家生者聰明多智。十七。彼家生者多解工巧。十八。彼家生者皆無過罪。十九。彼家所生不與世閒工巧雜合，亦不貪財以爲活命。二十。彼家所生常好朋友。二十一。彼家所生不以殺害諸蟲諸獸以自活命。二十二。彼家種姓恒知恩義。二十三。彼家種族能修苦行。二十四。彼家所生不隨他轉。二十五。彼家所生不曾懷恨。二十六。彼家所生不結癡心。二十七。彼家生者不以怖畏隨順於他。二十八。彼家生者畏殺害他。二十九。彼家生者無有罪患。三十。彼家生者乞食得多。三十一。彼家至者無空發遣。三十二。彼家剛强，難可降伏。三十三。彼家法則恒出禮律。三十四。彼家常樂布施衆生。三十五。彼家建立因果勤劬。三十六。彼家所生世閒勇健。三十七。彼家恒常供養一切諸仙諸聖。三十八。彼家恒常供養福靈。三十九。彼家恒常供養諸天。四十。彼家恒常供養丈夫。四十一。彼家歷世無有怨讎。四十

〔一〕「體胤」，高麗藏本作「係嗣」。

二。彼家名聲威振十方。四十三。彼家一切諸宗爲最。四十四。彼家生者上世已來悉是聖種。四十五。彼家生者於聖種中最爲第一。四十六。彼家生者位是轉輪聖王之種。四十七。彼家生者是大威德人之種性。四十八。彼家生者多有無量眷屬圍繞。四十九。彼家生者所有眷屬不可破壞。五十。彼家生者所有眷屬勝一切人。五十一。彼家生者悉孝養母。五十二。彼家生者皆孝順父。五十三。彼家生者悉皆供養一切沙門。五十四。彼家生者悉皆供養諸婆羅門。五十五。彼家生者豐饒五穀，倉庫盈溢。五十六。彼家生者多有金銀硨磲碼碯，一切資財無所乏少。五十七。彼家生者多畜奴婢象馬牛羊，一切具足。五十八。彼家生者不曾事他。五十九。彼家生者如是一切衆事具足，於世間中無所乏少。六十。佛告金團天子：凡是一生補處菩薩處於母胎，彼母若有三十二種相具足者，乃能堪受菩薩在胎。何等爲三十二事？一、彼母人正德而生。二、彼母人支體具足。〔一〕三、彼母人德行無缺。四、彼母人所生得處。五、彼母人爲行庶幾。六、彼母人種類清淨。七、彼母人端正無比。八、彼母人名字得稱。九、彼母人身體形容上下相稱。十、彼母人未曾産生。十一、彼母有大功德。十二、彼母恒念樂事。十三、彼母心常隨順一切善事。十四、彼母無有邪心。十五、彼母身口及心自然調伏。十六、彼母心口無所畏。十七、彼母多聞總持。十八、彼母極女工巧。十九、彼母心無諂曲。二十、彼母心無誑詐。二十一者、彼母人心無有

〔一〕「人」字原脱，據高麗藏本補。

瞋恚。二十二者、彼母人心無有嫉妬。二十三者、彼母人心無有慳悋。二十四者、彼母人心無有急速。二十五者、彼母人心難可迴轉。二十六者、彼母人體有至德相。二十七者、彼母人心能懷忍辱。二十八者、彼母人心有慚有愧。二十九者、彼母人得薄婬怒癡。三十者、彼母人行無女家過。三十一者、彼母人行孝順向夫。三十二者、彼母人出生一切諸德、一切諸行皆悉具足。如是母人乃能堪受一生補處後身菩薩。欲入母胎之時，取鬼宿日，然後乃入於母胎中。其受一生補處菩薩母胎已前，其母必須受八關齋，然後菩薩入於彼胎。護明菩薩復作是言：我受有不爲世間一切錢財五欲快樂，故下人間，受此一生。唯欲安樂諸衆生故，哀愍苦惱諸衆生故。」〔一〕

呈祥部第四

依佛本行經云：「爾時護明菩薩冬分過已，至於最勝春初之時，一切樹木諸華開敷。天氣澄清，温涼調適，百草新出，滑澤和柔，兹茂光鮮，遍滿於地。正取鬼宿星合之時，爲彼諸天説於法要，悉令歡喜。時浄居天告於一切諸天大衆言：汝等今見護明菩薩欲下生時，〔二〕莫生憂惱。何以故？彼下生時必定當得成阿耨菩薩。成已還來至此天宫，爲汝説法。猶如往昔毗婆尸佛乃至迦葉佛等，皆從此

〔一〕出佛本行集經卷六。
〔二〕「下」字原脱，據高麗藏本補。

去，還來到此，爲汝説法，如前無異。爾時菩薩於夜下生。當欲降神入胎時，時彼摩耶夫人當其夜白浄飯王言：大王當知，我從今夜欲受八禁清浄齋戒，所謂不殺生，不偷盗，不婬泆，不妄語，不飲酒，不兩舌，不惡口，不無義語；又願不貪欲，不瞋恚，不愚癡，不生邪見，我當正見。諸衆生等禁戒齋法，我當受持。我今繫念，恒常勤行，於諸衆生，常起慈心。時浄飯王即報夫人言：心所愛樂，隨意而行。我今亦捨國王之位，隨汝所行，而有偈言：

王見菩薩母，　從坐恭敬起。　如母如姊妹，　心不行欲想。

菩薩正念從兜率下，託浄飯王第一大妃摩耶夫人右脇住已。是時大妃於睡眠中，夢見有一六牙白象。其頭朱色，七支拄地，以金裝牙，乘空而下，入於右脇。夫人夢已，明旦即向浄飯王言：大王當知，我於昨夜作如是夢。當入於我右脇之時，我受快樂，昔所未有。〔一〕從今日後，我實不用世間快樂。此夢瑞相，誰占夢師能爲我解？時浄飯王召一宫監内侍女人而告之言：汝速疾來至外宣敕，語我國師大那摩子，令追喚八婆羅門大占夢師。〔二〕彼使依王敕已，喚得八婆羅門。八婆羅門等聞王語已，善知諸相，善占夢祥，即具諮王：大王善聽。所夢瑞相，我當具説。於我所見往昔神仙諸天經於典籍所載，爲説偈言：

〔一〕「昔」字原作「音」，據高麗藏本、磧砂藏本、南藏本、嘉興藏本改。

〔二〕「令」字原作「今」，據高麗藏本、南藏本改。

若母人夢見，　日天入右脇，　彼母所生子，　必作轉輪王。　若母人夢見，　月天入右脇，
彼母所生子，　諸王中最勝。　若母人夢見，　白象入右脇，　彼母所生子，　三界無極尊。　能
利諸衆生，　怨親悉平等，　度脱千萬衆，　於深煩惱海。

爾時占夢婆羅門師白大王言：夫人所夢，其相甚善。大王今者當自慶幸。夫人所産，必生聖子。彼於後時必成佛道，名聞遠至。時净飯王聞諸占師説此偈已，心大歡喜，多以財施。時净飯王聞此相師占觀妃夢，云是吉祥之瑞。〔一〕占相之後，即於其國迦毗羅城四門之外，并衢道頭街巷阡陌有人行處，安大無遮義會之施。所須飲食財寶宅舍畜生，皆悉與之。又阿私陀是五通仙人，〔二〕聞菩薩從兜率陀天正念下，至净飯王宫夫人右脇入於胎時，放大光明，遍照人天一切世界。後此大地具足六種十八相動。時阿私陀見未曾有事，心大驚怖，毛孔悉豎。今有何緣，此大地動？有何果報？時彼仙人少時思惟，然後而住，心生歡喜，踊躍無量，不能自勝，作是唱言：希有大聖，不可思議。世間當出大富伽羅。又菩薩初從兜率下時，入母右脇受胎訖已，時有一天，名曰速往，至諸地獄，大聲唱言：汝諸人輩一切當知，菩薩今從兜率天下入於母胎。是故汝等速發誓願，願生人間。地獄衆生聞此語已，所有衆生往昔已來曾種善根，復造雜業，以惡强故，墮於地獄。彼等各各面相覩見，厭離地獄；復得光明，身心安樂；復

〔一〕「之」字原脱，據高麗藏本補。
〔二〕「阿」字原作「何」，據高麗藏本、磧砂藏本、南藏本、嘉興藏本改。

得聞於速往世間諸天之聲，捨地獄身即生人中。所有三千大千世界諸衆生等，往昔已來種善根者，皆來於此迦毗羅城四面託生。」〔一〕

降胎部第五

如涅槃經云：「菩薩下時，欲色界諸天悉來侍送。發大音聲，讚歎菩薩。以口氣風，故令地動。」〔二〕又念佛三昧經云：菩薩欲降母胎時，三千大千世界悉皆六種震動。〔三〕又因果經云：「爾時菩薩欲降母胎，即乘六牙白象，發兜率宫。無量諸天，作諸妓樂，燒衆名香，散天妙華，隨菩薩滿虚空中。放大光明，普照十方。以四月八日明星出時，降神母胎。于時摩耶夫人於眠寤之際，見菩薩乘六牙白象，騰虚而來，從右脇入，身現於外，如處瑠璃。夫人體安快樂，如服甘露。顧見自身，如日月照，心大歡喜，踊躍無量。見此相已，然後而覺。生希有心，即以此狀，具告白净王知。爾時白净王見此瑞已，〔四〕歡喜踊躍，不能自勝。即召善相婆羅門占之。知菩薩處胎，出已成佛，功德利益，不可具説。

〔一〕出佛本行集經卷七。
〔二〕出大般涅槃經卷三十二。
〔三〕此段出處待考。
〔四〕「王」字原脱，據高麗藏本補。

爾時兜率天衆念言：菩薩已生白浄王宫，我等亦當下生人間。菩薩成佛，我得在先爲其眷屬聽法。作此念已，便即下生。其數有九十九億諸天下生人間。又從他化自在天乃至四天王，及色界天王與其眷屬，亦皆下生，不可稱計。菩薩在母胎行住坐卧，無所妨礙，不令母有諸苦患事。菩薩至晨朝，於母胎中爲色界諸天説種種法；至日中時，爲欲界諸天説法；於日晡時，爲諸鬼神説法。於夜三時亦復如是。」〔一〕依普曜經云：「菩薩在母胎十月，開化訓誨三十六載諸天人民，使立聲聞及諸大乘行也。」〔二〕華嚴經云：「菩薩於母胎中，三千大千世界衆生普見菩薩於母胎中，如明鏡中，見其面像。」〔三〕

獎導部第六

如菩薩處胎經云：「佛告喜見菩薩曰：汝欲知過去諸佛滅不滅刹土不耶？當知我過去身其數，〔四〕不可稱不可量。即以神足入濕生界，衆相具足，與無數阿僧祇，爲濕識衆生説法。令濕識隨意所願，各得解脱。入化卵等生，隨意所願，各得解脱，亦復如前。復以神足現當來世界，入四生中，各得

〔一〕出過去現在因果經卷一。
〔二〕出普曜經卷二。
〔三〕出大方廣佛華嚴經卷四十二離世間品。
〔四〕「其」字下原衍「無」字，據高麗藏本删。

解脱，亦復如前。如我今日在母胎中，與諸十方神通菩薩説不退轉難有之法；亦以神通入天四生，入地獄四生，餓鬼四生，畜生四生。於四生中胎化二生盡漏得疾，濕卵二生盡漏稍遲。化生胎生是利根人，濕卵是鈍根人。」又「佛告阿難：諦聽，善思念之。吾今與汝，一一分別大士難有之行。阿難白佛言：願樂欲聞。佛告阿難：去此東南方一億一萬一千六十二恒河沙刹，彼有世界，名曰思樂，佛名香焰如來。於彼現般涅槃，而來至忉利天宮，經歷無數阿僧祇劫。三十六返作大梵天王，三十六返作帝釋身，三十六返作轉輪王。所度衆生無墮二乘及諸惡趣。何以故？皆是諸佛神智所感。佛告阿難：如來有胎分耶？無胎分耶？阿難白佛言：如來之身無有胎分也。佛告阿難：若如來無胎分者，云何如來十月處胎，教化説法耶？阿難白佛言：如來有胎分者，此亦處寂；無胎分者，亦復處寂。爾時世尊即以神足現母摩耶身中，坐卧經行。敷大高座，縱廣八千由旬。金銀梯陛，天繒天蓋，懸處虚空。作唱妓樂，不可稱計。復以神足東方去此娑阿世界萬八千土，菩薩大士皆來雲集。南西北方，四維亦爾。復有下方六十二億刹土諸神通菩薩亦來大會。上方七十二億空界菩薩亦來雲集入胎中。爾時文殊師利菩薩白世尊曰：此諸菩薩大士雲集，欲聽世尊不思議法。如是三昧億千那由他，如今如來入何三昧居於胎舍，與諸大士説不思義法？佛告文殊：汝今觀察，一住、二住乃至十住，一生補處諸方菩薩，各當其位，〔一〕勿相雜錯。今此大衆清净無雜，寄生枝葉亦無穢惡。今此坐上無有一人雜穢惡者，有退轉者。所以者何？是利根不處生死。」又「問彌勒：心有所念，幾念幾相識耶？彌勒言：舉手彈指之頃，三十二億百千念。念念成形，形皆有識。識念極微細，不可執持。佛之威神，入彼微識，皆令得度。此識教化，非無識也。」〔二〕

〔一〕「各」字原作「名」，據高麗藏本改。

〔二〕出菩薩處胎經卷一天宫品、卷二三世等品。

法苑珠林校注卷第九

出胎部第五此別八部

述意部　迎后部　感瑞部　誕孕部　招福部　降邪部

同應部　校量部

述意部第一

敬思定光授記，逆號能仁。玄符合契，故託化釋種。萌兆於未形之前，跡孚於已生之後。照炳人天，聯綿曠劫。其爲源也，邃乎勝矣！所以神形六動，方行七步。五净雨華，九龍灑水。神瑞畢臻，吉徵總萃。觀諸百代，曾未之有。然後孕異堯軒，産殊禹契。至如黑帝入夢之兆，白光滿室之徵。徒曰嘉祥，詎可擬議。身邊則光色一丈，眉間則白毫五尺。開卍字於胸前，躡千輪於足下。大略以言，三十有二。非可以龍顔虎鼻，八采雙瞳，方我妙色，較其升降者也。

迎后部第二

如佛本行經云：「爾時菩薩聖母摩耶懷孕菩薩，將滿十月，垂欲生時，時彼摩耶大夫人父善覺長者即遣使人詣迦毗羅淨飯王所。」又云：「夫人父名善覺，〔一〕奏大王言：如我所知，我女摩耶王大夫人懷藏聖胎，威德既大。若彼產出，我女命短，不久必終。我意欲迎我女摩耶，還我安止，住於嵐毗尼中，共相娛樂，盡父子情。惟願大王，莫生留難。乞垂哀愍，遣放女來我家，產訖即遣送還。時淨飯王聞善覺使作是言已，即敕有司，其迦毗羅城及提婆陀河兩閒之中，平治道路，具辦旛華種種音樂。僕從人物，不可稱計，送妃至家。」〔二〕自外云云。

感瑞部第三

如普曜經云：「太子滿十月已臨產之時，先現瑞應三十有二：一、後園樹木自然生果。二、陸地生青蓮華，大如車輪。三、陸地枯樹皆生華葉。四、天神牽七寶交露車至。五、地中二萬寶藏自然發出。六、名香好熏遍布遠近。七、雪山中出五百白師子，羅住城門，無所嬈害。八、五百白象子，羅住殿前。

〔一〕「覺」字原作「智」，據佛本行集經改。

〔二〕出佛本行集經卷七樹下誕生品。

九、天爲四面細雨澤香潔。〔二〕十、其王宫中自然泉水百味飲食，給諸虚渴。十一、諸龍王女在虚空中現半身住。十二、天萬玉女抱孔雀拂，現宫墻上。十三、諸天玉女持萬金瓶，盛甘露，住虚空中。十四、天萬玉女手執萬瓶，皆盛香水，行住虚空。十五、天萬玉女手執幢蓋而住侍焉。十六、諸天玉女羅列而住，鼓百千樂，在於虚空，自然相和。十七、四瀆江河，清澄不流。十八、日月宫殿，停住不進。十九、沸宿下侍，諸星衛從。二十、交露寶帳，普覆王宫。二十一、明月神珠，懸於殿堂，光明晃煜。二十二、宫中燈火爲不復明。二十三、篋笥衣被，被在椸架。二十四、奇珍瓔珞一切寶藏自然出現。二十五、毒蟲隱藏，吉鳥翔鳴。二十六、地獄皆休，毒痛不行。二十七、地爲大動，丘墟皆平。二十八、四衢街巷，平正散華。二十九、諸深坑壍，悉皆爲平。三十、漁獵怨惡，一時慈心。三十一、境内孕婦，産者悉男。聾盲瘖瘂癃殘百疾，皆悉除愈。三十二、一切樹神半身出現，低首頂禮。是爲三十二瑞。當此之時，疆場左右，莫不雅奇，歎未曾有。」〔三〕

誕孕部第四

如因果經云：「菩薩處胎垂滿十月，身諸支節及以相好皆悉具足。夫人憶入園遊觀，王敕後宫瑞

〔二〕「潔」字原作「一」，據高麗藏本改。

〔三〕出普曜經卷二欲生時三十二瑞品。

正采女，凡有八萬四千，以用侍摩耶夫人。又擇取八萬四千端正童女，齎持香華，往藍毗尼園。王又敕諸羣臣百官夫人，皆悉隨從。於是夫人即昇寶轝，與諸官屬及采女，前後導從，往藍毗尼園。爾時復有天龍八部亦皆隨從，充滿虚空。十月滿足，於四月八日日初出時，夫人見後園中有一大樹，名曰無憂。華色香鮮，枝葉分布，極爲茂盛。即舉右手欲牽摘之，菩薩漸漸從右脇而出。」〔一〕菩薩處胎經云：「佛告彌勒：當知汝復受記，五十六億七千萬歲於此樹王下成無上等正覺。我以右脇生，汝彌勒從頂生。如我壽百歲，彌勒壽八萬四千歲。我國土土，汝國土金。我國土苦，汝國土樂。」〔二〕

又依菩薩本行經云：「爾時菩薩見母立地，以手攀樹枝時，在胎正念，從坐而起。自餘一切諸衆生母欲生子時，身體遍痛，受大苦惱，數坐數起，不能自安。其菩薩母熙怡坦然，身受大樂。是時摩耶夫人立地，以手執波羅叉樹枝訖，即生菩薩。此是菩薩希奇之事，未曾有法，表如來得成於佛已，無疲勞倦，能拔一切諸煩惱根，割斷一切諸煩惱結。猶如截於多羅樹頭，畢竟不生。無相無形，無後生法。此是如來往先瑞相。又復一切諸衆生等生苦逼故，在於胎内，處處移動。菩薩不然，從右脇入，還住右脇。在於胎内，不曾移動。及欲出時，從右脇生，不爲衆苦之所逼切。此是菩薩未曾有事，表成佛已，盡其後際，修行梵行，永無有畏，常得快樂，無復諸苦。又菩薩初從母胎右脇正念生時，放大光明，悉皆

〔一〕出過去現在因果經卷一。
〔二〕出菩薩處胎經卷二三世等品。

遍照。此是菩薩未曾有事，表成佛已，裂破無明黑暗之網，能出明净大智慧之光。又菩薩初從右脇出已，正心憶念。時菩薩母，身體安常，不傷不損，無瘡無痛。菩薩母身，如本無異。此是菩薩未曾有法，表成佛已，行於梵行，不缺不減，具足不少。又菩薩初從母胎出時，無苦無惱，安庠而起，一切諸穢，不能污染，不同衆生。譬如如意瑠璃之寶，用於迦尸迦衣裹時，各不相染。此是菩薩未曾有法，表成佛已，在於世間，住於世間，示希有法，世間穢濁不汚不染。又菩薩初從母胎出時，時天帝釋將天細妙憍尸迦衣裹於自手，於先承接，擎菩薩身。此是菩薩未曾有法，表成佛已，創爲娑婆世界之主，大梵天王於先勸請如來説法。又菩薩初從右脇生時，四大天王抱持菩薩，〔一〕將向母前，示其母言：世大夫人，今可歡喜。夫人生子，既得人身，諸天猶尚歡喜讚歎，況復於人。此是菩薩未曾有法，表成佛已，無量四衆，皆向如來聽受於法，依如來教，不違不背。又菩薩生已，立在於地，仰觀於母右脇之時，口作是言：我此身形，從今日後，不復更受於母脇中，不入胎卧。此是於我最末後身，我當作佛。此是菩薩未曾有法，表成佛已，口作是言：我今生分一切已盡，梵行已立，所作已辦，不受後有。此是如來往先瑞相。」〔二〕

又涅槃經云：「菩薩初生之時，於十方面各行七步。摩尼跋陀、富那跋陀鬼神大將，執持旛蓋，振

〔一〕「持」字原作「時」，據高麗藏本、磧砂藏本、南藏本、嘉興藏本改。

〔二〕出佛本行集經卷七樹下誕生品。

動無量無邊世界。金色晃曜，彌滿虛空。難陀龍王及跋難陀以神通力浴菩薩身。諸天形像承迎禮拜。阿私陀仙合掌恭敬。盛年捨欲，如棄涕唾，不爲世樂之所述惑。出家修道，樂於閑寂。爲破邪見，六年苦行。於諸衆生，平等無二。心常在定，初無散亂。相好嚴麗，莊飾其身。所遊之處，丘墟皆平。衣服離身四寸不墮。行時直視，不顧左右。所食之物，物無完過。坐起之處，草不動亂。爲調衆生，故往說法，心無憍慢。」〔一〕

招福部第五

如因果經云：「太子生時，於時樹下亦生七寶七莖蓮華，大如車輪。菩薩即便墮蓮華上，無扶侍者，自行七步，大善權經云：「行七步者，爲應七覺意耶。」〔二〕舉其右手而師子吼云：我於一切天人之中，最尊最勝。無量生死，於今盡矣。說是語已，時四天王即以天繒接太子身，置寶机上。釋提桓因手執寶蓋，大梵天王又持白拂，侍立左右。難陀龍王、優波難陀龍王於虛空中吐清净水，一温一涼，灌太子身。普

〔一〕出大般涅槃經卷二十七。

〔二〕出慧上菩薩問大善權經卷上。

曜經云：「諸天釋梵雨雜名香。九龍在上而下香水，洗浴菩薩。」〔一〕瑞應本起經云：「梵釋下侍，四天大王接菩薩身，置金机上。」〔二〕修行本起經云：「龍王兄弟左雨溫水，右雨冷水，釋梵天衣裹菩薩身也。」〔三〕身黄金色三十二相，放大光明，普照三千大千世界。」〔四〕迦維羅衛國，三千日月，萬二千天地之中央也。〔五〕便有一百萬億日月，四百萬億天下。三千者，略舉其要。故如華戎之判，〔六〕非易而詳。海内經云：「身毒之國，是軒轅氏居之。」郭氏注云：「天竺國也。」以此而言，天地中央未爲甚濫。後漢書云：「以葱嶺之外，稱爲九夷。」語其壯麗，勝於中國。吴越春秋云：「季子入周，見章甫之服，三代之樂，云：吴，蠻夷之國，豈有此哉。」推此而辨，未必即地爲正。故當隨其時代改張，不可同於中天，始末常定。〔七〕

又智度論：「問曰：何故佛作金色？荅曰：若鐵在金邊則不現，今現在金比佛在時金則不現，佛在時金比閻浮那金則不現，閻浮那金比大海中轉輪聖王道中金沙則不現，金沙比金山則不現，金山比須彌山金則不現，須彌山金比三十三諸天瓔珞金則不現，三十三天瓔珞金比燄摩天金則不現，燄摩天

〔一〕出普曜經卷二欲生時三十二瑞品。

〔二〕出太子瑞應本起經卷上。

〔三〕出修行本起經卷上。

〔四〕出過去現在因果經卷一。

〔五〕此段文見修行本起經卷上。

〔六〕「如」字，高麗藏本作「知」。

〔七〕山海經卷十八祇言天毒國。後漢書、吴越春秋引文今本無。

金比兜率陀天金則不現，兜率陀天金比化自在天金則不現，化自在天金比他化自在天金則不現，他化自在天金比菩薩身色則不現。如是妙色是名金色相。」〔一〕

又瑞應經云：「太子初生之時，天龍八部示於虚空作天伎樂，歌唄讚頌，燒香散華，雨衆天衣，瓔珞繽紛，不可稱數。又於樹下忽生四井，八功德水。」〔二〕瑞應有三十四相，不可具說。略同前三十二相中說。

降邪部第六

如瑞應經云：「太子初生之時，是時大王即嚴四兵共諸臣等入園。見太子奇瑞，如是一喜一懼。合掌禮諸天神，見抱太子置於七寶象轝之上，與諸羣臣采女諸天作伎，隨從入城。王未識三寶，即將太子往詣天祠。太子即入，梵天形像皆從坐起，禮太子足，而語王言：大王當知，今此太子天人中尊，虚空天神皆悉禮敬。大王豈不見如是相耶？云何而今來此禮我？白净王及諸大臣等歎未曾有，即將太子出於天祠，還入後宫。」〔三〕

普曜經云：「太子至祠說偈言：

〔一〕出大智度論卷四。
〔二〕出過去現在因果經卷一。
〔三〕出過去現在因果經卷一。

初生動三千，　釋梵須倫神，　日月衆天王，　來稽頭面禮。　何有天過是，　將吾到其所？

超天天中天，　天無比況勝，　隨俗來現此，　現瑞人歡喜。　若干種奉養，　過聖天中天。

於是天王釋梵四王各捨本位，尋時來下，五體投地，禮菩薩足。諸天人民百千之衆，默然歎嗟，稱揚洪音，歎未曾有，歡喜踊躍。天地大動，天雨衆華。百千伎樂，不鼓自鳴。諸天形像現其本身，禮菩薩足，則在前住。是頌曰：

須彌比芥子，　過天龍王變，　日月禮勞耶，　慧德豈禮敬！　三千界自歸，　芥子比須彌，

牛跡比大海，　上尊逾日月。　若能禮其尊，　功福不可計。　各各得安隱，　德豐無限量。」〔一〕

同應部第七

如瑞應經云：「當爾之時，諸釋種姓亦同一日生五百男。」〔二〕

修行本起經云：「國中八萬四千長者生子悉男。八萬四千廐馬生駒。其一特異，毛色純白，駿髓貫珠，故名爲蹇特。奴名闡特。」〔三〕

〔一〕出普曜經卷三入天祠品。

〔二〕出過去現在因果經卷一。

〔三〕出修行本起經卷上。

又瑞應本起經云：「奴名車匿，馬名揵陟。」〔一〕時王厩中象生白子，馬生白駒，牛羊亦生五色羔犢，如是等類數各五百。王子青衣亦生五百倉頭。普曜經云：「五千青衣各生力士。」〔二〕爾時宫中五百伏藏，自然發出。有諸商人從海採寶而還，各賫奇珍，奉貢上王。諸瑞吉祥，當名太子爲悉達。爾時八王子亦於白净王同生太子。各懷歡喜，共制好名。」〔三〕

又佛本行經云：「迦維羅閲國有八城，合有九百萬户。調達以四月七日生，佛以四月八日生，佛弟難陀以四月九日生，阿難以四月十日生。調達身長一丈五尺四寸，佛身長一丈六尺，難陀身長一丈五尺四寸，阿難身長一丈五尺三寸，其貴姓舍夷長一丈四尺，其餘國種皆長一丈三尺。菩薩外家去城八百里，姓瞿曇氏，作小王，主百萬户，名一億王。菩薩婦家姓瞿曇氏。舍夷長者名水光，其婦母名月女。有一城居近其邊，生女之時，日將欲没，餘明照其家，室内皆明，因字之爲瞿夷。晉言明女。瞿夷者是太子第一夫人，其父名水光長者。太子第二夫人生羅雲者，名耶維檀，其父名移施長者。太子第三夫人名鹿野，其父名擇長者。〔四〕以有三婦故，太子父王爲立三時殿。殿有二萬采女，三殿凡有六萬采

〔一〕出太子瑞應本起經卷上。
〔二〕出普曜經卷二欲生時三十二瑞品。
〔三〕出過去現在因果經卷二。
〔四〕「擇」字，高麗藏本作「釋」。

女。以太子當作遮迦越王故，置有六萬采女。」〔一〕

校量部第八

如瑜伽論云：「四種入胎：一、正知而入，不正知住出。二、正知入住，不正知而出。三、俱能正知。四、俱不正知。初謂輪王。二謂獨覺。三謂菩薩。四謂所餘有情。」〔二〕

寶性論偈云：〔三〕

「從天退入胎，現生有父母，在家示嬰兒，習學諸伎藝。戲樂及遊行，出家行苦行，現就外道學，降伏於天魔。成佛轉法輪，示導入涅槃，諸薄福衆生，不能見如來。」〔四〕

瑞應經云：「太子四月八日夜明星出時生。」〔五〕

〔一〕出十二遊經。作佛本行經誤。

〔二〕出瑜伽師地論卷二。

〔三〕「寶」字原作「實」，據高麗藏本改。

〔四〕出究竟一乘寶性論卷一自然不休息佛業品。

〔五〕出太子瑞應本起經卷上。

又佛所行讚云：「於三月八日菩薩從右脇生。」〔一〕過去現在因果經云：「二月八日夫人往毗藍尼園，見無憂華，舉右手摘，從右脇出。」〔二〕今謂世代既遥，譯人前後，直就經文，難可論辯。考求外典，如似可見。春秋云：「魯莊公七年，即莊王一十年，四月辛亥，恒星不見，星殞如雨。」〔三〕檢内外典，以四月爲正也。

侍養部第六 此别三部

述意部　養育部　善徵部

述意部第一

夫神妙寂通，圓智湛照。道絶於形識之封，理畢於生滅之境。形識久絶，豈實誕於王宫；生滅已畢，寧假資於侍衛。但大聖應生，本期利物。有感斯現，無幽不矚。機化萬途，受説非一。或假安禪悟

〔一〕出佛所行讚卷一。
〔二〕出過去現在因果經卷一。
〔三〕出春秋經左氏傳卷三。

道，或藉慧解開襟，或示嬰孩扶侍，或現乳哺資養。緣悟多種，不可一例。此是誘物之能，濟俗之術也。

養育部第二

依佛本行經云：「爾時太子既誕生，適滿七日，其太子母摩耶夫人遂便命終。或有師言：摩耶夫人壽命筭數，唯在七日，是故命終。雖然但往昔常有是法，其菩薩生滿七日已，而菩薩母皆取命終。何以故？以諸菩薩幼年出家，母見是事，其心碎裂，即便命終。又薩婆多師云：〔一〕母見生子，身體端正希奇之事，歡喜不勝，即便命終。命終之後，即便往生忉利天上。時浄飯王見夫人命終之後，即便喚召釋種，皆令雲集，而告之言：汝等眷屬並是國親，今是童子嬰孩失母，乳哺之寄，將付囑誰，教令養育，使得存活？誰能憐愍，愛如己生？時有五百釋種新婦，彼等新婦各各唱言：我能養育，我能瞻看。時釋種族語彼婦言：汝等一切年少盛壯，意躭色欲，不能依時養育，依法慈憐。唯此摩訶波闍波提，親是童子真正姨母，是故堪能將息養育童子之身。時浄飯王即將太子付囑姨母，而告之言：善來夫人，如是童子應當養育，善須護持，應令增長，依時澡浴。又別簡取三十二女，令助養育。以八女人擬抱太子，以八女人洗浴太子，以八女人令乳太子，以八女人令其戲弄。是時摩訶波闍波提白浄飯王言：謹

〔一〕「云」字原脱，據高麗藏本補。

依王敕，不敢乖違。」〔一〕

善徵部第三

又佛本行經云：「從太子出生已來，净飯王家日日增長。一切財利、金銀、珍寶、二足、四足無所乏少，而説偈言：

五穀及財寶，　金銀諸衣服，　或造或不造，　自然得充足。　童子及慈母，　乳酪酥常豐。

慈母少乳者，　悉皆得盈溢。

時净飯王所有怨讎，自然皆悉生平等心已，漸生親厚，同一心意。風雨隨時，無諸災雹，亦無擾亂，少種多收。一切人民，如法而行。種種布施，作諸功德。人無枉横，皆並歡喜。猶如天上無有差殊。以太子威德力故。如是諸事，莫不成就。如偈所説：

人世順尊教，　不慳亦不惜，　無不如法行，　慈心不起煞。　飢渴既得解，　飲食皆充足，

一切悉歡喜，　並受如天樂。」〔二〕

又普曜經云：「菩薩生已七日，其母命終，受忉利天上福相。適昇彼天，五萬梵天各執寶瓶，二萬

〔一〕　出佛本行集經卷十一姨母養育品。

〔二〕　出佛本行集經卷十一姨母養育品。

梵魔妻手執寶縷，侍菩薩母。」〔一〕

又瑞應本起經云：「菩薩本知母人之德，不堪受其禮故，因其將終而從之生。」〔二〕

又大善權經云：「生後七日其母薨。福應昇天，非菩薩咎。」〔三〕

又因果經云：「太子姨母摩訶波闍波提乳養太子，如母無異。」〔四〕

占相部第七此別八部

述意部　敕占部　呈恭部　現相部　業因部　同異部

校量部　百福部

〔一〕出普曜經卷二欲生時三十二瑞品。

〔二〕出太子瑞應本起經卷上。

〔三〕出慧上菩薩問大善權經卷上。

〔四〕出過去現在因果經卷一。

述意部第一

夫至聖無方，隨緣顯晦。澄神虚照，應機如響。所謂寂然不動，感而遂通。於是降神兜率之宫，垂像迦毗之域。家世則輪王遞襲，門望則聖道相因。地中三千，既殊於洛邑；國朝八萬，有逾於稽嶺。宗親籍甚，孰可詳焉。縱吕公之相高帝，世謂知人；若私陀之視吾師，未可同日。較其優劣，昇沈有異也。

敕占部第二

如瑞應經云：「爾時白浄王令訪得五百聰明相師，令占太子。相師言：是王之子乃是世間之眼，猶如真金。有諸相好，極爲明浄。若當出家，成一切種智；若在家者，爲轉輪聖王，領四天下，第一之最。又白王言：有一梵仙，名阿私陀，具足五通，在於香山，彼能爲王斷於疑惑。時王心自思惟：香山途路嶮絶，非人能到。當以何方請來至此？王作念時，阿私陀仙遥知其意，騰空而來，爲王相之。王見來已，喜慰不可言。王及夫人抱太子出，欲禮仙人。時仙人止王曰：此是天人三界中尊，云何而令禮於我耶？時彼仙人即起合掌，禮太子足。王及夫人白仙人曰：唯願善相太子。仙人相已，忽然悲泣不能自勝。王及夫人見彼仙悲泣，舉身戰怖，生大憂惱，如大波浪，動於小船。即問仙人：我子有何不祥而悲泣耶？荅言：太子相好具足，無有不祥。但恨我今年壽已百二十，不久命終，生無想天，不視佛興，不聞經法，故自悲耳。若有衆生具三十二相，或生非處，久不明顯，此人必爲轉輪聖王。若三十二相皆得其處，又復明顯，此人必成一切種智。我今觀大王太子諸相皆得其所，又極明顯。是以決定，知成正覺。仙人爲王説此語已，辭别而退。」〔一〕

又佛本行經云：「大王，我今自慨年耆根熟，衰朽老邁，當於爾時，不得覩見，失此大利。是故我今悲惋自傷，非彼不吉。即爲大王而説偈言：

自恨我有大顛倒，不值此當得道時，空過一生無所聞，豈非是我失大利。我今年老根純熟，死時將至不復賒，念此生分得遭逢，所以一喜一憂懼。大王釋種方興盛，誕此童子福德人，一切諸苦逼世間，此悉能令得安樂。」〔二〕

呈恭部第三

依佛本行經云：「是時摩耶詣童子所。至已，持手抱童子頭，令向仙人，擬令禮拜仙人之足。是時童子威德力故，其身自轉，足向仙人。時净飯王更復共扶迴童子頭，令拜仙人。童子力故，足還自轉，向彼仙人。時净飯王復迴童子頭向仙人。還復轉足，如是至三。其阿私陀遥見童子，是時童子放常光

〔一〕出過去現在因果經卷一。

〔二〕出佛本行集經卷十相師占看品。

明，照觸大地。童子威德端正可喜，色純黄金，頭如寶蓋，鼻直而圓，脩臂下垂，支節正等，無缺無減，具足莊嚴。時阿私陀即從坐起，〔一〕白於王言：大王，莫將童子聖頭迴向於我。何以故？彼頭不合頂禮我足，我頭應當頂禮彼足。復唱是言：希有希有，大人出世！最大希有，大人出世！我本從天所聞者，即此童子。真實定是如彼不異。時阿私陀整理衣服，偏袒右臂，右膝著地，伸其兩手，抱持童子，安其頂上，還復本座。本座坐已，還下童子，置於膝上。」〔二〕

現相部第四

如佛本行經云：「時浄飯王復白仙言：大師，我意欲令我子常在。云何方便，及令幼年勿使捨我？阿私陀仙復白王言：大王，我實不能專正决定說是方便，令作障礙。時浄飯王復語仙人，作如是言：大師善聽。我今當作種種方便。設方便已，不令我子從今幼稚及到盛年，不聽暫離捨我出家。阿私陀仙即問王言：大王，今者因何事故說如是語？時浄飯王報彼仙人阿私陀言：尊師當知，如我國内所有相師皆語我言：若是童子在家，當作轉輪聖王。以是因緣，我如是語。阿私陀仙復白王言：大王當知，彼等相師皆大妄語。何以故？如是勝相，非是轉輪聖王之相。今此童子，有百善相，八十隨形，

〔一〕「阿」字原作「陀」，據高麗藏本、磧砂藏本、南藏本、嘉興藏本改。
〔二〕出佛本行集經卷九相師占看品。

挺特殊好。分明炳著，皆悉具足。時净飯王問仙人言：大師，何等是八十隨形好？時阿私陀具白王言。」〔一〕具説八十種好，其文如經。〔二〕今依勝天王經説。

故勝天王經佛自説云：「八十種好者：一、無能見頂。二、頂骨堅實。三、額廣平正。四、眉高而長，形如初月，紺瑠璃色。五、目廣長。六、鼻高圓直而孔不現。七、耳厚廣長，埵輪成就。八、身堅實如那羅延。九、身分不可壞。十、身節堅密。十一、合身迴顧，猶如象王。十二、身有光明。十三、身調直。十四、常少不老。十五、身恒潤澤。十六、身自將衛，不待他人。十七、身分滿足。十八、識滿足。十九、容儀具足。二十、威德遠震。二十一、一切向不背他。二十二、住處安隱，不危動。二十三、面門如量，不大不長。二十四、面廣而平。二十五、面圓净，如滿月。二十六、無憔悴容。二十七、進止如象王。二十八、容儀如師子王。二十九、行步如鵝王。三十、頭如摩陀那果。三十一、身色光悦。三十二、足趺厚。〔三〕三十三、爪如赤銅葉。三十四、行時印文現地。三十五、指文莊嚴。三十六、指文明了不闇。三十七、手文明直。三十八、手文長。〔四〕三十九、手文不斷。四十、手足如意。四十一、手足紅

〔一〕出佛本行集經卷九相師占看品。
〔二〕「其」字原脱，「如」字原作「殊」，據高麗藏本補改。
〔三〕「趺」字原作「跌」，據高麗藏本、磧砂藏本、南藏本、嘉興藏本改。
〔四〕「長」字原作「直」，據高麗藏本改。

白，色如蓮華。四十二、孔門相具。四十三、行步不減。四十四、行步不過。四十五、行步安平。四十六、臍深厚狀如盤蛇，〔二〕團圓右轉。四十七、毛色青紅如孔雀項。四十八、毛色潤浄。四十九、身毛右旋。五十、口出無上香，身毛皆爾。五十一、脣色潤澤，如頻婆果。五十二、脣潤相稱。五十三、舌形薄。五十四、一切樂觀。五十五、隨衆生意，和悦與語。五十六、於一切處無非善言。五十七、若見人先與語。五十八、音聲不高不下，隨衆生樂。五十九、説法隨衆生語言。六十、説法不著。六十一、等觀衆生。六十二、先觀後作。六十三、發一音荅衆聲。六十四、説法次第皆有因緣。六十五、無有衆生能見相盡。六十六、觀者無厭。六十七、具足一切音聲。六十八、顯現善色。六十九、剛强之人，見則調伏；恐怖者見，即得安隱。七十、音聲明浄。七十一、身不傾動。七十二、身分大。七十三、身長。七十四、身不染。七十五、光遍身，各一丈。七十六、光照身而行。七十七、身清浄。七十八、光色潤澤，猶如青珠。七十九、手足滿。八十、手足德字。」〔三〕

依佛説寶女經云：「於是寶女問世尊曰：如來有三十二大人之相，前世宿命行何功德，而致是相，遍布于體？佛告寶女：吾往古世行無量德，合集衆行，由得是相，遍于身體。今矗舉要：如來之相，足安平立大人相者，乃往古世堅固勸助而不退轉，未曾覆蔽他人功德故。如來手足而有法輪大人相者，

〔二〕「臍」字原作「齊」，據高麗藏本、磧砂藏本、南藏本、嘉興藏本改。

〔三〕出勝天王般若波羅蜜經卷七二行品。

乃往古世興設若干種種施故。如來至真指纖長好大人相者，乃往古世剖説經義，救護衆生，令無患故。如來手足生網縵理大人相者，乃往古世未曾破壞他人眷屬故。如來手足柔軟微妙大人相者，乃往古世而以惠施若干種衣細軟服故。如來而有七合充滿大人相者，乃往古世廣設衆施供諸乏故。如來之膝平正無節，蹲踼如鹿大人相者，〔一〕乃往古世奉受經典，不違失故。如來之身其陰馬藏大人相者，乃往古世謹慎己身，遠色欲法故。如來之身頰車充滿，猶如師子大人相者，乃往古世廣修净業，修行備故。如來至真常於胸前自然卍字大人相者，乃往古世蠲除穢濁不善行故。如來支體具足成就大人相者，乃往古世施以無畏安慰人故。如來手臂長出於膝大人相者，乃往古世人有作事，佐助勸故。如來身净而無瑕疵大人相者，乃往古世奉行十善，無厭足故。如來腦户充滿弘備大人相者，乃往古世其有病者，施若干種藥瞻視療故。如來師子頰大人相者，乃往古世植衆德本，具足備故。如來具四十齒白齊密大人相者，乃往古世志性等仁於衆生故。如來牙齒無有間疏大人相者，乃往古世諫人諍鬭，令和合故。如來頰牙大人相者，乃往古世則以微妙可意之物而施與故。如來清白美好髮眉大人相者，乃往古世善自護己身口心故。如來廣長舌大人相者，乃往古世出言至誠，護口之過故。如來亹亹大人相者，以無量福供養究竟，心行仁和，與衆生願，使得覆蓋故。如來梵聲哀戀之音大人相者，乃往古世言語柔和，與

〔一〕「踼」字原作「腸」，據高麗藏本改。

衆人言，護口節辭，無央數人聞其所語，無不悦故。如來瞳子如紺青色大人相者，乃往古世常以慈目察衆人故。如來之眼如月初生大人相者，乃往古世無麤暴志，心性和順故。如來眉間白毫大人相者，乃往古世咨嗟歌誦閑居之德衆行故。如來頂上肉髻自然大人相者，乃往古世奉敬賢聖，禮尊長故。如來肌體柔軟妙好大人之相者，乃往古世心念合集法品藏故。如來身形紫磨金色大人相者，乃往古世多施衣服卧具牀故。如來之體一一毛生大人相者，乃往古世離於集會衆鬧處故。〔一〕如來之毛向上右旋大人相者，乃往古世尊敬於師，受善友教，稽首從故。如來頭髮如紺青色大人相者，乃往古世愍傷羣黎，不以刀杖而加害故。如來之身平正方圓，無有斜曲大人相者，乃往古世已身衆生勸化安之，令定意故。如來之脊如大鉤鎖，善有威曜巍巍之德大人相者，乃往古世爲諸正覺興立形像，繕修壞寺，其離散者勸使和合，施無畏懼，其諍訟者化令相順故。汝欲知之吾往世時行於無量不可計會衆德之本，故如來宿世奉行如斯，乃能致此三十二大人之相也。」〔二〕

如第三十二梵聲相中，〔三〕依新婆沙論云：「如來梵聲相，謂佛於喉藏中有妙大種，能發悦意和雅梵音，如羯羅頻迦鳥；及發深遠雷震之聲，如帝釋鼓。如是音聲具八功德：一者深遠，二者和雅，三者

〔一〕「處」字原作「之」，據高麗藏本改。
〔二〕出寶女所問經卷四三十二相品。
〔三〕「三」字原作「二」，據新婆沙論改。

分明，四者悅耳，五者入心，六者發喜，七者易了，八者無厭。」〔一〕

大智度論云：「如來有梵聲相，如梵天王五種聲而從口出：一、甚深如雷。二、清徹遠聞，聞者悅樂。三、入心敬愛。四、諦了易解。五、聽者欲聞無厭。菩薩亦有如是五種聲，從口中出迦陵毗伽，〔二〕聲相可愛，如大鼓音深遠。」〔三〕

又新婆沙論：「問：相是何義？答：標幟義是相義，殊勝義是相義，祥瑞義是相義。問：何故丈夫相唯三十二，不增不減耶？脇尊者說曰：若增若減俱亦生疑，不違法相說有三十二者，世間共許，是吉祥義，數不增減。若三十二相莊嚴佛身，則於世間最勝無比。若當減者，便有闕少。若更增者，則爲襍亂。皆非殊妙。故唯爾所三十二丈夫相也。」〔四〕

又智度論：「問：是三十二相三業之中，何業種耶？答曰：是意業，非身口業，是意業利故。又六識中是意識，非五識，以五識不能分別故。問曰：是三十二相幾時能成種？答曰：極遲百劫，極疾九十一劫。釋迦牟尼菩薩九十一大劫行，辦得三十二相。如經中言：過去久遠有佛名弗沙。時有二菩

〔一〕出阿毘達磨大毘婆沙論卷一百七十七。

〔二〕「口」字原作「日」，據高麗藏本、磧砂藏本、南藏本、嘉興藏本改。

〔三〕出大智度論卷四。

〔四〕出阿毘達磨大毘婆沙論卷一百七十七。

薩：一名釋迦牟尼，一名彌勒。弗沙佛欲觀釋迦牟尼菩薩心純熟未。即觀見之，知其心未純熟，而諸弟子心皆純熟。又彌勒菩薩心已純熟，而弟子未純熟。是時弗沙佛如是思惟：一人之心易可速化，衆人之心難可疾治。如是思惟竟，弗沙佛欲使釋迦菩薩疾得成佛，上雪山上，入寶窟中，入火禪定。是時釋迦菩薩作外道仙人，上山採藥，見弗沙佛坐寶窟中，入火禪定，放大光明。見已，心生歡喜信敬，翹一脚立，叉手向佛，一心而觀，目未曾瞬。七日七夜，以一偈讚佛：

天上天下無如佛，　十方世界亦無比。　世界所有我盡見，　一切無有如佛者。

七日七夜諦觀世尊，目未曾瞬，超越九劫，於九十一劫中得阿耨菩提。釋迦菩薩貴其心思，不貴多言。若更以餘偈讚佛，心或散亂。是故七日七夜，以一偈讚佛。問曰：何故釋迦菩薩心不純熟而弟子純熟，彌勒菩薩自心純熟而弟子不純熟耶？荅曰：釋迦菩薩饒益衆生心多，自爲身少故。彌勒菩薩多爲己身，少爲衆生故。」〔一〕

業因部第五

如得無垢女經云：「佛言：菩薩成就四法，得三十二丈夫相。何等爲四？一、把金散佛或散浮圖。

〔一〕出大智度論卷四。

二、常以香油塗如來塔。三、種種華香伎樂布施。四、眷屬相隨供養和尚阿闍黎等。爾時世尊而説偈言：

把金散浮圖，　香油塗佛塔，　施以華香樂，　敬心供養師。　行如是四法，　得三十二相，
端正甚奇妙，　一切功德具。

菩薩成就四法得八十種好。何等爲四？一種種妙衣莊嚴法座。二、供養他人，心不生倦。三、於法師所不作鬭亂。四、教諸衆生修菩提行。爾時世尊而説偈言：

妙衣嚴法座，　供養他不倦，　教衆生菩提，　易得八十好。　菩薩修行此，　四種功德故，
常於一切時，　有勝相莊嚴。」〔二〕

同異部第六

如新婆沙論：「問：八十隨好爲在何處？荅：在諸相間，隨諸相轉莊嚴佛身，令極妙好。問：相與隨好不相障奪耶？荅：不爾！相與隨好更相顯發，如林中華顯發諸樹。佛身如是，相好莊嚴。又如金山衆寶雜飾。問：菩薩所得三十二相，與輪王相有何差別？荅：菩薩所得四事勝：一熾盛，二分

〔二〕出得無垢女經。

明，三圓滿，四得處。復有五事勝：一得處，二極端嚴，三文像深，四隨順勝智，五隨順離染。」〔一〕

校量部第七

佛阿毗曇經云：「以一千阿僧祇世界衆生所有功德成佛一毛孔。如是成佛一毛孔功德，遍如來身毛孔功德成佛一好。如是成就八十種好功德，增爲百倍，乃成如來身上一相。所成就三十二相功德，增爲千倍，乃成如來額上一白毫相。以一千毫相功德，增爲百倍，乃成如來一頂骨相。一切飛天所不能見頂。如是不思議清净功德聚，成就佛身。是故如來於天人中最爲尊勝。」〔二〕

百福部第八

依優婆塞戒經云：「佛言：菩薩修一一相，以百福德而爲圍繞。修心五十具思心五十，是則名爲百種福德。善男子，一切世間所有福德，不及如來一毛功德。如來一切毛孔功德，不如一好功德。聚合八十種好功德，不如一相功德。一切相功德，不如白毫相功德。白毫相功德，復不及無見頂相功德。

〔一〕出阿毘達磨大毘婆沙論卷一百七十七。
〔二〕出佛阿毘曇經卷上出家相品。

是故如來成就具足無量功德，是三十二相即是大悲之果報。」〔一〕

又新婆沙論：「問：如契經説，佛一一相百福莊嚴，何謂百福？荅：此中百思，名爲百福。何謂百思？謂如菩薩造作增長足善住相業時，先起五十思，修治身器，令净調柔。次起一思，正牽引彼，後復起五十思，令其圓滿。譬如農夫先治畦隴，次下種子，後以糞水而覆溉之。彼亦如是。始足善住相業，有如是百思莊嚴，乃至頂上烏瑟膩沙相業，亦復如是。由此故説佛一一相百福莊嚴。問：何者五十思耶？荅：依十業道各有五思。謂依離殺業道有五思：〔二〕一、離殺思。二、勸導思。三、讚美思。四、隨喜思。五、迴向思，謂迴所修向菩提故。乃至正見亦爾。是名五十思。有説：依十業道，各起下、中、上、上勝、上極五品善思，如雜修静慮。有説：依十業道各起五思：一、加行净，二、根本净，三、後起净，四、非尋所害，五、念攝受。有説：緣佛一相起五十刹那未曾習思，相續而轉。問：如是百福一一量云何？有説：若業能感轉輪王位，於四大洲自在而轉，是一福量。有説：若業能感天帝釋位，於二天衆自在而轉，是一福量。有説：若業能感他化自在天王位，於一切欲界天衆自在而轉，是一福量。有説：若業能感大梵天王位，於初净慮及欲天衆自在而轉，是一福量。有説：婆訶世界主大梵天王勸請如來轉法輪福，是一福量。問：彼請佛時是欲界繫，無覆無記心。云何名福？有説：彼住梵世欲來

〔一〕出優婆塞戒經卷一修三十二相業品。
〔二〕「殺」字原脱，據高麗藏本補。

請時，先起如是善心：我當爲諸有情作大饒益，請佛轉法輪。爾時即名得彼梵福。此不應理。所以者何？非未作時已成就故。如是説者，彼請佛已，還至梵宫。後世尊轉法輪時，地神先唱。如是展轉，聲徹梵宫。梵王聞已，歡喜自慶，發純净心而生隨喜。爾時乃至成就此福。有説：世界成時，一切有情業增上力，能感三千大千世界，是一福量。有説：除近佛地菩薩，餘一切有情所有能感富樂果業，是一福量。有説：此中一一福量，應以喻顯。假使一切有情皆悉生盲，有一有情以大方便，令俱得眼，彼有情福，是一福量。復次，假使一切有情皆飲毒藥，悶亂將死，有一有情，令皆除毒，心得醒悟，彼有情福，是一福量。復次，假使一切有情皆被縛録，臨當斷命，有一有情俱令解脱，一時得命，彼有情福，是一福量。復次，假使一切有情壞戒壞見，有一有情，能令俱時戒見具足，彼有情福，是一福量。評曰：如是説所説皆是純净意樂，方便讚美菩薩福量，然皆未得其實。如實義者，菩薩所起一一福量無量無邊。以菩薩三無數劫積集圓滿諸波羅蜜多已，所引思願極廣大故。唯佛能知，非餘所測。如是所説，廣大量福，具足滿百，莊嚴一相，展轉乃至三十二相，皆具百福。佛以如是三十二百福莊嚴相，及八十隨好莊嚴其身故，於天上人中最尊最勝。」〔一〕

〔一〕出阿毗達磨大毗婆沙論卷一百七十七。

遊學部第八此別四部

述意部　召師部　捔力部　校量部

述意部第一

竊聞一切種智，號悉達多。樹自三祇之初，獨高百劫之末。總法界而爲智，竟虚空以作身。然身無不在，量極規矩之外；智無不爲，用絶思議之表。不可以人事測，豈得以處所論。將啓愚夫之視聽，須示聖人之影迹。或復示居外道，或復現作童蒙。應同類而誘凡，隨異形而化物。然後稱無上士，號天中天。良由愚智潛通，凡聖難測。不思議德而功莫大焉。

召師部第二

如佛本行經云：「時浄飯王知其太子年已八歲，因果經云：「年至七歲。」〔一〕即會百官羣臣宰相而告之

〔一〕出過去現在因果經卷一。

言：卿等當知，今我化内誰最有智，智能悉通，堪爲太子作師？諸臣報言：大王當知，今有毗奢婆蜜多羅，善知諸論，最勝最妙。如是大師，堪教太子。已下略述。王即遣召而告之言：尊者大師，能教我太子一切技藝諸書論不？時蜜多報言：大王，謹依王命。我今堪能。〔一〕心生歡喜。即嚴五百釋種童子，前後左右，别有無量無邊童男童女，隨從太子，將昇學堂。時彼大師遥見太子威德力故，不能自禁，遂使其身，從座忽起，屈身頂禮於太子足。禮拜起已，四面顧視，生大羞慚。時蜜多羅生慚愧已，於虚空中有一天子，名曰净妙，從兜率宫，共於無量無邊最大諸天神王，恒常守護太子。在彼虚空，隱身不現，而説偈言：

世閒諸技藝，　及餘諸經論，　此人悉能知，　亦能教示他。　是勝衆生者，　隨順世閒故，　往昔久習來，　今示從師學。　出世所有智，　諸諦及諸力，　因緣所生法，　生已及滅無。　一念知彼等，　名色現不現，　猶尚能證知，　況復諸文字。

爾時天子説此偈已，以種種華散太子上，即還本宫。爾時太子即初就學，將好最妙牛頭栴檀作於書板。純用七寶莊嚴四緣，以天種種殊特妙香塗其背上，執持至於毗奢蜜多羅阿闍黎所，而作是言：尊者闍黎，教我何書？自下太子廣爲説書。或復梵天所説之書，今婆羅門書王有四十音是。佉盧虱吒書，隋言驢脣。富沙

〔一〕「堪」字原作「甚」，據高麗藏本改。

迦羅仙人説書，隋言華果。阿迦羅書，隋言節分。曹迦羅書，隋言吉祥。邪寐尼書，隋言大秦國書。鴦瞿梨書，隋言指言。耶那尼迦書，隋言馱書。娑伽羅書，隋言牸牛。波羅婆尼書，隋言樹葉。波流沙書。隋言惡言。父與書，毗多荼書，隋言起尸。陀毗荼國書，隋云南天竺。脂羅低書，隋言形人。度其差那婆多書，隋言右旋。優波伽書，隋言嚴熾。僧佉書，隋言等計。阿婆勿陀書，隋言覆。阿㝹盧摩書，隋言順。毗耶寐奢羅書，隋言雜。陀羅多書，烏場邊山。西瞿耶尼書，須彌西。阿沙書，疏勒。支那國書，即此國也。摩那書，科斗。末荼叉羅書，中字。毗多悉底書，尺。富數波書，華。提婆書，天。那羅書，龍。夜叉書，乾闥婆書，天音聲。阿脩羅書，不飲酒。迦羅婁書，金翅鳥。緊那羅書，非人。摩睺羅伽書，大蛇。〔一〕彌伽遮迦書，諸獸音。迦迦婁多書，烏音。浮摩提婆書，地居天。安多梨叉提婆書，虚空天。鬱多羅拘盧書，須彌北。逋婁婆毗提訶書，須彌東。烏差婆書，舉。膩差婆書，擲。娑伽羅書，海。跋闍羅書，金剛。梨伽波羅低犁伽書，往復。毗棄多書，食殘。阿㝹浮多書，未曾有。奢娑多羅跋多書，如伏轉。伽那那跋多書，等轉。優差波跋多書，舉轉。尼差波跋多書。擲轉。波陀梨佉書，上句。毗拘多羅波陀那地書，從二增上句。〔二〕耶婆陀輸多羅書，增十句已上。〔三〕末荼婆哂尼書，中流。梨沙邪婆多波慘比多書，諸山苦行。陀羅尼卑叉梨書，觀地。伽伽那卑麗叉尼書，觀虚空。薩蒲沙地尼山陀

〔一〕「大蛇」二字原作「天地」，據高麗藏本改。
〔二〕「句」字原作「凶」，據高麗藏本改。
〔三〕「十」字原作「上」，據高麗藏本改。

書，一切藥草因。沙羅僧伽何尼書，總覽。薩婆韋多書。一切種音。爾時太子説是書已，復諂蜜多阿闍黎言：此書凡有六十四種，未審尊者欲教我何書？是時多羅聞於太子説是書已，内心歡喜，悦豫熙怡，密懷私慚，折伏貢高我慢之心，向於太子而説偈言：

希有清净智慧人，　善順於諸世閒法，　自己該通一切論，　復更來入我學堂。　如是書名我未知。　其本悉皆誦持得，　是爲天人大導尊，　今復更欲覓於師。」〔一〕

夫神理無聲，因言辭以寫意；言詞無跡，緣文字以圖音。故字爲言蹄，〔二〕言爲理筌。音義合符，不可偏失。是以文字應用，彌綸宇宙。雖跡繫翰墨，而理契乎神。昔造書之主，凡有三人：長名曰梵，其書右行；次曰佉盧，其書左行；少者蒼頡，其書下行。梵佉盧居于天竺，黄史蒼頡在於中夏。梵佉取法於净天，蒼頡因華於鳥跡。文畫誠異，傳理則同矣。仰尋先覺所説有六十四書，鹿輪轉眼，筆制區分。龍鬼八部，字體殊式。准梵及佉盧爲世勝文，故天竺諸國謂之天書。西方寫經，同祖梵文。然三十六國，往往有異。譬諸中土，猶有篆籀之變體乎！按蒼頡古文沿世代變。古移爲籀，籀遷爲篆，篆改成隸，其轉易多矣。至於傍生八體，則有仙龍雲芝；二十四書，則有楷草鍼殳。名實雖繁，爲用益尠。然原本定義，則體備於六文；適時爲敏，則莫要於隸法。東西之書源，亦可得而略究也。

〔一〕出佛本行集經卷十一習學技藝品。
〔二〕「蹄」字原作「諦」，據高麗藏本改。

又佛本行經云：「時净飯王復集羣臣言：何處有師最便武技，教我太子？諸臣報王：此處有釋，名爲善覺。其子名羼提提婆，隋言忍天。堪教太子兵戎法式。其所解知一切，凡有二十九種善巧妙術。已下略而不述。忍天向王云：臣甚能教。王爲太子欲遊戲故，造一園苑，名曰勤劬。是時太子入彼苑内遊戲，或令按摩。時彼五百釋種臣悉爲其兒古先一切書典，教於太子，及自釋子亦如是教。又復世人積年累月所學問者，或成不成。太子能於四年之中，及餘釋種，皆悉學得通達無礙，一切自在。是時忍天即爲太子而説偈言：

汝於年幼時，　安庠而學問，〔一〕　不用多功力，　須臾而自解。　於少日月學，　勝他多年
歲，　所得諸技藝，　成就悉過人。」〔二〕

「爾時太子生長王宫，孩童之時，遊戲未學。年滿八歲，出問詣師，入於學堂，從蜜多及忍天所二大尊邊，受讀諸書，并一切論兵戎雜術。經歷四年，至十二時，種種技能，遍皆涉歷。既通達已，隨順世間，悦目適心。曾於一時在勤劬園遨遊射戲，自餘五百諸釋種童子亦各在其自己園内嬉戲。時有羣鴈行飛虚空，是時童子提婆達多彎弓而射，即著一鴈。其鴈被射，帶箭遂墮悉達園中。時太子見彼鴈帶箭被傷墮地。見已，兩手安徐捧取已，跏趺安鴈膝上。以妙滑左手擎持，右手拔箭，即以酥蜜封其瘡。

〔一〕「庠」字原作「詳」，據高麗藏本、磧砂藏本、南藏本、嘉興藏本改。
〔二〕出佛本行集經卷十一習學技藝品。

是時提婆達多遣使來語太子言：我射一鴈，墮汝園中。宜速付來，不得留彼。是時太子報使人言：鴈若命終，即當還汝。若不死者，終不可得。時提婆達多復更重遣使人語言：若死若活，快須相還。我手於先善功射得，〔一〕云何忽留？太子報言：我已於先攝受此鴈。所以然者，自我發於菩提心來，我皆攝受一切衆生，況復此鴈而不屬我！以是因緣，即便相競，聚集諸釋宿老智人判决此事。是時有一净居諸天，變化作老宿長者，入釋會所而作是言：誰養育者，即是攝受。射著之者，即是放捨。時彼諸釋宿老諸人一時印可，高聲唱云：如是，如是！如仁者言！此是提婆達多童子共於太子最初搆結怨讎因緣。」〔二〕

捔力部第三

如因果經云：「太子至年十歲，與兄弟捔力。與萬眷屬將欲出城，于時有一大象當城門住，諸人皆不敢前。提婆達多以手搏頭，即便躃地。難陀以足指挑，擲著路傍。太子以手執象，擲著城外，還以手接，不令傷損，象又還甦。時諸人民歎未曾有，深生奇特。四遠人民百千萬億，皆集來看。園中有七重金鼓、銀鼓、鍮、石、銅、鐵等鼓，各有七枚。提婆達多最先射之，徹三金鼓。次及難陀，亦徹三鼓。太子

〔一〕「功」字原作「攻」，據高麗藏本改。

〔二〕出佛本行集經卷十二遊戲觀矚品。

嫌弓弱，取庫内祖王一良弓，無能張者。太子在坐，以手拚弓，聲悉聞城内。百千國人及虚空天子舉聲嗟歎。以放一箭，徹過諸鼓，然後入地，泉水流出。又徹過大鐵圍山。」〔一〕

又佛本行經云：「是時太子所射之箭，天主帝釋從虚空中秉執將向三十三天。至天上已，爲此箭故，於彼天中建立箭節。常以吉日，諸天聚集，以諸香華供養此箭。乃至於今，諸天猶有此箭節日。又太子執箭一射，便穿七鐵猪。過七鐵豬已，〔二〕彼箭入地，至於黄泉。其箭所穿入地之處，即成一井。於今人民常稱箭井。又太子共諸釋種相撲，並皆卧地，其體不傷。又一切釋種一時共撲太子，太子以手觸彼，皆悉倒地。爾時彼釋及諸看衆皆生奇特之心。於上虚空無量諸天，同以一音而説偈言：

十方一切世界中，　所有勇健諸力士，　悉皆力敵如調達，　不及太子聖一毛。　大人威德力無邊，　暫以手觸皆倒地，　聖者威神力廣大，　汝等云何欲比方！　假使不動須彌山，　大小鐵圍甚牢固，　并及十方諸山等，　一觸能碎如微塵。　鐵等强鞭金剛珠，　及以諸餘一切寶，大智力能末如粉，　況復撲此少力人！

爾時諸天説此偈已，將諸種種天華散太子上，於虚空中隱身不現。時净飯王知其太子所有技能皆悉勝彼一切諸人。自既眼見，踊躍喜歡，敕唤白象，瓔珞莊飾，令太子乘，將入城内，從城門出。是時提婆城

〔一〕出過去現在因果經卷二。
〔二〕「已」字上原衍「過」字，據高麗藏本删。

外而入，見此白象而問人言：此象誰許？欲將何處？其人報言：欲將出城擬悉達乘，欲入城内。提婆達以妬嫉故，便以左手執於象鼻，右手築額，一下倒地，宛轉三匝，遂即命終。白象卧地，塞彼城門，衆人往來，不通出入，道路填咽，不能得行。復有童子名曰難陀，相續而來門，知事已，即以右手執彼象尾，牽取離門，可行七步許。太子復問：誰牽離門？衆人言：難陀。太子言：善哉難陀，作善事也。太子思惟彼等二人，雖能示現其自氣力，但此象身甚大麤壯，於後壞爛臭，熏此城門。以左手舉象，以右手承，從於空中，擲置城外，越七重墻，度七重塹。既擲過已，離城可有一拘盧奢而象墮地，即成大坑。乃至今者，諸人相傳，名於此處爲象墮坑，即此是也。爾時無量百千衆生一時唱言：希有奇特，未曾聞見。而説偈言：

調達築煞白象已，　難陀七步牽離門。
太子手擎在虚空，　如以土塊擲城外。」〔一〕

集一切福德三昧經云：「爾時毗耶離大城有大力士，名曰净威德，成就大力。閻浮提中所有衆生，無有等者。聞沙門瞿曇成就十力那羅延身，復作是念：我當往觀沙門瞿曇何如我也！即往佛所，初覩如來得大信樂，禮如來足，一心觀佛。世尊知已，心欲降伏，即告目連：汝往取吾昔菩薩時爲妙瞿夷釋種捔力時箭。目連白佛：不知何處？爾時世尊從右足放光，遍照三千世界之下大金剛輪。〔二〕箭在彼

〔一〕出佛本行集經卷十三捔術争婚品。
〔二〕「世」字原作「佛」，據高麗藏本、磧砂藏本、南藏本、嘉興藏本改。

堅住。佛告目連：汝見箭不？目連白言：已見。佛告目連：汝取持來。時大目連即下至彼，如屈伸臂頃，一切大衆皆見其去，即便持來授與如來。佛言：此父母生力，非神通力。若以神通之力，是箭即過無量無邊諸佛世界。」〔一〕

校量部第四

如集一切諸功德三昧經云：「佛告目連：如一切四天王中一切天子力等一天王力，十天王力等三十三天中一天子力，一切三十三天中天子力等一帝釋力，十帝釋力等燄摩天中一天子力，一切燄摩天中天子力等一燄摩天王力，十燄摩天王力等一兜率陀天中一天子力，一切兜率陀天中天子力等一兜率陀天王力，〔二〕十兜率陀天王力等一化樂天中一天子力，一切化樂天中天子力等一化樂天王力，十化樂天王力等他化自在天中一天子力，一切他化自在天中天子力等一他化自在天王力，十他化自在天王力等一魔天中一天子力，一切魔天中天子力等一魔王力，十魔王力等半那羅延力，十半那羅延力等一那羅延力，十那羅延力等一大那羅延力，十大那羅延力等一百劫修行菩薩力，十百劫修行菩薩力等一千劫修行菩薩力。如是已下展轉十重加之，乃至十方千千萬劫修行菩薩力等一無生法忍菩薩力，十

〔一〕出集一切福德三昧經卷上。
〔二〕下「一」字原脱，據高麗藏本補。

無生法忍菩薩力等一十地菩薩力，十十地菩薩力等一最後身菩薩力。是故目連菩薩成就如是力故，生便即能行於七步。若此世界佛不持者，便壞不住。何以故？菩薩當其生已行七步時，此界大地縱廣六十千由旬，菩薩生已當下足時，便當都没深百千由旬；還舉足時，復當涌出百千由旬。以佛持故，令是世界不動無壞，衆生無惱。最後身菩薩始初生時則便具有如是力。假使一切世界衆生悉得具足垂成菩提菩薩之力，補於如來處非處智力百千萬億分不及其一，乃至筭數譬喻所不能及。得具如是十種之力，名爲如來應正遍覺。此中不明菩薩通力。若用通力，能以恒沙世界置於足指一毛端上，擲過無邊恒沙世界。如是往來，不令衆生有於苦惱。如是神力，不可稱量，不可數知。若當如來盡現通力者。汝等聲聞尚不能信，况餘衆生。爾時浄威力士聞説菩薩父母生力，聞已驚恠，身毛皆竪，生希有心，憍慢皆滅，歸依三寶，發無上心。」〔一〕

〔一〕出集一切福德三昧經卷上。

法苑珠林校注卷第十

納妃部第九此別六部

述意部　灌帶部〔一〕　求婚部　疑謗部　胎難部　神異部

述意部第一

夫法身無形，隨應而現。機緣萬途，故化迹非一。或離欲而受道，或處染而現權。若不示其納妃，凡識謗非人種。雖示五欲之境，不壞一心之志。故歷王城之四門，〔二〕衰老病死之八苦，乃自嗟曰：

〔一〕「灌帶」原作「灌頂」，據高麗藏本、磧砂藏本、南藏本、嘉興藏本改。下正文標題同。

〔二〕「四」字原脱，據高麗藏本補。

人生若此，在世何堪！脱屣尋真，其於斯矣！故維摩經曰：「先以欲鉤牽，後令入佛道也。」〔一〕

灌帶部第二

依因果經云：「太子年大，父王敕下餘國，却後二月八日灌太子頂，皆可來集，立爲太子。敕既至已，諸國王及羣臣等至時並皆雲集，看立太子，放大鴻恩。」〔二〕

長安西明寺道宣律師者，德鏡玄流，業高清素，精誠苦行，畢命終身。早得從師五十餘年，棲遑問道，志在住持。但一事可觀，資成三寶，綴緝儀範，百有餘卷。結集高軌，屬有深旨。粤以大唐乾封二年仲春之節，身在京師城南清宫故净業寺，逐静修道。年至桑榆，氣力將衰。專念四生，又思三會。忽以往緣，幽靈顧接，病漸瘳降。勵力殷仰，遂感冥應。時有諸天四王臣佐至律師房門，似人行動，蹀足出聲。律師問言：是誰？荅言：弟子張瓊。律師又問：何處檀越？荅言：弟子是第一欲界南天王之第十五子。王有九十一子，英略神武，各御邦都。所統海陸，道俗區分，持犯界别。並親受佛教護持善惡，使遺法載隆，積殖其功也。依經即是護世四王南方毗留離王之子，常加守衛，不徒設也。律師又

〔一〕出維摩詰所説經卷中佛道品。
〔二〕出過去現在因果經卷二。

問：檀越既不遺德劣，〔一〕故來相看，何故門首不入？荅云：弟子不得師教，不敢輒入。律師云：願入就座。入已，禮敬伏坐。律師又問：檀越既篤信三寶，又受佛囑護持，善來相看，何不現形？荅言：弟子報身與餘人别，光色又異，驚動衆心。共師言論足得，不勞現身。律師又問：貧道入春已來，氣力漸弱，醫藥無效，未知報命遠近？荅云：律師報欲將盡，無煩醫藥。律師又問：定報何日？荅云：何須道時，但知律師不久報盡，生第四天彌勒佛所。律師又問：同伴是誰？荅云：弟子第三兄張璵，通敏超悟，信重釋宗，撰祇洹圖經百有餘卷，烈峙天宫，無聞地府。律師承此告及，踊思尋之，請述用開道俗。又有天人韋琨，亦是南天王八大將軍之一臣也。四天王合有三十二將，斯人爲首。生知聰慧，早離欲塵，清浄梵行，修童真業。面受佛囑，弘護在懷。周統三洲，住持爲最。亡我亡瑕，殷憂於四部；達物達化，大濟於五乘。所以四有佛教，互涉頽綱。僧像阽危，無非扶衛。屢蒙展對，曲備嘉猷。歎律師緝叙餘風，聖迹住持，删約撰集。於是律師既承靈屬，扶疾筆受，隨聞隨録，合成十卷。律師憂報將盡，復慮天人將還，筆路蒼茫，無瑕餘事。文字亦復疏略，但究聖意，〔二〕不存文飾。〔三〕所有要略住持教迹不决者，並問除疑，以啓心惑。合有三千八百條，勒成十篇。一、叙結集儀式。二、叙天女偈頌。

〔一〕「不」字原脱，據高麗藏本補。
〔二〕「究」字原作「救」，據高麗藏本改。
〔三〕「飾」字，高麗藏本作「式」。

三、叙付囑舍利。四、叙付囑衣鉢。五、叙付囑經像。六、叙付囑佛物。七、叙結集前後。第八、第九。此二不成，闕於名字。十、叙住持聖迹。律師既親對冥傳，躬受遺誥，隨出隨欣，耳目雖倦，不覺勞苦。但恨知之不早，文義不周。今依天人所説，不違三藏教旨，即皆編録。雖聞天授，還同佛説。始從二月，迄至六月，日別來授，無時暫閒。至冬初十月三日，律師氣力漸微。香旛遍空，天人聖衆，同時發言：從兜率天來請律師。律師端坐，一心合掌，斂容而卒。臨終，道俗百有餘人，皆見香華迎往昇空。律師是余同學，昇壇之日，同師受業。雖行殊薰蕕，好集無二。若見若聞，隨理隨事，捃摭衆記，簡略要集，編録條章，並存遺法，住持利益也。

爾時有四天王白宣律師：如來臨涅槃時，與人天大衆在于香山頂阿耨達池南牛頭精舍住，告大迦葉：汝將須菩提在須彌山頂，吹大法螺，召集十方十地諸菩薩及聲聞僧、百億梵釋及四天王等，亦召十方諸佛來集香山。迦葉隨教，大衆雲集。爾時世尊跏趺而坐，入金剛三昧定。大地六種震動。又放眉光，遍照大千，經于七日。大衆咸疑，不知何緣。世尊從三昧起，熙怡微笑，告諸大衆言：我初踰城，始出宫門外，有揵闥婆王將領部族，奏百千天樂，來至我所。即問我言：欲往何所？我荅言：欲求菩提。彼語我言：汝定成正覺。有拘留孫佛欲入涅槃時，付囑我金瓶，瓶中有寶塔，盛七寶印，黄金印有二，白銀印有五，將付悉達，常使我護。若成正覺時，我尋來至。依言受瓶已，不久成道。大梵天王與地神堅牢，於菩提樹南，以黄金白玉造大金剛壇，衆寶莊嚴。爾時揵闥婆王白十方佛言：我見過去佛初成道時，咸昇金剛壇，金瓶盛水，用灌佛頂，成就法王位。今見釋尊始得菩提，亦如前佛昇金剛壇。我聞山王下七重清海内有八功德水，往古諸佛欲昇法王位，皆登金剛壇，用水灌頂。我自往取，欲灌釋迦頂。彼揵闥婆王開瓶出印塔，將瓶取水。爾時十方諸佛命我昇壇，我即繞壇三匝，從于南面上，西轉而北住，至于壇中心，自敷尼師壇，禮十方佛。諸佛命我坐，入金剛三昧。十方來佛又告娑竭龍王：汝往大海底寶馬王洲上頻伽羅山頂，彼有大巖窟，名爲金剛藏。用貯輪王鍾及貯法王鍾，皆用黄金作，七寶白玉用填其上。諸佛出世，皆用千鍾灌頂之上；輪王出世，亦千鍾灌。汝持佛鍾來，不用輪王者，即盛八功德水以灌釋迦。〔一〕爾時龍王承佛教已，即取金鍾，以授十方佛。諸佛受已，命揵闥婆王：汝持彼水來，瀉我金鍾内。諸佛受已，地爲六種震動，十方諸來佛各放白毫光。而彼光明中歎佛寶功德。我從三昧起，亦放眉光，共諸佛光合成一寶蓋，遍覆大千界。日月星辰大海諸山及衆生業報，蓋中悉現。而是寶蓋中有百億諸佛土。諸佛命我起立金壇，又禮十方佛。時十方諸佛又告和修龍王，往頻伽山頂。彼山有窟，藏諸佛座及輪王座，皆用黄金作之，如須彌山。佛座九龍繞之，輪王座五龍繞之。令法王登位時座。于時十方諸佛又命大魔王及大梵王共轝佛座來，至于金壇上。諸佛命我坐，我即依言便却踞坐。〔二〕時十方諸佛以金鍾盛水，用灌我頂。諸佛灌已，次及四王、帝釋、魔、梵次第灌之。我灌頂已，得浄三昧無量佛法，一時皆現。地又大動，百億諸魔皆來降伏。十方諸梵王各執天樂，奏佛成道

〔一〕「八」字原作「入」，據高麗藏本、磧砂藏本、南藏本、嘉興藏本改。
〔二〕「我」字下原衍「坐」字，據高麗藏本删。

曲。而諸樂器中皆放光明，説六波羅蜜。時揵闥婆王將前七寶印來授十方佛，諸佛受印，以印我面七竅。佛又告我言：今印汝七竅，令具七覺分。最初印面門，爲揀擇煩惱及諸智數。如是耳目鼻等次第印之。又以黄金印用授十方諸佛。諸佛受已，即印我胸三處。由獲法印故，證得三空智，解了諸佛法。次持白銀印，又授十方佛。諸佛受已，即印我頂及以手足。既得印已，證成無漏智，具五分法身。諸佛印竟，咸舒金色手以摩我頂。我得摩已，證百千三昧，得千法明門。斯等諸佛法，我已久證。爲諸衆生故，示同輪王相，又示希瑞相。我頂及手足皆放五色光明，一一光中具百千樓觀。我諸分身佛並在樓觀中，皆如我受印，登大法位。我自成道來，常持此瓶塔，未曾示汝等，今時方現。又佛告普賢大士，開瓶出寶塔。依命出塔已，在世尊前立。世尊起禮塔已，塔門自開，中有真珠觀，其數十三萬。觀别成一印，并金疊毗尼，還有十三萬。中有五比丘入于滅盡定。佛告文殊：汝取我法角，黄金爲釦，至彼比丘所吹我出世曲及起深定曲。比丘聞樂音，尋從定起，問文殊師利：今何佛興世耶？荅曰：此賢劫中第四釋迦佛。比丘又言：我是拘留孫佛聲聞大弟子。彼涅槃時，令我住此塔内，守護諸印等，乃至樓至佛，方始涅槃。爾時比丘即從座起，遥禮世尊。問訊起居已，又告文殊：彼佛敕我，釋迦臨涅槃時，汝於諸印中取二十三印將付釋迦佛。滅度之後，所有遺教，彼時衆生垢重邪見，不持禁戒。諸天龍神皆不擁護，令諸四部無有威德。我留此印與釋迦文佛，令大菩薩於後世中將二十三印遍印遺法。印彼四部無有毁犯。若樂讀誦經者印彼人口，無有遺忘。若修定人行直心者，並用印之，令彼終後，屍形不

壞，或有光明。諸惡衆生見如上瑞，皆生欣重心。説是語已，塔門還自閉之。〔一〕

求婚部第三

如佛本行經云：「爾時太子漸向長成，至年十九。時浄飯王爲於太子造三時殿：一者暖殿，以擬隆冬；第二凉殿，以擬夏暑；第三中殿，用擬春秋。於後園廣造池臺，栽蒔華果。衆人作樂，隨時侍衛，不可具陳。浄飯王復憶太子初生之時，相師私陀記爲輪王，復記成道。作何方便，令不出家，得紹王位？釋族報王：今當速爲太子别造宫室，令諸采女娱樂。是則太子不捨出家。而説偈言：

阿私陀所記，　決定無移動。　諸釋勸立殿，　望使不出家。

王復語釋種言：汝等當觀誰女堪與太子爲妃？爾時五百釋種各各唱言：我女堪爲作妃。王復籌量：忽取他女，脱不稱可，則成違負。若語太子，終不可道。復更思惟：可以雜寶作無憂器，持與太子，令施諸女。密使觀察，看太子眼目瞻矚在誰，即聘作妃。王即於迦毗城振鐸唱言：從今已去，至七日來，我太子欲見諸釋女，施與一切雜寶種種玩弄無憂之器。爾時一切諸女莊嚴其身，來集宫門，欲見太子。以太子威德大故，不敢正看，但取寶器，各各低頭，速疾而過。寶器盡已，最後一女，波私吒族釋種大臣

〔一〕出道宣律師感應記。

摩訶那摩，其女名爲耶輸陀羅，前後侍從圍繞而來。遥見太子，峨峨注睛，舉其雅步，瞻觀直眄，目不斜窺，漸進前趨，來迎太子，如舊相識，曾無愧顔。即白太子：可與我寶！太子報言：汝來既遲，皆悉施盡。女復白言：我有何過，汝今欺我，不與寶器？太子荅言：我不欺汝，但汝不及。是時大指邊有一所著印環，價直百千，從指脱與。耶輸白言：我於汝邊，可止直爾許物耶？太子報言：我之所著，自餘瓔珞，任意所取。女復白言：我今豈可剥脱太子，止可莊嚴太子。作此語已，心不歡喜，即迴還去。爾時世尊成佛已後，尊者優陀夷而白佛言：云何如來將身一切無價瓔珞脱持施與耶輸陀羅，不能令彼心喜？佛告優陀夷言：至心諦聽，我當説之。優陀夷言：願爲我説。爾時佛告優陀夷言：我念往昔無量世時，迦尸羅國内波羅柰城，時有一王，信邪倒見，而行治化。彼王有子，造少罪愆。父王驅擯，令出國界。漸漸行至一天祠中，共婦相隨，居停而住。食糧罄盡，王子遊獵，殺捕諸蟲，以用活命。所獵之處，見一蠠蟲，趁而殺之。即剥其皮，内水中煮。〔一〕其欲向熟，汁便竭盡。是時王子語其婦言：肉未好熟，卿更取水。彼王子婦，即便取水。婦去已後，王子飢急，不能忍耐，即食蠠肉，一切悉盡，不留片殘。時王子婦，取水迴還，問其夫言：此中蠠肉，今在何處？王子報言：蠠忽然還活，今已走去。其婦不信，何忽如是，蠠肉已熟，云何能走。婦心不信而意思念：必是我夫飢急食盡，誑我言走。情懷瞋

〔一〕「内」字原作「肉」，據高麗藏本改。

恨，心常不歡。於後數年，其父命終。時諸大臣，即迎王子，灌頂爲王。既作王已，所得衆寶，皆悉與妃。其妃不悦，王語妃言：何故顔容不悦。其夫人即説偈以報王言：

最勝大王聽，　往昔遊獵時，　執箭或持刀，　射殺野麤死，　剥皮煮欲熟，　遣我取水添，
食肉不留殘，　而誑我言走。

佛告優陀夷：此汝當知，爾時王者，我身是也。其王后者，今耶輸是也。我於爾時少許犯觸，猶今不喜。」〔一〕

又佛本行經云：「爾時大臣摩訶那摩見於太子一切技藝勝妙智能，最爲上首，而作是言：惟願太子受我懺悔。我於先時謂言太子不解多種技藝，令我心疑，不嫁女與。我今已知，願受我女，用以爲妃。爾時太子占良吉日及吉宿時，稱自家資而辦具禮。持大王勢，將大王威，而用迎納耶輸陀羅。以諸瓔珞莊嚴其身。又復共五百采女相隨而往，迎取入宮，共相娱樂，受五欲樂。是故説偈言：

耶輸陀羅大臣女，　名聞蓋國遠近知。　占卜吉日取爲妃，　迎將來入宮殿内。　太子共其受欲樂，
歡娱從逸不知厭。　猶如天上憍尸迦，　共彼舍脂夫人戲。」〔二〕

「爾時世尊於後最初得成道已，時優陀夷即白佛言：未審世尊往昔之時，與瞿多彌釋種之女有何

〔一〕出佛本行集經卷十二捔術争婚品。
〔二〕出佛本行集經卷十三捔術争婚品。

因緣，乃能令彼捨諸童子直取如來，用以爲夫，而心娛樂，云何而得？爾時佛告彼優陀夷言：汝優陀夷，至心諦聽。其瞿多彌釋種之女，非但今世嫌餘釋童而樂於我，乃往過去世時，亦復如是。不用彼等諸釋童子，取我爲夫。我念往昔雪山之下，多有雜類無量無邊諸獸馳遊，各各相隨，任其所食。時彼獸中有一牸虎，端正少雙，於諸獸中無比類者。彼虎如是毛色光鮮，爲於無邊諸獸求覓，欲取爲對。各各皆言：汝屬我來！汝屬我來！復有諸獸自相謂言：汝等且待，莫共相争，聽彼牸虎自選取誰，即爲匹偶。彼獸即是我等之王。時諸獸中有一牛王向於牸虎而説偈言：

世人皆取我之糞，持用塗地爲清浄。
是故端正賢牸虎，應當取我以爲夫。

是時牸虎向彼牛王説偈荅言：〔一〕

汝項觓領甚高大，止堪駕車及挽犂。
云何將此醜身形，忽欲爲我作夫主。

是時復有一大白象向於牸虎而説偈言：

我是雪山大象王，戰鬭用我無不勝。
我既有是大威力，汝今何不作我妻。

是時牸虎復以偈荅彼白象言：

汝若見聞師子王，膽讋驚怖馳奔走。
遺失屎尿狼藉去，云何堪得爲我夫。

〔一〕「牛」字原脱，據高麗藏本補。

爾時彼中有一師子，諸獸之王，向彼牸虎而說偈言：

汝今觀我此形容，　前分闊大後纖細。　在於山中自恣活，　復能存恤餘衆生。　我是一切諸獸王，　無有更能勝我者。　若有見我及聞聲，　諸獸悉皆奔不住。　我今如是力猛壯，　威神甚大不可論。　是故賢虎汝當知，　乃可爲我作於婦。〔一〕

時彼牸虎向師子而說偈言：

大力猛勇及威神，　身體形容悉端正。　如是我今得夫已，　必當頂戴而奉承。

爾時佛告優陀夷言：汝優陀夷，應當悟解。彼時師子諸獸王者，即我身是。時彼牸虎者，今瞿多彌釋女是也。時彼諸獸，現今五百釋童子是。當於彼時，其瞿多彌已嫌諸獸，意不願樂，聞我說偈，即作我妻。今日亦然，捨諸釋種五百童子。既嫌薄已，取我爲夫。」〔二〕

又因果經云：「時太子至年十七，王集諸臣而共議言，爲訪索婚。有一釋種婆羅門，名摩訶那摩。其人有女，名耶輸陀羅，顔容端正，聰明智慧，賢才過人，人禮備舉。有如是德，故索爲妃。太子雖納爲妃，然恒與妃行住坐卧，未曾有世俗之意，但修禪觀。」〔三〕

〔一〕「我」字原作「夫」，據高麗藏本改。

〔二〕出佛本行集經卷十四常飾納妃品。

〔三〕出過去現在因果經卷二。

又普曜經云：「時諸力士釋種長者啓王：若太子作佛，斷聖王種。王曰：何所有玉女，宜與太子爲妃。以權方便，令當試之。使上工匠立端金像，以書文字，女人德義，如吾所流，能應聘耳。王告左右梵志，入迦夷衛國遍瞻周行。覩一玉女，净猶蓮華，類玉女寶，是執杖釋種女，名俱夷。見太子奇異才術，以女俱夷爲太子妃。又年十七，王爲納妃。揀選數千，最後一女，名曰裘夷，端正第一，神義備舉，是則宿命賣華女也。雖納爲妃，久而不接。婦人情欲，有附近心。太子曰：汝却！人有汙垢，必汙此褻。婦不敢近。諸女咸疑太子不男，太子以手指妃腹曰：却後六年，爾當生男。遂以有娠。」〔一〕

又五夢經云：「太子有三妃：菩薩母姓瞿曇氏，〔二〕是舍夷長者女。長者名水光，其婦名餘明。婦居近邊城，生女之時，日將欲没，餘明照其家内皆明，因立字之瞿夷。此云明女。即是太子第一妃也。第二妃生羅雲，名耶檀，亦名耶輸。其父名移施長者。按瑞應、本起、善權衆經及智度論並云：羅睺羅是第二耶輸生。依五夢、十二遊經等云第一妃生。十二遊經前無如是，復闕流通，恐是西方諸羅漢别集釋。前卷已會之。第三妃名鹿野，其父名釋長者。太子以三妃故，白净王爲立三時殿。依西方一年立爲三時：春、夏、冬。不别立秋。用四月爲一時，故云三

〔一〕出普曜經卷三王爲太子求妃品。
〔二〕「菩薩母」，高麗藏本作「第一妃」。

時殿也。殿別有二萬采女，以娛樂太子。太子不出家時，身作轉輪王，〔一〕別名遮迦越王。〔二〕此云飛行皇帝。」〔三〕

疑謗部第四

如智度論云：「菩薩有二夫人：一名劬毗耶，是玉女，〔四〕不孕。二名耶輸陀羅。菩薩出家，夜有人言：太子出家，何得有娠，汙辱我門釋種。欲以火坑焚燒母子。耶輸自恨無事，立大誓言：我若邪行，其腹内兒，願母子隨火消化。耶輸發此願已，即投火坑。於是火滅，母子俱存。火變蓮池，母處華座。知實不虛，後生兒似菩薩身。父王大喜，作百味歡喜丸奉佛。佛變五百比丘皆如佛身。羅睺持丸與佛鉢中，方驗不虛。」〔五〕

又大善權經云：「疑菩薩非男，是黄門，故納瞿夷釋氏之女。羅雲於天變没化生，不由父母合會而

〔一〕「輪」字原作「輪」，據高麗藏本、磧砂藏本、南藏本、嘉興藏本改。
〔二〕「越」字原脱，據高麗藏本補。
〔三〕五夢經已佚。
〔四〕「玉」字原作「王」，據高麗藏本改。
〔五〕出大智度論卷十七。

有。」〔一〕

又佛本行經云：「爾時摩訶波闍波提共彼釋女耶輸陀羅將羅睺羅廣辦供具，齎持雜物，詣彼神所。其神名曰盧提羅迦。從神作名，其苑亦名盧提羅迦。於彼苑中，菩薩往昔在家之日，恒於彼苑，按摩遊戲。彼苑内有一大石，菩薩往日於上坐起。耶輸陀羅釋種之女，當於爾時將羅睺羅卧息彼石。於後捉石擲著水中，遂立誓言：我今安誓，如實不虚，唯除太子，更無丈夫共行彼此。我所生兒，實是太子體胤之息。是不虚者，今此大石，〔二〕在於水上，浮遊不没。時彼大石，如彼安誓，在於水上，遂即浮泛。如芭蕉葉，浮於水上，不沈不没，亦復如是。於時大衆見聞此已，生希有心，歡譁嘯調，踊躍無已，叫唤跳躑，歌舞作唱，旋裾舞袖。又作種種音聲伎樂。更爲羅睺羅作其生日。耶輸陀羅生息之時，是羅睺羅阿脩羅王捉蝕其月，於刹那頃，暫捉還放。是故立名羅睺羅。可喜端正，諸人見者，莫不歡悦。膚體黄白，如真金色。然其頭頂猶如繖蓋。〔三〕其鼻高隆，猶如鸚鵡。兩臂脩牗，下垂過膝。一切支節，無有缺減。諸根完具，莫不充備。」〔四〕

〔一〕出慧上菩薩問大善權經卷下。
〔二〕「今」字，高麗藏本作「令」。
〔三〕「頂」字，高麗藏本作「項」。
〔四〕出佛本行集經卷五十一尸棄本生品。

胎難部第五

如佛本行經云：「其羅睺羅，如來出家六年已後始出母胎。如來還其父家之日，其羅睺羅年始六歲。問曰：何故羅睺處在母胎六年不出？荅曰：羅睺往昔爲王，將彼仙人入苑，六日不出。故在母胎，止住六歲。大意同前。問：何故其母耶輸六年懷胎？荅：故本行經云：佛言：汝諸比丘，我念往昔過無量世，有一犛牛，在於牧所。其牛主妻，自將一女，往至牛犛，犛取乳酪。〔一〕所將二器，並皆盈滿。其器大者遣女而負，其器小者身自擔提。至其中路，語其女言：汝速疾行，此閒路嶮，有可怖畏。爾時彼女語其母言：此器大重，我今云何可得速疾？其母如是再三語：汝速疾行，今此路中，大有恐怖。爾時彼女而作是念：云何遣負最大器，更復催促，遣令急行？其女因此便生瞋恚，而白母言：母可且兼將此乳器，我今暫欲大小便耳。而彼母取此大器，負擔行已。其女於後徐徐後行。爾時彼母兼負重擔，遂即行至六拘盧舍。爾時佛告諸比丘言：汝等若有心疑，彼女有瞋恚心，乃遣其母負重行六拘盧舍者，莫作異見，耶輸陀羅釋女是也。既於彼時遣母負重，行其道路六拘盧舍。由彼業障，在於生死煩惱之內，受無量苦。以彼殘業，今於此生懷胎六歲。」〔二〕亦有經云：羅雲由過去塞其鼠孔，禁鼠六日不出，故

〔一〕「犛」字原作「搆」，據高麗藏本改。
〔二〕出佛本行集經卷五十五羅睺羅因緣品。

受胎六年。〔一〕

神異部第六

如觀佛三昧經云：「時耶輸陀羅及五百侍女，或作是念：太子生世多諸奇特，唯有一事，於我有疑。采女衆中有一女子名脩曼那，即白妃言：太子是神人也。奉事歷年，不見其根，況有世事。復有一女，名曰净意，白言：大家，我事太子經十八年，未見太子有便利患，況復諸餘。爾時諸女各各異説，皆謂太子是不能男。太子晝寢，〔二〕皆聞諸女欲見太子陰馬藏相。爾時太子於其根處出白蓮華，其色紅白，上下二三華相連。諸女見已，復相謂言：如此神人有蓮華相，此人云何心有染著。作是語已，噎不能言。是時蓮中忽有身根，如童子形。諸女見已，更相謂言：太子今者現奇特事，忽有身根，如丈夫形。諸女見已，不勝喜悦。現此相時，羅睺羅母見彼身根，華華相次，如天劫貝。一一華上，乃有無數大身菩薩，手執白華，圍繞身根。現已還没，如前日輪，此名菩薩陰馬藏相。爾時復有諸婬女等皆言：瞿曇是無根人。佛聞此語，如馬王相，漸漸出現。初出之時，猶如八歲童子。身根漸漸長大，如少年形。諸女見已，皆悉歡喜。時漸長大，如蓮華幢。一一層間有百億蓮華。一一蓮華有百億寶色。一一

〔一〕此段出處待考。
〔二〕「晝」字原作「畫」，據磧砂藏本、南藏本、嘉興藏本改。

色中有百億化佛。一一化佛有百億菩薩，無量大衆，以爲侍者。時諸化佛異口同音毁諸女人惡欲過患，而説偈言：

若有諸男子，　年皆十五六，　盛壯多力勢，　數滿恒河沙，　持以供給女，　不滿須臾意。

時諸女人聞此語已，心懷慚愧，〔一〕懊惱躃地，舉手拍頭，而作是言：嗚呼惡欲，乃令諸佛説如此事。我等懷惡，心著穢欲，不知爲患，乃令佛聞，訶厭欲惡。各厭女身。四千女等，皆發菩提心。二千女人遠塵離垢，得法眼净。二千女人於未來世得辟支道。佛告阿難：〔二〕我初成道在熙連河側，有五尼揵共領七百五十弟子，自稱得道，來至我所。以自身根繞身七匝，來至我所，鋪草而坐，即作此語：我無欲故，身根如此，如自在天。我今神通，過踰沙門百千萬億。爾時世尊告諸尼揵：汝等不知如來身分。若欲見者，隨意觀之。如來積劫修行梵行，在家之時，都無欲想，心不染黑，故得斯報。猶如寶馬，隱顯無常。今當爲汝，少現身分。爾時世尊從空而下，即於地上，化作四水，如四大海。四海之中有須彌山。佛在須彌山正身仰卧，放金色光。其光晃曜，映諸天身。徐出馬藏，繞山七匝，如金蓮華。華華相次，上至梵世。從佛身出一億那由他雜寶蓮華，猶如華幢，覆蔽馬藏。此蓮華一億有十億層，層有百千無量化佛，一一化佛百億菩薩無數比丘以爲侍者。化佛放光照十方界。尼揵見已，大驚心伏。佛梵行

〔一〕「慚」字原作「漸」，據高麗藏本、磧砂藏本、南藏本、嘉興藏本改。
〔二〕「阿」字原作「訶」，據高麗藏本、磧砂藏本、南藏本、嘉興藏本改。

相乃至如此不可思議，形不醜惡，猶如蓮華。我今頂禮佛功德海，求佛出家，皆得道果。」〔一〕

厭苦部第十此別四部

述意部　觀田部　出遊部　厭欲部

述意部第一

詳夫三有區分，四生稟性。共遊火宅，俱淪欲海。蠢蠢懷生，喁喁啃類。所以法王當洲渚之運，覺者應車乘之期。導彼戲童，歸兹勝地。悲憐俗網，慈欣出離。是以觀伎女之似横屍，悟宫闈之如敗塚。嗟生老之病苦，慕出世之常樂。故捨國城而高蹈，逮降魔而成道也。

觀田部第二

如佛本行經云：「其净飯王共多釋種，并將太子出外野遊，觀看田種。時彼地内所有作人，赤體辛

〔一〕出觀佛三昧海經卷八觀馬王藏品。

勤，而事耕墾。飛鳥啑蟲，共相殘害。即復唱言：嗚呼！嗚呼！世間衆生極受諸苦，所謂生老病死，兼復受于種種苦惱。展轉其中，不能得離。云何不求捨是諸苦？時浄飯王觀田作已，共諸童子還入一園。是時太子安詳矚眄，處處經行，欲求寂静。忽見一處有閻浮樹，蓊鬱扶疏，人所樂見。見已即語左右：汝等諸人各遠離我，我欲私行。是時太子發遣左右，悉令散已，漸至樹下，即於草上，結跏趺坐，諦心思惟：衆生有生老病死種種諸苦。發起慈悲，即得定心，離於諸欲，棄捨一切諸不善法。欲界漏盡，即得初禪。一切諸天帝釋等見太子在樹蔭坐，飛來到太子所禮敬説偈，讚已還去。時浄飯王須臾之間不見太子，心内即生不喜不樂，而問人言：我之太子今在何處，忽然不見？是時諸臣東西南北，交横馳走，尋覓太子，莫知所在。時一大臣遥見太子在彼閻浮樹蔭之下思惟坐禪。復見一切樹影悉移，唯閻浮蔭獨覆太子。時彼大臣見太子有是希奇難思議事，即大歡喜，踊躍充遍，不能自勝。急疾奔馳，走詣王所，至已長跪，依所見事，即説偈言：

大王太子今在彼，　閻浮樹蔭下端坐，　跏趺思惟入三昧，　光明照曜如日出。　此實真是大丈夫，　樹影卓然不移動，　唯願大王自觀察，〔一〕　太子相貌坐云何？　譬如大梵諸天王，亦如忉利天帝釋，　威神巍巍光顯赫，　遍照於彼諸樹林。

〔一〕「自」字原作「目」，據高麗藏本改。

時净飯王聞已，即詣閻浮樹所，遥見太子在彼樹閒結跏趺坐。譬如黑夜視山頂頭大聚火光，出猛明燄，威德顯著，炳照巍巍。如重雲閒，忽出明月。亦如暗室，然大净燈。時王見已，生大希有奇特之心，遍體戰惶，身毛悉竪。即頭頂禮於太子足，歡喜踊躍而作是言：善哉！善哉！此太子有大威德。説偈讚言：

如夜大火聚山頂，　似秋明月蔽雲閒，　今見太子坐思惟，　不覺毛張身戰慄。

時净飯王説偈讚已，更復頂禮於太子足，重説偈言：

我今再度屈此身，　頂禮千輻勝妙足，　從此已來至今日，　忽復得見坐思惟。

時有繫挾笙蹄小兒隨從大王啾唧戲笑，有一大臣咄彼小兒，作如是言：汝小兒輩幸勿唱叫。時諸小兒報彼臣言：何故不聽我等喧適。爾時大臣即以偈頌荅彼一切諸小兒言：

日光雖極熱猛盛，　不能迴彼樹陰凉。　復有最妙一尋光，　威德世閒無有匹。　思惟端坐於樹下，　不動不摇如須彌。　悉達太子内深心，　樂此樹陰當不捨。」〔一〕

佛本行經云：「菩薩向白净王説偈言：

譬如金屋火熾盛，　如食甘美毒藥和，　如滿池華有蛟龍，　王位受樂後大苦。」〔二〕

〔一〕出佛本行集經卷十二遊戲觀矚品。

〔二〕出佛本行集經卷二十一王使往還品。

出遊部第三

如佛本行經云：「爾時作瓶天子欲令太子出向園林，觀看好惡，發厭心故，漸教捨離。爾時太子聞是聲已，即喚馭者：可速嚴飾好車，今欲向園觀看。時净飯王知太子欲出，敕宣令迦毗羅城一切内外，悉遣灑掃清净，安雜香華，男女之者而莊嚴之。或有老病死亡六根不具者，悉令驅逐。是時馭者裝飾車乘，駕善調馬。悉嚴備已，白太子言：聖子當知，今已駕訖。爾時太子從東門引導而出，欲向園看。是時作瓶天子於街巷前，正當太子，變身化作一老弊人。太子見已，即問馭者：此是何人，身體皺皵，肉少皮寬，眼赤涕流，極大醜陋，獨爾鄙惡，不似餘人？即向馭者而説偈言：

善馭駕乘汝今聽，　此是何人在我前，　身體不正頭髮稀，　爲生來然爲老至？

爾時馭者即爲太子而説偈言：

此時名爲大苦惱，　劫煞美色及娛樂，　諸根毀壞失所念，　支節舉動不隨心。

爾時太子問馭者言：此人爲是獨一家法如是，爲當一切悉皆如斯？馭者報言：非獨一家如斯，一切世間皆有是法。貴賤雖殊，皆未過老。太子言：若我不離是老，宜速還宮。老法未過，云何縱逸！時净

飯王問馭者，具荅如前。王言：希有此之形相，恐太子出家，更增五欲。太子厭捨五欲，唯作老苦之觀。」〔一〕

「後於異時，辭王從城南門出，欲向園觀。王敕道路嚴浄，倍加於先。爾時作瓶天子即於太子前化作一病人，連骸困苦，命在須臾，卧糞穢中，宛轉呻喚，不能起舉，唱言：叩頭，乞扶我坐。太子見已，問馭者言：此是何人？腹肚極大，猶如大釜。喘息之時，身遍戰慄，悲切酸楚，不忍見聞。馭者以是因緣而説偈言：

太子問於馭者言，　此人何故受是苦？
馭者奉報於太子，　四大不調故病生。」〔二〕

「太子後於異時從城西門出，觀看園林。時作瓶天子於太子前化作一屍，卧在牀上。衆人轝行，無量姻親圍繞哭泣，椎胸拍頭，涕泣如雨，大叫號慟，酸哽難聞。太子見之，心懷慘惻，問馭者言：此是何人，轝行叫哭？説偈問言：

王子妙色身端正，　問善馭者此是誰？
卧於牀上四人轝，　諸親圍繞叫喚哭。

馭者向太子而説偈言：

已捨心意等諸根，　屍骸無識如木石。
諸親號咷暫圍繞，　恩愛於此長別離。

〔一〕出佛本行集經卷十四出逢老人品。

〔二〕出佛本行集經卷十五道見病人品。

太子復問：我亦有此死法不？以偈報言：

一切衆生此盡業，　天人貴賤平等均，　雖處善惡諸世間，　無常至時無有異。」〔一〕

「太子後於異時從城北門出。爾時作瓶天子以神通力去車不遠，於太子前化作一人，剃除鬚髮，著僧伽黎，偏袒右肩，手執錫杖，左掌擎鉢，在路而行。太子見已，問馭者言：此是何人，在於我前，威儀整肅，行步徐庠，直視一尋，不觀左右，執心持行，不似餘人？剃髮翦鬚，衣色純赤，〔二〕不同白衣。鉢色紺光，猶如石黛。馭者白太子言：此名出家之人。常行善法，遠離非法。善調諸根，善於無畏。於諸衆生慈悲，不行殺害，護念衆生。太子聞已，問馭者言：汝今將車向彼出家人邊。馭者承命，即引太子向出家人所。太子諮問：汝是何人？以偈報言：

觀見世間是滅法，　欲求無盡涅槃處，　怨親已作平等心，　世間不行欲等事。　隨依山林及樹下，　或復塚閒露地居，　捨於一切諸有爲，　諦觀真如乞食活。

爾時太子爲敬法故，從車而下，徒步向彼出家人所，頭面頂禮彼出家人，三匝圍繞，還上車坐。即敕馭者迴還宮中。是時宮内有一婦人，名曰鹿女，遥見太子歸來入宮，因於欲心而説偈言：

〔一〕出佛本行集經卷十五路逢死屍品。

〔二〕「純」字原作「絶」，據高麗藏本改。

净飯大王受快樂，　摩訶波闍無憂愁。　宮中采女極姝妍，　誰能當此聖子處？」〔一〕

又大善權、因果經等：「爾時太子年漸長大，出家時至。故辭父王，出四城門遊觀。前三所逢生厭，唯欣第四出家。諸大相師並知，太子若不出家，過七日後，得轉輪聖王位，王四天下，七寶自至。各以所知白王，王加守循四門各千人，周匝城外一踰闍那內，羅列人衆而防護之。」〔二〕

東門老頌曰：

蘆蕉城易犯，　危藤復將齧。　一隨柯已微，　當半信長訣。　已同白駒去，　復同紅華熱。
妍容一旦罷，　孤燈徒自設。

南門病頌曰：

伏枕愛危光，　痾纏生易折。　無因雪岸草，　慮返邙山穴。　消渴膄腸腑，　疼塞嬰支節。
如何促齡內，　憂苦無暫缺。

西門死頌曰：

綏心雖殊用，　滅景寧優劣。　一隨業風盡，　終歸虛妄設。　五陰誠爲假，　六趣寧有截。
零落竟同歸，　憂思空相結。

〔一〕出佛本行集經卷十五耶輸陀羅夢品。

〔二〕出慧上菩薩問大善權經卷下、過去現在因果經卷二。

北門僧頌曰：

俗幻生影空，憂繞心塵曀。於兹排四纏，去矣求三涅。下學背流心，方從窈冥別。

已悲境相空，復作池空滅。

厭欲部第四

如佛本行經云：「爾時太子聞此偈頌，遍體戰慄，淚下如雨。愛樂涅槃之樂，清净諸根，唯求出世，不樂處俗。王共智臣宫人采女，種種幻惑太子。時優陀夷國師之子侍衛太子，教諸婦人幻惑之術，而説偈言：

汝等采女輩，大有方便力，巧能幻惑他，善示汝境界。假使離欲人，真正諸仙等，得見於汝者，必應生欲心。况復此太子，觀汝等娱樂，不能行五欲，終無有是處！

愛著之情，態欲爲本。婦女之體，唯以丈夫敬重爲歡。心不愛著，榮華是難，而説偈言：

婦人敬是樂，敬爲樂最上。無敬唯有色，如樹無有華。

爾時太子説偈報言：

世榮雖快樂，　有生老病死。　此四種若無，〔一〕　我心離不樂。　生老病死法，　住此生老病。　若住生樂心，　共鳥獸無異。

爾時太子共國師優陀夷子等往復來去言論之時，日遂至没。太子既見日光没已，便入宫中，共諸采女，行於五欲，快樂歡喜，相共聚集，圍繞而住。其太子妃耶輸陀羅即於是夜，便覺有娠。太子後於異時於此五欲極生厭離，而求出家，而説偈言：

世間不净衆惑邪，　無過婦人之體性。　衣服瓔珞莊嚴故，　愚癡是邊生欲貪。　有人能作如是觀，　如幻如夢非真實。　速捨無明勿放逸，　必得解脱功德身。〔二〕

又瑞應經云：「太子年至十四，啓王出遊。」〔三〕因果經云：「有婆羅門子，名優陀夷，聰明智慧。王令與太子爲友：汝可説之，勿使出家。其依王敕，至太子所，而作是言：王敕令與太子爲友。朋友之法，其要有三：一者，見其過失，輒相諫曉。二者，見有好事，深生隨喜。三者，在於苦厄，不相棄捨。今獻誠言，願不見責。古世諸王，悉受五欲，後方出家。太子云何而頻棄捨？太子荅曰：此諸王等悉

〔一〕「無」字原作「有」，據高麗藏本改。
〔二〕出佛本行集經卷十五、卷十六耶輸陀羅夢品及捨宫出家品。
〔三〕出太子瑞應本起經卷上。

不免苦，故吾不同耳。」〔一〕

出家部第十一 此別十部

述意部　離俗部　剃髮部　具服部　使還部　諫子部

差侍部　佛髮部　時節部　會同部

述意部第一

竊以因緣假有，衆生之滯根；法本不然，至人之妙理。是以三界六趣，造業障而自迷；八解十智，導歸宗而虛豁。是以能仁大師隨緣布教。愍火宅之既焚，傷欲流之永鶩。託白净之宫，照黄金之色。居兹三惑，示晝篋之非真；出彼四門，厭浮雲之易滅。自嗟人世，漂忽若此。於是天王捧白馬而踰城，給使持寶冠而詣闕。脱屣尋真，其於斯矣。雖復秦世蕭史，周時子晉，許由洗耳於箕山，莊周曳尾於濮水，方兹去俗，何其蔑哉！致使慕其德者，斷惡以立身；欽其風者，潔己而修善。毁形以成其志，故棄

〔一〕出過去現在因果經卷二。

鬚髮之美容；變服以會其道，故去輪王之華服。雖形闕奉親，而内懷其孝；禮乖事主，而心戢其恩。澤被怨親，以成大順；福霑幽顯，豈拘小違。上智之人，依佛語故爲益；下凡之類，虧聖教故爲損。懲惡則濫者自新，進善則通人感化。所以仙林始抽簪之地，禪河起苦行之迹。沐金軀之净水，遊道場之吉樹。食假獻糜，座因施草。於是十力智圓，六通神足；魔兵席卷，大覺道成也。

離俗部第二

如因果經云：「爾時太子心自念：我年已至十九。今是二月，便是七日。宜應方出，思求出家，今正是時。作此念已，身放光明，照四天王宮，乃至净居天宮，不令人見此光明。爾時諸天見此光已，皆知太子出家時到，即便來下，到太子所，頭面禮足，合掌白言：無量劫來所修行願，今正成熟。太子荅言：如汝等語，今正是時。然父王敕内外官屬，嚴見防衛，欲去無從。諸天白言：我等自當設諸方便，令太子出，使無知者。即以神力令諸官屬悉皆困卧。〔一〕耶輸陀羅眠卧之中，得三大夢：一者，夢月墮地；二者，夢牙齒落；三者，夢失右臂。得此夢已，眠中驚覺，心大怖懼，白太子已，具述三夢。太子言：月猶在天，齒又不落，臂復尚在。當知諸夢虚假不實，汝今不應横生怖畏。又語太子：如我自忖

〔一〕「困」字原作「淳」，據高麗藏本改。

所夢之事，必是太子出家之瑞。太子又荅：汝但安眠，勿生此慮。聞已遂眠。」〔一〕

又普曜經云：「於時菩薩夜觀伎女百節之中，譬如芭蕉，九孔不浄，無一可樂。明星適現，即敕車匿起被揵陟。適宣此語時，四天王與無數閲叉龍等皆被鎧甲，從四方來，稽首菩薩曰：城中男女皆疲極，孔雀衆鳥亦疲極寐。」〔二〕

又彼本起經云：「諸天皆言：太子當去，恐作稽留。」〔三〕「急去遠此大火之聚。爾時太子思如是已，至於後夜，浄居天王及欲界諸天，充滿虚空，即共同聲白太子言：内外眷屬皆悉昏卧，今者正是出家之時。爾時太子即自往至車匿所，以天力故車匿自覺。而語之言：汝可爲我牽揵陟來。爾時車匿聞此語已，舉身戰怖，心懷猶豫。一者，不欲違太子令；二者，畏王敕旨嚴峻。思惟良久，流淚而言：大王慈敕如是，又今非遊觀時，又非降伏怨敵之日，云何於此後夜之中而忽索馬？欲何所之？太子復語車匿言：我今欲爲一切衆生降伏煩惱結賊故，汝今不應違我此意。爾時車匿舉聲號泣，欲令耶輸陀羅及諸眷屬皆悉覺知太子當去。以天神力，昏卧如故。車匿即便牽馬而來。太子徐前而語車匿及以揵陟：一切恩愛會當别離。世間之事易可果遂，出家因緣甚難成就。車匿聞已，默然無言。於是揵陟

〔一〕出過去現在因果經卷二。
〔二〕「亦」字原作「又」，據高麗藏本改。出普曜經卷四出家品、告車匿被馬品。
〔三〕出修行本起經卷下。

不復嘖鳴。爾時太子見明相出，放身光明，徹照十方。師子吼言：過去諸佛出家之法，我今亦然。於是諸天捧馬四足，并接車匿，釋提桓因執蓋隨從。天即便令王北門自然而開，不使有聲。車匿重悲：門閉下闢，誰當開者。時諸鬼神阿須倫等自然開門。太子於是從門而出，虚空諸天歌讚隨從。至於天曉，所行道路，已三踰闍那。時諸天衆既從太子至此處已，所爲事畢，忽然不現。太子次行至彼跋伽仙人苦行林中，即便下馬，撫背而言：所難爲事，汝作已畢。又語車匿：唯汝一人，獨能隨我，甚爲希有。我今既已至閑静處，汝便可與揵陟俱還宫也。車匿聞此語已，悲號啼泣，迷悶躃地，不能自勝。於是揵陟既聞被遣，屈膝舐足，淚落如雨。我今云何而捨太子，獨還宫也！太子苔言：世間之法，獨生獨死，豈復有伴。吾今爲欲滅諸苦使，故來至此。諸苦斷時，然後當與一切衆生而作伴侣。」〔一〕

又佛本行經云：「爾時護世四天王及天帝釋知太子出家時至，各隨其方，辦具莊飾。各領一切眷屬百千萬衆，前後導從，作諸音樂，從四方來，三匝圍繞迦毗羅城。各合十指掌，低頭曲躬，面向太子，塓塞虚空。復見鬼星已與月合。爾時諸天唱大聲言：大聖太子，鬼宿已合，今時至矣。欲求勝法，莫住於此。太子聞已，觀諸采女，穢汙不净，睡眠不覺。以手拔髮令寤，又以脚蹋彼采女身，不覺不知。以外同前。太子既出城外，師子吼言：要誓證彼真如菩提，然後還來入城教化。而彼處所有一最大尼拘

〔一〕出過去現在因果經卷二。

陀樹神，以偈語太子言：

若人欲伐於樹木，要必當盡其根本。如斯物類須斷絶，渡水宜令達彼岸。〔一〕言語一竟不得虚，作怨亦訖莫復喜。

爾時太子以偈報彼樹神言：

雪山處所可動移，海水或使其枯竭。天公虚空崩落地，我吐言語終不虚。」〔二〕

「太子脱頭寶冠與車匿，報大王，而説偈言：

假使恩愛久共處，時至會必有別離。見此無常須臾間，是故我今求解脱。

爾時車匿聞此語而説偈言：

假使用鐵持作心，以聞如是言誓語。人誰不心酸楚毒，況我愛戀同日生。

爾時太子即説偈報車匿言：

假使我今身血肉，并及支節筋脉皮。一切磨滅盡消亡，或復性命不全保。我若不捨此重擔，越度諸苦達本源。未證解脱坐道場，終不虚爾還相見。

是時車匿舉聲大哭，白太子言：此馬雖是畜生，猶尚悲戀，垂淚而泣，胡跪出舌，舐太子二足。況復眷

〔一〕「渡」字原作「度」，據高麗藏本、磧砂藏本、南藏本、嘉興藏本改。

〔二〕出佛本行集經卷十六、卷十七捨宮出家品。

屬，當見何殃！爾時太子以手摩馬王揵陟而有偈言：

太子以右羅網指，　萬字千輻輪相現。　金色柔軟清净手，　用摩馬王揵陟頭。　猶如兩人對語言，　汝同日生馬揵陟。　莫過悲啼生懊惱，　汝作馬功已訖了。　我若當證甘露味，　所可負載於我者。　分別密教甚深法，　報荅於彼終不虚。」〔一〕

剃髮部第三

佛本行經云：「爾時太子從車匿邊索取摩尼雜飾莊嚴七寶靶刀，自以右手執於刀從鞘拔出。即以左手攬捉紺青優鉢羅色螺髻之髮，右手自持利刀割取，以左手擎擲置空中。時天帝釋以希有心，生大歡喜，捧太子髻，不令墮地。以天妙衣，乘受接取。爾時諸天以彼勝上天諸供具而供養之。爾時净居諸天大衆去於太子不近不遠，有一華鬘，〔二〕名須曼那。其須曼那華下，化作一净髮人，執利剃刀而立。〔三〕太子語净髮師：汝能爲我净髮以不？其净髮師報太子言：甚能。即以利刀剃頭。時天帝釋生希有心，所落之髮，不令一毛墜墮於地。一一悉以天衣盛之，將向三十三天而供養菩薩髮髻冠櫛，至今

〔一〕出佛本行集經卷十八剃髮染衣品。
〔二〕「鬘」字原作「鬚」，據高麗藏本改。
〔三〕「而立」二字原脱，據高麗藏本補。

不斷。」〔一〕

依道宣律師感應記云：「天人荅律師曰：如來初成道至十三年中，於祇洹精舍時，大梵天王請佛轉法輪。十方百億國土諸佛皆悉雲集，於大千界中。菩薩、聲聞、八部龍神亦集祇洹。爾時釋提桓因白佛言：世尊，我見大梵天王請佛轉法輪。今欲洗佛身，伏願聽許。佛便聽許。即時七寶行宮及以香湯水等欲洗佛身。佛告阿難：汝往菩提樹金剛座西塔，取我七寶剃刀并浴金剛盆，我欲剃髮。阿難依命取來，至世尊所。佛受刀已，普告大衆：自我成道已來，未曾爲汝等説此刀因緣。汝今諦聽。我初踰城出時，去父王宫可六十里，車匿白我言：我今少疲，願小停息。我聞即停。於止息處有一大龍池，周匝四十里。池多五色蓮華，四面華樹，令人愛樂。我至池水取水洗面，忽有二年少來至我所，問：至何所？我荅：爲求菩提。彼年少言：我是此池龍王，自有書籍韋陀典記。此賢劫中有千佛出，我作龍身，經于十大劫數，見世尊成道及入涅槃。至拘留孫佛入涅槃時，將一黄金剛盆，函中有剃刀。自從賢劫三佛已來，剃刀及金剛盆遞相分付。今欲請仁者入宫，設諸微供。未審許不？我即隨往至宫受供，并將七寶刀以奉上我。龍即語我言：汝今修道多有魔嬈。若欲思惟時，常持此刀，安於右膝上。此刀放光，遍汝身上，化成千萬丈。從刀光現作一帳，以覆汝身。於此刀帳上，有百千力士，各執其刀，外有

〔一〕出佛本行集經卷十八剃髮染衣品。

所擬。魔見驚怖，不起惡心。待汝成道時，欲剃鬚髮，我將金剛盆自來至汝所。初成道時，入河洗浴，彼龍持盆至汝邊。佛告梵王：汝取寶刀上昇梵宮，并告地神堅牢等，從金剛際，造金剛臺，高七千由旬，令如來坐上。又告娑竭龍王：汝可化身爲八萬四千黄金龍像，頭用七寶成，身以黄金作之。從須彌山下取八功德水，來灌世尊頂。又告天魔：汝洗世尊髮。命釋提桓因：汝執金剛盆以承世尊髮。化樂天王化作白銀蓋，蔭覆如來頂。十方諸佛普來我所，各坐金剛盆，又執七寶刀。十方諸佛以金色手各摩我頂。得摩頂已，得百千三昧。諸來世尊告梵天王：汝可取刀剃如來髮。時大梵天王執刀欲剃，遂不見如來頂，上尋有頂亦不見頂。佛告梵王：我見過去諸佛皆自剃髮，一切凡聖無能見我頂者。我自剃髮已，鬚髮皆盡，唯有二髭，雖剃不落。剃已，入河洗浴。時諸梵釋龍王等競來争取我髮。佛告大衆：可付梵釋魔龍等各與少許鬚髮。復將鬚髮將付净飯王。十方諸佛復告我言：此梵天王是汝大檀越主，汝可爲現頂相，令彼執刀重剃鬚髮。我聞此語，便爲現頂相。我持此刀授與梵王，大地爲之六種震動。刀放大光，照百億佛土。我雖現頂，還上至色界頂。爾時梵王便昇有頂，始剃我髮，〔一〕後剃我兩髭。髭既落已，便放大光，下至閻浮，化成二寶塔，高至有頂，具衆莊嚴。我成佛來，此塔最先。十方諸佛一時告我言：將此二髭塔付與梵王，令彼守護。使地神堅牢造小金剛塔，用盛剃刀及此金盆。

〔一〕「髮」字原作「頂」，據高麗藏本改。

我見過去諸佛初登正覺，皆最初度五人，皆執此寶刀手剃彼髮，雖用刀剃，然刀不至髮。及唱善來已，鬚髮自落。世尊今既成道，可執此刀往鹿苑中，如過去諸佛度五人。我從彼言，即至鹿苑，手剃五拘鄰。從此已後，皆命善來，兼後羯磨。復告須菩提：汝從戒壇出光，照百億諸佛及我分身佛，皆集戒壇。須菩提奉命集已，如來從講堂手執剃刀，阿難執金剛盆，與人天大衆來至戒壇。繞壇三匝已，從北面昇壇，告大梵天王：汝施我工匠及天金鐵，我造剃刀。又告堅牢地神：汝施我金剛，我欲造小塔，用盛此寶刀。又告娑竭龍王：汝之龍工最巧，可爲我造寶刀函。諸天人等依言奉施。如來神力，經于一食頃，三種皆成。其所造剃刀得八萬四千具，以内函中，安金剛塔中。又告十方佛各施刀塔，其數八十億。皆付文殊、普賢：我涅槃後，取諸施塔，遍大千界八十億大國，一國別置一塔。諸閻浮提具八萬四千塵勞門者，皆望得脱，令得出家，度脱生死。種種利益，不可具述。佛告文殊：過是年已，汝持我刀塔至震旦清凉山金剛窟中安置。佛告阿難：汝往父王宫所，取我髮來，付與帝釋。阿難依命付已。佛告帝釋：汝將我髮欲造幾塔？帝釋白佛言：我隨如來髮，一螺髮造一塔。佛告龍王：令造瑪瑙瓶、黄金函，將付帝釋，用盛螺髮。爾時帝釋使天工匠，經三七日，方得可成。如來以神力故，如一食頃，髮塔皆成。大數有二十六萬。佛告天帝：汝留三百塔於天上守護。自餘諸塔，我涅槃後，將髮塔八萬四千付文殊師利於閻浮提，如上諸國我法行處，流通利益。又佛告阿難曰：汝往父王所，取我髭來。合六十四莖。其二莖髭者，已施梵王。餘並將來，我欲造塔。阿難依命取付世尊。佛告諸羅刹：我施汝二髭，當造七寶函及造栴檀塔，盛髭供養。以髭威力，令汝得諸飲食。羅刹白佛言：蒙恩施髭，令造寶塔，未審高幾許？佛告羅刹：可高四十由旬。自餘六十髭亦隨造函塔，可高三丈許。諸羅刹等依命造塔，皆大歡喜。又告諸羅刹：汝好守護，勿使外道惡人魔鬼毒龍妄毁我塔。此塔是汝命根。以護塔故，飲食常豐。此塔年別三度放光照汝身。以光威力，常雨粳糧石蜜諸果菜等，所須皆足。若懷惡心，光便不現，飲食自消。汝若見此惡相，當率諸羅刹來至塔所，深自悔責。塔還放光，飲食還足。此之髭塔，世尊涅槃時，六十髭塔付彼無言菩薩，令加守護，勿令惡王損壞。於閻浮提六十大國内有文字處，一國置一塔。令地神堅牢用金剛造塔，高三丈許，用盛髭函。於前六十國内，選取名山，鑿石爲龕，以内龕中。龕門牢封，無令後諸國王開損，不得久住也。」〔一〕

具服部第四

佛本行經云：「爾時太子既剃髮已，净居天復化作獵師之形，身著袈裟染色之衣，手執弓箭。見已語言：汝能與我此之袈裟衣不？我與汝迦尸迦衣，價直百千億金，復爲種種栴檀香等之所薰修。而說偈言：

此是解脱聖人衣，　若執弓箭不合著。
汝發歡喜心施我，　莫惜共我傳天衣。

〔一〕出道宣律師感應記。

爾時獵師報言：善哉，今實不惜。時净居天所化之衣，從菩薩取迦尸迦微妙衣飛上虛空。如一念頃，還至梵天，爲欲供養彼妙衣故。菩薩見已，生大歡喜。爾時菩薩剃髮，身得袈裟已，形容改變。既嚴整訖，口發如是大弘誓言：我今始名真出家也。」〔一〕

使還部第五

佛本行經云：「於是車匿及馬王悲淚而別太子，因説偈言：

菩薩初出半夜行，　車匿辭別牽揵陟。　以苦逼切失威儀，　迴還八日乃到宮。

車匿及馬既到城已，所見城空曠，雨淚而入。其馬揵陟在宮門外，欲入門觀瞻太子坐卧之處。不見太子，淚下如流。一切人民眷屬唯見車匿及馬向宮，各舉兩手，叫唤大哭，流淚滿面，而説偈言：

彼等采女心苦切，　渴仰欲見太子還。　忽覩車匿馬空迴，　淚下滿面叫唤哭。　解絶纓絡妙衣服，　散披頭髮身疲羸。　各舉兩手無承望，　啼號不眠徹天曉。

爾時宫内眷屬懊惱不可具述。時大妃耶輸向車匿説：如我無夫之婦已見自至，從家而出，行至山林。使我孤單，獨在空室。何得令心而不破裂！即説偈言：

〔一〕出佛本行集經卷十八剃髮染衣品。

我今身心甚大剛，　如鐵共石無有異。
主捨入山宫内空，　何故我今心不破！

時净飯王念太子故，憂苦切身，迷悶倒地，無所醒覺，而説偈言：

王聞菩薩誓願重，　及見車匿揵陟還。
忽然迷悶自撲身，　猶如帝釋喜幢折。

時王醒已而説偈言：

揵陟汝馬速疾行，　將我詣彼還迴返。
我無子故命難活，　如重病人不得醫。」〔一〕

又普曜經云：「於是菩薩適出城門，迦維羅衛一切羣衆知太子去，共談而喜。俱夷明日從寐起已，遥聞衆言，覺知已去。聽大聲響，不見菩薩及馬車匿。王心感絶，自投於地，舉身稱怨，永絶我望，何所依怙。俱夷從牀宛轉在地，自搣頭髮，斷身寶瓔。何以痛哉！是我導師，依恃如天，而棄我去，用復活爲！恩愛未久，便復别離。淚下如雨，不能自勝。不見菩薩，無不懷慼。國中樹木尋時虧落，無諸華實。諸清净地，悉生塵垢。其王聞之，與羣臣眷屬圍繞，行至園觀，亦懷悲苦。瞿夷心望菩薩當還。車匿言：菩薩啓王及瞿夷，得佛道已，乃還相見。王覩寶衣、車匿、白馬而獨來還，不見太子，自投墮地。嗚呼阿子！明曉經典，衆奇異術，無不博達。今爲所至，棄國萬民！車匿説之，我子菩薩爲何所遊？誰爲開門？其諸天人供養云何？車匿白曰：唯王聽之。我在常處宴然卧寐，城門已閉。於時菩薩告我

〔一〕出佛本行集經卷十八、十九剃髮染衣品及車匿等還品。

被馬，城中萬民皆眠不聞。天帝開門，四天王告敕四神，捧其馬足，諸百千天帝釋梵以侍送之。嚴治道路，演大光明，散華燒香，諸天伎樂，同時俱作。涌在虚空，諸天圍繞，以侍送之。去是極遠，脱衣寶瓔及白馬遣我還國：啓王謝妃，必至成佛，乃還相見，勿令愁憂。於是瞿夷聞車匿言，益用悲哀。抱白馬頭，以哀歎曰：太子乘汝，何以獨來！顔貌殊妙，如月盛滿，相好莊嚴，便復别去。遠近嗟歎，莫不悲憐。云何獨去，誰復將行？車匿無狀，挑我兩目。於時車匿見王瞿夷所説辛苦，益悲流淚。述前苦諫，太子所爲，皆應道法，今勿復悲。」〔一〕

諫子部第六

如佛本行經云：「净飯王使二人向山諫太子迴，而説偈言：

棘刺頭尖是誰磨？　鳥獸雜色復誰畫？　各隨其業展轉變，　世間無有造作人。

爾時太子具報使人，令王深信因果，不信自然。」〔二〕文繁不可廣説。

又普曜經云：「父王聞太子出家，悲泣垂淚，而問之曰：何所志願？何時能還？與吾要誓。吾以年朽，家國無嗣。太子以時而荅偈言：欲得四願，不復出家：一、不老，二、至竟無病，三、不死，四、不

〔一〕出普曜經卷四告車匿被馬品。
〔二〕出佛本行集經卷二十一王使往還品。

別。神仙五通雖住一劫，不離於死。王聞重悲。斯四願者，古今無獲，誰能除此！」〔一〕

差侍部第七

佛本行經云：「爾時輸頭檀王告諸釋言：汝等諸釋若知時者，必須家別一人出家。若其釋種兄弟五人，令三人出家，二人在家。若四人者，二人出家，二人在家。若三人者，二人出家，一人在家。若二人者，一人出家，一人在家。若一人者，不令出家。何以故？不使斷我諸釋種故。」〔二〕

佛髮部第八

如觀佛三昧經云：「如來頭上有八萬四千毛，皆兩向靡，右旋而生，分齊分明，四觚分明。一一毛孔，旋生五色光，入前十四色光中。昔我在宮，乳母爲我沐頭時，大愛道來至我所。悉達生時多諸奇特。人若問我，汝子之髮，爲長幾許，我云何荅？今當量髮，知其尺度。即敕我申髮。母以尺量，長一丈三尺五寸。放已右旋，還成蠡文。欲納妃時，復更量之，長一丈三尺五寸。我出家時，天神捧去，亦長一丈三尺五寸。今者父王看如來髮，即以手申，從尼拘樓陀精舍至父王宮，如紺瑠璃，繞城七匝。於

〔一〕出普曜經卷三四出觀品。
〔二〕出佛本行集經卷五十三優波離品。

佛髮中，大衆皆見若干色光，不可具説。斂髮捲光，右旋宛轉，還住佛頂，即成蠡文。」〔一〕

又僧祇律云：「佛在日時，每四月一剃髮。」〔二〕依薩婆多論，雖四月一剃，如凡人七日剃髮狀。〔三〕又文殊師利問經云：「凡人髮長二指當剃。或二月日，若短而剃，是無學菩薩。爪不得長得如一横穀。何以故？爲搔癢故。」〔四〕又四分律云：「佛言：聽諸比丘皮次剪爪極長如一麥應剪。髮半月一剃，極長兩指。若二月一剃。」〔五〕二月者，白黑各有十五日，當此間三十日爲二月。又毗尼母經云：「佛告諸人，此髮不可故衣故器盛之，當用新物。有瞿波羅王子從世尊乞髮。佛言：應用七寶器盛之供養。」〔六〕

又四分律云：「時阿難持故器收世尊髮。佛言：不應以故器盛如來髮，應用新器新衣繒綵若鉢衣裹盛之。時有王子瞿波離將軍欲往四方有所征伐，來索世尊髮。佛言：聽彼得已。不知安處。佛

〔一〕出觀佛三昧海經卷一觀相品。
〔二〕出摩訶僧祇律卷二十九。
〔三〕出薩婆多毗尼毗婆沙卷八九十事。
〔四〕出文殊師利問經卷上菩薩戒品。
〔五〕出四分律卷五十一。
〔六〕出毗尼母經卷三。

言：聽安金塔中，若銀塔中，若寶塔中，若雜寶塔，繒綵衣裹。不知云何持。佛言：聽象馬車乘，頭上肩上擔。時王子持世尊髮去，所往征伐，得勝還國。爲世尊起髮塔，亦聽比丘持世尊髮行，如上安置。彼不洗大小便處持世尊塔。佛言：不應爾，令净者持。彼安如來塔置不好房中，已在上好房中宿。佛言：不應爾，應安如來塔置上好房中，已在不好房宿。彼安如來塔置下房，已在上房宿。佛言：不應爾，應安如來塔在上房，已在下房中宿。彼共如來塔同屋宿。佛言：不應爾。彼爲守護堅牢故而畏慎不敢共宿。佛言：聽安杙上。若杙上若頭邊眠，爲守護塔故，聽塔内宿。亦爲堅牢塔内藏物故，聽宿。彼著革屣及捉入塔内。佛言：不應爾。佛言：聽塔下坐食，不令汚穢不净。若有不净衆物，聚著脚邊，食已持去。」〔一〕此數有征伐人，雖不見佛髮將行，然有俗人好心造小像及將舍利，及寫小字經卷，並安頭髮内，未知許不？荅曰：聖教無文。然有好心欲將經像舍利時，准前征將取世尊髮法，用安置作小塔子内安彌善。貧無物造，亦應净繒帛裹内，將行至處，上好杙上，如前安置。若安髮内，恐髮垢穢，臭氣不净。又軍行在道，大小便利，急卒不可臨時解頭取之。如前佛髮不許便利穢處安置。准此經像亦同前法也。

〔一〕出四分律卷五十一。

時節部第九

如十二遊經、增一阿含、長阿含等並云：「二十九出家。」〔一〕增一阿含：「三十年在外道法中。」今推大例，如來在世七十九年。若二十九出家，三十五成道，所可化物，唯應四十五年。而禪要經云：「釋迦一身化衆生三十九年。」〔二〕諸經多十九出家，應以爲正。故未曾有經云：「耶輸陀羅言：如來取我未過三年。」〔三〕既瑞應經云：「太子年十七納妃。」〔四〕便證十九出家是正也。若二十九年出家，三十五成道，經中益少。且云二十年外道中學，便是五十方始成道，足知誤矣。良由衆生根行不同，見有同異。

會同部第十

述曰：謂世代流遠，戎華音隔。譯人不同，受言各異。雖欲會隨，終無定准。夫一代之書，羣賢相

〔一〕出十二遊經、增一阿含經卷十三、長阿含經卷四遊行經。
〔二〕此段出處待考。
〔三〕出未曾有因緣經卷上。
〔四〕出太子瑞應本起經卷上。

襲，遂令亥豕換文，魚魯易韻。況國有中外，書則雲鳥。以此往求，難得盡一。又如黄帝三面，樂臣一足。言無胡漢，事有楚越。況邪業易聆，正法難悉。言有中邊，迴换書之，而得審定無異説者哉！

法苑珠林校注卷第十一

成道部第十二此別十部

述意部　乞食部　學定部　苦行部　乳糜部　草座部

降魔部　成道部　天讚部　變化部

述意部第一

蓋聞大聖應期，有感必形。蔭覆十方，化周三界。是四生之導首，六趣之舟航。至如兜率下生，閻浮現滅，貫日處胎，殞星晦迹。林微尼園，啓四八之瑞；畢利叉樹，放十種之光。鑒彼四門，捐兹五欲。捨嚴城而獨往，依道樹而超登。合四鉢於連河，度五鄰於鹿苑。蕩愛著於綿區，湔塵冥於曩劫。慧日既開，光清八獄；〔一〕玄功闡化，〔二〕慈照四生。敷演一音，各隨類解。像教攸興，其來久矣。

乞食部第二

如四分律云：「爾時菩薩漸漸遊行，從摩竭國界往至婆羅閲城，於彼止宿。明旦入城乞食。顏貌端正，屈伸俯仰，行步庠序，視前直進，不左右顧眄。著衣持鉢，入羅閲城乞食。時摩竭王在高樓上，諸臣前後圍繞，遥見菩薩入城乞食，行步庠序。即向諸臣以偈讚之。王即遣信問：比丘欲何所詣？菩薩荅之：山名班荼婆，當於彼止宿。〔三〕使人速還返白王如是事。王聞彼使言，即嚴好象乘，衆人共尋從，即往禮菩薩。時王語太子言：今可於此住，我舉國一切所有及脱此寶冠相與，可居王位治化，我當爲臣。時菩薩報言：我捨轉輪王出家學道，豈可於此邊國王位而處俗耶？王今當知，猶如有人曾見大海水，後見牛跡水，豈可生染著心！此亦如是，豈可捨轉輪王，習粟散小王位！此事不然。時王前白言：若成無上道者，先詣羅閲城，與我相見。菩薩報言：可爾！爾時王即禮菩薩足，繞三匝而去。」〔四〕

〔一〕「獄」字原作「嶽」，據高麗藏本改。

〔二〕「玄」字原作「立」，據高麗藏本改。

〔三〕「彼」字原脱，據高麗藏本補。

〔四〕出四分律卷三十一。

又佛本行經云：「菩薩爲摩伽陀國王説云：大王，我等今實不畏彼毒蛇，亦復不畏天雷霹靂，亦復不畏於猛火焰被大風吹燒野澤者，但畏五欲境界所逼。何以故？諸欲無常，猶如劫賊盗諸功德。爾時菩薩即説偈言：

五欲無常害功德，六塵空幻損衆生。世間果報本誑人，智者誰能暫停住。愚癡天上不滿意，況復人間得稱心。欲穢染著不覺知，猶如猛火然乾草。往昔頂生聖王主，降伏四域飛金輪。復得帝釋半座居，忽起貪心便墮落。假令盡王此大地，心猶更欲攝他方。世人嗜欲不知厭，如巨海納諸流水。

大王當知，彼須彌山下有阿脩羅。然其兄弟各爲貪欲，〔一〕愛一玉女，二人相争而自鬬戰，傷害俱死。便説偈言：

往昔脩羅兩兄弟，爲一玉女自相殘。骨肉憐愛染著增，智人觀知不貪欲。

菩薩又言：或爲五欲故，生天、生人。既得生已，著五欲故，投身透水，或復赴火；爲五欲故，自求怨讎。又説偈言：

癡人愛欲故貧窮，繫縛傷殺受諸苦。意望此欲成衆事，不覺力盡後世殃。」〔二〕

〔一〕「欲」字原脱，據高麗藏本補。
〔二〕出佛本行集經卷二十三勸受世利品。

又佛本行經菩薩説偈言：

「假使恩愛久，　共處至命盡。　會别離見此，　無常須臾間。　是故我棄捨，　恩愛永離别。　志求無上道，　願度一切人。」〔一〕

學定部第三

如四分律云：「時菩薩即向阿藍迦藍所學不用處定。精進不久，得證此法。時菩薩捨之而去。後往鬱頭藍子處學有想無想定。精進不久，得證此法。菩薩思惟：此兩處定非涅槃，非永寂休處，不樂此法。便捨二人而去，更求勝法。時菩薩更求勝法者，即無上休息法也。時有五人追逐菩薩念言：若菩薩成道，當與我等説法。」〔二〕

又佛本行經云：「阿羅邏仙人報菩薩云：諸凡夫人愛於貪欲，受繫縛等苦，一切皆由境界。而説偈言：

〔一〕出佛本行集經卷十八剃髮染衣品。此首偈文高麗藏本作「假使恩愛久共處，時至命盡會别離。見此無常須臾間，是故我今求解脱。」佛本行集經與高麗藏本同，僅「命盡會」作「會必有」。

〔二〕出四分律卷三十一。

山羊被殺因聲死，　飛蛾投燈由火色，　水魚懸鈎爲呑餌，　世人趣死以境牽。」〔一〕

又新婆沙論云：「佛爲菩薩時，厭老病死，出劫比羅伐窣堵城，求無上智。時浄飯王遣釋種五人隨逐給侍。〔二〕二是母親，三是父親。母親二人執受樂行得浄，〔三〕父親三人執苦行得浄。當於菩薩修苦行時，母親二人心不忍可，即便捨去。菩薩後知苦行非道，捨而受食羹飯酥乳，以油塗身，習處中行。父親三人咸謂菩薩狂亂失志，亦復捨去。後世尊成佛，即作是念：彼皆是我父母親族，先來恭敬供養於我。今欲酬報，爲何所在？天即白言：今在婆羅痆斯國仙人鹿苑。庶事如前。問：何故名婆羅痆斯？荅：此是河名。去其不遠造立王城，是故此城亦名婆羅痆斯。問：何故名仙人論處？荅：若作是説：諸佛定於此處轉法輪者，彼説佛是最勝仙人，皆於此處初轉法輪，故名仙人論處。若作是説：諸佛非定於此轉法輪者，彼説應言仙人住處。謂佛出世時，有佛仙及聖弟子仙衆所住。佛不出世時，有獨覺仙所住。若無獨覺時，有世俗五通仙住。以此處恒有諸仙已住、今住、當住故，名仙人住處。有説：應言仙人墮處。昔有五百仙人飛行山中，至此遇退因緣，一時墮落。問：何故名施鹿林？荅：恒有諸鹿遊止此林，故名鹿林。昔有國王名梵達多，以此林施與羣鹿，故名施鹿林。如羯蘭鐸迦長者於

〔一〕出佛本行集經卷二十二問阿羅邏品。

〔二〕「遺」字原脱，據高麗藏本補。

〔三〕「受」下原衍「欲」字，據高麗藏本删。

王舍城竹林園中穿一池以施羯蘭鐸迦鳥，令其遊戲，因名施羯蘭鐸迦池。此亦如是故名施鹿林。」〔一〕舊翻名迦蘭陀鳥。善見論：「其形如鵲。」〔二〕

苦行部第四

爾時菩薩於此鹿林在五拘鄰比丘所，學於苦行。經於六年，極生辛苦，過其本師。以自餓故，而不得道，徒勞疲形。故涅槃經云：「菩薩當以苦行自誡其心，日食一胡麻，經一七日。秔米、紅豆、麻子、粟、穈及以白豆，亦復如是，各一七日。如是修苦行時，一切皮肉銷瘦皺減。如斷生瓠，置之日中。其目坎陷，如井底星。肉盡肋出，如朽草屋。脊骨連現，如重線塼。所坐之處，如馬蹄跡。欲坐則伏，欲起則偃。雖受如是無利益苦，然不退於菩提之心。」〔三〕

又菩薩處胎經云：「佛告造行菩薩：〔四〕昔我所更苦行無數，於尼連河邊六年苦行，日食一麻一

〔一〕出阿毘達磨大毘婆沙論卷一百八十二、一百八十三。

〔二〕出善見律毘婆沙卷六。

〔三〕出大般涅槃經卷三十二。

〔四〕「造」字原作「苦」，據菩薩處胎經改。

米。斯由曩昔向一緣覺犯口四過，斷絶一施，重受輕報。」〔一〕

又大集經云：「爾時光味菩薩爲諸大衆而説偈言：

過去無量僧祇劫，　種種布施習檀那，　清净尸羅及羼提，　精進坐禪學般若。　安樂一切衆生故，　備忍種種諸苦辛，　宫中六萬后妃嬪，　棄捨出家如脱屣。　獨處六年修苦行，　日食一麻一米麥，　精進晝夜不睡眠，　身形唯有皮骨在。　菩提樹下思惟坐，　八十萬衆天魔來，　四方上下地及空，　八十由旬悉充滿。　如是魔軍及眷屬，　皆能破壞使歸降，　成就無上勝菩提，　得證第一義諦果。」〔二〕

乳糜部第五

又佛本行經云：「爾時六年既滿，至春二月十六日時，内心自作如是思惟：我今不應將如是食，食已而證阿耨多羅三藐三菩提。我今更從阿誰邊求美好之食？誰能與我彼美食，令我食已，即便證取阿耨菩提？時菩薩心如是思惟之時，有一天子知菩薩心如是思惟，速往詣於善生村主二女邊。至彼處已，即告之言：汝善生女，汝若知時，菩薩今欲求好美食，菩薩今須最上美食。食美食已，然後欲證阿

〔一〕　出菩薩處胎經卷八行品。

〔二〕　出大方等大集經卷四十三日藏分送使品。

耨菩提。汝等今可爲彼備辦足十六分妙好乳糜。是時善生村主二女聞於彼天如是告已，歡喜踊躍，遍滿其體，不能自勝。速疾聚集一千㹀牛而犂取乳，轉更將飲五百㹀牛。更別日犂此五百牛，轉持乳將飲於二百五十㹀牛。後日犂此二百五十㹀牛之乳，還更飲百二十五牛。後日犂百二十五牛之乳，飲六十牛。後日犂此六十牛乳，飲三十牛。後日犂此三十牛乳，飲十五牛。後日犂此十五牛乳，著於一分浄好秔米，爲於菩薩煮上乳糜。其彼二女煮乳糜時，現種種相。或復出於滿華瓶相，或現功德河水淵相，或時現於卍字之相，或現功德千輻輪相，或復現於斛領牛相，或現象王龍王之相，或現魚相，或時復現大丈夫相，或復現於帝釋形相，或時有現梵王形相，或復現出乳糜向上涌沸，上至半多羅樹，須臾還下，或現乳糜向上高至一多羅樹訖還下，或現出高一丈狀，還入彼器，無有一滴離於器而落餘處。煮乳糜時，別有一善解海筭數筭占相師來至彼處，見其乳糜出現如是諸種相貌，善占觀已，作如是語：希有！希有！是誰得此乳糜而食？彼人食已不久而證甘露妙藥。爾時菩薩至於二月二十三日，於晨朝時至彼村主家大門之外，默然而立，欲求食。女見即便取一金鉢，盛貯安置和蜜乳糜，滿其鉢中，自手執持向菩薩前。〔一〕到已即住，向菩薩言：唯願尊者受我此鉢和蜜乳糜，憐愍我故。時菩薩受彼乳糜，持至尼連禪河。有一龍女名尼連茶耶，從地涌出，手執莊嚴天妙筌提，奉獻菩薩。菩薩受已，即坐其

〔一〕「手」字原脱，據高麗藏本補。

上。坐其上已，取彼善生村主之女所獻乳糜，如意飽食，悉皆浄盡。菩薩既食彼乳糜已，緣過去世行檀福報業力熏故，身體相好平復如舊，端正可喜，圓滿具足，無有缺减。爾時菩薩食彼糜訖，以金鉢器棄擲河中。時海龍王生大希有奇特之心，復爲菩薩歎現世故，執彼金器，擬欲供養，將向自宫。是時天主釋提桓因即化其身作金翅鳥，金剛寶觜從海龍邊奪取金鉢，向忉利宫三十三天，恒自供養。於今彼處三十三天立節名爲供養金鉢器節。從彼已來，至今不斷。爾時菩薩食糜已訖，從座而起，安詳漸漸向菩提樹。彼之筌提，其龍女還自收攝，將歸自宫，爲供養故，而有偈説：

菩提如法食乳糜，　是彼善生女所獻，　食訖歡喜向道樹，　決定欲證取菩提。」〔一〕

依宣律師住持感應記云：「具論因緣，並在第十卷中灌帶部内述之。時有四天王子告律師云：世尊初成道第十一年，於王舍城中須摩長者園内，告諸大菩薩及大弟子曰：我初踰城時，至彼洴沙國路，逢牧牛女。我語云：我有少飢渴，從汝乞飲食。彼女荅云：汝何所往？荅言：求趣菩提。又問：名字何等？荅言：悉達。彼女又白我言：我讀韋陀之典云：不久有大智人當成正覺。我觀仁者相貌音聲，是諸佛相。我作此山神經十六大劫，過去諸佛我皆親覲。汝可隨我往至住處，當與汝飲食。過去迦葉佛涅槃時，付我一澡罐，其頂上有雙龍繞，下有獅子蹲。拘留佛所製，遞相付我，迄至樓至佛。此

〔一〕出佛本行集經卷二十三向菩提品。

龍瓶内具足有八功德水，汝若飢渴，當飲此水，能消煩惱，增長菩提。勿輕此小瓶，假使四大海水内此瓶中，猶不能滿。中有龍王。此賢劫初三佛出世所有遺法多在瓶内，與娑竭龍宫，一無有二。又迦葉佛付我香爐及一黄金函，將付仁者。其香爐前有十六頭，半是獅子，半是白象。於二獸頭上别起蓮華臺，以臺爲爐相。於爐四緣别起六銀樓，樓出天童，可長二寸。如是諸天童合有九十六。每燒香時，是諸童子各各分番來付香爐後，獅子向外而蹲距。從獅子頂上有九龍盤繞，上承金華。華内有金臺，即臺爲寶子。於臺寶子内有十三萬億真珠大觀樓，各盛諸妙香。復有十三萬金牒毗尼藏，中有比丘入于滅盡定。若至燒香時，其諸爐頭諸天童子，來至寶臺所，各各口出燒香歌曲。臺門自開，諸比丘從定而出。從真珠觀取香，付囑天童。付已，臺門自閉。從九龍口中又御白銀觀爲臺眷屬。而諸銀臺内皆有天童子，常作天樂，讚歎燒香。其音清雅，無可爲比。衆生聞者生信悟道。如來每説法時，在大衆前常執香爐。天童取香來授與佛，令之供養。又有黄金函内盛大般若，合三十億偈。黄金爲經牒，白玉爲界道，白銀爲字。其函長三寸。内有二比丘，亦入滅定。此函及爐是拘留佛所製，次第付我，乃至樓至佛。諸佛欲興世，皆開此金函，披閲經典。以般若力，天魔不嬈，速登正覺。今將付囑，努力守護，勿令損失。我受得已，於菩提樹下六年苦行，常飲此瓶水故，除飢渴，煩惱亦消也。

又我初欲成道，入河澡浴，受二女乳糜。至菩提樹下，欲昇金剛壇。山神至我所，即告我言：汝今成道，可依往佛。若初成道，欲昇金剛壇，先執香爐繞壇，可行七匝。十方諸佛各手捻香，付彼爐中。今既成道，可依前佛。佛依此法，繞壇繞樹，合三十二匝。十方諸佛亦前授香，次命人王、天王、釋梵、龍王、十地菩薩各前授香。佛以威神香聞十方，上至有頂。受苦衆生聞香解脱，諸根具足，智慧增長。種種神變，不可具述。又告梵王執彼龍瓶水，以灌世尊足，人王、天王、帝釋、魔、梵各次洗足，地爲六種震動。如來從足下放金色光，坐金色蓮華座，十方諸佛各來投香於光明中。盧舍那佛出金色手，摩釋迦佛頂，又説妙法。我今十方佛欲白羯磨，授釋迦文佛成無上法王位。諸佛秉此羯磨，在金壇上，天人大衆無量恒沙聞佛羯磨，一時寂然，猶如比丘入第三禪。諸佛秉羯磨受法王位已，地之六種大動。佛放光明，普照十方，廣作佛事，以益凡聖。不可具述。」〔一〕

草座部第六

如佛本行經云：「爾時菩薩於河澡浴，食乳糜，沐身體竟，光儀平復如本，威力自在，安詳面向菩提樹。菩薩思惟：此菩提道場欲作何座？即自覺知，應坐草上。是時净居天白菩薩言：過去諸佛欲證菩提，皆鋪草上而取正覺。爾時菩薩思惟：誰能與我如是之草？左右四顧。是時忉利天帝釋天主以天智知菩薩心已，即化其身爲刈草人，去於菩薩不近不遠，右邊而立，刈取於草。其草青緑顔色，猶如孔雀王項，柔軟滑澤。而手觸時，猶如微細迦尸衣，色妙而香，右旋宛轉。菩薩問彼人言：賢善仁者，

〔一〕出道宣律師感應記。

汝名字何？彼人報言：我名吉利。菩薩思惟：我今欲求自身吉利，亦爲他人以求吉利。此名吉利，在於我前，我今决當得證阿耨菩提。能與我草不？其化人報言：我能與草。是時帝釋即化作人刈草奉菩薩。菩薩即取一把，自手執持。當取草時，其地即便六種震動。將於此草，向菩提樹下。持草中路，忽有五百青雀從十方來，右繞菩薩，三匝訖已，隨菩薩行。又有五百拘翅羅鳥；又有五百孔雀；又有五百白鵝；又有五百鴻鶴；又有五百白鷗；又有五百迦羅頻伽之鳥；又有五百共命之鳥；又有五百白象，皆悉六牙；又有五百白馬，頭耳烏黑，騣尾悉朱，長而披散；又有五百牛王，並皆斛領，猶如黑雲。是時復有五百童子、五百童女，各以種種諸妙瓔珞莊嚴其身。又有五百天子，〔一〕五百天女，五百寶瓶，以諸香華，滿於其中，盛種種諸妙香水，無人執持，自然出行。又世間中所有一切吉祥之事，皆從四方雲雨而來，各在菩薩右邊圍繞三匝已，隨菩薩行。一切諸天音樂空中歡喜，歌讚菩薩。不可具述。」〔二〕

又瑞應本起經云：「釋提桓因化爲凡夫，執浄軟草。菩薩問言：汝名何等？荅言：吉祥。菩薩聞之，心大歡喜，破不吉以成吉祥。」〔三〕又觀佛三昧經云：「適施草座，地則大動。諸佛化作八萬佛樹，

〔一〕「五百天子」四字原脱，據高麗藏本補。

〔二〕出佛本行集經卷二十六向菩提樹品。

〔三〕出過去現在因果經卷三。作瑞應本起經誤。

師子之座或有佛樹，高八千里四千里，或高百千由旬。一切佛樹具足八萬，大小不定。今釋迦樹最短，若干天衣而布其上。」〔一〕

又觀佛三昧經云：「佛告父王：如我踰出宫城，去伽耶城不遠，詣阿輸陀樹。吉安天子等百千天子皆作是念：菩薩若於此坐，必須坐具，我今應當獻於天草。即把天草，清浄柔軟，名曰吉祥。菩薩受已，鋪地而坐。是時諸天復見白毛，圍如三寸，右旋宛轉，有百千色，流入諸相。是諸天子各作是念：菩薩今者唯受我草，不受汝草。時白毛中有萬億菩薩，結跏趺坐，各取其草，坐此樹下，一一天子各見白毫中有如此相。〔二〕時有天子名曰悦意，見地生草，穿菩薩肉，上生至肘。告諸天子曰：奇哉男子，苦行乃爾，不食多時，唤聲不聞，草生不覺。即以右手申其白毛，其白毛端直，正長一丈四尺五寸，如天白寶，中外俱空。天見毛内有百億光，其光微妙，不可具宣。諸天見已，歎未曾有。即放白毛，右旋宛轉，還復本處。是時降魔，魔還天宫，白毛隨從，直至六天。無數天子天女，見白毛孔，通中皆空，團圓可愛，如梵王幢。如來有無量相好，一一相中八萬四千諸小相好，如是相好，〔三〕不及白毫少分功

〔一〕出普曜經卷五。作觀佛三昧海經誤。
〔二〕「一一」二字原作「二」，據高麗藏本改。
〔三〕「一一……相好」十六字原脱，據高麗藏本補。

德。」〔一〕

降魔部第七

如因果經云：「四月七日世尊降魔。於時落日停光，明月映徹，園林華果，榮不待春。」〔二〕智度論云：「爾時天魔將十八萬天魔衆皆來惱佛。佛以眉閒微光照，皆墮落。」〔三〕又觀佛三昧經云：「魔王心怒，即欲直前。魔子諫曰：父王無辜，自招瘡疣。菩薩行浄，難動如地，云何可壞。」〔四〕又雜寶藏經云：「昔如來樹下，惡魔波旬將八十億衆欲來壞佛。便語佛云：汝獨一身，何能坐此。急可起去！若不起者，我捉汝脚，擲著海外。〔五〕佛言：我觀世閒無能擲我。汝於前世時曾於一寺受一日八戒，施辟支佛一鉢之飯，故生六天爲大魔王。而我於三阿僧祇劫亦設供養聲聞緣覺，不可計數。魔言：汝道我昔一日持戒施辟支佛食，信有其實，我亦自知，汝亦知我。汝自道者，誰爲證知。佛以手

〔一〕出觀佛三昧海經卷二觀相品。

〔二〕出過去現在因果經卷三。

〔三〕此段出處待考。

〔四〕出觀佛三昧海經卷二觀相品。

〔五〕「外」字原作「水」，據高麗藏本改。下文「擲我海外」同。

指地言：此地證我。作是語時，一切大地六種震動。地神即從金剛際出，合掌白佛言：我爲作證。有此地來，我恒在中。世尊所說，真實不虛。〔一〕佛語波旬：汝今先能動此澡瓶，然後可能擲我海外。爾時波旬及八十億衆不能令動。魔王軍衆顛倒自墜，破壞星散。」〔二〕

又佛本行經云：「爾時魔王波旬長子名曰商主，即以頭頂禮菩薩足，乞求懺悔，口唱是言：大善聖子，願聽我父發露辭謝。凡愚短淺，猶如小兒，無有智慧。我今忽來惱亂聖子，將諸魔衆，現種種相，恐怖聖子。我於已前曾諮父言：以忠正心，雖有智人，善解諸術，猶尚不能降伏於彼悉達太子，況復我等。但願聖子恕亮我父。我父無智，不識道理，如是恐怖大聖王子。當何取生！大聖王子，願仁所誓，早獲成就，速證阿耨菩提。」〔三〕

成道部第八

如普曜經云：「菩薩於樹下坐，明星出時，豁然大悟。」〔四〕年至十九出家，三十成道。又依般若釋

〔一〕「真」字原作「其」，據高麗藏本改。
〔二〕出雜寶藏經卷七佛在菩提樹下魔王波旬欲來惱佛緣。
〔三〕出佛本行集經卷三十菩薩降魔品。
〔四〕出普曜經卷六行道禪思品。

論云：「摳樓頻螺林中成佛。」〔一〕又自誓三昧經云：「初成佛時，十方諸佛各送袈裟，佛合成一服。此衣今在梵天供養。」〔二〕又空行三昧經云：「彌陀佛先我四劫得道，維衛佛先我三劫得道。有佛名能儒，三十滅度。迦葉佛十八得道。我年二十七得道。」〔三〕今從多爲定，十九出家，三十成道。此文應允，亦與餘義相應。善見律云：「月生三日，得一切智。」〔四〕泥洹經云：「佛初出得道，並四月八日。」〔五〕今以爲正。

天讚部第九

如華嚴經云：「爾時如來以自在神力，不離菩薩樹坐及須彌山頂妙勝殿，上夜摩天宮寶莊嚴殿，趣兜率天宮一切寶莊嚴殿。爾時兜率天王承佛威神，以偈頌曰：

〔一〕出大智度論卷三。
〔二〕出自誓三昧經。
〔三〕此段出處待考。
〔四〕出善見律毘婆娑卷一。
〔五〕出南本大般涅槃經卷二十八。

無礙如來猶滿月， 諸吉祥中最第一， 來入衆寶莊嚴殿， 是故此處最吉祥。」〔一〕

華嚴經云：「爾時如來威神力故，十方一切諸佛世界諸四天下一一閻浮提，皆有如來坐菩提樹下，無不顯現。爾時世尊威神力故，不起此座，昇須彌頂，向帝釋殿。爾時帝釋即說偈言：

七佛定光諸佛等， 諸吉祥中最無上， 彼佛曾來入此處， 是故此地最吉祥。」〔二〕

「爾時世尊威神力故，不離道場及帝釋宮，向夜摩天寶莊嚴殿。爾時天王以偈頌曰：

名稱如來聞十方， 諸吉祥中最無上， 來入摩尼莊嚴殿， 是故此處最吉祥。」〔三〕

變化部第十

依華嚴經云：「佛子，一切諸佛於念念中悉能出生十無盡智。何等爲十？於一念中悉現一切世界，從兜率天命終。於一念中悉現一切世界，菩薩出生。於一念中悉現一切世界，菩薩出家。於一念中悉現一切世界，往詣道場菩提樹下成等正覺。於一念中悉現一切世界，轉净法輪。於一念中悉現一切世界，隨應化導一切衆生，悉令解脱。於一念中悉於一切世界，現莊嚴身，隨應衆生。於一念中悉現

〔一〕出大方廣佛華嚴經卷十三如來昇兜率天宫一切寶殿品。

〔二〕出大方廣佛華嚴經卷七佛昇須彌頂品。

〔三〕出大方廣佛華嚴經卷十佛昇夜摩天宫自在品。

一切世界，種種莊嚴，無數莊嚴，如來自在一切智藏。於一念中悉現一切世界，清浄衆生。於一念中徧一切世界，悉現三世一切諸佛。於一念中爲種種諸根精進欲性故，現顯三世諸佛種性，成等正覺，開導衆生。佛子，是爲一切諸佛於念念中生十無盡智。」〔一〕

又智度論云：「如阿毗曇說：一時無二心者，若化佛語時，化主默然。若化主語時，化佛亦應默然。云何佛一時皆說六波羅蜜？答曰：此如外道聲聞變化耳。如佛變化無量三昧力，不可思議。是故佛自語時，無量千萬億化佛亦一時皆語。又諸外道及聲聞化不能作化，如佛世尊化復作化，故諸外道聲聞滅後不能留化。如佛滅後能留化，〔二〕如佛無異。如毗曇中一時無二心者，今佛亦如是。當化語時亦不有心。佛心念化，欲令化語，即便皆語。」〔三〕

説法部第十三此別三部

述意部　赴機部　説益部

〔一〕出大方廣佛華嚴經卷三十佛不思議法品。
〔二〕「化」字原脱，據高麗藏本補。
〔三〕出大智度論卷八。

述意部第一

蓋聞大聖逗機，影迹無方。所現之處，無非利益。故諦分真俗，事决形心。憑假實而上征，寄乘權而下比。良由生老病死，無自出之期；菩提涅槃，有修入之證。但内典無邊，應機而説。故使法輪則柰國初轉，僧侣則憍陳始度。至於迦葉兄弟，目連朋友。西域之大勢，東方之遍告。〔一〕二十八天之主，一十六國之王，莫不服道而傾心，飡風而合掌。於是他化宫裏，乃弘十地；耆闍山上，方會三乘。善吉談無得之宗，净名顯不言之旨。伏十仙之外道，制六羣之比丘。胸前則吐納江河，掌内則摇動山谷。論劫則方石屢盡，辯數則微塵可窮。斯乃三界之大師，萬古之獨步。吾自庸才，談何以盡。縱使周公之制禮作樂，孔子之述易删詩。予、賜之言語，商、偃之文學。爰及左元放、葛仙子、河上公、莊周之等，〔二〕並區區於方内，〔三〕何足道哉！若我師大法，〔四〕人天軌模，三千法式。洎流中夏，益利弘深。廣療三毒，傳照百燈。相繼不絶，胡可勝言。

〔一〕「之」字原脱，據高麗藏本補。
〔二〕「葛仙子」下，高麗藏本有「老聃」二字。
〔三〕「區區」二字原作「驅二」，據高麗藏本改。
〔四〕「師大」二字原作「大師」，據高麗藏本改。

赴機部第二

如華嚴經云：「如來出世，譬如日出，先照一切諸大山王，次照一切大山，次照金剛寶山，然後普照一切大地。然日光不作是意：我當先照大山，乃至後照大地。由山有高下，故照有前後。如來亦爾，平等普救。」〔一〕然機有利鈍，感佛前後見聞不同，大小有異。

依彌沙塞律云：「佛得道七日受解脱樂。有五百乘車載石蜜外國興生，路由樹過。車主兄弟二人雖謂波利創奉蜜麨，四王奉鉢。佛受之已，爲説三歸。又更七日，文鱗龍王奉非人食。後過七日，斯那奉食，姊妹四人受三歸依。復過七日，梵王來請轉法輪。」〔二〕

又普曜經云：「時梵王與六萬八千梵王眷屬來詣佛所，稽首足下，請轉法輪。佛受請已言：我宿命在波羅柰，供養六百億佛，應在此轉法輪。由觀樹七日，以報其恩，故未説法。」〔三〕又智度論云：

〔一〕出大方廣佛華嚴經卷三十四寶王如來性起品。

〔二〕出彌沙塞部和醯五分律卷十五。

〔三〕出普曜經卷七梵天勸助説法品。

「佛成道已，不即説法，於五十七日。」〔一〕今檢括機緣，然後説法。初七日思大乘法化，〔二〕第七七日用於小乘，以擬衆生。又菩薩瓔珞經云：「當轉法輪。在鹿野清明園，爲久飢虚者潤於甘露法。」〔三〕

又中本起經云：「世尊念言：吾昔路由梵志阿蘭、迦蘭，待吾有禮，應往度之。天空中曰：此二人已亡七日。又念應度鬱頭藍弗。天復告云：昨日命終。又念父王昔遣五人，一名拘鄰，二名頞陛，三名跋提，四名十力迦葉，五名摩訶男，執侍功勤，應往度之。」〔四〕又轉法輪經云：「佛在鹿野樹下時，空中有自然法輪飛來，當佛前而轉，佛以手撫之止。吾無始來爲名色轉，今愛意盡，不復流轉。輪即便住。」〔五〕

又十二遊經云：「佛從四月八日至七月十五日坐樹下，爲一年。二年於鹿野園中爲五人説法。三年爲鬱鞞迦葉兄弟三人説法，滿千比丘。四年在象頭山爲龍鬼説法。五年時度舍利、目連。舍利七日得上果，目連十五日得上果。六年須達共祇陀爲佛立精舍，有十二佛圖寺，有七十二講堂，有三千六百

〔一〕出大智度論卷三十四。
〔二〕「化」字原作「他」，據高麗藏本改。
〔三〕出菩薩瓔珞經卷二。
〔四〕出中本起經卷上轉法輪品。
〔五〕出轉法輪經。

閒屋，有五百樓閣。七年在拘耶尼園爲婆陀和菩薩等八人説般舟經。〔一〕此經一卷，明苦行事。八年在柳山爲屯真陀羅王弟説法。九年在穢澤中爲阿掘摩説法。十年還摩竭國爲弗沙王説法。〔二〕十一年在恐懼樹下爲彌勒説本起經。即修行本起是。十二年還父王國，爲釋氏八萬四千人説法。」〔三〕

又中本起經云：「世尊在摩竭提國六年，將還本國。王遣優陀延迎佛。」〔四〕疑此異前，未詳孰定。又普曜經云：「有梵志名優陀，王命迎佛。別以十二年，思得相見。佛七日後還本土。」〔五〕又分別功德經云：「佛還本土，足昇空行，與人頭齊。使父王接足而已，不欲屈身。」〔六〕又大集經云：「佛成道十六年，知諸菩薩任持法藏，即於欲色界中閒出大寶階，大衆俱登中階，即上昇虚空。」〔七〕又分別功德經云：「若不得説經處，但稱在舍衛，以佛在其國二十五年，比在諸國此住最久。以其國中多諸珍

〔一〕「舟」字原作「若」，據十二遊經改。
〔二〕「還」字原作「遂」，據十二遊經改。
〔三〕出十二遊經。
〔四〕出中本起經卷上還至父國品。
〔五〕出普曜經卷八化舍利佛目連品、優陀耶品。
〔六〕出分別功德論卷五。
〔七〕出大方等大集經卷一瓔珞品。

異，〔一〕人多有義。祇樹精舍有神異驗，衆集之時，獼猴飛鳥羣類數千，悉來聽法，寂寞無聲，事竟即去，各還所止。揵椎適鳴，已復來集。此由國多仁慈，故異類影附。」〔二〕故智度論云：「舍衛城有九億家。三億明見佛，三億信而不見，三億不見不聞。佛二十五年在彼尚爾。」〔三〕若得多信，利益無窮。

説益部第三

依菩薩處胎經云：「爾時世尊示現奇特異像，變一切菩薩盡作佛身，光相具足，皆共異口同音説法，互相敬奉，各坐七寶極妙高座。初一説法純男無女，第二説法純女無男，第三説法純度正見人，第四説法純度邪見人，第五説法男女正等，第六説法邪正亦等。當爾之時，法法成就而無吾我，道果成熟。諸佛常法説義神足。第七八萬四千空行法門，第八八萬四千無相法門，第九八萬四千無願法門。一一法門有無量義。猶如黠慧之人，身有千頭，頭有千舌，舌有千義。欲得究盡此九法門義，於百千分未獲其一。此是諸佛祕要之藏，皆由前身宿學成就。」〔四〕廣明説益，備在諸篇。

〔一〕「國」字原脱，據高麗藏本補。
〔二〕出分別功德論卷二。
〔三〕出大智度論卷九。
〔四〕出菩薩處胎經卷四諸佛行齋無差別品。

法苑珠林校注卷第十二

涅槃部第十四此别五部

述意部　韶光部　赴哀部　時節部　弟子部

述意部第一

惟我含靈福盡，法王斯逝。遂使北首提河，春秋八十矣。應身粒碎，流血何追。諍决最後之疑，競奉臨終之供。嗚呼！智炬昏冥，慈雲消滅。長夜諸子，誠可悲矣！但法身至寂，畢竟無爲。報化所誘，隨機應俗。既曰現生，焉得無滅。凡聖雖殊，而莫能免。是以微言背痛而方轉甘露，假託右脇而還放光明。此則無病之迹也。及千穀既纏而示雙足，〔一〕金棺將闔而起合掌。此示不滅之徵也。故灰身示權，常住顯實。器月之喻，其旨明乎！

韜光部第二

如智度論云：「須跋陀羅年一百二十，夢見一切人天失其明眼，裸形冥中，言云：日當墮，地破，海枯竭，風散須彌。夢寤已，恐怖。天曰：此是一切智人將入涅槃，非關於汝。明到林中求欲見佛，阿難三不許。佛知，遥唤前共别。」〔二〕

又菩薩處胎經云：「如來二月八日夜半躬襞僧伽梨、欝多羅僧、安陀羅跋薩各三襞，施放金棺襯身上。以鉢錫杖手付阿難，入金剛定，碎身舍利。佛從金棺出金臂，問覓迦葉、牛呞二人。阿難荅云：牛呞羅漢已入涅槃。佛言：吾今永取滅度。即入金棺，寂然不語。再三出手問阿難：吾爲八部説摩訶乘經，汝悉聞不？對曰：唯佛知之。又問：吾在忉利爲母説法，汝知不？荅曰：不知。又吾在龍宫説法，龍子得道，留全身舍利，高一百三十丈，汝知不？荅曰：不知。吾處母胎十月，爲諸菩薩現不退轉

〔一〕「穀」字，高麗藏本作「氎」。
〔二〕出大智度論卷三。

法輪，世尊即以神力現母身中，行住坐卧，一切雲集入胎舍中，汝知不？荅曰：不知。」〔一〕阿難大聖，豈得不知。言不知者，欲推如來化功密故，荅不知也。

又涅槃經云：「善男子，我於此娑羅雙樹大師子吼者，名大涅槃。東方雙者，破於無常，獲得於常。乃至北方雙者，破於不净，而得於净。此中衆生爲雙樹故，護娑羅林，不令外人取其枝葉，斫截破壞。我亦如是，爲四法故，令諸弟子護持佛法。此四雙樹，四王典掌，我爲四王護持我法。是故於中而般涅槃。」〔二〕

又中阿含經云：「如來爾時將詣雙樹，四襞鬱多羅僧以爲施坐，僧伽梨爲枕，右脇而卧，足足相累而般涅槃。」〔三〕

又菩薩處胎經云：「爾時八大國王各持五百張白氎，栴檀木蜜，盡内金棺。裹以五百張氎，纏裹金棺。復五百乘車載香酥油，以灌白氎。爾時大梵天王將諸梵衆在右面立，釋提桓因將諸忉利諸天在左面立，彌勒菩薩及十方諸神通菩薩當前立。爾時世尊欲入金剛三昧，碎身舍利，於娑婆世界轉此真法。

〔一〕出菩薩處胎經卷一天宫品。

〔二〕出大般涅槃經卷三十。

〔三〕出中阿含經卷八侍者經。

作是念已，十方世界皆六返震動。」〔一〕

赴哀部第三

如摩耶經云：「阿那律升忉利天以告摩耶，摩耶便至。棺自爲開，合掌起曰：遠屈來下。佛語阿難：汝當知爲後不孝衆生故，從金棺出問訊母也。」〔二〕僧祇律云：「於天冠塔邊闍維佛身。」〔三〕迦葉赴佛涅槃經云：「於是迦葉辭佛，到伊茶梨山中，〔四〕去舍衛國二萬六千里。其山多出七寶甘果，種種香樹雜藥不可稱數。亦有騏驎、朱雀、鳳凰、異學道士。時有方石，平正色如瑠璃，縱廣百二十里。樹華五色，冬夏茂盛，列坐石上，迦葉前後教授一千弟子，皆得羅漢，常坐此石，誦經行道。弟子七人，同夕得夢。其比丘夢見所坐方石，中央分破，樹皆拔根。復一比丘夢見四十里泉水皆乾竭，華悉零落。復一比丘夢見拘羅邊坐皆悉傾毁。復一比丘夢見閻浮利地皆悉傾陷。〔五〕復一比丘夢見須彌山崩。

〔一〕出菩薩處胎經卷一天宫品。
〔二〕出摩訶摩耶經卷下。
〔三〕出摩訶僧祇律卷三十二。
〔四〕「茶」字原作「蒢」，據高麗藏本、磧砂藏本、南藏本、嘉興藏本改。
〔五〕「見」字原脱，據高麗藏本補。

復一比丘夢見金輪王薨。復一比丘夢見日月墮落，天下失明。晨起各以所夢啓白迦葉，迦葉告言：我曹前見光明地時大動，卿等得夢，佛將般泥洹耶？即敕諸弟子往赴俱夷那國。」〔一〕又菩薩處胎經云：「大迦葉至，佛出雙足。迦葉説偈云：

佛所教化人，所度已周遍。我行道絶向，唯恨不見佛。

於是繞棺七匝。阿難西北角，難陀捉東北角，〔二〕諸天在後，直北去雙樹四十九步。大迦葉手執火然香薪。」〔三〕又雜阿含經云：「佛涅槃已，雙樹生華，垂下供養。阿難説偈云：

五百氎纏身，悉燒令磨滅。千領細氎衣，以衣如來身。唯二領不燒，最上及襯身。」〔四〕

諸經具明闍維之法，以文繁故，略而不録。

〔一〕出迦葉赴佛般涅槃經。

〔二〕「捉」字，高麗藏本作「於」。

〔三〕出菩薩處胎經卷七復本形品。

〔四〕出雜阿含經卷四十五。

時節部第四

如涅槃經云：「如來何故二月涅槃？善男子，二月名春陽之月，萬物生長。是時衆生多生常想。爲破衆生如是常心，説一切法悉是無常，唯説如來常住不變。於六時中，孟冬枯悴，衆不愛樂。陽春和液，人所貪愛。爲破衆生世間樂故，演説常樂我浄亦爾。爲破世間我浄故，説如來真實我浄。初生、出家、成道、轉妙法輪，皆以八日，何故涅槃獨十五日？佛言：善男子，如十五日月無虧盈。諸佛如來亦復如是，入大涅槃，無有虧盈。以是義故，以十五日入般涅槃。」〔一〕

又長阿含經云：「時有香姓婆羅門問阿闍世王曰：何等時佛生？何等時成道？何等時滅度？闍王荅曰：沸星出時生，沸星出時出家，沸星出時成道，沸星出時滅度。何等生二足尊？何等出叢林苦？何等得最上道？何等入般涅槃？沸星生二足尊，〔二〕沸星出叢林苦，沸星得最上道，沸星入般涅槃。八日如來生，八日佛出家，八日成菩提，八日取滅度。二月如來生，二月佛出家，二月成菩提，二月取涅槃，二月生二足尊，二月出叢林苦，二月得最上道。八月般涅槃城。」〔三〕

〔一〕出大般涅槃經卷三十。
〔二〕「生」字原作「出」，據長阿含經改。
〔三〕出長阿含經卷四遊行經。

又薩婆多論云：「佛以二月八日沸星現時初成等正覺，亦以二月八日沸星出時生。以八月八日沸星出時轉法輪，以八月八日沸星出時取般涅槃。」〔一〕

弟子部第五

依智度論云：「長老大迦葉於耆闍崛山集三藏，可度衆生竟，隨佛入般涅槃。清朝持鉢入王舍城乞食已，上耆闍崛山，語諸弟子：我今日入無餘涅槃。一切諸人聞是語已，皆大愁憂。迦葉晡時從禪定起，入衆中坐，讚説無常苦空無我。如是種種説法已，從佛所得僧伽梨，持衣鉢提杖，如金翅鳥，現昇虚空，作十八變，於耆闍山頭與衣鉢俱，作是願言：令我身不壞。彌勒成佛時，我是骨身還出。直入山頭石中，如入軟泥。入已，山還合。後人壽八萬四千歲，身長八十尺，彌勒佛身長一百六十尺，佛面二十四尺，圓光十里。是時衆生聞佛出世，無量人等隨佛出家。」〔二〕

又大悲經云：「是迦葉以本願力所加持故，住虚空中，現種種神通變化已，以己身火闍維其身。闍維身已，灰炭不現。」〔三〕

〔一〕出薩婆多毘尼毘婆沙卷二。

〔二〕出大智度論卷三。

〔三〕出大悲經卷二迦葉品。

又薩婆多論云：「舍利弗、目連以不忍見佛泥洹，便先泥洹。以先泥洹故，七萬阿羅漢同時泥洹。當於爾時四輩弟子莫不荒亂。於時如來以神通力，化作二大弟子在佛左右。以此緣故，衆生歡喜，憂惱即除。佛爲説法，各得利益。」〔一〕

結集部第十五此別二部

述意部　結集部

述意部第一

夫真諦玄凝，法性虚寂。而開物導俗，非言難津。是以不二默訓，會於義空之路；一音振辯，應乎羣有之境。自我師能仁之出世也，鹿野唱其初言，金河究其後説。契經以誘小學，方典以勸大心。妙輪區別，十二惟部；法聚總要，八萬其門。曁善逝晦迹，而應真結藏。始則四鋡初集，中則五部分戒。〔二〕大寶斯在，含識至意，爲存拔苦。是以金言不可遺謬也。

〔一〕出薩婆多毘尼毘婆沙卷七九十事。
〔二〕「中」字上原有「經」字，疑是衍文，今刪去。

結集部第二此别四部〔一〕

此中廣明結集，具有四時。第一依智度、金剛仙二論，如來在此鐵圍山外，共文殊師利及十方佛結集大乘法藏。〔二〕第二依菩薩處胎經及四分律等，如來初入涅槃，始經七日。大迦葉共五百羅漢，令到十方世界，召得八億八千衆，共爲結集三藏。〔三〕第三依智度論，如來入涅槃後，至夏安居初十五日，大迦葉共千羅漢在王舍城結集三藏。〔四〕第四依四分律，如來入涅槃後一百年内，爲跋闍子擅行十事，大迦葉共七百羅漢在毗舍離城結集三藏。〔五〕此下四重依經次第列出，庶將來哲不積餘卜也。

大乘結集部第一

依大智度論、金剛仙論云：「文殊師利結集中，明如來在此世界之外，不至他方世界。十方諸佛並

〔一〕「此别四部」原作「又分四種」，據高麗藏本、磧砂藏本、南藏本、嘉興藏本改。

〔二〕見大智度論卷一百、金剛仙論卷一。

〔三〕「結」字原脱，據高麗藏本補。見菩薩處胎經卷七、四分律卷五十四。

〔四〕見大智度論卷二。

〔五〕見四分律卷五十四。

皆雲集説法，亦名話經。文殊後結集，召諸菩薩及大羅漢無量無邊，各言某經我從佛聞。須菩提言：金剛般若，我從佛聞。諸經當部各有弟子同時聞者，並云我親從佛聞。故知不局阿難。然阿難則遍聞諸經，餘之弟子則偏局當部。」〔一〕又依涅槃經，大聖説法既有三乘，傳法人還有三名：一名阿難陀，此云歡喜，謂持小乘法藏。二名阿難陀跋陀，〔二〕此云歡喜賢，謂持中乘法藏。三名阿難陀娑伽羅，此云歡喜海，謂持大乘法藏。三名雖異，據體唯一。故維摩經云：「舍利弗問天女曰：汝於三乘當何志求？天曰：若以小乘法化，我作聲聞。若以中乘法化，我作緣覺。若以大乘法化，我作菩薩。」〔三〕故知阿難通持大小乘人。此三人中前二人者有親聞、傳聞，故千結集中，〔四〕阿難昇座。依智度論説偈云：

「佛初説法時，　爾時不聞見。　如是展轉聞，　佛遊波羅柰，　爲五比丘説，　四諦之法輪。」〔五〕

〔一〕出金剛仙論卷一。
〔二〕末一「陀」字原脱，據高麗藏本補。
〔三〕出維摩詰所説經卷中觀衆生品。
〔四〕「千」字，高麗藏本作「下」。
〔五〕出大智度論卷二。

以此准知，不得雷同，皆云親聞，第三阿難得言常聞。〔一〕

五百結集部第二

依菩薩處胎經云：「爾時佛取滅度已，經七日七夜。時大迦葉告五百阿羅漢，打犍椎集衆。卿五百人盡詣十方諸佛世界。諸有得阿羅漢六通者，盡集此閻浮提雙樹閒。釋迦牟尼佛今已捨壽，起七寶塔。今集欲得演出真性法身，汝等速集，聽采微妙之言。爾時五百羅漢受大迦葉教，如人屈伸臂頃，即得十方恒河沙刹土，集諸羅漢。得八億八千衆來集忍界，聽受法言。」〔二〕

又僧祇律云：「時大迦葉語諸比丘：結集法藏，勿令法滅。諸人欲往餘處結集。迦葉言：應住王舍城，有五百人卧具。衆皆言：爾！令阿那律守佛舍利，勿使諸天將去。過去迦葉佛滅度時，弟子但知懊惱，不覺天持舍利去盡，世人不得供養。時阿難不去。迦葉與千人至刹帝山，施世尊舍利、目連坐次。迦葉四月結集，斷於外緣，少二人不滿五百。那律復來，猶少一人。迦葉遣目連共行弟子梨婆提長老羅漢：汝往三十三天，呼提那羅漢。提那羅漢聞佛涅槃，不忍見佛行處，已入滅度。後遣至尸利

〔一〕「以此……常聞」二十字原脱，據高麗藏本補。
〔二〕出菩薩處胎經卷七出經品。

沙翅宫唤憍梵波提羅漢，乃至毗沙門天宫命須蜜多羅漢，並已涅槃。」〔一〕

又菩薩處胎經云：「爾時迦葉見衆集已，語優婆離：卿爲維那，唱阿難下。即受教唱下，罰阿難不請佛住壽等已。阿難心意荒亂，内自念言：佛滅度未久，恥我乃爾。即自思惟四諦法已，便於衆前成阿羅漢，諸塵垢滅，朗然大悟。聖衆稱善，諸天歌歎。爾時大地六反震動。時大迦葉即使阿難昇七寶高座。迦葉告言：佛所説法，一言一字，汝勿使有缺漏。菩薩藏者集著一處，聲聞藏者集著一處，戒律藏者亦集著一處。爾時阿難最初出經：胎化藏爲第一，中陰藏第二，摩訶衍方等藏第三，戒律藏第四，十住菩薩藏第五，雜藏第六，金剛藏第七，佛藏第八。是爲釋迦文佛經法具足無失矣。爾時阿難發聲唱言：我聞如是，一時説佛所居處。迦葉及一切聖衆皆悉墮淚悲泣，不能自勝。咄嗟老死，如幻如化。昨日見佛，今日已稱言我聞。」〔二〕

又四分律云：「爾時世尊在拘尸城末羅國娑羅林間般涅槃。諸末羅子洗佛舍利已，具辦闍維。時大迦葉燒舍利已，以此因緣集比丘言：我等今可共論法毗尼，勿令外道以致餘言，譏嫌沙門瞿曇法律若煙。其世尊在時，皆共學戒；而今滅後，無學戒者。諸長老今科差比丘多聞智慧是阿羅漢者。時即差得四百九十九人，皆是阿羅漢多聞智慧者。時諸比丘言：應差阿難在數中。大迦葉言：勿以阿難

〔一〕出摩訶僧祇律卷三十二。
〔二〕出菩薩處胎經卷七出經品。

在數中。何以故？阿難有愛恚怖癡，是故不應令在數中。時諸比丘復言：阿難是供養佛人，常隨佛行，親從世尊受所教法，必處處疑問世尊，是故今者應令在數。即便令在數。諸比丘皆作是念：我等當於何處集論法毗尼，多饒飲食卧具無乏耶？即皆言：唯王舍城房舍飲食卧具衆多。我等今宜可共往集彼，論法毗尼。時大迦葉即作白，令集王舍城。時阿難在道行净處，心自念言：譬如新生犢子，猶故飲乳，與五百大牛共行。我今亦如是，學人有作者而與五百羅漢共行。時諸長老皆往毗舍離。阿難在毗舍離住時，諸道俗皆來問訊阿難，多人衆集。時有跋闍子比丘，有大神力，已得天眼，知他心智。今觀阿難爲是有欲，無欲人耶？即便觀察是有欲，非是無欲。今當令其生厭離心，即説偈言：

静住空樹下，　心思於涅槃。　坐禪莫放逸，　多説何所作。

時阿難聞説偈已，即便獨處精進不放逸，寂然無欲。時在露地，夜多經行。遇明相欲出時，身疲極，方欲偃卧。頭未至枕頃，於其中間心得無漏解脱。此是阿難未有法。時阿難得阿羅漢已，即説偈言：

多聞種種説，　常供養世尊。　已斷於生死，　瞿曇今欲卧。

時大迦葉集比丘僧，即作白集論法毗尼。時阿難即從座起，偏露右肩，右膝著地，合掌白大迦葉：我親從佛聞，憶持佛語。始從初篇乃至一切犍度、調部、毗尼增一，都集爲毗尼藏。彼即集一切長經爲長阿含。一切中經爲中阿含。從一事至十事，從十事至十一事，爲增一阿含。集於雜事爲雜阿含。如生經、本經乃至偈經等，如是集爲雜藏。有難無難繫相應作處，集爲阿毗曇藏。時即集爲三藏。在王舍

城五百阿羅漢共集法毗尼，是故言：集法毗尼有五百人。」〔一〕

千人結集部第三

佛諸弟子，若念於佛，當報佛恩，莫入涅槃。

依智度論云：「是時佛入涅槃已，大迦葉如是思惟：我云何使是三阿僧祇難得佛法，令得久住。應當結集三藏，可得久住，未來世人可得受行。作是語竟，住須彌頂撾銅揵椎，説此偈言：

是揵椎音作大迦葉語聲，遍至大千世界，皆悉聞知。諸有弟子得神力者，皆來集會大迦葉所。選得千人，除其阿難，盡皆羅漢。内外經書，諸外道家，十八種大經，盡亦讀知，皆能論議，降伏異學。大迦葉言：若我昔常乞食者，常有外道强來難問，廢闕法事。今王舍城常設飯食，〔三〕供給千人，不得取多。告語闍王：給我等食，日日送來，不得他行。是中夏安居三月，初十五日説戒時集。大迦葉入定已，天眼觀今衆中，誰有煩惱未盡，應逐出者。唯有一人，阿難煩惱未盡。餘九百九十九人諸漏已盡，清净無垢。大迦葉從禪定起，衆中手牽阿難出，言：今清净衆中結集經藏。汝結未盡，不應住此。是時阿難慚愧悲泣而自念言：我二十五年隨侍世尊，供給左右，未曾得聞如是苦惱。佛實大德，慈悲含忍。念

〔一〕出四分律卷五十四。
〔三〕「今」字原作「令」，據高麗藏本改。

已，白大迦葉言：我能有力，久可得道。但諸佛法，阿羅漢者不得供給左右使令。以是留殘結使不盡斷耳。大迦葉言：汝更有罪。佛意不欲聽女人出家。汝慇懃勸請，佛聽爲道，以是佛之正法五百歲而衰微，汝應作突吉羅懺。〔一〕阿難言：我憐愍瞿曇彌，又三世諸佛法皆有四部衆，我釋迦文佛云何獨無。

大迦葉復言：佛欲涅槃時，近俱夷那竭城背痛，四疊欝多羅僧敷卧，語汝言：我須水。汝不供給，是突吉羅。阿難荅言：是時五百乘車截流而渡，令水渾濁，以是之故不取。大迦葉復言：正使水濁，佛有大神力能令大海濁水清净，汝何以不與？是汝之罪，汝去作突吉羅懺悔。

大迦葉復言：佛問汝：若有人四神足好修，可住壽一劫若減一劫。多陁阿伽度四神足好修，欲住壽一劫若減一劫。汝默然不荅。問汝至三，汝故默然。汝若荅，佛應住一劫若減一劫。由汝故，令佛世尊早入涅槃。汝作突吉羅罪懺悔。阿難言：魔蔽我心，是故無言。我非惡心而不荅佛。大迦葉復言：汝與佛褺僧伽梨衣，以足踏上，是汝之罪。汝應作突吉羅懺悔。阿難言：爾時有大風起，無人助我。我捉衣時，風吹來墮我脚下，非不恭敬故踏佛衣。大迦葉復言：佛陰藏相，般涅槃後以示女人，是何可耻。汝應作突吉羅懺悔。阿難言：爾時我思惟：若諸女人見佛陰藏相者，便自羞耻女人形，欲得

〔一〕「汝」字上原衍「法」，據高麗藏本删。

男子身，修行於佛，種種德根。以是故我示女人，不爲無耻而故破戒。大迦葉言：汝有此六種突吉羅罪，盡應僧中悔過。阿難言：諾！隨長老大迦葉及僧所教。是時阿難長跪合掌，偏袒右肩，脱革屣，作六種突吉羅罪懺悔。大迦葉於僧中手牽阿難出，語阿難言：斷汝漏盡，然後來入。殘結未盡，汝勿來也。如是語竟，便自閉門。爾時諸阿羅漢議言：誰能結集毗尼法藏者？長老阿泥盧豆言：舍利弗是第二佛，有好弟子，字憍梵波提，秦言牛呞。〔一〕柔軟和雅，常處閑居，住心寂宴，能知毗尼法藏。今在天上尸利沙樹園中住，遣使請來。大迦葉語下座比丘：汝次應僧使。下座比丘歡喜踊躍，受僧敕命，白大迦葉言：我到彼所陳説何事？大迦葉言：汝到彼已，語憍梵波提：大迦葉等漏盡阿羅漢，皆會閻浮提。僧有大法事，汝可疾來。是下座比丘頭面禮僧足，右遶三匝，如金翅鳥飛騰虚空，往到憍梵波提所。頭面作禮，語憍梵波提，傳前迦葉教。是時憍梵波提心覺生疑，語是比丘言：僧將無鬪諍喚我耶？無有破僧者不？佛日滅度耶？是比丘言：佛已滅度。憍梵波提言：佛滅度太疾，世間眼滅。逐佛轉法輪，將我和上舍利弗今在何所？荅曰：先入涅槃。憍梵波提言：大師法將各自别離，當可柰何！摩訶目揵連子今在何所？是比丘言：此亦滅度。憍梵波提言：佛法欲散，衆生可憐，大人過去。如是次第問諸羅漢。憍梵波提言：我失離欲，大師皆已滅度，我不復

〔一〕「秦」字原作「此」，據高麗藏本、磧砂藏本、南藏本、嘉興藏本改。

能下閻浮提，住此般涅槃。說是言已，作十八變，自心出火燒身。身中出水，四道流下，至大迦葉所。水中有聲說此偈言：

憍梵波提頭面禮，　妙衆第一大德僧。　聞佛滅度我隨去，　如大象去象子隨。

爾時下座比丘持衣鉢還僧。是時阿難中閒思惟諸法，求盡殘漏。其夜坐禪經行，慇懃求道。是阿難智慧多，定力少，是故不即得道。定智等者，乃可速得。後夜欲過，疲極偃息，却卧就枕。頭未至枕，廓然得悟，如電光出，闇者見道。入金剛定，破一切煩惱山，得六通已。即夜到僧堂門，敲門而喚。大迦葉問言：敲門者誰？荅言：我是阿難。大迦葉言：汝何以來？阿難言：我今夜得盡諸漏。大迦葉言：不與汝開門，汝從門鑰孔中來。阿難荅言：可爾！即以神力從門鑰孔中入，禮拜僧足懺悔。大迦葉莫復見責。大迦葉手摩阿難頭言：我故爲汝，使汝得道。汝莫嫌恨，我亦如是。以汝自證，譬如手畫虛空，無所染著。阿羅漢心亦復如是，一切法中得無所著。復汝本座。是時僧復議言：憍梵波提已取滅度，更有誰能結集經藏。長老阿泥盧豆言：是長老阿難於佛弟子常侍近佛聞經，能持佛法，常讚譽是阿難能結集經藏。是時長老大迦葉摩阿難頭言：佛囑累汝，令持法藏。汝應報佛恩。佛在何處最初說法？佛諸弟子能守護法藏者皆已滅度，唯汝一人在。汝今應隨佛心，憐愍衆生故，集佛法藏。是時阿難禮僧已，坐師子牀。時大迦葉說此偈言：

佛聖師子王，　阿難是佛子。　師子座處坐，　觀衆無有佛。　如是大德衆，　無佛說威神。
如夜無月時，　虛空不明浄。　諸大智人說，　汝佛子當演。　何處佛初說，　今汝當布施。

是時長老阿難一心合掌，向佛涅槃處作如是言：

　　佛初説法時，　爾時我不見，　如是展轉聞。　佛在波羅柰，　佛爲五比丘，　初開甘露門，
說四真諦法，〔一〕　苦集滅道諦。　阿若憍陳如，　最初得見道，　及八萬諸天，　聞是得見道。

是千阿羅漢聞是語已，上昇虚空，高七多羅樹，皆言：咄哉無常力大！如是我等眼見佛説法，今乃言我聞。便説偈言：

　　我見佛身相，　猶如紫金山。　妙相衆德滅，　唯有名獨存。　是故當方便，　求出於三界。
勤集諸善法，　涅槃最安樂。

爾時長老阿泥盧豆説此偈言：

　　咄世間無常，　如水月芭蕉。　功德滿三界，　無常風所壞。

爾時大迦葉復説偈言：

　　無常力甚大，　愚智貧富貴。　得道及未得，　一切無能免。　非巧言妙寶，　非欺誑力諍。
如火燒萬物，　無常死法爾。」〔二〕

〔一〕「四真」二字原作「真四」，據高麗藏本改。

〔二〕出大智度論卷二。

七百結集部第四

四分律云：「爾時世尊般涅槃後百歲，毗舍離跋闍子比丘行十事，言是法清淨，佛所聽。應兩指抄食，得聚落間，得寺内，後聽可，得常法，得和，得與鹽共宿，得飲闍樓羅酒，得畜不截坐具，得受金銀。彼於布薩日檀越布施金銀而共分之。如是簡擇，一一檢校，乃至十事非法、非毗尼、非佛所教。已皆下舍羅，在毗舍離。七百阿羅漢集論法毗尼故，名七百集法毗尼。」〔一〕已下文繁，不可備載。

依道宣律師感應記云：「律師問天人曰：世尊涅槃後結集法藏儀式云何？天人荅曰：惟大聖隱顯，隨機生滅。三藏遺迹結集，是因衆集多少，律論不等。如律中五百七百，皆遵大迦葉最爲衆首。如大論中，高選千人，皆同無學。至結集已，召外衆集，重叙所結，有不同者，分爲二部。依尊迦葉名上座部。餘外衆多名大衆部。」〔二〕依文殊問經初分二部，即其事也。〔三〕

通約大小三藏皆阿難出。其住處同集王舍城。然據文殊集衆，略結大乘，即在大鐵圍山外，二界中間。今明儀式，初佛滅度，經停一月，供養舍利，方始闍維。依律停之七日，爲待迦葉至也。即日焚了，置塔

〔一〕出四分律卷五十四。
〔二〕出道宣律師感應記。
〔三〕出文殊師利問經卷中分部品。

亦竟。一切大衆往詣舍衛祇洹精舍。尊大迦葉使小目連，同名者六人，皆大神通也。於僧戒壇鳴鐘集衆。時百億四天下凡聖僧等，一切皆集。便白四羯磨，罰賓頭盧及阿難已，〔一〕阿難昇高座，披佛布僧伽梨，先誦遺教經，如佛在世約勑之相。時大菩薩、阿羅漢、一切比丘、天龍八部，聞皆悲泣，不能自勝。爾時大迦葉即從座起，著布僧迦梨，手執尼師壇，至高座前，敷坐具，禮阿難已，右繞三匝而立。時大梵天王持七寶蓋，覆阿難上。時天帝釋進七寶案，置阿難前。羅睺阿修羅王各執七寶香鑪，在阿難前。阿難受已，置寶案上。他化天王進七寶几，在寶案後。時魔王波旬持七寶拂，授與阿難，仍與帝釋夾侍兩邊。四天王各侍高座四脚。三十二使者在迦葉後，各各肅恭胡跪敬聽。〔二〕時大迦葉禮阿難已，又繞三匝，至前問訊，如佛無異。然後問緣，如別所說。一一依經，始從如是，乃至末後歡喜奉行。爾時迦葉重問曰：我過去諸佛修多羅中，一一分部説，汝恒至佛邊，當有教勑。阿難荅曰：我受世尊教，末世衆生煩惱垢重，不能解我教法，不得部類出之，汝當分別説也。或十章五章，隨意而安置。令鈍根者易解我法。天問：如來在世時，教勑優波離及我大迦葉入堂東寶樓，觀古佛毗尼及不同相。我欲結集，爲依古佛説，爲依今世尊教耶？荅曰：我從世尊聞，以語大迦葉。若結集毗尼，當分五部相。往古諸佛所説毗尼，一相無二。今衆生薄福，故説多部。我滅度後，無智愚人，分我教綱，以爲五部、十八部

〔一〕「罰」字原作「罸」，據高麗藏本改。
〔二〕「肅」字原作「呈」，據高麗藏本改。

乃至五百部。雖味薄淡，仍是我正法。

爾時佛告四天王：汝施我碼磡。又告帝釋：汝施我金銀。又告魔王、梵王：汝施我天工師。又告修吉龍王、羅睺阿脩羅等：汝施明月寶珠及摩尼珠等，用爲塔燈明。天龍王等各依命獻。世尊受已，以其神力於一念頃，諸塔皆成。地爲六種震動，塔放大光。從於香山直至戒壇，化爲金銀臺，臺至有頂。中有百億佛，説諸勝妙法，歎持戒功德，毀破戒者。佛告阿難：如前寶塔今在香山。世尊涅槃時，付囑帝釋及以四天王。世尊涅槃竟，將往戒壇南、華林外安置九十日，待迦葉結集竟。最初於藁本寫出三藏教，次令阿闍世王又寫出五本。用我黄金印及以白銀印印迦葉初本及闍王寫者。須用七寶印印迦葉藁本。次以七寶印印魔王寫者。梵王寫三本可用白銀印。帝釋寫七本可用黄金印。娑竭龍王寫八萬經本者俱三色印。總以印定之，令流布閻浮提及三天下，皆用印之。既印經已，還内金瓶中。住戒壇南者，爲迦葉結集三藏諸教文義，皆令圓備。欲令阿難隨問出經，令無遺忘。由此二事，令鎮戒壇南。迦葉入定後，四王帝釋將塔及金瓶往至香山頂。經一百年，帝釋四王將諸天樂日日來供養法。爲彼山中五通神仙其數八萬，次第於此閻浮洲作粟散王不信正法者，爲令生信，故鎮香山。復爲育王初不信我法，迴彼邪見，令生正見，興八萬塔。

又佛告目連：汝往須彌山頂鳴鐘，召集十方我本分身諸佛及大千界聲聞菩薩衆等。佛放光明，大地振動，諸佛雲集。世尊從座起，與分身佛，俱共合掌，禮塔觀門。觀門内開。〔一〕彼黄金塔中有八萬真珠白銀樓觀，盛佛脩多羅及大毗尼藏。諸臺觀上有大摩尼珠，以爲燈明。有六比丘入滅盡定。白銀觀内多有七寶蓮華師子之座，其數八百萬。一一蓮華座皆有諸佛聲聞形像及八部神衛。復有五十比丘入滅盡定。佛告普賢：汝持我黄金螺至比丘所，吹我興世曲，并告我涅槃。普賢依教吹已，此比丘即從滅定起，問普賢言：今何佛出？荅：釋迦牟尼佛今將涅槃。彼比丘即共普賢來至佛所，禮敬起居，却住一面立。塔内有六比丘先白佛言：拘留佛涅槃時，令我住此塔，待至釋迦，乃至樓至。彼佛勑我言：後佛興世入涅槃時，結集三藏時，當開我觀，取我經律一本。我此大千界百億諸國土書有六十四體，各取一本，將付彼佛。令滅度後結集三藏竟時，當依我經本，書寫莊嚴。又隨諸國所用不同，得傳文字者，皆可用之。唯除皮骨土書不得傳寫。自外樹葉紙素金寶石鐵等並得用之。彼佛令我入定守護經像，令付世尊涅槃後，迦葉結集竟，流傳諸國也。

又佛告娑竭龍王及四天王等：汝施我真珠摩尼金銀等，欲造塔觀，盛前佛及經像。爾時天龍等隨念奉施。如來受已，即以神力於一食頃，皆成珠臺及金銀塔觀，各得八百萬，盛前經像。又告分身佛：汝等各施我一塔及一白銀觀，鎮我大千界所有遺法，不令毁壞。諸佛聞已，各隨喜施，又得百億萬。佛

〔一〕「内」字，高麗藏本作「自」。

並放口光，悉皆隨喜。又告諸菩薩：能持守護我之臺塔傳譯經典，當依臺塔經像流布。此之臺塔，並在香山頂。世尊涅槃時，勑我及羅雲住持未來惡世，開導衆生，令離衆苦。將至帝釋宮，安置歡喜園，乃至魔王於塔供養，至五百年。過五百年已後，教流行諸國，迄至法滅。塔亦上至兜率陀天。彌勒既見塔來，知我法滅。放大光明，遍照地獄。後遇樓至佛，皆得解脱。過是年已，塔還從兜率陀天下，住娑竭龍宮。世尊所造塔及白銀觀，付文殊師利、普賢、觀音，將此觀塔周遍大千界，一國留一觀及一金塔，如震旦。爾時文殊將塔觀往清凉山金剛窟安置，至今流行。令前菩薩從臺出經像，示彼持者，令易流通。乃至我之法滅，令娑竭大龍收入大海宮内。又問：一切脩多羅藏既結集已，當安何國，付囑何王？今欲結集，爲當廣結、略結，請次第説之。荅曰：我聞世尊説，付囑大迦葉當令廣集。又付文殊往大鐵圍山諸菩薩等住處九地有八萬人，當令略集。付囑阿闍世，令寫五本，及令帝釋并大梵天王助阿闍世，〔一〕寫我遺教。迦葉結集本，安置修羅窟中。又問：世尊在時，我從佛聞。若結集竟，將我三藏教付囑娑竭龍王。今聞汝説，與昔聞異。荅曰：我聞世尊説，結集三藏在脩羅窟中，經二十年中。待文殊結竟，方付娑竭龍王。又問：祇桓精舍有諸古佛及以三藏陰陽書及供養具，當付何人？荅曰：此事因緣，並在祇桓圖經説之，各有付處，不煩此述。

〔一〕「令寫五本……阿闍世」十七字原脱，據高麗藏本補。

又問：我從佛聞滅度之後，一切毗尼流有閻浮及三天下。衆生樂欲，所見不同。餘百億天下並令流布。我欲結集，今對人天，汝當荅我。荅曰：我受佛教，我滅度後，汝語大迦葉及文殊師利流我毗尼。此閻浮洲三十二國，是諸衆生並有大根，堪可流行迦葉遺教。東弗婆提洲二百六十國，西瞿耶尼洲一百三十國，並行迦葉遺教。自餘天下衆生薄福，不堪聞教，莫行此法。如來滅後四十年中，遺行二部，此四天下。又問：云何二部教？荅曰：四分、十誦律。四十年後一百一十年，迦葉遺律方行前國。如震旦諸國謂之君子國，根性輕利，得行三部教。合四百三國土，同此一文字，並行前三律教。又問：云何三部教？荅曰：行前二部教，及以大僧祇。如來流離國及餘二天下，唯行一部教，所謂薩婆多部是也。

祇桓寺殿内簷下有四銀臺。兩臺内有黄金修多羅，白玉爲牒。又有兩臺内有毗尼藏，黄金爲牒，白銀爲字。毗尼律藏是龍王書，修多羅經藏是魔王書。此二藏經並是過去星宿劫前古佛經也。於閻浮洲中，此之兩部書經，最爲第一。至佛涅槃後，娑竭龍王收將入宫供養。

又迦葉佛時，震旦國之一人書大毘尼藏及修多羅藏。及修多羅經，銀紙金書，毗尼律金紙銀書。當爾書時在荆州大明寺寫，經在蓮華東面臺内，律在葉上西面臺，莊嚴供養，不可說盡。諸百億四天下中文字與此同者，斯有鍾張王衛之儔未足爲比。如來在日，諸國聖人來者，多以此經律示之。佛去之後，文殊師利收此經律，安在清涼山金剛窟中。

又有臺内有過去佛說毗尼書，有三萬八千種。百億四天下同此方書者，最爲第一。

南方天王第三子張璵撰述祇桓圖經一百卷。北方天王第十六子造立五精舍記，有五百卷。各在當天。

頌曰：

遥欣大覺，曠矣神功。四禪無像，三達皆空。千佛異迹，一智心同。表靈降世，敷演開矇。賢劫始四，餘佛潛通。續前有七，繼嗣虔恭。永言鷲室，栖誠梵宫。八相成道，萬德虚融。天人受福，惡止善興。含生藉甚，同感恩隆。

感應緣 略引十二靈驗

周書記佛生時

周書記佛滅時

史録記佛是大聖〔一〕

前漢孝武帝已聞佛教

前漢哀帝時已行齋戒

〔一〕「録」字原作「記」，據高麗藏本改。

秦始皇時亦有佛法至
後漢郊祀志記佛爲大聖
後漢明帝時三寶具行
西晉海浮維衛迦葉二石像
齊文宣帝時得佛牙至
隋天台釋智顗感見三道寶階
唐潞州釋曇榮感見七佛現

夫至人應感，與世推移。慈化無方，豈局形教。致使聞同解異，説一悟殊。登位地而上征，封迷途而下降。全身碎身之相，聚塔散塔之儀。神光燭而邪計摧，靈迹挺而深信立。自法水東流，道光西照。英賢榮盛，感應實多。故育王表塔，創啓隆周；釋父影形，鬱興炎漢。自斯歷代，積著彌繁；量非五天，獨揚神化。故經曰：正法後被，先於北方，次及東南，至中方滅也。今且列漢明已來，至今大國，隨所見聞，三寶靈迹，件述三五。餘之不盡者，備在別傳。

案周書異記云：周昭王即位二十四年甲寅歲四月八日，江河泉池忽然汎漲。井水溢出，山川震動。有五色光入貫太微，遍於西方，盡作青紅色。太史蘇由奏曰：有大聖人生於西方，一千年外聲教及此。昭王即勑鐫石記之，埋於南郊天祠前。此即佛生之時也。相國呂侯乘騂騮八駿而行求佛，因以禳之。

周穆王五十三年壬申歲二月十五日平旦，暴風忽起，損舍折木地動天陰，西方白虹十二道。太史扈多曰：西方聖人滅矣。此即佛入涅槃之相也。

又案春秋：魯莊公七年夏四月，恒星不現，夜明如日。〔一〕即佛生時之瑞應也。良由佛有真應二身，權實兩智。三明、八解、五眼、六通，神用不可思議。法號心行處滅。其道也運衆聖於泥洹，其力也接下凡於苦海。巍巍蕩蕩，可略言焉。故列子云：「昔吴太宰嚭問孔丘曰：夫子聖人歟？孔子對曰：丘博識强記，非聖人也。又問：三王聖人歟？對曰：三王善用智勇，聖非丘所知。又問：五帝聖人歟？對曰：五帝善用仁信，聖亦非丘所知。又問：三皇聖人歟？對曰：三皇善用時，聖亦非丘所知。太宰大駭曰：然則孰爲聖人乎？夫子動容有閒曰：西方之人有聖者焉。不治而不亂，不言而自信，不化而自行。蕩蕩乎！民無能名焉。」〔二〕若將三皇五帝必是大聖，孔丘豈容隱而不說，便有匿聖之僁。以此校量，推佛爲大聖也。又老子西昇經云：「吾師化遊天竺，善入泥洹。」量此二言，優劣可知也。前漢孝武帝元狩中，霍去病討匈奴，至臯蘭，過居延山，獲昆邪休屠王等。又獲金人，率長丈餘，列

〔一〕見春秋莊公七年。

〔二〕出列子卷四仲尼篇。

於甘泉宫，〔一〕帝以爲大聖，燒香禮拜。及開西域，遣張騫使大夏。還云：有身毒國，一名天竺。始聞浮圖之教。〔二〕此即佛之形教相顯之漸也。

前漢哀帝元壽年使景憲往大月氏國，因誦浮圖經還漢。〔三〕當時稍行浮圖齋戒也。

前漢成帝時，都水使者光禄大夫劉向傳云：向博觀史籍，往往見有佛經。〔四〕及著列仙傳云：〔五〕吾搜撿藏書，太史創撰列仙圖。黄帝以下迄至于今，定撿實録一百四十六人，其七十四人已見佛經矣。據此而明，秦周已前，早有佛法流行震旦。何以取知？今案所列也。故佛傳云：〔六〕佛滅度後一百一十六年，東天竺國有鐵輪王統閻浮提，收佛靈骨，役使鬼神，起八萬四千塔。具如下述。此九州之地並有遺塔，云是育王所造。此塔即當此周敬王二十六年丁未之歲，故塔興焉。世經十二王，至秦始皇二十四年，焚燒典籍，育王諸塔由此見隱。又撿釋道安、朱士行等經録目云：秦始皇之時，有外國沙門釋

〔一〕「列」字原作「之到」，據魏書釋老志改。
〔二〕出魏書卷一百一十四釋老志。
〔三〕出魏書卷一百一十四釋老志。
〔四〕「往」字原脱一，據高麗藏本補。
〔五〕「著」字原作「看」，據高麗藏本改。
〔六〕此段出處待考。

利防等一十八賢者，賫持佛經來化。始皇弗從，遂囚禁之。夜有金剛丈六來破獄出之，始皇驚怖稽首謝焉。准此而言，則知秦漢已前有佛法也。尋道安所載十二賢者，亦在七十之數。今列仙傳見有七十二人。案文殊般泥洹經云：〔一〕佛滅度後四百五十年，文殊至雪山中爲仙人說法。又案地理志西域傳云：雪山者，即葱嶺是也。其下有三十六國，先來奉漢。其葱嶺連亘東至終南。文殊來化仙人，即斯地也。詳而驗之，劉向所論可證矣。

後漢郊祀志曰：〔二〕佛者，漢言覺也，將以覺悟羣生也。統其教以修善清心爲主。不殺生類，專務清浄。其精進者，名爲沙門，漢言息惡。剃髮毁容，去家出俗，絶情洗欲而歸於無爲也。又以人死精神不滅，隨後受形，而行善惡後生皆有報應。所貴行善修道，以練其神而不已，以至無生而得佛也。身長丈六，黄金色，項佩日月光，變化無常，無所不入，故能通萬物而大濟羣生。有經書數千卷，以虚無爲宗。包羅精麤，無所不統。善爲宏闊勝大之言。可求在於一體之內，所明在於視聽之表。歸於玄微，深遠難測。故王公大人觀生死報應之際，莫不懅然自失也。餘如漢法本内傳說。

後漢明帝時，雒陽白馬寺有攝摩騰，本中天竺人。善風儀，解大小乘經，常遊化爲任。至漢永平三

〔一〕「般」字後原衍「若經」二字，據高麗藏本刪。

〔二〕出後漢紀卷十。廣弘明集卷一引此文，注云范曄後漢書。然范曄後漢書無郊祀志。袁宏後漢紀卷十明帝紀有此文，但文句略有異同。舊唐書經籍志史部載後漢書有七家，是否袁宏引用他家文字，難以考矣。

年中，明皇帝夜夢金人飛空而至。乃大集羣臣，以占所夢。通人傅毅奉荅：臣聞西域有神，其名曰佛。陛下所夢將必是乎！帝以爲然。即遣中郎蔡愔、博士弟子秦景等使往天竺，尋訪佛法。愔等於彼遇見摩騰，乃邀還漢地。騰誓志弘通，不憚疲苦，冒涉流沙，至乎雒邑。明帝甚加賞接，於城西門外別立精舍以處之。漢地有沙門之始也。又漢明帝遠召摩騰法師來至雒陽，於城西雍門外立白馬寺，是漢地伽藍之始也。相傳云：外國國王嘗毀破諸寺，唯招提寺未及毀壞。夜有一白馬遶塔悲鳴，即以告王。王即停壞諸寺，因改招提以爲白馬。故諸寺立名，多取則焉。〔一〕又漢雒陽白馬寺有竺法蘭，是中天竺人。自言誦經論數萬章，爲天竺學者之師。時蔡愔既至彼國，蘭與摩騰共契遊化，遂相隨而來。會彼學徒留礙，蘭乃閒行而至。既達雒陽，與騰同止。少時便善漢言。愔於西域獲經，即爲翻譯，所謂十地斷結佛本行四十二章經等五部。移都寇亂，四部失本，不傳江左。唯四十二章經今見在，可二千餘言，漢地見存於此，漢地諸經之始也。蘭後卒於雒陽，春秋六十餘矣。又漢明帝時，天竺國竺法師將畫釋迦倚像，是優填王栴檀像師第四作也。既至雒陽，明帝即令畫工圖寫，置清涼臺中及顯節陵上。〔二〕舊像今不復存焉。漢地之始，此像初也。魏書亦明漢明帝時三寶初來之義。昔漢武帝穿昆明池底，得黑灰。以問東方朔，朔云：不經，可問西域胡僧。後法蘭既至，衆人追以問之，蘭云：世界終盡，劫火洞燒，此灰

〔一〕出高僧傳卷一攝摩騰傳。

〔二〕「陵」字下原衍「王」字，據高麗藏本删。

是也。朔言有徵，信者甚衆。〔一〕

昔維衛及迦葉石像，以西晉愍帝建興元年，像汎海而來，〔二〕入乎吴松江滬瀆口。遥見海中有二人浮游水上，漁人莫能就視。延巫師祝，則謂爲海神，祭酒則疑是仙靈。或振鐸以請，或巾褐往祈，並濤涌霧曀，逆流遠去。奉黄老者謂是天師，往迎，風浪如故。吴縣朱應素奉正法，迺請東靈寺帛尼并信齋戒者數人共往迎像。於是雲銷日朗，風霽波息。乘流自到，轉身示銘。始接登舟，其輕如羽。未載大車，其重若山。及處像於吴時舊寺通玄精舍。事源委曲，已詳舊碑。至齊永明七年，又有瑞石浮海，來入吴境。質堅貞固，光采鮮潤。駕潮截瀾，汎若松舟。時主書朱法讓，即先獲石像朱應之曾孫也。被使至吴，獲石像獻臺。是時齊武皇帝初建禪靈，重構七層，壯美莊嚴，而瑞像不遠而至，協時應機。朝士僉議以爲宜矜妙覣，式影法身。乃命石匠雷卑石等造釋迦文像，身坐高三尺五寸，連光及座通高六尺五寸。盡鐫琢之奇，極金雘之巧。克孚顯相，〔三〕允副幽禎。〔四〕竊惟石性本沈，神感則浮。越海適吴，隔代荐至。雖古今異造，而總歸七佛。獲瑞之人，復緣朱氏。祕契冥期，終始如一。故追序前

〔一〕出高僧傳卷一竺法蘭傳。

〔二〕「來」字原脱，據高麗藏本補。

〔三〕「顯」字原作「頭」，據高麗藏本改。

〔四〕「允」字原作「元」，據高麗藏本改。

事，以表厥證。宋世所獲二石像，立高七尺，銘其背上，一名維衛佛，二名迦葉佛。莫識年代，而字分明，在吴郡通玄寺。齊威所造瑞石像，舊在禪靈寺。〔一〕

齊文宣皇帝時有先師統上，〔二〕家世凉州。年至十三，發誓西行。至宋元徽三年五月，遂發京師。到五年方到芮芮，進到于闐國。臨發之日，有一僧於密室之中，出銅函一枚，手授先師曰：此函有佛牙，方一寸，長三寸。可將還南方，廣作利益。先師歡喜頂受，如覩佛身。此僧又云：我於烏纏國取此佛牙；甚爲艱難。又獲銅印一枚，國王面像，以封此函。先師後聞諸僧共議云：烏纏國失却佛牙，不知何國福德僧當獲供養。先師聞已，私懷默喜，倍加尊敬。於是賫還鍾山，十有五載。雖復親近，而弟子莫知，唯密呈靈相寺法潁律師頂戴，苦勤出示，舊聞龜兹一僧莫知真僞，心多疑僞。是時司徒竟陵王文宣王，幼含勝慧，結志隆雲，誠感懇徹，亟發靈應。以永明七年二月八日於西第在内堂法會，見佛從東來，威容顯曜。文宣望身頂禮，因而侍立。自覺已冠，裁及趺踝，佛俛而微笑，既而咳唾，白如凝雪。以手承捧，變爲玉稻。後移鎮東府，以六月二十九日又夢往定林，見先師稱病而卧。因問：生老病死，五通未免。法師衣鉢之餘寧可營功德不？對曰：貧道庫中有無價神寶，敬以憑託，宜自取之。依言往求，見有函匱。次第開視，多是經像。末見小函，懸在虚空，取而開之，光色不恒。始言是像而復非像，

〔一〕出高僧傳卷十三竺慧達傳。

〔二〕此是蕭齊竟陵文宣王事，作北齊文宣帝誤。

既云非像而復是像。文宣從夢而覺，心知休徵。明旦即遣左右楊曇明密夢，證法師庫中必有異寶，宜以惠示。先師造次之閒，謂求俗珍珠，〔一〕不意是牙。乃修常荅旨。續更尋思，中夜方悟。以事難傳說，乃躬自到府，具叙本源。貧道唯示穎律師一人，更無知者。今檀越感通冥應，信而有徵，便是不可思議。其迹已現，寧敢久辱威神，以廢佛事。今奉歸供養。後經三日，自送東府。文宣得牙十許日，又夢在空中，狀若牛角，長三尺餘，神光洞發，燭其右臂。俄覩一蠟像，高亦三尺，〔二〕瞬目而語，三稱極佳。先師又於于闐得舍利十五枚，處處分布。枳園、禪靈起刹之時，悉皆得分。以一枚送與文宣。文宣時東宫即取浄水試其真僞，浮在鉢中，俄頃不見。道俗數十，精心撿覓，永不能得。内外周迴，莫不疲怠。文宣方竭誠懺悔，〔三〕俄爾之閒，復於向處忽見在地，光高尺餘，色彩炳曜。衆咸共覩，莫不讚美。先師所餘二枚，各一銀函，封題府篋。後更撿視，與函俱失。垂三載後，開取佛牙，忽於本篋，還復得之。先有二枚而長，獲一，凡成三枚，〔四〕同在一處。但先銀函猶遂失焉，故神化不可測度矣。文宣

〔一〕「珍」字原作「真」，據高麗藏本、磧砂藏本、南藏本改。

〔二〕「高」字原脱，據高麗藏本補。

〔三〕「悔」字原脱，據高麗藏本補。

〔四〕「凡」字原作「甕」，據高麗藏本改。

素聞西方有佛牙佛髮，〔一〕喜躍特深。到建元三年啓高皇帝遣外國沙門曇摩多羅索供養之具，以申虔仰。又造小形寶帳，擬送西域。既而逗留，如有所得。俄而先師屆都，果獲靈瑞。即此寶帳迴以供養。冥理相契，非一朝焉。文宣後造寶臺以盛帳，製寶藏以貯函。敬事尊重，頃歷心力矣。右前諸事出漢法本内傳并雜史高僧傳等録。

隋國師智者天台山國清寺釋智顗，俗姓陳氏，潁川人也。宿德英賢，自古罕儔。常樂山居，静慮習禪。道俗欽敬，君臣識重。顗初往天台，先有青州僧定光久居此山，積三十載，定慧兼習，蓋神人也。既達彼山，與光相見，即陳賞要。光曰：大善知識，憶吾早年山上摇手相喚不乎！顗驚異焉，知通夢之有在也。時以陳太建七年秋九月矣。又聞鐘聲滿谷，衆咸怪異。光曰：鐘是召集有緣，爾時住也。顗乃卜居勝地，是光所住之北佛壟山南，螺溪之源。處既閒敞，易得尋真，地平泉清，徘徊止宿。俄見三人皂幘絳衣，執疏請云：可於此行道。於是創建草菴，樹以松果。數年之閒，造展相從，復成衢會。光曰：且隨宜安堵，至國清時，三方總一，當有貴人爲禪師立寺，堂宇滿山矣。時莫測其言也。顗後於寺北華頂峰獨净頭陀，大風拔木，雷霆震吼，螭魅千羣，一形百狀，吐火聲叫，駭畏難陳。乃抑心安忍，湛然自失。又患身心煩痛，如被火燒。〔二〕又見亡没二親，枕顗膝上，陳苦求哀。顗依止法忍，不動如山。

〔一〕下「佛」字原脱，據高麗藏本補。

〔二〕「被」字原作「彼」，據高麗藏本、磧砂藏本、南藏本、嘉興藏本改。

故使强軟兩緣，所感便滅。忽致西域神僧告曰：制敵勝怨，乃可爲勇。文多不載。陳宣帝下詔曰：禪師佛法雄傑，時匠所宗，訓兼道俗，國之望也。宜割始豐縣調，以充衆費，蠲兩户民，用供薪水。天台山縣名爲安樂，令陳郡袁子雄崇信正法，每夏常講浄名。忽見三道寶階，從空而降，有數十梵僧乘階而下，入堂禮拜，手擎香鑪，遶顗三匝，久之乃滅。及大衆同見，驚歎山喧。其行達靈感，咸皆如此，不可具述。於開皇十七年十一月二十二日忽語衆：吾將去矣！言已端坐如定，而卒於天台山大石像前，春秋六十有七。至於滅後而多靈驗。到仁壽末年已前，忽振錫被衣，猶如平昔。凡經七現，重降山寺。一還佛隴，語弟子曰：案行故業，各安隱耶？舉衆皆見，伸敬言問，良久而隱。〔一〕

唐潞州法住寺釋曇榮，俗姓張氏，定州人也。其師靈裕法師神厲氣清，〔二〕觀榮勤攝，隨緣通化，曾無執著。每年春夏立方等般舟，至於秋冬，各興禪誦。乃告衆曰：舍利之德，挺變無方，若苦業有銷，請祈可遂。乃人人前別置水鉢，加以香鑪，通夜苦求。至明，鉢内總獲舍利四百餘粒。後時所住堂舍，忽自崩壞。龕像舍利，宛然挺出，布在庭中，一無所損。又至貞觀七年，清信士常凝保等請榮於州治法住寺行方等懺法。至七月十四日，有本寺沙門僧定者，戒行精固，於道場内見大光明，五色間起，從上而下，中有七佛相好非常，語僧定云：我是毗婆尸如來無所著至真等正覺，以汝罪銷，故來爲證。

〔一〕出唐高僧傳卷二十一釋智顗傳。

〔二〕「其師靈裕法師」六字原闕，據唐高僧傳補。

然非本師，不與受記。如是六佛皆同此詞。最後一佛云：我是汝本師釋迦牟尼也，爲汝罪銷，故來授記。曇榮是汝滅罪良緣，於賢劫中名普寧佛。汝身器清净，後當作佛，名爲普明。若斯之應，現感靈祥，信難圖矣。以貞觀十三年卒於法住寺，春秋八十有五。〔一〕右二人出唐高僧傳。

〔一〕出唐高僧傳卷二十四釋曇榮傳。

中國佛教典籍選刊

法苑珠林校注

二

〔唐〕釋道世撰
周叔迦
蘇晉仁
校注

致巧，因茲呈妙。昔晉代僧衆，創造煒絶；〔一〕宋齊帝王，製作日新。多未記銘，懼或失源。今録其殊勝，垂範表益也。

念佛部第二

夫大聖有平等之相，弟子有稱揚之德。故十方諸佛，同出於淤泥之濁；三身正覺，俱坐於蓮臺之上。隨念何相，皆得利益。所謂始從出家，終成正覺。於其中間，道樹降魔，鹿野説法。相好圓滿，光明炳著。身色清淨，事等鎔金；面貌端嚴，猶如滿月。齒同珂雪，髮似光螺，目譬青蓮，眉方翠柳。八音響亮，萬相雍容；五眼洞明，六通遥颺。懸河寫辯，連注投機。圓三點以成身，具五分而爲體。帶權實以度物，隨真應以化人。或扇廣大之慈風，灑滂沱之法雨。能使身田被潤，即吐無上之芽；心樹既榮，便茂不彫之葉。不來相而來，不見相而見。爲衆生故，隨緣應現。十方十億，並願歷侍；三千大千，俱得親承。長種福田，廣興供養。吐邪倒之根，拔貪嗔之本，修念佛之因，證見佛之果。故法華經偈云：

「若人散亂心，　入於塔廟中，　一稱南無佛，　皆已成佛道。」〔二〕

〔一〕「煒」字原作「緯」，據高麗藏本改。

〔二〕出妙法蓮華經卷一方便品。

又譬喻經云：「昔有國王，煞父自立。有阿羅漢知此國王不久命終，計其餘命不過七日。若命終後，必墮阿鼻地獄，一劫受苦。此阿羅漢尋往化之，勸教至心稱南無佛，七日莫絶。臨去重告，慎莫忘此。王便叉手一心稱説，晝夜不廢。至于七日，便即命終，魂神趣向阿鼻地獄。乘前念佛，至地獄門，知是地獄，即便大聲稱南無佛。獄中罪人聞稱佛聲，皆共一時稱南無佛。地獄猛火即時化滅，一切罪人皆得解脱，出生人中。後阿羅漢重爲説法，得須陀洹。以是因緣，稱佛名號，所獲功德無量無邊，不可爲喻。」〔一〕

又觀佛三昧經云：「昔佛在世時，佛爲父王及諸大衆説觀佛三昧經。佛有三十二相，八十種好，身真金色，光明無量。時座下有五百釋子，以罪障故，見佛色身猶如灰色羸婆羅門。見已，號哭，自拔頭髮，舉身投地，鼻中血出。佛安慰曰：汝勿號哭，吾爲汝説。過去有佛名毗婆尸，入涅槃後，於像法中，有一長者名日月德。有五百子，〔二〕聰明多智，無不貫練。其父長者信敬三寶，常爲諸子説佛法義。諸子邪見，都無信心。後時諸子同遇重病，父到兒前，泣淚合掌，語諸子言：汝等邪見，不信佛法，今無常刀，切割汝身。爲何所怙？有佛世尊，名毗婆尸，汝可稱名。諸子聞已，敬父言故，稱南無佛。復教稱法及稱僧名。稱已命終。由稱佛故，生四天王天。天上壽盡，以前邪見，還墮地獄。獄卒羅刹以熱

〔一〕譬喻經已佚。

〔二〕「百」字下原衍「弟」字，據高麗藏本删。

鐵叉，刺壞其眼。受是苦時，憶父教稱念佛因緣，從地獄出，來生人中，貧窮下賤。後式佛出，〔一〕亦得值遇。但聞佛名，不覩像形。後隨葉佛、拘樓秦佛、拘那含佛、迦葉佛，亦皆聞名，不見其形。以聞如是六佛名故，今得與我同生釋種。我身端嚴如閻浮金，汝見灰色羸婆羅門，皆由前世邪見故爾。汝今可稱過去佛名，并稱汝父，亦稱我名，及彌勒佛。稱已作禮，及向大衆大德衆生五體投地，發露懺悔邪見之罪。諸人受教懺悔訖已，〔二〕見佛金色如須彌山。見已白佛：我今見佛三十二相八十種好，無量光明。作是語已，得須陀洹。求佛出家，得阿羅漢，三明六通，是八解脱。佛告比丘：我滅度後，若稱我名，南無諸佛，所獲福德無量無邊。」〔三〕

又觀佛三昧經云：「昔過去久遠，有佛出世，號釋迦牟尼。滅度之後，有一王子，名曰金幢，憍慢邪見，不信佛法。有一比丘，名定自在，語王子言：世有佛像，衆寶嚴飾，極爲可愛。可暫入塔，觀佛形像。王子即隨共入塔中，見像相好，白比丘言：佛像端嚴，猶尚如此，況佛真身。比丘告言：汝今見像不能禮者，應當合掌稱南無佛。是時王子即便合掌，稱南無佛。還宫繫念塔中像故，即於後夜夢見佛像。夢已歡喜，捨離邪見，歸依三寶。由一入塔稱佛善根，命終得值九百萬億那由他佛，於諸佛所逮得

〔一〕「式佛」，高麗藏本作「式棄佛」。
〔二〕「諸」字原作「請」，據高麗藏本改。
〔三〕出觀佛三昧海經卷三觀相品。

甚深念佛三昧。得三昧故，諸佛現前，爲其授記。從是已來，經於百萬阿僧祇劫，不墮惡道。乃至今日，獲得甚深自楞嚴定。昔王子者，今財首菩薩是。」〔一〕以是因緣，智者應當如是學念佛也。

觀佛部第三

竊聞法王法力，道濟無疆；大慈大悲，聲高有頂。隨根普雨，靉靆密雲。觸類等觀，朗同明鏡。是以金容誕迹，遂致恒星匿彩；月愛舒光，便使晨曦掩色。八音纔吐，則尼乾轍亂；七辯暫宣，則富那旗靡。故知威神尊重，利益弘深。隨喜見聞，則難遭難遇。勸諸行者，常須觀佛。心存妙色，似對目前；意想光儀，如臨咫尺。雖法身無二，隨應説三。逗機弘誘，乃有多種。今且録經，後述靈驗。餘之不盡，〔二〕備在廣文。

又觀佛三昧經云：「昔過去久遠無量世時，有佛出世，號寶威德上王。時有比丘與九弟子往詣佛塔，禮拜佛像。見一寶像，嚴顯可觀。禮已諦視，説偈讚歎。後時命終，悉生東方寶威德上王佛國大蓮華中，結跏趺坐，忽然化生。從此已後，恒得值佛。於諸佛所，浄修梵行，得念佛三昧海。得三昧已，佛爲授記，於十方面，各得成佛。東方善德佛者，則彼師是。其九弟子者作九方佛，謂東南方無優德佛，

〔一〕出觀佛三昧海經卷九本行品。
〔二〕「餘」字原脱，據高麗藏本補。

南方栴檀德佛，西南方寶施佛，西方無量明佛，西北方華德佛，北方相德佛，東北方三乘行佛，上方廣衆德佛，下方明德佛。如是十佛因由過去禮塔觀像，一偈讚歎，今於十方各得成佛。」〔一〕

又觀佛三昧經云：「過去久遠，有佛出世，號曰空王。入涅槃後，有四比丘，共爲同學，習佛正法。煩惱覆心，不能堅持，佛法寶藏，多不善業，當墮惡道。空中有聲，語比丘言：空王如來雖復涅槃，汝之所犯謂無救者。汝等今可入塔觀像，與佛在世時等無有異。聞空中聲已，入塔觀像，眉間毫相，即作念言：如來在世光明色身與此何異！佛大人相願除我罪。作是語已，如太山崩，五體投地，懺悔諸罪。由入佛塔觀像毫相，懺悔因緣，後八十億阿僧祇劫不墮惡道，生生常見十方諸佛，於諸佛所受持甚深念佛三昧。得三昧已，爲十方佛現前授記，今悉成佛。東方有國，名曰妙喜，佛號阿閦，即第一比丘是。南方有國，名曰歡喜，佛號寶相，即第二比丘是。西方有國，名曰極樂，佛號無量壽，即第三比丘是。北方有國，名蓮華莊嚴，佛號微妙聲，即第四比丘是。」〔二〕以是因緣，行者應當如是數觀佛也。

又迦葉經云：「昔過去久遠阿僧祇劫，有佛出世，號曰光明。入涅槃後，有一國王子，名大精進。年始十六，婆羅門種，端正無比。有一比丘於白氎上畫佛形像，持與精進。精進見像，心大歡喜，作如是言：如來形像妙好乃爾，況復佛身。願我未來亦得成就如是妙身。言已，思念：我若在家，此身叵

〔一〕出觀佛三昧海經卷九本行品。
〔二〕出觀佛三昧海經卷九本行品。

得。即啓父母，求哀出家。父母荅言：我今年老，唯汝一子。汝若出家，我等當死。子白父母：〔一〕若不聽我者，我從今日不飲不食，不昇牀坐，亦不言說。作是誓已，一日不食，乃至六日。父母、知識、八萬四千諸婇女等，同時悲泣，禮大精進，尋聽出家。既得出家，持像入山，取草爲座，在畫像前，結跏趺坐。一心諦觀，此畫像不異如來。如來像者，非覺非知。一切諸法，亦復如是，無相離相，體性空寂。作是觀已，經於日夜，成就五通，具足無量，得無礙辯，得普光三昧，具大光明。以浄天眼，見於東方阿僧祇佛。以浄天耳，聞佛所說，悉能聽受。滿足七月，以智爲食。一切諸天散華供養。從山而出，來至村落，爲人說法。二萬衆生發菩提心。無量阿僧祇人住於聲聞緣覺功德，父母親眷皆住不退無上菩提。佛告迦葉：昔大精進，今我身是。」〔二〕由此觀像，今得成佛。若有人能學如此觀，未來必當成無上道。

感應緣此略引五十三驗，〔三〕至下十四卷盡。

自法移東漢，教漸南吴。佛像靈光，充仞區宇。而羣録互舉，出没有殊。至於瑞迹，蓋無異也。今

〔一〕「白」字原作「曰」，據高麗藏本改。
〔二〕出大寶積經卷八十九摩訶迦葉會。
〔三〕「三」字原作「二」，據高麗藏本、磧砂藏本、南藏本改。「驗」字原重，據磧砂藏本、南藏本删。

依叙列而罕以代分。何者？或像陳晉宋而歷表隋唐，或陶化在人而示從倚伏。故不獲銓次，依緣而翔集之。

東漢雒陽畫釋迦像緣
南吴建業金像從地出緣
西晉吴郡石像浮江緣
西晉泰山七國金像瑞緣
東晉楊都金像出渚緣
東晉襄陽金像遊山緣
東晉荆州金像遠降緣
東晉吴興金像出水緣
東晉會稽木像香瑞緣
東晉吴郡金像傳真緣
東晉東掖門金像出地緣
東晉廬山文殊金像緣

元魏涼州石像山袈裟出現緣

元魏定州金觀音像高王經緣〔一〕

北涼河西王南崖塑像緣

北涼沮渠丈六石像現相緣

案南齊王琰冥祥記云：「漢明帝夢見神人，形垂二丈，身黄金色，項佩日光。以問羣臣，或對曰：西方有神，其號曰佛。形如陛下所夢，得無是乎！於是發使天竺，寫致經像，表之中夏。自天子王侯，咸敬事之。聞人死精神不滅，莫不懼然自失。初使者蔡愔將西域沙門迦葉摩騰等，賫優填王畫釋迦佛像。帝重之，如夢所見也。乃遣畫工圖之數本，於南宫清凉臺及高陽門顯節壽陵上供養。又於白馬寺壁畫千乘萬騎，遶塔三匝之像。如諸傳備載。」〔二〕

吴時於建業後園平地，獲金像一軀。討其本緣，即是周初育王所造，鎮於江府也。何以知然？自秦漢魏未有佛法南達，何得有像埋瘞於地？孫皓得之，素未有信，不甚尊重，置於厠處，令執屏籌。至

〔一〕此條原脱，據嘉興藏本補，餘本竏入卷十四梁後陳前。

〔二〕出集神州三寶感通録卷中。

四月八日，皓如戲曰：〔一〕今是八日浴佛時，遂尿頭上。尋即通腫，陰處尤劇，痛楚號叫，忍不可禁。太史占曰：犯大神聖所致。便遍祀神祇，並無效應。宮内伎女素有信佛者曰：佛爲大神，陛下前穢之，今急可請耶！皓信之，伏枕歸依，懺謝尤懇，有頃便愈。遂以馬車迎沙門僧會入宮，以香湯洗像，慙悔殷重。廣修功德於建安寺，隱痛漸愈也。〔二〕

西晉愍帝建興元年，吴郡吴縣松江滬瀆口，漁者萃焉。遥見海中有二人現，浮遊水上。漁人疑爲海神，延巫祝備牲牢以迎之。風濤彌盛，駭懼而返。復有奉五斗米道黄老之徒曰：斯天師也。復共往接，風浪如初。有奉佛居士吴縣朱膺，聞之歎曰：將非大覺之垂降乎！迺潔齋共東靈寺帛尼及信佛者數人至瀆口，稽首迎之，風波遂静。浮江二人，隨潮入浦，漸近漸明，乃知石像。將欲捧接，人力未展，聊試擎之，飄然而起。便轝還通玄寺，看像背銘，一名維衛，二名迦葉。莫測帝代，而書迹分明，舉高七尺。施設法座，欲安二像，人雖數十而了不動。復重啓請，翻然得起。以事表聞朝廷，士庶歸心者十室而九。沙門釋法開來自西域，稱經説：東方有二石像及阿育王塔，有供養禮覲者，除積罪云。又别傳云：天竺沙門一十二人送像至郡。像乃水上，不没不行。以狀奏聞，下敕聽留吴郡。〔三〕見高僧傳及旌異

〔一〕「如」字下疑脱「厠」字。
〔二〕出集神州三寶感通録卷中。又見高僧傳卷一康僧會傳。
〔三〕出集神州三寶感通録卷中。又見高僧傳卷十三竺慧達傳。

記等。

西晉泰山金輿谷朗公寺，昔中原值亂，永嘉失馭，有沙門釋僧朗所居之山，常有雲陰，俗異其禎，威聲振遠，天下知聞。于時無主，英雄負圖，七國宗敬，以崇福焉，諸國競送金銅像并贈寶物。朗恭事盡禮，每陳祥瑞。今居一堂，門牖常開，鳥雀不近，雜穢不著，遠近嗟異。其寺至今向三百五十年。〔一〕

東晉成帝咸和年中，丹陽尹高悝往還市闕，每張侯橋浦有異光現。乃使尋之，獲金像一軀，西域古製，足趺並闕。〔二〕悝下車載像，至長干巷口，牛不復行。悝止御者，任牛所往，遂徑赴長干寺，因安置之。楊都翕然，勸悟者甚衆。像於中宵，必放金光。〔三〕歲餘，臨海縣漁人張係世於海上見銅蓮華趺，〔四〕丹光游泛。乃馳舟接取，具送上臺。帝令試安像足，恰然符合。久之有西域五僧振錫詣悝云：昔遊天竺，得阿育王像，至鄴遭亂，藏于河濱。王路既通，尋覓失所。近感夢云：吾出江東，爲高悝所得，在阿育王寺。故遠來相投，欲一禮拜。悝引至寺。五僧見像，歔欷涕泣。像爲之放光，照于堂内。及遶像形，僧云：本有圓光，今在遠處，亦尋當至。五僧即住供養。至咸和元年，南海交州合浦採

〔一〕出集神州三寶感通録卷中。

〔二〕「足」字，高麗藏本作「光」。

〔三〕「必」字，高麗藏本作「忽」。

〔四〕「係」字，高麗藏本作「孫」。

珠人董宗之每見海底有光，浮于水上。尋之得光，以事上聞。簡文帝敕施此像，孔穴懸同，光色無異。凡四十餘年，東西别處。祥感光趺，方乃符合。此像華臺有西域書，諸道俗來者，多不識之。有三藏法師求那跋摩曰：此古梵書也，是阿育王第四女所造。時瓦官寺沙門慧邃欲求摹寫，寺主僧尚恐損金色，語邃曰：若能令佛放光迴身西向者，非途所及。邃至誠祈請，至於中宵，聞有異聲。開殿見像，大放光明，轉坐面西。於是乃許摸之，傳寫數十軀，所在流布。至梁武帝，於光上加七槃天并二菩薩。至陳永定二年，王琳屯兵江浦，將向金陵。武帝命將泝流。軍發之時，像身動摇，不能自安，因以奏聞。帝撿之有實。俄而鋒刃未交，琳衆解散，單騎奔北，遂上流大定。故動容表之。天嘉之中，東南兵起，帝於像前乞願，兇徒屏退。言訖，光照階宇。不久，東陽閩越皆平。沙門慧曉，長干領袖，行化所及，事若風移。乃建重閣，故使藻繢窮奇，登臨極目。至德之始，加造方趺。自晉迄陳，五代王臣，莫不歸敬。亢旱之時，請像入宫，乘以帝輦，上加油覆。像爲雨調，〔一〕中途滂注，常候不失。有陳運不祥，亟涉訛謡。禎明二年，像面自西，雖正還爾。以狀聞帝，延入太極，設齋行道。其像先有七寶冠，飾以珠玉，可重三斤，〔二〕上加錦帽。至曉，寶冠挂于像手，錦帽猶在頭上。帝聞之，燒香祝曰：若國有不祥，還脱寶冠，用示徵咎。仍以冠在首。至明脱挂如昨，君臣失色。及隋滅陳，舉國露首，面縛西遷，如所表焉。

〔一〕「像」字，高麗藏本作「僧」。
〔二〕「斤」字，高麗藏本作「斗」。

隋高聞之，敕送入京，大内供養。常躬立侍，〔一〕下敕曰：朕年老不堪久立，可令有司造坐像形相，使其同立本像，送興善寺。像既初達，殿大不可當陽，乃置北面。及明，乃處正陽。衆雖異之，還移北面，至明還南如初。衆咸愧謝輕略，今現在圖寫殷矣。〔二〕

東晉孝武寧康三年四月八日，襄陽檀溪寺沙門釋道安，盛德昭彰，擅聲宇内，於郭西精舍鑄造丈八金銅無量壽佛。明年季冬，嚴飾成就。晉鎮軍將軍雍州刺史郗恢之，創莅襄部，贊擊福門。其像夜出，西遊萬山，遺示一跡，印文入石。鄉邑道俗，一時奔走，驚嗟迎接，還本供養。後以其夕，出住寺門，衆咸駭異，恢乃改名金像寺。至梁普通三年四月八日，下敕於建興苑鑄金銅華趺，高五尺九寸，廣九尺八寸。莊嚴既訖，泝流送之，以承像足。立碑頌德，劉孝儀文，蕭子雲書，天下稱最。碑現在建興。周武滅法，建德三年甲午之歲，太原公王秉爲襄州刺史。副鎮將上開府長孫哲，志不信法，聞有靈感，先欲毁除。邑中士女，被廢僧尼，聞欲除滅，哀號盈路。哲見道俗歎惜，瞋怒彌盛，逼逐侍從，速令摧碎。先令一百人以繩繫頸，挽牽不動。哲謂不用心，杖監事者各一百。牽之如初。又加三百，不動如故。哲怒愈壯，又加五百，牽引方倒，聲振地動。人皆悚慄，哲獨喜踴，即令融毁。揚聲唱快，便馳馬欲報刺史，纔可百步，忽然落馬，失瘖直視，四支不舉，至夜便卒。道俗唱快于甚。哲當毁像時，於腋下倒垂衣

〔一〕「常」字，高麗藏本作「帝」。
〔二〕出集神州三寶感通録卷中。

内銘云：晉太元十九年歲次甲午月朔日次，比丘道安於襄陽西郭造丈八金像一軀。此像更三周甲午，百八十年當滅。後計年月興廢，悉符合焉。信知安師聖人，誠無虚記。今本所住名啓法寺，所覆之石人鑿取，今現存焉。又隋末分崩，方隅守固。襄陽留守竇盧褒攝據一部，屬王世充。有啓法寺憲法師者，爲士俗所重，數諫竇君，令投唐國，竇不從。憲與士俗内外通使京輔，遂發兵至襄陽。竇固守，三度兵至，屠城不陷。後知憲情，遂密煞之。憲臨終語弟子蘇富妻曰：我與汝父見毁安師金像，自爾已來，遺跡不嗣，我死後可依造之。及武德四年，官軍圍急，竇降，方恨不取憲語，枉煞何酷。斯即於國有功，無人申者。城平，富妻便從俗服。憲有衣資什物，並富妻收拾。乃有心擬像，不知何模樣，一治便成，無有缺少。當鑄像時，天陰雲布，〔一〕雨華如李，遍一寺内。富妻性巧，財用自富。又於家内造金銅彌勒像，高丈餘。後夢憲令其更造佛像，乃於梵雲寺造大像，高五十九尺。事如别顯。昔隋初秦孝王俊曾鎮襄都，聞安師古像形製甚異，乃遣人圖之，於長安延興寺造之。初鑄之夕，亦感天樂雨華，大有靈瑞。像今現在延興寺也。〔二〕

東晉穆帝永和六年，歲次丁未，依勘長曆，乃三年也。二月八日，夜有像現于荆州城北，長七尺五寸，合光趺高一丈一尺，皆莫測其所從也。初永和五年，廣州商客下載欲竟，恨船輕。中夜，覺有人來

〔一〕「布」字原作「有」，據高麗藏本改。

〔二〕出集神州三寶感通録卷中。

奔船。驚共尋視，了無所見，而船載自重，不可更加。雖駭其異，而不測也。列邁利涉，恒先諸舫。不久遂達渚宮。纔泊水次，夜復覺人自船登岸，船載還輕。及像現也，方知其兆。時大司馬桓温鎮牧西陜，躬事頂拜，傾動邦邑。諸寺僧衆，咸競奉迎，〔一〕鏗然不動。有長沙太守江陵滕畯，一云滕含。以永和二年，捨宅爲寺，額表郡名。承道安法師襄州綜領，請一監護。安謂弟子曇翼曰：荆楚士庶始欲信法，成其美者，非爾誰歟！〔二〕爾其行矣！翼負錫南征，締構一載，僧宇雖就，而像設弗施。每歎曰：育王寺像隨緣流布，但至誠不極，何憂不垂降乎！及聞荆城像至，欣感交懷，曰：斯像余之本誓也，必歸我長沙。固可心期，難以力致。衆咸僉曰：必如所言，驗之非遠。翼燒香拜請，令弟子三人捧，颯然輕舉，遂安本寺。道俗慶悦。至晉簡文咸安二年，始鑄華趺。晉孝武帝太元中，殷仲堪爲刺史，於中夜出寺西門。邏者謂人，問而不荅。以刀擊之鏗然，視乃像也。刀擊胸處，文現於外。有罽賓僧伽難陀禪師者，多識博觀。從蜀來荆，入寺禮像，歎咽久之。翼問其故，荅曰：近天竺失之，如何遠降此土。便勘年月，悉符同焉。看像光背梵文曰：阿育王造也。時聞此銘，更倍欽重。曇翼興念致應之驗也。及病將亟，像光忽逝，〔三〕翼曰：佛示此相，病必不振。光往他方，復爲佛事，旬日而終。後僧擬光更

〔一〕「競」字原作「竟」，據高麗藏本改。

〔二〕「誰」字原作「護」，據高麗藏本改。

〔三〕「逝」字原作「近」，據高麗藏本改。

鑄金者。宋孝武時，像大放光。江東佛法，一期甚盛。宋明帝太始末，像輒垂淚，明帝尋崩。嗣主狂勃，便有宋齊革運。荆州刺史沈攸之初不信法，沙汰僧尼。長沙一寺千有餘僧，應還俗者將數百人。舉衆惶駭，長幼悲泣。像爲汗流，五日不止。有聞於沈，沈召寺大德玄暢法師訪聞所以。暢曰：聖不云遠，無幽不徹。〔一〕去來今佛，佛佛相念，〔二〕得無今佛念諸佛乎？欲諫檀越不信之心，〔三〕故有斯應。問：出何經？荅：出無量壽。攸之取經尋之殊悦，即停沙汰。齊永元二年，鎮軍蕭穎胄與梁高共荆州刺史南康王寶融起義時，像行出殿外，將欲下階。兩僧見而驚唤，乃迴入殿。三年穎胄暴亡，寶融亦廢，而慶歸高祖。梁天鑒末，寺主道岳與一白衣净塔邊草次，開塔户，乃見像遶龕行道。岳密禮拜，不令洩言。及大開堂，像亦在坐。梁鄱陽王爲荆州，屢請入城，建大功德。及感病迎之，倍搁不起，少日而薨。高祖昔在荆渚，宿著懇誠，屢遣上迎，終無以致。中大通四年三月，遣白馬寺僧攡、〔四〕主書何思遠賫香華供養，具申丹款。夜即放光，似隨使往。明旦承接，還復留礙，重謁請祈，方申從往。四衆應慕，送至江津。至二十三日届于金陵，去都十八里，帝躬出迎。竟路放光，相續無絶，道俗欣慶，歎

〔一〕「幽」字原作「憂」，據集神州三寶感通録改。

〔二〕「相」字原作「想」，據集神州三寶感通録改。

〔三〕「諫」字原作「請」，據高麗藏本改。

〔四〕「攡」字，高麗藏本作「𨿽」。

未曾有。在殿三日，竭誠供養。一云停中興寺。設無遮大齋。二十七日，從大通門出，入同泰寺。其夜像大放光明，敕於同泰寺大殿東北起殿三間兩厦，施七寶帳座，以安瑞像。又造金銅菩薩二軀。築山穿池，奇樹怪石，飛橋欄檻，夾殿兩階。又施銅鑊一雙，各容三十斛。三面重閣，宛轉玲瓏。中大同二年三月，帝幸同泰，設會開講，歷諸殿禮。黄昏始到瑞像殿。帝纔登階，像大放光，照竹樹山水，並作金色，逮半夜不休。及同泰被焚，堂房並盡，唯佛所居殿存焉。太清二年，像大流汗。其年十一月，侯景亂階。大寶三年賊平，長沙寺僧法敬等迎像還江陵，復止本寺。梁後大定七年，像又流汗。明年二月，中宗皇帝崩。〔一〕天保三年，長沙寺延火所及，合寺洞然，煙焰四合。欲救瑞像，無方可移。由來舉必百人，爾日六人便起。天保十五年，明帝迎像入内，禮懺冥感。二十三年帝崩。嗣王蕭琮移像於仁壽宫，又大流汗。廣運二年而梁國亡滅。至開皇七年，長沙寺僧法倩等復迎還寺。開皇十五年，黔州刺史田宗顯至寺禮拜，像即放光。公發心造正北大殿一十三間，東西夾殿九間。被運材木，在荆上流五千餘里，斫材運之，至江散放。其木流至荆州，自然泊岸。雖風波鼓扇，終不遠去。遂引上營之，柱徑三尺，下礎闊八尺，斯亦終古無以加也。大殿以沈香帖徧，中安十三寶帳，並以金寶莊嚴。乃至榱桁藻井，無非寶華間列。其東西二殿，瑞像所居，並用檀帖。中有寶帳華炬，並用真金所成。窮極宏麗，天

〔一〕「宗」字原作「宋」，據集神州三寶感通録改。

下第一。大業十二年，瑞像數汗。其年朱粲賊破掠諸州，來至荆邑，營于寺内。大殿高臨城北，賊上殿上射城中，留守患之，夜以火箭燒之，城中道俗悲悼瑞像滅失。其夜不覺，像踰城而入，至寶光寺門外立。且見像存，合城欣悦。賊散看像故處，一不被燒，灰炭不及。今續立殿，不如前者。僞梁蕭銑鳳鳴五年，僞宋王楊道生等至寺禮拜，像大流汗，身首雨流，竟日不息。其年九月，大唐兵馬從蜀江下。其月二十日，寺僧法通以唐運將統，希求一瑞，遶像行道，其夜放光明滿堂。至二十五日，光彩漸滅。其日趙郡王兵馬入城，斯亦慶幸大同，故流光爲其善瑞也。至於亢陽之月，宰牧致誠，無不畢應。至貞觀六年六月大旱，都督應國公武彠迎像建齋，行道七日。官僚上下立於像前，一心觀佛。良久雲氣四布，甘雨滂流。其年大熟。都督乃捨黄金更度瑞像輦輿，旛華莊嚴，衆具備矣。今現在江陵長沙寺。又有外國銅像，高七尺許，古異不甚重之。道安法師在石城，長安所送。令弟子於髻中得一舍利，有光出之。〔一〕

東晉周玘，字宣珮，義興陽羨人，晉平西將軍處之第二子也。位至吴興太守。家世奉佛，其女尤甚精進。家童捕漁，忽見金光溢川，暎流而上。當即下網，得一金像，高三尺許，形相嚴明，浮水而住，牽排不動。馳往白玘，玘告女，乃以人船送女往迎，遥見喜，心禮而手挽，即得上船，在家供養。女夕夢佛

〔一〕出集神州三寶感通録卷中。

左膝痛，覺看像膝，果有穿處，便截金釵以補之。玘後以女適吴郡張澄，將像自隨，言歸張氏。後病卒，乃見女在城墻上，姿飾逾於平日，内外咸覩。俄而紫雲下迎，遂上昇空，極目乃没。澄曾孫事接戎旅，平討孫恩之亂，久廢齋戒，不覺失像，而光尚在。〔一〕舉家懺悔，祈求像至。有一老姥賷詣賣之，索價極少。識是前像，方欲雇直，失姥所在，此像遂亡。光在張家云。〔二〕

東晉會稽山陰靈寶寺木像者，徵士譙國戴逵所製。逵以中古製像，略皆朴拙，至於開敬，不足動心。素有潔信，又甚巧思，方欲改斲威容，庶參真極。注慮累年，乃得成遂。東夏製像之妙，未之有如上之像也。致使道俗瞻仰，忽若親遇。高平郗嘉賓撮香呪曰：若使有常，將復覩聖顔；如其無常，願會彌勒之前。所捻之香，於手自然，芳煙直上，極目雲際，餘芬徘徊，馨盈一寺。于時道俗莫不感厲。像今在越州嘉祥寺。〔三〕

東晉太元二年，沙門支慧護於吴郡紹靈寺建釋迦文丈六金像，於寺南傍高鑿穴以啓鎔鑄。既成將移，夜中雲内清明，有華六出，白色鮮發，四面翻灑，未及於地，斂而上歸。及曉，白雲若煙，出於鑄穴。雲中白龍現，長數十丈，光彩煙焕，徐引繞穴。每至前瞻仰遲徊，似歸敬者。斯風霽景清，細雨而加香

〔一〕「在」字原作「下」，據高麗藏本、磧砂藏本、南藏本、嘉興藏本改。
〔二〕出集神州三寶感通録卷中。
〔三〕出集神州三寶感通録卷中。

氣。像既入坐，龍乃昇天。元嘉初，徵士譙國戴顒嫌制古朴，治像手面，威相若真。自肩以上，短舊六寸，足蹠之下，削除一寸云。〔一〕

東晉義熙元年，司徒王謐入宫，住東掖門。有寺人於門東見五色光出地，驚而穿之，得古形銅盤。盤下獲金像，高四尺，光趺並具。斯又同孫皓之育王像也。因奉入宫，宋祖素不甚信，及獲此像，加敬欣悟，躬禮事焉。此像本在瓦官，後移龍光云。〔二〕

東晉廬山文殊師利菩薩像者，昔有晉名臣陶侃，字士行，建旟南海。有漁人每夕見海濱光，因以白侃遣尋。俄見金像凌波而趣船側，撿其銘勒，乃阿育王所造文殊師利菩薩像也。昔傳云：育王既統此洲，學鬼王制獄，酷毒尤甚。文殊現處鑊中，火熾水清，生青蓮華。王心感悟，即日毁獄，造八萬四千塔，建立形像，其數亦爾。此其一也。初侃未能深信因果，既嘉此瑞，遂大尊重，乃送武昌寒溪寺。後遷荆州，故遣迎上。像初在轝，數人可舉。今加以壯夫數十，確不移處。後更足以事力，輲車牽拽，僅得上船，船復即没。使具聞，侃聽還本寺，兩三人便起。沙門慧遠敬伏威儀，迎入廬岫，而了無艱阻。斯即聖靈感降，惟其人乎！故諺曰：陶惟劒雄，像以神標；雲翔泥宿，邈何遥遥，是也。隋末賊發，衆僧四散。有一老僧失名，來辭瑞像，像曰：爾年老但住，何得相捨。遂依言住。於時董道沖賊寇擾江

〔一〕出集神州三寶感通録卷中。
〔二〕出集神州三寶感通録卷中。

州，其徒入山，覓財物，執僧索金。僧曰：無可得。乃以火炙。僧曰：徒受炙死，穢梟伽藍，何如寺外。賊將出欲煞，僧曰：行年七十，不負佛教。待正念已，申頸時可下刀。賊然之。已見申頸受刀，即便下斫，刀反刺心，刃出於背。羣賊奔怕，東走至遠師墓。于時天氣清朗，忽有雲如蓋，屯黑下布，雷電四繞，遂震霹賊死六人。江州子女及以衣物多依山藏匿，由是賊徒不敢入山，江州郭下焚蕩略盡。今在山東林寺重閣上。武德中石門谷風吹閣北傾，將欲射正，施功無地。僧乃祈請山神，賜吹令正。不久復有大風從北而吹，閣還得正如舊。〔一〕

元魏涼州山開出像者，至太武太延元年有離石沙門劉薩訶師，備在僧傳。歷遊江表，禮鄮縣塔。至金陵開育王舍利。能事將訖，西至涼州西一百七十里番和郡界東北，望御谷山遥禮而入，莫測其然也。訶曰：此山崖當有像出。靈相具者，則世樂時平；如其有缺，則世亂人苦。經八十載，至正光元年，因大風雨，雷震山巖，挺出石像，高一丈八尺，形相端嚴，唯無有首。登即選石命工，安訖還落。魏道淩遲，其言驗矣。至周元年治涼州，城東七里澗忽石出光，照燭幽顯。觀者異之，乃像首也。奉安像身，宛然符合。神儀彫缺四十餘年，身首異處二百許里。相好昔虧，一時還備。時有燈光流照，鍾聲飛響，皆莫委其來也。周保定元年立爲瑞像寺。建德將廢，首又自落。武帝令齊王往驗，乃安首像項，以

〔一〕出集神州三寶感通録卷中。

兵守之。及明還落如故。遂有廢法國滅之徵接焉。備于周釋道安碑。周雖毁教，不及此像。開皇通法，依前置寺。大業五年，煬帝西征，躬往禮覲，改爲感通道場。今像存焉。依圖擬者非一，及成長短終不得定。〔一〕

元魏天平中，定州募士孫敬德防於北陲，造觀音金像。年滿將還，常加禮事。〔二〕後爲劫賊横引，禁於京獄。不勝考掠，遂妄承罪，並斷死刑。明旦行決，其夜禮拜懺悔，淚下如雨。啓曰：今身被枉，當是過去枉他，願償債畢，誓不重作。又發大願云云。言已少時，依稀如夢，見一沙門教誦觀世音救生經，經有佛名，令誦千遍，得度苦難。敬德欻覺，起坐緣之，了無參錯，比至平明，已滿九百。〔三〕有司執縛向市，且行且誦，臨欲加刑，誦滿千遍。執刀下斫，刀折三段，不損皮肉。易刀又折，凡經三换，刀折如初。監當官人，莫不驚異，具狀聞奏。丞相高歡表請其事，遂得免死。勅寫此經傳之，今所謂高王觀世音是也。敬德放還，設齋報願。出訪存像，〔四〕乃見項上有三刀痕，鄉親同覩，歎其通感。見齊志及旌

〔一〕出集神州三寶感通録卷中。
〔二〕「加」字原作「如」，據高麗藏本改。
〔三〕「九百」，高麗藏本作「百徧」。
〔四〕「訪存」原作「存訪」，疑是倒文而改。高麗藏本作「在防」。

異等記。〔一〕

涼州石崖塑瑞像者。昔沮渠蒙遜以晉安帝隆安元年據有涼土三十餘載，隴西五涼，斯最久盛。專崇福業。以國城寺塔，終非久固，古來帝宮，終逢煨燼。若依立之，效尤斯及。又用金寶，終被毁盗。乃顧眄山宇，可以終天。於州南百里連崖綿亘，東西不測，就而斲窟，安設尊儀。或石或塑，千變萬化。有禮敬者，驚眩心目。有土聖僧，可如人等，常自經行，初無寧舍。遥見便行，近矚便止。視其顔面，如行之狀。或有羅土坌地，觀其行跡。人纔遠之，即便蹈地，足跡納納，來往不住。如此現相，經今百餘年。彼人説之如此。〔二〕

北涼河西王蒙遜爲母造丈六石像，在于山寺，素所敬重。以宋元嘉六年遣世子興國攻於罕，〔三〕大敗，興國遂死於佛氏。遜恚恨以事佛無靈，下令毁塔寺，斥逐道人。遜後行至陽述山，諸僧候於路側。望見發怒，立斬數人。爾時將士入寺禮拜，此像涕淚横流，驚還説之。遜聞往視，至寺門舉體戰悸，如有犯持之者。因唤左右扶翼而進，見像淚下若泉。即稽首禮謝，深自尤責。登設大會，倍更精

〔一〕此條原闕，據嘉興藏補入。高麗藏本、磧砂藏本、南藏本舛入卷十四梁後陳前。出集神州三寶感通録卷中。又太平廣記卷一一一引，作出冥詳記，文有異同。

〔二〕出集神州三寶感通録卷中。

〔三〕「於」字，高麗藏本作「抱」。

到，招集諸僧，還復本業焉。觀逐之爲信，信不深明，攻煞以取，豈佛之爲非禁也。性以革改爲先，任意肆惡，知何所而不至。初重法讖，譯大涅槃，願同生死。後因少忿，乃使刺客害之。今行役失利，又咎佛像，殄寺誅僧，一何酷濫。晚雖再復，不補其督。今沙州東南三十里三危山，即流四凶之地。崖高二里，佛像二百八十龕，光相亟發。〔一〕

〔一〕出集神州三寶感通録卷中。

法苑珠林校注卷第十四

感應緣

宋都城文殊師利金像緣
宋東陽銅像從地出緣
宋浦中金像光現乃出緣
宋江陵上明澤中金像緣
宋荆州壁畫像塗却現緣
宋江陵支江金像誓志緣
宋湘州桐盾感通作佛光緣
齊番禺石像遇火輕舉緣
齊彭城金像汗出表祥緣

齊楊都觀音金像緣
梁荆州優填王栴檀像緣
梁楊都光宅寺金像緣
梁高祖等身金銀像緣
陳重雲殿并像飛入海緣
北齊末晉州靈石寺石像緣
周宜州北山鐵礦石像緣
周襄州峴山華嚴行像緣
隋蔣州興皇寺焚像移緣
隋京師日嚴寺瑞石影緣
隋邢州沙河寺四面像緣
隋雍州凝觀寺釋迦夾紵像緣
唐邠州石像出山現緣
唐涼州山出石文有佛字緣

唐渝州相思寺佛跡出石緣
唐循州靈龕寺佛跡現緣
唐雍州李大安金銅像感救緣
唐幽州漁陽縣失火像不壞緣
唐并州童子寺大像放光現瑞緣
唐西京清禪寺盜金像緣
唐撫州及潭州行像等緣
唐雍州藍田金像出石中緣〔一〕
唐雍州鄠縣金像出澧水緣
唐沁州山石像放光照谷緣
唐益州法聚寺畫地藏菩薩緣
唐荆州瑞像圖畫放光緣

〔一〕「雍州」原作「幽州」，據高麗藏本、磧砂藏本、南藏本、嘉興藏本改。

唐代州五臺山像變現出聲緣

唐故浄業寺天人感應緣

宋元嘉二年，劉式之造文殊金像，朝夕禮拜，頃之便失。惆悵祈請，夙夜匪懈，經于五年。昏夕時，見佛座有光，發座至棟。式之因燒香拂拭牀帳，乃見失像儼然具存。〔一〕

宋元嘉十二年，留元之，東陽長山人。家以種苧爲業，每燒田塖，輒有一處叢草不然。經久怪之，不復墾伐。後試薄掘，得銅坐像，高三寸許。尋檢其地，舊非邦邑，莫測何來也。〔二〕

宋元嘉十四年，孫彦曾家世奉佛，妾王慧稱少而信向，年大彌篤，誦法華經，輒見浦中有雜色光。使人掘深二尺，得金像，連光趺高二尺一寸。趺銘云：建武六年歲在庚子，瓦官寺道人法新、僧行所造。〔三〕即加磨鎣也。〔四〕

宋元嘉十五年，羅順爲平西府將，戍在上明。十二月放鷹野澤，同輩見鷹雉俱落。于時火燒野草，

〔一〕出集神州三寶感通録卷中。

〔二〕出集神州三寶感通録卷中。

〔三〕「瓦」字原脱，據集神州三寶感通録補。

〔四〕出集神州三寶感通録卷中。

惟有三尺許叢草不然。遂披而覓焉，乃得金菩薩坐像，通趺高一尺，工製殊巧。時定襄令謂盜者所藏，乃符界内，無失像者，遂收而供之。〔一〕

宋衛軍臨川康王在荆州城内，築堂三間，供養經像，堂壁上多畫菩薩圖相。及衡陽文王代鎮，廢爲寢室，悉加泥治。〔二〕乾輒褫脱，畫狀鮮净，再塗猶爾。王不信向，亦謂偶爾，又使濃塗，而畫像徹現，炳然可列。王復令毁故壁，悉更繕改。不久抱疾，閉眼輒見諸像，森然滿目。於是廢而不居，頗事齋講。〔三〕

宋元嘉中，江陵支江張僧定妹，幼而奉法，志欲出家，常供養小形金像，以爲前路之資也。而父母逼嫁，誓志不行，而密許邴氏，女初不知也。及羔鴈既至，女悲呼不就，燒香伏地，取死。此像遂放金光，彌晃一村。父兄驚其通感，止不嫁之。張邴二門因大敬信，僧定爲之出家。宋丞相南郡王鎮陝，乃以其居建精舍焉。〔四〕

〔一〕出集神州三寶感通録卷中。

〔二〕「加」字原作「如」，據高麗藏本、磧砂藏本、南藏本、嘉興藏本改。

〔三〕出集神州三寶感通録卷中。

〔四〕出集神州三寶感通録卷中。

宋泰始中，東海何敬叔，少而奉法，隨湘州刺史劉韞監縣。〔一〕遇有栴檀，製以爲像，既就無光。營索甚勤，而卒無可獲，憑几思之。如睡，見沙門衲衣杖錫，來曰：檀非可得，麤木不堪，惟縣後何家桐盾堪用。雖惜之，苦求可得。寤問左右，果如言。因故求買之。何氏曰：有盾甚愛，患人乞奪，曾未示人，明府何以得知，直求市耶？敬叔以事告之。何氏敬嘉，奉以製光。後爲相府直省，中夜夢像云：鼠嚙吾足。清旦疾歸，視像，果然矣。〔二〕

齊建元中，番禺毗耶離精舍舊有扶南國石像，莫知其始，形甚巨異，常七八十人乃能勝致。此寺茅茨，遇火延及，屋在下風，煙焰已接。尼衆十餘，相顧無計，中有意不已者，試共三四人捧之，飄然而起，曾無鈞石之重。像既移矣，屋亦焚焉。每有神光。州部兵寇，輒淚汗滿體。嶺南以爲恒候。後廣州刺史劉悛表送出都。今應在故蔣州寺中。〔三〕

齊徐州刺史王仲德於彭城宋王寺造丈八金像，相好嚴華，江右之妙製也。北境兵起，或貽僧。〔四〕像輒流汗，滴其多少，則難之小大，逆可知矣，郡人常以候之。齊建元初，像復流汗，其冬魏寇淮上。時

〔一〕「監」下，太平御覽引有「營浦」二字。

〔二〕出集神州三寶感通録卷中。又太平御覽卷三五七引。又太平廣記卷二七六引，較此爲略。

〔三〕出集神州三寶感通録卷中。

〔四〕「或」字原作「式」，據高麗藏本改。

兖州數郡起義南附，鳩略甚衆，亦軀迫沙門助其戰守。魏軍屠其營壘，悉欲夷滅，表奏魏臺，誣以助亂，須及斬決。時像大汗，殿地流濕。魏徐州刺史梁王奉法勤勤，至寺親使人以巾帛拭，隨拭隨出不已。至數十人交手競拭，猶不能止。王乃燒香禮拜，執巾呪曰：衆僧無罪，誓自營護，必不罹禍。若幽誠有感，當隨拭即止。言已自拭，果應手而燥。王具事表聞，下詔皆見原宥也。〔一〕

齊建元初，太原王琰者，年在幼稚，於交阯賢法師所受五戒，以觀音金像令供養。遂奉還楊都，寄南澗寺。琰晝寢，夢像立于座隅。意甚異之，即馳迎還。其夕南澗失像十餘，盜毀鑄錢。至宋大明七年秋夕，放光照三尺許，金輝映奪，合家同覩。後以此像寄多寶寺。琰適荆楚，垂將十載，不知像處。及還楊都，夢在殿東衆小像內，的的分明。詰旦造寺，如夢便獲。於建元元年七月十三日也。故琰冥祥記自序云：此像常自供養，庶必永作津梁。循復其事，有感深懷。沿此徵覿，綴成斯記。夫鏡接近情，莫踰儀像。瑞驗之發，多自是興。經云：鎔斲圖繢，類形相者，爰能行動及放光明。今西域釋迦彌勒二像，輝用若真，蓋得相乎。今東夏景模，神應亟著。亦或當年羣生因會所感，假憑木石以見幽異，不必尅由容好而能然也。故沈石浮深，實闡閩吴之化；塵金瀉液，用舒彭宋之禍。其餘銓示繁方，雖難曲辨，率其大抵，允歸自從。若夫經塔顯效，旨證亦同。事非殊貫，故繼其末。〔二〕

〔一〕出集神州三寶感通録卷中。

〔二〕出集神州三寶感通録卷中。

梁祖武帝以天監元年正月八日夢檀像入國，因發詔募往迎。案佛遊天竺記及雙卷優填王經云：佛上忉利天一夏爲母説法，王臣思見，優填國王遣三十二匠及賫栴檀，請大目連神力運往，令圖佛相。既如所願，圖了還返。坐高五尺，在祇桓寺，至今供養。帝欲迎請此像，時決勝將軍郝騫、謝文華等八十人應募往達，具狀祈請。舍衛王曰：此中天正像，不可適邊。乃令三十二匠更尅紫檀，人圖一相。卯時運手，至午便就。相好具足，而像頂放光，降微細雨，并有異香。故優填王經云：真身既隱，次二像現，普爲衆生，深作利益者是也。騫等負第二像，行數萬里，備歷艱關，難以具聞。又渡大海，冒涉風波，隨浪至山，糧食又盡，所將人衆及傳送者，身多亡歿。逢諸猛獸，一心念佛。乃聞像後有甲冑聲。又聞鍾聲，巖側有僧端坐樹下，騫登負像下置其前。僧起禮像，騫等禮僧。僧授澡灌令飲，並得飽滿。僧曰：此像名三藐三佛陀金毗羅王。自從至彼，大作佛事。語頃失之。爾夜僉夢見神，曉共圖之。至天鑒十年四月五日，騫等達于楊都。帝與百僚徒行四十里，迎還太極殿，建齋度人，大赦斷煞。但是弓刀矟等，並作蓮華塔頭。帝由此蔬食斷欲，至太清三年五月崩。湘東王在江陵即位，號元承聖，遣人從楊都迎上至荆都承光殿供養。後梁大定八年，於城北静陵造大明寺，乃以像歸之。今現在，多有傳寫，流被京國云。〔一〕

〔一〕出集神州三寶感通録卷中。

梁祖天鑒初，於本宅立光宅寺，造丈八金像。圖樣既成，不爽分寸。臨鑄疑銅不足，始欲上請，忽有使者領銅十五車至，云奉敕送寺。便即鎔寫，一冶即成。〔一〕冠絶通國，唯覺高大，試以量之，乃長二丈二尺。以狀奏聞。鑄像已成，不改元樣。所續送銅，用亦俱盡。更重審量，乃增四尺。敕云：銅初不送，何緣乃爾？豈不以真相應感，獨表神奇乎！可鐫著華趺，以爲靈誌。乃具疏而尅于足下，於今存焉。〔二〕

梁祖爲父於鍾山造大愛敬寺，中殿大像，〔三〕神相有之。故不重顯，廣如別記。有梁佛像多現神奇。剡縣大石像，元在宋初，有王所造。初有曇光禪師從北來，巡行山川，爲幽棲之所。見此山崇麗，乃於峰頂構小草室。聞天樂空中而有聲曰：此是佛地，如何輒有蔬囿耶？光聞，南移天台，後遂繕造爲佛像。積經年稔，終不能成。至梁建安王患，降夢：能開剡縣石像，病可得愈。遂請僧祐律師。既至山所，規模形製，嫌其先造太爲淺陋。思緒未絶，〔四〕夜忽山崩，壓二百餘人。其内佛現，自頸已下，

〔一〕「冶」字原作「治」，據高麗藏本、磧砂藏本、南藏本、嘉興藏本改。
〔二〕出集神州三寶感通録卷中。
〔三〕「中」字原脱，據集神州三寶感通録補。
〔四〕「思」字原作「恩」，據文義改。

猶在石中。乃剗鑿浮石，至今存焉。〔一〕既都除訖，乃具相焉。斯則真儀素在石中，假工除剗，故得出現。梁太子舍人劉勰製碑於像前耳。梁祖登極之後，崇重佛教，廢絶老宗，每引高僧，談叙幽旨。又造等身金銀像兩軀於重雲殿，晨夕禮事，五十許年。冬夏踢石，六時無缺，足蹈石處，十指文現，遂卒窮祚。侯景篡位，猶存供養。太尉王僧辯誅景，修復臺城。會元帝陷於江陵，江南無主，辯乃通款於齊，迎貞陽侯蕭淵明爲帝。時江左未定，利害相雄，辯遣女婿杜龕典衛宫闕。龕性兇頑，不見後際，欲毀二像爲鋌。先令數卒上三休閣，〔二〕令壞佛項。〔三〕椎鑿始舉，二像一時迴顧眄之，所遣諸人臂如墮落，不自勝舉，失瘖如醉。杜龕亦爾，久乃醒悟。仍被打築，遍身青腫。唯見金剛力士可畏之物，競來擊之。受苦呻吟，舉形洪爛，膿血交流，穿皮露骨而卒。此乃近事，道俗同知。〔四〕陳武帝崩，兄子蒨立。將欲修葬，造輼輬車。國創新定，未遑經始。昔梁武帝立重雲殿，其中經像並飾珍寶，映奪諸國。運雖在陳，殿像仍舊。蒨欲取重雲佛帳珠珮，以飾送終。人力既足，四面齊至。但見雲氣擁結，流繞佛殿。自餘方左，開朗無陰。百姓怪焉，競往看覩。須臾大雨横澍，雷電震擊，煙

〔一〕「至今存焉」，高麗藏本作「至本仍止」。
〔二〕「卒」字，高麗藏本作「十人」。
〔三〕「壞」字，高麗藏本作「鐫」。
〔四〕出集神州三寶感通録卷中。

張鵄吻，火烈雲中，流布光焰，高下相涉。欻見重雲殿影，二像峙然。四部神王，并及寶座，一時上騰。煙火挾之，忽然遠逝。觀者傾國，咸歸奉信。雨晴之後，覆看故處，唯礎存焉。至後月餘，有人從東州來，云於此日，見殿影像乘空飛海，今望海者有時見之。又魏氏洛京永寧寺塔，去地千尺，爲天所震。其像略同，有人東海時見其迹矣。〔一〕

北齊末晉州靈石寺沙門僧護，守道直心，不求慧業，願造丈八石像，衆僧咸怪其言大。後於寺北谷中見有卧石，可長丈八，乃雇匠就而造佛。向經一周，面腹粗了，而背猶著地。以六具車拗舉之不動，經夜自翻。旦視欣然，即就營作，移在佛堂。晉州陷日，像汗流地。周兵入境，先燒寺塔，此像被焚，初不變色，唯傷二指。後欲倒之，人牛六十，牽挽不遂。忽有異僧，咸無識者，以瓦木土墼雜壘圍之，須臾便了，失僧所在。像後降夢信心者曰：吾患指痛。〔二〕其人痞而補之。隋氏啓運，如前開復。開皇十五年，有盜旛蓋者，即夢丈八人入室索之。其賊慙怖而送，像今現在。〔三〕

周武建德三年，猜忌佛法，勇意殄滅，天下闇冥。有宜州姜明者，督事夜行，經州北百餘里山中行，往往常見上山光明，怪之。因巡行光處，見有卧石，狀如像形。便掘尋之，乃是鐵礦，不可鑿鑿。故其

〔一〕出集神州三寶感通録卷中。
〔二〕「吾」字原作「無」，據高麗藏本、磧砂藏本、南藏本、嘉興藏本改。
〔三〕出集神州三寶感通録卷中。

形礁磋，高三丈許。欲加磨鎣，卒不可觸。又向下尋，乃有石趺，孔穴具足。乃共村人以拗舉之，其像欻然流下，逕趣趺孔，卓然峙立。衆以爲奇瑞，以奏聞徹。時天元嗣歷，佛日將融，乃改爲大像元年，仍以其處爲大像寺。隋祖開運，重斯故迹，又改爲顯除寺。討尋其本，處非人住，又無大石及以鐵礦，豈非育王神力之所降感乎！大唐因之不改。貞觀末，寺西置宫，名曰玉華，像仍舊所，在宫東三十里苑内。太宗嘗往禮事，嫌非華飾，捨物莊嚴。永徽年中，改宫立寺，還名玉華。今屬邡州。陰暗之夕，每發光瑞，道俗常見，故不甚驚怪矣。〔一〕

周襄州峴山華嚴寺行像者，古來木像，莫知其始，而面首殊麗，瞻仰無已，可高五丈許。徵應在昔，不復具陳。及周滅法，人藏其首。隋開皇乃出，如前莊嚴，以爲坐像，號曰盧舍那佛。每年祈福，以爲歸依之所也。隋文將崩，兩鼻洟出，沾汙懷中，金薄剥起。洟流有光，拭之無塵，望還如洟。貞觀二十三年四月内，洟還連出，塗漫懷内，方圓一尺，初未委也。及後太宗昇遐，方知兆見。至六月内，洟又重出，合州同懼，不知何禍。至七月内，漢水汎漲，溢入城郭，深丈餘，滔溺不少。今在本寺，祈求殷矣。襄陽士俗，有少子胤者皆往祈之，隨其本心，男女感應也。〔二〕

隋開皇中，蔣州興皇寺佛殿被焚，當陽丈六金銅大像并二菩薩，俱長丈六，其模戴顒所造，正當棟

〔一〕出集神州三寶感通録卷中。
〔二〕出集神州三寶感通録卷中。

下。于時焰火大盛，衆人拱手，咸共嗟悼，大像融滅。忽見欻起，移南一步，棟梁摧下，像得全形。四面磚木炭等皆去像身五六尺許，雖被火焚，而金色不變。趺下有銘，大衆咸駭，歎聲滿路。今移在白馬寺，鳥雀無踐。至唐永徽二年，盜者欲利像銅，乃鋸膔櫺斷，將欲拔出，遂被壓腕，求拔不得脱。至曉僧問盜者，云：有一人著白衣在堂内攝手，求脱不得也。〔一〕

隋京師日嚴寺石影像者，其形八楞，紫石英色，高八寸，徑五寸，内外映徹。昔梁武太清年中，有西域僧將來。會時遇侯景作亂，遂安江州廬山西林寺像頂上。隋開皇十年，煬帝鎮於楊越，廣搜英異。江表文記，悉總收集。乃於雜記中得影像傳，即令舍人王延壽往寺推覓，得之。自任晉藩以來，每有行往，常以烏漆函盛之，令人馬捧而前行。後登儲貳，乃送曲池日嚴寺。有令當寺看已封鎖，勿令外人見之。寺即帝之所造也。大業之末，天下沸騰，京邑僧衆，常來瞻覿。有住此寺，亦未之信重。以見石中金光晃晃，〔二〕疑似佛像耳。仍見名行諸僧互説不同，咸言了了分明，面目相狀未曾有昧。每慨無所見，又潔齋別懺七日後，依前觀之，見有銀塔。後又觀之，見有銀佛。而道俗同觀，往往不同。或見佛塔菩薩，或見僧衆列坐，或見帳蓋旛幢，或見山林八部，或見三途苦相，或見七代存亡。一覩之間，或定或變，雖善惡交現，而善相繁焉。故來祈者，咸前發願，往作何形，來生何處，依言爲現。信爲幽途之業

〔一〕出集神州三寶感通録卷中。

〔二〕「光」字原脱，據高麗藏本補。

鏡者也。〔一〕至貞觀六年七月内，下敕入内供養。〔二〕

隋邢州沙河縣寺四面佛者，隋祖時有人入山見僧守護此佛，銅身高三尺餘。便請遂許，失僧所在。諸處聞之，競來引挽，都不得起。唯沙河寺僧引之，隨手至寺。後入寺側獲金一塊，上二烏形，銘云：擬度四面佛。因度之像身上，都是烏形。後忽失之，於寺側澄中數有光現，尋乃漉出。隋後主聞，遣工冶鑄擬之，卒不成。經二百餘日乃成，終有缺少，遂罷。〔三〕

隋時凝觀寺僧法慶，開皇三年造夾紵釋迦立像一軀，舉高一丈六尺。像功未畢，慶身遂卒。其日又有寶昌寺僧大智死，經三日而便甦活。遂向寺僧説云：於閻羅王前見僧法慶，甚有憂色。少時之間，又見像來王前，王遽走下階，合掌禮拜此像。像謂王曰：法慶造我，今仍未畢，奈何令死？王自顧問一人曰：法慶合死未？答曰：命未合終，而食料已盡。王曰：可給荷葉，令終其福業也。俄而不見。大智甦活，爲寺僧説之。乃令於凝觀寺看之，須臾之間，遂見法慶甦活，所説與大智不殊。法慶甦後，常食荷葉以爲佳味。及噉餘食，終不得下。像成之後，數年乃卒。其像儀相圓滿，屢放光明。此寺雖廢，其像現存。

〔一〕「業」字原作「有」，據高麗藏本、磧砂藏本、南藏本改。
〔二〕出集神州三寶感通録卷中。
〔三〕出集神州三寶感通録卷中。

唐武德年中，邡州西南慈烏川，有郝積者，素有信敬。見羣鹿常在山上，逐去還來，異之。掘鹿所止處，得石像，高一丈四尺許。移出川中村内，至今現存。自像出後，羣鹿因散。古老傳云：伽葉佛時所藏，有四十軀。今雖兩現，餘在山隱其形。如今玉華東鐵礦像相似，不可治護矣。〔一〕

唐貞觀十七年九月，涼州都督李襲譽，因巡境，至州東南昌泉縣界，有石表文，合一百一十字，乃有七佛八菩薩上果佛田等字。以狀奏聞，有敕覆檢，如其所奏。下詔涼州給復一年，罪者赦之。〔二〕

唐渝州西百里相思寺北石山有佛跡十二枚，皆長三尺許，闊一尺一寸，深九寸，中有魚文。在佛堂北十餘步，〔三〕見有僧住。至貞觀二十年十月，忽寺側泉内出蓮華，形如紅色，髾臺具足，〔四〕大如三尺面合。擎出如涕，入水成華。舟旅往還，無不歎訝，經月不滅。相思寺因以得名。一云：涪州亦有此寺。寺本貧煎，由是感施，至今常富。昔齊荆州城東天井出錦，于時士女取用，如人中錦不異。經月

〔一〕出集神州三寶感通録卷中。

〔二〕出集神州三寶感通録卷中。

〔三〕「步」字原作「山」，據高麗藏本改。

〔四〕「髾」同「鬘」，高麗藏本作「鬒」。

乃歇。故知華出，〔一〕不足可怪。〔二〕見吴均齊春秋、蕭誠荆南志説。〔三〕

唐循州東北興寧縣靈龕寺北石上佛跡三十，痕大者長五尺以下。循州在一川中，東西二百，南北百里。寺極豐渥，近得銅藏面三尺鑪可獲百餘諸盤合等。又其銘云：僧得福興，俗得禍至。古傳云：晉時北僧在此山隱，遊大洪嶺至佛跡處，有大石窟，華果美茂，遂住經宿。山神爲怪怖之，心卓不動曰：此不可居，山鬼數來。望前石山陵雲蓋日，遂往登之。下望懸絶，不可至彼。還興寧説之。宋代二僧承前不達，勇意覆尋。其僧誦法華經，戒行貞潔，能伏神鬼。乃至見形受戒，爰及家屬。望前崖上有異光彩，隔一丈許，上下俱絶。僧以木爲梁渡視，乃見奇跡七枚，色如人肉，現于石上。貞觀三年又現一跡，並放光明，輪相具足。今有看者，多少不同。因置靈龕，厥取其異。又訪其本，乃宋時王家捨粟園爲寺，即今古堂尚存焉。〔四〕

唐隴西李大安，工部尚書大亮之兄也。武德中，大亮任越州總管，大安自京往省之。大亮遣奴婢數人從兄歸，至穀州鹿橋，宿於逆旅。其奴有謀殺大安者，候其眠熟，夜已過半，奴以小劍刺大安項，洞

〔一〕「華」字原作「於」，據集神州三寶感通録改。

〔二〕出集神州三寶感通録卷中。

〔三〕齊春秋、荆南志今俱佚。

〔四〕出集神州三寶感通録卷中。

之。刃著于牀，奴因不拔而逃，大安驚覺呼奴。其不叛者奴婢欲拔刃，大安曰：拔刃便死，可先取紙筆作書畢。縣官亦至，因爲拔刃，洗瘡加藥，大安遂絶。忽如夢者，見一物長尺餘，闊厚四五寸，形似豬肉，去地二尺許，從户入來至牀前。其中有語曰：急還我豬肉。大安曰：我不食豬肉，何緣負汝？即聞户外有言曰：錯非也。此物即還從户出。大安仍見庭前有池水，清淺可愛。池西岸上有金像，可高五寸，須臾漸大而化成爲僧，被袈裟甚新浄，語大安曰：被傷耶？我今爲汝將痛去，汝當平復，還家念佛修善也。因以手摩大安頸瘡而去。大安得其形狀，見僧背有紅繒補袈裟，可方寸許，甚分明。既而大安覺，遂甦，而瘡亦復不痛，能起坐食。十數日京宅子弟迎至家，家人親故來視，大安爲説被傷由狀，及見像事。有一婢在傍聞説，因言：大安之家初行也，安妻使婢詣像工爲造佛像。像成以綵畫衣，有一點朱汙像背上，當令工去之不肯，今仍在，形狀如郎君所説。大安因與妻及家人共起觀像，乃同所見無異，其背點宛然補處。於是歎異，信知聖教不虚，遂加崇信佛法，彌殷禮敬，益年不死。自佛法東流已來，靈像感應者，述不能盡，略件如前。右一驗出冥報記也。〔一〕

唐幽州漁陽縣無終戍城内有百許家，龍朔二年夏四月，戍城火灾，門樓及人家屋宇並爲煨燼，唯二精舍及浮圖并佛龕上紙簾蘧蒢等，但有佛像，獨不延燎。火既不燒，巋然獨在，時人見者，莫不嗟異，以

〔一〕「報」字原作「祥」，據高麗藏本改。出冥報記卷中，又見太平廣記卷九九引。

爲佛力支持。中山郎餘令既任彼官，又家兄餘慶交友人郎將齊郡因如使營州，並親見其事，具爲餘令說之。

唐并州城西有山寺，寺名童子。有大像，坐高一百七十餘尺。皇帝崇敬釋教，顯慶末年，巡幸并州，共皇后親到此寺。及幸北谷開化寺，大像高二百尺。禮敬瞻覩，嗟歎希奇，大捨珍寶財物衣服。并諸妃嬪内宫之人，並各捐捨，并敕州官長史竇軌等，令速莊嚴，備飾聖容，并開拓龕前地，務令寬廣。還京之日，至龍朔二年秋七月，内官出袈裟兩領，遣中使馳送二寺大像。其童子寺像披袈裟日，從旦至暮，放五色光，流照崖巖，洞燭山川。又入南龕小佛赫奕堂殿。道俗瞻睹，數千萬衆。城中貴賤睹此而遷善者，十室而七八焉。衆人共知，不言可悉。

唐西京清禪寺先有純金像一軀，長一尺四寸，重八十兩，隋文帝之所造也。貞觀十四年，有賊孫德信僞造璽書，將一閹豎子，詐稱敕遣取像。寺僧聞奉敕索，不敢拒，付之。經宿事發，像身已被鑄破，唯頭不銷。太宗大怒，處以極刑。德信未死之間，身已爛壞，遍體瘡潰。寺僧更加金，如法鑄成。右三驗出冥報拾遺。〔一〕

唐顯慶四年，撫州刺史祖氏爲亢旱故，請祈無效。有人於州東山見有行像，莫測其由。將事移徙，鏗然不動。風聲扇及，遠近同趣。有潭州人云：彼寺失之，乃在此耶！尋其行路，乃現二跡，各長三

〔一〕冥報拾遺今佚。

尺，相去五百里。刺史以亢炎既久，便往祈請。盡州官庶，香華步往，二十里許，泣告情事，懃至彌甚。使三人捧之，飄然應接，返還州寺。隨路布雲，當夕霈下，遂以豐足。今在撫州。〔一〕

唐永徽年，雍州藍田東悟真寺，寺居藍谷之西崖，製窮山美，殿堂嚴整。有像持寺北𨻶，更修别院，大石横礙，甚爲妨礙。乃以火燒水沃之令散，終無以致。便以鐵鎚打破，中獲金像一軀，四面無縫，天然裹甲，不知何來。像趺全具，非工合作，亦不識是何珍寶，高五寸許，今在山寺。其年益州光明柱上有一佛二菩薩現，雖削還影出。初在九隴佛堂。長史張緒以聚衆，移入光明，今現在。〔二〕

唐雍州鄠縣東澧水西李趙曲，有金像高三尺六寸，并餤光四尺，數放光明。像形露右膊，極威嚴。余聞往尋見之，趺上銘云：秦建元二十年四月八日於長安中寺造。十王慧韶感佛泥日，達遇遺像，是以賴身之餘，造鑄神模。若誠感必應，願使十方同福。銘文如此。問其獲緣，云：昔廢二教，遂藏於澧水羅仁渦中。有人岸行，聞渦中有聲，亦放光明。向村老説，便趣水求。渦中純沙，水出光明，便就發掘，乃獲前像。時尚在周村家藏隱，互相供養。閉在閒堂，放光自照。今在村中。〔三〕

唐龍朔三年春二月，沁州像現。州北六十餘里，在緜上縣界長谷中半崖上，有古佛龕，中有三鋪石

〔一〕出集神州三寶感通録卷中。

〔二〕出集神州三寶感通録卷中。

〔三〕出集神州三寶感通録卷中。

像，中央像常放光明，照燭林谷。村人異之，以事聞州，遂以達上。上乃敕京師大慈恩寺僧玄秀共使人乘驛往審。登到之時，即見光明，如火流飛出没，然續不絶。時有雲至龕窟，其光暫隱，雲去光現。便即馳報，敕令圖寫，重復依審，光還如初。頻繁三夕，如初照曜。至今相傳，光仍不斷。此處山林勝地鬱茂，石龕佛像古迹甚多，莫委其初，覩瑞彌繁。〔一〕

唐益州郭下法聚寺畫地藏菩薩，却坐繩牀垂脚，高八九寸。本像是張僧繇畫。至麟德二年七月，當寺僧圖得一本，放光乍出乍没，如似金環，大同本光。如是展轉圖寫，出者類皆放光。當年八月，敕追一本入宫供養。現今京城内外道俗畫者供養，並皆放光。信知佛力，不可測量。家别一本，不别引記。

唐麟德二年，簡州金水縣北三學山，舊屬益州，寺僧慧昱，今權例得住益州郭下空慧寺。至麟德元年，從州故往荆州長沙寺瑞金銅像所。至誠發願，意欲圖寫瑞像供養。訪得巧匠張净眼，使潔净如法，已畫得六軀，未有靈感。至第七軀，即放五色神光，洞照内外，遠近皆覩。經於七日，光漸隱滅。道俗驚喜，不可具述。慧昱將此像來入長安，未及莊飾，并欲畫左右侍者菩薩聖僧供養具等。當時奉敕令京城巧匠至中臺，使百官諸學士監看，令畫西國志六十卷，圖有四十卷。慧昱爲外無好手，就中臺憑匠范長壽裝畫。像在都堂，至六月七日夜至三更初，像放五色光明，徹照堂外。有守堂人出外起止，見堂

〔一〕出集神州三寶感通録卷中。

上火出，謂內失火，驚走唱叫。堂內當直官十人并兵士三十餘人，爲天熱並露身眠，光普照身，人人相見，身體赤露，驚起具服。唯有一官姓石，名懷藏，素無信心，但見外光，看身純黑。光照徹旦方歇。其石懷藏發露自責，盡誠悔過，亦不見光，照身得明。及諸院官人兵士等聞喚見光，並來看之。聞見之者，並皆發心，盡行齋戒。諸官人等各畫一本，至家供養。京城道俗共知，故不別引記也。

唐龍朔元年，下敕令會昌寺僧會賾往五臺山修理寺塔。其山屬代州五臺縣，備有五臺，中臺最高，目極千里，山川如掌。上有石塔數千所，塼石壘之，斯並魏高祖孝文帝所立。臺北石上人馬犬跡，〔一〕陷文如新。〔二〕頂有大池，名太華泉。又有小泉，迭相延屬。夾泉有二浮圖，中有文殊師利像。傳云：文殊師利與五百仙人往清涼山說法。故華嚴經亦云：文殊在清涼山說法。故此山極寒，不生餘樹，唯有松林，森聳山谷。南號清涼峰，山下有清涼府〔三〕古今遺基，見不泯滅。從臺東南而下三十里許，有古大孚靈鷲寺。見有東西二道場，佛事備焉。古老傳云：漢明帝所造。南有華園二頃許，異華間發，光曜人目，四邊樹圍。訪問古老，不達根源。〔四〕每至肇春，迄到晚秋，華迭開發。古來道俗，愛此華

〔一〕「犬」字原作「大」，據高麗藏本改。

〔二〕「陷」字，高麗藏本作「蹈」。

〔三〕「山」字原作「上」，據高麗藏本、磧砂藏本、南藏本、嘉興藏本改。

〔四〕「達」字，高麗藏本作「知」。

奇，人閒無有。採根移外栽植，並皆不生，乃至移出園樹外栽，亦不得生，要在園内任之自發。良由文殊所感，大聖現徵。實置神仙之宅，豈凡夫之所植也。若有志誠入此山者，多見伽藍，聖僧所居，或有飛空，或有緣澗，或居山嶮，或在幽巖，或道或俗，不異凡愚。過後尋覓，不知去處。寺及聖僧，出没不恒，聖凡靡測。皇帝至龍朔二年初，又令會賾往并州取吏力財帛，使修故寺。賾與五臺丞并將二十餘人直詣臺中，〔一〕見石像臨崖摇動身手。及至像所，乃是方石。悽然自責，不覩真身，悵恨久之。令作工修理二塔，并文殊師利像。徙倚塔邊，忽聞塔閒鍾聲振發，連椎不絶。又聞異香氛氳屢至。道俗咸怪，歎未曾有。又往西臺，遥見一僧乘馬東上，奔來極急。賾與諸人立待其至，久而不到，就往參迎，乃變爲栴。悵恨無已。然則像相通感，有時隱顯；鍾聲香氣，〔二〕相續恒聞。其山方三百里，東南脚即連恒岳山也，西北脚即是天池也。中有佛光山、仙華山、王子塔，古寺六所。有解脱禪師、僧明禪師遺蹤坐窟，身肉不壞，已積十年，定力所持，聖賢靡測。〔三〕

大唐乾封二年仲春之月，西明寺道宣律師于時逐静，在京師城南華清宫故浄業寺修道。律師積德高遠，抱素日久。忽有一天來至律師所，致敬申禮，具叙暄涼。律師問曰：檀越何處，姓字誰耶？荅

〔一〕「丞」字原作「承」。據高麗藏本、磧砂藏本、南藏本、嘉興藏本改。

〔二〕「鍾聲香氣」原作「鍾響聲氣」，據集神州三寶感通録改。

〔三〕出集神州三寶感通録卷中。

曰：弟子姓王名璠，是大吴之蘭臺臣也。會師初至建業，孫主即未許之。合感希有之瑞，〔一〕爲立非常之廟。于時天地神祇，咸加靈被，於三七日遂感舍利。吴主手執銅瓶，傾銅盤内。舍利所衝，盤即破裂。乃至火燒鎚試，俱不能損。闞澤張昱之徒，亦是天人護助，入其身中，令其神爽通敏，荅對諧允。今業在天，〔二〕弘護佛法爲事。弟子是南方天王韋將軍下之使者，將軍事務極多，擁護三洲之佛法，有鬭諍凌危之事，無不躬往，和喻令解。今附和南天，欲即至前。事擁鬧，不久當至。且令弟子等共師言。〔三〕不久復有天來，云姓羅氏，是蜀人也。言作蜀音，廣説律相。初相見時，如俗禮儀，叙述緣由，多有次第，遂有忽忘。次又一天，云姓費氏，禮敬如前，云弟子迦葉佛時生在初天，在韋將軍下。諸天貪欲所醉，弟子以宿願力不交天欲，清净梵行，偏敬毗尼。韋將軍童真梵行，不受天欲。一王之下有八將軍，四王三十二將，周四天下，往還護助諸出家人。四天下中，北天一洲少有佛法，餘三天下佛法大弘。然出家之人，多犯禁戒，少有如法。東西天下人少黠慧，煩惱難化。南方一洲雖多犯罪，化令從善，心易調伏。佛臨涅槃，親受付囑，並令守護，不使魔嬈。若不守護，如是破戒，誰有行我之法教者。故佛垂誡，不敢不行。雖見毁禁，愍而護之。見行一善，萬過不咎，事等忘瑕，不存往失。且人中臭氣，

〔一〕「合」字原作「令」，據道宣律師感通録改。
〔二〕「今業在天」，高麗藏本作「今並在天」，道宣律師感通録作「今並在天上」。
〔三〕「且」字原作「具」，據道宣律師感通録改。

上熏空界四十萬里，諸天清净，無不厭之。但以受佛付囑，令護佛法，尚與人同止，諸天不敢不來。韋將軍，三十二將之中最存弘護。多有魔子魔女，輕弄比丘，道力微者，並爲惑亂。將軍棲遑奔至，應機除剪。故有事至，須往四王所時，王見皆起，爲韋將軍修童真行護正法故。弟子性樂戒律，如來一代所制毗尼，並在座中聽受戒法。因問律中諸隱文義，無不決滯。然此東華三寶，素有山海水石，往往多現。但謂其靈而敬之，顧訪失由，莫知投詣。遂因此緣，隨而諮請。且沈冥之相，以理括之，未曾持觀，〔一〕不可以語也。〔二〕

宣師感通記：問天人云：益州成都多寶石佛者，何代時像，從地涌出？答曰：蜀都元基青城山上，今之成都，大海之地。昔迦葉佛時，有人於西耳河造之，擬多寶佛全身相也。在西耳河鷲山寺，有成都人往彼興易，請像將還。至今多寶寺處，爲海神蹋船所没。初取像人見海神于岸上遊，謂是山兔，〔三〕遂即煞之。因爾神瞋覆没，人像俱溺，同在一船。其多寶佛舊在鷲頭山寺，〔四〕古基尚在，仍有一塔，常有光明。今向彼土，道由郎州，過大小不筭三千餘里，方達西耳河。河大闊，或百里，或五百

〔一〕「持」字，道宣律師感通録作「博」。

〔二〕出道宣律師感通録。

〔三〕「山兔」，高麗藏本及道宣律師感通録作「山芝」。

〔四〕「佛」字原闕，據道宣律師感通録補。

里。中有山洲，亦有古寺，經像尚存而無僧住。經同此文，時聞鍾聲。百姓殷實，每年二時供養古塔。塔如戒壇，三重石砌，上有覆釜，其數極多。彼土諸人但言神塚，每發光明。人以蔬食祭之，求其福祚也。其地西北去巂州二千餘里。問：去天竺非遠，往往有至彼者，自下云云。〔一〕

至晉時有僧於此地見土墳，隨出隨除，終不可平。後見坼開，深怪其爾。乃深掘丈餘，獲像及人骨在船。其髏骨肘脛，悉皆麤大，數倍過於今人。即迦葉佛時，閻浮人壽二萬歲時人也。今時劫減命促，人小固其常然，不可怪也。初出之時，牽曳難得。弟子化爲老人，指撝方便。須臾得出，〔二〕至周滅法暫隱。到隋重興，更復出之。蜀人但知其靈從地而出，亦不測其根源。見其華趺有多寶字，因遂名焉。又名多寶寺。又問：多寶字是其隸書，出於亡秦之代，如何迦葉佛時已有神州書耶？荅曰：亡秦李斯隸書，此乃近代遠承，隸書之興，興於古佛之世。見今南洲四面千有餘洲，莊嚴閻浮一方百有餘國，文字言音同今唐國。但以海路遼遠，動數十萬里，重譯莫傳。故使此方封守株柱，不足怪也。師不聞乎！梁顧野王，太學之大博士也。〔三〕周訪字源，出沒不定，故玉篇序云：有開春申君墓，得其銘文，皆

〔一〕 出道宣律師感通録。
〔二〕 「得出」二字原闕，據道宣律師感通録補。
〔三〕 「博士」二字原作「傅」，據道宣律師感通録改補。

是隸字。檢春申是周代，〔一〕六國同時，隸文則非吞併之日也。此國篆隸諸書，尚有茫昧，寧知迦葉佛時之事乎？〔二〕非其耳目之所聞見也。〔三〕

又問：今西京城西高四土臺，俗諺云是蒼頡造書臺。如何云隸書字古時已有？答云：蒼頡於此臺上增土造臺，觀鳥迹者，非無其事。且蒼頡之傳，此土罕知其源。或云黄帝之臣，或云古帝王也。鳥迹之書，時變一途。今所絶有，無益之言不勞述也。〔四〕

又有天人，姓陸，名玄暢，來謁律師云：弟子是周穆王時生在初天。本是迦葉佛時天爲通化，故周時暫現。所問高四土臺者，其本迦葉佛於此第三會説法度人。至穆王時，文殊目連來化，〔五〕穆王從之。即列子所謂化人者是也。化人示穆王高四臺，是迦葉佛説法處，因造三會道場。至秦穆公時，扶風獲一石佛。穆公不識，棄馬坊中，穢汙此像。護像神瞋，令公染疾。公又夢遊上帝，極被責數。〔六〕

〔一〕「周代」原作「周武」，據道宣律師感通録改。
〔二〕「乎」字原作「史」，據道宣律師感通録改。
〔三〕出道宣律師感通録。
〔四〕出道宣律師感通録。
〔五〕「殊」字原作「珠」，據高麗藏本改。
〔六〕「數」字原作「疏」，據道宣律師感通録改。

覺問侍臣由余，便荅云：臣聞周穆王時有化人來此土，云是佛神。穆王信之，於終南山造中天臺，高千餘尺，基趾見在。又於蒼頡臺造神廟，名三會道場。公今所患，殆非佛爲之耶？公聞大怖，語由余曰：吾近獲一石人，衣冠非今所製，棄之馬坊，將非此是佛神耶？由余聞往視之，對曰：此真佛神也。公取像澡浴，安清浄處，像遂放光。公又怖，謂神瞋也，宰三牲以祭之。諸善神等擎棄遠處。公又大怖，以問由余。荅曰：臣聞佛神清潔，不進酒肉，愛重物命，如護一子。所有供養，燒香而已。所可祭祀，餅果之屬。公大悦，欲造佛像，絶於工人，又問由余。荅曰：昔穆王造寺之側，應有工匠。遂於高四臺南村内得一老人，姓王名安，年百八十。自云：曾於三會道場見人造之。臣今年老，無力能作。所住村北有兄弟四人，曾於道場内爲諸匠執作，請追共造。依言作之，成一銅像，相好圓備。公悦，大賞賚之。彼人得財，並造功德，於土臺上造重閣，高三百尺。時人號之高四臺，或曰高四樓。其人姓高，大者名四。或曰兄弟四人同立故也。或取大兄之名以目之，故高四之名，至今稱也。〔一〕

又問：目連舍利弗，佛在已終，如何重見？荅曰：同名六人，此目連非大目連也。至宇文周時，文殊師利化爲梵僧，來遊此土，云：欲禮拜迦葉佛説法處。并往文殊所住之處，名清涼山。遍問道俗，無有知者。時有智猛法師，年始十八，反問梵僧：何因知有二聖餘迹？荅曰：在秦都城南二十里，有蒼

〔一〕出道宣律師感通録。

頡造書臺，即其地也。又云：在沙河南五十里青山北四十里，即其處也。又問：沙河青山是何語？答曰：渭水終南山也。此僧便從渭水直南而出，〔一〕遠到高四臺，〔二〕便云：此是古佛説法處也。于時智猛法師隨往禮拜，不久失梵僧所在。智猛長大，具爲太常韋卿説之。請其臺處，依本置寺。遂奏周主，名三會寺。至隋大業，廢入大寺。因被廢毁，配入菩提。今京城東市西平康坊南門東菩提寺西堂佛首，即是三會寺佛。釋迦如來度大迦葉後十二年中，來至此臺。其下見有迦葉佛舍利。周穆身遊大夏，佛告：彼土見有古塔，可返禮事。王問：何方？佛荅：在鄗京之東南也。西天竺國具有别傳，去歲長年是師子國僧，年九十九夏，是三果阿那含人。聞斯勝迹，躬至禮拜。〔三〕又請奏欲往北代清凉山文殊師利菩薩坐處。皇帝聞喜，敕給驛馬内使及弟子官佐二十餘人，在處供給。諸官人弟子等並乘官馬，唯長年一人少小已來，精誠苦行，不乘雜畜。既到代州清凉山，即便肘行膝步而上。至中臺佛堂，即是文殊廟堂。從下至上，可行三十餘里，山石勁利，入肉到骨，無血乳出。至于七日，五體投地，布面在土，不起不食。七日滿已，忽起踴躍，指撝四方上下空界，具見文殊師利菩薩，聖僧羅漢。從者道俗數十人，有見不見。復有一蟒蛇，身長數里，從北而來，直向長年。長年見喜，銜師脚過，變爲僧形。諸

〔一〕「出」字原作「步」，據道宣律師感通録改。
〔二〕「遠」字，道宣律師感通録作「遂」。
〔三〕出道宣律師感通録。

人懼怕，皆悉四散，唯長年一人心不驚動。種種靈應，不可具述。所請遂願，還返京都，今現化度安置。或請入内受戒，或巡歷諸山。

律師問天人曰：自昔相傳，文殊在清涼山領五百仙人説法。經中明文殊是久住娑婆世界菩薩。娑婆則大千總號，如何偏在此方？答曰：文殊是諸佛之元帥，隨緣利見，應變不同。大士大功，非人境界，不勞評薄。〔一〕但知仰信多在清涼山五臺之中。今屬北代州西見有五臺縣清涼府。皇唐已來，有僧名解脱，在巖窟亡來三十餘年，身肉不壞，似如入滅盡定。復有一尼，亦入定不動，各經多年。聖迹伽藍，菩薩聖僧，仙人仙華，屢屢人見，具在別篇，豈得不信。〔二〕

又問：今五臺山中臺之東南三十里，見有大孚靈鷲寺。兩堂隔澗猶存，南有華園，可二頃許，四時發彩，色類不同。四周樹圍。人移華栽別處種植，皆悉不生，唯在園内，方得久榮。人究年月，莫知來由。或云漢明所立，或云魏孝文帝栽植。古老相傳，互説不同，〔三〕如何爲實？答云：俱是二帝所

〔一〕「薄」字原作「泊」，據道宣律師感通録改。
〔二〕出道宣律師感通録。
〔三〕「互」字原作「于」，據高麗藏本、磧砂藏本、南藏本改。

作。〔一〕昔周穆之時，〔二〕已有佛法。此山靈異，文殊所居。周穆於中造寺供養，及阿育王亦依置塔。漢明之初，摩騰法師是阿羅漢天眼，亦見有塔，請帝立寺。其山形像似靈鷲，名曰大孚。孚者，信也。由帝深信佛法，立寺勸人。元魏孝文，北臺不遠，常來禮謁。見人馬行迹，石上分明，其事可驗。豈唯五臺獨驗，今終南山太白太華五岳名山，皆有聖人，爲住持佛法，令法久住。〔三〕有人設供，感計徵應，事在別篇，不繁此述也。

又問：今涼州西番和縣，〔四〕山裂像出，何代造耶？荅云：迦葉佛時，有利賓菩薩，見此山人不信業報，以煞害爲事。于時住處有數萬家，無重佛法者。菩薩救之，爲立伽藍。大梵天王手造像身。初成以後，菩薩神力，能令如真佛不異，遊步説法，教化諸人。雖蒙此道，猶故不信。于時菩薩示行怖畏，手擎大石，可於聚落，欲下壓之。菩薩揚威勸化，諸人便欻迴心，信敬於佛。所有煞具，變成蓮華。隨有街巷，華如種植。瑞像方攝神力。菩薩又勸諸清信士令造七寺，南北一百四里，〔五〕東西八十里，彌

〔一〕「俱」字原作「但」，據高麗藏本改。
〔二〕「昔」字原作「西」，據高麗藏本、磧砂藏本、南藏本、嘉興藏本改。
〔三〕出道宣律師感通録。
〔四〕「和」字，高麗藏本作「禾」。
〔五〕「一百四里」，道宣律師感通録作「一百里」。

山亘谷，處處僧坊佛殿。營造經十三年，方得成就。同時出家者有二萬人，在七寺住，經三百年。彼諸人等現業力大，昔所造惡，當世輕受，不入地獄。前所害者，在惡趣中，又發惡願：彼害我者及未成聖，我當害之。若不加害，惡業便盡，我無以報。共吐大火，焚燒寺舍及彼聚落，一時焚蕩。縱盜得活，又以大水漂溺煞之，無一得存。時彼山神，寺未破前，收取此像，遠在空中。寺破以後，下內石室，安置供養。年月既久，石生室滅。至劉薩訶師禮山，逆示像出。其薩訶者，前身元是利賓菩薩。身首別處，更在別篇也。〔一〕

問：江表龍光瑞像，人傳羅什將來，有言扶南所得，如何爲定？荅曰：此非羅什所得，斯乃宋孝武征扶南獲之。昔佛滅後三百年中，北天竺大阿羅漢優婆質那以神力加工匠，〔二〕三百年中鑿大石山，安置佛窟。從上至下，凡有五重，高三百餘尺。請彌勒菩薩指撝作壇室處之。玄奘師傳云百餘尺。聖迹記云：高八丈，足趺八尺。六齋日常放光明。其初作時，羅漢將工人上天，三往方成。第二牛頭栴檀，第三金，第四玉，第五銅像。凡夫今見，止在下重。上四重閉，石窟映徹，見人藏腑。第六百年有佛柰遮阿羅漢，生已母亡，生扶南國。念母重恩，從上重中取小檀像，令母供養。母終生楊州，出家住新興寺，獲得三果。宋孝武征扶南，獲此像來都，亦是羅漢神力。母今現在，時往羅浮天台西方諸處。昔

〔一〕出道宣律師感通録。

〔二〕「婆」字，道宣律師感通録作「妻」。

法盛曇無竭者，再往西方，有傳五卷，略述此緣。何忽云羅什法師背負而來耶？〔一〕

宣師因問：什師一代所翻之經，人多偏樂，受持轉盛，何耶？答曰：其人聰明，善解大乘。以下諸人同時翻譯者，並儁乂一代之寶也。絶後光前，仰之所不及，故其所譯，以悟達爲先，得佛遺寄之意也。〔二〕

又問：俗中常論，被秦姚興抑破重戒，云何得佛意耶？答曰：此非悠悠凡所籌度，何須評論。什師德行位在三賢，所在通化，删繁補闕，〔三〕隨機而作。故大論一部，十分略九。自餘經論，例此可知。冥祥感應，歷代彌新。深會聖旨，罕逢難遇。又蒙文殊指授，令其删定，特異恒論。豈以別室見譏，頓亡玄致者也。〔四〕

又問：邡州顯際寺山出石像者，何代所立？答曰：像是秦穆公所造。像元出處，是周穆王造寺處也。佛去世後，育王第四女造。又造像塔，於此供養。于時此寺有一二三果人住中，秦相由余常所奉

〔一〕出道宣律師感通録。

〔二〕出道宣律師感通録。

〔三〕「删」字原作「那」，據高麗藏本改。

〔四〕出道宣律師感通録。

敬。往者迦葉佛時亦於此立寺，是彼沙彌顯際造也。仍將本名，以顯寺額。〔一〕

又問：今玉華宮南檀臺山上有塼塔，面別四十步，〔二〕下層極壯，四面石龕，傍有碎塼。又有三十餘窯磚，古老莫知何代，然每聞鍾聲。答曰：此穆王寺也，名曰靈山。至育王時，敕山神於此造塔。西晉末亂，五胡控權。劉曜京都長安，數夢此山佛現，在塼塔中，坐語曜曰：汝少飲酒，莫躭色欲，黜去邪佞，進用忠良。曜不能從，後於洛陽酒醉落馬，爲石勒所擒。初曜因夢所悟，令人尋山訪之，遂見此像坐小磚塔，與夢符同。便毁小塔，更造大者，高一十九級。并造寺宇，極存壯麗，寺名法燈，度三百僧住之。曜没趙後，寺有四十三人修得三果。山神於今塔後又造一寺，供三果僧。神往太白採取芝草，供養神僧，皆獲延齡。寺今現在，凡人不見。所聞鍾聲，即是寺鍾也。其塔本基雖因劉曜，仍是穆王立寺之處也。又是迦葉如來之古寺也。至貞觀年中，於玉華北慈烏川山上，常見羣鹿來集其所，逐去還來。有人異之，於鹿集處，掘深一丈，獲一石像，長一丈許，現今供養。〔三〕

又問：荆州前大明寺栴檀像者，云是優填王所造，依傳從彼模來，將至梁朝。今京師復有。何者是本？答曰：大明是其本像。梁高祖既崩，像來荆渚。至元帝承聖三年，周平梁後，收簿國寶，皆入北

〔一〕出道宣律師感通録。

〔二〕「四十」，道宣律師感通録作「三十」。

〔三〕出道宣律師感通録。

周。其檀像者，有僧珍師藏隱房内，多以財物贈遺使人，像遂得停。至隋開皇九年，文祖遣使人柳顧言往迎。寺僧又求像令鎮荆楚，〔一〕顧是鄉人，從之。令別刻檀，將往恭旨。當時訪匠，得一婆羅門僧，名真達，爲造，即今西京大興善寺像是也。亦甚靈異。本像在荆州，僧以漆布漫之，相好不及真者。本作佛生來七日之身，今加布漆，乃壯年狀，故殊絶異本也。大明本是古佛住處，靈像不肯北遷故也。近有長沙義法師，天人冥讚，遂悟開發。剥除漆布，〔二〕真容重顯。大動信心，披覸靈儀。全檀所作，〔三〕本無補接，光趺殊異，象牙雕刻，卒非人工所成。興善像身，一一乖本。〔四〕

又問：涪州相思寺側多有古迹，篆銘勒之，不識其緣。此事云何？荅曰：此迦葉佛時有山神，姓羅，名子明，蜀人也。舊時持戒比丘，生憎破戒者，發諸惡願：令我死後作大惡鬼，噉破戒人。因願受身，作此山神，多有眷屬。所王土地東西五千餘里，〔五〕南北二千餘里。年噉萬人以上。此神本曾爲

〔一〕「像」字原作「僧」，據高麗藏本、磧砂藏本、南藏本、嘉興藏本改。
〔二〕「剥」字原作「別」，據高麗藏本改。
〔三〕「全」字原作「令」，據高麗藏本改。
〔四〕出道宣律師感通録。
〔五〕「王」字原作「主」，據高麗藏本、磧砂藏本、南藏本改。

迦葉佛兄，後爲弟子。復佛憐愍，〔一〕故來教化。種種神變，然始調伏，與受五戒，隨識宿命，因不噉人。恐後心變，故佛留跡。育王於上起塔，在山頂，神便藏於石中。塔是白玉所作，其神現在。其郭下寺塔，育王所立，見付屬儀中。〔二〕

又問：南海循州北山興寧縣界靈龕寺，多有靈跡。此乃文殊聖者弟子爲此山神，多造惡業。文殊愍之，便來教化，遂識宿命，請爲留跡。我常禮事，得離諸惡。文殊爲現，今者是也。於貞觀三年，山神命終，生兜率天。別有一鬼，來居此地，即舊神親家也。大造諸惡。生天舊神憐之，下請文殊爲現小跡，以化後神，又從正法。故今此山大小跡現，莫匪有由焉。見付屬儀。〔三〕

又問：沁州北山石窟佛，常有光明。此像出來久近耶？答曰：此窟迦葉佛、釋迦佛二時備有。往昔周穆王弟子造迦葉佛像。〔四〕

又問：渭南終南二山有佛面山、七佛澗者。答曰：此事同於前南山庫谷天藏，是迦葉佛自手所造

〔一〕「復」字原作「彼」，據道宣律師感通録改。
〔二〕出道宣律師感通録。
〔三〕出道宣律師感通録。
〔四〕出道宣律師感通録。

之藏也。今現有十三緣覺在谷内住。〔一〕

又問：此土常傳有佛，是殷時周昭莊王等造，互説不同，如何取定？荅曰：皆有所以。弟子夏桀時生天，具見佛之垂化。且佛有三身，法報二身則非凡見，並化登地以上。唯有化身，被該三千。百億釋迦，隨人所感，前後不定。或在殷末，或在魯莊，俱在大千之中，前後咸傳一化。感見隨機，前後何定。若據法報，常自湛然，不足疑也。〔二〕

又問：漢地所見諸瑞像，多傳育王第四女所造。其事匪幽冥，難得其實。此事云何？荅曰：此實不疑。爲育王第四女，厥貌非妍，久而未出。常恨其醜，乃圖佛形相，還如自身。成已發願：佛之相好，挺異於人，如何同我之形儀也。以此苦邀，彌經年月。後感佛現，忽異本形。父具問之，述其所願。今北山玉華、荆州長沙、楊都高悝及京城崇敬寺像，並是育王第四女造。或有書其光趺，依梵本書，漢人讀者罕識其文。〔三〕育王因將此像令諸鬼神，隨緣所感，流傳開悟。今覩像面，莫匪女形。其崇敬寺地，本是戰場。西晉將末，有五胡大起，兵戈相煞，此地特多。地下人骨，今掘猶得。所煞無辜，殘害酷

〔一〕出道宣律師感通録。

〔二〕「疑」字原作「歎」，據道宣律師感通録改。出處同。

〔三〕「讀」字原作「請」，據高麗藏本改。

濫。故諸鬼神擕以鎮之，令諸寃魂得生善念。周朝滅法，神亦徙之。隋祖再隆，佛還重起。〔一〕

又問：幽冥所感，俗中常有，神去形朽，如何重來，或經七日多日，如生不異？荅曰：人禀七識，識各有神，心識爲主。主雖前去，餘神守護，不足怪也。如五戒中，一戒五神，五戒便有二十五神。一戒破，五神去，餘者仍在。如大僧受戒，戒有二百五十神。亦戒戒之中，感得二百五十防衛。比丘若毁一重戒，但二百五十神去，餘者恒隨。〔二〕

〔一〕出道宣律師感通録。

〔二〕出道宣律師感通録，文有異同。

法苑珠林校注卷第十五

彌陀部第四此別六部

述意部　會名部　辯處部　能見部　業因部　引證部

述意部第一

夫避苦求樂，實品物之恒情；厭濁欣净，是生靈之舊理。但行有美惡，土成穢妙。娑婆五濁，由積惡而丘坑；安養七珍，因習善而華勝。業成三輩，報爲九品。寶臺珍觀，假勝念而崔嵬；玉沼瓊池，藉善心而皎潔。華開蓮合，驗慈父之非虚；浪動波迴，聞法言之在耳。自非功勤志固，行滿因圓，何能隨三心而上金臺，依十念而升樂國也！

會名部第二

述曰：世界皎潔，目之爲净。即净所居，名之爲土。故攝論云：所居之土，無於五濁，如玻瓈柯等，名清净土。〔一〕法華論云：「無煩惱衆生住處名爲净土。」〔二〕净土不同，有其四種：一、法性土，以真如爲體。故梁攝論云：「以蓮華王爲净土所依，譬法界真如爲净土所依體故。」〔三〕二、實報土。依攝論云：「以二空爲門，三慧爲出入路，奢摩他毗鉢舍那爲乘，以根本無分別智爲用。」〔四〕此皆約報功德辯其出體。三、事净土。謂上妙七寶是五塵色性聲香味觸爲其土相。故攝論云：「佛周遍光明七寶處也。」〔五〕又華嚴經云：諸佛境界相中，種種閒錯莊嚴。〔六〕故净土論云：「備諸珍寶性，具足妙莊嚴。」〔七〕又新翻大菩薩藏經云：「假使如上世界，乃至大火洞然。如來在中若依經行、若住、坐、卧，其

〔一〕此段出處待考。
〔二〕出妙法蓮華經優波提舍卷上。
〔三〕出攝大乘論釋卷十五。
〔四〕出攝大乘論卷下。
〔五〕出攝大乘論卷下。
〔六〕此段出處待考。
〔七〕出無量壽經優波提舍願生偈。

處自然八功德水，出現於地。」〔一〕四、化浄土。謂佛所變七寶五塵爲化土體。故涅槃經云：「以佛神力，地皆柔軟，無有丘墟土沙礫石，乃至猶如西方無量壽佛極樂世界等。」〔二〕又大莊嚴論云：「由智自在隨彼所欲能現水精琉璃等清浄世界。」〔三〕又維摩經云：「佛以足指按地現浄等事。」〔四〕又十地經云：「隨諸衆生心所樂見，爲示現故。」〔五〕此諸經論所明，並約化爲浄土。由佛神力現故，即有攝故，即無故，名化土。

辯處部第三

述曰：上來雖明土有四種，然綱要有二：一報土，二化土。此二即攝理事二土。初報土者，謂佛如來出世諸善體是無漏，〔六〕非三界所攝。故浄土論云：「觀彼世界相，勝過三界道。」〔七〕又智度論

〔一〕出大寶積經卷三十七菩薩藏會。
〔二〕出大般涅槃經卷二十三。
〔三〕出大乘莊嚴經論卷二神通品。
〔四〕出維摩詰所説經卷上佛國品。
〔五〕出十地經論卷三。
〔六〕「漏」字原作「流」，據高麗藏本改。
〔七〕出無量壽經優波提舍願生偈。

云：「有妙浄土，出過三界。」〔一〕然佛所居無處爲處，過在十方世界，或依法身而安浄土。故論云：「釋迦牟尼佛更有清浄世界，如阿彌陀國。其彌陀佛有亦嚴浄不嚴浄世界，如釋迦佛。」〔二〕又涅槃經云：「我實不出閻浮提界。」〔三〕又法華經偈云：

「常在靈鷲山，　及餘諸住處。　衆生見劫盡，　大火所燒時。　我此土安隱，　天人常充滿。　園林諸堂閣，　種種寶莊嚴。」〔四〕

又華嚴經云：如來浄土，或在如來寶冠，或在耳璫，或在瓔珞，或在衣文，或在毛孔。如是毛孔既容世界。〔五〕故知十住論云：「佛舉一步則過恒河沙等三千世界。」〔六〕其事如是。化土處者，但所居化土，無別方處。但依報土而起粗相，或通十方，或在當界，引接三乘人天等衆。如彌陀世尊引此忍界凡小衆生而安浄國。或於穢現浄，如按地現浄，譬同天宫。其事如是。或於衆生共相器世界間種子所

〔一〕出大智度論卷三十八。
〔二〕出大智度論卷三十二。
〔三〕此段出處待考。
〔四〕出妙法蓮華經卷五如來壽量品。
〔五〕此段出處待考。
〔六〕出十住毘婆沙論卷十。

感，於中顯現浄穢境界。隨其六道各見不同。此皆由外名言熏習，因識種成就，感得器世界影像相現。此影像是本識相分。由共相種子與影像相，彼現相識爲因緣。即此共相，由内報增上緣力，感得如此苦樂不同。

能見部第四

述曰：如凡夫二乘於穢土中見阿彌陀佛，諸菩薩等於浄土中見阿彌陀佛。據此二説，報土則一向純浄，應土則有染有浄。故浄土論云：土有五種：一、純浄土，唯在佛果。二、浄穢土，謂浄多穢少，即八地已上。三、浄穢亭等土，謂從初地乃至七地。四、穢浄土，謂穢多浄少，即地前性地。五、雜穢土，謂未入性地。第五人見後一，不見前四；第四人見後二，不見前三；第三人見後三，不見前二；第二人見後四，不見前一。第一佛上下五土悉知悉見也。〔一〕

業因部第五

述曰：具引經論，十説不同。或説一行而生浄土。如涅槃經云：「有德國王覺德比丘爲護法因

〔一〕此段出處待考。

緣，生不動國。」〔一〕又維摩經云：「直心是菩薩浄土。菩薩成佛時，不諂衆生來生其國等。」〔二〕或説二行而生浄土。如梁攝論云：「出世善法者，無分别智及後得智所生善根爲出世善法名因，或用定慧爲乘。」〔三〕或説三行而生浄土。如涅槃經云：思惟三三昧空、無作、無相而生浄土。〔四〕又觀經云：「令未來一切凡夫生極樂國，當修三業：一、孝養父母，事師不煞，修十善業。二、受三歸，具足衆戒，不犯威儀。三、發菩提心，深信因果，讀誦大乘，勸進行者。如是三事是名浄業。」〔五〕或説四行而生浄土。如維摩經云：「行四無量心是菩薩浄土。菩薩成佛時，慈悲喜捨衆生來生其國。或四攝法是菩薩浄土，謂布施、愛語、利益、同事是菩薩浄土。菩薩成佛時，解脱所攝衆生來生其國。」〔六〕或説五行而生浄土。如浄土論云：「一者禮拜，二者讚歎，三者作願，四者觀察，五者迴向。」〔七〕或説六行而生浄土。如維摩經云：「布施是菩薩浄土。菩薩成佛時，一切能捨衆生來生其國。乃至智慧是菩薩浄土。菩薩

〔一〕出大般涅槃經卷四。

〔二〕出維摩詰所説經卷上佛國品

〔三〕出攝大乘論釋卷十五。

〔四〕此段出處待考。

〔五〕出觀無量壽佛經。

〔六〕出維摩詰所説經卷上佛國品。

〔七〕出無量壽經優波提舍願生偈。

成佛時，一切智慧衆生來生其國等。」〔一〕或説七行而生净土。如維摩經云：「布以七净華，浴此無垢人。一者戒净，二者定净，三者見净，四者度疑净，〔二〕五者道非道净，六者行净，七者行斷智净。前二是方便道，次三是見道，次一是修道，後一是無學道。由斯七净得成四道。四道既成，故報居净土也。」〔三〕或説八行而生净土。如維摩經云：「菩薩成就幾法，於此世界行無瘡疣，生於净土？荅云：成就八法生於净土。一、饒益衆生而不望報，代於衆生受諸苦惱。二、所作功德盡以施之。三、等心衆生，謙下無礙。四、於諸菩薩觀之如佛。五、所未聞經，聞之不疑。六、不與聲聞而相違背。七、不嫉彼供，不高己利，而於其中調伏其心。八、〔四〕常省己過，不訟彼短。恒以一心求諸功德。」〔五〕或説九行而生净土。如無量壽經云：「略説三輩，廣説九品。」〔六〕具如經説。或説十行而生净土。如維摩經云：「十善是菩薩净土。菩薩成佛時，命不中夭，大富梵行，所言誠諦，常以軟語，眷屬不離，善和諍訟，言必

〔一〕出維摩詰所説經卷上佛國品。
〔二〕「净」字原脱，據高麗藏本補。
〔三〕出維摩詰所説經卷中佛道品。
〔四〕「八」字原作「入」，據高麗藏本、磧砂藏本、南藏本、嘉興藏本改。
〔五〕出維摩詰所説經卷下香積佛品。
〔六〕出無量壽經卷下。

饒益，不嫉不恚，正見衆生來生其國。」〔一〕又彌勒發問經云：〔二〕「若欲樂生安養國者，當修十念即得往生。何等爲十？一者、於一切衆生常生慈心。〔三〕二者、於一切衆生不毁其行。若有毁者，終不往生。三者、於一切衆生深起悲心，除殘害心。四者、發護法心，不惜身命，於一切法不生誹謗。五者、於忍辱衆生決定心。六者、深心清淨，不染利養。七者、發一切種智心，日日常念無有廢忘。八者、於一切衆生生尊重心，除憍慢心，謙下言説。九者、於諸談話不生染著心，近於覺意，深起種種善根因緣，不生憒鬧散亂心。十者、常念觀佛，除去諸相。彌勒當知，如是十念一一次第相續而起，不生彼國，無有是處。」或説：「三十七品是菩薩淨土。菩薩成佛時，念處、正勤、神足、根力、覺道衆生來生其國。」〔四〕或如無量壽經云：「發四十八大願而生淨土。」〔五〕上來所説廣略雖異，隨行一法與理冥符，皆得往生安樂國土。優波提舍論偈云：

「觀彼世界相，　勝過三界道。　究竟如虚空，　廣大無邊際。　正道大慈悲，　出世善根

〔一〕出維摩詰所説經卷上佛國品。
〔二〕此經不見著録。
〔三〕「於」字原作「欲」，據高麗藏本、磧砂藏本、南藏本、嘉興藏本改。
〔四〕出維摩詰所説經卷上佛國品。
〔五〕出無量壽經卷上。

生。　淨光明滿足，　如鏡日月輪。」〔一〕

述曰：若據實報淨土，要修出世無漏正因。與理行相成，方得往生。若是下品之人，本無正業，隨起一行，或臨終日十念雖成，唯生化土，未能見報。具述觀法，備在大小乘禪門十卷中說。

引證部第六

阿彌陀鼓音聲王陀羅尼經云：「爾時世尊告諸比丘：西方安樂世界今現有佛，號阿彌陀。若有四衆能正受持彼佛名號，以此功德，臨欲終時，阿彌陀佛即與大衆往此人所，令其得見。見已尋生慶悅，倍增功德。以是因緣，所生之處永離胞胎穢欲之形，純處鮮妙寶蓮華中，自然化生。具六神通，光明赫奕。阿彌陀佛與聲聞俱，如來應供正遍知。其國號曰清泰，聖王所住。其城縱廣十千由旬，於中充滿刹利之種。阿彌陀佛父名月上轉輪聖王，其母名曰殊勝妙顏，子名月明。奉事弟子名無垢稱，智慧弟子名曰攬光，神足精勤弟子名曰大化。爾時魔王名曰無勝。有提婆達多名曰寂靜。」〔二〕

又無量壽經云：「佛告彌勒：假使三千大千世界猛火，爲念阿彌陀佛名故，要當於中直過，未足爲

〔一〕出無量壽經優波提舍願生偈。
〔二〕出阿彌陀鼓音聲王陀羅尼經。

難。」〔一〕

又華嚴經云：「爾時心王菩薩摩訶薩告諸菩薩言：佛子，此娑婆世界釋迦牟尼佛刹一劫，於安樂世界阿彌陀佛刹爲一日一夜。安樂世界一劫，於聖服幢世界金剛佛刹爲一日一夜。聖服幢世界一劫，於不退轉音聲輪世界善樂光明清浄開敷佛刹爲一日一夜。不退轉音聲輪世界一劫，於離垢世界法幢佛刹爲一日一夜。離垢世界一劫，於善燈世界師子佛刹爲一日一夜。善燈世界一劫，於善光明世界盧舍那藏佛刹爲一日一夜。善光明世界一劫，於超出世界法光明清浄開敷蓮華佛刹爲一日一夜。超出世界一劫，於莊嚴慧世界一切光明佛刹爲一日一夜。莊嚴慧世界一劫，於鏡光明世界覺月佛刹爲一日一夜。佛子，如是次第乃至百萬阿僧祇世界，最後世界一劫，於勝蓮華世界賢首佛刹爲一日一夜。普賢菩薩等諸大菩薩充滿其中。」〔二〕

又阿彌陀佛經云：「佛告諸比丘僧：是阿闍世王太子及五百長者子，却後無數劫，皆當作佛，如阿彌陀佛。佛言：是阿闍世王太子及五百長者子住菩薩道以來，無央數劫皆各供養四百億佛已，今復來供養我。阿闍世王太子及五百長者子等皆前世迦葉佛時爲我作弟子，今皆復會，是共相值也。」〔三〕

〔一〕出無量壽經卷下。
〔二〕出大方廣佛華嚴經卷十九壽命品。
〔三〕出無量清浄平等覺經卷一。

感應緣略引十驗

宋沙門僧亮
宋居士葛濟之
宋比丘尼慧木
宋魏世子
宋沙門曇遠
梁沙門法悦
隋五十菩薩瑞像
隋沙門慧海
唐沙門道昂
唐沙門善胄

宋江陵長沙寺沙門釋僧亮，志操剛烈，戒德堅净。常結西方，願造丈六無量壽像。功用既巨，積年不辦。聞湘州銅溪山廟甚饒銅器，〔一〕欲化導鬼神，取充成辦。遂詣州刺史張邵，告以事源，請船數隻，壯士百人。張曰：此廟靈驗，犯者輒斃。且蠻人守護，恐此難果。亮曰：福與君共，死則身當。張即給人船。未至一宿，神已預知。風震雲冥，鳥獸鳴呼。俄而亮到，霧歇日明。未至廟屋二十餘步，有兩銅鑊，容數百斛。見一大蛇長十餘丈，從鑊騰出，亘身斷道。從者百人，悉皆退散。亮乃整服而進，振錫告蛇曰：汝前世罪業，故受蟒身，不聞三寶，何由自拔！吾造丈六無量壽像，聞此饒銅，遠來相詣。幸可開路，使我得前。蛇乃舉頭看亮，引身而去。亮躬率人徒，輦取銅器。〔二〕唯牀頭唾壺可容四升，有蝘蜓長二尺有餘，〔三〕跳躍出入，遂置不取。廟器重大，十不收一。唯勝小者，船滿而還。守廟之人，莫敢拒護。亮還都鑄像，以宋元嘉九年畢功。神表端嚴，威光偉曜。造像靈異，聲傳京師。宋文皇帝奉迎還都，以焰光未備，敕造金薄圓光，欲處安樂寺。僉以彭城之塔，號同本封，且顯居國門，送處像焉。至明帝之初，以舊邸爲寺，請像移住，舊在湘宫大殿。右一驗出梁高僧傳。〔四〕

宋葛濟之，句容人，稚川後也。妻同郡紀氏，體貌閑雅，甚有婦德。濟之世事仙學，紀氏亦同，而心

〔一〕上「銅」字原作「錮」，據高僧傳改。
〔二〕「輦」字原作「捷」，據高麗藏本改。
〔三〕「蜓」字原作「蛛」，據高僧傳改。
〔四〕出高僧傳卷十三釋僧亮傳。

樂佛法，常存誠不替。元嘉十三年，方在機織，忽覺雲日開朗，空中清明。因投釋筐梭，仰望四表，見西方有如來真形及寶蓋旛幢，蔽映天漢。心獨喜曰：經説無量壽佛，即此者耶！便頭面作禮。濟之敬其如此，仍起就之。紀授濟手，指示佛所。濟亦登見半身及諸旛蓋。俄而隱没。於是雲日鮮彩，五色燭耀。鄉比親族，頗亦睹見。兩三食頃，方稍除歇。自是村閭多歸法者。〔一〕

宋尼慧木者，姓傅氏。十一出家，受持小戒。〔二〕居梁郡築弋村寺。始讀大品，日誦兩卷。師慧超嘗建經堂，木往禮拜，輒見屋内東北隅有一沙門，金色黑衣，足不履地。木又於夜中卧而誦習，夢到西方，見一浴池，有芙蓉華，諸化生人列坐其中。有一大華，獨空無人。木欲登華，攀牽用力，不覺誦經，音響高大。木母謂其魘，驚起唤之。木母篤老，口無復齒。木恒嚼哺飴母，爲以過中不得浄漱，故年將立，不受大戒。母終亡後，木自除草開壇，請師受戒。忽於壇所見天地晃然，悉黄金色。仰望西南，見一天人，著縑衣，衣色赤黄，去木或近或遠，尋没不見。凡見靈異，祕不語人。木兄出家，聞而欲知，乃誑誘之曰：汝爲道積年，竟無所招。比可養髮，當訪出門。木聞甚懼，謂當實然，乃粗言所見。唯静稱尼聞其道德，稱往爲狎，方便請問，乃爲具説。木後與同等共禮無量壽佛，因伏地不起。咸謂得眠，蹴而問之，木竟不荅。静稱復獨苦求問，木云：當伏地之時，夢往安養國見佛，爲説小品，已得四卷。因

〔一〕太平廣記卷一一四引。

〔二〕「持」字原作「特」，據高麗藏本、磧砂藏本、南藏本、嘉興藏本改。

被蹴即覺，甚追恨之。木元嘉十四年，時已六十九。

宋魏世子者，梁郡人也。奉法精進，兒女遵修，〔一〕唯婦迷閉，不信釋教。元嘉初，女年十四，病死七日而甦，云：可安施高座，并無量壽經。世子即爲具設經座。女先雖齋戒禮拜，而未嘗看經，即昇座轉讀，聲句清利。下啓父言：兒死便往無量壽國，見父兄及己三人，池中已有芙蓉大華，後當化生。其中唯母獨無，不勝此苦，乃心故歸啓報。語竟復絶。母於是乃敬法云云。〔二〕

宋沙門曇遠，廬江人也。父萬壽，御史中丞。遠奉法精至，持菩薩戒。年十八，元嘉九年，丁父艱，哀毁致招疾，殆將滅性。號踊之外，〔三〕便歸心浄土，庶祈感應。遠時請僧常有數人，師僧含亦在焉。遠常向含悔懺宿業，恐有煩緣，終無感徹。僧含每獎厲，勸以莫怠。至十年二月十六日夜轉經竟，衆僧已眠，四更中忽自唱言：歌誦歌誦！僧含驚而問之。遠曰：見佛身黄金色，形狀大小如今行像。金光周身，浮焰丈餘。旛華翼從，充牣虚空。瓌妙麗極，事絶言稱。遠時住西厢中云：佛自西來，轉身西向，當佇而立，呼其速去。曇遠常日羸喘，示有氣息。此夕壯厲悦樂動容，便起浄手。含布香手中，并取園華，遥以散佛。母謂遠曰：汝今若去，不念吾耶？遠無所言，俄而頓卧。家既宿信，聞此靈異，既

〔一〕「女」字原作「子」，據高麗藏本改。

〔二〕太平廣記卷一一四引。

〔三〕「踊」字原作「誦」，據高麗藏本改。

皆欣肅，不甚悲懼。遠至五更，忽然而終。中宅芬馨，數日乃歇。〔一〕右四驗出冥祥記也。

梁京師正覺寺釋法悦，戒素沙門也。齊末初爲僧主，〔二〕止京師正覺寺，敦修福業，四部所歸。悦嘗聞彭城宋王寺有丈八金像，乃宋車騎徐州刺史王仲德所造。光相之工，江右稱最。州境或應有災祟，及僧尼横延釁戾，像則流汗。汗之多少，則禍患之濃淡也。宋泰始初，彭城北屬，羣虜共欲遷像，引至萬夫，竟不能致。齊初，兖州數郡欲起義南附，〔三〕亦驅逼衆僧，助守營壍。時虜帥蘭陵公陷此營，獲諸沙門。於是盡執二州道人，幽繫圍裏，〔四〕遣表僞臺，誣以助亂。像時流汗，舉殿皆濕。時僞梁王謙鎮在彭城，〔五〕亦多少信向。親往像所，使人拭之，隨拭隨出，終莫能止。王乃燒香禮拜，至心誓曰：〔六〕衆僧無罪，弟子自當營護，不使罹禍。若幽誠有感，願拭汗即止。於是自手拭之，隨拭即燥。王具表其事，諸僧見原。釋悦既欣覩靈異，誓願瞻禮，而關禁阻隔，莫由克遂。又昔宋明皇帝經造丈八

〔一〕太平廣記卷一一四引。
〔二〕「初」字，高僧傳作「勅」。
〔三〕「兖」字原作「率」，據高僧傳改。
〔四〕「幽」字原作「誣」，據高麗藏本、磧砂藏本、南藏本改。「圍」字原作「園」，據高僧傳改。
〔五〕「謙」字，高僧傳作「諒」。
〔六〕「至」字原作「志」，據高麗藏本、磧砂藏本、南藏本、嘉興藏本改。

金像，四鑄不成，於是改爲丈四。悦乃與白馬寺沙門智靖率合同緣，欲改造丈八無量壽像，以申厥志。始鳩集金銅，屬齊末亂離，復致推斥。至梁初，方以事啓聞。降敕聽許，并助造光趺。材官工巧，隨用資給。以梁天監八年五月三日於小莊嚴寺營鑄，〔一〕本量佛身四萬斤銅，鎔寫已竭，尚未至胸，百姓送銅，不可稱計，投諸鑪冶隨鑄，而模内不滿，猶自如先。又馳啓聞，敕給功德銅三千斤。臺内始就量送，而像處已見羊車傳詔，載銅鑪側。於是飛囊銷鎔，〔二〕一鑄便滿。甫爾之間，人車俱失。比臺内銅出，方知向之所送，信實靈感。工匠喜踴，道俗稱讚。及至開模量度，乃踴成丈九，而光相不差。又有大錢二枚，猶見在衣條，竟不銷鑠。並莫測其然。尋昔量銅四萬，凖用有餘。後益三千，計闕未滿。而祥瑞冥密，出自心圖。故知神理幽通，殆非人事。初像素既成，比丘道昭常夜中禮懺，忽見素所晃然洞明。祥視久之，乃知神光之異。鑄後三日，未及開模。有禪師道度，高潔僧也。捨其七條袈裟，助費開頂。俄而遥見二僧跪開像髻，逼就觀之，倏然不見。時悦靖二僧，相次遷化，敕以像事委之定林僧祐。其年九月二十六日移像還光宅寺。是月不雨，頗有埃塵。及明將遷像，夜有輕雲遍上，微雨沾澤。僧祐經

〔一〕「監」字原作「鑒」，據高僧傳改。

〔二〕「囊」字，高僧傳作「鞴」。

行像所，係念天氣，遥見像邊有光焰上下，如燈如燭，并聞槌懺禮拜之聲。〔一〕入户詳視，掩然俱滅。〔二〕防寺蔣孝孫亦所同見。是夜淮中賈客並聞大航船下，催督治橋，有如數百人聲。將知靈器之重，豈人致焉。其後更鑄光趺，並有風香之瑞。自葱河以左，金像之最，唯此一耳。〔三〕右二驗出梁高僧傳。

隋時有阿彌陀佛五十菩薩像者，西域天竺之瑞像也。相傳云：昔天竺雞頭摩寺五通菩薩往安樂界，請阿彌陀佛：娑婆衆生願生净土，無佛形像，願力莫由，請垂降許。佛言：汝且前去，尋當現彼。及菩薩還，其像已至。一佛五十菩薩各坐蓮華，在樹葉上。菩薩取葉，所在圖寫，流布遠近。漢明感夢，使往祈法，便獲迦葉摩騰等至洛陽。後騰姊子作沙門，持此瑞像，又達此國，所在圖之。未幾賫像西返，而此圖傳不甚流廣。魏晉以來，年載久遠。又經滅法，經像漂除。〔四〕此之瑞迹，殄將不見。〔五〕隋文帝開教，有沙門明憲從高齊道長法師所得此一本。説其本起，與傳符焉。是以圖寫流布，遍於宇内。時有北齊畫工曹仲達者，本是曹國人。善於丹青，妙畫梵迹。傳模西瑞，京邑所推。故今寺壁正

〔一〕「槌」字原作「推」，據高僧傳改。

〔二〕「滅」字原作「燃」，據高僧傳改。

〔三〕出高僧傳卷十三釋法悦傳。

〔四〕「漂」字，高麗藏本作「湮」。

〔五〕「殄」字，高麗藏本作「殆」。

陽皆其真範也。〔一〕右一驗出西域傳記。

隋江都安樂寺釋慧海，俗姓張氏，清河武城人也。善閑經論，然以浄土爲業，專精致感。忽有齊州僧道銓齎無量壽像來云：〔二〕是天竺雞頭摩寺五通菩薩乘空往彼安樂世界圖寫儀容。既冥會素情，深懷禮懺。乃覩神光熠爍，慶所希幸。於是模寫懇苦，願生彼土，没齒爲念。以大業五年五月微患，至夜忽起，依常面西禮竟，跏趺而坐，至曉方逝，春秋六十有九。顔色怡和，儼如神在。道俗悲凉，競申接足。花香如雨下，金寶若山頹，充委階墀，福慧力矣。〔三〕

唐相州寒陵山寺釋道昂，未詳其氏，魏郡人也。履信標宗，風神清徹，獨懷異操，高尚世表。慧解夙成，殆非開悟。結志西方，願生安養。後知命極，預告有緣，至八月初當來取别。期月既臨，一無所患。問：齋時至未？景次昆吾，即陞高座，身含奇相，鑪發異香。援引四衆，受菩薩戒。詞理切要，聽者慙心。于時七衆圍遶，飡承遺味。昂舉目高視，乃見天衆繽紛，絃管繁會。中有清音，遠聽哀婉，天衆高亮，告於衆曰：兜率陀天樂音下迎。昂曰：天道乃是生死根本，由來非願。常祈心浄土，如何此誠不遂意耶？言訖便覩天樂上騰，須臾遠滅。便見西方香華伎樂充塞，如似團雲，飛涌而來，旋環頂

〔一〕出集神州三寶感通録卷中。
〔二〕「銓」字，唐高僧傳作「詮」。
〔三〕出唐高僧傳卷十四釋慧海傳。

上，舉衆皆見。昂曰：大衆好住。今西方靈相來迎，事須親往。言訖但見香鑪墜手，便於高座而終，卒于報應寺，春秋六十有九，即貞觀七年八月内也。〔一〕道俗崩慟，觀者如山接。捧將殯殮，足下有普光堂等文字生焉。還送寒陵山，鑿窟處之，經春不壞，坐固如初。又登講之夜，時屬陰暗，素無燈燭。昂舉掌高示，便發異光，朗照堂宇。〔二〕大衆覩瑞，怪所從來。昂曰：此光手中恒有，何所怪乎！自非道會靈章，行符鄰聖者，何能現斯嘉應者哉。〔三〕

唐西京浄影寺釋善胄，瀛州人也。善通經論，涅槃偏長。席談機悟，國中第一。行年七十有一，初患篤，〔四〕臨終語門人曰：吾一生正信存心，於佛理教無心輕略，不慮浄土不生。即令拂拭房宇，燒香嚴待。病來多日，委卧不起。忽爾自坐合掌，語侍人曰：安置世尊令坐。口云：世尊來也！胄今懺悔慚愧。〔五〕如是良久曰：世尊去矣。低身似送，因卧曰：向者阿彌陀佛來，汝等不見耶？不久吾當去

〔一〕「七」原作「十」，據高麗藏本改。
〔二〕「宇」字原作「字」，據高麗藏本、磧砂藏本、南藏本、嘉興藏本改。
〔三〕出唐高僧傳卷二十四釋道昂傳。
〔四〕「篤」字原闕，據唐高僧傳補。
〔五〕「今」字原作「令」，據高麗藏本改。

耳。語頃便卒。〔一〕右三驗出唐高僧傳。

〔一〕出唐高僧傳卷十四釋善胄傳。

法苑珠林校注卷第十六

彌勒部第五此別五部

述意部　受戒部　讚歎部　業因部　發願部

述意部第一

惟大覺世雄，隨機利物。巧施現權之教，以救將來之急。時經末代，命同風燭。逐要利生，無過見佛。以釋尊遺囑：於我法中所修行者，並付慈氏，令悟聖果。大聖殷勤，理固無妄。一念相值，終隔四流。結妙願於華林，感慈顏於兜率。能扣冥機，雲龍相會。故上生經云：「是諸人等，皆於法中種諸善根，釋迦牟尼佛遺來付我。」〔一〕觀此一言，實固可祈。自晉代之末，始傳斯經。暨乎宋明肇興茲會，起千尺之尊儀，摹萬仞之道樹。設供上林，鱗集大衆。於是四部欣躍，虔誠弘化。每歲良辰，三會無缺。自齊代馭曆，法緣增廣。文宣德教，彌綸斯業。從此已來，大會罕集，行者希簡。設有修學，安心無法。今録諸經，依之修行。冀通八正，則芬烈於紫宫；化流十善，則暉焕於兜率。功被下生，澤均初會也。

受戒部第二

述曰：若是居家白衣未受戒者，先受翻邪三歸，日別六時，隨時便受。顯歸三寶，自誓不迴，必得上生。若出家五衆已受得戒，但依修行，不須別受。若無戒行，追空念善，亦不得生。故智度論云：「我某甲盡形壽歸依佛，歸依法，歸依僧。如是三說。我某甲盡形壽歸依佛竟，歸依法竟，歸依僧竟。如是三說。」〔二〕又處胎經：「佛告彌勒偈云：

汝所三會人，　是吾先所化。　九十六億人，　受吾五戒者。　次是三歸人，　九十二億者。　一稱南無佛，　皆得成佛道。」〔三〕

〔一〕出彌勒下生成佛經。作上生經誤。
〔二〕出大智度論卷十三。
〔三〕出菩薩處胎經卷二三世等品。

述曰：廣明三歸功力，具如敬福論三卷説。既受得三歸，次須受十善戒法。若不行十善，定不得上生。應具修威儀，至一出家人前，誠勗已，一心至誠懺悔，然後受云：我某甲盡形壽於一切有情上，不簡凡聖，不起煞心。乃至第十，我某甲盡形壽於一切有情上，不簡几聖，不起邪見。如是三説。我某甲盡形壽於一切有情上，不簡凡聖，不起殺心竟。乃至第十，我某甲盡形壽於一切有情上，不簡凡聖，不起邪見竟。如是三説。此之十善禁防身三過：殺、盜、婬；口四過：妄言、綺語、兩舌、惡口；意三過：謂貪、瞋、邪見。此之十種是衆善之根本。止則是持，作便是犯。犯是十惡之本，亦是萬禍之殃。

讚歎部第三

如菩薩本行經云：「正使化無數億計人成辟支佛，若有人百歲四事供養，功德甚多，不如有人以歡喜心一四句偈讚歎如來功德無量。」〔一〕

又如善戒經云：「以四天下寶供養於佛，又以重心讚歎如來，是二福德等無差別。」〔二〕

又大悲經云：「一稱南無佛名者，以是善根入涅槃界，不可盡也。」又「若能至誠心念佛功德，乃至

〔一〕 出菩薩本行經卷下。

〔二〕 出優婆塞戒經卷三供養三寶品。

一華散於空中，於未來世作天梵王，其福不盡。以其不盡，終至涅槃。」〔一〕

又涅槃經：「迦葉以偈讚佛言：

大悲愍衆生，故令我歸依。善拔衆毒箭，故稱大醫王。世醫所療治，雖瘥還復生。如來所治者，畢竟不復發。世尊甘露藥，以施諸衆生。衆生既服已，不死亦不生。如來今爲我，演説大涅槃。衆生聞祕藏，即得不生滅。」〔二〕

又大方等陀羅尼經：「爾時華聚菩薩即讚佛言：

世尊身色如金山，猶如日光照世間，能拔一切諸苦惱，我今稽首大法王。世主法王甚希有，如是妙法復過是，難見難聞亦難遇，若有睹者成正覺。」〔三〕

文殊師利問經：「文殊説偈歎佛云：

「爾時阿須倫以偈讚佛：

世尊面目如日月，能滅一切諸黑闇。今復拔濟於我等，我等歸命天中尊。」〔四〕

〔一〕出大悲經卷三禮拜品、舍利品。
〔二〕出大般涅槃經卷十七。
〔三〕出大方等陀羅尼經卷一。
〔四〕出大方等陀羅尼經卷二。

我禮一切佛，　調御無等雙，　丈六真法身，　亦禮於佛塔。　生處得道處，　法輪涅槃處，
行住坐卧處，　一切皆悉禮。　諸佛不思議，　妙法亦如是。　能信及果報，　亦不可思議。
能以此祇夜，　讚歎如來者，　於千萬億劫，　不墮諸惡趣。

佛言：文殊，善哉！善哉！如來不可思議。即説偈言：

佛生甘蔗姓，　滅已更不生。　若人歸依佛，　不畏地獄苦。」〔一〕如是三説。

又華嚴偈云：

「寧受一切苦，　得聞佛音聲，　不受一切樂，　而不聞佛名。　所以無量劫，　受此諸苦惱，
流轉生死中，　不聞佛名故。」〔二〕

又彌勒菩薩所問本願經云：「佛告阿難：彌勒不獨以偈讚我，乃往過世十無央數劫，爾時有佛，號焰光響作王如來。所有梵志長者，名曰賢行，於此佛所已得不起法忍。爾時梵志賢行者，今彌勒菩薩是。阿難白佛言：彌勒得法忍久遠乃爾，何以不速逮無上正真之道，成最正覺耶？佛語阿難：菩薩四事法不取正覺。何等爲四？一、浄國土，二、護國土，三、浄一切，四、護一切。是爲四事。彌勒本求佛時，以是四事故，不取佛。佛語阿難：我本求佛時，亦有此四。然彌勒發意先我之前四十二劫，我於其

〔一〕出文殊師利問經卷上不可思議品。
〔二〕出大方廣佛華嚴經卷八菩薩雲集妙勝殿上説偈品。

後乃發道意。於此賢劫，以大精進超越九劫，得於無上正真之道，致最正覺。佛告阿難：我以十事致最正覺。何等爲十？一、所有一切無所愛惜，二、妻妾，三、兒子，四、頭目，五、手足，六、國土，七、珍寶財物，八、髓腦，九、血肉，十、不惜身命。我以十事疾得佛道。」〔一〕

又大悲經云：「佛告阿難：汝觀如來在路行時，能令大地高處令下，下處令高，高下諸處悉得平正。如來過後，地輒還復。一切樹林傾側向佛，樹神現身，低頭禮拜，如來過後，樹輒還復。一切丘陵坑坎屏厠臭穢叢林瓦礫皆悉掃除，平正清净，馨香芬烈，衆華布地，如來足履蹈上而過。無情諸物尚皆傾側，何況有情而不加敬！何以故？我本修行菩薩行時，於一切人所無不傾側謙下禮敬。以是善業得成佛已，有情無情如來行時無不傾側低頭禮拜。我本曾以清净微妙稱意資産，至心自手施諸衆生。以是業報，如來行時，大地平正，掃灑清净，又無瓦礫。我於無量諸賢聖所在路行時，曾與掃治道路，泥治房舍。我以平等心無高下掃治令净。於一切時常求菩提利益衆生。以是善根，若佛如來在在處處行來路首，自然清净，地平如掌。乃至須彌山王高八萬四千由旬，在大海中亦深爾許，及鐵圍山高十六萬八千由旬，亦是金剛堅固，佛涅槃時，無不傾側低頭禮敬。若欲遠避不傾側者，亦無是處。」〔二〕

由歎如來故，乃至舍利弗從他聞歎佛偈，亦得道果。故普曜經：「安陸比丘以偈報舍利弗言：

〔一〕出彌勒菩薩所問本願經。
〔二〕出大悲經卷三布施福德品。

吾師天中天，　三界無極尊，　相好身丈六，　神通猶虚空。　華熏去五陰，　拔十二根本，

不貪天世位，　心浄開法門。

時舍利弗欣然大悦，如冥覩明，口言：善哉！昔來抱疑。又吾好學，八歲從師，至年十六，靡不周綜。行遍天下，十六大國，自謂已達。今乃聞異無上正真，得吾本願。」〔一〕

由如來過去心浄離著不害衆生故，所行之處脚足不污，蟲蟻不損。故處處經云：「佛不著履有三因緣：一、使行者少欲，二、現足下輪，三、令人見之歡喜。佛行足去地四寸有三因緣：一、見地有蟲蟻故，二、地有生草故，三、現神足故。亦欲令人意止。佛行地高下皆平有三因緣：一、本行四等心，欲令一切安隱。地在水上，水中有神蟲蛾，一切值佛足下皆安隱，同心立意。是故卑者爲高，高者爲卑。二、諸天鬼神行福，爲佛除地故，高下爲平。三、佛爲菩薩時，通利道徑橋梁渡人故，從是得福，故高下正平，欲令人意亦爾。」〔二〕

又智度論云：「世尊身好細薄皮相，塵土不著身，如蓮華葉，不受塵水。若菩薩在乾土山中經行，土不著足。隨嵐風來吹破土山，令散爲塵，乃至一塵不著佛身。若菩薩舉食著口中，是時咽喉邊兩處

〔一〕出普曜經卷八化舍利弗目連品。

〔二〕出處處經。

流注甘露，和合諸味。是味清净，故名味中得上味。」〔一〕

又增一阿含經云：「無恭敬心於佛者，當生龍蛇中。以過去從龍中來，今猶無敬多睡癡也。」〔二〕

又四分律說偈云：

「有敬長老者，　是人能護法。　現世得名譽，　將來生善道。」〔三〕

讚彌勒四禮文玄奘法師依經翻出。

至心歸命禮，當來彌勒佛。諸佛同證無爲體，真如理實本無緣。爲誘諸天現兜率，其猶幻士出衆形。元無人馬迷將有，達者知幻未曾然。佛身本净皆如是，愚夫不了謂同凡。知佛無來見真佛，於茲必得永長歡。故我頂禮彌勒佛，唯願慈尊度有情。願共諸衆生上生兜率天，奉見彌勒佛。

至心歸命禮，當來彌勒佛。佛有難思自在方，能以多刹内塵中。況今現處兜率殿，師子牀上結跏坐。身如檀金更無比，相好寶色曜光暉。神通菩薩皆無量，助佛揚化救含靈。衆生但能至心禮，無始

〔一〕出大智度論卷四。
〔二〕出增一阿含經卷二十二。
〔三〕出四分律卷四十三。

罪業定不生。故我頂禮彌勒佛，唯願慈尊度有情。願共諸衆生上生兜率天，奉見彌勒佛。

至心歸命禮，當來彌勒佛。慈尊寶冠多化佛，其量超過數百千。此土他方菩薩會，廣現神變寶窗中。佛身白毫光八萬，恒説不退法輪因。衆生但能修福業，屈伸臂頃值慈尊。恒沙諸佛由斯現，況我本師釋迦文。故我頂禮彌勒佛，唯願慈尊度有情。願共諸衆生上生兜率天，奉見彌勒佛。

至心歸命禮，當來彌勒佛。諸佛恒居清浄刹，受用報體量無窮。凡夫肉眼未曾識，爲現千尺一金軀。衆生視之無厭足，令知業果現閻浮。但能聽經勤誦法，逍遥定往兜率宫。三塗於兹必永絶，將來同證一法身。故我頂禮彌勒佛，唯願慈尊度有情。願共諸衆生上生兜率天，奉見彌勒佛。

業因部第四

如未曾有經云：「下品十善，謂一念頃。中品十善，謂一食頃。上品十善，謂從旦至午。於此時中心念十善，止於十惡，亦得往生。故野干心念十善，七日不食，生兜率天。」〔一〕

又上生經云：「我滅度後，四衆八部欲生第四天，當於一日至第七日繫念彼天，持佛禁戒，思念十善，行十善道。以此功德迴向願生彌勒佛前，隨念往生。」言七日者，且從近説，尚感彼天，何況一生而不尅獲。又

〔一〕出未曾有因緣經卷上。

上生經云：「若有禮敬彌勒佛者，除却百億劫生死之罪。乃至來世龍華樹下，亦得見佛。」又云：「我滅度後，四衆八部，聞名禮拜，命終往生兜率天中。若有男女犯諸禁戒，造衆惡業，聞是菩薩大悲名字，五體投地，誠心懺悔，一切惡業速得清浄。若有歸依彌勒菩薩，當知是人得不退轉。彌勒成佛，見佛光明，即得受記。」又上生經云：「佛滅度後，若有精勤修諸功德，威儀不缺，掃塔塗地，華香供養，行諸三昧，讀誦經典。如是人等雖不斷結，如得六通，應當繫念念佛形像，稱彌勒名。若一念頃，受八戒齋，修諸浄業，命終之時，即得往生兜率天上蓮華臺中，應時見佛白毫相光，超越九十億劫生死之罪。隨其宿緣爲説妙法，令得不退。」〔一〕

又增一經云：「衆生三業造惡，臨終憶念如來功德者，必離惡道趣，得生天上。正使極惡之人，以念佛故，亦得生天。」〔二〕

又大集經云：「若修慈者，當捨身命時，見十方佛手摩其頂。蒙手觸故，心安快樂，尋得往生清浄佛土。」〔三〕

又普賢觀經云：「若有晝夜六時，禮十方佛，誦大乘經，思第一義甚深空法，於一彈指頃除百萬億

〔一〕出觀彌勒菩薩上生兜率天經。

〔二〕出增一阿含經卷三十二。

〔三〕出大方等大集經卷二十三虚空目分。

那由他恒河沙劫生死之罪。行此法者，真是佛子，從諸佛生，十方諸佛及諸菩薩爲其和上。是名具足菩薩戒者。不須羯磨，自然成就，應受一切人天供養。」〔一〕

又法華經云：「若有人受持讀誦正憶念，解其義趣，是人命終爲千佛授手，令不恐怖，不墮惡道，即往兜率天上彌勒菩薩所。彌勒菩薩有三十二相，大菩薩衆所共圍遶，有百千萬億天女眷屬而於中生。有如是等功德利益，是故智者應當一心自書，若使人書，受持讀誦，正憶念，如說修行。」〔二〕

又智度論云：「若善男子能行是深般若波羅蜜者，當知是人人道中來，或兜率天來。所以者何？三惡道中罪苦多故，不得行深般若。欲界諸天著净妙五欲，心則狂惑，故不能行。色界天等深著禪定味，故不能行。無色界天無形故，故不能行。以兜率天上常有一生補處菩薩，彼中諸天常聞說般若。五欲雖多，法力勝故，是故說二處勝。若從他佛國來生此閒，斯則轉勝也。」〔三〕

又處處經云：「佛言：彌勒未來下有四因緣：一、有時福應彼閒。二、是此閒人麤無能受經者。三、功德未滿。四、世閒有能說經者，故彌勒未下。若當來下餘有五十億七千六十萬歲，彌勒時人眼皆見四千里。由本十種因緣德：一、不掩人眼明，二、不損人眼，三、不覆人眼，四、不藏人善，五、不視殺，

〔一〕出觀普賢菩薩行法經。

〔二〕出妙法蓮華經卷七普賢菩薩勸發品。

〔三〕出大智度論卷七十九。

六、不視盜，七、不視婬，八、不視陰私求人短，九、諸惡事不視，十、然燈於佛寺。」〔一〕

又佛説彌勒來時經云：「佛言：彌勒佛欲來出時，閻浮刹内地山樹草木皆焦盡。於今閻浮刹地周匝六十萬里，彌勒出時，閻浮刹地東西長四十萬里，南北廣三十二萬里，地生五果。四海之内無山陵溪谷，地平如砥。樹木長大，人少三毒，民多聚落，城名氾羅那夷。有一婆羅門名須凡，當爲彌勒作父母。名摩訶越題，彌勒當爲作子，相好具足，身長十六丈。生墮城地，目徹視萬里内，頭中目光照四千里。彌勒得道爲佛時，於龍華樹下坐，樹高四十里，廣亦四十里。大成佛經：「華枝如龍頭。」〔二〕故名龍華樹。亦有別傳云：子從龍宮出，故名龍華樹也。用四月八日明星出時得道。彌勒佛却後六十億殘六十萬歲當來下。」〔三〕自外大同成佛經説。

王玄策西國行傳云：「唐顯慶二年，敕使王玄策等往西國送佛袈裟，至泥婆羅國西南，至頗羅度來村東坎下，有一水火池。若將家火照之，其水上即有火焰於水中出。欲滅以水沃之，其焰轉熾。漢使等曾於中架一釜，煮飯得熟。使問彼國王，國王荅使人云：曾經以杖刺著一金匱，令人挽出，一挽一深。相傳云：此是彌勒佛當來成道天冠金，火龍防守之。此池火乃是火龍火也。」

〔一〕出處處經。

〔二〕出彌勒大成佛經。

〔三〕「殘」字原作「劫」，據高麗藏本、磧砂藏本改。出彌勒來時經。

又智度論云：「彌勒菩薩爲白衣時，師名婆跋犂。有三種相：一、眉間白毫相，二、舌覆面相，三、陰藏相。如是等非是菩薩時，亦皆有此相也。」〔一〕

又新婆沙論云：「曾聞尊者大迦葉波入王舍城最後乞食。食已未久，登雞足山。山有三峰，如仰雞足，尊者入中，結跏趺坐，作誠言曰：願我此身并納鉢杖，久住不壞。乃至經於五十七俱胝六十百千歲，慈氏如來應正等覺出現世時，施作佛事。發此願已，尋般涅槃。時彼三峰便合成一，掩蔽尊者儼然而住。及慈氏佛出現世時，將無量人天至此山上，告諸衆曰：汝等欲見釋迦牟尼佛土多功德弟子衆中第一大弟子迦葉波不？舉衆咸曰：我等欲見。慈氏如來即以右手撫雞足山頂。應時峰坼，還爲三分。時迦葉波將納鉢杖從中而出，上昇虛空。無量天人覩斯神變，歎未曾有，其心調柔。慈氏世尊如應說法，皆得見諦。若無留化，如此之事，云何有耶？有說：有留化事。問：若爾世尊何故不留化身，至涅槃後任持說法？答：所應作者已究竟故。謂佛所應度，皆已度訖。所未度者，聖弟子度之。有說：無留化事。問：若爾迦葉波事云何得有？答：諸信敬天神所任持故。有說：迦葉波爾時未般涅槃，慈氏佛時方取滅度，此不應理。寧可說無，不說彼默然多時虛住。〔二〕如是說者，有留化事，是故大迦葉

〔一〕出大智度論卷二十九。

〔二〕「住」字原作「作」，據高麗藏本改。

波已入涅槃。」〔一〕

發願部第五

惟凡夫力弱，習惡來多。以住娑婆，其心怯弱。初學是法，恐畏退散，常發大願，扶持此行。乃至命終，心無障惱，隨種善根。願共含識，自在往生彌勒内衆，得至佛前，隨念修學，證不退轉。不願往生於外衆中，恐著五欲，不得解脱。故智度論云：有人修少福業，聞有福處，常願往生。及至命終，各生其中。〔二〕又大莊嚴論云：「佛國事大，獨行功德不能成就，要須願力。如牛雖力挽車，要須御者，能有所至。净佛國土由願引成。」〔三〕以願力故，福德增長，不失不壞，常見佛故。又如十住論云：若人發心求佛，不休不息。有人以指舉大千世界在空却住，不足爲難。若發願言：我當作佛，是人希有。何以故？世人心劣，無大志故。〔四〕又發菩提心論：「有十大願，常悉修行：一者，願我先世及以今身所種善根，施與一切衆生，迴向佛道。令我此願念念增長，世世所生，終不忘失，常爲陀羅尼之所守獲。

〔一〕出阿毘達磨大毘婆沙論卷一百三十五。

〔二〕此段出處待考。

〔三〕出大智度論卷七。作大莊嚴論誤。

〔四〕此段出處待考。

二者，願我以此善根生處值佛，常得供養，不生無佛國中。三者，願我常近諸佛，〔一〕隨侍左右，如影隨形。四者，願我既得親近，爲我説法，成就五通。五者，願我通達世諦，假名流布，解第一義，得正法智。六者，願我以無厭心爲衆生説，示教利喜，皆令開解。七者，願我以佛神力，遍至十方一切世界，供養諸佛，聽受正法，廣攝衆生。八者，願我隨順清浄法輪，一切衆生聽我法者，聞我名者，即得捨離一切煩惱。九者，願我隨逐衆生，將護與樂，捨身命財，荷負正法，除無利益。十者，願我雖行正法，心無所行，亦無不行。爲化衆生，不捨正願。願我以此十大誓願，遍衆生界，攝受一切恒沙諸願。若衆生界有盡，我願乃盡。然衆生界不可盡故，我此大願亦不可盡。」〔二〕廣度衆生無邊法界，所修善根皆悉迴向無上正覺。生彌勒佛前，聞清浄法，悟無生忍。但行住坐卧一生已來，所修善根並共法界衆生，迴向彌勒佛前，速成不退。玄奘法師云：西方道俗並作彌勒業，爲同欲界，其行易成。大小乘師皆許此法。彌陀浄土，恐凡鄙穢，修行難成。如舊經論，十地已上菩薩，隨分見報佛浄土。依新論意，三地菩薩始可得見報佛浄土。豈容下品凡夫，即得往生。此是别時之意，未可爲定。所以西方大乘許，小乘不許。故法師一生已來，常作彌勒業。臨命終時，發願上生，見彌勒佛。請大衆同時説偈云：

南無彌勒如來，　應正等覺，　願與含識，　速奉慈顏。

〔一〕「常」字原脱，據高麗藏本補。
〔二〕出發菩提心論卷上願誓品。

南無彌勒如來，所居内衆，願捨命已，必生其中。〔一〕

感應緣略引六驗

晉譙國戴逵

晉沙門釋道安

宋尼釋慧玉

梁沙門釋僧護

隋沙門釋靈幹

唐沙門釋善冑

夫最勝之相，妙出無等。非直光儀莫寫，固亦形好不傳。夫以世俗之指爪而匠法身之圓極，筭數譬喻，豈或萬一。自泥洹以來，久踰千祀。西方像製，流式中夏。雖依經鎔鑄，各務髣髴。名士奇匠，

〔一〕見大慈恩寺三藏法師傳卷十。

競心展力。而精分密數，未有殊絶。晉世有譙國戴逵，字安道者，風清槩遠，肥遯舊吴。〔一〕宅性居理，遊心釋教。且機思通贍，巧擬造化。〔二〕思所以影響法相，〔三〕咫尺應身。乃作無量壽挾侍菩薩，研思致妙，精鋭定製，潛於帷中密聽衆論。所聞褒貶，輒加詳改。覈準度於毫芒，審光色於濃淡。其和墨點采，刻形鏤法，雖周人盡策之微，宋客象楮之妙，不能踰也。委心積慮，三年方成。振代迄今，所未曾有。凡在瞻仰，有若至真。俄而迎像入山陰之靈寶寺。道俗觀者，皆發菩提心。高平郗超聞而禮覲，遂撮香而誓曰：若使有常，復覩聖顔。如其無常，願會彌勒。既而手中之香，勃焉自然。芳煙直上，其氣聯雲。餘燻葳蕤，溢於衢路。凡預聞見，皆心喜遍身。宋臨川康王撰宣驗記，亦載其顯瑞。戴公居去靈寶百有餘步。戴嘗中夜而起，見寺上有光，〔四〕其明甚熾，謂是熢火，狼狽往赴。鄰曲知者，咸競駿奔而至。寺門静閉，迺像放光。明旦衆聞扣門，方起共觀，咸覩佛堂暉焰，洞照于天，莫不整躬虔禮，歎覺化之無方也。宋文帝迎像供養，恒在後堂。齊高帝起正覺寺，欲以勝妙靈像鎮撫法殿，乃奉移此像。舊在正覺寺。逵又造行像五軀，積慮十年。像舊在瓦官寺。逵第二子顒，字仲若，素韻淵澹，雅好

〔一〕「肥」字原作「留」，「舊」字原作「奮」，皆據高麗藏本改。
〔二〕「擬」字原作「疑」，據高麗藏本改。
〔三〕「思」字原作「乃」，據高麗藏本改。
〔四〕「見」字原作「身」，據高麗藏本、磧砂藏本、南藏本、嘉興藏本改。

丘園。既負荷幽貞，亦繼志才巧。逵每製像，常共參慮。濟陽江夷少與顒友，夷嘗託顒造觀世音像。致力罄思，欲令盡美，而相好不圓，積年無成。後夢有人告之曰：江夷於觀世音無緣，可改爲彌勒菩薩。戴即停手，馳書報江。信未及發，而江書已至，俱於此夕感夢，語事符同。戴喜於神應，即改爲彌勒。於是觸手成妙，初不稽思。光顔圓滿，俄爾而成。有識讚仰，感悟因緣之匪差。此像舊在會稽龍華寺。尋二戴像製，歷代獨步。其所造甚多，並散在諸寺，難悉詳録。〔一〕

晉長安五級寺有釋道安，姓衛氏，常山扶柳人也。形雖不逮於人，而聰儁罕儔。七歲讀書，再覽能誦。年至十三出家，日誦萬言，不差一字。師敬異之，爲受具戒，恣其遊學。至鄴乃入中寺，遇佛圖澄。澄見而嗟異，與語終日。因事澄爲師。澄講安覆，疑難鋒起。安挫鋭解紛，行有餘力。時人語曰：漆道人，驚四鄰。安後避地，南投襄陽。與弟子釋慧遠等四百餘人渡江，夜行值雷雨，乘電光而進。前行得入一家，見門裏有二馬栅，中間懸一馬篼，可容一斛。安呼林伯升。〔二〕主人驚出，果姓林，名伯升。謂是神人，厚相奉接。既而弟子問：何以知其姓字？安曰：兩木爲林，篼容伯升也。既至襄陽，有一外國銅像，形製古異，時衆不甚恭重。安曰：像形相致佳，但髻形未稱。令弟子鑪冶其髻，既而光焰焕炳，曜滿一堂。詳視髻中，見一舍利，衆咸愧服。安曰：像既靈異，不煩復治。乃止。識者咸謂安知有

〔一〕此段出處待考。
〔二〕「伯」字，高僧傳作「百」。下同。

舍利，故出以示衆。時襄陽習鑿齒，鋒辯天逸，籠罩當時。其先籍安高名，早以致書通好：承應真履正，明白内融，慈訓兼照，道俗齊蔭。自大教東流四百餘年，雖蕃王居士時有奉者，而真丹宿訓，先行上世。道運時遷，俗未僉悟。自頃道業之隆，〔一〕盛無以匹。〔二〕所謂月光將出，靈鉢應降。法師任當洪範，化洽無幽，此方諸僧，咸有思慕。若慶雲東徂，〔三〕摩尼迴曜。一蹴七寶之座，暫現明哲之燈。雨甘露於豐草，植栴檀於江湄。則如來之教，復崇於今日，玄波溢漾，重蕩於末代矣。文多不悉載。及聞安至止，即往修造。既坐稱言：四海習鑿齒。安曰：彌天釋道安。時人以爲名荅。安常注諸經，恐不合理，乃誓曰：若所説不甚遠理，願見瑞相。乃夢見胡道人，頭白眉毛長，語安曰：君所注經，殊合道理。我不得入泥洹，住在西域，當相助弘通，可時時設食。後十誦律至，遠公乃知和上所夢，賓頭盧也。於是立座飯之，處處成則。安既德爲物宗，學兼三藏。所制僧尼軌範，佛法憲章，條爲三例：一曰行香定座上經上講之法，二曰常日六時行道飲食唱時法，三曰布薩差使悔過等法。天下寺舍，遂則而從之。安每與弟子法遇等於彌勒像前立誓，〔四〕願生兜率。後至秦建元二十一年正月二十七日，忽有異僧，

〔一〕「頃」字原作「須」，據高麗藏本、磧砂藏本改。

〔二〕「匹」字原作「近」，據高麗藏本改。

〔三〕「慶雲」二字原作「麈靈」，據高僧傳改。

〔四〕「像」字原脱，據高麗藏本、南藏本補。

形甚庸陋，來寺寄宿。寺房既迮，處之講堂。時維那直殿，夜見此僧從窗隙出入，遽以白安。安驚起禮訊，問其來意，荅云：相爲而來。安曰：自惟罪深，詎可度脱。彼荅云：甚可度耳。然須臾浴聖僧，〔一〕情願必果。具示浴法。安請問來生所生之處。彼乃以手虚撥天之西北，即見雲開，備睹兜率妙勝之報。爾夕，大衆數十人悉皆同見。安後營浴具，見有非常小兒，伴侣數十，來入寺戲。須臾就浴，果是聖應也。至其年二月八日，忽告衆曰：吾當去矣。是日齋畢，無疾而卒，葬城内五級寺中。是歲晉太元十年也。〔二〕年七十二。安未終之前，每先聞羅什在西國，思共講析，每勸堅取之。什亦遠聞安風，謂是東方聖人，恒遥而禮之。初安生而便左臂有一皮，廣寸許著臂，捋可得上下之，唯不得出手。時人謂之爲印手菩薩。〔三〕安既終後十六年，什公方至。什恨不相見，悲恨無極。安既篤好經典，志在宣法。所請外國沙門僧伽提婆、曇摩難提，及僧伽跋澄等，譯出衆經百餘萬言。常與沙門法和詮定音字，詳覈文旨。新出衆經，於是獲正。孫綽爲名德沙門論目云：釋道安博物多通，才經名理。又爲之贊曰：

物有廣贍，人固多宰。淵淵釋安，專能兼倍。飛聲汧隴，馳名淮海。形雖革化，

〔一〕「臾」字原作「更」，據高麗藏本改。
〔二〕「太」字原作「泰」，據高麗藏本、磧砂藏本、南藏本、嘉興藏本改。
〔三〕「爲」字原作「寶」，據高麗藏本改。

猶若常在。

有別記云：河北別有竺道安，與釋道安齊名，謂習鑿齒致書於竺道安。道安本隨師姓竺，後改爲釋。世見其二姓，因謂爲兩人，謬矣。〔一〕右此二驗出梁高僧傳

宋尼釋慧玉，長安人也。行業勤修，經戒通備。嘗於長安薛尚書寺見紅白光，十餘日中。至四月八日，六重寺沙門來遊此寺，於光處得彌勒金像，高一尺餘。慧玉後南渡樊郢，住江陵靈收寺。元嘉十四年十月夜，見寺東樹有紫光爛起，暉映一林。以告同學妙光等，而悉弗之見也。二十餘日，玉常見焉。後寺主釋法弘將於樹下營築禪基，仰首條閒，得金坐像，亦高尺許也。〔二〕右此一驗出冥祥記。

梁剡石城山有釋僧護，本會稽剡人也。少出家，便尅意苦節，戒行嚴凈。後居剡石城山隱岳寺。寺北有青壁，直上數十餘丈，當中央有如佛焰光之形。上有叢樹，曲幹垂蔭。護每經行至壁所，輒見光明焕炳，聞弦管歌讚之聲。於是擎罏發誓，願博山鐫造十丈石佛，以敬擬彌勒千尺之容，使凡厥有緣，同睹三會。以齊建武中招結道俗，初就彫剪。疏鑿移年，〔三〕僅成面璞。頃之，護遘疾而亡。臨終誓

〔一〕出高僧傳卷五釋道安傳。
〔二〕見集神州三寶感通録卷中。
〔三〕「疏」字原作「竦」，據高麗藏本改。

曰：吾之所造，本不期一生成辦。〔一〕第二身中，其願尅果。後有沙門僧淑，纂襲遺功，而資力莫由，未獲成遂。至梁天監六年，有始豐令吴郡陸咸罷邑還國，夜宿剡溪。值風雨晦冥，咸危懼假寐，〔二〕忽夢見三道人來告云：若誠信堅正，〔三〕自然安隱。有建安殿下感患未瘳，若能治剡縣僧護所造石像得成就者，必獲平豫。冥理非虚，宜相開發也。咸還都經年，稍忘前夢。後出門乃見一僧云：聽講寄宿。〔四〕自言：去歲剡溪所囑建安王事，猶憶此不？咸當時懼然荅云：不憶。道人笑曰：宜更思之。仍即辭去。咸悟其非凡，乃倒屣諮訪，追及百步，忽然不見。咸豁爾意解，具憶前夢，乃剡溪所見第三僧也。咸即馳啓建安王，王即以上聞。敕遣僧祐律師專任像事。王乃深信益加，喜踴充遍，抽捨金貝，誓取成畢。初僧祐未至一日，寺僧慧逞夢見黑衣大神，〔五〕翼從甚壯，立于龕所，商略分數。至明旦初祐律師至。其神應若此。初僧護所創，鑿龕過淺，乃鏟入五丈，更施頂髻。及身相尅成，瑩磨將畢。夜中忽當卍字處，色赤而隆起。今像胸卍字處，猶不施金薄，而赤色存焉。像以天監十二年春就功，至十

〔一〕「辦」字原作「辯」，據磧砂藏本改。

〔二〕「咸」字下原衍「皆」字，據高僧傳删。「寐」字原作「寂」，據高麗藏本、磧砂藏本、南藏本、嘉興藏本改。

〔三〕「誠」字原作「識」，據高麗藏本改。

〔四〕「寄」字原作「奇」，據高麗藏本、磧砂藏本、南藏本、嘉興藏本改。

〔五〕「逞」字原作「達」，據高麗藏本改。

五年春竟。坐軀高五丈，立形十丈。龕前架三層臺。又造門閣殿堂，并立衆基業，以充供養。其四遠士庶，並提挾香華，萬里來集。供施往還，軌迹填委。自像成之後，建安王所苦消瘳。王後改封，今之南平是也。〔一〕右一驗出梁高僧傳。

隋西京大禪定道場釋靈幹，俗姓李氏，金城狄道人也。志節恭勤，常修净業。依華嚴經作蓮華藏世界海觀，及作彌勒天宮觀。至開皇十七年遇疾暴悶，唯心不冷，未敢藏殯。後醒述云：初見兩人手把文書，房前而立曰：官須見師。俛仰之閒，乃與俱往。狀如乘空，足無所涉。到一大園，七寶樹林，端嚴如畫。二人送達，便辭而退。幹獨入園，東西極目，但見林地山池，無非珍寶，焜煌亂目，不得正視。樹下花座或有人坐，或無坐者。忽聞人喚云：靈幹，汝來此耶！尋聲就之，乃慧遠法師也。禮訊問曰：此爲何所？荅曰：是兜率陀天。吾與僧休同生於此，次吾南坐上者，是休法師也。遠與休形並非本身，頂戴天冠，衣以朱紫，光偉絶世。但語聲似舊，依然可識。又謂幹曰：汝與我諸弟子後皆生此矣。因得覺悟，重增故業，端然觀行，絶交人物。至大業三年，禪定初成，敕召爲道場上座。僧徒一盛，匡救有叙。至於八年，於本房内所患漸重。將欲終卒，目睛上視，不與人對。久之乃垂顔如常日。沙門童真問疾，因見是相。幹謂真曰：向見青衣童子二人來召，相逐而去，至兜率天城外，未得入宮。

〔一〕出高僧傳卷十三釋僧護傳。

若翹足舉望，則見城中寶樹華蓋，若平立即無所見也。旁侍疾者曰：〔一〕向舉目者是其相矣。真曰：若即住彼，大遂本願。幹曰：天樂非久，終墜輪迴。華嚴藏海是所圖也。不久氣絶，須臾復穌。童真問：何所見耶？幹曰：見大水遍滿，華如車輪。幹坐其上，所願足矣。尋爾便卒。童真法師是隋時日大禪定寺主，武德初亡也。以大業八年正月二十九日卒於本寺，春秋七十有八也。〔二〕

唐西京净影寺釋善冑，俗姓淮氏，瀛州人也。通敏易悟，極閑論激，機辯爲心，美譽聞徹。於仁壽末年奉敕置塔，送舍利于梓州牛頭山華林寺。〔三〕嚴轝將達，感豬八頭，突到轝下。〔四〕從行至館，驅逐乃走，還來如故。漸至城治，黑蜂四枚，形甚壯偉，隨轝旋遶數匝便去。既至州館，夜放大光，明徹屋上，如火焰發，食頃方滅。又掘塔基，入深丈餘，正當函處，得古瓷瓶，無蓋有水，清澄香美，乃用盛於函内。寺有九層浮圖，〔五〕從西南角第二級放光，上照相輪，如五石甕，黄赤如火，良久方隱。又堂内彌勒像亦放眉間紫光，并二菩薩亦放赤光，通照寺院，前後七度。衆人同見，除不來者。武德三年八月内

〔一〕「曰」字原闕，據唐高僧傳補。

〔二〕出唐高僧傳卷十四釋靈幹傳。

〔三〕「于」字原作「子」，據高麗藏本改。

〔四〕「到」字原作「倒」，據高麗藏本、磧砂藏本、南藏本、嘉興藏本改。

〔五〕「有」字原闕，據唐高僧傳補。

終於本寺，春秋七十有一。〔一〕右二驗出唐高僧傳。

〔一〕出唐高僧傳卷十四釋善冑傳。

法苑珠林校注卷第十七

普賢部第六

感應緣略引四驗

宋路昭太后，大明四年造普賢菩薩乘寶輦白象，安於中興禪房，因設講于寺。其年十月八日齋畢解座，會僧二百人。于時寺宇始構，帝甚留心，輦蹕臨幸，旬必數四。僧徒勤整，禁衛嚴肅。爾日僧名有定，就席久之，忽有一僧預于座次，風貌秀舉，闔堂驚矚。齋主與語，往還百餘言，忽不復見。列筵同覩，識其神人矣。

宋大明年中有寺統法師名道温，居在秣陵縣。既見皇太后叡鑒沖明，聖符幽洽。滌思浄場，研襟至境。固以聲藻震中，事靈梵表。迺創思鎔斲，抽寫神華，模造普賢彩儀盛像。寶傾宙珍，妙盡天飾。所設講齋訖，今月八日，嚫會有限，名簿素定。〔一〕引次就席，數無盈減。轉經將半，景及昆吾，忽覩異僧，預于座内，容止端嚴，氣貌秀發。舉衆矚目，莫有識者。齋主問曰：上人何名？答曰：名慧明。問：住何寺？答云：來自天安。言對之閒，倏然不見。闔堂驚魂，遍筵肅慮。以爲明祥所貴，幽應攸闡。紫山可覩，華臺不遠。蓋聞至誠所感，還景移緯；澄心所殉，發石開泉。況帝德涵運，皇功懋洽，仁洞乾遐，理暢冥外。故上王盛士，尅表大明之朝；勸發妙身，躬見龍飛之室。意若曰：陛下慧燭海縣，明華日月。故以慧明爲人名。繼天興祚，式垂無疆，故以天安爲寺。稱神基彌遠，道政方凝；九服識泰，萬寓齊悦。謹列言屬縣，以詮天休。

宋沙門釋道冏，扶風好畤人也。本姓馬氏。學業淳粹，弱齡有聲。元嘉二年九月在洛陽爲人作普賢齋，道俗四十許人，已經七日。正就中食，忽有一人袴褶乘馬，入至堂前，下馬禮佛。冏謂常人，不加

〔一〕「素」字原作「索」，據高麗藏本改。

禮異。此人登馬揮鞭，忽失所在。便見赤光赫然竟天，良久而滅。後三年十二月在白衣家復作普賢齋，將竟之日，有二沙門容服如凡，直來禮佛。衆中謂是庸僧，不甚尊仰。聊問：何居？答曰：住在前村。時衆白衣有張道覺其有異，至心禮拜。沙門出門行可數十步。忽有飛塵直上衝天。追目此僧，不復知所。冏以七年與同學來遊京師，時司空何尚之始構南澗精舍，冏寓居焉。夜中忽見四人乘一新車，從四人傳教，來在屋内，呼與共載。道冏驚其夜至，疑而未言。因眼閉不覺昇車，俄而至郡後沈橋。見一貴人，著帢被箋布，單衣，坐牀纛幟形似華蓋。〔一〕鹵簿從衛可數百人，悉服黄衣。見冏驚曰：行般舟道人精心遠詣，旨欲知其處耳！何故將來？即遣人引送冏還，至精舍門外，失所送人。門閉如故，扣唤久之，寺内諸僧咸驚相報告，開門内之。視所住房户，猶故關之。〔二〕右三驗出冥祥記云。

齊上定林寺有釋普明，姓張，臨淄人。〔三〕少出家。稟性清純，蔬食布衣，以懺誦爲業。誦法華維摩二經。及諷誦之時，有別衣別座，未嘗穢雜。每至勸發品，輒見普賢乘象立在其前。誦維摩經，亦聞空中唱樂。又善神呪，所救皆愈。有鄉人王道真妻病，請明來呪。明入門，婦便悶絶。俄見一物如狸，長數尺許，從狗竇出，因此而愈。明嘗行水傍祠。巫覡自云：神見之皆奔走。以宋孝建中卒，春秋八

〔一〕「纛」字原作「燾」，據高麗藏本改。
〔二〕見集神州三寶感通録卷下，高僧傳卷十二釋道冏傳。
〔三〕「淄」字原作「渭」，據高僧傳改。

十有五。右一驗出唐高僧傳。〔一〕

觀音部第七

感應緣略引十八驗

秦尚書徐義

秦東平畢覽

晉沙門竺法義

晉沙門竺法純

晉沙門釋開達

晉太原郭宣之

晉吴郡潘道秀

〔一〕出梁高僧傳卷十二釋普明傳。作唐高僧傳誤。

晉居士欒荀〔一〕

晉沙門釋法智

晉南公子敖

晉益州孫道德

晉遼城劉度

晉河内竇傳

宋新興張興

宋居士王琰〔二〕

魏沙門釋道泰

魏定州孫敬德

魏沙門釋法力

〔一〕「欒荀」，高麗藏本作「欒苟」，下正文同。

〔二〕「王琰」原作「宋琰」，據冥祥記序改。

秦徐義者，高陸人也。少奉法，爲苻堅尚書。堅末兵革蜂起，賊獲義，將加戮害。乃埋其兩足，編髮於樹。夜中專念觀世音，有頃得眠，夢人謂之曰：今事亟矣，何暇眠乎！義便驚起，見守防之士並疲而寢。乃試自奮動，手髮既解，足亦得脱，因而遁去。百餘步，隱小叢草，便聞追者交馳，火炬星陳，互繞此叢，而竟無見者。天明賊散，歸投鄴寺，遂得免之。〔一〕

秦畢覽，東平人也。少奉法，隨慕容垂北征，没虜，單馬逃竄。虜追騎將及，覽至心誦念觀世音，既得免脱，因入深山，迷惑失道。又專心歸念，中夜見一道人法服持錫，示以途徑。遂得還路，安隱至家。〔二〕

晉始寧山有竺法義，晉興寧中沙門。遊刃衆典，尤善法華，受業弟子常有百餘。至咸安二年，忽感心氣疾病，常存念觀世音。乃夢見一人破腹洗腸，寤便病愈。傅亮每云：吾先君與義公遊處而聞説觀世音神異，莫不大小肅然矣。〔三〕

晉沙門竺法純，山陰顯義寺主也。晉元興中起寺行墻，至蘭上買材，路經湖道。材主是婦人，而應共至材所，準許價直，遂與同船俱行。既入大湖，日暮暴風，波浪如山。純船小水入，命在瞬息。念值

〔一〕太平廣記卷一一〇引。

〔二〕太平廣記卷一一〇引。

〔三〕竺法義事又見本書卷九五引，較此爲詳。

行無福，忽遇斯災。又與婦人俱行，其以罔懼。乃一心誦觀世音經。俄有大舟泛流趣純。適時既入夜，行旅已絶。純自惟念，不應有此流船，疑是神力。既而共渡乘之，而此小船應時即没。大舟隨波鼓蕩，俄得達其岸耳。

晉沙門釋開達，隆安二年登壟採甘草，爲羌所執。時年大飢，羌胡相噉。乃置達柵中，〔一〕將食之。先在柵者十有餘人，羌日夕烹俎，〔二〕唯達尚存。自達被執，便潛誦觀世音經，不懈乎心。及明日當見噉。其晨始曙，忽有大虎遥逼羣羌，奮怒號吼。羌各駭怖迸走。虎乃前嚙柵木，得成小闕，〔三〕可容人過，已而徐去。達初見虎嚙柵，必謂見害。既柵穿而不入，心疑其異，將是觀音力。計度諸羌未應便及，即穿柵逃走。夜行晝伏，遂得免脱。

晉郭宣之，太原人也。義熙四年爲楊思平梁州府司馬。楊以輒害范元之等被法，宣亦同執在獄，唯一心歸向觀世音菩薩。後夕將眠之際，忽親覩菩薩光明照獄。宣瞻覲禮拜，祈請誓願，久之乃没。

〔一〕「置」字原作「至」，據高麗藏本、磧砂藏本、南藏本、嘉興藏本改。

〔二〕「烹」字原作「亨」，據高麗藏本、磧砂藏本、南藏本、嘉興藏本改。

〔三〕「闕」字原作「閿」，據高麗藏本、磧砂藏本改。

俄而宣之獨被恩赦。既釋，依所見形，製造圖像，又立精舍焉。〔一〕後爲零陵衡陽卒官。〔二〕

晉潘道秀，吴郡人。年二十餘爲軍糾主，北爲征固。既而軍小失利，秀竄逸被掠，經數處作奴，俘虜異域，欲歸無因。少信佛法，恒志心念觀世音，每夢寐輒見。後既南奔，迷不知道，於窮山中忽覩真形，如今行像。因作禮，禮竟豁然，不覺失之。乃得還路，遂歸本土。後精進彌篤，年垂六十而亡。〔三〕

晉欒荷，〔四〕不知何許人也。少奉法，嘗作福富平令，先從征盧循，值小失利，舫遭火垂盡。賊亦交逼，正在中江，風浪駭目。荷恐怖分盡，猶誦念觀世音。俄見江中有一人挺然孤立，腰與水齊。荷心知祈念有感。火賊已切，便投水就之。身既浮涌，脚似履地。尋而大軍遣船迎接敗者，遂得免濟。〔五〕

晉沙門釋法智爲白衣時，嘗獨行至大澤中。忽遇猛火四方俱起，走路已絶，便至心禮誦觀世音。俄然火過，一澤之草，無有遺莖者。唯智所處，容身不燒。於是始乃敬奉大法。後爲姚興將，從征索虜。軍退失馬，落在圍裏。乃隱溝邊荆棘叢中，得蔽頭，復念觀世音心甚勤。至隔溝人遥唤後軍指令

〔一〕「焉」字原作「馬」，據高麗藏本、磧砂藏本、南藏本、嘉興藏本改。
〔二〕「爲」字原脱，據高麗藏本補。
〔三〕太平廣記卷一一〇引。
〔四〕「欒荷」，太平廣記引作「欒苟」。下同。
〔五〕太平廣記卷一一〇引。

煞之，而軍過搜覓，輒無見者。逕得免濟，〔一〕後遂出家。〔二〕

晉南公子敖，始平人也。戌新平城，爲佛佛虜兒長樂公所破，〔三〕合城數千人皆被誅害。子敖雖分必死，而猶至心念觀世音。既而次至子敖，羣刃交下，或高或僻，持刀之人，或疲懈四支不隨。爾時長樂公親自臨刑，驚問之。子敖聊爾荅云：能作馬鞍。乃令原釋子敖，亦不知所以作此言。時後遂得遁逸，造小形像，貯以香函，行則頂戴也。〔四〕

晉孫道德，益州人也。奉道祭酒。年過五十，未有子息。居近精舍。景平中沙門謂德必願有兒，當至心禮誦觀世音經，此可冀也。德遂罷不事道，單心投誠歸觀世音。少日之中而有夢應，婦即有孕，遂以產男也。〔五〕

晉劉度，平原遼城人也。鄉里有一千餘家，並奉大法。造立形像，供養僧尼。值虜主木末時，此縣

〔一〕「逕」字原作「遥」，據高麗藏本改。

〔二〕太平廣記卷一一〇引。

〔三〕「佛佛」，高麗藏本作「乞伏」。

〔四〕太平廣記卷一一〇引。

〔五〕太平廣記卷一一〇引。

嘗有逋逃。末大怒，欲盡滅一城。衆並兇懼，分必殄盡。〔一〕度乃潔誠，率衆歸命觀世音。頃之，末見物從空中下，繞其所住屋柱。驚視，乃觀世音經。使人讀之，末大歡喜，用省刑戮。於是此城即得免害。〔二〕

晉竇傳者，〔三〕河内人也。永和中，并州刺史高昌、冀州刺史吕護各權部曲，相與不和。傳爲昌所用作官長，護遣騎抄擊，爲所俘執。同伴六七人，共繫入一獄，鎖械甚嚴，尅日當煞之。沙門支道山時在護營中，先與傳相識。聞其執厄，出至獄所，候視之。隔户共語，傳謂山曰：今日困厄，命在漏刻，何方相救？山曰：若能至心歸請，必有感應。傳先亦頗聞觀世音，及得山語，遂專心屬念。晝夜三日，至誠自歸。觀其鎖械，如覺緩解，有異於常。聊試推盪，忽然離體。傳乃復至心曰：今蒙哀祐，已令桎梏自解，而同伴尚多，無心獨去。觀世音神力普濟，當令俱免。言畢復牽挽餘人，皆以次解落，若有割剔之者。遂開户走出，於警徼之閒，莫有覺者。便踰城逕去。時夜已向曉，行四五里，天明不敢復進，〔四〕共逃隱一榛中。須臾覺失囚，人馬絡繹，四出尋捕，焚草踐林，無不至遍。唯傳所隱一畝許地，終無至

〔一〕「殄」字原作「彌」，據高麗藏本改。
〔二〕太平廣記卷一一〇引。
〔三〕「竇傳」，太平廣記引作「竇傅」。下同。
〔四〕「敢」字原脱，據高麗藏本補。

者，遂得免還。鄉里敬信異常，咸皆奉法。道山後過江爲謝居士敷具説其事。〔一〕右十四驗出冥祥記。

宋張興者，新興人也。頗信佛法，嘗從沙門僧融、曇翼時受八戒。興常爲劫所引，夫得走逃，妻坐繫獄，掠笞積日。時縣失火，出囚路側。會融、翼同行，經過囚邊。妻驚呼：闍梨何以賜救？融曰：貧道力弱無救，如何？唯宜勤念觀世音，庶獲免耳。〔二〕妻便晝夜祈念，經十許日，於夜夢一沙門，以脚蹈之曰：咄咄可起！妻即驚起，鉗鎖桎梏，忽然俱解。便走趣户，户時猶閉。警防殊嚴，既無由出，慮有覺者，乃還著械。尋復得眠，又夢向沙門曰：户已開矣！妻覺而馳出，守備者並已惛睡。妻安步而去。時夜甚闇，行可數里，卒值一人，妻懼躃地。已而相訊，乃其夫也。相扶悲喜，夜投僧翼。翼藏匿之，遂得免。時元嘉初也。〔三〕

宋王琰稚年在交阯，〔四〕彼土有賢法師者，道德僧也，見授五戒。以觀世音金像一軀見與供養，形製異今，又非甚古，類元嘉中作，鎔鑄殊工，似有真好。琰奉以還都。時年在齠齔，與二弟常盡勤至，專精不倦。後治改弊廬，無屋安設，寄京師南澗寺中。于時百姓競鑄錢，亦有盜毁金像以充鑄者。時像

〔一〕太平廣記卷一一一引。
〔二〕「獲」字原作「護」，據高麗藏本、磧砂藏本、南藏本、嘉興藏本改。
〔三〕太平廣記卷一一〇引。
〔四〕「王」字原闕，據冥祥記序補。

在寺，已經數月。琰晝寢，夢見立于座隅，意甚異之。時日已暮，即馳迎還。其夕，南澗十餘軀像，悉遇盜亡。其後久之，像於嚑暮閒放光，顯照三尺許地，金輝秀起，焕然奪目。琰兄弟及僕役同覩者十餘人。于時幼小，不即題記。比加撰録，忘其日月，是宋大明七年秋也。至泰始末，琰移居烏衣，周旋僧以此像權寓多寶寺。琰時暫遊江都，此僧仍適荆楚。不知像處，垂將十載，常恐神寶，與因俱絶。宋升明末遊躓峽表，經過江陵，見此沙門，迺知像所。其年琰還京師，即造多寶寺訪焉。寺主愛公云：無此寄像。琰退慮此僧孟浪，將遂失此像，深以惆悵。其夜夢人見語云：像在多寶，愛公忘耳，當爲得之。見將至寺，此人手自開殿，見像在殿之東衆小像中，的的分明。詰旦造寺，具以所夢請愛公。愛公乃爲開殿，果見此像在殿之東，如夢所覩，遂得像還。時建元元年七月十三日也。像今常自供養，庶必永作津梁，修復其事。有感深懷，沿此徵覿，綴成斯記。夫鏡接近情，莫踰儀像。瑞驗之發，多自此興。經云：鎔斵圖繢，類形相者，爰能行動，及放光明。今西域釋迦彌勒二像，暉用若冥，蓋得相乎！今華夏景揩，神應亟著。亦或當年羣生，因會所感，假憑木石，以見幽異。不必尅由容好，而能然也。故沈石浮深，實闡閩吴之化；塵金瀉液，用舒彭宋之禍。〔一〕其餘銓示繁方，雖難曲辯。率其大哲，允歸目從。若夫經塔顯效，旨證亦同。事非殊貫，故繼其末。右二驗出冥祥記也。

〔一〕「舒」字，高麗藏本作「紓」。

魏常山衡唐精舍釋道泰，元魏末人。夢人謂曰：爾至某年當終於四十二矣。泰寤懼之。及至其年，遇病甚憂，悉以身資爲福。有友人曰：余聞供養六十二億菩薩，與一稱觀音福同無異。君何不至心歸依，可必增壽！泰乃感悟，遂四日四夜專精不絶。所坐帷下，忽見光明從户外而入，見觀音足趺踝間，金色朗照，語泰曰：汝念觀世音耶？比泰褰帷頃，便不復見。悲喜流汗，便覺體輕，所患悉愈。聖力所加，後終延年。〔一〕

魏天平年中，定州募士孫敬德造觀音像，自加禮敬。後爲劫賊所引，不勝拷楚，妄承其死，將加斬决，夢一沙門令誦救生觀世音經，千遍得脱。有司執縛向市，且行且誦，臨刑滿千，刀斫自折，以爲二段，皮肉不傷。三换其刀，終折如故。視像項上有刀三迹。以狀奏聞丞相高歡，表請免死，敕寫其經，廣布於世。今謂高王觀世音經。〔二〕自晉宋梁陳秦趙國，國分十六，時經四百。觀音、地藏、彌勒、彌陀，稱名念誦，獲得救者，不可勝紀。〔三〕具諸傳録，故不備載。

魏末魯郡釋法力，未詳何人。精苦有志，勤營塔寺。欲於魯郡立精舍，而材不足。與沙彌明琛往上谷乞麻。一載將還，行空澤中，忽遇野火。車在下風，恐無得免。法力倦眠，比寤而火勢已及。因舉

〔一〕出唐高僧傳卷三十三釋道泰傳。

〔二〕此段出集神州三寶感通録卷下。作唐高僧傳誤。

〔三〕此段太平廣記卷一一一引，作出冥祥記。

聲稱觀，未遑稱世音。應聲風轉，火焰尋滅，安隱還寺。又有沙門法智，本爲白衣，獨行大澤，猛火四面，一時同至。自知必死，乃合面於地，專稱觀世音。怪無火燒，舉頭看之，一澤之草，纖毫並燼，唯智所伏，僅容身耳。因此感悟，捨俗出家。又沙門道集，於壽陽西山遊行，爲二賊所得，縛繫在樹，將欲殺之。唯念觀音，守死不輟。引刀屢斫，皆無傷損。劫賊怖走，集因得脱。又沙門法禪，山行逢賊，危欲害之。唯念觀音。挽弓射之，放箭不得。賊遂歸誠，投弓於地。知是神人，怖捨逃逝。〔一〕右三驗出唐高僧傳。〔二〕

頌曰：

釋化能仁，觀機降天。衆聖之上，實爲帝先。〔三〕交養怡和，濯粹沖源。〔四〕慈誨含識，善誘中玄。恩舒慧炬，燭我宵然。〔五〕隨機變化，孰識其年。望之遐舉，即亦雲津。殷之以形，悼之以神。三乘既弘，雙林遺身。假唱泥洹，正法常宣。

〔一〕出唐高僧傳卷三十三釋法力傳。

〔二〕「唐」字下原衍「遠」字，據高麗藏本、磧砂藏本删。

〔三〕「爲」字，高麗藏本作「惟」。

〔四〕「源」字，高麗藏本作「淵」。

〔五〕「宵然」，高麗藏本作「霄征」，磧砂藏本、南藏本作「霄燃」。

敬法篇第七此有六部

述意部　聽法部　求法部　感福部　法師部　謗罪部

述意部第一

蓋聞寂然不動，是則無象無言；感而遂通，所以有名有教。是以一四之句難聞，三千之火易入。庶使凝寒静夜，朗月長霄。獨處空閑，吟誦經典。吐納宫商，文字分明。言味流美，詞韻相屬。適衆人心，利生物善。足使幽靈欣躍，精神悦豫。久習純熟，文義洞曉。敬心殷誦，至誠冥感。信知受持一偈，福利弘深；書寫一言，功超數劫。是以迦葉頂受，靡悋剥皮；薩陀心樂，無辭灑血。此是甘露之初門，入道之終德也。

聽法部第二

如付法藏經云：「佛言：一切衆生欲出三界生死大海，必假法船，方得度脱。法爲清涼，除煩惱熱。法是妙藥，能愈結病。法是衆生真善知識，作大利益，濟諸苦惱。所以然者，一切衆生志性無定，隨所染習。近善則善，近惡則惡。若近惡友，便造惡業，流轉生死，無有邊際。若近善友，起諸敬心，〔二〕聽受妙法，必能令離三塗苦惱，由此功德，受最勝樂。華氏國王有一白象，能滅怨敵。若人犯罪，令象蹋殺。後時象廄爲火所燒，移象近寺。象聞比丘誦法句經偈云：

爲善生天，　爲惡入淵。

象聞法已，心便柔和，起慈悲心。後付罪人，但以鼻嗅舌舐而去，都不肯殺。王見斯已，心大惶怖，即召諸臣共謀此事。智臣白王：此象近寺，必聞妙法，是故爾耳。〔三〕今可移近屠肆處繫。王用其言。象見屠殺，惡心猛熾，殘害更增。是以當知一切衆生志性無定。畜生尚爾聞法生慈，見殺增害，豈況於人而不染習！是故智者宜應覺知，見惡須棄，睹善宜近，勤聽經法。又於往昔有婆羅門，持人髑髏，其數甚多，詣華氏城中遍行衒賣。經歷多時，都無買者。時婆羅門極大瞋恚，高聲罵言：此城中人愚癡闇鈍。若不就我買髑髏者，我當與作惡名聞也。爾時城中諸優婆塞，聞畏毀謗，便將錢買。即以銅筯貫穿其耳，若徹過者便與多價，其半徹者與價漸少，都不通者全不與直。婆羅門言：我此髑髏皆悉無異，何故與價差別不等？優婆塞言：前徹過者，此人生時聽受妙法，智慧高勝，貴其如此，相與多價。其半

〔二〕「諸」字，高麗藏本作「信」。
〔三〕「故爾」，高麗藏本作「致然」。

徹者，雖聽經法，未善分別，故與少直。全不通者，此人往昔都不聽法，故不與價。時優婆塞持此髑髏往至城外，起塔供養。命終之後，悉得生天。以是因緣，當知妙法有大功德。此優婆塞以聽法人髑髏起塔而供養之，尚得生天，況能至心聽受經法供養恭敬持經人者。此之福報，實難窮盡，未來必當成無上道。是故智者欲得無上安隱快樂，應當至心勤聽經法。」〔一〕

賢愚經云：「昔佛在世時，舍衛國中須達長者信敬佛法，爲僧檀越，衆僧所須，一切供給。須達家內有二鸚鵡，一名律提，二名賒律提。禀性黠慧，解人言語。見比丘來，先告家內，令出迎逆。〔二〕阿難後時到長者家，見鳥聰黠，爲説四諦苦集滅道。門前有樹，二鳥聞法飛向樹上，歡喜誦持。夜在樹宿，野狐所食。緣此善根，生四天王天。〔三〕盡彼天壽，生忉利天。忉利壽盡，生夜摩天。夜摩壽盡，生兜率天。兜率壽盡，生化樂天。化樂壽盡，生於第六他化自在天。他化壽盡，還生化樂。如是次第還復下至四天王天。四天壽盡，還復上至他化自在天。如是上下經於七返，生六欲天，自恣受樂。極天之壽而無中夭。後時命終來生人中，出家修道，得辟支佛，一名曇摩，二名修曇摩。」〔四〕

〔一〕出付法藏因緣傳卷六。

〔二〕「逆」字原作「送」，據高麗藏本改。

〔三〕「四」字下原脱「天」字，據下文補。

〔四〕出賢愚因緣經卷十二二鸚鵡聞四諦品。

賢愚經云：「昔佛在世時，有一比丘，林中誦經，音聲雅好。時有一鳥，聞法敬愛，在樹而聽，時爲獵師所射命終。緣此善根，生忉利天，面貌端正，光相昞然，無有倫匹。自識宿命，知因比丘誦經聽法，得生此中。即持天華到比丘所，禮敬問訊，以天香華供養比丘。比丘具問，知其委曲，即命令坐，爲其説法，得須陀洹。既得果已，還歸天上。禽鳥聽法，尚獲福報無邊，豈況於人，信心聽法，寧無善報！」〔一〕

善見律論云：「昔佛在世時，到瞻婆羅國迦羅池邊爲衆説法。時彼池中有其一蛤，聞佛池邊説法之聲，即從池出，入草根下，聽佛説法。時有一人持杖放牛，見佛在坐爲衆説法，即往佛所。欲聞法故，以杖刺地，誤著蛤頭，即便命終，生忉利天。以福報故，宫殿縱廣十二由旬，與諸天女娱樂受樂。即乘宫殿，往至佛所，頭頂禮足。佛知故問：汝是何人，忽禮我足，神通光明，相好無比，照徹此間？蛤天人以偈而荅言：

往昔爲蛤身，　於水中覓食。　聞佛説法聲，　出至草根下。　有一牧牛人，　持杖來聽法。

杖劖刺我頭，　命終生天上。

佛以蛤天人所説偈爲四衆説法，是時衆中八萬四千人皆得道迹。蛤天人得須陀洹果，含笑而去。」〔二〕

〔一〕出賢愚因緣經卷十二鳥聞比丘法生天品。

〔二〕「含笑」，高麗藏本作「合掌」。出善見律毘婆沙卷四。

求法部第三

如雜寶藏經云：「昔有一女人，聰明智慧，深信三寶，常於僧次請二比丘，就舍供養。後時便有一老比丘次到其舍，年老根昧，素無知曉。齋食訖已，女人至心求請說法。敷座頭前，閉目靜坐。比丘自知不解說法，趣其泯眼，棄走還寺。然此女人至心思惟：有爲之法，無常苦空，不得自在。深心觀察，即時獲得須陀洹果。既得果已，向寺求覓，欲報其恩。然此比丘自審無知，棄他逃走，倍生慚恥，轉復藏避。而此女人苦求不已，方自出現。女人見已具說蒙得道果因緣，齎供報恩。老比丘聞甚大慚愧，深自剋責，亦復獲得須陀洹果。是故行者應當至心精誠求法。若至心者，所求必獲。」〔一〕

涅槃經云：「佛言：我念過去作婆羅門，在雪山中修菩薩行。時世無佛，亦無經法。時天帝釋觀見菩薩獨在山中，修諸苦行，即下試之。自變其身，作羅剎像，甚可怖畏，住菩薩前，口說半偈：

諸行無常，　是生滅法。

說是偈已，遍觀四方。菩薩聞偈，心生歡喜，即從座起，以手舉髮，四向顧視，不見餘人，唯見羅剎。即便往問：大士何處得是半偈？此半偈義，乃是三世諸佛正道。羅剎荅言：汝不須問，我不食來，已經

〔一〕出雜寶藏經卷九女人至誠得道果緣。

多日。處處求索，了不能得，飢渴苦惱，心亂謬語。非我本心之所知也。菩薩復語：若能爲我說是偈竟，我當終身爲汝弟子。羅刹荅言：汝智太過，但自憂身，都不見念，我今飢逼，實不能說。菩薩復語：汝食何食？羅刹荅言：我所食者，唯人暖肉。其所飲者，唯人熱血。菩薩聞已，即語羅刹：但能具足說是偈竟，我當以身奉施供養。羅刹荅言：誰能信汝爲八字故，棄所愛身。菩薩荅言：我今有證。梵釋四王、諸佛、菩薩能爲我證。羅刹聞已，敕聽許說。菩薩歡喜，即脱皮衣爲敷法座，白言：和上願坐此座，善爲我說。羅刹即說：生滅滅已，寂滅爲樂。說是偈已，菩薩深思，然後處處石壁道樹書寫此偈竟，上高樹投身而下。未至地頃時，虚空中出種種聲。爾時羅刹還帝釋身接取菩薩，〔一〕安置平地，懺悔辭謝，頂禮而去。緣爲半偈捨身因緣，超十二劫，在彌勒前成無上道。」〔二〕

涅槃經云：「佛言：我念過去無量無邊那由他劫，此娑婆世界有佛出世，號釋迦牟尼，爲衆生宣說大涅槃經。我於爾時從善友所，傳聞佛說大涅槃經，心中歡喜，即欲供養。貧無財物，遂行賣身，薄德不售，即欲還家。路見一人而復語言：吾欲賣身，君能買不？其人荅言：我家作業，人無堪者。吾有惡病，良醫處藥，應當日服人肉三兩。卿若能以身肉三兩，日日見給，便當與汝金錢五枚。我時聞已，歡喜語言：惠我七日，須我事訖，便還相就。其人荅言：聽汝一日。我即取錢往至佛所，禮已奉獻，然

〔一〕「帝」字原作「復」，據高麗藏本改。
〔二〕出大般涅槃經卷十四。

後誠心聽受是經。我時闇鈍，唯受一偈：

如來證涅槃，　永斷於生死。　若能至心聽，　當得無量樂。

受是偈已，至病人家。雖復日日與肉三兩，以念偈故，不以爲痛。日日不廢，足滿一月。其人病瘥，瘡亦平復。我時見身具足平復，即發菩提，願未來世成佛之時，亦願號字釋迦牟尼。以是因緣，今得成佛。」〔一〕

又集一切福德三昧經云：「昔過去久遠阿僧祇劫，有一仙人，名曰最勝，住山林中，具五神通，常行慈心。後作是念：非但慈心能濟衆生，唯集多聞，能滅衆生煩惱邪見，能生正見。念已，便詣城邑聚落，處處推求説法之師。時有天魔來語仙言：我今有佛所説一偈。汝今若能剥皮爲紙，刺血爲墨，析骨爲筆，書寫此偈，當爲汝説。最勝仙人聞已，念言：我於無量百千劫中，常以無事爲他割截，受苦無量，都無利益。我今當捨不堅之身，易得妙法。〔二〕歡喜踴躍，即以利刀剥皮爲紙，刺血爲墨，析骨爲筆，合掌向天，請説佛偈。時魔已見，愁憂憔悴，即便隱去。仙人見已，作如是言：我今爲法，不惜身命，剥皮爲紙，刺血爲墨，析骨爲筆，爲衆生故，至誠不虚。餘方世界有大慈悲能説法者，當現我前。作是語時，東方去此三十二刹，有佛國土，名普無垢。其國有佛，號浄名王，忽住其前，放大光明，照最勝

〔一〕出大般涅槃經卷二十二。

〔二〕「得妙」，高麗藏本作「堅實」。

身。苦痛即除，平復如故。佛即廣爲説集一切福德三昧。最勝聞法，得無礙辯。佛説法已，還没不現。最勝仙人得辯才已，爲諸衆生廣説妙法，令無量衆生住三乘道。經千歲後而乃命終，生净名王普無垢國。由敬法故，今得成佛。佛告净威：昔最勝者，今我身是。是以當知，若有人能恭敬求法，佛於其人不入涅槃，法亦不滅。雖在異土，常面睹佛，得聞正法。」〔一〕

感福部第四

如普曜經云：「若有賢人聞是經典，叉手自歸，即捨八事懈怠之本，成八功勳。何謂爲八？一、得端正好色，二、得力勢强盛，三、得眷屬滋茂，四、逮得辯才無量，五、學疾得出家，六、所行清净，七、得三昧定，八、得智慧明無所不照。若有法師布座諷誦是經，得八座福。何謂爲八？一、得長者座，二、得轉輪王座，三、得天帝座，四、得自在天座，五、得羅漢座，六、得菩薩座，七、得如來座，八、得轉法輪度脱一切衆生座。若有法師頒宣是法，有讚歎善哉者，當得八清净行。何謂爲八？一、言行相應，無所違失；二、口言至誠，而無虚妄；三、在於衆會，真諦無欺；四、所言人信，不捨遠之；五、所言柔軟，初無麤獷；六、其聲悲和，猶如哀鸞；七、身心隨時，音聲如梵，會中人聞，莫不諮受；八、音響如佛，可衆生

〔一〕出集一切福德三昧經卷中。

心。若有書是經典得八大藏。何謂爲八？一、得意藏，未曾妄捨；二、所得心藏，無所不解，分別經法；三、得往來藏，普解一切諸佛經法；四、得總持藏，一切所聞皆能識念；五、得辯才藏，爲諸衆生頒宣經典，皆歡喜受；六、甚深法藏，將護正法；七、道意法藏，未曾斷絶，三寶法教；八、奉行法藏，則輒逮得無所從生忍。」〔一〕

又華嚴經云：「善男子，假使有人以大海等墨，須彌聚筆，書寫此經一一品，一一法門，一一方便，一一法門，一一句中義味，猶不能盡。」〔二〕

又大乘莊嚴論云：「諸菩薩於大乘法有十種正行：一、書寫，二、供養，三、流傳，四、聽受，五、轉讀，六、教化，七、習誦，八、解説，九、思擇，十、修習。此十正行能生無量功德。」〔三〕

又中邊分別論云：「大乘修行有十：一、書寫，二、供養，三、施與他，四、若他讀誦一心聽聞，五、自讀，六、自如理取名味句及義，七、如道理及名句味顯説，八、正心聞誦，九、空處如理思量，十、已入意爲不退失故。」〔四〕

〔一〕出普曜經卷八嘆佛品。
〔二〕出大方廣佛華嚴經卷四十六入法界品。
〔三〕出大乘莊嚴經論卷十三行住品。
〔四〕出中邊分別論卷下無上乘品。

又菩薩藏經云：「復次舍利子，是善男子善女人等受持是經，殷重聽聞，讀誦解義，乃至爲他廣分別説，當知是人復得如是十種功德稱讚利益。何等爲十？一者，成就機速慧；二者，成就捷辯慧；三者，成就猛利慧；四者，成就迅速慧；五者，成就廣博慧；六者，成就甚深慧；七者，成就通達慧；八者，成就無著慧；九者，常現前見一切如來，既得見已，以清美頌而爲讚歎；十者，善能如理請問如來，又能如理開釋疑難。舍利子，是名獲得十種功德稱讚利益。復次舍利子，是善男子善女人等受持是經，讀誦解義，乃至爲他廣分別説，當知是人復獲如是十種功德稱讚利益。何等爲十？一者，常樂遠離諸不善友；二者，常樂親近諸善知識；三者，能緩諸魔所有繫縛；四者，摧殄諸魔所有軍陣；五者，善能訶厭一切煩惱；六者，於一切行心恒捐捨；七者，違背一切向惡趣道；八者，歸向一切趣涅槃道；九者，善説一切越度生死清净之施；十者，巧能隨學一切菩薩所行軌則，又能奉行諸佛教敕。如是名爲十種功德稱讚利益。」〔一〕

又涅槃經云：法是佛母，佛從法生。三世如來皆供養法也。〔二〕

又度無極集經云：「昔有比丘精進守法，所可諷誦是般若波羅蜜。其有聞者，莫不歡喜。有一小兒，厥年七歲，城外牧羊，遥聞比丘誦經聲，即詣精舍禮拜。聽其經言，時説色空，聞即悟解。便問比

〔一〕出大寶積經卷五十三菩薩藏會。

〔二〕此段出處待考。

丘，應荅不可，小兒反爲比丘解説其義，昔所希聞，怪此小兒智慧非凡。時小兒即去逐牛至山，值一虎害，此小兒命終生長者家。夫人懷妊，口便能説般若波羅蜜。從朝至夜，初不懈息。其長者家怪此夫人，謂呼鬼病。有比丘至舍，聞聲甚喜。比丘報言：此非鬼病，但説尊經。夫人出禮比丘，復爲説法。諸有疑難不能及者，盡爲解説。衆僧歡喜。日月滿足，産得男兒。適生，叉手長跪，説波羅蜜。夫人産已，還復如本。比丘言：真佛弟子，好養護之。此兒後大當爲一切衆人作師，吾等悉當從其啓受。時兒七歲，道法悉備，舉衆超絶，智度無極。經中誤脱，皆爲删定。兒母所至，輒開化人。長者室家大小五百人衆皆從兒學，八萬四千人皆發無上正真道意。五百比丘聞兒所説，盡漏意解，志求大乘，得法眼净。是時兒者，則吾身是；比丘者，迦葉佛是。」〔一〕

又舍利弗處胎經云：母懷舍利弗，母亦聰明。〔二〕

高僧傳云：「母懷羅什，令母聰明。舊日誦千偈，懷胎已，日得二千偈。初成須陀洹果，後得斯陀含果。」〔三〕

〔一〕出六度集經卷六小兒聞法即解經。

〔二〕此段出處待考。

〔三〕高僧傳卷二鳩摩羅什傳無此文，出處待考。

法師部第五

如勝天王經云：〔一〕「若有法師流通此經處，此地即是如來所行。於彼法師當生善知識心，尊重之心，猶如佛心。見是法師，恭敬歡喜，尊重讚歎。」又云：「我若住世一劫，若減一劫，説是流通此經法師功德，不能究盡。若此法師所行之處，善男子善女人宜應刺血灑地，令塵不起。如是供養，未足爲多。如來法輪難受持故。」〔二〕

又華嚴經云：「譬如金翅鳥王飛行虚空，安住虚空，以清浄眼觀察大海龍王宫殿。奮勇猛力，以左右翅，摶開海水，悉令兩闢。知龍男女有命盡者，而撮取之。如來應供等正覺金翅鳥王亦復如是。安住無礙虚空之中，以清浄眼觀察法界諸宫殿中一切衆生。若有善根已成熟者，奮勇猛十力止觀兩翅，摶開生死大愛海水，隨其應出生死大海，除滅一切妄想顛倒，安立如來無礙之行。」〔三〕

又涅槃經云：「若有善男子善女人聞是經名，生四惡趣者，無有是處。若有衆生一經耳者，悉能滅除一切諸惡無間罪業。」又云：「若有衆生一經耳者，却後七劫不墮惡道。」又云：「若有能知如來常住

〔一〕「王」字原作「子」，據高麗藏本改。

〔二〕出勝天王般若波羅蜜經卷七付囑品。

〔三〕出大方廣佛華嚴經卷三十五寶王如來性起品。

無有變異，或聞常住二字音聲，一經於耳，即生天上。後解脱時，乃能證知如來常住，無有變易。」〔一〕

又華嚴經云：「若聞一句未曾聞法，勝得三千大千世界珍寶。是菩薩得聞一偈正法，生上財想，勝得轉輪聖王位。」〔二〕

又法華經云：「若善男子善女人受持是法華經，若讀若誦若解説若書寫，是人當得八百眼功德，千二百耳功德，八百鼻功德，千二百舌功德，八百身功德，千二百意功德。」〔三〕

又涅槃經云：「我涅槃後，若有於得聞如是大乘微妙經典，生信敬心，當知是等於未來世百千億劫不墮惡道。」又云：「若有於一恒河沙佛所發心，然後乃能於惡世中不謗是法，愛樂是典，不能爲人分別廣説。若有於二恒河沙佛所發心，〔四〕然後乃能於惡世中不謗是法，正解信樂，受持讀誦，亦不能爲他人廣説。若有於三恒河沙佛所發心，然後乃能於惡世中不謗是法，乃至書寫經卷，雖爲他説，未解深義。若有於四恒河沙佛所發心，然後乃能於惡世中不謗是典，乃至書寫經卷，爲他廣説十六分中一分之義。若有於五恒河沙佛所發心，乃至於惡世中，爲人廣説十六分中八分之義。若有於六恒河沙佛所

〔一〕出大般涅槃經卷九、卷三十二、卷七。
〔二〕出大方廣佛華嚴經卷二十四十地品。
〔三〕出妙法蓮華經卷六法師功德品。
〔四〕「於」字原脱，據高麗藏本補。

發心，乃至於惡世中爲他廣説十六分中十二分義。若有於七恒河沙佛所發心，〔一〕乃至於惡世中爲他廣説十六分中十四分義。若有於八恒河沙佛所發心，〔二〕乃至於惡世中書寫經卷，亦勸他人令得書寫，自能聽受，亦勸他人令解聽受，如説修行，具足能解盡其義味。」〔三〕

謗罪部第六

惟今末世，法逐人訛，道俗相濫。傳謬背真，混雜同行。不修内典，專事俗書。縱有抄寫，心不至殷。既不護净，又多舛錯。共同止宿，或處在門簷，風雨蟲寓，都無驚懼。致使經無靈驗之功，誦無救苦之益。寔由造作不殷，亦由我人逾慢也。故敬福經云：〔四〕善男子，經生之法，不得顛倒一字重點，五百世中，墮迷惑道中，不聞正法。

又大集經云：「若有衆生於過去世作諸惡業，或毁於法，或謗聖人，於説法者爲作障礙，或抄寫經

〔一〕「有」字原脱，據高麗藏本補。

〔二〕「河」字原脱，據高麗藏本補。

〔三〕出大般涅槃經卷六。

〔四〕此經已佚。

法洗脱文字，或損壞他法，或闇藏他經，由此業緣今得盲報。」〔一〕

又大般若經第四百四十卷云。佛言：「諸善男子善女人等書寫般若波羅蜜多甚深經時，頻申欠呿，無端戲笑，互相輕凌，身心躁擾，文句倒錯，迷惑義理，不得滋味，横事欻起，書寫不終，當知是爲菩薩魔事。」〔二〕

又大乘蓮華藏經云：〔三〕受佛禁戒，不護將來，各言：我是於大乘法。亦如冥夜各自説言：我得佛法。受鐵鏘地獄，苦事難述。從地獄出，瘖瘂聾盲，不見正法。

阿難請戒律論云：〔四〕僧尼白衣等因讀經律論等行，語手執翻卷者，依忉利天歲數，犯重突吉羅，傍報二億歲墮麞鹿中，恒被摺脊，苦痛難忍。無記戲言捉經律論，亦招前報。或安經像房堂簷前者，依忉利天歲數八百歲，犯重突吉羅，傍報二億歲墮猪狗中生。若得人身，一億歲恒常作客栖屑，不得自在。

又大品經云：「是人毁呰三世諸佛一切智，起破法業因緣集故，無量百千萬億歲墮大地獄中。是

〔一〕出大方等大集經卷四十四。

〔二〕出大般若波羅蜜多經卷四百四十。

〔三〕此經不見著録。

〔四〕此經已佚。

破法人輩從一大地獄至一大地獄。若火劫起時，至他方大地獄中生。在彼閒從一大地獄至一大地獄。彼閒若火劫起時，復至他方大地獄中生。在彼閒從一大地獄至一大地獄。如是遍十方獄，彼閒若火劫起故，從彼死，破法業因緣未盡故，還來是閒大地獄中生。在此閒亦從一大地獄至一大地獄，受無量苦。此閒火劫起故，復至十方他國土，生畜生中，受破法罪業苦。如地獄中說。重罪轉薄，或得人身，生盲人家，生旃陀羅家，生除厠擔死人種種下賤家生。若無眼，若一眼，若瞎眼，無舌，無耳，無手。所生之處，無佛，無法，無佛弟子處生。何以故？種破法業積集厚故。」〔一〕

又涅槃經云：「若有不信是經典者，現世當爲無量病苦之所惱害，多爲衆生所見駡辱。命終之後，人所輕賤，顔貌醜陋，資生艱難，常不供足。雖復少得，麤澁弊惡，常處貧窮下賤誹謗正法邪見之家。若臨終時，或值荒亂，刀兵競起，帝王暴虐，怨家讎訐之所侵逼。雖有善友，而不遭遇。資生所須，而不能得。雖少得利，常爲飢渴。唯爲凡下之所顧識，國王大臣，悉不齒録。設復聞其有所宣說，正使是理，終不信受。如是之人，如折翼鳥，不能飛行。是人亦爾，於未來世，不能得至人天善處。若復有人能信如是大乘經典，本所受形，雖復麤陋，以經功德，即便端正，威顔色力，日更增多，常爲人天之所樂見，恭敬愛戀，情無捨離。國王大臣及家親屬，聞其所說，悉皆敬信。若我聲聞弟子之中，欲行第一希

〔一〕出摩訶般若波羅蜜多經卷十一信毁品。

有事者，當爲世間廣宣如是大乘經典。善男子，譬如霧露，勢雖欲住，不過日出。日既出已，消滅無餘。善男子，是諸衆生所有惡業亦復如是。住世勢力，不過得見大涅槃日。是日既出，悉能除滅一切惡業。」〔一〕

又法華經云：「若佛在世，若滅度後，其有誹謗如斯經典，見有讀誦書持經者，輕賤憎嫉而懷結恨。此人罪報，汝今復聽。其人命終入阿鼻獄，具足一劫，劫盡更生。如是展轉至無數劫。從地獄出，當墮畜生，於無數劫，如恒河沙。生輒聾啞，諸根不具。告舍利弗：謗斯經者，若説其罪，窮劫不盡。」〔二〕

頌曰：

教傳三藏，　慈訓八因。　含情普洽，　機悟玄津。　威揚夏烈，　温柔晞春。　枯熇日久，
光潤爽神。　卷即納福，　舒即慧申。　思之不已，　惟益惟新。　實稱慈父，　巧號能仁。
周孔老教，　孰與陶鈞。

〔一〕出大般涅槃經卷六。
〔二〕出妙法蓮華經卷三譬喻品。

法苑珠林校注卷第十八

感應緣略引四十一驗

漢法内傳經

晉濟陰丁德慎

晉汝南周閔

晉於潛董吉

晉會稽周璫

晉會稽謝敷

晉沙門釋道安

晉沙門釋僧生〔一〕
魏沙門朱士行
魏沙門釋志湛
魏沙門五侯寺僧
魏太和中内閹官
宋沙門釋慧嚴
宋比丘尼釋智通
宋沙門釋慧慶
齊沙門釋慧寶
梁南海何規
周高祖武帝
陳揚州嚴恭

〔一〕「釋僧生」原作「釋静僧」，據高僧傳卷十二釋僧生傳改。

隋初揚州僧亡其名
隋沙門釋慧意
隋沙門釋法藏
隋客僧不得名
隋沙門釋智苑
唐沙門釋道積
唐釋遺俗
唐福水史呵誓
唐隆州令狐元軌
唐沙門釋曇韻
唐益州書生苟氏
唐夫人豆盧氏
唐都水使者蘇長妾
唐邢州司馬柳儉

唐遂州趙文信
唐蓬州縣丞劉弼
唐洛陽賈道羨
唐吴郡人陸懷素
唐河内司馬喬卿
唐平州人孫壽
唐鄭州李虔觀
唐曹州濟陰縣經驗

漢法本内傳稱：漢明帝遣蔡愔秦景王遵等一十八人至天竺國，得摩騰法蘭等及佛經像還。帝問：法王出世，何以化不及此？騰曰：天竺迦毗羅衛國者，三千大千世界百億日月中心也。三世諸佛，皆於彼出。乃至天龍人鬼有願行力，皆生於彼，受佛正化，咸得悟道。餘處羣生，無緣感之，佛故不往也。佛雖不往，光相及處，或五百年，或一千年，或千年外，皆有聖人傳佛聲教而往化也。時帝大悦。又至漢永平十四年正月一日，五岳諸山道士六百九十人朝正之次，上表請與西域佛道較試優劣。敕尚書令宋庠引入，告曰：此月十五日大集白馬寺南門立三壇。五岳八山諸道士將經三百六十九卷，置於西壇；二十七家諸子書二百三十五卷，置於中壇；奠食百神，置於東壇。明帝設行殿在寺門道西，置佛舍利及經。諸道士等以柴荻火遶壇臨經涕泣曰：人主信邪，玄風失緒。敢延經義在壇，以火取驗，用辯真僞。便放火燒經，並成煨燼。道士等相顧失色。有欲昇天入地種種呪術，並不能得，大生愧伏。太傅張衍曰：卿今無一可驗，宜從西域佛法剃髮。爾時外道褚善信等于時不荅。南岳道士費叔才等自感而死。佛之舍利放五色光，上空如蓋，覆日映衆。摩騰禪師涌身高飛，神化自在。于時天雨寶華，得未曾有。法蘭法師爲衆説法，開化未聞。時司空劉峻、京師官庶、後宫陰夫人、五岳諸山道士吕惠通等一千餘人，並求出家。帝然可之。遂立十寺，七寺城外安僧，三寺城内安尼。後遂廣興佛法，立寺轉多，迄至于今。右此一條出漢法本内傳。〔一〕

晉濟陰丁承，字德慎，建安中爲凝陰令。時北界居民婦詣外井汲水，有胡人長鼻深目，左過井上，從婦人乞飲，飲訖忽然不見。婦則腹痛，遂加轉劇。啼呼有頃，卒然起坐，胡語指麾。邑中有數十家，悉共觀視。婦呼索紙筆來，欲作書。得筆便作胡書，横行，或如乙，或如巳。滿五紙，投著地。教人讀此書，邑中無能讀者。有一小兒十餘歲，婦即指此小兒能讀。小兒得書，便胡語讀之。觀者驚愕，不知何謂。婦教小兒起儛，小兒即起翹足，以手弄相和。須臾各休，即以白德慎。德慎召見婦及兒，問之，

〔一〕集古今佛道論衡卷一引漢法本内傳，較此爲詳。

云：當時忽忽不自覺知。德慎欲驗其事，即遣吏賫書詣許下寺以示舊胡。胡大驚言：佛經中間亡失，道遠憂不能得。雖口誦不具足，此乃本書。遂留寫之。

晉周閔，汝南人也，晉護軍將軍。家世奉法。蘇峻之亂，都邑人士皆東西波遷。閔家有大品一部，以半幅八丈素，反覆書之。又有餘經數囊，〔一〕大品亦雜在其中。既當避難單行，不能得盡持去，尤惜大品，不知在何囊中。倉卒應去，不展尋搜，徘徊歎咤，不覺大品忽自出外。閔驚喜，持去。周氏遂世寶之，今云尚在。一說云：周嵩婦胡母氏有素書大品，素廣五寸，而大品一部盡在焉。又并有舍利，銀罌貯之，並緘于深篋。永嘉之亂，胡母將避兵南奔，經及舍利自出篋外，因取懷之，以渡江東。又嘗遇火，不暇取經。及屋盡火滅，得之於灰燼之下，儼然如故。會稽王道子就嵩曾孫雲求以供養。〔二〕後嘗暫在新渚寺。劉敬叔云：曾親見此經，字如麻大，巧密分明。新渚寺，今天安是也。此經蓋得道僧釋慧則所寫也。或云：嘗在簡靖寺，靖首尼讀誦之。〔三〕

晉董吉者，於潛人也。奉法三世，至吉尤精進。恒齋戒誦首楞嚴經。村中有病，輒請吉讀經，所

〔一〕「囊」字原作「臺」，據高麗藏本改。下同。

〔二〕「孫」字原脱，「雲」字原作「云」，據太平廣記引補改。

〔三〕「誦之」二字原脱，據高麗藏本補。太平廣記引此句作「道尼轉誦」。此段太平廣記卷一一三引，作出冥祥記。

救多愈。同縣何晃者，亦奉法士也。咸和中卒得山毒之病，守困，晃兄惶遽，馳往請吉。董何二舍相去六七十里，復隔大溪。五月中大雨，晃兄初渡時，水尚未至。吉與期設中食，〔一〕比往而山水暴漲，不復可涉。吉不能泗，遲迴歎息，坐岸良久，欲下不敢渡。吉既信直，必欲赴期，乃惻然發心自誓曰：吾救人苦急，不計軀命。尅冀如來大士，當照乃誠。便脱衣以囊經戴置頭上，逕入水中。量其深淺，乃應至頸，及吉渡，正著膝耳。既得上岸，失囊經，甚惋恨。進至晃家，三禮懺悔，流涕自責。俛仰之間，便見經囊在高座上。吉悲喜取看，浥浥如有濕氣。開囊視經，尚燥如故。於是村人一時奉法。吉所居西北有一山高峻，中多妖魅，犯害居民。吉以經戒之力，欲伐降之。於山際四五畝地，手伐林木，構造小屋，安設高座，轉首楞嚴經。百餘日中，寂然無聞。民害稍止。後有數人至吉所，語言良久。吉思惟此客，言者非於潛人。窮山幽絶，何因而來？疑是鬼神。乃謂之曰：諸君得無是此中鬼耶？荅曰：是也。聞君德行清肅，故來相覲。并請一事，想必見聽。吾世有此山，遊居所託。君既來止，慮相逆冒，恒懷不安。今欲更作界分，當殺樹爲斷。吉曰：僕貪此静寂，讀誦經典，不相干犯。方爲卿比，願見祐助。鬼荅：亦復憑君，不見侵尅也。言畢而去。經一宿，前所芟地四際之外，樹皆枯死，如火燒狀。吉年八十七亡。〔二〕

〔一〕「設」字原作「投」，據太平廣記引改。

〔二〕太平廣記卷一一三引，作出冥祥記。

晉周璫者，會稽剡人也。家世奉法。璫年十六，便菜食持齋，諷誦成具。及頃轉經，正月長齋竟，延僧設受八關齋。至鄉市寺，請其師竺佛密及支法階。〔一〕竺佛密令持小品，齋日轉讀。至日三僧赴齋，忘持小品。至中食畢，欲讀經方憶，意甚惆悵。璫家在坂怡村，去寺三十里，無人遣取。至人定燒香訖，舉家恨不得經。密益踧踖。有頃聞有叩門者，言送小品。璫愕然心喜，開門見一年少，著單衣帢，先所不識，又非人行。時疑其神異，便長跪受經，要使前坐。年少不進，期夜當來聽經。比道人出，忽不復見。香氣遍一宅中。既而視之，乃是密經也。道俗驚喜。密經先在厨中，緘鑰甚謹，還視其鑰，儼然如故。於是村中十餘家，咸皆奉佛，益敬愛璫。璫遂出家，字曇嶷。諷誦衆經至二十萬言。〔二〕

晉謝敷，字慶緒，會稽山陰人也。鎮軍將軍輶之兄子也。少有高操，隱于東山。篤信大法，精勤不倦。手寫首楞嚴經，當在都白馬寺中。寺爲災火所延，什物餘經，並成煨燼，而此經止燒紙頭界外而已。文字悉存，無所毁失。敷死時，友人疑其得道。及聞此經，彌復驚異。〔三〕至元嘉八年，河東蒲坂城中大災火，火自隔河飛至，不可救滅。虜戍民居，〔四〕無不蕩盡，唯精舍塔寺，並得不焚。里中小屋

〔一〕「佛」字原作「僧」，據高麗藏本及下文改。

〔二〕太平廣記卷一一〇引，作出冥祥記。

〔三〕此段太平廣記卷一一三引，作出冥祥記。

〔四〕「虜」字原作「處」，據高麗藏本改。

有經像者，亦多不燒。或屋雖焚毁，而於煨燼之中，時得全經，紙素如故。一城歎異，相率敬信。右此五驗出冥祥記。

東晉孝武之前，恒山沙門釋道安者，經石趙之亂，避地于襄陽，注般若道行密迹諸經，析疑甄解二十餘卷。恐不合理，乃誓曰：若所説不違理者，當見瑞相。乃夢見胡道人頭白眉長，語安曰：君所注經，殊合道理。我不得入泥洹，住在西域，當相助弘通。可時時設食也。後十誦律至，遠公云：昔和尚所夢，乃是賓頭盧也。於是立座飯之，遂成永則。〔一〕

西晉蜀郡沙門釋僧生，〔三〕小出家，以苦行致目，爲蜀三賢寺主，誦法華經。尋常山中誦經時至，每感虎來蹲前聽，部訖乃去。常至諷詠，輒見左右四人爲侍。年雖衰老，而翹勤彌勵，遂終其業也。〔三〕

前魏廢帝甘露五年，沙門朱士行者，講小品經，恨章句未盡，以此年往西域尋求，獲之。彼有留難，不許東返。士行執經王庭曰：必大法不傳，當從火化。便以貝葉經投火，一無所損。經乃放光，舉國敬異。便放達東夏，即放光般若經是也。年八十亡。依法火焚，而屍不壞。道俗異之，乃具祝曰：若

〔一〕出高僧傳卷五釋道安傳。又見集神州三寶感通録卷下。

〔二〕「釋」字原作「静」，據高僧傳卷十二釋僧生傳改。

〔三〕出高僧傳卷十二釋僧生傳。又見集神州三寶感通録卷下。

真得道法，屍應毁壞。便應聲摧碎。遂收而起塔焉。〔一〕

後魏末，齊州釋志湛者，住太山北人頭山邃谷中銜草寺。省事少言，人鳥不亂。讀誦法華，人不測其素業。將終時，神僧寶誌謂梁武曰：北方銜草寺須陀洹聖僧今日滅度。湛之亡也，無惱而化，兩手各舒一指。有梵僧云：斯初果人也。還葬山中。後發看之，唯舌如故。乃爲立塔表之，今塔存焉，鳥獸不敢陵踐汙之。〔二〕

後魏范陽五侯寺僧，失其名。誦法華爲常業。初死，權殯隄下。後改葬，骸骨並枯，唯舌不壞。雍州有僧亦誦法華，隱白鹿山，感一童子供給。及死，置屍巖下，餘骸並枯，唯舌不朽矣。齊武成世，〔三〕并東看山人掘見土黄白，又見一物，狀如兩脣。其中有舌，鮮紅赤色。以事聞奏。帝問道俗，沙門法尚曰：此持法華者，六根不壞也。誦滿千遍，其徵驗矣。乃集持法華者圍繞誦經。纔始發聲，此靈脣舌一時鼓動。同見毛豎，以事奏聞，乃石函緘之。〔四〕右六驗出梁高僧傳并雜録記。〔五〕

〔一〕出高僧傳卷四朱士行傳。又見集神州三寶感通録卷下。

〔二〕出唐高僧傳卷三十八釋志湛傳。又見集神州三寶感通録卷下。

〔三〕「成」字原作「陵」，據唐高僧傳改。

〔四〕出唐高僧傳卷三十八釋志湛傳附。又見集神州三寶感通録卷下。此條實爲二驗，目録合爲一驗。

〔五〕右六驗三出梁高僧傳，三出唐高僧傳。

後魏高祖太和中，代京內閹官自慨形殘，奏乞入山修道。恩勑許之。乃齎華嚴，晝夜讀禮，懺悔不息。一夏不滿，至六月末，髭鬚生，得丈夫相。以狀奏聞，帝大敬重之。於是國中普敬華嚴，後尊恒日。〔一〕見侯君素旌異記述。〔二〕

宋釋慧嚴，京師東安寺僧也。理思該暢，見器道俗。嘗嫌大涅槃經文字繁多，遂加刊削，就成數卷。寫兩三通，以示同好。因寢寤之際，忽見一人，身長二丈餘，形氣偉壯，謂之曰：涅槃尊經，衆藏之宗。何得以君瓌思，輕加斟酌？嚴悵然不釋，猶以發意，苟覓多知。明夕將卧，復見昨人，甚有怒色，謂曰：過而知改，是謂非過。昨故相告，猶不已乎！此經既無行理，且君禍亦將及。嚴驚覺失措。未及申旦，便馳信求還，悉燒除之。塵外精舍釋道儼具所諳聞也。

宋尼釋智通，京師簡靜尼也。年貌姝少，信道不篤。元嘉九年，師死，罷道嫁爲魏郡梁羣甫妻。生一男，年大七歲，家甚貧，無以爲衣。通爲尼時，有數卷素無量壽法華等經，悉練擣之，以衣其兒。居一年而得病，恍惚驚悸，竟體剥爛，狀若火瘡。有細白蟲，日去升餘。燥痛煩毒，晝夜號叫。常聞空中語云：壞經爲衣，得此劇報。旬餘而死。〔三〕右二驗出冥祥記也。

〔一〕「後」字原作「厚」，據高麗藏本改。出集神州三寶感通録卷下。

〔二〕以上三則亦見本書卷八五所引，北代閹官事較此爲詳。

〔三〕太平廣記卷一一六引。

宋廬山有釋慧慶，廣陵人。出家止廬山寺。學通經律，清潔有戒行。誦法華經、十地、思益、維摩，每夜吟諷，常聞暗中有彈指讚歎之聲。嘗於小雷遇風波，船將覆没。慶爲誦經不輟，覺船在浪中，如有人牽之，倏忽至岸。於是篤勵彌勤。宋元嘉末卒，春秋六十二。〔一〕

齊太原釋慧寶，氏族未詳。誦經得二百卷。德優先達，時共知聞。以齊武平三年從并向鄴，行達艾州失道。尋徑入山，〔二〕暮宿巖下，室似人居，迥無所見。寶端坐室前，上觀松樹，見有横枝懸磬，去地丈餘。夜至二更，有人身服草衣，從外而至。口云：此中何爲有俗氣？寶即具述設敬，與共言議。問寶云：即今何姓統國？荅曰：姓高氏，號齊國。寶問曰：尊師山居早晚？曰：吾後漢時來。長老得何經業？寶恃己誦博，〔三〕頗以自矜。山僧曰：修道者未應如此，欲聞何經？爲誦之。寶曰：樂聞華嚴。僧即少時誦之，便度聲韻諧暢，非世所聞。更令誦餘經，率皆如此。寶驚歎曰：何因大部經文，倏然即度。報曰：汝是有作心，我是無作心。夫忘懷於萬物者，彼我自得矣。寶知爲神異也，〔四〕求哀乞住。山僧曰：國中利養召汝，何能自安。且汝情累未遣，住亦無補。至曉捨去。寶返尋行迹，不

〔一〕出梁高僧傳卷十二釋慧慶傳。

〔二〕「徑」字原作「逕」，據唐高僧傳改。

〔三〕「恃」字原作「持」，據高麗藏本、磧砂藏本、南藏本、嘉興藏本改。

〔四〕「神異」二字原作「異神」，據唐高僧傳正之。

知去處。寶自躬責爲人，後達鄴叙之。〔一〕右二驗出梁高僧傳。〔二〕

梁有廣州南海郡人何規，以歲次協洽，月旅黄鍾，〔三〕天監十四年十月二十三日，採藥於豫章胡翼山。幸非放子逐臣，乃類尋仙招隱。登峰十所里，屑若有來。將循曲陌，先限清澗。或如止水，乍有潔流。方從揭厲，且就褰攬。未濟之間，忽不自覺，見澗之西隅有一長者，語規勿渡，規於時即留。其人面色正青，徒跣捨屐，年可八九十，面已皺斂。鬢長五六寸，髭半於鬢，耳過於眉，眉皆下被。眉之長毛長二三寸，隨風相靡。脣色甚赤，語響而清。手爪正黄，指毛亦長二三寸。著赭布帔，〔四〕下有赭布泥洹僧，〔五〕手捉書一卷，〔六〕遥投與規。規即奉持，望禮三拜。語規：可以此經與建安王。兼言王之姓字。此經若至，宜作三七日慶齋。〔七〕若不曉齋法，可問下林寺副公。副法師者，戒行精苦，恬憺無爲，遺嗜欲，等豪賤，蔬藿自充，禪寂無怠。此長者言畢便去。行十餘步閒，忽然不覩。規開示卷内，題

〔一〕出唐高僧傳卷三十三釋慧寶傳。

〔二〕此二驗前出梁高僧傳，後出唐高僧傳。作出梁高僧傳誤。

〔三〕「旅」字原作「吕」，據出三藏記集改。

〔四〕「赭」字原闕，據出三藏記集補。

〔五〕「有」字原闕，據出三藏記集補。「布」字原作「有」，據高麗藏本改。

〔六〕「捉」字原作「提」，據高麗藏本改。

〔七〕「慶」字，出三藏記集作「宿」。

名爲慧印三昧經。經旨以至極法身無相爲體，理出百非，義逾名相，寂同法相，妙等真如。言其慧冥此理，〔一〕有若恒印，〔二〕心照凝寂，〔三〕故以三昧爲名。見梁朝僧祐律師弘明集録也。〔四〕

周祖滅法，經籍從灰。以後年中，忽見空中如菌大者，有五六，飛上空中，極目不見，全爲一段，隨風飄飄上下。朝宰立望，不測是何。久乃翻下，墮上土墻，視乃是大品經之十三卷。〔五〕

陳揚州嚴恭者，本是泉州人。家富於財，而無兄弟。父母愛慕，言無所違。陳太建初，恭年弱冠，請於父母，願得五萬錢往揚州市易。父母從之。恭船載物而下，去揚州數十里，江中逢一船載黿，將詣市賣之。恭念黿當死，因請贖之。謂黿主曰：我正有五萬錢，願以贖之。黿主喜，取錢付黿而去。恭盡以黿放江中，而空船詣揚州。其黿主别恭行十餘里，船没而死。是日恭父母在家昏時，有烏衣客五十人詣門寄宿，并送錢五萬，付恭父母曰：公兒揚州付此錢歸，願依數受也。父母怪愕恭死，因審之。客曰：兒無恙，但不須錢，故附歸耳。恭父受之，記是本錢，而皆小濕。留客爲設食，客止，明旦辭去。後

〔一〕「冥」字原作「照」，據出三藏記集改。
〔二〕「恒」字原作「全」，據出三藏記集改。
〔三〕「照」字原作「冥」，據出三藏記集改。
〔四〕出出三藏記集卷七慧印三昧及濟方等學二經序讚，原注誤。
〔五〕出集神州三寶感通録卷下。

月餘日，恭還家，父母大喜。既止，而問附錢所由，恭荅無之。父母説客形狀及付錢日月，乃贖黿之日，於是知五十客，皆所贖黿也。父子驚歎，因共往揚州，起精舍，專寫法華經。遂徙家向揚州。其家轉富，大起房廊，爲寫經室，莊嚴清凈，供給豐厚，書生常數十人。揚州道俗，共相崇敬，號爲嚴法華。嘗有親知從貸經錢一萬，〔一〕恭不獲已，與貸者。受錢，以船載歸，中路船傾，所貸之錢落水而船没，人不被溺。是日恭入錢庫，見一萬錢，濕如新出水，恭甚怪之。後見前貸錢人，乃知濕是所貸者。又有商人至宫亭湖，於神廟所祭酒食并上物。其夜夢神送物還之，謂曰：倩君爲我持此錢奉嚴法華以供經用。旦而所上神物皆在其前。於是商人歎異，送達恭處而倍加厚施。其後恭至市買經紙，少錢，忽見一人持錢三千，授恭曰：助君買紙。言畢不見而錢在。其怪異如此非一。開皇末恭死，子孫傳其業。隋季盗賊至江都，皆相與約，勿入嚴法華里。里人賴之獲全。其家至今寫經不已。州邑共見，京師人士並悉知委。右一驗出冥報記也。〔二〕

隋開皇初，有揚州僧，忘其本名。誦通涅槃，自矜爲業。岐州東山下村中沙彌，誦觀世音經。二俱暴死，心下俱暖。同至閻羅王所，乃處沙彌金高座，甚恭敬之。處涅槃僧銀高座，敬心不重。事訖勘問，二俱餘壽，皆放還。彼涅槃僧情大恨恨，恃所誦多，問沙彌住處。於是兩辭，各蘇所在。彼從南來，

〔一〕此句以下見集神州三寶感通録卷下引。

〔二〕出冥報記卷上。

至岐州訪得，具問所由。沙彌言：幼誦觀音，別衣別所，〔一〕燒香呪願，然後乃誦。斯法不怠，更無他術。彼謝曰：吾罪深矣。所誦涅槃，威儀不整，身口不净，救忘而已。古人遺言：多惡不如少善。於今取驗。悔往而返。〔二〕

隋襄州景空寺釋慧意，俗姓李，臨原人。南投於梁，與仙城山慧命同師，尋討心要，專習定業。後住景空，於聽師舊堂，綜業常住。不事燈燭，晝夜常明。有鄉人不信，乃請別院，百日行道。每夜潛往伺之，舉家同見，禪室大明。鄉人信伏，率歸受戒。開皇初卒，預知其終，端坐而化。又襄陽開皇有法永禪師，欲終七日七夜聞音樂異香滿寺，因而坐終。送向繖蓋山上露坐。〔三〕有同寺全律師臨屍曰：願留神明，待至七日滿。至期全亡，送屍永側。永屍颯然摧變。又有岑闍黎，姓楊，臨原人。於寺西繖蓋山泉側造誦經堂，每誦金光明經，感得四天王來聽。後讀藏經，皆悉不忘，計誦三千餘卷。服布乞食，鉢中之餘，飼房内鼠百餘頭，皆馴遶争來就人。鼠有病者，岑師以手摩捋，並皆愈之。與同衆沙門智曉交顧，招集禪徒，自行化俗，供給定學。自知終日，急喚汏禪師付囑，〔四〕上佛殿禮辭遍寺衆僧，咸

〔一〕此句太平廣記引作「於别所衣净衣」。

〔二〕出集神州三寶感通録卷下。又見太平廣記卷一一一引，作出法苑珠林。

〔三〕「繖」字，唐高僧傳作「傘」。下同。

〔四〕「汏」字，唐高僧傳作「拔」。

乞歡喜。於禪居寺大齋，日將散，謂岑曰：〔一〕往兜率天聽般若去。岑曰：弟但前去，我後七日即來。其夜三更坐亡。至四更識神往遍學寺，寺相去十里。至汰禪師牀前，其明如晝。云：曉欲遠逝，故來相別，不得久住。汰送出三重門外。別訖，來入房中，踞牀忽後還暗。呼弟子問，云：聞師與人語聲。取火通照，〔二〕三門並閉，方悟曉之神力，出入無閡。即遣往問，果云已逝。岑後七日，無何坐終，其體髏全成無縫。故知凡聖同居，事不可別。〔三〕右二出唐高僧傳記。〔四〕

隋鄜州寶室寺沙門法藏，戒行精淳，爲性質直。至隋開皇十三年，於洛交縣韋川城造寺一所，佛殿精妙，僧房華麗，靈像旛華，並皆修滿。至大業五年，奉敕融併寺塔，送州大寺。有破壞者，藏師並更修補，造堂安置。兼造一切經，已寫八百卷，恐本州無好手紙筆，故就京城舊月愛寺寫。至武德二年閏二月內，身患二十餘日。乃見一人，身著青衣好服，在高閣上，手把經卷，告法藏云：你立身已來，雖大造功德，悉皆精妙。唯有少分，互用三寶物，得罪無量。我今把者，即是金剛般若。汝能自造一卷，令汝所用三寶之物，得罪悉滅。藏師于時應聲即荅言造。藏師雖寫餘經，未寫金剛般若。但願病瘥，不敢

〔一〕「岑」字原作「汰」，據高麗藏本、磧砂藏本改。下同。

〔二〕「取」字原闕，據唐高僧傳補。

〔三〕出唐高僧傳卷二十釋慧意傳。

〔四〕「二」字應作「一」。

違命。既能覺悟弟子，更無餘物，唯有三衣、瓶、鉢、偏袒、祇支等，皆悉捨付大德及諸弟子。並造般若得一百卷。未經三五日，臨欲捨命，具見阿彌陀佛來迎。由經威力，得生西方，不入三塗。

隋大業中，有客僧行至太山廟求寄宿。〔一〕廟令曰：此無別舍，〔二〕唯神廟廡下可宿。然而比來寄宿者輒死。僧曰：無苦也。不得已，從之，爲設牀於廡下。僧至夜端坐誦經，可一更，聞屋中環珮聲，須臾神出，爲僧禮拜。僧曰：聞比宿者多死，豈檀越害之耶！願見護之。神曰：遇死者將至，聞弟子聲，因自懼死，非煞之也。願師無慮。僧因延坐談説，如食頃。問：聞世人傳説云：太山治鬼，寧有之耶？神曰：弟子薄福有之，豈欲見先亡乎？僧曰：有兩同學僧先死，願見之。神問名，曰：一人已生人閒，一人在獄罪重，不可喚來。若師就見，可也。僧聞甚悦，因起出。不遠而至一所，多見廟獄火燒，光焰甚盛。神將僧入一院，遥見一人在火中號呼，不能言，形變不復可識，而血肉焦臭，令人傷心，此是也。師不欲歷觀耶？僧愁愍求出。俄而至廟，又與神坐。因問：欲救同學有得理耶？神曰：可得。能爲寫法華經者便免。既而將曙，神辭僧入堂。旦而廟令視其僧不死，怪異之。僧因爲説，仍即爲寫法華經一部。經既成，莊嚴畢，又將經就廟宿。其夜神出如初，歡喜禮拜。慰問來意，以事告之。

〔一〕「求」字原作「來」，據高麗藏本改。
〔二〕「無别」原作「别無」，據高麗藏本改。

神曰：弟子知之。師爲寫經，始書題目，彼已脱免，今又出生在人間也。〔一〕然此處不潔，不可安經。願師還將送向寺。言説久之，將曉辭訣而去，送經於寺。〔二〕杭州别駕張德言前任兖州，具知其事。

隋幽州沙門釋智苑，精練有學識。隋大業中，發心造石一切經藏，以備法滅。既而於幽州西山鑿巖爲石室，〔三〕即磨四壁而以寫經。又取方石，别更磨寫，藏諸室内。每一室滿，即以石塞門，融鐵錮之。〔四〕時隋煬帝幸涿郡，内史侍郎蕭瑀，皇后弟也。性篤信佛法，以其事白后。后施絹千匹及餘錢物，以助成之。瑀施絹五百匹。朝野聞之，争共捨施。故苑得遂功。苑常以役匠既多，道俗奔臻，欲於巖前造木佛堂，并食堂、寢室，而念木瓦難辦，恐繁費經物，故未能起作。一夜暴雨，雷電震山，明旦既晴，乃見山下有大木松柏數千萬，爲水所漂，流積道次。山東少林木，松柏尤希。道俗驚駭，不知來處。推尋縱跡，遠自西山，崩崖倒漂送來此。於是遠近歎伏。自非福力，孰感神助。苑乃使匠擇取其木，餘皆分與邑里。邑里喜愧而助造堂宇，頃之畢成，如其志焉。苑所造石經已滿七室。至唐貞觀十三年

〔一〕「間」字原脱，據高麗藏本補。
〔二〕出冥報記卷中，又太平廣記卷九九引。
〔三〕「西」字原作「北」，據高麗藏本改。
〔四〕「融」字原作「用」，據高麗藏本改。

卒，弟子猶繼其功。〔一〕殿中丞相李玄奬、大理丞采宣明等皆爲臨説之。臨至十九年從駕幽州，親問鄉人，皆同不虚。右三驗出冥報記。

唐釋道積，至貞觀初住益州福感寺，誦通涅槃，净衣澡浴，自爲恒式，慈愛兼濟，固其深心。終于五月，炎氣鬱熱，而屍不腐臭，百有餘日，跏坐如初。道俗莫不喜賞。〔二〕一云道饋。〔三〕

唐釋遺俗者，〔四〕不測所住。遊行醴泉山原，誦法華爲業，乃數千遍。至貞觀年，因疾將終，告友人慧廓禪師曰：比雖誦經，意望有驗。若生善道，舌根不朽，可爲埋之。十年發出，若舌朽滅，知誦無功。若舌如初，爲起一塔，生俗信敬。言訖而終。至十一年，依言發之，身肉都盡，唯舌不朽。一縣士女，皆共戴仰。乃函盛舌，而起塔於甘谷岸上。〔五〕

唐郊南福水之陰，有史村史呵誓者，誦法華經。名充令史，往還步涉，生不乘騎。以依經云，哀愍一切故也。病終本邑，香氣充村，道俗驚怪而莫測其緣。終後十年，其妻又殞，乃發塚合葬，見其舌根

〔一〕太平廣記卷九一引，作出冥報録。
〔二〕出集神州三寶感通録卷下。
〔三〕「一云道饋」四字原脱，據高麗藏本補。
〔四〕「遺俗」，高麗藏本、磧砂藏本及太平廣記引作「道俗」。
〔五〕出集神州三寶感通録卷下。又太平廣記卷一〇九引，作出法苑珠林。

如本生肉，乃收葬。斯表衆矣。〔一〕

唐貞觀五年，有隆州巴西縣令狐元軌者，信敬佛法。欲寫法華金剛般若涅槃等，無由自檢，憑彼土抗禪師檢校。抗乃爲在寺如法潔净，寫了下帙，還岐州莊所。經留在莊，并老子五千文同在一處。忽爲外火延燒，堂宇是草覆，一時灰蕩。軌于時任憑翊縣令。家人相命，撥灰覓金銅經軸。〔二〕既撥灰開，其内諸經，宛然如故，潢色不改，唯箱帙成灰。又覓老子，便從火化。于時聞見之者，鄉村遠近，莫不嗟異。其金剛般若經一卷，題字焦黑。訪問所由，乃初題經時，有州官能書，其人雜食行急，不獲潔净，直爾立題便去，由是色焦。其人現在，瑞經亦存。京師西明寺主神察目驗説之。〔三〕

唐釋曇韻禪師，定州人。遊至隰州，行年七十。隋末喪亂，隱于離石北千山。常誦法華經，欲寫其經，無人同志。如此積年，忽有書生無何而至，云：所欲潔净寫經，並能爲之。於即清旦食訖，入浴著净衣，受八戒，入净室，口含檀香，燒香懸旛，寂然抄寫。至暮方出。明又如先，曾不告倦。及經寫了，如法奉嚫，相送出門，斯須不見。乃至裝潢，一如正法。及至誠受持讀誦，七重裹結，一重一度，香水洗手，初無暫廢。後遭胡賊，乃箱盛其經，置高巖上。經年賊静，方尋不見。周慞窮覓，乃於巖下獲之。

〔一〕出集神州三寶感通録卷下。太平廣記卷一〇九引，作出法苑珠林。

〔二〕「經」字原闕，據集神州三寶感通録補。

〔三〕出集神州三寶感通録卷下。

箱篋糜爛，撥朽見經，如舊鮮好。〔一〕京師西明寺道宣律師以貞觀十一年曾至彼州，〔二〕目覩説之也。

唐益州西南新繁縣西四十里許有王李村，〔三〕隋時有書生姓荀氏，在此教學。大工書而不顯迹，人欲其書，終不肯出。乃毆之，亦不出。遂以筆於前村東空中四面書金剛般若經，數日便了。云：此經擬諸天讀之。人初不覺其神也。後忽雷雨大澍，牧牛小兒於書經處住，而不澆濕。其地乾燥，可有丈許，自外流潦。及晴，村人怪之。爾後每雨，小兒常集其中，衣服不濕。至武德年，有非常僧語村人曰：此地空中有金剛般若經，村人莫汙，諸天於上設蓋覆之，不可輕踐。因此四周施欄楯，〔四〕不許人畜往踐。〔五〕至今雨時，其地仍乾。每至齋日，村人四遠就處設供，常聞天樂，聲振哀宛，繁會盈耳。〔六〕

右六驗出三寶感通記。

唐竇家大陳公夫人豆盧氏，芮公寛之姊也。夫人信罪福，〔七〕每誦金剛般若經，未盡卷一紙許，

〔一〕出集神州三寶感通録卷下。太平廣記卷一〇九引，作出法苑珠林。

〔二〕「州」字原作「中」，據高麗藏本改。

〔三〕「李」字原作「季」，據高麗藏本、磧砂藏本、南藏本、嘉興藏本改。

〔四〕「施」字原闕，據集神州三寶感通録補。

〔五〕「踐」字原闕，據集神州三寶感通録補。

〔六〕出集神州三寶感通傳卷下。

〔七〕「罪」字原闕，據太平廣記引補。

久而不徹。後一日昏時，苦頭痛，四體不安，夜卧逾甚。夫人自念，儻死遂不得終經，欲起誦之，而堂燭已滅。夫人因起令婢然燈。須臾婢還，厨中無火。夫人開門，於家人房取之，〔一〕又無火。夫人深益歎恨。忽見厨中有然火燭上階來，入堂内，直至牀前，去地三尺許，而無人執，光明若晝。夫人驚喜，頭痛亦愈，取經誦之。有頃家人鑚燧得火，然燭入堂，燭光即滅。便以此夜誦竟之。自此日誦五遍，以爲常法。後芮公將死，夫人往視，公謂夫人曰：吾姊以誦經之福，〔二〕當壽百歲，生好處也。夫人至年八十，方卒於宅。〔三〕

唐武德中，以都水使者蘇長爲巴州刺史。長將家口赴任，渡嘉陵江，中流風起船没，男女六十餘人一時溺死。唯有一妾常讀法華經，船中水入，妾頭戴經函，誓與俱溺。妾獨不沈，隨波泛濫，頃之著岸。逐經函而出，開視其經，了無濕汙。今尚存在揚州，嫁爲人婦，而逾舊篤信。〔四〕

唐邢州司馬柳儉，隋大業十年任岐州岐陽宫監。至義寧元年，爲李密來枉，被牽引在大理寺禁。儉常誦金剛般若經，下有兩紙未遍。于時不覺眠睡，夢見一婆羅門僧報云：檀越宜早誦經遍，即應得

〔一〕「房」字原作「坊」，據高麗藏本、磧砂藏本、南藏本、嘉興藏本改。
〔二〕「吾」字原作「五」，據高麗藏本改。
〔三〕出冥報記卷中。又太平廣記卷一〇三引，作出法苑珠林。又見出集神州三寶感通録卷下。
〔四〕出冥報記卷中。太平廣記卷一〇九引，作出法苑珠林。又見集神州三寶感通録卷下。

出。儉時忽痞，勤誦不懈，便經二日。至日午時，忽有敕唤，令儉釋禁，將向朝堂，奉敕放免。又儉別時夜静，房外誦經，至於三更，忽然聞有異香。儉尋香及問家人，處處求香，來處不得。然常誦念，晝夜無廢。至於終日，計五千餘遍。〔二〕

唐遂州人趙文信，至貞觀元年暴死。三日後還得穌，即自説云：初死之日，被人遮擁，驅逐將行。同伴十人，並共相隨，至閻羅王所。其中見有一僧，王先唤師問云：師一生已來修何功德？師荅云：貧道從生已來，唯誦金剛般若。王聞此語，忽即驚起，合掌讚言：善哉！善哉！師審誦般若，當得昇天出世，何因錯來至此？王言未訖，忽有天衣來下，引師上天去。王後唤遂州人前：汝從生已來作何功德？其人報王言：臣一生已來，不修佛經，唯好庾信文章集録。王言：其庾信者是大罪人，現此受苦。汝見庾信，頗曾識不？其人報云：雖讀渠文章，然不識其人。王即遣人引出庾信，令示其人。乃見一龜，身一頭多。龜去少時，現一人來，口云：我是庾信。爲生時好作文章，妄引佛經，雜糅俗書，誹謗佛法，謂言不及孔老之教。今受罪報，龜身苦也。此人活已，具向親説。遂州之地，人多好獵，採捕蟲魚。遠近聞見者，共相鑒誡，永斷煞業，各發誠心，受持般若，迄今不絶。〔三〕

唐貞觀元年，蓬州儀龍縣丞劉弼，前任江南縣尉時，忽有一鳥於弼房前樹上鳴。土人云：是惡鳥，

〔二〕太平廣記卷一〇二引，作出法苑珠林。
〔三〕太平廣記卷一〇二引，作出法苑珠林。

不祥之聲。家逢此鳥，煞主不疑。劉弼聞懼，思念欲修功德禳之，不知何福爲勝。夜夢一僧，偏讚金剛般若經，令讀誦百遍。依命即讀，滿至百遍，忽有大風從東北而來，拔此鳥樹，隔舍遥擲巷裏。其拔處坑縱廣一丈五尺。過後看其風來處，小枝大草，並隨風迴靡，風止還起如故。故知經力不可思議。〔一〕

唐洛陽賈道羨，博識多聞，尤好内典。貞觀五年爲青州司户參軍事。爲公館隘窄，無處置經，乃以繩繫書案兩脚，仰懸屋上，置内經六十卷。坐卧其下，習讀忘倦。日久繩爛，一頭遂絶，案仍儼然不落，亦不傾動。如此良久，人始接取。道羨子爲隰州司户，説之云爾。

唐吴郡陸懷素家貞觀二十年失火，屋宇總焚，爰及精廬，並從煙滅。有一函金剛般若波羅蜜經獨存。經函及褾軸並盡，唯有經字竟不被燒。爾時人聞者，莫不驚歎。懷素即高陽許仁則前妻之兄。仁則當時目覩，於後具自言之。〔二〕右七驗出冥報記也。

唐前大理司直河内司馬喬卿，天性純謹，有志行。到永徽中爲揚州户曹。丁母憂，居喪毁瘠，刺心上血，寫金剛般若經一卷。未幾於廬上生芝草二莖，經九日，長尺有八寸。緑莖朱蓋，日瀝汁一升。傍人食之，味甘如蜜。去而復生，如此數四。喬卿同僚數人並同餘令陳説，天下士人多共知之。〔三〕

〔一〕太平廣記卷一〇二引，作出法苑珠林。

〔二〕太平廣記卷一〇二引。

〔三〕太平廣記卷一〇三引，作出法苑珠林。

顯慶中平州有人，姓孫名壽。於海濱遊獵，見野火焰熾，草木蕩盡，唯有一叢茂草，獨不焚燎。疑此草中有獸，遂以火燒之，竟不能著。壽甚怪之，遂入草間尋覓，乃見一函金剛般若經。其傍又見一死僧，顏色不變。火不延燎，蓋由此也。信知經像，非凡所測。孫壽親自說之。〔一〕

唐隴西李虔觀，〔二〕今居鄭州。至顯慶五年丁父憂，乃刺血寫金剛般若經及般若心經各一卷，隨願往生經一卷。出外將入，即一浴身。後忽聞院中有異香，非常郁烈。〔三〕鄰側並就觀之，無不稱歎。中山郎餘令曾過鄭州，見彼親友，具陳說之。〔四〕

唐曹州濟陰縣西二十里村中有精舍，至龍朔二年冬十月野火暴起，非常熾盛。及至精舍，踰越而過焉。比僧房草舍，焚燎總盡，唯金剛般若經一卷，儼然如舊。曹州參軍事席文禮說之。〔五〕右四驗出冥報拾遺。

〔一〕太平廣記卷一〇三引，作出法苑珠林。
〔二〕「李虔觀」，太平廣記引作「李觀」。
〔三〕「烈」字原作「然」，據高麗藏本改。
〔四〕太平廣記卷一〇三引，作出法苑珠林。
〔五〕「事席文禮」四字原脱，據高麗藏本補。

法苑珠林校注卷第十九

敬僧篇第八此有四部

述意部　引證部　敬益部　違損部

述意部第一

夫論僧寶者，謂禁戒守真，威儀出俗。圖方外以發心，棄世間而立法。官榮無以動其意，親屬莫能累其想。弘道以報四恩，育德以資三有。高越人天，重逾金玉，稱爲僧也。是知僧寶利益，不可稱紀。故經曰：縱有持戒破戒，若長若幼，皆須深敬，不得輕慢。〔一〕若違斯旨，交獲重罪。若待太公爲卿相，

〔一〕此段出處待考。

則千載無太公；要得羅什爲師訓，則萬代無羅什。何得見一僧行過，上累佛宗；見一人戒虧，便輕上法。止可以道廢人，以人不弘道也。不可以人廢道，以道是人師也。故釋迦佛等是真佛寶。金口所說，理行教果，是真法寶。得果沙門，是真僧寶。致令一瞻一禮，萬累冰消；一讚一稱，千災霧卷。自惟薄福，不逢正化；賴蒙遺迹，幸承餘廕。金檀銅素，漆紵丹青，圖像聖容，名爲佛寶。紙絹竹帛，書寫玄言，名爲法寶。剃髮染衣，執持應器，名爲僧寶。與之三種，體相雖假，用表真容。敬之永絶長流，蔑之常招苦報。如木非親母，禮則響逸千齡；凡非聖僧，敬則光逾萬代。是知斯風已扇，遐邇共遵。冥資含識，神功罔測。倘有所虧，獲罪彌大。既許出家，理宜革俗。如宋朝無識，初信邪惑，駭動物情，道俗驚怪。後悟鍾釁，還申禮敬。宋室則荆蠻齷齪，江漢崎嶇，詎得反比大國，金輪聖御。且如禮云：「介者不拜爲失。」〔一〕豈同去俗之人，身被忍鎧，屈節白衣，〔二〕理所不可。三寶既同，義須齊敬，不可偏遵佛法，頓棄僧尼。故法不自弘，弘之在人。人能弘道，故須齊敬也。

〔一〕出禮記曲禮上。

〔二〕「屈」字，高麗藏本作「握」。

引證部第二

如梵網經云："出家人法，不合禮拜國王、父母、六親，亦不敬事鬼神。"〔一〕又涅槃經云："出家人不禮敬在家人。"〔二〕又四分律云："佛令諸比丘長幼相次禮拜，不應禮拜一切白衣。"〔三〕又佛本行經云："輸頭檀王與諸眷屬百官次第禮拜已，佛言：王今可禮優波離比丘等諸比丘。王聞佛教，即從座起，頂禮五百比丘新出家者，次第而禮。"〔四〕又薩遮尼乾子經云："若謗聲聞辟支佛法及大乘法，毁呰留難者，犯根本罪。"〔五〕令僧依大小乘經，不拜君親是奉佛教。今乃令禮，交違佛教。〔六〕使拜跪俗人，即不信佛語，故犯根本罪。

又順正理論云："諸天神衆不敢希求受五戒者禮。如國君主亦不求比丘禮拜，以懼損功德及壽命

〔一〕出梵網經卷下第四十輕戒。

〔二〕出大般涅槃經卷六。

〔三〕出四分律卷五十。

〔四〕出佛本行集經卷五十三。

〔五〕出大薩遮尼乾子所説經卷四王論品。

〔六〕"交"字，高麗藏本作"反"。

故。」〔一〕又涅槃經云：「佛告迦葉：若有建立護持正法，如是之人，應從啓請，當捨身命而供養之。如我於是大乘經說：有知法者，若老若少，故應供養，恭敬禮拜，猶如事火。〔二〕婆羅門等，有知法者，若老若少，故應供養，恭敬禮拜。亦如諸天，奉事帝釋。迦葉白佛言：若有長宿護持禁戒，從年少邊，諮受未聞，云何是人當禮敬不？若當禮敬，是則不名爲持戒也。若是年少護持禁戒，從諸宿舊破戒人邊，諮受未聞，復應禮不？若出家人從在家人諮受未聞，復應禮不？然出家人不應禮敬在家人也。然佛法中年少幼小應皆恭敬耆舊長宿，以是長宿先受具戒，成就威儀。是故應當供養恭敬。」〔三〕

又中阿含經云：「云何知人勝，如諸比丘，知有二種人：有信，有不信。若信者勝，不信者爲不如也。謂信人復有二種：有數往見比丘，有不數往見比丘。若數往見比丘者勝，不數往見比丘者爲不如也。謂數往見比丘人復有二種：有禮敬比丘，有不禮敬比丘。若禮敬比丘者勝，不禮敬比丘者爲不如也。謂禮敬比丘人復有二種：有問經，有不問經。若問經者勝，不問經者爲不如也。」〔四〕

又舊雜譬喻經云：「昔有國王出遊，每見沙門，輒下車禮。道人言：大王止，不得下車。王言：我

〔一〕出阿毘達磨順正理論卷三十七。

〔二〕「火」字原作「大」，據高麗藏本、磧砂藏本、南藏本、嘉興藏本改。

〔三〕出大般涅槃經卷六。

〔四〕出中阿含經卷一七法品善法經。

上不下。所以言上不下者，今我爲道人作禮，壽終以後，當生天上，是故言我不下也。」〔一〕

又善見律云：「輸頭檀那王禮佛已，白佛言：我今三度禮如來足。一，佛初生時，阿夷相曰：若在家者應作轉輪聖王，若出家學道必得成佛。是時地爲震動，我見神力，即爲作禮。第二，我出遊戲，看耕田人。菩薩在閻浮樹下，日時已晡，樹影停住不移，覆菩薩身。我見神力，即爲作禮。第三，今迎佛至國，佛昇虚空作十八變，如伏外道，神力無異，即爲作禮。」〔二〕

又中阿含經云：「爾時世尊告諸比丘：過去世時釋提桓因欲入園觀時，敕御者令嚴駕千馬之車。嚴駕以竟，唯王知時。時天帝釋即下常勝殿，東向合掌禮佛。爾時御者見則心驚毛豎，馬鞭落地。帝釋見已，即說偈言：

鬼汝何憂怖，　馬鞭落於地？

御者說偈白帝釋言：

見王天帝釋，　爲舍脂之夫，　所以生恐怖，　馬鞭落地者。　常見天帝釋，　一切諸大地，
人天大小王，　及四護世王，　三十三天衆，　悉皆恭敬禮。　何處更有尊，　尊於帝釋者，　而
今正東向，　合掌修敬禮。

〔一〕「我」字，高麗藏本作「上」。出舊雜譬喻經卷下。
〔二〕出善見律毘婆沙卷十七。

爾時帝釋説偈荅言：

我實於一切，　世間大小王，　及四護世王，　三十三天衆，　最爲其尊主，　故悉來恭敬。
而復有世間，　隨順等正覺，　名號滿大師，　故我稽首禮。

御者復白言：

是必世間勝，　故使天王釋，　恭敬而合掌，　東向稽首禮。　我今亦當禮，　天王所禮者。

佛告諸比丘：彼天帝釋爲自在王，尚恭敬佛。汝等比丘出家學道，亦應如是恭敬於佛。彼天帝釋，舍脂之夫，敬禮法僧，亦復讚歎禮法僧者。汝等已能正信出家學道，亦當如是敬禮法僧，當復讚歎禮法僧者。爾時帝釋從常勝殿來下，周向諸方，合掌恭敬。時御者見天帝釋從殿來下，〔一〕住于中庭，周向諸方，合掌恭敬。見已驚怖，馬鞭復落地，而説偈言：

何故憍尸迦，　故重於非家？　爲我説其義，　飢渴願欲聞。

時天帝釋説偈荅言：

我正恭敬彼，　能出非家者。　自在遊諸方，　不計其行止。　城邑國土色，　不能累其心。
不畜資生具，　一往無欲定。　往則無所求，　唯無爲爲樂。　言則定善言，　不言則寂定。

〔一〕「釋」字原脱，據高麗藏本補。

諸天阿脩羅，　各各共相違。　人間自共諍，　相違亦如是。　唯有出家者　於諸諍無諍。　於一切衆生，　放捨於刀杖。　於財離財色，　不醉亦不荒，　遠離一切惡，　是故敬禮彼。

是時御者復說偈言：

天王之所敬，　是必世間勝。　故我從今日，　當禮出家人。」〔一〕

又普達王經云：「時有夫延國王，號名普達，典領諸國，四方貢獻。王身奉佛法，未嘗偏枉。常有慈心，愍傷愚民不知三尊。每常齋戒，輒登高觀，燒香還頭著地，稽首爲禮。國中臣民怪王如此，自共議言：王處萬民之尊，遠近敬伏，發言人從。有何情欲，毁辱威儀，頭面著地？羣臣數數共議，欲諫不敢。王敕臣下，使嚴駕當行。王即與吏民數千人，始出宫未遠，忽見一道人。王便下車却蓋，住其羣從，頭面著地，爲道人作禮。尋從而還，施設飲食，遂不成行。羣臣於是乃諫言：大王至尊，何宜于道路爲此乞匃道人頭面著地。天下尊貴，唯有頭面，加爲國主，不與他同。王便敕臣下令求死人頭及牛馬豬羊頭。臣下即徧行求索，歷日乃得，還白王言：前被教求死人頭及六畜頭，今悉已得。王言：於市賣之。臣下即使人賣之。牛馬豬羊頭等皆售，但人頭未售。王言：賤貴賣之，輒使其售。如其不售，便以匃人。如是歷日，賣既不售，匃人又不取者。頭皆膖脹臭處，不可近之。王便大怒，語臣下

〔一〕出雜阿含經卷十。作中阿含經誤。

言：卿曹前諫言：人頭最貴，不可毁辱，頭面著地禮道人。今使賣六畜頭皆售，人頭何故匄人無取者。王即敕臣下嚴駕當出。到城外曠野澤中，王有所問，羣臣人民莫不振悚。王即告羣臣言：卿寧識吾先君時有小兒常執持蓋者不？臣下對曰：實識有之。王言：今此小兒何所在？對曰：亡已久遠，乃歷十七年。王言：此兒爲人善惡何如？對言：臣等常覩其承事先王，齋戒恭肅，誠信自守，非法不言。王告諸臣：今若見此兒在時所著衣服，寧識之不？諸臣對曰：雖自久遠，臣故識之。王顧使從急還内藏取前亡兒衣來。須臾衣至，王曰：此是不？對曰：實是其衣。王曰：今儻見兒身，爲識之不？臣下皆默然，良久曰：臣自弊闇，卒覩不别。王始欲説本，前見道人來到王所，王大歡喜，起頭面著地，爲道人作禮。臣下莫不歡喜。道人就座，王叉手具白前緣，今故嚴出欲示本末，願爲此國臣民，開導愚癡，令知真法。道人即爲臣下説王本變。欲知王者，本是先王持蓋小兒。常隨先王齋戒，一日不犯。其後過世，魂神還生爲王作子。令致尊貴，皆由宿行。臣下大小莫不僉然曰：吾等幸遇得覩道人，願遂哀愍，乞爲弟子。道人告言：我師號曰佛，身具足相好，獨步三界，教授不虚。佛今去此乃六千里。須臾語頃，道人飛到舍衛國，具以啓佛：彼國人民甚可愍傷，今皆誠心願欲見佛。唯垂大慈，開示真道。佛便許可，明日到夫延國，佛爲王及臣民等説法云：欲知普達王及道人本末不？阿難言：欲聞其事。佛言：乃昔摩訶文佛時，王爲大姓家子，其父供養三尊。父命子傳香時，有一侍使，意中輕之，不與其香。罪福響應，故獲其殃。雖暫爲驅使，奉法不妄，今得爲王。道人本是侍使時不得香人。雖不得香，其意無恨，即立誓言：若我得道，當度此人。福願果合，今來度王，并及人民。王聞佛説其本末意解，即得

須陀洹。國中人民聞經，皆受五戒十善，以爲常法。」〔一〕

又阿育王經云：「昔阿恕伽王見一七歲沙彌，將至屏處而爲作禮，語沙彌言：莫向人道我禮汝。時沙彌前有一澡瓶，沙彌即入其中，從澡瓶中復還來出而語言：王愼莫向人道，沙彌入澡瓶中，復還來出。王即語沙彌言：我當現向人説，不復得隱。是以諸經皆云：沙彌雖小，亦不可輕。王子雖小，亦不可輕。龍子雖小，亦不可輕。沙彌雖小能度人，王子雖小能煞人，龍子雖小能興雲。由興雲故致雨雷電霹靂，感其所小而不可輕也。」〔二〕

又付法藏經云：「昔佛涅槃一百年後，有阿育王信敬三寶，常作般遮于瑟大會。王至會日，香湯洗浴，著新净衣，上高樓上，四方頂禮，遥請衆僧。聖衆飛來凡二十萬。王之信心，深遠難量。見諸沙門，〔三〕若長若幼，若凡若聖，皆迎問訊，恭敬禮拜。時有一臣名曰夜奢，邪見熾盛，無信敬心。見王禮拜而作是言：王甚無智，自屈貴德，禮拜童幼。王聞是已，便敕諸臣，各遣推覓自死百獸，人仰一頭。唯使夜奢獨求人首。得已，各敕詣市賣之。餘頭悉售，夜奢人頭，見者惡賤，都無買者，數日欲臭。衆人見已，咸共罵辱而語之言：汝今非是旃陀羅人，夜叉羅刹，云何乃捉死人頭賣？夜奢爾時被罵辱已，

〔一〕出普達王經。

〔二〕出阿育王傳卷七阿育王現報因緣經。

〔三〕「沙」字原作「法」，據高麗藏本、磧砂藏本、南藏本、嘉興藏本改。

來詣王所，而白王言：臣賣人頭，反被駡辱。尚無欲見，況有買者。王復語言：若無買者，但當虚與。夜奢奉教重賫入市，唱告衆人：無錢買者，今當虚與。市人聞已，重加駡辱，無肯取者。夜奢慚愧，還至王所，合掌白王：此頭難售，虚與不取，反被駡辱，況有買者。王問夜奢：何物最貴？夜奢荅王：人最爲貴。王言：若貴何故不售？夜奢荅王：人生雖貴，死則卑賤。王問夜奢：吾頭若死，同此賤不？夜奢惶懼，怖不敢對。王即語言：施汝無畏，汝當實荅。夜奢惶怖，俛仰荅王：王頭若死，亦同此賤。王語夜奢：吾頭若死，同此賤者，汝何怪我禮敬衆僧？卿若是吾真善知識，宜應勸我，以危脆頭易堅固頭。如何今日止吾禮拜？夜奢爾時聞王此語，方自悔責，改邪從正，歸敬三寶。以是因緣，衆生聞者，若見三寶，應當至心恭敬禮拜。」〔一〕

又四分律云：「賓頭盧羅漢本是優填王臣。由精勤苦行，王放出家，得阿羅漢果。王後每出城參禮，寺去城二十里。諸佞臣見賓頭盧不起迎王，惡心諫王。王於後取佞臣諫，危欲煞之。賓頭盧見王後來，入門便下床七步迎之。王怒曰：大德由來難動，今避席迎何耶？荅曰：王前有好心來，故不起迎。今懷惡心來，若不起迎，必當見煞。王歎曰：善哉！弟子愚戇，妄受佞言，不識凡聖。王請悔過，雖免地獄，然賓頭盧記王，由僧起迎故，却後七日必失王位。恰如依記，被他鄰國興兵來捉，經十二年

〔一〕出付法藏因緣傳卷四。

鎖脚囚禁。」〔一〕自外云云。

述曰：以是義故，特須敬慎。不得自高，恐損來報。比見俗人，微受官位，不生信心，妄起高慢，訶罵僧尼，種種毁辱。或立廳前，身處高牀，遣人拖牽，非理耻撻。敗善增惡，無過此等。雖犯王法，亦須以理。外法雖行，内須省愧。道俗同凡，居住三界，未得入聖已來，誰之無過。然出家之人，雖内無實行，交現剃髮，身被法服，覩相生善，見者生恭。破戒僧尼，亦能昇座種種説法，利益羣生。前人聞見，修持六度，展轉相化。因修善行，未來生處，近得人天，遠成聖果。得此聖已，復更展轉，利益無窮。譬如一燈，然百千燈，明終不盡。量此無盡之法，皆由前破戒僧尼説法化功，得斯大利。既有此益，各須自慎。縱欺得百千萬出家之人，未能現獲一毫之益。唯加惡名，流布四海，未來生處，歷劫受殃。故經曰：一念之惡，能開五不善門。〔二〕如後述之也。

又雜寶藏經云：「月氏國王名旃檀罽尼吒，聞罽賓國尊者阿羅漢，字祇夜多，有大名稱，思欲相見。即與諸臣，往造彼國。於其中路，心竊生念言：我今爲王，王於天下。一切人民，靡不敬伏。自非有德，何能任我供養。作是念已，遂便前進。彼國有人告尊者言：月氏王與諸羣臣從遠來相見，唯願尊者整衣服，共相待接。時尊者荅言：我聞佛語：出家之人，道尊俗表，唯德是務。豈以服飾出迎接

〔一〕出四分律卷五十三。

〔二〕此段出處待考。

乎！遂便静默，端坐不出。於是月氏王至其住處，見尊者祇夜多，覩其威德，倍生敬信。即前稽首，却住一面。時尊者欲唾，月氏國王不覺前進授唾器。時尊者即語王言：貧道今者未堪爲王作福田也，胡爲躬自枉屈神駕！時月氏王深生慚愧。我向者已知王心，〔一〕自非神德，何能爾也。即便爲王略説教法言：王來時道好，去如來時。王聞教已，即便還國。至其中路，羣臣怨言：我等遠從大王往至彼國，竟無所聞，然空還國。時王報言：向尊者爲我説法，來時道好，去如來時。卿等不解此耶？以我往昔持戒布施，修造功德，以植王種，今享斯位。復修積善，當來之世，必重受福。故誡我言：王來時道好，去如來時。羣臣聞已，稽首謝言：臣等下愚，竊生妄解。大王神德，妙契玄旨。積德所種，故享斯位。羣臣歡喜，言已而退。」〔二〕

又十誦律云：「爾時世尊説本生因緣，語諸比丘：過去世時近雪山下有三禽獸共住：一、鵽鳥，二、獼猴，三、象。是三禽獸初互相輕慢，無恭敬行，同作是念：我等何爲不相恭敬？若前生者，應供養尊重教化我等。爾時鵽鳥、獼猴問象言：汝念過去憶何事？時是處有大蓽茇樹。象言：我小時行，此樹在我腹下過。象、鵽問獼猴言：汝憶何事？荅言：我憶小時坐地捉此樹頭，按令倒地。象語獼猴：汝年大我，我當敬汝，爲我説法。象、獼猴問鵽鳥言：汝憶何事？荅言：彼有大蓽茇樹，我噉其子。於

〔一〕此句高麗藏本作「我向者竊生微念，已知我心」。

〔二〕出雜寶藏經卷八月氏國王見阿羅漢祇夜多緣。

此大便，乃生斯樹，長大如是。是我所憶。獮猴語鵽：汝年大我，我當供養汝，汝當爲我説法。爾時象恭敬獮猴，從聽受法，爲餘象説。獮猴恭敬鵽鳥，從聽受法，爲餘獮猴説法。鵽鳥爲餘鵽鳥説法。依四分律：鳥騎猴上，猴乘象上，處處遊行，教化説法。〔一〕此三禽獸，先喜煞盗婬妄語。後相誡止，即捨此過，命終皆生天上。爾時世人見獸廣行善法，不侵人穀，各自相誡云：畜生尚能恭敬，何況我等！爾時世人皆相恭敬，奉行五戒，命終之後，皆得生天。佛語比丘：爾時鵽者，則我身是；獮猴者，舍利弗是；象者，目連是。佛言：畜生無知，尚相恭敬，自利利他。何况汝等，以信出家，不相尊敬！爾時世尊即説偈言：

若人不敬佛，　及佛弟子衆，　現世人訶罵，　後世墮惡道。　若人知敬佛，　及佛弟子衆，

現世人讚歎，　後世生天上。

佛種種因縁讚歎恭敬法已，語諸比丘：從今先受大戒乃至大須臾時，是人應先坐，先受水，先受飲食。」〔二〕

敬益部第三

如寶性論云：「三寶有六義，故須敬也。一者希有義。如世寶物，貧窮之人，所不能得。三寶如

〔一〕見四分律卷五十。

〔二〕出十誦律卷三十四。

是，薄福衆生，百千萬世不能值遇，故名爲寶。二者離垢義。如世真寶，體無瑕穢。三寶如是，絶離諸漏，故名爲寶。三者勢力義。如是珍寶，除貧去毒，有大勢力。三寶如是，具不思議六神通力，故説爲寶。四者莊嚴義。如世珍寶，能嚴身首，令身姝好。三寶如是，能嚴行人，清浄身故，故説爲寶。五者最勝義。如世珍寶，譬諸物中勝。三寶如是，一切世中最爲殊勝，故名爲寶。六者不改義。如世真金，燒打磨鍊，不能變改。三寶如是，不爲世間八法所改，故名爲寶。」〔一〕

又具六意，故須敬也。一、佛能誨示，法是良藥，僧能傳通。皆利益於我，報恩故敬。二、末代惡時，傳法不易。請威加護，故須致敬。三、爲物生信，禀承故敬。四、示僧尼敬事儀式。五、令樂供養、法得久住故敬。六、爲表勝相故敬。故成實論云：「三寶最吉祥，故我經初置。」〔二〕

違損部第四

如像法决疑經云：「乃至一切俗人，不問貴賤，不得撾打三寶奴婢畜生，及受三寶奴婢禮拜，皆得殃咎。」〔三〕故薩遮尼揵經云：「若破塔寺，或取佛物，若教作助喜，若有沙門身著染衣，或有持戒、破

〔一〕出究竟一乘寶性論卷二僧寶品

〔二〕出成實論卷一吉祥品。

〔三〕此經已佚。

戒，若繫閉打縛，或令還俗，或斷其命，若犯如是根本重罪，決墮地獄，受無間苦。以王國內行此不善，諸仙聖人出國而去，大力諸神不護其國。大臣諍競，四方咸起。水旱不調，風雨失時，人民飢餓，劫賊縱橫，疫癘疾病，死亡無數。不知自作而怨諸天。」〔一〕

又仁王經云：「國王大臣自恃高貴，滅破吾法，以作制法，制我弟子不聽出家，不聽造作佛像。立統官制衆，〔二〕安籍紀録僧事。比丘地立，白衣高座。又國王太子，横作法制，不依佛教因緣，破僧因緣，統官攝僧，典主僧籍，苦相攝持，佛法不久。」〔三〕

又大集經云：「佛言：所有衆生於現在世及未來世，應當深信佛法衆僧。彼諸衆生，於人天中，常得受於勝妙果報，不久當得入無畏城。如是乃至供養一人爲我出家，及有依我剃除鬚髮，著袈裟片，不受戒者，供養是人亦得功德，乃至入無畏城。以是緣故，我如是説：若復有人爲我出家，不持禁戒，剃除鬚髮，著袈裟片，有非法惱害此者，乃至破壞三世諸佛法身報身，乃至盈滿三惡道故。佛言：若有衆生爲我出家，剃除鬚髮，被服袈裟，設不持戒，彼等悉已爲涅槃印之所印也。若復出家不持戒者，有以非法而作惱亂，罵辱毁呰，以手刀杖打縛斫截，若奪衣鉢，及奪種種資生具者，是人則壞三世諸佛真實

〔一〕出大薩遮尼乾子所説經卷四王論品。
〔二〕「衆」字原作「等」，據仁王經改。
〔三〕出仁王般若波羅蜜經卷下囑累品。

報身，則挑一切天人眼目，是人爲欲隱没諸佛所有正法三寶種故，令諸天人不得利益墮地獄故，爲三惡道增長盈滿故。爾時娑婆世界主大梵天王而白佛言：若有爲佛剃除鬚髮，被服袈裟，不受禁戒，受已毁犯。其刹利王與作惱亂駡辱打縛者，得幾許罪？佛言：大梵，我今爲汝，且略説之。若有人於萬億佛所出其身血。於意云何？是人得罪寧爲多不？大梵王言：若人但出一佛身血，得無間罪，尚多無量，不可筭數，墮於阿鼻大地獄中。何況具出萬億諸佛身血也！終無有能廣説彼人罪業果報，唯除如來。佛言：大梵，若有惱亂駡辱打縛爲我剃髮，著袈裟片，不受禁戒，受而犯者，得罪多彼。何以故？是人猶能爲諸天人示涅槃道。是人便已於三寶中，心得敬信，勝於一切九十五道。其人必速能入涅槃，勝於一切在家俗人，唯除在家得忍辱者。是故天人應當供養，何況具能受持禁戒三業相應。其有一切國王及以羣臣諸斷事者，如其見有於我法中而出家者，作大罪業，大煞生，大偷盗，大汙梵行，大妄語及餘不善，但擯出國，不聽在寺同僧事業。亦不得鞭打，亦不應口業駡辱，如其身罪。若故違法而謫罰者，是人便於解脱退落，受於下類，遠離一切人天善道，必定歸趣阿鼻地獄。何況鞭打爲佛出家具持戒者。」〔一〕

又十輪經云：「佛言：族姓子，有四種僧。何等爲四？一、第一義僧，二、净僧，三、瘂羊僧，四、無

〔一〕出大方等大集經卷五十三、五十四。

慚愧僧。云何名第一義僧？諸佛菩薩辟支及四沙門果，是七種人，名爲第一義僧。在家得聖果者，亦名第一義僧。云何名爲浄僧？諸有能持具足戒者，是名浄僧。云何名爲瘂羊僧？不知犯不犯輕重微細罪，可懺悔，愚癡無智，不近善知識，不能諮問深義是善非善，如是等相，名爲瘂羊僧。云何名無慚愧僧？若有爲自活命，來入佛法，悉皆毀犯，破和合僧，不畏後世，放縱六情，貪著五欲，如是人等，名爲無慚愧僧。」〔一〕如是四僧並須恭敬

又大悲經云：「佛告阿難：於我法中但使性是沙門，汙沙門行，自稱沙門，形似沙門，當有被著袈裟衣者，於此賢劫彌勒爲首，乃至最後盧遮如來，彼諸沙門如是千佛於無餘涅槃界，次第當得入般涅槃，無有遺餘。何以故？如是一切諸沙門中乃至一稱佛名，一生信者，所作功德，終不虚設。阿難，我以佛智測知法界，非不測知。阿難，所有白業得白報，黑業得黑報。若有浄心諸衆生等作是稱言，南無佛者，彼人以是善根，必定得近涅槃。何況值佛，親承供養。」〔二〕

又十輪經云：「佛言：若諸比丘依佛法出家，一切天人阿脩羅皆應供養。若護持戒，不應讁罸閉繫刖其手足，乃至奪命，悉無是法。若有破戒比丘，如敗膿壞，非梵行而言梵行，退失墮落聖道果證，爲諸煩惱結使所壞，猶能開示一切天龍人非人等無量功德珍寶伏藏。是以依我出家，若持戒，若破戒，我

〔一〕出大方廣十輪經卷五衆善相品。
〔二〕出大悲經卷三禮拜品。

悉不聽輪王大臣宰相不得讁罰繫閉，加諸鞭杖，截其手足，乃至斷命。況復餘輕犯小威儀。破戒比丘雖是死人，是戒餘力，猶如牛黄，是牛雖死，人故取之。亦如麝香，死後有用。能大利益一切衆生。惡行比丘雖犯禁戒，其戒勢力猶能利益無量天人。譬如燒香，香體雖壞，熏他令香。破戒比丘亦復如是，自墮惡道，能令衆生增長善根。以是因緣，一切白衣不應侵毁輕蔑破戒比丘，皆當守護尊重供養，不聽讁罰繫閉其身乃至奪命。爾時世尊而説偈言：

瞻蔔花雖萎，　勝於諸餘華。　破戒諸比丘，　猶勝諸外道。」〔一〕

又大集經：「世尊説偈云：

剃頭著袈裟，　持戒及毁戒。　天人可供養，　常令無有乏。　如是供養彼，　則爲供養我。

若能爲敬法，　歸依而剃頭。　身著袈裟服，　説彼是我子。　假使毁禁我，　猶住不退地。

若有撾打彼，　則爲打我身。　若有罵辱彼，　則爲罵辱我。　是人心欲滅，　正法大明燈。

爲財共鬭諍，　刹利同生瞋。」〔二〕

又十輪經云：「譬如過去有王，名曰福德。若有人犯罪過，乃至繫縛，王不欲奪命，將付狂象。爾時狂象捉其二足，欲撲其地。而見此人著染色衣故，狂象即便安徐置地，不敢損傷。共對蹲坐，以鼻舐

〔一〕出大方廣十輪經卷三相輪品。
〔二〕出大方等大集經卷五十六月藏分法滅盡品。

足，而生慈心。族姓子，象是畜生，見染衣人尚不加惡，生於害心。乃至未來世有旃陁羅王，見我法中有人出家，堪任法器及不成法器，故作逼惱，或奪其命。命終之後，必墮阿鼻地獄。」〔一〕

頌曰：

經行林樹下，　求道志能堅。　既有神通力，　振錫遠乘烟。　一登四弘誓，　至道莫能先。
不貪曠劫壽，　何論延促年。

感應緣 略引十一驗

魏沙門釋曇始
晉沙門釋道開
晉司空何充
晉廬山七嶺聖僧
晉沙門釋僧朗
晉沙門釋法相

〔一〕出大方廣十輪經卷四刹利旃陀羅現智相品。

晉沙門釋法安
宋沙門慧遠
宋沙門釋慧全
齊沙門釋慧明
神州諸山聖僧

前魏太武時沙門曇始，甚有神異，常坐不卧，五十餘年。足不躡履，跣行泥穢中，奮足便净，色白如面，俗號曰白足阿練也。至赫連昌破長安，不信佛法，刑害僧尼，始被白刃不傷，由是僧尼免死者衆。太武敬重。死十餘年，形色不改。〔一〕

西晉沙門釋道開，燉煌人。出家山居，服練松柏，三十年後，唯吞小石子。行步如飛，不耐人，樂幽静。在抱腹山多年。石虎時，來自西平，日行七百里至鄴。周行邑野，救諸患苦。得財即散，徒行而已。石氏將末，與弟子來建鄴，入南羅浮，遂卒山舍。袁彦伯興寧中登山禮其枯骸也。〔二〕

〔一〕出高僧傳卷十釋曇始傳。又見集神州三寶感通録卷下。
〔二〕出集神州三寶感通録卷下。又見高僧傳卷九單道開傳。

東晉司空何充，弱而信法，於齋立座數年以待神聖。設會於家，道俗甚盛。坐中一僧，容服垢汙，神色低陋，自衆陞座，拱默而已。一堂怪之，謂在謬僻。充亦不平，形於顔色。及行中食，僧飯於坐，事畢提鉢而出堂，顧充曰：何徒勞精進耶！即擲鉢空中，凌虚而逝。充及道俗目送天際，追共惋恨，稽悔累旬。〔一〕右三驗出梁高僧傳。

晉廬山七嶺同會於東，共成峰崿。其崖窮絶，莫有昇者。晉太元中，豫章太守范甯將起學館，遣人伐材其山。見人著沙門服，凌虚直上。既至則迴身踞其峰，良久乃與雲氣俱滅。〔二〕時有採藥數人皆共瞻覩。當時能文之士，咸爲之興詞。〔三〕沙門釋曇諦廬山賦曰：應真凌雲以踞峰，眇翳景而入冥者也。〔四〕

晉沙門釋僧朗者，戒行明嚴，華戎敬異。嘗與數人俱受法請行，至中途忽告同輩曰：君等留寺衣物，似有竊者。同旅即返，果及盜焉。晉太元中於奉高縣金輿山谷起立塔寺，造製形像。苻堅之末，降斥道人，惟敬朗一衆，不敢毁焉。于時道俗信奉，每有來者人數多少，未至一日，輒已逆知。使弟子爲

〔一〕出集神州三寶感通傳卷下。作出梁高僧傳誤。

〔二〕「與」字原作「興」，據高麗藏本、磧砂藏本、南藏本、嘉興藏本改。

〔三〕「詞」字原闕，據集神州三寶感通録補。

〔四〕出集神州三寶感通録卷下。

具，必如言果到。其谷舊多虎，常爲暴害。立寺之後，皆如家畜。鮮卑慕容德以二縣租課充其朝中。至今號其谷爲朗公谷也。〔一〕

晉沙門釋法相，河東人也。常獨山居，精苦爲業。鳥獸集其左右，馴若家獸。太山祠大石函以盛財寶。相時山行，宿于其廟，見一人玄衣武冠，令相開函，言終不見。其函石蓋，重過千鈞。相試提之，飄然而開。於是取其財寶，以施貧民。後渡江南，住越城寺。忽遨遊放蕩，優俳滑稽。或時裸袒，干冒朝貴。鎮北將軍司馬恬惡其不節，招而酖之。頻傾三鍾，神氣清怡，恬然自若。年八十九，元興末卒。〔二〕

晉沙門釋法安者，廬山之僧，遠法師弟子也。義熙末陽新縣虎暴甚盛，縣有大社樹，下有築神廟，左右民居以百數，遭虎死者，夕必一兩。法安嘗遊其縣，暮投此村，民以懼虎，早閉門閭，且不識法安，不肯受之。法安徑之樹下坐禪，〔三〕通夜向曉。有虎負人而至，投樹之北。見安如喜如跳，伏安前，安爲説法授戒，虎踞地不動，有頃而去。至旦村人追死者，至樹下，見安大驚，謂其神人，故虎不害。自兹以後，而虎患遂息，衆益敬異。一縣士庶，略皆奉法。後欲畫像山壁，不能得空青，欲用銅青，而又無

〔一〕出高僧傳卷五竺僧朗傳。又見集神州三寶感通録卷下。

〔二〕出集神州三寶感通録卷下。又見高僧傳卷十二釋法相傳。

〔三〕「徑」字原作「遥」，據高麗藏本改。

銅。夜夢人逕其牀前云：此中有兩銅鐘，便可取之。安明即掘得，遂以成像。後遠法師鑄像，安送一勸助。餘一武昌太守熊無患借觀之，遂留不改。〔一〕

宋孝文時，江陵長沙寺沙門慧遠者，本名黄遷，即禪師慧印之弟子也。印每入定，見遠是印之先師，雖應爲蒼頭，故度爲弟子。常寄江陵楊家行般舟，勤苦歲餘，頗有感變。一日十會通見遠身，而般舟之處行道如故。自尅終日，至期果卒。久之現形多寶寺，謂僧曇珣曰：〔二〕明年二月二十三日當與天人相迎。言已不見。珣於是日，設大法會，建捨身齋。其日苦氣，自知必盡。三更中聞空中樂磬聲，香烟甚異。珣曰：遠公之契至矣。尋爾神遊。〔三〕

宋沙門釋慧全，涼州禪師也。開訓教授，門徒五百。有一弟子，性頗麤暴，全常不齒。後忽自云：得三道果。全以其無行，永不信許。全後有疾，此弟子夜來問訊時，户猶閉如故。全頗驚異，欲復驗之，乃語：明夕更來。因密塞窗户，加以重關。弟子中宵而至，逕到牀前，謂全曰：闍黎可見信來。因曰：闍黎過世當生婆羅門家。全曰：我坐禪積業，豈方生彼。弟子云：闍黎信道不篤，兼外學未絶，雖有福業，不能超詣。若作一勝會，得飯一聖人，可成道果耳。全於是設會。弟子又曰：可以僧伽黎

〔一〕出高僧傳卷六釋法安傳。

〔二〕「謂」字原闕，據集神州三寶感通録補。

〔三〕出集神州三寶感通録卷下。又見高僧傳卷十釋僧慧傳附。

布施。若有須者，勿擇長幼。及會訖施衣，有一沙彌就仝求衣，仝謂是其弟子。仝云：吾欲擬奉聖僧，那得與汝。迴憶前言，不得擇人，便以歡施。他日見此沙彌，問云：先與汝衣著不大耶？沙彌曰：非徒不得衣，亦有緣事，愧不預會。仝方悟先沙彌者，聖所化也。弟子久乃過世。過世之時，無復餘異，唯塚四邊，時有白光。仝元嘉二十年猶存，居在酒泉。〔一〕右六驗出冥祥記。

齊始豐赤城山有釋慧明，姓康，康居人。祖世避地于東吴，止赤城山石室。於是栖心禪誦，畢命枯槁。後於定中見一女神，自稱吕姥，云：常加護衛。或時有白猿、白鹿、白蛇、白虎遊戲堦前，馴伏宛轉，不令人畏。齊竟陵文宣王聞風祇挹，〔二〕頻遣三使，殷勤敦請。乃暫出山，至京師，到第，文宣敬以師禮。少時辭還山，苦留不止，於是資給發遣。〔三〕以建武之末，卒於山中，春秋七十矣。〔四〕

仰尋震旦海曲神州，諸山伽藍，泉巖石室，有修道人所居聖寺，時有行者咸見非一。〔五〕且述三五，用爲實録。餘之不盡，不可備論。

〔一〕出集神州三寶感通録卷下。
〔二〕「挹」字原作「揖」，據高麗藏本改。
〔三〕「給」字原作「終」，據高僧傳改。
〔四〕出高僧傳卷十一釋慧明傳。
〔五〕「時」字原脱，據高麗藏本補。

昔晉太元初，有燉煌沙門竺曇猷，乞食坐禪，强志勤業。遊會稽剡縣赤城山，有羣虎來前，猷爲説法，一虎獨眠，乃以如意杖打頭。有十圍蛇繞之，都無怖色。又山神捨宅，與之作寺。又往赤城山宴坐。此山與天台瀑布、四明連屬。父老云：天台山有聖寺。猷往尋之，石橋跨谷，青滑難度，横石斷路，無由得達。旬宿橋首，聞彼行道唱布薩聲，〔一〕便潔齋自勵，忽見横石潤開。猷便前度，具覩精舍，神僧燒香。中食畢，謂曰：却後十年，自當來此。〔二〕

齊鄴下大莊嚴寺沙門圓通者，感一神僧，夏中聽講。夏罷自恣，就辭云：在竹林寺。邀通過之，通具問道徑。來年尋至，在彼山東鄴之西北。神僧迎接，具見門開，房宇華敞，林木侵天。經宿周流，意言道合，便有終焉之思。神僧爲諮大和上，乃不許之。及還舊路，三里之外，反望莫覩。後之往者，不知其處。

近鄧州有沙門名道勒者，〔三〕於州北倚立山巖追訪，具見周循歷覽，實爲住寺。衆具皆備，但不見人。却下重尋，便失歸路。乃於道次，築室擬尋。

〔一〕「布」字原脱，據高麗藏本補。

〔二〕出高僧傳卷十一竺曇猷傳。

〔三〕「道勒」，高麗藏本、磧砂藏本作「道勤」。

汾州東南介山抱腹巖者，〔一〕山居之僧，數見沙門，乘空來往。

又涼州南洪崖窟，沮渠蒙遜所造，碑寺見存。有素聖僧常自行道，人來便止，人去尋行。故旁側足跡，納納示現。然徒衆不可見之。述曰：如名僧傳三十卷，梁高僧傳十五卷，唐高僧傳四十卷，〔二〕及百家史傳，凡聖碩德數千餘僧，積功殊異，道俗所欽。或散配諸篇，或文繁不録。且列少多，示知僧德。

〔一〕「腹」字原作「福」，據高麗藏本改。

〔二〕「十五卷唐高僧傳」七字原脱，據高麗藏本補。

法苑珠林校注卷第二十

致敬篇第九此有七部

述意部　功能部　普敬部　名號部　會通部　敷座部　儀式部

述意部第一

原夫上聖垂慈，至人利物。意欲導四生於實所，運三有於大車。師弟異軌而同歸，法俗殊途而一致。所以立像表真，彝訓常俗；寄指筌月，出道恒規。但以妄著我人，惰慢沿流，隨業漂淪，無思悛革。良由封迷累劫，不識三尊；愚惷頑執，罕逢十聖。是故命如風燭，難可駐留；形同石火，豈容長久。況復五濁交侵，四蛇常逼。而能安忍，翫兹虛幻。故使大聖慈悲，適化陶誘。行中要切，無過禮懺行道。

故龍樹十住論云：「菩薩晝夜各有三時，〔一〕於此六時禮拜十方諸佛，懺悔、勸請、隨喜、迴向。菩薩來至阿惟越地，依此修行，速成不退。如念東方善德佛等十方諸佛本願力故。若有衆生於先佛所種諸善根，聞是佛名，即能信受，便得不退菩提之心。」〔二〕亦由愚識常聞惡聲，今忽聞唤南無佛名，忽然驚喜，情慮欣泰，罪滅福生。故經云：「敬禮此佛，能除百萬生死重罪。」〔三〕或言：能除千劫生死重罪。若不依此階級以動凡心，則負罪者累劫受殃。但聞佛名，無不踴躍，我有何罪，不見真容！雨淚滂流，一心合掌。我有何善，聞佛名號！欣喜加敬，瞻仰聖顔，愛戀無厭。用此悲慶，信根日增。如此通情，識心無累，則於敬禮，常加歸命。比見道俗，聞唱佛名，身雖逐禮，心乃外緣。中途闕錯，都不省悟。無信無慚，於是乎在。或有道俗，屏處禮拜，或升或沈，身心惰慢，曾無驚懼。不敬之罪，於是轉加。或有道俗，對衆禮拜，千僧萬俗，高聲唱和，急度而禮。身不逐拜，心不敬思，類同點兵，但記空名。如碓上下，勞多無益。〔四〕上來略疏，非無斯咎。苟求名利，不存忠敬。依信能入，發生智識。信既不行，能入何寄。自下略述五意，並依聖教，示其真僞。請除妄歸真，功成究竟也。

〔一〕「晝」字原作「畫」，據高麗藏本、磧砂藏本、南藏本、嘉興藏本改。
〔二〕出十住毘婆沙論卷四易行品、卷五分别功德品。
〔三〕出觀佛三昧海經卷九。
〔四〕「多無」二字原作「無多」，據高麗藏本改。

功能部第二

仰惟大覺之慈，至極之聖，宿祐嘉運，冥感應期。聞名致敬，則勝業肇於須臾；憑心想化，則妙果成於曠劫。故五十三佛，聲益微塵之前；三千至真，光爍恒沙之後。二十五佛，功利救苦之厄；娑婆七寶，不逮一禮之福。雖合掌之因似賒，而樹王之報漸及。故知禮拜稱讚，豈虚棄功；虔誠呈敬，冥益福利。故智度論云：「若菩薩未入法位，遠離佛法，壞諸善根，没在煩惱，〔一〕自不能度，安能度人。是故不應遠離諸佛。譬如嬰兒不離其母，行路不離糧食，熱時不離凉風，寒時不離暖火，度水不離堅船，病苦不離良醫。是故菩薩常不離佛。何以故？父母親友人天王等不能益我，度諸苦海。唯佛世尊令我出苦，是故常念不離諸佛也。」〔二〕

又藥王藥上經云：「釋迦牟尼佛告大衆言：我昔無數劫時，於妙光佛末法之中，出家學道，聞五十三佛名。聞已，合掌心生歡喜。復教他人，令得聞持。他人聞已，展轉相教，乃至三千人。此三千人異口同音，稱諸佛名，一心敬禮。以是因緣功德力故，即得超越無數億劫生死之罪。其初千人者，始從華光佛爲首，下至毗舍浮佛，於莊嚴劫得成佛道，即過去千佛是也。此中千佛者，始從拘樓孫佛爲首，下

〔一〕「没」字原作「設」，據大智度論改。

〔二〕出大智度論卷二十九。

至樓至佛，於賢劫中次第成佛。後千佛者，始從日光佛爲首，下至須彌相佛，於星宿劫中當得成佛。現在十方諸佛善德如來等，亦得聞是五十三佛名故，於十方世界各得成佛。若有善男子善女人及餘一切衆生，得聞是五十三佛名者，是人於百千萬億阿僧祇劫不墮惡道。復有人能聞是五十三佛名者，生生之處常得值遇十方諸佛。若復有人能至心敬禮五十三佛名者，除四重五逆及謗方等經，皆悉清淨。以是諸佛本誓願故，於念念中即得除滅如上諸罪。」〔一〕三千佛名在諸佛集劫經。名號、種姓、國土等在賢劫經。千佛中釋迦當第四成佛也。

又決定毗尼經云：「若能至心敬禮三十五佛，其人功德無量無邊。」〔二〕

又佛名經云：「若善男子善女人聞此二十五佛名，至心受持，讀誦恭敬禮拜，得離地獄、餓鬼、畜生三惡道苦，得除瞋恚愚癡滅百劫重罪，常生十方净佛國土。設復有人滿三千大千世界七寶，一百歲中常用布施，猶不如誦持禮拜二十五佛名功德，千分不及一，乃至筭數譬喻所不能知。何以故？以衆生善根微薄，不得聞此佛名。若善男子善女人得聞此二十五佛者，非於一佛十佛所種諸善根。是人乃於百千萬佛所種諸善根，然後乃得聞此佛名。是人超越四十八劫，在前成佛。若復有人不信此二十五佛名得此功德，是人當墮阿鼻地獄，滿足百劫。舍利弗，若比丘、比丘尼、優婆塞、優婆夷欲懺悔諸罪，當

〔一〕出觀藥王藥上二菩薩經。

〔二〕出決定毘尼經。

净洗浴，著新净衣，净治室内，敷好高座，安置尊像，懸二十五枚旛，種種華香供養，誦此二十五佛名。日夜六時懺悔，滿二十五日，滅四重八重等罪。式叉摩那、沙彌、沙彌尼亦復如是。」〔一〕

又文殊問經讚佛偈云：

「我禮一切佛，　調御無等雙，　丈六真法身，　亦禮於佛塔。　生處得道處，　法輪涅槃處，
行住坐卧處，　一切皆悉禮。　諸佛不思議，　妙法亦如是。　能信及果報，　亦不可思議。
能於此祇夜，　讚歎如來者，　於千萬億劫，　不墮於惡道。」〔二〕

又菩薩本行經云：「正使化無數億計人成辟支佛，有人百歲四事供養，功德甚多，不如有人以歡喜心一四句偈讚歎如來功德無量。」〔三〕

又善生經云：「以四天下寶，供養於佛，又以重心讚歎如來，是二福德等無差别。」〔四〕

又大悲經云：「一稱佛名南無佛者，以是善根入涅槃界不可盡也。」〔五〕

〔一〕　出佛名經卷八。

〔二〕　出文殊師利問經卷上不可思議品。

〔三〕　出菩薩本行經卷下。

〔四〕　優婆塞戒經卷三供養三寶品。

〔五〕　出大悲經卷三禮拜品。

述曰：既知聖教，禮佛功德不可思議，是故行者常須作意，不得自惰。恐無常忽至，瞻禮無處。譬鼠入角，路窮何趣。是故經中世尊説偈云：

命如風中燈，　不知滅時節。　今日復明日，　不覺死輪至。　冥冥從業緣，　不知生何道。〔一〕

又上生經云：「若有禮敬彌勒佛者，除却百億生死之罪，乃至來世龍華樹下亦得見佛。」又云：「我滅度後四衆八部聞名禮拜，命終往生兜率天中。若有男女犯諸禁戒，造衆惡業，聞是菩薩大悲名字，五體投地，誠心懺悔，一切惡業速得清浄。若有歸依彌勒菩薩，當知是人得不退轉。彌勒成佛，見佛光明，即得受記。」〔二〕

又增一阿含經云：「禮佛有五功德：一者、端正。以見相好生尊上故。二、得好聲。以見佛時三自稱曰：南無如來至真等正覺故。三、多饒財。以具華香燈明隨力供養故也。四、生處高貴。以見佛時心無染著，又能右膝著地長跪叉手禮故。五、生天上。以念佛功德法爾故。」〔三〕

又金剛三昧經云：「若有暫聞佛勝智慧，深心隨喜，不起誹謗者，於百千劫不墮惡道，生處值佛。

〔一〕此段出處待考。

〔二〕出觀彌勒菩薩上生兜率天經。

〔三〕出增一阿含經卷二十四。

乃至念佛法身功德無邊。」〔一〕

又普賢觀經云：「若有晝夜六時禮十方佛，誦大乘經，思第一義甚深空法，一彈指頃，除百萬億那由他恒河沙劫生死之罪。行此法者，真是佛子，從諸佛生。十方諸佛及諸菩薩爲其和上。是名具足菩薩戒者，不須羯磨，自然成就，應受一切人天供養。」〔二〕

又涅槃經云：「若於佛法供養一香燈，乃至獻一華，則生不動國。善守佛僧物，塗掃佛僧地像塔如母指，常生歡喜心，亦生不動國。」〔三〕此即净土常嚴，不爲三災所動也。

普敬部第三

敬惟法身無相，應現十方。謂四方四維上下。俗儒所説，唯據此洲，洲外有洲，古今未説。若依内典，通窮無際，横亘十方，傍羅異域。今佛教中，娑婆忍土，百億日月，〔四〕四重圍輪，大千世界，名一佛土。此猶據化佛釋迦如來所王之域。故華嚴經云：盧舍那佛報身如來所王之土，復過是數，盡十方界

〔一〕出金剛三昧本性清净不壞不滅經。

〔二〕出觀普賢菩薩行法經。

〔三〕出大般涅槃經卷二十一。

〔四〕「百」字，高麗藏本作「萬」。

非凡所謀。〔一〕故梵網經偈云：

「我今盧舍那，方坐蓮華臺。周匝千華上，復現千釋迦。一華百億國，一國一釋迦。各坐菩提樹，一時成佛道。」〔二〕

如經所云：千華千佛，即以一葉爲一華，故一華千葉，千佛現世。〔三〕

又如普賢觀經云：「毗盧遮那如來所王之土，遍一切處。其佛住處，名常寂光。」〔四〕

據此明住無住之住，引凡虚心，令其敬仰。至理而論，安有住處。如是十方無量世界諸佛如來，無時息化。過、現、未來，約凡生滅，據化而説。若依實教，聖化恒周，功齊法界，不可以一域爲局，不可以三世限論也。今且據釋迦一代現化而述，故權受胎，八相成道。利益淺機，漸通大教。乃至父母諸親俗尊尚禮如來。〔五〕何况下凡而不虔敬也。

〔一〕此段出處待考。

〔二〕出梵網經盧舍那佛説菩薩地戒品卷下。

〔三〕此段出處待考。

〔四〕出觀普賢菩薩行法經。

〔五〕「尚」字原作「上」，據高麗藏本、磧砂藏本、南藏本、嘉興藏本改。

又佛說十二佛名神咒除障滅罪經云：〔一〕「爾時世尊告彌勒菩薩言：彌勒，東方去此佛刹有十不可說諸佛刹億百千微塵等，過爾許諸刹，有一佛土，名曰解脱主世界。彼世界有一佛，名曰虚空功德清净微塵等目端正功德相光明華波頭摩瑠璃光寶體香最上香供養訖種種莊嚴頂髻無量無邊日月光明願力莊嚴變化莊嚴法界出生無障礙王如來。若善男子善女人犯四重五逆，誹謗三寶，及犯四波羅夷。是人罪重，假使如閻浮履地變爲微塵，一一微塵成於一劫，是人有若干劫罪。稱是一佛名號，禮一拜者，悉得滅除。況復晝夜受持，讀誦憶念不忘者。是人功德不可思議。而彼佛世界中有菩薩名無比，無障礙王如來授彼菩薩記，當得成佛，號曰毫相日月光明焰寶蓮華堅如金剛身如毗盧遮那無障礙眼圓滿十方放光普照一切佛刹相王如來。彼東方復有佛，名曰一切莊嚴無垢光如來。南方有佛，名曰辨才瓔珞思念如來。西方有佛，名曰無垢月相王名稱如來。北方有佛，名曰華莊嚴作光明如來。東南方有佛，名曰作燈明如來。西南方有佛，名曰寶上相名稱如來。西北方有佛，名曰無畏觀如來。東北方有佛，名曰無畏無怯毛孔不豎名稱如來。下方有佛，名曰師子奮迅根如來。上方有佛，名曰金光威王相如來。爾時佛告彌勒：若有正信善男子善女人，稱此十二佛名號之時，〔二〕經於十日。當修懺一切諸罪，一切衆生所有功德皆隨喜，勸請一切諸佛久住于世，以諸善根迴向法界。是時即得滅一切諸罪，得

〔一〕「佛名」下原有「神名」二字，據高麗藏本删。
〔二〕「佛」字上原衍「諸」字，據高麗藏本删。

净一切業障，即得具足成就莊嚴一切佛土，具足無畏，具足身相，具足菩薩眷屬圍繞，具足無量三昧，具足如意佛刹莊嚴，行阿耨菩提而得端正可喜果報。爾時世尊而説偈言：

若有善男子，　若有善女人，　受持此佛名，　生生世世中，　得他人愛敬，　光明威力大，
生處爲人尊，　於後得成佛。」〔一〕

又尸迦羅越六向拜經云：「佛在世時，有長者子名尸迦羅越，早起洗浴著衣，六方各向四拜。佛入王舍城來，越遥見之。佛到家，問之：何爲六向拜，此應何法？越言：父在時教我，不知何應。佛言：父教汝禮，不以身拜。越便長跪言：願佛爲我解此六意。佛言：聽之。其有長者黠人，能持四戒不犯者，今世爲人所敬，後世生天。一，不煞生，二、不偷盗，三、不愛他人婦女，四、不妄言兩舌貪恚愚癡。不能制此四意者，名爲日暗。〔二〕如月盡時，光明稍冥。能自制惡意者，如月初生，其光稍明，至十五日盛滿時也。佛言：東向拜者，謂子事父母，當有五事：一者，當念治生。二者，早起，敕令奴婢時作飯食。三者，不益父母憂惱。四者，當念父母恩重。五者，父母疾病當懼，求醫療之。父母視子，亦有五事：一者，當念令去惡就善。二者，當教計筭書疏。三者，當教持經戒。四者，當與娶婦。五者，家中

〔一〕出佛説十二佛名神咒校量功德除障滅罪經。
〔二〕「日」字，高麗藏本作「月」。

所有當給與之。南向拜者，謂弟子事師，當有五事：一者，當敬歎之。〔一〕二者，當念其恩。三者，所教隨之。四者，思念不厭。五者，當從後稱譽之。師教弟子，亦有五事：一者，當令疾知不忘。二者，當勝他人弟子。三者，欲令知已不忘。四者，有諸疑難，悉爲解説。五者，欲令弟子智慧勝師。西向拜者，謂婦事夫，當有五事：一者，夫從外來，當起迎之。二者，夫出不在，當炊烝掃除待之。三者，不得有婬心於外，夫罵詈之，不得還言作色。四者，當用夫教誡，所有什物不得藏匿。五者，夫若寢息，蓋藏乃卧。夫視其婦，亦有五事：一者，出入當敬於婦。二者，衣食以時與之。三者，當給與金銀珠璣。四者，家中所有多少，悉用付之。五者，不得於外躭畜侍御。〔二〕北向拜者，謂人視親屬朋友，當有五事：一者，見之作惡，私往屏處，諫曉呵止之。二者，小有急事，當奔趣救護之。三者，所有私語，不得爲他人説。四者，當相敬難。五者，所有好物當多少分與之。向地拜者，謂丈夫視奴婢使，亦有五事：一者，當以時衣食。二者，病瘦當呼醫治之。三者，不得妄撾捶之。四者，有私財物，不得奪之。五者，分付之物，當平等與之。奴婢事丈夫，亦有五事：一者，當早起，勿令丈夫呼之。二者，所當作次，用心爲之。三者，愛惜丈夫物，不得棄捐乞人。四者，丈夫出入，當送迎之。五者，當稱譽丈夫善，不得説其惡。向天拜者，謂人事沙門道人，當用五事：一者，以善心向之。二者，擇好言與語。三者，以身敬之。

〔一〕「歎」字原作「難」，據高麗藏本改。
〔二〕「侍」字原作「傳」，據高麗藏本改。

四者，當戀慕之。五者，沙門道人，人中之雄，當恭敬承事，問度世之法。沙門道人當以六意視其凡庶：一者，教之布施，不得自慳。〔一〕二者，教之持戒，不得自犯。三者，教之忍辱，不得恚怒。四者，教之精進，不得懈慢。五者，教之一心，不得放意。六者，教人黠慧，不得愚癡。如是行之，爲汝父在時六向禮拜之教也。何憂不富。迦羅越聞已，即受五戒，作禮而去。」〔二〕

名號部第四

夫道與俗反，名與實乖。得其趣者，玄會幽理。何以然耶？至如俗中祖考，不許述其名字。若論内典諸佛名號，稱揚禮敬，獲福無量。良以諸佛如來大慈愍物，降靈在俗，濟度爲先。有心希仰，無不蒙益。或以口稱，或以心念，或以身禮，三業加敬，三毒清凉。漸拔有根，出於界繫。有斯大德，故稱得福。彼流俗者，與上相違，且順一生，潛諱而已。遠祖後孫，非諱所及。孔門徵在，可以鑒諸。今依論中，諸佛名號，標舉義類，各有勝能。故略釋之，以例諸名。如西云釋迦，此云能仁，豈有一佛非能仁也。如西云阿彌陀，此云無量壽，豈有一佛非長壽也。如東方善德佛，乃至下方廣衆德佛，豈有一佛非善德，非廣德也。只可題名同異，據其功能，力用齊等。但心思佛名號，目覩金容，敬心殷禮，得福無

〔一〕以上二句原作「教施莫慳」，據高麗藏本補改。
〔二〕出尸迦羅越六方禮經。

量。故十住毗婆沙論歎佛偈云：

「若有人得聞，說是諸佛名，即得無量福，如爲寶月說。我禮是諸佛，今現在十方，其有稱名者，即得不退轉。」〔一〕

述曰：今創發起一切恭敬者，一者謂普及爲言，切者謂盡際爲語。恭謂束身翹仰，敬謂心無異念。若不唱此，恐心馳散，故勤情恭敬，正觀現前也。敬禮常住三寶者，如涅槃經云：若有人聞常住二字，是人生生不墮惡趣。〔二〕以法身凝然，不變故常，報身相續，不斷故恒。化身作用無休故不變。又佛身體一，隨義說三。故釋迦云：吾今此身即是法身。由是法身所依持故。如泥木靈像，造有所表。〔三〕敬誠殷禮，獲福無量；輕心毀謗，招罪彌殃。然後供養，嚴持香華，運心周普，作用佛事。現前不現前，常須普薦香華一切衣服飲食音樂等事。皆共衆生等心供養，無令斷絶。故華嚴經中諸菩薩等所行供養，隨心指相。如見大山、大雲、大水、大火，即以萬香山香雲、八功德水、七净妙華，運心作意，無不成供。乃至華林果樹，例準行之。禮佛者，隨禮十方佛、二十五佛、三十五佛、五十三佛、賢劫千佛、萬五千佛等，稱名用意，具如前述。懺悔者，所有輕重自作、教他、見作隨喜，義須披析，悔前所犯，慚愧慷

〔一〕出十住毘婆沙論卷五易行品。
〔二〕此段出處待考。
〔三〕「造」字原作「遠」，據高麗藏本改。

慨，銜悲滿目。若不蒙誨示，則守死長苦。具明法用，如下懺悔篇述。勸請者，至誠求願，諸佛觀諸衆生，巨細無異，望得從願，莫捨壽命。願住多劫，度脱衆生。隨喜者，他人作福心生歡喜也。迴向者，迴諸福德，向無上道。發願者，願是能引，行是起作。若有願無行，願則虚，若有行無願，行則孤。由有願故，行不孤；由有行故，願不虚。願行相扶，證果不虚。故懺悔罪中亦兼有願。願於今身償，不入惡道受，即是通明也。自外臨時，準用可思。

會通部第五

述曰：今此所叙威容相狀，中邊時俗，各有異儀。隨國行之，以敬爲本。此乃初心，非學不解。故須委歷，用曉未聞。久行碩德，固非所望。然中天虔敬，震旦不同。彼則拜少而遶多，此則拜多而遶少。彼則肉袒露足而爲恭，此則巾履備整而稱敬。誠道俗之殊容，乃方土之異等。且自審詳威儀，臨時緩急。若容與朝覲，則三業殷懃；時序忽切，則四支削略。〔一〕斯並行藏在要，智出不思，足使加敬盡衷，彼我通意者也。故出曜經曰：「有信士威儀，有出家威儀，有大道人威儀，有小道人威儀。由是善行趣道之基，故生善處。」〔二〕以此文證，明知歸信威儀，入道之始，不可隱略，故序以命之。

〔一〕「四」字原作「曰」，據高麗藏本、磧砂藏本、南藏本、嘉興藏本改。

〔二〕出出曜經卷二十三泥洹品。

如俗中周禮有九品之拜，出自太祝之官。斯非内教，然禮貴從俗故也。「一曰稽首拜，謂臣拜君之拜也。稽訓爲稽，計奚反。即久稽留，停頭至地少久也。二曰頓首拜，〔一〕謂平敵者如諸侯相拜也。即以頭向下虚摇而不至地也。三曰空首拜，此君荅臣下之一拜也。即以頭至手，所謂拜手也。四曰振動拜，謂敬重之，戰慄動變之拜也。五曰吉拜，謂拜而後稽顙，謂齋縗不杖以下也。言吉者，此殷之凶拜也。周以其與吉拜頓首相近，故謂之吉拜。即先作稽首拜，後作稽顙。顙是額也。以額觸地，無容儀也。六曰凶拜，謂稽顙而後頓首拜，謂三年服者拜也。七曰奇拜，謂先屈一膝，即今時所謂雅拜也。一説：奇拜，但一拜以荅臣下之拜也。八曰褒拜，褒謂爲報。報拜者，再拜是也。又云褒拜，〔二〕今時持節之拜也。即再拜於神與尸也。九曰肅拜，謂但俯下手，今時揖者是也。亦指婦人拜。」〔三〕又肅拜或至三也。空首奇拜唯一，餘則再拜之也。上並俗禮正文。鄭康成依位釋之如此。今據内教以禮敬爲初，大略爲二：即身、心也。佛法以心爲其本，身爲其末。故須菩提静觀室内，如來歎爲禮見於法身。蓮華色尼初至寶階，如來毁爲拜於化佛。〔四〕故知静處思微，念念趣道；觀形鑒貌，新新在俗。能所未

〔一〕「曰」字原作「者」，據高麗藏本、磧砂藏本、南藏本改。

〔二〕「又」字原脱，據高麗藏本補。

〔三〕出周禮卷二十五鄭氏注。

〔四〕「化」字原脱，據高麗藏本補。

免，相見齊生。我倒現前，即爲障道。故佛約此而分身、心敬也。如能即色緣空，觀境心造。紛紛集起，〔一〕不無染净；知識妄念，未可清澄。想倒空時，〔二〕緣念斯絶。今居凡地，力極制御，止得如斯。念念自然，漸能清净。常起兩觀，不得單行。謂知塵無境，是漸背俗；謂知識亦無心，是漸向真。如此策修，長時不已，分分增明，三祇方就也。

又大悲經云：〔三〕「佛告阿難：南無佛者，此是決定諸佛世尊名號音聲故，稱言南無諸佛故。過去有大商主，將諸商人，爲摩竭大魚欲來吞舟，由三稱南無佛名，並皆免難。魚聞佛名，以善心故，捨身後世，出家得道。何況有人得聞佛名，聽聞正法，親於佛所種諸善根，而不必定利益。」〔四〕

又十誦律：「佛語優波離，稱和南者，是口語。若曲身者，是名心净。若比丘禮時從座起，偏袒右肩，脱草屣，右膝著地，以兩手接上座足禮。」〔五〕

述曰：依經云：和南者，梵語也。或云那謨、婆南等。此猶非正。依本正云槃淡。唐言我禮，或

〔一〕「起」字原作「趣」，據高麗藏本改。

〔二〕「倒」字原作「到」，據高麗藏本、磧砂藏本、南藏本改。

〔三〕「悲」字原作「慈」，據經名改。

〔四〕出大悲經卷三禮拜品。

〔五〕出十誦律卷三十九。

云歸禮。歸亦我之本情，禮是敬之宗致也。或云歸命者，義立代於南無也。理事符同，表情得盡。俗人重南無而輕敬禮者，不委唐梵之交譯也。況復加以和南，諸佛迷之，彌復大笑。又南無者，善見論翻爲歸命覺，亦云禮大壽。又和南者，出要律儀翻爲恭敬，善見論翻爲度我。準此而言，恭敬、度我，義通凡聖。豈和南偏在尊師，〔一〕亦通上聖念救生也。故經中來至佛所云：南無無所著，至真等正覺。是名口業稱歎如來德也。

敷座部第六

述曰：敬尋經律，無敷座具之文，但云脱屣禮足。今據事用，理須坐具。故四分律云：「爲護身、護衣、護僧卧具故，制畜坐具。」〔二〕既爲身衣，明知須設。又坐具之用，本是坐時之具。所以禮拜之中，無其敷文。故如來將坐，如常敷之。準此比丘自敷而坐，不合餘人爲敷。今見西僧來至佛前禮者，必褰裙以膝拄地，合掌長跪，口讚於佛，然後頂禮。此乃遺風猶在，恭相可準行之。今時僧尼至於佛前，並令侍者爲敷坐具。此蓋憍慢，未是致敬之恭。又至佛前佇立，待席方始禮者，此亦不可。又在牀上而設禮者，此亦不敬。如見尊長，即須急拜，安得覓席。如見君王，即須敬禮，何得在牀。人王凡尊，

〔一〕「南」字原作「尚」，據高麗藏本改。

〔二〕出四分律卷十九。

尚恭不高；何況法王，輒相倫擬！雖有餘敬，終成惰慢。故三千威儀經云：「不得在座上禮也。」〔一〕

儀式部第七

述曰：此部別有五儀式：第一、明脱履者，此爲申極敬儀也。如此土羣臣朝謁之儀，皆在殿廷，履履不脱。有時上殿，則劍履皆捨。此古之法，非始今儀。天竺國中地多濕熱，以革爲屣，制令著之。如見上尊，即令脱却。自餘寒國，隨有履著。行事之時，脱足爲敬。若是白衣，多著靴鞋爲恭。初入寺内，不勞脱足。若入佛堂，得脱也。第二、明偏袒者，依律云：偏露右肩，或偏露一肩，或偏露一膊。所言袒者，謂肉袒也。示從依學，有執作之務。俗中袖狹右袂，便穩於事是也。今諸沙門但出一肩，仍有衫襖，非袒露法。如大莊嚴論云：「沙門釋子者，肩黑是也。」〔二〕外道通黑，沙門露右，故有不同。律中但有三衣通肩被服。如見長老，乃偏袒之。設以衣遮，名爲偏袒。一何可笑也！故知肉袒肩露，乃是立敬之極。然行事之時，量前爲袒。如在佛前及至師僧，懺悔禮拜，並須依前右袒爲恭。若至寺外街衢路行，則須以衣覆肩，不得露肉。西國濕熱，共行不怪。此處寒地，人多譏笑。故五分律云：「雖

〔一〕出大比丘三千威儀卷上。
〔二〕出大莊嚴論經卷三。

是我語，於餘方不清净者，不行無過也。」〔一〕第三、明呈恭者，故律云：〔二〕當令一心，合十指爪掌，供養釋師子。或云：叉手白佛者，皆是斂容呈恭，制心不令馳散。然心使難防，故制掌合而一心也。今禮佛者，多有指合掌不合，或有掌合而指開，〔三〕良由心慢而慉散也。寧開指而合掌，不得合指而開掌。本欲來求福，却反招慢過。既知一心合掌之儀，即須五體投地禮之。故地持論云：當五輪至地而作禮也。〔四〕又阿含經云：二肘兩膝及頂，名爲五輪。〔五〕輪謂圓相。五處皆圓，能令上下迴轉，生福轉多，名爲輪也。今有西僧禮拜之時，多褰足露膝，先下至地，然後以肘按地，兩掌承空，示有接足之相也。若前尊跏趺，不垂脚坐者，隨事而行，不勞接足。今見禮者，二手捺地，兩足據後，頭不至地，亦是乖慢。既知五輪著地之儀，即須知右膝跽跪之相。經中多明胡跪、跽跪、蹑跪，斯並天竺敬儀，不足可怪。即是左右兩膝交互跪地，有所啓請悔過儀也。第四明禮儀者，聲論云：槃那寐者，此云禮也。智

〔一〕出彌沙塞部和醯五分律卷二十二。
〔二〕此段出處待考。
〔三〕「掌合而指開」，高麗藏本作「指合而掌開」。
〔四〕此段出處待考。
〔五〕此段出處待考。

度論云：「禮法有三：一、是口禮。謂口云：和南，是名下禮也。二、屈膝頭不至地。此名中禮。三、頭頂至地。〔一〕是名上禮。下者揖，中者跪，上者稽首。菩薩禮佛有三：一者、悔過品，二者、隨喜迴向品，三者、請佛品。」〔二〕問：禮唯身業，亦通三業耶？答：禮通三業。五輪至地，爲除身業不善。稱揚名字，歌讚佛德，爲除口業不善。心常緣念，若鏡目前，爲除意業不善。爲對佛眼，故須身禮。爲對天耳，故須口唱。爲對他心，故須意念。由口業唱故，聞慧得成。由意業念故，思慧得成。由身業禮故，修慧得成。由身業禮故，戒學得成。由意業念故，定學得成。由口業唱故，慧學得成。上來所述，且綺互明之。若據通門，三業之中，三學並攝也。第五、明邪正者，源此禮法。於齊代初，有西國三藏，厥號勒那，覩此下凡，居在邊鄙，不閑禮儀，情同猴馬，悲心内溢，爲翻七種禮法。文雖廣周，逐要出之。從麤至細，對麤爲邪，對細爲正，故階級有七，意存後三也。

第一、名我慢憍心禮者，〔三〕謂依次位，心無恭敬，恃尊自德，無師仰意，恥於下問，諮受無所，心無法據。雖有設拜，心馳外境，如碓上下，空無所獲。一形所作，無境住心，輕生薄道，徒勞無益。外覩似恭，内增慢惑，猶如木人，情不殷重。五輪不具，三業馳散，是名我慢禮也。第二、唱和求名禮者，雖非

〔一〕「頂」字，大智度論無。
〔二〕出大智度論卷一百、卷十、卷六十一。
〔三〕「憍」字原脱，據高麗藏本補。

高慢，心無淨想，麤正威儀，身心詐恭。見人身輕急禮，人去身惰心疲。稍似恭順，片有相扶，其福薄少，非真供養。良由口唱心散，是名唱和禮也。第三、身心恭敬禮者，聞唱佛名，便念佛身，如在目前。相好具足，莊嚴晃耀。心相成就，感對佛身，手摩其頂，除我罪業。是以形心恭敬，無有異念。供養恭敬，情無厭足。心想現前，專注無昧。導利人天，爲上爲最。功德雖大，猶未是智，後多退没，是名身心禮也。第四、發智清淨禮者，良由達佛境界，慧心明利，深知法界，本無有礙。由我無始，順於凡俗。非有有想，非礙礙想。今達自心，虚通無礙，故行禮佛，隨心現量，禮於一佛，即禮一切佛。一切佛即是一佛，以佛法身體用通融，故禮一拜遍通法界。如是香華種種供養，例同於此。法僧加敬，我亦同然。雖三相别，性理無殊故。三乘名異，解脱體同。故知一禮則一切禮，一切禮則一禮。如是三寶既能通達，一切三界六道四生同作佛想，供養禮拜。自淨身心，蕩蕩無障，念佛境界，心心轉明。一拜一起，爲尊爲勝，即是淨業無窮，果報無限，是名發智禮也。第五、遍入法界禮者，良由行者想觀自己身心等法，從本已來，不離法界，亦不在諸佛身外，亦不在諸佛身内，亦不在我外，亦不在我内。自性平等，本無增減。今禮一佛，即遍通諸佛。所有三乘位地無漏，我身既遍，隨佛亦遍，乃至法界空有二境，依正兩報，莊嚴供具，無問行財，隨緣遍滿，不離法界，隨心無礙，並薦供養，隨喜頂禮。如一室中懸百千鏡，有人觀鏡，鏡皆像現。佛身清淨，明逾彼鏡，遞相涉入，鏡無不照，影無不現。此則攝他爲總，入他爲别。一身既爾，乃至一切法界凡聖之身及供養之具，皆助隨喜，悉同供養。有目者見，無目者不覩。如此行學法界軌門，大有利益。故地持論有現前供養、不現前供養，不現前供養勝現前供養。〔一〕以難成故。既知我身在佛身内，如何顛倒妄造邪業，不生愧耻。又諸佛德用既齊，名號亦等，隨稱何名，名無不盡。如稱一釋迦名，禮召一切諸佛，無不備周。如西云釋迦，此云能仁。豈有一佛非能仁也！西云阿彌陀，此云無量壽，豈有一佛非長壽也！西云彌勒，此云慈氏，豈有一佛非慈氏也！故智度論云：「一佛勝能等一切佛勝能，一切佛勝能等一佛勝能。」設一切佛不化衆生，但一佛化生，即功歸法界，德用遍周。是名遍入法界禮也。第六、正觀修誠禮者，此明自禮自身佛，不緣他境他身佛也。何以故？一切衆生自有佛性，平等本覺，隨順法界，緣起熾然。但爲迷故，唯敬他身。己身佛性，妄認爲惡。縱修此行，常爲偏倒。若知己身極惡無佛性者，縱敬他身，終成無益。衆生迷倒，雖發微善，唯將法界供具供養他身，無始已來未曾將一燈、一香、一禮、一餐供養己身佛性。若能返照本覺，則解脱有期。維摩經云：「如自觀身實相，觀佛亦然。」〔二〕又云：「不觀佛，不觀法，不觀僧，以見自身他身平等正法性故。」〔三〕己心清净即是自性住佛性，隨力修明即是引出佛性，三祇果圓即是至得果佛性。若據妙達，唯局大聖。若論下凡，雖未頓修，不得不解。如涉遠道，要藉自身。欲見佛性，要觀己佛。法僧亦爾，同體無二，是名

〔一〕見菩薩地持經卷七供養習近無量品。
〔二〕出維摩詰所説經卷下見阿閦佛品。
〔三〕此段出處待考。

正觀禮也。第七、實相平等禮者，大意同前。前猶存有禮有觀，自他兩異。今此一禮，無自無他，凡聖一如，體用同融，如如平等，古今無別。若見佛可尊可敬，即是凡可卑可慢。若起此心，還成僻執。故般若經云：「是法平等，無有高下，是名阿耨菩提。」〔一〕以實相離念，不可以心取，不可以相求，不可以禮敬，不可以慢惰。去高下，離尊卑，静亂一原，恭怠齊固。安心此意，是名平等禮也。故文殊禮文云：「不生不滅故，敬禮無所觀。」〔二〕此之一禮，凡夫淺識，恐聞反謗。上智之人，内行平等，外順修敬，内外合宜，是名平等禮也。又增一阿含經世尊所説偈言：

「若欲禮佛者，過去及當來，説於現在中，當觀於空法。若欲禮佛者，過去及當來，現在及諸佛，當計於無我。善業以先禮，最初無過者，空無解脱佛，此是禮佛義。若欲禮佛者，當來及過去，當觀空無法，此名禮佛義。」〔三〕

頌曰：

稽首三寶，歸誠十方。瞻仰尊敬，益福除殃。機路異色，慈誘同芳。隱顯相發，化應無疆。雖生兹土，感赴殊鄉。觀禮欣慶，福祚彌長。法性無二，縱隔何傷。虔

〔一〕出金剛般若波羅蜜經斷疑分。
〔二〕出如來莊嚴智慧光明入一切佛境界經卷下。
〔三〕出增一阿含經卷二十六。

誠一拜，　周遍難量。

感應緣略引一驗

唐左監門校尉馮翊李山龍，以武德中暴亡，而心上不冷，如掌許。家人未忍殯斂，至七日而甦，自説云：當死時被冥收録，至一官曹廳事，甚宏壯廣大。庭内有囚數千人，或枷鎖，或杻械，皆北面立滿庭中。吏將山龍至廳下，天官坐高床，侍衛如王者。山龍問吏：此何官？吏曰：是王也。山龍前至階下。王問：汝生平作何福業？山龍對曰：鄉人每設齋講，恒施物同之。王曰：汝身作何善業？山龍曰：誦法華經日兩卷。〔一〕王曰：大善，可昇階。既昇，廳上東北閒有一高座，如講座者。王指座謂山龍曰：可昇此座誦經。山龍奉命至側。王即起立曰：請法師昇座。山龍昇座訖，王乃向之而坐。山龍開經曰：妙法蓮華經序品第一。王曰：請法師止。山龍即止下座，復立階下。顧庭内向囚已盡，無一人在者。王謂山龍曰：君誦經之福，非唯自利，乃令庭内衆囚皆以聞經獲免，豈不善哉！今放君還去。〔二〕山龍拜辭，行數十步，王復呼還，謂吏曰：可將此人歷觀諸獄。吏即將山龍東行百餘步，見一鐵城甚廣大，上屋覆其城。城傍多有小窗，或大如小盆，或如盂椀。見諸男女從地飛入窗中，即不復

〔一〕「日」字原闕，據太平廣記引補。
〔二〕以上見集神州三寶感通録卷下引。

出。山龍怪問。吏曰：此是大地獄，中多有分隔，罪計各異。此諸人者各隨本業赴獄受罪耳。山龍聞之，悲懼稱南無佛，請吏求出。至院門見一大鑊，火猛湯沸，傍有二人坐睡。山龍問之，二人曰：我罪報入此鑊湯，蒙賢者稱南無佛，故獄中諸罪人皆得一日休息疲睡耳。山龍又稱南無佛。吏謂山龍曰：官府數移改。今王放君去，可白王請抄。若不爾，恐他官不知，復追録君。山龍即詣王請抄，王命紙書一行字付吏曰：爲取五道等署。吏受命，將山龍更歷兩曹，各廳事侍衛亦如此。王之遣吏皆取其官署，各書一行訖，付山龍。龍持出至門，有三人謂山龍曰：王放君去，可不少多乞遺我等。山龍未言。吏謂山龍曰：王放君不由彼。然彼三人者，〔一〕是前收録君使，一人是繩主，當以赤繩縛君者；一人是棒主，〔二〕當以棒擊君頭者；一是袋主，當以袋吸君氣者。見君得還，故乞物耳。山龍惶懼謝三人曰：愚不識公，請至家備物。但不知何處送之。三人曰：於水邊，若樹下燒之。山龍許諾。吏送歸家，見親眷正哭，經營殯具。山龍入至屍傍即穌。後日剪紙作錢帛，并酒食自送於水邊燒之。忽見三人來謝曰：蒙君不失信，重相贈遺，愧荷。言畢不見。山龍自向總持寺主説，寺主轉向臨説。〔三〕右一驗出冥報記。

〔一〕「彼」字原作「後」，據高麗藏本、磧砂藏本、南藏本改。

〔二〕「人」字原脱，據高麗藏本補。

〔三〕出冥報記卷中。又太平廣記卷一〇九引。

法苑珠林校注卷第二十一

福田篇第十此有三部

述意部　優劣部　平等部

述意部第一

自大覺泥洹，福歸衆聖。開士應真，弘揚末教。並飛化衆刹，隨緣攝誘。感殊則同室天隔，應合則異境對顔。是以隨敬一僧，則五眼開浄；隨施一毫，則六度無盡也。

優劣部第二

如優婆塞戒經云：「佛言：世間福田凡有三種：一、報恩田，二、功德田，三、貧窮田。報恩田者，所謂父母、師長、和尚。功德田者，從得暖法乃至阿耨菩提。貧窮田者，一切窮苦困厄之人。世尊是二種田：一、報恩田，二、功德田。法亦如是。衆僧是三種田：一、報恩田，二、功德田，三、貧窮田。以是因緣，已受戒者，應當至心勤供三寶。」〔一〕「若人共施財物，福田施心俱等，是二福德等無差别。有財心俱等，福田勝者得果報勝。有田心俱下，財物勝者，得果則勝。有田財俱下，施心勝者，得果亦勝。有田財俱勝，施心下者，得果不如。善男子，智者施時不爲果報。何以故？定知此因必得果故。」〔二〕

又僧伽吒經云：「佛告一切勇菩薩言：若三千大千世界滿中胡麻，以此數轉輪聖王。若有人布施如是輪王，不如布施一須陀洹。若施三千世界諸須陀洹所得功德，不如施一斯陀含。若施三千世界諸斯陀含，不如施一阿那含。若施三千世界諸阿那含，不如施一阿羅漢。若施三千世界諸阿羅漢，不如施一辟支佛。若施三千世界諸辟支佛，不如施一菩薩。若施三千世界諸菩薩，不如施一如來所起清净心。若於三千世界諸如來所生清净心，不如凡夫聞此法門功德勝彼。何況書寫讀誦受持。爾時一切大衆白佛言：世尊，一佛福德有幾量耶？佛言：譬如大地微塵如恒河沙等衆生，悉作十地菩薩。如是一切十地菩薩所有功德，不如一佛福德之力。」〔三〕

又阿毗曇甘露味經云：「福田好有三種：一、大德田，二、貧苦田，三、大德貧苦田。云何大德田？

〔一〕出優婆塞戒經卷三供養三寶品。
〔二〕出優婆塞戒經卷五雜品。
〔三〕出僧伽吒經卷一。

謂佛辟支四沙門果等。云何貧苦田？謂畜生老病等。云何大德貧苦田？謂聖人老病等。若施大德田，恭敬心得大報。若施貧苦田，憐愍心得大報。若施大德貧苦田，恭敬憐愍心得大報。是爲福田好。云何物好？不殺偷奪欺誑得物，隨有净物多少布施，是爲物好。若布施佛時，一切得福。若布施衆僧，受用得一切福，未受用不得一切福。若供養法故，得大報。若學人聰明大智慧，以法故供養，是謂供養法。布施得富，受施竟得樂。力壽等功德殊勝，〔一〕得大果報。若施畜生，受百世報。若施不善人，受千世報。若施善人，受千萬世報。若施離欲凡夫，受千萬億世報。若施得道人，得無數世報。若施佛，得至涅槃。又布施有六難：一、憍慢施，二、求名施，三、爲力施，四、强與施，五、因緣施，六、求報施。」〔二〕

又佛說華聚陀羅尼經云：「佛言：若復有人持以七寶如須彌山等，於一切中布施聲聞辟支佛，不如有出家在家人能持一錢以用布施初發菩提心人。得福德多，比前功德百分千分萬分不及其一，乃至筭數譬喻所不能及。」〔三〕

寶梁經云：「佛言：善男子，我今說世有二種應受信施。何等爲二？一、勤行精進，二、得解脫。

〔一〕「殊」字原作「餘」，據高麗藏本改。

〔二〕出阿毘曇甘露味論卷一布施持戒品。

〔三〕出華聚陀羅尼經。

令此施主得大利益有三種施：一、常施食，二、僧房舍，三、行慈心。此三福中，慈心最勝。」〔一〕

又菩薩本行經云：「須達居家貧窮，無有財産，至信道德，佛教布施。須達白佛：多施耶？少施耶？佛告須達：所施雖多而獲報少，布施雖少而獲報多。如施雖多而無至心，貢高自大，信邪倒見，不得快士，所施雖多而獲報少。猶如田薄，下種雖多，收實甚少。何謂施少而獲大福者？如施雖少，歡喜恭敬，與不望報，施佛及辟支四沙門等，〔二〕所施雖少，獲報弘大。猶如良田，所種雖少，收實甚多。」〔三〕

又智度論云：「以大悲心施物雖同，福德多少隨心優劣。如舍利弗以一鉢飯上佛。佛即迴施狗，而問舍利弗：汝以飯施我，我以飯施狗，誰得福多？舍利弗言：如我解佛義，佛施狗福多。佛田第一不如施狗。以是故知，大福從心，不在田也。如舍利弗千萬億倍不及佛心。所以者何？心爲内主，田是外事故。或時布施之福，在於福田。如億耳阿羅漢昔以一華施於佛塔，九十一劫人天中受樂，餘福德力得阿羅漢。又如阿輪迦王爲小兒時，以土施佛，王閻浮提，起八萬塔，最後得道。施物至賤，小兒心薄，但以福田妙故，得大果報。當知大福從良田生。若大中之上，三事都具，心物福田皆妙，如佛以

〔一〕出大寶積經卷一百一十三寶梁聚會。
〔二〕「施」字原作「恩」，據高麗藏本改。
〔三〕出菩薩本行經卷中。

好花散十方佛時。問曰：此布施福云何增長？答曰：應時施故，得福增長。如經說：飢餓時施，得福增多。或遠行來時，若曠路險道中施，若常施不斷，或時常念施故，施得增廣。」〔一〕

又增一阿含經云：「施畜生食者，獲福百倍。與犯戒人食者，獲福千倍。施持戒人食者，獲福萬倍。施斷欲仙人食者，獲福千萬倍。與向須陀洹食者，獲福不可記，況成須陀洹乎！況向斯陀含，得斯陀含道，〔二〕乃至那含羅漢、辟支如來等，其福功德不可稱計。」〔三〕

又智度論云：「如大月氏弗迦羅城中有一畫師，名曰千那，到東方多刹施羅國。客畫十二年，得三十兩金，持還本國。於弗迦羅城中聞大鼓，作大會聲。往見衆僧，信心清浄。即問維那：此衆中用幾許物，得作一日食？維那荅曰：用三十兩金足得一日食。即以所有三十兩金付維那：爲我作一日食，我明日當來。空手而歸。其婦問曰：十二年作得何物？荅曰：我得三十兩金。即問：金在何所？荅言：已作福田中種子。婦言：何等福田？荅言：施與衆僧。婦便縛其夫送官治罪。斷事大官問：以何事故？婦言：我夫狂癡，十二年作得金三十兩，不憐愍婦兒，盡以與他。依如官制，取縛將來。大官問其夫：汝何以不供給婦兒，乃以與他？荅言：我先世不行功德，今世貧窮，受諸辛苦。今世遭遇福

〔一〕出大智度論卷三十三。
〔二〕「斯」字原脱。據高麗藏本補。
〔三〕出增一阿含經卷十三。

田，若不種福，後世復貧。貧貧相續，無得脱時。我今欲頓捨貧窮，以是故盡以金施衆僧。大官元是優婆塞，信佛清净，聞是語已，讚言：是爲甚難。勤苦得此少物，盡以施僧。汝是善人。即脱身瓔珞及所乘馬，并一聚落，以施貧人，而語之言：汝始施衆僧，衆僧未食，是爲穀子未種，芽已得生，大果方在後耳。以是故言：難得之物，盡用布施，其福最多。」〔一〕

平等部第三

依大莊嚴論云：「夫取福田，當取其德，不應擇少壯老弊。佛言：我昔曾聞有檀越遣知識道人詣僧伽藍請諸衆僧，但求老大，不用年少。後知識道人請諸衆僧，次到沙彌，然其不用。沙彌語言：何故不用我等？荅言：檀越不用，非是我也。勸化道人即説偈言：

耆年有宿德，　髮白而面皺。
秀眉齒缺落，　背傴支節攣。
檀越樂如是，　不喜見幼小。

時寺中有諸沙彌盡是阿羅漢，皆作是語：彼之檀越，愚無智慧，不樂有德，唯貪耆老。即説偈言：

所謂長老者，　不必在髮白，
面皺牙齒落，　愚癡無智慧。
所貴能修福，　除滅去諸惡，
净修梵行者，　是名爲長老。
我破於毁譽，　不生增減心。
但令彼檀越，　獲得於罪過。

〔一〕出大智度論卷十一。

又於僧福田，誹謗生增減。我等應速往，起發彼檀越，莫令墮惡趣。彼諸沙彌等，尋以神通力，化作老人像，髮白而面皺，秀眉牙齒落，僂脊而拄杖，詣彼檀越家。檀越既已見，心生大歡慶，燒香散名華，速請令就坐。既至須臾頃，還復沙彌形。檀越生驚愕，變化乃如是，爲飲天甘露，容色忽解變。

爾時沙彌即作是言：我非夜叉，亦非羅刹。先見檀越，選擇耆老，於僧福田，生高下想，壞汝善根。故作是化，令汝改悔。即説偈言：

譬如蚊子觜，欲盡大海底。世間無能測，衆僧功德者。一切皆無能，籌量僧功德。
況汝獨一己，而欲測量彼。

汝寧不聞如來所説四不可輕：王子、蛇、火、沙彌等。如菴羅果，内生外熟，外生内熟。莫妄稱量前人長短。一念之中，亦可得道。於僧福田，莫生分別。即説偈言：

衆僧功德海，無能測量者。佛尚生欣敬，自以百偈讚，況餘一切人，而當不稱歎。
廣大良福田，種少獲大利。是故於衆僧，耆老及少年，等心而供養，不應生分別。

爾時檀越聞是語已，身毛爲豎，五體投地，求哀懺悔。」〔一〕

〔一〕出大莊嚴論經卷一。

頌曰：

通達四果，善會六情。探玄啓悟，證理懷禎。老少和穆，普敬祇誠。隨緣赴供，攝誘幽冥。

歸信篇第十一此有三部

述意部　小乘部　大乘部

述意部第一

夫信爲道原功德之母，智是出世解脱之基。無信不可以登輕舟，無智不可以斷微惑。斯道顯然，昇沈目覩。數見愚夫，不信業因能生報果，謂貧富自然，苦樂天性。好醜不由忍恚，貴賤非關恭惰。衆生自感，譬同草木，好醜自然，豈由因得。今依佛經，不同外道。夫論貧富皆由業緣，貴賤非關運命。

愚智不可易慮，妍醜弗可換身。故經云：果報好醜，定之於業。〔一〕書云：命相吉凶，懸之於天。〔二〕以此言之，軍民業貧者，與之而弗得；必其相富者，任置而恒豐。故漢文帝以夢而寵鄧通。相者占通貧而餓死，帝曰：能富在我，何謂貧乎！與之銅山，任其冶鑄。〔三〕後遭事逃避，餓死人家。又寧稟離王侍婢有娠，相者占之貴而當王。王曰：非我之胤。便欲殺之。婢曰：氣從天來，故我有娠。及子之産，王謂不祥，捐圈則豬噓，棄欄則馬乳，而得不死。卒爲夫餘之王。故知業緣命運，定於冥兆。終然不改，弗可與奪也。故知作善得福，爲惡受殃。業果不謬，斯理皎然。如何封愚，抱迷不悟。又昔武丁之時，遂有桑穀共生于朝。太史占曰：野草生朝，朝其亡矣！武丁恐懼，側身修善。桑穀枯死，殷道中興。豈非爲善而有福也。又帝辛之時，有雀生烏，在城之隅。太史占曰：以小生大，國家必昌。帝辛驕暴，不修善政，殷國遂亡。豈非爲惡之有殃也。如是史籍，具引非一。如何頑固，頓乖經史。世人共覩，春時下種，冬則收藏。如施有來報，感胎氍之與掌錢；德必現酬，致銜珠之與負鹿。又昔人一瓢以濟餒夫，尚得扶輪相報。今供一齋以施大衆，寧無福禄相酬矣。

〔一〕此段出處待考。

〔二〕此段出處待考。

〔三〕「任」字上原衍「壽」字，據高麗藏本删。

小乘部第二

如涅槃經：「佛言：衆生有二：一者有信，二者無信。有信之人則名可治，定得涅槃，瘡疣無故。無信之人，名一闡提，名不可治。」〔一〕

又雜阿含經：「世尊爲婆羅門説耕田偈云：

信心爲種子，　苦行爲時雨，　智慧爲犁軛，〔二〕　慚愧心爲轅，　正念自守護，　是則善御者。

保藏身口業，〔三〕　知食處内藏。　真實爲其乘，〔四〕　樂住爲懈息，　精進爲廢荒，　安隱爲速進，

直往不轉還，　得到無憂處。　如是耕田者，　逮得甘露果，　如是耕田者，　不還受諸有。

爾時婆羅門聞已，發心出家，得阿羅漢道。」〔五〕

〔一〕出大般涅槃經卷五。

〔二〕「犁」字原作「特」，據雜阿含經改。

〔三〕「身」字原作「自」，據高麗藏本改。

〔四〕「真」字原作「直」，據高麗藏本改。「其」字原作「真」，據雜阿含經改。

〔五〕出雜阿含經卷四。

又寶性論云：「爲六種人故説三寶：一、調御師，二、調御師法，三、調御師弟子。何等爲六種人？一、大乘，二、中乘，三、小乘，四、信佛，五、信法，六、信僧。」〔一〕

又僧伽吒經云：「時有一切勇菩提薩埵白佛言：世尊，何因緣故此會衆生得發菩提？佛言：一切勇，乃往過去無數阿僧祇劫，有佛世尊，號曰寶德。我時作摩納之子。此會衆生住佛智慧者，往昔之時悉在鹿中。我時發願：如是諸鹿，我皆令住佛智慧中。時鹿聞已，尋皆發願，得如是。一切勇，此會大衆因彼善根，當得阿耨菩提。」〔二〕

又正法念經云：「若有衆生修善，以清净心，歸佛法僧，一彈指頃，不生餘心，命終生白摩尼天，五欲恣情，心意悦樂，三歸功德，乃至報盡，於未來世得至涅槃。」〔三〕

又無上處經云：「佛告比丘：有三無上處：一、佛無上處，二、法無上處，三、僧無上處。若諸衆生兩足、四足、無足、多足、若色、無色、有想、無想、非有想、非無想，如來於中説無上處。若有衆生於無上處起信向心者，於天人中得無上果報。」〔四〕

〔一〕出究竟一乘寶性論卷二僧寶品。
〔二〕出僧伽吒經卷一。
〔三〕出正法念處經卷二十二。
〔四〕出無上處經。

大乘部第三

如出生菩提心經云：「爾時迦葉婆羅門白佛言：世尊，發菩提心者應攝幾許福聚？爾時世尊以偈說言：

若此佛刹諸衆生，令住信心及持戒，如彼最上大福聚，不及道心十六分。若此佛刹諸衆生，令住信心於法行，如彼最上大福聚，不及道心十六分。若諸佛刹恒河沙，皆悉造寺求福故，復造諸塔如須彌，不及道心十六分。若有佛刹如恒沙，皆悉遍施諸七寶，如彼最上大福聚，不及道心十六分。如鐵圍山高廣大，造塔無量爲諸佛，如是求福衆生等，不及道心十六分。若諸衆生具滿劫，若頭若膊常擔戴，如彼最勝福德聚，不及道心十六分。如是人等得勝法，若求菩提利衆生，彼等衆生最勝者，此無比類況有上。是故得聞此諸法，智者常生樂法心，當得無邊大福聚，速得證於無上道。」〔一〕

又涅槃經云：「佛讚迦葉：若有衆生於熙連河沙等諸佛所發菩提心，乃能於惡世受持如是經典，不生誹謗。善男子，若有能於一恒河沙等諸佛世尊所發菩提心，然後乃能於惡世中不謗是經，愛樂是

〔一〕出出生菩提心經。

典，不能爲人分别廣説。若有衆生於二恒河沙等佛所發菩提心，然後乃能於惡世中不謗是法，正解信樂，受持讀誦，亦不能爲他人廣説。若有衆生於三恒河沙等佛所發菩提心，然後乃能於惡世中不謗是法，〔一〕受持讀誦，書寫經卷，雖爲他説，未解深義。若有衆生於四恒河沙等佛所發菩提心，然後乃能於惡世中不謗是法，受持讀誦，書寫經卷，爲他廣説十六分中一分之義。雖復演説，亦不具足。若有衆生於五恒河沙等佛所發菩提心，然後乃能於惡世中不謗是經，受持讀誦，廣爲人説十六分中八分之義。若有於六恒河沙等佛所發菩提心，然後乃能於惡世中不謗是經，受持讀誦，爲他廣説十六分中十二分義。若有衆生於七恒河沙等佛所發菩提心，然後乃能於惡世中不謗是法，受持讀誦，爲他廣説十六分中十四分義。若有於八恒河沙等佛所發菩提心，然後乃能於惡世中不謗是法，受持讀誦，亦勸他人令得書寫自能聽受，復勸他人令得聽受。」〔二〕

又大悲經云：「佛告阿難：若有衆生於諸佛所一發信心，如是善根，終不敗亡，況復諸餘善根。譬如有人析破一毛以爲百分，取一分毛霑一滴水，持至我所而作是言：我以此水寄付瞿曇，莫令此水而有增减，亦莫令風日飄暴乾竭此水，不令鳥獸飲之令盡，勿使異水而有和雜，以器盛持，莫置在地。如來爾時即受彼寄，置恒河中，不令入洄，亦復不令餘物搘突。如是水滴在大河中，隨流而去，使不入洄，

〔一〕「謗」字原作「諦」，據高麗藏本、磧砂藏本、南藏本、嘉興藏本改。
〔二〕出大般涅槃經卷六。

無復遮礙，諸鳥獸等亦不飲盡。如是水滴，不增不減，一等如故，共大水聚，漸入大海。若是水滴，毗嵐風起壞世界時，假使是人住世一切，我亦如是得住一切。彼人爾時至劫盡時，而來我所作如是言：瞿曇，我本寄水今有無耶？如來爾時知彼水滴在大海中見知住處，不與餘水共相和雜，不增不減，平等如故，持還彼人。阿難，如是如來應正遍知，有大神通，無量知見，明了無障。於受寄人中最尊最勝。若於佛所寄付如是微細水滴，經於久遠，而不虧損。此義應知，阿難，其細毛端者，喻心意識。恒河者，喻生死流。一滴水者，喻一發心微少善根。大海者，喻佛如來應正遍知。所寄人者，喻彼清信婆羅門長者居士等。住一劫者，喻如來受彼寄水終不虧損，亦如彼人寄彼水滴經於久遠不虧一毫。如是阿難，若於佛所一發信心善根不失，何況諸餘勝妙善根！我説是人一切悉是趣涅槃果。雖餘不善墮在三塗，以本善根，佛知是已，從彼拔出置無畏岸，令彼憶識所種善根，息一切苦，得一切樂。」〔一〕

又佛説無畏女經云：「爾時阿闍世王有女名無畏德，端正無比，成就最勝殊妙功德。年始十二，其父王堂閣之上，著金寶屐，彼處而坐。時無畏德女見諸聲聞，不起不迎，默然而住，不共問荅，不迎不禮，不讓牀坐。阿闍世王見無畏德默然而住，即告之言：汝豈不知此等皆是釋迦如來上足弟子，成就大法耶？世間福田耶？以爲愍念諸衆生故而行乞食。汝今既見，何故不起、不馳、不禮、不共相問，復

〔一〕出大悲經卷三善根品。

不讓坐？汝今睹見何事故而不起迎？爾時無畏白父王言：不審大王頗見頗聞轉輪聖王見諸小王而起迎不？王言：不也。復言：頗見頗聞師子獸王見野干時爲起迎不？王言：不也。復言：頗見頗聞帝釋天王迎餘天不？王言：不也。頗見頗聞大海之神禮敬江河池神不？王言：不也。女言：大王，如是菩薩發心趣向阿耨菩提轉輪聖王，以大慈悲初發心已，云何禮敬離大慈悲小王聲聞？大王，頗有已求無上正覺之道師子獸王而禮小乘野干人耶？頗有欲到大智之海欲求善知大法之聚，而求牛跡聲聞人耶？大王，若有親近聲聞人者，是人即發聲聞之心。若有親近緣覺人者，是人即發緣覺之心。若有親近正真正覺之人者，是人即發阿耨菩提心。爾時阿闍世王復語無畏德女言：汝大我慢，云何如是見諸聲聞而不奉迎？女言：大王，勿作此語。大王亦慢，云何不迎王舍城内諸貧窮者？王語女言：彼非我類，我云何迎？女言：大王，初心菩薩亦復如是，一切聲聞緣覺亦非我類。王語女言：汝豈不見諸菩薩等皆悉敬一切衆生？女言：大王，菩薩爲度憍慢瞋惱諸衆生等，令彼得起迴向之心，是故禮敬一切衆生。爲長衆生諸善根本，是故禮敬。爾時無畏德菩薩母號曰月光。此月光女捨是身已，生忉利天，號曰光明增上天子。若彌勒得菩提時，便即出家，次第皆見賢劫諸佛，悉得供養，然後於彼離垢如來所得作大王，具足七寶，號曰地持。供養彼佛已，得成阿耨菩提，號曰遍光如來。」〔一〕

〔一〕出大寶積經卷九十九無畏德菩薩會。

頌曰：

封迷昏闇久，徘徊夢裏藏。心塵既未洗，怖霔甘露漿。慈顔發暉曜，燭我見朝陽。忽逢善知友，開導益神光。稍悟心澄静，方厭俗蒼茫。緇徒既肅肅，法侶亦鏘鏘。見者心歡喜，歸誠向道場。若存信邪倒，來苦未何殃。

感應緣略引三驗

晉沙門竺法師

宋居士袁炳

隋沙門釋道仙

晉沙門竺法師者，住會稽，與北中王坦之周旋甚厚，〔一〕共論死生罪福報應之事，情味難明，未審有無。因便共要，若有先死當相報語。既别後，王坦之在都，於廟中忽見法師來。王便驚云：和尚何處來？答曰：貧道以某月日命過，罪福皆不虚，應若影響。檀越但當勤修道，以昇濟神明耳。先與君

〔一〕「坦」字原作「恒」，據搜神後記改。下同。

要，故來相語。言訖不復見。〔一〕右一驗出續搜神記。

宋袁炳，字叔焕，陳郡人也。泰始末爲臨湘令。亡後積年，友人司馬遜於將曉間，如夢，見炳來，陳叙闊别，訊問安否。既而謂遜曰：吾等平生立意置論，常言生爲馳役，死爲休息。今日始知定不然矣。〔二〕恒患在世，有人務馳求金幣，共相贈遺。幽途此事，亦復如之。遜問：罪福應報定實如何？炳曰：如我舊見，與經教所説不盡符同，將是聖人抑引之談耳。如今所見，善惡大科，略不異也。然殺生故最爲重禁，慎不可犯也。遜曰：卿此徵相示，良不可言，當以語白尚書也。炳曰：甚善。亦請卿敬情尚書。時司空簡穆王公爲吏部尚書，炳遜並其遊賓，故及之。往反可數百語，辭去。遜曰：闊别之久，恒思叙集，相值甚難，何不小住？炳曰：止暫來耳，不可得久留。且此輩語亦不容得委悉。於是而去。初炳來闇夜，遜亦了不覺所以，〔三〕而明得覩見。炳既去，遜下牀送之，始躡屐而還闇。見炳脚間有光可尺許，亦得照其兩足，〔四〕餘地猶皆闇云。〔五〕此一驗出冥祥記。

〔一〕出搜神後記卷六。
〔二〕「知」字原脱，據高麗藏本補。
〔三〕「以」字原脱，據高麗藏本補。
〔四〕「亦」字原作「示」，據高麗藏本改。
〔五〕太平廣記卷三二六引。

隋蜀部灌口山竹林寺釋道仙，本康居國人。以遊賈爲業，往來吴蜀。集積珠寶，向直十萬貫。後達梓州牛頭山。值僧説法，深悟財累，乃沈江頓捨，便投灌口山竹林寺出家。初落髮日，對衆誓曰：吾不得道，誓不出山。結志不羣，野栖禽獸。入定一坐，五日爲期。有客到門，潛通即覺，起共接語。若無人時，端坐静室，寂若虚空。有時預告明當客至，其數若干，形貌服色。恰期明至，數服皆同。時遭酷旱，百姓惶憂，苗稼失色，皆來請祈。仙即往龍穴，以杖叩門，唤曰：衆生，何爲嗜眠？如語即㾓。當即玄雲四合，大雨普霑，民賴斯澤，貴賤咸賽，欽若天神。隋蜀王秀作鎮岷絡，〔一〕有聞王者，尋遣追召，〔二〕全不承命。〔三〕王勃然動色，親領兵仗，往彼擒之。必若固違，可即加刃。仙聞兵至，傍若無人，被僧伽梨已，端坐禪誦。王達山足，忽降雨雜注雹雪，雷奔水涌，須臾滿川。軍藏無計，並憂没命。事既窘迫，乃悔懺歸依，遥禮仙德。垂雲忽散，山路清夷，得達仙所。王躬盡敬，一心歸懺。仙爲説法，重發信心。乃慇懃奉請，邀還成都，至静衆寺，彌加厚禮。舉郭恭敬，號爲仙闍梨。至仁壽年中，返于山寺，卒葬於彼。〔四〕右此一驗出唐高僧傳。

〔一〕「絡」字原作「洛」，據高麗藏本改。
〔二〕「召」字原作「逐」，據高麗藏本改。
〔三〕「全不」二字原脱，據高麗藏本補。
〔四〕出唐高僧傳卷三十四釋道仙傳。

士女篇第十二此有二部

俗男部　俗女部

俗男部第一此别三部

述意部　誡俗部　勸導部

述意部第一

夫在家丈夫，尊卑有二：一貴，二賤；一富，二貧。富貴之者，人多放逸，傲慢貢高，輕辱陵下。或有乘威藉勢，尊己陵人；或有博識聰達，恃才陵人；或有辨口利詞，暢説陵人；或有誇豪奢侈，輕慢陵人；或有美容恣態，恃色陵人；或有乘肥騁騎，恃乘陵人；或有資財奴婢，恃富陵人。如是衆多，不可具述。衆生愚癡，甚爲可愍。不知無常將至，妄起高心。來報湯炭，煎煮相待，獄卒執叉，伺候日久。不憂斯事，公然喜樂。何異豬羊，不知死至；何異飛蠅，貪樂死屍。惟古思今，富貴非一。生滅交臂，貴賤同塵。富貴者唯見荒墳，貧賤者已同灰壤。既知貴賤同灰，即須卑己敬上。是以親疏無定，貴賤不恒，苦樂易位，昇沈更生也。

誡俗部第二

如華嚴經有十種慢業，應當避之：「一、於尊重福田，和上、阿闍梨、父母、沙門、婆羅門所，而不尊重恭敬供養，是爲慢業。二、有諸法師得勝妙法，於大乘深法知出生死道，得陀羅尼，成就多聞具智慧藏，善能説法，而不信受恭敬供養，是爲慢業。三、聽受法時，若聞深法，應發離欲心，歡喜無量，而不讚法師令衆歡喜，是爲慢業。四、起慢心自高凌彼，〔一〕不省己實，不調自心，是爲慢業。五、起計我心，見有功德智慧者，不讚其美，見無德者，反説其善，〔二〕若聞讚他，於彼人所起嫉妒心，是爲慢業。六、若有法師知是法、是律、是實、是佛語，以憎嫉故説言：非法、非律、非實、非佛語。欲壞他信心故，是爲慢業。七、自敷高座，我爲法師，不應執事，不應恭敬供養餘人，諸修梵行尊長有德悉應恭敬供養於我，是爲慢業。八、遠離顰蹙，惡眼視彼，常以和顔等觀衆生，言常柔軟，無有麤獷，離恚恨心，而於彼法師求其過惡，是爲慢業。九、以我慢心於多聞者，不往恭敬，起聽聞法留難，亦不諮問：何等爲善，何等不

〔一〕「凌」字原作「陵」，據高麗藏本、磧砂藏本、南藏本、嘉興藏本改。
〔二〕「反」字原作「乃」，據高麗藏本改。

善？何等應作，何等不應作？何等業長夜饒益一切衆生，作何等行不益衆生？作何等行從明入明，作何等行從冥入冥？如是人輩爲我心漂没，不能得見出要正道，是爲慢業。十、起慢心故，不值諸佛難得之法，消盡宿世所種善根。不應説而説，起呵責心，更相譏論，住如是法，應入邪道。但發菩提心力故，而不永捨菩薩所行。雖不捨菩薩道，而於無量百千萬劫尚不值佛，何況聞法，是爲慢業。」〔一〕

又出曜經偈云：

「衆生爲慢纏，　染著於憍慢，　爲見所迷惑，　不免生死際。」〔二〕

故知凡夫爲惡雖少，後世深苦，獲無邊報，如毒在心。人意不同，白衣營生，不知顧死。然生不可保，死必奄至。尋此危命，非朝則夕，俄頃之間，凶變無常。徒修田宅，愛戀妻兒。

法句喻經云：「佛在舍衞國時，城中有婆羅門，年向八十，財富無數。爲人難化，不識道德，不計無常。更作好舍，前庌後堂，涼臺温室，東西兩廂，廡數十梁。唯後堂前距陽未訖。時婆羅門恒自經營，指授衆事。佛以道眼見此老翁命不終日，當就後世。不能自知，而方忪忪繕治。精神無福，甚可憐愍。佛將阿難往到其門，慰問老翁：得無勞倦？今作此舍，何所爲安？翁言：前庌待客，後堂自處。東西二廂，當安兒息、財物、僕使。夏上涼臺，冬入温室。佛語老翁：久聞宿德，思遲談講。佛有安偈，存亡

〔一〕出大方廣佛華嚴經卷四十二離世間品。

〔二〕出出曜經卷三十四觀品。

有益，欲以相贈，不審可不？願小廢事，共坐論説不耶？老翁荅言：今正大遽，不容坐語。後日更來，當共善叙。所云要偈，便可説之。於是世尊即説偈言：

有子有財，愚唯汲汲。我且非我，何有子財。暑當止此，寒當止此。愚多預慮，莫知來變。愚曚愚蔽，自謂我智。愚而稱智，是謂極愚。

婆羅門言：善説此偈，今實遑遽，後來更論之。於是世尊傷之而去。老翁於後自授屋椽，椽墮打頭破，即時命過。室家啼哭，驚動四鄰。佛去未遠，便有此變。里頭逢諸梵志數十人，問佛：從何所來？佛言：屬到死老翁舍爲翁説法。不信佛語，不知無常。今老者忽然已就後世。〔一〕具爲諸梵志更説前偈義。聞之欣然，即得道跡。於是世尊爲説偈言：

愚暗近智，如瓢斟味。雖久狎習，猶不知法。開達近智，如舌嘗味。雖須臾習，即解道要。愚人造行，爲身招禍。快心作惡，自致重殃。爲行不善，退見悔悋。致涕流面，報由宿習。

時諸梵志重聞此偈，益懷篤信，爲佛作禮，歡喜奉行。」〔三〕

〔一〕「老」字原脱，據高麗藏本補。

〔三〕出法句譬言喻經卷二愚闇品。

勸導部第三

惟此慢心，通於白黑。智愚不免，豪賤共有。但去輕論重，在俗爲甚。亦有空言我美，評說賢良，譏毀聖德。一切白衣，終日行之，未嘗一日慚愧發露，情求勝道，退省己躬。故外書云：〔一〕力慕善道，可用安身；力慕孝悌，可用榮親。亦有君子高慕釋教，遵奉修行，貞仁退讓，廉謹信順。皆是宿種，禀性自然，與道何殊。亦有出家之人不依聖教，違犯戒律，不學無知，與鄙俗無殊。然道俗形乖，犯有希數，心有明暗，過有輕重。故出家之人未犯已前，念念入道。善業已熏，福基已厚。雖有微惡，輕愧而造，不能傾動。若小慚愧，便復清白。若論在俗，身居無慚之地，心有無愧之情。畜養妻兒，財色五欲，盈堂滿室，葷辛酒肉，〔二〕隨求所得，愛染情深，無時暫捨。惡緣同住，豈得免之。此則明暗路分，黑白殊隔。故知明能滅暗，暗不滅明。小燈之明，已了室内。出家之人，雖犯微過，前明已成，正可光不增暉，而本明恒照。如器存炷立，田安業永也。又出家造惡極難，如陸地行船；在家起過即易，如海中汎舟。又出家修道易爲，如海中汎舟；在家修福甚難，如陸地行船。船雖是同，由處有異。故遲疾不同，修犯難易。是知生死易染，善法難成。早求自度，勵慕出俗。

〔一〕此段出處待考。

〔二〕「葷」字原作「熏」，據高麗藏本改。

又賢愚經云：「出家功德，其福甚多。若放男女奴婢，若聽人民，若自己身，出家入道，功德無量，非譬爲比。出家功德，高於須彌，深於巨海，廣於虚空。所以然者，由出家故，畢成佛道。佛在世時，王舍城中有一長者，名曰福增，年過百歲，家中大小莫不厭賤。聞説出家功德無量，即來佛所，求欲出家。值佛不在，即便往至舍利弗所。舍利弗見老不度。如是五百大阿羅漢皆悉不度。即出寺門，住門閫上，發聲大哭。世尊後至，種種慰喻，即告目連，令其出家。目連即與出家授戒，復常爲諸年少比丘之所激切，便欲投河没水而死。目連觀見，以神通力，接置岸上。問知因緣，目連念言：此人不以死怖之，無由得道。即令至心捉師衣角，飛騰虚空，到大海邊。見一新死端正女人，見有一蟲，從其口出，還從鼻入，復從眼出，從耳而入。目連觀已，捨之而去。弟子問言：是何女人？荅言：此是舍衛城中大薩薄婦。容貌端正，世間少雙。其婦常以三奇木頭擎鏡照面。自覩端正，便起憍慢，深自愛著。夫甚敬愛，將共入海。海惡船破，没水而死，漂出在岸。此薩薄婦由自愛身，死後還生在故身中，作此蟲也。捨蟲身已，墮大地獄，受苦無量。小復前行，見一女人自身負銅鑊，楷鑊著水，〔一〕以火然沸，脱衣入鑊，肉熟離骨，沸吹骨出在外，風吹尋還成人，自取肉食。福增問師：是何女人？其師荅言：舍衛國中有優婆夷，敬信三寶，請一比丘，一夏供養。在於陌頭，作房安置，自辦種種香美飲食，遣婢送之。婢至

〔一〕「楷」字原作「枝」，據高麗藏本、磧砂藏本、南藏本、嘉興藏本改。

屏處，選好先食，餘與比丘。大家覺問：汝不偷食不？婢荅言：不。比丘食訖，有殘與我，我乃食之。若我先食，使我世世自食身肉。以是因緣，先受華報，後墮地獄。次小前行，見一肉樹，多有諸蟲，圍唼其身，無有空處，叫喚啼哭，如地獄聲。弟子問師：是何樹耶？目連荅言：是瀨利吒營事比丘。以自在故，費用僧物，華果飲食，送與白衣。以是因緣，受此華報，後墮地獄。唼樹諸蟲，即爾時得物之人。次復前行，見一男子，周匝多有獸頭人身諸惡鬼神，手執弓弩，三隻毒箭，鏃皆火然，競共射之，洞身焦然。福增問師：此何人耶？目連荅言：此人前身作大獵師，多害禽獸，故受斯苦。於後命終，墮大地獄。次復前行，見一大山，下安刀劍。見有一人，從上投下，刺壞其身。投已復上，如前不息。福增問師：此復何人？師復荅言：是王舍城王大鬪將。以勇猛故，身處前鋒，殺傷物命，先受此苦，後墮地獄。次復前行，〔一〕見一骨山，其山高大，七百由旬，能障蔽日，使海陰黑。爾時目連於此骨山一大肋上，往來經行。弟子問師：是何骨山？師荅福增言：汝欲知者，此即是汝故身骨也。福增聞已，心驚毛豎，惶怖汗出，白和尚言：聞我今者，心未裂頃，願爲時説本末因緣。目連告曰：生死輪轉，無有邊際。造善惡業，終無朽敗，必受其報。昔過去時，此閻浮提有一國王，名曰法增，好喜布施，持戒聞法，慈悲衆生，不傷物命。正法治國，滿二十年。其間閑暇，共人博戲。時有一人，犯法殺人，臣以白王。

〔一〕「前鋒……次復」十六字原脱，據高麗藏本補。

值王慕戲，脱荅之言：隨國法治。即依律斷，殺人應死。尋即殺之。王戲罷已，問諸臣言：罪人何所？臣荅：殺竟。王聞是語，悶絶躃地，水灑乃穌，垂淚而言：宫人妓女象馬七珍，悉皆住此，唯我一人獨入地獄。我今殺人，當知便是旃陀羅王，不知世世當何所趣！我今決定不須爲王。即捨王位，入山自守。其後命終，生大海中，作摩竭魚。其身長大七百由旬。諸王大臣自恃勢力，枉尅百姓，殺戮無邊，命終多墮摩竭大魚，多有諸蟲唼食其身。身癢揩山，殺蟲汙海，血流百里。魚一眠時，經於百歲。飢渴吸水，水流入口，如注大河。爾時適有五百賈客入海採寶，值魚張口，船疾趣口。賈人恐怖，舉聲大哭，垂入魚口，一時同聲，稱南無佛。魚聞佛聲，閉口水停，賈人得活。魚飢命終，生王舍城作汝身也。魚死之後，夜叉羅刹出置海岸，肉消骨在，作此骨山。法增王者，汝身是也。緣殺人故，墮海作魚。福增聞已，深畏生死，觀見故身，解法無常，得阿羅漢果。」〔一〕

俗女部第二此別二部

述意部　奸僞部

〔一〕出賢愚因緣經卷四出家功德尸利苾提品。

述意部第一

夫在家俗女，患毒多過。佛説邪諂，甚於男子。或假塗面首，雕飾脂粉；或綺羅華服，誑誘愚夫；或驕弄脣口，邪眄歌笑；或咨嗟吟詠，瞻視看人；或出胸露手，掩面藏頭；或緩步徐行，摇身弄影；或開眼閉目，乍悲乍喜，幻惑愚夫，令心妄著。如是妖僞，卒難述盡。凡夫迷醉，皆爲所惑。譬如奸賊，種種多詐；亦如畫瓶，儲糞誑人；亦如高羅，羣鳥落之；亦如密網，衆魚投之；亦如闇坑，盲者陷之；亦如飛蛾，見火投之；亦如蜣蜋，貪樂臭屍。近則失國破家，觸則如把毒蛇。外言如蜜，内心如鴆。家貧困苦，皆由女人；出外喪身，亦由女人；室家不和，亦由女人；男女反逆，亦由女人；兄弟離散，亦由女人；宗親疏索，亦由女人；墜墮惡道，亦由女人；不生人天，亦由女人；障善業道，亦由女人；不入聖果，亦由女人。如是過患，不可具論。衆生如是，甚爲可愍。常爲欲火所燒而不能離，致受殃苦，爾來不絶也。

奸僞部第二

如出曜經云：「昔舍衛城中有一婦女，抱兒持瓶，詣井汲水。有一男子，顔貌端正，坐井右邊，（亦有經云：見阿難行，美顔貪愛，求爲夫婦。事在別經。）彈琴自娯。時彼女人欲意偏多，躭著彼人；彼人亦復欲意熾盛，躭著女人。女人欲意迷荒，以索繫小兒頸，懸於井中。尋還挽出，小兒即死。愁憂傷結，呼天墮淚。」〔一〕自外云云。

「又佛在拘睒彌國，國王號曰優填。拘留國有逝心名摩因提，生女端正華色，世間少雙。父覩女容，一國希有，名曰無比。隣國諸王官僚豪姓，〔二〕靡不娉焉。父荅曰：若有君子容與吾女齊，吾將應之。佛時行在其國，逝心覩佛三十二相八十種好，身色紫金，巍巍堂堂，光儀無上，心喜而曰：吾女獲四，正是斯人。歸語其妻曰：吾爲無比得婿。促莊飾女，當將往也。夫妻共服飾之，其女行步，摇動華光，珠琦瓔珞，莊嚴光國。夫妻俱將至佛所。妻道見佛跡相好之文，光彩之色，非世所有，知爲天尊，謂其夫曰：此人足跡之理乃爾，非世可聞。斯將非凡，必自清净，無復婬欲。將不取吾，無自辱也。夫曰：何以知其然耶？妻因説偈言：

婬人曳踵行，　恚者歛指步，　愚者足踏地，　斯跡天人尊。

逝心曰：非爾女人所知。汝不樂者，便自還歸。仍自將女詣佛所，稽首佛足，白言：大仁勤勞教授，身無供養。有是麤女，願給箕帚。佛言：汝以女爲好耶？荅曰：生得此女，顔容實好，世間無雙。諸國王豪姓，多有求者，不以應之。竊見大仁光色巍巍，非世所見。貪得供養，故冒自歸耳。佛言：此女之

〔一〕出出曜經卷四欲品。
〔二〕「父覩……諸王」十六字原脱，據高麗藏本補。

好，爲著何許？逝心曰：從頭至足，周旋觀之，無不好也。佛言：惑哉肉眼！吾今觀之，從頭至足，無一好也。汝見頭上有髮，髮但是毛，象馬之尾亦皆爾也。髮下有髑髏，髑髏是骨，屠家豬頭骨亦皆爾。頭中有腦，腦者如泥，臊臭逆鼻。下之著地，莫能蹈者。目者是池，决之純汁。鼻中有洟，口但有唾，腹藏肝肺，皆爾腥臊。腸胃膀胱，但盛屎尿，腐臭難論。腹爲革囊，裹諸不净。四肢手足，骨骨相拄，筋攣皮縮，但恃氣息以動作之。譬如木人，機關作之。作之訖畢，解剥其體，節節相離，手足狼藉。〔一〕人亦如是，有何等好，而云少雙？昔者吾在貝多樹下，第六魔天王莊嚴三女，顔容華飾，天中無比，非徒此倫，欲以壞吾道意。我便爲説身中穢惡，即皆化成老母，形壞不復，慚愧而去。今此屎囊，欲作何變。急將還去，吾不取也。逝心聞佛所説，恧然慚耻無辭，復白佛曰：若仁不取者，欲以妻優填王可乎？佛不荅焉。逝心即送女與優填王。王獲女，大喜悦，拜父爲太傅。爲女興宫，妓樂千人，以給侍之。王正后師事於佛，得須陀洹道。此女譖之於王，王惑其言，以百箭射后。后見矢不懼，都無恚怒，一意念佛，慈心長跪向王。矢皆繞后三匝，還住王前。百矢皆爾。王乃自覺，悵然而懼。即駕金車白象，馳詣佛所。未到下車，併從叉手步進，稽首佛足，長跪自陳曰：吾有重咎，愧在三尊所。以彼婬泆，圖欲興邪，於佛聖衆，有毒惡念，以矢百枚射佛弟子。如事陳之，覩之心懼。惟佛至尊無量之慈，白衣弟子，慈力

〔一〕「手」字原作「首」，據高麗藏本改。

乃爾，豈況無上正真佛乎！我今陳過，歸命三尊。唯佛弘慈，願赦其咎。佛歎曰：善哉！王覺惡悔過，此明人之行也。吾受王善意。王稽首如是至三，佛亦三受之。王又頭腦著地，退就座曰：稟氣凶頑，忿戾自恣，無忍辱心。三毒不除，惡行快意。女人妖冶，不知其惡。自惟死後，必入地獄。願佛加哀，廣説女惡魑魅之態。入其羅網，尠能自拔。我聞其禍，必以自誡。國人巨細，得以改操。佛言：用此爲問耶？但説餘義。王曰：餘義異日稟之不晚。女亂惑意，凶禍之大。不問其禍，何由遠之。願佛具爲我釋地獄之變及女人之穢。佛言：且聽。男子有狂愚之惡，却觀女妖。王曰：善哉！願受明教。佛曰：士有四惡，急所當知。世有婬夫，恒想覩女，近思妖聲，遠捨正法，疑真信邪，欲網所裹，没在盲冥。爲欲所使，如奴畏主。貪樂女色，不計九孔惡露之臭穢。渾沌欲中，如猪處溷，不覺其臭，快以爲安。不計後當在無擇之獄，受痛無極。注心在婬，吮其洟唾，玩其膿血，珍之如玉，甘之如蜜。故曰欲奴之士。斯其一惡態也。又親之養子，懷妊生育，比得長大，勤苦難論。到子成人，漂家竭財，膝行肘步，因媒表情，致彼爲妻。若在異域，尋而追之，不問遠近，不避勤苦，注意在婬，捐忘親老。既得爲妻，貴之如寶。欲私相娛樂，惡見父母。信其妖言，或致鬭訟。不惟身所從來，辜親無量之恩。斯其二惡態也。又人處世，勤身苦勞，躬致財賄。本有誠信敬道之意，尊戴沙門梵志之心，覺世非常，布施爲福。〔一〕娶妻之後，情惑婬欲，〔二〕愚蔽自壅，背真向邪，專由女計。若有布施之意，唯欲發言，裝彩女色。絶清浄行，束成小人。不識佛經之重誡，禍福之所歸。苟爲婬使，投身羅網，必墮惡道，終而不改。斯其三惡態也。又善爲人子，不惟養恩。治生致財，不以養親。但以東西廣求婬路，懷持寶物，招人婦女。或殺六畜，淫祀鬼神，飲酒歌舞，合會男女，快樂歡娱，終日彌多。外託祈福，内以招奸。既醉之後，互求方便，更相招呼，以遂奸情。及其獲偶，喜無以喻。婬結縛著，無所復識。當爾之時，唯此爲樂，不覺惡露之臭穢，地獄之苦痛。一則可笑，二則可哀。譬如狂荒，不知其非。斯其四惡態也。男子有是四惡，用墮三塗。當審遠此，乃免苦耳。又復聽説女人之惡。佛便説偈言：

以爲欲可使，放意不能安。習近於非法，將何以爲賢！欲爲畜生行，以欲還自殘。
溷蟲在臭中，不知爲劇難。如蟲在溷中，不知東與西。結著於婬欲，蓋此亦蟲倫。
婬既不見道，日夜種罪根。現在君臣亂，上下爲迷昏。王法爲錯亂，政治爲迷煩。
農夫捨常業，賈人爲珍連。現世更牢獄，死已入太山。當受百種毒，其痛難可言。
烊銅灌其口，山車迮其身。此輩有百數，難可一二陳。常在三惡道，宛轉如車輪。
若世時有佛，而耳不得聞。女人最爲惡，難與爲因緣。恩愛一縛著，牽人入罪門。

〔一〕「布」字原作「存」，據高麗藏本、磧砂藏本、南藏本、嘉興藏本改。

〔二〕「惑」字原作「或」，據高麗藏本、磧砂藏本、南藏本、嘉興藏本改。

女人有何好，但是諸不浄。何不諦計是，爲此發狂荒。其内甚臭穢，外爲嚴飾容。
加又含毒螫，劇如蛇與龍。譬如錦綃矛，羅縠裹鋒芒。愚者覩其表，玩之以自申。
智者覺知捨，癡者致死傷。婬欲亦如是，抱刃以自喪。覩新即厭故，所樂亦無常。
言爲刀斧裁，笑爲棘與荆。内懷臭穢毒，飾外以華香。愚者見歡喜，不惟後受殃。
譬如鴆毒藥，以和甘露漿。癡人貪其味，飲之皆仆僵。亦如薪得火，草木被重霜。
所向無不壞，是爲最不祥。女毒甚於是，莫能見其形。覩表不見裏，故有婬欲情。
其體甚易見，癡人惜不絶。絶欲以求道，去道如絲髪。人本清浄種，如魚處深淵。
羅網四面張，著者不得還。欲網劇於是，結著甚獨堅。知者能自覺，可得脱其身。
譬如飢猴猨，望見熟甘果。投身冒荆棘，是輩百向墮。亦如魚食鉤，飛蛾入燈火。
專心投危欲，不惟後受禍。

佛説如是。優填王歡喜，即以頭面著地，白佛言：實從生年以來，不聞女人惡態乃爾。男女悖亂，隨之墮惡。但不知故，不制心意。從是以後，終身自悔，歸命三尊，不敢復犯。爲佛作禮，歡喜而退。」〔一〕

書云：仲尼稱難養者小人與女子。近之則不遜，遠之則怨已。〔二〕是以經言：「妖冶女人有八十四態。

〔一〕出優填王經。
〔二〕出論語卷九陽貨。

大態有八，慧人所惡：一者嫉妒，二者妄瞋，三者駡詈，四者呪詛，五者鎮壓，六者慳貪，七者好飾，八者含毒。是爲八大態。」〔一〕是故女人多諸妖媚。願捨諂邪以求正法，早得出家，自利利人。

又智度論云：「女人相者，若得敬待，則令夫心高；若敬待情捨，則令夫心怖。女人如是，恒以煩惱憂怖與人，云何可近親好？如説國王有女，名曰狗牟頭。有捕魚師，名術波伽，隨道而行，遥見王女在高樓上，牕中見面。想像染著，心不暫捨，彌歷日月，不能飲食。母問其故，以情荅母：我見王女，心不能忘。母喻兒言：汝是小人，王女尊貴，不可得也。兒言：我心願樂，不能暫忘。若不如意，不能活也。母爲子故，入王宫中，常送肥魚鳥肉以遺王女，而不取價。王女怪而問之：欲求何願？母白王女：願却左右，當以情告。我唯有一子，敬慕王女，情結成病，命不云遠。願垂愍念，賜其生命。王女言：汝去，至月十五日於某甲天祠中，住天像後。母還語子：汝願已得。告之如上。沐浴新衣，在天像後住。王女至時，白其父王：我有不吉，須至天祠，以求吉福。王言：大善！即嚴車五百乘，出至天祠。既到，敕諸從者齊門而止，獨入天祠。天神思惟：此不應爾。王爲施主，不可令此小人毁辱王女。即厭此人，令睡不覺。王女既入，見其睡重，推之不寤，即以瓔珞直十萬兩金遺之而去。後此人得覺，見有瓔珞，又問衆人，知王女來，情願不遂，憂恨懊惱，婬火内發，自燒而死。以是證知，女人之心，不擇

〔一〕出法句譬喻經卷四利養品。

貴賤，唯欲是從。」〔一〕

又薩婆多論云：「寧以身分内毒蛇口中，不犯女人。蛇有三事害人：有見而害人，有觸而害人，有齧而害人。女人亦有三害：若見女人而發欲想，滅人善法。若觸女人，身犯中罪，滅人善法。若共合會，身犯重罪，滅人善法。一、若爲毒蛇所害，害此一身。若爲女人所害，害無數身。二者、若爲毒蛇所害，害報得無記身。若爲女人所害，害善法身。三者、若爲毒蛇所害，害五識身。若爲女人所害，害六識身。四者、若爲毒蛇所害，得入清衆。若爲女人所害，不與僧同。五者、若爲毒蛇所害，得生天上人中，值遇賢聖。若爲女人所害，入三惡道。六者、若爲毒蛇所害故，得四沙門果。若爲女人所害，於八正道，無所成益。七者、若爲毒蛇所害，人則慈念而救護之。若爲女人所害，衆共棄捨，無心喜樂。以是因緣故，寧以身分内毒蛇口中，終不以此而觸女人。」〔二〕

又增一阿含經云：「女人有五力，輕慢夫主。云何爲五？一、色力，二、親族之力，三、田業之力，四、兒力，五、自守力。是謂女人有此五力，便輕慢夫主。夫有一力，盡覆蔽彼女人，所謂富貴力也。今弊魔波旬亦有五力：所謂色、聲、香、味、觸。愚癡之人，著此五法，不能得度。若聖弟子成就一無放逸力，不爲所繫，則能分别生老病死之法，勝魔五力，不墮魔境，至無爲處。爾時世尊便説此偈：

〔一〕出大智度論卷十四。
〔二〕出薩婆多毘尼毘婆沙卷二結淫戒因緣。

戒爲甘露道，　放逸爲死徑。　不貪則不死，　失道爲自喪。

爾時世尊告諸比丘：女人有五欲想。云何爲五？一、生豪貴之家，二、嫁適富貴之家，三、使我夫主言從語用，四、多有兒，五、在家獨得由己。是謂有此五事可欲之想。」〔一〕

又大威德陀羅尼經云：「佛告阿難：譬如有大沙聚，將一滴水潤此沙聚，可令徹過。如一婦人，以千數丈夫，受欲果報，不可令其知足也。其婦人有三法，不知厭足：一、自莊嚴，二、於丈夫邊所受欲樂，三、哀美言辭。阿難，其婦女有五疽蟲户，而丈夫無此。其五疽蟲，在陰道中。其一蟲户有八千蟲，兩頭有口，悉如針鋒。彼之疽蟲常惱彼女而食啖之，令其動作。動已復行，以彼令動，是故名惱。婬婦女人此不共法，以業果報，發起欲行，貪著丈夫，不知厭足。其婦女人，若見丈夫，即作美言，瞻視熟視，視已復視，瞻仰觀察，意念欲事而看邪視。欲取他面，齒銜下脣，面作青紫。以欲心故，額上汗流。若安坐時，即不欲起。若復立時，復不欲坐。木枝畫地，摇弄兩手。或行三步，至第四步，左右瞻看。或在門頰，頻申出息，逶迤屈曲，左手舉衣，右手拍髀。又以指爪而刮齒牙，草枝摘齒，手搔腦後，宣露脚脛，嗚他兒口，平行而蹶，急視諸方。如是等相，當知婦人欲事以發。厭離棄捨，勿令流轉，生大暗中。」〔二〕

〔一〕出增一阿含經卷二十七。

〔二〕出大威德陀羅尼經卷十九。

又正法念經云：「天鳥爲諸天説偈云：

婦人非常友，　如燈焰不停。　彼則是常怨，　猶如畫石文。　雖親近富者，　無物則厭人。有物婦女近，　無物婦女捨。　與物興供養，　作種種功德。　其心如火焰，　而不可秉執。男如是隨順，　如心之所欲。　彼如是婦女，　恒常誑男子。　如蛇華所覆，　如灰土覆火。色如是覆毒，　婦女亦如是。　猶如見毒樹，　悦眼而不善。　婦女如毒華，　智者應捨離。」〔一〕

又阿含口解十二因緣經云：「有阿羅漢以天眼徹視，見女人墮地獄中者甚多。〔二〕便問佛：何以故？佛言：用四因緣故：一、由貪珍寶物衣被，欲心多故；二、由相嫉妒故；三、由多口舌故；四、由作恣態婬意多故。以是因緣，故墮地獄多耳。」〔三〕

頌曰：

五欲混神因，　六賊亂心色。　幻焰逐情飄，　愛網隨心織。　鑄金雖改秋，　斬籌方未極。觀鴿既無辯，　攀猿此焉息。

〔一〕出正法念處經卷三十九觀天品。
〔二〕「見」字原脱，據高麗藏本補。
〔三〕出阿含口解十二因緣經。

法苑珠林校注卷第二十二

入道篇第十三此有四部

述意部　欣厭部　剃髮部　引證部

述意部第一

惟夫道俗形乖，净染殊趣。由善惡不等，報慶不均。欲觀仁義盛德之風，當尋禮儀玄軌之範。而能割愛辭親，棄榮勢位，節飡滋味，蔬食苦行。麤服蓋形，不顧飾玩；隨用安身，不存名利。抑遏三毒，制止八音。三千威儀，五百戒相，動静合宜，皆有法式；八萬修多，十二部別，敷演投機，隨時利物。可謂人天之楷模，入道之舟航者也。

欣厭部第二

如文殊問經云：「佛告文殊師利：一切諸功德，不與出家心等。何以故？住家者無量過患故，出家者無量功德故。住家者有障礙，出家者無障礙。住家者行諸惡法，出家者離諸惡法。住家者是塵垢處，出家者除塵垢處。住家者溺欲淤泥，出家者出欲淤泥。住家者隨愚人法，出家者遠愚人法。住家者不得正命，出家者得其正命。住家者是憂悲惱處，出家者是歡喜處。住家者是結縛處，出家者是解脱處。住家者是傷害處，出家者非傷害處。住家者有貪利苦，出家者無貪利苦。住家者是憒鬧處，出家者是寂静處。住家者是下賤處，出家者是高勝處。住家者爲煩惱所燒，出家者滅煩惱火。住家者常爲他人，出家者常爲自身。住家者以苦爲樂，出家者出離爲樂。住家者增長棘刺，出家者能滅棘刺。住家者成就小法，出家者成就大法。住家者無法用，出家者有法用。住家者爲三乘毁呰，出家者爲三乘稱歎。住家者不知足，出家者常知足。住家者魔王愛念，出家者令魔恐怖。住家者多放逸，出家者無放逸。住家者爲人僕使，出家者爲僕使主。住家者是黑闇處，出家者是光明處。住家者增長憍慢處，出家者滅憍慢處。住家者少果報，出家者多果報。住家者多諂曲，出家者心質直。住家者常有憂苦，出家者常懷喜樂。住家者是欺誑法，出家者是真實法。住家者多散亂，出家者無散亂。住家者是流轉處，出家者非流轉處。住家者如毒藥，出家者如甘露。住家者失内思惟，出家者得内思惟。住家者無歸依處，出家者有歸依處。住家者多有瞋恚，出家者多行慈悲。住家者有重擔，出家者捨重擔。

住家者有罪過，出家者無罪過。住家者流轉生死，出家者有齊限。住家者以財物爲寶，出家者以功德爲寶。住家者隨流生死，出家者逆流生死。住家者是煩惱大海，出家者是大舟航。住家者爲纏所縛，出家者離於纏縛。住家者爲國王教誡，出家者爲佛法教誡。住家者伴侶易得，出家者伴侶難得。住家者傷害爲勝，出家者攝受爲勝。住家者增長煩惱，出家者出離煩惱。住家者如刺林，出家者出刺林。文殊師利，若我毁呰住家，讚歎出家，言滿虚空，説猶無盡。此謂住家過患，出家功德。」〔一〕

又涅槃經云：「在家迫迮，猶如牢獄，一切煩惱因之而生。出家寬廓，猶如虚空，一切善法因之增長。」〔二〕在家之人，内則憂念妻兒，外則王役驅馳。若富貴高勝，則放逸縱情；貧苦下賤，則飢寒失志。公私擾擾，晝夜孜孜。衆務牽纏，何暇修道。

又郁伽長者經云：「在家之人，多諸煩惱，父母妻子，恩愛所繫。常思財色，貪求無厭，得時守護，多諸憂慮。流轉六趣，違離佛法。當作怨家惡知識想，應厭家垢，〔三〕生出家心。無有在家修習無上菩提之道，皆因出家得無上道。在家塵汙，出家妙好。在家繫縛，出家解脱。在家多苦，出家快樂。在家下賤，出家尊貴。在家奴僕，出家爲主。在家由人，出家自在。在家多憂，出家無憂。在家重擔，出

〔一〕出文殊師利問經卷下囑累品。
〔二〕出大般涅槃經卷十一。
〔三〕「垢」字原作「活」，據郁伽長者經改。

家捨擔。在家忽務，出家閑静。」〔一〕

又出家功德經云：「若放男女奴婢人民出家，功德無量。譬四天下滿中羅漢，百歲供養，不如有人爲涅槃故，一日一夜出家受戒，功德無量。」〔二〕又「如起七寶塔，高至三十三天，不如出家功德。」〔三〕

又大緣經云：以一日夜出家故，二十劫不墮三惡道。〔四〕

又僧祇律云：「以一日夜出家修梵行者，離六百六千六十歲三塗苦。」〔五〕

又出家功德經云：「若爲出家苦作留礙，破壞抑制，此人即斷佛種。諸惡集身，猶如大海。現得癩病，死入黑闇地獄，無有出期。」〔六〕

又迦葉經云：「爾時大王太子聞出家功德甚深，並皆發心出家已。四天下中無一衆生在家者，皆悉發心，願求出家。彼諸衆生既出家已，不須種植，其地自然生諸秔米，諸樹自然生諸衣服，一切諸天

〔一〕出大寶積經卷八十二郁伽長者會。

〔二〕出出家功德經。

〔三〕出賢愚因緣經卷四出家功德尸利苾提品。

〔四〕此段出處待考。此經未見著録。

〔五〕出摩訶僧祇律卷二十九。

〔六〕出賢愚因緣經卷四出家功德尸利苾提品。作出家功德經誤。

供侍給使。」〔一〕

又佛藏經云：「當一心行道，隨順法行，勿念衣食有所須者。如來白毫相中一分供諸末代一切出家弟子，亦不能盡。」〔二〕

又賢愚經云：「如百盲人有一明醫，能治其目，一時明見。又有百人罪應挑眼，一人有力能救其罪，令不失目。此之二人福雖無量，猶不如聽人出家及自出家，其德弘大。」〔三〕

剃髮部第三

初欲出家，依律先請二師：一是和尚，二是阿闍棃。請法如律。薩婆多論云：「若先請和尚，受十戒時，和尚不現前，亦得十戒。若聞知死，受戒不得。不聞死，受戒得成。闍棃應同。」〔四〕

又清信士度人經云：「若欲剃髮，先於落髮處香湯灑地。周圓七尺內，四角懸旛，安一高座，擬出

〔一〕出大寶積經卷八十九摩訶迦葉會。

〔二〕出佛藏經卷下了戒品。

〔三〕出賢愚因緣經卷四出家功德尸利苾提品。

〔四〕出薩婆多毘尼毘婆沙卷一總序戒法異名等。

家者坐。後復施二勝座，〔一〕擬二師坐。欲出家者，著本俗服，拜辭父母尊親等訖，口説偈言：

流轉三界中，　恩愛不能脱。　棄恩入無爲，　真實報恩者。

説此偈已，脱去俗服。」〔二〕善見論云：「應以香湯洗浴，除白衣氣。」〔三〕

度人經云：「雖著出家衣，只得著泥洹僧及僧祇支，未得著袈裟。入道場時，應來至和尚前胡跪。和尚應生兒想，不得生惡賤心。弟子於師應生父想，尊重供養。和尚爲種種説法，誡勗其心已，來向闍梨前坐。」〔四〕善見論云：以香湯灌頂上，説偈讚云：

善哉大丈夫，　能了世無常。　捨俗趣泥洹，　希有難思議。

説此偈已，教禮十方佛竟，復説偈讚云：

歸依大世尊，　能度三有苦。　亦願諸衆生　普入無爲樂。

説此偈已，然後闍梨乃爲剃髮。」〔五〕

〔一〕「後」字原脱，據高麗藏本補。

〔二〕清信士度人經已佚。

〔三〕出善見律毘婆沙卷十六。

〔四〕即上清信士度人經，已佚。

〔五〕出善見律毘婆沙卷十六。

度人經云：「爲剃髮時，傍人爲誦出家唄云：

毁形守志節，　割愛無所親。　棄家弘聖道，　願度一切人。

與剃髮時當頂留五三髮，來至和尚前胡跪。和尚問言：今爲汝除去頂髮，許不？荅言：好！然後和尚爲著袈裟。」〔一〕當正著時，依善見論復説偈讚云：

「大哉解脱服，　無相福田衣。　披奉如戒行，　廣度諸衆生。」〔二〕

又度人經云：「既著袈裟已，禮佛行道。道俗從後遶三匝已，復自説偈，生陳荷意云：〔三〕

善哉值佛者，　何人誰不喜！　福願與時會，　我今獲法利。

行道匝已，又禮大衆及二師竟，然後在下行坐，受六親拜。荷出家離俗意，心懷歡喜。父母諸親皆爲作禮，悦其道意。應中前剃髮，最後令及得齋。」〔四〕依毗尼母論云：「剃髮著袈裟已，然後和尚爲受三歸五戒等。」〔五〕自外法用不可具述。臨時斟酌，生善彌勝。

〔一〕即上清信士度人經，已佚。

〔二〕此段出處待考。

〔三〕「陳」字，高麗藏本作「慶」。

〔四〕即上清信士度人經，已佚。

〔五〕出毗尼母經卷一。

引證部第四

如雜寶藏經云：「昔有一婦女，端正殊妙，於外道法中出家修道。時人問言：顔貌如是，應當在俗，何故出家？女人荅言：如我今日，非不端正。但以小來厭惡婬欲，今故出家。我在家時以端正故，早蒙處分，一生男兒。〔一〕兒遂長大，端正無比，轉覺羸損，如似病者。我即問兒病之由狀，兒不肯道。爲問不止，兒不獲已而語母言：我正不道，恐命不全。止欲具述，〔二〕無顔之甚。即語母言：我欲得母，以私情欲，〔三〕以不得故，是以病耳。母即語言：自古以來，何有此事。復自念言：我若不從，兒或能死。今寧違理，以存兒命。即便喚兒，欲從其意。兒將上牀，地即劈裂，我子即時生身陷入。我即驚怖，以手挽兒，捉得兒髮。而我兒髮，今日猶故，在我懷中。感切是事，是故出家。」〔四〕

又智度論云：〔五〕「佛法中出家人雖破戒墮罪，罪畢得解脱。如優鉢羅華比丘尼本生經中說。佛

〔一〕「一」字，高麗藏本作「早」。

〔二〕「述」字原作「道」，據高麗藏本改。

〔三〕此「欲」字與下句「以」字原倒，據高麗藏本改正。

〔四〕出雜寶藏經卷七婦女厭欲出家緣。

〔五〕「云」字原脱，據高麗藏本補。

在世時，此比丘尼得六神通。獲阿羅漢果。入貴人舍，常讚出家法。語諸貴人婦女言：姊妹，可出家。諸貴婦女言：我等少壯，容色盛美，持戒爲難，或當破戒。比丘尼言：破戒便破，但出家。問言：破戒當墮地獄，云何可破？荅言：墮地獄便墮。諸貴婦女笑之言：地獄受罪，云何可墮？比丘尼言：我自憶念本宿世時，作戲女，著種種衣服而説雜語。或時作比丘尼衣，以爲戲笑。以是因緣故，迦葉佛時作比丘尼。自恃貴姓端正，心生憍慢，而破禁戒。故墮地獄，受種種罪。受罪畢竟，值釋迦牟尼佛出家，得阿羅漢道。雖復破戒，可得道果。復次如佛在祇洹，有一醉婆羅門，來到佛所，求作比丘。佛敕阿難與剃頭，著法衣。醉酒既醒，驚怖己身忽爲比丘，即便走去。諸比丘問佛：何以聽此醉婆羅門作比丘？佛言：此婆羅門無量劫中都無出家心。今因醉故，暫發微心。以此因緣故，後當出家得道。如是種種因緣，出家之利，功德無量。以是之故，白衣雖有五戒，不如出家功德大也。」〔一〕

又雜寶藏經云：「昔盧留城有優陀羨王，聰明解達，有大智慧。有一夫人，名曰有相，端正少雙，兼有德行，王甚愛敬。時彼國法，諸爲王者不自彈琴。爾時夫人在於曲室，共王歡戲。自恃王寵，遣王彈琴，自起爲儛。初舉手時，王素善相，覩見夫人死相已現，計其餘命，不過七日。王即捨琴，慘然長歎。夫人白王：受王恩寵，敢於曲室求王彈琴，自起爲儛，用爲歡樂。有何不適，捨琴長歎？願王告語。王

〔一〕出大智度論卷十三。

不肯荅。慇懃不已，王以實荅。夫人聞之，甚懷憂懼，即白王言：我聞石室比丘尼，若能信心出家一日，必得生天。我欲出家，願王聽許。王愛情重，語夫人言：至六日頭，當聽汝去，不相免意。遂至六日，王語夫人：汝有善心求欲出家，若得生天，必來見我，我乃聽去。作是誓已，夫人許可，便得出家，受八戒齋。即於其日飲石蜜漿，腹中絞結。至七日旦，即便命終。乘是善緣，得生天上。憶本誓故，來詣王所，光明熾盛，徧照王宫。時王問言：汝爲是誰？天即荅言：我是王婦有相夫人。〔一〕王喜白言：願來就座。天荅之言：我今觀王，臭穢叵近。但以先誓，故來見王。王聞是已，心開意解，而自歎言：今彼天者，本是我婦。出家一日，便得生天，神志高遠，而見鄙賤。我今何故而不出家。我曾聞說，天一爪甲直一閻浮提地。〔二〕我此一國，何足可貪！作是語已，捨位與子，出家修道，得阿羅漢。」〔三〕故智度論偈云：

「孔雀雖有色嚴身，　不如鴻鶴能遠飛。

白衣雖有富貴力，　不如出家功德深。」〔四〕

又雜譬喻經云：「昔者兄弟二人，居世富貴，資財無量。父母終亡，無所依仰。雖爲兄弟，志念各

〔一〕「夫」字原作「天」，據高麗藏本改。

〔二〕「浮」字原作「净」，據高麗藏本、磧砂藏本、南藏本、嘉興藏本改。

〔三〕出雜寶藏經卷八優陀羨王緣。

〔四〕出大智度論卷三。

異。兄好道義，弟愛家業。其弟見兄不親家業，恒嫌恨之。共爲兄弟，父母早終，勤念生活，反棄家業，追逐沙門，聽受佛經。沙門豈能與汝衣食財寶耶？家轉貧困，財物日耗，人所嗤笑，懈廢門户。繼續父母，乃爲孝耳！兄報之曰：五戒十善，供養三寶，以道化親，乃爲孝耳！道俗相反，自然之數。道之所樂，俗之所惡；俗之所珍，道之所賤。智愚不同，謀猶明冥。是故慧人去冥就明，以道致真。卿今所樂，苦惱之僞，豈知苦辛。其弟含恚，掉頭不信。兄見如是，便謂弟曰：卿貪家事，以財爲貴。吾好經道，以慧爲珍。今欲捨家，歸命福田。計命寄世，忽若飛塵。無常卒至，爲罪所纏。是故捨世，避危就安。弟見兄意，志趣道義，寂然無報。兄則去家，而作沙門，夙夜精進，坐禪思惟，行合經法，成道果證。弟聞此言，瞋恚更盛。弟貪家業，未曾爲法。其後壽終，墮於牛中，肥盛甚大。賈客買取，載鹽販之。往還數遲，牛遂羸頓，不能復前。轉增困頓，躃卧不起。賈人撾打，摇頭纔動。時兄遊行，飛在虚空，遥見其弟，便謂之曰：弟居田宅，今爲所在？而自投身，墮牛畜中，即以威神，照示本命。即自識知，淚出自責。由行不善，慳貪嫉妒，不信佛法，輕慢聖衆，不信兄語，觝突自用，故墮牛中，疲頓困劣。悔當何逮。兄知心念，愴然哀傷，即爲牛主説其本末。賈人聞之，便以施與。即將牛去，還至寺中，使念三寶，飯食隨時。其命終盡，得生忉利天。時衆賈客各自念言：我等治生，不能施與，不識道義，死亦恐然。便共出舍，捐其妻子，棄所珍玩，行作沙門。精進不懈，皆亦得道。由是觀之，世間財寶，不益於人。奉

敬三尊，修身學道，世世獲安。」〔一〕

又付法藏經云：「昔尊者羅漢闍夜多，將諸弟子詣德叉尸羅城。到其城已，慘然不悦。小復前行，路見一烏，欣然微笑。弟子白師：願説因緣。尊者荅曰：我初至城，於城門下見一鬼子，飢急語我：我母入城，爲我求食。與母別來，經五百歲，飢虚困乏，命將不遠。尊者入城，若見我母，道我辛苦，願語早來。始入城，便見彼母，具説子意。鬼母荅我：吾入城來，經五百歲，未曾能得一人涕唾。我既新産，氣力羸劣。設得少唾，諸鬼奪我。今值一人，遇得少唾，飲持出城，共子分食。門下多有大力鬼神，畏不敢出，唯願尊者延我出城。我即將出，令共子食。我即問鬼：生來幾時？鬼荅我言：吾見此城七反成壞。我聞鬼言，悲歎生死，受苦長遠，是以慘然。時彼烏者，乃往過去九十一劫，有佛出世，號毗婆尸。我於爾時爲長者子，欲得出家。是時出家，必得羅漢。父母不聽，强爲娉妻。既得妻已，復求出家。父母語我：若生一子，乃當相放。我尋受教，後生一男。至年六歲，我復欲去。父母教兒，求抱我脚，啼哭而言：父若捨我，誰見養活？先當殺兒，然後可去。我時於子起愛染心，即語子言：吾爲汝故，不復出家。由彼兒故，從是以來九十一劫流轉五道，未曾得見。今以道眼觀見彼烏，乃是前子。愍其愚癡，久處生死，是以微笑。」〔二〕以是因緣，若復有人障他出家，此人罪報常在惡道，受極苦痛，無得

〔一〕出雜譬喻經。

〔二〕出付法藏因緣傳卷六。

解脱。惡道罪畢，若生人中，生盲無目。是故智者若見有人欲出家者，應勤方便，勸令成就，勿作留難。

又出家功德經云：「昔佛在世時，佛與阿難入毗舍離城，時到乞食。有一王子，字鞞羅羡那，與諸婇女在高樓上，共相娱樂。佛聞樂音，語阿難言：我知此人，却後七日，必當命終。若不出家，或墮地獄。阿難聞已，即往教化，勸其出家。王子聞勸，於六日中，極意受樂。至第七日，求佛出家。一日一夜，修持浄戒，即便命終，生四天王，爲北天王毗沙門子。與諸婇女受五欲樂，極天之壽。滿五百歲後，生忉利，爲帝釋子，壽天千歲；次生炎摩，復爲王子，壽二千歲；後生兜率，亦爲王子，壽四千歲；次生化樂，爲天王子，壽八千歲；化樂壽盡，復生第六他化自在，爲天王子，與諸婇女所受五欲，於下最勝，盡天壽命，萬六千歲。如是受樂，於六欲天往來七返而無中夭。一日出家，滿二十劫，不墮惡道，常生天上，受福自然。最後人中生富樂家，財寶具足。壯年已過，臨老厭世，出家修道，成辟支佛，名毗流帝梨，廣度天人，不可限量。以是因緣，出家功德，無量無邊，不可爲喻。假使羅漢滿四天下，若有一人一百歲中，盡心供養，四事無乏，乃至涅槃，各爲起塔，華香瓔珞，種種供養，所得功德，不如有人爲求涅槃，一日一夜出家持戒之功德也。」〔一〕以斯而言，出家之法，真可尊貴。不得以少財色，貪著俗事，流浪生死，自苦其身。

〔一〕出出家功德經。

又中本起經云：提婆達多。齊云天熱。〔一〕以其生時，人天等衆心皆驚熱，因以名焉。〔二〕

又無性攝論云：提婆者。唐云天授，〔三〕亦云天與。謂從天乞得，故云天授也。〔四〕

又增一阿含經云：「提婆達多白佛言：願聽在道次。佛言：汝宜在家，分檀惠施。夫爲沙門，實爲不易。復再三白。佛復告：不宜出家。提婆便生惡念：此沙門懷嫉妒心。我今宜自剃頭，善修梵行。何用是沙門語爲！提婆後犯五逆罪，惡心欲至如來所，適下足在地，地中有大火風起，生繞提婆。身爲火所燒，便發悔心，稱南無佛。然不究竟，便入地獄中。阿難悲泣言：提婆在地獄中，爲經幾時？佛言：經於大劫。命終生四天王上，展轉至他化自在天，經六十劫，不墮三惡趣。最後受身，成辟支佛，名曰南無，由命終之時稱南無故。時大目連言：我欲至阿鼻獄中，見提婆達多，慰勞慶賀。佛言：阿鼻罪人，不解人間音響。目連白言：我解六十四音，當以此音往語罪人。目連如屈申臂頃，至阿鼻獄上虚空中，命曰：提婆達多。獄卒曰：此間亦有拘樓秦佛、迦葉佛時提婆達多，今命何者？目連曰：吾命釋迦文佛叔父兒提婆達多。獄卒燒炙彼身，使令覺悟曰：汝仰觀空中。見大目連坐寶蓮華。

〔一〕「齊」字原作「此」，據高麗藏本、磧砂藏本、南藏本、嘉興藏本改。

〔二〕出中本起經卷上。

〔三〕「唐」字原作「此」，據高麗藏本、磧砂藏本、南藏本、嘉興藏本改。

〔四〕出攝大乘論無性釋卷十。

語目連曰：尊者何由屈此？目連曰：如來説汝欲害世尊，緣入阿鼻，最後成辟支佛，號名南無。提婆達多聞已歡喜言：我今日以右脅卧阿鼻獄中，經歷一劫，終無勞倦。目連復問：苦痛有增損乎？提婆達多報以熱鐵輪鑠我身壞，復以鐵杵吹咀我形，有黑暴象蹈蹋我體，復有火山來鎮我面，昔者袈裟化爲銅鍱，極爲熾盛。今寄頭面，禮世尊足，復禮尊者阿難。目連即攝神足，還世尊所。」〔一〕

又智度論云：「提婆達多弟子名倶迦離，謗舍利弗及目揵連，命終墮蓮華地獄中。」〔二〕又本起經：「名衢和離。」〔三〕

又報恩經云：「提婆達多過去久遠，不可計劫，有佛出世，名曰應現。佛滅度後，於像法中，有一坐禪比丘，獨住林中。爾時比丘常患蟣虱，即便告虱而作約言：我若坐禪，汝宜默然，隱身寂住。其虱如法。於後一時，有土蚤來，至虱邊問言：汝云何身體肌肉肥盛？虱言：我所依主人，常修禪定，教我飲食時節。我如法飲食故，所以身體鮮肥。蚤言：我亦欲修習其法。虱言：能爾隨意！爾時比丘尋便坐禪。爾時土蚤聞血肉香，即便食噉。爾時比丘心生苦惱，即便脱衣以火燒之。佛言：爾時坐禪比丘者，今迦葉是。爾時土蚤者，今提婆達多是。爾時虱者，今我身是。提婆達多爲利養故，毁害於我。乃

〔一〕出增一阿含經卷四十七。
〔二〕出大智度論卷十三。
〔三〕出中本起經卷上。

至今日成佛，亦爲利養，出佛身血，生入地獄。提婆達多常懷惡心，毁害如來。若説其事，窮劫不盡。」〔一〕

又雜寶藏經云：「佛在迦毗羅衛國，入城乞食。到弟孫陀羅難陀舍，會值難陀與婦作粧，香塗眉間。聞佛門中，欲出外看。婦共要言：出看如來，使我額上粧未乾頃，便還入來。難陀即出，見佛作禮，取鉢向舍，盛食奉佛，佛不爲取。過與阿難，亦不爲取。阿難語言：汝從誰得鉢，還與本處。於是持鉢詣佛，至尼拘屢精舍，佛即敕剃髮師與難陀剃髮。難陀不肯，怒拳而語剃髮人言：迦毗羅一切人民，汝今盡可剃其髮耶？佛問剃髮者：何以不剃？荅言：畏故不敢爲剃。佛共阿難自至其邊，難陀畏故，不敢不剃。雖得剃髮，恒欲還家，佛常將行，不能得去。後於一日次當守房，而自歡喜：今真得便，可還家去。待佛衆僧都去之後，我當還家。佛入城後，作是念言：當爲汲水，令滿澡瓶，然後還歸。尋時汲水，一瓶適滿，一瓶復翻。如是經時不能滿瓶。便作是言：俱不可滿。使諸比丘來還自汲，我今但著瓶屋中而去。適即閉門。適一扇閉，一扇復開。適閉一户，一户復開。更作是念：俱不可閉，但置而去。縱使失諸比丘衣物，我饒財寶，足可償之。即出僧房而自思惟：佛必從此來，我則從彼異道而去。佛知其意，亦從異道來。遥見佛來，至大樹後藏。樹神舉樹在虚空中，露地而立。佛見難陀將

〔一〕出大方便佛報恩經卷四惡友品。

還精舍，而問之言：汝念婦耶？答言：實爾！即將難陀向阿那波山上，又問難陀：汝婦端正不？答言：端正！山中有一老瞎獼猴。又復問言：汝婦孫陀利面首端正，何如此獼猴耶？難陀懊惱，便作念言：我婦端正，人中少雙，佛今何故以我之婦比瞎獼猴？佛復將至忉利天上，徧諸天宮而共觀看，見諸天子與諸天女共相娱樂。見一宮中有五百天女，無有天子。尋來問佛，佛言：汝自往問。難陀往問：諸宮殿中盡有天子，此中何以獨無天子耶？諸女荅言：閻浮提内佛弟難陀，佛逼使出家。以出家因緣，命終當生於此天宮，爲我天子。難陀荅言：即我身是。便欲即住。天女語言：我等是天，汝今是人。人天路殊，且還捨人壽，更生此閒，便可得住。便還佛所，以如上事具白世尊。佛語難陀：汝婦端正，何如天女？難陀荅言：比彼天女，如瞎獼猴比於我婦。佛將難陀還閻浮提。難陀爲欲生天故，勤加持戒。阿難爾時爲説偈言：

譬如羯羊鬬，　將前而更却。　汝爲欲持戒，　其事亦如是。

佛將難陀復至地獄，見諸鑊湯，悉皆煮人，唯見一鑊，炊沸空停。〔一〕怪其所以而來問佛，佛告之言：汝自往問。難陀即往問獄卒言：諸鑊盡皆煮治罪人，此鑊何故空無所煮？荅言：閻浮提内有如來弟子，名爲難陀。以出家功德，當得生天。以欲罷道因緣之故，天壽命終，墮此地獄。是故我今炊鑊而待難

〔一〕「炊」字原作「吹」，據雜寶藏經改。下同。

陀。難陀聞已恐怖，畏獄卒留，即作是言：南無佛陀！南無佛陀！唯願將我擁護還至閻浮提内。佛語難陀：汝能勤持戒修汝天福不？難陀荅言：不用生天，今唯願我不墮此獄。佛爲説法，一七日中成阿羅漢。諸比丘歎言：世尊出世，甚奇甚特。佛言：非但今日如是，乃往過去亦復如是。諸比丘言：過去亦爾，其事云何？請爲我説。佛言：昔迦尸國王，名曰滿面。毗提希國有一婬女，端正殊妙。爾時二國常相怨疾。傍有佞臣向迦尸王歎説：彼國有婬女端正，世所希少。王聞是語，心生惑著，遣使從索。彼國不與。重遣使言：求暫相見，四五日閒還當發遣。時彼國王約敕婬女：汝之姿態所有技藝精好悉具足備，使迦尸王惑著於汝，須臾之閒，不能遠離。即遣令去。經四五日，尋復唤言：欲設大祀，須得此女，暫還放來，後當更遣。時迦尸王即遣婦還。大祀已訖，遣使還索。荅言：明日當遣。既至明日，亦復不遣。如是妄語，經歷多日。王心惑著，單將數人，欲往彼國。諸臣勸諫，不肯受用。時仙人山中有獼猴王，聰明博達，多有所知。其婦適死，取一雌獼猴。諸獼猴衆皆共瞋呵責：此雌獼猴，衆所共有，何緣獨當。時獼猴王將雌獼猴走向迦尸國，投於王所。諸獼猴衆皆共追逐。既到城内，發屋壞墻，不可料理。迦尸國王語獼猴王言：汝今何不以雌獼猴還諸獼猴。獼猴王言：我婦死去，更復無婦。王今云何欲使我歸？王語之言：汝獼猴破亂我國，那得不歸！獼猴王言：此事不好耶？王荅言：不好！如是再三。王故言：不好！獼猴王言：汝宫中有八萬四千夫人，汝不愛樂，欲至敵國，追逐婬女。我今無婦，唯取此一，汝言不好。一切萬姓視汝而活，爲一婬女云何捐棄國事。大王當知，婬欲之事，樂少苦多。猶如逆風而執熾炬，〔一〕愚者不放，必見燒害。欲爲不净，如彼屎聚。欲現外相，薄皮所覆。欲無反復，如屎塗毒蛇。欲如怨賊，詐親附人。欲如假借，必當還歸。欲爲可惡，如厠生華。欲如疥瘡，而向於火，把之轉劇。欲如狗齧枯骨，涎唾共合，謂爲有味，脣齒破盡，不知厭足。欲如渴人，飲於鹹水，愈增其渴。欲如段肉，衆鳥競逐。欲如魚戰，貪味至死，其患甚大。爾時獮猴王者，我身是也。爾時王者，難陀是也。爾時婬女者，孫陀利是也。我於爾時，欲淤泥中，拔出難陀。今亦拔其生死之苦。」〔二〕

未曾有經云：「羅睺羅年至九歲，出家爲沙彌。王敕豪族諸公王子五十人，隨逐羅睺，悉皆出家。舍利弗爲和尚，大目犍連作阿闍梨，與授十戒。羅睺母耶輸陀羅爲太子婦，未滿三年，即捨出家。」〔三〕自餘弟子，事廣繁多，不可具述。且逐要略疏三五也。沙彌者，耶舍傳云：〔四〕隋云勞之小者，〔五〕以修道爲勞也。又翻息慈，謂息世染之情，以慈濟萬物也。又創佛法，俗情猶存，須息惡行慈也。

〔一〕「執」字原作「熱」，據高麗藏本改。

〔二〕出雜寶藏經卷六佛弟難陀爲佛所逼出家得道緣。

〔三〕出未曾有因緣經卷上。

〔四〕耶舍傳已佚。

〔五〕「隋」字原作「此」，據高麗藏本、磧砂藏本、南藏本改。

又增一阿含經云：「佛告諸比丘：有四姓出家者，無復本姓，但言沙門釋迦子。所以然者，生由我生，成由法成。其猶四大海，皆從阿耨泉出。」〔一〕

又彌沙塞律云：「汝等比丘，雜類出家，皆捨本姓，稱釋子沙門。」〔二〕沙門者，息惡也。

又長阿含經云：「彌勒出世，諸比丘弟子等亦皆稱慈子。如我今弟子稱爲釋子。」〔三〕彌勒者，姓也。此云慈氏。觀大覺俯應，跡均俗典。所以胤裔繼哲，姻婭重疊，并緣發曠劫，故能翼讚靈化。又四河入溟，俱名爲海，四族歸道，并號曰釋。可謂總彼殊源，同乎一味者矣。

頌曰：

宿祐因熟，今蒙出度。棄俗遺塵，超然欣悟。慧在恬虛，妙不以數。感時會道，
絕羇纏務。精勤慕學，服兹世露。〔四〕功業弗墜，感聖嘉護。肅肅靈儀，依依神步。
彼我無他，法侶相遇。

〔一〕出增一阿含經卷二十一。

〔二〕出彌沙塞部和醯五分律卷二十八。

〔三〕出長阿含經卷六輪轉聖王修行經。

〔四〕「世」字，高麗藏本作「甘」。

感應緣略引五驗

宋沙門智嚴
宋沙門求那跋摩
宋尼釋曇輝
宋居士趙習
宋東官爾二女

宋京師枳園寺有釋智嚴，西涼州人。弱冠出家，便以精勤著名。遊歷西國，諮受禪法，博通經論，罕所希類。還於西域。所得經論，未及譯寫。到宋元嘉四年，乃共寶雲等譯出。〔一〕不受別請，分衛自資。道化靈感，幽顯咸服。〔二〕有見鬼者云：見西州太社聞鬼相語云：嚴公至，當辟易。此人未之解。俄而嚴至，聊問姓字，果稱智嚴。默而識之，密加禮異。儀同蘭陵蕭思話婦劉氏疾病，恒見鬼來呼，可

〔一〕「等」字原作「寺」，據高麗藏本、磧砂藏本、南藏本、嘉興藏本改。
〔二〕「咸服」二字原作「眼」，據高麗藏本改。

駭畏。時迎嚴説法。嚴始到外堂，劉氏便見羣鬼迸散。嚴既進爲夫人説經，疾以之瘳。因稟五戒，一門宗奉。嚴清素寡欲，隨受隨施。少而遊方，更無滯著。禀性沖退，不自陳叙，故雖多美行，世無得而盡傳。嚴昔未出家時，嘗受五戒，有所虧犯。後入道受具，常疑不得戒，每以爲懼。積年禪觀，而不能自了。遂更汎海，重到天竺，諮諸明達。值羅漢比丘，〔一〕具以事問。羅漢不敢判決，乃爲嚴入定，往兜率宫諮彌勒。彌勒荅云：得戒。嚴大喜，於是步歸。至罽賓，無疾而死，時年七十有八。彼國凡聖，燒身各處。嚴雖戒操高明，而實行未辨。〔二〕始移屍向凡僧墓地，而屍重不起。改向聖墓，則飄然自輕。嚴弟子智羽、〔三〕智遠，故從西來，報此徵瑞，俱還外國。以此推嚴，信是得道人也。〔四〕但未知果向中間深淺耳。」〔五〕

宋京師祇洹寺有求那跋摩，此云功德鎧。本是刹利種，累世爲王，治在罽賓國。機辯儁達，深有遠度，仁愛汎博，崇德務善。以宋元嘉八年正月達于建業，文帝引見，勞問慇懃。因又言曰：弟子常欲持

〔一〕「值」字原闕，據高僧傳補。

〔二〕「辦」字原作「辯」，據高僧傳改。

〔三〕「羽」字原作「明」，據高僧傳改。

〔四〕「人」字原闕，據高僧傳補。

〔五〕出高僧傳卷三智嚴傳。

齋不殺，迫以身徇物，〔一〕不獲從志。法師既不遠萬里，來化此國，將何以教之？」跋摩曰：「夫道在心，不在事；法由己，非由人。且帝王與匹夫所修各異。匹夫身賤名劣，言令不威，若不尅己苦躬，將何爲用。帝王以四海爲家，萬民爲子。出一嘉言，則士庶咸悦；布一善政，則人神以和。刑不夭命，役無勞力，則使風雨適時，寒暖應節，百穀滋繁，桑麻鬱茂。如此持齋，齋亦大矣；如此不殺，〔二〕德亦衆矣。〔三〕寧在闕半日之飡，全一禽之命，然後方爲弘濟耶！」帝乃撫几歎曰：「夫俗人迷於遠理，沙門滯於近教。迷遠理者，謂至道虚説；滯近教者，則拘戀篇章。至如法師所言，真謂開悟明達，可與言論天人之際矣。」乃敕住祇洹寺，供給隆厚。王公英彦，莫不宗奉。大翻經論，具存高僧傳。並文義詳允，胡漢弗差。時景福寺尼慧果、净音等共請跋摩云：「去六年有師子國八尼至京云：宋地先未經有尼，那得二衆受戒。恐戒品不全。」跋摩云：「戒法本在大僧衆發。設不本事，〔四〕無妨得戒，如愛道之緣。」諸尼又恐年月不滿，苦欲更受。跋摩稱云：「善哉！苟欲增明，甚助隨喜。但西國尼年臘未登，又十人不

〔一〕「徇物」二字原作「狥」，據高僧傳改。

〔二〕「如此」二字原作「持」，據高僧傳改。

〔三〕「德」字原作「戒」，據高僧傳改。

〔四〕「本」字原作「奉」，據高麗藏本改。

滿。〔一〕且令學宋語，別因西域居士，更請外國尼來，足滿十數。其年夏，在定林下寺安居。時有信者，採華布席，唯跋摩所坐，華采更鮮。衆咸崇以聖禮。夏竟，還祇洹。其年九月二十八日，中食未畢，先起還閣，〔二〕其弟子後至，奄然已終，春秋六十有五。既終之後，即趺坐繩牀，顔貌不異，似若入定。道俗赴者，千有餘人，并聞香氣芬烈。咸見一物，狀若龍蛇，可長一匹許，起於尸側，直上衝天，莫能詺者。〔三〕以香薪闍維，香油灌之，五色焰起，氤氳麗空。四部羣集，哀聲動天，悲泣望斷，不能自勝。〔四〕

右二驗出梁高僧傳録。

宋尼釋曇輝，蜀郡成都人也。本姓青陽，名白玉。年七歲，便樂坐禪。每坐輒得境界。意未自了，亦謂是夢耳。曾與姊共寢，夜中入定。姊於屏風角得之，身如木石，亦無氣息。姊大驚怪，唤告家人，互共抱扶，至曉不覺。奔問巫覡，皆言鬼神所憑。至年十一，有外國禪師畺良耶舍者，來入蜀。輝請諮所見，耶舍者以輝禪既有分，欲勸化令出家。時輝將嫁，已有定日，法育未展，聞説其家，潛迎還寺。家既知，將逼嫁之。輝遂不肯行，深立言誓：若我道心不果，遂被限逼者，便當投火飼虎，棄除穢形。願

〔一〕「十」字原闕，據高僧傳補。
〔二〕「閣」字原作「問」，據高僧傳改。
〔三〕「詺」字原作「詔」，據高麗藏本改。
〔四〕出高僧傳卷三求那跋摩傳。

十方諸佛，證見至心。刺史甄法崇信尚正法，聞輝志業，迎與相見。并召綱佐及有懷沙門，互加難問。輝敷演無屈，坐者歎之。崇乃許離夫家，聽其入道。元嘉十九年，臨川康王延致廣陵。

時宋淮南趙習，元嘉二十年爲衛軍府佐。疾病經時，憂必不濟，恒至心歸佛。夜夢一人，形貌秀異，若神人者。自屋梁上，以小裹物及剃刀授習云：服此藥，用此刀，病必即愈。習既驚覺，果得刀藥焉。登即服藥，疾除出家，名僧秀，年逾八十乃亡。

宋元嘉元年，東官俞二女，姊十歲，妹九歲。里越愚蒙，未知經法。忽其年二月八日，并失所在，三日而歸，麤說見佛。至九月十五日，又失一旬，還作外國語，誦經胡書。見西域僧，便相開解。明年正月十五日又失。在田作人見從風上天。父母哀哭，求禱神鬼，經月乃返。剃頭爲尼，被服法衣，持髮而歸，自説見佛及比丘尼曰：汝宿緣爲我弟子。手摩頭髮便落。與其法名，大曰法緣，小曰法綵。遣還曰：可作精舍，當與經法。既達家，即除鬼坐，立精舍，旦夕禪誦。每見五色光流汎峯嶺。自此容止音調，詮正有法，上京風規不能過也。刺史韋朗、孔默等皆迎敬異云云〔一〕右此三驗出冥祥記。

〔一〕見集神州三寶感通録卷下。又見本書卷五六道篇諸天部感應緣引。

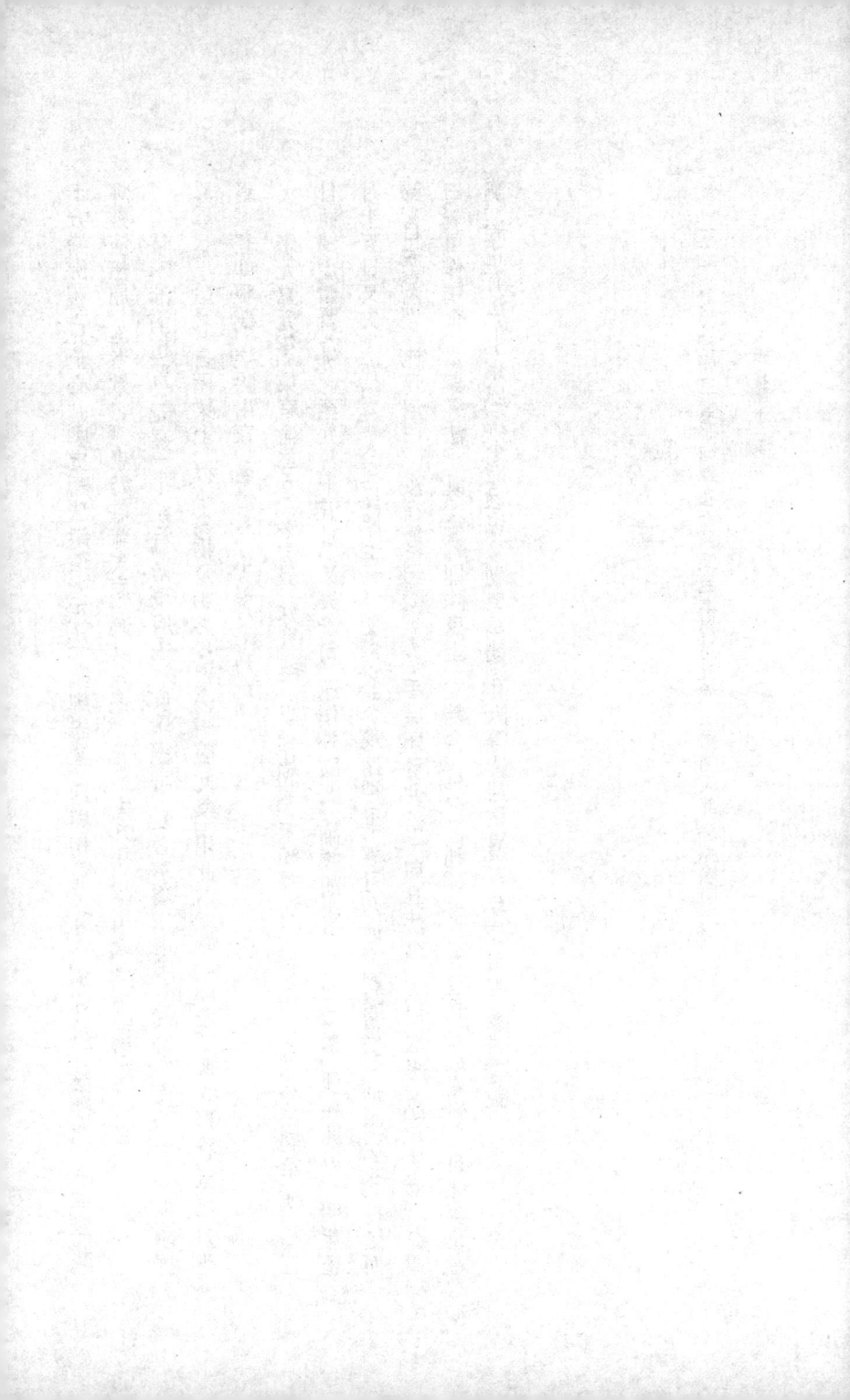

法苑珠林校注卷第二十三

慚愧篇第十四此有二部

述意部　引證部

述意部第一

夫三世輪轉，六道旋環。若有一片神明，無不經歷多處。既其稟生無定，有智有愚；受性不同，爲善爲惡。爲善故，有慚有愧；爲惡故，無慚無愧。但凡夫之法，相感居懷。若未得治道斷除，理應日夜勵己策修。慚愧冥空，辭謝幽顯。從來無智，不識至真。致使煩惱森然，結漏繁擁。冀藉一善，消除萬累。排蕩重昏，豁然清净。是故大聖慇懃，制諸道俗。深慚應供，横受福田之名；仰愧沙門，虚當乞士之號。進無菩薩兼濟之能，退乏聲聞自調之德。玷辱師僧，孤負檀越。不堪行國王之地，無以報父母之恩。事等破瓶，義同焦種。亦如多羅既斷，寧可重生；析石已離，終無還合。鬼恒掃迹，唱是惡人；

如來敕言，非我弟子。不能爲世福田，豈可勝他禮拜。近障人天，遠妨聖道。如斯罪累，何可言陳。在道尚然，居俗寧救。是以一失人身，動經累劫。再逢服本，還同遇木。今當以慚愧水，洗浴識塵；執發露刀，割覆藏網。仰愧先賢，深慚後德。盡誠懺謝，徹窮來際。見一切凡聖，敬同佛想。自勸己心，卑如賤想。所有諸過，不起一念私隱之心；所有諸善，常生修學之意。軀陳此心，是名慚愧也。

引證部第二

如涅槃經云：「有二白法，能救衆生：一慚，二愧。慚者自不作惡，愧者不教他造。慚者內自羞恥，愧者發露向人。慚者羞人，愧者羞天。是名慚愧。有慚愧故，則能恭敬父母師長。」〔一〕一切道俗人及非人，便能敬重三寶，滅諸惡業。

又迦延論：「云何名無慚？答曰：可慚不慚，可避不避，不善恭敬，不善往來，既謂無慚。云何名無愧？可羞不羞，可畏不畏，惡事不畏，故稱無愧。又不善往來名無慚，惡事不見畏稱無愧。翻此前名，故云慚愧。」〔二〕

又新婆沙論云：「世間有情，見無慚者，言是無愧；見無愧者，言是無慚。則謂此二，其體是一。

〔一〕出大般涅槃經卷十九。
〔二〕出阿毘曇八犍度論卷二。

今欲顯示性相差別，令彼疑者得決定解。問：無慚無愧有何差別？答：於自在者無怖畏轉是無慚，於諸罪中不見怖畏是無愧。復不恭敬是無慚，不怖畏是無愧。復不厭賤煩惱是無慚，不厭賤惡行是無愧。復作惡不自顧是無慚，作惡不顧他是無愧。復作惡不自羞是無慚，作惡不恥他是無愧。復作惡不羞恥是無慚，作惡而傲逸是無愧。復獨一造罪而不羞恥是無慚，對他造罪而不羞恥是無愧。復若對少人造罪而不羞恥是無慚，若對衆人造罪而不羞恥是無愧。復若對惡趣有情造罪而不羞恥是無慚，若對善趣有情造罪而不羞恥是無愧。復若對愚者造罪而不羞恥是無慚，若對智者造罪而不羞恥是無愧。復若對卑者造罪而不羞恥是無慚，若對尊者造罪而不羞恥是無愧。復若對在家者造罪而不羞恥是無慚，若對出家者造罪而不羞恥是無愧。復若對非親教軌範造罪而不羞恥是無慚，若對親教軌範造罪而不羞恥是無愧。復若作惡時不羞天者是無慚，若作惡時不恥人者是無愧。復若於諸惡因不能訶毁是無慚，於諸惡果不能厭怖是無愧。復貪等流是無慚，於癡等流是無愧。是謂無慚無愧差別。如是二法唯欲界繫，唯是不善，一切不善心心所法皆徧相應，唯除自性。」〔一〕各翻前惡，是名慚愧。又瑜伽論云：「云何無慚無愧？謂觀於自他無所羞恥，故思毁犯，犯已不能如法出離，好爲種種鬬訟違諍，是名無慚無愧也。」〔二〕又遺教經云：「慚如鐵鉤，能制人非法。是故比丘常當慚愧，無得暫替。若離慚愧，則失

〔一〕出阿毘達磨大毘婆沙論卷五十四。
〔二〕此段出處待考。

諸功德。有愧之人則有善法。若無愧者，與諸禽獸無相異也。」〔一〕又智度論偈云：

「入道慚愧人，持鉢福衆生，云何縱欲塵，沈没於五情！著鎧持刀杖，見敵而退走，如是怯弱人，舉世所輕賤。比丘爲乞士，除髪著袈裟，五情馬所制，取笑亦如是。又如豪貴人，衣服以嚴身，而行乞衣食，取笑於衆人。比丘除飾好，毁形以攝心，而更求欲樂，取笑亦如是。已捨五欲樂，棄之而不顧，如何還欲得，如愚自食吐！如是貪欲人，不知觀本願，亦不識好醜，狂醉於渴愛。慚愧尊重法，一切皆已棄，賢智所不親，愚癡所愛近。諸欲求時苦，得之多怖畏，失時懷愁惱，一切無樂處。諸欲患如是，以何當捨之？得福禪定樂，則不爲所欺。欲樂著無厭，以何能滅除？若得不净觀，此心自然無。」〔二〕

又正法念經云：「若破戒多欲而行惡法，實非沙門，自稱沙門，猶如野干著師子皮，如虚僞寶，内空無物。」〔三〕又莊嚴論偈云：

「既著壞色衣，應當修善法，斯服宜善寂，恒思自調柔。云何著是服，竪眼張其目，

〔一〕出佛遺教經。
〔二〕出大智度論卷十七。
〔三〕出正法念處經卷五十九。

蹙眉復聚頞，〔一〕 而起瞋恚相？ 瞋恚於出家， 不應所住處， 嫌恨如屠枷， 瞋乃是恐怖。輕賤之屋宅， 醜陋之種子， 麤惡語之伴， 燒意林猛火。 示惡道之業， 鬭諍怨害門， 惡名稱牀褥， 暴速作惡本。 應當自觀察， 出家之標相， 心與相相應， 爲不相應耶？比丘之法者， 從他乞自活， 云何食信施， 而生重瞋恚！ 他食在腹中， 云何生瞋恚， 而爲於信施， 之所消滅耶！ 此身不清浄， 九孔恒流汗， 臭穢甚可惡， 乃是衆苦器。 是身極鄙陋， 癰瘡之所聚， 若共敎觸時， 生於大苦惱。 身如彼箭的，〔二〕 有的箭即中。 有身衆苦加， 無身則無苦。 蚊虻蠅毒蟲， 皆能蜇殺人。 應當勤精進， 遠離於此身。」〔三〕

故知上來所録，若道若俗，常須作意，正念現前。不得微解少法，便起慢心，不生慚愧。如四果人等，雖不可受總報，別報猶受。故賢愚經云：「如鴦崛魔羅由殺九百九十九人，雖值佛成羅漢，居在房中，地獄之火從毛孔出，極患苦痛。」〔四〕何況外凡，未起對治，隨造一業，決定墮三惡道。但人身難得，遇惡因緣則便易失。以惡多善少，一日之中罪念百千，善念無一。

〔一〕「蹙」字原作「蹵」，據高麗藏本、磧砂藏本、南藏本、嘉興藏本改。
〔二〕「的」字，高麗藏本作「鏑」。下同。
〔三〕出大莊嚴論經卷九、卷十二。
〔四〕出賢愚因緣經卷十一無惱指鬘品。

又净度三昧經云：「罪福相累，重數分明。後當受罪福之報，一一不失。一念受一身，善念受天上人中身，惡念受三惡道身。百念受百身，千念受千身。〔一〕一日一夜種生死根，後當受八億五千萬雜類之身。〔二〕百年之中種後世栽，甚爲難數。魂神逐種受形，徧三千大千刹土。體骨皮毛，徧大千刹土地，間無空處。」〔三〕又菩薩處胎經偈云：

「吾從無數劫，　往來生死道，　捨身復受身，　不離胞胎法。　計我所經歷，　記一不説餘，
純作白狗形，　積骨億須彌。　以利針地種，　無不值我體。　何況雜色狗，　其數不可量。
吾故攝其心，　不貪著放逸。」〔四〕

又提謂經云：「如有一人在須彌山上，以纖縷下之，一人在下持針迎之。中有旋嵐猛風，吹縷難入針孔。人身難得，甚過於是。」〔五〕又菩薩處胎經：「世尊説偈云：

盲龜浮木孔，　時時猶可值。　人一失命根，　億劫復難是。　海水深廣大，　三百三十六。

〔一〕「受」字原脱，據高麗藏本補。
〔二〕「千」字原作「十」，據高麗藏本、磧砂藏本、南藏本改。
〔三〕出淨度三昧經。
〔四〕出菩薩胎處經卷三全身舍利品。
〔五〕此段出處待考。

一針投海中，　求之尚可得。　一失人身命，　難得過於是。」〔一〕

又大莊嚴論：「偈云：

離諸難亦難，　生於人閒難。　既得離諸難，　應當常精進。

我昔聞有一小兒經中說：盲龜值浮木孔，〔二〕其事甚難。時此小兒故穿一板，作孔受頭，擲著池中。自入池中，低頭舉頭，欲望入孔。水漂板故，不可得值。即自思惟，極生厭惡。人身難得，佛以大海爲喻。浮木孔小，盲龜無眼，百年一出，實難可值。我今池小，其板孔大，復有兩眼，日百出頭，猶不能值，況彼盲龜而當得值！即爲說偈云：

巨海極廣大，　浮木孔復小。　百年而一出，　得值甚爲難。　我今池水小，　浮木孔極大。
數數自出頭，　不能值木孔。　盲龜遇浮木，　相值甚爲難。　惡道復人身，　難值亦如是。
我今值人身，　應當不放逸。　恒沙等諸佛，　未曾得值遇。　今日得諮受，　十力世尊言。
佛所說妙法，　我必當修行。　若能善修習，　濟拔極爲大。　非他作己得，　是故自精勤。
若墮八難處，　云何可得離！　世間業隨逐，　墜墮於惡道。　我今當逃避，　得出三有獄。
若不出此獄，　云何得解脫？　畜生道若干，　歷劫極久長。　地獄及餓鬼，　黑闇苦惱深。

〔一〕出菩薩處胎經卷六定意品。
〔二〕「盲」字原脫，據高麗藏本補。

我若不勤修，　云何而得離？　險難諸惡道，　今日得人身。　不盡苦邊際，　不離三有獄。

應當勤方便，　必離三有獄。　今我求出家，　必使得解脱。」〔一〕

又罪業報應經偈云：

「水流不常滿，　火盛不久然。　日出須臾没，　月滿已復缺。　尊榮豪貴者，　無常復過是。」〔二〕

故知人身難遇易失。以易失故，不須生著。當知人身念念近死，如牽豬羊，詣於屠所。故涅槃經云：「觀是壽命，常爲無量怨讎所遶，念念損減，無有增長。猶如暴水，不得停住。亦如朝露，勢不久停。如囚趣市，步步近死。」〔三〕又摩耶經偈云：

「譬如栴陀羅，　驅牛就屠所。　步步近死地。　人命廗過是。」〔四〕

自大聖已還，體未圓明。雖復分證無生，猶爲三相遷流。況於凡愚，理隔净境，善惡雜糅，明白未分。豈能免玷累之愆，愛染之失。今聞出家入道之美，不得便言無惡；聞白衣在家之過，不得都無其

〔一〕出大莊嚴經論卷六。

〔二〕出罪業報應教化地獄經。

〔三〕出大般涅槃經卷三十八。

〔四〕出摩訶摩耶經卷上。

善。若内修其行，則如出家之美；若内乖其信，徒爲剪落。在家之人，有諸眷屬，公私擾擾，資待所須，尚不應慳。沙門净行，塊然獨立，止須三衣六物，極至百一供身，自外妨緣，何須蓄積。經律具訶，明在聖教。若慳悋法財，不惠愚貧，智積不成，便失聖胎。乃至小罪，猶懷大懼，常應謙肅，恭敬大小。不得自大，輕慢前人。若具犯大罪，廣蓄田宅，過分貯積，勤營俗事。此等極惡，何須述之。今且略論。中下之人，薄學淺識，謂智過人。起大憍慢，放誕形容，陵蔑一切，籠罩天地。踑踞師長之前，叱吒尊人之側。道本和合，恭順爲僧。既心形乖反，豈成僧寶也。或有專讀外典，歌詠琴碁，諷誦詩書，徒消日月。内教法藥，救生爲急，文奥理深，辭華祕博，能解一句，演無量義。新舊經論，卷軸數千，曾不窺檢一句之義。外書不急之事，日夜勤學。若恐白衣笑我無知，不學世典者，何如俗人，問我經義不能荅耶？居内不閑於外，未足可羞；在内不解於内，恥辱彌甚。良由時將末法，人命轉促，無常交臂，朝不謀夕。恐一入幽塗，累劫難出，再遇佛法，想見無由。雖有經律，許一分學外，爲伏外道，此爲上品聰叡者説。先諳於内，兼令知外，機辯鋒芒，出言關典。内外博究，堪爲師匠，得如經説，爲伏外道。今自量身，觸事無能，神識常閉，愚戇恒開。自救無聊，何能利物；色香不通，何辯菽麥。願自私退，省己爲學。故涅槃經云：「佛語諸比丘：出家之人，應修慧學，尋究經典，不得披讀外道典籍路伽耶等。常處山澤，

空閑静室，修禪禮誦，斷邪顯正，是汝所宗。」〔一〕

又叔迦經中説：「叔迦婆羅門子白佛言：在家白衣，能修福德善根勝出家者，是事云何？佛言：我於此中不定荅。出家或有不修善根，則不如在家。在家能修，則勝出家。」〔二〕又三千威儀云：「出家人所作業務者：一者、坐禪，二者、誦經法，三者、勸化衆事。若具足作三業者，是應出家人法。若不行者，徒生徒死，唯有受罪之因。」〔三〕又百喻經云：「昔有一人事須火用，及以冷水。即便宿火，以澡罐盛水，置於火上。後欲取火而火都滅，欲取冷水而水復熱。火及冷水，二事俱失。世間之人入佛法中，出家求道。既得出家，還念妻子五欲之樂。由是之故，失其功德之火，兼失持戒之水。念欲之人，亦復如是。」〔四〕

又涅槃經：「佛言：我涅槃後有聲聞弟子，愚癡破戒，喜生鬬諍，捨十二部經，讀誦種種外道典籍文頌手筆，受畜一切不净之物，言是佛聽。如是之人，以好栴檀貿易瓦木，以金易鍮石，以銀易白鑞，以

〔一〕此段出處待考。
〔二〕出十住毘婆沙論卷十。
〔三〕出大比丘三千威儀卷上。
〔四〕出百喻經卷二水火喻。

絹易氎褐，以甘露易於惡毒。」〔一〕又遺教經云：「晝則勤心修習善法，無令失時。初夜後夜，亦勿有廢。中夜誦經，以自消息。無以睡眠因緣，令一生空過，無所得也。」〔二〕依是行道，可得四沙門果，乃至菩提。如是行者，堪爲師範，真良福田，得消信施。

又婆沙論云：「如人觀日，眼不明净。外道書論，思求之時，便慧眼不净。如人觀月，眼則明净。佛法經論，思求之時，令慧眼明净。若思求外俗，如打獼猴，〔三〕唯出不净。若思求佛法，如鍊真金，多鍊多净。」〔四〕又菩薩善戒經云：「菩薩不讀不誦如來正經，讀誦世典文頌書疏者，得罪。不犯者，若爲論義，破於邪見。若二分佛經，一分外書。何以故？爲知外典是虛妄法，佛法真實故，爲知世事故，不爲世人所輕慢故。」〔五〕以此文證，佛法學人，若一向廢内尋外，〔六〕則便得罪。縱解理行，唯可暫習，爲伏外道，還須厭離，進修内業，務令增勝。若偏耽著，則壞正法。故地持論云：「若菩薩於佛所説棄

〔一〕出大般涅槃經卷二十六。

〔二〕出佛遺教經。

〔三〕「打」字原作「扟」，據高麗藏本、磧砂藏本改。

〔四〕此段出處待考。

〔五〕出菩薩善戒經卷十。

〔六〕「向」字原脱，據高麗藏本補。

捨不學，乃習外道邪論，〔一〕世俗經典，是名爲犯衆多犯，是犯染汙起。若上聰明人，能速受學，得不動智，於日月中，常以二分受學佛法，一分外典，是名不犯。若於世典外道邪教愛樂不捨，不作棄想，是名爲犯衆多犯，是犯染汙起。」〔二〕

頌曰：

冬狐理豐毳，　春蠶緒輕絲。　形骸翻爲阻，　心識還自欺。　齠齔歌鼓腹，　平生少年時。
驅車追俠客，　酌酒弄妖姬。　但念目前好，　安知後世悲。　惕然一以愧，　永與情愛辭。
願識真妄本，　染净自分離。　羞慚滯五蓋，　焉知同四依。

獎導篇第十五此有四部

述意部　　引證部　　生信部　　業因部

〔一〕「乃」字原作「及」，據高麗藏本改。
〔二〕出菩薩地持經卷五。

述意部第一

夫貴賤靡恒，貧富無定。譬水火更王，〔一〕寒暑遞來。故見有財富室温，衣豐食足，不勞營覓，自然而至。復見有貧苦飢弊，役力馳求，晨起夜寐。形骸爲之沮悴，心情爲之勞擾。縱有所獲，百方散失。終日願於富饒，而富饒未嘗暫有。以此苦故，所以勸獎，令其惠施，力厲修福。若復有人衣裘服玩，鮮華香潔，春秋氣序，寒温冷暖，四時變改，隨須無闕。〔二〕而復見有尺布不完，丈帛殘弊，垢穢塵墨，臭膩朽爛，炎暑不識絺綌，冰雪不知繒纊。乃至形骸不蔽，男女露雜，非唯可恥，實亦奇苦。〔三〕若見此苦，豈可不遠！所以勸獎，令其修福，應施衣服及以室宇。豈不見衆人皆有，而我獨無。是故應須勇猛修習。若復有人食則甘味並薦，珍羞備舉，連机重案，滿牀亘席，芳脂馚馥，馨香具列。而復有脱粟之飯不充，藜藿之羹常乏，鹽梅早自兩無，魚菜久已雙闕。乃至并日而飡，糜粥相係，雜以水果，加以草菜，萎黄困苶，自濟無方。若見此苦，豈可不遠！所以勸獎，令其修福，應施飲食及以水漿。豈可衆人皆足，而我獨困。是故應須勇猛修習。若復有人榮位通顯，乘肥衣輕，適意自在，行則天人瞻仰，住

〔一〕「王」字，高麗藏本作「互」。
〔二〕「闕」字原作「闕」，據高麗藏本、磧砂藏本、南藏本、嘉興藏本改。
〔三〕「奇苦」，高麗藏本作「慙作」。

則鬼神敬貴。而復見有卑鄙猥賤，人所不齒，生不知其生，死不知其死。塗炭溝渠之側，坐卧糞壤之中。雖有叱咄之聲，反致捶撲之苦。非唯神鬼不敬，乃亦狗犬加毒。若見此苦，豈可不遠！所以勸獎，令其修福。應滅憍慢，奉行謙敬。豈可他人常貴，而我恒賤。是故應當勇猛修習。若復有人形貌端整，言音風吐，常存廣利，仁慈博愛，語不傷物。而復有人而狀矬醜，所言險暴，唯知自利，不計念彼。彼忍辱故，所以致勝；多瞋恚故，所以招惡。若見此苦，豈可不遠！所以勸獎，令其修福。應滅瞋恚，奉行忍辱。豈可以令衆人恒處勝地，而我永隔净緣。是故應須勇猛修習。若復有人意力强幹，素少病疾，常堪行道，無有障礙。而復有人羸瘵多患，氣力弊茶，動輒增困，眠坐不安。見有此等惡，實宜捨遠。所以勸獎，令其修福。應施醫藥，隨時賑救。豈可衆人常無疾頓，而我永嬰沈滯。是故應須勇猛修習。凡是如此之事，實最應勸。若不相勸，則學者不勤也。

引證部第二

如涅槃經云：「居家如牢獄，妻子如枷鎖，財物如重擔，親戚如冤家。而能一日一夜受持清禁，六時行道，兼年常三長月，恒六齋。菜蔬節味，檢斂身口，意不馳外，專崇出俗，高慕佛法，俯仰無虧，坐卧無失。夜係明相，晝思净法，深敬沙門，悲心利俗。若能如是，雖居在家，可得度苦。」〔一〕故經云：〔二〕佛法欲盡，白衣護法修善，上生天上，如空中雪墮。比丘違於戒律，墮陷惡道，如雨從天落。當知於苦修福，其福最大；於福作罪，其罪不輕。是以從苦入樂，未知樂中之樂；從樂入苦，方知苦中之苦。斯言可驗，幸願省之。

又法句經：「偈云：

熱無過婬，　毒無過怒，　苦無過身，　樂無過滅。

佛説偈已，告諸比丘：往昔久遠無數世時，有五通比丘，名精進力。在山中樹下，閑寂求道。時有四禽獸依附左右，常得安隱。一者鴿，二者烏，三者毒蛇，四者鹿。是四禽獸者，晝行求食，暮則還宿。四禽獸一夜自相問言：世間之苦，何者爲重？烏言：飢渴最苦。飢渴之時，身羸目冥，神識不寧，投身羅網，不顧鋒刃。我等喪身莫不由之。以此言之，飢渴爲苦。鴿言：婬欲最苦。色欲熾盛，無所顧念，失身滅命，莫不由之。毒蛇言：瞋恚最苦。毒意一起，不避親疎，亦能殺人，復亦自殺。鹿言：驚怖最苦。我在林野，心恒怵惕，畏懼獵師及諸豺狼。髣髴有聲，奔投坑岸，母子相捐，肝膽掉悸。以此言之，驚怖爲苦。比丘聞之，即荅之曰：汝等所論，是其末耳，不究苦本。天下之苦，無過有身。身爲苦器，

〔一〕此段出處待考。

〔二〕此段出處待考。

憂畏無量。吾以是故，捨俗學道，滅意斷想，不貪四大，欲斷苦源，志存泥洹。」〔一〕是故知身爲大苦本。故書云：「大患莫若於身也。」〔二〕

生信部第三

如那先比丘問佛經云：「時有彌蘭王問羅漢那先比丘言：人在世閒作惡至百歲，臨欲死時念佛，死後生天，我不信是語。復言：殺一生死即入泥犁中，我亦不信是也。那先比丘問王：如人持小石置在水上，石浮耶？没耶？王言：其石没也。那先言：如令持百枚大石，置在船上，其船没不？王言：不没。那先言：船中百枚大石，因船故不得没。人雖有大惡，一時念佛，用是不入泥犁，便生天上。何不信耶？其小石没者，如人作惡，不知佛經，死後便入泥犁。何不信耶？王言：善哉！善哉！那先比丘言：如兩人俱死，一人生第七梵天，一人生罽賓國。此二人遠近雖異，死則一時俱到。如有一雙飛鳥，一於高樹上止，一於卑樹上止。兩鳥一時俱飛，其影俱到地耳。那先比丘言：如愚人作惡得殃大，智人作惡得殃小。譬如燒鐵在地，一人知爲燒鐵，一人不知，兩人俱取，然不知者手爛大，知者小。作

〔一〕出法句譬喻經卷三。
〔二〕見老子十三章。

惡亦爾。〔一〕愚者不能自悔，故其殃得大。智者作惡，知不當爲，日自悔過，故其殃少耳。」〔二〕

又四品學經云：「凡俗之人，或有不如畜生，畜生或勝於人。所以者何？人作罪不止，死入地獄；罪畢始爲餓鬼；餓鬼罪畢，轉爲畜生；畜生罪畢，乃還爲人。以畜生中畢罪，便得爲人。是故當作善奉三尊之教，長離三惡道，受天人福，後長解脱。」〔三〕

又四十二章經云：「佛言：天下有五難：貧窮布施難，豪貴學道難，判命不死難，得覩佛經難，生值佛世難。」〔四〕

又雜譬喻經：「有十八事於世甚難：一、值佛世難；二、正使值佛，得爲人難；三、正使成人，在中國生難；四、正使在中國生，種姓家難；五、正使在種姓家，四支六情完具難；六、正使四支六情完具，得財産難；七、正使得財産，值善知識難；八、正使得善知識，具智慧難；九、正使得智慧，具善心難；十、正使得善心，能布施難；十一、正使能布施，欲得賢善有德人難；十二、正使得賢善值有德人，往至其所難；十三、正使至其所，得宜適難；十四、正使得宜適，得受聽説難；十五、正使聽説，得正解智慧

〔一〕「亦」字原作「示」，據高麗藏本磧砂藏本、南藏本、嘉興藏本改。
〔二〕出那先比丘經卷下。
〔三〕出四品學經。
〔四〕出四十二章經。

難；十六、正使得解，能受深經難；十七、正使能受深經，得如説修行難；十八、正使能受深經，得如説修行得證聖果難。是爲十八事難。」〔一〕

業因部第四

佛説太子刷護經云：「阿闍世王太子，名爲刷護，白佛言：菩薩何因緣得顔貌端正？何因緣不入女人腹於蓮華中化生？何因緣故能知宿命之事？佛告太子：由能忍辱故，即爲姝好。不婬佚故，即能化生。人生七日，便知宿命無數世事。復何因緣身有三十二相？復何因緣有八十種好？復何因緣見佛身者視之無厭？佛告太子：本爲菩薩，好喜布施種種雜物，與諸佛菩薩及師父母人民索用故，得三十二相。常有慈心哀念十方蠕動之類，如視赤子，皆欲度脱，故得八十種好。見怨如視父母，等心無異，故視佛無厭。復何因緣知深經慧及陀羅尼行？復何因緣知三昧定，意得安隱？復何因緣佛所説善，其有聞者皆喜信受？佛告太子：菩薩喜書寫經卷，信受諷誦學問，是故知深經智慧及得陀羅尼行。復常專心意用，是故得三昧安隱。所説至誠，是故所語人皆信向，聞者歡喜。復何因緣不生惡處？復何因緣得生天上？復何因緣不貪愛欲？佛告太子：菩薩世世信佛法僧，用是故不生八惡處。由持戒

〔一〕出雜譬喻經。

不缺，是故生天。由知經法本空，是故不貪欲。復何因緣菩薩身口心行所念皆浄？復何因緣魔不得便？復何因緣不敢誹謗三寶？佛告太子：菩薩喜愛三寶，是故得浄。精勤不懈，是故魔不得便。所作皆至誠，〔一〕是故衆人不敢誹謗三寶。復何因緣菩薩得好高聲如梵天聲？復何因緣有八種音？復何因緣知衆人念皆悉能報？佛告太子：菩薩世世至誠不欺，是故得好高聲如梵天聲。由世世不惡口，是故得八種音。由世世不兩舌、不妄語，是故衆人所念，悉皆能報。復何因緣得壽命長？復何因緣身得無病？復何因緣家室和順，不令别離？佛告太子：由不殺生，是故爲人壽命得長。由不持刀杖擊人，是故後生爲人無病。由見鬬和解令喜，〔二〕是故後生爲人不得别離。復何因緣得財不離？復何因緣不爲劫盜？復何因緣得處尊高？佛告太子：由不貪人財，是故富樂。喜施不慳，是故不亡財物。心不嫉妒，是故生得尊高。復何因緣得天眼洞視？復何因緣得天耳徹聽？復何因緣知世間生死之事？佛告太子：由好意然燈供於佛前，是故得天眼洞視。由喜持妓樂於佛寺前，是故得天耳徹聽。由喜定意，是故知世間死生之變。復何因緣得飛行四禪？復何因緣知前世無數劫來之事？復何因緣得三佛身，便般涅槃？佛告太子：由喜施車馬船等與三寶人用，是故得飛行四禪足。由常專念諸佛三昧，善

〔一〕「作」字原脱，據高麗藏本補。
〔二〕「見」字原作「是」，據高麗藏本改。

行教人，是故得念前世無數劫事。由菩薩得阿唯越致道，是故得斷死生之根，得佛道已，便般涅槃。」〔一〕

頌曰：

茫茫荒宇，蠢蠢迷昉。居苦謂樂，靡勤靡獎。不遵厥理，空傳妄想。外順情塵，內乖心朗。慈誘返迷，扣誠發爽。靈通吐曜，冥資妙響。歸心正覺，津悟福賞。撫之有會，功超由曩。

感應緣略引三驗

晉竺長舒

宋邢懷明

宋王叔達

晉竺長舒者，其先西域人也。世有資貨爲富人。竺居晉，元康中，内徙洛陽。長舒奉法精至，尤好

〔一〕出太子刷護經。

誦觀世音經。其後鄰比失火，長舒家悉草屋，又正下風，自計火已逼近，政復出物，所全無幾。乃敕家人不得輦物，亦無灌救者，唯至心誦經。有頃火燒其鄰屋，與長舒隔籬，而風忽自迴，火亦際屋而止。于時咸以爲靈。里中有輕險少年四五人，共毁笑之云：風偶自轉，此復何神。伺時燥夕，〔一〕當爇其屋，能令不然者，可也。其後天甚旱燥，風起亦駛。少年輩密共束炬擲其屋上，三擲三滅。乃大驚懼，各走還家。明晨相率詣長舒家，〔二〕自説昨事，稽顙辭謝。長舒荅曰：我了無神，政誦念觀世音，當是威靈所祐。諸君但當洗心信向耳。自是鄰里鄉黨，咸敬異焉。

宋邢懷明，河閒人。宋大將軍參軍，嘗隨南郡太守朱脩之北伐，俱見陷没。於是伺候閒隙，俱得遁歸。夜行晝伏，已經三日，猶懼追捕。乃遣人前覘虜候，即數日不還。一夕將雨陰闇，所遣人將曉忽至。至乃驚曰：向遥見火光甚明，故來投之，那得至而反闇。脩等怪愕。懷明先奉法，自征後，頭上恒戴觀世音經，轉讀不廢。爾夕亦正暗誦，咸疑是經神力。於是常共祈心，遂以得免。居于京師。元嘉十七年，有沙門詣懷明云：貧道見此巷中及君家殊有血氣，宜移避之。語畢便去。懷明追而目之，出門便没，意甚惡之。經二旬，鄰人張景秀傷父及殺父妾。懷明以爲血氣之徵，庶得無事。時與劉斌劉敬文比門連接，同在一巷。其年並以劉湛之黨，同被誅夷云。

〔一〕「時」字，高麗藏本作「晴」。

〔二〕「家」字原脱，據高麗藏本補。

宋王球，字叔達，太原人也。爲涪陵太守。以元嘉九年於郡失守，繫在刑獄，著一重鎖，釘鍱堅固。球先精進，既在囹圄，用心尤至。獄中百餘人，並多飢餓，球每食皆分施之。日自持齋，至心念觀世音。夜夢昇高座，見一沙門，以一卷經與之，題云光明安行品，并諸菩薩名。球得而披讀，忘第一菩薩名，第二觀世音，第三大勢至。又見一車輪。沙門曰：此五道輪也。既覺，鎖皆斷脱。球心知神力，彌增專到。因自釘治其鎖，經三日而被原宥。右此三驗出冥祥記。

説聽篇第十六此有九部

述意部　引證部　儀式部　違法部　簡衆部　漸頓部　法施部　報恩部　利益部

述意部第一

夫師資義重，慧學爲勝；修以義方，多聞爲善。故馬鳴振將絶之綱，〔一〕龍樹興大小之辯。〔二〕慧蹤昭然，清論英出。信可該領名數，藻雪舊疑。然學而不説，尼父所憂；於義不了，釋尊所誡。故經曰：「法之供養，勝諸供養。」〔三〕故外書云：「善人是不善人之師，不善人是善人之資。」〔四〕受説無違，則理超情腑；如説聽乖宗，則尠難通會。是以一象既虧，則六爻斯墜；一言有失，則累劫受殃。故知傳法不易，受聽極難。良由去聖日久，微言漸昧。而一説一受，固亦難行。恐名利關心，垢情難净也。

引證部第二

如中論偈云：

〔一〕「振」字原作「搌」，「綱」字原作「網」，據高麗藏本改。
〔二〕「興」字原作「與」，據高麗藏本改。
〔三〕出維摩詰所説經卷下法供養品。
〔四〕出老子第二十七章。

「真法及説者，　聽者難得故。　如是則生死，　非有邊無邊。」〔一〕

又十地論云：「由説聽二人不稱法故，各有兩過：一、不平説過，二、佛不隨喜過。」〔二〕

故大集經偈云：

「若諸衆生無法器，　如來於彼修捨心。　設大方便待時節，　爲令彼得真解脱。」〔三〕

大莊嚴論偈云：

「隨聞而得覺，　未聞慎勿毁。　無量餘未聞，　謗者成癡業。」〔四〕

寶性論偈云：

「愚癡及我慢，　樂行於小法，　謗法及法師，　則爲諸佛呵。　外現威儀相，　不識如來教，　謗法及法師，　則爲諸佛呵。」〔五〕

今見初學，黑白幼童，發足守迷，於文義中，生知足想。自恃陵他，轉加輕侮。故地持論云：「隨文

〔一〕出中論卷四觀邪見品。

〔二〕出十地經論卷二。

〔三〕出大方等大集經卷三。

〔四〕出大乘莊嚴經論卷一成宗品。

〔五〕出究竟一乘實性論卷一教化品。

取義有五種過：一、無正信，二、退勇猛，三、誑衆生，四、輕法，五、謗法。」〔一〕能説之人，尚垢自心，況所聽之人，能生信乎！若凈心説法，縱是生死，變爲涅槃。若染心説法，縱是涅槃，變爲生死。又涅槃經云：「大乘爲甘露，亦名爲毒藥。能消即爲甘露，〔二〕不消即成毒藥。〔三〕如人置毒乳中，則能殺人。」〔四〕

故寶性論偈云：

「無知無善識，　惡友損正行。　蜘蛛落乳中，　是乳則爲毒。」〔五〕

又十輪經云：「如刹利旃陀羅等見有依我法中出家，若聲聞辟支佛乃至大乘説法法師，誹謗罵辱，欺誑正法而作留難，惱亂法師。以是因緣，墮阿鼻地獄。若見依我法中而出家者，於此人所數數瞋恚罵辱，我所説法不肯信受，破壞塔寺僧坊堂舍，殺害比丘，先所修習一切善根皆悉滅盡。命欲終時，支

〔一〕出十地經論卷二。作地持論誤。
〔二〕「露」字原脱，據高麗藏本補。
〔三〕「藥」字原脱，據高麗藏本補。
〔四〕出大般涅槃經卷六。
〔五〕此段出處待考。

節皆疼，如火焚燒。其人舌根如被繫縛，於多日中，口不能語。命終之後，墮阿鼻地獄。」〔一〕

儀式部第三

如三千威儀云：「上高座讀經有五事：一、當先禮佛，二、當禮經法上座，三、當先一足躡阿僧提上正住座，四、當還向上座，五、先手安座乃却坐已。座有五事：一、當正法衣安座；二、揵椎聲絶，當先讚偈唄；三、當隨因緣讀；四、若有不可意人，不得於座上瞋恚；五、若有持物施者，當排下著前。又問經有五事：一、當如法下牀問；二、不得共座問；三、有解不得直當問；四、不得持意念外因緣；五、説解頭面著地作禮，反向出户。」〔二〕

又十住毗婆沙論云：「法師處師子座有四種法。何等爲四？一者，欲昇高座，先應恭敬禮拜大衆，然後昇座。二者，衆有女人，應觀不浄。三者，威儀視瞻，有大人相。敷演法音，顔色和悦，人皆信受，不説外道經書，心無怯畏。四者，於惡言問難，當行忍辱。復有四法：一、於諸衆生作饒益想。二、於諸衆生不生我想。三、於諸文字不生法想。四、願諸衆生從我聞法於阿耨菩提，而不退轉。復有四

〔一〕出大方廣十輪經卷四刹利旃陀羅現智相品。

〔二〕出大比丘三千威儀卷上。

法：一、不自輕身，二、不輕聽者，三、不輕所説，四、不爲利養。」〔二〕

又文殊師利問經云：「文殊師利白佛言：四衆於何時中，不得作聲，或身口木石及諸餘聲？佛告文殊師利：於六時中不得作聲：禮佛時，聽法時，衆和合時，乞食時，正食時，大小便時。何故是時不得作聲？佛告文殊：於是時中有諸天來，彼諸天等常清净心、無染心、空心、隨波羅蜜心、觀佛法心。以彼聲故，令心不定。以不定故，悉皆還去。以諸天去故，諸惡鬼來，作不饒益，不安隱事。彼入於此，生諸謟患，人民飢餓，更相侵犯。是故文殊，應寂静禮佛。佛説祇夜云：

不作身口聲，　木石餘音聲。　寂静禮佛者，　如來所讚歎。」〔三〕

又佛本行經云：「佛告諸比丘：從今日制諸弟子，不得請於諸根闇鈍及以缺漏戒不具者而説其法。從今以後，若請説法，應請妙行具足之人，於諸衆内勝行成就，多解修多羅及解毗尼解摩登伽人。應選擇文字分明具足辯才者説法。是等比丘，從下座次第差遣，爲衆説法。若一乏者，更請第二。第二疲乏，應請第三。第三疲乏，應請第四。第四疲乏，應請第五。乃至若干堪説法者，次第應請，爲衆説法。爾時衆人見彼法師辯才具足，能演説法，即持香華而散其上。時諸比丘不受其法而生厭離。何以故？以佛斷故。出家之人不得將持塗香末香及諸香鬘。時諸人輩聞見此事，毁呰説言：是等比丘

〔二〕出十住毘婆沙論卷七分别法施品。
〔三〕出文殊師利問經卷上菩薩戒品。

如是供養，尚不堪受，況復勝者！時諸比丘以如是事具往白佛。爾時佛告諸比丘言：汝諸比丘，若有諸白衣檀越以歡喜心，以吉祥故，持種種香華塗香末香及諸華鬘散法師上者，應當受之。是白衣諸檀越等遂將種種資財寶物及袈裟等供養法師。是諸比丘恐懼慚愧，不受彼物。世諸人輩毁呰談説：是輩沙門諸釋子等，若干輕物尚不堪受，況復勝者！爾時諸比丘聞是事已，具往白佛。爾時佛告諸比丘言：汝諸比丘，若有俗人持諸財物及袈裟等奉施法師，爲歡喜故，我許捨施。若有須者，聽其受取。若不須者，我許送還。時諸比丘取經中要略義味而爲他説，不依次第。於時比丘慚愧恐怖，慮違經律，具以白佛。於時佛告諸比丘言：我許隨便，於諸經中擇取要義，安比文句，爲人説法。但取中義，莫壞經本。」〔一〕

又佛本行經云：「時諸比丘集一堂内，有二比丘演説法，是故相妨，即造二堂。二堂之内，各别説法，猶故相妨。此堂之内將引比丘往詣彼堂，彼堂之處有諸比丘迭相誘接，令詣此堂。往來交雜，遂乃亂衆。人或去來，〔二〕法事斷絶。或有比丘於此法門不喜聞説。時諸比丘具以白佛，佛告諸比丘：自今已去，不得一堂二人説法。亦復不得二堂相近，使聲相接，以相妨礙。亦復不得彼詣此衆，此詣彼

〔一〕出佛本行集經卷五十説法儀式品。

〔二〕「去」字原作「云」，據高麗藏本、磧砂藏本、南藏本、嘉興藏本改。

衆。亦復不得憎惡法門，不喜聞説。若憎惡者，須如法治之。」〔一〕又四分律：「亦不許同一堂内二法師説法，高座相近並坐而説，歌詠聲説，雙聲合唄，並皆不許。餘律亦不許法師高座受白衣散華。華若著身，即須振却。」〔二〕

又善見律云：「若法師爲人説法，女人聽者，以扇遮面，慎勿露齒笑。若有笑者驅出。何以故？三藐三佛陀憐愍衆生，金口所説。汝等應生慚愧心而聽，何以笑之！驅出。」〔三〕

違法部第四

如佛藏經云：「佛言：舍利弗，當來比丘好讀外經。當説法時，莊校文辭，令衆歡樂。惡魔爾時，助惑衆人，障礙善法。若有貪著音聲語言，巧飾文辭，若復有人好讀外道經者，魔皆迷惑，令心不安隱。〔四〕是諸人等爲魔所惑，〔五〕覆障慧眼，深貪利養，看諸外書。猶如聾盲，爲誑所欺，皆使令墮深坑而死。復次舍利弗，不净説法者，不知如來隨宜意趣，自不善解而爲人説，是人現世得五過失。何等爲

〔一〕出佛本行集經卷五十説法儀式品。
〔二〕出四分律卷三十五。
〔三〕出善見律毗婆沙卷七。
〔四〕「心」字原作「人」，據磧砂藏本、南藏本、嘉興藏本改。
〔五〕「惑」字原作「感」，據磧砂藏本、南藏本、嘉興藏本改。

五？一、説法時心懷怖畏，恐人難我。二、内懷憂怖而外爲他説。三、是凡夫無有真智。四、所説不浄，但有言辭。五、言無次第，處處抄撮，是故在衆心懷恐怖。如是凡夫無有智慧，心無決定，但求名聞，疑悔在心，而爲人説。是故舍利弗，身未證法而在高座，身自不知而教人者，法墮地獄。」〔一〕

又增一阿含經云：「爾時世尊告諸比丘：當知有此四鳥。云何爲四？一、或有鳥聲好而形醜，謂拘翅羅鳥是也。二、或有鳥形好而聲醜，謂鷙鳥是也。三、或有鳥聲醜形亦醜，謂土梟是也。四、或有鳥聲好形亦好，謂孔雀鳥是也。世間亦有四人，當共觀知。云何爲四？一、或有比丘顏貌端正，威儀成就，然不能有所諷誦諸法初中後善。是謂此人形好聲不好。二、或有人聲好而形醜，出入行來威儀不成，而好廣説精進持戒，初中後善，義理深邃。是謂此人聲好而形醜。三、或有人聲醜形亦醜，謂有人犯戒不精進，復不多聞，所聞便失。是謂此人聲醜形亦醜。四、或有人聲好形亦好，謂比丘顏貌端正，威儀具足，然復精進修行善法，多聞不忘，初中後善，善能諷誦。是謂此人聲好形亦好也。」〔二〕

又增一阿含經云：「爾時世尊告諸比丘：有四種雲。云何爲四？一、或有雲雷而不雨，二、或有雲雨而不雷，三、或有雲亦雨亦雷，四、或有雲不雨不雷。是四種雲而像世間四種人。一、云何比丘雷而不雨？或有比丘高聲誦習十二部經，諷誦不失其義，然不廣與人説法。是謂雷而不雨。二、云何雨而

〔一〕出佛藏經卷中浄法品。
〔二〕出增一阿含經卷十七。

不雷？或有比丘顔貌端正，威儀皆具，然不多聞高聲誦習十二部經，復從他受，亦不妄失，好與善知識相隨，亦好與他人説法。是謂雨而不雷。三、云何不雨不雷？或有人顔色不端，威儀不具，不修善法，亦不多聞，復不與他人説法。是謂此人不雨不雷。四、云何亦雨亦雷？或有人顔色端正，威儀皆具，好喜學問，亦好與他説法，勸進他人，令便承受。是謂此人亦雨亦雷。」〔一〕

〔一〕出增一阿含經卷十七。

法苑珠林校注卷第二十四

簡衆部第五

夫法師昇座，先須禮敬三寶，自净其心，觀時擇人，具慈悲意，救生利物，然後爲説。故報恩經云：「聽者坐，説者立，不應爲説。若聽者求，説者過，不應爲説。若聽者依人不依法，依字不依義，依不了義經不依了義經，依識不依智，並不應爲説。何以故？是人不能恭敬諸佛菩薩清净法故。若説尊重於法，聽法之人亦生宗敬，至心聽受，不生輕慢，是名清净説。」〔一〕

故阿含經偈云：

「聽者端心如渴飲，　一心入於語義中，
聞法踴躍心悲喜，　如是之人可爲説。」〔二〕

又五分律云：「除其貪心，不自輕心，不輕大衆心、慈心、喜心、利益心、不動心，立此等心，乃至宣

〔一〕出大方便佛報恩經卷七親近品。

〔二〕出大智度論卷一。作阿含經誤。

說一四句偈，令前人如實解者，長夜安樂，利益無量。」〔一〕又涅槃經云：「若有受持讀誦書寫宣說，非時非國不請而說，輕心輕他自歎，隨處而說，反滅佛法。乃至令無量人死墮地獄，則是衆生惡知識也。」〔二〕又十誦律云：「有五種人問法，皆不應爲説：一、試問，二、無疑問，三、不爲悔所犯故問，四、不受語故問，五、詰難故問。〔三〕並不得荅。」〔四〕若前人實有好心，不具前意，爲欲生善滅惡者，法師隨機方便好心爲説。若自解未明，或於法有疑者，則不得爲説。恐令前人有錯傳之失，彼此得罪。

又百喻經及毗曇論：「問荅有四：一、有決定荅。譬如人問：一切有生皆死？此是決定荅。二、問死者必有生？是應分別荅。愛盡者無生，有愛者必有生，是名分別荅。三、有問人爲最勝不？此應反問言：汝問三惡道，爲問諸天？若問三惡道，人實爲最勝。若問於諸天，人必爲不如。如是等義名反問荅。四、若問十四難，若問世界及衆生有邊無邊、有始終無始終，如是等義，名置荅論門。〔五〕若論

〔一〕此段出處待考。
〔二〕出大般涅槃經卷十七。
〔三〕「詰」字原作「語」，據高麗藏本改。
〔四〕出十誦律卷五十。
〔五〕「門」字原作「問」，據百喻經改。

諸外道愚癡，自以爲智，不閑四論，唯作一分別論。」〔一〕

又優婆塞戒經云：「佛言：如法住者，能自他利。不如法住者，則不得名自利利他。如法住者有八智。何等爲八？一、法智，二、義智，三、時智，四、知足智，五、自他智，六、衆智，七、根智，八、上下智。是人具足如是八智，凡有所説，具十六事：一、時説，二、至心説，三、次第説，四、和合説，五、隨義説，六、喜樂説，七、隨意説，八、不輕衆説，九、不訶衆説，十、如法説，十一、自他利説，十二、不散亂説，十三、合義説，十四、真正説，十五、説已不生憍慢，十六、説已不求來世報。如是之人能從他聽，從他聽時具十六事：一、時聽，二、樂聽，三、至心聽，四、恭敬聽，五、不求過聽，六、不爲論議聽，七、不爲勝聽，八、聽時不輕説者，九、聽時不輕於法，十、聽時終不自輕，十一、聽時遠離五蓋，十二、聽時爲受持讀誦，十三、聽時爲除五欲，十四、聽時爲具信心，十五、聽時爲調衆生，十六、聽時爲斷闇根。善男子，具八智者能説能聽，如是之人，能自他利。不具足者，則不得名自利利他。復次，能説法者復有二種：一者、清净，二者、不清净。不清净者，復有五事：一、爲利故説，二、爲報而説，三、爲勝地説，四、爲十報説，五、疑説。清净説者復有五事：一、先施食然後爲説，二、爲增長三寶故説，三、斷自他煩惱故説，四、爲分別邪正故説，五、爲聽者得最勝故説。善男子，不净説法者，名曰垢穢，名爲賣法，亦名汙辱，亦名錯

〔一〕出百喻經卷三二子分財喻。

説，亦名失意。清净説者，翻前即是。」〔一〕

又法句喻經云：「於是世尊即説偈云：

雖誦千章，句義不正；不如一要，聞可滅意。雖誦千言，不義何益；不如一義，聞行可度。雖多誦經，不解何益；解一法句，行可得道。」〔二〕

又大法炬陀羅尼經云：「若受法人欲行呪法，令不斷者，彼諸法師欲説法時，斂容端坐，先誦呪曰：

怛他　陀迦那　阿迦勇迦那　迦那迦　那那迦　迦迦那迦　阿迦迦那迦　迦那阿迦那　迦那阿迦那　迦迦那婆鼻煞帝　夜他婆鼻煞帝　夜他伽伽那多他婆鼻煞帝　多他摩迦舍那迦舍那迦那　迦迦舍。

法師爾時眷屬圍遶，即得成此加護方便，令彼法師心不動亂，説法不斷，滅除欲執。令諸羅刹女等所有聽衆，不爲留難，法師所須，不爲障礙。」〔三〕

〔一〕出優婆塞戒經卷三自利利他品。
〔二〕出法句譬喻經卷二述千品。
〔三〕出大法矩陀羅尼經卷十三供養法師品。

漸頓部第六

如百喻經云：「昔有一聚落，去王城五由旬，村中有好美水，王敕村人常使日日送其美水。村人疲苦，悉欲移避遠此村去。時彼村主語諸人言：汝等莫去，我當爲汝白王，改五由旬作三由旬，使汝得近，往來不疲。即往白王，王爲改之，作三由旬。衆人聞已，便大歡喜。有人語言：此故是本五由旬，更無有異。雖聞此言，信王語故，終不肯捨。世間之人，亦復如是。修行正法，度於五道，向涅槃城，心生疲倦，便欲捨離，頓駕生死，不能復進。如來法王有大方便，〔一〕於一乘法分別説三。小乘之人聞之歡喜，以爲易行，修善進德，求度生死。後聞人説無有三乘，故是一乘。以信佛語，終不肯捨。如彼村人，亦復如是。」〔二〕

又華嚴經云：「佛子，譬如日出先照一切大山王，次照一切大山，次照金剛寶山，然後普照一切大地。日光不作是念：我應先照諸大山王，次第乃至普照大地。但彼山地有高下故，照有先後。如來應供等正覺，亦復如是。成就無量無邊法界智慧日輪，常放無量無疑智慧光明，先照菩薩等諸大山王，次照緣覺，次照聲聞，次照決定善根衆生，隨應受化。然後悉照一切衆生，乃至邪定爲作未來饒益因緣。

〔一〕「方」字原作「力」，據高麗藏本、磧砂藏本、南藏本、嘉興藏本改。

〔二〕出百喻經卷二送美水喻。

如來智慧日光不作是念：我當先照菩薩乃至邪定，但放大智日光普照一切。佛子，譬如日月出現世間，乃至深山幽谷無不普照。如來智慧日月亦復如是，普照一切無不明了。但衆生悕望善根不同，故如來智光種種差別。」〔一〕

法施部第七

如十住毗婆沙論云：「若菩薩欲以法施衆生者，應如決定王大乘經中稱法師功德及説法義戒律，隨順修學。謂説法者應行四法。何等爲四？一者，廣博多學，能持一切言辭章句。二者，決定善知世間出世間諸法生滅相。三者，得禪定慧，於諸經法隨順無諍。四者，不增不損，如所説行。」〔二〕

又正法念經云：「若有衆生正行善業，爲邪見人説一偈法，令浄信佛。命終生應聲天，受種種樂。從天還退，隨業流轉。若爲財物故與人説法，不以悲心利益衆生而取財物，或用飲酒，或與女人共飲共食，如伎兒法，自賣求財。如是法施，其果甚少，生於天上，作智慧鳥，能説偈頌，是則名曰下品法施也。云何名爲中品法施耶？爲名聞故，爲勝他故，爲勝餘大法師故，爲人説法。或以妬心爲人説法。如是法施得報亦少，生於天中，受中果報，或生人中。是則名曰中品法施也。云何名爲上品法施耶？以清

〔一〕出大方廣佛華嚴經卷三十四寶王如來性起品。
〔二〕出十住毘婆沙論卷七分別法施品。

净心爲欲增長衆生智慧而爲説法。不爲財利，爲令邪見衆生等住於正法。如是法施，自利利人，無上最勝。乃至涅槃，其福不盡。是則名曰上品法施也。」〔一〕

又迦葉經：「爾時世尊而説偈頌曰：

三千大世界，　珍寶滿其中。　以此用布施，　所得功德少。　若説一偈法，　功德爲甚多。
三界諸樂具，　盡持施一人。　不如一偈施，　功德爲最勝。　此功德勝彼，　能離諸苦惱。
若恒沙世界，　珍寶滿其中。　以施諸如來，　不如一法施。　施寶福雖多，　不及一法施。
一偈福尚勝，況多難思議。」〔二〕

又十住毗婆沙論云：「在家之人，當行財施。出家之人，當行法施。何以故？在家法施，不及出家人。以聽法者於在家人，信心淺薄故。又在家之人，多有財物。出家之人，於諸經法讀誦通達，爲人解説，在衆無畏，非在家者之所能及。又使聽者起恭敬心，不及出家。又欲説法降伏人心，不及出家。如偈説曰：

先自修行法，　然後教餘人，　乃可作是言，　汝隨我所行。　身自行不善，　安能令彼善；
自不得寂滅，　何能令人寂。

〔一〕出正法念處經卷二十四、卷三十一。
〔二〕出大寶積經卷八十八摩訶迦葉會。

又出家之人，若行財施，〔一〕則妨餘善，遠離阿練若處，必至聚落與白衣從事，多有言說，發起三毒，於六度等心薄，乃至貪著五欲，捨戒還俗，故名爲死。或能反戒，易起重罪，是名死等諸煩惱苦患。以是因緣故，於出家者稱歎法施，於在家者稱歎財施。」〔二〕

又金光明經云：「説法者有五種事：一者，法施彼我兼利，財施不爾。二者，法施能令衆生出於三界，財施者不出欲界。三者，法施利益法身，財施之者長養色身。四者，法施增長無窮，財施必有竭盡。五者，法施能斷無明，財施只伏貪心。」〔三〕故知財施不及法也。就法施中，自有階漸。若有所解，不用他知，恐他勝己，祕而不説，則自未來常不聞法。又智度論云：「若慳惜法，則常生邊地無佛法處。」〔四〕由慳法故，障他慧明。此則不如賣法他人，反勝過此。

又成實論云：「若人但能爲他説法，是名利他。是人雖不自隨法行，爲他説故，自亦得利。」〔五〕於

〔一〕「若」字原作「苦」，據高麗藏本、磧砂藏本、南藏本、嘉興藏本改。
〔二〕出十住毘婆沙論卷七歸命相品。
〔三〕出合部金光明經卷二業障滅品。
〔四〕出大智度論卷九十三。
〔五〕出成實論卷二讚論品。

此惠施門略有三品：〔一〕下法施者，說布施法，不說智慧。中法施者，說於持戒。上法施者，說於智慧。以說智慧，教人觀理，得斷惑智二障，出離生死，遠成菩提涅槃樂果。乃至但能唯說小乘，教化一人，令觀生空，信解依行。雖未得道，亦勝教化一閻浮中所有衆生令行十善。以信解人解修聖道，則有出因，要得涅槃。

又諸法勇王經云：「閻浮提中所有水陸空行衆生，盡得人身。若有一人教是諸人，令其安住五戒十善，所得功德，不如有人教誨一人，令得信行。」〔二〕

又十住毗婆沙論云：「有四法能退失智慧，菩薩所應遠離。何等爲四？一、不敬法及說法者。二、於要法祕匿悋惜。三、樂法者爲作障礙，壞其聽心。四、懷憍慢，自高卑人。復有四法得其智慧，應常修習。何等爲四？一、恭敬法及說法者。二、如所聞法及所讀誦，爲他人說，其心清淨，不求利養。三、如從多聞得智慧故，勤求不息，如救頭然。四、如所聞法，受持不忘，貴如說行，不貴言說。」〔三〕

〔一〕「惠」字原脱，據高麗藏本補。
〔二〕出諸法勇王經。
〔三〕出十住毗婆沙論卷九四法品。

報恩部第八

如善恭敬經云：「佛告阿難：若有從他聞一四句偈，或抄或寫，書之竹帛。所有名字，於若干劫，取彼和尚阿闍黎等荷擔肩上，或時背負，或以頂戴，常負行者，復將一切音樂之具供養是師。作如是事，尚自不能具報師恩。若當來世於師和尚所起不敬心，恒説於過，我説愚癡，極受多苦。於當來世，必墮惡道。是故阿難，我教汝等常行恭敬尊重之心，當得如是勝上之法，所謂愛重三寶甚深之法。」〔一〕

又梵網經云：「若佛子見大乘法師，同見同行，來入僧坊舍宅城邑，若百里千里來者，即迎來送去，禮拜供養。日日三時供養，日食三兩金，百味飲食，牀座供養。法師一切所須，盡給與之。常請法師三時説法。日日三時禮拜，不生瞋心患惱之心，爲法滅身請法。若不爾者，犯輕垢罪。」〔二〕

又優婆塞戒經云：「若優婆塞受持六重戒已，四十里中有講法處，不能往聽，得失意罪。」〔三〕

又大方等陀羅尼經云：「佛告阿難：若有父母妻子不放此人至於道場者，此人應向父母等前燒種種香，長跪合掌，應作是言：我今欲至道場，哀愍聽許。亦應種種諫曉，隨宜説法，亦應三請。若不聽

〔一〕出善恭敬經。

〔二〕出梵網經卷下不供給請法戒。

〔三〕出優婆塞戒經卷三受戒品。

者，此人應於舍宅默自思惟，誦持經典。」〔一〕

又正法念經云：「若人供養説法法師，當知是人即爲供養現在世尊。其人如是隨所供養所願成就，乃至得阿耨菩提，以能供養説法法師故。何以故？以聞法故，心得調伏。以調伏故，能斷無知流轉之闇。若離聞法，無有一法能調伏心。」〔二〕

又勝思惟經云：「不起罪業，不起福業，不起無動業者，是名供養佛。」〔三〕

又華手經云：「若以華香衣食湯藥等供養諸佛，不名爲真供養。如來坐道場所得微妙法，隨能修學者，是名真供養。故説偈云：

若以華塗香，衣食及湯藥，以此諸供養，不名爲真供。如來坐道場，所得微妙法；若人能修學，是真供養佛。」〔四〕

又十住婆沙論云：「佛告阿難：天雨香華，不名供養恭敬如來。若比丘、比丘尼、優婆塞、優婆夷

〔一〕出大方等陀羅尼經卷二授記分。
〔二〕出正法念處經卷六十一。
〔三〕出勝思惟梵天所問經卷四。
〔四〕出華手經卷十法門品。

一心不放逸，親近修集聖法，是名真供養佛。」〔一〕

又寶雲經云：「不以財施供養於佛。何以故？如來法身不待財施，〔二〕唯以法施供養於佛，爲具佛道。以法供養爲最第一。」〔三〕

又善恭敬經云：「佛言：若有比丘雖復百夏，〔四〕不能閑解如是法句，彼亦應當從他依止。所以者何？自尚不解，況欲與他作依止師。假令耆舊百夏比丘而不能解沙門祕密之事，不解法律等，亦應説依止。若有比丘從他受法，於彼師邊應起尊貴敬重之心。欲受法時，當在師前不得輕笑，不得露齒，不得交足，不得視足，不得動足，不得踔脚。師不發問，不得輒言。凡有所使，勿得違命，勿視師面，離師三肘。令坐即坐，勿得違教。於彼師所應起慈心。若有所疑，先應諮白。若見師許，然後請決。當知一日三時，應參進止。若三時閒不參進止，是師應當如法治之。若參師不見，應持土塊，或木、或草以爲記驗。若當見師在房室内，是時學者應起至心，遶房三匝，向師頂禮，爾乃方還。若不見師，衆務皆止，不得爲也，除大小便。又復弟子於其師所，不得麤言。師所呵責，不應反報。師坐卧牀，應先敷

〔一〕出十住毘婆沙論卷十五。
〔二〕「待」字原作「得」，據高麗藏本改。
〔三〕出寶雲經卷五。
〔四〕「百」字原作「有」，據下文文例改。

拭，令無塵汙蟲蟻之屬。若師坐卧，乃至師起，應修誦業。時彼學者至日東方，便到師所。善知時已，數往師邊，諮問所須，我作何事。又復弟子在於師前，不得涕唾。若行寺内，恭敬師故，勿以袈裟覆於肩髆，不得籠頭。天時若熱，日别三時，以扇扇師，三度授水，授令洗浴。又復三時應獻冷飲。師所營事，應盡身力而營助之。〔一〕佛告阿難：若將來世有諸比丘，或於師所不起恭敬，説於師僧長短之者，彼人則非是須陀洹，亦非凡夫。彼愚癡人應如是治。師實有過，尚不得説，況當無也。若有比丘於其師邊不恭敬者，我説别有一小地獄，名爲摧撲，當墮是中。墮彼處已，一身四頭，身體俱然，狀如火聚，出大猛焰，熾然不息，然已復然。於彼獄處，復有諸蟲，名曰鉤柴。彼諸毒蟲，常噉舌根。時彼癡人從彼捨身，生畜生中。皆由往昔罵辱於師，舌根過故，恒食屎尿。捨彼身已，雖生人閒，常生邊地，具足惡法。雖得人身，皮不似人，不能具足人之形色。常被輕賤，誹謗陵辱，離佛世尊，恒無智慧。從彼死已，還墮地獄，更得無量無邊苦患之法。」〔二〕

利益部第九

如正法念經云：「説法有十功德，多所利益。何等爲十？一、時處具足，二、分别易解，三、與法相

〔一〕「力」字原脱，據高麗藏本補。
〔二〕出善恭敬經。

應，四、非爲利養，五、爲調伏心，六、隨順説法，七、説施有報，八、説生死法多諸障礙，九、説天退歿，十、説有業果。若説法人有此十法，令聞法者得多功德利益安樂，乃至涅槃。若聞法功德，成就深心，信根清浄，一向浄心信於三寶，詣聽法處爲聞正法，隨舉一足，皆生梵福。」〔一〕

又大菩薩藏經云：「於諸菩薩起深愛樂，猶如大師。於正法所起愛樂心，如自己身。於如來所起愛樂心，如自己命。於尊重師起愛樂心，猶如父母。於諸衆生起愛樂心，視如一子。於阿遮利耶受教師所起愛樂心，敬如眼目。於諸正行起愛樂心，猶如耳目身首。於波羅蜜起愛敬心，猶如手足。於説法師起愛樂心，如衆重寶。所求正法起愛樂心，猶如良藥。於能舉罪及憶念者起愛樂心，猶如良醫。」〔二〕

又僧伽吒經云：「爾時一切勇菩薩白佛言：世尊，若有衆生聞此法者，壽命幾劫？佛言：壽命滿八十劫。一切勇白佛言：劫以何量？佛言：譬如大城，〔三〕縱廣十二由旬，高三由旬，盛滿胡麻。有長壽人過百歲已，取一而去。如是城中胡麻悉盡，劫猶不盡。又如大山，縱廣二十五由旬，高十二由旬。有長壽人過一百歲，以輕繒帛一往拂之。如是山盡，劫猶不盡。是名劫量。時一切勇菩薩白佛

〔一〕出正法念處經卷六十一。
〔二〕出大寶積經卷四十一菩薩藏會。
〔三〕「如」字原脱，據高麗藏本補。

言：世尊，一發誓願尚得如是福德之聚，壽命八十劫，何況於佛法中廣修諸行。」〔一〕

又涅槃經云：「若離四法得涅槃者，無有是處。何等爲四？一、親近善友，二、專心聽法，三、繫念思惟，四、如法修行。以是義故，聽法因緣則得近於大般涅槃。何以故？開法眼故。世有三人：一者、無目，譬凡夫人。二者、一目，譬聲聞人。三者、二目。譬諸菩薩。言無目者，常不聞法。一目之人，雖暫聞法，其心不住。二目之人，專心聽受，如聞而行。以聽法故，得知世閒如是三人。」〔二〕

又法句喻經云：「昔佛在舍衛國給孤精舍爲諸天人民説法。時波斯匿王有一寡女，名曰金剛。父母哀愍，別爲作好舍宅，給五百妓女以娱樂之。衆共有一長老青衣，名曰度勝，恒行市内買脂粉香華。〔三〕時見男女無數大衆，各齎香華，出城詣佛，即問行人，欲何所至？衆人荅言：佛出於世，三界之尊，度脱衆生，皆得泥洹。度勝聞之，心悦意喜，即自念言：今老見佛，宿世之福。便分香直持買好華，隨衆人輩，往到佛所，作禮却立，散華燒香。一心聽法已，過市取香。因聽法功，宿行所追，香氣熏聞，斤兩倍前。嫌其遲晚，而共詰之。度勝奉道即如事言：世有聖師，三界之尊。擊無上法鼓，震動三千。往聽法者，無央數人。實隨聽法，是以稽遲。金剛之徒聞説世尊法義殊妙，非世所聞，悚然心歡，而自

〔一〕出僧伽吒經卷一。
〔二〕出大般涅槃經卷二十五。
〔三〕「内」字原脱，據高麗藏本補。

歎曰：吾等何罪，獨隔不聞。即報度勝，試爲我說之。度勝白曰：身賤口穢，不敢便宣。說法之儀，先施高座。五百侍女皆大歡喜，各脱衣服一領，積爲高座。度勝洗浴，承佛威神，如應說法。度勝受敕，具宣聖旨。金剛之等五百侍女，疑結破惡，得須陀洹道。說法甚美，不覺失火，一時燒死，即生天上。王將人從來欲救火，見之已然，收拾棺斂。葬送畢已，往過佛所，爲佛作禮叉手言曰：金剛不幸，不覺失火，大小燒盡，適棺斂訖。不審何罪，遇此火害？唯願世尊彰告未聞。佛告：大王，過去世時有城名波羅奈。有長者婦皆婇女五百人，至城外大祠祀。其法難急，他性之人不得到邊，無問親疎，其有來者，擲著火中。時世有辟支佛，名曰迦羅。處在山中，晨來分衛，暮輒還山。迦羅分衛，來趣郊祠。長者婦見之，忿然瞋恚，共捉迦羅撲著火中，舉身焦爛，更現神足，飛昇虚空。衆女驚怖，泣淚悔過，長跪舉頭而自陳曰：女人愚惷，不識至真，羣迷長慢，毁辱神靈。自惟過釁，罪惡如山。願降尊德，以消重殃。尋聲即下，而般泥洹。諸女起塔，供養舍利。佛爲大王而説偈言：

愚惷作惡，　不能自解。　殃追自焚，　罪成熾然。　愚不望處，　不謂適苦。　臨墮厄地，

乃知不善。

佛告大王：爾時長者婦者，今王女金剛是。五百侍女者，今度勝等五百妓女是。罪福追人，久無不

彰；善惡隨人，如影隨形。說是法時，諸來大小即得道迹。」〔一〕

又阿育王經云：「昔阿恕伽王使道人說法時，以步障遮諸婦女，使其聽法。爾時法師爲諸婦女說法，恒說施論、戒論、生天之論。有一婦女分犯王法，發幕向法師前，問法師言：如來大覺於菩提樹下覺諸法時，覺悟施戒耶？更悟餘法耶？法師荅言：佛覺一切有漏法皆苦，猶若融鐵。此苦因從集而生，猶如毒樹，修八正道以滅苦集。是女人得聞此語，獲得須陀洹道，以刀繫頸，往到王所。白王言：我今日犯王重法，願王以法治我。王問言：汝犯何事？荅言：我破王禁制，至道人所。譬如渴牛不避於死，我實渴於佛法，是以默突聽法。王問言：汝聽法時頗有所得不？荅言：得法，見四真諦，解陰入界及以諸大，皆知無我，遂得法眼。王聞是語，踴躍歡喜，即爲作禮。便唱令言：自今已後，不聽作障隔，樂聽法者，聽直至法師所，對面聽法。歎言：奇哉！我宮内乃出人寶。以是因緣，當知聽法有大利益。」〔二〕

又雜寶藏經云：「爾時般遮羅國以五百白鴈獻波斯匿王，王令送著祇桓精舍。衆僧食時，人人乞食。鴈見僧聚來在前立，佛以一音說法，衆生各得類解。當時羣鴈亦解僧語，聞法歡喜，鳴聲相和，還於池水。後毛羽轉長，飛至餘處。獵師以網，都覆殺之。一鴈作聲，諸鴈皆和，謂聽法時聲，乘是善心，

〔一〕出法句譬喻經卷二愚闇品。
〔二〕出阿育王傳卷七阿育王現報因緣。

生忉利天。生天之法，法有三念：一、念本所從來，二、念定生何處，三、念先作何業得來生天。便自思惟：自見宿因，更無餘善，唯佛僧邊聽法。作是念已，五百天子即時來下，在如來邊。佛爲説法，悉得須陀洹。波斯匿王遇到佛所，常見五百鴈羅列佛前，是日不見。便問佛言：此中諸鴈向何處去？佛言：欲見諸鴈者，先鴈飛去他處，爲獵師所殺，命終生天。今此五百諸天子等，著好天冠，端正殊特者是。今日聽法，皆得須陀洹。王問佛言：此羣鴈以何業緣墮於畜生，命終生天，今日得道？佛言：昔伽葉佛時五百女人盡共受戒，用心不堅，毀所受戒。犯戒因緣，墮畜生中，作此鴈身。以受戒故，得值如來聞法獲道，以鴈身中聽法因緣，生於天上。」〔一〕

又舊雜譬喻經云：「昔有沙門晝夜誦經，有狗伏牀下，一心聽經，不復念食。如是積年，命盡得人形，生舍衛國中作女人。長大見沙門分衛，便走自持飯與沙門歡喜。後作比丘尼，得應真道。」〔二〕

頌曰：

王猷外釐，　神道内綏。　皇覺正法，　斯極宗師。　敬承玄教，　崇德振輝。　師弟説受，
芳業秀滋。　四諦感悟，　三達熙怡。　啓鏡金牒，　開訓神機。　空有齊較，　玄門洞微。
遺于無遺，　至道非彌。

〔一〕出雜寶藏經卷八五百雁聽法生天緣。
〔二〕出舊雜譬喻經卷上。

感應緣略引九驗

宋沙門竺道生
宋居士費崇先
魏沙門天竺勒那
齊沙門釋僧範
隋沙門釋曇延
隋沙門釋慧遠
隋沙門釋法彦
唐沙門釋道宗
唐沙門釋道愻

宋長安龍光寺有竺道生，本姓魏，鉅鹿人也。少小出家，聰鋭神異。年在志學，便登法座，吐納宫商，道俗高伏。年至具戒，器鑒日深，性度機警，神氣清穆。初入廬山，幽棲七年，以求其志。常以入道之要，慧解爲本，故鑽仰羣經，斟酌雜論，萬里隨法，不憚疲苦。後與慧叡，慧嚴同遊長安，從什公受業。

關中僧衆,咸謂神悟。後還都,止青園寺。宋太祖文皇帝深加歎重。後太祖設會,帝親同衆御于地筵,下食良久,衆咸疑日晚。帝曰:始可中耳。生曰:白日麗天,天言始中,何得非中。遂取鉢食,於是一衆從之,莫不歎其樞機得衷。後校閲真俗,研思因果,乃立善不受報,〔一〕頓悟成佛,又著二諦論、佛性當有論、法身無色論、佛無浄土論、應有緣論等。籠罩舊説,妙有淵旨。而守文之徒,〔二〕多生嫌嫉,與奪之聲,紛然競起。又六卷泥洹,先至京都,生剖析經理,洞入幽微。乃説阿闡提人皆得成佛。〔三〕于時大本未傳,孤明先發,獨見忤衆。於是舊學以爲邪説,譏憤滋甚,遂顯大衆,擯而遣之。生於大衆中正容誓曰:若我所説反於經義者,請於現身,〔四〕即表厲疾。若與實相不相違背者,願捨壽之時,據師子座。言竟拂衣而遊。〔五〕初投吴之虎丘山,旬日之中,學徒數百。其年夏,雷震青園佛殿,龍昇於天,光影西壁,因改寺名曰龍光。時人歎曰:龍既已去,生必行矣。俄而投迹廬山,銷影巖岫,山中僧衆,咸共敬服。後涅槃大本至於南京,果稱闡提悉有佛性,與前所説,合若符契。生既獲斯經,

〔一〕「善」字下原衍「惡」字,據高麗藏本删。
〔二〕「文」字原作「久」,據高麗藏本改。
〔三〕「阿」字,高麗藏本作「一」。
〔四〕「於現身」原作「現於身」,據高麗藏本改。
〔五〕「遊」字原作「逝」,據高僧傳改。

尋即講説。以宋元嘉十一年冬十一月庚子，於廬山精舍昇於法座，神色開明，德音俊發，論義數番，窮理盡妙，觀聽之衆，莫不悟悦。法席將畢，忽見塵尾紛然而墜，端坐正容，隱几而卒。顔色不異，似若入定。道俗嗟駭，遠近悲涕。於是京邑諸僧内慙自疚，〔一〕追而信服。其神鑒之至，徵瑞如此。仍葬廬山之阜。初生與叡公及嚴、觀同學齊名，故時人評曰：生、叡發天真，嚴、觀窪流得。慧義彭亨進，寇淵於默塞。〔二〕生及叡公獨標天真之目，故以秀出羣士矣。初關中僧肇始注維摩，世咸玩味。生乃更發深旨，顯暢新異。及諸經義疏，世皆寶焉。王微以生比郭林宗，乃爲之立傳，旌其遺德。時人以生推闡提得佛，此語有據。頓悟、不受報等，時亦憲章。宋太祖嘗述生頓悟義，有沙門僧弼等皆設巨難。帝曰：若使逝者可興，豈爲諸君所屈。龍光寺又有沙門寶林，初經長安受學，後祖述生公諸義，時人號曰遊玄生。〔三〕著涅槃記及注異宗論、檄魔文等。林弟子法寶，亦學兼内外，著金剛後心論等，亦祖述生義焉。近代又有釋慧生者，亦止龍光寺，蔬食，善衆經，兼工草隸。時人以同寺相繼，號曰大小二生。〔四〕右此一驗出梁高僧傳。

〔一〕「疚」字原作「嫉」，據高僧傳改。
〔二〕「於」字原作「千」，據高麗藏本改。
〔三〕「遊」字原作「逝」，據高僧傳改。
〔四〕出高僧傳卷七竺道生傳。

宋費崇先者，吴興人也。少頗信法。至三十際，〔一〕精勤彌篤。〔二〕至泰始三年，受菩薩戒，寄齋於謝惠遠家。二十四日，晝夜不懈。每聽經，常以鵲尾香鑪置膝前。初齋三夕，見一人容服不凡，逕來舉鑪將去。崇先視膝前鑪，猶在其處。更詳視此人，見提去甚分明，崇先方悟是神異。自惟衣裳新濯，了無不净，唯坐側有唾壺，既使去壺，即復見此人還鑪坐前。未至席頃，猶見兩鑪，既至即合爲一。〔三〕然則此神人所提者，蓋鑪影乎。崇先又嘗聞人說，福遠寺有僧欽尼，精勤得道，欣然願見。未及得往，屬意甚至。嘗齋於他家，夜三更中，忽見一尼容儀端嚴，著赭布袈裟，正立齋席之前，食頃而滅。及崇先後覲此尼，色貌被服，即曩前所覩者也。右此一驗出冥祥記。

元魏時有中天竺沙門勒那，魏云寶意，是西國人，不知氏族。偏通三藏，妙入總持。以魏永平之初，來遊東夏。宣武皇帝每請講華嚴經，披閱精義，〔四〕無廢一日。正處高座，忽有一人持笏執名者，形如大官，云：奉天帝命，來請法師講華嚴經。意曰：今此法席尚未停止，待訖經文，當來從命。雖然法事所資，獨不能建，都講、香火、維那、梵唄，咸皆須之，可請令定。使者如所請見講諸僧。既而法事

〔一〕「際」字，高麗藏本作「餘」。
〔二〕「篤」字原脱，據高麗藏本補。
〔三〕「至」字原脱，據高麗藏本補。
〔四〕「義」字，高麗藏本作「勤」。

將了，又見前使云：奉天帝命，故來下迎。意乃含笑熙怡，告衆辭訣，奄然卒於法座。都講等四人，亦同時殞。魏境道俗，聞見斯異，無不嗟歎。〔一〕

齊鄴東大覺寺沙門僧範，姓李，平鄉人也。善解羣書，時稱府庫。晚年出家，經論諳委，言行相輔，祥徵屢降。嘗有膠州刺史杜弼，於鄴顯義寺請範冬講。至華嚴六地，忽有一鴈飛下，從浮圖東順行入堂，正對高座，伏地聽法。講散徐出，還順塔西，爾乃翔逝。又於此寺夏講，雀來在座西南伏聽，終於九旬。又曾處濟州，亦有一鴞鳥飛來入聽，講訖便去。又有一僧，懷忿加毁，罵云：伽叔，汝何所知。當夜有神打而幾死。自非道洽冥符，何能感應如是。以天保六年三月二日卒於大覺寺，年八十矣。〔二〕

隋京師延興寺釋曇延，姓王，蒲州桑泉人也。〔三〕世家豪族，宦歷齊周。而性協書籍，鄉邦稱叙。探悟玄旨，洞曉無差。欲著涅槃大疏，恐滯凡情，每祈誠寤寐，願得嘉徵。乃於夜夢有人被白服，〔四〕乘於白馬，騣尾拂地，而導授經旨。延手執馬騣，與之請論。寤後惟曰：此必馬鳴菩薩授我義端。執

〔一〕出唐高僧傳卷一菩提流支傳附。
〔二〕出唐高僧傳卷十釋僧範傳。
〔三〕「桑」字原作「業」，據唐高僧傳改。
〔四〕「於」字原作「欲」，據高麗藏本、磧砂藏本、南藏本、嘉興藏本改。

驟知其宗旨，抵事可觀耳。〔一〕雖感此瑞，猶恐不合理。更持經疏陳於州治仁壽寺舍利塔前，〔二〕燒香誓曰：延以凡度，仰測聖心。銓釋已了，具如別卷。若幽致微達，願示明靈。如無所感，誓不傳授。言訖，涅槃卷軸並放光明，通夜呈祥，道俗稱慶。塔中舍利又放光明，三日三夜，輝光不絶。上屬天漢，下照山河。合境望光，皆來謁拜。既感徵祥，衆伏傳受。君臣重望，罕有斯人。以隋開皇八年八月十三日終於延興寺，春秋七十有三。〔三〕

隋京師浄影寺釋慧遠，姓李，燉煌人。後居上黨之高都焉。三藏備通，九流洞曉。天縱疎朗，儀止沖和。講導爲業，天下同歸。昔在清化，先養一鵝，聽講爲務。開皇七年，敕召入京，鵝在本寺，棲宿廊廡，晝夜鳴呼。衆共愍之，附使達京。至浄影寺大門放之，鳴叫騰躍，徑入遠房，依前馴聽，不避寒暑，但聞法集鐘聲，不問旦夕，皆入講堂，静聲伏聽。僧徒梵散，出堂翔鳴。若值白黑布薩鳴鐘，終不入聽。時共異之。若遠常途講解，依法潛聽。中閒及餘語，便鳴翔而出。信知道藉人弘，靈鳥嘉應不可非。

〔一〕「抵」字，唐高僧傳作「語」。

〔二〕「陳於」二字原作「於陳」，據唐高僧傳正之。

〔三〕出唐高僧傳卷十釋曇延傳。

其身未證法，輒昇法座，定墮地獄。此亦别時之意，不得雷同總廢也。〔一〕以開皇年中卒於净影寺。〔二〕

隋西京真寂道場釋法彦，姓張，寓居洺州。志隆大法，而聰明振響，冠達齊倫。〔三〕雖三藏並通，偏以大論馳美。遊涉法會，莫敢抗言。開皇十六年，下敕以彦爲大論衆主，住真寂寺，鎮長引化。仁壽造塔，復召送舍利於汝州。四年，又敕送舍利於沂州善應寺。〔四〕掘基深丈餘，乃得金沙，濤汰成純，凡有二升，光耀奪日。又感黄牛自至塔前，屈膝前足，兩拜而止，迴身又禮文帝，比景像一拜。及入石函，于時三萬許人，並見天雲五色，長十餘丈，闊三四丈。四遶白雲，狀如羅綺，正當基上空中。自午至未，方乃歘滅。滅後降五色雲，從四方來，狀同前瑞。又感玄鶴五頭，從西北來，迴旋塔上。乃經四度，去復還來。復感白鶴於上徘徊，久之乃逝。又感五色蛇盤屈函外，可三尺，頭向舍利，驚終不怖，如此數度。刺史鄭善果以表奏聞曰：臣聞敬天育物，則乾象著其能；順地養民，則坤元表其德。是以陶唐砥躬弗懈，伏氣呈祥；夏后水土成功，玄珪告錫。方知天時人事，影響若神。伏惟陛下秉圖揖讓，受命君臨，區宇無塵，聲教盡一，含弘光大，慈愍無邊，天佛垂鑒，降兹榮瑞。塔基六處，並得異砂，炫曜相暉，俱同

〔一〕「廢」字原作「撥」，據高麗藏本改。

〔二〕出唐高僧傳卷十釋慧遠傳。

〔三〕「達」字原作「遠」，據唐高僧傳改。

〔四〕「於」字原闕，據唐高僧傳補。

金寶。牛爲禮拜，太古未經；雲騰五色，於今方見。又感蛇形雜彩，盤旋塔基；鶴颺玄素，徘徊空際。雖軒皇景瑞，空傳舊章；漢帝慶徵，徒書簡册。自非德隆三寶，道冠百王，豈能感斯美慶，致招靈異！帝乃大悦，著于别記。以大業三年卒於所住，春秋六十矣。〔一〕

唐西京勝光寺釋道宗，俗姓孫氏，萊州即墨人也。三藏通明，大論尤精。每講大論，天雨衆華，遶旋講堂，飛流户内。既不委地，久之還去。合衆驚嗟，希睹斯瑞。武德六年卒於所住，春秋六十有一。〔二〕

唐蒲州仁壽寺釋道遜，俗姓張氏，河東虞鄉人也。神器高邈，器度虚簡，善通機會，鑒達治方。雖通羣典，偏以涅槃、攝論爲棲神之宅也。至貞觀二年冬月，有請講涅槃，預知將終，苦不受請。前人不測，鄭重延之。不免來意，赴請登座。發題告諸四衆，悲歎而言：自惟去聖遥遠，微言隱絶，庸愚所傳，不足師範。但以信心歸向，自當識悟。今席講説，止於云何偈後。但世界法爾，不久當終。時日既促，願各用心。遂依文叙，恰至偈初，即覺失悆，無疾而終，春秋七十有五。即以其年十二月送往王城谷中南山之陰。闔境同號，若喪考妣。當夜降雪，周三四里。乃掃路通行，陳屍山嶺。經夕忽有異華遶屍，周匝備地，涌出可五百枝，長二尺許，上發鮮榮，似凝冬華，而形相全異。七衆驚慟，悲慶諠山。有折入

〔一〕出唐高僧傳卷十二釋法彦傳。
〔二〕出唐高僧傳卷十三釋道宗傳。

城，示諸耆宿，乃内水瓶，至來年五月，猶不萎悴。自非宿祐所資，豈感冥祥嘉應也！晉州有人性愛遊獵，初不奉信，有傳遜感，乃造山覓，唯覩空處，自悔哀哭曰：生不蒙開信，死不逢奇瑞，獨何無感！必有神道，願示徵祥。言訖地涌奇華，還長二尺。欣慰嘉應，發心永固。〔一〕右此七驗出唐高僧傳。

〔一〕出唐高僧傳卷十六釋道遜傳。

法苑珠林校注卷第二十五

見解篇第十七此有二部

述意部　引證部

述意部第一

夫心識運變，厥理無恒；解感相翻，聖人何迹。澄神虛照，應機如響。所謂寂然不動，感而遂通，悟道緣機，然後神化。是以文字應用，彌綸宇宙；聖變隨方，該羅法界。非六通之至聖，孰能垂化於五道者也！

引證部第二

如分别功德論云：「如來所以廣爲四部各説第一者，乃爲將來遺法之中，四姓出家見解不同，共相是非，自稱爲尊，餘人爲卑。如是之輩，不可稱計。故預防於未然，開其自足之路。如光明之中，日爲其最；星宿之中，月爲其最；川流之中，海爲其最；六天之中，波旬以爲其最；色界十八天之中，净居以爲其最；九十六部之中，釋僧以爲其最；九十六道之中，佛道以爲其最。如五百聲聞弟子之中，神解各别，不可具列。」〔一〕

第一、如拘鄰比丘初化受法，善來之首，故稱第一。如憍梵鉢提比丘善護譏嫌，藏身天上，故稱第一。故功德論云：「牛脚比丘以二事不得居世間，何者？此比丘脚似牛甲，食飽則呞。以是二事，不得居世。若外道見，謂諸沙門食無時節，生誹謗心。是以佛遣上天，在善法講堂坐禪。善覺比丘常爲衆僧作使，至天上。佛涅槃後，迦葉鳴椎，大集衆僧，命阿那律徧觀世間，誰不來者。阿那律即觀世界盡來，唯有憍梵比丘，今在天上。即遣善覺命召使來。善覺到三十三天，見在善法講堂，入滅盡定，彈指覺之曰：世尊涅槃已十四日。迦葉集衆，遣我相命。可下世間，至衆集所。憍梵荅曰：世間已空，我不忍還，欲取涅槃。即以衣鉢付於善覺，還歸衆僧，便取涅槃。以是因緣，善護其身，安處天上，故稱第一也。」

第二、論云：「憂留毗迦葉所以稱第一者，乃宿世以來，兄弟三人，常有千弟子相隨。今遇佛得度，

〔一〕此段下高麗藏本有注文「略列一二十人，餘之不盡，備在廣本」十四字。

俱得羅漢。四事供養，由此而興，將護聖衆，故供養中第一也。」

第三、論云：「舍利弗所以稱智慧第一者，世尊方欲知身子智慧多少者，以須彌爲硯，以四大海水爲墨，〔一〕以四天下竹木爲筆，滿四天下人爲書師，欲寫身子智慧者，猶不能盡，況凡夫五通而能測量耶！故稱智慧第一也。」

第四、論云：「大目揵連所以稱神足第一者，世尊證説三災流行，人民大飢。欲反大地，取地下肥，以供民命。佛止不聽，恐損衆生。又欲一手執衆生，一手反地。佛復不許。故知神足第一也。」如密迹金剛力士經云：「目連承佛聖旨，西方有一世界名光明幡，佛名光明王，現在説法。目連到彼聽佛語，見其身長四千里，〔二〕諸菩薩身長二千里。其諸菩薩所食鉢器，其高一里。目連行鉢際上。時諸菩薩白世尊曰：唯然大聖，此蟲從何而來，被沙門服，行鉢際上。於時彼佛言：諸族姓子，慎勿發心，輕慢此賢。所以者何？今斯少年名大目連，是釋迦文佛聲聞弟子中神足第一。時光明佛告大目連：吾土菩薩及諸聲聞，見卿身小，咸發輕慢。仁當顯神足力，承釋迦文威德。目連稽首足下，遶佛七匝，踊身在空，廣現神足已，復住佛前。諸菩薩歎未曾有。佛言：欲試釋迦文佛音響遠近，故到此土。仁者不宜試如來音響。如來音響無限，無遠無近，廣遠無量，不可爲喻。世尊告曰：云何以汝神力到此世界，

〔一〕「以」字原作「子」，據高麗藏本改。
〔二〕「千」字，高麗藏本作「十」。下同。

故是世尊釋迦文佛威德所立。當遥禮釋迦文佛，自當至彼。假使卿身以己神足欲還本國，一劫不至。目連右膝著地，向於東方，禮釋迦文佛，叉手自歸。屈申臂頃，即時得至。」〔一〕故知目連神足中第一也。

第五、論云：「阿那律所以稱第一者，時佛爲大會説法，那律坐眠，佛見謂曰：今如來説法，汝何以眠耶？夫眠者心意閉塞，與死何異！那律慙愧，尅心自誓，不敢復眠。不眠遂久，眼便失明。所以然者，凡有六食。眼有二食：一、視色，二、睡眠。五情亦各二食，得食者六根乃全。以眼失食，故喪眼根。佛命耆域治之。曰：不眠不可治。已失肉眼，無所復覩。五百弟子各棄馳散，倩人貫針，捫摸補衣，綫盡重貫，無人可倩，左右唱曰：誰求福者，與我貫針？世尊忽然到前取來：吾與汝貫。問曰：是誰？曰：我是佛也。曰：佛已福足，復欲求福耶？曰：福德可得厭耶？那律思惟：佛尚求福，況於凡人耶。心中感結，馳向佛視。以至心故，忽得天眼。重復思惟，便得羅漢。凡得羅漢，皆有三眼：一、肉眼，二、天眼，三、慧眼。三眼視者，恐肉眼亂天眼，争功精麤。以雜觀故，專用天眼，觀大千界，精麤悉覩。故言天眼第一也。」

第六、論云：「迦旃延所以稱善分別義第一者，將欲撰集法藏，心中惟曰：爲人間憒鬧，精思不專，

〔一〕出大寶積經卷十密迹金剛力士會。

故隱地中七日。撰集大法已訖，呈佛，稱曰：善哉！聖所印可，以爲一藏。此義微妙，降伏外道。故稱第一。又佛稱仁者辯才，析理解義第一也。」

第七、論云：「所以稱婆拘羅壽命極長者，以曩昔曾供養六萬佛，於諸佛所常行慈心。蜎飛蠕動有形命類，恒加慈愍，無有毫氂殺害之想。佛告阿難：如我今日正壽八十者，如來隨世欲適衆生不現其異，故壽八十。婆拘羅者，受前宿世慈心之福，故年壽加倍一百六十。復昔毗婆尸如來出世時，有長者居明貞修，稟性良謙，請佛及僧九十日四事供養。有一比丘來求索藥，長者問曰：何所患苦？荅曰：頭痛。長者荅曰：此必膈上有水，仰攻其頭，是以頭痛。即施一阿梨勒果，因服病除。緣是福報，九十一劫未曾病患。阿難問婆拘羅：何以不爲人説法，爲無四辯智慧而不説耶？荅曰：我於四辯捷疾之智，非爲不足。直自樂静，不善憒鬧，故不説法。故長命省事第一也。」

第八、論云：「所以稱優波離持律第一者，是五百釋子剃髮師。不輕不重，泯然除盡。佛命善來，即成沙門。佛即授戒，得阿羅漢。次授五百釋子戒，優波離爲上座。諸釋子言：此我家僕，何緣禮之。佛言：不爾，法無貴賤，先達爲兄。俛仰不已，制意爲禮。即時天地大動，諸天於上讚曰：善哉！善哉！今日諸釋降伏貢高，此意難勝，故地爲動。當五百釋子爲道時，亦有九萬九千人出家爲道。優波離自從佛受戒已來，未曾犯如毫氂。故稱持律第一。又祇園精舍北有一比丘得病，經六年不差。波離往問：何所患苦？欲何所須？曰：我有所須，以違佛教，故不可説。曰：但説，無苦。曰：我唯思酒五升，病便除愈。優波離曰：且住，我爲汝問佛。還即問佛：有比丘病，須酒爲藥，不審可得飲不？世尊曰：我所制法，除病苦者。優波離即還索酒與病比丘，病即除愈。重與説法，得羅漢道。佛讚波離：汝問此事，使病比丘得蒙除差，又使得道。若不得度，後墮三塗，無有出期。乃爲將來比丘，能設禁法，使知輕重，得濟危厄。汝真持律，以律付汝，勿令漏失，不可示以沙彌白衣。復稱第一也。」〔一〕

第九、論云：「所以稱難陀丘比端正第一者，餘諸比丘各各有相。舍利弗有七相，目連有五相，阿難有二十相，唯難陀有三十相。〔二〕難陀金色，阿難銀色。衣服光耀，金縷履屣，執瑠璃鉢，入城乞食，其有見者，無不欣悦。自捨如來，餘諸弟子無能及者，故稱端正第一。柰女請佛，於外見難陀，愛樂情深，接足爲禮，以手摩之。雖覩美姿，寂無情想。形形相感，則失不净。柰女不達，疑有欲心。佛知其意，告柰女曰：勿生疑心，難陀却後七日當得羅漢。以是言之，知心不變，故稱第一。」

第十、論云：「所以稱婆陀比丘解人疑滯第一者，三世諸佛皆共八萬四千以爲行法。衆生得道，不必偏行衆行，隨其所悟處以爲宗趣。何者？衆生結使不同，病有多少，垢有厚薄。是故如來設教若干，或有一藥治衆病，或有衆藥治一病。猶六度相統，一行爲主，衆行悉從。一行不專，衆病隨起。隨病所起，對藥應之。若計常起，以無常對之，若計有心起，以空心對之。當其無常領行，萬行皆無常也。猶施造八萬，八萬皆爲施所造也。亦猶如來八音中，一音統八響，一響統百教，一教統百義，一一相領至

〔一〕以上均出分别功德論卷四。

〔二〕「唯」字原作「猶」，據高麗藏本改。

千萬億。一音報萬億，其變如是。略說統行，其喻亦爾。此比丘專以略說爲主，故稱第一也。」

第十一、論云：「所以稱天須菩提著好衣第一者，五百弟子中有兩須菩提：一、王者種，一、長者種。其天須菩提出王者種。所言天者，爲五百世中常生天上，化應聲聞，下生王家，食福自然，未曾匱乏。佛還本國，佛敕出家。約身守節，麤衣惡食，草蓐爲牀，大小便爲藥。此比丘聞佛切教，退欲還家。佛受波斯匿王請，即詣佛所，辭退而還。阿難語曰：君且住一宿。須菩提曰：道人屋舍，如何止止？且至白衣家，寄止一宿，明當還歸。阿難曰：但住，今當嚴辦。即往王所，種種坐具，旛華香油，嚴飾皆備。此比丘便於中止宿。以適本心意，便得定，思惟四諦。至於後夜，即得羅漢。阿難白佛：天須菩提已得羅漢，飛在虛空。佛語阿難：夫衣有二種，可親不可親。若著好衣益其道心，此可親近。若損道心，此不可親近也。是故阿難，或從好衣得道，或從五納弊惡得道，所悟在心，不拘形服也。是故言之，天須菩提著好衣第一也。」

第十二、論云：「所以稱羅雲持戒不毀第一者，或云：羅雲喜妄語好瞋。佛捨輪王之位而作沙門，東西行乞，不可羞耶！以嫌如來，故作妄語。若有人問如來所在，實在祇園，〔一〕而云在耆闍園；實在耆闍園，而言在祇園。反覆妄語，誑於來人。阿難白佛：羅雲妄語。佛喚羅雲來：卿實妄語耶？對

〔一〕「園」字原作「舍」，據高麗藏本改。

曰：實爾。我所以捨聖王位者，以不可恃怙，皆歸無常。正使帝釋、梵王，皆不可保，況復聖王而可恃耶？佛語羅雲：我前後捨此不可稱計，而汝今時方恨我耶？佛語羅雲：汝取水來。羅雲即盛滿鉢水，授與如來。如來執鉢水，謂羅雲曰：汝見此水不？對曰：已見。佛言：此水滿鉢，無所減者，喻持戒完具，無所損落。復瀉半棄，謂羅雲曰：汝見此水不？對曰：見之。佛言：此水失半，喻戒不具足。復瀉水盡，示羅雲曰：見此空鉢不？荅曰：已見。佛言：犯戒都盡，喻如空鉢。復以鉢覆地，示曰：汝見此不？荅曰：已見。佛言：已犯戒盡，當墮地獄，喻鉢口向地也。羅雲自被約敕以後，未曾復犯，如毫氂戒。故稱持戒第一也。忍行亦爲第一，故舍利弗將羅雲入舍衛城乞食時，有婆羅門見羅雲在後行，即興惡意，打羅雲頭破，血流汙面。羅雲即生惡念，要當方便，報此怨家。舍利弗已知心念，爲其拭血，謂羅雲曰：當憶汝父昔爲王時，人來索眼，即挑眼與，截手截足，亦不悔恨。若爲象時以牙與人，亦不厭倦。汝今云何起此惡念！羅雲聞說，即自尅責：我今云何惡心向彼！即忍如地，不起害心，如毛髮許。時打羅雲者墮無擇地獄中。以是因緣，持戒忍行，最爲第一也。」

第十三、論云：「所以稱般陀比丘暗鈍，然能變形第一者，良由佛教使誦掃篲。得篲忘掃，得掃忘篲。六年之中，專心誦此，意遂解悟，而自思惟曰：〔一〕篲者篲，掃者除。篲者即喻八正道，糞者喻三

〔一〕「思」字原脱，據高麗藏本補。

毒垢也。以八正道箒，掃三毒垢。所謂掃箒義者，止謂此耶！深思此理，心即開解，得阿羅漢道。復有婆羅門，名曰梵天，亦名世典。博覽羣籍，圖書祕讖，天文地理，無不關練，故名世典。自以德高，命共論議，謂般陀曰：能與我共論耶？般陀曰：我尚能與汝祖父梵天共論，〔一〕何況汝盲無目人乎！梵志尋言即語曰：盲與無目有何等異？般陀默然不對，無以相詶。即以神足相荅，騰空去地四丈九尺，結跏趺坐。梵志仰瞻，敬情内發。時舍利弗知其辭匱，現變相荅。若不往屈，梵志不度。即以神足作般陀形，便使般陀本形不現。化形問曰：汝爲是天是人乎？荅曰：是人。又問：人爲是男子不？曰：是男子。又問：男子與人有何等異？荅曰：不異。又問：人者統名，男子據形，何得不異？向言盲者，謂不見今世後世善惡之報；無目者，謂無智慧之眼以斷結使也。梵志心解，即得法眼净。以是因緣，般陀變形爲第一也。」〔二〕此之羅漢，且偏據一長而云第一，若論實德神解，並皆第一也。

如增一阿含經云：「時世尊於十五日説戒時，諸比丘僧及五百比丘衆從祇洹没，詣阿耨達池。時龍王至世尊所，頭面禮足，在一面坐，觀衆空無舍利弗，今無此坐。佛告目連言：汝速至舍利弗所，以我聲告。目連承教往舍衛城語舍利弗言：佛呼汝來，阿耨達龍王欲得相見。舍利弗自解祇支帶，著目連前，謂目連曰：汝有神足，舉此衣帶結。目連執帶，不能移動。盡力欲舉，地皆大動。舍利弗便舉目

〔一〕「祖父」，高麗藏本作「父祖」。
〔二〕以上均出分別功德論卷五。

連著東弗于逮，又以帶纏須彌山。目連便舉，動須彌山。舍利弗復以此帶纏如來座，目連遂不能動，捨帶還龍王所。遥見舍利弗已在前至，結跏趺坐，繫念在前。目連白佛言：我不失神足耶？何以故，舍利弗後没先至？佛曰：不退。舍利弗有大智慧。佛告目連：衆多比丘無恭敬心於汝，言舍利弗神足勝汝。汝可於此衆中現其威力。對曰：承教。即於座起往須彌山頂，以一足蹈山頂，舉一足著梵天上，蹴須彌山，使地六反震動。時諸比丘歎未曾有。目連説偈，時六十比丘因此漏盡意解。〔一〕

又文殊師利般涅槃經云：「佛告跋陀羅菩薩：此文殊師利有大慈悲，生於此國多羅聚落梵德婆羅門家。其生之時，家内屋宅化如蓮華。從母右脅出身，紫金色，墮地能語，如天童子。有七寶蓋，隨覆其上。九十五種諸論議師無能酬對。唯於佛所出家學道，住首楞嚴三昧。佛涅槃後，四百五十歲，當至雪山爲五百仙人宣揚十二部經，教化令住不退已。至本生地，於空野澤尼拘樓陀樹下，結跏趺坐，入首楞嚴三昧。身諸毛孔，出金色光，徧照十方世界，度有緣者。身如紫金山，正長丈六，圓光嚴顯，面各一尋。於圓光内有五百化佛，五百化佛有五化菩薩，以爲侍者。佛告跋陀波羅：是文殊師利有無量神通變現，不可具説。若有衆生但聞文殊師利名，除却十二億劫生死之罪。若禮拜供養者，生生之處，恒生佛家。若未得見，當誦持首楞嚴，稱文殊師利名，一日至七日，文殊必來至其人所。若有宿業障者，

〔一〕出增一阿含經卷三十九。

夢中得見。夢中見者，於現在身若求聲聞，以見文殊師利故，得須陀洹乃至阿那含。若出家人見者，以得見故，一日一夜成阿羅漢。若有深信方等經典，是法王子於禪定中爲説深法。亂心多者，於其夢中爲説實義，令其堅固，於無上道得不退轉。我滅度後，一切衆生其有得聞文殊師利名者，見形像者，百千劫中不墮惡道。若有受持讀誦文殊師利名者，設有重障，不墮阿鼻極惡猛火，常生他方清浄國土，值佛聞法，得無生忍。」〔一〕

又賢愚經云：「佛在王舍城鷲頭山中。時波羅柰王名波羅摩達。王有輔相，生一男兒，相好備滿，身色紫金，姿容挺特。輔相見子，倍增怡悦。其母素性不能良善，懷妊已來，恤矜苦厄，〔二〕悲潤黎庶，等心護養。父召相師，令占相之。相師見喜，因爲立字，號曰彌勒。其兒殊稱，合土宣聞。國王聞懼，恐大奪位，聞其未長，當預除滅。即敕輔相：聞汝有子，容相有異。汝可將來，吾欲得見。時宫内人及父知王欲圖，甚懷湯火。餘經權計，即報王言：近遣向南天國外舅家養，來奉侍王。其兒有舅，名波婆梨，在波婆富羅國爲彼國師，聰明高博，智達殊才。五百弟子，恒逐諮稟。於時輔相憐愛其子，懼被其害，密計遣人，乘象送之。舅見彌勒，覩其色好，加意愛養，敬視在懷。其年漸大，教使學問。一日諮受，勝餘終年。學未經歲，普通經書。時波婆梨見其外甥，學既不久，通達諸書，欲爲作會，顯揚其美。遣一弟子至波

〔一〕出文殊師利般涅槃經。

〔二〕「恤」字原作「悲」，據高麗藏本改。

羅柰，語於輔相，説兒所學，索於珍寶，欲爲設會。其弟子往至於中道，聞人説佛無量德行，思慕欲見，即往趣佛。未到中閒，爲虎所噉。乘其善心，生第一四天。波婆梨自竭所有，爲設大會，一切都集。設會已訖，大施達嚫，人得五百金錢，財物罄盡。有一婆羅門，名勞度差，最於後至，獨不得食，唯與五百金錢。勞度差言：聞汝設施，云何空爾？若必拒逆不見給者，汝更七日頭破七段。時波婆梨恐有惡祝及餘蠱道，事不可輕，深以爲懼。前使弟子終生天者，遥見其師愁頞無賴，即從天下，來到其前，問其師言：何故愁憂？師具廣説。天白師言：勞度差者未識頂法，愚癡迷網惡邪之人，竟何所能，而乃憂此！今惟有佛，最解頂法，無極法王，特可歸依。時波婆梨聞天説佛，即重問之：佛是何人？天即説佛功德智慧，不可稱計。今在王舍城鷲頭山中。時波婆梨聞歎佛德，自思必是我書所説：佛星下現，天地大動，當生聖人。今悉有此。即敕彌勒等十六人往看相好。心念難之：我師波婆梨爲有幾相？我師年幾？我師是何種姓？我師有幾弟子？若荅如數，斯必是佛，汝等必爲弟子，遣一人語我消息。時彌勒等進趣王舍，近到鷲山。見佛光明，種種神異，衆相赫然，益以歡喜。即奉師敕，遥以心難。佛遥荅之，一一無差。深生敬仰，頭面禮訖，佛爲説法，其十五人，得法眼净，求索出家。佛言：善來！鬚髮自墮，法衣在身。重爲説法，成阿羅漢。十六人中時有一人，字賓祈奇，是波婆姊子，即遣往白消息。還到本國，具以聞見，廣爲説之。波婆聞喜，即從坐起，長跪合掌，向王舍城，誠心請佛：唯願屈神，來見接濟。如來遥知，屈申臂頃，來到其前。禮已舉頭，見佛驚喜。佛爲説法，逮阿那含。於時世尊尋還鷲山。唯彌勒一人，不取小果。誓發大願，志趣菩提也。佛告諸比丘：於未來世，此閻浮提土地方正，平坦廣博，無有山川，地生輭草，猶如天衣。爾時人民壽八萬四千歲，身長八丈，端正殊妙。人性仁和，具修十善。彼時當有轉輪聖王，名曰勝伽。晉言具也。彼時有波羅門家生一男兒，字曰彌勒。身色紫金，三十二相，衆好畢滿，光明殊赫。出家學道，成最正覺，廣爲衆生轉妙法輪。其第一大會，度九十三億衆生之類。第二大會，度九十一億。第三大會，度九十億。如是三會説法，得蒙度者，悉我遺法種福衆生，皆得在彼三會之中。阿難白佛：不審從何造起，名爲彌勒？佛言：過去久遠，習慈三昧，定意柔輭，更無害心，故字彌勒。」〔一〕梵云彌勒，此曰慈氏，故彌勒者亦是姓也。餘經云：過去有佛已字彌勒，值佛立願，同名彌勒。字阿逸多者，此云無能勝。智過於人，故云無能勝也。

頌曰：

賢人軌玄度，　弱喪升虛遷。　師通資自發，　神光照有緣。　應變各殊別，　聖録同靈篇。
乘乾因九五，　逸響亮三千。　法鼓振玄教，　龍飛應人天。　恬智冥微妙，　縹渺詠重玄。
磐紆七七紀，　嘉運莅中旛。　挺此四八姿，　映蔚華林園。

〔一〕出賢愚因緣經卷十二波婆離品。

感應緣略引二驗〔一〕

晉沙門竺鳩摩羅什〔二〕

宋沙門釋法顯

晉長安有鳩摩羅什，此云童壽，天竺人也。家世國相。什祖父達多，倜儻不羣，名重於國。父鳩摩羅炎，聰明有懿節。將嗣相位，乃辭避出家，東度葱嶺。龜茲王聞其棄榮，甚敬慕之，自出郊迎，請爲國師。王有妹，年始二十，才悟明敏，過目必能，一聞則誦。且體有赤黶，法生智子，諸國娉之，並皆不許。及見炎，心欲當之，乃逼以妻焉。既而懷什。什在胎中，其母慧解倍常，聞雀梨大寺名德既多，又有得道之僧，即與王族貴女，德行諸尼，彌日設供，請齋聽法。什母忽自通天竺語，難問之辭，必窮淵致，衆咸歎異。有羅漢達摩瞿沙曰：此必懷智子。爲説舍利弗在胎之證。及什生之後，還忘前言。頃之，什母樂欲出家，夫未之許。遂更産一男，名弗沙提婆。後因出城遊觀，見塚閒枯骨，異處縱横，於是深惟

〔一〕「略引二驗」，高麗藏本作「如生，肇之流，澄、安之類，碩德衆多，附在别篇，不繁重録，且略引二驗」。

〔二〕「竺」字，高麗藏本無。

苦本，定求離俗，誓不落髮，不咽飲食。至六日夜，氣力綿乏，疑不達旦，夫乃懼而許焉。以未剃髮故，猶不嘗進。即敕人除髮，乃下飲食。次旦受戒，仍業禪法，專精匪懈，學得初果。什年七歲，亦俱出家。從師受經，日誦千偈，偈有三十二字，凡三萬二千言。誦毗曇既過，師授其義，既自通達，無幽不暢。時龜兹國人以其母王女，利養甚多，乃攜什避之。什年九歲，隨母度辛頭河，至罽賓國，遇名德法師盤頭達多，即罽賓王之從弟也。淵粹有大量，才明博識，獨步當時，三藏九部，莫不該練。從旦至中，手寫千偈，從中至暮，亦誦千偈。名播諸國，遠近師之。什至，即崇以師禮，從受雜藏中長二含，凡四百萬言。達多每稱什神俊，遂聲徹於王，王即請入，集外道論師，共相攻難。言氣始交，外道輕其年幼，言頗不遜。什乘隙而挫之，外道折伏，愧惋無言。王益敬異，日給鵝腊一雙，〔一〕秔麵各二斗，〔二〕酥六升。此外國之上供也。所住寺僧，乃差大僧五人，沙彌十人，營視掃灑，有若弟子。其見尊崇如此。至年十二，其母携還龜兹，諸國皆聘以好爵，什並不顧。時什母將什至月氏北山，有一羅漢見而異之，謂其母曰：常當守護此沙彌，若至三十五不破戒者，當大興佛法，度無數人，與優波掬多無異。〔三〕若戒不全，無能爲也，止可才明俊乂，法師而已。什進到沙勒國，頂戴佛鉢，心自念言：鉢形甚大，何其輕耶？即

〔一〕「雙」字原作「隻」，據高麗藏本改。

〔二〕「二斗」，高麗藏本作「三升」，高僧傳作「三斗」。

〔三〕「掬」字，高麗藏本及高僧傳作「掘」。

重不可勝，失聲下之。母問其故，荅云：兒心有分别，故鉢有輕重耳。〔一〕遂停沙勒一年。其冬誦阿毗曇，於十門修智諸品，無所諮受，而備達其妙。又於六足諸門，無所滯礙。沙勒國有三藏沙門，名喜見，謂其王曰：此沙彌不可輕，王宜請令初開法門，凡有二益：一、國内沙門恥其不逮，必見勉勵。二、龜兹王必謂什出我國，〔二〕而彼尊之，是尊我也，〔三〕必來交好。王許焉，即設大會，請什昇座，説轉法輪經。龜兹王果遣使酬其親好。什以説法之暇，乃尋訪外道經書，善學韋陀舍多論，多明文辭製作問荅等事，博覽四韋陀典及五明諸論。陰陽星筭，莫不畢盡，妙達吉凶，言若符契。爲性率達。什初學小乘，後專務方等，乃歎曰：吾昔學小乘，如人不識金，以鍮石爲妙。因廣求義要，受誦中百二論及十二門論等。頃之，隨母進到温宿國，即龜兹之北界。時温宿有一道士，神辯英秀，振名諸國，手擊王鼓，而自誓言：論勝我者，斬首謝之。什既至，以二義相檢，即迷悶自失，稽首歸依。於是聲滿葱左，譽宣河外。龜兹王躬往温宿，迎什還國，廣説諸經，四遠學宗，莫有能抗。時王女爲尼，字阿竭耶末帝，博覽羣經，特深禪要，云已證二果，聞法喜踴。乃更設大集，請問方等經奥。什爲析辯諸法皆空無我，分别陰界假名非實。時會聽者莫不悲感追悼，皆恨悟之晚矣。至年二十，受戒於王宫，從卑摩羅叉學十誦律。

〔一〕「故」字原闕，據高僧傳補。
〔二〕「什」字原闕，據高僧傳補。
〔三〕「尊我」二字原作「我尊」，據高麗藏本改。

有頃，什母辭往天竺，謂龜兹王白純曰：汝國尋衰，吾其去矣。行至天竺，進登三果。什母臨去，謂什曰：方等深教，應大闡真丹。傳之東土，唯爾之力。但於自身無利，其可如何！什曰：大士之道，利彼亡軀。若必使大化流傳，能洗悟曚俗，雖復身當鑪鑊，苦而無恨。於是留住龜兹，止乎新寺。後於寺側故宮中，初得放光經。始就披讀，魔來蔽文，唯見空牒。什知魔所爲，誓心逾固。魔去字顯，仍習誦之。復聞空中聲曰：汝是智人，何用讀此！什曰：汝是小魔，宜時速去。我心如地，不可轉也。停住二年，廣誦大乘經論，洞其祕奥。龜兹王爲造金師子座，以大秦錦褥鋪之，令什昇而説法。什曰：家師猶未悟大乘，欲躬往仰禮，不得停此。俄而大師盤頭達多不遠而至。王曰：大師何能遠顧？達多曰：一、聞弟子所悟非常，二、聞大王弘贊佛道。故冒涉艱危，遠萃神國。〔一〕什得師至，欣遂本懷。爲説德女問經，多明因緣空假，昔與師俱所不信，故先説也。師謂什曰：汝於大乘見何異相，而欲尚之？什曰：大乘深净，明有法皆空。小乘偏局，多滯名相。師曰：汝説一切皆空，甚可畏也。安捨有而愛空乎！如昔狂人，令織師織錦，極令細好。織師加意，細若微塵，狂人猶恨其麤。織師大怒，乃指空示曰：此是細縷。狂人曰：何以不見？師曰：此縷極細，我工之良匠，猶且不見，況他人耶！狂人大喜，以付織師。師亦效焉。皆蒙上賞，而實無物。汝之空法，亦由此也。什乃連類而陳之，往復苦至，經一月餘

〔一〕「萃」字，高僧傳作「奔」。

日，方乃信服。師歎曰：師不能達，反啓其志，驗於今矣。於是禮什爲師，言：和尚是我大乘師，我是和尚小乘師矣。西域諸國咸伏什神儁，每至講説，諸王皆長跪座側，令什踐而登焉。其見重如此。什既道流西域，名被東川。〔二〕時苻堅僞號關中，有外國前部王及龜兹王弟並來朝堅，堅引見。二王説堅云：西域多産珍奇，請兵往定，以求内附。至堅建元十三年歲次丁丑正月，太史奏云：有星見外國分野，當有大德智人入輔中國。堅曰：朕聞西域有鳩摩羅什，襄陽有沙門道安，將非此耶？即遣使求之。至十七年二月，鄯鄯王、前部王等又説堅，請兵西伐。十八年九月，堅遣驍騎將軍吕光、陵江將軍姜飛將前部王及車師王等，率兵七萬，西伐龜兹及烏耆諸國。臨發，堅餞光於建章宫，謂光曰：夫帝王應天而治，以子愛蒼生爲本，豈貪其地而伐之！正以懷道之人故也。朕聞西國有鳩摩羅什，深解法相，善閑陰陽，爲後學之宗，朕甚思之。賢哲者，國之大寶，若克龜兹，即馳驛送什。〔三〕光軍未至，什謂龜兹王白純曰：國運衰矣，當有勍敵。日下人從東方來，宜恭承之，勿抗其鋒。純不從而戰，光遂破龜兹，殺純，立純弟震爲主。光既獲什，未測其智量。見其年齒尚少，乃凡人戲之。光還中路，置軍於山下，將士已休。什曰：不可，在此必見狼狽，宜徙軍隴上。光不納諫。至夜果大雨，洪潦暴起，水深數丈，死者數千。光始密而異之。什謂光曰：此凶亡之地，不宜淹留。推運揆數，應速言歸，中路必有福地可

〔二〕「川」字原作「州」，據高麗藏本、磧砂藏本、南藏本、嘉興藏本改。
〔三〕「馳」字原脱，據高麗藏本補。

居。光從之。至涼州，聞苻堅已爲姚萇所害。光三軍縞素，大臨城南，於是竊號關外，稱年太安。太安二年正月，姑臧大風，什曰：不祥之風，當有姦叛，然不勞自定也。後方驗什之言也。什停涼積年，呂光父子既不弘道，故藴其深解，無所宣化。苻堅已亡，竟不相見。及姚萇僭有關中，亦挹其高名，虚心要請。呂以什智計多解，恐爲姚謀，不許東入。及萇卒，子興襲位，復遣敦請。興弘始三年三月，有樹連理生於廟庭，逍遥園葱變爲茝。以爲美瑞，謂智人應入。至五月，興遣隴西公碩德西伐呂隆，〔一〕隆軍大破。至九月，隆上表歸降，方得迎什入關。以其年十月二十日至於長安。興待以國師之禮，甚見優寵。晤言相對，則淹留終日；研微造盡，則窮年忘倦。自大法東被，始於漢明，涉歷魏晉，經論漸多，而支、竺所出，〔二〕多滯文格義。興少崇三寶，鋭志講集。什既至止，仍請入西明閣及逍遥園，譯出衆經。什既率多諳誦，無不究盡。轉能漢言，音譯流便。既覽舊經，義多紕僻，皆由先度失旨，故不與梵本相應。興使沙門僧䂮、僧遷、法欽、道流、道恒、道標、僧叡、僧肇等八百餘人，諮受什旨，更令出大品。什持梵本，興執舊經，以相讎校。其新文異舊者，〔三〕義皆圓通。衆心愜伏，莫不欣讚。興以佛道沖邃，其行惟善，信爲出苦之良津，御世之洪則。故託意九經，遊心十二。乃著通三世論，以勗示因果。

〔一〕「碩」字原作「破」，據高麗藏本、磧砂藏本、南藏本、嘉興藏本改。
〔二〕「支」字原作「天」，據高麗藏本改。
〔三〕「新」字原作「雜」，據高僧傳改。

王公已下，並欽贊厥風。大將軍常山公顯，左將軍安城侯嵩，並篤信緣業，屢請什於長安大寺講説新經。續出大小乘經論，凡有三百九十餘卷，名在别傳。並暢顯神源，揮發幽致。於時四方義士，萬里必集，盛業久大，於今式仰。諸方道俗英賢之徒，如釋慧遠等，學貫羣經，棟梁遺化，而時去聖久遠，疑義莫決，乃封以諮什。凡覲國王，必有贊德，見佛之儀，以歌歎爲貴。經中偈頌，皆其式也。但改梵爲秦，失其藻蔚，雖得大意，殊隔文體。有似嚼飯與人，非徒失味，乃令嘔噦也。什常作頌贈沙門法和云：心山育明德，流熏萬由延。哀鸞孤桐上，清音徹九天。凡爲十偈，辭喻皆爾。什雅好大乘，志存敷演，〔一〕常歎曰：吾若著筆作大乘阿毗曇，非迦旃延子所比也。今在秦地，深識者寡。折翮於此，將何所論。乃悽然而止。唯爲姚興著實相論二卷，并注維摩經。出言成章，無所改删，辭喻婉約，莫非玄奥。什爲人神情映徹，傲岸出羣，應機領會，罕有其匹。篤性仁厚，汎愛爲心，虚己善誘，終日無勌。姚主嘗謂什曰：大師聰明超悟，天下莫二。若一旦後世，何可使法種無嗣！於是杯度比丘在彭城，聞什在長安，乃歎曰：吾與此子戲别三百餘年，杳然未期，遲有遇於來生耳。什未終日，〔二〕覺四大不愈，〔三〕口云：

〔一〕「演」字，高麗藏本及高僧傳皆作「廣」。

〔二〕「日」字原作「省」，據高僧傳改。

〔三〕「愈」字原作「悆」，據高麗藏本改。

願凡所宣譯，傳流後世，咸共弘通。今於衆前，發誠實誓，若所傳無謬者，當使焚身之後，〔一〕舌不焦爛。以僞秦弘始十一年八月二十日卒於長安，是歲晉義熙五年也。即於逍遥園依外國法，以火焚屍。薪滅形碎，唯舌不灰。〔二〕

宋江陵辛寺有釋法顯，姓龔，平陽武陽人。志行明敏，儀軌整肅。常慨經律舛闕，志勵尋求。以晉隆安三年，與同學慧景、道整、慧應、慧嵬等發自長安，西度流沙。上無飛鳥，下無走獸，四顧茫茫，莫測所之。唯視日以準東西，人骨以摽行路耳。屢有熱風惡鬼，遇之必死。顯任緣委命，直過險難。有頃至葱嶺，葱嶺冬夏積雪，有惡龍吐毒，風雨沙礫，山路艱危，壁立千仞。昔有鑿石通路，傍施梯道，凡度七百餘所。又躡懸絙過河數十餘處，皆漢時張騫、甘父所不至也。次度雪山，〔三〕遇寒風暴起，慧景噤顫不能前，語顯曰：「吾其死矣，卿可前去，勿得俱殞。」言絶而卒。顯撫之泣曰：「本圖不果，命也柰何！」復自力孤行，遂過山險。凡所經歷四十餘國。〔四〕將至天竺，去王舍城三十餘里，有一寺，逼暝過之。顯欲詣耆闍崛山，寺僧諫曰：「路甚艱阻，且多黑師子，亟經噉人，何由可至。」顯曰：「遠涉數萬，誓到靈

〔一〕「使」字原作「時」，據高麗藏本、磧砂藏本、南藏本、嘉興藏本改。

〔二〕出高僧傳卷二鳩摩羅什傳。

〔三〕「雪山」下原衍一「山」字，據高麗藏本删。

〔四〕「四」字，高麗藏本作「三」。

鷲，身命不期，出息非保，豈可使積年之誠，既至而廢耶！雖有險難，吾不懼也。衆莫能止，乃遣兩僧送之。顯既至山，日將曛夕，遂欲停宿，兩僧危懼。捨之而還。顯獨留山中，燒香禮拜，翹感舊迹，如覩聖儀。至夜有三黑師子來蹲顯前，舐脣摇尾。顯誦經不輟，一心念佛。師子乃低頭下尾，伏顯足前。顯以手摩之，呪曰：若欲相害，待我誦竟。若見試者，可便退矣。師子良久乃去。明晨還返，路窮幽梗，止有一徑通行。未至里餘，忽逢一道人，年可九十，容服麤素，而神氣儁遠。顯雖覺其韻高，而不悟是神人。後又逢一少僧，顯問曰：向耆年是誰耶？荅云：頭陀迦葉大弟子也。顯方大惋恨，更追至山所，有横石塞於室口，遂不得入。顯流涕而去。進至迦施國，國有白耳龍，每與衆僧約，令國内豐熟，皆有信效。沙門爲起龍舍，并設福食。每至夏坐訖，龍輒化作一小蛇，兩耳悉白，衆皆咸識是龍，以銅盂盛酪，置龍於中，從上座至下行之，徧乃化去。年輒一出，顯亦親見。後至中天竺，於摩竭提邑波連弗阿育王塔南天王寺得摩訶僧祇律，又得薩婆多律抄、雜阿毗曇心、綫經、方等泥洹經等。顯留三年，學梵語梵書，〔一〕方躬自書寫。於是持經像，寄附商客，到師子國。顯同旅十餘，或留或亡，顧影唯己，常懷悲慨。忽於玉像前，見商人以晉地一白團絹扇供養，不覺悽然下淚。停二年，復得彌沙塞律、長雜二含及雜藏，並漢土所無。既而附商人大舶，循海而還。舶有二百許人，值黑風水入，衆皆惶懼，即取雜

〔一〕「梵」字原皆作「胡」，據高僧傳改。

物棄之。顯恐棄其經像，唯一心念觀世音及歸命漢土衆僧。舶任風而去，得無傷壞。經十餘日，達耶婆提國。停五月，復隨他商，東適廣州。舉帆二十餘日，夜忽大風，合舶震懼。衆咸議曰：坐載此沙門，使我等狼狽。不可以一人故，令一衆俱亡。共欲推之。法顯檀越厲聲呵商人曰：汝若下此沙門，亦應下我。不爾，便當見殺。漢地帝王奉佛敬僧，我若至彼告王，必當罪汝。商人相視失色，俛仰而止。既水盡糧竭，唯任風隨流，忽至岸，見藜藿菜依然，知是漢地，但未可測何方。即乘船入浦尋村，見獵者二人，顯問：此是何地耶？獵人曰：此是青州長廣郡牢山南岸。獵人還以告太守李嶷，嶷素信敬，忽聞沙門遠至，〔一〕躬自迎慰。顯持經像隨還。頃之欲南歸，青州刺史請留過冬，顯曰：貧道投身於不返之地，志在弘通，所期未果，〔二〕不得入停。遂南造京師，就外國禪師佛駄跋陀於道場寺翻譯經律論等百餘萬言，流布教化，咸使見聞。有一家失其姓名，居近朱雀門，世奉正化，自寫一部，讀誦供養，無別經室，與雜書共屋。後風火忽起，延及其家，資物皆盡，唯泥洹經儼然具存，煨燼不侵，卷色無改。京師共傳，咸歎神妙。其餘經律未譯，〔三〕後至荆州，卒於辛寺，春秋八十有六，衆咸慟惜。其遊

〔一〕「忽」字原作「志」，據高麗藏本改。
〔二〕「所」字原作「何」，據高僧傳改。
〔三〕「未譯」二字原闕，據高僧傳補。

履諸國，别有大傳。〔一〕右二驗出梁高僧傳。〔二〕

〔一〕出高僧傳卷三釋法顯傳。
〔二〕「右」字原脱，據高麗藏本補。

法苑珠林校注卷第二十六

宿命篇第十八此有四部

述意部　引證部　宿習部　五通部

述意部第一

夫業行參差，宿緣之途非一；壽命脩短，明昧之理無恒。良由業因善惡，致使報有冥爽。或有憶識多劫，或有緣念累代，或有但記一生，或有唯知現在。所以凡聖殊隔，宿命延促。雖復託神感聖，〔一〕習氣尚存；除惑見理，戲心猶在。自非位登十地，行滿三祇，豈能永斷習因，感兹勝報也。

〔一〕「託」字原作「拓」，據高麗藏本改。

引證部第二

第一、天趣中。依婆沙論云：「亦有生處得智知他心等。然微細故，不別說之。」如上天報中，已具說之，亦同下傍生鬼趣中述。故婆沙論云：「所以者何？非由器故，有勝覩相聞語智等所覆損故，有他心通及願智等所映蔽故。」〔一〕評曰：應作是說：於四趣中生處得智各知五趣，於理無違。

第二問：人趣亦有本性念生智類，應能知他心等，何故不說？荅：應說而不說者，當知此義有餘。復次，少故不說。謂人趣中得此智者極少有故，而不說之。如婆沙論說：「此皆從不惱害業，能生此智。若有衆生能護身口不惱他者，在母胎時，其必寬容，不爲冷熱二觸、母腹不浄、惡血所困。至出胎時，又復不爲産門逼迫，令心錯亂。以是因緣，覺了惺悟，念知前事。今不知者，良由違前法故，忘失錯亂，故不能知也。」〔二〕問曰：各知幾趣耶？荅曰：還如婆沙論說：「天知五趣，人知四趣，除天。鬼知三趣，畜生知二趣，地獄唯知地獄之事。」〔三〕由勝故上得知下，下由劣故不知上。問曰：若由劣故不知上者，何故經說善住龍王、伊羅鉢龍王等能知帝釋勝人心之所念耶？荅曰：如婆沙論說：「此等皆

〔一〕以上均出阿毘達磨大毘婆沙論卷一百一。
〔二〕出阿毘曇毘婆沙論卷五十一。
〔三〕出阿毘曇毘婆沙論卷七。

是比知，非是正知。如彼帝釋欲與脩羅戰時，善住龍王背上諸骨自然出聲。彼即念言：我今背骨出大音聲，定知諸天必欲與彼脩羅共鬬，定當須我。作是念已，即便向彼帝釋邊去。又如帝釋欲遊戲時，伊羅鉢龍王背上自然有其香手現。彼則念言：我今背上香手現，定知帝釋欲戲園林，必當須我。作是念已，即自化身作象三十二頭，〔一〕通其舊首，合有三十三頭。於彼一一頭上各出六牙，一一牙上各出七大寶池，一一池中各出七莖蓮華，一一蓮華各出七葉，一一葉上出七寶臺，一一臺中起七寶帳，一一帳內有七天女，一一天女有七侍者，一一侍者有七妓女，一一妓女皆作天樂。作是化已，屈伸臂頃，往詣帝釋殿前而住。〔二〕帝釋見已，即與眷屬昇其常頭之上，自餘三十三天輔臣各將眷屬，昇餘三十二頭之上。昇已，即便舉身凌空，迅疾往詣遊戲之處。」〔三〕以此驗知，亦是比知，非是正知也。以此引事證知，上得知下，下不知上也。然此理未盡，如下狼知女心，殺兒而去，此即下亦知上，何言下不知上耶？且處從多而説，上得知下，下不得知上。若細尋求，上下通知，不可具引。又新婆沙論云：「如王舍城內有一屠兒，名曰伽吒，是未生怨王少小知友。曾白太子：汝登王位，與我何願？太子語言：當恣汝請。後未生怨害父自立，伽吒於是從王乞願。王便告曰：隨汝意求。伽吒白言：願王許我王舍城中

〔一〕「象」字原脱，據高麗藏本補。
〔二〕「住」字原作「往」，據高麗藏本、磧砂藏本、南藏本、嘉興藏本改。
〔三〕出阿毘曇毘婆沙論卷七、卷十六。

獨行屠殺。王遂告曰：汝今云何求此惡願，豈不怖畏當來苦耶？屠兒白王：諸善惡業皆無有果，何所怖畏。王遂告曰：汝云何知？伽吒白王：我憶過去六生，於此王舍城中常行屠殺。〔一〕最後生在三十三天中，多受快樂。從彼天歿來生此間，少小與王得爲知友。故知善惡，其果定無。王聞生疑，便往白佛。佛告王曰：此事不虚。然彼屠兒曾以一食施與獨覺，發邪願言：使我常於王舍城内獨行屠殺。後得生天，由勝業因，果遂其願。彼先勝業與果今盡，却後七日定當命終，生號叫地獄，次第受先屠業苦果。是故此智極知七生。復有説者，此極能憶五百生事。謂有苾芻自憶過去五百生中墮餓鬼趣，念彼所受飢渴苦時，徧身流汗，深心怖惱，息諸事業，精進熾然。後經多時，得預流果。復有苾芻自憶過去五百生中墮地獄趣，念彼所受地獄苦時，諸毛孔中，徧皆血流。身及衣服，非常臭穢，每日詣水澡浴浣衣。衆人謂之計水爲净。」〔二〕又薩婆多論：「問曰：願智、宿命智，有何差别？荅：宿命智知過去，願智知三世。宿命智知有漏，願智二俱兼知。宿命智知自身過去，願智自他兼知。宿命智知一身二身次第得知，願智一念超知百劫。古時畜生所以能語，今時畜生所以不能語，謂劫初時先有人天，未有三惡，盡從人天中來。以宿習近故，是以能語。今時畜生多從三惡道中來，是以不語。」〔三〕又婆沙論

〔一〕「常」字原作「當」，據高麗藏本改。

〔二〕出阿毘達磨大毘婆沙論卷一百一。

〔三〕出薩婆多毘尼毘婆沙卷六九十事。

說：「謂於生處自性能知過去宿命及知他心。於其生處不假修因，自性而知。此智徧通五趣，然有强弱。三塗及天，此四趣中作用則强。若在人趣，用則微弱。何故如是？爲人趣中有瞻相言智及有修禪發智，乃至他心法等智，爲此等智之所覆隱，是故雖有作用，微隱不現。」〔一〕如新婆沙論云：「若論有情見險隘處，修令寬博，使往來者無有艱難。由彼業力在母腹中，無迫窄苦，故得此智。或有餘說：若諸有情施他種種大妙飲食，由彼業力能引此智。若諸有情不造惱害他業，恒作饒益他事，由斯業故，在母腹中不爲風熱痰陰病等之所逼切，後出胎時，無迫窄苦，是故能憶諸宿住事。故有是說：若諸有情住在母胎及出胎時，不受衆病迫窄苦者，皆應能憶過去生事。但由母病及迫窄苦，皆悉忘之。」〔二〕

第三、鬼趣中亦有生處得智知他心等。云何知然？昔有女人爲鬼所魅，羸瘦將死。呪師問鬼：汝今何爲惱此女人？鬼便報言：此女過去五百生中嘗害我命，我亦過去五百生中嘗害彼命。怨怨相報，於今未息。彼若能捨，我亦捨之。呪師因報彼女人曰：汝若惜命，當捨怨心。女人報言：我已捨矣。鬼觀女意，都不捨怨，恐命不全，妄言已捨，遂斷其命，捨之而去。」〔三〕

第四、畜生趣中，云何知有宿命智？答：如婆沙論中：「昔有一女，置兒在地，緣行他處。時有一

〔一〕出阿毘曇毘婆沙論卷七、卷五十。

〔二〕出阿毘達磨大毘婆沙論卷一百一。

〔三〕出阿毘達磨大毘婆沙論卷一百一。

狼，將其兒去。其母見已，趁而語言：汝狼何以將我兒去？狼即報言：汝是我怨，曾於五百生中嘗食我兒，我今還欲於五百生殺害汝子。此乃怨讎相報，理當法爾，何以生瞋！作是報已，復更語言：若汝能捨怨害者，我即放汝之子。兒母報曰：我捨怨心。時狼即便起坐思惟，觀彼女人之心，仍知不捨，還復語言：汝雖口言，心猶不捨。作是語已，即便斷其兒命而去。」〔一〕此乃自識宿命，亦知於彼女人之心，此爲良驗。自餘鬼及天趣並識宿命及知他心。前後諸篇經論具説，不煩重述。然此二智非是種智，論他心宿命二種智，唯據静慮禪定發得。此乃報得，行在散心，故知非也。

第五、地獄趣中，云何得有自性宿命智生？荅：如涅槃經中：「五百婆羅門爲彼仙育國王殺已，至於地獄，發三善念，憶本所作。」〔二〕即其驗也。又如論説：「地獄衆生亦能念知獄卒等心。」〔三〕亦是其驗也。

宿習部第三

如佛説師子月佛本生經云：「佛在王舍城迦蘭陀竹園，與大比丘衆千二百五十比丘、百菩薩俱。

〔一〕出阿毘曇毘婆沙論卷七、卷五十。

〔二〕出大般涅槃經卷十六。

〔三〕出阿毘曇毘婆沙論卷七。

爾時衆中有一菩薩比丘，名婆須蜜多，遊行竹園閒，緣樹上下，聲如獼猴。或旋三鈴，作那羅戲。時諸長者及行路人，競集看之。衆人集時，身到空中，跳上樹端，作獼猴聲。耆闍崛山八萬四千金色獼猴，集菩薩所，菩薩復作種種變現，令其歡喜。時諸大衆各作是言：沙門釋子猶如兒戲，幻惑衆人。所行惡事，無人信用，乃與鳥獸而作非法。如是惡聲，徧王舍城。有一梵志上啓大王。頻婆娑羅王聞此語，嫌諸釋子，即敕長者迦蘭陀曰：此諸釋子多聚獼猴在卿園中，爲作何等？如來知不？長者啓王：婆須蜜多作變化事，令諸獼猴一時歡喜，諸天雨華，持用供養。爲作何等，臣所不知。爾時大王前後導從，往詣佛所。遥見世尊，身放光明，如紫金山。普令大衆同於金色。尊者蜜多及八萬四千獼猴亦作金色。時諸獼猴見大王來，作種種變中，有採華奉上大王者。大王見已，與諸大衆俱至佛所，爲佛作禮，右遶三匝，却坐一面，白佛言：此諸獼猴宿有何福，身作金色？復有何罪，生畜生中？尊者蜜多復宿殖何福，生長者家，出家學道？復有何罪，雖生人中，諸根具足，不持戒行，與諸獼猴共爲伴侣，歌語之聲，悉如獼猴，使外道笑？惟願世尊爲我分別，令我開解。佛告大王：諦聽，善思念之，吾當爲汝分別解説。乃往過去無量億劫之前，有佛出世，名曰然燈。彼佛滅後，有諸比丘，於山澤中，修行佛法，堅持禁戒，如人護眼，因是即得阿羅漢。時空澤中，有一獼猴，至羅漢所，見於羅漢坐禪入定，即取羅漢坐具，披作袈裟，如沙門法，偏袒右肩，手擎香鑪，遶比丘行。時彼比丘從定覺已，見此獼猴，有好善心，即爲彈指告獼猴言：法子，汝今應發無上道心。獼猴聞説，歡喜踴躍，五體投地，敬禮比丘。起復採華，散比丘上。爾時比丘即爲獼猴説三歸依。爾時獼猴即起合掌白言：大德，我今欲歸依佛法僧。比丘爲受三歸已，次當懺悔，具説罪業。我得羅漢，能除衆生無量重罪。如是慇勤，三爲懺已，告獼猴言：法子，汝今清浄，是名菩薩。汝今盡形壽受五戒已，求阿耨菩提。爾時獼猴依教受已，發願已竟，踴躍歡喜，走上高山，懸樹墜死。由受五戒破畜生業，即生兜率天上，值一生補處菩薩，爲説無上道心，即持天華下空澤中，供養羅漢。羅漢見已，即便微笑，告言：天王，善惡之報，如影隨形，終不相捨。而説偈言：

業能莊嚴身，　處處隨取趣，　不失法如券，　業如負財人。　汝今生天上，　由於五戒業，
前身落獼猴，　從於犯戒生。　持戒生天梯，　破戒爲鑊湯。　我見持戒人，　光明莊嚴身，　七寶妙臺閣，　諸天爲給使，　衆寶爲牀帳，　摩尼華瓔珞。　值遇未來佛，　娱樂説勝法。　我見破戒人，　墮在泥犁中，　鐵犁耕其舌，　卧在鐵牀上，　融銅四面流，　燒煮壞其身。　或處於刀山，　劍林及沸屎，　灰河寒冰獄，　鐵丸飲融銅。　如是等苦事，　常爲身瓔珞。　若欲脱衆難，　不墮三惡道，　遊處天上路，　超越得涅槃，　當勤持浄戒，　布施修浄命。

時阿羅漢説此偈已，默然無聲。獼猴天子白言：大德我前身時作何罪業，生獼猴中？復有何福，值遇大德，得免畜生，生於天上？羅漢荅言：乃往過去此閻浮提有佛出世，名曰寶慧如來。至涅槃後，於像法中，有一比丘，名蓮華藏，多與國王長者居士而爲親友。邪命諂曲，不持戒行，身壞命終，落阿鼻獄，如蓮華敷滿十八隔，具受諸苦。壽命一劫，劫盡更生。如是經歷諸大地獄，滿八萬四千劫。從地獄

出，墮餓鬼中，吞飲融銅，經八萬四千歲。從餓鬼出，復墮牛豬狗猴中，各五百身。緣前供養持戒比丘，〔一〕結誓要重，今復遇我，得生天上。持戒比丘，即我身是。放逸比丘，即汝身是。獼猴天子聞此語已，心驚毛豎，懺悔前罪，即還天上。佛告大王：彼獼猴者，雖是畜生，一見羅漢受持三歸及以五戒，緣前功德，超越千劫，極重惡業，得生天上，值遇一生補處菩薩。從是已後，值佛無數，净修梵行，具六波羅蜜，住不退地，於最後身，次彌勒後，當成阿耨菩提，佛號師子月如來。佛告大王：欲知彼國師子月佛者，今此會中婆須蜜多比丘是也。王聞此言，即起合掌，徧體流汗，悲泣雨淚，悔過自責，向婆須蜜多頭面著地，接足爲禮，懺悔前罪。佛告大王：欲知此等八萬四千金色獼猴者，乃是過去拘樓秦佛時，波羅柰國、拘睒彌國二國之中，共有八萬四千比丘尼，行諸非法，犯諸重禁，狂愚無智，如癡獼猴。見好比丘，視之如賊。時有羅漢比丘尼，名善安隱，具爲說法，復懷忿恨。時羅漢尼見諸惡人不生善心，即起慈悲，身昇虛空，作十八變。時諸惡人見變化已，各脱金環散阿羅漢尼上：願我生生，身作金色。前所作惡，今悉懺悔。時諸惡人身壞命終，墮阿鼻地獄，次第經歷至九十二劫，恒處地獄。從地獄出，五百身中恒爲餓鬼。從餓鬼出，一千身中常爲獼猴，身作金色。大王當知，爾時八萬四千犯戒尼罵羅漢尼者，今者會中八萬四千諸金色獼猴是也。爾時供養諸惡比丘尼者，今大王是。此諸獼猴因宿習故，

〔一〕「比丘」二字原脱，據高麗藏本補。

持華持香供養大王。爾時汙彼比丘尼者，今瞿迦梨及王五百黄門是。佛告大王：身口意業不可不慎。爾時王聞佛説，對佛懺悔，慚愧自責，豁然意解，成阿那含。王所將八千人，求佛出家，並成羅漢。餘一萬六千人，皆發菩提心。八萬諸天亦俱發心。八萬四千金色獮猴，聞昔因緣，慚愧自責，遶佛千匝，向佛懺悔，各發無上菩提心。隨壽長短，命終之後，當生兜率天上，值遇彌勒，得不退轉。更過百萬億那由他阿僧祇恒河沙劫，當得成佛。八萬四千次第出世，同共一劫，劫名大光，同名普金光明如來。」〔一〕

又處處經云：「佛言：有憍梵鉢提已得阿羅漢道，反作牛齝。弟子問佛：何以故？佛言：是比丘前世宿命時，七百三十世作牛。今世得道，餘習未盡，故作齝食。」〔二〕若依智度論：「問：何以作牛？荅：由過去世經他穀田，取五六粒粟，口嚐吐地。以損他粟，故作此牛。由作牛多身，故牛脚齝食也。」〔三〕

五通部第四

如菩薩處胎經云：「爾時有妙勝菩薩白佛言：世尊，五通菩薩修習何法得神通道？佛告妙勝：此

〔一〕「普」字原作「並」，據高麗藏本改。出師子月佛本生經。
〔二〕出處處經。
〔三〕出大智度論卷二十七。

欲界中善男子善女人，不須眼通，生便徹見一閻浮内衆生之類麤細好醜，城郭樹木。或有人眼能觀二三四天下，不須眼通，生便觀見。或有人不須眼通，耳通清徹，聞一天下男聲女聲，一切音聲即能别知。一不修耳通，一一曉了。或有人不習不學，自識宿命，吾從某處來生此間。父母、種族、名姓，盡能别知。或有人不修習神通，知他人心，行善惡趣向生處。有緣衆生，無緣衆生，並悉能知。或有人身能飛行周旋往來，不修身通，身便能飛，無所觸礙，履空如地，履地如空。佛告：善男子善女人修眼聖通，除色斷垢，三空定門，便能得見一千天下、二千天下、三千大千天下。或有聞一天下、千天下、二千天下、三千大千天下一切諸聲，善惡六道，悉能曉了。或有人除去識垢，内外無瑕，得意聖通，自識宿命，一生二生乃至無數阿僧祇劫，所從來處，父母、眷屬、國土清净，悉能識知。或有人修十神通，解知法性，强記不忘；便能得知他人心念，一生二生乃至無數阿僧祇劫所從來處，父母、眷屬、國土清净、名姓、種族，皆悉知之。或有人思惟法觀，以心持身，以身持心，睡眠覺悟，意想如空；便能舉身一天下、二天下乃至三千大千刹土，入地如空，山河石壁，無所罣礙。或有人臨當成佛，以智慧璃除衆生垢，坐樹王下，不起於座，故得成佛，六通清徹。爾時世尊而説偈言：

凡夫所得通，　猶如諸飛鳥，　有近亦有遠，　不離生死道。　佛通無礙法，　真實無垢穢，
念則到十方，　往返不疲倦。　以慈念衆生，　得通無罣礙。　仙人無通慧，　轉退不成就。

我通堅固法，要入涅槃門。」〔一〕

「爾時座中有菩薩，名曰普光，前白佛言：未審六通識法，是一？是若干？若識是一法，如來金色神足道場遊諸佛刹，爲識致身，爲身致識？若身致識，則無六通。若識致身，此名一法，無身無識。惟願世尊報我此義。佛告普光菩薩：汝所問義，爲第一義問？爲世俗義問？若世俗義問，識法若干無有定相。若第一義問，則無身無識。何以故？分別識法，自性空寂，無來無去，亦無染著。汝問金色，此有爲法，五陰成就，非自然法，非第一義。我今爲汝説識想法。菩薩六通身識共俱，非識先身後，非身先識後。何以故？法相自然，識不離身，身不離識。猶如二牛，共其一軛，若黑牛前，白牛後，則種不成就。若白牛前，黑牛後，種亦不成。非黑牛前白牛後，非白牛前黑牛後，則種成就。神足道果，亦復如是。身識共俱，無有前後中間。如來色身有前、有後、有中間。此世俗法，非第一義。於空寂法，無有若干。」〔二〕

頌曰：

善惡宿熏習，感報各殊方。曾爲鬼害怨，或作狼讎殃。屠兒憶殺業，須蜜戲獼鄉。
宿祐除患者，在處遊天堂。觸類興清遣，目擊洞兼忘。凡聖欽嘉會，賢愚慶流芳。

〔一〕出菩薩處胎經卷五神通品。
〔二〕出菩薩處胎經卷五識住處品。

四生行善業，六趣感神光。苦樂雖殊別，同知命短長。

感應緣略引九驗

晉羊太傅

晉瑯琊王練

晉河内向靖

宋釋曇諦

魏釋乘師

隋崔彦武

唐釋道綽

唐劉善經

唐釋玄高〔一〕

〔一〕「唐」字原作「魏」，據高麗藏本改。

晉羊太傅祜，字叔子，泰山人也。西晉名臣，聲冠區夏。年五歲時，嘗令乳母取先所弄指環。乳母曰：汝本無此，於何取耶？祜曰：昔於東垣邊弄之，落桑樹中。乳母曰：汝可自覓。祜曰：此非先宅，兒不知處。後因出門遊，望逕而東行，乳母隨之，至李氏家，乃入至東垣樹下，探得小環。李氏驚悵曰：吾子昔有此環，常愛弄之。七歲暴亡，亡後不知環處。此亡兒之物也，云何持去？祜持環走，李氏遂問之。乳母既說祜言，李氏悲喜，遂欲求祜還爲其兒。里中解喻，然後得止。祜年長，常患頭風，醫欲攻治，祜曰：吾生三日時，頭首北户，覺風吹頂，意其患之，但不能語耳。病源既久，不可治也。祜後爲荆州都督，鎮襄陽，經給武當寺，殊餘精舍。或問其故，祜默然，後因懺悔，叙説因果，乃曰：前身承有諸罪，賴造此寺，故獲申濟。所以使供養之情，偏慇懃重也。

晉王練，字玄明，瑯琊人也，宋侍中。父珉，字季琰，晉中書令。相識有一梵沙門，每瞻珉風采，甚敬悦之。輒語同學云：若我後生得爲此人作子，於近願亦足矣。珉聞而戲之曰：法師才行，正可爲弟子子耳。頃之，沙門病亡，亡後歲餘而練生焉。始生能言，〔一〕便解外國語。及絶國之奇珍銀器珠貝，〔二〕生所不見，未聞其名，即而名之，識其産出。又自然親愛諸梵，過於漢人。咸謂沙門審其先身，

〔一〕「生」字原脱，據高麗藏本補。

〔二〕「銀」字，高麗藏本作「銅」。

故珉字之曰阿練。遂爲大名云云。〔一〕

晉向靖，字奉仁，河内人也。在吴興郡，喪數歲女。女始病時，弄小刀子，母奪取不與，傷母手。喪後一年，母又産一女，女年四歲，謂母曰：前時刀子何在？母曰：無也。女曰：昔争刀子故傷母手，云何無耶？母甚驚怪，具以告靖。靖曰：先刀子猶在不？母曰：痛念前女，故不録之。靖曰：可更覓數箇刀子，合置一處，令女自擇。女見大喜，即取先者，曰：此是兒許。父母大小乃知前女審其先身。〔二〕

右三驗出冥祥記。

宋崑山有釋曇諦，〔三〕姓康，其先康居人。漢靈時移附中國。獻帝末亂，移止吴興。諦父彤，嘗爲冀州别駕。母黄氏晝寢，夢見一僧呼黄氏爲母，寄一麈尾并鐵鏤書鎮二枚。眠寤，見兩物具存，因而懷孕生諦。諦年五歲，母以麈尾等示之，諦曰：秦王所餉。母曰：汝置何處？荅曰：不憶。至年十歲出家，學不從師，悟自天發。後隨父之樊鄧，遇見關中僧䂮道人，忽喚䂮名。䂮曰：童子何以呼宿老名？諦曰：向者忽言阿尚是諦沙彌，爲衆僧採菜，被野豬所傷，不覺失聲耳。䂮經爲弘覺法師弟子，爲僧採菜，被野豬所傷。䂮初不憶此，乃詣諦父。諦父具説本末，并示書鎮麈尾等。䂮乃悟而泣曰：即先師

〔一〕太平廣記卷三八七引。

〔二〕太平廣記卷三八七引。

〔三〕「崑」下原衍「崙」字，據高僧傳删。下同。

弘覺法師也。師經爲姚萇講法華，貧道爲都講，姚萇餉師二物，今遂在此。追計弘覺捨命，正是寄物之日。復憶採菜之事，彌深悲仰。諦後遊覽經籍，遇目斯記。晚入吴虎丘寺，講禮記周易春秋各七徧，法華大品維摩各十五徧。又善文翰，集有六卷，亦行於世。性愛林泉，後還吴興，入故章崑山，閑居澗飲二十餘載。以宋元嘉末卒於山舍，春秋六十餘。〔一〕右一驗出梁高僧傳。

元魏之時，有北代乘禪師，常受持法華，精勤不懈。命終中陰託河東薛氏，爲第五子。生而能言，自陳宿業，不願處俗。其父任北泗州刺史，〔二〕其第五郎隨任，便往中山，至七帝寺，尋得前世本時弟子，語曰：汝頗憶從我度水往狼山不？乘禪師者，即我身是。吾房中靈机可速除却。弟子聞驗，抱師悲慟，哀傷人衆，道俗奇怪，將爲大徵。父母戀惜，恐其出家，便與納室。爾後便忘宿命之事，而常興厭離，恒樂静居。〔三〕右一驗出唐高僧傳。

隋開皇中，魏州刺史博望崔彦武，因行部至一邑，愕然驚喜，謂從者曰：吾昔嘗在此邑中爲人婦，今知家處。因乘馬入脩巷，屈曲至一家，命叩門。主人公年老，走出拜謁。彦武入家，先昇其堂，視東

〔一〕出高僧傳卷七釋曇諦傳。
〔二〕「泗」字原作「肆」，據唐高僧傳改。
〔三〕出唐高僧傳卷三十八釋志湛傳。

壁上去地六七尺有高隆處。〔一〕客謂主人曰：吾昔所讀法華經，并金釵五隻，藏此壁中，高處是也。其經第七卷尾後紙火燒失文字，吾今每誦此經至第七卷尾，恒忘失不能記得。因令左右鑿壁，果得經函。開第七卷尾及金釵，並如其言。主人涕泣曰：亡妻存日，常誦此經。釵亦是其處。彦武曰：庭前槐樹，吾欲産時，自解頭髮，置此樹穴中。試令人探樹中，果得髮，於是主人悲喜。彦武留衣物厚給主人而去。〔二〕崔尚書敦禮説云然。往年見盧文勵説亦大同。但言齊州刺史，不得姓名。未如崔具，故依崔録。〔三〕右一驗出冥報記。

唐并州玄中寺釋道綽，姓衛，并州文水人也。清約雅素，慧悟天開。承昔鸞師，專崇習業。以貞觀二年四月八日，綽知命將盡，通告事相。聞而赴者，滿於山寺。咸見鸞師在七寶船上，告綽云：汝净土當成，但餘報未盡。并見化佛住空，天華下散。士女等衆，以裾襟承得，薄滑可愛。又以蓮華乾地而插者，經七日乃萎。及餘善相，不可殫記。至年七十，忽然齔齒新生如本，全無歷異，報力增强。自非行感倫通，詎能會斯嘉應也。〔四〕右一驗出唐高僧傳

〔一〕「處」字原脱，據高麗藏本補。

〔二〕以上太平廣記卷三八七引，作出冥雜録。

〔三〕出冥報記卷中。

〔四〕出唐高僧傳卷二十四釋道綽傳。

唐汾州隰城人劉善經，少小孤，母所撫育。其母平生恒習讀内典，精勤苦行。以貞觀二十一年亡。善經哀毁過禮，哭聲不輟。至明年，善經怳忽之閒，見其母曰：我爲生時修福，得受男身。今生於此縣南石趙村宋家。汝欲相見，可即至彼也。言終不見。善經如言而往，不移時而至彼。於是日宋家生男。善經因奉衣物，具言由委。此男見在，善經恒以母禮事之。隰州沙門善撫與善經知舊，見善經及鄉人所説，爲餘令言之。

相州滏陽縣智力寺僧玄高，俗姓趙氏。其兄子先身於同村馬家爲兒，馬家兒至貞觀末死。臨死之際，顧謂母曰：兒於趙宗家有宿因緣，死後當與宗爲孫。宗即與其同村也。其母弗信，乃以墨點兒左肋，〔一〕作一大黑子。趙家妻又夢此兒來云：當與孃爲息。因而有娠。夢中所見，宛然馬家之子。産訖，驗其黑子，還在舊處。及兒年三歲，無人導引，乃自向馬家，云：此是兒舊舍也。於今現存，已年十四五。相州智力寺僧慧永、法真等説之。〔二〕右二驗出冥報拾遺。

〔一〕「左肋」，高麗藏本作「左脅」，太平廣記引作「右肘」。

〔二〕太平廣記卷三八七引，作出法苑珠林。

法苑珠林校注卷第二十七

至誠篇第十九此有八部

述意部　求寶部　求戒部　求忍部　求進部　求定部　求果部　濟難部

述意部第一

夫至誠所感，無神弗應；大士運心，無機不赴。勵己剋意，盡未來際。所以一一弘誓，莫不忍智相應，心心廣博，皆在阿惟越致。自非立行重於松筠，起願逾於金石。殞命護持，深心救濟。弘道以報四恩，育德以資三有。此則功被三祇，果周十地也。

求寶部第二

大意經云：「昔有國名歡樂。有居士名摩訶檀，妻名旃陀。生一子，姿容端正，世間少雙。墮地便語，發誓願言：我當布施，濟益貧窮。父母因名大意。至年十七，爲衆生故，發意入海取明月寶珠，以濟衆生。初入海中，至白銀城，龍王與明月珠，有二十里寶。前行復至金城，龍王與明月珠，有四十里寶。復前行至水精城，龍王與明月珠，此珠有六十里寶。復前行至瑠璃城，龍王與明月珠，此珠有八十里寶。龍王遂發願言：後得道時，願我爲弟子，浄意供養，過於今日，令長得智慧。大意受珠而去。欲還本國，經歷海中，諸海神王，因共議言：我海中雖多衆珠名寶，無有此珠。便敕海神要處奪取。神化作人，與大意相見，問言：聞卿得奇異之物，寧可借視？大意舒手示其四珠。海神便搖其手，使珠墮水。大意自念：王與我言，此珠難保，我幸得之。今爲此子所奪，非趣也。即語海神言：我自勤苦，經涉險阻，得此珠來。汝反奪我，今不相還，我當抒盡海水。海神知之，問言：卿志奇高。海深三百三十六萬由旬，其廣無涯，柰何竭之？如日終不墮地，如大風不可攬束。日尚可墜，風尚可攬，大海水不可抒令竭也。大意笑荅之言：我今念前後受身，生死壞敗，積骨過於須彌山，其血流過五河，尚欲斷生死之根本。但此小海，何足不抒。〔一〕我昔供養諸佛，誓願言：令我志行勇於道决，所向無難。當移須彌山，竭大海水，終不退意。便一心以器抒海水，精誠之意，四天王來助。大意抒水三分已二。於是海中諸神皆大振怖，共議言：今不還珠者，非小故也。水盡泥出，壞我宫室。海神於是便出衆寶以與大意。大意不取，但欲得我珠，終不相置。海神知其意盛，便出珠還之。大意得珠，還其本國，恣意大施。自是以後，境界無復飢寒窮乏之者。佛告諸比丘：昔大意者，我身是也。阿難白佛：以何功德致此四珠，衆寶隨之？佛言：乃昔維衛佛時，大意常以四寶爲佛起塔，供養三尊，持齋七日。是時有五百人同時共起寺，或懸繒蓋然燈者，或燒香散華者，或供養比丘僧者，或誦經講説者。今皆值佛，並悉得度。」〔二〕

故僧祇律云：「時海神便作是念：假使百年抒此海水，終不能减毛髮許。感其專精，即還其寶。是時海神爲婆羅門而説偈言：

精勤方便力，　志意不休息，　專精之所感，　雖失復還得。」〔三〕

〔一〕「不」字原作「可」，據高麗藏本改。
〔二〕出大意經。
〔三〕出摩訶僧祇律卷四。

求戒部第三

如雜譬喻經云：「昔有人名薩薄，聞於外國更有異寶，欲往治生。而二國中間，有羅刹難，不可得過。薩薄遊行，見市西門有一道人空牀上坐，云：賣五戒。薩薄問言：五戒云何？答曰：無形，直口授心持，後得生天，現世能却羅刹鬼難。薩薄欲買，問：賣幾錢？答：金錢一千。即就受竟，語言：卿向外國，到界畔上，羅刹若來，卿但語言：我是釋迦五戒弟子。薩薄少時到二國中間，見有羅刹，身長一丈三尺，頭黄如蓑，眼如赤丁，舉體鱗甲，更互開口，如魚鼓鰓，仰接飛鷁，蹈地没膝，口熱血流，羣衆數千，直捉薩薄。薩薄語言：我是釋迦五戒弟子。羅刹聞此，永不肯放。薩薄聊以兩拳投之，拳入鱗甲，拔不得出。又以脚蹋頭衝，拔復不出，五體没鱗甲中，唯背得動。羅刹以偈語薩薄言：

汝身及手足，　一切悉被羈，　但當去就死，　跳踉復何爲。

薩薄志意猶固，以偈語羅刹曰：

我身及手足，　一時雖被繫，　攝心如金石，　終不爲汝斃。〔一〕

羅刹又語薩薄曰：

〔一〕「斃」字原作「猑」，據高麗藏本改。

吾是鬼中王，爲人多力膂。從來食汝輩，不可得稱數。但當去就死，何爲自寬語！

薩薄更欲罵怒，自念：此身輪迴三界，未曾乞人。我今當以乞此羅剎，作頓飽食。即説偈曰：

我此腥臊身，久欲相去離。羅剎得我便，悉持以布施。志求摩訶乘，果成一切智。

羅剎聰明，解薩薄語，便生愧心，放薩薄去，長跪合掌，向其謝曰：

君是度人師，三界之希有。志求摩訶乘，成佛當不久。是故自歸命，頭面禮稽首。

羅剎悔過竟，送薩薄至外國，大得珍寶。又送還家，大修功德，遂成道迹。故知戒力不可思議。勸諸行者堅持禁戒，還如此人，立志勇猛。」〔一〕

求忍部第四

如智度論云：「有大力毒龍，以眼視人，弱者即死；以氣噓人，强者亦死。時龍受一日戒，出家入林樹閒思惟，坐久疲懈而睡。龍法眠時，形狀如蛇，七寶雜色。獵者見之，驚喜言曰：以此希有難得之皮，獻上國王，以爲船飾，不亦宜乎。便以杖案其頭，刀剥其皮。龍自念言：我力能傾國土，此一小物，

〔一〕出雜譬喻經。

豈能困我！我今以持戒故，不計此身，當從佛語自忍。閉目不視，閉氣不喘，憐愍此人，爲持戒故，一心受剥，不生悔意。既以失皮，赤肉在地。時日大熱，宛轉土中，欲趣大水，見諸小蟲來食其身。爲持戒故，不復敢動。自思惟言：我此身以施諸蟲。爲佛道故，今以肉施，以充其身，後以法施，以益其心。身乾命終，即生忉利天上。」〔二〕畜生尚能堅持禁戒，至死不犯，況復於人，寧容故犯。

又五分律云：「佛言：乃往過去有一黑蛇螫一犢子，還入穴中。有一呪師以粘羊呪呪令出穴，不能令出。呪師便於犢子前然火呪之，化成火蜂，入蛇穴中燒蛇。蛇不堪痛，然後出穴。粘羊以角抄著呪師前。呪師語言：汝還舐毒，不爾，投此火中。黑蛇即説偈言：

我既吐此毒，　終不還收之。　若有死事至，　畢命不復迴。

於是遂不收毒，自投火中。佛言：爾時黑蛇者，今舍利弗是。昔受如此死苦，猶不收毒，況今更取所棄之樂。」〔三〕

求進部第五

如雜寶藏經云：「佛言：過去世時亦復曾於迦尸國、毗提醯國，二國中間有大曠野。有惡鬼名沙

〔二〕出大智度論卷十四。

〔三〕出彌沙塞部和醯五分律卷二十六。

吒盧，斷絶道路，一切人民無得過者。有一商主，名曰師子，將五百商人，欲過此路。諸人恐怖，畏不可過。商主語言：慎莫怖畏，但從我後。於是前行，到於鬼所，而語鬼言：汝不聞我名也？荅言：我聞汝名，故來欲戰。問言：汝何所能？即捉弓箭而射是鬼，五百發箭皆没鬼腹。弓刀器杖，亦入鬼腹。直前拳打，拳復入去。以右手託，右手亦著。以右脚踏，右脚亦著。以左脚踏，左脚亦著。又以頭打，頭亦復著。鬼作偈言：

汝以手脚及與頭，　一切諸物悉以著，　餘外何物而不著。商主説偈而荅言：　我今手足及與頭，　一切財錢及刀杖，　此諸雜物雖入没，　唯有精進不著汝。　精進若當不休息，　與汝鬬諍終不廢。　我今精進不休息，　終不於汝生怖畏。

時鬼荅言：今爲汝等故，五百賈客盡皆放去。」〔一〕

求定部第六

如新婆沙論云：「魔王遂見菩薩，坐菩提樹，端身不動，誓取菩提。速出自宮，往菩薩所，謂菩薩曰：剎帝利子，可起此座。今濁惡時，衆生剛强，定不能證無上菩提。且應現受轉輪王位，我以七寶當

〔一〕出雜寶藏經卷八大力士化曠野群賊緣。

相奉獻。菩薩告曰：汝今所言，如誘童子。日月辰星，可令墮落；山林大地，可昇虚空。欲令我今不取大覺起此座者，定無是處。後魔將三十六俱胝魔軍，各現種種可畏形，執持戰具，色類無邊，偏三十六踰繕那量，俱時奔趣菩提樹下，惱亂菩薩，皆不能得。菩薩身心不動，逾於蘇迷山也。」〔一〕

求果部第七

如雜寶藏經云：「佛法寬廣，濟度無涯，至心求道，無不獲果。乃至戲笑，福不唐捐。如往昔時有老比丘，年已朽邁，神情昏塞。見諸年少比丘，種種説法，聞説四果，心生美尚。語少比丘言：汝等聰慧，願以四果，以用與我。諸少比丘嗤而語言：我有四果，須得好食，然後相與。時老比丘聞其此語歡喜，即設種種餚饍，請少比丘，求乞四果。諸少比丘食其食已，更相指麾，弄老比丘，語言：大德，汝在此舍一角頭坐，當與爾果。時老比丘聞已歡喜，如語而坐。諸少比丘即以皮毱打其頭上，而語之言：此是須陀洹果。老比丘聞已，繫念不散，即獲初果。諸少比丘復弄之言：雖與爾須陀洹果，然其故有七生七死。更移一角，次當與爾斯陀含果。〔二〕時老比丘獲初果故，心轉增進，即復移坐。諸少比丘復以毱打頭，而語之言：與爾二果。時老比丘益加專念，即證二果。諸少比丘復弄之言：汝今已得斯陀

〔一〕出阿毘達磨大毘婆沙論卷一百三。

〔二〕「含」字原作「舍」，據高麗藏本、磧砂藏、南藏本、嘉興藏本改。下一「含」字同。

含果，猶有往來生死之難。汝更移坐，我當與爾阿那含果。時老比丘如言移坐。諸少比丘復以毱打而語之言：我今與爾第三之果。時老比丘聞已，歡喜信受，倍加至心，即時復證阿那含果。然故於色無色界受有漏身，無常遷壞，念念是苦。汝更移坐，次當與爾阿羅漢果。時老比丘如語移坐。諸少比丘復以皮毱撩打其頭，而語之言：我今與爾彼第四果。時老比丘一心思惟，即證阿羅漢果。得四果已，甚大歡喜，設諸餚饍種種香華，請少比丘，報其恩德。與少比丘共論道品無漏功德，諸少比丘發言滯塞。時老比丘方語之言：我已證得阿羅漢果已。諸少比丘聞其此音，咸皆謝悔先戲弄罪。是故行人宜應念善，乃至戲弄，猶獲實報，況至心也！」〔一〕

又雜寶藏經云：「若人求道，要在精誠相感，能獲道果。如往昔時有一女人，聰明智慧，深信三寶。常於僧次請二比丘，就舍供養。時有一老比丘次到其舍，年耆根鈍，素無知曉。時彼女人齋食已訖，〔二〕求老比丘爲我說法。獨敷一坐，閉目靜默。時老比丘自知愚闇，不知說法，趣其睡眠，棄走還寺。然此女人至心思惟：有爲之法，無常苦空，不得自在。深心觀察，即獲初果。既得果已，求老比丘，欲報其恩。此老比丘審己無知，棄他走避，倍更慙恥，復棄藏避。而此女人苦求不已，方自出現。

〔一〕出雜寶藏經卷九老比丘得四果緣。

〔二〕「訖」字原作「記」，據高麗藏本、磧砂藏本、南藏本、嘉興藏本改。

女人於時具論上來，〔一〕蒙得道果，故齎供養，用報大恩。時老比丘以慚愧故，深自剋責，即獲初果。是故行者應當至心。若至心者，所求必獲。」〔二〕

濟難部第八

如僧伽羅刹經云：「昔者菩薩現爲鸚鵡，常處於樹。風吹彼樹，更相切磨，便有火出。火漸熾盛，遂焚一山。鸚鵡思惟：猶如飛鳥，軀止于樹。故當反復，起報恩心。何況於我，長夜處之而不滅火。即往詣海，以其兩翅取大海水，至彼火上而灑於火。或以口灑，東西馳奔。時有善神，感其勤苦，尋爲滅火。」〔三〕

又智度論云：「昔野火燒林，林中有一雉，勤身自力，飛來入水，以水灑林。往返疲乏，不以爲苦。時天帝釋來，問之言：汝作何等？荅曰：我救此林，愍衆生故。此林蔭育，處居日久，清凉快樂。我諸種類及諸宗親，皆悉依仰。我有身力，云何不救！天帝問言：汝乃精勤，當至幾時？雉言：以死爲期。天帝言：誰爲汝證？即自立誓：我心至誠，信不虚者，願火即自滅。是時淨居天知雉弘誓，即爲滅火。

〔一〕「上」字下原衍「恩」字，據高麗藏本刪。
〔二〕出雜寶藏經卷九女人至誠得道果緣。
〔三〕出僧伽羅刹所集經卷上。

始終常茂，不爲火燒。」〔一〕故經云：人有善願，天必從之。〔二〕其言驗矣。

頌曰：

志誠抱冰雪，暮齒迫桑榆。太息波川迅，悲哉人代拘。歲聿皆採穫，冬晚懼嚴枯。精誠求施戒，忍精定慧眸。結侶同共遠，勝地心相符。商人不顧死，羅刹未能逾。求寶竭大海，神怖捧明珠。寄言求道者，立志菩提株。

感應緣詳夫古今，無問道俗，但有至誠，剋必感徵。且列外中有三，〔三〕内中十一。内外合説，略述一十四驗。

晉明帝殺力士含玄

楚熊渠夜行射石

楚干將莫耶藏劍

宋韓馮妻康王奪

〔一〕出大智度論卷十六。

〔二〕此段出處待考。

〔三〕「且」字原作「但」，據高麗藏本、磧砂藏本、南藏本改。

晉明帝殺力士含玄，玄謂持刀者曰：我頸多筋，斫之必令即斷，吾將報汝。持刀者不能留意，遂斫數瘡，然始絶。尋後見玄絳冠朱服，赤弓丹矢射之。持刀者呼曰：含玄緩我。少時而死。右一驗出冤魂

志。〔一〕

楚熊渠夜行，見寢石，以爲伏虎，彎弓射之，没金鏃羽。下視，知其石也。復射之，〔二〕矢摧無跡。漢世復有李廣，爲右北平太守。射虎得石，亦如之。劉向曰：誠之至也，而金石爲之開，況人乎！夫唱而不和，動而不隨，中必有不全者也。夫不降席而匡天下者，求之己也。〔三〕

楚干將、莫耶爲楚王作劍，三年乃成，王怒欲殺之。其劍有雄雌。其妻重身當產，夫語妻曰：吾爲王作劍，三年乃成。王怒，往必殺我。汝若生子是男，大，告之曰：出户望南山，松生石上，劍在其背。於是即將雌劍往見楚王。楚王大怒，使相之。劍有二：雄、雌。雌來，雄不來。王怒誅殺之。莫耶子名赤比，後壯，問其母曰：吾父所在？母曰：汝父爲楚王作劍，三年乃成，王怒殺之。去時囑我語汝：子出户望南山，松生石上，劍在其背。於是子出户南望，不見有山，但覩堂前松柱下，石砥之上。則以斧破其背，得劍，日夜思欲報楚王。楚王夢見一兒，眉間廣尺，欲報讎王，即購之千金。兒聞之亡去，入山行歌。客有逢者，謂：子年少，何哭之甚悲耶？曰：吾干將莫耶子也。楚王殺吾父，吾欲報之。客曰：聞王購子頭千金，將子頭與劍來，爲子報之。兒曰：幸甚。即自刎，兩手捧頭及劍奉之，立僵。客

〔一〕太平廣記卷一一九引，作出還冤記。
〔二〕「復」字原脱，據高麗藏本補。
〔三〕出搜神記卷十一。

曰：不負子也。於是屍乃仆。〔一〕客持頭，往見楚王，楚王大喜。客曰：此乃是勇士頭也，當於湯鑊煮之。王如其言，煮頭三日三夕不爛，頭踔出湯中，躓目大怒。客曰：此兒頭不爛，願王自臨視之，是必爛也。王即臨之，客以劍擬王，王頭墮湯中。客亦自擬己頸，頭復墮湯。三皆俱爛，不可識别。分其湯肉葬之，故通名三王墓。今在汝南北宜春縣界。〔二〕

宋時大夫韓馮，娶妻而美，康王奪之。馮怨，王囚之，〔三〕論爲城旦。妻密遺馮書，繆其辭曰：其雨淫淫，河大水深，日出當心。既而王得其書，以示左右，左右莫解其意。臣賀對曰：其雨淫淫，言愁且思也。〔四〕河大水深，不得往來也。日出當心，心有死志也。俄而馮乃自殺，其妻乃陰腐其衣。王與之登臺，妻遂因投臺下。左右攬之，衣不中手而死。遺書於帶曰：王利其生，妾利其死。願以屍骨，賜馮合葬。王怒弗聽，使里人埋之，〔五〕塚相望也。曰：爾夫婦相愛不已，若能使塚合，則吾弗阻也。宿

〔一〕「仆」字原作「僵」，據高麗藏本改。
〔二〕出搜神記卷十一。
〔三〕「囚」字原作「因」，據高麗藏本改。
〔四〕「愁」字原作「秋」，據搜神記改。
〔五〕「埋」字原闕，據搜神記補。

昔之閒，便有交梓木，生於二塚之端，〔一〕旬日而大盈抱，屈體以相就，根交於下，枝錯於上。又有鴛鴦，雌雄各一，恒栖樹上，晨夜不去，交頸悲鳴，音聲感人。宋人哀之，遂號其木曰相思樹。相思之名，起於此也。今睢陽有韓馮城。其歌謡至今存焉。〔二〕右三驗出搜神記。

宋伏萬壽，平昌人也。元嘉十九年在廣陵爲衛府行參軍。假訖返州，四更初過江。初濟之時，長波安流。至中江而風起如箭，〔三〕時又極暗，莫知所向。萬壽先奉法勤至，唯一心歸命觀世音，念無閒息。俄爾與船中數人同覩北岸有光，狀如村火，相與喜曰：此必是歐陽火也。迴舳趣之，未旦而至。問彼人，皆云昨夜無然火者。方悟神力，至設齋會。〔四〕

宋顧邁，吴郡人也。奉法甚謹。爲衛府行參軍。元嘉十九年亦自都還廣陵，發石頭城，便逆湖朔風，至横决風勢未弭，而舟人務進。既至中江，波浪方壯。邁單船孤征，憂危無計。誦觀世音經得十許徧，風勢漸歇，浪亦稍小。既而中流，屢聞奇香，芬馥不歇。邁心獨嘉，故歸誦不輟，遂以安濟。

〔一〕「生」字原闕，據搜神記補。

〔二〕出搜神記卷十一。

〔三〕「至」字原脱，據高麗藏本補。

〔四〕太平廣記卷一一一引，作出法苑珠林。

宋沙門慧和者，京師衆造寺僧也。宋義嘉之難，〔一〕和猶爲白衣，隸劉胡部下。胡嘗遣將士數十人，值諜東下，和亦預行。行至鵲渚，而值臺軍西上。諜衆離散，各逃草澤。和得竄下，至新林外，會見野老，衣服縷弊。和乃以完整袴褶易其衣，提藍負擔，若類田人。時諸游軍捕此散諜，視和形色，疑而問之。和荅對謬略，因被笞掠，登將見斬。和自散走，但恒誦念觀世音經。至將斬時，祈懇彌至。既而軍人揮刃屢跌，三舉三折，並驚而釋之。和於是出家，遂成精業。〔二〕

宋韓徽者，未詳何許人也。居於支江。其叔幼宗，宋末爲湘州府中兵。昇明元年，荆州刺史沈攸之舉兵東下。湘府長史庾佩玉阻甲自守，未知所赴。以幼宗猜貳，殺之，戮及妻孥。徽以兄子繫於郡獄，鐵木竟體，鉗梏甚嚴。須考畢情黨，將悉誅滅。徽惶迫無計，待期而已。〔三〕徽本嘗事佛，頗諷讀觀世音經，於是晝夜誦經，至數百徧。方晝而鎖忽自鳴，若燒炮石瓦爆咤之聲。已而視其鎖，鏁然自解。徽懼獄司，謂其解截，遽呼告之。吏雖驚異，而猶更釘鏁。徽如常諷誦，又經一日，鎖復鳴解，狀如初時。吏乃具告佩玉。玉取鎖詳視，服其通感，即免釋之。徽今尚在，勤業殊至。

宋彭子喬者，益陽縣人也。任本郡主簿，事太守沈文龍。建元元年，以罪被繫。子喬少年嘗經出

〔一〕「之」字原脱，據高麗藏本補。
〔二〕太平廣記卷一一一引，作出法苑珠林。
〔三〕「期」字原作「斯」，據高麗藏本改。

家，末雖還俗，猶常誦習觀世音經。時文龍盛怒，防械稍急，必欲殺之。子喬憂懼，無復餘計，唯至誠誦經，至百餘徧，疲而晝寢。時同繫者有十許人，亦俱睡臥。有湘西縣吏杜道榮亦繫在獄，〔一〕乍寐乍寤，不甚得熟。忽有雙白鶴集子喬屏風上。有頃，一鶴下至子喬邊，時復覺如美麗人形而已。道榮起，見子喬雙械脱在脚外，而械痕猶在焉。〔二〕道榮驚視始畢，子喬亦寤。共視械咨嗟，問子喬有所夢不？喬曰：不夢。道榮如向所見説之。子喬雖知必已，尚慮獄家疑其欲叛，乃解脱械，痕更著。經四五日而蒙釋放。琰族兄璉親識子喬及道榮，聞二人説，皆同如此。〔三〕

趙沙門單，或作善，字道開，不知何許人也。别傳云：燉煌人，本姓孟。少出家，欲窮棲巖谷，故先斷穀食。初進麵，三年後服練松脂。三十年後，唯時吞小石子。石子下，輒復斷酒脯雜果。體畏風寒，唯噉椒薑。氣力微弱，而膚色潤澤，行步如飛。山神數試，未曾傾動。仙人恒來，意亦不耐，每齧蒜以却之。端坐静念，晝夜不眠。久住抱罕，石虎建武二年，自西平迎來至鄴下。不乘舟車，日行七百餘里。過南安度一童子爲沙彌，年十三四，行亦及開。既至，居於昭德佛圖，服縷麤弊，背胜恒袒。於屋内作棚閣，高八九尺，上織菅爲帳，禪於其中。絶穀七載，常御雜藥，藥有松脂茯苓之氣，善能治目疾。

〔一〕「榮」字原作「策」，據高麗藏本改。下同。

〔二〕「痕」字原作「瘫」，據太平廣記引改。下同。

〔三〕太平廣記卷一一一引，作出法苑珠林。

常周行墟野，救療百姓。王公遠近，贈遺累積，皆受而施散，一毫無餘。石虎之末，逆知其亂，乃與弟子南之許昌。昇平三年，來至建業，復適番禺，住羅浮山，〔一〕蔭卧林薄，邈然自怡。以其年七月卒。遺言露屍林裏，弟子從之。陳郡袁彦伯興寧元年爲南海太守，與弟穎叔登遊此岳，致敬其骸，燒香作禮。

右六驗出冥祥記。

唐貞觀年中，有河東董雄，爲大理寺丞。少來信敬，蔬食十年。至十四年中爲坐李仙童事，主上大怒，使侍御韋琮鞫問甚急。因禁數十人。大理丞李敬玄、司直王欣，同連此坐。雄與同屋囚鎖，專念普門品，日得三千徧。夜坐誦經，鎖忽自解落地。雄驚告欣、玄。欣、玄共視，鎖堅全在地，而鉤鎖相離數尺。即告守者。其夜監察御史張守一宿直，命吏闗鎖，以火燭之，見鎖不開而相離，甚怪。又重鎖，紙封書上而去。雄如常誦經，五更中鎖又解落有聲。雄又告欣、玄等。至明告李敬玄，視之封題如故，而鎖自相離。敬玄素不信佛法，其妻讀經，常謂曰：何爲胡神所媚，而讀此書耶！及見雄此事，乃深悟不信之咎，方知佛爲大聖也。時欣亦誦八菩薩名，滿三萬徧，晝鎖解落，視之如雄，不異其事。〔二〕臺中内外具皆聞見，不久俱免。〔三〕右一驗出冥報拾遺。

〔一〕「浮」字原作「净」，據高麗藏本、磧砂藏本、南藏本、嘉興藏本改。

〔二〕「不」字原脱，據高麗藏本補。

〔三〕出集神州三寶感通録卷下。又太平廣記卷一一二引，作出法苑珠林。

唐蒲州普救寺釋道積，河東安邑縣人也。俗姓相里，名子才。〔一〕既莅玄門，更名道積。其先蓋鄭大夫子產之苗裔矣。昔子產生初，執拳而出，啓手觀之，文成相里，其後因而氏焉。父宣，恢廓有大志，〔二〕好學該富，宗尚嚴君。積早習丘墳，神氣爽烈，博通經論，大小洞明。成匠道俗，並潤朱藍，〔三〕結宗慈訓，遠近通洽。而深護煩惱，重慎譏疑。尼衆歸依，初不引顧，每謂衆曰：女爲戒垢，聖典常言。佛度出家，損滅正法。尚以聞名汙心，況復面對無染。且道貴清顯，不參非濫；俗重遠嫌，君子攸奉。余雖不逮，請遵其度。由此受戒教授，没齒未登；參謁諮請，不聽入室。斯則骨梗潔己，清貞高蹈。河東英俊，莫與同風。先是沙門寶澄，隋初於普濟寺創營大像，〔四〕百尺萬工，〔五〕纔登其一，不卒此願，而澄早逝。鄉邑耆父請積繼之。乃惟大像造之未成也，引七寶而崇樹之。修建十年，雕粧都了。〔六〕道俗慶賴，欣喜相并。初積受請之夕，寢夢崖傍，見二師子，於大像側連吐明珠，相續不絕。既寤惟

〔一〕「子才」，唐高僧傳作「梓材」。
〔二〕「志」字下原衍「用」字，據唐高僧傳删。
〔三〕「潤」字原作「閏」，據高麗藏本改。
〔四〕「隋」字原作「滿初」，據唐高僧傳改。
〔五〕「尺」字原作「丈」，據唐高僧傳改。
〔六〕「粧」字原作「裝」，據唐高僧傳改。

曰：獸王自在，則表法流無滯；寶珠自涌，又喻財施不窮。冥運潛開，功成斯在。即命工匠圖夢所見於彌勒大像前，今猶存焉。其寺蒲坂之陽，高爽華博，東臨州里，南望河山。像設三層，巖廊四合，上坊下院，赫奕相臨。園磑田蔬，周環俯就。小而成大，咸積之功；攜空樹有，皆積之力。而弊衣蔬食，輕財重命，普救殷贍，退静歸閑。爲而不恃，即處幽隱。天懷抗志，頓絶人世。不令而衆自嚴，不出而物自往。僕射裴玄寂，〔一〕寵居上宰，欽其令聞，頻贈香衣。刺史杜楚容知人之重，〔二〕造展求法。其感動柔靡，皆此類也。往經隋季擁閉，〔三〕河東通守堯君素鎮守荒城，偏師肆暴。時人莫敢竊視也。欲議諸沙門登城守固，敢諫者斬。玄素同憂，無能忤者。積憤歎内發，〔四〕不顧形命，謂諸屬曰：時乃盛衰，法無隆替。天之未喪，其文斯在。且沙門塵外之賓，迹類高世，何得執戈擐甲爲禦侮之卒乎！遂引沙門道愻、神素等，歷階厲色而諫曰：貧道聞人不畏死，不可以死怖之。今視死若生，但懼不得其死。死而有益，是可甘心。計城之存亡，公之略也；世之否泰，公之運也。豈在三五虚怯而能濟乎！昔者漢欽四皓，天下隆平；魏重干木，舉國大治。今欲拘繫以從軍役，反天常以會靈祇，恐納不祥之兆耳。

〔一〕「寂」字，唐高僧傳作「真」。

〔二〕「容」字原作「客」，據高麗藏本改。

〔三〕「擁」字原作「癰」，據高麗藏本改。

〔四〕「歎」字原作「歡」，據高麗藏本、磧砂藏本、南藏本、嘉興藏本改。

敢布腹心，願深圖之。無宜空肆一朝，自傾於後，爲天下笑也。貧道等但依聖誡言，行道禮誦，爲國崇福，冥益百姓，神鬼護助。寧可索頭與頭，仍爲本願。必縱以殘生，逼充步甲者，則未知生爲何生，死爲何死。積陳此語，傍爲寒心。素初聞諫，重積詞氣，〔一〕但張目直視曰：異哉，值斯人乎！何爲心氣太重之壯耶？因捨而不問，放還本寺。後知其屈，詣積陳懺。堯素以殺戮無度，騁其毒心。加又舉意輕凌，雖復當時獲寢，而禍作其兆，卒爲城人薛宗所害。但積性剛勇，志決不迴。遇逢瞋忿，動爲魚肉。既出家後，呵責本緣，挫拉元情，轉增和忍。歲登耳順，此行彌隆。習與性成，斯言不爽。以貞觀十年九月十七日終於本寺，春秋六十有九。初積云疾的無所苦，〔二〕自知將委，告門人曰：吾今七十有五，卒今年矣。其徒曰：師六十九矣，何遽辭乎？告曰：死生法爾，吾不懼也。且吾將年七十，刺史貌吾，〔三〕增爲六歲。故其命在旦夕，宜深剋勵，視吾所行。又曰：經不聞乎！世實危脆，無牢强者。去終三日，鐘不發聲。逝後如舊。衆咸哀歎，慕惜罕疇。〔四〕

唐終南山悟真寺釋法誠，俗姓樊氏，雍州萬年縣人。幼小出家，止藍田王效寺，事沙門僧和爲師。

〔一〕「氣」字下原衍「厲」字，據唐高僧傳删。

〔二〕「所苦」二字原作「可」，據唐高僧傳改。

〔三〕「貌」字原作「完」，據高麗藏本、磧砂藏本改。

〔四〕出唐高僧傳卷三十八釋道積傳。

和亦鄉族所推，敬奉比聖。嘗有人欲害，夜往其房，見門内猛火騰焰昇帳。遂即追悔。和性潔無染，人或弄之，密以羊骨水洗令飲。和素不知，飲便嘔吐。其冥感潛識，爲若此也。誠奉佩訓勗，常誦法華，用爲恒式。法華三昧，翹心奉行。澡沐中表，温恭朝夕。夢感普賢勸書大教，誠曰：大乘也，所謂諸佛智慧，般若大智。於即入净行道，重覶匠工，〔一〕令書八部般若。香臺寶軸，莊嚴成就。又於寺南横嶺，造華嚴堂。陻山闐谷，列棟開甍。前對重巒，右臨斜谷，吐納雲霧，下瞰雷霆。寔奇觀也。又竭其精志，書寫受持。弘文學士張孝静者，是張瓚父。時號銀鉤，罕有加勝。乃請至山，令受戒潔齋，洗净身口，口含香汁，身服新衣。然静長途寫經，紙别不盈五十。誠倍與值，募令精好。静利其貨，竭力寫之。終部以已，誠每燒香供養，在其案前。點墨之間，心緣目覩，略無遺漏。故其剋心讚注，時感異鳥，形色希世，飛入堂中，徘徊鼓舞，下至經案，復上香鑪，攝静住看，自然馴狎，久之翔逝。來年經了，將事興慶，鳥又飛來，如前馴擾，鳴哢哀亮。〔二〕貞觀初年，復畫千佛，鳥又飛來，登上匠背。營齋供慶，日次中時，怪其不來。誠顧山峰曰：鳥既不至，吾不感矣。將不嫌諸穢行，覶施輕薄，致使無徵。言已欻然飛來，旋還鳴轉，入香水中，奮迅羽毛，浴已便逝。前後呈祥，重疊難述。誠素善筆工，鄉曲知聞。山巖

〔一〕「覶」字原作「覼」，據高麗藏本、磧砂藏本、南藏本、嘉興藏本改。唐高僧傳作「惠」。

〔二〕「亮」字原作「號」，據高麗藏本改。

惡路，〔一〕經偈妙辭，自寫令誦，皆誠筆也。又自寫法華，正當露地，因事他行，忘以收舉。忽屬洪雨，滂注溝澗。走往看之，案獨乾燥，〔二〕餘並流波。嘗却偃横松，遂落懸溜，未至下澗，不覺已登高岸，不損一毛。信知經力。又青泥坊側有古佛龕，周氏瘞藏，今猶未出。誠夜夢其處，大有尊形。既㾀往開，恰獲龕像，年月積久，並悉剥壞，就而修理，道俗稱善。斯並冥衛之功，自誠開發。至貞觀十四年夏末日，忽感餘疾。自知即世，願生兜率，索水洗訖，又索絡轝，〔三〕傍自檢校，不許榮厚。〔四〕恰至月末，明相將現，無故語曰：欲來但入，未假絃歌。顧侍人曰：吾聞諸行無常，生滅不住，九品往生，此言驗矣。今有童子相迎，久在門外。吾今去世，爾等好住。佛有正戒，無得有虧，後致憂悔也。〔五〕言已口出，〔六〕光明照於楹内。又聞異香，苾芬而至。但見端坐儼思，不覺其神已逝。時年七十有八。誠之誦業，一夏法華，斷五百徧。餘日讀誦，兼而行之，猶獲兩徧。縱有人客，要須與語者，非經度訖，不共

〔一〕「路」字原作「略」，據高麗藏本、磧砂藏本、南藏本、嘉興藏本改。
〔二〕「獨乾」二字原作「乾獨」，據高麗藏本改。
〔三〕「絡」字原作「終」，據唐高僧傳改。
〔四〕「榮」字原作「營」，據高麗藏本改。
〔五〕「致」字原作「至」，據高麗藏本、磧砂藏本、南藏本、嘉興藏本改。
〔六〕「口出」二字原作「出口」，據唐高僧傳改。

他言。略計十年之功，一萬餘徧。〔一〕右二驗出唐高僧傳。

唐武德時，河東有練行尼法信，常誦法華經。訪工書者一人，數倍酬直，特爲净室，令寫此經。一起一浴，然香熏衣。仍於寫經之室，鑿壁通外，加一竹筒，令寫經人，每欲出息，輒含竹筒，吐氣壁外。寫經七卷，八年乃畢。供養殷重，盡其恭敬。龍門僧法端常集大衆，講法華經。以此尼經本精定，遣人請之。尼固辭不與，法端責讓之。尼不得已，乃自送付。法端等開讀，唯見黄紙，了無文字。更開餘卷，悉皆如此。法端等慙懼，即送還尼。尼悲泣受，以香水洗函，沐浴頂戴，遶佛行道。於七日七夜，不暫休息。既而開視，文字如故。故知抄寫，深加潔净。〔二〕比來無驗，只爲不殷。〔三〕右一驗出冥報記。〔四〕

〔一〕出唐高僧傳卷三十八釋法誠傳。

〔二〕「加」字原作「如」，據高麗藏本、磧砂藏本、南藏本、嘉興藏本改。

〔三〕「殷」字，太平廣記引作「勤敬也」。

〔四〕出冥報記卷上。又太平廣記卷一〇九引同。又見集神州三寶感通録卷下。

法苑珠林校注卷第二十八

神異篇第二十此有五部

述意部　勱通部　降邪部　胎孕部　雜異部

述意部第一

夫神道之爲化也，蓋以抑夸强，摧侮慢，挫凶鋭，解塵紛。至若飛輪御寳，則善信歸降；竦石參煙，則力士潛伏。當知至治無心，剛柔在化。所以或韜光晦影，俯同迷俗；或顯現神奇，遥記方兆。或死而更生，或定而後空。靈迹怪詭，莫測其然。夫理之所貴者，合道也；事之所貴者，濟物也。故權者反常而合道，利用以成務。然傳所紀，其詳莫究。或由法身應感，或是遁仙高逸。〔一〕但使一分兼人，便

〔一〕「遁」字，高麗藏本作「道」。

足高矣。若其夸衒方伎，左道亂時。因藥石而高飛，藉芳芝而壽考。與天上雞鳴，雲中狗吠，蛇鶴不死，龜蔡千年。稱爲是異，未可較其聖變也。今之集者，且録聲聞三五之神異。若論諸佛菩薩，聖德自在，不可以言知，不可以心測。備列諸篇，不局此章矣。

勳通部第二

如大方等大集念佛三昧經云：「大目連荅阿難言：憶念我昔於一時間，取此三千大千世界，悉内口中。其時衆生，乃至無有一念驚覺往來想。復念我昔在世尊前作師子吼：能以須彌内於口中，能過一劫，若減一劫，如是爲常。復念往昔至於東方住彼等三千世界，有一大城，名曰寶門，於彼有六萬億千家。我於彼中一一皆現我身而爲説法，安住正法。爾時阿難念言：我昔取一袈裟投置地上，時大目連第一上座威神若是，既不能取，乃至不能舉令離地，云何手擎？阿難又念：我昔居世尊前作師子吼，時諸外道欲共我較隱身説法。唯除世尊，一切知見大力菩薩，自外所有聲聞弟子乃至外道而問我隱没身時，住在何處，終不能知我身所在。爾時大迦葉荅阿難言：我念一時在世尊前作師子吼：於此三千大千世界須彌諸山之屬，以口一吹，能令破散，乃至無有如微塵許。其有衆生住彼山者，不令損害，亦無覺知。如是諸山皆悉滅也。我又一時於此大千世界一切大海河池諸水，乃至無量億千那由他百千水聚，以口一吹，皆令乾竭，而彼衆生不知不覺。我又一時在大衆前作師子吼：能於三千大千世界之内，以口一吹，即令大火熾然徧滿，猶如劫燒，終亦不使損一衆生，竟不覺知。爾時彌勒、文殊諸大菩薩等，聞大迦葉作師子吼，便化華聚若須彌山，乃至再三，散迦葉上。復化作大七寶蓋，住虚空中，覆大迦葉頂，并覆一切聲聞大衆。爾時富樓那荅阿難曰：我念昔時有諸衆生，應以通化者，便爲彼取三千大千世界，以手摩之，開示彼等。當爾之時，無一衆生有驚怕想，亦不覺知。唯彼衆生應與化者，乃見我手摩此世界。又我能取三千世界以手迴轉，不以爲難。又我能以於世尊前，以一指節取此三千世界一切水聚，皆令入我手指節閒，無一衆生有損減想。我又一時於初夜中，以净天眼，觀此大千世界所有無量衆生疑惑，不出是定，皆爲除疑。令彼衆生，各作斯念：我蒙尊者獨住我前，爲我宣説，隨機獲益，無有滯礙。爾時羅睺羅荅阿難曰：我念往昔以此三千大千世界諸山之類皆納一毛孔中，我身如本，衆生不異。我又一時取此大千世界所有大海河池水聚，悉入毛孔，我身無損，衆生無害，一切水聚各皆如本。我又一時此處入禪，即於東北至一佛界，佛號難勝，現身禮敬已。即還此界，求栴檀香，還持供佛，香氣徧滿，皆作無量種種變化。爾時須菩提荅阿難曰：我念一時入於三昧，此大千世界弘廣若斯，置一毛端往來旋轉，如陶家輪。當爾之時，無一衆生有驚懼心，亦不覺知已之何處。我又往昔於如來前作師子吼白言：世尊，如此大千世界，我能以口微氣一吹，皆令散滅。其中衆生不驚不迫，無往來想。復於佛前能以大千世界所有衆生，皆悉安置一指節端，上至有頂，還來本處，令彼衆生無往返想。又念一時宴坐三昧，見十方諸佛無量無邊百千世界，各有六萬諸佛，昔所未見，今皆見知。以是定心，復發神力，至須彌頂天帝釋邊，撮取一掬栴檀末香，往彼無量諸世界中供養向時爾許如來。彼界衆生皆悉

明了，見我住是閻浮供養承事。」〔一〕

降邪部第三

如阿育王經云：「昔阿恕伽王深信三寶，常供養佛法衆僧。諸婆羅門外道等皆生嫉妬，共相聚集，揀選宿舊，取五百人，皆誦四韋陀典。天文地理，無不博達。共集議言：阿恕伽王一切盡供養剃髮頭禿人，我等宿舊未曾被問。當設何方便，使彼意迴。有一善祝婆羅門語諸婆羅門言：諸賢，但從我後。却後七日，我當以祝力作魔醯首羅身，飛行至到王宫門。汝等皆當步從我後，我能使其大作供養，汝等都得。諸婆羅門皆共然可。到七日頭，善祝婆羅門即自祝身，化作魔醯首羅，於虚空中飛到王門頭。諸婆羅門亦皆侍從，到王門頭。遣人白王言：虚空中有魔醯首羅，將四百九十九婆羅門，從空來下，今在門外。餘婆羅門在地而立，欲得見王。阿恕伽王喚使來前。便喚來入，坐於兩厢牀上。王言：小坐，共相問訊。即語之言：魔醯首羅何能屈意，故來相見。欲何所須？荅言：須飲食。即敕厨中擎五百案飲食著前。魔醯首羅等皆手推言：我從生已來，未曾食如此食。阿恕伽王荅言：先不約敕，不知當食何食？魔醯首羅等皆同聲言：我之所食，食剃頭禿人。阿恕伽王即敕一臣：汝往到雞頭末寺，語

〔一〕出大方等大集菩薩念佛三昧經卷三神變品。

尊者耶奢：王宫内有五百婆羅門，一自稱言魔醯首羅，不知爲是人，爲是惡羅刹？請問所以。願阿闍梨來爲我驅遣使去。所使之人是邪見婆羅門弟子，到彼衆中，情不稱實如王所言語衆僧，作如是言：阿恕伽王有五百婆羅門，貌狀似人，語似羅刹。唯作是言：正欲得汝沙門作食。上座耶奢即語維那，鳴椎集僧，起辭衆僧言：我年以老耄，我爲衆僧，當如此事。衆僧安隱，護持佛法，聽我使去。第二上座言：上座不應去。我身無所堪能，惟我應去。第三者言：第二上座不應去，正應我去。如是展轉，乃至沙彌，十六萬八千僧中，其最下頭七歲沙彌，起至衆僧中，長跪合掌而作是言：一切大僧不足擾動。我既幼小，不能堪任護持佛法，唯願大衆必聽我去。上座耶奢極大歡喜，手摩沙彌頭言：子！汝應合去。使人不待，即於先去。阿恕伽言：頗有來者不？使人荅言：更相推致，令次最下沙彌來。王作是言：大者羞恥，故使小者來，使作酬對。阿恕伽王聞沙彌來，即出門迎坐。此沙彌著御座上，諸婆羅門皆大瞋恚。阿恕伽王大不識別，我等宿德尚不起迎，爲此小兒，而自出迎。沙彌問王言：何以見喚？王時荅言：此魔醯首羅欲得阿闍梨爲食。隨阿闍梨欲爲作食，不爲作食？沙彌言：我年幼小，朝來未食。王先施我食，然後我當與彼令食。王即敕厨宰擎食來與食，一案食悉皆都盡。如是擎五百案食與，皆都未足。王復敕厨家言：所有餘食，盡持擎來與。沙彌得食，忽爾都盡。問言：足未？荅言：未足，飢渴如本。厨監白王：飲食都盡。王言：庫中麨脯乾食，一切都來。倐忽都盡。王問言：足未？荅言：猶未足。王荅言：一切飲食悉皆多盡，更無有食。沙彌言：撮下頭婆羅門將來，我欲食之。即時噉盡。如是悉食四百九十九婆羅門，悉皆令盡。唯有魔醯首羅，極大驚怖，飛向虛空欲去。

沙彌即時座上舉手，從虚空中，撮頭復噉使盡。王即時驚怕，見噉諸婆羅門使盡，復不噉我以不？沙彌知王心念，即語王言：王是佛法檀越，終無損減，慎莫驚怕。即語王言：王能共至雞頭末寺不？王言：阿闍梨將我上天入地，皆當隨從。沙彌即時共王到雞頭末寺。王見沙彌朝所食之食，諸衆僧等皆分共食。所食五百婆羅門，皆剃除鬚髮，被著法衣，在諸衆僧下行末坐。最初食者最在上座頭，魔醯首羅最在行末。五百人見王、沙彌，極生慙愧：我等尚不能與此沙彌共戰，何況與諸大衆而共角力！猶如鵂尾，俟於鑪炭。猶如蚊子，與金翅鳥角飛遲疾。猶如小兔，共師子王角其威力。如此之比，不自度量。五百婆羅門心生慙愧，得須陀洹道。」〔一〕

胎孕部第四

如雜寶藏經云：「佛告諸比丘：過去久遠無量世時，波羅柰國中有山，名曰仙山。有梵志在彼山住，大小便利於石上。後有精氣，墮小行處。有雌鹿來舐，即便有身。日月滿足，來至仙人所，生一女子，端正殊妙，唯脚似鹿。梵志取之，養育長成。梵志事火，使火不絶。此女宿火，小不用意，使令火滅。此女恐怖，畏梵志瞋。有餘梵志，離此住處，此女往彼乞火。梵志見跡，跡有蓮華。要此女言：遶

〔一〕出阿育王傳卷七阿育王現報因緣。

我舍七匝，當與汝火。若去時，亦遶七匝，莫行本跡，異道而還。即如其言，取火而去。時梵豫國王出行遊獵，見彼梵志遶舍周匝十四重蓮華，復見二道有兩行華。怪其所以，問梵志言：都無水池，云何有此妙華？彼具荅之。王尋華跡，至梵志所，從索女看。見其端正，甚適悦意。即從梵志，求索此女。梵志與王，王即立爲第二夫人。後時有身，相師占言：當生千子。王大夫人聞已生妬，漸作計校。恩厚招喻鹿女左右，多與財寶。日月滿足，便生千葉蓮華。欲生之時，大夫人以物纋眼，不聽自看。捉臭爛馬肺，承著其下。取千葉蓮華，盛著籃裏，擲於河中。還爲解眼而語之言：看汝所生。唯見一段臭爛馬肺。王遣人問：爲生何物？而荅王言：唯生臭肺。大夫人而語王言：王喜倒惑，此畜生所生，仙人供養，生此不祥臭穢之物。王即便退其夫人之職，〔一〕不復聽見。時烏耆延王將諸徒衆，從夫人婇女，下流遊戲。見黄雲蓋，從河上流，隨水而來。王作是念：此雲蓋下，必有神物。遣人往看，於黄雲下見有一籃。即便接取，開而看之，見千葉蓮華，葉葉有一小兒。取之養育，以漸長大，各有大力。烏耆延王歲常貢獻梵豫王，集諸獻物，遣使欲去。諸子問言：欲作何等？時王荅言：欲貢獻彼梵豫國王。諸子各言：若有一子，猶望能伏天下，使來貢獻，況有千子，常貢獻他！千子即時將諸軍衆，降伏諸國。次到梵豫，國王聞軍至，募其國中誰能攘却如此之敵，都無有人能攘却者。第二夫人來受募言：我能

〔一〕「王」字下原衍「大夫人」三字，據高麗藏本删。

却之。問言：云何得却？夫人荅言：但爲我作百丈之臺，我坐其上，必能攘却。作臺已竟，夫人在上而坐。爾時千子欲舉弓射，自然手不能舉。夫人語言：汝慎莫舉手向父母，我是汝母。千子問言：何以爲驗？母荅子言：我若構乳，〔一〕一乳有五百岐，各入汝口，是汝之母。若當不爾，非是汝母。即時兩手構乳，一乳之中有五百岐，入千子口中。其餘軍衆無有得者。千子降伏，向父母懺悔。諸子於是和合二國，無復怨讎。自相勸率，以五百子與親父母，以五百子與養父母。時二國王分閻浮提，各畜五百子。佛言：欲知彼時千子者，賢劫千佛是也。爾時嫉妬夫人縵他目者，文鱗瞽目龍是也。爾時父者，白浄王是也。爾時母者，摩耶夫人是也。諸比丘白佛言：此女有何因緣，生鹿腹中，足下生華？復有何因爲王夫人？佛言：此女過去世時生貧賤家，母子二人，田中鋤穀，見一辟支佛持鉢乞食，母語女言：我欲家中取我食分，與是快士。女言：亦取我分并與。母即歸家，取母子二人食分，來與辟支佛。女取草採華，爲之敷草座，散華著上，待辟支坐。女怪母遲，上一高處，遥望其母，已見其母而語母言：何不急疾鹿驟而來！母既至已，嫌母遲故，尋作恨言：我生在母邊，不如鹿邊生也。母即以二分食與辟支佛，餘殘母子共食。辟支佛食訖，擲鉢著空，作十八變。時母歡喜，即發誓願：使我將來恒生聖子，〔二〕如今聖人。以是業緣，後生五百子，皆得辟支佛。一作養母，一作所生母。以語母鹿驟故，生

〔一〕「構」字，高麗藏本作「按」。下同。
〔二〕「子」字原作「十」，據高麗藏本、磧砂藏本、南藏本、嘉興藏本改。

鹿腹中，脚似鹿甲。以採華散辟支佛故，跡中一一華生。以敷草故，常得爲王夫人。其母後身作梵豫王，其女後身作蓮華夫人。由是業緣，後生賢劫千聖。以誓願力，常生賢聖。諸比丘聞已，歡喜奉行。」〔一〕

又分別功德經云：「昔有長者，名曰善施。家有未出嫁女，在家向火，煖氣入身，遂便有娠。〔二〕父母驚怪，請其由狀。其女實對，不知所以。父母重問，加諸杖楚，其辭不改。遂上聞王，王復詰責，辭亦不異。許之以死。女即稱怨曰：天下乃當有無道之王，枉煞無辜。我若不良，自可保試。見枉如是。王即檢保，如女所言，無他增減。語其父母：我欲取之。母對曰：隨意取之，用此死女何爲！王即内之宫裏，隨時贍養。日月遂滿，産得一男，端正姝妙。年遂長大，出家得道，聰明博達。精進不久，得阿羅漢道，還度父母。」〔三〕

又譬喻經云：「昔有夫妻二人無子，祠祀天神，以求係胤。神即許之。遂便懷妊，生四種物：一者、栴檀斗盛米，二者、甘露瓶，三者、寶囊，四者、七節神杖。其人歎曰：吾求兒子，更生餘物。便到神所，重求所願。神即語言：汝欲得子，何物稱益？荅曰：子當使令給養吾等。神云：食此米斗，用之

〔一〕出雜寶藏經卷一鹿女夫人緣。

〔二〕「遂便有娠」原作「遂使有軀」，據高麗藏本改。

〔三〕出分別功德論卷五。

無盡。甘露蜜瓶，食之無減而消百病。珍寶之囊，用之無損。七節神杖，以備凶暴。兒子豈能辦此。其人大喜，還家試驗，如言不虛。遂成大富，不可筭計。國王聞之，即遣衆兵欲往攻奪。其人擎杖，飛遊擊敵，摧破强衆，皆悉退散。其人歡喜，無復憂患。」〔一〕

雜異部第五

如譬喻經云：「昔有大家收穀千斛，埋著地中。前至春温，開窖取種，了不見穀。而有一蟲，大如牛筥，無有手足，亦無頭目，如頑鈍肉。主人大小，莫不怪之。出著平地，即問：汝是何等？終無可道，便以鐵錐刺一處。蟲即語曰：欲知我者，持我著大道傍，自當有名我者。於是舉著道邊。三日之中，無能名者。次有數百人，乘黄馬車，衣服侍從皆黄，駐車而呼：穀賊，汝爲何在是間？答曰：吾食人穀，故持我著此。語極久，便辭别去。主人問穀賊：向者是誰也？荅言：是金寶之精，居在此西三百餘步大樹下。有百石甕滿中金。主人即將數十人往掘，即得甕金。家室歡喜，輦載將歸。叩頭向穀賊云：今日得金，是大神恩。寧可留神共歸，更設供養。穀賊曰：前食君穀，不語姓字者，欲令君得是金報。今當轉行福於天下，不得復住。言竟忽然不現。」〔二〕

〔一〕經律異相卷四五引，作出譬喻經第七卷。
〔二〕經律異相卷四八引，作出譬喻經第二卷。

又譬喻經云：「王舍城東南嵎有一汪水，城内溝瀆，汙穢屎尿，盡趣其中，臭不可近。有一大蟲，生汪水内，身長數丈，無有手足。而宛轉低仰，戲汪水中。觀者數千。阿難分衛，見而往觀。蟲即跳踉，波浪動涌。具以啓佛，佛與諸比丘共詣池所。衆人見佛，各各念言：今日如來當爲衆會説蟲本末，以釋衆疑，不當快乎！佛言：昔維衛佛泥洹後，時有塔寺，有五百比丘經過寺中。寺主見大歡喜，請留供養三月，衆皆受請。寺主盡心供饌，無有所遺。後五百商人入海採寶，還過塔寺，見五百比丘精勤行道，並各發心，當設薄供。五百商人各捨一珠，得五百摩尼珠，以寄寺主，囑寺主言曰：足以吾珠供僧比丘。言：諾。即皆受之。後生不善心，圖欲獨取，不爲供衆。衆僧問言：前賈客施珠，應當設供，而發遣耶？寺主言：是施我耳。若欲奪吾，糞可施汝。若不時去，劓汝手足，投於糞坑。衆愍其癡，默然各去。故知惡祝，不可不慎。」〔一〕

又智度論云：「佛在世時，有人遠行，獨宿空舍。夜中有鬼，擔一死人，來著其前。復有一鬼逐來瞋罵云：死人我物，汝忽擔來。先鬼言：是我物，我自持來。後鬼言：是死人實我擔來。二鬼各捉一足一手争之。前鬼言：此閒有人可問。後鬼即問：是死人誰擔來？是人思惟：此二鬼力大，若實不實，俱不免死。便語言：前鬼擔來者是。後鬼大瞋，捉其人手，捩出著地。〔二〕前鬼愍之，急取死人一

〔一〕經律異相卷四八引，作出十卷譬喻經第四卷，較此爲詳。

〔二〕「捩」字，高麗藏本作「拔」。

臂附之，即著。如是兩臂、兩脚、頭、脅，舉身皆易。於是二鬼共食所易人身，拭口而去。其人思惟：我父母生身，眼見二鬼食盡。今我此身，悉是他肉。〔一〕我今定有身耶？爲無身耶？行到佛塔，問諸比丘，廣説上事。諸比丘言：從本已來，恒自無我。但以四大和合，故計爲我身。如汝本身，與本無異。諸比丘度之爲道，得阿羅漢果。」〔二〕

又善信經云：「有神藥樹，名曰摩羅陀祇，主厭天下萬毒，不得妄行。有大神蛇，身長一百二十尺，蛇行索食。有黑頭蟲，身長丈五。蟲行道中，與蛇相逢。適欲舉頭，前嚙大蟲，蛇聞藥香，屈頭欲走。蛇身羅藥樹，身即中斷，分作兩段，頭半生得走，尾便臭爛。諸毒聞此蛇臭，衆惡毒氣，皆悉消滅。」

又智度論云：「明月摩尼珠多在龍腦中，有福衆生自然得之。亦名如意珠，常出一切實物。衣服飲食，隨意皆得。得此珠者，毒不能害，火不能燒。或是帝釋所執金剛，與脩羅鬭時，碎落閻浮提變成此珠。又言：過去久遠佛舍利，法既滅盡，變成此珠，以爲利益。」〔三〕

又華嚴經云：「大海中有四寶珠，一切衆寶皆從之生。若無此四珠，一切寶物漸就滅盡。諸小龍神不能得見，唯娑伽羅龍王密置深寶藏中。此深寶藏有四種名：一名衆寶積聚，二名無盡寶藏，三名

〔一〕「肉」字原作「空」，據高麗藏本改。
〔二〕出大智度論卷十二。
〔三〕出大智度論卷五十九。

遠熾然，四名一切莊嚴聚。又大海之中有四熾然光明大寶：一名日藏光明大寶，二名離潤光明大寶，三名火珠光明大寶，四名究竟無餘光明大寶。若大海中無此四寶，四天下金剛圍山乃至非想非非想處皆悉漂没。日藏光明能變海水爲酪，離潤光明能變海酪爲酥，〔一〕火珠光明能然海酥，究竟無餘光明能然海酥，永盡無餘。」〔二〕

頌曰：

至聖冥運，罔慮罔識。神功掩暉，賢愚難測。善惡共居，昇沈同色。對事思悟，知之神匿。處染不涅，遺塵攸息。匪伊玄覽，孰扇其極。〔三〕省己愚惰，高慕齊德。萬代揚名，千齡福力。

感應緣略引十八驗

晉沙門釋曇邃

晉沙門釋法相

〔一〕「酪」字原作「酷」，據高麗藏本、磧砂藏本、南藏本、嘉興藏本改。

〔二〕出大方廣佛華嚴經卷三十五寶王如來性起品。

〔三〕「孰」字原作「敦」，據高麗藏本改。

晉沙門釋仕行
晉沙門釋耆域
晉沙門釋佛調
晉沙門釋揵陀勒
晉居士抵世常
宋參軍程德度
齊沙門釋弘明
齊沙門釋法獻
隋沙門釋普安
隋沙門釋法安
隋沙門釋慧偘
唐沙門釋轉明
唐沙門釋賈逸
唐沙門釋法順

唐兗州鄒縣人張忘字

諸傳雜明神異記

晉河陰白馬寺有釋曇邃，未詳何許人。少出家，止河陰白馬寺，蔬食布衣。誦正法華經，常一日一徧。又精達經旨，亦爲人解説。常於夜中，忽聞扣户云：欲請法師九旬説法。邃不許，固請乃赴之，而猶是眠中。比覺已身在白馬塢神祠中，并一弟子。自爾日日密往，餘無知者。後寺僧經祠前過，見有兩高座，邃在北，弟子在南，如有講説聲。又聞有奇香之氣。於是道俗共傳，咸云神異。至夏竟，神施以白馬一匹，白羊五頭，絹九十匹。呪願畢，於是各絶。邃終不知所在。〔一〕

晉越城寺有釋法相，姓梁，不測何許人。常山居精苦，誦經十餘萬言。鳥獸集其左右，皆馴若家禽。太山祠有大石函，貯財寶。相時山行，宿于廟側，忽見一人玄衣武冠，令相開函，言絶不見。其石函蓋重過千鈞，相試提之，飄然而起，於是取其財以救貧民。至晉元興末卒，春秋八十矣。〔二〕右二驗出梁高僧傳

〔一〕出高僧傳卷十二釋曇邃傳。

〔二〕出高僧傳卷十二釋法相傳。

晉沙門仕行者，〔一〕潁川人也，姓朱氏。氣志方遠，識宇沈正，循心直詣，榮辱不能動焉。時經典未備，唯有小品，而章句闕略，義致弗顯。魏甘露五年，發迹雍州，西至于闐，尋求經藏，踰歷諸國。西域僧徒多小乘學，聞仕行求方等諸經，咸駭怪不與，曰：邊人不識正法，將多惑亂。仕行曰：經云：千載將末，法當東流。若疑非佛説，請以至誠驗之。乃焚柴灌油，烟炎方盛。仕行捧經涕淚，稽顙誓曰：若果出金口，應宣布漢地。諸佛菩薩，宜爲證明。於是投經火中，騰燎移景，既而一積煨燼，文字無毀，皮牒若故。舉國欣敬，因留供養。遣弟子法饒齎送梵本，還至陳留浚儀倉垣諸寺出之。凡九十篇，二十萬言。河南居士竺叔蘭，練解方俗，深善法味，親共傳譯。今放光首品是也。仕行八十乃亡，依闍維之。火滅經日，屍形猶全。國人驚異，皆曰：若真得道，法當毀壞。應聲碎散，乃斂骨起塔。慧志道人先師相傳，釋公亦具載其事也。

晉沙門耆域者，天竺人也。自西域浮海而來。將遊關洛，達舊襄陽，欲寄載船北渡。船人見梵沙門衣服弊陋，輕而不載。比船達北岸，〔二〕耆域亦上，舉船皆驚。域前行，有兩虎迎之，弭耳掉尾，域手摩其頭，虎便入草。於是南北岸奔往請問，域日無所應荅。及去，有數百人追之，見域徐行，而衆走猶

〔一〕「朱仕行」，高僧傳卷四有傳，作「朱士行」。

〔二〕「岸」字原作「達」，據高麗藏本、磧砂藏本、南藏本、嘉興藏本改。

不及。惠帝末，域至洛陽，〔一〕洛陽道士悉往禮焉，域不爲起。譯語譏其服章曰：汝曹分流佛法，不以真誠，但爲浮華求供養耳。見洛陽宮，曰：忉利天宫髣髴似此。當以道力成就，而生死力爲之，不亦勤苦乎！沙門支法淵、竺法興並年少後至，域爲起立。法淵作禮訖，域以手摩其頭曰：好菩薩，羊中來。見法興入門，域大欣笑，往迎作禮，捉法興手，舉著頭上曰：〔二〕好菩薩，從天人中來。尚方中有一人廢病數年垂死，域往視之，謂曰：何以墮落，生此憂苦。下病人於地，卧單席上，以應器置腹上，紵布覆之。梵唄三偈訖，爲梵呪可數千語。尋有臭氣滿屋，病人曰：活矣。域令人舉布，見應器中如汙泥者。病人遂瘥。長沙太守滕永文，先頗精進。時在洛陽，兩脚風攣經年。域爲呪，應時得申，數日起行。滿水寺中有思惟樹，先枯死。域向之呪，旬日樹還生茂。時寺中有竺法行，善談論，時以比樂令。見域稽首曰：已見得道證，願當禀法。域曰：守口攝意身莫犯，如是行者度世去。法行曰：得道者當授所未聞。斯言八歲沙彌亦以之誦，非所望於得道者。域笑曰：如子之言，八歲而致誦，百歲不能行。人皆知敬得道者，不知行之即自得。以我觀之易耳，妙當在君，豈恤未聞。京師貴賤贈遺衣物以數千萬億，〔三〕悉受之。臨去封而留之，唯作旛八百枚，以駱駝負之，先遣隨估客西歸天竺。又持法興一納袈

〔一〕「陽」字原作「湯」，據高麗藏本、磧砂藏本、南藏本、嘉興藏本改。
〔二〕「著」字原作「箸」，據磧砂藏本、磧砂藏本、南藏本、嘉興藏本改。
〔三〕「萬億」原作「億萬」，據高麗藏本改。

裟隨身，謂法興曰：此地方大爲造新之罪，可哀如何！域發，送者數千人。於洛陽寺中中食訖，取道。人有其日發長安來，見域在長安寺中。又域所遣估客及駱駝奴達燉煌河上，逢估客弟於天竺來，云：近燉煌寺中見域弟子濕登者云：於流沙北逢域，言語款曲。計其旬日，又域發洛陽時也。而其所行，蓋已萬里矣。〔一〕

晉沙門佛調，不知何國人。往來常山積年。業尚純朴，不表辭飾，時咸以此重之。常山有奉法者兄弟二人，居去寺百里。兄婦病甚篤，載出寺側，以近醫藥。兄既奉調爲師，朝晝常在寺中諮詢行道。異日調忽往其家，弟具問嫂所苦，并審兄安否？調曰：病者麤可，卿兄如常。調去後，弟亦策馬繼往。言及調旦來，兄驚曰：和尚旦初不出寺，汝何容相見！兄弟争問調，調笑而不荅。咸共異焉。調或獨入深山一年半歲，齎乾飯數升，還恒有餘。有人嘗隨調山行數十里，天暮大雪，調入石穴虎窟中宿，虎還横卧窟前。調語曰：我奪汝居處，有愧如何！虎弭耳下山，隨者駭懼。調自剋亡期，遠近悉至，乃與訣曰：天地長久，尚有崩壞，豈況人物，而欲永存！若能盪除三垢，專心真浄，形數雖乖，而神會必同。衆咸涕流。調還房端坐，以衣蒙頭，奄然而終。終後數年，調白衣弟子八人入西山伐木，忽見調在高巖上，衣服鮮明，姿儀暢悦。皆驚喜作禮，問：和尚尚在此耶？荅曰：吾常自在耳。具問知故消息，良久

〔一〕見集神州三寶感通録卷下。又耆域，高僧傳卷九有傳。

乃去。八人便捨事還家，向同法者説。衆無以驗之，共發塚開棺，不見其屍。〔一〕

晉揵陀勒，不知何國人也。嘗遊洛邑，周歷數年。雖敬其風操，而莫能測焉。後語人曰：盤鴟山中有古塔寺，若能修建，其福無量。衆人許之，與俱入山。既至，唯草木深蕪，莫知基朕。勒指示曰：此是寺基也。衆試掘之，果得塔下石礎。復示講堂、僧房、井竈，開鑿尋求，皆如其言。於是始疑其異。寺既修復，〔二〕勒爲僧主。去洛百里，每朝至洛邑赴會聽講竟，輒乞油一鉢，擎之還寺。雖復去來早晚，未曾失中晡之期。有人日能行數百里者，欲隨而驗之，乃與俱發，〔三〕此人馳而不及。勒顧笑曰：汝執吾袈裟，可以不倦。既持衣後，不及移晷，便已至寺。其人休息數日乃還，方悟神人。後不知終。〔四〕

晉抵世常，中山人也。家道殷富。太康中禁晉人作沙門，世常奉法精進，潛於宅中起立精舍，供養沙門。于法蘭亦在焉。僧衆來者，無所辭却。有一比丘，姿形頑陋，衣服塵敝，跣涉塗濘，來造世常。世常出爲作禮，命奴取水，爲其洗足。比丘曰：世常應自洗我足。常曰：年老疲瘵，以奴自代。比丘不

〔一〕出高僧傳卷九竺佛調傳。

〔二〕「復」字原脱，據高麗藏本補。

〔三〕「發」字原脱，據高麗藏本補。

〔四〕出集神州三寶感通録卷下。又揵陀勒，高僧傳卷十有傳。

聽，世常竊罵而去。比丘便見神足，變身八尺，顔容瓌偉，飛行而去。世常撫膺悔歎，自撲泥中。時抵家僧尼及行路者五六十人，俱得望視，見在空中數十丈上，了了分明。奇芬異氣，經月不歇。〔一〕法蘭即名理法師見宗者也，有記在後卷傳。蘭以語於弟子法階，階每說之，道俗多聞。

宋程德度，武昌人。父道惠，廣州刺史。度爲衛軍臨川王行參軍，時在尋陽，屋有鸜窠，夜見屋裏忽然自明。有一小兒，從窠而出，長可尺餘，潔浄分明。至度牀前曰：君却後二年，當得長生之道。儵然而滅。德度甚祕異之。〔二〕元嘉十七年，隨王鎮廣陵，遇禪師釋道恭，因就學禪，甚有解分。到十九年春，其家武昌空齋，忽有殊香芬馥，達於衢路。闔境往觀，三日乃歇。右六驗出冥祥記。

齊永興柏林寺有釋弘明，本姓嬴，〔三〕會稽山陰人。少出家，貞苦有戒節。止山陰雲門寺，誦法華，習禪定，精勤禮懺，六時不輟。每旦則水瓶自滿，實感諸天童子以爲給使也。明嘗於雲門坐禪，虎來入明室內，伏于牀前。見明端然不動，久久乃去。又時見一小兒來聽明誦經，明曰：汝是何人？荅曰：昔是此寺沙彌，盜帳下食，今墮圊中。聞上人道業，故來聽經。願助方便，使免斯累也。明即說法勸化，領解方隱。後於永興石姥巖入定，又有山精來惱明，明捉得，以腰繩繫之。鬼遜謝求脱，云：不

〔一〕出集神州三寶感通録卷下。
〔二〕「德」字原作「得」。據高麗藏本、磧砂藏本、南藏本、嘉興藏本改。
〔三〕「嬴」字原作羸」，據高僧傳改。

敢復來。乃解放，於是絶迹。以齊永明四年卒於柏林寺，〔一〕春秋八十有四。〔二〕

齊南海荆山有釋法獻，是廣州人。始居北寺，〔三〕歲久彫衰，獻率化有緣，更加治葺，改曰延祥。後入藏薇山創寺，寺成後，有兩童子攜手來歌云：藏薇有道德，歡樂方未央。言終忽然不見。舉寺驚嗟，咸歎神異。獻後入禪，忽見一人來云：磬繩斷，何不早治。獻驚起往視，垂將委地，申其手接，得無折損。〔四〕後不知所終。〔五〕

隋終南山楩梓谷釋普安，姓郭氏，雍州北涇陽人也。儀軌行法，獨處林野，不宿人世，專崇禪思。至于没齒，栖遲荒險，不避狼虎。常讀華嚴，手不釋卷。遵修苦行，亡身爲物。常遊山野，用施禽獸，虎豹雖來，嗅而不食。常懷耿耿，不副情願。值周廢教，恒共碩德三十餘僧，避地終南，安置幽谷。自身行乞，資給豐足。雖被聞徹，皆獲免難。時有藹法師避難在義谷杜映世家，掘窯藏之。安被放還，因過禮覲。藹曰：安公明解佛法，頗未寬多，而神志絶倫，不避强禦，蓋難及也。安曰：今蒙脱難，乃惟華

〔一〕「於」字原作「子」，據高麗藏本、磧砂藏本、南藏本、嘉興藏本改。
〔二〕出高僧傳卷十二釋弘明傳。
〔三〕「北」字原作「此」，據高麗藏本改。
〔四〕「折」字原作「所」，據高麗藏本改。
〔五〕出高僧傳卷十三釋法獻傳。

嚴經力也。至隋文帝創曆，佛教大興，廣募遺僧，依舊安置。時梗梓一谷，三十餘僧，應詔出家，並住官寺。唯安一人習樂山居，守素林壑，時行村聚，惠益生靈，終寢煙霞，不接浮俗。末有人於子午、虎林兩谷合澗之側，鑿龕結菴，延而住之。初住龕日，上有大石，正當其上。恐落掘出，逐峻崩下。安自念曰：願移餘處，莫碎龕窟。石遂依言，迸避餘所。大衆共怪，安曰：是華嚴經力也，未足異之。又於龕東石壁澗左有索陀者，川鄉巨害，縱横非一。陰嫉安德，〔一〕恒思誅殄。與伴三人，持弓挾刃，攘臂挽强，將欲放箭。箭不離弦，手張不息，怒眼舌噤，立住經宿。聲相通振，遠近雲會。鄉人稽首，歸誠請救。安曰：素了不知，豈非華嚴力也。若欲除免，但令懺悔。如語教之，方蒙解脱。又龕西魏村張暉者，夙興惡念，以盜爲業。夜往安所，私取佛油，瓮受五斗，〔二〕背負而出。既至院門，迷昏失性，若有所縛，不能得動。眷屬鄉村，同來爲謝。安曰：余不知也，蓋華嚴力也。語令懺悔，扶取油瓮，如語得脱。又龕南張卿者，來盜安錢，袖中持去。既達家内，寫而不出，口噤無言。即尋歸懺，服過而去。又有程郭村程暉和者，頗懷信向，恒來安所聽受法要。因患身死，已經兩宿，纏屍於地，伺欲棺斂。安時先往鄠縣，返還在道。行達西南之德行寺，東去暉村五里，遥唤程暉和：何爲不見迎耶？連聲不已。

〔一〕「嫉」字原作「疾」，據高麗藏本、磧砂藏本、南藏本、嘉興藏本改。

〔二〕「斗」字，唐高僧傳作「升」。

田人告曰：和久死矣，無由迎矣。安曰：斯乃浪語，吾不信也。尋至其村，〔一〕厲聲大喚。和遂動身，傍親乃割所纏繩令斷。安入其庭，又大喚之。和即忽起，匍匐就安。安令屏除棺器，覆一筥笭，以當佛坐。令和遶旋，尋服如故。更壽二十年。後遇重病，來投乞救。安曰：放爾遊蕩，非吾知也。便遂命終。時安風聲搖逸，道俗崇向。其側衆也，皆來請謁。興建福會，多有通感。故於昆明池東北白村有老母，病卧失音，百有餘日。指撝男女，思見安形。會其母意，請來至宅。病母既見，不覺下迎，言問起居，奄同常日，遂失病苦。于時聲名更振。村聚齊集，欲設大齋。大萬村中有田遺生者，〔二〕家徒壁立，而有四女。妻著弊布，至膝而已。四女赤露，迴無覆身。大女名華嚴，年已二十，唯有麤布二尺，擬充布施。安引村衆，次至其門，愍斯貧苦，遂度不入。大女思念：由我貧煎，不及福會。今又不修，當來何救！周徧求物，闃無一物。仰面悲號，遂見屋甍一把亂糜，用塞明孔。挽取抖擻，得穀十粒，挼以成米，并將前布，擬用隨喜。身既無衣，待至夜暗，匍匐而行，趣齋供所。以前施物，遥擲衆中。十餘粒米，別奉炊飯。因發願曰：女人窮困，由昔種慳業，今得窮報，困苦如是。今竭貧行施，用希來報。作此願已，以此十粒黄米，投飯甑中。必若至誠，貧業盡者，當願所炊之飯，變成黄色。如無所感，命也奈何！作此誓已，掩淚而返。於是甑中五石米飯，並成黄色。大衆驚嗟，未知所以。周尋緣搆，乃云：是

〔一〕「至其」原作「其至」，據高麗藏本改。
〔二〕「萬」字，唐高僧傳作「方」。

因田遺生女之願力也。齋會齊率，獲粟十斛，尋濟之。安辦法衣，〔一〕仍度華嚴，送入京寺。爾後聲名重振，弘悟難述。安居處雖隱，每行慈救，年常二社，血祀者多。周行救贖，勸修法義，不殺生邑，其數不少。嘗於龕側村社，縛豬三頭，將加烹宰。安聞往贖，社人恐不得殺，增價索錢十千。安曰：貧道現有三千，已加本價十倍，可以相與。衆各不同，更相忿競。忽有小兒，羊皮裹腹，來至社會，助安贖豬。既見諍競，因從乞酒，行飲行舞，焜煌旋轉。合社老少，眼並失明。〔二〕須臾自隱，不知所在。安即引刀自割髀肉曰：此彼俱肉耳。豬食糞穢，爾尚噉之，況人食米，理至貴也！社人聞見，一時同放。豬既得脱，遶安三匝，以鼻啄觸，若有愛敬。故使郊之南西五十里内雞豬絶祠，〔三〕乃至于今。其感發慈善，皆此類也。性多誠信，樂讀華嚴。一鉢三衣，累紀彌勵。開皇八年，頻敕入京，爲皇儲門師。長公主營建静法，復延住寺。名雖帝宇，常寢巖阿。以大業五年十一月五日終于静法禪院，春秋八十矣。〔四〕

隋東都寶楊道場釋法安，姓彭，安定鶉孤人。〔五〕少出家，在太白山九隴精舍，慕禪爲業。麤食敝

〔一〕「安」字原作「女」，據高麗藏本改。

〔二〕「明」字原作「時」，據高麗藏本、磧砂藏本、南藏本、嘉興藏本改。

〔三〕「郊」字原作「效」，據唐高僧傳改。

〔四〕出唐高僧傳卷三十七釋普安傳。

〔五〕「孤」字原作「觚」，據高麗藏本、磧砂藏本、南藏本、嘉興藏本改。

衣，卒于終老。到開皇中，來至江都，令通晉王。門人以其形質矬陋，言笑輕舉，並不爲通。日到門首，〔一〕喻遣不去。試爲通之，王聞召入，相見如舊，便住慧日。〔二〕王所遊履，必齎隨從。及駕幸泰山，時遇渴乏，四顧惟巖，無由致水。安以刀刺石，引水崩注，用給帝王。時大嗟之，問：何力致爾？荅：王力使爾。及從王入磧，達于泥海中，應遭變怪，皆預避之，得無損敗。後往泰山神通寺，僧來請檀越，安爲達之。王乃手書寺壁，爲弘護也。初與王入谷，安見一僧著弊衣，乘白驢而來。王問：何人？安曰：斯朗公也。即創造神通，故來迎引。及至寺中，又見一神，狀甚偉大，在講堂上，手憑鴟吻，下觀人衆。王又問之，荅曰：此太白山神從王者也。爾後諸奇，不可廣録。至大業之始，帝彌重之，威轢王公，見皆屈膝。常侍三衛，奉之若神。又往名山，召諸隱逸，郭智辯、釋志公、澄公、杯度，一時總萃慧日道場，有道藝者二千餘人。四事供給，資安爲首。又於東都爲立寶楊道場，唯安一衆，居中樹業。至十一年春，四方多難，無疾而終，春秋九十有八。初將終前，告帝曰：安亡後百日火起，出於宮內，彌須慎之。及至寒食，油沸上焚，夜中門閉，三院宮人一時火死。帝時不以爲怪，送柩太白，資奉官給。然安德潛於內，外同諸侶。眠不施枕，頸無委曲，延頸床前，口出流涎，每有升餘。將呈所表，各獲靈

〔一〕「到」字原作「別」，據唐高僧傳改。

〔二〕「便」字原作「更」，據高麗藏本改。

徵。〔一〕

隋蔣州大歸善寺釋慧偘，姓湯，〔二〕晉陵曲阿人也。靈通幽顯，世莫識之。而翹敬尊像，事同真佛。每見立像，不敢輒坐，勸人造像，唯作坐者。道行遇厄，没命救之。後往嶺南，歸心真諦，專釋禪法，大有深悟。末住栖霞，安志虚静，往還自任，不拘山世。時往揚都偲法師所。偲素知道行，異禮接之。〔三〕將還山寺，請見神力。偘云：許復何難。即從窗中出臂，長數十丈，解齊熙寺佛殿上額。將還房中，語偲云：世人無遠識，見多驚異，故吾所不爲耳。以大業元年終于蔣州大歸善寺，春秋八十有二。初偘終日，以三衣襆遥擲堂中，自云：三衣還衆僧，吾今死去，徒衆好住。便還房内。大衆驚起追之，乃見房中白骨一具，跏坐牀上。就而撼之，鏘然不散。〔四〕

唐西京化度寺釋轉明，俗姓鹿氏，未詳何許人。形服僧儀，貌非弘偉，容止淡然，色無喜愠。以隋大業八年無何而來，居住洛邑。告有賊起，及至覆檢，宗緒莫從。帝時惑之，〔五〕未能加罪，權令收禁，

〔一〕出唐高僧傳卷三十四釋法安傳。

〔二〕「湯」字原作「陽」，據唐高僧傳改。

〔三〕「之」字原作「足」，據高麗藏本改。

〔四〕出唐高僧傳卷三十四釋慧偘傳。

〔五〕「惑」字原作「感」，據高麗藏本改。

初不測其然。至來年六月，果逢梟感作逆，驅逼凶醜，充斥東都，誅戮極甚。方委其言，下敕放之。而明雖被拘繫，情計如常，與諸言議，曾無所及。會帝往江都，行達偃師，時獄中死囚，數有五十，剋時斬決。明曰：吾當放此死厄。即往獄所，假爲餉遺，面見諸囚，告曰：明日車駕當從此過，爾等一時大呼云：有賊至。若問所由，云吾所委，當免死矣。及至期會，便如所告，敕乃總放諸囚。然收明入禁，便大笑而受，都無憂懼。〔一〕于時四方草竊，人不聊生，如明言矣。大業末歲，猶被拘繫，越王踐祚，方蒙釋放。雖往還自在，而恒居乾陽門内別院供擬。恐其潛逸，密遣三衛，私防護之。及皇泰建議，軍國謀猷，恒預帷幄，籌計利害。僞鄭世充倍加信奉，守衛嚴設，又兼恒度。至開明二年，即當唐武德三年也，明從洛宫安然而出。周圍五重，初不見迹。審僞都之將敗，故西達京師。太武皇帝夙奉音問，深知神異，特隆禮敬，〔二〕敕住化度寺。數引禁中，具陳徵應，及後事會，咸同契合。以其年八月，忽然不見，衣資什物，儼在房中。尋下追徵，徧國周訪，了無所獲。有所諮學者，常以平等一法，志而奉之。然記諸道俗過未苦樂等報，皆有靈驗。行至總持，顧僧衆曰：此寺不久當有血流，宜共慎之。恰都師法該等私度世充兒孫，尋被收録，戮之都市。方悔前失，追不可及。〔三〕

〔一〕「憂」字原作「愛」，據高麗藏本、磧砂藏本、南藏本、嘉興藏本改。

〔二〕「隆」字原作「興」，據高麗藏本改。

〔三〕出唐高僧傳卷三十四釋轉明傳。

唐安州沙門賈逸，不知何許人。隋仁壽初，遊于安陸。言戲出没，有逾符讖。形服改變，遊涉不定，或緇或素，分身諸縣。及至推驗，方敬其德。行迹不經，爲無識所恥。有方等寺沙門慧暠，學行通博，因行遇之，以紙五十張施云：法師由此得解耳。初不測其所因。後有諍起，暠被引禁，官司責問，列辯而荅，紙盡事了，如符本契。徵應所合，例皆如此。末至一家云：承卿有女，欲爲婚媾。此家初許，因往市肆，唱令告乞云：某家與我婦，須得禮贈。廣索錢米，剋日成婚。數往彼門，揚聲陳唱。女家羞恥，遂密殺之，埋屍糞下。經停三日，行遊市上，逢人説言被殺之事。大業五年，天下清晏，逸與諸羣小戲水側，或騎橋檻，手把弄之云：拗羊頭，〔一〕捩羊頭。衆人倚看，〔二〕笑其所作。及至江都楊家禍亂，咸契前言。不知所終。〔三〕

唐雍州義善寺釋法順，俗姓杜氏，雍州萬年縣人。稟性柔和。有因聖寺僧珍禪師，本是順受業師，志存儉約。京室東阜，地號馬頭，空岸重邃，堪爲靈窟。〔四〕珍草創伊基，勸俗修理，端坐指撝，示其儀則。忽感一犬，不知何來，白足身黄，自然馴擾，徑入窟内，口銜土出。須臾往返，勞而不倦。食則同

〔一〕「拗」字原作「抑」，據唐高僧傳改。

〔二〕「倚」字原作「觀」，據高麗藏本、磧砂藏本、南藏本、嘉興藏本改。

〔三〕出唐高僧傳卷三十四賈逸傳。

〔四〕此段錯落較甚，「有因聖……受業師」十四字，原在「靈窟」二字下，「空岸」後原衍「斥」字，據唐高僧傳移删。

僧，過中不飲。既有斯異，四遠響歸，〔一〕乃以聞上。隋高重之，日賜米三升，因供常限。乃至龕成，無爲而死。今所謂因聖寺是也。順時躬覩其事，更倍歸依，力助締搆。勸民設會，供限五百，臨時倍來，供主懼少，順曰：莫遮。通給千人，供足猶有餘剩。嘗有張河江、張弘暢，家畜牛馬，性本弊惡，〔二〕人皆患之，賣無取者。順語慈善，如有聞從。自後調善，更無觝嚙。又每年夏中，引衆驪山栖静。地多蟲蟻，無因種菜。順恐有損，就地指示，令蟲移徙。不久往視，〔三〕恰無蟲矣。又順患腫，膿潰流逸。有敬㖒之，或以帛拭，尋即除愈。餘膿發香氣，氤氲難比。拭帛猶在，香氣不歇。又有三原縣人田薩埵者，生來患聾，兼有張蘇等亦患瘂。順聞命來，與共言議，遂如好人，永即痊復。又有武功縣僧爲毒龍所魅，衆以投之。順端拱對坐，毒龍遂陰託病僧曰：禪師既來，義無久住。極相勞嬈，尋即釋放。但有瘴癘魔邪所惱者，歸順皆愈。不施呪術，福力如是。其不測者謂有陰德所感，故使感靈偏敬。致言所教，多抑浮詞，顯直正理，敦實爲懷。見有樹神廟室，多即焚除。汎愛道俗，貴賤皆投：讚毁兩途，開胸莫二。似如不知，翻作餘語。因行南野，將度黄渠，其水汎漲，無人敢度。岸復峻滑，雖登還墮。水忽斷流，如行陸地。及順上岸，水尋還溢。門徒目覩，不測其然。所感幽通，事多非一。財帛靡悋，通用

〔一〕「遠」字原作「方」，據高麗藏本改。
〔二〕「弊」字原作「憋」，據高麗藏本改。
〔三〕「視」字原作「示」，據唐高僧傳改。

無主。但服麤弊，卒無兼副。朝野知委，聞徹皇帝。引入内宫，崇敬致禮，合宫歸仰，請受戒法。以貞觀十四年都無疾苦，告累門徒：生來行法，令後承用。言訖如常，跏趺坐卒。終於南郊義善寺，春秋八十有四。臨終忽有雙鳥投房，悲哀驚切。因即坐送于樊川之北原，鑿穴處之。京邑道俗，同嗟制服。〔一〕人馬亘野，悲號慟地。肉色不變，經月逾鮮，安坐三周，枯骸不散。自終至今，恒有異香，流注屍所，往者同聞。學侣門徒，恐有外侵，乃藏龕内，不懼外竊。四衆良辰，赴供彌滿。〔二〕右八驗出唐高僧傳。〔三〕

唐兖州鄒縣人姓張，忘字。曾仕縣尉。貞觀十六年，欲詣京赴選，途經太山，因而謁廟祈福，廟中府君及夫人并諸子等皆現形像。張時偏禮拜訖，至於第四子傍，見其儀容秀美。同行五人，張獨呪曰：但得四郎交遊，詩賦舉酒，〔四〕一生分畢，何用仕宦。及行數里，忽有數十騎馬，揮鞭而至。從者云：是四郎。四郎曰：向見兄垂殷，故來仰謁。因而言曰：承兄欲選，然今歲不合得官。復恐前途將有災難，不復須去也。張不從之，執别而去。行經一百餘里，張及同伴夜行，被賊劫掠，裝具並盡。張

〔一〕「服」字原作「伏」，據高麗藏本、磧砂藏本、南藏本、嘉興藏本改。
〔二〕出唐高僧傳卷三十四釋法順傳。
〔三〕應爲二出梁高僧傳，六出唐高僧傳。
〔四〕「酒」字原作「措」，據高麗藏本改。

遂呪曰：四郎豈不相助！有頃，四郎車騎畢至，驚嗟良久，即令左右追捕其賊，顛仆迷惑，却來本所。四郎命人决杖數十，其賊髀髆皆爛。已而别去。四郎指一大樹：兄還之日，於此相呼也。是年，張果不得官而歸。至本期處，大呼四郎。俄而即至，乃引張云：相隨過宅。即有飛樓綺觀，架迥陵虚，雉堞參差，非常壯麗。侍衛嚴峻，有同王者所居。張既入中，無何四郎即云：須參府君，始可安坐。乃引張入，經十餘重門，趨走而進。至大堂下謁拜，而見府君，非常偉絶。張時戰懼，不敢仰視判官。判官事似用朱書，字皆極大。府君命侍宣曰：汝乃能與我兒交遊，深爲善道。宜停一二日讌聚，隨便好去。即令引出，至一别館，盛設珍羞，海陸畢備，絲竹奏樂，歌吹盈耳。即與四郎同室而寢，已經一宿。張至明旦，因而遊戲庭序，徘徊往來。遂窺一院，正見其妻於衆官人前著枷而立。張還堂中，意甚不悦。四郎怪問其故，張具言之。四郎大驚云：不知嫂來此也！即自往造諸司法所。其類乃有數十人，見四郎來，咸走下堦，並足而立。以手招一司法近前，具言此事。司法報曰：不敢違命，然須白録事知。遂召録事。録事許諾云：仍須夾此案於衆案之中，方便同判，始可得耳。司法乃斷云：此婦女勘别案内，嘗有寫經持齋功德，不合即死。遂放令歸。張與四郎涕泣而别。立之仍囑張云：唯作功德，可以益壽。張乘本馬，其妻從四郎借馬，與妻同歸。妻雖精魂，事同平素。行欲至家，去舍可百步許，忽不見。張大怖懼。走至家中，即逢男女號哭，又知已殯。張即呼兒女，急往發之。開棺見妻，忽起即坐，矆然笑曰：爲憶男女，勿怪先行。〔一〕於是已死經六七日而蘇也。兖州士人説之云爾。〔二〕右一驗出冥報記。

述征記曰：「桓沖爲江州刺史，遣人周行廬山，冀覩靈異。既陟崇巘，有一湖匝生桑樹，有羣白鵠。湖中有敗艑赤鱗魚。使者渴極，欲往飲水。赤鱗魚張鬐向之，使者不敢飲。」〔三〕

神異經曰：「北方荒外有湖方千里，平滿無高下。有魚長七八尺，形狀如鱧而目赤。晝在湖中，夜化爲人。刺之不入，煮之不死。以烏梅二七煮之即熟，食之可以愈邪病。」〔四〕

臨海記曰：「郡東北二十五里任曾逸家有一石井，自然天成，非人功所造。井深四丈，常有涌泉。大水不溢，大旱不竭。夏絶香冷，冬至甜温。長老相傳云：昔有採材人臨溪洗器，流失酒杯，後出於井中。」

地鏡圖曰：「夫寶物在城郭丘壙之中，樹木爲之變。視柯偏有折枯，是其候也。視折枯所向，寶在其方。凡有金寶，常變作積蛇。見此輩便脱隻履若屐以擲之，若溺之即得。〔五〕凡藏寶忘不知處，以大

〔一〕「勿」字原作「忽」，據高麗藏本、磧砂藏本、南藏本、嘉興藏本改。

〔二〕太平廣記卷二九七引。

〔三〕太平御覽卷九五五引，作出任昉述異記。太平廣記卷四六七引，作出法苑珠林。

〔四〕出神異經北方荒經。

〔五〕太平御覽引地鏡圖「屐」作「衣」，「溺」上無「若」字。

銅槃盛水，著所疑地行照之，見人影者，物在下也。」〔一〕

地鏡圖曰：「視屋上瓦獨無霜，其下有寶藏。」〔二〕

晏子春秋曰：「和氏之璧，井里之朴耳。良工修之，則爲存國之寶。」〔三〕孔鄉子云：「井里之厥。」又云：「玉人琢之，爲天下寶。」〔四〕

述異記曰：「南康雩都縣沿江西出，去縣三里名夢口。有穴狀如石室，舊傳常有神鷄，色如好金，出此穴中。奮翼迴翔，長鳴響徹，見之輒飛入穴中。〔五〕因號此石爲金鷄石。昔有人耕此山側，望見鷄出遊戲。有一長人操彈彈之，鷄遥見便飛入穴，彈丸正著穴上。丸徑六尺許，下垂蔽穴，猶有間隙，不復容人。又有人乘船從下流還縣，未至此崖數里，有一人通身黄衣，擔兩籠黄瓜，求寄載之。黄衣人乞食，船主與之。食訖，船適至崖下，船主乞瓜，此人不與，仍唾盤上，徑上崖，直入石中。船主初甚忿之，見其入石，始知神異。取向食器視之，見盤上唾，悉是黄金。」〔六〕

〔一〕太平御覽卷八〇二引。

〔二〕太平御覽卷八〇二引。

〔三〕出晏子春秋卷五。

〔四〕太平御覽卷八〇二引「孔鄉」作「孫卿」，「厥」作「璞」。

〔五〕太平御覽引「見之」作「見人」。

〔六〕太平御覽卷八一一引。

吴録曰：「日南北景縣有火鼠，取毛爲布，燒之而精，名火浣布。」〔一〕

晉陽秋曰：「有司奏依舊調白縹，武帝不許。」〔二〕

搜神記曰：「崑崙之墟有炎火之山，山上有鳥獸草木，皆生於炎火之中。故有火浣布，非此山草木之皮，則獸之毛也。魏文帝以爲火性酷烈，無含養之氣。著之典論，刊廟門之外。是時西域使人獻火浣布袈裟，於是刊滅此論。」〔三〕

地鏡圖曰：「山上有韮，必有金。」〔四〕

博物志曰：「妊娠者不可食薑，令兒盈指。」〔五〕

抱朴子曰：「山中樹能語者，非樹語也。其精名曰雲陽。山中夜見火光者，皆古枯木所作，勿怪也。山中午日稱仙人者，老樹也。」〔六〕

〔一〕太平御覽卷八二〇引。又太平廣記卷四〇〇引。

〔二〕晉陽秋已佚。

〔三〕出搜神記卷十三。

〔四〕「必」字，高麗藏本作「下」。

〔五〕出博物志卷十。

〔六〕出抱朴子内篇卷十七。

孫綽子曰：「海人與山客辨其方物。海人曰：橫海有魚，額若華山之頂，一吸萬頃之波。山客曰：鄧林有木，圍三萬尋，直上千里，旁蔭數國。有人曰：東極有大人，斬木爲策，短不可杖。釣魚爲鮮，不足充餔。」〔一〕

玄中記曰：「百歲之樹，其汁赤如血。千歲之樹，精爲青羊。萬歲之樹，精爲青牛。」〔二〕

〔一〕太平御覽卷三七引。

〔二〕太平御覽卷九五二引。

法苑珠林校注卷第二十九

感通篇第二十一此有二部

述意部　聖迹部

述意部第一

敬尋釋教，肇自漢明。繼至皇唐，政流歷代，年將六百。輶軒繼接，備盡觀方。千有餘國，咸歸風化。莫不梯山貢職，望日來王。而前後傳録，差互不同，事迹罕述，稱謂多惑。雖霑餘潤，幽旨未圓。夷夏殊音，文義頗備。推究聖蹤，難以致盡。故此土諸僧，各懷鬱怏。時有大唐沙門玄奘法師，慨大道之不通，愍釋教之抑泰。故以貞觀三年季春三月，弔影單身，西尋聖迹。從初京邑，漸達沙州，獨陟險塞，伊吾高昌，備經危難。時值高昌王麴氏爲給貨資，傳送突厥葉護衙所。又被將送雪山以北諸蕃胡國，〔一〕具覩佛化。又東南出大雪山。昔人云：葱嶺停雪，即是雪山。奘親目覩。過此雪山，即達印度。經十年後，返從葱嶺南，雪山北，具歷諸國，東歸于闐、婁蘭等，凡經一百五十餘國。備歷艱辛，人里莫比。〔二〕至貞觀十九年冬初，方達京師。奉詔譯經兼敕令撰出西域行傳一十二卷。至今龍朔三年，翻譯經論，未似奘法師遊國博聞，翻經最多。依奘法師行傳、王玄策傳及西域道俗，任土所宜，〔三〕非無靈異。敕令文學士等總集詳撰，勒成六十卷，號爲西國志，圖畫四十卷，合成一百卷。從于闐國至波斯國已來，大唐總置都督府及州縣折衝府，合三百七十八所。九所是都督府，八十所是州，一百三十三所是縣，一百四十七所是折衝府。四洲所宜，人物別異者，並簡配諸篇，非此所明。今之所録者，直取佛法聖迹住持，别成一卷。餘之不盡者，具存大本。冀後殷鑒，知有廣略矣。

聖迹部第二

西域傳云：「奘師發迹長安，既漸至高昌，得蒙厚禮。從高昌給乘，傳送至瞿薩旦那國東境，即漢史所謂于闐國也。彼土自謂于道國也。東二百餘里有娓摩城，中有栴檀立像，高二丈餘，極多靈異光

〔一〕「胡」字原作「梵」，據高麗藏本、磧砂藏本、南藏本、嘉興藏本改。

〔二〕「里」字原作「理」，據高麗藏本、磧砂藏本、南藏本、嘉興藏本改。

〔三〕「任」字原作「住」，據高麗藏本、磧砂藏本、南藏本改。

明。疾者隨煽以金薄貼像上，痛便即愈。其像本在憍賞彌國，是鄔陀衍那王所造，陵空至此國北曷勞落迦城。有異羅漢，每往禮之。王初不信，以沙土坌。羅漢乃告敬信者曰：却後七日，沙土滿城。後二日乃雨寶滿街，至七日夜果雨土塡，略無遺人。其先告者預作地穴，從孔而出。時王都城西百六十里路中大磧，唯有鼠壤，形大如蝟，毛金銀色。昔匈奴來寇，王祈鼠靈，乃夜齧人馬，兵箭斷壞，自然走退。都城西五里許寺有浮圖，高百餘尺，多現光相。王感舍利數百粒。羅漢以右手擧浮圖，安之函内，乃下之，無傾動也。都城西南十餘里有瞿室稜伽山，此云牛角山，有寺像，現光明，佛曾遊此，爲天人説法。山巖石室有一羅漢，入滅心定，待彌勒佛。其國南界接東女國。

又從國城西越山谷，行八百餘里，至斫句迦國，即是沮渠處也。國南有山，立多羅漢塔，松林鬱茂，石室深浄。有三羅漢現入滅定，鬚髮恒長，僧常剃之。其五印度僧有證果者，多止此室。又從國西北上大沙嶺，度徙多河，舊名新頭河。行五百里，至佉沙國。舊名疎勒國。其俗生子，押頭令匾。遞從此南行五百里，至烏鎩國。都城西二百餘里，至大山嶺上有塔。數百年前，山崖自崩，中有比丘，冥目而坐，形甚偉大，鬚髮下垂，覆于肩面。國王以酥灌之，擊犍椎。此比丘高視曰：我師迦葉波佛在耶？荅曰：無。今始聞已入涅槃。又問：釋迦佛出世耶？告曰：已滅度矣。即昇空化火焚身。

又西南逾大葱嶺八百餘里，至朅盤陀國。其國東南有大石室，二口各一羅漢入滅定，已經七百歲。其鬚髮長，年別爲剃。又越三國行四千餘里，至達摩鐵悉帝國。都城寺内有石像，上懸金銅圓蓋，衆寶

飾之。人有旋繞，蓋亦隨轉，人止便止。四周石壁，莫測其然，有説聖力使之然也。〔一〕

自高昌至于鐵門，凡經一十六國，人物優劣，奉信淳疏，具諸圖傳。其鐵門者，即是漢之西屏。鐵門之關，見漢門扇，一豎一卧。外鐵裹木加懸諸鈴。必掩此關，實惟天固。南出斯門千餘里，東據葱嶺，西接波斯，南大雪山，北據鐵門。縛芻大河，中境西流，即經所謂博叉河。其境自分爲二十國，不可具列名字。各有君長，信重佛教。僧以十二月十六日安居，坐至春分，以其温熱雨多故也。又順北下，從咀蜜國越十三國，至縛喝國。土地華博，時俗號爲小王舍城，國近葉護南衙也。王都城外西南寺中有佛澡罐，可容升許，雜色炫曜，金石難名。又有佛牙長寸餘，廣八九分，色黄白而光浄。兼有佛掃箒，用迦奢草，長二尺餘，圍可七寸，雜寶飾柄。三物齋日，法俗所感，放大光明。王城西北五十餘里，有提謂城。王城正北四十餘里，有波利城。各有浮圖，高三丈許，各表靈迹，即釋迦初成道時，元獻蜜麨長者本邑之髮爪塔也。又有佛僧伽胝，鬱多羅僧，僧脚崎，又覆盋，豎錫杖，次第立塔。

又度兩國，東南入大雪山，至梵衍那國。度大雪山東寺，有佛齒及劫初獨覺齒，長五寸，廣四寸。又有金輪王齒，長三寸，廣二寸。又有商諾迦縛婆舊云商那和脩傳法第三師。大阿羅漢鐵鉢，可受九升。并九條僧伽胝，絳赤色，設諾草皮之所績成。以其先世於解夏日持此草施僧，由此福力所被，五百世來于

〔一〕以上均出大唐西域記卷十二。

中陰身生恒服之。從胎俱出，逐身而長。阿難當度時變爲法服。受具已後，又變爲九條。其齒鉢等並用金緘之。羅漢從證滅定，入邊際智，以願力故，留袈裟。待遺法盡，方乃變壞。今已有少損，信有徵矣。又東入雪山，逾黑嶺，至迦畢試國，奉信彌勝。王恒歲造丈八銀像，自修供之。王城東三里北山下有大寺，佛院東門南大神王像右足下有大寶藏。近有外王逐僧，欲掘取，其神冠中鸚鵡鳥像，奮羽鳴呼地動，王軍皆仆，〔一〕起謝而歸。寺北嶺上有數石室，亦多寶藏。欲私開者，即有藥叉舊云夜叉。變爲師子蛇蟲，來震怒之。室西三里大嶺上，有觀自在像。誠願者像亦現妙身，安言行者。城東南四十餘里曷邏怙羅寺，大臣所造，以名目之。浮圖高百餘尺。昔臣夜夢令造浮圖，從王請舍利也。及旦至宮，有人持舍利瓶。臣留舍利，令人先入。乃持瓶登塔，覆鉢自開，安舍利訖。王使追之，石已合矣。齋日放光，流出黑油。夜聞音樂。王都城西北二百餘里大雪山頂有龍池，山下爲龍立寺，塔中有佛骨肉舍利升餘。有時煙起，或如火猛焰，漸滅之時，方見舍利，狀如白珠，繞柱入雲，還下塔中。城西北大河南岸古王寺中，有佛弱齡齓齒，長一寸餘。又此東南往古王寺，有佛頂骨一片，廣二寸餘，色黄白，髮孔分明。至大唐龍朔元年春初，使人王玄策從西國將來，今現宮内供養。又此寺有佛髮青色，螺旋右縈，引長丈餘，卷可寸許。又西南古王妃寺金銅浮圖，高百餘尺。舍利升餘，每十五日夜，旋光繞盤，曉入塔

〔一〕「仆」字原作「什」，據高麗藏本、磧砂藏本、南藏本、嘉興藏本改。

中。城西南北羅婆路山頂，盤石上有塔，高百餘尺，舍利升餘。山北巖泉，是佛受山神飯已，漱口嚼楊枝因生，今爲茂林，寺號楊枝。又從龍池東行六百餘里，越雪山，度黑嶺，至北印度界。已前並是胡國，制服威儀，不參大夏，名爲邊國蔑烈車。此云垢濁種也。至此，方合中道。又東行至濫波國，即是印度之北境。〔一〕

言印度者，即是天竺之正名。亦名身毒、賢豆，此並訛號。北背雪山，三垂大海。地形南狹，如月上弦。川平廣衍，周萬九千里。七十餘國，依一王命。又東行百餘里，逾大嶺大河，至那伽羅曷國，屬北印度，名花氏城。城東二里有石塔，高三百尺。編石峙起，雕鏤非常。此即昔時值然燈佛授記，敷鹿皮衣，布髮掩泥之地，〔二〕經劫猶存。此無憂王建此石塔。每於齋日，天輒雨華。又城内大塔故基，舊有佛齒别塔，高三丈餘。云從空而來，既非人工，實多靈異。城西南十餘里有塔，是佛自中印度凌空來降迹處。次東有塔，是昔值然燈佛買華處。又城東二十餘里小石嶺上有塔，高二百餘尺。東岸石壁大洞穴，是龍王所居。昔佛於此化龍留影，焕若真形。至誠請者，乃暫明現。塔外方石有佛足迹，輪相發光。窟西北隅塔者，佛經行處。又側有髮爪塔。窟西石上有濯袈裟處。又城東三十餘里有醯羅城，中有重閣，上安佛頂骨，周尺二寸，其色黄白，髮孔分明。欲知善惡，用香泥印之，及觀香泥，隨心而現。

〔一〕以上均出大唐西域記卷一。

〔二〕「布髮」原作「髮布」，據大唐西域記改。

又有佛髑髏，狀如荷葉，色同頂骨。有佛眼睛，大如柰許，清白映徹。並用七寶瓶，盛前三迹。又以寶函，盛而緘封。有佛大衣，細氎黄色，置寶函中，微有壞相。有佛錫杖，白鐵作環，栴檀爲笴，寶銅盛之。斯五聖迹，王令五净行者執持掌護。有須見者，税一金錢，請印税五，科寶乃重，觀禮彌繁。閣西北有小塔，而多靈異。人以手觸基上，塔鈴便大震動。又東南山谷行五百里，至健陀邏國，屬北印度。有大論師，如脅尊者造毗婆沙處。又有菩薩捨千眼處。又有佛化鬼子母處。又有商莫迦菩薩舊云睒子是也。被王射處。又有彈多落迦舊云檀特山也。山，嶺上是蘇達拏棲隱之所。婆羅門捶男女處，流血塗地，今現草木皆同絳色。巖間石室，妃習定處。又有獨角大仙爲女亂處。〔一〕

又此城北越山，行六百餘里，至烏仗那國，此北印度之正國也。舊云烏長。王都城東五里有大塔，多有祥瑞。佛昔作忍仙，爲羯利此云鬬諍。王支解之處。又有方石上佛足迹相，放光照寺，爲天説本生處。又有佛昔聞法，析骨寫經處。又有昔尸毗迦王割身代鴿處。又有佛昔爲慈力王刺血飲五藥叉處。又大寺中有刻木梅呾麗耶舊云彌勒。菩薩像，金色晃朗，高百餘尺，是末田底迦阿羅漢所造。舊云末田地羅漢也。羅漢以通力引匠，昇覩史多天，三返觀相，乃成其好。大有靈相，不可具述。

又隔一國，度河至呾叉始羅國，屬北印度。王都城西北七十里，有兩山間，塔高百餘尺。佛昔説慈

〔一〕出大唐西域記卷二。

氏興世四大藏者，此地出一。又城北十二里有月光王塔，於齋日常放神光，仙華天樂。近有癩者，於塔禮懺，除穢塗香，不久便愈，身又香潔。即是昔佛爲戰達羅鉢剌婆王舊云月光。以頭施處，凡經千施。又有伊羅鉢龍王聽經之池。月光抉目之地，育王摽塔，舉高十丈。又有薩埵王子捨身飼虎處，以竹自刺血啗獸處，地及草木，今猶絳色。又有佛化藥叉不食肉處。

又隔二國，東南登山，乘鐵橋，千餘里，至迦濕彌羅國，屬北印度。舊云罽賓。國内有四浮圖，各有舍利一升餘。佛滅度後第四百年，有脅尊者，年八十方出家，證無學果。將五百羅漢，來此造鄔波弟鑠，釋素呾纜藏。舊名優婆提捨論。次造毗柰耶毗婆沙論，次造阿毗達摩論。此三論各有十萬頌，凡有六百六十萬言，備釋三藏。兼有佛牙，長寸半，色黄白，齋日便放光。又有觀自在菩薩立像，有願見者，斷食便覩。〔一〕

又隔三國，東行至那僕底國，屬北印度。都城東南五百餘里，至暗林寺，周二十餘里。佛舍利塔數百千區，并石室等。有賢劫千佛，立此説法。釋迦滅後，第三百年，迦多衍那舊名迦旃延。於此造大智論。寺塔高二十餘丈，有四佛行坐迹處。

又隔四國，東行至秣菟羅國，屬中印度。舊名摩偷羅國。王都城内有三塔，四佛遺迹甚多。及舍利

〔一〕以上均出大唐西域記卷三。

子、没特伽羅子、舊名目連。滿慈子、舊名富婁那。優婆釐、舊名優波離。阿難陀、羅怙羅、曼殊室利等諸塔。每三長月、六齋日，諸僧尼集，供養諸塔。有阿毗達摩衆供養舍利遺塔，有習定衆供養目連塔，有誦經衆供養滿慈塔，有毗柰耶衆供養優波離塔，有尼衆供養阿難塔，有未具衆供養羅怙羅塔，有大衆供養諸菩薩塔。尋此諸塔，未必遺身，但應立像，設供呈心。如羅怙羅、文殊室利等，依經未滅度，准可知也。〔一〕城東六里有山崖寺，是尊者烏波毱多之所造，中有佛指爪塔。寺北有石室，室東南二十餘里有大涸池。池側有塔，佛曾遊此，有獼猴持蜜獻佛，令水和徧衆同飲。獼猴喜，墮坑而死，便生人中。池北林中有四佛行處，大有遺迹。

又隔一國，東北四百餘里，至窣禄勒那國，屬中印度。東境臨殑伽河，舊名恒河。北接大山。城東南閻牟那河從國西北山中出，中境而流。都城東臨閻牟河。河西大寺東門外塔，佛曾于此説法度人。其側有佛髮爪塔。閻牟河東八百餘里至殑伽源，廣三四里，東南入海，廣十餘里。水色滄浪，味甘沙細，隨水而流。俗謂福水，有沐除罪。或有輕命自沈，乞願生天受樂，剋有靈感。

又隔六國，於此東南行，至劫比他國，屬中印度。中有天祠十所，同事大自在天。皆作天像，其狀人根，形甚長偉。俗人不以爲惡，謂諸衆生從天根生也。王都城東二十餘里大寺側大垣内有天帝釋爲

〔一〕「准」字原作「唯」，據高麗藏本改。

佛造三道寶階，中皆附黄金，左以水精，右用白銀，南北而列，東面下地。〔一〕是佛從逝多林舊云祇陀林。昇天，至善法堂爲母三月説法下降處。百年已前，階尚猶在，今並没盡。後王倣之，猶高七十餘尺，上起精舍。石側有柱，光潤映現，隨其罪福，影出柱中，育王所造。階側有浮圖，四佛行坐迹處。又有佛澡浴處，立塔。其所有佛入室精舍。又其側佛經行石基，長五十步，高七尺。足可覆處，皆有蓮華文。又基左右小塔，梵王所造。次前是蓮華尼化爲輪王先見佛處。佛告尼曰：非汝先也。有蘇部底舊云須菩提。宴坐石室，知諸法空，此先見吾法身也。〔二〕

又從此北行二百里，至羯若鞠闍國，是中印度曲女城也。都城西近殑伽河，長二十餘里，廣四五里，即統五印度之都王也。王前尸羅逸多唐云戒日。吠奢姓。初欲登位，於殑伽岸，有觀自在像，乃請，告曰：汝本此林蘭若比丘。〔三〕金耳月王既滅佛法，王當重興。慜物在懷，方王五境。慎勿昇師子座及稱大王號也。王乃共童子王平殄外道月王徒衆。〔四〕又約嚴令有噉肉者當截舌，殺生者當斬手。乃與寡妹共知國事。於殑伽側建千餘浮圖，各高百餘尺。二十年來，五年一會，傾竭府藏，拯濟羣有。唯

〔一〕「面」字原作「西」，據高麗藏本改。
〔二〕以上均出大唐西域記卷四。
〔三〕「此」字原作「北」，據高麗藏本、磧砂藏本改。
〔四〕「平」字原作「子」，據高麗藏本改。

留兵器，用備不虞。初作會日，集諸國僧，三七日中，四事供養，令相議論。若戒行貞固，道德優洽者，昇師子座，王便受戒。清浄無學，示有崇仰。穢行彰露者，驅出國界。城西北育王所造，昔佛於此七日說法。其側有髮爪塔，四佛行坐迹。又南臨殑伽。寺有佛牙，長寸半，光色變改，寶函盛之。遠近瞻者，日有百千。守者煩擾，重税金寶，而樂禮者不辭重貨。齋日便出，置高座上，散華雖積，牙齒不没。

又城東南百餘里有塔，佛曾七日說法處。中有舍利，時放光明。其側有佛行坐迹。寺北四里臨殑伽河，有塔，佛曾七日說法，五百餓鬼解悟生天。其側又有髮爪塔，次側又有四佛行坐迹。又至阿輸陀國，屬中印度。都城北五里，殑伽河岸大寺中塔，佛爲天人三月于此說法。有四佛行坐迹。次西五里有佛髮爪塔。城西南五里，大菴没羅林中故寺，是阿僧伽菩薩夜昇天宫，於彌勒所受瑜伽莊嚴大乘經論及中邊論等，晝下爲衆說之。林西北百餘步有佛髮爪塔。城東南臨殑伽有塔，佛曾三月說法處。有髮爪青石塔，有四佛行坐迹。

又隔二國，東南行至鉢羅伽耶國，屬中印度。王城西南臨閻牟河曲，中有塔，佛曾於此降外道處。有髮爪塔，經行迹處。又有提婆菩薩作廣百論處。城中有天祠，堂前大樹，枝葉蒙密。有食人鬼，依之左右，遺骸爲積，人至祠中，無不輕命，上樹投下，爲鬼所誘。城東兩河閒交，廣十餘里，土地平豐，細沙彌布。古今王豪諸貴，諸有捨施，莫不止焉，號爲大施場。戒日大王亦修此業。場東合流口，日數人自溺而死，彼俗名爲生天所也。有欲行此法者，於七日中絶粒，自沈中流，遠近相趣。乃至山猿野獸羣鹿等，亦遊水濱絶食沈死。當戒日王行施之時，有二獮猴，雌爲狗殺，雄者負屍擲此河中，雄者又自餓，累日而死。

又從此西南大林野行五百餘里，至憍償彌國，屬中印度。王城内故宫大精舍，高六十尺，刻檀佛像，上懸石蓋，即鄔陀衍那王舊云憂陀延王，唐云出愛。之所造也。靈光間起。諸王以力欲舉，終莫之移。昔佛爲母上天説法，王請目連神力接工，就天摸相。及佛下天，像便起迎。佛慰喻曰：方爲佛事。舍東百餘步四佛行坐迹。佛浴室井，今猶充汲。城内東南隅有具史羅長者宅。有佛精舍，髮爪塔，有四佛行坐迹。城西九里石室，有佛降毒龍處。側有大塔，高二十餘丈。有佛經行迹，及有髮爪塔。病求多愈。又有釋迦遺法滅盡，在此國中，貴賤入境，自然感傷窟。東北行七百里，度殑伽北岸，至伽奢布羅城，是護法菩薩伏外道處。佛曾於此六月説法，有佛經行迹及有髮爪塔。

又從此北行一百八十里，至鞞索迦國，屬中印度。王城南有寺塔，高二十餘丈。佛曾於此六年説法。其側有奇樹，高七十尺，春冬不改。是佛净齒，木棄而茂生。〔一〕諸邪外道兢欲殘伐，尋生如故，伐者受殃。側有四佛行坐迹，并有髮爪塔。基角相連，林池交影。〔二〕

又從此東北五百里，至室羅伐悉底國，屬中印度，舊云舍衛國也。都城荒毁。故殿東基上有小塔，是鉢羅犀那恃多王、舊云波斯匿，唐言勝軍也。比丘尼造精舍處。次東塔是蘇達多此云善施。之故宅也。側有

〔一〕「棄」字原作「葉」，據高麗藏本改。

〔二〕以上均出大唐西域記卷五。

大塔，是鴦寠利摩羅此云指鬘。捨邪處。城南六里許有逝多林，是給孤園，太子所造寺也。今荒廢之，尚有石柱，高七十餘尺，育王造之，甎室一存，餘並湮滅。室中有爲母説法金像。東北有佛洗病僧塔。西北有目連舉身十衣塔。〔一〕不遠有井塔，佛所汲用。〔二〕又有舍利弗與佛經行道説法處。並有表塔，靈樂異香，常降其所。又有外道殺女以陰謗佛，立塔表處。寺東百餘步大深坑，是調達欲毒害佛生身陷處。又南有大坑，是瞿伽離比丘毁佛，生身陷處。又南八百步大深坑，是戰遮婆羅門女毁謗佛，生身陷處。此三大坑皆深洞達無底，縱有洪雨大注，終無停偃。寺東七十步有精舍，名曰影覆，高六十尺。中有東面坐像，與外道論處。次東天祠，量同精舍。初日影西，不蔽佛舍，晚日蔭東，遂覆天祠。又東四里大涸池，是毗盧釋迦王舊云瑠璃王也。陷入地處，後人立記之。又有身子初造寺時與外道捔處，亦立塔記。寺西北四里有得眼林，中有佛經行迹塔。其緣勝軍王抉五百賊眼，聞佛慈力，一時平復，捨杖遂生。城西北六十里故城，是人壽二萬歲時，迦葉波佛本生處。其北即是此佛全身舍利之所，育王造塔表記之處。

又東南行五百里至劫比羅伐窣堵國，屬中印度。舊云迦毗羅國。故城無人住，城内正殿基上精舍中作王像。其側是摩訶摩耶唐云大術。夫人寢殿，基上精舍作夫人像。其側精舍中作菩薩像。神降之相，

〔一〕「十」字原作「子」，據磧砂藏本改。

〔二〕「所」字原作「可」，據高麗藏本改。

彼執不同。上座部云：當唐國五月十五日。諸部又云：當此土五月八日。此蓋見聞之異耳。城南有塔，是太子捔力擲象越城墮地爲大坑處。其側有精舍，作太子像及受業處。其傍有精舍，是妃寢處，作耶輸陀羅并羅怙羅像。別本云：太子初夜開城北門出云。又城東南隅精舍中，作太子乘白馬凌空踰城處。四城門各有精舍，作老病死沙門像。城南四里尼拘盧林塔，佛得道與天人説法之所。〔一〕城南五十里，故城中塔，是人壽六萬歲時迦羅迦村馱佛本生城。城東南塔，即此佛遺身處。無憂王於前建立石柱，高三丈。又東北三千餘里，故城中塔，是人壽四萬歲時，迦諾迦牟尼佛本生城。城東北塔，即此佛遺身處，無憂王爲建立石柱銘記之，高二丈餘。城東北四十餘里有太子生樹下塔。大城西北數百千塔，是誅釋子塔。有四釋子拒王軍衆，瑠璃王退，城人不受，被罰出境，至今不絶。城南尼拘律樹塔，是佛初來見父王處。城南門外塔，是太子兄弟捔射處。東南三十餘里，是太子射矢没地，因涌泉流，俗傳箭泉，病飲多愈，或持泥附額，隨苦皆愈。又東北九十里臘伐尼林釋種浴池，華水相映。其北二十五步有無憂華樹，今已枯悴，佛本誕處。有説云：當此三月八日者。上座部云：當此三月十五日者。次東有塔，二龍浴太子處。佛初生已，不扶而行，四方各七步，所蹈之處，出大蓮華。既右脅生，天帝衣接，四王捧之，置金几上。凡施四塔，并立石柱表之。傍有小河，東南而流，俗號油河。是太子産已，天

〔一〕「天」字原作「夫」，據高麗藏本改。

化此池，光潤令沐，以除風虚。今變水河，尚膩如油。又從此東行二百餘里荒林中，至藍摩國，屬中印度。都城空。城東南有佛塔，減百尺，昔初八分之一分舍利也，靈光時起。其側有清池，龍變爲蛇，出繞其塔，有野象採華以散之。無憂王欲開，龍護不許。又東大林百餘里大塔，是太子至此解寶衣中末尼珠，付闡鐸迦還父王處。又東有瞻部樹，枯株尚在。有小塔是太子以餘衣易麤布處。其側塔者，剃髮處，年自不定，或云十九、二十九者。又東南行百九十里，尼拘陀林塔，高三丈，是昔人於佛焚地收餘灰炭，於此起塔，病者祈愈。亦有四佛行坐迹，塔高百餘尺，左右數百小塔。

又從此東北大林疏險，行五百里，至拘尸那揭羅國，屬中印度。城荒人少。城内東北角塔，是純陀故宇，其井猶美，營供所穿。城西北四里，度阿恃多伐底河。唐云有金。近西岸娑羅林，兩林中閒相去數十步，中有四樹特高。作大甎精舍，中造佛涅槃像，北面而卧，傍高二百餘尺。前有石柱，記佛滅相。有云：當此土三月十五日者。説有部云：當此九月八日。諸部異議云。至今龍朔三年，則經一千二百年，此依菩提寺石柱記也。或云一千三百年，或云一千五百年，或云始過九百未滿千者。其精舍側有佛昔爲雉王救火及鹿救生，各立一塔。次西塔者，是蘇跋陀羅唐云善現。滅證處。次有一塔，是執金剛神躃地處。次側一塔，是停棺七日處。次側一塔，是阿泥樓陀上天告母降來哭佛處。城北度尼連禪那河三百步塔者，〔一〕是佛涅槃般那處。唐云焚燒。地今黄黑，土雜灰炭。有祈感者，剋獲舍利。次側一塔，佛爲大迦葉波現雙足處。次有一塔，前立石柱，刻記八國分舍利事。〔二〕

又從此西南大林行五百里，至婆羅痆斯國，屬中印度。舊云波羅柰也。都城西臨殑伽河，城居人滿。城東北有婆羅痆河，河東北十餘里是鹿野寺。又西南塔，高百餘尺，前有石柱，高七十餘尺。洞徹清净，誠感像現，隨其善惡。佛成道已，初轉法輪處。其側三塔，即昔三佛行坐處。傍有諸塔，是五百獨覺入滅度處。又側一塔，是慈氏菩薩受記處。又西一塔，是佛過去爲護明菩薩、迦葉波佛授今佛成道處。次南有四佛經行處，長五十步，高七尺，青石積成。上作釋迦經行像，其形特異，肉髻上鬚，髮頭抽出，神而有徵。寺迹極多，精舍浮圖乃有數百，事難述盡。寺西有清池，周三百步，佛昔盥浴。次西小池，佛嘗滌器處。次北小池，佛嘗有浣衣處。次之三池，龍止其中，味甘且净。有慢觸者，〔三〕金毗羅獸即而害之。次側有方石上有佛袈裟文迹，外道凶人有輕蹈者，池龍輒興風雨害之。次側有浮圖，佛曾作六牙象王，見獵師者被法衣，故拔牙與處。次又一塔，佛昔爲象與猴相問大小處。又大林中塔，佛與調達昔爲鹿王佛代孕鹿命處。鹿野之號，因此得名。寺西南三里有一塔，是五人迎佛處。又大林東

〔一〕「尼」字原作「尸」，據高麗藏本改。

〔二〕以上均出大唐西域記卷六。

〔三〕「慢」字原作「懷」，據高麗藏本、磧砂藏本、南藏本、嘉興藏本改。

三里有塔，佛昔爲兔，與諸獸聚，自知形小，燒身饋之。因感天帝下來讚，故使月輪有兔像現。

又東順殑伽河行三百里，至戰王國。都城人滿。〔一〕城臨殑伽河。城西北有寺塔，佛舍利一升。昔佛於此七日説法，并四佛行處。河北有佛降鬼塔，半已陷地。又有佛爲噉人鬼説法處。又東南度河百餘里塔者，即分舍利瓶及餘舍利，齋日放光。又東北度殑伽河，行百五十餘里，至吠舍釐國，屬中印度。舊云毗舍離國。都城頹毀，故基周七十里，少人居住。宮城周五里。宮西北六里有寺塔，是説維摩經處。又東是舍利子證果塔。又東大塔，是王得一分舍利一斛許。無憂王取九升，均造餘塔。後更有王欲開，地震遂止。次南有獼猴爲佛穿池，池西羣猴持佛鉢上樹取蜜處，池南猴奉佛蜜處，各有塔記。寺東北四里許有塔，是維摩故宅基，尚多靈神。其舍壘甎，傳云積石，即是説法現疾處也。于大唐顯慶年中敕使衛長史王玄策因向印度，過浄名宅，以笏量基，止有十笏，故號方丈之室也。并長者寶積宅，菴羅女宅，佛姨母入滅處，皆立表記。寺北四里有塔，佛將往拘尸，天人送往立處。次後一塔，是佛最後觀城邑處。次是菴羅女以園施佛處。其側一塔，是佛三告阿難涅槃處。又側一塔，是千子見父母處，即賢劫千佛也。東故重閣講堂基塔，時放光明，是佛説普門住處。城東南十五里大塔，是七百賢聖重結集處。殑伽河南北岸各有一塔，是阿難陀分身與二國處。

〔一〕「人」字原作「大」，據高麗藏本改。

又隔一國，西北行一千五百里入山谷，至尼波羅國，屬北印度。都城東南不遠，有水火林。〔一〕東一里許，有阿耆波沵水，周二十步，旱澇湛然，不流常沸。家火投之，徧池火起，烟焰數尺。以水灑火，火更增熾。碎土以投，亦即然盡。無間投者，〔二〕並成灰燼。架釜水上，煮食立熟。賢德傳云：此水中先有金匱，前有國王將人取之，匱已出泥，人象挽之不動。夜神告曰：此是慈氏佛冠在中，後彌勒下生擬著，不可得也，火龍所護。城南十餘里孤山特秀，寺居重疊，狀若雲霞。松竹魚龍，隨人馴附，就人取食，犯者滅門。比者國命，並從此國而往還矣。即東女國與吐蕃接界。唐梵相去可一萬餘里。〔三〕

又從南行百五十里，度殑伽河，至摩揭陀國，屬中印度。城少人居，邑落極多。故城在王舍城山北，倚東二百四十里，北臨殑伽河。故宫北石柱高數丈，昔無憂王作地獄處，是頻婆娑羅王之曾孫也。王即戒日之女婿也。所治城名華氏城。王宫多華，故因名焉。石柱南有大塔，即八萬四千之塔一數也。安佛舍利一升，時有光瑞，即是無憂王造，近護羅漢役鬼神所營。其側精舍中有大石，是佛欲涅槃，北趣拘尸，南顧摩揭。故蹈石上之雙足迹，長尺八寸，廣六寸，輪相華文，十指各異。近爲惡王金耳毁壞佛迹，鑿已還平，文采如故。乃捐殑伽河中，尋復本處。貞觀二十三年有使圖寫迹來。次側有四

〔一〕「林」字原作「村」，據高麗藏本改。
〔二〕「間」字原作「問」，據磧砂藏本、南藏本、嘉興藏本改。
〔三〕以上均出大唐西域記卷七。

佛行坐迹塔。故城東南有龍猛菩薩伏外道處。次北有鬼辨塔馬鳴事。又西南度尼連禪河有伽耶城，少人物，可千餘家。城西南六里許，至伽耶山，谿谷杳冥，世謂靈岳，自古君王封告成也。頂有石塔，高百餘尺，時放奇光。佛于此説寶雲等經。山東南尼連河減二里許，至鉢羅笈菩提山，唐言正覺，佛時證先登，因名也。佛自東北岡上頂，欲入金剛定，振地搖山。神懼告佛。又至西南半崖中面閒坐石，地山又震。浄居天告曰：此西南十五里近苦行處，畢鉢羅樹下金剛座處，是菩提座。三世諸佛，咸此成正覺。佛方就之。仍爲石室，龍留影也。世稱名地。其菩提樹周垣甎壘，以崇固之。東西闊周可五百四十步。奇樹名花，連陰列植。正門東開，對尼連河。南門接大花池，西阨險固，北門通大寺。其院内聖迹諸塔列多。樹垣正中金剛座上者，賢劫初成與大地俱，大千界中，下極金輪，上至地際，金剛所成，周百餘步，千佛同坐入金剛定，故因號焉。即證道之處，又曰道場。大地震時，獨無搖也。如來得道之日，互説不同，或云三月八日及十五日。垣北門外大菩提寺，六院三層，垣墻高四丈，壘甎爲之。師子國王買取此處，興造斯寺。〔一〕僧徒僅千，大乘上座部所住持也。有骨舍利，狀如人指節。舍利者，大如真珠。彼土十二月三十日，當此方正月十五日也，世稱大神變月。若至其夕，必放光瑞，天雨奇花，充滿樹院。彼土常法，至於此時，道俗千萬，七日七夜，競中供養。凡有兩意，謂覩光瑞及取樹葉。其

〔一〕「興」字原作「與」，據高麗藏本改。

樹青翠，冬夏不改。每至入涅槃日及以夏末，一時彫落，通夕新抽，與舊齊等。後爲無憂王妃伐截，于西數千步聚而燒之，用以祠天。煙焰未止，忽生兩樹。猛火之中，茂葉同榮。因謂號爲灰菩提樹。王覩生信，以香乳漑餘根者，至旦樹生如本。王妃忿之，又夜重伐。王重祈請，以乳灌之，不日還生。壘石周垣，其高丈餘。近爲金耳國月王又伐此樹，掘至泉水，不盡根底。乃縱火焚之，又以甘蔗澆之，令其爛絶其本也。數月之後，爲補剌拏伐摩王，此言滿胄，即先無憂王之玄孫也。聞樹被誅，舉身投地，請僧七日經行，繞樹大坑，以數千牛乳灌之，六日夜樹生丈餘。恐後翦伐，周峙石垣，高二丈四尺。樹今出于石壁上二丈餘，圍三尺餘。樹東青甎精舍，高百六十餘尺，基廣二十餘步，上有石鈎欄繞之，高一丈。層龕皆有金像，四壁鏤諸天仙，上頂金銅阿摩勒迦果。此謂寶瓶，即寶臺也。東却接爲重閣三層，簷宇特異，並金銀飾鏤。三重門外龕中，左觀自在，右慈氏像，並鑄銀成，高一丈許。是無憂王造精舍，初小，後巨廣之。」〔一〕

依王玄策行傳云：「西國瑞像無窮。且録摩訶菩提樹像云：昔師子國王名尸迷佉拔摩唐云功德雲。梵王，遣二比丘來詣此寺。大者名摩訶諵，此云大名。小者優波。此云授記。其二比丘禮菩提樹金剛座訖，此寺不安置，其二比丘乃還其本國。王問比丘：往彼禮拜聖所來，靈瑞云何？比丘報云：閻浮大

〔一〕以上均出大唐西域記卷八。

地，無安身處。王聞此語，遂多與珠寶，使送與此國王三謨陀羅崛多。因此以來，即是師子國比丘。又金剛座上尊像，元造之時，有一外客來告大衆云：我聞募好工匠造像，我巧能作此像。大衆語云：所須何物？其人云：唯須香及水及料燈油艾料。既足，語寺僧云：吾須閉門營造，限至六月，慎莫開門，亦不勞飲食。其人一入，即不重出。唯少四日，不滿六月。大衆評章不和，各云：此塔中狹窄，復是漏身，因何累月不開見出。疑其所爲，遂開塔門。乃不見匠人，其像已成，唯右乳上，〔一〕有少許未竟。後有空神，驚誡大衆云：我是彌勒菩薩。像身東西坐，身高一丈一尺五寸，肩闊六尺二寸，兩膝相去八尺八寸。金剛座高四尺三寸，闊一丈二尺五寸。其塔本阿育王造，石鉤欄塔。後有婆羅門兄弟二人，兄名王主，弟名梵主。兄造其塔高百肘，弟造其寺。其像自彌勒造成以來，一切道俗規模圖寫，聖變難定，未有寫得。王使至彼，請諸僧衆及此諸使人至誠殷請，累日行道懺悔，兼申來意，方得圖畫，彷佛周盡。直爲此像出其經本，向有十卷，將傳此地。其匠宋法智等巧窮聖容，圖寫聖顏。來到京都，道俗競摸。」

奘師傳云：「像右乳上圖飾未周，更填衆寶。遥看其相，終以不滿。像坐跏趺，右足跏上，左手斂，右手垂。所以垂手者，像佛初成道時，佛語魔王，〔二〕指地爲證。近被月王伐樹，令臣毁像，王自東返。

〔一〕「乳」字原作「妳」，據高麗藏本改。

〔二〕「語」字原作「與」，據高麗藏本、磧砂藏本、南藏本改。

臣本信心，乃于像前横施甎障，心愧暗故，置燈于内，外畫自在天像。功成報命。月王聞懼，舉身生皰，肌膚皆裂，尋即喪没。大臣馳報，即除壁障。往還多日，燈猶不滅。今在深室，晨持鏡照，乃覩其相。見者悲戀，敬仰忘返。」〔一〕

又依王玄策傳云：「比漢使奉敕往摩伽陀國摩訶菩提寺立碑。至貞觀十九年二月十一日，於菩提樹下塔西建立，使典司門令史魏才書。

昔漢魏君臨，窮兵用武，興師十萬，日費千金，猶尚北勒闐顔，東封不到。〔二〕大唐牢籠六合，道冠百王。文德所加，溥天同附。是故身毒諸國，道俗歸誠。皇帝愍其忠款，遐軫聖慮。乃命使人朝散大夫行衛尉寺丞上護軍李義表、副使前融州黄水縣令王玄策等二十二人，巡撫其國。遂至摩訶菩提寺。其寺所菩提樹下金剛之座，賢劫千佛並於中成道。觀嚴飾相好，具若真容；靈塔净地，巧窮天外。此乃曠代所未見，史籍所未詳。皇帝遠振鴻風，光華道樹，爰命使人屆斯瞻仰。此絶代之盛事，不朽之神功。如何寢默詠歌，不傳金石者也！乃爲銘曰：

大唐撫運，　膺圖壽昌。　化行六合，　威稜八荒。　身毒稽顙，　道俗來王。　爰發明使，瞻斯道場。　金剛之座，　千佛代居。　尊容相好，　彌勒規摹。　靈塔壯麗，　道樹扶疏。

〔一〕出大唐西域記卷八。

〔二〕「封」字原作「村」，據高麗藏本改。

歷劫不朽，　神力焉如。」

又奘師傳云：「佛以唐國三月八日成道。上座部云當此三月十五日成道。時年三十者，或云三十五者，斯之差互，彼自不同。由用曆前後，故有此異。由神州曆算，元各不同。三代定正延縮，何足怪乎！且據一相，取悟便止。樹西大精舍内有鍮石像，東面立，飾以珍奇。前有青石奇文，如來初成道日，梵王起七寶堂，帝釋起七寶座。佛據上七日思惟，放光照樹，令寶爲石。樹南浮圖，高百餘尺。初佛於河沐已，將坐念草，帝釋化人以始尸草此云吉祥草。以奉佛坐。育王造塔表之。次東北有塔，是佛證果時，有羣青雀來繞世尊，亦有羣鹿呈祥之處。樹東大路左右各有一塔，是魔王嬈佛衰退處。樹西北有精舍，中迦葉波佛，時放光明。俗云：至誠七遶，生得宿命智。又垣西北有鬱金香泥塔，高一丈四尺。樹垣東南隅有尼拘律樹。樹側有塔，精舍中有坐像。初證果時，大梵王請轉法輪處。垣内四隅皆有塔，初佛受草趣樹。先至西南地動，又向西北，又東北，又東南，並爲地動。即西北至樹下東面坐金剛座上，地方安静，故立塔記。垣外西南有二牧牛女宅處，其側有煮乳糜處，又側有佛受糜處，皆立表塔。樹南門外大池，周七百餘步，清澄，魚龍所宅。次南有池，是帝釋所造，爲佛濯衣。池西大石，是帝釋雪山持來，爲佛曬衣。次側有塔，是佛納故衣處。次南林中一塔，是佛受貧母施故衣處。化池東林龍池清潔，其水甘美。岸西有小精舍中像，佛初成道，此坐七日入定，龍王遶佛七匝，化多頭蓋佛處。龍池東林精舍，作佛羸瘦形像。其側有經行迹，七十餘步。南北各有畢鉢羅樹，往來攀而後起。即是苦行六年日食一麻一麥處。今有疾者，以香油塗像，多愈。又有五比丘住處。又東南有塔，是佛入尼連河浴處。次近河有佛食乳糜處。其側有二塔，是長者獻蜜麨處。樹東南塔，是四天王奉佛石鉢處。其側有塔，是佛成道後爲母説法處。又度迦葉兄弟千人處。樹垣北門外，即是摩訶菩提寺。庭宇六院，觀閣三重，周垣高五丈。有佛舍利，大如指節，光潤鮮白，通徹内外。肉舍利者，大如青珠，形帶紅色。每年至佛大神變月，出以示人。即印度十二月三十日，於唐國當正月十五日。於此之時，放光雨華，大起深信。其寺常有千僧，習大乘上座部，法儀清肅。是南海僧伽羅國王請立，經今四百年。寺多有師子國人。每年比丘解安居訖，四方道俗百千萬衆，七日七夜，香華妓樂，徧林供養。印度諸僧以唐國五月十六日入夏安居，以唐國八月十五日解夏。斯亦隨方用曆不同，不可一定。如雪山北有國坐春坐秋者，意以一年之内，多温熱處，制三月住。就中前後一月，延促不定。若據修道，何時不安。故律制三時遊行，通結有罪。必有善緣，亦開兼濟。樹院東度河大林中塔，北池者佛昔爲香象子侍盲象母處，〔一〕前建石柱。昔迦葉波佛於此宴坐。側有四佛行坐迹。林中小石柱是鬱頭藍發惡願處。又東度黄河百餘里，至屈屈吒播陀山。舊名雞足。直上三峰，狀如雞足。頂樹大塔，夜放神炬，光明通照，即大迦葉波於中寂定處也。初佛以姨母織成金縷大衣袈裟傳付彌勒，令度遺法四部弟子。迦葉承佛教旨，佛涅槃後第二十年捧衣入山，以待彌勒。山路極梗澀，多諸林竹，師子虎象，縱横騰倚。奘法師至

〔一〕「盲」字原作「育」，據高麗藏本改。

彼，每思登踐，取進無由。奘乃告王，請諸防援。蒙王給兵三百餘人，各備鋒刃，斬竹通道，日行十里。爾時彼國聞奘往山禮拜，士女大小，數盈十萬，奔隨繼至，共往雞足。既達山阿，壁立無路，乃縛竹爲梯，相連而上。達山頂者三千餘人。四睇欣然，轉增喜踊。具覩石罅，散華供養。」〔一〕

又依王玄策傳云：「粤以大唐貞觀十七年三月内爰發明詔，令使人朝散大夫行衛尉寺丞上護軍李義表、副使前融州黄水縣令王玄策等送婆羅門客還國。其年十二月至摩伽陀國。因即巡省佛鄉，覽觀遺蹤。聖迹神化，在處感徵。至十九年正月二十七日至王舍城，遂登耆闍崛山，流目縱觀，傍眺罔極。自佛滅度千有餘年，聖迹遺基，儼然具在，一行一坐，皆有塔記。自惟器識邊鄙，忽得躬覩靈迹，一悲一喜，不能裁抑。因銘其山，用傳不朽。欲使大唐皇帝，與日月而長明；佛法弘宣，共此山而同固。其辭曰：

大唐出震，膺圖龍飛。光宅率土，恩覃四夷。化高三五，德邁軒羲。高懸玉鏡，垂拱無爲。其一。

道法自然，儒宗隨世。安上作禮，移風樂制。發於中土，不同葉裔。釋教降此，運於無際。其二。

神力自在，應化無邊。或涌於地，或降於天。百億日月，三千大千。法雲共扇，妙理俱宣。其三。

鬱乎此山，奇狀增多。上飛香雲，下臨澄波。靈聖之所降集，賢懿之所經過。存聖迹於危

〔一〕出大唐西域記卷八、卷九。

峰，竚遺趾於巖阿。其四。參差嶺嶂，重疊巖廊。鏗鏘寶鐸，氛氳異香。覽華山之神縱，勒貞碑於崇嵩。馳大唐之淳化，齊天地之久長。其五。」

又奘師傳云：「從此山東行六十里，至矩奢揭羅補羅城，北門外有塔，佛舒手現五師子伏提婆醉象處。又東北塔，是舍利子聞馬勝比丘説法證聖處。塔北大坑傍塔，是室利毱多設火坑以害佛處。又東至姞栗陀羅矩吒山。此云鷲峰，亦云鷲臺，舊云耆闍崛山。傍有大石，高丈四五，廣三十餘步，是提婆達多擲佛處。其南崖下有塔，佛此處説法華經處。南山崖有大石室。佛舊入定，阿難別室被魔怖之，以手通石摩頂，現有通穴。精舍東北大石，是佛曬衣處。衣文明徹石内，傍有佛迹。山城北門西有毗布羅山，西南崖昔有五百温泉，今猶數十泉。西畢鉢羅石室，佛昔恒居。後壁洞穴是阿素洛宫。山北門外一里至迦蘭竹園精舍。東大塔是阿闍多没吐路，唐云未生怨也。即是阿闍世王也。竹園西南六里許南山陰大竹林中，有大石室，是大迦葉波與千羅漢於此集三藏處。僧中上座，即號爲上座部。石室西北塔，是阿難受責證果處。山城之北可五里許，至曷羅闍姞利呬，唐言新王舍城。南門外道左塔者，度羅怙羅處。又北三十餘里至那爛陀寺，唐云施無厭寺。瞻部洲中寺之最者，勿高此矣。五王共造，供給倍隆，故因名焉。其寺都有五院，同一大門，周閭四重，高八丈許，並用甎壘。其最下壁，猶厚六尺。外墎三重，墻亦甎壘，高五丈許。中間各遶極深池塹，備有華香，嚴麗可觀。自置已來，防衛清肅。女人垢濫，〔一〕未曾容隱。常住僧衆，四千餘人。外客道俗，通及邪正，乃出萬數。皆周給衣食，無有窮竭，故復號施無厭也。中及左右，聖迹重壘，不可殫記。有諸論師，智識清遠，王給封户，乃至十城，漸降量賞，不減三城。其寺現在，受封大德三百餘人，通經已上，不掌僧役，重愛學問，諮訪異法。故烏耆已西，被於海內，諸出家者，皆多義學。任國迫師，都無隔礙。王雖守國，不敢遮障。〔二〕

又東行入山二百餘里，至伊爛拏國，見佛坐迹，入石寸許，長五尺二寸，廣二尺一寸。有瓶迹没石寸許，八出華文，都似新置。有佛立迹，長尺八寸强，闊六寸許。又隔七國，西北行至羯羅拏國。邪正兼事，别有三寺，不食乳酪，是調達部僧也。又西南行七百里，至烏荼國。東境臨海，有發行城，多有商旅停於海濱。次南大海中，有僧伽羅國，謂執師子是也。相去約指二萬餘里。每夜南望見彼國中佛牙塔上，寶珠光明，騰焰暉赫，現於天際。

又西南行，具經諸國，並有異迹。可五千里，至憍薩羅國，即南印度之正境也，崇信彌篤。王都西南三百餘里，有黑蜂山，是昔大王爲龍猛菩薩造立斯寺。舊云龍樹。其寺上下五重，鑿石爲之。引水旋注，多諸變異。沿彼達上，今净人固守，罕有登者。龕中石像，形極偉大。寺成之日，龍猛就山以藥塗

〔一〕「垢」字原作「姤」，據高麗藏本、磧砂藏本、南藏本改。
〔二〕出大唐西域記卷九。

之，變成紫金，世無等者。又有經藏夾傳無數。〔一〕古老相傳，盡初結集，並現存在。雖外佛法屢遭誅殄，而此一山住持無改。近有僧來，於彼夏坐，但得讀誦，不許持出，具陳此事。但路幽阻，難可尋問。又南行至案達羅國，屬南印度。都城西南二十餘里，〔二〕孤山嶺上石塔，即是陳那菩薩造因明論處。

又南行千里至馱那羯磔迦國，屬南印度。都城東西據山開，各有大寺。昔王爲佛造，殿山疏石，製極華博，賢聖遊息。佛滅未有千年前，其處有千凡僧，安居罷日，皆證無學，凌空飛去，今寂無人。其處有婆毗吠伽論師，唐云明辯。即是般若燈論主也。於觀自在前絶粒而飲水三年，立志祈請，待見彌勒。觀自在乃爲現色身。又在城南大山巖執金剛神所誦金剛呪三年。神授方云：此巖石内有阿素洛宫，如法祈請，石壁當開，可即入中。待彌勒出，我當相報。又經三年，然呪芥子，擊於石壁，豁即洞開。時百千衆觀覩驚歎。論師跨門，再三顧命。唯有六人從入，餘者謂是毒蛇窟也。當即石門還合如壁。

又復南行六千餘里，至秣羅矩吒國，即贍部最南際海濱境也。山出龍腦香及有白檀香樹。又有羯薩羅香樹，松身無葉，香如冰雪，即龍腦香也。從此南大海中有天宫，觀自在菩薩常所住處。舊云觀世音菩薩也。臨海有城，即是古師子國，入海中可三千里。非結大伴，則不可至。〔三〕

〔一〕「夾」字原作「甲」，據高麗藏本改。
〔二〕「十」字原作「百」，據高麗藏本改。
〔三〕以上均出大唐西域記卷十。

自此西北四千餘里，中途經國，具諸神異。國東南隅數千里，那羅稽羅洲，人長三尺，鳥喙，唯食椰子。〔一〕又至摩訶刺他國，〔二〕其王自在，未賓戒日。寺有百餘，僧徒五千。東境山寺，羅漢所造。有大精舍，高百餘尺，中安石像，長八丈餘。上施石蓋，凡有七重，虚懸空中，相去各三尺。禮謁見者，無不歎異。傳云：羅漢願力所持。或云：藥呪術力所持。又越二國，西北至摩臘婆國，屬南印度。都城西北二十餘里，有大婆羅門邑，側大陷坑，水流無滿，是昔大慢婆羅門謗大乘，生陷入地獄處。又西北至阿吒釐國，屬南印度。此國出胡椒熏陸香，樹葉如棠。又周巡西北，越十餘國，至波剌斯國，非印度所攝。此國多出金、銀、鍮石、頗胝水精，死多棄屍。佛鉢在王宫中。西北接拂懍國，出白狗子，本赤頭鴨，生於穴中。」〔三〕

案梁貢職圖云：「去波斯北一萬里西南海島，有西女國，非印度攝。拂懍年別送男夫配焉。」略陳聖迹，依如前述。具列俗紀，備存大本。

頌曰：

希音遠流，　乃眷東顧。　欣風慕道，　仰規西度。　妙盡毫端，　運微輕素。　託采虚凝，

〔一〕「椰」字原作「那」，據高麗藏本、磧砂藏本、南藏本、嘉興藏本改。
〔二〕「又」字原作「文」，據高麗藏本、磧砂藏本、南藏本、嘉興藏本改。
〔三〕出大唐西域記卷十一。

殆映霄霧。迹流衆像，理深其趣。寄興開襟，引凡聖路。千佛同化，萬賢來曙。〔一〕皇情有感，緇素同遇。

〔一〕「曙」字，疑爲「矚」字之誤。

法苑珠林校注卷第三十

住持篇第二十二此有十部

述意部　治罰部　思慎部　説聽部　菩薩部　羅漢部　僧尼部　長者部　天王部　鬼神部

述意部第一

夫法不自弘，弘之在人。人通邪正，法逐人訛。將欲住持三寶，必須德行内充。律教一宗，兼先諳究。不憚勞苦，不好聲譽，令遐邇道俗，欣心有據。界中行者，慕崇進業。緇素相依，法得久住。故四分律云：「非制不制，是制便行。如是漸漸，令法久住。」〔一〕若法出恒情，言無規矩，翻同鄙俗，何成匡

〔一〕出四分律卷五十七。

衆。宜自私退，省己爲人。故律云：「非制而制，是制便斷。如是漸漸，令法速滅。」〔一〕數見朝貴門首，多有療病僧尼。或有行醫針灸，求貪名利；或有蒱博歌戲，不護容儀；或有婚姻相託，媒嫁男女；或有科斂酒肉，公然聚會；或有服玩奢華，馳騁衣馬；或有執腕抵掌，類同賤俗；或有結搆惡友，朋伏麤人。致使穢響盈路，汙染俗情。貴勝同知，聞徹天聽。於是雷同總撥，枉濫清人。非直僧尼不依聖教，亦由白衣不識賢良。實因一二凡僧，毁謗無量好衆。或有勤求學問，博知三藏；或有講道利生，無闕四時；或有專居禪思，常坐不卧；或有讀誦經論，常勤匪懈；或有六時行懺，晝夜行道；或有納衣乞食，儉素無爲；或有山居蘭若，頭陀苦行；或有專營福利，供養三寶；或有興建齋講，化俗入道；或有營造經像，締構伽藍。如是略列，疇能殫記。此之名德，常依道場，專行福智，寸陰不遺，無暇染俗。或以公貴不識，唯共鄙徒，結友情密，染習既久，以非爲是。縱覩聖僧，將爲凡衆，唯生瞋慢，何曾加敬。静思此事，豈非濫歟。

治罰部第二

自大聖西隱，正教東流。佛法付囑國王，令加護持。但王法寖移，日就衰羸。持犯憲章，漸將殆

〔一〕出四分律卷五十七。

盡。若聞説者，反被凌辱。以道俗濫惡，情乖日久。設欲治罰，改惡就善，持官勢力，枉壓清人。僧衆無力，反汙净心，其懷轉奸，實難挫伏。致使大教息用，遺風訛替。故大集經云：「若未來諸王四姓爲護法故，〔一〕能捨身命，寧護一如法比丘，不護無量諸惡比丘，是王捨身生净土中。若隨惡者，是王無量世中不復人身。王等不治，則斷三寶，奪衆生眼。雖無量世修施戒慧，則爲滅失。又犯過比丘應須治者，一月兩月苦使，或不與語，不與共坐，或擯出一國，乃至四國。有佛法處，治如是等惡比丘，諸善比丘安樂受法。故是佛法久住不滅。」〔二〕又薩婆多論云：「違王制故，得突吉羅罪。」〔三〕又勝鬘經云：「世尊，應折伏者而折伏之，應攝受者而攝受之。何以故？以折伏攝受故，令正法得久住，天人充滿，惡道減少，於如來所轉法輪而得隨轉。」〔四〕

又涅槃經云：「善男子，諦聽，諦聽，當爲汝説如來所得長壽之業。菩薩以是業因緣故，得壽命長。欲得長壽，應當慇念一切衆生，同於子想，生大慈、大悲、大喜、大捨，受不殺戒，教修善法。亦當安置一切衆生於五戒十善，復入地獄、餓鬼、畜生、阿脩羅等一切諸惡趣，拔濟是中苦惱衆生，脱未脱者，度未

〔一〕「來」字原作「有」，據高麗藏本改。
〔二〕出大方等大集經卷三十一、卷二十四。
〔三〕出薩婆多毘尼毘婆沙卷三盗戒因緣。
〔四〕出勝鬘師子吼一乘大方便方廣經十受章。

度者，未涅槃者令得涅槃，安慰一切諸恐怖者。以如是等業因緣故，菩薩則得壽命長遠，於諸智慧而得自在，隨所壽終，生於天上。迦葉菩薩白佛言：世尊，於佛法中有破戒者，作逆罪者，毁正法者，云何當於如是等人同子想耶？佛告迦葉：善男子，譬如國王諸羣臣等有犯王法，隨罪誅戮，而不捨置。如來世尊不如是也。於毁法者，與驅遣羯磨，訶責羯磨，置羯磨，舉罪羯磨，不可見羯磨，滅擯羯磨，未捨惡見羯磨。善男子，如來世尊與謗法者，作如是等降伏羯磨，爲欲示諸行惡之人有果報故。我涅槃已，隨其方面，有持戒比丘威儀具足，護持正法，見壞法者即能驅遣，訶責懲治。〔一〕當知是人得福無量，不可稱計。乃至若善比丘見壞法者，置不訶責、驅遣、舉處，當知是人佛法中怨。若能驅遣、訶責、舉處，是我弟子真聲聞也。」又云：「如來今以無上正法付囑諸王、大臣、宰相、比丘、比丘尼、優婆塞、優婆夷。是諸國王及四部衆，應當勸勵諸學人等，令得增上戒定智慧。若有不學是三品法，懈怠破戒，毁正法者，王者大臣四部之衆應當苦治。」又經云：「若有比丘供身之具，亦當豐足，復能護持所受禁戒，能師子吼，廣説妙法，謂修多羅乃至阿浮陀達磨，以如是等九部經典爲他廣説。利益安樂諸衆生故，唱如是言：涅槃經中制諸比丘不應畜養奴婢、牛羊、非法之物。若有比丘畜如是等不凈物者，應當治之。如來先於異部經中説有比丘畜如是等非法之物，某甲國王如法治之，驅令還俗。若有比丘能作如是師子

〔一〕「懲」字原作「徵」，據高麗藏本、磧砂藏本、南藏本、嘉興藏本改。

吼時，有破戒者聞是語已，咸共瞋恚，害是法師。是說法者，設復命終，故名持戒自利利他。以是緣故，我聽國王、羣臣、宰相、諸優婆塞等護說法人。」經中廣明：「覺德比丘護正法時，制諸比丘不得破戒，畜非法物。破戒徒衆聞是語已，便來害之。時有國王，名曰有德，没命護持覺德比丘，與共戰鬬，救得法師。從是之後，常得值佛，乃至二人皆得成佛。自指云：爾時王者，則我身是。說法比丘，迦葉佛是。爾時多爲護法故，皆得成就是金剛身。」又云：「我涅槃後，濁惡之世，國土荒亂，互相抄掠，人民飢餓。爾時多有爲飢餓故，發心出家。如是之人，名爲秃人。是秃人輩，見有持戒威儀，具足清浄比丘，護持正法，驅逐令出，若殺若害。迦葉菩薩白佛言：世尊，是持戒人護正法者，云何當得遊行村落城邑教化。善男子，是故我今聽持戒，若依諸白衣持刀杖者以爲伴侣。若諸國王、大臣、長者、優婆塞等爲護法故，雖持刀杖，我說是等名爲持戒。雖持刀杖，不應斷命。若能如是，即得名爲第一持戒。」〔一〕又云：「我於經中亦說有犯四波羅夷，乃至微細突吉羅等，應當苦治。衆生若不護持禁戒，云何當得見於佛性？一切衆生雖有佛性，要因持戒，然後乃見因見佛性，得成阿耨菩提。」〔二〕

又偈云：

〔一〕出大般涅槃經卷三。

〔二〕出大般涅槃經卷七。

「比丘若修集，戒定及智慧，當知則不久，親近大涅槃。」〔一〕

又月燈偈云：

「雖廣讀衆經，恃多聞毁禁，多聞不能救，破戒地獄苦。」〔二〕

又十輪經佛説偈云：

「有真善刹利，供養於正法。三乘得熾盛，當獲功德海。具足七寶等，徧滿閻浮提。持用施諸佛，其福猶有限。乃至四天下，造僧房供養。彼雖得大福，不如護正法。假使爲諸佛，滿中造塔廟。彼雖得大福，不如護正法。譬如五日出，能竭於大海。若護我法者，則竭煩惱結。譬如風災起，悉摧一切山。若護正法者，亦滅諸煩惱。譬如水災起，漂蕩壞大地。若護正法者，亦消諸煩惱。」〔三〕

思慎部第三

夫欲成大醫，弘其三藏，先須當機，自療己患，然後治他，法得久住。不得爲名利故，空談名教，不

〔一〕出大般涅槃經卷二十九。

〔二〕出月燈三昧經卷二。

〔三〕出大方廣十輪經卷四。

修一行，遂同狂醉。故大莊嚴論云：「有二種醉：一者，家色財等成就時醉。二者，他稱讚時醉。〔一〕此之二醉，前一多是在家人等，富貴時醉。開放逸門，造地獄因。後一多是出家人等，貪學名利，輕賤自身，希望他讚，便生憍慢。昏於志趣，失於聖意。盲不見道，流浪三塗。」〔二〕

故涅槃經云：〔三〕「佛告迦葉：我般涅槃七百歲後，是魔波旬漸當沮壞我之正法。譬如獵師身服法衣。魔王波旬亦復如是，作比丘像、比丘尼像、優婆塞優婆夷像，亦化作須陀洹身，乃至化作阿羅漢身，及佛色身。魔王以此有漏之形，作無漏形，壞我正法。」〔四〕又經云：「若有比丘以利養故，爲他説法。是人所有徒衆眷屬亦效是師，貪求利養。是人如是便自壞衆。」又云：「若有比丘雖持禁戒，爲利養故，與破戒者坐起行來，共相親附，同其事業。是名破戒，亦名雜僧。」〔五〕又云：「復有常没非一闡提。何者是也？如人爲有修施戒善，是名常没。」故經云：「善男子，有四善事獲得惡果。何等爲四？一者，爲勝他故，讀誦經典。二者，爲利養故，受持淨戒。三者，爲他眷屬故，而行布施。四者，爲非想

〔一〕「醉」字原作「辭」，據高麗藏本、磧砂藏本、南藏本、嘉興藏本改。
〔二〕出大乘莊嚴經論卷六弘法品。
〔三〕「槃」字原作「樂」，據高麗藏本、磧砂藏本、南藏本、嘉興藏本改。
〔四〕出大般涅槃經卷七。
〔五〕出大般涅槃經卷三。

非非想處，繫念思惟。是四善事得惡果報。」〔一〕又云：「是一闡提滅諸善根，非其器故。假使是人百千萬歲聽受如是大涅槃經，終不能發菩提之心。所以者何？無善心故。」〔二〕

又經云：「善男子，我涅槃後無量百千歲，四道聖人悉復涅槃。正法滅後，於像法中當有比丘像似持律，少讀誦經，貪嗜飲食，長養其身。身所衣服，麤陋醜惡。形容顦顇，無有威德。放畜牛羊，擔負薪草，頭鬚髮爪，悉皆長利。雖服袈裟，猶如獵師。細步徐行，如猫伺鼠。常唱是言：我得羅漢。多諸病苦，眠卧糞穢，外現賢善，内懷貪嫉。如受啞法婆羅門等，實非沙門，現沙門像。邪見熾盛，誹謗正法。如是等人，滅壞如來所制戒律，正行威儀。説解脱果雜不净法，及壞甚深祕密之教。各自隨意，反説經律而作是言：如來皆聽我等食肉飲酒。自生此論，言是佛説。互共諍訟，各自稱是沙門釋子。善男子，爾時復有諸沙門等貯聚生穀，受取魚肉，手自作食，執持油瓶，寶蓋革屣，親近國王大臣長者，占相星宿，勤修醫道，畜養奴婢金銀雜寶，學諸技藝，〔三〕畫師泥作，造書教學，種植根栽，蠱道呪幻，和合諸樂，作唱妓樂，香華治身，摴蒱圍碁，諸工巧等。若有比丘，能離如是諸惡事者，當説是人真我弟

〔一〕出大般涅槃經卷三十六。

〔二〕出大般涅槃經卷九。

〔三〕「學」字原作「與」，據高麗藏本改。

子。」〔一〕若反習是事。「親近國王王子大臣及諸女人，高聲大笑，或復默然，於諸法中多生疑惑，多語妄説，長短好醜，或善不善。好著妙衣，如是種種不浄之物。於施主前，躬自讚歎。出入遊行不浄之處，所謂沽酒婬妷博弈。如是之人，我今不聽在比丘中，應當休道還俗役使。譬如稗秀，悉滅無餘。當知是等經律所制，悉是如來之所説也。若有隨順魔所説者，是魔眷屬。若有隨順佛所説者，即是菩薩。」乃至經云：「破戒比丘當於百千億萬刼數割截身肉以償施主。若生畜生，身常負重。所以者何？如析一髮爲千億分，破戒比丘尚不能消一分供養，況能消他衣服飲食卧具醫藥。」又云：「樂視婦女，不附男子，乃至憎持戒者，親附破戒，常讚布施，不讚持戒、忍辱、精進、禪定、智慧，不讚寂滅，遠離獨處。常好譏論持戒者過，亦不稱讚行頭陀者。或指其事，惡口横加。」〔二〕

又經云：「善男子，如來正法將欲滅盡，爾時多有惡行比丘，不知如來微密之藏，懶惰懈怠，不能讀誦宣揚分別如來正法。譬如癡賊，棄捨真寶，擔負草䵚。不解如來微密藏故，於是經中懈怠不勤。哀哉大險！當來之世，甚可怖畏。苦哉衆生，不勤聽受是大乘典大涅槃經。唯諸菩薩摩訶薩等能於是經，取真實義，不著文字，隨順不逆，爲衆生説。復次善男子，如牧牛女人，爲欲賣乳，貪利多故，加二分水，轉賣與餘牧牛女人。彼女人得已，復加二分，轉賣與近城女人。得已，復加二分，復轉賣與城中女

〔一〕出大般涅槃經卷四。
〔二〕出大般涅槃經卷七。

人。彼女得已，復加二分，詣市賣之。時有一人爲子納婦，當須好乳，以贍賓客，至市欲買。是賣乳者，多索價數。是人荅言：汝乳多水，不直爾許，正直爾許。我今贍待賓客，是故當取。取已還家，煮用作縻，都無乳味。雖復無味，於苦味中，千倍爲勝。何以故？乳之爲味，諸味中最。善男子，我涅槃後正法未滅餘八十年，爾時是經於閻浮提當廣流布。是時多有諸惡比丘，抄掠是經，分作多分，能滅正法色香美味。是諸惡人雖復讀誦如是經典，滅除如來深密要義，安置世間莊嚴文飾無義之語，抄前著後，抄後著前，前後著中，中著前後。當知如是諸惡比丘，是魔伴侣。受畜一切不净之物，而言：如來悉聽我畜。如牧牛女多加水乳，諸惡比丘亦復如是。唯以世語錯定是經，令多衆生不得正説、正寫、正取，尊重讚歎，供養恭敬。是惡比丘爲利養故，不能廣宣流布是經。所可分流，少不足言。如彼牧牛貧窮女人，展轉薄淡，無有氣味。雖無氣味，猶勝餘經足一千倍。如彼乳味於諸苦味爲千倍勝。何以故？是大乘典大涅槃經於聲聞經最爲上首，喻如牛乳味中最勝。以是義故名大涅槃。」〔一〕

説聽部第四

如涅槃經云：「復次善男子，若我弟子受持讀誦書寫演説是涅槃經，莫非時説，莫非國説，莫不請

〔一〕出大般涅槃經卷九。

說，莫輕心說，莫處處說，莫自歎說，莫輕他說，莫滅佛法說，莫熾然世法說。善男子，若我弟子受持是經，非時而說，乃至熾然世法說者，人當輕訶而作是言：若佛祕藏大涅槃經，有威力者，云何令汝非時而說，乃至熾然世法而說？若持經者作如是說，當知是經爲無威力。若無威力，雖復受持，爲無利益。緣是輕毁涅槃經故，令無量衆生墮於地獄。則是衆生惡知識也。非我弟子，是魔眷屬。若爲利養五欲名聞而説經者，事同貿易，速滅正法。」〔一〕又涅槃經云：「云何栴檀貿易凡木？如我弟子爲供養故，向諸白衣演説經法。白衣情逸，不喜聽聞。白衣處高，比丘在下。兼以種種餚饍飲食而供給之，猶不肯聽，是名栴檀貿易凡木。云何以金貿易鍮石？鍮石譬色聲香味觸，金譬於戒。我諸弟子以色因緣破所受戒，是名以金貿易鍮石。云何以銀貿易白鑞？銀譬十善，鑞譬十惡。我諸弟子放捨十善，行十惡法，是名以銀貿易白鑞。云何以絹貿易氀褐？氀褐以譬無慚無愧，絹譬慚愧。我諸弟子放捨慚愧，習無慚愧，是名以絹貿易氀褐。云何甘露貿易毒藥？毒藥以譬種種供養，甘露以譬諸無漏法。我諸弟子爲利養故，向諸白衣，若自譽讚，言得無漏，是名甘露貿易毒藥。」〔二〕

又法華經云：「菩薩摩訶薩不親近國王王子大臣官長，不親近諸外道梵志、尼揵子等。及造世俗文筆讚詠外書，乃至田獵魚捕諸惡律儀。不親近求聲聞人，又不應於女人身取能生欲想相而爲說法，

〔一〕出大般涅槃經卷十七。
〔二〕出大般涅槃經卷二十六。

亦不樂見。若入他家，不與小女、處女、寡女等共語。亦復不近五種不男之人，以爲親友，不獨入他家。若有因緣須獨入時，但一心念佛。若爲女人説法，不露齒笑，不現胸臆，乃至爲法猶不親厚，況復餘事。不樂畜年少弟子，沙彌小兒，亦不樂與同師。常好坐禪，於空閑處，修攝其心。」〔一〕

又佛藏經云：「不净説法有五種：一者，自言盡知佛法。二者，説佛經時，出諸經中相違過失。三者，於諸法中心疑不信。四者，自以所知非他經法。五者，爲利養故爲人説法。如是説者，我説此人當墮地獄，不至涅槃。」又云：「我久勤苦，求是法寶，而此惡人捨置不説。但以經相違語義，互相是非，不順正法。於聖法中，畜心自大，隨意而説，爲求利養。若比丘説法雜外道義者，有善比丘應從坐去。若不爾者，非善比丘，亦復不名隨佛教者。如是説者，我説此人，名爲外道尼乾弟子，非佛弟子，謂是地獄畜生餓鬼。何以故？身未證法，而在高座，身自不知，而教人者，法墮地獄。又當來比丘好讀外經，當説法時，莊校文辭，令衆歡樂。惡魔爾時助惑衆人，障礙善法。若有貪著音聲語言，巧飾文辭，若有人好外道經者，魔皆迷惑，令心安隱。又如聾盲人，捨所得物，欲詣大施，而墮深坑。我諸弟子亦復如是，捨麤衣食，而逐大施，求好供養。以世利故，失大智慧，而墮深坑阿鼻地獄。」又云：「不净説法得罪極多，亦爲衆生作惡知識，亦謗過去未來今佛。若人悉奪三千大千世界衆生命，不净説法罪多於此。何

〔一〕出妙法蓮華經卷五安樂行品。

以故？是人皆破諸佛阿耨多羅三藐三菩提，爲助魔事，亦使衆生於百千世受諸衰惱。但能作縛，不能令解。當知是人於諸衆生爲惡知識，爲是妄語，於大衆中謗毀諸佛。以是因緣，墮大地獄。教多衆生以邪見事，是故名爲惡邪見者。」〔一〕

又云：「舍利弗，爾時破戒比丘乃至爲得一杯酒故，與諸白衣演説佛法。於意云何？多貪恚癡，多樂讀經，貪外經利，行不清浄。舍利弗，若有比丘耆年有德，比丘中龍，有深智慧，是人能信無所有自相空法，無我無人法。何以故？是人不樂衆閙雜語，不樂睡眠多事，不爲白衣營執事務，不爲使命持送文書，不行醫行，不讀醫方，不爲販賣，不樂論説世間語言，但樂欲説出世間法。舍利弗，我今明了告汝，求自利已善比丘等。當爾之時，不應入衆，乃至一宿。唯除阿羅漢，煩惱已斷，及病比丘，於中有緣。何以故？舍利弗，當爾時人貪欲、瞋恚、愚癡毒盛，不活怖畏，〔二〕常所逼切。求利善人，常應自處山林空静，乃至畢命，如野獸死。」又云：「我此真法不久住世。何以故？衆生福德善根已盡，濁世在近。」〔三〕

又大集月藏經云：「若有衆生，唯依讀誦欲求阿耨多羅三藐三菩提者，是人多喜著於世俗。以世

〔一〕出佛藏經卷中浄法品。
〔二〕「活」字原作「悟」，據高麗藏本、磧砂藏本、南藏本、嘉興藏本改。
〔三〕出佛藏經卷下浄見品、了戒品。

俗故，尚不能調伏己心煩惱，何能調伏他人煩惱。善男子，樂著讚誦求菩提者，便有嫉妬，求於名利，高心自恃，輕慢毁他。尚不能得欲界善根，何況能得色無色界一切善根！」〔一〕

又摩訶衍大寶嚴經云：「譬如藥師，持藥遊行，而自身病不能療治。多聞之人有煩惱病，亦復如是。雖有多聞，不制煩惱，不能自利，徒無所用。譬如死人著金瓔珞。多聞破戒被服法衣，受他供養，亦復如是。」〔二〕

又方廣十輪經云：「若有衆生起於麤弊、愚癡、惡口，自謂爲智，乃至不離邪見，爲求他利而生嫉妬。貪著名稱，自舉輕他。不能守護身口意等，心常念惡，恒作是語，而自稱説是大乘人。亦教他讀誦，但自讚己，非毁於他。以是義故，讚歎大乘，自不調伏於大乘道，而欲教他修行大乘。乃至云得人身甚難，失聲聞辟支佛乘，常趣惡道，不欲親近諸有智者，而唱是言：作師子吼，我是大乘。善男子，譬如有驢著師子皮，自以爲師子，有人遠見，亦謂師子。驢未鳴時，無能分别。既出聲已，遠近皆知，非實師子。謂人見者，皆悉唾言：此弊惡驢，非師子耶！乃至毁犯禁戒作惡行者，於一切處不成法器。若自説言：我是大乘，能破一切衆生煩惱塵勞大陣，亦爲衆生住八正道，入無畏城，則無是處。」〔三〕

〔一〕出大方等大集經卷四十六月藏分月幢神咒品。
〔二〕出大寶積經卷一百一十二普明菩薩會。
〔三〕出大方廣十輪經卷六刹利依止輪相品。

又佛藏經云：「過去世時有五比丘：一名普事，二名苦岸，三名薩和多，四名將去，五名跋難陀。是五比丘爲大衆師。其普事者，知佛所説真實空義，無所得法。餘四比丘皆墮邪道，倒説誘人。普事比丘爲四部所輕，無有勢力，多人惡賤。四惡比丘教諸人衆以邪見道，於佛法中不相恭敬，相違逆故，以滅佛法。乃至云：是諸惡人滅佛正法，亦與多人大衰惱事。又是惡人命終之後，墮阿鼻地獄，仰卧九百萬億歲，伏卧九百萬億歲，左右卧亦然。於熱鐵上燒然焦爛。是中退死，更生炙地獄、大炙地獄、活地獄、黑繩地獄，皆如上歲數受諸苦惱。於黑繩地獄死。還生阿鼻大地獄中。乃至云：親近是人及善知識，并諸檀越，凡有六百四萬億人，與此四師俱生俱死，在大地獄受諸燒煮。乃至云：如是展轉一劫受苦。〔一〕大劫將燒，故在地獄。又説：大劫若燒，是四惡人及六百四萬億人，從此阿鼻大地獄中轉生他方，在大地獄。何以故？舍利弗，重罪具足，其報不少。在於他方無數百千萬億那由他歲，受大苦惱。世界還生，是四罪人及六百四萬億人并及餘人，罪未畢者，於彼命終，還生此閒大地獄中。」又云：「久久雖免地獄苦惱，得生人中，於五百世從生而盲。然後得值一切相佛。乃至云：於彼佛法出家，十萬億歲勤行精進，如救頭然，不得順忍，況得道果。」〔二〕

〔一〕「劫」字原作「切」，據高麗藏本改。
〔二〕出佛藏經卷中往古品。

又涅槃經云：「善星比丘誦得十二部經。」〔一〕智度論云：「提婆達多出家學道，誦得六萬法聚。」〔二〕述曰：此之二人，皆不修方便道中真佛性觀、四念處等行法，觀察五陰無常苦空非我我所，貪著我見人見衆生見已，起大逆罪，誹謗如來。由斯義故，此之二人生身陷入阿鼻地獄中，受無窮苦。如是流例，述難可盡。

菩薩部第五

如迦葉經云：「爾時佛告摩訶迦葉：如來不久當般涅槃。迦葉白佛言：世尊，唯願世尊住世一劫，若減一劫，守護正法。佛告迦葉：彼愚癡人，假使千佛出世，種種神通説法教化，彼愚癡人於彼惡欲不可令息。迦葉，當來末世後五百歲，有諸衆生具足善根，其心清净，能報佛恩，守護我法。迦葉白佛：世尊，我修少行，智慧微淺，如持重擔，我不能堪。唯有菩薩堪能荷負如斯重擔。譬如有人年耆極老，年百二十，身嬰重病，〔三〕不能起止。時有一人巨富饒財，賫持珍寶，至病人所，而語之言：我有緣事，當至他方。以寶相寄，爲我守護，待我還時，汝當歸我。彼老病人無有子息，唯獨一身。彼人去已，

〔一〕出大般涅槃經卷三十三。

〔二〕出大智度論卷十四。

〔三〕「嬰重」原作「瘦長」，據高麗藏本改。

未久之間，困至命終。所寄財物，悉皆散失。彼人行還，求索無所。世尊，聲聞之人亦復如是。智慧微淺，修行甚少，又無伴侣，不能久住在於世間。若付正法，不久散滅。佛讚迦葉：我已了知而故付汝，令彼癡人得聞此已，生於悔心。爾時迦葉白佛言：世尊，我今更說第二譬喻。譬如有人身力盛壯，無諸患苦，壽命無量，百千萬歲，生大種姓，具足財寶，善持凈戒，有大慈悲，内懷歡喜，利益多人，命得安樂。時有一人齎持寶物來至其所，而語之言：我有緣事，當至他方。以寶相寄，當好守護。若十年還，若二十年還，待我來時，當見相還。其人得寶，藏積守護。彼人行還，即便歸之。世尊，菩薩摩訶薩亦復如是。若以法寶付諸菩薩，無量千億那由他劫，終無失壞。利益無量無邊衆生，不斷三寶。世尊，如是之事，我不能持，唯有菩薩乃能堪受。世尊，此彌勒菩薩摩訶薩俱在此會，如來付之。於當來世後五百歲，法欲滅時，如來所集之法，悉能守護流演廣說。何以故？此彌勒菩薩於當來世當證阿耨菩提。譬如國王第一太子，當爲王事，如法治世。彌勒菩薩亦復如是，治法王位，守護正法。爾時佛讚迦葉：如汝所說。即伸右手摩彌勒頂，作如是言：彌勒，我付囑汝。當來末世後五百歲，正法滅時，汝當守護三寶，莫令斷絶。爾時如來摩彌勒頂時，於此三千大千世界六種震動，光明徧滿大千世界。爾時地天及虛空天上至阿迦膩吒天，悉皆合掌白彌勒菩薩摩訶薩言：如來以法付囑聖者，唯願聖者爲利一切諸天人故，受此正法。爾時彌勒菩薩從座而起，偏袒右肩，右膝著地，合掌恭敬，白佛言：世尊，我爲利益一切衆生，尚受無量億劫之苦，況復如來付我正法而當不受。世尊，我爾時受持，於當來世演說如來無

量阿僧祇劫所集阿耨菩提法。彌勒菩薩説此語時，三千世界六種震動。」〔一〕

又大集經云：「爾時世尊告上首彌勒及賢劫中一切菩薩摩訶薩言：諸善男子，我昔行菩薩道時，曾於過去諸佛如來作是供養。以此善根，與我作於三菩提因。我今憐愍諸衆生故，以此報果分作三分，留一分自受。第二分者於我滅後與禪解脱三昧堅固相應聲聞，令無所乏。第三分者與彼破戒讀誦經與相應聲聞，正法像法剃頭著袈裟者，令無所乏。彌勒，我今復以三業相應諸聲聞衆，比丘、比丘尼、優婆塞、優婆夷，寄付汝手，勿令乏少孤獨而終。及以正法像法毁破禁戒、著袈裟者，寄付汝手。勿令彼等於諸資具乏少而終。亦勿令有旃陀羅王共相惱害，身心受苦。我今復以彼諸施主寄付汝手。我今所有器以非器，爲我出家而供養者，汝等亦當護持養育。彌勒若於現在及未來世讀誦受持此法門者，彼等當得十種清浄功德。何等爲十？始從身清浄故，離殺生乃至離邪見，是爲十種功德。從是以後百千萬生，常得如是十種清浄功德。若有至心聽此法門者，是人住如實際，得於八種清浄功德。何等爲八？一、長壽，二、端正，三、富貴，四、名稱，五、常爲諸天守護，六、所須常無所乏，七、盡諸業障，八、命欲終時有十方佛及諸大衆放大光明，照其眼目，〔二〕令其人見得生善處。於百千萬生常得如是八種功德。我今更復略説，是人當得十三種清浄功德。何爲十三？一、生死流轉，終不更起顛倒惡見。

〔一〕出大寶積經卷八十九摩訶迦葉會。

〔二〕「目」字原作「自」，據高麗藏本、磧砂藏本、南藏本、嘉興藏本改。

二、不生五濁無佛國土。三、常得見佛。四、常聞正法。五、常得供養衆僧。六、值善知識。七、常與六波羅蜜相應。八、不墮小乘。九、常以大慈大悲大方便力成熟衆生。十、常發勝願。十一、乃至菩提而常不離如上等法。十二、速能滿足六波羅蜜。十三、於阿耨多羅三藐三菩提而成正覺。若有受持、書寫、讀誦、爲他解説、如説修行此月藏法門者,所得功德如前所説。

又大集經云:「爾時無勝意童子白佛言:世尊,他方佛土所有人民,常作是言:娑婆世界雜穢。然我今者常見清浄。佛言:如是,如是。如汝所説。又此世界諸菩薩等或作種種天人畜生之像,遊閻浮提,教化如是種類衆生。若爲人天調伏衆生,是不爲難。若爲畜生調伏衆生,是乃爲難。閻浮提外東方海中有瑠璃山,名之爲湖,具種種寶。其山有窟,名種種色,是昔菩薩所住之處。有一毒蛇,在中而住修聲聞慈。復有一窟,名曰無死,亦是菩薩昔所住處。中有一馬,修聲聞慈。復有一窟,名曰善住處,亦是菩薩昔所住處。中有一羊,修聲聞慈。其山樹神名曰無勝,有羅刹女,名曰善行,各有五百眷屬圍遶。是二女人常共供養如是三獸。閻浮提外南方海中有玻瓈山,其山有窟,名曰上色,亦是菩薩昔所住處。有一獼猴,修聲聞慈。復有一窟,名曰誓願,亦是菩薩昔所住處。中有一鷄,修聲聞慈。復有一窟,名曰法牀,亦是菩薩昔所住處。中有一犬,修聲聞慈。中有火神,有羅刹女,名曰眼見,各有五」〔二〕

〔二〕出大方等大集經卷五十月藏分法滅盡品。

百眷屬圍遶。是二女人常供養是三鳥獸。閻浮提外西方海中,有一銀山,名曰菩提月。中有一窟,名曰金剛,亦是菩薩昔所住處。中有一猪,修聲聞慈。復有一窟,名香功德,亦是菩薩昔所住處。中有一鼠,修聲聞慈。復有一窟,名高功德,亦是菩薩本所住處。中有一牛,修聲聞慈。山有風神,〔一〕名曰動風,有羅刹女,名曰天護,各有五百眷屬圍遶。是二女人常供養如是三獸。閻浮提外北方海中,有一金山,名曰功德相。中有一窟,名爲明星,亦是菩薩昔所住處。有一師子,此方名虎。修聲聞慈。復有一窟,名曰浄道,亦是菩薩昔所住處。中有一兔,修聲聞慈。復有一窟,名曰喜樂,亦是菩薩昔所住處。中有一龍,修聲聞慈。山有水神,名曰水天,有羅刹女,名修慚愧,各有五百眷屬圍遶。是二女人常共供養如是三獸。是十二獸晝夜常行閻浮提内,人天恭敬,功德成就。已於諸佛所發深重願:一日一夜常令一獸遊行教化,餘十一獸,安住修慈,周而復始。七月一日鼠初遊行,以聲聞乘教化一切鼠身,令離惡業,勸修善事。如是次第至十二日,鼠復還行。如是乃至盡十二月。至十二歲,亦復如是,常爲調伏諸衆生故。是故此土多有功德,乃至畜獸亦能教化演説無上菩提之道。是故他方諸菩薩等常應恭敬此佛世界。」〔二〕

述曰:此之十二獸並是菩薩慈悲化導,故作種種人畜等形,住持世界,令不斷絶。故人道初生,當

〔一〕「風」字原作「鳳」,據高麗藏本改。

〔二〕出大方等大集經卷二十二虚空目分浄目品。

此菩薩住窟，即屬此獸護持得益。是故漢地十二辰獸，依此而行，不異經也。

羅漢部第六

依付法藏傳：「佛以正法付大迦葉，令其護持，不使天魔、龍、鬼、邪見王臣所有輕毁。既受囑已，結集三藏，流布人天。迦葉又以法囑累阿難。如是展轉，乃至師子，合二十五人，並閻浮洲中六通聖者。大迦葉今在靈鷲山西峰巖中坐，入滅盡定。經五十六億七千萬歲，慈氏佛降，傳釋迦佛所付大衣，廣現神變，然後涅槃。」〔一〕

又于闐國南二千里沮渠國有三無學羅漢，在山入定。無數年來，卓然如生。至十五日，外僧入山，爲剃鬚髮。又案諸經律，佛令大阿羅漢賓頭盧不得滅度，令傳佛法。每三天下福利羣生，令出生死。又入大乘論：「賓頭盧、羅睺羅等十六無學羅漢，及九十九億羅漢，皆於佛前受籌住法。」〔二〕

又依新翻大阿羅漢難提蜜多羅所説法住記云：「薄伽梵般涅槃後，八百年中，執師子國勝軍王都有阿羅漢，名難提蜜多羅，此云慶友。化緣既畢，將般涅槃。集諸苾芻、苾芻尼等，但有疑者，應可速問。承告涕噎，良久乃問：我等未知世尊釋迦牟尼無上正法當住幾時？時尊者告曰：汝等諦聽。如來先

〔一〕出付法藏因緣傳卷一。
〔二〕出入大乘論卷上。

已説法住經，今當爲汝麤更宣説。佛薄伽梵般涅槃時，以無上法付囑十六大阿羅漢并眷屬等，令其護持，使不滅没。及敕其身與諸施主作真福田，令彼施者得大果報。時諸大衆聞是語已，少解憂悲。復重請言：所説十六大阿羅漢，我輩不知其名何等？慶友荅言：第一尊者名賓度羅跋羅惰闍，與自眷屬千阿羅漢多分住在西瞿陀尼洲。〔一〕第二尊者名迦諾迦伐蹉，與自眷屬五百阿羅漢多分住在北方迦濕彌羅國。第三尊者名迦諾跋釐惰闍，與自眷屬六百阿羅漢多分住在東勝身洲。第四尊者名蘇頻陀，與自眷屬七百阿羅漢多分住在北俱盧洲。第五尊者名諾詎羅，與自眷屬八百阿羅漢多分住在南贍部洲。第六尊者名跋陀羅，與自眷屬九百阿羅漢多分住在躭没羅洲。第七尊者迦理迦，與自眷屬千阿羅漢多分住在僧迦荼洲。第八尊者名伐闍羅弗多羅，與自眷屬千一百阿羅漢多分住在鉢剌拏洲。第九尊者名戍博迦，與自眷屬九百阿羅漢多分住在香醉山中。第十尊者名半託迦，與自眷屬千三百阿羅漢多分住在三十三天。第十一尊者名羅怙羅，與自眷屬千一百阿羅漢多分住在畢利颺瞿洲。第十二尊者名那伽犀那，與自眷屬千二百阿羅漢多分住在半度波山。第十三尊者名因揭陀，與自眷屬千三百阿羅漢多分住在廣脅山中。第十四尊者名伐那婆斯，與自眷屬千四百阿羅漢多分住在可住山中。第十五尊者名阿氏多，與自眷屬千五百阿羅漢多分住在鷲峰山中。第十六尊者名注荼半託迦，與自眷屬千六百

〔一〕「在」字原作「地」，據高麗藏本改。

阿羅漢多分住在持軸山中。如是十六大阿羅漢一切皆具三明、六通、八解脱等無量功德，〔一〕離三界染，誦持三藏，博通外典。承佛敕故，以神通力，延自壽量。乃至世尊正法應住，常隨護持，及與施主作真福田，令彼施者得大果報。若此世界一切國王、輔相、大臣、長者、居士、若男若女，發殷净心，爲四方僧設大施會，或設五年無遮施會，或慶寺、慶像、慶經旛等施設大會，或延請僧至所住處設大福會，或詣寺中經行處等，安布上妙諸坐卧具、衣藥、飲食，奉施僧衆。時此十六大阿羅漢及諸眷屬隨其所應，分散往赴，現種種形，蔽隱聖儀，同常凡衆，密受供具，令諸施主得勝果報。如是十六大阿羅漢護持正法，饒益有情，至此南贍部洲人壽極長，至於十歲，刀兵劫起，互相誅戮。佛法爾時，當暫滅没。刀兵劫後，人壽漸增，至百歲位。此洲人等，厭前刀兵殘害苦惱，復樂修善。時此十六大阿羅漢與諸眷屬復來人中，稱揚顯説無上正法，度無量衆，令其出家，爲諸有情作饒益事。如是乃至此洲人壽六萬歲時，〔二〕無上正法流行世間，熾然無息。後至人壽七萬歲時，無上正法方未滅没。〔三〕時此十六大阿羅漢與諸眷屬於此洲地，俱來集會。以神通力用諸七寶造窣堵波，嚴麗高廣。釋迦牟尼如來應正等覺，所有遺身駄都皆集其内。爾時十六大阿羅漢與諸眷屬遶窣堵波，以諸香華持用供養，恭敬讚歎。繞百千匝，

〔一〕「如」字原作「加」，據高麗藏本、磧砂藏本、南藏本、嘉興藏本改。
〔二〕「至」字原作「在」，據高麗藏本、磧砂藏本、南藏本改。
〔三〕「未」字原作「永」，據高麗藏本改。

瞻仰禮已，俱昇虚空，向窣堵波作如是言：敬禮世尊釋迦如來應正等覺。我先受敕，護持正法，及與天人作諸饒益。法藏已没，有緣已周，今辭滅度。説是語已，一時俱入無餘涅槃。先定願力，火起焚身，如燈焰滅，骸骨無遺。時窣堵波便陷入地，至金剛際，方乃停住。爾時世尊釋迦牟尼無上正法於此三千大千世界永滅不現。從此無間，此佛土中有七百俱胝獨覺，一時出現。至人壽八萬歲時，獨覺聖衆復皆滅度。次後彌勒如來應正等覺出現世間。時贍部洲廣博嚴浄，具如經説。」〔一〕

僧尼部第七

如毗尼母經云：「若出家僧尼有五法因緣，得令正法不速隱没：一者，所誦習經文句，具足前後次第，所有義味，悉能究盡。復教徒衆弟子，同已所知。如此人者，能令佛法久住於世。二者，廣習三藏文義具足。復能爲四部之衆如所解教之。其身雖滅，令後代正法相續不絶。如此人者，能使正法不墜於地。三者，僧中若有大德上座，爲四部所重者，能勤修三業，捨營世事。其徒衆弟子，迭代相續，皆亦如是。此亦復令正法久住。四者，若有比丘其性柔和，言無違逆，聞善從之，聞惡遠避。若有高才智德者，訓誨其言，奉而修行。是亦能令佛法久住。五者，若比丘共相和順，不爲形勢利養，朋黨相助，共諍

〔一〕出大阿羅漢難提蜜多羅所説法住記。

是非。如此五事，能令正法流轉不絶，是名説法中上座。」〔一〕

長者部第八

如優婆塞戒經云：「爾時會中有長者子，名曰善生，白佛言：世尊外道六師常演説法，教衆生言：若能晨朝敬禮六方，則得增長壽命與財。何以故？東方之土屬于帝釋，有供養者，則爲護助。南方之土屬閻羅王，有供養者，則爲護助。西方之土屬婆樓那天，有供養者，則爲護助。北方之土屬拘毗羅天，有供養者，則爲護助。下方之土屬于火天，有供養者，則爲護助。上方之土屬于風天，有供養者，則爲護助。佛法之中，頗有如是六方不耶？佛言：善男子，我佛法中亦有六方，所謂六波羅蜜。東方即是檀那。何以故？始初出者，爲出智慧光因緣故。彼東方者屬衆生心。若有衆生能供養彼檀那，則爲增長壽命與財。南方即是尸羅。何以故？尸羅名之爲右。若人供養，亦得增長壽命與財。西方即是羼提。何以故？彼西方者，名之爲後，一切惡法棄於後故。若有供養，則得增長壽命與財。北方即是毗梨。何以故？北方名號勝諸惡法。若人供養，亦得增長命之與財。下方即是禪定。何以故？能正觀察三惡道故。若人供養，亦得增長命之與財。上方即是般若。何以故？上方即是無上無上故。若

〔一〕出毘尼母經卷六。

有供養，則得增長命之與財。善男子，是六方者屬衆生心，非如外道六師所説。如是六方誰能供養？善男子，唯有菩薩乃能供養。」〔一〕

天王部第九

如舍利弗問經云：「舍利弗白佛言：云何如來告天帝釋及四天王云：我不久滅度，汝等各於方土護持我法。我去世後，摩訶迦葉、賓頭盧、君徒般歎、羅睺羅四大比丘住不泥洹，流通我法？佛言：但像教之時，信根微薄。雖發信心，不得堅固，不能感致諸佛弟子。雖專至累年，不如佛在世時一念之善。故彌勒下生，聽汝泥洹。」〔二〕

又雜阿含經云：「爾時世尊告天帝釋及四天王言：如來不久當以無餘涅槃而般涅槃，汝等各於方土護持正法。我滅度後過於千歲，教法滅時，當有非法出現世間。十善悉壞，閻浮提中多諸患難。如來頂骨、佛牙、佛鉢安置東方。」〔三〕此是末後付囑天王帝釋四王六欲，備在經文，不可具説。

又勝天王經云：「或有衆生見此菩薩今始成道，或見菩薩久遠成道，或見一世界四天王獻鉢，或見

〔一〕出優婆塞戒經卷一集會品。

〔二〕出舍利弗問經。

〔三〕出雜阿含經卷二十五。

十方恒河沙世界四天王獻鉢。舍利弗，菩薩爾時度衆生故，即受衆鉢，重疊掌中，合而爲一。其諸天王又不相見，皆謂世尊獨用我鉢。」〔一〕

又依鉢記云：「釋迦如來在世之時，所用青石之鉢，其形可容三斗有餘。佛泥洹後，此鉢隨緣往福衆生，最後遺化興於漢境。此記從北天竺來，有兩紙許。甲子歲三月至石澗寺僧伽耶舍小禪師使於漢土，宣示令知。」

鬼神部第十

如大集經云：「爾時一切諸天一切諸龍乃至一切迦吒富單那等，於三寶中得增上信，作如是言：我等一切從今以往，護持正法。若諸國王見有如是爲佛出家受持禁戒，乃至爲佛剃鬚髮不受禁戒，〔二〕受而毁犯，無可積聚，如其事緣，治其身罪鞭打之者，我等不復護持養育如是國王，捨離彼國。以捨離故，令其國土而有種種諂詐鬬諍，疫病飢饉，刀兵俱起，非時風雨亢旱毒熱，傷害苗稼，令其國土所有世尊聲聞弟子悉向他國，使其國土空無福田。若有世尊聲聞弟子乃至但著袈裟片者，若有宰官鞭打彼

〔一〕出勝天王般若波羅蜜經卷四。

〔二〕「髮」字下原衍「片」字，據高麗藏本删。

等，其刹利王不遮護者，我等亦當出其國土。」〔一〕

又大集經云：「爾時世尊以震旦國付囑毗首羯磨天子五千眷屬，迦毗羅夜叉大將五千眷屬，乃至雙瞳目大天女十七大將，各領五千眷屬。汝等賢首皆共護持震旦國土。於彼所有一切觸惱、鬭諍、怨讎、忿競、言訟，兩陣交戰，飢饉疫病，非時風雨，冰寒毒熱，悉令休息，遮障不善諸惡衆生，瞋恚麤獷，苦辛澁觸，無味等物，悉令休息。令我法眼得久住故，紹三寶種不斷絶故。」〔二〕

頌曰：

於赫大聖，　種覺圓明。　無非不察，　如響酬聲。　弗資延慶，　孰悟歸誠。　良道可仰，
實引迷生。　百川邪浪，　一味呑并。　物有取捨，　善惡虧盈。　八邪馳鋭，　四句争名。
識非鑒是，　法住安寧。

〔一〕出大方等大集經卷五十四月藏分忍辱品。
〔二〕出大方等大集經卷五十五月藏分分布閻浮提品。

法苑珠林校注卷第三十一

潛遁篇第二十三此有二部

述意部　引證部

述意部第一

蓋聞聖賢應世，影跡無方。所止之國，莫非利益。俗士封其吉凶，上智悟其善惡。正心而俟，則與天同量矣。昔晉武之世，有天竺耆域；宋武之初，有彭城杯度。並顯示徵瑞，昭悟氓俗。齊梁之有沙門寶誌者，始現於永明之初，晦智若狂，體同緇庶。〔一〕而藏往知來，每中靈驗；動容發辭，鮮有遺策。

〔一〕「緇庶」，高麗藏本作「濇塵」，磧砂藏本作「緇塵」。

士庶響赴，所在如雲。跡拘塵垢，神遊冥寂。水火不能燋濡，蛇虎不能侵毒。雖復限以九關，身終無礙。語其佛理，則聲聞以上；談其隱淪，則遁仙高士。世有可善，故出善應之；世有可惡，故出惡應之。可謂懸於日月，蔽於金石者矣。無疆之福，於斯見焉。

引證部第二

如生經云：「佛告諸比丘：乃昔過去無數劫中，姊弟二人。姊有一子，與舅俱給官御府織。見帑藏中奇寶好物，即共議言：吾織作勤苦，藏物多少，寧可共取，用解貧乏。伺夜人定，鑿作地穴，盗取官物，不可筭數。明監藏者覺物減少，以啓白王。王詔之曰：勿廣宣之，令外知聞。舅甥盗者，謂王不覺。王曰：至于後日，必復重來。且嚴警守，以用待之，得者收捉，無令放逸。藏監受詔，即加守備。其人久久則重來盗。外甥教舅：舅今年尊，體羸力少，若爲守者所得，不得自脱。我力强盛，當濟挽舅。舅適入窟，爲守者所執。執者喚呼諸人。甥捉不制，畏明識之，輒截舅頭出窟持歸。晨曉，藏監具以啓聞。王又詔曰：轝出其屍，置四交路，其有對哭取死屍者，則是賊魁。棄之四衢，警守積日，人馬填噎，塞路奔突。其賊射鬧載兩車薪，置其屍上。守者啓王，王詔候伺，若有燒者，收縛送來。於是外甥教童執炬舞戲。人衆總鬧，以火投薪，薪然熾盛。守者不覺，具以啓王。王又詔曰：若闇維，更增嚴伺，其來取骨，則是元首。甥又覺之，兼煨釀酒，特令醇厚。詣守備者，微而語之，遺守者。連夕飢渴，〔一〕見酒聚飲。飲酒過多，皆共醉寐，酒瓶盛骨而去。守者不覺，明復啓王。王又詔曰：前後警守，竟不級獲。其賊狡黠，更當設謀。王即出女，莊嚴寶飾，安立房室於大水傍。衆人侍衛，伺察非妄，必有利色來趣女者。逆抱捉唤，〔二〕令人收執。他日異夜，甥尋竊來，因水放株，令順流下，唱叫犇隱。守者驚趣，謂有異人，但見株杌。如是連夕，〔三〕數數不變。守者睡眠，甥即乘株到女房室。女則執衣。甥告女曰：用爲牽衣，可捉我臂。甥素兇黠，預持死人臂，以用授女。女便放衣捉臂，而大稱叫。遲守者寤，甥得脱走。明具啓王。王又詔曰：此人方便，獨自無雙。久捕不得，當柰之何？女即懷妊，十月生男。男大端正，使乳母抱行，周徧國中。有人見鳴，便縛送來。抱兒終日，無就鳴者。甥爲餅師，住餅爐下。小兒飢啼，乳母抱兒，趣餅爐下，市餅餔兒，甥見兒鳴。具以白王，王又詔曰：何不縛送？乳母荅曰：小兒飢啼，餅師授餅，因而鳴之，不識是賊，何因白之？王又使母，更抱兒出，見近兒者，便縛將來。甥沽美酒，呼母伺者，勸酒醉眠，便盜兒去。醒悟失兒，具以啓王。王又詔曰：卿等頑騃，貪嗜狂水。既不得賊，復亡失兒。甥時得兒，抱至他國。前見國王，占謝荅對，引經説義。王大歡

〔一〕「夕」字原作「昔」，據生經改。
〔二〕「捉」字原作「投」，據高麗藏本改。
〔三〕「夕」字原作「昔」，據生經改。

喜，輒賜禄位，以爲大臣，而謂之曰：吾之一國，智慧方便，無逮卿者。欲以臣兒，若吾之兒，當以相配，自恣所欲。對曰：不敢。若王見哀，其實欲索本國王女。王曰：善哉。從所志願。王即自以爲子，遣使求彼王女。王即可之。即遣使者，欲迎王女。敕其太子，五百騎乘，皆使嚴整。甥爲賊臣。甥懷恐懼，若到彼國，王必覺我，見執不疑。便啓其王：若王見遣，當令人馬衣服鞍勒一無差異，乃可迎婦。王然其言。王令二百五十騎在前，二百五十乘在後。甥在其中，跨馬不下。女父自出，屢觀察之。王入騎中，躬執甥出，爾爲是非，前後方便，捕何叵得。稽首荅曰：實爾是也。王曰：卿之聰黠，天下無雙。卿之所願，以女配之，得爲夫婦。佛告諸比丘：欲知爾時外甥者，則吾身是。外國王者，舍利弗是。其舅者，今調達是。女婦翁者，輸頭檀王是。婦母者，摩耶夫人是。其婦者，拘夷是。其子者，羅雲是。佛説是時，莫不歡喜。」〔一〕

又智度論云：「菩薩思惟觀空無常相故，雖有妙好五欲，不生諸結。譬如國王，有一大臣，自覆藏罪，人所不知。王言：取無脂肥羊來。汝若不得者，當與汝罪。大臣有智，繫一大羊，以草穀好養，日三以狼而畏怖之。羊雖得養，肥而無脂，牽羊與王。王遣人殺之，肥而無脂。王問：云何得爾？荅以上事。菩薩亦如是，見無常苦空，狼令諸結脂消，諸功德肉肥。」〔二〕

〔一〕出生經卷二舅甥經。
〔二〕出大智度論卷十五。

又賢愚經云：「爾時摩竭國中有一長者，生一男兒，相貌具足，甚可愛敬。其生之日，藏中自然出一金象。父母歡喜，因瑞立號，名曰象護。兒漸長大，象亦隨大。既能行步，象亦行步。出入進止，常不相離。若意不用，便住在內。象大小便，唯出好金。由是因緣，庫藏寶滿。象護長大，恒騎東西，遲疾隨意，甚適人情。阿闍世王聞知索看，象護父子乘象在門，王聽乘象入內。下象拜王，王大歡喜，命坐賜食，麤略談論。須臾之間，辭王欲去。王告象護：留象在此，莫將出耶。象護感然，奉教留之，空步出宮。未久之間，象没於地，踊在門外。象護還得乘之。象護慮王見害，投佛出家，得羅漢道。每與比丘林間思惟，其金象者，恒在目前。舍衛國人聞有金象，競集觀之，總鬧不静，妨廢行道。時諸比丘以意白佛，佛告象護：因此致煩，遣之令去。然不肯去。佛復告曰：汝可語之，我今生分已盡，更不用汝。如是至三，象當滅去。爾時象護奉教語之，是時金象即入地中。佛告比丘：因何有此果報？乃往過去迦葉佛時，人壽二萬歲。彼佛涅槃後，起塔廟中，有菩薩本從兜率天乘象下入胎。彼時象身有少剥破。時有一人，見破治補，因立誓願：使我將來恒處尊貴，財用無乏。彼人壽終，生於天上，盡其天命，下生世間，常在尊貴。恒有金象，隨侍衛護。爾時治象人者，今象護是。由彼治象，封受自然。緣其敬心，奉三尊故，今值我得道。」〔一〕

〔一〕出賢愚因緣經卷十二象護品。

又雜寶藏經云：「昔難陁王聰明博通，事無不練。以己所知，謂無酬敵，羣臣無對。時諸臣等即白王言：有比丘名那伽斯那，聰明絶倫，今在山中。王欲試之，即使人賫一瓶酥，湛然盈滿。王意以爲我智滿足，誰加於我！斯那獲酥，即解其意。於弟子中斂針五百，用刺酥中，酥亦不溢。尋遣歸王。王既獲已，即知其意，尋遣使請，斯那即赴，延入宫中。王與麤食，食三五匙，便言已足。後與細美，方乃復食。王復問言：向云已足，何故今者猶故復食？斯那荅言：我向足麤，未足於細。即語王言：今者殿上可盡集人，令滿其上。尋即唤人，充塞徧滿，更無容處。王在後來，將欲上殿。諸人畏故，盡皆攝伏，其中轉寬，乃容多人。斯那爾時即語王言：麤飯如民，細者如王。民見於王，誰不避路。王復問言：出家、在家，何者得道？斯那荅言：二俱得道。王復問言：若二俱得道，何用出家？斯那荅言：譬如去此三千餘里，若遣少健，乘馬賫糧，捉於器仗，得速達不？王荅言：得。若遣老人，乘於瘦馬，復無糧食，爲可達不？王言：縱令賫糧，由恐不達，況無糧也。斯那荅言：出家得道，喻如少壯；在家得道，如彼老人。王復問言：日之在上，其體是一，何以夏時極熱，冬時極寒，夏則日長，冬則日短？斯那荅言：須彌山有上下道。日於夏時，行於上道，路遠行遲，照于金山，故長而暑熱。日於冬時，行於下道，路近行速，照大海水，短而極寒。」〔一〕

〔一〕出雜寶藏經卷九難陀王與那伽斯那共論緣。

頌曰：

潛遁巧變，善弄冥馳。偉哉仁智，官捕推移。羊肥無脂，象護天隨。福應所感，冥運投機。静也沖默，動也神輝。緜緜違御，亹亹長斐。反宗元象，光潛影離。隱顯叵測，真僞難議。

感應緣略引一十三驗

西晉沙門劉薩何
西晉沙門釋杯度
西晉沙門竺佛圖澄
西晉沙門釋道進
宋沙門釋曇始
宋沙門釋法朗〔一〕
宋沙門釋邵碩

〔一〕「釋」字原脱，據高麗藏本補。

宋沙門釋慧安

齊帝高洋

齊沙門釋僧慧

梁沙門釋寶誌〔一〕

吴居士徐光

搜神雜傳地仙等記

西晉慈州郭下安仁寺西劉薩何師廟者，昔西晉之末，〔二〕此鄉本名文成郡，即晉文公避地之所也。州東南不遠，高平原上，有人名薩何，姓劉氏。其廟莊麗，備盡諸飾。初何在俗，不異於凡。人懷殺害，全不奉法，何亦同之。因患死，蘇曰：在冥道中，見觀世音曰：汝罪重，應受苦。念汝無知，且放汝。〔三〕今洛下、齊城、丹陽、會稽並有育王塔，可往禮拜，得免先罪。何得活已，改革前習。土俗無佛，

〔一〕「寶誌」，高麗藏本、磧砂藏本、南藏本作「保誌」。下正文同。

〔二〕「昔」字原作「而」，據高麗藏本改。

〔三〕「汝」字原闕，據集州三寶感通録補。

承郭下有之。便具問已，方便開喻，通展仁風，稽胡專直，信用其語。每年四月八日大會平原，各將酒餅，及以浄供，從旦至中，酣飲戲樂。即行浄供，至中便止。過午已後，共相讚佛，歌詠三寶，乃至于曉。何遂出家，法名慧達。百姓仰之，敬如佛想。然表異迹，生信逾隆。晝在高塔爲衆説法，夜入蟗中以自沈隱。旦從蟗出，初不寧舍。故俗名爲蘇何聖。蘇何者，稽胡名蟗也。以從蟗宿，故以名焉。故今彼俗村村佛堂，無不立像，名胡師佛也。今安仁寺廟，立像極嚴，土俗乞願，華香不一。〔一〕每年正月轝巡村落，去住自在，不惟人功。欲往彼村，兩人可舉，額文則開，顔色和悦，其村一歲死衰則少。不欲去者，十人不移，額文則合，色貌憂慘。其村一歲必有災障。故俗至今，常以爲候。俗亦以爲觀世音者，假形化俗，故名慧達。有經一卷，俗中行之，純是梵語，讀者自解。故黄河左右慈隰嵐石丹延綏銀八州之地，無不奉敬，皆有行事，如彼説之。然今諸原皆立土塔，上施相刹，繫以蠶蟗，擬達之栖止也。何於本鄉既開佛法，東造丹陽，諸塔禮事已訖，西趣涼州番禾御谷，禮山出像。行出肅州酒泉郭西沙磧而卒。〔二〕形骨小細，狀如葵子，中皆有孔，可以繩連。故令彼俗有災障者，就磧覓之。得以凶亡，不得告喪。有人覓既不得，就左側觀音像上取之，至夜便失。明旦尋之，還在像手。故土俗以此尚之。〔三〕

〔一〕「華香」原作「粹者」，據高麗藏本改。

〔二〕「磧」字原作「磧」，據高麗藏本改。下同

〔三〕出集神州三寶感通録卷下。又見高僧傳卷十三竺慧達傳。

西晉杯度沙門，不知何許人。出自冀州，年可七十許。隱匿姓字，不甚修行，時人未重也。嘗寄宿一家，家有金像。杯度晨興，輒持而去。主人策馬追之，度自徐行，而騎走不及。至河乘一小杯以過孟津，因號曰杯度。後在彭城，人每見之，常在途路，莫有知其居處所在。擔一蘆篅，行止自隨。或於凝雪之辰，叩冰盥浴，膚色輝然，不以寒慘。義熙中暫在廣陵，刺史沛國劉蕃素聞其名，因人要來。猶擔此篅，使人舉視，重不能勝。蕃自起看，政有敗納衣耳。度辭去，一手挈篅，若提鴻毛。永嘉初中卒，羅什聞度在彭城，歎曰：我與此子戲別已數百年矣。於時乃悟什亦神人也。〔一〕

西晉末竺佛圖澄，西域人。形貌似百歲人。左脅孔圍可四五寸，以帛塞之。齋日就水邊抽腸胃出，洗已內孔。夜則除帛，光照一室，以讀書。雖未通羣籍，與諸學士輒辯析無滯，莫不伏者。至永嘉中，遊洛下。時石勒屯兵河北，以殺戮爲威，道俗遇害不少。澄往造軍門，豫定吉凶，勒見每拜。澄化令奉佛，減虐省刑，故中州免者十而八九。勒與劉曜相拒搆隙，以問澄。澄曰：可生擒耳，何憂乎！麻油塗掌，令視見之，曜被執，朱繩縛肘。後果獲之，如掌所見。至建平四年四月八日，勒至寺灌佛，微風吹鈴有聲。顧謂衆曰：解此鈴音者不？鈴言：國有大喪，不出今年。至七月而勒死。石虎即位，師奉過勒。賜以輦輦，入出乘焉。所有祥感，其相極多，略而不述。虎末，澄告弟子曰：禍將作矣。及期未

〔一〕見集神州三寶感通録卷下。又見高僧傳卷十杯度傳。

至，吾且過世。至戊申年，太子殺其母弟。虎怒，誅及妻子。明年虎死，遂有冉閔之亂。葬於鄴西。一云：澄死之日，商者見在流沙，虎開棺唯見衣鉢。澄在中原，時遭凶亂，而能通暢仁化，其德最高。非夫至聖，何能救此塗炭。凡造寺九百八十餘所。通濟道俗者，中分天下矣。〔一〕

西晉鄴中有佛圖澄弟子名道進，學通内外，爲石虎所重。嘗言及隱士事。虎謂進曰：有楊軻者，朕之民也。徵之十餘年，不恭王命。故往省視，傲然而卧。朕雖不德，君臨萬邦，乘轝所向，天沸地涌。雖不能令木石屈膝，何匹夫而長傲耶！昔太公之齊，先誅華士。太公賢哲，豈其謬乎！進對曰：昔舜優蒲衣，禹造伯成，魏軾干木，漢美周黨，管寧不應曹氏，皇甫不屈晉世。二聖四君，共嘉其節。將欲激勵貪競，以峻清風。願陛下遵舜禹之德，勿效太公用刑。君舉必書，豈可令趙史遂無隱遁之傳乎！〔二〕虎悦其言，即遣軻還其所止，差十家供給之。進還，具以白澄。澄莞然笑曰：〔三〕汝言善也，但軻命有懸矣。後秦州兵亂，軻弟子以牛負軻西奔。軍追擒，〔四〕并爲所害。虎嘗晝寢，夢見羣羊負魚從東北

〔一〕出集神州三寶感通録卷下。又見高僧傳卷九竺佛圖澄傳。
〔二〕「趙」字原脱，據高麗藏本補。
〔三〕「莞」字原作「睆」，據高僧傳改。
〔四〕「軍」字原作「運」，據高麗藏本改。

來。痦以訪澄，澄曰：不祥也，鮮卑其有中原乎！慕容氏後果都之。〔一〕

宋僞魏長安有釋曇始，關中人。自出家以後，多有異迹。晉孝武太元之末，賫經律數十部，往遼東宣化，顯授三乘，立以歸戒，〔二〕蓋高句驪聞道之始也。義熙初，復還關中，開導三輔。始足白於面，雖跣涉泥水，未嘗沾泥，天下咸稱白足和尚。時長安人王胡，其叔死數年，忽見形還，將胡徧遊地獄，示諸果報。胡辭還，叔謂胡曰：既已知因果，但當奉事白足阿練。胡徧訪衆僧，唯見始足白於面，因兹事之。晉末朔方匈奴赫連勃勃嗟之，並放沙門，悉皆不殺。始於是潛遁山澤，修頭陁之行。後拓跋燾復剋長安，〔三〕擅威關洛。時有博陵崔皓，少習左道，猜嫉釋教。既位居僞輔，燾所仗信。乃與天師寇氏説燾，以佛化無益，有損民利，勸令廢之。燾既惑其言，以僞太平七年，遂毁滅佛法，分遣軍兵燒燬寺舍。統内僧尼，悉令罷道。其有竄逸者，皆遣人追捕，得必梟斬。一境之内，無復沙門。始閑絶幽深，軍兵所不能至。至太平之末，始知燾化時將及，以元會之日，忽杖錫到宫門。有司奏云：有一道人，足白於面，從門而入。燾令依軍法，屢斬不傷。遽以白燾，燾大怒，自以所佩劒斫之，體無餘異，唯劒所著處，有痕如布線焉。時北園養虎于檻，燾令以始餧之，虎皆潛伏，終不敢近。試以天師近檻，虎輒鳴吼。

〔一〕出高僧傳卷九竺佛圖澄傳附。

〔二〕「立」字原作「及」，據高麗藏本改。

〔三〕「拓」字原作「託」，據高麗藏本、磧砂藏本、南藏本、嘉興藏本改。

燾始知佛化尊高，黄老所不能及。即延始上殿，頂禮足下，悔其愆失。〔一〕始爲説法，明辯因果。燾大生愧懼，遂感癘疾。〔二〕崔寇二人次發惡病。燾以過由於彼，於是誅剪二家，門族都盡。宣下國中，興復正教。俄而燾卒，孫濬襲位，方大弘佛法，盛迄于今。始後不知所終也。〔三〕

宋高昌有釋法朗，高昌人。幼而執行精苦，多諸徵瑞。韜光藴德，人莫測其所階。朗師釋法進，亦高行沙門。進嘗閉户獨坐，忽見朗在前。問：從何處來？荅云：從户鑰中入。云：與遠僧俱至，日既將中，願爲設食。進即爲設食。唯聞匕鉢之聲，竟不見人。昔廬山慧遠嘗以一袈裟遺進，進即以爲嚫。朗云：衆僧已去，别日當取之。後見執爨者就進取衣，進即與之。訪常執爨者，皆云不取，方知是先聖人權迹取也。至魏虜毁滅佛法，朗西適龜兹。龜兹王與彼國大禪師結約：若有得道者至，當爲我説，我當供養。及朗至，乃以白王，王待以聖禮。後終於龜兹。焚屍之日，兩肩涌泉，直上于天，衆歎希有，收骨起塔。後西域人來北土，具傳此事。〔四〕

〔一〕「愆」字原作「信」，據高僧傳改。

〔二〕「癘」字原作「勵」，據高麗藏本、磧砂藏本、南藏本、嘉興藏本改。

〔三〕出高僧傳卷十釋曇始傳。

〔四〕出高僧傳卷十釋法朗傳。

宋岷山通雲寺有沙門邵碩者，本姓邵，名碩，始康國人。〔一〕形貌似狂，而深敬佛法。以宋初出家入道，自稱碩公。出入行住，不擇晝夜。至人家眠地者，人家有死，就人乞細席，必有小兒亡，時人咸以此爲讖。至四月八日成都行像，碩於衆中匍匐作師子形。爾日郫縣亦見碩作師子形，〔二〕乃悟分身也。刺史蕭慧開及劉孟明等並挹事之。後一朝忽著布帽詣孟明，少時明卒。先是孟明長史沈仲玉改鞭杖之格，嚴重常科。碩謂玉曰：天地嗷嗷從此起，若除鞭格得刺史。玉信而除之。及孟明卒，仲玉果行州事。以宋元徽元年九月一日卒岷山通雲寺。〔三〕臨亡語道人法進云：可露吾骸，急繫履著脚。既而依之，出屍置寺後。經二日，不見所在。俄而有人從郫縣來，遇進云：昨見碩公在市中，一脚著履。漫語云：小子無宜適，失我履一隻。進驚而檢問沙彌，沙彌荅云：近送屍時怖懼，右脚一履不得好繫，遂失之。其迹詭異，莫可測也。後竟不知所終。〔四〕

宋江陵琵琶寺有釋慧安，未詳何許人。年十八出家，止江陵琵琶寺。風貌庸率，頗共輕之。時爲沙彌，衆僧列坐，輒使行水。安執空瓶從上至下，水常不竭。時咸以異焉。及受具戒，稍顯靈迹。常月

〔一〕「國」字原脱，據高麗藏本補。

〔二〕「郫」字原作「郡」，據高僧傳改。

〔三〕「徽」字原作「嘉」，「雲」字原作「靈」，據高麗藏本、磧砂藏本改。

〔四〕出高僧傳卷十邵碩傳。

晦夕，共同學慧濟上堂布薩，堂户未開，安乃絹濟指從壁隙而入，出亦如之。濟甚駭懼，不敢發言。後與濟共至塔下，便語濟云：吾當遠行，今與君别。頃之，便見天人妓樂香華，布滿空中。濟唯驚懼，竟不得語。安又謂曰：吾前後事迹，慎勿妄説，説必有咎。唯西南有一白衣，是新發意菩薩，可具爲説之。於是辭去，便附商人入湘川。中路患痢極篤，謂船主曰：貧道命必應盡，但出置岸邊，不須器木。氣絶之後，即施蟲鳥。商人依其言，出卧岸側。夜見火燄從身而出。商人怪懼，就往觀之，已氣絶矣。商人行至湘東，見安亦已先至，俄又不知所之。濟後至陟屺寺，詣隱士南陽劉虬，具言其事。虬即起遥禮之，謂濟曰：此得道之人，入火光三昧也。〔一〕

齊帝諱洋，即元魏丞相高歡之第二子也。〔二〕嫡兄澄急暴，爲奴所害，洋襲其位，代爲相國。魏將曆窮，洋築壇於南郊，筮遇大壯，大吉漢之卦也。乃鑄金像，一寫而成。魏收爲禪文，魏帝署之，即受其禪，爲大齊也。凡所行履，不測其愚智，委政僕射楊遵彦。帝大起佛寺，僧尼溢滿諸州。冬夏供施，行道不絶。時稠禪師箴帝曰：檀越羅刹治，臨水自見。帝從之，覩羣羅刹在從。於是遂不食肉，禁鷹鷂，去官漁屠宰，辛葷悉除，不得入市。帝恒坐禪，竟日不出。禮佛行遶，其疾如風。受戒於昭玄大統法

〔一〕出高僧傳卷十釋慧安傳。

〔二〕「高」字原作「王」，據高麗藏本改。

上，〔一〕面掩地，令上履髮而授焉。先是帝在晉陽，使人騎駝敕曰：向寺取經函。使問所在，帝曰：任駝出城。及出，奄如夢，至一山，山半有佛寺。羣沙彌遥曰：高洋駞駝來。便引見一老僧，拜之，曰：高洋作天子何如？曰：聖明。曰：爾來何爲？曰：取經函。僧曰：洋在寺懶讀經。令北行東頭與之。使者反命。初帝在谷口木井佛寺，有捨身癡人，不解語，忽謂帝曰：我去，爾後來。是夜癡人死。帝尋崩於晉陽。〔二〕

齊荆州有釋僧慧，姓劉，不知何許人。在荆州數十年。南陽劉虬立陟屺寺，〔三〕請以居之。〔四〕時人見之已五六十年，終亦不老。舉止趨爾，無甚威儀。往至病人家，若瞋必死，喜者必差，時咸以此爲識。凡未相識者，並悉其親表存亡之意。慧嘗至江邊，告津吏求度。吏迫以舟小，未及過之。須臾已見慧在彼。兩岸諸人，咸歎神異。中山甄恬、南平車曇同日請慧，慧皆赴之。後兩家檢覆，方知分身。齊永明中，文惠要下京，行過寶誌，誌撫背曰：赤龍子。他無所言。慧後還荆，遇見鎮西長史劉景蕤，忽泣慟而捉之。數日蕤果爲刺史所害。後至湘州城南，忽云：地中有碑。衆人試掘，果得二枚。慧後

〔一〕「上」字原作「師」，據高麗藏本改。

〔二〕出集古今佛道論衡卷上。

〔三〕「立」字原作「在」，據高僧傳改。

〔四〕「居」字原作「屈」，據高僧傳改。

不知所終。或云永元中卒於江陵長沙寺。〔一〕

梁京師有釋寶誌，〔二〕本姓朱，金城人。少出家，止京師道林寺，師事沙門僧儉爲和尚，修習禪業。至宋太始初，忽如僻異，居止無定，飲食無時，髮長數寸。常跣行街巷，執一錫杖，杖頭掛剪刀及鏡，或掛一兩匹帛。齊建元中，稍見異迹。數日不食，亦無飢容。與人言語，始若難曉，後皆效驗。時或賦詩，言如讖記。京土士庶，皆共事之。齊武帝謂其惑衆，收住建康。既旦，人見其入市鄽，〔三〕還檢獄中，誌猶在焉。誌語獄吏：門外有兩轝食來，金鉢盛飯，汝可取之。既而齊文惠太子竟陵王子良，並送食餉誌。果如其言。建康令吕文顯以事聞武帝，帝即迎入，居之後堂。一時屏除内宴，誌亦隨衆出。既而景陽山上猶有一誌，與七僧俱。帝怒遣推檢，失所在。〔四〕閤吏啓云：誌久出在省，方以墨塗其身。時僧正法獻，欲以一衣遺誌，遺使於龍光、罽賓二寺求之。並云：昨宿旦去。又至其常所造厲侯伯家尋之，〔五〕伯云：誌昨在此行道，旦眠未寤。使還以告獻，方知其分身三處宿焉。誌嘗盛冬袒行，

〔一〕出高僧傳卷十釋僧慧傳。

〔二〕「寶」字，高僧傳作「保」。

〔三〕「其」字原作「共」，據高僧傳改。

〔四〕「在」字原闕，據高僧傳補。

〔五〕「厲」字原作「廣」，據高僧傳改。

沙門寶亮欲以納衣遺之，未及發言，誌忽來引納而去。又時就人求生魚膾，人爲辦竟，致飽乃去。還視盆中，魚游活如故。誌後假武帝神力，見高帝於地下，常受錐刀之苦，帝自是永廢錐刀。齊衛尉胡諧病請誌，誌注疏云：明屈。〔一〕明日竟不往。是日諧亡，載屍還宅。誌云：明屈者，明日屍出也。齊太尉司馬殷齊之隨陳顯達鎮江州，辭誌，誌畫紙作一樹，〔二〕樹上有烏，語云：急時可登此。後顯達逆節，留齊之鎮州。及敗，齊之叛。入廬山，追騎將及，齊之見林中有一樹，樹上有烏，如誌所畫，〔三〕悟而登之，烏竟不飛。追者見烏，謂無人而返，卒以見免。齊屯騎桑偃將欲謀反，往詣誌。誌遥見而走，大呼云：圍臺城，欲反逆，斫頭破腹。後未旬事發，偃叛往朱方，〔四〕爲人所得，果斫頭破腹。梁鄱陽忠烈王嘗屈誌來第會，忽令覓荆子甚急。既得，安之門上，莫測所以。少時王便出爲荆州刺史。其預鑒之明，此類非一。誌多去來興皇、净名兩寺。及今上龍興，甚見崇禮。先是齊時多禁誌出入，今上即位，下詔曰：誌公迹拘塵垢，神遊冥寂。水火不能燋濡，虵虎不能侵懼。語其佛理，則聲聞以上；談其隱

〔一〕「明」字原作「胡」，據高僧傳改。下同。
〔二〕「紙」字原作「絹」，據高麗藏本改。
〔三〕「如」字原作「乃」，據高麗藏本改。
〔四〕「朱」字原作「殊」，據高麗藏本、磧砂藏本改。

淪，則遁仙高者。豈得以俗士常情，空相拘制。何其鄙狹，一至於此！自今行來，隨意出入，勿得復禁。〔一〕誌自是多出入禁內。天監五年冬旱，雩祭備至，〔二〕而未降雨。〔三〕誌忽上啓云：誌病不差，就官乞治。若不啓白，官應得鞭杖。〔四〕願於華光殿講勝鬘請雨。上即使沙門法雲講勝鬘。講竟，夜便大雪。誌又云：須一盆水，加刀其上。〔五〕俄而雨大降，高下皆足。上嘗問誌云：弟子煩惑未除，何以治之？荅云：十二。識者以爲十二因緣治惑藥也。又問十二之旨。荅云：在書字時節刻漏中。識者以爲書之在十二時中。又問：弟子何時得靜心修習？荅云：安樂禁。識者以爲禁者止也，至安樂時乃止耳。後法雲於華林講法華，至假使黑風，誌忽問：風之有無？荅云：世諦故有，第一義則無也。誌往復三四番，便笑云：若體是假有，此亦不可解，難可解。其辭旨隱没，類皆如此。陳征虜者，舉家事誌甚篤。誌嘗爲其現真形，光相如菩薩像焉。誌知名顯奇四十餘載，士女恭事者數不可稱。至天監十三年冬，於臺後堂謂人曰：菩薩將去。未及旬日，無疾而終。屍骸香軟，形貌熙悅。臨亡然一燭，以

〔一〕「勿」字下原衍「令」字，「復」字原作「後」，據高僧傳删改。

〔二〕「雩」字原作「牢」，據高僧傳改。

〔三〕「未」字原作「求」，據高麗藏本改。

〔四〕「官」上原衍「於」字，據高麗藏本删。

〔五〕「加」字原作「如」，據高麗藏本、磧砂藏本、南藏本、嘉興藏本改。

付後閤舍人吴慶。慶即啓聞，〔一〕上歎曰：大師不復留矣。燭者將以後事屬我乎！因厚加殯送，葬于鍾山獨龍之阜。仍於墓所立開善精舍。敕陸倕製銘辭於冢内，王筠勒碑文於寺門。傳其遺像，處處存焉。初誌顯迹之始，年可五六十許，而終亦不老，人咸莫測其年。有徐捷道者，居于京師九日臺北，自言是誌外舅弟，小誌四年。計誌亡時，應年九十七矣。〔二〕右十一驗出梁高僧傳。〔三〕

徐光在吴世，常行幻術。於市鄽閒種棗橘栗，立得食之，而市肆賣者皆已耗失。凡言水旱甚驗。常過大將軍孫琳門，褰裳而趨，左右唾濺。或問其故，荅曰：流血覆道，臭腥不可。〔四〕琳聞而怒殺之，斬其首無血。及琳廢幼帝，更立景帝。將拜蔣陵，有大飄風如廩從空中墜琳車上，車爲之傾。頓顧見徐光在松樹上，拊手指撝，嗤笑之。琳問左右，無見者。琳惡之。俄而景帝誅琳，兄弟四人一旦爲戮。出冤魂志。〔五〕

周時老子者，姓李名耼，字伯陽，楚國苦縣瀨鄉曲仁里人。其母感大流星而有娠也。雖受氣於天，

〔一〕「慶」字原脱，據高麗藏本補。
〔二〕出高僧傳卷十釋保誌傳。
〔三〕十一驗中，齊帝高洋一驗不見高僧傳。
〔四〕「可」字下，太平廣記引有「耐」字。
〔五〕太平廣記卷一一九引，作出還冤記。

然見生於李家，猶以李爲姓。或云老子先天地生。或云是天之魂，精靈之屬。或云其母懷之七十歲乃生，生時剖其母左腋出，出而白首，故謂之老子。或言其母夫老，子氏母家。或老子母適到李樹下而生老子，老子生而言，指李樹曰：以此爲我姓。或云老子欲西出關，關令尹喜知其非常，〔一〕從之問道術。老子驚怪，故吐舌聃然，遂有老聃之號。皆不然也。今案九變及先生十二化經，老子未出關時，固以名聃矣。老子數易名字，非但聃而已。所以爾者，按九宮三五經及元辰經，人生各有厄會。到時易其名字，〔二〕以隨生氣之音，則可以延年度厄。今世有道者亦如此。老子在周乃二百餘年。二百餘年之中，必有厄會非一，是以名字稍多耳。〔三〕

殷時彭祖諱鏗，帝顓頊之玄孫。至殷之末世，年已七百六十七歲，而不衰老。少好恬静，〔四〕不恤世務，不營名譽，不飾車服，惟以養生治身爲事。王聞其壽，以爲大夫。常稱病閑居，不與政事。善於補導之術，并服水桂、雲母、糧粉、麋角，常有少容。閉氣内息，從平旦至日中，乃倪坐拭目，摩搦身體，

〔一〕「令」、「喜」二字原脱，據高麗藏本補。

〔二〕「時易其」原作「其時其易」，據高麗藏本删改。

〔三〕出神仙傳卷一。

〔四〕「静」字原作「靖」，據高麗藏本、磧砂藏本、南藏本、嘉興藏本改。

舐脣咽唾，服氣數十，乃以起行言笑。其體中或有疲倦不安，便導引閉氣，以攻所患。〔一〕心在存身，頭面九竅五臟四肢至毛髮，皆令其在。覺其氣雲行體中，起於鼻口，下達十指。王自詣問訊安不，告致遺珍玩，前後數萬。彭祖皆受以恤貧賤者，略無所留。又有婇女者，亦少得道，知養形神。方年二百七歲，視之如十五六。王奉事之於掖庭，爲立華屋紫閣，飾以金玉。乃令婇女乘輜軿，往問道於彭祖。婇女具受諸要法以教王，王試爲之，有驗，欲殺之。彭祖知之乃去，不知所如。其後七十餘年，門人於流沙之西見之。王不能常行彭祖之道，得壽百三歲，氣力丁壯如五十時。後得鄭女妖婬，〔二〕王失道而殂。洛閒相傳，言彭祖之道不教人者，〔三〕由於王禁之故也。彭祖去殷時年七百歲，非壽終也。〔四〕右此二驗出神仙傳。

漢時洛下有一洞穴，其深不測。有一婦人欲殺夫，謂夫曰：未嘗見此穴。夫自逆視，婦遂推下。經多時至底。婦於後擲飯物，如欲祭之。當時顛墜恍惚，良久穌，得飯食之，氣力小强。周遑覓路，仍得一穴，便匍匐徒就，崎嶇反側。行數十里，穴寬，亦有微明。遂得平步，行百餘里，覺所踐如塵，而聞

〔一〕「攻」字原作「固」，據高麗藏本改。

〔二〕「鄭」字原作「鄓」，據高麗藏本改。

〔三〕「不」字原脱，據高麗藏本補。

〔四〕出神仙傳卷一。

秔米香，噉之芬美，即裹而爲糧，復齎以行。所歷幽遠，里數難詳，而轉就明廣。食所齎盡，便入一都，郡郭修整，宮館莊麗，臺榭房宇，悉以金魄爲飾。雖無日月，而明踰三光。人皆長三丈，被羽衣，奏奇樂，非世所聞。便告求哀，長人語令前去。凡過如此者九處，最後至苦飢餒。長人指中庭一大栢樹，近百圍，下有一羊，令跪捋羊鬚。初得一珠，長人取之，次捋亦取。後捋令噉，即得療飢。請問九處之名，求停不去。荅云：君命不得停，還問張華，當悉此閒。人便復隨穴出交州。還洛問華，以所得物示之。華云：如塵者，是黄河下龍涎。泥是崑山下泥。九處地仙名九館大夫，羊爲癡龍。其初一珠食之，與天地等壽。次者延年，後者充飢而已。此人還往七八年閒。〔一〕

漢永平五年，剡縣劉晨、阮肇共入天台山，迷不得返。經十三日，〔二〕糧乏盡，飢餒殆死。遥望山上有一桃樹，大有子實。永無登路，攀緣藤葛，乃得至上。各噉數枚，而飢止體充。復下山持杯取水，欲盥嗽，見蕪菁葉從山腹流出，甚鮮新。復一杯流出，有胡麻飯糁。便共没水逆流行二三里，得度山，出一大溪邊。有二女子，姿質妙絶。見二人持杯出，便笑曰：劉阮二郎捉向所失流杯來。晨肇既不識之。二女便呼其姓，〔三〕如似有舊，乃相見。而悉問來何晚，因邀還家。其家銅瓦，屋南壁及東壁下，

〔一〕太平御覽卷八〇三引，又卷九〇二引。太平廣記卷一九七引。

〔二〕「經」字原作「徑」，據高麗藏本、磧砂藏本、南藏本、嘉興藏本改。

〔三〕「二」字上原衍「緣」字，據高麗藏本删。

各有一大牀，皆施絳羅帳。帳角懸鈴，金銀交錯。牀頭各有十侍婢。敕云：劉阮二郎經涉山岨，向雖得瓊實，猶尚虚弊，可速作食。食胡麻飯，山羊脯、牛肉，甚甘美。食畢行酒，有一羣女來，各持五三桃子，笑而言：賀汝婿來。酒酣作樂至暮，令各就一帳宿。女往就之，言聲清婉，令人忘憂，遂停半年。氣候草木常是春時，〔一〕百鳥啼鳴，更懷悲思，求歸甚苦。女曰：罪牽君，當可如何！遂呼前來女子有三四十人集會奏樂，共送劉阮，指示還路。既出，親舊零落，邑屋改異，無復相識。〔二〕問訊得七世孫，傳聞上世入山，迷不得歸。至晉太元八年忽復去，不知何所。〔三〕

漢時太山黄原平旦開門，忽有一青犬在門外伏，守備如家養。原紲犬隨鄰里獵，日垂夕，見一鹿，便放犬。犬行甚遲，原絶力逐，終不及。行數里，至一穴，入百餘步，忽有平衢，槐柳列植，行墻迴匝。原隨犬入門，列房櫳户，可有數十間，皆女子，姿容妍媚，〔四〕衣裳鮮麗。或撫琴瑟，或執博碁。至北閤，有三間屋，二人侍直，若有所伺。見原相視而笑：此青犬所致妙音婿也。一人留，一人入閤。須臾有四婢出，稱太真夫人白黄郎：有一女年已弱笄，冥數應爲君婦。既暮引原入内，内有南向堂，堂前有

〔一〕「常」字原闕，據太平廣記引補。
〔二〕「復」字原脱，據高麗藏本補。
〔三〕太平廣記卷六一引作出神仙記，較此爲略。又太平御覽卷四一引。
〔四〕「姿」字原作「咨」，據高麗藏本、磧砂藏本、南藏本、嘉興藏本改。

池，池中有臺。臺四角有徑尺穴，穴中有光照映帷席。〔一〕妙音容色婉妙，侍婢亦美。交禮既畢，宴寢如舊。經數日，原欲暫還報家。妙音曰：人神道異，本非久勢。至明日，解珮分袂，臨階涕泗，後會無期，深加愛敬。若能相思，至三月旦，可修齋潔。四婢送出門，半日至家，情念恍惚。每至其期，常見空中有輧車，髣髴若飛。〔二〕右此三驗出幽明録。

述異記曰：「廬山上有三石梁，長數十丈，廣不盈尺。俯眄杳無底。咸康中江州刺史庾亮迎吴猛，猛將弟子登山遊觀，因過此梁，見一老公坐桂樹下，以玉杯承甘露與猛，猛徧與弟子。又進至一處，見崇臺廣厦，玉宇金房，琳琅焜耀，暉彩眩目，多珍寶玉器，不可識名。見數人與猛共言，若舊相識，設玉膏終日。」〔三〕

又述異記云：「獨角者，邑郡江人也，年可數百歲。俗失其名，頂上生一角，故謂之獨角。或忽去積載，或累旬不語，及有所説，則旨趣精微，咸莫能測焉。所居獨以德化，亦頗有訓導。一旦與家辭，因入舍前江中，變爲鯉魚，角尚在首。後時時暫還，容狀如平生。與子孫飲讌數日，輒去。」〔四〕

〔一〕「照」字原闕，據太平廣記引補。
〔二〕太平廣記卷二九二引，作出法苑珠林。
〔三〕太平御覽卷四一引，又卷六六三引。
〔四〕太平廣記卷四七一引。

穀城鄉平常生，〔一〕不知何所人也。數死而復生，時人爲不然。後大水出，所害非一，而平輒在缺門山上大呼言：平常生在此。云：復雨水五日必止。止則上山求祠之，但見平衣杖革帶。後數十年，復爲華陰市門卒。〔二〕

琴高，趙人也。以鼓琴爲康王舍人。行涓、彭之術，浮遊冀州、碭郡間，二百餘年。後復時入碭水中取龍子，與諸弟子期曰：期日皆潔齋，待於水傍，設星祠。果乘赤鯉魚出，入坐祠中。碭中旦有萬人觀之，留一月復入水。〔三〕

冠先，宋人也。以釣爲業，居睢水傍百餘年。得魚或放或賣，或自食之。常冠帶。好種荔，食其葩寔焉。宋景公問其道，不告，即殺之。後數十年，踞宋城門上，鼓琴，數十日乃去。宋人家家奉祠之。〔四〕右三驗出搜神異記。

〔一〕「平」字原作「卒」，據搜神記改。下同。

〔二〕出搜神記卷一。

〔三〕出搜神記卷一。

〔四〕出搜神記卷一

妖怪篇第二十四此有二部

述意部　引證部

述意部第一

妖怪者，干寶記云：「蓋是精氣之依物者也。氣亂於中，物變於外。形神氣質，表裏之用也。本於五行，通於五事。雖消息昇降，化動萬端。然其休咎之徵，皆可得域而論矣。」〔一〕此是俗情之近見，未達大聖之因果。考斯徵變，乃是衆生宿業之雜因，感現報之緣發。因緣相會，物理必然。故有斯徵，未足可怪也。

引證部第二

如佛本行經云：「爾時佛告諸比丘言：我念往昔有一馬王，名雞尸。形貌端正，身體白净，猶如珂

〔一〕出搜神記卷六。

雪。又若白銀，如净滿月，如居陀華。其頭紺色，走疾如風，聲如妙鼓。於彼時閻浮提有五百商人，時諸商人欲入大海，辦具資糧，行到大海，即祠海神。備諸船舶，雇得五船師，求覓珍寶。時諸人輩至其海内，忽值惡風，吹其船舫，至羅刹國。其國多有羅刹之女，欲到彼國，大風飄搏，船悉破壞。時諸商人各運手足，截流浮去，欲詣彼岸。時羅刹女聞彼大海有船破壞，羅刹女等即往救接，一時捉得五百商人。共彼商人，五欲自娱，歡喜踴躍，共生男女。將彼商人置一鐵城。既安置已，變化本形，令使端正，可喜過人，纔不及天。〔一〕用香湯澡浴，〔二〕以香塗身，著種種衣，瓔珞莊嚴，妙華天冠，懸以寶鈴。捷疾走行，詣商人所，語諸人言：是諸聖子，莫有恐也，莫有愁也。過汝手來，過汝臂來，過汝腕來。是時商人窮極護命，恐怖畏死，遂於彼所，起實女想，與其手臂。時羅刹女度諸商人，慈言哀愍，從何遠來，可爲我夫，憐愍我等，爲我作主。我等無人愛念，作歸依處，除滅我等憂愁煩惱。爲我等輩，當作家長，我等承事不令虧失。爾時商人咸共惻愴，舉聲啼哭，各吐熱氣，共相慰喻，迭互安心，詣羅刹城。未到彼城，於其中路見有一所，其地寬廣，皆悉平正。樹林華果，枝葉扶疏，諸鳥遊集，如是無量。復有雜華池沼，花鳥滿中，觀者欣悦，能滅憂煩。其羅刹城，四壁潔白，狀如珂雪，又如冰山。其城在地，若遥觀者，乃見彼城如白雲隊，從地涌出。其城粧飾，如經具述。爾時諸羅刹女將諸商人向彼城已，教脱舊

〔一〕「纔不及天」原作「人纔不及」，據高麗藏本改。

〔二〕「香」字上原衍「天」字，據佛本行集經删。

衣，以諸香湯沐浴身體。令坐種種妙勝之座，以五欲具而娱樂之，五音諸聲於前而作。經於久時，受大快樂。後時諸羅刹女等告諸商人：善哉聖子，是城南面不得從彼出向某處。有一商人智慧深細，聰明利見，即生疑念，作是想惟：以何等故，不聽南過？我應伺諸女睡卧之時，尋往所禁之處，次第觀看善惡之事。爾時商主作是念已，即伺彼諸羅刹女等卧睡眠已，遂安詳而起，不令有聲，即執力從家而出，尋逐意趣，漸漸前進。至於少地，見一微徑恐怖之所，無有草木，甚可畏懼。乃聞有人大叫唤聲，狀如叫唤地獄中苦痛之聲。聞此聲已，身毛皆豎，默然而住。良久喘定，還詣彼道，漸進其路。見一鐵城，其城高峻，聲出之處，詣城巡行，而不見門。到於北面，見有一樹，名曰合歡，近城而生。其樹高大，出於城上。時彼商主見斯樹已，即上其樹，觀看城内。見彼城中多有人死，百有餘數。或有死者已被食半；或命未斷，半身支解；或有飢渴，逼惱而坐；或復消瘦，唯有筋骨，眼目坎陷，如井底星，迷悶在地，頭髮蓬亂，塵土坌身，甚大羸瘦，各相割肉而噉食之。以是因緣，作大叫唤，如閻羅王所居之處。見諸衆生，受大苦惱。是大商主見是事已，亦復如是，即以手捉合歡樹枝而摇動之。一枝動已，舉樹枝葉互相撑觸，而有聲出。爾時受苦諸人，聞是聲已，仰觀城上，見彼商主在合歡樹。見已悲呼：汝是誰耶？爲天，爲龍，爲夜叉，爲帝釋，爲大梵王等耶？在於厄難，憐愍我輩，故來至此，救拔我等苦耶？時彼人輩合十指掌，頭頂遥禮，哀泣發聲，仰面上觀，作如是白：〔一〕善哉仁者，汝今濟拔於我到於親愛之所耶？爾時商主從彼苦人聞是語已，鬱怏不樂，身心悲惱，而報彼言：是諸人輩，當知我今非是天龍乃至非大梵天也。但我等輩從閻浮提興生至此，爲求財故，入於大海。我等將欲至於陸地，忽遇大風，船舶破散，值諸婦女來至我邊，濟拔我等。從爾已來，常共如是諸女歡娱受樂。我今云何能濟汝苦？是時商主復問彼言：汝諸人等云何在此受如斯事？彼苦人輩即荅言曰：善哉善人。我等今者亦復如是，行人同伴亦五百人。船破至岸，亦遭羅刹女共受五欲。將我等輩置鐵城中，入此城來，已被他食二百五十，今唯二百五十人在。我等亦共彼輩和合生於男女。彼羅刹女語言微妙，其聲婉媚。但彼女等貪食肉故，共生男女，悉還食盡。汝諸人輩，慎莫共彼愛樂娱樂。何以故？彼甚可畏，無愛心故。是時商主復問彼言：諸人輩頗有方便得脱難不？彼即報言：有一方便。商主復問：方便如何？善哉爲説。彼等報言：十五日滿，四月節會大喜樂日，月與卯宿合會之時，有一馬王，名曰雞尸。隋云多髮。形貌端正，見者樂觀。白如珂貝，其頭紺黑，行疾如風，聲如妙鼓。彼所停處，乃有秔米，自無糠檜，甚大鮮白，香美具足，彼馬所食。食是米已，來詣海岸，露現半身，口出人聲，而作是言：誰欲度彼大鹹苦水？如是三説，我今當令安隱得度彼岸。若值如是馬者，即得免難。唯有此事，更無餘也。汝等若欲

〔一〕「作」字原作「仰」，據高麗藏本、磧砂藏本、南藏本、嘉興藏本改。

脱諸難者，勿泄此言。商主復問：汝等頗曾見馬王不？汝若見者，何不親近，何不度汝？初從誰聞如是之事？彼等報言：我從虛空聞如是聲，而有信者，尋虛空聲，詣於北道馬王之所。雖往其所，不受彼言，而復還歸。我等皆由愛羅刹女，是故如此，今受是厄。是諸商主復問彼言：汝等去來可共詣彼馬王之所。彼等報言：我欲上城，城即增長。掘地欲出，其孔還合。我等是處無解脱期。我輩必爲羅刹女食，何當得見彼親眷屬。汝等人輩，慎莫放逸。隨意所去，速詣父母及自眷屬，還歸本鄉。唯願汝等心意和合。我等本生某處某城某邑。善哉汝等，若至彼處，爲我等輩問訊父母諸親朋友。作是語已，復告彼言：汝等後時更莫發心，向彼大海。何以故？大海内有諸恐怖。但在彼處，隨宜活命，得共父母妻子眷屬，不復分離。能行布施，多造福業，嚴持齋戒，是爲第一。是時商主聞彼語已，生大恐怖，遂即下樹。時彼諸人一時發聲，叫喚啼哭，嗚呼極苦。閻浮提内微妙之地何當得見。若本知是厄處，寧住在彼餐噉牛糞，用爲活命，不爲求財而來此也。爾時商主依著本道，還向本處。見彼等輩諸羅刹女，猶故睡眠。商主爾時還即眠卧，至於天曉，便作是念：云何令彼諸商人輩得知此事？若輒出言，是即漏泄。若其漏泄，羅刹諸女恐將我等至厄難處。我之此語應須隱默。乃至四月臨當節會，馬王來日，乃告彼等。所以者何？昔有偈說：

凡於知識處，　輕陳心實者。　其事當漏泄，　聞者各各傳。　是以怨所得，　便受大苦惱。
故有智慧者，　輕不漏其言。

爾時商主隱默而住。乃至四月歡樂會時，方始告彼諸商人知：汝等今者慎莫放逸，戀著愛心，或貪婦女，或貪飯食及餘資財。我於汝等極生憐愍。我今密語。時諸商人聞商主說，猶如師子在於山林，忽大哮吼。有諸凡獸在彼山邊，聞其吼聲，生大驚怖，各相謂言：我等今者未脫大海可惡之事。時彼商人過彼日已，遂至夜内，見彼羅刹一切諸女躭著睡眠，安隱而卧，私密盜竊，從卧牀起，咸共詣彼期處。詣彼處已，白商主言：善哉商主，所見之者，願爲我説。爾時商主即告彼等，説前見事。諸人聞已，憂愁不樂，白商主言：善哉商主，我等今當宜可速至彼馬王所。願我等輩安隱得達閻浮提内本生之處。〔一〕時諸商人皆詣馬王所。爾時馬王至於海岸，露現半身，以人音聲而三唱告：誰欲樂度鹹水彼岸，我當安隱負而度之，令到彼岸。時諸商人聞馬王如是語已，歡喜踊躍，身毛皆豎，合十指掌，頂禮馬王，作如是言：善哉馬王，我等欲度，樂至彼岸。願濟我等，從水此岸，達到彼岸。爾時馬王告諸商人：汝等當知彼羅刹女不久應來，或將男女顯示於汝，慈悲哀哭，受於苦惱。汝等於時莫生染著愛戀之心。汝等若起此意，假使乘我背上，必當墮落，爲彼羅刹之所噉食。若作如是意念：彼非我許物，非我男女，設使以手執我一毛而懸之者，我於是時安隱相送，速到彼岸。作是語已，汝等今者可乘我背，或執我身分脚足支節。時諸商人依語乘之。爾時馬王負彼商人，出哀愍聲，飛騰空裏，行疾如風。爾時彼諸羅刹女輩，聞彼馬王哀愍之聲，復聞走聲，狀如猛風，忽從睡覺，覓彼商人，悉皆不見。處處觀

〔一〕「隱」字原作「置」，據高麗藏本改。

看，乃遥見商人乘馬王上，乘空而去。既見是已，速將男女，馳走奔赴，至於海岸，發慈愍聲，哀號啼哭，作大苦惱，各作是言：汝諸聖子，今者捨我欲何所去？今我無主，汝是我主。汝等於先墮在海難大恐怖中，我等度汝。唯願汝等與我爲夫。汝等今者捨背於我，欲詣何所？無恩無義，何故相棄？若有違犯，今乞懺悔。從今已去，不作諸惡。如其不用我者，今此男女可收將去。時羅刹女雖作如是慈流言語，雞尸馬王仍將彼輩五百商人，安隱得度大海彼岸，到閻浮提。諸比丘於意云何？時雞尸馬王豈異人乎？即我身是。五百人中商主者，豈異人乎？即舍利弗是。五百商人豈異人乎？即删闍耶波離婆闍迦諸弟子等五百人是。我於彼時以此五百諸商人等至厄難處，救其厄難，達到彼岸。今者還復至删闍耶。邪見之處，〔一〕舍利弗化已將詣我所，我於邪見曠野之中，化令得脱度生死海。是故汝等當於佛所應生尊重恭敬之心。」〔二〕

又舊雜譬喻經云：「昔有五道人俱行逢雪，遇一神祠中宿，舍中有鬼神像形，國人所奉。客四人言：今夕大寒，可取木人燒之用炊。一人言：此是人事，不可敗之。便置不破。此室中鬼常噉食人，

〔一〕「邪」字原脱，據高麗藏本補。

〔二〕出佛本行集經卷四十九。

自相與語言，止啗彼一人。〔一〕一人畏我，餘四人惡，不可犯放之。〔二〕其不敢破者，夜聞鬼語，起呼伴去。餘四人言：何不破像用炊然乎？便取燒之。噉人鬼怕，即奔走去。夫人學道，亦復如是。常須堅意，不可怯弱，令鬼得便，誤損人也。」〔三〕故維摩經云：「譬如人畏時，非人得其便也。」〔四〕

又菩薩處胎經云：「爾時世尊告智净菩薩曰：一生補處菩薩以權方便，在卑賤家生。欲得示現，除無明結。十月在胎，臨生之日，現無手足。父母覩見，謂爲是鬼，捐棄曠野，不使人見。其後數日，母復懷身。具滿十月，生一男兒。端正殊妙，世之希有。晝生夜死，父母號哭，椎胸向天：山神樹神，何不憐我？先生一子而無手足，捐棄曠野。今生一子，端正無比，狀如天神，今復晝生夜死。心肝斷絶，當復柰何！復經數月，母漸懷妊，十月具滿，生一男兒，三頭八脚，四眼八臂，覩者毛豎。父母眷屬捨而欲去，菩薩權見，令不得去。父母問曰：爲是天耶？爲是龍、鬼、神耶？爾時所生兒即以偈報父母曰：

非天夜叉鬼，　須倫迦樓羅。　爲母除愚闇，　權生父母家。　先無手足子，　亦復是我身。

朝生若暮死，　八住無上尊。　我今受形分，　三頭八手脚。　何爲捨我去，　徑向地獄門。

〔一〕「止」字原作「正」，據高麗藏本改。

〔二〕「犯」字原脱，據高麗藏本補。

〔三〕出舊雜譬喻經卷下。

〔四〕出維摩詰所説經卷中觀衆生品。

焚燒善根本，求滅亦欲難。今我還復體，現本端正形。守戒不失願，託生父母家。前後捨身命，其數如微塵。衆生病非一，投於甘露藥。趣使入道險，不令入邪徑。諸天受福樂，甘露除病藥。不違聖教藥，解脱涅槃藥。」〔一〕

頌曰：

求寶失舟濟，飄浮思救形。幻媚多方趣，妖魅誑人情。假接度海難，虚發親愛聲。自非馬王負，危苦詎安寧。

感應緣略引二十七驗

東陽留寵爲血怪

魯昭公時龍怪

漢惠帝時龍怪

漢武帝時蛇怪

漢桓帝時蛇怪

〔一〕出菩薩處胎經卷六無明品。

晉太康中有魚怪

漢成帝時鼠怪

漢景帝時犬怪

漢章帝時魅怪

賈誼見鵩鳥怪

安陽城有亭廟怪

東越閩中蛇怪

中山王周南鼠怪

桂陽張遺樹怪

南陽宋大賢亭怪

吴時廬陵郡亭中鬼怪

建安中東郡界老公怪

晉時有老貍作父怪

晉南京寺記烏巢殿怪

晉時有貍作人婦怪

晉時有貍作人女産兒怪

晉時張春女邪魅怪

宋時梁道修宅内鬼魅怪

瑯琊王騁之妻怪

西方山中人食鰕蟹怪

宋時王家作蟹斷有材怪

唐時逆人張亮霹靂怪

東陽留寵，字道弘，居于姑熟。〔一〕每夜門庭自有血數升，不知所從來。如此三四。後寵爲折衝將軍，見遣北征。將行，而炊飯盡變爲蟲。其家人蒸炒，亦變爲蟲。其火逾猛，其蟲逾壯。寵遂北征，軍敗於壇邱，爲徐龍所殺。〔二〕

〔一〕「姑」字原作「湖」，據高麗藏本改。

〔二〕出搜神記卷九。

魯昭公十九年，龍鬬於鄭時門之外洧淵。京房易傳曰：衆心不安，厥妖龍鬬其邑中也。〔一〕

漢惠二年正月癸酉朔旦，兩龍現於蘭陵庭東坐温陵井中。〔二〕京房易傳曰：有德遭害，厥妖龍見井中。行刑甚惡，黑龍從井出。〔三〕

漢武帝太始四年十月，趙有蛇從郭外入，與邑中蛇鬬孝文廟下，邑中蛇死。後二年秋有衛太子事，自趙人江充起。〔四〕

漢桓帝即位，有大蛇現德陽殿上。洛陽市令淳于翼曰：蛇有鱗，甲兵之象也。〔五〕

晉太康中，有鯉魚二枚，現武庫屋上。武庫，兵府。有鱗甲，亦是兵之類也。魚又極陰，屋上太陽，魚現屋上，象至陰以兵革之禍干太陽也。〔六〕及惠帝之初，誅皇后父楊駿，矢交宫闕，廢后爲庶人也，死於幽宫。元康之末而賈后專制，謗殺太子，尋亦廢。故十年之閒，母后之難再興。自是禍亂搆矣。京

〔一〕出搜神記卷六。

〔二〕「庭東坐」，搜神記作「廷東里」。

〔三〕出搜神記卷六。

〔四〕出搜神記卷六。

〔五〕出搜神記卷六。

〔六〕「干」字原作「于」，據高麗藏本、磧砂藏本、南藏本、嘉興藏本改。

房易妖曰：魚去水，飛入道路，兵且作。〔一〕

漢成帝建始四年九月，長安城南有鼠啣黄藁柏葉，上民塚栢及榆樹上爲巢，桐柏爲多。巢中無子，皆有乾屎數升。時議臣以爲恐有水災起。鼠盗竊小獸，夜出晝匿。今正晝去穴而登木，象賤人將居貴顯之象也。桐柏，衛思后園所在也。其後趙后自微賤登至尊，與衛后同類。趙后終無子而爲害。明年有鳶焚巢，殺子之象云。京房傳曰：臣私禄罔辟，厥妖鼠巢也。〔二〕

漢景帝三年，邯鄲有犬與家豕交。時趙王遂與六國共反，外結匈奴以爲援。五行志以爲趙王昏亂，豕類外交之異。匈奴，犬豕之類也。〔三〕

壽光侯者，漢章帝時人也。能劾百鬼衆魅，令自縛見其形。其縣人有婦爲魅所病，侯爲劾之。時大蛇數丈，死於門外。有大樹，樹有精。人止者死，鳥過者墜。侯劾之，樹盛夏枯落，有大蛇長七八丈，懸死其間。章帝聞之，徵問。對曰：有之。帝曰：殿下有怪，夜半後常有數人絳衣披髮，持火相隨，豈能劾之。侯曰：能。此小怪耳。帝僞使人爲之。侯劾三人，三人登時著地無氣。帝驚曰：非魅也，朕

〔一〕出搜神記卷七。

〔二〕出搜神記卷六。

〔三〕出搜神記卷六。

相試耳。即使解之。〔一〕

賈誼爲長沙王太傅。四月庚子日，有鵩鳥飛入其舍，止于坐隅，良久乃去。誼發書占之曰：野鳥入處，主人將去。誼忌之，故作鵩鳥賦。齊死生而等禍福，以致命定志焉。〔二〕

安陽城南有一亭廟，不可宿也，若宿殺人。有一書生乃過宿之，亭民曰：此不可宿，前後宿此，未有活者。書生曰：無苦也，吾自能諧。遂住廟舍，乃端坐誦書，良久乃休。夜半後有一人著皂單衣，來往户外，呼亭主。亭主應曰：諾。亭中有人耶？荅曰：向者有一書生在此讀書，久適休，似未寐。乃喑嗟而去。須臾復有一人冠幘赤衣，呼亭主。亭主應諾。亦復問：亭中有人耶？亭主荅如前。復喑嗟而去。於是書生無他，起詣向者呼處，微呼亭主。亭主亦應諾。復問：亭中有人耶？亭主荅如前。乃問：向者黑衣來者誰？曰：北舍母豬也。又曰：赤冠幘來者誰？曰：西舍老雄雞父也。曰：汝復誰耶？曰：我是老蠍也。於是書生密便誦書，至明不敢寐。天明亭民來視，驚曰：君何以得活耶？書生曰：汝捉索函來，吾與卿取魅。乃掘昨夜應處，果得老蠍，大如鞞婆，毒長數尺。於西家得老雄雞父，北舍得母豬。凡殺三物，亭毒遂静，永無災横也。〔三〕

〔一〕出搜神記卷二。
〔二〕出搜神記卷九。
〔三〕出搜神記卷十八。

東越閩中有庸嶺，高數十里。其下北隙中有大蛇，長七八丈，圍之一丈。土俗常懼。東治都尉及屬城長吏多有死者。〔二〕祭以牛羊，故不得福。或與人夢，或喻巫祝，欲得啗童女，年十二三者。都尉令長並共患之。然氣厲不息，〔三〕共請求人家生婢子，兼有罪家女養之。至八月朝祭送蛇穴口，蛇輒夜出吞嚙之。累年如此，前後已用九女。爾復預復募索，未得其女。將樂縣李誕家有六女無男，其小女名寄，應募欲行，父母不聽。寄曰：父母無相，唯生六女，無有一男。雖有如無。女無緹縈濟父母之功，既不能供，徒費衣食，生無所益，不如早死。賣寄之身可得少錢，以供父母，豈不善耶！父母慈憐，終不聽去。寄自潛行，〔三〕不可禁止。寄乃告請好劍及咋蛇犬。〔四〕至八月朝，便詣廟中坐。懷劍將犬，先作數石米餈，蜜麨灌之，以置穴口。蛇夜便出，頭大如囷，目如二尺鏡。聞餈香氣，先啗食之。寄便放犬，犬就嚙咋。寄從後斫得數創，〔五〕瘡痛急，蛇因踊出，至庭而死。寄入視穴，得其九女髑髏，悉舉出，咤言曰：汝曹怯弱，爲蛇所食，甚可哀愍。於是寄女緩步而歸。越王聞之，聘寄女爲后，拜其父

〔一〕「東」字原脱，據高麗藏本補。

〔二〕「厲」字原作「勵」，據高麗藏本、磧砂藏本、南藏本、嘉興藏本改。

〔三〕「行」字原作「嚴」，據高麗藏本改。

〔四〕「乃」後原衍「行」字，「告」後原衍「貴」字，據搜神記删。

〔五〕「數創」二字原闕，據搜神記補。

爲將樂令。母及姊皆有賜賞。自是東治無復妖邪之物。其歌謡至今存焉。〔一〕

中山王周南，正始中爲襄邑長。有鼠從穴出，在廳事上語曰：周南，爾以某月某日當死。周南急往不應。鼠還穴。後至期復出，更冠幘皂衣而語曰：周南，汝日中當死。周南復不應。鼠復入穴，斯須復出。出復入，轉行數語如前。日適中，鼠復曰：周南，汝不應我，復何道。言訖顛蹶而死，即失衣冠。周南便卒。取視俱如常鼠。〔二〕

桂陽太守江夏張遺，字昇高，〔三〕居鄢陵。田中有大樹十餘圍，蓋六畝，枝葉扶疏，盤地不生穀草。遣客斫之，斧數下，樹大血出。〔四〕客驚怖，歸白昇高。昇高怒曰：老樹汁赤，此何得怪。因自斫之，血大流出。昇高更斫，枝有一空處，白頭老公長四五尺，突出赴昇高。〔五〕昇高以刀逆斫殺之，四五老公並死。左右皆驚怖伏地。昇高神慮恬然如舊。諸人徐視，似人非人，似獸非獸，此所謂木石之怪，夔蜩

〔一〕出搜神記卷十九。

〔二〕出搜神記卷十八。

〔三〕「張遺字昇高」，搜神記作「張遼字叔高」。下同。

〔四〕「樹大血出」，搜神記作「有赤汁六七斗出」。

〔五〕「赴」字原作「趁」，據高麗藏本改。

蝲者乎。其伐樹年中，昇高作辟司空御史、兖州刺史。〔一〕

南陽宋名大賢，西鄂有一亭，不可止，止則害人。大賢以正道不可干，且上樓鼓琴而已，不設兵仗。至於夜半，時有鬼來，登梯與大賢語。瞋目磋齒，形貌可惡。大賢鼓琴如故，鬼乃去。於市取死人頭來，還語大賢曰：寧可行小熟啗。因以死人頭投大賢前。大賢曰：甚佳，吾暮卧無枕，正當得此。鬼復去。良久乃還曰：寧可共手搏耶？大賢曰：善。語未竟，大賢前，便逆捉其脅。鬼但急言：死！死！賢遂殺之。明日視之，乃是老狐也。因止亭毒，更無害怖。〔二〕

吴時廬陵郡都亭重屋中，常有鬼魅，宿者輒死。自後使官莫敢入舍。時丹陽人姓湯名應，大有膽武。使至廬陵，便入亭止。吏啓不可止此，應不隨諫，盡遣所將人還外止宿。應唯持一口大刀，卧至三更中，聞有扣閤者。應遥問：誰？荅云：部郡相聞。應使進，相聞已而去。經須臾間，復有扣閤者，如前曰：府君相聞。應復使進，身著皂衣。去後，應謂是人，了無疑也。頃復扣閤言：是部郡府君詣來。應乃疑曰：此夜非時，又府君部郡不應同行。知是鬼魅，持刀迎之。見有二人，皆盛衣服，俱進坐畢。府君者，便與應談。談未畢而部郡跳至應背後。應顧以刀擊中之，府君下坐走出之。應急追至亭後墻下及之，斫傷數下。去其處已，還卧達曙。將人往尋，見有血迹，追之皆得。云稱府君者，是老狐魅；

〔一〕出搜神記卷十八。

〔二〕出搜神紀卷十八。

云部郡者，是老狸。魅自後遂絶，永無妖怪。〔一〕

建安中，東郡界家有怪者，無數盆器自發訇訇作聲，若有人焉。槃案在前，忽然便失之。雞生輒失子。〔二〕如是數歲，甚疾惡之。乃多作美食覆蓋，著一室中藏户閒。伺之，果復重來，發聲如前。便閉户，周旋室中，更無所見，乃闇以杖撾地。〔三〕良久，於室隅閒有所中。呼曰：「咺咺，冥死。」開户視之，得一老公，可百餘歲，言語了不相當，貌狀頗欲類獸。遂行推問，乃於數里上得。其家人云：「失來十餘年，得之哀喜。」後歲餘日，復更失之。聞在陳留界復作妖怪如此。時人猶以爲此公也。〔四〕

晉時吴興一人，有二男，田中作。作時見父來罵詈打拍之，兒歸以告母。母問其父，其父大驚，知是鬼魅，便令兒斫之。鬼便寂不復往。父憂恐兒爲鬼所困，便自往看。兒謂是鬼，便殺而埋之。鬼便逐歸，作其父形，語家：「二兒已得殺妖矣。」〔五〕兒暮歸，共相慶賀。遂積年不覺。後有一師過其家，〔六〕

〔一〕出搜神記卷十八。

〔二〕「雞」字原作「難」，據高麗藏本改。

〔三〕「乃」字原作「爲」，「闇」下原衍「但」字，據搜神記改删。

〔四〕出搜神記卷十四。

〔五〕「妖」字原作「奴」，據高麗藏本改。

〔六〕「師」字上，搜神記有「法」字。

語二兒云：君尊候有大邪氣。兒以白父，父大怒。兒出以語師，令速去。師便作聲入，父成大老貍，入牀下，遂得之。往所殺者，乃真父也，改殯治服。一兒遂自殺，一兒忿懊亦死。〔一〕右一十八驗出搜神記。

晉南京寺記云：「波提寺在秣陵縣新林青陵。昔晉咸安二年，簡文皇帝起造，本名新林寺。時歷陽郡烏江寺尼道容，苦行通靈，預知禍福，世傳爲聖麼。咸安初有烏巢殿屋。帝使常筮人占之曰：西南有女人師，當能伏此怪。即遣使至烏江迎聖麼，問：此吉凶焉在？麼曰：脩德可以禳災，齋戒亦能轉障。帝乃建齋七日，禮懺精勤。法席未終，忽有羣烏運巢而去，一時净盡。帝深加敬信，因爲聖麼起此寺焉。」

晉海西公時，有一人母終，家貧無以葬，因移柩深山，於其側志孝結墳，晝夜不休。將暮，有一婦人抱兒來，寄宿轉夜。孝子未作竟，婦人每求眠而於火邊睡。乃是一貍抱一烏雞。孝子因打殺，擲後坑中。明日有男子來問：細小昨行，遇夜寄宿，今爲何在？孝子云：止有一貍，即已殺之。男子曰：君枉殺吾婦，何得言貍！貍今何在？因共至坑，視貍已成婦人，死在坑中。男子因縛孝子付官，應償死。孝子乃謂令曰：此實妖魅。但出獵犬，則可知。魅復來催殺孝子，〔二〕令因問獵事：能別犬否？荅

〔一〕出搜神記卷十八。

〔二〕「復來催殺孝子」六字原脱，據高麗藏本補。

云：性畏犬，亦不别也。因放犬，便化爲老貍，則射殺。視之，婦人已還成貍。〔一〕

晉太元中，瓦官佛圖前，淳于矜年少潔白，送客至石頭城南，逢一女子，美姿容，矜悦之，因訪問。二情既和，將入城北角，共盡欣好。便各分别，期更尅集，便欲結爲伉儷。女曰：得婿若君，死何恨！我兄弟多，父母並在，當問我父母。矜便令女婢問其父母，父母亦懸許之。女因敕婢取銀百斤，絹百匹，助矜成婚。經久養兩兒，當作祕書監。明果騶卒來召，車馬導從，前後部鼓吹。經少日有獵者過，覓矜，將數十狗徑突入齚婦及兒，並成貍。絹帛金銀並是草及死人骨蛇魅等。〔二〕

晉永初中，張春爲武昌太守。時人嫁女，未及升車，忽便失性，出外毆擊人乘，云不樂嫁。女家事俗巫，云是邪魅。將女至江。〔三〕右此三驗出幽明録。〔四〕

宋時安定梁清，字道修，居揚州右尚坊間桓徐州故宅。元嘉十四年二月，數有異光，仍聞擘籬聲。令婢子松羅往看。見一人，問。云：姓華，名芙蓉，爲六甲至尊所使，從太微紫宫中下來。遇舊居，仍

〔一〕太平廣記卷四四二引。

〔二〕太平廣記卷四四二引，作出玄怪録。

〔三〕太平廣記卷四六八引，作出廣古今五行記，下仍有文。

〔四〕今本幽明録無此三則。

留不去。或鳥頭人躬，舉視眼搏，擲灑糞穢。清射之，應弦而滅。〔一〕並有絳汁染箭。又覩一物，形如猿，懸在樹標。令人刺中其髀，墮地奄没。經日反從屋上跛行，就婢乞食。團飯授之，頓進二升。數日衆鬼羣至，醜惡不可稱論。松羅炑障，塵石飛揚，累晨不息。婢採菊路遇一鬼，著衣幘乘馬，衛從數十，謂採菊曰：我是上天仙人，勿名作鬼。問：何以恒擲穢汚？荅曰：糞汚者，錢財之像也。投擲者，速遷之徵也。頃之清果爲武將軍，〔二〕北魯郡太守。清厭毒既久，乃呼外國道人波羅氈讀呪文。諸鬼怖懅，或踰壁穴而走，皆作鳥聲。於此都絶。在郡少時，夜中松羅復見威儀器械，人衆數萬。一人戴幘，送書龘紙，有七十許字，筆跡婉媚，遠擬羲獻。又歌云：登阿儂，孔雀樓。遥聞鳳凰鼓，下我鄒山頭。髣髴見梁魯。鬼有叔操喪，哭泣荅弔，不異世人。鬼傳教，曾乞松羅一函書題云：故孔修之死罪。白牋以弔其叔喪，叙致哀情，甚有詮次。復云：近往西方，見一沙門，自名大摩剎，問君消息。寄五丸香，以相與之。清先奉使燉煌，憶見此僧。清有婢産，於此便斷。〔三〕

瑯琊王騁之妻陳郡謝氏，〔四〕生一男，小字奴子。經年後，王以婦婢招利爲妾。謝元嘉八年病終，

〔一〕「弦」字原作「絃」，據高麗藏本、磧砂藏本、南藏本、嘉興藏本改。

〔二〕「頃」字原作「須」，據高麗藏本、磧砂藏本、南藏本、嘉興藏本改。

〔三〕出異苑卷六。

〔四〕「騁」字原作「聘」，據高麗藏本、磧砂藏本、南藏本、嘉興藏本改。

王之墓在會稽，〔一〕假瘞建康東崗。既窆及虞，輿靈入屋憑几，〔二〕忽於空中擲地，便有瞋聲曰：何不作挽歌，令我寂寂上道耶！聘之云：非爲永葬，故不具儀耳。〔三〕右二驗出異苑。

周仲尼謂季桓子曰：丘聞之，木石之怪夔蝄蜽。韋昭注曰：木石謂山也。夔一足，越人謂之山猱。〔四〕或言獨足蝄蜽山精，好學人聲而迷惑人也。右出國語。〔五〕

史記曰：「秦始皇云：山鬼不過知一歲事也。」〔六〕

西方深山中有人焉，其長尺餘，袒身，捕鰕蟹，性不畏人。見人止宿，喜依其火以炙鰕蟹，伺人不在而盜人鹽以食蟹。名曰山猱。其音自叫。人常以竹著火中烞音朴。熚，音畢。而山猱皆驚。犯之令人寒熱。此雖人形，亦鬼魅類耳。所在山中皆有之。右出神異經。〔七〕

〔一〕「之」字原作「大」，據異苑改。
〔二〕「輿」字原作「與」，據高麗藏本改。
〔三〕出異苑卷六。
〔四〕「猱」字，高麗藏本作「魈」。下同。
〔五〕出國語卷五。
〔六〕出史記卷六秦始皇本紀三十六年。
〔七〕出神異經西荒經。

宋元嘉初，富陽人姓王，於窮瀆中作蟹斷。旦往視之，見一材長二尺許，〔一〕在斷中而斷裂開，蟹出都盡。乃修治斷，出材岸上。明往看之，見材復在斷中，斷敗如前。王又治斷出材，明晨視所見如初。〔二〕王疑此材妖異，乃取内蟹籠中，繫頭擔歸，云：至家當斧破然之。未至家三里，聞籠中倅倅動轉，顧見向材頭變成一物，人面猴身，一手一足，語王曰：我性嗜蟹。比日實入水破君蟹斷，入斷食蟹。相負已爾，望君見恕，開籠出我。我是山神，當相祐助。并令斷大得蟹。王曰：汝犯暴人，前後非一，罪自應死。此物種類，專請乞放。王迴頭不應，物曰：君何姓何名？我欲知之。頻問不已。王遂不荅。去家轉近，物曰：既不放我，又不告我姓名，當復何計，但應就死耳。王至家，熾火焚之。後寂然無復異。土俗謂之山𤢑，亦知人姓名，則能中傷人。所以勤勤問王，欲害人自免。右一驗出述異記。〔三〕

唐逆人張亮昔爲幽州都督，於智泉寺禮拜，見一大像，相好圓滿，遂別供養。亮遇霹靂，其堂柱迸木擊亮額角而不甚傷。及就寺禮像，〔四〕像額見有破處。事在冥報記。又貞觀年中，其像忽然繞頸有

〔一〕「材」字下，太平御覽引有「頭」字。

〔二〕「晨」字下，太平御覽引有「往」字。

〔三〕太平御覽卷九四二引，作出廣五行記。太平廣記卷三二三引，作出述異記。

〔四〕「像」字原脱，據高麗藏本補。

痕跡，大如線焉。時人見之，〔一〕咸以爲不祥之兆。未幾，亮果以罪被誅。其痕于今見在。出冥報拾遺記。

〔一〕「見之」二字原脱，據高麗藏本、磧砂藏本、南藏本補。

中國佛教典籍選刊

法苑珠林校注

三

〔唐〕釋道世 撰
周叔迦
蘇晉仁 校注

法苑珠林校注卷第三十二

變化篇第二十五此有三部

述意部　通變部　厭欲部

述意部第一

夫聖人之用，弘通無礙。致感多方，不可作一途求，不可以一理推。故麤以麤應，細以細應。麤細隨機，理固然矣。所以放大光明，現諸神變者，此應十方諸大菩薩將紹尊位者耳。若處俗接麤，按邪歸正者，復須隨緣通變，量稱物情。不可以妙理通悟，指事而變。現不思議之形質，用遮不思議之頑見也。譬聖人亦入鹿馬而度脱之，當在鹿馬，豈同於鹿馬哉！若不異於鹿馬，應時常流，不待此神變明矣。

通變部第二

如華嚴經云：「佛子，如一如來一化身轉如是等不可説譬喻法輪雲，一切法界虚空界等世界，悉以毛端周徧度量，一一毛端處，於念念中化不可説不可説佛刹微塵等身，乃至盡未來際劫。一一化佛身有不可説不可説佛刹微塵等頭。一一頭有不可説不可説佛刹微塵等舌。一一舌出不可説不可説佛刹微塵等音聲。一一音聲説不可説不可説佛刹微塵等脩多羅。一一脩多羅説不可説不可説佛刹微塵等法。一一法中説不可説不可説佛刹微塵等句身、味身。復不可説不可説佛刹微塵等劫説異句身、味身音聲，充滿法界，一切衆生無不聞者。盡未來際常轉法輪，如來音聲，無異無斷，不可窮盡。是爲一切諸佛大力那羅延幢佛所住法。」〔一〕

又華嚴經云：「一切諸佛悉有八種微妙音聲，一一音聲悉有五百妙音聲眷屬，不可稱數百千音聲以爲莊嚴。無量無邊妙音聲伎樂皆悉清浄，普能演説一切諸佛正法義味，悉離恐怖，安住無畏，大師子吼。悉令一切法界一切衆生聞其音聲，隨其本行種種善根，皆令開解。是爲一切諸佛最勝無上口業莊嚴。」〔二〕

〔一〕出大方廣佛華嚴經卷三十一佛不思議法品。

〔二〕出大方廣佛華嚴經卷三十佛不思議法品。

又處處經云：「爾時佛笑，口中有五色光出者，有五因緣：一、欲令人有所問，因所問有益故。二、恐人言佛不知笑故。三、爲現口中光故。四、笑諸不至誠故。五、笑阿羅漢守空不得菩薩道。光還從頂上入者，當示後人大明故。」〔一〕

又佛説心明經云：「爾時世尊爲梵志乃笑，五色光從口出，照十方五趣之類。夫欲至人心喜，令餓鬼飽，地獄痛息，畜生意開罪除，尋光來詣佛所。諸佛笑法皆有常瑞。若授菩薩決，徧照十方，光從頂入。授緣覺決，光入面門。授聲聞決，光入肩井。説生天事，光從臍入。説降人中，光從膝入。説趣三苦，光從足心入。諸佛之欣，不以欲笑，不以瞋笑，不以癡笑，不放逸笑，不利欲笑，不榮貴笑，不富饒笑。今佛普等愍傷羣生，行大慈笑，無斯七也。」〔二〕

又智度論云：「如佛初轉法輪時，應持菩薩從他方來欲量佛身，上過虛空無量佛刹，至華上世界，見佛身如故。而説偈言：

虛空無有邊，　佛功德亦爾，　設欲量佛身，　唐勞不能盡。　上過虛空界，　無量諸佛土，
見釋師子身，　如故而不異。　佛身如金山，　演出大光明，　相好自莊嚴，　猶如春華敷。」〔三〕

〔一〕出處處經。
〔二〕出心明經。
〔三〕出大智度論卷一。

又處處經云：「佛在世時，諸天鬼神龍人民皆到佛所聽經，數百千重，前後皆見佛面。所以者何？佛前世時言語無前後故，是故無不見佛面者。人卧皆隨佛所，首向佛尊故。」〔一〕

厭欲部第三

如大莊嚴法門經云：「爾時王舍城中有婬女，女名金色光明威德。彼女宿世善根因緣，形貌端正，衆相具足，身真金色，光明照耀，容儀媚麗，世所希有。神慧聰敏，辯才無礙，音辭清妙，深邃柔軟，言常含笑。隨所行處，皆金光照，所著衣服，亦皆金色。一切人衆見者繫心，愛著無捨，隨所遊處，皆悉隨從。有長者子，名上威德，爲欲樂故，多與財寶，共相要契。車乘莊嚴，往詣園林。爾時金色女宿緣冥感，爲文殊師利化令入道。神變自在故，以頭枕彼威德膝上而睡。即以神力於其卧處現爲死相，膨脹臭爛，難可附近。須臾腹破，肝腸剖裂，五臟露現，臭穢可惡。大小便道，流溢不浄。諸根支節，蠅蛆唼食，不可稱説。時長者子見此死屍，生大恐怖，身毛皆竪，而作是念：我今無救。徧觀四方，無歸依處，倍增怖畏，發大怖聲。彼長者子，二因緣故，生大怖畏：一、昔所未見如是惡事，是故生怖。二、大衆知我與彼同來在此，而今忽死，謂我故殺，阿闍世王不鑒此理，横見加戮，是故生怖。時長者子獨於此林，

〔一〕出處處經。

不見一人，一切凡聖誰能救者？彼長者子過去善根雖熟，以不聞見文殊共金色女所説法故，文殊師利即以神力令諸樹林悉説偈言。長者子聞已，〔一〕心大歡喜，深自慶幸。捨棄死屍，從林而出，即往佛所，具説怖緣。爾時佛告長者子：汝莫憂怖，我當施汝一切無畏。汝歸佛者，一切無怖。長者子白佛：〔二〕一切怖畏從何而生？佛言：從貪瞋癡因緣故畏。當知一切諸怖，無主無作，無有執者。汝先欲覺，今何所在？長者子言：此中所見好色惡覺，凡夫貪著。於聖法中，無如是事。於是佛爲種種方便説法，時長者子得順法忍。時金色女知長者子受教化已，莊嚴五百馬車，前後圍繞，來詣佛所，却住一面。爾時文殊問長者子言：汝識此妹不？長者子言：我今實識。文殊師利言：汝云何識？時長者子即向文殊而説偈言：

見色如水沫，　諸受悉如泡，　觀想同陽燄，　如是我識彼。　見行如芭蕉，　知識猶如幻，
女名假施設，　如是我識彼。　身無覺如木，　亦如草瓦礫，　心則不可見，　如是我識彼。　諸
凡夫如醉，　顛倒生惡覺，　智者所不染，　如是我識彼。　如彼林中屍，　臭爛惡不浄，　身體
性如是，　如是我識彼。　過去本不滅，　未來亦不生，　現在不暫住，　如是我識彼。　文殊當
善聽，　彼恩難可報，　我本多貪欲，　見不浄解脱。　彼身實不死，　爲化我現死，　愍衆故示

〔一〕「子」字原脱，據高麗藏本補。
〔二〕「子」字原闕，據上下文例補。

現，誰見不發心。如是貪瞋癡，及一切煩惱，如是體法性，善哉甚微妙。

爾時佛告阿難：此金色女、上威德男已於過去教化令發菩提，今更聞法，得順法忍。此金色女於當來世過九十百千劫，當得作佛，號曰寶光如來。威德長者於寶光佛所得菩薩身，名曰德光。寶光滅後，當得作佛，號曰寶炎如來。」〔一〕

又觀佛三昧經云：「佛告阿難：我昔夏安居時，波羅柰國有一婬女，在高樓上，名曰妙意，〔二〕昔日於佛有緣。爾時世尊化三童子，年皆十五，面貌端正，勝諸世間一切人類。此女見已，身心歡喜，白言：丈夫，我今此舍如功德天，富力自在，衆寶莊嚴。我今以身及與奴婢，奉上丈夫，可備灑掃。若能顧納，隨我所願，一切供給，無所愛惜。作是語已，化人就牀。未及食頃，女前親近，白言：丈夫願遂我意。化人不違，隨己所欲。既附近已，一日一夜，心不疲厭。至二日時，愛心漸息。至三日時，白言：丈夫可起飲食。化人即起，纏綿不已。女生厭悔，白言：丈夫異人乃爾。化人告言：我先世法，凡與女通，經十二日，爾乃休息。女聞此語，如人食噎，既不得吐，又不得咽，身體苦痛，如被杵擣。至四日時，如被車轢。至五日時，如鐵丸入體。至六日時，支節悉痛，如箭入心。女作念言：我聞人説迦毗羅城净飯王子身紫金色，三十二相，愍諸盲冥，救濟苦人，恒在此城，常行福度，放金色光，濟一切人。今

〔一〕出大莊嚴法門經卷上、卷下。
〔二〕「名曰」原作「有女名」，據高麗藏本改。

日何故不來救我？我從今日乃至壽終，終不貪色。寧與虎狼同處一穴，不貪色欲，受此苦惱。化人亦瞋：咄！弊惡婦女，廢我事業。我今共汝合體一處，不如早死。父母宗親，若來覓者何處自藏。〔一〕我寧經死，不堪耻辱。女言：弊物，我不用爾，欲死隨意。是時化人取刀刺頸，血流滂沱，塗汙女身，萎陀在地。女不能勝。二日青淤，三日膨脹，四日爛潰，五日漸爛，六日肉落，七日唯有臭骨如膠如漆，黏著女身。一切大小便利及諸惡蟲，迸血諸膿，塗漫女身。女極惡厭而不得離。女發誓願：若諸天神及與仙人、净飯王子，能免我苦，我持此舍一切珍寶以用給施。作是念時，佛將阿難、難陀、帝釋在前，梵王在後。佛放常光，照耀天地。一切大衆，皆見如來詣此女樓。時女見佛，心懷慙愧，藏骸無處，取諸白氎纏裹臭屍。臭氣如故，不可覆藏。女見世尊，爲佛作禮。以慙愧故，身映骨上，臭骨忽然在女背上。女極慙愧，流淚而言：如來功德，慈悲無量。若能令我離此苦者，願爲弟子，心終不退。佛神力故，臭骨不現。女大歡喜，爲佛作禮，白佛言：世尊，我今所珍一切施佛。佛爲呪願，梵音流暢。女聞呪願，心大歡喜，應時即得須陀洹道。五百侍女聞佛音聲，皆發無上菩提道心。無量梵衆見佛神變，得無生忍。帝釋所將諸天，有發菩提心者，有得阿那含者。」〔二〕

又百緣經云：「佛在世時，舍衛城中有一長者婦，産一男兒，形貌極醜，狀似惡鬼。有人見者，捨之

〔一〕「者何」二字原作「我」，據高麗藏本改。

〔二〕出觀佛三昧海經卷八觀馬王藏品。

而去。年漸長大，父母厭惡，驅令遠棄。乃至畜生見此醜陋，尚懷怖懼，何況人類。又於一時詣林採果，以自存活。飛鳥走獸，無不怖走，絶迹無住。世尊慈念，將諸比丘到林欲度。見佛避走，佛以神力，使不得去。時諸比丘各在樹下，跏趺繫念。世尊化作醜陋人，執持應器，盛滿中食，漸向醜人，形狀類己，心懷喜悦。今此人者，真是我伴。尋來共語，同器而食。食已時，彼化人忽然端正。醜陋問言：汝今何以忽然端正？化人荅言：我食此食，以善心觀彼樹下坐禪比丘，使我端正。醜陋聞已，尋復效之，尋得端正。心懷喜悦，即向化人深生信解。於是化人還復本形。醜陋見佛三十二相八十種好，光明普曜，如百千日。前禮佛足，却坐一面。佛即爲其種種説法，得須陀洹果。即於佛前求索出家。佛告：善來比丘，鬚髮自落，法服著身，便成沙門。精勤修習，得阿羅漢果。時諸比丘見是事已，請佛爲説宿本因緣。佛告比丘：乃往過去無量世中，有佛出世，號曰弗沙。在一樹下結跏趺坐。我及彌勒俱爲菩薩，到彼佛所種種供養，而翹一足，於七日中説偈讚佛：

天上世間無如佛，　十方世界亦無有。　世界所有悉能見，　無有能及如佛者。

爾時菩薩説此偈已，時彼山中有一鬼神，作醜陋形，來恐怖我。我以神力，令彼行處，懸崖嶮岨，不能得過。時彼山神即作是念：我以惡心恐怖他故，令我今者行處嶮難，不可得過。今當往彼懺悔先罪。作是念已，尋即往詣，懺悔訖已，發願而去。佛告比丘：欲知彼山神恐怖我故，五百世中形體醜陋，見者

驚走。由彼懺悔故，今遭值我，出家得道。比丘聞已，歡喜奉行。」〔一〕

頌曰：

大聖神變，隨事啓曚。含英秀發，開悟相應。服以邪道，化現神通。隱顯利物，乃軌高蹤。羣生息謗，感悟興隆。潛運自在，見者生恭。罕逢斯聖，絶代靈龍。含生有福，遇此休徵。

感應緣略引二十五驗

通叙神化多種之變

周時有左慈能變〔二〕

舌埵山有帝女能變

夏鯀及趙王如意變

魏襄王年中有女變

〔一〕出撰集百緣經卷十醜陋比丘緣。

〔二〕「周」字應作「漢」，搜神記此條置漢後。

漢建平中有男子變
漢建安中有男子變
晉元康中有女變
晉惠懷時有男女變
漢景帝時有人變
漢宣帝時有雞變
晉太康年中有彭蜞及蟹變
孔子於陳絃歌館中有鯷魚變
晉豫章郡吏易拔變
晉宜陽縣有女姓彭名蛾變
晉太末縣吴道宗母變
晉復陽縣有牛變
炎帝之女變
諸傳雜記之變

秦時有江南宮亭廟神變
秦時南方有落民飛頭變
高陽氏同産夫婦變
魏時尋陽縣北山蠻人作術變
魏時清河宋士宗母因浴變
梁朝居士韋英妻梁氏嫁變

夫慈濟之道，震古式瞻，通化之方，由來難測。此是方外之大聖，非是域中之凡能。窮之不可原，究之不可盡。然凡聖雖别，變化有同。良由智有淺深，障有麤細，機有大小，化有寬狹。蓋達生死之本，可以言變化矣。若依佛教，明信因果，因緣相假，方成變化矣。若據外俗，〔一〕未達大方，唯信緣起，不賴因成。故干寶記云：「天有五氣，萬物化成。木清則仁，〔二〕火清則禮，金清則義，水清則智，

〔一〕「若」字原脱，據高麗藏本補。
〔二〕「清」字原作「精」，據搜神記改。下同。

土清則思。〔一〕五氣盡純，聖德備也。木濁則弱，火濁則淫，金濁則暴，水濁則貪，土濁則頑。五氣盡濁，民之下也。中土多聖人，和氣所交也；絶域多怪物，異氣所産也。苟禀此氣，必有此形；苟有此形，必生此性。故食穀者智慧而文，食草者多力而愚，食桑者有絲而蛾，食肉者勇憨而悍，食土者無心而不息，食氣者神明而長壽，不食者不死而神。大腰無雄，細腰無雌。無雄外接，無雌外育。三化之蟲，先孕後交；兼愛之獸，自爲牡牝。寄生因夫高木，女蘿託乎茯苓。木株於土，萍植於水。鳥排虚而飛，獸蹠實而走，蟲土閉而蟄，魚淵潛而處。本乎天者親上，本乎地者親下，本乎時者親旁，則各從其類也。千歲之雉，入海爲蜃。百年之雀，入江爲蛤。千歲龜黿，能與人語。〔二〕千歲之狐，起爲美女。千歲之蛇，斷而復續。百年之鼠，而能相卜，數之至也。春分之日，鷹變爲鳩。秋分之日，鳩變爲鷹，時之化也。故腐草之爲螢也，朽葦之爲蛬也，稻之爲蛩也，麥之爲蛺蝶也，羽翼生焉，眼目成焉，心智存焉。此自無知而化爲有知，而氣易也。鶴之爲麞也，蛇之爲鼈也，蛬之爲蝦也，不失其血氣，而形性變也。若此之類，不可勝論。應變而動，是爲順常。苟錯其方，則爲妖眚。故下體生於上，氣之反者也。人生獸，獸生人，氣之亂者也。男化爲女，女化爲男，氣之貿者也。〔三〕魯牛哀得疾，七日化而爲虎。形體變

〔一〕「思」字原作「恩」，據搜神記改。
〔二〕「與」字原作「語」，據高麗藏本改。
〔三〕「貿」字原作「質」，據搜神記改。

易，爪牙施張。其兄將入，搏而食之。當其爲人，不知將爲虎。當其爲虎，不知常爲人。故晉太康中陳留阮士禽傷於虺，〔一〕不忍其痛，數嗅其瘡，已而雙虺成於鼻中。元康中歷陽紀元載客食道龜，已而成瘕。醫以藥攻之，下龜子數升，大如小錢，頭足㲉備，文甲皆具，唯中藥已死。夫嗅非化育之氣，〔二〕鼻非胎孕之所，亨道非物之具。〔三〕從此觀之，萬物之生死也，與其變化也，非通神之思，雖求諸己，惡識所自來。然朽草之爲螢，由乎腐也；麥之爲蛺蝶，由乎濕也。爾則萬物之變，皆有由也。農夫止麥之化者，漚之以灰；〔四〕聖人理萬物之化者，濟之以道。其與不然乎！」〔五〕今所覺事者，固未足以究其變化之極也。此乃由衆生本識，雜業熏成。因種既熟，緣假外形。情與非情，隨緣興變。若先無種，縱遇其緣，緣疏力弱，亦未能獨變。故因假緣故，種不獨成；緣假因故，緣不獨辧。因緣和合，力用相齊。萬類由生，一非能建。庶將來哲，豈猜餘卜也。

左慈，字元放，廬江人也。有神通，嘗在曹公座。公曰：今日高會，恨不得吴松江鱸魚爲膾。放

〔一〕「禽」字，搜神記作「瑀」。

〔二〕「嗅」字原作「毒」，據高麗藏本改。

〔三〕「亨」字原作「享」，據文義改。

〔四〕「灰」字原作「夜」，據高麗藏本改。

〔五〕出搜神記卷十二。

云：可得也。求銅盤貯水，放以竹竿，餌鈎盤中，須臾引一鱸出。公大撫掌，會者皆驚。公曰：一魚不周座席，得兩爲佳。放乃復餌鈎之，須臾引出，皆三尺餘，生鮮可愛。公便目前膾之，周賜座席。公曰：今既得鱸，恨不得蜀生薑耳。放曰：可得也。公恐其近道買，因曰：吾昔使人至蜀買錦，可敕人告吾使，使增市二端。人去須臾，還得生薑。又云：於錦肆下見公使，已敕增市二端。後經歲餘，公使還，果增市二端錦。問之，云：昔某月某日見人於肆下，以公敕敕之，增市二端錦。後公近郊，士人從者百許人，放乃齎酒一罌，脯一片，手自傾罌，行酒百官。百官皆醉飽。公還驗之酤賣家，昨悉亡其酒脯矣。公惡之，陰欲殺元放。元放在公座，將收之。放却入壁中，霍然不見。乃募取之，或見於市。乃捕之，而市人皆放同形。後或見放於陽城山頭，行人逐之，放入於羣羊。行人知放在羊中，告之曰：曹公不復相殺，本成君術。既驗，但欲與相見。羊中忽有一大老羝，屈前兩膝，人立而言曰：遽如許。人即云：此羊是。競往欲取，而羣羊數百，皆爲羝羊，並屈前膝人立云：遽如許。於是莫知所取焉。老子曰：吾之所以爲大患者，以吾有身也。及吾無身，吾有何患哉！若老子之儔，可謂能無身矣。豈不遠哉也！〔一〕

舌埵山帝之女死，化爲怪草。其葉蕋成，其華黄色，其實如菟絲。故服怪草者，恒媚於人焉。周宣

〔一〕出搜神記卷一。

王三十三年，幽王生。是歲有馬化爲狐。晉獻公二年，周惠王居于鄭，鄭人入王府多脱化爲蜮，射人。萇弘見殺，蜀人藏其血，故三年而爲碧。漢靈帝時江夏黄氏之母浴，伏盤水中，久而不起，變爲黿矣。婢驚走告。比家人來，黿轉入深淵，其後時時出現。初浴簪一銀釵，猶在其首。於是黄氏累世不敢食黿肉。又吴寶鼎元年六月晦日，丹陽宣騫母，年八十矣，亦因池浴化爲黿，其狀如黄氏。騫兄弟四人，閉户衛之，掘堂上作大坑瀉水，其黿入水中遊戲。一二日間，恒延頸出亦望，伺户小開，便輪轉自躍，入于深淵，遂不復還。〔一〕

夏鯀，天子之父；趙王如意，漢祖之子。而鯀爲黄能，意爲蒼狗。〔二〕

魏襄王三年，有女子自首，化爲丈夫，與妻生子。故京房易傳曰：女子化爲丈夫，兹謂陰昌，賤人爲王。丈夫化爲女子，兹爲陰勝陽，厥咎亡也。〔三〕

漢建平中，豫章有男子化爲女子，嫁爲人婦，生一子。長安陳鳳曰：陽變爲陰，將亡繼嗣。生一子者，將復一世乃絶也。故使哀帝崩，平帝没，而王莽篡焉。〔四〕

〔一〕出搜神記卷六、卷十一、卷十四。

〔二〕出搜神記卷三。

〔三〕出搜神記卷六。

〔四〕出搜神記卷六。

漢建安七年，越嶲有男子化爲女子。周羣曰：哀帝時爾有此變，將有易代之事也。至二十五年，獻帝封山陽公。〔一〕

晉元康中，安豐有女子曰周世寧，年八歲，漸化爲男。至十七八而氣性成。女體化而不盡，男體成而不徹，畜妻而無子。〔二〕

晉惠懷之世，京洛有人一身而有男女二體，亦能兩幸，而尤好婬。天下兵亂，由男女氣亂而妖形作也。當中興之間，〔三〕又有女子，其陰在腹肚，居在揚州，亦性好婬色。故京房易曰：妖人生子，陰在首，則天下大亂。若在腹，則天下有事。若在背，則天下無後。〔四〕

漢景帝元年九月，膠東下密人，年七十餘，生角，角有毛生。故京房易傳曰：冢宰專政，〔五〕厥妖人生角。五行志以爲人不當生角，猶諸侯不當舉兵向京師也。其後有七國之難起。〔六〕

〔一〕出搜神記卷六。
〔二〕出搜神記卷七。
〔三〕「中興之間」，搜神記作「大興初」。
〔四〕出搜神記卷七。
〔五〕「專」字原闕，據搜神記補。
〔六〕出搜神記卷六。

漢宣帝黄龍元年，未央殿輅軨厩中，雌雞化爲雄雞，毛衣亦變，不鳴不將無距。元帝初元中，丞相府史家雌雞化爲雄雞，冠距鳴將。至永光年中，有獻雄雞生角者。五行志以爲王氏之應也。〔一〕

晉太康四年，會稽郡彭蜞及蟹皆化爲鼠，其衆覆野，大食稻爲災。始成，有毛肉而無骨，其行不能過田塍。數日之後，則皆爲牝。至六年，南陽獲兩足虎。虎者陰精而居乎陽，金獸也。南陽，火名也。金精入火而失其形，王室亂之妖也。〔二〕

孔子厄於陳，絃歌於館中。夜有一人，長九尺餘，著皂衣，高冠，大吒，聲動左右。子貢進問：何人耶？便提子貢而挾之。子路引出，與戰于庭，有頃未勝。孔子察之，見其甲車閒時時開如掌。孔子曰：何不探其甲車，引而奮之。子路如之，没手仆於地，乃是大鯷魚也，長九尺餘。孔子歎曰：此物也，何爲來哉！吾聞物老，則羣精依之，因衰而至。此其來也，豈以吾遇厄絶糧，從者病乎。夫六畜之物及龜蛇魚鼈草木久者，神皆依憑，能爲妖怪，故謂之五酉。五酉者，五行之方，皆有其物。酉者，老也。故物老則爲怪矣。殺之則已，夫何患焉。或者天之未喪斯文，以是繫予之命乎！不然，何爲至於斯也。絃歌不輟。子路烹之，其味滋，病者興。明日遂行。〔三〕右十三驗出搜神記。

〔一〕出搜神記卷七。

〔二〕出搜神記卷七。

〔三〕出搜神記卷十九。

晉時豫章郡吏易拔，義熙中受番還家，違遁不反。郡遣追，見拔言語如常，亦爲施設。使者催令裝束，拔因語曰：「汝看我面。」仍見眼目角張，身有黄斑色，便豎一足，徑出門去。家先依山爲居，至麓變成三足大虎。所豎之脚，即成其尾。右此一驗出異苑。〔一〕

晉永嘉之亂，郡縣無定主，强弱相暴。宜陽縣有女子姓彭名娥。父母昆弟十餘口爲長沙賊所攻。時娥負器出汲於溪，聞賊至走還，正見塢壁已破，不勝其哀。與賊相格，賊縛娥驅出溪邊，將殺之。溪際有大山石壁，高數十丈。娥仰天呼曰：「〔二〕皇天寧有神不？我爲何罪而當如此！」因奔走向山，山立開廣數丈，平路如砥。羣賊亦逐娥入山，山遂隱合，泯然如初，賊皆壓死山裏，頭出山入。娥遂隱不復出。娥所捨汲器化爲石，形似雞。土人因號曰石雞山，其水爲娥潭。〔三〕右此一驗出幽明録。〔四〕

晉義熙四年，東陽郡太末縣吴道宗少失父，單與母居，未有婦兒。宗賃不在家，〔五〕鄰人聞其屋中砰礚之聲，闚不見其母，但有烏斑虎在其屋中。鄉里驚怛，恐虎入其家食其母，便鳴鼓會人，共往救之。

〔一〕出異苑卷八。

〔二〕「天」字原闕，據太平御覽引補。

〔三〕「其水」二字原闕，據太平御覽引補。

〔四〕太平御覽卷八八八引。太平廣記卷一六一引，又三九七引。

〔五〕「宗賃」，太平御覽引作「道宗收債」。

圍宅突進，不見有虎，但見其母，語如平常，不解其意。兒還，母語之曰：宿罪見追，〔一〕當有變化事。後一月日便失母。縣界內虎災屢起，皆云母烏斑虎。百姓患之，發人格擊之，殺數人。後人射虎中膺，〔二〕并戟刺中其腹，然不能即得。經數日後，虎還其家故牀上，不能復人形，伏牀上而死。其兒號泣，如葬其母法，朝冥哭臨之。右此一驗出齊諧記。〔三〕

晉復陽縣里民有一家兒牧牛，〔四〕牛忽舐此兒，舐處肉悉白，兒俄而死。其家葬此兒，殺牛以供賓客。凡食此牛肉男女二十餘人，悉變作虎。〔五〕右此一驗出顧徽廣州記錄。

炎帝之女娃遊於東海，溺而死，化爲精衛。其狀如烏，常銜西山之木石以堙東海。〔六〕堙者，塞也。其音曰因。

夸父與日競走，渴飲河，河涸，不足，北飲大澤。未至，道死，棄其杖化爲鄧林。〔七〕右此二驗出山海經。

〔一〕「宿」字原作「當」，據高麗藏本改。

〔二〕「中膺」原作「白鷹」，據太平御覽引改。

〔三〕太平御覽卷八八八引。太平廣記卷四二六引。

〔四〕太平御覽引「復」作「湞」，「里」作「俚」。

〔五〕太平御覽卷八八八引。

〔六〕出山海經卷三北上經。

〔七〕出山海經卷八海外北經。

博物志曰：「松脂淪入地，千年化爲茯苓，茯苓千年化爲琥珀。琥珀一名江珠。今太山有茯苓而無琥珀。益州永昌出琥珀而無茯苓。或復云：燒蜂巢所作。未詳此二説孰是。」〔一〕

神農本草經云：「取雞卵㲉黄白渾雜者，熟煮及尚軟，隨意刻作物，以苦酒漬數宿。既堅，内著粉中，佳者亂真。」〔二〕此世所恒用，無作不成。

韓詩外傳曰：「孔子曰：老雈爲雀，老蒲爲葦。」〔三〕

搜神記曰：「土蜂名曰蜾蠃。今世謂蛔蜷。細腰之類，其爲物雄而無雌，不交不産。常負桑蟲之子育之，則皆化成己子也。」〔四〕

秦周訪少時與商人泝江俱行，夕止宫亭廟下，同侣相語，誰能入廟中宿？訪性膽果决，因上廟宿，竟夕宴然。晨起，廟中見有白頭老公，訪遂擒之，化爲雄鴨。訪捉還船，欲烹之，因而飛去。後竟無他。

右此一驗出述異記。

〔一〕出博物志卷四藥物。

〔二〕太平御覽卷八〇八引。

〔三〕韓詩外傳無此文。

〔四〕出搜神記卷十三。

秦時南方有落頭民，〔一〕其頭能飛。其種人部有祭祀，號曰蟲落，故因取名焉。吴時將軍朱桓得一婢，每夜卧後，頭輒飛去。或從狗竇，或從天牕中出入，以耳爲翼。將曉復還，數數如此。傍人怪之，夜中照視，唯有身無頭，其體微冷，氣息裁屬。乃蒙之以被，至曉頭還，礙被不得安，兩三度墮地，噫咤甚愁。而其體氣急，狀若將死。乃去被，頭復起傅頸，有頃平和。桓以爲巨怪，畏不敢畜，乃放遣之。既而詳之，乃知大怪也。時南征大將亦往往得之。又嘗有覆以銅盤者，頭不得進，遂死。〔二〕

昔者高陽氏有同産而爲夫婦。帝放之於崆峒之野，相抱而死。神鳥以不死草覆之，七年，男女同體而生。二頭四足四手，〔三〕是爲蒙雙氏。〔四〕右二驗出搜神記。

魏時尋陽縣北山中蠻人有術，能使人化作虎，毛色介身，〔五〕悉如真虎。餘鄉人周畛有一奴，使入山伐薪。奴有婦及妹，亦與俱行。既至山，奴語二人云：汝且上高樹，視我所爲。如其言。既而入草，須臾一大黄斑虎從草出，奮迅吼唤，甚爲可畏。二人大怖。良久還草中，少時復還爲人，語二人：歸家

〔一〕「頭」字原闕，據搜神記補。

〔二〕出搜神記卷十三。

〔三〕下「四」字原脱，據高麗藏本補。

〔四〕出搜神記卷十四。

〔五〕「介身」，搜神後記作「爪牙」。

愼勿道。後遂向等輩説之。周尋復知，乃以醇酒飲之，令熟醉，使人解其衣服及身體，事事詳視，了無異。唯於髻髮中得一紙，畫作大虎，虎邊有符。周密取録之。奴既醒，喚問之。見事已露，遂具説本末，云：先嘗於蠻中告糴，有一蠻師，云有此術。以三尺布、一升米精、一赤雄雞、一升酒，受得此法也。〔一〕

魏時有清河宋士宗母，以黄初中夏天於浴室裏浴，遣家中子女盡出户，獨在室中良久。家人不解其意，於壁穿中闚，不見人，木盆水中有一大鼈。遂開户，大小悉入，了不與人相承。嘗先著銀釵，猶在頭上。相與守之，啼泣，無可奈何。意欲求去，永不可留。視之積日，轉解自投出户外而去駛。〔二〕逐之不及，遂便入水。復數日忽還，巡行宅舍，如平生，了無所言而去。時人謂士宗應行喪治服。士宗以母形雖變而生理尚存，竟不治喪。與江夏黄母相似。〔三〕右二驗出續搜神記。

梁時開善寺，京兆人韋英宅也。〔四〕英早卒，其妻梁氏不治喪而嫁，更納河内向子集爲夫。雖云改嫁，仍居英宅。英聞梁嫁，白日來歸，乘馬將數人至於庭前，呼曰：阿梁，卿忘我耶！子集驚怪，張弓射

〔一〕出搜神後記卷四。太平廣記卷二八四引，作出冥祥記。
〔二〕「投」字原作「捉」，「而」字原作「其」，據高麗藏本改。
〔三〕出搜神後記卷四。
〔四〕「京」字下原衍「師」字，據高麗藏本删。

之，應箭而倒，即變爲桃人。所騎之馬，亦化成茅馬。從者數人，盡爲蒲人。梁氏惶懼，遂捨爲寺。〔一〕見洛陽寺記傳。

眠夢篇第二十六此有五部

述意部　三性部　善性部　不善部　無記部

述意部第一

原是一心，積爲三界。癡流慢惰，昏滯沈没。欲討其際，難測其本。所以遠自無始，至於今身，生死輪轉，塵劫莫之比；明闇遞來，薪火不能譬。逝水非駛，器月難保。且夫盛衰之道，與時交搆；睡夢之途，因心而動。動由内識，境由外熏。緣熏好醜，夢通三性。若宿有善惡，則夢有吉凶，此爲有記。若習無善惡，汎覩平事，此爲無記。若晝緣青黄，夢想還同，此爲想夢。若見升沈，水火交侵，此爲病夢。雖夢通三性，然有報無報。欲知斯事，如下經説。

〔一〕出洛陽伽藍記卷四。

三性部第二

如善見律云：「夢有四種：一、四大不和夢，二、先見夢，三、天人夢，四、想夢。云何四大不和夢？答：眠時夢見山崩，或飛騰虚空，或見虎狼師子賊逐。此是四大不和夢，虚而不實。云何先見夢？答：或晝日見，或白或黑，或男或女，夜剋夢見。是名先見夢，此亦不實。云何天人夢？答：若善知識天人爲現善夢，令人得善。若惡知識者，爲現惡夢。此即真實。云何想夢者？答：此人前身或有福德，或有罪障。若福德者現善夢，罪者現惡夢。如菩薩初欲入母胎時，〔一〕夢見白象從忉利天下，入其右脇。此是想夢也。若夢禮佛、誦經、持戒、布施種種功德，此亦想夢。問：夢爲善、不善、無記耶？答：亦善、不善、無記。若夢見禮佛、聽法、説法，此是善功德。若夢見殺、盗、婬，此是不善夢。若夢見青黄赤白色等，此是無記夢也。問曰：若爾者應受果報？答曰：不受果報。何以故？以心業羸弱故，不感報。是故律云：除夢中不犯也。」〔二〕

又迦延論云：「云何一切睡眠相應耶？答曰：或睡不眠相應。如未眠時，身不軟，心不軟，身重心重，身瞪瞢，心瞪瞢，身憒心憒，身睡心睡，爲睡所纏，是謂睡不眠相應。云何眠不睡相應？答曰：不染

〔一〕「菩薩」後原衍「母」字，據高麗藏本删。

〔二〕出善見律毘婆沙卷十二。

汚心眠夢，是謂眠不睡相應。云何睡眠相應？答曰：染汚心眠夢，是謂睡眠相應。云何不睡不眠？答曰：除上爾所事。問：眠當言善、不善、無記耶？答曰：眠或善，或不善，或無記。云何爲善？答曰：善心眠夢。云何不善？答曰：不善心眠夢。云何無記？答曰：除上爾所事，如夢中施與作福、持戒、守齋，如善心眠時所作福，當言餘福迴，是名善。云何眠時所作不福當言迴耶？答曰：如夢中殺盜等，如不善心眠，餘不福心迴，是名不善。云何眠時所作福不福，不當言迴？答曰：如眠時非福心非不福心迴，如無記心眠時所作福非福，不當言迴，是名無記。問：夢名何等法？答曰：是五蓋中無明蓋也。」〔一〕

善性部第三

如出生菩提心經云：「爾時世尊告迦葉婆羅門言：汝善男子有四種善夢，得於勝法。何等爲四？所謂於睡眠中夢見蓮華，或見傘蓋，或見月輪，及見佛形。如是見已，應自慶幸，我遇勝法。爾時世尊而說偈言：

若有睡夢見蓮華，　及以夢見於傘蓋，　或復夢裏見月輪，　應當獲得大利益。　若有夢見

〔一〕出阿毘曇八犍度論卷二。

佛形像，　諸相具足莊嚴身，　衆生見者應歡喜，　念當必作調御師。」〔一〕

又雜寶藏經云：「昔有惡生王，爲行殘暴，無悲邪見。如來遣迦旃延化其本國，惡生王及夫人皆得生信。王大夫人號爲尸婆具沙，後生太子，字喬波羅。時王於寢夢見八事：一、頭上火然；二、兩蛇絞腰；三、細鐵網纏身；四、見二赤魚吞其雙足；五、有四白鶴飛來向王；六、血泥中行，泥没其腋；七、登太白山；八、鸛雀屋頭。於夢寤已，以爲不祥，愁憂慘悴。尋即問諸外道婆羅門。外道聞王此夢，素嫌於王，兼嫉尊者迦旃延。因王此夢，言：大不吉，不禳厭之，禍及王身。王聞其語，信以爲然，益增憂惱，即問之言：若禳厭時，當須何物？諸婆羅門言：所須用者，王所珍愛。我若説者，王必不能。時王荅言：此夢甚惡，但恐大禍殃及我身。除我以往，餘無所惜。請爲我説所須之物。諸婆羅門等見其慇懃，知其心至，即語王言：所可用者，此夢有八，還須八種，可得禳災。一、殺王所敬夫人尸婆具沙，二、殺王所愛太子喬婆羅，三、殺輔相大臣，四、殺王所有烏臣，五、殺王一日能行三千里象，六、殺王一日能行三千里駝，七、殺王良馬，八、殺王所敬禿頭迦旃延。却後七日，若殺此八，聚集其血，入中而行，可得消災。王聞其言，以己命重，即便許可。還至宮中，愁憂懊惱。夫人問王：何故如是？王荅夫人，具陳説上不祥之夢，并道婆羅門禳夢所須。夫人聞已而作是言：但使王身平安無患，妾之賤身，豈足貴

〔一〕出出生菩提心經。

耶！復白王言：却後七日，我歸當死，聽我往彼尊者迦旃延所，六日之中受齋聽法。王言：不得。汝若至彼，或語其實。彼若知者，捨我飛去。夫人慇懃，王不能免，即便聽往。夫人到彼尊者所，禮拜問訊，遂經三日。尊者怪問：王之夫人未曾至此經停信宿，何故今者不同於常？夫人具説王之惡夢，却後七日，當殺我等，用禳災患。餘命未幾，故來聽法。因向尊者説王所夢。尊者迦旃延言：此夢甚吉，當有歡慶，不足爲憂。一、頭上火然者，寶主之國，當有天冠，直十萬兩金，來貢於王。正爲斯夢，夫人心急，七日向滿，爲王所害，懼其來晚。問尊者言：何時來到？尊者荅言：日晡時必當來至。二、兩蛇絞腰者，月支國王當獻雙劍，價直十萬兩金，今日當至。三、細鐵網纏身者，大秦國王當獻珠瓔，價直十萬兩金，後日凌晨當至。四、赤魚吞足者，師子國王當獻毗瑠璃寶跂，價直十萬兩金，後日食時當至。五、四白鶴來者，跋耆國王當獻金寶，後日日中當至。六、血泥中行者，安息國王當獻鹿毛欽婆羅衣，價直十萬兩金，後日日昳當至。七、登太白山者，曠野國王當獻大象，後日晡時當至。八、鸛雀屋頭者，王與夫人當有私密之事，事至後日自當知之。夫人白王。良久果如尊者所言，期限既至，諸國所獻一切皆到。王大歡喜。尸婆具沙夫人先有天冠，重著寶主國所獻天冠。〔一〕王因挍戲，脱尸婆具沙夫人所著一重天冠，著金鬘夫人頭上。時夫人瞋恚而言：若有惡事，我先當之。今得天冠，與彼而著。尋以

〔一〕「重著」二字原作「著重」，據高麗藏本改。

酪器擲王頭上，王頭盡汚。王大瞋忿，拔劍欲斫夫人。夫人畏王，走入房中，即閉房户，王不得前。王尋自悟，尊者占夢云：有私密事，正此是耳。王及夫人尋至尊者迦旃延所，具論上來信於非法惡邪之言，幾於尊者、妻子、大臣、所愛之物，行大惡事。今蒙尊者離於惡事，即詣尊者敬奉供養，驅諸外道婆羅門等，遠其國界。即問尊者：有何因緣，如此諸國各有所珍奉獻於我？尊者荅言：乃往過去九十一劫，爾時有佛，名毗婆尸。彼佛出時，有一國名曰槃頭。王之太子，信樂精進，至彼佛所，供養禮拜。即以所著天冠、寶劍、瓔珞、大象、寶車、欽婆羅衣，上獻彼佛。緣是福慶，生生尊貴。所欲珍寶，不求自至。王聞是已，於三寶所深生敬信，作禮還宮。」〔一〕

不善部第四

如發覺净心經云：「佛告彌勒菩薩言：菩薩當觀二十種睡眠諸患。何等二十？一、樂睡眠者，當有嬾惰。二、身體沈重。三、膚皮不净。四、皮肉麤澀。五、諸大穢濁，威德薄少。六、飲食不消。七、體生瘡皰。八、多有懈怠。九、增長癡網。十、智慧羸弱。十一、善欲疲倦。十二、當趣黑暗。十三、不行恭敬。十四、禀質愚癡。十五、多諸煩惱心向諸使。十六、於善法中而不生欲。十七、一切白法能令

〔一〕出雜寶藏經卷九迦旃延爲惡王解八夢緣。

減少。十八、恒行驚怖之中。十九、見精進者而毁辱之。二十、至於大衆被他輕賤。」

又國王不黎先泥十夢經云：「佛在世時，時有國王名不黎先泥，夜夢十事：一、夢見三瓶併，兩邊瓶滿氣出，相交往來，不入中央空瓶中。二、夢見馬口食，尻亦食。三、夢見小樹生果。四、夢見小樹生果。五、夢見一人索繩，人後有羊，羊主食繩。六、夢見狐坐於金牀上，於金器中食。七、夢見大牛還從犢子乳。八、夢見四牛從四面鳴來，相趣欲鬭，當合未合，不知牛處。九、夢見大陂水，中央濁，四邊清。十、夢見大谿水流正赤。王夢見是事已，即寤大怖，恐亡其國及身妻子。王至明日，即召公卿大臣及諸道人曉解夢者，問言：昨夜夢見十事，寤即恐怖，意中不樂。誰能解夢？有一婆羅門言：我爲王解之，恐王聞者，愁憂不樂。王言：如卿所覩説之，勿有所諱。婆羅門言：王夢皆惡。當取所重愛夫人、太子，及邊親近侍人、奴婢，皆殺以祠天王，可得無他。王有卧具及著身珍寶好物，皆當燒已祠天。如是者，王身可得無他。王聞此語，轉加愁憂，即入齋房，思念是事。王正夫人名摩尼，到王所，問王言：何爲入齋房愁憂不樂耶？我身有過於王耶？王言：汝無過於我，我自愁耳。夫人復問。王言：汝莫問我，聞者令汝不樂。夫人復言：我是王半身，設有善惡，王應語我，云何不相語耶？王便爲夫人具説夜夢十事。夫人言：王莫愁憂，如人買金磨石，好醜善惡，其色自見於石上。今佛近在精舍，去國不遠，

〔一〕出發覺净心經卷下。

何不往問？如佛所解，王當隨之。王即敕羣臣嚴駕而出，到佛所，頭面禮佛足，却坐白佛言：我昨夜夢見十事，具如前述。所夢如是，寤即恐怖，恐亡我國及身妻子。唯佛爲解所夢十事，願聞教誡。佛言：王莫恐怖。夢者無他，乃爲後世當來之事，非今世惡。此後世人當不畏法禁，婬泆貪利，嫉妬，不知厭足，少義無慈，喜怒無慚愧。佛言：第一、夢見三瓶併，兩邊瓶滿氣出，相交往來，不入中央空瓶中者，此後世人豪貴者自相追隨，不親貧者。王夢瓶併，正謂是耳。王莫恐怖，於國於太子於夫人，皆亦無他。佛言：第二、王夢見馬口食，尻亦食者，此後世人作帝王及大臣稟食縣官俸禄，復採萬民，不知厭足。王夢正是，王莫恐怖。佛言：第三、夢見小樹生華者，此後世人年未滿三十而頭生白髮，貪婬多欲，年少强老。王夢正是，王莫恐怖。佛言：第四、王夢見小樹生果者，此後世人年未滿十五行嫁，抱兒而歸，不知慚愧。王夢正是，王莫恐怖。佛言：第五、王夢見一人索繩，人後有羊，羊主食繩者，此後世人夫婿出行賈作，其婦於後便與他家男子交通，貪其財物。王夢正是，王莫恐怖。佛言：第六、王夢見狐坐金牀上，於金器中食，此後世人下賤，便尊貴有財産，衆人敬畏。公侯子孫更經貧賤，處於下坐，飲食在後。王夢正是，王莫恐怖。佛言：第七、王夢見大牛還從小犢子乳者，此後世人無有禮義，母反爲女作媒，誘恤他家男子與女交通。嫁女求財，以自供給，不知慚愧。王夢正是，王莫恐怖。佛言：第八、王夢見四牛從四面鳴來，相趣欲鬭，當合未合，不知牛處者，此後世帝王長吏及人民，皆無至誠之心，更相欺詐，〔一〕愚癡瞋恚，不敬天地，是故雨澤不時。長吏人民請禱求雨，天當四面起雲，雷電有聲。長吏人民咸言當雨，須臾之閒，雲散不墮。所以者何？帝王長吏人民無有忠正慈仁。王夢正是，王莫恐怖。佛言：第九、王夢見大陂水，中央濁，四邊清者，此後世中國當擾亂，治行不平，人民不孝父母，不敬長老。邊國四面當平清，〔二〕人民和穆，孝順二親。王夢正是，王莫恐怖。佛言：第十、王夢見大谿水流正赤者，此後世諸國忿争，興軍聚衆，更相攻伐。當作車兵步兵騎兵共鬭相殺，傷不可數，死者於路，血流正赤。王夢正是，王莫恐怖，於國太子於夫人皆亦無他。王聞長跪，心即歡喜。今受佛恩，令得安隱。作禮還歸，重賜宫臣，從今已後，不信諸異外道及婆羅門。」〔三〕

無記部第五

如十誦律云：「有比丘衆中睡。佛言：聽水洗頭，猶睡不可信，〔四〕令比丘以五法用水洗他。一者憐愍，二者不惱他，三者睡眠，四者頭倚墻壁，五者舒脚坐。猶睡不止，聽以手撑。若故睡不止，佛聽

〔一〕「相」字原脱，據高麗藏本補。
〔二〕「四」字原脱，據高麗藏本補。
〔三〕出國王不黎先泥十夢經。
〔四〕「信」字原作「佛」，據高麗藏本改。

以趣擲。若故睡不止，佛聽用禪杖者，若取禪杖時，應生敬心，以兩手捉杖，放戴頂上。若坐睡不止，應起看餘睡者，以禪杖築。築已還坐。若無睡者，還以禪杖著本處已坐。若故睡不止，佛聽用禪鎮，安孔作之，以繩貫孔中。繩頭施紐，掛耳上，去額前四指。著禪鎮時，禪鎮墮地。佛言：禪鎮墮者，應起庠行，如鵝行法。」〔一〕

頌曰：

昏沈睡蓋，　遊想妄現。　親族虛聚，　徒霑美醯。　既寤空無，　妄生愛戀。　雖通三性，終成七變。

感應緣略引六驗

漢甘陵府丞文穎

宋陳秀遠

宋太守諸葛覆

宋馬虔伯

〔一〕出十誦律卷四十一。

齊沙門釋僧護

唐沙門釋智興

漢南陽文穎，字叔良，建安中爲甘陵府丞。過界止宿，夜鼓三時，夢見一人跪前曰：昔我先人葬我於此，水來湍墓，棺木溺，漬水處半，〔一〕然無以自温。聞君在此，故來相依。屈明日暫住須臾，幸爲相遷高燥處。〔二〕鬼披衣示穎，而皆沾濕。穎心中愴然，即寤。寤已語左右，左右曰：夢爲虚耳，何足可怪！穎乃還眠。向晨復夢見，謂穎曰：我以窮苦告君，奈何不相愍悼乎！穎夢中問曰：子爲誰？〔三〕對曰：吾本趙人，今屬汪芒氏之神。〔四〕穎曰：子棺今爲所在？對曰：近在君帳北十數步水側枯楊樹下，即是吾墓也。天將明，不復得見，君必念之。穎荅曰：諾。忽然便寤。天明可發，穎曰：雖云夢不足怪，此何大適。左右曰：亦何惜須臾，不驗之耶！穎即起，幸之，十數人將導，順水上，果得一枯楊，曰：是矣。掘其下，未幾果得棺。棺甚朽壞，没半水中。穎謂左右曰：向聞於人，謂爲虚矣。世俗所

〔一〕「半」字下原衍「燥」字，據搜神記删。

〔二〕「爲」字原作「之」，據搜神記改。

〔三〕「爲」字下原衍「是」字，據搜神記删。

〔四〕「汪芒氏」原作「注送民」，據搜神記改。

傳，不可無驗。爲移其棺，醊而去之。〔一〕右一驗出搜神記。

宋陳秀遠者，潁川人也。嘗爲湘州西曹，客居臨湘縣。少信奉三寶。年過耳順，篤業不衰。宋元徽二年七月中，於昏夕間，閑卧未寢，歎念：萬品死生，流轉無定。自惟己身，將從何來。一心祈念，冀通感夢。時夕結陰，室無燈燭。有頃見枕邊如螢火者，冏然明照，流飛而去。俄而一室盡明，爰至空中，有如朝晝。秀遠遽起坐，合掌端念。頃見中庭四五丈上有一橋閣焉。〔二〕又欄檻朱彩，立於空中。秀遠了不覺升動之時，而已自見平坐橋側。見橋上士女往還填衢，衣服粧束，不異世人。末有一嫗，年可三十許，上著青襖，下服白布裳，行至秀遠左邊而立。有頃，復有一婦人通體衣白布，爲偏環髻，手持華香，當前而立。語秀遠曰：汝欲覩前身，即我是也。以此華供養佛故，得轉身作汝。迴指白嫗曰：此即復是我先身也。言畢而去。去後橋亦漸隱。秀遠忽然不覺，還下之時，光亦尋滅也。右一驗出冥祥記。〔三〕

宋瑯瑘諸葛覆，宋永嘉年爲九真太守。家累悉在揚都，唯將長子元崇送職。覆於郡病亡，元崇年始十九，送喪欲還。覆門生何法僧貪其資貨，與伴共推元崇墮水而死，因分其財。爾夜元崇母陳氏夢元崇還，具叙亡父事，及身被殺委曲。屍骸流漂，怨酷無雙。違奉累載，一旦長辭，銜悲茹恨，如何可

〔一〕出搜神記卷十六。

〔二〕「庭」字原作「宁」，據高麗藏本改。

〔三〕太平廣記卷一一四引。

說！歔欷不能自勝。又云：行速疲極。困卧牕下牀上，以頭枕牕。母視兒眠處，足知非虚矣。陳氏悲怛驚起，把火照兒眠處，沾濕猶如人形。於是舉家號泣，便發聞。〔一〕于時徐森之始除交州，徐道立爲長史。道立即陳氏從姑兒也，具疏所夢，託二徐檢之。二徐道遇諸葛喪船，驗其父子亡日，如鬼語。乃收其行兇二人，即皆款服，依法殺之。更差人送喪達都。右一驗出冤魂志。〔二〕

宋馬虔伯，巴西閬中人也。少信佛法，嘗作宣漢縣宰。以元嘉十二年七月夜於縣得夢，見天際有三人，長二丈餘，姿容嚴麗，臨雲下觀，諸天妓樂，盈仞空中。告曰：汝厄在荆楚，戊寅之年八月四日。若處山澤，其禍剋消。人中齋戒，亦可獲免。若過此期，當悟道也。時俯見相識楊暹等八人，並著鎖械，又見道士胡遼半身土中。天中天際神人皆記八人命盡年月，唯語遼曰：若能修立功德，猶可延長也。暹等皆如期終亡。遼益懼，奉法山居，勤勵彌至。虔伯後爲梁州西曹，州將蕭思話也。蕭轉南蠻，復命爲行參軍。虔伯思荆楚之言，〔三〕心甚懼然，求蕭解職，將適衡山。蕭苦不許。十五年即戊寅歲也。六月末得病，至八月四日危篤，守命。其日黄昏後，忽朗然徹視，遥見西面有三人，形可二丈。前一人衣帔垂鬢，頂光圓明。後二人姿質金曜，儀相端備，列於空中，去地數仞。虔伯委悉詳視，猶是前

〔一〕「發聞」二字原作「如問」，據太平廣記引改。

〔二〕太平廣記卷一二七引，作出還冤記。

〔三〕「思」字原作「耳」，據高麗藏本改。

所夢者也。頃之不見，餘芳移時方歇。同居大小，皆聞香氣。因而流汗，病即小瘥。虔伯所居宇卑陋，于時自覺處在殿堂，廊壁環曜，皆是珍寶。於是所患悉以平復。〔一〕右一驗出冥祥記。〔二〕

高齊時有釋僧護，守道直心，不求慧業。願造丈八石像，咸怪其言。後於寺北谷中見一卧石，可長丈八，乃顧匠營造。向經一周，面腹麤了，而背猶著地。以六具拗舉之，如初不動。經夜至旦，忽然自翻。即就營訖，移置佛堂。晉州陷日，像汗流地。周兵入齊，燒諸佛寺，此像獨不變色。又欲倒之，人牛六十頭，挽不動。忽有異僧以瓦木土墼，壘而圍之，須臾便了。失僧所在。像後降夢信心者曰：吾患指痛。其人寤而視焉，乃木傷其二指也。遂即補之。開皇十年有盜像旛蓋者，夢丈八人入室責之。賊遂慚怖，悔而謝焉。其像現在。〔三〕

唐京師大莊嚴寺釋智興，俗緣宋氏，洛州人也。謙約成務，勵行堅明。依首律師誦經持律，心口相弔，不輟昏曉。至大業五年仲冬，次掌維那，〔四〕鳴鐘依時，僧徒無擾。同寺僧名三果者，有兄從煬帝南幸江都，中路身亡，初無凶告。通夢其妻曰：吾行達彭城，不幸病死，由齋戒不持，今墮地獄，備經五

〔一〕「平」字原脱，據高麗藏本補。
〔二〕太平廣記卷一一三引。
〔三〕出唐高僧傳卷三十九釋僧明傳附釋僧護傳。
〔四〕「掌」字原作「當」，據唐高僧傳改。

苦，辛酸叵述，誰知吾苦。賴以今月初日，蒙禪定寺僧智興鳴鐘發響，聲振地獄，同受苦者，一時解脱。今生樂處，思報其恩。汝可具絹十四，早奉與之，并陳吾意，冀禮殷誠。從眠驚寤，怪夢所由。與人共説，初無信者。尋入重夢，及諸巫覡，咸陳前説。後經十日，凶告奄至，恰與夢同。果乃奉絹與之。而興自陳無德，並施大衆。寺主恭禪師等合寺大德，咸問興曰：何緣鳴鐘，乃感斯應？興曰：余無他術，見付法藏傳云：罽膩吒王受苦，由鳴鐘得停。及增一阿含經鳴鐘偈福。敬遵此轍，〔一〕勵力行之。〔二〕嚴冬登樓，風切皮肉，僧給羔袖，用執鐘椎。興自勵意，露手鳴椎，掌中傷破，不以爲苦。兼鳴鐘之始，先發善願。願諸賢聖同入道場，同受法食。然後三下。將欲長打，如先致敬。願諸惡趣，聞此鐘聲，俱時離苦，〔三〕速得解脱。如斯願行，志常奉修。豈惟微誠，〔四〕遂能遠感。衆服其言，倍驗非謬。以貞觀六年三月，遘疾少時，自知後世，捨緣身資，召諸師友，因食陳別。尋卒莊嚴，春秋四十有五。〔五〕右二驗出唐高僧傳。

〔一〕「此」下原衍「事」字，據高麗藏本删。
〔二〕「勵」字原脱，據高麗藏本補。
〔三〕「時」字原作「得」，據高麗藏本改。
〔四〕「惟」字原作「欲」，據高麗藏本、磧砂藏本、南藏本改。「微」字原作「徹」，據唐高僧傳改。
〔五〕出唐高僧傳卷三十九釋智興傳。

法苑珠林校注卷第三十三

興福篇第二十七此有八部

述意部　興福部　生信部　校量部　修造部　䞋施部　雜福部　洗僧部

述意部第一

昔優填初刻栴檀，波斯始鑄金質。皆現寫真容，工圖妙相。故能流光動瑞，避席施虔。爰至髮爪兩塔，衣影二臺，皆是如來在世，已見成軌。自收迹河邊，闍維林外，八王請分，還國起塔，及瓶炭二所，於是十刹興焉。其生處、得道、說法、涅槃、髮髻、頂骨、四牙、雙跡、鉢杖、唾壺、泥洹僧等，皆樹塔勒銘，標碣神異。爾後百有餘年，阿育王遣使浮海，壞撤諸塔，分取舍利，還值風潮，頗有遺落。故今海族之中，時或遇者。是後八萬四千，因之而起。育王諸女亦次發浄心，並鐫石鎔金，圖寫神狀。至能浮江汎海，影化東川。雖復靈迹潛通，而未彰視聽。及蔡愔、秦景自西域還至，始傳畫氎釋迦。於是涼臺、壽陵，並圖其相。自兹厥後，形像塔廟，與時競列。洎于梁代，遺光粤盛。但法身無像，因感故形。感見有參差，故形應有殊別。若乃心路蒼茫，則真儀隔化；情志慊切，則木石開心。故劉殷至孝誠感，釜庾爲之生銘；丁蘭温凊竭誠，木母以之變色。魯陽迴戈而日轉，杞婦下淚而城崩。斯皆隱惻入其性情，故使徵祥照乎耳目。是知道藉人弘，神由物感，豈曰虚哉！是以祭神如神在，則神道交矣；敬像如敬佛，則法身應矣。故入道必以智慧爲本，智慧必以福德爲基。譬猶鳥備二翼，倏舉萬尋；車足兩輪，一馳千里。豈不勤哉！豈不勗哉！

興福部第二

如佛説福田經云：「佛告天帝：復有七法廣施，名曰福田。行者得福，即生梵天。何謂爲七？一者、興立佛圖、僧房堂閣。二者、園果浴池，樹木清凉。三者、常施醫藥，療救衆病。四者、作牢堅船，濟渡人民。五者、安設橋梁，過度羸弱。六者、近道作井，渴乏得飲。七者、造作圊厠，施便利處。是爲七事，得梵天福。爾時座中有一比丘，名曰聽聰，聞法欣悦，即白佛言：我自惟念，先世之時，生波羅奈國，爲長者子。於大道邊，起立精舍，牀卧漿糧，供給衆僧。行路頓乏，亦得止息。緣此功德，命終生天，爲天帝釋，下生世間，爲轉輪王，各三十六返。典領天人，九十一劫。足下生毛，躡空而遊，食福自然。今值世尊顧臨衆生，蠲我愚濁，安以净慧，生死栽枯，號曰真人。功報成諦，其爲然矣。復有一比丘，名曰波拘盧，即白佛言：憶念我昔生拘那竭國，爲長者子。時世無佛，衆僧教化，大會説法。我往聽法，聞法歡喜，將一藥果，名訶黎勒，奉上衆僧。緣此果報，命終生天，下生世間，恒處尊貴，與衆超絶。九十一劫，未曾疾病，餘福值佛，逮得應真。復有一比丘，名曰須陀耶，即白世尊曰：我念宿命生維耶離國，爲小民家子。時世無佛，衆僧敬化。我時持酪入市欲賣，值衆僧大會講法，過而立聽。聞法歡喜，即舉瓶酪，布施衆僧，得呪願福，益懷欣躍。緣此福德，命終生天上，下生世間，恒處尊貴，九十一劫。末後餘徳，下生世間，母妊數月，得病命終，埋母塚中，月滿乃生。塚中七年，飲死母乳，用自濟活。微福值佛，逮得真諦。復有一比丘，名曰阿難，即白世尊曰：憶念我昔生羅閲祇國，爲庶民子。身生惡瘡，治之不差。有親友道人來語我言：當浴衆僧，取其浴汁，以用洗瘡，亦可得愈，又可得福。我即歡喜，往到寺中，加敬至心，更作新井，香油浴具，洗浴衆僧。取其浴汁，以用洗瘡，尋蒙除愈。緣是功德，所生端正，金色晃昱，不受塵垢。九十一劫，常得浄福，僧德廣遠。今復值佛，心垢消除，逮得應真。爾時座中有一比丘尼，名曰柰女，即白佛言：我念宿命生波羅柰國，爲貧女人。時世有佛，名曰迦葉。時與大衆，圍繞説法。我時在座，聞經歡喜，意欲布施，顧無所有。自惟貧賤，心用悲感，詣他園圃，乞求果蓏，當以施佛。乞得一柰，大而香好，擎一盂水，并柰一枚，奉迦葉佛及諸衆僧。佛知至意，呪願受之，分布水柰，一切周普。緣此福祚，命終生天，得爲天后。下生世間，不由胞胎。九十一劫，生柰華中，端正鮮潔，常識宿命。今值世尊，開示道眼。爾時天帝即從座起爲佛作禮，長跪叉手，白佛言：世尊，我自惟念先世之時，生拘留大國，爲長者子。青衣抱行，入城遊觀。偶值衆僧，街巷分衛。時見人民施者甚多，即自念言：願得財寶，布施衆僧，不亦快乎！即解珠瓔，布施衆僧，同心呪願，歡喜而去。從是因緣，壽終生天，得爲天帝。九十一劫，永離八難。佛告天帝及諸大衆：聽我自説宿命所行。昔我前世於波羅柰國近大道邊，安設圊厠。國中人衆得輕安者，莫不感羡。緣此功德，世世清浄，累劫行道，穢染不汙。金色晃昱，塵垢不著。食自消化，無便利之患。佛告天帝：九十六種道中，佛道最尊。九十六種法中，佛法最真。九十六種僧中，佛僧最政。所以者何？由如來從阿僧祇劫發願誠諦，殞命積德，誓爲衆生，六度四等，衆善普備，得慧成滿。三界天尊，無能及者。其有衆生發一敬心向如來者，勝獲大千世界珍寶施矣。三十七品，十二部經，分别罪福，言皆至誠。開三乘教，皆得奉行。聞者歡喜，樂作沙門。信佛行法，志尚清高，捨世貪諍，導世閒福。天人路通，衆僧之由矣。是爲最尊無上之道。」〔一〕

生信部第三

如舊雜譬喻經云：「昔舍衛城外有婦人清信，戒行純具。佛自至門乞食，婦以飯著佛鉢中，却行作禮。佛言：種一生十，種十生百，種百生千，種千生萬，種萬生億，得見諦道。其夫不信，默於後聽佛呪

〔一〕出諸德福田經。

願。夫曰：瞿曇沙門言何過甚！施一鉢飯乃得爾福，復見諦道。佛言：卿從何來？答曰：從城中來。佛言：汝見尼拘陀樹高幾許耶？答曰：高四五里，歲下數萬斛實。又問：其核大小？答：如芥子。佛言：汝語過甚。何有種一芥子，乃高四五里，歲下數十萬子。答曰：世人共見，其實如是。佛言：地是無知，其報力尚爾。何況人是有情，歡喜持一鉢飯上佛。〔一〕其福甚大，不可稱量。夫婦二人心開意解，應時即得須陀洹道。」〔二〕

又智度論云：「昔佛在世時，佛與阿難從舍婆提城向婆羅門城。時婆羅門城王屬外道，聞佛欲來，即立制限。若與佛食，共佛語者，當罰金錢五百文。後佛來到，入城乞食，人皆閉門。佛與阿難空鉢而出，見一老婢持破瓦器，盛臭潘淀，出門棄之。見佛相好，空鉢而來，心念欲施。佛知其意，申鉢從乞所棄潘淀。婢即净心持來施佛。佛受施已，語阿難言：此婢因施，十五劫中天上人間受福快樂，不墮惡道。後得男身，出家學道，成辟支佛。當時佛邊有一婆羅門，聞佛此語，即語佛言：汝是净飯王之太子，何故爲食而作妄語。是時佛即出舌覆面，上至髮際，而語之言：汝頗見有如此舌人而作妄語不？婆羅門言：若舌覆鼻，尚不妄語，何況覆面，上至髮際。即生信心，而白佛言：我今不解，小施報多。佛即告言：汝頗曾見希有事否？婆羅門言：我曾行見尼拘陀樹，其蔭徧覆五百乘車。佛即問言：樹

〔一〕「持」字原作「特」，據高麗藏本、磧砂藏本、南藏本改。
〔二〕出舊雜譬喻經卷上。

種大小？彼荅言：大如芥子三分之一。佛復語言：誰當信汝？婆羅門言：實爾，世尊。我眼見之，非妄語也。佛即語言：我見此女净心施佛，得大果報，亦如此樹，因少報多。時婆羅門心開意解，向佛懺悔。佛爲説法，得須陀洹。即時舉手大唱聲言：一切衆人，甘露門開，如何不出。諸人聞已，皆送五百金錢與王，請佛供養，即破制限。王與羣臣亦歸依佛，佛爲説法，悉獲道果。」〔一〕以是因緣，如來所説無有虚妄。善惡果報，必受不差。一切衆生，應當信受。

又譬喻經云：〔二〕「昔有二比丘，俱得須陀洹果。一人常行教化乞丐，以用作福，布施飯僧。一人但直坐禪自守，不樂作福。時坐禪者語乞者言：何不坐禪，空自勤苦。修福者言：佛常亦説比丘云，當修行布施。後俱命終，生長者家。乞作福者，爲長者家子，奴婢承給，衣食自然，快樂無極。其坐禪者生爲婢子，在地獨坐，飢渴啼哭。俱知宿命。時長者子語婢子言：我本語汝，汝當布施。不肯用語，是汝自過。何爲啼哭？其長者子長大騎乘，出行遊觀，一切奴客及以婢子皆侍從出。後時二人俱求出家。既出家已，得阿羅漢果。其長者子常直端坐，人皆競送衣食來與。其婢子者在外乞求，人無與者，常受飢渴。」以是因緣，行道之人，不但持戒禪誦而已，亦當布施作諸福德。故大愛道經佛説偈云：

「夙夜不學，　日無所竟。　動入罪中，　宛轉益深。　自没其體，　其亦苦辛。　往而不

〔一〕出大智度論卷九。

〔二〕此經已佚。

返，投命太山。地獄之罪，難可堪任。生時不學，死當入淵。老不止淫，塵滅世間。呼吸而盡，何足自珍。能自改悔，守命良真。今世滅罪，後世得申。有財不施，世世受貧。」〔一〕

校量部第四

如須達經云：「世尊告須達長者曰：有居士行施，不信施與，不隨時與，不自手與，不往而施與，亦不知，亦不信，亦不知有因緣行業果報而行施與。當知彼受報意不妙。反前爲妙。昔有過去世，有韗藍大婆羅門，大富多財。彼作大施，以八十四千金鉢，碎銀滿中。彼行大施八十四千銀鉢，滿中碎金。八十四千金鉢，滿中碎金。八十四千銀鉢，滿中碎銀。八十四千象，象白如雪。八十四千馬，金飾交露。八十四千牛，犂乳滿器。八十四千玉女，端正姝妙，諸瓔嚴飾。如是行施，餘不可數。彼居士韗藍大富，作如是大施，與閻浮提凡夫人，寧施與彼一仙人得福多。雖與仙人，不如施一須陀洹，此得福多。雖與須陀洹，不如施與一斯陀含。〔二〕雖與斯陀含，不如施一阿那含。雖與阿那含，不如施與阿羅漢。百須陀洹，不如施與一斯陀含。雖與百斯陀含，不如施與一阿那含。雖與百阿那含，不如施與一阿羅

〔一〕出大愛道比丘尼經。

〔二〕「含」字原作「舍」，據高麗藏本、磧砂藏本、南藏本、嘉興藏本改。

漢。雖與百阿羅漢，不如施與一辟支佛。雖與百辟支佛，不如施與如來無所著等正覺，此得福多。彼居士作如是施，與閻浮提凡夫人至百辟支佛，作房舍，以施招提僧，得福增多。雖與招提僧，不如以清净意作三自歸佛法僧，受具戒，此得福多。雖受三歸受戒，不如於一衆生行於慈悲，至犛牛頃，此得福多。雖於一切衆生分别行慈下至犛牛頃，謂不如一切行無常苦空無我思惟念者，下至一彈指頃，此得福多。」〔一〕

又增一阿含經云：「爾時世尊告諸比丘：有四梵福。云何爲四？若有信人未曾起偷婆處，塔是也。於中能起偷婆者，是初受梵天之福。若有信人能補治故寺者，是謂第二受梵天之福。若有信人能和合聖衆者，是謂第三受梵天之福。若佛初轉法輪時，諸天世人勸請轉法輪，是謂第四受梵天之福。爾時有異比丘白世尊言：梵天之福竟爲多少。世尊告曰：閻浮里地衆生所有功德，如是展轉行從四天下至他化自在天之福，故不如一梵天王之福。若求其福，此是其量也。」〔二〕

又薩婆多論云：「有檀越與闡那比丘三十萬錢作大房。即日成，即日崩倒，功用甚大。檀越心退，諸比丘爲檀越説法：房雖崩倒，功德成就。房未壞時，佛已到此房中，即是受用。佛是無上福田，佛既受用，功德深廣，不可測量。又房始成，有一新受戒年少比丘，戒德清净，入此房中已畢，檀越信施之

〔一〕出須達經。
〔二〕出增一阿含經卷二十一。

德。若起億數種種房閣莊嚴，下至金剛地際，高廣嚴飾，猶如須彌。設有一净戒比丘暫時受用，已畢施恩。以戒非世間，是向泥洹門。不同房舍卧具飲食湯藥，是世間法，非是離世難得之法。」〔一〕

修造部第五

若欲修造，理須如法。造作雖少，得福無量。若不依法，縱多無益。故佛在金棺敬福經云：「經像主，莫論道雇；〔二〕經像之匠，莫云客作。造佛布施，二人獲福，不可度量。欲説其福，窮劫不盡。若受約敕，是佛真子。如是精誠，造少福多。問：工匠之法，作經像得物，合取直不？佛言：不得取價直，如賣父母。取財者逆過三千，真是天魔，急離吾佛法，非我眷屬。飲酒食肉五辛之徒，不依聖教，雖造經像，數如塵沙，其福甚少，蓋不足言。劫燒之時，不入海龍王宫，勞而少功。不敬之罪，死入地獄。主匠無益，諸天不祐。不如不造，直心禮拜，得福無量。如向所列，造多福少。若像師造像，不具相者，五百萬世中諸根不具。第一盡心爲上，妙果先昇。」〔三〕

又罪福决疑經云：「僧尼白衣等或自捨財，及勸化得物，擬佛受用。經營人將此物造作鳥獸形像，

〔一〕出薩婆多毘尼毘婆沙卷七九十事。

〔二〕「雇」字原作「顧」，據高麗藏本、磧砂藏本、南藏本、嘉興藏本改。

〔三〕出如來在金棺囑累清净莊嚴敬福經。

安佛槃上者，計損滿五錢，犯逆罪。究竟不還，一劫墮阿鼻地獄。贖香油燈供養者，無犯。佛不求利，無人堪消。初獻佛時，上中下座，必教白衣奉佛及僧。獻佛竟，行與僧食，不犯。若不爾者，食佛物故，千億歲墮阿鼻地獄。檀越不受前教，亦招前報。若生人間，九百萬歲墮下賤生。何以故？佛物無人能評價故。」〔一〕

述曰：此謂施主決定入佛受用，所以須贖。若如今時齋上，每出佛盤飲食，情通彼此，不局情者，食訖還入，施主不勞收贖。如七月十五日獻佛及僧，無佛僧受用，即須贖用也。

又觀佛三昧經云：「時優闐王戀慕世尊，鑄金爲像。聞佛當下寶階，象載金像來迎世尊。爾時金像從象上下，猶如生佛。足步虚空，足下雨華，亦放光明，來迎世尊。合掌叉手，爲佛作禮。爾時世尊亦復長跪合掌向像。空中百千化佛，亦皆合掌長跪向像。爾時世尊而語像言：汝於來世大作佛事。我滅度後，我諸弟子以付囑汝。空中化佛異口同音，咸作是言：若有衆生於佛滅後造立形像，持用供養，是人來世必得念佛清净三昧。」〔二〕

又外國記云：「佛上忉利天爲母説法，經九十日。波斯匿王思欲見佛，刻牛頭栴檀作如來像，置佛坐處。佛後還入精舍，像出迎佛。佛言：還坐。吾般涅槃後，可爲四部衆作諸法式。像即還坐。此像

〔一〕罪福決疑經已佚。
〔二〕出觀佛三昧海經卷六觀四威儀品。

是衆像之始也。佛移住兩邊小精舍，與像異處，相去二十步。祇洹精舍本有七重。諸國競興，供養不絶。堂内長明燈，鼠銜燈炷，燒諸旛蓋，遂及精舍，七重都盡。諸國王人民皆大悲惱，謂檀像已燒。已後四五日開東邊小精舍户，忽見本像移在彼房。衆大歡喜，共治精舍，得作兩重，移像本處。」〔一〕

又優闐王作佛形像經云：「昔佛在世時，跋耆國王名優闐，來至佛所，頭面頂禮，合掌白佛言：世尊，若佛滅後，其有衆生作佛形像，當得何福？佛告王曰：若當有人作佛形像，功德無量，不可稱計。世世所生，不墮惡道，天上人中，受福快樂。身體常作紫磨金色，眼目清潔，面貌端正，身體手足，奇絶妙好，常爲衆人之所愛敬。若生人中，常生帝王、大臣、長者、賢善家子。所生之處，豪貴巨富，財産珍寶，不可稱數。常爲父母兄弟宗親之所愛重。若作帝王，王中特尊，爲諸國王之所歸仰。乃至得轉輪聖王，王四天下，七寶自然，千子具足，飛升天上，無所不至。若生天上，天中最勝，乃至得作六欲天王，於六天中尊貴第一。若生梵天，作大梵王，端正無比，勝諸梵天，常爲諸梵之所尊敬。後皆得生無量壽國，作大菩薩，最尊第一。過無數劫，當得成佛，入泥洹道。若當有人作佛形像，獲福如是。」〔二〕

又法華經偈云：

「若人爲佛故，　建立諸形像。　乃至童子戲，　若草木及筆。　或有指爪甲，　而畫作佛

〔一〕　此段出處待考。

〔二〕　此段出處待考。

像。如是諸人等，皆已成佛道。」〔一〕

又造立形像福報經云：「佛至拘羅懼國。時國王名優闐王，年始十四，聞佛當來，即敕傍臣左右，皆悉迎佛。到已，頭面禮佛，長跪叉手白佛言：天上人中，無能及佛者，光明巍巍，乃能如是。恐佛去已後，慮不復見。今欲作佛形像，恭敬承事，得何福報？願佛哀愍，爲我説之。爾時世尊説偈荅曰：

王諦聽吾説，　福地灰上土，　福德無過者。　作佛形像報，　恒生大富家，　尊貴無極珍，眷屬常恭敬。　作佛形像報，　常得天眼報，　無比紺青色。　作佛形像報，　父母見歡喜，　端正威德重，　愛樂終無厭。　作佛形像報，　金色身燄光，　猶妙師子像，　衆生見歡喜。　作佛形像報，　閻浮提大姓，　刹利婆羅門，　福人於中生。　作佛形像報，　不生邊地國，　不盲不醜陋，　六情常完具。　作佛形像報，　臨終識宿命，　見佛在其前，　不覺死苦時。　作佛形像報，　作大名聞王，　金輪飛行帝，　典主四天下。　作佛形像報，　作釋天名因，　神足典第一，三十三天奉。　作佛形像報，　此過出欲界，　作梵梵天王，　迦夷衆梵恭。　作佛形像報，　受福正如是。　若能刻畫作，　天地尚可稱，　此福不可量。　是故供養佛，　華香香汁塗，　供養大士者，　得漏盡無爲。」〔二〕

〔一〕出妙法蓮華經卷一方便品。

〔二〕出造立形像福報經。

又付法藏經云：「昔過去九十一劫，毗婆尸佛入涅槃後，四部弟子起七寶塔。時彼塔中有佛形像，面上金色，少處缺壞。有一貧女遊行乞丐，得一金珠。見像面壞，欲補像面。迦葉爾時作鍛金師，女即持往，倩令修造。金師聞福，歡喜爲治，用補像面。因共立願：願我二人常爲夫婦，身真金色，恒受勝樂。從是以來，九十一劫，身真金色，生天人中，快樂無極，最後託生第七梵天。時摩竭國有婆羅門，名尼俱律陀。過去修福，聰明多智，巨富無量。金銀七寶，牛羊、田宅、奴婢、車乘，比瓶沙王千倍爲勝。瓶沙王有金犂千具，彼婆羅門恐與王齊，畏招罪咎，其家但作九百九十九具金犂，唯少一具。其家有氎，最下之者，其價猶直百千兩金。有六十篅金粟，〔一〕一篅有三百四十斛。其家雖富，而無兒息。於其舍側有一樹神，夫婦常往祈請祭祀，求乞有子。多年無應，瞋忿語曰：今更七日盡心奉事，若復無驗，必定燒樹。樹神愁怖，告四天王。王告帝釋，釋觀閻浮提無堪彼子，即詣梵天王廣宣上事。梵王即以天眼徧觀，見一梵天臨當命終，即往語之，勸其往生。梵天受教，即來託生。滿足十月，生一男兒，顔貌端正，身真金色，光明赫奕，照四十里。相師占曰：此兒宿福，必當出家。父母聞之，甚懷愁惱。夫婦議曰：當設何方，斷絶其意？覆自思惟：世所耽著，唯有美色。當爲娉娶端正好女，用斷其情。至年十五，欲爲娉妻。語父母言：我志清凈，不須婦也。父母不聽。兒知難免，便設權計，語父母言：能

〔一〕「十」字原脱，據高麗藏本補。

爲我得紫金色女，端正超世，我當納之。父母即召諸婆羅門，徧行娉求。諸婆羅門鑄一金女，端正奇特，轝行村落，高聲唱言：若有女人得見金神，禮拜之者，後出嫁時，必得好婿，身真金色，端正殊妙。女聞悉出。唯有一女，軀體金色，端正殊好，即是往日施金女也。以昔勝緣，有此妙身，志樂清潔，獨不肯出。諸女强將，共見金神。此女即到，金色光明，映奪金神。婆羅門見，即爲娉得。既到夫家，夫婦相對，各皆清潔，了無欲意。共立要契，各住一房。父母知已，毁除一房，令共同室，安置一牀。迦葉語婦：我若眠息，汝當經行；汝若眠息，我當經行。後次婦卧，垂手牀前，毒蛇入室，欲螫其手。迦葉見已，以衣裹手，舉著牀上。婦便驚寤，而責之曰：共我立誓，要不相近。今復何緣，觸舉吾手？迦葉答言：有蛇來入，恐傷汝手，故舉之耳。即指蛇示之，婦意乃悟。夫婦節操，深厭世間，啓辭父母，求欲出家。父母見已，遂便聽許。於是夫婦俱共出家，來至佛所，佛與分座。佛爲説法，即於座上得阿羅漢。婦於後世亦得羅漢。迦葉在世，常與如來對坐説法。佛滅度後，所有法藏，悉付迦葉。後時結集三藏竟，至雞足山入般涅槃，全身不散。後彌勒佛出世之時，從山而出，在大衆中，作十八變，度人無量，然後滅身。未來成佛，號曰光明。〔一〕六十篅金粟者，出薩婆多傳。未來成佛，出法華經。

又智度論云：「昔佛在世時，迦毗羅衛城中浄飯王子，〔二〕佛弟難陀，身體端正，有三十相。王爲

〔一〕出付法藏因緣傳卷一。

〔二〕「迦」字下原衍「葉」字，據高麗藏本删。

納婦，字孫陀利，面首端正，世間少雙。難陀晝夜愛敬婦故，不欲出家。佛以方便化令出家。既出家已，得阿羅漢。比丘見已而白佛言：難陀比丘宿植何福，與佛同生，有三十相，身體端正，世間無比，又捨豪貴，出家得道？佛告比丘：乃往過去九十一劫，毗婆尸佛入涅槃後，難陀爾時爲大長者，於辟支佛塔廟之中，青黛塗壁，而以畫作辟支佛像。因而發願：願我世世生尊貴家，恒得端正，身相金色，值佛得道。緣此善根，發願功德，從是以來，九十一劫不墮惡道。天上人中，身體端正，有三十相，豪尊富貴，快樂無極。乃至今日，與我同生，出家得道。」〔一〕

䞋施部第六

如輪轉五道經云：「佛言：凡作功德隨身之行，燒香然燈，得福甚多。燒香作福及以轉經，不得倩人，而不䞋願。如倩人食，豈得自飽。燒香潔凈，然燈續明，燒香齋食，讀經達䞋，以爲常法。布施得福，諸天接將，萬惡皆却，衆魔降伏。懈怠之人，不得精進。一朝疾病，又不吉利，便欲燒香，方始作福。諸天未降，諸魔在前，競來嬈觸，作諸變怪。以是之故，常當精進。罪福隨人，如影隨形。種植福田，如尼倶類樹，本種一核，稍稍漸大，收子無限。佛言：阿難，施一得萬倍，言不虛也。佛時説偈言：

〔一〕此段出處待考。

賢者好布施，　天神自扶將。　施一得萬倍，　安樂壽命長。　今日施善人，　其福不可量。

皆當得佛道，　度脱諸十方。」〔一〕

雜福部第七

如薩婆多論云：「若作僧房及以塔像，曠路作井，及作橋梁船，此人功德一切時生常資施主。除三因緣：一、前事毁壞，二、此人若死，三、若起惡邪。無此三因緣者，福德常生。」〔二〕

又增一阿含經云：「爾時世尊告諸比丘：有五施不得其福。〔三〕云何爲五？一、以刀施人，二、以毒施人，三、以野牛施人，四、以婬女施人，五、造作神祠。是謂有此五施，不得其福。復有五施，人天得福。云何爲五？一、造作園觀，二、造作林樹，三、造作橋梁，四、造作大船，五、與當來過去造作房舍住處。是謂有此五施，〔四〕令得其福。爾時世尊便説此偈：

園觀施清凉，　及作好橋梁，　河津度人民，　並作好房舍。　彼人日夜中，　恒當受其福，

〔一〕出轉輪五道罪福報應經。

〔二〕出薩婆多毘尼毘婆沙論卷七九十事。

〔三〕「施」字原作「事」，據高麗藏本改。

〔四〕「施」字原作「事」，據上下文意改。

戒定以成就，　此人必生天。」〔一〕

又僧祇律：「有諸天子以偈問佛：

何等人趣善？　何等人生天？　何等人晝夜，　長養善功德？

爾時世尊以偈荅言：

曠路作好井，　種植園果施。　樹林施清涼，　橋船度人民。　布施脩净戒，　智慧捨慳貪。
功德日夜增，　常生天人中。」〔二〕

又正法念經云：「若有衆生施人美水，或覆井泉，恐諸毒蛇墮於井中，行人飲之而致苦惱。命終生三管箜篌天，受五欲樂。從此命終，若得人身，王所愛重。若見病困，咽喉出聲，餘命未盡，施其漿飲，或施其財，以續彼命。命終生深水天，如帝釋快樂。從天命終，隨業流轉，不墮三途，得受人身，從生至生，不遭病苦，無有惱亂。若有衆生持戒，見比丘僧，以扇布施，令得清涼，讀誦經法。命終生風行天，香氣來吹，悦樂無比。若有衆生於河津濟造立橋船，以善心渡持戒人，兼渡餘人，不作衆惡。命終生持鬘天，受五欲樂。命盡人中，爲王典藏。」〔三〕

〔一〕出增一阿含經卷二十七。
〔二〕出摩訶僧祇律卷四。
〔三〕出正法念處經卷二十四、卷二十三、卷二十二。

又譬喻經云：〔一〕昔有母子三人，常作三事：一、作大船置於河中，以渡百姓。二、於都市造立好井，以供萬民。三、於四門各作圊厠，給人便利。緣是功德，命終之後，皆生天上，受福自然。下生人中，富貴長壽。所生之處，不經三塗。設此微福，尚獲果報巍巍無量，何況有人廣修功德，造立塔寺，分檀布施，作諸福業，百千萬倍，復勝於此，不可計量。故成實論引經偈云：

「若種樹園林，　造井橋梁等。　是人所爲福，　晝夜常增長。」〔二〕

又華手經云：「佛告舍利弗：菩薩有四法終不退轉無上菩提。何等爲四？一者、若見塔廟毁壞，當加修治，若塊若泥，乃至一塼。二者、若於四衢道中多人觀處，起塔造像，爲作念佛善福之緣。塔中畫作，若轉法輪及出家相，乃至雙樹入涅槃相。三者、若見有比丘僧二部諍訟，勤求方便，令其和合。四者、若見佛法欲壞，能讀誦説乃至一偈，令法不絶。爲護法故，敬養法師，專心護法，不惜身命。菩薩若成是四法者，世世當作轉輪聖王，得大身力如那羅延。捨四天下而行出家，能得隨意，修四梵行。命終生天，作大梵王，乃至究竟成無上道。是故智者欲求佛道，當作是學。」〔三〕

又放牛經：出增一阿含别品同譯。「佛告諸比丘：有十一法，放牛兒不知放牛便宜，不曉養牛。何等

〔一〕此經已佚。

〔二〕出成實論卷七位作品。

〔三〕出華手經卷九不退轉品。

爲十一？一者、放牛兒不知色。二者、不知相。三者、不知摩刷。四者、不知護瘡。五者、不知作煙。六者、不知擇道行。七者、不知處牛。八者、不知何道渡水。九者、不知逐好水草。十者、不知犂牛不遺殘。十一者、不知分别養可用不可用。如是十一事，放牛兒不曉養護其牛者，牛終不滋息，日日有減。此喻比丘亦有十一種損益，不可具述。佛於是頌曰：

放牛兒審諦，　牛生有福德，　六頭牛六年，　成六十不減。　放牛兒聰明，　知分别諸相，

如此放牛兒，　先世佛所譽。」〔一〕

洗僧部第八

如譬喻經云：〔二〕「佛以臘月八日神通降伏六師，六師不如，投水而死。仍廣説法，度諸外道。外道伏化，白佛言：佛以法水洗我心垢，我今請僧洗浴，以除身穢，仍爲常緣也。」今臘月八日洗僧，唯出此經文。

又摩訶刹頭經，亦名灌佛形像經云：「佛告天下人民：十方諸佛，皆用四月八日夜半時生，皆用四月八日夜半時去家學道，皆用四月八日夜半時得佛道，皆用四月八日夜半時般泥洹。佛言：所以用四月八日者，爲春夏之際，殃罪悉畢，萬物普生，毒氣未行，不寒不熱，時氣和適。今是佛生日，故諸天下

〔一〕出放牛經。

〔二〕此經已佚。

人民共念佛功德，浴佛形像，如佛在時，以示天下人。佛言：我爲菩薩時，三十六返爲天王帝釋，三十六返作金輪王，三十六返作飛行皇帝。今日諸賢誰有好心念釋迦佛恩德者，以香華浴佛形像，求第一福者，諸天鬼神所證明知。四月八日浴佛法：時當取三種香：一都梁香，二藿香，三艾納香。合三種草香，按而漬之，此則青色水。若香少者，可以紺黛秦皮權代之。又用鬱金香，手按漬之於水中，按之以作赤水。以水清净用灌像訖，以白練拭之。斷後自占更灌，名曰清净，其福第一也。」〔一〕

又温室經云：「佛告祇域長者：澡浴之法，當用七物除去七病，得七福報。何謂爲七物？一者然火，二者净水，三者澡豆，四者酥膏，五者淳灰，六者楊枝，七者内衣。此是澡浴之法。何謂除七病？一者四大安隱，二者除風，三者除濕痺，四者除寒冰，五者除熱氣，六者除垢穢，七者身體輕便，眼目清明。是爲除七病。得七福者：一者、四大無病，所生常安。二者、所生清净，面首端正。三者、身體常香，衣服净潔。四者、肌體濡澤，威光德大。五者、饒多人從，拂拭塵垢。六者、口齒香好，所説肅用。七者、所生之處，自然衣服。」〔二〕

又十誦律云：「洗浴得五利：一、除塵垢，二、治身皮膚令一色，三、破寒熱，四、下風氣調，五、少病痛。舍利弗夏盛熱時，有一客作人園中汲水灌樹，見舍利弗，發小信心，唤舍利弗脱衣樹下，以水澆洗，

〔一〕出摩訶刹頭經。

〔二〕出温室洗浴衆僧經。

身得輕凉。作人後命終，即生忉利天上，有大威力。爲功雖少，以遇良田，獲報甚多。即下詣舍利弗所，散華供養。舍利弗因其信心，爲説法要，得須陀洹果。」〔一〕

又賢愚經云：「爾時首陀會天下閻浮提至世尊所，請佛及僧洗浴供養。世尊默然許可，即設飲食，并辦洗具温室，暖水調適，酥油浣草，皆悉備有。於是世尊及諸比丘納其供。共洗浴已，并厚飲食，其食甘美，世所希有。食竟澡漱，各還本處。是時阿難白佛：此天往昔作何功德，形體殊妙，威相奇特，光明顯赫，如大寶山。佛告阿難：乃往過去毗婆尸佛時，此天彼世爲貧家子，恒行庸作，以供身口。聞佛説洗僧之德，情中欣然。便勤作務，得少錢穀，用設洗具，并及飲食，請佛衆僧而以盡奉。由此福行，壽終之後，生首陀會天，有此光相。七佛已來，乃至千佛出世，亦皆如是，洗佛及僧。佛授記曰：於未來世兩阿僧祇百劫之中，當得作佛，號曰净身，十號具足。」〔二〕

又雜譬喻經云：「昔佛弟子難陀乃往昔維衛佛時人，一洗衆僧之福功德，自追生在釋種。身佩五六之相，神容晃昱金色。乘前之福，與佛同世，研精進場，便得六通。古人施一，猶有弘報，況今檀越能多行者。普等之行，必逮尊號，加增歡喜，廣度一切。」〔三〕

〔一〕出十誦律卷五十七。
〔二〕出賢愚因緣經卷九净居天請佛洗品。
〔三〕出雜譬喻經。

又福田經云：「有比丘名阿難，白世尊曰：我念宿命生羅閲祇國，爲庶民子，身生惡瘡，治之不瘥。有親友道人來語我言：當浴衆僧，取其浴水，以用洗瘡，便可得愈，又可得福。我即歡喜往到寺中，加敬至心，更作新井、香油、浴具，洗浴衆僧。以汁洗瘡，尋蒙除愈。從此因緣，所生端正，金色晃昱，不受塵垢，九十一劫常得清净，福祐廣遠。今復值佛，心垢消滅，逮得應真。」〔一〕

又十誦律云：「外國浴室形圓猶如圓倉，開户通煙。下作伏瀆出外，内施三擎閣。齊人所及處，以瓻盛水，滿三重閣。火氣上升，上閣水熱，中閣水暖，下閣水冷，隨宜自取用，無别作湯。故云净水耳。」〔二〕

又增一阿含經云：「爾時世尊告諸比丘：造作浴室有五功德。云何爲五？一、除風，二、病得瘥，三、除去塵垢，四、身體輕便，五、得肥白。若有四部之衆欲求此五功德者，當求造浴室。」〔三〕

又僧祇律云：「若欲浴時，使園民等掃灑令净。辦其薪炭，温暖得所。乃打揵椎，應知入浴。各以腰帶繫衣作幟，安衣架上。入時不得掉兩臂而入，一手遮前而入。若欲與師揩者，當先白已無罪。不得一時舉兩手，當先令揩一臂，一手覆前竟，次揩一臂一手，及餘内外已，閉户而坐，令身汗出。籌量用

〔一〕出諸德福田經。
〔二〕此段出處待考。
〔三〕出增一阿含經卷二十八。

水，不得多用。〔一〕若池水洗，自恣無罪。不聽露地裸形而浴。若水齊腰腋，得用無罪。若坐水中，至臍亦得。出已，取己衣著，正理而去。」〔二〕

述曰：因明洗僧，遂申歎德。恐邊遠道俗，不閑法用，故略明法事，以標厥致耳。竊惟尼連河裏，非有垢而見除；藍毗園内，實無塵而示蕩。故知洗沐是清昇之本，灌澡爲澄潔之原。可謂乘香範於前修，〔三〕振芳猷於後業。所以東國泛七華之水，以濯一乘之賓；西方瑩八德之池，用滌九品之輩。故使醫王夜念，〔四〕發造温室之心；長者晨言，敬申洗僧之願。遂蒙如來善巧，近説七物之儀；大覺垂慈，遠記五天之報。然今此處有摩訶施主某官，斯乃運廣大心，行無上業。生生恒修佛事，世世常轉法輪。故能信正法於羣邪，敬緇徒於像季。深知講宣四句，價重隋珠；飯沐一僧，田高異道。遂使共相率勵，勸課等侶，各捨净財，同崇此福。於是辦七物於嘉時，洗三尊於此日。又能屈請高德某法師講宣温室洗浴衆僧經一部。法師乃時稱學海，世號詞宗。出玄義而似雲屯，决衆難而方泉涌。能使俗徒開解，猶朗日之闢重昏；法侶除疑，等嚴霜之卷零葉。今既玄章盡軸，座停雷梵之八音；澡浴時臻，次歎

〔一〕「不」字原作「一」，據高麗藏本、磧砂藏本、南藏本、嘉興藏本改。
〔二〕出摩訶僧祇律卷三十五。
〔三〕「乘」字原作「垂」，據高麗藏本改。
〔四〕「夜」字原作「念」，據高麗藏本改。

洗僧之七物。一者、鴻爐熾火，巨鑊氛氲。密室既已除寒，龍泉自然泛熱。二者、輕清德水，流湛金池。蕩垢皎若蓮紅，身首霑便玉潤。三者、銀光豆屑，細滑逼於兜羅。却膩既若雲披，潔體方開露白。四者、八味酥膏，五香芬馥。排風去痺，未謝摩祇；瑩質光顔，何慙妙藥。五者、玉管神灰，雪華霜潔。邪風遇便息扇，亂想賴已恬凝。六者、垂楊細柳，緑榦輕條。去熱則口發幽蘭，净齒則氣含優鉢。七者、齊縑魏素，持作内衣。蔭患并得身安，蕩報自然光飾。七物並皆精備，一心奉上。惟衆慈悲，爲讚歎呪願，念佛法僧。

夫欲超居净國，必須預蕩十力之形；迴託天宫，先當澡彼六和之衆。譬若聲調響順，形直影端。因果之理必然，非關鬼神之授。然今施主等仰襲醫王，建斯温室。營辦七物，洗浴三尊。獎率有緣，弘揚妙典。以兹殊勝，莫大善根，先用莊嚴今日某法師等，有大勢力，生生常轉法輪，獲大神通，世世恒修佛事。長幼受無窮之智，眷屬極不夭之年。障累與朝霧俱消，嘉處共繁星等列。諸施主等願高臨八正，趣大道於菩提；富有七珍，惠蒼生而無盡。又願片時營佐之者，除七病而莫遺；分毫助讚之徒，獲七福而無竭。見聞隨喜，咸趣法城，叩頭彈指，齊昇佛果。敷揚玄教，已自周圓。嚴儀洗具，後皆備訖。唯衆一心，奉請三寶。

稽首歸依，上請十方諸佛，三世慈尊，五分法身，真應兩體，九十八使惑纏已盡，三十二相微妙莊嚴，實無四求，假同四事，爲衆生故，有感便來。唯願各各乘摩尼寶殿，坐碼碯雲中，放百億光明，照三千刹土。梵王持蓋，帝釋布華，降此道場，入温室浴。

次請發心已上，補處已還，歡喜離垢之人，善慧法雲之士。三賢十聖一切諸菩薩，惟願運天人於掌内，安法界於毛端。齊馭四足之靈鵬，俱騁六通之神驥。不見相而見，不來相而來。降此道場，入温室浴。

次請山中宴坐獨覺大人，言下證真四果高士，及向趣聖僧賓頭上座等。惟願空中振錫，戲六神通；雲内持瓶，具十八變。發波斯之正信，伏勞度之邪心。及此現前，和合大衆，百千臘已下，乃至無臘，並入温室浴。

次請弘慈本誓，誓度四生，方便善權，權形六道，隨聲即至，如影赴身，不念即彰，不請之友，並入温室浴。

次請三界天衆，四海龍王，八部鬼神，一切含識有形之類，蠕動之流，並入温室浴。歎請既周，大衆和合，唄讚持香，依次行道。

頌曰：

三寶冥興，　四生標式。　慈蔭十方，　恩流萬德。　智抱八藏，　化周百億。　酬恩義重，
斯由福力。　彩畫雕形，　傳經建福。　舟濟橋梁，　興齋沐浴。　不顧身命，　精誠何抑。
盛哉勝集，　功成難測。

感應緣略引十一驗

晉大司馬桓温
晉王凝之夫人謝氏
隋沙門釋慧達
唐沙門釋住力
唐沙門釋志超
唐沙門釋慧震
唐沙門釋慧雲
唐沙門釋道英
唐沙門釋乂德
唐沙門釋通達
唐上柱國王懷智

晉大司馬桓温，末年頗奉佛法，飯饌僧尼。有一比丘尼，失其名，來自遠方，投温爲檀越。尼才行不恒，温甚敬待，居之門内。尼每浴必至移時。温疑而窺之，見尼裸身揮刀，破腹出臟，斷截身首，支分臠切。温怪駭而還。及至尼出浴室，身形如常。温以實問。尼荅云：若遂淩君上，刑當如之。時温方謀問鼎，聞之悵然。故以戒懼，終守臣節。尼後辭去，不知所在。〔一〕

晉瑯琊王凝之妻，晉左將軍夫人謝氏，奕之女也。嘗頻亡二男，悼惜過甚。哭泣累年，若居至艱。後忽見二兒俱還，皆著鎖械。慰勉其母：宜自寬割。兒並有罪，若垂哀憐，可爲作福。於是哀痛稍止，而勤功德。右二驗出冥祥記。

隋天台山瀑布寺釋慧達，姓王氏，襄陽人。幼年出家，繕修成務。或登山臨水，或遊履聚落。但據形勝之處，〔二〕皆措心營造，安處寺宇，爲僧行道。至仁壽年中，於揚州白塔寺建七層木浮圖。材石既充，付後營立。乃泝江西上，〔三〕至鄱陽豫章諸郡，觀檢功德，願與衆生同此福緣。故其所到村邑，〔四〕見有坊寺禪宇，靈塔神儀，無問金木土石，並即率化成造，其數非一。晚爲沙門惠雲邀請，遂上廬岳造西林寺，重閣七間，欒櫨重疊，光耀鮮華。初造之日，誓用黄楠，闔境推求，了無一樹。皆欲改用餘木，

〔一〕出集神州三寶感通録卷下。
〔二〕「但」字原作「伹」，據高麗藏本、磧砂藏本、南藏本、嘉興藏本改。
〔三〕「泝」字原作「渡」，據唐高僧傳改。
〔四〕「其」字原作「至」，據唐高僧傳改。

達曰：誠心在此，豈更餘求。必其有徵，松變爲楠。若也無感，閣成無日。衆懼其言，四出追求。乃於境内下巢山感得一谷，並是黄楠，而在窮澗幽深，無由可出。達尋行崖壁，忽見一處晃有光明，窺見其中，可得通道，唯有五尺，餘並天崖。遂牽曳木石，至於江首。中途灘湲，〔一〕簰筏並壞。及至廬阜，不失一根。閣遂得成，宏冠前搆。後忽偏斜，向南三尺，工匠設計，取正無方。有石門澗當于閣南，忽有猛風北吹還正，于今尚存。達形服麤弊，殆不可覩。傍觀沈伏，似不能言，而指撝應附，立有成遂。斯即變繁不撓，固其人也。大業六年七月晦日，舊疾忽增，七日倚卧，異香入室，旋繞如雲。〔二〕閣中尊像，並汗流地。衆見此瑞，審達當終。官人檢驗，具以聞奏。達神志如常，累以餘業，奄爾長逝，年八十七矣。〔三〕

唐揚州長樂寺釋住力，姓褚氏，河南陽翟縣人。器宇凝峻，虚懷接悟。聲第之高，有聞緇俗。於本寺四部王公，共造高閣，並夾二樓，〔四〕妙盡奇工。即年成立。寺衆三百，同皆歡喜。至大業十年，自竭身資，以栴檀香木，模寫瑞像，並二菩薩。不久尋成，同安閣内。至十四年，隋室喪亂，道俗流亡，骸

〔一〕「中途灘湲」原作「途中灘覆」，據高麗藏本改。
〔二〕「旋」字上原衍「則」字，據高麗藏本删。
〔三〕出唐高僧傳卷三十九釋慧達傳。
〔四〕「夾二」原作「二挾」，據唐高僧傳改。

若萎朽，充諸衢市。誓以身命守護殿閣。寺居狐兔，顧影爲儔。啜菽飲水，載歷寒暑。〔一〕雖耆年暮齒，而心力逾壯。泥塗褫落，周匝火燒，口誦不輟，手行治葺。賊徒雪泣，〔二〕見者哀歎。往往革心，相佐修補。皇唐受命，弘宣大法。舊僧餘衆，並造相投。邑屋雖焚，此寺猶在。武德六年，江表賊帥輔公祏負阻繕兵，潛圖反叛。凡百寺觀，撤送江南。〔三〕力乃致書再請，願在閣前燒身，以留寺宇。祏僞號稱尊，志在傾殄。雖得其書，全不顧遇。〔四〕力謂弟子曰：吾無量劫來積習貪愛，不能捐捨形命，〔五〕以報法恩。今欲自於佛前取盡，決不忍見像濟江。宜齊可積乾薪，自燒供養。吾滅之後，像必南渡。衣資什物，並入尊像。泣服施靈，理宜改革。便以香湯沐浴，跏趺面西，引火自燒，卒於炭聚。時年八十，即武德六年十月八日也。命終火滅，合掌凝然，更足闍維，一時都化。初力在佛前焚時，有羣鵲哀鳴，其聲甚切，右繞七匝，方始飛去。及身歿後，像果南遷，殿閣房廊，得免煨燼。法寶僧衆，如疇昔焉。

〔一〕「載歷」原作「再離」，據唐高僧傳改。

〔二〕「雪」字，唐高僧傳作「雷」。

〔三〕「撤」字原作「撒」，據唐高僧傳改。

〔四〕「遇」字原作「遂」，據唐高僧傳改。

〔五〕「捐」字原作「損」，據高麗藏本、磧砂藏本、南藏本、嘉興藏本改。

門人慧安、智曠，師資義重，甥舅恩深，爲樹高碑于寺之内，東宮庶子虞世南爲文。今像還閣，迄今猶在。〔一〕

唐汾州光嚴寺釋志超，俗姓田，同州馮翊人也。精厲不羣，雅度標遠。至武德七年，止於汾州抱腹山。僧徒僅百，偏資大齋。麥唯六石，同置一倉，日磨五斗，用供常調。從春至夏，計費極多。怪而檢覆，止磨兩石。據量此事，幽致可思。又數感異僧乘空來往，雖無音問，儀形可驗。同住憧者，便蒙神警。至於召衆鐘聲，隨時自響。石泉上涌，隨人用足。靈瑞多感，寔由超福。至貞觀十五年三月十一日，忽因遘疾，卒於城寺，春秋七十有一。〔二〕

唐梓州通泉寺釋慧震，姓龐，身長八尺，聽鬗師三論，玄悟逾藍。每年正月轉藏經，千僧袈裟周足，奉施無闕。常弘三論，聽僧百餘。忽於高座似悶，見人語曰：西山頭好造大佛。既覺下座，領衆案行，中龕造像，〔三〕兩邊泉流。即命石上鐫鑿坐身，高百三十尺。貞觀八年，周備成就，四面都集，道俗三萬，慶此尊儀。其像口中放大白光，遠近同覩。先有一馬，日行五百里，〔四〕曾經入陣，餘馬並死，唯此

〔一〕出唐高僧傳卷三十九釋住力傳。

〔二〕出唐高僧傳卷二十四釋志超傳。

〔三〕「龕」字，唐高僧傳作「堪」。

〔四〕「里」字原脱，據高麗藏本補。

得還。至十四年七月，忽自嘶鳴，不食三日。震聞毛竪。有一異僧，名爲十力，語震曰：馬與主别，主當先行。來年正月十五日，日正中時，應入涅槃。法師須散財物，〔一〕無留於後，於身無益。言已而隱，莫知其由。先造藏經，請僧常轉。開大施門，四遠悲敬，來者皆給。至終年初，又請衆僧讀經行道，作三七日。俗緣昆季，内外同集。至於八日，香氣不歇。從旦至午，寺内樹木土地皆生蓮華。衆覩奇瑞，知其即世。震曰：嘉相已現，不容待滿。便行𩞄施。早令食訖，手執香爐，遶盧舍那三匝，還於佛前，胡跪正念。大衆滿堂，不覺已逝，春秋六十有六。停喪待滿，香氣猶存。兄弟三人，各捨錢五十萬，於墓所作僧德施及以悲田。作石塔高五丈。龕安繩牀，扶屍置上。經百餘日，猶不委仆。道俗萬餘，悲泣相繼。〔二〕

唐京師弘福寺釋慧雲，姓王，太原人也。遠祖避地，止于九江。弱冠樂道，投匡山大林寺，時年二十五。有達禪師，江淮内外，所在興造。雲爲寺廟毁壞，故邀達營造得周。至隋季末年，中表咸亂，有林士弘者，結衆豫章，僞稱楚帝。僞尚書令鄱陽胡秀才親領士衆，臨據九江。因感發心，欲寫廬山東林寺文殊瑞像。以雲有出衆之奇，令監鑪鍾。光儀乃具，唯頸及脇兩處有孔。時衆未悟。其年秀才僞敕所追，有像色金百二十兩，盛以竹筒。雲以賊徒蜂起，無方守護，並用付才。又以念誦銅珠一貫，遺

〔一〕「須散」二字原作「傾」，據唐高僧傳改。

〔二〕「繼」字原作「結」，據高麗藏本改。出唐高僧傳卷三十九釋慧震傳。

才爲信。行至宫亭，〔一〕軍士乞福，才得便風，舉帆前引。於江中路，遭浪船没，財物蕩盡，唯人達岸。諸無所恨，但恨失像色金，〔二〕煩冤江畔，呼嗟未絶，誓願不成，深爲業也。須臾金筒隨浪逆流，并遺銅珠，前後相繼，汎汎隱隱，向岸就才。既獲像金，舉衆大叫，欣慶無量。計被没處至所出岸，三十餘里，重而能浮，逆波相授。軍民通怪，驚異靈感。及才遇害，刃開頸脇，恰符像焉。初才之欲擊賊，〔三〕以金用委叔父曉禪師，〔四〕擔以避難，不免爲賊所奪。既失像金，取求無計。尋有賊中來者，盗金投曉，俱不知是金擔也。曉得本金，委雲成就，光相超挺，今在山閣。初鑄像時，有李五戒私發願曰：若鎔金日，誓然一臂。雲爲模樣早成，遂前期日。〔五〕李氏不知已鑄像了，乃夢像曰：汝先願燒臂，如何違信耶？李氏夢寤，因始知之。即往像前，以刀解臂，蠟布纏骨，燒而供養。天香垂下，像放光照。異種奇瑞，不可述盡。雲以貞觀年初，因事入京，值首律師伏膺律業。宰貴覩其德高，請奏令住弘福。至貞觀

〔一〕「至」字原闕，據唐高僧傳補。
〔二〕「但」字原作「伹」，據高麗藏本、磧砂藏本、南藏本、嘉興藏本改。
〔三〕「初」字原作「祁」，據高麗藏本、磧砂藏本、南藏本、嘉興藏本改。
〔四〕「曉禪師」三字原闕，據唐高僧傳補。
〔五〕「期」字原作「成」，據唐高僧傳改。

二十年，思慕本鄉，還歸九江本寺。身今現在。〔一〕

唐蒲州普濟寺釋道英，姓陳氏，蒲州猗氏人也。時年十八，叔休律師化令出家。父母戀逼取妻，英割愛辭親，示同脱屣。在俗不染色聲，出家經論洞明。乃曰：法相可知，心惑須曉。至開皇十九年，遂入解縣太行山栢梯寺，修學止觀。忽然發解，人法二空，深悟心首。坐處樹枝，下映四表。兼理僧役，以事考心。後在京師，住勝光寺，從曇遷禪師聽攝大乘論，學徒五百，英解獨俊。禪師歎曰：學徒極多，雖通文義，得其旨歸，唯道英乎！常依華嚴，發願供僧，因事呈理，調伏心行。自爾儀服飲噉，不守章篇，頗爲時目作達者也。〔二〕營僧之外，禪誦無廢，窮尋理性，心眼洞明。至大業九年，身居知事，有俗争地，恐損僧利，於俗無益，苦諫不從。便語彼云：吾爲汝死。忽然倒仆，〔三〕示同僵屍。諸俗固執云：此道人多詐，以針刺甲，可知真僞。針刺雖深，死色轉變，身心不動，將欲膖壞。傍有智者教令歸懺，誓不敢諍。尋聲起坐，語笑如常。又行至臺澤，見池魚遊戲。英曰：吾與汝共諍人我，何者爲勝？便即脱衣入水，經于六宿。弟子持衣守之。後出告曰：吾在水中，唯弊土坌，不覺水氣。又屬嚴冬，冰

〔一〕出唐高僧傳卷三十九釋慧雲傳。

〔二〕「時目作達者」原作「譏目佐違」，據唐高僧傳改。

〔三〕「仆」字原作「卧」，據高麗藏本改。

厚天雪復壯，乃曰：如此平净之地，何得不眠。遂露身仰卧，經于三宿。乃起笑曰：幾被火炙殺我。〔一〕如是隨事以法對之，縱任自在，不以爲難。良由唯識之旨，洞曉心腑，外事之質，豈得礙乎！晚還蒲州，住普濟寺，置莊三所，皆在夏縣東山深隱之處，不與俗事交争。故使八方四部，其湊若林。晝則營理僧務，夜則爲説禪觀。或弊其勞者，然不覺其疲。常依攝論、起信，用資心腑。至於一日説起信論，到心真如門，奄然不語。衆怪觀之，氣絶身冷。衆知滅想，任不怪之。經于累宿，方從定起，身色怡泰，如證初禪。河東沙門道遜，高德名僧，素是同學。祖習心道，契友金蘭。初在夏縣，領徒盛講，及遜捨命，去英百五十里，未及相報，終夕便知。告其衆曰：遜公已逝，相與送乎！人問其故，荅云：〔二〕此乃俗事心轉，不可怪也。及行中路，便逢告使。冥通來事，類皆如此。自及終前，集衆告曰：今日早須收積，恐明日人畜衆聚，損食穀草。英亦自運，催促極急。衆但知助，然不測其意。至夜都了，索水洗浴，還本坐處，被以大衣，告衆人曰：諸人唤余爲英禪師。禪師之相，不可違俗。語門人志裒曰：〔三〕禪師知英氣息可有幾許？裒以事荅之。英言：如是。因説法要。又曰：無常常耶，不可自欺，不可空死。令誦華嚴經賢首偈。至臨終，勸念善處。明相既現，口云：捨却故身。奄然神逝。人

〔一〕「被」字原作「不」，據唐高僧傳改。
〔二〕「荅云」二字原闕，據唐高僧傳補。
〔三〕「裒」字，唐高僧傳作「褒」。下同。

怪不動，以手循摩，從下而冷，已經驗之。縱是凡夫，定升善處，況嘉徵如是，豈同凡僧。即貞觀七年九月中也，春秋七十有七。初將終日，衆問後事。荅曰：佛有聞教，但依行之，則衆累盡矣。當終之日，感羣鳥集房，數盈千計。悲鳴相切，哀慟人心。慧哀侍側，見有青衣二童，執華而入。紫氣如光，從英身出，騰燄繞梁。及明露結，周二十里。人物失光，〔一〕三日方歇。蒲晉一川，行化之所，聞哀屯赴，如喪重親。又感僧牛吼叫，聲徹數里，流淚嗚咽，不食水草。經于七日，將欲藏殮，道俗争之。以英生平不樂喧譁，但存道素。便即莊南夏禹城東延年陵南鑿土龕安之。始下一钁，地忽大震。人各攬草自防，懼謂身落。周十五里，皆動大怖。又感白虹兩道，連亘柩所。白鳥二頭，翔鳴龕上。旋顧徘徊，哀聲而逝。英開導人物，存亡俱益。自非位齊種性，豈感嘉祥總萃。不負身世，誠斯人乎！〔二〕

唐雍州梁山釋乂德，醴泉縣人。形質長偉，秀眉骨面，立履清白，〔三〕服麤素衣，好遊化俗，營搆福業。而放言來事，多所弘獎。年有凶暴，毒氣疫癘者，先勸四民，令奉三寶。或禮佛設齋，或稱名念誦。用其言者，皆禳災禍。有不信者，殃禍交及。預記萌兆，略如對目。時遭亢旱，懼而問焉。又以手指撝：某日當雨，但齊某處。約時雨至，必如其言。或記蟲蝗暴亂，廣狹所及，或記天滂潤澤，近遠淺深，

〔一〕「失」字原作「交」，據唐高僧傳改。
〔二〕出唐高僧傳卷三十四釋道英傳。
〔三〕「履清」二字原作「清履」，據高麗藏本改正。

皆事符明鏡，不泄纖毫。且執志清慎，不濫刑科，力所未行，不受其法。昔壯年在道，唯遵十戒，而於篇聚雜相，多所承修。〔一〕末於九嵕山南造阿耨達池，并鐫石鉢。即於池側，用濟衆生。以貞觀十二年卒於山舍。百姓感戀，爲起白塔，峇然山表。〔二〕

唐京師律藏寺釋通達，雍州涇陽人。三十出家，栖止無定。乃入太白山，不齎糧粒。飢則食草，渴則飲水，息則依樹，坐則禪思。經跨五年，栖遑靡息。因以木打塊，塊破形銷。既覩斯變，廓然大悟。既悟心路，晚住律藏，遊聽大乘，情量虚蕩。一裙一帔，布納重縫。所著麻鞋，經三十載。繒帛雜飾，未經冠體。冬夏一服，不避寒暑。常於講席，評叙玄奥，不事宫商，人無肖之。初言矛盾啗食，此事難行，世人悉伏。左僕射房玄齡聞而異焉，迎至第中，敬重如父。而達體道，不拘形骸，出言不簡，放暢心懷。玄齡以風表處之，不以形言致隔。見貴如是，朝野皆遵。不食五穀，唯食蔬菜。縱得蒿藋，攬而食之，事同佳味。若得桃杏殼果之屬，〔三〕合核而食，不以爲艱。人怪問之，荅言：信施難棄。貞觀已來，轉顯神異。屢届人家，歡笑則吉，愁慘必凶。或索財物功力，隨命多少，即須依送。若違來意，後遭凶禍。有人乘驢，歷寺遊看，達從乞之，惜而不施，其驢尋死。斯例非一。故京室貴賤，咸宗事之。禍福由其

〔一〕「修」字原作「循」，據高麗藏本改。
〔二〕「峇」字原作「萿」，據唐高僧傳改。出唐高僧傳卷三十四釋乂德傳。
〔三〕「殼」字原作「穀」，據高麗藏本改。

一言，説導唯存離著。〔一〕所得財利，爲主營寺。有大將軍薛萬均，初聞異行，迎宅供養，百有餘日，不遺僧軌。忽於一夜，索食欲噉。初不與之，苦求不已，試與遂食。從爾已後，稍改前迹，專顯變應，其行多僻。欲往入内，將軍兄弟，其性麤武，不識密行，大怒，打之幾死。仰而告曰：卿已打我，身肉都毁，血汚不浄，須作湯洗。待水沸已，脱衣入鑊，〔二〕身不傷爛，狀如冷池。傍人怖之，猶催加火，不暖我身。合宅驚奉，恣其寢宿。因此已後，若有病苦之者，使令煮水涌沸，先自入洗，後教人入，病無不愈。達曾負人錢百有餘貫，後辦得錢，無人可送。乃將錢至寺門首，伺覓行人，隨負多少，倩詣西市，覓主還之。付而以後勘，不失一文。由達德行虚懷，所以人不虧信。又時逢米貴，欲設大齋，乃命寺家多放疏請。及至明旦，來赴盈千，而供度閩盡，全無支擬。大衆恥責，深愧外客。達曰：他許送供，計非虚妄。臨時恐過，僧尼欲散，忽見熟食美膳，連車接轝，充道馳走而來，皆充足餘長，供庫更濟多人。食訖須臾，人車並散。究尋來處，畢竟不知。良由賢愚難辯，故冥感神供。朝野具瞻，叙事無盡。〔三〕右八驗出唐高僧傳。

〔一〕「離」字原作「雜」，據唐高僧傳改。

〔二〕「衣」字原作「夜」，據高麗藏本、磧砂藏本、南藏本、嘉興藏本改。

〔三〕出唐高僧傳卷三十四釋通達傳。

唐坊州人上柱國王懷智，至顯慶初亡歿，其母孫氏及弟懷善、懷表並存。〔一〕至四年六月，雍州高陵有一人失其姓名，死經七日，背上已爛而甦。此人於地下見懷智云：見任泰山録事。遣此人執筆口授爲書，謂之曰：汝雖合死，今方便放汝歸家，宜爲我持此書至坊州，訪我家通人。〔二〕兼白我娘：懷智今爲泰山録事參軍，幸蒙安泰。但家中曾貸寺家木作門，此既功德物，請早酬償之。懷善即死，不合久住。速作經像救助，不然恐無濟理。此人既穌之後，即齎書故送其舍。所論家事，無不闇合。至經三日，懷善遂即暴死。合州道俗聞者，莫不增修功德。鄜州人勳衛侯智純説之。右一驗出冥報拾遺。〔三〕

〔一〕「弟」字原作「第」，「存」字原作「延」，據高麗藏本、磧砂藏本、南藏本、嘉興藏本改。

〔二〕「人」字原作「入」，據高麗藏本、磧砂藏本、南藏本、嘉興藏本改。

〔三〕太平廣記卷三二八引，作出法苑珠林。

法苑珠林校注卷第三十四

攝念篇第二十八此有二部

述意部　　引證部

述意部第一

惟夫凡情難禁，譬等山猨；常隨外境，類同狂象。三業鼓動，緣搆滋彰。故佛立教，令常制御。故經云：「當爲心師，不師於心。身口意業，不與惡交。身戒心慧，不動如山。」又經云：「制之一處，無事不辦。」〔一〕然心性惑倒，〔二〕我見爲先。煩惑難攝，亂使常行。於一切時，高舉頗屈。自非託處寂静，摧伏三毒，身不遊行，口默緘言，少睡多覺，常坐省食，思量正法，知非有無，直身正意，繫念在前。如斯等教，是名攝念也。

〔一〕出佛遺教經。

〔二〕「惑」字原作「或」，據高麗藏本、磧砂藏本、南藏本、嘉興藏本改。

引證部第二

如增一阿含經云：「爾時世尊告諸比丘：當修行十法，便成神通，去衆亂想，至致涅槃。一謂念佛，二謂念法，三謂念衆，四謂念戒，五謂念施，六謂念天，七謂念休息，八謂念安般，九謂念身非常，十謂念死。當善修行。

佛法聖衆念，　戒施及天念，　休息安般念，　身死念在後。」〔一〕

「第一念佛者，專精念佛如來形相，功德具足，身智無涯，〔二〕周旋往來，皆具知之。修行一法，自致涅槃。不離念佛，便獲功德。是名念佛。第二念法者，專精念法，除諸欲愛，無有塵勞。渴愛之心，永不復興，於欲無欲，離諸結縛諸蓋之病。猶如衆香之氣，無有瑕疵，亂想之念，便成神通，自致涅槃。思惟不離，便獲功德。是名念法。第三念衆者，謂專精念如來聖衆，成就質直，無有邪曲，上下和睦。如來聖衆，四雙八輩，當敬承事。除諸亂想，自致涅槃。不離僧念，便獲功德。是名念僧。第四念戒者，所謂戒者，息諸惡故。戒能成道，令人歡喜。戒瓔珞身，現衆好故。猶如吉祥瓶，所願便尅。除諸亂想，自致涅槃。不離戒念，便獲功德。是名念戒。第五念施者，諸專精念施，所施之上，永無悔心，無反報

〔一〕出增一阿含經卷一十念品。

〔二〕「涯」字原作「崖」，據高麗藏本、磧砂藏本、南藏本、嘉興藏本改。

想，快得善利。若人罵毁，相加刀杖，當起慈心，不興瞋恚。我所施者，施意不絶。除諸亂想，自致涅槃。不離施念，便獲功德。是名念施。第六念天者，謂專精念天，身口意浄，不造穢行，行戒成身，身放光明，無所不照，成彼天身。善業果報，成彼天身，衆行具足。除諸亂想，自致涅槃。不離天念，便獲功德。是名念天。第七念休息者，謂心意想息，志性詳諦，亦無卒暴，恒專一心，意樂閑居，常求方便，入三昧定。常念不貪，勝光上達。除諸亂想，自致涅槃。不離休息，便獲功德。是名念休息。第八念安般者，謂專精念安般者，若息長時，觀知我今息長。若復息短，亦當觀知我今息短。若息極冷極熱，亦當觀知我今息冷熱。出入分別，數息長短。除諸亂想，自致涅槃。不離安般，便獲功德。是名念安般。第九念身者，謂專精念身，髮、毛、爪、齒、皮、肉、筋、骨、膽、肝、肺、心、脾、腎、大腸、小腸、白膜、〔一〕膀胱、屎、尿、百葉、倉腸、胃、脬、〔二〕溺、淚、唾、涕、膿、血、肪、〔三〕脂、涎、〔四〕髑髏、腦等，何者是身？地種、水種、火種、風種是也。皆是父母所造。從何處來？爲誰所造？此之六根，於此終已，當生何處？除諸亂想，自致涅槃。不離念身，便獲功德。是名念身。第十念死者，謂專精念死，此没生彼，往來諸

〔一〕「白膜」二字原作「匈直」，據增一阿含經改。
〔二〕「倉腸胃脬」原作「滄蕩脾胞」，據增一阿含經改。
〔三〕「肪」字原闕，據增一阿含經補。
〔四〕「涎」字原作「羡」，據高麗藏本改。

趣。命逝不停，諸根散壞，如腐敗木。命根斷絶，種族分離，無形無響，亦無相貌。除諸亂想，自致涅槃。不離死念，便獲功德。是名念死。而説偈曰：

佛法及聖衆，　乃至竟死念。　雖與上名同，　其義各別異。」〔一〕

又分别功德論云：「第一念佛何事，佛身金剛，無有諸漏。若行時，足離地四寸，千輻相文，跡現於地。足下諸蟲，七日安隱，若其命終，皆得生天。昔有一惡比丘，本是外道，假服誹謗，逐如來行，自殺飛蟲，著佛跡處，言佛蹈殺。然蟲雖死，遇佛跡處，尋還得活。若入城邑，足蹈門閾，天地大動，百種音樂，不鼓自鳴。諸聾盲瘂，百病自除。覩佛相好，隨行得度。功德所濟，不可稱計。總會萬行，運載爲先。所謂念佛，其義如此。第二念法者，法是無漏道，無爲無欲。佛者是諸法之主，法者是結使之主。法出諸佛，法生佛道。若然者，何不先念法，後念佛耶？荅曰：法雖微妙，無能知者。猶若伏藏，無處不有。要藉通人示處，方得自濟窮乏。法亦如是。理雖玄妙，非如來不暢。是以念佛在先，稱法在後。第三念僧者，謂四雙、八輩、十二賢士，捨世貪諍，開導天人。則是衆生良祐福田故。昔有薄福比丘，名梵摩達。律名羅旬喻比丘也。在千二百五十衆中，令衆僧不得食，莫知誰咎。佛使分爲二部：一部得，一部不得。復分不得爲二部：半得，半不得。如是展轉乃至二人：一得食，一不得食。乃知無福，雖得

〔一〕出增一阿含經卷二廣演品。

至鉢，自然消化。佛愍其厄，自手授食，在於鉢中。神力所制，不能化去。佛欲令現身得福故，令二滅盡比丘以食飽此，即時得福。時波斯匿王聞此薄福，佛愍與食，我今亦當爲其設福。即遺粭米。〔一〕時有一烏飛來，銜一粒米去。使人訶曰：王爲梵摩達設福，汝何以持去耶？烏即持還本處。所以然者，此比丘蒙僧福力，鳥獸不能侵害也。用是證知，爲良福田，既自度度人，至三乘道。念衆之法，其義如此。第四念戒者，從五戒、十戒、二百五十至五百戒，皆禁制身口，斂諸邪非，斂御六情，斷諸欲念。中表清净，乃應戒性。昔有二比丘共至佛所，路經曠澤，頓乏水漿。〔二〕時有小池注水，衆蟲滿中。一比丘深思禁律，以無犯爲首，若飲此水，殺生甚多，寧全戒殞命。於是命終，即生天上。一比丘自念飲水全命，可至佛所，焉知死後當生何趣。即飲蟲水，所害甚多。雖得見佛，去我甚遠，〔三〕啼泣向佛自云：同伴命終。佛指一天曰：汝識此天不？此是汝伴。以全戒功，即生天上，今來在此。卿雖見我，去我大遠。彼雖喪命，常在我所。卿今見我，正覩我肉形，豈識真戒乎！以是經云：波羅提木叉是汝大師。若能持戒，展轉行之，即是如來法身常在，而不滅也。夫戒有三種：一是俗戒，二是道戒，三是定戒。五、八、十、具戒等爲俗戒，無漏四諦爲道戒，三昧禪思爲定戒。以慧御戒，使成無漏，乃合道戒。

〔一〕「遺」字原作「遣」，據高麗藏本改。
〔二〕「漿」字原作「槳」，據高麗藏本、磧砂藏本、南藏本、嘉興藏本改。
〔三〕「去我甚遠」四字原脱，據高麗藏本補。

聲聞家戒，喻若膝華，動則解散。大士持戒，喻若頭上插花，行止不動。小乘檢形，動則越儀。大士領心，不拘外軌。大小軌異，故以形心爲殊。内外雖殊，俱至涅槃。故曰念戒也。」〔一〕

又佛般泥洹經云：「又欲近道，當有四喜，宜善念行。一曰念佛，意喜不離。二曰念法，意喜不離。三曰念衆，意喜不離。四曰念戒，意喜不離。念此四喜，必令具足，而自了見，當望正度，求解身要。可以除斷地獄畜生餓鬼之道，雖往來走天上人中，不過七生，自得苦際。」〔二〕

又三千威儀云：「當念有五事：一、當念佛功德，二、當念佛經戒，三、當念佛智慧，四、當念佛恩大難報，五、當念佛精進乃至泥洹。復有五事：一、當念比丘僧，二、當念師恩，三、當念父母恩，四、當念同學恩，五、當念一切人皆使解脱，離一切苦。」〔三〕

又處處經云：「譬如大海中沙，不能計知。如人所作善惡殃福，前後所作，不可復計。要在命盡，作惡逢惡處，作善逢善處。殃福皆預有處，亦預有父母兄弟妻子眷屬等，得道便止。若不得道，便不斷絶。佛語比丘：當念自身無常。有一比丘即報佛言：我念非常，如人在世間，極可至五十歲。佛言：莫説是語。復有一比丘言：可三十歲。佛言：莫説是語。復有一比丘言：可十歲。佛言：莫説是

〔一〕出分别功德論卷二。
〔二〕出大般泥洹經卷上。
〔三〕出大比丘三千威儀卷上。

語。復有一比丘言：可一歲。佛言：莫説是語。復有一比丘言：可一月。佛言：莫説是語。復有一比丘言：可一日。佛言：莫説是語。復有一比丘言：可一時。佛言：莫説是語。復有一比丘言：可呼吸閒。佛言：是也。佛言：出息不還，則屬後世。人命駿速，在呼吸之閒。」〔一〕

又毗尼母經云：「若説法比丘復應常念觀身苦、空、無常、無我、不浄，莫使有絶。何以故？當得十二念成聖法故。何者十二念？一、念成就己身。二、念成就他人。三、念願得人身。四、念生種姓家。五、念於佛法中得生信心。六、念所生處，不加其功，而得悟法。七、念所生處諸根完具。〔二〕八、念值佛世尊出現於世。九、念所生處常得説正法。十、念願所説法常得久住。十一、念願法久住，得隨願修行。十二、念常得憐愍諸衆生心故。得此十二念具足，必得聖法。」〔三〕

又雜阿含經云：「爾時世尊告諸比丘：過去世時有河中草，有龜於中住止。時有野干飢行覓食，遥見龜蟲，疾來捉取。龜蟲見來，即便藏六。野干守伺，冀出頭足，欲取食之。久守龜蟲，永不出頭，亦不出足。野干飢乏，瞋恚而去。諸比丘，汝等今日亦復如是。知魔波旬常伺汝便，冀汝眼著於色，耳聞聲，鼻嗅香，舌嘗味，身著觸，意念法，欲令出生，染著六境。是故比丘汝等今日常當執持眼律儀住，執

〔一〕出處處經。
〔二〕「具」字原作「其」，據高麗藏本、磧砂藏本、南藏本、嘉興藏本改。
〔三〕出毘尼母經卷六。

持眼根律儀，惡魔不得其便。隨出隨緣。耳鼻舌身意，亦復如是。於其六根若出若緣，不得其便。猶如龜蟲，野干不得其便。爾時世尊即説偈言：

龜蟲畏野干，　藏六於殼内。比丘善攝心，　密藏諸覺想。不依不怖彼，　覆心勿言説。

爾時世尊告諸比丘：譬如士夫遊空宅中，得六種衆生：一者得狗，即執其狗，繫著一處。次得其鳥。次得毒蛇。次得野干。次得失收摩羅。次得獼猴。得斯衆生，悉縛一處。其狗者，樂欲入村。其鳥者，常欲飛空。其蛇者，常欲入穴。其野干者，樂向塚間。〔一〕失收摩羅者，長欲入海。獼猴者，欲入山林。此六衆生悉縛一處，各各嗜欲到所安處，各不相樂於他處所而繫縛故，各用其力向所樂方而不能脱。如是六根種種境界，各各自求所樂境界，不樂餘境界。眼常求可愛之色，不可意色則生其厭。耳鼻舌身意亦復如是。此六種根種種行處，各各不求異根境界。其有力者，堪能自在，隨覺境界。如彼士夫繫六衆生。是故當勤修習身念觀。爾時世尊告諸比丘：譬如有四蚖蛇，凶惡毒熾，盛一篋中。時有士夫聰明，求樂厭苦，求生厭死。時有一士夫語向士夫言：汝今取此篋蛇摩拭洗浴，恩親養食，出内以時。若四毒蛇脱有惱者，或能殺汝，或令近死。汝當防護。爾時士夫畏四毒蛇及五拔刀怨，〔二〕驅

〔一〕「塚」字原作「蒙」，據高麗藏本、磧砂藏本、南藏本、嘉興藏本改。

〔二〕「怨」字原作「仗」，據高麗藏本改。

馳而走。〔一〕人復語言：士夫，内有六賊，隨逐伺汝，得便當殺。汝當防護。爾時士夫畏四毒蛇、五拔刀怨及内六賊，恐怖馳走，還入空村。見彼空舍，危朽腐毁，有諸惡物。但皆危脆，無有堅固。人復語言：士夫，是空聚落，當有六賊，來必奄汝。爾時士夫畏四毒蛇、五拔刀賊、内六惡賊、空村羣賊，而復馳走。忽爾道路臨一大河，其水澓急。但見此岸有諸怖畏，而見彼岸安隱快樂，清凈無畏。而無橋船可度，得至彼岸。作是思惟：我取草木，縛束成栰，手足方便，度至彼岸。作是念已，即拾草木，依於岸傍，縛束成栰。手足方便，截流横度。如是士夫免四毒蛇、五拔刀怨、六内惡賊，復得脱於空村羣賊，度於彼流。離於此岸種種怖畏，得至彼岸安隱快樂。我説此譬，當解其義。比丘，篋者譬此身色麤四大，四大所造精血之體，穢食長養，沐浴衣服，無常變壞危脆之法。毒蛇者，譬如四大：地界，水界，火界，風界。地若諍，能令身死及以近死。水、火、風諍，亦復如是。五拔刀怨者，譬五受陰。内六賊者，譬六憂喜。空村者，譬六内入。觀察眼入之處，是無常變壞虚僞之法。耳、鼻、舌、身、意亦復如是。空村羣賊者，譬外六入處。眼爲可意不可意色所害，耳聲、鼻香、舌味、身觸、意法亦復如是。澓流者，譬如四流：欲流，有流，見流，無明流。河譬三愛：欲愛，色愛，無色愛。此岸多恐怖者，譬有身。彼岸清凉安樂者，譬無餘涅槃。栰者，譬八正道。手足方便截流度者，譬精進勇猛得到彼岸。婆羅門住處者，譬如

〔一〕「馳」字原作「驅」，據高麗藏本改。

來應等正覺。」〔一〕

又木槵子經云：「時有難國王名波瑠璃，白佛言：我國邊小，頻歲寇賊，五穀涌貴，疫疾流行，人民困苦。我恒不安，法藏深廣，不得修行。唯願垂矜，賜我法要。佛告王言：若欲滅煩惱障者，當貫木槵子一百八，常以自隨。至心無散，稱南無佛陀、南無達磨、南無僧伽名，乃過一木槵子。如是漸次度木槵子，若十、二十，若百，若千，乃至百千萬。若能滿二十萬徧，身心不亂，離諸諂曲者，〔二〕捨命得生第三餤摩天，衣食自然，常安樂行。若復能滿一百萬徧者，當斷除百八結業，獲無上果。王聞歡喜，我當奉行。佛告王曰：有莎生比丘誦三寶名，經歷十歲，得成斯陀含果。漸次修行，今在普香世界作辟支佛。王聞是已，倍復修行。」〔三〕

又賢愚經云：「波羅柰國有居士，字曰毱提。此人有子，名優波毱提。後年長大，家貧燋煎。父付財物，居肆販賣。有耶貰鞞阿羅漢往到其邊，而爲説法，教使繫念。以白黑石子，用當籌筭。善念下白，惡念下黑。優波毱提奉受其教，善惡之念，輒投石子，初黑偏多，白者尠少。漸漸修習，白黑正等。

〔一〕出雜阿含經卷四十三。

〔二〕「離」字原脱，據高麗藏本補。

〔三〕出木槵子經。

繫念不止，更無黑石，純有白者。善念已盛，逮得初果。」〔一〕

又譬喻經云：〔二〕「昔有人不信敬，婦甚事佛。婦白婿曰：人命無常，可修福德。婿無心嬾惰，婦恐將來入地獄中，即復白婿，欲懸一鈴，安著户上。君出入時，揲鈴作聲，稱南無佛。婿曰：甚善。如是經久。其婿命終，獄卒扠之，擲鑊湯中。扠揲鑊作聲，謂是鈴聲，稱南無佛。獄官聞之，此人奉佛，放令出去，得生人中。」

又雜譬喻經云：「昔有五百賈客乘船入海，值摩竭魚出頭張口，欲食衆生。時日少風，而船去如箭。薩薄主語衆人言：船去太疾，可捨帆。如言捨下。船去轉便，不可得止。薩薄主問樓上人言：汝見何等？我見上有兩日出，下有白山，中有黑山。薩薄主驚言：此是大魚，當奈何哉？我與汝等今遭困厄，入此魚腹，無有活理。汝等各隨所事，一心求之。於是衆人各隨所奉，一心歸命，求脱此厄。所求逾篤，船去逾疾，須臾不止，當入魚口。於是薩薄主告諸人言：我有大神，號名爲佛。汝等各捨奉神，一心稱之。時五百人俱發大聲，稱南無佛。魚聞佛名，自思惟言：今日世間乃復有佛。我當何忍，傷害衆生。即便閉口，水皆倒流，轉得遠魚。五百賈人善心即生，皆得解脱。」〔三〕

〔一〕出賢愚因緣經卷十三優波毱提品。

〔二〕此經已佚。經律異相卷四五引，作出雜譬喻經。

〔三〕出雜譬喻經。

又大集經云：「譬如沙門自有頭髮，生不自知日長幾分。如是菩薩罪生，不能自知，言我無罪者。」〔一〕

又雜阿含經：「爾時世尊説偈言：

善護於身口，　及意一切業，　慙愧而自防，　是名善守護。」〔二〕

「爾時世尊告諸比丘：有二净法，能護世閒。何等爲二，所謂慙、愧。假使世閒無此二净法者，世閒亦不知有父母、兄弟、姊妹、妻子、宗親、師長、尊卑之緒。顛倒渾亂，如畜生趣。即説偈言：

世閒若無有，　慙愧二法者，　違越清净道，　向生老病死。　世閒若成就，　慙愧二法者，

增長清净者，　永閉生死門。」〔三〕

又惟無三昧經云：「佛告阿難：善男子，人求道安禪，先當斷念。人生世閒所以不得道者，但坐思想穢念多故。一念來，一念去，一日一宿有八億四千萬念，念念不息。一善念者亦得善果報，一惡念者亦得惡果報。如響應聲，如影隨形。是故善惡罪福各別。」

〔一〕此段出處待考。

〔二〕出雜阿含經卷四十六。

〔三〕「閉」字原作「開」，據高麗藏本改。出雜阿含經卷四十七。

頌曰：〔一〕

靜念遺忘慮，有慮非理盡。境來投虛空，虛空何所軫。託陰遊重冥，冥亡影迹殞。四果皆欣求，一乘獨玄泯。

發願篇第二十九此有二部

述意部　引證部

述意部第一

夫佛果敻絶，登之有階；法雲峻極，届之有漸。是以創發大誠，則玄福招於極果；初立弘誓，則妙願徧於來際。一念興行，遂感塵劫之瑞華；半刻虔躬，乃得大千之甘露。蓋是大乘之根基，種智之津衢也。

〔一〕「頌」字原作「頌」，據高麗藏本、磧砂藏本、南藏本、嘉興藏本改。

引證部第二

如阿彌陀經云：「佛語阿難：阿彌陀佛爲菩薩時，常奉行是二十四願，珍寶愛重，保持恭順。何等爲二十四願？第一願，使某作佛時，令我國中無有泥犁禽獸薜荔蜎飛蠕動之類。得是願，乃作佛；不得是願，終不作佛。第二願，使某作佛時，令我國中無有婦人女人。欲來生我國中者，即作男子。諸無央數天人民蜎飛蠕動之類，來生我國者，於七寶水池蓮華中化生，長大皆作菩薩阿羅漢，都無央數。得是願，乃作佛；不得是願，終不作佛。第三願，使某作佛時，令我國土自然七寶廣縱甚大，曠蕩無極，自然軟好。所居舍宅被服飲食，都皆自然，比如第六天王所居處。得是願，乃作佛；不得是願，終不作佛。第四願，使某作佛時，令我名字皆聞八方上下無央數佛國。皆令諸佛各於比丘僧大座中，說我功德國土之善。諸天人民蜎飛蠕動之類，聞我名字，莫不慈心。歡喜踊躍者皆令來生我國。得是願，乃作佛；不得是願，終不作佛。第五願，使某作佛時，令八方上下諸無央數天人民及蜎飛蠕動之類，若前世作惡，聞我名字，欲來生我國者，即便反正，自悔過，爲道作善，便持經戒。願欲生我國不斷絶，壽終皆令不復泥犁禽獸薜荔，即生我國，在心所願。得是願，乃作佛；不得是願，終不作佛。第六願，使某作佛時，令八方上下無央數佛國諸天人民，若善男子善女人，欲來生我國，用我故益作善。若分檀布施，遶塔燒香散華，然燈懸雜繒綵，飯食沙門，起塔作寺，斷愛欲，齋戒清淨，一心念我，晝夜一日不斷絶，皆令來生我國作菩薩。得是願，乃作佛；不得是願，終不作佛。第七願，使某作佛時，令八方上下無央數佛國諸天人民，若善男子善女人，有作菩薩道，奉行六波羅蜜經。若作沙門，不毁經戒，斷愛欲，齋戒清凈，一心念欲生我國，晝夜不斷絶。若其人壽欲終時，我即與諸菩薩阿羅漢共飛行迎之，即來生我國，則作阿惟越致菩薩，智慧勇猛。得是願，乃作佛；不得是願，終不作佛。第八願，使某作佛時，令我國中諸菩薩欲到他方佛國生者，皆令不更泥犁禽獸薜荔，皆令得佛道。得是願，乃作佛；不得是願，終不作佛。第九願，使某作佛時，令我國中諸菩薩阿羅漢面目皆端正凈潔姝妙，悉同一色，都一種類，比如第六天人。得是願，乃作佛；不得是願，終不作佛。第十願，使某作佛時，令我國中諸菩薩阿羅漢皆同一心所念，欲所言者，預相知意。得是願，乃作佛；不得是願，終不作佛。第十一願，使某作佛時，令我國中諸菩薩阿羅漢皆無有婬泆之心，終無念婦女意，終無有瞋怒愚癡者。得是願，乃作佛；不得是願，終不作佛。第十二願，使某作佛時，令我國中諸菩薩阿羅漢皆令心相敬愛，終無相嫉憎者。得是願，乃作佛；不得是願，終不作佛。第十三願，使某作佛時，令我國中諸菩薩欲共供養八方上下無央數諸佛，皆令飛行即到。欲得自然萬種之物，即皆在前，持用供養諸佛，悉皆得徧。以後日未中時，即飛行還我國。得是願，乃作佛；不得是願，終不作佛。第十四願，使某作佛時，令我國中諸菩薩阿羅漢欲飯時，即皆自然七寶鉢中有自然百味飯食在前，食已自然去。得是願，乃作佛；不得是願，終不作佛。第十五願，使某作佛時，令我國中諸菩薩身皆紫磨金色，三十二相，八十種好，皆令如佛。得是願，乃作佛；不得是願，終不作佛。第十六願，使某作佛時，令我國中諸菩薩阿羅漢語者，如三百鐘聲，説經行道皆如佛。得是願，乃作佛；不得是願，終不作佛。第十七願，使某作佛時，令我洞視徹聽，飛行，十倍勝於諸佛。得是願，乃作佛；不得是願，終不作佛。第十八願，使某作佛時，令我智慧説經行道，十倍於諸佛。得是願，乃作佛；不得是願，終不作佛。第十九願，使某作佛時，令八方上下無央數佛國諸天人民蜎飛蠕動之類，皆令得人道，悉作辟支佛阿羅漢，皆坐禪一心，共欲計數知我年壽幾千億萬劫歲數，皆令無有能極知壽者。得是願，乃作佛；不得是願，終不作佛。第二十願，使某作佛時，令八方上下各千億佛國中諸天人民蜎飛蠕動之類，皆令作辟支佛阿羅漢，皆坐禪一心，共欲計數我國中諸菩薩阿羅漢，知有幾千億萬人，皆令無有能知數者。得是願，乃作佛；不得是願，終不作佛。第二十一願，使某作佛時，令我國中諸菩薩阿羅漢壽命無央數劫。得是願，乃作佛；不得是願，終不作佛。第二十二願，使某作佛時，令我國中諸菩薩阿羅漢皆智慧勇猛，自知前世億萬劫時宿命所作善惡，却知無極，皆洞視徹知十方去來現在之事。得是願，乃作佛；不得是願，終不作佛。第二十三願，使某作佛時，令我國中諸菩薩阿羅漢皆智慧勇猛，頂中皆有光明。得是願，乃作佛；不得是願，終不作佛。第二十四願，使某作佛時，令我頂中光明絶好，勝於日月之明百千億萬倍，絶勝諸佛光明。燄照諸無央數天下幽冥之處，皆當大明。諸天人民蜎飛蠕動之類，見我光明，莫不慈心。作善者皆令來生我國。得是願，乃作佛；不得是願，終不作佛。佛告阿難：阿彌陀佛爲菩薩時，常奉行是二十四願，不犯道法，絶去財

色，精明求願，積功累德，無央數劫，今致作佛，悉皆得之，不亡其功也。」〔一〕

又佛説滅十方冥經云：「時有釋種童子，名面善悦，來白佛言：唯天中天，今我二親身不安和，横爲非人所見侵撓，晝夜寤寐，不得寧息。出入行步，亦見逼惱。或遭非人妖蠱姦邪，無以防護。唯願世尊告示以法，隨時救濟，令無撓害。佛告面善悦：當爲汝説擁護之法。佛言：東方去此過于八千那術佛土，有世界名拔衆塵勞。其佛號等行如來，今現在説法。人若東行，先當稽首歸命，供養於東方佛，則無恐懼，莫敢侵撓，有所興作，〔二〕悉當如願。佛告童子：南方去此過于十億百千佛土，〔三〕有世界名消冥等要脱。其佛號初發心念離恐畏歸依超首如來，今現在説法。若欲南行，當遥稽首歸命彼佛，專意不離，則無恐懼，不遇患難。佛告童子：西方去此如恒河沙諸佛刹土，有世界名善選擇。其佛號金剛步迹如來，今現在説法。若欲西行，先當稽首禮於彼佛，一心歸命，則無恐懼，不逢患難。佛告童子：北方去此過二萬佛土，有世界名覺辯。其佛號寶智首如來，今現在説法。若欲北行，〔四〕設在家居，稽首作禮，歸命彼佛，則無恐懼，不遇患難。佛告童子：東北方去此過于百萬億佛土，有世界名持

〔一〕出阿彌陀三耶三佛薩樓佛檀過度人道經。
〔二〕「興」字原作「與」，據高麗藏本、磧砂藏本改。
〔三〕「佛」字原作「億」，據高麗藏本改。
〔四〕「北」字原脱，據高麗藏本補。

所念。其佛號壞魔慢獨步如來，今現在説法。若詣東北方，當遥稽首歸命彼佛，所在獲安，則無所畏。佛告童子：東南方去此過二恒河沙等佛土，有世界名常照曜。其佛號初發心不退轉輪成首如來，今現在説經。若東南行，先當稽首，五體投地，一心歸命，然後乃進，則無恐懼。佛告童子：西南方去此過于八萬佛土，有世界名覆白交露。其佛號寶蓋照空如來，今現在説法。若西南行，先當稽首彼方如來，以華遥散，念於無相，然後乃進，則無恐懼。佛告童子：西北方去此過六恒河沙佛之刹土，有世界名住清浄。其佛號開花菩薩如來，今現在説法。若西北方行，先禮彼佛，自歸悔過，浄修梵行，然後出家，則無恐懼。佛告童子：下方去此過九十二姟佛之刹土，有世界名念無倒。其佛號念初發意斷疑拔欲如來，今現在説法。若欲坐時，若夜卧時，念斯如來，稽首自歸，常以普慈念救衆生，然後坐卧，則無恐懼，所願必果。佛告童子：上方去此過六十恒河沙等佛土，有世界名離諸恐懼無有處所。其佛號消冥等超王如來，今現在説法。若從坐起，常禮彼佛，自歸供養，則無恐懼，所至獲安。佛告童子：〔一〕假使有人受此經典，持諷讀誦，爲他人説，具足備悉，令不缺減，速成所願，終無恐懼。若到縣官，不見侵枉。若行賊中，不見危害。若行大火中，即爲消滅。若行大水中，終不没溺。天龍鬼神弊惡之神無敢觸者，諸惡獸無敢近者，諸鬼魍魎無能撓者。若在閑居獨處，則爲如來之所擁護。佛説如是。帝釋、面善悦

〔一〕「告」字原作「言」，據高麗藏本改。

童子等聞經歡喜，作禮而退。」〔一〕

又地持論云：「菩薩發願略説五種：一發心願，二生願，三境界願，四平等願，五大願。彼菩薩初發無上菩提心，是名發心願。願未來世爲衆生故，隨善趣生，是名生願。願正觀諸法無量等諸善根思惟境界，是名境界願。願未來世一切菩薩善攝事，是名菩薩平等願。大願者，即平等願。菩薩又説十種大願：一者、願一切種供養，供養無量諸佛。二者、願護持一切諸佛正法。三者、願通達諸佛正法。四者、願生兜率天乃至般涅槃。五者、願行菩薩一切種正行。六者、願成熟一切衆生。七者、願一切世界悉能現化。八者、願一切菩薩一心方便，以大乘度。九者、願一切正行方便無礙。十者、願成無上正覺。是菩薩住於初地，方便净信，現在修行，於未來事生十大願：一者、以清净心常願供養一切諸佛。二者、受持守護諸佛正法。三者、勸請諸佛轉未曾有法。四者、順行菩薩正行。五者、一切器界具足成熟。六者、一切世界悉能現化。七者、自净佛土。八者、一切菩薩同一方便以大乘化。九者、利益衆生一切不空。十者、一切世界得阿耨菩提作一切佛事。如是大願能生無量百千大願，不離衆生界，不離世間。此諸大願生生常行，終不忘失。」〔二〕

又華嚴經云：「諸佛子，菩薩住歡喜地，以十願爲首，生如是等百萬阿僧祇大願。以不可盡法而生

〔一〕 出滅十方冥經。

〔二〕 出菩薩地持經卷八方便處菩提品、卷九次法方便處住品。

是願，爲滿是願，勤行精進。何等爲十？一、衆生不可盡，二、世界不可盡，三、虚空不可盡，四、法界不可盡，五、涅槃不可盡，六、佛出世不可盡，七、諸佛智慧不可盡，八、心所緣不可盡，九、起智不可盡，十、世間轉法輪智轉不可盡。若衆生盡，我願乃盡，乃至起智轉盡，我願乃盡。而衆生乃至起智諸轉實不可盡，我諸願善根亦不可盡。」〔一〕

又文殊師利問菩提經云：「爾時天子問文殊師利言：菩薩有幾心能攝因，能攝果？文殊荅言：諸菩薩有四心能攝因攝果。何等爲四？一、初發心，二、行道心，三、不退轉心，四、一生補處心。初發心爲行道心作因緣，行道心爲不退轉心作因緣，不退轉心爲一生補處心作因緣也。又初發心如種穀田中，行道心如穀子增長，不退轉心如華果始成，補處心如華果有用。又初發心如車匠集材，行道心如所治材木，不退轉心如安施材木，一生補處心如車成運致。又初發心如月新生，行道心如月五日，不退轉心如月十日，一生補處心如月十四日，如來智慧如月十五日。又初發心能過聲聞地，行道心能過辟支佛地，不退轉心能過不定地，一生補處心安住定地。又初發心如病者求藥，行道心如分別藥，不退轉心如病服藥，補處心如病得瘥。」〔二〕

又大集經云：「爾時舍利弗白佛言：世尊，菩薩初發無上菩提心時，聞諸衆生有如是行，不驚不

〔一〕出大方廣佛華嚴經卷二十三十地品。

〔二〕出文殊師利問菩提經。

怖，是事實難，不可思議。佛言：舍利弗，於意云何？如師子雖復初產，聞師子吼有怖畏不？不也，世尊。菩薩摩訶薩初發無上菩提心時，聞衆生行，亦復如是。舍利弗，於意云何？火熱雖小，畏乾薪不？不也，世尊。菩薩初發無上菩提心已，得智慧火，亦復如是。舍利弗，今以非喻爲喻。舍利弗，譬如猛火與諸乾薪，結期七日，當大戰鬭。爾時一切乾樹草木種種枝葉，悉共合聚，如須彌山。爾時猛火有一親友而告之曰：汝今何故不自莊嚴，多覓有救援助。彼衆，汝唯一已，何能當之？時火荅言：彼怨雖多，我力能敵，不須伴黨。舍利弗，菩薩摩訶薩亦復如是。雖諸煩惱悉共和合，其勢熾盛，菩薩智慧力能消伏。如阿伽陀一丸之藥，能破大毒。菩薩智慧亦復如是，小智慧藥能壞無量大煩惱毒。」〔一〕

又佛本行經云：「爾時佛告諸比丘僧，作如是言：汝諸比丘，我念往昔久遠之時，有一貧人，以乞自活，從一城至波羅柰城。至彼城已，其城所有乞人見者，皆訶責言：汝從何來而至於此？遂遮不聽遊行告乞。爾時彼人見有障礙，作是思惟：我於彼輩無有過失，何故障我而乞告也？於是波羅柰城有一長者，遺失銅鉢，時彼長者求覓銅鉢，所在不獲。因求鉢故，至餘一村。時彼乞人於糞聚中得彼銅鉢，掛於杖頭，將來往入波羅柰城。從街至街，從巷至巷，從此交巷至彼交巷，從此嵎角至彼嵎角，口唱是言：此之銅鉢是誰之物？識者收取。而彼遊歷處處，東西求覓其主，了不能得。既不得主，便即往

〔一〕出大方等大集經卷九海慧菩薩品。

至付梵德王。乃至長者後聞有人從彼糞中得銅鉢掛於杖頭，將來入彼波羅奈城處處遊訪，不知主處，既不得主，便付梵德王。既聞是已，到梵德王邊，到已白言：大王，當知前者乞人所奉銅鉢，是我之物。時梵德王遣使往喚彼之乞人而語之言：汝於前者所送銅鉢，今此長者云是我許，其事如何？彼人即白梵德王言：如是大王，我本不知彼之銅鉢是誰之物。在糞聚中，我既得已，即掛杖頭，將來入城，東西訪問，不知主處，遂奉大王，任王所用。爾時梵德聞彼語已，心大歡喜，而告彼言：仁者，汝今欲於我邊乞何等願？我當與汝，而彼銅鉢還其長者。爾時彼人白梵德王，作如是言：大王，今若必欲歡喜與我願者，願王於此波羅奈城所有乞人用我爲乞人王也。時梵德王復告彼言：今者何用與彼乞兒而爲王也，但當更乞諸餘好願，或金或銀，或索國中最勝村落，用爲封邑。我即與汝。時彼乞人復白王言：王若歡喜與我願者，我今正欲得前所願。〔二〕王遂報言：任汝所樂，隨汝作耳。爾時在彼波羅奈城合有五百乞兒依住。彼乞願者，悉喚令集而告之言：我今得與汝等爲王，汝等必當聽我處分。時諸乞人問彼王言：汝今云何處分我等，令作何事？時彼人言：汝等相共，或有捉我置髆上者，或有取我而背負者，自餘皆悉爲我左右圍繞而行。而彼五百諸乞兒輩聞彼語已，〔三〕即從處分，或有轝者，或背負者，處處遊行。所有飲食坐席之所，即往彼乞。乞已，將向一處分張而共食噉。如是方便，多時活命。時

〔二〕「得」字原作「彼」，據高麗藏本改。
〔三〕「語」字原作「證」，據高麗藏本改。

有一乞人屏處獨食摩呼荼迦。隋言歡喜丸。〔一〕爾時乞王從其人邊，奪取彼食已，將走。其王徒衆五百乞兒逐彼王走，至於遠處，皆悉疲乏。既疲乏已，悉各迴還。其彼乞王身力壯健，走而不乏。更至遠已，迴頭望看五百乞兒，悉皆不見。既不見已，入一園内，取水洗手，坐於一邊，欲食彼食。未食之間，便生悔心：我今不善，我今何故於彼人邊奪取其食，更復誑我隨從人輩？此食既多，我食不盡。若世間内有諸聖人，願知我意而來此者，我即分與。發是心已，有辟支佛，名曰善賢，從虚空飛騰而來，在彼人前，從空直下，去其不遠。其人遥見彼辟支佛，威儀庠序，行步齊亭，舉動得所，不緩不急。見如是已，於彼辟支佛所，心得净信。得净信已，〔二〕作如是念：由我往昔所受貧煎，及以現在皆悉不值如是福田，於如是人不行布施恭敬供養。我昔若值如是福田，今日應不遭斯困頓，亦不應被他逼切而得活命。我今將此食奉上仙人，未審此仙受納以不？若蒙受者，願我將來免此貧煎困厄之身。作是念已，即將此食，奉此仙人。然辟支佛有如是法，唯見神通，教化衆生，更無别法。時辟支佛受取彼食，從此騰空而去。其人見彼，歡喜踊躍，徧滿其體，不能自勝。以歡喜故，頂戴指掌，遥禮彼尊辟支佛足。作是禮已，心發是願：願我此身於未來世恒常值遇如是世尊，或勝此者，而後世尊所説之法，願我一聞，速得

〔一〕「隋」字原作「此」，據高麗藏本、磧砂藏本、南藏本改。

〔二〕「得」字原作「我」，據高麗藏本、磧砂藏本、南藏本、嘉興藏本改。

證解。又願我於未來世中，在大威德豪族姓家爲王治化，〔一〕更莫在彼貧兒之內。復作是願：生生世世不墮惡道。佛告諸比丘，作如是言：汝諸比丘若有心疑，於彼之時，波羅柰城乞兒之王，施辟支佛摩呼荼迦，此是誰者？莫作異見。婆提唎迦比丘是也。時乞兒王施辟支佛食，因彼業果，今生釋種大豪貴族，資財無乏少。由昔願故，今得王位。又由昔願，不墮惡道，恒生人天，多受快樂。又由昔願，今值於我而得出家，受具足戒，得羅漢果。我又授記於我聲聞弟子之中，豪姓出家最第一者，婆提唎迦比丘是也。」〔二〕

頌曰：

賢人慕高節，　志願菩提因。　御鶴翔伊水，　策馬出王田。　本祈立弘誓，　感報彌陀身。
能仁修八政，　超逾九劫前。　聲流徧三界，　慈化通大千。　掩塵息妄想，　凡聖並欣然。
含生同志趣，　保益啓心神。　生死必永盡，　豈同莊老仙。

〔一〕「威」字原作「成」，據高麗藏本、磧砂藏本、南藏本、嘉興藏本改。
〔二〕出佛本行集經卷五十九婆提唎迦等因緣品。

法苑珠林校注卷第三十五

法服篇第三十此有六部

述意部　功能部　會名部　濟難部　感報部　違損部

述意部第一

夫袈裟爲福田之服，如敬佛塔；泥洹僧爲襯身之衣，尊之如法。衣名銷瘦，取能銷瘦煩惱；鎧名忍辱，取能降伏衆魔。亦喻蓮華，不爲汙泥所染；亦名幢相，不爲邪衆所傾。亦名田文之相，不爲見者生惡；亦名救龍之服，不爲金鳥所食。亦名降邪之衣，不爲外道所壞；亦名不正之色，不爲俗染所貪。是以教有内外之别，人有道俗之異。在家則依乎外教，服先王之法服，順先王之法言。上有敬親事君之禮，下有妻子官榮之戀。此則恭孝之躅，理叶儒津。出家則依乎内教，服諸佛之法服，行諸佛之法行。上捨君親愛敬之重，下割妻子官榮之好。以禮誦之善自資父母，行道之福以報國恩之重。既許不以毁形易服爲過，豈宜責以敬親事君之禮。是故剃髮之辰，天魔聞而遥怖；染衣之日，帝釋見而遠歡。戲女聊被，無漏遂滿；醉人暫前，惡緣即捨。龍子賴而息驚，象王見而止怯。故知三領法衣，蔽身儉用；三種壞色，伏我愛情。既仿稻田，自成應供之德；遠同先佛，寔遵和敬之道。出塵反俗，所貴如斯者乎！

功能部第二

如華嚴經云：「著袈裟者，捨離三毒也。」〔一〕又大悲經云：「但使性是沙門，汙沙門行，自稱沙門，形似沙門，披著袈裟，於彌勒佛乃至樓至佛所，得入涅槃，無有遺錯。」〔二〕

又悲華經云：「釋迦牟尼佛昔於過去寶藏佛所，發菩提心，願我成佛時，令我袈裟有五功德：一者，我成佛已，若有衆生入我法中出家著袈裟者，或犯重禁，或犯邪見，若於三寶輕毁不信，集諸重罪，比丘、比丘尼、優婆塞、優婆夷，若於一念中，生恭敬心，尊重佛法僧。如是衆生，乃至一人，必與授記，於三乘中，得不退轉。二者、我成佛已，天龍鬼神人及非人，若能於此著袈裟者，恭敬供養尊重讚歎其

〔一〕出大方廣佛華嚴經卷六浄行品。
〔二〕出大悲經卷三禮拜品。

人。若得見此袈裟少分，即得不退於三乘中。三者、若有衆生爲飢渴所逼，若貧窮鬼神下賤諸人，乃至餓鬼畜生，若得袈裟少分乃至四寸，其人即得飲食充足，隨其所願，疾得成就。四者、若有衆生共相違反，起怨賊想，展轉鬭諍。若諸天龍八部人及非人共鬭諍時，念此袈裟，尋生悲心，柔軟之心，無怨賊心，寂滅之心，調伏善心。五者、有人若在兵甲鬭訟斷事之中，持此袈裟少分，至此輩中，爲自護故，供養恭敬尊重袈裟。是諸人等無能侵毀，觸撓輕弄，常得勝他，過此諸難。若我袈裟不能成就如是五事聖功德者，則爲欺誑十方世界現在諸佛，於未來世不成菩提作佛。」〔一〕

又正法念經云：「若有衆生持戒信心清淨，知僧福田，爲法衣故，施一菓直爲作衣價，心常愛樂而生隨喜。命終生林戲天，自在遊戲，隨意所至。若生人中，神德自在。若有衆生心有淨信，爲比丘僧染治袈裟法服。命終生彩地天，與諸天女五欲自娱，飲食甘露，無有醉亂。從天命終，得受人身，人所愛敬。」〔二〕

會名部第三

如大方等陀羅尼經云：「佛言：若趣向道場，應如比丘法，修諸淨行。具於三衣、楊枝、澡水、食

〔一〕出悲華經卷八諸菩薩受記品。

〔二〕出正法念處經卷二十三。

器、坐具，行者如是應畜。至於道場，如比丘法。佛告阿難：衣有三種：一、出家衣者，作於三世諸佛法式。二、俗服者，令我弟子趣道場時，當著一服，常隨逐身，寸尺不離。若離此衣，即得障道罪。第三衣者，具於俗服，將至道場，常用坐起。其名如是，汝當受持。」〔一〕

又薩婆多論：「問：佛常剃髮不？答曰：不爾。佛髮常如剃髮後一七日狀。問曰：佛初得道時著袈裟不？答曰：無有。白衣得佛者，要有三十二相，出家著法衣，威儀具足，捨離煩惱，而復一切種智入其身内。」〔二〕袈裟者，秦言染衣也。結愛等，亦名染也。著此服者，在獸不畏。是故獵師假服，令獸遠見。

又舍利弗問經云：「摩訶僧祇部，勤學衆經，宣講真義，以處本居中，應著黄衣。曇無屈多迦部，通達理味，開導利益，表發殊勝，應著赤色衣。薩婆多部，博通敏達，以導法化，應著皂衣。迦葉維部，精勤勇猛，攝護衆生，應著木蘭衣。彌沙塞部，禪思入微，究暢幽密，應著青衣。是故羅旬喻比丘分衛，不能得食。後以五種律衣更互著之，便大得食。何以故？是其前世執性多嫉，見沙門來，急閉户云：大人不在。見他布施歡喜，攝念發心，願作沙門。是故今身雖得出家，窮弊如此。我法出家，純服弊帛及

〔一〕出大方等陀羅尼經卷二授記分。

〔二〕出薩婆多毗尼毗婆沙卷七九十事。

死人衣，因羅旬喻故，受種種衣也。」〔一〕

又三千威儀云：「有四事到他國不著袈裟無罪：一、無塔寺，二、無比丘僧，三、有盜賊，四、國君不樂道。」〔二〕

濟難部第四

如僧祇律云：「昔佛在世時，尊者達尼迦聞取官材，罪在不捨。時瓶沙王信敬三寶，見達尼迦身著袈裟，雖取官材，釋然不問。比丘見已而白佛言：此達尼迦宿植何業，爲瓶沙王原恕乃爾？佛告比丘：乃往過去爾時，有一金翅鳥王，其身極大，兩翅相去六千餘里。常入海中，取龍食之。諸龍常法，畏金翅鳥，常求袈裟著宫門上。鳥見袈裟，生恭敬心，便不復前行食彼諸龍。鳥食龍時，以翅搏海，水擗龍現，而取食之。時有一龍爲鳥所逐，即取袈裟戴著頂上，尋岸而走。時金翅鳥化作婆羅門，追逐龍後，種種罵言：汝今何不放此袈裟？龍畏死故，急捉不捨。爾時海邊有一仙人，龍時恐怖，投趣仙人。鳥見仙人，不敢復前。仙人即出爲鳥説法，教鳥向龍，共相懺悔已，各去。佛告比丘：昔仙人者，今我身是。金翅鳥者，瓶沙王是。爾時龍者，達尼迦是。昔蒙袈裟得免鳥食，今復蒙我袈裟因緣得脱王難，

〔一〕出舍利弗問經。
〔二〕出大比丘三千威儀卷上。

出家修道，獲阿羅漢。是故當知袈裟威力，不可思議。」〔一〕

又海龍王經云：「爾時有龍王而白世尊曰：於此海中無數種龍，有四種金翅鳥常食斯龍及龍妻子。願佛擁護，常得安隱。於是世尊脱身皂衣，告海龍王：汝取是衣，分與諸龍，皆令周徧。有值一縷者，金翅鳥王不能犯觸。持禁戒者，所願必得。爾時諸龍各懷驚懼，各心念言：是佛皂衣甚爲小少，安得周徧大海諸龍。時佛即知龍心所疑，告龍王言：假使三千大千世界所有人民各分如來皂衣，終不減盡。譬如虚空，隨其所欲，則自然生。時龍即取佛衣而分作無央數百千萬段，各各分與。隨其所乏，廣狹大小，自然給與。其衣如故，終不知盡。當敬此衣，如敬世尊，如敬塔寺。佛言：觀如來衣者，即脱龍身。於是賢劫中皆得無著，當般泥洹。爾時四金翅鳥王各與千眷屬俱白佛言：今日吾等自歸三寶，悔過前犯，奉持禁戒。從今日始，常以無畏施一切龍，擁護正法，到于滅盡，不違佛教。佛告四金翅鳥王：汝等於金仁佛時爲四比丘，名曰欣樂、大欣樂、上勝、上友。是四比丘違犯戒法，貪於供養，不護身口意，作惡衆多，供養金仁佛亦不可計。以是之故，不墮地獄，墮此禽獸。前後殺生，不可稱計。佛現神足，令識宿命。所作罪福，普悉念之。我等寧没身命，不敢犯惡。佛爲説經，授其决言：彌勒佛時在第一會，皆當得度。」〔二〕

〔一〕出摩訶僧祇律卷三。

〔二〕出海龍王經卷四金翅鳥品。

感報部第五

如百緣經云：「佛在世時，迦毗羅衛城中有一長者，名曰瞿沙。其婦生女，端正殊妙，有白氎衣，裹身而生，因爲立字，名曰白浄。〔一〕年漸長大，衣亦隨長，鮮白浄潔，不煩浣染。衆人見之，競共求索。白父母言：我今不貪世俗榮華，願樂出家。父母愛念，不能違逆。尋將佛所，求索入道。佛告：善來比丘尼。頭髮自落，身上白衣，化爲袈裟，成比丘尼。精勤修習，得阿羅漢果。阿難見已，請問因緣。佛告阿難：此賢劫中，有佛出世，號曰迦葉。將諸比丘，遊行聚落，教化衆生。時有女人見佛及僧，心懷歡喜，持一張氎布施佛僧，發願而去。緣是功德，天上人中，常有浄衣裹身而生。乃至今日遭值於我，出家得道。比丘聞已，歡喜奉行。」〔二〕

又百緣經云：「佛在世時，波羅柰國有梵摩達王。其婦生女，身被袈裟，端正殊妙，世所希有。因爲立字，名伽尸孫陀利。年漸長大，衣亦隨大。禀性賢善，慈仁孝順。將諸侍衛，出城遊戲，漸次往到鹿野苑中。見佛相好，心懷喜悦，前禮佛足，却坐一面。佛爲説法，心開意解，得須陀洹果。復求出家。佛告：善來比丘尼。頭髮自落，法服著身，成比丘尼。精勤修習，得阿羅漢果。諸天世人，所見敬仰。

〔一〕「白」字原脱，據高麗藏本補。

〔二〕出撰集百緣經卷八白浄比丘尼衣裹身生緣。

時諸比丘見是事已，請問所緣。佛告比丘：乃往過去無量世時，有佛出世，號加那牟尼。將諸比丘，遊行教化。時有王女，値行見佛，心懷喜悦，前禮佛足，請佛及僧三月受請。四事供養已，復以妙衣各施一領。緣是功德，天上人中，尊榮豪貴，常有袈裟隨身而生。佛告比丘：欲知王女者，今孫陀利比丘尼是。比丘聞已，歡喜奉行。」〔一〕

又百緣經云：「佛在世時，波斯匿王夫人生一男兒，端正殊妙，世所希有，身披袈裟，生已能語。問父王言：如來世尊，今者在不？大德迦葉、舍利弗、大目犍連。如是徧問，悉爲在不？父王荅曰：皆悉都在。惟願大王爲我設供諸佛及僧。尋敕爲請。佛入宮已，見其太子而問之曰：汝自憶念迦葉佛時，是三藏比丘不？荅言：實是。處此胞胎，爲安隱不？蒙佛道恩，得存性命，得過日耳。時王夫人見此太子與佛世尊共相問荅，喜不自勝，而白佛言：今此太子宿植何福，生便能語，乃能與佛咸有問荅？惟願世尊，敷演解說。爾時世尊即便爲王説偈言：

宿造諸善緣，　百劫而不朽。　善業因緣故，　今獲如是報。

此賢劫中有佛出世，號曰迦葉。將諸比丘，遊行教化。到迦翅王國時，王太子名曰善生，見佛世尊，深生信敬。歸白大王，求索入道。王不聽許言：〔二〕我唯一子，當繼王位，養育民衆，終不聽汝出家入

〔一〕出撰集百緣經卷八伽尸比丘生時身披袈裟緣。
〔二〕「許」字原脱，據高麗藏本補。

道。時王太子聞已愁頓，斷穀不食，已經六日。恐命不全，敕彼太子，共作要誓。汝今若能讀誦三藏經書通利，聽汝出家，然後見我。時太子聞已，心懷喜悦，尋即出家，誦習三藏，盡令通利。王大歡喜，即語比丘：我今庫藏所有財物，隨汝取用，終不悋惜。於是王子比丘聞已，取財設百味食，請迦葉佛及二萬比丘供養訖已，一一比丘各施三衣六物。緣是功德，不墮惡世，天上人中，常有袈裟裹身而生。乃至今者遭值於我，故有袈裟，出家得道。比丘聞已，歡喜奉行。」〔一〕

違損部第六

如賢愚經云：「昔過去無量阿僧祇劫，此閻浮提有大國王，名曰提毗，總領八萬四千小國。時世無佛，有辟支佛，在山林中，福度衆生，禽獸亦附。時有師子，名曰堅誓，軀體金色，食果噉草，不害羣生。有一獵師剃除鬚髮，身著袈裟，内佩弓箭，行見師子而心念言：可殺取皮，以用上王，足得脱貧。值師子睡，獵師便以毒箭射傷師子。驚覺即往欲害，見著袈裟，便自念言：著袈裟人，不久在世，必得解脱。所以然者，此袈裟乃是三世聖人標相。我若害之，則起惡心向三世諸賢聖人。念已息害，毒箭入體，命在不久。即説偈言：

〔一〕出撰集百緣經卷九三藏比丘緣。

耶囉羅　婆奢沙　沙訶

説此語時，天地大動，無雲而雨。諸天觀見雨華供養。死已剥皮，持以奉王，求索賞募。王見念言：經書有云：若有禽獸金色身者，必是菩薩。我今云何與物賞之。若與賞者，同彼無異。王即問言：師子死時，有何瑞應？獵師荅言：口説八字，雨華動地，無雲而雨。王聞語已，悲喜交集。即召諸臣令解是義，無能解者。時山林中有一仙人，名曰奢摩，善解字義。王即請來爲王解説。耶囉羅者，謂剃頭著袈裟者，當於生死疾得解脱。婆奢沙者，謂剃頭著染衣者，皆是三世賢聖之相，近於涅槃。沙訶者謂剃頭著染衣者，當爲一切諸天世人所見敬仰。仙人解竟，王大歡喜，即召八萬四千小王悉集，共作七寶高車，載師子皮，燒香散華，盡心供養。打金作棺，盛師子皮，以用起塔。爾時人民因是善心，命終之後，悉得生天。佛告阿難：爾時師子由發善心，向染衣人，十億萬劫作轉輪王，給足衆生，廣植福業，致得成佛。時師子者，今我身是。時王提毗由因供養師子皮故，十萬億劫天上人中，尊貴第一，修諸善本，今彌勒是。時仙人者，今舍利弗是。時獵師者，今提婆達多是。以是義故，若有衆生有惡心向諸沙門著袈裟者，當知是人則起惡心向於三世諸佛賢聖。以起惡故，獲無量罪。若有衆生能發信心敬於出家著袈裟人，獲無量福。」〔一〕

〔一〕出賢愚因緣經卷十三堅誓師子品。

又大集月藏經云：「佛言：我昔爲於一切衆生，修諸苦行，起大悲心，捨身頭目耳鼻舌等各如毗福羅山及捨象馬國城妻子，經於三大阿僧祇劫。悲愍一切苦惱衆生，及謗正法毁呰賢聖無慚無愧不善衆生，及於一切净佛國土所棄衆生。爲如是等諸衆生故，發願在於五濁惡世，成無上道。爲救三塗苦惱衆生，安置善道及涅槃樂。若有衆生於我法中爲我出家，剃除鬚髮，被著袈裟，雖不受戒及受毁犯，若有護持供養是人，得大果報，何況供養具持戒者。若未來世國王大臣及斷事者，於我弟子及著袈裟，罵辱打縛，或驅使及奪財物資生之具，是人則壞三世諸佛真實報身，則挑一切天人眼目，則隱一切諸佛正法，令諸天人墮於地獄。時憍陳如及梵天王而白佛言：若有爲佛剃除鬚髮，被著袈裟，不受禁戒，受已毁犯，若王大臣及斷事者罵辱打縛，得幾許罪？佛告梵王：我今爲汝且略説之。若人出於萬億佛血，得罪多不？梵王荅佛：若人但出一佛身血，其罪尚多，無量無邊，何況具出萬億佛血。終無有能廣説彼人罪業果報。佛告梵王：若有惱亂罵辱打縛爲我剃髮，被著袈裟，不受禁戒，受而犯者，得罪多彼萬億佛血。何以故？是人爲我出家剃髮，被著袈裟，雖不受戒，或受毁犯，是人猶能爲諸天人示涅槃道。是人便已於三寶中心得敬信，勝於一切九十五道。其人必能速入涅槃，勝於一切在家俗人。是故天人應當供養。若有國王見出家人作大罪業，止得如法擯出國土及在寺外，不得鞭打及以罵辱，一切不應如其身罪。若故打罵是人，便已退失解脱及離一切人天善道，必定歸趣阿鼻地獄。何況鞭打爲佛出家

具持戒者。」〔一〕

頌曰：

外潔内明，同資浄土。戒品無虧，法服庠序。既仿田文，亦救龍苦。威儀可觀，恩霑法雨。

感應緣略引五驗

西域志云有佛袈裟

魏明帝有火浣布袈裟

宋沙門釋僧妙有袈裟

唐沙門釋慧光有袈裟

唐沙門道宣感通袈裟

〔一〕出大方等大集經卷五十三、卷五十四。

西域志云：「婆羅雙林樹邊別有一牀，〔一〕是釋迦佛塑像在上，右脇而卧。身長二丈二尺四寸，以金色袈裟覆上，今猶現在，數放神光。又王舍城東北是耆闍崛山，有佛袈裟石。佛在世時，將就池浴，脱衣於此。有鷲鳥銜袈裟升飛，既而墮地，化成此石。縱横葉文，今現分明。其南有佛觀日命弟子難陀製造袈裟處。〔二〕並數有瑞光現。大唐使人王玄策等前後三迴往彼，見者非一。」〔三〕

魏文帝時，不信南方有火浣布。帝云：火功尚能鑠石銷金，何爲不燒其布。文帝既崩，至太子明帝時，西國有獻火浣布袈裟。明帝初依父語，不信。以火試之，久燒不壞，始知有徵，言不虚也。文帝前已著史籍上，有不信火浣布之文者，並私改之。〔四〕

宋沙門僧妙者，上黨人也。家姓馮氏，居於江陵上明村。妙至大明年初，遊乞零陵，因居郡治龍華精舍。販貨蓄聚米至數千斛。大明八年卒。龍華寺災焚蕩盡，妙臨終以財物付弟子法宗，令造講堂僧房。法宗立堂畢，頗陀延日，未時建房。至泰始三年正月被疾甚篤，時有道猛比丘隨泉陵令高陽許静慧在縣，縣即郡治之邑也。猛往省宗疾，入寺數步，見一沙門，著桃華布裙，單黄小被，行且駡云：小子

〔一〕「林樹」，高麗藏本作「樹林」。

〔二〕「日」字，高麗藏本作「田」。

〔三〕此書已逸。

〔四〕見三國志魏志卷四齊王芳傳景初三年二月及注。

法宗違處分，不立僧房，費散財物云云。既迴見道猛，如驚羞狀，以被蒙頭，入法宗房。猛常往來此寺，未嘗見此沙門，不欲干突之。先告法超道人，説所聞見。超疑猛或詐妄，撿問形狀音氣，猛具言之。超曰：即法宗之師也，亡來數載。共歎悵之。其夕即靈語，使急召法宗。法宗既至，數駡甚嚴，猶以僧房爲言。聲音氣調，不異平生。法宗稽首謝之。既畢，問：和尚今生何處？善惡云何？妙曰：生處復麤可耳。但應受小謫，二年外乃可得免。兼有小抑横，欲訴所司。爲無袈裟，不能得行，可急爲製也。法宗曰：袈裟可辦，未審和尚云何得之？妙曰：汝可請僧設供，以袈裟爲嚫，我即得也。法宗如言飯僧嚫衣。道猛時在會，又見僧妙倚于堂户之外，拱立聽經。飯嚫既畢，猛即見袈裟已在妙身，仍進堂中，欲依僧次就坐。問猛年臘。猛云：吾忘其年，是索虜臨江歲之二月也。妙云：與吾同臘，見大一月耳。乃坐猛下。猛即空一坐位，妙端默聽。至座散乃不復見。時一堂道俗百餘人，零陵太守泰山羊闡亦預法集。自猛與妙講論往反，衆但聞猛獨言耳。所以咸知。驗實者，猛與妙不相識，説其形色舉動，年臘少宿，莫不符同。法宗始病厄困，殆命至。靈語曰：枕疾即愈。靈語所著，蓋是弱僮，而聲氣音詞，聽者莫辯其殊。故並信異之。初闡不甚奉法，因是大興敬悟，連建福集。即其年設講於此寺，持齋布施。

唐貞觀五年，梁州安養寺慧光法師弟子，母氏家貧，内無小衣，來入子房，〔一〕取故袈裟，作之而著，與諸鄰母同聚言笑。忽覺脚熱，漸上至腰。須臾雷震霹靂，擲鄰母百步之外。土泥兩耳，悶絶經日，方得醒悟。所用衣母，遂被震死。火燒燋蹠，題其背曰：由用法衣，不如法也。其子收殯之，又再震出，乃露骸林下，方終銷散。是知受持法服，福利三歸之龍，信不虚矣。近有山居僧在深巖宿，以衣障前。感異神來，形極可畏。伸臂内探，欲取宿者。畏觸袈裟，礙不得入，遂得免脱。〔二〕右此二驗出唐高僧傳。〔三〕

唐西明寺道宣律師，乾封二年仲春二月住持感應因緣，具在第十卷。初時有四天王臣子白宣律師曰：如來臨涅槃三月未至前，命文殊師利：汝往戒壇所鳴鐘，召四方菩薩并及比丘天龍八部等，使集祇洹。文殊依命告集已，世尊告文殊大衆言：我初踰城入山學道，以無價寶衣貿得鹿裘著。有樹神現身，手執僧伽梨告我言：悉達太子，汝今修道，定得正覺。過去迦葉佛涅槃時，將此布僧伽梨大衣付囑於我，令善守護。待至仁者出世，令我付悉達。我於是時，欲受大衣，地便大動。樹神告言：今爲汝開衣，示福田相。樹神既開，我見福田相，即入金剛三昧定。地又大動。樹神又言：汝今猶是俗人，未合

〔一〕「來入」原作「入來」，據高麗藏本改正。
〔二〕出唐高僧傳卷三十九釋僧明傳。
〔三〕前一驗不見今本唐高僧傳。

被此法衣。當置于頂上，恭敬供養，令汝求佛道，不爲魔撓。我依樹神，即以頭頂戴之。我初戴時，大地震動，不勝我身。彼地神堅牢從金剛際踊出金剛山，隨我所行，處處承我，始得安住。我時六年苦行，身體既羸，衣猶頂上，不敢辭疲。唯有梵王數來見我，深起大悲，愍我勞苦，將我伽梨上至梵天。地又大動，日月無光。地神又告梵言：汝可持衣，還安頂上。梵王依教，大地乃安，日月還明。太子又告梵王：汝知僧伽梨在我頂上意不？荅言：不知。太子言：此爲未來諸惡比丘、比丘尼等，不敬我解脱法服故，以衣在頂上住，爲摧伏天魔外道故。我入河浴，受二牧女乳糜時，被著此大衣，即得第三禪樂，衆苦皆盡。我坐菩提樹，初轉法輪。爾時樹神將塔來奉上我，令我脱此服，安置塔中。我自成佛來，于今五十載，敬重此大衣，守護自滙。常使金剛神擎持寶塔，未嘗置地。每轉法輪，便被此服。自成道來，披著五十度。我欲涅槃，須有付囑。

佛告文殊及諸比丘天龍八部等：此是迦葉佛麤布僧伽梨，有大威德。我以佛眼觀諸天龍鬼神及十地菩薩等，未能動此大衣如毛髮許。既不能動，唯有如來擎此衣塔，三匝遶戒壇，從南面西階昇于戒壇上，從西面北轉，至于北面上立。世尊擲衣塔上空中，衣塔放光，徧照百億國土。一切苦趣，蒙光皆除。猶如天樹妙樂國土。如來發聲，普告諸佛：我欲涅槃，有古迦葉佛麤布僧伽梨付我住持末法衆生。諸來十方佛等願各捨一衣，共持末法。十方諸佛聞是語已，即各脱僧伽梨，以施牟尼佛。世尊受已，魔王又白佛言：伏願哀愍，聽我欲施黄金珠寶，用作盛衣塔，願見聽許。世尊許已，便以神力於一念頃，衆塔皆成。成已，世尊自將大衣一一内寶塔中。魔衆白佛：不知此塔付囑何人？安置何處？於是如來臨欲涅槃，即告羅雲：汝命阿難來。阿難來已，世尊放光徧照大千百億釋迦俱集祇洹。諸佛集已，世尊即從座起，昇于戒壇，又告阿難：汝往震旦國於清凉山窟，命文殊師利。我欲付囑迦葉僧伽梨。諸來釋迦佛即與文殊於一彈指頃來至戒壇。佛告文殊及諸來大衆：我今涅槃，欲付汝迦葉佛衣塔，持我遺法。我入涅槃後，將迦葉衣塔置我戒壇北，經于十二年。又告四天王：汝將天樂常供養衣塔。

佛告文殊：有惡比丘共相鬭諍，滅我正法。北天竺國有惡王治世，信受小乘，誹謗大乘。小乘學者更相煽惑，惡魔所罥，所以殺害大乘三藏學者。佛告文殊：以是因緣，〔一〕聽住戒壇北十二年中。惡王治世，正法滅時，汝當以神力擎持衣塔，遊行彼國。所有大乘教收内塔中。彼持戒比丘爲王殺者，〔二〕各有僧伽梨如法受持者，汝亦收取内我衣塔中。彼持戒比丘命未盡者，汝當以神力接取，安須彌頂上。爾時魔王白佛言：我於未來世護持正法。至彼惡王出除滅大乘時，我從須彌頂下大石山，壓彼惡王并惡比丘，猶如微塵。我有千子並大威力，下生閻浮提，爲彼諸國各造萬僧伽藍，滿閻浮提及三天下，爲滅憂慮，護持正法。佛告文殊：汝持我衣鉢之塔，周徧閻浮及三天下，乃至大千世界，處處安置，鎮我遺法。有阿育王塔亦勸令造，徧三千土。

〔一〕「以是」原作「是以」，據高麗藏本改。
〔二〕「比」字原作「北」，據高麗藏本、磧砂藏本、南藏本、嘉興藏本改。

又佛告文殊師利：汝以神力往祇洹中堂西寶樓上，取我珠玉函，將示大衆。我初踰城，離父王宮四十里，到彼叢林，身小疲怠，權時止息。時彼樹神現身告我言：汝今修道，定得金色身，爲三界大師。迦葉佛涅槃時，付囑我珠函并絹僧伽梨，令我轉付囑汝。我語神言：汝絹僧伽梨，非我所用。我聞先老所言：諸佛出世，不著蠶衣。我今修道，如何害生以付我著。汝今是魔，故來相惱。樹神告言：汝大智人，何輒麤言。諸佛慈悲，實不著蠶衣。此絲化出，非是害生。汝今受此珠函，開中有字。我即開函，具見諸奇特事。有大毗尼及脩多羅藏，迦葉佛遺教並在此中，并見僧伽梨彼佛手迹遺書，付囑樹神，令付與我。迦葉佛書云：我初成道時，大梵天王施我彼絲，是化出之，〔一〕非是繰璽。梵天王施經絲，堅牢地神王施緯絲，由彼二施主，共成一法衣。由是義故，今持施我。我自成道已來，常披此衣，未曾損失。今付悉達。若得成佛，取我僧伽梨安置祇洹中。若轉毗尼時，當爲我著。今留此衣，汝涅槃後一百年初，有無智比丘分毗尼藏，遂爲五部。從百年後，分汝脩多羅當爲無量部。諍論由興，令法速滅。由彼愚僧不閑三藏，聞開著繒衣，即謂殺璽。汝若成道後，彼絲自出諸國，非是殺蠶。故我將付樹神，今轉付汝。此函中並是我遺教，亦將付汝，住持遺法。我既讀書已，地即六種震動。珠函自開，又放大光。樹神又告我言：可將此衣函置汝左肩上，常起恭敬，勿安餘處。珠函在肩，能摧諸魔及伏外

〔一〕「之」字原脱，據高麗藏本補。

道，令速成佛。我自受函來，常在肩上。乃至受乳糜，菩提樹下坐時，帝釋來至我所，從肩上取函，開取僧伽梨，令我披著。又取迦葉佛麤布僧伽梨，安于絹衣上。梵王將帝釋復施布大衣，我依前納受。既披三重衣，一是迦葉佛衣，一是我許。大梵天王來告我言：我見過去諸佛亦披三大衣，地所不能勝。世尊宜可去二大衣，還安本處，著我所施衣，大地方得安住。我遂依王言，大地乃得安住爾。

又釋迦佛初成道時，乃至涅槃，唯服麤布僧伽梨及白氎三衣，未曾著蠶衣繒帛。何爲惡比丘等謗黷我云：毗尼教中開許著之。初成道時，愛道比丘尼手執金縷袈裟，持施與我。我不敢受，令持施僧。況我三界大師，服著蠶衣。我於三藏教中，雖聽用繒綵，供養佛法僧，然本非是蠶口出絲綿。我此閻浮洲及以大洲之外，有千八百大國，並有繒帛絲綿，皆從女口出之，非是蠶口中出。由不殺害衆生命故，福業所感故，從女口中出。問：何以得知？荅曰：若欲須絲作衣時，即須然香至桑樹下，便有二化女子從彼樹下出，形如八歲女，從口中吐絲。彼國人等，但設維車，從女口中取絲，轉至維車上，取足便止，化女即滅。我聽著繒綵者，是此女絲及天繒綵，本非害生取絲。而用云何謗我害生，取絲用耶？

爾時文殊便白佛言：今有小疑，欲有所決，未知許不？佛告文殊：可隨汝意。我觀大衆心皆有疑。前云迦葉佛小珠函唯長三寸三分，盛彼僧伽梨一衣，亦恐不受，何況容受迦葉佛三藏教迹，一切經典耶？佛告文殊大衆等：是諸佛力不可思議，唯佛與佛乃能知之，非汝等境界之所籌度。世尊又令文殊師利捧函，世尊起禮，以指觸函，如開大城門。大衆咸覩一切衆事，珠塔絹衣，金銀樓觀，其數十萬，盛諸三藏。復有天樂而常供養。臺高四十里，塔高十由旬。然函無增減，依本三寸。十方諸來佛等，各讚牟尼，能於惡世廣度衆生。各施僧伽梨及一珠函，用助牟尼尊者住持遺法。佛命文殊，令開佛函，其中各有大衣臺觀，三藏教迹，一如迦葉佛塔，平等無異。佛告文殊：汝將此塔還至祇洹戒壇北臺內安置。侍我涅槃時，自當有付囑。因此文殊重問世尊：涅槃後此函塔等當付何人、何處？世尊對諸大衆，令付文殊置戒壇上經三年已，移置東南角，經三十年住。過是年已，後移西印度頻伽羅山頂光明池南住。如來滅度後經四十五年，有一惡王，出現於世，破損佛法，逼掠尼衆，不可具説。爾時有魔王兵衆及四天王等，便下大石，壓殺惡王。娑竭龍王陷彼宫殿，成大池水。惡王種族無有遺餘，唯有伽藍及諸民衆。西印度人甚弘熾盛。寺有十三萬，僧有六十萬，及菩薩衆亦有無量。經有十三萬藏，金縷經字有八萬藏。金銀七寶像，大者高百尺，小者丈六，合有一百三十萬軀。自餘小者不可數，不可量。此之經像皆是忉利天王工匠具相造之。以是因緣故，其衣塔等往彼山住。至像法末時，〔一〕一千七百年，我此閻浮提及諸四天下多惡比丘，起造伽藍，不修禪慧，亦不讀經，不識文字。縱有識者，千有一二。至彼惡世，令文殊師利擎持衣函塔等，偏歷國土，教化人民，令造衣塔。以神通力，普被大千，令彼惡比丘等改惡修善，習讀三藏，令法久住。所作既已，還將衣塔置于本處。至彌勒下時，令文殊師利將塔付彌勒佛。是爲安置處所，以相付囑也。

〔一〕「像法」原作「法像」，據高麗藏本改。

又如來成道後第二十一年，佛告大目連：汝往祇洹戒壇北鳴鐘，召十方僧，如普賢、觀音菩薩等，并集我分身百億釋迦佛，各乘樓觀至戒壇所。依教集已，佛告普賢菩薩：汝往獼猴池所我常經行處，有破僧伽梨衣角，有小珠塔，可持將來。普賢依教持至祇洹。世尊受此塔已，即告大衆：我初踰城至城樓上，城神歎我言：我爲此城神經今十三劫，見過去諸佛，皆踰城學道，破恩愛網，殺煩惱賊，成無上道，度脱一切。汝今亦爾，勿令有退。迦葉佛時付我小珠塔，待悉達踰城，令我付汝。此是拘留孫四牙印之塔，展轉相付，乃至樓至佛。太子受已，禮拜塔訖，放大光明，塔門自開。便見四牙，及佛遺教，有金銀臺觀，〔一〕其數八萬，並盛經律。〔二〕又有摩尼臺觀，上常有香燈供養，并傍有銀題字，告釋迦文佛。汝初成道時，當取一牙印，印汝脚足下，千輻輪現。次取一牙印，印汝手掌中，便有卍字現。又取一牙印，印汝胸臆上，便有德相現。又取一牙印，印汝頂上，便獲大圓光現。我後成道，依此四印，隨印現相，皆如前説。印竟，内塔中，門自然閉。塔基有銘文，令置袈裟角。自成道來，置于左肩上。又告諸來佛及人天衆，各施一珠塔，住待未來。諸佛依言施已，並付普賢守護，待如來涅槃，送至祇洹中，安戒壇北。至闍維舍利竟，令普賢守護，住二十年已，後付文殊開塔，取此四牙，至正法末時，令傳閻浮諸國，佛法住持。乃至一千一百年後，將此四牙印百億界形像，皆有光明，生希有心。後乃至四洲六欲天

〔一〕「臺」字原脱，據高麗藏本補。
〔二〕「並」字原作「普」，據高麗藏本改。

等，〔一〕流通化益。後文殊師利將付彌勒佛。

爾時世尊又告大衆：我初成道時，欲入河洗。爾時河神現身，手執此寶塔，内有黄金函，盛一安陀會，并一尼師壇，及有一鉢袋。迦葉佛四牙並在函中。此是迦葉佛付我，令付世尊。今澡浴竟，〔二〕請披安陀會。我即受著，地爲六種震動。而安陀會四角放光，照千百億國土。十方諸梵王尋光來至我所，前白我言：此白氎五條是拘留孫佛衣。佛涅槃已，展轉相付，乃至樓至佛。釋迦佛涅槃後，付囑娑竭龍王，令依此法衣造八萬領，仍造塔供養，鎮後遺法。而此安陀會四角及條節頭，皆安卍字。此衣賢劫中最初而造。而此寶塔形同五寸，而世尊開塔現真珠樓觀，其數八萬，盛拘留孫佛所説遺教。又有彼佛三比丘坐禪。佛命文殊：汝吹我法螺，至彼比丘所，吹興出世曲。〔三〕文殊依命吹螺。入定比丘即起問文殊師利：今有何佛出世？文殊荅言：此賢劫中第四釋迦佛出世。彼三比丘俱來禮佛，在一面住。即白佛言：拘留孫佛般涅槃時，付我安陀會、尼師壇及鉢袋，令我住此塔中，乃至樓至佛，令我始入涅槃。迦葉佛又付我四牙。牟尼佛施我少爪髮，並置塔中。世尊涅槃後，從塔中出，於此閻浮提乃至大千界，處處流布衣塔，鎮後遺法也。

〔一〕「洲」字原脱，據高麗藏本補。

〔二〕「今」字原作「令」，據高麗藏本改。

〔三〕「曲」字原作「典」，據高麗藏本改。

又問：如來成道竟，佛度迦葉兄弟，徒衆漸多，於迦蘭陀竹園集二部僧於水池邊。令二部衆並脱僧伽梨，遣敷尼師壇。比丘在上坐，令褺僧伽梨置比丘頭上。爾時世尊問比丘：汝解我意不？比丘荅：不解。我滅度後，一千一百年，多有非法比丘毁滅我正法。有惡國王殺害比丘，焚燒經像。故如來從座起，自脱僧伽梨，褺置頭上。佛告諸比丘：我此僧伽梨，過去未來諸佛皆著此衣，得至解脱。末時惡比丘不受持三衣，亦不持戒，輕慢法衣，令法速滅。我今與汝合三千大衣，願汝受持，勿令損失。當用布褐作此伽梨，不得用繒帛及細軟者，並用麤大布作之。令末世比丘不樂好衣服。世尊發此言時，地之六種震動。天人歎息，皆大歡喜。今此諸大衣，世尊教敕，將付四天王及諸八使者，令八部鬼神守護此衣，勿令損失。乃至彌勒下生，付囑彼佛。又付梵王帝釋，若至六齋日，年三長齋月，掃洒天宫殿，令將僧伽梨至彼天宫供養。藏七寶匣中，用牛頭栴檀，沈水末香，煮取香汁，浣灌伽梨。曝曬令乾已，後取香屑安寶匣中，用熏僧伽梨。令彼大衣久住。六齋七日，長齋則一月。過此日月後，還付四天王，是爲安置處也。

世尊又告阿難言：往須彌山頂鳴鐘召集四方一切諸比丘，皆集戒壇所。各各自言，得四果者，合得八百萬人，皆令脱七條披，著僧伽梨，以前憂多羅送至世尊前。如來手自受之，安置覆釜上。世尊自脱七條，安置諸衣上。如來發聲普告大衆天人龍神等：我於無量劫中捨頭目髓腦及内外財寶，方得解脱衣，證無上菩提，教化羣生。我涅槃後，諸惡比丘不信我教，不持禁戒，不護解脱衣，無有威德，毁滅正法。諸惡比丘尼不順教敕，於金剛道場内行不净行，猶如婬舍。不行八敬，輕慢比丘，速滅我正法，令天人衆滅，諸惡充滿。我今共汝發四弘願，愍念來世諸惡僧尼，守護此衣，勿令損失。安置塔中，住持佛法。説此語時，地之六種震動，天人龍神悲歎歡喜，聲至大千。世尊安陀會五條衣及尼師壇，廣起問荅，大同僧伽梨。世尊皆從梵王、帝釋、魔王等索諸寶玉。世尊造塔，不盈七日，寶塔皆成。展轉相付，乃至彌勒下時，付彼流通。

又世尊初成道，度五拘鄰竟，至第七年中，諸聲聞弟子漸漸增多。有一比丘，名真陀羅，是閻浮洲北瞿陀羅國人。因商賈爲業，來至中天竺，遇佛出家，命善來度。彼國無有布帛氈毛，一切國人純著駁犢皮，以爲上衣。此真陀羅比丘於王舍城見一駁犢皮，從彼俗人，索作袈裟。彼俗譏嫌。〔一〕有比丘白佛，佛喚呵責。〔二〕佛告諸大衆：我此閻浮提及餘大千界，如瞿陀羅國以皮爲袈裟，總有二十萬國。恐我入涅槃後，多惡比丘手害生命，取皮爲衣。佛告目連：汝至我父王所，白父王言：我爲童子時，毁前四齒，令父王收舉。道我今須留住末時，鎮我遺法。目連依命取已，來付世尊。佛告諸來佛及以分身佛：可施一齒及一金剛塔，告諸鬼神龍王，於一彈指頃各造金剛塔，盛前四齒。及十方諸來佛及我分身佛皆施我齒塔，令婆竭龍王收在大海中供養。又告文殊師利及觀音大士：待我滅度後，汝以神力分身，取我齒塔，擎往彼國，至僧伽藍中，令塔放光。於光明中出諸布氎。汝爲商客，至彼貿易，或施爲法衣。汝復變爲三藏比丘，教化彼國比丘，勿著皮衣。若如佛教，勤行精進，諸天送衣并施飲食。又我滅

〔一〕「嫌」字原作「謙」，據高麗藏本、磧砂藏本、南藏本、嘉興藏本改。

〔二〕「呵」字原作「所」，據高麗藏本改。

度後一千四百年後，我此閻浮提及大千界多有惡比丘，不修禪戒，多造塔寺，偏滿天下。雖非皮國，多有布氎繒綵，不以爲衣。手樂殺生，取其斑駮色皮，〔一〕以爲上服。汝至彼惡世時，當以神力震動大千，令塔放光。觸彼惡人，令生改悔，不習惡法也。

燃燈篇第三十一 此有二部

述意部　引證部

述意部第一

夫日舒則夜卷，月生則陰滅。燈之破暗，猶慧之銷障。是以虔躬燈王，克成彌陀之尊；致力續明，遂受定光之號。茅照輕緣，乃獲身色之暉；燭施微因，爰果眼根之净。况乃振此大智，開彼勝光者哉！是以育王臨終之日，總造八萬四千之燈，普照八萬四千之塔。製窮機巧，體極殊妙。莫不名應法

〔一〕「斑」字原作「班」，據高麗藏本、磧砂藏本、南藏本、嘉興藏本改。

區，事動真境。灼鑠電摇，氛氳華列。倒影淥水，寵光碧樹。曄曄交焮，似朝霞之鏤白日；昭昭聯暉，若恒星之繡天漢。睇金鋪以忘夜，臨玉砌而疑曉。可謂無盡之福常照，盛明之徵恒皎也。

引證部第二

如菩薩本行經云：「佛言：我昔無數劫來放捨身命，於閻浮提作大國王，便持刀授與左右，敕令剜身作千燈處。出其身肉，深如大錢，以酥油灌中，而作千燈。安炷已訖，語婆羅門言：先説經法，然後炙燈。而婆羅門爲王説偈言：

常者皆盡，　高者亦墮，　合會有離，　生者有死。

王聞偈已，歡喜踊躍。今爲法故，以身爲燈，不求世榮，亦不求二乘之證。〔一〕持是功德，願求無上正真之道。發是願已，即時大千世界六種震動。身炙千燈，一切諸天帝釋梵王輪王等皆來慰問：身炙千燈，得無痛耶？頗有悔耶？王荅天帝：不以爲痛，亦無悔恨。若無悔恨，以何爲證？王便誓言：而我千燈用求無上之道，審當成佛者，諸瘡即愈。作是語已，身即平復，無有瘡瘢。帝釋諸天王臣眷屬無量庶民，異口同音，悉讚歡喜，皆行十善。」〔二〕

〔一〕「證」字原作「燈」，據高麗藏本改。

〔二〕出菩薩本行經卷上。

如阿闍世王受決經云：「時阿闍世王請佛食已，佛還祇洹。王與耆婆議曰：佛飯已竟，更復何宜？耆婆言：唯多然燈。於是王乃敕具百斛麻油膏，從宮門然至祇洹精舍。時有貧窮老母見王作此功德，〔一〕乃更感激，行乞得兩錢，以至油家買油膏。膏主曰：母人大貧窮，乞得兩錢，何不買食，以自連繼，用此膏爲？母曰：我聞佛生難值，百劫一遇。我幸逢佛，而無供養。今日見王作大功德，雖實貧窮，欲然一燈，作後世本。於是膏主嘉其至意，與兩錢膏，應得二合，特益三合，凡得五合。母則往當佛前然之。計此不足半夕，乃自誓言：若我後世得道如佛，膏當通夕光明不消。作禮而去。王所然燈，或滅或盡。母所然燈，光明特朗，殊勝諸燈，通夕不滅，膏又不盡。至明朝旦，佛告目連：天今已曉，可滅諸燈。目連承教，以次滅燈。諸燈皆滅，唯母一燈，三滅不盡。便舉袈裟以扇之，燈光益明。乃以威神，引隨嵐風，以次吹燈。燈更熾盛，上照梵天，傍照三千世界，悉見其光。佛告目連：止，止。此當來佛之光明功德，非汝威神所滅。此母宿命供養百八十億佛，已從前佛受決。務以經法，未暇修檀，故今貧窮，無有財寶。却後三十劫，當得作佛，號曰須彌燈光如來至真等正覺。世界無有日月，人民身中皆有大光，光明相照，如忉利天。母聞歡喜，作禮而去。王問耆婆：我作功德，巍巍如此，佛不與我決。此母一燈，便與授決。耆婆曰：王所作雖多，心不專一，不如此母注心於佛也。於是後時，闍王以至誠

〔一〕「有」字原脱，據高麗藏本、南藏本補。

心奉獻油華供養佛故，佛便授王決曰：却後八萬劫，劫名喜觀，王當爲佛，佛號淨其。闍王太子名栴陀和利，時年八歲。見父受決，甚大歡喜，即脱身衆寶，以散佛上。曰：願淨其佛所，我作金輪王，得供養佛。佛般泥洹，我當承續爲佛。佛言：必如汝願。〔一〕佛號栴檀。」〔二〕

又賢愚經云：「阿難白佛：不審世尊過去世中作何善根，致斯無極燈供果報？佛告阿難：過去二阿僧祇九十一劫，此閻浮提有大國王，名波塞奇。大夫人生一太子，身紫金色，相好具足。後漸長大，出家成佛，教化人民，度者甚多。爾時父王請佛及僧，三月供養。有一比丘字阿梨蜜羅，晉言聖及。於三月中作燈檀越，日日入城，求索酥油燈炷之具。時王女名曰牟尼，登於高樓，見此比丘日行入城經營所須，心生敬愍。遣人往問：何所營理？比丘報言：我今三月與佛及僧作燈檀越，求乞酥油燈炷之具。使還報命，王女歡喜：自今已往，莫復行乞，我當給汝燈炷之具。比丘可之。於是已後，常送酥油燈炷之具。聖及比丘誠心款著。佛授其記：汝於來世阿僧祇劫當得作佛，名曰定光。餘經名然燈佛。王女牟尼聞聖及比丘授記作佛，心自念言：佛燈之物，悉是我有。比丘已記，我獨不得。作是念已，往詣佛所，自陳所懷。佛復授記，告牟尼曰：汝於來世二阿僧祇九十一劫，當得作佛，名釋迦牟尼，十號具足。王女聞記，歡喜發心，化成男子，重禮佛足，求爲沙門。佛便聽之，精修不息。由昔燈明布施，從是已

〔一〕「汝」字原脱，據高麗藏本補。
〔二〕出阿闍世王受決經。

來，無數劫中，天上人間，受福自然，身體殊異，超絕餘人。至今成佛，受此燈明之報。」〔一〕

又施燈功德經云：「佛告舍利弗：或有人於佛塔廟諸形像前而設供養故，奉施燈明乃至以少燈炬或酥油塗然，持以奉施，其明唯照一道一階。舍利弗如此福德，非是一切聲聞緣覺所能可知，唯佛如來乃能知也。求世報者，福德尚爾，況以清净深樂心，相續無間，念佛功德。照道一階，福德尚爾，何況全照一切階道也。〔二〕或二、三、四階道，或塔身一級、二級乃至多級，一面、二面乃至四面，乃至佛形像。舍利弗，彼所然燈，或時速滅，或風吹滅，或油盡滅，或炷盡滅，或俱盡滅，如是少時於佛塔廟奉施燈明，爲信佛法僧故，如是少燈奉施福田，所得果報福德之聚，唯佛能知。少燈尚多不可筭數，況我滅後，於佛塔寺若自作，若教他作，或然一燈、二燈乃至多燈，香華瓔珞寶幢旛蓋及餘種種勝妙供養。復次，若人於佛塔廟施燈明已，臨命終時，得三種明。何等爲三？一者、彼人臨命終時，先所作福悉皆現前，憶念善法，而不忘失。因此念已，心生踊悦。二者、因此便能起念佛心，〔三〕能行布施，得欣喜心，無有死苦。三者、因此便得念法之心。又舍利弗，彼人臨命終時，更復得見四種光明。何等爲四？一者、臨終見於日輪，圓滿踊出。二者、見净月輪，圓滿踊出。三者、見諸天衆一處而生。四者、見於如來應正徧

〔一〕出賢愚因緣經卷三貧女難陀品。
〔二〕「切」字原脱，據高麗藏本補。
〔三〕「心」字原脱，據高麗藏本補。

知坐菩提樹，垂得菩提。自見己身尊重如來，合十指掌，恭敬而住。又舍利弗，於佛塔廟施燈明已，於臨終時得見如是四種光明。死已便生三十三天。生彼天已，於五種事而得清浄：一者、得清浄力，二者、於諸天中得殊勝威德，三者、常得清浄念慧，四者、常得聞於攝意之聲，五者、而得眷屬常護彼意，心得欣喜。於彼天宫捨壽命已，不墮惡趣，生於人中最上種姓，信佛法家。其時世間若無佛者，亦不在輕賤吉凶邪見家生。由施燈已，復得四種可樂之法。何等爲四？一者色力，二者資財，三者大善，四者智慧。若人住於大乘，施佛塔廟燈明已，得於八種可樂勝法。何等爲八？一者、獲勝肉眼。二者、得於勝念無能測量。三者、得於勝達浄分天眼。四者、爲於滿足修集道故，得不缺戒。五者、得智滿足，證於涅槃。六者、先所作善得無難處。七者、所作善業得值諸佛，能爲一切衆生之眼。八者、以彼善根得轉輪王，所得輪寶，不爲他障，其身端正或爲帝釋，得大威力，具足千眼，或爲梵王，善弘梵事，得大禪定。舍利弗，以其迴向菩提善根，得是八種所樂勝法。又舍利弗，若人於如來前見他施燈，信心清浄，合十指掌，起隨喜心。以此善根得於八種增上之法。何等爲八？一者、得增上色，二者、得增上眷屬，三者、得增上戒，四者、於人天中得增上生，五者、得增上信，六者、得增上辯，七者、得增上聖道，八者、得阿耨菩提。又告舍利弗：有五種法最爲難得。一者、得人身難。二者、於佛正法得信樂難。三者、樂於佛

法，得出家難。四者、具清浄戒難。五者、得漏盡難。一切衆生於是五法言爲難得，汝等已得。」〔一〕此經一卷，略取要言。〔二〕

又燈指經云：「昔王舍城五山圍遶，於五摩伽陀最處其裏。諸勝智人修梵行者，咸以此地莊嚴殊特，心生喜樂，自遠而來，雲集其中。爾時城中有一長者，其家巨富，庫藏盈溢，如毗沙門。然無子胤，禱祀神祇，求乞有子。其婦不久便覺有身。滿足十月，生一男兒。是兒先世宿植福因，初生之日，其手一指，出大光明，明照十里。父母歡喜，即集親族及諸相師，施設大會，爲兒立字。因其指光，字曰燈指。集諸會者，覩其異相，歎未曾有。時此會中有婆羅門，名曰婆修，博聞多知，事無不曉。見兒奇相非常，含笑而言：此兒或是那羅延天，帝釋提桓因日之天子，諸大德天來現生也。時兒父母聞是語已，倍增歡喜。七日設大施會，舉國知聞，上徹於王。闍王聞已，即敕將來。長者受教，尋即抱兒詣王宫門。值王醼會，通啓未得。其兒指光徹照宫庭，〔三〕赫然大明，照于王身，及以宫觀。一切雜物，斯皆金色。其光偏照于王宫内，王即怪問：此光何來，忽照吾宫？將非世尊欲化衆生，至我門耶？又非大德諸天釋提桓因日天子等下降來耶？王尋遣人往門外看。使人見已，還入白王：向者大王所唤小兒，

〔一〕出施燈功德經。

〔二〕「言」字原作「書」，據高麗藏本改。

〔三〕「徹」字原脱，據高麗藏本補。

今在門外。此小兒手在乳母肩上，其指出光明來徹照，故有此光。王敕使言：速將兒來。王既見已，深異此兒。自捉兒手，觀其兒相。諦瞻觀已，而作是言：外道六師稱無因果，真爲誑惑。若無因果，云何此兒得有指光？以此觀之，諸外道輩陷諸衆生，顛墜惡趣。定知此兒非自在天等自然而有，〔一〕必因宿福，獲斯善報。始知佛語，審諦不虚。而不修福，一何怪哉！王言：今猶未審此指光曜，或因於日，而有此明，或因於月，而有此明。必欲驗者，須待夜半。既至日暮，即以小兒置于象上，在前而行。王將羣臣共入園中。而此小兒指光所照，幽闇大明。觀視園中鳥獸華果，與晝無異。王觀此已，喟然歎曰：佛之所説，何期真妙！我於今日，於因於果，生大堅信，深鄙六師愚迷之甚。是故於佛倍生宗仰。於時耆域即白王言：假令貧窮，尚應罄竭而修善業，況復富饒而不作福。如是語頃，天已平曉，還將燈指入于王宫。王甚歡喜，大賜珍寶，放令還家。燈指漸大，其父長者爲求婚所。選擇高門，聘以爲婦。長者既富，禮教先備，閨門雍穆，資産轉盛。夫盛有衰，合會有離。長者及母，俱時喪亡。譬如日到没處，暉光潛翳。如日既出，月光不現。如火爲灰，熾燄永滅。强健好色，爲病所壞。少壯之年，爲老所侵。所愛之命，爲死所奪。父母既終，生計漸損。而此燈指少長富逸，不閑家業。惡伴交遊，恣心放意，躭惑酒色，用錢無度。倉庫貯積，無人料理，如月盈昃，〔二〕闇轉就損。時彼國法，歲一大會，集

〔一〕「兒」字原脱，據高麗藏本補。
〔二〕「如」字原作「加」，「昃」字原作「側」，據高麗藏本改。

般舟山。于時燈指服飾嚴從，詣彼會所。時後羣賊知燈指未還，伺其空便，往到其家，劫掠錢財，一切盡取。燈指暮歸，見己舍内爲賊劫掠，唯有木石塼瓦等。見此事已，悶絶躃地。傍人水灑，方得惺悟。憂愁啼哭，而作是念：我父昔來廣作方宜，〔一〕修治家業，劬勞積聚。倉庫財寶，是父所爲。生育我身，見有委付。如何至我不紹父業，浮遊嬾惰，爲人欺陵。父之餘財，一旦喪失，倉庫空虚，畜産迸散。當于爾時，指光亦滅。其妻厭賤，捨棄而走。僮僕逃失，親里斷絶。極厚者反如怨讎。貧窮之人，如起屍鬼，一切怖畏，能毁盛年。好色氣力，名聞種族，門户智慧，仁義信行，悉能壞之。我之貧厄，世間少比。正欲捨身，不能自殞。當作何方，以自存濟。復作是念：世人所鄙，不過擔屍。此事雖惡災，無供世受苦之業。有人聞語，即雇擔屍。〔二〕燈指取直，尋從其言，擔負死人到於塚間，意欲擲棄。于時死人急抱燈指，譬如小兒抱其父母，急捉不放。盡力挽却，不能得去。死人著脊，猶如胡膠，不可得脱。排推不離，甚大怖畏。作是念言：我於今日擔此死屍，欲何處活？即詣旃陀羅村語言：誰能却我背上死屍，當重相雇。諸旃陀羅詳共盡力，共挽却之，亦不肯去。餘見之者，罵燈指言：狂人，何爲擔負死屍，入人村落。競以杖石而打擲之。〔三〕身體傷破，痛懼並至。有人憐愍，將其詣城。既到城門，守門之人

〔一〕「父」字原作「我」，據高麗藏本、磧砂藏本、南藏本、嘉興藏本改。

〔二〕「雇」字原作「顧」，據高麗藏本、磧砂藏本、南藏本、嘉興藏本改。下同。

〔三〕「打」字原脱，據高麗藏本補。

逆遮打之，不得近門。此何癡人，擔負死屍，欲求入城。自見己身被諸杖木，身體皆破，甚懷懊惱，發聲大哭。由我貧困，不擇作處，爲斯賤業。如何一旦復值苦毒。寧作餘死，不負屍生。且哭且言。時守門者，深生憐愍，放令還家。到自空室，先同乞索諸貧人等，共住之者，遥見死屍在其背上，悉皆捨去。既到舍已，屍自墮地。燈指于時逾增惶怖，悶絶躃地，久乃得甦。尋見死屍手指純是黄金。雖復怖畏，見是好金，即前視之。以刀試割，實是真金。既得金已，心生歡喜。復前剪頭手足。如是剪已，尋復還生。須臾之頃，金頭手足，其積過人。譬如王者失國，還復本位。如盲得眼，視照明了。燈指歡喜，亦復如是。庫藏珍寶，倍勝於前。威德名譽，有過先日。親里朋友妻子童僕，一切還來。燈指歎曰：嗚呼怪哉！富有大力，能使世人來歸極疾。嗚呼怪哉！貧有大力，能使所親捨我極速。我先貧時，素所有親昵交遊道絶，聊無一人與我語者。今日一切顒顒承事，合掌恭敬。假使生處如天帝釋，勇力如羅摩，知見如天師，若無錢財，都無所直。富者不問愚智，皆稱好人。實無所知，人以爲智，亦得勇健諸善名聞。雖復醜陋老弊，少壯婦女樂至其邊。阿闍世王聞其還富，尋即遣人來取其實，其所收者盡是死人。還擲屋中，見是真金。燈指知王欲得此寶，〔一〕即以金頭手足以用上王。王既得已，賫之還宫。於後燈指作是思惟而説偈言：

〔一〕「知」字原作「如」，據高麗藏本、磧砂藏本、南藏本、嘉興藏本改。

五欲極輕動，如電毒蛇蟲。榮樂不久停，即生厭患心。

尋以珍寶施與衆人，於佛法中出家求道，精勤修習，得阿羅漢。雖獲道果，而此屍寶常隨逐之。比丘問佛：燈指比丘以何因緣，從生已來有是指光？以何因緣受此貧困？復以何因緣有此屍寶常隨逐之？佛告比丘：至心諦聽，吾當爲汝說其宿緣。燈指比丘乃往古世生波羅柰國大長者家，爲小兒時，乘車在外遊戲。晚來門户已閉，大喚開門，無人來應。良久母來，與兒開門。瞋罵母言：〔一〕舉家擔死人去耶？賊來劫耶？何以無人與我開門。以是業緣，死墮地獄。地獄餘報，還生人中，受斯貧困。光指因緣，屍寶因緣，爲汝更說。過去九十一劫有佛名毗婆尸。彼佛入涅槃後，法行住世。燈指爾時爲大長者，其家大富。往至塔寺，恭敬禮拜。見有泥像，一指破落。尋治此指，以金薄傅之。修治已訖，尋發願言：我以香華妓樂供養治像功德因緣，願生天上人閒，常得尊榮富貴。假令漏失，尋復得之。使我於佛法中出家得道。以治佛指故，得是指光及死屍寶聚。以惡口故，從地獄出時貧窮果報。以是因緣，少種福業於形像，所得是福報乃至涅槃。形像尚爾，況復如來法身者乎。」〔二〕

又譬喻經云：〔三〕「昔佛在世時，佛大弟子大目揵連乘通往到忉利天上，入帝釋園遊行觀看。見

〔一〕「瞋」字原作「慎」，據高麗藏本、磧砂藏本、南藏本、嘉興藏本改。

〔二〕出燈指因緣經。

〔三〕此經已佚。

一天女形貌端正，光明照曜，與衆超絶。目連見已，即問天女：汝本前身種何福緣，今受此報，奇妙無量？天女荅曰：我本前身時作瓶沙王宫中使人。時王宫中有佛精舍，我時夜入，見佛塔中暗無光明。我即然燈，著精舍中。由是因緣，今受此身，光明殊妙，天堂受福，快樂無極。」又譬喻經云：「昔佛在世時，諸弟子中德各不同。如舍利弗智慧第一，大目連神通第一，如阿那律天眼第一，能見三千大千世界，乃至微細，無幽不覩。阿難見已，而白佛言：此阿那律宿有何業，天眼乃爾？佛告阿難：乃往過去九十一劫，毗婆尸佛入涅槃後，此人爾時身行劫賊，入佛塔中，欲盗塔物。時佛塔中佛前然燈，其燈欲滅，賊即以箭正燈使明。見佛威光，歘然毛豎，即自念言：他人尚能捨物求福，我云何盗。便捨而去。緣正燈炷福德因緣，從是以來九十一劫恒生善處，漸捨諸惡，福祐日增。今得值我，出家修道，得阿羅漢。於衆人中天眼徹視，最爲第一。何況有人至心割捨，〔一〕然燈佛前，所獲福德，難可稱量。」〔二〕

又智度論云：「若人盗佛塔中珠及盗燈明，死墮地獄。若出爲人，世世生盲。」〔三〕

又灌頂經云：「救脱菩薩白佛言：若族姓男女其有尩羸著牀，痛惱無救護者，我今當勸請諸衆生七日七夜齋戒，一心受持八禁，六時行道，四十九徧讀是經典。勸然七層之燈，懸五色續命神旛。阿難

〔一〕「捨」字下，經律異相引有「珍愛」二字。

〔二〕經律異相卷十三引譬喻經第二卷，故事較此爲詳。

〔三〕出大智度論卷八。

問言：續命旛燈法則云何？神旛五色，四十九尺。燈亦復爾。七層之燈，一層七燈，燈如車輪。若遭厄難，閉在牢獄，枷鎖著身，亦應造立旛燈，放諸雜類衆生，至四十九，可得過度危厄之難，〔一〕不爲諸横惡鬼所持。」〔二〕

又超日明三昧經云：「日天王與無數天人來詣佛所，稽首言：以何等行得爲日天，照四天下？復以何緣而爲月天，照除夜冥？佛言：有四事：一、常喜布施，二、修身慎行，三、奉戒不犯，四、然燈於佛寺。若於父母沙門道人皆植光明，又身口意行不殺等十善。佛言：又有四事得爲月王：一、布施貧匱，二、奉持五戒，三、恭事三尊，四、冥設燈光於君父師等。」〔三〕

又僧祇律云：「佛言：從今日聽然燈時，當置火一邊，漸次然之。當先然照舍利及佛形像，先禮拜已，當出，次然餘處。滅時不得卒滅，當言：諸大德，欲滅燈。不聽用口吹滅，義云：爲有食火蟲，恐人口氣損蟲，所以不聽口吹也。聽以手扇滅及衣扇滅。當羃折頭燋去。入時不得卒入，當唱言：諸大德，燈欲入。始得入之。若不如是，越威儀法也。」〔四〕

〔一〕「厄」字原脱，據高麗藏本補。

〔二〕出灌頂經卷十二。

〔三〕出超日明三昧經卷下。

〔四〕出摩訶僧祇律卷三十五。

又三千威儀云：「然燈有五事：一、當持净巾拭中外令净。二、當作净炷。三、當自作麻油。四、著膏不得令滿，亦不得令少。五、當護令堅，莫懸妨人行道。」〔一〕

又五百問事云：「續佛光明，晝不得滅。佛無明闇，以本無言念齊限，故滅有罪。」〔二〕

又大唐三藏波頗師云：「佛前燈無處取燈，以物傍取，不損光者得也。」

頌曰：

藕樹交無極，華雲衣數重。織竹能爲象，縛荻巧成龍。落灰然藥盛，垂油濕畫峰。天宫儻若照，燈王復可逢。

感應緣略引三驗

宋沙門釋道冏

隋沙門釋法純

唐簡州三學山寺神燈〔三〕

〔一〕出大比丘三千威儀卷下。

〔二〕出目連問戒律中五百輕重事。

〔三〕「簡州」原作「漢州」，據高麗藏本改。下正文同。

宋京師南澗寺有釋道冏，姓馬，扶風人。初出家爲道懿弟子。懿病，嘗遣冏等四人至河南霍山採鍾乳。入穴數里，跨木渡水，〔一〕三人溺死，炬火又亡，冏判無濟理。冏素誦法華，唯憑誠此業，又存念觀音。有頃，見一光如螢光，〔二〕追之不及，遂得出穴。於是進修禪業，節行彌新。頻作數度普賢齋，並有瑞應。或見胡僧入坐，或見騎馬人至，並未及暄涼，倏忽不見。後與同學四人，〔三〕南遊上京，觀矚風化。夜乘冰渡河，中道冰破，三人没死。冏又歸誠觀音，〔四〕乃覺脚下如有一物䠒跪，〔五〕復見赤光在前，乘光至岸。達都，止南澗寺，恒以般舟爲業。嘗中夜入禪，忽見四人御車至房，呼令上乘。冏欻不自覺，已見身在郡後沈橋間。見一人在路坐胡牀，侍者數百人。見冏驚起曰：坐禪人耳。彼人因語左右曰：向止令知處而已，何忽勞屈法師。於是禮拜執別，令人送冏還寺。扣門良久，方開入寺，見

〔一〕「渡」字原脱，據高麗藏本補。

〔二〕「一」字下原衍「一」字，據高麗藏本删。

〔三〕「四」字原闕，據高僧傳補。

〔四〕「又」字原作「入」，據高麗藏本改。

〔五〕「䠒跪」二字原作「自皷」，據高麗藏本改。

房猶閉。衆咸莫測其然。宋元嘉二十年臨川康王義慶攜往廣陵，終於彼也。〔一〕右此一驗出梁高僧傳。

隋西京淨住寺釋法純，姓祝氏，扶風始平人也。性愛定林，情兼拯溺。嘗於道場然燈，遂感燈明續焰，經于一七夜，〔二〕不添油炷，而光曜倍常。私密異之，爲滅累之嘉相也。又油甕所止，在佛堂内，忽然不見。乃經再宿，還來本處，而油滿如故。每於夜靜，聞有説法教授之聲，異香尋隙，氣衝於外。就而視之，一無所見。識者以爲幽祇所集故也。〔三〕至仁壽三年，遂覺不悆，閉室静坐，而無痛所。白衣童子手捧光明，立侍於右。弟子慧進入問：此是何人？荅曰：是第六欲天頻來命我。但以諸天著樂，竟不許之。由妨修道故也。常願生無佛法處，教化衆生。慎勿彰言。死後門徒爲建齋修福，道俗湊集，並在純前，有雙鴿飛來，入純房内，在衣桁上，注目看純。雖人觸捉，都無有懼。純云：任之勿捉。至暮方逝。與衆辭别，不覺餘想。卒于淨住，春秋八十有五，即仁壽三年五月十二日也。〔四〕

唐蜀川簡州三學山寺，至隋開皇十二年，寺東壁有佛跡現，長尺八寸，闊七寸。兼有神燈自空而現，每夕常爾，齋日則多。有州宰意欲尋之，乘馬來寺。十里已外，空燈列見，漸近漸昧，遂並失之。返

〔一〕出梁高僧傳卷十二釋道冏傳。
〔二〕「一」字，唐高僧傳無。
〔三〕「祇」字原作「奇」，據高麗藏本改。
〔四〕出唐高僧傳卷二十二釋法純傳。

還十里，如前還現，至今不絶。初出一燈至大，從此大燈流散四空，千有餘現。遇大風起，吹此小燈還滅。滅已，大燈還出，小燈流散四空，迄至天明始滅。每於月六齋日，常出如此。至貞觀末，有僧法藏，以乞爲心，不護細行。夜宿寺中，有大神衣甲羽胄，從門中拔出，擲于寺外七里，傷足，餘無所損。夜還返寺，重門皆閉。後遂改勵，精勤道業。〔一〕右此一驗出唐高僧傳〔二〕

依道宣律師感通記云：「律師問天人曰：其蜀地簡州三學山寺空燈常照，因何而有？答曰：山有菩薩寺。迦葉佛正法時初立，有歡喜王菩薩造之，寺名法燈。自彼至今，常明空表。有小菩薩三百人，斷粒遐齡，常住此山。此燈又是山神李特續後供養。特，舊蜀主。故至正月，處處然燈以供佛寺。」〔三〕

〔一〕「精」字原脱，據高麗藏本補。

〔二〕唐高僧傳無此文，事見集神州三寶感通録卷中。

〔三〕出道宣律師感通録。

法苑珠林校注卷第三十六

懸旛篇第三十二此有二部

述意部　引證部

述意部第一

夫因事悟理，必藉相以導真；瞻仰聖容，敬神旛以薦奉。是以育王創遺身之塔，〔一〕架迥浮空；魏主起通天之臺，〔二〕仁祠切漢。於是華旛飄颺，冀騰翥於大千；朱紫相映，吐煇焕於百億。惠風或

〔一〕「創」下原衍「造」字，據高麗藏本删。

〔二〕「魏主」二字原作「巍」，據高麗藏本改。

動，〔一〕清昇之業有徵；微吹時來，輪王之報無盡也。

引證部第二

如迦葉詰阿難經云：「昔阿育王自於境内立千二百塔，王後病困，有一沙門省王病，王言：前爲千二百塔，各織作金縷旛，欲手自懸旛散華，始得成辦，而得重病，恐不遂願。道人語王云：王好叉手一心。道人即現神足，應時千二百寺皆在王前。王見歡喜，便使取金旛金華，懸諸刹上。塔寺低仰，即皆就王手。王得本願，身復病愈，即發大意，延壽二十五年。故名續命神旛。」〔二〕

又普廣經云：「若四輩男女若臨終時，若已過命，於其亡日，造作黄旛，懸著刹上，使獲福德，離八難苦，得生十方諸佛浄土。旛蓋供養，隨心所願，至成菩提。旛隨風轉，破碎都盡，至成微塵。旛一轉時輪王位，乃至吹塵小王之位，其報無量。然燈供養，照諸幽冥，苦痛衆生，蒙此光明，得互相見。緣此福德，拔彼衆生，悉得休息。」〔三〕述曰：何故經中爲亡人造黄旛，掛於刹塔之上者？荅曰：雖未見聖解，可以義求。此五大色中，黄色居中，用表忠誠。引生中陰，不之邊趣，冀生中國也。又黄色像金，鬼神冥道將爲金用。故解祠之時，剪白紙錢，鬼得銀錢

〔一〕「或」字原作「時」，據高麗藏本改。
〔二〕出雜譬喻經卷上。
〔三〕出灌頂經卷十一隨願往生十方浄土經。

用，剪黄紙錢，得金錢用。故譬喻經云：時有穀賊盜主人穀盡，主人捉得，責言：汝何以盜我穀盡？汝是何神？穀賊言：將我至路，有人知我名。〔一〕道逢黄馬車乘，衣服皆黄。黄衣人問云：穀賊，汝何在此？主人方知是穀賊。主人又問云：〔二〕適乘馬黄衣是誰？穀賊言：是黄金之精，以報主人食粟之直。主人因此得金，用不可盡也。良由人鬼趣殊，感見各别。故聖制黄旛，爲其亡人懸之塔，令尋之得寶，以救濟亡靈也。〔三〕

又百緣經云：「昔佛在世時，迦毗羅衛城中有一長者，其家巨富，財寶無量，不可稱計。生一男兒，端正殊妙，與衆超絶。其兒初生，於虚空中有一大旛，徧覆城上。父母見已，歡喜無量，因爲立字名波多迦。年漸長大，求佛出家，得阿羅漢，三明六通，具八解脱。比丘見已，而便白佛言：此波多迦宿植何福，生便端正，與衆超絶，於虚空中有大旛蓋徧覆城上，又值世尊出家得道。佛告比丘：乃往過去九十一劫，毗婆尸佛入涅槃後，時有王名槃頭末帝，收其舍利，造四寶塔，高一由旬，而供養之。時有一人，於彼塔邊施設大會，作一長旛，懸著塔上，發願而去。緣是功德，從是以來九十一劫，不墮惡道，天上人中，常有大旛覆蔭其上，受福快樂。乃至今者遭值於我，出家得道。」〔四〕

又菩薩本行經云：「昔佛在世，與諸比丘及與阿難從鬱卑羅延國遊行村落。時天盛熱，無有陰凉。

〔一〕「名」字原脱，據高麗藏本補。

〔二〕「又」字原脱，據高麗藏本補。

〔三〕見本書卷二八神異篇雜異部第五所引譬喻經，較此爲略。

〔四〕出撰集百緣經卷七布施佛幡緣。

有放羊人見佛涉熱，即起净心，編草作蓋，用覆佛上。遊隨佛行，去羊大遠，放蓋擲地，還趣羊邊。佛便微笑，告阿難言：此放羊人以恭敬心而以草蓋用覆佛上，以此功德，十三劫中不墮惡道，天上人間，生尊貴家，快樂無極，常有自然七寶之蓋而在其上。竟十三劫，出家修道，成辟支佛，名阿耨婆達。」〔一〕

頌曰：

寶刹承高露，　綺綵映空天。　宛轉雲閒颺，　倒下似紅蓮。〔二〕　霞旛開錦色，　香氣合鑪煙。　飄颻無定所，　秖爲本輕旋。　池沼萬影現，〔三〕　泉弄百華鮮。　夙夜風吹動，　重疊輪王因。〔四〕　攀仰無厭足，〔五〕　結侶感留瞻。〔六〕　何知色中綵，　招福壽長年。〔七〕

〔一〕出菩薩本行經卷上。
〔二〕「下」字，高麗藏本作「覆」。
〔三〕「沼」字，高麗藏本作「照」。
〔四〕「因」字，高麗藏本作「緣」。
〔五〕「攀」字，高麗藏本作「舉」。
〔六〕「瞻」字，高麗藏本作「連」。
〔七〕「年」字，高麗藏本作「延」。

感應緣略引一驗

宋劉琛之，沛郡人也，曾在廣陵逢一沙門，謂琛之曰：君有病氣，然當不死。可作一二百錢食飯飴衆僧，則免斯患。琛之素不信法，心起忿慢。沙門曰：當加祇信，勿用爲怒。相去二十步，忽不復見。琛之經七日便病，時氣危頓殆死。至九日方晝，如夢非夢，見有五層佛圖在其心上。有二十許僧，遶塔作禮。因此而寤，即得大利，病乃稍愈。後在京師住，忽有沙門，先不相識，直來入户曰：君有法緣，何不精進。琛之因説先所逢遇。荅曰：此賓頭盧也。語已便去，不知所向。琛之以元嘉十七年夏於廣陵遥見慧汪精舍前旛蓋甚衆，而無形像。馳往觀之，比及到門，奄然都滅。右此一驗出冥祥記。

華香篇第三十三此有二部

述意部　　引證部

述意部第一

敬尋釋迦降神羅衛，託質王宫。智實生知，道惟遍覺。演慧明於百億，注法雨於大千。靈像周於十方，寶塔徧於法界。名香鬱馥，似輕雲而散霧；寶華含彩，若倒藕而垂蓮。虔誠供養，同趣法筵；叩頭彈指，俱霑福利也。

引證部第二

如佛說華聚陀羅尼經云：「佛言：若復有人於如來滅度之後，行於曠路，見如來塔廟，能持一華一燈，若一團泥用塗像前，以用供養。乃至能持一錢施於佛像，爲補治故。若以一掬水用灑佛塔，除去不净。以華香供養，舉足一步詣於塔寺。若一稱南無佛。欲使此人墮三惡道百千萬劫，終無是處。」〔一〕

又正法念經云：「若有衆生若持香塗佛塔，命終生香樂天，與諸天女常相娛樂。從天命終，得受人身，生大富家。」〔二〕

又阿闍世王經云：「過去無數劫，有佛號一切度，與其眷屬俱行分衛。有三尊者子，嚴服共戲。見佛及諸菩薩光明巍巍，互相指示，而吾等當共供養。二兒荅言：既無香華，當用何物？其一兒脱頭上白珠以著手中，便謂二兒：可以供佛。二兒效之，解頭上白珠著其手中，即至佛所。一兒復問二兒：持是功德以何求索？其一兒言：願如佛右面比丘。其一兒言：願如佛左面神足比丘。二兒共問一兒。報言：我欲如佛。八千天子皆言：善哉！善哉！若如所言，天上天下一切蒙恩。是三小兒已到

〔一〕出華聚陀羅尼經。

〔二〕出正法念處經卷二十三。

佛前，各以白珠而散佛上。二兒發聲聞意者，珠在佛肩上。其一兒發菩提心者，珠在佛頭上，化爲珠華交露之帳，其中有佛。佛告舍利弗：中央兒者，則我身是。右面兒者，舍利弗是。左面兒者，目連是。舍利弗，汝等本畏生死故，不發菩薩心，欲疾泥洹。觀此一兒發阿耨菩提，故得成佛。」〔一〕

又採華授決經云：「時有羅閱國王使十餘人常採好華，以給王家。後宮貴人一日出城採華，遇佛發心，稽首爲禮。心自念言：寧棄身命，以華上佛，并散聖衆。縱使見害，不墮苦痛。便以華散佛及聖衆，却自歸命，一心重禮。佛知其念，甚慈愍之，具爲説法。諸採華人皆發道意。佛即授決，後當得佛，號曰妙華。時採華夫還歸家中，與二親别：我今命盡，爲王見殺。父母愕然，問何罪咎？具荅所由。無華貢王，必見危命，故辭别耳。二親聞之，益以愁慼。發篋視之，滿中好華，香徹四面。父母告曰：可以進王。時王大瞋，見不時來，將人反縛，罪當棄市。入宫見王，面色不變。王怪問之：汝等罪過，命在當殺，何故不懼？即白王曰：人生有死，物成有敗。無以非法，不惜身命。朝來採華，值佛供上。以知違命，罪當合死。寧以有德而死，不以無德而存。還視華篋，續滿如故，皆是如來恩仁所覆。王甚怪之，心不信然。故詣佛所，問佛是意。佛言：實然。此人至心欲度十方，不惜身命，故取衆華以散佛上。意無想報，以得受決，將來作佛，號曰妙華。王大歡喜，解縛悔過自責：愚意不及菩薩，唯原其罪。

〔一〕出阿闍世王經卷上。

佛言：善哉！能自改者，與無過同。」〔二〕

又百緣經云：「佛在舍衛國祇樹給孤獨園。爾時世尊將諸比丘，著衣持鉢，將詣乞食。至一巷中，有一婦女，抱一小兒，在巷坐地。時彼小兒逢見世尊，心懷歡喜，從母索華。母即與買。小兒得已，持詣佛所，散於佛上。於虚空中，變成華蓋，隨佛行住。小兒見已，甚大歡喜，發大誓願：以此供養善根功德，使我來世得成正覺，過度衆生，如佛無異。爾時世尊見此小兒發是願已，佛即微笑，從其面門，出五色光，遶佛三匝，還從頂入。爾時阿難前白佛言：如來尊重，不妄有笑。以何因緣，今日微笑？唯願世尊敷演解説。佛告阿難：汝今見此小兒以華散我，於未來世，不墮惡趣，天上人中，常受快樂。過十三阿僧祇，成辟支佛，號曰華盛。廣度衆生，不可限量。是故笑耳。爾時諸比丘聞佛所説，歡喜奉行。」〔三〕

又百緣經云：「佛在舍衛國祇樹給孤獨園。時彼城中豪富長者，皆共聚集，詣泉水上，作唱妓樂，而自娱樂。爲波羅柰國作華會，時彼會中遣於一人詣林採波羅柰華作鬘。時採華人還來會所，路見世尊，相好光明，普曜如百千日。心懷歡喜，前禮佛足，以所採華散佛而去。還復上樹採華，枝折墮死。命終生忉利天，端正殊妙，以波羅柰華而作宫殿。帝釋問曰：汝於何處造修福業，而來生此？以本因

〔二〕出採花違王上佛授决號妙華經。

〔三〕出撰集百緣經卷三小兒散華供養佛緣。

緣具報帝釋。爾時帝釋以偈讚曰：

身如真金色，照耀極鮮明，容顔貌端正，諸天中最勝。

爾時天子即説偈荅帝釋曰：

我蒙佛恩德，散以波羅華，由是善因緣，今得是果報。

爾時天子即共帝釋來詣佛所。佛爲説法，心開意解，破二十億邪見業障，得須陀洹果。心懷欣慶，即於佛前説偈讚佛：

巍巍大世尊，最上無有比。父母及師長，功德無有及。乾竭四大海，超越白骨山。閉塞三惡道，能開三善門。」〔一〕

又雜寶藏經云：「爾時天女説偈曰：

我昔以華鬘，奉迦葉佛塔。今生於天上，獲是勝功德。生在於天中，報得金色身。」〔二〕

又薩婆多論云：「若四方僧地不得作塔。爲佛法，自爲種植，若僧和合者得，不和合者，不得作之。若僧地有種種華，應浄人取，次第與僧，隨意供給。不得私取自供養三寶。若華多，僧取不盡，若僧和

〔一〕出撰集百緣經卷六採花供養佛得生天緣。

〔二〕出雜寶藏經卷五。

合，聽隨意取之。若僧坊内，不得起塔作像，以近人臭穢不清净故。若重閣舍，若經像在下重，不得在上住。若塔地華不得供養僧法，正應供養佛。此華亦得賣取錢，以供養塔用。若屬塔水，以供塔用。設用有殘，若致功力是塔人者，應賣此水，以錢屬塔。不得餘用，用則計錢犯。若塔内無人，致水功力，一由僧人，殘水多少，善好籌量用之。〔一〕

又文殊問經云：「爾時文殊師利白佛言：世尊，諸供養餘華用治衆病，其法云何？佛告文殊：華各别呪一百八遍。

誦佛華呪曰：

南無佛闔寫治莎訶。

般若波羅蜜華呪曰：

那末柯盧履民旨切。般若波羅蜜多喪莎訶。

佛足華呪曰：

那莫波陀制點犹鹽莎訶。

菩提樹華呪曰：

〔一〕出薩婆多毘尼毘婆沙卷三十三事第六戒。

南無菩提逼力龕嵐莎訶。

轉法輪處華呪曰：

南無達摩斫柯羅夜莎訶。

塔華呪曰：

那莫鍮跋耶莎訶。

菩薩華呪曰：

南無菩提薩埵野莎訶。

衆僧華呪曰：

那莫僧伽野莎訶。

佛像華呪曰：

那莫波羅底耶莎訶。

佛告文殊師利：用此華，若諸四衆能信修行，應當早起清净澡浴漱口，念佛功德。恭敬此華，不以足蹈，及跨華上。如法執取，安置净器。若人患寒熱額痛，皆以冷水摩華，以用塗身。若吐利出血，或腹内煩疼，以漿飲摩華，當服此華飲。若口有瘡，以暖水摩華，含此華汁。若天雨不止，於空閑處，以火燒華，令雨即止。若天亢旱，在空閑處，以華置水中，復呪冷水，更灑華上，天即降雨。若牛馬等本性不調，以華飴之，即便調伏。若諸果樹華實不茂，以冷水牛糞摩取華汁，以灌其根，不得踐踏，華實即多。

若田中多水，苗稼損減，擣華爲末，以散田中，即得滋長。若國中疾病，以冷水摩華塗蠡鼓等，吹擊出聲，聞者即愈。若敵國怨賊欲來侵境，以水摩華，在於彼處用灑散之，即得退散。若於高山有盤石處，衆多比丘於石上摩華，摩華既竟，相與禮拜，久後石上自生珍寶。簡要略述，餘廣依經。佛告文殊：一一誦滿一百八遍，此呪章句汝於處處當說。如佛華法，餘華亦爾。」〔一〕

又華嚴經云：「昔人中有香，名大象藏，因龍鬬生。若燒一丸，興大光明，細雲覆上，味如甘露，七日七夜，降香水雨。若著身者，身則金色。若著衣服，宮殿樓閣，亦悉金色。若有衆生得聞此香，〔二〕七日七夜歡喜悅樂，滅一切病，無有横枉，遠離恐怖危害之心，專向大慈，普念衆生。我知彼已而爲説法，令無量衆生得不退轉。又牛頭栴檀香，從離垢山生。若以塗身，火不能燒也。」〔三〕

又百緣經云：「昔佛在世時，迦毗羅衛城中有一長者，其家巨富，財寶無量，不可稱計。生一男兒，容貌端正，世所罕有。身諸毛孔，出栴檀香，從其口出優鉢華香。父母見已，歡喜無量，因爲立字，名栴檀香。年漸長大，求佛出家，得阿羅漢果。比丘見已，而白佛言：此栴檀香宿植何福，生於豪族，身口出香，又值世尊，出家得道。佛告比丘：乃往過去九十一劫，毗婆尸佛入涅槃後，時有王名槃頭末帝，

〔一〕出文殊師利問經卷下囑累品。
〔二〕「香」字原脱，據高麗藏本補。
〔三〕出大方廣佛華嚴經卷四十九、卷五十入法界品。

收其舍利造四寶塔，高一由旬，而供養之。時有長者入佛塔中，見地破落，和泥塗治，以栴檀香坌散其上，發願而去。緣是功德，從是以來九十一劫，不墮惡道，天上人中，身口常香，受福快樂。乃至今者，遭值於我，出家得道。」〔一〕

又大莊嚴論云：「佛言：我昔曾聞迦葉佛時有一法師，爲衆説法，於大衆中讚迦葉佛。以是緣故，命終生天，於人天中，常受快樂。於釋迦文佛般涅槃後百年，阿輸迦王時，爲大法師，得阿羅漢。常有妙香，從其口出。時彼法師去王不遠，爲衆説法，口中香氣達於王所。王聞香氣，心生疑惑，作是思惟：彼比丘者，爲和妙香含於口耶？香氣乃爾。作是念已，語比丘言：開口漱口。猶有香氣。比丘白王，何故語我張口漱口？時王荅言：我聞香氣，心生疑故，使張口及以漱口，香氣逾盛。唯有此香口比丘，餘無所有。王語比丘：願爲我説。比丘微笑，即説偈言：

天地自在者，　今當爲汝説。　此非沈水香，　復非華葉莖。　栴檀等諸香，　和合能出是。
我生希有心，　而作如是言。　由昔讚迦葉，　便獲如是香。　彼佛時已合，　與新香無異。
晝夜恒有香，　未曾有斷絶。」〔二〕

又日雲經云：「香煙不盡放地，得越棄罪，盡五百歲墮糞屎地獄。何以故？由放恣心故。」又夜問

〔一〕出撰集百緣經卷七身有栴檀香緣。
〔二〕出大莊嚴經論卷十。

經云：「莊嚴供養具，以口吹去灰者，墮優鉢羅地獄，傍報作風神王。」又要用最經云：「鼻嗅香者，由減香氣，無其福德，正報墮波頭摩地獄，未來世鼻根無香味。」又曰：供養經云：「供養香時，口不合閉者，墮黑糞屎地獄，盡其半劫受罪，得無信惠報。何以故？由起不氣坌香故。」右三經雖無目録，並感神報，故別疏記也。

又三千威儀云：「燒香著佛前有三事：一、易中故香，二、當自出香，三、當布與人。具香爐有三事：一、當先倒去故灰，〔一〕拾取中香聚一面。〔二〕二、當拭令净，乃著火，還取故香著中。三、火著時熾然，不得吹令炭滅。」〔三〕

頌曰：

久厭無明樹，　方欣柰苑華。　始入香山路，　仍逢火宅車。　慈父屢引接，　幼子背恩賒。
雖悟危藤鼠，　終悲在篋蛇。　鹿苑禪林茂，　鷲嶺動枝柯。　定華發智果，　乘空具度河。
法雨時時落，　香雲片片多。　若爲將羽化，　來濟在塵羅。

〔一〕「倒」字原作「到」，「灰」原作「火」，據高麗藏本改。
〔二〕「拾」字原作「捨」，據高麗藏本、磧砂藏本、南藏本、嘉興藏本改。
〔三〕出大比丘三千威儀卷下。

感應緣略引七驗〔一〕

宋沙門求那跋摩

齊高士明僧紹

梁沙門釋惠釗

南齊晉安王蕭子懋

唐沙門釋惠主

唐雍州渭南山倒豹谷神香兼又雜俗出香處。〔二〕

昔宋元嘉年中，有外國三藏法師求那跋摩敕延祇洹寺。每於講説，四衆雲會。嘗夏安居竟，時有信者採雜華施僧座下。〔三〕中竟檢視，唯跋摩所坐，鮮榮如初。預知死時，依日先洗浴，叉手誦經，端坐

〔一〕「七」字原作「六」，據高麗藏本、磧砂藏本、南藏本改。

〔二〕「又」字原作「出」，據高麗藏本改。

〔三〕「時有信者」原作「信心看」，據高僧傳改。

而化。身體香軟，於坐下得手迹遺文一卷，其偈曰：

摩羅婆國界，　阿蘭若寺中，　我初得聖果，　道迹離諸漏。　若於師子國，　村名劫波利，

進修得二果，　是名斯陀含。

文帝深加悦惜。又於屍所見一物，狀若龍蛇，長一疋許，直上昇天。僧衆悲戀，乃依外國法，香薪闍維起塔。〔一〕右一驗出梁高僧傳。

齊栖霞寺在南徐州瑯琊郡江乘北鄉頻佳里攝山之中，齊高士平原明僧紹以宋泰始中起造，嘗聞法鐘自響。山舍去村五六里。宋昇明中，村民平旦，並見半山有旛蓋羅列，煙光五色，映照虚空。男女瞻望，皆言是實。競來觀視，了無所見。時有法度法師於山舍講無量壽經。中夜忽有金光照寺，於其光中如有臺館，形像弘宣。寺中僧衆及浄人等小不如法，及白衣賓客有穢濁入寺者，虎即出現，吼叫巡房，響振山谷，至今猶爾。或有念誦，小有疲懈，山神現形。又著烏衣，身長一丈，手執繩索。僧衆驚懼，誦習不懈。

梁南冥真寺在秣陵縣中興里，普通五年，沙門惠釗起造。惠釗生緣姓徐，齊初隨舅在廬陵，於路拾得一襆，襆中有繡帊，帊裏有五色紙，各爲一裹。始開四重，都無所見。末開最下縫紙，見光影如電，晃

〔一〕出高僧傳卷三求那跋摩傳。

曜一室。因此仍感神瑞，入水不没，入火不然。家人以爲發狂，始就籠檻，關閉甚嚴，俄而出外，乃知神力，因設虚座請福。空中有言曰：我是長生菩薩，應利益國土，汝可依佛法清净供養。於是競以香華貢奉，每有靈驗。南人李叔獻結願乞本州，後果爲交州刺史。乃造沈香神影。世人以神重名華，因號爲華娘神。百姓送供闐噎。齋會所餘，惠釗教化，悉以起寺。右二驗出梁京寺記。

南齊晉安王蕭子懋，字雲昌，武帝之子也。始年七歲，阮淑媛嘗病危篤，請僧行道。有獻蓮華供養佛者，衆僧以銅甖盛水，浸其華莖，欲令不萎。如此三日，而華更鮮。子懋流涕禮佛誓曰：若使阿姨因此勝利，願佛之力令華竟齋不萎。七日齋畢，華更鮮紅。看視甖中，稍有根鬚。母病尋差。當代稱其孝感也。子懋弟南海王子罕，字靈華。其母樂容華寢疾，子罕晝夜禮拜。于時以竹爲燈續。〔一〕其燈照曜，訖夜極明。此續經宿，枝葉茂盛。母病尋愈。事出吴均春秋。〔二〕

唐始州永安縣釋惠主，姓賈，持律第一，兼營福業。後至故鄉南山藏伏，唯食松葉。異類禽獸，同集無聲。或有山神與送茯苓甘松香來。六時行道，一時不闕。禽獸隨行，禮佛誦經，似如聽仰。仍爲幽顯，受菩薩戒。後有羣猴共爲治道，主曰：汝性躁擾，而作此何爲？獮猴荅言：時君異也，佛日通也。主深怪異，畜生能言，罕所未有。更有祥龍飛獸集持異香，充塞山内。後有八人採弓材者，甚大驚

〔一〕「續」字，高麗藏本作「纉」。下同。
〔二〕據舊唐書經籍志，當作齊春秋。

駭，便慰主曰：聖君出世，時號開皇矣。至貞觀三年，寺有明禪師，清卓不羣，白日獨坐，見無半身。向衆述曰：吾與主律師建立此寺，兩人同心。忽失半身，將主律師先去不耶！至明日食時，俗人驚云：寺家設會耶？見有四路客僧數千人入寺，今何所在。尋爾午時，主便無疾而逝，春秋八十有九。〔一〕

唐雍州渭南縣南山倒豹谷，〔二〕崖有懸石，文狀倒豹，因以名焉。谷有巖，像於佛面，亦號像谷。古老傳云：昔有梵僧來云：我聞此谷有像面山，七佛龕。昔有七佛，曾來此谷説法。澗内有瞻蔔華，常所供養。近至永徽年中，南山龍池寺沙門智積聞之往尋。至谷聞香，莫知何所。深訝香氣從澗内沙出，即撥沙看，形似茅根，裹甲沙土，〔三〕然極芬馥。就水抖擻洗之，一澗皆香。將還龍池佛堂中，合堂皆香，極深美氣。山下俗人，時見此山或如佛塔，或全如佛面，挺出空際。故像頭之號，〔四〕非是虚立。傍去嘉美谷甚近，即姚秦時王嘉所住也。右二驗出唐高僧傳。〔五〕

〔一〕出唐高僧傳卷二十七釋惠主傳。

〔二〕「豹」字，集神州三寶感通録作「豺」。下同。

〔三〕「裹」字原作「裏」，據高麗藏本改。

〔四〕「頭」字，集神州三寶感通録作「顔」。

〔五〕末一驗出集神三寶感通録卷上。原注誤。

搜神記曰：「初鉤弋夫人有罪以譴死，殯屍不臭而香。」〔一〕

續搜神記曰：「合淝口有一大白船，覆在水中。漁人夜宿其傍，聞箏笛之音，又香氣非常發。相傳云：曹公載妓船覆於此。」〔二〕

異苑曰：「司州衛士度母常誦經長齋，非道不行。曾出自齋堂，衆僧未食，俱望見雲中有一物下。既落其前，乃是大鉢，滿中香飯。舉座肅然，一時敬禮。母自分賦齋，人皆七日不飢。」〔三〕

述異記曰：「昔有人發廬山採松，聞人語云：此未可取。此人尋聲而上，見一異華，形甚可愛，其香非常。知是神異，因掇而服之，得壽三百歲也。」〔四〕

幽明録曰：〔五〕「陳相子，吴興烏程人。始見佛家經，遂學昇霞之術。及在人間齋，輒聞空中殊音妙香，芬芳清越。」〔六〕

〔一〕出搜神記卷一。

〔二〕出搜神後記卷六。

〔三〕出異苑卷五。

〔四〕述異記已佚。

〔五〕「明」字原作「冥」，據高麗藏本、磧砂藏本、南藏本、嘉興藏本改。

〔六〕幽明録已佚。

許邁别傳曰：「邁少名暎，高平閻慶等皆就受業。初慶等方去，暎燒香皆五色煙出。」〔一〕

佛圖澄傳曰：「澄以鉢盛水燒香呪之，須臾生青蓮華。」〔二〕

博物志曰：「西域使獻香，漢制獻香不滿斤不得受。西使臨去，乃發香器，如大豆者，試著宫門，香氣聞長安四面數十里中，經日乃歇。」〔三〕

扶南傳曰：「頓遜國人恒以香華事天神。香有多種，區撥葉華、致華、各遂華、摩夷華，冬夏不衰。日載數十車於市賣之，燥乃益香。亦可爲粉，以傅身體。」〔四〕

述征記曰：「北荒有張母墓。舊説是王氏妻，葬有年載。後開墓而香火猶然，其家奉之，稱清水道。」〔五〕

世説曰：「桓車騎時有陳莊者，入武當山中學道。所居有白煙，香氣聞徹。」〔六〕

〔一〕許邁别傳已佚。

〔二〕出高僧傳卷十佛圖澄傳。

〔三〕出博物志卷二異産。

〔四〕太平御覽卷九八一引。

〔五〕太平御覽卷九八一引。

〔六〕此條不見今本世説。

麝香。山海經曰：「翠山之陰多麝。」〔一〕本草經曰：「麝香味辛，辟惡氣，殺鬼精，生中臺山。」〔二〕

葳蕤香。孫氏瑞應圖曰：「葳蕤者，王禮備至則生，一曰王者愛人命則生。」〔三〕一名葳香。」〔四〕

鬱金香。周禮春官上鬱人曰：「鬱人掌祼古亂切。器。凡登禮賓客之祼事，〔五〕和鬱鬯以實彝而陳之。」〔六〕築鬱金煮之，以和鬯酒也。說文曰：「鬱鬯百草之華，遠方所貢芳物。鬱人合而釀之，以降神也。」〔七〕

蘇合香。續漢書曰：「大秦國合諸香煎其汁，謂之蘇合。」〔八〕廣志曰：「蘇合香出大秦國，或云蘇合國。國人採之，笮其汁以爲香膏，乃賣其滓與賈客。或云：合諸香草，煎爲蘇合。非自然一種物

〔一〕出山海經卷二西山經。

〔二〕出神農本草經。

〔三〕「一曰」上原有「本」字，據太平御覽引删。

〔四〕太平御覽卷九八一引。

〔五〕「登禮」，周禮作「祭祀」。「事」字原脱，據高麗藏本、磧砂藏本、南藏本補。

〔六〕出周禮卷五。

〔七〕出說文卷五下。

〔八〕出後漢書卷一一八西域傳。

也。」〔一〕傅子曰：「西國胡言蘇合香者，獸所作也。〔二〕中國皆以爲怪。」〔三〕

鷄舌香。吴時外國傳曰：「五馬州出鷄舌香。」〔四〕續搜神記曰：「劉廣，豫章人。年少未婚，至田舍，見一女，云：我是何參軍女，年十四而夭。爲西王母所養，使與下土人交。廣與之纏綿，其日於席下得手巾，裹鷄舌香。其母取巾燒之，乃是火浣布。」〔五〕南州異物志曰：「鷄舌香，出杜薄州，云是草萎，可含香口。」〔六〕俞益期牋曰：「外國老胡説，衆香共是一大木。木華爲鷄舌香也。」〔七〕

雀頭香。江表傳曰：「魏文帝遣使於吴，求雀頭香。」〔八〕

薰陸香。魏略曰：「大秦出薰陸。」〔九〕南方草木狀曰：「薰陸香出大秦國，云在海邊，自有大樹，

〔一〕太平御覽卷九八二引。
〔二〕「所作」二字，太平御覽引作「便」。
〔三〕太平御覽卷九八二引。
〔四〕太平御覽卷九八一引。
〔五〕出搜神後記卷五。
〔六〕太平御覽卷九八一引。
〔七〕太平御覽卷九八一引。
〔八〕太平御覽卷九八一引。
〔九〕太平御覽卷九八二引。

生於沙中。盛夏時樹膠流涉沙上，夷人採取賣與人。」南州異物志同。其異者唯云：「狀如桃膠。」典術又同，唯云：「如陶松脂法，長飲食之，令通神靈。」〔一〕俞益期牋曰：「衆香共是一木，木膠爲薰陸。」〔二〕

流黃香。吳時外國傳曰：「流黃香出都昆國，在扶南南三千餘里。」南州異物志同也。〔三〕廣志曰：「流黃香出南海邊國。」〔四〕

青木香。廣志曰：「青木出交州。」〔五〕徐衷南方記曰：「青木香出天竺國，不知形狀。」〔六〕南州異物志曰：「青木香出天竺，是草根，狀如甘草。」〔七〕俞益期牋曰：「衆香共是一木，木節是青木。」〔八〕

栴檀香。竺法真登羅山疏曰：「栴檀出外國。元嘉末僧成藤於山見一大樹，〔九〕圓蔭數畝，三丈

〔一〕太平御覽卷九八二引。

〔二〕太平御覽卷九八二引。

〔三〕太平御覽卷九八二引。

〔四〕太平御覽卷九八二引。

〔五〕「州」字下，太平御覽卷九八二引有「天竺」二字。

〔六〕太平御覽卷九八二引。

〔七〕太平御覽卷九八二引。

〔八〕太平御覽卷九八二引。

〔九〕「僧成藤」，太平御覽引作「曾城有人」。

餘圍，辛芳酷烈。其間枯條數尺，援而刃之，白栴檀也。」〔一〕俞益期牋曰：「衆香共是一木，木根爲栴檀。」〔二〕

甘松香。廣志曰：「甘松出凉州諸山。」〔三〕

兜納香。魏略曰：「出大秦國。」廣志曰：「兜納出西方。」〔四〕

艾納香。廣志曰：「艾納香出剽國。」樂府歌曰：「行胡從何來？列國持何來？氍毹毾㲪五木香，迷迭艾納及都梁。」〔五〕

藿香。廣志曰：「藿香出日南諸國。」〔六〕吴時外國傳曰：「都昆在扶南，出藿香。」〔七〕南州異物志：「藿香出典遜，海邊國也，屬扶南。香形如都梁，可以著衣服中。」〔八〕俞益期牋曰：「衆香共是一

〔一〕太平御覽卷九八二引。

〔二〕太平御覽卷九八二引。

〔三〕太平御覽卷九八二引。

〔四〕見本草。

〔五〕太平御覽卷九八二引。

〔六〕太平御覽卷九八二引。

〔七〕太平御覽卷九八二引。

〔八〕太平御覽卷九八二引

木，木葉爲藿香。」〔一〕

楓香。南方記曰：「楓香，樹子如鴨卵，爆乾可燒。」〔二〕魏武令曰：「房室不潔，聽得燒楓膠及蕙草。」〔三〕

棧香。廣志曰：「棧香出日南諸國。」〔四〕

木蜜香。異物志曰：「木蜜香名曰香樹，生千歲，根本甚大。先伐僵之，四五歲乃往看。歲月久，樹根惡者腐敗，唯中節堅貞，芬香獨在耳。」〔五〕廣志曰：「木蜜出交州及西方。」本草經曰：「木香一名蜜香，味辛温。」〔六〕

栟香。南方草物狀曰：「栟香莖生烏滸。」〔七〕

〔一〕太平御覽卷九八二引。

〔二〕太平御覽卷九八二引。

〔三〕太平御覽卷九八二引。

〔四〕太平御覽卷九八二引。

〔五〕太平御覽卷九八二引。

〔六〕出神農本草經。

〔七〕太平御覽卷九八二引。

都梁香。廣志曰：「都梁出淮南。」〔一〕

沈香。異苑曰：「沙門支法存在廣州有八尺毾㲪，又有沈香八尺板牀。太元中王漢爲州，大兒劭求二物不得，乃殺而籍焉。」〔二〕南州異物志曰：「木香出日南。〔三〕欲取當先斫壞樹，著地積久，外自朽爛，〔四〕其心至堅者置水則沈，名曰沈香。其次在心白之間，不甚堅精，置之水中，不沈不浮，與水平者，名曰棧香。其最小麤白者，名曰槧香。」〔五〕顧徵廣州記曰：「新興縣悉是沈香，如同心草，土人斫之，經年朽爛盡，心則爲沈香。」俞益期牋曰：「衆香共是一木，木心爲沈香。」〔六〕

甲香。廣志曰：「甲香出南方。」〔七〕范曄和香方曰：「甲前煎，棧香是也。」〔八〕

〔一〕太平御覽卷九八二引。

〔二〕出異苑卷六。

〔三〕「木香」，太平御覽引作「沉香木」。

〔四〕「外自」，太平御覽引作「外皮」。

〔五〕太平御覽卷九八二引。

〔六〕太平御覽卷九八二引。

〔七〕太平御覽卷九八二引。

〔八〕出宋書卷六九范曄傳。太平御覽卷九八二引。

迷迭香。魏略曰：「大秦出迷迭。」〔一〕廣志曰：「迷迭出西海中。」〔二〕

苓陵香。南越志曰：「苓陵香，土人謂爲鷰草芸香。」〔三〕大戴禮夏小正：「正月採芸爲廟菜。」〔四〕禮記月令曰：「仲冬之月芸始生。」〔五〕鄭玄曰：芸，香草也。說文曰：「芸草似苜蓿。」〔六〕淮南說：「芸可以死而復生。」

蘭香。周易繫辭曰：「同心之言，其臭如蘭。」〔七〕王弼曰：蘭，芳也。易通卦驗曰：「冬至廣莫風至，蘭始生。」〔八〕說文曰：「蘭，香草也。」〔九〕本草經曰：「蘭草，一名水香，久服益氣，輕身不老。」〔一〇〕

〔一〕太平御覽卷九八二引。

〔二〕太平御覽卷九八二引。

〔三〕太平御覽卷九八二引。

〔四〕出大戴禮記卷二。

〔五〕出禮記卷五。

〔六〕出說文卷一下。

〔七〕出周易卷七繫辭。

〔八〕出易緯通卦驗卷下。

〔九〕出說文卷一下。

〔一〇〕出神農本草經。

槐香。出蒙楚之閒，故嵇含述槐香賦序。

兜末香。漢武故事曰：「西王母當降，上燒兜末香。兜末香者，兜渠國所獻，如大豆。塗門香聞百里。關中嘗大疫，死者相係。燒此香，死者止。」〔一〕

反生香。真人關尹傳曰：「老子曰：真人遊時各各坐蓮華之上。華徑十丈，有反生靈香，逆風聞三十里。」〔二〕

神香。十洲記曰：「天漢三年，西國王使獻靈膠、吉光裘、神香。使者曰：香起天殘之死疾。後元年，長安城内大病，死者日百數。帝試取月支神香燒之於城内，其死未三日皆活。芳氣經三月不歇。帝使祕録餘，後一旦失之。」〔三〕

驚精香。十洲記曰：「聚窟洲在西海中，上多真仙靈館宫第。北門有大樹，與楓木相似，而芳香聞數百里，名爲反魂樹。扣樹能有聲如牛吼，聞者駭振。伐其根心，於玉釜中煮取汁，更微煎，令可丸，名曰驚精香，或名震靈，又名反生香，或名人鳥精，或名却死香。香聞數百里，死屍在地，聞氣仍活。」〔四〕

〔一〕出漢武故事。
〔二〕太平御覽卷九八三引。
〔三〕出海内十洲記中鳳麟洲、聚窟洲。
〔四〕出海内十洲記中聚窟洲。

唄讚篇第三十四〔一〕此有四部

述意部　引證部　讚歎部　音樂部

述意部第一

夫褒述之志，寄在詠歌之文。詠歌之文，依乎聲響。故詠歌巧則褒述之志申，聲響妙則詠歌之文暢。言辭待聲，相資之理也。尋西方之有唄，猶東國之有讚。讚者從文以結章，唄者短偈以流頌。比其事義，名異實同。是故經言：以微妙音聲，歌讚於佛德。斯之謂也。昔釋尊入定，琴歌震於石室；提婆颰唄，〔二〕清響激於净居。覺世至音，固無得而稱矣。至于末代修習，極有明驗。是以陳思精想，感漁山之梵唱；帛橋誓願，通大士之妙音。籥練勤行，受法韻於幽祇；文宣勵誠，發夢響於齋室。並能寫氣天宫，摹聲净刹，抑揚辭契，吐納節之。斯亦神應之顯徵，學者之明範也。原夫經音爲懿，妙出

〔一〕「篇」字原脱，據高麗藏本、磧砂藏本、南藏本補。

〔二〕「提婆」二字原作「婆提」，據高麗藏本改正。

自然。製用可修，而研響非習。蓋所以炳發道聲，移易俗聽。當使清而不弱，雄而不猛，流而不越，凝而不滯。趣發祇鷲之風，韻結霄漢之氣。遠聽則汪洋以峻雅，近屬則從容以和肅。〔一〕此其大致也。經稱深遠雷音，其在兹乎！若夫稱講聯齋，衆集永久。夜緩晚遲，香消燭擣。睡蓋覆其六情，嬾結纏其四體。於是擇妙響以昇座，選勝聲以啓軸。宫商唄發，動玉振金。反折四飛，哀悦七衆。同迦陵之聲，等神鸞之響。能使寐魂更開，惰情還肅，滿堂驚耳，列席歡心。當爾之時乃知經聲之爲貴矣。〔二〕

引證部第二

如長阿含經云：「其有音聲五種清浄，乃名梵聲。何等爲五？一者、其音正直，二者、其音和雅，三者、其音清徹，四者、其音深滿，五者、周徧遠聞。具此五者，乃名梵音。」〔三〕

又梵摩喻經云：「如來説法，聲有八種：一、最好聲，二、易了聲，三、柔軟聲，四、和調聲，五、尊惠聲，六、不誤聲，七、深妙聲，八、不女聲。言不漏闕，無得其短者。」〔四〕

〔一〕「從」字原作「縱」，據高麗藏本改。
〔二〕「之」字原脱，據高麗藏本補。
〔三〕出長阿含經卷五闍尼沙經。
〔四〕出梵摩喻經。

又十誦律云：「爲諸天聞唄心喜，故開唄聲也。」〔一〕

又毗尼母經云：「佛告諸比丘：聽汝等唄。唄者言說之辭。雖聽言說，未知說何等法？佛言：從脩多羅乃至優婆提舍，隨意所說十二部經。復有疑心。若欲次第說文，衆大文多，恐生疲厭。若略撰集好辭，直示現義，不知如何。以是因緣，具白世尊。佛即聽諸比丘引經中要言妙辭，直顯其義。爾時有一比丘去佛不遠立，高聲作歌音誦經。佛聞，不聽用此音誦經。有五過患，同外道歌音說法。一、不名自持，二、不稱聽衆，三、諸天不悦，四、語不正難解，五、語不巧故，義亦難解。是名五種過患。」〔二〕

又賢愚經云：「昔佛在世時，波斯匿王與兵衆至祇洹邊過。聞一比丘唄聲雅好，軍衆立聽，無有厭足。象馬豎耳，住不肯行。王與軍衆即入寺看，見唄比丘形貌矬短，醜陋極盛。王不忍看。王即問佛：今此比丘宿作何業，得斯果報？佛告王曰：乃往過去有佛出世，號曰迦葉。入涅槃後，機里毗王收其舍利，欲用起塔。有四龍王化作人形，來到王所，問：起塔事爲用寶作，爲用土耶？王即荅言：欲令塔大，無多寶物。今欲土作，令方五里，高二十五里。龍白王言：我是龍王，故來相問。若用寶作，我當佐助。王聞歡喜。龍復語王：四城門外有四泉水。東門泉水取用作墼，變成瑠璃。南門泉水取用作墼，變成黄金。西門泉水取用作墼，變成白銀。北門泉水取用作墼，變成白玉。王聞是語，倍增歡

〔一〕出十誦律卷三十七。

〔二〕出毘尼母經卷六。

喜。即立四監，各典一厢。其三監者作工欲成，一監懈怠，工獨不就。王行看見，以理訶責。其人懷怨而白王言：此塔太大，當何時成？王敕作人晝夜勤作，一時都訖。塔極高峻，衆寶莊嚴，極有異觀。其監見已，觀喜踊躍，懺悔前過，持一金鈴著塔撐頭，發其願言：令我所生音聲極好，一切衆生莫不樂聞。將來有佛，號釋迦牟尼，使我得見，度脱生死。緣於往昔嫌塔大故，生恒醜陋。由持金鈴懸塔撐頭及願見佛，從是以來五百世中，極好音聲。今復值佛，出家修道，得阿羅漢果。」〔一〕以是因緣，一切衆生見他作福，不應毁呰。後得惡報，悔無所及也。

讚歎部第三

如菩薩本行經云：「佛告阿難：我念往昔有一如來出現於世，號曰弗沙多陀阿伽度阿羅訶三藐三佛陀。時彼佛在雜寶窟内，我見彼佛，心生歡喜，合十指掌，翹於一脚，七日七夜而將此偈讚歎彼佛。而説偈言：

天上天下無如佛，　十方世界亦無比。
世間所有我盡見，　一切無有如佛者。

阿難，我以此偈歎彼佛已，發如是願。乃至彼佛語侍者言：是人過於九十四劫當得作佛，號釋迦牟尼。

〔一〕出賢愚因緣經卷十一無惱指鬘品。

我於彼時得授記已，不捨精進，增長功德，無量世中作梵釋天轉輪聖王。以是善業因緣力故，我得四種辯才具足，無有一人能與我論，降伏我者。我得成阿耨菩提乃至轉於無上法輪。」〔一〕

又涅槃經云：「時迦葉菩薩即於佛前以偈讚佛：

憐愍世間大醫王，　身及智慧俱寂静。　無我法中有真我，　是故敬禮無上尊。　發心畢竟二不別，　如是二心先心難。　自未得度先度他，　是故我禮初發心。」〔二〕

又寶性論偈云：

「我今悉歸命，　一切無上尊，　爲開法王藏，　廣利諸羣生。　佛體無前際，　及無中閒際，亦復無後際，　寂静自覺知。　既自覺知已，　覺他令他覺，　是故爲彼説，　無畏常恒道。　佛智慈悲力，　能執金剛杵，　摧破諸見山，　故我今敬禮。　不可思量法　，非聞慧境界，　出離言語道，　内心智清凉。　彼真妙法日，　清浄無塵垢，　大智慧光明，　普照諸世界。　能破諸曀障，　覺觀貪瞋癡，　一切煩惱等，　故我今敬禮。　以能知於彼，　自性清浄心，　見煩惱無實，　故離諸煩惱。　無障浄智慧，　如實見衆生，　自性清浄心，　佛法身境界。　無礙浄智

〔一〕出佛本行集經卷四受決定記品。
〔二〕出大般涅槃經卷十八。

眼，見諸衆生性，徧無量境界，故我今敬禮。」〔一〕

又發菩提心論論主讚佛偈云：

「敬禮無邊際，去來現在佛，等空不動智，救世大悲尊。」〔二〕

「吾師天中天」兩行偈。出普曜經。〔三〕「云何得長壽」兩行偈。出涅槃經。〔四〕「如來妙色身」兩行偈。出勝鬘經。〔五〕「處世界如虚空」兩行偈：出超日明經。

「大慈哀愍羣生，爲瘱蓋盲冥者，開無目使視睇，化未聞以道明。處世界如虚空，猶蓮華不著水，心清净超於彼，稽首禮無上尊。」〔六〕

述曰：漢地流行好爲删略，所以處衆作唄，多爲半偈。故毗尼母論云：「不得作半唄，得突吉羅罪。」〔七〕然此梵唄文辭，未審依如西方出何典誥？荅：但聖開作唄。依經讚偈，取用無妨。然闕内闕

〔一〕出究竟一乘寶性論卷一教化品、佛寶品、法寶品、僧寶品。

〔二〕出發菩提心論卷上勸發品。

〔三〕出普曜經卷八。

〔四〕出大般涅槃經卷三。

〔五〕出勝鬘師子吼一乘大方便方廣經。

〔六〕出超日明三昧經。

〔七〕出薩婆多部毘尼摩得勒伽卷六。作毘尼母論誤。

外吴蜀唄辭，各隨所好。唄讚多種，但漢梵既殊，音韻不可互用。至於宋朝有康僧會法師，本康居國人。博學辯才，〔一〕譯出經典。又善梵音，傳泥洹唄，聲製哀雅，擅美於世。音聲之學，咸取則焉。又昔晉時有道安法師，集製三科，上經、上講、布薩等。先賢立制，不墜於地。天下法則，人皆習行。又至魏時陳思王曹植，字子建，魏武帝第四子也。幼合珪璋，十歲屬文，下筆便成，初不改定。世間術藝，無不畢善。邯鄲淳于見而駭服，〔二〕稱爲天人。植每讀佛經，輒流連嗟翫，以爲至道之宗極也。遂製轉讚七聲，昇降曲折之響。世人諷誦，〔三〕咸憲章焉。嘗遊魚山，忽聞空中梵天之響，清雅哀婉，其聲動心。獨聽良久，而侍御皆聞。植深感神理，彌悟法應。乃摹其聲節，寫爲梵唄。撰文製音，傳爲後式。梵聲顯世，始於此焉。其所傳唄凡有六契。

音樂部第四

如百緣經云：「佛在世時，王舍城中豪富長者各相率合，設大節會，作諸妓樂而自娱樂。時有舞師夫婦二人，從南來，將一美女，字青蓮華，端正殊妙，世所罕有，聰明智慧，難可酬對。婦女所有六十四

〔一〕「辯」字原作「辨」，據高麗藏本、磧砂藏本、南藏本、嘉興藏本改。

〔二〕「于」字原脱，據高麗藏本補。

〔三〕「人」字原作「之」，據高麗藏本改。

藝，皆悉備知。善解舞法，迴轉俯仰，曲得節解。作是唱言：今此城中頗有能舞如我者不？明解經論能問荅不？時人荅曰：有佛世尊，在迦蘭陀竹林，善能問荅，使汝無疑。舞女聞已，尋將諸人，共相隨逐，且歌且舞，到竹林中。見佛世尊，猶故憍慢，放逸戲笑，不敬如來。爾時世尊見其如是，即以神力變此舞女如百年老母，髮白面皺，牙齒疏闕，俯僂而行。行時舞女自觀其身，〔一〕形狀極老，而作是言：今此女身以何因緣卒有如是衰相現耶？今者必是佛之威神，使我故爾。遂於佛前深心慚愧。唯願世尊，當見無怒。爾時世尊知此舞女心已調伏，以神通力變身如前。大衆見此舞女卒老卒壯，無有常定，各生厭離，解悟無常，心開意解，有得四沙門果者，有發無上菩提心者。時彼舞女及其父母即於佛前求索出家。佛即告言：善來比丘尼。頭髮自落，法服著身，成比丘尼，精勤修習，得阿羅漢果。諸天世人所見敬仰。時諸大衆見是事已，請說因緣。佛告大衆：乃往過去無量世時，波羅柰國王有太子，字孫陀利，入山學道，獲五神通。見緊那羅女端正殊妙，狀如諸天，作諸姿態，且歌且舞，鼓動我心，望使染著，退失仙道。我於彼時心遂堅固，無有欲想。語彼女言：一切有爲無有常定。我今觀汝形體臭穢，充滿其中，薄皮覆上，不可久保。正是當有髮白面皺，俯僂而行。汝今何爲憍慢放恣，乃至如是。向者歌聲，其音已變。何故在此作諸恣態？於是緊那羅女聞是語已，尋向仙人懺悔罪咎。因發願言：使我

〔一〕「時」字原作「而」，據高麗藏本改。

來世得斷生死，我於汝邊獲得道果。佛告大衆：欲知彼時王子學仙道者，則我身是。彼緊那羅女者，今青蓮華比丘尼是。由於彼時發願力故，今值我出家得道。比丘聞已，歡喜奉行。」〔一〕

又百緣經云：「佛在世時，迦毗羅衛城中有一長者，財寶無量，不可稱計。其婦生男，端正殊妙，世所希有。年漸長大，有好音聲，令衆樂聞。值佛出家，得阿羅漢果。諸比丘等請佛爲説得道因緣。佛告比丘：乃往過去九十一劫，有佛出世，號毗婆尸。入涅槃後，有國王名槃頭末帝，收取舍利，造四寶塔，高一由旬，而供養之。時有一人見此塔故，心懷歡喜，便作音樂，以遶供養，發願而去。緣是功德，九十一劫不墮三塗，天上人中，常好音聲，令衆樂聞。乃至今者遭值於我，出家得道。比丘聞已，歡喜奉行。」〔二〕

又百緣經云：「昔佛在世時，舍利城中有諸人民，各自莊嚴，作唱妓樂，出城遊戲。至城門中，遇值佛僧入城乞食。諸人見佛，歡喜禮拜，即作妓樂，供養佛僧，發願而去。佛即微笑，語阿難言：此諸人等由作妓樂供養佛僧，緣此功德，於未來世一百劫中，不墮惡道，天上人中，最受快樂。過百劫後，成辟支佛，皆同一號，名曰妙聲。」〔三〕

〔一〕出撰集百緣經卷八舞師子作比丘尼緣。

〔二〕出撰集百緣經卷三有妙聲緣。

〔三〕出撰集百緣經卷三作樂供養成辟支佛緣。

以是因緣，若人作樂供養三寶，所得功德無量無邊，不可思議。故法華經偈云：

「若使人作樂，　擊鼓吹角貝，　簫笛琴箜篌，　琵琶鐃銅鈸。　如是衆妙音，　盡持以供養，

皆以成佛道。」〔一〕

又菩薩處胎經云：「緊那羅住須彌山北，過小鐵圍，有大黑山，亦在十寶山間。無有佛法日月星辰。由昔布施之力，今居七寶宮殿，壽命甚長。此王本人中有大長者，興造佛塔。此緊那羅施一剎柱，成辦寺廟。復以净食施於工匠。壽盡作胸臆神，在兩山間。先在人中爲大長者，居財無量。有一沙門乞食，婦擎飯施之。乃大瞋怒，云：何乞人瞻視我婦。當令此人手脚斷壞，壽終以後，受此醜形，八十四劫常無手足。諸天讌會，皆悉與乾闥婆分番上下。天欲奏樂而其腋下汗流，便自上天。有一緊那羅名頭婁磨，琴歌諸法實相，以讚世尊。時須彌山及諸林樹皆悉震動。迦葉在座不能自安。五百仙人心生狂醉，失其神足。」〔二〕

又大樹緊那羅王所問經云：「爾時大樹緊那羅王以己所彈瑠璃之琴，閻浮檀金華葉莊嚴，善净業報之所造作，在如來前善自調琴，及餘八萬四千妓樂。是大樹王當彈此琴鼓衆樂時，其音普皆聞此三千大千世界。是琴音聲及妙歌聲，隱蔽欲界諸天音樂。所有諸山藥草叢林悉皆徧動，如人極醉前却顛

〔一〕出妙法蓮華經卷一方便品。

〔二〕出菩薩處胎經卷七緊那羅品。

倒。須彌岠峨，涌没不定。一切凡聖，唯除菩薩不退轉者，其餘一切聞是琴聲及諸樂音，各不自安，從座起舞。一切聲聞放舍威儀，誕貌逸樂，如小兒舞戲，不能自持。爾時天冠菩薩語是聲聞大迦葉等：「汝諸大德已離煩惱，得八解脱，云何今者各捨威儀，如彼小兒，舉身動舞。」於時大德諸聲聞等荅言：「善男子，我於是中不得自在，如旋嵐大風吹諸樹木。彼無有力能自安持，非彼本心之所欲樂。」爾時天冠菩薩語大迦葉：「汝今觀是不退菩薩，威德勢力，誰見如是而當不發無上正真菩提道心，琴聲威力皆説法音。八千菩薩得無生忍。」〔一〕

頌曰：

玄亮吐清氣，神響徹幽聾。登臺發春詠，高興希遐蹤。〔二〕乘虚感靈覺，魚山振思重。〔三〕摹寫天歌梵，冀布法音同。忘高故不下，飄颺數仞中。比丘歌聲唄，人畜振心鍾。斯由暢玄句，即感鴈遊空。神期發筌悟，豁爾自靈通。

〔一〕出大樹緊那羅王所問經卷一。

〔二〕「遐蹤」二字原作「避縱」，據高麗藏本改。

〔三〕「重」字原作「童」，據高麗藏本改。

感應緣略引六驗

晉沙門帛法橋
晉沙門支曇籥
齊沙門釋僧辯
齊沙門釋曇憑
齊有仕人姓梁
唐刺史任義方

晉中山有帛法橋，是中山人。少樂轉讀，而稍乏聲，每以不暢爲慨。於是絶粒懺悔七日七夕，稽首觀音，以祈現報。同學苦諫，誓而不改。至第七日，覺喉内豁然。即索水洗漱云：吾有應矣。於是作三契，經聲徹三里許。遠近驚嗟，人畜悉來觀聽。爾後誦經五十萬言，晝夜諷詠，哀婉通神。至年九十，聲猶不變。以晉穆帝永和中卒於河北，即石虎末世也。〔一〕

〔一〕出高僧傳卷十三帛法橋傳。

晉有支曇籥，本月支人，寓居建業。少出家，清苦蔬食。〔一〕憩吳虎邱山。晉孝武初，敕請出都，止建初寺。孝武從受五戒，敬以師禮。籥特禀妙聲，善於轉讀。嘗夢天神授其聲法，覺因裁製新聲，〔二〕梵響清美，四飛却轉，反折還弄。雖復東阿先變，康會後造，始終循還，未有如籥之妙。後進傳寫，莫匪其法。所製六言梵唄，傳響于今。後終於所住，年八十一。〔三〕

齊安樂寺有釋僧辯，姓吳，建康人。出家止安樂寺。少好讀經，哀婉折衷，獨步齊初，無人如之。嘗在新亭劉紹宅齋，辯初夜讀經，始得一契，忽有羣鶴下集階前。及辯度一卷，一時飛去。由是聲振天下，遠近知名。後來學者，莫不宗事。永明七年二月十九日，司徒竟陵文宣王夢於佛前詠維摩一契，因聲發而寤。即起至佛堂前，還如夢中法，更詠古維摩一契。便覺音韻流好，有工恒日。明旦即集京師善聲沙門僧辯等，次第作聲。辯傳古維摩一契，瑞應七言偈一契，最是命家之作。後人時有傳者，並訛失大體。辯以齊永明十一年卒。〔四〕

〔一〕「清」字原作「精」，據高僧傳改。

〔二〕「聲」字原脱，據高麗藏本補。

〔三〕出高僧傳卷十三支曇籥傳。

〔四〕出高僧傳卷十三釋僧辯傳。

齊白馬寺有釋曇憑，姓楊，犍爲南安人。少遊京師學轉讀，〔一〕止白馬寺。音調甚工，而過且自任，時人未之推也。於是專精規矩，更加研尋。晚遂出羣，翕然改觀。誦三本起經，尤善其聲。後還蜀，止龍淵寺。巴漢懷音者，皆崇其聲範。每梵音一吐，輒象馬悲鳴，行途住足。因製造銅鐘，願於未來當有八音四辯。〔二〕庸蜀有銅鐘，始於此也。後終所住。〔三〕

吴景帝世，烏程民有得痼病，及差能以響言。響言者，於此而聞彼。然自所聽之，不覺其聲之大也。自遠聽之，如人對言，不覺聲之自遠來也。聲之所往，隨其所向，遠者不過十數里。〔四〕右此四驗出梁高僧傳。

北齊時有仕人姓梁，甚豪富。將死，謂其妻子曰：吾平生所愛奴及馬，皆使用日久，稱人意。吾死可以爲殉，〔五〕不然無所乘也。及死，家人以囊盛土壓奴殺之，馬猶未殺。奴死四日而穌，説云：當不覺去。忽至官府門，門人因留止在門所。經一宿，明旦見其亡主被鎖兵守衛入官所。見奴謂曰：我謂

〔一〕「讀」字原作「讃」，據高麗藏本改。

〔二〕「願」字原闕，「當」字原作「常」，據高僧傳補改。

〔三〕出高僧傳卷十三釋曇憑傳。

〔四〕此段出處待考。

〔五〕「可」字原脱，據高麗藏本補。

死人得使奴婢，故遺言喚汝。今各自受其苦，全不相關，今當白官放汝。言畢而入。奴從屏外闚之，見官問守衛人曰：昨日壓脂多少乎？對曰：得八斗。官曰：更將去壓取一斛六斗。主則被壓牽出，竟不得言。明旦又來，有善色，謂奴曰：今當爲汝白也。又入，官問：得脂乎？對曰：不得。官問：何以？主司曰：此人死三日，家人爲請僧設會，每聞經唄聲，鐵梁輒折，故不得也。官曰：且將去。主司白官，請官放奴，即喚放，俱出門。主遣傳語其妻子曰：賴汝等追福，獲免大苦，然猶未脱。〔一〕更能造經像以相救濟，冀因得免。自今無設祭，既不得食而益吾罪。言畢而別。奴遂重生而具言之。家中果以其日設會，於是傾家追福，合門練行。右一驗出冥報拾遺記。〔二〕

唐括州刺史樂安任義方，武德年中死，經數日而穌。自云：被引見閻羅王，王令人引示地獄之處。所説與佛經不殊。又云：地下晝夜昏暗，如霧中行。于時其家以義方心上少有溫氣，遂即請僧行道。義方乃於地下聞其讚唄之聲。王檢其案，謂之吏曰：未合即死，何因錯追。遂放令歸。義方出度三關，關吏皆睡。送人云：但尋唄聲，當即到舍。見一大坑當道，意欲跳過，遂落坑中，應時即起。論説地獄，畫地成圖。其所得俸禄，皆造經像，曾寫金剛般若千餘部。義方自説。右一驗出冥報拾遺。〔三〕

〔一〕「猶」字原作「由」，據高麗藏本、磧砂藏本、南藏本、嘉興藏本改。

〔二〕太平廣記卷三八二引，作出法苑珠林。

〔三〕「驗」字原脱，據高麗藏本補。太平廣記卷三八二引，作出法苑珠林。

法苑珠林校注卷第三十七

敬塔篇第三十五此有六部

述意部第一

敬惟如來應現，妙色顯於三千；正覺韜光，遺形傳於八萬。是以塔踊靈山，影留石窟。刻檀畫氎之儀，〔一〕鑄金鏤玉之狀。全身碎身之迹，聚塔散塔之奇。而光曜重昏，福資含識。致使英聲遐美，邪

〔一〕「刻」字原作「剋」，據高麗藏本、磧砂藏本、南藏本、嘉興藏本改。

徒結信。肇啓育王之始，終傳有唐之初。自歷代繁興，神化非一。故經曰：「正法住，正法滅。」〔一〕意存兹乎！

引證部第二

如觀佛三昧經云：「佛留影石室在那乾呵羅國毒龍池側。佛坐龍石室窟中，爲龍作十八變。踊身入石，猶如明鏡，在於石内，映現於外。遠望則見，近望不現。諸天百千供養佛，佛影亦説法。」〔二〕迄今不滅，待至彌勒。

又大集經云：〔三〕「忉利天城東照明園中有佛髮塔，城南粗澀園中有佛衣塔，城西歡喜園中有佛鉢塔，城北駕御園中有佛牙塔。」〔四〕

又智度論云：「天帝釋取菩薩髮及衣，於天上城東門外立佛髮塔、衣塔。」〔五〕

〔一〕出勝鬘師子吼一乘大方便方廣經一乘章。
〔二〕出觀佛三昧海經卷七觀四威儀品。
〔三〕「大」字原脱，據高麗藏本補。
〔四〕此段出處待考。
〔五〕出大智度論卷三十五。

又育王傳云：「王得信心，問道人曰：我從來殺害，不必以理，今修何善得免斯殃？荅曰：唯有起塔供養衆僧，救諸囚徒，賑濟貧乏。故譬喻經云：「王宮内常以四事供養二萬沙門，盡心被禮。」〔一〕不可具述。王曰：何處可起塔？道人即以神力左手掩日光，作八萬四千道，散照閻浮提。所照之處，皆可起塔。今諸塔處是也。時王欲建舍利塔，〔二〕將四部兵衆至王舍城取阿闍世王佛塔中舍利還，後修治此塔，與先無異。如是更取七佛塔中舍利，至衆摩村中。時諸龍王將王入龍宫中，王從龍索舍利供養，龍即分與之。時王作八萬四千金銀瑠璃玻瓈篋，盛佛舍利。又作八萬四千寶瓶，以盛此篋。又作無量百千旛幢傘蓋，使諸鬼神各持舍利供養之具，敕諸鬼神言：於閻浮提至於海際城邑聚落滿一億家者，爲世尊立塔。時有國名奢叉尸羅，有三十六億家。彼國人語鬼神言：可三十六篋舍利與我等起立佛塔。王作方便，國中人少者，令分與彼令滿家數而立爲塔。時巴連弗邑有上座，名曰耶舍。王詣彼所，白上座曰：我欲一日之中立八萬四千佛塔，徧此閻浮提，意願如是。時彼上座白言：善哉大王！剋後十五日，日正食時，令此閻浮提一時起諸佛塔。如是依數乃至一日之中立八萬四千塔。世閒人民興慶無量，共號曰阿育王塔。」〔三〕

〔一〕出雜譬喻經卷上。

〔二〕「塔」字原脱，據高麗藏本補。

〔三〕出雜阿含經卷二十三。作育王傳誤。

又大阿育王經云："八國共分舍利，阿闍世王分數得八萬四千，又别得佛口髭。還國道中逢難頭禾龍王，從其求舍利分。阿闍世王不與。便語言：我是龍王，力能壞汝國土。阿闍世王怖畏，即以佛髭與之。龍還，於須彌山下高八萬四千里，於下起水精塔。阿闍世王得還國，以紫金函盛舍利，作千歲燈火，於五恒河沙水中塔藏埋之。後阿育王得其國土。王娶夫人，身長八尺，髮亦同等，衆相具足。王令相師觀之，師言：當爲王生金色之子。王即拜爲第二夫人。後還有娠，足滿十月。王有緣事，宜出外行。王大皇后妬嫉，便作方便，共欲除之。募覓猪母即應産者，〔一〕語第二夫人言：卿是年少，〔二〕甫爾始産，不可露面視天。以被覆面，即生金色之子，光照宫中。盜持兒去殺之，即以猪子著其身邊，便駡言：汝云當爲王生金色之子，何故生猪。便取輪頭拍囚内後園中，令服菜茄。〔三〕王還，聞之不悦。久久之後，王出行園，見之憶念，迎取歸宫。第二夫人漸得親近，具説情狀。王聞驚怪，即殺八萬四千夫人。阿育王後於城外造立地獄，治諸罪人。佛知王殺諸夫人，應墮地獄，即遣消散比丘化王。王發信悟，問比丘言：殺八萬四千夫人罪，可得贖不？道人言：各爲人起一塔，塔下著一舍利，當得脱罪耳。王即尋覓阿闍世王舍利。有國相父，年百二十，將五百人取本舍利。王得大喜，即分與鬼神，各

〔一〕"募"字原作"慕"，據高麗藏本改。
〔二〕"年"字原脱，據高麗藏本補。
〔三〕"茄"字原脱，據高麗藏本補。

還所部，令一日一時同戴八萬四千剎。諸鬼神言：多隔山障，不得相知。王言：汝曹但還治槃護剎安鈴，我當使阿脩輪以手摸日，四天下亦同時震。」〔一〕

又阿育王經云：「塔成，造千二百織成旛及雜華，未得懸旛，王身崩没。塔成已六日，王請僧至園供養。時有優婆崛多羅漢將一萬八千阿羅漢受王請。尊者崛多，顏貌端正，身體柔軟。而王體醜陋，肌膚粗澁。尊者即說偈言：

我行布施時，净心好財物；不如王行施，以沙施於佛。

王告大臣：我以沙施佛，報獲如是，云何而不修敬於世尊。王後尋佛弟子迦葉、阿難等所有佛在世時弟子塔廟，躬到塔所，具展哀情，責心修敬，各興種種供養。更立大塔，各捨十萬兩珍寶供養是塔。次至薄拘羅塔，應當供養。王問：彼有何功德？崛多尊者荅曰：彼無病第一，乃至不爲人說一句法，寂默無言。王曰：以一錢供養。諸臣白王言：功德既等，何故於此供養一錢。王告之曰：聽吾所說偈：

雖除無明癡，智慧能鑒察；雖有薄拘羅，於世何所益。

時彼一錢還來至王所。時大臣輩見是希有事，異口同音讚彼。嗚呼！尊者，少欲知足，乃至不須一錢。

〔一〕出雜阿含經卷二十三。作阿育王經誤。

王乃供養菩提樹不絶。夫人名曰低舍羅絺多，作念：王極愛念於我。念王今捨我珍寶，至菩提樹間。我方便殺樹令死，王不得往，可得與我相娱。夫人即遣人以熱乳澆之，樹枯葉落。王聞是語，迷悶躃地。夫人見王憂愁不樂，當悦王心，白王曰：若無彼樹，我命亦無。如來於彼樹得道，彼樹既無，何用活耶？復以冷乳灌之，彼樹更生。王聞歡喜，詣於樹下，目不暫捨。以千甕香湯溉灌菩提樹，倍復嚴好，增長茂盛。後王潔浄身心，手執香爐，在於殿上，向西方作禮。心念口言：如來賢聖，弟子在諸方者，憐愍我故，受我供養。如是語時，有三十萬比丘悉來集。彼大衆中十萬是阿羅漢，二十萬是學人及凡夫。宫人太子羣臣共王所作功德無量，不可述盡。

又雜阿含經云：「阿育王問比丘言：誰於佛法中能行大施？諸比丘言：給孤獨長者最行大施。王問：彼施幾許？比丘荅曰：以捨億千金。王聞已，彼長者尚能捨億千金，我今爲王，何緣復以億千金施。當以億百千金施，乃至用私藏盡，將此閻浮提夫人婇女太子大臣總施與聖僧，後用四十億金還復贖取。如是計較總用九十六億千金。乃至王得重病，自知命盡，常願以億百千金作功德，今願不滿，便就後世，唯減四億未滿。王即辦諸珍寶送與鷄頭摩寺，乃至以半阿摩勒果送與僧。禮拜僧足，問訊大聖衆等：我領此閻浮提是我所有。今者頓盡，不得自在，唯此半果，哀愍納受，令我得福。上座耶舍

〔一〕出雜阿含經卷二十三。作阿育王經誤。

令研磨著石榴羹中行之，一切皆得周徧。王復問傍臣曰：誰是閻浮提王？諸臣啓王言：大王是也。時王從卧起而坐，顧望四方，合掌作禮，念諸佛功德。心念口言：我今復以此閻浮提施與三寶。時王書紙上而封緘之，以齒印印之。作如是事畢，即便無常。爾時太子及諸人民興種種供養葬送，如王之法而闍維之。」〔一〕

又法益經云：「爾時諸大臣言：今是大地屬於三寶，云何而立太子爲王。諸臣語已，共議出四億金送與寺中，將贖其地。」〔二〕又善見論云：「阿育王以金錢九十六億起八萬四千寶塔，復大種種布施。」〔三〕

興造部第三

述曰：上來所引經論，興置所由，其已知乎。然未識塔義是何？復有幾種？所爲之人復通凡不？

荅曰：梵漢不同，翻譯前後，致有多名，文有訛正。所云塔者，或云塔婆，此云方墳；或云支提，翻爲滅惡生善處。或云斗藪波，此云護讚，若人讚歎擁護歎者。西梵正音名爲窣堵波，此云廟。廟者，貌也，

〔一〕出雜阿含經卷二十五。

〔二〕出雜阿含經卷二十五。作法益經誤。

〔三〕出善見律毘婆沙卷一。

即是靈廟也。安塔有其三意：一、表人勝，二、令他信，三、爲報恩。若是凡夫比丘有德望者，亦得起塔。餘者不合。若立支提，有其四種：一、生處，二、得道處，三、轉法輪處，四、涅槃處。諸佛生處及得道處，此二定有支提。生必在阿輪柯樹下，此云無憂樹。此是夫人生太子之處，即號此樹爲生處支提。如來得道在於菩提樹下，即呼此樹下爲得道支提。如來轉法轉及涅槃處，此二無定。初轉法輪爲五比丘在於鹿苑，縱廣各二十五尋。一尋八尺。古人身大，故一尋八尺，合二十丈。今天竺人處處多立轉法輪，取一好處，而依此量，豎三柱安三輪，表佛昔日三轉法輪相，即名此處爲轉法輪支提。如來入涅槃處安置舍利，即名此處爲涅槃支提。現今立寺名涅槃寺，此則爲定。若據舍利處處起塔，則爲不定。此四亦名窣堵波。

又毗婆沙論云：「若人起大塔，如來生處、轉法輪處。若人取小石爲塔，其福等前大塔，所爲尊故。若爲如來大梵起大塔，或起小塔，以所爲同故，其福無異。」〔一〕

又阿含經云：「有四種人應起塔：一、如來，二、辟支佛，三、聲聞，四、輪王。」〔二〕

又十二因緣經云：「有八人得起塔：一、如來，二、菩薩，三、緣覺，四、羅漢，五、阿那含，六、斯陀含，七、須陀洹，八、輪王。若輪王已下起塔，安一露槃。見之不得禮，以非聖塔故。初果二露槃，乃至

〔一〕「異」字原作「量」，據毗婆沙論改。出阿毗曇毗婆沙論卷四十二。

〔二〕出長阿含經卷三。

如來安八露槃。八槃已上，並是佛塔。」〔一〕

又僧祇律云：「初起僧伽藍時，先規度好地，將作塔處。不得在南，不得在西，應在東，應在北。不侵佛地僧地，應在西在南作僧房。佛塔高顯處作，不得塔院内浣染曬衣唾地。得爲佛塔四面作龕，作獅子鳥獸種種綵畫，内懸旛蓋。得爲佛塔四面造種園林華果，是中出華應供養塔。若樹檀越自種，檀越言：是中華供養佛，果與僧食。佛言：應從檀越語。若華多者，得與華鬘家語言：爾許華作鬘與我，餘者與我爾許直。若得直得用然燈買香以供養佛，兼得治塔。若直多者，得置佛無盡物中。若人言：佛無貪恚癡，但自莊嚴，用是華果而受樂者，得罪報重。佛言：亦得作支提。有舍利者名塔，無舍利者名支提。如佛生處、得道處、轉法輪處、佛泥洹處、菩薩像、辟支佛像、佛脚跡處，此諸支提得安佛華蓋供養。若供養中，上者供養佛塔，下者供養支提。若卒風雨來，應收供養具，隨近安之。不得言：我是上座，我是阿練。若乞食大德等，得越毗尼罪。若塔僧物，賊來急時不得藏棄，〔二〕佛物，應莊嚴佛像，僧座具應敷，安置種種飲食，令賊見相。若起慈心，賊問：比丘莫畏出來，年少應看。若賊卒至不得藏物者，應言：一切行無常。作是語已，捨去。是名難法。」〔三〕

〔一〕此段出處待考。

〔二〕「棄」字原作「舉」，據高麗藏本改。

〔三〕出摩訶僧祇律卷三十三。

感福部第四

如小未曾有經云：「佛告阿難：若有一人盡四天下滿中草木皆悉爲人，得四道果及辟支佛，盡壽四事供養所須具足，至滅度後一一起塔，香華幢旛寶蓋供養。復造帝釋大莊嚴殿，用八萬四千寶柱，八萬四千寶窗，八萬四千天井寶窗，八萬四千樓櫓館閣，四出園遶，衆寶挍飾。若有善男子善女人作如上百千億大莊嚴殿，用施四方僧，其福雖多，然不如有人於佛般涅槃後，以如芥子舍利起塔，大如菴摩勒果。其刹如針，上施槃蓋，如酸棗葉。若佛形像如麵麥大，勝前功德滿足百倍不及一，千倍萬倍百千萬倍所不能及，不可稱量。阿難，當知如來無量功德，戒分、定分、智慧分、解脱分、知見解脱分，無量功德，有大神通變化及六波羅蜜如是等無量功德。」〔一〕

又無上依經云：「阿難向佛合掌而作是言：我於今日入王舍城乞食，〔二〕見一大重閣莊嚴新成，內外宛密。若有清信人布施四方僧，并具四事，若如來滅後，取佛舍利如芥子大，安立塔中，起塔如阿摩羅子大，戴刹如針大，露槃如棗葉大，造佛如麥子大。此二功德何者爲勝？佛告阿難：如滿四天下四果聖人及辟支佛，如甘蔗林竹荻麻田等。若有一人盡壽供養，四事具足，及入涅槃後，悉起大塔供

〔一〕出未曾有經。
〔二〕「城」字原脱，據高麗藏本補。

養，然燈燒香衣服幢旛等。阿難，於意云何？是人功德多不？阿難言：甚多，世尊。阿難，且置，又如帝釋天宫住處有大飛閣，名常勝殿，種種寶裝，各八萬四千。若有清信男子女人造作如是常勝寶殿，百千拘胝，施與四方衆僧。若復有人如來般涅槃後，取舍利如芥子大，造塔如阿摩羅子大，戴刹如針大，露盤如棗葉大，造佛形像如麥子大。此功德勝前所説百分不及一千萬億分，乃至阿僧祇數分，所不及一，及譬喻所不及。何以故？如來無量功德故。縱碎娑婆世界末爲微塵，以此次第悉是四沙門果及辟支佛，若有清信男女盡形供養，及以滅後起塔供養，亦不如取舍利如芥子大，乃至造像如麥子大。此功德前所説百分千萬億分不及一分，乃至筭數譬喻所不能及。如是阿難，一切如來昔在因地知衆生界自性清净，客塵煩惱之所汙濁。然不入衆生清净界中，能爲一切衆生説深妙法，除煩惱障，不應生下劣心，以大量故。於諸衆生生尊重心，起大師敬，起般若，起闍那，起大悲。依此五法，菩薩得入阿鞞跋致位。此云不退。依如證大方便得阿耨菩提。」〔一〕

又涅槃經云：「若於佛法僧供養一香燈，乃至獻一華，則生不動國。善守佛僧物，塗掃佛僧地，造像塔如母指，常生歡喜心，亦生不動國。此即净土常嚴，不爲三災所動也。」〔二〕

又僧祇律云：「佛於拘薩羅國遊行。時婆羅門耕地，見世尊過，持牛杖拄地，禮佛。世尊見已，便

〔一〕 出無上依經卷上校量功德品、如來界品。

〔二〕 出大般涅槃經卷二十一。

發微笑。諸比丘白佛：何因緣故笑？唯願欲聞。佛告諸比丘：是婆羅門今禮二佛。諸比丘白言：何等二佛？佛告比丘：禮我杖下有迦葉佛塔。諸比丘白佛：願見迦葉佛塔。佛告諸比丘：汝從此婆羅門索土塊并是地。即便索之，時婆羅門便與之。得已，爾時世尊即現出迦葉佛七寶塔，高一由延，其面廣半由延。婆羅門見已，便白佛言：我姓迦葉，是我迦葉土埠。爾時世尊即於彼處作迦葉佛塔。諸比丘白佛：我得授泥不？佛言：得授。即説偈言：

真金百千擔，　持用行布施。　不如一團泥，　敬心治佛塔。

爾時世尊敬過去佛故，便自作禮。諸比丘亦禮。佛説偈言：

人等百千金，　持用行布施。　不如一善心，　恭敬禮佛塔。

爾時比丘即持香華來奉。世尊敬過去佛故，即持供養塔。佛即説偈言：

百千車真金，　持用行布施。　不如一善心，　香華供養塔。

爾時大衆雲集。佛告舍利弗：汝爲諸人説法。佛説偈言：

百千閻浮提，　滿中真金施。　不如一法施，　隨順令修行。

爾時座中有得道者。佛説偈言：

百千世界中，　滿中真金施。　不如一法施，隨順見真諦。」〔一〕

又法句喻經云：「昔佛在世時，遣一羅漢，名曰須曼，持佛髮爪，至罽賓國南山之中造佛塔。寺中常有五百羅漢，旦夕燒香，遶塔禮拜。時山中有五百獼猴，見僧遶塔禮拜供養，即共負石，學僧作塔，遶之禮拜。于時天雨，山水瀑漲，五百獼猴一時没死，生忉利天。七寶宫殿，巍巍無量，衣食自然，快樂無極。既得生天，各自念言：我等何緣得來生此？即以天眼觀見前身，作其獼猴，由學衆僧戲笑作塔，山水所漂，命終生此。即共相將，齎持香華，從天下來，供養死屍。迴詣佛所，禮拜問訊。佛爲説法，五百天子一時皆得須陁洹果。既得果已，還歸天上。」〔二〕獼猴學僧戲笑作塔，尚獲福報，巍巍乃爾，豈況於人，信心造塔，寧無果報！

又譬喻經云：「昔佛涅槃後，阿育王國有迦羅越。其人福德，世間希有，意有所須，應念即至。其家舍宅七寶所成，閣内婦女，端正少雙，晝夜娱樂，快樂無極。其人信心，恒常供養二萬餘僧。阿育王聞，便召見之，而語之言：聞卿大富，家有何物？即荅王言：家無所有。王不信之，便遣人看。使至，唯見門閣七重，舍宅堂宇，七寶莊嚴，巍巍無量。使入室中，不見餘物，唯見婦女，端正少雙。使見即還，具以白王。王意漸解。時迦羅越知王解已，便於王前以手東指，即時空中七寶雨下，不可限量。指

〔一〕出摩訶僧祇律卷三十三。

〔二〕出法句譬喻經卷二惡行品。

餘三方，亦復如是。王見乃知是大福德。王即詣寺，請問此事。寺有上座，得阿羅漢，三明六通。王問上座：此迦羅越宿植何福？所須自然，應念即至。上座荅王：乃往過去九十一劫毗婆尸佛入涅槃後，迦羅越爾時與其四人同共造塔，用心偏殷。造塔成已，復以七寶及取好華，上塔頭上，四面散下，而以供養，發誓願言：使我世世食福自然，恒不斷絶。緣是功德，從是以來，九十一劫，不墮惡道，天上人中，食福自然，快樂無極。爾時但願食福無盡，不願度脱，故至今日唯受勝福，未得道迹。」〔一〕

又大悲經云：「佛告阿難：若人樂著三有果報，於佛福田若行布施，餘諸善根，願我世世莫入涅槃。以此善根，不入涅槃，無有是處。是人雖不樂求涅槃，然於佛所種諸善根，我説是人必入涅槃也。」〔二〕

又百緣經云：「昔佛在世時，舍衛城中有一長者，其家巨富，財寶無量，不可稱計。生一男兒，端正殊妙，世所希有。其兒兩手，各把金錢，取已還生，無有窮盡。父母歡喜，因爲立字，名曰寶手。年漸長大，慈悲孝順，好喜布施。有人來乞，申其兩手，出好金錢，尋以施之。後與諸人出城遊觀，前到祇洹。見佛相好，心懷歡喜，頂禮請佛及比丘僧：願受我供。阿難語言：設供須財。於是寶手即申兩手，金錢雨落，須臾滿地，積聚過人。佛敕阿難，令爲營供飯食訖。佛爲説法，得須陀洹。歸辭父母，求乞出

〔一〕此經已佚。經律異相卷六引譬喻經第一卷，故事與此大同。

〔二〕出大悲經卷三布施福德品。

家。既出家已，得阿羅漢果。阿難見已，而白佛言：寶手比丘宿植何福？生於豪族，手出金錢，取無窮盡，又值世尊，出家得道。佛告阿難：昔迦葉佛入涅槃後，有迦翅王收其舍利，造四寶塔。時有長者見豎塔根，心生隨喜，持一金錢安著塔下，發願而去。緣是功德，不墮惡道，天上人中，常有金錢，受福快樂。乃至今者遭值於我，出家得道。」〔二〕

又百緣經云：「佛在世時，迦毗羅衛城中有一長者，財寶無量。其婦懷妊，生一男兒，容貌端正，世所希有。然其生時頂上自然有摩尼寶蓋，徧覆城上。父母歡喜，因爲立字，名曰寶蓋。漸長值佛，出家得羅漢果。佛告比丘：乃往過去九十一劫有佛出世，號毗婆尸。遷神入涅槃後，有國王名槃頭末帝，收取舍利，造四寶塔，高一由旬，而供養之。時有商主入海採寶，安隱得來，即以摩尼寶珠蓋其塔頭，發願而去。緣是功德，九十一劫不墮惡趣，天上人中常有寶蓋隨共而生，乃至今者得值於我，出家獲道。聞佛所說，歡喜奉行。」〔三〕

又百緣經云：「佛在世時，迦毗羅衛城中有一長者，財寶無量，不可稱計。其婦生一男兒，端正殊妙，世所希有。頭上自然有摩尼珠，時父母因爲立字，名曰寶珠。年漸長大，見佛出家，成阿羅漢果。入城乞食時，寶珠故在頭上。城中人民怪其所以，競來看之。深自慚恥，還歸所止，白言：世尊，我此

〔二〕出撰集百緣經卷九寶手比丘緣。
〔三〕出撰集百緣經卷七頂上有寶蓋緣。

頭上有此寶珠，不能使去。今者乞食，爲人嗤笑。願佛世尊見却此珠。佛告比丘：汝但語珠：我今生分已盡，更不須汝。如是三説，珠自當去。比丘受教，寶珠不現。時諸比丘請佛爲説宿業因緣。佛告比丘：乃往過去九十一劫，有佛出世，號毗婆尸。入涅槃後，時彼國王名槃頭末帝，收其舍利，造四寶塔，高一由旬，而供養之。時彼國王入塔禮拜，持一摩尼寶珠繫著棖頭，發願而去。緣是功德，九十一劫，不墮三塗，天上人中，常有寶珠在其頂上，受天快樂。至今值佛出家，得阿羅漢果。比丘聞已，歡喜奉行。」〔一〕

旋遶部第五

如菩薩本行經云：「昔佛在世時，佛與阿難入舍衛城而行乞食。時彼城中有一婆羅門，從外而來，見佛出城，光相巍巍。時婆羅門歡喜踊躍，遶佛一匝，作禮而去。佛便微笑，告阿難言：此婆羅門見佛歡喜，以清净心遶佛一匝。以此功德，從是以後，二十五劫，不墮惡道，天上人中，快樂無極。竟二十五劫，得辟支佛，名持儭那祇梨。」〔二〕以是因緣，若人旋佛及旋佛塔，所生之處，得福無量也。

又提謂經云：「長者提謂白佛言：散華燒香然燈禮拜，是爲供養，旋塔得何等福？佛言：旋塔有

〔一〕出撰集百緣經卷七項上有寶珠緣。

〔二〕出菩薩本行經卷上。

五福德：一、後世得端正好色，二、得聲音好，三、得生天上，四、得生王侯家，五、得泥洹道。何因緣得端正好色？由見佛像歡喜故。何緣得聲音好？由旋塔説經故。何緣得生天上？由當旋塔時意不犯戒故。何緣得生王侯家？由頭面禮佛足。何因緣得泥洹道？由有餘福故。佛言：旋塔有三法：一、足舉時當念足舉，二、足下時當念足下，三、不得左右顧視唾寺中地。」右遶者，〔一〕經律之中制令右旋。若左遶行，爲神所訶。乃至左遶麥積，〔二〕爲俗所責。其徒衆矣。今時行事者，順於天時，面西北轉，右肩袒膊，向佛而恭也。或旋百匝、十匝、七匝、三匝，各有所表。且論常行三匝者，表供養三尊，止三毒，净三業，滅三惡道，得值三寶故。華嚴經偈云：

「始欲旋塔，當願衆生，施行福祐，究暢道意。遶塔三匝，當願衆生，得一向意，不續四毒。」〔三〕

又賢者五戒經云：「旋塔三匝者，表敬三尊：一佛，二法，三僧。亦念滅三毒：一貪，二瞋，三癡。」〔四〕

〔一〕「右」字原作「左」，據高麗藏本、磧砂藏本、南藏本改。

〔二〕「左」字原作「右」，據高麗藏本、磧砂藏本、南藏本改。

〔三〕出菩薩本業經。即華嚴净行品異譯。

〔四〕此經已佚。

又三千威儀云：「遶塔有五事：一、低頭視地，二、不得蹈蟲，三、不得左右顧視，四、不得唾塔前地上，五、不得中住與人語。」〔一〕

〔一〕出大比丘三千威儀卷上。

法苑珠林校注卷第三十八

故塔部第六

依像法决疑經云：「造新不如修故，作福不如避禍。」〔一〕斯言驗矣。或有村坊塔寺，損故伽藍，堂殿朽壞，舍屋崩摧。席扇蓬户，靡隔煙塵，甕牖茅茨，無掩霜露。是以門墻彫毁，糞穢盈階，路絶人蹤，僧徒漂寄。不修不飾，日就衰羸，造罪造愆，無時暫捨。夜暗燈燭，本自無聞；晝日旛華，元來非見。堂絶梵唄，鑪停海岸。遂使惡鬼效靈，善神捨衛。伽藍無固，直爲僧徒慢惰；佛法既衰，亦由白衣無敬。此而不憂，更欲何求。

又寶梁經云：「有一賢者面上有國王文，相師見已，嫁女與之。後時賢者入僧寺中，杖倚伽藍。生憍慢故，失國王文，墮大地獄。」〔二〕

〔一〕此經已佚。
〔二〕出大寶積經卷一一三寶梁聚會。

又薩遮經云：「或嫌塔寺及諸形像妨礙，送置餘處者，如是惡人攝在惡逆衆生分中，上品治之。」〔一〕

又十輪經云：「若破寺殺害比丘，其人壽終，支節皆疼，多日不語，死墮阿鼻地獄，具受諸苦。」〔二〕

又三千威儀云：「掃塔上有五事：一、不得著履上。二、不得背佛掃塔。三、不得取上善土持下棄。四、不當下佛像上故華。五、當旦過澡手，自持净巾，還拭佛像。復有五事：一、當先灑地，二、當使調，三、當待燥，四、不逆掃，五、不得逆風掃。復有五事：一、不得去善土，二、當自手拾草，三、當取中土轉著下處，四、不得令四角掃處有迹，五、掃塔前六步使净。」〔三〕此處事務故限約六步。若事閑豫，多掃彌善也。

又正法念經云：「若有衆生净心供養衆僧，掃如來塔，命終生意躁天。身無骨肉，亦無汙垢，香氣能熏一百由旬，其身净潔，猶如明鏡。」〔四〕

又正法念經云：「若有衆生識於福田，見有佛塔風雨所壞，若僧房舍，以福德心塗飾治補，復教他

〔一〕出大薩遮尼乾子所説經卷四王論品。

〔二〕出大方廣十輪經卷四刹利旃陀羅現智相品。

〔三〕出大比丘三千威儀卷下。

〔四〕出正法念處經卷二十三。

人令治故塔，命終生白身天。其身鮮白，入珊瑚林，與諸天女五欲自娱，〔一〕業盡還退。若生人中，其身鮮白。」〔二〕

又雜寶藏經云：「若掃僧房一閻浮提，不如掃佛塔一手掌。」〔三〕成論亦同。〔四〕

又撰集百緣經云：「掃地得五功德：一、自除心垢，二、除他垢，三、去憍慢，四、調伏心，五、增長功德得生善處。」〔五〕

又無垢清浄女問經云：「掃地得五功德：一、自心清浄，他人見生浄心。二、爲他愛。三、天心歡喜。四、集端正業。五、命終生善道天中。」〔六〕

又沙彌威儀經云：「掃地有五法：一、不得背人，二、不得逆掃，三、當令浄，四、不得有迹，五、當即分却。」〔七〕

〔一〕「與」字原脱，據高麗藏本補。

〔二〕出正法念處經卷二十四。

〔三〕雜寶藏經無此文。

〔四〕出成實論卷七大小利業品。

〔五〕出撰集百緣經卷四梵摩王太子求法緣。

〔六〕出無垢優婆夷問經。

〔七〕出沙彌十戒法并威儀。

又增一經云：「掃佛塔有五法：一、水灑地，二、除去瓦石，三、平正其地，四、端意掃地，五、除去穢惡。」〔一〕地既净已，隨能持一枝香華散布地上供養，得福無量。故華嚴偈云：

「散華莊嚴净光明，　莊嚴妙華以爲帳。
散衆雜華徧十方，　供養一切諸如來。」〔二〕

又百緣經云：「昔佛在世時，與諸比丘到恒河邊，見一故塔毁落崩壞。比丘問佛：此是何塔？朽故乃爾。佛告比丘：此賢劫中，波羅柰國梵摩達王正法治化，唯無子息。禱祀諸神，求索有子，困不能得。時王國中有一池水，生一蓮華。其華臺中有一童子，結跏趺坐，有三十二相，八十種好，口出優鉢羅華香，身諸毛孔出栴檀香。王及妃后見甚歡喜，即抱還宫，養育漸大。隨其行處，蓮華承足。因香立字，名栴檀香。後悟非常，成辟支佛。身昇虚空，作十八變，尋入涅槃。王收舍利，起塔供養，是彼塔耳。比丘問佛：宿植何福？受斯果報。佛告比丘：乃往過去拘樓孫佛時，有長者子，甚好婬色。見一婬女，心生躭著。無財可與，遂至塔中盗華與之，乃共夜宿。曉即身體生其惡瘡，痛不可言。唤醫療治，醫占云：須牛頭栴檀，用塗瘡上，可得除愈。時長者子即賣家宅得於金錢，滿六十萬，尋用買香。正得六兩，擬用塗瘡，心自思惟，即語醫言：我今所患，乃是心病。即持所買牛頭栴檀，擣以爲末，入其

〔一〕出增一阿含經卷三十五五王品。
〔二〕出大方廣佛華嚴經卷六賢首菩薩品。

塔中，發誓願言：如來往昔修諸苦行，〔一〕誓度衆生，除其厄難。〔二〕我今此身，慞一生數，〔三〕唯願世尊慈悲憐愍，除我此患。作是誓已，用香塗塔，以償華價。至心供養，求哀懺悔。瘖尋得差，身諸毛孔有栴檀香。聞此香已，歡喜禮拜，發願而去。緣是功德，不墮惡道，天上人中，常受快樂，隨其行處，蓮華承足，身諸毛孔，恒有香氣。」〔四〕是故智者當作是學。

又小法滅盡經云：「後劫火起時，曾作伽藍所，不爲火焚，乃至金剛界爲土臺也。」

又菩薩本行經云：「昔佛在世時，告五百阿羅漢：汝等各説前世宿行，所作功德，今得值我得道因緣。時有阿羅漢名婆竭多梨，即從座起白佛言：世尊，我念過去無央數劫，有佛出世，號曰定光。入涅槃後，分布舍利，起塔供養。法欲末時，有一貧人，無方自濟，賣薪爲業。向澤採薪，遥見澤中有一塔寺，甚爲巍巍。即到塔邊，瞻覩形像，歡喜作禮。唯見狐狼飛鳥走獸止宿之處，草木荆棘，不净滿中，迴絶無人，復無行跡，無供養者。貧人覩見，心用愴然，而不曉知如來神德，但以歡喜誅伐草水，掃除不净。掃訖歡喜，遶之八匝，作禮而去。緣此功德，命終之後，生光音天。衆寶宫殿，光明晃煜，於諸天

〔一〕「如」字原作「知」，據高麗藏本、磧砂藏本、南藏本、嘉興藏本改。
〔二〕「除」字原作「隨」，據高麗藏本改。
〔三〕「慞」字原作「隨」，據高麗藏本改。
〔四〕出撰集百緣經卷三化生王子成辟支佛緣。

中，巍巍最勝，不可計量。盡其天壽，而復百返作轉輪王，七寶自然，王四天下。後復壽盡，常生國王大姓長者家，〔一〕財富無量，顔容端正，殊妙無雙。人見歡喜，無不愛敬。欲行之時，道路自淨，虚空之中，雨散衆華。婆竭多言：昔貧人者，今我身是。由昔掃塔，生處自然，一阿僧祇九十劫中，不墮惡道，天上人間，富貴尊榮，封受自然，快樂無極。今最後身值釋迦佛，捨豪出家，得阿羅漢，三明六通，具八解脱。若有人能於佛法僧少作微善如毛髮許，所生之處，受報弘大，無有窮盡。」〔二〕

又譬喻經云：「祇陀太子昔毗婆尸佛時，布施一奴一婢給掃寺廟。緣此功德，世世常得七寶宫宅，門户兩邊常有自然金銀男女，擎持寶鉢，滿中七寶，取無窮盡。夜中常有自然天兵五百餘騎，衛護其舍，無敢近者。輪王七寶者：一、金輪寶，二、白象寶，三、紺馬寶，四、神珠寶，五、玉女寶，六、主藏臣寶，七、主兵神寶。」〔三〕

又雜寶藏經云：「昔舍衛國中有一長者，造立塔寺。後時命終，生忉利天。其婦晝夜追憶夫故，愁憂苦惱。以憶夫故，常掃治夫所造塔寺。夫下觀見，即來婦所，問訊安慰而語之言：汝憶我故，大憂愁耶？婦即語言：汝爲是誰？夫尋荅言：我是汝夫。以作塔寺功德因緣，得生天上。見汝憶我，修治塔

〔一〕「生」字原作「住」，據高麗藏本改。

〔二〕出菩薩本行經卷上。

〔三〕此經已佚。

寺，故來汝所。婦言：近我。夫即荅言：人身臭穢，不復可近。汝復欲得爲我妻者，勤供佛僧，修掃塔寺，願生我天。若得生天，我必當還以汝爲妻。婦用夫語，作諸功德，發願生天。其後命終，得生天上，還爲夫婦。夫婦相將，來至佛所。佛爲説法，夫婦並得須陀洹果。既得果已，還歸天上。」〔一〕

又分別功德論云：「昔舍衛城中有夫婦二人而無子息。夫婦精進，信敬三寶。時婦早亡，由信敬故，生忉利天，以爲天女。面首端正，天中少比。天女自念：我極端正，今此世間，誰任我夫？便以天眼觀見本夫。今已出家，年老暗短，專信而已。常勤掃除，塔廟爲業。見其掃塔，必應生天。天女尋下，光明照耀，住其夫前。比丘見已，問其因緣。天女荅曰：我是君婦，今爲天女。我觀天上，無任我夫。見君精進，常勤掃塔，必應生天。若得生天，願同一處，還爲我夫。是以故來，陳其情狀。白意已訖，還歸天上。時夫比丘見此事已，從是以後，倍加精進，修補塔廟，積功轉勝，應生第四兜率天上。天女憶夫，復來語言：君福轉勝，應生兜率天。我今不復得君爲夫。語訖還去。比丘聞已，倍更精進，遂獲得阿羅漢果，三明六通，具八解脱。」〔二〕

又百緣經云：「佛在世時，迦毗羅城中有一長者，財寶無量。其婦生一兒，端正殊妙，見者敬仰。漸大見佛，得阿羅漢果。爾時世尊告諸比丘：乃往過去九十一劫，有毗婆尸佛。入涅槃後，有王名槃

〔一〕出雜寶藏經卷五長者夫婦造作浮圖生天緣。

〔二〕出分別功德論卷三。

頭末帝，收取舍利，造四寶塔而供養之。其後小毀，有童子入塔，見此破處，和顔悦色，集唤衆人，共塗治塔，發願而去。緣是功德，九十一劫，不墮地獄畜生餓鬼，天上人中，受樂無極，常爲天人所見敬仰。乃至今者，遭值於我，出家得道。爾時諸比丘聞佛所説，歡喜奉行。」〔一〕

頌曰：

遺身八萬塔，　寶飾高百丈。　儀鳳異靈鳥，　金盤代仙掌。　積栱承彫角，　高簷掛樹網。
寶地若池沙，　風鈴如積響。　刻削生千變，　丹青圖萬像。　煙霞時出没，　神仙乍來往。
晨霧半層生，　飛旛接雲上。　遊蜺不敢息，　翔鶡詎能仰。　聖變無窮端，　感福豈三兩。
願假舟航末，　彼岸誰云廣。

感應緣略引二十一驗

西晉會稽鄮縣塔
東晉金陵長干塔
石趙青州東城塔

〔一〕出撰集百緣經卷七爲人所恭敬緣。

姚秦河東蒲坂塔
周岐州岐山南塔
周瓜州城東古塔
周沙州城内大乘寺塔
周洛州故都西塔
周涼州姑臧故塔
周甘州删丹縣故塔
周晉州霍山南塔
齊代州城東古塔
隋益州福感寺塔
隋益州晉源縣塔
隋鄭州超化寺塔
隋懷州妙樂寺塔
隋并州净明寺塔

隋并州榆社縣塔

隋魏州臨黄縣塔

統明神州山川并海東塔

雜明西域所造之塔

右以前數内十九塔，並是如來在日行化乞食，因遇童子戲弄沙土以爲米麵。宿祐冥會，以土麵施佛。佛感其善心，爲受塗壁，記此童子：吾滅度後一百年滿，有王出世，〔一〕號爲阿育。作鐵輪王，王閻浮提，一切鬼神並皆臣屬。且使空中地下四十里内所有鬼神，開往前八塔所獲舍利。役諸鬼神，於一日一夜，一億家施一塔，廣計八萬四千塔。具如上經，故不備載。今惟此神州，即是東境，故此漢地，案諸典籍，尋訪有十九塔，並是育王所造八萬四千之數也。若更具引，佛法東流已來，道俗所造，感通者則有百千。且述育王十九塔内，逐要感徵，并同見聞者，略述二十一條。〔二〕餘之不盡者，備如廣傳也。

〔一〕「有」字原作「作」，據高麗藏本改。

〔二〕「述」下原衍「者」字，據高麗藏本删。

初西晉會稽鄮縣塔寺，今在越州東三百七十里鄮縣界。東去海四十里，在縣東南七十里，南去吴村二十五里。案前傳云：晉太康二年，有并州離石人劉薩訶者，生在田家，弋獵爲業。得病死甦，云見一梵僧語訶曰：汝罪重，應入地獄。吾憫汝無識，且放。今洛下、齊城、丹陽、會稽並有古塔，及浮江石像，悉阿育王所造。可勤求禮懺，得免此苦。既醒之後，改革前習，出家學道，更名慧達。如言南行，至會稽。海畔山澤，處處求覓，莫識基緒。達悲塞煩冤，投造無地。忽於中夜聞土下鐘聲，即遷記其處，刺木爲剎。三日間，忽有寶塔及舍利從地涌出，靈塔相狀，青色似石而非石。高一尺四寸，方七寸，五層露槃，似西域于闐所造。面開窗子，四周天全。中懸銅磬，每有鐘聲，疑此磬也。遶塔身上，並是諸佛菩薩金剛聖僧雜類等像。狀極微細，瞬目注睛，乃有百千像現。面目手足，咸具備焉。斯可謂神功聖迹，非人智所及也。今在大木塔内。於八王日轝巡邑里，見者莫不下拜。念佛生善，齋戒終身。其舍利者，在木塔底。其塔左側多有古迹。塔側諸暨縣，越舊都之地也。以句章、鄞、鄮、剡等四縣爲之。諸暨東北一百七里大部鄉有古越城，周迴三里。地記云：越之中葉，在此爲都。離宫别館，遺基尚在。悉生豫樟，多在門階之側。行位相當，森竦可愛。風雨晦朔，猶聞鐘磬之聲。百姓至今多懷肅敬，其迹繁矣。輿志云：阿育，釋迦弟子。能役鬼神，一日夜於天下造佛骨寶塔八萬四千，皆從地出。〔一〕

〔一〕出集神州三寶感通録卷上。

案晉沙門竺慧達云：東方兩塔，一在於此，一在彭城。今秣陵長干又是其一，則有三矣。今以經驗，億家造一塔。計此東夏，理多不疑。且見揚、越，即有二塔。廣統九域，故有隱之。會稽記云：東晉丞相王導云：初過江時，有道人神采不凡，言從海來相造。昔與育王共遊。鄮縣下真舍利起塔鎮之。育王與諸真人捧塔飛行，虚空入海。諸弟子攀引，〔一〕一時俱墮，化爲烏石。石猶人形，其塔在鐵圍山也。太守褚府君云：海行者述島上有聚烏石，作道人形，頗有衣服。褚令鑿取。將視之，石文悉如袈裟之狀。梁祖普通三年，重其古迹，建木浮圖。堂殿房廊，周環備滿。號阿育王寺。四面山繞，林竹葱翠，華卉間發，飛走相娱。實閑放者之佳地也。有碑頌之，著作郎顧胤祖文。寺東南三里山上，有佛右足跡。寺東北三里山頭，有佛左足跡。二所現于石上，莫測其先。寺北二里有聖井，其實深池。中有鰻鱺魚，俗號爲魚菩薩也。人至井所禮拜，魚隨聲出。至隋末賊過，僞禮魚現，賊便以刀斫之，因斷魚尾。自爾潛隱，雖唤不出。時有至心邀請禮拜者，但瀆水而已。初有一僧，聞塔來禮，處所荒凉，將食爲難。有老姥患脚，來爲造食，便去。日日如是，怪之。去後私尋，乃入池内。校量即是池魚所化也。其塔靈異，往往不一。大略爲瑞多現，聖僧遶塔行道，每夕然燈，於光影中現形在壁，旋轉而行。且列數條，多則詞費。至唐貞觀十九年，敏法師者，禹穴道勝，〔二〕歷覽聖迹，依然動神。領徒數百，來

〔一〕「引」字原作「别」，據集神州三寶感通録改。

〔二〕「禹」字原作「寓」，據集神州三寶感通録改。

寺一月，敷講經論，士俗咸會。夜中有人見梵僧百餘，繞塔行道，以事告衆。寺僧曰：此事常有，不足可怪。自古至今四大良日，遠近來寺建齋樹福。然於夜中每見梵僧行道誦經贊唄等相。唐永徽元年，會稽處士張太玄於寺禮誦，沙門智悦獨與太玄連牀而寢。半夜聞誦金剛般若，了了分明。二人静聽，形心欣泰。乃至誦訖殺契，其相若真。尋視無形，明知神授也。〔一〕

西京城内東南曲池日嚴寺，〔二〕寺即隋煬帝造。昔在晉藩，作鎮淮海。京寺有塔，未安舍利。乃發長干寺塔下，取之入京，埋于日嚴寺塔下，施銘於上。于時江南大德五十餘人，咸言：京師塔下舍利，非是育王造塔舍利。育王舍利乃在長干本寺。道俗懷疑，不測是非。至武德七年，日嚴寺廢，僧徒散配，其舍利塔無人守護。時有道宣律師門徒十人配住西市南長壽坊崇義寺。乃發掘塔下，得舍利三枚，白色光明，大如黍米。并爪一枚，少有黄色。并白髮數十。餘有雜寶瑠璃古器等。總以大銅函盛之，檢無螺髮。又疑爪黄而小，如人者。尋佛倍人，爪赤銅色。今則不爾。乃將至崇義寺佛堂西南塔下，依舊以大石函盛之，本銘覆上，埋于地府。南僧咸曰：此爪髮至梁武帝時，已有疑焉。據事以量，則長干佛骨頗移於帝里矣。然江南古塔，猶有神異。崇義所流，蓋箴如也。故兩述之。但年歲綿遠，

〔一〕出集神州三寶感通録卷上。

〔二〕「南」字原作「西」，據高麗藏本改。

後人莫測其源，故别疏記爾。〔一〕此下闕青州、河東二驗。〔二〕

周西京西扶風故縣，在岐山南。古塔在平原上，南下北高。鄉曰鳳泉。周魏以前，寺名阿育王。僧徒五百。及周滅佛法，廟宇破壞，唯有兩堂。至大業末年，四方賊起，百姓共築此城，以防外寇。唐初雜住，失火焚之，一切都盡。二堂餘燼，焦黑尚存。至貞觀五年，岐州刺史張亮素有信向，〔三〕來寺禮拜。但見故塔基，曾無上覆。奏敕請望雲宫殿以蓋塔基。下詔許之。古老傳云：此塔一閉經四十年，一出示人，令道俗生善。恐開聚衆，不敢私開。奏敕許開。深一丈餘，獲二古碑，並周魏之所樹也。既出舍利，徧視道俗。有一盲人，積年目冥，努眼直視，忽然明浄。京邑内外，奔赴塔所，日有數萬。舍利高出，見者不同。或見如玉，白光映徹内外，或見緑色，或見佛形像，或見菩薩聖僧，或見赤光，或見五色雜光。或有全不見者，問其本末，爲一生已來多造重罪。有善友人，教使徹到懺悔。或有燒頭煉指，刺血灑地。殷重之誠，遂得見之。種種不同，不可備録。至顯慶四年九月内，有山僧智琮、慧辯，〔四〕以解呪術，見追入内。語及育王塔事，年歲久遠，須假弘護。帝曰：豈非童子施土之育王耶？若

〔一〕「疏」字原作「流」，據高麗藏本改。出集神州三寶感通録卷上。

〔二〕青州、河東二驗諸本皆闕，集神州三寶感通録卷上載之。文見補遺。

〔三〕「張亮」，全唐文卷五一六張彧聖朝無憂王寺大聖真身寶塔碑銘作「張德亮」。

〔四〕「慧辯」，集神州三寶感通録作「弘静」。下同。

近有之，則八萬四千之一塔矣。琮曰：未詳虚實，請更出之。帝曰：能得舍利，深是善因。可前至塔所，七日行道。祈請有瑞，乃可開發。即給錢五千貫，絹五千匹，以充供養。琮與給使王長信等十月五日從京旦發，六日逼夜方到。琮即入塔内專精苦到行道，久之未驗。至十日三更，乃臂上安炭火燒香，懔厲專注，曾無異想。忽聞塔内像下振裂之聲，尋聲往觀，乃見瑞光流溢，霏霏上涌。塔内三像足下，各放光明，赤白緑色，旋遶而上。至於衡角，〔一〕合成帳蓋。琮大喜踊躍，欲召僧看。乃覩塔内側塞僧徒，合掌而立，謂是同寺。須臾既久，光蓋漸歇，冉冉而下。去地三尺，不見羣僧，方知聖隱。敕使王長信等同覩瑞相，流輝徧滿，赫奕瀾漫，若有旋轉，久方没盡。及旦看之，獲舍利一枚，殊大於粒，光明鮮潔。更細尋視，又獲七粒。總置盤木，一枚獨轉，遶餘七粒，各放光明，炫燿人目。琮等以所感瑞具狀上聞。敕使常侍王君德等送絹三千匹，令造朕等身阿育王像。餘者修補故塔。仍以像在塔内，可即開發，出佛舍利，以流福慧。又敕僧智琮、慧辯鴻臚給名，住會昌寺。初開舍利，二十餘人，同共下鑿。及獲舍利，諸人並見，唯一人不見。其人懊惱，自拔頭髮，苦心邀請。乃置舍利於掌，雖覺其重，不見如初。由是諸人恐不見骨，不敢覩光。寺東雲龍坊人，敕使未至前數日，望寺塔上有赤色光，周照遠近。或見如虹，直上至天。或見光照寺城，丹赤如晝。旦具以聞。寺僧歎訝曰：舍利不久應開，此瑞如貞

〔一〕「衡角」，高麗藏本作「桁桷」。

觀不異。其舍利形狀如小指，〔一〕初骨長可二寸。内孔正方，外楞亦爾。下平上漸，内外光浄。以指内孔，恰得受指。便得勝戴，〔二〕以示大衆。至於光相變現，不可常準。于時京邑内外道俗，連接二百里間，往來相續，皆稱佛德一代光華。京師慈恩寺僧惠滿在塔行道，忽見綺井覆海下一雙眼睛，〔三〕光明殊大。通召道俗同視，亦皆懾然喪膽，更不敢重視。〔四〕至顯慶五年春三月，下敕請舍利往東都，入内供養。時西域又獻佛束頂骨至京師。人或見者，高五寸，闊四寸許，黄紫色。又追京師僧七人，往東都入内行道。敕以舍利及頂骨出示行道。僧曰：此佛真身，僧等可頂戴供養。經一宿，還收入内。皇后捨所寢衣帳，準價千匹絹，爲舍利造金棺銀槨，雕鏤窮奇。以龍朔二年送還本塔。至二月十五日，京師諸僧與塔寺僧及官人等無數千人，共下舍利于石室，掩之。俟三十年後，非余所知。至後開瑞，冀補兹處。岐州岐山縣華陽鄉王莊村有人姓馮，名玄嗣。先來麤獷，殊不信敬。母兄承舍利從東都來，將欲藏掩，嗣不許往。母兄不用其語，至舍利所，禮拜還家。玄嗣怒曰：此有何驗，而往禮之。若舍利有功德者，我家中佛像亦有功德。即取佛像燒之，竟有何驗。母兄救之，已燒下半。玄嗣忽倒，不覺暴

〔一〕「小」字原作「上」，據高麗藏本改。
〔二〕「戴」字原作「載」，據高麗藏本改。
〔三〕「睛」字原作「精」，據高麗藏本、磧砂藏本、南藏本、嘉興藏本改。
〔四〕「敢」字原脱，據高麗藏本補。

死。經三日始活，説云：忽到一處，似是地獄。有大鳥飛來，啄睛噉舌，〔一〕入大火坑，燒烙困苦。覺身癢悶，以手摩面，眉髮隨落。目看大地，全無精光。親屬傍看，皆知罪驗。諸人語曰：汝自造罪，無可代者。玄嗣神識不與人同，但曰：火燒我心。以取道士之語，教吾不信。謗佛之罪，今殃著身。東西馳走，又被打杖。怕懼號哭，但惟叩頭彈指，懺悔乞命。〔二〕而晝夜號走，不曾暫住。至二月十三日，親屬哀愍，請僧懺悔，乞願造像。又將至塔所。于時京邑大德極多。時行虔法師爲衆説法。裴尚宫、比丘尼等數百俗人士女，向有萬人，咸見玄嗣五體投地，對舍利前，號哭自撲。至誠懺悔，不信之罪，又懺犯尼浄行，打罵衆僧，盗食僧果。自懺已後，眠夢稍安，大患仍自不差。未經一年方死。其佛頂骨用珍寶贖之，計直四千匹絹。遂依其數，以蕃練酬之。〔三〕頂骨今見在内供養，即是螺髻束髮小頂骨。然大頂骨猶未至此。〔四〕此下闕瓜州、沙州、洛州、涼州、甘州、晉州、代州七驗。〔五〕

隋益州郭下福感寺塔者，在州郭下城西。本名大石。相傳云是鬼神奉育王教，西山取大石爲塔

〔一〕「啄睛」二字原作「喙精」，據高麗藏本改。
〔二〕「乞命」二字原重，據高麗藏本删。
〔三〕「蕃」字，高麗藏本作「綵」。
〔四〕見集神州三寶感通録卷上，文字略有異同。
〔五〕瓜州至代州七驗諸本皆闕，集神州三寶感通録卷上載之。文見補遺。

基，舍利在其中，故名大石也。隋蜀王秀作鎮井絡，聞之，令人掘鑿，全是一石。尋縫至泉，不見其際。風雨暴至，有人於石傍鑿取一片將出，乃是璧玉。問於識寶商，云：此是真璧玉，世中希有。隋初有詵律師見此古迹，於上起九級木浮圖，今見在焉。益州旱澇，官人祈雨，必於此塔，祈即有應，特奇感徵，故名福感寺。近有人盜鈴，將下三級，有神擎櫨斗起以壓賊胜内中。其人被壓唱呼，寺僧爲射斗起，〔一〕方得脱出。至永徽元年，有王顔子者，摽掠有名。夜上相輪取博山將下，至底級，兩柱忽夾之，求出不得，漸漸急困。見有梵僧曰：可大唱賊，不爾死矣。即唱數聲，寺僧聞救，方得拔出。至貞觀年初，大地震動，此塔摇颺，將欲摧倒。于時郭下無數人來，忽見四神形如塔量，各以背抵塔之四面，乍倚乍傾，率以免壞。〔二〕觀瑞道俗，歎未曾有。塔上露盤，猶來小短，不稱塔形。有一人極豪侈，多産業，見前靈瑞，乃捨金三百兩，共諸信者，更造露盤。既成析下至覆盆，香氣蓬勃，如雲騰涌，流芳城邑，七日乃歇。〔三〕

隋益州晉源塔者，在州西南一百餘里。今號爲等泉寺，本名大石。其基本緣，略亦同前。尋諸古塔，其相不同。豈非當部鬼神，情有所樂。案蜀三塔同一石蓋，餘不定準也。州北百里雒縣塔者，在縣

〔一〕「僧」字原脱，據高麗藏本補。

〔二〕「率」字，集神州三寶感通録作「卒」。

〔三〕出集神州三寶感通録卷上。

城北郭下寶興寺中。本名石基，相亦同前。隋初有天竺僧曇摩掘叉，遠至東夏，禮育王塔。承蜀三塔，又往禮拜。至雒縣大石寺塔所，敬事已訖，欲往成都，宿兩女驛。將旦，聞左右行動聲。叉曰：是何人耶？妄相恐動。空中應曰：有十二神王從本國來，所在之處，擁護法師。明日當見成都塔，今欲西還，與師別耳。叉曰：既能遠送，何不見形。神即見形。叉爲人善畫，便一一貌之。既徧，形隱。及至成都，禮大石塔訖。詵律師乃依圖刻木，爲十二神像，莊飾在於塔下。今猶見在。益州郭下法成寺有沙門道卓，是名僧也。大業初，雒縣寺塔無人修葺，〔一〕纔有下基。卓乃率化四部，造木浮圖，莊飾備矣。塔爲龍護，居在西南角井中。時有相現。側有三池，莫知深淺，三龍居之，人莫臨視。貞觀十三年三龍大鬭，雷霆震擊，水火交飛，久之乃静。塔如本住。人皆拾得龍毛，長三尺許，黄赤可愛。〔二〕

隋鄭州超化寺塔者，在州西南百餘里密縣界，在縣東南十五里。塔在寺東南角，其北連寺，方十五步許。其寺塔基在淖泥之上，西面有五六泉，南面亦有。皆孔方三尺，騰涌沸出，流溢成川。泉上皆下安柏柱，鋪在泥水，上以炭沙石灰，次而重填。最上以大方石可如八尺牀，编次鋪之。四面細腰長一尺五寸，深五寸，生鐵固之。近有人試發一石，下有石灰，乃至百團。便抽一團，長三丈，徑四尺。現在。自非輪王表塔，神功所爲，何能辦此基搆，終古不見其儔也。今於上架塔二重。塔南大泉，涌沸鼓怒，

〔一〕「塔」字原脱，據高麗藏本補。
〔二〕出集神州三寶感通録卷上。

絶無水聲，豈非神化所致也。有幽州僧道嚴者，姓李氏，形極奇偉。本入隋煬四道場，後從俗服，今年一百五歲。獨住深山，每年七日來此塔上，盡力供養。嚴怪其泉流涌注無聲，乃遣善水崑崙入泉尋討。但見石柱羅列，不測其際。中有寶塔，可高三尺，獨立空中。四面水圍，凝然而住，竟不至塔所。考其原始，莫測其由。時俗所傳育王所立，隋祖已來，寺塔現在。〔一〕

隋懷州妙樂寺塔者，在州東武陟縣西七里妙樂寺中。見有五級白浮圖塔，方可十五步，並是側石編砌。石長五尺，闊三寸以下，鱗次葺之，極細密。道俗自見，咸驚訝其神鬼所造，其下不測其底。古老相傳塔從地涌出，下有大水，莫委真虚。有刺史疑僧濫飾，乃使人傍基掘，下至泉源，猶不見其際。〔二〕此下闕浄明、榆社二驗。〔三〕

隋魏州臨黄塔者，在縣西三十里。本名舍利寺，今爲尼住。其塔見在，三邊有水，惟西開路，基搆編石，從水底上。蓮花彌滿於三面。其水際深，〔四〕人皆怯入。傳云舍利塔在其水内空中，如鄭州者。

〔一〕出集神州三寶感通録卷上。

〔二〕出集神州三寶感通録卷上。

〔三〕浄明、榆社二驗諸本皆闕，集神州三寶感通録卷上載之。文見補遺。

〔四〕「際」字，集神州三寶感通録作「澄」。

今改爲冀州大都督府。〔一〕

齊州臨濟縣東有甎塔，〔二〕云是誌公所營。四面石獸，擁從驚人。周滅法時，令人百千用力挽出，終不可脱，亦無有損。今現在。〔三〕

益州城南空慧寺内金藏，有穴在寺。近有道士素知有藏，來就守寺神乞，神令入穴取得一斗金粟。依言即入，唯見地下金甕，行行相對，莫測其邊。寺僧通知，無敢侵者。〔四〕

坊州玉華宫寺南二十里許大高嶺，俗號檀臺山。上有古塔基，甚宏壯。面方四十三尺，上有一層甎身，四面開户。石門高七尺餘，廣五尺餘。傍有破甎無數。古老傳云：昔周文王於此遊獵，見有沙門執錫持鉢，山頭立住。唤下不來，王遣往捉，將至不見，遠看仍在。乃敕掘所立處，深三丈，獲得鉢杖而已。王重之爲聖，故爲起甎塔一十三級。左側村墟常聞鐘聲。至龍朔元年，京師大慈恩寺沙門慧貴法師聞之便往，又聞鐘聲。慷慨古迹，將事修理，恨無泉水，懷惑猶豫。貴又感祥雲護塔。善神曰：可即經始，不勞疑慮。又感異僧曰：我是南方净土菩薩，行化至此。云：是塔自古至今，已經四造。勿

〔一〕出集神州三寶感通録卷上。

〔二〕「濟」字，集神州三寶感通録作「邑」。

〔三〕出集神州三寶感通録卷上。

〔四〕出集神州三寶感通録卷上。

辭勞倦，功用必成。唯須牢作，不事華侈，三層便止。貴聞此告，親事經營。塔側古窑三十餘所，猶有熟甎填滿。更尋塔南川中，乃是古寺。背山面水，一期幽栖之勝地也。自未修前，鐘聲時至。恰今營構，〔一〕依時發聲。三下長打，如今集僧上堂方法。龍朔三年掘得古銘云：周保定年塔崩。塔初成時，南望見渭。又云：置塔經四百餘年崩。計周保定至開皇元年，得二十年。開皇至龍朔初得八十一年。又計銘記四百年後始崩，則塔是後漢時所造。後周無謚文者，前周大遥，未知古老所傳周文是何帝代。但知塔甎巨萬，終非下俗所立耳。〔二〕

江州廬山有三石梁，長數十丈，廣不及尺，下望無底。晉咸康年中，庾亮爲江州，登山過梁，見老公殊偉。厦屋崇峻，玉堂眩目。奇塔崇竦，莫測是何。循遶久之，終非人宅。乃拜謝而返。〔三〕

唐貞觀二十一年，荆州大興國寺塔，西南柱無故有聲。人往看之，乃見有金銅佛頭出。如是日日漸出，經三夕方盡，長六寸許，是立佛。道俗咸異之。〔四〕

高麗遼東城傍塔者，古老傳云：往昔高麗聖王出現，案行國界。次至此城，見五色雲覆地，即往雲

〔一〕「恰今」二字，集神州三寶感通録卷上作「即令」。
〔二〕出集神州三寶感通録卷上。
〔三〕出集神州三寶感通録卷上。
〔四〕出集神州三寶感通録卷上。

中，有僧執錫住立。既至便滅，遠看還見。傍有土塔三重，上如覆釜，不知是何。更往覓僧，唯有荒草。掘深一丈，得杖并履。又掘得銘，上有梵書。侍臣識之，云是佛塔。王委曲問，荅曰：漢國有之，彼名蒲圖。王因生信，起木塔七重。後佛教始至，〔一〕具知始末。今更增高。本塔朽壞，斯則育王所統一閻浮洲處處立塔，不足可怪。〔二〕

倭國在此洲外大海中，距會稽萬餘里。隋大業初，彼國官人會丞來此。〔三〕學問内外博知。至唐貞觀五年，共本國道俗七人方還倭國。未去之時，京内大德，每問彼國佛法之事。因問：阿育王依經所説，佛入涅槃一百年後出世，取佛八國舍利，使諸鬼神，一億家爲一佛塔，造八萬四千塔，徧閻浮洲。彼國佛法晚至，未知已前有阿育王塔不？會丞荅曰：彼國文字不説，無所承據。然驗其靈迹，則有所歸。故彼土人開發土地，往往得古塔露盤，佛諸儀相，數放神光，種種奇瑞。詳此嘉應，故知先有也。〔四〕

西域志云：「罽賓國廣崇佛教，其都城内有寺名漢寺。昔日漢使向彼，因立浮圖。以石搆成，高百

〔一〕「教」字原脱，據高麗藏本補。

〔二〕出集神州三寶感通録卷上。

〔三〕「丞」字，集神州三寶感通録作「承」。下同。

〔四〕出集神州三寶感通録卷上。

尺。道俗虔恭，異於殊常。寺中有佛頂骨，亦有佛髮，色青螺文，以七寶裝之，盛以金匣。王都城西北有王寺，寺内有釋迦菩薩幼年齔齒，長一寸。次其西南有王梵寺，〔一〕寺有金銅浮圖，高百尺。其浮圖中有舍利骨，每以六齋日，夜放光明，照燭遶承露盤，至其達曙。」

西域志云：「波斯匿王都城東百里大海邊有大塔。塔中有小塔，高一丈二尺，裝衆寶飾之。夜中每有光曜，如大火聚。云：佛般泥洹五百歲後，龍樹菩薩入大海化龍王，龍王以此寶塔奉獻龍樹。龍樹受已，將施此國王，便起大塔，以覆其上。自昔以來有人求願者，皆叩頭燒香獻華蓋。其華蓋從地自起，徘徊漸上，當塔直上，乃至空中。〔二〕經一宿變滅，不知所在。」

西域志云：「龍樹菩薩於波羅柰國造塔七百所。自餘凡聖造者無量，直於禪連河上建塔千有餘所。五年一設無遮大會。」

西域乾陀羅城東南七里有雀離浮圖。推其本緣，乃是如來在世之時，與諸弟子遊化此土，指城東曰：我入涅槃後二百年，有國王名迦尼色迦，在此處起浮圖。佛入涅槃後二百年，有國王字迦尼色迦，出遊城東，見四童子壘牛糞爲塔，可高三尺，俄然即失矣。王怪此童子，即作塔籠之。糞塔漸高，挺出於外，出地四百尺，然後始定。王更廣塔基三百餘步，從地構木，始得齊等。上有鐵棖，高三百尺。金

〔一〕「梵」字，高麗藏本作「妃」。

〔二〕「至」字原作「止」，據高麗藏本改。

盤十三重，合去地七百尺。施功既訖，糞塔如初，在大塔南三百步。時有婆羅門不信是糞，以手探之，遂作一孔。年歲雖久，糞猶不爛。以香泥填孔，不可充滿。今有天宮籠蓋之。雀離浮圖自作已來，三爲天火所災。國王修之，還復如本。父老云：此浮圖天火七燒，佛法當滅。塔内佛事，悉是金玉。千變萬化，難得而稱。旭日始開，則金盤晃朗，微風暫發，則寶鐸鏗鏘。西域浮圖，最爲第一。

雀離浮圖南五十步有一石塔。其形正直，舉高二丈，甚有神變，能與世人表作吉凶之徵。以指觸之，若吉者，金鈴鳴應；若凶者，假令人搖，亦不肯鳴。

宣律師住持感應傳云：「律師問四天王：世尊舍利，闍維始了，舍利灰石，當置幾塔？天人龍鬼，各得分不？答曰：人得八分，天得三分，龍得十二分。灰石分六分：鬼神得二分，脩羅得三分，力士得一分。汝等天人龍神，慎勿起諍，此是世尊教。

又問：世尊僧伽梨當置何處？鉢盂錫杖復置何處？答曰：世尊僧伽梨付囑堅疾天，令善護持，鉢盂錫杖付囑頻伽天，隨在供養。世尊僧伽梨先遣在祇洹十二年中住，鉢盂在鷲頭山十五年中住，錫杖在龍泉四十年中住。

又問：伽梨鉢杖等何故歷年住耶？答曰：佛告我言：初度比丘尼，損我正法。又爲末世多惡比丘，貯畜不净物，不受持三衣，毁滅正法。故令僧伽梨等六年住僧戒壇，六年住尼戒壇，令正法久住。

又問：何故伽梨分爲二處住耶？答曰：亦爲末世惡比丘、比丘尼等不受持衣，多犯禁戒，無有威德。是故世尊令將僧伽梨六年住戒壇，令招威德天人龍神敬佛意故。不嫌比丘、比丘尼。伽梨六年住戒壇，亦爲惡尼，令修行八敬，供養比丘，勿起婬意，修持净行。令諸鬼神敬順佛意，日夜六時來至伽藍，擁護尼衆，故住六年。

又問：何故佛鉢在靈鷲山十五年住？荅曰：世尊未涅槃前，在鷲山精舍分析白毫光明，以爲百千分，留一分光施末法弟子。若持戒，若破戒，乃至天龍鬼神等，於如來法中能作一念善者，皆施此光明。世尊初成道時，四天王奉佛石鉢，唯世尊得用，餘人不能持用。如來滅度後，安鷲山與白毫光共爲利益。於末法中當隨佛鉢，於他方國，施比丘食。及以天龍等衆，隨順佛意，縱造非法，終不見過。

又問：何故十五年在鷲頭精舍？荅曰：初住五年者，欲表諸比丘令觀五陰，得證三昧。十年欲令解了諸法，得百法門。自此隨緣流行諸國，乃至法滅也。

又問：何故錫杖在於龍窟中四十年住耶？荅曰：爲護諸外道，及伏煩惱惡龍，破諸結使，開悟大乘四諦法輪。如來去世後四十年中，有飛行羅刹能説毗尼藏及十二部經，詐爲善比丘，食諸持戒者，日别四百。爲斷此惡，故鎮龍窟。復令正法增住四百年，復令像法增住千五百年，復令末法增住二萬年。

爾時大梵天王來至世尊所，白佛言：如來初踰城至洴沙王國問樹神道。樹神請佛至宫已，白佛言：我受此神身，經二十大劫。過去諸佛皆來至此。我此宫中有過去諸佛四牙，一千四塔。我今請佛昔爲童子時齓牙四枚。請佛垂慈，賜我四牙，欲造塔供養。佛即許之，即告阿難：汝往父王所，從彼典藏臣取我四牙。阿難依命即取。佛告樹神：今留一牙與汝供養。汝可造塔，并寫我經教，我令四弟子在塔入滅盡定，守我牙塔。爾時樹神即將七寶來至世尊所，以神力故，於一念頃，即成四塔，高五十由旬。又造真珠樓觀，及以白銀臺，於此四塔内，各造臺觀具八萬四千。既造臺塔已，待我涅槃後，迦葉結集竟，當寫我教，令大毗尼藏安彼塔中。我留此塔，汝好護持，勿令損壞。至我涅槃時，敕語文殊：我於三大劫修無量苦行，今得四牙已，造塔安竟。令後末世法欲滅時，令住利益，正法興顯。佛告阿難：我初成道時，從河洗浴訖，我苦行六年，手足爪甲不剪，皆長七寸許。時大梵天王見我爪甲長，手執七寶刀，剪我手足爪甲。我將付父王，令善護持。王既崩後，轉付典藏臣，汝可往至彼，道我須爪甲。阿難依命取來至世尊所。佛開函取爪甲，普示大衆。我之手足二十爪甲，〔一〕猶如赤銅色。佛告大衆：汝等天人龍神等可將我爪甲，當細熟視。恐未來世中諸魔及外道别將相似物，换我真甲。汝若疑非者，當以金剛鎚砧，〔二〕以甲置鐵砧上，以鎚打擊。無片損者，乃真我甲。若以火燒煉，變爲金色，出五色光，上照有頂。見此相者，是我真爪甲也。佛告文殊師利及四天王等：從此末法後，多諸惡比丘，滿閻浮提，無有威德，無有智慧。至千四百年後，汝將我十爪塔，遊歷四天下，一國住經七日。如是周歷已，當至香山頂阿耨達池中金砂洲上住。至千五百歲，我此大千界八百億國，教初流行彼。汝文殊師利分身變爲國王，金剛齊菩薩分身爲大臣，金剛幢菩薩分身爲比丘。汝等三大士，共流通我教，幸不生疲勞懈怠也。

〔一〕「爪」字原脱，據高麗藏本改。

〔二〕「砧」字原作「鉆」，據高麗藏本改。下同。

又問：漢地塔寺古迹云何？答曰：今諸處塔寺多是古佛遺教基，育王表之福地，不可輕也。今有名塔，如常所聞。無名藏者，隨處亦有。如河西甘州郭中寺塔，下有古佛舍利。及河州靈巖寺佛殿下亦有舍利。秦州麥積崖佛殿下舍利，山神藏之。此寺周穆王所造，名曰靈安寺。經四十年當有人出。荆州長寧寺塔，是育王所造。下有舍利，入地一丈餘，石函五重，盛碎身骨。益州三塔，大石、今名福感。武誓、〔一〕今名静亂。駱縣等，〔二〕並有神異，如別傳説。

又問：楊都長干塔鄮縣塔是育王造者，是事云何？答曰：是昔劉薩何感靈，令往楊州上越城，望見長干有異氣，因標掘得。如今傳所明。道宣師問：若爾已有若干，便有佛刹不？答曰：非刹干也。干是地之長隴，名隴爲干，塔逼長隴之側。書不云乎，包括干越，越地多有長隴也。臨海鄮縣等者，亦是育王古塔。是賢劫佛者，有迦葉佛臂骨，非人所見，從地踊出，爲開俗福也。〔三〕有羅漢將往鐵圍山，留小塔。其塔大，有善神。且現二魚，〔四〕井中鰻鱺魚，護塔神也。其側有足跡石上者，云是前三佛蹈

〔一〕「武誓」二字，道宣律師感通録作「武擔」。

〔二〕道宣律師感通録「駱」作「雒」，「雒縣」下有注「今名寶興」四字。高麗藏本無「等」字，此下有注「今名法成」四字。

〔三〕此條以上文字原脱，據高麗藏本補。

〔四〕「且」字原作「旦」，據高麗藏本改。

處也。昔周時此土大有人住，故置此塔。〔一〕

又問：若爾周穆已後諸王建置塔時，何爲此土文記罕見耶？荅曰：立塔爲於前緣，多是神靈所造，人有見者少，故文字少傳。揚雄、劉向尋於藏書，往往見有佛經。豈非秦前已有也。今衡岳南可六百里在永州北，有大川，東西五百餘里，南北百餘里。川中昔有人住數十萬家。〔二〕今生諸巨樹，大者徑二三丈，下無草木，深林可愛。中有大江，東流入湘江。尋澗覓之即得。川南有谷北出。入谷有方池，四方砌石，水深龍居，有犯者輒雷震。山谷左側多有山果橘柚楊梅之屬，列植相次。池南有育王大塔，石華捧之，上以石籠，覆與地平。塔東崖上具有碑篆書可識。登梯抄取，足知立塔之由也。衡山南大明師置寺處，亦有古塔。其寺南北十餘里，七處八會，流渠静院，處處皆立。〔三〕

又問：諸神自在威力殊大。至如蜀川三塔，〔四〕咸名大石。人有掘者，莫測其原。至如秦川武功一塔，古老相傳名曰育王。三十年中，一度出現。至貞觀已來，已兩度出。雖光瑞殊壯，而舍利如指骨在石臼中。如何狹陋若此？荅曰：諸鬼神中貧富不定，各是往業，如人不殊。天中亦爾，隨其所有，而

〔一〕出道宣律師感通録。

〔二〕「有」字原脱，據高麗藏本補。

〔三〕出道宣律師感通録。

〔四〕「川」字原脱，據高麗藏本補。

用供養此塔。自下云云。〔一〕鼓山竹林寺名何代所出耶？荅曰：是迦葉佛時造。周穆王於中更重造寺。〔二〕穆王佛殿并及塐像，至今現存。山神從佛請五百羅漢住此寺中，即今現有二千聖僧。遶寺左側，現有五萬五通神仙，供養此寺僧。〔三〕餘事云云，〔四〕如後伽藍驗說。

〔一〕出道宣律師感通録。

〔二〕「中」字原脱，據高麗藏本、磧砂藏本、南藏本、嘉興藏本補。

〔三〕出道宣律師感通録。

〔四〕「餘」字原作「除」，據高麗藏本改。

法苑珠林校注卷第三十九

伽藍篇第三十六此有三部

述意部　營造部　致敬部

述意部第一

原夫伽藍者，昔布金西域，肇樹福基；締搆東川，終祈净業。所以寶塔藴其光明，精舍圖其形像。偏滿三千之界，住持一萬之年。建苦海之舟航，爲信根之枝幹。覩則發心，見便忘返。益福生善，稱爲伽藍也。但惟年代日遠，法教衰替。寺像雖立，敬福罕儔。或真或僞，改換隨情；或精或粗，乃同糞土。〔一〕遂令目覩其迹，莫識厥旨；日用其事，不知所由。是以行道之衆，心無所安；流俗之徒，於法無敬。輕慢於是乎生，陵蹈於是乎起。欲以此護法，不亦難哉者乎！是以古德寺誥，乃有多名。或名道場，即無生廷也；或名爲寺，即公廷也；或名净住舍，或名法同舍，或名出世間舍，或名精舍，或名清净無極園，或名金剛净刹，或名寂滅道場，或名遠離惡處，或名親近善處。並隨義立，各有所表。今道俗雜居，豈得稱名也。

營造部第二

依宣律師祇洹寺感通記云：「經律大明祇洹寺之基趾，多云八十頃地，一百二十院。准約東西，近有十里。南北七百餘步。祇陀、須達二人共造成之。已後經二百年，被燒都盡。則當此土周姬第十三王平王之三十一年。祇陀太子初雖不許賣，後見布金，欣然奉施。即告長者：吾自造寺，不假於卿。須達不許，因此共造。太子立願，後若荒廢，願樹還生。恰至被燒，屋宇頓盡，所立樹者，如本不殊。何以被燒？良由須達爲凡之時，〔二〕賣肉得財，居賤出貴，常願荒儉。雖巨富財，由穢心故，以此造寺，終遭煨燼。太子願力，净心樹生。業行有殊，表之染净也。於後五百年有旃育迦王，依地而起，十不及

〔一〕「糞」字原作「蕃」，據高麗藏本改。
〔二〕「良」字原作「是」，據高麗藏本、磧砂藏本改。

一。經于百年，被賊燒盡。經十三年，有王六師迦者，依前重造，屋宇壯麗，皆寶莊嚴。一百年後，惡王壞之，爲殺人場。四天王及娑竭龍王忿之，以大石壓之。殺毀者經九十年，荒無人物。忉利天王令第二子下爲人王，又依地造。莊飾嚴好，過佛在時。經百五十年，魔天燒滅，則當此土漢末獻帝二十九年。以事往徵，顯宗已後，和、安、桓、靈之代，西域往來，行人踵接。則見天王葺構之作，祇樹載茂之緣。後雖有造者，僅接遺基，至于今日，荒凉而已。依南天王子撰祇洹圖一百卷、北天王子撰五大精舍圖二百卷，各在本天，不可具述也。」

夫造寺法用，不可楷定。隨其施主，物有豐儉。雖量力而作，然須用心精誠而造。寺物雖小，得福弘大。故無上依經云：「雖造四果聖人塔廟滿四天下，盡形供養，不如有人佛涅槃後，取佛舍利，造塔供養。所得功德勝前功德百千萬億分，不可爲喻也。」〔一〕一、由福有優劣，〔二〕二、由心有强弱。若有真心，縱小尚得福多，何況於大。若有僞心，縱大尚得福少，何況於小。是故行者若欲造作，必須殷重，不得輕慢也。

如賢愚經云：「天語須達長者云：汝往見佛，得利無量。正使令得百車珍寶，不如轉足一步至趣世尊。正使令得百象珍寶，不如舉足一步往趣世尊。正使令得一四天下滿中珍寶，不如舉足一步至向

〔一〕出無上依經卷上校量功德品。
〔二〕「福」字原脱，據高麗藏本補。

世尊。所得利益，盈逾於彼百千萬倍。聞已歡喜，佛爲說法，成須陀洹果。須達問舍利弗：世尊足行日能幾里？舍利弗言：日半由旬。如轉輪王足行之法，世尊亦爾。爾時須達長者即於道次住二十里作停舍。須達請太子，欲買園造精舍。祇陀太子言：若能以黃金布地，令間無空者，便當相與。須達曰：諾，謹隨其價。太子祇陀言：我戲語耳。須達言：太子不應妄語。即共與訟。時首陀會天化作一人，爲評詳言：夫太子法不應妄語。價既已決，不宜中悔。太子遂與之。便使人象負金出，八十頃中須臾欲滿，殘餘少地。雜阿含經：「殘五百步。」孛經亦云：〔一〕「太子祇陀有園八十頃，去城不遠。」須達思惟：何藏金足，不多不少，當取滿之。祇陀問言：嫌貴置之。荅言：不也。自念金藏，何者可足，當得補滿。祇陀念言：佛必大德，乃使斯人輕寶乃爾。教齊且止，勿更出金。園地屬卿，樹木屬我。我自上佛，共立精舍。須達歡喜，即然可之。即便歸家，當施功作。六師聞之，往白國王：長者須達買祇陀園，欲爲瞿曇沙門興立精舍。聽我徒衆與共角術。沙門得勝，便聽起立。若其不如，不得起也。瞿曇徒衆住王舍城，我等徒衆當住於此。王報須達，六師出如此言。須達愁惱不樂。舍利弗怪問不樂，須達具述報之。〔二〕舍利弗言：正使六師滿閻浮提，數如竹林，不能動吾足上一毛。欲角何等，自恣聽之。須達歡喜，即報國王。却後七日，當於城外寬博之處，時舍利弗共勞度差各現神變，外道不如。具在經文。時舍

〔一〕「孛」字原作「字」，「云」字原脱，據高麗藏本改補。

〔二〕「須」字原脱，據高麗藏本補。

利弗既見外道受屈，即爲説法，隨其本行宿福因緣，各得道迹。六師徒衆三億弟子，於舍利弗所出家學道。角技訖已，各還所止。長者須達共舍利弗往圖精舍。〔一〕須達自手捉繩一頭，時舍利弗自捉一頭，共經精舍。時舍利弗欣然含笑。須達問言：尊者何笑？荅言：汝始於此經地，六欲天中宫殿已成。即借道眼，悉見六天嚴浄宫殿。問舍利弗言：是六天何處最樂？舍利弗言：下三色染，上二憍逸，第四天中少欲知足，恒有一生補處菩薩來生其中，法訓不絶。須達言曰：我正當生第四天中。出言已竟，餘宫悉滅，唯第四天宫殿湛然。復更徙繩時，舍利弗慘然憂色。即問：尊者何故憂色？荅言：汝今見此地中蟻子不耶？對曰：已見。時舍利弗語須達言：汝於過去毗婆尸佛亦於此地，爲彼世尊起立精舍，而此蟻子在此中生。乃至七佛已來，汝皆爲佛起立精舍，而此蟻子亦在中生。至今九十一劫受一種身，不得解脱。生死長遠，唯福爲要，不可不種。是時須達悲心憐傷。經地已竟，起立精舍。爲佛作窟，以妙栴檀，用爲香泥。别房住止千二百處。凡百二十處别打揵椎。施設已竟，欲往請佛，即往白王。王聞即遣請佛。世尊與諸四衆，前後圍遶，放大光明，震動天地，徧照三千。城中伎樂，不鼓自鳴。盲聾病者，皆得具足。男女大小覩斯瑞應，歡喜踊躍，來詣佛所。十八億人都悉來集聚。爾時世尊隨病投藥，爲説妙法，各得道迹。佛告阿難：今此園地，須達所買，林樹華果，祇陀所有。二人同心，

〔一〕「往」字原作「住」，據高麗藏本改。

共立精舍。應當與號太子祇陀樹給孤獨食園。名字流布，傳示後世。爾時阿難及四部衆聞佛所説，頂戴奉行。」〔一〕

又涅槃經云：「須達取金，隨集布地，一日之中，唯五百步，金未周徧。祇陀即語須達：餘未徧者，不復須金，請以見與。我自爲佛造立門樓，常使如來經由入出。祇陀太子自造門樓。〔二〕須達長者七日之中成立大房，足三百口。禪坊静處六十三所，冬室夏堂，各各別異。厨坊、浴室，洗脚之處，大小圊厠，無不備足。」〔三〕

問曰：何故如來偏住此園耶？荅曰：依真諦師傳云：「過去第四拘留孫佛時，人壽四萬歲，有長者名曰毗沙。此地廣一由旬，純以金板布地，徧滿其上，奉施如來，以爲住處。第五拘那含牟尼佛時，人壽三萬歲，有長者名大家主。以此園地廣三十里，純以銀衣等徧布其地，并以乳牛及犢子充滿其中，奉施如來，起爲住處。第六迦葉波佛時，人壽二萬歲，有長者名大旛相。以此園地廣二十里，純以七寶，徧布其地，奉施如來，起爲住處。第七今釋迦牟尼佛人壽百歲時，有長者名須達。於此園地廣唯十里，純以金餅布地，周滿園中，金厚五寸，買此園地，奉施如來，起爲住處。至後彌勒佛出世時，人壽八

〔一〕出賢愚因緣經卷十須達起精舍品。

〔二〕「太子」二字原作「長者」，據高麗藏本改。

〔三〕出大般涅槃經卷二十九。

萬歲，須達爾時爲蠰佉國大臣，名須達多。此園地還廣一由旬，純以七寶徧滿布地，奉施如來，起爲住處。過去未來，地雖延促，終是一所。能施之人，雖有前後，據體而論，還是一人。恒爲長者，殷富熾盛，常充供養諸佛不絶。至釋迦時初得須陀洹果，臨終時得阿那含果。至彌勒佛出時，方證阿羅漢果。」故雜阿含經云：「給孤獨長者疾病，佛自往看病，記其得阿那含果。乃至命終生兜率陀天，恒下來禮拜佛，聽法已，還歸天上。」〔一〕此據迹中示其小説，〔二〕論實是大菩薩。

又大集經云：「佛告梵天王等：我諸聲聞現在未來三業相應，及與三種菩提相應，有學無學，具足持戒，多聞善行，度諸衆生。於三有海，及諸施主爲我聲聞而造塔寺，亦復供給一切所須及彼眷屬，付囑汝等，勿令惡王非法惱亂。爾時梵釋天王、龍王、夜叉等合掌向佛，而作是言：大德婆伽婆，已有一切如來塔寺及阿蘭若處，〔三〕及未來世，若在家出家人爲於世尊聲聞弟子造塔寺處，我等悉共守護，令離一切諸難怖畏，亦如有給施飲食衣服卧具湯藥一切所須。如是施主，我等亦當護持養育。」〔四〕

故七佛經云：「護僧伽藍神，斯有十八神：一名美音，二名梵音，三名天彭，四名歎妙，五名歎美，

〔一〕出雜阿含經卷三十七、卷二十二。

〔二〕「示」字原作「亦」，據高麗藏本改。

〔三〕「若」字原脱，據高麗藏本補。

〔四〕出大方等大集經卷五十六月藏分建立寺塔品。

六名摩妙，七名雷音，八名師子，九名妙歎，十名梵響，十一名人音，十二名佛奴，十三名歎德，十四名廣目，十五名妙眼，十六名徹聽，十七名徹視，十八名徧視。」〔一〕寺既有神護，居住之者亦宜自勵，不得惰怠，恐招現報也。

致敬部第三

述曰：依如西域，凡有士女既到伽藍，至寺門外，慶己所遇，先整衣服，總設一禮。入寺門已，復設一拜。然後安詳直進，不得左右顧眄也。故涅槃經云：「往僧坊者，有其七法：一者生信，二者禮拜，三者聽法，四者至心，五者思義，六者如說修行，七者迴向大乘，利安多人。住是七善，最勝最上，不可譬喻。」〔二〕

又郁迦長者經：「佛言：長者，居家菩薩入佛寺精舍，當住門外五體作禮，然後當入精舍。自念言：我何時當得如是居寺出塵垢之處。」〔三〕

又十住毗婆沙論云：「在家菩薩若入佛寺，初欲入時，於寺門外，五體投地。應作是念：此是善人

〔一〕出七佛八菩薩所說大陀羅尼神咒經卷四。

〔二〕出南本大般涅槃經卷十四。

〔三〕出大寶積經卷八十二郁伽長者會。

住處，行慈悲喜捨住處，是故須禮。若見諸比丘威儀具已，恭肅敬心禮拜親近問訊也。」〔一〕

又自愛經云：「時有國王詣佛所，遥見精舍，下車却蓋，解劍脱履，拱手直進。」〔二〕

又僧祇律云：「若行平視，迴時合身總迴，行時先下脚跟，後下脚指。」〔三〕

又智度論云：「出入來去，〔四〕安詳一心。舉足下足，觀地而行。爲避亂心，爲護衆生故，是名不退菩薩相。」〔五〕

又西國寺圖云：「行至佛所，禮三拜竟，圍繞三匝，唄讚三契。禮佛既已，方至僧房。房外一拜，然後入見上座，次第至下，各設三拜。僧多一拜。若見非法之事，不得譏訶。若發言嫌責，自失善利，非入寺之宜。」〔六〕故涅槃經云：「夫入寺者，棄捨刀杖雜物，然後入寺。」捨刀杖者，去瞋恚三寶心也。捨雜物者，去從三寶乞求心也。且除兩過，乃可入寺。順佛而行，不得逆行。設復緣礙左遶，恒想佛在

〔一〕出十住毘婆沙論卷八入寺品。

〔二〕出自愛經。

〔三〕此段出處待考。

〔四〕「出」字原作「先」，據高麗藏本改。

〔五〕出大智度論卷七十三。

〔六〕此段出處待考。

右。入出之時，悉轉面向佛。禮拜三寶者，常念體唯是一。何者？覺法滿足名佛，所覺之道名法，學佛道者名僧。則知一切凡聖體同無二也。若入寺時，低頭看地，不得高視。見地有蟲，勿誤傷殺。當歌唄讚歎，不唾僧地。若見草木不浄，即須除却。」〔一〕

又四分律云：「入僧寺已，應先禮佛塔，次禮聲聞塔，後禮第一上座，乃至第四上座。」〔二〕

又五分律云：「若入僧多，但別禮師，餘人總禮而去。」〔三〕

又四分律云：「得禮出家五衆亡人塔及如來塔。」〔四〕

又五百問事云：「弟子得禮師塚，以報恩故。」〔五〕

又增一阿含經云：「塔中不應禮餘人。」〔六〕

又十誦律云：「佛塔聲聞塔前，自他不得禮。」〔七〕

〔一〕此段出處待考。

〔二〕出四分律卷四十九。

〔三〕出彌沙塞部和醯五分律卷十七。

〔四〕出四分律卷五十。

〔五〕出目連問戒律中五百輕重事經問比丘死亡事品。

〔六〕出增一阿含經卷二十七。

〔七〕出十誦律卷四十一。

又五百問事云：「佛塔前禮餘人得罪。」〔一〕

又三千威儀經云：「不得座上作禮。」〔二〕今時數有諸寺及以俗家，見有道俗在牀上禮佛，此大憍慢。譬如欲拜人王，豈得在牀。拜人王尚自不許，何況法王得相比耶！毗尼母論云：「不得著革屣富羅入塔。」〔三〕此是鞾履總名。

五百問事云：「若是净潔鞾履鞋靺等，得著禮拜。」〔四〕

僧祇律云：「若受人禮拜，〔五〕不得如瘂羊不語。當相問訊，少病少惱，安樂不？道路不疲苦不？」〔六〕已下廣明諸律。

述曰：若有士人，或難因緣須至寺宿，不得卧僧牀蓆。必無私有，借卧如法，然不得共僧同其牀卧。故寶梁經云：「共僧同牀半身枯，死墮地獄受其大苦。」〔七〕僧未眠時，不得在先眠。不得調戲言笑，説非法語，失於威儀，驚動衆心。若有便利涕唾，爲求法宿，不得出外者，無犯。眠時右脅著牀，以

〔一〕出目連問戒律中五百輕重事經問佛事品。

〔二〕出大比丘三千威儀卷上。

〔三〕出毘尼母經卷五。

〔四〕出目連問戒律中五百輕重事經問雜事品。

〔五〕「受」字原脱，據高麗藏本補。

〔六〕出摩訶僧祇律卷三十五。

〔七〕出大寶積經卷一百十三寶梁聚會。

脚相壘。心係明相，念當早起，表出家因也。是故經云：「仰卧者是脩羅卧，伏地卧者是餓鬼卧，左脅卧者是貪欲人卧，若右脅卧者是出家人卧。衆僧未起，在前早起，嚴儀容服，至僧房前。」〔一〕故沙彌威儀經云：「若入師房，應三彈指。」〔二〕

又三千威儀經云：「若入師房，當具五法：一、於外彈指。二、當脱帽。三、作禮。四、正住，教坐乃坐。五、不忘持經。」〔三〕又僧祇律云：「弟子應晨起先右脚入師房已，頭面禮足，問安眠不。」〔四〕故善見論云：「弟子參師當避六處：一、不得當前，二、不得當後，三、不得太遠，四、不得太逼，五、不得處高，六、不得上風立。」〔五〕當不近不遠，側相而立，令師小語得聞，不費尊力也。又欲行時，威儀進止，皆不得離師。故善見論云：「弟子從師行，不得遠師七尺。」〔六〕又沙彌威儀經云：「弟子從師行，不得以足蹈師影。」〔七〕

〔一〕出摩訶僧祇律卷三十五。
〔二〕出沙彌十戒法并威儀。
〔三〕出大比丘三千威儀。
〔四〕出摩訶僧祇律卷三十四。
〔五〕出善見律毘婆沙卷四。
〔六〕出善見律毘婆沙卷十六。
〔七〕出沙彌十戒法并威儀。

述曰：若女人入寺，法用同前。但不得在男子上坐，形相語笑，脂粉塗面，畫眉假飾，非法調戲，共相排盪，持手根人。必須攝心整容，隨人教令，依次持香，一心供養。懺悔自責，生女人中，常成隔礙，於此妙法，修奉無因。不得自專，由他而辯，一何苦哉！深生悲悼。若見沙彌，禮如大僧，勿以小位，而不加敬。此於大僧爲小，在俗爲尊。如此等法，竭力而行。法用既多，具在士女篇述。

述曰：若男女所修事訖，須欲出寺，佛塔前設禮三拜，還須右遶三匝，合掌唄讚，然後却行出寺門外，復設一禮。若見僧時，徒衆若少，各禮三拜。僧若多時，總辭三拜。故善見論云：「禮佛時應遶三匝三拜。四方作禮，合十指掌，叉手於頂，却行而出。絶不見如來，更復作禮，迴前而去。」〔一〕表慕戀三寶，重疊報恩也。凡欲入寺之行，爲作出世之緣。建立寺者，開净土之因；供養僧者，爲出離之軌。故惟穢俗之鄙質，入伽藍之净刹。所有施爲，恐乖法式。若也還家，微捨自贖。表僧有法施，俗有財惠。舉動合宜，内外俱益也。

頌曰：

玄風冠西土，　內範軼東矜。　大川開寶匣，　福地下金繩。　繡窗高可暎，〔二〕　畫栱疊

〔一〕出善見律毘婆沙卷五。

〔二〕「窗」字原作「松」，據高麗藏本改。

相承。〔一〕日馭非難假，雲師本易憑。陽樓疑難燧，陰軒類鑿冰。迥題飛星没，〔二〕長榻宿露凝。旌門曙光轉，輦道夕雲蒸。祇洹多靈物，竹園滿休徵。虚薄筆難紀，微軀竊自凌。優遊從可恃，恩蔭永難勝。

感應緣略引一十九寺

晉建元寺并建康太清寺

宋靈味寺在鍾山蔣林里

魏平等寺寺在南京

晉昇平白塔寺在秣陵三井里〔三〕

晉白馬寺在建康中黄里

晉臨海天台山石梁聖寺

〔一〕「晝」字原作「盡」，「疊」字原作「氎」，據高麗藏本改。

〔二〕「迥」字原作「迴」，據高麗藏本改。

〔三〕「平」字原作「明」，據高麗藏本、磧砂藏本、南藏本、嘉興藏本補。

宋東海蓬萊山聖寺

晉枹罕臨河唐述谷仙寺

齊相州石鼓山竹林聖寺

巖州林慮山靈隱聖寺〔一〕

齊晉陽冥寂山聖寺

漢代州五臺山大孚聖寺

魏太山丹嶺聖寺

唐雍州太一山九空仙寺

唐終南山大秦嶺竹林寺

唐子午關南獨聖寺

唐終南折谷炬明聖寺

唐終南庫谷内寺

〔一〕此條目録原脱，據高麗藏本補，有目無文，文見補遺。

西域志諸山感供聖寺
總述中邊化跡降靈記

晉建元寺，建康太清里寺基，本宋北第，元徽二年宫人陳太妃造。寺塔舍利，靈應相仍，每夕放光。寺大殿後畫迦毗羅王及毗沙門天王二像。若有僧侣失儀，童豎褻慢者，無不影響表異，使其恭肅。若使虔誠懺禮，摽心懇切者，必空中有彈指聲，或循遶翼衛其閒。有請福祈願者，莫不剋諧。

宋靈味寺，建康鍾山蔣林里，宋永初三年沙門法意起造。晉末有高逸沙門莫顯名迹，巖栖谷飲，常在鍾山之阿。一夜忽聞怪石崩墜，聲振林薄。明旦履行，唯見清泉湛然，因聚徒結宇，號曰靈味。〔一〕

魏平等寺，廣平武穆王懷捨宅所立也。寺門外有金像一軀，高二丈八尺，相好端嚴，常有神驗。國之吉凶，先炳祥異。孝昌三年十二月，此像面有悲容，垂淚徧體皆濕，時人號曰佛汗。京師士女，空市而觀。有一比丘以浄緜拭其淚，須臾之閒，緜濕都盡。更以他緜换拭，俄然復濕。如此三日乃止。至明年四月，爾朱榮入洛陽，誅戮百官，死亡塗地。至永安二年三月，此像復汗。京邑士庶，復往觀視。至五月北海入洛，莊帝北巡。七月北海大敗，所將江淮子弟五千餘人，盡被俘虜，無一得還。永安三年七

〔一〕出高僧傳卷十三釋法意傳。

月，此像悲泣，復如初汗。每經神驗，朝野惶懼，禁人不聽觀視。至十二月，爾朱兆入洛擒莊帝。帝崩於晉陽。宮殿空虚，百日無主。唯尚書令司州牧樂平王爾朱世隆鎮京師，商旅四通，盗賊不作。

晉白塔寺在秣陵三井里。晉昇平中，有鳳凰集此地，因名其處爲鳳凰臺。至宋昇明二年，齊太祖起造。立寺之始，咸以山高難於谷汲。比丘法和爰發誓云：若此地可居，當使自然出水。乃於食堂前試鑿井，曾不數仞，而清泉湛然，甘香清美，流未嘗竭。

晉白馬寺在建康中黄里，太興二年晉中宗元皇帝起造。昔外國王欲滅佛法，宣令四遠，毁壞塔寺。次招提寺，忽有一白馬從西方來，繞塔悲鳴，騰躍空中，或復下地。一日一夜，鳴聲不絶。以事白王，王潸下淚，〔一〕深自愧責，即敕普停。已毁之塔，並更修復。由此白馬，大法更興，因改招提爲白馬。此寺之號，亦取是名焉。

東晉初天台山寺者，昔有沙門帛道猷，或云竺道猷，統涉山水，窮括奇異。〔二〕承天台石梁，終古無度，乃慷慨曰：彼何人斯，獨無貞操，故使聖寺密爾，對面千里。遂揭錫獨往，而趣石梁，周瞰崖隒，久之方獲。其山石梁非一，聖寺亦多。將欲直度，不惜形命。且虹梁亘谷，下望萬尋，上闊尺許。莓苔斜

〔一〕「下」字原脱，據高麗藏本補。
〔二〕「括」字原作「枯」，據高麗藏本改。

側，東邊似通，西礙大石，攀登路絶。猷乃別思冀授，夜宿梁東。便聞西寺磬聲經唄唱布薩。〔一〕勇意相續，通夕不安。又聞聲曰：却後十年當來此住，何須苦求。雖爾不息，晨夕惋恨，結草爲庵，彌年禪觀。後試造梁，乃見横石洞開，梁道平正，因即得度。遂見棟宇宏壯，圖塔瓌奇。神僧叙接，宛同素識。中食既訖，將陳住意。僧曰：却後十年，自當至此，何勞早住。相送度梁，横石已塞。至晉太元年，終於山所，形似緑色，端坐如生。王羲之聞之造焉，望崖仰挹。今有往者，雲迷其道。〔二〕

宋時朱齡石者，使往遼東，還返失道，隨風汎海，一月餘日，達于一島。糧水俱竭，入島求泉，漸深登山。乃見一寺，堂宇莊嚴，非所曾覩。僧問所從，具説行事。設食飲水，問以去留。石曰：此乃聖居，非凡可住。僧曰：欲住任意。石苦辭欲還。僧告曰：此閒去都二十餘萬里。石等聞之，驚怖曰：若爾何緣得達？僧曰：自當相送，不勞致憂。又問曰：識杯度道人不？曰：識之。便指壁上鉢袋曰：此是彼物，有小過，罰在人中。便取鉢袋與石，并書一封，上爲書字，然不可識。曰：可以書鉢與之。令沙彌送，勿從來道。此有直路，疾至船所。須臾至海，沙彌以一竹杖著船頭，語曰：但閉舫聽往，不勞航柁也。於是依言，但聞颼颼風中聲。有竊視者，見船在空雲飛，奔於山林海上。數息閒，遂達楊都大桁。正見杯度騎桁欄口云：馬馬。齡石既至，書自飛上度手。度驚曰：汝那得蓬萊道人書，

〔一〕「布」字原闕，據高僧傳補。

〔二〕出集神州三寶感通録卷下，亦見高僧傳卷十一竺曇猷傳。

喚我歸耶？乃説由緣，又將鉢與之。手捧鉢曰：吾不見此鉢四千餘年。擲上入雲，下還接取。太初中無故而死。事在高僧傳。〔一〕

晉初河州唐述谷寺者，在今河州西北五十里度風林津，登長夷嶺，南望名積石山，即禹貢導河之地也。衆峰競出，各有異勢。或如寶塔，或如層樓。松栢映巖，丹青飾岫。自非造化神功，何因綺麗若此。南行二十里，得其谷焉。鑿山搆室，接梁通水，遶寺華果蔬菜充滿，今有僧住。南有石門濱於河上，鐫石文曰：晉太始年之所立也。寺東谷中有一天寺，窮討處所，略無定止。常聞鐘聲，又有異僧。故號此谷名爲唐述，羌云鬼也。所以古今諸人入積石者，每逢仙聖，行住恍忽，現寺現僧。東北嶺上，出於醴泉，甜而且白，服者不老。〔二〕

高齊初有異僧投鄴下寺中夏坐，與同房僧亡名款曲意得。客僧患痢甚困，名以酒與之。客曰：不可也。名曰：但飲酒，雖是戒禁，有患通開。客顰眉爲飲之，患損。夏滿辭還本寺，相送出都。客曰：頗聞鼓山竹林寺乎？名曰：聞之。古來虚傳，竟無至者。客曰：無心相造，何由而至。一夏同房，多相惱亂。患痢飲酒，乃是佳藥，本非所欲，爲意而飲，願不以此及人。山寺孤迥，時可歷覽。想一登陟，以副虚懷。名聞喜踊曰：必能導達，夕死無恨。至九月間，剋望尋展，幸賜提引，不爾無由。客曰：若

〔一〕出集神州三寶感通録卷下，亦見高僧傳卷十杯度傳。

〔二〕出集神州三寶感通録卷下。

來可從鼓山東面而上，東度小谷，又東北上，即是山寺。至期與好事者五六人，直詣石窟寺。山僧曰：何以得來？曰：欲往竹林，道由於此。僧曰：世人可笑，專聽妖言。此山東西，我並遊涉，何處有寺。古有斯言，不勞往也。名曰：彼客致詞，極非孟浪，何有虛也？只得尋之。尋而不獲，非余咎也。石窟寺僧十數相隨，依言東上，度谷尋嶺。忽見一翁，把钁斵地，又見一僧來至鋤禾四邊，把鋤曳钁曰：去年官寺道人放馬，食我禾盡，今年復來蹋我秋苗。舉钁趁僧，並皆返歸，唯名一人東北獨上。翁曰：放你上山，乞蟲喫却。遂依東上，林木深茂。〔一〕聞南嶺上有吟詠聲。名曰：非往者客耶？曰：是也。排榛而出，執手叙闊，相將造寺。瞬目間，忽見崇峰箬日，修竹干雲。重門洞開，複殿基列。門外東西槽櫪，飾以金鋪。似有馬蹤，而無繫者。行至門首曰：且住此，通和尚去。須臾便出，引入至佛殿前，禮拜訖，西至廊下。和尚可年九十許，眉長鼻高，狀如西僧。傍有官吏可三十人，執文簿有所判斷。舉手告曰：下里山寺，殊無可觀，何能遠涉。名即禮拜十數拜。和尚曰：行來疲頓可止，將至房去。便引西房北東轉，見僧憑案讀經。名便禮拜，都不慰問。便引盡北行，東出至本客房中，歡笑通宵，屢求住彼。曰：一任和尚，不敢爲礙。待明爲諮報。曰：和尚不許。乃至中食，不異鄴中。臨別，和尚曰：知欲求住，〔二〕知友情也。然出家人不可兩處安名。本寺受供，可得乖否。必欲求住，可除彼名。

〔一〕「木」字原作「水」，據高麗藏本改。

〔二〕「求」字，高麗藏本作「永」。下同。

好去。便辭送出，執手恨恨，既別悽然。行一里間，數數反顧，寺塔林竹，依然滿目。更行二里，返顧一無，但是峰崖雜樹。行行西下，依隨本道，不見田苗，亦無田翁。乃至石窟，備爲僧說之。〔一〕

高齊文宣在晉陽，使人騎白馲駝，向我寺取經函去。使問：不知何寺？帝曰：但任駝行，自知寺處。日晚出城，駝行至急，奄然如睡。忽至一山，名爲冥寂，山半有寺。有羣沙彌曰：高洋馲駝來也。便引入寺，見一老僧。拜已，問曰：高洋作天子何似？荅曰：聖明。問曰：爾來何爲？荅曰：令取經函。僧曰：洋在寺嬾讀經，今取何用。指示北行東頭，是其本房，汝可彼取函與之。即乘駝而返，如睡如夢，奄至晉陽。以函返命。不久帝行至谷口木井寺，有捨身癡人，不解語，忽語帝曰：我先去，爾後可來。帝然之。是夜癡人死。不久，帝於晉陽不豫，使劉桃枝負行，鼻血淋漉，是夜帝崩。〔二〕

代州東南五臺山，〔三〕古稱神仙之宅也。山方三百里，極巉巖崇峻。有五臺，上不生草木，唯松栢茂林。經中明文殊將五百仙人，往清凉之山，即斯地也。地極嚴寒多雪，號曰清凉山。所以古來求道之士，多遊此山。遺迹靈窟，即自極多。中臺最高，去頂七百里，望如指掌。上有小石浮圖，其量千計。即是魏文帝宏所立也。石上人馬跡宛然如新。有大泉名曰太華，清澄如鏡，有二浮圖夾之。中有文殊

〔一〕出集神州三寶感通録卷下。此條後巖州林慮山靈隱聖寺條有目無文，文見補遺。

〔二〕出集神州三寶感通録卷下，又集古今佛道論衡卷一亦載此事，文有異同。

〔三〕「山」字原作「上」，據高麗藏本、磧砂藏本、南藏本、嘉興藏本改。

師利像。人有至者，鐘聲香氣，無日不有，神僧瑞像，往往逢遇。龍朔二年，下敕令長安會昌寺僧會賾往彼修理寺塔，前後再返，亦遇靈感。中臺東南下三十里有大孚靈鷲寺，古傳漢明所造，現有東西二道場，像設猶存。南有華園二頃許，四時相間，互相映發，古今常然，不知元由。貞觀年中，有禪師名解脱，聚住習定，自云於華園北四度見文殊師利菩薩，翼從滿空，羣仙異聖，不可勝紀。近有僧朗禪師居山三十餘載，亦遇仙聖，飛空而去，唯留故皮。南臺三十里内多是名華，徧於峰岫，俗號華山。中有聖寺，鐘聲時發。曾見異人，形偉冠世，言語之閒，超騰遂遠。其山甚近，滯俗罕登，登者必感勝緣。〔一〕

魏太山丹嶺寺釋僧照，未詳氏族。性多虚放，好追靈迹，譎詭之處，無不登踐。承瀑布之下，多諸洞穴，仙聖遊止。以魏普泰年，行至衆山，見飛流下有穴孔，因穴而入。行可五六里，便得出穴，外有微逕。其東北上可行數里，得石渠，闊三兩步，水西流清，澄徹上下，藥草蔓延，委地青翠。渠北有瓦舍三口，形甚古陋。庭前有穀穗縱横，鳥雀殘食甚衆。東頭屋内有數架黄衷，中閒有鐵臼兩具，亦有釜器。並附遊塵，都無炊爨之迹。西頭室裏有一沙門，端坐儼然，飛塵没膝。四望瞻眺，唯見茂林懸澗，非有人居。須臾之閒，逢一神僧，年可六十，眉長丈餘，槩掛耳上，相見欣然，傾慰若舊。問所從來，荅云：我同學三人，來此避世。一人外行未返，一人死來極久，似入滅定。今在西屋内，汝見之未？今日何姓

〔一〕出集神州三寶感通録卷下。

爲主？荅曰：是魏家，享國已久。不姓曹耶？照云：姓元。僧曰：我不知之。遂取穀穗，擣之作粥。又往林中葉下取梨棗，與之令噉。僧云：汝但食之，我不噉此。又問：誦何經業？照云：吾誦法華經。神僧叩頭曰：大好精進業。今東屋架上如許經，吾並自誦之。欲得聞不？照合掌曰：唯敢聞命。彼逐部别誦之，聲氣朗徹，乃至通夜。照疲苦睡。僧曰：但睡，我自恒業耳。達旦不眠，更爲造食。照謝曰：幸得奉謁，今暫還歸，尋來接事。僧亦不留，但言：我同學行去，汝若值者，大有開悟，恨不見之。既言須歸，好去。照尋路得還，結侶重來，瀑布覓穴，莫測其處。今終南諸山亦有斯事，不可具述。

雍州鄠縣南繫頭山寺者，其山本舟人繫船其頂，故以名焉。昔太一未分，山連太行、王屋、白鹿，河水停於此川，號爲山海。〔一〕及巨靈大人秦洪海者，〔二〕患水浩蕩，以左掌托太華，右足蹋中條，太一爲之裂。河通地出，山遂高顯。仍本爲號。張衡西京賦云〔三〕「高掌遠蹠，以流河曲」者是也。古老傳云：繫頭南有九空仙寺。昔有人山採，逼暮，不知歸道，依林而宿。夜聞鐘聲在近，即尋之。忽見一寺，僧衆有餘，但有行坐而不叙問。其人怪之，至明失寺。此來在近，無往尋者。有僧曾至山，但有層峰秀林，不可登踐。又云：山有九窟，仙人所居也。有藍田大谷伏羲城側歸義寺僧弘藏者，有膽勇，聞

〔一〕「山」字，集神州三寶感通録作「少」。
〔二〕「洪」字原作「供」，據高麗藏本改。
〔三〕「賦」字原脱，據高麗藏本補。

而往尋。積日累夜，巡擾山隒，止獲五窟。甚圓净，如人所造，無闕漏，似有居者。又光明寺了禪師亦往尋覓，依窟一夏。今所謂照陽窟也。〔一〕足爲華望之大觀也，而仙寺終不見焉。〔二〕

終南山大秦嶺竹林寺者，至貞觀初，採蜜人山行，聞有鐘聲，尋而往至焉。寺舍二間，有人住處。傍大竹林，可有二頃。其人斷二節竹以盛蜜，可得五升許。兩人負下，尋路而至大秦戍，具告防人。以林至此可十五里。戍主利其大竹，將往伐取。遣人依言往覓，過小竹谷，達于崖下。有鐵鎖長三丈許，防人曳鎖，掣之大牢。將上，有二大虎據崖頭，向下大呼。其人怖急返走。又將十人重尋，值大洪雨便返。藍田悟真寺僧歸真，少小山栖，聞之便往。至小竹谷北上，望崖失道而歸。常以爲言。真云：此竹林至關，可五十許里。〔三〕

子午關南第一驛名三交驛。東有澗，東南坡數十頃是栗樹，素不知有僧住。屢聞鐘聲，不以爲奇。一時驛家婦女採樵入澗，忽值一僧獨坐石上縫衣，傍無一物。此女有信心，白曰：不知師在此，日時欲至，向驛食來。僧云：貧道山居，不得食驛家官食。女曰：自有私食，足以供養。僧曰：信心人食亦不可得。女恐時過，馳走取食。及來尋之，不見其迹。由是常令家人左近追之，永不可值，而有鐘聲。

〔一〕「窟」字原作「空」，據高麗藏本改。
〔二〕出集神州三寶感通録卷下。
〔三〕「五十」，集神州三寶感通録作「十五」。出集神州三寶感通録卷下。

此寺去驛五里。〔一〕

又終南折谷内椶櫚寺者，〔二〕近有人見一僧云：倩爲擎襆向寺。問：寺在何處？云：在折谷炬明東嶺頭。〔三〕其人爲荷襆，將至寺，見一僧從南崖來，可長五十尺，相召來。其人辭返，語曰：君日日入山採柴，可於柴下取齋殘餅食之，不須道得之由緣。便隨其言，日得其餅。妻怪窮之，不得已便説，遂瘂經年。又見二僧入谷，其人手招指口，如是三返，便得語。其人近死。今入山者至炬明嶺側，常聞鐘聲，亦往往見有異僧。近有一僧聞已，遇見入谷僧，疑是椶櫚寺。問言：大德是椶櫚寺僧不？曰：是。欲隨大德去得不？曰：可相隨來。但聞耳邊飃飃風聲至急。心惟曰：此何必是聖，或入深山躓頓我。竊生念時，前僧便失，懊惱之甚。返迴三日，方達谷口。乃於避世堡立精舍以之。〔四〕精舍見存，其僧不知所終。〔五〕

又終南庫谷内西南，又名胡盧谷。昔有人於山採斫，遇見一寺，并石室石門。門内並寶器，重大不

〔一〕出集神州三寶感通録卷下。

〔二〕「櫚」字原作「藺」，據高麗藏本改。下同。

〔三〕「嶺」字原作「領」，據高麗藏本改。下同。

〔四〕「堡」字原作「僁」，據高麗藏本改。

〔五〕出集神州三寶感通録卷下。

可勝。然不見僧人，是衆僧供用具度。其人徘徊顧眄，記誌處所，以所賫瓠盧掛於室樹，下山召村人往尋。其谷内樹上，往往悉是瓠盧，莫知蹤跡。今有尋山者云：〔一〕石門扇在山崖傍，半入山下，其半雖出，無人力開之。今其谷名庫，地名天藏，故谷口府坊，皆名天藏。測其山中，則彌勒下生方現於俗耳。〔二〕

西域志云：「烏萇國西南有檀特山，山中有寺，大有衆僧。日日有驢運食，無控御者。自來留食還去，莫知所在。」

西域志云：「王玄策至大唐顯慶五年九月二十七日菩提寺，寺主名戒龍，爲漢使王玄策等設大會。使人已下，各贈華氎十段，并食器，次申呈使獻物龍珠等，具録大真珠八箱，象牙佛塔一，舍利寶塔一，佛印四。至於十月一日，寺主及餘衆僧餞送使人。西行五里，與使泣涕而别曰：會難别易，物理之然，〔三〕況龍年老，此寺即諸佛成道處。爲奏上於此存情，預修當來大覺之所。言意勤勤，不能已已。」若廣明西域塔寺靈迹嘉祥徵瑞，具如上感通篇述。

敬尋佛法東流，年向六百。三寶傳記，卷盈三千。其内名僧德重可觀，神通變化，靈瑞感通，向有

〔一〕「者」字原闕，據集神州三寶感通録補。

〔二〕出集神州三寶感通録卷下。

〔三〕「然」字原脱，據高麗藏本補。

千人。自古君臣隱遁逸民，〔一〕負才慠俗之流，並皆崇敬。如賢如聖，備在傳記，不可具述。故入大乘論云：「尊者聖人賓頭盧、羅睺羅等有十六大阿羅漢，住世通法。又有九億無學聖人，亦在此洲，未入涅槃。」〔二〕准此而詳，今諸山海所居衆僧，多聞磬聲，或尋遇寺，豈非聖人之所處乎。今更約諸門以分三時：一、約住世，二、約賢劫，三、約釋迦一佛爲候。初約住劫用辯通塞者，如西域所列往劫行事。如薩埵捨身，流血尚在。達拏捨子，杖捶遺血，布髮掩泥之所，捨身求偈之地。月光斬首，尸毗飼鷹。斯等遺跡，並惟古劫。計數災蕩，如何尚存。天竺名僧，亦疑斯致。理如所問，無宜獨留。而往事迹，有僧釋云：此乃如來神力，由菩薩志行，雖有三災，不可除滅。後成世界，依而集之。亦有人言：三災之化，無往不除。乃至無一隙塵而得存焉。〔三〕今云塔在，豈不乖乎！諸德釋云：但非聖跡者，如無一隙得住。今云有者，由聖力加被，故得久住。欲使後代，師之鑽仰，冀慕聖蹤，依之得道。世界初成，昔古遺跡相似而現。並是佛之神力變化所爲，故五不可思議中，一是佛神力也。所以往劫生事而列之。第二、約同劫以明，相對有四。且如一鉢，〔四〕千佛共同。故傳云：釋迦受食，四王奉鉢。滅後流行至毗

〔一〕「遁」字原作「道」，據高麗藏本改。

〔二〕出入大乘論卷上。

〔三〕「隙」字原作「鄰」，據高麗藏本改。下同。

〔四〕「且」字原作「具」，據高麗藏本、磧砂藏本、南藏本改。

舍離，〔一〕若千百年，又至乾陀衛，又至西月支、于闐、丘夷，次當達震旦，〔二〕返向師子國，還來天竺，上昇兜率。彌勒見曰：釋迦佛鉢今來至此，七日供養，還下龍宮。彌勒成佛，四王還獻。二者、龍宮佛影，千佛同留。三者、方石説法，千佛同坐。即揵陀卑鉢樹下是也。四者、石塔盛衰，千佛同候。上傳之中，多明四佛行坐之跡。准此未來，抑亦可見。第三、明釋迦一代，通而不等。如天道寶階，滅無遺緒。吒王大塔，七化已三。道樹滅而更生，佛跡毁而還現。楊枝摧而重出，舍利試而逾靈。諸如此例，故應不通後佛。至如雞足迦葉，留化慈尊。山宮明辯，持身待聖。〔三〕沮渠滅定之侶，〔四〕摩支應供之徒，事局未來，神化絶域。皆爲明通，開顯累俗，慈導有情，澄神諸有也。

依道宣律師感應記：「問天人曰：荆州、河東寺者，此國甚大，余與慈恩寺嵩法師交顧積年，其人即河東羅雲法師之學士也。云：此寺本曾住萬僧，震旦之最。聞之欣然，莫測河東之號。請廣而述之，亦佛法之大觀也。答曰：晉氏南遷，郭璞多聞之士，周訪地圖，云：此荆楚舊爲王都，欲於硤州置之，嫌逼山遂止。便有宜都之號。下至松滋，地有面勢都邑之像，乃掘坑秤土，嫌其太輕，覆寫本坑，土

〔一〕「至」字原作「王」，據高麗藏本、磧砂藏本改。
〔二〕「次」字原作「羡」，據高麗藏本改。
〔三〕「待聖」二字原脱，據高麗藏本補。
〔四〕「沮渠」二字原脱，據高麗藏本補。

又不滿，便止。曰：昔金陵王氣，於今不絶，固當經三百年矣。便都建業，仍於此置河東，改遷裴薛柳杜四姓居之。地在江曲之閒，類蒲州河曲，故有河東目也。有東西二寺。昔苻堅伐晉，荆州北岸並没屬秦。時桓沖爲荆牧，邀翼法師度江，造東寺，安長沙寺僧，西寺安四層寺僧。苻堅殁後，北岸諸地還屬晉家。長沙、四層諸僧各還本寺，西東二寺因舊廣立。自晉宋齊梁陳氏，僧徒常數百人。陳末隋初，有名者三千五百人，净人數千。大殿一十三間，惟兩行柱通梁長五十五尺。欒櫨重疊，國中京冠。即彌天釋道安使弟子翼法師之所造也。自晉至唐，曾無虧損。殿前四鐵鑊各受十餘斛，以種蓮華。殿前塔宋譙王義季所造。〔一〕塔内𡑞像，忉利天工所造。佛殿中多金銅像，寶帳飛仙，珠瓔華珮，並是四天王天人所作。寺内僧衆，兼於主客，出萬餘人。當途講説者，五十三人，十三人得其聖果，各領千僧。餘小法師五百餘人。十誦律師有四十人，九人得聖。大小乘禪師八百餘人，其得聖人二百二十四人。徒衆嚴肅，説不可盡。寺法立制，誦經六十紙者免維那，誦法華度免直歲。寺房五重，並皆七架。别院大小，今有十所。般舟方等二院，莊嚴最勝。夏别常有千人，四周廊廡，減一萬閒。寺開三門兩重，七閒兩廈，殿宇横設，並不重安，約准地數，取其久故。所以殿宇至今三百年餘，無有損敗。東川大寺，唯此爲高。映耀川原，實稱壯觀也。

〔一〕「譙」字原作「誰」，據高麗藏本、磧砂藏本改。

又問：「彌天釋氏，宇内式瞻，云乘赤驢，荆襄朝夕而見，未審如何？」荅曰：「虚也。」又曰：「若爾虚傳，何爲東寺上有驢臺，峴南有中驢村。據此行由，則乘驢之有地也。」荅曰：「非也。後人築臺於寺，〔一〕植樹供養。焉有佛殿之側，頓置驢耶？又中驢之名，本是閭國、鄀國之故地也。後人不練，遂妄擬之。」〔二〕

〔一〕「寺」字原脱，據高麗藏本補。
〔二〕出道宣律師感通録。

法苑珠林校注卷第四十

舍利篇第三十七此有五部

述意部　引證部　佛影部　分法部　感福部

述意部第一

夫聖德遐邈，冠絶人天。理妙六經，神高百氏。超羣有之遺蹤，越賢良之勝迹。化緣既終，從俗韜光。故雙樹八枝，隨義所表，舍利八分，亦逐緣感會。入金剛定，預碎全身。欲使福被天人，功流海陸。至於牙齒髮爪之屬，頂蓋目睛之流，衣鉢瓶杖之具，坐處足蹈之迹，囊括今古，聖變無窮。祥應荐臻，瑞光頻朗。賢愚共覩，豈猜來惑。且如三皇五帝夏殷文武孔丘莊老，惟聖惟賢，共遵共敬。莫不葬骨五泉，遺塵九土。聲光寂寞，孰識其蹤。罕知生福，奚感來報。豈比能仁大聖，形影垂芳。應感之道不窮，敬仰之風逾遠。紹化迹於大千，拔沈冥於沙界。致使開示之道，隨義或殊，會空之旨，齊其一實也。

引證部第二

舍利者，西域梵語，此云骨身。恐濫凡夫死人之骨，故存梵本之名。舍利有其三種：一是骨舍利，其色白也。二是髮舍利，其色黑也。三是肉舍利，其色赤也。菩薩羅漢等亦有三種。若是佛舍利，椎打不碎。若是弟子舍利，椎擊便破矣。又菩薩處胎經云：「世尊告諸大衆：念我古昔所行功德，捨身受身，非一非二。今當爲汝説一形法。諸佛全身舍利，盡在下金剛刹中。金剛刹厚八十四萬億里，下有諸佛碎身舍利，盡在彼刹。彼有佛刹，名曰妙香，佛名不住如來，十號具足，今現在説法。佛告大衆：碎身舍利下厚八十四萬億里，國土清浄，佛名徧光，十號具足，彼佛今現在説法。復下有國土，名施無盡藏，佛名勸助。復下有國土，名法鼓，佛名善見，彼土乃有全身舍利，過去億千萬佛皆留舍利。彼土舍利我亦有分。」〔一〕

又海龍王經云：「爾時諸龍白佛言：今世尊還閻浮利地，海中諸龍無所依仰。惟加大哀，佛滅度時，在此大海，留全舍利。一切衆類皆得供養，轉加功德，速脱龍身，疾得無上正真之道。唯佛垂恩，威德兼加，所願得果。佛言：善哉！從爾所志。須菩提謂諸龍言：一切人天舍利須徧，普蒙獲濟。卿等

〔一〕出菩薩處胎經卷三全身舍利品。

求願，使佛舍利獨全奉侍，一切衆生何緣得度。諸龍荅言：唯須菩提勿宣斯言。無以己身限礙之智，以限如來無極之慧。如來聖德，無不變現，三千世界，各各化現，佛全舍利不增不減，普現一切。譬如日影現於水中。佛亦不生亦不滅度，云何欲限如來智慧者乎！須菩提聞，默而無言。佛歎諸龍，仁等賢明，誠如所云，無有異也。佛道高妙，無邊無際，無方無圓，無廣無狹，無遠無近。譬如虛空，不可爲喻。」〔一〕

佛影部第三

如觀佛三昧經云：「佛初留影石室，在那乾呵羅國毒龍池側，阿那斯山巖。南有五羅刹女，與毒龍通，恒降雹雨，〔二〕百姓飢疫，已歷四年。時王禱祀呪龍，羅刹女氣盛，呪術不行。王長跪合掌，讚佛通慧，應知我心。願屈慈悲，光臨此國。爾時如來往至彼國，龍興雷電，鱗甲煙焰，五羅刹女眼如掣電。時金剛神手把大杵，杵頭火然，如旋火輪，燒惡龍身。龍王驚怖，走入佛影，如甘露灑。見諸金剛，極大惶怖，爲佛作禮。五羅刹女亦禮如來。龍王於其池中出寶臺奉佛。佛言：不須汝臺，但以羅刹石窟施我。諸天各脱寶衣拂窟，佛攝神足，獨入石室，令此石上變爲七寶。時龍爲四大弟子及阿難造石窟。

〔一〕出海龍王經卷四舍利品。

〔二〕「雹雨」二字原作「雨雹」，據高麗藏本改移。

爾時世尊從石窟出。時龍聞佛還國，啼哭雨淚，云：何捨我？我不見佛，當作惡事，墜墮惡道。佛安慰龍：我受汝請，當坐汝窟中，經千五百歲。佛坐窟中，作十八變，踊身入石，猶如明鏡，在於石內，映現於外。遠望則見，近望不現。諸天百千供養佛影，影亦説法，迄今猶現。」〔一〕

分法部第四

如菩薩處胎經云：「時八國王共諍舍利。有一大臣名優波吉，諫八國王：何爲興兵，共相征伐？爾時帝釋即現爲人，語王言：我等諸天亦當有分。若共諍力，則有勝負。幸可見與，勿足爲難。爾時阿耨達龍王、文鄰龍王、伊那鉢龍王語八王言：我等亦應有分。若不見與，力足相伏。時臣優波吉告言：諸君並止，舍利宜共分之，何須見諍。即分爲三分：一分與諸天，一分與龍王，一分與八王。分甕受一石餘，此臣以蜜塗甕裏，以甕量分。諸天得舍利，還於天上，即起七寶塔。龍得舍利，還於宫中，起七寶塔。臣優波吉著甕舍利并甕，亦起寶塔。灰及土量得四十九斛，亦起四十九寶塔。闍維處亦起寶塔，高三十九仞。」〔二〕一仞七尺。

又阿育王經云：「八國王諍舍利，各起兵，天帝釋自下曉喻，以金甖分之。闍王共數各得八萬四千

〔一〕出觀佛三昧海經卷七觀四威儀品。

〔二〕出菩薩處胎經卷七起塔品。

舍利，惟有佛口一髭，無敢取者。以闍王初來，得舍利及髭，還大歡喜，作樂動天。難頭禾龍王化作人身，到泥洹所，道逢闍王還，語王言：可持一分見與。王言：不可得。龍王言：我是難頭禾龍，能舉卿國土著八萬里外，磨碎成屑。闍王怖懼，即奉佛髭與之。龍王即還，須彌山下，高八萬四千里，於下起水精瑠璃塔。闍王終後，阿育王得其國土。時有大臣白阿育王言：難頭禾龍先輕闍王，奪佛髭去。阿育王聞大瞋怒，即敕諸鬼神王作鐵網鐵罝，縱罝須彌山下水中，欲縛取龍王。龍大驚怖，共設計言：阿育事佛，當伺其卧，取宮殿移著須彌山下水中，其瞋必息。即便遣龍捧取育王宮殿。王卧覺不知是何處。見水精塔，高八萬四千里，喜怖交心。龍自出謝言：闍王自與我佛髭，我不奪也。佛在世時，與我要言：般泥洹後，劫盡之時，所有經戒及袈裟應器，我皆當取藏，著是塔中。彌勒來下，當復出著。阿育王聞此，言：大謝，實不知此。龍王便使諸龍還復王宮殿，置於本處。」〔一〕

又善見論云：「帝釋宮内有二舍利：一佛右牙，二佛右鬫甕骨。」〔二〕

又十誦律云：「佛般泥洹，八國皆來求舍利，各舉四兵，八軍圍遶。有一婆羅門姓煙，高聲大唱言：諸力士，舍利現在，當分作八分。諸力士言：敬如來議。更復唱言：盛舍利瓶，請以見惠，還頭那羅聚落起塔。時畢波羅延那婆羅門復請燒佛處炭，還國起塔。時拘尸城力士得第一分起塔舍利，即於

〔一〕此段出處待考。
〔二〕出善見律毘婆沙卷三。

國中起塔。波婆國得第二分舍利，還國起塔。羅摩聚落拘樓羅得第三分舍利，還歸起塔。遮勒國諸剎帝利得第四分，還國起塔。毗兜諸婆羅門得第五分，還國起塔。毗耶離諸利昌得第六分，還國起塔。迦毗羅婆國諸釋子得第七分，還國起塔。摩伽陀國主阿闍世王得第八分，還王舍城起塔。姓煙婆羅門得盛舍利瓶，還頭那羅聚落起塔。畢波羅延婆羅門得炭，還國起塔。爾時閻浮提中八舍利塔，第九瓶塔，第十炭塔。自此已後，起無量塔。」〔一〕

又阿育王經云：「昔阿恕伽王欲取阿闍世王所舉舍利。〔二〕阿闍世王著恒河中，〔三〕作大鐵劍輪，使水輪轉。著舍利處，種種方便，取不能得。問蓮華比丘：云何可得？比丘荅言：擲數千斛柰著中，可得止輪。尋用此語，以柰著於水中，偶試一柰，柰墮機關孔中，劍輪即定，更不迴轉。然大龍王守護，都不可得。王時問言：何由可得？荅言：龍王福勝，無由可得。問言：云何知彼福勝？以金鑄作龍像及以王像，以秤稱之，重者福勝。即時稱量，龍像倍重。王見此事，即勤修福。既修福已，復更鑄像，復更稱量，王像龍像稱量正等。王更修福，復更鑄像稱看，王像轉重。王知像重，將諸軍衆往到水邊，龍王自出獻種種寶。王語龍言：阿闍世王遺我舍利，我今欲取。龍王自知威力不如，即將王至舍利

〔一〕出十誦律卷六十。

〔二〕「恕」字原作「怒」，據高麗藏本改。

〔三〕「恒」字原作「洹」，據阿育王傳改。

所，開門取舍利，與阿闍世王所造油燈始欲盡儩。舍利既出，燈亦盡滅。王怪而問蓮華比丘：云何阿闍世王裁量油燈，至取舍利方始乃滅？尊者荅言：彼時有善筭者，計百年中用爾許油，用如是計，故使至今也。」〔一〕

感福部第五

如大悲經云：「爾時世尊告阿難：我滅度後，若有人乃至供養我之舍利如芥子等，恭敬尊重，謙下供養，我說是人，以此善根，一切皆得涅槃界，盡涅槃際。若有造立形像塔廟，乃有信心念佛功德，乃至一華散於空中，我說是人，以此善根，一切皆當得涅槃界，盡涅槃際。佛告阿難：若有衆生以念佛故，乃至一華散於空中，如是福德所得果報，不可窮盡。若有衆生以至誠心念佛功德，乃至一華散於空中，於未來世當得釋天王、梵天王、轉輪聖王。於其福報亦不能盡。施佛福田，不以有爲果報所能盡邊。我說是人，必得涅槃，盡涅槃際。乃至若有畜生於佛世尊能生念者，我亦說其善根福報當得涅槃，盡涅槃際。若有三千大千世界滿中四沙門果及辟支佛，如甘蔗竹葦。若有人能若現在若滅後起塔供養，若一劫若減一劫，以諸稱意一切樂具，恭敬尊重，謙下供養。若復有人於諸佛所但一合掌，一稱佛名，如

〔一〕出阿育王傳卷二阿育王現報因緣品。

是福德比前福德百分不及一，千分百千億分乃至迦羅分不及一。何以故？以佛如來諸福田中爲最無上。是故施佛，成大功德神通威力。」〔一〕

頌曰：

金軀遺散骨，寶塔徧天龍。創開於十塔，終成八萬興。珠蓋靈光變，刹柱吐芙蓉。屢開朝霧露，數示曉靈徵。紅霓相映發，風摇響和鐘。仙鸞往往見，神僧數數從。獨超羣聖上，含識普生恭。砧椎擊不碎，方知聖叵窮。

感應緣略引一十六驗，隋有五十三州。

漢僧道角法

魏外國沙門金盤貯舍利五色騰焰

吴康僧會祈舍利

孫皓毁法舍利揚彩

晉竺長舒以舍利投水中五色光現

〔一〕出大悲經卷二舍利品。

晉董汪家木像舍利發光
晉廣陵舍利放光
晉北僧法開建寺求舍利
晉孟景建寺獲舍利三顆
晉義熙有一舍利自分爲三
宋賈道子於芙蓉内得一舍利
宋安千載家奉佛得舍利
宋張須元家於像前華上得舍利數十顆
宋劉凝之額下得舍利二枚
宋徐椿讀經得二舍利

漢法内傳云：「明帝既弘佛法，立寺度僧。五岳山館諸道士等請求角試釋老優劣。〔一〕道經以火試焚，隨火消盡。道士衆首費才愧恥自感，衆前而死。張衍啓悟，競共出家。于時西域所將舍利五粒

〔一〕「請」字原作「諸」，據高麗藏本、磧砂藏本、南藏本、嘉興藏本改。

五色，直上空中，旋環如蓋，映蔽日光。摩騰羅漢踊身高飛，居空如地，履地如空，神化自在，爲衆説法。天雨寶華，散佛僧上。天樂異音，大衆同聞。度人無量。」〔一〕廣如下破邪篇説。

魏明帝洛城中本有三寺。其一在宫之西，每繫舍利在旛刹之上，輒斥見宫内。帝患之，將毁除壞。時有外國沙門居寺，乃齎金盤盛水，以貯舍利，〔二〕五色光明，騰焰不息。帝見歎曰：非夫神效，安得爾乎！乃於道東造周閭百間，名爲官佛圖精舍矣。〔三〕

吴孫權赤烏四年，有外國沙門康僧會創達江表，設像行道，吴人以爲妖異，以狀聞之。權召會問：佛有何靈瑞？曰：佛晦靈迹，遺骨舍利，應現無方。權曰：何在？曰：佛神迹感通，祈求可獲。權曰：若得舍利，當爲興寺。經三七日，至誠求請，遂獲瓶中。旦呈於權，光照宫殿。權執瓶寫于銅盤，舍利下衝，盤即破碎。權大驚異，希有瑞也。會進曰：佛之靈骨，金剛不朽，劫火不焦，椎砧不碎。權使力者盡力擊之，椎砧俱陷，舍利不損，光明四射，耀晃人目。又以火燒，騰光上踊，作大蓮華。權大發信，乃爲立寺，名爲建初。改所住地名佛陀里。〔四〕

〔一〕出集神州三寶感通録卷上，引漢法本内傳。
〔二〕「以」字原作「水」，據集神州三寶感通録改。
〔三〕出集神州三寶感通録卷上，引漢法本内傳。
〔四〕出集神州三寶感通録卷上。

孫皓虐政，將欲除屏佛法，燔經夷塔。有臣諫曰：且少寬假，知無神驗，誅除不晚。皓從之。召會曰：若能驗現於目前，助君興之。如其不能，將廢加戮。會曰：佛以緣應，感而必通。即冀給假，〔一〕請效不難。皓與期三日。于時僧衆百餘，同集會寺。皓陳兵圍寺，刀鋸齊至，剋期就戮。僧恐無靈，先自縊者。會謂衆曰：佛留舍利，止在今時。前已有驗，今豈罔哉！恰期便獲，乃進於皓。此是如來金剛之骨，志誠賁獲。擊以百鈞之杵，〔二〕終無微毀。皓曰：金石可磨，枯骨豈堅。沙門面欺，祇速死耳。〔三〕乃更置之鐵碪，以金椎擊之。金鐵並凹，而舍利如故。〔四〕又以清水行之，舍利揚光散彩，洞燭一殿。皓乃欣欣伏信，革誠膺化。〔五〕

晉初竺長舒先有舍利，重之。其子爲沙門，名法顔，每欲還俗，笑曰：舍利是沙石耳，何足可貴。父投之水中，五色三匝，光高數尺。見徵生信，遂不歸俗。長舒死後，〔六〕還發俗念，輒病委頓，卒爲沙

〔一〕「即冀」二字原作「既」，據高麗藏本改。
〔二〕「擊」字原作「設」，據高麗藏本改。
〔三〕「祇」字原作「抵」，據高麗藏本改。
〔四〕「故」字原作「固」，據高麗藏本改。
〔五〕出集神州三寶感通録卷上。
〔六〕「死後」原作「臨死」，據集神州三寶感通録改。

門。以舍利安江夏塔中。〔一〕

晉大興中，於灊董汪信尚木像，夜有光明。後像側有聲投地，視乃舍利。水中浮沈，五色晃昱，右行三匝。後沙門法恒看之，遂騰踊高四五尺，投恒懷中。恒曰：若使恒興立寺宇，更見威神。又躍于前。於即恒爲建寺塔於灊，〔二〕入法者日以十數焉。〔三〕

晉大興中，北人流播廣陵，日有千數。有將舍利者，建立小寺立刹。舍利放光，至于刹峰。感動遠近。〔四〕

晉咸和中，北僧安法開至餘杭欲建立寺，無資財。手索錢貫，貨之積年，得錢三萬，市地作屋，常以索貫爲資，欲立刹，無舍利。有羅幼者，先自有之，開求不許。及開至寺禮佛，見幼舍利囊已在座前，即告幼。幼隨來見之喜悦，與開共立寺宇於餘杭也。」〔五〕

晉咸康中，建安太守孟景欲建刹立寺。於夕聞牀頭鏘然，視得舍利三枚，因立寺刹。元嘉十六年

〔一〕出集神州三寶感通録卷上。

〔二〕「爲」字原脱，據高麗藏本補。

〔三〕出集神州三寶感通録卷上。

〔四〕出集神州三寶感通録卷上。

〔五〕出集神州三寶感通録卷上。

六月，舍利放光，通照上下，七夕乃止，一切咸見。〔一〕

晉義熙元年，有林邑人嘗有一舍利，每齋日有光。沙門慧邃隨廣州刺史刁逵在南，敬其光相，欲請之。未及發言，而舍利自分爲二。逵聞心悦，又請留敬。而又分爲三。逵欲模長干像，寺主固執不許。夜夢人長數丈，告曰：像貴宣導，何苟吝也。明報聽模，既成，逵以舍利著像髻中。西來諸像放光者，多由舍利故也。〔二〕

宋元嘉六年，賈道子行荆上明，見芙蓉方發，聊取還家。聞華有聲，怪尋之，〔三〕得一舍利，白如真珠，焰照梁棟。敬之，擎以箱案，懸于屋壁。家人每見佛僧外來，解所被衣而坐案上。〔四〕有人寄宿不知，褻慢之。〔五〕乃夢人告曰：此有釋迦真身，衆聖來敬，爾何行惡，死墮地獄，出爲奴婢，何得不怖。其人大懼，無幾癩死。舍利屋地生荷八枝，六旬乃枯。歲餘失之，不知所去。〔六〕

〔一〕出集神州三寶感通録卷上。

〔二〕出集神州三寶感通録卷上。

〔三〕「之」字原闕，據集神州三寶感通録補。

〔四〕「而」字原作「雖」，據高麗藏本改。

〔五〕「褻慢」二字原作「汗漫」，據高麗藏本改。

〔六〕出集神州三寶感通録卷上。

宋元嘉八年，會稽安千載者，家門奉佛。夜有扣門者，出見十餘人，著赤衣，運財積門内，云：官使作佛圖。忽無所見。明至他家齋食上，得一舍利，紫金色，椎打不碎。以水行之，光明照發。便自舉敬，常有異香。後出欲禮，忽而失之。尋覓備至，半日還。時臨川王鎮江陵，迎而行之，雜光閒出。佐史沙門咸見不同。王捧水器呪曰云云，輒應聲光出。夜見百餘人遶舍利屋，燒香持華，如佛出狀。及明，人及舍利俱失。〔一〕

宋元嘉九年，潯陽張須元家設八關齋，道俗數十人，見像前華上似冰雪，視得舍利數十。便以水行之，光焰相屬。後遂失之。〔二〕數日開厨更視，獲牙奩中有白氎裹舍利十枚，光焰屬天，〔三〕諸處咸來請之。〔四〕

宋元嘉十五年，南郡劉凝之隱衡山，徵不出。奉五斗米道，不信佛法。夢見人去地數丈曰：汝疑方解。覺忽反悟，旦夕勤至。半年禮佛，忽見額下有紫光。揣光處得舍利二枚，割擊不損，水行光出。

〔一〕出集神州三寶感通録卷上。

〔二〕「失」字原脱，據高麗藏本補。

〔三〕「天」字原脱，據高麗藏本補。

〔四〕出集神州三寶感通録卷上。

復於食時，口中隱齒，吐出有光。妻息又獲一枚，合有五枚。後又失之，尋爾又得。〔一〕

宋元嘉十九年，高平徐椿讀經，及食，得二舍利，盛罌中。後看漸增，乃至二十。後寄廣陵令劉馥。馥私開之，空罌。椿在都，忽自得之。後退轉，皆失。〔二〕

舍利應現，值者甚多，皆敬而得之，慢而失之。舍利東流，緜歷帝代，傳記所及，略陳萬一。由事相重沓，屢現非奇。佛化潛隱，誠其致也。然有國興塔，無勝隋代。一化之内，百有餘所。神瑞開發，陳諸別傳。今略出之，以顯感德也。〔三〕

隋文帝立佛舍利塔二十八州起塔，五十三州感瑞。

雍州仙遊寺　岐州鳳泉寺　華州思覺寺　同州大興國寺　涇州大興國寺　蒲州栖巖寺　泰州岱岳寺　并州無量壽寺　定州恒岳寺　嵩州閑居寺〔四〕　相州大慈寺　廓州連雲岳寺　衡州

〔一〕出集神州三寶感通録卷上。
〔二〕出集神州三寶感通録卷上。
〔三〕出集神州三寶感通録卷上。
〔四〕「閑居寺」，高麗藏本作「嵩岳寺」。

衡岳寺　襄州大興國寺　牟州巨神山寺　吴州大禹寺〔一〕　蘇州虎丘山寺

右此十七州寺起塔，出打刹物及正庫物造。

秦州　瓜州　揚州　益州　亳州　桂州　交州　汝州　番州　蔣州　鄭州

右此十一州隨逐山水州縣寺等清净之處起塔，出物同前也。

門下仰惟正覺，大慈大悲，救護羣生，津梁庶品。朕歸依三寶，重興聖教。思與四海之内，一切人民，俱發菩提，共修福業，使當今見在，爰及來世，永作善因，同登妙果。宜請沙門三十人，諳解法相，兼堪宣導者，各將侍者二人，并散官各給一人，熏陸香一百二十斤，馬五疋，分道送舍利，往前件諸州起塔。其未注寺，就有山水寺所，起塔依前。山舊無寺者，於本州内清净寺處建立。其塔所司造樣，送往本州。僧多者三百六十人，其次二百四十人，其次一百二十人。若僧少者，盡見在僧，爲朕皇后太子諸王子孫等及内外官人一切民庶幽顯生靈，各七日行道，并懺悔，起行道日打刹。莫問同州異州，任人布施，錢限至十文已下，不得過十文。所施之錢，以供營塔。若少不充役丁，及用庫物。率土諸州僧尼並爲舍利設齋，限十月十五日午時同下入石函。總管刺史以下，縣尉以上，自非軍機，停常務七日，專檢校行道及打刹等事，務盡誠敬，副朕意焉。主者施行。　仁壽元年六月十三日，内史令豫章王臣暕

〔一〕「大禹寺」，高麗藏本作「會稽山寺」。

宣。〔一〕

舍利感應記二十卷隋著作郎王邵撰。

皇帝昔在潛龍，有婆羅門沙門來詣宅上，出舍利一裹曰：檀越好心，故留與供養。沙門既去，求之不知所在。其後皇帝與沙門曇遷各置舍利於掌而數之，或少或多，並不能定。曇遷曰：曾聞婆羅門説，法身過於數量，非世間所測。於是始作七寶箱以置之。神尼智仙言曰：佛法將滅，一切神明今已西去。兒當爲普天慈父，重興佛法，一切神明還來。其後周氏果滅佛法。隋室受命，乃興復之。皇帝每以神尼爲言云：我興由佛，故於天下舍利塔内，各作神尼之像焉。皇帝皇后於京師法界尼寺造連基浮圖，以報舊願。其下安置舍利。開皇十五年季秋之夜，有神光自基而上，右遶露盤，赫若冶鑪之焰。其一旬内，四度如之。皇帝以仁壽元年六月十三日御仁壽宫之仁壽殿，本降生之日也。歲歲於此日，深心永念，修營福善，追報父母之恩。故延諸大德沙門，與論至道。將於海内諸州選高爽清静三十處，各起舍利塔。皇帝於是親以七寶箱，捧三十舍利，自内而出，置于御座之案，與諸沙門燒香禮拜，願弟子常以正法護持三寶，救度一切衆生。乃取金瓶瑠琉瓶各三十，以瑠琉瓶盛金瓶，置舍利於其内。熏

〔一〕見廣弘明集卷十七引。

陸香爲泥，塗其蓋而印之。三十州同刻十月十五日正午入於銅函石函，一時起塔。諸沙門等各以舍利奉送諸州，一切道俗各盡境内，嚴持香華，寶幢音樂，掃灑道路，盡誠竭力，奉迎舍利，不可具陳。各感靈瑞，備如廣傳。今略寫十餘，以示後人。皇帝爾日共皇后太子宫内妃嬪，精誠用心，竭力懺悔。普爲含識共結善緣。皇帝見一異僧，被褐色覆膊，〔一〕以語左右曰：勿驚動他。置之爾去。已重數之，果不須現。〔二〕舍利之將行也，皇帝曰：今佛法重興，必有感應。其後處處表奏，皆如所言。皇帝當此十月之内，每因食次，於齒下得舍利，皇后亦然。以銀盤盛水，浮其一，出示百官。須臾忽見有兩粒，右旋相著。二貴人及晉王昭、豫章王暕蒙賜硯，〔三〕敕令審視之，各於硯内得舍利一。未過二旬，宫内凡得十九，多放光明。自是遠近道俗，所有舍利，率奉獻焉。皇帝曰：何必皆是真身。諸沙門相與椎試之，果有十三玉粟。其真舍利，鐵鎚而無損。〔四〕

雍州城西盩厔縣南仙遊寺，立塔之日，天降陰雪，晦嶺重厚。舍利將下，昏雲忽散，日光朗照。道俗散畢，雲合如舊。

〔一〕「色」字，廣弘明集引，作「袈」。
〔二〕「須」字，廣弘明集引作「復」。
〔三〕「硯」字原作「蜆」，據高麗藏本改。下同。
〔四〕見廣弘明集卷十七引，較此爲詳。

岐州鳳泉寺立塔，感得文石如玉爲函。又現雙樹，鳥獸靈祥，基石變如水精。

華州思覺寺立塔，初陰雪。將欲下舍利，日光晃朗，五色氣光，高數十丈，照覆塔上，屬天降寶華。

同州大興國寺立塔，值雨，無壅鄣處。及舍利入函，忽然雲啓馳散，日光照曜。復有神光重遶於日。至十二月内，夜光照五十里。

涇州大興國寺立塔，三處各送舊石，非世所有，合用爲函，恰然相可。

蒲州栖巖寺立塔，地震山吼，鐘鼓大聲。又放光五道，至二百里皆見。

泰州岱岳寺立塔，夜振鼓聲，三重門自開，有騎從廟出迎，光瑞非一。

并州無量壽寺立塔，初晝昏雲重。〔一〕將下舍利入函，天晴日照。復放神光五道，天神現形，莫知多少。

定州恒岳寺立塔之日，有見異老公來施布負土，畢已失之。舊此無水，忽有水流，前後非一。

嵩州閑居寺立塔，感得白兔來至轝前。初陰雪，將下日朗。入已復合。

相州大慈寺立塔之日，天陰降雪。將下舍利入函，日出。下後復合。天雨奇華，連注極多。

廓州法講寺立塔，初行郊西，爾夜廓州光瑞，高數丈，從東來入地，内外皆見。

〔一〕「晝」字原作「畫」，據高麗藏本、磧砂藏本、南藏本、嘉興藏本改。

衡州衡岳寺立塔，四遇逆風，四乞順水。峰上白雲闊二丈，直至基所，三匝乃去。

襄州大興國寺立塔，初天陰。將下日朗，入函雲合。

牟州巨神山寺立塔，獲紫芝二莖。陰雪，將下日開，閉訖還合。

吴州會稽山大禹寺立塔，舍利汎度五江，風波皆不起。又放神光，獲得紫芝。

蘇州虎丘山寺立塔，掘基得一舍利。空中天樂，人皆聞之。井吼三日，舍利方至。

秦州静念寺立塔，定基已，瑞雲再覆。雪下草木開華。入函光照聲贊。此下瓜州文缺。〔一〕

揚州西寺立塔，久旱。舍利入境，夜雨普洽。

益州法聚寺立塔，初陰晦冥，將下日朗。奄已便陰。

亳州開寂寺立塔，界内無石，别處三石，合而成函。基至磐石，二浪井夾之。

桂州緣化寺立塔，未至十里，鳥有千許，夾輿行飛，入城乃散。此下交州文缺。〔二〕

汝州興世寺立塔，初陰雲雪，將下天晴。入函畢已，陰雲還合。

番州靈鷲寺立塔，坑内有神仙現，騰雲氣像。

蔣州栖霞寺立塔，鄰人先夢佛從西北來入寺，及至如夢。

〔一〕「瓜州」條見集神州三寶感通録卷上。

〔二〕「交州」條見集神州三寶感通録卷上。

鄭州定覺寺立塔之日，感得神光如流星。入寺設供，二十萬人食不盡。〔一〕

隨州智門寺立塔，掘基得神龜，甘露降，黑蜂遶龜有符文。此下非二十八州數。

隨州官人王威，〔二〕送流人九十，道逢舍利，善心共發，放之爲期。其囚被放，千里一期，無一逃者。

隨州人於涓水作魚獄三百，古來傳業。既見舍利，悉決放之，永斷兹惡。餘州亦效矣。

青州勝福寺起塔，掘基，遇自然盤石。函將入塔，有光瑞現。〔三〕

慶舍利感應表并荅

隋安德王雄百官等

臣雄等言：臣聞大覺圓備，理照空有。至聖虛凝，義無生滅。故雖形分聚芥，尚貯金甖；體散吹塵，猶興寶刹。自釋提請灰之後，育王建塔以來，未有分布舍利，紹隆勝業。伏惟皇帝積因曠劫，宿證菩薩，降迹人皇，護持世界。往者道消在運，仁祠廢毁，慈燈滅影，智海絶流。皇祚既興，法鼓方振。區宇之内，咸爲净土；生靈之類，皆覆梵雲。去夏六月，爰發詔旨，延請沙門奉送舍利於三十州，以十月

〔一〕「十」字原作「千」，據高麗藏本改。

〔二〕「隨州」，高麗藏本、集神州三寶感通録作「淯州」。「官人」，廣弘明集作「典籤」。

〔三〕以上各則見集神州三寶感通録卷上，又見廣弘明集卷十七引，較此爲詳。

十五日同時起塔。而蒲州栖巖寺規模置塔之所，於此山上乃有鐘鼓之聲。舍利在講堂内，其夜前浮圖之上，發大光明，爰及堂裏，流照滿室。將置舍利於銅函，又有光若香鑪，乘空而上，至浮圖寶瓶，復起紫焰，或散或聚，皆成蓮華。又有光明於浮圖上，狀如佛像。華趺宛具，停住久之，稍乃消隱。又有光明遶浮圖寶瓶。蒲州城内仁壽寺僧等，遥望山頂，光如樓闕，〔一〕山峰澗谷，昭然顯現，照州城東南一隅，良久不滅。其栖巖寺者，即是太祖武元皇帝之所建造。〔二〕又華州置塔之處，于時雲霧大雪，忽即開朗。正當塔上有五色相輪。舍利下訖，還起雲霧。皇帝皇后又得舍利，流輝散彩，或出或沈。自非至德精誠，道合靈聖，豈能神功妙相，致此奇特。臣等命偶昌年，既覩太平之世；生逢善業，方出塵勞之境。不勝抃躍，謹奉表陳賀以聞。〔三〕謹奏。〔四〕

敕荅：門下仰惟正覺，覆護羣品。濟生靈於苦海，救愚迷於火宅。朕所以至心迴向，結念歸依。思與率土臣民，爰及幽顯，〔五〕同崇勝業，共爲善因。故分布舍利，營建神塔。而大聖慈愍，頻示光相。宫

〔一〕「光」字原闕，據廣弘明集引補。
〔二〕「帝」字原闕，據廣弘明集引補。
〔三〕「奉」下原衍「拜」字，據高麗藏本删。
〔四〕見廣弘明集卷十七引。
〔五〕「及」字原作「乃」，據高麗藏本改。

殿之内，舍利降靈。莫測來由，自然變現。歡喜頂戴，得未曾有。斯實羣生多幸，延此嘉福。豈朕微誠，所能致感。覽王公等表，悚敬彌深。朕與王公等及一切民庶，宜更加剋勵，興隆三寶。今舍利真形，猶有五十，所司可依前式，分送海内。庶三塗六道，俱免蓋纏；稟識含靈，同登妙果。主者施行。〔一〕

高麗、百濟、新羅三國使者將還，各請一舍利於本國起塔供養。詔並許之。詔於京師大興善寺起塔，先置舍利於尚書都堂。十二月二日旦發焉。是時天色澄明，氣和風静。寶輿旛幢，香華音樂，種種供養，彌徧街衢。道俗士女，不知幾千萬億，服章行位，從容有叙。上柱國司空公安德王雄以下，皆步從至寺，設無遮大會而禮懺焉。有青雀狎於衆内，或抽佩刀擲以布施，〔二〕當人叢而下，都無所傷。〔三〕

仁壽二年正月二十三日，復分布五十三州，建立靈塔。令總管刺史已下，縣尉以上，廢常務七日，請僧行道。教化打剎，施錢十文，一如前式。期用四月八日午時，合國化内，同下舍利，封入石函。所感瑞應者，别録如左。

恒州無雲雨下，天降瑞華，徧城如此。　泉州　循州　營州三放白光，感得古石解作函。　洪州白頭烏引路無窮。　杭州掘基有白石窟，容入石函。　涼州　德州感得大鳥旋塔，人皆不識。　滄州　觀州塔上五色雲現，從午

〔一〕見廣弘明集卷十七引。

〔二〕「施」字原作「於」，據高麗藏本改。

〔三〕見廣弘明集卷十七引。

至暮。　瀛州基内有紫芝現。　冀州有患盲人及躄皆差。　幽州函如水鏡，放光衆像。　徐州函現仙人聖僧等相。　莒州三現神光，〔一〕基得古塔，患啞能言。　齊州　萊州　楚州野鹿來聽，鴈翔塔上。　江州地出銅像。　潭州舍利至江，神鳥千迎。　毛州天雨金銀華。　貝州　宋州井苦變甘，旋光天雨，瑞華如雪。　趙州放赤光，瑞像無量。　濟州二放神光香氣，鐘響出於雲際。　兖州　壽州　信州　荆州雲蓋塔上，雨華不下。　蘭州基下得石像，又得二銅像。　梁州　利州放光如月明。　潞州靈泉自涌，病遇得差。　黎州地下凡聞千秋樂動。　慈州靈蓋如飛仙，靈泉涌，病得愈。　魏州數放光明，天雨寶華，人人得之。　沈州　汴州異香放光，見像患差。　梓州放光五色。　許州去州九十放光明見覆塔，甘井踊現。　豫州五色光現，文字金色。　潁州　曹州光變最繁。　安州感香一夕，放光雲蓋兼集。　晉州三度放五色光明。　懷州雄兔自來馴附，放光異迹。　陝州前後十一度現光靈瑞。　洛州香氣如風，數放光明。　鄧州函作玉文現。　秦州重得舍利，函變瑪瑙。　衛州光照於外。　洺州〔二〕僧先患腰不行，聞迎十里得差。　鄭州放光播内向明。　杞州〔三〕放光五色。〔四〕

右總五十三州。四十州已來皆有靈瑞，不可備列，具存大傳。

〔一〕「現」字原作「視」，據高麗藏本、磧砂藏本、南藏本、嘉興藏本改。

〔二〕「洺」字原作「洛」，據磧砂藏本、南藏本改。

〔三〕「杞」字原作「祀」，據高麗藏本改。

〔四〕以上見集神州三寶感通録卷上，又見廣弘明集卷十七引，較此爲詳。

法苑珠林校注卷第四十一

供養篇第三十八此有二部

述意部　引證部

述意部第一

夫三寶平等，曠若虚空。理無怨親，事絶貴賤。是以隨力虔誠，普供内外，務存遺相，冀興普徧。故昔毗舍佉母别請羅漢五百，如來譏訶，顯説平等。〔一〕故知心無限極，則徧及十方，財無多少，則心周法界也。

〔一〕「説」字原脱，據高麗藏本補。

引證部第二

如地持論云：「菩薩供養如來，略説十種：一、身供養，二、支提供養，三、現前供養，四、不現前供養，五、自作供養，六、他作供養，七、財物供養，八、勝供養，九、不染汙供養，十、至處道供養。若菩薩於佛色身而設供養，是名身供養。若菩薩爲如來故，若供養偷婆，若窟若舍，若故若新，是名支提供養。若菩薩面見佛身及支提，而設供養，是名現前供養。若菩薩於如來及支提，悕望心俱，歡喜心俱，現前供養，如一如來，三世亦然。及現前供養如來支提三世十方無量世界，若新若故，是名菩薩共現前供養。若菩薩於不現前如來及支提，及以涅槃後，以佛舍利起偷婆，若一若二，乃至億百千萬，隨力所能，是名廣不現前供養。以是因緣得無量大果，常攝梵福。於無量大劫不墮惡趣，無上菩提，衆具滿足。若菩薩現前供養得大功德，不現前供養得大功德，共現前不現前供養，得最大功德。若菩薩於如來及支提，手自供養，不依懈惰，令他施住，是名菩薩自作供養。若菩薩於如來及支提，不獨供養，普令親屬在家出家悉共供養，是名自他共供養。若菩薩有少許物，以慈悲心施彼貧苦薄福衆生，令供養如來及支提，令得安樂而不自爲，是名他作供養。自作供養者，得大果報。他作供養者，得大大果報。自作他作供養者，得最大大果報。若菩薩於如來及支提以衣食雜寶種種供養者，是名財物供養。若菩薩久來以財物供養，若多若少，現前不現前，自作他作，淳净信心，而作供養。以是善根迴向無上菩提，是名勝供養。若菩薩自手供養如來及支提，不輕他人，不放逸，不懈怠，至心恭敬，不染汙心，不於信心勝人所現諂曲求財，亦不以諸不净物等供養，是名無染供養。若菩薩殊勝不染財物，供養如來及支提，若自力得，若從他求，若如意得財，若化作身，若二若三，乃至百千萬億身，悉禮如來。彼一一身化作百千手，彼一一手以種種華香供養如來及支提，彼一切身悉讚歎如來真實功德，饒益衆生。如是等名爲如意自在力供養。不待如來出現于世，何以故？住不退轉地菩薩於一切佛刹未曾障礙故。若菩薩不自力得財，亦不從他求而爲供養。然於他衆生乃至十方無量世界上中下心所作供養，菩薩於彼一切供養以净信心勝妙解心，周徧隨喜。是菩薩以少方便興大供養，攝大菩提，乃至於犂牛頂，於一切衆生修四無量心等，是名至處道供養如來，第一最上。比前財物供養百倍千倍，乃至筭數譬喻不得爲比。如是十事名菩薩一切種供養如來。法僧亦爾。當知於此三寶作十種供養，菩薩於如來所起六種净心：謂福田無上心，恩德無上心，於一切衆生無上心，如優曇鉢華難遇心，於三千大千世界獨一心，於世間出世間法一切具足依義心。以此六心少想供養如來，法僧獲無量功德，何況多。」〔一〕

又瑜伽論：「云何菩薩於如來所供養如來？當知供養略有十種。一、設利羅供養，二、制多供養，三、現前供養，四、不現前供養，五、自作供養，六、教他供養，七、財供養，八、廣大供養，九、無染供養，十、正行供養。」〔二〕釋文大同。

〔一〕出菩薩地持經卷七供養習近無量品。
〔二〕出瑜伽師地論卷四十四。

又優婆塞戒經云：「佛言：善男子，在家菩薩若欲受持優婆塞戒，先當次第供養六方。言東方者，即是父母。若有人能供養父母衣服、飲食、卧具、湯藥、房舍、財寶，恭敬禮拜，讚歎尊重，是人則能供養東方父母。是父母還以五事報之：一、至心愛念，二、終不欺誑，三、捨財與之，四、爲聘上族，五、教以世事。南方者，即是師長。若有人能供養師長衣服、飲食、卧具、湯藥，尊重讚歎，恭敬禮拜，早起晚卧，受行善教，是人則能供養南方師長。是師復以五事報之：一、速教不令失時，二、盡教不令不盡，三、勝己不生嫉妬，四、將付嚴師善友，五、臨終捨財與之。西方者即是妻子。若有人能供給妻子衣服、飲食、卧具、湯藥、纓絡、服飾，嚴身之具，是人則能供養西方妻子。是妻子復以十四事報之：一、所作盡心營之，二、常作終不懈慢，三、所作必令終竟，四、疾作不令失時，五、常爲瞻視賓客，六、净其房舍卧具，七、愛敬言則柔軟，八、僮使軟言教詔，九、善能守護財物，十、晨起夜寐，十一、能設净食，十二、能忍教誨，十三、能覆惡事，十四、能瞻病苦。北方者即是善知識。若有人能供施善友，任力與之，恭教柔言，禮拜讚歎，是人則能供養北方善知識。是善知識復以四事而還報之：一、教修善法，二、令離惡法，三、有恐怖時，能爲救解，四、放逸之時，能令除捨。下方者即是奴婢。若有人能供給奴婢衣食、病瘦、醫藥，不罵不打，是人則能供給下方奴婢。是奴婢復以十事報之：一、不作罪過，二、不待教作，三、作必令竟，四、疾作不令失時，五、主雖貧窮終不捨離，六、早起，七、守物，八、少恩多報，九、至心敬念，十、善覆惡事。上方者即是沙門婆羅門等。若有供養上方沙門婆羅門衣服、飲食、房舍、卧具、病瘦、醫藥，怖時能救，饑饉施食，聞惡能遮，禮拜恭敬，尊重讚歎，是人則能供養上方沙門等。是出家人復以五事報之：一、能令生信，二、教修智慧，三、教令行施，四、教令持戒，五、教令多聞。若有供養是六方者，是人則能增長財命，能得受持優婆塞戒。」〔一〕

又智度論云：「諸佛恭敬法故，供養於法，以法爲師。何以故？三世諸佛皆以諸法實相爲師。問曰：如佛不求福德，何故供養？荅曰：佛從無量劫中修諸功德，常行諸善，不但求報。敬功德故，而作供養。如佛在世時，阿那律未得天眼前，盲無所見，而以手縫衣。時針紝脱，便言：誰愛福德，爲我紝針。是時佛到其所，語比丘言：我是愛福德人，爲汝紝來。是比丘識佛聲，疾起著衣，禮佛足，白佛言：佛功德已滿，云何言愛福德？佛報言：我雖功德已滿，我深知功德恩報力故，令我於一切衆生中得最第一。由此功德，又爲欲教化弟子，故語之言：我尚作功德，汝云何不作？如伎家百歲老公而儛。有人訶之言：老公年已百歲，何用是儛？老公荅曰：我不須儛，但欲教子孫故耳。佛亦如是。功德雖滿，爲教弟子作功德故而作供養。故佛乳母大愛道亡，四天王轝牀送，佛在前擎鑪燒香供養，爲報恩故。雖不求果，而行平等供養。唯佛應供養佛，餘人不知佛德。如説偈言：

智人能敬智，　智論則智喜。　智人能知智，　如蛇知蛇足。」〔二〕

又頻毗娑羅王詣佛供養經云：「爾時摩竭國頻毗此云顏色。娑羅此云端正。往詣佛所，白世尊：我典

〔一〕出優婆塞戒經卷三受戒品。

〔二〕出大智度論卷十。

此國界，所有資財，能有所辦。欲盡形壽供養如來及比丘衆衣被、飲食、牀座、卧具、病瘦、醫藥，亦當勸率臣民使得蒙度，得離三塗，永處安隱。佛受請已，便説偈言：

祠大最爲首，　詩頌亦爲首，　王爲人中首，　衆流海爲首，　衆星月爲首，　光明日爲首。
上下及四方，　諸所生品物，　天上及世間，　佛最無有上。　欲求種德者，　當求於三佛。」〔一〕

又雜寶藏經云：「佛告諸比丘言：有八種人應決定施，不復生疑。一父，二母，三佛，四弟子，五遠來之人，六遠去之人，七病人，八看病者。」〔二〕

又智度論云：「諸菩薩無量無盡功德成就，以一食供養十方諸佛及僧，皆悉充足而亦不盡。譬如涌泉，出而不竭。如文殊師利以一鉢歡喜丸供養八萬四千僧，皆悉充足，而亦不盡。復次，菩薩於此以一鉢食供養十方諸佛，而十方佛前飲食之具，具足而出。譬如鬼神得人一口之食，而千萬倍出。」〔三〕

又舊雜譬喻經云：「昔有梵志年百二十，少小不娶妻，〔四〕無婬泆之情。處在深山無人之處，以茅爲廬，蓬蒿爲席，以水果爲食，不積財寶。國王聘之，不往赴。意静處無爲於山藪中，與禽獸相娱，絶於

〔一〕出頻婆娑羅王詣佛供養經。
〔二〕出雜寶藏經卷二迦尸國王白香象養盲父母并和二國緣。
〔三〕出大智度論卷三十二。
〔四〕「娶妻」二字原作「妻娶」，據高麗藏本改移。

人路。山有四獸：一名狐，二名獼猴，三名獺，四名兔。此之四獸日於道人所聽經説戒，如是積久，食諸果蓏，皆悉訖盡。後道人意欲徙去，四獸大愁，憂情不樂，共相議言：我曹各行求索，供養道人。獼猴去至他山，得甘果來，以上道人，願止莫去。水獺亦復入水取得大魚，以上道人，給一月糧，願止莫去。野狐行化作人，求得一囊飯麨來，以上道人，可給一月糧，願止莫去。兔自思念：我當用何等供養道人？即念當持身供養。便取樵以然火作炙，往白道人言：今我爲兔，請入火中作炙，以身奉上道人，可給一日糧。便自投火中，火爲不然。道人見兔，感其仁義，哀愍傷之，則自止留。佛言：爾時梵志者，今提和竭佛是。爾時兔者，今我身是。爾時獼猴者，今舍利弗是。爾時野狐者，今阿難是。爾時水獺者，今目連是也。」〔一〕

又僧祇律云：「佛住梨耆闍河邊，時世尊鉢比丘鉢共在露處。時有獼猴行見樹中有無蜂熟蜜，來取世尊鉢，諸比丘遮，佛言：莫遮，此無惡意。便持鉢取蜜奉獻。世尊不受，須待水净。獼猴不解佛意，謂呼有蟲，轉看見鉢邊有流蜜，乃到水邊洗鉢。〔二〕水湔鉢中，持還奉佛，佛即受取。佛受已，獼猴大歡喜，却行而儛，墮坑命終，即生三十三天。時諸比丘即説偈言：

十力世雄在榛林，　佛鉢僧鉢在露處。　野獸植德有情智，　見好成熟無蜂蜜。　直前往取

〔一〕出舊雜譬喻經卷下。

〔二〕「乃」字原作「有」，據高麗藏本改。

世尊鉢，比丘欲遮佛不聽。得鉢盛蜜來獻佛，如來慈愍爲受之。心悦歡喜却行僻，脚跌墮岸而命終。即生三十三天上，下生出家成羅漢。」〔一〕

又文殊師利問經云：「菩薩爲供養佛法僧及父母兄弟，得畜財物，爲起寺舍造像，爲布施。若有此因緣，得受金銀財物，無有罪過。」〔二〕

頌曰：

渺渺長津，遥遥遐轡。煩籠幽閉，難成出離。自非薦上，乘何高位。供養三寶，果超十地。

〔一〕出摩訶僧祇律卷二十九。

〔二〕出文殊師利問經卷上菩薩戒品。

受請篇第三十九此有九部

述意部　請僧部　聖僧部　施食部　食時部　食法部　食訖部　呪願部　施福部

述意部第一

夫供會之法，以不限爲本。無適無莫，乃應檀心。故冥懷遣相，與空際而爲極；任時隨緣，共法界而等量。因既不窮，則果亦無盡也。且俗儉財貧，限物爲施。物既有限，心亦拘執。或計人以擬供，或選德而後請。有涯之福未捨，無邊之報未霑。夫愚法施者，雖物周而施寡；善權惠者，使物寡而施周。是以外國設齋，率廣無遮，運心十方，該羅法界也。

請僧部第二

如賢愚經云：「時佛姨母摩訶波闍波提，佛已出家，手自紡織，預作一端金色之氎，織成大衣。奉上如來。佛令持此往奉衆僧。姨母思念：規心俟佛，唯願垂愍，爲我受之。佛知母專心欲用施我，然恩愛心，福不弘廣。若施衆僧，獲報彌多。我知此事，是以相勸。若有檀越於十六種具足別請，雖獲福報，亦未爲多。何謂十六？比丘、比丘尼各有八輩。不如漫請四人，所得功德福多於彼十六分中未及其一。將來末世法垂盡時，正使比丘畜妻挾子。四人已上，名字衆僧，應當敬視，如舍利弗、目犍連等。時波闍波提心乃開解，即以其衣奉施衆僧，僧中次行，無欲取者。到彌勒前，尋爲受之。爾時彌勒問衆僧言：若有檀越請一持戒清淨沙門就舍供養，所得盈利，何如有人得十萬錢？時憍陳如尋即說言：假使有人得百車珍寶，計其福利，不如請一淨戒沙門就舍供養，得利弘多。舍利弗言：假令有人得一閻浮提滿中珍寶，猶不如請一淨戒者就舍供養，獲利彌多。目犍連言：正使有人得二天下，滿中七寶，實不如請一清淨沙門就舍供養，得利彌多。其餘比丘如是各各引於方喻，比格其利，皆悉多彼。時阿那律復自說言：正令得滿四天下寶，其利猶復不如請一清淨沙門詣舍供養，得利殊倍。所以然者，我是其證。自念過去世毗婆尸佛般涅槃後，法滅盡時，有一長者名阿淚吒，家貧焦煎，復值歲儉人飢，食穀不繼。日往取薪，賣糴稗子，共家婦兒以自供活。見一辟支佛乞食不得，請到其家。分稗子糜，躬自持施。辟支語言：汝亦飢渴，當共分噉。阿淚吒言：我曹俗人，食無時節。尊日一食，但願爲受。即受食訖，感其至心，令發大願。時辟支佛還歸所止。時阿淚吒即還入澤取薪，時見一兔，意欲捕取。以鎌遥擲，即時墮地。適欲前取，化爲死人，上其背上，急抱其頭。盡力推却，不能令却。心懷恐怖，憧惶苦惱，意欲入城，共婦解却。復恐人見，令不聽入。留待日暮，以衣用覆，擔負往舍。既到舍内，自然墮地，變成一聚閻浮檀金，光明晃昱，并照比舍。展轉談之，響徹於王。王自來看，見是死人，形漸欲臭。

即問淚吒：汝見是何？答言：看實是金。即取少許，用奉於王。王見金色，敬之未有。問其所由，何緣得此？由施辟支。王聞歎善，即更賜與，拜爲大臣。如是諸尊，彼阿淚吒者，即我身是。我於彼世以少稗糜施辟支佛，緣是以來，九十一劫生天人中，無所乏少。」〔一〕

又像法決疑經云：「若檀越設食，召請衆僧，遣人防門，遮障比丘及諸老病貧窮乞人不聽人會。徒喪飲食，了無善分。」〔二〕

又普廣經云：「四輩弟子若行齋戒，心當存想請十方僧，不擇善惡持戒毁戒高下之行。到諸塔寺請僧之時，僧次供養，無別異想。其福最多，無量無邊。若值羅漢四果道人及大心者，緣此功德，受福無窮。一聞説法，可得至道無上涅槃。」〔三〕

又十誦律云：「鹿子母別請五百羅漢。佛言：無智，不善。若於僧中次請一人者，得大功德，果報利益勝別請五百羅漢。一切遠近無不悉聞。」〔四〕

〔一〕出賢愚因緣經卷二婆離品。

〔二〕此經已佚。

〔三〕「至」字原作「正」，據高麗藏本改。出灌頂經卷十一隨願往生十方浄土經。

〔四〕出十誦律卷四十八。

又請僧福田經及仁王經：「種種訶責，不許別請。若別請者，是外道法，非七佛法。」〔一〕

又梵網經云：「若有檀越來請衆僧，客僧有利養分，僧房主應次第差客僧受請。而先住僧獨受請，而不差客僧，房主得無量罪，畜生無異。非沙門非釋種姓，犯輕垢罪。若佛子，一切不得受別請利養入己，而此利養屬十方僧。而別受請，即取十方僧物入己用者，犯輕垢罪。若有出家在家一切檀越請僧福田，求願之時，應入僧房，問知事人。今欲次第請者，即得十方賢聖僧。而世人別請五百羅漢菩薩僧，〔二〕不如僧次一凡夫僧。若別請僧者，是外道法。七佛無別請法，不順孝道。若故別請僧者，犯輕垢罪。」〔三〕

又智度論云：「如有一富貴長者，信樂衆僧，白僧執事，我次第請僧於舍食。日日次請，乃至沙彌。執事不聽沙彌受請，諸沙彌言：以何意故？不聽沙彌。荅言：以檀越不喜請年少故。便説偈言：

鬚髮白如雪，　齒落皮肉皺，　僂步形體羸，　樂請如是事。

諸沙彌等皆是大阿羅漢，如打師子頭，欻然從座起，而説偈言：

檀越無智人，　見形不取德。　捨是耆年相，　但取老瘦黑。

〔一〕出仁王般若波羅蜜經卷下囑累品。
〔二〕「五」字原脱，據高麗藏本補。
〔三〕出梵網經菩薩心地戒品卷下。

上尊耆年之相者，如佛說偈云：

所謂長老相，〔一〕　不必以年耆。　形瘦鬢髮白，　空老内無德。　能捨罪福果，　精進行梵行。　已離一切法，　是名爲長者。

是時沙彌復作是念：我等不應坐觀檀越量僧好惡。即說偈言：

讚歎呵罵中，　我等心雖一。　是人毁佛法，　不應不教誨。　當疾到其舍，　以法教語之。　我等不度者，　是則爲棄物。

即時諸沙彌自變其身，皆成老年。

鬢髮白如雪，　秀眉垂覆眼。　皮皺如波浪，　其脊曲如弓。　兩手負杖行，　次第而受請。　舉身皆振掉，　行止不自安。　譬如白楊樹，　隨風而動摇。　檀越見此輩，　歡喜迎入坐。

坐已須臾頃，還復年少形。檀越驚怖言：

如是耆老相，　還變成少身。　如服還年藥，　是事何由然？

諸沙彌言：汝莫生疑。平量是事，甚可傷愍，故現是化。汝當深識之，聖衆不可量。如偈說曰：

譬如以蚊觜，　猶可測海底。　一切天與人，　無能量僧者。　僧以功德貴，　猶尚不分别。

〔一〕「謂」字原作「爲」，據高麗藏本、磧砂藏本、南藏本、嘉興藏本改。

而汝以年歲，稱量諸大德。大小生於智，不在於老少。有智勤精進，雖少而是老。
懈怠無智慧，雖老而是少。

汝今平量僧，是則爲大失。如欲以一指，測知大海底。爲智者之所笑。汝不聞佛説：四事雖小，而不可輕。太子雖小，當爲國王，是不可輕。蛇子雖小，毒能殺人，亦不可輕。小火雖微，能燒山野，亦不可輕。沙彌雖小，得聖神通，最不可輕。檀越聞是事已，見是神通力，身驚毛豎，合手白諸沙彌言：諸聖人等，我今懺悔。我是凡夫，心常懷罪。今欲請問：於佛、僧寶中，信心清浄，何者福勝？荅言：我等初不見佛、僧寶中有增減。何以故？如佛一時入舍婆提城乞食，有婆羅門姓婆羅埵逝，佛數數到其家乞食。心作是念：是沙門何以來數數？如負其債。佛時説偈言：

時雨數數墮，五穀數數成。數數修福業，數數受果報。數數受生法，故受數數死。
聖法數數成，誰數數生死。

婆羅門聞是偈已，大聖具知我心，慚愧取鉢，入舍盛滿美食，以奉上佛。佛不受，作是言：我爲説偈，故得此食，我不食也。婆羅門言：是食當與誰？佛言：我不見天及人能消是食者。汝持去，置少草地，若無蟲水中。即如佛教，持食著無蟲水中，水即大沸，煙火俱出，如投大熱鐵。婆羅門見已，驚怖言：未曾有也。乃至食中神力如是。禮佛懺悔，乞出家受戒，漸漸斷結，得阿羅漢道。復有摩訶憍曇彌以金色上下寶衣奉佛。佛勸施僧，能消能受。故知佛寶僧寶，福無多少。故説偈言：

若人愛敬佛，　亦當愛敬僧。　不當有分别，　同皆爲寶故。」〔一〕

又法句喻經：「世尊説偈云：

人當念有意，　每食自知少。　從是痛用薄，　節消而保壽。」〔二〕

又雜譬喻經云：「昔者舍衛國有一貧家，庭中有蒲萄樹。上有數穗，念施道人。時國王先前請食一月，是貧家力勢不如王，正懸一月，乃得一道人，便持施之。語道人言：念欲施來已經一月，今乃得願。道人語：優婆夷已一月中施。優婆夷言：我但施一穗蒲萄，那得一月施耶？道人言：但一月中念欲捨施，則爲一月也。」〔三〕

〔一〕　出大智度論卷二十二。
〔二〕　出法句經卷下廣衍品。
〔三〕　出雜譬喻經。

法苑珠林校注卷第四十二

聖僧部第三

自大覺泥洹，法歸衆聖。開士應真，導揚末教。並飛化衆刹，隨緣攝誘。感殊則同室天隔，應合則異境對顔。宋泰始之末，正勝寺釋法願、正喜寺釋法鏡等始圖畫聖僧，〔一〕列坐標擬。迄至唐初，亟降靈瑞。或足趾顯露，半現於柱間；或植杖遺跡，印陷於平地。所以梁帝聞而讚悦，敬心翹仰。家國休感，〔二〕必於齋供。到永明八年，帝躬弗愈，雖和鵲薦術，而茵褥猶滯。乃潔心發誓，歸命聖僧。敕於延昌殿内，七日祈請，供飯諸佛及衆聖賢。齋室嚴峻，輕塵不動。七日將滿，方感靈應。乃有天香妙氣，洞鼻徹心，映蔽熏爐，無復芳勢。又足影屣跡，布滿堂中，振錫清越，響發牖外。覩蹤聞香，皆肅然魂聳。時有徐光顯等十有餘人，咸同見聞，登共奏啓。於是齋坐既畢，而御膳康復。所以徧朝歸依，明

〔一〕「等」字原作「寺」，據高麗藏本改。
〔二〕「感」字各本同，疑應作「戚」。

驗神應。其後徐光顯等道俗數人，設齋奉請，並有徵瑞。聖人通感，不可備載。如昔有樹提伽長者，造栴檀鉢，著絡囊中，懸高象牙杙上，作是言：若沙門婆羅門不以梯杖能得者，即與之。諸内外道知，欲現神通力，挑頭而去。賓頭盧聞是事，問目連言：實爾不？答言：實爾。汝師子吼中第一，便往取之。其目連懼佛教不肯取。賓頭盧即往其舍入禪定，便於座中申手取鉢。依四分律：「當時坐於方石，縱廣極大，逐身飛空，得鉢已還去。佛聞訶責云：何比丘爲外道鉢，而於未受戒人前現神通力？從今盡形擯汝，不得住閻浮提。於是賓頭盧如佛教敕，往西瞿耶尼教化四衆，廣宣佛法。閻浮提四部弟子思見賓頭盧，白佛。佛聽還座。現神足故，不聽涅槃，敕令爲末世四部衆作福田。其亦自誓三天下有請悉赴。」〔一〕

又阿育王經：「海意比丘從鑊乘空，爲王説偈云：

汝身同人身，　汝力過人力。　應令我知之，　爲汝作神力。

王發心請四方僧，説偈云：

有諸阿羅漢，　當來攝受我。　我請阿羅漢，　當悉來此處。」〔二〕

故依請賓頭盧經云：「如天竺優婆塞國王長者，若設一切會者，常請賓頭盧頗羅惰誓阿羅漢。賓

〔一〕出四分律卷五十一。

〔二〕出阿育王經卷一、卷三。

頭盧者，字也；頗羅惰誓者，姓也。其人爲樹提長者現神足故，佛遏之不聽涅槃，敕令末法四部衆生作福田。請時於静處燒香禮拜，向天竺摩棃山至心稱名，言：大德賓頭盧頗羅惰誓受佛教敕，爲末法人作福田。願受我請，於此處食者。新作屋舍，亦應請之。願受我請，於此舍牀敷上宿。若普請衆僧澡浴時，亦應請之，言：受我請，於此洗浴。及未明前，見香湯、灰水、澡豆、楊枝、香油，調和冷暖，如人浴法。開户請入，然後閉户。如人浴訖頃，衆僧乃入。凡欲會食澡浴，要須一切請僧，至心求解脱，不疑不昧，信心清凈，然後可屈。近世有一長者，聞説賓頭盧大阿羅漢受佛教敕，爲末法人作福田，即如法施設大會，至心請賓頭盧。氍毹下徧敷好華，欲以驗之。大衆食訖，發氍毹，華皆萎黄，懊惱自責，不知過所從來。更復精竭，審問經師，重設大會，如前布華，亦復皆萎。復更傾竭，盡家財産，復作大會，猶亦如前。懊惱自責，更請百餘法師，求請所失，懺謝罪過。如向上座一人，年老四布，悔其愆咎。〔一〕上座告之：汝三會請我，我皆受請。汝自使奴門中見遮，以我年老，衣服弊壞，謂是被擯賴提沙門，不肯見前。我以汝請欲强入，汝奴以杖打我頭破，額右角瘡是。第二會亦來，復不見前。我欲强入，復打我頭，額中瘡是。第三會復亦來，如前被打，頭額左角瘡是。汝自爲之，何所懊惋。言已不現長者，乃知是賓頭盧。自爾已來，諸人設福，皆不敢遮門。若得賓頭盧來，其坐處華即不萎。若新立房舍牀榻，欲

〔一〕「愆」字原作「僣」，據高麗藏本、磧砂藏本、南藏本、嘉興藏本改。

請賓頭盧時，皆當香湯灑地，然香油燈，新牀新褥，褥上奮緜敷之，以白練覆上。初夜如法請之，還閉房户，慎勿輕慢窺看。皆各至心，信其必來。精誠感徹，無不至也。來則褥上現有卧處，浴室亦現用湯水處。受大會請時，或在上座，或在中座，或在下座，現作隨處僧形。人求其異，終不可得。去後見坐處華不萎，乃知之矣。」〔一〕

述曰：今見齋家多不依法，但逐人情安置，凡人全不愛佛及聖僧。既如前經所説，施主先須預掃灑佛堂及安置聖僧坐處。洗浴潔身，燒上名香，懸繒旛蓋，散衆雜華，手執香鑪，盡誠敬仰。奉請三寶，及以聖僧，十方法界一切聖凡，亦皆普請。受弟子請，降屈聖儀，來臨住宅。合家大小，並共虔誠。預前七日已來，發此重心。若是貧家無好香華，復無安置之處，然須臨時斟酌。僧未坐前，先上好處，安置佛座，掃灑如法。其次好處，安聖僧座，敷設軟物，新白净者，布緜在上。若施主心重有感，食訖候看，似人坐處，即知報身來赴。若無相現，但化身來。若令輕慢，報化俱不至。其座不得綵畫錦綺綾羅金銀雜飾，及散華置上。雖是羅漢，然共凡僧同受二百五十别解脱戒，所以不受雜綵金銀等物。若是諸佛菩薩大乘之人，非局出家相者，所以得受種種供養。安聖僧座及以獻食，亦不得越過尺六高處安置。尺六已下如法僧座則得。亦不得作塑形聖僧在座安置。儻報身自來，豈可推却塑像而坐。亦不

〔一〕出請賓頭盧經。

得在寺將常住僧器盛食，恐報身來，不可觸僧浄器而食。若用鉢盂及俗盤器獻者，即通化報，最爲如法。若有聖僧錢，還入聖僧用，將置鉢盂、匙箸、銅椀、手巾，及將買上好盤器皿，背上朱書題字記之。餘人不敢雜用。日別隨家常食，每旦及午盛食，常獻佛及僧，豈非好事。更有餘錢，買取一胡牀及一油單，食訖澡豆浄洗，置故牀上，以油帊覆之。〔一〕日別如是，表供養三寶，心常不絶，大得功德。若多得錢，即如西國寺法，及俗人舍空静上處爲聖僧造房堂，隨四時冬夏安物供養。若在夏内，堂内日別敷好浄席、䞋身、單敷、銅盆、銅瓶、澡豆、浄巾。若至午前，并獻飲食。夜中然燈燒香，隨心量力，如法供養。若至冬寒，安被厚帔氈褥、炭火、湯水、燈明，隨時供養。縱有餘長聖僧錢財，不得將入别僧，乃至常住僧用，亦不得入佛法用，亦不得作别聖僧形。數見有人索聖僧錢，綵畫佛形，及四壁畫聖僧迦葉阿難等形。以賓頭盧羅漢聖人，現在不入涅槃，既不得聖僧囑授進止，豈得互用，浪將别入。若已用者，並須倍還，不還得罪。故四分律云：「許此處，不得異處，得罪。」〔二〕如似己物，他人不問己身，餘人輒將作别用，豈可得不。上來所述，並依經律聖意録之，不得不行。三寶物重，不得互用，恐差之毫毛，失之千里。誠言不墜，省已用之。故梁武帝時，漢國大德英儒，共請西域三藏纂集聖僧法用，翻出五卷。如前所述，並亦同之。

〔一〕「帊」字原作「肥」，據高麗藏本改。

〔二〕此段出處待考。

施食部第四

如涅槃經云：「因曠野鬼神爲受不殺戒已，以不食肉故，氣力虚弱，命欲將終。佛告鬼言：我敕聲聞弟子，隨有佛法處，悉施汝等食。若有住處不能施者，是魔眷屬，非我弟子，真聲聞也。」〔一〕然出衆生食時，須有分齊，若食他施主食，即須依五分律云：「若與乞兒鳥狗等，並應量已分内，減施與之，不得取分外施。」〔二〕比見道俗至於齋上，施主儉約，不與妻兒，先供衆僧，將爲福田。僧等不量前食多少，先自飽食。多將施食乞飼鳥犬，損他施主。又自得罪，若取分内，或將已食，任意多少，不論限約。

又十二頭陁經云：「若得食時，應作是念：見渴乏衆生，以一分施之。我爲施主，彼爲受者。施已作是願言：令一切衆生興福救之，莫墮慳貪。持至空静處，減一段著净石上，施諸禽獸，亦如上願。正欲食時，作是念言：身中有八萬户蟲，得此食皆悉安隱。我今以食施此諸蟲，後得道時當以法施汝。是爲不捨衆生。」〔三〕

又灌佛形像經云：「佛告大衆：世人多有發意求所願者，布施之日，不計多少，趣使充饒。事業畢

〔一〕出南本大般涅槃經卷十五。
〔二〕此段出處待考。
〔三〕出十二頭陀經。

竟，殘有餚饌噉食不盡，皆當送與守寺中持法沙門，衆僧自共分之。以出物時當望生福，不應各各競分，歸與妻子。是爲種樹石上，根株焦盡，終無生時。今以布施者餘福，重以施僧，是爲施一得萬倍報。」〔一〕

又四分律：「施僧粥得五種利益：一、除飢，二、除渴，三、消宿食，四、大小便調適，五、眼目精明。」〔二〕

僧祇律：「施粥得十種利益，故偈云：

持戒清浄人所奉，　恭敬隨時以粥施。
十利饒益於行者，　色力壽樂辭清辯。
宿食風除飢渴消，　是名爲藥佛所說。
欲生人天長壽樂，　今當以粥施衆僧。」〔三〕

又施食獲五福報經云：〔四〕「佛告諸比丘：當知食以節度，受而不損。佛言：人持飯食施人，有五功德，令人得道，智者消息，意度弘廓，則獲五福。何等爲五？一曰施命，二曰施色，三曰施力，四曰施安，五曰施辯。何謂施命？人不得食時，顔色顦顇，不可顯示，不過七日，奄忽壽終。是故智者則爲

〔一〕出摩訶剎頭經。
〔二〕出四分律卷十三。
〔三〕出摩訶僧祇律卷二十九。
〔四〕「施食」原作「食施」，據施食獲五福報經改。

施食，其施食者則爲施命。其施命者，世世長壽，生天世閒，壽命延長，不中夭傷，自然福報，財富無量，是爲施命。何謂施色？人不得食時，顔色顦顇，不可顯示。是故智者則爲施食，其施食者則爲施色。其施色者，世世端正，生天世閒，顔色曄曄，人見歡喜，稽首作禮，是爲施色。何謂施力？人不得食時，身羸意弱，所作不能。是故智者則爲施食，其施食者則爲施力。其施力者，世世多力，生天人閒，力無等雙，出入進止，力不耗減，是爲施力。何謂施安？人不得食時，心愁身危，坐起不定，不能自安。是故智者則爲施食，其施食者則爲施安。其施安者，世世安隱，生天人閒，不遇衆殃，其所到處，常遇賢良，財富無量，不中夭傷，是爲施安。何謂施辯？人不得食時，身羸意弱，口不能言。是故智者則爲施食，其施食者則爲施辯，口説流利，無所質礙，慧辯通達，生天世閒，聞者歡喜，靡不稽首，聽採法言。是爲五福食之報也。」〔一〕

又增一阿含經云：「施有五事，名爲應時。一遠來，二遠去，三病時，四冷熱時，五初得果蓏。若得新穀，先與持戒精進人，然後自食。」〔二〕

又施有三法：一送食至寺名上；就舍供養名中；造舍乞施，發心供養名下。

又長阿含經云：「佛命阿難：吾渴欲飲，汝取水來。阿難白言：向有五百乘車於上流度，水濁未

〔一〕出施食獲五福報經。

〔二〕出增一阿含經卷二十四。

清，可以洗足，不中飲也。如是三敕阿難：汝取水來。阿難白言：今拘孫河去此不遠，清冷可飲，亦可澡浴。時有鬼神居在雪山，篤信佛道，即以鉢盛八種净水，奉上世尊。佛爲愍彼，〔一〕故爲受之。」〔二〕

食時部第五

問曰：何名食時，何名過時？荅曰：依四分律云：「謂明相出時，始得食粥。明相未出，即是非時。乃至日中。」〔三〕案此午時爲法，即是食時。依僧祇律云：「過此午時影一髮一瞬草葉等，即是非時。」〔四〕四天下準此皆同。故毗羅三昧經：「世尊爲惠法菩薩説云：食有四種：旦天食時，午法食時，暮畜生食時，夜鬼神食時。佛斷六趣，因令同三世佛故，日午時是法食時也。過此已後，同於下趣，非上食時，故曰非時也。」〔五〕十誦律云：「唯天得過中食，無罪。」〔六〕

〔一〕「佛」字原脱，據高麗藏本補。
〔二〕出長阿含經卷三遊行經。
〔三〕出四分律卷十四。
〔四〕出摩訶僧祇律卷十七。
〔五〕此經已逸。
〔六〕此段出處待考。

又十誦律云：「有閻浮比丘至西拘耶尼，用閻浮提時，拘耶尼比丘往餘三方，亦如是。若此間宿則用此間時，若在彼宿則用彼間時，餘三方亦爾。」〔一〕故摩德勒伽論：「問：頗有非時食不犯耶？答曰：有。若往北鬱單越，用彼食時，不犯。餘方亦爾。若在閻浮日正午，時北方是夜半，東方是日没，西方是日出。餘方互轉可知。」〔二〕

又薩婆多論云：「釋時有四：一、始從日出乃至日中，其明轉熾，名之爲時。從中已後，至後夜分，其明滅没，故名非時。二、從旦至中，是作食時，乞不生惱，故名爲時。從中已後至於夜分，是俗人醼會遊戲之時，入村乞食，多有觸惱，故名非時。三、從旦至中，俗人作務，婬亂未發，乞不生惱，故名爲時。從中已後，事務休息，婬戲言笑，入村乞食，喜被誹謗，故名非時。四、從旦至中，是乞食時，得食濟身，寧心修道，事順應法，故名爲時。從中已後，宜應修道，非乞食時，故名非時。」〔三〕

食法部第六

如大遺教經云：「比丘欲食時，當爲檀越燒香三唄，讚揚布施，可食美食。又從上座教言：道士各

〔一〕出十誦律卷五十三。

〔二〕出薩婆多部毘尼摩得勒伽卷十。

〔三〕出薩婆多毘尼毘婆沙卷七九十事。

自出，澡手漱口已，還各就座而坐，各説一偈。以隨次起，不得踰越。」〔一〕

又增一阿含經云：「若有設供者，手執香鑪而唱時，至佛言：香爲佛使，故須燒香，徧請十方。」〔二〕既知燒香本擬請佛，爲凡夫心隔，目覩，不知佛令燒香徧請十方一切凡聖，表呈福事，騰空普赴。正行香作唄時，一切道俗依華嚴經各説一偈云：

「戒香定香解脱香，　光明雲臺徧世界。
供養十方無量佛，　見聞普熏證寂滅。」〔三〕

又三千威儀經云：「坐受香亦得，爲女人行香，恐觸手染著，故開坐受。」〔四〕若恐譏慢，令懸放下，亦得。男子行香，女人受香，翻前即是。

述曰：若得衣食，不簡精麤，但得支濟身命，令得修道，便合佛意。如膏車須油，何簡精妙，但令運轉，得達前所，即是佳事。故雜寶藏經云：「世尊説偈云：

此身猶如車，　好惡無所擇。
香油及臭脂，　等同於調利。」〔五〕

〔一〕此段出處待考。
〔二〕出增一阿含經卷二十二。
〔三〕此段出處待考。
〔四〕出大比丘三千威儀卷上。
〔五〕出雜寶藏經卷九迦旃延爲惡王解八夢緣。

又智度論云：「食爲行道，不爲益身，如養馬養豬無異。若初得食時，先獻三寶，後施四生。」〔一〕故華嚴經偈云：

「若得食時，　當願衆生，　志在佛道，　爲法供養。」〔二〕

又優婆塞戒經云：「若自造作衣服鉢器，先奉上佛，并令父母師長和尚，先一受用，然後自服。若上佛者，以華香牘。凡所食噉，要先施於沙門梵志，然後自食也。正下食時，復須作念。初下一匙飯時，願斷一切惡盡。下第二匙時，願修一切善滿。下第三匙時，願所修善根，迴施衆生，普共成佛。若不能口口作念，臨欲食時，總作一念亦得。」〔三〕故摩德勒伽論云：「若得食時，口口作念。得衣時，著著作念。入房時，入入作念。若鈍根者，總作一念。」〔四〕故華嚴經第六卷：「菩薩有一百四十願，凡所施爲，皆誦偈念。如此食者，非有煩惱，利生物善。」〔五〕故增一阿含經云：「施中上者，不過法施。業

〔一〕出大智度論卷六十八。
〔二〕出大方廣佛華嚴經卷六净行品。
〔三〕出優婆塞戒經卷五雜品。
〔四〕此段出處待考。
〔五〕出大方廣佛華嚴經卷六净行品。

中上者，不過法業。恩中上者，不過法恩。」〔一〕

若過分飽食，則氣急身滿，百脉不通，令心壅塞，坐卧不安。若限分少食，則身羸心懸，意慮無固。故增一阿含經偈云：

「多食致患苦，　少食氣力衰。
處中而食者，　如秤無高下。」〔二〕

薩遮尼乾子經偈云：

「噉食太過人，　身重多懈怠。
現在未來世，　於身失大利。
睡眠自受苦，　亦惱於他人。
迷悶難覺寤，〔三〕　應時籌量食。」〔四〕

述曰：所以出家之人飲食之時，先以净手。從他受者，爲出家高勝，不同凡下，故須受已而食。故薩婆多論云：「比丘受食凡有五意：一、爲斷竊盜因緣故。自取而食，亦同盜相。二、爲作證明故。儻有失脱，不干比丘。三、爲止誹謗故。出家自取，非是高勝。四、爲成少欲知足故。若當不受，非同儉素。五、爲生他信敬心故。見受而食，外道生信。如昔有一比丘與外道共行，止一樹下。樹上有果，食時將到，外道語比丘云：上

〔一〕出增一阿含經卷七。

〔二〕此段出處待考。

〔三〕「覺寤」二字原作「寤寤」，據薩遮尼乾子經改。高麗藏本作「寤寐」。

〔四〕出大薩遮尼乾子所説經卷五問罪過品。

樹取果。比丘言：我戒法中，樹過人不應上。又語比丘言：何不摇樹取果？比丘言：我戒法中，不得自摇樹落果。外道聞已，自上樹取果，擲地與之。語比丘言：取果食。比丘言：我戒法中，不得不授而食。外道下樹取果，授與比丘。外道既見如此，於一果上尚有如此法用，何況出世之法。外道遂生信敬心，知佛法清净，不同外道。於是即隨比丘，於佛法中出家修道，尋得漏盡。」〔一〕

又舍利弗問經云：「佛言：外道梵志尚知受取，況我弟子而不受食。但一切諸物，不得不受，唯除生寶及施女人。若作法者，猶應授與體上之衣。若貯金器，受則制施。」〔二〕又十誦律云：「舍衛國中摩訶迦羅比丘受一切糞掃衣食，有死人處衣食皆取，持至水上净洗已，不受便食。常在死人處住，有疫病時，便不入城。時人皆謂噉死人肉，惡名流布。諸比丘白佛。佛集比丘僧，制云：從今諸比丘不受食著口中，得罪。」〔三〕

又大方等陁羅尼經云：「又受食時，莫視女色，但自念言：我心中毒箭，當云何拔。用視女色，爲我從無始世來，坐以女色，墮於三塗，無有出期。觀諸六塵，亦應如是。我諸弟子不應著此。如是諸

〔一〕出薩婆多毘尼毘婆沙卷八九十事。
〔二〕出舍利弗問經。
〔三〕出十誦律卷十三。

賊，喪人善功。」〔一〕

述曰：一切僧食並須平等，無問凡聖，上下均普。故僧祇律云：「若檀越行食多與上座者，上座應問：一切僧盡得爾許不？答：止上座得耳。應言：一切平等與。若言盡得者，應受。僧上座法不得隨下便食，待行徧唱等供已，然後得食。上座之法，當徐徐食，不得速食竟，在前出去，應待行水隨順祝願已，然後乃出。」〔二〕又處處經云：「佛言中後不食，有其五福：一者少婬，二者少卧，三者得一心，四者無有下風，五者身得安隱，亦不作病。是故沙門知福不食。」〔三〕

述曰：若於食長貪，增加煩惱，即須觀厭作不净之想。故智度論云：「說食厭想者，當觀是食從不净生。如肉從精血水道生，是爲膿蟲住處。如酥乳酪，血變所成，與爛膿無異。厨人汗垢種種不净，若著口中，腦有爛涎二道流下，與唾和合，然後成味。其狀如吐，從腹門入，地持、水爛、風動、火煮，如釜熟糜，滓濁下沈，清者在上。譬如釀酒，滓濁爲屎，清者爲尿。腰有三孔，風吹膩汁，散入百脉，與先血和合，凝變爲肉。從新肉生脂骨髓，從是中生身根，從新舊肉合生五情根。從此五根生五識。五識次

〔一〕出大方等陀羅尼經卷二授記分。

〔二〕出摩訶僧祇律卷三十四。

〔三〕出處處經。

第生意識，分别取相，籌量好醜，然後生我我所心生等諸煩惱及諸罪業。〔一〕復次思惟：此食工夫甚重。計一鉢之飯，作夫流汗，集合量之，食少汗多。此食辛苦如是，入口即成不净。宿昔之間，變爲屎尿。本是美味，惡不欲見。行者自思：如此弊食，我若貪著，〔二〕當墮三塗。如是觀食，當厭五欲。譬如有一婆羅門修净潔法，有事緣故，到不净國。自思：我當云何得免不净？唯當乾食，可得清净。見一老母賣白髓餅，而語之言：我有因緣住此百日，常作餅送來，多與汝價。老母日日作餅送之。婆羅門貪著，飽食歡喜。老母作餅初時白净，後轉無色無味。即問老母：何緣爾耶？母言：癰瘡差故。婆羅門問：此何謂耶？母言：我大家夫人隱處生癰，以麵酥拊之，癰熟膿出，和合酥餅。日日如是，以此作餅與汝，是以餅好。今夫人癰差，我當何處更得。婆羅門聞之，兩拳打頭，椎胸乾嘔。我當云何破此净法，我爲了矣！棄捨緣事，馳還本國。行者亦爾。著是飲食，歡喜樂噉，不觀不净，後受苦報，悔將何及。」〔三〕

〔一〕下「生」字原闕，據大智度論補。

〔二〕「貪」字原作「食」，據高麗藏本改。

〔三〕出大智度論卷二十三。

食訖部第七

如波離論云：〔一〕「出家僧尼白衣等齋訖，不用澡豆末、巨摩等用澡口者，皆不成齋。如過去有比丘字蓮提，六十歲持齋戒不闕，唯一日食用巨摩、豆屑等成齋，若不爾者，皆不成齋。」此經無目，出要律儀云：「巨摩者，牛糞是也。」若依此經，豈用牛糞净口耶！依耶舍法師傳記云：〔二〕「西方俗人外道等宗事梵天牛等，以此二事能生萬物，養育人民，故將牛糞以净道場。佛隨俗法，亦以爲净。然不用净口耶。」若依四分律等，但護行住坐卧四種威儀，食五正食，四相不乖，便成齋法，不論澡豆净口成齋。時節若過，威儀若失，縱用澡屑，亦不成齋。

又善見論云：「齋已吐食，未出咽喉，還咽無犯。若出還咽，犯罪。」〔三〕又僧祇律云：「食已若渴，佛令取一切穀豆麥煮不破者，非時取汁得飲。若酥油蜜及石蜜諸生果汁等，要以水净得飲。若器底殘水被雨渧，亦名爲净。」〔四〕

〔一〕此論已佚。
〔二〕此書已佚。
〔三〕出善見律毘婆沙卷十六。
〔四〕出摩訶僧祇律卷二十八、卷二十九。

善見論云：「舍樓伽果漿，澄汁使清，非時得飲。」〔一〕謂藕根是。

摩德勒伽論：「沙糖漿亦得非時飲。」〔二〕

僧祇律云：「人有四百四病。風大百一，用油脂治之。火大熱病百一，用酥治之。水大百一，用蜜治之。雜病百一，隨用上三藥治之。」〔三〕

十誦律云：「石蜜非時不得輒噉。有五種人得非時食，謂遠行人、病人、不得食人、食少人。若施水處，和水得飲。」〔四〕

五分律云：「聽飢渴二時得飲。」〔五〕故知無病非時，縱是石蜜、酥油等，亦不得食也。

僧祇律云：「胡椒、畢鉢、薑、訶棃勒等，此藥無時食和者，聽非時服。」〔六〕

又四分律云：「一切苦辛鹹甘等不任爲食者，聽非時盡形作藥服。」〔七〕

〔一〕出善見律毘婆沙卷十七。

〔二〕出薩婆多部毘尼摩得勒伽卷七。

〔三〕出摩訶僧祇律卷十。

〔四〕出十誦律卷六十一。

〔五〕出彌沙塞部和醯五分律卷二十二。

〔六〕此段出處待考。

〔七〕此段出處待考。

善見論云：「一切樹木及草根、莖、枝、葉等，〔一〕不任爲食者，並得作盡形藥服。」〔二〕

述曰：比見諸人非時分中，食於時食，何者是耶？謂邊方道俗等，聞律開食果汁漿，遂即食乾棗汁，或生棃、蒲萄、石榴，不擣汁飲，并子總食。雖有擣汁，非澄使清，取濁濃汁并滓而食。或有聞開食舍樓伽果漿，以患熱病，遂取生藕并根生食，或有取清飯漿飲，或身無飢渴，非時食酥油、蜜、石蜜等，或用杏人煎作稠湯。如此濫者非一，不可具述。若準十誦，非前遠行等五種之人，不得輒食，食便破齋。見數犯者多，故別疏記。

呪願部第八

如佛本行經云：「爾時世尊日在東方，著衣持鉢。諸比丘僧左右圍繞，佛爲衆首，來至輸頭檀王宫内。到已，坐於所設佛座，諸比丘僧各各依次如法而坐。爾時輸頭檀王以佛爲首，諸比丘僧次第坐已，自手行諸微妙飲食，盡其種數食已。於時世尊教化輸頭檀王，令其解悟，生歡喜已，從座而起，還歸本處。」〔三〕

〔一〕「草」字原作「果」，據善見律改。

〔二〕出善見律毘婆沙卷十六。

〔三〕出佛本行集經卷五十五優波離因緣品。

又十誦律云：「有比丘受他請食，默然入，默然去。諸居士呵責云：我等不知食好不好。諸比丘白佛，佛言：從今食時應爲施主唄讚呪願。不知誰作。佛言：上座作。若上座不能，次第能者應作。」〔一〕

故僧祇律：「上座應知前人爲何等施，當爲應時呪願。若爲亡人施福者，應如是呪願云：

一切衆生類，　有命皆歸死。　隨彼善惡行，　自受其果報。　行惡入地獄，　爲善者生天。

善能修行道，　漏盡得泥洹。

若生子設福者，應如是呪願云：

童子歸依佛，　如來毗婆施，　尸棄、毗葉婆，　拘樓、拘那含，　迦葉及釋迦，　七世大聖尊。

譬如人父母，　慈念於其子。　舉世之樂具，　皆悉欲令得。　令子受諸福，　復倍勝於彼。

家家諸眷屬，　受樂亦無極。

若入新舍設供者，應如是呪願云：

屋舍覆陰施，　所欲隨意得。　吉祥賢聖衆，　處中而受用。　世有黠慧人，　乃知於此處。

請持戒梵行，　修福設飲食。　僧口呪願故，　宅神常歡喜。　善心生守護，　長夜於中住。

〔一〕出十誦律卷四十一。

若入於聚落，　及以曠野處。　若晝若於夜，　天神常隨護。

若估客欲行設福者，應如是呪願云：

諸方皆安隱，　諸天吉祥應。　聞已心歡喜，　所欲皆悉得。　兩足者安隱，　四足者亦安。
去時得安隱，　來時亦安隱。　夜安晝亦安，　諸天常護助。　諸伴皆賢善，　一切悉安隱。
康健賢善好，　手足皆無病。　舉體諸身分，　無有病苦處。　若有所欲者，　去得心所願。

若爲娶婦施者，應如是呪願云：

女人信持戒，　夫主亦復然。　由有信心故，　能行修布施。　二人俱持戒，　修習正見行。
歡樂共作福，　諸天常隨護。　此業之果報，　如行不齎糧。

若爲出家人布施者，應如是呪願云：

持鉢家家乞，　值瞋或遇喜。　將適護其志，　出家布施難。」〔一〕

故五分律云：「上座齋了，量其前事，爲檀越呪願，食施得具足果。」〔二〕

又增一阿含經：「世尊爲女施園，便呪願云：

園果施清涼，　橋梁度人民。　近道作圊厠，　人民得休息。　晝夜獲安隱，　其福不可量。

〔一〕出摩訶僧祇律卷三十四。

〔二〕此段出處待考。

諸法戒成就，　死必生天上。」〔一〕

施福部第九

如百緣經云：「佛在世時，王舍城中有一長者，財寶無量，不可稱計。其婦生女，尋即能語。家中自然，百味飲食，皆悉備有。時父母見其如是，謂是非人，毗舍闍鬼，畏不敢近。時彼女子見其怖畏，合掌向母，而説偈言：

願母聽我語，　今當如實説。　實非毗舍闍，　及諸餘鬼等。　我今實是人，　業行相逐隨。
善業因緣故，　今獲如是報。

爾時父母聞女説偈，喜不自勝，尋前抱取，乳餔養育。因爲立字，名曰善愛。時彼女子見母歡喜，合掌白母言：爲我請佛及比丘僧。尋即與請，百味飲食，皆悉充足。即於佛前，渴仰聞法。佛即爲説，得須陀洹。後求出家。佛告：善來比丘尼！頭髮自落，法服著身，成比丘尼。精勤修習，得阿羅漢果。諸天世人，所見敬仰。爾時世尊將千二百五十比丘詣於他邦，到曠野中，食時已至，告善愛尼言：汝今可設飲食，供養佛僧。尋取佛鉢，擲虚空中，百味飲食，自然盈滿。如是次第取千二百五十比丘鉢，飯亦

〔一〕出增一阿含經卷十。

皆滿，都令豐足。阿難見已，歎未曾有，請佛説本因緣。佛告阿難：此賢劫中有佛出世，號曰迦葉，著衣持鉢，將諸比丘入城乞食。次到大長者家，設諸餚饌，欲請賓客。客未至頃，有一婢使見佛及僧，在於門外乞食立住。不白大家，取其飲食，盡持施與佛及衆僧。後客來坐，敕彼婢言：辦設食來。婢荅大家：今有佛僧在其門外乞食立住，我持此食用布施盡。大家聞已，尋用歡喜，即語婢言：我等今者值是福田，汝能持此飯食施與，快不可言。我今放汝，隨意所求。婢荅大家：若見放者，聽在道次。尋即聽許作比丘尼。一萬歲中，精勤無替。便取命終，不墮惡趣。天上人中，百味飲食，應念即至。今得值我出家得道。比丘聞已，歡喜奉行。」〔一〕

又百緣經云：「佛在舍衛國祇樹給孤獨園時，夏安居竟，將諸比丘欲遊行他國。時頻婆娑羅王將諸羣臣出城，遥望如來來受我供。爾時世尊遥知王意，深生渴仰。及比丘僧漸欲遊行詣摩竭提國，值諸羣鳥中有鸚䳇王，遥見佛來，飛騰虚空，逆道奉迎。唯願世尊及比丘僧，慈哀憐愍，詣我林中，受一宿請。佛即然可。時鸚䳇王知許可已，還歸本林，敕諸鸚䳇，各來奉迎。爾時世尊將諸比丘詣鸚䳇林，各敷座具，在於樹下，坐禪思惟。時鸚䳇王見佛比丘寂然宴坐，甚懷喜悦，通夜翔遶佛比丘僧。四向顧視，無諸師子虎狼禽獸及以盜賊觸惱世尊比丘僧。至明清旦，世尊進引。鸚䳇歡喜，在前引導，向王舍

〔一〕出撰集百緣經卷八善愛比丘尼生時有自然食緣。

城白頻婆娑羅王言：世尊今者將諸比丘遂來在近，唯願大王設諸餚饍，逆道奉迎。時王聞語已，敕設餚饍，執持幢旛香華伎樂，將諸羣臣，逆道奉迎。時鸚鵡王於其夜中即便命終，生忉利天，忽然長大，如八歲小兒。便作是念：我造何福，生此天上？尋自觀察，知從鸚鵡，由請佛故，一宿止住，得來生此。我今當還報世尊恩。頂戴天冠，著諸纓絡，莊嚴其身，齎持香華而供養佛。却坐一面，佛即爲其說四諦法。心開意解，得須陀洹果，遶佛三匝，還歸天上。時諸比丘白佛言：今此天子宿造何業，生鸚鵡中？復修何福，得生天上？來供養佛，聞法獲果。爾時世尊告諸比丘：此賢劫中波羅柰國有佛出世，號曰迦葉。於彼法中有一長者受持五戒，便於一時毁犯一戒，故生鸚鵡中。餘四完具，今得值我出家得道。佛告諸比丘：欲知彼時優婆塞者，今鸚鵡是。聞佛所説，歡喜奉行。」〔一〕

又付法藏經云：「昔過去九十一劫毗婆尸佛入涅槃後，有一比丘甚患頭痛，薄拘羅爾時作一貧人，見病比丘，即便持一呵梨勒果施病比丘。比丘服訖，病即除愈。緣施藥故，九十一劫天上人中，受福快樂，未曾有病。最後生一婆羅門家，其母早亡，父更娉妻。拘羅年幼，見母作餅，從母索之。後母嫉妒，即捉拘羅擲置鏊上。鏊雖焦熱，不能燒害。父從外來，見薄拘羅在熱鏊上，即便抱下。母於後時釜中煮肉，時薄拘羅從母索肉，母益瞋恚，尋擲釜中，亦不燒爛。父覓不見，即便喚之。拘羅聞喚，釜中而

〔一〕出撰集百緣經卷六鸚鵡子請佛緣。

應。父即抱出，平復如故。母後向河，拘羅逐去。後母瞋忿，而作是言：此何鬼魅妖祥之物？雖復燒煮，不能令死。即便捉之，擲置河中。值一大魚，即便吞食。以福緣故，猶復不死。有捕魚師捕得此魚，詣市賣之。索價既多，人無買者，至暮欲臭。薄拘羅父見即隨買，持來歸家，以刀破腹，兒在魚腹出聲唱言：願父安庠，勿令傷兒。父開魚腹，抱兒而出。年漸長大，求佛出家，得阿羅漢果。從生至老，年百六十，未曾有病，乃至無身熱頭痛。」〔一〕由施藥故，得是長壽，五處不死，鏊鑠不焦，釜煮不爛，水溺不死，魚吞不消，刀割不傷。以是因緣，智者應當作如是事。

又十誦律云：「時王舍城中有居士，名尸利仇多，大富多財，是外道婆羅門弟子。此人每疑沙門瞿曇有一切智，乃行到佛所白言：沙門瞿曇，明日我舍食。佛以彼應度故，默然受請。時居士還到舍，於外門間作大火坑，令火無煙焰，以沙覆上。即入舍敷不織坐牀，又以毒和食，心生口言：瞿曇若是一切智人，當知此事。若非一切智人，當墮此坑及中毒死。遣使白佛言：飲食已辦。佛語阿難：令諸比丘皆不得先佛前行。時佛著衣持鉢前行，比丘後從，入尸利仇多舍。佛變火坑作蓮花池，滿中浄水，既甘而冷。種種蓮華，偏覆水上。時佛與僧皆行華葉上，入舍坐不織牀，變令成織。告尸利仇多：當除心中疑，我實是一切智人。是居士見二神力，信心即生，尊重於佛。叉手白佛言：此食毒藥，不堪佛食。

〔一〕出付法藏因緣傳卷三。

佛言：但施此食，僧不得病。佛告阿難：僧中宣令，未唱等供，一不得食。是時佛呪願：婬欲、瞋恚、愚癡，是世界中毒。佛有實法，除一切毒。以是實語故，毒皆得除，食即清浄。是時居士行澡水，手自斟酌。衆僧飽滿竟，洗手執鉢。居士取小座具，於佛前坐聽法，即於坐處得法眼浄。佛還已，以是事集僧告言：從今不得在佛前行及和尚師僧上座前行。未唱等供不得食也。」〔一〕

又摩得勒伽論云：「衆僧行食時，上座應語：一切平等與使唱僧跋。然後俱食。」〔二〕

頌曰：

法會設佳供，齋日感神靈。普召無別請，客主發休禎。凡聖俱晨往，災難普安寧。良由慈善力，翻惡就福城。

感應緣略引六驗

晉司空何充

晉尼竺道容

〔一〕出十誦律卷六十一。

〔二〕出薩婆多部毘尼摩得勒伽卷六。

晉闕公則

晉南陽滕普〔一〕

宋沙門仇那跋摩

梁沙門釋道琳

晉司空廬江何充，字次道。弱而信法，心業甚精。常於齋堂置一空座，〔二〕筵帳精華，絡以珠寶。設之積年，庶降神異。後大會道俗甚盛，坐次一僧，容服麤垢，神情低陋，出自衆中，逕昇其座，拱默而已，無所言説。一堂怪駭，謂其謬僻。充亦不平，嫌於顔色。及行中食，此僧飯於高座，飯畢，提鉢出堂，顧謂充曰：何俟徒勞精進。〔三〕因擲鉢空中，陵空而去。充及道俗，馳遽觀之，光儀偉麗，極目乃没。追共惋恨，稽懺累日。〔四〕

晉尼竺道容，不知何許人，居于烏江寺。戒行精峻，屢有徵感。晉明帝時，甚見敬事。以華藉席，

〔一〕「滕普」，高麗藏本與集神州三寶感通録皆作「滕並」。下正文同。

〔二〕「一」字原作「於」，據高麗藏本改。

〔三〕「俟」字原作「侯」，據高麗藏本改。

〔四〕見集神州三寶感通録卷下。

驗其所得，果不萎焉。時簡文帝事清水道，所奉之師即京師所謂王濮陽也。第内具道舍。〔一〕容函開化，〔二〕帝未之從。其後帝每入道屋，輒見神人爲沙門形，盈滿室内。帝疑容所爲，因事爲師，遂奉正法。晉氏顯尚佛道，此尼力也。當時崇異，號爲聖人，新林寺即帝爲容所造也。孝武初，忽而絶迹，不知所在。乃葬其衣鉢，故寺邊有塚在焉。

晉闕公則，趙人也。恬放蕭然，唯勤法事。晉武之世，死于洛陽。道俗同志，爲設會於白馬寺中，其夕轉經，宵分聞空中有唱讚聲。仰見一人，形器壯偉，儀服整麗，乃言曰：我是闕公則，今生西方安樂世界，與諸菩薩共來聽經。合堂驚躍，皆得覩見。時復有汲郡衛士度，亦苦行居士也，師於公則，其母又甚信向，誦經長齋。家常飯僧，時日將中，母出齋堂與諸尼僧逍遥眺望，忽見空中有一物下，正落母前，乃則鉢也，有飯盈焉，馨氣充勃。闔堂肅然，一時禮敬。母自分行齋，人食之皆七日不飢。此鉢猶云尚存此土。度善有文辭，作八關懺文，晉末齋者尚用之。晉永昌中死，亦見靈異。有浩像者作聖賢傳，具載其事，云度亦生西方。吴興王該日燭曰：闕叟登霄，〔三〕衛度繼軌。咸恬泊於無生，俱蜕骸以不死者也。〔四〕

〔一〕「第」字原作「弟」，「具」字原作「其」，據高麗藏本改。
〔二〕「函」字原作「亟」，據高麗藏本改。
〔三〕「叟」字原作「夐」，據高麗藏本改。
〔四〕見集神州三寶感通録卷下。

晉南陽滕普，累世敬信，妻吴郡全氏，尤能精苦。每設齋會，不逆招請。隨有來者，因留供之。後會僧數闕少，使人衢路要尋。見一沙門蔭柳而坐，因請與歸。浄人行食，翻飯于地，傾簞都盡，罔然無計。此沙門云：貧道鉢中有飯，足供一衆，使普分行。既而道俗内外皆得充飽。清浄既畢，擲鉢空中，翻然上升，極目乃滅。普即刻木作其形像，朝夕拜禮。普家將有凶禍，則此像必先倒踣云。普子含以蘇峻之功，封東興者也。〔一〕

沙門竺法進者，開度浮圖主也。聰達多知，能解殊俗之言。京洛將亂，欲處山澤。衆人請留，進皆不聽。大會燒香與衆告别。臨當布香，忽有一僧來處上座，衣服塵垢，面目黄腫。法進怪賤，牽就下次，輒復來上，牽之至三，乃不復見。衆坐既定，方就下食。忽暴風揚沙，柈桉傾倒。法進懺悔自責，乃止不入山。時論以爲世將大亂，法進不宜入山。又道俗至意苦相留慕，故見此神異，止其行意也。〔二〕

宋仇那跋摩者，〔三〕此言功德種，〔四〕罽賓王子也。幼而出家，號三藏法師。宋初來遊中國，宣譯至典甚衆。律行精高，莫與爲比。慧觀沙門欽其風德，要來京師，居于祇洹寺。當時來詣者，疑非凡

〔一〕見集神州三寶感通録卷下。

〔二〕見集神州三寶感通録卷下，較此爲略。此條應單列目録。

〔三〕「仇」字，高僧傳與集神州三寶感通録皆作「求」。

〔四〕「種」字，高僧傳作「鎧」。

人。而神味深密，莫能測焉。嘗赴請於鍾山定林寺，時諸道俗多採衆華，布僧席下，驗求真人。諸僧所坐，華同萎顇，而跋摩席華鮮榮若初。於是京師歛然，增加敬意。至元嘉八年九月十八日卒，都無痾患，但結跏趺坐，斂衽叉手，乃經信宿，容色不變。于時或謂深禪。既而得遺書於筵下云：「獲沙門二果。」乃知其終。弟子侍側，普聞馨煙。京師赴會二百餘人。其夕轉經户外，集聽盈階。將曉而西南上有雲氣勃然，俄有一物長將一匹，遶屍而去。同集咸覩云。跋未亡時作三十偈以付弟子曰：「可送示天竺僧也。」〔一〕右五驗出冥祥記。

梁富陽齊堅寺有釋道琳，本會稽山陰人。少出家，有戒行。善涅槃、法華，誦維摩經。吴國張緒禮事之。後居富陽縣泉林寺。寺常有鬼怪，自琳居之則消。琳弟子慧韶爲屋所壓，頭陷入胸。琳爲韶祈請，韶夜見兩胡道人拔出其頭，旦起遂平復。琳於是設聖僧齋，鋪新帛於牀上，齋竟，見帛上有人迹，皆長三尺餘。衆咸服其徵感。富陽人始家家立聖僧座以飯之。至梁初，琳出居齊熙寺。天監十八年卒，春秋七十有二。〔二〕右一驗出梁高僧傳。

〔一〕見高僧傳卷三求那跋摩傳，較此爲詳。又見集神州三寶感通録卷下，較此爲略。

〔二〕出高僧傳卷十二釋道琳傳。

法苑珠林校注卷第四十三

輪王篇第四十此有五部

述意部　會名部　七寶部　頂生部　育王部

述意部第一

蓋聞飛行皇帝，統御四洲。邊鄙逆命，則七寶威伏；十善引化，則千子感現。〔一〕囊括遐邇，獨處中原。發慈父之撫育，感赤子之忠臣。世居久遠，貪逸彌繁。峻極威戎，遠思天報。於是行轉輪之猛，騰帝釋之宮。圖度非分，退失輪王之位；懷悲苦切，劇同塗炭之殃。哀斯痛矣，深可嗟乎！

〔一〕「感現」二字原作「咸隨」，據高麗藏本、磧砂藏本改。

會名部第二

依真諦三藏法師云：於成劫時，人壽無量歲。於住劫時，人壽八萬歲時，有輪王出世。若減不出。輪王有三：一軍輪王，二財輪王，三法輪王。若減八萬，財輪王不出世。所以然者，此王福德壽命長遠，即與壽相違，故不出世。若減法輪王出世。所以然者，如來大悲，令諸衆生知苦無常，易可化，故出世也。故論云：「劫減佛興世，劫初轉輪王。」〔一〕唯彌勒佛出世時，人民福德，二王俱出世也。財有四：一金輪王，則化被四天下。二、銀輪王，則政隔北鬱單，王三天下。三、銅輪王，則除北鬱單及西俱耶尼，王二天下。四、鐵輪王，則唯局閻浮提，王一天下。若減八萬歲時，有軍輪王出，以軍威伏，王一天下，即是阿育王等。如來爲法輪王。言劫增轉輪王者，此據財輪王也。若論軍輪，故通劫減。鐵輪有二百五十輻，銅輪有五百輻，銀輪有七百五十輻，金輪有千輻。故仁王經云：「道種堅德王乘金輪，王四天下。性種性王乘銀輪，王三天下。習種性王乘銅輪，王二天下。以上十善得王乘鐵輪，王一天下。」〔二〕

〔一〕出雜阿毘曇心論卷九。

〔二〕出仁王般若波羅蜜經卷上菩薩教化品。

七寶部第三

如長阿含經云：「佛告比丘：世間有轉輪聖王，成就七寶，有四神德。云何成就七寶。一、金輪寶，二、白象寶，三、紺馬寶，四、神珠寶，五、玉女寶，六、居士寶，餘經名典財寶。七、主兵寶。云何金輪寶成就。若轉輪聖王出閻浮提地，刹利水澆頭種，以十五日月滿時沐浴香湯，上高殿上，與婇女衆共相娛樂。天金輪寶忽現在前。輪有千輻，光色具足，天金所成，天匠所造，非世所有，輪徑丈四。輪王見已，默自念言：我曾從先宿諸舊聞如是語：若刹利王水澆頭種，以十五日月滿時沐浴香湯，升法殿上，婇女圍遶，自然金輪忽現在前。輪有千輻，光色具足，天匠所造，非世所有，輪徑丈四。是則名爲轉輪聖王。今此輪現，將無是耶？我今寧可試此輪寶。時王即召四兵向金輪寶，偏露右臂，右膝著地，以右手摩捫金輪語言：汝向東方，如法而轉，勿違常則。輪即東轉。時王即將四兵隨其後行。輪所住處，王即止駕。爾時東方諸小王見大王至，以金鉢盛銀粟，銀鉢盛金粟，來詣王所，拜首白言：善哉！大王。今此東方土地豐樂，多諸珍寶，人民熾盛，志性仁和，慈孝忠順。唯願聖王於此治政。我等當給使左右，承受所治。當時輪王語小王言：止止諸賢。汝等則爲供養我已。但當以正法治化，勿使偏枉，無令國内有非法行。身不殺生，教人不殺生、偷盗、邪婬、兩舌、惡口、妄言、綺語、貪瞋、嫉妬、邪見之人。此即名爲我之所治。時諸小王聞是語已，即從大王巡行諸國，至東海表。次行南方、西方、北方。隨輪所至，其諸國王各獻國土，亦如東方諸小王比。此閻浮提所有國名曰沃壤豐樂，多出珍寶，林水清浄，平廣之處，輪則周行，封地圖度，東西十二由旬，南北七由旬。天神於中夜造城郭，其城七重。七重欄楯，七重羅網，七重行樹。周匝校飾，七寶所成，乃至無數衆鳥相和。造此城已，金輪於城中圖度封地，東西四由旬，南北二由旬。天神於中夜造宫殿，七寶所成，乃至無數。造宫殿已，聖王踊躍而言：此金輪寶真爲我瑞。我今真爲聖王。是爲輪寶成就。云何名爲白象寶。還清旦殿上坐，自然象寶忽現在前。其毛純白，七處平住，力能飛行。其首雜色，六牙纖傭，真金閒填。時王見已，念言：此象賢良。是即試調習，諸能悉備。即乘其上，清旦出城，周行四海，食時已還。時王踊躍而言：〔一〕此真我瑞。是爲象寶成就。〔二〕云何名爲紺馬寶成就。還清旦殿上坐，自然馬寶忽現在前。身紺青色，珠駿尾色，頭頸如象，善能飛行。時王見已，此馬賢良。即試調習，諸能悉備。即乘其上，清旦出城，周行四海，食時已還。時王踊躍而言：此真我瑞。是爲馬寶成就。云何名爲神珠寶成就。還清旦殿上坐，自然神珠，忽現在前。質色清徹，無有瑕穢。時王見此神珠妙好，若有光明，可照宫内。時王欲試，即召四兵以此寶珠置高幢上，於夜冥中齎幢出城。其珠光明照一由旬。城中人民皆起作務，謂爲是晝。時王踊躍而言：此真我瑞。是爲神珠寶成就。云何名爲玉女寶成就。時玉女寶忽然出現，顔色姿容，面貌端正，不長不短，不麤不細，不白不黑，不剛不柔。冬則身温，夏則身涼。舉身毛孔出旃檀香，口出優鉢羅華

〔一〕「而言」二字原脱，據高麗藏本補。
〔二〕「成就」二字原脱，據高麗藏本補。

香。言語柔軟，舉動安詳，先起後坐，不失儀則。時王見已，心不暫捨，況復親近，踊躍而言：此真我瑞。是爲玉女寶成就。云何名爲居士寶成就。時居士丈夫忽然自出寶藏，財富無量。居士宿福，眼能徹視地中伏藏，有主無主，皆悉見知。其有主者，能爲擁護。其無主者，取給王用。時居士寶往白王言：大王有所給與，〔一〕不足爲憂，我自能辦。聖王欲試，即敕嚴船於水遊戲，告居士曰：我須金寶，汝速與我。居士報曰：大王小待，須至岸上。王言：正爾須寶。時居士寶即於船上長跪，以右手內著水中，寶瓶隨出，如蟲緣樹。彼居士寶亦復如是，內之水中，寶緣手出，充滿船上，而白王言：向須寶者，爲須幾許？時王語言：止止。吾無所須，向相試耳。聞王語已，尋以寶物還沒水中。聖王踊躍而言：此真我瑞。是爲居士寶成就。云何名爲主兵寶成就。時主兵寶忽然出現，智謀雄猛，英略獨決。即詣王所，白言：大王有所討伐，不足爲憂，我自能辦。王欲試兵，即集四兵而告之曰：汝今用兵，未集者集，已集者放；未嚴者嚴，已嚴者解；未去者去，已去者住。時主兵寶即令四兵，依如王語。王見踊躍而言：此真我瑞。是爲轉輪聖王七寶成就。謂四神德：一，長壽不夭，無能及者。二、身強無患，無能及者。三、顏容端正，無能及者。四、寶藏盈溢，無能及者。王化國人，慈育民物，如父愛子。國民慕王，如子仰父。所有珍奇盡以貢王，願垂納受，在意所與。時王報曰：且止諸人。吾自有寶，汝可自

〔一〕「與」字原作「無」，據高麗藏本改。

用。王之國土，安隱豐樂，平正如掌，衣食自然，不須營覓。唯行十善，不爲非法，猶如北鬱單。」〔一〕不可具述。

又十誦律云：「有阿耨達池，縱廣五十由旬，繞池四邊，種種果樹。善住象王宫殿住處，有八千象以爲眷屬。若轉輪聖王出於世時，八千象中最下小者出爲象寶，給輪王乘。又外大海内洲有明月山，婆羅醯馬王宫殿住處，有八千馬以爲眷屬。若輪王出於世時，八千馬中最下小者出爲馬寶，給輪王乘。」〔二〕

又起世經云：「此象馬寶於一日中暫受調伏，堪任衆事。爲試象馬，於其晨朝，日初出時，乘此象寶等，周迴巡歷，偏諸海岸，盡大地際。既周徧已，是轉輪王還至本宫，乃進小食。」〔三〕

又大樓炭經云：「轉輪聖王有四種德：一者、大富珍寶，田宅奴婢等，天下無有如王者。二者、王最端正姝好，顔色無比，天下無有如王者。三者、王常安隱，無有疾病，亦無寒熱。諸所飲食，食皆安隱。四者、王常安隱長壽，天下無有如王者。是爲轉輪聖王四德具足，七寶如法。」〔四〕

〔一〕「鬱」字原脱，據高麗藏本補。出長阿含經卷十八世記經轉輪聖王品。

〔二〕出十誦律卷五十九。

〔三〕出起世經卷二轉輪聖王品。

〔四〕出大樓炭經卷二轉輪聖王品。

又薩遮尼乾子經云：「佛言：大王，當知轉輪聖王復有七種名爲輭寶，所有功德少前七寶。何等爲七？一劍寶，二皮寶，三牀寶，四園寶，五屋舍寶，六衣寶，七足所用寶。第一劍寶者，輪王所用。國內若有違王命者，彼寶劍即從空飛往，諸小王見即降伏拜。第二皮寶者，此海龍王皮，出大海中，廣五由旬，長十由旬。體凈鮮潔，光曜白日，火燒不焦，水漬不爛，猛風吹不能動。體含温凉，能却寒熱。隨王去處，皮寶亦去。所有士衆，滿十由旬，徧覆其上，能作别屋，不相妨礙。第三牀寶者，王所用牀，立能平正，柔輭得所。若王入禪，即入解脱禪定三昧，能減貪瞋癡。女人見王坐寶牀者，即皆得離貪瞋癡心。第四園寶者，入彼園時即得定心。若王欲受五欲樂時，依王所行善業功德，諸天界中所有華果池河戲樂之具，自然隱没，現於王前。第五屋舍寶者，王入彼屋，欲見日月星宿所有殊異珍玩伎樂，屋中悉聞，即離憂惱一切疲勞，於睡眠中，極受快樂。第六衣寶者，王所有衣，無如世間絹布絲縷，縱廣文章第一柔輭，一切塵垢不能點汙。著彼寶衣，即離寒熱飢渴病憂，而水火刀等所不能損。第七足所用寶者，所謂鞾等。若王著者，涉水不没，入火不燒。雖復遠行百千由旬，不覺疲極。是名輪王七種輭寶。是十善中少分習氣功德，非正具足十善業道。」〔一〕

又中阿含經云：「若轉輪王出於世時，當知有此七寶出世。如是如來無所著等正覺出於世時，當

〔一〕出大薩遮尼乾子所説經卷三王論品。

知亦有七支寶出於世間。云何爲七？一、念覺支寶，二、擇法覺支寶，三、精進覺支寶，四、喜覺支寶，五、息覺支寶，六、定覺支寶，七、捨覺支寶。」〔一〕

頂生部第四

如賢愚經云：「佛告比丘：過去無量阿僧祇劫，此閻浮提有一大王，名瞿薩離，典四天下。有八萬四千小國，有二萬夫人婇女，一萬大臣。時王頂上欻生一皰，其形如蠒，净潔清徹，亦不疼痛。後大如瓠，便劈看之，得一童子，甚爲端正。大王已崩，頂生爲王。七寶具足，衣食音樂，自然作樂，經八萬四千歲。時有夜叉，踊出殿前，高聲唱言：東方有國，名弗婆提，其中豐樂，快善無比，大王可往。王即悦意欲行，金輪復轉，躡虚而進。羣臣七寶，皆悉隨從。既至彼土，諸小王等盡來朝賀。王於彼國五欲自恣，經八千歲。夜叉復言：西方有國，名瞿耶尼，王可至彼。還如前去，經十四億歲。夜叉復唱：北方有國，名鬱單越，王可到彼。還如前去，經十八億歲。夜叉復唱：有四天王處，其樂難量，王可遊之。王與羣臣及四種兵，乘空而上。四天遥見，甚懷恐怖，即合軍衆出外拒之，竟不奈何。頂生於中優游受樂，經十億歲。意中復念：欲昇忉利。即與羣臣蹈虚登上。時有五百仙人住在須彌山腹，王之象馬屎

〔一〕出中阿含經卷十一相應品。

尿下落，汙仙人身。諸仙相問：何緣有此？中有智者，告衆人言：吾聞頂生王欲上三十三天，必是象馬失此不净。仙人忿恨，便結神呪：令頂生王及其人衆，悉住不轉。王後知之，即立誓願：若我有福，斯諸仙人悉皆當來，承王威感。五百仙人盡到王邊，扶輪御馬，共至天上。未到之頃，遥覩天城，名曰快見。其色皦白，高顯殊特。此快見城有千二百門，諸天怖畏，悉閉諸門，著三重鐵關。頂生兵衆直趣不疑。王即取貝吹之，張弓扣彈，千二百門一時皆開。帝釋尋出與共相見，因請入宫，與共分坐。天帝人王，貌類一種，其初見者，不能分別，唯以視瞬遲疾知其異耳。王於天上受五欲樂，盡三十三天。末後欲害帝釋，獨霸爲快。惡心已生，尋即墮落，當本殿前，委頓欲死。諸人來問，頂生荅曰：統領四域三十億歲，七日雨寶及在二天而無厭足，故致墮落。阿難又問：此頂生王宿殖何福，而獲大報？佛告之曰：乃往過去不可計劫時，世有佛，號曰弗沙，與其徒衆遊化世間。時婆羅門子適欲娶婦，手把大豆，當用散婦，是其曩世俗之家禮。於道值佛，心意歡喜，即持此豆奉散於佛，四粒入鉢，一粒住頂。由此因緣，受無極福，四粒入鉢，王四天下，一粒在頂，受樂二天。」〔一〕

又頂生王故事經云：「爾時頂生適生是念，即於釋提桓因坐處墮閻浮提，及四部兵退失神足，舉身皆痛，如人欲死。時七寶等皆亦命終。爾時天王五處親屬皆悉雲集，往頂生所，白頂生曰：大王命終，

〔一〕出賢愚因緣經卷十三頂生王品。

後苦備有。爾時頂生王者，即我身是。當知乃至五欲而無厭足，染著聚集，貯欲無厭。所謂足者，至賢聖道，然後乃足。爾時世尊便説偈言：

不以錢財業，覺知欲厭足。樂少苦惱多，智者所不爲。設於五欲中，竟不愛樂彼。
愛盡便得樂，是三佛弟子。貪欲拘利盛，〔一〕終便入地獄。本欲安所生，命爲苦所切。
諸法悉無常，生者必壞敗。生生悉歸盡，彼滅第一樂。

爾時尊者阿難聞佛所説，歡喜奉行。」〔二〕

又起世經云：「輪王捨命，必生天上，與三十三天同處共生。命終已後，始經七日，七寶並皆隱没。」〔三〕

育王部第五

如雜阿含經云：「爾時世尊晨朝著衣持鉢，共諸比丘入王舍城乞食。時彼世尊光相普照，如千日之焰，順邑而行。時彼有兩童子：一者上姓，二者次姓。共在沙中嬉戲。一名闍耶，二名毗闍耶。遥

〔一〕「貪」字原作「食」，「盛」字原作「歲」，據高麗藏本改。

〔二〕出頂生王故事經。

〔三〕出起世經卷二轉輪聖王品。

見世尊來，三十二大人相，莊嚴其體。時闍耶童子心念：我當以麥麨，手捧細沙，著世尊鉢中。時毗闍耶合掌隨喜而發願言：〔一〕以惠施善功德，令得一天下繖蓋王。即於此生，得供養佛，乃至得成無上正覺。故世尊發微笑相。爾時阿難見世尊微笑，即便合掌，向佛白言：世尊非無因緣而發微笑。世尊，以何因緣而發微笑？爾時世尊告阿難曰：我今笑者，其有因緣。阿難當知我滅度百年之後，此童子於巴連弗邑統領一方，〔二〕爲轉輪王。姓孔雀，名阿育，正法治化。又復廣布我舍利，當造八萬四千法王之塔，安樂無量衆生。如偈所説：

於我滅度後，　是人當作王。

孔雀姓名育，　譬如頂生王。

於此閻浮提，　獨王世所尊。

佛告阿難：取此鉢中所施之沙，捨著如來經行處，令當生彼處。阿難受教，即取鉢沙，捨經行處。阿難當知，於巴連弗邑有王，名曰月護，彼王當生子，名曰頻頭波羅，當治彼國。彼復有子，名曰脩師摩。時彼瞻婆國有一婆羅門女，極爲端正，令人樂見，爲國所珍。諸相師輩，見彼女相，即記彼女當爲王妃。又生二子：一當領一天下；二當出家學道，當得聖迹。時婆羅門聞彼相師所説，歡喜無量，即莊嚴女，嫁與此王。王見其女端正有德，即爲夫人。前夫人及諸婇女見其夫人來，作是念言：此女端正，國中所珍，王棄捨我等，乃至目所不視。諸女即使學習剃毛師業。彼悉學已，爲王料理鬚髮。料理之時，王

〔一〕「毗」字原脱，據高麗藏本補。

〔二〕「弗」字原脱，據高麗藏本補。

大歡喜，即問彼女：汝何所求欲？女啓王言：唯願王心愛念我耳！如是三啓，時王言：我是刹利灌頂王，汝是剃毛師，云何得愛念汝？彼女白王言：我非是下姓生，乃是高貴婆羅門之女。〔一〕相師語我父云：此女應嫁與國王，是故來至此耳。王言：若然者，誰令汝習下劣之業？女啓王言：是舊夫人婇女，令我學此。王即敕言：自今勿復習下業。王即立爲第一夫人。王恒與彼自相娱樂，仍便懷體，月滿生子。生時安隱，母無憂惱。過七日後，立字名無憂。又復生子，名曰離憂。無憂者，身體麤澀。以其施沙得相似果。父王不大附捉，情所不念。又王欲試二子，呼賓伽羅阿時婆羅門言：和尚觀我諸子，於我滅後，誰當作王？婆羅門言：將此諸子出城，金殿園館中，於彼當觀其相。乃至出往彼園。時阿育王母言：承王出向金殿園館中，觀諸王子，誰當作王？汝今云何不去？阿育啓言：王既不念我，亦復不樂見我。母復語言：但往彼所。阿育復啓母言：今便往去，願母當送飯食。母言：如是。當出城門，時逢一大臣，名曰阿㝹羅陀，此臣問阿育言：王子今至何所？阿育荅言：聞大王出金殿園館，觀諸王子，於我滅後誰當作王？今往詣彼。王先敕大臣：若阿育來者，當使其乘老鈍象，又復老人爲眷屬。時阿育乘是老象，乃至園館中，於諸王子中地坐。時諸王子各下飯食，阿育母以瓦器盛酪飯，送與阿育。如是諸王子各食飲食。時父王問師言：此中誰有王相，當紹我位？時彼相師視諸王子，見阿育具

〔一〕「貴」字原脱，據高麗藏本補。

有王相，當得紹位。我若語言，王愁不樂。即語言：我今總記。王報言：如師所教。師言：此中若有乘好乘者，是人當作王。時諸王子聞彼所報，各念言：我乘好乘。時阿育言：我乘老象，我得作王。又言：此中有第一座者，彼當作王。諸王子各相謂言：我坐第一座。阿育言：我今坐地，是我勝座，我當作王。又言：此中上器食者，此當作王。乃至阿育念言：我有勝乘、勝座、勝食。時王觀子相畢，便即還宮。時阿育母問阿育言：誰當作王？婆羅門記誰耶？阿育啓言：上乘、上座、上器、上食當作王。王子自見當作王，老象爲乘，以地爲座，素器盛食，杭米雜酪飯。時彼婆羅門知阿育當作王，數修敬其母。其母亦重餉婆羅門。若子作王者，師當一切善得吉利，盡形供養。時頻頭羅王邊國德叉尸羅反。時王語阿育：汝將四兵衆伐彼國。王子去時，都不與兵甲。時諸從者白王子言：今往伐彼國，無有軍仗，云何得平？阿育言：我若爲王，善根果報者，兵甲自然來應。發是語時，尋聲地開，兵甲從地而出。即將四兵往伐彼國。時彼諸國人民聞阿育來，即平治道路，莊飾城郭，執持吉瓶之水及種種供養，奉迎王子，而作是言：我等不反大王及阿育王子。然諸臣輩不利我等，是故違背聖化。即以種種供養王子，請入城邑。平此國已，又使至伐佉沙國，時彼二大力士爲王平治道路。諸天宣令：阿育當王此天下，汝等勿興逆意。彼國王即便降伏。如是乃至平此天下，至於海際。時父王得重疾，王語諸臣：吾今欲立脩師摩爲王，令阿育往至彼國。時諸臣欲令阿育作王，以黄物塗阿育體及面手脚已，諸臣白王言：阿育王子今得重疾。諸臣即便莊嚴阿育，將至王所。今且立此子爲王，我等後徐徐當立脩師摩爲王。時王聞此語，甚以不喜，默然不對。時阿育心念口言：我應正得王位，諸天自然來，以水灌我頂，素繒繫首。時王見此相貌，極生愁惱，即便命終。阿育王如禮法殯父王已，即立阿㝹樓陀爲大臣。時脩師摩王子聞父崩背，今立阿育爲王，心生不忍，即集諸兵而來伐阿育。阿育王四門中，二門安二力士，第三門安大臣，自守東門。時阿㝹樓陀作機關木象，又作阿育王形像，如騎象，安置東門外。又作無煙火坑，以物覆之。脩師摩既來到，阿㝹樓陀大臣語脩師摩王子：欲作王者，阿育在東門，可往伐之。能得此王者，自然得作王。時彼王子即趣東門，即墮火坑，便即死亡。有一大力士，名曰跋陀申陀，聞脩師摩終亡厭世，將無數眷屬，〔一〕於佛法中出家學道，得阿羅漢。時諸臣輩：我等共立阿育爲王，故輕慢於王，不行君臣之禮。王亦自知諸臣輕慢於我。時王語諸臣曰：汝等可伐華果之樹，殖於刺棘。諸臣荅曰：未嘗見聞，却除華果而殖刺樹，而應除伐刺棘樹而殖果實。乃至二三敕令伐，彼亦不從。爾時國王忿諸大臣，即持利劍殺五百大臣。又時王將婇女眷屬出外園中遊戲，見一無憂樹，華極敷盛。王見此華樹與我同名，心懷歡喜。王形體醜陋，皮膚麤澀，諸婇女輩心不愛王。憎惡王故，以手毁折無憂樹華。〔二〕王從眠覺，見無憂樹華狼藉在地，心生忿怒，繫諸婇女，以火燒殺。王行暴惡，故曰暴惡阿育王。時阿㝹樓陀大臣白言：王不應爲是法，云何以手自殺人諸臣婇女！王今當立屠殺之人，應有可殺，以付彼人。王即宣教，立屠殺者。彼有一山，名曰耆棃，中有一織師家。織師有一子，亦

〔一〕「數」字原脱，據高麗藏本補。
〔二〕「樹華」原作「華樹」，據高麗藏本改。

名耆棃。凶惡撾打，繫縛小男小女及捕水陸之生，乃至拒逆父母。是故世人傳云：凶惡耆棃子。時王使語彼：汝能爲王斬諸凶不？彼荅曰：一切閻浮提有罪者，我能净除，況復此一方。時彼使輩還啓王言：彼人已得。王言：覓將來耶？諸使呼彼荅言：小忍，先奉辭父母，具説上事。父母言：子不應行是事。如是三敕，彼生不仁之心，即使殺父母已，然後乃至。諸使問曰：何以經久不速來耶？時彼凶惡具説上事，以具啓王。王即敕彼：我所有罪人事應至死，汝當知之。彼啓王言：爲我作舍。王爲作舍，極爲端嚴。唯開一門，亦極精嚴。於其中間作治罪之法，狀如地獄。彼凶惡人啓王乞願：若人來入此中者，不復得出。王荅言：當以與願。彼諸屠主往詣寺中，〔一〕聽諸比丘説地獄事。時有比丘至，誦地獄經，有衆生生地獄者，以熱鐵鉗鉗開其口，以熱鐵丸著其口中；次融銅灌口；復以鐵斧斬截其體；次復杻械枷鏁，檢繫其身；次復火車鑪炭；次復鐵鑊；次復灰河；次復刀山劍樹。具如五天使經所説。〔三〕彼屠主具聞比丘説是諸事，開其住處所作治罪之法，如彼所説，案此法則而治罪人。又一商主，入海十年，採諸重寶，還到本鄉。道中值五百羣賊，殺於商主。商主之子見父死及失寶物，厭世出家，遊行諸國。次至巴連弗邑。過此夜已，晨朝著衣持鉢，入城乞食，誤入屠殺舍中。時彼比丘遥見舍裏火車鑪炭等治諸衆生，如地獄中，尋生恐怖，衣毛皆竪，便欲出門。時凶惡主即往執彼比丘言：

〔一〕「屠主」原作「徒主」，據高麗藏本改。下同。

〔三〕「五天」原作「天五」，據高麗藏本改。

入此中者，無有得出。汝今此死。比丘聞説，心生悲毒，泣淚滿目。凶主問曰：汝云何如小兒啼？爾時比丘以偈荅曰：

我不恐畏死，　志願求解脱。　所求不成果，　是故我啼泣。　人身極難得，　出家亦復然。　遇釋師子王，　自今不重覩。

爾時凶主語比丘曰：汝今必死，何所憂惱？比丘復以哀言荅云：乞我少時生命，可至一月。彼凶不聽。如是日數減止七日，彼即聽許。時此比丘知將死不久，勇猛精進，坐禪息心，終不能得道。至於七日時，王宫内人有事至死，送付凶惡之人，令治其罪。凶惡將是女人著臼中，以杵搗之，令成碎末。〔一〕時比丘見是事，極厭惡此身，嗚呼苦哉！我不久亦當如是。而説偈言：

嗚呼大悲師，　演説正妙法。　此身如聚沫，　於義無有實。　向者美色女，〔二〕今將何所在。　生死極可捨，　愚人而貪著。　係心緣彼處，　今當脱鑠木。　令度三有苦，　畢竟不復生。　如是勤方便，　專精修佛法。　斷除一切結，　得成阿羅漢。

時彼凶惡人語此比丘：期限已盡。比丘問曰：我不解爾之所説。彼凶荅曰：先期七日，今既已滿。比丘以偈荅曰：

〔一〕「末」字原作「粖」，據高麗藏本、磧砂藏本、南藏本、嘉興藏本改。
〔二〕「色女」原作「女色」，據高麗藏本改。

我心得解脱，　無明大黑闇。　斷除諸有蓋，　以殺煩惱賊。　慧日今已出，　鑒察心意識。
明了見生死，　今者愍人時。　隨順諸聖法，　我今此身骸。　任爾之所爲，　無復有悋惜。

爾時彼凶惡主執彼比丘，著鐵鑊油中，足與薪火，火終不然。假使然者，或復不熱。凶主見火不然，打拍使者，而自然火，火即猛盛。久久見開鐵鑊蓋，見彼比丘鐵鑊中蓮華上坐。生希有心，即啓國王。王即便嚴駕，將無量衆來看比丘。時彼比丘調伏時至，即身昇虚空，猶如鴈王，示種種變化，如偈所説：

王見是比丘，　身昇在虚空。　心懷大歡喜，　合掌觀彼聖。　我今有所白，　意中所不解。
形體無異人，　神通未曾有。　爲我分别説，　修習何等法。　今汝得清浄，　爲我廣敷演。
令得勝妙法，　我了法相已。　爲汝作弟子，　畢竟無有悔。

時彼比丘而作是念：我今伏是王，多有所導，攝持佛法，當廣分布如來舍利，安樂無量衆生，於此閻浮提，盡令信三寶。以是因緣故，自顯其德。時阿育王聞彼比丘所説，自於佛所，生大敬信。又白比丘言：佛未滅度時，何所記説？比丘荅言：佛記大王於我滅後，過百歲之時，於巴連弗邑有三億家。彼國有王，名曰阿育，當王此閻浮提爲轉輪王，正法治化。又復宣布我舍利於閻浮提，立八萬四千塔。佛如是記大王。然大王今造此大地獄，殺害無量民人。王應慈念一切衆生，施其無畏，令得安隱。時彼阿育王於佛所極生敬信，合掌向比丘作禮：我得大罪，今向比丘懺悔。我之所作，甚爲不可，願受我懺，勿復責我愚人，今復歸命。時彼比丘度阿育王已，乘空而化。時王從彼地獄出，凶惡白王言：王不復得去。王曰：汝今欲殺我耶？彼曰：如是。王曰：誰先入此中？荅曰：我是。王曰：若然者，汝

先應取死。王即敕人將此凶惡主著作膠舍裏，以火燒之。又敕壞此地獄，施衆生無畏。」〔一〕

又雜阿含經云：「阿育王言：我今先當供養所覺菩提之樹，然後香美飲食施設於僧。敕諸臣唱令國界，王今捨十萬兩金，布施衆僧。千甕香湯，溉灌菩提樹。集諸五衆，時王子名曰拘那羅，在右邊舉二指而不言說，意欲二倍供養。大衆見之，皆盡發笑。王亦發笑而語言：嗚呼王子！乃有增益功德供養。王復言：我復以三十萬兩金供養衆僧，復加千甕香湯洗浴菩提樹。時王子復舉四指，意在四倍。時王瞋恚語諸臣曰：誰教王子作是事，與我興競？臣啓王言：誰敢與王興競。然王子聰慧，利根增益功德，故作是事耳。時王右顧視王子，白上座耶舍曰：除我庫藏之物，餘一切物，閻浮提夫人婇女諸臣眷屬，及我拘那羅子，皆悉布施賢聖衆僧。唱令國界集諸比丘衆，而說偈言：

除王庫藏物，　夫人及婇女，　臣民一切衆，　布施賢聖僧。　我身及王子，　亦復悉捨與。

時王上座及比丘僧，〔二〕以甕香湯洗浴菩提樹。時菩提樹倍復嚴好，增長茂盛。以偈頌曰：

王浴菩提樹，　無上之所覺。　樹增於茂盛，　柯條葉柔軟。

時王及諸羣臣生大歡喜。時王洗浴菩提樹已，次復供養衆僧。時彼上座耶舍語王言：大王，今有大比丘僧集，當發淳信心供養。時王從上至下，自手供養。復以三衣并四億萬兩珍寶䞋五部衆。䞋願已，

〔一〕出雜阿含經卷二十三。

〔二〕「上」字原作「子」，據高麗藏本改。

復以四十億萬兩珍寶贖取閻浮提宫人、婇女及太子羣臣。阿育所作功德無量如是。」〔一〕

又雜阿含經云：「阿育王問諸比丘言：誰於如來法中行大布施？諸比丘白言：給孤獨長者最行大施。王復問曰：彼施幾許寶物？比丘荅曰：以億千金。王聞是已，彼長者尚能捨億千金，我今爲王，何緣復以億千金施？當以億百千金施。時王起八萬四千佛塔，於彼一一塔中復施百千金。復作五歲大會，會有三百千比丘，用三百億金供養於彼。彼衆中第一分是阿羅漢，第二分是學人，第三分是真實凡夫。除私庫藏，此閻浮提夫人、婇女、太子、大臣施與聖僧，四十億金還贖取。如是計校用九十六億千金。乃至王得病，欲以滿億百千金作功德，今願不得滿足，便就後世。時計校前後所施金銀珍寶，唯減四億未滿。王即辦諸珍寶，送與雞雀寺中。法益之子名三波提爲太子，諸臣等啓太子言：大王將終不久，今以此珍寶送與寺中。今庫藏財寶以竭。諸王法以物爲尊，太子今宜斷之，勿使大王用之。時大王自知索諸物不復能得，所食金器送與寺中。時太子令斷金器，敕以銀器。王食已，復送寺中。又斷銀器，給以銅器，王亦送寺中。又斷銅器，給以瓦器。時大王手中有半阿摩勒果，悲淚告諸大臣：今誰爲地主？時諸臣啓白大王：王爲地主。王即説偈荅曰：

汝等護我心，　何假虚妄語。　我今坐王位，　不復得自在。　阿摩勒半果，　今在於我手。

〔一〕出雜阿含經卷二十三。

此即是我物，於是得自在。　嗚呼尊富貴，　可厭可棄捨。　先領閻浮提，　今一旦貧至。

如恒河駛流，　一逝而不反。　富貴亦復然，　逝者不復還。

時阿育王呼侍者言：汝今憶我恩養，汝持此半阿摩勒果，送雞雀寺中，作我意禮拜諸比丘僧足，白言阿育王問訊諸大衆。我是阿育王，領此閻浮提，閻浮提是我所有。今者頓盡，〔一〕無有財寶布施衆僧，於一切財而不得自在。今唯此半阿摩勒果，我得自由。此是最後布施檀波羅蜜。哀愍我故，納受此施，令我得供養僧福。時彼使者受王敕已，即持此半果至雞雀寺中，至上座前，五體投地，作禮長跪，合掌具向上座説前王教。時彼上座告諸大衆：誰聞是語而不厭世？時彼上座令此半果，一切衆僧得其分食，即教令研磨著石榴羹中。行已，衆僧一切皆得周徧。時王復問傍臣曰：誰是閻浮提王？臣荅王言：大王是也。時王從卧起而坐，顧望四方，合掌作禮，念諸佛德，心念口言：我今復以此閻浮提施與三寶，隨意用之。時王以此語盡書紙上，而封緘之，以齒印印之。作是事畢，便即就盡。爾時太子臣民葬送王已，諸臣欲立太子紹王位。中有大臣名曰阿㝹樓陀，語諸臣曰：不得立太子爲王。大王在時，願滿億百千金作諸功德，唯減四億不滿億百千。以是之故，全捨閻浮提施與三寶，欲令滿足。今是大地屬於三寶，云何而立太子爲王！時諸臣聞已，即送四億金送與寺中，即便立法益之子爲王，名三波

〔一〕「頓」字原作「預」，據高麗藏本改。

提。」〔一〕

頌曰：

睿業澄暉，宿祐因净。七寶來投，千子威併。十善御宇，四洲歸正。無思不惬，有意斯盛。秉式康衢，昆蟲養性。八萬增壽，四八光瑩。鬼神翊衛，〔三〕不言而令。樂哉至矣！輪王顯聖。

〔一〕出雜阿含經卷二十五。

〔三〕「翊」字原作「翔」，據高麗藏本改。

法苑珠林校注卷第四十四

君臣篇第四十一此有六部

述意部　王德部　王過部　王業部　王福部　王都部

述意部第一

昔如來在世，預以末法囑累帝釋及諸國王。良由天力可以摧萬邪，王威可以率兆庶也。〔一〕今遺法所付者，〔二〕意在仗以流通。以四衆之微弱，恐三寶之廢壞。藉王者以威伏，假王者以勢逼。今有

〔一〕「庶」字原作「度」，據高麗藏本、磧砂藏本、南藏本、嘉興藏本改。
〔二〕「所」字原作「可」，據高麗藏本改。

不肖者寢其瑕疵，訕黷者掩其紕紊。助大猷以惟新，扇皇風以遐暢。一變告其漸，再變滌區宇。羣生佩聖德之恩，佛法得委寄之道。斯付囑之謂也。如俗曰：昔者聖王立制，〔一〕意使陰陽有位，君臣有章，男女有别，政令有序。故王者南面而治天下，居后於北宫，居太子於東方。天子立廟，王后立市。日蝕則王修德，月蝕則后修形。此體陰陽之位也。故乾始於子，故子爲天正。坤始於未，其衡在丑。〔二〕陰不專制，往而承陽，故丑爲地正。聖王承天序地以成其功，故寅爲人正。三正迭用，有變無絶。是以王者必存三代之後，體三正也。易曰：「西南得朋，乃與類行。東北喪朋，乃終有慶。」〔三〕故使臣從乎君，女歸乎男也。乾始於子，左行而終於戌；坤始於未，右行而終於酉。故使男貴左，女貴右也。

王德部第二

依瑜伽論云：「大王當知，王之功德略有十種。王若成就如是功德，雖無大府庫，無大輔佐，無大軍衆，而可歸仰。何等爲十？一、種姓尊高。二、得大自在。三、性不暴惡。四、情發輕微。五、恩惠猛

〔一〕「立」字原作「之」，據高麗藏本改。
〔二〕「衡」字原作「衝」，據高麗藏本、磧砂藏本、南藏本、嘉興藏本改。
〔三〕出周易卷一坤彖。

利。六、受正直言。七、所作諦思，善順儀則。八、顧戀善法。九、善知差別，知所作思。〔一〕十、不自縱任，不行放逸。翻前十種，雖有大庫、大佐、大軍，不可歸仰。大王當知，王之方便略有五種。何等爲五？一、善觀察攝受羣臣，二、能以時行恩妙行，三、無放逸專思機務，四、無放逸善守府庫，五、無放逸專修法行。若翻前五行，便成五衰損門。退失現法及失法利也。大王當知，略有五種可愛樂法。何等爲五？一、世所敬愛，二、自在增上，三、能摧怨敵，四、善攝養身，五、能往善趣。復有五種能引可愛。何等爲五？一、恩養世間，二、英勇具足，三、善權方便，四、正受境界，五、勤修法行。翻前五種名不可愛。又諸國王有三種圓滿：一、果報圓滿，二、士用圓滿，三、功德圓滿。若諸國王生富貴家，長壽少病，有大宗業，成就俱生聰利之慧，是王名爲果報圓滿。若諸國王善權方便所攝持故，恒常成就圓滿英勇，是王名爲士用圓滿。若諸國王任持正法，名爲法王，安住正法，與諸內宮、王子、羣臣、英傑、豪貴、國人共修惠施，樹福受齋，堅持禁戒，是王名爲功德圓滿。又果報圓滿者，受用先世净業果報。士用圓滿者，受用現法可愛之果。功德圓滿者，亦於當來受用圓滿净業果報。若有國王三不具足，名爲下士。若有果報圓滿，或士用圓滿，或俱圓滿，名爲中士。若三具足，名爲上士。」〔二〕

又中阿含經云：「若諸王刹利以水灑頂，得爲人主，整御大地，有五儀式：一劍，二蓋，三天冠，四

〔一〕「作」字原作「住」，據高麗藏本改。

〔二〕出瑜伽師地論卷六十一。

珠柄拂，五嚴飾履。一切除却。」〔一〕復有三臣：一、有忠信，無伎能、智慧。二、有忠信、伎能，無智慧。三、具忠信、伎能、智慧。初名下士，次名中士，後名上士。若不忠信，無有伎能，亦無智慧，當知此臣下中之下。

王過部第三

如像法決疑經云：「乃至一切俗人，不問貴賤，不得撾打三寶奴婢、畜生，及受三寶奴婢禮拜。皆得殃咎。」〔二〕故薩遮尼揵經云：「若破塔寺，或取佛物，若教作助喜，若有沙門身著染衣或有持戒破戒，若繫閉打縛，或令還俗，或斷其命。若犯如是根本重罪，決定墮地獄受無閒苦。以王國內行此不善，諸仙聖人出國而去。大力諸神不護其國。大臣諍競，四方咸起，水旱不調，風雨失時，人民飢餓，劫賊縱橫，疫癘疾病，死亡無數。不知自作而怨諸天。」〔三〕

又仁王經云：「國王大臣自恃高貴，滅破吾法，以作制法，制我弟子不聽出家，不聽造作佛像。立

〔一〕出中阿含經卷十一頻鞞娑羅王迎佛經。

〔二〕此經已佚。是僞經。

〔三〕出大薩遮尼乾子所説經卷四王論品。

統官典制等，〔一〕安籍記録僧。比丘地立，白衣高坐。又國王太子横作法制，不依佛教因緣，破僧因緣，統官攝僧，典主僧籍，苦相攝持，佛法不久。」〔二〕

又瑜伽論云：「大王當知王過有十。何等爲十？一、種姓不高。二、不得自在。三、立性暴惡。四、猛利憤發。五、恩惠奢薄。六、受邪佞言。七、所作不思，不順儀則。八、不顧善法。九、不知差别，忘所作恩。十、一向縱任，專行放逸。」〔三〕

又百喻經云：「昔有一人説王過罪而作是言：王甚暴虐，治政無理。王聞是語，既大瞋恚，竟不究悉，信旁佞人，捉一賢臣，〔四〕仰使剥脊取百兩肉。有人證明此無是語。王心便悔，索千兩肉用爲補脊。夜中呻唤，甚大苦惱。王聞其聲，問言：何以苦惱。取汝百兩，十倍與汝，〔五〕意不足耶？何故苦惱？旁人荅言：大王，如截子頭，雖得千頭，不免子死，雖十倍得肉，不免苦痛。愚人亦爾。不畏後世，貪濁現樂，苦切衆生，調發百姓，多得財物，望得滅罪而得福報。譬如彼王，割人之脊，取人之肉，以餘

〔一〕「典」字原脱，據高麗藏本補。
〔二〕出仁王般若波羅蜜經卷下囑累品。
〔三〕出瑜伽師地論卷六十一。
〔四〕「一」字原作「此」，據高麗藏本改。
〔五〕「倍」字原作「陪」，據高麗藏本、磧砂藏本、南藏本、嘉興藏本改。

肉補，望使不痛，無有是處。」〔一〕

又雜譬喻經云：「昔有國王喜食人肉，敕厨士曰：汝等夜行密採人來，以供厨食，以此爲常。臣下咸知，即共斥逐，捐於界外，更取良賢以爲國王。於是噉人王經十三年後，身生兩翅，飛行噉人，無復遠近。向山樹神，請求祈福：當取國王五百人身，祠山樹神，使我復還。國王便飛行取之，已得四百九十九人，將之山谷，以石塞口。時有國王將諸後宮，詣池浴戲。始出宮門，逢一道人，説偈求乞。王即許之，還宮當賜金銀。時王入池當欲澡洗，其噉人王空中飛來，抱王得去，還於山中。國王見噉人王，不恐不怖，顔色如故。噉人王曰：吾本捕人當持祠天，已得四百九十九人，今得卿一人，其數已滿，殺以祠天。汝何不懼？國王對曰：人生有死，物成有敗，合會有離。對來分之，何須愁耶？旦出宮時，路逢道人，爲吾説偈，即許施物。今未得與，以是爲恨。今王弘慈，寛恕假日，施訖還來，不敢違要也。即聽令去，而告之曰：與汝七日期，若不還者，吾往取汝，亦無難也。王即還宮，都中内外，莫不歡喜。即開庫藏，布施遠近，拜太子爲王，慇懃百姓，辭决而去。噉人王逢見其來，念曰：此得無異人乎！從死得生，而故來還。即問曰：身命，世人所重愛者也。而卿捨命，世之難有，不審何所志趣？願説其意。國王荅曰：即日吾施至誠，願當得阿惟越三佛，願度十方。彼王問曰：求佛之義，其事云何？國王便爲

〔一〕出百喻經卷一人説王縱暴喻。

廣説五戒、十善、四等、六度。心開豁然，從受五戒，爲清信士。因放四百九十九人，各令還國。諸王共至其國，感其信誓，蒙得濟命，各不肯還於本國，遂便住止此國。於此國王，各爲立第一舍，雕文刻鏤，光飾嚴整。諸國王飲食服御，與王無異。四方人來問言：何以有此如王舍宅，徧一國中？衆人荅曰：皆是諸王舍也。名遂遠布，從此已來，故號爲王舍城也。佛得道已，自説本末。立信王者，我身是也。噉人王者，鴦崛摩是。今還王舍城説法，所度無量，皆是宿命作王時因緣人也。」〔一〕

王業部第四

如諫王經云：「佛在世時，有國王名不離先尼。出行國界，道過佛所，爲佛作禮，就座而坐。佛告王曰：王治當以正法，無失節度，常以慈心養育人民。所以得霸治爲國王者，皆由宿命行善所致。統理民事，不可偏枉。諸官、公卿、羣僚、下吏、凡民皆有怨辭，王治行不平，海内皆忿。身死神入太山地獄。後雖悔之，無所復及。王治國平政，常以節度，臣民歎德，四海歸心，天龍鬼神皆聞王善。死得上天，後亦無悔。王無好婬泆以自荒壞，無以忿意有所殘賊。當受忠臣剛直之諫。夫與人言，常以寬詳，無灼熱之語。〔二〕唯有孝順慈養二親，供事高行清浄沙門，見凡老人，當尊敬之。所有財寶，與臣同歡。

〔一〕出雜譬喻經卷上。

〔二〕「語」字原脱，據高麗藏本補。

當以善心施惠於民，無以讒言殘賊民命。爲王之法，當宣聖道，教民爲善。唯守一心，心存三尊。王者如斯，諸聖咨嗟，天龍鬼神擁護其國。生有榮譽，死得上天。世間榮位，如幻如夢，不可久保。人欲死時，諸家内外聚會其邊，〔一〕椎胸呼天，皆云柰何。淚下交横，嗚呼痛哉！神靈獨逝，捨吾之乎！聞之者莫不傷心，覩之者莫不助哀。載之出城，捐於曠野。飛鳥走獸，颲掣食之。身中有蟲，還食其肉。日炙風飄，骨皆爲乾。往昔尊榮豪貴，隱隱闐闐，亦如大王今者，霍然不復見之。此是無常之明證也。古尚如此，況於今日。王熟思之，無念婬泆。無受佞言，證人入罪。當受忠諫，治以節度。當畏地獄考治之痛。諸含血蟲，皆貪生活，不當殺之。佛説經竟，王意即解，願爲弟子，即受五戒，頭面著地，爲佛作禮。」〔二〕

又摩達國王經云：「佛在世時，有國王號名摩達。王時當出軍征討。時有比丘已得羅漢道，到國分衛。並見録將，詣王宫門。王有馬監，令比丘養視官馬，勤苦七日。王後身自臨視軍陣。比丘見王，即於其前輕舉飛翔，上住空中，現其威神。王便恐怖，叩頭悔過：我實愚癡，不別真僞。推問國内，誰令神人爲是養馬？今當治殺。比丘告王言：非王及國人過也。自我宿命行道，常供養師。我時爲師設飯，師謂我言：且先澡手已，乃當飯。我愚癡心念言：師亦不養官馬，何故不預澡手？師即謂我

〔一〕「其」字原作「無」，據高麗藏本改。
〔二〕出諫王經。

言：汝今念此輕耳，後重如何。我聞是語，便愁憂之。師知其意，便念言：我會當泥洹，何故令人惱耶？即以其夜三更時般泥洹。從來久遠，各更生死。今用是故，受其宿殃，養馬七日。夫善惡行，輒有殃福，如影隨形。王聞罪福，乞歸命三寶，受五戒，作優婆塞。佛便爲王及人民説法，得須陀洹道。」〔一〕

又法句喻經云：「昔有國王治行正法，民慕其化。無有太子，以爲憂愁。佛來入國，遵受五戒，奉敬不懈。有一給使，其年十一，常爲王使，忠信奉法，不以爲勞。卒得重病，遂致無常。其神來還，爲王作子。至年十五，立爲太子。父王命終，習代爲王。憍慢自恣，不理國事。臣寮廢調，民被其患。佛知其行，不會本識，將諸弟子，往到其國。佛告王曰：今王自知本所從來不？王曰：愚暗不達，不知先世。佛告大王：本以五事得爲國王。何等爲五？一者、布施得爲國王，萬民奉獻宫觀，資財無極。二者、興立寺廟，供養三尊，牀榻幃帳。以是爲王，在於正殿，御座理國。三者、親身禮敬三尊及諸長德，以是爲王，一切萬民莫不爲之作禮。四者、忍辱身三口四及意無惡，以是爲王，一切見者莫不歡喜。五者、學問常求智慧，以是爲王，决斷國事，莫不奉行。此之五事，世世爲王。王前世時爲大王給使，奉佛以信，奉法以愛，奉僧以敬，奉親以孝，奉君以忠，常行一心精進布施，勞身苦體，初不懈倦。是福追身，得爲王子，補王之第。今者富貴而反懈怠。夫爲國王當行五事。何謂爲五？一者、領理萬民，無有枉

〔一〕出摩達國王經。

濫。二者、養育將士，隨時廪與。〔一〕三者、念修本業，福德無絶。四者、當信忠臣正直之諫，無受讒言以傷正直。五者、節欲貪樂，心不放逸。行此五事，名聞四海，福禄自來。捨此五事，衆綱不舉。民窮則思亂，士勞則勢不舉，無福則鬼神不助，自用則失大理，忠臣不敢諫則心蕩放逸。國王不理務，民則多怨。若如是者，身失令名，後則無福。於是世尊重説偈言：

夫爲世間將，　修正不阿枉，　心調勝諸惡，　如是爲法王。　見正能修慧，　仁愛好利人，
既利以平均，　如是衆附親。

佛説是時，王大歡喜，五體懺悔，謝佛聞法，得須陀洹道。」〔二〕

又賓頭盧爲優陀延王説法經云：「昔輔相子賓頭盧阿羅漢爲優陀延王説偈云：

生老病死患，　於中未解脱，　無明愛毒箭，　猶未得拔出。　人帝汝云何，　而生樂著想。
如象處林中，　四邊大火起。　處此急難處，　云何有歡喜。　大王應當知，　榮位須臾間。
智者深觀察，　不應於此事，　而生希有想。　汝何故錯解，　未脱生死胎，　横生無畏想。　欲
賊劫諸根，　横生無畏想。　無常不堅固，　如芭蕉水沫，　亦如浮雲散。　天王尊勝位，　危脆
亦如是。　人帝應當知，　貪利極速駛，　如水注深谷。　嗜欲極輕疾，　動轉如掉索。　愚癡

〔一〕「廪」字原作「稟」，據高麗藏本改。
〔二〕出法句譬喻經卷四道利品。

染爲欲，不覺致墮落。

尊者言：大王，我今爲王略説譬喻。王至心聽。昔日有人行在曠路，逢大惡象，爲象所逐，狂懼走突，無所依怙。見一丘井，即尋樹根，入井中藏。上有黑白二鼠，牙齧樹根。此井四邊有四毒蛇，欲螫其人。而此井下有三大毒龍。旁畏四蛇，下畏毒龍。所攀之樹，其根動摇。樹上有蜜五滴，墮其口中。于時動樹敲壞蜂窠，衆蜂散飛，唼螫其人。有野火起，復來燒樹。大王當知，彼人苦惱不可稱計。而彼人得味甚少，苦患甚多。其所味者，如牛跡水，其所苦患，猶如大海。味如芥子，苦如須彌。味如螢火，苦如日月。如藕根孔比如太虚，亦如蚊子比金翅鳥。其味苦惱多少如是。尊者言：大王，曠野者喻於生死，彼男子者喻於凡夫，象喻於無常，丘井喻於人身，樹根喻於人命，白黑鼠者喻於晝夜，齧樹根者喻念念滅，四毒蛇者喻於四大，蜜者喻於五欲，衆蜂喻惡覺觀，野火燒者喻其老邁，下有三毒龍者喻其死亡墮三惡道。是故當知欲味甚少，苦患甚多。生老病死，於一切人皆得自在。世間之人，身心勞苦，無歸依處，衆苦所逼，輕疾如電，是可憂愁，不應愛著。」〔一〕

〔一〕出賓頭盧突羅闍爲優陀延王説法經。

王福部第五

如舊雜譬喻經云：「昔有國王出射獵還，過寺遶塔，爲沙門作禮。羣臣共笑之。王覺知問羣臣曰：有金在釜，釜沸，以手取得不？荅曰：不可得。王言：汝以冷水投中，可得取不？臣白王曰：可得也。王言：我行王事射獵所作，如湯沸。燒香然燈遶塔禮僧，如持冷水投沸湯中。夫作王有善惡之行，何爲但有惡無善乎？」〔一〕

又迦葉經云：「佛告迦葉：過去無量阿僧祇劫有佛號妙華。時有輪王，名曰尼彌，如法治世，主四天下。爾時大王見二化生童子得出家已，即以太子令紹王位。王與九百九十九子、八萬四千夫人、五千大臣及諸人民，以浄信心俱共出家。爾時太子登位七日，内自思惟：我終不捨薩婆若心，何用王位。作是念已，發心出家，於十五日遊四天下。説此偈言：

我父及親屬，　皆悉已出家。　無量億衆生，　爲法亦出家。　我今樂出家，　不樂住五欲。

一心求出道，　欲詣導師所。　若發心出家，　離諸欲火者，　應速隨我去，　離難甚難得。　不

發出家心，　不遠離欲火。　安心在居家，　安住於實法。

〔一〕出舊雜譬喻經卷上。

迦葉，時彼童子説此偈時，四天下中無一衆生樂在家者，皆悉發心，願求出家。既出家已，不須種植，其地自然生諸秔米，諸樹自然生諸衣服，一切諸天供侍給使，一切衆生皆得道果。」〔一〕

王都部第六

如十二遊經云：「波斯匿王者，〔二〕晉言和悦。迦維羅越國者，晉言妙德。舍衛國者，晉言無物不有。維耶離國者，晉言廣大，一名度生死。羅閲祇城者，晉言王舍城。鳩留國者，晉言智士。波羅柰國者，晉言鹿野，一名諸佛國。閻浮提中有十六大國，八萬四千城，有八國王，四天子。東有晉天子，人民熾盛。南有天竺國天子，土地多饒象。西有大秦國天子，土地饒金玉。北有月支天子，〔三〕土地多好馬。八萬四千城中有六千四百種人。萬物音響各别。有五十六萬億丘聚。魚有六千四百種，鳥有四千五百種，獸有二千四百種，樹有萬種，草有八千種，雜藥有七百四十種，雜香有四十三種，寶有百二十一種，正寶有七種。海中有二千五百國，有百八十國人噉五穀，有三百三十國人噉魚鼈黿鼉。五大國王，一王主五百城。第一王名斯黎國，土地盡事佛，不事衆邪。第二王名迦羅，土地出七寶。第三王名

〔一〕出大寶積經卷八十九摩訶伽葉會。
〔二〕「斯」字原作「私」，據高麗藏本、磧砂藏本、南藏本、嘉興藏本改。
〔三〕「北」字上原衍「西」字，據高麗藏本删。

不羅，土地出四十種香及白瑠璃。第四王名闍耶，土地出華茇胡椒。〔一〕第五王名那頞，土地出白珠及七色瑠璃。五大國城人多黑色短小，相去六十五萬里。從是以去但有海水，無有人民。去鐵圍山百四十萬里。」〔二〕

又智度論：「問曰：如舍婆提諸大城，皆有諸王舍，何故獨名此城爲王舍城？答曰：有人言是摩迦陀國王有子，一頭兩面四臂。時人以爲不祥，王即裂其身首，棄之曠野。羅刹女鬼名闍羅，還合其身，而乳養之。後大成人，力能併諸國王，〔三〕有天下，取諸國王萬八千人，置此五山中，以大力勢治閻浮提人。因名此山爲王舍城。復有人言：摩迦陀王先所住城，城中失火。一燒一作，如是至七。國人疲役，王大憂怖，集諸智人問其意故。有言：宜應易處。王即更求住處，見此五山周匝如城，即作宫殿，於中止住。以是義故，名王舍城。復往古世時，此國有王名婆藪，心厭世法，出家作仙人。是時居家婆羅門與出家諸仙人共論議。居家婆羅門言：經書云天祀中，應殺生噉肉。諸出家仙人言：不應天祀中殺生噉肉。共諍云云。諸出家婆羅門言：此有大王出家作仙人，汝等信不？諸居家婆羅門言：信。諸出家仙人言：我以此人爲證，後日當問。諸居家婆羅門即以其夜先到婆藪仙人所，種種問

〔一〕「茇」字原作「鉢」，據高麗藏本、磧砂藏本、南藏本、嘉興藏本改。

〔二〕出十二遊經。

〔三〕「併」字原作「并」，據高麗藏本、磧砂藏本、南藏本、嘉興藏本改。

已，語婆藪仙人：明日論議，汝當助我。如是明旦論時，諸出家仙人問婆藪仙人：天祀中應殺生噉肉不？婆藪仙人言：婆羅門法，天祀中應殺生噉肉。諸出家仙人言：於汝實心云何？婆藪仙人言：爲天祀故，應殺生噉肉。此生在天祀中死故，得生天上。諸出家仙人言：汝大不是，汝大妄語。即唾之言：罪人滅去。是時婆藪仙人尋陷入地没踝，是初開大罪門故。諸出家仙人言：汝應實語。若故妄語者，汝身當陷入地中。婆藪仙人言：我知爲天故，殺生噉肉無罪。即後陷入地至膝，如是漸漸稍没至腰至項。〔一〕諸出家仙人言：汝今妄語得現世報。更以實語者，雖入地下，我能出汝，令得免罪。爾時婆藪仙人自思惟言：我貴人，不應兩種語。又婆羅門四韋陀法中，種種因緣讚祠天法。我一人死，當何足計。一心言天，應天祀中殺生噉肉無罪。諸出家人言：汝重罪人，催去，不用見汝。於是舉身没地中。從是已來乃至今日，常用婆藪仙人王法，於天祀中殺羊，當下刀時言：婆藪仙人殺汝。婆藪之子名曰廣車，嗣位爲王。後亦厭世法而不能出家。如是思惟：我父先王出家，生入地中。若治天下，復作大罪。我今當何以自處？如是思惟時，聞空中聲言：汝若行見難值希有處，汝應是中作舍住。作是語已，便不復聞聲。未經幾時，王出田獵，見有鹿走，其疾如風。〔二〕王便逐之，而不可及。遂逐不

〔一〕「項」字原作「頂」，據高麗藏本改。
〔二〕「其」字原脱，據高麗藏本補。

止，百官侍從無能及者。轉前見有五山，周匝峻固。其地平正，〔一〕生草細軟，好華徧地，種種樹林，華果茂盛。温泉浴池，皆悉清浄。其地莊嚴，處處有散天華天香，聞天伎樂。爾時揵闥婆伎樂適見王來，各自還去。是處希有，未曾所見，今我正當在中作舍住。如是思惟已，羣臣百官尋跡而到。王告諸臣：「我前所聞空中聲言：『汝行若見希有難值之處，汝於是中作舍住。』我今見此希有之處，我應是中作舍住。」即捨本城，於此山中住。是王初始在此中住。從是以後，次第止住。是王元起造立宫舍故，名王舍城。」〔二〕

又智度論：「耆闍崛山者，此名鷲頭山。問曰：何故名鷲頭山？荅曰：是山頂似鷲。王舍城人見其似鷲，故共傳言鷲頭山，因而名之爲鷲頭山。又王舍城南屍陀林中多諸死人，諸鷲常來食之，還在山頭，時人遂名鷲頭山。是山於五山中最高大，多好林泉，聖人住處。」〔三〕

又大哀經云：「佛在王舍城。靈鷲山者，古昔諸佛之所遊居，如來威神之所建立。其地道場，諸菩薩衆所共咨嗟。無極法座，天龍鬼神等咸俱歸命，稽首爲禮。」〔四〕

〔一〕「正」字原作「政」，據高麗藏本、磧砂藏本、南藏本、嘉興藏本改。
〔二〕出大智度論卷三。
〔三〕出大智度論卷三。
〔四〕出大哀經卷一諸菩薩所生莊嚴大會法典品。

又智度論：「問曰：佛普慈一切，何故獨住王舍城，不住餘城？答曰：亦住餘城，希少，而多住王舍城、舍婆提城。爲諸城邊國。又彌離車地，多弊惡人，善根未熟，故不住之。又佛知恩故，多住此二城。問曰：何故知恩多住二城？答曰：憍薩羅國是佛生身地，舍婆提大城佛爲法主故，亦在此城。問曰：若知恩故，多住舍婆提城者，迦毗羅城近佛生處，何以不住？答曰：佛無餘習，近諸親屬亦無累想。然釋種弟子多未離欲，若近親屬，則染著心生。以報生地恩故，多住舍婆提，一切衆生皆念生地故。如偈說：

一切論議師，　自受所知法。　如人念生地，　雖出家猶諍。

以報法身地恩故，多住王舍城，諸佛皆愛法身故。如偈說：

過去未來，　現在諸佛，　供養法身，　師敬尊重。

法身於生身勝故，二城中多住王舍城。」〔一〕

頌曰：

君臣感德，　靈篇金鏡。　寶册葳蕤，　帝圖掩映。　烏記稱祥，　龍書表慶。　萬國來朝，
百辟作詠。　肇高武皇，　後嗣宗聖。　凶夷險阻，　威感除併。　慈陰蒼生，　業隆壽命。

〔一〕出大智度論卷三。

至哉勝業，聖君啓政。

感應緣略出五驗〔一〕

燕臣莊子儀

漢王如意

漢靈帝

漢宣帝

又漢靈帝〔二〕

燕臣莊子儀無罪，而簡公殺之。子儀曰：死者無知則已，若其有知，不出三年，必使君知之。期年，簡公祀於祖澤。燕之有祖澤，猶宋之有桑林，國之大祀也。男女觀子儀起於道左，荷朱杖擊公。公

〔一〕「出」字，高麗藏本作「引」。

〔二〕「又」字原脱，據高麗藏本補。

死於車上。〔一〕

漢王如意，漢高帝第四子也。呂后生長子也，立爲皇太子。而如意母戚夫人得寵於帝，帝數欲替太子而立如意。羣臣争之，故遂封如意於趙。呂后以是嫉之。及高帝崩，呂后候如意到長安而拉殺之。又支斷戚夫人手足，號爲人彘。後呂后祓除於灞上還，道中見物如蒼狗，攫后腋，忽而不見。卜之云：趙王如意爲祟。遂病腋傷而崩。右二驗出冤魂志。〔二〕

漢靈帝數遊戲於西園，令後宫婇女爲客舍主，身爲商賈，行至舍間，婇女下酒，因共飲食，以爲戲樂。蓋是天子將欲失位，降在皂隸之謡也。其後天子遂傳。古志之曰：赤厄三七。三七者，經二百一十載，當有外戚之篡，丹眉之妖。篡盜短祚，極於三六，當有龍飛之秀，興復祖宗。又歷三七，當復有黄首之妖，天下大亂矣。自高祖建業，至于平帝之末，二百一十年，而王莽篡位，蓋因母后之親。十八年而山東賊樊子都等起，實丹其眉，故天下號曰赤眉。於是光武以興祚，其名曰秀。至于靈帝中平元年而張角起，置三十六方，衆數十萬人，皆是黄巾，故天下號曰黄巾賊。故今道服由此而興。初起於鄴，會於真定，誑惑百姓曰：蒼天已死，黄天立。歲名甲子年，天下大吉。起於鄴者，天下始業也，會於真

〔一〕太平廣記卷一一九引，作出還冤記。

〔二〕「二」字原作「一」，據高麗藏本、磧砂藏本、南藏本改。

定也。小民相向跪拜趣信，〔一〕荆楊尤甚。棄財産，流沈道路，死者數百。角等初以二月起兵，其冬十二月悉破。自光武中興，至黄巾之起，未盈二百一十年，而天下大亂。漢祚廢絶，實應三七之運也。〔二〕漢宣帝之世，燕岱之間有三男共取一婦，生其四子。及至將分妻子而不可均，乃致争訟。廷尉范延壽斷之曰：〔三〕此非人類，當以禽獸，從母不從父也。請戮三男子，以兒還母。宣帝嗟歎曰：事何必古。若此，則可謂當於理而厭人情也。延壽蓋見人事而知用刑矣，未知論人妖將來之應也。〔四〕漢靈帝建寧三年，河内有婦食夫，河南有夫食婦。夫婦陰陽二儀之體也，有情之深者也。今反相食，陰陽相侵。豈特日月之眚哉！靈帝既没，天下大亂，君有妄誅之暴，臣有劫弑之逆，兵革傷殘，骨肉爲讎，生民之禍至矣。故人妖爲之先作。恨而不遭辛有屠黍之論，以測其情也。〔五〕右其三驗出搜神記。

〔一〕「趣信」二字原倒，下並衍一「出」字，據搜神記改删。
〔二〕出搜神記卷六。
〔三〕「廷」字原作「延」，據高麗藏本、磧砂藏本、南藏本、嘉興藏本改。
〔四〕出搜神記卷六。
〔五〕出搜神記卷六。

法苑珠林校注卷第四十五

納諫篇第四十二此有二部

述意部　引證部

述意部第一

夫納其理則言語絶，乖其趣則諍論興。然直言者德之本，納受者行之原。所以藉言而德顯，納受而行全。譬目短於自見，借鏡以觀形；髮拙於自理，必假櫛以自通。故面之所以形，明鏡之力也；髮之所以理，玄櫛之功也；行之所以芳，蓋言之益也。是故身之將敗，必不納正諫之言；命之將終，必不可處於良醫也。

引證部第二

如雜寶藏經云："佛言：昔迦尸國王名爲惡受，極作非法，苦惱百姓，殘賊無道。四遠賈客珍奇勝物，皆税奪取，不酬其直。由是之故，國中寶物，遂至大貴。諸人稱傳，惡名流布。爾時有鸚鵡王在於林中，聞行路人説王之惡，即自思念：我雖是鳥，尚知其非。今當詣彼，爲説善道。彼王若聞我語，必作是言：彼鳥之王，猶有善言，柰何人王爲彼譏責。儻能改修。尋即高飛至王園中，迴翔下降，在一樹上。值王夫人入園遊觀。于時鸚鵡鼓翼嚶鳴，而語之言：王今暴虐無道之甚，殘害萬民，毒及鳥獸。含識嗷嗷，人畜憤結。呼嗟之音，周聞天下。夫人苛剋，與王無異。民之父母豈應如是！夫人聞已，瞋恚熾盛。此何小鳥，駡我溢口。遣人伺捕。爾時鸚鵡不驚不畏，入捕者手。夫人得之，即用與王。王語鸚鵡：何以駡我？鸚鵡荅言：説王非法，乃欲相益，不敢駡王。時王問言：有何非法？荅言：有七事非法，能危王身。問言：何等爲七？荅言：一者、躭荒女色，不敬真正。二者、嗜酒醉亂，不恤國事。三者、貪著碁博，不修禮敬。四者、遊獵殺生，都無慈心。五者、好出惡言，初不善語。六者、賦役謫罰，倍加常則。七者、不以義理，劫奪民財。有此七事，能危王身。又有三事，俱敗王國。王復問言：何謂三事？荅言：一者、親近邪佞諂惡之人。二者、不附賢勝，不受善言。三者、好伐他國，不養人民。此三不除，傾敗之期，非旦則夕。夫爲王者，率土歸仰。王當如橋，濟度萬民。王當如秤，親疏皆平。王當如道，不違聖蹤。王者如日，普照世間。王者如月，與物清凉。王如父母，恩育慈矜。王者如天，覆蓋一切。王者如地，載養萬物。王者如火，爲諸萬民燒除惡患。王者如水，潤澤四方。應如過去轉輪聖王，乃以十善道教化衆生。王聞其言，深自慚愧。鸚鵡之言，至誠至款。我爲人王，所行無道。請遵其教，奉以師禮，受修正行。爾時國内風教既行，惡名消滅。夫人臣佐皆生忠敬，一切人民無不歡喜。爾時鸚鵡者，我身是也。爾時迦尸國王惡受者，今輔相是也。爾時夫人者，今輔相夫人是也。」〔一〕

又薩遮尼乾子經云：「時嚴熾王言：大師，頗有衆生聰明大智利根，有罪過不？荅言：有。何者是？荅言：大王，即是王甚聰明大智利根，黠慧有大威力，心不怯弱，好喜布施，威德具足，亦有罪過。王言：大師，我之罪過云何？荅言：大王之罪，太極暴惡，太嚴，太忽，太一，太卒。大王當知，若王者性太惡者，彼爲一切多人不用，多人不愛，多人不喜，乃至父母亦不喜見，何況餘人。是故大王不應太惡。所爲作事，當自安詳，不應太卒。而説偈言：

若王行惡行，　瞋心不見事。　動則怖衆生，　乃至父母畏。　何況餘非親，　而當有念愛。

大王應當知，　智者捨瞋恚。

爾時嚴熾王在坐對面，聞尼乾子毁呰自身，心生不忍，瞋心不喜，心生毒害，即作是言：薩遮尼乾子，汝云何於大衆中説我過患？我從昔來無人敢正看我。汝今毁我，罪應合死。作是語已，告諸臣言：汝當

〔一〕出雜寶藏經卷八拘尸彌國輔相夫婦惡心於佛佛即化導得須陀洹緣。

捉此，斷其命根。尼乾驚怖語言：大王，汝今莫卒作如是惡。我有善言，願王暫時施我無畏，聽我所説。王言：汝何所説，汝當速説。尼乾荅言：大王當知，我亦有罪。由太實語，不虚語，稱事語。以我如是大惡人前，可畏人前，急性人前，無慈悲人前，卒作事人前，如是行人前，説如是實語。大王當知，黠慧之人不應一切時一切處常説實語。應當善觀可與語人，不可與語人。可語時，不可語時。當知實語，世人不愛不善讚歎。而説偈言：

智者不知時，　卒隨意説實。　彼人智者訶，　何況無智者。　智者一切處，　亦不皆實語。　是實憍尸迦，　實語入惡道。

爾時王聞尼乾子説自身過罪，即便開解，歸誠懺悔。」〔一〕

又大莊嚴論云：「佛言：我昔曾聞有羌老母入於林中，採波羅樹葉，賣以自活。路由關邏，邏人税之。時老母不欲令税，而語之言：汝能將我至王邊者，税乃可得。若不爾者，終不與汝。於是邏人遂共紛紜，往至王所。王問老母：汝今何故不輸關税？老母白王：王頗識彼某比丘不？王言：我識，是大羅漢。又問：第二比丘，王復識不？王言：我識，彼亦羅漢。又問：第三比丘，王復識不？王荅言：識，彼亦羅漢。老母亢聲而白王言：是三羅漢皆是我子。此諸子等，受王供養，能使大王受無量

〔一〕出大薩遮尼乾子所説經卷五問罪過品。

福，是則名爲與王稅物。云何更欲稅奪於我。王聞是已，歎未曾有。善哉老母，能生聖子。我實不知彼羅漢是汝子者，應加供養，恭敬於汝。老母即說偈言：

吾生育三子，　勇健超三界。　悉皆證羅漢，　爲世作福田。　王若供養時，　獲福當稅物。　云何而方欲，　稅奪我所有。

王聞是偈已，身毛皆豎，於三寶所生信敬心，流淚而言：如此老母，宜加供養，況稅其物。」〔一〕

又舊雜譬喻經云：「昔有沙門，行至他國，夜不得入城，於外草中坐。至夜有閱叉鬼來持之，當噉。沙門言：汝相離遠矣。鬼言：何以爲遠？沙門言：汝欲害我，我當生忉利天上，汝當入地獄，是不爲遠耶？鬼則致謝作禮而去。」〔二〕

又摩鄧女經云：「時阿難持鉢行乞食已，隨水邊行，見一女人在水邊擔水，而阿難從女乞水，女即與水。女隨阿難視所止處，女歸告母。母名摩鄧。女便於家委卧而啼。母問：何爲悲啼？女言：母欲嫁我者，莫與他人。我於水邊見一沙門，從我乞水。我問：阿誰？荅：字阿難。我得阿難，乃可嫁我。母不得者，我不嫁也。母出行問阿難，知阿難承事佛人。母已追還，告女言：阿難，事佛道人，不肯爲汝作夫。女啼不食。母知蠱道，請阿難飯。女便大喜。母語阿難：我女欲爲卿作妻。阿難言：

〔一〕出大莊嚴經論卷四。
〔二〕出舊雜譬喻經卷上。

我持戒，不畜妻。復言：我女不得卿爲夫者，便欲自殺。阿難言：我師是佛，不與女人交通。母入語女，具述此意。女對母啼言：但爲我閉門，無令得出，暮自爲夫。母便閉門，以蠱道法縛阿難。〔一〕至於晡時，母爲女布席卧處。女便大喜，遂自莊飾。阿難不就，母令中庭地出火，牽阿難衣言：汝不爲我女作夫，我擲汝火中。阿難自鄙爲佛作沙門，今反不能得出。佛即持神呪，心知阿難故，救還佛所，具白前事。女見阿難去，於家啼哭不止，續念阿難。女明日自求阿難，復見阿難行乞食。隨阿難背後，視阿難足，視阿難面。阿難慙避，女隨不止。阿難白佛言：摩鄧女今日復隨我後。佛使追呼。佛問女云：汝追逐阿難，何等所索？女言：我聞阿難無婦，我又無夫，欲爲作婦也。佛告女言：阿難無髮，汝今有髮。汝能剃髮，我使阿難爲汝作夫。女言：能剃。佛言：歸報汝母，剃頭竟來。女歸具白母知。母言：我生汝來，護汝頭髮，何爲欲得沙門作婦。國中大有豪富，我自嫁汝。女言：我寧生死，爲阿難作婦。母言：辱我種。母爲下刀剃頭已，女還到佛所言：我已剃髮。佛言：汝愛阿難何等？女言：我愛阿難眼，愛阿難鼻，愛阿難口，愛阿難耳，愛阿難聲，愛阿難行步。佛言：眼中但有淚，鼻中但有洟，口中但有唾，耳中但有垢，身中但有屎尿，臭處不净。其有夫婦者，便有惡露，惡露中便生兒子。已有兒子，便有死亡。已有死亡，便有哭泣。於是身中有何所益？女即思念身中惡露，便自正心，即得羅

〔一〕「蠱」字原作「蟲」，據高麗藏本、磧砂藏本、南藏本、嘉興藏本改。

漢。佛知得道，即告女言：汝起至阿難所。女即慚愧，低頭長跪佛前言：女實愚癡，故逐阿難。今我心開，如冥中有燈火，如人乘船，船壞依岸。如盲人得扶，如老人持杖。今佛與我道，令我心開。如是諸比丘俱問佛：是女人何因得道？佛告諸比丘：是摩鄧女先世時五百世爲阿難作婦，常相愛敬。故於我法中得道。於今夫妻相見，如兄如弟。如是佛道，何用不爲。佛説是經，諸比丘聞已，皆大歡喜。」〔一〕

又百緣經云：「佛在世時，舍衛城中有一婆羅門，名曰梵摩。多聞辯才，明解經論，四韋陀典，無不鑒達。其婦生女，端正殊妙，智慧辯才，無有及者。聞諸婆羅門共父論議，悉能受持，一言不失。如是展轉所聞甚多，與耆舊長宿，皆來諮啓，無不通達。聞世有佛，始成正覺，教化衆生，諮受法味。尋自莊嚴，往詣佛所。見佛發心，求索出家。佛告：善來比丘尼。頭髮自落，法服著身，成比丘尼。精勤修習，得阿羅漢果。阿難見已，白佛言：此須漫比丘尼，宿殖何福，今值佛出家得道？佛告阿難：此賢劫中有佛出世，號曰迦葉。入涅槃後，於像法中，有一比丘尼，心常喜樂，説法教化，精勤無替。因發誓願：使我來世釋迦牟尼佛法之中，明解經論。發是願已，便取命終，生天人中，聰明智慧，無有及者。今值我出家得道，多聞第一。比丘聞已，歡喜奉行。」〔二〕

〔一〕出摩鄧女經。

〔二〕出撰集百緣經卷八須漫比丘尼辯才緣。

又中阿含經云：「禪以聲爲刺，世尊亦説以聲爲刺，所以者何？我實如是説禪有刺。持戒者以犯戒爲刺，護諸根者以嚴飾身爲刺，修習浄相者以惡露爲刺，修習慈心者以恚爲刺，離酒者以飲酒爲刺，梵行者以見女色爲刺，入初禪者以聲爲刺，入第二禪者以覺觀爲刺，入第三禪者以喜爲刺，入第四禪者以入出息爲刺，入空處者以色想爲刺，入識處者以空處想爲刺，入無所有處者以識處想爲刺，入無想處者以無所有處想爲刺，入想知滅定者以想知爲刺。復有三刺：欲刺、恚刺、愚癡刺。此三刺者，漏盡阿羅訶，已斷已知，拔絶根本，滅不復生，是爲阿羅訶無刺。」〔一〕除此刺者是名納諫。

又大魚事經云：「爾時世尊告諸比丘：昔時有一池水，饒諸大魚。爾時大魚敕小魚曰：汝等莫離此間往他處所，備爲惡人所得。爾時小魚不從大魚教，便往至他處。爾時魚師以飯網羅線捕諸魚。諸小魚見，便趣大魚處所。爾時大魚見小魚來，便問小魚曰：汝等莫離此間，往至他所不？爾時小魚便荅大魚曰：我等向者已至他所來。大魚便敕小魚曰：汝等既至他所，不爲羅網取捕耶？小魚荅大魚曰：我等至彼，不爲人所捕。然遥見長線尋我後來。大魚便語小魚曰：汝等已爲所害。所以然者，汝所遥見線尋後來者，昔先祖父母等盡爲此線所害。汝見必爲所害，汝非我兒。爾時小魚盡爲魚師所捕，舉著岸上。如是小魚大有死者。」〔二〕爲不受語，爲網所害。

〔一〕出中阿含經卷二十一無刺經。
〔二〕出大魚事經。

又僧祇律云：「佛告諸比丘：過去世時有城名波羅柰，國名伽尸。時有一婆羅門，於曠野中造立義井，爲放牧行者，皆就井飲，并及洗浴。時日向暮，有羣野干來趣井飲地殘水。有野干主不飲地水，便内頭罐中飲水。飲已，戴罐高舉，撲破瓦罐，罐口猶貫其項。諸野干輩語野干主：若濕樹葉可用者，常當護之，況復此罐，利益行人。云何打破？野干主言：我作是樂，但當快心，那知他事。時有行人語婆羅門：汝罐已破。復更著之，猶如前法，爲野干所破，乃至十四。諸野干輩數數諫之，猶不受語。時婆羅門便自念言：是誰破罐，當往伺之。正是野干。便作是念：我福德井，而作留難。便作木罐，堅固難破，令頭易入難出，持著井邊，然捉杖屏處伺之。行人飲訖，野干主如前入飲，飲訖撲地，不能令破。時婆羅門捉杖打殺。空中有天説此偈言：

知識慈心語，　狠戾不受諫。　守頑招此禍，　自喪其身命。　是故癡野干，　遭斯木罐苦。

佛告諸比丘：爾時野干主者，今提婆達多是。時羣野干者，今諸比丘諫提婆達多者是。當知於過去時已曾不受知識軟語，自喪身命。今復不受諸比丘諫，當墮惡道，長夜受苦。」〔一〕

頌曰：

智人受諫，　愚夫拒違。　譬同明鏡，　影照瑕疵。　見過須改，　慕在知機。　頑囂固執，

〔一〕出摩訶僧祇律卷七。

困厄何依。

審察篇第四十三此有四部

述意部　審怒部　審過部　審學部

述意部第一

夫聖人利物，審境觀心。調識情於實所，運假實於妄誠。故審非慧無以窮其實，慧非審無以察其照。然則照察之源，審定之要，故能無法不緣，無境不察。然後緣法察境，乃知同趣於玄功，交養於萬法也。〔一〕

〔一〕「於」字原脱，據高麗藏本補。

審怒部第二

如僧祇律云:「佛告諸比丘:過去世時有婆羅門,家貧,有婦不生兒。家有那俱羅蟲,便生一子。時婆羅門以無子故,養如兒想,那俱羅子於婆羅門亦如父想。於後婦便有身,滿月生子。便作是念:由那俱羅生吉祥子,使我有兒。時婆羅門欲出乞食,便敕婦言:汝若出行,當將兒去,慎莫留。後婦與兒食已,便至比舍借碓舂穀。是時小兒有酥酪香,〔一〕時有毒蛇乘香來至,張口吐毒,欲殺小兒。那俱羅蟲便作是念:我父出行,母亦不在。云何毒蛇欲殺我弟?便殺毒蛇,段爲七分。父母知者,必當賞我。以血塗口,當門而住,欲令父母見之歡喜。時婆羅門始從外來,見婦舍外,便瞋恚言:我教行時,當將兒去,何以獨行?父欲入門,見那俱羅口中有血,便作是念:我夫婦不在,將無殺食我兒,徒養此蟲。即前打殺。既入門内,自見己兒唻指而戲,復見毒蛇七分在地。時婆羅門深自苦責:是那俱羅善有人情,救我子命。我不善觀,卒便殺之,可痛可憐。迷悶躃地。空中有天,即説偈言:

宜審諦觀察,　勿行卒威怒。　善友恩愛離,　枉害傷良善。　喻如婆羅門,　殺彼那俱羅。」〔二〕

〔一〕「酪」字原作「酥」,據高麗藏本改。

〔二〕出摩訶僧祇律卷三。

又佛説太子沐魄經云：「佛告諸比丘：昔者有國名波羅柰。〔一〕王有太子，字名沐魄，生無窮極之相，〔二〕端正好潔，無有雙比。父母奇之，供養瞻視，須其長大，當爲立字。結舌不語，十有三年。澹泊拙朴，志若死灰，身如枯木。耳不聽音，目不視色，狀類瘖瘂聾盲之人。於是父王患而苦之。王語夫人：當柰之何？此子必爲他國所笑。夫人語王：當召相師使相之。王即召婆羅門師相之。婆羅門言：此子非世間人，但熒惑耳。外爲端正，內懷不祥。宜國剪棄，將是不久，不可育養，宜當生埋，誅而殺之。今不除此子，恐後無復立子。於是夫人即隨王所爲。王即召國中大臣共議之。一臣言：但棄於深山之中，無人之處。一臣言：投於深水之中。一臣言：但隨師所語，掘地作深坑而生埋之。王即召國中外陣兵二千餘人，使掘地作藏，給二十歲儲資糧。時以太子奴僕珍寶瓔珞盡還太子。於是夫人傷絶，我獨無相，子生薄命，乃值此殃，事不獲已。於是送太子正殿上，五百夫人來觀太子。見太子端正好潔，無有雙比，而言：太子何以不語，而當生埋？五百婇女來觀太子，見太子端正好潔，無有雙比，而言：太子何以不語，而當生埋？各爲太子作伎樂，太子默然不觀不聽。於是送太子外殿上，五百大臣來觀太子，見太子端正好潔，馳白大王：此子非不語之人。且見小留，語在不久。婆羅門師不可審信。王言：此是國事，非卿所知。作藏已訖，來追太子。王語其僕：使太子乘四望象車，令國中人民

〔一〕「國」字原作「王」，據高麗藏本改。
〔二〕「相」字原作「明」，據高麗藏本改。

使觀太子，太子當語。若語者，使載來還。於是太子乘車在路，時國中耆老大臣宛轉車前，太子要當一語。若不語者，以車髆我上去。諸龍虎賁，〔一〕扶侍使過。時數千萬人皆圍遶，於是太子復不得前。飛鳥走獸，遶藏三匝，復塞藏户。於是太子復不得前。便舉手住而言：正欲不語，而當生埋。正欲發語，恐入地獄。所以不語。欲令全身避害，濟神離苦，所以不語。而信欺詐之言，謂我聾盲，爲實瘖瘂。爾時人民聞太子絶妙之音，行者爲止，坐者爲起。皆前叩頭，願赦我罪。其僕聞之，歡喜踊躍，馳白大王：太子已語。上徹蒼天，下徹黄泉。飛鳥走獸，皆來伏聽於太子前。太子以語，歡喜踊躍。王即與夫人乘四望象車，往迎太子。太子顧見父王，下車避道，四拜而起。勞屈大王，遠來見迎。今父子生相捐棄，〔二〕恩愛已離，其義甚乖，不可聽觀。王語太子：不可，不可！汝爲智者，當原不及。共還入國，舉位與汝，我自避退。太子荅言：我前身已爲國王，用行漏失，下入地獄六萬餘歲，蒸煮割裂，甚痛難忍。父母寧能知我苦痛以不？我厭畏地獄，是以結舌不語，十有三年。冀望免出塵埃之外，不與罪會，去道以遠，高翔遠逝，自濟於世。世間無常，恍惚如夢。室家歡娱，須臾間耳。憂苦延長，歡樂暫有。王知志固，惟聽學道。於是太子棄國捐王，入山求道，思惟禪定。命終即生兜率天上，福盡下生人間，爲迦夷國王作太子。太子自知作佛。佛告阿難：爾時太子沐魄者，我身是也。王者，悦頭檀是也。夫

〔一〕「賁」字原作「憒」，據高麗藏本改。
〔二〕「生相」原作「相生」，據高麗藏本改正。

人者，摩耶是也。五僕者，闍居輪等是也。時婆羅門相師者，調達是也。調達與我世世有怨。諸天龍神歡喜踊躍，作禮而去。」〔一〕

審過部第三

如付法藏因緣經云：「時室羅城中有一商主，爲僧造作般遮于瑟大會。有一比丘尼得阿羅漢，觀察衆中，誰爲福田。又復思惟：何者僧首見諸羅漢及與學人久斷煩惱，堪受供養？觀一比丘名阿沙羅，未得解脱，最居衆首。時比丘尼即往語言：大德，今者應自莊嚴。時此比丘未達其意，便著净衣，剃髮澡浴。復於後時，此比丘尼更語嚴飾。時阿沙羅極大瞋忿：我隨汝語，甚自嚴潔。有何醜惡，屢出斯言。比丘尼曰：大德當知，此俗莊嚴，非佛法也。佛法莊嚴者，謂獲四果。奇哉大德！甚爲輕劣。長者設會，多諸聖賢。汝爲僧首，未免生死，以有漏心最初受供。是故我今欲相覺悟。阿沙羅比丘聞已，慘然悲泣，自惟：老朽何能盡漏。比丘尼言：佛法無時，豈揀壯老。聞此語已，因向憂波毱多所。即爲説法，成阿羅漢。復有一比丘，性嗜飲食。由此貪故，不能得道。憂波毱多請令就房，以香乳糜而用與之。語令待冷，然後可食。比丘口吹糜尋冷，語尊者言：糜已冷矣。尊者告曰：此糜雖冷，汝欲

〔一〕出太子沐魄經。

火熱。應以水觀，滅汝心火。復以空器，令吐食出。既吐食已，還使食之。比丘荅言：涎唾以合，云何食耶？尊者語言：凡一切食與此無異。汝不觀察，妄生貪著。汝今當觀食不净想。即爲説法，得羅漢道。」〔一〕

又百喻經云：「昔有二毗舍闍鬼共有一篋、一杖、一屐。二鬼共諍，各欲得二。二鬼紛紜，竟日不能使平。時有一人來見之已，而問之言：此篋、杖、屐有何奇異，汝等共諍，瞋忿乃爾？二鬼荅言：我此篋者，能出一切衣服飲食牀褥卧具資生之物，盡從中出。執此杖者，怨敵歸伏，無敢與諍。著此屐者，能令人飛行，無有罣礙。此人聞已，即語鬼言：汝等小遠，我當爲爾平等分之。鬼聞其語，尋即遠避。此人即時抱篋捉杖躡屐而飛。二鬼愕然，竟無所得。人語鬼言：爾等所諍，我已得去，今使爾等更無所諍。毗舍闍者，喻於衆魔及以外道。布施如篋，人天五道資用之具，皆從中出。禪定如杖，消伏魔怨煩惱之賊。持戒如屐，必昇人天。〔二〕諸魔外道諍篋者，喻於有漏中强求果報，空無所得。若能修行善行，及以布施持戒禪定，便得離苦，獲得道果。」〔三〕

〔一〕出付法藏因緣傳卷四。
〔二〕「人天」原作「天人」，據高麗藏本改正。
〔三〕出百喻經卷二毘舍闍鬼喻。

審學部第四

如舊雜譬喻經云：「昔有二人從師學道，俱到他國，路見象跡。一人言：此是母象，懷雌子，象一目盲。象上有一婦人懷女兒。一人言：汝何以知之？答曰：以意思知。汝若不信，前到見之。二人俱及象，悉如所言。一人自念：我與汝俱從師學，我獨不見而汝獨知。後還白師，師爲重開。乃呼一人問曰：何因知此？答曰：是師常所導者。〔一〕我見象小便地，知是雌象。見其右足踐地，深知懷雌也。見道邊右面草不動，知右目盲。見象所止有小便，知是女人。見右足蹈地，深知懷女。我以纖密意思惟之耳。師曰：夫學當以意思隱審乃達也。」〔二〕

又百喻經云：「譬如有人，磨一大石，勤加功力，經歷日月，作小戲牛。用功既重，所期甚輕。世間之人，亦復如是。磨大石者，喻於學問，精勤勞苦。作小牛者，喻於名聞，互相是非。夫爲學者，研思精微，博通多識，宜應履行，遠求勝果。勿求名譽，憍慢貢高，增長過患。」〔三〕

又智度論云：「有人一切時見有異事，皆審問之。後時曠野行，道逢羅刹，執捉其人。其人見捉，

〔一〕「所」字下原衍「教常」二字，據高麗藏本删。

〔二〕出舊雜譬喻經卷上。

〔三〕出百喻經卷三磨大石喻。

定死不惑。然見羅刹胸白背黑，怪問所由。羅刹荅言：我一生已來，不喜見日，所以常背日而行，故前白後黑。其人解意，急掣其手，遂向日走。羅刹迴面背日，不見其人。其人得脱，因説偈言：

勤學第一道，　勤問第一方。　道逢羅刹難，　背陰向太陽。」〔一〕

頌曰：

審察是非，　清濁難測。　善觀邪正，　巧施軌則。　内忿濫罰，　外諍何息。　願澄心府，　詳審慧力。

感應緣略引三驗

博物志驗

白澤圖驗

抱朴子驗

博物志曰：「小山有夔，其形如鼓，一足知禮。澤有委蛇，狀如轂，長如轅，見之者霸。昔夏禹觀

〔一〕此段出處待考。

河，見長人魚身出，曰：吾河精。豈河伯也。」〔一〕

白澤圖曰：「厠之精名曰倚衣，青衣持白杖。知其名呼之者除，不知其名則死。又築室三年，不居其中，有滿財，長二尺，見人則掩面。見之有福。又築室三年不居，其精名忽，長七尺，見者有福。又築室三年不居，其中有小兒，長三尺而無髮，見人則掩鼻。見之有福。又火之精，名曰必方，狀如鳥，一足。以其名呼之則去。又木之精名彭侯，狀如黑狗，無尾，可烹而食之。又千載木其中有蟲，名曰賈詘。狀如豚，有兩頭。烹而食之，如狗肉味。又上有山林，下有川泉。地理之間，生精名曰必方，狀如鳥，長尾。此陰陽變化之所生。又玉之精名曰岱委，其狀美女，衣青衣。見之以桃匕刺之，〔二〕而呼其名，則得之。又金之精名曰倉塘，狀如豚。居人家，使人不宜妻。以其名呼之則去。又水之精名曰罔象，其狀如小兒，赤目黑色，大耳長爪。以索縛之則可得。烹之吉。又故門之精名曰野，狀如侏儒，見之則拜。以其名呼之，宜飲食。又故澤之精名曰冕，〔三〕其狀如蛇，一身兩頭，五彩文。以其名呼，有使取金銀。〔四〕又故廢丘墓之精名曰無狀，如老役夫，衣青衣，而操杵好舂。以其名呼之，使人宜禾穀。

〔一〕出博物志卷三、卷七。

〔二〕「匕」字，高麗藏本作「尖」，太平御覽引作「戈」。

〔三〕此句太平御覽引作「又曰故宅之精名曰揮文，又曰山冕」。

〔四〕「有」字，太平御覽引作「可」。

又故道徑之精名曰忌，狀如野人行歌。以其名呼之，使人不迷。又故車之精名曰寧野，狀如輼車。見之傷人目。以其名呼之，不能傷人目。又在道之精名曰作器，狀如丈夫，善眩人。以其名呼之則去。又故臼之精名曰意，〔一〕狀如豚。以其名呼之則去。又故井故淵之精名曰觀，狀如美女，好吹簫。以其名呼之則去。又絶水有金者精名侯伯，狀如人，長五尺，五綵衣。以其名呼之則去。又故臺屋之精名曰兩貴，狀如赤狗。以其名呼，使人目明。又左右有山石，水生其澗，〔二〕水出流千歲不絶。其精名曰喜，狀如小兒黑色。以其名呼之，使取飲食。〔三〕又三軍所戰，〔四〕精名曰賓滿，其狀如人頭，無身，赤目。見人則轉。以其名呼之則去。又故水石者精名慶忌，狀如人乘車蓋，一日馳千里。以其名呼之，則可使入水取魚。又丘墓之精名曰狼鬼，善與人鬬不休。爲桃棘矢，羽以鵄羽，以射之，狼鬼化爲飄風。脱履捉之，不能化也。又故市之精名曰問，〔五〕其狀如囤而無手足。以其名呼之則去。又故室

〔一〕「臼」字，太平御覽引作「池」。
〔二〕「澗」字，太平御覽引作「間」。
〔三〕「使」字上，太平御覽引有「可」字。
〔四〕「戰」字，太平御覽引作「載」。
〔五〕「問」字，高麗藏本作「門」，太平御覽引作「毛門」。

之精名曰孫龍，〔一〕狀如小兒，長一尺四寸，衣黑衣，赤幘大冠，帶劍持戟。以其名呼之則去。又山之精名夔，狀如鼓，一足如行。以其名呼之，可使取虎狼豹。又故牧弊池之精名曰髡頓，狀如牛，無頭，見人則逐人。以其名呼之則去。又夜見堂下有兒被髮走，物惡之，〔二〕精名曰溝，以其名呼之則無咎。又百歲狼化爲女人，名曰知女，狀如美女，坐道傍告丈夫曰：我無父母兄弟。若丈夫取爲妻，經年而食人。以其名呼之則逃走去。又故溷之精名曰卑，狀如美女而持鏡。呼之知愧則去也。」〔三〕

抱朴子曰：「山中大樹能語者，非樹語也。其精名曰雲陽。以其名呼之則吉。山中夜見胡人者，銅鐵精也。見秦人者，百歲木也。在水之閒見吏者，名曰四激，以其名呼之則吉。山中寅日有稱虞吏者，虎也；稱當路君者，狼也；稱令長者，老貍也。卯日稱丈夫者，兔也；稱東父者，麋也；稱西王母者，鹿也。辰日稱雨師者，龍也；稱河伯者，魚也；稱無腸公子者，蟹也。巳日稱寡人者，社中蛇也；稱時君者，龜也。午日稱三公者，馬也；稱三人者，老樹也。未日稱主人者，羊也；稱吏者，麞也。申日稱人君者，猴也；稱九卿者，猿也。酉日稱將軍者，老雞也；稱賊捕者，雉也。戌日稱人姓字者，犬也；稱城陽公仲者，狐也。亥日稱人君者，猪也；稱婦人者，金玉也。子日稱社君者，鼠也；稱神人

〔一〕「孫」字，太平御覽引作「傒」。

〔二〕「物」字，高麗藏本及太平御覽引作「勿」。

〔三〕太平御覽卷八八六引。

者，伏翼也。丑日稱書生者，牛也。知其物則不能爲害。又熒惑火精生朱鳥，辰星水精生玄武，歲星木精生青龍，太白金精生白虎，鎮星土精生乘黄。」〔一〕

抱朴子曰：「山川、石木、井竈、河池、酒皆有精氣。人身之中亦有魂魄。況天地爲物，物之至大者，於理當有神精。有神精則賞善而罰惡。但其體大網疏，不必機發而響應耳。」〔二〕

〔一〕 出抱朴子内篇卷十七。

〔二〕 出抱朴子内篇卷六。

法苑珠林校注卷第四十六

思慎篇第四十四此有五部

述意部　慎用部　慎禍部　慎境部　慎過部

述意部第一

夫思慎防過，無患之理；緘口息慮，離惡之原。誡始慎終，是君子之鹽梅；敬初護末，是養生之要趣。庶悟因緣之興起，鑒生滅之非常；識苦空之無我，照平等之妙門。而存其理，棄其迹，誡其禍，招其福，是和神之靈，順物之道也。

慎用部第二

修行道地經云：「昔有國王，選擇一國明智之人，以爲輔臣。王欲試之，欲知何如。以重罪加之，敕告臣吏，盛滿鉢油而使擎之，從北門來，至於南門。去城二十里，園名調戲，令將到彼，若墮一滴，便級其頭，不須啓問。爾時羣臣受王重教，盛滿鉢油，以與其人，兩手擎之，甚大愁憂。縱有車馬觀者填道，若見是非而不轉移。縱有親族妻子來逼，其人專心不左右視。縱有合國觀者擾攘，其人心端不見衆庶。縱有玉女，國地無雙，歌舞相逼，見者皆喜，其人一心擎鉢，志不動轉，亦不觀察，妄起片心，專精擎鉢，不聽其言。於是頌曰：

巧便而安詳，　其舞最巧妙。　一切人貪樂，　譬如魔之后。　能動離欲者，　何況於凡人。
來往其人邊，　擎鉢心不傾。

縱有象暴馬奔，城中失火，焚燒百姓，展轉相呼，教言避火，莫墮坑壍。官兵悉來，一時救火。其人一心擎鉢，一滴不遺。縱有天雷地動，猛風亂起，折樹塵飛，掣電霹靂，禽獸墮落，人畜驚喚。專心念油，其人不聞。爾時擎油至彼園觀，一滴不墮。諸臣啓王，具陳斯事。王聞嗟歎：此人難及，人中之雄，不顧萬事。其王歡喜，立爲大臣。行道行者御心如是。雖有諸惡婬怒癡來擾亂諸根，內察外防，攝心不散，三昧定意，亦復如是。於是頌曰：

如人擎油鉢，　不動無所棄。　妙慧意如海，　專心擎油器。　若人欲學道，　執心當如是。
意懷諸德明，　皆除一切瑕。　若干之色欲，　而興於怒癡。　有志不放逸，　寂滅而自制。

人身有疾病，　醫藥以除之。　心疾亦如是，　四意止消之。」〔一〕

又大集經濟龍品云：「爾時衆中有一盲龍，名曰頞羅機梨奢，舉聲大哭，作如是言：大聖世尊，願救濟我，願救濟我。我今身中受大苦惱，日夜常爲種種諸蟲之所唼食，居熱水中，無時暫樂。佛言：梨奢，汝過去世於佛法中曾爲比丘。毁破禁戒，内懷欺詐，外現善相，廣貪眷屬，弟子衆多，名聲四遠，莫不聞知。我和尚得阿羅漢果。以是因緣，多得供養，獨受用之。見持戒人反加毁説，彼人懊惱，如是念言：世世生中，願我所在食汝身肉。如是惡業，死生龍中。是汝前身衆生願故，食噉汝身。惡業因緣，得此盲報。又於過去無量劫中，在融赤銅地獄之中，常爲諸蟲之所食噉。龍聞此語，憂愁啼哭，作如是言：我等今者皆悉至心，咸共懺悔。願令此苦速得解脱。彼龍衆中二十六億諸餓龍等，念過去身，皆悉雨淚。念過去身於佛法中，雖得出家，備造惡業。經無量身，在三惡道。以餘報故，生在龍中，受極大苦，如青色龍，我亦如是。爾時世尊語諸龍言：汝可持水洗如來足，令汝殃罪漸得除滅。時一切龍以手掬水皆成火，變作大石，滿於手中，生大猛焰。棄已復生，如是至七。一切龍衆見如是已，驚怖懊惱，啼泣雨淚。佛教立大誓願已，焰火皆滅。乃至八過，以手捧水洗如來足，至心懺悔。佛記諸龍彌勒佛時，當得人身，值佛出家，精進持戒，得羅漢果。時諸龍等得宿命心，自念過業於佛法中或爲俗人親

〔一〕出修行道地經卷三勸意品。

屬因緣，或復聽法來去因緣，所有信心捨施種種華果飲食，共諸比丘依次而食。或有説云：我曾喫噉四方衆僧華果飲食。或有説言：我往寺舍布施衆僧，或復禮拜，如是喫噉。或復説言：我從毗婆尸如來法中曾作俗人。乃至有説：我釋迦牟尼佛法之中曾作俗人。或以親舊問訊因緣，或復來去聽法因緣，往還寺舍。有信心人供養僧故，捨施華果，種種飲食。比丘得已，迴施於我，我得便食。彼業因緣，於地獄中，經無量劫，大猛火中，或燒或煮，或飲洋銅，〔一〕或吞鐵丸。從地獄出，墮畜生中。捨畜生身，生餓鬼中。如是種種，備受辛苦。惡業未盡，生此龍中，常受苦惱。佛告諸龍：此之惡業與盜佛物等無差別。比五逆業，其罪如半。汝等今當盡受三歸，一心修善。以此緣故，於賢劫中，值最後佛，名曰樓至。於彼佛世，〔二〕罪得除滅。時諸龍等聞是語已，皆悉至心盡其形壽，各受三歸。時彼衆中有盲龍女，口中膖爛，滿諸雜蟲，狀如屎尿。乃至穢惡，猶若婦人根中不浄，膖臭難看。種種噉食，膿血流出，一切身分，常爲蚊虻諸惡毒蠅之所唼食。身體臭處，難可見聞。爾時世尊以大悲心，見彼龍婦眼盲困苦，如是問言：妹何緣故，得此惡身？於過去世曾爲何業？龍婦荅言：世尊，我今此身衆苦逼迫，無暫時得停，設復欲言，而不能説。我念過去三十六億於百千年，生惡龍中，受如是苦，乃至日夜刹那不停。爲我往昔九十一劫，於毗婆尸佛佛法之中作比丘尼。思念欲事，過於醉人。雖復出家，不能如法，

〔一〕「洋」字各本同，疑應作「煬」或「烊」。
〔二〕「彼」字原作「後」，據高麗藏本改。

於伽藍内犯於法律。恒受三惡道，受諸燒煮。説此語已，願救濟我身。爾時世尊説實語已，即以少水瀉龍口中，火及蟲膿悉皆滅盡。龍口清凉，作如是言：大聖如來，我憶過去迦葉佛時曾作俗人，在田犂地。有一比丘來從我乞求五十錢，我時報言：聽待穀熟，當與汝食。比丘復言：若當五十，不可得者，願乞十文。我於爾時瞋彼比丘而語之言：乃至十錢亦不相與。時彼比丘心生懊惱。又於餘時往寺舍中，入樹林下，輒便盜取現在僧物十菴羅果而私食之。彼業因緣，地獄受苦。惡業未盡，生野澤中，作餓龍身。常爲種種諸蟲食噉，膿血流溢，飢渴苦惱。又彼比丘以瞋忿心惡業緣故，死便即作小毒龍身，生我腋下，唼於我血。熱氣觸身，不可堪忍。是故我身熱膿血滿。龍白佛言：大悲世尊，唯願慈哀，救濟於我，令我脱彼怨家毒龍。爾時世尊以手抄水，發誠實語，作如是言：我曾生昔於飢饉世，爾時願作大身衆生，長廣無量。以神通力，於虚空中，唱如是言：彼野澤中有大身蟲，名曰不瞋。汝等可往取其身肉，以爲飲食，可得不飢。時彼世中人非人等聞此聲已，一切悉往競取食之。説是真實諦信語時，彼龍腋下小龍即出。時此二龍俱白佛言：世尊，我等久近離此龍身，解脱殃罪。佛告龍言：此業大重，次五無間。何以故？若有四方常住僧物，或現前僧物，篤信檀越，重心施物，或華果樹園，飲食資生，牀蓐敷具，疾病湯藥，一切所須，私自費用。或持出外乞與知識親里白衣。此罪重於阿鼻地獄所受果報。是故汝等可受三歸，歸三寶已，乃可得往於冷水中。如是三稱三寶，身即安隱，得入水中。爾時世尊即爲諸龍而説偈言：

寧以利刀自割身，　支節身分肌膚肉，　所有信心捨施物，　俗人食者實爲難。　寧呑大赤熱鐵丸，而使口中光焰出，所有衆僧飲食具，不應於外私自用。寧以大火若須彌，以手捉持而自食，其有在家諸俗人，不應輒食施僧食。寧以利刀自屠膾，身體皮膜而自噉，其有在家諸俗人，不應取受僧雜食。寧以自身投於彼，滿室大火猛燄中，其有在家俗人等，不應輩，不應坐卧僧牀席。寧以大熱尖鐵錐，拳手握持便食爛，〔一〕其有在家俗人等，不應私用於僧物。〔二〕寧以勝利好刀砧，而自臠切其身肉，勿於出家清浄人，發起一念瞋恚心。寧以自手挑兩眼，捐棄投之擲於地，其有習行善法者，不應懷忿瞋心視。寧以熱鐵鍱其身，東西起動行坐卧，不應瞋忿心妬嫉，而著衆僧浄施衣。寧飲灰汁鹹鹵水，熱沸爍口猶如火，不應懷貪毒惡心，服食衆僧浄施藥。

爾時世尊説此偈已，一萬四千諸龍衆等悉受三歸，所有過去現在業報諸苦惱中而得解脱，深信三寶，其心不退。復有八十億諸龍衆等亦於三寶起歸敬心。」〔三〕

又大集經云：「或作比丘所得種種資生之具，〔四〕皆是信心檀越所施。而是衆生或自食噉，或與

〔一〕「握」字原作「掘」，據高麗藏本改。

〔二〕「用」字原作「自」，據高麗藏本改。

〔三〕出大方等大集經卷四十四日藏分三歸濟龍品。

〔四〕「得」字原作「作」，據高麗藏本改。

他人，或共衆人盗竊隱藏，私處自用。如是業故，墮三惡道，久受勤苦。復有衆生貧窮下賤，不得自在，是故出家望得富饒，解脱安樂。既出家已，懈怠懶惰，不讀誦經，禪慧精勤，捨而不習，樂知僧事。復有比丘晝夜精勤，樂修善法，讀誦經典，坐禪習慧，不捨須臾。以是因緣，感諸四輩種種供養。時知事人得利養已，或自私食，或復盗與親舊俗人。以是等緣，久處惡道，出已還入。如是愚瞑，不見當來果報輕重。我今戒敕沙門弟子，念法住持，不得自稱我是沙門真法行人。倚衆僧故，受他信施物。或餅或菜，或果或華，但是衆僧所食之物，不得輒與一切俗人，亦不得云此是我物，別衆而食。又亦不得以衆僧物貯積興生，種種販賣，云有利益，招世譏嫌。又亦不得出貴收賤，與世争利。又亦不得爲於飲食及僧因緣，使諸衆生墮三惡道。應須勸引安善法中，令比丘衆真信三寶，攝諸衆生乃至父母，令得安隱，置三解脱。」〔一〕

又十輪經云：「若有四方僧物資生雜物等，持戒破戒如是人等悉不與之。以是因緣，命終已後，皆墮阿鼻地獄。」〔二〕

又大集經濟龍品云：「時娑伽羅龍王白佛言：而此龍中或有諸龍所受樂報，猶如諸天。或有受樂如人，有如餓鬼，有如畜生，有如地獄受大辛苦。説是語已，時娑伽羅大龍王子名青蓮華面，前白佛

〔一〕出大方等大集經卷四十四日藏分三歸濟龍品。
〔二〕出大方廣十輪經卷四刹利旃陀羅現智相品。

言：世尊，我何惡業罪因緣故，來生龍中，身大端正，所有色觸受用猶如火燒，常無衣服，赤體而行。如我父王，受樂最勝，如轉輪王，果報不異。佛言：華面，當爲汝説。乃往過去三十一劫，有佛世尊，名曰尸棄。時彼世中有王，名曰裴多富沙。彼富沙王於三月中供養彼佛并及無量百千四沙門果，大菩薩衆，以種種衣服飲食湯藥而供給之。至心聽法已，即發菩提心，并爲造寺種種供養。彼王第一太子名裴多娑樹帝，見佛聞法，於流轉中生大怖畏。從父王邊願求出家，王報任意。既出家已，又白父言：我欲寺上停止。王言：亦隨。時尸棄佛衆僧弟子在彼寺中受用飲食，彼富沙子裴多樹帝妬嫉心生，恒瞋罵之。時彼僧衆被瞋罵已，〔一〕悉離寺去。見僧去已，生歡喜心，即自念言：彼去者好，我大安隱。恣用寺内衣服飲食。有餘人來，即不聽住。由具惡業，命終之後，生大地獄，經無量千萬那由他歲，受諸火燒。地獄得脱，生餓鬼中，復經無量，受大辛苦。餓鬼中死，還墮地獄。脱地獄已，生餓鬼中。如是經由三十一劫，於流轉中，具足如是受諸辛苦。佛言：華面，彼娑樹帝者，豈異人乎！即汝身是也。乃往過去惡業因緣故，生大地獄、餓鬼、畜生，輪轉受苦，經是三十一大劫中，備受衆苦，未曾暫捨。以殘業故，來生龍中，受是惡報。時華面龍聞是語已，大聲啼哭，舉身自投，四支布地，禮拜白佛，作如是言：我今至心從佛懺悔，不敢覆藏。我今至誠入於骨髓，歸依佛法僧，乃至壽盡，作優婆塞。佛言：善

〔一〕「被」字原作「彼」，據高麗藏本、磧砂藏本、南藏本、嘉興藏本改。

哉，善哉！如是歸依我者，得盡彼業。此中死已，值彌勒佛，得於人身。於彌勒佛法中出家，證羅漢果。」〔一〕

慎禍部第三

如舊雜譬喻經云：「昔有一國，五穀熟成，人民安寧，無有疾病，晝夜伎樂，人無憂惱。王問羣臣：我聞天下有禍何類？荅曰：臣亦不見。王便使一臣至於鄰國，求覓買之。天神則化作一人，於市中賣之，狀類如猪，持鐵鎖繫縛賣之。臣問：此名何等？荅曰：禍母。臣曰：賣不？荅曰：賣。問：索幾錢？荅曰：千萬。問曰：此食何等？荅曰：食針一升。臣便家家發求覓針。如是人民兩兩三三，相逢求針，使諸郡縣處處擾亂。百姓所在之處，患毒無憀。臣白王曰：雖得禍母，致使民亂，男女失業，欲殺棄之，未審許不？王言：大善。便於城外將殺。刺硬不入，斫則不傷，割而不死。積薪燒之，身赤如火，便走出去，過里燒里，過市燒市，入城燒城，入國燒國，擾亂人民，飢餓困苦。坐由厭樂買禍所致苦也。此喻女色欲火所燒，男女貪毒，至死不知苦也。」〔二〕

〔一〕出大方等大集經卷四十四日藏分三歸濟龍品。

〔二〕出舊雜譬喻經卷上。

慎境部第四

如正法念經：「孔雀菩薩告諸天衆：若有比丘畏於惡名，則離諸過。所謂不入女人戲笑之處，不入酒肆，不近沽酒，不與共語。不近嗜酒人，亦不與語。不近賊人，不近先作大惡之人，不近好鬬人，不近陰惡懷毒人，不近無恒數捨道人，不近博戲人，不近伎樂人，不近小兒，不近繫縛女色人，不近輕躁人，不近不護口人，不近貪人，不近貶賣欺誑人，不近巧僞市道世所惡賤人，不近掘河池人，不近黄門女人同路一步，不近調象人，不近魁膾人，不近調馬人，不近斷見人，不近無戒人。如是惡人，不應親近。近如是人，必與同行。是故比丘當畏惡名，不應與此不净業人同路行於一足之地。而説頌曰：

若人近不善，　則爲不善人。　是故應離惡，　莫行不善業。　隨近何等人，　數數相親近。
近故同其行，　或善或不善。　一切人求善，　當近於善人。　如是能得樂，　善則非苦因。
近善增功德，　近惡增尤甚。　功德及惡相，　今如是略説。　若近於善人，　則得善名稱。
若近不善人，　令人速輕賤。　常應親善人，　遠離於惡友。　以近善人故，　能捨諸惡業。」〔一〕

〔一〕出正法念處經卷六十一。

慎過部第五

如雜阿含經云：「爾時世尊告諸比丘：譬如鐵丸投著火中，與火同色。盛著劫貝緜中云何？比丘，當速然不？比丘白佛：如是，世尊。佛告比丘：愚癡之人，依聚落住，晨朝著衣持鉢，入村乞食。不善護身，不守根門，心不繫念。若見年少女人，不正思惟，取其色相，起貪欲心。欲燒其心，欲燒其身。身心燒已，捨戒退減。是愚癡人長夜當得非義饒益。是故比丘當如是學，善護其身，守諸根門，繫念入村。爾時世尊告諸比丘：過去世時有一猫狸，飢渴羸瘦，於孔穴中，伺求鼠子。若鼠子出，當取食之。有時鼠子出穴遊戲，時彼猫狸疾取吞之。鼠子身小，生入腹中。入腹中已，食其内藏。食内藏時，猫狸迷悶，東西狂走，空宅塚間，不知何止，遂至於死。如是比丘。有愚癡人，依聚落住，晨朝著衣持鉢，入村乞食。不善護身，不守根門，心不繫念。見諸女人，起不正思惟，而取色相。發貪欲心已，欲火熾然，燒其身心已，馳走狂逸，不樂精舍，捨戒退減。此愚癡人，長夜常得不饒益苦。是故比丘當如是學，善護其身，守諸根門，繫心正念，入村乞食。」〔一〕

又雜阿含經云：「爾時世尊告諸比丘：譬如木杵，常用不止，日夜消減。如是比丘從本已來，不閉

〔一〕 出雜阿含經卷四十七。

根門，食不知量，初夜後夜不勤覺悟，修習善法。當知是輩，終日損減，不增善法，如彼木杵。」〔一〕

又自愛經云：「佛言：夫人處世，心懷毒念，口施毒言，身行毒業。斯三事出于心身口，唱成其惡，〔二〕以加衆生。衆生被毒，即結怨恨，誓心欲報。或現世獲報，或身終後，魂靈昇天，即下報之。人中畜生，鬼神太山，更相剋賊，皆由宿命，非空生也。佛説偈言：

心爲法心，　心尊心中。　使心非愚，〔三〕　即言即行。　罪苦自追，　車轢乎轍。〔四〕　心爲法本，　心尊心使。　中心念善，　即言即行。　福樂自追，　如影隨形。」〔五〕

又十住毗婆沙論云：「在家菩薩若見破戒之人，不應生瞋輕慢之心，應生憐愍利益之心，方便勸止，令生善心。苦諫不改而生誹謗，亦不得瞋，妄見他過。故此賢劫中聞有菩薩誹謗拘樓孫佛言：何有禿人而當得道。如是衆生難可得知，自作自受，何預於我。若欲知彼，或自傷害，籌量衆生，佛所不許。如經中説，佛告阿難：若人籌量於他，即自傷身。如偈説曰：

〔一〕出雜阿含經卷四十七。

〔二〕「成」字原作「言」，據高麗藏本改。

〔三〕「非」字原作「悲」，據資福藏本改。

〔四〕「轍」字原作「微」，據高麗藏本改。

〔五〕「如」字原作「心」，據高麗藏本改。出自愛經。

有瓶蓋亦空，　無蓋亦復空。　有瓶蓋亦滿，　無蓋亦復滿。　當知諸世間，　有此四種人。
威儀及功德，　有無亦如是。　若非一切智，　何能籌量人。　寧以見威儀，　而便知其德。
正知有善心，　名爲賢人相。　但見外威儀，　何由知其内。　若以外量内，　而生輕賤心。
敗身及善根，　命終墮惡道。　外詐現威儀，　遊行於賢善。　但有口言説，　如雷而無雨。

是故經云：勿輕未學，〔一〕敬學如佛。唯有智慧，可破煩惱。若稱量者，則爲自傷。唯佛智慧，乃能明了。如此事者，非我所知。即於破戒人中不生瞋恚輕慢之心。」〔二〕

又舊雜譬喻經云：「昔有鼈遭遇枯旱，湖澤乾竭，不能自致有食之池。時有大鶴來住其邊，鼈從求哀，乞相濟度。鶴啄啣之，飛過都邑。鼈不默聲，問此何等，如是不止。鶴便應之，口開鼈墮，人得屠食。夫人愚頑，不謹口舌，其譬如是。」〔三〕

又法句喻經云：「佛告婆羅門：世有四事，人不能行。行者得福，不致此貧。何謂爲四？一者、年盛力壯，愼莫憍慢。二者、年老精進，不貪婬泆。三者、有財珍寶，常念布施。四者、就師學問，聽受正言。如此老公不行四事，謂之有常，不計成敗。一旦離散，譬如老鶴守此空池，永無所得。於是世尊即

〔一〕「未」字原作「末」，據高麗藏本、磧砂藏本、南藏本改。
〔二〕出十住毘婆沙論卷八入寺品。
〔三〕出舊雜譬喻經卷下。

説偈言：

晝夜慢惰，老不止婬，有財不施，不受佛言。有此四弊，爲自侵欺。咄嗟老至，色變作耄。少時如意，老見蹈賤。不修梵行，又不富貴。老如白鶴，守伺空池。既不守戒，又不捨財。老羸氣竭，思欲何逮。老如秋葉，行穢襤褸。命疾脱至，不用後悔。」〔一〕

頌曰：

思慎始終，務存正己。口無二言，心無妄起。少欲知足，忘懷彼此。戰戰兢兢，誡勗憂喜。

感應緣略引十一驗

漢下邳周式

漢會稽句章人

漢諸暨縣吏吴詳

〔一〕出法句譬喻經卷三喻老耄品。

晉義興人姓周
晉淮南胡茂回
宋豫章胡庇之
宋泰始中張乙
宋襄城李頤〔一〕
周宣帝宇文贇
齊京師釋慧豫
唐親衛高法眼

漢下邳周式嘗至東海，道逢一吏，持一卷書求寄載。行十餘里，謂式曰：吾暫有所過，留書寄君船中，慎勿發之。去後，式盜發視書，皆諸死人録，下條有式名。須臾吏還，式首視書，吏怒曰：故以相告，而勿視之。式叩頭流血。良久，吏曰：感卿遠相載，此書不可除卿名，〔二〕今日已去，還家三年，勿

〔一〕「頤」字原作「賾」，據高麗藏本、磧砂藏本、南藏本改。下正文同。
〔二〕「名」字原闕，據搜神記補。

出門，可得度也。勿道見吾書。式還不出，已二年餘，家皆怪之。鄰人卒亡，父怒，使往弔之。式不得止。適出門，便見此吏。吏曰：吾令汝三年勿出，而今出門，知復柰何？吾求不見，連累爲得鞭杖。今已見汝，無可柰何。後三日日中，當相取也。式還，涕泣具道如此。父故不信，母晝夜與相守涕泣。至三日日中時，見來取，便死。〔一〕右此一驗出搜神記。

漢時會稽句章人至東野還，暮不及門，見路傍小屋然火，因投宿止。有一少女不欲與丈夫共宿，呼鄰人家女自伴。夜共彈箜篌，歌戲曰：

連縣葛上藤，一綏復一絚。汝欲知我姓，姓陳名阿登。

明至東郭外，有賣食母在肆中。此人寄坐，因說昨所見。母聞阿登，驚曰：此是我女，近亡，葬於郭外。〔二〕

漢時諸暨縣吏吴詳者，憚役委頓，將投竄深山。行至一溪，日欲暮，見年少女子來，〔三〕衣甚端正。女云：我一身獨居，又無鄉里，唯有一孤嫗，相去十餘步耳。詳聞甚悅，便即隨去。行一里餘，即至女家。家甚貧陋，爲詳設食。至一更竟，聞一嫗喚云：張姑子。女應曰：諾。詳問：是誰？荅云：向所

〔一〕出搜神記卷五。

〔二〕出搜神後記卷六。

〔三〕「來」字原作「采」，據搜神後記改。

道孤獨嫗也。二人共寢息。至曉雞鳴，詳去，二情相戀，女以紫巾贈詳，詳以布手巾報。行至昨所應處過溪，其夜水大瀑溢，深不可涉。乃迴向女家，都不見昨處，但有一塚耳。〔一〕

晉義興人姓周，永和年中出都，乘馬從兩人行。未至村，日暮，道邊有一新小草屋，見一女子出門望，年可十六七，姿容端正，衣服鮮潔。見周過，謂曰：日已暮，前村尚遠，臨賀詎得至。周便求寄宿，此女爲然火作食。向至一更，聞外有小兒喚阿香聲。女應曰：諾。尋云：官喚汝推雷車。女乃辭行云：今有事當去。夜遂大雷雨。向曉女還。周既上馬，看昨所宿處，止見一新塚，塚口有馬跡及餘草。周甚驚惋。至後五年，果作臨賀太守。〔二〕右此三驗出續搜神記。

晉淮南胡茂回，此人能見鬼，雖不喜見，而不可止。後行至楊州，還歷陽。城東有神祠中正，值民將巫祝祀之。至須臾頃，有羣鬼相叱曰：上官來。各迸走出祠去。迴顧，見二沙門來，入祠中。諸鬼兩兩三三相抱持，在祠邊草中伺望，〔三〕望見沙門，〔四〕皆有怖懼。須臾，沙門去後，諸鬼皆還祠中。

〔一〕出搜神後記卷六。

〔二〕出搜神後記卷五。

〔三〕「伺望」二字原倒，據搜神後記改。

〔四〕「見」字原闕，據搜神後記補。

回於是信佛，遂精誠奉佛。〔一〕右此一驗出續搜神記。

宋時豫章胡庇之嘗爲武昌郡丞。宋元嘉二十六年入廨中，便有鬼怪。中宵籠月，户牖少開，有人倚立户外，狀似小兒。户閉，便聞人行，如著木屐聲，看則無所見。如此甚數。二十八年三月，舉家悉得時病。空中語，擲瓦石，或是乾土。夏中病者皆著，〔二〕而語擲之勢更猛。乃請道人齋戒，竟夜轉經。倍來如雨，唯不著道人及經卷而已。秋冬漸有音聲，瓦石擲人，肉皆青黯，〔三〕而不甚痛。庇之有一老妳，好駡詈鬼，在邊大嚇。庇之迎祭酒上章，施符驅逐，漸復歇絶。至二十九年，鬼復來，劇於前。明年，丞解火頻四發，狼狽澆沃，並得時死。鬼每有聲如犬，家人每呼爲吃噓。後忽語，語似牛。三更叩户。庇之問：誰也？荅曰：程邵陵。把火出看，了無所見。數日二更中，復户外叩掌。便復駡之。荅云：君勿駡我。我是善神，非前後來者。陶御史見遣報君。庇之云：我不識陶御史。鬼云：陶敬玄，君昔與之周旋。庇之云：吾與之在京日，伏事衡陽，又不嘗作御史。鬼云：陶今處福地，作天上御史，前後相侵，是沈公所爲。此廨本是沈宅，因來看宅，聊復語擲狡獪，忿君攘却太過，〔四〕乃至駡詈，

〔一〕出搜神後記卷六。

〔二〕「著」字，太平廣記引作「差」。

〔三〕「肉」字原作「内」，據高麗藏本改。

〔四〕「忿」字原作「忽」，據高麗藏本改。

令婢使無禮向之。復令祭酒上章，告罪狀之，〔一〕事徹天曹。沈今上天言：君是佛三歸弟子，那不從佛家請福，乃使祭酒上章。自今唯願專意奉法，不須與惡鬼當相困。〔二〕庇之請諸尼讀經，仍齋訖。經一宿後，復聞户外御史相聞：白胡丞，見沈相訟甚苦。如其所言，君頗無理。若能歸誠正覺，習經持戒，則羣邪屏絶。依依曩情，故相白也。〔三〕

宋泰始中，〔四〕有張乙者，被鞭，瘡痛不歇。人教之燒死人骨末以傅之。雇同房小兒登山岡取一髑髏，燒以傅瘡。其夜户内有鑪火燒此小兒手，又空中有物按小兒頭内火中，駡曰：汝何以燒我頭，今以此火償汝。小兒大喚曰：張乙燒耳。荅曰：汝不取與張乙，張乙那得燒之。按頭良久，髮然都盡，皮肉焦爛，然後捨之。乙大怖，送所餘骨埋反故處，酒肉醊之，無復災異也。右二驗出述異記。

宋襄城李頤，其父爲人不信妖邪。有一宅，由來凶不可居，居者輒死。父便買居之，多年安吉，子孫昌熾。爲二千石，當徙家之官。臨去，請會内外親戚。酒食既行，父乃言曰：天下竟有吉凶否。〔五〕

〔一〕「告」字原作「苦」，據太平廣記引改。

〔二〕「與」字原作「興」，據高麗藏本改。

〔三〕太平廣記卷三二四引，作出法苑珠林。

〔四〕「泰」字原作「秦」，據高麗藏本、磧砂藏本、南藏本、嘉興藏本改。

〔五〕「否」字原作「不」，據搜神後記改。

此宅由來言凶，自吾居之，多年安吉，乃得遷官。鬼爲何在？自今已後，便爲吉宅，居者住止，心無所嫌也。語訖如厠，須臾，見壁中有一物如卷席大，高五尺許，正白。便還，取刀斫之，中斷，便化爲兩人。復横斫之，又成四人。便奪取刀，反斫殺李。〔一〕持刀至座上，〔二〕斫殺其子弟。凡姓李必死，唯異姓無他。頤尚幼在抱，家内知變，乳母抱出後門，藏他家。止其一身獲免。頤字景真，位至湘東太守。〔三〕

右一驗出續搜神記。

周宣帝宇文贇在東宫時，武帝訓督甚嚴，恒使宦者成慎監察之。若有纖毫罪失，匿而不奏，許慎以死。於是慎常陳太子不法之事，武帝杖太子百餘。及即位，顧見髀上杖瘢，乃問成慎所在。慎于時已出爲郡，遂敕追之。至便賜死。慎奮厲曰：此是汝父所爲，成慎何罪。勃逆之餘，濫以見及。死若有知，終不相放。于時宫掖禁忌，相逢以目，不得輒共言笑。分置監官記録愆罪。左皇后下有一女子欠伸淚出，因被奏劾，謂其所思憶。便敕對前考竟之。初打頭一下，帝便頭痛。次打項一下，帝又項痛。遂大發怒曰：此是我怨家。乃使拉折其腰，帝即腰痛。其夜出南宫，病遂漸增。明旦早還，患腰不得乘馬，御車而入。所殺女子處有黑暈，如人形，時謂是血。隨掃刷之，旋復如故，如此再三。有司掘除

〔一〕「殺李」二字原倒，據搜神後記改。
〔二〕「刀」字原脱，據高麗藏本補。
〔三〕出搜神後記卷七。

舊地，以新土埋之。一宿之間，亦還如本。因此七八日，舉身瘡爛而崩。及初下屍，諸牀並曲，牢不可脱。唯此死女子所卧之牀，獨是直脚，遂以供用。蓋亦鬼神之意焉。帝崩去成慎死僅二十許日。右此一驗出冥祥記。

齊京師靈根寺有釋慧豫，〔一〕黄龍人。來遊京師，止靈根寺。少而務學，徧訪衆師，善談論，美風則。每聞臧否人物，輒塞耳不聽。先誦大涅槃、法華、十地，又習禪業，精於五門。嘗寢見有三人來扣户，並衣冠鮮潔，執持華蓋。豫問：覓誰？答云：法師應死，故來奉迎。豫曰：小事未了，可申一年不？答云：可爾。至明年滿一周而卒。是歲齊永明七年，春秋五十有七。〔二〕右此一驗出梁高僧傳。

唐雍州長安縣高法眼，是隋代僕射高熲之玄孫。至龍朔三年正月二十五日向中臺參選，日午還家，舍在義寧坊東南隅，向街開門。化度寺東，即是高家。欲出子城西順義門，城内逢兩騎馬逐後。既出城已，漸近逼之。出城門外，道北是普光寺。一人語騎馬人云：汝走捉普光寺門，勿令此人入寺，恐難捉得。此人依語，馳走守門。法眼怕不得入寺，便向西走，復至西街金城坊南門。道西有會昌寺，復加四馬。騎更語前二乘馬人云：急守會昌寺門。此人依語，走捉寺門。法眼怕急，便語乘馬人云：汝是何人？敢逼於我。乘馬人云：王遣我來取。法眼語云：何王遣來？乘馬人云：閻羅王遣來。法眼

〔一〕「根」字原作「相」，據高麗藏本改。下同。
〔二〕出高僧傳卷十二釋慧豫傳。

既聞閻羅王使來，審知是鬼，即共相拒。鬼便大怒云：急截頭髮。却一鬼捉刀即截法眼兩髻，附肉落地。便至西街悶絶，落馬暴死。不覺既至大街要路，踟躕之間，看人逾千。有巡街果毅，瞋守街人何因聚衆。守街人具述逗遛。次西街首，即是高宅，便唤家人轝向舍。至明始穌，便語家内人云：吾入地獄，見閻羅王，升大高座，瞋責吾云：汝何因向化度寺明藏師房内食常住僧果子。宜吞四百顆熱鐵丸，令四年吞了。人中一日當地獄一年，四日便了。從正月二十六日至二十九日便盡，咸日食百顆。當二十六日惺了之時，復有諸鬼取來，法眼復共鬼鬬相趁，力屈不如，復悶暴死。至地獄令吞鐵丸，當吞之時，咽喉閉縮，身體焦捲，變爲紅色，吞盡乃穌。穌已，王又語言：汝何因不敬三寶，説僧過惡。汝吞鐵丸盡已，宜受鐵犂耕舌一年。至二十九日，既吞鐵丸了，到正月三十日平旦復死，至地獄中，復受鐵犂耕舌。自見其舌長數里，傍人看見吐出一尺餘。王復語獄卒：此人以説三寶長短，以大鐵斧截却舌根。獄卒斫之不斷。王復語云：以斧細銼其舌，將入鑊湯煮之。煮復不爛。王復怪問所由。法眼啓王云：臣曾讀法華經。王初不信，令檢功德部，見案内有讀法華經一部。王檢知實，始放出來。其人見在，穌惺如舊。觀者如市，見者發心。合門信敬，勵志精勤，檀忍不虧，誠誠無倦。京城道俗共知，不煩引證。

儉約篇第四十五此有二部

述意部　引證部

述意部第一

夫繆之空談，不如證之於事實；聞之髣像，不如决之於耳目。故信不如學，言不於行。所以研機適理，實極聖之洪基；息緣儉務，是至人之大量。不樹無方之心，寧有不窮之應。是以一毫一粒，竟濟四生；一念一彈，常資六度。斯則功超半息，發彌來際。抱素儉約，而亦德逾高範也。

引證部第二

如新婆沙論云：「問：諸弟子中大迦葉波少欲喜足，具杜多行。舊云頭陀。薄矩羅少病節儉，具淨戒行。此二何別？荅：尊者大迦葉波所得飲食，若麤若妙，隨次第食，無所簡別。猶如良馬，隨得而食。尊者薄矩羅所得飲食，或麤或妙，簡去妙者，而食麤者。如契經説有四聖種：一、依隨所得食喜足

聖種，二、依隨所得衣喜足聖種，三、依隨所得卧具喜足聖種，　四、依隨有無有樂斷樂修聖種。」〔一〕

又中阿含經云：「爾時有一異學，是尊者薄拘羅未出家時親善朋友。往詣薄拘羅所，請問其義。薄拘羅因爲説之。我於此正法律中學道以來八十年，未曾起欲想。我持糞掃衣來已八十年，亦無起貢高想。〔二〕亦未曾憶受居士衣，未曾割截作衣，未曾倩他比丘作衣，未曾用針縫衣，未曾持針線囊乃至一縷。我乞食來已八十年，亦無起貢高想。亦未曾受居士請，亦未曾超越乞食，未曾從大家乞食，於中當得浄好極妙豐饒食噉含消。未曾視女人面，未曾入比丘尼坊中，未曾憶與比丘尼共相問訊，乃至道路亦不共語。未曾畜沙彌，未曾憶爲白衣説法乃至四句偈，未曾有病乃至彈指頃頭痛者，未曾憶服藥乃至一片訶梨勒。我結跏趺坐，於八十年未曾倚壁倚樹。我於三日夜中得三達證。我結跏趺坐而般涅槃。是謂尊者薄拘羅未曾有法。」〔三〕

又僧祇律云：「達膩伽羅漢深自慶慰而説偈言：

欲得寂滅樂，　當習沙門法。　止則支身命，　如蛇入鼠穴。　欲得寂滅樂，　當習沙門法。

〔一〕出阿毘達磨大毘婆沙論卷一百八十一。

〔二〕「貢」字原作「功」，據高麗藏本改。下同。

〔三〕出中阿含經卷八薄拘羅經。

衣食繫身命，　精麤隨衆等。　欲得寂滅樂，　當習沙門法。　一切知止足，　專修涅槃道。」〔二〕

又舊雜譬喻經云：「昔有比丘於空閑樹下坐禪行道，樹上有一獼猴，見比丘食，下住其邊。比丘以飯與之，獼猴得食，輒行取水，以給澡洗。如是連月。後日食竟，忽忘不留。獼猴以不得食，大怒，取比丘袈裟上樹裂破。比丘忿之，以杖誤中，獼猴即死。餘數獼猴並來共轝死獼猴，到佛寺中。比丘僧知必有所以，推問其意。比丘具說。於是佛教自從今日比丘每食，皆當割省留餘，以施蠢動，不得盡之。」〔三〕

又五分律云：「佛告比丘：乃往去世於恒水邊，有一仙人，住於石窟。爾時龍王日從水出，以身七匝圍遶仙人。舒頭在上，下向敬視仙人。仙人遊行，弟子守窟。龍亦如前日來恭敬。弟子怖畏，即大羸瘦。我於爾時行菩薩道，遊行恒水邊，見其如此，即故問意。具荅如是。我復問言：汝今欲不復見龍耶？荅言：爾。又問：汝見龍咽下有何等物？荅言：有摩尼珠。吾復語言：龍若來時，汝便合掌向龍作如是語：我今須汝咽下摩尼寶珠，願以施我。爾時仙人弟子聞我語已，龍從水出，便從索之。龍聞乞珠，不前不却，默然而住。時仙人弟子復爲龍王説偈言：

〔二〕出摩訶僧祇律卷二。
〔三〕出舊雜譬喻經卷下。

龍王今須汝，咽下摩尼珠。意甚愛樂之，如何默無言。

龍即以偈荅言：

我一切所須，皆由此珠得。汝今從吾乞，永絶不復來。如火急暴聲，使人心恐懼。
我今聞汝言，惶怖逾於此。

於是世尊引古説偈：

乞者人不愛，數則致怨憎。龍王聞乞聲，一去不復還。

又告比丘：過去世時有迦夷國王，好喜布施，給諸窮乏。時有梵志，王甚愛重，未嘗從王有所求乞。爾時彼王爲説偈言：

人皆從遠來，無妨從吾乞。〔一〕而汝今在此，不求有何意。

梵志即以偈荅言：

乞者人不喜，不與致怨憎。所以默無求，恐離親愛情。

王復説偈荅言：

乞非傷德行，亦無身口過。損有以補無，〔二〕何爲而不索。

〔一〕「妨」字原作「方」，據高麗藏本改。

〔二〕「損」字原作「捐」，據高麗藏本、南藏本改。

梵志復以偈答：

賢人不言乞，　言乞必不賢。　默然不有求，　是謂爲大人。

時王聞説賢人之偈，心大歡喜，即以牛王一頭及餘千牛而施與之。」〔一〕

頌曰：

六情無福志，〔二〕　四攝啓幽心。　儉約避人物，　偃息慕山林。　曲澗停騶響，　交枝落幔陰。　池臺聚凍雪，　簷牖參歸禽。　石采無新故，　峰形詎古今。　大車何杳杳，　奔馬遂駸駸。　何以修六念，　虔誠在一音。　未泛慈舟寶，　徒勞抒海深。

感應緣 略引二驗

晉單道開

唐杜智楷〔三〕

〔一〕出彌沙塞部和醯五分律卷二。

〔二〕「福志」，高麗藏本作「慉恣」。

〔三〕「杜智楷」，高麗藏本、磧砂藏本作「杜智揩」。下正文同。

晉羅浮山有單道開，姓孟，燉煌人。少懷栖隱，誦經四十餘萬言。絶穀餌柏實，柏實難得，復服松脂。後服細石子，一吞數枚，數日一服。或時多少噉薑椒。如此七年後，不畏寒暑，冬袒夏温，晝夜不卧。開同學十人，共契服食，十年之外，或死或退，唯開全志。阜陵太守遣馬迎開，〔一〕開辭能步行，三百里路，一日早至。山樹諸神或現異形試之，初無懼色。以石虎建武十二年從西平來，一日行七百里。至南安，度一童子爲沙彌，年十四，禀受教法，行能及開。時太史奏虎云：有仙人星現，當有高士入境。虎普敕州郡，有異人令啓聞。其年冬十一月，秦州刺史上表送開。初止鄴城西法綝祠中，後徙臨漳昭德寺。於房内造重閣坐禪。虎資給甚厚，開皆以惠施。時樂仙者多來諮問，開都不荅，〔二〕迺爲説偈云：

我矜一切苦，　出家爲利世。　利世須學明，　學明能斷惡。　山遠糧粒難，　作斯斷食計。
非是求仙侶，　幸勿相傳説。

佛圖澄曰：此道士觀國興衰，若去者當有大災。至石虎太寧元年，開與弟子南度許昌。虎子姪相殺，鄴都大亂。至晉昇平三年，來之建業，俄而至南海，後入羅浮山。獨處茅茨，蕭然物外。春秋百餘歲，

〔一〕「阜」字原作「追」，據高僧傳改。
〔二〕「開」字原脱，據高麗藏本補。

卒于山舍。敕弟子以屍置石穴中，弟子迺移之石室。有康泓者，昔在北澗，〔一〕聞開弟子叙開昔在山中，每有神仙來去，迺遥心敬挹。及後役南海，〔二〕親與相見。側席鑽仰，稟聞備至。迺爲之傳贊曰：

肅哉若人，〔三〕飄然絶塵。外軌小乘，内暢空身。玄象暉曜，高步是臻。餐茹芝英，流浪巖津。

晉興寧元年，陳郡袁宏爲南海太守，與弟穎叔及沙門支法防共登羅浮山。至石室口，見開形骸及香火瓦器猶存。宏曰：法師業行殊羣，正當如蟬蜕耳。〔四〕迺爲贊曰：

物儁招奇，德不孤立。遼遼幽人，望巖凱入。飄飄靈仙，兹焉遊集。遺屣在林，千載一襲。

後沙門僧景、道漸等並欲登羅浮，竟不至頂。〔五〕出梁高僧傳録。

唐曹州離狐人杜智楷，少好釋典，不仕不妻娶。被僧衣服，隱居泰山，以讀誦爲事。貞觀二十一

〔一〕「北澗」二字原作「比間」，據高麗藏本改。

〔二〕「役」字原作「没」，據高麗藏本改。

〔三〕「若」字原作「善」，據高麗藏本改。

〔四〕「如」字原闕，據高僧傳補。

〔五〕出高僧傳卷九單道開傳。

年，於山中遇患垂死，以袈裟覆體，昏然如夢。見老母及美女數十人，屢來相擾。智楷端然不動。羣女漸相逼斥，並云：「羣將擲置北澗裏。」遂總近前，同時執捉。有攬著袈裟者。遂齊聲念佛，却後懺悔。請爲造阿彌陀佛，并誦觀音菩薩三十餘徧。少間遂覺，體上大汗，便即瘳愈。出冥報拾遺録。

法苑珠林校注卷第四十七

徵過篇第四十六此有二部

述意部　引證部

述意部第一

夫形骸多患，理須嚴誡；根識昏沈，宜恒警策。故經曰：「無以睡眠因緣，令一生空過，無所得也。」〔一〕但有身則爲患本，無身則患滅。故禮無不敬，慠不可長。若縱慠高，彌增惰慢，徒施攻擊，無奈患憂。口是刀斧之門，禍累之始。心懷毒念，口施毒言，身行毒業。興斯三業，彌招四趣。故書云：

〔一〕出佛遺教經。

「一言可以興邦，一言可以喪國。」〔一〕又言行是君子之樞機。樞機之發，榮辱之主。意爲業本，身口由發。所以先除凶懷，祛邪務正。故知可惡川流，事由心造。何以知然？若瞥緣心起，故口發惡言。言由意顯，靡惡不爲。故成論云：「離心無思，則無身口業也。」〔二〕

引證部第二

如維摩經云：「故以若干苦切之言，乃可入律。」〔三〕書云：「聞諫如流。」斯言可録。佷戾不信，惡馬難調。撫膺多愧，常以自箴。庶有聞諭，致序心曲。今欲緘其言而整其身者，未若先挫其心而次折其意。

故經云：「制之一處，無事不辦。」〔四〕譬如金山之窟，〔五〕狐兔所不敢停；淳淵澄海，〔六〕蛙黿所

〔一〕出論語卷七子路篇。
〔二〕出成實論卷九三業輕重品。
〔三〕出維摩詰所説經卷下香積佛品。
〔四〕出佛遺教經。
〔五〕「之」字原脱，據高麗藏本補。
〔六〕「淳」字原作「渟」，據高麗藏本改。

不肯宿。故知潔其心而净其意者，則三塗報息，四德常滿。防意如城，守口如瓶。可謂金河遺寄，屬在伊人。玉門化廣，信於斯矣。既策斯三業，則能除四患。何等四患？謂生、老、病、死也。

故受胎經云：「衆生受胎之時，備盡艱難。冥冥漠漠，狀若浮塵。十月將滿，母胎知苦，業風催促，頭向産門。墮地鞭觸，如在刀山。風激冷觸，如似寒冰。當爾之時，生爲實苦。」〔一〕

又涅槃經云：「譬如燈炷，唯賴膏油，膏油既盡，勢不久停。人亦如是，唯賴壯膏，壯膏既盡，衰老之炷，何得久住。」〔二〕

又出曜經：「佛說老苦偈云：

少時意盛壯，　爲老所見逼。　形衰極枯槁，　氣竭憑杖行。」〔三〕

又佛說死苦偈云：

「氣絶神逝，　形骸蕭索。　人物一統，　無生不終。」〔四〕

又涅槃經云：「夫死者於嶮難處無有資糧，去處懸遠，而無伴侣。晝夜常行，不知邊際。深邃幽

〔一〕此段出處待考。

〔二〕出大般涅槃經卷十二。

〔三〕出出曜經卷二無常品。

〔四〕此段出處待考。

暗，無有燈明。入無門户，而有處所。雖無痛處，不可療治。往無遮止，到不得脱。」〔一〕

又無量壽經云：「獨生獨死，獨來獨去，苦樂之地，〔二〕身自當之，無有代者。幽幽冥冥，别離長久，道路不同，會見無期。甚難甚難，復得相值。」〔三〕

夫生則親族歡聚，盡慈愛之和；死則朝亡暮殯，便有恐畏分離之狀。歌哭相送，往者不知，反室空堂，寂滅無睹。存亡有無，變化俄頃。故出曜經：「佛重説死苦偈云：

命如果待熟，　常恐會零落。　已生皆有苦，　孰能致不死。

猶如死囚，　將詣都市。　動向死道，　人命如是。　如河駛流，　往而不返。　人命如是，逝者不還。」〔四〕

又出曜經云：「昔有梵志兄弟四人，皆得五通，自知命促，七日必死。兄弟議曰：我等兄弟神通自在，能以神力翻覆天地，現極大手捫摸日月，移山住流，無所不辦。寧當不能避此難也！第一兄曰：吾入大海，上下平等，正處中間。無常殺鬼，安知我處。第二弟言：吾入須彌山腹中間，還合其表，使無

〔一〕出大般涅槃經卷十二。

〔二〕「樂」字原作「藥」，據高麗藏本、磧砂藏本、南藏本、嘉興藏本改。

〔三〕出無量壽經卷下。

〔四〕出出曜經卷一無常品。

際現。無常殺鬼，焉知我處。第三弟言：吾處虛空，隱形無跡。無常殺鬼，安知我處。第四弟言：吾當隱在大市之中，衆人猥鬧，各不相識。無常殺鬼，趣得一人，何必取吾。四人議訖，相將辭王而白王曰：吾等計筭餘命日促，各欲逃走，欲求多福。王尋告曰：善進其德。於是别去，各適所至。七日期滿，各從其處而皆命終。佛以天眼見四梵志避於無常，各求度世，皆已命終，而説偈言：

非空非海中，　非入山石間。
無有地方所，　脱之不受死。」〔一〕

又增一阿含經云：「爾時世尊在舍衛國東鹿母園中，與大比丘衆五百人俱。是時世尊七月十五日於露地敷坐，比丘僧前後圍遶。佛告阿難曰：汝今速擊揵椎，〔二〕今七月十五日是受歲之日。阿難叉手便説此偈：

浄眼無與等，　無事而不練。
智慧無染著，　何等名受歲。

世尊以偈報曰：

受歲三業浄，〔三〕　身口意所作。
兩兩比丘對，　自陳所作短。
還自稱名字，　今日衆受歲。
我亦浄意受，　唯願原其過。

〔一〕出出曜經卷二無常品。
〔二〕「椎」字原作「稚」，據高麗藏本、磧砂藏本、南藏本、嘉興藏本改。下同。
〔三〕「業」字原作「藏」，據高麗藏本改。

是時阿難聞已歡喜，即升講堂，手執揵椎，而說此偈：

降伏魔力怨，　除結無有餘。　露地擊揵椎，　比丘聞當集。　諸欲聞法人，　度流生死海。

聞此妙響音，　盡當雲集此。

爾時阿難擊揵椎已，至世尊所，白世尊言：今正是時。唯願世尊，何所敕使。是時世尊告阿難曰：汝隨次坐，當坐草座。時諸比丘各坐草座。是時世尊默然觀諸比丘已，便敕諸比丘：我今欲受歲。我無過咎於衆人乎？又不犯身口意耶？如來説此語已，諸比丘默然不對。是時再三告諸比丘已。時尊者舍利弗即從座起，長跪白世尊言：諸比丘衆觀察如來無身口意過。世尊今日不度者度，不脱者脱，不般涅槃者令般涅槃，無救護者爲作救護，盲者爲作眼目，爲病者作大醫王，三界獨尊無能及者。以此事緣，如來無咎於衆人，亦無身口意過。是時舍利弗白世尊言：我今自陳，無咎於如來及比丘僧乎？世尊告曰：汝舍利弗都無身口意所作非行，汝今智慧無能及者。汝今所説，常如法義，未曾違理。是時舍利弗白佛言：此五百比丘盡當受歲，盡無咎於如來乎？世尊告曰：亦不責此五百比丘身口意。此舍利弗大衆之中，極爲清净，無瑕穢。今此衆中最小下坐得須陀洹，必當上及不退轉法。以是之故，我不恐責此衆。〔一〕

〔一〕出增一阿含經卷二十四善聚品。

又佛本行經云：「爾時釋種宗族士衆一切合有九萬九千及迦毗羅婆蘇都城所居人民，從城共往，欲見如來。世尊遥見輸頭檀王與諸大衆嚴備而來，即作是念：我若見彼，不起迎奉，人當説我：此豈戒行果報人乎！云何見父不起迎逆。〔一〕我今若見父及大衆，起往迎者，彼等獲得無量大罪。若我今者持其威儀在此住者，彼等於我不生敬心。如來作此三種念觀，見有如此三種因緣，思量如是三種義已，從坐而起，飛騰虚空，現種種神變。令大衆生信，並皆入道。」〔二〕

又梵網經云：「若佛子應如法次第坐，先受戒者在前坐，後受戒者在後坐。不問老少、比丘、比丘尼、貴人、國王、王子，乃至黄門奴婢。皆應先受戒者在前坐，後受戒者次第而坐。莫如外道癡人，若老若少，無前無後，坐無次第，兵奴之法。我佛法中，先者先坐，後者後坐。而菩薩不次第坐者，犯輕垢罪。若佛子常行教化，大悲心，入檀越貴人家，一切衆中，不得立爲白衣説法。應白衣衆前高座上坐。法師不得地立爲四衆白衣説法，若説法時，法師高座，香華供養。四衆聽者下坐，如孝順父母，敬順師教，如事火婆羅門。其説法者，若不如法，犯輕垢罪。」〔三〕

又善見論云：「弟子參師當避六處：一、不得當前，二、不得當後，三、不得太遠，四、不得太近，五、

〔一〕「逆」字原作「送」，據高麗藏本改。
〔二〕出佛本行集經卷五十三優陀夷因緣品。
〔三〕出梵網經菩薩心地戒品卷下。

不得處高，六、不得上風立。問曰：四種身儀若坐、立、行、卧，何故但云一面立？荅曰：爲來故不應行，爲恭敬不應坐，爲供養故不應卧。」〔一〕

又三千威儀云：「欲上牀有五事：一、當徐脚踞牀，二、不得匍匐上，三、不得使牀有聲，四、不得大拂拭牀席使有聲，五、洗足未净當拭之。〔二〕在牀上有五事：一、不得大吹，二、不得叱咤唶喈，三、不得歎息思念世間事，四、不得狗䠊卧，五、欲起坐當以時。若意起不定，當自責本起。又卧有五事：一、當頭首向佛。二、不得卧視佛。三、不得雙申兩足。四、不得向壁卧，亦不得伏卧。五、不得竪兩膝，要當拘手斂兩足，累兩膝。又卧起欲出户有五事：一、起下牀不使牀有聲。二、著履先當抖擻。〔三〕三、正住著法衣。四、欲開户先三彈指，不得使户有聲。五、户中有佛像，不得背出，當還向户而出，出不得住與人言。」〔四〕

又正法念經云：「孔雀菩薩爲諸天衆説調伏法，若在家出家，若老若少，調伏相應，以此莊嚴。如出家之人，初以袈裟而自調伏，當行七事：一者、如其國法受糞掃衣，在家之人所棄之衣。若在塚間有

〔一〕出善見律毘婆沙卷四。
〔二〕「淨」字，高麗藏本作「燥」。
〔三〕「抖擻」原作「叩藪」，據高麗藏本改。
〔四〕出大比丘三千威儀卷上。

死人衣，死屍所壓，則不應取。若於塚閒得破壞衣，則應受用。是名袈裟調伏之法。第二、若入聚落，觀地而行，前視一尋。念佛影像，一心正念，諸根不亂。不觀一切所須之具，不與女人言論，不抱小兒，不數動足，亦不動臂及其牀座。不手摩頭，不數整衣，不抖擻袈裟，〔一〕不按摩手，亦不彈指。是名第二調伏之法。第三、若入施主家，於飯食時齊腕澡手。若受食時，不大舒手，當前一肘。不滿口食，亦不太少。若所摶飯，不大不小。不大張口，不令有聲。所應之食，但食二分。食知止足，不觀他鉢而生貪心。所受飯食，不懷他心。自觀其鉢，不左右顧視。是名第三調伏之法。第四、若於食時，若於聚落或於城邑，先所見食，不生心念，不數言説，亦不悕望。所受敷具，如法受畜，不求上勝。是名第四調伏之法。第五、一切所作不倚不著，不惜身命。於所用具，不多聚積，不行邊方危怖之處，不異服飾，不偏樂於一家住返。是名第五調伏之法。第六、不斷草木及掘生地，不著雜色革屣、雜色衣服，不破他戒，不謗不説，心不悕望。王者之膳，心不甘著。不親近於喜鬭比丘。是名第六調伏之法。第七、若有同意同法，應當親近利益。若於山窟樹下露地，常修行空無相無願。是名第七調伏之法。若有比丘能如是行，則能捨離一切諸縛，而得解脱。」〔二〕

又雜寶藏經云：「佛初出家夜，佛子羅睺始入于胎。初成道夜，生羅睺羅。舉宮婇女，咸皆慙恥。

〔一〕「擻」字原作「藪」，據高麗藏本改。

〔二〕出正法念處經卷六十一。

怪哉大惡！耶輸陀羅不慮是非，輕有所作，不自愛慎。今我舉宫都被染汙。悉達菩薩久已出家，今卒生子，甚爲恥辱。時有釋女名曰電光，是耶輸姨母之女，椎胸拍髀，呵罵耶輸。汝於尊親，何以自損！太子出家，已經六年，生此小兒，甚爲非時，從誰而得？辱我種族，不護惡名。净飯王于時在樓，見此大地六種震動。見是相已，謂菩薩死，憂箭入心。聞于宫中，舉聲大哭。王倍驚怖，謂太子死。走使女問：是何哭聲？女白王言：太子不死。耶輸陀羅今産一子，舉宫慚愧，是以哭耳。王聞是語，倍增憂惱，發聲大哭。揚聲大唤：怪哉醜辱！我子出家已經六年，云何今日而方生子？時彼國法，擊鼓一下，一切運集。九萬九千諸釋悉會。即唤耶輸，耶輸著白净衣，抱兒在懷，都不驚怕，於親黨中，抱兒而立。諸釋咸忿，叱爾凡鄙：有何面目，我等前立！宜好實語，竟爲何處而得此子？耶輸陀羅都無慚恥，正直而言：從彼出家釋種名曰悉達而得此子。王言：〔一〕我子悉達本在家時，聞有五欲，耳尚不聽，况當有欲而生於子。實是諂曲，非正直法。以此謗毁，王極大瞋，問諸釋言：云何苦毒殺害？復有釋言：如我意者，當作火坑，擲置火中，使其母子都無遺餘。諸人皆言：此事最良。即掘火坑，以佉陀羅木積於坑中，以火焚之。即將耶輸至火坑邊。時耶輸見火，方大驚怖，譬如野鹿獨在圍中，四向顧望，無可恃怙。耶輸自責，既自無罪，受斯禍患。偏觀諸釋，無救已者。抱兒歎念菩薩言：汝有慈悲，憐愍一

〔一〕「王言」二字原脱，據高麗藏本補。

切，天龍鬼神，咸敬於汝。今我母子薄於祐助，無過受苦。云何菩薩不見留意，何故不救我之母子今日危厄！即時向佛，一心敬禮，復拜諸釋，合掌向火而説實語：我此兒者，實不從他而有此子。若實不虚，六年在我胎者，火當消滅，終不燒害我之母子。作是語已，即入火中。而此火坑變爲水池，自見己身處蓮華上，都無恐怖，顔色和悦，合掌向諸釋言：若我虚妄，應即焦死。以今此兒實菩薩子，以我實語得免火患。有諸釋言：視其形相不驚不畏，而此火坑變爲清池。以此驗之，知其無過。時諸釋等將耶輸陀羅還歸宮中，倍加恭敬。爲索乳母，供事其子，猶如生時，等無有異。祖白浄王愛重深厚，不見羅睺，終不能食。若憶菩薩，抱羅睺羅用解愁念。略而言之，滿六年已，白浄王渴仰於佛，遣往請佛。佛憐愍故，還歸本國，來到釋宮。變千二百五十比丘皆如佛身，光相無異。耶輸陀羅語羅睺羅：誰是汝父，往到其邊。時羅睺羅禮佛已訖，正在如來右足邊立。如來即以手摩羅睺羅頂，即説偈言：

我於生眷屬， 及以所生子， 無有偏愛心， 但以手摩頂。 我盡諸結使， 愛憎永除盡，
汝等勿懷疑， 於子生猶豫。 此亦當出家， 重爲我法子。 略言其功德， 出家學真道， 當
成羅漢果。」〔一〕

頌曰：

〔一〕出雜寶藏經卷下羅睺羅因緣品。

業風恒泛濫，苦海濤波聲。漂我常游浪，遠離涅槃城。忽遇慈舟至，運我出愛瀛。是知高慕友，懲過改凡情。罪垢蒙除結，神珠啓闇冥。釋門光麗景，俗務苦重縈。冀除五昏蓋，方悟六塵輕。自非乘寶輅，何以息燄寧。

感應緣略引三驗

宋沙門釋僧苞
齊沙門釋僧遠
隋沙門釋洪獻

宋京師祇洹寺有釋僧苞，本是京兆人。少在關受學什公。宋永初中遊北徐，入黄山精舍。復造靜、定二師進業。仍於彼建三七普賢齋懺。至第一七日，〔一〕有白鶴飛來，集普賢座前，至中行香畢乃去。至二十一日將暮，又有黄衣四人，遶塔數匝，忽然不見。苞少有志節，加復祥感，故匪懈之情，因之彌厲。日誦萬餘言經，常禮數百拜佛。後東下京師，正值祇洹寺發講，法徒雲聚，士庶駢席。苞既初

〔一〕「一」字原作「十」，據高僧傳改。

至，人未有識者。乃乘驢往看，衣服垢弊，貌有風塵。堂内既迮，坐驢韉於户外。高座釋題適竟，〔一〕苞始欲厝言，法師便問：客僧何名？荅云：名苞。又問：盡何所苞？荅曰：高座之人，亦可苞耳。乃致問數番，皆是先達思力所不逮。高座無以抗其詞，遂遜退而止。時王弘、范泰聞苞論義，歎其才思，請與交言。仍屈住祇洹寺，開講衆經，法化相續。陳郡謝靈運聞風而造焉。及見苞神氣，彌深歎伏。或問曰：謝公何如？苞曰：靈運才有餘，而識不足，抑不免其身矣。苞嘗於路行，見六劫被録，〔二〕苞爲説法，勸念觀世音。羣劫以臨危之際，念念懇切。俄而送吏飲酒共醉，〔三〕劫解枷得免焉。宋元嘉中卒。〔四〕右此一驗出梁高僧傳。

齊梁州薛河寺釋僧遠，〔五〕不知何許人。〔六〕爲性疏誕，不修細行，好逐流宕，歡醼爲任。以齊武平三年，夢見大人切齒責之曰：汝是出家人，面目如此，放縱造惡，何不取鏡自照。遠忽覺，驚悸流汗。

〔一〕「釋」字原作「主」，據高麗藏本改。
〔二〕「録」字原作「戮」，據高麗藏本改。
〔三〕「共」字原作「洪」，據高麗藏本改。
〔四〕出高僧傳卷七釋僧苞傳。
〔五〕「薛河寺」，唐高僧傳作「薛寺」，
〔六〕「許」字原脱，據高麗藏本補。

至曉以盆水自照，乃見眼邊烏點，謂是垢污，便洗拭之，眉毛一時隨手落盡。因自咎責，柰此殃譴。遂改常習，反形易性，弊衣破履，一食長齋。遵奉律儀，昏曉行悔，悲淚交注。經一月日，又夢見人含笑謂曰：知過能改，是謂智人。赦汝前愆，勿復相續。忽驚喜覺，流汗徧身，面目津潤，眉毛漸出。遠於一身，頻感兩報，信知三世苦樂不虚。自後竭情，時不暫息，鄉川所歸，〔一〕卒於本土。〔二〕

隋相州大慈寺釋洪獻，少履道門，早明律部。聽涉勞頓，遂兩目俱暗。既無前導，常處房中，禮誦爲業，不輟晨夕。開皇十四年，忽感一神，自稱般若檀越，來從受戒，數致談話。同房僧綱禪師上堂食後，般若乃將綱一襆衣來嚫獻云：勞陳法事，利益不少，微奉衣物，願必受之。獻納匱中。綱食還房，怪失衣襆，搜求寺内，乃於獻所得之。具以告語，綱終不信，猜獻盗之。神遂發撤綱房衣物被案，狼藉滿庭。竿扇稱尺，摧折數段。神於空中語曰：僧綱不好設齋會，供養三寶，我會禍汝，未許放汝。獻感冥報，與般若言及，事同目睹。神語獻曰：伴衆極多，悉在紫陌河上，唯三十人相隨，可令寺家設食。衆僧便於西院會之。神曰：大好飲食，勞費師等。雖然僧綱不起齋供，後會使知。綱無奈之何，恐迫不已，便私費財物，營諸齋福。般若乃曰：既能行福，今相放矣。仍以絹兩疋付獻云：當以一疋施大

〔一〕「川」字原作「州」，據高麗藏本、磧砂藏本、南藏本、嘉興藏本改。

〔二〕出唐高僧傳卷三十四釋僧遠傳。

衆，一疋贈綱師。獻對衆受得，具皆聞見，仍依付領。綱後懲過，彌勤經業，卒於所住。〔一〕右此二驗出唐高僧傳。

和順篇第四十七此有五部

述意部　引證部　和施部　和國部　和事部

述意部第一

夫善惡乖背，言行兩違。禍釁從生，怨毒彌重。所以言之者易，行之者難。是故剛柔得中，違順得性。譬鑄劍太剛則折，太柔則卷。欲劍無折，必加其錫；欲劍無卷，必加其金。何者？金性剛而錫質柔。剛柔均平，則爲善矣；含性和平，則爲嘉矣。故羅雲密行以自調，故聖讚以美譽；提婆麤行以獷惡，故衆毁以過彰。俗書云：「西門豹性急，佩韋以自緩；董安于性緩，帶絃以自急。」〔二〕故陰陽調，

〔一〕出唐高僧傳卷三十四釋洪獻傳。

〔二〕出韓非子卷八觀行。

天地之和也；剛柔均，人物之性也。

引證部第二

如密跡金剛力士經云：「阿闍世王問佛言：菩薩仁和，爲有幾法，往反周旋，常存和雅，不興麤心。佛言：菩薩仁和有八事法。何謂爲八？一、志性質直，而無諛諂。二、性行和雅，常無佞僞。三、心存淳熟，永無虚妄。四、心行堅要，亦無羸劣。五、無迷惑志，存於仁和。六、爲世衆祐，受其德行。〔一〕七、心行了達，而無所著。八、思惟罪福，心無所念。是爲八事。於是阿闍世王白佛言：菩薩有幾法行，逮如是力無極之勢？佛言：有十法。何謂爲十？一、寧棄身命，勤受正法。二、未曾自大，謙恪下意，禮敬衆生。三、見於剛强難化衆生，立之忍辱。四、見飢饉人，以好美饍而充施之。五、睹諸恐懼，勸慰安之。六、若有衆生得於重疾，療以自藥。七、若有羸劣，人所輕慢，敬念戀之，令無忽易者。八、以浄泥水塗如來廟，補其虧缺。九、見孤苦人，貧匱困厄，常負重擔，使去其難極重之殃。十、若有無護，〔二〕無所依歸，常將濟之，所語如言，而不變失。是爲十事法。」〔三〕

〔一〕「其」字原作「異」，據高麗藏本改。
〔二〕「有」字原脱，據高麗藏本補。
〔三〕出大寶積經卷十四密迹金剛力士會。

又正法念經云：「若有衆生見他親友互相破壞，心懷怨結，能爲和合，命終生欲愛天。隨心所念，即得五欲自娱。」〔一〕「若有衆生見人破亡，爲他抄掠，救令得脱。或於險處教人正道。或疑怖處，令他安隱。命終生正行天，天女供養，受五欲樂。若生人中，生於正見大長者家。」〔二〕「若有人能柔軟深心，離一切垢，涅槃解脱，猶如在手。軟心之人，心如白鑞，修行善業，衆人所信。麤獷之人，〔三〕心如金剛，恒常不忘，怨結之心，行不調伏。衆人所憎，不愛不信。爾時孔雀菩薩以佛經偈而説頌曰：

若人心柔軟，　猶如成鍊金。　斯人内外善，　速得脱衆苦。　若人心器調，　一切皆柔軟。

斯人生善種，　猶如良福田。」〔四〕

又呵鵰阿那含經云：「阿那含有八事不欲令人知。何等爲八？一、不求不欲令人知，二、信不欲令人知，三、自羞不欲令人知，四、自慚不欲令人知，五、精進不欲令人知，六、自觀不欲令人知，七、得禪不欲令人知，八、黠慧不欲令人知。所以不欲令人知者，不欲煩擾於人故。」〔五〕

〔一〕出正法念處經卷二十二。

〔二〕出正法念處經卷二十四。

〔三〕「獷」字原作「鑛」，據高麗藏本改。

〔四〕出正法念處經卷六十一。

〔五〕出呵雕阿那含經。

和施部第三

如佛說一切施王所行檀波羅蜜經云：「佛言：過去久遠無央數劫，爾時世有大國王，號字薩和達。晉言一切施王。〔一〕爾時布施，有所求索，不逆其意。爾時異國有婆羅門子，少失其父，獨與母姊弟爲居，家甚貧狹。其母告子：居家困窮，無以自供。汝父在者，當往薩和達王所乞丐，可以自濟。今何不行至彼王所，從求錢寶？兒報母言：我今未有所知，先當學問，然後乃行。母語兒言：今汝家中了無所有，而有學問，爾乃當行。若汝去後，其家空乏，何以自活？兒即語母：我先當假貸索一兩金，可備一歲之糧。母即聽之。便行貸得金一兩，還以與母。乃出家行學，一歲已竟，便來歸家。母見兒還，便逆問言：汝已行詣一切施王所耶？兒復報母言：所學未通，當復更學。母言：前金已盡，當作何計？兒荅母言：當更假貸。兒即復往至前所貸金家，向其主說，復欲貸一兩金。其金主語兒：汝前取金既未還我，甫復欲索。汝若審復欲得金者，持卿母及姊弟皆以上券，爾乃可得。若至時不畢，當沒汝母及姊弟以爲奴婢。便相許可，適作券取持歸付母。復捨家行學，復終一年，所知粗備。欲歸語母，行詣一切施王所，在道中便爲債主所索，及母姊弟將歸鎖脚。婆羅門子語債主言：卿雖相繫，正使終年，我無益

〔一〕「晉」字原作「此」，據高麗藏本、磧砂藏本、南藏本、嘉興藏本改。

用。不如相放，我當往詣一切施王所，乞丐得物，還以相償。其主思惟，便解婆羅門子令去。時有異國王軍起兵，欲往取一切施王國。時諸臣白王：今有他國興兵入界，不審大王當作何計？時王自念：人命至短，當歸無常。又我少小已來，好喜布施，慈仁忍辱，無傷害意，不欲與彼共相拒逆。所以者何？但以我一身故，動摇兵衆，設有所中害，此非我宜。便敕諸臣：不須爲備，亦勿恐怖。但且嚴出，迎逆作禮，恭敬承事，受其教敕，令踰於我。諸臣復白王言：他國入界，云何不備？王默不應。如是至三，王言：不須拒逆，如我前言。諸臣皆言：王敕勿備，我等俱然。王言：大善。各且安家，慎莫勞擾。其王夜半即脱印綬，默亡而去。彼王入國，〔一〕即領王位。便募索一切施王，其賞甚重。王遂出國，行五百餘里，遥見婆羅門子。王意即想：此婆羅門子，今者必來索我無疑。時婆羅門子意亦想：此人將無正是一切施王。二人各前，相逢便住。王問婆羅門子言：卿從何來，〔二〕今欲所至？婆羅門子荅言：我欲行至一切施王所。王復問：欲詣一切施王所，欲何求索？婆羅門子報言：少小失父，居甚貧窮，以母及姊弟持行質債，欲從一切施王乞丐錢寶，還贖母姊弟，并得自濟。王便語言：我正是一切施王。婆羅門子問：王儐從所在，而獨行耶？王言：有他國來，欲得我處，是以避之。所以者何？不欲傷害於人兵故。婆羅門子聞王所説，即便躃地而大啼泣，不能自勝。王便前牽婆羅門子，諫曉使起，不

〔一〕「入」字原作「大」，據高麗藏本改。
〔二〕「從何」原作「何從」，據高麗藏本改正。

須復啼。所求索者，今當相與。婆羅門子言：王今失國，當持何等以相濟乞？王便報言：彼國來王相募甚重。卿今可截我頭，持往與之。在所求索，皆可得也。於是婆羅門子説偈報言：

世間殺父母，　命盡墮泥犁。　今加害於王，　其罪等無異。　我今實不忍，　加惡於大王。
寧令身命盡，　終不造逆意。

於是一切施王復語婆羅門子言：卿若不欲取頭者，便可截我鼻耳送之，亦可得賞，恐不中王故也。婆羅門子報王言：如我今日不忍爲是。王復語婆羅門子言：若不爾者，便可縛我，送往與之，亦可大有所得。婆羅門子能相，知王還復爲王，不爲彼害。婆羅門子言：王審欲爾者，可共俱還，臨至本國，乃當相縛。於是王與婆羅門子便共相將，俱還本國，二十餘里。王以欲至，便自反手，語婆羅門子言：卿可縛我。婆羅門子遂乃縛王。一國人民皆聞知，王一切施爲他國婆羅門子見縛送。〔一〕人民大小見王莫不啼哭，躃地崩絶，劇喪父母。遂前詣宮門，諸臣即入白彼王：前所募亡去王一切施者，爲婆羅門子所見縛送，今在宮門。彼王即言：便捉現之。一切施王便前入宮。〔二〕彼王及臣與諸官屬，見一切施王，無不躃地而啼泣者。彼劫人王亦復淚出，而問諸臣：汝輩何以皆啼？諸臣白言：我等見一切施王棄國與王，復持身施與婆羅門子，所作不悔，是故啼耳。彼劫人王聞諸臣各各説是，即便躃地而大啼

〔一〕「王」字原作「言」，「施」字下原衍「王」字，據高麗藏本改删。
〔二〕「宮」字原作「官」，據高麗藏本、磧砂藏本、南藏本、嘉興藏本改。

泣，不能自勝。即問婆羅門子：汝今那得是王？婆羅門子具荅王本末因由。彼劫人王聞婆羅門子所説，即復躃地啼淚而言：告敕諸臣，促解王縛，洗浴衣被，著其印綬，還立爲王。即還坐領國法如故。於是彼王即長跪叉手讚歎而説偈言：

自在本國時，　遥聞大王德。　今來至於此，　見尊踰所聞。　巍巍積功德，　譬若如金山。

其力堅如是，　無能動揺者。　今見王所行，　於世甚無雙。　願以國相還，　并奉所居界。

願歸得本土，　修敬爲臣禮。　不敢復憍慢，　事王如天尊。

佛告諸比丘：爾時一切施王者，我身是也。彼國王者，舍利弗是。婆羅門子者，調達是。成我六波羅蜜相好功德，皆是調達恩。調達是我善知識，亦爲善師。調達却後阿僧祇劫當得作佛，號字提和羅耶。」〔一〕晉言天人王。〔二〕

和國部第四

如雜寶藏經云：「佛言：過去久遠有二國王：一是迦尸國王，二是比提醯國王。比提醯王有大香象，以香象力摧伏迦尸王軍。迦尸王作是念言：我今云何當得香象，摧伏比提醯王軍？時有人言？我

〔一〕　此經已佚。

〔二〕　「晉」字原作「此」，據高麗藏本、磧砂藏本、南藏本、嘉興藏本改。

見山中有一白香象。王聞此已，即便募言：誰能得香象者，我當重賞。有人募言：多集軍衆，往取彼象。象思惟言：若我遠去，父母盲老。不如調順，往至王所。爾時衆人便自將香象向王邊。王大歡喜，爲作好屋，具被蹋蹬，敷著其下。與諸妓女，彈琴鼓瑟，以娛樂之。與象飲食，不肯食之。時守象人來白王言：象不肯食。王自向象所。上古畜生皆能人語。王問象言：汝何故不食？象荅王言：我有父母，年老眼盲，無與水草。父母不食，我云何食。象白王言：我欲去者，王諸軍衆無能遮我。但以父母盲老，順王來耳。王今見聽，我去供養父母，終其年壽，自當還來。王聞此語，極大歡喜。我等便爲人頭之象，此象乃是象頭之人。先迦尸國人惡賤父母，〔一〕無供養心，因此象故，王即宣令一切國内若不孝養父母者，當與大罪。尋即放象還父母所，供養父母。隨壽長短，父母喪亡，還來王所。王得白象，甚大歡喜，即時莊嚴，欲伐彼國。象語王言：莫與鬭諍。凡鬭諍法，多所傷害。王言：彼欺凌我。象言：聽我使往，令彼怨敵，不敢欺侮。王言：汝若去者，或能不還。荅言：無能遮我使不還者。象即於是往彼國中。比提醯王聞象來至，極大歡喜，自出往迎。既見象已，而語之言：即住我國。象白王言：不得即住。我立身已來，不違言誓。先許彼王，當還其國。汝二國王應除怨惡，自安其國，豈不快乎！即說偈言：

〔一〕「賤」字原作「賊」，據高麗藏本改。

得勝增長怨，　負則益憂苦。　不諍勝負者，　其樂最第一。

爾時此象説斯偈已，即還迦尸國。從是以後，二國和好。爾時迦尸國王者，今波斯匿王是。比提醯王者，今阿闍世王是。爾時白象者，今我身是也。由我爾時孝養父母故，令多衆生亦孝養父母。爾時能使二國和好，今日亦爾。」〔一〕

和事部第五

如僧祇律云：「佛告諸比丘：過去世時有城名波羅㮈，國名迦尸。有一婆羅門有摩沙豆陳久，煮不可熟，持著肆上，欲賣與他，都無人買。時有一人，家有一態驢，市賣難售。時陳豆主便作是念：我當以豆買此驢用。便往語言：汝能持驢貿此豆耶？驢主復念：用是態驢爲，當取彼豆。即便荅言：可爾。得驢已歡喜。爾時豆主便作是念：今得驢子。便即説頌曰：

婆羅門法巧販賣，　陳久沙豆十六年。　唐盡汝薪煮不熟，　饜折汝家大小齒。

爾時驢主亦作頌曰：

汝婆羅門何所喜，　雖有四脚毛衣好。　負重著道令汝知，　錐刺火燒終不動。

〔一〕出雜寶藏經卷二迦尸國白香象養盲父母並和二國緣。

爾時豆主復説偈言：

獨生千秋杖，頭著四寸針。能治敗態驢，何憂不可伏。

爾時驢聞復瞋，即説頌曰：

安立前二足，雙飛後兩蹄。折汝前板齒，然後自當知。

爾時豆主聞驢此頌，復説偈言：

蚑蝱毒蟲螫，唯仰尾自防。當截汝尾却，令汝知辛苦。

爾時驢復以偈荅言：

從先祖已來，行此𢤱悷法。今我故承習，死死終不捨。

爾時豆主知此弊惡不可苦語，便更稱譽，以頌荅曰：

音聲鳴徹好，面白如珂雪。當爲汝取婦，共遊林澤中。

驢聞軟愛語，復説頌曰：

我能負八斛，日行六百里。婆羅門當知，聞婦歡喜故。」〔一〕

頌曰：

〔一〕出摩訶僧祇律卷六。

性愛和柔，賢愚親附。情貪麤獷，人畜遠慮。外違常策，内順恒御。萬代揚名，千齡久住。

法苑珠林校注卷第四十八

誡勗篇第四十八此有六部

述意部　誡馬部　誡學部　誡盜部　誡罪部　雜誡部

述意部第一

夫以立像表真，化俗彝訓；〔一〕寄指筌月，出道常規。但以妄想倒情，沿流固習；無思悛革，隨業飄淪。是以涅槃經云：「爲善清升，譬同爪土；爲惡沈滯，喻等地塵。」〔二〕良由六賊俱至，十使交縛。

〔一〕「化」字原作「恒」，據高麗藏本改。

〔二〕出大般涅槃經卷三十三。

或比行厠畫瓶，或擬危城壞器。故將崩朽宅，三火恒然；逃隱空聚，五刀常逐。井河引喻，逼形器於剎那；屠肆牛羊，切性命於漏刻。亦如鼠入脂角，至窮何趣。況復五濁交横，四山常逼。而能安忍，不生憂悔。所以大聖垂訓，法喻所歸，止在誡約身心，無沿逸慾。鑒舉力勵，專征省過。但見臨死，眼光失落，眷屬叢聚，對顏難救。嗚呼涕泗，慨彼沈淪。既矚斯苦，何不自誡。過由我生，改不藉他。猶有微善，宅報在人。又逢遺法，親見三寶，脱生惡道，對目莫知。由此悲痛，無由怠惰矣。

誡馬部第二

如中阿含經云：「時有調馬師名曰只尸，來詣佛所，稽首佛足，退坐一面，白佛言：世尊，我觀世間甚爲輕淺，猶如羣羊。世間唯我堪能調馬。狂逸惡馬，我作方便，須臾令彼態病悉現。隨其態病，方便調伏。佛告調馬師：聚落主，汝以幾種方便調伏於馬？馬師白佛言：有三種法，調伏惡馬。何等爲三？一者柔軟，二者麤澀，三者柔軟麤澀。佛告聚落主：汝以三種方便調馬，猶不調者，當如之何？馬師白佛：有不調者，〔一〕便當殺之。所以者何？莫令辱我。調馬師白佛言：世尊，是無上調御丈夫。爲以幾種方便調御丈夫？佛告聚落主：我亦以三種方便調御丈夫。何等爲三？一者、一向柔軟，二

〔一〕「有」字原作「遂」，據高麗藏本改。

者、一向麤澀，三者、柔軟麤澀。佛告聚落主：所謂一向柔軟者，如汝所説，此是身善行，此是身善行報。此是口意善行，此是口意善行報。是名天，是名人，是名善趣化生，是名涅槃。是爲柔軟。第二、一向麤澀者，如汝所説，是身惡行，是身惡行報。是口意惡行，是口意惡行報。是名地獄，是名畜生，是名餓鬼，是名惡趣，是名墮惡趣。是名如來麤澀教也。第三、彼柔軟麤澀俱者，謂如來有時説身善行，有時説身善行報。有時説口意善行，有時説口意善行報。有時説身惡行，有時説身惡行報。有時説口意惡行，有時説口意惡行報。如是名天，如是名人，如是名善趣，如是名涅槃，如是名地獄，如是名畜生餓鬼，如是名惡趣，如是名墮惡趣。是名如來柔軟麤澀教。調馬師白佛言：世尊，若以三種方便調伏衆生，有不調者當如之何？佛告聚落主：亦當殺之。所以者何？莫令辱我。調馬師白佛言：若殺生者，於世尊法爲不清浄。世尊法中示不殺生，而今言殺，其義云何？佛告聚落主：如來法中示不殺生。然如來法中以三種教授不調伏者，不復與語，不教不誡，豈非死耶？調馬師白佛：實爾，世尊。不復與語，永不教誡，真爲死也。以是之故，我從今日離諸惡不善業也。聞佛所説，歡喜而去。」〔一〕

又法句喻經云：「佛問象師：調象之法有幾？荅曰：有三。何謂爲三？一者剛鉤鉤口，著其羈靽。二者減食，常令飢瘦。三者捶杖，加其楚痛。由鐵鉤鉤口故，以制强口。由不與食飲故，以制身

〔一〕出雜阿含經卷三十三。作中阿含經誤。

獷。由加捶杖故，以伏其心。佛告居士：吾亦有三，用調一切。亦以自調，得至無爲。一者、以至誠故，制御口患。二者、以慈貞故，伏身剛强。三者、以智慧故，滅意癡蓋。持是三事，度脱一切，離三惡道。」〔一〕

誡學部第三

如增一阿含經云：「一偈之中便出生三十七品及諸法義。迦葉問言：何等是？時尊者阿難便説此偈：

諸惡莫作，　衆善奉行，　自净其意，　是諸佛教。

所以然者，諸惡莫作，戒具之禁，清白之行。衆善奉行，心意清净。自净其意，除邪顛倒。是諸佛教，去愚惑想。云何迦葉戒清净者，意豈不净乎？清净者，則不顛倒，以無顛倒，愚惑想滅，諸三十七道品果便得成就。〔二〕以成道果，豈非諸法乎！」〔三〕

〔一〕出法句譬喻經卷三象品。

〔二〕「得」字原脱，據高麗藏本補。

〔三〕出增一阿含經卷一序品。

誡盜部第四

如雜阿含經云：「時有異比丘在拘薩羅國人間，止一林中。時彼比丘有眼患，受師教云：應嗅鉢曇摩華。時彼比丘受師教已，往至鉢曇摩池側，於池岸邊，迎風而坐，隨風嗅香。時有天神主此池者，語比丘言：何以盜華，汝今便是盜香賊也。爾時比丘說偈荅云：

不壞亦不奪，　遠住隨嗅香。　汝今何故言，　我是盜香賊。

爾時天神復說偈言：

不求而不捨，　世間名爲賊。　汝今人不與，　而自一向取。　是則名世間，　真實盜香賊。

時有一士夫取彼藕根重負而去。爾時比丘爲彼天神而說偈言：

如今彼士夫，　斷截分陀利。　拔根重負去，　便是奸狡人。〔一〕　汝今故不遮，　而言我盜香。

時彼天神說偈荅言：

狂亂奸狡人，　猶如乳母衣。　何足加其言，　且堪與汝語。　袈裟汙不現，　黑衣黑不汙。

〔一〕「狡」字原作「姣」，據高麗藏本改。下同。

姧狡凶惡人，　世間不與語。　蠅脚汙素帛，　明者小過現。　如墨點珂貝，　雖小悉皆現。

時彼比丘復説偈言：

善哉善哉説，　以義安慰我。　汝可常爲我，　數數説斯偈。

時彼天神復説偈言：

我非汝買奴，　亦非人與汝。　何爲常隨汝，　數數相告語。　汝今當自知，　彼彼饒益事。」〔一〕

誡罪部第五

如閻羅正五天使者經云：「佛告諸比丘：人生世間，不孝父母，不敬沙門，不行仁義，不學經戒，不畏後世者，其人身死當墮地獄。主者持行白閻羅王，言其過惡。此人不孝等種種諸過，無有福德，不恐畏死。唯王處罰。閻羅王常先安德，以忠正語，爲現五使者而問言：第一、汝不見世人始爲嬰兒，强卧屎尿，不能自護，口不知言，不知好惡。汝見以不？人荅：已見。王言：汝自謂不如是。然人神從行，終即有生。雖尚未見，常當爲善，自端三業。奈何放心，快志造過？人荅：愚暗不知。王言：汝自愚

〔一〕出雜阿含經卷五十。

癡，縱意作惡，非是父母師長君天沙門道人等過也。罪自由汝，豈得不樂，今當受之。是爲閻王現第一天使也。第二、閻王復問：子爲人時，天使次到，汝能覺不？人荅：不覺。王曰：汝不見世人年老髮白，齒墮羸瘦，僂步低行，起居任杖不？人荅：有是。王曰：汝謂獨免可得不老，凡人已生，法皆老耄。常當爲善，端身口心，奉行經戒，奈何自恣？人荅：愚癡故爾。王曰：汝自以愚癡作惡，非是父母君天沙門道人過也。罪自由汝，豈得不樂，今當受之。是爲閻王現第二天使也。第三、閻王復問：子爲人時，豈不見世間男女，身有疾病，身體苦痛，坐起不安，命近憂促，衆醫不療不？人荅言：有。王曰：汝可得不病耶？人生既老，法皆當病。聞身强健，當勉爲善，奉行經戒，端身口意，奈何自恣？人荅：愚暗故爾。王曰：汝自以爲愚作惡，非關父母君天沙門道人過也。罪自由汝，豈得不樂，今當受之。是爲閻王現第三天使也。第四、閻王復問：子爲人時，豈不見世間諸死亡者，或藏其屍，或棄捐之，至於七日，肌肉壞敗，狐狸百鳥皆就食之。凡人已死，身惡腐爛，汝豈不見？人荅言：有。王曰：汝謂獨免，可得不死耶？凡人已生，法皆當死。聞在世間，常爲善事，敕身口意，奉行經戒。奈何自恣？人荅：愚暗故爾。王曰：汝自作惡，非是父母君天沙門道人過也。罪自由汝，豈得不樂，今當受之。是爲閻王現第四天使也。第五、閻王復問：子爲人時，不見世間弊人惡子，爲吏所捕取，案罪所刑法加之，或斷手足，或削耳鼻，或燒其形，懸頭日炙，或屠割支解，種種毒痛不？人荅言：有。王曰：汝謂爲惡獨可解耶？眼見世間，罪福分明，何不守善，敕身口意，奉行經戒，云何自快？人荅：愚暗故爾。王曰：汝自用心，作不忠正，非是父母君天沙門道人過也。今是殃罪，要當自受。是爲閻王現第五天使

也。佛説經已，諸弟子等皆受教誡，各前作禮，歡喜奉行。」〔一〕

雜誡部第六

大法句經偈云：總十一誡。

一誡信：

「士有信行，爲聖所譽。樂無爲者，一切縛解。比方世利，惠信爲明。是財上寶，家産非常。欲見諸真，樂聽講法。能捨慳妬，此之謂信。無信不習，好剥正言。如掘取水，掘泉揚泥。賢夫習智，樂仰清流。如善取水，要令不擾。信不染他，莫如斯載。如大象調，自調最勝。信財戒財，慚愧亦財。聞財施財，慧爲七財。生有此財，不問男女。終以不貪，賢者識真。」〔二〕

二誡死：

「所以非常，謂興衰法。夫生輒死，此滅爲樂。如河駛流，往而不還。人命如是，逝者不還。生者日夜，命自刀削。壽之消盡，如檕穽水。常者皆盡，高者亦

〔一〕出閻羅王五天使者經。

〔二〕出法句經卷上篤信品。

墮。合會有離，生者有死。衆生相刻，以喪其命。隨行所墮，自受殃禍。雖壽百歲，亦死過去。爲老所逼，病倏至際。是日已過，命則隨減。如少水魚，斯有何樂。老則色衰，所病自壞。形敗腐朽，命終其然。是身何用，恒漏臭處。爲病所困，有老死患。非有子恃，亦非父兄。爲死所迫，無親可怙。晝夜慢惰，老不上婬。有財不施，不受佛言。有此四蔽，爲自侵欺。」〔一〕

三誡殺：

「爲仁不殺，常能攝身。是處不死，所適無患。不殺爲仁，慎言守心。是處不死，所適無患。彼亂已整，守以慈仁。見怒能忍，是爲梵行。至誠安徐，口無麤言。不瞋彼所，是爲梵行。垂拱無爲，不害衆生。無所嬈惱，是爲梵行。常以慈哀，净如佛教。知足知止，是度生死。普愛賢美，〔二〕哀加衆生。常行慈心，所適者安。晝夜念慈，心無尅伐。不害衆生，是行無仇。卧安寤安，不見惡夢。天護人愛，不毒不兵。水火不喪，在所得利。死昇梵天，受樂自然。仁無亂志，慈最可

〔一〕出法句經卷上無常品。

〔二〕「愛」字原作「及」，據高麗藏本改。

行。愍傷衆生，此福無量。」〔一〕

四誡意：

「惡言罵詈，憍陵蔑人。興起是行，疾怨茲生。遜言順辭，尊敬於人。棄結忍惡，疾怨自滅。夫士之生，斧在口中。所以斬身，由其惡言。爭爲少利，如掩失財。從彼致諍，令意向惡。心爲法本，心尊心使。中心念惡，罪苦自追。心爲法本，心尊心使。中心念善，福樂自隨。隨亂意行，拘愚入冥。自大無法，何解善言。隨正意行，開解清明。不爲嫉妬，敏達善言。慍於怨者，未常無怨。不慍自除，是道可宗。不好責彼，務自省身。如有知此，永滅無患。」〔二〕

五誡邪：

「以真爲僞，以僞爲真。是爲邪見，不得真利。知真爲真，見僞知僞。是爲正見，必得真利。壁屋不密，天雨則漏。意不思正，邪法爲穿。壁屋善密，雨則不漏。攝意惟正，邪慝不生。鄙夫染人，如近臭物。漸悉習非，不覺成惡。賢夫染人，如近香熏。進智習善，行成皎潔。正念常興，邪法自滅。自制正法，善名日

〔一〕出法句經卷上慈仁品。

〔二〕出法句經卷上言語品、雙要品。

增。當思念道，强守正行。健者得度，吉祥無上。尅己調心，行不放逸。施戒忍勤，定慧恒明。生不爲惱，死而不慼。禍福路分，昇沈殊趣。」〔一〕

六誡愚：

「愚著生死，莫知正法。愚矇無智，如居暗室。觸事昏馳，寒暑不辨。雖久修習，猶不知法。雖復施行，爲身招患。快心作惡，自致重殃。愚所望處，不謂適苦。臨墮厄地，乃知不善。愚惷作惡，不能自解。殃追自焚，罪成熾然。愚人樂寢，憂慼長興。昏昏暗室，如蠶處繭。愚人樂惡，至死不休。雖與善言，反謂怨讎。罪猶未熟，愚將爲觀。至其熟時，自受大殃。愚好財色，晝夜無厭。如焦谷山，注水不盈。愚多造過，觸處被瞋。雖加杖捶，猶不自止。」〔二〕

七誡惡：

「深觀善惡，心知畏忌。畏而不犯，終吉無憂。故世有福，念思紹行。〔三〕善致其願，福禄轉勝。信善作福，積善不厭。信知陰德，久而必彰。喜法卧安，心悅意

〔一〕出法句經卷上雙要品。
〔二〕出法句經卷上愚闇品。
〔三〕「念」字原作「今」，據高麗藏本改。

清。聖人演法，惠常樂形。賢人智者，齋戒奉道。如星中月，照明世間。弓師調角，水人調船。工匠調木，智者調身。譬如厚石，風不能移。智者意重，毁譽不傾。譬如深泉，澄静清明。慧人聞道，心浄欣然。斷除五陰，静思智慧。能自拯濟，顯理澄真。抑制情欲，志樂無爲。攬受正教，冀法常存。」〔一〕

八誡縛：

「去離憂患，脱於一切。縛結已解，逍散自安。心浄得念，無所貪樂。已度枯涸，如鴈棄池。量腹而食，無所積藏。虚心無想，遠近無礙。度身而衣，不求餘長。省事無爲，無所羇靽。制想從正，如馬調御。捨憍棄慢，爲天所敬。不怒如地，不動如山。真人無垢，生死世絶。心以休息，言行亦止。從正解脱，寂然歸藏。棄惡無著，破壞三界。情色永絶，是謂上智。在聚若野，處染不染。應真所歎，莫不蒙祐。常樂空閑，衆人不逮。快哉上士，天人欽仰。」〔二〕

九誡誦：

「雖誦千言，不行何益。不如一聞，勤修得益。雖誦千言，句義不正。不如一

〔一〕出法句經卷上明哲品。

〔二〕出法句經卷上羅漢品。

要，聞可滅意。雖誦千言，不義何益。不如一義，聞行得度。雖誦千言，不敬何益。不如一行，欣樂奉修。雖誦千言，我心不滅。不如一句，捨憍放逸。雖誦千言，求名逾著。不如一說，棄執離著。雖誦千言，不欲除罪。不如一文，去離生死。雖誦千言，色情逾固。不如一解，心境忘懷。雖誦千言，不求出世。不如一悟，絶離三界。雖誦千言，不存悲智。不如一聽，自他兩利。」〔二〕

十誡行：

「人壽百歲，慳貪逾盛。不如一日，割捨財色。人壽百歲，樂不持戒。不如一日，净心守戒。人壽百歲，多忿不忍。不如一日，含喜不瞋。人壽百歲，怠惰不勤。不如一日，策勵身心。人壽百歲，情欣放逸。不如一日，歸心空寂。人壽百歲，昏暗識心。不如一日，洞悟無明。人壽百歲，拙御身心。不如一日，巧便運致。人壽百歲，常懷怯弱。不如一日，勇猛慧力。人壽百歲，不起善願。不如一日，發行四弘。人壽百歲，不生一智。不如一日，慧性聰利。」〔三〕

十一誡口：雜阿含經：「諸天説偈云：

〔二〕出法句經卷上述千品。

〔三〕出法句經卷上述千品。

士夫生世間，斧在口中生。還自斬其身，斯由其惡言。應毀便稱譽，應譽而更毀。其罪口中生，死則墮惡道。」〔一〕

頌曰：

建志誡心愚，高慕欣朋儔。相與立弘誓，捨俗慕閑丘。蕭散人物外，晃朗免綢繆。寂寂求誠真，亹亹勵心柔。警策修三業，激切澄四流。興心願弘誓，救溺運慈舟。嘉期歸妙覺，善會涅槃修。存心八正道，立志三祇休。

感應緣略引四驗

晉沙門釋支遁

周沙門釋亡名

周沙門釋道安

齊沙門釋僧範

〔一〕出雜阿含經卷四十八。

晉剡沃洲山有支遁，字道林，本姓關氏，陳留人，或云河東林慮人。幼有神理，聰明秀徹。晉王羲之覩遁才藻，驚絶罕儔，遂披衿解帶，留連不能已。仍請住靈嘉寺，意存相近。又投迹剡山，於沃州小嶺立寺行道。僧衆百餘，常隨稟學。時或有惰者，遁乃著座右銘以勗之。曰：勤之勤之，至道非彌。〔一〕奚爲淹滯，弱喪神奇。茫茫三界，眇眇長羈。煩勞外湊，冥心内馳。殉赴欽渴，緬邈忘疲。人生一世，涓若露垂。我身非我，云云誰施。達人懷德，知安必危。寂寥清舉，濯累禪池。謹守明禁，雅説玄規。綏心神道，抗志無爲。寮朗三蔽，融冶六疵。空洞五陰，虚豁四支。非指喻指，絶而莫離。妙覺既陳，又玄其知。宛轉平任，與物推移。過此以往，勿思勿議。〔二〕

周渭濱沙門亡名法師自誡云：夫以迴天倒日之力，一旦草彫；〔三〕岱山磐石之固，忽焉燼滅。定知世相無常，浮生虚僞。譬如朝露，其停幾何！大丈夫生當降魔，死當飼虎。如其不爾，徒生何益。不如修禪定足以養志，讀誦經足以自娱。富貴名譽，徒勞人耳。乃棄其簪弁，剃其鬚髮，衣衲杖錫，聽講談玄。戰國未寧，安身無地。自厭形骸，甚於桎梏。思絶苦本，莫知其津。大乘經曰：如説行者，乃名是聖，不但口之所言。小乘偈曰：

〔一〕「彌」字原作「孜」，據高僧傳改。
〔二〕出高僧傳卷四支遁傳。
〔三〕「草」字，唐高僧傳作「早」。

能行説爲正，不行何所説。若説不能行，不名爲智者。

所以顔回好學，勤改前非；季路未修，懼聞後語。功勞智擾，役神傷命，爲道日損，何用多知。誓欲枯木其形，死灰其慮。降此患累，以求虚寂。乃作絶學箴，亦名息心贊，擬夫周廟。其銘曰：法界内有如意寶人焉，九緘其口，〔一〕銘其膺曰：古之攝心人也。誡之哉，誡之哉！無多慮，無多知。多知多事，不如息意；多慮多失，不如守一。慮多志散，知多心亂。心亂生惱，志散妨道。勿謂何傷，其苦悠長；勿言何畏，其禍鼎沸。滴水不停，四海將盈。纖塵不拂，五岳將成。防末在本，雖小不輕。關爾七竅，閉爾六情。莫窺於色，莫聽於聲。聞聲者聾，見色者盲。一文一藝，空中小蚋；一伎一能，日下孤燈。英賢才藝，是爲愚弊。捨棄淳樸，躭溺淫麗。識馬易奔，心猨難制。神既勞役，形必損斃。邪逕終迷，修途永泥。英賢才能，〔二〕是日惛懵。誇拙羡巧，其德不弘。名厚行薄，其高速崩。徒舒翰卷，〔三〕其用不恒。内懷憍伐，外致怨憎。或談於口，或書於手。邀人令譽，亦孔之醜。凡謂之吉，聖以之咎。賞悦暫時，悲憂長久。畏影畏迹，逾走逾劇。端坐樹陰，迹滅影沈。厭生患老，隨思隨造。心想若滅，生

〔一〕「九」字原作「久」，據高麗藏本改。

〔二〕「英賢」二字，唐高僧傳作「莫貴」。

〔三〕「徒」字原作「塗」，據唐高僧傳改。

死長絶。不死不生，無相無名。一道虚寂，萬物齊平。何勝何劣，何重何輕，何賤何辱，何貴何榮。〔一〕澄天愧净，皦日慚明。安夫岱岳，固彼金城。敬貽賢哲，斯道利貞。〔二〕

周京師大中興寺釋道安，姓姚氏，馮翊故城人。識悟玄理，早附法門。神氣高朗，挾操清遠。乃作遺誡九章，以訓門人。其辭曰：敬謝諸弟子等。夫出家爲道，至重至難。不可自輕，不可自易。所謂重者，荷道佩德，縈仁負義，奉持净戒，死而後已。所謂難者，絶世離俗，永割親愛，迴情易性，不同於衆。行人所不能行，割人所不能割。忍苦受辱，捐棄軀命。謂之難者，名曰道人。道人者，導人也。〔三〕行必可履，言必可法。被服出家，動爲法則。不貪不諍，不讒不慝。學問高遠，志在玄默。是爲名稱，參位三尊。出賢入聖，滌除精魂。故得君主不望其報，〔四〕父母不望其力。普天之人，莫不歸攝。〔五〕

〔一〕以上四句，高麗藏本前二句與此同，後二句作「何貴何賤，何辱何榮」。唐高僧傳後二句與此同，前二句作「何勝何重，何劣何輕」。

〔二〕出唐高僧傳卷九釋亡名傳。

〔三〕「導人也」，高麗藏本作「仁也」，唐高僧傳作「行道人也」。

〔四〕「主」字原作「王」，據高麗藏本改。

〔五〕「攝」字，唐高僧傳作「揖」。

捐妻減養，〔一〕供奉衣食，屈身俯仰，不辭勞役恨者，〔二〕以其志行清潔，通於神明，惔怕虚白，可奇可貴。故自荒流，〔三〕道法遂替。新學之人，未體法則。棄正著邪，忘其真實。以小黠爲智，以小恭爲足。飽食終日，無所用心。退自推觀，良亦可悲！計今出家，或有年歲，經業未通，文字不決。徒喪一世，無所成名。如此之事，不可深思。無常之限，非旦即夕。三塗苦痛，無强無弱。師徒義深，故以申示。有情之流，可爲永誡。其一曰：卿已出家，永違所生。剃髮毁容，法服加形。辭親之日，上下涕零。割愛崇道，意凌太清。當遵此志，經道修明。如何無心，故存色聲。悠悠竟日，經業不成。德行日損，穢跡遂盈。〔四〕師友慚恥，凡俗所輕。如是出家，徒自辱名。今故誨勵，宜當專精。其二曰：卿已出家，棄俗辭君。應自誨勵，志果清雲。財色不顧，與世不羣。金玉不貴，惟道爲珍。約己守節，甘苦樂貧。進德自度，又能度人。如何改操，趨走風塵。坐不暖席，馳務東西。劇如徭役，縣官所牽。經道不通，戒德不全。朋友嗤弄，同學棄捐。如是出家，徒喪天年。今故誨勵，宜各自憐。其三曰：卿已出

〔一〕「妻」字原作「棄」，據高麗藏本、磧砂藏本、南藏本、嘉興藏本改。
〔二〕「役」字原脱，據高麗藏本補。
〔三〕「故自」原作「自獲」，據高麗藏本改。
〔四〕「跡」字原作「積」，據高麗藏本改。

家，永辭宗族。無親無疏，清淨無欲。吉則不歡，凶則不哭。超然從容，〔一〕豁然離俗。志存玄妙，軌真守樸。得度廣濟，普蒙福禄。如何無心，仍著染濁。〔二〕空諍長短，銖兩斗斛。與世諍利，何異僮僕。經道不明，德行不足。如是出家，徒自毁辱。今故誨示，宜自洗浴。其四曰：卿已出家，號曰道人。父母不敬，君帝不臣。〔三〕普天同奉，事之如神。稽首致敬，不計富貧。尚其清修，自利利人。減割之重，一米七斤。如何怠慢，不能報恩。倚縱遊逸，身意虚煩。無戒食施，死入泰山。燒鐵爲食，融銅灌咽。如斯之痛，法句所陳。今故誨約，宜自改新。其五曰：卿已出家，號曰息心。穢雜不著，唯道是欽。志參清潔，如玉如冰。當修經戒，以濟精神。衆生蒙祐，并度所親。如何無心，隨俗浮沈。縱其四大，恣其五根。道德遂淺，世事更深。如是出家，與世同塵。今故誡約，幸自開神。其六曰：卿已出家，捐世形軀。當務竭情，泥洹合符。〔四〕如何擾動，不樂閑居。經道損耗，世事有餘。清白不履，反入泥塗。過影之命，或在須臾。地獄之痛，難可具書。今故誡勵，宜崇典謨。其七曰：卿已出家，不可自寬。形雖鄙陋，使行可觀。衣服雖麤，坐起令端。飲食雖疏，出言可餐。夏則忍熱，冬則忍寒。能自守節，不

〔一〕「從」字原作「縱」，據高麗藏本改。

〔二〕「濁」字原作「觸」，據唐高僧傳改。

〔三〕「君帝」，高麗藏本作「帝王」，唐高僧傳作「世帝」。

〔四〕「洹」字原作「浪」，據高麗藏本、磧砂藏本、南藏本、嘉興藏本改。

飲盜泉。不肖之供，足不妄前。久處私室，如臨至尊。學雖不多，可齊上賢。如是出家，足報二親。宗族知識，一切蒙恩。今故誡汝，宜各自敦。其八曰：卿已出家，性有昏明。學無多少，要在修精。上士坐禪，中士誦經。下士堪能，塔寺經營。豈可終日，一無所成。立身無聞，可謂徒生。今故誨汝，宜自端情。其九曰：卿已出家，永違二親。道法革性，俗服離身。辭親之日，乍悲乍欣。邈爾絶俗，超出埃塵。〔二〕當修經道，制己履真。如何無心，更染俗因。經道已薄，行無毛分。言非可貴，德非可珍。師友致累，恚恨日殷。如是出家，損法辱身。思之念之，好自將身。〔三〕

齊鄴東大覺寺釋僧範，姓李，平鄉人也。戒德清高，守禁無虧。嘗宿他寺，意欲聞戒。至於十五日説戒之夜，衆議共停説戒，乃爲法集。有僧昇座，將欲竪義。敘云：竪論法相，深會聖言。布薩常聞，擊難爲勝。忽見一神，形高丈餘，貌甚雄峻，壅聳驚人。來到座前，問竪義者：今是何日？荅曰：是布薩日。神即以手搨之，曳之下座，委頓垂死。次問上座，問荅同前，搨還將死。陵害二三上座已，神還掉臂而出。當時道俗，共睹非一。範師既見斯異，乃自勤力，兼策大衆。至於一生，無敢説欲。縱有病

〔二〕「出」字原作「故」，據高麗藏本改。

〔三〕出唐高僧傳卷三十釋道安傳。

重，不堪勝轝，請僧就病人所，恭敬説戒。闔境僧尼，承斯徵誡，至布薩日，亦不虧法。〔一〕右四誡出梁高僧傳。〔二〕

〔一〕出唐高僧傳卷十釋僧範傳。

〔二〕應爲一出梁高僧傳，三出唐高僧傳。

法苑珠林校注卷第四十九

忠孝篇第四十九此有五部

述意部　引證部　太子部　睒子部　業因部

述意部第一

竊聞孝誠忠敬，高邁董黯之賢；〔一〕反慢尊親，罪過王寄之逆。是以木非親母，供則響溢千齡；凡非聖僧，敬則光逾萬代。理應傾心頂戴，獲福無邊。何得起慢高心，反生輕侮也。所以立身行道，揚名於後代。終身盡孝，〔二〕寔建國之前美。故念子路見於孔丘曰：「由侍二親之時，常食藜藿之食。

〔一〕「邁」字原作「柴」，據高麗藏本改。

〔二〕「孝」字原作「者」，據高麗藏本改。

爲親負米百里之外。親没之後，南遊於楚，從車百乘，積粟萬鍾。累茵而坐，列鼎而食。猶願食藜藿之食，爲親負米，不可復得。」〔一〕每感斯言，雖存若亡。父母之恩，云何可報！慈深河海，孝若涓塵。永慕長號，痛貫心首。俗稱乳哺生我肉身，一世之恩尚復難報，況復如來大悲普洽，等同一子，拔除三塗，得離四生，長辭八苦，永御三乘。静思恩重，豈同凡俗。内心崩潰，如焚如灼。情切於理，痛甚刀割。歷劫瞻敬，長薦珍羞，亦未能報須臾之恩。故涅槃經云：「佛有一味大慈悲，愍念衆生如一子。衆生不知佛能救，毁謗如來及法僧。」〔二〕

引證部第二

如末羅王經云：「人問世尊：何等爲父母力？佛言：謂受父母身體乳哺育養之恩，或從地積珍寶，上至二十八天，悉以施人，不如供養父母，是爲父母力。」〔三〕

又增一阿含經云：「爾時世尊告諸比丘：有二法與凡夫人得大功德，成大果報。一、供養父母，二、供養一生補處菩薩。施此二人，獲大功德，受大果報。若復有人以父著左肩上，以母著右肩上，至

〔一〕出孔子家語致思。
〔二〕出大般涅槃經卷三十八。
〔三〕出末羅王經。

千萬歲。衣被飯食，牀榻卧具，病瘦醫藥，即於肩上放屎尿溺，猶不能得報恩。當知父母恩重。施肩之時，將護不失時節，供養孝順。」〔一〕

又地獄經云：「爲人弟子説師僧過者，設師有實，命終必入地獄，噉其舌根。若得好食美果等，不與父母師僧，先自食噉，墮餓鬼中，後生爲人貧窮。若人含毒向師長，入鐵鉞地獄，後生毒蛇中。若惡心學父母師長語，入融銅地獄，後生爲人蹇吃。」〔二〕

又薩婆多論云：「寧破塔壞像，不説他麤罪。若説則破法身。不問前比丘有罪無罪，皆不得説。」〔三〕

又敬師經云：「一日三時應參師進止。若參師來不見時，應持土塊草木以爲記驗。天時若熱，日别三時以扇扇師。若有比丘於彼師所或和尚邊，不生敬心，導説長短，於將來世别有一小地獄，名爲拒撲，當經是中。墮彼處已，一身四頭，身體俱焦。於彼獄處復有諸蟲，名曰鐵嘴，常噉舌根。若從他聞一四句偈，於各千劫取彼和尚阿闍梨等荷擔肩上，或時背負頂戴，亦未能報也。」〔四〕

〔一〕出增一阿含經卷十一。
〔二〕此經已佚。
〔三〕此段出處待考。
〔四〕此段出處待考。

又毗曇論云：「若病人及與説法師，近佛諸菩薩，施者得大果報。」〔一〕

又六度集經云：「昔者菩薩身爲鶴鳥，生子有三。時國大旱，無以食之，自裂腋下肉以濟其命。三子疑曰：斯肉氣味與母身氣相似無異，得無吾母以身肉飼吾等乎！三子愴然，有悲猛之情。又曰：寧殞吾命，不損母體也。於是閉口不食。母睹不食而更索焉。天神歎曰：母慈惠難喻，子孝希有也。諸天祐之，願即從心。佛告諸比丘：鶴母者，吾身是也。三子者，舍利弗、目連、阿難是也。菩薩慈惠，度無極行布施如是。」〔二〕

又四十二章經云：「佛言：飯凡人百，不如飯一善人。飯善人千，不如飯持五戒者一人。飯持五戒者萬人，不如飯一須陀洹。飯須陀洹百萬人，不如飯一斯陀含。飯斯陀含千萬人，不如飯一阿那含。飯阿那含一億人，不如飯一阿羅漢。飯阿羅漢十億人，不如飯辟支佛一人。飯辟支佛百億人，不如以三尊之教度其一世二親。教親千億人，不如飯一佛。學願求佛，欲濟衆生也。飯善人福最大深重。凡人事天地鬼神不如孝其親矣，二親最神也。」〔三〕

又雜寶藏經云：「昔過去久遠，雪山之中，有一鸚䳇，父母都盲，常取好果先奉父母。當於爾時有

〔一〕出雜阿毘曇心論卷八。

〔二〕出六度集經卷三鴿鳥本生。

〔三〕出四十二章經。

一田主，初種穀時，而作願言：所種之穀要與衆生而共噉食。時鸚鵡子以彼田主先有施心，常取其穀以供父母。田主行穀，見有蟲鳥揃穀穗處，瞋恚懊惱，便設羅網，捕得鸚鵡。鸚鵡爾時語田主言：田主先有好心布施，故敢來取。如何今者而見網捕？田主問言：取穀爲誰？鸚鵡荅言：有盲父母，願以奉之。田主語言：自今以後，常於此取，勿生疑難。畜生尚爾孝養父母，豈況於人。佛告比丘：昔鸚鵡者，今我身是。時田主者，舍利弗是。盲父母者，今我父母净飯王、摩耶夫人是。由昔孝養，今得成佛。」〔一〕

太子部第三

如報恩經云：「佛告阿難：過去久遠無量無邊阿僧祇劫，有佛出世，號毗婆尸。入涅槃後，於像法中，波羅柰國王名羅闍，其王統領六十小國。王有太子，作小國王。有一大臣名羅睺羅，心生惡逆，殺害大王并二太子。王最小子作邊國王，仁性調善，天神敬愛。生一太子名須闍提，年始七歲，聰明慈孝，王甚愛念。時神語王：羅睺大臣謀奪國位，收殺父母并殺二兄，軍馬不久當來殺王，今可逃避。王聞是語，心驚毛竪，仰而問曰：卿是何人，但聞其聲，不見其形，所宣實不？即報王言：我是大王守宮

〔一〕出雜寶藏經卷一鸚鵡子供養盲父母緣。

殿神。以王福德，正法治國，不枉人民，故先相告。王宜速出，衰禍不久正爾當至。王聞是已，即入宫中，便自思惟，欲投他國。時向鄰國有其二道：一道計行七日乃到，一道計行十四日至。王即尋辦七日糧食，抱兒而去，夫人隨後。時去忽忽，心意荒錯迷惑，〔一〕誤著十四日道。其路嶮難，復無水草。初發唯將一人食糧，而於今者三人共食。數日糧盡，前路猶遠。王與夫人，舉聲大哭。怪哉！苦哉！我從生來未曾聞有如是苦惱，何其今日身自受之，窮厄並至。舉身投地，自悔言：我等宿世作何惡行，今受此禍。思已大哭，悶絶躃地。復自思念：不可三人併命此死。宜殺夫人，取肉活身，并續子命。念已拔刀欲殺夫人。其子見王欲殺其母，前捉王手，問其因緣。王即涕泣，悲淚滿目，微聲語子：欲殺汝母，取其血肉，以續餘命。若不殺者，亦當自死，我身亦爾。今者死活，竟何所在。爲活子命，欲殺汝母。子白父言：王若殺母，我亦不食。何處有子噉於母肉。既不噉肉，子當俱死。王今宜可殺子取肉，濟父母命。王聞子言，即便悶絶，宛轉躃地，而語子言：子如吾目，何處有人自挑目食。吾寧喪命，終不殺子噉其肉也。子又語父言：若斷子命，肉則臭爛，未得幾日。唯願父母宜可日日就子身上割肉三斤，分作三分，二分奉父母，一分自食，以續身命。父隨子言，割肉三斤，支命進路。二日未到，身肉轉盡，骨節相連，餘命未斷，即便倒地。父母見已，尋前抱持，舉聲大哭，而作是言：我等無狀，横噉汝

〔一〕「錯」字原脱，「惑」字原作「或」，據高麗藏本補改。

肉，使汝苦痛。前路猶遠，未達所在，汝肉已盡。今者併命，聚屍一處。子諫父言：已噉子肉，進路至此。計前里程，餘一日在。子身今者捨命在此。仰願父母，莫如凡人，併命一處。可於子身諸支節間，悉割餘肉，用濟父母，可達所在。父母隨言，割得少肉，分作三分，一分與兒，二分自食。食已別去。子起立住，看父母去。父母爾時舉聲大哭，隨路而去。父母去遠不見，太子戀其父母，目不暫捨。良久躃地，身體血出，蚊虻唼食，楚毒苦痛，不可復言。餘命未斷，發聲立誓，願宿世殃惡，從是除盡。自今已往，更不敢作。今我身肉供養父母，願我父母常得餘福，卧安覺安，不見惡夢，天護人愛。縣官盜賊陰謀消滅，觸事吉祥。餘身血肉，施此諸蟲，皆使飽滿。令我來世得成佛道，施以法食，除汝飢渴生死重病。發是願時，天地大動，日無精光。帝釋見已，即便化作師子虎狼，恐怖太子，欲來搏嚙。〔一〕太子語言：汝欲噉我，隨意取食，何爲見怖。釋即語言：我非師子虎狼之屬，是天帝釋，故來試卿。太子聞已，歡喜無量。釋問太子：汝於今者難捨能捨，能以身肉供養父母，如是功德，願作何等？天王、人王、梵王、魔王耶？太子荅言：我不願此，欲求佛道，度脱一切。天帝釋言：佛道長遠，久受勤苦，然後乃成。汝云何能受如是苦。太子荅言：假使熱鐵在我頭上，終不以苦退於佛道。天帝釋言：汝唯空言，誰當信汝。太子尋即立誓願言：若我欺誑天帝釋者，令我身瘡始終莫合。若不爾者，令我平復，血變

〔一〕「來」字原作「求」，據高麗藏本、磧砂藏本、南藏本、嘉興藏本改。

爲乳。太子誓已，即時身體平復如故，血白爲乳。身體形容，端正倍常。釋即讚言：若得佛道，願先度我。爾時父母到鄰國已，向彼國王具説上事：吾子孝養，身肉供養，其事如是。鄰國聞已，感其慈孝。即與兵衆，遣還歸國，往伐羅睺。父將兵衆，順道還過，與子别處，即自念言：吾子死矣，當收身骨，還歸本國。舉聲悲哭，隨路求覓。遥見太子，身體平復，端正倍常。即前抱持，悲喜交集。語太子言：兒今活耶？爾時太子具以上事向父母説。父母歡喜，共載大象，還歸本國。太子福德慈孝力故，伐得本國。父王即立，太子爲王。佛告阿難：爾時父者，今現我父悦頭檀是。爾時母者，今現我母摩耶夫人是。太子者，今我身是。時帝釋者，今阿若憍陳如是。」〔一〕

睒子部第四

如睒子經云：「過去世時迦夷國中有一長者，無有兒子。夫妻喪目，心願入山，求無上道，修清浄志，信樂空閑。時有菩薩，名一切妙見，心作念言：此人發意微妙，眼無所見。若入山者，必遇枉害。菩薩壽終，願生長者家，名之爲睒。至孝仁慈，奉行十善，晝夜精進。奉事父母，如人事天。年過十歲，睒子長跪白父母言：本發大意，欲入深山，求志空寂無上正真。豈以子故而絶本願。父母取語，便即

〔一〕出大方便佛報恩經卷一。

入山。睒以家中財物皆施貧者，便至山中，以蒲爲屋，施作牀縟。不寒不熱，恒得其宜。入山一年，衆果豐美，食之皆甘。泉水涌出，清而且凉，池華五色。鳥獸音樂，慈心相向，無復害意。睒至孝慈，蹈地恐痛。天神山神，常作人形，晝夜慰勞。睒著鹿皮衣，提瓶取水。麋鹿衆鳥，亦復往飲，不相畏難。時有迦夷國王入山射獵，王見水邊羣鹿，引弓射之，箭誤中睒胸。睒被毒箭，舉聲大呼言：誰持一箭射殺三道人？王聞人聲，即便下馬，往到睒前。睒謂王言：象坐牙死，犀坐角亡，翠爲毛終，麋鹿爲皮害。我今無事，正坐何等死耶？王問睒言：卿是何等人，被鹿皮衣，與禽獸無異。睒言：我是王國人，與盲父母俱來學道。二十餘年，未曾爲虎狼毒蟲所見枉害，今我爲王所射殺。登爾之時，山中暴風忽起，吹折樹木，百鳥悲鳴，師子熊羆走獸之輩，皆大號呼。日無精光，流泉爲竭，衆華萎死，雷電動地。時盲父母驚起相謂曰：睒行取水，經久不還，將無爲毒蟲所害。禽獸號呼，不如常時，風起樹折，必有災異。王時怖懼，大自悔責：我作無狀，本欲射鹿，箭誤相中，射殺道人，其罪甚重。坐貪小肉，而受重殃。我今一國珍寶之物，宫殿伎女，丘郭城邑，以救子命。時王便以手挽拔睒胸，箭深不得出。飛鳥走獸，四面雲集，號呼動山。王益惶怖，三百六十節，節節皆動。睒語言：非王之過，自我宿罪所致。我不惜身命，但憐盲父母，年既衰老，兩目復盲。一旦無我，亦當終没，無瞻視者。以是懊惱，非爲毒痛。王復重言：我寧入泥犁百劫受罪，使睒得活。若子命終，我不還國，便住山中供養卿父母，如卿在時。勿以爲念。諸天龍神皆當證知，不負此誓。睒聞王誓，心喜悦豫，雖死不恨。〔一〕以我父母仰累大王，供養道人，現世罪滅，得福無量。王言：卿語我父母處，及卿未死，使我知之。睒即指示：從此步徑，去此不遠，自當見一草屋，我父母在中。王徐徐行，勿令我父母怖懼。以善權方便，解悟其意。爲我上謝，無常今至，當就後世。不惜我命，但念父母年老，兩目復盲，一旦無我，無所依仰。以是懊惱，用自酷毒。死自常分，宿罪所致，無得脱者。今自懺悔，願罪滅福生，世世相值，不相遠離。願父母終保年壽，勿有憂患。天龍鬼神常隨護助，災害消滅。王領此言，便將數人徑詣父母所。王去之後，睒便奄絶。鳥獸號呼，遶睒屍上，口舐胸血。盲父母聞聲，以益憎怖。王行既疾，觸動草木，肅有人聲。父母驚言：此是何人，非我子行。王言：我是迦夷國王。聞道人在山學道，故來供養。父母言：大王善來。勞屈威尊，遠臨草野。王體安不？宫中夫人太子官屬國民皆安善不？風雨和調，五穀豐足，鄰國不相侵害不？王荅道人言：蒙道人恩，皆自平安。王問訊盲父母言：來在山中，勞心勤苦，樹木之閒，飛鳥走獸，無侵害不？山中寒暑，隨時安不？盲父母言：蒙王厚恩，常自安隱。我有孝子名睒，常與我取果蓏泉水，恒自豐饒。山中風雨和調，無有乏短。我有草席可坐，果蓏可食。睒行取水，且欲來還。王聞傷心淚出，且言：我罪惡無狀，入山射獵。見水邊羣鹿，引弓射之，箭誤中睒，故來相語。父母聞之，舉身

〔一〕「雖」字原作「惟」，據高麗藏本改。

自撲，如大山崩，地乃爲動。王便自前扶牽。父母號哭，仰天自說：我子孝慈，蹈地恐痛。有何等罪，而射殺之。向者風起樹木，百鳥一時悲鳴，疑我子死。父母啼呼，父言：且止。人生必死，不可得却。今且問王，射睒何許，今爲死活。王說：睒言父母感絶我，一旦無子，俱亦當死。」〔一〕依雜寶藏經云：「王便悲泣而說偈言：

我爲斯國王，遊獵於此山。　但欲射禽獸，　不覺中害人。　我今捨王位，　來事盲父母。
與汝子無異，　慎莫生憂苦。

盲父母以偈荅王言：

我子慈孝順，　天上人中無。　王雖見憐愍，　何得如我子。　王當見憐愍，　願將示子處。
得在兒左右，　并命意分足。

於是王將父母向兒所，椎胸懊惱，號咷而言：我子慈仁，孝順無比。天神、山神、樹神、河池諸神，皆向說偈言：〔二〕

釋梵天世主，〔三〕　云何不佐助。　我之孝順子，　使見如此苦。　深感我孝子，　而速救

〔一〕出睒子經。
〔二〕「偈」字原脱，據高麗藏本補。
〔三〕「主」字原作「王」，據高麗藏本改。

濟命。」〔一〕

又睒子經云：「願王牽我二人，往臨屍上。王即牽盲父母往到屍上。父抱其脚，母抱其頭，仰天大呼。母便以舌舐睒胸瘡，願毒入我口。我年已老，目無所見，以身代子。睒活我死，死不恨也。睒若至孝天地所知者，箭當拔出，毒藥當除，睒當更生。於是第二忉利天王坐即爲動，以天眼見二道人抱子呼哭，乃聞第四兜率天宫皆動。釋梵四天王即從第四天王如人屈伸臂頃，來下睒前，以神藥灌睒口中。藥入睒口，箭自拔出，更活如故。父母驚喜，見睒已死更活，兩目皆開。飛鳥走獸皆大歡喜，風息雲消，日爲重光。泉水涌出，衆華五色，樹木華榮，倍於常時。王大歡喜，不能自勝。禮天帝釋，還禮父母及與睒子，願以國財以上道人。睒曰：王欲報恩者，〔二〕王且還國，安隱人民，皆令奉戒。王勿復射獵，夭傷蟲獸。現世身不安隱，壽盡當入泥犁中。人居世間，恩愛暫有，别離久長，不可常保。王宿有功德，今得爲王。莫以得自在故，而自放逸。王自悔責，從今已後，當如睒教。從者數百，皆大踴躍，奉持五戒。王辭還宫，令國中諸有盲父母如睒比者，當得供養，不得捐捨。犯者重罪。於是國中皆如王教，奉持五戒十善，死得生天，無入三惡道。佛告阿難：宿世睒者，我身是也。盲父者，今父王悅頭檀王是。盲母

〔一〕出雜寶藏經卷一王子以肉濟父母緣。

〔二〕「報」字原脱，據高麗藏本補。

者，夫人摩耶是。迦夷國王者，阿難是也。時天帝釋者，彌勒是。使我疾成無上正真道者，皆由孝德也。」〔一〕

業因部第五

如雜寶藏經云：「佛言：若人於父母所，作少供養，獲福無量。少作不順，罪亦無量。我於過去久遠世時，生波羅柰國爲長者子，字慈童女。其父早喪，與母共居。家貧賣薪，日得兩錢，奉養於母。方計轉勝，日得四錢，以供於母。遂復漸差，日得八錢，供養於母。後人投趣，獲利轉多，日得十六錢，〔二〕奉給於母。衆人見其聰明福德，皆來勸之，入海採寶。聞已白母。母見慈孝，謂不能去，戲語之言：聽汝入海。兒即結伴，尅日已定，辭去。母即抱兒啼哭而言：不待我死，何由得去。兒已許他，恐負言信，便自掣出，絶母頭髮，傷數十根。遂去入海，多得寶還。至於中路，徒伴在前，童女獨後，失伴錯道。到一山中，見琉璃城，飢渴往趣。有四玉女擎四如意珠，作唱伎樂，出城來迎。四萬歲中，受大快樂。後復生厭心，捨之而去。見玻瓈城，〔三〕有八玉女擎八如意珠，作樂來迎。八萬歲中，極大歡喜。後厭捨

〔一〕出睒子經。

〔二〕「得」字原作「一」，據高麗藏本改。

〔三〕「玻瓈」原作「頗棃」，據高麗藏本、磧砂藏本、南藏本、嘉興藏本改。下同。

去，至白銀城，有十六玉女擎十六如意珠，如前來迎。十六萬歲，受大快樂。後復捨去，至黄金城，有三十二玉女擎三十二如意珠，如前來迎。三十二萬歲，受大快樂。後厭捨去，到一鐵城。入見一人頭戴火輪，捨著童女頭上而去。時慈童女即問獄卒：我戴此輪，何時可脱？獄卒荅言：世間有人作罪福業，如汝入海經歷諸城，〔一〕然後當來代汝受罪。若無代者，終不墮地。復問：我昔作何罪福？獄卒荅言：汝昔兩錢供養母故，得瑠璃城四如意珠及四玉女，四萬歲中，受其快樂。四錢供母，得玻瓈城八如意珠及八玉女，八萬歲中受諸快樂。八錢供母，得白銀城十六如意珠、十六玉女，十六萬歲，受諸快樂。以十六錢供養母故，得黄金城，有三十二如意珠、三十二玉女，三十二萬歲，受大快樂。以絶母髮，今得鐵城火輪之報。有人代汝，乃可得脱。復問獄卒：今此獄中頗有受罪如我比不？荅言：無量不可稱計。聞已念言：我會不免。願使一切應受苦者，盡集我身。作是念已，鐵輪即墮。獄卒見已，鐵叉打頭，尋即命終，生兜率天。佛告比丘：昔慈童女，今我身是。以是因緣，於父母所少作善惡，獲報無量。是故應勤供養父母。」〔二〕

〔一〕「汝」字原脱，據高麗藏本補。

〔二〕出雜寶藏經卷一慈童女緣。

又成實論云：「如於佛諸聖人及父母等起善惡業，〔一〕則受現報。」〔二〕

又文殊問經：「佛説偈云：

日月照諸華，無有恩報想。如來無所取，不求報亦然。」〔三〕

頌曰：

入朝輔主，立志存忠。居家事親，敬誠孝終。況佛大恩，普濟無窮。酬恩報德，豈惰虔躬。

感應緣略引一十五驗

舜子有事父之感

郭巨有養母之感

丁蘭有刻木之感

〔一〕「於」字上原衍「來」字，下原脱「佛」字，據成實論刪補。

〔二〕出成實論卷八三報業品。

〔三〕出文殊師利問經卷下雜問品。

董永有自賣之感
陳遺有焦飯之感
姜詩有取水之感
吴逵有供葬之感
蕭固有延葬之感
咸沖有哀慟之感
虚之有疾愈之感
伯瑜有泣哀之感
石奢有代死之感
孝婦有養姑之感
雄女有投水之感
千石有墳墓之感

舜父有目失，始時微微。至後妻之言：舜有井穴之。〔一〕舜父在家貧厄，邑市而居。舜父夜卧，夢見一鳳凰，自名爲雞，口銜米以哺己。言雞爲子孫，視之如鳳凰。黄帝夢書言之，此子孫當有貴者，舜占猶也。比年糴稻，穀中有錢，舜也。乃三日三夜，仰天自告過因。至是聽常與市者聲，故二人舜前舐之，目霍然開見舜，〔二〕感傷市人。大聖至孝，道所神明矣。

郭巨，河内温人，甚富。父没，分財二千萬爲兩分，與兩弟，〔三〕己獨取母供養。住自比鄰有凶宅，無人居者，共推與居無患。妻生男，慮養之則妨供養，乃令妻抱兒，已掘地欲埋之，於土中得一釜黄金，金上有鐵券曰：賜孝子郭巨。〔四〕

丁蘭，河内野王人也，年十五喪母，刻木作母事之，供養如生。蘭妻夜火灼母面，母面發瘡。經二日，妻頭髮自落，如刀鋸截，然後謝過。蘭移母大道，使妻從服三年拜伏。一夜忽如風雨，而母自還。鄰人所假借，母顔和即與，不和則不與。鄭緝之孝子傳曰：「蘭妻誤燒母面，即夢見母痛。人有求索，許不，先白母。鄰人

〔一〕「之」字原作「乏」，據高麗藏本改。

〔二〕馬驌繹史卷十注引劉向孝子傳，自「舜父夜卧」至「目霍然開」。

〔三〕「與兩」二字原闕，據太平御覽引劉向孝子圖補。

〔四〕見太平御覽卷四一一引劉向孝子圖。

曰：枯木何知，遂用刀斫木母，流血。蘭還悲號，〔一〕造服行喪。廷尉以木減死，宣帝嘉之，拜太中大夫者也。」

董永者，鄭緝之孝子感通傳曰：「永是千乘人。」少偏孤，與父居。乃肆力田畝，鹿車載父自隨。父終，自賣於富公，以供喪事。道逢一女，呼與語云：願爲君妻。遂俱至富公。富公曰：女爲誰？荅曰：永妻。欲助償債。公曰：汝織三百疋遣汝。一旬乃畢。女出門謂永曰：我天女也，天令我助子償人債耳。語畢，忽然不知所在。〔二〕右此四驗出劉向孝子傳。

陳遺，吴人，少爲郡吏。母好食鐺底焦飯，遺在役，恒帶囊，每煮食，録其焦貽母。後孫恩亂，聚得數升，恒帶自隨。及敗，〔三〕多有餓死者，遺得活。〔四〕母晝夜泣，憶遺，目爲失明，耳爲無聞。遺還入再拜號泣，母目豁明。〔五〕右此一驗出宋躬孝子傳。〔六〕

姜詩，字士遊，廣漢雒人。母好飲江水，兒常取水，溺死。婦痛惜，恐母知，誑云行學。歲歲作衣，

〔一〕「悲」字原脱，據高麗藏本補。

〔二〕見太平御覽卷四一一引劉向孝子圖，較此爲詳。

〔三〕「敗」字，太平御覽引作「逃竄」。

〔四〕「遺」字下，太平御覽引有「食此」二字。

〔五〕此句太平御覽引作「母豁然有聞見」。

〔六〕「宋躬」原作「宋射」，據高麗藏本改。下虚之有疾愈之感條後又作「宋躬之」。

投於江中。俄而泉涌出於舍側，味如江水甘美，旦出鯉魚一雙。〔一〕右此一驗出東觀漢記。

吴逵，吴興人也。孫恩亂後，兄弟嫂從有十三喪，家貧壁立，冬無被袴。晝則傭書，夜還作塼。夫妻執事，無食自暇。期年辦七墓十三棺，逆取傭直，以供葬事。鄰人乃悉折以爲賻，一無所取，躬耕償之。晉義熙三年，太守張崇禮辟之。

蕭固，字秀異，東海蘭陵人，何十四世孫，舊居沛。何陪長陵，因家關中。少有孝謹，遭喪六年，雉鵠遊狎其庭，〔二〕麞鹿入其門墻。徵聘不就。固子芝，〔三〕字英髦，孝心醇至，除尚書郎。有雉數十餘啄宿其上。〔四〕嘗上直送至路，雉飛鳴車側。右此二驗出鄭緝之傳。〔五〕

吴中書郎咸沖至孝。〔六〕母王氏失明，沖暫行，敕婢爲母作食。乃取蠐螬蟲蒸食之。王氏甚以爲美，不知是何物。兒還，王氏語曰：汝行後，婢進吾一食，甚甘美極，然非魚非肉。汝試問之。既而問

〔一〕出東觀漢記。
〔二〕「庭」字原脱，據高麗藏本補。
〔三〕蕭芝事見太平御覽卷九一七引蕭廣濟孝子傳。
〔四〕「啄」字原作「喙」，據高麗藏本改。
〔五〕鄭緝之孝子傳已佚。
〔六〕「咸沖」，太平御覽卷四一一引作「盛仲」，又卷九四八引作「盛沖」。

婢，婢服實是螬蠐。沖抱母慟哭，母目霍然開明。〔二〕右此一驗出祖台志怪。

王虛之，〔三〕廬陵西昌人。年十三喪母，三十喪父。二十年鹽酢不入口，病著牀。〔三〕忽有一人來問病，謂之曰：君病尋差。〔四〕俄而不見。又所住屋夜有光，庭中橘樹隆冬生實。〔五〕病果尋愈。咸以至孝所感。〔六〕右此一驗出宋躬之孝子傳。

韓伯瑜有過，其母笞之，泣，母曰：他日未嘗泣，今何泣也？對曰：他日瑜得笞常痛，今母力衰，不能使痛，是以泣也。〔七〕

石奢，楚人，事親孝。昭王時爲令尹，行道，遥見有殺人者，追之，乃其父也。奢縱父而還自繫獄，使人言於王曰：夫以父立政，不孝廢法，縱罪不忠，請死贖父。遂因自刎。〔八〕右此二驗出説苑録。

〔一〕太平御覽卷四一一引，又卷九四八引。
〔二〕「王虛之」，太平御覽引作「王靈之」。
〔三〕「病」字上，太平御覽引有「被」字。
〔四〕「君病尋差」，太平御覽引作「湌橘當差」。
〔五〕「生」字，高麗藏本、磧砂藏本、南藏本作「三」，太平御覽引作「乃有三」三字。
〔六〕太平御覽卷四一一引。
〔七〕出説苑卷三。
〔八〕今本説苑無此文。事見史記卷一一九。

漢書載東海孝婦養姑甚謹，姑曰：婦養我勤苦，我已老，何惜餘年，久累年少。遂自縊死。其女告官云：婦殺我母。官收繫之，栲掠治毒。孝婦不堪楚毒，自謀伏之。〔一〕時于公爲獄吏，曰：此婦養姑十餘年，以孝聞徹，必不殺也。太守不聽。于公争不得理，抱其獄辭，哭於府而去。自後郡中枯旱三年。後太守至，思求其所咎。于公曰：孝婦不當死，前太守枉殺之，咎當在此。太守即時身祭孝婦之墓，未反而大雨焉。長老傳云：孝婦名周青。〔二〕青將死，車載十丈竹竿，以懸五旛，立誓於衆曰：青若有罪，願殺，血當順下。青若枉死，血當逆流。既行刑已，其血青黄，緣旛竹而上極標，又緣旛而下云爾。〔三〕

犍爲符先泥和，其女者名雄。泥和至永建元年爲縣功曹。縣長趙祉遣泥和拜檄謁巴郡太守。以十月乘船，於城湍墮水死，屍喪不得。雄哀慟號咷，命不圖存。告弟賢及夫，〔四〕令勤覓父屍。若求不得，吾欲自沈覓之。時雄年二十七，有子男貢年五歲，貰三歲。又爲作繡香囊一枚，盛金珠環，預嬰二子。哀號之聲，不絶於口，昆族私憂。至十二月十五日，父喪未得。雄乘小船，於父墮處哭數聲，竟自

〔一〕「謀伏」二字原作「服謀」，據高麗藏本、磧砂藏本、南藏本、嘉興藏本改。

〔二〕「周」字原作「用」，據搜神記改。

〔三〕出搜神記卷十一。

〔四〕「夫」字下原衍「人」字，據高麗藏本删。

投水中，旋流没底。見夢告弟，至二十一日與父俱出。投期如夢，與父相持，並浮出江。縣長表言，郡太守肅登承上尚書，遣户曹掾爲雄立碑，圖像其形，令知誌孝。〔一〕右二驗出搜神記。

唐慈州刺史太原王千石，性自仁孝，以沈謹所稱。〔三〕尤精内典，信心練行。貞觀六年父憂，居喪過禮，一食長齋，柴形毁骨。立廬於墓左，負土成墳。夜中常誦佛經，宵分不寢。每聞擊磬之聲，非常清徹，兼有異香，延及數里。道俗聞者，莫不驚異。右一驗出冥報拾遺。

不孝篇第五十此有四部

述意部　五逆部　婦逆部　棄父部

述意部第一

夫以立忠立孝，所以揚名於後世；行逆行乖，所以受報於來苦。孝逆昇沈，善惡胡越。故大慈愍

〔一〕出搜神記卷十一。

〔三〕「所」字，高麗藏本作「見」。

闍王之凶勃，譬羅雲之善徵。將恐不孝毒火，無由而滅，惡逆重闇，開了未期。譬如牢獄重囚，具嬰衆苦。抱長枷，穿大械，帶金鉗，負鐵鎖。捶撲其軀，膿瘡穢爛，周徧形骸，臭惡纏匝。而欲以此狀求見慈父，懇誡難覩也。

五逆部第二

如智度論云：「佛弟子提婆達多是佛堂弟，出家學道，誦得六萬法聚，精進修行，滿十二年。其後爲供養故，來至佛所，〔一〕求學神通。佛告憍曇：汝觀五陰無常，可以得道，亦得神通。而不爲説取通之法。出求舍利弗、目揵連乃至五百阿羅漢，皆不爲説。但言：汝當觀五陰無常，可以得道，可以得通。是時阿難未得他心智，如佛所言，以授提婆達多。提婆達多受學通法已，入山不久，便得五通。得五通已，自念：誰當與我作檀越者？知王子阿闍世有大王相，欲與爲親厚。到天上取天食，還鬱單越取自然粳米，至閻浮林中取閻浮果，與王子阿闍世。或自變其身作象寶馬寶，以惑其心。或作嬰孩，種種變態，以動其心。王子意惑，於柰園中大立精舍，四種供養，并種種雜供，無物不備，以給提婆達多。日日率諸大臣，自送五百釜羹餅。提婆達多大得供養，而徒衆鮮少。自念：我有三十相，減佛未幾，直

〔一〕「來」字原作「求」，據高麗藏本改。

以弟子未集。若大衆圍遶，與佛何異。如是思惟已，生心破僧得五百弟子。〔一〕舍利弗、目揵連説法教化，僧還和合。爾時提婆達多便生惡心，推山壓佛。金剛力士以金剛杵而遥擲之，碎石迸來，傷佛足指。華色比丘尼呵之，復以拳打尼，尼即時眼出而死。作三逆罪，與惡邪師富蘭那外道等親厚，斷諸善根，心無悔恨。復以惡毒著指爪中，欲因禮佛以中傷佛。欲去未到，於王舍城中地自然破裂，火車來迎，生入地獄。提婆達多身有三十相而不能忍伏其心，爲供養利故而作大罪，生入地獄。」〔二〕

又涅槃經云：「善星比丘雖復讀誦十二部經，獲得四禪，乃至不解一偈一句一字之義，親近惡友，退失四禪。退四禪已，生惡邪見。作如是説：無佛無法，無有涅槃。沙門瞿曇善知相法，是故能知他人心。乃至爾時如來即與迦葉往善星所。善星比丘遥見我來，見已，即生惡邪之心。以惡心故，生身陷入阿鼻地獄。」〔三〕

又如智度論説：「鬱陀羅伽仙人得五神通，日日飛到國王宫中食。王大夫人如其國法，捉足而禮。夫人手觸，即失神通。從王求車乘駕而出，還其本處，入樹林間，更求五通，乃至爲鳥急鳴，以亂其意。捨樹至水邊求定，復聞魚鬬動水之聲。此人求禪不得，即生瞋恚：我當盡殺魚鳥。此人久後思惟得

〔一〕「得」字原闕，據大智度論補。

〔二〕出大智度論卷十四。

〔三〕出大般涅槃經卷三十三。

定，生非有想非無想處。於彼壽盡，下生作飛狸，殺諸魚鳥，作無量罪，墮三惡道。」又云：「有一比丘坐得四禪，生增上慢，謂得阿羅漢。恃是而止，不復求進。命欲終時，見有四禪中陰相來，便生邪見，謂無涅槃，佛爲欺我。惡邪生故，即失四禪中陰，便見阿鼻地獄泥犁中陰相來。命終即生阿鼻地獄。佛爲說偈云：

多聞持戒禪，　未得無漏法。　雖有此功德，　此事不可信。」〔一〕

又未生怨經云：「調達嫉佛徒衆，還告太子未生怨曰：汝父國寶，以貢佛僧，國藏空竭，可早圖之。即位爲王，吾興師往征佛也。子可爲王，吾當爲佛，兩得其所，不亦善乎！則敕勢臣，奪其印綬，付王獄禁。王意恬然，照知宿殃，心無恐懼，重信佛言。王曰：吾有何過而罪我乎！皇后貴人，率土巨細，莫不哀慟。王顧哭者曰：佛說天地日月，須彌山海，有成必敗。盛者即衰，合會有離，生者必死，輪轉無際。身尚不保，何國之常。王謂太子曰：汝每有疾，吾爲焦心，欲以身命救危代汝。親之仁恩，唯天爲上。汝懷何心，忍爲逆惡。夫殺親者，死入泰山。吾是爾尊，以國惠汝。吾欲至佛，請作沙門。太子曰：汝莫多云。吾獲宿願，豈有赦哉！敕獄吏曰：絶其餉食，以餓殺之。瓶沙王向佛所在，稽首重拜曰：子有天地之惡，吾無絲髮之忿。被髮仰天呼曰：痛乎，天豈有斯道哉！舉國巨細，靡不哀慟。后

〔一〕出大智度論卷十七。

謂太子曰：大王桎梏，處在牢獄，坐卧須人。欲見大王，寧可不乎！太子曰：可。后净身澡浴，以蜜麨塗身，入見大王。面貌瘦瘠，不識本形。后曰：佛説榮樂無常，罪苦有恒。王曰：獄吏絶餉，飢渴日久。身有八十户，户有數百種蟲，擾吾腹中，血肉消盡，壽命且窮。言之哽咽，息絶復連。〔一〕后曰：具照斯艱。〔二〕妾以麨蜜塗身，可就食之。當惟佛誡，無忽憂心。王食畢已，向佛所在，哽咽稽首。佛説榮福難保，如幻如夢。誡如尊教。吾不懼死，唯恨不面稟佛清化，與鶖鷺子、目連、大迦葉講尊道奧。佛王謂后曰：如目連等，衆惱已除，得六神通，尚爲貪嫉梵志所捶，豈況吾哉！爲惡殃追，人猶影響。佛時難遇，神化難聞。稟其清化，誡亦難值。吾今死矣，遷神遠逝。夫欲建志，莫尚佛教。〔三〕汝慎守之，防來禍矣。后聞王誡，重更哀慟。爾時太子詰獄吏曰：絶王食久，不死何爲。對曰：皇后入獄，身塗麨蜜，貢以延命。太子曰：自今莫令后見王身。王飢勢起，向佛所在稽首，即爲不飢。夜時爲明，太子聞之，令塞窗牖，削其足底，無令得起，而睹佛明。有司即削足底，其痛無量，念佛不忘。佛遥爲王説經曰：夫善惡行，殃福歸身，可不慎矣。瓶沙對曰：若當支解，寸斬於體，終不念惡。世尊重曰：吾今爲

〔一〕「復」字原作「腹」，據高麗藏本改。
〔二〕「具照斯艱」原作「具招斯報」，據高麗藏本改。
〔三〕「尚」字原作「向」，據高麗藏本、磧砂藏本、南藏本、嘉興藏本改。

佛，大千日月天地鬼龍，靡不稽首。宿之餘殃，于今不釋，豈況凡庶，具照宿殃。〔一〕王即叉手向佛遥稽首：〔二〕今日命終，永替神化。嘟咿哽咽，斯須息絶。舉國臣民，靡不躃踴，呼天柰何。瓶沙大王即得道跡，上生天上，三道門塞，諸障滅矣。」〔三〕

述曰：闍王後悔，殷誠重懺，具如涅槃，不可備録。據迹似實，約權俱化。故依菩薩本行經云：「佛告阿闍世王：殺父惡逆之罪，用向如來改悔，故在地獄中當受世間五百日罪，便當得脱。唯當自責，改往修來，莫用愁憂。王聞歡喜，不能自勝。」〔四〕

又雜寶藏經云：「昔迦默國鳩陀扇村中有一老母，唯有一子。其子勃逆，不修仁孝。以瞋母故，舉手向母，適打一下。即日出行，遇逢於賊，折其一臂。不孝之罪，尋即現報，苦痛如是。後地獄苦，不可稱計也。」〔五〕

又百緣經云：「佛在世時，舍衛城中有一長者婆羅門，婦産一男兒，容貌弊惡，身體臭穢。飲母乳

〔一〕「照」字原作「招」，據高麗藏本改。
〔二〕「佛」字原脱，據高麗藏本補。
〔三〕出未生怨經。
〔四〕出菩薩本行經卷中。
〔五〕出雜寶藏經卷九不孝子受苦報緣。

時，能使乳敗。若飲餘者，亦皆敗壞。唯以酥蜜塗指令舐，得濟軀命。因爲立字，名曰得飽。後漸長大，求佛出家。佛告：善來比丘。鬚髮自落，法服著身，便成沙門。精勤修習，得阿羅漢果。而行乞食，亦不獲得。便自悔責，入其塔中，見少坌汙，即便掃灑。時到乞食，即便豐足。心懷歡喜，白衆僧言：從今以往，衆僧塔寺，聽我掃灑。僧即聽許。後於一日，眠不覺曉。舍利弗見佛塔中有少塵坌，即便掃之。時黎軍支便從眠寤，見舍利弗掃，竟心懷悵恨，語舍利弗：汝掃我地，令我今者飢困一日。時舍利弗聞是語已，而告之言：我今自當共汝入城受請，可得飽滿，汝勿憂也。聞已心泰。受請時到，共舍利弗入城受請。正值檀越夫妻鬭諍，竟不得食，飢餓而還。時舍利弗於第二日復更語言：我於今朝當自將汝，受長者請，令汝飽足。時到將往，其上中下座，皆悉得食，唯此一人獨不得食。高聲唱言：我不得食。爾時主人都無聞者，飢困而還。爾時阿難聞已深憐，於第三日語言：我於今朝隨佛受請，爲汝取食，足使飽滿。然阿難受持如來八萬四千諸法藏門，未曾漏脱。今故爲此黎軍支比丘取其飲食，忽然不憶，〔一〕空鉢而還。於第四日阿難復爲取食，還其所止。道逢惡狗所齰嚙，飲食棄地，空鉢而還。於第五日大目揵連復爲取食，中道爲金翅鳥王見，爲搏嚙，合鉢將去，置大海中。復不得食。於第六日時舍利弗復爲取食，到彼房門，門自然閉。復以神力入其房内，踴出其前。失鉢墮地，至金剛

〔一〕「然」字原脱，據高麗藏本補。

際。復以神力申手取鉢。其口復噤，竟不能食。時日已過，口輒自開。於第七日竟不得食，極生慚愧。於四衆前餐沙飲水，即入涅槃。時諸比丘見是事已，怪其所由，請佛説本因緣。佛告比丘：乃往過去無量世中，有佛出世，號曰帝幢。將諸比丘遊行教化。時有長者，名曰瞿彌，見佛及僧，深生信敬，請來供養。日日如是。便經父亡，母故惠施。子悋不聽，乃至計食與母。母故分減施佛及僧。子聞瞋恚，即便捉母，閉著空室，鏁户棄去。至七日頭，母極飢困，從子索食。兒荅母曰：何如餐沙飲水足活，今者何爲索食。語已捨去，竟不得食。母便去世。其子命終，入阿鼻獄，受苦畢已，還生人中，飢困如是。然由往昔供養佛故，今得值我出家得道。比丘聞已，歡喜奉行。」〔一〕

又新婆沙論云：「昔有暴惡者，令母執器，自搆牛乳。搆便過量，母止之言：餘者可留以乳犢子。其人既聞，忽生瞋忿，以手搦乳，散其母面，墮著母身。乳滴多少，惡業力故，即令彼人身上還生爾所白癩。」〔二〕

婦逆部第三

如雜寶藏經云：「昔有一婦，稟性佷戾，不順禮度。每所云爲，常與姑反。後方作計，教其夫主，自

〔一〕出撰集百緣經卷十黎軍支比丘緣。

〔二〕出阿毘達磨大毘婆沙論卷一一四。

殺其母。其夫愚癡，即用婦語。便將其母至曠野中，結縛手足，將欲加害。罪逆之甚，感徹上天。雲霧四合，爲下霹靂，霹殺其兒，母即還家。其婦開門，謂是夫主，問言：殺未？姑荅：已殺。至於明日，方知夫死，不孝之罪，現報如是。後入地獄，受苦無量。」〔一〕

棄父部第四

如雜寶藏經云：「爾時世尊而作是言：恭敬宿老，有大利益，而常讚歎恭敬父母、耆長、宿老。不但今日。我於過去久遠，有國名棄老國。彼國土中有老人者，皆遠驅棄。有一大臣，其父年老，依如國法，應在驅遣。大臣孝順，心所不忍。乃深掘地，作一密窟，置父著中，隨時孝養。爾時天神捉持二蛇，著王殿上，而作是言：若別雄雌，汝國得安。若不別者，汝身及國七日之後，悉當覆滅。王聞是已，心懷懊惱。即與羣臣參議斯事，各自陳謝，稱不能別。即募國界，誰能別者，厚加爵賞。大臣歸家，往問其父。父荅子言：此事易別。以細軟物停蛇著上，其躁嬈者當知是雄，住不動者當知是雌。故律云：「白疊試蛇，去住不同也。」即如其言，果別雄雌。天神復問言：誰於睡者名之爲寤，誰於寤者名之爲睡？王與羣臣復不能辯。大臣問父：此是何言？父言：此名學人，於諸凡夫名爲覺者，於諸羅漢名之爲睡。

〔一〕出雜寶藏經卷九不孝婦欲害其姑反殺其夫緣。

即如其言以荅。天神又復問言：此大白象有幾斤兩？羣臣共議，無能知者。大臣問父。父言：置象船上，著大池中，畫水齊船，深淺幾許。即以此船量石著中，〔一〕水没齊畫，則知斤兩。即以此智以荅。天神又復問言：以一掬水多於大海，誰能知之？羣臣共議，又不能解。大臣問父。父言：此是何語？此語易解。若有人能信心清浄，以一掬水施於佛僧及以父母困厄病人，以此功德，數千萬劫受福無窮。海水極多，不過一劫。推此言之，一掬之水百千萬倍多於大海。即以此言用荅天神。天神復化作餓人，連骸拄骨而來問言：世頗有人飢窮瘦苦，劇於我不？羣臣思量，復不能荅。復以狀問父。父荅子言：世閒有人慳貪嫉妬，不信三寶，不能供養父母師長，將來之世，墮餓鬼中，百千萬歲，不聞水穀之名。身如太山，腹如大谷，咽如細針，髮如錐刀，纏身至脚。舉動之時，支節火然。如此之人，劇汝飢苦百千萬倍。即以斯言，用荅天神。天神又化作一人，手脚杻械，項復著鏁，身中火出，舉體焦爛，而又問言：世頗有人苦劇我不？羣臣率爾，無知荅者。大臣復問其父，父即荅言：世閒有人，不孝父母，逆害師長，叛於夫主，誹謗三尊，將來之世，墮於地獄，刀山劍樹，火車鑪炭，灰河沸屎，刀道火道。如是衆苦，無量無邊，不可計數。以此方之，劇汝困苦百千萬倍。即如其言，以荅天神。天神又化作一女人，端正瓌瑋，踰於世人，而又問言：世閒頗有端正之人似我者不？羣臣默然，無能荅者。臣復問父。父

〔一〕「此」字原作「世」，據高麗藏本、磧砂藏本、南藏本、嘉興藏本改。

時荅言：世間有人，信敬三寶，孝順父母，好施忍辱，精勤持戒，得生天上，〔一〕端正殊特，過於汝身百千萬倍。以此方之，如瞎獼猴。復以此言以荅天神。天神又以一栴檀木方之正等，又復問言：何者是頭？羣臣智力，無能荅者。臣又問父。父荅言：易知。放著水中，根者必沉，尾者必舉。即以其言，用荅天神。天神又以二白騲馬，形色無異，而復問言：誰母誰子？羣臣亦復無能荅者。復問其父。父荅言：與草令食，若是母者，必推草與子。如是所問，悉皆荅之。天神歡喜，大遺王珍奇財寶，而語王言：汝今國土，我當擁護，令諸外敵不能侵害。王聞是已，極大踴悦，而問臣言：爲是自知，有人教汝？賴汝大智，國土獲安，既得珍寶，又許擁護，是汝之力。臣荅王言：非臣之智，願施無畏，乃敢具陳。王言：設汝今有萬死之罪，猶尚不問，況小罪過。臣白王言：國有制令，不聽養老。臣有老父，不忍驅遣，致犯王法，藏著地中。臣來應荅，盡是父智，非臣之力。唯願大王一切國土，還聽養老。王即歎美，心生喜悦，奉養臣父，尊以爲師。濟我國家一切人命。如此利益，非我所知。即便宣令，普告天下，不聽棄老，仰令孝養。其有不孝父母，不敬師長，當加大罪。爾時父者，我身是也。爾時大臣者，舍利弗是。爾時王者，阿闍世是也。爾時天神者，阿難是也。」〔二〕故俗云：養老乞言，即其是也。

又雜寶藏經云：「昔者世尊語諸比丘：當知往昔波羅柰國有不善法，流行於世。父年六十，與著

〔一〕「生」字原作「上」，據高麗藏本、南藏本改。

〔二〕出雜寶藏經卷一棄老因緣。

敷綱，〔一〕使守門户。爾時兄弟二人，兄語弟言：汝與父敷綱，使令守門。屋中唯有一敷綱，小弟便截半與父而白父言：大兄與父，非我所與。大兄教父使守門屋。兄向弟言：何不盡與敷綱，截半與之？弟荅兄言：適有一敷綱，不截半與，後更何處得。兄問弟言：欲更與誰？弟言：豈可得不留與兄耶？兄言：何以與我？弟言：汝當年老，汝子亦當安汝置於門中。兄聞此語，驚愕曰：我亦當如是耶？弟言：誰當代汝？便語兄言：如此惡法，宜共除捨。兄弟相將共至輔相所，以此言論向輔相説。輔相荅言：實爾。我等亦共有老。輔相啓王，王可此語，宣令國界，孝養父母，斷先非法，不聽更爾。」〔二〕

又優婆塞戒經云：「是五逆罪，殺父則輕，殺母則重。殺阿羅漢重於殺母。出佛身血重於殺阿羅漢，破僧復重出佛身血。」〔三〕

頌曰：

君愛忠臣，父憐孝子。況佛大慈，拔苦樂彼。不荷其恩，害親存己。一墜幽塗，累劫終始。

〔一〕「綱」字原作「屢」，據高麗藏本改。下同。

〔二〕出雜寶藏經卷二波羅捺國弟微諫兄遂徹丞相勸王教化天下緣。

〔三〕出優婆塞戒經卷七業品。

感應緣如是五逆及惡心向三寶，現遭殃咎者無量，並散在諸篇。今略述三不孝現報之驗也。

周王彥偉

齊何君平

隋婦養姑

周時有人姓王，字彥偉，河南人。爲性凶惡，好遊獵。父母孤養，憐愛極重。每諫不許共惡人交遊，復抑不聽射獵，恐損身命，不存係嗣。偉不從父訓，常獵不止。兼逐惡人，恒爲麤過。父母既見不止凶行，罰杖五十，身瘡不得出。以恨父母，伺夜眠之後，密以土袋壓父母口，加身坐上，望氣不出，意令遣死，無有瘡瘢，〔一〕將爲卒亡，不猜己身。忽見有鬼來入堂内，震動家内，大小並覺，翻偉牀前。偉便仰卧，土袋已在偉腹。父母穌覺，遂挽兒腹上土袋，不能去身。偉復見鬼壓土袋上，極困垂死，唱叫救命。合家大小及以鄰人併力挽之，必竟不移。偉聲不出，但得以首叩頭，合掌而卒。

齊何君平，相州人。母裴氏，少年誕平，後更不孕。父母憐愛，劇同眼目。父母憐重，平長大不多

〔一〕「有」字原作「其」，據高麗藏本改。

教學問，縱暴自遊。年至二十，父母憐愛，不聽别室。父因使出行，經年方還。父行去後，母憐共私。〔二〕父還到舍，共母殺父，埋之後園，誑他道父未還。天雷霹父屍出，然後霹平身，身上具題因緣。親鄰告官，聞徹天聽，敕殺裴氏，暴屍不聽收埋。右二驗見歸心録也。〔三〕

隋大業中，河南人婦女養姑不孝。姑兩目盲，婦以蚯蚓爲羹以食之。姑怪其味，竊藏一臠，留以示兒。兒還見之，欲送婦向縣。未及而雨，雷震失其婦。俄而婦從空落，身衣如故，而易其頭爲白狗頭，言語不異。問其故，荅云：以不孝姑，爲天神所罰。夫以送官，時乞食於市。後不知所在。〔三〕右一驗出冥報記。〔四〕

〔一〕「共」字原作「其」，據高麗藏本、磧砂藏本、南藏本、嘉興藏本改。

〔二〕「歸」上原衍「李」字，今删。歸心録見本書卷一〇〇傳記篇雜集部。

〔三〕「後」字原作「復」，據高麗藏本、磧砂藏本、南藏本、嘉興藏本改。

〔四〕出冥報記卷下。又太平廣記卷一六二引。

中國佛教典籍選刊

法苑珠林校注

四

〔唐〕釋道世撰
周叔迦 蘇晉仁 校注

若有供養此四種人，得無量福，現在爲人之所讚歎，於未來世能得菩提。」〔一〕

又大般若經第四百四十三云：「若有問言：誰是知恩能報恩者？應正荅云：佛是知恩能報恩者。何以故？一切世間知恩報恩無過佛故。」〔二〕

又增一阿含經云：「爾時世尊告諸比丘：若有衆生知返復者，此人可敬。小恩尚不忘，何況大恩。設離此閒百千由旬，猶近我不異，我恒歎譽。若有衆生不知返復者，大恩尚不憶，何況小恩。彼非近我，我不近彼。正使被僧伽梨在吾左右，此人猶遠。是故比丘當念返復，莫學無返復。」〔三〕

又舍利弗問經云：「佛言：夫受戒隨其力辦，可以爲施，不限多少。文殊師利白佛言：云何如來說父母恩大，不可不報？又言師僧之恩不可稱量，其誰爲最？佛言：夫在家者，孝事父母，在於膝下，莫以報生長與之等。以生育恩深，故言大也。若從師學，開發知見，次恩大也。夫出家者，捨其父母生死之家，入法門中，受微妙法師之力也。生長法身，出功德財，養智慧命，功莫大也。追其所生，乃次之耳。」〔四〕

〔一〕出正法念處經卷六十一。
〔二〕出大般若波羅蜜多經卷四百四十三。
〔三〕出增一阿含經卷十一。
〔四〕出舍利弗問經。

又中陰經：「佛問彌勒：閻浮提兒生墮地乃至三歲，母之懷抱爲飲幾乳？彌勒荅曰：飲乳一百八十斛，除母腹中所食四分。東弗于逮兒生墮地，乃至三歲，飲乳一千八百斛。西拘耶尼兒生墮地，乃至三歲，飲乳八百八十斛。北鬱單越兒生墮地，坐著陌頭，行人授指，唼指七日成人，彼土無乳。中陰衆生飲吸於風。」〔一〕古人用其小斗，準今唐斗，一斗當舊三斗，故乳似多。

又難報經云：「左肩持父，右肩持母，經歷千年，便利背上，猶不能報父母之恩。」〔二〕

又增一阿含經云：「孝順供養父母，功德果報，與一生補處菩薩功德一等。」〔三〕

又佛說古來世時經阿那律比丘自說宿命云：〔四〕「吾昔在波羅柰國，穀米湧貴，人民饑饉。我負擔草，賣以自活。彼有緣覺，名曰和理，來遊其國。我早出城，欲擔負草。爾時緣覺著衣持鉢，入城分衛。至於中道，吾負草還，於城門中，復與相遇，空鉢而出。和理緣覺遥見吾來，即自念言：吾早入城，此人出城。今負草還，想朝未食。吾當隨後，往詣其家，乞以遏飢。我時擔草，自還其舍，下草著地。顧見緣覺追吾之後，如影隨形。我時心念：朝出城時，見此緣覺入城分衛，如空鉢還，想未獲食。吾當

〔一〕出中陰經卷上如來五弘誓入中陰教化品。
〔二〕出父母恩難報經。
〔三〕出增一阿含經卷十一。
〔四〕「阿那……命」九字原脱，據高麗藏本補。

斷食以奉施之。即持食出，長跪授之。道人愍受。其緣覺曰：今穀米饑貴，人民虛餓，分爲二分，一分著鉢，一分自食，爲應法爾。施主報之：唯然聖人，白衣居家，〔一〕願徐食之，早晚無在。道人願受，加哀一門。時彼緣覺悉受飲食。吾因是德，七反生天，爲諸天王，七反在世，人中之尊。因此一施爲諸國王長者人民羣臣百官所見奉事，四輩道俗所見供養。自來求吾，吾無所須。」〔二〕

又佛昇忉利天爲母説法經云：「佛在忉利天歡喜園中波利質多羅樹下，三月安居，四衆圍繞。身毛孔中放千光明，普照三千大千世界。摩耶夫人聞已，乳自流出，若審是我所生悉達多者，當令乳汁直至於口。作此語已，兩乳直出，猶白蓮華而便入如來口中。摩耶見喜，踴躍怡悦，如華開榮。一心五體投地，專精正念，結使消伏。佛爲説法，得須陀洹果。佛在天上種種利益，不可具述。爾時世尊夏三月盡，將欲還下閻浮，放五色光，照曜顯赫。時天帝釋知佛當下，即使鬼神作三道寶堦，中央閻浮檀金，左用瑠璃，右用碼碯，欄楯雕鏤，極爲嚴麗。佛語摩耶：生死之法，會必有離。我今應下還閻浮提，不久亦當入於涅槃。摩耶垂淚説偈。爾時世尊與母辭別，下躡寶堦。梵天王執蓋，及四天王侍立左右。四部大衆，歌唄讚歎，天作伎樂，充塞虛空，散華燒香，導從來下閻浮提。其王波斯匿等一切大衆集在寶

〔一〕「白衣居家」四字原脱，據高麗藏本改。

〔二〕出古來世時經。

堦，稽首奉迎。佛還祇洹，處師子座。四衆圍遶，歡喜踴躍，不可具説。」〔一〕

又觀佛三昧經云：「父王白佛，當往忉利天爲母説法。佛言：當如輪王行法，問訊檀越。時持地菩薩入首楞嚴定，從金剛際，作金剛華，華華相次。四龍各持七寶臺，持地爲佛作三道寶堦。世尊至已，入宫，白毫相光化作七寶蓋，覆母上，作七寶牀奉令坐。」〔二〕

又六度集經云：「昔者菩薩爲大理家，積財巨億，常奉三寶，慈向衆生。覩市睹鼈，心悼之焉。問價貴賤，鼈主知菩薩有普慈之德，答曰：百萬。菩薩答曰：大善。將鼈歸家，臨水放之。睹其遊去，悲喜誓曰：衆難命全，如爾今也。廣起弘願，諸佛讃善。鼈於後夜來齧其門，怪門有聲，便出見鼈。語菩薩曰：吾受重潤，身得獲全，無以荅恩。水居之物，知水盈虚，洪水將至，必爲巨害矣。願速嚴舟，臨時相迎。荅曰：大善。明晨詣門，如事啓王。王以菩薩宿有善名，信用其言，遷下處高。時至鼈來曰：〔三〕洪水至矣，可速下載，尋吾所之，可獲無患。船尋其後，有蛇趣船。菩薩曰：取。鼈云：大善。又覩漂狐，曰：取。鼈云：亦善。又睹漂人，搏頰呼天，哀濟吾命。曰：取。鼈曰：愼無取也。凡人心僞，尠有終信。背恩追勢，好爲凶逆。菩薩曰：蟲類爾濟，人類吾賊，豈是仁哉！吾不忍爲也。

〔一〕出摩訶摩耶經卷上。

〔二〕出觀佛三昧海經卷六觀四威儀品。

〔三〕「曰」字原闕，據六度集經補。

於是取之。鼈王悔哉，遂之豐土。鼈辭曰：恩畢請退。荅曰：吾獲如來無所著至真等正覺者，必當相度。鼈曰：大善。鼈退，蛇狐各去。狐以穴爲居，獲古人伏藏紫磨黄金百斤。喜曰：當以報彼恩矣。馳還白曰：小蟲受潤，獲濟微命。蟲穴居之物，求穴以自安。獲金百斤，斯穴非家非塚，非劫非盜，吾精誠之致，願以貢賢。菩薩深惟：不取徒損，〔一〕無益於貧民。可以布施，衆生獲濟，不亦善乎！尋而取之。漂人覩焉，曰：分吾半矣。菩薩即以十斤惠之。漂人曰：爾掘塚劫金，罪應奈何。不半分之，吾必告有司。荅曰：貧民困者，吾欲等施。爾欲專之，不亦偏乎！漂人遂告有司，菩薩見拘，無所告訴，唯歸命三尊，悔過自責。慈願衆生，早離八難，莫有怨結，如今吾也。蛇狐會曰：柰何斯事？蛇曰：吾將濟之。遂銜良藥，開關入獄，見菩薩狀顔色有損，愴而心悲。謂菩薩言：以藥自隨，吾將齚太子，其毒尤甚，莫能濟者。賢者以藥自聞，傅即瘳矣。菩薩默然。蛇如所云，太子命欲將殞，王令曰：有能濟兹，封之相國，吾與參治。菩薩上聞，傅之即瘳。王喜問其所由，本末自陳。王悵然自咎曰：吾闇甚哉！即誅漂人，大赦其國，封爲相國，執手入宫，並坐談論佛法，遂致太平。佛告諸沙門：理家者，是吾身。國王者，彌勒是。鼈者，阿難是。狐者，鶖鷺子是。蛇者，目連是。漂人者，調達是。菩薩慈惠度無極行布施如是。」〔二〕

〔一〕「取」字原作「敢」，據高麗藏本、磧砂藏本、南藏本、嘉興藏本改。

〔二〕出六度集經卷三理家本生。

又新婆沙論云：「昔揵馱羅國迦膩色迦王有一黄門，恒監内事。暫出城外，見有羣牛，數盈五百，來入城内。問驅牛者：此是何牛？荅言：此牛將去其種。於是黄門即自思忖：我宿惡業，受不男身。今應以財，救此牛難。遂償其價，悉令得脱。善業力故，令此黄門即復男身。深生慶悦，尋還城内，佇立宫門，附使啓王，請入奉現。王令唤入，怪問所由。於是黄門具奏上事。王聞驚喜，厚賜珍財，轉授高官，令知外事。」〔一〕

頌曰：

盛哉能仁，悲救爲先。乘機赴感，鞠養慈憐。狐金蛇賞，閹人身全。知恩報德，幽冥應焉。

感應緣略引四驗

宋吴子英〔二〕

宋有一國佛免難〔三〕

〔一〕出阿毘達磨大毘婆沙論卷一百十四。

〔二〕「英」字下原衍「春」字，據高麗藏本删。下正文同。

〔三〕「一國」二字，高麗藏本、磧砂藏本、南藏本、嘉興藏本作「人念」。

宋渤海陳裴

唐并州石壁寺僧

宋吴子英者，舒鄉人。善入水，捕得赤鯉魚，愛其色好，持歸不殺，養之池中。數飼以米穀，食之一年，長丈餘，遂生角有翅。子英怖拜謝之。魚言：我來迎汝，上我背，與汝俱昇天。歲來歸，見其妻子，魚復迎之。如此有七十人。故吴中門户並作神魚子英祠。〔一〕右此一驗出列仙傳。

宋有一國與羅刹相近，羅刹數入境，食人無度。王與羅刹約言：自今以後，國中家各專一日，當分送往，勿復枉殺。有奉佛家唯有一子，始年十歲，次當充行。父母哀號，便至心念佛，〔二〕爰及宗親，助子屬想。便送此兒，辭别捨之。以佛威神力，大鬼不得近。明日見子尚在，歡喜同歸。於茲遂絶，國人嘉慶慕焉。右此一驗出幽明録。〔三〕

宋酒泉郡太守到官，無幾，輒卒死。後有渤海陳裴見使此郡，裴憂愁不樂。就卜者占其吉凶，卜者曰：遠諸侯，放伯裘，能解此者則無憂。裴仍不解此語。卜者報曰：但去，自當解之。裴既到官，侍監

〔一〕出列仙傳卷下。

〔二〕「便」字原作「使」，據高麗藏本改。

〔三〕太平廣記卷一一二引。

有王侯，卒有史侯、董侯等。〔一〕裴心悟曰：此所謂諸侯矣。乃遠之。即卧思放伯裘之義，不知何謂。至夜半後，有物來，上裴被上。裴覺，以被冒取之。其物跳踉，訇訇作聲。外人聞，持火入，欲殺之。魅乃言曰：我實無惡意，但欲試府君耳。聽一相赦，當深報府君恩。府君曰：汝爲何物，而忽干犯太守？魅曰：我本百歲狐也。今變爲魅乎，垂化爲神，而正觸府君威怒，甚遭困厄。聽一放我，我字伯裘。若府君有急難，但呼我字，則自解矣。裴乃喜曰：卜真放伯裘之義。即便放之。小開被，忽然有赤光如震電，從户出。明日夜有敲户者。裴問曰：誰？荅曰：伯裘。問曰：何爲？荅曰：白事。問曰：白何事？荅曰：北界有賊，奴發也。〔二〕裴案發則驗。每事先以語裴，於是境界無毫毛之奸，而咸曰：聖君出。後經月餘，主簿李音共裴侍婢私通。既而驚懼，慮伯裘來白，遂與諸侯謀殺裴，却爲傍無人，便使諸侯持杖直入，欲格殺之。裴惶怖，即呼：伯裘來救我。即有物如申一疋絳練，剨然作聲，〔三〕音侯伏地失魂，乃以次縛取之。考問來意，故皆服首。後月餘日，與裴辭曰：今得爲神矣，當上天去，不得復與府君相見往來。遂去不見也。右此一驗出搜神異記。〔四〕

〔一〕「卒」字原作「平」，據搜神後記改。
〔二〕「北」字原作「此」，據高麗藏本、磧砂藏本、南藏本改。「奴發」原作「發奴」，據搜神後記改。
〔三〕「剨」字原闕，據搜神後記補。
〔四〕出搜神後記卷九。

唐并州石壁寺有一老僧，禪誦爲業，精進練行。貞觀末有鴿巢其房楹上，哺養二鷇。法師每有餘食，恒就巢哺之。鴿鷇後雖漸長，羽翼未成，乃並學飛，俱墜地而死。僧並收瘞之。經旬後，僧夜夢二小兒白之曰：兒等爲先有少罪，遂受鴿身。比來聞法師讀法華經及金剛般若經，既聞妙法，得受人身。兒等今於此寺側十餘里，某村某姓名家，託生爲男。十月之外，當即誕育。僧乃依期往視，見此家一婦人同時誕育二子，因爲作滿月齋。僧呼爲鴿兒，兩兒並應之曰：諾。〔一〕一應之後，歲餘始言。此一驗出冥報拾遺。報恩事廣，不可具述。

背恩篇第五十二此有二部

述意部　引證部

述意部第一

蓋聞四生沈溺，必假舟航；六趣昏迷，本憑奬導。是故三寶大慈，俯應蒼民，曲垂提引，令脱苦難。

〔一〕以上太平廣記卷一〇九引。

況復違背重恩，豈不永沈苦海。是故婦人鴆毒，夫蒙王賞；樵人害熊，現報臂落。良由違恩業重，現受交報。故智度論云：「知恩者生大悲之根本，〔一〕開善業之初門。人所愛敬，名譽遠聞，死得生天，終成佛道。不知恩者，甚於畜生也。」〔二〕

引證部第二

如百喻經云：「昔有一婦，荒婬無度，欲情既盛，疾惡其夫，每思方策，規欲殘害，種種設計，不得其便。會值其夫聘使鄰國，婦密爲計，造毒藥丸，欲用害夫。詐語夫言：爾今遠使，慮有乏短。今我造作五百歡喜丸，用爲資糧，以送於爾。爾若出國，至他境界，飢困之時，乃可取食。夫用其言，至他界已，未及食之，於夜暗中止宿林間，畏懼惡獸，上樹避之。其歡喜丸忘置樹下。即以其夜值五百偷賊，盜彼國王五百疋馬，并及寶物，來止樹下。由其逃突，盡皆飢渴。於其樹下見歡喜丸，諸賊取已，各食一丸。藥毒氣盛，五百羣賊，一時俱死。時樹上人至天明已，見此羣賊死在樹下，詐以刀箭斫射死屍，收其鞍馬，并及財寶，驅向彼國。時彼國王多將人衆，尋迹來逐，會於中路，值於彼王。彼王問言：爾是何人？何處得馬？其人荅言：我是某國人，而於道路值此羣賊，共相斫射。五百羣賊今皆一處死在樹

〔一〕「生」「根」二字原脱，據高麗藏本補。
〔二〕出大智度論卷四十九。

下。由是之故，我得馬及以珍寶，來投王國。若不見信，往看賊之瘡痍，殺害處所。是王即遣親信往看，果如其言。王時欣然，歎未曾有。既還國已，厚加爵賞，封以聚落。彼王舊臣，咸生妬嫉，而白王言：彼是遠人，未可信仗，如何卒爾寵遇過厚，至於爵賞逾越舊臣。遠人聞已，而作是言：誰有勇健，能共我試，請於平原校其技能。舊人愕然，無敢敵者。後時彼國大曠野中有惡師子，截道殺人，斷絶王路。時彼舊臣詳共議之：彼遠人者，自謂勇健，無能敵者。今復若能殺彼師子，爲國除害，真爲奇特。作是議已，便白於王。王聞是已，給賜刀杖，尋即遣之。爾時遠人既受敕已，堅强其意，向師子所。師子見之，奮嗷鳴吼，騰躍而前。遠人驚怖，即便上樹。師子張口，仰頭向樹。其人怖急，失所捉刀，落師子口，師子尋死。爾時遠人歡喜踴躍，來白於王。王倍寵遇。時彼國人率爾敬服，咸皆讚歎。」〔一〕

又諸經要集云：「有人入林伐木，迷惑失道。時值大雨，日暮飢寒，惡蟲毒獸，欲侵害之。是人入石窟中，有一大熊，見之怖出。熊語之言：汝勿恐怖，此舍温暖，可於中宿。時連雨七日，常以甘果美水供給此人。七日雨止，熊將此人，示其道徑。熊語人言：我是罪身，多人怨家。若有問者，莫言見我。人荅言：爾。此人前行，見諸獵者。問：汝從何來？見有衆獸不？荅言：見一大熊，於我有恩，不得示汝。獵者言：汝是人黨，以人類相觀，何以惜熊。今一失道，何時復來。汝示我者，我與汝多

〔一〕出百喻經卷三五百歡喜丸喻。

分。此人心變，即將獵者示熊處所。獵者殺熊，即以多分與之。此人展手取肉，二肘俱墮。獵者言：汝有何罪？荅曰：是熊看我，如父視子。我今背恩，將是罪報。獵者恐怖，不敢食肉，持施衆僧。上座是羅漢，語諸下座：此是菩薩，未來出世，當得作佛，莫食此肉。即時起塔供養。王聞此事，敕下國內，背恩之人，無令住此。」〔一〕新婆沙論云：「時上座觀肉，是菩薩肉，共取香薪焚燒其肉，收其餘骨起窣堵波，禮拜供養，如事佛塔。」〔二〕

又九色鹿經云：「昔者菩薩身爲九色鹿，具九種色，〔三〕角白如雪。常在恒水邊飲食水草，常與一鳥爲知識。時水中有一溺人，隨流來下，或出或没，仰頭呼天：山神樹神，諸天龍神，何不愍我！鹿聞下水救之，語言：汝可騎我背，捉我角，負出上岸。溺人下地，遶鹿三匝，向鹿叩頭。乞爲大天作奴，〔四〕給其使令，採取水草。鹿言：不用，且各自去。欲報恩者，莫道我在此。人貪我皮角，必來殺我。時國王夫人夜夢見九色鹿，即詐病不起。王問：何以？荅曰：我昨夜夢見非常之鹿，其毛九種色，其角白如雪。我思欲得其皮作坐褥，其角作拂柄。王當爲我得之。王若不得，我將死矣。王募國

〔一〕出諸經要集卷八背恩緣。
〔二〕出阿毘達磨大毘婆沙論卷一百十四。
〔三〕「具」字，高麗藏本作「其毛」。
〔四〕「天」字，高麗藏本作「家」。

中，若有能得，當分國而治，賜其金鉢，盛滿銀粟，賜其銀鉢，盛滿金粟。溺人聞之，欲取富貴，念言：鹿是畜生，死活何在。往至王所，言知鹿處。王大歡喜言：汝若能得其皮角來者，報之半國。溺人面上即生癩瘡。溺人言：大王，此鹿雖是畜生，大有威神。王宜多出人兵，乃可得耳。王即大出人衆，徑到恒水邊。烏在樹頭，見人兵來，即呼鹿言：知識且起，王兵來至。鹿故熟眠卧不覺。烏下啄耳，鹿方驚覺。四向顧望，無復走地，便往趣王車邊。傍臣欲射，王曰：莫射，此鹿非常，將是天神。鹿言：大王且莫射我，我前活王國中一人。鹿復長跪問王言：誰道我在此？王便指示車邊癩面人是也。鹿即仰頭視此人面，眼中淚出，不能自勝。此人前溺在水中，我不惜身命，自投水中，負此人出，約不相道。人無反復，不如出水中浮木也。王有愧色。汝受其恩，奈何反欲殺之。即下敕國中：若有驅逐此鹿者，當誅五族。衆鹿數千皆來依附，飲食水草，不侵禾稼。風雨時節，五穀豐熟，人無疾病，其世太平。時九色鹿，我身是也。烏者，阿難是也。國王者，今父王悦頭檀是也。時王夫人者，今孫陀利是也。時溺人者，調達是也。我雖有善心向之，故欲害我難有意至。」〔一〕

又雀王經云：「昔者菩薩身爲雀王，慈心濟衆，猶護身瘡。有虎食獸，骨挂其齒，困飢將終。雀王入口啄骨，日日若兹。雀口生瘡，身爲瘦疵，骨出虎活，雀飛登樹。説佛經曰：殺爲凶虐，其惡莫大。

〔一〕出九色鹿經。

虎聞雀誡敕聲，勃然恚曰：爾始離吾口，而敢多言。雀覩其不可化，退速飛去。佛言：雀王者是吾身，虎者是調達身。」〔一〕

又雜寶藏經云：「時提婆達心常懷惡，欲害世尊。乃雇五百善射婆羅門，使持弓箭，詣世尊所，挽弓射佛。所射之箭，變成諸華。五百婆羅門見是神變，皆大怖畏。即投弓箭，禮佛懺悔。佛爲説法，皆得須陀洹道。復白佛言：願聽我等出家學道。佛言：善來比丘。鬚髮自落，法服著體。重爲説法，得阿羅漢道。諸比丘白佛言：世尊神力，甚爲希有。提婆達多常欲害佛，然佛恒生大慈。佛言：非但今日如是，於過去時，波羅柰國有一商主，名不識恩。共五百賈客入海採寶，得寶還返，到淵洄處，遇水羅刹而捉其船，不能得前。衆商人等極大驚怖，皆共唱言：天神地神，日月諸神，誰能慈救濟我也？有一大龜，背廣一里，心生悲愍，來向船所。負載衆人，即得渡海。時龜小睡，不知恩者欲以大石打龜頭殺。諸商人言：我等蒙龜濟難活命，殺之不祥，不識恩也。不識恩曰：我儕飢急，誰能念恩。輒便殺龜，而食其肉。即日夜中，有大羣象，蹹殺衆人。爾時大龜，我身是也。爾時不識恩者，提婆達多是也。五百商人者，五百婆羅門出家得道是也。我於往昔濟彼厄難，今復拔其生死之患也。」〔二〕

又佛説栴檀樹經云：「佛告阿難：諦聽執受。時維耶梨國有五百人入海採寶，置船步還，經歷深

〔一〕出六度集經卷五雀王經。
〔二〕出雜寶藏經卷三大龜經。

山。日暮止宿，豫嚴早發。四百九十九人皆引去，一人卧熟失伴。仍遇天雨雪，失去徑路，窮厄山中，啼哭呼天。有大栴檀香樹，樹神謂窮人言：可止留此，自相給衣食，到春可去。窮人便留。至于三月，啓樹神言：受恩得全身命，未有微報。顧有二親，今在本土，實思得還，願乞發遣。樹神言：善。便自從意，以金一鉼賜之。去此不遠，當得還邑。窮人臨去，問樹神言：此樹香潔，世所希有。今當委還，願知其名。神言：不須問也。窮人復言：依陰此樹，積歷三月，若到本國，當宣樹恩。神便報言：樹名栴檀，根莖枝葉，治人百病，其香遠聞。世之奇異，人所貪求，不須道也。窮人還至國中，親族歡喜。後無幾閒，國王病頭痛，禱祀天地山水諸神，病不消差。名醫省視，唯得栴檀香，以護病得愈。王即募求，民閒無有。便宣令國中：得栴檀香者，拜爲封侯，妻以王女。時窮人聞賞禄重，便詣王所，白言：我知栴檀香處。王便令匠臣將窮人，往伐取香樹。至到樹所，使者見樹洪直，枝條茂盛，華果煌煌。以希見故，心不忍伐。不伐者，則違王命。躊躕徘徊，不知云何。樹神空中言曰：便伐，但置其根。伐已，以人血塗之，肝腸覆其上，樹自當生，還復如故。使者聞神言如此，便令人伐之。窮人住在樹邊，樹枝踒地，摽殺窮人。使者便與左右議言：向者樹神言當得人血肝腸，以祠樹心。不知當以誰賽。此人今死，便以當之。則屠割之，取其肝血，如神所敕。樹即更生，〔一〕如本無異。車載伐樹，以還國中。

〔一〕「更」字原作「便」，據高麗藏本改。

醫即進藥，王病得愈，舉國歡喜。王命國中人民其有病者，皆出香給，病皆得愈。舉國欣欣，遂致太平。阿難退坐稽首質言：是窮人何無反復，違樹神重誓。佛報曰：乃往昔維衛佛時有父子三人，其父奉行齋戒，未曾懈怠。大兒常於中庭空中，燒香供養十方諸佛。小弟愚癡，不知三尊，輒以衣覆香上。兄謂弟言：此事大重，何以犯之。弟起惡言，誓言斷兄兩足。兄復起念，當拍殺弟。父言：汝二子諍，使我頭痛。大兒報言：願破我身爲藥，令父平損。口妄言故，世世受罪。弟興惡意，欲斷兄足，後果將人，往斷樹身。兄欲拍殺弟，今作樹神，果因樹爲體，拍殺弟身。時國王頭痛者，其父也。奉齋精進，故得尊貴。時言使我頭痛者，後果頭痛。各受其殃。佛言：罪福報應，如影隨形。」〔一〕

頌曰：

大悲愍濟，　德重乾坤。　恩深父母，　義越君臣。　忠孝盡命，　猶難報恩。　如違厥理，

交喪其身。

〔一〕出旃檀樹經。

法苑珠林校注卷第五十一

善友篇第五十三此有二部

述意部　引證部

述意部第一

夫理之所窮，唯善與惡。顧此二途，條然易辯。幽則有罪福苦樂，顯則有賢愚榮辱。愛榮憎辱，趣樂背苦，含識所必同也。今愛榮而不知慕賢，求福而不知避禍。譬猶播植秕稗，而欲歲取精糧；驅駕駑蹇，而望騰超夐絶。不亦惑哉！如鳥獸蟲虺之智，〔一〕猶知因風假霧，託迅附高，以成其事，奚況於

〔一〕「虺」字原作「卉」，據高麗藏本改。

人，而無託友，以就其善乎！故所託善友，則身存而成德；所親闇蔽，則身悴而名惡也。故玄軌之宗，出於高範；切瑳之意，事存我友。又搏牛之虻，飛極百步，若附龍尾，則一翥萬里。此豈非其翼工之所託迅也。亦同凡夫弱喪，極不越人天，若憑大聖之力，則高昇十地，同生淨域也。

引證部第二

如涅槃經云：「阿難比丘說：半梵行名善知識。佛言：不爾。具足梵行，乃名善知識。」〔一〕又云：「善知識者，如法而說，如說而行。云何名爲如法而說，如說而行？自不殺生，教人不殺生，乃至自行正見，教人行正見。若能如是，則得名爲真善知識。自修菩提，亦能教人修行菩提，以是義故，名善知識。自能修行信戒、布施、多聞、智慧，亦能教人修行信戒、布施、多聞、智慧。復以是義，名善知識。善知識者，有善法故。何等善法，所作之事，不求自樂，常爲衆生而求於樂。見他有過，不訟其短，口常宣説純善之事。以是義故，名善知識。善男子如空中月，從初一日至十五日，漸漸增長。善知識者，亦復如是。令諸學人漸遠惡法，增長善法。善男子，若有親近善知識者，本未有定、慧、解脱、解脱知見，即便有之，未具足者，則得增廣。」又云：「善友，當觀是人貪欲、瞋忿、愚癡、思覺，何者偏多。若知是人

〔一〕出南本大般涅槃經卷二十四。

貪欲多者，則應爲説不净觀法。瞋恚多者，爲説慈悲。思覺多者，教令數息。著我多者，當爲分析十八界等。聞已修行，次第獲得四念處觀，身受心法。得是觀已，次第復觀十二因緣。如是觀已，次得暖法。從得暖法，乃至漸得羅漢、辟支佛果。菩薩大乘佛果等，依此而生，更無疑滯。自利利他，不加水乳，是名真善知識法師之位。若不具此，非善知識。加水之法，不可依承。〔一〕故佛性論引經偈云：

「無知無善識，　惡友損正行。　蜘蛛落乳中，　是乳轉成毒。」〔二〕

是故要須真實利益衆生，先自調伏，然後教人。無寡聞失，無退行失，無散亂失，無輕慢失，無顛倒失，無貪求失，無瞋恚失，無邪行失，無著我失，無小行失。具此十法，名善知識。故莊嚴論偈云：

「多聞及見諦，　巧説亦憐愍。　不退此丈夫，　菩薩勝依止。」〔三〕

又佛本行經云：「爾時世尊又共長老難陀至於一賣香邸，見彼邸上有諸香裹。見已，即告長老難陀，作如是言：難陀，汝來取此邸上諸香裹物。難陀爾時即依佛教，於彼邸上取諸香裹。佛告難陀：汝於漏刻一移之頃，捉持香裹，然後放地。爾時長老難陀聞佛如此語已，手執此香，於一刻間，還於地上。爾時佛告長老難陀：汝今當自嗅於手看。爾時難陀聞佛語已，即嗅自手。佛語難陀：汝嗅此手，

〔一〕出南本大般涅槃經卷二十三。
〔二〕出佛性論卷二辨相分第四事能品。
〔三〕出大乘莊嚴經論卷六隨修品。

作何等氣？白佛言：世尊，其手香氣微妙無量。佛告難陀：如是，如是。若人親近諸善知識，恒常共居，〔一〕隨順染習相親近故，必定當得廣大名聞。爾時世尊因此事故，而説偈言：

若有手執沈水香，　及以藿香麝香等。　須臾執持香自染，　親附善友亦復然。

爾時世尊復説偈言：

若人親近惡知識，　現世不得好名聞。　必以惡友相親近，　當來亦墮阿鼻獄。　若人親近善知識，　隨順彼等所業行。　雖不現證世間利，　未來當得盡苦因。」〔二〕

又四分律：「親友意者，要具七法，方成親友。一、難作能作，二、難與能與，三、難忍能忍，四、密事相告，五、互相覆藏，六、遭苦不捨，七、貧賤不輕。如是七法人能行者，是親善友，應親附之。」〔三〕

又大莊嚴論佛説偈云：

「無病第一利，　知足第一富，　善友第一親，　涅槃第一樂。」〔四〕

又迦羅越六向拜經云：「善知識者有四輩：一、外如怨家，内有厚意。二、於人前直諫，於外説人

〔一〕「共」字原作「自」，據高麗藏本改。

〔二〕出佛本行集經卷五十七難陀因緣品。

〔三〕出四分律卷四十一。

〔四〕出大莊嚴經論卷三。

善。三、縣官若爲其征訟，憂解之。四、見人貧賤，心不棄捐，當念欲富之。善知識者復有四輩：一、爲吏所捕，將歸藏匿，於後解決之。二、有病瘦消損，將歸養視之。三、知識死亡，棺斂視之。四、知識已死，復念其家。」〔一〕

又生經云：「佛告諸比丘：往古久遠不可計時，於他異土，時有四人以爲親厚，共止一處。時有獵師射獵得鹿，欲來入城。各共議言：吾等設計，從其獵師，當索鹿肉，知誰獲多。俱即發行。一人陳詞，其言麤獷，而高自大。咄，男子，當惠我肉，欲得食之。第二人曰：唯兄施肉，令弟得食。第三人曰：仁者可愛，以肉相與，吾思食之。第四人曰：親厚捎肉，唯見乞施，吾欲食之，俱共飢渴。時獵師觀察四人言詞，各隨所言以偈報之。先報第一人曰：

卿詞甚麤獷，　云何相與肉。　其言如刺人，　且以角相施。

報第二人曰：

此人爲善哉，　謂我以爲兄。　其詞如肢體，　便持一膊與。

報第三人曰：

可愛敬施我，　而心懷慈哀。　其詞如腹心，〔三〕　便以心肝與。

〔一〕出尸迦羅越六方禮經。

〔三〕「其詞」原作「詞其」，據高麗藏本改正。

報第四人曰：

以我爲親厚，　其身得同契。　此言快善哉，　以肉皆相與。

於時獵師隨其所志，言詞麤細，各與肉分。於是天現其身，而作頌曰：

一切男子詞，　柔軟歸其身。　是故莫麤言，　衰利不離身。

爾時佛告諸比丘：第一麤詞則所欣釋子是。第二人者，颰陀和梨是。第三人者，黑優陀是。第四人者，今阿難是。天説偈者，則吾身是。爾時相遇，今亦如是。」〔一〕

又佛本行經云：「佛告諸比丘：我念往昔久遠之時，波羅柰國有一烏王，其烏名曰蘇弗多羅，隋言善子。〔二〕而依住彼波羅柰城，與八萬烏和合共住。善子烏王有妻名曰蘇弗室利。隋言善女。時彼烏妻共彼烏王行欲懷妊。時彼烏妻忽作是念：願我得浄香潔飲，現今人王之所食者。而彼烏妻思是飲食不能得故，宛轉迷悶，身體顦顇，羸瘦戰掉，不自安故。問其妻言：汝今何乃宛轉於地，身體顦顇，羸瘦戰掉，不能自安。彼時烏妻報烏王言：善哉聖子，我今有娠，乃作是念：願得清浄香潔餚饍，如王食者。時善子烏語其妻言：異哉賢者。如我今日何處得是香美飲食。王宫深邃，不可得到。我若入者，於彼手邊，必失身命。彼妻又復報烏王言：聖子，今者若不能得如是飲食，我死無疑，并其胎子亦必無

〔一〕出生經卷三所欣釋經。

〔二〕「隋」字原作「此」，據高麗藏本、磧砂藏本、南藏本、嘉興藏本改。下同。

活。善子烏王復告妻言：異哉賢者，汝今死日，必當欲至，乃思如是難得之物。善子烏王作是語已，憂愁悵怏，思惟而住。復作是念：如我意者，如是香潔清净飲食如王食者，實難得也。爾時烏王羣衆之内乃有一烏，見善子烏心懷愁憂，不樂而住。見是事已，詣烏王所，白烏王言：異哉聖者，何故憂愁，思惟而住？善子烏王於時廣説前事因緣。彼烏復白善子王言：善哉聖子，莫復愁憂，我能爲王覓是難得香美餚饍王所食者。是時烏王復告彼烏，作如是言：善哉善友，汝若力能爲我得辦如此事者，我當報汝所作功德。爾時彼烏從烏王所居住之處，飛騰虚空，至梵德王宮。去厨不遠，坐一樹上，觀梵德王食厨之内。其王食辦，有一婦女，備其餚饍。食時將至，專以銀器盛彼飲食，欲奉與王。爾時彼烏從樹飛下，在彼婦女頭上而立，啄嚙其鼻。時彼婦女患其鼻痛，即翻此食在於地上。爾時彼烏即取其食，將與烏王。烏王得已，即將與彼善女烏妻。其妻得已，尋時飽食，身體安隱，如是産生。爾時彼烏別日數往奪彼食，取將與烏王。時梵德王屢見此事，作如是念：奇哉奇異。云何此烏數數恒來，穢污我食，復以嘴爪傷我婦女。而王不能忍此事故，尋時敕唤網捕獵師，而語之言：卿等急速至彼烏處，生捕將來。其諸獵師聞王敕已，啓白王言：如王所敕，不敢違命。獵師往至，以其羅網捕得此烏，生捉將來，付梵德王。時梵德王語其烏言：汝比何故數污我食，復以嘴爪傷我婦女？爾時彼烏語梵德王：善哉大王，聽我向王説如此事，令王歡喜。時梵德王心生喜悦，作如是念：希有斯事。云何此烏能作人語？作是念已，告彼烏言：善哉！善哉！汝必爲我説斯事意，令我歡喜。爾時彼烏即以偈頌向梵德王而説之曰：

大王當知波羅柰，有一烏王恒依止，八萬烏衆所圍繞，悉皆取彼王處分。彼烏王妻有所憶，我向大王説其緣，烏妻所思香美饍，如是大王所食者。是故我今數數來，抄撥大王香美食，今者爲彼烏王故，致被大王之所繫。善哉唯願大聖王，慈悲憐愍放脱我，我爲烏王彼妻故，數來抄撥大王食。我念從此一生來，未曾經造如此事，今爲大王一敕已，於後不敢更復爲。

時梵德王既聞彼烏如此語已，心生喜悦，作如是言：希有此事，人尚不能於其主邊有如是等愛重之心，如此烏也。作是語已，其梵德王而説偈言：

若有如是大臣者，彼應重荅食封禄。須似如是猛健烏，爲主求食不惜命。

其梵德王説此偈已，復告烏言：善哉汝烏，於今已去，常來至此取香美食。若其有人遮斷於汝不與食者，來語我知，我自與汝已分所食而將去耳。佛告諸比丘：汝等當知，彼烏王者，我身是也。彼時爲主偷食烏者，即優陀夷比丘是也。梵德王者，此即輸頭檀王是也。於時比丘優陀夷令彼歡喜，爲我取食。今亦復爾，令净飯王心生歡喜。又復爲吾而將食來。〔一〕

頌曰：

〔一〕出佛本行集經卷五十二優陀夷因緣品。

澡身沐德，鑪冶心塵。冰開春日，蘭敗秋年。慧人成哲，愚友增纏。將昇寶地，願值善緣。

惡友篇第五十四此有二部

述意部　引證部

述意部第一

惟夫大聖垂化，〔二〕正攝羣心。善惡二門，用摽宗極。善類清昇，惡稱俯墜。良由業惑未傾，牢籠三界；情塵不靜，擁翳五燒。滯八倒之沈淪，繫四生之維縶。是故隨順邪師，信受惡友。致使煩惑難攝，亂使常行；心馬易馳，情猴難禁。修福念善，罕自無聞；造罪營愆，〔三〕日就增進。因此輪迴，生死不絕。大聖愍之，豈不痛心也！

〔二〕「大」字原作「七」，據高麗藏本改。
〔三〕「營」字原作「造」，據高麗藏本改。

引證部第二

如尸迦羅越六向拜經云：「惡知識者，有四輩：一、内有怨心，外强爲知識。二、於人前好言語，背後説人惡。三、有急時於人前愁苦，背後歡喜。四、外如親厚，内興怨謀。惡知識復有四輩：〔一〕一、小侵之，便大怒。二、有倩使之，便不肯行。三、見人有急時，避人走。四、見人死亡，棄之不視。」〔二〕

又涅槃經云：「菩薩摩訶薩觀於惡象及惡知識，等無有二。何以故？俱壞身故。菩薩摩訶薩於惡象等，心無怖懼，於惡知識生怖畏心。何以故？是惡象等唯能壞身，不能壞心，惡知識者二俱壞故。是惡象等唯壞一身，惡知識者壞無量善身，無量善心。是惡象等唯能破壞不浄臭身，惡知識者能壞浄身及以浄心。是惡象等能壞肉身，惡知識者壞於法身。爲惡象煞，不至三惡；爲惡友煞，必至三惡。是惡象等但爲身怨，惡知識者爲善法怨。是故菩薩當遠離諸惡知識。」〔三〕

又增一阿含經：「世尊説偈云：〔四〕

〔一〕「輩」字原作「背」，據高麗藏本、磧砂藏本、南藏本、嘉興藏本改。

〔二〕出尸迦邏越六方禮經。

〔三〕出大般涅槃經卷二十一。

〔四〕「説」字原作「所」，據高麗藏本、磧砂藏本、南藏本、嘉興藏本改。

莫親惡知識，　亦莫愚從事。　當近善知識，　人中最勝者。　人中無有惡，　習近惡知識，
後必種惡根，　永在暗中行。」〔一〕

又中阿含經云：「爾時世尊告諸比丘：有七怨家法而作怨家：第一、不欲令怨家有好色。雖好沐浴，名香塗身，然爲色故，瞋恚覆心，而作怨家。第二、不欲令怨家安隱睡眠。雖卧床枕，覆以錦綺，然故憂苦不捨，瞋恚覆心，而作怨家。第三、不欲令怨家而得大利。雖應得利而不得利，應不得利而得其利。彼此二法，更互相違，瞋恚覆心，而作怨家。第四、不欲令怨家有朋友。若有親朋，捨離避去，因瞋覆心，而作怨家。第五、不欲令怨家有稱譽。彼惡名醜聲，周聞諸方，因瞋覆心，而作怨家。第六、不欲令怨家極大財富。彼大富人儻失財物，因瞋覆心，而作怨家。第七、不欲令怨家身壞命終，往至善處。彼身口意惡行已，命終必至惡處，生地獄中而作怨家。」〔二〕

又佛本行經云：「爾時佛告諸比丘言：我念往昔久遠世時，於雪山下有二頭鳥，同共一身，在於彼住。一頭名曰迦嘍嗏鳥，一頭名憂波迦嘍嗏鳥。而彼二鳥，一頭若睡，一頭便寤。其迦嘍嗏又時睡眠，近彼寤頭有一果樹，名摩頭迦。其樹華落，風吹至彼所寤頭邊。其頭爾時作如是念：我今雖復獨食此華，若入於腹，二頭俱時得色得力，並除飢渴。而彼寤頭遂即不令彼頭睡寤，亦不告知，默食彼華。其

〔一〕　出增一阿含經卷十一善知識品。
〔二〕　出中阿含經卷三十怨家經。

彼睡頭於後寤時，腹中飽滿，欬噦氣出，即語彼頭，作如是言：汝於何處得此香美微妙飲食而噉食之，令我身體安隱飽滿，令我所出音聲微妙。彼寤頭報言：汝睡眠時，此處去我頭邊不遠有摩頭迦華果之樹，當於彼時，一華墜落，在我頭邊。我於爾時作如是念：今我但當獨食此華。若入於腹，俱得色力，並除飢渴。是故我時不令汝寤，亦不語知，即食此華。爾時彼頭聞此語已，即生瞋恚嫌恨之心，作如是念：其所得食不語我知，不喚我覺，即便自食。若如此者，我從今後所得飲食，我亦不喚彼寤語知。而彼二頭至於一時遊行經歷，忽然值遇一個毒華，便作是念：我食此華，願令二頭俱時取死。於時語彼迦嘍嗏言：汝今睡眠，我當寤住。時迦嘍嗏聞彼憂波迦嘍嗏頭如是語已，便即睡眠。其彼憂波迦嘍嗏頭尋食毒華。迦嘍嗏頭既睡寤已，欬噦氣出，於是即覺有此毒氣，而告彼頭，作如是言：汝向寤時食何惡食，令我身體不得安隱，命將欲死。又令我今語言麤澀，欲作音聲，障礙不利。於是寤頭報彼頭言：汝睡眠時，我食毒華，願令二頭俱時取死。於時彼頭語別頭言：汝所爲者，一何太卒！云何乃作如是事已。即説偈言：

汝於昔日睡眠時，　我食妙華甘美味，　其華風吹在我邊，　汝返生此大瞋恚。　凡是癡人願莫見，　亦願莫聞癡共居，　與癡共居無利益，　自損及以損他身。

佛告諸比丘：汝等若有心疑，彼時迦嘍嗏鳥食美華者，莫作異見，即我身是。〔一〕彼時憂波迦嘍嗏鳥食毒華者，即此提婆達多是也。我於彼時爲作利益，返生瞋恚。今亦復爾。我教利益，返更用我爲怨讎也。」〔二〕

又佛本行經云：「爾時世尊與彼難陀入迦毗羅婆蘇都城。入已，漸至一賣魚店。爾時世尊見彼店内茅草鋪上有一百頭臭爛死魚，置彼草鋪。見已，告彼長老難陀，作如是言：難陀，汝來取此魚鋪一把茅草。其彼難陀而白佛言：如世尊教。作是語已，即於彼店魚鋪下，抽取一把臭惡茅草。既執取已，佛復告言：長老難陀，少時捉住，還放於地。難陀白言：如世尊教。即把草住。爾時難陁捉得彼草，經一時頃，便放於地。爾時佛復告難陀言：汝自嗅手。爾時難陀即嗅其手。爾時佛復告難陀言：汝手何氣？長老難陀報言：世尊，唯有不净腥臭氣也。爾時佛告長老難陀：如是如是。若人親近諸惡知識，共爲朋友，交往止住，雖經少時，共相隨順，後以惡業相染習故，令其惡聲，名聞遠至。爾時世尊因斯事故而説偈言：

猶如在於魚鋪下，　以手執取一把茅，　其人手即同魚臭，　親近惡友亦如是。」〔三〕

〔一〕「身」字原脱，據高麗藏本補。
〔二〕出佛本行集經卷五十九婆提唎迦等因緣品。
〔三〕出佛本行集經卷五十六難陀因緣品。

頌曰：

峨峨王舍城，鬱鬱靈竹園。中有神化長，巧誘入幽玄。善人慕授福，〔一〕惡友樂讎怨。善惡昇沈異，薰蕕別路門。

擇交篇第五十五此有二部

述意部　引證部

述意部第一

蓋聞經説善知識者，不得暫離；惡知識者，不得暫近。但凡夫識心，譬同素絲，隨緣改轉，受色有殊。境來薰心，心應其境。心境相成，善惡業現。故知三寶所資，在物爲貴。其德既弘，其功亦大。願捐棄惡友，親近善人。非直自行得成，亦使幽顯歸心也。

〔一〕「慕」字原作「募」，據高麗藏本改。

引證部第二

如僧祇律云：「佛告諸比丘：過去世時，雪山根底曲山塹中，有向陽處，衆鳥雲集。便共議言：我等今日當推舉一鳥爲王，令衆畏難，不作非法。衆鳥議言：善。誰應爲王？有一鳥言：當推鵂鶹。有一鳥言：此事不可。何以故？高脚長鵄，衆鳥脱犯，啄我等腦。衆咸言：爾。復有一鳥言：當推鵝爲王，其色極白，衆鳥所敬。衆鳥復言：此亦不可。顏貌雖白，項長且曲。自項不直，安能正他，是故不可。又復衆言：正有孔雀，衣毛綵飾，觀者悦目，可應爲王。復言：不可。所以者何？衣毛雖好，而無慚愧。每至儛時，醜形出現。是故不可。有一鳥言：土梟爲王。所以者何？晝則安静，夜則伺守，能護我等，堪爲王者。衆咸可爾。有一鸚鵡在一處住而多智慧，作是念言：衆鳥之法，夜應眠息，晝則求食。是土梟法，夜則不眠，〔一〕晝則多睡。而諸衆鳥圍侍左右，晝夜警宿，不復眠睡，甚爲苦事。我今設語，彼當瞋恚，拔我毛羽。正欲不言，衆鳥之類，長夜受困。寧受拔毛，不越正理。便到衆鳥前，舉翅恭敬，白衆鳥言：願聽我説。如前意見。爾時衆鳥即説偈荅：

黠慧廣知義，　不必以年耆。
汝年雖幼小，　智者宜時説。

〔一〕「夜則不眠」原作「夜寤」，據高麗藏本改。

爾時鸜鵒聞衆鳥說，即說偈言：

若從我意者，　不用土梟王。　歡喜時睹面，　常令衆鳥怖。　況復瞋恚時，　其面不可觀。

時衆鳥咸言：實如所說。即共集議：此鸜鵒鳥聰明黠慧，堪應爲王。便拜爲王。佛告諸比丘：彼時土梟者，今闡陀比丘是。鸜鵒鳥者，今阿難是。」〔一〕

又僧祇律云：「佛告諸比丘：如過去世時，有羣雞依榛林住。有狸侵食雄雞，唯有雌在。後有烏來覆之，共生一子。子作聲時，公說偈言：

此兒非我有，　野父聚落母，　共合生一子，　非烏復非雞。　若欲學公聲，　復是雞母生，
若欲學母鳴，　其父復是烏。　學烏似雞鳴，　學雞作烏聲，　烏雞二兼學，　是二俱不成。」〔二〕

又智度論：「云何布施生尸波羅蜜？菩薩思惟：衆生不知布施，後世貧窮。以貧窮故，劫盜心生。以劫盜故，而有煞害。以貧窮故，不足於色。色不足故，而作邪行。以貧窮故，爲人下賤。下賤畏他，而生妄語。如是等貧行十不善道。若行布施，生有財物，不爲非法。何以故？五欲充足，無所乏短。如提婆達多本生曾爲一蛇，與一蝦蟆、一龜在一池中，共結親友。其後池水竭盡，飢窮困乏，無所控告。時蛇遣龜以呼蝦蟆，蝦蟆說偈以遣龜言：

〔一〕出摩訶僧祇律卷七。

〔二〕出摩訶僧祇律卷二十四。

若遭貧窮失本心，　不惟本義食爲先。　汝持我聲以語蛇，　蝦蟆終不到汝邊。

若修布施，後生有福，無所短乏，則能持戒，無此衆惡。是爲布施能生尸羅波羅蜜。若能布施，以破慳心，然後持戒忍辱等，易可得行。如文殊師利在昔過去久遠劫時，曾爲比丘，入城乞食，得滿鉢百味歡喜丸。城中有一小兒，追而從乞。不即與之，乃至佛圖，手捉二丸而要之言：汝若能自食一丸，以一丸施僧者，當以施汝。即相然可，以一歡喜丸布施衆僧。然後於文殊師利許受戒，發心作佛。如是布施能令受戒發心作佛。」〔二〕

頌曰：

善惡自相違，　明闇不同止。　聖人愍迷徒，　乘機入生死。　慕德祛囂煩，　懲心見真理。

擇交惡自終，　出苦方有始。

感應緣略引三驗

魏沙門釋超達

魏沙門釋僧朗

〔二〕出大智度論卷十二。

齊沙門釋道豐

魏滎陽釋超達，未詳氏族，元魏中行業僧也。多知解，善呪術。帝禁圖讖尤急，所在搜訪。有人誣達，乃收付滎陽獄。時魏博陵公檢勘窮劾，達以實告。公遂大怒，以車輪繫頸，嚴防衛之。自知無活，專念觀音。至夜四更，忽不見輪，唯見守者皆大昏睡，因走出外。將欲遠避，以繫獄囚久，脚遂攣急，不能遠行。至曉，虜騎四出追之。達急伏卧草中，兵騎蹋草，悉皆靡徧，對逼不見。仰看虜面，悉以皮障目。〔一〕達一心服死，唯專誠稱念。夜虜去，尋即得脱。又有僧明道人爲北臺石窟寺主。魏氏之王天下，每疑沙門爲賊，官收數百僧，並五繫縛之。僧明爲魁首，以繩急繫，從頭至足，尅明斬決。僧明大怖，一心念觀世音。至於半夜，覺繩小寬，私心欣幸，精誠彌切。及曉，索繩都斷。既因得脱，逃逸奔山。明旦，獄監來覓不見，唯有斷繩在地。知爲神力所加，非關人事，即以奏聞。帝信道人不反，〔二〕遂總釋放。〔三〕

〔一〕「目」字原作「自」，據高麗藏本改。
〔二〕「反」字原作「久」，據高麗藏本改。
〔三〕出唐高僧傳卷三十三釋超達傳。

魏涼州釋僧朗。魏虜攻涼州，城民少，逼僧上城。舉城同陷，收登城僧三千人，至軍將魏主所，〔一〕謂曰：道人當坐禪行道，乃復作賊。登城罪極刑戮，明日當殺。至期食時，赤氣數丈，貫日直度。天師寇謙之爲帝所信，奏曰：上天降異，正爲道人。實非本心，官抑令上，願不須殺。帝遂放之，猶散配役徒。唯朗等數僧別付帳下，從駕東歸。及魏軍東還，朗與同學思慕本鄉，中路共叛。然嚴防守，更無走處。東西絶壁，莫測淺深。上有大樹，傍垂岸側。遂以鼓旗竿繩，繫樹懸下。時夜大暗，崖底純棘，無安足處。欲上崖頭，復恐軍覺。投計悽惶，〔二〕捉繩懸住，勢非及久。共相謂曰：今厄頓至，唯念觀音。以頭扣石，一心專注。須臾光明從日處出，通照天地。乃見棘中有得下處，因光至地，還忽冥暗。方知聖力，非關天明。相慶感遇，便泰稍眠。良久天曉，始聞軍衆警角將發，而山谷重疊，徘徊萬里，不知出路。候月而行，路值大虎，出在其前。相顧而言：雖免虜難，虎口難脱。朗語僧曰：不如君言。正以我等有感，所以現光。今遇此虎，將非聖人示吾路耶！於是二人徑詣虎所，虎即前行。若朗小遲，虎亦暫住。至曉得出，而失虎蹤。便隨道自進，至于七日，達於仇池。又至梁漢，〔三〕出於荆州，不測

〔一〕「將」下原衍「至」字，據唐高僧傳删。
〔二〕「悽」字原作「慞」，據唐高僧傳改。
〔三〕「梁」字原作「涼」，據唐高僧傳改。

所終。〔一〕

齊相州鼓山釋道豐，未詳氏族，世稱得道之流。與弟子三人居相州鼓山中，不求利養。或云：靈丹黄白，醫療占相，世之術藝，無所不解。齊高來往并鄴，常過問之。應對不思，隨事標荅。帝曾命酒并蒸豘，敕置豐前，令遣食之。豐聊無辭讓，極意飽噉。帝乃大笑，亦不與言。駕去後，謂弟子曰：除却牀頭物。及發撤牀，見向者蒸豘酒等猶在，都不似噉嚼處。時石窟寺有一坐禪僧，每日至西則東望山顛，〔二〕有丈八金像現。此僧私喜，謂睹靈瑞，日日禮拜，如此可經兩月。後在房卧，忽聞枕閒有語，謂之曰：天下更何處有佛。汝今道成，即是佛也。爾當好作佛身，莫自輕脱。此僧聞已，便起恃重。傍視羣僧，猶如草芥。於大衆前側手指胸云：你輩頗識真佛不？泥龕畫佛，語不能出脣，〔三〕智慮何如。你見真佛，不知禮敬，猶作本日期我，悉墮阿鼻。又眼精已赤，叫呼無常。合寺知是鷩禪，及未發前，轝詣豐所。徑即謂曰：汝兩月已來，常見東山上現金像耶？荅曰：實見。又曰：汝聞枕閒遺作佛耶？荅曰：實然。豐曰：此風動失心耳。若不早治，或狂走難制。便以針針之三處，因即不發。及豐臨終，謂弟子曰：吾在山久，汝等有谷汲之勞。今去無以相遺，當留一泉與汝。既無陟降辛苦，努力勤

〔一〕出唐高僧傳卷三十三釋僧朗傳。

〔二〕「至」字原闕，據唐高僧傳補。

〔三〕「能」字原闕，據唐高僧傳補。

修道業。便指竈傍去一方石，遂有懸泉澄映，不盈不減。於今現存。〔一〕右三驗出梁高僧傳。〔二〕

〔一〕出唐高僧傳卷三十三釋道豐傳。

〔二〕「梁」字應作「唐」。

法苑珠林校注卷第五十二

眷屬篇第五十六此有四部

述意部　哀戀部　改易部　離著部

述意部第一

竊尋眷屬萍移，〔一〕新故輪轉。去留難卜，聚會暫時。良由善惡緣別，昇沈殊趣。善如難陀，棄榮欲而從道，羅雲捨王位而斷結。如栴檀林，栴檀圍遶，隨應而度。調御之美，於兹可見。惡如調達破僧，闍王害父。常懷毒意，恒結怨讎。既同棘刺之林，亦類蚖蛇之種。善惡路分，禍福可睹。

〔一〕「萍」字原作「泙」，據高麗藏本改。

哀戀部第二

如須摩提長者經云：「佛在世時，舍衛城有大長者子，名須摩提。是人命終，父母宗親及諸知識，一時號哭，哀悼躃踴，稱怨大喚，悶絶于地。或有喚父母兄弟者，或有呼夫主大家者，如是種種號咷啼哭。又有把土而自坌者，又有持刀斷其髮者。譬如有人毒箭入心，苦惱無量。或有以衣自覆而悲泣者，譬如大風鼓扇林樹，枝柯相振。又如失水之魚，宛轉在地。又如斬截大樹，崩倒狼籍。以如是楚毒而加其身。爾時世尊知而故問阿難：彼諸大衆何故哀號悲泣如是？阿難具以白佛：唯願世尊爲度一切，可往至彼。諸佛世尊不以無請而有不說，我今爲彼諸人勸請於佛。世尊以大慈悲願往至彼。爾時如來受阿難請，即往其家。是時彼諸人等遥見世尊，各各以手拭面，前來迎佛。既至佛所，頭面禮足，悲哀鯁塞，不能發言。正欲長歎，以敬佛故，不敢出息，噎氣而住。爾時佛告長者父母等：汝等何故悲泣懊惱，著此幻法？是諸人等同時發言而白佛言：世尊，是城中唯有此人聰明智慧，端正殊妙。年既盛壯，於諸人中爲無有上。又復多饒財寶，倉庫盈溢，車馬衣服，奴婢使人，如是悉備，無所短乏。一旦命終，是故我等悲泣戀慕，不能自勝。善哉世尊，願爲我等方便説法，得離諸惱。從今已後，更不復受如是諸苦。爾時世尊告長者父母宗親知識及諸大衆：汝等曾見有生者不老病死不？諸人白佛言：未曾見也。佛復告諸大衆：汝等欲離生老病死憂悲苦惱者，莫復念是恩愛之縛。摽心正見，歸命三寶。所以者何？於諸世間無過佛者，能導盲冥愚癡之衆。佛所説法，即是良藥。爾時世尊即説偈言：

十方世界中，　生者無不死。　生死往來道，　唯法能除滅。　無有十方刹，　命終能濟者。唯佛能除斷，　是故歸命佛。　若人作不善，　好行十惡者，　心常懷憍慢，不敬於三寶，　不能持净戒，　懈怠不精進，　如是諸人等，皆名之爲死。　無常計有常，　不净計有净，　實苦而言樂，無我計有我。　衆生生死中，　深著於倒見，　千萬億劫中，　不知生死本。　若有人能解，　真是大法者，　能知此非常，　最爲大苦本。　若人見垢濁，　斷除三毒本，　必能得成就，無上之大法。

爾時長者諸眷屬等聞佛所説，悲苦皆息，並獲道果。〔一〕

又法句喻經云：「昔有婆羅門，少年出家，學至六十，不能得道。婆羅門法，六十不得道，然後歸家娶婦。爲此居家，生得一男，端正可愛。至年七歲，書學聰了，才辯出口，有逾人之操。卒得重病，一宿命終。梵志憐惜，不能自勝，伏其屍上，氣絶復蘇。親族諫喻，奪屍殯斂，埋著城外。梵志自念：我今啼哭，計無所益。不如往至閻羅王所，乞索兒命。於是梵志沐浴齋戒，齎持華香，發舍而去。所在問人：閻羅王所治處爲在何許？展轉前行，行數千里，至深山中。見諸得道梵志，復問如前。諸梵志問曰：卿問閻羅王所治處，欲求何等？荅曰：我有一子，辯慧過人，近日卒亡，悲窮懊惱，不能自解。欲

〔一〕出須摩提長者經。

至王所，乞求兒命，還將歸家，養以備老。諸梵志等愍其愚癡，即告之曰：閻羅王所治之處，〔一〕非是生人所可得到也，當示卿方宜。從此西行四百餘里，有一大川，其中有城。此是諸天神案行世間，停宿之城。閻羅王常以四月四日案行，必過此城。卿持齋戒，往必見之。梵志歡喜奉教而去。到其川中，見好城郭宮殿屋舍，如忉利天。梵志詣門燒香，翹脚呪願，求見閻羅王。王敕守門人引見之。梵志啓言：晚生一男，欲以備老。養育七歲，近日命終。唯願大王垂恩布施，還我兒命。閻羅王言：所求大善。卿兒今在東園中戲，自往將去。梵志即往，見兒與諸小兒共戲。即前抱之，向之啼泣曰：我晝夜念汝，食寐不甘。汝寧不念父母辛苦以不？小兒驚喚，逆呵之曰：癡騃老翁，不達道理。寄住須臾，名人爲子。勿妄多言，不如早去。今我此間自有父母。邂逅之間，唐自手抱。梵志悵然涕泣而去。即自念言：我聞瞿曇沙門知人神魂變化之道，當往問之。於是梵志即還佛所。時佛在舍衛祇洹爲大衆説法。梵志見佛稽首作禮，具以本末向佛陳之：實是我兒，不肯見召，反謂語我爲癡騃老翁，寄住須臾，認我爲子。永無父子之情，何緣乃爾。佛告梵志：汝實愚癡。人死神去，便更受形。父母妻子因緣合居，譬如寄客，起則離散。愚迷縛著，計爲己有。憂悲苦惱，不識本根。沈溺生死，未復休息。唯有慧者不貪恩愛，覺苦捨習，勤修經戒，滅除識想，生死得盡。梵志聞已，豁然意解，即於座上得阿羅漢

〔一〕「治」字原作「至」，據高麗藏本、磧砂藏本、南藏本、嘉興藏本改。

道。」〔一〕

又大法炬經云：「佛言：一切衆生皆悉隨其形類而置名字，如烏雀等。而彼餓鬼衆生之中，無有決定差别名字。勿謂天定天也，人定人也，餓鬼定餓鬼也。如一事上有種種名，如一人上有種種名，如一天乃至餓鬼畜生有種種名，亦復如是。亦有多餓鬼全無名字，於一彈指頃轉變身體，作種種形。云何可得呼其名也？彼中惡業因緣未盡故，於一念中種種變身。」〔二〕

改易部第三

如法句喻經云：「昔佛在舍衛國爲天人説法，時城中有婆羅門長者，財富無數，爲人慳貪，不好布施。食常閉門，不喜人客。若其食時，輒勅門士，堅閉門户，勿令有人妄入門裏，乞丐求索。爾時長者歘思美食，便勅其妻，令作飯食，教殺肥雞，薑椒和調，煮之令熟，飲食飣餖。即時已辦，勅外閉門。夫妻二人坐，一小兒著聚中央，便共飲食。父母取雞肉著兒口中。如是數數，初不有廢。佛知此長者宿福，應度化作沙門，伺其坐食，現出坐前，便呪願云：且言多少布施，可得大福。長者擧頭見化沙門，即罵之言：汝爲道人而無羞恥。室家坐食，何爲唐突。沙門荅曰：卿自愚癡，不知羞恥。今我乞士，何

〔一〕出法句譬喻經卷三道行品。
〔二〕出大法炬陀羅經卷三菩薩行品。

故慚羞。長者問曰：吾及室家自共娱樂，何故慚羞？沙門荅曰：卿殺父妻母，供養怨家，不知慚恥，反謂乞士，何不慚羞。於是世尊即説偈曰：

所生枝不絶，　但用食貪欲。　養怨益丘塚，　愚人當汲汲。　雖獄有鉤鎖，　慧人不謂牢。
愚見妻子飾，　深著愛其牢。　慧説愛爲獄，　深固難得出。　是故當斷棄，　不親欲能安。

長者聞偈，驚而問之：道人何故説此？荅曰：案上雞者，是卿先世時父。以慳貪故，常生雞中，爲卿所食。此小兒者，往作羅刹。卿作賈客大人，乘船入海，舟輒失流，墮羅刹國中，爲羅刹所食。如是五百世壽盡，來生爲卿作子。以卿餘罪未畢，故來欲相害耳。今是妻者，是卿先世時母，以恩愛深固，今還與卿作婦。今卿愚癡，不識宿命，殺父養怨，以母爲妻。五道生死，輪轉無際，周旋五道，誰能知者。唯有道人見此覩彼。愚者不知，豈不慚恥。於是長者忽然毛豎，如怖畏狀。佛現威神，令識宿命。長者見佛，即識宿命，尋則懺悔謝過，便受五戒。佛爲説法，得須陀洹道。」〔一〕

又雜寶藏經云：「佛時遊行到居阿羅國，便於中路一樹下坐。有一老母名迦旦遮羅，繫屬於人，井上汲水。佛語阿難：往索水來。阿難承佛敕，即往索水。爾時老母聞佛索水，自擔罐往。既到佛所，放罐著地，直往抱佛。阿難欲遮，佛言：莫遮。此老母者，五百身中曾爲我母。愛心未盡，是以抱我。

〔一〕出法句譬喻經卷四喻愛欲品。

若當遮者，沸血從面門出，而即命絶。既得抱佛，嗚其手足，在一面立。佛語阿難：往喚其主。其主來至，頭面禮佛，却住一面。佛語主言：放此老母，使得出家。若令出家，當得阿羅漢。主便即放。緣此老母迦葉佛時出家學道，故得阿羅漢。爾時爲徒衆主，駡諸聖尼爲婢，今屬於他。五百身中恒爲我母，遮我布施，常生貧賤也。」〔一〕

又賢愚經云：「舍衛國中有豪富長者，唯無子姓。每禱祀神祇，求索一子。精誠款篤，婦便懷妊。日月滿足，生一男兒。其兒端正，世所希有。父母宗親共相合集，詣大江邊，飲食自娛。臨河不固，失兒墮水。尋時搏撮，竟不能得。父母憐念，絶而復穌。其兒功德，竟復不死，至河水中，隨水沈浮。時有一魚，吞此小兒。雖在魚腹，猶復不死。時有小村而在下流，有一富家亦無子姓，種種求索，困不能得。而彼富家恒令一奴捕魚販賣。其奴捕得吞小兒魚，剖腹看之，得一小兒，面貌端正。得已歡喜。我家由來禱祠求索，精誠報應，故天與我。即便摩拉乳哺養之。時彼上村父母追索：此是我兒，於彼河失。今汝得之，願以見還。時彼長者而荅之曰：我家由來禱祠求子，今神報應，賜我一兒。君之亡兒，竟何所在。紛紜不了，詣王求斷。於是二家各引道理。王聞其説，靡知所以，即爲二家共養此兒。至兒長大，各爲娶婦，安置家業，二處異居。此婦生子，即屬此家，彼婦生兒，即屬彼家。時二長者各隨

〔一〕出雜寶藏經卷一佛説往昔母迦旦遮羅緣。

王教。其兒長大俱爲娶婦，供給所須，無有乏短。其兒白二父母，請求出家。父母心愛，不能拒逆，即便聽許。即往佛所，求索入道。佛即聽之，讚言：善來。頭髮自墮，即成沙門，字曰重姓。佛爲説法，得盡諸苦，即於座上成阿羅漢。阿難白佛：不審世尊，此重姓比丘本造何行，種何善根，而今生世墮水魚吞，而故不死？佛告阿難：汝且聽之，吾當爲説。過去久遠有佛世尊號毗婆尸，集諸大衆，爲説妙法。時有長者來至會中，聞受三歸，受不殺戒，復以一錢布施彼佛。由是之故，世世受福，無有乏短。佛告阿難：爾時長者，今重姓比丘是也。由施一錢，九十一劫恒富錢財，至於今世，二家供給。受不殺戒故，墮水中魚吞不死。受三自歸故，今值我世，得阿羅漢道。」〔一〕

又佛説長者子懊惱三處經云：「爾時舍衛城有大富長者，財寶無數。家無親子，恐終後沒官，夫婦禱祀，歸命三寶，精勤不懈，便得懷軀。婦人黠者有五事應知：一、知夫婿意，二、知夫婿念不念，三、知所因懷軀，四、别知男女，五、别知善惡。是婦報長者：我已懷軀。長者歡喜。月滿生男，加五乳母，供養抱持，長大索得好婦。其兒夫婦行園，園中有樹，名曰無憂。華色鮮白，絮弱緋色。婦語夫言：欲得此華。夫便上樹爲取此華。樹枝細劣，即時摧折，兒便墮死。父母聞之，奔趣抱頭，摩挲占視，永絶不穌。父母悲哀，五内摧傷。衆客見之，亦代哀痛。佛與阿難因入城見，愍獨一子而墮樹死。佛告長

〔一〕出賢愚因緣經卷五重姓品。

者：人生有死，物成有敗。對至命盡，不可避藏。捐去憂念，勿復憂慼。佛語長者：此兒本從忉利天上壽盡，來生卿家。卿家壽盡，便生龍中。金翅鳥王，即取噉之。三處父母，一時共啼哭。爲是誰子？佛即說偈言：

天上諸天子，爲是卿子乎？爲在諸龍中，龍神之子耶？時佛自解言：非是諸天子，亦非爲卿子，復非諸龍子。生死諸因緣，無常譬如幻，一切不久立，譬如若過客。

佛語長者：死不可離，去不可追。長者白佛：此兒宿命罪福云何？佛言：此兒前世好喜布施，尊敬於人。緣此福德，生豪富家。喜獵傷害，令身命短。罪福隨人，如影隨形。長者踴躍，逮得法忍。」〔一〕

離著部第四

如十住毗婆沙論云：「於此家中，父母、兄弟、妻子、眷屬車馬等物，唯增貪求，無有厭足。家是難滿，如海吞流。家是無足，如火焚薪。家是無息，覺觀相續。家是苦性，如怨詐親。家是障礙，能妨聖道。家是鬪亂，共相違諍。家是多瞋，呵責好醜。家是無常，雖久失壞。家是衆苦，馳求守護。家是疑處，猶如怨賊。家是顛倒，貪著假名。家是伎人，種種妄飾。家是變異，貪必離散。家是假借，無有實

〔一〕出長者子懊惱三處經。

事。家是眠夢，富貴則失。家如朝露，須臾變滅。家如蜜滴，其味甚少。家如棘藂，欲刺傷人。家如鐵觜蟲，覺觀常唼。如是等患，不可具述。是故在家菩薩當如是觀，知其家過。在家妻子、眷屬、奴婢、財物等不能作救作歸，非我善友。是故宜當急離捨之。又無始已來，一切衆生於六道中互爲父子，親疏何定。故偈云：

無明蔽慧眼，數數生死中。往來多所作，更互爲父子。貪著世間樂，不知有勝事。怨數爲知識，知識數爲怨。是故我方便，莫生憎愛心。若起憎愛心，不能通達法。」〔一〕

又大菩薩藏經云：「舍利子，若有衆生味著男女、妻妾、諸女色欲，當知即是味著礫石之雹，即是味著利刀之刃，即是味著大熱鐵丸，即是味著坐熱鐵牀，即是味著熱鐵几凳。舍利子，若有味著華鬘香塗，即是味著熱鐵華鬘，亦是味著屎尿塗身。舍利子，若有攝受居處舍宅，當知攝受大熱鐵甕。若有攝受奴婢作使，當知攝受地獄惡卒。若有攝受象馬駝驢牛羊雞豕，當知攝受地獄之中黑駮猪狗。又是攝百踰繕那禁衛之卒。取要言之，若有攝受妻妾男女諸女色欲，當知即是攝受一切衆苦憂愁悲惱之聚。舍利子，寧依附千踰繕那量大熱鐵牀，是牀極熱徧熱，猛焰洞然。於彼父母所給妻妾諸女色欲，乃至不以染受之心，遠觀其相。何況親附抱持之者。何以故？舍利子，當知婦人是衆苦本，是障礙本，是殺害

〔一〕出十住毘婆沙論卷七知家過患品。

本，是繫縛本，是憂愁本，是怨對本，是生盲本。當知婦人滅聖慧眼，當知婦人如熱鐵華，散布於地，足蹈其上。當知婦人於諸邪性流布增長。舍利子，何因緣故名爲婦人？所言婦者，名加重擔。何以故？能使衆生受重擔故，能使衆生持於重擔有所行故，能使衆生荷於重擔徧周行故，能令衆生於此重擔心疲苦故，能令衆生爲於重擔所煎迫故，能令衆生爲於重擔所傷害故。舍利子，復以何緣名之爲婦？所言婦者，是諸衆生所輸委處，是貪愛奴所流没處，是順婦者所輸税處，是婦媚者所迷惑處，是婦勝者所歸投處，是屈婦者所憑仗處，婦自在者所放逸處，爲婦奴者所疲苦處，隨婦轉者所欣仰處。舍利子，以如是等諸因緣故，名是諸處以之爲婦。」〔一〕

又雜阿含經云：「爾時世尊告諸比丘：有三種子。何等爲三？有隨生子，有勝生子，有下生子。何等爲隨生子？謂子父母不殺、不盜、不婬、不妄語、不飲酒，子亦隨學不殺等，是名隨生子。何等爲勝生子？若父母不受不殺等，子能受不殺等，是名勝生子。云何下生子？若子父母不受不殺等，子亦不能受不殺等，是名下生子。」〔二〕

又五無返復經云：「聞如是。一時佛在舍衛國與千二百五十比丘俱。時有一梵志從羅閱祇國來，欲得學問。便到舍衛國，見父子二人耕田，毒蛇齧殺其子。其父猶耕如故，不看其子，亦不啼哭。梵志

〔一〕出大寶積經卷四十四菩薩藏會。

〔二〕出雜阿含經卷三十一。

問曰：此是誰兒？耕者荅言：是我之子。梵志又問：是卿之子，何不啼哭？耕者荅曰：人生有死，夫盛有衰。善者有報，惡者有對。愁憂啼哭，無益死者。卿今入城，我家某處，願過語之。吾子已死，持一人食來。梵志自念：此是何人而無返復。兒死在地，情不愁憂，反更索食。此人不慈，無復此比。梵志入城詣耕者家，見死兒母，即便語之：卿兒已死，其夫寄信持一人食來。梵志曰：何以不念子耶？兒母即爲梵志説譬喻言：兒來託生，我亦不呼。兒今自去，非我不留。譬如行客，因過主人，客今自去，何能得留。我之母子亦復如是。去來進止，非我之力。隨其本行，不能救護。復語其姊：卿弟已死，何不啼哭？姊復説譬喻向梵志言：譬如巧師入山斫木，縛作大筏，安置水中。卒逢大風，吹破筏散，隨水流去。前後分張，不相顧望。我弟亦爾。因緣和合，共一家生。隨命長短，死生無常，合會有離。我弟命盡，各自所隨，不能救護。復語其婦：卿夫已死，何不啼哭？婦説喻向梵志言：譬如飛鳥，暮宿高樹，同止共宿。伺明早起，各自飛去，行求飲食。有緣即合，無緣即離。我等夫婦亦復如是。無常對至，隨其本行，不能救護。復語其奴：大家已死，何不啼哭？奴復説譬喻言：我之大家，因緣和合。我如犢子，隨逐大牛。人殺大牛，犢子在邊，不能救護大牛之命。愁憂啼哭，無所補益。梵志聞已，心感自責，不識東西。我聞此國孝順奉事，恭敬三寶，故從遠來欲得學問。既來到此，了無所益。

更問行人：〔一〕佛在何許？欲往問之。行人荅言：近在祇洹精舍。梵志即到佛所，稽首作禮，却坐一面，合掌低頭，默無所說。佛知其意，謂梵志曰：何以低頭愁憂不樂？梵志曰：所願不果，違我本心，是故不樂。佛語梵志：有何所失，愁憂不樂？梵志對曰：我從羅閱祇國來，欲得學問。既來到此，見五無返復。佛問梵志：何等五無返復？梵志曰：我見父子二人耕田下種，兒死在地，父亦不愁。居家大小都無愁悲，是爲大逆。佛言：不然。不如卿語。此之五人，最爲返復。知身非常，身非己有。往古聖人，不免斯患。何爲凡夫，大啼小哭，無益死者。世俗之人，無所識知，生死流轉，無有休息。梵志心開意解。我聞佛說，如病得愈，盲者得視，如暗得明。於是梵志即得道迹。一切死亡不足啼哭，滅死防生，非愁憂法。死者身歸於土，生者種持産業，欲爲亡者請佛及僧，燒香供養，讀誦經書，日日作禮，復能布施三寶，最是爲要。梵志稽首，爲佛作禮，歡喜奉行。」〔二〕

頌曰：

眷屬多攷擾，　染著亂心神。　親疏未可定，　何得偏憎憐。　乾城無片實，　渴鹿諍餤塵。
息心上空響，　廢念心真源。

〔一〕「行」字原作「何」，據高麗藏本、磧砂藏本、南藏本、嘉興藏本改。
〔二〕出五無返復經。

感應緣略引七驗

晉杜願，字永平，梓橦涪人也。家巨富，有一男名天保，願愛念。年十歲，泰元三年，暴病而死。經數月日，家所養猪生五子，一子最肥。後官長新到，願將以作禮，捉就殺之。有一比丘忽至願前謂曰：

此狁是君兒也。如何百餘日中而相忘乎？〔一〕言竟忽然不見。四顧尋視，見在西天，騰空而去。〔二〕香氣充布，彌日乃歇。〔三〕

宋董青建者，不知何許人。父字賢明，建元初爲越騎校尉。初建母宗氏孕建時，〔四〕夢有人語云：爾必生男，體上當有青誌，可名爲青建。及生如言，即名焉。有容止，美言笑，性理寛和，家人未嘗睹其慍色。見者咸異之。至年十四，而州迎主簿。〔五〕建元初皇儲鎮樊漢，爲水曹參軍。二年七月十六日寢疾，自云：必不振濟。至十八日，臨盡起坐，謂母曰：罪盡福至，緣累永絶。願母自割，不須憂念。因失聲大哭，〔六〕聲盡而絶。將殯喪齋前，其夜靈語云：生死道乖，勿安齋前。自當有造像道人來迎喪者。明日果有道人來，名曇順，即依靈語，向曇順説之。曇順曰：貧道住在南林寺，造丈八像垂成，賢子乃有此感應。寺西有少空地，可得安葬也。遂葬寺邊。三日，其母將親表十許人墓所致祭，於

〔一〕「何」字原作「前」，據高麗藏本改。

〔二〕以上出集神州三寶感通録卷下。

〔三〕太平廣記卷四三九引，作出法苑珠林。

〔四〕「宗」字，高麗藏本作「宋」。

〔五〕「迎」字，太平廣記引作「辟」。

〔六〕「失」字原作「七」，據太平廣記引改。

墓東見建如生，云：願母割哀還去，建今還在寺住。母即止哭而還。舉家菜食長齋。至閏月十一日，賢明夢見建云：願父暫出東齋。賢明便香湯自浴，齋戒出東齋。至十四夜，於眠中聞建喚聲，驚起見建在齋前如生時。父問：汝住在何處？建云：從亡來住在練神宮中，滿百日，當得生忉利天。建不忍見父母兄弟哭泣傷慟，三七日禮諸佛菩薩，請四天王，故得暫還。願父母從今以後，勿復啼哭祭祀。阿母已發願求見建，母不久當命終，即共建同生一處。父壽可得七十三，命終之後，當三年受罪報。勤苦行道，可得免脱。問曰：汝從夜中來，那得有光明？建曰：今與菩薩諸天共下，此其身光耳。又問云：汝天上識誰？建曰：見王車騎、張吴興、外祖宗西河。〔一〕建曰：非但此一門中生，從四十七年以來，至今七死七生，已得四道果。先發七願，願生人閒，故歷生死。從今永畢，得離七苦。建臨盡時，見七處生死。所以大哭者，與七家分别也。問云：汝昔生誰家？建曰：生江吏部、羊廣州、張吴興、王車騎、蕭吴興、梁給事、董越騎等家。唯此閒生十七年，餘處止五三年耳。自今以後，毒癘歲多，宜勤修功德。建見世人死，多墮三塗，生天者少，勤精進，可得免度。發願生天，亦得相見。行脱差異，無相值期。又問云：汝母憂憶汝垂死，可令見汝不？建曰：不須相見，益懷煎苦耳。耶但依向言説之。諸天已去，不容久住。慘有悲色，忽然不見。去後竹林左右猶有香氣，家人亦並聞餘香焉。建云：所生七

〔一〕「宗」字，高麗藏本作「宋」。

家，江槩、〔一〕羊希、張永、王玄謨、蕭惠明、梁季文也。賢明遂以出家，名法藏也。〔二〕

宋袁廓，字思度，陳郡人也。元徽中爲吴郡丞。病經少日，奄然如死，但餘息未盡。棺櫬之具並備，〔三〕待畢而殮。三日而能轉動視瞬，自説云：有使者稱教，唤廓隨去。既至，有大城池，樓堞高整，階闥崇麗。既命廓進，主人南面，階陛森然，威飾冠首。執刀者點廓坐。坐定温凉畢，設酒炙果粽菹肴等，廓皆嘗進。種族形味，不異世中。酒數行，主人謂廓曰：身主簿不幸，閤任有闕。以君才穎，故欲相屈。當能顧懷不？廓意亦知是幽途，乃固辭凡薄，非所克堪。加少窮孤，〔四〕兄弟零落。公私一二，乞蒙恩放。主人曰：君當以幽顯異方，故有辭耳。此間榮禄資待，身口服御，乃當勝君世中。勤勤之懷，甚貪共事。想必降意，副所期也。廓復固請曰：男女藐然，並在齠齓。僕一旦恭任，養視無託。父子之戀，理有可矜。廓因流涕稽顙。主人曰：君辭讓乃爾，何容相逼。願言不獲，深爲歎恨。就案上取一卷文書，句點之。〔五〕既而廓謝恩辭歸。主人曰：君不欲定省先亡乎？乃遣人將廓行，經歷寺署

〔一〕「槩」字原作「湛」，據高麗藏本改。

〔二〕太平廣記卷一一四引，作出法苑珠林。

〔三〕「櫬」字原作「唅」，據高麗藏本改。太平廣記引作「衾」。

〔四〕「加」字原作「家」，據高麗藏本改。

〔五〕「句點」原作「拘黯」，據高麗藏本改。

甚衆，末得一垣城，門楣並黑，〔一〕蓋囹圄也。將廓入中，斜趣一隅。有諸屋宇，駢填銜接，而甚陋弊。次有一屋，見其所生母羊氏在此屋中，容服不佳，甚異平生。見廓驚喜。户邊有一人，身面傷痍，形類甚異，呼廓語。廓驚問其誰？羊氏謂廓曰：此王夫人，汝不識耶？王夫人曰：吾在世時不信報應，雖復無甚餘罪，正坐鞭撻婢僕過苦，故受此罰。亡來楚毒，殆無暫休。今特少時寬隙耳。前喚汝姊來，望以自代，竟無所益，徒爲憂聚。言畢涕泗。王夫人即廓嫡母也。廓姊時亦在其側。有頃，使人復將廓去，經涉巷陌，閭里整頓，似是民居。末有一宅，竹籬茅屋，見父披被著巾，凭案而坐。廓入門，父揚手遣廓曰：汝既蒙罷，〔二〕可速歸去，不須來也。廓跪辭而歸。使人送廓至家而去。廓今太子洗馬是也。〔三〕

宋卞悦之，濟陰人也。作朝請，居在潮溝。行年五十，未有子息。婦爲娶妾，復積載不孕。將祈求繼嗣，千徧轉觀世音經。其數垂竟，妾便有娠，遂生一男。元嘉十八年已五歲云云。〔四〕右四驗出冥祥記。

唐京城真寂寺沙門慧如，少精勤苦行，師事信行。信行亡後，奉遵其法。隋大業中因坐禪修定，遂

〔一〕「黑」字原脱，據高麗藏本補。

〔二〕「既」字原作「即」，據高麗藏本、磧砂藏本、南藏本、嘉興藏本改。

〔三〕太平廣記卷三七七引，作出法苑珠林。

〔四〕「已五」原作「己丑」，據高麗藏本、磧砂藏本、南藏本改。太平廣記卷一一一引，「十八年」作「十四年」。

七日不動。衆皆歎異之，以爲入三昧也。既而慧如開目，涕泗交流。僧衆怪問之。荅曰：火燒脚痛，待視瘡畢乃説。衆皆怪問。慧如曰：被閻羅王請行道七日滿，王問：須見先亡知識不？如荅：欲見二人。王即遣喚一人，唯見龜來舐慧如足，目中淚出而去。更一人者，云罪重不可喚，令就見之。使者引慧如至獄門，門閉甚固。使呼守者，有人應聲。使者語：慧如師急避道，莫當門立。如始避而門開，大火從門流出，如鍛星迸著如脚，被燒之。舉目視門，門已閉訖，竟不得相見。王施絹三十匹，固辭不許，云：已遣送後房。衆僧争往房視之，則絹在牀矣。其脚燒瘡大如錢，百餘日乃愈。至武德初卒。真寂寺即今化度寺是。〔一〕右一驗出冥報記。

唐京都西市北店有王會師者，其母先終，服制已畢。至顯慶二年内，其家乃産一青黄母狗。會師妻爲其盗食，乃以杖擊之數下。狗遂作人語曰：我是汝姑，新婦杖我大錯。我爲嚴酷家人過甚，遂得此報。今既被打，羞向汝家。因即走出。會師聞而涕泣，抱以歸家，而復還去。凡經四五，會師見其意正，〔二〕乃屈請市北大街中，正是己店北大墻後，作小舍安置，每日送食。市人及行客就觀者極衆，投

〔一〕出冥報記卷上。

〔二〕「正」字原作「止」，據高麗藏本改。

餅與者，不可勝數。此犬恒不離此舍，過齋時即不肯食。〔一〕經一二歲，莫知所之。〔二〕

唐居士李信者，并州文水縣之太平里人也。身爲隆政府衛士。至顯慶年冬，隨例往朔州赴番。乘赤草馬一疋，并將草駒。是時歲晚凝陰，風雪嚴厚。行十數里，馬遂不進。信以番期之逼促，撾之數十下。馬遂作人語謂信曰：我是汝母。爲生平避汝父，將石餘米乞女，〔三〕故獲此報。此駒即是汝妹也。以力償債向了，汝復何苦敦逼如是。信聞之驚愕流涕，不能自勝，乃拜謝之。躬駝鞍轡，〔四〕謂曰：若是信孃，當自行歸家。馬遂前行，信負鞍轡，隨之至家。信兄弟等見之，悲哀相對，別爲廠櫪養飼，有同事母。屈僧營齋，合門莫不精進。鄉閭道俗，咸歎異之。時工部侍郎溫無隱、〔五〕岐州司法張金停俱爲丁艱在家，〔六〕聞而奇之，故就信家顧訪，見馬猶在。問其由委，並如所傳。〔七〕右二驗出冥報拾遺。

〔一〕「即」字原作「而」，據高麗藏本改。

〔二〕太平廣記卷一三四引，作出法苑珠林。

〔三〕「石」字原作「碩」，據高麗藏本、磧砂藏本、南藏本、嘉興藏本改。「乞」字，太平廣記引作「與」。

〔四〕「駝」字，高麗藏本作「馱」，太平廣記引作「弛」。

〔五〕「溫」字，太平廣記引作「孫」。

〔六〕「停」字，太平廣記引作「庭」。

〔七〕太平廣記卷一三四引。

校量篇第五十七此有七部

述意部　施田部　十地部　福業部　罪業部　雜行部　方土部

述意部第一

蓋聞濬知一揆，圖度萬端。業行黑白，受報升降。大小方音，長短别域。德有隱顯，行有淺深。是以羣聖降迹，緣感斯應。或標奇顯相，或韜形晦跡。軌轍雖殊，弘道罔異。若不校量，罕知優劣也。

施田部第二

如菩薩本行經云：「佛告須達：過去世時有一婆羅門，名曰比藍。端正無比，聰慧第一，財富無量，不可億數。比藍曰：財寶所有，皆悉非常，我不用之，欲施窮乏。即設大壇，〔一〕人民雲集，皆來至所。時比藍欲澡自手，傾於軍持，而水不出，大用愁憂。今我大施將有何過，而水不出。即時天人於虛空中語比藍言：汝施大好，無能過者。但所施人盡是邪僞倒見之徒，不堪受汝恭敬之施。以是之故，水不能出。於是比藍聞天人語，意便開解，即作誓言：今我所施，用成無上正真之道。審如所願者，令我寫水當墮我手。作誓願已，便傾澡瓶，水即墮手。諸天讚言：如汝所願，成佛不久。爾時比藍布施貧乏衣服飲食，十二年中，盡用布施，無所藏積。佛告須達：爾時比藍婆羅門者，今我身是。而我所施亦好，其心亦好，受者不好。所施雖多，獲報甚少。而今我法真妙清净，弟子正真，所施雖少，獲報甚多。於十二年所作布施及閻浮提一切人民，計其功德，不如布施一須陀洹人。其福甚多，過出其上。施百須陀洹，并前福報，不如施一斯陀含人。施百斯陀含，并前福報，不如施一阿那含人。施百阿那含，并前福報，不如施一阿羅漢。施百阿羅漢，并前功德，不如施一辟支佛。施百辟支佛、百阿羅漢、百阿那含、百斯陀含、百須陀洹及施閻浮提人所得功德，不如起塔僧坊精舍衣食等，供養過去來今四方衆僧，給其所須。計其功德，過前所作功德。將前所作福德，不如施佛一人。功德甚多，不可復計。雖供養佛并前施功德，不如有人一日之中受三自歸八關齋。若持五戒，所得功德逾過於前百千萬倍，不可

〔一〕「壇」字原作「檀」，據高麗藏本、磧砂藏本、南藏本、嘉興藏本改。

爲喻。復以持戒之福，并合集前一切功德，不如坐禪慈念衆生經一食頃。所得功德逾過於前百千萬倍。復合前功德，不如聞法執在心懷，思惟四諦。比前功德最尊第一，無有過上。於是須達聞法踴躍，身心清净，得阿那含道。」〔一〕

十地部第三

如金剛三昧不壞不滅經云：「佛告彌勒菩薩：我今爲汝説菩薩所得功德地法。初地菩薩猶如初月，光明未顯，然其明相皆悉具足。二地菩薩如五日月。三地菩薩如八日月。四地菩薩如九日月。五地菩薩如十日月。六地菩薩如十一日月。七地菩薩如十二日月。八地菩薩如十三日月。九地菩薩如十四日月。十地菩薩如十五日月，圓滿可觀，明相具足。其心澹泊，安住不動，不没不退，住首楞嚴三昧。」〔二〕

又無性攝論釋云：「謂於初地達法界時，徧能通達一切地者，若於初地正通達時，速能通達後一切地，此種類故。如有頌言：

〔一〕出菩薩本行經卷中。

〔二〕出金剛三昧本性清净不壞不滅經。

如竹破初節，餘節速能破。得初地真智，諸地疾當得。」〔一〕

福業部第四

依增一阿含經云：「一閻浮提人福德等一鐵輪聖王福。一鐵輪王福等一東弗于逮人福。上二天下人福等一銅輪王福。一銅輪王福等一俱耶尼人福。上三天下人福等一銀輪王福。一銀輪王福等一鬱單越人福。上四天下人福等一金輪王福。一金輪王福等一四天王天人福。一四天王天人福等一天王福。一天王福等一三十三天人福。一三十三天人福等一帝釋福。一帝釋福等一燄摩天人福。一燄摩天人福等一天王福。如是展轉校量，乃至非想天福，不可思量。」〔二〕

又正法念經云：「如三十三天受五欲樂，喻如金輪王所受之樂，比於天樂，十六分中不及其一。所受天身，無有骨肉，亦無汗垢。不生嫉妬，其目不眴，衣無塵垢，無有烟霧，亦無大小便利之患。其身光明，能有遠照。轉輪聖王都無此事。於己妻子不偏攝受，離於嫉妬。飲食自在，無有睡眠疲極等苦。轉輪王等都無此事。此諸天等初生之時，歌儛音樂，無有教者，不從他學。以善業故，自然皆知。退時善業盡故，一切皆忘。忉利下天尚有大樂，況上天樂，難可爲比。如是展轉校量，從下向上，乃至非想

〔一〕出攝大乘論無性釋卷七彼修差別分。
〔二〕出增一阿含經卷二十一。

非非想天，不可爲比。」〔一〕

罪業部第五

如十輪經云：「佛言：若有刹利旃陀羅王，於三寶所起於惡心，一切諸佛所不能救。譬如壓油，一一麻中皆生諸蟲，以壓油輪而壓取之，即便得油。此壓油人於其日夜爲應定殺幾所衆生？若復有人以是十輪而壓油者，一輪一日一夜壓油千斛，如是乃至滿於千年。是壓油人得幾所罪？地藏菩薩言：甚多，世尊。無能知是人罪量其數多少，唯佛知之。佛言：譬如十輪之罪，等一婬女舍罪。其舍有千女人，皆爲求欲。如是十婬女舍，其罪等一酒家。如是十酒家，等一屠兒舍。如是十屠兒舍罪，等一刹利旃陀羅。居士、旃陀羅、十輪中等於一王輪一日一夜罪。〔二〕爾時世尊而説偈言：

十輪罪等一婬舍，　十婬罪等同一酒，　十酒罪等一屠兒，　十屠兒罪等一王。」〔三〕

〔一〕出正法念處經卷二十九。
〔二〕「王」字原脱，據高麗藏本補。
〔三〕出大方廣十輪經卷四刹利旃陀羅現智相品。

雜行部第六

如樹提伽經：「偈云：

何物高於空，我慢高於空。〔一〕何物重於地，戒德重於地。〔二〕何物多草木，亂想多草木。何物疾於風，意念疾於風。何物得生天，十善得生天。何物服人身，五戒服人身。何物落地獄，十惡落地獄。何物墮畜生，觝突墮畜生。何物堅金剛，無著堅金剛。何物軟鶴毛，心柔軟鶴毛。何物香栴檀，持戒香栴檀。何物明日月，佛光明日月。何物安於山，坐禪安於山。何物動於地，三界動於地。何物最清浄，泥洹最清浄。何物最穢濁，生死最穢濁。何物最爲高，家和最爲高。何山最爲明，須彌最爲明。何國最爲樂，舍衛最爲樂。何國饒人民，迦夷國饒人。何物戲深山，麞鹿戲深山。何物樂叢林，狐狢樂叢林。何物墮風塵，沙礫隨風塵。何物戲深淵，鯉魚戲深淵。」〔三〕

〔一〕「慢」字原作「德」，據高麗藏本改。

〔二〕「戒」字原作「相」，據高麗藏本改。

〔三〕今本樹提伽經無此文。出處待考。

又雜阿含經云：「有天子說偈問佛云：

何戒何威儀，何得何爲業，慧者云何住，云何往生天？

爾時世尊說偈答言：

遠離於殺生，持戒自防禦，害心不加生，是則生天路。遠離不與取，與取心欣樂，斷除賊盜心，是則生天路。不行他所愛，遠離於邪婬，自愛知止足，是則生天路。自爲己及他，爲財及戲笑，妄語而不爲，是則生天路。斷除於兩舌，不離他親友，常念和彼此，是則生天路。遠離不愛語，軟語不傷人，常說淳美言，是則生天路。不爲不成說，無義不饒益，常順於法言，是則生天路。聚落若空地，見利言我有，不行此貪想，是則生天路。慈心無害想，不害於衆生，心常無怨結，是則生天路。苦業及果報，二俱生净信，受持於正見，是則生天路。如是諸善法，十種净業跡，等受堅固持，是則生天路。

時釋提桓因說偈問佛云：

何法命不知，何法命不覺，何法鎖於命，何法爲命縛？

爾時世尊說偈答言：

色者命不知，　諸行命不覺，　身鎖於其命，　愛縛於命者。」〔一〕

又雜阿含經云：「爾時世尊手捉團土大如梨果，告諸比丘：云何我手中團土爲多，大雪山中土石爲多？諸比丘白佛言：世尊手中土少耳，彼雪山土石甚多，乃至筭數不得爲比。佛告諸比丘：如是衆生知四聖諦苦集滅道者，如我所捉團土。不如是知者，如大雪山土石。爾時世尊以爪甲擎土，告諸比丘：於意云何？我甲上土爲多，此大地土多？諸比丘白佛言：世尊，世尊甲上土甚少耳，此大地土甚多，乃至筭數不可爲比。佛告諸比丘：若諸衆生形可見者如甲上土，其形微細不可見者如大地土。如是陸地，如是水性亦爾。如得人道者如甲上土，墮非人者如大地土。如是生中國者如甲上土，生邊地者如大地土。如是成聖慧眼者如甲上土，不成聖者如大地土。如是知法律者如甲上土，不知法律者如大地土。如是知其父母者如甲上土，不知有父母者如大地土。如是知受齋戒者如甲上土，不知受齋戒者如大地土。如是從地獄畜生餓鬼命終生人中者如甲上土，從地獄命終還生地獄畜生餓鬼者如大地土。如是衆生從地獄畜生餓鬼命終生天上者如甲上土，還生地獄畜生餓鬼者如大地土。如是從天命終還生天上者如甲上土，從天命終還生地獄畜生餓鬼者如大地土。」〔二〕

〔一〕出雜阿含經卷四十九。

〔二〕出雜阿含經卷十六。

方土部第七

如起世經云：「閻浮提洲有五事勝瞿陀尼、弗婆提、鬱單越、閻摩世、一切龍及金翅、阿脩羅等。何等爲五？一、勇健，二、正念，三、佛出世處，四、是修業地，五、行梵行處。瞿陀尼洲有三事勝閻浮提洲：一、饒牛，二、饒羊，三、饒摩尼寶。弗婆提洲有三事勝：一、洲寬大，二、並含諸渚，三、洲甚勝妙。鬱單越洲有三事勝：一、彼人無我我所，二、壽命最勝，三、有勝上行。閻摩世中有三事勝：一、壽命長，二、身形大，三、有自然衣食。一切龍及金翅鳥有三事勝：一、壽命長，二、身形大，三、宮殿寬博。阿脩羅中有三事勝：一、壽命長，二、形色勝，三、受樂多。四天王天有三事勝：一、宮殿高，二、宮殿妙，三、宮殿有勝光明。三十三天有三事勝：一、長壽，二、色勝，三、多樂。餘上四天及魔身天等同三十三天，有前三勝。閻浮提有五事勝餘諸天，如上所說。」〔一〕

頌曰：

惡多難筭，　善少可陳。　人天蓋寡，　濁趣如塵。　貴賤交易，　貧富異因。　校量優劣，
樂苦昇沈。

〔一〕　出起世經卷八三十三天品。

法苑珠林校注卷第五十三

機辯篇第五十八此有三部

述意部　菩薩部　羅漢部

述意部第一

惟夫三藏浩汗，〔一〕七衆紛綸。設教備機，焕然通解。聞苦集則哀切追情，聽滅道則喜捨啓悟。清詞妙氣，鬱若芬蘭，峻旨宫商，開導耳目。所以馬鳴迪其幽宗，〔二〕龍樹振其絶緒，提婆析其名數，羅漢總其條理。並翼贊妙典，俘剪外學。迷津見衢，長夜逢曉。繼釋典之高範，表師資之訓術。屬於斯

〔一〕「汗」字原作「澣」，據高麗藏本改。

〔二〕「迪」字原作「抽」，據高麗藏本改。

也,可謂盛哉!祇園若在,鹿苑如見,誠未證果,趣佛邇也。

菩薩部第二略引二三,餘散别篇。〔一〕

馬鳴菩薩傳云:「佛去世後三百餘年,摩耶經六百年。出自東天竺桑歧多國,婆羅門種也。弱狀奇譽,以文談見稱。天竺俗法,論師文士皆執勝相以表其德。馬鳴用其俗法,以利刀冠杖,銘云:〔二〕天下智士,其有能以一理見屈,一文見勝者,當以此刀自刎其首。當執此刀周遊諸國。文論之士莫能抗之者。是時韻陀山中有一羅漢,名富樓那,外道名理,無不綜達。於是馬鳴詣而候焉。見其端坐林下,志氣渺然,若不可測。神色謙退,似而可屈。遂與言,沙門説之:敢有所明,〔三〕要必屈汝。我若不勝,便刎頸相謝。沙門默然,容無負色,亦無勝顔。扣之數四,曾無應情。馬鳴退自思惟:我負矣,彼勝矣。彼安無言,故無可屈。吾以言之,雖知言者可屈,自吾未免於言,真可愧耳。退謝其屈,便欲自刎首。沙門止之:汝以自刎謝我,當隨我意,鬀汝周羅,爲我弟子,即以理伏。落髮投簪,受具足戒。坐則文宣佛法,遊則闡揚道化。作莊嚴佛法諸論百有萬言,大行天竺。舉世推宗,以爲造作之式。雖

〔一〕此二句小注原作「略引二」,據高麗藏本補。

〔二〕「云」字原作「其」,據高麗藏本改。

〔三〕「明」字原作「盟」,據高麗藏本改。

復西河之亂孔文，身子之疑聖師，蔑以過也。其後龍樹染翰之初，著論之始，未嘗不稽首馬鳴，作自歸之偈。謙議憑其冥照，以自悟焉。今天竺諸王勢士皆爲之立廟宗之，若佛評有之日。」〔一〕

龍樹菩薩傳并付法藏傳云：「有一大士，名曰龍樹。依傳云：佛去世後七百年内出現於世。依奘法師傳云：「西梵正音，名爲龍猛，舊翻訛略，〔二〕故曰龍樹。佛去世後三百年出現於世，壽年七百歲。故人錯稱佛滅後七百年出世。」〔三〕天聰奇悟，事不再問。建立法幢，摧伏異道。託生南天竺國，出梵志種大豪貴家。始生之時，在於樹下，由龍成道，因號龍樹。少小聰哲，才學超世。本童子時處在襁褓，聞諸梵志誦四韋陀論。其典淵博，有四萬偈，各三十二字。皆即照了，達其句味。弱冠馳名，擅步諸國。天文、地理、星緯、圖讖及餘道術，無不綜練。有友三人，天姿奇秀，相與議曰：天下理義，聞悟神明，洞發幽旨，增長智慧。若斯之事，吾等悉達。更以何方而自娛樂？復作是言：世間唯有追求好色，縱情極欲，最是一生上妙快樂。宜可共求隱身之藥，事若斯果，此願必就。咸言：善哉！斯言甚快。即至術處，求隱身法。術師念曰：此四梵志才智高遠，生大憍慢，草芥羣生。今以術故，屈辱就我。然此人輩研窮博達，所不知者，唯此賤術。若授其方，則永見棄。且與彼藥，使不知之，藥盡必來，師資可久。即便各授青藥一丸而告之曰：汝持

〔一〕馬鳴菩薩傳與此不同，出處待考，或爲佚典。
〔二〕「翻」字原脱，據高麗藏本補。
〔三〕出大唐西域記卷八。

此藥，以水磨之，用塗眼瞼，〔一〕形當自隱。尋受師教，各磨此藥。龍樹聞香，即便識之，分數多少，錙銖無失。還向其師具陳斯事：此藥滿足有七十種，名字兩數，皆如其方。師聞驚愕，問其所由。龍樹荅言：大師當知，一切諸藥自有氣分。因此知之，何足爲怪！師聞其言，歎未曾有。即作是念：若此人者，聞之猶難，況我親遇，而惜斯術。即以其法具授四人。四人依方和合此藥，自翳其身，遊行自在。即共相將入王後宫，宫中美人皆被侵掠。百餘日後，懷妊者衆。尋往白王，庶免罪咎。王聞是已，心大不悦。此何不祥，爲怪乃爾！召諸智臣，共謀斯事。時有一臣即白王言：凡此之事，應有二種：一是鬼魅，二是方術。可以細土置諸門中，令人守衛，斷往來者。若是方術，其跡自現。設鬼魅入，必無其跡。人可兵除，鬼當祝滅。王用其計，依法爲之。見四人跡從門而入，時防衛者驟以聞王。王將勇士凡數百人，揮刀空中，斬三人首。近王七尺内，刀所不至。龍樹歛身依王而立。於是始悟欲爲苦本，敗德危身，汙辱梵行。即自誓曰：我若得脱免斯厄難，當詣沙門受出家法。既出，入山至一佛塔，捨離欲愛，出家爲道。於九十日誦閻浮提所有經論，皆悉通達。更求異典，都無得處。遂向雪山，見一比丘，以摩訶衍而授與之。讀誦愛樂，恭敬供養。雖達實義，未獲道證。辯才無盡，善能言論。外道異學，咸皆摧伏，請爲師範。即便自謂一切智人，心生憍慢，甚大貢高。便欲往復瞿曇門入。爾時門神告龍樹

〔一〕「瞼」字原作「服」，據高麗藏本改。

曰：今汝智慧猶如蚊虻，比於如來非言能辯。無異螢火，齊耀日月，以須彌山等葶藶子。我觀仁者非一切智，云何欲此門而入！聞是語已，赧然有愧。時有弟子白龍樹言：師恒自謂一切智人，今來屈辱爲佛弟子。弟子之法，諮承於師。諮承不足，非一切智。於是龍樹辭窮理屈，心自念言：世界法中，津塗無量。佛經雖妙，句義未盡，我今宜可更敷演之，開悟後學，饒益衆生。作是言已，獨處靜室水精房中。大龍菩薩愍其若此，即以神力接以大海，至其宫殿。開七寶函，以示諸方等深奥經典無量妙法授與龍樹。九十日中通解甚多。其心深入，體得實利。〔一〕龍知心念而問之曰：〔二〕汝今看經爲徧未耶？龍樹荅言：汝經無量，不可得盡。我所讀者足滿十倍過閻浮提。龍王問言：忉利天上釋提桓因所有經典，倍過此宫百千萬倍。諸處比此，易可稱數。爾時龍樹既得諸經，豁然通達，善解一相，深入無生，二忍具足。龍知悟道，還送出宫。時南天竺王本甚邪見，承事外道，毁謗正法。見其龍樹是一切智人，共大論師擊難不逮，稽首禮敬，剃除鬚髮而就出家。如是所度無量。邪見王家常送一車衣鉢，終竟一日，皆悉都盡。如是展轉乃至無數。廣開分别摩訶衍義，造憂波提舍論十萬偈，莊嚴佛道。大慈方便如是等論各十萬偈，令摩訶衍先宣於世。造無畏論滿十萬偈。中論出於無畏部中，凡五百偈。其所敷演，義味深邃，摧伏一切外道勝幢。是時有一小乘法師見其高明，常懷忿嫉。龍樹菩薩所作已辦，

〔一〕「實」字原作「寶」，據高麗藏本、磧砂藏本、南藏本改。

〔二〕「知」字原作「之」，據高麗藏本改。

將去此土。問法師云：汝今樂我久住世不？答曰：仁者，實不願也。即入闇室，經日不現。弟子咸怪，破户看之，遂見其師蟬蜕而去。天竺諸國並爲立廟，種種供養，敬事如佛焉。」〔一〕

羅漢部第三

如智度論云：「舍利弗於一切弟子中智慧最爲第一。如佛偈説：

一切衆生中，　唯除佛世尊，　欲比舍利弗，　智慧及多聞，　於十六分中，　猶尚不及一。

舍利弗智慧多聞，年始八歲，誦十八部經，通解一切義。是時摩伽陀國有龍王兄弟，一名姞利，二名阿迦羅，降雨以時，國無荒年。人民感之，常以仲春之月，大集龍處，爲設大會。作樂談義，終此一日。自古及今，斯集未替。此日常法，敷四高座：一爲國王，二爲太子，三爲大臣，四爲論士。爾時舍利弗以八歲之身，問衆人言：此四高座爲誰敷之？衆人荅言：爲國王、太子、大臣、論士。是時舍利弗觀察時人無勝己者，便昇論牀，結跏趺坐。衆人疑怪，或謂愚小無知，或謂智量過人。雖復嘉其神異，而猶各懷自矜。恥其年小，不自與語。皆遣年少，傳言問之。其荅雋旨，辭理超絶。時諸論師歎未曾有。愚智大小，一切皆伏。王大歡喜，即命有司封一聚落，常以給之。王乘象輦振鈴告言，宣示一切。十六大

〔一〕出龍樹菩薩傳、付法藏因緣傳卷五。

國，無不慶悦。如四分律云：「舍利弗具足四辯：一、法辯，二、義辯，三、詞辯，四、了了辯。若具此辯而外道不伏者，無有是處。」〔一〕又勝思惟論云：「菩薩有七種德，皆依樂説辯才。何等爲七？一、種種樂説辯才，二、無滯樂説辯才，三、堅固樂説辯才，四、了了樂説辯才，五、不怯弱樂説辯才，六、相應樂説辯才，七、任放樂説辯才。此八地菩薩得。」〔二〕是時吉古師子名拘律陀，姓大目揵連，是舍利弗友。二人才智德行互同，行則俱遊，住則同止，少長繾綣，結要始終。後俱厭世，出家學道，作梵志弟子。情求道門，久而無徵。以問於師，師名訕闍耶，而荅之言：自我求道，彌歷年歲，不知道果，非其人耶。他日師疾，舍利弗在頭邊立，大目連在足邊立。二人惴惴，〔三〕其師將終，乃愍而笑。二人同心，俱問笑意。師荅之言：世俗無眼，爲恩愛所侵。我見金地國王死，其大夫人自投火積，求同一處。而此二人行報各異，生處殊絶。是時二人筆受師語，欲以驗其虚實。後有金地商人遠來摩伽陀國，以疏驗之，果如師語。乃撫然歎曰：我昔非其人耶！爲是師隱我耶！二人誓曰：若先得甘露，要別相報。故佛本行經云：「是時舍利弗見馬宿比丘入城乞食，城内一切人民各共評論，説偈云：巧攝諸根識，進止恒静定。含笑出美言，此必釋種子。是時舍利弗即請云：汝大師德術亦勝汝耶！爾時阿濕波踰跋多，隋云馬宿，即説偈報言：如芥對須彌，牛跡比大海，蚊虻並金翅，我與彼亦然。假使聲聞度彼岸，成就諸地猶弟子，於彼師邊不入數，與彼世尊威德別。於是舍利弗復聞

〔一〕出四分律卷三十四。

〔二〕「八」字原作「辯」，據高麗藏本改。出勝思惟梵天所問經論卷一。

〔三〕「惴惴」原作「喘喘」，據高麗藏本改。

說偈云：諸法因緣生，亦從因緣滅。吾師大沙門，〔一〕常說如是法。舍利弗聞已，即得見諦，得法眼净。舍利弗既得須陀洹果，復向目連亦説是偈。目連聞舍利弗說，亦得須陀洹果。於是舍利弗、目連二人將五百眷屬，同詣佛所，皆得阿羅漢果。」〔二〕依四分律及餘經等，皆云：千二百五十人，至於佛所，得阿羅漢果。

依論問曰：〔三〕「何以名舍利弗？」荅曰：是母所作字。伽陀國是中有大城，名王舍城。王名頻婆娑羅。有婆羅門論師名摩陀羅。王以其人善能論故，賜封一邑，去城不遠。是摩陀羅遂有居家。婦生一女，眼似舍利鳥眼，即名此女爲舍利。次生一男，膝骨麤大，名拘絺羅。秦言大膝。〔四〕既有居家，畜養男女，所學經書，皆已陳故，不復業新。是時南天竺有一婆羅門大論議師，字提舍，於十八種大經，皆悉通利。是人入王舍城，頭上戴火，以銅鍱鍱腹。人問其故，便言：我所學經書甚多，恐腹破裂，是故鍱之。又問：頭上何故戴火？荅言：以大暗故。衆人言曰：日出照明，何故言暗？荅曰：暗有二種：一者日光不照，二者愚癡暗故。今雖有日明，〔五〕而愚癡猶黑。衆人言：汝但未見婆羅門摩陀羅論

〔一〕「吾師」原作「我佛」，據高麗藏本改。
〔二〕出佛本行集經卷四十八舍利弗目連因緣品。
〔三〕「論問」原作「問論」，據高麗藏本改。
〔四〕「秦」字原作「此」，據高麗藏本、磧砂藏本、南藏本、嘉興藏本改。
〔五〕「明」字原作「月」，據高麗藏本、磧砂藏本、南藏本、嘉興藏本改。

師。汝若見者，腹當縮，明當暗。是婆羅門遥至鼓邊，〔一〕打論議鼓。國王聞之，問是何人？衆臣荅言：南天竺有一婆羅門，名提舍，是大論師，欲求論處，故打論鼓。王大歡喜，即集衆人而告之曰：有能難者，與之論議。摩陀羅聞之自疑：〔二〕我以陳故，〔三〕不復業新，不知我今能與論不？俛仰而來，於道中見二特牛，方相牴觸。心中作想：此牛是我，彼牛是彼，以此爲占，知誰得勝。〔四〕此牛不如，便大愁憂，而自念言：如此相者，我將不如。欲入衆時，見有母人挾一瓶水，正在其前，躃地破瓶。復作是念：是亦不吉，甚大不樂。既入衆中，見彼論師顔貌意色，勝相具足。自知不如，事不獲已，與共論議。論議既交，便墮負處。王大歡喜，大智明人，遠入我國，復欲爲之封一聚落。諸臣議言：一聰明人來便封一邑，功臣不賞，但寵語論，恐非安國全家之道。今摩陀羅論議不如，應奪其封，以與勝者。若更有勝人，復以與之。王用其言，即奪與彼人。是時摩陀羅語提舍言：汝是聰明人。我以女妻汝，男兒相累。今欲遠出他國，以求本志。提舍納其女爲婦。其婦懷妊，夢見一人，身被甲胄，手執金剛杵，

〔一〕「遥」字原作「遥」，據高麗藏本改。
〔二〕「摩」字原作「難」，據高麗藏本、磧砂藏本、南藏本、嘉興藏本改。
〔三〕「陳」字原作「塵」，據高麗藏本改。
〔四〕「得」字原脱，據高麗藏本補。

摧破諸山，〔一〕而在大山邊立。覺已白其夫言：我夢如是。提舍言：汝當生男，摧伏一切諸論議師，唯不勝一人，當與作弟子。舍利懷妊，以其子故，母亦聰明，大能論議。其弟拘絺羅與姊談論，每屈不如。知所懷子，必大智慧。未生如是，何況出生。即捨家學問。至南天竺，不剪指爪，讀十八種經書，令皆通利。是故時人名爲長爪梵志。姊子既生，七日之後，裹以白氎，以示其父。其父思惟：我名提舍，逐我名字，字爲憂波提舍。憂波，秦言逐，〔二〕提舍是星名。是爲父母作字。衆人以其舍利所生，皆共名之爲舍利弗。弗言子也。又舍利弗者，世世本願於釋迦佛所，作智慧第一弟子，字舍利弗。是爲本願因緣，以名舍利弗。問曰：若爾者，何以不言憂波提舍，但言舍利弗？荅曰：時人貴重其母，於衆女人中，聰明第一。以是因緣故稱舍利弗。」〔三〕

又佛本行經云：「佛於舍婆城，於其中間有一大樹，名尸奢波。其樹陰下，多有一切諸婆羅門止息其下。諸婆羅門遥見阿難來欲到邊，各相告言：汝輩當知此是沙門瞿曇弟子，於諸聰明多聞之中，最第一者。作是語已，阿難便至。白言：仁者，今請觀此樹合有幾葉？爾時阿難觀其樹已，而報彼言：東枝合有若干百葉，若干千葉。如是南枝、西枝、北枝，皆言合有若干百葉，若干千葉。作是語已，遂即

〔一〕「破」字原脱，據高麗藏本補。
〔二〕「秦」字原作「此」，據高麗藏本、磧砂藏本、南藏本、嘉興藏本改。
〔三〕出大智度論卷十一。

捨去。爾時彼諸婆羅門輩阿難去後，取百數葉隱藏一邊。阿難迴已，諸婆羅門於是復問：仁者阿難，汝復來耶？乞更觀此樹，有幾多葉？爾時阿難仰觀樹已，即知婆羅門等所摘藏葉若干百數，便即報彼婆羅門言：東枝合有若干百葉，若干千葉。如是南枝、西枝、北枝，亦言合有若干百葉，若干千葉。作是語已，便即過去。爾時彼等婆羅門輩生希有心，未曾有之。各相謂言：此之沙門甚大聰明，有大智慧。諸婆羅門以此因緣，心得正信。得正信已，其後不久，悉各出家，成羅漢果。」〔一〕略述一二，餘備經文。

頌曰：

樞機巧對辯，善誘令心伏。八水潤焦芽，三明啓瞽目。來問各不同，詶荅皆芬郁。
冀捨四龍驚，亦除二鼠逼。意樹發空華，心蓮吐輕馥。喻此滄海變，譬彼菴羅熟。
妙智方縟錦，詞深同霧縠。善學乖梵爪，真言異鍱腹。

感應緣 略引四驗

秦太守趙正

晉沙門釋僧叡

〔一〕出佛本行集經卷六十阿難因緣品。

晉沙門支孝龍

晉沙門康僧淵

秦苻堅臣武威太守趙正，立志忠正，大弘佛法。苻堅初敗，羣鋒互起，戎妖縱暴，民流四出。而得傳譯大部，蓋由趙正之力矣。又有正，字文業，洛陽清水人，或曰濟陰人。年至十八，爲僞秦著作郎，後遷至黄門侍郎、武威太守。爲人無鬚而瘦，有妻妾而無兒，時謂閹人。然而性度敏達，學兼内外。性好譏諫，無所迴避。苻堅末年，寵惑鮮卑，惰於治政，因歌諫曰：

昔聞孟津河，　千里作一曲。　此水本自清，　是誰攪令濁。

堅動容曰：是朕也。又歌曰：

北園有一棗，　布葉垂重陰。　外雖饒棘刺，　内實有赤心。

堅笑曰：將非趙文業耶！其調戲機捷，皆此類也。後因關中佛法之盛，願欲出家，堅惜而未許。及堅死後，方遂其志，更名道整。因作頌曰：

佛生何以晚，　泥洹一何早。　歸命釋迦文，　今來投大道。

後遁跡商洛山，專精經律。晉雍州刺史郗恢欽其風尚，逼共同遊。終於襄陽，春秋六十餘。〔一〕

晉長安有釋僧叡，魏郡長樂人也。博通經論，機辯難及。姚興、姚嵩特加禮遇。興問嵩曰：叡公何如？嵩荅：實鄴衛之松柏。興敕見之，欲觀其才器。叡風韻窪流，〔二〕含吐彬蔚。興大賞悦，即敕給俸卹吏力人轝。〔三〕興後謂嵩曰：此乃四海標領，何獨鄴衛之松柏耶！於是美譽遐布，遠近歸德。什所翻經，叡並參正。昔竺法護翻正法華經，至受決品云：天見人，人見天。什譯經至此，乃言曰：此語與西域義同，但在言過質。叡曰：將非人天交接，兩得相見。什喜曰：實然。其領悟標出，〔四〕皆此類也。什歎曰：吾傳譯經論，得與子相值，真無所恨矣。著大智論、十二門論、中論等諸序，并著大品、法華、維摩、思益、自在王、禪經等序，皆傳於世。叡弘讚經法，常迴此業，願生安養。於是臨終之日，入房洗浴，燒香禮拜，還牀，面向西方，合掌而卒。是日同寺咸見五色香煙，從叡房出。春秋六十七矣。〔五〕

〔一〕出高僧傳卷一曇摩難提傳附趙正傳。
〔二〕「窪」字原作「源」，據高僧傳改。
〔三〕「吏」字原作「使」，據高麗藏本改。
〔四〕「悟」字原闕，據高僧傳補。
〔五〕出高僧傳卷六釋僧叡傳。

晉沙門有支孝龍，淮陽人。少小風姿見重，加復神彩卓犖，高論適時，無人能抗。陳留阮瞻、潁川庾凱，並結知音之交，世人呼爲八達。時或嘲之曰：大晉龍興，天下爲宗，沙門何不全髮膚，去袈裟，釋梵服，披綾羅。龍曰：抱一以逍遥，唯寂以致誠。剪髮毁容，改服變形。彼謂我辱，〔一〕我棄彼榮。故無心於貴而逾貴，無心於足而逾足矣。其機辯適時，皆此類也。故孫綽爲之贊曰：

小方易擬，大器難像。桓桓孝龍，剋邁高廣。物竞宗歸，人思效仰。雲泉彌漫，蘭風肸響。〔二〕

晉康僧淵，本西域人，生於長安。〔三〕貌雖胡人，語實中國。容止詳正，志業弘深。晉成之世，與康法暢、支敏度等俱過江。暢亦有才思，善爲往復，著人物、始義論等。暢常執麈尾行，每值名賓，輒清談盡日。庾元規謂暢曰：此麈尾何以常在？暢曰：廉者不求，貪者不與，故得常在。淵亦機辯，逾過於暢。時琅邪王茂弘以見淵鼻高眼深，每戲弄之。淵曰：鼻者面之山，眼者面之淵。山不高則不靈，淵不深則不清。時人以爲名荅。〔四〕

〔一〕「辱」字原作「弱」，據高麗藏本、磧砂藏本、南藏本、嘉興藏本改。

〔二〕出高僧傳卷四支孝龍傳。

〔三〕「生」字原作「至」，據高麗藏本改。

〔四〕出高僧傳卷四康僧淵傳。

愚戇篇第五十九此有三部

述意部　般陀部　雜癡部

述意部第一

夫愚惷者，是衆病之本，障道之源，致使昏滯三有，沈溺四流，六情常閉，三毒恒開。問者口爽，發語成狂。洪癡不得振其翼，名愛不得逞其足。採善心於毫芒，狀凶頑於虎口。〔一〕魚魯不辨，菽麥何知。愚惑之甚，罪莫大焉。

般陀部第二

如善見經云：「般陀者，此言路邊生。何以故？般陀母本是大富長者家女，長者唯有此一女，憐愛

〔一〕「狀」字，高麗藏本作「拔」。

甚重，作七層樓，安置此女。遣一奴子供給所須。奴子長大，便與私通。即共奴籌量：我今共汝叛往餘國。如是三問奴子，奴子言：不能去。女語奴言：汝若不去，我父母知，必當殺汝。奴荅言：我若往他方，貧無財寶，云何生活？女語奴言：汝隨我去，我當偷取珍寶，共汝將去。奴荅言：若如是者，我共汝去。此女日日偷取珍寶與奴，將出在外藏。算計得二人重擔，〔一〕遣奴前出在外共期。此女便假著婢服，反鑰户而出。共奴相隨，遠到他國，安處住止。一二年中，即懷胎欲産，心自念言：我今在此，若産無人料理。思念憶母，欲得還家。共婿籌量，奴婿不去。云：若歸，〔二〕必當殺我。婿入山斫樵不在，於後閉户而去。婿還不見其婦，即問比鄰：見我婦不？荅言：汝婦已去。其夫即逐至半路，及其婦已，生一男兒。夫語婦言：汝爲欲産故去，汝今已産，何須去耶？婦聞即還。其後未久，以復懷胎欲産，復叛。至半路中，復生一男。其婿追逐，半路共還。其二兒並於路邊生，故便字爲般陀。般陀兄弟與諸同類共戲，二兒力大，打諸同類。同類駡言：汝無六親眷屬，孤單在此，何敢打我！兒聞此呵，還家啼泣，問母此事，其母默然不荅。其兒啼哭，不肯飲食。母見不食，慈念二兒，便語其實。二人聞已，便語母言：送我外家，不能住此。其母不許，二兒啼泣不已。母共婿籌量，即共往送。到已門外，遣人通知父母。聞已荅言：使二兒入，汝不須相見。長者即遣人迎二兒入。入已以香湯洗浴，著

〔一〕「算」字原作「舉」，「擔」字原作「已」，據高麗藏本改。
〔二〕「若」字原作「何得」，據高麗藏本改。

衣瓔珞，抱取二兒，置兩膝上，問言：汝母在他方云何生活，不甚貧乏耶？二兒荅言：他方貧窮，賣樵自活。母聞慈念，即以囊盛金遣送與女，語言：汝留二兒，我自養活。汝將此金還先住處，好自生活，不須與我相見。二兒年大，爲其取婦。翁婆年老，臨欲終時，以其家業悉付二兒。其翁婆命終，其兄以家事付弟出家。出家不久，即得羅漢。其弟厭俗，後往兄所，求欲出家，兄即度之。兄教一偈，四月不得，忘前失後。兄呵念言：此人於佛法無緣，當遣還家。即牽袈裟，驅令出門。門外啼哭，不欲還家。爾時世尊以天眼觀看衆生，見周羅般陀應可度緣。往至其所，問何以啼？般陀具荅世尊兄驅因緣。佛知非聲聞能度，是以牽出。世尊安慰其心，即以少許白氎與周羅般陀：汝捉此氎，向日而毠，〔一〕當作是念：取垢，取垢。世尊教已，即入聚落，受毗舍佉母請。世尊臨中觀般陀將得道果，即説偈言：

入寂者歡喜，　見法得安樂。　先無恚最樂，　不害於衆生。　世閒無欲樂，　出離於愛欲。
若調伏我慢，　是爲第一樂。

爾時周羅般陀遥聞此偈，即得阿羅漢果。」〔二〕

又增一阿含經云：「朱利般特，佛教執掃篲令誦，誦掃忘篲，誦篲忘掃。乃經數日，始得掃篲，更名

〔一〕「毠」字原作「帤」，據高麗藏本改。
〔二〕出善見律毘婆沙卷十六。

除垢。般特思念：灰土瓦石若除，即清净也。結縛是垢，智慧能除。我今以智慧箒，掃除諸結縛。」〔一〕

又新婆沙論云：「兄授伽陀一偈，經四月誦不得，兄訶擯出。爾時世尊見啼，愍之，即以神力轉彼所誦伽陀，更爲授之。尋時誦得，過四月所用功勞。復别授以除塵垢頌，而語之言：今日苾芻從外來者，汝皆可爲拭革屣上所有塵垢。小路敬諾，如教奉行。至日暮時，有一苾芻革屣，極爲塵垢所著，小路拭之，一隻極净，一隻苦拭而不能净。即作是念：外物塵垢，暫時染著，猶不可净，況内貪欲、瞋、癡等垢，長夜染心，何由能净。作是念時，彼不净觀及持息念，便現在前。次第即得阿羅漢果。問：小路何緣如此闇鈍？荅：尊者，小路於昔迦葉波佛法中具足受持彼佛三藏，由法慳垢覆蔽其心，曾不爲他受文解義及理廢忘，由彼業故，今得如是極闇鈍果。有説彼尊者曾於婆羅痆斯城作販豬人，縛五百豬口，運置船上，渡至彼岸，及下船時，氣不通故，豬已死。由彼業力，如是闇鈍。有説彼尊者昔餘生中，曾閉塞瞿陁獸窟門，〔二〕令不得出，在中而死。由彼業故，闇鈍如是。」〔三〕

又處處經云：「佛言：昔者朱利般特比丘學問，經於二十四年，唯得五言，然解垢不憂。何以故？由本宿命，更見五百佛，悉通知衆經。但由閉藏經道，不肯教人，後被病二十四日，臨死時乃悔，呼人教

〔一〕出增一阿含經卷十一。

〔二〕「閉」字上原衍「聞」字，據高麗藏本删。

〔三〕出阿毘達磨大毘婆沙卷一百八十。

之。有是一福，故知五言，何況乃具足教人，得福不可計也。」〔二〕

又法句經云：「佛在世時，有一比丘，字朱利般特，新作出家，禀性暗塞。佛令五百阿羅漢日日教之，三年之中，不得一偈。國中四輩並知愚冥，佛愍傷之，授與一偈，守口攝意身莫犯，如是行者得度世。汝今年老，方得一偈，人皆知之，不足爲奇。今當爲汝解説其義，豁然心開，得阿羅漢道。時波斯匿王請佛及僧於正殿會，佛欲現般特威神，與鉢令持，隨後而行。門士識之，留不聽入。卿爲沙門，一偈不可，受請何爲。吾是俗人，由尚知偈，豈況沙門無有智慧。施卿無益，不須入門。般特即住門外，佛坐殿上行水已畢，般特擎鉢申臂，遥以授佛。王及羣臣夫人太子衆會四輩見臂來入，不見其形，怪而問佛：是何人臂？佛言：是賢者般特比丘臂也。即便請入，威神倍常。王白佛言：聞尊者般特本性愚鈍，方知一偈，何緣得道？佛告王曰：學不必多，行之爲上。賢者般特解一偈義，精理入神，身口意寂，净如天金。雖復多學不行，徒喪識想，有何益哉！於是世尊即説偈言：

雖誦千章，　句義不正；　不如一要，　聞可滅意。　雖誦千言，　不義何益；　不如一義，

聞行可度。　雖多誦經，　不解何益；　解一法句，　行可得道。

同聞此偈二百比丘，得阿羅漢道。王及羣臣夫人太子莫不歡喜。」〔三〕

〔二〕 出處處經。

〔三〕 出法句譬喻經卷一述千品。

又法句喻經云：「昔有一國，名多摩羅，去城七里有精舍，五百沙門常處其中，讀經行道。有一老比丘，名摩訶盧，爲人暗塞。五百道人，傳共教之，數年之中，不得一偈。衆共輕之，不將會同。常守精舍，敕令掃除。後日國王請諸道人入宫供養，摩訶盧比丘自念言：我生世間，暗塞如此，不知一偈，人所薄賤，用是活爲！即持繩至後園中大樹下，欲自絞死。佛以道眼遥見如是，化作樹神，半身人現，而訶之曰：咄咄比丘，何爲作此！摩訶盧即具陳辛苦。化神訶曰：勿得作是，且聽我言。汝往迦葉佛時，卿作三藏沙門，有五百弟子。自以多智，輕慢衆人，恪惜經義，初不訓誨。是以世世所生，諸根暗鈍。但當自責，何爲自賤！於是世尊現神光像爲説偈言：

自愛身者，　慎護所守。　希望欲解，　學正不寐。　身爲第一，　當自勉學。　利乃誨人，不倦則智。　學先自正，　然後正人。　調身入慧，　必還爲上。　身不能利，　安能利人。心調體正，　何願不至。　本我所造，　後我自受。　爲惡自受，　如剛鑽珠。

摩訶盧比丘見佛現身光相，悲喜悚慄，稽首佛足。思惟偈義，即入定意，得阿羅漢道。自識宿命無數世事，三藏衆經即貫在心。佛語摩訶盧：著衣持鉢，就王宫食，在五百道人上坐。此諸道人是卿先世五百弟子，還爲説經，令得道迹。并使國王，明信罪福。即受佛教，徑入王宫，在於上坐。衆人心悉，怪其所以，各護王意，不敢呵譴。念其愚癡，不曉達嚫，心爲之疲。王便下食，手自斟酌。摩訶盧即爲達嚫，

音如雷震，清詞雨下。座上道人，驚怖自悔，皆得羅漢。爲王說法，莫不解釋。羣臣百官，皆得須陀洹道。」〔一〕

雜癡部第三 凡一十三段

打蚊

十誦律云：「佛爲諸比丘說本生經云：過去有秃頭染衣人，共兒持衣詣水邊浣衣已，絞曬持歸。爾時大熱眼闇，道中見一樹，便以衣囊枕頭下睡。有蚊子來飲其頭血。兒見己父疲極睡卧，便發惡罵云：是弊惡婢兒蚊子，何以來飲我父血！即持大棒欲打蚊子。蚊子飛去，棒著父頭即死。〔二〕時此樹神便說偈言：

寧與智者讎，　不與無智親。　愚爲父害蚊，　蚊去破父頭。」〔三〕

〔一〕出法句譬喻經卷三愛身品。

〔二〕「棒」字原作「椿」，據高麗藏本、磧砂藏本、南藏本、嘉興藏本改。

〔三〕出十誦律卷五十九。

打蠅

賢愚經云：「舍衛門中有一老公出家，兒小即爲沙彌，共父入村乞食。村遠日暮，父老行遲。兒畏毒獸，急扶其父，推父墮地，應時而死。佛言：我知汝心無有惡意，不得殺罪。此由過去父病睡卧，多有飛蠅數來惱觸，父令逐蠅。蠅來兒額，以杖打之，即殺其兒。亦非惡意，今還相報。」〔一〕

救月

僧祇律云：「佛告諸比丘：過去世時有城，名波羅柰，國名伽戸。於空閑處有五百獼猴遊行林中，到一尼俱律樹下。樹下有井，井中有月影現。時獼猴主見是月影，語諸伴言：月今日死，落在井中。當共出之，莫令世間長夜闇冥。共作議言：云何能出？時獼猴主言：我知出法。當捉樹枝，汝捉我尾，展轉相連，乃可出之。時諸獼猴即如主語，展轉相捉。小未至水，連獼猴重，樹弱枝折，一切獼猴墮井水中。爾時樹神便説偈言：

是等騃榛獸，　癡衆共相隨。　坐自生苦惱，　何能救出月。

〔一〕出賢愚因緣經卷十兒誤殺父品。

佛告諸比丘：爾時獼猴主者，今提婆達多是。爾時獼猴者，今六羣比丘是。爾時已曾更相隨順，受諸苦惱，今復如是。」〔一〕

妬影

雜譬喻經云：「夫婦二人向葡萄酒甕内欲取酒，夫妻兩人互見人影，二人相妬，謂甕内藏人。二人相打，至死不休。時有道人爲打破甕，酒盡了無。二人意解，知影懷愧。比丘爲説法要，夫婦俱得阿惟越致。佛以爲喻，見影鬬者，譬三界人不識五陰，四大苦空，身有三毒，生死不絶。」〔二〕

分衣

十誦律云：「佛在憍薩羅國與大比丘僧安居。有兩老比丘夏罷，得多施物。自念：人少物多，不敢分之，恐其得罪。跋難陀比丘知，往與分。問二比丘言：汝得衣分未耶？答：未分。二老比丘問言：汝能分不？荅言：能。是中應作羯磨，即持衣物來置其前，跋難陀分作三聚，〔三〕是二比丘閒著

〔一〕出摩訶僧祇律卷七。
〔二〕出雜譬喻經卷下。
〔三〕「跋」字原脱，據高麗藏本補。

一聚，自向二聚衣閒立。言：汝聽作羯磨：

汝二人一聚，　如是汝有三。　兩聚并及我，　如是我有三。

問：是羯磨好不？荅言：好。跋難陀擔衣欲去，彼比丘言：大德上座，我等衣物未分。跋難陀言：與汝分，知法人應與一好衣。彼言：當與。跋難陀是聚中取大價衣著一處，餘分作二分。與已，擔去。諸比丘聞已白佛。佛廣呵責已，告諸比丘：是跋難陀非但今世奪，前世亦奪。乃過去世，一河曲中有二獺，〔一〕河中得大鯉魚不能分，二獺守之。有野干來飲水，見獺語言：外甥，是中作何等？獺荅言：阿舅，是河曲中得此鯉魚，不能分，汝能分不？野干言：能。是中說偈，分作三分。即問獺言：汝誰喜入淺？荅言：是某獺。誰喜入深？荅言：是某獺。野干言：汝聽我說偈：

入淺應與尾，　入深應與頭。　中閒身肉分，　應與知法者。

野干銜魚身來，雌者說偈：

汝何處銜來，　滿口河中得。　如是無頭尾，　鯉魚好肉食。

雄野干說偈言：

人有相言擊，　不知分別法。　能知分別者，　如官藏所得。　無頭尾鯉魚，　是故我得食。

〔一〕「獺」字原作「狚」，據高麗藏本改。下同。

佛語諸比丘：時二獺者，二老比丘是。野干者，跋難陀是。是跋難陀前世曾奪，今世復奪。」〔一〕

造樓

百喻經云：「往昔愚人癡無所知，到餘富家，見三重樓，高廣嚴麗。即作是念：我有財錢不減於彼，云何不造？即喚木匠而問言曰：解作彼舍不？木匠荅言：是我所作。即便語言：今爲我造。木匠即便經地壘塹作樓。愚人見壘，語木匠言：我不欲下二重，先爲作最上屋。木匠荅言：無有是事，何有不作最下，造彼第二？不造第二，云何得造第三屋？愚人固言：我不用下二，必爲我作上。時人聞已，便生怪笑。譬如世尊四輩弟子，不勤修敬三寶，懶惰懈怠，欲求道果。不欲下三果，唯欲得第四阿羅漢果。亦爲時人之所嗤笑，如彼愚者等無有異。」〔二〕不依三乘次第，先學大乘，亦復如是。故佛藏經云：「不先學小乘，後學大乘者，非佛弟子。」

磨刀

百喻經云：「昔有一人貧窮困苦，爲王作事。日月經久，身體羸瘦。王見憐愍，賜一死駝。貧人得

〔一〕出十誦律卷二十七。
〔二〕出百喻經卷一三重樓喻。

已，即便剥皮。嫌刀鈍故，求石欲磨。乃於樓上得一磨石，磨刀令利，來下而剥。如是數數往來磨刀。後轉苦憚，不能上樓，懸駝上樓，就石磨刀。深爲人笑。猶如愚人毁破禁戒，多取錢財，以用修福，望得生天，反得其殃。如懸駱駝上樓磨刀，用功甚多，所得甚少。」〔一〕

賣香

百喻經云：「昔有長者，入海取沈水香，積有年載，方得一車，詣市賣之。以其貴故，卒無買者，多日不售。心生疲厭，見人賣炭，時得速售，便燒作炭，不得半車價直。世間愚人亦復如是。無量方便勤求佛果，以其難得，便生退心。不如發心求聲聞果，速斷生死，作阿羅漢。」〔二〕

賭餅

百喻經云：「昔者夫婦有三幡餅，夫婦共分，各食一餅，餘一幡在。共作要言：若有語者，要不與餅。既作要已，爲一餅故，各不敢語。須臾有賊入家偷盜，取其財物。一切所有，盡畢賊手。夫婦二人以先要故，眼看不語。賊見不語，即其夫前侵掠其婦。其夫眼見，亦復不語。婦便唤賊，語其夫言：云

〔一〕出百喻經卷一就樓磨刀喻。

〔二〕出百喻經卷一入海取沈水喻。

何癡人，爲一餅故，見賊不喚？其夫拍手笑言：咄婢，我定得餅，不復與爾。世人聞之，無不嗤笑。凡夫之人，亦復如是。爲小名利，詐現静默。爲虚假煩惱種種惡賊之所侵掠，喪其善法，遂墮三塗，都不怖畏。求出世道，方於五欲，耽著嬉戲。雖遭大苦，不以爲患。如彼愚人等無有異。」〔一〕

畏婦

百喻經云：「昔有一人娉取二婦，若近其一，爲一所瞋。不能裁斷，便在二婦中間正身仰卧。值天大雨，屋舍霖漏，水土俱下，墮其眼中。以先有要，不敢起避，遂令二目俱失其明。世間凡夫亦復如是。親近邪友，習行非法，造作結業，墮三惡道，長處生死，喪智慧眼。如彼愚夫，爲其二婦故，二眼俱失。」〔二〕

唵米

百喻經云：「昔有一人至婦家舍，見其擣米，便住其所，偷米唵之。婦來見夫，欲共其語。滿口中米，都不應和。羞其婦故，不肯棄之，是以不語。婦怪不語，以手摸看，謂其口腫。語其父言：我夫始

〔一〕出百喻經卷四夫婦食餅共爲要喻。
〔二〕出百喻經卷四爲二婦故喪其兩目喻。

來，卒得口腫，都不能語。其父即便喚醫治之，時醫言曰：此病最重，狀似石癰，以刀決之，可得瘥耳。即便以刀決破其口，米從中出，其事彰露。世間之人，亦復如是。作諸惡行，犯於净戒，覆藏其過，不肯發露，墮於地獄畜生餓鬼。如彼愚人以小羞故，不肯吐米，以刀決口，乃顯其過。」〔一〕

效瞤〔二〕

百喻經云：「昔有一人欲得王意，問餘人言：云何得之？有人語言：若欲得意，王形相汝當效之。此人見王眼瞤，便效王瞤。王問之言：汝爲病耶？爲著風耶？何以眼瞤？其人荅王：我不病眼，亦不著風。欲得王意，見王眼瞤，故效王也。王聞是語，即大瞋恚，使人加害，擯令出國。世人亦爾。於佛法中，欲得親近，求其善法，以自增長。既得親近，不解如來法王爲衆生故，種種方便現其短闕，便生譏毁，效其不是。由是之故，於佛法中永失其善，墮於三惡。如彼效王，亦復如是。」〔三〕

〔一〕出百喻經卷四唵米决口喻。
〔二〕「瞤」字原作「瞤」，據百喻經改。下同。
〔三〕出百喻經卷二人效王眼瞤喻。

怖樹

百喻經云：「譬如野干在於樹下，風吹枝折，墮其脊上。即便閉目，不欲看樹，捨棄而走，到于露地。乃至日暮，亦不肯來。遥見風吹大樹枝柯，動摇上下，便言唤我，還來樹下。愚癡弟子，亦復如是。已得出家，得近師長。以小呵責，即便逃走。復於後時遇惡知識，惱亂不已，方還所去。如是去來，是爲愚惑。」〔一〕

頌曰：

愛網結心闇，　貪癡背智明。　雖蒙慧炬照，　愚昧猶自盲。　頑戇恒不覺，　慧種未開萌。
自非慕高友，　何得悟神英。

〔一〕　出百喻經卷三野干爲折樹枝所打喻。

法苑珠林校注卷第五十四

詐僞篇第六十此有六部

述意部　詐親部　詐毒部　詐貴部　詐怖部　詐畜部

述意部第一

夫至道無隔，貴在忠言。故出其言善，則千里應之；出其言不善，則咫尺如聾。但教流末代，人法訛替。或憑真以構僞，或飾虚以詐真。良由人懷邪正，故法通真俗。名利既侵，則我人逾盛。現親尚無附之，況元來疏薄，故難交友。故經曰：「直心是道場，不虚假故也。」〔一〕

〔一〕出維摩詰所説經卷上菩薩品。

詐親部第二

如雜寶藏經云：「一切奸猾諂僞詐惑，外狀似直，内懷奸私，是故智者應察真僞。爲如往昔有婆羅門，其年既老，耽娶小婦。婦嫌夫老，傍婬不已。勸夫設會，請諸少壯婆羅門等。夫疑有妄，不肯延致。前婦之子，墮於火中，爾時少婦眼看不捉。婆羅門言：兒今墮火，何故不捉？婦即荅言：我自少來唯近己夫，不近餘男。云何令我捉此男子？老夫聞已，謂如其言。便設大會，集婆羅門。爾時少婦便共交通。老夫見已，心懷忿恨，即取寶物，棄婦而去。於其路中見一婆羅門，便共爲伴，至暮共宿。明旦前行，語老婆羅門言：於昨宿處有一草葉，著我衣裳。我自少來，無侵世物，欲還草葉，歸彼主人。爾且停住，待我往還。老婆羅門深信其言，倍生愛敬，許當住待。詐捉草葉，入溝偃卧，良久乃還。云葉歸了。〔一〕老婆羅門因便利故，即以寶物而用寄之。此人尋後賫寶便走。老婆羅門見偷己物，惋彼不已。小復前行，憩一樹下。見一鸛雀口中銜草語諸鳥言：我等共相憐愍，集會一處，而共住止。爾時諸鳥皆信其言，而來聚集。時此鸛雀趣鳥飛後，就他巢窠啄卵而食。諸鳥將至，更復銜草。諸鳥知諂，悉捨而去。於此樹下更經少時，見一外道出家之人，身被衲衣，安行徐步，口云：去去衆生。老婆羅門

〔一〕「云葉」原作「葉云」，據高麗藏本改。

而問之言：何以並行，口唱去去。外道荅言：我出家人，憐愍一切，畏傷蟲蟻，是故耳。爾時婆羅門見其此語，深生篤信，尋至其家，於其暮宿，但聞歌儛之聲，便出看之。乃見出家外道住室有一地孔，内出婦女與共交歡，彈琴儛戲。老婆羅門見已，天下萬物無一可信。故説偈言：

不捉他男子，以草還主人，鸛雀詐銜草，外道畏蟲傷，口言唱去去，如是詐諂僞，都無可信者，來苦實難當。」〔一〕

故涅槃經云：「佛言：如我昔日所説偈言：

一切江河，必有迴曲。一切叢林，必有樹木。〔二〕一切女人，必有諂曲。一切自在，必受安樂。」〔三〕

詐毒部第三

如雜寶藏經云：「時提婆達多作種種因緣，欲得殺佛，然不能得。時南天竺國有婆羅門來，善知呪術，和合毒藥。提婆達多即合毒藥以散佛上，風吹此藥，反墮己頭上，即便悶絶，躃地欲死。醫不能治。

〔一〕出雜寶藏經卷十老婆羅門諂僞緣。

〔二〕「有」字原作「名」，據高麗藏本改。

〔三〕出大般涅槃經卷十。

阿難白佛言：世尊，提婆達多被毒欲死。佛憐愍故，爲説實語：我從菩薩成佛已來，於提婆達多常生慈悲，無有惡心者，毒當自滅。作是語已，毒即消滅。諸比丘言：希有世尊。提婆達多恒起惡心於如來，如來云何猶故治之？佛言：非但今日惡心向我，過去亦爾。即問佛言：惡心於佛，其事云何？佛言：過去之世，迦尸國中有波羅奈城，有二輔相：一名斯那，二名惡意。斯那常順法行。惡意恒作惡行，好爲讒構。而語王言：斯那欲作惡逆。王即收閉。諸天善神於虛空中出聲而言：如此賢人，實無過罪，云何拘縛？第二惡意劫王庫藏，反著斯那。王亦不信。王言：捉此惡意，付與斯那，仰使斷之。斯那即教惡意向王懺悔。惡意自知有罪，便走向毗提醯王所，作一寶篋，盛二惡蛇，其毒具足。令毗提醯王遣使送與彼國王并及斯那二人共看，莫示餘人。王見寶篋極以嚴飾，心大歡喜，即喚斯那欲共發看。斯那荅言：遠來之物，不得自看，遠來果食，不得自食。何以故？彼有惡人，或能以惡來見中傷。王言：我必欲看。慇懃三諫，王不用語。復白王言：不用臣語，王自看之，臣不能看。王即發看，兩眼盲冥，不見於物。斯那憂苦，愁悴欲死。遣人四出徧歷諸國，遠覓良藥。既得好藥，以治王眼，平復如故。爾時王者，舍利弗是。爾時斯那者，我身是。爾時惡意者，提婆達多是也。」〔一〕

〔一〕出雜寶藏經卷三二輔相諂構緣。

詐貴部第四

如僧祇律云：「佛告諸比丘：過去世時有城名波羅奈，國名迦尸。時有弗盧醯大學婆羅門爲國王師，常教學五百弟子。時婆羅門家生一奴，名迦羅呵，常使供給諸童子等。是奴利根，聞説法言，盡能憶持。此奴一時共諸童子，〔一〕小有嫌恨，便走他國。詐自稱言：我是弗盧醯婆羅門子，〔二〕字耶若達多。語此國師言：我是波羅奈國王師弗盧醯子，故來至此，欲從大師學婆羅門法。師荅言：可爾。是奴聰明，本已曾聞，今復重聞，聞悉能持。其師大喜，即令教授五百門徒。汝代我教，我當往來王家。是師無有男兒，唯有一女。即告之曰：耶若達多，當用我語，汝莫還國，我今以女妻汝。荅言：從教。共作生活，家漸豐樂。耶若達多爲人難可。婦爲作食，恒瞋生熟，不能適口。婦常念言：脱有行人從波羅奈國來者，當從彼受飲食法，然後供養夫主。彼弗盧醯婆羅門具聞是事，便作是念：我奴迦羅呵逃在他國，當往捉來，或可得直。便詣彼國。時奴與諸門徒詣園遊戲，在於中路，遥見本主，即便驚怖，密語門徒：汝等還去，各自誦習。門徒去已，便到主前，頭面禮足，白其主言：我來此國，稱道大家是我之父。便投此國師，大學經典，與女爲婦。願尊今日勿彰我事，當與奴直，奉上大家。主婆羅門善解

〔一〕「奴」字原脱，據高麗藏本補。

〔二〕「弗」字原脱，據高麗藏本補。

世事，即荅言：汝實我兒，但早發遣。奴即將主歸家，告家中言：我所親來。其婦歡喜，爲辦種種飲食。奉食訖已，伺小空閑，密禮婆羅門足而問之曰：我奉事夫，飲食供養，常不可意，願尊指授。本在家時，何所食噉。當如先法，〔一〕爲作飲食。客婆羅門便即瞋恚而作是念：如是如是困苦他女，汝但速發遣我。我臨去時，教汝一偈，使夫無言。女聞歡喜，辭出而退。即語夫言：尊婆羅門故從遠來，宜早發遣。夫即念言：如婦所說，宜應早遣。莫令久住，恐言漏失，損我不少。便大與財物，教婦作食，自行供之。夫爲曹主，求伴不在。婦奉食訖，禮足辭別，請求先偈。即教偈言：

無親遊他方，　欺誑天下人。　麤食是常食，　細食復何嫌。

今與汝此偈，若彼瞋恚嫌食惡時，便在其邊背面微誦，令其得聞。作是教已，便還本國。是奴送主去已，每至食時，還復瞋恚。婦於夫邊試誦其偈。夫聞是偈，心即不喜，便作是念：咄是老物，發我臭穢。〔二〕從是已後，常作軟語，求婦不瞋。恐婦向人說其陰私。佛告諸比丘：時本主弗盧醯婆羅門者，即我身是。時奴迦羅呵者，今闡陀比丘是。彼於爾時已曾恃我凌他。今復如是，恃我勢力，凌易他人。」〔三〕

〔一〕「當」字原作「常」，據高麗藏本改。
〔二〕「臭」字原作「瞋」，據高麗藏本改。
〔三〕出摩訶僧祇律卷七。

詐怖部第五

如智度論云：「一切諸法皆是虚誑。衆生愚癡，不識親疏，瞋駡加害，乃至奪命。起此重罪，故墮三塗，受無量苦。譬如山中有一佛圖，彼中有一别房，房中有鬼，頻來恐惱道人，故諸道人皆捨房去。有一客僧來，維那處分，令住此室房，而語之言：此房中有鬼神，喜惱人，能住中者住。客僧自以持戒力多聞故，言：小鬼何所能爲，我能伏之。即入房住。暮更有一僧來，求此住處。維那亦令在此房住，亦語：有鬼惱人。其人亦言：小鬼何所能爲，我當伏之。先入者閉户端坐待鬼。後來者夜闇，打門求入。先入者謂爲是鬼，不爲開户。後來者極力打門，在内僧人以力拒之。外者得勝，排門得入。内者打之，外者亦打。至旦相見，乃是故舊同學。識已各相愧謝。衆人雲集，笑而怪之。衆生亦復如是。五陰皆虚，無我無人。取相鬬諍，横加毒害。若披解在地，但有骨肉，無人無我。是故菩薩語衆生言：汝等莫於根本空中鬬諍。人身尚不可得，何况值佛。」〔一〕

〔一〕出大智度論卷九十一。

詐畜部第六

如舊雜譬喻經云：「昔有婦人富有金銀，與男子交通。盡取金銀衣物，相逐俱去。到一急水河邊，男子語言：汝持財物來，我先度之，當還迎汝。男子度已，便走不還。婦人獨住水邊，憂苦無人可救。唯見一野狐捕得一鷹，復見河魚，捨鷹拾魚。魚既不得，復失本鷹。婦語狐曰：汝何太癡，貪捕其兩，不得其一。狐言：我癡尚可，汝癡劇我也。」〔一〕

又僧祇律云：「佛告諸比丘：過去世時非時連雨，七日不止。諸放牧者七日不出。時有餓狼飢行求食，偏歷七村，都無可得。便自尅責：我何薄相，經歷七村，都無所得。不如守齋，住還山林。自於窟穴呪願言：使一切衆生皆得安隱。然後攝身，安坐閉目。帝釋至齋日月，乘伊羅白龍象觀察世間，持戒破戒。到彼山窟，見狼閉目思惟，便作是念：咄哉狼獸！甚爲奇特。人尚無此心，況此狼獸而能如是。便欲試之，知其虚實。釋即變身化爲一羊，在窟前住，高聲命羣。狼時見羊，便作是念：奇哉齋福！報應忽至。我遊七村，求食不獲，今暫守齋，餚饍自來。厨供已到，但當食已，然後守齋。即便出穴往趣羊所。羊見狼來，便驚騂走。狼便尋逐，羊去不住。追之既遠，羊化爲狗，方口耽耳，反來逐狼，

〔一〕出舊雜譬喻經卷上。

急聲喚之。狼見狗來，驚怖還走。狗急追之，劣乃得免。還至窟中，便作是念：我欲食彼，反欲噉我。爾時帝釋便於狼前作跛脚羊，鳴喚而住。狼作是念：前者是狗，我飢悶眼華，謂爲是羊。今所見者，此真是羊。復更諦觀，看耳角尾真實是羊。便出往趣，羊復驚走。騈逐垂得，復化爲狗，反還逐狼，亦復如前。我欲食彼，反欲見噉。時天帝釋即於狼前化爲羔子，鳴羣喚母。狼便瞋言：汝作肉段，我尚不出，況爲羔子而欲見欺。還更守齋，靜心思惟。時天帝釋知狼心念還齋，猶作羊羔於狼前住。狼便說偈言：

若真實是羊，猶故不能出。況復作虛妄，如前恐怖我。見我還齋已，汝復來見試。
假使爲肉段，猶尚不可信。況作羔羊子，而詐喚咩咩。

於是世尊而說偈言：

若有出家人，持戒心輕漂，不能捨利養，猶如狼守齋。」〔二〕

又五分律云：「佛告諸比丘：乃往古昔，有一摩納在山窟中誦刹利書，有一野狐住其左右，專聽誦書，心有所解。作是念言：我解此書語，足堪作諸獸中王。作是念已，便起遊行。逢羸瘦野狐，便欲殺之。彼言：何故殺我？荅言：我是獸王。汝不伏我，是以相殺。彼言：願莫殺我，我當隨從。於是二

〔二〕出摩訶僧祇律卷四。

狐便共遊行。復逢一狐，又欲殺之。問荅如上，亦言隨從。如是展轉伏一切狐。便以羣狐伏一切象。復以衆象伏一切虎。復以衆虎伏一切師子。遂權得爲王。既作王已，復作是念：我今爲獸中王，不應以獸爲婦。便乘白象率諸羣獸不可稱數，圍迦夷城數百千匝。王遣使問：汝諸羣獸何故如是？野狐荅言：我是獸王，應娶汝女。與我者善，若不與我，當滅汝國。還白如此。王集羣臣共議，唯除一臣，皆云：應與。所以者何？國之所恃唯賴象馬，我有象馬，彼有師子，象馬聞氣，惶怖伏地，戰必不如，爲獸所滅。何惜一女而喪一國。時一大臣聰叡遠略，而白王言：臣觀古今，未曾聞見人王之女與下賤獸。臣雖弱昧，要殺此狐，使諸羣獸，各各散走。王即問言：何計將兵馬出？〔一〕大臣荅言：王但尅期戰日，先當從彼求索一願，願令師子先戰後吼。彼謂吾畏，必令師子先吼後戰。王至戰日，當敕城內皆令塞耳。王用其語，遣使尅期，并求上願。〔二〕至于戰日，復遣信求，然後出軍。軍鋒欲交，野狐果令師子先吼。野狐聞之，心破七分，便於象上墜落于地。於是羣獸一時散走。佛以是事而說偈言：

野狐憍慢盛，　欲求其眷屬。　行到迦夷城，　自稱是獸王。　人憍亦如是，　領統於徒衆。
在摩竭之國，　法主以自號。

爾時迦夷王者，我身是。聰叡大臣者，舍利弗是。野狐王者，調達是。諸比丘，調達往昔詐得眷屬，今

〔一〕「何計將兵馬出」，高麗藏本作「計將焉出」。
〔二〕「并」字原作「共」，據高麗藏本改。

亦如是。故佛説偈云：

善人共會易，　惡人共會難。　惡人共會易，　善人共會難。」〔一〕

又佛本行經云：「爾時佛告諸比丘言：我念昔有一河名波利耶多，隋言彼節。〔二〕時彼河岸有一人，是結華鬘師。其人有園在彼河側，而彼河内時有一龜，從水而出，至華園中，求食而行。處處經歷，蹋壞其華。時彼園主見龜壞華，園主即捉置於一筐篋中，將欲殺食。彼龜作念：云何得脱此難，作何方便誑此園主？即向園主而説偈言：

我從水出身有泥，　汝且置華洗我體。　我身既有泥不净，　恐畏汙汝篋及華。

時彼園主作如是念：善哉此龜，善言教我。今不得不取其言。我洗其身，勿令泥汙我之華篋。作是念已，即手執龜，將向水所，欲洗龜身。是時彼人即提龜出，置於石上，抄水欲洗。是時彼龜出大筋力，忽投没水。時華鬘師見龜没水，作如是言：奇哉是龜，乃能如是誑逗於我。我今還可誘誑是龜，使令出水。時華鬘師即向彼龜而説偈言：

賢龜諦聽我作意，　汝今親舊甚衆多。　我作華鬘繫汝咽，　姿汝歸家作喜樂。

爾時彼龜作如是念：此華鬘師妄言誑我。彼師母患著牀，其姊採華造鬘，欲賣以用活命。今作是言，

〔一〕出彌沙塞部和醯五分律卷三、卷二十五。

〔二〕「隋」字原作「此」，據高麗藏本、磧砂藏本、南藏本改。

定是誑我。欲食我故，誘我出耳。是時彼龜向華鬘師而說偈言：

汝家造酒欲會親，　廣作種種諸味食。
汝至家內作是語，　龜肉煮已脂糕頭。

爾時佛告諸比丘言：汝諸比丘，欲知彼時入水龜者，我身是也。華鬘師者，魔波旬是。其於爾時欲誑惑於我而不能著，今復欲誑，何由可得。又佛告諸比丘言：我念往昔，於大海中有一大虬。其虬有婦，身正懷妊，忽然思欲獼猴心食。以是因緣，其身羸瘦，痿黃宛轉，戰慄不安。時彼特虬見婦身體如是羸瘦，無有顏色。見已問言：賢善仁者，汝何所患，欲思何食？我不聞汝從我索食，何故如是？時其牸虬默然不報。其夫復問：汝今何故不向我道？婦報夫言：汝若能與我隨心願，我當說之。若不能者，我何暇說。夫復荅言：汝但說看，若可得理，我當方便，會覓令得。婦即語言：我今意思獼猴心食，汝能得不？夫即報言：汝所須者，此事甚難。所以者何？我居大海，猴在山樹，何由可得。婦言：奈何！若不得是物，此胎必墮。我身不久，恐取命終。是時其夫復語婦言：賢善仁者，汝且容忍，我今求去。若成此事，深不可言，則我與汝並皆慶快。爾時彼虬即從海出，至於岸上。去岸不遠，有一大樹，名優曇婆羅。隋言水願。〔一〕時彼樹上有一大獼猴，在於樹頭取果子食。是時彼虬既見獼猴在樹上坐，食於樹子。見已漸漸到於樹下。到已，即便共相慰喻，以美語言問訊獼猴：善哉，善哉！婆私師吒，在此樹

〔一〕「隋」字原作「此」，據高麗藏本、磧砂藏本、南藏本改。「水」字，高麗藏本、磧砂藏本作「求」。

上作於何事？不甚辛懃受苦惱耶！求食易得，無疲倦不？獼猴報言：如是仁者，我今不大受於苦惱。虬復重更語獼猴言：汝在此處何所食噉？獼猴報言：我在優曇婆羅樹上食噉其子。是時虬復語獼猴言：我今見汝甚大歡喜，偏滿身體，不能自勝。我欲將汝作於善友，共相愛敬。汝取我語，何須住此。又復此樹子少無多，云何乃能此處願樂？汝可下來，隨逐於我。我當將汝度海彼岸，別有大林，種種諸樹，華果豐饒。獼猴問言：我云何得至彼處？海水深廣，甚難越度，云何堪度？是時彼虬報獼猴言：我背負汝，將度彼岸。汝今但當從樹下來，騎我背上。爾時獼猴心無定故，狹劣愚癡，心生歡喜，從樹而下，上虬背上，欲隨虬去。其虬內心生如是念：善哉，善哉！我願已成。即欲相將至自居處。及獼猴俱没於水，猴問虬言：善友何故忽没於水？虬即報言：我婦懷妊，彼如是思，欲汝心食。以是因緣，我將汝來。爾時獼猴作如是念：嗚呼？我今甚不吉利，自取磨滅。作何方便而得免此急速厄難，不失身命。復如是念：我須誑虬。作是念已，而語虬言：仁者善友，我心留在優曇婆羅樹上寄著，不持將行。仁於當時云何不依實語？我知今須汝心，我於當時即將相隨。善友還迴，放我取心，得已還來。爾時彼虬聞獼猴語已，二俱還出。獼猴見虬欲出水岸，是時獼猴努力奮迅，捷疾跳躑，出大筋力，從虬背上跳下，上彼優曇大樹之上。其虬在下少時停待，見猴淹遲不下，而語之言：親密善友，汝速下來，共汝相隨，至於我家。獼猴默然不肯下樹。虬見獼猴經久不下，而說偈言：

善友獼猴得心已，　願從樹上速下來。
我當送汝至彼林，　多饒種種諸果樹。

爾時獼猴作是思惟：此虬無智。即說偈言：

汝虬計校雖能寬，而心智慮甚狹劣，汝但審諦自思忖，一切衆類誰無心。彼林雖復子豐饒，及諸菴羅等妙果，我今意實不在彼，寧自食此優曇婆。

爾時佛告諸比丘言：當知彼時大獼猴者，我身是也。彼虬者，魔波旬是。於時猶尚誑惑於我而不能得，今復欲將世間五欲之事而來誘我，豈能動我此之坐處。」〔一〕

又雜寶藏經云：「昔有烏梟共相怨憎。烏待晝日知梟無見，踰殺羣梟，散食其肉。梟便於夜知烏眼闇，復啄羣烏，開罣其腹，亦復散食。畏晝畏夜，無有竟已。有一智烏語衆烏言：已爲怨憎，不可求解。終相誅滅，勢不兩全。宜作方便，殄覆諸梟，然後我等可得歡樂。若其不爾，終爲所敗。衆烏荅言：當作何方得滅讎賊？智烏荅言：爾等衆烏拔我毛羽，啄破我頭，〔二〕我當設計要令殄覆。即如其言，憔悴形容，向梟穴外而自悲鳴。梟聞其聲已，便言：今爾何故破傷，來至我所？烏語梟言：衆烏讎我，不得生活，故來相投，以避怨惡。時梟憐愍，遂便養給，恒與殘肉。日月轉久，毛羽平復。烏作微計，銜乾樹枝并諸草木，著梟穴中，似如報恩。梟語烏言：何用是爲。烏即荅言：孔穴之中純是冷石，用此草木以御風寒。梟以爲爾，默然不荅。而烏於是即求守孔穴，而作給使，〔三〕令用報恩。時會暴

〔一〕出佛本行集經卷三十一昔與魔競品。
〔二〕「啄」字原脱，據高麗藏本補。
〔三〕「而」字原脱，據高麗藏本補。

雪，寒風猛盛，衆梟率爾來集孔中。烏得其便，尋生歡喜，銜牧人火，用燒梟孔。衆梟一時於孔焚滅。

爾時諸天說偈言曰：

諸有宿嫌處，不應生體信。如烏詐託善，焚滅衆梟身。」〔一〕

又六度集經云：「昔者菩薩爲孔雀王，從妻五百。棄其舊匹，欲娶青雀爲妻。其青雀唯食甘露好果，孔雀爲妻日行取之。其國王夫人有疾，夢睹孔雀，云其肉可爲藥。寤已啓聞，王令獵士疾行索之。夫人曰：有能得之者，娉以季女，賜金千斤。國諸獵士，分布行索。覩孔雀王從一青雀，在常食處。即以蜜麨，每處塗樹。孔雀輒取以供其妻。射師以蜜麨塗身，踞坐而候。孔雀取麨，人應手獲之焉。孔雀曰：子之勤身，必爲利也。吾示子金山，可爲無盡之寶，子原吾命矣。獵者又曰：大王賜吾千斤金，妻以季女，豈信汝言乎！尅以送獻汝矣。孔雀見王曰：大王懷仁，潤無不周。願納微言，乞得少水，吾以慈呪，服之疾瘳矣。若其無效，受罪不晚。王順其意，夫人服之，衆疾皆瘳。華色煒曄，宮人皆然。舉國歎王弘慈，全孔雀之命，獲延一國之壽。孔雀曰：願得投身于彼大湖，并呪其水。率土黎民，衆疾可瘳。若有疑妄，願以杖捶吾足。王曰：許可。孔雀如之。國人飲水，並皆得力。聾聽、盲視、瘖語、躄伸，衆疾皆然。夫人疾除，國人並得無病，兼無害孔雀之心。孔雀具知，向王陳曰：受王生潤之恩，

〔一〕出雜寶藏經卷十烏梟報怨緣。

吾報濟一國之命。報畢乞退。王曰：可爾。雀即翔飛升樹，重曰：天下有三癡。王曰：何謂三耶？一者吾癡，二者獵士癡，三者大王癡。王曰：願釋之也。雀曰：諸佛重戒，以色爲火，燒身危命，貪色之由也。吾捨五百供養之妻，而貪青雀，索食供之，有如僕使。爲狂罔所得，〔一〕殆危身命。斯吾癡也。獵者之癡，吾至誠之言，捨一山之金，棄無窮之寶。信夫人邪僞之欺，望季女之妻。睹世狂愚，皆斯類矣。損佛真誠之戒，信鬼魅之欺，酒藥婬亂，或度破門之禍，或死入太山，其苦無數。思還爲人，猶無羽之鳥欲飛升天，豈不難哉！婬婦之妖蠱，喻彼魃魅，〔二〕靡不由之亡國危身，而愚夫尊之，萬言無一誠也。而射師信之，斯謂獵者愚矣。王得天醫，除一國疾，諸毒都滅。顔如盛華，巨細欣賴，而王放之。王始欲殺吾，以肉療夫人疾。斯謂王愚矣。佛告舍利弗：孔雀王者，自是之後，周旋八方，輒以神藥慈心布施，愈衆生病。孔雀王者，吾身是也。國王者，舍利弗是也。獵者，調達是也。夫人者，調達婦是。菩薩慈慧度無極行布施如是。」〔三〕

又雜寶藏經云：「佛言：乃往過去時有蓮華池，多有水鳥在中而住。時有鸖雀在於池中，徐步舉脚。諸鳥皆言：此鳥善行，威儀徐序，不惱水性。時有白鵝而説偈言：

〔一〕「罔」字原作「網」，據高麗藏本改。

〔二〕「魃」字原作「魃」，據高麗藏本改。

〔三〕出六度集經卷三孔雀王本生。

舉脚而徐步，　音聲極柔軟，　欺誑於世間，　誰不知諂讒。

鸛雀語言：何爲作此語，來共作親善？白鵝荅言：我知汝諂讒，終不親善汝。欲知爾時鵝者，即我身是也。爾時鸛雀者，今提婆達多是也。」〔一〕

又雜寶藏經云：「佛言：於過去世雪山之側有山，雞王多將雞衆而隨從之。雞冠極赤身，體甚白，語諸雞言：汝等遠離城邑聚落，莫與人民之所噉食。我等多諸怨嫉，好自慎護。時聚落中有一猫子，聞彼有雞，便往趣之。在於樹下，徐行低視，而語雞言：我爲汝婦，汝爲我夫。而汝身形端正可愛，頭上冠赤，身體俱白。我相承事，安隱快樂。雞説偈言：

猫子黄眼愚小物，　觸事懷害欲噉食。　不見有畜如此婦，　而得壽命安隱者。

爾時雞者，我身是也。爾時猫者，提婆達多是也。昔於過去欲誘誑我，今日亦復欲誘誑我，索我徒衆。」〔二〕

頌曰：

奸情詐癡，　今信匪疑。　僞現依附，　虚誑來隨。　外親内損，　夙夜侵移。　久共同住，
方覺相欺。

〔一〕出雜寶藏經卷三白鵝王緣。
〔二〕出雜寶藏經卷三山鷄王緣。

惰慢篇第六十一 此有二部

述意部　引證部

述意部第一

夫人所以不得道者，由於心神昏惑。心神所以昏惑，由於外物擾之。擾之者多，其事略三：一則勢利榮名，二則妖妍靡曼，三則甘脂肥濃。榮名雖日用於心，要無晷刻之累，妖妍靡曼，方之已深，甘脂肥濃，爲累甚切。萬事云云，皆三者之枝葉耳。聖人知不斷此三事故，求道無從可得。如水火擁之然之，則其用彌全；決之散之，則其勢彌薄。故論云：「質微則勢重，勢微則質重。」〔一〕是以思之則之，實由勤功而悟道；惰之慢之，良由貪聲色而障聖。所以釋氏震法鼓於鹿苑，夫子揚德音於鄒魯。尚耳目所不聞，豈心識之能契也。

〔一〕此段出處待考。

引證部第二

如薩婆多論云：「波羅提木叉之戒，五道而言，唯人道得戒，餘四不得。如天道以著樂深重不能得戒。如昔一時大目連以弟子有病，上忉利天，以問耆婆，正值諸天入歡喜園。爾時目連在於路側立待，一切諸天無顧看者。唯耆婆後至，顧見目連，向舉一手，乘車直過。目連自念：此本人間是我弟子，今受天福，以著天樂，都失本心。即以神力制車令住。耆婆下車，禮目連足，目連種種因緣呵責。耆婆荅目連曰：以我人中爲大德弟子，是故舉手問訊，頗見諸天有爾者不？時目連勸誡釋提桓因云：〔二〕佛世難值，何不數數相近，諮受正法？帝釋欲解目連意，故遣使勑一天子令來。反覆三喚，猶故不來。後不應已而來。帝釋白目連曰：此天子唯有一天女一妓樂以自娱樂。以染欲情深，雖復命重，不能自割，故不肯來。況作天主，種種宮觀，無數天女，須食自然百味，百千妓樂，以自娱樂，視東忘西。雖知佛世難遇，正法難聞，而以染樂纏縛，不得自在，知復如何？三塗苦難無緣得戒。人中唯三天下得戒。北鬱單越無有佛法不得戒，以福報障并愚癡故，不受聖法。」〔三〕

又善見律云：「時有六羣比丘自身在下，請法人在高而爲説法。以慢法故，佛呵責之。佛語比

〔二〕「時」上原衍「有」字，「云」字原脱，據高麗藏本删補。

〔三〕出薩婆多毘尼毘婆沙卷一總序戒法異名等。

丘：往昔波羅柰國有一居士，名曰車波加。其婦懷妊，思菴羅果。語其婿言：我思菴羅果，君爲我覓。其夫荅言：此非果時，我云何得？婦語夫言：君若不得，我必當死。夫聞婦語，心自念言：唯王園中有非時果，我當往偷。作是念已，即夜入王園取果未得。明相已出，不得出園，於是樹上藏住。時王與婆羅門入園，欲食菴婆羅果。婆羅門在下，王在高座，婆羅門爲王説法。偷果人樹上自念言：我偷果事應合死，因王聽婆羅門説法，我今得脱。我今無法，王亦無法，婆羅門亦無法。何以故？我爲婦故而偷王果。王由憍慢故，師在下座，自在高座，而聽説法。婆羅門爲貪利養故，自在下座，爲王説法。我今三人相與無法。我今得脱。即便下樹，往至王前，而説偈言：

二人不知法，　二人不見法。　教者不依法，　聽者不解法。　爲是飲食故，　我言是無法。

爲以名利故，　毁碎汝家法。

王聞此偈，恕偷果人罪。我爲凡時尚見非法，況今成佛。汝諸弟子爲下人説法。時偷果人者，我身是也。」〔一〕

又智度論云：「如迦葉佛時有兄弟二人出家求道，一人持戒誦經坐禪，一人廣求檀越修諸福業。至釋迦佛出世，一人生長者家，一人作大白象，力能破賊。長者子出家學道，得六神通阿羅漢，而以薄

〔一〕出善見律毘婆沙卷十六。

福，乞食難得。他日持鉢入城乞食，徧不能得。到白象廄，見王供象，種種豐足。語此象言：我之與汝，俱有罪過。象即感信，三日不食。守象人怖，求覓道人。見而問言：汝作何術，令王白象病不能食耶？答曰：此象是我先身時弟，共於迦葉佛時出家學道。我但持戒誦經坐禪，不行布施。弟但廣求檀越，作諸布施，不持戒，不學問。以其不持戒誦經坐禪故，今作此象。大修布施故，飲食備具，種種豐足。我但行道不修布施故，今雖得道果，乞食不能得。以是事故，因緣不同，雖值佛世，猶故飢渴。」〔一〕

又百喻經云：「昔外國節慶之日，〔二〕一切婦女盡持優鉢羅華以爲鬘飾。有一貧人，其婦語言：爾若能得優鉢羅華來與我，爲爾作妻，若不能得，我捨爾去。其夫先來常善能作鴛鴦之鳴，即入王池作鴛鴦鳴，偷優鉢羅華。時守池者而作是問：池中者誰？而此貧人失口答言：我是鴛鴦。守者捉得，將詣王所。而於中道復更和聲作鴛鴦鳴。守池者言：爾先不作，今作何益。世間愚人亦復如是。終身殘害，作衆惡業，不習心行，使令調善。臨命終時方言：今我欲得修善。獄卒將去，付閻羅王，雖欲修善，亦無所及。如彼愚人，欲到王所，作鴛鴦鳴。」〔三〕

又百喻經云：「昔有大富長者，左右之人欲取其意，皆盡恭敬。長者唾時，左右侍人以脚蹋却。有

〔一〕出大智度論卷八。
〔二〕「慶」字原作「度」，據高麗藏本改。
〔三〕出百喻經卷三貧人作鴛鴦鳴喻。

一愚者，不及得蹋而作是言：若唾地者，諸人蹋却。欲唾之時，我當先蹋。於是長者正欲咳唾時，此愚人即便舉脚蹋長者口，破脣折齒。長者語言：汝何以故蹋我脣口？愚人具荅所由，故唾未出，舉脚先蹋，望得汝意。凡物須時，時未及到，强設功力，反得苦惱。以是之故，世人當知時與非時。」〔一〕

頌曰：

惰學迷三教，　問者不知一。　合蕚不結核，　敷華何得實。　徒生高慢心，　陵他非好畢。
墜落於闇道，　關閉牢深密。　一入百千年，　萬億苦切逼。　對苦悔無知，　方由惰慢得。〔三〕
聖人善取譬，　愚智須明律。　英雄慢法時，　焉知悔今日。

感應緣略引八驗

晉抵世常奉法驗

莊子驗

列女傳驗

〔一〕出百喻經卷三蹋長者口喻。

〔三〕「得」字原作「梢」，據高麗藏本改。

文子驗

孫卿子驗

鹽鐵論驗

晉平公驗

論衡驗

晉抵世常至晉太康中有富人居。時禁晉人作沙門，常奉法不懼憲網，潛於宅中立精舍，供養沙門。于法蘭亦在其中，比丘來者不憚。後有僧來，姿形頑陋，衣弊足泥。常遂作禮，命奴洗足。僧曰：恒自洗之，何用奴也。常曰：老病以奴自代。僧不許。常私罵而去。僧現八尺形，容儀光偉，飛行而去。常撫膺自撲泥中。家内僧尼行路五六十人，望見空中數十丈分明。奇香芬氳，一月留宅。〔一〕

莊子曰：「人而不學謂之視肉。學而不行命之曰撮囊。」〔二〕

列女傳曰：「河南樂羊子嘗行得遺金，還以與妻。妻曰：妾聞志士不飲盜泉，廉者不受嗟來之食，

〔一〕出冥祥記。本書卷二十八神異篇感應緣已引此文，與此稍異。

〔二〕出南華逸篇。

況拾遺求利，以汙其行乎！羊子慚，棄金於野，速尋師而學。」〔一〕

文子曰：「上學以神聽之，中學以心聽之，下學以耳聽之。」〔二〕

孫卿子曰：「不登高山，不知天之高也。不聞先王之道言，不知學問之大。君子之學，入乎耳，著乎心，布乎四支，形乎動靜。小人學，出乎口，入乎耳。耳口之間四寸耳，曷足以美七尺之軀。」〔三〕

鹽鐵論曰：「内無其質而外學其文，雖有賢師良友，若畫脂鏤冰，費日損功。故良師不能飾西施，澤香不能加嫫母。」〔四〕

說苑曰：「晉平公問師曠曰：吾年七十，欲學恐已暮矣。對曰：暮何不炳燭乎？臣聞少而學者，如日出之陽。壯而學者，如日中之光。老而學者，如炳燭之明。炳燭之明，孰與昧行。平公曰：善哉！」〔五〕

〔一〕出後漢書卷八四列女傳。

〔二〕出文子卷五道德篇。

〔三〕出荀子卷一勸學篇。

〔四〕出鹽鐵論卷六殊路。

〔五〕出說苑卷三。

論衡曰：「手中無錢而之市決貨，貨主必不與也。夫胸中無學，亦猶手中無錢也。」〔一〕

〔一〕出論衡卷十二量知篇。

法苑珠林校注卷第五十五

破邪篇第六十二此有二部

述意部　引證部

述意部第一

蓋聞三乘啓轍，諸子免火宅之災；八正開元，羣生悟無爲之果。是故慈雲降潤，不别蕙蘭；〔一〕慧日流輝，寧分岸谷。且立教垂範，盡妙窮微；發志生情，難量叵測。雖周孔儒術，莊老玄風，將欲方兹，逈非倫擬。〔三〕其有帝代賢士，今古明君，咸共遵崇，無乖敬仰。欲使玉礫異價，涇渭分流。制六師

〔一〕「蕙」字原作「芳」，據高麗藏本改。

〔三〕「逈」字原作「迴」，據高麗藏本、磧砂藏本、南藏本、嘉興藏本改。

而正八邪，反四倒而歸一味。〔一〕折染俗之自然，興因果之正路。挫邪智之虚角，杜異見之妄言。求珠之寶心開，觀象之僞識正。自非德均真際，體合無生，豈能契此玄門，履之一實者也。

引證部第二

如增一阿含經云：「爾時有長者，名阿那邠邸，其家大富，不可稱計。爾時滿富城中有長者，名曰滿財，亦大富饒財，復是邠邸少小舊好，共相敬愛。邠邸長者恒有千萬寶貨在滿富城中販賣，使滿財長者經紀。然滿財長者亦有數千萬寶，在舍衛城中販賣，使邠邸經紀。是時邠邸有女，名須摩提，顔貌端正，如桃華色，世之希有。爾時滿財見須摩提女端正，見已問邠邸曰：此是誰家女？邠邸報曰：是我所生。滿財曰：我有小息，未有婚對，可適貧家不？時邠邸報曰：事不宜爾。滿財問曰：以何等故？邠邸報曰：種姓財貨，足當訓匹。所事神祠，與我不同。此女事佛，汝事外道。以是之故，不赴來意。滿財報曰：我等所事，自當别祀。此女所事，别自供養。邠邸報曰：我女設當適汝家者，彼此各出財寶，不可稱計。滿財問曰：汝今索幾許財寶？邠邸報曰：我今須六萬兩金。是時長者即與六萬兩金。邠邸以方便前却，猶不能使止，語彼長者曰：設我嫁女，當往問佛。若有教敕，我當奉行。是時阿那邠

〔一〕「制六師而正八邪，反四倒而歸一味」二句原作「製六師而正四倒，反八邪而歸一味」，據高麗藏本改。

邸即往至世尊所，白世尊曰：須摩提女爲滿富城中滿財長者所求，爲可與不？世尊告曰：若須摩提女適彼國者，多所饒益，度脱人民，不可稱量。聞已禮退，還至家中，共辦飲食，與滿財長者。滿財問曰：我不用食，但嫁女與我不耶？邠邸報曰：欲爾者，便可却後十五日使兒至此。作是語已，便退而去。是時滿財長者辦具所須，乘葆羽之車，從八十由延内來。邠邸復莊嚴己女，乘葆羽之車，將女往迎。中道相遇，滿財得女，便將至滿富城中。人民之類，各作制限，若此城中有女出適他國者，當重刑罰。若他國娶婦將入國者，亦重刑罰。爾時彼國有六千梵志，國人所奉，制限有言：犯者當飯六千梵志。長者自知犯制，即飯六千梵志。梵志所食，純食豬肉及重釀之酒。又梵志所著衣服，或被白氎，或被毳衣，以衣偏著右肩，半身露現。即白時到，入長者家。長者見來，膝行前迎，恭敬作禮。最大梵志舉手稱善，揖長者頃，往詣座所，各隨坐訖。時長者語須摩提女曰：汝自莊嚴，向我師禮。須摩提女報曰：止止，大家。我不堪任向裸形人禮。長者報曰：此非裸行，但所著衣是其法服。須摩提女報曰：此無慚愧之人，皆共露形，有何法服之用。世尊所説，世人所貴，有慚有愧。若無此二，則尊卑無異，共豬犬無别。我實不堪向作禮拜。時須摩提夫語其婦曰：汝今可起向我師作禮。此諸人等皆是我所事天。婦報曰：且止，我不禮此無慚愧裸形人，令我向驢犬作禮。夫曰：勿作是言，自護汝口，勿有所犯，此非驢非狗。但我著之衣，正是法衣。是時須摩提女涕零悲泣，顔色變異，並作是説：寧斷命根，終不墮此邪見之中。時六千梵志各共高聲：何故使此婢駡詈乃爾！是諸梵志已食少多，便去。是時滿財長者在高樓上，煩冤愁惋：我今取此人來，便爲破家，辱我門户。時有梵志名曰脩跋，得五神通。往長者家，上高樓上，與長者相見。梵志問長者曰：何故愁憂？長者報曰：昨因爲兒娶婦。具說前緣。梵志報曰：此女所事之師，皆是梵行之人。今日現在，甚奇甚特。長者問曰：汝爲外道異學，何故歎謦沙門？釋子有何神德，有何神變？梵志報曰：欲聞神德，今麤說原。此女所事之師，最小弟子，名曰均頭沙彌。飛來詣阿耨達泉洗垢之衣。阿耨大神天龍鬼神皆起前迎恭敬問訊：善來人師，可就此坐。却後坐食。食竟盪鉢，在金案上，跏趺正身，次第入九次第定。是時天龍鬼神與蹋洗衣，舉著空中而暴使乾。時彼沙彌收攝衣已，便飛在空，還歸所在。長者當知，最小弟子有此神力，況最大者。何況如來至真正覺而可及乎！是時長者語梵志曰：我等可得見此女所事師乎？梵志報曰：可還問此女。是時長者問須摩提女曰：吾今欲得見汝所事師，能使來不？女聞歡喜，不能自勝。願時辦具飲食，明日如來當來至此，及比丘僧。長者報曰：汝今自請，吾不解法。是時長者女沐浴身體，手執香火，上高樓上，叉手向如來而歎之曰：

諸變不可計，　皆是立正道。　我今復值厄，　唯願尊屈神。　爾時香如雲，　懸在虛空中。

徧滿祇洹舍，　住在如來前。　諸釋虛空中，　歡喜而作禮。　又見香在前，　須摩提所請。

雨諸種種華，　而不可計量。　悉滿祇洹林，　如來笑放光。

爾時世尊告諸神足比丘大目連、大迦葉、阿那律乃至均頭沙彌等：汝等以神足先往至彼城中。諸比丘對曰：如是世尊。是時衆僧使人名曰乾荼，明旦躬負大釜，飛在空中，往至彼城，遶城三匝，詣長者家。是時均頭沙彌化作五百華樹，色若干種，皆悉敷茂。是時般特化作五百頭牛，衣毛皆青，在中止坐，往詣彼城。爾時羅雲復化作五百孔雀，色若干種，在上坐，往詣彼城。是時迦延那化作五百金翅鳥，極爲勇猛，在上坐，往詣彼城。爾時優毗迦葉化作五百龍，皆有七頭，在上坐，往詣彼城。是時須菩提化作瑠璃山，入中跏坐，往詣彼城。爾時大迦旃延復化作五百鶴，色皆純白，往詣彼城。是時離越化作五百虎，在上坐，往詣彼城。是時阿那律化作五百師子，極爲勇猛，在上坐，往詣彼城。是時大迦葉化作五百疋馬，皆朱尾，金銀校飾，在上坐，往詣彼城。是時目連化作五百白象，皆有六牙，七處平整，金銀校飾，在上坐，往詣彼城。如是現神變，〔一〕皆遶城三匝，往長者家。是時世尊以知時到，在虚空中，去地七仞。阿若拘鄰在右，舍利弗在左，阿難在後而手執拂，千二百弟子前後圍遶，如來在中。及餘諸天帝釋諸王，皆現神變，悉在空中，作唱妓樂，數千萬種。雨衆天華，散如來上。舍衛城内人民皆見如來在空，去地七仞，皆懷歡喜，不能自勝。是時滿財長者遥見如來相好，猶如金聚，放大光明。以偈問須摩提女。須摩提女復以偈報之。天人梵志，皆自歸命。是時六千梵志見如此神變，各相謂言：我等可離此國，更適他土。猶如禽獸各奔所趣。是諸梵志聞如來響，各各馳走，不得自寧。由如來有大威力，故不自安。是時世尊還攝神足入城，以足蹈門閾上。是時天地大動，諸神散華，詣長者家，就座而坐。世尊漸與長者及八萬四千人民説戒、施、生天之論。訶欲不净，出家爲要。各於座上，諸塵垢盡，得法眼

〔一〕「變」字原脱，據高麗藏本補。

净。皆自歸三寶，受持五戒。此須摩提女及八萬四千人，皆由久遠迦葉佛所四事供養：一施，二愛敬，三利人，四等利。不墮貧家。當來之世，亦當復值如此之尊，使我莫轉女身，得法眼净。是時城中人民聞哀愍王女作如此誓願，人皆隨喜此願。爾時哀愍王者，今須達長者是。爾時王女者，今須摩提女是。爾時國土人民之類者，今八萬四千人是。由彼誓願故，今值我身，聞法得道。」〔一〕

又智度論云：「有梵志名長爪，別經梵云名勞豆叉。是閻浮提大論議師。言一切論可破，一切言可壞，一切執可轉，無有實法可信、可恭敬者。舍利弗舅摩訶俱絺羅與姊舍利論議，不如。俱絺羅思惟念言：非姊力也。必懷智人，寄言母口。未生乃爾，及生長大，當如之何。思惟是已，生憍慢心。爲廣論議故，出家作梵志。入南天竺國，始讀經書。諸人問言：汝志何求？長爪荅言：十八種大經，盡欲讀之。諸人語言：盡汝壽命猶不能知一，何況能盡。長爪自念：昔作憍慢，爲姊所勝。今此諸人復見輕辱。爲是二事故，自作誓言：我不剪爪，要讀十八種經書盡。人見爪長，因號長爪梵志。是人以種種經書，譏刺是非，破他論議。譬如大力狂象，搪揬蹴蹋，無能制者。如是長爪梵志摧伏諸論師已，還至摩伽陀國王舍城那羅陀聚落。至本生處，問人言：我姊生子，今在何處？有人語言：汝姊子者，適生八歲，讀一切經書盡。至年十六，論議勝一切人。有釋種道人姓瞿曇，與作弟子。長爪聞之，即起憍

〔一〕出增一阿含經卷二十二。

慢，生不信心，而作是言：如我姊子，聰明如是，彼以何術誘誑剃頭作弟子。〔一〕作是語已，直向佛所。爾時舍利弗初受戒半月，佛邊侍立，以扇扇佛。長爪見佛，問訊訖，一面坐，作是念：一切論可破，一切語可壞，一切執可轉，是中何者是諸法實相，何者是第一義？譬如大海，欲盡其底，求之既久，不得一法。彼以何論議而得我姊子？作是思惟已，而語佛言：瞿曇，我一切法不受。時佛問長爪：汝一切法不受，是見受不？佛所質義，汝已領之。邪見毒熾，令出是毒氣。言一切法不受，是見汝受不？爾時長爪如好馬見鞭，顧影覺畏，便著正道。長爪梵志既得佛語，鞭影入心，即棄貢高，慚愧低頭。如是思惟：佛置我兩處負門中。若我説是見我受，是負處門麤故，衆人所共知。云何自言一切法不受，今受是見？此現前妄語，是麤負處門。多人所知。第二負處門細，我欲受之。以少人知故。作是念已，荅佛言：瞿曇，一切法不受，是見亦不受。佛語梵志：汝不受一切法，是見亦不受，則無所破，與衆人無異。何用自高而生憍慢。如是長爪不能荅佛。自知已墮負處，即於佛智起恭敬信心。自思惟：我墮負處，世尊不彰，不言是非，不以爲意。佛心柔軟，第一清净，得大甚深，最可恭敬，無過佛者。佛爲説法，斷其邪見，即於坐處，遠塵離垢，得法眼净。是時舍利弗聞是語時，得阿羅漢。是長爪梵志出家作沙門，得阿羅漢。」〔二〕

〔一〕「誘」字原作「謗」，據高麗藏本改。
〔二〕出大智度論卷一。

又佛説乳光佛經云："時佛世尊適小中風，當須牛乳。爾時維耶離國有梵志名摩耶利，爲五萬弟子作師，復爲國王大臣人民所敬遇。豪富貪嫉，不信佛法，但好異道。於是佛告阿難：持如來名，往到梵志摩耶利家，從其求索牛乳湩來。阿難受教，著衣持鉢，到其門下。梵志摩耶利適與五百上足弟子欲行入宫，與王相見。時即出舍，值遇阿難。因問言：汝朝來早，欲何所求？阿難荅曰：佛世尊身小不安隱，使我索乳。梵志默然不報，自思惟念：我若不持牛乳與，謂我慳惜。適持乳與，諸餘梵志便復謂我事瞿曇道。進退惟宜。雖爾，當指授與惡牛，自令𤛓取。當使牴殺，折辱其道，便見捐棄，我還爲人所敬。若不得乳，明我不惜。謀議是已，即告阿難：牛朝已放在彼塹裏，汝自往𤛓。摩耶敕兒：汝將阿難示此牛處，慎莫爲捉。時五百弟子聞師説是，悉大歡喜。爾時維摩詰來欲至佛所，道經梵志門前，因見阿難，即謂：何謂晨朝持鉢住此，欲何求索？阿難荅曰：如來身小中風，當須牛乳，故使我來。維摩詰即告阿難：莫作是語。如來正覺，身如金剛，衆惡已斷，但有諸善，當有何病。默然行矣，勿得外道誹謗如來，無使天龍神等得聞是聲，十方菩薩阿羅漢得聞此言。轉輪聖王尚得自在，何況如來。阿難勿爲羞慚，索乳疾行，慎莫多言。阿難聞此，大自慚懼。聞空中有聲言：是阿難如長者所言，但爲如來於五濁世，示現度脱一切三毒之行，故時往取乳。向者維摩雖有是語，莫得羞慚。於是五百梵志聞空中聲，即無狐疑，皆大踊躍，悉發無上正真道意。爾時摩耶利内外眷屬及聚邑中合數千人，皆隨阿難往觀惡牛。阿難即往牛傍，自念言：今我所事師法，不得自手𤛓乳。語適竟，第二忉利天帝便從天來，化作年少梵志，被服，因住牛傍。阿難見之，心用歡喜，謂言：年少梵志，請取乳湩。即荅阿難：我非梵志，是天帝釋。我聞如來欲得牛乳，故來到此。阿難言：天帝位尊，何能近此腥穢之牛？帝釋答曰：雖我之豪，何如如來尊。尚不厭倦建立功德，何況小天。阿難報釋：爲我取乳，唯願用時。釋應曰：諾。尋即持器前至牛所。時牛静住，不敢復動。其來觀者，皆驚怪之。爾時帝釋而説偈言：

今佛小中風，　汝與我乳湩。　令佛服之瘥，　得福無有量。　佛尊天人師，　常慈心憂念。
蜎飛蠕動類，　皆欲令度脱。

爾時犢母即爲天帝釋説偈言：

此手捫摸我，　何一快乃爾。　取我兩乳湩，　置於後餘者。　當持遺我子，　朝來未得飲。
雖知有福多，　作意當平等。

於是犢子便爲母説偈言：

我從無數劫，　今得聞佛聲。　即言持我分，　盡用奉上佛。　世尊一切師，　甚難得再見。
我食草飲水，　可自足今日。　我作人已來，　飲乳甚大久。　及在六畜中，　亦爾不可數。
世間愚癡者，　亦甚大衆多。　不知佛布施，　後因悔無益。　我乃前世時，　慳貪坐抵突。
復隨惡知友，　不信佛經戒。　使我作牛馬，　至於十六劫。　今乃值有佛，　如病得醫藥。
持我所飲乳，　盡與滿鉢去。　令我後智慧，　得道願如佛。

時天帝釋即取乳滿鉢。阿難得乳，意甚歡喜。於是梵志從邑中來者，聞此牛子母所説，皆共驚怪。此牛弊惡，人不得近。今日何故柔善乃爾。想是阿難所感發耳。瞿曇弟子尚能如此，何況佛德威神變化，而我等不信其教。時梵志男女合萬餘人，皆悉踴躍，遠塵離垢，逮得法眼。阿難持乳還至佛所，具白所由。佛告阿難：實如牛子母所説。此牛子母乃昔宿命時，曾爲長者，大富饒財，復慳不施，不信佛戒，不知生死。常喜出財，外人從舉，日月適至，喜多責息，無有道理。既償錢畢，復謗枉人，言其未畢。但坐是故，墮畜生中十六劫。今聞我名歡喜者何？畜生之罪，亦當畢是。此牛子母却後命盡，七反生兜術天及梵天上，七反生世間，當爲豪富家。不生惡道。所在常當通識宿命，當供養諸佛，燒香持經。牛母從是因緣，最後當值見彌勒佛作沙門精進，不久得羅漢道。犢子亦當如是，上下二十劫竟，當得作佛，號曰乳光。牛母、之子，俱得度脱。會中五百長者子，悉發無上道意。三千八百梵志，應時得須陀洹道。」〔一〕

又佛説心明經云：「佛遊王舍城靈鳥山，與五百比丘四部衆俱，往之一縣而行分衛，諸天龍神追於上侍，到梵志館門外而住。佛放大光，普照十方。時梵志婦執爨炊飯，見光照身，身得安隱，解懌無量。還顧見佛，端正姝好，倍加踊躍。重自惟忖：今得覩佛及衆弟子，誠副宿願。欲以食饌奉進正覺。隱察愚夫不信道德，志存邪疑。見妄所施，心興結恨，不得由己，當如之何？便即撥飯取汁一勺，以用上佛。佛以威神，鉢中自然有百味食。佛時達嚫，口歎頌曰：

〔一〕出乳光佛經。

假如馬百疋，金銀校鞍勒。持用惠施人，不如勺飯汁。設以七寶車，載滿諸珍奇。

勺飯汁施佛，其福過於彼。若施白象百，明珠瓔珞飾。供佛一勺汁，其福超彼上。

如轉輪聖王，普賢玉女后。端正無有比，七寶瓔珞身。如是之妙類，其數各有百。

悉以配施人，不如一勺汁。

於是梵志静住而聽，聞佛所歎，心懷疑惑。前問佛言：一勺飯汁，何所直耶！而乃稱讚若干寶施而云不如。一勺汁施，斯之飯汁，不直一錢，然乃咨嗟若干億倍，孰當信哉！於是世尊尋即顯露廣長之舌，以覆其面，上至梵天。告梵志曰：吾從無數億百千劫，常行至誠，乃獲斯舌。寧以妄語能致之乎！吾欲問卿，至誠荅之。曾頗往返舍衛羅閲，中路有樹名尼拘類，蔭覆人衆五百乘車乎？對曰：唯然，有之。曾所見也。世尊又問：其子大小？荅曰：形如芥子。佛告梵志：卿真兩舌。實如芥子，樹何大乎！對曰：審爾，不敢欺也。佛又告曰：種如芥子，生樹廣大。地之生植，適無所置，所覆彌廣。何況如來無上正覺，無量福會，普勝者哉！大慈弘哀，無所不濟，以饌供獻，功祚難計。梵志默然，無以加報。佛告阿難：斯婦壽終當轉女像，得爲男子，生於天上。下生爲人，解深妙法。却十三劫當得作佛，名曰心明如來。梵志意伏，五體投地，尅心自責，歸命於佛。加恩矜攝，令得出家。佛即納受，以爲沙

門。佛講四諦，漏盡意解。」〔一〕

又涅槃經云：「爾時十仙外道欲共佛捔試神力，阿闍世王報外道云：汝等今者欲以手爪抱須彌山，欲以口齒齚齧金剛。諸大士，譬如愚人見師子王飢時睡眠而欲寤之，如人以指置毒蛇口，如欲以手觸灰覆火。汝等今者亦復如是。善男子，譬如野狐作師子吼。猶如蚊子共金翅鳥捔行遲疾。如兔渡海，欲盡其底。汝等今者亦復如是。汝等今者興建是意，猶如飛蛾投於火聚。汝隨我語，不復更說。」〔二〕

又大莊嚴論：「時憍尼迦向外道說偈言：

外道所爲作，　虚妄不真實。　猶如小兒戲，　聚土作城郭。　醉象踐蹈之，　散壞無遺餘。

佛破諸外論，　其事亦如是。」〔三〕

又百喻經云：「昔有愚人煮黑石蜜，有一富人來至其家。時此愚人取石蜜漿爲富人煮。即於火上以扇扇之，望得使冷。〔四〕傍人語言：下不止火，扇扇不已，云何得冷！爾時人衆悉皆嗤笑。其猶外道

〔一〕出心明經。
〔二〕出南本大般涅槃經卷三十五。
〔三〕出大莊嚴經論卷一。
〔四〕「使」字原作「便」，據高麗藏本、磧砂藏本、南藏本改。

不滅煩惱熾然之火，少作苦行，卧棘刺上，洮糠飲汁，斷穀自餓。五熱炙身，而望清凉寂静之道，終無是處。徒爲智者之所怪哂，受苦現在，殃流來劫。」〔一〕

又百喻經云：「昔有愚人，其婦端正，情甚愛重。婦無真信，後於中間，共他交往。邪婬心盛，欲逐傍夫，捨離己婿。於是密語一老母言：我去之後，汝可齎一死婦女屍，安著屋中，語我夫言：云我已死。老母於後伺其夫主不在之時，以一死屍置其家中。及其夫還，老母語言：汝婦已死。夫即往視，信是己婦。哀哭懊惱，大積薪油，燒取其骨，以囊盛之，晝夜懷挾。婦於後時，心厭傍夫，便還歸家，語其夫言：我是汝妻。夫荅之言：我婦久死，汝是阿誰？妄言我婦。乃至二三，猶故不信。如彼外道聞他邪説，心生惑著，謂爲真實，永不可改。雖聞正教，不信受持。」〔二〕

又百喻經云：「昔有二估客共行商賈，一賣真金，其第二者賣兜羅綿。有他買真金者，燒而試之，第二估客即便偷他被燒之金，裹兜羅綿。〔三〕時金熱故，燒綿都盡。情事既露，二事俱失。如彼外道偷取佛法著己法中，妄稱己有，非是佛法。由是之故，燒滅外典，不行於世。如彼偷金，事情都現，亦復如

〔一〕出百喻經卷二煮黑石蜜漿喻。

〔二〕出百喻經卷一婦詐稱死喻。

〔三〕「裹」字原作「裏」，據高麗藏本、磧砂藏本、南藏本改。

是。」〔一〕

又百喻經云：「過去之世有一山羌，偷王庫物而遠逃走。爾時國王遣人四出推尋捕得，將至王邊。王即責其所得衣處。山羌荅言：我衣乃是祖父之物。王遣著衣，實非山羌本所有故，不知著之。應在手之者著於脚上，應在腰者反著頭上。王見賊已，集諸臣等共詳此事，而語之言：若是汝之祖父已來所有衣者，應當解著。云何顛倒，用上爲下，以下爲上？以不解故，定知汝衣必是偷得，非汝舊物。借以爲譬，王者如佛，寶藏如法。愚癡羌者，猶如外道。竊偷佛語著己法中，〔二〕以爲自有。然不解故，布置佛法，迷亂上下，不知法相。如彼山羌得王寶衣，不識次第，顛倒而著，亦復如是。」〔三〕

又百喻經云：「昔有一人，形容端正，智慧具足，復多錢財。舉世人聞，無不稱歎。時有愚人見其如此，便言我兄。見後還債，言非我兄。傍人語言：汝是愚人，云何須財認他爲兄。及其還債，復言非兄。愚人荅言：我以欲得彼之錢財，故認爲兄，實非是兄。人聞此語，無不笑之。猶彼外道，聞佛善語，饕竊而用，以爲己有。乃至傍人教使修行，不肯修行，而作是言：爲利養故，偷取佛說，化導衆生。

〔一〕出百喻經卷一估客偷金喻。

〔二〕「竊」字原作「窮」，據高麗藏本改。

〔三〕出百喻經卷一山羌偷官庫衣喻。

而無實事，云何修行！猶向愚人，爲得財故，言是我兄。及還其債時，復言非兄。此亦如是。」〔一〕

頌曰：

正邪乖明昧，善惡異相征。大慈降梵志，乘空各變形。六千俱捨執，七衆各休禎。
邪徒虛抗志，鍱腹浪求名。身子多才智，陵化照機庭。四辨無不可，六通奮英情。
乘權摧異見，伏邪同幽冥。自知螢光劣，徒諍太陽精。

感應緣略引六驗

辯聖真僞一
邪正相翻二
妄傳邪教三
妖惑亂衆四
道教敬佛五
捨邪歸正六

〔一〕出百喻經卷一認人爲兄喻。

辯聖真僞第一

夫邪正交侵，禍福繁雜。自非極聖，焉能開誘。是以九十五種，宗上界之天尊；二十五諦，計衆生之冥本。皆陳正法，咸稱大濟。又有魯邦孔氏，導禮樂於九州；楚國李聃，開虚玄於五岳。各臣吏於機務，並衢分於限域。辯御乖張，理路沈溺。致令惑網覆心，莫知投趣。未若皇覺無私，道濟羣有。幽顯歸心，凡聖稽首。譬天無二日，國無兩君。故天上天下，俱唱獨尊；三千大千，咸稱正覺，爲四生之道首，作六趣之舟航者也。

故史録：「太宰嚭問孔子曰：夫子聖人歟？對曰：非也。博識强記，非聖人也。又問：三王聖人歟？對曰：三王善用智勇，聖非丘所知。又問：五帝聖人歟？對曰：五帝善用仁義，聖非丘所知。又問：三皇聖人歟？對曰：三皇善用因時，〔一〕聖非丘所知。太宰大駭曰：然則孰爲聖人乎？夫子動容有閒曰：丘聞西方有聖者焉，不治而不亂，不言而自信，不化而自行。蕩蕩乎人無能名焉。」〔二〕據斯以言，孔子深知佛爲大聖也。時緣未昇，故默而識之。有機故舉，然未得昌言其致矣。〔三〕又後漢時

〔一〕「因」字原脱，據列子補。
〔二〕出列子卷四仲尼篇。
〔三〕「致」上原衍「且」字，據高麗藏本删。

史官傅毅開顯佛化，造法本内傳云：「漢明帝永平三年，上夢神人，金身丈六，項有白光。寤已問諸臣等，傅毅對詔，有佛出於天竺。乃遣使往求，備獲經像及僧二人。帝乃爲立佛寺，畫壁千乘萬騎，繞塔三匝。又於南宮清凉臺及高陽門上、顯節陵所，圖佛立像。并四十二章經緘於蘭臺石室。」〔一〕廣如前敬三寶篇述。

傳云：「時有沙門迦攝摩騰、竺法蘭，位行難測，志存開化。蔡愔使達，請騰東行。不守區域，隨至雒陽。曉喻物情，崇明信本。帝問騰曰：法王出世，何以化不及此？荅曰：迦毗羅衛者，三千大千世界百億日月之中心也。三世諸佛，皆在彼生。乃至天龍鬼神有願行者，皆在於彼，受佛正化，咸得悟道。餘處衆生，無緣感佛，佛不往也。佛雖不往，光明及處，或五百年，或一千年，或一千年外，皆有聖人傳佛聲教而化導之。」〔二〕

傳云：「漢永平十四年正月一日，五岳諸山道士朝正之次，自相命曰：天子棄我道法，遠求胡教。今因朝集，可以表抗之。其表略曰：五岳十八山觀太上三洞弟子褚善信等六百九十人，至於方術，無所不能。願與西僧比校，得辯真僞。若比對不如，任聽重決。如其有勝，乞除虚妄。勑遣尚書令宋庠引入長樂宮，以今月十五日，可集白馬寺。道士等便置三壇，壇别開二十四門。五岳道士各賷道經，置

〔一〕見集古今佛道論衡卷一引漢法本内傳。
〔二〕見集古今佛道論衡卷一引漢法本内傳。

於三壇。帝御行殿，在寺南門。佛舍利經像置於道西。十五日齋訖，道士等以柴荻和沈檀香爲炬，遶經泣淚，啓白天尊乞驗。縱火焚經，經從火化，悉成煨燼。〔一〕五岳道士相顧失色，大生怖懼。南岳道士費叔才自憾而死。〔二〕太傅張衍語褚信曰：〔三〕卿等所試無驗，即是虚妄，宜就西來真法。褚信曰：茅成子云：太上者，靈寶天尊是也。造化之作，謂之太素。斯豈妄乎！衍曰：太上有貴德之名，無言教之稱。今子説有言教，即爲妄也。信聞默然不對。時佛舍利光明五色，直上空中，旋環如蓋，徧覆大衆，映蔽日光。摩騰法師踊身高飛，坐卧空中，廣現神變。于時天雨寶華，在佛僧上。又聞天樂，感動人情。大衆咸悦，歎未曾有，皆遶法蘭，聽説法要。并吐梵音，讚佛功德。初立佛寺，同梵福量。司空陽城侯劉峻與諸官人士庶等千有餘人出家，四岳諸道士吕惠通等六百二十人出家，陰夫人、王婕妤等與諸宫人婦女二百四十人出家。便立十寺，七所城外安僧，三所城内安尼。自斯已後，廣徧天下。〔四〕傳有五卷，略不備載。有人疑此傳近出，本無角力之事。案吴書明費叔才有憾死，故傳爲實録不虚矣。

〔一〕「煨」字，集古今佛道論衡引作「灰」。
〔二〕「憾」字原作「感」，據高麗藏本改。下同。
〔三〕「褚信」，依上文應爲「褚善信」。下同。
〔四〕見集古今佛道論衡卷一引漢法本内傳。

吴書云：「孫權赤烏四年，有康居國沙門名僧會，姓康，來到吴國，遂感舍利五色，光曜天地。〔一〕鎚之逾堅，燒之不然。光明出火，作大蓮華，照曜宫殿。臣主驚嗟，歎希有瑞。爲立塔寺，度人出家。又以教法初興，名爲建初寺。下敕問尚書令闞澤曰：漢明已來凡有幾年？佛教入漢既久，何緣始至江東？澤曰：自漢明永平十年，佛法初來，至今赤烏四年，則一百七十年矣。初永平十四年，五岳道士與摩騰捔力之時，道士不如。南岳道士褚善信、費叔才等在會，自憾而死。門徒弟子歸葬南岳，不預出家，無人流布。後遭漢政凌遲，兵戎不息。經今多載，始得興行。」又曰：「孔丘李老，得與佛比對不？澤曰：臣聞魯孔君者，英才誕秀，聖德不羣，世號素王。制述經典，訓奬周道，教化來葉。師儒之風，澤潤今古。亦有逸民，如許成子、原陽子、莊子、老子等百家子書，皆修身自翫，放暢山谷，縱汰其心，學歸澹泊。事乖人倫長幼之節，亦非安俗化民之風。至漢景帝以黄子、老子義體尤深，改子爲經，始立道學，敕令朝野悉諷誦之。若以孔老二教比方佛法，〔二〕遠則遠矣。所以然者，孔老二教法天制用，不敢違天。諸佛設教，天法奉行，不敢違佛。以此言之，實非比對。今見章醮，似俗祭神，安設酒脯棋琴之事。吴主大悦，以澤爲太子太傅。」〔三〕

〔一〕「地」字原脱，據高麗藏本補。

〔二〕「比」字原作「遠」，據高麗藏本改。

〔三〕見集古今佛道論衡卷一引吴書。

宋文帝，高祖第三子也。聰睿英博，雅稱令達。在位三十年，嘗以暇日從容而顧問侍中何尚之、吏部羊玄保曰：朕少來讀經不多，比復無暇。三世因果，未辯措懷，而復不敢立異者，正以卿輩時秀，率所敬信也。荅曰：范泰、謝靈運常言六經典文，〔一〕本在濟俗爲政。〔二〕必求性靈真奧，豈得不以佛理爲指南耶！帝曰：釋門有卿，亦猶孔門之有季路。所謂惡言不入於耳也。自是文帝致意佛經，卷不釋手。〔三〕

邪正相翻第二

邪惑問曰：蓋聞釋迦生於天竺，修多出自西蕃。名號無傳於周孔，功德靡稱於典謨。寔遠夷所尊敬，非中夏之師儒。廣致精舍，甲第當衢，虚費金帛，福利焉在。未若銷像而絶鑄，鑄貨泉可以無損。毁經以禁繕寫，廢僧以從編户。竊謂益國利人，興家多福也。方外對曰：察斯濫濁，非忠孝之道也。夫忠臣奉國，願受福之無疆；孝子安親，務防災於未兆。聞多福之因緣，求之如不及；覩速禍之萌柢，避之若探湯。國重天地之祈，祈於福也；家避陰陽之忌，忌於禍也。福疑從取，禍疑從去，人之情也，

〔一〕「六」字原脱，據高麗藏本補。
〔二〕「濟」字原脱，據高麗藏本補。
〔三〕出高僧傳卷七釋慧嚴傳。

忠之道焉。子乃去人之所謂福，取人之所謂殃，豈是忠臣益國之計，非孝子安親之方也。若夫廢宗廟之粢盛，加子孫之魚肉，毀蒸嘗之黻冕，充僕妾之衣服。苟求惠下之恩，不崇安上之福。恨養親之費饍，思廢養之潤屋，如此可謂忠孝之道乎！夫三達之智，百神無以類其通；十力之尊，千聖莫足儔其大。萬惑盡矣，萬德備矣，梵天仰焉，帝釋師焉。道濟四生，化通三界。拔生死於輪迴，示涅槃於常樂。周孔未足擬議，博施廣濟，堯舜其猶病諸。等慈而無棄物，可不謂之仁乎！具智而有妙覺，可不謂之聖乎！夫體仁聖之至道者，豈爲苟欺之詭言哉！静而思之，信逾堅矣。至如立寺功深於巨海，度僧福重乎高嶽。法王之所明言，開士之所篤勸。若興之者增慶益國，不亦大乎！敬之者生善利人，不亦廣乎！或小損而大益，豈非國之所宜崇乎！或小益而大損，豈非民之所當避乎！臣無所慎於其君，非忠臣也；子無此慮於其親，非孝子也。〔一〕

邪惑問曰：佛法本出於西蕃，不應奉之於中國爾。方外對曰：夫由余出自西戎，輔秦穆以開霸業；日磾生於北狄，侍漢武而除危害。臣既有之，師亦宜爾。何必取同俗而捨其異方乎！師以道大爲尊，無論於彼此；法以善高爲勝，不計於遐邇。豈得以生於異域而賤其道，出於遠方而棄其寶。夫絶羣之駿，非唯中邑之産；曠代之珍，不必諸華之物。漢求西域之名馬，魏收南海之明珠。貢犀象之牙

〔一〕出廣弘明集卷十四李師政内德論辨惑篇第一。

角，採翡翠之毛羽。物生遠域，未可非珍；佛出遐方，奈何獨棄。若藥物出於戎夷，禁呪起於胡越。苟可以蠲邪而去疾，豈以遠來而不用之哉！夫滅三毒以證無爲，其蠲邪也大矣；除八苦而致常樂，其去疾也深矣。何得局夷夏而計親疏乎！況百億日月之下，三千世界之内，則中在於彼域，不在於此方矣。〔一〕

邪惑問曰：詩書所未言，以爲修多不足尚矣。方外對曰：夫天文曆象之祕奥，地理山川之卓詭，經脉孔穴之診候，針藥符呪之方術，詩書有所不載，周孔未之明言。然考之吉凶而有徵矣，察其行用而多效焉。又且周孔未言之物，惷惷無窮；詩書不載之法，茫茫何限。信矣書不盡言，言不盡意。何得拘六經之局教，而背三乘之通旨哉！夫能事未興於上古，聖人開務於後代。故棟宇易橧巢之居，〔二〕文字代結繩之制。飲血茹毛之饌，則先用而未珍；粒食火化之功，雖後作而非弊。亦如幼啗藜藿，長飡粱肉；少爲布衣，老遇侯服。豈得以藜藿先獲，謂勝粱肉之味；侯服晚遇，不如布衣之貴乎！夫萬物有遷，三寶常住。寂然不動，感而通化。非初誕於王宫，不長逝於雙樹，何得論生滅乎計感，計修促乎來去也。〔三〕

〔一〕出廣弘明集卷十四李師政内德論辨惑篇第一。

〔二〕「橧」字原作「曾」，據高麗藏本、磧砂藏本、南藏本、嘉興藏本改。

〔三〕「計」字原脱，「來」下原衍二「乎」字，據内德論補删。出廣弘明集卷十四李師政内德論辨惑篇第一。

邪惑問曰：佛是妖魅之氣，寺爲淫邪之祀，豈堪中夏爲人師之軌！方外對曰：妖唯作孽，豈弘十善之化；魅必憑邪，寧興八正之道。妖猶畏狗，魅亦懼狸。何以降帝釋之高心，摧天魔之巨力。又如圖澄、羅什之侶，道安、慧遠之儔，高德高名，非狂非醉。豈容辭愛榮位，求魑魅之邪道；勤身苦節，事魍魎之妖言。又自東漢至我大唐，代代而禁妖言，處處而斷淫祀。豈容捨其財力，放其士民，營魑魅之堂塔，入魍魎之徒衆。又上古帝臣，冠蓋人倫，並禀教而歸依，厝心以崇信。豈容尊妖奉魅以自屈乎！良由睹妙知真，使之然耳；明主賢臣，謀其德也。凡百君子，思其言也；大士高僧，慕其理也。而歷代寶之，以爲大訓。凡聖軌模，人天師範。理盡窮微，福同真濟。何聖能逾，何道能加，不荷其恩，反作狂言。〔一〕

邪惑問曰：夫父母之體，不可毁傷。何故沙門剃髮去鬚，反先王之道，失忠孝之義耶？方外對曰：若夫事君親而盡節，雖殺身而稱仁；虧忠孝而偷存，徒全膚而非義。論美見危而致命，禮防臨難而苟免。何得一槩而避死傷，雷同而顧膚髮。割股納肝，爲傷甚矣；剃鬚落髮，其毁微焉。立忠不顧其命，論者莫之咎；求道不愛其毛，何獨以爲過。湯恤烝民，尚焚軀以祈澤；墨敦兼愛，欲摩足而至頂。況夫上爲君父，深求福利，鬚髮之毁，何足顧哉！且夫聖人之教，有殊途而同歸；君子之道，或反

〔一〕出廣弘明集卷十四李師政内德論辨惑篇第一。

經而合義。則太伯其人也。廢在家之就養，託採藥而不歸。棄中國之服章，依剪髮以爲飾。反經悖禮，莫甚於斯。然而仲尼稱之曰：太伯可謂至德矣。其何故也？雖迹背君親，而心忠於家國；形虧百越，而得全乎三讓。故太伯棄衣冠之制，而無損於至德；沙門捨搢紳之容，亦何傷於妙道。雖易服改貌，違臣子之常儀；而信道歸心，願君親之多福。苦其身意，修出家之衆善；遺其君父，以歷劫之深慶。其爲忠孝，不亦多乎！謂善沙門爲不忠，未之信矣。〔一〕

邪惑問曰：西域胡人因泥而生，是以便事泥瓦塔像爾。方外對曰：此又未思之言也。夫崇立靈像，模寫尊形，所用多途，非獨泥瓦。或雕或鑄，則以鐵木金銅；圖之繡之，亦在丹青縑素。復謂西域士女，偏從此物而生乎！且又中國之廟，以木爲主，則謂制禮。君子皆從木而育耶！親不可忘，故爲其宗廟；〔二〕佛不可忘，故立其形像。以表罔極之心，用如在之敬。欽聖仰德，何失之有哉！若塔廟是泥木之像不可敬者，則國廟木主之形亦不可敬耶！夫以善爲過者，故亦以惡爲功矣。〔三〕

邪惑問曰：無佛則國治年長，有佛則政虐祚短爾。方外對曰：此又未思之言。凶悖輒出斯語。

〔一〕出廣弘明集卷十四李師政内德論辨惑篇第一。

〔二〕「其」字原脱，據高麗藏本補。

〔三〕出廣弘明集卷十四李師政内德論辨惑篇第一。

愚謂能仁設教，皆闡淫虐之風；菩薩立言，專弘桀紂之事。〔一〕以實論之，殊不然矣。夫殷喪大寶，災興妲己之言；〔二〕周失諸侯，禍由褒姒之笑。三代之亡，皆此物也。三乘之教，豈斯尚矣？佛之爲道，慈悲喜捨，怨親等護，物我俱齊。恩德既弘，賢愚慕上。假使羲軒舜禹之德，在六度而包籠；羿浞癸辛之咎，總十惡以防禁。向使桀弘少欲之教，紂順大慈之道，伊吕無所用其謀，湯武焉得行其討。可使鳴條免去國之禍，牧野息倒戈之亂，夏后從洛汭之歌，楚子無乾溪之歎。然則釋氏之化，爲益非小，延福祚於無窮，遏危亡於未兆。〔三〕

邪惑問曰：有之爲損，無之爲益。故未有佛法之前，人皆淳和，世無簒逆。佛法來到，多興悖亂爾。方外對曰：愚戇不思，輒出凶誣。夫九黎亂德，豈非無佛之年；三苗逆命，非當有法之後。夏殷之季，何有淳和；春秋之時，寧無簒逆。而愚謂佛興簒逆，法敗淳和。專搆虚言，皆違實録。寇賊奸宄，作士命於臯繇，獫狁孔熾，薄伐勞於吉甫。而愚謂佛興篡逆，法敗虛言，皆違實錄。一縷之盜，佛猶戒之，豈長篡逆之亂乎！一言之競，佛亦防之，何敗淳和之道乎！惟佛之爲教也，勸臣以忠，勸子以孝，勸國以治，勸家以和。弘善示天堂之樂，懲非顯地獄之苦。不唯一字以爲褒，豈止五刑而作戒。乃謂傷和而長亂，不亦誣謗之甚哉！亦何傷於

〔一〕「弘」字原作「知」，據高麗藏本改。
〔二〕「己」字原作「妃」，據高麗藏本改。
〔三〕出廣弘明集卷十四李師政内德論辨惑篇第一。

佛日乎！但自淪於苦海矣。輕而不避，良可悲夫！〔一〕

邪惑問曰：天道無親，頓成虚闡，禍淫福善，胡其爽歟。因何損替者翻享遐齡，崇敬者無終厥壽。計應蘊福延慶，積惡招殃，何乃進退矛盾，情狀皎然，去取自乖，若爲詶對。方外對曰：道教浮疏，詎明三報。儒宗齷齪，〔二〕但叙一生。故仲尼荅季路曰：生與人事，汝尚未知；死與鬼神，爾焉能事。袁宏後漢書曰：〔三〕道家者流，出於老子。以清虚淡泊爲主，務善嫉惡爲教。畜妻子，用符書，禍福報應，在一生之内。此並區中之近唱，非象外之遐談。所以荀悦碩疑，史遷深惑。至如唐虞上聖，乃育朱均；瞽叟下愚，是生有舜。顔回大賢而夭絶，商臣極惡而胤昌。盗跖縱暴而福終，夷叔至仁而餓死。張湯酷吏，七世垂纓；比干正臣，一身屠戮。如此流例，胡可勝言！渠或致疑，故常情耳。所以我之種覺，獨號正徧知。遐唱二生，廣敷三報。欲使繁疑霧卷，夙滯雲披。玉牒周陳，金言備顯。故經云：「有業現苦有苦報，有業現苦有樂報，有業現樂有樂報，有業現樂有苦報。」〔四〕或餘福未盡，惡不即加；或宿殃尚存，善緣便發。如灰覆火，豈得稱無；若闇尋聲，當知必有。且夫善惡無爽，狀麟鬭以日

〔一〕出廣弘明集卷十四李師政内德論辨惑篇第一。
〔二〕「齷」字原作「握」，據高麗藏本改。
〔三〕「書」字原脱，據高麗藏本補。
〔四〕此段出處待考。

虧；報應有歸，等鯨亡而星現。但察感通之分，足明善惡之徵也。

妄傳邪教第三

竊聞白馬東遊，三藏創茲而起；青牛西逝，二篇自此而興。或闡玄玄以化民，或明空空而救物。驗之圖牒，指掌可知。所以發唱顯宗，終乎此世。釋教翻譯，時代炳然。文史備彰，黎民不惑。至如道家玄籍，斯則不然。唯老子二篇，李聃躬闡。自餘經制，皆雜凡情。何者，前漢時王褒造洞玄經。後漢時張陵造靈寶經，及章醮等道書二十四卷。吴時葛孝先造上清經。晉時道士王浮造明威化胡經。又鮑静造三皇經。齊時道士陳顯明造六十四真步虚品經。梁時陶弘景造太清經及衆醮儀十卷。後周武帝滅二教時，有華州前道士張賓詔授本州刺史。長安前道士焦子順，一名道抗，選得開府。扶風前進士馬翼，雍州別駕李通等四人以天和五年於故城内守真寺抄攬佛經，造道家僞經一千餘卷。時萬年縣人索皎裝潢。但見甄鸞笑道之處，並改除之。近如大業末年，有五通觀道士輔慧祥三年不言，因改涅槃經爲長安經。當時禁約，不許道士出城，門家見道士内著黄衣，〔一〕執送留守。改經事發，爲尚書衛文昇所奏，於金光門外敕令戮殺。此是近事，耳目同驗。〔二〕又甄鸞笑道論云：「道家妄注諸子三百五

〔一〕「家」字，集古今佛道論衡作「候」。

〔二〕集古今佛道論衡卷三亦載輔慧祥被戮事。

十卷爲道經。」〔一〕又驗玄都目録妄取藝文志書名，矯注八百八十四卷爲道經。據此而言，足明虚謬。又至麟德元年，西京諸觀道士郭行真等。時諸道士見行真恩敕驅使，假託天威，惑亂百姓，更相扇動。簡集道士東明觀李榮、姚義玄、劉道合，會聖觀道士田仁慧、郭蓋宗等，總集古今道士所作僞經，前後隱没不行者，重更修改。私竊佛經，簡取要略，改張文句，迴換佛語、人法名數，三界、六道、五陰、十二入、十八界、三十七道品、大小法門，並偷安道經，將爲華典。舊時道經祭醮並有鹿脯清酒，今新改安乾棗香水。但道經言辭拙朴雜惡處，並以除却。如大業年中五通觀道士輔慧祥改涅槃爲長安經，被殺不行。今復取用，改爲太上靈寶元陽經。復更改餘佛經，别號勝牟尼經，或云太平經等。如道經之内本無優婆塞、優婆夷、檀越、賢者、達嚫之名，今諸道士並皆偷用。未知此名爲是漢語，爲是梵音。若是漢語，何故諸史無文。若是梵音，未知此言翻表何義。莊老復非西人，故知偷用，真僞可測。如老子依書乃是周時柱下藏史，執板稱臣，共俗無異。今時即安别觀，如似伽藍。天尊老子，並塗金色。如佛經舊稱佛爲天尊，復即偷用。如漢魏已來，及至苻、姚，並唤僧名道士，復偷將己用。道士舊名祭酒。如道經本無金剛、師子，今觀門首並學佛置之。未知金剛、師子，此漢地何曾有之，今忽浪造。如内教佛經世尊及摩訶迦葉並皆金色，依經作之如法。又佛經須達買園，爲佛造伽藍，並依聖教。如是展轉偏通

〔一〕出笑道論諸子通書第三十六。

十方，及世尊成道，感得五百金剛、五百白象、五百師子，如是所爲，皆依聖教。若依佛經，此方他方諸佛菩薩，梵王帝釋所現供具，莊嚴寶物，無量無邊，不可述盡，備在經文。即時造者萬無成一。今時老子五千文，兩卷之内，何曾有此莊嚴。若出餘經，餘經非真。如是改换佛經，偷安道經者，向有數千餘卷。如佛説經，並置如是我聞，説時説處，證經生信。即如唐太宗文皇帝及今皇帝，命朝散大夫衛尉寺丞上護軍李義表、副使前融州黄水縣令王玄策等二十二人，使至西域。前後三度，更使餘人。及古帝王前後使人往來非一。皆親見世尊説經時處，伽藍聖迹，及七佛已來所有徵祥，靈感變應，具存西國志六十卷内，現傳流行，宰貴共知。未知天尊老子既出爾許經書，爾時説處在何，〔一〕對何人説？説時説處有何靈驗？何帝何時説是經等？若有時處，即有徵祥。何故五經無文，諸史不載。止欲苟存同異，用多流行，誑於草萊無識之徒，不知有識君子久知其僞。良由漢時有黄巾五斗米賊，前後踵繼，迄今不除。故涅槃、百喻經等，我涅槃後，有諸外道偷我佛語，著己法中，以爲自有。以不解布置，迷亂上下。譬如山羌偷得王寶衣，雖得不識次第，顛倒而著。亦如偷狗夜入人舍，不知食處。佛既懸記，不可不信。今時道士偷佛經將爲己法，亦不可怪。若今不偷，佛便妄語，非大聖人也。

故吴主孫權問尚書令闞澤曰：仙有靈寶之法，其教如何？闞澤對曰：夫靈寶者，一無氏族可依，

〔一〕「爾」字原作「今」，據高麗藏本改。

二無成道處所。教出山谷，非人所知。真是幽居濫説，非聖人制也。吴主歎其善對焉。所言天尊之號，出自佛經。竊我聖蹤，施乎己典。何者，案五經正史，三皇已來並不云别有天尊，住於天上。但叙周公孔子制禮删詩。所以五典三墳，靡覩大羅之稱；前王往帝，不聞郊祀天尊。〔二〕安有執玉璋，披黄褐，垂素髮，戴金冠，别號天尊，端拱九華之殿；獨稱大道，統御七映之宫。縱有道教辯天尊，諸子談靈寶，此乃道聽途説，未詎可依。委巷之書，非關國史。又齋儀矯制，事跡可尋。莫不廣列金銀，多班繒綵，並是三張詭述，修静妄言。斥破逗留，備如琳論。〔三〕又道士之號，老教先無。河上之言，儒宗未辯。何者，姚書云：始乎漢魏，終暨苻姚，皆號衆僧以爲道士。至魏太武二年，有寇謙之始竊道士之名，私易祭酒之號。此豈妄之臆斷，乃是史籍盛明。又班固漢書文帝傳及潘岳關中記嵇康皇甫謐高士傳，及訪父老等，皆無河上公結草爲菴現神變事。處並虚謬，不涉典謨，妄構斐然，動成烏有。當今主上垂拱，問道坐朝。九族既親，平章百姓。實可黜三張之穢術，闡五千之妙門。又案後漢明帝永平十四年，道士褚善信等六百九十人，聞佛教入洛，請求捔試。總將道家經書合有三十七部七百四十四卷，就中五十九卷是道經，餘二百三十五卷是諸子書。又案晉葛洪神仙傳云：「老教所有度世消災之法，

〔二〕「天尊」，高麗藏本作「之名」。

〔三〕「備」字原作「彼」，據高麗藏本改。

凡九百三十卷，符書等七十卷，總一千卷。〔一〕又案宋太始七年，道士陸修静荅明帝云：道家經書并藥方符圖等，總一千二百二十八卷。云一千九十卷已行於世，一百三十八卷猶在天宫。案今玄都經目云：依宋人陸修静所上目，今乃言有六千三百六十三卷。云二千四十卷見有其本，四千三百二十三卷云並未見。以此詳檢，事跡可知。詭妄之由，暴之國史。若據蕭温等議，止有道德二篇。如取漢帝校量，便應七百餘卷。約葛洪神仙之説，僅有一千。準修静所上目中，過前九十。又檢玄都經録，轉復彌多。既其先後不同，虚妄明矣。增加卷軸，添足篇章，依傍佛經，改頭換尾。或道名山自出，時唱仙洞飛來。何乃黄領獨知，英賢不睹，書史無聞，典籍不記。請問當今道士，推勘後世之經，爲是老子别陳，爲是天尊更説。縱其説也，應有時方，師資説處。爲是何代、何邦、何年、何月？如其有據，容可流行。若也妄言，理須焚剪。當今明朝馭宇，承奬百王；〔三〕聖上臨軒，應期千載。方欲廣敷五教，杜絶妖妄之書；重述九疇，弘揚要道之訓。豈敢以麟麖刺上，鹿馬譏朝。但以無識黄巾，混其真僞。管見道士，不别是非，所以借況秦人，譬之魯俗。若乾坤之象龍馬，豈天地則可騰驤。理固不然，如何見責。

〔一〕出神仙傳卷一老子。

〔三〕「奬」字原作「弊」，據高麗藏本改。

妖惑亂衆第四

竊聞聲調響順，形直影端。未見鑽火得冰，種豆得麥。所以蘇張逢於鬼谷，處浮詐之先；顏閔遇於孔門，標德行之始。故知習二篇之化，徼妙無爲；行三張之風，謀爲亂首。何者，後漢順帝時，沛人張陵客遊蜀土，聞古老相傳云：昔漢高祖應二十四氣，祭二十四壇，遂王有天下。陵不度德，遂構此謀。殺牛祭祀二十四所，置以土壇，戴以草屋，稱二十四治。治館之興，始乎此也。二十三所在於蜀地，尹喜一所在於咸陽。於是誑誘愚民，招合兇黨，斂租稅米，謀爲亂階。時被蛇吞，釁逆弗作。又陵孫張魯行其祖術，後於漢中自稱師君。禍亂方起，爲曹公所滅。又中平元年，鉅鹿人張角自稱黄天部師，有三十六將，皆著黄巾。遠與張魯相應，衆至十萬，焚燒鄴城。漢遣河南尹何進將兵討滅。又晉武帝咸寧二年，〔一〕有道士陳瑞以左道惑衆，自號天師。徒附數千，積有年歲。爲益州刺史王濬誅滅。又晉文帝太和元年，彭城道士盧悚自稱大道祭酒，以邪術惑衆，聚合徒黨。向晨攻廣莫門，〔二〕云迎海西公。時殿中桓祕等覺知與戰，尋被誅斬。又梁武帝大同五年，道士袁旍妖言惑衆，〔三〕行禁步山。

〔一〕「寧」字原作「康」，據高麗藏本改。

〔二〕「晨」字原作「日辰」，據高麗藏本改。

〔三〕「袁旍」，高麗藏本作「袁敢矜」。

官軍收掩，尋被誅滅。又隋文帝開皇十年，有綿州昌隆縣道士蒲童與左童二人，在崩溪館自稱得聖。誑惑人民，重牀至屋，却坐其上。云十五童女有堪受法，令女登牀，以幕圍遶，遂便奸慝。如此經日，後事發覺，因即逃亡。又開皇十八年，益州道士韓朗、綿州道士黄儒林，扇惑蜀王令興逆，云欲建大事，須藉勝緣。遂教蜀王傾倉竭庫，造千尺道像，建千人大齋，畫先帝形，反縛頭手，呪而厭之。河北公趙仲卿檢察得實，送身京省，被問伏罪，在市被刑。近如大唐武德三年，綿州昌隆縣民李望，先事黄老，恒作妖邪。至大業季年，有道士蒲子真微閑道術，被送東京，至洛身死，因葬在彼。而李望矯云子真近還。又彼縣山側有一石室，巖穴幽闇，人莫敢窺。望乃依憑，以作妖詐。在明張喉大語，顧納通傳；入闇則噎氣小聲，詐陳禍福。遂令道士等傳説，達縣聞州。官人初檢，並皆信受。後刺史李大禮云：此事非輕，必須申奏。要假親驗，方定是非。遂與合州官人并道士等一百餘騎，同至穴所，再拜請期。望時詐荅，聞者傾心。唯巴西縣令樂世質深達機情，知其誑詐。入闇密候，見望噎聲，質時呵之，望即款伏。收禁州獄，方欲科罪，未經數日，服藥而終。近至貞觀十三年，有西京西華觀道士秦英、會聖觀道士韋靈符、還俗道士朱靈感並薄解章醮，敕令事東宮，惑亂東宮，結謀大意。爲事不果，秦英、靈符、靈感等并被誅斬。私宅財物及有婦兒，並配入官。又至龍朔三年，西華觀道士郭行真，家業卑賤，素是寒門，亦薄解章醮，濫承供奉。敕令投龍尋山採藥。上託天威，惑亂百姓，廣取財物，奸謀極甚。并共京城道士雜糅佛經，偷安道法。聖上鑒照，知僞付法。法官拷撻，苦楚方承。敕恩恕死，流配遠州，所有妻財並没入官。是知所習非正，釁逆相仍；左道鄙俗，斯辱頻興矣。敕道士朝散大夫騎都尉郭行真器識無取，道藝缺然。爲其小解醫藥，薄閑章醮，當爲皇太子弘療患得損。録其功效，授以榮班。緣前驅使，妄作威福。兼以交結選曹，周旋法吏。專行欺詐，取人財物。遣營功德，隱盗尤多。朱紫莫分，而僞敷至教；菽麥詎辯，而潛讀禁書。徒知僕妾是求，莊宅爲務。雖靈溪千仞，何能蕩其穢質；神丹九液，豈可練其瑕心。擢髮未數其愆，刊竹寧書其罪。論斯咎釁，宜從伏法。其參迹道門，情所未忍，可除名長配流愛州。〔一〕仍即發遣，令長綱領送。〔二〕至彼官司檢校，不得令出縣境。其私畜奴婢、田宅、水碓、車牛馬等，並宜没官。龍朔三年十二月十四日宣：竊惟賊飾黄巾，興乎鉅鹿；鬼書丹簡，發自陽平。而云服象雲羅，斯言逕庭；〔三〕衣同雨縠，不近人情。安有駕鶴乘龍，披巾布褐，驅鸞策鳳，頂戴皮冠。所以白石、赤松之流，皆非鬼卒；王喬、羨門之輩，並匪治頭。又李聃事周之辰，服同儒墨；公旗謀漢之日，始有黄巾。如其祖習伯陽，道士並宜朝拜，若也宗旗取則，斯弊特可湮除矣。〔四〕

〔一〕「愛」字原作「受」，據高麗藏本改。
〔二〕「綱」字原作「剛」，據高麗藏本改。
〔三〕「庭」字原作「廷」，各本同，典出莊子逍遥遊，據改。
〔四〕「湮」字原作「漂」，據高麗藏本改。

道教敬佛第五

述曰：上來所列，並引典籍。邪正顯然，升沈殊趣。豈可以爝火之暉，争日月之光；鄰虛之塵，同太岳之峻。故知佛法幽邃，非凡所測；僧衆高遠，亦非黄冠之儔。夫出家者，内辭親愛，外捨官榮。志求無上菩提，願出生死苦海。所以棄朝宗之服，披福田之衣。行道以報四恩，立德以資三有。此其之大意也。信知三寶位重，豈同孔老兩教。故案孔老經書，漢魏已來，内外史籍，略引外道經中敬佛僧文，具列如左。既敬己經，依法遵佛，冀伏邪愚，依承正典。略引二十二經，令敬三寶文。

一、依道士法輪經，天尊説偈誡勗道士云：

若見佛圖，　思念無量。　當願一切，　普入法門。　若見沙門，　思念無量。　願早出身，
以習佛真。

二、依太上清浄消魔寶真安志智慧本願大戒上品經四十九願天尊説願文：若見沙門尼，當願一切，明解法度，得道如佛。〔一〕

三、依老子昇玄經云：天尊告道陵，使往東方，詣受法教。昇玄又云：東方如來遣善勝大士詣太

〔一〕即正統道藏第一七七册太上洞玄靈寶智慧本願大戒上品經。

上曰：如來聞子爲張陵説法，故遣我來看子。語張陵曰：卿隨我往詣佛所，當令子得見所未見，聞所未聞。陵即禮大士，隨往佛所聽法。〔一〕

四、依道士張陵別傳云：陵在鵠鳴山中，供養金像，轉讀佛經。

五、依老子西昇經云：吾師化遊天竺，善入泥洹。〔二〕又符子云：老氏之師名釋迦文佛。

六、依智慧觀身大戒經云：道學當念旋大梵流影宫禮佛。〔三〕

七、依昇玄經云：若有沙門欲來聽經，觀察供主，不得計飲食費，遏截不聽。當推置上座，道士經師自在其下。昇玄又云：道士設齋供，若比丘來者，可推爲上座，好設供養。道士經師自在其下。若沙門尼來聽法者，當穩處安置，推爲上座。供主如法供養，〔四〕不得遮止。

八、依化胡經：〔五〕天尊敬佛説偈云：

願採優曇華，　願燒栴檀香，　供養千佛身，　稽首禮定光。　我生何以晚，　泥洹一何早，

〔一〕道藏闕經目有太上靈寶無等等昇玄内教經，已佚。
〔二〕正統道藏第三四六册有西昇經。
〔三〕正統道藏第一七七册有太上靈寶智慧觀身經。
〔四〕「法」字原脱，據高麗藏本補。
〔五〕大正藏第二一三九號有老子化胡經。

不見釋迦文，　心中常懊惱。

九、依靈寶消魔安志經：天尊說偈云：

道以齋爲先，　勤行常作佛。道士新改本云「勤行登金闕」。　故設大法橋，　普度諸人物。

十、依老子大權菩薩經云：老子是迦葉菩薩化遊震旦。

十一、依靈寶法輪經云：葛仙公生始數日，有外國沙門見仙公禮拜抱持，而語仙公父母曰：此兒是西方善見菩薩，今來漢地，教化衆生。當遊仙道，白日昇天。仙公自語子弟云：吾師姓波閱宗，字維那訶，西域人也。〔一〕

十二、依仙人請問衆聖難經云：葛仙公告弟子曰：吾昔與釋道微、竺法開、張太、鄭思遠等四人同時發願。道微、法開二人願爲沙門，張太、鄭思遠願爲道士。

十三、依仙公起居注云：于時生在葛尚書家，尚書年逾八十，始有一子。時有沙門自稱天竺僧，於市大買香。市人怪問，僧曰：我昨夜夢見善思菩薩下生葛尚書家，吾將此香浴之。到生時，僧至燒香，右遶七匝，禮拜恭敬，沐浴而止。〔二〕

〔一〕「人」字原脱，據高麗藏本補。正統道藏第一七七册有太上洞玄靈寶真一勸誡法輪妙經。

〔二〕道藏闕經目有洞玄靈寶太極左仙公起居注，已佚。

十四、依仙公請問上經云：與沙門道士言，則志於佛，敬於僧。〔一〕

十五、依上品大戒經校量功德品云：施佛塔廟，得千倍報。布施沙門，得百倍報。

十六、依昇玄内教經云：或復有人平常之時不一月作福，見沙門道士説法勸善，了無從意。

十七、依道士陶隱居作禮佛文一卷。〔二〕

十八、依智慧本願戒上品經云：日別施散佛僧中食，塔寺一錢已上，皆二萬四千報，功多報多。世世賢明，翫好不絶。七祖皆得入無量佛國。

十九、依仙公請問經云：復有凡人行是功德，願爲沙門道士大愽。至後生便爲沙門，大學佛法，爲衆法師。復有一人，見沙門道士齋請讀經，乃笑曰：彼向空吟經，欲何希耶！虚腹日中一食，此罪人耳。道士乃慈心喻之，故報意不釋。〔三〕死入地獄，考毒五苦。

二十、依仙公請問經云：五經儒俗之業，佛道各歎其教，大師善也。

二十一、依太上靈寶真一勸誡法輪妙經云：吾歷觀諸天，從無數劫來，見道士百姓男子女人，已得無上正真之道。高仙真人自然十方佛，皆受前世勤苦求道，不可稱計。

〔一〕正統道藏第七五八册有太上洞玄靈寶本行宿緣經，即太極左仙公請問經下卷。

〔二〕此文見正統道藏第七六二册華陽陶隱居集。

〔三〕「報」字原作「執」，據高麗藏本、磧砂藏本、南藏本、嘉興藏本改。

二十二、依法輪妙經云：道言：夫輪轉不滅，得還生人中，大智慧明達者，從無數劫來學已成真人高仙自然十方佛者，莫不從行業所致也。上來所引道經，未知此經爲真爲僞。若是真經，今道士女冠不禮三寶，便違天尊老子師教。即是邪見之人，非真弟子，同無識之徒，何須師敬。此經若僞，則一切道經皆須除却。進退訛替，終成亂俗也。〔一〕

捨邪歸正第六

梁高祖武皇帝年三十八登位，在政四十九年。雖億兆務殷，而卷不釋手。内經外典，罔不厝懷，皆爲訓解，數千餘卷。而儉約自節，羅綺不服。覆處虚閑，晝夜無怠。致有布被莞席，草屨葛巾。初臨大寶，即備斯事。日惟一食，永絶辛羶。自有帝王，罕能及此。舊事老子，宗尚符圖。窮討根源，有同妄作。帝乃躬運神筆，下詔作捨道文曰：維天鑒三年四月八日，梁國皇帝蘭陵蕭衍稽首和南十方諸佛十方尊法十方聖僧。伏見經云：發菩提心者，即是佛心。其餘諸善，不得爲喻。能使衆生出三界之苦門，入無爲之勝路。故如來漏盡，智凝成覺；至道通機，德圖取聖。發惠炬以照迷，鏡法流以澄垢。啓瑞迹於天中，鑠靈儀於像外。度羣生於欲海，引含識於涅槃。登常樂之高山，出愛河之深際。言乖四句，語絶百非。應迹娑婆，王宫誕相。步三界而爲尊，普大千而流照。但以機心淺薄，好生厭怠。遂乃湛説圓常，亦復潛輝鶴樹。闍王滅罪，婆藪除殃。若不逢值大聖法王，誰能救接斯苦！在迹雖隱，其道

〔一〕各本於此皆不分卷，獨此本分爲五十五卷下，今據各本併爲一卷。

無虧。弟子經遲迷荒，耽事老子。歷葉相承，染此邪法。習因善發，棄迷知返。今捨舊醫，歸憑正覺。願使未來生世，童男出家。廣弘經教，化度含識，同共成佛。寧在正法中長淪惡道，不樂依老子教，暫得上天。涉大乘心，離二乘念。正願諸佛證明，菩薩攝受。弟子蕭衍和南。于時帝與道俗二萬餘人於重雲殿重閣上手書此文，發菩提心。至四月十一日又敕門下：大經中說道有九十六種，惟佛一道是於正道，其餘九十五種名爲邪道。朕捨邪外，以事正内諸佛如來。若有公卿能入此誓者，各可發菩提心。老子、周公、孔子等雖是如來弟子，而化迹既邪，止是世間之善，不能革凡成聖。其公卿百官王侯宗族，宜返僞就真，捨邪入正。故經教成實論云：若事外道心重，佛法心輕，即是邪見。若心一等，是無記性，不當善惡。若事佛心强，老子心弱者，乃是清信。言清信者，清是表裏俱净，垢穢惑累皆盡，信是信正不信邪，故言清信佛弟子。其餘諸信，皆是邪見，不得稱清信也。門下速施行。〔一〕至四月十七日，侍中安前將軍丹陽尹邵陵王上啓云：臣綸聞如來嚴相，巍巍架于有頂；微妙色身，蕩蕩顯乎無際。假金輪而啓物，託銀粟以應凡。砥般若之利刀，收涅槃之妙果；汎生死之苦海，濟常樂於彼岸。故能降慈悲雲，垂甘露雨。七處八會，教化之義不窮；四諦五時，利益之方無盡。並水清日盛，霧豁雲除。爝火翳光，塵熱自静。可謂入俗化於蒙底，出世冥此真如。使稠林邪逕之人，景法門而不倦；渴愛聾瞽

〔一〕見廣弘明集卷四梁武帝捨事道法詔。

之士，慕探賾而知迴。道樹始於迦維，德音盛於京洛。恒星不現，周鑒娠徵；滿月圓姿，漢感宵夢。五法用傳，萬德方兆。華俗潛故，競扇高風。資此三明，照迷途之失；憑兹七覺，拔長夜之苦。屬值皇帝菩薩，應天御物，負扆臨民，含光宇宙，照清海表。垂無礙辯，以接黎庶，以本願力，攝受衆生。故能隨方逗藥，示權顯正。崇一乘之旨，廣十地之基。是以萬邦迴向，俱禀正識；幽顯靈祇，皆蒙誘濟。人興等覺之願，物起菩提之心。莫不翹勤歸宗之境，悦懌還源之趣。共保慈悲，俱修忍辱。所謂覆護饒益，橋梁津濟者矣。道既光被，民亦化之。於是應真飛錫，騰虚接影。破邪外道，堅持正國。伽藍精舍，寶刹相望，講會傳經，德音盈耳。臣昔未達理源，承事外道。〔二〕如欲須甘果，翻種苦栽；欲除渴乏，反趣醎水。今啓迷方，麤知歸向。受菩薩大戒，誡節身心。捨老子之邪風，入法流之真教。伏願天慈，曲垂矜許。至四月十八日，中書舍人臣任孝恭宣敕云：能改迷入正，可謂是宿植勝因，宜加勇猛也。〔三〕

北齊高祖文宣皇帝廢李老道法詔：昔金陵道士陸修静者，道門之望。在宋齊兩代，祖述三張，弘衍二葛。郗、張之士，封門受籙。遂妄加穿鑿，廣制齋儀。糜費極繁，意在王者遵奉。會梁祖啓運，下

〔二〕「事」字原脱，據高麗藏本補。

〔三〕見廣弘明集卷四邵陵王綸上武帝捨事道法啓。

詔捨道。修静不勝其憤，〔一〕遂與門人及邊境亡命，叛入北齊。又傾散金玉，贈諸貴遊。託以襟期，冀興道法。帝惑之也，於天保六年九月乃下敕，召諸沙門與道士學達者十人親自對校。〔二〕于時道士呪諸沙門衣鉢，或飛或轉。呪諸梁木，或横或豎。沙門曾不學術，默無一對。士女歡鬧，貴賤移心，並以静徒爲勝也。諸道士等踊躍騰倚，魚睨雲漢，高談自矜，誇衒道術。仍又唱言曰：神通權設，抑挫强禦。沙門現一，我當現二。今薄示小術，並辭退屈，事亦可見。帝命上統法師與静捔試。上曰：方術小技，俗儒恥之，況出家人也。雖然，天命難拒，豈得無言。可令最下座僧對之。即往尋覓，有僧名佛儁，又字曇顯者，不知何人，遊無定方，飲啗同俗。時有放言，標悟弘遠。上統知其深量，私與之交。于時名僧盛集，顯居末座，酣酒大醉，昂兀而坐。有司不敢召之，以事告於上統。上曰：道士祭酒，常道所行，止是飲酒道人可共言耳。可扶轝將來。於是合衆皆憚，而怯上統威權，不敢有諫。乃兩人扶顯令上高座。顯既上，便立而含笑曰：我飲酒大醉，耳中有所聞云：沙門現一，我當現二。此言虚實？道士曰：有實。顯即翹足而立云：我已現一，卿可現二。各無對之。顯曰：向呪諸衣物飛揚者，我故開門試卿術耳。命取稠禪師衣鉢呪之。諸道士一時奮發共呪，一無動摇。帝敕取衣，乃至十人牽舉不動。顯乃令以衣置諸梁木，又令呪之，都無一驗。道士等相顧無賴，猶以言辯自高，乃曰：佛家自號爲

〔一〕「憤」字原作「遂」，據高麗藏本、磧砂藏本、南藏本、嘉興藏本改。
〔二〕「自」字原作「目」，據高麗藏本改。

內，內則小也。説我道家爲外，外則大也。顯應聲曰：若然，則天子處內，定小百官矣。静與其屬，緘口無言。帝目驗臧否，便下詔曰：法門不二，真宗在一。求之正路，寂泊爲本。祭酒道者，世中假妄，俗人未悟，仍有祇崇。麴糵是味，清虚焉在；瞿脯斯甜，慈悲永隔。上異仁祠，下乖祭典。皆宜禁絶，不復遵事。頒勒遠近，咸使知聞。其道士歸伏者，並付昭玄大統上法師，〔一〕度聽出家。未發心者，可令染鬀。爾日斬首者非一。自謂神仙者可上三爵臺，令其投身飛逝。諸道士等皆碎屍塗地，僞妄斯絶。致使齊境，國無兩信。迄于隋初，漸開其術。至今東川此宗微末，無足抗言。〔二〕

至唐貞觀二十年，有吉州囚人劉紹略妻王氏有五岳真仙圖，及舊道士鮑静所造三皇經合一十四紙。上云：凡諸侯有此文者，必爲國王。大夫有此文者，爲人父母。庶人有此文者，錢財自聚。婦人有此文者，必爲皇后。時吉州司法參軍吉辯因檢囚席，乃於王氏衣籠中得之，時追紹略等勘問。云：向道士所，得之受持。州官將爲圖讖。因封此圖及經，馳驛申省奏聞。敕令省官勘。當時朝議郎刑部郎中紀懷業等乃追京下清都觀道士張慧元、西華觀道士成武英等勘問。並款稱云：此先道士鮑静等所作，妄爲墨書，非今元等所造。敕遣除毁。又得田令官奏云：如佛教依內律僧尼受戒，得蔭田，人各三十畝。今道士女道士皆依三皇經受其上清下清，替僧尼戒處，亦合蔭田三十畝。此經既僞廢除，道

〔一〕「昭」字原作「照」，據高麗藏本、磧砂藏本、南藏本、嘉興藏本改。

〔二〕見廣弘明集卷四齊高祖廢道法詔。

士女道士既無戒法，即不合受田，請同經廢。京城道士等當時懼怕，畏廢蔭田，私憑奏官，請將老子道德經替處。其年五月十五日出敕，侍郎崔仁師宣敕旨云：三皇經文字既不可傳，又語涉妖妄，宜並除之。即以老子道德經替處。有諸道觀及以百姓人閒有此文者，並勒送省除毁。其年冬諸州考使入京朝集，括得此文者，總取禮部尚書廳前，並從火謝也。故知代代穿鑿，狂簡實繁；人人妄作，斐然盈卷。無識之徒，將爲聖説。

晉彭城郡有釋道融，汲郡林慮人。十二出家，厥師愛其神彩，先令外學。往村借論語，竟不賫歸，於彼已誦。師便借本覆之，不遺一字。既嗟而異之，於是恣其遊學。迄至立年，才解英絶，内外經書，暗遊心府。什謂姚興曰：〔一〕昨見融公，復是奇聰明釋子。敕入道遥園，與什參正詳譯。俄而師子國有一婆羅門，聰辯多學，西土俗書，罕不披誦，爲彼國外道之宗。聞什在關大行佛法，乃謂其徒曰：寧可使釋氏之風，獨傳震旦，而吾等正化，不洽東國。遂乘駝負書，來入長安。姚興見其口眼便僻，頗亦惑之。婆羅門乃啓興曰：至道無方，各尊其事。今請與秦僧捔其辯力，隨有優者，即傳其化。興即許焉。時關中僧衆，相視缺然，莫敢當者。什謂融曰：此外道聰明殊人，捔言必勝。使無上大道，在吾徒而屈，良可悲矣。若使外道得志，則法輪摧軸，豈可然乎！如吾所覩，在君一人。融自顧才力不減，而

〔一〕「什謂」二字原闕，此下之語乃羅什對姚興所説，非姚興之語，據高僧傳補「什謂」二字。

外道經書未盡披讀。乃密令人寫婆羅門所持經目，一披即誦。後尅日論義，姚興自出，公卿皆會，關中僧衆四遠必集。融與婆羅門擬相酬抗，鋒辯飛玄，彼所不及。婆羅門自知辭理已屈，猶以廣讀爲本。融乃列其所讀書，并秦地經史名目卷部，三倍多之。什因嘲之曰：君不聞大秦廣學，那忽輕爾遠來。婆羅門心愧悔伏，頂禮融足。旬日之中，無何而去。像運再興，融有力也。後還彭城，常講說相續。聞道至者千有餘人，依隨門徒，數盈三百。性不狎諠，常登樓披翫。慇懃善誘，畢命弘法。後卒於彭城，春秋七十四矣。所著法華、大品、金光明、十地維摩等義疏，〔一〕並行於世。〔二〕

魏書云：正光元年，明帝加朝服，大赦天下，召佛道二宗門人殿前齋訖。侍中劉騰宣敕：諸法師等與道士論議，以釋弟子疑網。時清通觀道士姜斌與融覺寺僧曇謨最對論。帝曰：佛與老子同時不？斌曰：老子西入化胡，佛時以充侍者，明是同時。最曰：何以知之？斌曰：案老子開天經，是以得知。最曰：老子當周何王幾年而生，周何王幾年西入？斌曰：當周定王即位三年乙卯之歲，於楚國陳州苦縣厲鄉曲仁里九月十四夜子時生。〔三〕至周簡王四年丁丑歲，事周爲守藏吏。簡王十三年遷爲太史。至敬王元年庚辰歲，年八十五，見周德凌遲，與散關令尹喜西入化胡。斯足明矣。最曰：佛以

〔一〕「疏」字原闕，據高僧傳補。
〔二〕出高僧傳卷六釋道融傳。
〔三〕「州」字原闕，據唐高僧傳補。

周昭王二十四年四月八日生，穆王五十三年二月十五日滅度。〔一〕計入涅槃後，經三百四十五年，始到定王三年，老子方生。生已年八十五，至敬王元年，凡經四百二十五年，〔二〕始與尹喜西遁。據此年載懸殊，無乃謬乎！斌曰：若佛生周昭之時，有何文記？最曰：周書異記、漢法本内傳並有明文。斌曰：孔子既是制法聖人，當時於佛迴無文記何耶？最曰：仁者識同管窺，覽不弘遠。案孔子有三備卜經，謂天、地、人也。佛之文言，出在中備。仁者早自披究，不有此迷。斌曰：孔子聖人，不言而知，何假卜乎！最曰：惟佛是衆聖之王，四生之導，首達一切含靈，前後二際，吉凶終始，不假卜觀。自餘小聖，雖曉未然之理，必藉蓍龜以通靈卦也。侍中尚書令元乂宣敕語道士姜斌等：論無宗旨，宜退下席。又問：開天經何處得來，是誰所說？即遣中書侍郎魏收、尚書郎祖瑩等就觀取經。帝令議之。太尉丹陽王蕭綜，〔三〕太傅李寔、衛尉許伯桃、〔四〕吏部尚書邢欒、〔五〕散騎常侍温子昇等一百七十人讀訖，奏云：老子止著五千文，更無言説。臣等所議，姜斌罪當惑衆。帝加斌極刑。時有三藏法師菩提流支

〔一〕「五十三」，唐高僧傳作「五十二」。

〔二〕「二十五」，唐高僧傳作「三十」。

〔三〕「綜」字原脱，據高麗藏本補。

〔四〕「桃」字原作「姚」，據高麗藏本改。

〔五〕「欒」字原作「巒」，據高麗藏本、磧砂藏本、南藏本、嘉興藏本改。

行佛慈化，諫帝乃止，配徒馬邑。〔一〕右二驗出梁高僧傳。〔二〕

晉程道慧，字文和，武昌人也。世奉五斗米道，〔三〕不信有佛。常云：古來正道，莫踰李老。何乃信惑胡言，以爲勝教。太元十五年病死，心下尚暖，家不殯殮。數日得穌，説：初死時，見十許人縛録將去。逢一比丘云：此人宿福，未可縛也。乃解其縛，散驅而去。道路修平，而兩邊棘刺森然，略不容足。驅諸罪人，馳走其中，肉隨著刺，號呻聒耳。見慧行在平路，皆歎羨曰：佛弟子行路復勝人也。〔四〕慧曰：我不奉法。其人笑曰：君忘之耳。慧因自憶先身奉佛，已經五生五死，忘失本志。今生在世，幼遇惡人，未達邪正，乃惑邪道。既至大城，逕進聽事。見一人年可四五十，南面而坐。見慧驚曰：君不應來。有一人著單衣幘，持簿書對曰：此人伐社殺人，罪應來此。向所逢比丘，亦隨慧入，申理甚至，云：伐社非罪也。此人宿福甚多，殺人雖重，報未至也。南面坐者曰：可罰所録人。命慧就坐，謝曰：小鬼謬濫，枉相録來。亦由君忘失宿命，〔五〕不知奉大正法教也。將遣慧還，乃使暫兼覆校將軍，

〔一〕出唐高僧傳卷三十曇無最傳。

〔二〕應爲一出梁高僧傳，一出唐高僧傳。

〔三〕「斗」字原作「升」，據高麗藏本改。

〔四〕「復勝」二字，高麗藏本作「修福」。

〔五〕「忘」字原作「妄」，據高麗藏本改。

歷觀地獄。慧欣然辭出，導從而行。行至諸城，城城皆是地獄，人衆巨億，悉受罪報。見有猘狗齧人，〔一〕百節肌肉散落，流血蔽地。又有羣鳥，其啄如鋒，飛來甚速，欻然而至，〔二〕入人口中，表裏貫洞。其人宛轉呼叫，筋骨碎落。其餘經見，與趙泰屑荷大抵麤同。不復具載。唯此二條爲異，故詳記之。觀歷既徧，乃遣慧還。復見向所逢比丘，與慧一銅物，形如小鈴，曰：君還至家，可棄此門外，勿以入室。某年月日君當有厄，誡慎。過此壽延九十。時道慧家於京師大街南，自見來還，達皂莢橋，見親表三人，住車共語，悼慧之亡。至門見婢，行哭而市。彼人及婢咸弗見也。慧將入門，置向銅物門外樹上，光明舒散，流飛屬天。良久還小，奄爾而滅。至户聞屍臭，惆悵惡之。時賓親奔弔，突慧者多，不得徘徊，因進入屍，忽然而穌。説所逢車人及市婢，咸皆符同。慧後爲廷尉，預西堂聽訟。未及就列，欻然頓悶不識人，半日乃愈。計其時日，即道人所戒之期。頃之遷爲廣州刺史。元嘉六年卒，六十九矣。

右一驗出冥祥記。

唐益州福壽寺釋寶瓊，〔三〕俗姓馬氏，綿竹縣人。小年出家，清卓儉素。讀誦大品，兩日一徧，以爲常業。勸歷邑義，日誦一卷者，向有千計。四遠聞者，皆來欽敬。本邑連比什邡諸縣，並是道民，執

〔一〕「猘」字原作「掣」，據高麗藏本改。
〔二〕「欻」字原作「熇」，「而」字原作「血」，據高麗藏本改。
〔三〕「寶」字原作「曇」，據高麗藏本、磧砂藏本、南藏本、嘉興藏本改。

邪日久，投寄無容。瓊雖桑梓習俗，而不事道。李氏諸族，值作道會，邀瓊赴之。來既後至，不禮而坐。皆謂不禮天尊，輕我宗法耶。瓊曰：邪正道殊，所事各異。天尚不禮，何況老君。衆議紛紜，頗相凌侮。瓊見諍訟不止，又報曰：吾禮非所禮，恐貽辱先宗。遂禮一拜，道像并座，〔一〕一時動摇。又禮一拜，連座反倒，墜落在地，身座摧毁。道民羞恥，唱言風鼓，競來周正。〔二〕又禮還倒。瓊曰：天朗和暢，而言怨風。汝之愚戇，不測吾風。合衆驚懼，一心禮瓊。遠近聞知，皆捨道歸佛。闔境道俗，及以傍縣道黨同嗟，皆來請瓊受菩薩戒。縣令高達素有誠信，敬承威德，更於州寺召僧弘講。〔三〕以貞觀八年終於所住。〔四〕右一驗出唐高僧傳。

〔一〕「座」字原作「坐」，據高麗藏本改。

〔二〕「競」字原作「竟」，據高麗藏本改。

〔三〕「召」字原作「名」，據高麗藏本改。

〔四〕出唐高僧傳卷三十八釋寶瓊傳。

法苑珠林校注卷第五十六

富貴篇第六十三此有二部

述意部　引證部

述意部第一

夫行善感樂，如影隨形；作惡招苦，猶聲發響。故富同朱柏，貴若蕭曹。錦繡爲衣，金銀作屋。雲起龍吹之前，風生鳳管之上。趨鏘廣殿，容與長廊。曳珠履於丹墀，〔一〕珥金蟬於青瑣。食則珍羞滿席，海陸盈前，鼎味星羅，芬馨雲布。坐則高堂雅室，玉砌珠簾，絲竹絃管，淒清飄颻。卧則蘭燈炳曜，

〔一〕「曳」字原作「申」，據高麗藏本改。

繡幌垂陰，錦被既敷，羺氈且拂。行則駟馬電飛，輦轝雷動，千乘萬騎，隱隱闐闐。略述福因，善報如是。由昔行檀，受斯勝利也。

引證部第二

如賢愚經云：「昔佛在世時，舍衛國有一長者，豪貴巨富。生一男兒，面貌端正，世所希有。父母歡喜，因爲立字，名檀彌離。年漸長大，其父命終。波斯匿王即以父爵而以封之。受王封已，其家舍宅，變成七寶。諸庫藏中，悉皆盈滿種種寶物。時王太子字毗瑠璃，遇得熱病，諸醫處藥啓王云：須牛頭栴檀，用塗其身，當得除愈。王即募覓：若有得者，一兩之直，賞金千兩。無持來者。有人白王：檀彌離家舍内大有。時王聞已，躬自往求。到檀彌離長者門前，見其外門純是白銀，即遣門人入通消息。時守門人入白長者：波斯匿王今在門外。長者聞已，即出奉迎，請王入宫。王入門内，見有一女，面首端正，世間無比，坐白銀牀，紡白銀縷，小女十人侍從左右。時王問言：是卿婦耶？〔一〕長者荅言：是守門婢。其小女者通白消息。次入中門，純紺瑠璃。門内有女坐瑠璃牀，面首端正，倍勝於前。左右侍從，倍復前數。次入内門，純以黄金。門内一女，面首端正，轉復倍勝，坐黄金牀，紡黄金縷。左右侍

〔一〕「卿」字原作「鄭」，據高麗藏本、磧砂藏本、南藏本、嘉興藏本改。

從，復倍上數。王復問言：是卿婦耶？長者荅言：是守門婢。入到舍内，見瑠璃地，屋間剋鏤種種百獸，風吹動之，形現地上。王見謂水，怖不敢前，語長者言：餘更無地，殿前作池。彌離白王：是瑠璃地，非是水也。即脱手上七寶環釧，擲著于地，礙壁乃住。王知地已，即共入内，升七寶殿。婦在殿上，坐瑠璃牀。更有寶牀，請王令坐。時婦見王，眼中淚出。王問之言：何故不喜，眼中淚出？婦荅：大王，但於今者聞王身上煙氣，是以淚出。王即問言：家不然火耶？荅言：不也。王復問言：用何作食？婦荅曰：須食之時，百味自至。王復問言：夜不須明耶？婦荅王言：用摩尼珠而以照之，徧室大明。時檀彌離跪白王曰：大王何故勞屈尊神到此？波斯匿王具以事荅。長者聞已，即將王入，徧示諸藏，七寶盈滿。牛頭香積，不可稱計，王須任取。王取二兩，遣人先送。王敬語之：今有佛出，卿聞不耶？彌離荅言：云何名佛？王即爲説。彌離歡喜，即往佛所。佛爲説法，得須陀洹。尋即出家，得阿羅漢，三明六通，具八解脱。阿難見已而白佛言：此檀彌離宿殖何業，生於人中，受天福報，又值世尊出家得道。佛告阿難：乃往過去九十一劫，有佛出世，號毗婆尸。入涅槃後，於像法中，有五比丘，共立要契，在一林中精勤修道。語一比丘：此去城遠，乞食勞苦。汝當爲福，一夏乞食，供養我等。其一比丘即便入城，勸諸檀越，日爲送食。四人身安，專精行道，得阿羅漢。即語此人：緣汝之故，我等安隱，所作已辦。汝願何等？其人聞已，歡喜發願：使我來世天上人中，富貴自然，值佛獲道。緣是功

德，從是以來九十一劫，不墮惡道，天上人中，常處豪貴，所須自然。今值我故，出家得道。」〔一〕

又賢愚經云：「昔佛在世時，舍衛國中有一長者，其家巨富，財寶無量，不可稱計。生一男兒，身體金色，端正少雙。父母見已，歡喜無量，因爲立字，名曰金天。其生之日，家中自然出一井水，縱廣八尺，深亦八尺。汲用能稱人意，須衣出衣，須食出食。金銀珍寶一切所須，作願取之，如意即得。兒年長大，才藝博通。其父念言：我兒端正，容貌絶倫，要覓名女，金容妙體，類我兒者，當往求之。時闍婆國有大長者而生一女，字金光明。端正非凡，身體金色，晃焴照人。初生之日，亦有自然八尺井水。其井亦能出種種寶，衣服飲食，一切所須，稱適人情。其父母亦自念言：我女端正，人中英妙，要得賢士，金色光輝，類我女者，乃共爲婚。其女名稱遠徹，金天遂娶爲婦。後時金天請佛及僧，飯食供養。飯食訖已，佛爲説法，金天夫婦及其父母悉皆獲得須陀洹果。金天夫婦俱白父母，求索出家。父母即聽。既出家已，夫婦並得阿羅漢果，一切功德皆悉具足。阿難見已而白佛言：金天夫婦宿殖何福，生豪族家，身體金色，復有自然八尺井水出種種物？佛告阿難：乃往過去九十一劫，毗婆尸佛入涅槃後，有諸比丘遊行教化，到一村中。村人見僧，競共供養。時有夫婦二人貧窮，家無升斗。其夫見他供養衆僧，向婦啼哭懊惱，淚墮婦臂上。婦即問夫：何故啼哭？夫荅婦言：我父在時，積財滿藏，富溢難量。至

〔一〕出賢愚因緣經卷十二檀彌離緣。

我身上，貧窮困極。本日雖有而不布施，今日值僧，貧無可施。前身不施，今致此貧。今又不施，未來轉劇。吾思惟此，是以懊惱。婦與夫言：雖有空意，無錢可施，知當如何？婦又語夫：試至故舍徧推覓者，儻或得之。夫遂往覓，得一金錢，持至婦所。其婦爾時有一明鏡，復有一瓶，盛滿浄水，安錢瓶中，以鏡著上。夫婦同心，持布施僧，發願而去。緣是功德，從是以來九十一劫，不墮惡道，天上人中，恒爲夫婦，身體金色，受福快樂。今值我故，出家得道。〔一〕

又出曜經云：「昔佛在世時，迦毗羅衛國中有目連同産弟，大富饒財，七寶具足，庫藏盈溢，奴婢僕從，不可稱計。時目揵連數往弟家而告弟曰：聞卿慳嫉不好布施，佛常説布施，獲報無數。卿今施者，得福無量。弟聞兄教，開藏布施，更開新藏，欲受其報。未經旬日，財寶竭盡，故藏悉空，新藏無報。其弟懊惱，向兄説曰：前見兄勸，施獲大報，不敢違教。諸來求乞，竭藏施盡。故藏悉空，新藏無報。將無爲兄所疑誤耶？兄曰：止止，莫陳此語。勿使外道邪見之人聞此麤言。若使福德當有形者，虚空境界所不容受。吾今權示汝微報。即以神力手接其弟至第六天，見有宫殿，七寶合成，香風浴池，庫藏盈溢，不可稱計。玉女營從，數千萬衆，純女無男。即問兄曰：是何宫殿，巍巍乃爾？目連告弟：汝自往問。弟即自往，問天女曰：是何宫殿，七寶合成，巍巍堂堂，懸處虚空，誰有福德於中受報？天女報

〔一〕出賢愚因緣經卷五金天品。

曰：閻浮提内迦毗羅國中釋迦文佛神足弟子，名曰目連。彼有賢弟，大富長者，由好布施，後生此處，而與我等作其夫主。弟聞歡喜，善心生焉。還至兄所，具白其情。目連告曰：夫人布施，爲有報耶，〔一〕爲無報耶？弟懷慚愧，向兄懺悔。後至家中，轉更修福。命終之後，即生天上，受斯果報。」〔二〕

又樹提伽經云：「佛在世時，有一大富長者，名爲樹提伽。倉庫盈溢，金銀具足，奴婢成行，無所可欲。〔三〕有一白氎手巾掛著池邊，爲天風起，吹王殿前。王即大會羣臣，坐共參論，羅列卜問，怪其所以。諸臣皆言：國將欲興，天賜白氎。樹提默然。王語樹提：諸臣皆慶，卿何無言？樹提荅王：不敢欺王，是臣家拭體白氎，掛著池邊，爲天風起，吹王殿前，故默不言。却後數日，有一九色金華，大如車輪，墮王殿前。王復會臣，問荅如前。樹提荅王言：臣不敢欺王，是臣之家後園之中萎落之華，爲天風起，吹王殿前，故默無言。王語樹提：卿家能爾。卿須還歸，任作調度。吾領二十萬衆，往到卿舍看去。樹提荅言：願王相隨，不須預去。是臣之家自然牀蓐，不須人鋪；自然飲食，不須人作。自然擎來，不須喚呼；自然擎去，不須反顧。王即將領二十萬衆，到樹提伽南門而入。有一童子端正可愛，王語樹提：是卿兒不？荅言：是臣守閤之奴。小復前著，至内閤門。有一童女，顏色端正，皮色瑶悦，甚

〔一〕「爲」字原作「我」，據高麗藏本、磧砂藏本、南藏本、嘉興藏本改。
〔二〕出出曜經卷二十五惡行品。
〔三〕「所」字原作「數」，據高麗藏本改。

復可愛。王語樹提：是卿女耶，婦耶？荅言：是臣守閤之婢。小復前行，至其堂前，白銀爲壁，水精爲地。王見謂水，疑不得前。樹提導前，將王上堂，坐金牀，踞玉机。樹提伽婦坐百二十重金銀幃帳裏，披帳而出，爲王設拜，眼中淚出。王語樹提：卿婦拜我，何故淚出？臣不敢欺王，聞王煙氣，眼中淚出。王言：庶民然脂，諸侯然蜜，天子然漆。漆亦無煙，何得淚出？樹提荅王：臣家有一明月神珠，掛著堂殿，晝夜無異，不須火光。樹提堂前有一十二重高樓，將王上看，四面觀視，恍忽經月。大臣白王：國計事大，王可還歸。王謂須臾小復可忍。復遊園池，不覺經月。問荅同前。樹提出七寶施，兼綾羅繒綵。二十萬衆人馬俱重。一時還國，王語羣臣：其樹提伽是我之民，女婦宅舍過殊於我。我欲伐之，可取以不？諸臣皆言：可取。王將四十萬衆，椎鍾鳴鼓，圍樹提宅數百餘重。樹提伽宅南門中有一力士，手捉金杖一擬，四十萬衆人馬俱倒，手脚繚戾，腰髖婀娜，〔一〕狀似醉容，頭腦岠峨，〔二〕不復得起。於是樹提乘雲母之車，來問諸人：來時何苦，卧地不起？大王遣來欲伐長者，長者力士手捉金杖一擬，四十萬衆人馬俱倒，不復得起。樹提問言：欲得起不？諸人皆言：欲得起。樹提一放神力，令四十萬衆人馬俱起，一時還國。王即遣使喚樹提伽，同車而載，往詣佛所。白言：世尊，樹提先身作何功德，得是果報？佛言：善聽。先有五百人同緣在於山阻，道逢一病道人，賜其庵屋，米糧燈燭。爾時廣乞

〔一〕「娜」字原作「婆」，據高麗藏本改。
〔二〕「岠峨」原作「叵我」，據高麗藏本改。

多願，天自供我，從空來下，變身十八，放大光明，蕩照天下。又願作佛，破散鐵圍，鑊湯生華，獄出栴檀，餓鬼作沙門，羅刹坐誦經。五百商人賫其重寶，由供病僧，廣乞天供，今得斯報。于時施者，樹提伽是。病道人者，我身是也。五百商人皆得阿羅漢道。」〔一〕

又百緣經云：「佛在世時，舍衛城中有一長者，名曰善賢。財寶無量，不可稱計。其婦生女，端正殊妙，世所希有。頂上自然有一寶珠，光曜城内。父母歡喜，因爲立字，名曰寶光。年漸長大，體性調順，好喜施慧。頂上寶珠，有來乞者，即取施與，尋復還生。父母歡喜，將詣佛所。心生喜樂，求索出家。佛告：善來比丘尼。頭髪自落，法服著身，成比丘尼。精勤修習，得阿羅漢。諸天世人所見敬仰。時諸比丘見是事已，請問因緣。佛告比丘：乃往過去九十一劫，有佛出世，號毗婆尸。入涅槃後，有王名曰梵摩達多，收取舍利，起四寶塔，而供養之。時有一人入此塔中，持一寶珠，繫著欇頭，發願而去。緣是功德，九十一劫，不墮惡趣，天上人中，常有寶珠隨共俱生，受天快樂。乃至今者遭值於我，出家得道。比丘聞已，歡喜奉行。」〔二〕

又百緣經云：「佛在世時，迦毗羅衛城中有一長者，財富無量，不可稱計。其婦生一肉團，長者見已，心懷愁惱，謂爲非祥。往詣佛所，請問吉凶。佛告長者：汝莫疑怪，但好養育，滿七日已，汝當自

〔一〕出樹提伽經。

〔二〕出撰集百緣經卷八寶光比丘尼生時光照城内緣。

見。時長者聞是語已，喜不自勝。還詣家中，敕令瞻養。七日頭到，肉團開敷，〔一〕有百男子，端正殊妙，世所希有。年漸長大，值佛出家，得阿羅漢果。諸天世人，所見敬仰。時諸比丘見已，請説得道因緣。佛告比丘：乃往過去九十一劫，有佛出世，號毗婆尸。入涅槃後，時彼國王名槃頭末帝，收取舍利，造四寶塔，高一由旬，而供養之。時有同邑一百餘人，作倡伎樂，齎持香華，供養彼塔。各共發願：以此功德，使我來世所在生處，共爲兄弟。發是願已，各自歸去。佛告比丘：欲知彼時同邑人者，今此一百比丘是。由於彼時誓願力故，九十一劫，不墮三塗，天上人中，常共同生，受天快樂。乃至今者遭值於我，故復同生，出家得道。比丘聞已，歡喜奉行。」〔二〕

頌曰：

韞石諒非真，　飾瓶信爲假。　竊服皁門上，　濫次緇軒下。　鳳祀徒驚心，　騶文終好野。
真相豈式昭，　浮榮未能捨。　迹殊冠冕客，　事襲驅馳者。　已矣歇鄭聲，　天然亂周雅。
富貴空争名，　寵辱虚相駡。　須臾風火燭，　幻泡何足把。

〔一〕「敷」字原作「敫」，據高麗藏本改。
〔二〕出撰集百緣經卷七百子同産緣。

感應緣略引六驗

晉王文度
晉張氏
晉劉伯祖
晉太守李恒
唐中書令岑文本
唐別駕沈裕

晉王文度鎮廣陵，忽見二騶持鵠頭板來召之。王文大驚，問騶：我作何官？騶云：尊作平北將軍，〔一〕徐兖二州刺史。王曰：吾已作此官，何故復召耶？鬼云：此人間耳，今所作是天上官也。王大懼之。尋見迎官玄衣人及鵠衣小吏甚多。王尋病薨。右一驗出幽冥録。〔二〕

〔一〕「北」字原作「地」，據高麗藏本改。
〔二〕太平御覽卷六〇六引，作幽明録。

晉長安有張氏者，晝獨處室，有鳩自外，入止于牀，張氏惡之，披懷而祝曰：鳩爾來爲我禍耶，飛上承塵。爲我福耶，來入我懷。鳩翻飛入懷，乃化爲鉤。從爾資産巨萬。〔一〕

晉博陵劉伯祖爲河東太守，所止承塵上，有神能語。京師詔書告下消息，輒豫告伯祖。伯祖問其所食啗，荅曰：欲得羊肝。遂買羊肝，於前切之，臠臠隨刀不見，輒盡兩羊肝。有一老貍，眇眇在案前。持刀者舉刀欲斫之，〔二〕伯祖訶止。自舉著承塵上。須臾大笑曰：向者啗肝醉，忽然失形，與府君相見，大慙愧。後伯祖當爲司隸，神復先語伯祖：某月某日書當到。〔三〕到期如言。及入司隸府，神隨逐承塵上，輒言省内事。伯祖大恐懼，謂神曰：今職在刺奸。左右貴人聞神在此，因以相害。神荅曰：如府君所慮，當相捨去。遂絶無聲。〔四〕

晉李恒，字元文，譙國人。少時，有一沙門造恒，謂曰：君福報將至，而復對來隨之。君能守貧修道，不仕宦者，福增對滅，君其勉之。恒性躁，又寒門，但問仕宦當何所至，了不尋究修道意也。與一卷

〔一〕見搜神記卷九，較此爲詳。
〔二〕上「二」「刀」字原闕，據搜神記補。
〔三〕「書」字上，搜神記有「詔」字。
〔四〕出搜神記卷十八。

經，〔一〕恒不肯取。又固問榮途貴賤何如？沙門曰：當帶金紫，極於三郡。若能於一郡止者，亦爲善也。恒曰：且當富貴，何顧後患。因留宿。恒夜起，見沙門身滿一牀，入呼家人大小窺視，復變爲大鳥，蹲屋梁上。天曉復形而去。恒送出門，忽不復見。知是神人，因此事佛，而亦不能精至。後爲西陽江夏廬江太守，加龍驤將軍。大興中，預錢鳳之亂，被誅。〔二〕右一驗出冥祥記。

唐中書令岑文本，江陵人。少信佛，常念誦法華經普門品。曾乘船於吴江中，船壞人盡死。文本没在水中，聞有人言：〔三〕但念佛，必不死也。如是三言之。既而隨波涌出，已著北岸，遂免死。〔四〕後於江陵設齋，僧徒集其家。有一客僧獨後去，謂文本曰：天下方亂，君幸不預其災，終逢太平，致富貴也。言畢趨出。送出外，不見。既而文本食齋，於自食椀中，得舍利二枚。後果如其言。文本自向臨說。〔五〕

〔一〕「與」字上，太平廣記引有「沙門」二字。
〔二〕見集神州三寶感通録卷下。又太平廣記卷八九引，作出法苑珠林。
〔三〕「聞」字原作「間」，據高麗藏本改。
〔四〕以上見集神州三寶感通録卷下。
〔五〕出冥報記卷中。又太平廣記卷一六二引，作出法苑珠林。

唐户部尚書武昌公戴天冑，〔一〕素於舒州别駕沈裕善。冑以貞觀七年薨，至八年八月，裕在州夢其身行於京師義寧坊西南街。每見冑著故弊衣，顔容甚顇，見裕悲喜。問：公生平修福，今者何爲？荅曰：吾時誤奏殺人，吾死後他人殺羊祭我。由此二事，辯荅辛苦，不可具言。今已勢了矣。因謂裕曰：吾平生與君善友，竟不能進君官位，深恨於懷。君今自得五品，文書已過天曹，相助欣慶，故以相報。言畢而寤，向人説之，冀夢有徵。其年冬裕入京參選，有銅罰不得官。又向人説所夢無驗。九年春裕將歸江南，行至徐州，忽奉詔書授裕五品，爲婺州治中。〔二〕臨兄爲吏部侍郎，聞之，召裕問云爾。〔三〕右二驗出冥報記。

〔一〕「戴天冑」，高麗藏本作「戴文冑」，太平廣記引作「戴冑」。
〔二〕以上太平廣記卷二七七引。
〔三〕出冥報記卷中。

貧賤篇第六十四此有五部

述意部　引證部　須達部　貧兒部　貧女部

述意部第一

夫貧富貴賤，並因往業；得失有無，皆由昔行。故經言：「欲知過去因，當觀現在果。欲知未來果，當觀現在因。」〔一〕所以原憲之家，黔婁之室，繩樞甕牖，無掩風塵，席户蓬扉，不遮霜露。或舒稻藁以爲薦，〔二〕或裁荷葉以充衣。斂肘則兩袖皆穿，納屨則雙襟同缺。口腹乃資於安邑，宿止則寄在於靈臺。頭戴十年之冠，身披百結之縷。鄉里既無田宅，洛陽又闕主人。浪宕隨時，嵦峞度日。雖慚靈輒，而有翳桑之弊；乃愧伯夷，便致首陽之苦。裘裳頓乏，豈見陽春；升合並無，何以卒歲。所以如此者，皆由曩日不行慧施，常藴慳貪，致令果報，一朝窶盡。是故行者宜當布施也。

〔一〕此段出處待考。

〔二〕「藁」字原作「蒿」，據高麗藏本改。

引證部第二

如燈指經云：「當知貧窮比於地獄，失所依憑，栖寄無處，憂心火熾，愁顇焦然。華色既衰，容轉廱鄙。身體尩羸，飢渴消削。眼目掐陷，支節骨立。薄皮纏裹，筋脉露現。頭髮蓬亂，手足鋭細。其色艾白，舉體皴裂。又無衣裳，至糞穢中，拾掇廱弊，連綴相著。纔遮人形，赤露四體。倚卧糞堆，復無席薦。諸親舊等，見而不識。歷巷乞食，猶如餓烏。至知友邊，欲從乞食，守門之人，遮而不聽。伺便輒入，復爲排辱。舍主既出，欲加鞭打。俯僂曲躬，再拜謝罪。舍主輕蔑，聊不迴顧。設得入舍，輕賤之故，既不與語，又不敷坐。與少飲食，撩擲盂器，不使充飽。設值大會，望乞殘食，以輕賤故，不喚令坐，反被驅走。貧窮之人譬如林樹無華，衆蜂遠離；被霜之草，葉自焦卷；枯涸之池，鴻鴈不遊；被燒之林，麞鹿不趣；田苗刈盡，無人捃拾。今日貧困，説往富樂，但謂虚談，誰肯信之。由我貧窮，所向無路。譬如曠野，爲火所焚，人不喜樂。如枯樹無蔭，無依投者。如苗被霜，捐棄不收。如毒蛇害，〔一〕人皆遠離。如雜毒食，無有嘗者。如空塚開，無人趣向。如惡厠溷，臭穢盈集。如魁膾者，人所惡賤。雖説好語，他以爲非。若造善業，他以爲鄙。所爲機捷，復嫌輕躁。若復舒緩，又言重直。設復讚歎，

〔一〕「害」字原作「室」，據高麗藏本改。

人謂諂譽。若不加譽，復生誹謗，言此貧人，常無好語。若復教授，復言詐僞。若廣言說，人謂多舌。若默無言，人謂藏情。若正直說，復云麤獷。若求人意，復言諂曲。若數親附，復言幻惑。若不親附，復言驕誕。若順他所說，復言詐取他意。若不隨順，復言自專。若屈意承望，罵言寒賤。若不屈意，言貧人猶故恃我。〔一〕若小自寬放，言其愚癡，無有拘忌。若自攝檢，言其空廉，詐自端確。若復歡逸，言其譸縱，狀似狂人。若復憂慘，言其含毒，初無歡心。若聞他語，有所不盡，爲其判釋，言其僉趣，以愚代智，耐羞之甚。若復默然，復言頑嚚，不識道理。若小戲論，言不信罪福。若有所索，言其苟得不知廉恥。若無所索，言今雖不求，後望大得。若言引經書，復云詐作聰明。若言語樸素，復嫌疏鈍。若公論事實，復言强說。若私屏正語，復言讒佞。若著新衣，復言假借嚴飾。若著弊衣，復言儜劣寒悴。若多飲食，復言飢餓饕餮。若小飲食，言腹中實餓，詐作清廉。若說經論，言顯己所知，彰我闇短。若不說經論，言愚癡無識，可使放牛。若自道昔日事業，言誇誕自譽。若自杜默，言門資淺薄。諸貧窮者行來進止，言說俯仰，盡是愆過。富貴之人作諸非法，都無過患。舉措云爲，〔二〕斯皆得所。貧窮之人，如起死屍鬼，一切怖畏。如遇死病，難可療治。曠野險處，絶無水草。如墮大海，没溺洪流。如人捺

〔一〕「恃」字原作「持」，據高麗藏本改。

〔二〕「措」字原作「借」，據高麗藏本改。

咽，不得出氣。如眼上瞖，〔一〕不知所至。如厚垢穢，難可洗去。亦如怨家，雖同衣食，不捨惡心。如夏暴井，人入斷氣。如入深泥，滯不可出。如山暴水，駛流吹漂，樹木摧折。貧亦如是，多諸艱難。」〔二〕

夫富貴者，有好威德，姿貌從容，意度寬廣，禮義競興，能生智勇，增長家業，眷屬和讓，善名遠聞。以此觀之，一切世人富貴榮華，不足貪著。於諸人天尊貴，不應逸樂。當知貧窮是大苦聚。欲斷貧窮，不應慳貪。是以經中言貧窮者甚爲大苦。〔三〕

須達部第三

如雜寶藏經云：「昔佛在世時，須達長者最後貧苦，財物都無。客作傭力，得米四升，炊作飯食。值阿那律來從乞食，婦即取鉢盛滿飯與。後須菩提、迦葉、目連、舍利弗等次第來乞，悉施滿鉢。末後佛來，亦與滿鉢。須達在外，行還到家，從婦索食，婦即語言：其若尊者阿那律來，汝當自食，爲施尊者不？須達荅言：寧自不食，當施尊者。婦又語言：若復迦葉、大目連及須菩提、舍利弗等，乃至佛來，汝當云何？亦荅婦言：寧自不食，盡當施與。婦即語夫言：朝來諸聖盡來索食，所有飲食盡施與之。

〔一〕「瞖」字原作「瞖」，據高麗藏本改。

〔二〕出燈指因緣經。

〔三〕「甚」字原作「其」，據高麗藏本改。

夫聞歡喜而語婦言：我等罪盡，福德應生。即開庫藏，穀帛飲食，悉皆充滿，用盡復生。」〔一〕果報云云，不可説盡。

又雜譬喻經云：「昔長者須達七貧，後貧最劇，乃無一錢。後糞壤中得一木升，其實是栴檀，出市賣之，得米四升。語婦併炊一升，吾當索菜茹，還時共食。佛念曰：當度須達，令福更生。炊米方熟，舍利、目連、迦葉、佛來，四升米次第炊盡將去。後富更請佛僧供養盡空，佛爲説法得道。」〔二〕

又菩薩本行經云：「初時須達長者家貧焦煎，蒙佛説法，身心清浄，得阿那含道。唯有五金錢，一日持一錢施佛，一錢施法，一錢施僧，一錢自食，一錢作本。日日如是，常有一錢，終無有盡。即受五戒，欲心已斷。婦女各各隨其所樂。有一婦人炒穀作麨，失火廣燒人畜。波斯匿王敕臣作限：〔三〕自今以去，夜不得然火及於燈燭。其有犯者罰金千兩。爾時須達得道在家，晝夜坐禪入定，夜半鷄鳴，然燈坐禪。伺捕得之，捉燈白王，當輸罰負。須達白王：今我貧窮，無有錢産，當用何輸？王瞋，敕使閉著獄中。即將須達付獄執守。四天王見，初夜四天王來下語須達言：我與汝錢，用輸王罰，可得來出。爲四天王説經便去。到中夜，天帝復來見之。須達爲説法竟，帝釋便去。次到後夜，梵天復下見，爲説

〔一〕出雜寶藏經卷二須達長者婦供養佛獲報緣。
〔二〕出雜譬喻經卷下。
〔三〕「王」字原作「來」，據高麗藏本、磧砂藏本、南藏本改。

法，梵天復去。時王夜於樓觀上，見獄中有火。時王明日即便遣人往語須達：〔一〕坐火被閉而無慙羞，續復然火。須達荅言：我不然火。若然火者，當有煙灰。復語須達：初夜有四火。中夜有一火，倍大前火。後夜復有一火，遂倍於前。言不然火，爲是何等？須達荅言：此非是火也。初夜四天王來見我，中夜天帝來見我，後夜梵天來見我。是天身上光明之燄，非是火也。吏聞其語，即往白王。王聞如是，心驚毛豎。王言：此人福德殊特乃爾，我今云何而毁辱之。即敕吏言：捉放出去，勿使稽遲。便放令去。須達得出，往至佛所，禮佛聽法。波斯匿王即便嚴駕，尋至佛所。人民見王，皆悉避起。唯有須達心存法味，見王不起。王心微恨，此是我民，懷於輕慢，見我不起。遂懷愠心。佛知其意，止不説法。王白佛言：願説經法。佛告王言：今非是時，爲王説法。云何非時，人起瞋恚，忿結不解，貪婬女色，自大無敬。其心垢濁，聞於妙法，而不能解。以是之故，今非是時，爲王説法。王聞佛語，意自念言：坐此人故，令我今日有二折減，又起瞋恚不得聞法。爲佛作禮而去。出到於外，敕語左右：此人若出，直斫取頭。作是語已，應時四面虎狼師子毒害之獸，悉來圍繞於王。王見恐怖，還至佛所。佛問大王：何以來還？王白佛言：見怖來還。佛告王曰：識此人不？王曰：不識。佛言：此人已得阿那含道。坐起惡意向此人故，是故使爾。若不還者，王必當危，不得全濟。王聞佛語，即大恐怖，即向須

〔一〕「語」字原作「詣」，據高麗藏本改。

達懺悔作禮。羊皮四布於須達前。王言：此是我民，而向屈辱，實爲甚難。須達復言：而我貧窮行於布施，亦復甚難。尸羅師質爲國平正，爲賊所捉，臨終不犯妄語，賊便放之，實爲甚難。復有天名曰尸迦棃，於高樓上卧，有天玉女來，以持禁戒而不受之，實爲甚難。於是四人即於佛前各説偈曰：

貧窮布施難，　豪貴忍辱難，　危險持戒難，　少壯捨欲難。

佛説偈已，王及臣民皆大歡喜，作禮而去。」〔一〕

貧兒部第四

如辯意長者子經云：「於是辯意長者子爲佛作禮，叉手白佛言：唯願世尊過於貧聚，及諸衆會，明日屈於舍食。爾時世尊默然許可。諸長者子禮佛而去，到舍具饌。明日世尊與諸大衆往到其處，就坐儼然。辯意白父母及諸眷屬，前禮佛足，各自供侍。辯意起行澡水，敬意奉食。下食未訖，有一乞兒前歷座乞。佛未呪願，無敢與者。徧無所得，瞋恚而去。便生惡念：此諸沙門放逸愚惑，有何道哉！貧者從乞，無心見與。長者愚惑，用爲餉此，無慈愍意。吾爲王者，以鐵輞車，轢斷其頭。言已便去。佛達嚫既訖，復有一乞兒來入乞食坐中。衆人各各與之，大得飯食，歡喜而去。即生念言：此諸沙門，皆

〔一〕出菩薩本行經卷中。

有慈心，憐吾貧寒，施食充飽，得濟數日。善哉，善哉！長者乃能供事此諸大士，其福無量。吾爲王者，當供養佛及衆弟子，乃至七日，猶不報今日飢渴之恩。言已便去。佛食已訖，説法，即還精舍之中。佛告阿難：從今已後，嚫訖下食，以此爲常。時二乞兒展轉乞匄，到他國中，卧於道邊深草之中。時彼國王，忽然崩亡，無有繼後。時國相師明知相法，讖書記曰：當有賤人應爲王者。諸臣百官千乘萬騎，案行國界，誰應爲王。顧視道邊深草之中，上有雲蓋，相師占相曰：中有神人。即見乞兒，相應爲王。諸臣拜謁，各稱爲臣。乞兒驚愕，自云下賤，非是王種。皆言應相，非是强力。香湯沐浴，著王者冠服，光相儼然，稱善無量，導從前後，迴車入國。時惡念者在深草中，卧寐不覺，車轢斷其頭。王到國中，陰陽和調，四氣隆赫，人民安樂，稱王之德。爾時國王自念：昔者貧窮之人，以何因緣得爲國王？昔行乞時，得蒙佛恩，大得飯食，便生善念，得爲王者，供養七日佛之恩德，今已果之。即召羣臣，遥向舍衛國燒香作禮。即遣使者往請佛言：蒙世尊遺恩，得爲人王，願屈尊神，來化此國。愚冥之人，得見教訓。於是佛告諸弟子：當受彼請。佛與弟子無央數衆，往詣彼國。時王出迎，爲佛作禮。入宫食訖，王請世尊得王因緣。佛具爲説如前因緣。由起善念，今王是也。時惡念者，非直轢頭而死，死已復入地獄，爲火車所轢，億劫乃出。王今請佛，報誓過厚，世世受福，無有極已。爾時世尊以偈頌曰：

人心是毒根，　口爲禍之門。　心念而口言，　身受其罪殃。　不念人善惡，　自作身受患。
意欲害於彼，　不覺車轢頭。　心念甘露法，　令人生天上。　心念而口言，　身受其福德。
有念善惡人，　自作安身本。　意念一切善，　如王得天位。

是時國王聞經歡喜，舉國臣民得須陀洹道。」〔一〕

又賢愚經云：〔二〕「佛在舍衛國與諸弟子千二百五十人俱。國中有五百乞兒，常依如來，隨逐衆僧，乞匄自活。厭心内發，求索出家。共白佛言：如來出世，甚爲難遇。我等下賤，蒙濟身命。今貪出家，不審許不？佛告諸乞兒：我法清浄，無有貴賤。譬如清水，洗諸不浄。若貴若賤，水之所洗，無不浄者。又如大火，所至之處，其被燒者，無不焦然。又如虚空，貧富貴賤有入中者，隨意自恣。乞兒聞説，並皆歡喜，信心倍隆，歸誠出家。佛告善來。頭髮自墮，法衣在身，沙門形相，於是具足。佛爲説法，成阿羅漢。於時國中諸豪長者聞度乞兒，皆興慢心。云何如來聽此下賤之人在衆僧次！我等修福，請佛衆食。今此下賤，坐我牀席，捉我食器。爾時太子祇陀請佛及僧，遣使白佛：唯願世尊，明受我請及比丘僧。所度乞兒，我不請之，慎勿將來。明日食時，佛告乞兒：吾受彼請，汝不及例。今可往至欝多越取自然成熟秔米，還至其家，隨意坐次，自食秔米。比丘如命，即以神足往彼世界，各各自取滿鉢，還攝威儀，乘空而來，如鴈飛至祇陀家坐，隨次各食。於時太子睹衆比丘威儀進止，神足福德，敬心歡喜，歎未曾有。而白佛言：不審此諸賢聖從何方來？佛告祇陀：若欲知者，正是昨日所不請者。具向太子説其因緣。爾時祇陀聞説是語，極懷慚愧，自我愚弊，不別明闇。不審此徒種何善行，今值世

〔一〕出辯意長者子經。

〔二〕「賢愚」二字原倒作「愚賢」，據高麗藏本改。

尊特蒙殊潤？復造何咎，乞匄自活？佛告祇陀：過去久遠，時有大國，名波羅柰，有一山名曰利師。古昔諸佛多住其中。若無佛時，有二千辟支佛恒止其中。有一長者，名曰散陀寧。時世旱儉，其家巨富，即問藏監：今我藏中穀米多少？欲請大士未知供足不？藏監對曰：饒多足供。即請二千辟支飯食供養，差五百使人供設飯食。時諸使人厭心便生：我等諸人所以辛苦，皆由此諸乞兒。爾時長者恒令一人知白時到，養一狗子，日日逐往。爾時使人卒值，一日忘不往白。狗子時到，獨往常處，向諸大士，高聲而吠。諸辟支佛聞其狗吠，即知時到，來詣便坐，如法受食。因白長者：天今當雨，宜可種植。長者如言耕種，所種之物盡變爲瓠。長者見怪，隨時溉灌，後熟皆大。即擗看之，隨所種物，成治凈好，麥滿其中。長者歡喜，其家滿溢。復分親族，合國一切，咸蒙恩澤。是時五百作食之人念言：斯之獲果，實是大士之恩。我等云何惡言向彼！即往其所，請求改悔。復立誓言：願使我等於將來世，遭值賢聖，蒙得解脱。由此之故，五百世中，常作乞兒。因其改悔，復立誓故，今遭我世，蒙得過度。太子當知，爾時大富散陀寧者，我身是也。時藏臣者，今須達是也。日日白時到者，今優塡王是也。五百作食人者，今此五百阿羅漢是也。爾時祇陀及衆會者，覩其神變，皆獲四果。」〔一〕

〔一〕出賢愚因緣經卷五散檀寧品。

貧女部第五

如賢愚經云：「昔佛在世時，尊者迦旃延在阿槃提國。時彼國中有一長者，大富饒財。家有小婢，小有愆過，長者鞭打，晝夜走使，衣不蓋形，食不充口。年老辛苦，思死不得。適持坻詣河取水，舉聲大哭。爾時尊者聞其哭聲，往到其所，問知因緣。即語之言：汝若貧者，何不賣之？老母荅言：誰買貧者？迦旃延言：貧實可賣。老母白言：貧可賣者，賣之云何？迦旃延言：汝若賣者，一隨我語。告令先洗，洗已教施。母白尊者：我今貧窮，身上衣無毛許完納。唯有此坻，是大家許，當以何施？即持鉢與，教取水施。受爲祝願，次與授戒，後教念佛竟。問之言：汝止何處？婢即荅言：無定止處。隨舂炊磨，即宿其處，或在糞堆上。尊者語言：汝好勤心，恭謹走使，伺其大家一切卧訖，竊開户入於其户内，敷草而坐，思惟觀佛。母受教已，至夜坐處户内，命終生忉利天。大家曉見瞋恚而言：此婢常不聽入舍，何忽此死。即便遣人以草繫脚，置寒林中。此婢生天，與五百天子以爲眷屬。即以天眼觀見故身生天因緣，尋即將彼五百天子，齎持香華，到寒林中，燒香散華，供養死屍。放天光明，照於村林。大家見怪，普告遠近，詣林觀看。〔一〕見已語言：此婢已死，何故供養？天子報言：此吾故身。即爲具説

〔一〕「詣」字原作「諸」，據高麗藏本、磧砂藏本、南藏本、嘉興藏本改。

生天因緣。後皆迴詣迦旃延所，禮拜供養，因緣説法。五百天子悉皆獲得須陀洹果。既得果已，還歸天上。以是因緣，智者應當皆如是學。」〔一〕

又佛説摩訶迦葉度貧母經云：「佛在舍衛國，是時摩訶迦葉獨行教化，到王舍城，常行大哀福於衆生。捨諸豪富而行貧乞。時欲分衛，先入三昧，何所貧人吾當福之。即入王舍大城之中，見一孤母，最甚貧困，在於街巷大糞聚中，傍鑿糞聚，以爲巖窟。羸劣疾病，常卧其中。孤單零丁，無有衣食。便於巖窟施小籬柵，以障五形。迦葉三昧，知此人宿不植福，是以今貧。如母壽命，終日在近。若吾不度，永失福堂。母時飢困，長者青衣而棄米汁，臭惡難言。母從乞之，即以破瓦盛著左右。迦葉到所，呪願從乞：多少施我，可得大福。爾時老母即説偈言：

舉身得疾病，　孤窮安可言。　一國之最貧，　衣食不蓋形。　世有不慈人，　尚見矜愍憐。
云何名慈哀，　而不知此厄。　普世之寒苦，　無過我之身。　願見矜恕我，　實不爲仁惜。

摩訶迦葉即荅偈言：

佛爲三界尊，　吾備在其中。　欲除汝飢貧，　是故從貧乞。　若能減身口，　分銖以爲施，
長夜得解脱，　後生得豪富。

〔一〕出賢愚因緣經卷五迦旃延教老母賣貧品。

爾時老母聞偈歡喜，心念前日有臭米汁，欲以施之，則不可飲。遥啓迦葉：哀我受不？迦葉荅言：大善。母即在窟，匍匐取之，形體裸露，不得持出，側身僂體，籬上授與。迦葉受之，尊口呪願，使蒙福安。迦葉心念：若吾齎去著餘處飲，母則不信，謂吾棄之。即於母前飲訖，盪鉢還著囊中。於是老母特復真信。迦葉自念：當現神足，令此母人必獲大安。即在空中廣現神變。爾時母人見此踊躍，一心長跪，遥視迦葉。迦葉告曰：母今意中所願何等？即啓迦葉：願以微福得生天上。於是迦葉忽然不現。老母數日壽終，即生忉利天上，威德巍巍，震動天地，光明挺特。譬如七日一時俱出，照曜天宫。帝釋驚悸：何人福德，感動勝吾？即以天眼觀此天女，福德使然。即知天女本生來處。爾時天女即自念言：此之福報緣其前世供養迦葉所致。假令當以天上珍寶種種百千施上迦葉，猶尚未報須臾之恩。即將侍女持天香華，忽然來下，於虚空中，散迦葉上。然後來下，五體投地，禮畢即住，叉手歎曰：

大千國土，　佛爲特尊。　次有迦葉，　能閉罪門。　昔在閻浮，　糞窟之前，　爲其貧母，　是故來下，　歸命福田。

開説真言。　時母歡喜，　貢上米瀋，　施如芥子，　獲報如山。　自致天女，　封受自然。

天女説已，俱還天上。帝釋心念：女施米瀋，乃致此福。迦葉大哀，但福劣家，不往大姓。當作良策。即與天后持百味食，盛小瓶中，詣王舍城巷邊，作小陋屋，變其形狀，似于老公，身體痟瘦，僂行而步。公妻二人而共織席。貧窮之狀，不儲飲食。迦葉後行分衛，見此貧人，而往乞食。公言：至貧，無有如何。迦葉呪願，良久不去。公言：我等夫妻甚老，織席，不暇向乞。唯有少飯，適欲食之。聞仁慈德，但從貧乞，欲以福之。今雖窮困，意自割捐，以施賢者。審如所云，令吾得福。天食之香，非世所聞。若預開瓶，苾芬之香，迦葉覺之，全不肯取。即言：道人，弊食不多，將鉢來取。迦葉即以鉢取受，呪願施家。其香普熏王舍大城及其國界。迦葉即嫌其香。公母釋身，疾飛空中，彈指歡喜。迦葉思惟，即知帝釋化作老公，而爲福祚。吾今已受，不宜復還。迦葉讚歎帝釋種福無厭，〔一〕忍此醜類，來下殖福，必獲影報。帝釋及后倍復欣踊。是時天上伎樂來迎帝釋到宫，倍益歡喜。」〔二〕

感應緣略引一驗

漢陰生者，長安渭橋下乞小兒也。常於市匄，市中厭之，以糞灑之。旋復見黑灑衣不汙如故。長吏知，試繫著桎梏，而續在市匄。試欲殺之，乃去。灑之者家，室屋自壞，殺十餘人。長安中謡言曰：見乞兒與美酒，以免壞屋之咎。見搜神記。〔三〕

頌曰：

業風恒泛濫，　苦海濤波聲。　漂我常游浪，　遠離涅槃城。　何時慈舟至，　運我出愛瀛。

〔一〕「歎」字原作「歡」，據高麗藏本、磧砂藏本、南藏本、嘉興藏本改。
〔二〕出摩訶迦葉度貧母經。
〔三〕出搜神記卷一。

實由高慕施，頓捨貧窮情。罪垢蒙除結，神珠啓闇冥。貴門光景麗，賤業永休寧。
志求八解脱，誓捨六塵縈。儻遇慈父誨，開我心中經。

法苑珠林校注卷第五十七

債負篇第六十五此有二部

述意部　引證部

述意部第一

夫勸善懲過，大士常心；捨惡爲福，菩薩恒願。是以善惡之運業，猶形影之相須；債負之殃咎，植三報之苦果。或有現負現報，或有現負次報，或有現負後報。如是三時隨負一毫，拒而不還，決定受苦。是故經云：「偷盜之人，先入地獄、畜生、餓鬼，後得人身，得二種果報：一者、常處貧窮；二者、雖得少財，恒被他奪。」〔一〕斯言有徵，省已爲人也。

〔一〕出大方廣佛華嚴經卷二十四。

引證部第二

如法句喻經云：「昔佛在世時，有賈客名弗迦沙，因入羅閲城分衛，於城門中值新産牸牛所觝殺。牛主怖懼，賣牛轉與他人。其人牽牛欲飲水，牛從後復觝殺其主。其主家人瞋恚，取牛殺之，於市賣肉。有田舍人買取牛頭，貫擔持歸。〔一〕去舍里餘，坐樹下息，以牛頭挂樹枝。須臾繩斷，牛頭落下，正墮人上。牛角刺人，即時命終。一日之中，凡殺三人。瓶沙王聞之，怪其如此，即與羣臣往詣佛所，具問其意。佛告王曰：往昔有賈客三人，到他國内興生，寄住孤獨老母舍。應與雇舍直，見老母孤獨，欺不欲與。伺老母不在，默去不與。母歸不見客，即問比居。皆云已去。老母瞋恚，尋後逐及，疲頓索直。三客逆駡：我前已與，云何復索！同聲共觝，不肯與直。老母單弱，不能奈何，懊惱而呪：我今窮厄，何忍欺觝。願我後世所生之處，若當相值，要當殺汝。正使得道，終不相置。佛語瓶沙王：爾時老母者，今此牸牛是也。三賈客者，弗迦沙等三人爲牛所觝殺者是也。於是世尊即説偈言：

惡言駡詈，　憍陵懱人，　興起是行，　疾怨滋生。　遜言愼詞，　尊敬於人，　棄結忍惡，
疾怨自滅。　夫士之生，　斧在口中，　所以斬身，　由其惡言。」〔二〕

〔一〕「擔」字原作「檐」，據高麗藏本改。

〔二〕出法句譬喻經卷一言語品。

又出曜經云：「昔罽賓國中有兄弟二人，其兄出家，得阿羅漢，弟在家中，治修居業。時兄數來教誨，勸弟布施持戒，修善作福。現有名譽，死生善處。而弟報曰：兄今出家，不慮官私，不念妻子、田業、財寶，我有此務。而兄數誨，不用兄教。後病命終，生在牛中，爲人所驅，馱鹽入城。兄從城中出遇見之，即爲説法。時牛聞已，悲哽不樂。牛主見已，語道人曰：汝何導説，而使我牛愁憂不樂？道人報曰：此牛前身本是我弟，昔日負君一錢鹽債，故墮牛中，以償君力。牛主聞已，語道人曰：君弟昔日與我親友。是時牛主即語牛曰：吾今放汝，不復役使。牛聞感激，至心念佛，自投深澗，即便命終。得生天上，受極快樂。以是因緣，若人負債，不可不償。」〔一〕

又成實論云：「若人負債不償，墮牛、羊、麞、鹿、驢、馬等中，償其宿債。」〔二〕

又百緣經云：「佛入舍衛城乞食，至一巷中，逢一婆羅門，以指畫地，不聽佛去。語佛言：汝今還我五百金錢，爾乃聽過。若不與我者，終不聽過。佛默然住，不能前進。波斯匿王等聞佛被留難，各送珍寶與婆羅門，然不肯受。須達聞之，取五百金錢與婆羅門，乃聽佛過。比丘問佛：何緣乃爾？佛言：過去波羅柰國梵摩達王太子名善生，遊行見一戲人，共輔相子樗蒲，賭五百金錢。時輔相子負戲人錢，尋索不償。太子語言：彼若不與，我當代償。後竟不償。從是以來，無量世中，常爲戲人從我索

〔一〕出出曜經卷三無業品。
〔二〕出成實論卷八六業品。

錢。佛言：昔太子者，今我身是。輔相子者，今須達是。昔戲人者，今婆羅門是也。」〔一〕

又雜寶藏經云：「昔罽賓國中有阿羅漢，名曰離越，山中坐禪。時有一人失牛，逐蹤至離越所。時值離越煮草染衣，即自然變作牛皮，染汁自然變作牛血，所煮染草變成牛肉，所持鉢盂變作牛頭。牛主見已，即捉收縛，將詣王所。王即付獄，經十二年，恒與獄監飼馬除糞。離越弟子得阿羅漢者，有五百人，觀覓其師，不知所在。業緣欲盡，有一弟子觀見師在罽賓獄中，即來告王：我師在獄，願王斷理。王即遣人就獄撿校。使至獄中，唯見有人，威色憔悴，鬚髮極長，而爲獄監飼馬除糞。使還白王：獄中都不見有沙門。離越弟子復白王言：願説教有比丘者，悉聽出獄。王即宣令：有僧悉遣出獄。離越聞已，鬚髮自落，袈裟著身，踊出虚空，作十八變。王見是事，五體投地，白言：尊者願受我懺。尋即來下，受王懺悔。王即問言：以何業緣，在獄受苦？離越荅言：我於往昔亦曾失牛，逐蹤誣他，經一日一夜。後墮三塗，受苦無量。餘殃不盡，今得羅漢，猶被誣謗。」〔二〕以是因緣，一切衆生應護口業，莫誣謗他。

依法華經説：「謗誦經人，若實若不實，現世得白癩病。」〔三〕離越昔所誣人是辟支佛，以是因緣，故得此報。

〔一〕出撰集百緣經卷四婆羅門從佛索債緣。

〔二〕出雜寶藏經卷二越離被謗緣。

〔三〕出妙法蓮華經卷二譬喻品。

又毗婆沙論云：「曾聞有一女人爲餓鬼所持，即以呪術而問鬼言：何以惱他女人？鬼荅之言：此女人者是我怨家，五百世中而常殺我。我亦五百世中斷其命根。若彼能捨舊怨之心，我亦能捨。爾時女人作如是言：我今已捨怨心。鬼觀女人，雖口言捨，而心不放，即斷其命。」〔一〕

又雜寶藏經云：「目連至恒河邊，見五百餓鬼羣來趣水，有守水鬼以鐵杖驅逐，令不得近。〔二〕於是諸鬼逕詣目連，禮目連足，各問其罪。一鬼曰：我受此身，常患熱渴。先聞恒河水清且凉，歡喜趣之，沸熱壞身。試飲一口，五藏焦爛，臭不可當。何因緣故，受如此罪？目連荅曰：汝先世時曾作相師，相人吉凶，少實多虚。或毁或譽，自稱審諦，以動人心。詐惑欺誑，以求財利，迷惑衆生，失如意事。復有一鬼言：我常爲天祠，有狗利牙赤白，來啗我肉，唯有骨在。風來吹起，肉續復生，狗復來啗。此苦何因？目連荅言：汝前世作天祠主，常教衆生殺羊，以血祠天，汝自食肉。是故今日以肉償之。復有一鬼言：我常身上有糞，周徧塗漫，亦復啗之。是罪何因？目連荅曰：汝前世時作婆羅門，惡邪不信。道人乞食，取鉢盛滿糞，以飯著上，持與道人。道人持還，以手食飯，糞汙其手。是故今日受如此罪。復有一鬼言：我腹極大如甕，咽喉手脚其細如針，不得飲食。何因此苦？目連荅言：汝前世時作聚落主，自恃豪貴，飲酒縱横，輕欺餘人，奪其飲食，餓困衆生。復有一鬼言：我常趣溷，欲啗食糞。有

〔一〕出阿毘曇毘婆沙論卷七。

〔二〕「令」字原脱，據高麗藏本補。

大羣鬼捉杖驅我，不得近厠。口中爛臭，飢困無賴。何因如此？目連荅言：汝前世時作佛圖主，有諸白衣供養衆僧，供辦食具。汝以麤供設客僧，細者自食。復有一鬼言：我身上徧滿生舌，斧來斫舌，斷復續生。如此不已。何因故爾？目連荅言：汝前世時作道人，衆僧差作蜜漿，石蜜塊大難消，以斧斫之，盜心咍一口。以是因緣，故還斫舌也。復有一鬼言：我常有七枚熱鐵丸，直入我口，入腹五藏焦爛，出復還入。何因故受此罪？目連荅言：汝前世時作沙彌，行果蓏子。到自師所，敬其師故，偏心多與，實長七枚。復有一鬼言：常有二熱鐵輪在我兩腋下轉，身體焦爛。何因故爾？目連荅言：汝前世時與衆僧作餅，盜心取二番，挾兩腋底，故受此苦。復有一鬼言：我癭丸極大如甕，行時擔著肩上，住則坐上，進止患苦。何因故爾？目連荅言：汝前世時作市令，常以輕稱小斗與他，重稱大斗自取，常自欲得大利於己，侵剋餘人。復有一鬼言：我常兩肩有眼，胸有口鼻，常無有頭。何因故爾？目連荅言：汝前世時恒作魁膾弟子，若殺罪人時，汝常歡喜心，以繩著髻挽之。復有一鬼言：我常有熱鐵針入出我身，受苦無賴。何因故爾？目連荅言：汝前世時作調馬師，或作調象師。象馬難制，汝以鐵針刺脚。又時牛遲，亦以針刺。復有一鬼言：我身常有火出，自然懊惱。何因故爾？目連荅言：汝前世時作國王夫人，更一夫人，王甚幸愛，常生妬心，伺欲危害。值王卧起去，時所愛夫人卧猶未起著衣。即生惡心，正值作餅，有熱麻油，即以灌其腹上。腹爛即死，故受此苦。復有一鬼言：我常有旋風迴轉我身，不得自在，隨意東西，心常惱悶。何因故爾？目連荅言：汝前世時常作卜師，或時實語，或時妄語，惑誑人心，不得隨意。復有一鬼言：我身常如塊肉，無有脚手眼耳鼻等，恒爲蟲鳥所食，罪苦難堪。

何因故爾？目連荅言：汝前世時常與他藥，墮他兒胎。復有一鬼言：我常有熱鐵籠籠絡我身，焦熱懊惱。何因受此？目連荅言：汝前世時常以羅網掩捕魚鳥。復有一鬼言：我常以物自蒙籠頭，亦常畏人來殺我，心常怖懼，不可堪忍。何因故爾？目連荅言：汝前世時，婬犯外色，常畏人見，或畏其夫捉縛打殺，或畏官法戮之都市，恐怖相續。復有一鬼問言：我受此身，肩上常有銅瓶，滿中洋銅。手捉一杓，取自灌頭，舉體焦爛。如是受苦，無數無量。有何罪咎？荅言：汝前世時出家爲道，典僧飲食。以一酥瓶私著餘處，有客道人來者不與之，去已出酥，行與舊僧。此酥是招提僧物，一切有分。此人藏隱，雖與不等。由是緣故，受此罪也。」〔一〕

譬喻經云：「昔外國有人死，魂還自鞭其屍。傍人問曰：是人已死，何以復鞭？報曰：此是我故身，爲我作惡，見經戒不讀，偷盜欺詐，犯人婦女，不孝父母，兄弟惜財，不肯布施。今死令我墮惡道中，勤苦毒痛，不可復言。是故來鞭之耳。」〔二〕

依無量壽經云：「憍梵波提過去世曾作比丘，於他粟田邊摘一莖粟，觀其生熟，數粒墮地。五百世作牛償之。」〔三〕

〔一〕出雜藏經。作雜寶藏經誤。

〔二〕此經已佚。經律異相卷四六引，作出譬喻經。

〔三〕此段出處待考。

頌曰：

貧富交舛，債負相違。舉貸觝拒，業結恒馳。心無悔償，苦報何疑。墮斯惡道，長夜無歸。

感應緣略引十一驗

漢沙門釋安清

晉沙門釋帛遠

梁南陽人侯慶

隋揚州人卞士瑜

隋洛州人王五戒

隋冀州人耿伏生

唐鄭州婦女朱氏

唐汾州人路伯達

唐雍州人程華

唐潞州人李校尉

唐雍州婦人陳氏

漢雒陽有沙門安清，字世高，安息國王正后之太子也。幼以孝行見稱，加又志業聰敏，剋意好學，外國典籍及七曜、五行、醫方異術，乃至鳥獸之聲，〔一〕無不綜達。常行見有羣鷰，忽謂伴曰：鷰云應有送食者。頃之果有致焉。衆咸奇之。故儁異之聲，早被西域。〔二〕高窮理盡性，自識宿緣業，多有神迹，世莫能量。初高自稱先身已經出家，有一同學多瞋，分衛值施主不稱，每輒怨恨。高屢加訶諫，終不悛改。如此二十餘年，乃與同學辭訣云：我當往廣州，畢宿世之對。卿明經精勤，不在吾後，而性多恚怒，命過當受惡形。我若有力，〔三〕必當相度。既而遂適廣州。值寇賊大亂，行路逢一年少，唾手拔刀曰：真得汝矣。高笑曰：我宿命負卿，故遠相償。卿之忿怒，故是前世時意也。遂申頸受刃，容無懼色。賊遂殺之。觀者盈路，莫不駭其奇異。而此神識還爲安息王太子，即今時世高身是也。高遊化中國，宣經事畢。值靈帝之末，關雒擾亂，乃振錫江南。云：我當過廬山，度昔同學。行達邔亭湖廟，此廟舊有靈威，商旅祈禱，乃分風上下，各無留滯。嘗有乞神竹者，未許輒取，舫即覆没，竹還本處。自

〔一〕「至」字原作「之」，據高麗藏本改。

〔二〕「被」字原作「彼」，據高麗藏本改。

〔三〕「有力」，高僧傳作「得道」。

是舟人敬憚，莫不懾影。〔一〕高同旅三十餘人，船主奉牲請福，神乃降祝曰：舫有沙門，可更呼上。客咸驚愕，請高入廟。神告高曰：吾昔外國與子俱共出家學道，〔二〕好行布施，而性多瞋怒。今爲邦亭廟神，周迴千里，並吾所治。以布施故，珍玩甚豐。以瞋恚故，故墮此神報。今見同學，悲欣可言。壽盡旦夕，而醜形長大，若於此捨命，穢汙江湖，當度山西澤中。此身滅後，恐墮地獄，吾有絹千匹，并雜寶物，可爲立法營塔，使生善處也。高曰：故來相度，何不出形？神曰：形甚醜異，衆人必懼。高曰：但出，衆不怪也。神從牀後出頭，乃是大蟒，不知尾之長短。至高膝邊，高向之胡語數番，讚唄數契，蟒悲淚如雨，須臾還隱。高即取絹物辭别而去。舟侣颺帆，蟒復出身，登山而望。衆人舉手，然後乃滅。倏忽之頃，便達豫章，即以廟物造東寺。高去後，神即命過。暮有一少年上船，長跪高前。受其祝願，忽然不見。高謂船人曰：向之少年，即邦亭廟神，得離惡形矣。於是廟神歇滅，無復靈驗。後人於山西澤中，見一死蟒，頭尾數里，今潯陽郡蛇村是也。高後復到廣州，尋其前世害己少年，時少年尚在。〔三〕高徑投其家，説昔日償對之事，并叙宿緣，歡喜相向。云：吾猶有餘報，今當往會稽畢對。廣州客悟高非凡，豁然意解，追恨前愆，厚相資供。隨高東遊，遂達會稽。至便入市，正值市中有亂相打

〔一〕「懾」字原作「攝」，據高麗藏本改。

〔二〕「昔」字原闕，據高僧傳補。

〔三〕「時少年」三字原脱，據高麗藏本補。

者，誤著高頭，應時殞命。廣州客頻驗二報，遂精勤佛法，具説事緣。遠近聞知，莫不悲歎。明三世之有徵也。〔一〕

晉長安有帛遠，字法祖，本姓萬氏，河内人。才思儁徹，〔二〕敏朗絶倫，誦經日八九千言，研味方等，妙入幽微。世俗墳索，多所該貫。祖至晉惠之末，欲潛遁隴右，以保雅操。會張輔爲秦州刺史，先有州人管蕃與祖論義，屢屈，深恨，向輔所譖。輔收之行罰。衆咸怪惋，祖曰：我來畢對。此宿命久結，非今事也。乃呼十方佛：祖前身罪緣，歡喜畢對。願從此後與輔爲善知識，無令受殺人之罪。遂鞭之五十，〔三〕奄然命終。輔後具聞其事，方大惋恨。道俗流涕，衆咸憤激，共分祖屍，各起塔廟。輔雖有才解，而酷不以理，横殺德僧，天水太守封尚，百姓疑駭，因亂而斬焉。管蕃亦卒。時有人姓李名通，死而更穌云：見祖法師在閻羅王處，爲王講首楞嚴經，云講竟，應往忉利天。又見祭酒王浮，一云道士基公，次被鎖械，求祖懺悔。昔祖平素之日，與浮每争邪正，浮屢屈。既瞋不自忍，乃作老子化胡經，以誣謗佛法。殃有所歸，故死方思悔。孫綽道賢論以法祖匹嵇康，論云：帛祖釁起於管蕃，中散禍

〔一〕出高僧傳卷一安清傳。

〔二〕「徹」字原作「微」，據高麗藏本改。

〔三〕「十」字原作「行」，據高僧傳改。

作於鍾會。二賢並以高邁之氣，昧其圖身之慮，栖心事外，輕世招患，殆不異也。〔一〕其見稱如此。〔二〕

右二驗出梁高僧傳。

梁南陽人侯慶，有銅像一軀，可高尺餘。慶有牛一頭，擬貨爲金色，遇有急事，遂以牛與他用之。經二年，慶妻馬氏忽夢此像謂之曰：卿夫婦負我金色，久而不償。今取卿兒醜多，以充金色。馬氏寤覺，而心不安。至曉醜多得病而亡。慶年餘五十，唯有一子。悲哀之聲，感於行路。醜多亡日，像忽自有金色，光照四鄰。鄰里之內，咸聞香氣。道俗長幼，皆來觀矚。尚書右僕射元慎聞里內頻有怪異，遂改阜財里爲齊諧里也。〔三〕見洛陽寺記也。

隋揚州卞士瑜者，其父在隋以平陳功，授儀同。慳悋，嘗雇人築宅，不還其價。作人求錢，卞父鞭之。皆怒曰：若實負我，死當與我作牛。須臾之間，卞父死。其年作牛孕產一黃犢，腰有黑文，橫絡，周匝如人腰帶。右跨有白文，斜貫，大小正如象笏形。牛主呼之曰：卞公，何爲負我！犢即屈前膝，以頭著地。瑜以錢十萬贖之，牛主不許。死乃收葬。瑜爲臨自說之爾。〔四〕

〔一〕「不」字原脱，據高麗藏本補。

〔二〕出高僧傳卷一帛遠傳。

〔三〕出洛陽伽藍記卷四阜財里開善寺。

〔四〕出冥報記卷下。又太平廣記卷四三四引，作出法苑珠林。

隋大業中，洛陽有人姓王，常持五戒，時言未然之事，閭里敬信之。一旦忽謂人曰：今當有人與我一頭驢。至日午，果有人牽驢一頭送來，涕泣說言：早喪父，其母寡，養一男一女。女嫁，而母亡二年矣。寒食日，持酒食祭墓，此人乘驢而往。墓所伊水東，欲渡伊水，驢不肯渡，鞭其頭面，破傷流血。既至墓所，放驢而祭。俄失其驢還本處。其日妹獨在兄家，忽見其母入來，頭面流血，形容毀頓，號泣告女：我生時避汝兄，送米五斗與汝，坐得此罪，報受驢身，償汝兄五年矣。今日欲渡伊水，水深畏之。汝兄鞭捶我，頭面盡破。仍期還家，更苦打我。我走來告汝，吾今償債垂畢，何太非理相苦也！言訖出。尋之，不見其母。兄既而還，女先觀驢頭面，傷破流血，如見其母傷狀。女抱以號泣，兄怪問之，女以狀告。兄亦言：初不肯渡，及失還得之。言狀符同。於是兄妹抱持慟哭，驢亦啼淚皆流，不食水草。兄妹跪請：若是母者，願爲食草。驢即爲食，既而復止。兄妹莫如之何，遂備粟送王五戒處，乃復飲食。後驢死，兄妹收葬焉。〔一〕二驗並出冥報記。〔二〕

隋冀州臨黄縣東，有耿伏生者，其家薄有資産。隋大業十一年，伏生母張氏避父，將絹兩匹乞女。數歲之後，母遂終亡，變作母豬，在其家生，復産二豘。伏生並已食盡，遂便不産。伏生即召屠兒出賣。未取之閒，有一客僧，從生乞食，即於生家少停，將一童子入豬圈中遊戲。豬語之言：我是伏生母，爲

〔一〕出冥報記卷下。又太平廣記卷四三六引，作出法苑珠林。

〔二〕「二驗並」，高麗藏本作「右二驗」。

於往日避生父眼，取絹兩匹乞女。我坐此罪，變作母豬。生得兩兒，被生食盡。還債既畢，更無所負，欲召屠兒賣我，請爲報之。童子具陳向師，師時怒曰：汝甚顛狂，豬那解作此語。遂即寢眠。又經一日，豬見童子又云：屠兒即來，何因不報？童子重白師主，又亦不許。少頃，屠兒即來取豬，豬踰圈走出，而向僧前牀下。屠兒逐至僧房。〔一〕僧曰：豬投我來，今爲贖取。遂出錢三百文贖豬。後乃竊語伏生曰：家中曾失絹不？生報僧云：父存之日，曾失兩匹。又問：姊妹幾人？生又報云：唯有一姊，嫁與縣北公乘家。僧即具陳童子所説，伏生聞之，悲泣不能自已，更別加心供養豬母。凡經數日，豬忽自死。託其女夢云：還債既畢，得生善處。兼勸其女更修功德。〔二〕

唐鄭州陽武縣婦女姓朱，其夫先負外縣人絹百匹。夫死之後，遂無人還。貞觀末，因病死，經再宿而穌。自云：被人執至一所，見一人云：我是司命府吏。汝夫生時負我家絹若干匹，所以追汝。今放汝歸，宜急具物至某縣某村某家送還我母。如其不送，捉追更切。兼爲白我孃，努力爲其造像修福。朱即告乞鄉閭，得絹送還其母。具言其兒貌狀，有同生平。其母亦對之流涕，歔欷久之。〔三〕

唐汾州孝義縣人路伯達，至永徽年中負同縣人錢一千文，後乃違契拒諱。及執契作徵，遂共錢主

〔一〕「逐」字原作「遂」，據高麗藏本改。

〔二〕太平廣記卷四三九引，作出法苑珠林。

〔三〕太平廣記卷三八六引，作出法苑珠林。

於佛前爲信誓曰：若我未還公，願吾死後與公家作牛畜。言訖，未逾一年而死。至二歲時，向錢主家牸牛產一赤犢子，額上生白毛，爲路伯達三字。其子姪等恥之，將錢五千文求贖，主不肯與。乃施與隰城縣啓福寺僧真如，助造十五級浮圖。人有見者，發心止惡，競投錢物布施。〔一〕右三驗出冥報拾遺也。

唐永徽五年，京城外東南有陂，名獨嘉嶲，〔二〕有靈泉鄉，里長姓程名華。秋季輸炭時，程華已取一炭丁錢足，此人家貧，復不識文字，不取他抄。程華後時復從丁索炭，炭丁不伏。程華言：我若得你錢，將汝抄來。炭丁云：吾不識文字，汝語吾云：我既得汝錢足，何須用抄。吾聞此語，遂信不取。何因今日復從吾索錢？程華不信因果，遂爲他炭丁立誓云：〔三〕我若得汝錢，願我死後爲汝作牛。炭丁懊惱，別舉錢與之。程華未經三五月身亡，即託炭丁牸牛處胎。後生犢子，偏體皆黑，唯額上有一雙白程華字分明。人見皆識。程華兒女倍加將錢收贖，不與。其牛尚在。左近村人同見說之。

唐龍朔元年，懷州有人至潞州市豬，至懷州賣。有一豶豬，〔四〕潞州三百錢買，將至懷賣與屠家，得六百錢。至年冬十一月，潞州有人姓李，不得字，任校尉，至懷州上番，因向市欲買肉食。見此豶豬

〔一〕「競」字原作「竟」，據高麗藏本改。太平廣記卷四三四引，作出法苑珠林。

〔二〕「獨嘉嶲」，高麗藏本作「苟家觜」。

〔三〕「誓云」二字原重，據高麗藏本删。

〔四〕「豶」字原作「特」，據高麗藏本改。下同。

已縛四足，在店前，將欲殺之。見此校尉語云：汝是我女兒，我是汝外婆。本爲汝家貧，汝母數從我索糧食。爲數索不可供足，我大兒不許。我憐汝母子，私避兒與五斗。我今作豬，償其盜債，汝何不救我！校尉聞此，從屠兒贖豬。屠兒初之不信，餘人不解此豬語，唯校尉得解。屠兒語云：審若是汝外婆，我解放之。汝對我更請共語。屠兒爲解放已，校尉更請豬語云：某今當上一月，未得將婆還舍，未知何處安置？婆豬即語校尉言：我今已隔世，受此惡形，縱汝下番，亦不須將我還。汝母見在，汝復爲校尉，家鄉眷屬見我此形，決定不喜，恐損辱汝家門。吾聞某寺有長生豬羊，汝安置吾此寺。校尉復語豬言：婆若有驗，自預向寺。豬聞此語，遂即走向寺。寺僧初不肯受，校尉具爲寺僧説此靈驗，合寺僧聞，並懷慙愍，即爲造舍屏處安置。校尉復留小氈令卧。寺僧道俗競施飲食，久後寺僧並解豬語。校尉下番辭向本州，報母此事。母後自來看豬，母子相見，一時泣淚。豬至麟德元年猶聞平安。〔一〕東宮率梁難迪，并州人，改任懷州壉下折衝，具見説之也。

唐龍朔三年，長安城内通軌坊三衛劉公信妻陳氏，母先亡，陳因患暴死。見人將入地獄，備見諸苦，不可具述。末後見一地獄，石門牢固，有兩大鬼，形容偉壯，守門左右，怒目瞋陳：汝何人到此！見石門忽開，亡母在中受苦，不可具述。受苦稍歇，近門，母子相見，遥得共語。母語女言：汝還努力爲吾寫經。女諮孃：欲寫何經？爲吾寫法華。言訖，石門便閉。陳還得穌，具向夫説。夫即憑妹夫趙師

〔一〕太平廣記卷四三九引，作出法苑珠林。

子欲寫法華。其師子舊解寫經，有一經生將一部新寫法華未裝潢。其人先與他受雇，寫經主姓范，此生將他法華轉向趙師子處質二百錢，施主不知質錢。師子復語婦兄云：今既待經在家，有一部法華，兄贖取此經，向直一千錢。陳夫將四百錢贖得，裝潢周訖，在家爲母供養。其女陳氏後夢見母，從女索經：吾先遣汝爲吾寫一部法華，何因迄今不得？女報母言：已爲孃贖得一部法華，現裝潢了，在家供養。母語女言：止爲此經，吾轉受苦。冥道中獄卒打吾脊破，汝看吾身瘡。獄官語云：汝何因取他范家經將爲己經？汝何有福，甚大罪過。女見母説如此，更爲母别寫法華。其經未了，女夢中復見母來催經。即見一僧手捉一卷法華語母云：汝女已爲汝寫經，第一卷了，功德已成。何因復來敦逼？待寫了，何須怱急。後寫經成，母來報女：因汝爲吾寫經，今得出冥道，好處受生，得汝恩力，故來報汝。汝當好住，善爲婦禮，信心爲本。言訖悲淚共别。後時勘問前贖法華主，果是姓范。〔一〕范家雖不得經，其經已成，施福已滿。後人轉質，自得罪咎。劉妻贖取，微得少福，然亡母不得力。陳氏夫劉公信具向拾遺自説。〔二〕

〔一〕以上太平廣記卷九九引，作出法苑珠林。

〔二〕按以上三條應出自冥報拾遺。

諍訟篇第六十六此有二部

述意部　引證部

述意部第一

夫慈言一發，則人天含笑；鄙語一彰，則幽顯皆瞋。將恐聞聲傳惡，永隔心目；見善懷親，長同赤子。既知邪正異蹤，善惡分路，勸止三毒之凶言，興善和之敬順。所以大聖之訓，修本去末，即心爲毒主，口爲禍器。因事成災，沿流惡道。未有諍訟違形，而存大化也。

引證部第二

如中阿含經云：「爾時祇洹中有兩比丘諍起，一人駡詈，一人默然。其駡詈者，即便改悔懺謝於彼，而彼比丘不受其懺。以不受故，衆多比丘共相勸諫，高聲鬧亂。爾時世尊以淨天耳過於人耳，聞祇洹中聲鬧亂。聞已，從禪覺往精舍，於大衆前敷座而坐，告諸比丘：我今至安陀林坐禪，聞精舍中高聲鬧亂，竟爲是誰？比丘具述前事，白佛。佛告比丘：云何愚癡之人，人向悔謝，不受其懺？若人懺謝而不受者，是愚癡人，長夜當得不饒益苦。告諸比丘：過去世時，釋提桓因有三十三天共諍，說偈教誡言：

於他無害心，　瞋亦不纏結。　懷恨不經久，　於瞋以不住。　雖復瞋恚盛，　不發於麤言。
不求彼制節，　揚人之虚短。　常當自防護，　以義内省察。　不怒亦不虚，　常與賢聖共。
若與惡人俱，　剛强猶山石。　盛恚能自持，　如制逸馬車。　我說爲善師，　非謂執繩者。

爾時世尊告諸比丘：過去世時，有天帝釋共天阿脩羅對陣欲戰，釋提桓因語三十三天衆言：今日諸天與阿脩羅軍戰，諸天得勝，阿脩羅不如者，當生擒毗摩質多羅阿脩羅王，〔一〕以五繫縛，將還天宮。脩羅復作是語：當其戰時，諸天不如，脩羅得勝者，當生擒帝釋，以五繫縛，將還我宮。當其戰時，諸天得勝，脩羅不如。諸天以五繫縛阿脩羅，將還天宮，縛在帝釋斷法殿前門下。帝釋從此門入出之時，阿脩羅縛在門側，瞋恚罵詈。時帝釋御者見阿脩羅王身被五縛，在於門側，帝釋出入之時，輒瞋恚罵詈。見已即便說偈白帝釋言：

釋今爲畏彼，〔二〕　爲力不足耶。　能忍阿脩羅，　面前而罵辱。

帝釋即荅：

〔一〕上二「羅」字原脱，據高麗藏本補。
〔二〕「彼」字原作「被」，據高麗藏本、磧砂藏本、南藏本、嘉興藏本改。

不以畏故忍，亦非力不足。何有黠慧人，〔一〕而與愚夫對。

御者復白言：

若但行忍者，於事則有闕。愚癡者當言，畏怖故行忍。是故當苦治，以智制愚癡。

帝釋荅言：

我當觀察彼，制彼愚夫者。見愚瞋熾盛，智以靜默伏。非力而爲力，是彼愚癡力。愚癡違遠法，於道則無有。若使有大力，能忍於劣者，是則爲上忍。無力何有忍，於他極罵辱，大力者能忍，是則爲上忍。無力何有忍，於己及他人，善護大恐怖。知彼瞋恚盛，還自守靜默。於二義俱備，自利亦利他。〔二〕謂言愚夫者，以不見法故。愚夫謂勝忍，重增於惡言。未知忍彼罵，於彼常得勝。於勝己行忍，是名恐怖忍。於等者行忍，是名諍忍。於劣者行忍，是名爲上忍。

佛告諸比丘：釋提桓因於三十三天爲自在主，常行忍辱，讚歎於忍。汝等比丘正信非家，出家學道，亦應如是行忍，讚歎於忍，應當勤學。」〔三〕

〔一〕「黠」字原作「點」，據高麗藏本、磧砂藏本、南藏本、嘉興藏本改。
〔二〕上四句原重，據高麗藏本刪。
〔三〕出雜阿含經卷四十。作中阿含經誤。

又起世經云：「佛告諸比丘：往昔諸天與阿脩羅起大鬬戰。爾時帝釋告其所領三十三天言：諸仁者，汝等諸天若與脩羅共爲戰鬬，宜好莊嚴，善持器仗。若諸天勝，脩羅不如，汝等可共生捉毗摩質多羅阿脩羅王，以五繫縛之，將到善法堂前，諸天會處。三十三天聞帝釋命，依教奉行。爾時毗摩質多羅阿脩羅王亦復告諸脩羅言：若諸天不如，即當生捉帝釋天主，五繫縛之，將詣諸阿脩羅七頭會處，立置我前。諸脩羅衆亦受教行。當於彼時，帝釋得勝，即便生捉阿脩羅王，以五繫縛之，將詣善法堂前，諸天集處，向帝釋立。爾時毗摩質多羅王若作是念：願諸脩羅各自安善。我今不用諸阿脩羅，我當在此與天一處，同受娛樂，甚適我意。興此念時，即見自身，五縛悉解，五欲功德皆現其前。或作是念：我今不用三十三天，願諸天等各自安善。我願還歸阿脩羅宮。起此念時，其身五繫，即還縛之，五欲功德忽即散滅。阿脩羅王有如是等微細結縛，諸魔結縛復細於此。所以者何？諸比丘邪思惟時，即被結縛。正憶念時，即便解脱。爾時毗摩質多羅阿脩羅王未戰已前，作如是念：我有如是威神德力，日月宮殿及三十三天雖在我上運轉周行，我力能取以爲耳璫，處處遊行，不爲妨礙。爾時羅睺羅阿脩羅王自服種種嚴身器仗，與鞞摩質多羅王，〔一〕踊躍幻化，諸小王眷屬，前後圍遶，從阿脩羅城導從而出，欲共忉利諸天興大戰鬬。爾時難陀、憂波難陀二大龍王，從其宮出，各各以身遶須彌山，周迴七匝，一時

〔一〕「摩」字原作「魔」，據高麗藏本、磧砂藏本、南藏本、嘉興藏本改。

動之。動已復動，以尾打海，令一段水，上於虚空，在須彌頂上。是時帝釋告諸天言：汝等見此大地如是動不？空中靉靆，猶如雲雨，又似重霧。我今定知諸阿脩羅欲與天鬭。於是海内諸龍各嚴器仗而出，復往告六欲諸天，各嚴器仗，乘空而來。須夜摩天王與無量百千萬數諸天子，下至須彌山頂上，在東面竪純青難降伏旛，依峰而立。爾時兜率陀天王與無量百千萬衆，一時雲集須彌山頂，在其南面竪純黄色難降伏旛，依峰而立。爾時化樂天王與無量百千萬天子，下至須彌山頂，在其西面竪純赤色難降伏旛，依峰而立。爾時他化自在天王與其無量百千天子，下至須彌山頂，在其北面竪純白色難降伏旛，依峰而立。爾時帝釋見上諸天並皆雲集，乃至虚空，夜叉咸皆隨從帝釋前立。於是帝釋自著鎧甲，與諸天衆前後圍遶，從天宫出，欲共大戰。諸器仗等，雜色可愛，皆七寶所成。以此刀仗遥擲阿脩羅身，莫不洞徹而不爲害。於其身上不見瘡痕之跡，唯以觸因緣故，受於苦痛。諸阿脩羅器仗亦是七寶所成，穿諸天身，亦皆徹過，而無瘢痕。唯觸因緣，故受苦痛。」〔二〕

又增一阿含經云：「昔日諸天與阿須倫共鬭，時諸天得勝，阿須倫王不如。便懷恐怖，化形極小，從藕根孔中過。佛眼所見，非餘者所及。」〔三〕

又大集經云：「爾時世尊告諸龍衆阿脩羅言：汝等莫鬭，應當修忍。仁者若能離於瞋怒，成就忍

〔二〕出起世經卷八門戰品。

〔三〕出增一阿含經卷二十一。

辱，速得十處。何等爲十？一、得作王，王四天下，自在輪王。二、毗樓博叉天王。三、毗樓勒叉天王。四、提頭賴吒天王。五、毗沙門天王。六、釋天王。七、須夜摩天王。八、兜率陀天王。九、化樂天王。十、他化自在天王。諸仁者若具足忍，是人速得如是十處忍辱近果。」〔一〕

又中阿含經：「世尊説頌曰：〔二〕

若有諍論議，雜意懷貢高，非聖毀此德，各各相求便。但求他過失，意欲降伏彼，
更互而求勝，聖不如是説。」〔三〕

又中阿含經：「世尊告諸比丘：汝莫鬭諍。所以者何？

若以諍止諍，至竟不見止。惟忍能止諍，是法真尊貴。

於是世尊不悦可，拘舍彌諸比丘諍已，即從座起，而説頌曰：

以若干言語，破壞最尊衆，破壞聖衆時，無能有訶止。碎身至斷命，奪象牛馬財，
破國滅亡盡，彼猶故和解。況汝小言駡，不能令和合，若不思真義，〔四〕怨結焉得息。

〔一〕出大方等大集經卷五十四月藏分忍辱品。

〔二〕上文十字原脱，據高麗藏本補。

〔三〕出中阿含經卷二十九。

〔四〕「思」字原作「忍」，據高麗藏本、磧砂藏本、南藏本、嘉興藏本改。

罵詈責數説，而能制和合，若思真實義，怨結必得息。若以諍止諍，至竟不見止，唯忍能止諍，是法可尊貴。瞋向慧真人，口説無賴言，誹謗牟尼聖，是下賤非智。」〔一〕

又佛本行經：「佛爲五比丘説偈云：

一月之中千過鬭，一鬭百倍得勝他。若能歸信佛世尊，能勝於彼十六分。一月之中千過鬭，一鬭百倍得勝人。若能歸信法正真，能勝於彼十六分。一月之中千過鬭，一鬭百倍得勝他。若能歸信一切僧，能勝於彼十六分。一月之中千過鬭，一鬭百倍得勝人。若能思惟法性空，能勝於彼十六分。」〔二〕

又雜寶藏經云：「昔有一婢，禀性廉謹，常爲主人典麨麥豆。時家有羝羖，伺空遂便啗食麥豆。升量折損，爲主所瞋。信已不取，皆由羊啗。緣是之故，婢常因嫌，每自杖捶，用打羝羖。羖亦含怨，來觝觸婢。如此相犯，前後非一。婢因一日空手取火，羊見無杖，直來觝婢。婢緣急故，用所取火著羊脊上。羊得火熱，所在觸處，突燒村人，延及山澤。于時山中五百獮猴，火來熾盛，不及避走，即皆一時被火燒死。諸天見已而説偈言：

〔一〕出中阿含經卷十七長壽王本起經。
〔二〕出佛本行集經卷四十四布施竹園品。

瞋恚鬬諍閒，不應於中止。羝羊共婢鬬，村人獮猴死。」〔一〕

頌曰：

貴富諍人我，貧賤自然羞。强弱相辜負，鬬訟未曾休。恥恨相侵奪，覓後報其讎。

怨結恒對值，累劫常苦愁。

感應緣 略引二驗

漢景帝時白頸烏鬬

漢中平年有雀鬬

漢景帝三年十一月，有白頸烏與黑烏，羣鬬楚國呂縣。白頸不勝，墮泗水中，死者數千。劉向以爲近白黑祥也。〔二〕楚王戊暴逆無道，刑辱申公，與吴謀反。烏羣鬬者，師戰之象也。白頸者小，明小者敗也。墮於水者，將死水地。王戊不悟，遂舉兵應吴，與漢大戰，兵敗而走。至於丹徒，爲越人所斬。

〔一〕出雜寶藏經卷十婢共羊鬥緣。

〔二〕「白」字原作「日」，據搜神記改。

墮泗水之效也。京房易傳曰：逆親親，厥妖白黑烏鬭於國。〔一〕燕王旦之謀反也，又有一烏一鵲鬭於燕宮中池上，〔二〕烏墮池死。〔三〕五行志以爲楚燕皆骨肉藩臣，驕恣而謀不義，俱有烏鵲鬭死之祥。行同而占合，此天人之明表也。燕陰謀未發，獨王自殺於宮，故一烏而水色者死；楚亢陽舉兵，軍師大敗於野，故烏衆而金色者死。天道精微之效也。京房易傳曰：顓征劫殺，厥妖烏鵲鬭。〔四〕漢中平三年八月，懷陵上有萬餘雀，先極悲鳴，已因亂鬭相殺，皆斷頭懸著樹枝枳棘。到六年，靈帝崩。夫陵者，高大之象也。雀者，爵也。天誡若曰：懷爵禄而尊厚者，自還相害，至滅亡也。〔五〕右二驗出搜神記也。

〔一〕「白」字原作「日」，據搜神記改。

〔二〕「池上」二字原闕，據搜神記補。

〔三〕「烏墮池死」原作「墮地死」，據搜神記改補。

〔四〕自「京房易傳曰逆親親」至此一段原脱，據高麗藏本、磧砂藏本、南藏本、嘉興藏本補。出搜神記卷六。

〔五〕出搜神記卷六。

法苑珠林校注卷第五十八

謀謗篇第六十七此有五部

述意部　呪詛部　誹謗部　避讖部　宿障部

述意部第一

夫心者衆病之源，口者臧否之本。同出異名，禍福殊派。故知身口三業，無非構禍之因；眼目六情，悉爲招釁之首。致使謀謗聖凡，枉壓良善，横受三根，長辭七衆。但死生有命，富貴由業。縱加鴆毒，毒不能傷；異道興謀，謀不能害。徒起謗心，虚施禱祀。故班婕妤云：「修善尚不蒙福，爲邪欲以何望。若鬼神有知，不受佞邪之訴。若其無知，訴之何益。」〔一〕良由雪山之蘗，真僞叵辯；菴羅之果，

〔一〕出列女傳卷八。

生熟難分。故如來在世，尚不免謗，況今是凡，豈逃斯責！責是宿殃，時來須受，此亦己事，何得恨他。然虛謗之罪，自加塗炭，如脣口是弓，心慮如弦，音聲如箭，長夜空發，徒染身口。特須自省，緘口慎心也。

呪詛部第二

如大方廣摠持經云：「佛言：善男子，佛滅度後，若有法師善隨樂欲，爲人説法，能令菩薩學大乘者，及諸大衆有發一毛歡喜之心，乃至暫下一滴淚者，當知皆是佛之神力。若有愚人，實非菩薩，假稱菩薩，謗真菩薩及所行法，復作是言：彼何所知，彼何所解？若彼此和合，則能住持流通我法。若彼此違諍，則正法不行。此謗法之人，極大罪業，墮三惡道，難可出離。若有愚人於佛所説而不信受，雖復讀誦千部大乘，爲人解説，獲得四禪，以謗他故，七十劫中受大苦惱。況彼愚人實無所知，而自貢高。乃至誹謗一四句偈，當知是業，定墮地獄，永不見佛。以惡眼視發菩提心人故，得無眼報。以惡口謗發菩提心人故，得無舌報。」〔一〕

又賢愚經云：「昔佛在世時，有微妙比丘尼得阿羅漢果，與諸尼衆自説往昔所造善惡業行果報。

〔一〕出大乘方廣總持經。

告尼衆曰：乃往過去有一長者，其家巨富，唯無子息。更取小婦，夫甚愛念。後生一男，夫婦敬重，視之無厭。大婦心妬，私自念言：此兒若大，當攝家業。我唐勤苦，聚積何益！不如殺之。取鐵針刺兒顋上，後遂命終。小婦疑是大婦殺，即便語言：汝殺我子。大婦爾時謂無罪福反報之殃，即與呪誓：若殺汝子，使我世世夫爲蛇螫，所生兒子水漂狼啗，自食子肉，身現生埋，父母居家，失火而死。作是誓已，後時命終。緣殺兒故，墮於地獄，受苦無量。地獄罪畢，得生人中，爲梵志女。年漸長大，適娶夫家，産生一子。後復懷妊，月滿欲産。夫婦相將向父母舍，至於中路，腹痛遂産。夜宿樹下，夫時別卧。前所呪誓，今悉受之。時有毒蛇螫殺其夫。婦見夫死，即便悶絶，後乃得穌。至曉天明，便取大兒，著於肩上，小者抱之，涕泣進路。路有一河，深而且廣。即留大兒，著於此岸，先抱小者渡著彼岸，還迎大兒。兒見母來，入水趣母，水即漂去。母尋追之，力不能救。須臾之閒，俄爾没死。還趣小兒，狼來啗訖，但見流血，狼藉在地。母時斷絶，良久乃穌。遂前進路，逢一梵志，是父親友。即向梵志具陳辛苦。梵志憐愍，相對啼哭。尋問家中平安以不。梵志荅言：父母眷屬大小，近日失火，一時死盡。聞之懊惱，死而復穌。梵志將歸，供給如女。後復適娶，妊身欲産。夫外飲酒，日暮乃還。婦暗閉門，在内獨坐。須臾婦産。夫在門喚，婦産未竟，無人往開。夫破門入，捉婦熟打。婦陳産意，夫瞋怒故，〔一〕尋

〔一〕「故」字原脱，據高麗藏本補。

取兒殺，以酥煮之，逼婦令食。婦食子後，心中酸結。自惟薄福，乃值斯人。便棄逃走，到波羅柰國。至一園中樹下坐息。有長者子，其婦新死，日來塚上，追戀啼哭。見此女人樹下獨坐，即便問之，遂爲夫婦。經於數日，夫忽壽終。時彼國法，若其生時夫婦相愛，夫死之時，合婦生埋。時有羣賊來開其塚，賊帥見婦面首端正，即納爲婦。經於數旬，夫破他塚，爲主所殺。賊伴將屍來付其婦，復共生埋。經於三日，狐狼開塚，因而得出。自剋責言：宿有何罪，旬日之閒，遭斯禍厄。死而復穌，今何所歸，得全餘命。聞釋迦佛在祇洹中，即往佛所，求哀出家。由於過去施辟支佛食發願力故，今得值佛，出家修道，得阿羅漢。達知先世殺生之業，所作呪誓，墮於地獄，現在辛酸，受斯惡報，無相代者。微妙自説：昔大婦者，今我身是。雖得羅漢，恒熱鐵針，從頂上入，足下而出。晝夜患此，無復堪忍，殃禍如是，終無朽敗。」〔一〕

又舊譬喻經云：「佛在世時，有一大姓常好慧施。後生一男，無有手足，形體似魚，名曰魚身。父母終亡，襲持家業。寢卧室内，人無見者。時有力士向王厨食，恒懷飢乏，獨牽十六車樵賣，以自給身。又常不供。魚身請與相見，示其形體。力士自惟：我力乃爾，不如無手足人。往到佛所，問其所疑。佛言：昔迦葉佛時，魚身與此王共飯佛。汝時貧窮，助其驅使。魚身所具與王行之，而謂王言：今日

〔一〕出賢愚因緣經卷三微妙比丘尼品。

有務，不得俱行。若行無異，斷我手足。時行者，今王是也。不行言者，魚身是也。時佐助者，汝身是也。力士意悟，即作沙門，得阿羅漢道。」〔一〕

又百緣經云：「佛在世時，舍衛城中有一長者，財寶無量，不可稱計。其婦産一男兒，兀無有手，産便能語。作是唱言：今此手者，甚爲難得，深生愛惜。父母怪之，因爲立字，名曰兀手。年漸長大，見佛聞法，得須陀洹果。求佛出家，佛告：善來。鬚髮自落，法服著身，便成沙門。精勤修習，得阿羅漢果，諸天世人所見敬仰。時諸比丘請佛説本因緣，佛告比丘：此賢劫中，迦葉佛時，有二比丘，一是羅漢，一是凡夫，爲説法師。時諸民衆競共請喚，常將法師受檀越請。後於一日法師不在，將餘者行。瞋恚罵言：我常爲汝給使，今將餘者共行。自今以往，更爲汝使，令我無手。作是語已，各自辭退，止不共行。以是業緣，五百世中，受是果報。是故唱言：今此手者，甚爲難得。由於彼時供給聖人故，今得值我出家得道。比丘聞已，歡喜奉行。」〔二〕

又百緣經云：「佛在王舍城迦蘭陀竹林中。時尊者那羅達多著衣持鉢，入城乞食，還歸本處。遥見祇洹赤如血色，怪其所以，尋即往看。見一餓鬼，肌肉消盡，支節骨立。一日一夜生五百子，羸瘦尫劣，氣力乏少。當生之時，荒悶殞絶，支節解散，極爲飢渴之所逼切。隨生隨啗，終無飽足。時那羅達

〔一〕 出舊雜譬喻經卷上。
〔二〕 出撰集百緣經卷十兀子比丘緣。

多便前問言：汝造何業，今獲斯報？餓鬼荅曰：汝今可自問佛，世尊當爲汝説。時那羅達多尋往佛所，俱問斯報。佛告那羅達多云：此賢劫中波羅柰國有一長者，金銀珍寶，奴婢僕使，象馬牛羊，不可稱計。唯一夫人，無有子息。禱祀神祇，求索有子，了不能得。時彼長者即便更取族姓家女。未久之閒，便覺有身。其大夫人見其有身，便生嫉妬，密與毒藥，令彼墮胎。姊妹眷屬，即詣其所，與彼大婦，極共鬪諍，遂相打棒，問其虚實。其大婦者，止欲道實，恐其交死。止欲不道，苦痛叵言。逼切得急，而作呪詛：若我真實墮汝胎者，令我捨身生餓鬼中，一日一夜生五百子，生已隨啗，終不飽足。作是誓已，尋即放去。佛告那羅達多：欲知彼時其大婦者，今餓鬼是。佛説是時，諸比丘等皆捨惡心，得四沙門果，有發無上菩提心者，歡喜奉行。」〔一〕

又法句喻經云：「瑠璃王受佞臣阿薩陀等奸謀，昇殿，遂將兵就祇洹，不得還宫，與王官屬戰。〔二〕王與夫人夜至王舍城，國中道飢餓，啗蘆菔根，腹脹而薨。於是瑠璃王拔劍入東宫，斫殺兄祇。祇知無常，心不恐懼。命未斷閒，空中自然音樂，迎其魂神。瑠璃王復由誅釋種，佛記及太史記，却後七日當爲地獄火所燒殺。」〔三〕

〔一〕出撰集百緣經卷五餓鬼自生還噉五百子緣。
〔二〕「戰」字原作「載」，據高麗藏本改。
〔三〕出法句譬喻經卷一雙要品。

又入大乘論：「堅意菩薩說偈云：

誹謗大乘法，　決定趣惡道。　焚燒甚苦痛，　業報罪信爾。　若從地獄出，　復受餘惡報。
諸根常缺陋，　永不聞法音。　設使得聞者，　復生於謗法。　以謗法因緣，　還墮於地獄。

謗法衆生聞如是說，於大乘中，便生疑心。如尊者提婆所說偈：

薄福之人，　不生於疑。　能生疑者，　必破諸有。」〔一〕

大悲分陀利經偈云：

「衆生老病死，　沈没愛流海。　處在三界獄，　衆苦受結縛。　飲血毒相害，　無始被燒煮。　癡盲失善道，　不能見正路。　生死愚暗重，　皆由著邪見。　旋迴五道中，　譬如車輪轉。」〔二〕

誹謗部第三

如發覺净心經云：「時有六十初發心菩薩，共到佛所，五體投地，禮佛足已，於地未起，悲啼雨淚，向佛合掌，而作是言：善哉世尊，我等業障，願分別說。令我等輩，自清净心，勿復更造。佛告彼菩薩

〔一〕出入大乘論卷上。
〔二〕出大悲分陀利經卷四千童子受記品。

言：諸善男子，汝等過去於拘留孫如來教中，出家學道。既出家已，住於禁戒，於戒放逸。住於多聞，於多聞放逸。住於頭陀功德，〔一〕皆悉損減。於時有二法師比丘，汝於彼所誹謗婬欲。爲多利養名聞因緣，於彼親友施主之家，嫉妒慳貪。於二法師所親友檀越，汝復破壞離散，兩舌毁辱，令生疑惑，不生信心。信不具足，説非善事。時二法師所有衆生，心生敬信隨順之者，令彼等輩斷諸善根，作諸障礙。汝等以此業障礙故，遂於六十二百千歲墮於阿鼻大地獄中，復於四萬歲墮於活地獄中，復於二萬歲中墮黑繩地獄，復於八百千歲墮熱地獄，復於彼處捨命已後，還得人身，於五百世中生盲無目。以業障故，所生之處，一切暗鈍，忘失本心，善根閉塞，少於威力。衆皆捨棄，恒被欺凌，爲人憎惡，毁呰誹謗。常生邊地貧賤之處，下種姓家，少利養，少名聞，不爲他人恭敬供養，亦不尊重，人所不喜，衆所厭惡。汝等從此捨身命已，於後五百歲中正法滅時，還生於惡國惡人之處，下種姓家，貧窮下賤，被他誹謗，忘失本心。所作善根，常有障礙。雖暫遇明，還被翳暗。汝等於彼五百歲後，一切業障，爾乃滅盡。於後得生阿彌陀國極樂世界。時彼如來方授汝等阿耨菩提記。爾時六十菩薩既聞此已，抆淚恐怖毛豎，而作是言：我等從今若生瞋恚過失，而更造業障，我等今日於世尊前皆悉懺悔。於世尊所立大誓願，於一切所不起諸過。爾時世尊讚彼六十菩薩言：汝等發覺，善作是願。當盡一切業障，當得善根清浄。

〔一〕「住」字原脱，據高麗藏本補。

爾時世尊而説偈言：

　　莫於他邊見過失，　勿説他人是與非。　不著他家净活命，　諸所惡言當棄捨。　棄捨衆鬧極遠離，　無法比丘勿親近。　當修蘭若佛所讚，　不著利故得涅槃。」〔一〕

又涅槃經云：「佛在世時，瞻波城中有大長者，無有繼嗣。共事六師，請求子息。於後不久，其婦懷妊。長者知已，往六師所，問言：爲男，爲女？六師荅言：生必是女。長者煩惱。復有知識語長者言：先不聞優樓迦葉兄弟爲誰弟子，六師若是一切智者，迦葉何故捨之從佛。又舍利弗、目揵連及頻婆娑羅王并諸王夫人、末利夫人，諸國大長者如須達等，如是諸人，皆佛弟子。如來世尊於一切法知見無礙，故名爲佛。今者近在此住，若欲實知，當詣佛所。爾時長者即詣我所，以事問佛。佛言：長者，汝婦懷妊，是男無疑，福德無比。長者歡喜。六師心嫉，以菴羅果和合毒藥持與長者：汝婦臨月，可服此藥，兒則端正，産者無患。長者受之，與婦令服。服已尋死。六師歡喜，周徧城市，唱言：沙門瞿曇記彼長者婦當生男，今兒未生，母已喪命。爾時長者倍復於我生不信心。〔二〕即便殯殮，棺蓋焚之。我見此事，欲往摧邪。六師遥見佛往，各相謂言：瞿曇沙門至此塚閒，欲噉肉耶！未得法眼者，各懷愧懼，而白佛言：彼婦已死，願不須往。爾時阿難語諸人言：且待須臾。如來不久當廣開闡諸佛境界。

〔一〕出發覺净心經卷上。
〔二〕「倍」字原作「陪」，據涅槃經改。「生不」二字原作「不生」，據高麗藏本改。

佛到長者所，長者難言：所言無二，兒母已終，云何生子？我言：長者，卿於爾時都不見問母命脩短，但問所懷爲是男女。諸佛如來發言無二，是故當知定必得子。是時死屍火燒腹裂，子從中出，端坐火中，如蓮華臺。六師見已，謂爲幻術。長者見喜，呵責六師：若言幻者，汝何不作？我於爾時告耆婆：汝往火中抱是兒來。耆婆前入火聚，猶入清涼大河，抱是兒還。我受兒已，告長者言：一切衆生壽命不定，如水上泡。衆生若有重業果報，火及毒螯並不能害，非我所作。是兒生於猛火之中，火名樹提，因名樹提。」〔一〕

又賢愚經云：「爾時舍衛國中有一婆羅門，字曰師質。居家大富，無有子息。詣六師所問其因緣。六師荅言：汝相無兒。夫婦愁苦，往問世尊。世尊告曰：汝當有兒，福德具足，長大出家。師質聞喜，而作是言：但使有兒，學道何苦。因請佛及僧，明日舍食。是時世尊默然許之。明日時到，佛與衆僧往詣其家，食已還歸，路遊一澤，泉水清美。佛與比丘便往休息。時諸比丘各各洗鉢，有一獼猴來從阿難求索其鉢。阿難恐破，不欲與之。佛告阿難：速與勿憂。奉教便與。獼猴得鉢，持至蜜樹，盛蜜滿鉢，來奉上佛。佛告之曰：去中不淨。獼猴即時拾却蜂蟲，極令淨潔。佛便告曰：以水和之。如語著水。和調已竟，奉授世尊。世尊受已，分布與僧，咸共飲之，皆悉周徧。獼猴歡喜，騰躍起舞，墮大坑

〔一〕出大般涅槃經卷三十。

中，即便命終。魂歸，受胎於師質家，婦便覺身。日月已足，生一男兒，端正少雙。當生之時，家內器物自然滿蜜。師質夫婦喜不自勝，語諸相師。相師占善，以初生之日蜜爲瑞應，因名蜜勝。兒既年大，辭父出家，得阿羅漢果，與諸比丘人間遊化。若渴乏時，擲鉢空中，自然滿蜜。衆人共飲，咸蒙充足。〔一〕阿難白佛：有何因緣，生獼猴中？佛告阿難：乃往過去迦葉佛時，有年少比丘，見他沙門跳度渠水，而作是言：彼人飄疾，熟似獼猴。沙門語云：我證四果悉辦。年少聞已，衣毛皆豎，五體投地，求哀懺悔。由悔過故，不墮地獄。由形苦羅漢故，五百世中，恒作獼猴。由前出家持禁戒故，今得見我，沐浴清化，得盡諸苦。」〔二〕

避譏部第四

如薩婆多論云：「瞿曇彌比丘尼是佛姨母，來見佛時，禮已不坐。爲女人敬難情多，是故不坐。又不廣爲尼說法，故不坐。又爲止誹謗故，不坐。若坐，聽法外道，當言：瞿曇沙門在王宮時，與諸婇女共在一處，而今出家，與本無異。欲滅如是諸譏毀故，是以不坐。又女人鄙陋，多致譏疑，是以不

〔一〕「咸」字原作「感」，據高麗藏本改。

〔二〕出賢愚因緣經卷十二師質子摩頭羅世質品。

坐。」〔一〕

又大乘方便經云：「爾時尊者阿難白佛言：世尊，我今晨朝入舍衛城次第乞食，見衆尊王菩薩與一女人同一牀坐。阿難説是語已，即時大地六種震動。衆尊王菩薩於大衆中上昇虚空，高一多羅樹，語阿難言：尊者，何有犯罪能住空耶？可以此事問於世尊。云何罪法，云何非法？爾時阿難憂愁，向佛悔過。如是大龍，我説犯罪，我求其過。世尊，我今悔過，惟願聽許。佛告阿難：汝不應於大乘大士，求覓其罪。阿難，汝諸聲聞人於障處行寂滅定，無有留難，斷一切結。菩薩成就一切智心，雖在宫中婇女共相娱樂，不起魔事及諸留難而得菩提。佛告阿難：彼女人者，當於過去五百世中爲衆尊王菩薩作婦，彼女人本習氣故，見生愛著，繫縛不捨。若衆尊王菩薩能與我共一牀坐者，我當令發阿耨菩提心。爾時菩薩知彼女人心之所念，即入其舍。尋時思惟：如是法門，若内地大，若外地大，是一地大。心執女人手，共一牀坐，即於座上而説偈言：

如來不讚歎，　凡夫所行欲。

離欲及貪愛，　乃成天人師。

時彼女人聞此偈已，心大歡喜，即從座起，向衆尊王菩薩接足敬禮，説是偈言：

我不貪愛欲，　貪欲佛所呵。

離欲及貪愛，　乃成天人師。

〔一〕出薩婆多毗尼毗婆沙卷五三十事。此下另行起原有標題「宿障部第五」，據高麗藏本删。

說是偈已，我先所生惡欲之心，今當悔過，發菩提心。願欲利益一切衆生。爾時世尊記彼女人，於此命終，得轉女身，當成男子。於將來世得成爲佛，號無垢煩惱。善男子，我念過去阿僧祇劫，復過是數。時有梵志，名曰樹提，於四十二億歲在空林中，常修梵行。彼時梵志，過是歲已，從林中出，入極樂城，見一女人。彼時女人見此梵志儀容端嚴，即起欲心。尋趣梵志，以手執之，即時躃地。爾時梵志告女人曰：姊何所求？女人曰：我求梵志。梵志言：我不行欲。女曰：若不從我，我今當死。〔一〕爾時梵志如是思惟：此非我法，亦非我時。我於四十二億歲修浄梵行，云何於今而當毁壞。彼時梵志强自頓拙，得離七步。離七步已，生哀愍心。如是思惟：我雖犯戒，墮於惡道，我能堪忍地獄之苦。我今不忍見是女人受此苦惱，不令是女以我致死。爾時梵志還至女所，以右手捉，作如是言：姊起，恣汝所欲。爾時梵志於十二年中共爲家室。過十二年已，尋復出家，即還具四無量心。具已命終，生梵天中。爾時梵志，即我身是。彼女人者，今瞿夷是。我於爾時爲彼女欲，暫起悲心，即得超越十百千劫生死之苦。」〔二〕

又慧上菩薩經云：「昔拘樓秦佛時，有一比丘名曰無垢，處於閑居國界山窟。去彼不遠，有五神仙。有一女人，道遇大雨，入比丘窟。雨晴出去時，五仙人見之，各各言曰：比丘姦穢。無垢聞之，即

〔一〕「今」字原作「爾」，據高麗藏本改。
〔二〕出大寶積經卷一百六大乘方便會。

自踊身，在于虚空，去地四丈九尺。諸仙見之飛處空中，各曰：如吾經典所記，深欲塵者，則不得飛。便五體投地，伏首謀橫。假使比丘不現神變，其五仙人墮大地獄。時無垢比丘，今慈氏菩薩是也。」〔一〕

〔一〕出慧上菩薩問大善權經卷上。

法苑珠林校注卷第五十九

宿障部第五略引十緣

孫陀利謗佛緣第一
奢彌跋謗佛緣第二
佛患頭痛緣第三
佛患骨節煩疼緣第四
佛患背痛緣第五
佛被木槍刺脚緣第六
佛被提婆達多擲石出血緣第七
佛被婆羅門女旃沙舞杅謗佛緣第八
佛食馬麥緣第九

佛經苦行緣第十

孫陀利謗佛緣第一

興起行經云：「如來將五百羅漢，常以月十五日於中説戒。因舍利弗問佛十事，舍利弗自從華座起立，整服偏露右臂，右膝跪坐，向佛叉手，問世尊言：世尊無事不見，無事不聞，無事不知。世尊無比，衆惡滅盡，諸善普備，一切衆生皆欲度之。世尊今故現有殘緣，願佛自説，使天人解，以何因緣被孫陀利謗，以何因緣被奢彌跋提謗及五百羅漢，以何因緣世尊自患頭痛，以何因緣世尊自患骨節疼痛，以何因緣世尊自患背痛，以何因緣被木槍刺脚，以何因緣被調達破指出血，以何因緣被多舌女人舞杅大衆來相誹謗，以何因緣於毗蘭邑與五百比丘食其馬麥，以何因緣在鬱祕地苦行六年？佛語舍利弗：還復華座，吾當爲汝説先因緣。舍利弗即還復坐。阿耨大龍王聞佛當説，踊躍歡喜，即爲佛作七寶交露蓋，蓋中雨栴檀末香。周徧無數諸天八部皆來詣佛，作禮而立。佛告舍利弗：往昔過去波羅柰城有博戲人，名曰净眼。時有婬女，名曰鹿相，端正姝好。時净眼語鹿相曰：當詣園中共相娱樂。女曰：可爾。鹿相便歸，莊嚴衣服，即共嚴駕，至園娱樂，經於日夜。净眼貪心，當殺此女，取其衣服。復念：殺已，當云何藏之？時此園中有辟支佛，名樂無爲，去其不遠，何乞食後，埋其廬中，持衣而去，誰知我處。念已殺埋，平地如故，乘車而去，從餘門入城。爾時國王名梵達。國人不見鹿相，遂徹國王。王召羣臣，徧城求之不得。往到園廬，搜索得屍。諸臣語無爲曰：已行不浄，胡爲復殺？辟支默然不荅。如此至三不荅。辟支便手脚著土，此是先世因緣故，衆臣便反縛辟支，拷打問辭。樹神現半身，語衆臣曰：汝莫拷打此人。衆臣曰：何以不打？神曰：此無是法，終不行非。諸臣雖聞，不肯聽用，持詣王所。王聞瞋恚，敕諸臣等，急縛驢馱，打鼓徧巡。出城南門，將至樹下，計牟針之，〔一〕貫著竿頭，極弓射之。若不死者，便破其頭。諸臣受教。國人皆怪，或信不信，衆人悲傷。於時浄眼在破墻中藏，聞衆人言，盜視逐行，見已念言：此道人枉死。念已走趣大衆，並喚上官：莫困殺此人，是我殺耳。願放道人，縛我罪治。諸官皆驚曰：何能代他受罪！即共解辟支，便縛浄眼，反縛如前。諸上官等皆向辟支佛作禮懺悔：我等愚癡，無故枉困道人。當以大慈原赦我罪，莫令將來世受此重殃。〔二〕如是至三，辟支不荅。辟支佛念：不宜更復重入波羅柰城乞食，我宜衆前取滅度耳。便於衆前踊昇虚空，於中往反，坐卧住立，作十八變：一、腰以下出煙，腰以上出火。二、或腰以下出火，腰以上出煙。三、或左脇出煙，右脇出火。四、或左脇出火，右脇出煙。五、或腹前出煙，〔三〕背上出火。六、或腹前出火，背上出煙。七、或腰以下出火，腰以上出水。八、或腰以下出水，腰以上出火。九、或左脇出水，右脇出火。

〔一〕「計牟針之」，興起行經作「鐵鉾穳之」。

〔二〕「令」字原脱，據高麗藏本補，興起行經作「使我」。

〔三〕「或」字原脱，據高麗藏本補。

十、或左脇出火，右脇出水。十一、或腹前出水，背上出火。十二、或腹前出火，背上出水。十三、或左肩出水，右肩出火。十四、或左肩出火，右肩出水。十五、或兩肩出水，或兩肩出火。十六、或舉身出煙。十七、或舉身出火。十八、或舉身出水。即於空中燒身滅度。於是大衆皆悲啼泣，或有懺悔，或有作禮。取其舍利，於四衢道，起於偷婆。諸官即將浄眼詣王，手脚復以著土。王忿，依前殺之。佛語舍利弗：爾時浄眼者，則我身是。其鹿相女者，今孫陀利是。爾時梵達王者，今執杖釋種是。我於爾時由殺鹿相，枉困辟支，以是罪緣，無數千歲墮在泥犁，無數千歲墮在畜生，無數千歲墮在餓鬼中。爾時餘殃，今雖作佛，故獲此謗。」〔一〕

奢彌跋謗佛緣第二

興起行經云：「佛告舍利弗：過去久遠九十一劫，是時有王，名曰善説所造。有一婆羅門名延如達，好學廣博，常教五百豪族童子。復有一婆羅門名曰梵天，大富饒財。婦名浄音，容貌第一，性行和調，無嫉妬心。延如以梵天爲檀越。其婦浄音供養延如，四事無乏。有一辟支佛，名曰受學，往到城内乞食，偶至梵天門。浄音見辟支佛衣服齊整，行步徐審，心甚歡喜，即請供養：自今已去，常受我請。

〔一〕出興起行經孫陀利宿緣經第一。

即以美食滿鉢與之。辟支受已，升空七反迴旋飛還。時城内人見此神足，舉國歡喜，供養無厭。净音供養辟支日進，侍延如達遂薄。延如便興嫉妬誹謗之言：此道人實無才德，作不净行。遂告五百弟子曰：此道人犯戒，無精進行。諸童子各歸家宣令曰：此道人無有净行，與净音交通。國人咸疑：神足如是，有此穢聲耶！聲經七年乃斷。於後辟支現十八變，取於滅度。衆人乃知延如虚謗辟支佛。佛語舍利弗：爾時延如達者，則我身是。爾時梵天者，今優塡王是。爾時净音者，今奢彌跋是。爾時五百童子者，今五百羅漢是。佛語舍利弗：我於爾時因供養故，便生嫉妬，共汝誹謗辟支佛。以是因緣，共入地獄，鑊湯煎煮，無數千歲。由是餘殃，今雖得佛，故與汝等有奢彌跋之誹謗也。」〔一〕

佛患頭痛緣第三

興起行經云：「佛告舍利弗：過去久遠世時，於羅閲城中，世時穀貴，饑饉困苦。人皆拾取白骨打煮飲汁，掘百草根以續微命。用一升金貿一升穀。爾時羅閲祇城有大村數百家，名曰吱越。村東不遠，有池名曰多魚。吱越村人將妻子詣多魚池捕魚食之。捕魚著岸，在陸而跳。我於爾時爲小兒，年適四歲，見跳而喜。時池中有兩種魚：一名䱒，一名多舌。此自相語曰：我等不犯人，横見殺我，後世

〔一〕「謗」字原脱，據高麗藏本補。出興起行經奢彌跋宿緣經第二。

當報。佛語舍利弗：爾時吱越村人男女大小者，今迦羅越國諸釋種是。爾時小兒者，則我身是。爾時鯬魚者，毗樓勒王是。爾時多舌魚者，今王相師婆羅門名惡舌者是。爾時魚跳，我以小杖打魚頭。以是因緣，墮地獄中無數千歲。今雖得佛，由是殘緣故，被毗樓勒王伐釋種時，我得頭痛。佛語舍利弗：我初頭痛時，語阿難曰：以四斗鉢盛滿冷水來。阿難如教持來，以指抆額上汗，滴入水中，水即尋消，猶如火然終日，〔一〕亦如炊空大釜，投一滴水，水即焦然。頭痛之熱，其狀如是。假令須彌山邊旁出亞岸一由延至百由延，鎮我頭痛熱者，爾當消盡。」〔二〕

佛患骨節煩疼緣第四

興起行經云：「佛告舍利弗：往昔久遠世時，於羅閱城中有一長者，得熱病甚困。其城中有一大醫子，別識諸藥，能治衆病。長者子呼醫子曰：爲我治病得愈，吾大與卿財寶。醫子即治長者病。既差已，後不報功。長者於後復病，治差至三不報。後復得病，續喚治之。醫子念曰：前已三治三差而不見報，見欺如此，我今治此當令大斷。即便與非藥，病遂增劇，便致無常。佛語舍利弗：爾時醫子者，則我身是。爾時病子者，今調達是。我爾時與此非藥，致令無常。以是因緣，於數千歲受地獄苦，

〔一〕「火」字原作「自」，據高麗藏本改。

〔二〕出興起行經頭痛宿緣經第三。

及畜生餓鬼之苦。由是殘緣，今雖得佛，故有骨節煩疼病生也。」〔一〕

佛患背痛緣第五

興起行經云：「佛告舍利弗：往昔久遠世時，於羅閱城，時大節日聚會。時國中有兩姓力士：一姓刹帝利種，一姓婆羅門種。時共相撲，婆羅門語刹帝曰：卿莫撲我，我當大與卿錢寶。刹帝便不盡力令其屈伏。二人俱得，皆受王賞。於時婆羅門竟不報刹帝。到後節日復來相撲，還復相求，如前相許。刹帝復饒不撲，得賞如上。如是至三不報。後節復會，婆羅門重語刹帝曰：前後所許，當一時併報。刹帝心念：此人比數欺我。既不報我，又侵我分，我今日當使其消殄。乃笑語曰：卿誑我滿三，今不用卿物。便右手捺項，左手捉跨腰，兩足蹙之，挫折其脊，如折甘蔗。擎之三旋，使衆人見，然後撲地即死。王及羣臣皆大歡喜，賜金錢十萬。佛語舍利弗：爾時刹帝者，則我身是。婆羅門者，提婆達多是。我於爾時以貪恚故，撲殺力士。以是因緣，墮地獄中，經數千歲。今雖成佛，諸漏已盡，爾時殘緣，今故有此脊痛之患也。」〔二〕

〔一〕出興起行經骨節煩因緣經第四。

〔二〕出興起行經背痛因緣經第五。

佛被木槍刺脚緣第六

興起行經云：「佛在羅閱祇竹園精舍與大比丘僧五百人俱。晨旦著衣持鉢，與五百比丘僧及阿難，共入羅閱祇城乞食，家家徧至。見此里中，有破剛木一片，木長尺二，於佛前立。佛便心念：此是宿緣，我自作是，用當受之。衆人聞見，皆共聚觀。大衆見之，驚愕失聲。佛復心念：今當現償宿緣之報，使衆人見，信解殃對，不敢造惡。佛便踊在空虚，去地一刃，木槍逐佛，亦高一刃，於佛前立。佛復上二刃四刃，乃至七刃，槍亦隨上七刃。世尊復上高一多羅，槍亦高一多羅。佛復上乃至七多羅，槍亦隨上，立於佛前。佛復上高七里乃至上七由延，〔一〕槍亦隨之。佛於空中化作青石，厚六由延，廣縱十二由延，佛於上立，槍便穿石出，在佛前立。佛復於空中化作水，廣十由延，縱二由延，深六由延，於水上立，槍復過水，於佛前立。佛復空中化作大火，縱廣十二由延，高六由延，於其燄上立，槍亦過燄，至佛前立。佛復空中化作旋風，縱廣十二由延，高六由延，於風上立，槍從旁邊斜來，趣佛前立。佛復上至四天王宫，如是展轉乃至梵天，木槍從三十三天以次來上，乃至梵天，於佛前立。諸天皆相謂曰：佛畏此槍捨走，然槍逐不置。爾時世尊與梵天説自宿緣法。從梵天還，展轉還至羅閲城。所過諸天，皆

〔一〕下一「七」字原脱，據高麗藏本補。

爲説宿緣法，槍亦隨從上下。至羅閲城，佛亦爲羅閲祇人説宿緣法。佛與比丘僧出羅閲城，槍亦尋佛後。國人盡逐佛出城。佛問衆人：汝等欲何所至？衆人荅曰：欲隨如來看此因緣。佛語衆人：各自還歸，如來自知時節。阿難問佛：如來何以遣衆人還？〔一〕佛語阿難：若衆人見我償此緣者，皆當悶死墮地。阿難便默。世尊即還竹園僧伽藍，自處己房，敕諸比丘各自還房。阿難問佛：我當云何？佛語阿難：汝亦還房。阿難即還。佛便心念：是緣我宿自造，必當償之。即取大衣四褺襞之，還坐本座。佛便展右足，木槍便從足趺上，下入徹過，入地深六萬八千由延；過地至水，水深亦六萬八千由延；過水至火，火高六萬八千由延，至火乃焦。當爾之時，地爲六反震動。阿難諸比丘各自心念：今此地動，其槍必刺佛脚足也。佛被瘡已，苦痛酸疼。阿難即至佛所，見佛脚刺槍瘡，便死倒地。佛以水灑，阿難乃起。起已禮佛足，摩拭佛足，嗚佛脚足，啼泣墮淚：佛以是脚行至樹下降魔，上至三十三天爲母説法。世尊金剛之身，作何因緣爲木所害？佛語阿難：且止勿啼。世間因緣，輪轉生死，有是苦患。阿難問佛：今者瘡痛增損何如？佛語阿難：漸有降損。舍利弗及諸比丘來禮佛，問荅亦復如是。佛語比丘：且止莫啼。我乃先世自造此緣，要當受之，無可逃避。此對非父非母所作，亦非天王沙門等作，自造自受。諸漏已盡，得神通者，各自默然。惟往日曾所説偈曰：

〔一〕「以」字原作「人」，據高麗藏本、磧砂藏本、南藏本、嘉興藏本改。

世人所作行，　或作善惡事，　此行還歸身，　終不朽敗亡。

時耆婆、阿闍世王等聞佛爲木槍刺脚，從牀悶死墮地，良久乃穌。舉宮驚怖。王起啼泣，敕諸臣曰：速疾嚴駕，欲至佛所。諸臣受教，即便嚴駕，上車出城。城内四姓宗族士女，百千圍遶，共至佛所。佛右脇側卧。王禮佛已，手捉佛足，摩拉口嗚：世尊瘡痛，寧有損不？佛慰王已，命王使坐。王言：我從如來所，聞佛身金剛不壞，今者何爲木槍所刺耶？佛告王曰：一切諸法，皆爲緣對。我身雖是金剛，非木槍能壞，此宿對所壞。即説頌曰：

世人所爲作，　各自見其行，　行善得善報，　行惡得惡報。

是故大王當捨惡從善。愚騃不學問，未識真道者，戲笑輕罪，復當號泣。不可以戲作罪，後受大殃。王語耆婆：汝合好藥，洗瘡呪治，必令時瘥。耆婆曰：諾。耆婆即便禮佛，洗足安藥，後續止痛。耆婆出百千價氍，用裹佛足，以手摩足，以口嗚之，曰：願佛老壽，此患早除。一切衆生長夜之苦，亦得解脱。即起禮佛，於一面住。佛於是爲王及一切衆會説四諦法。〔一〕千比丘得漏盡意解，萬一千人得法眼净。復有百千諸天展轉相告，皆來慰佛，説偈讚已，禮佛而去。佛語舍利弗：往昔無數阿僧祇劫前，有兩部賈客，各有五百人，在波羅柰國，各合資財，嚴船度海，乘風徑往，即至寶渚。渚上豐饒，衣被飲食，及妙

〔一〕「及」字原脱，據高麗藏本補。

婇女，種種龍寶，無物不有。一部賈客語衆人曰：我等所求已獲，今當住此，以五欲自娱。第二薩薄告其部衆：不應於此久住。是時空中有天女慈愍此輩，便於空中語衆賈曰：此閒雖有財寶婇女衣食，不足久住。却後七日，此地皆當没水。語訖化去。復有魔女，欲使没盡，諫之不去：前天所説水當没此，皆是虚妄，不足可信。説已化去。第一薩薄不信天告，樂住不去。第二薩薄懼水不住。却後七日，如前天言，水滿其地。先嚴辦船，未至之日，所將部衆，即得上船。第一薩薄先不嚴船，水至之日，與嚴治者著鉾持杖，共相格戰。第二薩薄以鋭鉾刺第一薩薄脚徹過，即便命終。佛語舍利弗：汝知第一薩薄者，今提婆達是。第二薩薄者，則我身是。爾時第一賈客衆五百人者，則今提婆達五百弟子是。爾時第二賈客五百衆者，則今五百羅漢是。爾時第一天女者，則今舍利弗是。爾時第二天女者，則今名滿月比丘婆羅門弟子是。佛語舍利弗：我往昔作薩薄，貪財分死度海，與彼争船，以鋭鉾刺薩薄脚。以是因緣，無數千歲，經地獄苦；墮畜生中，爲人所射；無數千歲在餓鬼中，蹈鐵針上。今雖得金剛之身，以是餘殃故，今爲木槍所刺。」〔一〕

又大乘方便經云：「昔舍衛城中有二十人，皆是最後邊身。彼二十人更有怨家二十人，各各思惟：我當爲作親友，而至其舍，奪其命根，不向人説。彼時四十人以佛神力故，共至佛所。如來爾時爲

〔一〕出興起行經木槍刺足因緣經第六。

調伏是四十人故，於大衆中告大目揵連言：今此大地出佉達羅刺，欲刺吾左足。未至足之間，此佉達羅刺即從地出長一肘。當出之時，目連白佛言：我今當取此刺，擲著他方世界。佛告目連：非汝所能。此刺在地，汝不能拔。爾時目連以大神力前拔此刺。于時三千大千世界皆大震動，一切世界隨刺而舉，而不能動，乃至一毛。爾時世尊以神通力上四天王天，彼刺亦隨佛去。如是展轉乃至梵天，亦復如是。爾時如來從梵天還，至閻浮提本所坐處，刺亦逐還至此地中，豎向如來。爾時如來即以右手捉刺，左手安地，右脚蹹之。爾時三千大千世界皆大震動。時尊者阿難向佛合掌而作是言：世尊往昔作何等業，得如是報？佛告阿難：我過去世入大海中，持穳刺人，斷其命根。以此因緣，得如此報。善男子，我說是業緣已，彼二十怨賊欲害二十人者，作是思惟：如來法王尚得如是惡業之報，況我等輩不受此報？是二十人即從座起，頭面禮佛，作如是言：我等所興惡念，不敢覆藏。我先惡心欲害彼人，〔二〕今日向佛悔過，不敢覆藏。我先惡心欲害彼人，今重悔過，不敢覆藏。時二十人即得正解，及四萬人亦得正解。是故如來示佉達羅刺刺足，是名如來方便。」〔三〕

〔二〕以上三句，高麗藏本作「我等」。

〔三〕出大寶積經卷一百八大乘方便會第三十八。

佛被提婆達多擲石出血緣第七

興起行經云：「佛告舍利弗：往昔過去世時，於羅閱城有長者，名曰須檀。大富多饒財寶，産業備足。子名須摩提。其父須檀，奄然命終。摩提異母弟名脩耶舍。摩提心念：我當云何設計不與耶舍財分？唯當殺之，乃得不與。摩提語耶舍云：大弟共詣耆闍崛山上論説去來。耶舍曰：可爾。摩提即執弟手上山，將至絶高，便推崖底，以石堆之，便即命絶。〔一〕佛語舍利弗：汝知爾時長者須檀者，則今父王真净是也。爾時子須摩提者，則我身是。弟脩耶舍者，則今提婆達多是。佛語舍利弗：我於爾時以貪財害弟，以是罪故，無數千歲在地獄燒煮，爲鐵山所堆壓。〔二〕爾時殘緣，今雖得佛，不能免此宿對。我於耆闍崛山經行，爲提婆達舉崖石，長六丈，廣三丈，以擲佛頭。山神名金埤羅，以手接石。石邊小片迸墮，中佛脚大拇指，即破血出。」〔三〕

〔一〕「即」字原脱，據高麗藏本補。
〔二〕「壓」字原脱，據高麗藏本補。
〔三〕出興起行經地婆達兜擲石緣經第七。

佛被婆羅門女旃沙舞杅謗佛緣第八

興起行經云：「佛告舍利弗：往昔阿僧祇劫前，有佛名盡勝如來。有兩種比丘：一種名無勝，一種名常歡。無勝比丘得六神通，常歡比丘結使未除。爾時波羅柰城有長者，名大愛，資財無極。婦名善多，〔一〕端正無比。兩種比丘往來其家，以爲檀越。善多婦者供養無勝比丘，四事無乏。常歡微薄，因此妬嫉，横生誹謗，言：無勝比丘與善多交通，不以道法供養，自以恩愛供養耳。佛語舍利弗：爾時常歡比丘者，則我身是。善多婦者，今婆羅門女名旃沙是。我於爾時無故誹謗無勝羅漢，以是罪緣，無數千歲墮在地獄，受其苦痛。今雖得佛，以餘殃故，爲多舌童女舞杅起腹，來至我前，曰：沙門，何以不自説家事，乃説他事。爲汝今日獨自歡樂，不知我苦。汝先共我交通，使我有身。今當臨月，事須酥油，養於小兒，盡當給我。爾時衆會皆低頭默然。時釋提桓因侍後執扇，以神力化作一鼠，入其衣裏，嚙於舞杅，〔二〕忽然落地。爾時四部弟子及六師從衆，見杅墮地，皆大歡喜，揚聲稱慶，欣笑無量。皆同駡曰：汝死亦吹罪物，何能興此惡意，誹謗清淨無上正真。此地無知，乃能容載如此惡物耶！諸衆各説。是時地即劈裂，火燄踊出，便墮中徑至阿鼻大泥犂中。大衆見女現身墮泥犂中。阿闍世王便大

〔一〕「名」字原作「女」，據高麗藏本改。
〔二〕「舞杅」原作「杅舞」，據高麗藏本改。

驚恐，衣毛爲豎，即起叉手長跪白言：此女所墮，今在何處？佛荅大王：此女所墮，名阿鼻泥犁。闍王復問：此女不殺人，亦不偷盜妄語，何因便墮阿鼻耶？佛語闍王：我所説緣法，有上中下身口意行。闍王復問：何者爲重？何者爲中？何者爲下？佛語闍王：意行最重，口行處中，身行在下。王復問佛。佛荅王曰：身行麤現，此事可見，口行耳聞。此二事者，世間聞見。意行發念，無見聞者，此是内事。衆行爲意釘所繫縛。如人欲行身三：殺、盜、婬欲。發口之四過：妄言、綺語、惡口、兩舌。先心計校，然後施行。是故繫於意釘，不在身口也。於是世尊即説偈曰：

意中熟思惟，　然後行二事。　揚慚於身口，　未曾愧心意。　先當慚於意，　然後恥身口。
此二不離身，　亦不能獨行。

於是阿闍世王聞佛説法，啼泣悲感。佛問王曰：何爲啼耶？王荅佛曰：爲衆生無智，不解三事，恒有折減，是故悲耳。此衆生等但謂身口爲大，〔一〕不知意爲深奧。如人殺生、偷盜、婬泆，天下盡見。口行四事，天下所聞。意家三事，非耳所聞，非眼所見。是故衆生以眼見耳聞爲大。今佛説乃知心意爲大，身口爲小。以是故身口二事繫於意釘。如多舌女欲謗毁佛，先心思念，當以繫杅起腹，在大衆中説是謗事。故知意大身口小也。佛言：善哉，善哉！大王善解此事，常當學此意大身口小事。説是法

〔一〕「謂」字原作「爲」，據高麗藏本改。

時，八千比丘漏盡意解，二百比丘得阿那含道，〔一〕四百比丘得斯陀含道，八百比丘得須陀洹道，八萬天人得法眼净，十萬人及非人皆受五戒，二十萬鬼神受三自歸。」〔二〕

又生經云：「爾時世尊與千二百五十人俱入舍衛城，欲詣波斯匿王宫受請。時有比丘尼名曰暴志，以盂繫腹，似如懷妊，因牽佛衣：君爲我夫，從得有身。不給衣食，此事云何？時諸大衆天人、釋梵四王、諸天鬼神及國人民，莫不驚惶：佛爲一切三界之尊，其心清净過於摩尼，智慧之明超於日月，獨步三界無能逮者，喻如虚空不可汙染，佛心過彼無有等侣。此比丘尼既佛弟子，云何懷惡，欲謗如來？於是世尊見衆會心，欲爲決疑，仰瞻上方。時天帝釋尋時來下，化作一鼠，嚙繫盂繩，盂即墮地。衆會覩之，瞋喜交集，怪之所以。時國王瞋此比丘尼：棄家違業，爲佛弟子，既不能盡欲，〔三〕反懷妬結，謗大聖乎！即敕掘地爲坑，深欲倒埋。時佛解喻，勿得爾也。是吾宿罪，〔四〕非獨彼殃。乃往過去久遠世時，時有賈客賣好真珠，數多圓好。時有一女，諧欲買之。有一男子遷益倍價，獨得珠去。女人不得，心懷瞋恨。有從請看，復不肯與。心盛遂怒，汝毀辱我，在在所生，當報汝怨。所在毀辱，悔無所

〔一〕「含」字原作「舍」，據高麗藏本、磧砂藏本、南藏本、嘉興藏本改。
〔二〕出興起行經婆羅門旃沙謗佛緣經第八。
〔三〕「盡欲」，高麗藏本作「報恩」。
〔四〕「是」字原脱，據高麗藏本補。

及。佛告王等：爾時買珠男子，則我身是。其女人者，則暴志尼是。因彼懷恨，所在生處，常欲相譏。佛説如是，衆會疑解，莫不歡喜。」〔一〕

佛食馬麥緣第九

興起行經云：「佛告舍利弗：過去久遠世時，佛名毗婆葉如來，在槃頭摩跋城中。王名槃頭，與羣臣士女以四事供養如來及衆僧，終已無乏。爾時城中有婆羅門，名因提耆利，博達梵志四韋陀典籍，亦知尼揵筭術及婆羅門戒，教五百童子。時王設會，先請佛及諸大衆僧。佛默然許之。王即還宫具饌，種種膶美，及設牀座，氍毹㲪㲪。辦具已畢，王執香爐於殿上長跪，啓白：今時已到，唯願屈尊。時毗婆葉佛見時已至，便敕大衆：著衣持鉢，當就王請。大衆圍繞，往詣王宫，就座而坐。王即下食，手自斟酌種種餚饍。爾時有一比丘，名曰彌勒，時病不行。佛及大衆食已，各還本處。遇梵志山王，見食香美，便興嫉妬意，曰：此髡頭沙門，正應食馬麥，不應食此甘饌之供。告諸童子：汝等見此髡頭道人食於甘美餚饍不？諸童子曰：實見。此等師主亦應但食馬麥。佛語舍利弗：汝知爾時山王婆羅門者，則我身是。爾時五百童子者，今五百羅漢是。爾時病比丘彌勒者，今彌勒菩薩是。我於爾時以興嫉妬

〔一〕出生經卷一梅闍摩暴志謗佛經第九。

今得食擣麥人。以卿等加言當與佛麥故，今日卿等食著皮麥耳。」〔一〕

佛，爾時殘緣，我及卿等於毗蘭邑故食馬麥九十日。我於爾時不言與佛馬麥，但言與比丘。以是故，我

罵言：不應食其甘饍，正食馬麥。卿等亦云如是。以是因緣，我及卿等，經歷地獄無數千歲。今雖成

又大乘方便經云：「以何緣故，如來及僧在婆羅門毗蘭若聚落三月之中食馬麥耶？佛言：善男子，我於昔時知此婆羅門必捨初始請佛僧心，不給飲食而故往受請。何以故？爲彼五百馬故。此五百馬先世中已學菩薩乘，已曾供養過去諸佛。近惡知識，作惡業緣，故墮畜生中。五百馬中有一大馬，名曰日藏，是大菩薩。於過去人中，已曾勸五百小馬發菩提心。爲欲度此五百馬故，現生馬中。由大馬威德故，令五百馬自識宿命，本所失心而今還得。我愍彼五百菩薩墮馬中者，欲令得脱離於畜生，是故如來知故受請。是時五百馬減所食麥半分，持施僧。大馬半分奉施如來。爾時大馬爲五百馬，以馬音聲而爲説法，示教悔過，令當禮佛及比丘僧。説此事已，復作是言：汝等當以所食半分供養於僧。爾時五百馬悔過已，於佛及僧生浄信心。過三月已，其後不久，是五百馬命終生於兜術天上。彼五百天子即從天來，至於佛所。聞説法已，必定得成阿耨菩提。五百馬子於將來世得辟支佛。彼日藏大馬於當來世復得作佛，號曰善調如來。雖食草木土塊瓦礫，大千界中無如是味。爾時阿難心生憂惱：轉輪

〔一〕出興起行經食馬麥宿緣經第九。

聖王種，出家學道，如下賤人食此馬麥。我於爾時見阿難心，即與一粒麥，語阿難言：汝嘗此麥味爲何如？阿難嘗已，生希有心：我生王家已來，未曾得如是之味。阿難食此麥已，七日七夜無飢渴想。如來復知五百比丘，若食細食，增益欲心；若食麤食，心則不爲貪欲所覆。彼諸比丘過三月已，離婬欲心，證阿羅漢果。善男子，爲調伏五百比丘，〔一〕度五百馬菩薩故，如來以方便力受三月食馬麥緣，非是業報。」〔二〕

佛經苦行緣第十

興起行經云：「佛告舍利弗：往昔波羅柰城邊，去城不遠，有多狩邑。中有婆羅門，爲王太史，國中第一。有其一子，頭上有自然火鬘，因以爲名火鬘。面首端正，有三十相。梵志典籍，圖書讖記，無事不博。時有一瓦師子，名曰難提婆羅，此云護喜。與火鬘少小親交，心相敬念，須臾不忘。瓦師精進，慈仁孝順。父母俱盲，供養二親，無所乏短。雖爲瓦師，手不掘地，亦不使人掘。唯取破墻崩岸鼠壞土等，和以爲器，成好無比。若有男子女人欲來買者，不爭價數，不取金銀財帛，唯取穀米供養而已。迦葉如來所住精舍，去邑不遠。與大比丘衆二萬人，俱皆是阿羅漢。護喜語火鬘曰：共見迦葉如來去

〔一〕「比丘」二字原脱，據高麗藏本補。
〔二〕出大寶積經卷一百八大乘方便會第三十八。

乎？火鬘荅曰：用見此秃頭道人爲？直是秃頭人耳，何有道哉！如是至三。後日復語火鬘曰：共至水上澡浴乎？火鬘荅曰：可爾。便共詣水澡浴。著衣服已，護喜舉右手遥指示曰：如來精舍，去是不遠，可共暫見否？火鬘荅曰：何用見此秃頭道人爲？何有佛道可得？護喜便捉衣牽不去，火鬘便脱衣捨走。護喜遂後捉腰帶挽曰：可暫共見佛，便即還耶？火鬘復解帶捨走曰：我不欲見此秃頭沙門。護喜便撮其頭牽曰：爲一過見佛去來。爾時國諱捉人頭，捉者皆斬。火鬘驚怖，竊心念曰：此瓦師子分死，捉我頭，此非小事。必當有好事，乃使此人分死相捉。火鬘曰：汝放我頭，我隨子去。護喜即放，共詣佛所。護喜禮如來足，於一面坐。火鬘直舉手問訊已，便坐。護喜叉手白迦葉佛言：此火鬘者，多狩邑中太史之子，是我少小親友。然其不識三尊，不信三寶。願世尊開化愚冥，使其信解。火鬘童子熟視世尊，從頭至足，覩佛相好，威容巍巍，諸根純淑調和。以三十二相嚴飾其體，八十種好以爲媚儀，如婆羅樹華。身猶須彌，無能見頂。面如滿月，光如日明，身色如金。火鬘見佛相好，便心念曰：我梵識記所載相好，今佛盡有。唯無二事：一、陰馬藏相，二、吐舌舐面相。於是説偈問曰：

所聞三十二，　大士之相好，　於此人中尊，　唯不覩二事。　豈有丈夫體，　猶如馬藏不？

寧有廣長舌，　覆面舐頭不？　願爲吐舌示，　令我決狐疑。　我見乃當知，　如經所載不？

於是如來便出廣長舌相以覆其面，上及肉髻，并覆兩耳，七過舐頭。縮舌入口，色光出照大千世界，蔽日月明，乃至阿迦膩吒天。光還繞身七匝，從頂上入。以神足力，現陰馬藏相，令火鬘獨見，餘人不睹。火鬘童子具足見佛三十二相，無一缺減，踊躍歡喜，不能自勝。如來爲火鬘説法，止其三業，令行菩薩行。火鬘即禮佛足，長跪白言：我今懺悔，身不可行而行，口不可言而言，意不可念而念。願世尊受我此懺。從今已往，不復敢犯。如此至三。迦葉如來默然受之。火鬘童子、護喜童子俱禮拜退。後自尤責，悔不早聞，失於道利。於是火鬘童子説偈讚護喜曰：

仁爲我善友，　法友無所貪，　導我以正道，　是友佛所譽。

於後二人投佛出家，受具足戒。佛語舍利弗：爾時火鬘童子者，則我身是。火鬘父者，今我父王真浄是。爾時瓦師童子護喜者，我爲太子在宫居婇女時，至於夜半，作瓶天子來語我言：日時已到，可出家去爲道者是。〔一〕舍利弗，此護喜者，頻勸我出家，是善知識也。我前向護喜作惡語道：迦葉佛禿頭沙門，何有佛道可得。以是惡言故，臨成佛時，六年苦行，日食一麻一米，大豆小豆。雖受辛苦，於法無益。舍利弗，我六年苦行者，償先緣對畢已，然後得佛。佛語舍利弗：汝觀如來衆惡已盡，諸天人神一切衆生皆欲度之。我猶不免宿對，況復愚冥未得道者！舍利弗，當護身三、口四、意三，當學如是。佛説先世因緣時，萬一千天子得須陀洹道，八千龍等皆受五戒，五千夜叉受三自歸。佛説是已，舍利弗及五百羅漢、阿耨大龍王、八部鬼神，歡喜受行。」〔二〕

頌曰：

〔一〕「道」字原作「導」，據高麗藏本改。

〔二〕出興起行經苦行宿緣經第十。

思惟上哲，濫被謀枉。清濁難分，善人惡網。幽顯冥知，真僞鑒朗。自觀業對，如空影響。

法苑珠林校注卷第六十

呪術篇第六十八此有七部

述意部　懺悔部　彌陀部　彌勒部　觀音部　滅罪部　雜呪部

述意部第一

夫神呪之爲用也，拔朦昧之信心，啓正則之明慧，裂重空之巨障，滅積劫之深痾。業既謝遣，黑法潛形。所以累聖式陳，衆靈攸仰。故波旬奉呪於白樹，梵王顯儀於赤畿；七佛揚道於時緣，菩薩陳誠於法會。廣羅經誥，尤難備寫。然陀羅尼者，西天梵音。東華人譯，則云持也。持善不失，持惡不生。據斯以言，彌綸一化。依法施行，功用立驗。或碎石拔木，或移痛滅痾。隨聲發而苦除，逐音颺而事舉。或召集神鬼，或駕御虬龍。興雲布雨，集福祛災。〔一〕感應不窮，其來久矣。

懺悔部第二

述曰：夫呪是三世諸佛所説，若能至心受持，無不靈驗。比見道俗，雖有誦持，無多功效，自無志誠，謗言無徵。或有文字訛替，或有音韻不典。或飲啗酒肉，或雜食葷辛，或觸手汙穢，或浪談俗語，或衣服不净，或處所不嚴。致令鬼神得便，翻受其殃。若欲懺悔，先立道場，懸繒旛蓋，焚衆名香。四門護净，禁止雜人。隨其出入，每須澡浴。多覓和香，口内嘗含。志誠殷重，自責己躬。愧謝十方一切賢聖，然後普爲四生六趣。心心相續，刹那匪懈。如是懇已，定驗不疑。故菩薩善戒經云：「菩薩爲破衆生種種惡故，受持神呪。故有五法不得爲：一、不食肉，二、不飲酒，三、不食五辛，四、不婬，五、不净之家不在中食。菩薩具足如是五法，能大利益無量衆生。諸惡鬼神諸惡毒病，無不能治。」〔二〕

千轉陀羅尼神呪，釋迦牟尼佛説。此呪出於西梵，由來盛傳。至隋大業初，東都洛陽翻經館笈多三藏譯出此呪，以慧遺學。時有彦琮法師，即傳譯之領袖也，初獲此本，通布華夷。時有長安延興寺玄琬律師、弘法寺静琳法師等，並是道光日下，德振通賢，創獲流布，洗蕩瑕累。即於别院仍建道場，

〔一〕以上二句，高麗藏本作「興雲布而膏雨垂，呼策志而禎瑞集」。

〔二〕出菩薩善戒經卷七。

每至肇春，爲受戒沙彌及餘道俗相續不絶，靈相重疊。至今五十餘年，時漸訛替，恐後人不知本末，故委具述之。然大集諸經及陀羅尼集十卷，廣明雜呪，不煩具録。今且逐要時濟所須，意存滅罪除障，出四十餘首。除病濟貧，護生延命，雜術之徒，亦略述二十餘件。或此處無文，西域有本，三藏口傳要用呪者，亦翻出三五，傳之流行。餘之不盡者，冀尋大本。佛説呪曰：

南慕遏羅去聲怛那奴箇切怛羅耶夜羊箇切南麽阿長聲羅耶阿短聲吠盧吉低濕吠邏夜菩提上聲薩哆皤平聲耶羊可切摩訶薩埵婆耶摩訶迦嚕膩拏你切迦夜羊可切怛純地可切誓曳去聲誓曳誓夜羊可切婆長聲醢許棄切你奴棄切誓榆怛唎迦去聲邏迦邏去聲磨去聲邏磨邏哆都箇切邏哆邏遮章可切邏遮邏鉢邏去聲遮羅鉢邏遮羅器拏去聲器拏薩婆去聲羯磨吠邏拏平聲你迷婆伽吠底都你切索訶去聲薩囉吠囉低薩婆去聲勃陀長聲吠盧吉低隻芻歃數切秫始出切嚧怛邏揭渠謁切邏拏去聲實哈呼閣切婆輕長聲迦夜沫奴比扶必切闍夜那比輪達你　素嚕　素嚕　鉢邏鉢邏素嚕素嚕薩婆勃陀頞地瑟恥土寄切那馺蘇閤切婆訶達磨陀長聲石揭唎鞞馺婆訶　阿羅婆重聲婆去聲馺婆輕聲婆重聲婆去聲薩婆達摩婆去聲蒲達你馺婆訶。

此呪功能，千劫聚集業障，一時誦已，皆悉去盡，便獲千佛所集善根。當得背於千劫流轉中生老病死邊際。轉此生已，見千轉輪王。欲生清净佛國者，晝三夜三，一一時中各誦二十一徧。至二十一日。如有所欲，即得如意。或見金色佛像、菩薩形像，即是先相。命終已後，便生菩薩大集會中。

彌陀部第三

此阿彌陀呪，若欲讀誦者，諸口傍字皆依本音轉言之。無口者依字讀。仍須師授之，聲韻合梵，輕重得法。依之修行，剋有靈驗。

那上聲下同謨菩上聲下同陀夜藥可切下同那謨馱上聲囉上聲下同摩上聲夜那謨僧伽夜那摩阿弭多婆上聲夜跢丁可切下同他伽上聲下同多夜阿上聲下同囉訶上聲羝上聲三藐三菩陀夜跢姪他地也切下同阿弭唎羝阿弭唎都婆鞞菩迷切下同阿弭唎哆三婆鞞阿弭唎哆鼻菩迷切迦上聲蘭羝伽弭你伽伽那稽居移切唎夜迦上聲下同唎娑上聲囉皤薄何切皤波跛叉楚我切焰迦唎一切惡業盡也娑婆訶公可切

此之神呪，先已流行。功能利益，不可説盡。於晨朝時，用楊枝净口，散華燒香，佛像前跽跪合掌，口誦七徧，若二七、三七徧。滅四重五逆等罪，現身不爲諸横所惱，命終生無量壽國。又此呪能轉女身令成男子。今別勘梵本，并問真婆羅門僧等，此呪威力不可思議。但旦暮午時各誦一百徧，能滅四重五逆，拔一切罪根，得生西方。若能精誠滿二十萬徧，則菩提芽生，得不退轉。誦滿三十萬徧，則面見阿彌陀佛，決定得生安樂净土。

又陀羅尼雜集經云：「爾時世尊告諸比丘：今當爲汝演説西方安樂世界，今現有佛號阿彌陀。若有四衆能正受持彼佛名號，以此功德，臨欲終時，阿彌陀佛即與大衆往此人所，令其得見。見已，尋生慶悦，倍增功德。以是因緣，所生之處永離胞胎穢欲之形，純處鮮妙寶蓮華中，自然化生，具大神通。

十方恒沙諸佛皆共讚彼安樂世界所有佛法不可思議，神通現化種種方便不可思議。若有能信如是之事，當知是人不可思議，所得業報亦不可思議。其國號曰清泰聖王。所住其城縱廣十千由旬，於中充滿刹利之種。阿彌陀佛父名月上轉輪聖王，其母名曰殊勝妙顔，子名月明，奉事弟子名無垢稱，智慧弟子名曰𪧐光，神足精勤名曰大化，爾時魔王名曰無勝，有提婆達多名曰勝寂。阿彌陀佛與大比丘六萬人俱。若有受持彼佛名號，堅固其心，憶念不忘，十日十夜，除捨散亂，精勤修集念佛三昧，受持讀誦此鼓音聲王大陀羅尼。十日十夜，六時專念，五體投地，禮敬彼佛，堅固正念，悉除散亂。若能令心念念不絶，十日之中必得見彼阿彌陀佛，并見十方世界如來及所住處。唯除重障鈍根之人，於今少時所不能睹。一切諸善皆悉迴向，願得往生安樂世界。垂終之日，阿彌陀佛與諸大衆現其人前，安慰稱善。是人即時甚生慶悦。以是因緣，如其所願，尋得往生。佛告諸比丘：何等名爲鼓音聲王大陀羅尼？吾今當說，汝等善聽。唯然受教。於時世尊即說呪曰：

多伕吔一婆離二阿婆離三娑摩婆羅四尼地奢五昵闍多爾六昵茂耶七昵茂岔八闍羅婆羅車馱爾九宿佉波啼昵地奢十阿彌多由婆離十一阿彌多虵波波羅十二娑陀爾十三涅浮提十四阿迦舍昵浮陀十五阿迦舍昵提奢十六阿迦舍昵闍啼十七阿迦舍久舍離十八阿迦舍達奢尼十九阿迦舍提吔爾二十留波昵提奢二十一遮埵唎達摩波羅娑陀爾二十二遮埵唎阿利蛇娑帝蛇波羅娑陀爾二十三遮埵唎末伽婆那波羅娑陀爾二十四婆羅毗棃耶波羅娑陀爾二十五達摩呻他爾二十六久舍離二十七久舍羅昵提奢二十八久舍羅波羅啼吔爾二十九佛陀久舍離三十毗佛陀波羅波斯三十一達摩迦羅爾三十二昵專啼三十三昵浮提

三十四毗摩離三十五毗羅闍三十六羅闍三十七羅斯三十八羅娑歧三十九羅婆伽羅婆離四十羅娑伽羅阿地哋禰四十一久舍離四十二波羅啼久舍離四十三毗久舍離四十四哋啼四十五修陀多至啼四十六修波羅舍多至啼四十七修波羅啼癡啼四十八修離四十九修目㕣五十達咩五十一達達咩五十二離婆五十三遮婆離五十四阿㲃舍婆離五十五佛陀迦舍呢裘禰五十六佛陀迦舍裘禰五十七娑婆呵五十八

此是阿彌陀鼓音聲王大陀羅尼。若有比丘、比丘尼、清信士女，常應至誠受持讀誦，如說修行。行此持法，當處閑寂，洗浴其身，著新净衣，飲食白素，不啗酒肉及以五辛，常修梵行。以好香華供養阿彌陀如來及佛道場大菩薩衆。常應如是，專心繫念，發願求生安樂世界，精勤不怠，如其所願，必得往生。」〔一〕

彌勒部第四

七佛所說神呪經云：「爾時文殊師利菩薩所說陀羅尼，名闍摩兜。晉言解衆生纏縛。〔二〕現在病苦，悉得消除，能却障道，拔三毒箭。九十八使漸漸消除，滅度三有流，現身得道。即說呪曰：

支不多奈帝　闍浮支奈帝　蘇車不支奈帝　杌耆不支奈帝　烏蘇多支奈帝　娑遮不支奈帝

闍摩賴長支奈帝　阿恕婆賴長支奈帝　恕波帝支奈帝莎呵

〔一〕出陀羅尼雜集卷四阿彌陀鼓音聲王陀羅尼經。

〔二〕「晉」字原作「此」，據高麗藏本、磧砂藏本、南藏本、嘉興藏本改。

誦此呪三徧，縷五色，結作二結繫項。此陀羅尼，四十二億諸佛所説。若諸行人能書寫讀誦此呪者，現世當爲千佛所護。此人命終已後，不墮惡道，當生兜率天上，面覩彌勒。又有衆生能修行此呪者，斷食七日，純服牛乳；中時一食，更無雜食。一日夜六時懺悔，先所作億千垓劫所有重罪，一時都盡。得見千佛手摩其頭，即與授記。宿罪殃惡，悉滅無餘。」〔一〕

願見彌勒佛呪：西國三藏口授得之。

「南無彌勒棣耶夜　菩提薩埵夜　哆姪他彌帝棣彌帝棣　彌哆囉　摩那栖　彌哆囉三皤鞞　彌哆嚕皤鞞　娑婆呵」

觀音部第五

觀世音隨心呪：

「南無曷囉怛那　怛囉夜　南無阿利耶　婆盧吉帝　濕婆囉耶　菩提薩埵耶　摩訶菩提薩埵耶　摩訶迦嚧膩迦耶　怛姪他多利多利咄多利　咄咄多利咄利　薩婆呵」〔二〕

請觀世音大勢至菩薩呪法陀羅尼呪經云：「佛在舍衛國時，有夜叉，五頭，面黑如墨，而有五眼。

〔一〕出七佛八菩薩所説大陀羅尼神呪經卷一。

〔二〕出觀自在菩薩怛嚩多唎隨心陀羅尼經。

鉤牙上出，吸人精氣。眼赤如血，兩耳出膿，鼻中流血，舌噤無聲，食化麤澀，六識閉塞，爲鬼所致。人民被害，以命投佛。遂令請觀世音菩薩除去毒害。」〔一〕一名請觀世音菩薩消伏毒害陀羅尼呪經。此乃南宋時外國舶主竺〔二〕難提譯出。〔三〕經云：「一切衆生有三毒畏，死畏，病畏，破梵行畏；作十惡業，牢獄繫閉，水火鬼神所逼惱畏。皆當歸依觀世音菩薩。是故娑婆世界皆號爲施無畏者。有灌頂章句陀羅尼神呪，畢定吉祥，聞者獲益。若欲誦者，持齋奉戒，不往女人穢念室處。唯專念十方諸佛及七佛、觀世音菩薩。一心誦持，現身得見觀世音菩薩，諸願成就，後生佛前，長與苦別。或於三七日、七七日，初立道場，應六齋日，建首莊嚴，香泥塗地，懸諸旛蓋。安佛南向，觀世音像别置東向。日别楊枝浄水，燒香散華。行者當十人已還作之。恐多嬈亂，應西向席地。地若卑濕，安低脚牀。當脱浄衣，左右出入，洗浴竟，著浄衣服。當日日盡力供養。若不辦者，初日不可無施。既安畢已，各執香鑪，一心一意，向彼西方，五體投地。使明了音聲者，唱請十方、七佛、觀音、大勢至菩薩等：我今已具楊枝浄水，惟願大慈哀愍攝受。願救我厄，放大光明，滅除癡暗，來至我所，施我大樂。我今稽首，歸依奉請。如是三説。後復一心清浄其意，專念西方觀音、大勢至，誦呪七徧云：

多唾吔　烏呼膩　摸呼膩　閻婆膩　耽婆膩　安荼詈　般荼詈　首埤帝　般荼囉　婆私膩

〔一〕出請觀世音菩薩消伏毒害陀羅尼呪經。

〔二〕「竺」字原作「竹」，據高麗藏本、磧砂藏本、南藏本、嘉興藏本改。

多咥哋　寐棃　鞮首棃　迦波棃　佉鞮端耆　旃陀棃　摩登耆　勒叉勒叉　薩婆薩埵　薩婆婆耶啤娑訶多荼哋　伽帝伽帝　膩伽帝　脩留脩留毗　勒叉勒叉　薩婆薩埵　薩婆婆耶啤娑訶

若能潔净身心，善誦此呪，感得觀音大士至。大慈大悲，遊戲神通，來於五道，恒以善習普救一切離生死苦，得安樂處，脱諸煩惱，到涅槃岸。第二，更稱三寶名字，誦破惡業障罪呪云：

南無佛陀，南無達摩，南無僧伽，南無觀世音菩提薩埵摩訶菩提薩埵，大慈大悲。惟願愍我救護苦惱，亦救一切怖畏衆生，令得大護。

多啞哋　阿呼膩　摸呼膩　閻婆膩　耽婆膩　阿婆熙虚祇切摸呼膩　分荼棃般荼棃　輸鞞帝　婆私膩　休樓　休樓分荼棃兜樓兜樓　般荼棃　周樓周樓　般荼棃豆富豆富般荼囉　婆私膩　矧墀直資切跈乃軫切墀膩跈墀　薩婆呵　婆耶羯多薩婆呾　婆娑陀　阿婆耶　卑離陀　閉殿娑訶

佛言：若四部弟子受持觀世音菩薩名，誦此神呪一徧至七七徧，身心安隱，一切業障如火焚薪，永盡無餘，乃至三毒，亦得消伏。如經廣説。第三，更稱三寶名，誦六字章句呪云：

多啞哋　安陀詈　般質雌　難多詈　婆伽詈　阿盧彌　薄鳩詈　莫鳩隸　兜毗隸娑呵

佛言：若四部弟子受諸苦惱，一日至十日，一月至五月，净心繫念，歸依三寶，三稱觀世音名，誦持此呪，一切禍對，無不遠離，解脱衆惱，今世受樂，後生見佛。此呪乃是十方三世諸佛所説，常爲諸佛諸大菩薩之所護持。若有聞者，如説修行，罪垢消滅，現身得見八十億佛，皆來授手，即得無忘旋陀羅尼。

若有宿罪及現造惡極重業者，夢中得見觀世音菩薩，如大猛風吹於重雲，得離罪業，生諸佛前。第四，更爲説灌頂吉祥陀羅尼呪云：

多啞吔　烏耽毗罯　兜毗罯　耽埤　波羅耽埤　捺吒　脩柰吒　枳枝吒　牟那耶　三摩耶　檀提　膩羅枳尸　婆羅鳩卑　烏罯　攘瞿罯　娑呵

若有男子女人聞是經呪，受持書寫，讀誦解説，即得超越無量阿僧祇劫生死之罪。消伏毒害，不與禍對，乃至具足善根，生净佛國。」〔一〕

案西域傳：「南海之濱有山寺，觀世音菩薩常止其中。隨有念者，隨應如響，無不感赴。」〔二〕若至山寺斷食七日，即見聖者，親爲説法。良以斷食心猛，故使感見通明。如上行法，斷食亦爾。

滅罪部第六

東方最勝燈王如來經云：「東方去此百千億佛刹，過已有一佛刹，名無邊華世界。彼世界中有一佛，名最勝燈王如來。現在逍遥説法。遣二菩薩來此娑婆世界：一名大光菩薩，二名甘露光菩薩。佛言：汝等二菩薩往向娑婆世界。彼有一佛，名釋迦牟尼，將此陀羅尼章句説，爲諸衆生故，安樂故，功

〔一〕出請觀世音菩薩消伏毒害陀羅尼呪經。

〔二〕見大唐西域記卷三烏仗那國九觀自在菩薩精舍。

德故，增益故，名聞故，生力故，隨所意行故，所受樂故，不擾亂故，不殺衆生故，爲擁護故。而説呪曰：

多絰他優波傞泥　覩傞泥　羅叉毠瞿波多　曳波囉闍婆隸闍婆隸闍婆隸摩訶闍婆隸　闍婆楞伽帝　闍婆隸闍婆棃尼　摩訶闍婆棃尼闍婆囉木㕦娑利　摩娑利　阿迦隸摩迦隸阿㕦音溪摩㕦那㕦娑婆隸摩訶娑婆隸三婆離郁句　目句　三摩帝摩訶三摩帝帝三摩帝　摩訶三摩帝　摩訶闍婆隸娑曳娑羅彌　目句奢彌　摩訶奢彌　三摩第　摩訶三摩第　三目避　毗目避　阿囉細　摩訶阿羅細　摩那細摩那細　摩那細啼卑底　莎婆呵

爾時彼二菩薩受持此陀羅尼已，譬如壯士屈申臂頃，至釋迦牟尼佛所。恭敬禮已，具申來意，作是言：或被諸鬼神惱害，或被諸雜毒害，或蠱道病，或有死屍病，或有熱病，自餘種種擾亂鬼病，而最勝燈王如來遣我等將此陀羅尼呪來，爲諸衆生作利益故，而説前呪。爾時佛告阿難言：汝持此呪，爲他解説，宣通流布。佛出世難值，此呪復甚難聞。若有人能受特此陀羅尼者，火不能燒，刀杖不傷，諸毒不害，縣官不殺，梵天不恚。彼人七世恒知宿命。此呪過去七十七億諸佛所説。若有人毁謗此呪者，即是毁謗彼等諸佛。若有鬼神不敬重此呪者，或與我奪某甲威力者，或已呪奪不還者，彼鬼神頭破作七分。爾時釋迦牟尼佛告諸比丘：我今亦説陀羅尼章句，爲利益衆生故，增長功德故，增長威德故，增長色故，增長名聞故，增長力故，隨意受樂故，隨行受安樂故，不擾亂故，不殺害故，守護故。而説呪曰：

多上聲姪他阿知上聲下同跋知那上聲下同知俱上聲下同那知迦上聲下同那知吒羅跋泥侈羅跋泥睹多羅上聲下同曳阿羅婆枳吒上聲枳吒茶枳羅婁迷　呼盧迷娑上聲下同隸摩訶娑隸差迷摩訶差迷　棃隸

婁棃隸嘆隸　脂隸嘆虚爾切隸寐隸伊隸上聲尸隸尸隸尸尸利尸羅跋知阿上聲滯婆上聲滯那滯俱那滯頞那跋帝波上聲那跋帝上聲阿迦細摩迦細迦細迦娑迦細頞細頞娑頞細摩訶頞娑頞細伊上聲泥寐泥多侈多侈波多侈多婆多侈莎婆訶

爾時佛告阿難：汝持此呪，爲他解説，宣通流布。佛告阿難：聞此陀羅尼，復倍甚難。若有人能受此呪，復倍爲難。若有人能受持讀誦，能爲他人宣通解説，彼人能知未來二十一世之事。此陀羅尼，過去九十九億諸佛所説。若有人毀謗不信行者，彼人則爲毀謗過去諸佛。若有人受持此呪，結戒守護作法，尚能令彼枯樹生枝柯華葉果，何況有識衆生受持此呪而不差者，無是處耶！歸命一切諸佛，願我成就此呪，莎婆呵。爾時世尊復説呪曰：

多上聲啐他阿嘖悼階切婆嘖　吒稽　吒囉稽吒嚧末底　睹嚧末底　兜隸覩羅兜隸婆隸娑隸覩隸　度隸　度度隸蘇隸婆哂哂婆哂利　嘆利畢利　底利　莎婆呵

爾時世尊告阿難言：若有人受持此呪，爲他宣通，彼人得知二十八世之事。此陀羅尼，過去恒河沙諸佛所説。若有人毀謗此呪，則是毀謗彼等諸佛，則爲捨彼諸佛。一切諸天龍、鬼神、縣官、劫賊、諸毒蠱等皆不能害，一切諸惡疾病亦不能害，惟除宿殃所造業報。」〔二〕略述功德，廣説在經。

〔一〕出東方最勝燈王如來經。

大方等經：「七佛説滅罪呪：

離婆離婆帝　仇呵仇呵帝　陀囉離帝尼呵羅帝　毗摩離帝　莎呵

右此二呪，諸佛共説。功能利益，滅罪除障，備在經文，不可具述。」〔一〕

新翻大般若經第五百七十一第六分云：「爾時最勝天王復白佛言：諸菩薩摩訶薩行深般若波羅蜜多，修何等行，護持正法？佛告最勝天王：當知若菩薩摩訶薩行深般若波羅蜜多，行不違言，尊重師長，隨順正法，調柔，志性純質，諸根寂静，遠離一切惡不善行，修習善根，名護正法。天王當知，若諸菩薩摩訶薩行深般若波羅蜜多，修身語意三業慈悲，不拘利譽，持戒清净，遠離諸見，名護正法。天王當知，若菩薩摩訶薩行深般若波羅蜜多，心不隨愛、恚、怖、癡行，名護正行。修習慚愧，名護正法。説法修行，皆如所聞，名護正法。天王當知，三世諸佛爲護正法，説陀羅尼，擁護天王及人王等，令護正法久住世間，與諸有情作大饒益。陀羅尼曰：

呾姪他　阿虎洛　尼洛罰底丁履切下同虎剌拏莎去聲呼下同窶荼　者遮折支熱切尼阿奔去聲呼若剎多　剎多　剎延多　剎也　莎訶　陵末尼羯洛鄔嚕鄔魯罰底迦　邏跋底迦　阿鞞奢底尼　莎剌尼　杜闍　杜闍末底　阿罰始尼罰尸罰多　罰多奴　娑理尼部多　奴悉没栗底　提罰多奴

〔一〕出大方等陀羅尼經卷四。

悉没栗底　莎訶

天王當知，此大神呪能令一切人非人等皆得安樂。此大神呪，三世諸佛爲護正法及護一切人非人等令得安樂，以方便力而當説之。是故天王及人王等爲護正法久住世故，自身眷屬得安樂故，國土有情無災難故，各應精勤至誠誦念。如是則令怨敵災難魔事法障，皆悉消滅。由斯正法久住世間，與諸有情作大饒益。」〔一〕云云。

五百七十八第一般若理趣分云：「爾時如來即説神呪：

納慕薄伽筏帝一鉢剌壤波羅預多曳二薄底丁履切下同筏摟七鬼切羅曳三罨跛履弭多窶拏曳四薩縛呾他揭多跛履布視多曳五薩縛呾他揭多奴壤多壤多泌壤多曳六呾姪他七鉢剌吟一弟切下同鉢剌吟八莫訶鉢剌吟九鉢剌壤娑娑羯囇十鉢剌壤路迦羯囇十一案馱迦囉毗談末泥十二悉遞十三蘇悉遞十四悉殿都漫薄伽筏底十五薩防伽孫達囇十六薄底筏摟囇十七鉢剌娑履多喝悉帝十八參磨濕嚩娑羯囇十九勃咜勃咜二十悉咜悉咜二十一劍波劍波二十二浙羅浙羅二十三曷邏嚩曷邏嚩二十四阿揭車二十五薄伽筏底二十六麽毗濫婆二十七莎訶二十八

如是神呪，三世諸佛皆共宣説，同所護念。能受持者，一切障滅，隨心所欲，無不成辦，疾證無上正等菩

〔一〕出大般若波羅蜜多經卷五百七十一。

提。爾時如來復説神呪：

納慕薄伽筏帝一鉢刺壤波羅弭多曳二呾姪他三牟尼達謎四僧揭洛訶達謎五遏奴揭洛訶達謎六毗自底達謎七薩馱奴揭洛訶達謎八吠室洛末拏達謎九參漫多奴跛履筏刺呾那達謎十蹇拏僧揭洛訶達謎十一薩縛迦羅跛履波刺那達謎十二莎訶十三

如是神呪，是諸佛母。能誦持者，一切罪滅，常見諸佛，得宿住智，疾證無上正等菩提。爾時如來復説神呪：

納慕薄伽筏帝一鉢刺壤波羅弭多曳二呾姪他三室曬曳四室曬曳五室曬曳六室曬拽細七莎訶八

如是神呪，具大威力。能受持者，〔一〕業障消除，所聞正法揔持不忘，疾得無上正等菩提。」〔二〕此下三呪，西京興善寺大唐翻經僧玄模法師於波頗三藏及餘大德婆羅門所，口決正得。諸經先無正本，舊依婆羅門所翻得，爲文訛略，不依正梵，故更譯之。雖有增減，不勞致惑。

第一大般若呪云：

南無薄伽婆帝　摩訶鉢囉慎若波羅蜜多裔頞鉢唎蜜多瞿那裔薩婆怛他伽多鉢唎脯唎多裔薩婆怛他伽多慎若多毗慎若多裔但姪他地夜切鉢囉慎喏而制切摩訶鉢囉慎若婆塞羯㖤　鉢囉慎若盧

〔一〕「持」字原作「特」，據高麗藏本、磧砂藏本、南藏本、嘉興藏本改。

〔二〕出大般若波羅蜜多經卷五百七十八。

迦羯唳頞鉢囉慎若南毗陀沫泥　悉提蘇悉提　悉佃都曼薄伽婆底　薩囉缺烏剛切伽孫達囉　薄底薄際唳鉢囉娑唎多曷薩帝　三摩涅囉　薩那羯唳　怛姪他掌姪掌姪　悉姪悉姪　劍波劍波折羅折羅囉婆囉婆阿揭車阿揭車薄伽婆底磨毗藍婆　薩婆訶

此呪功德，諸經具説。受法别傳，呪句二十七，字六十二。今譯得一百七十一字。字有加減，不須驚怪。西方大德具正斯文。受持此呪者，須造一軀般若母像。當取無子楮木作。〔一〕像端坐，種種莊嚴，展右手。用齋日，造像匠須持八戒齋法。綵色中不得用膠，只得用胡桃油、薰陸香及乳汁等。欲持此呪者，香泥塗地，須新瓦瓶八口。須時華散著道場所，并插著瓶。瓶中著八種漿：石榴、蒲萄、乳汁、酪、蜜、石蜜、酒、甘蔗等漿。并作種種素食，分作八分。燒種種名香，供養形像。并然八支酥燈。其誦呪人著浄潔衣，持戒七日。以前日夕，燒香禮拜，誦呪滿一萬徧。過七日後，一日斷食。於此日夜誦呪滿八千徧，下前飲食。行此法時，於夢中見般若母像，隨願皆得成就。

第二滅罪招福呪：

娜謨曷囉上聲下同跢娜一怛囉耶余夜切夜戈可切下同二娜麽莫我切臀穰如何切娜娑伽上聲囉裴嚧者娜三怛他揭多夜四娜麽阿唎耶跋盧枳羝五鑠筏囉夜六菩提徒你切薩跢婆夜七莫訶薩跢婆夜八莫訶迦嚕

〔一〕「楮」字原作「褚」，據高麗藏本改。

妳奴綺切迦夜九那麽薩囉皤怛他揭羝驃比朝切十曷囉囉喝馱上聲敝十一三藐三菩上聲提驃同上十二跢姪他十三烏竔十四馱上聲囉馱囉十五提徒余切唎提唎十六杜嚕杜嚕十七伊齭皤齭十八者黎者黎十九鉢囉上聲者黎鉢囉者黎二十距蘇迷二十一矩蘇上聲麽跋嚟二十二伊上聲離上聲弭離上聲二十三只離只知上聲二十四闍羅上聲麽跋捺夜二十五鉢囉末輸馱上聲薩跢皤二十六莫訶迦嚕妳迦二十七莎婆訶二十八

若善男子善女人，能有讀誦此呪，晝夜精勤，勿令忘失。於晨朝時，先淨澡浴。若不澡浴，當淨漱口，澡洗手面。善持此呪，現身即得十種果報：一者、身當無病。二者、恒爲十方諸佛憶念。三者、一切財物衣服飲食自然充足，恒無乏少。四者、破一切怨敵。五者、能使一切有情皆生慈心。六者、一切蠱毒熱病不能侵害。七者、一切刀杖不能爲害。八者、一切水難不能爲溺。九者、一切火難不能燒害。十者、不受一切横死。復得四種果報：一者、臨命終時得見十方無量諸佛，二者、永不墮地獄，三者、不爲一切禽獸所啗，四者、命終之後生無量壽國。若有在家出家犯四重五逆，必能依法，潔淨身心，讀誦此呪一徧乃至多徧，一切根本重罪悉得除滅，除不至心。

第三禮佛滅罪呪，亦名佛母呪：

娜謨達奢書何切那竔一菩陀俱致那竔二烏竔三户嚕户嚕四悉馱嚧者你五娑上聲囉上聲下同娑囉他六娑達你七娑上聲婆訶八

此呪十俱致諸佛所説。一俱致，百億也。我今亦爲憐愍一切衆生。持此呪者，能令一切瞋惡衆生悉皆歡喜。若能日日三時誦呪禮拜者，勝禮千萬俱致諸佛功德。命終之後，得生西方無量壽佛國。前翻本

云：臨命終時得諸佛來迎。未來賢劫千佛，一一皆得親承供養。但有人能常誦此呪者，最是不可思議。〔一〕

雜呪部第七

佛說護諸童子陀羅尼呪經，已下並出陀羅尼雜集經録。後魏三藏菩提流支譯。「爾時如來初成正覺。有一大梵天王來詣佛所，敬禮佛足，而作是言：

南無佛陀耶，南無達磨耶，南無僧伽耶。我禮佛世尊，照世大法王，在於閻浮提。最初說神呪，甘露凈勝法，及禮無著僧。已禮牟尼足，即時說偈言：世尊諸如來，聲聞及辟支，諸仙護世王，大力龍天神，如是等諸衆，皆於人中生。有夜叉羅刹，嘗喜啗人胎，非人王境界，强士所不制，能令人無子，傷害於胞胎。男女交會時，使其意迷亂，懷妊不成就。或歌羅安浮，無子以傷胎，及生時奪命。皆是諸惡鬼，爲其作嬈害。我今說彼名，願佛聽我說。

第一名彌酬迦，第二名彌伽王，第三名騫陀，第四名阿波悉魔羅，第五名牟致迦，第六名摩致迦，第七名

〔一〕出大般若波羅蜜多經卷五百七十八。

闍彌迦，第八名迦彌尼，第九名棃婆坻，第十名富多那，第十一名曼多難提，第十二名舍究尼，第十三名揵吒波尼，第十四名目佉曼荼，第十五名藍婆。此十五鬼神，常遊行世間，爲嬰孩小兒而作於恐怖。我今當說此諸鬼神恐怖形相，〔一〕以此形相，令諸小兒皆生驚畏。彌酬迦者，其形如牛。彌伽王者，其形如師子。騫陀者，其形如鳩摩羅天。阿波悉魔羅者，其形如野狐。牟致迦者，其形如獼猴。摩致迦者，其形如羅刹女。闍彌迦者，其形如馬。迦彌尼者，其形如婦女。棃婆坻者其形如狗。富多那者，其形如猪。曼多難提者，其形如猫兒。舍究尼者，其形如烏。揵吒波尼者，其形如雞。目佉曼荼者，其形如薰狐。藍婆者，其形如蛇。此十五鬼神，著諸小兒，令其驚怖。我今當復說諸小兒怖畏之相。彌酬迦鬼著者，令小兒眼睛迴轉。彌迦王鬼著者，令小兒數數歐吐。騫陀鬼著者，令小兒其兩肩動。阿婆悉魔羅鬼著者，令小兒口中沫出。牟致迦鬼著者，令小兒把拳不展。摩致迦鬼著者，令小兒自齧其舌。闍彌迦鬼著者，令小兒喜啼喜笑。迦彌尼鬼著者，令小兒樂著女人。棃婆坻鬼著者，令小兒現種種雜相。富多那鬼著者，令小兒眠中驚怖啼哭。曼多難提鬼著者，令小兒夜開喜啼喜笑。舍究尼鬼著者，令小兒不肯飲乳。揵吒波尼鬼著者，令小兒咽喉聲塞。目佉曼荼鬼著者，令小兒時氣熱病下痢。藍婆鬼著者，令小兒數噫數噦。此十五鬼神以如是等形，怖諸小兒，及其小兒驚怖之相，我皆已說。復有大

〔一〕「當」字原作「常」，據高麗藏本、磧砂藏本、南藏本、嘉興藏本改。

鬼神王，名栴檀乾闥婆，於諸鬼神最爲上首。當以五色線，誦此陀羅尼，一徧一結，作一百八結。并書其神鬼名字，使人齎此書線，語彼使言：汝今疾去，行速如風。到於四方，隨彼十五鬼神所住之處，與栴檀乾闥婆大鬼神王，令以五綵縛彼鬼神。兼以種種美味飲食、香華、燈明及以乳粥供養神王。爾時大梵天王復白佛言：世尊，若有女人不生男女，或在胎中失壞墮落，或生已奪命。此諸女等欲求子息保命長壽者，常當繫念修行善法。於月八日、十五日受持八戒，清净洗浴，著新净衣，禮十方佛，至於中夜，以少芥子置己頂上，誦我所説陀羅尼呪者，令此女人即得如願。所生童子，安隱無患，盡其形壽，命不中夭。若有鬼神不順我呪者，我當令其頭破爲七分，如阿黎樹枝。即説護諸童子陀羅尼呪曰：

　　嗟哑吔　阿伽囉　伽泥那伽伽泥娑樓隸祇隸　伽婆隸鉢隸　不隸羅收禰脩羅俾遮羅俾　婆陀尼　波羅阿曷利沙尼那易彌那易　蘇婆呵

世尊，我今説此陀羅尼呪，護諸童子，令得安隱，護其長壽故。爾時世尊一切種智即説呪曰：

　　嗟哑吔　菩陀菩陀菩陀　兔摩帝　菩提菩提　摩隸　式叉夜　娑舍利　娑達禰娑羅地　頭隸頭頭隸波臈多頭隸舍摩膩收鞞收隸　波臈帝　收藍舍彌帝槃他槃絺　波呵膩　祇摩膩　陀波膩蘇婆呵膩婆囉膩　蘇婆呵

此十五鬼神常食血肉。以此陀羅尼呪力故，悉皆遠離，不生惡心。令諸童子，離諸恐怖，安隱無患，處胎初生無諸患難。誦此呪者，或於城邑聚落，隨其住處，亦能令彼嬰孩小兒長得安隱，終保年壽。南無佛陀，成就此呪，護諸童子，不爲諸惡鬼神之所嬈害，一切諸難，一切恐怖，悉皆遠離。蘇婆呵。時此梵

天聞説此呪，歡喜奉行。」〔一〕

陀羅尼集經：「佛説止女人患血至困陀羅尼呪：

那摸薩利婆　伏陀㑛　鼻悉哆　喍拏哆地夜他至利嚩　咥路嚩　禰儞跛禰儞莎婆呵帝使仛兜路地嚂婆帝鑰裨帝鑰綖儞沙咩鑰娑禰婆帝鑰　薩利婆伏陀㑛坻祇那帝使仛兜路地濫　磨娑羅婆兜末伽羅兜摩婆呵兜　莎婆呵

若行此法，須用緋線爲繩，呪七徧，作七結，繫腰，血即止。治宣下血。

佛説婦人産難陀羅尼呪：

目多修利夜赦尸伽羅悉侈囉侯　失旃陀羅波羅目至也兜目多薩婆婆婆佛圖那棃伽羅　波羅目遮也兜　多㗉他　阿吒毗莎呵　婆吒　莎呵　阿吒婆　婆吒毗莎呵　慕遮　因地利夜　伽多㚷　毗舍厲夜婆婆兜舍利夜　移遮舍　阿餘摩夜　伊咩遮摩　怒妙　舍盧夜　薩鞞舍盧波羅自遮兜　莎呵

行此呪法者，呪油七徧塗産門所，兒即易出。

佛説除災患諸邪惱毒呪：

〔一〕出婆羅門雜集卷四護諸童子陀羅尼經。

唖吼摩夜　輸盧多咩　迦悉底　三摩夜婆伽吼　舍羅婆悉鍮　鼻呵囉　坻悉摩　抵多婆禰

阿那他比荼達拖囉咩多多羅婆伽吼　仳闍喝曼多羅耶坻悉摩　汗其履奚拏多婆摩難大伊啰沙荼

叉棃鍮仳淡陀羅夜　婆遮夜　伽羅呵夜鉢利夜不那　鉢棃於遮仳悉侈棃拏三婆羅迦舍耶　多地

夜他睒鞞儺啖　鞞儺吒吒支吒吒支　莎婆呵

行此法者，須用黑羊毛繩呪七徧，繫左臂。若無羊毛，用皂線亦得。若患熱病，三四日，呪黑線繫左臂。若患頭痛，誦呪七徧，以手摩之。若患耳聾，呪木七徧，塞之。若牙痛，呪楊枝七徧，嚼之。若患腹痛，呪鹽湯七徧，服之。若患産難，呪黑線七徧，繫其咽，兒即易出。若患宿食不消，以手呪摩，即便吐下。若患餘災難，即能護身，不畏水火刀兵毒獸，一切諸惡悉不能害。除不用心，不慎口味，穢惡不净者，即無神驗。

佛説多聞强記陀羅尼呪：

浮多弗嘍　摩難肇　頞帝叉嚧那摩仳狀達邏囉闍婆浮嘍　娑伊曼　仳狀波羅頭　使迦棃使

多　地夜他悉地　那薩坻頞三坻　迦致鼻迦致　不祚捭　夜囉坻阿伽坻　三摩奚坻　悉地三摩

比坻

佛告阿難：若行此法，汝取婆囉彌、支多翅、白訶棃勒。畢鉢棃，三物合，清晨呪滿一千徧，以酥蜜和服，即得一聞受持。

觀世音菩薩行道求願陀羅尼呪：

南無羅多那哆羅耶耶　南無阿利耶　婆盧吉泜　奢婆羅耶　菩提薩埵耶摩訶菩提薩埵耶　摩訶薩埵耶　摩訶迦留　尼迦多啞他　烏蘇咩沙陀耶蘇彌婆　帝婆陀耶　守吉利娑陀耶　守鞞娑陀耶伊斯　彌斯　悉纏呢波羅耶啤悉婆呵

行此之法，於觀世音像前，以香泥塗地，香華供養，日夜六時誦之，於一時中誦滿百二十偏。隨其所求，觀世音菩薩以其行人應現其身，令其得見，所求皆得如願本心。」〔一〕

乞雨陀羅尼呪。大雲經云：「爾時世尊神通力故，起四黑雲，甘雨俱偏。興三種雲，謂下中上。發甘雨聲，如天伎樂，一切衆生之所樂聞。爾時世尊即説呪曰：

羯帝波利羯帝僧羯帝波羅僧羯帝波羅卑羅延帝三波羅卑羅延坻娑羅娑羅波娑羅波娑羅摩閦闍摩閦闍遮羅坻波遮羅坻波遮羅坻波遮羅坻三波羅遮羅坻此提嘻棃嘻棃薩隷醓薩隷醓富嚧羅嚧莎呵

若有諸龍聞是呪已不降甘雨者，頭破作七分。」〔二〕

「止牙齒痛陀羅尼呪：

南無佛，南無法，南無比丘僧，南無舍利弗兜樓，摩訶目連比丘，南無賢者覺意，名聞偏十方。

〔一〕出陀羅尼雜集卷五。

〔二〕出大方等大雲經卷二。

北方揵陀摩訶衍山，彼有蟲王名羞休無得，〔一〕在其牙齒。彼當遣使者，莫敢食其牙齒。及在牙根、牙中、牙邊。蟲若不速下器中，頭破作七分，如鳩羅勒繕。梵天勸助是呪。南無佛，令我所呪即從如願。

若行此法，以净水含呪一徧，便吐器中，即止。

呪穀子種之令無螽蝗災起陀羅尼：

多擲吔　婆羅跋題　那蛇婆提

若欲種時，取種子一升，呪二十一徧，以穀著大種種子中種之，終不被蟲食，無有災蝗。

呪田土陀羅尼：

南無佛陀蛇　南無達摩蛇　南無僧伽蛇　南無彌留竭脾菩提薩埵怛提吔　眈婆佛耆比律吒佛耆　具其棃　比律吒　佛耆　彌樓闍婆　竭噉波佛耆呼夢阿泥婆佛耆摩羅　阿拔多佛　尼夢浮佛耆

若恐田苗不好者，以此陀羅尼呪土一斛，滿二十一徧，以土散穀上，并令諸惡鬼不得吸此穀精稼。食此穀者，頭破作七分。能除一切災蝗，諸惡不起。

〔一〕「名」字原作「者」，據高麗藏本、磧砂藏本、南藏本、嘉興藏本改。

呪蛇蝎毒陀羅尼：

南無勒那奄婆羅等拏多擲吔　休婁浮泥婁浮　呵棃呵棃莎呵　南無居力拏移奄勒那　多擲吔　目縷利頻縷利浮　莎呵

以此陀羅尼呪之三七。呪一七徧與水一口，呪三七徧與水三口，即愈。」〔一〕

「療百病諸毒陀羅尼呪：

南無觀世音菩薩坦提吔　阿羅尼多羅尼薩哦豆咤哦羅尼薩哦建咤　般宕彌耶哦陀棃　南没遮彌悉但兜　曼吔波陀　莎呵

行此法者，當用白縷，誦一徧結一結，誦七徧結七結。若有病苦者，繫著咽下，百病諸毒，悉得除愈。

觀世音菩薩説滅罪得願陀羅尼呪：

南無勒囊利蛇蛇　南無阿利蛇　婆路吉坻　舍伏羅蛇　菩提薩埵蛇　摩訶薩埵蛇　多擲哆兜流　兜流　阿思　摩思摩　利尼　波摩利　豆豆脾　那慕那慕　莎呵

若行此法，於觀世音菩薩像前燒好沈水香，至心懺悔，於六時中禮誦行道，時時中各誦三徧。能滅無始已來一切罪業，獲大功德，不可思議。欲求所願，如願必得。

〔一〕出陀羅尼雜集卷五。

觀世音菩薩説除卒得腹痛陀羅尼呪：

南無勒囊利蛇蛇　南無阿利蛇　婆路吉坻舍伏羅蛇　菩提薩埵蛇　摩訶薩埵蛇　多擲哆

究之究之　羅之羅之　阿那三婆陀尼移　莎呵

若人卒得腹痛病困，宜急呪鹽水三徧，令腹痛者飲之，其痛即差。

觀世音菩薩説除中毒乃至已死陀羅尼呪：

南無勒囊利蛇蛇　南無阿利蛇　婆路吉坻舍伏羅蛇　菩提薩埵蛇　摩訶薩埵蛇　多擲哆莎

棃莎棃　呲莎棃呲莎棃　薩婆呲沙　那舍尼　莎呵

若人被諸雜毒中毒欲死，若已死者，急以此呪呪於耳中即差，縱暴死還穌。

觀世音菩薩説除種種癩病乃至傷破陀羅尼呪：

南無勒囊利蛇蛇　南無阿棃蛇　婆路吉坻　舍伏羅蛇　菩提薩埵蛇　摩訶薩埵蛇　多擲哆

脩目佉　呲目佉　休流休流　脩目流　比脩目流　輸那濘　呲輸那濘　摩思多婆兜摩首羅兜

摩當坻　婆波坻　多婆首　沙兜　莎呵

若人癩病，若白癩，若赤癩，至誠懺悔，行道常誦，即差。若狂嚙齒，若身瘡病，若被刀箭傷瘡破壞，以此神呪呪土塗上，即差。

觀世音菩薩説呪五種色菖蒲服得聞持不忘陀羅尼：

南無勒囊利蛇蛇　南無阿利蛇　婆路吉抵　舍伏羅蛇　菩提薩埵蛇　摩訶薩埵蛇　多擲哆

虔踟　富那離　波羅婆離　莎呵

於觀世音菩薩像前燒上沈水香，至誠呪白菖蒲根，滿八百徧，服之，得聞持不忘。」〔一〕自外黑、赤、青、黃四種菖蒲，亦有別呪。文煩不述。

「療腋臭鬼呪：〔二〕

若多奴知一睺睺睺睺多奴知二浮流流流流多奴知三摩賴帝多奴知四阿那那那多奴知五莎呵六

若行此法，用石灰三升，苦酒三斗，槃上和。呪三七徧，團之，更互易替。男安左腋下，女安右腋下，即差。

療瘧病鬼呪：

須蜜多一阿膩吒二迦知膩吒三嗚呼那須蜜多四支波呼睺須蜜多五伊知膩吒吒須蜜多六莎呵

若行此法，須五色縷線，呪作七結。若痛，從頭下先繫項，繫脚，繫手，令大急之。呪水三徧噀之，即差。

療不得下食鬼呪：

胡摩兜一烏奢睺睺胡摩兜二阿毜羯卑胡摩兜三破波羅胡摩兜四莎呵五

〔一〕出陀羅尼雜集卷六。

〔二〕「腋」字原作「服」，據高麗藏本、磧砂藏本、南藏本、嘉興藏本改。

須呪水七徧，與病人飲之，無過三五度，即差。」〔一〕

「佛說神水呪療一切病經：

南無佛　南無法　南無比丘僧　南無過去七佛　南無諸佛　南無諸佛弟子　南無諸賢聖師　南無諸賢聖弟子兼誦七佛名子　第一唯衛佛　第二唯式佛　第三隨葉佛　第四拘留秦佛　第五拘那含牟尼佛　第六迦葉佛　第七釋迦牟尼佛

此是佛說神呪，隨呪井池河泉，呪之三徧，飲者百病皆除。」〔二〕

「觀世音菩薩說隨願陀羅尼呪：

南無觀世音菩薩　坦提咃呿羅婆多呿羅婆多　伽呵婆多　伽婆多　伽哦多　莎呵

行此法者，應須潔浄三業，在於静處，佛堂塔院，專精禮拜，遶塔誦是陀羅尼滿一萬二千徧，當見觀世音菩薩，一切所願隨意皆得也。」〔三〕

「佛說呪泥塗兵陀羅尼：

多擲哆　伊利富利持利富倫提　阿味呼摩味呼　婆味呼　比至味呼　比思坻呼　摩叱提呼

〔一〕出陀羅尼雜集卷七。

〔二〕出陀羅尼雜集卷八。

〔三〕出陀羅尼雜集卷九。

烏思羅　婆味呼　莎呵

若有人欲入賊中，呪泥三徧，以塗其身。若塗幢麾旛鼓角伎樂，必能得勝。若爲毒蟲所嚙，若有被毒，若身有腫處，以呪泥塗之，用青黛規院其上，即差。」〔一〕

頌曰：

沉痾誠已久，〔二〕　痼病實難痊。　四魔恒相嬈，　六賊競來牽。　困厄無人救，　惟忻大
慈憐。　遥愍愚心網，　振錫遠乘煙。　授此甘露藥，　邪見莫能先。　消災除業累，　拔濟苦
相煎。　恩流振玄教，　普利該大千。　自非神呪力，　何能益延年。

〔一〕出陀羅尼雜集卷十。

〔二〕「沉」字原作「況」，據高麗藏本、磧砂藏本、南藏本、嘉興藏本改。

法苑珠林校注卷第六十一

呪術篇第六十八

感應緣略引八驗

前周葛由

晉釋耆域

晉竺佛圖澄

晉竺法印

宋釋寶意

宋釋杯渡

宋釋玄暢

雜俗幻術〔一〕

前周葛由，蜀羌人也。周成王時，好刻木作羊賣之。一旦乘木羊入蜀中。蜀中王侯貴人追之，上綏山。綏山在峨眉西南，高無極也。隨之者不復還，皆得神道。故里諺曰：得綏山一桃，雖不能僊，亦足以豪。山下立祠數十處。〔二〕見搜神記。

晉洛陽有釋耆域者，天竺人也。周流華戎，靡有常所。而俶儻神奇，任性忽俗，迹行不恒，時人莫之能測。自發天竺，至于扶南，經諸海濱，爰涉交廣，並有靈異。既達襄陽，欲寄載過江。船人見胡沙門衣服弊陋，輕而不載。船達北岸，域已度。前行見兩虎，虎弭耳掉尾，域以手摩其頭，虎下道而去。兩岸見者隨從成羣。以晉惠之末，至于洛陽。諸道人悉爲作禮，域踑踞宴然，不動容色。時或告人以前身所更，謂支法淵從羊中來，竺法興從人中來。又譏諸衆僧衣服華麗，不應素法。見洛陽宮城，云：髣髴似忉利天宫，但自然之與人事不同耳。域謂沙門耆闍蜜曰：匠此宫者，從忉利天來。成便還天上矣。屋脊瓦下應有千五百作器。時咸云：昔聞此匠，實以作器著瓦下。又云：宫成之後，尋被害焉。衡陽太守南陽滕永文在洛，寄住滿水寺，得病經年不差，兩脚攣屈，不能起行。域往看之曰：君欲得病

〔一〕此題下嘉興藏本有小注「十二條」三字。
〔二〕出搜神記卷一。

瘥不？因取净水一盃，楊柳一枝，便以楊枝拂水，舉手向永文而祝，如此者三。〔一〕因以手搦永文膝，令起。即起行步如故。此寺中有思惟樹數十株，枯死。域問永文：樹死來幾時？永文曰：〔二〕積年矣。域即向樹祝，如祝永文法。樹尋華發，扶疏榮茂。尚方署中有一人病將死，域以應器著病者腹上，白布通覆之，祝願數千言，即有臭氣燻徹一屋。病者云：我活矣。域令人舉布，應器中有若垽淤泥者數升，臭不可近。病者遂活。洛陽近亂，辭還天竺。洛中沙門竺法行者，高足僧也。時人令請域曰：上人既得道之僧也，願留一言，以爲永誡。域曰：可普會衆人也。衆既集，域昇高座說偈云：

守口攝身意，　慎莫犯衆惡。　修行一切善，　如是得度世。

言絶便禪默。行重請曰：願上人當授所未聞。如斯偈義，八歲童子亦已諳誦，非所望於道人也。域笑曰：八歲雖誦，百歲不行，誦之何益。人皆知敬得道者，〔三〕不知行之自得道，悲夫！吾言雖少，行者益多也。於是辭去。數百人各請域中食，域皆許往。明旦五百舍皆有一域。始謂獨過，來相酬問，方知分身降焉。既發，諸道人送至河南城。域徐行，追者不及。域迺以杖畫地曰：於斯別矣。其日有人

〔一〕「如」字原作「曰」，據高麗藏本改。
〔二〕「文」字原脱，據高麗藏本補。
〔三〕「知」字原作「致」，據高麗藏本改。

從長安來，〔一〕見域在彼寺中。又賈客胡濕登者，即於是日將暮，逢域於流沙中。計見已行九千餘里。既還西國，不知所終。〔二〕

晉鄴中有竺佛圖澄者，西域人也。本姓帛氏。少出家，清貞務學，誦經數百萬言，善解文義。雖未讀此土儒史，而與諸學士論辯疑滯，皆暗若符契，無能屈者。自云：再到罽賓，受講名師。西域咸稱得道者。以晉懷帝永嘉四年來適洛陽，志弘大法，善誦神呪，能役使鬼物。以麻油雜臙脂塗掌，千里外事皆徹見掌中，如對面焉，亦能令潔齋者同見。又聽鈴音以言事，無不效驗。迺潛伏草野，以觀世變。時石勒屯兵葛陂，專以殺戮爲威，沙門遇害甚衆。澄憫念蒼生，欲以道化勒，於是杖策到軍門。勒大將郭黑略素奉法，澄即投止略家，略從受五戒，〔三〕崇弟子之禮。勒召澄問曰：佛道有何靈驗？澄知勒不達深理，正可以道術爲徵。因而言曰：至道雖遠，亦可以近事爲證。即取應器盛水燒香祝之，須臾生青蓮華，光色曜目。勒由此信伏。澄因而諫曰：夫王者德化洽於宇内，則四靈表瑞；政弊道消，則彗孛現於上。恒象著見，休咎隨行。斯迺古今之常徵，天人之明誡。勒甚悦之。凡應被誅殘，蒙其益者十有八九。勒後因忿，欲害諸道士，并欲苦澄。澄迺避至黑略舍，告弟子曰：若將軍信至問吾所在者，

〔一〕「人」字原脱，據高麗藏本補。

〔二〕出高僧傳卷九耆域傳。

〔三〕「略」字原闕，據高僧傳補。

報云不知所之。信人尋至，覓澄不得。使還報勒，勒驚曰：吾有惡意向聖人，聖人捨我去矣。通夜不寢，思欲見澄。澄知勒意悔，明旦造勒。勒曰：昨夜何行？澄曰：公有怒心，昨故權避。公今改意，是以敢來。勒大笑曰：道人謬耳。襄國城壍水源在城西北五里團丸祠下，其水暴竭。勒問澄曰：何以致水？澄曰：今當敕龍。勒字世龍，謂澄嘲己，荅曰：正以龍不能致水，故相問耳。澄曰：此誠言，非戲也。水泉之源，必有神龍居之。今往敕語，水必可得。迺與弟子法首等數人至泉源上。其源故處，久已乾燥，坼如車轍。從者心疑，恐水難得。澄坐繩牀，燒安息香，祝願數百言。如此三日，水忽然微流。有一小龍長五六寸許，隨水來出。諸道士競往視之。澄曰：龍有毒氣，勿臨其上。有頃水大至，隍壍皆滿。澄預記萌兆，難可具述盡。勒登位已後，事澄彌篤。時石葱將叛，其年澄誡勒曰：今年葱中有蟲，食必害人。可令百姓無食葱也。勒頒告境内：〔一〕慎無食葱。到八月，石葱果走。勒益加尊重，有事必諮而後行，號大和尚。石虎有子名斌，後爲勒兒，愛之甚重。忽暴病而亡，已涉二日。勒曰：朕聞虢太子死，扁鵲能生。大和尚，國之神人，可急往告，必能致福。澄迺取楊枝祝之，須臾能起，有頃平復。由是勒諸稚子多在佛寺中養之。〔二〕每至四月八日，勒躬自詣寺灌佛，爲兒發願。至建平四年四月，天静無風，而塔上一鈴獨鳴。澄謂衆曰：鈴音云國有大喪，不出今年矣。是歲七月勒死，子

〔一〕「頒」字原作「頌」，據高麗藏本、磧砂藏本、南藏本、嘉興藏本改。

〔二〕「是」字原脱，據高麗藏本補。

弘襲位。少時虎廢弘自立，遷都于鄴，稱元建武。傾心事澄，有重於勒。迺下書曰：和尚國之大寶，榮爵不加，高禄不受。榮禄匪傾，何以旌德！從此已往，宜衣以綾錦，乘以雕輦。朝會之日，和尚昇殿，常侍以下悉助舉輿，太子諸公扶翼而上。主者唱大和尚至，衆坐皆起，以彰其尊。又敕僞司空李農旦夕親問，太子諸公五日一朝，表朕敬焉。時澄止鄴城内中寺，遣弟子法常北至襄國。弟子法佐從襄國還，相遇在梁基城下共宿，對車夜談，言及和尚，比旦各去。法佐至，始入覲澄，澄逆笑曰：昨夜與法常交車，共説汝師耶？先民有言：不曰敬乎，幽而不改；不曰慎乎，獨而不怠。幽獨者敬慎之本，爾不識乎？佐愕然愧懺。于是國人每共相語曰：莫起惡心，和尚知汝。及澄之所在，無敢向其面涕唾便利者。時太子石邃有二子在襄國。澄語邃曰：小阿彌比當得疾，可往迎之。邃即馳信往視，果已得病。大醫殷騰及外國道士自言能治。澄告弟子法雅曰：〔一〕正使聖人復出，不愈此病，況此等乎！後三日果死。後晉軍出淮泗，隴北瓦城皆被侵逼。三方告急，人情危擾。虎乃瞋曰：吾之奉佛供僧，而更致外寇，佛無神矣。澄明旦早入，虎以事問。澄因諫虎曰：王過去世經爲大商主，至罽賓寺，嘗供大會，中有六十羅漢。吾此微身亦預斯會，時得道人謂吾曰：此主人命盡，當更雞身，後王晉地。今王爲主，豈非福耶？疆埸軍寇，國之常耳，何爲怨謗三寶，夜興毒念乎？虎迺信悟，跪而謝焉。虎嘗問澄：佛法

〔一〕「雅」字原作「牙」，據高僧傳改。

不殺。朕爲天下之主，非刑殺無以肅清海内。既違戒殺生，雖復事佛，詎獲福耶？澄曰：帝王事佛，當在體恭心順，顯揚三寶，不爲暴虐，不害無辜。至於兇愚無賴，非化所遷，有罪不得不殺，有惡不得不刑。但當殺可殺，刑可刑耳。若暴虐恣意，殺害非法，雖復傾財事法，無解殃禍。願陛下省欲興慈，廣及一切。佛教永隆，福祚方遠。虎雖不能盡從，而爲益不少。虎尚書張離、張良家富事佛，各起大塔。澄謂曰：事佛在於清浄無欲，慈矜爲心。檀越雖儀奉大法，而貪悋未已，遊獵無度，積聚不窮。方受現世之罪，何福報之可希耶？離等後並被戮滅盡。澄嘗遣弟子向西域市香，〔一〕既行，澄告餘弟子曰：掌中見買香弟子在某處被劫垂死。因燒香祝願，遥救護之。弟子後還云：某月某日某處爲賊所劫，垂當見殺。忽聞香氣，賊無故自驚曰：救兵已至。棄之而走。虎每欲伐燕，澄諫曰：燕國運未終，卒難可剋。虎屢行敗績，方信澄誡。又黄河中舊不生黿，忽得一，以獻虎。澄見而歎曰：桓温其入河不久。温字元子，後果如言也。澄嘗與虎共昇中堂，澄忽驚曰：變，變！幽州當火災。仍取酒灑之。久而笑曰：救已得矣。虎遣驗，幽州云：爾日火從四門起，西南有黑雲來，驟雨滅之，雨亦頗有酒氣。至虎建武十四年七月，石宣石韜將圖相殺。宣時到寺，與澄同坐，浮圖一鈴獨鳴。澄謂宣曰：解鈴音乎？鈴云胡子落度。宣變色曰：是何言歟？澄謬曰：老胡爲道，不能山居無言，重茵美服，豈非落度乎！石

〔一〕「域」字原作「城」，據高麗藏本改。

韜後至，澄熟視良久。韜懼而問澄，澄曰：怪公血臭，故相視耳。至八月，澄使弟子十人齋於別室，澄時暫入東閤。虎與后杜氏問訊澄，澄曰：脅下有賊，不出十日。自佛圖以西，此殿以東，當有流血，慎勿東行也。杜后曰：和尚耄耶，何處有賊？澄即易語云：六情所受，皆悉是賊。老自應耄，但使少者不昏。遂便寓言，不復彰的。後二日，宣果遣人害韜於佛寺中。欲因虎臨喪，仍行大逆。虎以澄先誡，故獲免及。宣事發被收，澄諫虎曰：既是陛下之子，何乃重禍耶？陛下若含怒加慈者，尚有六十餘歲。如必誅之，宣當爲彗星，下掃鄴宮也。虎不從之，以鐵鏁穿宣頷，牽上薪積而焚之。收其宮屬三百餘人，皆轘裂支解，投之漳河。澄迺敕弟子罷別室齋也。後月餘日，有一妖馬騣尾皆有燒狀，入中陽門，出顯陽門。東首東宫皆不得入，走向東北，俄爾不見。澄聞而歎曰：災其及矣。至十一月，虎大饗羣臣於太武前殿。澄吟曰：殿乎，〔一〕殿乎！棘子成林，將壞人衣。〔二〕虎令發殿石下視之，有棘生焉。澄還寺視佛像曰：悵恨不得莊嚴。獨語曰：得三年乎？自荅：不得。又曰：得二年、一年、百日、一月乎？自荅：不得。迺無復言。還房謂弟子法祚曰：戊申歲禍亂漸萌，己酉石氏當滅。吾及其未亂，先從化矣。即遣人與虎辭曰：物理必遷，身命非保。貧道災幻之軀，化期已及。既荷恩殊重，故逆以仰聞。虎愴然曰：不聞和尚有疾，乃忽爾告終！即自出宮詣寺而慰喻焉。澄謂虎曰：出生入死，道之

〔一〕「乎」字原脱，據高僧傳補。

〔二〕「壞」字原作「壊」，據高麗藏本、磧砂藏本、南藏本、嘉興藏本改。

常也。脩短分定，非所能延。〔一〕夫道重行全，德貴無怠。苟業操無虧，雖亡若在；違而獲延，非其所願。今意未盡者，以國家心存佛理，奉法無恡，興起寺廟，崇顯壯麗。稱斯德也，宜享休祉。而布政猛烈，淫刑酷濫，顯違聖典，幽背法誡。不自懲革，終無福祐。若降心易慮，慧此下民，則國祚延長，道俗慶賴。畢命就盡，没無遺恨。虎悲慟嗚咽，知其必逝，即爲鑿壙營墳。至十二月八日卒於鄴宫寺。是歲晉穆帝永和四年也。士庶悲哀，號赴傾國。春秋一百一十七矣。仍窆於臨漳西紫陌，即虎所創塚也。俄而梁犢作亂，明年虎死，冉閔篡位，弑石種都盡。閔小字棘奴，澄先所謂棘子成林者也。澄左乳傍先有一孔，圍四五寸，通徹腹内。有時腸從中出，或以絮塞孔。夜欲讀書，輒拔絮，則一室洞明。又齋日輒至水邊，引腸洗之，還復内中。澄身長八尺，風姿詳雅。妙解深經，傍通世論。講説之日，止標宗致，〔二〕使始末文言，昭然可了。加復慈洽蒼生，拯救危苦。當二石凶强，虐害非道，若不與澄同日，孰可言哉！但百姓蒙益，日用不知耳。佛調、菩提等數十名僧，皆出自天竺、康居，不遠數萬之路，足涉流沙，詣澄受訓。樊河釋道安、中山竺法雅，並跨越關河，聽澄講説。皆妙達精理，研測幽微。澄自説生處去鄴九萬餘里，棄家入道一百九年。酒不踰齒，過中不食。非戒不履，無欲無求。受業追隨常有數百，前後門徒幾逾一萬。所歷州郡，興立佛寺八百九十三所，弘法之盛，莫與先矣。初虎殮澄，以生

〔一〕「延」字原作「逃」，據高麗藏本改。

〔二〕「止」字原作「正」，據高麗藏本改。「致」字原作「政」，據高麗藏本改。

時錫杖及鉢内棺中。後冉閔簒位，開棺唯得鉢杖，不復見屍。或言：澄死之月，有人見在流沙。虎疑不死，開棺不見屍。後慕容儁都鄴，處石虎宫中，每夢見虎嚙其臂，意謂石虎爲祟。迺募覓虎屍，於東明館掘得之。屍殭不毁，儁踏之罵曰：死胡，敢怖生天子。汝作宫殿成，而爲汝兒所圖，況復他耶！鞭撻毁辱，投之漳河，屍倚橋柱不移。秦將王猛迺收而葬之。麻襦所謂一柱殿也。麻襦者，即是魏縣流民，莫識其族，恒著麻襦布裳，在市乞丐。似狂而是賢人，言同澄公極爲交密。初見虎共語，了無異言。唯道陛下當終一柱殿下。後苻堅征鄴，儁子暐爲堅大將郭神虎所執，實先夢虎之驗也。田融趙記云：澄未亡數年，自營冢壙。澄既知塚必開，又屍不在中，何容預作。恐融之謬矣。澄或言佛圖磴，或言佛圖橙，或言佛圖澄，皆取胡音之不同耳。〔一〕

晉沙門竺法印者，晉太元中稱爲佳流，甚見知遇。安北將軍太原王文度友而親之，嘗共論説死生報應，茫昧難明，爲當許其理耳，未能審其實也。因爲約誓：死而有知，果見罪福者，當相報告也。印後居會稽，經年而卒。王在都，弗之知也。忽見印來，王驚喜，相慰勞問。印云：貧道以某時病死。罪福不虚，應若影響。檀越宜勤修道德，以昇濟神明。既有前約，故詣相報。言訖忽不復見。王自此後乃勤信向。〔二〕

〔一〕出高僧傳卷九竺佛圖澄傳。
〔二〕此條出處待考。高僧傳卷四支遁傳載亡後現形見王文度者乃竺法仰，且較此爲略。

宋京師中興寺有沙門阿那摩低，宋言寶意。本姓康，康居人，世居天竺。以宋孝建中來止京師。善曉經論，亦號三藏。常轉側數百貝子，立知吉凶。善能神呪，以香塗掌，亦見往事。宋世祖施其一銅唾壺，高二尺許，常在牀前。忽有人竊之。意取坐席一領，〔一〕空卷，祝上數通。經于三夕，唾壺還在席中。莫測其然。於是四遠道俗，咸敬而異焉。〔二〕

宋京師有釋杯渡者，〔三〕不知俗姓，名字是何。常乘木杯渡水，因而爲目。初見在冀州，不修細行。神力卓越，世莫能測其由來。嘗於北方寄宿一家，家有一金像，渡竊而將去。家主覺而追之，見渡徐行，走馬逐而不及。至孟津河，浮木杯於水，憑之渡河。無假風棹，輕疾如飛。俄而渡岸，達于京師。見時可年四十許。帶索繿縷，殆不蔽身。言語出没，喜怒不均。或嚴冰扣而洗浴，或著屐上山，或徒行入市。唯荷一蘆圖子，更無餘物。乍往延賢寺法意道人處，意以别房待之。後欲往瓜洲，步行於江側，〔四〕就航人告渡，不肯載之。復累足杯中，顧眄吟咏，杯自然流，直渡北岸。向廣陵，遇村舍，有李家設八關齋，先不相識，乃直入齋堂而坐，置蘆圖於中庭。衆以其形陋，無恭敬心。李見蘆圖當道，欲

〔一〕「坐」字原作「笙」，據高麗藏本改。
〔二〕出高僧傳卷三求那跋陀羅傳附。
〔三〕「杯渡」，高僧傳作「杯度」。下同。
〔四〕「行」字原作「江」，據高麗藏本改。

移置墻邊，數人舉不能動。渡食竟，提之而去。笑曰：四天王福於李家。于時有一豎子，窺其圖中，見四小兒並長數寸，面目端正，衣裳鮮潔，於是追覓，不知所在。後三日乃見在西界蒙籠樹下坐，李禮拜請還家，月日供養。〔一〕渡不甚持齋，飲酒噉肉，至於辛鱠，與俗不殊。百姓奉上，或受不受。沛國劉興伯爲兗州刺史，遣使邀之，負圖而來。興伯使人舉視，十餘人不勝。伯自看，唯見一敗納及一木杯。後還李家，復得二十餘日。清旦忽云：欲得一袈裟，中時令辦。李即經營，至中未成。渡云暫出，至冥不返。〔二〕乃合境聞有異香，疑之爲怪。〔三〕處處覓渡，乃見在北巖下，鋪敗袈裟，於地卧之而死。頭前脚後，皆生蓮華，華極鮮香，一夕而萎。邑人共殯葬之。〔四〕後數日，有人從北來，云：見渡負蘆圖行向彭城。乃共開棺，唯見靴履。既至彭城，遇有白衣黄欣，深信佛法，見渡禮拜，請還家。家至貧，但有麥飯而已，渡甘之怡然。止得半年，忽語欣云：可覓蘆圖三十六枚，吾須用之。荅云：此閒正可有十枚，〔五〕貧無以買，恐不盡辦。渡曰：汝但檢覓，宅中應有。欣即窮檢，果得三十六枚，列之庭中。雖

〔一〕「月」字上原有「一」字，據高麗藏本删。又「月日」，高僧傳作「日日」。
〔二〕「冥」字原作「宿」，據高麗藏本改。
〔三〕「爲」字原作「乃」，據高僧傳改。
〔四〕「人」字原闕，據高僧傳補。
〔五〕「正」字原作「止」，據高麗藏本改。

有其數，亦多破敗。比欣次第熟視，皆已新完。渡密封之，因語欣令開，乃見錢帛皆滿，可堪百萬許。〔一〕識者謂是杯渡分身他土，所得嚫施，迴以施欣。欣受之皆爲功德。經一年許，渡辭去。欣爲辦糧食，明晨見糧食具存，不知渡所在。經一月許，復至京師。〔二〕時潮溝有朱文殊者，少奉法，渡多來其家。文殊謂渡云：弟子脱捨身没苦，願見救濟。脱在好處，願爲法侶。渡不荅。文殊喜曰：佛法默然，已爲許矣。後東遊入吴郡，路見釣魚師，因就乞魚，魚師施一餧者。〔三〕渡手抒反覆，還投水中，遊活而去。又見網師，更從乞魚，網師瞋罵不與。渡乃拾取兩石子擲水中，俄而有兩水牛鬬其網中。網既碎敗，不復見牛，渡亦隱。行至松江，乃仰蓋於水中，乘而渡岸。經涉會稽剡縣，登天台山，數月而返京師。時有外國道人，名僧佉吒，寄都下長干寺住。有客僧僧悟者，與吒同房宿。於窻隙中，見吒取寺刹，捧之入雲，然後將下。悟不敢言，但深加敬仰。時有一人姓張名奴，不知何許人。不甚見食，而常自肥悦，冬夏常著單布衣。佉吒在路行，見張奴欣然而笑。佉吒曰：吾東見蔡𤠪，南訊馬生，北遇王年，今欲就杯渡，乃與子相見耶？張奴乃題槐樹而歌曰：濛濛大象内，照曜實顯彰。何事迷昏子，縱惑自招殃。樂所少人往，苦道若翻囊。不有松柏志，何用擬風霜！閑預紫煙表，長歌出昊蒼。澄靈無色

〔一〕「許」字原作「計」，據高麗藏本、磧砂藏本、南藏本、嘉興藏本改。
〔二〕「復」字原作「後」，據高麗藏本改。
〔三〕「餧」字原作「萎」，據高僧傳本改。

外，應見有緣鄉。歲曜毗漢后，辰麗傅殷王。伊余非二仙，晦迹之九方。亦見流俗子，觸眼致酸傷。略謡觀有念，寧曰盡衿章。佉吒曰：前見先生禪思幽岫，一坐百齡。大慈熏心，靖念枯骨。亦題頌曰：悠悠世士，或滋損益。使欲塵神，横生悦懌。惟此哲人，淵覺先見。思形浮沫，矚影遄電。累蹟聲華，蔑醜章弁。視色悟空，翫物傷變。捨紛絶有，斷習除戀。青條曲蔭，白茅以薦。依畦啜麻，鄰崖飲滸。慧定計昭，妙真日眷。慈悲有增，深想無倦。言竟各去。爾後月日，不復見此二人。傳者云：將僧悟共之南嶽不反。張奴與杯渡相見，甚存所叙，人所不解。渡猶停都少時，遊止無定。請召，或往不往。時南州有陳家，頗有衣食。渡往其家，甚見料理。聞都下復有一杯渡，〔一〕陳父子五人咸不信，故下都看之，果如其家杯渡，形相一種。陳爲設一合蜜薑，及刀子、熏陸香、手巾等。渡即食蜜薑都盡，餘物宛然在膝前。其父子五人恐是其家杯渡，即留二弟停都寺視，餘三人還家。家中杯渡如舊，膝前亦有香刀子等，但不噉蜜薑爲異。乃語陳云：刀子鈍，可爲磨之。二弟都還云：彼渡已移靈鷲寺。其家渡忽求黄紙兩幅作書，書不成字，合同其背。陳問：上人作何券書？渡不荅。竟莫測其然，遂絶迹矣。都下杯渡猶去來山邑，多行神祝。時庾常婢偷物而叛，四追不擒。乃問渡，渡云：已死在金城江邊空塜中。往看，果如所言。孔甯子時爲黄門侍郎，在廨患痢，遣信請渡。渡祝竟云：難差。見有四鬼，皆被

〔一〕「下」字原作「不」，據高麗藏本、磧砂藏本、南藏本、嘉興藏本改。

傷截。甯子泣曰：昔孫恩作亂，家爲軍人所破。二親及叔皆被痛酷。甯子果死。又有齊諧妻胡毋氏病，衆治不愈。後諧請僧設齋，齋坐有僧聰道人，勸迎杯渡。渡既至，一祝病者即愈。齊諧伏事爲師，因爲作傳，記其從來神異，大略與上同也。至元嘉三年九月，辭諧入東，留一萬錢物寄諧，請爲營齋，於是別去。行至赤山湖，患痢而死。諧即爲營齋，并接屍還，葬建鄴之覆舟山。至四年，有吴興邵信者，甚奉法，遇傷寒病，無人敢看，乃悲泣念觀音。忽見一僧來，云是杯渡弟子。語云：莫憂，家師尋來相看。〔一〕荅云：渡師已死，〔二〕何容得來？道人云：來復何難。便衣帶頭出一合許散，與服之。病即差。又有杜僧哀者，住在南岡下，昔經伏事杯渡。兒病甚篤，乃思念，恨不得渡練神呪。明日忽見渡來，言語如常。即爲祝，病者便愈。至五年三月八日，渡復來齊諧家。吕道慧、聞人怛之、祝天期、〔三〕水丘熙等並見，皆大驚，即起禮拜。渡語衆人言：年當大凶，可勤修福業。法意道人甚有德，〔四〕可往就其修立故寺，以禳災禍也。〔五〕須臾門上有一僧喚渡，渡便辭去云：貧道當向交廣之閒，不復來也。

〔一〕「家」字原作「衆」，據高麗藏本改。
〔二〕「師」字原作「練」，據高僧傳改。
〔三〕「祝天期」，高麗藏本作「祚天期」，高僧傳作「杜天期」。
〔四〕「甚」字原作「其」，據高麗藏本改。
〔五〕「禳」字原作「攘」，據高麗藏本、磧砂藏本、南藏本、嘉興藏本改。

齊諸等拜送殷勤，於是絶迹。頃世亦言時有見者，既未的其事，故無可傳也。〔一〕

宋蜀齊后山有釋玄暢，姓趙，河西金城人。少時家門爲胡虜所滅，禍將及暢。虜師見暢而止之曰：此兒目光外射，非凡童也。遂獲免。仍往涼州出家。其後虐虜剪滅佛法，〔二〕害諸沙門，唯暢得走。以元嘉二十二年閏五月十七日發自平城，路由代郡上谷，〔三〕東跨太行，經歷幽冀，南轉將至孟津。唯手把一束楊枝，一把葱葉。虜騎追逐，將及欲及之，乃以楊枝擊沙，沙起天暗，人馬不能得前。有頃沙息，騎已復至。於是投身河中，唯以葱葉内鼻孔中，通氣度水。以八月一日達于揚州。洞曉經律，深入禪要，占記吉凶，靡不誠驗。宋文帝深加歎重，請爲太子師。後遷憩荆州，止長沙寺。舒手出香，掌中流水，莫之測也。迄宋之季年，乃飛舟遠舉，西適成都。〔四〕初止大石寺，乃手畫作金剛密跡等十六神像。至昇明三年，又遊西界，觀矚岷嶺。乃於岷山郡北部廣陽縣界，見齊后山，遂有終焉之志。乃倚巖傍谷，結草爲庵。弟子法期見有神人乘馬，著青單衣，遶山一匝，還示造塔之處。以齊建元元年四月二十三日建剎立寺，名曰齊興。正是齊太祖受錫命之辰。天時人事，萬里懸合。時傅琰西鎮成

〔一〕出高僧傳卷十杯度傳。

〔二〕「虐虜」原作「虜虐」，據高僧傳改。

〔三〕「由」字原作「遊」，據高麗藏本改。

〔四〕「西」字原作「遂」，據高麗藏本、磧砂藏本、南藏本、嘉興藏本改。

都，欽暢風軌，待以師敬。暢立寺之後，乃致書於琰曰：貧道栖荆累稔，年衰疹積，厭毒人諠。所以遠託岷界，卜居斯阜。在廣陽之東，去城千步。逶迤長亘，連壘叠嶺。嶺開四澗，亘列五峰。抱郭懷邑，迴望三方。負巒背岳，遠矚九流。以去年四月二十三日創功覆簣。前冬至此訪承，爾日正是陛下龍飛之辰。蓋聞道配太極者，嘉瑞自顯；德同二儀者，神應必彰。所以河洛昞有周之兆，靈石表大晉之徵。伏謂兹山之符驗，豈非齊帝之靈應耶？檀越奉國情深，至使運屬時徵。不能忘心，豈能遺事。輒疏山贊一篇，以露愚抱。贊曰：峨峨齊山，誕自幽冥。潛瑞幾昔，帝號乃明。岑戴聖宇，兆祚休名。巒根雲坦，峰岳霞平。規巖擬刹，度嶺締經。創工之日，龍飛紫庭。道侔二儀，四海均情。終天之祚，岳德表靈。琰即具以表聞。敕蠲百户以充俸給。後至齊武昇位，司徒文宣王敕令汎舟東下。中途動疾，帶患至京。傾衆阻望，止住靈根，少時而卒，春秋六十有九。〔一〕右六驗出梁高僧傳。

晉趙侯少好諸術，姿形頳陋，長不滿數尺。以盆盛水，閉目作禁，魚龍立見。侯有白米，爲鼠所盜，仍披頭把刀，畫地作獄，四面門，向東嘯。羣鼠俱到。呪之曰：凡非噉者過去。止者十餘，剖腹看藏，有米在焉。曾徒跣須屐，因仰頭微吟，雙屐自至。人有笑其形容者，便陽設以酒盃向口，即掩鼻不脱。仍啓顙謝過，著地不舉。永康有騎石山，山上有石人騎石馬。侯以印指之，人馬一時落首。今猶在山

〔一〕出高僧傳卷八釋玄暢傳。

下。〔一〕右此一驗出異苑。

抱朴子曰：「昔吴遣賀將軍討山賊。賊中有善禁者，每當交戰，官軍刀劍皆不得拔，弓弩射矢皆還自向，輒致不利。賀將軍長情有思，乃曰：吾聞金有刃者可禁，蟲有毒者可禁，其無刃毒則不可禁。彼必是能禁吾兵者也，必不能禁無刃物矣。乃多作勁木棒，選勇力精卒五千人爲先登，盡捉棒。彼山賊恃其有善禁者，了不嚴備。於是官軍以白棒擊之，彼禁不復行。打殺者乃有萬計。」〔二〕

范曄後漢書曰：「永寧元年，西南夷撣國王詣闕，獻樂及幻人，能變化吐火，自支解，易牛馬頭。明年元會在庭作，安帝與羣臣共觀，大奇之。」〔三〕

後魏書曰：「悦般國真君九年遣使朝獻，并送幻人，稱能割人喉脉令斷，擊人頭令骨陷，皆血出淋落，或數升或盈斗。以草藥内其口中，令嚼咽之，須臾血止。世祖言：是虚。乃取死囚試之，皆驗。又能霖雨、猛風、〔四〕大雪及行潦水之池。」〔五〕

〔一〕出異苑卷九。

〔二〕出抱朴子内篇卷五。

〔三〕出後漢書卷一百十六西南夷傳。

〔四〕「猛」字原作「黑」，據高麗藏本改。

〔五〕「及」原作「乃」，據高麗藏本、磧砂藏本、南藏本、嘉興藏本改。出魏書卷一百二。

崔鴻十六國春秋北涼録曰：〔一〕「玄始十四年七月，西域貢吞刀、嚼火、祕幻奇伎。」〔二〕

西京雜記曰：「麴道龍善爲化術，説東海人黄公少時能制蛇禦虎，立興雲霧，坐成山河。」〔三〕

晉永嘉中，有天竺人來渡江南。其人有數術，能斷舌、續斷、吐火，所在人士聚共觀試。其將斷舌，先吐以示賓客，然後刀截，血流覆地。乃取置器中，傳以示人。視之舌頭，半舌猶在。既而還取合續之。有頃坐以見人，舌則如故，不知其實斷不也。其續斷，取絹布與人，各執一頭，對剪一斷之。已而取兩段合，將祝之，則復還連絹無異，故一體也。時人多疑以爲幻，乃陰試之，乃其所續故絹也。其吐火，先有藥在器中，取一片與黍餹合之。再三吹呼，已而張口，火滿口中。因就爇取以爨，則火出也。又取書紙及繩縷之屬投火中，衆共視之，見其燒然，消糜了盡。乃披灰中，舉而出之，故向物也。

靈鬼志曰：「太元十二年，道人外國來，能吞刀、吐火、吐珠玉金銀。自説其所受術師白衣，〔四〕非沙門也。行見一人擔擔，上有小籠子，可受升餘。語擔人云：吾步行疲極，寄君擔。〔五〕擔人甚怪之，

〔一〕「十六」二字原脱，據高麗藏本補。

〔二〕太平御覽卷七三七引。

〔三〕出西京雜記卷三。

〔四〕「師」字原作「即」，據高麗藏本改。

〔五〕「寄」字上，太平御覽引有「欲」字。

慮是狂人。便語云：自可爾耳。君欲何許自厝耶？其荅云：〔一〕若見許，正欲入籠子中。擔人逾怪，下擔入籠中，籠不更大，其亦不更小。〔二〕擔之亦不覺重於先。既行數十里，樹下住食。擔人呼共食，云：我自有食。不肯出，止住籠中。出飲食器物，羅列餚饍，豐腆亦辦，反呼擔人食。〔三〕未半，語擔人：我欲與婦共食。即復口出一女子，年二十許，衣裳容貌甚美。二人便共食。食欲竟，其夫便卧。婦語擔人：我有外夫，欲來共食。夫覺，君勿道之。婦便口中出一年少丈夫共食。籠中便有三人。寬急之事，亦復不異。有頃，其夫動，如欲覺。其婦以外，〔四〕夫起，語擔人曰：可去。即以婦內口中。次及食器物。此人既至國中，有一家大富，資財巨萬，〔五〕而性慳悋。語擔人：吾試爲君破奴慳。即至其家，有好馬，甚珍之，繫在柱下，忽失去。尋索不知處。明日見馬在五斗甖中，〔六〕終不可破取，不知何方得取之。〔七〕便語言：君作百人厨以周窮乏，馬得出耳。主人即狼狽作之。畢，馬還在柱下。

〔一〕「其」字下，太平御覽引有「人」字。
〔二〕「其」字下，太平御覽引有「人」字。
〔三〕此句太平御覽引作「乃呼擔人來食」。
〔四〕此句太平御覽引作「婦便以外夫内口中」。
〔五〕「資」字原作「貨」，據高麗藏本改。
〔六〕「斗」原作「升」，據太平御覽卷三五九引改。
〔七〕「取，不知何方得取之」八字原闕，據太平御覽卷三五九引補。

明旦，其父母老，在堂上，忽復不見。舉家惶怖，不知所在。開粧器，忽見父母在澤壺中，〔一〕不知何由得出。復往守請之。其云：當更作千人飲食，〔二〕餉百窮者，乃當得出。既作，其父母自在牀上。〔三〕

幽明録曰：「安開，安城之俗巫也。善於幻術，每至祠神時，擊鼓，宰三牲，積薪然火盛熾，束帶入火中，章紙燒盡，而開形體衣服猶如初。時王凝之爲江州，伺王當行，陽爲王刷頭，簪荷葉以爲帽與王著，當時不覺帽之有異。〔四〕到坐之後，荷葉乃見。舉坐驚駭。」〔五〕

異苑曰：「高陽新城叟民，晉咸寧中爲淫祠妖幻，署置百官。又以水自鑒，輒見所置署之人，衣冠麗然。百姓信惑，京都翕習，收而斬之。」〔六〕

異苑曰：「上虞孫溪奴多諸幻伎。元嘉初，叛入建安治中。後出民閒，破宿瘦辟，遥徹腹内而令不痛。治人風頭，流血滂沱，嘘之便斷，創又即斂。虎傷蛇噬，煩毒垂死，禁護皆瘥。向空長嘯，則羣雀來

〔一〕「在」字原闕，據太平御覽卷三五九引補。
〔二〕「飲」字原作「餘」，據太平御覽卷三五九引改。
〔三〕太平御覽卷三五九，又卷七三七引。
〔四〕「與王著，當時不覺帽」八字原闕，據太平御覽卷六八七引補。
〔五〕太平御覽卷六八七引，又卷七三七引。
〔六〕出異苑卷九。

萃。夜呪蚊虻，悉死於側。至十三年，於長山爲本主所得。知有禁術，慮必亡叛，的縛枷鏁，極爲重複。少日已失所在。」〔一〕

列子曰：「周穆王時，西極國有化人來。化，幻人也。入水火，貫金石，反山川，移城邑。乘虚不墜，觸實不礙。千變萬化，不可窮極。已變物之形，又且易人之慮。能使人暫忘其宿所知識。穆王敬之若神。」〔二〕

桓譚新論曰：「方士董仲君，犯事繫獄，陽死。目陷，蟲爛。故知幻術，靡所不有。又能鼻吹口歌，吐舌齗，聳眉動目。荆州有鼻飲之蠻，南域有頭飛之夷，非爲幻也。」〔三〕

孔煒七引曰：「弄幻之士，因時而作。植瓜種菜，立起尋尺。投芳送臭，賣黄售白。麾天興雲霧，畫地成河海。」〔四〕

〔一〕出異苑卷九。

〔二〕出列子。

〔三〕太平御覽卷七三七引。

〔四〕「海」字原作「洛」，據高麗藏本改。太平御覽卷七三七引。

法苑珠林校注卷第六十二

祭祠篇第六十九此有三部

述意部　獻佛部　祭祠部

述意部第一

竊聞金玉異珍，在人共寶；玄儒別義，遐邇同遵。豈必孔生自國，便欲師從；佛處遠邦，有心捐棄。不勝事切，輒陳愚亮。是非之理，不敢自專。昔孔丘辭逝廟，千載之規模；釋迦言往寺，萬代之靈塔。欲使見形剋念，面像歸心。敬師忠主，其義一也。至如丁蘭束帶，孝事木母之形；無盡解瓔，奉承多寶佛塔。眇尋曠古，邈想清塵。既種成林，於理不越。又案禮經：「天子七廟，諸侯五廟。」〔一〕大夫

〔一〕出禮記卷四王制

卿士，各有階級。故天曰神，祭天於圜丘；地曰祇，祭地於方澤；人曰鬼，祭之於宗廟。龍鬼降雨之勞，牛畜挽犂之效。由或立形村足，樹像城門。豈況天上天下，三界大師；此方他方，四生慈父。威德爲萬億所遵，風化爲萬靈之範。故善人迴向，若羣流之歸溟壑；大光攝受，如兩曜之伴衆星。自月支遁影，那竭灰身。舍利徧流，祇洹遂造。乃聖乃賢，憑兹景福。或尊或貴，冀此獲安者矣。

獻佛部第二

問曰：如七月十五日，聖教令造佛盆獻供，於此日中復多人客，未知此物出何賓擬？荅曰：若有施主通用之物，此將賓待。若無施主通用之物，即須觀寺大小，官私不定。如似小寺，非是國造，無外獻供，復無貴勝。臨時斟酌，隨僧豐儉，出常住僧物，造食獻佛及僧，此亦無過。以佛通應供僧數，所以諸寺每大小食時，常出佛僧兩盤，故知得用。若論布薩説戒，佛則不入羯磨僧數。何以故？三寶位別故。若是國家大寺，如似長安西明、慈恩等寺，除口分地外，别有敕賜田莊。所有供給，並是國家供養。所以每年送盆獻供種種雜物，及舉盆音樂人等，并有送盆官人，來者非一。未知出何等物供給人客？又官盆未至已前，佛前獻供雜事供養，復出何物造作？荅曰：若有通用之物，先用此物。若無此物，復無别施，止得出常住僧物看待人客及造獻食。

問曰：依律，惡比丘來，〔一〕尚不合與；善比丘來，應與。此既常住僧物，何得開俗耶？答曰：如僧祇、十誦律等，國王大臣、工匠惡賊於僧有損益者，佛開知事出僧物看待，並得無犯。此非俗人，合消但開，知事不看待者，交於佛僧有損，所以開看無犯。既知如是，今時國家造盆獻供百官音樂，上命令送佛盆，豈得不看？若不看待，交被譏責，復招外笑。出家之人，但求他物，不自捨慳。俗人見近不知遠，謂言合得合消，焉知來報。佛知損益，所以開制隨情。

問曰：佛前獻佛食，若用常住僧物造作者，過事已後，定入常住僧，此事不疑。未知外有施主獻盆獻供種種雜事等，此屬何處？答曰：此量施主，情有通局。若施主依經造作，元爲救存亡眷屬，事藉十方凡聖坐夏自恣之僧，方能救拔亡親得離三塗，清昇人天。所以獻佛之後，所有飲食餘長及生供米麵之屬等，並入常住僧用，以還供僧食。自外雜物錢財衣物等，並入夏坐，客主同分。故四分下文：「夏食不應分，聽分夏衣及自恣衣等。」〔二〕若施主局心唯獻佛食入僧，自外雜物錢財或入佛、入法、入現前僧等，隨他施意，不得違逆。故薩婆多論云：「若施佛寶者，置爪髮塔中供養法身佛，以法身常住故。」〔三〕

〔一〕「比」字原作「此」，據高麗藏本、磧砂藏本、南藏本、嘉興藏本改。
〔二〕出四分律卷四十一。
〔三〕出薩婆多毘尼毘婆沙卷五三十事。

又婆沙論：「問曰：佛在世時，諸供養三寶物中常受一人分。所以滅後偏取一分？〔一〕答曰：佛在世時，色身受用，故取一人分。滅後法身功德勝僧，故取一分也。若施法者，分作二分：一分與經，一分與誦經説法人。若施法寶者，懸置塔中，供養理法寶故。若施僧寶者，亦著塔中，爲供養第一義諦僧故。若言施衆者，凡聖俱得，以言無當故。」〔二〕既知如是，受施之時善知通塞，勿令互用，致有乖違。準此，七月十五日諸俗人家各造獻食，依經救親。過事已後，並須送食向寺，不合自食。若元造唯將獻佛不入僧者，自食無犯。然乖救母之意也。又僧祇律云：「供養佛物，華多聽轉賣，香燈猶故多者，轉賣著無盡財中。」〔三〕又五百問事云：「佛塔物多，欲作餘佛事者得。施主不許者，不得。」〔四〕又四分律云：「供養佛塔食，治塔人得食。」〔五〕又善見論云：「佛前獻飯，侍佛比丘得食。若無比丘，白衣侍佛亦得食。」〔六〕

議曰：此據局者，如前所斷。若汎爾道俗設齋獻佛及聖僧食，施主情通唱餘食，施後還入施主。不勞收贖及專入侍人。法僧二物類前可知。

〔一〕「所」字疑當作「何」。
〔二〕出薩婆多毘尼毘婆沙卷五三十事。
〔三〕出摩訶僧祇律卷三十三。
〔四〕出目連問戒律中五百輕重事。
〔五〕出四分律卷五十二。
〔六〕此段出處待考。

問曰：七月十五日既開道俗造盆獻供，未知得造寶盆種種雜珍獻佛以不？答曰：並得。若依小盆報恩經，略無寶物。依大盆淨土經即有故。十六國王聞佛説目連救母，脱三劫餓鬼之苦，生人道中，母子相見。時瓶沙王即敕藏臣爲吾造盆。藏臣奉敕，即以五百金盆、五百銀盆、五百瑠璃盆、五百硨磲盆、〔一〕五百碼碯盆、五百珊瑚盆、五百琥珀盆，各各盛滿百一味飲食，事事如法，將來獻佛及僧。準此定得。

問曰：依小盆經云：「佛告目連：十方衆僧七月十五日自恣時，當爲七世父母及現在父母厄難中者，具飯百味、五果、汲灌盆器、香油燈燭、〔二〕牀卧衆具，盡世甘美，以著盆中，供養十方大德衆僧。初受盆時，先安在塔前，衆僧呪願竟，便自受食。」〔三〕不論雜華供養。今時諸寺有力富者，廣造雜華，或用雜寶，或用雜繒，或用米麪，或用諸蠟，或用鉛錫，或用雜色等。亦有道俗貴勝譏論此事。目連爲母生在餓鬼，佛令設百味飯食獻佛及僧。何因將此寶華雜物獻之佛僧，豈得食此寶華雜色等不？答曰：不得以己狹劣，妨他大福。故大盆經云：「瓶沙王造五百金鉢盛滿千色華，五百銀鉢盛滿千色百木香，五百瑠璃鉢盛滿千色紫金香，五百硨磲鉢盛滿千色黄蓮華，五百碼碯鉢盛滿千色赤蓮華，五百珊瑚鉢

〔一〕「硨」字原作「琿」，據高麗藏本改。下同。

〔二〕「燈」字原作「挺」，據磧砂藏本、南藏本改。高麗藏本作「然」。

〔三〕出盂蘭盆經。

盛滿千色青木香，五百琥珀鉢盛滿千色白蓮華。王視如法，即敕兵臣嚴駕，十四萬衆俱到祇洹寺禮佛奉盆及僧。以七寶盆鉢俱施與佛及僧。僧受用竟，還駕歸國。七世父母超過七十二劫生死之罪。其次須達居士、毗舍佉母、二百優婆夷、波斯匿王、末利夫人等，頒宣國内：依目連盆法爲吾造盆。各用五百紫金盆、黄金盆盛滿百一味飲食，後以五百紫金轝、五百黄金轝盛滿百一物，事事具足。遂至王及夫人前，見其如法。時王即以嚴駕，十八萬衆共至佛前，奉千金盆、千金轝等竟，敬禮還歸。七世父母超過七十二劫生死之罪。」

問曰：如前所斷，依經施主將寶盆雜華開獻如前。若無施主，得用常住僧物造華供養佛不？答曰：亦須量時，觀前損益。若如小寺無多貴勝，復無外議者，不合用常住僧物造作雜華佛前供養。僧地樹生華者，得取佛前供養。故十誦律云：「僧園中樹華聽取供養佛塔。若有果者，使人取供僧啗。」〔二〕又毗尼母論云：「已處分地種樹得木後，用治房，不須白僧。僧樹治塔，和僧得用。」〔三〕故寶印經云：「若用僧物修治佛塔，依法取僧和得用。不和合者，勸俗備治。」又薩婆多論云：「四方僧地，不和合者，不得作佛塔，爲佛種華果。若僧中分得者，聽隨意供養。若華多無限者，隨用供養。」〔三〕又

〔一〕此段出處待考。

〔二〕出毗尼母經卷五。

〔三〕出薩婆多毘尼毘婆沙卷三十三事第六戒。

寶印經云：「欲興寺舍供養者，所施之物付囑僧已，不復更得干預。若其本主還取錢財用者，並須七倍還償。若有新立寺時，比丘啓白衆僧。其寺内種植所有華果獻佛，枝葉子實與現前僧食，並施一切衆生。若不爾者，無問道俗，食者得罪。」

議曰：既知三寶各别，不得互用。初立寺時，佛院僧院各須位别。如似大寺别造佛塔。四周步廊内所有華果，得此物者，並屬塔用。步廊以外，即屬僧用。故十誦律云：「佛聽僧坊佛圖得畜使人及象馬牛羊等，各有所屬，不得互用。」〔一〕又寶梁寶印經云：「佛法二物，不得互用。由無與佛法物作主，復無可諮白。不同僧物，常住招提，互有所須，營事比丘和僧索欲，行籌和合者，得用。」〔二〕又薩婆多論云：「寺舍若經荒餓，三寶園田無有分别可問處者，若僧和合隨意處分。若屬塔寺，用塔功力者，僧用得重罪。若功力由僧者，當籌量多少，僧取用之，莫令過限則得重罪。」〔三〕上來所列，小寺無外譏損，即須依前所斷。若如今時或有大寺，國家營造，别有供給，并有敕賜田莊。官人貴勝，日夕來往，既無通用之物，豈得不看。復如七月十五日佛殿前獻供，豈得單罄。若不廣造飲食華果獻佛，唯加少多常食獻佛得不？儻有在上察訪，被俗譏論，道僧慳悋，不如白衣。非直不敬於佛，亦不懼在上。一朝被

〔一〕此段出處待考。
〔二〕出大寶積經卷一百十三寶梁聚會第四十四。
〔三〕出薩婆多毘尼毘婆沙卷三十三事第六戒。

責，豈得推注僧物不合將獻佛不。〔一〕既知如是，若無通用之物，止得用常住僧物種種造作華果百味飲食獻佛，令他俗人生善滅惡，此亦無損。雖用僧物，不能救別人存亡眷屬，且免被俗譏謗之罪。如五分律云：「俗人入寺值僧食，僧不供給，被俗譏謗，佛開聽與。既許開與，惡器盛與，亦被俗瞋。佛言：開與好器。」〔二〕此並由知事摩摩帝等臨時斟酌，進止合宜，即稱聖意。不得雷同，一向固執。故五分律云：「雖是我語，於餘方不清净者，不行無過。雖非我語，於餘方清净者，不得不行。」〔三〕此言商略，何事不該。

又佛説除災患經云：「爾時維耶離國厲氣疫病，死亡無數，無所歸趣。國王大臣集會博議：國遭災患，非邪所摧，疫火所燒，死亡無數。當以何宜以除災害？或有議言：當於諸城門設祠祀壇。或有議言：當於城中四衢路頭立大祠祀，禳却害氣。時衆會中有一長者，名曰彈尼。晉言才明。〔四〕奉佛五戒，修行十善，議曰：唯聽所言，國遭災患，死亡無數。如仁等議，害生殺命，豈得然乎？以先世時所行不善，今遭斯厄。當設方便，以善禳惡，永與苦別。如何反倒行害求安，長夜受苦，無有出期。時諸大

〔一〕「佛」字下，高麗藏本無「不」字。
〔二〕此段出處待考。
〔三〕出彌沙塞部和醯五分律卷二十二。
〔四〕「晉」字原作「此」，據高麗藏本、磧砂藏本、南藏本、嘉興藏本改。

衆問才明曰：當設何宜？才明對曰：世有大千天人之師，一切覆護，慈愍衆生，號名爲佛，獨步三界。若能降致，光臨國界，災害可除，人畜安泰。大衆聞之，莫不稱善：如仁所言，甚成大快。佛在王舍阿闍世國，與吾國相嫌，豈當聽來？才明曰：佛興出世，志存救苦，猶如虛空，無所罣礙。亦如日光，莫不蒙育。佛憐國厄，必來無疑。但遣重貢，辭謝闍王而得和協。國王大臣皆同意言：唯清信士長者才明是佛弟子，可以爲使。爾時才明受使欲往。大衆皆起，向佛方面，叉手長跪，五體投地，以頂禮佛。於是才明受命爲使，詣王舍城通書啓貢，具陳來意。王告才明：可詣佛所，宣遺國命。於是才明辭詣竹林，行到精舍。見佛世尊，盡虔禮敬，具申請意。時佛默然，許其所請。才明見佛受請，歡喜無量。時王舍國境一切神祇、天龍鬼神，知佛受請，當詣他國，莫不騷動，惵然不悦。於是闍王與羣臣一切大衆數億千人，五體投地，自歸悔過，垂泣送佛。佛現神變，到維耶離。舉國人民，五體作禮，自投佛足，歸命三寶。香華伎樂，繒蓋幢旛，奉迎世尊。香華覆地，尋路供養，日日不絶，至于國城。佛與聖衆、天龍鬼神，住于城門，以金色臂德相之手，觸城門閫。以梵清浄八種之聲而説偈言：

諸有衆生類，　在土界中者，　行住於地上，　及虛空中者。　慈愛於衆生，　令各安休息，
晝夜勤專精，　奉荷衆善法。

説此偈已，地即爲之六反大動。佛便入城，空中鬼神昇空退散，地行鬼神爭門競出。城門不容，各各奔突，崩城而出。於時城中諸有不浄，厠穢臭惡，下沈入地。高卑相從，溝坑皆平，盲視聾聽，瘂語躄行，狂者得正，病者除愈。象馬牛畜，悲鳴相和。箜篌樂器，不鼓自鳴，宮商調和。婦女珠環相振妙響，器

物甀甖自然有聲。柔軟清和，暢妙法音。地中伏藏自然發出。一切衆生如遭熱渴得清凉水。服飲澡浴，泰然穌息。舉衆病除，皆得解脱，亦復如是。」〔一〕

述曰：當知諸佛神力不可思議，衆生業力亦不可思議。故大莊嚴論云：「若有善業，自然力故，受好業報。雖有國王黨援之力，不如業力所獲果報。我昔曾聞，有一貧人作是思惟：當詣天祠，求於現世饒益財寶。作是念已，語其弟言：汝可勤作田，好爲生計，勿令家中有所乏短。便將其弟往至田中：此處可種胡麻，此處可種大小麥，此處可種禾大小豆等。示彼種處已，向天祠中，爲祀弟子作天齋會，香華供養，香泥塗地，晝夜禮拜，求恩請福，希望現世增益財産。爾時天神作是思惟：觀彼貧人於先世中頗有布施功德因緣不？若少有緣，當設方便使有饒益。觀彼人已，了無布施少許因緣。復作是念：彼人既無因緣，而今精勤求請於我。徒作勤苦，將無有益，復當怨我。便化爲弟，來向祠中。時兄語言：汝何所種，來復何爲？化弟白言：我亦欲來求請天神，使神歡喜，求索衣食。我雖不種，以天神力，田中穀麥自然足得。兄責弟言：〔二〕何有田中不下種子，望有收穫，無有是事。即説偈言：

四海大地内，　及以一切處，　何有不下種，　而獲果實者？

爾時化弟諮其兄言：世間乃有不下種子不得果耶？兄荅弟言：實爾。不種無果。時彼天神還復本

〔一〕出佛説除恐災患經。
〔二〕「責」字原作「貴」，據高麗藏本、磧砂藏本、南藏本、嘉興藏本改。

形，即説偈言：

汝今自説言，不種無果實，先身無施因，云何今獲果？汝今雖辛苦，斷食供養我，徒自作勤苦，又復擾惱我。何由能使汝，現有饒益事？苦欲得財寶，妻子及眷屬，應當浄身口，而作布施業。不種獲福利，日月及星宿，不應照世界。以照世間故，當知由業故，天上諸天中，亦各有差別。福力威德盛，福少尠威德，是故知世間，一切皆由業。布施得財富，持戒生天上，若無布施緣，威德劫損滅。定慧得解脱，此三所獲報，十力之所説。此種皆是因，不應擾亂我，是故應修業，以求將來果。〔二〕

又長阿含經云：「一切人民所居舍宅，皆有鬼神，無有空者。街巷道陌，屠膾市肆，及諸山塚，皆有鬼神，無有空處。凡諸鬼神，皆隨所依即以爲名。若人初生，皆有鬼神隨逐擁護。若人欲死，鬼收精氣。行十惡人，若百若千共一神護。行十善者，猶如國王，以百千人而侍衛之。」〔三〕

又十方譬喻經云：「天上天下鬼神，知人壽命罪福當至未至，不能活人，不能殺人，不能使人富貴

〔一〕「是」字原作「丹」，據高麗藏本、磧砂藏本、南藏本、嘉興藏本改。

〔二〕出大莊嚴經論卷十。

〔三〕「侍」字原作「持」，據高麗藏本、磧砂藏本、南藏本、嘉興藏本改。出長阿含經卷二十世紀經。

貧賤。但欲使人作惡犯殺，因人衰耗而往亂之，語其禍福，令人向欲得設祠祀耳。」〔一〕故知空祭鬼神，欲求現福，難可得力也。

又普曜經云：「於時迦葉以偈報佛：

自念祠祀來，　已歷八十年。　奉風水火神，　日月諸山川。　夙夜不懈廢，　心中無他念。

至竟無所獲，　值佛乃安寧。」〔二〕

又雜寶藏經云：「昔日有一婆羅門，事廟室天，〔三〕晝夜奉事。天即問言：汝求何等？婆羅門言：我今求作此天祀主。天言：彼有羣牛，汝問最前行者。即如天語，往問彼牛：汝今何似，爲苦爲樂？牛即荅言：極爲大苦。刺刺兩肋，柴戾脊破，駕挽車載重，無休息時。復問言：汝以何緣受是牛形？牛荅之言：我是天祀主，自恣極意，用天祀物。命終作牛，受是苦惱。聞是語已，即還天所。天即問言：汝今欲得作天祀主不？婆羅門言：我睹此事，實不敢作。天言：人行善惡，自得其報。婆羅門悔過，即修諸善，改往前惡。」〔四〕

〔一〕此經已佚。
〔二〕出普曜經卷八佛至摩揭國品。
〔三〕「廟」字各本同，疑誤，似應作「摩」。
〔四〕出雜寶藏經卷九天祀主緣。

又雜寶藏經云：「昔有老公，其家巨富，而此老公思得肉食。詭作方便，指田頭樹，語諸子言：令我家業所以諧富，由此樹神恩福故爾。今日汝等宜可羣中取羊，以用祭祀。時諸子等承父教敕，尋即殺羊禱賽此樹，即於樹下立天祠舍。其父後時壽盡命終，行業所追，還生己家羊羣之中。時值諸子欲祀樹神，便取一羊，遇得其父，將欲殺之。羊便啞啞笑而言曰：而此樹者有何神靈？我於往時爲思肉故，妄使汝祀，皆共汝等同食此肉。今償殃罪，獨先當之。時有羅漢過到乞食，見其亡父受於羊身，即借主人道眼，令自觀察，乃知是父。心懷懊惱，即壞樹神。悔過修福，不復殺生。」〔一〕

祭祠部第三

如優婆塞戒經云：「佛言：或有說言：子修善法，父作不善，因子修善，令父不墮三惡道者。是義不然。何以故？身口意業各別異故。若父喪已，墮餓鬼中，子爲追福，當知即得。若生天中，都不思念人中之物。何以故？天上成就勝妙寶故。若入地獄受諸苦惱，不暇思念，是故不得。畜生人中，亦復如是。若謂餓鬼，何緣獨得？以其本有慳悋愛貪，故墮餓鬼。既爲餓鬼，常悔本過，思念欲得，是故得之。若所爲者生餘道中，其餘眷屬墮餓鬼者，皆悉得之。是故智者應爲餓鬼勸作福德。若有祠祀，誰

〔一〕出雜寶藏經卷九祀樹神緣。

是受者？隨其祠處而爲受者。若近樹林，則樹神受。舍河泉井，丘林埠阜，〔一〕亦復如是。是人祀已，亦得福德。何以故？令彼受者生喜心故。是祀福德能護身財。若說殺生祠祀得福，是義不然。何以故？不見世人種伊蘭子生栴檀樹，斷衆生命而得福德。若欲祀者，當用香華乳酪酥果。爲亡追福，則有三時：春時正月，夏時五月，秋時九月。若以房舍、卧具、湯藥、園林、池井、牛羊象馬種種資生布施於他，施已命終，是人福德隨所施物，任用久近，福德常生。是福追人，如影隨形。或有説言：終已便失，是義不然。何以故？物壞不用，一時中失，非命盡失。若出家人效在家人，歲節之日棄飲食者，隨世法故，非真實也。亦信世法出世法故。若能隨家所有好惡常樂施者，名一切施。若以身分及以妻子所重之物施於人者，是則名爲不思議施。」〔二〕

又正法念經云：「若爲亡人修行布施，生鬼道者，鬼容得福。以鬼知悔前身慳貪，故爲施時，彼則歡喜。若生餘道，多無得力。如得生天，純受樂報，不悔本因，無心思福。」〔三〕故經云：「若生天中，都不思念人中之物。何以故？天上成就勝妙寶故。若入地獄受諸苦惱，不

〔一〕「埠」字原作「塠」，據高麗藏本改。

〔二〕出優婆塞戒經卷五雜品。

〔三〕此段出處待考。

暇思念。畜生亦爾。」〔一〕

故婆沙論云：「爲餓鬼作福，鬼得飲食，亦增益身，臭者得香，惡色得好色。」〔二〕

又經云：「如諸鬼等，所食不同，或膿或糞。得是施已，一切變成上妙色味。若鬼異處受生，親爲施時，彼鬼業力，遥知生喜。若還在家受苦報者，親爲施者，鬼自親見生喜。」〔三〕

又婆娑論云：「有人不如法求財，及其得時，以慳惜故，於己眷屬尚無心與，況復餘人。以無施心故，身壞命終，墮餓鬼中。若在本舍邊不净糞穢厠溷中住。諸親里等，生苦惱心，作如是念：彼積聚財物自不受用，又不施人。以苦惱故，欲施其食，請諸眷屬親友知識沙門婆羅門，施其飲食。爾時餓鬼親自見之，於眷屬財物生己有想，作如是念：如此財物，我所積聚。今施與人，心大歡喜。求於福田所生信敬心。」〔四〕若生餘道，多不得力。縱令亡人不得此福，故爲修善，自得大利。如似起慈，自常獲福。

又智度論云：「如慈心念諸衆生，令得快樂。衆生雖無所得，念者大得其福。」〔五〕若不樂施，縱生

〔一〕此段出處待考。
〔二〕出阿毘曇毘婆沙論卷七。
〔三〕此段出處待考。
〔四〕出阿毘曇毗婆沙論卷七。
〔五〕出大智度論卷七。

天得聖，還乏衣食。故優婆塞戒經云：「持戒雖得羅漢，不遮餓苦，生天不得上食瓔珞。若樂行施，雖墮鬼畜，常飽無乏。」〔一〕

又未曾有經云：「有王白佛言：我父先王奉事外道，常行布施，求梵天福。如斯功德，生何天耶？佛告王曰：前王果報今在地獄。所以者何？不值善時，不遇善友，無善方便。雖修功德，不得免罪。布施之功，不忘失也。後罪畢時，方當受福。當知修福不與罪合。先帝大王有五種惡業生地獄中：一者、憿慢妬弊，事無麤細，便起鞭罰，不忍辱故。二者、貪受寶貨，斷事不平，致令天下懷怨恨故。三者、遊獵嬉戲，苦困人民，害衆生所愛命故。四者、耽著女色，得新厭舊，撫綏不平，致怨恨故。五者、破戒。」〔二〕以此文證，故知事邪修福，善惡恒別，苦樂兩報，不相雜亂。何況利根多聞，正信三寶，而招苦報。

又惟無三昧經云：「佛告阿難：善男子，人求道安禪，先當斷念。人生世間所以不得道者，但坐思想穢念多故。一念來，一念去。一日一宿有八億四千萬念，念念不息。一善念者亦得善果報，一惡念者亦得惡果報。如響應聲，如影隨形。是故善惡罪福各別。」〔三〕

〔一〕出優婆塞戒經卷四雜品。
〔二〕出未曾有因緣經卷下。
〔三〕出三藏記集卷五引道安録作疑經，已佚。

又中阿含經云：「若爲死人布施祭祀者，若生入餓鬼中者得食。除餘趣不得。由各有活命食故。若親族不生中者，但施自得其福。乃至施主生六趣中，施福常隨。以持戒故，雖得人身，必須餘福助報也。」〔一〕

往生經云：「亡後作福，死者七分獲一，餘者屬現造者。」〔二〕

又灌頂經云：「阿難問佛言：若人命終，送著山野，造立墳塔，是人精魂在中以不？佛言：亦在，亦不在。若人生時不造善根，不識三寶，而不爲惡。無善受福，無惡受殃。無善知識爲其修福。是以精魂在冢塔中，未有去處，是故言在。或其前生在世之時，大修福善，精勤行道，或生天上三十三天，在中受福，或生人閒豪姓之家，到處自然，隨意所生。又不在者，或其前生在世之時，殺生禱祀，〔三〕不信真正，邪命自活，諂僞欺人，墮在餓鬼畜生之中，備受衆苦，〔四〕經歷地獄。故言不在冢塔中也。或不在者，或是五穀之骨未朽爛時，故有微靈。骨若糜爛，此靈即滅，無有氣勢，亦不能爲人作諸禍福。靈未滅時，或是鄉親命終之人，在世無福，又行邪諂，應墮鬼神，或爲樹木雜物之精。無天福可受，地獄不

〔一〕此段出處待考。
〔二〕出灌頂經卷十一隨願往生十方浄土經。
〔三〕「殺生」二字下原衍「然」字，據高麗藏本删。
〔四〕「苦」字原作「若」，據高麗藏本改。

攝。縱捨世閒，浮遊人村。既其無食，恐動於人，作諸變怪，扇動人心。或有魃魅邪師，以倚爲福，覓諸福祐，欲得長生，愚癡邪見，殺生祠祀，死入地獄餓鬼畜生，無有出時，可不慎之。」〔一〕又「若人臨終之日，當爲燒香然燈續明。於塔寺中表刹之上，懸命過幡，轉讀尊經，竟三七日。所以然者，命終之人在中陰中，身如小兒，罪福未定。應爲修福，願亡者生神使生十方無量刹土。承此功德，必得往生。亡者在世，若有罪愆，應墮八難。以幡燈功德，必得解脱。若有善願，應生父母在於異方，不得疾生。以幡燈功德皆得疾生，無復留難。若得生已，當爲人作福德之子，不爲邪鬼之所得便，種族豪强。是故應修福善旛燈功德。又若四輩男女，若臨終時，若已命過，是其亡日，造作黄旛懸著刹上，使獲福德，離八難苦，得生十方諸佛净土。旛蓋供養，隨心所願，至成菩提。〔二〕旛隨風轉，破散都盡，至成微塵。風吹微塵，其福無量。旛一轉時，轉輪王位，乃至成塵，小王之位，其報無量。燈四十九，照諸幽冥。苦痛衆生，蒙此光明，皆得相見。緣此福德，拔彼衆生，悉得休息。」〔三〕

又净度三昧經云：「八王日，諸天帝釋鎮臣三十二人，四鎮大王，司命司録，五羅大王，八王使者，盡出四布，覆行復值。四王十五日三十日所奏，案校人民，立行善惡。地獄王亦遣輔臣小王同時俱出，

〔一〕出灌頂經卷六塚墓因緣四方神呪經。
〔二〕「提」字原作「薩」，據高麗藏本改。
〔三〕出灌頂經卷十一隨願往生十方净土經。

有罪即記。前齋八王日犯過，福强有救，安隱無他，用福原赦。到後齋日重犯罪數，多者減壽。條名剋死，歲月日時關下地獄。地獄承文書，即遣獄鬼持名録名。獄鬼無慈，死日未到，强催作惡，令命促盡。福多者增壽益算，天遣善神營護其身。移下地獄，拔除罪名，除死定生，後生天上。」〔二〕又觀佛三昧經云：「爾時曠野鬼神白佛言：我恒啗人。今者不殺，當食何物？佛敕鬼王：汝但不殺，我敕弟子常施汝食。乃至法滅，以我力故，令汝飽滿。鬼王聞喜，受佛五戒。」〔三〕涅槃經云：「制諸聲聞弟子，出衆生食，濟曠野鬼神。」〔三〕又智度論云：「鬼神得人少許飲食，即能變使多，令得充足。」〔四〕

又譬喻經云：「佛與阿難到河邊行，見五百餓鬼歌吟而行，復見數百好人啼哭而過。阿難問佛：鬼何以歌舞，人何以啼哭？佛荅阿難：餓鬼家兒子親屬爲其作福，行得解脱，是以歌舞。好人家兒子親屬，唯爲殺害，無有與作福德之者，後大火逼之，是以啼哭也。」〔五〕

又宿願果報經云：「昔有婆羅門夫婦二人，無有兒子，財富無數。臨壽終時，自相謂言：各當吞

〔一〕此經已佚。
〔二〕出觀佛三昧海經卷七觀四威儀品第六。
〔三〕出南本大般涅槃經卷十五。
〔四〕出大智度論卷三十二。
〔五〕此經已佚。

錢，以爲資糧。其國俗法，死者不埋，但著樹下。各吞五十金錢，身爛錢出。國中有一賢者，行見愍之，自然流淚。傷其慳貪，取爲設福，請佛及僧盡心供辦，擎飯佛前，稱名呪願。時慳夫婦受餓鬼苦，即生天上，爲請四輩。時生天者，即得天眼，知爲作福。從天來下，但作年少，佐助檀越。佛言：此厨閒年少是真檀越。佛爲説法，即得道迹。賢者亦得道迹。衆僧歡喜，皆得生天。」〔二〕

又百喻經云：「昔有賈客欲入大海，要須導師。即共求覓，得一導師，相將發引。至曠野中，有一天祠，當須人祀，然後得過。於是衆賈共思量言：我等盡親，如何可殺？唯此導師，中用祀天。即殺導師以用祭祀。祀天已竟，迷失道路，不知所趣，窮困死盡。一切世人亦復如是。欲入法海，取其珍寶，當修善行以爲導師。毁破善行，生死曠路，永無出期，經歷三塗，受苦長遠。如彼商賈，將入大海，殺其導者，迷失津濟，終致困死。」〔三〕

頌曰：

神鬼難測，　潛來密往。　授以福基，　薦以歆饗。　兼祭幽塗，　冀免飢想。　凡聖等祠，　福祚無爽。

〔二〕出明宿願果報經。

〔三〕出百喻經卷一殺商主祀天喻。

感應緣略引一十三驗

益州西南有石室廟神

廬陵太守龐企螻蛄神

偓佺槐山採藥父神

殷大夫彭祖仙室有虎神

漢蔣子文死爲鍾山下神

漢會稽鄮縣女吴望子感神

晉巴丘縣有巫師感神

晉夏侯玄爲司馬景王殺徵〔一〕

晉居士張應改俗祠事佛有徵

宋陳安居廢祀神事佛有徵

〔一〕「徵」字原作「神」，據高麗藏本改。

宋齊僧欽精勤奉佛有徵

梁沙門釋僧融有俗施廟有徵

唐倪買得妻皇甫氏暴死有徵

益州之西雲南之有祠神，剋山石爲室，下有民奉祠之。自稱黄石。國言此神張良所受黄石之靈也。清浄不烹殺，〔一〕諸有所禱者，持百張紙，一雙筆，一丸墨，置石室中而前請乞。先聞石室中有聲。須臾問：來人何欲所言？便具語吉凶，不見其形。至今如此。〔二〕

廬陵太守太原龐企，字子及。自説其遠祖不知幾何世也，坐事繫獄而非其罪。不堪拷掠，自誣伏之。及獄將上，有螻蛄蟲行其左右。其祖乃謂螻蛄曰：使爾有神，能活我死，不當善乎！因投飯與之。螻蛄食飯盡，去。有頃復來，形體稍大。意每異之，乃復與食。如此去來至數十日間，其大如豚。及竟，報當行刑。螻蛄夜掘壁根爲大孔，乃破械從之出去。久時遇赦得活。於是龐氏世世常以四節祠祀螻蛄於都衢處。後世稍怠，不能復特爲饌，乃投祭祀之餘以祠之。至今猶爾。〔三〕

〔一〕「烹」字原作「停」，據高麗藏本改。

〔二〕出搜神記卷四。

〔三〕出搜神記卷二十。

偓佺者，槐山採藥父也。好食松實，形體毛長七寸，兩目更方。能飛行逮走馬。以松子遺堯，堯不服也。時受服者，皆三百歲也。〔一〕

彭祖者，殷時大夫也。歷夏而至商末，號七百。常食桂芝。歷陽有彭祖仙室。前世云：禱請風雲，莫不輒應。常有兩虎在祠左右。今日祠之訖，地則有兩虎跡也。〔二〕右四事出搜神記。

漢蔣子文者，廣陵人。嗜酒好色，挑撻無度。〔三〕常自謂青骨，〔四〕死當爲神。漢末爲秣陵尉，逐賊至鍾山下，賊擊傷額，自解綬縛之，有頃遂死。及吴先主之初，其故吏見文於道頭，乘白馬，執白羽，侍從如平生。見者驚走，文追之謂曰：我當爲此土地神，〔五〕以福爾下民耳。爾宣告百姓，爲我立祠，不爾將有大咎。是歲夏大疫，〔六〕百姓輒恐動，頗有竊祠之者矣。文又啓孫氏，〔七〕官宜爲吾立

〔一〕出搜神記卷一。

〔二〕出搜神記卷一。

〔三〕「無度」二字原闕，據搜神記補。

〔四〕「青骨」，磧砂藏本、南藏本、嘉興藏本作「精骨」，搜神記作「己骨清」。

〔五〕「地」字原闕，據搜神記補。

〔六〕「大」字原作「火」，據高麗藏本改。

〔七〕此句搜神記作「文又下巫祝：吾將大啓祐孫氏」。

祠，〔一〕不爾將使蟲入人耳爲災。〔二〕俄有小蟲如䴥虻，〔三〕入耳皆死，醫不能治。百姓逾恐，孫主未之信也。又下巫祝：若不祀我，將又以火吏爲災。是歲火災大發，一日數十處，火及公宫，縣主患之。議者以爲鬼有所歸，乃不爲厲，宜有以禁之。於是使使者封子文爲中都侯，次弟子緒爲長水校尉，皆加印綬。〔四〕爲立廟堂，轉號鍾山爲蔣山，〔五〕以表其靈。今建康東北蔣山是也。自是災厲止息，百姓遂大事之。〔六〕右此一驗出搜神記。

漢會稽鄮縣東野有一女子，姓吳，字望子。年十六，姿容可愛。其鄉里有鼓舞解事者要之，便往。緣塘行，半路忽見一貴人，端正非常人。乘船，手力十餘，皆整頓。令人問望子：今欲何之？其具以事對。貴人云：我今正往彼，便可入船共去。望子辭不敢，忽然不見。望子既到，跪拜神座。見向船中

〔一〕「官」字原作「宫」，據高麗藏本改。
〔二〕「人」字原闕，據搜神記補。
〔三〕「䴥」字，搜神記作「塵」。
〔四〕「印」字原脱，據高麗藏本補。
〔五〕「爲蔣山」三字原闕，據搜神記補。
〔六〕出搜神記卷五。

貴人，〔一〕儼然端正，即蔣侯像也。問望子：來何遲。因擲兩橘與之，〔二〕數數現形，遂降情好。望子心有所欲，輒空中下之。曾思啗膾，一雙鮮鯉應心而至。望子芳香，流聞數里。頗有神驗，一邑共奉事。經歷三年，望子忽生外意，便絶往來。〔三〕右此一驗出續搜神記。

晉巴丘縣有巫師舒禮，晉永昌元年病死。土地神將送詣太山。俗人謂巫師爲道人，路過福舍門前。土地神問吏：此是何等舍？門吏曰：道人舍。土地神曰：是人亦是道人，便以相付。禮入門，見數千間瓦屋，皆懸竹簾，自然牀榻，男女異處。有誦經者，唄偈者，自然飲食者，快樂不可言。禮文書名已，至太山門，而又身不至到，推土地神。神云：道見數千間瓦屋。即問吏言：是道人，即以付之。於是遣神更録取。禮觀未徧，見有一人，八手四眼，捉金杵逐欲撞之。便怖走，還出門。神已在門迎，捉送太山。太山府君問禮：卿在世間皆何所爲？禮曰：事三萬六千神，爲人解除祠祀，或殺牛犢猪羊雞鴨。府君曰：汝罪應上熱鏊。〔四〕使吏牽著鏊所。見一物牛頭人身，捉鐵叉叉禮著鏊上。宛轉，身體燋爛，求死不得。已經一宿二日。府君問主者：禮壽命應盡爲頓奪其命？校録籍，餘算八年。府君

〔一〕「向」字原作「兩」，據高麗藏本改。

〔二〕「之」字原脱，據高麗藏本補。

〔三〕出搜神後記卷五。

〔四〕「鏊」字原作「熬」，據高麗藏本改。下同。

曰：録來。牛頭人復以鐵叉叉著鑊邊。府君曰：今遣卿歸，終畢餘算。勿復殺生淫祀。禮忽還活，遂不復作巫師。右一驗出幽冥記。〔一〕

晉夏侯玄，字太初，亦當時才望。爲司馬景王所忌而殺之。玄宗族爲之設祭，見玄來靈座，脱頭置其傍，悉取果食酒肉以内頸中。既畢，還自安頸而言曰：〔二〕吾得訴於上帝矣，司馬子元無嗣也。尋而景王薨，遂無子。其弟文王封次子攸爲齊王，〔三〕繼景王後。攸薨，攸子冏嗣立，又被殺。及永嘉之亂，有巫見宣王泣云：〔四〕家傾覆，正由曹爽、夏侯玄二人訴怨得申故也。出冤魂志。〔五〕

晉張應者，歷陽人。本事俗神，鼓舞淫祀。咸和八年移居蕪湖。妻得病，應請禱備至，財産略盡。妻，法家弟子也，謂曰：今病日困，求鬼無益，乞作佛事。應許之，往精舍中，見竺曇鎧。曇鎧曰：佛如愈病之藥，見藥不服，雖視無益。應許當事佛。曇鎧與期，明日往齋。應歸，夜夢見一人，長丈餘，從南來，入門曰：汝家狼藉，乃爾不净。見曇鎧隨後曰：始欲發意，未可責之。應先巧眠，覺便炳火，作高

〔一〕太平廣記卷二八三引，作出幽明記，較此爲略。
〔二〕「頸而」二字原闕，據太平廣記引補。
〔三〕「攸」字、下「王」字原闕，據太平廣記引補。
〔四〕「宣王泣」原作「帝」字，據太平廣記引改。
〔五〕太平廣記卷一一九引，作出還冤記。

座及鬼子母座。曇鎧明往，應具説夢。遂受五戒，斥除神影，大設福供。妻病即間，尋都除愈。咸康二年，應至馬溝羅鹽，還泊蕪湖浦宿，夢見三人，以鋥鈎鈎之。應曰：我佛弟子。牽終不置，曰：奴叛走多時。應怖，謂曰：放我，當與君一升酒調。乃放之。謂應：但畏後人復取汝耳。眠覺，腹痛泄痢，達家大困。應與曇鎧悶絶已久。病甚，遣呼之，適值不在。應尋氣絶，經日而穌活。説有數人以鋥鈎鈎將北去，下一坂岸，岸下見有鑊湯刀劍楚毒之具。應時悟是地獄，欲呼師名，忘曇鎧字，但唤和上救我，亦時唤佛。有頃一人從西面來，形長丈餘，執金杵欲撞此鈎人，曰：佛弟子也，何入此中。鈎人怖散。長人引應去，謂曰：汝命也盡，不復久生，可蹔還家，頌唄三偈，并取和上名字。三日當復命過，即生天矣。應既穌，即復怵然。既而三日持齋頌唄，遣人疏取曇鎧名。至日中食畢，禮佛讚唄，〔一〕徧與家人辭别，澡洗著衣，如眠便盡。

宋陳安居者，襄陽縣人也。伯父少事巫俗，鼓舞祭祀。神影廟宇，充滿其宅。父獨敬信釋法，旦夕齋戒。後伯父亡無子，父以安居紹焉。安居雖即伯舍，而理行精求，淫饗之事，廢不復設。於是遂得篤病，而發則爲歌神之曲。迷悶惛僻，如此者彌歲，而執心愈固。常誓曰：若我不殺之志，遂當虧奪者，必先自臠截四體，乃就其事。家人並諫之，安居不聽。經積二年。永初元年，病發遂絶，但心下微暖，

〔一〕「讚」字原作「讀」，據高麗藏本改。

家人不殮。至七日夜，守視之者，覺屍足閒如有風來，飄衣動衾。於是而穌有聲。家人初懼屍蹶，並走避之。既而稍能轉動，未求飲漿。家人喜之，問：從何來？安居乃具説所經見，云：初有人若使者，將刀數十，呼將去。從者欲縛之，使者曰：此人有福，未可縛也。行可三百許里，至一城府，樓宇甚整。使者將至數處，如局司所居。末有人授紙筆與安居曰：可疏二十四通，死名安居。即如言疏名成數通。有一侍從内出，揚聲大呼曰：安居可入。既入，稱有教付刺奸獄。吏兩人，一云：與大械；一云：此人頗有福，可止三尺械。疑論不判，乃共視文書。久之，遂與三尺械。有頃，見有貴人，翼從數十，形貌都雅。謂安居曰：汝那得來？安居具陳所由。貴人曰：汝伯有罪，但宜録治。以先植小福，故蹔得遊散，乃敢告訴。吾與汝父幼少有舊，見汝依然，可隨我共遊觀也。獄吏不肯釋械，曰：府君無教，不敢專輒。貴人曰：但付我，不使走逸也。乃釋之。貴人將安居徧至諸地獄，備觀衆苦，略與經文相符。遊歷未竟，有傳教來云：府君唤安居。安居茫懼然，求救於貴人。貴人曰：汝自無罪，但以實對，必無憂也。安居至閤，見有鉗梏者數百，一時倶進。安居在第三。既至階下，一人服冠冕立于囚前，讀諸罪簿。其第一者云：昔娶妻之始，夫婦爲誓，有子無子，終不相棄。而其人本是祭酒，妻亦奉道，共化導徒衆。得士女弟子，因而奸之，遂棄本妻，妻常冤訴。府君曰：汝夫婦違誓大義，不罪一，終罪一也。師資義著在三而奸之，是父子相淫無以異也。付法局詳刑。次讀第二女人辭牒，忘其姓名，云家在南陽冠軍縣黄水里。家安爨器於福竈口，而此婦眠重，嬰兒於竈上匍匐走行，糞汙爨器中。此婦瘖已，即請謝神祇，盥洗精熟。而其舅乃駡詈此婦言：〔一〕無有天道鬼神，置此女人，得行穢汙。司命聞知，故録送之。〔二〕府君曰：眠重非過。小兒無知，又已請謝神明，是無罪也。舅駡詈言無道，誣謗幽靈，可録之來。須臾而到，赤索捉至。〔三〕安居階下人具讀名牒，爲伯所訴云云。府君曰：此人事佛，大德人也。其伯殺害無辜，訾詆百姓，罪宜窮治。以昔有小福，故未加罪耳。〔四〕今復謗訴無辜，教催録取。未及至而府君遣安居還，云：若可還去，善成勝業，可壽九十三。努力勉之，勿復更來也。安居出至閤，局司云：君可拔却死名。於是安居以次抽名既畢，而欲向遊貴人所。貴人亦至，云：知汝無他，得還甚善。努力修功德，吾身福微，不辦生天受報，於此輔佐府君，亦優遊富樂神道之美。吾家在宛陵，〔五〕姓某名某。君還爲吾致意，深盡奉法，勿犯佛禁。可具以所見示語之也。乃以三人送安居，出門數步，有專使送符與安居，謂曰：君可持此符，經過戍邏以示之，勿輒偷過。偷過有徒讁也。若有水礙，可以此符投水中，即得過也。安居受符而歸。行久之，阻大江不得渡。安居依言投符，矇然

〔一〕「乃」字，高麗藏本作「每」。
〔二〕「故」字原作「此」，據高麗藏本、磧砂藏本、南藏本、嘉興藏本改。
〔三〕「索」字，高麗藏本、磧砂藏本、南藏本、嘉興藏本作「官」。
〔四〕「耳」字原作「伯」，據高麗藏本改。
〔五〕「陵」字原脱，據高麗藏本補。

如眩，乃是其家屋前中方地也。正聞家中號慟哭泣，所送三人勸還就身。安居云：身已臭穢，吾不復能歸此人。乃强排之，踣於屍脚上。安居既愈，欲驗黄水婦人，故往冠軍縣尋問。果有此婦，相見依然，如有曩舊。云：已死得生，舅即以某日而亡。説所聞見，與安居悉同。受五戒師字僧昊，〔一〕襄陽人也。末居長沙，本與安居同里。聞其口説。安居之終亦親覩，果九十三焉。

宋齊僧欽者，〔二〕江陵人也。家門奉法，年十許歲時，善相占云：年不過三六。父母兄弟甚爲憂懼。僧欽亦增加勤敬，齋戒精苦。至年十七，宋景平末，得病危篤。家中齋祈彌勵，〔三〕亦淫祀求福，疾終不愈。時有一女巫云：此郎福力猛盛，魔魍所不能親，自有善神護之。然病久不差，運命或將有限。世有探命之術，少事天神，頗曉其數，當爲君試效之。於野中設酒脯之饋，燒香燃燈，或如寢寐，須臾復興，夕中一兩，如此經七日七夕，〔四〕云：始有感見。見諸善神，方爲此郎祈禱，蒙益兩算矣。病必得愈，無所憂也。僧欽於是遂差。彌加精至，其後二十四年而終。如巫所言，則一算十二年矣。右此三人出冥祥記。

〔一〕「受」、「昊」二字，高麗藏本分别作「授」、「旻」。

〔二〕「齊」字原作「齋」，據高麗藏本、磧砂藏本、南藏本、嘉興藏本改。

〔三〕「中」字原脱，據高麗藏本補。

〔四〕「燒香……如此」十八字原作「燒錢」，據高麗藏本改補。

梁九江廬山東林寺釋僧融，篤志汎博，遊化己任。曾於江陵勸一家受戒，奉佛爲業。先有神廟，不復宗事，悉用給施。融便撤取送寺，因留設福。至七日後，主人母見一鬼持赤索欲縛之。母甚遑懼，乃更請僧讀經行道。鬼怪遂息。融晚還廬山，獨宿逆旅。時天雨雪，〔一〕中夜始眠，見有鬼兵，其類甚衆。中有鬼將，帶甲挾刃，形奇壯偉。有持胡牀者，乃對融前踞之。便厲色揚聲曰：君何謂鬼神乃無靈耶？速拽下地。諸鬼將欲加手，融默念觀音。稱聲未絶，即見所住牀後有一天將，可長丈餘，著黄皮袴褶，手捉金剛杵擬之。鬼便驚散，甲胄之屬，碎爲塵粉。融嘗於江陵勸夫妻二人俱受五戒，後爲賊引，夫遂逃走，執妻繫獄。遇融於路，求哀請救。融曰：唯至心念觀世音，更無餘信。婦入獄後，稱念不輟。因夢沙門立其前，足蹴令去。忽覺身貫三木，自然解脱。見門猶閉，閽司數重守之，〔二〕計無出理。還更眠，夢見向僧曰：何不早出，門自開也。既聞即起，重門洞開，便越席而出，〔三〕東南數里，將值民村，天夜暗冥。其夫先逃，夜行晝伏。二忽相遇，皆大驚駭。草間審問，乃其夫也。遂共投商者，

〔一〕「天」字原作「大」，據高麗藏本改。
〔二〕「數」字原作「嚴」，據唐高僧傳改。
〔三〕「席」字原作「度」，據高麗藏本、磧砂藏本、南藏本、嘉興藏本改。「出」字原闕，據唐高僧傳補。

遠避得免。〔一〕右此一驗出梁高僧傳。〔二〕

唐兖州曲阜人倪氏買得，妻皇甫氏，爲有疾病，祈禱泰山，稍得瘳愈，因被冥道使爲伺命。每被使，即死經一二日。事了以後，還復如故。前後取人亦衆矣。自云：曾被遣取鄉人龐領軍小女。爲其庭前有齋壇讀誦，久不得入。少間屬讀誦稍閑，又因執燭者詣病女處，乃隨而入，方取得去。問其取由，乃府君四郎所命，府君不知也。論説地獄，具有條貫。又云：地下訴説生人，非止一二。但人微有福報，追不可得。如其有罪，攝之則易。皇甫見被使役，至今猶存。今男子作生伺命者，兖州見有三四人，但不知其姓名耳。右此一驗出冥報拾遺。

〔一〕出唐高僧傳卷三十三釋僧融傳。

〔二〕「梁」字應爲「唐」。

占相篇第七十此有二部

述意部　引證部

述意部第一

夫大教無私，至德同感。凡情緣隔，造化殊形。心境相乘，苦樂報異。如蠟印印泥，印成文現，其相可占。致使在人畜以別響，處胡漢以分容。貴賤有晦明之別，〔一〕聖凡有清濁之異也。

引證部第二

如正見經云：「時佛會中有一比丘，名曰正見，新入法服。有疑念言：佛説有後世生，至於人死，皆無相報，何以知乎？此問未發，佛已預知。佛告諸弟子：譬如樹本，以一核種，四大包毓，自致巨盛。

〔一〕「明」字原作「朔」，據高麗藏本改。

芽葉莖節，展轉變易，遂成大樹。樹復生果，果復成樹。歲月增益，如是無數。佛告諸弟子：欲蹴集華實莖節，更還作核，可得以不？〔一〕諸弟子言：不可得也。彼已轉變，日就朽敗。核種復生，如是無極。轉生轉易，終皆歸朽，不可復還使成本核也。佛告諸弟子：生死亦如此。本由癡出，展轉合成十二因緣。識神轉易，隨行而往。更有父母，更受形體。不復識故，不得還報。譬如冶家，洋石作鐵，鑄鐵爲器。成器可還使作石乎？正見荅言：實不可成鐵爲石。佛言：識之轉徙，住在中陰，如石成鐵。〔二〕轉受他體，如鐵成器。形消體易，不得復還。故識禀受人身，更有父母。已有父母，便有六閉：一、住在中陰，不得復還。二、隨所受身胞内。三、初生迫痛，忘故識想。四、生墮地，〔三〕故所識念滅，更起新見想。五、已生便著食念，故識念斷。六、從生日長大，習所新，無復宿識。佛言諸弟子：識神隨作善惡，臨死隨行。所見非故身，不可復還識故面相荅報也。未有道意，無有浄眼，身死識去，隨行變化，轉受他體，何得相報也。譬如月晦夜陰，以五色物著冥暗中，千萬億人不能視物。若人把炬照之，皆別五色。如愚癡人，暗蔽惡道，未得道眼，往來相報；如月晦夜，欲視五色，終不得見。若修經戒，守攝其意，如持炬火，人別五色。譬如無手欲書，無目欲視，暗夜貫針，水中求火，終不可得。汝諸

〔一〕「不」字，磧砂藏本、南藏本、嘉興藏本作「乎」。

〔二〕「石」字原脱，據高麗藏本補。

〔三〕「生墮地」原作「生隨地獄」，據高麗藏本改。

弟子勤行經戒，深思生死，本從何來，終歸何所。得净結除，所疑自解。正見聞已，歡喜奉行。」〔一〕

又阿育王太子法益壞目因緣經云：「六道各有其相。第一地獄相者：

夫人根元，流浪生死，漂滯馳騁，墮於五趣。彼終生此，皆有因緣。人根相貌，今爲汝說。行步顛蹶，不自覺知，視瞻眩惑，恒喜多忘。舉動輕飄，浮遊曠野，此人乃從，活地獄來。支節煩痛，睡眠驚覺，夢寤凶惡，黑繩獄來。麤髮戾眼，長齒喜瞋，聲濁暴疾，合會獄來。語聲高大，不知慚愧，喜鬬唤呼，不別真僞，眠卧呻吟，夢數驚唤，當知此人，啼哭獄來。恒喜悲泣，登高遠望，好鬬家人，無有親疏，言便致恚，經宿不食，此人本從，大啼哭來。身大脚細，筋力薄尠，言語噎塞，聲如破甕，神識不定，心無孝順，當知此人，阿鼻獄來。身體麤醜，長苦寒戰，好熱喜渴，慳貪嫉妬，見人施惠，自致煩惱，此人乃從，熱地獄來。見火驚恐，復喜暖熱，行步輕便，不避時宜，所作尋悔，復欲更施，此人復從，大熱獄來。小眼喜瞋，所受多妄，所造短狹，無廣大心，見大而懼，視小歡喜，此人乃從，優鉢獄來。赤眼醜形，常喜鬬訟，誹謗賢聖，諸得道者，晝夜伺人，非法之行，當知此人，鉢頭獄來。

〔一〕此段出處待考。

眼視三角，不孝二親，生便短命，拘牢獄來。好帶刀劍，强撩人鬬，必爲人殺，邠持獄來。身生瘡痍，口氣臭處，與人無親，曠地獄來。形體長大，行步劣弱，少髮薄皮，恒多病痛，見人則瞋，貪餮無厭，當知此人，從焰獄來。體白眼青，語便流沫，言無端緒，好弄塵土，見深淤泥，身卧其上，此人乃從，灰地獄來。卷頭黄目，人所惡見，臨事惶怖，劍樹獄來。手恒執刀，聞鬬便喜，爲刃所害，從刀獄來。體黑咽塞，喜止冥室，口出惡言，熱灰獄來。薄力少氣，不得自在，得失之宜，一不由己，設見屠殺，不離其側，當知此人，從剥獄來。瞋喜無常，尋知變悔，時能辭謝，不經日夜，懇責其心，如被刑罰，此人乃從，䥫地獄來。喜宿臭處，好食麤弊，所著醜陋，從屎獄來。顔色醜惡，口氣麤獷，好讒鬬人，善香獄來。當觀此貌，所從來處，知之遠離，如避劫燒。地獄之相，略説如是。

第二畜生相者：

次説畜生，受形殊異，專心思察，無造彼緣。語言舒遲，不起瞋恚，謙敬尊長，從象中來。身大臭穢，堪忍寒熱，健瞋難解，從駱駝來。遠行健食，不避險難，憶事識真，從馬中來。恩和寬仁，堪履寒熱，所行無記，從牛中來。高聲無愧，多所愛念，不别是非，從驢中來。長幼無畏，恒貪肉食，衆事不難，從師子來。身長眼圓，遊於曠野，憎嫉妻子，從虎中來。毛長眼小，少於瞋恚，不樂一處，從禽中來。性無反覆，喜殺害蟲，獨樂丘塚，從狐中來。少聲勇健，無有婬欲，不愛妻子，從狼中來。不好妙服，伺捕奸非，少眠多怒，從狗中來。身短毛長，饒食睡眠，不喜浄處，從猪中來。毛黄卒暴，獨樂山陵，貪食華果，從獼猴來。多妄强顔，無所畏難，行知返覆，從烏中來。情多色欲，少於分義，心無有記，從鴿中來。所行返戾，强辧耐辱，不孝父母，鸕鳩中來。亦不知法，復不知非，晝夜愚惑，從羊中來。好忘喜談，數親豪族，衆人所愛，鸚鵡中來。所行卒暴，樂人衆中，言語多煩，鸛鴿中來。行步舒緩，意有所規，多害生類，從鶴中來。體小好婬，意不專定，見色心惑，從雀中來。眼赤齒短，語便吐沫，卧則纏身，從蚖中來。語則瞋恚，不察來義，口出火毒，從鴆中來。獨處貪食，聲響喑啞，夜則少睡，從猫中來。穿墻竊盜，貪財健恐，亦無親疏，從鼠中來。深觀相貌，從畜生來。

第三餓鬼相者：

身長多懼，以髮纏身，衣裳垢圿，從餓鬼來。婬泆慳貪，嫉彼所得，不好惠施，從餓鬼來。不孝父母，家室大小，動則諍訟，從餓鬼來。不信至誠，所行趣爲，薄力少智，從餓鬼來。聲壞響塞，卒興瞋恚，食便好熱，從餓鬼來。恒乏財貨，空貧匱陋，智者所嗤，從餓鬼來。門不事佛，不好聞法，永絶天路，從餓鬼來。不敬妻子，兄弟姊妹，人所憎嫉，從餓鬼來。生則孤寡，〔一〕無人瞻視，終歸來處，不離宿緣，意志褊狹，不好榮飾，所行醜陋，從餓鬼來。所爲不獲，所作事煩，人所驅逐，從餓鬼來。或事喜敗，不審根元，不受人諫，從餓鬼來。不樂静處，喜居厠溷，顏貌臭穢，從風神來。身大喜好，喜貪食肉，獨樂神祠，從閱叉來。健瞋合鬪，見物貪著，無有畏忌，從閱叉來。見者毛豎，直前熟視，如似所失，從羅刹來。體狹皮薄，顏色和悦，聞樂喜欣，乾沓和來。意好輕飄，香熏自塗，多諸技術，乾沓和來。恒喜歌舞，男女所待，先語後笑，甄陀中來。情性柔軟，曉了時節，能斷漏結，真陀羅來。此餓鬼相，閱叉羅刹。

第四脩羅相者：

圓眼面方，黄體金髮，盡備技術，阿須倫來。直前視地，無有疑難，見怨輒擊，阿須倫來。此是須倫，略説其相。

第五人相者：

知趣所生，所執不忘，曉了事業，從人道來。解諸幻僞，已不爲之，所作平等，

〔一〕「寡」字原作「裸」，據高麗藏本、磧砂藏本、南藏本、嘉興藏本改。

從人道來。善惡之言，初不忘失，不信奸僞，從人道來。貪嫌慳嫉，執心難捨，盡解方俗，從人道來。信意惠施，解法非法，心不偏彼，從人道來。不失時節，亦不懈怠，恭敬賢聖，從人道來。設見沙門，持戒多聞，至心承事，從人道來。供事諸佛，正法衆僧，隨時聞法，從人道來。聞法能知，聞惡不爲，速逮泥洹，從人道來。此是人相，麤説其貌。

第六天相者：

依須彌山，有五種天，本所造緣，其相不同。〔一〕腰細脚麤，恒喜含笑，智者當察，從曲天來。意好微妙，少於資財，見鬭則懼，從尸天來。身長體白，顔色端正，不好火光，從婆天來。常懷悦豫，聞惡不懅，不從彼受，〔二〕從樂天來。思惟忍苦，好分別義，慈孝父母，毗沙天來。宿不樂家，喜遊林藪，志念女色，從三天來。財寶雖少，生卑賤家，心樂清淨，從三天來。任己自行，所爲不剋，望斷願違，從炎天來。意喜他婬，不守己妻，爲鬼所使，從化天來。承事父母，恒法則義，彼短己受，兜率天來。非道求道，心無悋想，不樂在家，從梵天來。意願性質，恒貪睡眠，亦

〔一〕「同」字原作「向」，據高麗藏本改。

〔二〕「受」字原作「天」，據高麗藏本改。

不解法，無想天來。六趣衆生，各有元本，性行不同，志操殊異。」〔一〕

頌曰：

善惡相對，凡聖道合。五陰雖同，六道乖法。占候觀察，〔二〕各知先業。惡斷善修，方能止遏。

感應緣 略引六驗

漢黃頭郎

漢周亞夫

宋劉齡

梁沙門釋琰

梁沙門釋智藏

周居士張元

〔一〕出阿育王太子法益壞目因緣經。

〔二〕「察」字原作「容」，據高麗藏本改。

漢文帝夢將上天而不能，有一黃頭郎推而上之。顧而見其衣後穿。覺之漸臺，見黃頭郎鄧通衣後穿，〔一〕即夢中所見也。遂有寵賞。許負相之，當貧餓死，乃賜蜀銅山，使自鑄錢以資之，富半京師。文帝病癰，通常嗽之。帝曰：誰最愛我？通對曰：宜莫若太子。使太子嗽，而色難之，由此含恨。文帝後崩，景帝即位。使案通擅鑄，盡没入家財，卒窮餓死。〔二〕

漢周亞夫，絳侯勃之次子也。初許負相之曰：君三年而侯，五年而相，其貴無上。然卒以餓死。亞夫曰：嘻！吾何緣如此。若既大貴，又何故餓死？負曰：不然。從理入口，餓死法也。後三年，絳侯世子有罪黜，而亞夫襲侯。及破吴楚，有大功，爲丞相。以忠諫彊直，〔三〕數犯景帝。竟下獄，卒以餓死。〔四〕右二人出漢書。

宋劉齡者，不知何許人也。居晉陵東路城村。頗奉法，於宅中立精舍一閒，時設齋集。元嘉九年三月二十七日，父暴病亡。巫祝並云：家當更有三人喪亡。鄰家有道士祭酒，姓魏名叵，〔五〕常爲章

〔一〕「黃頭」二字原脱，據高麗藏本補。

〔二〕出漢書卷九十三。

〔三〕「諫」字原作「蹇」，據高麗藏本改。

〔四〕出漢書卷四十。

〔五〕「叵」字，太平廣記引作「巨」。下同。

符，誑化村里。語齡曰：君家衰禍未已，由奉胡神故也。若事大道，必蒙福祐。不改意者，將來滅門。齡遂亟延祭酒，〔一〕罷不奉法。叵云：宜焚去經像，災乃當除耳。遂閉精舍户，放火焚燒。炎熾移日，而所燒者唯屋而已。經像旛蹬，儼然如故。像於中夜又放光赫然。時諸祭酒有二十許人，亦有懼畏靈驗密委去者。叵等師徒猶盛意不止。被髪禹步，〔二〕執持刀索，云：斥佛還胡國，不得留中夏爲民害也。齡於其夕，如有人毆打之者，頓仆于地。家人扶起，方餘氣息，〔三〕遂委攣躄，不能行動。道士魏叵其時體内發疽，日出二升，不過一月，受苦便死。自外同伴並皆著癩。其鄰人東安太守水丘和傳於東陽無疑。時亦多有見者。右一人出冥祥記。〔四〕

梁州招提寺有沙門名琰，年幼出家。初作沙彌時，有一相師善能占相。語琰師：阿師子雖大聰明，智慧鋒鋭，然命短壽，不經旬日。琰師既聞斯語，遂請諸大德共相評論，作何福勝，得命延長？大德荅云：依佛聖教，受持金剛般若經，功德最大。若能善持，必得益壽。琰師奉命入山，結志身心，受持般若經餘五年。既見延年，後因出山，更見相師。相師驚怪，便語琰師云：比來修何功德，得壽命長？

〔一〕「亟」字原作「揭」，據高麗藏本改。

〔二〕「禹」字原作「偊」，據高麗藏本改。

〔三〕「方」字原作「示」，據太平廣記引改。

〔四〕太平廣記卷一一三引，作出法苑珠林。

琰師具述前意，故得如是。相師歎之，助喜無已。琰師於後學問優長，善弘經論，匡究佛法，爲大德住持。年逾九十，命卒於寺。〔一〕

梁鍾山開善寺沙門智藏，俗姓顧氏，吴郡吴人也。有墅姥工相人，〔二〕爲記吉凶，百不失一。謂藏曰：法師聰辯蓋世，天下流名，但恨年命不長，可至三十一矣。時年二十有九，聞斯促報，於是講解頓息，竭誠修道。發大誓願，不出寺門。遂探經藏，得金剛般若，受持讀誦，畢命奉之。至所厄暮年，以香湯洗浴，净室誦經，以待死至。俄而聞空中聲曰：善男子，汝往年三十一者，是報盡期。由般若經力，得倍壽矣。藏後出山，試過前相者，乃大驚起曰：何因尚在世也？前見短壽之相，今年一事無，沙門誠不可相矣。藏問：今得至幾？荅曰：色相貴法，年六十有餘。藏曰：五十爲命，已爲不夭，況復過也。乃以由緣告之。相者欣然敬伏，後記畢壽。於是江左道俗競誦此經，〔三〕多有徵瑞，〔四〕因藏通感矣。以普通三年九月十五日卒於本寺，春秋六十有五。〔五〕右二驗出梁高僧傳。

〔一〕此段出處待考。

〔二〕「工」字原作「攻」，據高麗藏本改。

〔三〕「經」字原脱，據高麗藏本、磧砂藏本、南藏本、嘉興藏本補。

〔四〕「有」字下原衍「有」字，據高麗藏本、磧砂藏本、南藏本、嘉興藏本删。

〔五〕出唐高僧傳卷六釋智藏傳，下作出梁高僧傳誤。

祐。後周時，有張元，字孝始，河北萬城人也。年甫十六，其祖喪明三年，元恒憂泣，晝夜經行，以祈福祐。復讀藥師經云盲者得視之言，遂請七僧然七燈，七日七夜，轉讀藥師經，每日行道，作天人師。乃云：元爲孫不孝，使祖喪明。今以燈光普施法界，祖目見明，元求代闇。如此殷勤，經於七日。其夜夢見有一老翁，以一金鎞療其祖目，〔一〕謂元曰：勿憂悲也。三日已後，祖目必差。元於夢中喜躍無申，遂即驚覺，乃更徧告家人大小。三日之後，祖目果差。〔二〕事出周史。

〔一〕「鎞」字，高麗藏本作「篦」。

〔二〕出周書卷四十。

法苑珠林校注卷第六十三

祈雨篇第七十一此有四部

述意部　祈祭部　降雨部　河海部

述意部第一

夫聖道虚寂，故能圓應無方。以其無方之應，故應無不適。比以陰陽愆候，亢旱積時。北墉之禮久申，西郊之雨莫應。聖上憂兆庶之失業，恐稼穡之不登。減膳恤刑，宵興旰食。精誠格於上下，玉帛偏於山川。靈液莫霑，祁雲罕積。仰惟慧炬潛曜，無幽不燭；神功叵測，有感必通。所以仰憑三寶，敷演一乘。轉讀微言，樹兹大福。願法教始開，慈雲遐布；玄言一闡，霈澤遠覃。嘉禾連秀於原野，瑞果偏生於林木。衣唯服於八蠶，食必資於七穫。世界鬱若衆香，含生宛如安養。無請不請，有祈必應。

並沐慈定水，繼聖智之原；〔一〕闢此愛羅，超有無之境也。

祈祭部第二

如大雲輪請雨經云：「佛言：若請大雨及止雨法，汝今諦聽。其請雨主於一切衆生，起慈悲心，受八戒齋。於空露地，應張青帳，懸十青旛。浄治其地，牛糞塗場。請誦呪師坐青座上。若在家人受八戒齋，若比丘者應持禁戒，皆著清浄衣，燒好名香。又以末香散法師座。應食三種白浄之食，所謂牛乳酪及秔米。誦此大雲輪品時，面向東坐，晝夜至心，令聲不斷，供養一切諸佛。復以浄水置新瓶中，安置四維。隨其財力，〔二〕辦作種種食，供養諸龍。復以香華散道場中，及與四面。法座四面，各用純新浄牛糞汁，畫作龍形。耶舍法師傳云：「西國土俗以牛能耕地，出生萬物，故以牛糞爲浄。梵王帝釋及牛，並立神廟以祠之。佛隨俗情，故同爲浄。」〔三〕東面去座三肘已外，畫作龍形，一身三頭，并龍眷屬。南面去座五肘已外，畫作龍形，一身五頭，并龍眷屬。西面去座七肘已外，畫作龍形，一身七頭，并龍眷屬。北面去座九肘已外，畫作龍形，一身九頭，并龍眷屬。其誦呪師應自護身，或呪浄水，或呪白灰，自心憶念，以結場界。或畫一

〔一〕「繼」字原作「絶」，據高麗藏本改。

〔二〕「力」字原脱，據高麗藏本補。

〔三〕此書已佚。

步乃至多步，若水若灰，用爲界畔。或呪縷繫頸，若手若足。呪水灰時，散灑頂上，若於額上。應作是念：有惡心者，不得入此界場。其誦呪者，於一切衆生起慈悲心，勸請一切諸佛菩薩憐愍加護，迴此功德分施諸龍。若時無雨，讀誦此經一日二日乃至七日，音聲不斷，亦如上法，必定降雨。大海水潮可留過限。若能具足依此修行不降雨者，無有是處。唯除不信、不至心者。」〔一〕

又大雲輪請雨經一卷，略要云：「佛告諸大龍王：我今當說：昔從大悲雲生如來所聞陀羅尼，過去諸佛已說威神，我今亦當隨順而說，利益一切諸衆生故，憐愍與樂。於未來世，若炎旱時，能令降雨；〔二〕若水潦時，亦令止息。疫死險難皆得滅除。能集諸龍，能令諸天歡喜踴躍，能壞一切諸魔境界，能令衆生具足安樂。即說呪曰：〔三〕

怛經他摩訶若引那引婆婆引薩尼一失棃帝殊羅敒彌二地履荼毗迦羅摩鉢耶囉僧呵怛禰三波羅摩避囉闍四尼摩羅求那雞鬬蘇栗耶波羅毗五毗摩嵐伽耶師敂六婆呵囉婆呵囉七

南無若那一沙伽羅毗盧遮那耶二多他竭多耶三南無薩婆佛陀四菩提薩埵毗呵五

又呪曰：

〔一〕出大雲經請雨品。

〔二〕「降」字原作「浄」，據高麗藏本改。

〔三〕「即」字原作「而」，據高麗藏本改。

怛吒怛吒一帝致帝致二鬬晝鬬晝三摩訶摩尼四摩俱吒五毛林達羅尼比沙六于留必那七三摩羅他八帝利曷囉怛那地師吒南九跋折囉陀羅薩坻那十跋利沙他伊呵閻浮提地卑莎呵十一

又呪曰：

阿婆何夜寐一薩婆那鉗二迷帝羅質坻那三菩提質哆弗婆鉗寐那四那羅那羅五禰棃禰棃六奴盧奴盧七莎呵八

又呪曰：

釋迦羅薩坻那一鉢羅婆羅沙地二摩訶那伽三伊呵閻浮提卑莎呵四

又呪曰：

阿師吒摩迦一薩坻那二鉢囉婆利沙他三摩呵那伽四伊呵閻浮提卑莎呵五。」〔一〕

又大方等大雲經云：「佛言：若有國土欲祈雨者，六齋之日，其王應當凈自洗浴，供養三寶，尊重讚歎，稱龍王名。善男子，四大之性可令變易，誦持此呪，天不降雨，無有是處。是經典中有神呪故，爲衆生故，三世諸佛悉共宣説：

郁究隸牟究隸頭坻比　頭坻陀尼羯坻　陀那賴坻　陀那僧　塔兮。」〔二〕

〔一〕出大雲經請雨品。

〔二〕出大方等大雲經卷四。

降雨部第三

如分別功德論云：「天及龍皆能降雨，何以取別？天雨細霧下者是，龍雨麤下者是。又阿脩羅共天鬪時，亦能降雨。雨有二種：有喜雨，有瞋雨。若雨和調者，是歡喜雨。若興雷電霹靂者，是瞋恚雨。」〔一〕自外雲雨雷電等，並如前日月篇說。

又增一阿含經云：「佛言：如是世間不可思議，如龍界不可思議。云何此雨爲從龍口出耶？荅：不從龍口出，爲從龍眼、鼻、身出耶？亦不從此出。但龍意所念，若念惡亦雨，若念善亦雨。亦由根本而作此雨。如須彌山腹有天名曰大力，知衆生心之所念，亦能作雨。然雨不從彼天口、眼、耳、鼻出也。皆由彼有神力故，而作此雨。」〔二〕

又華嚴經云：「佛子，譬如大龍隨心降雨，雨不從内，亦不從外。如來境界亦復如是。隨心所念，於念念中出生無量不可思議智。彼諸智慧，悉無來處。又言：佛子，一切大海水皆從龍王心願所起。如來智慧亦復如是，悉從大願力起。佛子，如來智海無量無邊，不可言說，不可思議。我說少喻，汝今

〔一〕出分別功德論卷一。
〔二〕出增一阿含經卷二十一。

諦聽。佛子，此閻浮提内流出二千五百河水，〔一〕悉入大海。俱耶尼内流出五千河水，悉入大海。弗婆提内流出八千四百河水，悉入大海。鬱單越内流出一萬河水，悉入大海。佛子，此四天下内，如是二萬五千九百河水悉入大海。佛子，於意云何，此水多少？答言：甚多，佛子，復有十光明龍王雨大海中，悉過前水。百光明龍王雨大海中，復悉過前。如是等八十億龍王各雨大海，展轉過前。娑伽羅龍王太子，名曰佛生，雨大海中，復悉過前。佛子，彼十光明龍王所住淵池，流入大海，復悉過前。百光明龍王所住淵池，流入大海，復悉過前。如是等廣説，乃至娑伽羅龍王太子所住淵池，流入大海，復悉過前。佛子，如彼八十億龍王乃至娑伽羅龍王太子雨大海中及其淵池，皆悉不及娑伽羅龍王所雨大海。娑伽羅龍王所住淵池，涌出流入大海，倍復過前。波涌流水，青瑠璃色，盈滿大海。涌出有時，是故海潮常不失時。佛子，如是大海，其水無量，珍寶無量。衆生無量，大地無量。佛子，於意云何？彼大海水爲無量不？答言：實爾。其水深廣不可爲喻。佛子，如是海水深廣無量，於如來無量智海，百分不及一，乃至不可爲譬。但隨所應化，爲作譬喻。」〔二〕

〔一〕「閻」字原作「閣」，據高麗藏本、磧砂藏本、南藏本、嘉興藏本改。

〔二〕出大方廣佛華嚴經卷三十五寶王如來性起品第三十二。

河海部第四

如新婆沙論云：「於此贍部洲中有四大河，眷屬各四，隨其方面，流趣大海。謂即於此贍部洲中有一大池，名無熱惱。初從彼出四大河：一名殑伽，二名信度，三名縛芻，四名私多。初殑伽河從池東面金象口出，右遶池一匝，流入東海。次信度河從池南面銀牛口出，右遶池一匝，流入南海。次縛芻河從池西面吠瑠璃馬口出，右遶池一匝，流入西海。後私多河從池北面頗胝迦師子口出，右遶池一匝，流入北海。殑伽大河有四眷屬：一名閻母那，二名薩洛瑜，三名阿氏羅筏底，四名莫醯。信度大河有四眷屬：一名毗鈸奢，二名藹羅筏底，三名設咀荼盧，四名毗咀婆多。縛芻大河有四眷屬：一名筏剌拏，二名吠咀剌尼，三名防奢，四名屈慤婆。私多大河有四眷屬：一名薩棃，二名避魔，三名捺地，四名電光。如是且說有大名者。然四大河一一各有五百眷屬，并本合有二千四河。隨其方面，流趣大海。〔一〕如是所說二千四河未入海頃，頗有能令不入海不？無如是事。假使有人，或以神力，或以呪術，廣說乃至令不得入聖諦現觀，無有是處。」〔二〕

又涅槃經云：「譬如大海有八不可思議。何等爲八？一者、漸漸轉深，二者、深難得底，三者、同一

〔一〕「趣」字原作「越」，據高麗藏本改。

〔二〕出阿毘達摩大毘婆沙論卷五。

鹹味，四者、潮不過限，五者、有種種寶藏，六者、大身衆生在中居住，七者、不宿死屍，八者、一切萬流大雨投之，不增不減。」〔一〕

又金剛三昧不壞不滅經云：「佛言：彌勒，當知阿耨大池出四大河。此四大河分爲八河，及閻浮提一切衆流，皆歸大海。以沃焦山，大海不增；以金剛輪故，大海不減。此金剛輪隨時轉故，令大海水同一鹹味。」〔二〕

又涅槃經云：「善男子，如恒河中有七衆生：一者、常没，二者、暫出還没，三者、出已則住，〔三〕四者、出已徧觀四方，五者、徧觀已行，六者、行已復住，七者、水陸俱行。言常没者，所謂大魚，受大惡業，身重處深，是故常没。暫出還没者，如是大魚受惡業故，身重處淺，暫見光明。因光故出，重故還没。出已住者，謂坻彌魚，身處淺水，樂見光明，故出已住。徧觀四方者，〔四〕所謂鮨魚，爲求食故，徧觀四方，是故觀方。觀已行者，謂是鮨魚，遥見餘物，謂是可食，疾行趣之，故觀已行。行已復住者，是魚趣

〔一〕出大般涅槃經卷三十二。

〔二〕出金剛三昧本性清净不壞不滅經。

〔三〕「住」原作「往」，據高麗藏本、磧砂藏本、南藏本、嘉興藏本改。

〔四〕「四」字原脱，據高麗藏本補。

已，既得可食，即便停住，故行已復住。水陸俱行者，即是龜也。」〔一〕喻七種衆生者，如文。不煩此述。

頌曰：

玄言始開闡，雲霧上昇天。靉靆垂下布，駛雨徧山園。百草俱滋茂，五穀皆熟田。自非慈福力，豈感樂豐年。

感應緣略引二十二驗

秦中宿縣有觀亭水神

秦丹陽縣湖側有梅姑神

漢夜郎豗水竹王祠有竹節神

漢中平年江水内有蜮含沙射人〔二〕

漢永昌郡不韋縣有禁水毒氣

太山之東有澧泉飲用神靈

〔一〕出大般涅槃經卷三十六。

〔二〕「含」字原作「舍」，據高麗藏本、磧砂藏本、南藏本、嘉興藏本改。

二華之山當黄河有神排分流
黄帝時有赤將子轝能隨風雨上下
周禮春官司命風伯雨師　抱朴子河伯〔一〕
神農時有赤松子是雨師能服水入火
漢沙門于吉能祈雨將孫策忌害見怪
漢沙門竺曇蓋祈雨有徵
晉沙門僧羣隱山感神水飲而不飢
晉廬山釋慧遠以杖掘地感泉涌出
晉沙門于法蘭感涸澗涌水清流
晉沙門涉公能呪龍下鉢中
晉沙門佛圖澄能祈雨白龍二頭顯
晉沙門竺曇摩羅刹能呪水枯而更流

〔一〕此條目録原闕，據正文補。

宋沙門求那跋陀羅能祈雨應時而降

齊沙門曇超有神請超祈雨有徵

梁安國寺有瑞像放光處有泉涌

唐沙門空藏能祈雨甚有徵應

唐沙門慧璿山隱無水感神請居得水

秦時有中宿縣千里水，觀亭有江神祠壇。經過有不恪者，必狂走入山，變爲虎。中朝縣民至洛反，〔一〕路見一行旅，寄其書，曰：吾家在觀亭廟前，石間懸藤即是也。〔二〕但扣藤，自有應者。〔三〕乃歸之。如言，果有二人從水中出，取書而淪。尋還云：江伯欲見君。此人不覺隨去，便睹屋宇精麗，飲食鮮香，言語接對，無異世間也。〔四〕

秦時丹陽縣湖側有梅姑廟。姑生時有道術，能著履行水上。後負道法，婿怒殺之，投屍於水。乃

〔一〕「中朝」，太平廣記引作「中宿」。

〔二〕「即」字原作「焉」，據高麗藏本改。

〔三〕「有」字原闕，據太平廣記引補。

〔四〕出異苑卷五。又太平廣記卷二九一引，作出南越志。

隨流波漂，至今廟處。鈐下巫人常令殯殮，不須墳瘞。即時有方頭漆棺在祠堂下。晦望之日，時見水霧中曖然有著履形。廟左右不得取魚射獵，輒有迷徑溺没之患。巫云：姑既傷死，所以惡見殘殺也。〔一〕

漢夜郎豗水竹王祠者，昔有女子浣於水濱，有大節竹流入女足閒，推之不去。有小兒啼聲，破之得一男兒。長養有才武，遂雄夷獠，因竹爲姓。所破之竹，棄之於野，即生成林。王嘗止石上作羹，無水，以劍擊石，泉便涌出。今竹王水及破石竹林並存。漢使唐蒙誘而斬之，夷獠怨，訴竹王非血氣所育，求立嗣。太守吴霸表封其三子爲侯。今猶有竹節神廟。〔二〕右此三驗出異苑。

漢中平年内，有物處于江水，其名曰蜮，一曰短狐。能含沙射人，所中者，則身體筋急，頭痛發熱，劇者至死。江人以術方抑之，則得沙石於肉中。詩所謂爲鬼爲蜮，則不可得也。今俗謂之谿毒。先儒以爲南方男女，同川而浴，淫氣之所生也。〔三〕

漢時永昌郡不韋縣有禁水，水有毒氣。唯十一月十二月可渡，自正月至十月不可渡，得病殺人。

〔一〕出異苑卷五。又太平廣記卷二九一引，作出法苑珠林。

〔二〕出異苑卷五。

〔三〕出搜神記卷十二。

其氣中有惡物，不見其形，其似有聲。如有以所投擊內，中木則折，中人則害。土俗號爲鬼彈。〔一〕

太山之東有澧泉，其形如井，本體是石也。欲取飲者，皆洗心致跪而挹之，則泉出如流，多少足用。若或汙慢，則泉縮焉。蓋神明之常志者也。〔二〕

二華之山，其本一山也。當河，河水過之而曲流。有神排而分之，以利河流。其手足迹，于今在焉。故張衡作西京賦，所稱「巨靈贔屭，高掌遠迹，〔三〕以流河曲」是也。〔四〕

赤將子轝者，黄帝時人也。不食五穀而啗百草華。至堯時爲木工，能隨風雨上下。時時於市門中賣繳，亦謂之繳父。〔五〕

周禮春官宗伯曰：禮司中司命、風伯雨師，星也。風伯，箕星也。雨師，畢星也。鄭玄謂司中司命，〔六〕文昌第四第五星也。〔七〕案抱朴子曰：河伯者，華陰人。以八月上庚日度河，溺死，天帝署爲

〔一〕出搜神記卷十二。

〔二〕出搜神記卷十三。

〔三〕「迹」字原作「蹠」，據高麗藏本、磧砂藏本、南藏本、嘉興藏本改。

〔四〕出搜神記卷十三。

〔五〕出搜神記卷一。

〔六〕「鄭」字原闕，據搜神記補。

〔七〕出搜神記卷四。

河伯。又五行書曰：河伯以庚辰日死，不可治船遠行，溺没不反。〔一〕

赤松子者，神農時雨師也。服水玉以教神農，能入火自燒。至崑崙山，常入西王母石室，隨風雨上下。炎帝少女追之，亦得俱去。至高辛時，復爲雨師。今之雨師本之焉。〔二〕右七條出搜神記。

漢孫策既定會稽，引兵迎漢帝。時道人于吉在策軍中。遇天大旱，船路艱澀。策嘗自出督切軍中人。每見將士，多在吉所，因憤怒曰：吾不如吉乎？收吉縛置日中，令其降雨。如不能者，便當受誅。俄頃之閒，雲雨滂沛。未及移時，川澗涌溢。時並來賀吉免其死。策轉忿恚，竟使殺之。因是策頗愍傷，〔三〕每髣髴見吉。後出射獵，爲刺客所傷。治療將差，引鏡自窺，鏡中見吉，顧則無之。如是再三，遂撲鏡大叫，瘡皆崩裂，須臾而死。見寃魂志。

漢沙門竺曇蓋，秦郡人也。真確有苦行。持鉢振錫，取給四輩。〔四〕居于蔣山，常行般舟，尤善神呪，多有應驗。司馬元顯甚敬奉之。衞將軍劉毅聞其精苦，招來姑孰，深相愛遇。義興五年大旱，陂湖

〔一〕出搜神記卷四。
〔二〕出搜神記卷一。
〔三〕「傷」字原作「常」，據高麗藏本改。
〔四〕「取給」，高麗藏本作「行化」。

竭涸，苗稼燋枯，祈祭山川，累旬無應。毅乃請僧設齋，蓋亦在焉。齋畢，躬乘露航，〔一〕浮泛川溪。文武士庶，傾州悉行。蓋於中流焚香禮拜，至誠慷慨。乃讀海龍王經。造卷發音，雲氣便起。轉讀將半，沛澤四合。纔及釋軸，洪雨滂注，畦湖畢滿，其年以登。劉敬叔時爲毅國郎中令，親豫此集，自所覩見。

晉安羅江縣有霍山，其高蔽日。上有石杵，面徑數丈。杵中泉水深五六尺，經常流溢。古老傳云：列仙之所遊餌也。有沙門釋僧䍩隱居其山，常飲此水。遂以不飢，因而絶粒。晉安太守陶夏聞而求之，〔二〕䍩以水遺陶，出山輒臭。陶於是越海造山。于時天景澄朗，陶踐山足，便風雨晦暝。如此者三，竟不得至。䍩所栖營，與泉隔一澗。旦夕往還，以一木爲梁。後旦將渡，輒見一折翅鴨，舒翼當梁，頭逆唼僧䍩，永不得過。欲舉錫撥之，恐其墜死。於此絶水，俄而飢卒。時傳云：年百四十。䍩之將死，爲衆説云：年少時嘗打折一鴨翅。將或此鴨因緣之報乎？

晉潯陽廬山西有龍泉精舍，即慧遠沙門之所立也。遠始南渡，愛其區丘，欲創寺宇，未知定方。遣諸弟子訪履林澗，疲息此地，羣僧並渴。率同立誓曰：若使此處宜立精舍，當願神力即出佳泉。乃以杖掘地，清泉涌出，遂畜爲池，因搆堂宇。〔三〕其後天嘗亢旱，遠率諸僧轉海龍王經，爲民祈雨。轉讀未

〔一〕「航」字原作「桁」，據高麗藏本改。

〔二〕「夏」字，磧砂藏本、嘉興藏本作「憂」，高麗藏本作「夔」。

〔三〕「宇」字原作「于」，據高麗藏本改。

畢，泉中有物，形如巨蛇，騰空而去。俄爾洪雨四澍，高下普霑。以有龍瑞，故名焉。

晉沙門于法蘭，高陽人也。十五而出家，器識沈秀，業操貞整。寺于深巖，嘗夜坐禪。虎入其室，因蹲牀前。蘭以手摩其頭，虎奮耳而伏，〔一〕數日乃去。竺護，燉煌人也。風神情宇，亦蘭之次。于時經典新譯，梵語數多，辭句煩蕪，章偈不整。乃領其旨要，刊其游文。亦養徒山中，山有清澗，汲漱所資。有採薪者，嘗穢其水，水即竭涸，俄而絶流。護臨澗徘徊，歎曰：水若遂竭，吾將何資！言終而清流洋溢，尋復盈澗。並武、惠時人也。支道林爲之像讚曰：于氏超世，綜體玄旨。嘉遁山澤，仁感虎兕。護公澄寂，道德淵美。微吟空澗，枯泉還水。右四人出冥祥記。

晉長安有涉公者，西域人也。虚靖服氣，不食五穀。日能行五百里。言未然之事，驗若指掌。以苻堅建元十一年至長安縣。能以祕呪呪下神龍，〔二〕每旱，堅常請之呪龍。俄而龍下鉢中，天輒大雨。堅及羣臣親就鉢觀之，咸歎其異。堅奉爲國神，士庶皆投身接足，自是無復炎旱之憂。至十六年十二月，〔三〕無疾而化。堅哭之甚慟。卒復七日，堅以其神異，試開棺視之，不見屍骸所在，唯有殮被存

〔一〕「奮」字，高麗藏本作「揚」。

〔二〕「能」字原闕，據高僧傳補。

〔三〕「十六」原作「于六」，據高僧傳改。

焉。〔一〕至十七年，自正月不雨，至于六月。堅減饍撤懸，以迎和氣，至七月降雨。堅謂中書朱肜曰：涉公若在，朕豈燋心於雲漢若是哉！此公其大聖乎！肜曰：斯術幽遠，實亦曠古之奇也。〔二〕

晉時佛圖澄博術終古，道藝超羣。晉建武年正月至六月，時天大旱，石虎遣太子詣臨漳西谷口祈雨，久而不降。虎令澄自乞，即有白龍二頭，降於祠所。其日大雨，方數千里。其年大收。戎貊之徒先不識法，聞澄神驗，皆遥向禮拜，並不言而化焉。〔三〕

晉長安有竺曇摩羅刹，此云法護。其先月氏人，本姓支氏，世居燉煌。天性純懿，操行精苦，篤志好學，萬里尋師，日誦萬言，過目即能。是以博覽六經，遊心七籍。雖世務毁譽，未嘗介抱。〔四〕是時晉武之世，寺廟圖像雖崇京邑，而方等深經蘊在葱外。護乃慨然發憤，志弘大道。遂隨師至西域，〔五〕大賷經論，還歸中夏。沿路傳譯，寫爲晉文。所獲賢劫、正法華、光讚等一百六十五部。孜孜所務，唯以弘通爲業。終身寫譯，勞不告倦。後隱居深山，山有清澗，恒取澡漱。後有採薪者穢其水側，俄頃而

〔一〕「存」字原作「在」，據高麗藏本改。
〔二〕出梁高僧傳卷十涉公傳。
〔三〕出梁高僧傳卷九竺佛圖澄傳。
〔四〕「介」字原作「分」，據高僧傳改。
〔五〕「師」字原闕，據高僧傳補。

燥。護乃徘徊歎曰：人之無德，遂使清泉輟流。水若永竭，真無以自給，正當移去耳。言訖而泉流滿澗。其幽誠所感如此。故支遁爲之像贊云：

護公澄寂，道德淵美。微吟窮谷，枯泉潄水。邈矣護公，天挺弘懿。濯足流沙，領拔玄致。〔一〕

後立寺於長安青門外，精勤行道。至於道德，化被遐布，聲蓋四遠。僧徒數千，咸共宗事。及晉惠西奔，關中擾亂，百姓流移。護與門徒避地東下，至澠池，遘疾而卒，春秋七十有八。後孫綽製道賢論，以天竺七僧方竹林七賢，以護近山巨源。〔二〕

宋大明六年，天下亢旱，禱祈山川，累月無驗。世祖請求那跋陀羅三藏法師祈雨，必使有感，如其無獲，不須相見。跋陀曰：仰憑三寶，陛下天威，冀必降澤。如其不獲，不復重見。即往北湖釣臺燒香祈請，不復飲食，默而誦經，密加祕呪。明日晡時，西北雲起，初如團蓋。日在桑榆，風震雲合。連日降雨。明旦，公卿入賀，敕見慰勞，嚫施相續。至太宗之世，禮供彌隆。到太始四年正月，覺體不愈。臨終之日，延伫而望，云見天華聖像。隅中遂卒，春秋七十有五。太宗深加痛惜，慰贈甚厚。公卿會葬，

〔一〕「玄」字原作「云」，據高麗藏本改。

〔二〕「近」字，高僧傳作「匹」。出梁高僧傳卷一竺曇摩羅刹傳。

榮哀備焉。〔一〕

齊錢塘靈苑山有釋曇超，姓張，清河人。形長八尺，容止可觀。蔬食布衣，一中而已。初止都龍華寺。元嘉末，南遊始興，徧觀山水，獨宿樹下，虎兕不傷。大明中還都。至齊太祖即位，被敕往遼東，弘贊禪道。停彼二年，大行法化。建元末還京，俄又適錢塘之靈苑山。每一入禪，累日不起。後時忽聞風雷之聲，俄見一人執笏而進，稱嚴鎮陳通。須臾有一人至，形甚端正，羽衛連翩。下席禮敬，自稱：弟子，居在七里，任周此地。承法師至，故來展禮。〔二〕富陽縣人故冬鑿麓山下爲塼，侵壞龍室，羣龍共忿，作三百日不雨。今已一百餘日，井池枯涸，田種永罷。法師既道德通神，欲仰屈前行，必能感致，潤澤蒼生，功有歸也。超曰：興雲降雨，本是檀越之力，貧道何所能乎？神曰：弟子部曲，止能興雲，不能降雨，是故相請耳。遂許之。神儵然而去，超乃南行。經五日至赤亭山，遥爲龍呪願説法。至夜，羣龍悉化作人，來詣超禮拜。超更説法，因乞三歸，自稱是龍。超請其降雨，乃相看無言。其夜又與超夢云：本因忿立誓，法師既導之以善，輒不敢違命。明日晡時，必當降雨。超明旦即往臨泉寺，遣人告縣令，辦船於江中，轉海龍王經。縣令即請僧浮船啓首。轉經纔竟，遂興雲降大雨，高下皆足，歲以獲收。

〔一〕出梁高僧傳卷三求那跋陀羅傳。

〔二〕「禮」字原作「束」，據高僧傳改。

超以永明十年卒，春秋七十有四。〔一〕右五人出梁高僧傳。

梁安國寺在秣陵縣都鄉同下里，以永明九年起造。寺有金銅像一軀，高六寸五分以去。天監六年二月八日，於寺東房北頭第三閒内，忽聞音樂聲。爾後房主藥王尼所住房牀前，時時有光照屋。到二十三日，於光處忽有泉涌。仍見此瑞像隨水而出。遠近駭觀，咸生隨喜。泉既不竭，乃累塼爲井，井猶存焉。右一見梁京寺記云。

唐釋空藏者，至貞觀年住京師會昌寺，誦經三百餘卷，説化爲業。遊涼川原，有緣斯赴。昔往藍田負兒山所誦經，齎麪六㪷，擬爲月糧。乃經三周，日啗二升，猶不得盡。又感神鼎，不知何來。時至玉泉寺，以爲終焉之地。時經亢旱，泉竭苗焦，合寺將散。藏乃至心祈請，泉即應時涌溢，天雨滂沛。道俗動色，驚嗟不已。至貞觀十六年終於會昌，還葬山所。〔二〕

唐襄州光福寺釋慧璿，姓董氏，善通三論、涅槃，莊、老俗書，久已洞明。由此聲譽，久逸漢南。至貞觀二十三年，講涅槃經。四月八日夜，山神告曰：法師疾作房宇，不久當生西方。至七月十四日講盂蘭盆經竟，〔三〕斂手曰：生常信施，今須通散。一毫以上，捨入十方衆僧及窮獨乞人并諸異道。言

〔一〕出梁高僧傳卷十一釋曇超傳。

〔二〕出集州三寶感通録卷下。又見唐高僧傳卷二十八釋空藏傳。

〔三〕「盂蘭」二字原闕，據唐高僧傳補。

訖而終法座，春秋七十有九。初住光福寺，居山頂上，引汲爲勞，將移他寺。夜見神人，身長一丈，衣以紫袍，頂禮璿曰：奉請住此，常講大乘經，勿以小乘爲慮。其小乘者，亦如高山無水，不能利人。大乘經者，猶如大海。自止此山，多佛出世。一人讀誦講説大乘，能令所住珍寶光明，眷屬榮勝，飲食豐饒。若有小乘，前事並失。唯願弘持，勿孤所望。此山頂寺先無水可得。山神曰：法師須水，此易可得。來月八日，定當得之。自往劍南慈母山大泉，請一龍王去也。言訖已不見。恰至來月七日初夜，大風卒起，從西南來，雷震雨注。在寺北漢高廟下佛堂後百步許，通夜相續，至明方住。唯見清泉香而且美，合衆同幸。及止此住本，〔一〕龍泉漸竭。據斯以驗，實感通奇。〔二〕右此三驗出唐高僧傳。〔三〕

〔一〕「及止此住本」，唐高僧傳作「及亡」。

〔二〕出唐高僧傳卷十七釋慧璿傳。

〔三〕「三」字應作「二」。「驗」字原脱，據高麗藏本補。

園果篇第七十二此有五部

述意部　引證部　樹果部　損傷部　種子部

述意部第一

竊惟王舍竹園，經行是寄；靈山石室，宴坐斯依。浄住徧於十方，慈化通於三界。所以遠追須達，高慕菴羅。崇無盡之因，造不壞之地。興心敬仰，福趣玄門。起念乖恭，業鍾湯炭。故睹則發心，見便忘返，益福生善，稱爲伽藍也。若有真心，造作縱小，得福弘多，何況於大！若起僞心，修造縱大，得福尚少，何況於小！是故行者若欲造作，必須依法，不得奸僞也。

引證部第二

如過去因果經云：「諸僧伽藍中，竹園僧伽藍最爲其始。」〔一〕

〔一〕出過去現在因果經卷四。

又中本經云：「羅閱祇國長者伽蘭陀心念：可惜我園施與尼揵。佛若先至，奉佛及僧。悔恨前施，永爲棄捐。大鬼將軍名曰半師，知其心念，即召閱叉，推逐尼揵，裸形無恥，不應止此。尼揵驚怖，馳走而去。長者歡喜，營造精舍，施佛及僧。」〔一〕

又菩薩藏經云：「阿難，我今於此竹園中轉此菩薩藏經不退轉輪，斷一切衆生疑。阿難，過去諸佛亦皆於此虚空地分説菩薩藏經。阿難，所有貪瞋癡衆生入此竹園，不發貪瞋癡。衆鳥入者，非時不鳴。洴沙大王與諸婇女入此園中，共相娱樂，自覺無欲。諸女亦爾。時王歡喜，每作是念：願世有佛，當以此園奉上於佛。〔二〕佛於中住，我當聞法。何以故？可供養者應住此園，非五欲人所應得住。是園無有虺蛇、蜈蚣、蚊宝毒螫，若住其中，無復毒心。亦是竹園不共功德。」〔三〕

又正法念經云：「若有衆生信心清浄，以園林地施與衆僧，令僧受用，命終生揵陀羅天，天女圍遶，百倍縱逸。」〔四〕「若有衆生以善修意，爲遮寒熱，造作義屋，令人受用，命終生常恣意天，五欲自娱。從

〔一〕 出中本起經卷上度瓶沙王品。
〔二〕 「此」字原脱，據高麗藏本補。
〔三〕 此段出處待考。
〔四〕 出正法念處經卷二十四。

天命終，若得人身，爲王大師。」〔一〕

樹果部第三

如立世阿毗曇論云：「閻浮樹者，此樹生在閻浮提地北邊，在泥民陀羅河南岸。是樹株本正洲中央，從樹株中央取東西角並一千由旬。是樹生長具足，形容可愛，枝葉相覆，久住不彫，一切風雨不能侵入。次第相覆，高百由旬。下本洪直，都無瘤節，五十由旬方有枝條。樹身徑刺，廣五由旬，圍十五由旬。其一一枝横出五十由旬，中間亘度一百由旬，周迴三百由旬。其果甘美無比，如細蜂蜜。果大如瓮，其核大小，如世閒閻浮子核。其上有鳥獸之形。東西枝有子，多落閻浮提地，少落水者。南枝果子並落閻浮提。北枝果子悉落河中，爲魚所食。樹根悉是金砂所覆。當春雨時，下不漏濕。夏則不熱，冬無風寒。乾闥婆及藥叉神依樹下住。如是之事云何知耶？昔王舍城有兩比丘，具神通力，共爲朋友，往看彼樹。遂至樹所，見樹果熟，墮地自破。其一比丘從其蔕孔，探手至臂，〔二〕其最長指猶不至核。牽手而出，爲果所染，手甲皆赤。其果香氣能染人心，鼻嗅果香。第二比丘問言：汝欲食不？長老，我不樂食。是事者有，不可思議。是離欲結，最爲廣大。何以故？若人未離欲，嗅是香即生心

〔一〕出正法念處經卷二十三。

〔二〕「探手至臂」原作「授手至甲」，據立世阿毗曇論改。高麗藏本作「探手至甲」。

氣，乃發顛狂。有諸離欲外人若嗅此香，退失離欲之地。是二比丘還王舍城，説如上事。時有一人名曰長脛，本是王種，姓拘利氏。宿業果報所得神通，若行水中，前脚未没，後脚已移。若行草葉，草雖未靡，便得移步。是人從佛聞説此樹，即白佛言：我今行至閻浮樹不？荅云：得至。是人禮佛，向北而去。度諸山，經過七山，第七名金邊山。登山頂向北，聳身遠望，唯見黑暗，怖畏而返。佛問：汝至閻浮樹不？荅言：不到。佛問：汝何所見？荅曰：唯覩黑暗。佛言：此黑暗色即閻浮樹。是人重禮佛足，右遶三匝，更向北行，重度前七山，更度後七山，又度六大國，又度七大樹林，林間有七大河。度是七河，又度阿摩羅林及訶棃勒林，乃至閻浮南枝。從南枝上行至北枝。是人俯窺，見下水相，與常水異，澄清洞徹，都無障礙。是人思惟：我之神通今於此處得成就不？因脚履水，手攀樹枝。是脚至水，如石即没。於此神通不得成就。此水輕細，如酥油浮在水上。若以此水投於彼水，即沈如石。是人取一果子，還奉世尊。佛受此果，破爲多片，施諸大衆。果汁染於佛手，佛以此手擊於山石。至今赤色，如昔不異，濕亦不燥，掌迹分明。因昔分果爲片片故，因名此石爲片片巖。是時佛化優樓頻螺迦葉，亦取此果與迦葉。是閻浮樹外有二林，形如半月，圍遶此樹，其內有林名訶棃勒，外名阿摩勒。是果熟時，其味最美，不辛不苦，如細蜂蜜。果形大小，如二斛器。阿摩勒林南復有七林，七河相間。其最北林名曰菴羅，次名閻浮，三名婆羅，四名多羅，五名人林，六名石榴林，七名劫畢他林。如是諸果不辛不苦，甜如蜂蜜。是人林中，果形似人。若離欲人食此果者，退失禪定。其劫畢他林南，有六大國：其最南國名曰高流，次名俱臘婆，三名毗提訶，四名摩訶毗提訶，五名鬱多羅曼陀，極北第六名捨喜摩羅耶。

是六國内，人皆貞善，持十善法。其獸自死，自至人所，乃食其肉。是處犛牛，其數最多。以其髦尾用覆屋舍。其地生麥，不須耕墾。是麥熟已，無有糠穭。是其國人，磨蒸爲飯。其麥氣味，甘美如蜜。」〔二〕

又長阿含經云：「所以名閻浮提者，下有金山，高三十由旬。由閻浮樹故，得名爲閻浮金。閻浮樹其果如箪，其味如蜜。樹有五大柧，四面四柧，上有一柧。其東柧果，乾闥和所食。其南柧果，七國人所食：一名拘樓國，二名拘羅婆，三名毗提，四名善毗提，五名漫陀，六名婆羅，七名婆棃。其西柧果，海蟲所食。其北柧果，禽獸所食。其上柧果，星宿天所食。」〔三〕

又中阿含經云：「過去閻浮提人壽八萬歲時，有轉輪聖王出世，名高羅婆王。有樹名善住尼拘類王，而有五枝。第一枝者，王所食及皇后。第二枝者，太子食及諸臣。第三枝者，國人民食。第四枝者，沙門梵志食。第五枝者，禽獸所食。尼拘類樹果大如二升瓶，味如淳蜜丸。無有護者，亦無相偷。有一人來，飢渴極羸，顔色顦顇，欲得食果。往至樹王所，飽啗果已，毁折其枝，持果歸去。尼拘樹王有一天依而居之。彼作是念：閻浮洲人，異哉無恩，無有反覆，我寧令樹無果。即不生果。復有一人飢渴極羸，欲得啗果。往詣樹所，見樹無果。即往詣高羅婆王所白曰：天王當知，善住尼拘樹王無果。

〔二〕出立世阿毗曇論卷一南剡浮提品。

〔三〕出長阿含經卷二十二世紀經世本緣品。

王聞已，如力士屈伸臂頃，至三十三天，住帝釋前，白曰：「拘翼當知，尼拘樹王不生果。」於是帝釋及高羅婆王如力士屈伸臂頃，至善住尼拘類樹，不遠而住，化作大水暴風雨已，拔根倒樹。於是樹王居止樹天，因此故憂苦愁慼，啼泣垂淚，在帝釋前立。帝釋問曰：「何意啼泣？」彼天白曰：「當知大水暴風雨拔根倒樹，願善住尼拘類樹王還復如本。」於是天帝復化作大水暴風雨已，令尼拘樹王即復如故。」〔一〕

又華嚴經云：「雪山頂有藥王樹，名非從根生、非不從根生。縱廣六百八十萬由旬，下極金剛際。此樹生根時，閻浮提樹一切根生。若生莖時及枝葉華果時，閻浮提樹一切悉生枝葉華果。其樹根能生莖，莖能生根。是故名曰不從根生、非不從根生。於一切處悉能生長，唯除地獄深坑及水輪中不得生長耳。」〔二〕

又雜阿含經云：「昔者有王名拘獵，國中有樹名羞波提桓。五百六十里圍，下根周匝八百四十里，高四千里，枝四布匝二千里。樹有五果，道有五面：一面者，國王與宫内諸妓女共食；二面者，大臣百官皆共食之；三面者，人民共食之；四面者，諸釋道士共食之；五面者，飛鳥禽獸共食之。果如升瓶，其味甜如蜜。樹無守者，果分不相侵。時人壽八萬四千歲。有九種病：一寒，二熱，三飢，四渴，五大

〔一〕出中阿含經卷三十教曇彌經。
〔二〕出大方廣佛華嚴經卷三十五寶王如來性起品。

便，六小便，七愛欲，八食多，九年老。女人年五百歲，爾乃行嫁。」〔一〕此同彌勒佛出世時也。

損傷部第四

如僧祇律云：「佛在世時，有闡陀比丘須木造房。有薩羅樹林，便往伐之，持用成房。爾時林中有鬼神依止此林，語闡陀言：莫斫是樹，令我小弱男女暴露風雨，無所依止。闡陀荅言：死鬼速去，莫住此中。誰喜見汝！即便伐之。時此鬼神即大啼哭，將諸兒子詣世尊所。佛知而故問：汝何以啼哭？荅言：世尊，尊者闡陀伐我林樹，持用作房。我男女大小風雨漂露，當何所依？爾時世尊爲此鬼神隨順説法，憂苦即除。去佛不遠，便有林樹。世尊指授令得住止。佛訶闡陀已，如來一宿住止是處，左右有樹木與人等者，便爲塔廟。是故神祇樂來依止，云何惡口駡之？」〔二〕

又四分律：「佛亦不許斫神樹。斫者得突吉羅罪。」〔三〕

又正法念經云：「若有衆生持戒，離於邪見。見人斫伐鬼神大樹，夜叉羅刹之所依止。其人擁護，

〔一〕此段出處待考。
〔二〕出摩訶僧祇律卷六。
〔三〕出四分律卷三。

令不斫伐。此諸鬼神不惱害人，依樹受樂，無樹則苦。〔一〕此人命終，生歡喜天，與衆天女歡娱受樂。從天命終，若得人身，安隱巨富。」〔二〕

又毗尼母經云：「有五種樹，比丘不得斫伐：一、菩提樹，二、鬼神樹，三、閻浮提樹，四、阿私陀樹，五、屍陀林樹。若比丘爲三寶種三種樹：一者果樹，二者華樹，三者葉樹。此但有福無過。有比丘樹上安居，縛木作牀，即不下樹，放便利樹下。此樹有大鬼，忿瞋打此比丘殺。佛言：從今已去，不聽比丘樹上安居，樹下便利。有五種樹不得斫：〔三〕一、菩提樹，二、神樹，三、路中大樹，四、屍陀林樹，五、尼拘陀樹。若佛塔壞，若僧伽藍壞，爲木火燒，〔四〕得斫四種，除菩提樹。有五種樹應得受用：一者火燒，二者龍火燒，三者自乾，四者風吹來，〔五〕五者水漂。如是等樹得受用。」〔六〕

〔一〕「苦」字原作「若」，據高麗藏本、磧砂藏本、南藏本、嘉興藏本改。
〔二〕出正法念處經卷二十三。
〔三〕「斫」字原作「破」，據高麗藏本改。
〔四〕「木」字原作「水」，據高麗藏本改。
〔五〕「吹」字原作「次」，據高麗藏本、磧砂藏本、南藏本、嘉興藏本改。
〔六〕出毘尼母經卷五。

種子部第五

如長阿含經云：「有何因緣，世間有五種子？有大亂風從不敗世界吹種子來生此國：一者根子，二者莖子，三者節子，四者虚中子，五者子子。是爲世間有五種子出。」〔一〕

又起世經云：「有何因緣有五種子世間出現？佛告比丘：若於東方有諸世界，或成已壞，或壞已成，或成已住。南西北方成壞及住亦復如是。爾時有阿那毗羅大風，别於他方成住世界吹五種子，散此界中。散已復散，乃至大散。所謂根子、莖子、節子、接子、子子，此爲五子。閻浮樹果大如摩伽陀國一斛之甕。摘其果時，汁隨流出，色白如乳，味甘如蜜。閻浮樹果隨所出生，有五分益：謂東、南、西方，上、下二方。東方生者，諸揵闥婆皆共食之。南方生者，爲七大聚落人民所食。何者爲七：一名不正叫，二名叫唤，三不正體，四賢，五善賢，六牢，七勝。西分生者，金翅鳥等所共食之。上分生者，虚空夜叉皆共食之。下分生者，海中諸蟲皆來取食。」〔二〕

又觀佛三昧經云：「佛言：雪山有樹，名殃伽陀。其果甚大，其核甚小。推其本末，從香山來。以風力故，得至雪山。孟冬盛寒，羅刹夜叉在山曲中，屏猥之處，糞穢不净，盈流于地。猛風吹雪，以覆其

〔一〕出長阿含經卷二十二世紀經世本緣品。
〔二〕出起世經卷十最勝品第十二。

上，漸漸成塹五十由旬。因糞力故，此果得生根莖枝葉，華實滋茂。春陽三月，八方同時皆悉風起，消融冰雪，唯果樹在。其果形色，閻浮提果無以爲譬。其形團圓，滿半由旬。婆羅門食，即得仙道五通，具足壽命，一劫不老不死。凡夫食之，向得四沙門果，三明六通，無不悉備。有人持種至閻浮提糞壤之地，然後乃生，高一多羅樹。樹名拘律陀，果名多勒，大如五升瓶。人有食者，能除熱病。」〔一〕

又涅槃經云：「佛言：善男子，雪山有草，名曰忍辱。牛若食之，則成醍醐。」〔二〕

頌曰：

祇園感神來，　鹿苑化拘鄰。　聖人居福地，　賢士樂山園。　乍聞千葉現，　時動百華鮮。
香草皆滿地，　靈芝徧房前。　甘池流八水，　神井涌九泉。　華旛高飄颺，　應感下飛仙。
鳥弄千聲囀，　人歌百福田。　盛哉茲勝處，　誰見不留連。

感應緣 略引十二驗

周隱王二年地暴長

〔一〕出觀佛三昧海經卷一六譬品。
〔二〕出大般涅槃經卷二十九。

夏秦周漢時山亡
漢哀帝時有靈樹變
漢建昭五年有大槐樹變
漢靈帝有二樗樹變
漢光和年時有靈草變
晉永嘉年時有偃鼠出怪
吴先主時有靈樹出變
吴時太守郡境有靈槎怪
太古之時有女馬皮變爲蠶蟲
宋沙門釋僧瑜亡後房内生雙桐樹
唐王玄策西國行傳有金山

周隱王二年四月，齊地暴長，長丈餘，高一尺五寸。京房易妖曰：地四時暴長，〔一〕占：春夏多吉，秋冬多凶。歷陽之郡，一夕淪入地中而爲澤水，今麻湖是也。不知何時。運斗樞曰：邑之淪，陰吞陽，下相屠焉。〔二〕

夏桀之時，厲山亡。秦始皇之時，三山亡。周顯王三十二年，宋大丘社亡。漢昭帝之末，陳留昌邑社亡。京房易傳曰：山默然自移，天下有兵，社稷亡也。故會稽山陰瑯琊中有怪山。世傳本瑯琊東武山也。時天夜風雨晦冥，旦而見武山在焉。百姓怪之，因名曰怪山。時東武縣山亦一夕自亡去。識其形者，乃知其移來。今怪山下見有東武里。蓋記山所自來，以爲名也。又交州脆州山移至青州。凡山徙，皆不極之異也。此二事未詳其世。尚書金滕曰：山徙者，人君不用道士，賢者不興。或禄去公室，賞罰不由君，私門成羣不救。當爲易世變號。説曰：善言天者，必質之於人。天有四時五行，日月相推，寒暑迭代。其轉運也，和而爲雨，怒而爲風，散而爲露，亂而爲霧，凝而爲霜雪，立而爲蝱蜺。〔三〕此天地之常數也。若四時失運，寒暑乖違，則五緯盈縮，星辰錯行，日月薄蝕，彗孛流飛。此天地之危診

〔一〕「地四時暴長」原作「地長四時暴」，據搜神記改。

〔二〕出搜神記卷六。

〔三〕「而」字原闕，據搜神記補。「蝱蜺」，高麗藏本作「虹蜺」，搜神記作「蝱蜺」。

也。〔一〕此寒暑不時，天地蒸否也。〔二〕故石立土踴，天地之痤贅也；山崩地陷，天地之癰疽也；衝風暴雨，天地之奔氣也；雨澤不降，川瀆涸竭，天地之燋枯也。〔三〕

漢哀帝建平三年，零陵有樹僵地，〔四〕圍一丈六尺，長一十四丈七尺。〔五〕民斷其本，長九尺餘，皆枯。三月，樹卒自立故處。〔六〕汝南平陽遂鄉有樹博地生，〔七〕枝葉如人形，身青黄色，面白，頭髮稍長六寸一分。京房易傳曰：王德欲衰，下人將起，則有木生爲人狀。其後有王莽之簒。〔八〕

漢建昭五年，兖州刺史浩賞禁民私所立社。山陽橐鄉社有大槐樹，吏伐斷之。其夜，樹復立故處。説曰：凡斷枯復起，皆癈而復興之象也。是世祖之應耳。〔九〕

〔一〕「危」字原作「色」，據搜神記改。
〔二〕「蒸」字原作「承」，據搜神記改。
〔三〕出搜神記卷六。
〔四〕「僵」字原作「量」，據搜神記改。
〔五〕「一十四」，搜神記作「十」。
〔六〕「卒」字原作「本」，據搜神記改。
〔七〕此句搜神記作「汝南西平遂陽鄉有材仆地」。
〔八〕出搜神記卷六。
〔九〕出搜神記卷六。

漢靈帝熹平三年，右校别作中有兩樗樹，皆高四尺。其一株宿昔暴長，〔一〕長一丈餘，麤大一圍，作胡人狀，頭目鬢髮備具。其五年十月，正殿側有槐樹，皆六七圍，〔二〕自拔倒豎，根上枝下。其於洪範，皆爲木不曲直。又中平中，〔三〕長安城西北六七里有空樹，中有人面生鬢。〔四〕

漢光和七年，陳留濟陰東郡冤句離狐界中，〔五〕草生作人狀，操持兵弩，牛馬龍蛇鳥獸之形，〔六〕白黑各如其色，羽毛、頭目、足翅皆備。非但髣髴，像之尤純。舊說曰：近草妖也。是歲有黄巾賊起，漢遂微弱。吴五鳳元年六月，交阯稗草化爲稻。〔七〕

晉永嘉五年十一月，有偃鼠出延陵。郭璞筮之，遇臨之益。曰：此郡東縣當有妖人欲搆制者，尋亦自死矣。〔八〕

〔一〕「株」字原作「枝」，據高麗藏本改。
〔二〕「七」字原作「十」，據搜神記改。
〔三〕「又中平中」原作「中平又」，據搜神記改。
〔四〕出搜神記卷六。
〔五〕「冤句」、「離狐」原作「寃勾」、「離狐」，據搜神記改。
〔六〕「形」字原作「所」，據搜神記改。
〔七〕出搜神記卷六。
〔八〕出搜神記卷七。

吴先主時，陸敬叔爲建安太守，使人伐大樹。下數斧，忽有血出。至樹斷，有一物，人頭狗身，從樹穴中出走。叔曰：此名彭侯。烹而食之，其味如狗。〔一〕

葛祚，字元先，〔二〕丹陽句容人也。吴時作衡陽太守。郡境有大槎横水，能爲妖怪。百姓爲之立廟。行旅必過，要禱祠槎，槎乃沈没不著。槎浮則船爲破壞。祚將去官，乃大具斤斧之屬，將伐去之。明日當至。其夜廟保及左右居民聞江中洶洶有人聲非常，咸怪之。旦往視，槎移去，沿流流下數里，駐在灣中。自此行者無復傾覆之患。衡陽人美之，爲祚立碑曰：政德所禳，神等爲移。〔三〕

尋舊説云：太古之時，有大人遠征，家無餘人，唯有一男一女。牡馬一疋，〔四〕女親養之。窮居幽處，思念其父。乃戲馬曰：爾能爲我迎得父還，吾將嫁汝。既承此言，馬乃絶韁而去，徑至父所。父見馬驚喜，因取而乘之。馬望所自來，悲鳴不息。父曰：此馬無事如此，我家得無有故乎？乃亟乘以歸。爲畜生有非常之情，故厚加芻養。馬不肯食，每見女出入，輒喜怒奮擊，〔五〕如此非一。父怪之，密以

〔一〕出搜神記卷十八。

〔二〕「元」字原作「亢」，據高麗藏本改。

〔三〕以上二句搜神記作「政德祈禳，神木爲移」。出搜神記卷十一。

〔四〕「牡」字原作「壯」，據高麗藏本改。

〔五〕「擊」字原作「繫」，據高麗藏本改。

問女。女具以告父，必爲是故也。父曰：勿言，恐辱家門。且莫出入。於是伏弩射而殺之，曝皮於庭。父行，女與鄰女於皮所戲，以足蹴之，〔一〕曰：汝是畜生，而欲取人爲婦耶？招此屠剝，如何自苦！言未及竟，馬皮蹶然而起，卷女以行。鄰女忙怕，不敢救之，走告其父。父還求索，已出失之。後經數日，得於大樹枝間。女及馬皮盡化爲蠶，而績於樹上。其蠒綸理厚大，異於常蠶。鄰婦取而養之，其收數倍。因名其樹曰桑。桑者，喪也。由斯百姓競種之，今世所養是也。言桑蠶者，是古蠶之餘類也。案天官，辰爲馬星。蠶書曰：月當大火則浴其種。是蠶與馬同氣也。周禮校人職掌禁原蠶者。注云：物莫能兩大。禁原蠶者，爲其傷馬也。漢禮，皇后親採桑祀蠶神，曰苑窳婦人，寓氏公主。公主者，女之尊稱也。苑窳婦人，先蠶者也。故今世或謂蠶爲女兒者，是古之遺言也。〔二〕右此十驗出搜神記。

宋釋僧瑜，吴興餘杭人。本姓周氏。弱冠出家，號爲神理，精修苦業，始終不渝。元嘉十五年，遊憩廬山，同侶有曇温、慧光等，皆厲操貞潔，俱尚幽棲。乃共築架其山之陽，今招隱精舍是也。瑜常以爲結溺三途，情形故也。情將盡矣，形亦宜殞。〔三〕藥王之蹤，獨何云遠？於是屢發言誓，始契燒身。四十有四，孝建二年六月三日，將就本志，道俗赴觀，車騎填接。瑜率衆行道，訓授典戒。爾日密雲將

〔一〕「蹴」字原作「蹵」，據高麗藏本、磧砂藏本、南藏本、嘉興藏本改。
〔二〕出搜神記卷十四。
〔三〕「殞」字原作「損」，據高麗藏本改。

雨，瑜乃慨然發誓曰：若我所志克明，天當清朗。如期誠無感，便宜滂澍。使此四輩，知神應之無昧也。言已頃之，雲景明霽。及焚焰交至，合掌端一。有紫氣騰空，别表煙外。移晷乃歇。後旬有四日，瑜所住房裏雙桐生焉，根枝豐茂，巨細如一。貫櫰直竦，遂成鴻樹。理識者以爲娑羅寶樹，尅炳泥洹。瑜之庶幾，故見斯證。因號曰雙桐沙門。吴郡張辯時爲平南長史，親覩其事，具爲傳讚云。出冥祥記

從吐蕃國向雪山南界，至屈露多、悉立等國。云：從此驛北行，可以九日有一寶山。山中土石並是黄金。有人取者，即獲殃咎。出王玄策西國行傳。

法苑珠林校注卷第六十四

漁獵篇第七十三此有二部

述意部　引證部

述意部第一

敬尋如來設教，深尚仁慈。禁戒之科，殺害爲重。衆生貪濁，愛戀己身。刑害他命，保養自軀。由著滋味，漁捕百端；貪彼甘肥，罝羅萬種。或擎鷹放犬，冒涉山丘，擁劍提戈，穿窬林藪；或垂綸河海，布網江湖，香餌釣魚，金丸彈鳥。遂使輕鱗殞命，弱羽摧年。穴罷新胎，巢無舊卵。既窮草澤，命侶遊歸。於是脂消鼎鑊，肉碎枯形；識附羹中，魂依膾裏。何期此身可重，彼命爲輕。遂喪彼身形，養己軀命。止存口腹，不顧酸傷。但爲庖厨，横加屠割。致使怨家讎隙，徧在冥中；債主逐隨，滿於空界。不善業相，以自莊嚴；諸惡律儀，無時暫捨。菩薩爲此斂眉，大士由兹抆淚。但惟四生遞受，六道輪迴。

或此身怨府，昔是至親；曩世密交，今成疎友。改形易貌，不復相知；彼没此生，何由可測。但慈悲之道，救拔爲先；菩薩之懷，愍濟爲用。常應徧遊地獄，代其受苦；廣度衆生，施以安樂也。

引證部第二

如涅槃經云：「有十六惡律儀。何等十六？一者、爲利餧養羔羊，肥已轉賣。二者、爲利買已屠殺。三者、爲利餧養豬豚，肥已轉賣。四者、爲利買已屠殺。五者、爲利餧養牛犢，肥已轉賣。六者、爲利買已屠殺。七者、爲利養雞令肥，肥已轉賣。八者、爲利買已屠殺。九者、釣魚。十者、獵師。十一者、劫奪。十二者、魁膾。十三者、網捕飛鳥。十四者、兩舌。十五者、獄卒。十六者、呪龍。能爲衆生永斷如是十六惡業，是名修戒。」〔一〕

又雜阿毗曇心論云：「有十二種住不律儀：一、屠羊，二、養雞，三、養猪，四、捕鳥，五、捕魚，六、獵師，七、作賊，八、魁膾，九、守獄，十、呪龍，十一、屠犬，十二、伺獵。屠羊者，謂殺羊。以殺心若養、若賣、若殺，悉名屠羊。養雞養猪亦如是。捕鳥者，若殺鳥自活。捕魚獵師亦如是。作賊者，常行劫害。魁膾者，主殺人自活。守獄者，以守獄自活。呪龍者，習呪龍蛇，戲樂自活。屠犬者，旃陀羅。伺獵者，

〔一〕出大般涅槃經卷二十九。

王家獵主。」〔一〕

又對法論云：「不律儀業者，何等名爲不律儀者？可謂屠羊、養雞、養猪、捕鳥、捕魚、獵鹿、罝兔、劫盜、魁膾、害牛、縛象、立壇呪龍、守獄、讒構、好爲損等。屠羊者，爲欲活命，屠養買賣。如是養雞猪等，隨其所應。縛象者，恒處山林，調執野象。立壇呪龍者，習呪龍蛇，戲樂自活。讒構者，以離間語毁壞他親，持用活命。或由生彼種姓中，或由受持彼事業者，謂即生彼家，若生餘家，如其次第所期現行。彼業決定者，謂身語方便爲先，〔二〕決定要期，現行彼業。是名不律儀業。」〔三〕

又出曜經云：「南海卒涌，驚濤浸灌。有三大魚流入淺水，自相謂言：我等戹此，及漫水未減，宜可逆上，還歸大海。復礙水舟，不得越過。第一魚者，盡力跳舟得度。次魚復憑草獲過。其第三魚，氣力消竭，爲獵者得之。佛見而説偈曰：

是日已過，　命則隨減。　如魚少水，　斯有何樂？」〔四〕

又菩薩本行經云：「波斯匿王有一大臣，名曰師質，財富無量，應時得度。時舍利弗爲説經法，師

〔一〕出雜阿毘曇心論卷三業品。

〔二〕「語」字原作「諸」，據高麗藏本改。

〔三〕出大乘阿毘達磨雜集論卷六抉擇分中諦品。

〔四〕出出曜經卷三無常品下。

質聞法，不慕榮貴，求欲出家。便以居業盡以付弟，〔一〕剃除鬚髮而著袈裟，便入深山坐禪行道。其婦愁憂思念前夫，不順後夫。其弟見嫂思念，恐兄反戒，還奪基業。便語賊師：雇汝五百金錢，斫彼沙門頭來。賊師受錢，往到山中，見彼沙門。沙門語言：我唯弊衣，無有財産，汝何以來？賊即荅言：汝弟雇我，使來殺汝。沙門語賊：我新作道人，不解道法。且莫殺我，須我見佛，少解經法，殺我不遲。賊語之言：今必殺汝，不得止也。沙門即舉一臂而語賊言：且斫一臂，留我殘命，使得見佛。時賊便斫一臂，持去與弟。於是沙門便往見佛。佛爲説法：汝無數刧來，割截其頭手脚之血，多於四大海水。積身之骨，高於須彌。涕泣之淚，過於四江。飲親之乳，多於江海。一切有身皆受衆苦，〔二〕皆從習生。有斯衆苦，唯當思惟八正之道。聞佛所説，豁然意解，即於佛前得阿羅漢道，便放身命而般涅槃。賊擔其臂，往持與弟。便持臂著于嫂前，語其嫂言：常云思念前婿，此是其臂。其婦悲泣，便往白王。王即推校，如實不虚，便殺其弟。諸比丘問佛：而此沙門前世之時作何惡行，今見斫臂？修何德本，今值世尊，得阿羅漢？佛告諸比丘：乃昔過去波羅柰國有王，名婆羅達，出行游獵，馳逐走獸，迷失徑路，不知出處。草木參天，無餘方計而得來出，大用恐怖。遂復前行，見一辟支佛。王問其言：迷失徑路，從何得出？軍馬人衆在于何所？時辟支佛臂有惡瘡，不能舉手，即便持脚示其道徑。王便瞋恚：此是

〔一〕「弟」字原作「第」，據高麗藏本、磧砂藏本、南藏本、嘉興藏本改。

〔二〕「苦」字原作「若」，據高麗藏本、磧砂藏本、南藏本、嘉興藏本改。

我民，見我不起，及持脚示我道徑。王便拔刀，斫斷其臂。時辟支佛意自念言：王若不自悔責，當受重罪，無有出期。於是辟支即於王前，飛昇虛空，神足變現。時王見已，以身投地，舉聲大哭，悔過自謝：唯願下來，受我懺悔。時辟支佛即便來下，受其懺悔。時辟支佛便入涅槃。王收起塔，華香供養，常於塔前，懺悔求願而得度脫。爾時王者，此沙門是。由斫辟支佛臂，〔一〕五百世中常見斫臂而死，至于今日。由懺悔故，不墮地獄，而得度脫，成阿羅漢道。佛告比丘：一切殃福，終不朽敗。諸比丘聞，莫不驚悚。」〔二〕

頌曰：

樂由放逸，　苦己憂身。　榮位寵辱，　危若浮雲。　漁獵好殺，　違慈損神。　怨塗反報，
楚痛何申！

感應緣略引一十四驗

楚養由基善射術

〔一〕「斫」字原作「所」，據高麗藏本、磧砂藏本、南藏本、嘉興藏本改。

〔二〕出菩薩本行經卷上。

諸葛恪出獵有怪如小兒
魯桓公被齊襄公殺爲怪
晉譙郡周子文等游獵受現報
宋阮稚宗好獵現受苦報
梁鄒文立以屠爲業現報大患
隋王驃騎將軍好獵女狂如兔
隋鷹揚郎將姜略好獵見群鳥索命
隋冀州外邑有小兒燒雞卵食現報
唐遂安公李壽好獵被犬訴生割肉〔一〕
唐曹州人方山開好獵現報受苦
唐汾州人劉摩兒好獵現報受苦
唐隴西李知禮好獵現報受苦

〔一〕「犬訴生」原作「大王」，據高麗藏本改。

唐晉州屠兒殺豬有徵驗〔一〕

楚王游於苑，白猨在焉，王命善射者令射之。數發，猨搏矢而嬉。乃命由基。由基撫弓，則猨抱木而號。及六國時，更嬴謂魏王曰：臣能爲虚發而下鳥。魏王曰：然則射可至于此乎？更嬴曰：可。有閒，鴈從東方來，更嬴虚發而鳥下焉。〔二〕

諸葛恪爲丹陽太守，出獵兩山之閒。有物如小兒，申手欲引人。恪令申，去故地，去故地則死。既參佐問其故，以爲神明。恪曰：此事在白澤圖，曰：兩山之閒，其精如小兒，見人則申手欲引人，名曰「傒囊」。〔三〕引去則死。毋謂神明而異之，諸君偶未之見耳。〔四〕右二驗出搜神記。

魯桓公夫人文姜者，齊襄公之妹也。桓公與文姜俱朝于齊，襄公通其妹焉。桓公讉責文姜，文姜告襄公。襄公怒，乃與桓公飲酒。桓公出，襄公使公子彭生送桓公於車。彭生多力，乃拉桓公脅。桓公薨於車上。魯人告於齊曰：寡君畏君之威，不敢寧居，來修舊好。禮成而不反，無所歸咎惡，何辭以

〔一〕「晉州」原作「進州」，據高麗藏本改。下正文同。

〔二〕「更嬴」原作「而更」，據搜神記改。出搜神記卷十一。

〔三〕「傒囊」原作「俟」，據搜神記改。

〔四〕出搜神記卷十二。

告於諸侯?請以彭生除恥辱也。齊人歸罪於彭生而殺之。後襄公獵於貝丘,有犬豕。從者曰:臣見豕,乃彭生也。襄公怒曰:彭生何敢見乎?射之,豕乃人立而啼。公懼,墜於車,傷足而還。其臣連稱、管至甫二人作亂,遂殺襄公焉。出冤魂志。

續搜神記曰:「晉中興後,譙郡周子文家在晉陵。少時喜射獵,嘗入山獵。忽山岫間見一人,長五丈許,捉弓箭,鏑頭廣二尺許,白如霜雪。忽出聲喚曰:阿鼠。阿鼠,子文小字。子文不覺應曰:諾。此人牽弓滿鏑,向子文。文便失魄厭伏。」〔一〕續搜神記曰:「吴末臨海人入山射獵,爲舍住。夜中有一人長一丈,著黄衣白帶,〔二〕來謂射人曰:我有讎,剋明當戰。君可見助,當有相報。射人曰:自可助君耳,何用報爲?荅曰:明食時,君可出溪邊,敵從北來,我南往應。白帶者我,黄帶者彼。射人許之。明出,果聞岸北有聲,狀如風雨,草木四靡,視南亦爾。唯見二大蛇長十餘丈,於溪中相遇,便相盤繞。白映勢弱。射人因引弩射之,黄映者即死。日將暮,〔三〕復見昨人來辭謝云:住此一年獵,明年慎勿復來,來必爲禍。射人曰:善。漸停一年,獵所獲甚多,家致巨富。數年後,憶先山多肉,忘前言,復更往獵。復見先白帶人語之言:我語君勿復來,君不能見用。讎子已大,今必報君,非我所知。射人聞

〔一〕出搜神後記卷七。
〔二〕「衣」字原作「夜」,據高麗藏本、磧砂藏本、南藏本、嘉興藏本改。
〔三〕「日」字原作「因」,據高麗藏本改。

之甚怖，便欲走。乃見三烏衣人，皆長八尺，俱張口向之。射人即死。」〔一〕呂氏春秋曰：「湯見設網者四面張，而祝之曰：自天下者，自地出者，自四方來者，皆羅我網。湯曰：嘻，盡之矣！非桀其孰如此。」〔二〕

宋阮稚宗者，河東人也。元嘉十六年隨鍾離太守阮愔在郡，愔便與稚宗行至遠村，郡吏蓋苟、邊定隨焉。行達民家，恍惚如眠，便不復寤。民以爲死，輿出外門。〔三〕方營殯具，經夕能言。說初有一百許人，縛稚宗去，行數十里，至一佛圖，僧衆供養，不異於世。有一僧曰：汝好漁獵，今應受報。便取稚宗皮剥臠截，具如治諸牲獸之法。復納于深水，鉤口出之，剖破解切，若爲膾狀。又鑊煮鑪炙，初悉糜爛，隨以還復。痛惱苦毒，至三乃止。問：欲活不？稚宗便叩頭請命。道人令其蹲地，以水灌之，云：一灌除罪五百。稚宗苦求多灌。沙門曰：唯三足矣。見有蟻數頭。道人指曰：此雖微物，亦不可殺。無論復巨此者也。魚肉自死，此可啗耳。齋會之日，悉著新衣，無新可浣也。稚宗因問：我行旅有三，而獨嬰苦，何也？道人曰：彼二人自知罪福，知而故犯。唯爾愚蒙，不識緣報，故以相誡。因爾便穌，

〔一〕出搜神後記卷十。
〔二〕出呂氏春秋卷十異用。
〔三〕「輿」字原作「舉」，據高麗藏本改。

數日能起。由是遂斷漁獵耳。右一驗出冥祥記。〔一〕

梁小莊嚴寺在建康定陰里，本是晉零陵王廟地。天監六年，度禪師起造。時有鄒文立者，世以烹屠爲業。嘗欲殺一鹿，鹿跪而流淚。以爲不祥，即加刳剖。鹿懷一麑，尋當産育。就庖哀切，有惻害心。因斯患疾，眉鬚皆落，身瘡並壞。因生慚愧，深起悔責。乃求道度禪師發露重懺，立大誓願。罄捨家資，迴買此地，爲立伽藍。見梁京寺記云。

隋開皇末年，代州人姓王，爲驃騎將軍，在蒲州鎮守。性好畋獵，所殺無數。有五男，無女。後生一女，端美，見者皆愛奇之。父母鍾念，不同凡人。既還鄉里，里人親族爲作衣服而共愛養之。女年七歲，一旦失去，無處求覓。疑鄰里戲藏，訪問不見。諸兄乘馬遠覓，乃見去家三十餘里，馬追不及。兄等以數十騎共圍，而始得之。口中作聲，如似兔鳴。足上得刺盈掬，經月餘日，不食而死。父母悲痛，不能自割。良由父獵，殃及女受。合家齋戒，練行不絶。大理寺丞蔡宣明曾爲代府法曹，〔二〕爲臨説之。出冥報記。〔三〕

隋鷹揚郎將天水姜略，少好畋獵，善放鷹犬。後遇病，見群鳥千數皆無頭，圍遶略牀叫鳴曰：急還

〔一〕「驗」字原作「人」，據高麗藏本改。

〔二〕「蔡」字原作「宷」，據高麗藏本改。

〔三〕此四字高麗藏本無，疑爲衍文。此驗併下三驗爲下文所注「四驗」。出冥報記卷下。

我頭來。略輒頭痛，氣絶久穌。因請衆僧急爲諸鳥追福，許之皆去。既而得愈。差已，終身絶其酒肉，不殺生命。臨在隴右見姜略，已年六十許，自説云爾。〔一〕

隋開皇初，冀州外邑中有小兒，年十三，常盗鄰鷄卵燒煨食之。〔二〕後朝村人未起，其門外有人扣門呼此兒聲。〔三〕父令兒出應之。見一人云：官喚汝。兒曰：喚我役者，入取衣糧。使者曰：不須也。因引兒出村南，舊是桑田，耕訖未下種。且此小兒，忽見道右有一小城，四面門樓，丹素甚嚴。兒怪曰：何時有此城？使者呵之，勿使言。因至城北門，令小兒前入。小兒入閫，城門忽閉，不見一人，唯是空城。地皆熱灰碎火，深纔没踝。小兒忽呼叫，走趣南門，垂至即閉。又走趣東西，亦皆如是。未到則開，既至便闔。時村人出因採桑，男女甚衆。皆見此兒在耕田中，口似啼聲，四方馳走。皆相謂曰：此兒狂耶？旦來如此游戲不息。至日食時，採桑者皆歸。兒父問曰：見吾兒不？桑人荅曰：父兒在村南走戲，喚不肯來。父出村外，遥見兒走，大呼其名，一聲便住。城灰忽然不見。見父而倒，號泣言之。視其足，半脛已上，血肉燋乾。其膝已下，洪爛如炙。抱歸養療，髀已上肉如故，膝已下遂爲枯骨。鄰里聞之，競來問由。荅見如前。諸人看其走處，足跡通利，了無灰火。良因罪業，觸處見獄。

〔一〕出冥報記卷下，又太平廣記卷一三二引。
〔二〕「鷄」字原脱，據高麗藏本補。
〔三〕「門外」原作「閩外」，據高麗藏本改。

於是邑人男女，無揀大小，皆持齋戒，至死無虧。有大德僧道慧法師，本冀州人，具爲臨說，同其鄰邑也。〔一〕

唐交州都督遂安公李壽，始以宗室封王。貞觀初罷職歸京第，性好畋獵，常籠鷹數聯，殺他狗餧鷹。既而公疾，見五犬來責命。公謂之曰：殺汝者奴通達之過，〔二〕非我罪也。犬曰：通達豈得自在耶？且我等既不盜汝食，自於門首過，而枉殺我等。要當相報，終不休也。公謝罪，請爲追福。四犬許之。一白犬不許，曰：我既無罪，殺我。又未死間，汝以生割我肉，臠臠苦痛。吾思此毒，何有放汝耶！俄見一人爲之請於犬者曰：殺彼，於汝無益。放令爲汝追福，不亦善乎！犬乃許之。有頃，公穌，遂患偏風，支體不遂。於是爲犬追福，而公疾竟不差除。延安公竇惲云，夫人之弟，爲臨說之耳。〔三〕

右四驗出冥報記。

唐曹州城武人方山開，少善弓矢，尤好游獵。以之爲業，所殺無數。貞觀十一年死，經一宿穌。云：初死之時，被二人引去，行可十餘里，即上一山，三鬼共引山開登梯而進。上欲至頂，忽有一大白鷹，鐵爲嘴爪，飛來攫開左頰而去。又有一黑鷹，亦鐵嘴爪，攫其右肩而去。及至山頂，引而廳事，見一

〔一〕出冥報記卷下，又太平廣記卷一三二引。

〔二〕「過」字原作「禍」，據高麗藏本改。

〔三〕出冥報記卷下，又太平廣記卷一三二引。

官人，被服緋衣，首冠黑幘。謂山開曰：平生有何功德，可并具言之。對曰：立身已來，不修功德。官曰：可，且引向南院觀望。二人即引南行，至于一城，非常嶮峻。二人扣城北門數下，門遂即開。見其城中赫然，總是猛火。門側有數箇毒蛇，皆長十餘丈，頭大如五斗塊。口中吐火，如欲射人。山開恐懼，不知所出，唯知叩頭念佛而已。門即自閉。乃還見官人，欲遣受罪。侍者諫曰：山開未合即死，但恐一入此城，不可得出。未若且放，令修功德。官人放之。令前二人送之，依其舊道而下。復有飛鷹欲攫之，賴此二人援之免脱。下山遂見一坑，其中極穢。逡巡之間，遂被二人推入。須臾即穌。爪跡極深，終身不滅。山開於後遂捨妻子，以宅爲佛院，恒以讀誦爲業。〔一〕出冥報記。〔二〕

唐汾州孝義縣懸泉村人劉摩兒，至顯慶四年八月二十七日遇患而終。其男師保明日又死。父子平生行皆險詖。其比鄰有祁隴威，因採樵，被車輾死，經數日而穌。乃見摩兒男師保在鑊湯中。須臾之閒，皮肉俱盡，無復人形，唯見白骨。如此良久，還復本形。隴威問其故，對曰：爲我射獵，故受此罪。又謂保曰：卿父何在？對曰：我父罪重，不可卒見。卿既即還，請白家中爲修齋福。言訖，被使催促，前至府舍。見館宇崇峻，執杖者二十餘人。一官人問之曰：汝比有何福業？對曰：隴威去年正月在獨村看讀一切經，脱衫一領布施，兼受五戒，至今不犯。官人乃云：若如所云，無量功德，何須來

〔一〕「讀誦」，太平廣記引作「誦經」。

〔二〕此四字高麗藏本無。太平廣記卷一三二引，作出法苑珠林。

此！乃索簿勘，見簿曰：其人合死不虚。側注云：受戒布施福助，更合延壽。乃遣人送還，當即穌活。出冥報記。〔一〕

唐隴西李知禮，少趫捷，善弓射，能騎乘，兼工放彈，所殺甚多，有時罩魚，不可勝數。貞觀十九年，微患三四日，即死。乃見一鬼，并牽馬一疋，大於俗閒所乘之馬。謂知禮曰：閻羅王追公。乃令知禮乘馬，須臾之閒，忽至王前。王約束云：遣汝討賊，必不得敗，敗即殺汝。有同侣二十四人，向東北望賊，不見邊際，天地盡昏，埃下如雨。知禮等敗，語同行曰：王教嚴重，寧向前死，不可敗歸。知禮迴馬前射三箭以後，諸賊似稍却縮。數滿五發，賊遂敗散。事畢謁王，王責知禮：汝敵雖退，何爲初戰之時即敗。以麻辮髮，并縛手足，卧在石上，以大石鎮而用磨之。前後四人體並潰爛。次到知禮，勵聲叫曰：向者賊敗，並是知禮之力。還被王殺，無以勵後。王遂釋放，更無屬著，恣意遊行。凡經三日，向于西北出行，入一墻院。禽獸一群，可滿三畝餘地，總來索命，漸相逼近。〔二〕曾射殺一雌犬，直向前囓其面，次及身體，無不被傷。見三大鬼，各長一丈五尺，圍亦如之，共剥知禮皮肉，須臾總盡。唯面及目白骨，兼見五藏。及以此肉分乞禽獸，其肉落而復生，生而復剥。如此三日，苦毒之甚，不可勝記。事畢，大鬼及禽獸等忽然總失。知禮迴顧，不見一物，遂即踰墻南走，莫知所之。意中似如一跳千里。復

〔一〕此四字高麗藏本無。太平廣記卷一三二引，作出法苑珠林。

〔二〕「近」字原作「亦」，據高麗藏本改。

見一鬼逐及知禮，乃以鐵籠罩之，有無數魚競來唼食。良久，鬼遂到迴，魚亦不見。其家舊供養一僧，其僧先死，來與知禮去籠，語知禮云：檀越大飢。授之三丸白物如棗，令禮啗之。時便大飽。而語之曰：檀越還家。僧亦别去。禮到所居宅北，見一大坑，其中有諸槍矟攢植，不可得過。見其兒女并婢齎箱，并有錢絹及一器飲食，在坑東北。知禮心中將此婢及以姪女遊戲，意甚怪之。迴首北望，即見一鬼拔劍直進。知禮惶懼，委身投坑，即得穌也。自從初死至于重生，凡經六日。後問家中，乃是姪女持紙錢絹解送。知禮當時所視，乃見銅錢絲絹也。右三驗出冥報拾遺。〔一〕

唐顯慶三年，徐王任晉州刺史之時，有屠兒在市東弄殺一豬。〔三〕命斷湯燖，皮毛並落，死經半日。貪殺餘豬，未及開解。至曉以刀破腹，長劃腹下一刀，刃猶未入腹，其豬忽起走出門，直入市西壁，至一賢者店内牀下而卧。市人競往看之，屠兒猶執刀逐走。看者問其所由，屠兒荅云：我一生已來殺豬，未曾聞見此事。猶欲將去。看者數百人，皆瞋責屠兒，競出錢贖得。諸人共爲造舍安置，身毛久始得生，胭下及腹下瘡處差已，作大肉疣，麤如臂許。出入往來，常不汙其室。性潔不同餘豬。至四五年方卒。并州晉陽縣人王同仁，徐王府隊正，具見説之。

〔一〕「冥報拾遺」，高麗藏本作「冥報記」。此云「三驗」，前二原注「出冥報記」，今本未見。本條李知禮，據太平廣記卷一三二引亦作「出冥報記」，今本亦未見。待考。

〔三〕「弄」字原作「卷」，據高麗藏本改。

慈悲篇第七十四此有五部

述意部　菩薩部　國王部　畜生部　觀苦部

述意部第一

夫含生稟氣，皆有靈智；蠢動翺翔，咸知畏死。致使菩薩興行，救濟爲先；諸佛出世，大悲爲本。所以臨河羡魚，不如結網；觀他受福，不如行因。是故將求其報，莫若先興其善。貴賤等施，黑白心平。三寶福田，四生同敬。並須臨時救濟，給引衣食。罄拳握之珍，撤耳目之玩。〔一〕捐已奉施，隨之以喜。信夫！筬笥以奬其意，玉帛以表其誠。身肉骨髓，尚不寶戀，〔二〕況復外財，寧生愛著。菩薩行行，亦不待索。雖心不待物，而物亦筌心。心物兩備，福智雙行矣。

〔一〕「撤」字原作「徹」，據高麗藏本改。

〔二〕「寶」字原作「保」，據高麗藏本改。

菩薩部第二

如大集經云：「佛言：我昔爲於一切衆生修菩薩行。爲此法眼，於諸衆生起大慈心。捨己身血，猶如大海。與諸乞者，捨頭眼耳，如毗福羅山。捨鼻舌等，如十突盧那。捨手脚等，如毗福羅山。捨皮施等，可覆一閻浮提。亦捨無量象馬、奴婢、妻子，及以王位、國土、城邑、宮殿、村落等，與諸乞者。於諸佛所，受持禁戒而無缺犯。一一佛所無量供養，一一佛所稟受無量那由他百千法門，受持讀誦，善修三昧。我亦恭敬無量三乘四果聖人。父母師長病苦之者，無救護者，爲作救護；無歸依者，爲作歸依；無趣向者，爲作趣向，令其安住。我已如是於彼三大阿僧祇劫慈愍一切苦惱衆生故，發大堅固勇猛之心，久修無上菩提之行。今於此盲冥世間，無大導師儉法之時，於如是等諸衆生中，發心願成阿耨多羅三藐三菩提。欲於三乘菩提令不退轉，復願救度三惡衆生，安置善道及涅槃樂。」〔一〕

又雜寶藏經云：「爾時如來被佉陀羅刺刺其脚足，血出不止。以種種藥塗，不能得差。諸阿羅漢於香山中取藥塗治，亦復不除。十力迦葉至世尊所，作是言曰：若佛如來於一切衆生有平等心，於羅睺羅、提婆達多等無有異者，脚血應止。即時血止，瘡亦平復。」〔二〕故知諸佛大悲，於諸含識平等無異。

〔一〕出大方等大集經卷五十三月藏分咒輪護持品。
〔二〕出雜寶藏經卷七十力迦葉以實言止佛足血緣。

又四分律：「佛言：乃往過去世時，有王名曰慧燈，乃使閻浮提人若男若女能言之者，皆行十善。王初生時，有八萬四千藏，自然而出。於四交道隨所求索者，一切施與。時天帝釋便作是念：此王慧燈，隨其所索，一切施與。將恐來世奪我坐處。我今寧可往試，爲以無上道故施，爲以退轉耶？即化作男子，自相謂言：王慧燈教我等行十惡殺生乃至邪見。時諸大臣皆往白王。王荅言：不！我先有是語，令閻浮提人能行之類，皆行十善，不殺生乃至不邪見，我當爲王。是故無是語。汝等今可嚴駕象乘，我欲自行教化國人。天象既至，王即便乘。王言：可示我彼人，言我教國人行十惡者。彼即示王。王問言：慧燈教汝行十惡耶？荅言：實爾。王復問言：可有方便行十善不？荅言：有。問言：何者是耶？彼荅言：若得成就菩薩，生食其肉，飲其血，乃得行十善。時王慧燈作如是念：我於無始世已來，經歷衆苦，輪轉五道，或受截手、截脚耳鼻、出眼、截頭，竟何所益。即取利刀自割股肉，以器盛血，授與彼人。而告之曰：善男子，汝可食飲此肉血，奉行十善。時彼男子不堪王慧燈威德，即没不現。忽有天帝而在前立，問王言：王今布施爲一天下、二三四天下耶？爲日月天帝釋、魔王、梵王耶？王荅言：我布施不爲天下乃至魔梵等。我作意欲求無上正真一切智，度未度者，解未解者，未得涅槃者令得涅槃，度生老病死憂悲苦惱，如是等者。時天帝釋便作是念：我今令王慧燈以此瘡死者，甚非所以。當以天甘露灌其身上。即便灌之，瘡即平復如故。佛告瓶沙王言：爾時利益衆生王者，豈異人乎？即今父王白净是也。時王第一夫人者，今母摩耶是。時王慧燈者，即我身是。我於前世教化閻浮提數人皆行十善。以是因緣故，足下千輻相輪，輪廓成就，光明晃曜，照三千大千國土。

又大悲芬陀利經云：「佛告諸善男子：我於往昔過無量阿僧祇大劫，爾時此土名無塵彌樓猒。彼大劫百歲世人蓮華香如來像法中，我爲閻浮提輪王，名曰無勝。我及千子並發菩提，俱共出家。於蓮華香如來法中，具修梵行。唯有六子不欲出家，不發菩提。我數教語：何不出家？六子即報王言：我不能出家。王復問言：汝等何不發菩提心？彼言：若能以一切閻浮提與我等者，當發菩提。我聞甚喜已，令一切閻浮提人住三歸八齋，又勸三乘。分此閻浮提以爲六分，持與六子，勸以菩提。我即出家，具修梵行。彼六王子不相和順，興兵交戰，各不自寧，令閻浮提極大飢饉，天不降雨，五穀不成，草木不生。我即思惟：今正是時。應以身施，血肉充足。捨林而去，往詣中國，上彰水山上，立大誓願。時阿須羅宮皆悉大動，彌樓傾搖，海水波涌。天及諸神皆悉悲泣。我時即從山上便自投身。以本願故，即成肉山。高一由旬，縱廣正等。人民鳥獸來食血肉。以本願故，晝夜生長，漸漸乃高一千由旬，正等亦爾。四邊皆有人頭，悉具髮毛眼耳鼻舌口齒。彼諸人頭高聲唱言：咄！汝諸衆生，各隨所欲，恣意取之。血肉六根，身得充滿。從意所求三乘之心，乃至有求人天福者。或有食血肉者，或有取眼、取耳、取鼻、取脣、取齒、取舌者。以本願故，尋即還復，不盡不減。乃至十千年中，以身血肉充滿一切

〔一〕出四分律卷五十三。

閻浮提人，夜叉鳥獸。於十千年中施眼如恒沙，施血猶如四大海，施己身肉若千須彌。以舌施人如鐵圍山，以耳施與如中彌樓山，以鼻施與猶若大彌樓山，我以齒施如耆闍崛山，我身皮施徧娑呵剎。善男子，觀我於十千年中以一身命，如是無量阿僧祇施以無量阿僧祇衆生，無一念頃而生悔心。即立大願：若我得成阿耨菩提，意如是滿者，如是普捨十方恒河沙數五濁佛土中，以身肉充彼衆生恒沙大劫。若我是願意不滿者，令我永不見十方諸佛，不成菩提，亦使令我不聞三寶三乘之聲，亦使我常處阿鼻地獄。」〔一〕

又大悲芬陀利經云：「佛言：我憶無量劫時，此佛剎名日月明。於五濁時，我於此閻浮提爲轉輪王，名曰燈明。以善勸化一切衆生。我時出遊觀園，見有一人反縛兩臂，極爲急切。即問諸臣：此人何罪？諸臣荅言：此誑王法，豈是天民！常由輪課，六分輸一，此人違命。即告諸臣：速放斯人。儲糧酥油，勿苦索之。臣荅王言：終無有人能以善心輸王諸物。所可日日給王夫人及諸眷屬厨供所須，皆從民出。自非王力，終不可得。我時愁憂，却自思惟：此之王位，今當付誰？我有五百子，皆勸以菩提。即分此閻浮提爲五百分，付與諸子。即捨詣林，求仙梵行。南近大海優曇波羅林中坐禪，食果草根，用濟身命。漸漸不久，得五神通。爾時閻浮提有五百商人入海採寶，獲衆寶聚。其中商主名曰宿

〔一〕出大悲芬陀利經卷七身施品。

王，小福力故，得如意摩尼。從彼寶洲多取衆寶及與摩尼。始發引時，海水波涌，諸龍惱亂，海神啼泣。中有龍仙，名曰馬藏，實是菩薩。以本願故，生於其中。彼摩訶薩擁護商客，安隱度海，自還所住。隨彼商客有惡羅刹，恒逐於後，伺求其便。彼於晝日，〔一〕放暴風雨，使諸商人迷失徑路，不知所趣，極甚恐怖。發大音聲，啼號悲泣，求諸天神、風雨神等，乃至稱喚父母所愛兒息之聲。爾時我以天耳聞彼音聲，即生慰喻：汝等商人勿得恐怖。我當示導汝等徑路，令汝安隱至閻浮提。我於爾時即以繒帛而自纏手，内著油中，以火然之。發至誠言：我於林中三十六年遊四梵處，爲益衆生，故食衆果。既化八萬四千諸龍夜叉，令住不退轉。以是善根令我手然，使此商人至閻浮提。如是手然，經於七日七夜，彼諸商人安隱得到。即自立願：如此珍寶，若我得成阿耨菩提，令我得爲商主，採如意珠，於此佛土一切十方恒河沙數五濁空佛土中，雨於衆寶。一一方中，七反雨於種種衆寶，隨意充足無量阿僧祇衆生，令住三乘。」〔二〕

又大丈夫論：「提婆菩薩説偈云：

福德善丈夫，　悲心施慧手，　拔貧窮淤泥，　不能自出者。

如菩薩布施，諸貧窮者，皆來歸向。如曠野樹，行人熱時皆往歸趣。菩薩愛樂名勝得解脱。若有人來

〔一〕「晝」字原作「盡」，據高麗藏本改。

〔二〕出大悲芬陀利經卷七寶施品。

語菩薩言：有乞者來。菩薩歡喜，即以財物而賞使者。菩薩即以餘物而與乞者，歡喜愛敬。求者言乞，作此語時，懷憐愍心。若有乞者不知菩薩體性樂施，菩薩執手歡喜與言，猶如親友。壞彼不知，使生知想。傍人見之，亦復歡喜。若見乞者，語言：汝來欲須何等？隨意而取。安慰之言：善來賢者，莫生恐怖。我當爲汝作依止處。使彼乞者心得清涼。若如是施，名爲生人。若不如是，名爲死人。若不來者，自往施之。有來求者，尚捨身命，况復財物。若無悲心，不名爲施。若有悲心施，即是解脱。雖復大富，名貧窮者。富者雖與，無悲愍心。雖名曰與，不名施主。悲愍心施，是名施主。若求報施，名爲施者，商賈之人，亦可名施。若求報施，果報猶尚無量，况有悲心不求報施，果報何可稱計。若求報施，唯可自樂，不能救濟，徒自疲勞。悲心施者，能有救濟，後得果時能大利益。修施者得富，修定者得解脱，修悲者得無上菩提，果中最勝。菩薩思惟：因彼乞者得證菩提，我今因施得無比樂。因中施樂，猶尚如是，况無上菩提。如是乞者，其恩甚重，無以可報。若以財寶，不足報恩，當以無上菩提而施與之。以我福故，願使乞者於將來世，亦如我今成大施主，得無上菩提。不念恩者，無有悲心。若無悲心，無有行施。若不施者，不能濟度衆生生死。若不行施，覆蔽悲心，如以書石，乃知真僞。假使怨家，亦如親友。」〔一〕

〔一〕出大丈夫論卷上。

國王部第三

如佛說月明菩薩經云：〔一〕「佛言：過去閻浮提有國王名曰智力。常行佛事，深信三寶。時有比丘，名曰至誠意，常持三昧，慈哀衆生。王欲見是比丘，無有厭極。是比丘髀上生大惡瘡，國中醫藥，所不能愈。王愁大悲，即爲淚出。時二萬夫人同時悲念。於時王臥夢中，有天人來語王言：若愈是比丘病者，當得生人肉血飲食之，即得愈矣。王寤驚悸不樂，念是比丘病重，乃須彼藥，法所難得。敕問臣下。王第一太子，字曰智止，白王：莫悲，莫愁憂之。血肉最爲賤微。還入齋室，持刀割髀，取肉及血，持送與比丘。比丘得服之，瘡即除愈，身得安隱。王聞得愈，大喜悦澤。意存比丘，不念子痛，持是歡喜，各有至心。太子亦自平復。」〔二〕良由行同佛心，身瘡得復也。

又雜寶藏經云：「昔有王子兄弟二人，被驅出國。到曠路中，糧食都盡。弟即殺婦，分肉與其兄嫂。嫂便食之。兄得此肉，藏舉不敢食之。自割脚肉，夫婦共食。弟婦肉盡，欲得殺嫂。兄言：莫殺。以先藏肉還與弟食。既過曠路，到神仙住處，採取華果以自供食。弟後病亡，唯兄獨在。是時王子見一被刖無手足人，心生慈悲。採取華果，活彼刖人。王子爲人，少於欲事。採華果去，其婦在後與刖人

〔一〕「月明」原作「日月」，據月明菩薩經改。

〔二〕出月明菩薩經。

通。以有私情，深疾其夫。於一日中，逐夫採華，至河岸邊而語夫言：取樹頭華果。夫語婦言：下有深河，或當墮落。婦言：以索繫腰，我當挽索。小近岸邊，婦推其夫，墮著河中。以慈善力，隨水漂去而不没死。於河下流，有國王崩。彼國相師推求國中，誰應爲王？遥見水上，有黄雲蓋。相師占已，黄雲蓋下，必有神人。遣人水中而往迎接，立以爲王。王之舊婦，擔一刖人，展轉乞索，到王子國。國人皆稱有一好婦，擔一刖婿，恭承孝順。乃聞於王。王聞是已，即遣人唤，來到殿前。王問婦言：此刖人者，實爾夫不？荅言：實是。王時語言：識我不耶？荅言：不識。王言：汝識某甲不？諦向王看，然後慚愧。王故慈心，遣人養活。佛言：欲知王者，即我身是。爾時婦者，旃遮婆羅門女帶木杅謗我者是。〔一〕爾時刖手足者，今提婆達多是。」〔二〕故知善惡目驗有徵。

又菩薩本行經云：「佛告王曰：過去世時，此閻浮提有國名不流沙，王名婆檀寧，夫人字跋摩竭提。時世穀貴，人民飢餓，加有疫病。時王亦病。夫人自出祠天，階邊有一家，夫行不在。時婦産兒，又無婢使。産後飢虚，復無有食。便自念言：今死垂至，更無餘計。自欲啗兒，即便取刀，適欲殺兒。心爲悲感，舉聲大哭。爾時夫人欲還宫中，聞此婦人悲聲慘切，愴然憐傷，便住聽之。而此婦人適欲舉刀，欲殺其子，便自念言：何忍啗其子肉。作是念已，便復啼哭。夫人便入其舍，就而問之：何以啼

〔一〕「木」字原作「本」，據高麗藏本改。
〔二〕出雜寶藏經卷二昔王子兄弟二人被驅出國緣。

哭？欲作何等？婦具荅之。夫人聞之，心爲悼愍，語言：莫殺其子。我到宫中，當送食來。婦人荅言：夫人尊貴，或復稽遲，或能忘之。而我今日，命在呼吸，不逾時節。不如自啗其子，以用濟命。夫人問言：更得餘肉食之可不？荅言：課得濟命，不問好醜也。於是夫人即便取刀，自割其乳，便自願言：今我以乳持用布施，濟此危厄，不願作輪王、帝釋、魔王、梵王，持此功德，用成無上正真之道。即便持乳與此婦人。適欲舉刀更割一乳，應時三千大千世界爲大震動。天帝觀之，見其夫人自割其乳，濟其危厄。時天帝釋無數諸天即時來下，住虚空中，皆爲悲泣，住夫人前，而便問言：汝今所施，甚爲難及。求何願耶？夫人荅言：持此功德，用求無上正真之道，度脱一切衆生苦厄。天帝荅言：汝求此願，以何爲證？於是夫人即時立誓：我今所施功德審諦成正覺者，我乳尋當平復如故。其乳尋時平復如故。天帝讚言：成佛不久。諸天歡喜，即便現形，歎夫人言：汝今所施，得無悔恨，以爲痛耶？荅言：我今所施，用求佛道，無悔痛者，令我女身變成男子。立誓已訖，應時變爲男子。諸天讚言：成佛不久。是時國中衆病消除，穀米豐賤，人民安樂。却後王崩，即拜爲王。人民熾盛，國遂興隆。佛告王言：爾時夫人者，今我身是。不惜身命，今得成佛。大衆歡喜，作禮而去。」〔一〕

〔一〕出菩薩本行經卷上。

畜生部第四

如一切智光明仙人慈心不食肉經云：「佛住摩伽提國寂滅道場彌加女村自在天寺精舍。時有迦波利婆羅門子，名曰彌勒。軀體金色，相好具足，威光無量，來至佛所。時有結髮梵志五百人等，遥見彌勒清净，白佛言：世尊，如此童子光明無量，與佛無異。於何佛所初發道心，受持誰經？爲我解説。佛告式乾梵志：汝今諦聽，當爲汝説。乃往過去無量無邊阿僧祇劫時，有世界名勝華敷，佛號彌勒，恒以慈心，教化一切。彼佛説經，名慈三昧光大悲海雲。若有聞者，即得超越百億萬劫生死之罪，必得成佛。時彼國中有大婆羅門，名一切智光明，聰慧多智，廣博衆經。聞佛出世，説慈三昧經，即便信伏，爲佛弟子，發菩提心，而作是言：我今誦持大慈三昧經，願於未來必得成佛，而號彌勒。於是捨家，即入深山，八千歲中，少欲無事，乞食自活。誦持此經，一心除亂。時連雨不止，洪水暴漲。仙人端坐，不得乞食，經歷七日。時彼林中有五百白兔，有一兔王，母子三獸，見於仙人七日不食，而作是言：今此仙人爲佛道故，不食多日，命不云遠。法幢將崩，法海將竭。我今當爲無上大法，令得久住，不惜身命。即告諸兔：一切諸行，皆悉無常。衆生受身，空生空死，未曾爲法。我今欲爲一切衆生，作大橋梁，令法久住，供養法師。爾時兔王告諸兔言：我今一身欲供養法師，汝等宜當各各隨喜。時諸山樹神等即積香薪，以火然之。兔王母子圍繞仙人，足滿七匝，白言：大師，我今爲法供養。尊者仙人告言：汝是畜生，雖有慈心，何緣能辦。兔白仙人：我自以身供養仁者，爲法久住，令諸衆生得饒益故。作此語已，即語其子：汝可隨意求覓水草，繫心思惟，正念三寶。爾時兔子聞母所説，跪白母言：如尊所説，無上大法欲供養者，我亦願樂。作此語已，自投火中，母隨後入。當於菩薩捨身之時，天地大動，乃至色界及以諸天皆雨天華，持用供養。肉熟之後，時山樹神白仙人言：兔王母子爲供養故，投身火中。今肉已熟，汝可食之。時彼仙人聞樹神語，悲不能言，以所誦經書，置樹葉上，又説偈言：

寧當然身破眼目，不忍行殺食衆生。諸佛所説慈悲經，彼經中説行慈者，寧破骨髓出頭腦，不忍啗肉食衆生。如佛所説食肉者，此人行慈不滿足，迷没生死不成佛。

時彼仙人説此偈已，因發誓心：願我世世不起殺想，恒不啗肉。入白光明慈三昧，乃至成佛，制斷肉戒。作此語已，自投火坑，與兔并命。是時天地六種震動。天神力故，樹放光明，金色晃曜照千國土。時彼國人見此光者，皆發無上正真道心。佛告式乾：汝今當知，爾時白兔王者，今我身是。時兔兒者，今羅睺羅是。時誦經仙人者，今此衆中婆羅門子彌勒菩薩是。時五百羣兔者，今摩訶迦葉等五百比丘是。時二百五十山樹神者，今舍利佛、目揵連等二百五十比丘是。時千國王跋陀婆羅等者，今千菩薩是。〔二〕從我出世乃至樓至，於其中閒受法弟子得道者是。佛告式乾：菩薩求法，勤苦歷劫，不惜身命，投於火坑，以身供養，便得超越九百萬億劫生死之罪。時式乾等五百梵志求佛出家，成阿羅漢。時

〔二〕「千」字原作「十」，據高麗藏本、磧砂藏本、南藏本、嘉興藏本改。

彼仙人投火坑已，生於梵世，乃至成佛。其食肉者，犯於重禁。後身生處，常飲熱銅。」〔一〕

又大集經云：「佛言：善男子，過去世有一師子王，住深山窟，常作是念：我是一切諸獸中之王，力能視護一切諸獸。時彼山中有二獼猴，共生二子。時二獼猴向師子王作如是言：王若能護一切獸者，我今二子以相委付。我欲餘行，求覓飲食。時師子王即便許可。時彼獼猴留其二子，付彼獸王，即捨而行。是時山中有一鷲王，名曰利見。師子王眠，即便摶取獼猴二子，處嶮而住。時王寤已，即向鷲王而說偈言：

我今啓請大鷲王，　唯願至心受我語。　幸見爲故放捨之，　莫令失信生慚恥。

鷲王說偈報師子王曰：

我能飛行遊虛空，　已過汝界心無畏。　若必欲護是二子，　爲我故應捨是身。

時師子王言：

我今爲護是二子，　捨身不惜如枯草。　若我護身而妄語，　云何得稱如說行。

師子王說是偈已，即至高處欲捨其身。爾時鷲王復說偈言：

若爲他故捨身命，　是人即受無上樂。　我今施汝獼猴子，　願大法王莫自害。

〔一〕出一切智光明仙人慈心因緣不食肉經。

善男子，師子王者，即我身是。雄獼猴者，即迦葉是。雌獼猴者，善護比丘尼是。二獼猴子者，即今阿難、羅睺羅是。時鷲王者，即舍利弗是。是故爲護依止者，不惜身命。」〔一〕

觀苦部第五

如正法念經云：「孔雀菩薩爲諸天說：若有悲心，是人則去涅槃不遠，名大莊嚴。於五道衆生，若起悲心，能破煩惱。云何地獄衆生而起悲心？此諸衆生於自業所誑，由此怨家之所造作，得不可喻種種苦。大地獄等一百三十六處衆生墮中，〔二〕地裂擘拆，斷截燒煮，無救無歸，東西馳走，求哀自免，不可得脱。而起悲心，則得增長無量梵福。若人利益衆生，觀諸餓鬼種種飢渴，自燒其身，如燒叢林。四面馳走，互相蹋突。焰火焚燒，遍體熾然。以求救護，無能救者。此諸衆生何時當離種種苦惱？是名觀鬼而起悲心，則生梵天。若人觀於畜生而起悲心：畜生之中無量苦惱，互相殺害，空行水陸，死法無量。互相殘害，互相食啗。此諸衆生何時當脱？是名觀畜生苦而起悲心。若有能生如是之念，則生梵天。若人觀於六欲諸天而起悲心：於六欲天，受天之樂，不可譬喻。種種山谷、山峰、園林，而受快樂。既受樂已，業盡還退，生在苦處，受大苦惱。墮於地獄、餓鬼、畜生，東西馳走，迷亂無知，受大苦惱。是

〔一〕出大方等大集經卷十一海慧菩薩品。

〔二〕「三十六」原作「二十大」，據高麗藏本、磧砂藏本、南藏本、嘉興藏本改。

名觀天而起悲心，則生梵天。若人觀於人中而起悲心：以種種業生於人中，受苦樂果。種種心性，種種信解。或有貧窮，依恃他人，〔一〕以自存活。如是觀於五道衆生，生五種苦已，而興悲心。如是之人，得勝安隱，則得涅槃。」〔二〕

又雜阿含經云：「爾時世尊以爪抄土，〔三〕告諸比丘：於意云何？我爪上土多，爲大地土多？比丘白佛：世尊，爪上土甚少少耳，其大地土無量無數，不可爲比。佛告諸比丘：如是衆生，能數數下至一彈指頃，於一切衆生修習慈心，有如甲上土耳。其諸衆生不能數數下至如一彈指頃，於一切衆生修習慈心者，如大地土。是故諸比丘常當數數於一切衆生修習慈心。」〔四〕

又修行道地經偈云：

「當發行慈心，　念怨如善友。　展轉在生死，　悉曾爲親族。　譬如樹生華，　轉成果無異。　父母妻子友，　宗親亦如是。　其行慈心者，　等意無憎愛。　不問於遠近，　乃應爲大慈，　等心行大哀。　乃至三界人，　行慈如是者，　其德逾梵天。　刀刃不能害，　縣官及火

〔一〕「恃」字原作「視」，據高麗藏本改。
〔二〕出正法念處經卷六十一。
〔三〕「抄」字原闕，據雜阿含經補。高麗藏本作「上」。
〔四〕出雜阿含經卷四十七。

怨，邪鬼諸羅刹，蛇蚖電霹靂，師子并象虎，及餘諸害利，一切不敢近，無能中傷者。」〔一〕

又善見律云：「若住處有虎狼師子，下極蟻子，不得住。若蟻有窟，蟻子遊行覓食，驅逐別處，得住。」〔二〕

又雜阿含經云：「爾時世尊告諸比丘：過去世時，天阿脩羅對陣鬬戰。阿脩羅勝，諸天不如。時天帝釋軍壞退散，極生恐怖。乘車北馳，還歸天宮。須彌山下，道徑叢林，下有金翅鳥巢，多有金翅鳥子。爾時帝釋恐車馬過，踐殺鳥子，告御者言：可迴車還，〔三〕勿殺鳥子。御者白王：阿脩羅軍，後來逐人。若迴還者，爲彼所困。帝釋告言：寧當迴還，爲阿脩羅殺，不以軍衆蹈殺衆生於道。御者轉車南向。阿脩羅軍遥見帝釋轉乘而還，謂爲戰策，即還退走。衆大恐怖，壞陣流散，歸阿脩羅宫。佛告諸比丘：彼天帝釋於三十三天爲自在王，以慈力故，威力摧伏阿脩羅軍。亦當讚歎慈心功德。」〔四〕

又大悲經云：「佛告阿難：若復有人心住慈善，當得十一種功德利益。何者爲十一種？一、睡眠

〔一〕出修行道地經卷二慈品。

〔二〕出善見律毘婆沙卷十三。

〔三〕「迴」字原作「迵」，據高麗藏本改。

〔四〕出雜阿含經卷四十六。

得安隱，瘖則心歡喜。二、不見惡夢。三、人非人愛。四、諸天擁護。五、毒不能害。六、刀箭不傷。七、火所不燒。八、水所不溺。九、常得好衣、餚饍飲食、牀座卧具、病瘦湯藥。十、得上人法。十一、身壞命終，得生梵天。」〔一〕

又增一阿含經云：「爾時世尊告諸比丘：有六凡常之力。云何爲六？小兒以啼爲力，女人以瞋爲力，比丘以忍爲力，國王以憍傲爲力，羅漢以精進爲力，諸佛以大悲爲力。是故比丘當念大慈悲力。」〔二〕

頌曰：

能仁矜幻苦，　聖意愍重昏。　哀愚開攝受，　訓誘方便門。　法身徧法界，　攝化指祇園。
俱銷五道縛，　共解四魔怨。　三修袪愛馬，　六念静心猿。　禪池澄定水，　覺意動聲喧。
慧風吹法鼓，　振我無明塵。　常須近善友，　開我未曾聞。

感應緣略引五驗

隋沙門釋慧越

〔一〕出大悲經卷五教品。

〔二〕「念」字原作「令」，據高麗藏本、磧砂藏本、南藏本、嘉興藏本改。出增一阿含經卷三十一。

唐沙門釋道積

唐沙門釋慈藏

唐縣尉盧元禮

唐玄奘法師西國行傳

隋慧日道場釋慧越，嶺南人。住羅浮山。性多汎愛，慈救蒼生。栖頓幽阻，虎豹無擾。曾有羣獸來前，因爲説法。虎遂以頭枕膝，越便捋其鬚面，情無所畏。衆咸覩之。化行五嶺，聲流三楚。開皇末年，召入慧日。末歸揚州，路中感疾而卒。停屍船上，有若生焉。夜見焰光從足而出，入于頂上，還從頂出而從足入，竟夕不斷。道俗殊歎，未曾有也。〔一〕

唐益州福感寺釋道積，蜀人。誦涅槃經一部，生常恒業。凡欲宣述，必先洗滌身穢，被服净衣，然後昇座。立性沈審，慈仁總務。諸有厲疾膿血穢氣者，積皆召集，爲補浣衣服，治療同食，而不惡之。時人怪問，荅云：境無染净，净穢由心。心既不起，愛憎何生？以貞觀初年五月終于本寺，春秋七十。

〔一〕出唐高僧傳卷二十一釋慧越傳。

時屬炎鬱，屍不臭壞。經停百日，跏坐如初。道俗嗟異，乃就身加漆，興敬巴蜀。〔一〕

唐新羅國大僧統釋慈藏，俗姓金氏，新羅國人。年過小學，神睿澄簡，厭世高榮，情欣方外。獨静行禪，不避虎兕。持戒不羣，慈救爲先。深隱山居，來往絶糧，便感異鳥，各銜諸果，就手送與。鳥於藏手同共食之。時至必爾，初無乖候。行感玄徵，罕有繼者。而常懷慼慼，慈哀含識，作何方便令免生死？遂於眠寐，見二丈夫曰：卿在幽隱，欲爲何利？藏曰：唯爲利生。乃授藏五戒訖。曰：可將此五戒利益衆生。又告藏曰：吾從忉利天來，故授汝戒。因騰空滅。於是出山，國中士女，受戒無窮。至貞觀十二年來至唐國。既至京城，慈利羣生，從受戒者日有千計，或盲者見道，病者得愈。又樂静夏坐，奏敕雲際寺安居三夏。見大鬼神，其數無量，帶甲持杖，云將此金轝，迎取慈藏。復見大神與之共鬭，拒不許迎。藏聞臭氣塞谷蓬勃，即就繩牀通告訣别。其一弟子又被鬼打，幾死乃穌。藏即捨衣鉢，行僧德施。又聞香氣，徧滿身心。神語藏曰：今者不死，八十餘矣。至十七年，還歸本國，具行佛教，一同大國。王請於皇龍寺講菩薩戒本。七日七夜，天降甘露，雲霧奄藹，覆所講堂。四部驚嗟，美聲彌遠。因遘微疾，卒於永徽年中。〔二〕右此三驗並出唐高僧傳。〔三〕

〔一〕出唐高僧傳卷三十八釋道積傳。

〔二〕出唐高僧傳卷三十二釋慈藏傳。

〔三〕「唐」字原脱，據高麗藏本補。

唐范陽盧元禮，貞觀末爲泗州漣水縣尉。曾因重病悶絶，經一日而穌。云：有人引至府舍，見一官人過，無侍衛。元禮遂至此官人座上，踞牀而坐。官人目侍者，令一手提頭，一手提脚，擲元禮於階下。良久乃起行，至一别院，更進向南，入一大堂中。見竈數十百口，其竈上有氣，矗然如雲霧直上，沸聲喧雜，有同數千萬人。元禮仰視，見似籠盛人，懸之此氣之上，云是蒸罪人處。元禮遂發願大語云：願代一切衆生受罪。遂解衣赤體，自投於釜中。因即昏然，不覺有痛。須臾有一沙門挽元禮出，云：知汝至心。乃送其歸，忽如睡覺。遂斷酒肉，安經三四歲，後卒於洛。右此出冥報拾遺録。〔一〕

唐奘法師行傳云：「婆羅痆斯國内有列士池，池西有三獸塔，是如來修菩薩行時燒身之處。昔劫初時，於此林野，有狐、兔、猿，異類相悦。時天帝釋欲驗修菩薩行者，降靈應化爲一老夫，謂三獸曰：二三子善安隱乎？無驚懼耶？曰：涉豐草，遊茂林，〔二〕異類同歡，既安且樂。老夫曰：聞二三子情厚意密，忘其老弊，故此遠尋。今正飢乏，何以饋食？曰：幸少留此，我躬馳訪。於是同心求覓。狐沿水濱，銜一鮮鯉。猿於林樹採果，俱來至止。唯兔空還。老夫謂曰：以吾觀之，爾曹未和。猿狐同志，各能役心。唯兔空返，獨無相饋。以此而言，誠可知也。兔聞譏議，謂猿狐曰：多聚樵蘇，方有所作。猿狐競馳，銜草曳木。既已蘊崇，猛焰將熾。兔曰：仁者，我身卑劣，所求難遂。敢以微躬，充此一餐。

〔一〕「冥報拾遺録」，高麗藏本作「冥報拾遺」。

〔二〕「遊」字下原衍「戲」字，據大唐西域記删。

辭畢入火，尋即致死。是時老夫復帝釋身，餘燼收骸，傷歎良久。謂狐猨曰：「何至此！吾感其心，不泯其迹，寄之月輪，傳乎後世。故彼咸言：月中之兔，自斯而有。後人於此建塔也。」〔一〕

〔一〕出大唐西域記卷七。

法苑珠林校注卷第六十五

放生篇第七十五此有二部

述意部　引證部

述意部第一

蓋聞兀兀雜類，莫不貪生；蠢蠢迷徒，咸知畏死。所以失林窮虎，乃委命於廬中；鎩翮驚禽，遂投身於案側。至如楊生養雀，寧有意於玉環；〔一〕孔氏放龜，本無情於金印。而冥期弗爽，雅報斯臻。故知因果業行，皎然如日。且大悲之化，救苦爲端；弘誓之心，濟生爲本。但五都名族，皆以列鼎相

〔一〕「玉」字原作「投」，據高麗藏本、磧砂藏本、南藏本、嘉興藏本改。

誇；三市逸人，莫不鼓刀成務。羣生何罪，枉見刑殘；含識無愆，横逢葅醢。致使怨魂不斷，苦報相酬。今勸仁者，同修慈行。所有危怖，並存放捨。縱彼飛沈，隨其飲啄。當使紫鱗頳尾，並相忘於江湖；錦臆翠毛，等逍遥於雲漢。或聽三歸而悟道，何異瞽龍；聞四諦而生天，更同鸚鳥。共立長壽之基，同招常命之果也。

引證部第二

如梵網經云：「若佛子以慈心故，行放生業。一切男子是我父，一切女人是我母，我生生無不從之受生。故六道衆生，皆是我父母。而殺而食者，即殺我父母，亦殺我故身。一切地水是我先身，一切火風是我本體。故常行放生，生生受生。若見世人殺畜生時，應方便救護，解其苦難。常教化講説菩薩戒，救度衆生。若父母兄弟死亡之日，請法師講菩薩戒經律追福，資其亡者，得見諸佛，生人天上。若不爾者，犯輕垢罪。」〔一〕

又僧祇律云：「一切道俗七衆等，並須漉水飲用。若漉得水已，使能見掌中細文者，審悉看之。看時如大象載竹車迴頃，知無，應用。使可信者教漉，不可信者自漉。得蟲，還送本取水來處安之。若來

〔一〕出梵網經盧舍那佛説菩薩心地戒品卷下。

處遠近有池井，七日不消者，以蟲著中。若知水有蟲，不得持器繩借人。若池江水有蟲，得唱云：此水有蟲。若問者，荅云：長者自看。若知友同師者，語言：此水有蟲，當漉水用。」〔一〕

又十誦律：「有二比丘未曾見佛，從彼遠道共往舍衛，〔二〕奉見世尊。道中渴乏，值有蟲水。破戒者言：可共飲之。持戒者言：水中有蟲，何可得飲？破戒者言：我若不飲，必當渴死，不得見佛。便飲而去。持戒者愼護戒故，不飲，遂渴乏死。即生三十三天，身得具足，先到佛所，頭面禮足。佛爲說法，得法眼浄。受三歸畢，還歸天上。時飲水者後到佛所。佛爲四衆說法，即披衣示金色身：汝癡人欲看我肉身何爲？不如持戒者，先見我法身、智慧之身。佛言：從今已去，比丘若行二十里外，無漉水囊，犯罪。若自無，同意伴有者，聽去。」〔三〕又「有征行軍人，有比丘尼教化行人，人皆弓頭安漉囊，持用濾水。官人聞奏國王。王聞瞋之，皆欲殺却：汝小蟲尚畏不殺，況見賊肯害之。行人向王分疏云：小蟲若於國有害，臣皆殺却。既無有怨，何故不聽濾飲。王聞放之。由行人義慈善根力，及賊皆來投化。」〔四〕

〔一〕出摩訶僧祇律卷十八。

〔二〕「彼」字原作「比」，據十誦律改。

〔三〕出十誦律卷三十八。

〔四〕出十誦律卷八。

又正法念經云：「經宿之水，若不細觀，恐生細蟲。若不漉治，不飲不用，是名細持不殺戒。」〔一〕

又智度論云：「過去世時，人民多病黄白痿痒。〔二〕菩薩爾時身爲赤魚，自以爲其肉施諸病人，以救其疾。又昔菩薩作一鳥身，在林中住。見有一人入於深水，非人行處，爲水神所罥，著不可解。若能至香山取一藥草，著其罥上，繩即爛壞，人得脱去。菩薩宿世作如是等無量本生，多有所濟。名本生經。」〔三〕

又十誦律云：「佛言：過去世時，近雪山下，有鹿王，名曰威德，作五百鹿王。時有獵師安穀施罥。時諸鹿皆鹿王前行，右脚墮毛罥中。鹿王心念：若我現相，則諸鹿不敢食穀，須啗穀盡，爾乃現脚相。時諸鹿皆去，〔四〕唯一女鹿住，便説偈言：

大王當知，　是羅師來，　願勤方便，　出是罥去。

爾時鹿王以偈荅言：

我勤方便，　力勢已盡，　毛罥轉急，　不能得出。

〔一〕　出正法念處經卷二十九。
〔二〕　「痒」字原作「熟」，據高麗藏本改。
〔三〕　出大智度論卷三十三。
〔四〕　「諸」字原脱，據高麗藏本補。

女鹿見獵師到已，向說偈言：

汝以利刀，　先殺我身，　然後願放，　鹿王令去。

獵師聞之，生憐愍心，以偈荅言：

我終不殺汝，　亦不殺鹿王，　放汝及鹿王，　隨意之所去。

獵師即時解放鹿王。佛言：昔鹿王者，今我身是。五百鹿者，五百比丘是。時有鴈王，獵者得之。有同伴鴈，欲我捨命，還說偈相報。獵師見愍，二鴈並放。後求寶報恩。」〔一〕大意同前。又智度論云：「王聞鹿言，即從座起而說偈言：

我實是畜生，　名曰人頭鹿。　汝雖是鹿身，　名爲鹿頭人。　以理而言之，　非以形爲人。
若能有慈悲，　雖獸實是人。　我從今日始，　不食一切肉。　我以無畏施，　且可安汝意。」〔二〕

又善見律云：「目連爲阿育王演本生經云：大王，往昔有一鷓鴣鳥，爲人籠繫，在地愁怖，便大鳴喚。同類雲集，爲人所殺。鷓鴣問道人云：我有罪不？道人荅云：汝鳴聲時有殺心不？鷓鴣鳥言：我鳴命伴來，無殺心也。道人即荅：若無殺心，汝無罪心也。而說偈言：

〔一〕出十誦律卷三十六。
〔二〕出大智度論卷十六。

不同業而觸，　不同心而起，　善人攝心住，　罪不横加汝。」〔一〕

又僧祇律云：「佛告諸比丘：過去世時香山中有仙人住處。去山不遠，有一池水。時水中有一鼈，出池水食。食已向日，張口而眠。時香山中有諸獮猴，入池飲水已，上岸，見此鼈張口而眠。時獮猴便作婬法，即以身生内鼈口中。鼈覺合口，藏六甲裏。如所説偈言：〔二〕

愚癡人執相，　猶如鼈所嚙。　失守摩羅捉，　非斧則不離。

時鼈急捉獮猴，〔三〕却行欲入水。〔四〕獮猴急怖，便作是念：若我入水，必死無疑。然苦痛力弱，任鼈迴轉，流離牽曳。遇值嶮處，鼈時仰卧。是時獮猴兩手抱鼈，作是念言：誰當爲我脱此苦難。獮猴曾知仙人住處，彼當救我。便抱此鼈，向彼處去。仙人遥見，便作是念：咄哉異事！念是獮猴爲作何等，欲戲弄耶？獮猴故言：婆羅門是何等寶物，滿鉢持來，得何等信而來向我？爾時獮猴即説偈言：

我愚癡獮猴，　無故觸惱他。　救厄者賢士，　命急在不久。　今日婆羅門，　若不救我者，

須臾斷身生，　困厄還山林。

〔一〕出善見律毘婆沙卷二。

〔二〕「如」字下原衍「故」字，據高麗藏本删。

〔三〕「捉」字原作「促」，據高麗藏本改。

〔四〕「却」字原作「即」，據高麗藏本改。

爾時仙人以偈荅言：

我令汝得脱，還於山林中。恐汝獼猴法，故態還復生。爾時彼仙人，爲説往昔事。

鼈汝宿命時，曾號字迦葉。獼猴過去世，號字憍陳如，已作婬欲行。今可斷因緣，迦葉放憍陳，令還山林去。

鼈聞是語，便放猴去。」〔一〕

頌曰：

普親皆眷屬，隔世即相欺。但求現在樂，不知來苦資。牽我入三塗，楚痛受萬危。

自非慈放捨，何得命延時。

感應緣略引一驗

唐魏郡馬嘉運，以貞觀六年正月居家，日晚出大門，忽見兩人各捉馬一疋，先在門外樹下立。嘉運問：是何人？荅云：東海公使迎馬生耳。嘉運素有學識，知名州里。每臺使及四方貴客，多請見之。及見聞名，弗須怪也。謂使者曰：吾無馬。使者曰：進馬，以此迎馬生。嘉運即於樹下上馬而去。其

〔一〕出摩訶僧祇律卷五。

實倒卧於樹下也。〔一〕俄至一官曹，將入大門，有男女數十人門外，如訟者。有一婦人，先與運相識，是同郡張公瑾妾，姓元氏。手執一紙文書，迎謂嘉運曰：馬生尚相識不？昔張總管交遊，每數相見。總管無狀，非理殺我。我訴天曹，於今三年。爲王天主救護公瑾，故常見抑，今乃得申。官已追之，不久將至。疑我獨見枉害，馬生那亦來耶？嘉運先知元氏被殺。及見，方自知死。使者引入門，門者曰：公眠未可謁，宜可就霍司刑處坐。嘉運見司刑，乃益州行臺郎中霍璋也。見嘉運，延坐曰：此府記室官缺。東海公聞君才學，欲屈爲此官耳。嘉運曰：貧守妻子，不願爲官，得免幸甚。璋曰：若不能作，自陳無學。吾當有相識，可舉令作。俄有人來云：公眠已起。引嘉運入，見一人在廳事坐，肥短黑色。呼嘉運前，謂曰：聞君才學，欲屈爲記室耳，能爲之乎？嘉運拜謝曰：幸甚。但鄙夫田野，頗以經業教授後生，不足以當記室之任耳。公曰：識霍璋不？荅曰：識之。因使召璋，問以嘉運才術。璋曰：平生知其經學，不見作文章。公曰：誰有文章者？嘉運曰：有陳子良者，解文章。公曰：放馬生歸。即命追于子良。嘉運辭去，璋與之别：倩君語我家狗，吾臨終語汝，賣我所乘作浮圖。汝那賣馬自費。速如我教，造浮圖。所云我家狗者，謂其長子。嘉運因問：向見張公瑾妾，所言天主者爲誰？璋曰：公瑾鄉人王五戒者，死爲天主，常救公瑾，〔二〕故得至今。今似不免矣。言畢而别。遣使者送嘉運至

〔一〕「實」字原作「處」，據冥報記改。高麗藏本作「身」。

〔二〕「爲誰？璋曰：公瑾鄉人王五戒者，死爲天主，常」一段原脱，據高麗藏本補。

一小澀道，指命由此路歸。嘉運具言之。其年七月縣州人姓陳，名子良，暴死經宿而穌。自言：見東海公，欲用爲記室。辭不識文字。别有吴人陳子良卒，公瑾亦亡。但二人亡後，嘉運嘗與人同行於路，忽若見官府者。嘉運色憂怖，唯趨走。頃之乃定。同侶問之，荅曰：而見東海公使人云：欲往益州追人。仍説陳子良極訴君。霍司刑爲君被誚讓，君幾不免。賴君贖生之福，故得免也。初嘉運在蜀之日，將抉池取魚。〔二〕嘉運時爲人講書，得絹數十疋，因買池魚贖生，謂此也。至貞觀中，車駕在九成宫聞之，使中書侍郎岑文本就問其事。文本録以奏云爾。嘉運後爲國子博士，卒官。右此一驗出冥報記。〔三〕

〔二〕「抉」字原作「殃」，據高麗藏本改。

〔三〕出冥報記卷下，又太平廣記卷一二九引。

救厄篇第七十六此有五部

述意部　菩薩部　流水部　商主部　獸王部

述意部第一

夫慈悲弘力之施，祈福紓患之請，誠至可感，列聖同然。而觀世大士獨見褒聞。是以投火有必糜之軀，漂海無或生之命。但瞬息之頃，言念歸向，則洪海可竭，烈火飛涼。或臨刀項上，白刃不傷；或墜墮深坑，全身無損；或枷禁桎梏，散誕形軀。如是得力，備鑒難盡。若懇誠克己，必感靈徵；若浮漫墮情，艱危叵救也。

菩薩部第二

如僧伽羅剎經云：「時有菩薩在山，慈心端坐，思惟不動。鳥孺頂上。〔一〕後覺鳥在頂，懼卵墜落，身不移搖，撿坐而行，彼處不動。及鳥生翅，但未能飛，終不捨去。」〔二〕

又彌勒所問本願經云：「佛言阿難：我本求道時，勤苦無數。過去世時，有王太子，號曰寶華，端正姝好。從園觀出，道見一人，身患病癩。見問病人：以何等藥可療卿病？病者荅曰：得王身髓血等，以塗我身，其病乃愈。太子聞已，即自破身骨髓血等，以與病者。至心施與，意無悔恨。其王太子者，即我身是。四大海水尚可斗量，我身骨髓血等不可稱數，求正覺故。」〔三〕

又大集經云：「爾時曠野菩薩現爲鬼身，散脂菩薩現爲鹿身，慧炬菩薩現獼猴身，離愛菩薩現羖羊身，盡漏菩薩現鵝王身。如是五百諸菩薩等，各各現受種種諸身。其身悉出大香光明。一一菩薩手執燈明，爲供養十方諸佛。從七佛已來，與如是佛同爲眷屬，受持五戒，發菩提心。爲欲調伏一切衆生令

〔一〕「孺」字，高麗藏本作「孵」，僧伽羅剎所集經作「巢」。
〔二〕出僧伽羅剎所集經卷上。
〔三〕出彌勒菩薩所問本願經。

發菩提，故受此身。」〔一〕

又雜寶藏經云：「昔者有一羅漢道人，畜一沙彌。知此沙彌却後七日必當命終，與假歸家。至七日頭，敕使還來。沙彌辭師，即便歸去。於其道中，見衆蟻子隨水漂流，命將欲絶。生慈悲心，自脱袈裟，盛土堰水，而取蟻子置高燥處，遂悉得活。至七日頭，還歸師所。師甚怪之。尋即入定，以天眼觀，知其更無餘福得爾。以救蟻子因緣之故，七日不死，得延命長。」〔二〕又治故塔，亦得延命。又治補伽藍墻壁泥孔，亦得延命也。

流水部第三

如金光明經云：「爾時流水長者子，於天自在光王國内，治一切衆生患，令得平復。時長者子有妻，名曰水空龍藏，而生二子：一名水空，二名水藏。時長者子將是二子次第遊行，到一大空澤中。見諸禽獸，多食肉血，一向馳奔。長者念言：是諸禽獸，何因緣故，一向馳走？時長者子遂便隨逐。見有一池，其水枯涸，於其池中多有諸魚。長者見魚，生大悲心。時有樹神示現半身，作如是言：善哉男子，此魚可愍，汝可與水。是故號汝名爲流水。長者問神：此魚頭數爲有幾所？樹神荅言：其數具足

〔一〕出大方等大集經卷二十一曠野鬼神品。

〔二〕出雜寶藏經卷四沙彌救蟻子水災得長命報緣。

足滿十千。爾時流水聞是數已，倍生悲心。時此空池爲日所曝，是十千魚將入死門。是時長者四方求水，了不能得。見有大樹，尋取枝葉，還到池上，與作蔭凉。作蔭凉已，復更疾走。遠至餘處，見一大河，名曰水生。有諸惡人，爲捕此魚，決棄其水，不令下過。然其決處，懸嶮難補。時長者子速至王所，說其因緣：唯願大王借二十大象，令得負水，濟彼魚命。爾時大王，即敕大臣，速疾供給。自至厩中，隨意選取。是時流水及其二子，將二十大象，從治城人，借索皮囊，至彼上流決處盛水。象負馳疾，至空澤池，瀉置池中，水遂彌滿。時長者子於池四邊，彷徉而行。是魚亦隨循岸而行。時長者子復作是念：是魚何緣隨我而行？必爲飢火所惱，從我求食。爾時流水告子：至家啓其祖父，家中可食之物悉載象上，急速來還。爾時二子如父教敕，至家啓祖，說如上事。爾時二子收食載象，還至父所。長者心喜，從子取食，散著池中。與魚食已，令其飽滿。復思經中，若有衆生臨命終時，得聞寶勝如來名號，即生天上。即便入水，作如是言：南無過去寶勝如來十號名字。復爲是魚解說如是甚深妙法十二因緣。爾時流水及子還家，復於後時賓客醉卧。爾時其地卒大震動。時十千魚同日命終，即生忉利天。既生天已，思念報恩。爾時十千天子從忉利天下，至長者家。時長者子在樓上睡，是十千天子以十千真珠天妙瓔珞置其頭邊，復以十千置其足邊，復以十千置右脅邊，復以十千置左脅邊。雨曼陀羅華、摩訶曼陀羅華積至于膝。種種天樂出妙音聲。閻浮提中有睡眠者，皆悉覺悟。流水長者亦從睡寤。是十千

天子於空遊行，於王國内皆雨天華。復至池澤，復雨天華。便從此没，還忉利宫。」〔一〕

商主部第四

如大悲經云：「佛告阿難：過去之世，有大商主，爲採寶故，將諸商人，入於大海。彼所乘船，衆寶悉滿。至海中閒，其船卒壞。時彼商人，心懷怖畏，極生憂惱。其中或有得船板者，或有浮者，有命終者。我於爾時作彼商主，在大海中，用以浮囊，安隱而度。時有五人呼商主言：大士商主，唯願惠施我等無畏。説是語已，爾時商主即告之言：諸丈夫勿生怖畏，我令汝等從此大海安隱得度。阿難，彼時商主身帶利劍而作是念：大海之法，不居死屍。如其我今自捨身命，此諸商人必能得度大海之難。作是念已，即唤商人置己身上，令善捉持。彼諸商人有騎背者，有抱肩者，有捉髀者。爾時商主爲欲施彼無怖畏故，大悲熏心，起大勇猛，即以利劍斷己命根，速取命終。時大海漂其死屍，置之岸上。時五商人便得度海，安隱受樂，平吉無難，還閻浮提。阿難，彼時商主，豈異人乎？我身是也。五商人者，今五比丘是也。是五比丘，昔於大海而得度脱，今復於此生死大海而得度脱，安置無畏涅槃彼岸。」〔二〕

〔一〕出金光明經卷四流水長者品。
〔二〕出大悲經卷四以諸譬喻付囑正法品。

獸王部第五

如大智度論云：「乃往過去無量阿僧祇劫，有大林樹，多諸禽獸。野火來燒，三邊俱起。唯有一邊而隔一水。〔一〕衆獸窮逼，逃命無地。佛言：我於爾時爲大身多力鹿，以前脚跨一岸，以後脚蹋一岸。令衆獸蹈背上而度。皮肉盡壞，以慈悲力，忍之至死。最後一兔來，氣力已竭，〔二〕自强努力，忍令得過。過已脊折，墮水而死。如是久有，非但今也。前得度者，今諸弟子是。最後一兔，須跋陀是。佛世世樂行精進，今猶不息。」〔三〕

又賢愚經云：「佛過去久遠世時，時世飢儉。如來因地，慈救衆生，作大魚身，長五百由旬。國人須其肉者，無問人畜，皆來取噉。取已還生，經於十二年，施其肉血。」〔四〕

又受生經云：「昔者菩薩曾爲鼈王，生長大海，化諸同類。子民羣衆，皆修仁德。王自奉行慈悲救護，愍於衆生，如母愛子。其海深長，邊際艱嶮，而悉周至，靡不更歷。於時鼈王出於海外，在邊卧息，

〔一〕「隔」字原作「蹋」，據高麗藏本改。
〔二〕「竭」字原作「喘」，據高麗藏本改。
〔三〕出大智度論卷二十六。
〔四〕出賢愚因緣經卷七設頭羅健寧品。

積有日月。其甲堅燥，猶如陸地。賈人遠來，因止其上，破薪然火，炊煮飯食，繫其牛馬車乘載石，皆著其上。鼈王欲趣入水，畏墮不仁。適欲强忍，痛不可勝。便設權計，入淺水處，除滅火毒，不危衆賈。衆賈恐怖，謂潮卒漲，悲哀呼嗟，歸命諸天，誰見救濟？鼈王心益愍之，因報賈人曰：慎莫恐怖。吾被火焚，故捨入水，欲令痛息。今當相安，終不相危。衆賈聞之，知有活望，俱時發聲言：南無佛。鼈興大慈，還負衆賈，移在岸邊，衆人得脱，靡不歡喜。遥稱鼈王而歎其德尊。當爲橋梁，多所度行，爲大舟航，超越三界。設得佛道，當復救脱生死之厄。鼈王報曰：善哉，善哉！當如來言。各自别去。佛言：時鼈王者，我身是也。五百賈人者，今五百弟子舍利弗等是也。」〔一〕

又正法念經云：「若有衆生見犯法者，應受死苦，以財贖命，令其得脱，不求恩報。命終生常歡喜天，從天退還，得受人身，不遭王難。」〔二〕「若有衆生持戒，見大火起，焚燒衆生，以水滅火，救諸衆生。命終生行道天，受種種樂。」〔三〕

又如度狗子經説：〔四〕「昔有一國，穀米涌貴，人民飢餓。時有沙門入城分衛，周徧門室，無所一

〔一〕出生經卷四菩薩曾爲鼈王經。作受生經誤。

〔二〕出正法念處經卷二十三。

〔三〕出正法念處經卷二十二。

〔四〕此經已佚。

獲。次至長者大豪貴門，得麤惡飯。適欲出城門中，逢一射獵屠兒，抱一狗子，持歸欲殺。見沙門歡喜，前爲作禮。沙門呪願：老壽長生。沙門知有狗子，疑欲殺之。故問其人：今何所齎？荅曰：空行無所獲持。沙門又問：吾已見之，何爲藏匿？殺生之罪，甚爲不善。願持我食，貿此狗子，令命得濟，卿福無量。其人荅曰：不能相與。我故行求，家門共食。卿此小飯，何所足乎！沙門殷勤曉喻請之。其人觝突，不肯隨言。沙門又言：設不肯者，可以示我。其人即出以示沙門。沙門舉飯以飼狗子，以手摩抆，〔一〕呪願淚出：卿罪所致，得是犬身，不得自在。見殺食啗，使爾世世罪滅福生，離狗子身，得生爲人，所在遇法，三寶自然。狗子得食，善心生焉，踴躍歡喜，知自歸依。人將還家，屠殺共食。狗子命過，即生豪貴大長者家。適生墮地，便有慈心。時彼沙門分衛，次到長者門裏分衛。時長者子見彼沙門，憶識本緣，便前稽首，禮沙門足，請前供養，百味飲食。前白父母言：今我欲逐此大和尚，奉受經戒，爲作弟子。父母愛重，不肯聽之：我今一門，有汝一子，當以續後家門之主。何因便欲棄家而去？小兒啼泣，不肯飲食：不欲聽我，便自就死。父母見然，便聽令去。隨師學道，除去鬚髮，被三法衣，諷誦佛經，深解其義。便得三昧，立不退轉。開化一切，發大道意。佛世難值，經道難聞，能與相值，無不蒙度。畜生尚有得道，豈況於人，寧不獲果，縱復缺犯，還生慚愧，白浄已來，黑垢自滅。」

〔一〕「抆」字原作「拔」，據高麗藏本、磧砂藏本、南藏本、嘉興藏本改。

又雜阿含經云：「爾時世尊告諸比丘：過去世時有一鳥，名曰羅婆，爲鷹所捉，飛騰虚空，於空鳴唤。言：我不自覺，忽遭此難。我坐捨離父母境界而遊他處，故遭此難。如何今日爲他所困，不得自在。鷹語羅婆：汝當何處自有境界而得自在？羅婆荅言：我於田耕壠中自有境界，足免諸難，是爲我家父母境界。鷹於羅婆起憍慢言：放汝令去，還耕壠中，能得脱不？於是羅婆得脱鷹爪，還到耕壠大塊之下，安住止處。然復於塊上欲與鷹鬬。鷹則大怒：彼是小鳥，敢與我鬬。瞋恚極盛，峻飛直搏。於是羅婆入於塊下。鷹鳥飛勢，臆衝堅塊，碎身即死。時羅婆鳥，深伏塊下，仰説偈言：

鷹鳥用力來，　羅婆依自塊。　乘瞋猛盛力，　致禍碎其身。　我具足通達，　依於自境界。
伏怨心隨喜，　自觀欣其力。　設汝有凶愚，　百千龍象力。　不如我智慧，　十六分之一。
觀我智勝殊，　摧滅於蒼鷹。」〔一〕

頌曰：

含識皆畏死，　有命懼嶮危。　如魚困池涸，　難逢流水希。　親疏皆父母，　何得輒相
欺？　慈悲救危苦，　福報自然隨。

〔一〕出雜阿含經卷三十四。

感應緣略引一十五驗

秦沙門釋道冏
晉居士呂竦
晉居士徐榮
晉居士張崇
晉將軍王懿
晉嚴猛婦
晉周子長
宋沙門竺惠慶
宋沙門釋曇無竭
宋沙門釋法進
周沙門釋惠瑱
周沙門釋僧實

陳沙門釋惠布〔一〕

唐沙門釋智聰

唐居士徐善才

秦沙門釋道冏，鄉里氏族已載前記。姚秦弘始十八年，〔二〕師道懿遣至河南霍山採鍾乳。與同學道朗等四人共行，持炬探穴，入且三里，遇一深流，横木而過。冏最先濟，後輩墜木而死。時火又滅，冥然昏闇。冏生念已盡，慟哭而已。猶故一心呼觀世音，誓願：若蒙出路，供百人會，表報威神。經一宿而見小光炯然，狀若熒火。倏忽之閒，穴中盡明。於是見路，得出巖下。由此信悟彌深，屢睹靈異。元嘉十九年，臨川康王作鎮廣陵，請冏供養。其年九月，於西齋中作十日觀世音齋。已得九日，夜四更盡，衆僧皆眠。冏起禮拜，還欲坐禪。忽見四壁有無數沙門，悉半身出。見一佛螺髻，分明了了。有一長人著平上幘，箋布袴褶，手把長刀，貌極雄異。捻香授道冏，道冏時不肯受。壁中沙門語云：冏公可爲受香，以覆護主人。俄而霍然，無所復見。當爾之時，都不見衆會諸僧，唯睹所置釋迦文行像而

〔一〕「布」字原作「實」，據高麗藏本、磧砂藏本、南藏本、嘉興藏本改。

〔二〕「姚秦」原作「秦姚」，據高麗藏本、磧砂藏本、南藏本、嘉興藏本改。

已。〔一〕

晉吕竦，字茂高，兗州人也。寓居始豐，其縣南溪，流急岸峭，迴曲如縈，又多大石。白日行者猶懷危懼。竦自説其父嘗行溪中，去家十許里。日向暮，天忽風雨，晦冥如漆，不復知東西。自分覆溺，唯歸心觀世音，且誦且念。須臾，有火光來岸，如人捉炬者，照見溪中了了。遥得歸家，火常在前導，去船十餘步。竦後與郗嘉賓周旋。郗所傳説。〔二〕

晉徐榮者，瑯琊人。嘗至東陽，還經定山。舟人不慣，誤墮洄澓中，遊舞濤波，垂欲沈没。榮無復計，唯至心呼觀世音。斯須閒，如有數十人齊力引船者，踴出澓中，還得平流，沿江還下。日已向暮，天大陰闇，風雨甚駛，不知所向，而濤浪轉盛。榮誦經不輟口。有頃，望見山頭有火光赫然，迴柁趣之，逕得還浦，舉船安隱。既至亦不復見光。同旅異之，疑非人火。明旦問浦中人：昨夜山上是何火光？衆皆愕然曰：昨風雨如此，豈如有火理。吾等並不見。然後了其爲神光矣。榮後爲會稽府督護。謝敷聞其自説如此。時與榮同船者，有沙門支道藴，謹篤士也。具見其事，〔三〕後爲傅亮言之。與榮所説

〔一〕太平廣記卷一一一引，作出法苑珠林。

〔二〕太平廣記卷一一〇引，作出法苑珠林。

〔三〕「見」字原脱，據高麗藏本補。

同。〔一〕

晉張崇，京兆杜陵人也，少奉法。晉太元中苻堅既敗，長安百姓有千餘家南走歸晉，爲鎮戍所拘。謂爲游寇，殺其男丁，虜其子女。崇與同等五人，手脚杻械，〔二〕銜身掘坑，〔三〕埋築至腰，各相去二十步。明日將馳馬射之，以爲娱樂。崇慮望窮盡，唯潔心專念觀世音。夜中械忽自破，上得離身，因是便走，遂得免脱。崇既脚痛，同尋路經一寺，乃復稱觀世音名，至心禮拜。以一石置前，發誓願言：今欲過江東，訴亂晉帝，理此冤魂，救其妻息。若心願獲果，此石當分爲二。崇禮拜已，石即破焉。崇遂至京師，發白虎樽，具列冤狀。〔四〕帝乃悉加宥。已爲人所略賣者，皆爲編户。智生道人目所親見。〔五〕

晉王懿，字仲德，太原人也。守車騎將軍，世信奉法。父苗，〔六〕苻堅時爲中山太守，爲丁零所害，〔七〕仲德與兄元德攜母南歸。登陟峭嶮，飢疲絶糧，無復餘計，唯歸心三寶。忽見一童子牽青牛，

〔一〕太平廣記卷一一〇引，作出法苑珠林。

〔二〕「杻」字原作「共」，據高麗藏本改。

〔三〕此句高麗藏本作「持身出坑」，太平廣記引作「置坑中」。

〔四〕「狀」字原作「氏」，據太平廣記引改。

〔五〕太平廣記卷一一〇引，作出法苑珠林。

〔六〕「苗」字，太平廣記引作「黄」。

〔七〕「丁零」，太平廣記引作「丁岑」。

見懿等飢，各乞一飯，〔一〕因忽不見。時積雨大水，懿前望浩然，不知何處爲淺，可得揭躡。〔二〕俄有一白狼旋繞其前，過水而反，似若引導。如此者三。於是逐狼而渡，水纔至膝，俄得陸路，南歸晉帝。〔三〕後自五兵尚書爲徐州刺史。嘗欲設齋，宿昔灑掃，敷陳香華，盛列經像。忽聞法堂有經唄聲，清婉流暢。懿遽往觀，見有五沙門在佛座前，威容偉異，神儀秀出。懿知非凡僧，心甚歡敬。沙門迴相瞻眄，意若依然。音旨未交，忽而竦身飛空而去。親表賓僚，見者甚衆。咸悉欣躍，倍增信悟。〔四〕右此四驗出冥祥記。

晉時會稽嚴猛婦，出採薪，爲虎所害，後亡。猛行至蒿中，忽見云：君今日行，必遭不善，我當相免也。〔五〕既而俱前。忽逢一虎，跳踉向猛，婦舉手指麾狀而遮護。〔六〕須臾有二胡人荷戟而過，婦因指之。虎即擊胡，婿得免也。〔七〕右此一驗出異苑録。

〔一〕「乞」字，太平廣記引作「與」。
〔二〕「躡」字，高麗藏本及太平廣記引作「厲」。
〔三〕「帝」，高麗藏本作「朝」。
〔四〕太平廣記卷一一三引，作出法苑珠林。
〔五〕「免」字原作「勉」，據高麗藏本改。
〔六〕「麾」字原作「虎」，據高麗藏本改。
〔七〕出異苑卷六。

晉周子長，僑居武昌五丈浦東堈頭。咸康三年，子長至寒溪浦中嵇家。家去五丈數里，合暮還五丈，未達，減一里許。先是空堈，忽見四匝瓦屋當道。門卒便捉子長頭。子長曰：我是佛弟子，何故捉我？吏問曰：若是佛弟子，能經唄不？子長先能誦四天王及鹿子經，便爲誦之，三四過。捉故不置，知是鬼，便罵之曰：武昌癡鬼，語汝，我是佛弟子。爲汝誦經數偈，故不放人也！捉者便放，不復見屋。鬼故逐之，過家門前，鬼遮不得入門，亦不得作聲。而心將鬼至寒溪寺中過。子長便擒鬼胸，復罵曰：武昌癡鬼，今當將汝至寺中和尚前了之。鬼亦擒子長胸，相拖度五丈塘西行。〔一〕後諸鬼謂捉者曰：放爲，西將牽我入寺中。捉者已放子長，故復語後者曰：寺中正有道人輩，乃未肯畏之。〔二〕後一鬼小語曰：汝近城東，看道人面，何以得敗？〔三〕便共大笑。子長比達家，〔四〕三更盡。右一驗出靈鬼志。〔五〕

宋沙門竺惠慶，〔六〕廣陵人也，經行修明。元嘉十二年，荆揚大水，川陵如一。惠慶將入廬山，船

〔一〕「丈」字原作「大」，據高麗藏本改。

〔二〕「道人」，太平廣記引作「禿」。下同。無「未」字。

〔三〕「敗」字原作「故」，據高麗藏本改。

〔四〕「比」字原作「次」，據高麗藏本改。

〔五〕太平廣記卷三一八引，作出荀氏靈鬼志。

〔六〕「惠」字，高麗藏本作「慧」。下同。

至江而暴風忽起。〔一〕同旅已得依浦，唯惠慶船未及得泊，飄颻中江，風疾浪涌，靜待淪覆。慶正心端念，誦觀世音經。洲際之人望見其船迎飆截流，如有數十人牽挽之者，逕到上岸，一舫全濟。〔二〕

宋元嘉初中，有黄龍沙彌曇無竭者，誦觀世音經，净修苦行。與諸徒屬二十五人往尋佛國，備經荒險，〔三〕貞志彌堅。既達天竺舍衛，路逢山象一羣。竭齎經誦念，稱名歸命。有師子從林中出，象驚奔走。後有野牛一羣，鳴吼而來，將欲加害。竭又如初歸命，有大鷲飛來，牛便驚散，遂得剋免。〔四〕右此二驗出冥祥記。

宋高昌有釋法進，或曰道進，姓唐，涼州張掖人。幼而精苦習讀，有超邁之德。爲沮渠蒙遜所重。遜卒，子景環爲胡寇所破，問進曰：今欲轉掠高昌，爲可剋不？進曰：必捷，但憂災餓耳。迴軍即定。後三年景環卒，弟安周續立。是歲飢荒，死者無限。周既事進，進屢從求乞，以賑貧餓。國蓄稍竭，進不復求。乃净洗浴，取刀鹽至深窮窟餓人所聚之處，次第授以三歸。便掛衣鉢著樹，投身餓者前云：施汝共食。衆雖飢困，猶義不忍受。進即自割肉拄鹽以啖之。兩股肉盡，心悶不能自割。因語餓人

〔一〕「江」字原作「小」，據太平廣記引改。

〔二〕太平廣記卷一一一引，作出法苑珠林。

〔三〕「險」字原作「儉」，據集神州三寶感通録改。

〔四〕出集神州三寶感通録卷下。又太平廣記卷一一一引，作出法苑珠林。

云：汝取我皮肉，猶足數日。若王使來，必當將去。但取藏之。餓者悲悼，無能取者。須臾弟子來至，王人復到。舉國奔赴，號叫相屬，因輿之還宫。〔一〕周敕以三百斛麥以施飢者，別發倉廩以賑貧民。至明晨乃絶。出城北闍維之，煙焰衝天，七日乃歇。屍骸都盡，唯舌不爛。即於其處起塔三層，樹碑于右。〔二〕右此一驗出梁高僧傳。

周上黨元開府寺釋惠瑱，〔三〕不知氏族。奉律貞確，禪懺爲業。會周建德六年，國滅三寶。瑱抱持經像，隱于深山。遇賊欲劫，初未覺也。忽見一人形長丈餘，美貌鬚顔，具好衣服，乘白馬朱騣，自山頂來。徑至瑱前，下馬而謂曰：今夜賊至，師可急避。瑱居懸崖之下，絶無餘道。疑是山神，乃曰：今佛法毁滅，貧道容身無地，故來依投檀越。今有賊來，正可於此取死，更何逃竄！神曰：師既遠投弟子，弟子亦能護師，正爾住此。遂失所在。當夜忽降大雪，可深丈餘。雪深道隔，遂免賊難。後晴路開，羣賊重來。神遂告山下諸村曰：賊欲劫瑱師，汝等急往共救。乃各嚴器杖，入山拒擊，賊便驚散。從此每日瑱恒憑神力，安業山阜，不測其終。〔四〕

〔一〕「輿」字原作「舉」，據高麗藏本改。

〔二〕出高僧傳卷十二釋法進傳。

〔三〕「惠」字，高麗藏本作「慧」。

〔四〕出唐高僧傳卷三十四釋惠瑱傳。

周京師大追遠寺釋僧實，俗姓程，咸陽靈武人也。幼懷雅亮，清卓不羣。魏孝文太和末年，從京至洛。因遇勒那三藏，授以禪法。三學雖通，偏以九次調心。故得定水清澄，禪林榮蔚。於是陶化京華，久而逾盛。忽於一日正午僧寢之時，自上樓鳴鍾急。衆僧出房，怪問所以。實告僧曰：人各速備香火，急赴集堂。僧既集已，又告僧曰：人各用心，修理佛事。齊誦觀音，以救江南梁國，其寺講堂欲崩，恐損道俗，宜共救厄。當爾之時，揚都講堂，正論法集，道俗向千，充滿其中。忽聞西北異種香煙，及空中經聲伎樂雲屯，從堂北門而入，直出南門。合堂驚出，靴履忘著，共逐聽聲。人既出盡，堂欻摧倒。〔一〕大衆得全，免斯危難。奏聞梁主，敕使問周，果如實救。梁主三度奉請，周主不放。梁主遥禮，備盡致敬。大送珍寶及樹皮納三衣、机拂、什物等。禪師餘物並皆散施，唯留納、机等，見在禪林寺，僧互掌之。以保定三年七月十八日卒于大追遠寺，春秋八十有八。朝野驚嗟，人天變色。哀慟二國，遺墳現在苑内。〔二〕

陳攝山栖霞寺沙門惠布，俗姓郝，廣陵人。少懷遠操，性度虚梗，志行罕儔，爲君王所重。或見諸人樂生西方者，告云：方土乃净，非吾願也。如今所祈，化度衆生，如何在蓮華中十劫受樂，未若三塗處苦救濟也。年至七十，與衆别云：布命更至三五年在。但老困不能行道，住世何益！常願生邊地無

〔一〕「倒」字原作「到」，據高麗藏本、磧砂藏本、南藏本、嘉興藏本改。
〔二〕出唐高僧傳卷二十釋僧實傳。

三寶處，爲作佛事去也。幸願好住，願自努力。於是絶穀不食。命將欲斷，下敕令醫診之。縮臂不許。沈皇后欲傳香信，又亦不許。臨終遺訣曰：〔一〕長生不喜，夕死無憂。以生無所生，滅無所滅故也。未終前，大地連動，七日便卒。移屍就山林，地又動。太史奏云：得道之人星滅矣。時以當之。初將逝時，告衆前云：昨夜有二菩薩來迎，一是生身，一是法身。吾已許之。尋有諸天又來迎接，以不願生，故不許爾。流光照於偘禪師户。偘時怪光盛，出户觀見二人向布房中，不知是聖人也。旦往述之，恰然符合。言已端坐而化。有見鬼者，望見幡華滿寺，光明騰焰。不測其故，入山視之，乃見布公去世也。以陳禎明元年十一月二十三日卒於本住，春秋七十有餘。〔二〕

唐潤州攝山栖霞寺釋智聰，未詳何人。昔住揚州白馬寺。後度江住揚州安樂寺。大業既崩，思歸無計。隱江荻中，誦法華經，七日不飢，恒有四虎遶之。〔三〕而已不食，已經數日。聰曰：吾命須臾，卿須可食。虎忽發言曰：造天立地，無有此理。忽有一翁，年可八十，腋下挾船。翁曰：師欲度江至栖霞寺住者，可即上船。四虎一時目中淚出。聰曰：救危扶難，正在今日，可迎四虎。於是利涉，往達南岸。船及老人，不知所在。聰領四虎同往栖霞舍利塔西，經行坐禪，誓不寢卧。衆徒八十，咸不出院。

〔一〕「終」字原脱，據高麗藏本補。
〔二〕出唐高僧傳卷九釋惠布傳。
〔三〕「四」字原闕，據唐高僧傳補。

若有凶事，一虎入寺，大聲告衆。由此驚悟，每以恒式。至貞觀二十三年四月八日小食訖，往止觀寺與衆辭別，還本房安坐而卒。異香充溢丹陽一郭。年九十九矣。〔一〕右此四驗出唐高僧傳。

唐武德初中，有醴泉縣人，姓徐，名善才。一生已來，常修齋戒，誦念觀世音經，過逾千遍。每在京城延興寺玄琬律師所修營功德，敬造一切經。至武德二年十一月，因事還家，道逢胡賊，被捉將去，至豳州南界。胡賊凶毒，所捉得漢數千人，各被反縛，將向洪崖。差人次第殺之，頭落懸崖。賢者見前皆殺，定知不免，唯念觀音，剎那不輟。次到賢者，初下刀時，自見下刀。及至斫時，心不覺惺。當殺之時，日始在申，至於初夜，覺身在深澗樹枝上坐，去岸三百餘步。〔二〕賢者便自私念：我何故在此？良久始知，今日被殺，何因不死，自全在樹。便以手摩項，覺項微痛而無損傷。即知由念觀音，得全身命。當時十五日，天時月朗。其身無衣，兼不得食。經由數日，極覺飢寒。旦漸下樹，循澗東行二里，於其澗內，拾得一領羊裘，及得一量鞋韈，得著免寒。復行一里，便得一盔桃棗，青翠赤白，似新摘來，可有升餘，得食免飢。自非觀音神力，豈得仲冬得新桃棗。既免飢寒，得充氣力。漸上南坡，到南岸上。反顧北看，遥見賊營數里，人畜聲鬧，猶未眠臥。賢者雖到南岸，恐賊來趁，望家急行，可行五十里。知賊漸遠，身心寧泰，在一樹下歇息。跏趺誦念，身勞日久，不覺坐息。至於四更忽寤，開目見一青狼偉大，

〔一〕出唐高僧傳卷二十四釋智聰傳。

〔二〕「步」字，高麗藏本作「尺」。

向賢者前蹲坐，將口拄賢者鼻。賢者見已，還閉目作念云：若實我饑，願食我身，以償宿殃。各捨怨結，共發仁慈。若是觀音，願救弟子，令得安泰。作此語已，開眼觀視，不見遺跡。當知諸佛慈善根力，隨緣感現，利益無窮。今時有誦不得力者，良由輕心；復由過現宿惡相資，所以難感。賢者平安到家，并將殘桃棗呈示道俗，知實不虚。〔一〕道年幼自見琬師説之爾。

〔一〕太平廣記卷一一一引，作出法苑珠林，較此爲略。

法苑珠林校注卷第六十六

怨苦篇第七十七此有七部

述意部第一

夫三界輪轉，六道侵移。神明不朽，識慮冥持。乍死乍生，時來時往。棄捨身命，草籌難辯。唯大地丘坑，莫非我故身；〔一〕滄海川流，皆同吾淚血。以此而觀，誰非親友？人鬼雖别，生滅固同。恩愛

〔一〕「身」字原作「陳」，據高麗藏本改。

之情，時復影響。羣邪愚闇，不識親疏。遂使喪彼身形，養己軀命。更互屠割，共爲怨府。歷劫相讎，苦報難盡。静思此事，豈不痛心也。

傷悼部第二

如中阿含經云：「爾時世尊告諸比丘：衆生無始生死，長夜輪轉，不知苦之本際。諸比丘，於意云何？若此大地一切草木，以四指量斬以爲籌，以數汝等長夜輪轉生死所依父母。籌數已盡，其諸父母數猶不盡。諸比丘，如是無始生死長夜輪轉故，不知苦之本際。佛告諸比丘：汝等輪轉生死，飲其母乳，多於恒河及四大海水。所以者何？汝等長夜或生象中，飲母乳無量數，或生駝馬牛驢諸禽獸類，飲其母乳數無量。汝等長夜棄於塚間，膿血流出亦復如是。或墮地獄、畜生、餓鬼，髓血流出亦復如是。佛告諸比丘：汝等長夜輪轉生死，所出身血甚多無數，過恒河水及四大海。汝於長夜曾生象中，或截耳鼻、頭尾、四足，其血無量。或受馬駝驢牛禽獸類等，斷截耳鼻頭足四體，其血無量。或身命終，棄於塚間，膿血流出，其數亦復如是。或長夜輪轉生死，喪失父母兄弟姊妹宗親知識，或喪失錢財，爲之流淚，甚多無量，過四大海水。佛告諸比丘：汝等見諸衆生安隱諸樂，當作是念：我等長夜輪轉生死，亦曾受斯樂，其趣無量。或見諸衆生受苦惱，當作是念：我昔長夜輪轉生死以來，亦曾受如是之苦，其數無量。或見諸衆生而生恐怖，衣毛爲豎，當作是念：我等過去必曾殺生，爲傷害者，爲惡知識，於無始生死長夜輪轉，不知其苦之本際。或見諸衆生愛念歡喜者，當作是念：如過去世時，必爲我等父母兄弟、妻子親屬、師友知識，如是長夜生死輪轉，無明所蓋，愛繫其頸，故長夜輪轉，不知苦之本際。是故諸比丘當如是學，精勤方便，斷除諸大，莫令增長。爾時世尊即說偈言：

一人一劫中，　積聚其身骨，　常積不腐壞，　如毗富羅山。　若諸聖弟子，　正智見真諦，
此苦及苦因，〔一〕　離苦得寂滅。　修習八道跡，　正向般涅槃，　極至於七有，　天人來往生，
盡一切諸結，　究竟於苦邊。

佛告諸比丘：衆生無始生死，長夜輪轉，不知苦之本際。無有一處不生不死者。如是長夜，無始生死，不知苦之本際，亦無有一處無父母兄弟、妻子眷屬、宗親師長者。譬如大雨滴泡，一生一滅。是衆生無明所蓋，愛繫其頸，長夜輪轉，不知苦之本際。譬如普天大雨洪注，東西南北，無斷絶處。如是四方無量國土，劫成劫壞，如天普雨天下，無斷絶處。長夜輪轉，不知苦之本際。譬如擲杖空中，或頭落地，或尾落地，或中落地。如是無始生死，長夜輪轉，或墮地獄，或墮畜生，或墮餓鬼。」〔二〕

又增一阿含經云：「爾時三十三天有一天子，身形有五死相：一、華冠自萎，二、衣裳垢坌，三、腋下流汗，四、不樂本位，五、玉女違伴。時彼天子愁憂苦惱，搥胸歎息。時釋提桓因聞此天子愁憂聲，便敕一天子：此何等聲，乃徹此間？彼天子具報所由。爾時釋提桓因自往其所，語彼天子言：汝今何故

〔一〕「因」字原作「困」，據高麗藏本、磧砂藏本、南藏本、嘉興藏本改。
〔二〕出雜阿含經卷三十四。作中阿含經誤。

愁憂苦惱，乃至於斯？天子報言：尊者，那得不愁！命將欲終，有五怪衰。今此七寶宫殿悉當亡失，〔一〕及五百玉女亦當星散。所食甘露，今無氣味。是時釋提桓因語彼天子言：汝豈不聞如來説偈曰：

一切行無常，生者必有死。不生則不死，此滅最爲樂。

汝今何故愁憂乃至於斯。一切諸行，無常之物，欲使有常者，〔二〕此事不然。天子報言：云何，天帝，那得不愁？我今天身，清净無染，光踰日月，靡所不照。捨此身已，當生羅閲城中，豬腹中生，恒食屎尿，死時爲刀所割。是時帝釋語言：汝今可自歸佛、法、衆，便不墮三惡趣故。如來亦説此偈言：

諸有自歸佛，不墮三惡趣，盡漏處天人，便當至涅槃。

爾時彼天問帝釋言：今如來竟爲所在？帝釋報曰：今如來在摩竭提國羅閲城中迦蘭陀竹園所。天子報言：我今無力至彼。帝釋報言：汝當右膝著地，長跪叉手，向下方界而作是言：唯願世尊善觀察之。今在垂窮之地，願矜愍之。〔三〕今自歸三尊，如來無所著。時彼天子隨帝釋語，〔四〕即便長跪，向

〔一〕「今」字，高麗藏本作「令」。
〔二〕「欲」字原作「雖」，據高麗藏本改。
〔三〕「矜」字原作「務」，據高麗藏本、磧砂藏本、南藏本、嘉興藏本改。
〔四〕「語」字原脱，據高麗藏本補。

下方界，自稱姓名，自歸佛、法、衆，盡其形壽，爲真佛子，非用天子。如是至三，説此語已，不復處豬胎，乃生長者家。是時天子隨壽長短，生羅閱城中大長者家。是時長者婦自知有娠，十月欲滿，生一男兒，端正無雙，世之希有。年至十歲，〔一〕父母將至佛所。時佛爲説法，即於座上諸塵垢盡，得法眼净，無復瑕穢。後離俗出家，得阿羅漢果。」〔二〕

又正法念經云：「爾時夜摩天王爲諸天衆，以要言之，於天人中有十六苦。何等十六？天人之中，善道所攝。〔三〕一者、中陰苦，二者、住胎苦，三者、出胎苦，四者、希食苦，五者、怨憎會苦，六者、愛别離苦，七者、寒熱等苦，八者、病苦，九者、他給使苦，十者、追求營作苦，十一者、近惡知識苦，十二者、妻子親里衰惱苦，十三者、飢渴苦，十四者、爲他輕毁苦，十五者、老苦，十六者、死苦。如是十六，人中大苦，於人世間，乃至命終，及餘衆苦，於生死中不可堪忍。於有爲中無有少樂，一切無常，一切敗壞。爾時夜摩天王以偈頌曰：

於人世界中，　有陰皆是苦，　有生必歸死，　有死必有生。　若住於中陰，　自業受苦惱，

〔一〕「年」字原脱，據高麗藏本補。
〔二〕出增一阿含經卷二十四。
〔三〕「道」字原作「通」，據高麗藏本改。

長夜遠行苦，此苦不可說。没於屎尿中，〔一〕熱氣之所燒，如是住胎苦，不可得具說。所常貪於食味，其心常希望，於味變大苦，此苦不可說。小心常希望，於欲不知足，所受諸苦惱，此苦不可說。怨憎不愛會，〔二〕猶如大火毒，所生諸苦惱，此苦不可說。於恩愛別離，衆生趣大苦，大惡難堪忍，此苦不可說。寒熱大苦畏，生無量種苦，生無量苦已，〔三〕此苦不可說。病苦害人命，病爲死王使，衆生受斯苦，此苦不可說。爲他所策使，常無有自在，衆生受斯苦，此苦不可說。愛毒燒衆生，追求大受苦，次第乃至死，此苦不可說。若近惡知識，衆苦常不斷，當受惡道苦，此苦不可說。妻子得衰惱，見則生大苦，出過於地獄，此苦不可說。飢渴自燒身，猶如猛焰火，能壞於身心，此苦不可說。常爲輕賤他，親里及知識，生於憂悲苦，此苦不可說。人爲老所壓，身羸心意劣，傴僂憑杖行，此苦不可說。人爲死所執，從此至他世，是死爲大苦，不可得宣說。」〔四〕

〔一〕「没」字原作「設」，據高麗藏本改。

〔二〕「愛」字原作「可」，據高麗藏本改。

〔三〕此句語意重複，高麗藏本作「衆生受斯苦」，正法念處經作「大苦甚暴惡」。

〔四〕出正法念處經卷五十八。

又九横經云：「佛告比丘：有九横，九因緣命未盡時，便横死：一、爲不應飯爲飯。二、爲不量飯。三、爲不習飯。四、爲不出生飯。〔一〕五、爲止熟。六、爲不持戒。七、爲近惡知識。八、爲入里不時，不知法行。九、爲可避不避。如是爲九因緣，人命爲横所盡。一、不應飯者，名不可意飯，亦爲飽腹不調。二、不量飯者，名不知節度，多飯過足。三、不習飯者，名爲不知時冬夏；爲至他國，不知俗宜，飯食未習。四、不出生飯者，爲飯物未消，復上飯，不服藥吐下，由未時消。五、爲止熟者，大小便來時不即時行，噫吐嚏下，風來時制。六、不持戒者，名爲犯五戒：殺、盗、婬、兩舌、飲酒。使入縣官捶杖斫刺，或從怨手死，或驚怖念罪憂死。七、爲近惡知識者，坐不離惡知識故，不覺善惡。八、爲入里不時者，名爲冥行，亦里有諍，縣官長吏追捕不避，不如法行，妄入他家舍。九、爲可避不避者，爲弊惡象馬、牛車蛇蚖，并水火、刀杖、醉惡人等干擾。是爲九横，人命未盡，當坐是盡。」〔二〕

又五陰譬喻經：「佛説偈云：

沫聚喻於色，　受如水中泡，　想譬熱時焰，　行爲若芭蕉，　器幻喻如識。　諸佛説如此，
當爲觀是要，　熟省而思惟。　空虚之爲審，　不睹其有常，　欲見陰可爾，　真智説皆然。　三

〔一〕「爲」字原脱，據高麗藏本補。
〔二〕出九横經。

事斷絶時，〔一〕知身無所直，命氣温暖識，〔二〕捨身而轉逝。當其死卧地，猶草無所知，觀其狀如是，但幻而愚貪。止止爲無安，亦無有牢强，知五陰如此，比丘宜精進。是以當晝夜，自覺念正智，受行寂滅道，行除最安樂。」〔三〕

五陰部第三

如涅槃經云：「復次善男子，凡夫若遇身心苦惱，起種種惡。若得身病，若得心病，令身口意作種種惡。以作惡故，輪迴三趣，具受諸苦。何以故？凡夫之人，無念慧故，是故生於種種諸漏，是名念漏。菩薩摩訶薩常自思惟：我從往昔無數劫來，爲是身心造種種惡。以是因緣，流轉生死，在三惡道，具受衆苦。遂令我遠三乘正路。菩薩以是惡因緣故，於己身心，生大怖畏，捨離衆惡，趣向善道。善男子，譬如有王，以四毒蛇，盛之一篋，令人養食，瞻視卧起，摩洗其身。若令一蛇生瞋恚者，我當準法，戮之都市。爾時其人聞王切令，心生惶怖，捨篋逃走。王時復遣五旃陀羅，拔刀隨後。其人迴顧，見後五人，遂自捨去。是時五人以惡方便，藏所持刀，密遣一人詐爲親善而語之言：汝可還來。其人不信，投

〔一〕「三」字原作「二」，據高麗藏本、磧砂藏本、南藏本、嘉興藏本改。

〔二〕「識」字原作「氣」，據五陰譬喻經改。高麗藏本作「盡」。

〔三〕出五陰譬喻經。

一聚落，欲自隱匿。既入聚中，闚看諸舍，都不見人。執持缻器，悉空無物。既不見人，求物不得，即便坐地。聞空中聲：咄哉男子，此聚空曠，無有居民。今夜當有六大賊來，汝設遇者，命將不全。汝當云何而得免之？爾時其人恐怖遂增，復捨而去。路值一河，其水漂急，無有船筏。以恐畏故，即取種種草木爲筏。復更思惟：我設住此，當爲毒蛇、五旃陀羅、一詐親者及六大賊之所危害。若度此河，筏不可依，當没水死。寧没水死，終不爲彼蛇賊所害。即推草筏，置之水中。身倚其上，手把脚踏，截流而去。即達彼岸，安隱無患。心意泰然，怖懼消除。四毒蛇者，即是四大。五旃陀羅者，即是五陰。一詐親者，即是貪愛。投一聚落者，即是内六入。六大賊來者，即是外塵。是六大賊，雖有諸王，不能遮止者，唯佛菩薩乃能遮止。是六大賊，雖有諸王截其手足，猶故不能令其心息。六塵惡賊，亦復如是。雖得四沙門果，截其手足，亦不能盡令不劫善法。如勇健人，乃能摧伏是六大賊。諸佛菩薩亦復如是，乃能摧滅六塵惡賊。」〔一〕

八苦部第四

如五王經云：「佛爲五王説法：人生在世，常有無量衆苦切身。今麤爲汝等略説八苦。何謂八

〔一〕出大般涅槃經卷二十三。

苦？一、生苦，二、老苦，三、病苦，四、死苦，五、恩愛别離苦，六、所求不得苦，七、怨憎會苦，八、憂悲苦。是爲八苦也。何謂生苦？人死之時，不知精神趣向何道。未得生處，普受中陰之形。至其三七日中，父母和合，便來受胎。一七日如薄酪，二七日如稠酪，三七日如凝酥，四七日如肉團。五七日五皰成就，巧風入腹，吹其身體，六情開張。在母腹中，生藏之下，熟藏之上。母啗一杯熱食，其身體如入鑊湯。母飲一杯冷水，亦如寒冷切身。母飽之時，迫迮身體，痛不可言。母飢之時，腹中了了，亦如倒懸，受苦無量。至其滿月欲生之時，頭向産門，劇如兩石峡山。欲生之時，母危父怖。生墮草上，身體細軟，草觸其身，如履刀劍，忽然失聲大叫。此是苦不？諸人咸言：此是大苦。何謂老苦？謂父母養育，至年長大。自用强健，擔輕負重，不自裁量，寒熱失度。年老頭白齒落，目視曨曨，耳聽不聰。盛去衰至，皮緩面皺，百節疼痛。行步苦極，坐起呻吟。憂悲心惱，神識轉減，便旋即忘。命日促盡，言之流涕，坐起須人。此是苦不？答曰：大苦。何謂病苦？人有四大，和合而成。一大不調，百一病生。四大不調，四百四病同時俱作。地大不調，舉身沈重。水大不調，舉身膖腫。火大不調，舉身蒸熱。風大不調，舉身掘强。百節苦痛，猶被杖楚。四大進退，手足不任，氣力虚竭，坐起須人。口燥脣燋，筋斷鼻拆，目不見色，耳不聞音。不净流出，身卧其上，心懷苦惱，言趣悲哀。六親在側，晝夜看視，初不休息。餚饍食美，入口皆苦。此是苦不？答言：實是大苦。何謂死苦？人死之時，四百四病同時俱作。四大欲散，魂神不安。欲死之時，刀風解形，無處不痛。白汗流出，兩手摸空。室家内外，在其左右，憂悲涕泣，痛徹骨髓，不能自勝。死者去之，風遊氣絶，火滅身冷。風先火次，魂靈去矣。身體挺直，無所復知。旬日之閒，肉壞血流，胮脹爛臭，甚不可近。棄之曠野，衆鳥啗食，肉盡骨乾，髑髏異處。此是苦不？答言：實是大苦。何謂恩愛別離苦？謂室家内外，兄弟妻子，共相戀慕。一朝破亡，爲人抄劫，各自分張。父東子西，母南女北，非唯一處，爲人奴婢。各自悲呼，心内斷絶。窈窈冥冥，無有相見之期。此是苦不？答曰：實是大苦。何謂所求不得苦？家内錢財，散用追求。大官吏民，望得富貴，勤苦求之不止。會遇得之，而作邊境令長。未經幾時，貪取民物，爲人告言。一朝有事，檻車載去，欲殺之時，憂苦無量，不知死活何日。此是苦不？答言：實是大苦。何謂怨憎會苦？世人薄俗，共居愛欲之中，爭不急之事，更相殺害，遂成大怨。各互相避，隱藏無地。各磨刀錯箭，挾弓持杖，恐畏相見會遇。狹道相逢，張弓豎箭，兩刃相向，不知勝負是誰。當爾之時，怖畏無量。此是苦不？答言：實是大苦。何謂憂悲苦惱苦？謂人生在世，長命者乃至百歲，〔一〕短命者胞胎傷墮。長命之者與其百歲，夜消其半。餘年五十，在其酒醉疾病，不知作人，減少五歲。小時愚癡，至年十五，未知禮義。年過八十，老鈍無智，耳聾目冥，無有法則。復減二十年。已九十年過，餘有十歲之中，多諸憂愁。天下欲亂時亦愁。天下旱時亦愁。天下大水亦愁。天下霜亦愁。天下不熟亦愁。室家内外多諸病痛亦愁。持家財物治生恐失亦愁。官家百調未輸亦愁。家人遭官，閉繫牢獄，未知出期亦愁。兄弟遠行未歸亦愁。居家窮

〔一〕「至」字原作「知」，據高麗藏本改。

寒，無有衣食亦愁。比舍村落有事亦愁。社稷不辦亦愁。室家死亡，無有財物殯殮亦愁。至春種作，無有牛犂亦悉。如是種種憂悲，無有樂時。至其節日，共相集聚，應當歡樂，方共悲啼相向。此是苦不？荅言：實是大苦。」〔一〕

又金色王經云：「有一天女向金色王而說偈言：

何法名爲苦？　所爲貧窮是。　何苦最爲重？　所謂貧窮苦。　死苦與貧苦，　二苦等無異。　寧當受死苦，　不用貧窮生。」〔二〕

又佛地論云：「五怖畏者：一、不活畏，二、惡名畏，三、死畏，四、惡趣畏，〔三〕五、怯畏。如是五畏，證得清淨意樂地時，皆已遠離。」〔四〕

又波斯匿王太后崩經：「世尊爲王說偈云：

一切人歸死，　無有不死者。　隨行種殃福，　自獲善惡果。　地獄爲惡行，　善者必生天。　明慧能分別，　唯福能遏惡。

〔一〕出五王經。
〔二〕出金色王經。
〔三〕「惡」字原脱，據高麗藏本補。
〔四〕出佛地經論卷二。

如是大王，有四恐畏無能避者。老爲大恐畏，肌肉消盡。病爲大恐畏，無强健志。死爲大恐畏，盡無有壽。恩愛别離爲大恐畏，無得求住。此之四大恐畏，一切刀杖、呪術、藥草、象馬、人民、珍寶、城郭無所救贖者。譬如大雲起雷霹靂，斯須還散。人命極短，壽極百歲，其中出者少。唯修無常想，除去恩愛，可得度苦。」〔一〕

雜難部第五

如婦人遇辜經云：「佛在世時，有一人無婦，往詣舍衛國娶婦。本國自有兩子：大子七歲，次子孩抱。母復懷軀，欲向家産。天竺俗禮，婦人産日歸父母國。時夫婦乘車載二子，當詣舍衛。中路食息，并牧牛時，有毒蛇纏繞牛脚，牛遂離豢。其夫取牛，欲得嚴發。見牛爲毒蛇所殺，蛇復捨牛，復纏夫殺。婦遥見之，怖懼戰慄，啼哭呼天，無救護者。日遂欲暝，去道不遠，有流河水，水對有家居。婦怕日暝，懼爲賊劫，棄車將二子到水畔。留大子著水邊，抱小子度水。適到水半，狼食其子。子叫呼母，時還顧見子爲狼所啗，驚惶怖懼，失抱中子，墮水隨流。母益懊惱，迷惑失志，頓躓水中，墮所懷子。遂便度水，問道行人：我家父母爲安隱不？行人荅曰：昨家失火，皆燒父母，悉盡無餘。又問行人：我夫家

〔一〕出波斯匿王太后崩塵土坌身經。

姑妐爲安隱不？行人荅曰：昨有劇賊，傷害其家。姑妐皆死，無完在者。其婦聞之，愁憂怖懼，心迷意惑，不識東西，脱衣裸形，迷惑狂走。道中行人，見大怪之，謂邪病鬼神所嬈。佛在舍衛孤獨精舍，時婦馳走而往趣之。爾時世尊爲大會説法。諸佛之法，盲者見佛皆眼明，聾者得聽，瘂者得言，疾病除愈，尪劣强健，被毒不行，心亂得定。時婦見佛，意即得定，不復愁憂。自視裸形，慙愧伏地。佛呼阿難，取衣與著竟，稽首佛足，却坐一面。佛即爲説經，爲現罪福。人命無常，合會有别。種種法要。心開意解，即發無上正真道意，得不退轉也。」〔一〕

又對法論云：〔二〕「正生何因苦？衆苦所逼故，餘苦所依故。出苦時復受肢體逼切大苦。餘苦所依者，謂有生老病死等衆苦隨逐。老何因苦？時分變壞苦故。病何因苦？八種變異苦故。死何因苦？壽命變壞苦故。怨憎會何因苦？合會生苦故。愛别離何因苦？别離生苦故。求不得何因苦？所求不果生苦故。略攝一切五取藴何因苦？麤重苦故。」〔三〕

又雜譬喻經云：「昔有世人入海採寶，逢有七難：一者、四面大風同時起，吹船令顛倒。二者、船中欲壞而漏。三者、人欲墮水死，乃得上岸。四者、二龍上岸欲啗之。五者、得平地，三毒蛇逐欲啗之。

〔一〕出婦人遇辜經。
〔二〕「對」字原作「封」，據高麗藏本、磧砂藏本、南藏本、嘉興藏本改。
〔三〕出大乘阿毘達磨雜集論卷六抉擇分中諦品。

六者、地有熱沙，走行其上，燒爛人脚。七者、仰視不見日月，常冥不知東西，甚難也。佛告諸弟子：若曹苦難亦有七事：〔一〕一者、四面大風起者，謂生老病死。二者、六情所愛無限，譬船滿溢。三者、墮水欲死，謂爲魔所得。四者、二龍上岸啗者，謂日月食命。五者、平地三毒蛇者，謂人身中三毒。〔二〕六者、熱沙剥爛其脚者，謂地獄中火。七者、仰視不見日月者，謂受罪之處，窈窈冥冥，無有出期。佛語諸弟子：當識是言，莫與此會。勤行六事，可得解脱。」〔三〕

又涅槃經云：「若外道自餓苦行道者，一切畜生長應得道。是故外道受自餓法，投淵赴火，自墜高巖，常翹一脚，五熱炙身，常卧灰土、棘刺、編椽、樹葉、惡草、牛糞之上，麤服麻衣，糞掃氎褐，欽婆羅衣，茹菜、啗果、藕根、油滓、牛糞、根莖。若行乞食，限至一家，主若言無，即便捨去，設復還喚，終不迴顧。不食鹽肉五種牛味，常飲啗洮糠沸汁。乃云是等能爲無上解脱因者，無有是處。不見菩薩摩訶薩人行如是法得解脱者。」〔四〕是故先須調心，不偏苦身，即得道果。

又修行道地經云：「譬如小兒，捕得一雀，執持令惱，以長縷繫，放之飛去。自以爲脱，不復遭厄。

〔一〕「曹」字原作「遭」，據高麗藏本改。

〔二〕「謂」字原作「爲」，據高麗藏本改。

〔三〕出雜譬喻經卷下。

〔四〕出大般涅槃經卷十六。

詣樹池飲，自恣安隱。縷盡牽還，投弄惱苦，〔一〕如本無異。修行如是，自惟念言：雖至梵天，當還欲界，〔二〕苦惱如故。於是頌曰：〔三〕

譬如有雀繩繫足，適飛縷盡牽復還。修行如是止梵天，續行欲界不離苦。」〔四〕

〔一〕「投弄惱苦」，高麗藏本作「持弄惱苦」，修行道地經作「續見捉惱」。

〔二〕「當」字原作「堂」，據高麗藏本改。

〔三〕「苦惱如故。於是頌曰」原作「苦惱如是故。頌曰」，據高麗藏本改。

〔四〕出修行道地經卷五數息品。

法苑珠林校注卷第六十七

蟲寓部第六

如禪祕要云：「復次舍利弗，若行者入禪定時，欲覺起，貪淫風動，四百四脉從眼至身根一時動摇。諸情閉塞，動於心風，使心顛狂。因是發狂，鬼魅所著，晝夜思欲，如救頭然，當疾治之。治之法者，教此行者觀子藏。子藏者，在生藏之下，熟藏之上。九十九重膜，如死豬胞。四百四脉從於子藏，猶如樹脂，布散諸根，如盛屎囊。一千九百節，似芭蕉葉，八萬户蟲圍遶周匝。四百四脉及以子藏，猶如馬腸，直至産門。如臂釧形，團圓大小，上圓下尖，狀如貝齒。九十九重，一一重間有四百四蟲。一一蟲有十二頭、十二口。人飲水時，水精入脉，布散諸蟲，入毗羅蟲頂，直至産門。半月半月，出不净水。諸蟲各吐，猶如敗膿，入九十蟲口中。從十二蟲六竅中出，如敗絳汁。復有諸蟲，細於秋毫，遊戲其中。諸男子等，宿惡罪故，四百四脉，從眼根布散四支，流注諸腸，至生藏下，熟藏之上。肺脾腎脉，於其兩邊，各有六十四蟲。各十二頭，亦十二口，婉綣相著，狀如指環。盛青色膿，如野猪精，臭惡頗甚。至藏陰處，分爲三支。二九在上，如芭蕉葉。有一千二百脉，一一脉中生於風蟲，細若秋毫，似毗蘭多鳥嘴。諸蟲中生筋色蟲。此蟲形體似筋，連持子藏，能動諸脉，吸精出入。男蟲青白，女蟲黄赤也。七萬八千共相纏裹，狀如累環，似瞿師羅鳥眼。九十八脉上衝於心，乃至頂髻。諸男子等眼觸於色，風動心根。四百四脉爲風所使，動轉不停。八萬户蟲一時張口，眼出諸膿，流注諸脉，乃至蟲頂。諸蟲崩動，狂無所知，觸前女根。男精青白，是諸蟲淚。女精黄赤，是諸蟲膿。九十八使所熏修法，八萬户蟲，地水火風，動作由此。〔一〕佛告舍利弗：若有四衆著慚愧衣，服慚愧藥，欲求解脱，度世苦者，當學此法，如飲甘露。學此法者，想前子藏乃至女根，男子身分，大小諸蟲，張口豎耳，瞋目吐膿。以手反之，置左膝端，數息令定。一千九百九十九過，觀此想成已。置右膝端，如前觀之。復以手反之，用覆頭上。令此諸蟲衆不净物，先適兩眼耳鼻及口，無處不至。見此事已，於好女色及好男色，乃至天子天女，若眼視之，如見癩人那利瘡蟲，如地獄箭，半多羅鬼神狀，如阿鼻地獄猛火熱焰。應當諦觀，自身他身，是欲界一切衆生身分不净，皆悉如是。舍利弗，汝今知不？衆生身根根本種子，悉不清净，不可具説。但當數息，一心觀之。若服此藥，是大丈夫，天人之師，調御人主。免欲淤泥，不爲使水恩愛大河之所漂没，婬泆不祥幻色妖鬼之所嬈害。當知是人未出生死，其身香潔如優波羅，人中香象，龍王、力士、摩醯首羅所不能及，大力丈夫天人所敬。佛告舍利弗：汝好受持，爲四衆説，慎勿忘失。時舍利弗及阿難等，聞佛所説，歡喜奉

〔一〕「由」字原作「作」，據高麗藏本改。

行。」〔一〕

又正法念經云：「比丘，修行者如實見身，從頭至足，循身觀察。彼以聞慧，或以天眼，觀髑髏內，自有蟲行，名曰腦行。遊行骨內，生於腦中。或行或住，常食此腦。復有諸蟲住髑髏中，若行若食，還食髑髏。復有髮蟲，住於骨外，食於髮根。以蟲瞋故，令髮墮落。復有耳蟲，住在耳中，食耳中肉。以蟲瞋故，令人耳痛，或令耳聾。復有鼻蟲，住在鼻中，食鼻中肉。以蟲瞋故，能令其人飲食不美，腦涎流下。以蟲食腦涎，是故令人飲食不美。復有脂蟲，生在脂中，住於脂中，常食人脂。以蟲瞋故，令人頭痛。復有續蟲，生於節間。有名身蟲，住在人脉。以蟲瞋故，令人脉痛，猶如針刺。復有諸蟲，名曰食涎，住舌根中。以蟲瞋故，令人口燥。復有諸蟲，名牙根蟲，住於牙根。以蟲瞋故，令人牙疼。復有諸蟲，名嘔吐蟲。以食違多生嘔吐。是名內修行者循身觀。是十種蟲，住於頭中。或以聞慧，或以天眼，初觀咽喉，有蟲名曰食涎。齟嚼食時，猶如嘔吐，涎唾和雜。欲咽之時，與腦涎合。喉中涎蟲，共食此食，以自活命。若蟲增長，令人嗽病。若多食膩，或多食甜，或食熏食，或食酢食，或食冷食，蟲則增長，令人咽喉，生於病疾。復以聞慧，或以天眼，見消唾蟲住咽喉中。若人不食，如上膩等，蟲則安隱，能消於唾。於十脉中，流出美味，安隱受樂。若人多唾，蟲則得病。以蟲病故，則吐冷沫。吐冷沫故，胸中

〔一〕出治禪病秘要法卷一。

成病。〔一〕復以聞慧，或以天眼，觀於吐蟲，住人身中，住於十脉流注之處。若人食時，如是之蟲，從十脉中，踴身上行，至咽喉中，即令人吐。生於五種嘔吐：一、風吐，二、瘖吐，三、唾吐，四、雜吐，五、蠅吐。若蟲安隱，則於胃口順入腹中。復以聞慧，或以天眼，見蠅食不净故，蠅入咽喉，令吐蟲動，則便大吐。復以聞慧，或以天眼，見醉味蟲行於舌端，〔二〕乃至命脉。於其中閒，或行或住，微細無足。若食美食，蟲則昏醉增長。若食不美，蟲則萎弱。若我不食，醉蟲則病，不得安隱。復以聞慧，或以天眼，見放逸蟲住於頂上。若至腦門，令人疾病。若至頂上，令人生瘡。若至咽喉，猶如蟻子，滿咽喉中。若住本處，病則不生。復以聞慧，或以天眼，見六味蟲所食嗜味者，我亦貪嗜。隨此味蟲所不嗜者，我亦不便。若得熱病，蟲亦先得如是熱病。以是過故，令於病人，所食不美，〔三〕無有食味。復以聞慧，或以天眼，見抒氣蟲。以瞋恚故，食腦作孔，或咽喉痛，或咽喉塞，生於死苦。此抒氣蟲，共咽喉中一切諸蟲，皆悉撩亂，生諸痛惱。此抒氣蟲，常爲唾覆。其蟲短小，有面有足。復以聞慧，或以天眼，見憎味蟲，〔四〕住於頭下咽喉根中。云何此蟲爲我病惱？或作安隱？彼見此蟲憎疾諸味，唯嗜一味。或嗜甜

〔一〕「成」字原作「或」，據高麗藏本改。
〔二〕「於」字原脱，據高麗藏本補。
〔三〕「美」字原作「笑」，據高麗藏本改。
〔四〕「憎」字原作「增」，據高麗藏本改。

味，憎於餘味；或嗜酢味，憎於餘味。隨所憎味，我亦憎之；隨蟲所嗜，我亦嗜之。舌端有脉，隨順於味，令舌乾燥。以蟲瞋故，令舌瘤瘤而動，〔一〕或令咽喉即得嗽病。若不瞋恚，咽喉則無以上諸病。復以聞慧，或以天眼，見嗜睡蟲，其形微細，狀如牖塵，住一切脉，流行趣味。住骨髓内，或住肉内，或髑髏内，或在頰内，或齒骨内，或咽骨中，或在耳中，或在眼中，或在鼻中，或在鬚髮。此嗜睡蟲，風吹流轉。若此蟲病，若蟲疲極，住於心中。心如蓮華，晝則開張；無日光故，夜則還合。心亦如是，蟲住其中。多取境界，諸根疲極，蟲則睡眠，人亦睡眠。一切衆生悉有睡眠。〔二〕若此睡蟲晝日疲極，人亦睡眠。復以聞慧，或以天眼，見有腫蟲，行於身中。其身微細，隨蟲飲血處，則有腫起，瘤瘤而疼。或在面上，或在頂上，或在咽喉，或在腦門，或在餘處。所在之處，能令生腫。若住筋中，則無病苦。復以聞慧，或以天眼，見十種蟲，至於肝肺，人則得病。何等爲十？一名食毛蟲，二名孔穴行蟲，三名禪都摩羅蟲，四名赤蟲，五名食汁蟲，六名毛燈蟲，七名瞋血蟲，八名食肉蟲，九名瘤瘤蟲，十名酢蟲。此諸蟲等，其形微細，無足無目，行於血中，痛癢爲相。復以聞慧，或以天眼，見食毛蟲。若起瞋恚，能啗鬚眉，皆令墮落，令人癩病。若孔行蟲而起瞋恚，行於血中，令身麤澀，頑痺無知。若禪都摩羅蟲流行血中，或在鼻中，或在口中，令人口鼻皆悉臭惡。若其赤蟲而起瞋恚，行於血中，能令其人咽喉生瘡。若食汁蟲而起

〔一〕「動」字原作「重」，據高麗藏本改。
〔二〕「切」字原作「人」，據高麗藏本改。

瞋恚，行於血中，令人身體作青痺瘦，或黑或黄痺瘦之病。若毛燈蟲起於瞋恚，血中流行，則生病苦，瘡癬熱黄，疥癩破裂。若瞋血蟲，以瞋恚故，血中流行，或作赤病，女人赤下，身體搔癢，疥瘡膿爛。若食肉蟲瞋而生病惱，頭旋迴轉，於咽喉中、口中生瘡，下門生瘡。若瘤瘤蟲血中流行，則生病疾，疲頓困極，不欲飲食。若酢蟲瞋恚，亦令其人得如是病。復觀十種蟲行於陰中。何等爲十？一名生瘡蟲，二名刺蟲，三名閉筋蟲，四名動脉蟲，五名食皮蟲，六名動脂蟲，七名和集蟲，八名臭蟲，九名濕行蟲，十名熱蟲。復以聞慧，或以天眼，見於瘡蟲，隨有瘡處，諸蟲圍遶，〔一〕唅食此瘡，或於咽喉而生瘡病。或見刺蟲，若生瞋恚，令人下痢，猶如火燒，口中乾燥，飲食不消。若人愁惱，蟲則歡喜，嚙人血脉，以爲衰惱。或下赤血，或不消下痢。」〔二〕「或見閉筋蟲行於麤筋，或行細筋。若覺蟲行，筋則疼痛。若不覺行，筋則不疼。一切骨肉皆亦消瘦，筋中疼痛。若蟲瞋恚，人不能食。若住筋中而飲人血，令人無力。若食人肉，令人羸瘦。或見動脉蟲，是蟲偏行一切脉中。其身微細，行無障礙。若蟲住人食脉之中，則有病過，令身乾燥，不喜飲食。若蟲住水脉之中，則有病生，令口乾燥。若在汗脉，令人一切毛孔無汗。〔三〕若在尿脉，令人淋病，或令精壞，或令痛苦。若蟲瞋恚，行下門中，令人大便閉塞不通，苦惱垂

〔一〕「圍」字原脱，據高麗藏本補。

〔二〕出正法念處經卷六十四。

〔三〕「毛」字原脱，據高麗藏本補。

死。或見食皮蟲，以食過故，蟲則瞋恚，令人面色醜惡，或生惡皰，或癢，或赤，或黄，或破，或復令其髮爪墮落，令人惡病。或皮斷壞，或肉爛壞。或見動脂蟲，住在身中脂脉之内。若食有過，若多睡眠，此蟲則瞋，不消飲食，或生疥瘙，或生惡腫，毛根嫖病，〔一〕或得瘿病，或脉脹病，〔二〕或乾消病，或身臭病，或食時流汗。或見和集蟲，集二種身：一者覺身，二者不覺身。皮肉血等是名覺身，髮爪齒等是名不覺身。以食過故，蟲則無力，人亦無力，不能速疾行來往返，睡眠瞢瞢。或多燋渴，皮肉骨血髓精損減。或見臭蟲，住在肉中、屎尿之中。以食過故，蟲則瞋恚。身肉屎尿唾涕皆臭，鼻中爛膿，或眼淚爛臭。隨蟲行處，皆悉臭穢，若衣、若敷、若食。住在齒中，以蟲臭故，食亦隨臭，衣敷盡臭。舌上多有白垢臭穢，身垢亦臭。或見濕行蟲，行背肉中。知食消已，入腰三孔，取人糞穢，汁則成尿，滓則成糞，令入下門。復次修行觀者，内身循身觀，觀十種蟲行於根中。一切人身，皆從中出。何等爲十？一名瘤瘤蟲，二名惙惙蟲，三名苗華蟲，四名大諂蟲，五名黑蟲，六名大食蟲，七名暖行蟲，八名作熱蟲，九名火蟲，十名大火蟲。此諸蟲等，住陰黄中。彼以聞慧，或以天眼，見瘤瘤蟲，以食過故，蟲則瞋恚，食人眼睦，令人眼癢，多出眼淚。此微細蟲，若行眼中，眼則多病，或令目壞。若入睛中，眼生白瞖。其蟲赤色。若蟲不瞋，則無此病。或見惙惙蟲，住在人身，行於陰中，陰黄覆身。若入骨中，令人蒸熱。若行

〔一〕「嫖」字，正法念處經作「瘭」。
〔二〕「病」字原闕，據正法念處經補。

皮中，晝夜常熱，手足皆熱。若入皮裏，身則汗出。或見苗華蟲，行住陰中，利嘴短足，身如火藏，不欲食飲。隨所行處，則大熱爛，身血增長，其身蒸熱。若蟲順行，則無此病。或見大諂蟲，住在身中，行黄陰中，或安不安。以食過故，蟲則瞋恚，從頂至足，行無障礙，能令身中一切熱血生於熱瘡。若血若陰，從於口中、耳中流出。若蟲不瞋，則無此病。或見黑蟲，住在身内，行於藏中，或安不安。以食過故，蟲則瞋恚，令人面皺，或生多黶，或黑、或黄、或赤，或令身臭，或令雀目，〔一〕或口中生瘡，或大小便處生瘡。若蟲不瞋，則無此病。或見大食蟲，以食過故，則生瞋恚。住陰黄中，隨食隨消。若蟲不瞋，則無此病。或見暖行蟲，常愛暖食，憎於冷食。若我食冷，蟲則瞋恚，口多生水，或瘲或睡，或心陰瞢瞢，或身疼强，或復多洟，〔二〕或復多唾，〔三〕或咽喉病。若蟲不瞋，則無此病。或見熱蟲，住人身中。以食過故，病垢增長，妨出入息，令身麤大，或咽喉塞，令大小便悉皆白色，不愛寒冷，不愛淡食。或見食火蟲，住在身内，行住陰中。此蟲寒時，則便歡喜，熱時萎弱。寒歡喜故，人則憶食；熱時火增，不欲飲食。於冬寒時，陰則清涼，熱則陰發。或見大火蟲，若人性不便而强食之。以食過故，蟲則瞋恚。咯身内蟲，令人腸痛，或脚手疼，隨食蟲處，則皆疼痛。若蟲不瞋，則無如上。復次修行者内身循身觀，彼以

〔一〕「雀」字，高麗藏本作「眚」。

〔二〕「或復多洟」四字原脱，據高麗藏本補。

〔三〕「唾」字原作「睡」，據高麗藏本改。

聞慧，或以天眼，觀於骨中有十種蟲。何等爲十？一名舐骨蟲，二名嚙骨蟲，三名割節蟲，四名赤口臭蟲，五名爛蟲，六名赤口蟲，七名頭頭摩蟲，〔一〕八名食皮蟲，九名風刀蟲，十名刀口蟲。如此十蟲行於骨中，〔二〕違情損身，不可具述。復次修行者内身循身觀，彼以聞慧，或以天眼，見十種蟲行於尿中。何等爲十？一名生蟲，二名針口蟲，三名節蟲，四名無足蟲，五名散汁蟲，六名三膲蟲，七名破腸蟲，八名閉寒蟲，九名善色蟲，十名穢門瘡蟲。出其色可惡，住糞穢中。此十種蟲，若違性瞋故，亦損人身。備在經文，不可具述。復次修行者内身循身觀，彼以聞慧，或以天眼，見十種蟲行於髓中，有行精中。何等爲十？一名毛蟲，二名黑口蟲，三名無力蟲，四名大痛蟲，五名煩悶蟲，六名火蟲，七名滑蟲，八名下流蟲，九名起身根蟲，十名憶念歡喜蟲。此之十蟲，若違性瞋故，亦損人身。」〔三〕具如經說，不可具述。

地獄部第七

如罪業報應教化地獄經云：「爾時信相菩薩爲諸衆生而作發起，白佛言：世尊，今有受罪衆生，爲

〔一〕前「頭」字，高麗藏本作「頗」。
〔二〕「如」字原作「知」，據高麗藏本改。
〔三〕出正法念處經卷六十五。

諸獄卒剉碓斬身，從頭至足，乃至其頂。斬之已訖，巧風吹活，而復斬之。何罪所致？佛言：以前世時，坐不信三尊，不孝父母，屠兒魁膾，斬截衆生，故獲斯罪。第二、復有衆生，身體頑痺，眉鬚墮落，舉身洪爛，鳥栖鹿宿，人跡永絶，玷汙親族，人不喜見，名之癩病。何罪所致？佛言：以前世時，坐不信三尊，不孝父母，破壞塔寺，剥脱道人，斫射賢聖，傷害師長，常無返復，背恩忘義，常行苟且，婬匿尊卑，無所忌諱，故獲斯罪。第三、復有衆生，身體長大，聾騃無足，宛轉腹行，〔一〕唯食泥土以自活命，爲諸小蟲之所唼食，常受此苦，不可堪處。何罪所致？佛言：以前世時，坐爲人自用，不信好言善語，不孝父母，反戾時君。若爲帝主大臣、四鎮方伯、州郡令長、吏禁督護，恃其威勢，侵奪民物，無有道理，使民苦悴，呼嗟而行。故獲斯罪。第四、復有衆生，兩目盲瞎，都無所見，或觝樹木，或墮溝坑，於時死已，更復受身，亦復如是。何罪所致？佛言：以前世時，坐不信罪福，障佛光明，縫鷹眼合，籠繫衆生，皮囊盛頭，不得所見。故獲斯罪。第五、復有衆生，蹇吃瘖瘂，口不能言，若有所説，閉目舉手，乃不言了。何罪所致？佛言：以前世時，坐誹謗三尊，輕毁聖道，論他好醜，求人長短，强誣良善，憎嫉賢人。故獲斯罪。第六、復有衆生，腹大項細，不能下食，若有所食，變爲膿血。何罪所致？佛言：以前世時，偷盜僧食，或爲大會福食，屏處偷啗，恪惜己物，但貪他財，常行惡心，與人毒藥，氣息不通。故獲斯罪。第七、

〔一〕「腹」字原作「復」，據高麗藏本、磧砂藏本、南藏本、嘉興藏本改。

復有衆生，常爲獄卒熱燒鐵釘，釘人百節骨頭。釘之已訖，自然火生，焚燒身體，悉皆焦爛。何罪所致？佛言：以前世時，坐爲針灸醫師，針人身體，不能差病，誑他取財，徒受苦痛，令他苦惱。故獲斯罪。第八、復有衆生，常在鑊湯中，爲牛頭阿傍以三股鐵叉叉人，内著鑊湯中，煮之令爛，還復吹活而復煮之。何罪所致？佛言：以前世時，信邪倒見，祠祀鬼神，屠殺衆生，湯灌搣毛，鑊湯煎煮，不可限量。故獲斯罪。第九、復有衆生，常在火城中，煻煨齊心，四門俱開，若欲趣門，門即閉之。東西馳走，不能自免，爲火燒盡。何罪所致？佛言：以前世時，坐焚燒山澤，火煨雞子，燒煮衆生，身爛皮剥。故獲斯罪。第十、復有衆生，常在雪山中，寒風所吹，皮肉剥裂，求死不得。何罪所致？佛言：以前世時，坐横道作賊，剥脱人衣，使冬月之日令他凍死，生剥牛羊，痛不可堪。故獲斯罪。第十一、復有衆生，常在刀山劍樹之上。若有所捉，即便割傷，支節斷壞。何罪所致？佛言：以前世時，坐屠殺爲業，烹害衆生，屠割剥裂，骨肉分離，頭脚星散，懸於高格，稱量而賣。或復生懸衆生，苦痛難處。故獲斯罪。第十二、復有衆生，五根不具。何罪所致？佛言：以前世時，坐飛鷹走狗，彈射禽獸，或斷其頭，或斷其足，生搣鳥翼。故獲斯罪。第十三、復有衆生，攣躄背僂，腰髖不隨，脚跛手拘，不能操涉。何罪所致？佛言：以前世時，坐爲人野田行道安槍，或安射窠，施張弶穽，陷墜衆生，頭破脚折，傷損非一。故獲斯罪。第十四、復有衆生，常爲獄卒桎梏其身，不得免脱。何罪所致？佛言：以前世時，坐網捕衆生，籠繫人畜，飢窮困苦。或爲宰主令長，貪取錢財，枉繫良善，怨酷昊天，不得縱意。故獲斯罪。第十五、復有衆生，或顛或狂，或癡或騃，不別好醜。何罪所致？佛言：以前世時，坐飲酒醉亂，犯三十六失，復得癡身，如似醉人，不識尊卑，不别好醜。故獲斯罪。第十六、復有衆生，其形甚小，陰藏甚大，挽之身疲，背伏進引，行立坐卧以之爲妨。何罪所致？佛言：以前世時，坐持生販賣，自譽己物，毁呰他財，齎升弄斗，捻秤前後，〔一〕欺誑於人。故獲斯罪。第十七、復有衆生，男根不具而爲黄門，身不妻娶。何罪所致？佛言：以前世時，坐犍象馬牛羊豬狗，死而復穌。故獲斯罪。第十八、復有衆生，從生至老，無有兒子，孤立獨存。何罪所致？佛言：以前世時，坐爲人暴惡，不信罪福。百鳥産乳之時，齎持瓶器，循大水渚，求拾鴻鶴鸚鵡鵝鴈諸鳥卵㲉，擔歸煮啗。諸鳥失子，悲鳴叫裂，眼中血出。故獲斯罪。第十九、復有衆生，少小孤寒，無有父母兄弟，爲他作使，辛苦活命。長大成人，横羅殃禍，縣官所縛，繫閉牢獄，無人追餉，飢窮困苦，無所告及。何罪所致？佛言：以前世時，坐喜捕拾鵰鷲鷹鷂熊羆虎豹，枷鎖而畜。孤此衆生父母兄弟，常恒憂悲，悲鳴叫裂，哀感人心，不能供養，常苦飢餓，骨立皮連，求死不得。故獲斯罪。第二十、復有衆生，其形甚醜，身黑如漆，兩目復青，鞠頰俱埳，皰面平鼻，兩眼黄赤，牙齒疏缺，口氣腥臭，矬短擁腫，大腹凸髖，脚復繚戾，僂脊尫肋，費衣健食，惡瘡膿血，水腫乾痟，疥癩癰疽，種種諸惡集在其身。雖親附人，人不在意。若他作罪，横羅其殃。永不見佛，永不聞法，永不識僧。何罪所致？佛言：以前世時，坐爲人子不孝父母，爲臣不忠其君，爲君不敬其下，朋友不以其信，〔二〕鄉黨不以其齒，

〔一〕「捻」字，高麗藏本作「蹑」。

〔二〕「以」字原作「賞」，據罪業報應教化地獄經改。

朝廷不以其爵，妄爲趣詐，心意顛倒，無有其度。不信三尊，弒君害師，伐國掠民，攻城破塢，偷寨過盜，惡業非一。美己惡人，侵凌孤老，誣謗賢聖，輕慢尊長，欺誑下賤，一切罪業悉具犯之。衆惡集報，故獲斯罪。爾時一切諸受罪衆生，聞佛作如是説，悲號動地，淚下如雨，而白佛言：唯願世尊久住説法，令我等輩而得解脱。佛言：若我久住，薄德之人不種善根，謂我常在，不念無常。善男子，譬如孩兒，母常在側，不生難遭之想。若母去時，便生渴仰思戀之心。母方還來，乃生歡喜。善男子，我今亦復如是。知諸衆生善惡業緣、受報好醜，故般涅槃。爾時世尊即爲此諸受罪衆生而説偈言：

水流不常滿，　火盛不久然。　日出須臾没，　月滿已復缺。　尊榮豪貴者，　無常復過是。
念當勤精進，　頂禮無上尊。」〔一〕

又舊雜譬喻經云：「昔有六人爲伴造罪，俱墮地獄，同在一釜中，皆欲説本罪。一人言：沙。二人言：那。三人言：特。四人言：涉。五人言：姑。六人言：陀羅。佛見之笑。目連問佛：何以故笑？佛言：有六人爲伴，俱墮地獄，共在一釜中，各欲説本罪。熱湯沸涌，不能再語，各一語便迴下。一人言沙者，世間六十億萬歲，在泥犁中始爲一日，何時當竟。第二人言那者，無有出期，亦不知何時當得脱。第三人言特者，咄咄，我當用治生，不能自制意，奪五家分，供養三尊，愚貪無足，今悔何益。

〔一〕出罪業報應教化地獄經。

第四人言涉者，言我治生，亦不至誠，財産屬他，爲得苦痛。第五人言姑者，誰當保我從地獄出，便不犯道禁，得生天樂者。第六人言陀羅者，是事上頭本不爲心計。譬如御車，失道入邪，折軸車壞，悔無所及。」〔一〕

頌曰：

盛年好放逸，凶猛勸不移。天長曉露促，生老病來資。百節俱酸痛，千痾并著時。華堂相一捨，〔二〕幽塗萬苦批。

感應緣略引一十三驗

周宣王殺杜伯亡後現報

秦始皇伐終南山樹怪

秦高平李羨奴助鬼報

晉吴郡張縫家殺鬼報

〔一〕出舊雜譬喻經卷下。

〔二〕「相一」，高麗藏本作「一相」。

魏劉赤斧夢蔣侯召爲主簿驗
吴王夫差枉殺臣公孫聖現驗
晉安定張祚爲張瓘枉殺現驗
晉張禎枉殺鶉儉禎被現驗
宋秣陵縣令陶繼之枉殺太樂妓現驗
宋將軍張悦枉殺江州長史鄧琬現驗
齊文惠太子枉殺豫章王蕭嶷現驗
魏洛陽令寇祖仁枉殺成陽王元徽現驗
唐國初相州大慈寺羣賊共停相殺汙寺現驗

周宣王殺杜伯不辜。杜伯曰：死若有知，三年必使君知之。三年，周宣王田於甫田，從人滿野。日中杜伯乘白馬素車，朱衣朱冠，執朱弓，挾朱矢，射王中心，折脊伏弢而死。〔一〕右一驗出墨子傳。〔二〕

〔一〕「弢」字原作「屍」，據高麗藏本改。
〔二〕出墨子卷八。

秦始皇時，〔一〕終南山有梓樹，大數百圍，蔭宫中。始皇惡之，興兵伐之。天輒大風雨，飛沙石，人皆疾走。至夜瘡皆合。有一人中風雨，傷蹇不能去，留宿。夜聞有鬼來問樹言：秦王凶暴相伐，得不困耶？樹曰：來即作風雨擊之，其柰吾何！又曰：秦王使三百人被頭以赤絲，繞樹伐汝，得無敗乎？樹寞然無聲。病人報秦王，案言伐之。樹斷，中有一青牛出。逐之，走入河。於是秦王立旄頭騎。右一驗出玄中記。〔二〕

秦高平李羡家奴健至石頭堈。忽見一人云：婦與人通情，遂爲所殺。欲報讎，豈能見助！奴用其言。果見人來，鬼便捉頭。奴喚與手，即時倒地，還半路便死。鬼以一千錢、〔三〕一疋青絞縷袍與奴。囑云：此袍是市西門丁與許。君可自著，慎勿賣也。〔四〕

晉永初二年，吴郡張縫家，〔五〕忽有一鬼，云：汝分我食，當相祐助。便與鬼食，舒席著地，以飯布席上，肉酒五肴。如是鬼得便，不復犯暴人。後爲作食，因以刀斫其所食處。便聞數十人哭，哭亦甚

〔一〕太平御覽引「秦始皇」作「秦文公」，下「始皇」作「公」。

〔二〕太平御覽卷六八〇引，又卷九五八引郭氏玄中記，較此爲略。

〔三〕「一」字原脱，據高麗藏本補。

〔四〕「慎」字原脱，據高麗藏本補

〔五〕「張縫」，太平廣記引作「張隆」。下同。

悲，云：死何由得棺材？又聞：主人家有梓船，〔一〕奴甚愛惜，當取以爲棺。見擔船至，〔二〕有斧鋸聲。治船既竟，聞呼喚舉屍著船中。縫眼不見，唯聞處分，不聞下釘聲。便見船漸漸昇空，入雲霄中，久久滅。從空中落船，破成百片。便聞如有數百人大笑云：汝那能殺我，我當爲汝所困者耶？但知惡心，我憎汝狀，故撲船壞耳。〔三〕右二驗出幽冥録。〔四〕

魏劉赤斧者，夢蔣侯召爲主簿。日促，乃往廟陳情：母老子弱，情事果切，乞蒙放恕。會稽魏邊多才藝，善事神，請舉邊自代。因叩頭流血。廟祝曰：特願相屈。魏邊何人而擬斯舉。赤斧固請，終不許。尋而赤斧死。右此一驗出志怪傳。〔五〕

吴王夫差殺其臣公孫聖而不以罪。後越伐吴，吴敗走，謂太宰嚭曰：吾前殺臣公孫聖，投於胥山之下。今道當由之。吾上畏蒼天，下慙於地。吾舉足而不能進，〔六〕心不忍往。子試唱於前，若聖猶

〔一〕「梓」字，太平廣記引作「破」。

〔二〕「擔」字原作「檐」，據高麗藏本、磧砂藏本、南藏本、嘉興藏本改。

〔三〕「撲」字，高麗藏本、磧砂藏本作「排」。

〔四〕「幽冥録」，高麗藏本作「幽明録」，太平廣記卷三二三引，亦作出幽明録。

〔五〕太平廣記卷二九三引，作出志怪。

〔六〕「能」字原闕，據太平廣記引補。

在，當有應聲。〔一〕豁乃向餘杭之山呼曰：公孫聖。聖即從上應曰：在。三呼而三應。吴王大懼，仰天歎曰：蒼天蒼天，寡人豈可復歸乎！吴王遂死，不返。〔二〕

晉安定張祚以永和中作涼州刺史，因自立爲涼王。河州刺史張瓘士衆强盛，祚猜忌之，密遣兵進圖瓘。瓘率衆拒祚，祚遂爲瓘所殺。瓘後數見祚來，部從鎧甲，舉手指瓘云：底奴，要當截汝頭。瓘入姑臧，立張玄静爲涼王，自爲涼州牧。又謀廢玄静而自立。事未遂閒，與玄静同車出城西門，橋梁牢壯而忽摧折。刺史舊事，正旦放烏。瓘所放，出手輒死。有鶹來巢廣夏門，彈逐不去。自往看之，宋熂煌宋混遣弟澄即於巢所害瓘。瓘臨命語澄曰：汝荷婚姻而爲反逆，皇天后土必當照之。我自可死，當令汝劇我矣。混自爲尚書令輔政。有疾，晝日見瓘從屋而下，奄入柱中。其柱狀若火燒，掘土則無所見。混因病死。澄又然燈，油變爲血。廄中馬一夕無尾。二歲小兒作老公聲呼曰：〔三〕宋混、澄，斫汝頭。又城東水中出火。後三年澄爲張邕所殺。

晉張頎，〔四〕西域校尉。張頎以怨殺麴儉，臨死有恨言。後頎夜見白狗，自拔劍斫之，不中。頎便

〔一〕「聲」字原脱，據高麗藏本補。

〔二〕太平廣記卷一一九引，作出還冤記。

〔三〕「三」字，高麗藏本作「三」。

〔四〕太平廣記引，句前有「前涼張天錫元年」。

倒地不起。左右見儉在傍，遂以暴卒。〔一〕

宋元嘉中，李龍等夜行劫掠。于時丹陽陶繼之爲秣陵縣令，微密尋捕，遂擒龍等。龍所引一人，是太樂妓，忘其姓名。劫發之夜，此妓推同伴往就人宿，共作音聲。陶不詳審，爲作款列，隨例申上。及所宿主人、士貴賓客並相明證。陶知枉濫，但以文書已行，不欲自爲通塞，遂并諸劫十人，於都門斬之。此妓聲藝精能，又殊辯慧。將死之日，親鄰知識看者甚衆。妓曰：我雖賤隸，少懷慕善，未嘗爲非，實不作劫。陶令已當具知，枉見殺害。若死無鬼則已，有鬼必自陳訴。因彈琵琶，歌數曲而就死。〔二〕衆知其枉，莫不殞泣。月餘日，陶遂夜夢妓來，至案前云：昔枉見殺，實所不忿。〔三〕訴天得理，今故取君。便入陶口，仍落腹中。陶即驚寤，俄而倒絶，狀若風顛，良久方醒。有時而發，輒夭矯頭反著背，四日而亡。亡後家便貧頓。一兒早死。餘有一孫，窮寒路次。〔四〕

宋泰初元年，江州長史鄧琬，立刺史晉安王子勛爲帝以作亂。初南郡太守張悅得罪，鏁歸揚

〔一〕太平廣記卷一一九引，作出還冤記。

〔二〕「數」字原闕，據太平廣記引補。

〔三〕「忿」字原作「分」，據太平廣記引改。

〔四〕太平廣記卷一一九引，作出還冤記。

都。〔一〕及湓口，琬赦之，以爲冠軍將軍，與共經紀軍事。琬前軍袁顗既敗，張悦懼誅，乃稱暴疾，伏甲而召鄧琬。既至，謂之曰：〔二〕卿始此禍，而欲賣罪少帝乎？命斬於牀前，并殺其子。以琬頭至。五年，悦寢疾，見琬爲厲，遂死。〔三〕

齊豫章王蕭嶷亡後，忽見形於沈文季曰：我病未應死，皇太子加膏中十一種藥，使我不差。湯中復加藥一種，使我痢不斷。吾已訴，先許還東邸，〔四〕當判此事。便懷出青紙文書示文季云：與卿少舊，爲呈主上也。俄而失所在。文季懼不敢傳。少時文惠太子薨。

魏成陽王元徽，初爲孝莊帝畫計，殺爾朱榮。及爾朱兆入洛害孝莊，〔五〕而徽懼，走投洛陽令寇祖仁。祖仁父叔兄弟三人爲刺史，皆徽之力也。既而爾朱兆購徽萬户侯。祖仁遂斬徽送之，并匿其金百斤，馬五十疋。及兆得徽首，亦不賞侯。兆乃夢徽曰：我金二百斤，馬百疋，在祖仁家，卿可取也。兆

〔一〕「鏁」字原作「鎮」，據太平廣記引改。

〔二〕此句下，太平廣記引有「卿首唱此禍，今事急矣，計將安出？琬曰：斬晋安王以待王師，或可以免。悦怒曰」一段。

〔三〕太平廣記卷一一九引，作出還冤記。

〔四〕「先」字原作「允」，據高麗藏本、磧砂藏本、南藏本、嘉興藏本改。

〔五〕「洛」字原作「落」，據高麗藏本、磧砂藏本、南藏本、嘉興藏本改。

覺曰：成陽家本巨富，昨令收捕，全無金銀。此夢或實。至曉即令收祖仁。祖仁入見徽曰：〔一〕足得相報矣。祖仁款得金百斤，馬五十疋。兆不信之。祖仁私斂戚屬得金三十斤，馬三十疋，輸兆，猶不充數。兆乃發怒，懸頭於樹，以石硾其足，鞭捶殺之。〔二〕右此七驗出冤魂記。

唐初，相州大慈寺塔被焚。以大業末年，羣賊互興，寺在三爵臺室西葛蔓山上。四鄉來投，築城固守。人物擁聚，尺地不空，塔之上下，重複皆滿。於中穢汙，不可見聞。賊平之後人散，寺僧無力可除。忽然火起，焚蕩内外，一切都盡。唯東南角太子思惟像殿得存。可謂火净以除臭穢也。此塔即隋高祖手敕所置。初以隋運創臨，天下未附。吴國公蔚迥，周之柱臣，鎮守河北，作牧舊都。聞楊氏御圖，心所未允。即日聚結，舉兵抗詔。官軍一臨，大陣摧解。收擁俘虜，將百萬人，總集寺北遊豫園中，明旦斬決。園墻有孔，出者縱之。至曉使斷，猶有六十萬人，並於漳河岸斬之。流屍水中，水爲不流，血河一月。夜夜鬼哭，哀怨切人。以事聞，帝曰：此段一誅，深有枉濫。賊止蔚迥，餘並被驅。當時惻隱，咸知此事。國初機候，不獲縱之，可於遊豫園南、葛蔓山上立大慈寺，拆三爵臺以營之。六時禮佛加一拜，爲園中枉死者。寺成僧住，依敕禮唱。怨哭之聲，一斯頓絶。上來所引者，由緣相係，目覩親知。信承佛教，善惡之報，驗知不虚。我殺還我償，豈有斯謬矣。

〔一〕「入」字原作「又」，據高麗藏本改。

〔二〕太平廣記卷一二七引，作出還冤記，較此爲略。

中國佛教典籍選刊

法苑珠林校注

五

〔唐〕釋道世撰

周叔迦
蘇晉仁　校注

業因部第二

如對法論云：〔一〕「復次有四種諸業差別：謂黑黑異熟業；白白異熟業；黑白黑白異熟業；非黑白無異熟業，能盡諸業。黑黑異熟業者，謂不善業。由染汙故，不可愛異熟故。白白異熟業者，謂三界善業。不染汙故，可愛異熟故。黑白黑白異熟業者，謂欲界雜業。善不善雜故。非黑白無異熟業，能盡諸業者，謂於方便無間道中諸無漏業，以方便道無間道，是彼諸業對治故。非黑者，離煩惱垢故；白者，一向清净故；無異熟者，生死相違故。能盡諸業者，由無漏業，爲永拔得黑等三有漏業，與異熟習氣故。」〔二〕

又優婆塞戒經云：「若善男子有人不解如是業緣，無量世中流轉生死，雖生非想非非想處，壽八萬劫，福盡還墮三惡道故。佛告：善男子，一切模畫無勝於意。意畫煩惱，煩惱畫業，業則畫身。」〔三〕

又阿毗雜心業品偈云：

「業能莊飾世，　趣趣各處處。　是以當思業，　求離世解脱。　身口意集業，　在於有有

〔一〕「法」字原作「治」，據高麗藏本改。對法論即阿毘達摩雜集論。

〔二〕出大乘阿毘達摩雜集論卷八抉擇分中諦品。

〔三〕出優婆塞戒經卷七業品。

中。　彼業爲諸行，　嚴飾種種身。　身業當知二，　謂作及無作。　口業亦如是，　意業當知思。」〔一〕

又涅槃經云：「善男子，因有五種。何等爲五？一、生因，二、和合因，三、住因，四、增長因，五、遠因。云何生因？生因者，即是業煩惱等及外諸草木子，是名生因。云何和合因？如善與善心和合，不善與不善心和合，無記與無記心和合，是名和合因。云何住因？如下有柱，屋則不墮。山河樹木，因大地故而得住立。內有四大，無量煩惱，衆生得住。是名住因。云何增長因？因緣衣服飲食等故，令衆生增長。如外種子，火所不燒，鳥所不食，則得增長。如諸沙門婆羅門等，依因和尚善知識等而得增長。如因父母，子得增長。是名增長因。云何遠因？譬如因呪，鬼不能害，毒不能中。依憑國王，無有盜賊。如芽依因地水火風等。如水鑽人繩，〔二〕爲酥遠因。如名色等，爲識遠因。父母精血，爲衆生遠因。如時節等悉名遠因。善男子，涅槃之體非是如是五因所成，云何當云是無常因？一切諸法復有二種因：一者作因，二者了因。如陶師輪繩，是名作因。如燈燭等照暗中物，是名了因。善男子，大涅槃者不從作因而有，唯有了因。了因者，即是三十七品助道之法，六波羅蜜，是名了因。」〔三〕又云：

〔一〕雜阿毘曇心論卷三。

〔二〕「如水鑽人繩」，大般涅槃經作「如水攢及人」，高麗藏本作「如乳人攢」。

〔三〕出大般涅槃經卷三十六。

三解脱門、三十七品，能爲一切煩惱作不生生因，〔一〕亦爲涅槃而作了因。善男子，遠離煩惱則得了了見於涅槃。是故涅槃唯有了因，無有生因。」〔二〕又云：「若離如是三十七品，終不能得聲聞正果，乃至阿耨多羅三藐三菩提果，不見佛性及佛性果。以是因緣，梵行即是三十七品。何以故？三十七品性非顛倒，能壞顛倒；性非惡見，能壞惡見；性非怖畏，能壞怖畏；性是浄行故，〔三〕能令衆生畢竟造作清浄梵行也。」〔四〕

述曰：上來雖引經論，明業因多種，至時斷罪，未明輕重，故別引優婆塞戒經，辯業不同，別有四例：一、將物對意有四。二、輕重不同有八。三、上中下不同復八。四、依薩婆多論，有心無心不同復八。臨時判罪，並皆攝盡。故經第一云：「有物重意輕，有物輕意重，有物重意重，有物輕意輕。一、物重意輕者，如無惡心殺於父母者是。二、物輕意重者，如以惡心殺於畜生者是。三、物重意重者，如以極惡心殺所生父母者是。四、物輕意輕者，如以輕心殺於畜生者是。第二、如是惡業復有八種輕重不同。何等爲八？一、有方便重，根本成已輕。二、有根本重，方便成已輕。三、有成已重，方便根本輕。

〔一〕「作不」原作「則得」，據高麗藏本、磧砂藏本、南藏本、嘉興藏本改。
〔二〕出大般涅槃經卷三十六。
〔三〕「故」字疑衍，大般涅槃經無。
〔四〕「造」字原作「進」，據高麗藏本改。出大般涅槃經卷三十八。

四、有方便根本重，成已輕。五、有方便成已重，根本輕。六、有根本成已重，方便輕。七、有方便根本成已重。八、有方便根本成已輕。物是一種，以心力故，得輕重果。如十善業道有其三事：一、方便，二、根本，三、成已。若復有人，能勤禮拜供養父母、師長、和尚、有德之人，先意問訊，言則柔軟，是名方便。若作已竟，能修念心，歡喜不悔，是名成已。作時專著，是名根本。十善既爾，十惡亦然。第三、是十業道復有三種：謂上、中、下。或方便上、根本中、成已下，或方便中、根本上、成已下，或方便下、根本上、成已中。」〔一〕綺互作八，準前可知。第四、依薩婆多論，方便、根本、成已，有心、無心，作八句。準類可知。

又如阿毗曇心論云：「有五種果：一、報果，二、所依果，三、增上果，四、身力果，五、解脱果。若是善有漏法，或四果，或五果。能斷結使，是謂五果。不依斷結，是謂四果，除解脱果。若是無漏法，或四果，或三果。若能斷結，於四果中，除其報果。若不斷結，除報果、解脱果。若是無記法中，唯有三果，除報果、解脱果。」〔二〕

〔一〕出優婆塞戒經卷七。
〔二〕出雜阿毘曇心論卷三。

十惡部第三

第一、就地獄明起不善。依毗曇論云：「有五業道：一惡口，二綺語，三貪，四瞋，五邪見。」〔一〕於中惡口綺語及瞋，彼受苦時，三種現行：惡駡獄卒故，惡口現行。即此惡口，語不應時，違法非正，即落綺語。爾時忿怒，即是瞋恚。此三不善，地獄現行。若論貪業及與邪見，成就在心而不現行。以彼麤凡未斷煩惱故，貪邪見成就在心。彼處男女各恒受苦，無有男女共行邪事，是故無此貪心現行。以常受苦，心識暗鈍，不能推求因果有無，是故亦無邪見現行。自餘殺、盗、妄語、兩舌，彼處不行，一向是無。問：若地獄不有現行貪及邪見業道者，云何説彼成就此二？荅：煩惱心法未斷已來，雖不現行，性恒成就。不同身口七支色業，是麤作法，發動方成；無造作處，則不説成。故雜心論云：「地獄之中，無相殺故，無殺業道。無受財故，無盗業道。無執受女人故，無邪婬業道。異想説故，名妄語；彼無異想，故無妄語。常樂離故，無兩舌。爲苦所逼故，有惡口。不時説故，故有綺語。貪及邪見成就不行。」〔二〕

第二第三、明鬼畜道中十惡具有，而無身口七支惡律儀也。問：今畜生中不知言者，雖有音聲，成

〔一〕出雜阿毘曇心論卷三。
〔二〕出雜阿毘曇心論卷三。

口業不？荅：彼起瞋時，發聲則別。雖非言辯，亦成口業。故成實論云：「畜生音聲是口業不？荅：雖無言説之别，從心起故，亦名爲業。」〔一〕亦可言具十者，多是龍王，解人意志，故具十業道。自餘癡鈍畜生，但可具身三、意三六種。餘四不具，以口不解語故。若據劫初畜生解人語者，此亦可具十惡。

第四、就人中起罪行者，人中即有四天下。南閻、東弗、西耶，此三方人起惡多故，皆具十惡。然東西則輕，南方最重，以有受惡律儀故。若就北單以論罪者，彼方唯有四不善業：一綺語，二貪，三瞋，四邪見。由有歌詠，故有綺語。貪瞋邪見，成而不行。問：北方有行欲事，云何言無邪婬業道？荅：彼方無夫妻共相配匹。雖有婬事，無相凌奪，故無邪婬。問：既有行婬，即貪欲現行，云何而言但成不行？荅：彼起婬貪，非俗能裁。雖數現行，聖説無罪。但此貪心所起之婬，尚非罪業，不牽苦報，何況内心能起之貪。如世夫妻，貪愛非制。問：北方之人既有歌詠等，此不應法，即是妄語。云何不説有妄語業？荅：彼人淳直，不行姦僞，無誑他心，故非妄語。彼定千歲，故無殺命。彼方衣食，地有粳米，樹有寶衣，自然而出，無有主掌，故無偷盜。彼人和柔，故無兩舌、惡口等業。故雜心論云：「鬱單有四不善業道。壽命定故，無殺生。無愛財故，無盜。無執受女人故，無邪婬。無欺他故，無妄語。常和合故，無兩舌。以柔軟故，無麤言。有歌歎故，有綺語。若論意業道，雖成就而不現行。」〔二〕

〔一〕出成實論卷八九業品。

〔二〕出雜阿毘曇心論卷三。

第五、就天起罪行者，此欲界六天有殺盗等。於中雖有十不善業，而無身口七種惡律儀。故雜心論云：「欲界六天有十業道，離不律儀。雖不害天而害餘趣，如害修羅，亦有截手足斷而復還生，若斬首則死。展轉相奪，乃至十業道一切皆有。」〔一〕亦有薄福諸天，乏少資緣，更相攙竊，故有盗業。或有諸天，自薄所愛，婬他美天，故有邪婬。自餘七業，文顯可知。若論色無色天，依如毗曇，則無不善。〔二〕據理而言，亦有輕微三業不善。謂彼意地有邪慢等身口業過。如初禪中娑伽梵王語諸梵衆：汝得住此，我能令汝盡老死邊。汝等不須詣瞿曇所。黑齒比丘往彼問言：初禪三昧，依何三昧生，從何三昧滅？梵王荅言：我是諸梵中尊者。黑齒比丘言：我不問梵王尊卑，但問初禪三昧依何三昧生？從何三昧滅？彼不能荅，即捉尊者牽出衆外。語尊者言：我不能知初禪三昧從何三昧生，從何三昧滅，汝何忍在梵中損辱我也。此是諂詐不善煩惱。言佛不能令汝解脱，即是謗佛、綺語、惡口。上界唯有此諂詐，發動身口微不善業。然不於他人起麤微損。以生上者，曾修得定，盡離欲界麤貪瞋等，故得彼報，還能修定。雖有煩惱，唯是癡心。以迷道故，起愛慢等。樂修善法，望得勝他。此等煩惱爲定所壞，故不損物，不相違害。若依毗曇，上界煩惱非是不善，説爲無記。此細貪等能行净心，雖是無記，體是染汙，不同報生色心苦樂及威儀等，白净無記。故論説爲穢汙無記，是汙穢故，潤業受生。若此煩惱

〔一〕出雜阿毗曇心論卷三。
〔二〕見雜阿毗曇心論卷三。

不潤業者，〔一〕業種則燋，永不牽報，上界衆生不應更生。由能潤業，故得更生。問：上界煩惱既能潤業潤生得報，何故非記？答：上界煩惱雖復潤業，唯得總報受生而已。不由此惑正感樂果，亦不招苦，故是無記。不同下界不善煩惱，感得總報及別報苦。若依成實論，上二界中所起邪見，皆名不善。如彼論說：「人在色無色界，謂是涅槃。臨命盡時，見欲色中陰，即生邪見，謂無涅槃，謗無上法。」當知彼中有不善業。又論說：「彼上界邪見是苦因緣。」〔二〕違理上界據其位判，衆生心細，所起或微，多不成業，故名無記。若據通論，不妨於中有起麤邪成不善者。毗曇所說，義當前判。成實所論，義當後通。又據望理，彼細煩惱皆違理起，悉是不善。準依成實，不善惡業三界通起，唯有多、少、增、微爲異。

述曰：向來就凡明諸罪行依身起處竟。若論聖人如須陀洹等，出觀失念，容有起意輕微不善，生惡願等具欲結者，貪瞋雖强，片似餘凡，唯可直起貪欲瞋慢，不更思量起邪見心，亦不起殺盜等心。如依毗曇，得有眷屬枷棬等事輕不善業。若依成論，〔三〕有意不善，設動身口，不成業報。

又彌勒菩薩所問經論云：「此十不善業道，一切惡法，皆從貪瞋癡起。如依三毒起殺生者：若依貪心起者，或爲皮肉錢財故斷生命等，是名依貪起。若依瞋心起者，或以瞋心殺害怨家等，是名依瞋

〔一〕「業」字下原衍「受生若此煩惱不潤業」九字，據高麗藏本删。

〔二〕出成實論卷七繫業品。

〔三〕「若」字原作「苦」，據高麗藏本、磧砂藏本、南藏本、嘉興藏本改。

起。若依癡心起者，或有人言：殺蛇蝎等，以生衆生苦惱故，雖殺無罪。或言：波羅斯等言：殺却老父母及重病者，則無罪報。是名依癡起。如依三毒起偷盜者：若依貪心起者，或爲自身，或爲他身，或爲飲食等，是名依貪起。若依瞋心起者，或於瞋人邊及瞋人所愛，偷盜彼物等，是名依瞋起。若依癡心起者，如有婆羅門言：一切大地諸所有物，唯是我有。何以故？以彼國王先施我故。以我無力故，爲餘姓奪我受用。是故我取，即是自物，不名偷盜。是名依癡心起。如依三毒起邪婬者：若依貪心起者，或於衆生起貪染心，不如實修行等，是名依貪起。若依瞋心起者，或於他守護資生，依瞋心故起；或婬怨家妻妾，或婬怨家所愛之人等。是名依瞋起。若依癡心起者，或有人言：譬如碓臼熟華熟果，飲食河水，及道路等，女人行婬無罪。或如波羅斯等邪婬母等。是名依癡起。如依三毒起妄語者：此三可解。如是兩舌、惡口、綺語。皆亦如是。依貪心起者，依貪結生，次第二心現前，如是名爲依貪起。依瞋結生者，名爲依瞋起。依癡結生者，名爲依癡結起。如貪瞋與邪見，皆亦如是應知。問曰：何故不説作不作相、無作相？決定何業中有，何業中無？荅曰：唯除邪婬，餘六業中悉皆不定。此義云何？若自作者，成就作業及無作業。若使他作，唯有不作，不得有作。於邪婬中決定有作，不得有不作。何以故？以此邪婬畢竟自作，無使他作。是故經言：頗有非身作業而得成就殺生罪不？荅言：有。如口使人作，成就殺罪。又問：頗有非口業作而得成就妄語罪不？荅言：有。如以身業作，成就口業妄語之罪。又問：頗有非身業作、非口業作而得成就身口業不？荅言：有。如以依仙人瞋心故，以唯欲界色身善業道中畢竟有作及以無作。禪無漏戒無無作戒。何以故？以依心故。中間禪不定。若深厚心，畢竟恭敬心，作身口業，成就作業及無作業。若深厚心，結使心，起身口業，亦成就作業及無作業。若非深厚心，非畢竟恭敬心，造身口業，唯有作業，無無作業。若非深厚結使心，發身口業，亦唯有作業，無無作業。而方便作業，心還悔者，唯有作業，無無作業。問曰：於業道中，何者是前眷屬？何者是後眷屬？荅曰：若起殺生方便，如屠兒捉羊，或以物買，將詣屠所，始下一刀，或二三刀，羊命未斷。所有惡業，名前眷屬。隨下何刀，斷其命根，即彼念時，所有作業及無作業，是等皆名根本業道。次後所作身行作業，是名殺生後眷屬業。乃至綺語，皆亦如是，應知。自餘貪瞋邪見業中，無前眷屬。以初起心，即時成就根本業道。又身口意十不善業道，一切皆有前後眷屬。此義云何？如人起心欲斷此衆生命，因復更斷餘衆生命。如欲祭天，殺害衆生，即奪他物。欲殺彼人，復婬其妻。生如是心，還使彼妻自殺夫主。復以種種鬪亂言說，破彼親屬，無時非實。於彼物中生於貪心，即於彼人復生瞋心。爲殺彼人故，生如是邪見，增長邪見，以斷彼命，復欲殺其妻男女等。如是次第具足十種不善業道。如是等業，名前眷屬。一切十不善業道皆亦如是，應知。又離善道非方便，修行善業道是方便。以遠離根本故，及遠離方便故。言方便者，如彼沙彌欲受大戒，將詣戒場，禮衆僧足，即請和尚受持三衣。始作一白，作第二白時，如是悉皆名前眷屬。從第三白至羯磨竟，所起作業，及彼念起無作業，是等皆名根本業道。次說四依乃至不捨，所受善行，身口作業及無作業，如是等悉皆名後眷屬。問曰：應說十不善業道果及隨順因？荅曰：有三種果：一、果報果，二、習氣果，三、增上果。一一業道皆有此三種。此義云何？具足十不善業道，有下、中、上。若生地獄中，是果報果。習氣果者，從地獄退，生于人中。

依殺生故，有短命果；依偷盜故，無資生果；依邪婬故，不能護妻；依妄語故，有他謗果；依兩舌故，眷屬破壞；依惡口故，不聞好聲；依綺語故，爲人不信；依本貪故，貪心增上；依本瞋故，瞋心增上；依邪見故，癡心增上。如是一切名習氣果。增上果者，依彼十種不善業道，一切外物無有氣勢。所謂土地高下，雀鼠雹棘，塵土臭氣，多有蛇蝎，少穀細穀，少果細果，及以苦果，如是一切名增上果。復有相似果者，如殺者故興所害衆生種種諸苦。因彼苦故，生地獄中，受種種苦。以斷他命，後生人中，得短命報。斷他暖觸，是故一切外物資生無有氣勢。如是一切十業道中，隨義相應解釋，應知。如劫奪他物，邪婬他妻，雖不生他重逼惱苦，而破壞心，是故受罪。雖不破壞，不瞋，不惡口，而由惡心，是故得罪。」〔一〕

十善部第四

若依十善分別者，如毗曇說：「於彼地獄趣中唯有意地三善業道。然但成就而不現行。北方亦同。自餘一切皆具十義。」〔二〕文顯可知。

如彌勒菩薩所問經論云：「是菩薩行十不善業道集因緣故，則墮三惡。行十善業道集因緣故，則

〔一〕出彌勒菩薩所問經論卷五。
〔二〕出雜阿毗曇心論卷三。

生人天。又是上十善業道與智慧觀和合修行，其心狹劣，心厭三界，遠離大悲，從他聞聲而通達故，聞聲意解，成聲聞乘。又是上十善清浄業道，不從他聞，自正覺故，不具大悲而通達深因緣法，成辟支佛乘。又是上上十善業道，清浄具足，其心廣大無量，爲諸衆生起悲愍故，修行一切種智，令清浄具足故，成菩薩乘。問曰：云何名業道義？荅曰：身口七業，〔一〕即自體相，名爲業道。餘三者，意相應心。又即彼業能作道故，名爲業道。問曰：若即業名道，皆能趣地獄等者，何故餘三非是業道？荅曰：如彼七業，此三能作彼根本故，以相應故，不能如彼業故，不名業道。問曰：一切美味飲酒食肉，捲手摑打，一切戲笑，如是等惡行；一切禮拜供養恭敬，遠離飲酒等，如是等善行，何故不記以爲業道？荅曰：遠離飲酒等，唯是心業，能起七業，非身口業，是故非業道。若作與心相應，亦是業道。問曰：若即彼業能作道，名爲業道者，即一切法於心皆名業道。何故但説十種業道，不説無量業道？荅曰：以勝重故。以諸惡行及善行中，十業道重，餘非重故，不説無量。又七業一向極重，意三亦輕亦重。飲酒等不爾，以是故但説十名爲業道，不説餘者名爲業道。問曰：遠離殺生者，云何殺生等相應説？荅曰：殺生有八種：一故心，二他，三定不定衆生相，四疑心，五起捨命方便，六作，七不作相，八無作相。是等名爲殺生身業，身口意業，名爲殺生。問曰：何故名故心者？荅曰：若不故心成殺生罪者，則阿

〔一〕「口」字原作「自」，據高麗藏本改。

羅漢不得涅槃。以阿羅漢斷世間因，有不作心而殺衆生，亦應還生世間。而實不然。以是義故，不故心殺，不得罪報。問曰：何故名他？答曰：非自命故。若有他人是可殺者，能殺人得殺生罪。以自殺者，無可殺境，故自斷命，不得惡報。又阿羅漢自害其身，斷己命故，而彼無罪。何以故？已離瞋心等故，是自殺，不得殺罪。問曰：何名定、不定衆生相者？答曰：定衆生相者，如有百千人，作心於中定殺其人，是得殺罪。若殺餘人，不得殺罪。不定者，以捨一切故，隨殺得罪。以彼處不離衆生相故。問曰：何故名疑者？答曰：疑心殺生，亦得殺罪。以彼是衆生，亦得殺罪。以捨慈悲心故，得殺罪。問曰：何故名起捨命方便者？答曰：若殺者於彼事中起不善心，必欲斷命，非慈悲心作殺方便，是名爲起。問曰：何故名作、不作相、無作相者？答曰：作者，所作事。不作者，所名作事。彼作事共起，雖作業滅，而善無記法相續不斷。如脩多羅說：有信者修行七種功德，行住睡寤等，日夜常生功德，增長功德。若離身口業，更無無作，云何異心法而得增長？是故當知離身口業有無作法。又自不作，使他作業，若無無作，此云何成？若無無作法，離波羅提木叉亦應無無作戒。是故當知有無作法。」〔一〕「問曰：云何名遠離偷盜者？答曰：偷盜有九種：一他護，二彼想，三疑心，四知不隨他，〔二〕五欲奪，六知他物起我心，七作相，八不作相，九無作相。是等名爲偷盜身業。問曰：何名他護者？答曰：此明

〔一〕出彌勒菩薩所問經論卷四。
〔二〕「他」字原脱，據高麗藏本補。

取他護物。問曰：何名彼想者？答曰：若不生自想，不言是我物，則不得罪，名爲彼想。問曰：何名疑心者？答曰：若心有疑，爲是我物，爲是他物。而彼物他物，並須識之。問曰：何名知不隨他者？答曰：知他物，生心他隨我想。問曰：何名欲奪者？答曰：起損害心。問曰：何名知他物起我心者？答曰：若不異見，若闇地取，若疾他取，若取餘物，若取他物，若取自物想。問曰：何名作、不作相、無作相者？答曰：此三如前殺生中說。問曰：云何遠離邪婬者？答曰：邪婬有八種：一護女人，二彼想，三疑心，四道非道，五不護，六非道非時，七作，八無作相。是等名爲邪婬身業。問曰：何名護女人者？答曰：所謂父母等護。問曰：何名彼想者？答曰：若知彼女是父母等所護女想，非不護想。問曰：何名疑心者？答曰：若生疑心，爲自女，爲他女，爲父母護，爲不護等女，一一皆成邪婬。問曰：何名道、非道者？答曰：道者所有道，非道者謂非道。問曰：何名彼不護女、非道非時者？答曰：此亦名邪婬。問曰：何名作、不作相、無作相者？答曰：此三如殺生中說。然此中不作相者，於邪婬中無如是不作法，以要自作成。問曰：云何名遠離妄語者？答曰：妄語有七種：一見等事，二顛倒非顛倒事，三疑心，四起覆藏想，五作，六不作相，七無作相。是等名爲妄語口業。問曰：何名見等事者？答曰：謂見聞覺知。問曰：何名顛倒、非顛倒事者？答曰：顛倒事者，如聞如彼事。非顛倒者，謂如彼事。問曰：何名疑心者？答曰：若生疑，爲如是、不如是，爲一向如是，爲一向不如是。問曰：何名起覆藏想者？答曰：覆藏實事，異相事中住異相說。作、不作、無作相，如殺生中說。問曰：云何遠離兩舌者？答曰：兩舌有七種：一起不善意，二實虛妄，三破壞心，四先破不和合意，五作，六不作相，七無作相。是等名爲兩舌口業。此七易解，不煩釋之。問曰：云何遠離惡口者？〔一〕答曰：惡口有七種：一依不善意，二起惱亂心，三依亂心，四言説他，五作，六不作相，七無作相。此七亦易，不煩釋之。問曰：云何遠離綺語者？答曰：綺語有七種：一依不善意，二無義，三非時，四惡法相應，五作，六不作相，七無作相。問曰：何名依不善意者？答曰：依欲界修道煩惱心相應説，名爲綺語。問曰：何名無義者？答曰：離實義故。問曰：何名非時者？答曰：語雖有義而非時説，亦成綺語。又有時説，於大衆中爲自在人説，亦成綺語。問曰：何名惡法相應者？答曰：謂一切戲語、非法歌舞等，一切與不善法相應者，皆是綺語。作、不作、無作相者，如前殺生中説。」〔二〕此下貪瞋邪見，其文易解，不煩解釋之。

又論云：「如娑伽羅龍王所問經中，如來説言：龍王，離殺獲得十種離煩惱熱、清涼之法。何等爲十？一、施與一切衆生無畏，二、安住大慈念中，三、斷諸煩惱過患習氣，四、取無病果，五、增長壽種子，六、諸非人等常所守護，七、睡寤安隱，八、不見惡夢，離怨恨心，九、不畏一切外道，十、退生天中。是名十種離煩惱熱、清涼之法。龍王若不殺善根迴向阿耨菩提者，彼人得菩提時，心得自在，是故壽命無量。如龍王，菩薩離殺生故，能起布施，則得成就大富資生，不可破壞，得長壽命，行菩薩行，過諸世間

〔一〕「者」字原脱，據高麗藏本補。

〔二〕出彌勒菩薩所問經論卷五。

所惱惡事。如是龍王，十善業道亦復如是，莊嚴成就大利益故。」〔一〕

引證部第五

如雜寶藏經云：「昔佛在世時，波斯匿王有其一女，名曰善光。聰明端正，父母憐愍，舉宮愛敬。父語女言：汝因我力，舉宮愛敬。女荅父言：我自有業力，〔二〕不因父王。王聞瞋忿而語之言：今當試汝，有自業力。即遣左右覓一最下貧窮乞人，以女付之。王語女言：汝自有業不假我者，從今可驗。女猶荅言：我有業力。即共窮人相將出去。婦問夫言：有父母不？夫荅婦言：我父母先此舍衛城中第一長者。父母居家，都已死盡，無所依怙，是以窮乞。婦復問言：汝今頗知故宅處不？荅言：知處。垣宅毀壞，遂有空地。夫婦相將往至故舍，周歷案行。隨其行處，伏藏自出。即以珍寶雇人造宅，未盈一月，宮宅悉成。宮人妓女，奴婢僕使，不可稱計。王卒憶念：我女善光云何生活？有人荅王：善光女郎宮室錢財不減於王。王女即日遣其夫主請王到舍，王即受請。見其家內，宮宅莊嚴，歎未曾有。王往問佛：此女先世作何福業，得生王家，身有光明？佛荅王言：乃往過去九十一劫毗婆尸佛入涅槃後，有槃頭王以佛舍利起七寶塔。王大夫人見，即便以天冠拂飾著像頂上，以天冠中如意寶珠著塔撲

〔一〕出彌勒菩薩所問經論卷五。
〔二〕「力」字原脱，據高麗藏本補。

頭，因發願言：使我將來身有光明紫磨金色，尊榮豪貴，莫墮三惡八難之處。昔夫人者，今善光是。後於過去迦葉佛時，復以餚饍供養佛僧，而夫遮斷。婦即勸請：我今已請使得充足。夫還聽婦。爾時婦者，今善光是。爾時夫者，今日夫是。由昔遮婦，恒常貧賤。以還聽故，要因其婦得大富貴。無其婦時，後還貧賤。以是因緣，善惡之業，逐身受報，未曾違失。」〔一〕

又雜寶藏經云：「佛在世時，波斯匿王時於眠中聞二内官共諍道理。一人説言：我依王活。一人荅言：我自依業，不依王也。王聞，可彼依王活者而欲賞之，即遣直人語夫人言：我今當使一人往者，〔二〕重與財物。尋即遣彼依王活者，持所飲酒送與夫人。此人出户，鼻中血出，不得前進。尋即倩彼依業者送。夫人見已，重賜錢財衣服瓔珞，來到王前。王見深怪，即便唤彼依王活者而問之言：我使汝去，云何不去？彼即向王具白情事。王聞歎言：佛語真實。自作其業，還自受報，不可奪也。由是觀善惡報應，自業所引，非天非王之所能與。」〔三〕要須自作自得，起於正見，信業果報，近獲人天，遠招佛果。若違聖教，具受前苦。

又輪轉五道經云：「迦維羅衛國、舍衛國，佛在世時，二國之間有一大樹，名尼俱類樹，高二十里，

〔一〕出雜寶藏經卷二波斯匿王女善光緣。

〔二〕「者」字原作「彼」，據高麗藏本改。

〔三〕出雜寶藏經卷二二内官諍道理緣。

枝布方圓，覆六十里。其樹生子，皆數千萬斛。食之香甘，其味如蜜。甘果熟落，人民食之，衆病皆愈，眼目精明。佛在樹下，時諸比丘取果食之。佛告阿難：天下萬物各有宿緣。阿難白佛：何等宿緣？佛言：夫人作福，譬喻此樹。稍稍漸大，收子無限。夫人豪貴，國王長者，從禮三尊中來。爲人大富，財物無限，從布施中來。爲人長壽，無有疾病，身體强壯姝長，從持戒中來。爲人端正，顔色潔白，輝容第一，見無不喜，從忍辱中來。爲人精進，樂於福事，從精進中來。爲人安詳，言行審諦，從禪定中來。爲人才明，達解深法，從智慧中來。爲人音聲清徹，聞者樂聽，從歌歎三寶中來。爲人潔凈，無有疾痛，從慈心中來。阿難白佛：云何爲慈？佛言：一、慈衆生如母愛子。二、悲世間欲令解脱。三、解脱道意，心常歡喜。四、爲能護一切不犯。是名慈心。佛言：爲人姝長，恭敬人故。爲人短小，輕慢人故。爲人醜陋，喜瞋恚故。爲人生無所知，不學問故。爲人專愚，不教人故。爲人瘖瘂，謗毁人故。爲人聾盲，不聽法故。爲人奴婢，負債不償，不禮三尊故。爲人醜黑，遮佛光明故。爲人生在裸國者，輕衣入精舍故。生馬蹄國者，著屐躡佛前故。生穿胸人國者，布施作福，悔惜心故。生在麞鹿麋麂中者，〔一〕喜驚怖人故。生在龍中者，調戲忿怒人故。身生惡瘡、癩疾難差，醫藥所不治，苦痛難言者，前身喜鞭打衆生故。人見歡喜者，前身見人歡喜故。〔二〕人見不歡喜者，前身見人不歡悦故。喜遭縣官，閉在牢

〔一〕「麋」字原脱，據高麗藏本補。
〔二〕「前」字原作「此」，據高麗藏本改。

獄，杻械其身者，前身喜籠繫衆生不從意故。爲人屑缺者，前身鉤魚口缺故。爲人聞説法，心不聽採，於中兩舌亂人聽受者，後生作長耳驢、瞻耳狗中。爲人慳貪，不恕己，〔一〕好獨食者，死入地獄，墮餓鬼中。出生爲人，貧窮飢餓，衣不蓋形，食不供口。爲人好食獨啗，惡食施人者，後墮猪肫蜣蜋之中。爲人喜剥脱人物者，後墮羊中，生被剥皮。爲人喜殺生者，後生爲水上作蜉蝣之蟲，朝生暮死。爲人喜偷盜人物者，後生奴婢牛馬中。爲人喜妄語，傳人惡者，死入地獄，烊銅灌口，拔出其舌，以牛犂之。後墮白鳩鵂鶹鳥中。〔二〕人聞其鳴，莫不驚怖，皆言變怪，呪令其死。爲人喜婬他婦女者，死入地獄，男抱銅柱，女卧鐵牀。後墮婬色鵝鴨鳥中。爲人喜飲酒，醉犯三十六失者，死入地獄，墮沸屎泥犂中，後生墮狌狌獸中。後生爲人，愚癡故無所知。爲人夫婦不相和順，數共鬬諍，更相驅遣者，後墮鳩鴿中。爲人喜貪人力者，後墮象中。佛言：除州縣官長，禀食官禄，合公道者，無罪。或私侵於民，鞭打輸送，告訴無地，杻械繫録不得寬縱者，此人罪報死入地獄。神更受痛數千萬劫，〔三〕罪畢乃出。後墮水牛中，穿領缺鼻，牽船挽車，大杖打撲，償其宿罪。爲人不潔净者，從猪中來。爲人慳貪不恕己者，〔四〕從狗中

〔一〕「不恕己」，高麗藏本作「而驕悕」，磧砂藏本作「不庶幾」，輪轉五道罪福報應經作「不共飢」。

〔二〕「白鳩鵂鶹」，高麗藏本作「鵂鶹鴉鵲」，輪轉五道罪福報應經作「鴟梟鵂鶹」。

〔三〕「受」字原作「萬」，據高麗藏本改。

〔四〕「不恕己者」，高麗藏本作「不好施者」，磧砂藏本作「不庶幾者」，輪轉五道罪福報應經作「不能廉潔」。

來。爲人狠戾自用者，從羊中來。爲人不安庠不能忍事者，從獼猴中來。爲人尤惡，〔一〕含毒心者，從蝮蛇中來。爲人好於美食，恐害衆生，無有善者，前身從豺狼貍貓中來。

又佛説須摩提女經云：「爾時羅閲城有長者，號曰郁迦。有女名須摩提，厥年八歲。歷世奉敬過去無數百千諸佛，積累功德，不可稱計。行到佛所，頭面禮足，却住一面，叉手白佛：欲有所問，願爲解説。佛語須摩提：恣所欲問，今當爲説，令汝歡喜。須摩提問佛言：菩薩云何所生處人見之常歡喜？云何得大富有，常多財寶？云何不爲他人所別離？云何不在母人腹中，常得化生千葉蓮華中立法王前？云何得神足，從不可計億刹土去到彼閒得禮諸佛？云何得無讎怨無侵嫉者？云何所説，聞者信從，踴躍受行？云何得無央福，所作善行，無能壞者？云何魔不能得其便？云何臨壽終時，佛在前立，爲説經法，即令不墮苦痛之處？所問如是。是時佛語須摩提：如汝所問如來義者，善哉大快，乃如是乎！汝若欲聞，吾當解説。時女即言：甚善，世尊，願樂欲聞。佛言：菩薩有四事法，人見皆歡喜。何等爲四？一、瞋恚不起，視怨家如善知識。二、常有慈心向於一切。三、常行求索無上要法。四、作佛形像。菩薩復有四事法，得大富有。何等爲四？一、布施以時，二、與已倍悦，三、與後不悔，四、既與不求其報。菩薩復有四事法，不爲他人所別離。何等爲四？一、不傳應説，鬭亂彼此。二、導愚癡者，使

〔一〕「尤」字，高麗藏本作「内」，輪轉五道罪福報應經作「兇」。

〔二〕出輪轉五道罪福報應經。

入佛道。三、若有毁敗正法，護使不絶。四、勸勉諸人，教使求佛，令堅不動。菩薩復有四事法，得化生千葉蓮華中，立法王前。何等爲四？一、細擣紅青黄白蓮華，合此四種，末之如塵，使滿欶妙華，持是供養世尊若塔及舍利。二、不令他人起瞋恚意。三、作佛形像，使坐蓮華上。四、得最正覺，便歡喜住。菩薩復有四事法，得神足，從一佛國復至一佛國。何等爲四？一、見人作功德，不行斷絶。二、見人説法而不中止。三、常然燈火於塔寺中。四、求三昧。菩薩復有四事法，得無讎怨無侵嫉者。何等爲四？一、於善知識無諛諂心。二、不慳貪妬他人物。三、見人布施，助其歡喜。四、見菩薩諸所作爲，不行誹謗。菩薩復有四事法，其所語言，聞者信從，踴躍受行。何等爲四？一、口之所説，心亦無異。二、於善知識，常有至誠。三、聞人説法。不生是非。四、若見他人請令説法，不求其短。菩薩復有四事法，得無央福，所作善行疾得浄住。何等爲四？一、心意所念，常至於善。二、常持戒、三昧、智慧。三、初發菩薩意，便起一切智，多所度脱。四、常有大慈，愍於一切。菩薩復有四事法，魔不能得其便。何者爲四？一、常念於佛，二、常精進，三、常念經法，四、常立功德。菩薩復有四事法，臨壽終時佛在前立，爲説經法，令其不墮苦痛之處。何等爲四？一、爲一切人故，具滿諸願。二、若人布施諸不足，念欲足之。三、見人雜施，若有短少，便裨助之。四、常念供養於三寶。爾時須摩提白佛言：唯世尊所説四

十事，我當奉行，令不缺減，悉使具足，不違一事。」〔一〕

又辯意長者子經云：「爾時世尊與無央數大衆共會，〔二〕圍遶説法。時舍衛城中有大長者子，名曰辯意，從五百長者子，來詣佛所，爲佛作禮，叉手白言：欲有所問，唯願慈愍。有何因緣得生天上？復何因緣來生人中？復何因緣生地獄中？復何因緣常生餓鬼中？復何因緣生畜生中？復何因緣常生尊貴中，衆人所敬？復何因緣生奴婢中，爲人所使？復何因緣生庶民中，口氣香潔，身心常安，爲人所譽，不被誹謗？復何因緣得生爲人，常被誹謗，爲人所憎，形體醜惡，身意不安，常懷恐怖？復何因緣所生之處常與佛會，聞法奉衆，初不差違，遭遇知識，逮得好心；若作沙門，當得所願？所問如是，唯願世尊分別解説，令使衆會得聞正教，願使一切得濟彼安。佛告長者子：諦聽，諦聽，善思念之。吾當爲汝解説妙要。有五事行，得生天上。何謂爲五？一、慈心不殺，恤養物命，〔三〕令衆得安。二、賢良，不盜他物，布施無貪，濟諸窮乏。三、貞潔，不犯外色，男女護戒，奉齋精進。四、誠信，不欺於人，護口四過，無得貪欺。五、不飲酒，不經過口。行此五事，乃得生天。佛告辯意：復有五事得生人中。何謂爲五？一、布施，恩潤貧窮。二、持戒，不犯十惡。三、忍辱，不亂衆患。四、精進勸化，無有懈怠。五、一

〔一〕出須摩提菩薩經。

〔二〕「共」字原脱，據高麗藏本補。

〔三〕「恤」字原作「悉」，據高麗藏本改。

心，奉孝盡忠。是爲五事，得生人中，大富長壽，端正威德，得爲人主，一切敬待。〔一〕佛告辯意：復有五事，死入地獄，億劫乃出。何謂爲五？一、不信有佛、法、衆而行誹謗，輕毁聖道。二、破壞佛寺尊廟。三、四輩轉相誹謗，不計殃罪，無敬順意。四、反逆，無有上下、君臣、父子，不相順從。五、當來有欲爲道，已得爲道，便不順師教誨而自貢高，輕慢誹謗師。是爲五事，死入地獄，展轉地獄，無有出期。復有五事，墮餓鬼中。何謂爲五？一、慳貪，不欲布施。二、盗竊，不孝二親。三、愚闇，無有慈心。四、積聚財物，不肯衣食。五、不給父母、兄弟、妻子、奴婢。是爲五事，墮餓鬼中。復有五事，作畜生行，墮畜生中。何謂爲五？一、犯戒，私竊偷盗。二、負債抵而不償。三、殺生以身償之。四、不喜聽受經法。五、常以因緣艱難齋戒、施會，以俗爲緣。是爲五事，生畜生中。復有五事，得爲尊貴，衆人所敬。何謂爲五？一、施惠普廣，二、禮敬三寶及衆長者，三、忍辱無有瞋恚，四、柔和謙下，五、博聞經戒。是爲五事，得爲尊貴，衆人所敬。復有五事，常生卑賤，爲人奴婢。何謂爲五？一、憍慢，不敬二親。二、剛强，無恪心。三、放逸，不禮三尊。四、盗竊，以爲生業。五、負債逃避不償。是爲五事，常生卑賤奴婢之中。復有五事，得生人中，口氣香潔，身心常安，爲人所譽，不被誹謗。何謂爲五？一、至誠，不欺於人。二、誦經，無有彼此。三、護戒，不謗聖道。四、教人遠惡就善。五、不求人長短。是爲五事，生於人中，口

〔一〕「待」字原作「侍」，據磧砂藏本改。

氣香潔，身心常安，爲人所譽，不被誹謗。復有五事，若在人中，常被誹謗，爲人所憎，形體醜惡，心意不安，常懷恐怖。何謂爲五？一、常無至誠，欺詐於人。二、大會之中有説法者而誹謗之。三、見諸同學而輕試之。四、不見他事而爲作過。五、鬬亂兩舌彼此。是爲五事，若在人中，常被誹謗，爲人所憎，形體醜惡，身心不安，常懷恐怖。復有五事，所生之處常與佛、法、衆會，初不差違。見佛聞法，便得好心；若作沙門，即得所願。何謂爲五？一、身奉三寶，勸人令事。二、作佛形像，當使鮮潔。三、常奉佛教，不犯所受。四、普慈一切，與尊正等，如愛赤子。五、所受經法，〔一〕晝夜諷誦。是爲五事，所生之處常與佛、法、衆會，初不差違。見佛聞法，便得好心；若作沙門，即得所願。於是長者子辯意聞佛説是五十事要法之義，欣然歡喜，逮得法忍。五百長者子皆得法眼净。又諸會者各得所志。」〔二〕

頌曰：

心境相乘，　業結牽纏。　七識起發，　八識成因。　三界受報，　六趣遷延。　隨事起業，
觸處拘連。　五陰勞倦，　九惱邅迍。　自非慈聖，　豈益我神。〔三〕　含情普洽，　機悟玄

〔一〕「受」字原作「愛」，據高麗藏本改。
〔二〕出辯意長者子經。
〔三〕「神」字，高麗藏本作「荃」。

津。〔一〕舒則利物，卷則收恩。〔二〕

〔一〕「玄津」，高麗藏本作「重玄」。
〔二〕「收恩」，高麗藏本作「自然」。

法苑珠林校注卷第六十九

受報篇第七十九此有十二部

述意部　引證部　受胎部　中陰部　現報部　生報部　後報部　定報部　不定部　善報部　惡報部　住處部

述意部第一

夫善惡之業用，實三報之徵祥；猶形影之相須，譬六趣之明驗。其三報者，以悦天后之耳目，翻孤九色之深恩，投禽王之全命，交受五苦之切酷，〔一〕斯爲現報也。羣徒潛淪於幽壑，神陟輪飄而不改，身酸歷代之殃釁，不曉王子之喪目，斯生報也。外道縱禍於非想，迷法永惑於始終。爲著翅之暴貍，飛沈受困而難計，斯爲後報也。玄鑑三代溺喪之流，深記來變坏形之累。使悟四諦三明之室，令出三報五苦之闇也。

引證部第二

如優婆塞戒經云：「佛言：善男子，衆生造業有其四種：一者現報。今身作極善惡業，即今身受之，是名現報。二者生報。今身造業，次後身受，是名生報。三者後報。今身造業，次後未受，更第二、第三生已去受者，是名後報。四者無報。猶無記等業是。此無報業，復有四種：一、時定報不定。此於三時決定不改。由業有可轉，故報不定。二、報定時不定。由業力定，報不可改。然時有可轉，故時不定。三、時報俱定。由業定故，感時亦定。四、時報俱不定。由業不決定，故時報亦不定也。衆生作業有具不具。若先念後作，名作具足。若先不念，直造作者，名作不具足。復有作已不具足者，〔二〕謂作業已，果報不定。復有作已亦具足者，謂作業已，定當得報。復有作

〔一〕「苦」字原作「兀」，據高麗藏本改。

〔二〕「作已」原作「已作」，據高麗藏本改。

已不具足者，果報雖定，時節不定。復有作已亦具足者，〔一〕時報俱定。復有作已不具足者，持戒正見。復有作已亦具足者，毁戒邪見。復有作已不具足者，三時生悔。復有作已亦具足者，三時不悔。如惡既爾，善亦如是。」〔二〕

受胎部第三

如善見律云：「女人將欲受胎，月華水出。華水者，此是血名。欲懷胎時，於兒胞處生一血聚。七日自破，從此而出。若血出不斷者，男精不住，即共流出。若盡出者，以男精還復其處，然後成胎。故血盡已，男精得住，即便有胎。又女人有七事受胎：一相觸，二取衣，三下精，四手摩，五見色，六聞聲，七嗅香。問：何謂相觸受胎？荅：有女人月水生時，喜樂男子。若男子以身觸其身分，即生貪著而便懷胎。問：何謂取衣受胎？荅：如優陀夷共婦出家，欲愛不止，各相發問。欲精污衣，尼取舐之。復取内根，即便懷胎。問：何謂下精受胎？荅：如鹿母嗅道士精，欲心而飲，遂便懷胎，生鹿子道士。問：何謂手摩受胎？荅：如睒菩薩，父母俱盲。帝釋遥知，下來其所爲夫婦。既悉出家爲道，不合陰陽。以手摩臍下，即便懷胎而生睒子。問：何謂見色受胎？荅：有一女人，月華水成，不得男子合，欲

〔一〕「不具足者，果報雖定，時節不定。復有作已」十六字原脱，據高麗藏本補。
〔二〕出優婆塞戒經卷七業品。

情極盛，唯視男子，如宮女人亦復如是，即便懷胎。問：何謂聞聲受胎？荅：如白鷺鳥，悉雌無雄。到春節時，陽氣始布，雷鳴初發，雌鷺一心聞聲，便即懷胎。雞亦有聞雄雞聲亦得懷胎。問：何謂嗅香受胎？荅：如秦牛母，但嗅犢氣而亦懷子。」〔一〕

又增一阿含經云：「爾時世尊告諸比丘：有三因緣，識來處受胎。一、母有欲，父有欲，〔二〕父母共集一處，然外識未應來趣，便不受胎。若識來趣，父母不集，則不成胎。二、若復母人無欲，父欲意盛，母不大殷勤，則非成胎。三、若父母共集一處，母欲熾盛，父不大殷勤，則非成胎。復有三種：一、若父母共集一處，父有風病，母有冷病，則非成胎。二、若母有風病，父有冷病，則非成胎。三、若父身水氣偏多，母無此患，則非成胎。復有三種：一、若父母共集一處，父相有子，母相無子，則不成胎。二、若母相有子，父相無子，則不成胎。三、若父母俱相無子，則非成胎。復有三種：一、若復有時識神趣胎，父行不在，則非成胎。二、若有時父母應集一處，然母遠行不在，則不成胎。三、父母俱集不行，此則受胎。復有三種：一、若有時父母應來集一處，然父身遇重患，有時識神來趣，則非受胎。二、若母身得重患，則非成胎。三、若父母身俱得病，則非成胎。若父母無患，識神來趣，然父母俱相有兒，則

〔一〕　出善見律毘婆沙卷六。

〔二〕　「父有欲」原作「有」，據高麗藏本補。

成有胎。」〔一〕

又瑜伽論云：「復次此胎藏八位差別。何等爲八？謂羯羅藍位，遏部曇位，閉尸位，鍵南位，鉢羅賒佉位，髮毛爪位，根位，形位。若已結凝前内稀，〔二〕名羯羅藍。若表裏如酪，未至肉位，名遏部曇。若已成肉，仍極柔軟，名閉尸。若已堅厚，稍堪摩觸，名爲鍵南。即此肉團增長，支分相現，名鉢羅賒佉。從此以後，髮毛爪現，即名此位。從此以後，眼等根生，名爲根位。從此以後，彼所依處，分明顯現，名爲形位。又於胎藏中，或由先業力故，或由母不避不平等力所生隨順風故，令此胎藏或髮、或色、或皮，及餘支分變異而生。髮變異生者，謂由先世所作，能感此惡不善業，及由其母多習灰鹽等味，若飲若食，令此胎藏髮毛希尠。色變異生者，謂由先業因如前説。及由其母習近煙熱，現在緣故，令彼胎藏黑黯色生。又母習近極寒室等，令彼胎藏極白色生。又由其母多啗熱食，令彼胎藏極赤色生。皮變異生者，謂由宿業因如前説。及由其母多習婬欲，現在緣故，令彼胎藏或癬疥癩等惡皮而生。支分變異生者，謂由先業因如前説。及由其母多習馳走、跳躑威儀，及不避不平等現在緣故，令彼胎藏諸根支分缺減而生。又彼胎藏若當爲女，於母左脅倚脊向腹而住。若當爲男，於母右脅倚腹向脊而住。又此胎藏極成滿時，其母不堪持此重胎，内風便發，生大苦惱。又此胎藏業報所發，生分風起，令頭向下，足

〔一〕出增一阿含經卷十二。

〔二〕「前」字原作「箭」，據瑜伽師地論改。

便向上，胎衣纏裹而趣産門。其正出時，胎衣遂裂，分之兩腋。出産門時，名正生位。生後漸次觸生分觸，所謂眼觸乃至意觸。」〔一〕

中陰部第四

如正法念經云：「有十七種中陰有法，汝當繫念，行寂滅道。若天若人念此道者，終不畏於閻羅使者之所加害。何等十七中陰有耶？第一、若人中死，生於天上，則見樂相中陰。猶如白氈垂欲墮，細軟白淨。復見園林華池，聞諸歌舞戲笑。次聞諸香。一切受樂無量種物，和合細觸。即生天上。以善業故，現得天樂。含笑怡悦，顔色清淨。親族兄弟悲啼哭泣，以善相故，不聞不見，心亦不念。於臨終時，初生樂處，天身相似，如印文成。見天勝處即生愛境，故受天身。是則名曰初生中陰有也。第二中陰有者，若閻浮提人命終生鬱單越，則見細軟赤氎可愛之色，即生貪心，以手捉持。舉手攬之，如攬虚空。親族謂之兩手摸空。復有風吹。若此病人冬寒之時，暖風來吹，除其寒苦。若暑熱時，涼風來吹，除其鬱蒸，令心喜樂。以心緣故，不聞哀泣悲啼之聲。若其集動，其心亦動，聞其悲聲，吹生異處。是故親族臨終悲哭，甚爲障礙。若不妨礙，生鬱單越，中間次第有善相出。見青蓮華池，鵝鴨鴛鴦充滿池中。

〔一〕出瑜伽師地論卷二本地分中意地。

即走往趣，入中遊戲。欲入母胎，從華池出，行於陸地。見於父母，欲染和合。因於不净，以顛倒見，見其父身乃是雄鵝，母爲雌鵝。若男子生，自見其身作雄鵝身。若女人生，自見其身作雌鵝身。若男子生，於父生礙，於母生愛。若女人生，於父生愛，於母生礙。是名生鬱單越第二中陰有也。第三中陰有者，若閻浮提中死，生瞿耶尼，則有相現。若臨終時，見有屋宅盡作黄色，猶如金色，徧覆如雲。見虚空中有黄氎相，舉手攬之。親族兄弟説言，病人兩手攬空。是人爾時善有將盡，〔一〕見身如牛。見諸牛羣，如夢所見。若男子受生，見其父母和合而行不净。自見人身，多有宅舍。見其父相猶如特牛，除去其父相，〔二〕與母和合。若女人生，自見其身猶如乳牛。作如是念：何故特牛與彼和合，不與我對。如是念已，受女人身。是名生瞿耶尼第三中陰有也。第四中陰有者，若閻浮提人命終，生於弗婆提界，則有相現。見青氎相，一切皆青，徧覆虚空，見其屋宅悉如虚空。恐青氎墮，以手遮之。親族説言遮空。命終見中陰猶如馬形。自見其父猶如駁馬，母如騲馬。父母交會，愛染和合。若男子生，作如是念：我當與此騲馬和合。若女人生，自見己身如騲馬形，作如是念：如是駁馬，何故不與我合。作是念已，即受女身。是名生弗婆提第四中陰有也。第五中陰有者，若鬱單越人臨命終時，見上行相。若大業心自在生天，以手攬空，如夢中所見好華上妙之香。第一妙色，香氣在手，見華生貪：今見此樹，

〔一〕「善有」，高麗藏本作「壽命」。

〔二〕「父」字下，高麗藏本及正法念處經無「相」字。

我當昇之。作是念已，即上大樹，乃是昇於須彌，見天世界華果莊嚴，我當遊行。是名鬱單越人下品受生第五中陰有也。第六中陰有者，若鬱單越人以中業故，臨命終時欲生天上，則有相現。見蓮華池甚可愛樂，衆蜂莊嚴，一切皆香。昇此蓮華，須臾乘空而飛，猶如夢中，生於天上。作如是念：我今當至勝蓮華池。是名鬱單越人中品受生第六中陰有也。第七中陰有者，鬱單越人以業勝故，生三十三天善法堂等。臨命終時，見勝妙堂，莊嚴殊妙。其人爾時即升勝堂，生此殿中，以爲天子。是名鬱單越人生於天上，受上品生，第七中陰有也。第八中陰有者，若鬱單越人臨命終時，則有相現。見於園林遊戲之處，香潔可愛。聞之悦樂，不多苦惱。其心不濁，以清净心，即昇宫殿。見諸天衆遊空而行，猶如夢中。三十三天勝妙可愛，一切五欲皆悉具足。從鬱單越死，生此天中。是名鬱單越人生此天處，熏習遊戲乃死時相，第八中陰有也。第九中陰有者，若瞿耶尼人命終生天，有二種業。何等爲二？一者餘業，二者生業。生於天上。其人臨命終時，則有相見。以善業故，垂捨命時，氣不咽濁，脉不斷壞。諸根清净，見大池水，其水調適，洋洋而流，浮至彼岸。既至彼岸，見諸天女，第一端正，種種莊嚴，戲笑歌舞。其人見已，〔一〕欲心親近，前抱女人。即時生天，受天快樂如夢，〔二〕中陰即滅。是名第九中陰有也。

〔一〕「見」字原作「尼」，據高麗藏本、磧砂藏本、南藏本、嘉興藏本改。
〔二〕「如」字原脱，據高麗藏本補。

瞿耶尼人生有三品。上中下業同一光明，等一中陰，一切相似。不同鬱單越人三種受生差別相也。〔一〕第十中陰有者，若弗婆提人臨命終時，見於死相。見於自業，或見他業，或見殿堂殊勝莊嚴，心生歡喜，欲近受生。於殿堂外，見衆婇女與諸丈夫歌頌娛樂。於中陰有作如是念：欲得同戲。即入戲衆，猶如睡覺，即生天上。是名第十中陰有也。第十一中陰有者，諸餓鬼等惡業既盡，受餘善業。本於餘道所作善業，猶如父母，欲生天中，則有相現。若餓鬼中死，欲生天上。於餓鬼中飢渴燒身，常貪飲食，常念漿水。欲命終時，不復起念。本念皆滅，一切惡業皆悉不近，雖見飲食，唯以目視。如人夢中，見不食不飲。〔二〕見天可愛，即走往趣，至於彼處，即生天上。是名第十一中陰有也。第十二中陰有者，以愚癡故，受畜生身，無量種類，受百千億生死之身。墮於地獄、餓鬼、畜生，轉輪世間，不可窮盡。以餘善業，畜生中死，生二天處，或生四天王天或生三十三天。於畜生惡道苦報欲盡，將得脱身，則有相現。臨命終時，見光明現。以餘善業，癡心薄少。或見樂處，即走往趣，如夢所見。走往趣之，即生天上。是名第十二中陰有也。第十三中陰有者，地獄衆生希有難得生於天上。餘善因緣如業成熟，是地獄人，以業盡故，將欲得脱。從此地獄臨命終時，則有相現。命欲終時，若諸獄卒擲置鑊中，猶如水沫，滅已不生。若以棒打，隨打即死，不復更生。若置鐵函，置已即死，不復更生。若置灰河，入已消融，不復更生。若鐵棒打，隨打即

〔一〕「相」字原作「生」，據高麗藏本、磧砂藏本、南藏本、嘉興藏本改。

〔二〕上二「不」字原脱，據高麗藏本補。

死，滅已不生。若諸鐵烏，食已不生。若諸惡獸，啗已不生。是地獄人惡業既盡，命終之後，不復見於閻羅獄卒。如油炷盡，則無燈業。地獄中陰有相不現。忽於虛空中見有第一歌舞戲笑，香風觸身，受第一樂，欲近生有。或生三十三天，或生四天王天。是名第十三中陰有也。第十四中陰有者，若人中死，還生人中，則有相現。於臨終時見如是相：見大石山，猶如影相，在其身上。爾時其人作如是念：此山或當墮我身上。是故動手欲遮此山，親里見之，謂爲觸於虛空。既見此已，又見此山猶如白氎。即昇此氎，乃見赤氎。次第臨終，復見光明。見其父母愛欲和合而起顛倒。若男子生，自見其身與母交會，謂父妨礙。若女人生，自見其身與父交會，謂母妨礙。當於爾時，中陰即壞，生陰次起。如印所印，印壞文成。是名人中命終，還生人中，第十四中陰有也。第十五中陰有者，天中命終，還生天上，則無苦惱。如餘天子命終之時，愛別離苦，墮於地獄、餓鬼、畜生。如此天子，不失己身莊嚴之具，亦無餘天坐其本處。生於勝天，若四天處，命終之後，生三十三天，可愛勝相。是名第十五中陰有相續道也。第十六中陰有道相續者，若從上天還生下天，見衆蓮華園林流池，皆亦不如。既見此色，飢渴苦惱，渴仰欲得，即往彼生。如是雖同生天，二種陰有，二種相生。是名第十六中陰有相續道也。第十七中陰有道相續者，若弗婆提人生瞿陀尼有何等相？瞿陀尼人生弗婆提復有何相？如是二天下人，彼此互生，皆以一相。臨命終時，見黑闇窟。於此窟中，有赤電光，下垂如旛，或赤或白。其人見之，以手攬捉。現陰即滅，以手接旛。次第緣旛，入此窟中，受中陰身。近於生陰，見受生法，亦如前說。或見二

牛，或見二馬，受染交會，即生欲心。既生欲心，即受生陰。是名第十七中陰有也。」〔一〕

現報部第五

佛說行七行現報經云：「爾時世尊告諸比丘：有七種人可事可敬，是世間無上福田。云何七種人？一者行慈，二者行悲，三者行喜，四者行護，五者行空，六者行無相，七者行無願。其有衆生行此七法，於現法中獲其果報。阿難白佛言：何故不說須陀洹、斯陀含、阿那含、阿羅漢、辟支佛，乃說此七事乎？世尊告曰：行慈七人，其行與須陀洹乃至佛等。其事不同，雖供養須陀洹等不現得報，然供養此人者，於現世得報。是故阿難當勤勇猛，成辦七法。」〔二〕

又雜寶藏經云：「昔乾陀衛國有一屠兒，將五百頭小牛，盡欲刑犍。時有內官，以金錢贖牛，作羣放去。以是因緣，現身即得男根具足。還到王家，遣人通白：某甲在外。王言：是我家人，自恣而去，未曾通白。今何故爾？王時即喚，問其所以。荅王言曰：向見屠兒將五百頭小牛而欲刑犍，臣即贖放。以是因緣，身體得具，故不敢入。王聞喜愕，深於佛法生信敬心。夫以華報所感如此，況其果報豈

〔一〕出正法念處經卷三十四。
〔二〕出增一阿含經卷三十四。

可量也。」〔一〕

又新婆沙論云：「昔有屠販牛人，驅牛涉路。人多糧盡，飢渴熱乏。息而議曰：此等羣牛，終非己物。宜割取舌，以濟飢虛。即時以鹽塗諸牛口。牛貪鹹味，出舌舐之。即用利刀，一時截取，以火煨炙，而共食之。食已相與臨水澡漱，俱嚼楊枝，揩齒既了，擘以刮舌。惡業力故，諸人舌根，猶如爛果，一時俱落。」〔二〕此皆現報，以業重故。

生報部第六

如涅槃經云：「善男子，如人捨命受大苦時，宗親圍繞，號哭懊惱。其人惶怖，莫知依救。雖有五情，無所知覺。肢節戰動，不能自持。身體虛冷，暖氣欲盡。見先所修善惡報相。如日垂没，山陵堆阜，影現東移，理無西逝。衆生業果，亦復如是。此陰滅時，彼陰續生。如燈生闇滅，燈滅闇生。善男子，如蠟印印泥，印與泥合，印滅文成，而是蠟印不變在泥。文非泥出，不餘處來，以印因緣而生是文。現在陰滅，中陰陰生。是現在陰終不變爲中陰五陰。中陰五陰亦非自生，不從餘來，因現陰故，生中陰陰。如印印泥，印壞文成。名雖無差，而時節各異。是故我説中陰五陰，非肉眼天眼所見。是中陰中

〔一〕出雜寶藏經卷二内官贖所犍牛得男根緣。
〔二〕出阿毘曇達摩大毘婆沙論卷一百十四。

有三種食：一者思食，二者觸食，三者意食。中陰二種：一、善業果，二、惡業果。因善業故，得善覺觀；因惡業故，得惡覺觀。父母交會判合之時，隨業因緣向受生處，於母生愛，於父生瞋。父精出時，謂是己有。見已心悅而生歡喜。以是三種煩惱因緣，中陰陰壞，生後五陰。如印印泥，印壞文成。生時諸根有具不具。具者見色，則生於貪；生於貪故，則名爲愛；狂故生貪，是名無明。貪愛、無明二因緣故，所見境界皆悉顛倒。」〔一〕

又修行道地經云：「人行不純，或善或惡，當至人道。父母合會，精不失時，子來應生。其母胎通，無所拘礙，心懷歡喜而無邪念，則爲柔軟，堪任受子。其精不清不濁，中適不强，亦無腐敗，亦不赤黑，不爲風寒衆毒雜錯，與小便別。應來生者，精神便起。〔二〕設是男子，不與女人共俱合者，五欲與通。男子敬念，欲向女人。父時精下，其神欣喜，謂是吾許。爾時即失，中止五陰，便入胞胎。父母精合，既在胞胎，倍用歡躍，是爲色陰。歡喜之時，爲痛樂陰。念於精時，是爲想陰。因本罪福，緣得入胎，是爲行陰。神處胎中，則爲識陰。如是和合，名曰五陰。若在胎時，即得二根：意根、身根也。至七日住中而不增減。又至二七日，其胎稍轉，譬如薄酪。至三七日，似如生酪。至四七日，精凝如熟酪。至五七日，胎精遂變，猶如生酥。至六七日，變如息肉。至七七日，轉如段肉。至八七日，其堅如坯。至九七

〔一〕出大般涅槃經卷二十九。

〔二〕「起」字，修行道地經作「趣」。

日，變爲五皰：〔一〕兩肘、兩髀及頭頸從中出也。至十七日復有五皰：二手腕、二脚腕及生其頭。至十一七日，續生十四皰：五手指、五足指及眼耳鼻口，此從中出。至十二七日，是諸皰相轉漸成就。至十三七日則現腹相。至十四七日則生肝肺心及其脾腎。至十五七日則生大腸。至十六七日則生小腸。至十七七日則有脾處。至十八七日生藏熟藏起此二處。至十九七日則生髀及蹲、腸、骨、手掌、足趺、臂節筋連。至二十七日生陰臍乳頤頸形相。〔二〕至二十一七日體骨各分，隨其所應，兩骨在頭，三十二骨著口，七骨著頸，兩骨著髀，兩骨著肘，四骨著臂，十二骨著胸，十八骨著背，兩骨著臏，四骨著膝，四十骨著足。復有微骨，總有一百八，與體骨肉合。其十八骨著在兩脅，〔三〕二骨著肩。如是身骨，凡有三百而相連結。其骨柔軟，如初生瓠。至二十二七日，其骨稍堅，如未熟瓠。至二十三七日，其骨轉堅，譬如胡桃。〔四〕此三百骨各相連綴，足骨著足，膝骨著膝，如是蹲骨、髀骨、臏骨、脊骨、胸骨、脅骨、肩骨、頂骨、頤骨、臂腕手足諸骨等，各自轉相連著。如是聚骨，猶如幻化，隨風所由，牽引舉動。至二十四七日生一百筋，連著其身。至二十五七日生七千脉，尚未具成。至二十六七日，諸脉悉徹，具

〔一〕「皰」字原作「腌」，據高麗藏本改。下同。

〔二〕「臍」字原作「齊」，據高麗藏本改。

〔三〕「其」字原作「具」，據修行道地經改。

〔四〕「譬」字原作「臂」，據高麗藏本、磧砂藏本、南藏本、嘉興藏本改。

足成就，如蓮根孔。至二十七七日，有三百六十三筋皆成。至二十八七日，其肌始生。至二十九七日，肌肉稍厚。至三十七日，纔有皮像。至三十一七日，皮轉厚堅。至三十二七日，皮革轉成。至三十三七日，耳鼻脣指諸膝節成。至三十四七日，生九十九萬毛髮孔，猶尚未成。至三十五七日，毛孔具成。至三十六七日，爪甲始成。至三十七七日，其母腹中，若干風起，開兒目耳鼻口。或有風起，染其髮毛，或端正，或醜陋。又有風起，成體顔色，或白赤黑，有好有醜，皆由宿行。在此七日中，生風寒熱，大小便通。至三十八七日，在母腹中，隨其本行，自然風起。宿行善者，便有香風，可其身意，柔軟無瑕，正其骨節，令其端正，莫不愛敬。本行惡者，則起臭風，令身不安，不可心意，吹其骨節，令瘦斜曲，使不端正。又不能男，人所不喜。是爲三十八七日，九月不滿四日，其兒身體骨節則成爲人。其小兒體而有二分：一分從父，一分從母。身諸髮毛頰眼舌喉心肝脾腎腸血，軟者從母也。自餘爪齒骨節髓腦筋脉，堅者從父也。其小兒在母腹中，處生藏之下，熟藏之上。若是男兒，背外而面向内，在其左脅也。若是女子，背母而面向外，處在右脅也。居苦痛臭處，汙露不净。一切骨節，縮不得申，住在革囊。腹網纏裹，藏血塗染。所處逼迮，依因屎尿旋溺，瑕穢若斯。其於九月此餘四日，宿有善行，初日後日發心念言：吾在園觀，亦在天上。其行惡者，謂在泥犂世間之獄。至三日中，即愁不樂。到四日時，母腹風起，或上或下，轉其兒身，而令倒懸，頭向産門。其有福者，時心念言：我投浴池水中遊戲，如墮高牀華香之處也。其無福者，自發念言：吾從山墮，投於坼岸溝坑溷中。或如地獄，羅網刺上，曠野石間，劒戟之中，愁憂不樂。善惡之報，不同若此。其小兒生既墮地，外風所吹，女人手觸，暖水洗之，逼迫毒痛，猶如瘡病也。以是苦惱，恐畏死亡，便有癡惑。是故迷憒，不識來去。生在地血惡露臭處，鬼魅來嬈，癩邪所中，死屍所觸，蠱道顛鬼各伺犯之。如四交道墮肉段，烏鵄鵰狼各來爭之。諸邪妖鬼欲得兒便，周匝圍遶，亦復如是。若宿行善德，邪不得其便。兒已長大，以哺養身。適得穀氣，其體即生八十種蟲。兩種在髮根：一名舌蝭，二名重蝭。三種在頭，名曰堅固、傷損、毀害。一種在腦，兩種在腦表：一名蛣蛛，二名秏擾，三名憒亂。兩種在額：一名卑下，二名朽腐。兩種在眼：一名蝭，二名重蝭。兩種在耳：一名識味，二名現味。兩種在耳根：一名赤，二名復赤。兩種在鼻：一名肥，二名復肥。兩種在口：一名搖，二名動搖。兩種在齒中：一名惡弊，二名凶暴。三種在齒根：名曰喘息、休止、捽滅。一種在舌，名曰甘美。一種在舌根，名曰柔軟。一種在上腭，名曰往來。一種在咽，名爲嗽喉。兩種在瞳子：一名生，二名不熟。兩種在肩：一名垂，二名復垂。一種在臂，名爲住立。一種在手，名爲周旋。兩種在胸：一名頟坑，二名蹟普。一種在心，名爲班駮。一種在乳，名曰甀現。一種在臍，名爲圍繞。兩種在脅：一名爲月，二名月面。兩種在脊：〔一〕一名月行，二名月貌。一種在背骨間，名爲安豐。一種在皮裹，名爲虎爪。兩種在肉：一名消膚，二名燒拊。四種在骨：一名爲甚毒，二名習毒，三名細骨，四名雜毒。五種在髓：一名殺害，二名無殺，三名破壞，四名雜骸，五名白骨。兩種

〔一〕「脊」字原作「臍」，據高麗藏本改。

在腸：一名蛲蜋，二名蛲蜋嘴。兩種在細腸：一名兒子，二名復子。一種在肝，名爲銀喋。一種在生藏，名爲忮牧。〔一〕一種在熟藏，名爲太息。一種在穀道，名爲重身。三種在糞中：一名筋，二名目結，三名目編髮。兩種在尻：一名流下，二名重流。五種在泡：一名宗姓，二名惡族，三名卧瘖，四名而瘖，五名護汁。一種在髀，名爲撾枝。一種在膝，名爲現傷。一種在蹲，名爲鐵嘴。一種在足指，名爲燒然。一種在足心，名爲食皮。是爲八十種蟲，處在一身，晝夜食體。其人身中，因風起病，有百一種。寒熱共合，各有百一。凡合計之，四百四病在人身中。如木生火，還自燒然。病亦如是，如木因體興，反來危人。如身中蟲，擾動不安。三十六物，假名爲人，以爲蓋之。狂惑凡愚，妄起愛念，共相親附。智者視虛，安可近之。譬如陶器，終有破壞。〔二〕此身虛僞，會有夭壽。貴賤同迷，至死不知。譬如大城，四門失火，從次燒之，乃到東門，皆令灰燼。生老病死，亦復如是。」〔三〕

又瑜伽論云：「又於胎中經三十八七日，此之胎藏，一切支分皆悉具足。從此以後，復經四日，方乃出生。此說極滿足者。或經九月，或復過此。若唯經八月，此名圓滿。若經七月、六月，不名圓滿，

〔一〕「牧」字，高麗藏本作「收」，修行道地經作「忮」。
〔二〕「破」字原作「坡」，據高麗藏本改。
〔三〕出修行道地經卷一。

或復缺減。」〔一〕故法華經偈云：

「受胎之微形，　世世常增長。　薄德少福人，　衆苦所逼迫。」〔二〕

故三昧經云：「説身内火界漸增，水界漸微，是故迦羅邏稠漸堅，乃至肉團。衆生由此薄福，從小至大，皆受其苦。」〔三〕

又禪祕要經云：「人身三分，臍爲中原，頭爲殿堂，額爲天門。」〔四〕

又處胎經云：「人受胎時，初七日有四大，二七日展轉風吹向脅，乃至三十八七日，風名華，令向産門。」〔五〕

又譬喻經云：「風撐水，水撐地，地撐火。强者爲男，弱者爲女。風火相撐爲男，地水相撐爲女。」〔六〕

〔一〕出瑜伽師地論卷二本地分中意地。
〔二〕出妙法蓮華經卷一方便品。
〔三〕此段出處待考。
〔四〕此段出處待考。
〔五〕出胞胎經。作處胎經誤。
〔六〕此經已佚。

又解脱道論云：「人身地界碎之爲塵，一斛二升。」〔一〕

又增一經云：「一人身中，骨有三百二十，毛孔有九萬九千，筋脉各有五百，身蟲有八十户。」〔二〕

又五道受生經云：「兒生三歲，凡飲一百八十斛乳。除其胎中食血分。東弗于逮人飲一千八百斛乳，西拘耶尼人飲一萬八百斛乳。北鬱單越人七月成身，初生之日，置陌路首，行人授指與唼，所以不飲乳也。」〔三〕此之斛升，是古小升。三升當今一升。舊人身形殊大，不同今小，恐人怪多，故别疏記。

後報部第七

如婆沙論云：「有一屠兒，七生已來常屠，不落三塗，然生人天往來。此由七生已前，曾施辟支一食福力故，令七生不墮惡道。然此人七生已來所作屠罪之業，過七生已，次第受之，無有得脱。善惡俱爾。」〔四〕此是後報，具如六道篇説。

又智度論云：「舍利弗雖復聰明，然非一切智，於佛智中，譬如嬰兒。如阿婆檀那經中，佛在祇洹

〔一〕出解脱道論卷八行門品。
〔二〕出增一阿含經卷二十。
〔三〕此經已佚。
〔四〕出阿毘曇毘婆沙論卷五十一。

住，晡時經行。舍利弗從佛經行。是時有鷹逐鴿，鴿飛來佛邊住。佛經行過之，影覆鴿上，鴿身安隱，怖畏即除，不復作聲。後舍利弗影到，鴿便作聲，戰怖如初。舍利弗白佛言：佛及我身俱無三毒，以何因緣佛影覆鴿，鴿便無聲，不復恐怖；我影覆上，鴿便作聲，戰慄如故。佛言：汝三毒習氣未盡。以是故，汝影覆時，恐怖不除。佛語舍利弗：汝觀此鴿宿世因緣，幾世作鴿？舍利弗即時入宿命智三昧，觀見此鴿從鴿中來，乃至八萬大劫常作鴿身。過是已往，不能復見。舍利弗從三昧起，白佛言：是鴿八萬大劫中常作鴿身。過是已前，不能復知。佛言：汝若不能盡知過去世，試觀未來世，此鴿何時當脱？舍利弗即入三昧，觀見乃至八萬大劫，亦未免鴿身。過是已往，不復能知，不審此鴿何時當脱？佛告舍利弗：此鴿除諸聲聞辟支佛所知齊限，復於恒河沙等大劫中常作鴿身。罪訖得出，輪轉五道中，後得爲人。經五百世中，乃得利根。是時有佛，度無量阿僧祇衆生，然後入無餘涅槃，遺法在世。是人作五戒優婆塞，從比丘聞讚佛功德，於是初發心願欲作佛。後於三阿僧祇劫行六波羅蜜，十地具足，得作佛，度無量衆生已而入涅槃。是時舍利弗向佛懺悔，白佛言：我於一鳥尚不能知其本末，何況諸結？我知佛智慧如是者，爲佛智慧故，寧入阿鼻地獄受無量劫苦，不以爲難。」〔二〕

〔二〕出大智度論卷十一。

定報部第八

如佛説義足經云：「佛告梵志言：世有五事不可得避，亦無脱者。何等爲五？一、當耗減法，二、當亡棄法，三、當病瘦法，四、當老朽法，五、當死去法。此之五法欲使不耗減，是不可得。」〔一〕

又佛説四不可得經云：「佛與比丘及諸菩薩，明旦持鉢，入舍衛城分衛。四輩皆從，諸天龍神各齎華香伎樂追從於上。時佛道眼睹見兄弟同産四人，遠家棄業，山處閑居，得五神通，皆號仙人。宿對來至，自知壽盡。悉欲避終，各各思議：吾等神足飛騰自恣，在所至到，無所罣礙。今反當爲非常所得便，危失身命。當造方便，免斯患難，不可就也。於是一人則踴在空中而自藏形。無常之對，安知吾處。一人則入市中人閙之處，廣大無量，在中避命。無常之對，趣得一人，何必求吾。一人則退入于大海三百三十六萬里，下不至底，上不至表，處於其中。無常之對，何所求耶？一人則計：竊至大山無人之處，擘山兩解，入中還合。非常之對，安知吾處？於時四人各各避命，竟不得脱。藏在空中者，便自墮地，猶果熟落。其在山中者，于彼喪已，禽獸所陷。在大海中者，則時夭命，魚鼈所食。入市中者，在于衆人而自終没。於是世尊睹之如斯。謂此四人暗昧不達，欲捨宿對。三毒不除，不至三達無極之

〔一〕出義足經卷一桀食經。

慧，古今以來，誰脱此患？佛作頌曰：

雖欲藏在空，　善處大海中，　假使入諸山，　而欲自翳形。　欲求不死地，　未曾可獲定，
是故精進學，　無身乃爲寧。

佛告諸比丘：世有四事不可獲致。〔一〕何等爲四？一曰年幼。顔色煒曄，髮黑齒白，形貌光澤，氣力堅强，行步舉止，出入自遊，上車乘馬，衆人瞻戴，莫不愛敬。一旦忽耄，頭白齒落，面皺皮緩，體重拄杖，短氣呻吟。欲使常少不至老者，終不可得。二謂身體强健，骨髓實盛，行步無雙，飲食自恣，莊飾頭首，謂爲無比。張弓捻矢，把執兵杖，有所危害，不省曲直，罵詈衝口，謂爲豪强。自計吾我，無有衰耗。疾病卒至，伏之著牀，不能動摇，身痛如搒。耳鼻口目，不聞聲香美味細滑。坐起須人，汙露自出。身卧其上，〔二〕衆患難喻。假使欲免，常安無病，終不可得。三謂欲求長壽，在世無極，得免于病死。〔三〕命既甚短，懷萬歲慮。壽少憂多，不察非常。五欲自恣，放心逸意，殺盗婬亂。兩舌惡口，妄言綺語，貪嫉邪見。不孝父母，不順師友，輕易尊長，〔四〕反逆無道。悕望豪富，謂可永存。譏謗聖道，以邪無雙。

〔一〕「獲」字原作「護」，據高麗藏本改。

〔二〕「上」字原作「人」，據高麗藏本改。

〔三〕「免」字原脱，據高麗藏本補。

〔四〕「易」字原作「自」，據高麗藏本改。

噓天獨步，慕于世榮，不識天地表裏所由，不別四大因緣合成，猶如幻師。不了古今所與之世，不受唱導，不知生所從來，死之所歸。心存天地，謂是吾許。非常對至，如風吹雲。冀念長生，今忽然終，不得自在。欲使不爾，終不可得也。四謂父母兄弟，室家親族，朋友知識，恩愛榮樂，財物富貴，官爵俸禄，騎乘遊觀，妻妾子息，以自嬌恣。飲食快意，兒客僕使，趨行綺視，顧影而步。輕蔑衆人，計己無雙。奴客庸駡，獸類畜生。出入自在，無有期度，不察前後，謂其眷屬從使之衆，意可常得。宿對卒至，如湯消雪。心乃懷懼，請求濟患，安得如願！呼噏命斷，魂神獨逝。父母兄弟，妻子親族，朋友知識，恩愛眷屬，皆自獨留。官爵財物僕從各散，馳走如星。欲求不死，終不可得也。佛告比丘：古今以來，天地成立，無免此苦四難之患。以斯四苦，佛興于世。」〔一〕

不定部第九

如十住毗婆沙論云：「善知不定法者，諸法未生，未可分别。如佛分别業經中說：佛告阿難：有人身行善業，口行善業，意行善業，是人命終而墮地獄。有人身行惡業，口行惡業，意行惡業，是人命終而生天上。阿難白佛言：何故如是？佛言：是人先世罪福因緣已熟，今世罪福因緣未熟，或臨命終，

〔一〕出四不可得經。

正見邪見善惡心起，垂終之心其力大故。」〔一〕

又增一阿含經云：「爾時世尊告諸比丘：今有四人出現於世。云何爲四？或有人先苦而後樂，或有人先樂而後苦，或有人先苦而後苦，或有人先樂而後樂。云何有人先苦而後樂？或有一人，生卑賤家，衣食不充，然無邪見。以知昔日施德之報，感得富貴之家，不作施德，恒值貧賤，無有衣食。便向懺悔，改往所作，所有遺餘，與人等分。若生人中，多財饒寶，無所乏短。是謂此人先苦後樂。何等人先樂而後苦？或有人生豪族家，衣食充足。然彼人恒懷邪見，與邊見共相應，後生地獄中。若得作人，在貧窮家，無有衣食。是謂此人先樂後苦。何等人先苦而後苦？或有人先生貧賤家，衣食不充，然懷邪見，與邊見共相應，後生地獄。若生人中，極爲貧賤，衣食不充。是謂先苦而後苦。何等人先樂而後樂？或有人先生富貴家，多財饒寶，敬重三尊，恒行惠施。後生人天，恒受富貴，多饒財寶。是謂此人先樂而後樂。爾時佛告比丘曰：或有衆生先苦後樂，或有先樂後苦，或先苦後亦苦，或有先樂後亦樂。若人壽百歲，正可十十耳。或百歲之中作諸功德，或百歲之中造諸惡業；彼於異時。或冬受樂，夏受苦。或少時作福，長時作罪；後生之時，少時受福，長時受罪。若復少時作罪，長時作福；後生之時少時受罪，長時受樂。或少時作罪，復長作罪；彼人後生之時，先苦後亦苦。若復少時作福，長復作福；

〔一〕出十住毘婆沙論卷十一四十不共法中善知不定品。

彼於後生之時，先樂後亦樂。爾時世尊告諸比丘：有四人出現於世。云何爲四？或有人身樂心不樂，或有人心樂身不樂，或有人身心俱樂，或有人身心俱不樂。何等人身樂心不樂？是作福凡夫人，於四事供養，衣被飲食，卧具醫藥，無所乏短，但不免三惡道苦。是謂身樂心不樂。何等人心樂身不樂？所謂阿羅漢，不作功德，於四事供養之中不能自辦，但免三惡道苦。是謂心樂身不樂。何等人身心俱不樂？所謂凡夫之人，不作功德，不得四事供養，復不免三惡道苦。是謂身心俱不樂。何等人身心俱樂？所謂作功德阿羅漢，四事供養，無所乏短，復免三惡道苦。是謂身心俱樂。」〔一〕

善報部第十

如彌勒菩薩所問經論云：「問：云何布施果報？答曰：略説布施有一種果，所謂受用果。受用果復有二種果：所謂現在受果，未來受果。復有三種果，即此二種復加般若。復有四種果。何謂四種？一、有果而無用，二、有用而無果，三、有果亦有用，四、無果亦無用。初有果而無用者，謂不至心施，不自手施，輕心布施。彼如是施，雖得無量種種果報，而不能受用。如舍衛天主，雖得無量種種珍寶而不能受用。二、有用而無果者，謂自不施，見他行施，起隨喜心。以是義故，雖得受用而自無果。如天子

〔一〕出增一阿含經卷二十一。

物，一切沙門婆羅門等雖得衣食及以受用而自無果。又如轉輪聖王四兵，雖得衣食而不得果。三、有果亦有用者，謂至心施，不輕心施，如樹提伽諸長者等。四、無果亦無用者，謂布施已，因即滅盡。或爲出世聖道障故，猶如遠離煩惱聖人。復有五種果：謂得命、色、力、樂、辯等。因食得命，是故施食即得施命。以是因緣，後得長命。如是施色、施力、施樂、施辯才等，皆亦如是。復有五種勝果：所謂施與父、母、病人、法師、菩薩，得勝果報。父母恩養，生長身命，是故施者得勝果報。又病人者，孤獨可愍。以是義故，起慈悲心，施病人者，得勝果報。又説法者，能生法身，增長法身，永導善惡，平正非平正，顛倒非顛倒。是故施者得勝果報。又諸菩薩悉能攝取利益衆生，起慈悲心，以攝取三寶不斷絶因。以是義故，施菩薩者，得勝果報。」〔一〕以菩薩發心勇猛，悲願力大，不同餘福，其心狹劣也。

又增一阿含經云：「世尊告諸比丘：今當説四梵之福。云何爲四？一、若有信善男子善女人，未曾起偷婆處，於中能起。第二、補治故寺。第三、和合聖衆。第四、若多薩阿竭初轉法輪時，諸天世人勸請轉法輪。是謂四種受梵之福。比丘白世尊曰：梵天之福竟爲多少？世尊告曰：閻浮里地，其中衆生所有功德，正與一輪王功德等。閻浮地人及一輪王之德，與瞿耶尼一人功德等。其閻浮里地及瞿耶尼二方之福，故不如彼弗于逮一人之福。其三方人福，不如鬱單越一人之福。其四天下人福，不如

〔一〕出彌勒菩薩所問經論卷六。

四天王之福。乃至四天下人福及六欲天福，不如一梵天王之福。若有善男子善女人求其福者，此是其量也。」〔一〕

又中阿含經云：「爾時世尊告諸比丘：若能受持七種法者，得生帝釋處。即說偈言：

供養於父母，　及家之尊長，　柔和恭遜辭，　離麤言兩舌，調伏慳悋心，　常修真實語。

彼三十三天，　見行七法者，　咸各作是言：　當來生此天。」〔二〕

又雜寶藏經偈云：

「福業如果熟，　不以神祀得。　人乘持戒車，　從生至天上。　定知如燈滅，　得至於無爲。　一切由行得，　求天何所爲。」〔三〕

〔一〕出增一阿含經卷二十一。

〔二〕出雜阿含經卷四十。作中阿含經誤。

〔三〕出雜寶藏經卷九求毘摩天望得大富緣。

法苑珠林校注卷第七十

惡報部第十一

夫有形則影現，有聲則響應。未見形存而影亡，聲續而響乖。善惡相報，理路然矣！〔一〕幸願深信，不猜來誚。〔二〕輕重苦報，俱依下述。如身行殺生，或剥切臠截，炮熬蚶蠣，飛鷹走狗、射獵衆生者，則墮屠裂斤割地獄中。蒸煮燒炙衆生者，則墮鑊湯鑪炭地獄中。以此殺生故，於地獄中窮年極劫，具受劇苦。受苦既畢，復墮畜生，作諸牛馬猪羊、驢騾駱駝、鷄狗魚鳥、車螯蚶蜊，〔三〕爲人所殺螺蜆之類，不得壽終，還以身肉，供充肴俎。在此禽獸無量生死，若無微善，永無免期。脱有片福，劣復人身，或於胞胎墮落，出生喪亡；或十二十，未有所知。從冥入冥，人所矜念。當知短命，皆緣殺生。

〔一〕「然矣」，高麗藏本作「皎然」。

〔二〕「誚」字原作「肖」，據高麗藏本改。

〔三〕「車螯」，高麗藏本作「蜐蝐」。

又地持經云：「殺生之罪，能令衆生墮三惡道，若生人中得二種果報：一者短命，二者多病。」〔一〕如是十惡，一一皆備五種果報。一者、殺生何故受地獄苦？以其殺生，苦衆生故，所以身壞命終，地獄衆苦皆來切己。二者、殺生何故出爲畜生？以殺生無有慈惻，行乖人倫，故地獄罪畢，受畜生身。三者、殺生何故復爲餓鬼？以其殺生必緣慳心，貪著滋味，復爲餓鬼。四者、殺生何故生人而得短壽？以其殺生，殘害物命，故得短壽。五者、殺生何故兼得多病？以殺生違適，衆患競集，故得多病。當知殺生如是苦也。

又雜寶藏經云：「時有一鬼白目連言：我常兩肩有眼，胸有口鼻，常無有頭。何因緣故？目連荅言：汝前世時，恒作魁膾弟子。若殺人時，汝常有歡喜心，以繩著髻挽之。以是因緣故，受如此罪。此是惡行華報，地獄苦果方在後也。復有一鬼白目連言：我身常如塊肉，無有手脚眼耳鼻等，恒爲蟲鳥所食，罪苦難堪。何因緣故爾？荅言：汝前世時，常與他藥，墮他兒胎。是故受如此罪。此是華報，地獄苦果方在後身。」〔二〕

又緣其殺生，貪害滋多。以滋多故，便無義讓而行劫盜。今身偷盜，不與而取，死即當墮鐵窟地獄，於遐劫中受諸苦惱。受苦既畢，墮畜生中，身常負重，驅蹙捶打，無有餘息。所食之味，唯以水草。

〔一〕出大方廣佛華嚴經卷二十四十地品。
〔二〕出雜藏經。作雜寶藏經誤。

處此之中，無量生死。以本因緣，若遇微善，劣復人身，恒爲僕隸，驅策走使，不得自在。償債未畢，不得聞法。緣此受苦，輪迴無窮。〔一〕當知此苦，皆緣偷盜。今身隱蔽人光明，不以光明供養三寶，反取三寶光明以用自照。死即當墮黑耳黑繩、黑暗地獄，於遐劫中受諸苦惱。受苦既畢，墮蟣蝨中，不耐光明。在此之中，無量生死。以本因緣，若遇微善，劣復人身，形容黶黑，垢膩不浄，臭處穢惡，人所厭遠。雙眼盲瞎，不睹天地。當知隱蔽光明，亦緣偷盜故。故地持經云：「劫盜之罪，亦令衆生墮三惡道。若生人中，得二種果報：一者貧窮，二者共財不得自在。」〔二〕

劫盜何故墮於地獄？以其劫盜剥奪，偷竊人財，苦衆生故。身死即入寒冰地獄，備受諸苦。劫盜何故出爲畜生？以其不行人道，故受畜生報，身常負重。以肉供人，償其宿債。何故復墮餓鬼？緣以慳貪，便行劫盜，是以畜生罪畢，復爲餓鬼。何故爲人貧窮？緣其劫奪，使物空乏，所以貧窮。何故共財不得自在？緣其劫盜偷奪，設若有財，則爲五家所共，不得自在。當知劫盜二大苦也。又雜藏經説：「時有一鬼白目連言：大德，我腹極大如甕，咽喉手足甚細如針，不得飲食。何因緣故受如此苦？目連荅言：汝前世時作聚落主，自恃豪貴，飲酒縱横，輕欺餘人，奪其飲食，飢困衆生。由是因緣，受如此罪。此是華報，地獄苦果方在後也。復有一鬼白目連言：常有二熱鐵輪在我兩腋下轉，身體焦爛。

〔一〕「輪」字原作「輪」，據高麗藏本改。
〔二〕出大方廣佛華嚴經卷二十四十地品。

何因緣故爾？目連荅言：汝前世時與衆僧作餅，盗取二番，挾兩腋底。是故受如此罪。此是華報，後方受地獄苦果。」〔一〕

又緣以盗故，心不貞正，恣情婬泆。今身婬泆，現世凶危，常自驚恐。或爲夫主邊人所知，臨時得殃，刀杖加形，首足分離，乃至失命。死入地獄，卧之鐵牀，或抱銅柱。獄鬼然火，以燒其身。地獄罪畢，當受畜生，鷄鴨鳥雀，犬豕飛蛾，如是無量生死，於遐劫中受諸苦惱。受苦既畢，以本因緣，若遇微善，劣復人身，閨門婬亂，妻妾不貞。若有寵愛，爲人所奪。常懷恐怖，多危少安。當知危苦，皆緣邪婬。故地持論云：「邪婬之罪，亦令衆生墮三惡道。若生人中，得二種果報：一者婦不貞潔，二者得不隨意眷屬。」〔二〕

邪婬何故墮於地獄？以其邪婬，干犯非分，侵物爲苦。所以命終受地獄苦。何故邪婬出爲畜生？以其邪婬不順人理，所以出地獄受畜生身。〔三〕何故邪婬復爲餓鬼？以其婬泆，皆因慳愛。慳愛罪故，復爲餓鬼。何故邪婬婦不貞潔？緣犯他妻，故所得婦常不貞正。何故邪婬不得隨意眷屬？以其邪婬，奪人所寵，故其眷屬不得隨意，所以復爲人之所奪。當知婬泆三大苦也。又雜寶藏經説：「昔有一鬼

〔一〕出雜藏經。
〔二〕出大方廣佛華嚴經卷二十四十地品。
〔三〕「地」字原脱，據高麗藏本補。

白目連言：我以物自蒙籠頭，亦常畏人來殺我。心常怖懼，不可堪忍。何因緣故爾？答言：汝前世時婬犯外色，常畏人見。或畏其夫主捉縛打殺，或畏官法戮之都市。常懷恐怖，恐怖相續，故受如此罪。此是惡行華報，後方受地獄苦果。」〔一〕

又緣其邪婬故，發言皆妄。今身若妄，苦惱衆生，死則當墮啼哭地獄，於遐劫中受諸苦惱。受苦既畢，墮餓鬼中。在此苦惱無量生死。以本因緣，若遇微善，劣復人身，多諸疾病，尫羸虛弱，頓乏楚痛，自嬰苦毒，人不愛念。當知此苦，皆緣妄語。故地持論云：「妄語之罪，亦令衆生墮三惡道。若生人中，得二種果報：一者多被誹謗，二者爲人所誑。」〔二〕

何故妄語墮於地獄？緣其妄語不實，使人虛爾生苦。是以身死受地獄苦。何故妄語出爲畜生？以其欺妄，乖人誠信，所以出獄受畜生報。何故妄語復爲餓鬼？緣其妄語，皆自貪欺。慳欺罪故，復爲餓鬼。何故爲人多被誹謗？〔三〕以其妄語不誠實故。何故妄語爲人所誑？以其妄語欺誘人故。當知妄語四大苦也。

〔一〕出雜藏經。作雜寶藏經誤。

〔二〕出大方廣佛華嚴經卷二十四十地品。

〔三〕「爲」字原脱，據高麗藏本補。

又緣其妄語，便致兩舌。今身言無慈愛，讒謗毁辱，惡口離亂，〔一〕死即當墮拔舌、烊銅、犂耕地獄，於遐劫中受諸苦惱。受苦既畢，墮畜生中，啗食糞穢，如鵜鶘鳥，無有舌根。在此之中無量生死。以本因緣，若遇微善，劣復人身，舌根不具，口氣臭惡，瘖瘂謇澀，齒不齊白，髭歷疏少。〔二〕脱有善言，人不信用。當知讒亂，皆緣兩舌。故地持論云：「兩舌之罪，亦令衆生墮三惡道。若生人中，得二種果報：一者得弊惡眷屬，二者得不和眷屬。」〔三〕何故兩舌墮於地獄？緣其兩舌，離人親愛，愛離苦故，受地獄苦。何故兩舌出爲畜生？緣其兩舌鬬亂，事同野干，受畜生身。何故兩舌復爲餓鬼？以其兩舌亦緣慳嫉，慳嫉罪故，〔四〕復爲餓鬼。何故兩舌爲人得弊惡眷屬？緣以兩舌使人朋儔皆生惡故。〔五〕何故兩舌得不和眷屬緣？以兩舌離人親好，使不和合故。當知兩舌五大苦也。

又緣其兩舌，言輒麤惡。今身緣以惡口故，鬬亂殘害，更相侵伐，殺諸衆生。死即當墮刀兵地獄，於遐劫中受諸苦惱。受苦既畢，墮畜生中，拔脚賣膀，輸胜喪胛，於遐劫中受諸苦惱。受苦既畢，在此

〔一〕「離」字，高麗藏本作「雜」。

〔二〕「髭」字原作「滋」，據高麗藏本改。

〔三〕出大方廣佛華嚴經卷二十四十地品。

〔四〕「慳嫉」二字原脱，據高麗藏本補。

〔五〕「朋」字，高麗藏本作「良」。

之中，無量生死。以本因緣，若遇微善，劣復人身，四支不具，闇刖刵劓，形骸殘毀，鬼神不衛，人所輕棄。當知殘害衆生，皆緣惡口。故地持論云：「惡口之罪，亦令衆生墮三惡道。若生人中，得二種果報：一者常聞惡音，二者所可言說恒有諍訟。」〔二〕何故惡口墮於地獄？以其惡口皆欲害人，人聞爲苦，所以命終受地獄苦。何故惡口出爲畜生？以其惡口駡人以爲畜生，所以出獄即爲畜生。何故惡口復爲餓鬼？緣其慳悋，干觸則駡，所以畜生苦畢，復爲餓鬼。何故惡口爲人常聞惡音？以其發言麤鄙，所聞常惡。何故惡口所可言説恒有諍訟？以其惡口違逆衆德，有所説言，常致諍訟。當知惡口六大苦也。

又緣其惡口，言輒浮綺，都無義益。無義益故，今身則生憍慢，死即當墮束縛地獄，於遐劫中受諸苦惱。受苦既畢，墮畜生中，唯念水草，不識父母恩養。在此之中，無量生死。以本因緣，若遇微善，劣復人身，生在邊地，不知忠孝仁義，不見三寶。若在中國，矬陋短矮，人所凌蔑。當知憍慢皆緣無義，調戲不節。故地持論云：「無義語罪，亦令衆生墮三惡道。若生人中，得二種果報：一者所有言語人不信受，二者有所言説不能明了。」〔三〕何故無義語墮於地獄？語既非義，事成損彼，所以命終受地獄苦。何故無義語出爲畜生？緣語無義，人倫理乖，所以出地獄受畜生身。何故無義語復爲餓鬼？語無義

〔二〕出大方廣佛華嚴經卷二十四十地品。
〔三〕出大方廣佛華嚴經卷二十四十地品。

故，慳惑所障；因慳惑故，復爲餓鬼。何故無義語罪出生爲人，有所言語人不信受？緣語無義，非可承受。何故無義語有所言説不能明了？語既無義，皆緣暗昧；暗昧報故，不能明了。當知無義語七大苦也。

又緣無義語故，不能廉讓，使貪欲無厭。今身慳貪不布施，死即當墮沸屎地獄，於遐劫中受諸苦惱。受苦既畢，墮畜生餓鬼中，無有衣食，資仰於人；所啗糞穢，不與不得。在此之中，無量生死。以本因緣，若遇微善，劣復人身，飢寒裸露，困乏常無。人既不與，求亦不得。縱有纖毫，輒遇剥奪，守苦無方，亡身喪命。當知此不布施皆緣貪欲。故地持論云：「貪欲之罪，亦令衆生墮三惡道。若生人中，得二種果報：一者多欲，二者無有厭足。」〔一〕何故貪欲墮於地獄？緣其貪欲，作動身口而苦於物，所以身死受地獄苦。何故貪欲出爲畜生？緣此貪欲動乖人倫，是故出獄即爲畜生。何故貪欲復爲餓鬼？緣此貪欲，得必貪惜；貪惜罪故，復爲餓鬼。何故貪欲而復多欲？緣此貪欲，所欲彌多。何故貪欲無有厭足？緣此貪欲，貪求無厭。當知貪欲八大苦也。

又緣貪欲，不適意故，則有憤怒而起瞋恚。今身若多瞋恚者，死即當墮泥犂地獄，於歷劫中具受衆苦。受苦既畢，墮畜生中，作毒蛇蚖蝮，虎豹豺狼。在此之中，無量生死。以本因緣，若遇微善，劣復人

〔一〕出大方廣佛華嚴經卷二十四十地品。

身，復多瞋恚，面貌醜惡，人所憎惡。非唯不與親友，實亦眼不喜見。當知忿恚，皆緣瞋惱。故地持論云：「瞋恚之罪，亦令衆生墮三惡道。若生人中，得二種果報：一者常爲一切求其長短，二者常爲衆人之所惱害。」〔二〕何故瞋惱墮於地獄？緣此瞋惱，恚害苦物，受地獄苦。何故瞋惱出爲畜生？緣此瞋惱，不能仁恕，所以出獄受畜生身。何故瞋惱復爲餓鬼？緣此瞋惱，從慳心起；慳心罪故，復爲餓鬼。何故瞋惱常爲一切求其長短？緣此瞋惱，不能含容，故爲一切求其長短。何故瞋惱常爲衆人之所惱害？緣此瞋惱，惱害於人，人亦惱害。當知瞋惱九大苦也。

又緣其瞋惱而懷邪僻，不信正道。今身邪見，遮人聽法誦經，自不餐采。死即當墮聾癡地獄，於遐劫中受諸苦惱。受苦既畢，墮畜生中，聞三寶四諦之聲，不知是善；殺害鞭打之聲，不知是惡。在此之中，無量生死。以本因緣，若遇微善，劣復人身，生在人中，聾瞽不聞，石壁不異。美言善響，絶不覺知。當知阻礙聽法，皆緣邪見。故地持論云：「邪見之罪，亦令衆生墮三惡道。若生人中，得二種果報：一者生邪見家，二者其心諂曲。」〔三〕何故邪見墮於地獄？緣以邪見，唯向邪道及以神俗，謗佛法僧，不崇三寶。既不崇信，斷人正路，致令遭苦，所以命終入阿鼻獄。何故邪見復爲畜生？緣以邪見，不識正理，所以出獄受畜生報。何故邪見復爲餓鬼？緣此邪見，慳心堅著，乖僻不捨；不捨慳著，復爲餓鬼。

〔二〕出大方廣佛華嚴經卷二十四十地品。

〔三〕出大方廣佛華嚴經卷二十四十地品。

何故邪見生邪見家？緣此邪見，僻習纏心，所以爲人生邪見家。何故邪見其心諂曲？緣此邪見不中正故，所以爲人心常諂曲。當知邪見十大苦也。

如是一一微細衆惡罪業，無量無邊。皆入地獄，備受諸苦，非可算數而知，且略言耳。若能反惡爲善，即是我師。

又八師經云：「佛爲梵志説八師之法。佛言：一謂凶暴。殘害物命，或爲怨家所見刑戮，或爲王法所見誅治，滅及門族。死入地獄，燒煮拷掠，萬毒皆更，求死不得。罪竟乃出，或爲餓鬼，當爲畜生，屠割剥裂，死輒更刃，魂神展轉，更相殘害。吾見殺者，其罪如此，不敢復殺，是吾一師。佛於是説偈言：

凶者心不仁，　强弱相傷殘。　殺生當過生，　結積累劫怨。　受罪短命死，　驚怛遭暴患。
吾用畏是故，　慈心伏魔官。

二謂盜竊。强劫人財，或爲財主，刀杖加刑，應時瓦解。或爲王法收繫著獄，拷掠搒笞，五毒皆至，戮之都市，門族灰滅。死入地獄，以手捧火，烊銅灌口，求死不得。罪竟乃出，當爲餓鬼。意欲飲水，水化爲膿。所飲食物，物化爲炭。身常負重，衆惱自隨。或爲畜生，死輒更刃，以肉供人，償其宿債。吾見盜者，其罪如此，不敢復盜，是吾二師。佛於是説偈言：

盜者不與取，　劫竊人財寶。　亡者無多少，　忿恚愁毒惱。　死受六畜形，　償其宿債負。
吾用畏是故，　棄國施財寶。

三謂邪婬。犯人婦女，或爲夫主邊人所知，臨時得殃，刀杖加形，手足分離，禍及門族。或爲王法收捕著獄，酷毒掠治，身自當辜。死入地獄，卧之鐵牀，或抱銅柱，獄鬼然火，以燒其身。地獄罪畢，當受畜生。若後爲人，閨門婬亂，遠佛違法，不親賢衆，常懷恐怖，多危少安。吾見是故，不敢復婬，是吾三師。佛於是説偈言：

婬爲不净行，迷惑失正道。形消魂魄驚，傷命而早夭。受罪頑癡荒，死復墮惡道。吾用畏是故，棄家樂山藪。

四謂兩舌、惡口、妄言、綺語。譖人無罪，謗毁三尊，招致捶杖，亦致滅門。死入地獄，獄中鬼神拔出其舌，以牛犂之。烊銅灌口，求死不得。罪畢乃出，當爲畜生，常食草棘。若後爲人，常不見信，口中恒臭，多被誹謗罵詈之聲。卧輙惡夢，有口不得食佛經之至味。吾見是故，不敢惡口，是吾四師。佛於是説偈言：

欺者有四過，讒佞傷賢良，受身癡聾盲，蹇吃口臭腥，顛狂不能言，死墮拔舌囹。〔一〕吾修四净口，自致八音聲。

五謂嗜酒。酒爲毒氣，主成諸惡。王道毁，仁澤滅。臣慢上，忠敬朽。〔二〕父禮亡，母失慈。子凶

〔一〕「囹」字原作「囚」，據磧砂藏本改。高麗藏本作「耕」。

〔二〕「忠敬朽」原作「不忠敬於」，據高麗藏本改。

悖，孝道敗。夫失信，婦奢婬。九族諍，財産耗。亡國危身，無不由之。酒之亂道，三十有六。吾見是故，絶酒不飲，是吾五師。佛於是説偈言：

醉者爲不孝，　怨禍從内生。　迷惑清高士，　亂德敗淑貞。　故吾不飲酒，　慈心濟羣氓。

净慧度八難，　自致覺道圓。

六謂年老。夫老之爲苦，頭白齒落，目視冥冥，耳聽不聰。盛去衰至，皮緩面皺，百節痛疼，行步苦極。坐起呻吟，憂悲心惱。識神轉滅，便旋即忘。命日促盡，言之流涕。吾見無常，災變如此，故行求道，不欲更之。是吾六師。佛於是説偈言：

吾念世無常，　人生要當老。　盛去日衰羸，　形枯而白首。　憂老百病生，　坐起愁痛惱。

吾用畏是故，　棄國行求道。

七謂病瘦。肉盡骨立，百節皆痛，猶被杖楚。四大進退，手足不任，氣力虚竭，坐起須人，口燥脣燋，筋斷鼻拆。目不見色，耳不聞音。不净流出，身卧其上。心懷苦惱，言輒悲哀。今觀世人，年盛力壯，華色煒曄，福盡罪至，無常百變。吾睹此患，故行求道，不欲更之。是吾七師。佛於是説偈言：

念人衰老時，　百病同時生。　水消而火起，　刀風解其形。　骨體筋脉離，　大命要當傾。

吾用畏是故，　求道願不生。

八謂人死。四百四病同時俱作，四大欲散，魂神不安。風去息絶，火滅身冷。風先火次，魂靈去矣。身體挺直，無所復知。旬日之間，肉壞血流，膖脹爛臭，無一可取。身中有蟲，還食其肉。筋脉爛盡，骨節解散。髑髏髀脛，各自異處。飛鳥走獸，競來食之。天龍鬼神，帝王人民，〔一〕貧富貴賤，無免此患。吾見斯變，故行求道，不欲更之。是吾八師。佛於是説偈言：

惟念老病死，　三界之大患。　福盡而命終，　棄之於黃泉。　身爛還歸土，　魂魄隨因緣。
吾用畏是故，　學道求泥洹。

梵志於是心即開解，遂得道跡。長跪受戒，爲清信士。不殺、不盜、不婬、不欺、奉孝、不醉。歡喜爲佛作禮而去。」〔二〕

故書云：「五色令人目盲，五音令人耳聾，五味令人口爽。」〔三〕大怒傷陰，大喜敗陽。麗色伐性之斧，美味腐身之毒。能悟此旨，斯爲大師。

住處部第十二別有四部〔四〕

七識住處　九衆生居住處　二十五有住處　四十二居止住處

〔一〕「王」字原作「主」，據高麗藏本改。
〔二〕出八師經。
〔三〕出老子上篇第十二章。
〔四〕「部」字原作「住處」，據高麗藏本、磧砂藏本改。

七識住處第一

如毗曇説云：「於欲界之中唯取人天善趣爲一，及取上之二界，各前三地，則爲七也。」〔一〕論言：「何故四種惡趣及第四禪，并及非想，不立識住法者？」此還如論中釋云：「若識於彼樂住者，則立識住。樂住非分者，是則不立。謂彼四惡趣中苦逼迫故，識不樂住。第四禪中有淨居天樂入涅槃故，識不樂住。無想衆生以無心故，不可説爲識住。自餘第四禪，其亦不定，或求無色，或求淨居，或求無想，故識亦不樂住也。第一有中，以其闇昧不捷疾故，識不樂住。以如斯義，是故不立。又説：若彼有壞識法者，是則不立識住。謂彼四惡趣中爲彼苦受惱壞識故，所以不立。第四禪中以有無想正受及無想天斷壞識故，一一亦不立。非想地中有彼滅盡三昧害識心故，是以此三處悉皆不立識住。」〔二〕七識住，略分別如是。

九衆生居住處第二

問曰：九衆生居云何差別？荅曰：如毗曇中説：「謂於前七識住上加無想天及與非想，即是九衆

〔一〕出雜阿毗曇心論卷八。
〔二〕出雜阿毗曇心論卷八。

生居。」荅言：〔一〕惡趣及餘第四禪，何故不立衆生居者？此如論中前釋：〔二〕「若彼衆生愛樂住者，立衆生居。樂住非分者，是則不立。謂彼四惡趣中多苦惱故，〔三〕衆生不樂住於彼。第四禪中五浄居天疾樂涅槃故，亦不樂住。自餘第四禪如前所說。」〔四〕是故不立衆生居矣。

二十五有住處第三

問曰：二十五有云何分別？荅曰：如舍利弗阿毗曇論説：欲界之中具十四有，色界有七，無色有四，三界合論，故有二十五。欲界十四者：謂四惡趣，即以爲四；又取四天下人，復以爲四，帖前爲八；〔五〕又取六欲諸天，以六帖前，便爲十四有也。色界七者，所謂四禪即以爲四，又於初禪之中取大梵天，第四禪中取五浄居并無想天，即爲其七。將七帖前十四，即爲二十一有也。無色界中四者，謂四無色定。以四帖前，即爲二十五有。是故彼論偈云：

〔一〕「荅」字，高麗藏本作「若」，依雜阿毗曇心論問荅應作「問」。

〔二〕「此」字下原衍「是」字，據高麗藏本删。

〔三〕「故」字原脱，據高麗藏本補。

〔四〕出雜阿毗曇心論卷八。

〔五〕「帖」字原作「怗」，據高麗藏本改。下同。

「四洲四惡趣，　梵王六欲天，　無想五净居，　四空及四禪。」〔一〕

問曰：未知以何義故，於初禪中別取梵王，於第四禪中別取無想天并五净居，立爲三有？别於初四禪者，有何義耶？答曰：有以謂彼初禪大梵天者，外道人等恒計以爲能生萬物之本。違之則受生死，順之則得解脱。又彼梵王亦復自計己身能爲造化之主，是一，是常，是真解脱。如來爲欲破彼情見，是故別摽説爲有也。第二無想天者，謂彼天中悉得定壽五百大劫無心之報。外道人等於此不達，而復計爲真實涅槃。是故樂修無想之定，求生彼處。如來爲欲破彼情見，是故別摽説爲有也。第三五净居者，於中有彼摩醯首羅天王處。外道人等亦復計彼天王能爲造化之本，歸之則得解脱。爲破此見，是故如來別摽説有。别説之意，義顯斯也。問曰：未知於彼六趣之中，四種惡趣各立一有，人中立四，天中乃立十七有者，何義然耶？答曰：有以。所謂於彼四惡趣中苦惱多故，衆生不欲，樂住情微，是故就趣各立一有。人趣次勝，衆生樂住，心已殷著，是故隨方説之爲四。天趣最勝，樂住之情最爲殷上，是故隨處説爲十七。〔二〕二十五有略辯如是。

〔一〕此段出處待考。
〔二〕「隨處」下原衍「説處」二字，據高麗藏本删。

四十二居止住處第四

問曰：未知四十二居止云何分別？答曰：如樓炭經說，〔一〕謂於欲界之中有二十居止，色界中有十八，無色界中有四，三界合論有四十二居止處。其欲界二十者，謂彼八大地獄及畜生、餓鬼，即爲十也；又取四天下人及六欲天，復爲十也。總爲二十居止處。色界中十八者，謂彼四禪之中有十八天，即爲十八居止。無色界中四空定處，合爲四十二居止也。

問曰：何故於六趣之中，地獄、人、天三趣之中各各立多居止處，鬼、畜二趣各唯立一，修羅一趣全不立者，何耶？答曰：居止名爲安止住處。有定處者，隨處則立；無定處者，是則不立。謂彼地獄定有八處，人有四處，天定有其二十八處，是故於此三趣各各立多居止。鬼畜二趣，無有定別多居止處，〔二〕是故就趣各立其一。脩羅趣攝入餘道，是故不論。

問曰：若依毗曇說，〔三〕彼四空徧在欲色二界之中，亦無定別。又彼無形，則無栖託。何故得說居止處耶？答曰：依如小乘，實當如是。若依大乘說，彼亦有微細色形，各有宮殿，別有四處。於三界

〔一〕見大樓炭經卷四。
〔二〕「止」字原作「正」，據高麗藏本改。
〔三〕見雜阿毘曇心論卷八。

中別守一界，不雜餘二。是故說爲四居止也。

問曰：依如毗曇說，〔一〕彼梵王與彼梵輔天同，無別住處。第四禪中無想天者，與彼廣果同階，亦無別處。若如是者，何故得說以爲二居止耶？荅曰：有以。謂彼梵王於初禪中雖無別天，而於第二梵輔天中別有層臺，高廣嚴博，大梵天王於上而住，不與梵輔天同。以其君勝上、臣下別故。無想天者，雖與廣果天同其住處，各有殊別。其猶此閒州縣相似。以如斯別，是故說之爲二居止焉。

頌曰：

色心相染，業障交纏。七識起發，八識受牽。三界受報，六道苦緜。〔二〕自非斷妄，何得牢堅。

感應緣 略引二十六驗

漢時有女生兒兩頭兩頸

漢洛陽有女生兒兩頭肩有四臂

〔一〕見雜阿毗曇心論卷八。

〔二〕「緜」字原作「因」，據高麗藏本改。

晉新蔡縣胡氏產二女相向腹心合胸
周烈王時有女產二龍
漢時有女生蛇
周哀王時有女生四十子又有豕生人
秦孝公時有馬生人
漢文帝時有馬與狗皆生角
漢定襄有牝馬生駒三足
秦文王時有獻五足牛
漢景帝時有獻牛足出背上
晉武昌有牛生子兩頭八足兩尾
漢天水平襄有鷰生雀
魏黄初中有鷹生鷰口爪俱赤
漢竇嬰灌夫田蚡因恨謀死現報
晉王敦枉害刁玄亮現報

晉張鹿殺經曠現報
晉御史石密枉奏殺曲客現報
晉桓温枉害殷涓現報
秦姚萇枉害苻永固萇受現報
秦李雄從叔壽枉害李期現報
宋翟銅烏枉害張超現報
宋張稗爲鄰人燒死鄰人受現報
宋吕慶祖爲奴枉害奴受現報
唐杜通達枉害衆僧受現報
唐貞觀年内有邢文宗枉害衆僧受現報

漢元始元年六月，有長安女子生兒，兩頭兩頸，面得相向，四臂共胸俱前向。尻上有目，長二寸。故京房易傳曰：睽孤，見豕負塗。厥妖人生兩頭。兩頸，不一也。手多，〔一〕所住邪也。足少，不勝

〔一〕「手」字原作「足」，據搜神記改。

任。下體生於上，不敬也。上體生於下，泄瀆也。生非其類，淫亂也。生而大，速成也。生而能言，好虛也。〔一〕

漢光和二年，〔二〕洛陽上西門外女子生兒，兩頭異肩，四臂共胸，面俱相向。自是之後，朝廷霧亂，政在私門，二頭之像也。後董卓殺太后，被以不孝之名。廢天子，又害之。漢元以來，禍莫大焉。〔三〕

晉建興四年，西都傾覆。元皇帝始爲晉王，四海宅心。其年十月二十二日，新蔡縣吏任僑妻胡氏，年二十五，産二女，相向，腹心合，自胸以上臍以下分。此蓋天下未壹之妖也。時内史吕會上言：案瑞應圖云：「異根同體，謂之連理。異畝同穎，謂之嘉禾。」草木之屬，猶以爲瑞。今二人同心，天垂靈象。故易云：「二人同心，其利斷金。」休顯見生於陳東之國，斯蓋四海同心之瑞，不勝喜躍，謹畫圖上。時有識者哂之。君子曰：智之難也。以臧文仲之才，猶祀爰居焉。布在方册，千載不忘。故士不可以不學。古人有言：木無支，謂之瘣；人不學，謂之瞽。當其所蔽，蓋闕如也。可不勉乎！〔四〕

〔一〕 出搜神記卷六。

〔二〕 「光和」原作「元和」，據高麗藏本改。

〔三〕 出搜神記卷六。

〔四〕 出搜神記卷七。

周烈王之六年，林碧陽君之御人産二龍。〔一〕

漢定襄太守竇奉妻生子武，并生一蛇。奉送蛇于林。及武長大，有海内俊名。母死將葬，未窆。賓客聚集，有大蛇從林草中出，徑來棺下，委地俯仰，以頭擊棺，血涕並流，若哀慟者。〔二〕

周哀王之八年，〔三〕鄭有人，一生四十子。其二十人爲人，二十人死。其九年，晉有豕生人，能言。吴赤烏七年，有婦人一生三十子。〔四〕

秦孝公二十一年，有馬生人。昭王二十年，牡馬生子而死。劉向以爲馬禍也。故京房易傳曰：方伯分滅，厥妖牡馬生子。上無天子，諸侯相伐，厥妖馬生人也。〔五〕

漢文帝十二年，吴地有馬生角，在耳上向。右角長三寸，左角長二寸，皆大二寸。後五年六月，齊雍城門外有狗生角。〔六〕劉向以爲馬不當生角，猶下不當舉兵向上也。吴將反之變云。京房易傳曰：

〔一〕出搜神記卷六。

〔二〕出搜神記卷十四。

〔三〕「王」字原作「公」，據搜神記改。

〔四〕「十」字原脱，據高麗藏本補。出搜神記卷六。

〔五〕出搜神記卷六。

〔六〕「齊雍」原作「密應」，據搜神記改。

臣易上，政不順，厥妖馬生角。茲謂賢士不足。〔一〕

漢綏和二年，定襄有牝馬生駒，三足，隨羣飲食。五行志以爲：馬，國之武用。三足，不任用之象也。〔二〕

秦孝文王五年，〔三〕游于朐衍，有獻五足牛者。時秦世喪用民力。京房易傳曰：興繇役，奪民時，厥妖牛生五足。〔四〕

漢景帝中六年，梁孝王畋北山，有獻牛足出背上者。劉向以爲牛禍，思心霿亂之咎也。至漢桓帝延熹五年，〔五〕臨沅縣有牛生雞，兩頭四足。〔六〕

晉大興元年三月，武昌太守王諒，有牛生子，兩頭八足兩尾共一腹。不能自生，十餘人以繩引之。子死，母活。其三年後，苑中有牛生一足三尾，生而死也。〔七〕

〔一〕出搜神記卷六。

〔二〕出搜神記卷六。

〔三〕「孝」字原脱，據搜神記補。

〔四〕出搜神記卷六。

〔五〕「桓」字原作「靈」，據搜神記改。

〔六〕出搜神記卷六。

〔七〕出搜神記卷七。

漢綏和二年三月，天水平襄有鷰生雀，哺食至大，俱飛去。京房易傳曰：賊臣在國，厥咎鷰生雄雀。又曰：生非其類，子不嗣也。〔一〕

魏黄初中，有鷹生鷰巢中，口爪俱赤。至青龍中，明帝爲陵霄闕，始構，有鵲巢其上。帝以問高堂隆。對曰：詩云：「惟鵲有巢，惟鳩居之。」此宫室未成，身不得居之象也。〔二〕右十二驗出搜神異記。

漢竇嬰，字王孫，漢孝文帝竇皇后從兄子也。封魏其侯，爲丞相。後乃免相。及竇皇后崩，嬰益疏薄無勢，默不得志。與太僕灌夫相引薦，交結其歡，恨相知之晚乎。孝景帝王皇后異父同母弟田蚡爲丞相，親幸縱横，使人就嬰求城南田數頃。嬰不與曰：老僕雖棄，丞相雖貴，寧可以勢相奪乎！灌夫亦助怒之。蚡皆恨之。及蚡娶妻，王太后詔列侯宗室皆往賀蚡。灌夫爲人狂酒，先嘗以醉忤蚡，不肯賀之。竇嬰强與俱去。酒酣，灌夫行酒至蚡，蚡曰：不能滿觴。灌夫因言辭不遜。蚡遂怒曰：此吾驕灌夫之罪也。乃縛灌夫，謂長史曰：有詔召宗室，而灌夫駡坐不敬。并奏其在鄉里豪横，處夫棄市。竇嬰還謂其妻曰：終不令灌夫獨死而嬰獨生。乃上事具陳灌夫醉飽，事不足誅。帝召見之，嬰與蚡互相言短長。帝問朝臣：兩人誰是？朝臣多言嬰是。王太后聞，怒而不食曰：我在，人皆凌籍吾弟。我百歲後，當魚肉之中。及出，蚡復爲嬰造作惡語，用以聞上。天子亦以蚡爲不直，特爲太后故，論嬰及夫

〔一〕出搜神記卷六。
〔二〕出搜神記卷六。

棄市。嬰臨死駡曰：若死無知則已，有知要不獨死。後月餘，蚡病，一身盡痛，若有打擊之者。但號呼叩頭謝罪。天子使視鬼者瞻之，見竇嬰灌夫共守笞蚡。蚡遂死。天子亦夢見嬰而謝之。

晉大將軍王敦枉害刁玄亮。及敦入石頭，夢白犬自天下而噬之。既還姑孰，遇病，白日見刁乘軺車，道從吏卒來，仰頭瞋目，乃入攝録敦。敦大怖，逃不得脱，死。

河間國兵張鹿、經曠二人，〔一〕相與諧善。晉太元十四年五月五日，共升鍾嶺，坐於山椒。鹿酗酒失性，〔二〕拔刀斬曠。曠母爾夕夢曠，自説爲鹿所殺，投屍澗中，脱褌覆腹。尋覓之時，必難可得，當令褌飛起以示處也。明晨追捕，一如所言。鹿知事露，欲規叛逸。出門輒見曠手執雙刀，來擬其面，遂不得去。母具告官，鹿以伏辜。〔三〕

晉山陰縣令石密，先經爲御史，枉奏殺典客令萬黜。〔四〕密白日見黜來殺，密遂死。〔五〕

〔一〕「河間」二字原在上條「死」字之下，高麗藏本於此不分段，太平廣記引「河間」與下文銜接，據改。又「鹿」字，太平廣記引作「麤」。下同。

〔二〕「性」字原作「色」，據太平廣記引改。

〔三〕太平廣記卷一一九引，作出還冤記。

〔四〕太平廣記引「典客」作「勾容」。又「黜」作「默」，下同。

〔五〕太平廣記卷一一九引，作出還冤記。

晉大司馬桓温，功業殊盛，負其才力，久懷簒逆。廢晉帝爲海西公而立會稽王，是爲簡文帝。太宰武陵王晞，性尚武事，好犬馬遊獵。温常忌之，故加罪狀，奏免晞及子綜官。又逼新蔡王晃，使列晞綜及前著作郎殷涓、太宰長史庾倩等謀反，頻請殺之。詔特赦晞父子，乃徙新安。殷涓父浩，〔一〕先爲温所廢。涓頗有氣尚，遂不詣温，而與晞遊。温乃疑之。庾乃請坐有才望，且宗族甚强，所以並致極法。簡文尋崩，而皇太子立，遺詔委政於温，依諸葛亮、王導舊事。温大怨望，以爲失權，僭逼愈甚。後謁簡文高平陵，方欲伏，見帝在墳前，舉體莫衣，語温云：家國不造，委任失所。温荅：臣不敢，臣不敢。既登車，爲左右説之。又問殷涓形狀，荅以肥短。温云：向亦見在帝側。十餘日便病，因此憂懣而死。

秦姚萇，字景茂，赤亭羌也。父弋仲事石勒。石氏既滅，萇隨其兄襄與苻永固戰於三原。軍敗，襄死。萇乃降永固，即授禄位，累加爵邑。及轉龍驤將軍，督梁益州諸軍事。永固謂之曰：朕昔以龍驤建業，此號未曾假人。今持山南委卿，故特以相授。其蒙寵任優隆如此。後隨永固子叡討慕容泓，爲泓所敗，叡獨死之。萇遣長史詣永固謝罪，永固怒既甚，即戮其使。萇益恐懼，遂奔西州，邀聚士卒，而自樹置。永固頻爲慕容沖所敗，沖轉侵逼。永固又見妖怪屢起，遂走五將山。萇即遣驍騎將軍吴中圍永固，中執永固以送萇。即日囚之，以求傳國璽，及令禪讓。永固不從，數以叛逆之罪。萇遂殺之，遂

〔一〕「殷」字原作「殺」，據高麗藏本改。

稱帝。後又扫永固屍，〔一〕鞭撻無數，裸剥衣裳，薦之以棘，掘坎埋之。及萇遇疾，即夢永固將天官使者及鬼兵數百，突入營中。萇甚怵愕，走入後帳。宫人逆來刺鬼，悮中萇陰。鬼即相謂曰：正著死所。拔去矛刃，出血石餘。忽然驚寤，即患陰腫。令醫刺之，流血如夢。又狂言曰：殺陛下者，臣兄襄耳。非臣萇罪，願不賜枉。後三日萇死。

秦李雄既王於蜀，其第四子期，從叔壽襲期而廢爲邛都公。尋復殺之，而壽自立。壽性素凶狠猜忌，僕射蔡射等以正直忤旨，遂誅之。無幾，壽病，恒見李期、蔡射而爲祟，嘔血而死。

宋高平金鄉張超，與同縣翟願不和。願以宋元嘉中爲方與令，忽爲人所殺。咸疑是超。超後除金鄉縣職，〔二〕解官還家，入山伐材。翟兄子銅烏執弓持矢，并賷酒醴，就山貺之。斟酌已畢，銅烏曰：明府昔害民叔，無緣同戴天日。引弓射之，即死。銅烏其夜見超云：我不殺汝叔，枉見殘害。今已上訴，故來相報。引刀刺之，吐血而死。〔三〕

宋下邳張稗者，〔四〕家世冠族，末葉衰微。有孫女姝好美色，鄰人求娉爲妾，稗以舊門之後，恥而

〔一〕「扫」字，高麗藏本作「掘」。
〔二〕「後除」二字原在「金鄉」二字下，據太平廣記引改。
〔三〕太平廣記卷一一九引，作出還冤記。
〔四〕「張稗」，高麗藏本、太平廣記引作「張裨」。下同。

不許。鄰人忿之，乃焚其屋，稗遂燒死。其息邦先行不在，後還亦知情狀，而畏鄰人之勢，又貪其財而不言官，嫁女與之。後經一年，邦夢見稗曰：汝爲兒子，逆天不孝。棄親就仇，潛同兇黨。便捉邦頭，以手中桃杖刺之。邦因病，兩宿嘔血而死。邦死之日，鄰人又見稗排門直入，張目攘袂曰：君恃貴縱惡，酷暴之甚，枉見殺害。我已上訴，事獲申雪。却後數日，令君知之。鄰人得病，尋亦殂殁。〔一〕

宋世永康人吕慶祖，家甚温富。嘗使一奴，名教子，守視墅舍。以元嘉中便往案行，忽爲人所殺。族弟無期先貸舉慶祖錢，〔二〕咸謂爲害。無期齎羊酒脯至柩所而祝曰：〔三〕君荼酷如此，乃云是我。魂而有靈，使知其主。既還，至三更，見慶祖來云：近履行，見教子畦疇不理，斥當言官痛治奴。〔四〕奴遂以斧斫我背，將帽塞口，因得齧奴三指，悉皆破碎。便取刀刺我頸，曳著後門。初見殺時，諸從行人亦在其中。奴今欲叛我，已釘其頭著壁。言畢而滅。無期早旦以告其父母，潛視奴所住壁，果有一把髮，以竹釘之。又看其指，並見破傷。録奴詰驗承伏。又問：汝既反逆，何以不叛？奴云：頭如被繫，

〔一〕太平廣記卷一二〇引，作出還冤記。
〔二〕「貸」字原作「大」，據太平廣記引改。
〔三〕「脯」字原作「晡」，「祝」字原作「呪」，據高麗藏本改。
〔四〕「斥當言官」，高麗藏本作「許當」。

欲逃不得。諸同見者事事相符。即焚教子并其二息。〔一〕右九驗出冤魂記。

唐齊州高遠縣人杜通達，〔二〕貞觀年中，縣丞命令送一僧向北。〔三〕通達見僧經箱，謂言其中總是絲絹。乃與妻共計，擊僧殺之。僧未死閒，誦呪三兩句，遂有一蠅飛入其鼻，久悶不出。通達眼鼻遽喎，眉鬢即落。迷惑失道，精神沮喪。未幾之閒，便遇惡疾，不經一年而死。臨終之際，蠅遂飛出，還入妻鼻。其妻得病，歲餘復卒。〔四〕

唐河閒邢文宗家接幽燕，禀性麤險。貞觀年中，忽遭惡疾，旬日之閒，眉鬢落盡。於後就寺歸懺，自云：近者使向幽州，路逢一客，將絹十餘匹。迥澤無人，因即刼殺。此人云：將向房山，〔五〕欲買經紙。終不得免。少閒屬一老僧，復欲南出。遇文宗，懼事發覺，揮刀擬僧。僧叩頭曰：乞存性命，誓願終身不言。文宗殺之，棄之草閒。經二十餘日，行還，過僧死處。時當暑月，疑皆爛壞。試往視之，儼

〔一〕太平廣記卷一二七引，作出還冤記。
〔二〕「遠」字，太平廣記引作「苑」。
〔三〕「一」字下原衍「衆」字，據高麗藏本删。
〔四〕太平廣記卷一二一引，作出法苑珠林。
〔五〕「房山」，高麗藏本作「城内」。

如生日。宗因下馬，以策築僧之口。口出一蠅，飛鳴清徹，直入宗鼻，久悶不出。因得大患，歲餘而死。〔一〕右二驗出冥報拾遺。

〔一〕太平廣記卷一二一引。

法苑珠林校注卷第七十一

罪福篇第八十此有四部

述意部　業行部　罪行部　福行部

述意部第一

夫善惡相翻，明暗相反。罪福冥對，皎若目前。所以惡名俯墜，善謂清昇；福是富饒，禍爲摧折。故知罪惡之法，不可弗除；福善之功，無宜不造。聖教明白，昇沈可觀也。

業行部第二

述曰：〔一〕此行名聖説不定。所謂罪行，諸經或説名黑黑業及不善業。凡夫福行，諸經或説名白白業及以善業。名雖種種，行體無殊。行體云何？如智度論説：「殺害等是不善業，布施等是善業。」〔二〕此則是説罪福二行。言殺等者，等取十惡，齊名罪行。言施等者，等取事中戒定等業，同是世善，俱名福行。此世善中八禪定者，望欲界亂善，名不動行。若望出世理觀智慧，此緣事住，則名福行。如説六度，前五度中所有禪定，通亦名福。但諸罪福，人行不同。或專修福，或唯造罪，或復有人罪福俱行。專修福者，所謂凈心，爲益他人行施戒等。唯造罪者，謂無慈潤，動身口意，皆爲損他。罪福俱者，謂修福時，内心不凈，或兼損物。此則是其欲界雜業。非純凈故，亦名不凈。若論罪行，麤顯可知。若論雜業，與凈福行有同有異，稍隱難知。謂諸修福，據其外相，事中信樂，所作皆同。若據内心，爲自爲他，所求各别，精麤不等。以諸修福，外同内異，故有純雜二業不同。若能調心，慈悲愍物，隨所施爲，皆成大善。若不守念，視相修福，内麤外細，唯成雜業。稱彼愚情，雖謂過世，理實違道，亦非凈福。以修福時，不觀生空，我倒常行，徧通三性。所有作業，與倒相應，是假取性，是故違道。以不定心，多

〔一〕「曰」字原脱，據高麗藏本補。

〔二〕出大智度論卷十九。

求世報，又多求名，故非浄福。以此純雜，世俗多迷。今略偏論，令人識行。

先論雜業，後明浄福。但諸雜業，自有麤細。麤者爲惡，兼損他人；細者自爲，唯求世報。先論麤雜。若就施論，或有非法取財施者，如盗他物以用布施。此感來報，還常衰耗。施已生悔，得果亦然。故優婆塞戒經云：〔一〕「若人施已，生於悔心；若劫他財，持以布施；是人未來雖得財物，常耗不集。」〔二〕或有爲施兼損他者，謂若施時不正念善，或生瞋恚，或起高慢，當墮惡道。雖得福報，畜中別受，不感人天。故分別業報經偈云：

「修行大布施，急性多瞋怒，不依正憶念，後作大龍身。能修大布施，高心陵懱人，
由斯業行生，大力金翅鳥。」〔三〕

若爲修福求世報者，如捨財時自求來報，或恐身財無常故捨，或爲名聞專求自益，此非慈悲爲濟貧苦，猶如市易，非純浄業。是以經中名不浄施。如百論説：「爲報施者，是名不浄施，如市易故。」報有二種：現報者，名稱敬愛等。後報者，後世富貴等。名不浄施，譬如賈客遠到他方，〔四〕雖持雜物多所

〔一〕「戒」字原脱，據高麗藏本補。
〔二〕出優婆塞戒經卷五雜品。
〔三〕出大勇菩薩分別業報略經。
〔四〕「如」字原脱，據高麗藏本補。

饒益，然非憐愍衆生，以自求利故，是業不净。布施求報，亦復如是。」〔一〕以此證知，無實慈愍，自求名稱，或爲來報，縱雖廣施，皆非净業。業非净故，得報不精。故分別業報經偈云：

「若爲生天施，　或復求名聞，　酬恩及望報，　恐怖故行施，　獲果不清净，　所受多麤澀。」〔二〕

施行既爾。戒等諸善不净同此。故百論云：「不净持戒者，自求樂報。若持戒求天上與天女娛樂，若人中富貴受五欲樂，爲婬欲故。如覆相者，内欲他色，外詐親善，是名不净。此外細心，不净持戒，如阿難語難陀説偈云：

如羝羊相觸，　將前而更却。　汝爲欲持戒，　其事亦如是。」〔三〕

開心專爲益他，得福則多。又於施境，有貧，有病，或有知法而乏所須。若施令彼得益長善，所施有宜，獲福則多。故賢愚經云：「佛讚五施得福無量：所謂施遠來者，遠去者，病瘦者，於飢餓時施於飲食，施知法人。如是五施，現世獲福。」〔四〕此施有宜，現獲多福。不同求名，施非要處，雖多割捨，不

〔一〕出百論卷上捨罪福品。
〔二〕出大勇菩薩分別業報略經。
〔三〕出百論卷上捨罪福品。
〔四〕出賢愚因緣經卷四摩訶斯那優婆夷品。

得净報。又隨喜他施者，若望諸極巖造不善者，是其細罪，亦得名善。若望離欲及專爲他，此之雜業則是其罪。故智度論云：「巖人有巖罪，細人有細罪。」〔一〕故此雜業，罪福俱行。望心非純，是不净業。

上來明其罪福俱行，是其欲界不净雜業竟。若論净業，翻前可知。故百論云：「净施者，若人愛敬利益，得福亦多。」〔二〕故因果經偈云：

「若有貧窮人，無財可布施，見他修施時，而生隨喜心。隨喜之福報，與施等無異。」〔三〕

又丈夫論偈云：

「悲心施一人，功德大如地。爲己施一切，得報如芥子。救一厄難人，勝餘一切施。衆星雖有光，不如一月明。」〔四〕

若諸凡夫造其罪福，不解因果，善惡無性，是爲迷事取性，常繫三有。故智度論云：「譬如蠅無處

〔一〕出大智度論卷三十九。
〔二〕出百論卷上捨罪福品。
〔三〕出過去現在因果經卷四。
〔四〕出大丈夫論卷上施勝品。

不著，唯不著火焰。衆生愛著亦復如是：善不善法中皆著，乃至非想亦著，唯不著般若波羅蜜性空大火。」〔一〕以此證知，無善惡性，常輪五道，即當無佛性衆生也。此略明凡夫罪福二行迷事取性所依經論竟。

罪行部第三

述曰：此明聖者就後福行，説有罪行者，但此罪行妄見境染，執定我人，取著違順，便令自他皆成惡業。是以經偈云：「貪欲不生滅，不能令心惱。若人有我心，及有得見者，是人爲貪欲，將入於地獄。」〔二〕是故心外雖無別境，稱彼迷情，强見起染。如夢見境，起諸貪瞋，稱彼夢者，謂實不虚。理實無境，唯情妄見。故智度論説：「如夢中無喜事而喜，〔三〕無瞋事而瞋，無怖事而怖。三界衆生亦復如是。無明眠故，不應瞋而瞋等。」〔四〕故知心外雖無别境，稱彼迷情，妄見起染。心外雖無地獄等相，惡業成時，妄見受苦。

〔一〕出大智度論卷九十四。
〔二〕此段出處待考。
〔三〕「喜事而喜」原作「善事而善」，據大智度論改。
〔四〕出大智度論卷六。

如正法念經云：「閻摩羅人非是衆生，罪人見之，謂是衆生，手中執持焰然鐵鉗。彼地獄人惡業既盡，命終之後，不復見於閻羅獄卒。何以故？以彼非是衆生數故。如油炷盡，則無有燈。業盡亦爾，不復見於閻羅獄卒。如閻浮提，日光既現，則無暗冥。惡業盡時，閻羅獄卒亦復如是。惡眼惡口如衆生相，可畏之色，皆悉磨滅。如破畫壁，畫亦隨滅。惡業畫壁亦復如是，不復見於閻羅獄卒可畏之色。」〔一〕以此文證，衆生惡業應受苦者，自然無中妄見地獄。

問曰：見地獄者，所見獄卒及虎狼等可使妄見。彼地獄處閻羅在中判諸罪人，則有此境。云何言無？答曰：彼見獄主亦是妄見。直是罪人惡業熏心，令心變異，無中妄見。實無地獄閻羅在中。故唯識論云：「如地獄中無地獄主，而地獄衆生依自罪業，〔二〕見地獄主與種種苦，而起心見：此是地獄處，此是夜時，此是晝時。我以惡業故，見狗見烏，或見山壓。」〔三〕以此文證，善惡熏心，令心異見，實無地獄。是故心外雖無地獄，惡業成時，强自妄見。

問曰：此苦業報，既非善事，寧不直爾説善令習，何須稱情説苦業耶？答曰：善惡因果，法須相對。若不説其貪等是過，何由得顯施等是善。若不宣説三塗是苦，無由得顯人天等樂。是故須説凡夫

〔一〕出正法念處經卷三十四。

〔二〕「罪」字原作「然」，據唯識論改。

〔三〕出唯識論。

罪行，令人識知，厭離歸善。若鈍根者，聞此苦業生厭離時，即求世樂。因此轉心，修諸福業。若利根者，聞此苦業，生厭離心，即求解脱。因此轉心，能修道觀，便於惑中得起出因。故經説言：「一切煩惱皆是佛種。」〔一〕故知苦業，厭離之本，起善之緣，是故須説。若不説此惡業罪行，衆生不識，常行不斷。雖稱情見説諸過惡，然實心外無別業苦。唯識無境，心體恒凈。故經説言：「雖説貪欲之過，而不見法有可貪者。雖説瞋恚之過，而不見法有可瞋者。雖説愚癡之過，而知諸法不癡無礙。雖示衆生墮三惡道怖畏之苦，而不得地獄餓鬼畜生之相。」〔二〕以此文證，知罪行因果，唯心無外。凡愚不解，稱情方便，須説業苦。向來兩門：就其實教，説罪體真，無別可破。以愚未解，須定説罪，此是別明。愚人迷真妄解，故須定説罪行意也。

福行部第四

述曰：此明福行者，對前罪行説此福行。先明凡夫修欲界善者，但使亂心修諸事福，定生下界，名欲界業。五道之中，皆悉得起。先就地獄述者，依毗曇説：「地獄之人亦有三善業，即是意地三善

〔一〕出維摩詰所説經卷中。
〔二〕此段出處待考。

根。」〔一〕此唯成就，非是現行。以是難處多不聞法思量趣道，故無現行。若論生得善根，地獄亦有。如仙譽國王殺五百婆羅門，生地獄中，發生信心，生甘露國。〔二〕故知現行。若依成論，亦説地獄有善現行，〔三〕雖無力勵方便起善，修獲聖道，然有生得善根起善。謂諸衆生無始以來，曾修世間信進念等，未起邪見謗無因果。此善不滅，生便得之，名爲生得善。依此善根得起善心。若有宿業感緣强者，大聖現化，令苦止息，爲説道法，得修方便。第二、畜生龍等亦有修善。如涅槃經：「佛説義時，無量鳥獸發菩提心，生於天上。」〔四〕若依毗曇：「鬼畜十善非律儀攝。」〔五〕以其身口七善律儀，普於一切衆生處起。以鬼神不能受故。故薩婆多論：「畜生以癡鈍故，不發律儀。」〔六〕若依成論，鬼神畜等亦有得戒。若就人中，北單越人唯成意地三善業道，而不現行，不斷善故。〔七〕至劫盡時，人皆修禪，彼獨不能，離欲非分。自餘三方皆有十善。有不具者，若就欲界六天以論，即無出家別解脱戒，但有十善及在

〔一〕出雜阿毘曇心論卷三。
〔二〕此段出處待考。
〔三〕此段出處待考。
〔四〕出大般涅槃經卷二十七。
〔五〕出雜阿毘曇心論卷三。
〔六〕出薩婆多毘尼毘婆沙卷一。
〔七〕見成實論卷八七不善律儀品。

家戒。故成論云：「如天帝釋多受八戒，龍等亦受，不局在人。」〔一〕若論色界諸天以論，依毗曇：「生上失下，上界不起下界善業，以其界地因果斷故。」〔二〕身生上界，下地法斷。此據有漏，在下成上，生上失下，便不修起。若依成論，上得成下，亦得寄起下界善業。〔三〕如諸梵天見佛禮拜發言讚歎，即是散善。此是寄起欲界善業。若依毗曇、毗婆沙論等，梵天禮讚非欲界善。是其初禪威儀心起。〔四〕據此所依無記非善。據外身口，是上色業。此明欲界亂善福業依身起處竟。第二、明色界四禪定業依身起處。若鬼畜中，值聖强緣能悟道者，亦得修起，〔五〕以其無漏依禪起故。縱無根本深定正體，必有麤淺未來禪心。此未來禪是色界業。依此未來斷欲結時，此業則招初禪梵果。若就人天以論，修色界業，除北單越無修禪者，自餘三方及欲界天皆得修起色界十善。謂得禪者意地有三，所謂無貪、無瞋、正見。若論身口七善業者，謂依定心發得禪戒。禪戒則是身口七善，故得禪時有色十善。若就無色諸

〔一〕此段出處待考。
〔二〕出雜阿毘曇心論卷三。
〔三〕此段出處待考。
〔四〕此段出處待考。
〔五〕「得」字原作「度」，據高麗藏本改。

天以論，依毗曇，無色界天不得起色界定業，生上捨下，界地斷故。〔一〕若依成論，凡生無色，亦得起下色界中業。〔二〕此明色界禪定福業十善業道依身起處。若論無色四空定業依身起處，三界人天皆得修起。上來明諸福行依身起處竟。若論聖人起福，非關凡夫，希故不述。

頌曰：

尋因途乃異，及捨趣猶并。〔三〕苦極思歸樂，樂極苦還生。
豈非罪福別，皆由對著情。〔四〕若斷有漏業，常見法身寧。〔五〕

感應緣 略引一驗

唐武德中，遂州總管府記室參軍孔恪暴病死，一日而穌。自說：被收至官所。問：何故殺牛兩頭？恪云：不殺。官曰：汝弟證汝殺，何故不承？因呼恪弟。弟死已數年矣。既至，枷械甚艱。官

〔一〕此段出處待考。
〔二〕此段出處待考。
〔三〕「并」字，高麗藏本作「輕」。
〔四〕「對」字，高麗藏本作「封」。
〔五〕「寧」字，高麗藏本作「明」。

問：汝所言兄殺牛虚實？弟曰：兄前奉使招慰獠賊，使某殺牛會之。實奉兄命，非自殺也。恪曰：使弟殺牛會是實。然國事也，恪何有罪焉？官曰：汝殺會獠，以招慰爲功，用求官賞，以爲己利，何云國事也？因謂恪弟曰：以汝證兄，故久留汝。兄今既遣殺，汝便無罪，放任受生。言訖，弟忽不見，亦竟不得言叙。官又問恪：因何復殺兩鴨？恪曰：前任縣令殺鴨供官客耳，豈恪罪耶？官曰：官客自有料無鴨，汝以鴨供之，將以美譽，非罪如何？又問：何故復殺雞卵六枚？曰：平生不食雞卵。惟憶小年九歲時寒食日，母每與六卵，因煮食之。官曰：然欲推罪母也？恪曰：不敢，但説其因耳。此自恪殺之也。官曰：汝殺他命，當自受之。言訖，忽有數十人皆來執恪，將出去。恪大呼曰：官府亦大枉濫。官聞之呼還曰：何枉濫？恪曰：生來有罪，皆不見遺，生來修福，皆不見記者，豈非濫也。官問主司：恪有何福？何爲不録？主司對曰：福亦皆録，量罪多少。若福多罪少，先令受福。罪多福少，先令受罪。然恪福少罪多，故未論其福。官怒曰：雖先受罪，何不唱福示之。命鞭主司一百。𠌫忽鞭訖，血流濺地。既而唱恪生來所修之福亦無遺者。官謂恪曰：汝應先受罪，我更令汝歸七日，可勤追福。因遣人送出，將甦。恪大集僧尼，行道懺悔，精勤苦行，自説其事。至七日家人辭决，俄而命終。臨家兄爲遂府屬，故委之也。〔一〕右一驗出冥報記。

〔一〕出冥報記卷下，又太平廣記卷三八一引。

欲蓋篇第八十一此有二部

五欲部　五蓋部

五欲部第一此有四部

述意部　欲繫部　欲障部　訶欲部

述意部第一

竊尋經論，行者修道，皆云五欲是障道本。若不學斷，無由證聖。欲知根本，略述三種：一、自内五根，二、外諸五塵，三、所生五識。由此三故，能生染欲。故涅槃經云：「善男子，譬如惡象，心未調順。〔一〕有人乘之，不隨意去，遠離城邑，至空曠處，不能善攝。此五根者，亦復如是。將人遠離涅槃城

〔一〕「未」字原作「謂」，據高麗藏本改。

邑，至於生死曠野之處。善男子，譬如佞臣教王作惡。五根佞臣亦復如是，常教衆生造無量惡。譬如惡子，不受師長父母教敕，則無惡不造。不調五根亦復如是，不受師長善言教敕，無惡不造。善男子，凡夫之人不攝五根，常爲地獄畜生餓鬼之所賊害。亦如怨盜，害及善人。」〔一〕

又遺教經云：「五根賊禍，殃及累世，爲害甚重，不敢不慎。是故智者制而不隨，持之如賊。假令縱之，皆亦不久，見其磨滅也。」〔二〕

夫論蓋者，是蔭覆義。謂覆障行者，令志性昏沈，定慧不明，隱没善人，是修道正障，故名爲蓋。故對法論云：「此蓋能令善品不得顯了，是蓋義。覆蔽其心，障諸善品，令不得轉，故名蓋義。」〔三〕前之五欲，從外五塵而生；此之五蓋，從内五根而發也。

欲繫部第二

述曰：夫論五欲者，既有其根，便發五欲，繫縛衆生，不得解脱。故涅槃經云：「凡夫之人，五欲

〔一〕出大般涅槃經卷二十六。

〔二〕出佛遺教經。

〔三〕出大乘阿毘達摩雜集論卷七抉擇分中諦品。

所縛，〔一〕令魔波旬自在將去。如彼獵師擒捕獼猴，擔負歸家。善男子，譬如國王，安住己界，身心安樂。若至他界，則得衆苦。一切衆生亦復如是。若能自住於己境界，則得安樂。若至他界，則遇惡魔，受諸苦惱。自境界者，謂四念處。他境界者，謂五欲也。」〔二〕

五欲者，男女身上色聲香味觸等是也。即此五欲，希須爲義。貪著五塵，名爲欲也。并意識獨緣之境，名曰法塵。此之六塵，非直名爲塵所行處，復得惡賊之名。故涅槃經云：「如六大賊，能劫一切人民財寶。六塵惡賊，亦復如是，能劫一切衆生善財。如六大賊，若入人舍，則能劫奪現家所有，不擇好惡，令巨富者，忽爾貧窮。是六塵賊，亦復如是。若入人根，則能劫奪一切善法。善法既盡，貧窮孤露，作一闡提。是故菩薩諦觀六塵，如六大賊。」〔三〕

欲障部第三

述曰：夫論欲過者，謂五欲弊魔，六塵惡賊。佛判邪惑，迷障佛性。故涅槃經云：「衆生五識，雖非一念，然是有漏，復是邪倒，增長諸漏。爲一切凡夫取著於色，乃至著識。以著色故，則生貪心；生

〔一〕「所」字原作「相」，據高麗藏本改。
〔二〕出大般涅槃經卷二十五。
〔三〕出大般涅槃經卷二十五。

貪心故，爲色繫縛乃至爲識之所繫縛。以繫縛故，則不得免於生老病死，憂悲大苦，一切煩惱。」〔一〕又云：「若有菩薩自言戒净，雖復不與女人和合，言語嘲調，聽其音聲，然見男子隨逐女時，或見女人隨逐男時，便生貪著。如是菩薩成就欲法，毁破净戒，汙辱梵行，令戒雜穢，不得名爲净戒具足。」〔二〕

又智度論云：「菩薩觀種種不净，於諸衰中女衰最重，〔三〕刀火、雷電、霹靂、怨家、毒蛇之屬，猶可暫近。女人慳妬、瞋諂、妖穢、鬭諍、貪嫉，不可親近。何以故？女子小人，心淺智薄，唯欲是親，不觀富貴智德名聞，專行欲惡，破人善根。桎梏枷鎖，閉繫囹圄，雖曰難解，猶尚易開。女鎖繫人，染著根深，無可得脱，衆病最重。如佛偈言：

寧以熱鐵，　宛轉眼中，　不以染心，　邪視女色。　含笑作姿，　憍慢羞慙，　迴面攝眼，
美言妬瞋，　行步妖穢，　以惑於人。　婬羅慾網，〔四〕　人皆没身。　坐卧行立，　迴盼巧媚；
薄智愚人，　爲之所醉。　執劍向敵，　是猶可勝；　女賊害人，　是不可禁。　蚖蛇含毒，　猶
可手捉；　女情惑人，　是不可觸。　有智之人，　所不應視。　若欲觀之，　當如母姊。　諦

〔一〕出大般涅槃經卷十七。

〔二〕出大般涅槃經卷三十一。

〔三〕「衰」字原作「人」，據高麗藏本改。

〔四〕「慾」字原作「彌」，據高麗藏本改。

視觀之，　不净填積。　婬火不除，　爲之燒滅。」〔一〕色過既爾，自餘聲香味觸等，例皆如然。一切衆生無始以來，永沈生死，不能出離者，實由女色，繫縛難脱。盲無慧眼，見生死坑，致之陷墜。今惟道俗，不觀欲患，向之馳走，何日返之，得免斯過。心恒被染，不能暫捨，戒尚不存，焉有定慧、佛性觀哉！故涅槃經偈云：

「作惡不即受，　如乳即成酪。　猶灰覆火上，　愚者輕蹈之。」〔二〕

訶欲部第四

如智度論云：「行者當訶五欲云：哀哉衆生，常爲五欲所惱，而求之不已，將墜大坑。得之轉劇，如火炙疥。五欲無益，如狗齩骨。五欲增争，如烏競肉。〔三〕五欲燒人，如逆風執炬。五欲害人，如踐惡蛇。五欲無實，如夢所得。五欲不久，如假借須臾。世人愚惑，貪著五欲，至死不捨，爲之後世受無量苦。此之五欲，得時須臾樂，〔四〕失時爲大苦。如蜜塗刀，舐者貪甜，不知傷舌。其五欲者，名爲色

〔一〕出大智度論卷十四。
〔二〕出大般涅槃經卷九。
〔三〕「烏」字，高麗藏本及大智度論作「鳥」。
〔四〕「時」字原脱，據高麗藏本及大智度論補。

聲香味觸。此之五事，禪家正障。若欲修定，皆應棄之。第一、訶色欲過。如頻婆娑羅王以色故，身入敵國，獨在婬女阿梵婆羅房中。優填王以色染故，截五百仙人手足。如是等種種因緣，是名訶色欲過失。第二訶聲欲過者，如聲相不停，暫聞即滅。愚癡之人不解聲相無常變失故，於音聲中妄生好樂。於已過之聲，念而生著。如五百仙人在山中住，甄陀羅女於雪山池中浴。聞其歌聲，即失禪定，心醉狂逸，不能自持，失諸功德，後墮惡道。有智之人，觀聲生滅，前後不俱，無相及者。作如是知，則不染著。若斯人者，諸天音樂尚不能亂，何況人聲！如是等種種因緣，是名訶聲欲過失。故論云：「如五百仙人飛行時，聞緊陀羅女歌聲，心著狂醉，皆失神足，一時墮地。如聲聞聞緊陀羅王屯崘摩彈琴歌聲，以諸法實相讚佛。是時須彌山及諸樹木皆動。大迦葉等諸大弟子皆於座上作舞，不能自安。天鬘菩薩問大迦葉：汝最大耆年，行於頭陀第一，今何故不能制心自安？大迦葉荅曰：我於人天諸欲，心不傾動。是菩薩無量功德報聲，復以智慧變化作聲，所不能忍。譬如八方風起，不能令須彌山動。若劫盡時，毗藍風至，吹須彌山，令如腐草。如阿修琴常自出聲，隨意而作，無人彈者。此亦無散心，亦無攝心，是福德報生故，隨意出聲。法身菩薩亦復如是，無所分別，亦無散心，亦無説法相，是無量福智因緣故。第三訶香欲過者，人謂著香少罪，染愛於香，開結使門。雖復百歲持戒，能一時壞之。如有阿羅漢常入龍宫食。〔一〕食已，以鉢授與沙彌，令洗。鉢中有殘飯數粒，沙彌嗅之大香，食之甚美。便作方便，入師繩牀下，兩手捉繩牀脚。其師至時，與繩牀俱入龍宫。龍言：此未得道，何以將來？師言：不覺。沙彌得飲食已，〔二〕又見龍女身體端正，香妙無比，心大染著。即作惡願：我當作福，奪此龍處，居其宫殿。龍言：後莫將此沙彌來。沙彌還已，一心布施持戒，專求所願，願早作龍。是時遶寺，足下水出，自知必得作龍。徑至師本入處大池邊，〔三〕以袈裟覆頭而入，即死，變爲大龍。福德大故，即殺彼龍，舉池盡赤。未爾之前，諸僧及師訶之。〔四〕沙彌言：我心已定，心相已出。將諸衆僧就池觀之。如是因緣，由著香過。復有一比丘在於林中蓮華池邊經行，聞蓮華香，鼻受心著。池神語言：汝何以捨彼林下禪静坐處，而偷我香。以著香故，諸結卧者皆起。時更有一人來入池中，多取其華，掘挽根莖，狼藉而去。池神默無所言。比丘言：此人破汝池華，汝都無言。我但池岸邊行，便見訶罵，云我偷香。池神言：世間惡人常在罪垢糞中，不净没頭，我不共語也。汝是禪行好人，而著此香，破汝好事，是故訶汝。譬如白氎鮮净而有黑物點汙，衆人皆見。彼惡人者，譬如黑衣，以墨點黑，人所不見，誰問之者。如是等

〔一〕「食」字原脱，據高麗藏本補。
〔二〕「已」字原脱，據高麗藏本補。
〔三〕「徑」字原作「遥」，據高麗藏本改。
〔四〕「諸僧及師」原作「諸師及僧」，據高麗藏本改。

種種因緣，是名訶香欲過失。第四訶味欲過者，當自覺悟：我但以貪著美味故，當受衆苦，洋銅灌口，啗燒鐵丸。若不觀食，嗜心堅著，墮不净蟲中。如一沙彌，心常愛酪。諸檀越餉僧酪時，沙彌每得殘分，心中愛著，樂喜不離。命終之後，生此殘酪瓶中。沙彌師得羅漢。僧分酪時，語言：徐徐，莫傷此愛酪沙彌。諸人言：此是蟲，何以言愛酪沙彌？荅言：此蟲本是我沙彌。但坐貪愛殘酪故，生此瓶中。師得酪分，蟲在中來。師言：愛酪人，汝何以來？即以酪與之。復有一國王，名曰月分。王有太子，愛著美味。王守園者，日送好果。園中有一大樹，樹上有鳥養子，常飛至香山中，取好香果以養其子。衆子争之，一果墮地。守園人晨朝見之，奇其非常，即送與王。王珍此果，香色殊異。太子見之便索。王愛其子，即以與之。太子食果，得其氣味，染心深著，日日欲得。王即召園人，問其所由。守園人言：此果無種。從地得之，不知所由來也。太子啼泣不食。王催責園人，仰汝得之。園人至得果處，見有鳥巢，知鳥銜來。翳身樹上，伺欲取之。鳥母來時，即奪得果送。日日如是。鳥母怒之，於香山中取毒果來，〔一〕其香味色令似前者。園人奪得輸王。王與太子食之，未久身肉爛壞而死。如是等種種因緣，是名訶味欲過失。第五訶觸欲過者，此觸是生結使之因，是繫縛心之本。何以故？餘四情各當分，此則偏身染著。以其難捨，常作重罪。爾時世尊爲諸比丘説本生因緣：過去久遠世時，波羅

〔一〕「來」字原脱，據高麗藏本補。

柰國山中有一仙人，以仲秋之月，於澡盤中小便。見鹿麑麀合會，〔一〕婬心即動，精流盤中。麀鹿飲之，即時有身。月滿生子，形類如人，唯頭有一角，其足似鹿。鹿當産時，至仙人菴邊而産。見子是人，以付仙人而去。仙人出時，見此鹿子，自念本緣，知是己兒，取已養育。及其年大，勤教學問，通十八種大經。又學坐禪，行四無量心，得五神通。一時上山，值大雨泥滑，其足不便，躃地破其軍持，又傷其足。便大瞋恚，以軍持盛水，呪令不雨。仙人福德，諸龍鬼神皆爲不雨。不雨故，五穀五果盡皆不生。人民窮乏，無復生路。波羅柰王憂愁懊惱，命諸大官集議雨事。明者議言：我傳聞仙人山中，有一角仙人，以足不便故，上山因雨，躃地傷足。瞋呪此雨，令十二年不墮。王思惟言：若十二年不雨，我國了矣，無復人民。王即開募：其有能令仙人失五通，屬我爲民者，當分國半治。是國有婬女，名曰扇陀，端正巨富，來應王募。女問諸人：此是人非人？衆言：是仙人所生。婬女言：若是人者，我能壞之。作是語已，即取金盤盛好寶物，語王言：我當騎此仙人項來。婬女即時求五百乘車，載五百美女，五百鹿車，載種種歡喜丸，皆以衆藥草和之，以婇畫令似雜果。及持種種大力美酒，色味如水。服樹皮衣，行林樹閒，以像仙人。於仙人菴邊，作草菴而住。一角仙人遊行見之。諸女皆出迎迓，好華妙香，供養仙人。仙人大喜。諸女以美言敬辭問訊仙人，將入房中，坐好牀褥，與好浄酒，以爲浄水；與歡喜

〔一〕「麀」字原脱，據高麗藏本補。

丸，以爲果蓏。仙人食飲飽已，語諸女言：我從生已來，初未得如此好果好水。諸女言：我一心行善故，天與我願，得此好水好果。仙人問諸女言：汝以何故膚色肥盛？荅言：我曹食此好果，飲此美水，故肥如此。女白仙人言：汝何以不在此閒住？荅曰：亦可住耳。女言：可共澡洗。即亦可之。女手柔軟，觸之心動，便與諸女更互相洗。欲心轉生，遂成婬事。即失神通，天爲大雨。七日七夜，令得歡樂飲食。七日以後，酒食皆盡，繼以山水木果，其味不美。更索前者。荅言：已盡，今當共行，去此不遠，有可得處。仙人言：隨意。即便共出。去城不遠，女便在道中卧，言：我極，不能復行。仙人言：汝不能行者，騎我項上，當擔汝去。女先遣信白王：〔一〕王可觀我智能。王敕嚴駕出而觀之。問言：何由得爾？女白王言：我以方便力故，今已如此，仙人無所復能。〔二〕令住城中，好供養恭敬之，足五所欲，拜爲大臣。住城少日，身轉羸瘦。念禪定心樂，厭世欲。王問仙人：汝何不樂，身轉羸瘦？仙人荅王：我雖得五欲，常自憶念林閒閑静，諸仙遊處，不能得去。王自思惟：若能强違，其志爲苦，苦極則死。本以求除旱患，今已得之。當復何緣强奪其志？即發遣之。既還山中，精進不久，還得五通。佛告諸比丘：其一角仙人者，即我身是也。其婬女者，今耶輸陀羅是。爾時以歡喜丸惑我，我未斷結，爲之所惑。今復欲以藥歡喜丸惑我，不可得也。以是事故，知細軟觸法，能動仙人，何況愚夫！如是等

〔一〕「女」字原脱，據高麗藏本補。

〔二〕「仙人」二字原脱，據高麗藏本補。

種種因緣，是名訶觸欲過失。如是能訶五欲，便除五蓋也。」〔一〕

五蓋部第二

問曰：云何爲五？荅曰：一貪欲蓋，二瞋恚蓋，三睡眠蓋，四掉悔蓋，五疑蓋。

第一貪欲蓋者，謂端坐修禪，心生欲覺，妄念相續，求之不已，遂致生患。如智度論：「術婆伽以思王女，欲心内發，尚能燒身，延及天祠。況生欲毒，熾而不燒諸善法心！若著欲，無由近道。」〔二〕故論偈云：

「入道慚愧人，　持鉢攝衆生，　云何縱欲塵，　沈没於五情？　已捨五欲樂，　棄之而不顧；
如何還欲得，　如愚自食吐？　諸欲求時苦，　得時多怖畏，　失時多熱惱，　一切無樂處。
諸患如是已，　云何能捨之？　得福禪定樂，　則不爲所欺。」〔三〕

第二瞋恚蓋者，瞋是失諸善法之根本，墮諸惡道之因緣，法樂之怨家，善心之大賊，惡口之府藏，

〔一〕出大智度論卷十七。
〔二〕出大智度論卷十四。
〔三〕出大智度論卷十七。

福慧之刀斧。〔一〕若修道時，思惟此人惱我及惱我親，讚歎我怨，圖度過去未來亦復如是。是爲九惱處故生瞋。瞋念覆心，故名爲蓋。當急棄之，無令增長。如智度論：「釋提婆那以偈問佛云：

何物殺安隱？　何物殺無憂？　何物毒之根，　吞滅一切善？

佛説偈荅云：

殺瞋即安隱。　殺瞋即無憂。　瞋爲毒之根，　瞋滅一切善。」〔二〕

如是知已，當修慈悲，以忍除滅，令心清淨。觀聲空假，不應起瞋。故智度論云：「菩薩知諸法不生不滅，其性皆空，若人瞋恚駡詈，若打若殺，〔三〕如夢如化。」〔四〕觀聲本無，唯是風聲，從緣而有，何須可瞋？故論云：「如人欲語時，口中風名憂陀那，還入至臍，觸臍響出。響出時，觸七處起，是名語言。如偈言：

風名憂陀那，　觸臍而上出。　是風七處觸，　項及齗齒脣，〔五〕　舌咽及以胸，　是中語言

〔一〕「福慧」，高麗藏本作「禍患」。
〔二〕出大智度論卷十四。
〔三〕「殺」字，高麗藏本作「捶」。
〔四〕出大智度論卷五。
〔五〕「項」字，高麗藏本作「頂」。

生。愚人不解此，惑著起瞋癡。」〔一〕

又優婆塞經云：「有智之人若遇惡駡，當作是念：是駡詈字不一時生。初字生時，後字未生。後字生已，初字復滅。若不一時，云何是駡？直是風聲，我云何瞋？」〔二〕故智度論云：「菩薩觀衆生，雖復百千劫駡詈，不生瞋心。若百千劫稱讚，亦不歡喜。了知音聲生滅，如夢如響。」〔三〕

第三睡眠蓋者，謂内心昏憒，名之爲眠。五情暗弊，放恣支節，委卧垂熟，〔四〕名之爲睡。此睡眠蓋，能破今世後世實樂。如此惡法，最爲不善。何以故？餘蓋情覺可除，眠如死人，無所覺觸。以不覺故，難可除滅。如智度論：「菩薩教誡睡眠弟子，説偈云：

汝等勿抱死屍卧，種種不净假名人。如得重病箭入身，諸苦痛集安可眠！如人被縛將去殺，災害垂至安可眠！結賊不滅害未除，如共毒蛇同室宿，亦如臨陣白刃間，爾時云何而可眠！眠爲大暗無所見，日日欺誑奪人明，以眠覆心無所見，如是大失安可

〔一〕出大智度論卷六。

〔二〕出優婆塞戒經卷七羼提波羅蜜品。

〔三〕此段出處待考。

〔四〕「熟」字，高麗藏本作「窳」。

眠！」〔一〕

第四掉悔蓋者，有三：一、口掉者，謂好喜吟詠，諍競是非，無益戲論，世俗言話等，名爲口掉。二、身掉者，謂好喜騎乘，馳騁放逸，筋骨相撲，扼腕指掌等，名爲身掉。三、心掉者，心情放蕩，縱意攀緣，思惟文藝，世間才技，諸惡覺觀等，名爲心掉。掉之爲法，破出家心。故智度論偈云：

「汝已剃頭著染衣，　執持瓦器行乞食，　云何樂著戲掉法，　放逸縱情失法利？」〔二〕

既無法利，又失世樂。覺其過已，當急棄之。所言悔者，若掉無悔，則不成蓋。何以故？掉時猶在緣中故，〔三〕後欲入定時，方悔前所作，憂惱覆心，故名爲蓋。〔四〕此有二種：一者、因掉後生悔，如前所説也。二者、作大重罪人，常懷怖畏，毒箭入心，堅不可拔。如智度論偈云：

「不應作而作，　應作而不作，　悔惱火所燒，　後世墮惡道。　若人罪能悔，　悔已莫復憂，　如是心安樂，　不應常念著。　若有二種悔，　若應作不作，　不應作而作，　是則愚人相。　不

〔一〕出大智度論卷十七。
〔二〕出大智度論卷十七。
〔三〕「時」字原脱，據高麗藏本補。
〔四〕此段出小止觀。

以心悔故，不作而能作；諸惡事已作，不能令不作。」〔一〕

第五疑蓋者，謂以疑覆心故，於諸法中不得定心。定心無故，於佛法中空無所獲。如人入於寶山，若無有手，無所能取。復次，通疑甚多，未必障定。今障定者，有三種疑：一疑自，〔二〕二疑師，三疑法。一疑自者，而作是念：我等諸根暗鈍，罪垢深重，其非人乎？作此自疑，定慧不發。若欲學法，勿當自輕，以宿世善根難測故。二、疑師者，彼人威儀，相貌如是，自尚無道，何能教我！作是疑慢，即爲障定。欲除之法，如是皮囊中金；以貪金故，不可棄於皮囊。行者亦爾，師雖不清净，亦應生於佛想。三、疑法者，如世人多執本心，於所受法不能即信，敬心受行。若生猶豫，即法不染心。何以故？如智度論偈云：

「如人在岐道，疑惑無所取。諸法實相中，疑亦復如是。疑故不勤求，諸法之實相。是疑從癡生，惡中之惡者。善不善法中，生死及涅槃，定實真有法，於中莫生疑。汝若懷疑惑，死王獄吏縛；如師子搏鹿，不能得解脫。在世雖有疑，當隨妙善法，譬如觀岐道，利好者應逐。」〔三〕

〔一〕出大智度論卷十七。

〔二〕「疑」字原作「欵」，據高麗藏本、磧砂藏本改。

〔三〕出大智度論卷十七。

問曰：不善法無量無邊，何故但捨五法？答曰：此五法中，名雖似狹，義該三毒，亦通攝八萬四千諸塵勞門。第一、貪欲蓋即是貪毒，第二、瞋恚蓋即是瞋毒，第三、睡眠蓋、疑蓋，即是癡毒。其掉悔一蓋，即是等分攝。合爲四分煩惱。一中即有二萬一千，四中合有八萬四千諸塵勞門。是故若能除此五蓋，即能具捨一切不善之法。譬如負債得脱，重病得差，如飢餓人得至豐國，如於惡賊之中得自免濟，安隱無患。行者亦爾，除此五蓋，其心清浄。譬如日月，以五事覆，謂煙、雲、塵、霧、修羅手障，則不明了。心亦如是，合喻可知。

頌曰：

五欲昏神識，五蓋蔽福力。六根成苦集，〔一〕六賊亂心色。欲浪逐情飄，愛網隨心織。三毒障人空，四流漂不息。至金雖改秋，〔二〕斬籌方未極。觀鴿既無窮，〔三〕猿攀此烏伏。〔四〕自非絶欲蓋，何能遠升陟。齊軑届寶城，共睹能仁德。

〔一〕「集」字，高麗藏本作「業」。

〔二〕「至金雖改秋」，高麗藏本作「至今雖改修」。

〔三〕「觀」字，高麗藏本作「鸛」。

〔四〕「烏伏」，高麗藏本作「焉踣」。

法苑珠林校注卷第七十二

四生篇第八十二此有五部

述意部　會名部　相攝部　受生部　五生部

述意部第一

夫行善感樂，近趣人天，遠成佛果。作惡招苦，近獲三塗，遠乖聖道。愚人不信，智者能知。故有四生軀別，六趣形分。明闇異途，昇沈殊路。業緣之理皎然，因果之報恒式也。

會名部第二

如般若經云：「一者卵生，二者胎生，三者濕生，四者化生。」〔一〕

又阿含口解十二因緣經云：「有四種生：一腹生者，謂人及畜生。胎生者是。二寒熱和合生者，謂蟲蛾蚤虱。濕生者是。三化生者，謂天及地獄。四卵生者，謂飛鳥魚鼈。」〔二〕

又正法念經云：「畜生無量，略説二處：一者水行，所謂魚等。二者陸行，所謂象等。三者空行，所謂鳥等。或以天眼見諸畜生有四種生。何等爲四？一者胎生，所謂象馬牛羊之類。二者卵生，所謂蛇蚖鵝鴨雞雉衆鳥。三者濕生，所謂蚤虱蚊子之類。〔三〕四者化生，如長面龍等。」〔四〕

故經曰：「生者，新諸根起。死者，諸受根滅。」〔五〕

〔一〕出金剛般若波羅蜜經。

〔二〕出阿含口解十二因緣經。

〔三〕「蚊」字原作「蟻」，據正法念處經改。高麗藏本作「蟣」。

〔四〕出正法念處經卷六十四。

〔五〕出勝鬘師子吼一乘大方便方廣經。

又善見論云：「一者色生，二者無色生。」〔一〕色生可壞，無色生不可壞。無色之生，依於色生，色心相依，共成假者，名之爲生。使前不感後，後不赴前，名之爲死。

又涅槃經云：「衆生佛性住五陰中。若壞五陰，〔二〕名曰殺生。若有殺生，即墮惡道。」〔三〕依此生死，故有四生：依㲉而生曰卵，含藏而出曰胎，假潤而興曰濕，欻然而現曰化。衆生所攝，不過此四也。

相攝部第三

如婆沙論説云：「此欲界之中具攝六趣。色無色界各攝天趣少分。所以别者，以此欲界是亂地故，衆生雜惡，起業不純，或善或惡。以不同故，隨業受報，有多差别。上之二界唯是定地，衆生沈静，起業亦純，是故無有多趣差别。」〔四〕

〔一〕出善見律毘婆沙卷十一。

〔二〕「壞」字原作「住」，據高麗藏本改。

〔三〕出大般涅槃經卷七。

〔四〕此段出處待考。

問曰：四生六趣相攝云何？荅曰：如毗曇中論：〔一〕「天及地獄一向化生。鬼趣唯二，謂胎及化。人及畜生，各具四生。」〔二〕故此論：「問云：爲生攝於趣，爲趣攝於生？即自荅云：

生攝一切趣，　非趣攝於生。　謂生中陰增，　當知非趣攝。」〔三〕

故知生寬趣狹。以化生寬故，全攝二趣及三趣少分。

地獄趣中一向化生。問曰：六欲諸天既行欲同人，何故無有胎生？荅曰：欲愛雖同，行事不等。故樓炭、正法念經等云：〔四〕「四天忉利，此二地居行欲之時，男女形交，同人無異。而無泄精，與人不同。自上四天，一向全異。燄摩天行欲，意喜相抱，或但執手，而爲究竟，不至交合。兜率天中，意嬉語笑，即爲究竟，不待相抱。化樂天中，共相瞻視，即爲究竟，不待語笑。他化天中，但聞語聲，或聞香氣，即爲究竟，不待瞻視。故異於人。以天化生故，從母膝化起。」〔五〕鬼趣化生可知，胎生者少隱。如彼

〔一〕「論」字，高麗藏本作「説」。

〔二〕出雜阿毘曇心論卷八。

〔三〕出雜阿毘曇心論卷八。

〔四〕「念」字原脱，據高麗藏本改。

〔五〕出大樓炭經卷四。正法念處經文待考。

浄觀音說：〔一〕「謂昔王舍城中有一女人，爲鬼精著身，生五百鬼子。」〔二〕又俱舍論：「有鬼告目連云：我晝生於五子，夜亦生五子，隨生而食啗，竟無有飽時。」〔三〕此爲胎生鬼也。

阿脩羅趣亦具胎化二生。以有匹配，故有胎生。脩羅劫初從天而出，即是化生。又依觀佛三昧經說：「根本女脩羅，元從大海泥卵濕潤中出。」〔四〕通彼胎化，亦具四生也。

人具四生者，胎生現見可知。卵如涅槃經說：「如毗舍佉母生一肉卵，於中出其三十二卵。」〔五〕如鞞婆沙論云：〔六〕「問：云何知人中有卵生？荅曰：如佛所說，閻浮提地，多有商人入海採寶。得二鶴，隨意所化，失一一在。與共遊戲，寢卧一室，共彼合會，遂生二卵。卵漸濕熟，便生二童。後大出家學道，得阿羅漢果。一名尸婆羅，二名優鉢尸婆羅。問曰：云何知人中有濕生？荅曰：如經所說：有頂生王、尊者遮羅、尊者優婆遮羅、棃女及柰女等，即其事也。問曰：云何知人中有化生？荅曰：如

〔一〕「浄」字，據經名應作「請」。
〔二〕出請觀世音菩薩消伏毒害羅尼咒經。
〔三〕出阿毘達磨俱舍論卷十六分別世間品。
〔四〕出觀佛三昧海經卷一六譬品。
〔五〕出大般涅槃經卷三十二。
〔六〕「論」字原作「經」，據高麗藏本改。

劫初人是也。已得聖法者，不復卵生濕生。問曰：何故不復卵生濕生耶？答曰：卵生濕生是畜生趣所攝也。」〔一〕

畜具四生者，胎卵濕生，此三目睹，可知。其化生者，依樓炭經云：「如四生金翅鳥還食四生龍。化生食四，胎生食三，除化。卵生食二，除化及胎。濕生還食濕生一。除三可知。」〔二〕

又起世經云：「大海之北，爲諸龍生及一切金翅鳥王故，生一大樹，名曰居吒奢摩離。隋言鹿聚。〔三〕其樹根本周七由旬，入地二十由旬，身高一百由旬，枝葉徧覆五十由旬。樹東面有卵生龍及卵生金翅鳥，樹南面有胎生龍及胎生金翅鳥，樹西面有濕生龍及濕生金翅鳥，樹北面有化生龍及化生金翅鳥。此四處各有宫殿，縱廣六百由旬。七重垣墻，七寶莊嚴，妙香遠熏，諸鳥和鳴。又彼卵生金翅鳥王，若欲搏取卵生龍時，便即飛往居吒奢摩離大樹東枝之上。觀大海水已，乃更飛下，以兩翅扇大海水，令水自開二百由旬。即於其中銜卵生龍，將出海水，隨意而食。卵生金翅鳥王唯能取得卵生龍等，則不能取胎濕化生龍等。若胎生金翅鳥王欲取卵生龍者，〔四〕還向樹東海中取之。又胎生金翅鳥王欲取胎

〔一〕出鞞婆沙論卷十四四生處。

〔二〕出大樓炭經卷三。

〔三〕「隋」字原作「此」，據高麗藏本改。

〔四〕「金翅鳥王」原作「鳥」，據高麗藏本補。

生龍者，〔一〕即向樹南海中取之，水開四百由旬。此胎生鳥王唯能取卵胎二生龍，不能取濕化二生龍也。又濕生金翅鳥王欲取卵生龍，還向樹東海中取食。又濕生鳥王欲取胎生龍，即向樹南海中取食水，開四百由旬。又濕生鳥王欲取濕生龍者，即向樹西海中取之，水開八百由旬。濕生鳥王唯能取卵生、胎生、濕生龍等，不能取化生龍也。又化生金翅鳥王欲取卵生龍，即向樹東海中取之。若欲取胎生龍者，即向樹南海中取之，〔二〕若欲取濕生龍者，即向樹西海中取之。若欲取化生龍者，即向樹北海中取之。水開一千六百由旬，彼諸龍等皆爲此金翅鳥王之所食啗。」〔三〕

又觀佛三昧經云：「佛言：閻浮提中及四天下，有金翅鳥名伽樓羅王，於諸鳥中快得自在。此鳥業報應食諸龍。於閻浮提日食一龍王及五百小龍。第二日於弗婆提，第三日於瞿耶尼，第四日於鬱單越，各食如前。周而復始，經八千歲。此鳥爾時死相已現。諸龍吐毒，無由得食。彼鳥飢逼，周慞求食，了不能得。遊巡諸山，永不得安。至金剛山，然後暫住。從金剛山直下，至大水際。從大水際至風輪際，爲風所吹，還至金剛山。如是七返，然後命終。其命終已，以其毒故，令十寶山同時火起。爾時難陀龍王懼燒此山，即大降雨，澍如車軸。鳥肉散盡，唯有心在。其心直下，如前七返，然後還住金剛

〔一〕「金翅鳥王」原作「鳥」，據高麗藏本補。
〔二〕「即向」二字原闕，據上下文意補。
〔三〕出起世經卷五。

山頂。難陀龍王取此鳥心，以爲明珠。轉輪王得，爲如意珠。」〔一〕

又樓炭經云：「天下諸龍以三熱見燒，阿耨達龍王不以三熱見燒。一、餘龍王熱沙雨身上，燒炙甚痛。二、餘龍王起婬相向，熱風來吹，其身上憔，即失顔色，得蛇身，便恐不喜。三、餘龍王被金翅鳥食，悉皆恐怖。天下餘龍悉見毒熱，唯阿耨達龍王獨不見熱。」〔二〕

又善見律云：「佛言：龍有五事，不得離龍身。何者爲五？一、行婬時。若與龍共行婬，得復龍身。若與人共行婬，不得復龍身。二、受生不離龍身。三、脱皮時。四、眠時。五、死時。是爲五事不得離龍身。」〔三〕

問：四食相攝云何？答：如毗曇中説：「總而言之，六趣之中，皆具四食。然其寬狹不同。如地獄中得有段食者，如有鐵丸及洋銅汁，雖復增苦，以壞飢渴，故名段食。又如輕繫獄中，得具冷暖二風，更互觸身，亦名段食。唯上二界無有段食，以彼身輕妙故。」〔四〕論偈云：

〔一〕出觀佛三昧海經卷一六譬品。
〔二〕出大樓炭經卷一閻浮利品。
〔三〕出善見律毘婆沙卷十七。
〔四〕出雜阿毘曇心論卷十。

「四食在欲界，四生趣亦然。三食上二界，段食彼則無。」〔一〕

問曰：未如一一趣中何食增耶？荅曰：如毗曇中說：「於六趣中，謂鬼全趣及於卵生，并前三無色，皆思食偏增。何以然者？以彼餓鬼趣中意行多故。卵生衆生在卵㲉時，以思念母故，卵得不壞。前三無色亦如意行，思惟多故，是故皆悉思食增也。又此人趣及與六欲天中，皆段食偏增。何以然者？以此二處要假食持身命故。又彼地獄全趣及與非想，皆識食偏增。何以然者？以地獄中識持名色故，非想地中以識持名故。又彼色界及與濕生，皆悉觸食偏增。何以然者？以色界中受修諸禪，樂觸持身故。濕生之中，以因濕觸持身活故。」〔二〕

受生部第四

如新婆沙論云：「中有有多名：或名中有，或名健達縛，或名求有，或名意成。問：何名中有？荅：居死有後，在生有前，二有中閒有自體起。問：何故中有名健達縛？荅：以彼食香而存濟，此名唯屬欲界中有。問：何故中有名求有耶？荅：於六處門求生有故。問：何故中有復名意成？荅：從意生故。謂諸有情，或從意生，或從業生，或從異熟生，舊名果報。或從婬欲生。從意生者，謂劫初人及

〔一〕出雜阿毗曇心論卷十。

〔二〕出雜阿毗曇心論卷十。

諸中有，色無色界并變化身。從業生者，謂諸地獄。如契經說：地獄有情業所繫縛，不能免離，由業而生，不由意樂。從異熟生者，謂諸飛鳥及鬼神等，由彼異熟勢輕健故，能飛行空，或壁障無礙。從婬欲生者，謂六欲天及諸天等。〔一〕諸中有身從意生者故，乘意行故，名爲意成。〔二〕舊名中陰。」〔三〕

次依婆沙論：「問：中有諸根具不具者？答：一切中有皆具諸根，初受異熟必圓妙故。有說不具者，如印印物，像現如印。〔四〕如是中有趣本有故，如本有時，有根不具。此中初說於理爲善。謂中有位於六處門，偏求生處，根必無缺。此說眼等，非男女根，色界中有無彼根故。欲界中有，彼亦不定。當受卵胎二類生者，住中有位有男根。至卵胎中方有不具。若不爾者，應無當受卵胎生義。問：諸趣中有行相云何？答：地獄中有，頭下足上而趣地獄。故伽佗言：

顛墜於地獄，　足上頭歸下，　由毁謗諸仙，　樂寂修苦行。

此諸天中有，足下頭上如人以箭仰射虛空，上昇而行，住於天趣。餘趣中有，皆悉傍行，如鳥飛空，行所

〔一〕「諸天」原作「諸人」，據高麗藏本改。
〔二〕「成」字原作「生」，據高麗藏本、磧砂藏本改。
〔三〕出阿毗達磨大毗婆沙論卷七十。
〔四〕「如印」二字原闕，據婆沙論補。

至處。又如壁上畫作飛仙，舉身傍行，求當生處。〔一〕問：中有行相皆如是耶？答：不必皆爾。且依人中命終者説。〔二〕若地獄死還生地獄，不必頭下足上而行。若天中死還生天，不必足下頭上而行。若地獄死生於人趣，應首上昇。若天中死生於人趣，應頭歸下。鬼及傍生二趣中有，隨所住處，如應當知。」〔三〕

次依論：「問：中有生時爲有衣不」？論答：「色界中有，一切有衣，以色界中慚愧增故。慚愧即是法身衣服。如彼法身具勝衣服，生身亦爾。故彼中有常與衣俱。欲界中有，多分無衣，以欲界中多無慚愧。〔四〕唯除菩薩及白浄苾芻尼所受中有，恒有上妙衣服。有餘師説：菩薩中有亦無有衣，唯白浄尼等所受中有，常與衣俱。問：何緣菩薩中有無衣而白浄尼有衣？答：白浄尼曾以衣服施四方僧，〔五〕故彼中有常有衣服。問：若爾菩薩於過去生以妙衣服施四方僧，白浄尼等所施衣服碎爲微塵，猶未爲比，如何菩薩中有無衣而彼有衣服？答：由彼願力異菩薩故。謂白浄尼以衣奉施四方僧

〔一〕「當」字原作「常」，據高麗藏本改。
〔二〕「且」字原脱，據高麗藏本補。
〔三〕出阿毘達磨大毗婆沙論卷七十。
〔四〕「多」字原作「分」，據阿毘達磨大毗婆沙論改。
〔五〕「白」字原作「曰」，據高麗藏本改。

已，便發願言：願我生生常著衣服，乃至中有亦不露形。由彼願力所引發故，所生之處常豐衣服。彼最後身所受中有，常有衣服。入母胎位乃至出時，衣不離體。如如彼身，漸次增長。後出家受具戒已，轉成五衣。勤修正行，不久便證阿羅漢果，乃至後涅槃時，即以此衣纏身火葬。菩薩過去三無數劫所修種種殊勝善行，皆爲迴向無上菩提，利益安樂諸有情故。由斯行願，雖具相好，而無有衣。願力有殊，不應爲難。」〔一〕

次依論：「問：在中有位資段食不？荅：色界中有不資段食，欲界中有必資段食。問：欲界中有段食云何？有作是説：欲界中有至有食處，〔二〕便食彼食。至有水處，便飲彼水。由彼飲食，以自存濟。此説非理。所以者何？中有極多，難周濟故。謂契經説：如從袋等瀉糠米等置倉鑊中，〔三〕數極稠密。五趣有情所受中有，散在處處，數量過彼。若彼受用諸飲食者，一切世閒所有飲食，唯供狗犬一類中有尚不周濟，況餘中有而可充足。又中有身既極微輕妙，受麤重食，身應散壞。應作是説：中有食香，非食麤質，故無前過。謂有福者，歆饗清净華果食等輕妙香氣，以自存活。若無福者，歆饗糞穢

〔一〕出阿毘達磨大毗婆沙論卷七十。
〔二〕下一「有」字原脱，據高麗藏本補。
〔三〕「倉」字，高麗藏本作「鐺」。

臭爛食等輕細香氣，以自存活。又彼所食香氣極少，中有雖多而得周濟。」〔一〕

次依論引：「世尊經中作如是説：三事和合，得入母胎。父母俱有染心和合，母身調適無病。是時，及健達縛正現在前。此健達縛，爾時二心展轉現前，入母胎藏。此中三事和合者：一者、父母交愛和合，二者、母身是時調適，三者、健達縛是時正現在前時。父母俱有染心和合者，謂父母俱起婬貪而共合會。母身調適無病。是時者，謂母起貪，身心悦豫，名身調適。持律者説：由母起貪，身心渾濁，如春夏水渾濁而流，不能自持，名身渾濁。母腹清净，無風熱痰，互增逼切，故名無病。由此九月或十月中，任持胎子，令不損壞。言是時者，謂諸母色有穢惡事，日月恒有血水流出。此若過多，由稀濕故，不得成胎。此若太少，由乾稠故，亦不成胎。若此血水不少不多，不乾不濕，方得成胎，名爲是時，是中有者入胎時故。謂母血水，於最後時，餘有二滴；父精最後，餘有一滴。展轉和合，方得成胎。及健達縛正現在前者，謂即中有此處現在前，非於餘處，非前非後。此健達縛爾時二心展轉現前，入母胎藏者，謂健達縛將入胎時，於父於母愛恚二心，展轉現起，方得入胎。若男中有將入胎時，於母起愛，於父起恚。若女中有將入胎時，於父起愛，於母起恚。」〔二〕

次依論：「問：中有何處入於母胎？有作是説：中有無礙，隨所樂處而便入胎。問：若中有身無

〔一〕出阿毗達磨大毗婆沙論卷七十。

〔二〕以上三句原作「若女反此」，據高麗藏本補改。出阿毗達磨大毗婆沙論卷七十。

能障礙，如何依住此母胎中？答：業力所拘，故依此住。有情業力不可思議，無障礙物令有障礙。是故於此不應爲難。慶作是説：中有入胎，必從生門，是所受故。由此理趣，諸雙生者，後生爲長。所以者何？先入胎者，必後出故。問：菩薩中有何處入胎？答：從右脅入，正知入胎。於母、母想，無婬愛故。復有説者：從生門入，諸卵胎生，法應爾故。〔二〕問：輪王獨覺先中有位何處入胎？答：從右脅入，正知入胎。於母、母想，無婬愛故。復有説者：從生門入，諸卵胎生，法應爾故。有餘師説：菩薩福慧極增上故，將入胎時，無顛倒想，不起婬愛。輪王獨覺雖有福慧，非極增上，將入胎時，雖無倒想，亦起婬愛。故入胎位，必從生門入也。」〔三〕

次依論引施設論説：「若彼父母福業增上，子福業劣，不得入胎。若彼父母福業劣薄，子福業勝，不得入胎。要父母子三福業等，方得入胎。問：若富貴丈夫與貧賤女合，或富貴女人與貧賤男合，如何中有亦得入胎？答：富貴男子與貧賤女人合時，必於自身起下劣想，於彼女人生尊勝想。富貴女人與貧賤男子合時，必於自身生下劣想，於彼男子起尊勝想。貧賤男子與富貴女人合時，必於自身生尊勝想，於彼女人起下劣想。貧賤女人與富貴男子合時，必於自身起尊勝想，於彼男子生下劣想。子於

〔二〕「應」字原脱，據高麗藏本補。
〔三〕出阿毘達磨大毗婆沙論卷七十。

父母將入胎位，應知亦然。故入胎時皆有等義。」〔一〕

次依論：「問：中有微細，一切墻壁、山崖樹等皆不能礙。此彼中有爲相礙耶？有作是説：此彼中有亦不相礙。以極微細相觸身時，不覺知故。復有説者：此彼中有亦互相礙。以相遇時，此彼展轉有語言故。問：若爾，寧説中有無礙？答：於餘無礙，非謂中有。問：此彼中有皆相礙耶？答：自類相礙，非於餘類。謂地獄中有但礙地獄中有，乃至天中有但礙天中有。有作是説：劣礙於勝，以麤重故。勝不礙劣，以細輕故。謂地獄中有礙五中有，傍生中有礙四中有，鬼界中有礙三中有，人中有礙二中有，天中有唯礙天中有。」〔二〕

五生部第五

如地持論云：「菩薩生有五種，住一切行，安樂一切衆生。〔三〕一、息苦生，二、隨類生，三、勝生，四、增上生，五、最後生。菩薩以願力故，於飢饉世受大魚等身，以肉救濟一切衆生；於病疾世，爲大醫王，救治衆病；於刀兵世，爲大力王，救息戰諍，以法化邪及諸惡行。如是無量皆悉往生，是名息苦生。

〔一〕出阿毗達磨大毗婆沙論卷七十。

〔二〕出阿毗達磨大毗婆沙論卷七十。

〔三〕「衆」字原作「住」，據高麗藏本、磧砂藏本改。

菩薩以願自在力故，於種種衆生天龍鬼神等遞相惱亂，及諸外道起諸邪見，悉生其中，爲其導首，引令入正，廣爲宣説，是名隨類生。菩薩以性受生，勝於世間壽色等報，是名勝生。菩薩從净心住，乃至最上菩薩住，於閻浮提自在受生。一切受生處，於中奇特，是名增上生。最上菩薩住受生調伏業，菩提衆具增上滿足，生刹利婆羅門家，得阿耨菩提，作一切佛事，是名最後生。世世菩薩皆此五種受生，無餘無上，因此疾得阿耨菩提。」〔一〕

又瑜伽論云：「諸菩薩生略有五種，攝一切生。一切菩薩受無罪生，利益安樂一切有情。何等爲五？一者、除災生，二者、隨類生，三者、大勢生，四者、增上生，五者、最後生。〔二〕菩薩於諸飢饉作大魚等，普給一切皆令飽滿；或有疫病，作大良醫，息除疾疫；或有戰諍，以大威力善巧息除；或有惡王非理治罰，以大願力哀愍一切；或起邪見，能除邪惡。是名略説除災横生。或有菩薩，以大願力，生趣異類，方便化導，令彼行善。是名略説隨類受生。或有菩薩，禀性生時，所感壽量、形色、族姓、自在富等，最爲殊勝。所作事業，自他兼利。是名略説大勢生。或有菩薩住於十地，作十王報，最爲殊勝，已得成滿，即由此業增上所感。是名略説隨增上生。或有菩薩於此生中，菩提資糧已極圓滿；或生大貴國王家，能現等覺，廣作佛事。是名略説最後生。若諸菩薩於去來今清净仁賢妙善生處，皆此五生所攝。

〔一〕出菩薩地持經卷十菩薩地持畢竟方便處生品。

〔二〕「後」字原作「勝」，據瑜伽師地論改。

除此無有若過、若增，唯除凡地菩薩受生。何以故？此中意取有智菩薩生、大菩提果之所依止，令諸菩薩疾證菩提。」〔一〕

頌曰：

四生誠易轉，　五陰病難痊。　壽報雖延促，　終成丘墓塵。　徒知餌六色，　會當悲九泉。〔二〕復愍輪迴趣，〔三〕難成不壞身。

感應緣略引二驗

晉沙門支道林

唐居士信都元方

晉沙門支遁，字道林，陳留人也。神宇儁發，爲老釋風流之宗，常與其師辯論物類，謂雞卵生用，未

〔一〕出瑜伽師地論卷四十八持究竟瑜伽處生品。

〔二〕「九泉」，高麗藏本作「四鄰」。

〔三〕「趣」字，高麗藏本作「報」。

足殺之，與諸蠕動不得同罰。〔一〕師尋亡，忽見形來至遁前，手執雞卵，投地破之，見有雞雛出㲉而行。遁即惟悟，悔其本言。俄而師及雞雛並滅不見。右此一驗出冥祥記。〔二〕

唐相州滏陽縣人信都元方，少有操尚，尤好釋典。年二十九，至顯慶五年春正月死。死後月餘，其兄法觀、寺僧道傑情切友憶，乃將一巫者至家，遣求元方與語。法觀又頗解法術，乃作一符攝得元方，令巫者問其由委。巫者不識字，遣解書人執筆。巫者爲元方口授，作書一紙，與同學馮行基，具述平生之意。并詩二首，及其家中亦留書啓，文理順序，言詞悽愴。其書疏大抵勸修功德，及遣念佛寫經。以爲殺生之業，罪之大者，無過於此。又云：元方不入地獄，亦不墮鬼中。前蒙冥官處分，令於石州李仁師家爲男。但爲隴州吴山縣石名遠於華嶽祈子，乃改與石家爲男。又云：受生日逼，忽迫不得更住。從二月受胎，至十二月誕育，願兄等慈流，就彼相看也。言訖涕泣而去。河東薛大造寓居滏陽，前任吴山縣令，自云具識名遠。智力寺僧慧永、法真等説之。右此出冥報拾遺記。〔三〕

〔一〕「蠕」字原作「蜎」，據高麗藏本改。

〔二〕「一驗」二字原脱，據高麗藏本補。

〔三〕太平廣記卷三八八引，作出冥報拾遺。

十使篇第八十三此有四部

述意部　會名部　迷理部　斷障部

述意部第一

蓋聞三界昏寢，皆由十使爲窟宅；六賊攀緣，實因五住爲猛將。致使妄想虚構，惑倒交興，萬苦争纏，百憂總萃。於是十使驅馳，十纏拘束；五鈍易沈，五利難制。苦集順流，無始恒漂；滅道清虚，何由得證也。

會名部第二

初釋名者：一身見，二邊見，三邪見，四戒取，五見取，六貪，七瞋，八癡，九慢，十疑。此之十使，生死根本。凡夫倒惑，未曾觀理，妄執相續，不出三有。如世公使，隨逐罪人，名之爲使。如地持論云：

「隨逐縛義，〔一〕名之爲使。」〔二〕雜心論云：「使之隨逐，如空行影。」〔三〕成論云：「使之隨逐，如母隨子。於三界中，常隨逐義。」〔四〕上來總釋。自下别解。

第一身見者，亦名我見。色心相依，名之爲身。凡愚迷此，執爲我人。從其所迷，故名身見。以迷色心、計爲我故，從其所立，亦名我見。故十地經云：〔五〕「世間受生皆由著我。若離著我，則無世間受生身處。」〔六〕故知我見是生煩惱原。故涅槃經云：「如六大賊欲劫人時，要因内人。若無内人，即便中還。是六塵賊亦復如是。欲劫善法，要因内有衆生知見，常、樂、我、净、不空等相。若内無如是等相，六塵惡賊則不能劫一切善法。有智之人，内無是相，凡夫則有。是故六塵常來侵奪善法之財。」〔七〕故知我見，生惡滅善之原也。又大寶積經云：「如咽塞病，即能斷命。一切見中唯有我見，即時能斷於

〔一〕「縛」字原作「傳」，據十地經論改。
〔二〕出十地經論卷十一。作地持論誤。
〔三〕出雜阿毘曇心論卷四。
〔四〕出成實論卷十雜煩惱品。
〔五〕「十地」原作「地持」，據高麗藏本改。
〔六〕出十地經論卷八。
〔七〕出大般涅槃經卷二十三。

智慧命也。」〔一〕

第二邊見者，夫世間因果生滅相續，非定斷常，是中道理。不解偏執，故名邊見。如中論說：「因果常生滅相續故，往來不絶。生滅故不常，相續故不斷。」〔二〕故知因果三世相續，是正道理。又成論云：「以世諦故得成中道。以五陰相續生故不斷，念念滅故不常。離此斷常，名爲中道。」〔三〕故知因果非定斷常。於現報中，凡愚不觀念念遷滅，則是常見。不觀念念新生，則是斷見。若於來報愛未盡著，隨業受生，六道不定。人非常人，迷此謂常，則是常見。若謂死後更不受生，心識永謝，則是斷見。

第三明邪見者，謂謗無因果，乖正名邪。若依俱舍論：「一切諸見皆違理起，悉是邪見。但說一見爲邪見者，由此見最惡，能斷善根，故說爲邪見。」〔四〕若論身邊見等，雖邪非正，直是迷理，障出聖道；不謗因果，邪心則輕，不妨修善，仍感世樂。〔五〕若如觀佛三昧經云：「不信因果、斷學般若等重罪，過

〔一〕此段出處待考。

〔二〕出中論卷三觀成壞品。

〔三〕出成實論卷十一滅諦聚初立假名品。

〔四〕出阿毘達磨俱舍釋論卷十四惑品。

〔五〕「感」字原作「惑」，據高麗藏本改。

殺八萬父母罪。」〔一〕此由邪見，感斯重報。故中論云：「邪見有二：一、破世間樂。是麤邪見，言無罪福，無佛賢聖，捨善爲惡。二、破涅槃道。貪著於我，分别有無，故不得涅槃道。」〔二〕

第四明戒取者，但諸妄執戒定之人，隨其别執，自有二種：一是獨頭，二是足上。言獨頭者，所謂直取持戒爲道，或取苦行以之爲道，或取布施以之爲道，乃至或取八禪事定以爲真道。〔三〕此等直取所行之事，不知非道，謬執爲道，是故名爲獨頭戒取。言足上者，謂有愚人不解正理，妄立是非，謂己見是，取爲真道，則名戒取。此後戒取依前見生，前見與後戒取爲本。戒取所依，名爲脚足。是故説後戒取之心，名爲足上，戒取煩惱。是故行者應善思量。道法難識，須訪良友。不得信己愚心倒見，謬執乖正，反成不善。當知道者唯是慧觀，戒定等善是疏緣具。要觀衆生色心非我，見此理智，方是出道。離此以外，種種皆非。是故若執餘善爲道，皆同愚人執戒爲道，以是齊名戒取煩惱攝。故俱舍論云：「非道中道，是名戒取見。」〔四〕又十住毗婆沙論云：「佛告迦葉：有四種破戒比丘，似如持戒。何等爲四？一、有比丘於戒經中，盡能具行，而説有我，是名破戒似如持戒。二、有比丘誦持經律，守護戒行，

〔一〕出觀佛三昧海經卷五。
〔二〕出中論卷四觀如來品。
〔三〕「事定」原作「定事」，據高麗藏本、磧砂藏本改。
〔四〕出阿毘達磨俱舍釋論卷十四。

於身見中不動不離，是名破戒似如持戒。三、有比丘具行十二頭陀，而見諸法定有，是名破戒似如持戒。四、有比丘緣衆生行慈心，聞諸行無生相，心則驚畏，是名破戒似如持戒。」〔一〕以此文證，故知愚人雖依戒行，身口無過，謬執乖理，心無道戒。若能觀見色心無我，此智清净，方有道戒。戒行既然，施等亦爾。

第五明見取者，此還有二：一是獨頭，二是足上。言獨頭者，謂直取世間有漏善法及有漏果，〔二〕以爲第一勝妙善者，名爲獨頭。如人直取無想天報，計爲涅槃，謂第一好。又於内身不净謂净，如是皆名獨頭見取。言足上者，謂人迷法，妄立是非，謂己見是，餘者非。便即生心，於己見上，執爲第一。是故名爲足上見取。如起身見，是其我倒。愚人不解，後更起心，取前身見，以爲第一。如此見取，名爲足上。餘義同前釋。此既同前，有何差别？若執有漏世間事業，取以爲道，即名戒取。若執爲勝，即名見取。故俱舍論云：「一切有流法，聖人所棄捨，故執此法爲最勝，是名見取。」〔三〕又成論云：「若人持戒，取爲清净，名戒取結。即謂所取以爲真實，餘皆妄語，名見取結。」〔四〕若謂世法第一，皆同愚人，

〔一〕出十住毘婆沙論卷十七助尸羅果品。
〔二〕「間」字原脱，據高麗藏本補。
〔三〕出阿毘達磨俱舍釋論卷十四。
〔四〕出成實論卷十雜煩惱品。

取見爲勝，是以齊名見取煩惱也。又新婆沙論：「問：此之見取，於一刹那頃，如何推度？答：性猛利故，亦能推度。堅執故者，謂能堅執，故名爲見。此見於境僻執堅牢，非聖慧力，無由令捨。非佛弟子執聖慧力，截彼見牙，方令捨故。如有海獸，名室首魔羅，彼所噛物，非刀不能解。謂彼若噛諸草木等，要截其牙，方令捨故。如有頌言：

愚人所受持，　鱣魚所銜物，　室首魔羅噛，　非刀不能解。

深入所緣故者，謂性猛利，深入所緣，如針墮泥，故名爲見。」〔一〕

第六名貪使過者，貪乃衆多：或愛自身、他身，或愛妻子、室宅、田園，或愛善法，如愛佛菩提等。若依大乘，此皆是使。若依小乘，貪善非使。具説難盡，略述而已。

第七明瞋使過者，所謂惱恨嫉妒不悦，〔二〕此等煩惱悉是瞋使。大莊嚴論云：「身如乾薪，瞋恚如火。未能燒他，先自焦身。」〔三〕又正法念經云：「瞋心如火，燒一切戒。瞋是大斧，能破法橋。住在心中，如怨入舍。」〔四〕故知起瞋，障諸善法。又華嚴經云：「一切惡中無過是瞋。起一瞋心，則受百千障

〔一〕出阿毘達磨大毘婆沙論卷四十九。
〔二〕「恨」字原作「根」，據高麗藏本、磧砂藏本改。
〔三〕出大莊嚴論經卷十二。
〔四〕出正法念處經卷二。

礙法門。」〔一〕又菩薩地經云：「若諸菩薩犯如恒沙等貪，不名毁戒。若犯一瞋因緣，是名破戒。瞋恚之心能捨衆生。貪愛之心能護衆生，不名煩惱。瞋捨衆生，名重煩惱。是故如來於經中說：貪結難斷，不名爲重。瞋恚易斷，名之爲重。」〔二〕此亦略述，具説難盡。

第八明癡使過者，若依毗曇：「癡暗之心體無慧明，故曰無明。」〔三〕若依成論：「邪心分別，無正慧明，故曰無明。」〔四〕又毗曇論説：「無明使有其二種：一者不共，二者相應。」〔五〕言不共者，於四諦理及於色聲香味觸等，緣而不了，則是無明。此獨無明不與一切諸使和合，名不共無明。二、相應無明者，除前不共，自餘一切諸煩惱中無知之心，名爲無明。與諸使合，名爲相應無明。若依成論：「無明亦二：一是取性，二是現起。」〔六〕言取性者，直是任運迷法假集，暗心取性。唯是違理，性惡不善。此細無明，諸凡常有，是故得在善、無記中。要觀無性，方得漸除。故行善時須觀無性。迷事取性，則成

〔一〕出大方廣佛華嚴經卷三十三普賢菩薩行品。
〔二〕出菩薩善戒經卷一序品。作菩薩地持經誤。
〔三〕此段出處待考。
〔四〕出成實論卷九無明品。
〔五〕出雜阿毘曇心論卷四。
〔六〕此段出處待考。

有漏。

第九明慢使過者，依論慢有八種：一直名慢，謂於下境自高卑彼，於齊等處還計爲等。〔一〕此過輕故，直名爲慢。此無所恃，何故成慢？成論釋言：「是中有其執我相過，故説爲慢。」〔二〕謂人勝劣，唯心解別。若知心勝，稱實無過。迷如此法，計我勝彼及與我等，有恃我心，故名爲慢。二者大慢，謂於等處自謂爲大，故名大慢。三者慢慢，謂於上境謂己勝彼。此過最重，故名慢慢。四者不如慢，謂他行德過己彌深，多身修業方可似彼。〔三〕即謂現今少不如彼，凌他多邊，名不如慢。五者傲慢，謂於父母師長上境不肯恭敬，故名傲慢。六者我慢，謂於色心無我法中，執我自高，故名我慢。此諸慢中執我心也。此一我慢最難伏斷，要成羅漢，方能除盡。但諸凡愚未學觀者，莫問麤細，我見皆强。是故名爲示相我慢。若能觀理，成聖學人，我見則微，分斷麤現。是故名爲不示相慢。七者增上慢，謂未得聖而謂已得。以其聖智是增上行，於此出世增上法中，起心生慢，名增上慢。八者邪慢，謂諸惡人無德自高，恃惡凌人，故名邪慢。此八慢心皆悉名爲慢使煩惱也。

第十明疑使過者，疑有二種：一疑事，如夜見樹疑爲人等。此疑事心，不招生死。故小乘中不説

〔一〕出成實論卷十憍慢品。
〔二〕出成實論卷十憍慢品。
〔三〕「似」字原作「以」，據高麗藏本改。

爲使，非煩惱故。羅漢亦有故。智度論云：「阿羅漢雖無四諦中疑，一切法中處處有疑。」〔一〕此諸事疑，若望大乘，是暗妄心，招變易死，亦説爲使。二者疑理，謂諸身心生滅非我，疑謂常我，名爲疑理。故成論：「問：疑有何過？荅：若多疑者，一切世間出世間事皆不能成。」〔二〕又疑法不可學得，疑師不能敬彼，疑自非是學時。若生此三疑，亦是障道根本。但起决定心學，不須疑此三事。

凡夫未觀理來，莫問上下，皆有十使。上界雖無麤現瞋使，自餘九使皆常具有。修得定者雖伏欲結，由有此使故，不得出世果也。

迷理部第三

述曰：迷理不同者，良由衆生無始時來，流轉生死，不能斷漏，不得出世果，〔三〕致令十使煩惱是能障業，四真諦法是所障理。言四諦者：一苦，二集，三滅，四道。具釋四諦因果次第、大小同異者，恐文煩不述。今且略釋其名，令識因果。生滅無常，理實是苦，逼迫行者，名爲苦諦。諦是實義，審爾不謬，故稱爲諦。下三諦義，同此一釋。有漏善惡，皆能生果。理是因集，名爲集諦。煩惱盡處，名之爲

〔一〕出大智度論卷二十六。

〔二〕出成實論卷十疑品。

〔三〕「不」字原脱，據高麗藏本補。

滅。理實不生，名爲滅諦。觀理除壅，此實不虚，名爲道諦。若就一人論四諦者：謂此身心苦之與樂，有漏報邊，是其苦諦。若不觀理，所起善惡，乃至八禪，是其集諦。若觀身心生滅無我，即此觀智，是其道諦。因此道智見無我時，惑斷之處，則是滅諦。言迷理者，論説不同。若依毗曇論云：「身見邊見唯迷苦諦。」〔一〕謂凡夫皆執苦報爲我，〔二〕是故身見緣苦諦生。依身苦報計斷計常，是故邊見亦迷苦生。故雜心論云：〔三〕「身邊二見果處起故，唯迷苦諦。」〔四〕凡計罪福是我所作，不將善惡業因爲我，是故身見不依集起。知集非我，不名迷集。邊見依身，亦不依集。又亦不將滅道爲我計斷計常，〔五〕義皆同此。是故身邊唯依苦報，名迷苦諦。

若論戒取，迷苦及道。謂有愚人直爾聞説精勤苦行，能斷生死。不知此説，曉夜勵心，勤觀苦空，方斷生死。即謂事中苦身是道，不知身苦非是聖道。是故戒取迷苦諦生。或有不將身苦爲道，直執戒等福行爲道。此將集因轉將爲道。如此戒取，名迷道諦。理實凡愚不識集因，妄執爲道，應是迷集。

〔一〕出雜阿毘曇心論卷四。
〔二〕「報」字原作「執」，據高麗藏本改。
〔三〕「論」字原脱，據高麗藏本補。
〔四〕出雜阿毘曇心論卷四。
〔五〕「常」字原作「説」，據高麗藏本改。

但彼迷心，不計福行以爲集因，方轉爲道，是故不得名爲迷集。不同計苦以爲道者，將苦爲道，故名迷苦。是故戒取有迷苦者，有迷道者，不迷於集。滅是聖果，衆生所求。不取惑滅爲道因行，是故戒取，不名迷滅。

若論邪見、見取及疑，此三皆悉通迷四諦。所謂邪見謗無因果，該凡及聖，是故通迷。若論見取於自身報，取爲第一，即是迷苦。於事善業計爲第一，即名迷集。若取梵天無想天等以爲涅槃，名爲迷滅。於彼戒取所言之道取爲第一，名爲迷道。是故見取通迷四諦。若論疑心，於諸凡聖因之與果不知有無，生疑不決，故亦迷四。向來所明五見及疑，唯迷諦理，不名迷事。以迷理故，觀見理時知無我人，方斷我心。證知慧觀，能斷煩惱，凡夫因果苦集非道，識觀是道，方斷戒取。正識滅道，以爲第一，不將有漏以爲勝好，知世可厭，方斷見取。以見四諦，不生疑謗，證信決定，方斷邪疑。是故身、邊、戒、見、邪疑，迷理而生，還見理斷。不將塵境色聲等事以爲我人，計斷常等，故雖正識色聲等事，不斷我心乃至疑使。

若論貪、瞋、癡、慢四使，通障見修，皆迷理事。謂依見起，則名迷理；若依事生，則名迷事。依見起者，若論其貪，如愛身見，即名爲貪。由愛我見，令心轉迷。若觀生空，知無我時，則嫌我見，此貪則斷。若論其瞋，有我心時，聞說無我則生瞋恚。後觀無我，知無人時，聞說生空，心則歡喜。故見理時，彼瞋則斷。依見起癡，不知見過。後見理時，彼癡則斷。依見起慢，恃見自高。後見理時，彼慢則斷。是故貪等依見起者，亦是迷理，見理方斷。依餘見起，類此可知。所言貪等依事起者，謂依塵境色聲香等，於此起貪，纏綿難斷。故見理時，仍有未斷。後更修道，數數漸除。瞋慢癡等，依事皆爾。

此明十使迷理不同：迷苦有十，迷道有八，迷集及滅各有七使，迷事有四。合三十六。此説欲界凡夫心也。若論色界凡夫心中，具三十一，彼無瞋故，於五行中各除其一。四諦、修道，名爲五行。是故唯有三十一使。無色凡心亦三十一。三界通論，總有九十八。迷四諦理，有八十八。三界迷事，合有十種。此依毗曇略釋如是。〔一〕若依成論，十使煩惱，皆有取性，悉通達理。〔二〕謂迷四諦無性之空，故總觀諦無性空時，斷重取性，名爲見道。後斷細時，名爲修道。此明十使迷理不同也。

斷障部第四

述曰：此十使煩惱，斷有難易者：夫論使性，凡常具有。今明入道，故叙難易。但諸見惑，難識易斷。貪等四使，易識難除。見難識者，謂凡常迷理；易斷者，見理即盡。所謂若能學觀無我，創見理時，則名初果，即先斷除八十八使。但初見諦，有利有鈍。若利根者，總觀諸法皆假無性，不見我人，一念之中斷八十八。即此一念名爲見道。若鈍根者，別觀四諦，〔三〕次第漸斷八十八使。故佛性論云：

〔一〕見雜阿毘曇心論卷四。

〔二〕此段出處待考。

〔三〕「别」字原作「則」，據高麗藏本改。

「若利根人於一念中，則等觀四諦，八十八使一時俱斷，皆名見諦。若鈍根人於次第觀者，則初念觀苦，不見餘三諦。但觀苦下。」〔一〕以此文證，總別觀法，皆得入道，不得偏執。若依諸經教人入道，多直說觀生滅無我，則斷諸結，出離生死。如地持經說：「世間受生皆由著我。若離著我，則無世間受身生處。」〔二〕又如經說：「緣覺性人不解四諦法門名字，直藉事緣觀生無我，便斷諸結，過諸聲聞。」〔三〕於此直作無我觀中，雖不作其四諦別解，如此觀時，具有四諦。謂彼所觀有漏報身，念念生滅，是理苦集。從前名苦，生後名集。知無我時，即是見苦。爾時無我，即斷事集。所斷不生，即是證滅。此能觀智，即是聖道。是故直觀無我之時，具有四諦，斷結得出，不要別觀四諦方出。故成論引經說言：「如甄叔迦經中說種種得道因緣，非但以四諦得道。」〔四〕故知入道不要別觀，總觀無我一行亦得。若能明見身心無我，則是見道，斷諸見惑。但諸見惑，約諦分別，三界合說，有八十八。若就一人以論，迷心總則，唯是五見及疑。此六望愚，則名難識。若望智人，復名易斷。謂諸凡愚學修善者，多皆知厭貪瞋癡

〔一〕「觀」字，高麗藏本、磧砂藏本作「斷」。出佛性論卷四辯相分無變異品。
〔二〕出十地經論卷八。作地持經誤。
〔三〕此段出處待考。
〔四〕出成實論卷十五見一諦品。

慢;於其我心及執戒等,不覺是過,〔一〕是故難識。以難識故,經説爲重。如涅槃釋:「我見戒取及以疑等,一切衆生常所起故,又難覺故。」〔二〕如病常發,名爲重病,又難識故,亦名重病。又成論云:「世間人於戒取中不見其過,故使爲結。」〔三〕故知利使,愚人不識。言望智人名易斷者,謂若學觀身心生滅,分見無我,煩惱薄時,即知觀智是斷法道。心中六使自然永無。謂知色心生滅非人,則無我心,邊見自斷。以觀見理,識聖道故,正信無疑,謗無自斷。智慧是道,戒等非勝,則無戒取,見取自斷。是故六使難識易斷。以難識故,無始來迷;以易斷故,解理則盡。不同貪等易識難斷。以易識故,人多不執;以難斷故,那舍亦有。是故利使迷理邪心,親覆聖解,合行不出。不同貪等别緣事起,唯妨修觀,非親迷理。故諸小聖雖有貪瞋,不妨仍得解理無疑。是故智人學修業者,唯修觀解,除迷入道。若學觀行,雖昧名凡;少解理時,即無妄取。若不學解,恒迷道法;雖修諸善,不除邪執。非直妄執自不能出,多謗正法及行道者。以其迷心,未識邪正,不知他是,不與己同,即謂己是,説他爲非。是故迷人心無道法,多依世善妄執相非。故俱舍論云:「在家由取五塵故,與在家起鬭争。出家由取諸見各不同

〔一〕「覺」字原作「學」,據高麗藏本改。

〔二〕出南本大般涅槃經卷三十三。

〔三〕「使」字,成實論作「佛説」。出成實論卷十九結品。

故，與出家起鬬争。」〔一〕

又成論云：「若人持戒取爲清净，名戒取結。即謂所取以爲真實，餘皆妄語，名見取結。此二是其出家之人鬬争根本，亦即名爲隨順苦邊。」〔二〕「又依此戒取，能捨八真聖道，此非正道，非清净道，能隨苦過。又戒取是出家人縛，諸欲是在家人縛。又戒取者，雖復種種行出家法，空無所得。又因此戒取，能謗正道及行正道者。又戒取是諸外道起憍慢處。作如是念，能勝餘人。」〔三〕以此等文證，知戒取等唯是世善，招生死果，故名隨苦，非真道法。愚人多迷，妄執生罪。是故十使雖皆不善，論其障道起過之原，則唯六使，迷心爲本。若不能斷，非直不出，因起麤罪，當生惡道。此明十使斷有難易竟。

頌曰：

邈邈愛王城，　峨峨欣鷲嶺。　業結三界獄，　利鈍十使頸。　濁惡順下趣，　斷漏升上頂。
著我甘苦報，　怖象投丘井。　翹翹羨化倫，　念念除心癭。　宿祐遇釋尊，　高慕大仙穎。
既破無明結，　還同欣鷲嶺。〔四〕　荷戢怡沖心，　隨慝靡不靜。

〔一〕出阿昆達磨俱舍釋論卷十五惑品。
〔二〕出成實論卷十雜煩惱品。
〔三〕出成實論卷十九結品。
〔四〕「欣鷲嶺」，高麗藏本作「寤真正」。

法苑珠林校注卷第七十三

十惡篇第八十四此有十三部

述意部　業因部　果報部　殺生部　偷盜部　邪婬部　妄語部　惡口部　兩舌部　綺語部　慳貪部　瞋恚部　邪見部

述意部第一

悲夫！迷徒障重，棄三車而弗御；漂淪苦海，任焦爛而不疲。若蒼蠅之樂臭屍，似飛蛾之投火聚。良由迷沈多劫，備歷艱辛。具受衆苦，迄今燒煮。故如來大悲，不忍永棄，示其苦樂，令其欣厭。故於此篇略明十惡罪福二行也。

業因部第二

惟凡夫造業，乃有多種：自有心與身口相稱，損亦有身口與心違者。據此而論，凡動身口，皆由心使。若心不善，方能損物。若内有善，方能順福。雖復損益不同，然三業之本，以心爲源，故業起不同，略須料簡。如成實論云：「有三人俱行遶塔：一爲念佛功德，二爲盜竊，三爲清涼。雖復身業同行而有善、惡、無記三性殊别，當知罪福由心。」〔一〕身口業相，善惡不定。是故四分律及成論等：若無心者，雖悮殺父母，不得逆罪。〔二〕亦如嬰兒投母乳身，則不得罪，以無染心故。若依毗曇，即説依報色起方便色，以爲身業。聲爲口業。心是罪福體，隱而不説。〔三〕若依大乘教中實説，身口色聲恒非罪福。若説善惡，皆唯是意。如意地思量，發動身口；即此意思，是身口業體。若直意思，不欲發身口者，但名意業。故唯識論云：「如世人言：賊燒山林聚落城邑，不言火燒。此義亦爾。唯依心故，善惡業成。」〔四〕故經偈云：

〔一〕出成實論卷七三業品。
〔二〕見四分律卷五十六、成實論卷九三業輕重品。
〔三〕此段出處待考。
〔四〕出唯識論。

「諸法心爲本，　諸法心爲勝。　離心無諸法，　唯心身口名。」〔一〕故論釋云：「但有心識，無身口業。身口業者，但有名字。實是意業，身口名説。」〔二〕亦如臨終生邪見心，則墮地獄；起正見心，即生善處。是故論云：「離心無思，則無身口業。」〔三〕又遺教經云：「縱此心者，喪人善事。制之一處，無事不辦。」〔四〕又正法念經云：「有五因緣，雖殺無罪：一、謂道行無記心。二、無心傷殺蠕蟻等命。三、若擲鐵等，無心殺生而斷物命。四、醫師治病，爲利益故，與病者藥，因打命終。五、然火蟲入，無心殺蟲，蟲入火死。如是五種，種斷生命，不得殺罪。」〔五〕故知所造發業，皆由心起。

又如殺中，約心境不同，有上、中、下。初據境説：如殺畜生，比丘得波逸提。殺凡夫學人，得波羅夷。殺害父母羅漢，得五無間重罪。殺邪見斷善根人，得罪最輕，不如殺畜罪重。〔六〕故涅槃經云：

〔一〕此段出處待考。
〔二〕出唯識論。
〔三〕出成實論卷九三業輕重品。
〔四〕出佛遺教經。
〔五〕出正法念處經卷一。
〔六〕「罪重」，高麗藏本作「生罪」。

「菩薩知殺有三：謂下、中、上。下者，蟻子乃至一切畜生，唯除菩薩示現生者。是諸畜生有微善根，是故殺者具受罪報。中殺者，謂從凡夫至阿那含。上殺者，父母、羅漢、辟支、畢定菩薩。若有能殺一闡提者，〔一〕則不墮此三種殺中。譬如掘地、刈草、斫樹、斬截死屍，無有罪報。闡提亦爾。」〔二〕謂無重罪，〔三〕非無輕苦。第二約心者，結罪由心，業有輕重。如瞋重則罪重，瞋輕則罪輕。故成論云：「或以事重，故有定報：如於佛及佛弟子，若供養，若不供養，若輕毀心。或以心重，故有定報：如人以深厚纏毒，殺害蟲蟻，重於輕心殺人。」〔四〕若心無瞋，雖殺上境，乃至父母，亦不成逆。自下諸罪，例有輕重。文煩不述，類準可知。

又正法念經：「云何不殺？若稻穀黍麥生微細蟲，不擣不磨。〔五〕知其有蟲，護此蟲命，不轉與人，復不殺生。若牛馬駝驢擔負背瘡中生蟲，若以漿水洗此瘡時，不以草藥斷此蟲命，以鳥毛羽洗拭。取蟲置餘臭爛敗肉之中，令其全命。兼護此驢牛，恐害其命，復護蟲命，乃至蟻子。若晝若夜，不行放逸，

〔一〕「一」字原作「阿」，據高麗藏本改。「者」字原脱，據大般涅槃經補。
〔二〕出大般涅槃經卷十六。
〔三〕「罪」字，高麗藏本作「報」。
〔四〕出成實論卷七故不故品。
〔五〕「擣」字原作「揭」，據高麗藏本改。

心不念殺。若見衆生欲食其蟲，以其所食而貿易之，〔一〕令其得脱。」〔二〕

果報部第三

如彌勒問經論云：〔三〕「十不善業道有其三種：一、果報果，二、習氣果，三、增上果。果報果者，若生地獄中，名果報果。習氣果者，若從地獄出，還生人中，依殺生故，有短命果；依偷盜故，無資生果；乃至依邪見故，癡心增上。如是一切，名習氣果。」〔四〕

又如薩婆多論云：「如牛呞比丘常作牛呞，以世世牛中來故。〔五〕如一比丘雖得漏盡，而常以鏡自照，以世世從婬女中來故。如目連比丘雖得神通，猶恒戲跳，以前世時曾獼猴中來故。」〔六〕增上果者，依彼十種不善業道，一切外物無有氣勢。所謂土地高下，霜雹棘刺，塵土臭氣，多有蛇蝎，少穀、細穀，

〔一〕「之」字原脱，據高麗藏本、磧砂藏本補。

〔二〕出正法念處經卷二十九。

〔三〕「問經」原作「經問」，據高麗藏本改。

〔四〕出彌勒菩薩所問經論卷五。

〔五〕「故」字原作「當」，據高麗藏本改。

〔六〕出薩婆多毘尼毘婆沙卷一經序戒法異名章。

少果、細果，及以苦果，如是一切名增上果。復有相似果。且如殺者，故與所害衆生種種諸苦。因彼苦故，生地獄中受種種苦。以斷命故，後生人中，得短命報，由斷他暖觸性也。餘準可知。亦如上受報篇中地持論說也。

故涅槃經云：「云何名爲煩惱餘報？若有衆生習近貪欲，是報熟故，墮於地獄中。從地獄出，受畜生身，所謂鴿雀、鴛鴦、鸚鵡、青雀、魚鼈、獼猴、麞鹿之屬。若得人身，受黄門形，女人二根、無根、婬女。若得出家，犯初重戒。是名餘報。若有衆生，以殷重心，習近瞋恚，是報熟故，墮於地獄。從地獄出，受畜生身。所謂毒蛇，具四種毒：一見毒，二觸毒，三齧毒，四螫毒。虎狼、師子、熊羆、猫狸、鷹鷂之屬。若得人身，具足十六諸諸惡律儀。[一]若得出家，犯第二重戒。是名餘報。若有習近愚癡之人，是報熟時，墮於地獄。從地獄出，受畜生身，所謂象、豬、牛、羊、水牛、蚤虱、蚊、虻、蟻子等形。若得人身，聾盲瘖瘂，癃殘背僂，諸根不具，不能受法。若得出家，諸根暗鈍，喜犯第三重戒。是名餘報。若有修習憍慢之人，是報熟時，墮於地獄。從地獄出，受畜生身，所謂糞蟲、駝、驢、犬、馬。若生人中，或入奴婢身，貧窮乞匃。[二]或得出家，常爲衆生之所輕賤，喜犯第四戒。是名餘報。」[三]疑使大意同癡，不勞別

[一]「六」字原作「二」，據大般涅槃經改。
[二]「匃」字，磧砂藏本作「食」。
[三]出大般涅槃經卷二十四。

述。亦名五鈍使報。

又菩薩藏經云：「復次長者，我觀世間一切衆生由於十種不善業道而能建立，安處邪道，多墮惡趣。何等爲十？一者奪命，二者不與取，三者邪婬，四者妄語，五者離間語，六者麤語，七者綺語，八者貪著，九者瞋恚，十者邪見。長者，我見衆生由是十種不善業故，乘於邪道，多趣多向，多墮惡道。爲欲證得阿耨菩提，超出一切諸邪道故，以淨信心，捨釋氏家，趣無上道。」〔一〕

又智度論云：「佛語難提迦優婆塞：殺生有十罪。何等爲十？一者、心常懷毒，世世不絕。二者、衆生憎惡，眼不喜見。三者、常懷惡念，思惟惡事。四者、衆生畏之，如見蛇虎。五者、睡時心怖，寤亦不安。六者、常有惡夢。七者、命終之時，狂怖惡死。八者、種短命業因緣。九者、身壞命終，墮泥犁獄。十者、若出爲人，常當短命。如佛說：不與取有十罪。何等爲十？一者、物主常瞋。二者、生人疑。三者、非時非處，行不籌量。四者、朋黨惡人，遠離賢善。五者、破善相。六者、得罪於官。七者、財物没入官。八者、種貧窮業因緣。九者、死入地獄。十者、若出爲人，勤苦求財，爲人所共，若王、若賊、若水、若火、若不愛子用，乃至藏埋亦爾。如佛說：邪婬有十罪。何等爲十？一者、常爲所婬夫主欲危害之。二者、夫婦不睦，常共鬭諍。三者、諸不善法日日增長，於諸善法日日損減。四者、不守護

〔一〕出大寶積經卷三十五菩薩藏會。

身，妻子孤寡。五者、財産日耗。六者、有諸惡事，常爲人所疑。七者、親屬知識所不愛喜。八者、種怨家業因緣。九者、身壞命終，死入地獄。十者、若出爲女，多人共一夫；若爲男子，婦不貞潔。如是等種種因緣不作，是名不邪婬。如佛説：妄語有十罪。何等爲十？一者、口氣常臭。二者、善神遠之，非人得便。三者、雖有實語，人不信受。四者、智人謀議，常不參預。五者、常被誹謗，醜惡之聲因聞天下。六者、人所不敬，雖有教敕，人不承用。七者、常多憂愁。八者、種誹謗業因緣。九者、身壞命終，當墮地獄。十者、若出爲人，常被誹謗。如是種種不作，是爲不妄語，名口善律儀。〔一〕如佛説：飲酒有三十六過失。具如下五戒中説之。如是四罪不作，是身善律儀。妄言不作，是口善律儀。名爲五戒律儀。」〔二〕

又業報差别經云：「復有十業，能令衆生得外惡報。若有衆生於十惡業多修習故，感諸外物悉不具足。何等爲十？一者、以其殺生業故，令諸外報大地鹹鹵，藥草無力。二者、以其偷盗業故，感外霜雹螽蝗蟲等令世饑饉。〔三〕三者、以其邪婬業故，感惡風雨及諸塵埃。四者、以其妄語業故，感生外物皆悉臭穢。五者、以其兩舌業故，感外大地高下不平，山陵堆埠，株杌丘墟。六者、以其惡口業故，感生

〔一〕「口」字原作「曰」，據大智度論改。
〔二〕出大智度論卷十三。
〔三〕「令」字原作「今」，據高麗藏本改。

外報瓦石沙礫，麤澀惡物，不可觸近。七者、以其綺語業故，令諸所有草木稠林，枝條棘刺。八者、以其貪多業故，感生外報，令諸苗稼子實微細。九者、以其瞋恚業故，令諸樹木果實苦澀。十者、以其邪見業故，感生外報，苗稼不實，收穫尠少。如是十業得外惡報。」〔一〕

殺生部第四 此別二部

述意部　引證部

述意部第一

夫稟形六趣，莫不戀戀而貪生；受質二儀，並皆區區而畏死。雖復升沈萬品，愚智千端。至於避苦求安，此情何異。所以驚禽投案，猶請命於魏君；窮獸入廬，乃祈生於歐氏。漢王去餌，遂感明珠之酬；楊寶施華，便致白環之報。乃至沙彌救蟻，見壽長生；流水濟魚，天降珍寶。如此之類，寧可具陳。豈容縱此無厭，供斯有待；斷他氣命，絶彼陰身。遂令抱苦就終，銜悲向盡。大地雖廣，無處逃

〔一〕出佛爲首迦長者説業報差別經。

藏；昊天既高，靡從啓訴。是以經云：「一切畏刀杖，無不愛壽命。恕己可爲喻，勿殺勿行杖。」〔一〕但凡俗顛倒，邪見無明。或爲吉凶公私祭祀，贍待賓客，營理庖厨，烹宰雜類之身，供擬衆人之膳。或復年移歲晚，事隙時閒。天慘慘以降霜，野炎炎而通燒。於是駕追風而快馬，〔二〕捧奔電之良鷹。劍則巨闕、干將，弓則烏號、繁弱。遂傾諸藪薄，罄彼林叢；顛覆巢居，剖破窟宅。罝羅亘野，罦網彌山。或前絡後遮，左邀右截。埃塵漲日，煙火衝天。遂使鳥失侣而驚飛，獸離羣而奔逸，雁聞弦而競落，〔三〕猿抱樹而哀吟。莫不臨嶮谷而悲號，對高林而絶叫。於是箭非苟發，弓不虚彈。達腋洞胸，解頭陷腦。或復垂綸濁渚，散餌清潭。學鈞鯉於河津，同射鮒於井谷。朱鱗已掛，無復待信之能；素質既懸，長罷躍舟之瑞。霏膾形軀，有拈槊而雨散。或復獫狁孔熾，宜申薄伐；邊境虔劉，事資神武。雖復賢王聖帝，尚動干戈，哲后明君，猶須征伐。所以升陑之役，乃著高名；牧野之師，方稱盛德。其中或有擁百萬而横行，提五千而深進。碎曹公於赤壁，撲項帝於烏江，懸莽首於高臺，横卓屍於都市。並皆英雄一旦，威武當時。如此之流，弗可爲記。莫不積骨成山，流血爲海。今者王師雷動，掃殄妖逆。揚兵擁節，祐境沾邊。既預前驅，叨居後勁。雲旗之下，寧敢自安；霜刃之閒，信哉多嶮。故刀下叩頭，稍下

〔一〕此段出處待考。

〔二〕「而快」，高麗藏本作「之駃」。

〔三〕「雁」字原作「鷹」，據高麗藏本改。

乞命。如斯之罪，不可具陳。凡是衆生，有相侵害。爲怨爲隟，負命負身。或作短壽之因，便招多病之果。願從今日，永斷相續；盡未來際，爲菩提眷屬。不壞良緣，法城等侶矣。

引證部第二

如鼻奈耶律云：「昔佛在世時，舍衛國中有一婆羅門，常供養迦留陀夷。其婆羅門唯有一子，長爲娶婦。時婆羅門臨終敕子：吾死之後，汝看尊者迦留陀夷如我今日，莫使有乏。父母亡後，子奉父母教，還復供養迦留陀夷，如父在日，等無有異。後於異時，婆羅門子出行不在，囑婦供養。是日便有五百羣賊，中有一賊，面首端正。婦遥見之，遣使唤來，便共私通。迦留陀夷數往其家。婦恐沙門泄漏此事，後共此賊方便殺之。波斯匿王聞於尊者迦留陀夷爲賊所殺，王憶尊者，瞋恚懊惱，即時便誅婆羅門家，并殺左右十八餘家。捕五百賊，斬截手足。〔一〕擲著塹中。比丘見已而白佛言：迦留陀夷本造何惡，爲婆羅門婦所殺耶？佛告比丘：迦留陀夷乃往過去作大天祀主。〔二〕有五百人，牽其一羊，截於四足，將詣天祀而共乞願。祀主得已，即便殺之。由殺羊故，墮於地獄，受無量苦。昔天祀主，今迦留陀夷是。雖得羅漢，餘殃不盡，今得此報。爾時羊者，今婦是也。昔五百人截羊足者，今日爲王截其手足

〔一〕「手」字原作「首」，據高麗藏本改。

〔二〕「天」字原作「夫」，據高麗藏本、磧砂藏本改。

五百賊是。佛告比丘：若人殺害，所受果報，終不朽敗。」〔一〕

又賢愚經云：「昔佛在世時，舍衛城中有一長者，名黎耆彌。有七頭兒，皆以婚娶。最小兒婦，字毗舍離，甚有賢智，無事不知。時黎耆彌以其家業，悉皆付之。由其賢智，波斯匿王敬禮爲妹。有時懷妊，月滿便生三十二卵。其一卵中出一男兒，顔貌端正，勇健非凡。一人之力，敵於千夫。長爲納婦，皆是國中豪賢之女。時毗舍離請佛及僧，於舍供養。佛爲説法，合家悉得須陀洹果。唯最小兒，未得道跡。乘象出遊，逢輔相子乘車橋上，便捉擲著橋下塹中，傷破身體。來告其父。輔相語子：彼人力壯，又是國親，難與諍勝，當思密報。即以七寶作馬鞭三十二枚，純鋼作刀，著馬鞭中。人贈一枚，諸人愛之，〔二〕歡喜納受，恒捉在手，出入見王。國法見王，禮不帶刀。輔相見受，便向王讒：毗舍離兒年盛力壯，一人當千。今懷異計，謀欲殺王。各作利刀置馬鞭中，事審明矣。王即索看，果如所言。王意謂實，皆悉殺之。殺竟，便以三十二頭盛著一函，封閉印之，送與其妹。當日毗舍離請佛及僧，就舍供養。見王送函，謂王助供，即欲開看。佛止不聽。待僧食竟，飯食訖已，佛爲説法，無常苦等。時毗舍離得阿那含果。佛去之後，〔三〕開函見兒三十二頭，由斷欲愛，不至懊惱。但作是言：痛哉悲矣！人

〔一〕出鼻奈耶律卷九。
〔二〕「諸」字原作「謂」，據高麗藏本、磧砂藏本改。
〔三〕「之」字原脱，據高麗藏本補。

生有死，不得長久。驅馳五道，何苦乃爾。〔一〕三十二兒婦家親族聞事非理，〔二〕懊惱唱言：大王無道，枉殺善人。共集兵馬，欲往報讎。王時恐怖，走向佛所。諸人引軍，圍繞祇園。阿難見王殺毗舍離三十二子，婦家親族欲爲報讎。合掌問佛：有何因緣，三十二兒爲王所殺？佛告阿難：乃往過去，三十二人盜他一牛。共牽將到一老母舍，欲共殺之。老母歡喜，爲辦殺具。臨下刀時，〔三〕牛跪乞命。諸人意盛，遂爾殺之。牛死誓言：汝今殺我，我將來世終不放汝。死已共食。老母食飽，歡喜而言：〔四〕由來安客，未如今日。佛告阿難：爾時牛者，今波斯匿王是。盜牛人者，今毗舍離三十二子是。時老母者，今毗舍離是。由殺牛故，五百世中常爲所殺。老母歡喜，五百世中常爲作母。兒被殺時，極懷懊惱。今值我故，得阿那含果。婦家親族，聞佛所説，恚心便息。各作是言：此人自種，今受其報。由殺一牛，今尚如是，何況多也！波斯匿王是我之王，云何懷怨而欲殺害？即投王前，求哀懺悔。王亦釋然，不問其罪。阿難白佛：復修何福，豪貴勇健，值佛得道？佛告阿難：乃往過去，迦葉佛

〔一〕「爾」字原作「至」，據高麗藏本改。

〔二〕「理」字原作「禮」，據高麗藏本、磧砂藏本、南藏本改。又「聞事非理」，高麗藏本作「聞此事理」。磧砂藏本作「此事非理」。

〔三〕「時」字原作「殺」，據高麗藏本改。

〔四〕「而」字原作「之」，據賢愚因緣經改。

時，有一老母合集衆香，以油和之，欲往塗佛塔。路中逢值三十二人，因而勸之，共往塗塔。塗竟發願：所生之處，尊榮豪貴，恒爲母子，值佛得道。從是以來，五百世中，生恒尊貴，常爲母子。今值佛故，各得道迹。」〔一〕

正報頌曰：

戲笑殺他命，　悲號入地獄。　臭穢與洋銅，　灌注連相續。　奔刀走火焰，〔二〕　擘裂碎楚毒。　億載苦萬端，　傷心不可録。

習報頌曰：

殺生入四趣，　受苦三塗畢。　得生人道中，　短命多憂疾。　疫病瘻難苦，〔三〕　壽短常沈没。　若有智黠人，〔四〕　殺心寧放逸。

〔一〕出賢愚因緣經卷七黎耆彌七子品。
〔二〕「走」字，高麗藏本作「赴」。
〔三〕「瘻」字，高麗藏本作「嬰」。
〔四〕「黠」字，高麗藏本作「情」。

感應緣略引一十七驗

宋撫軍將軍劉毅驗
梁有人沐髮用雞卵白驗
梁有人賣䱒爲業驗
梁有客食炙肉驗
梁有人殺牛繫刹柱下驗
梁有部曲截盜賊手驗〔一〕
齊有人殺牛食卒驗
齊有人捕魚見魚䱇驗
唐殷安仁停客殺驢驗
唐都督鄭公竇軌好殺驗

〔一〕「盜」字下原衍「偷」字，據高麗藏本删。

唐潘果殺羊舌縮驗
唐賀悦勒牛舌斷瘂驗
唐陸孝政殺蜂驗
唐有人爲讎家所害驗
唐齊士望燒雞子驗
唐封元則盜羊殺驗
唐京城西路店上人殺羊驗

宋高祖平桓玄後，以劉毅爲撫軍將軍、荆州刺史。到州便收牛牧寺僧主，〔一〕云藏桓家兒度爲沙彌。并殺四道人。後夜夢見此僧來云：君何以枉見殺貧道？貧道已白於天帝，恐君亦不得久。因遂得病不食，日爾羸瘦。當發楊都時，多有諍競，侵陵宰輔。宋高祖因遣人征之。毅敗，夜單騎突出，投牛牧寺。僧白撫軍：昔枉殺我師，我道人自無報仇之理。然何宜來此？亡師屢有靈驗，云：天帝當收

〔一〕「牛牧寺」，太平廣記引作「牧牛寺」。下同。

撫軍，於寺殺之。毅便歎咤，出寺後崗上大樹自縊而死也。右一驗出冤魂志。〔一〕

梁時有人常以雞卵白和沐，云使髮光。每沐輒破二三十枚卵。臨終但聞髮中啾啾數千雞雛之聲。

梁時江陵劉氏以賣鱓爲業。後生一兒，頭具鱓，自頸以下方爲人耳。

梁時王克爲永嘉郡，有人餉羊。集賓欲讌，而羊繩解，來投一客，先跪兩拜，便入衣中。此客竟不言之，固無救請。須臾宰羊爲炙，先行至客。一臠入口，便下皮內，周行徧體，痛楚號叫，方復說之。遂作羊鳴而死。

梁時有人爲縣令，經劉敬躬，縣廨被焚，寄寺而住。民將羊酒作禮。〔二〕縣令以牛繫剎，屏除形像，鋪設牀座於堂上接賓。未殺之頃，牛解徑來，至階而拜。〔三〕縣令大笑，令左右宰之，飲啗飽酒，便卧簷下。投醒即覺體癢，把搔癮疹。因爾須臾變成大患。經十餘日便死。

梁時楊思達爲西陽郡。值侯景亂，時復旱儉，飢民盜田中麥。思達遣一部曲守視，所得盜者，輒截手腕。凡戮十餘人。部曲後生一男，自然無手。

齊時有一奉朝請，家甚豪侈。非手殺牛，則啗之不美。年三十許，病篤。大見牛來，舉體如被刀

〔一〕太平廣記卷一二六引，作出還冤記。

〔二〕「羊」字，高麗藏本作「牛」。

〔三〕「階」字原作「陛」，據高麗藏本改。

刺，訇呼而終。〔一〕

齊時江陵高偉隨吴入齊，凡數年。向幽州淀中捕魚。後病，每見羣魚齧之而死。右七驗出弘明雜傳。

唐京兆殷安仁家富，〔二〕素事慈門寺僧。以義寧元年初，有客寄其家停止。客盜他驢，〔三〕於家殺之。驢皮遺安仁家。至貞觀三年，安仁遂見一人於路，謂安仁曰：追汝使明日至，汝當死也。安仁懼，徑至慈門寺，坐佛殿中，經宿不出。明日果有三騎，并步卒數十人，皆兵杖入寺。遥見安仁，呼出。安仁不應而念誦逾進。鬼相謂曰：昨日不即取，今日修福如此，何由可得？因相與去，留一人守之。守者謂安仁曰：君往日殺驢，驢今訴君，使我等來攝君耳。終須共對，不去何益！安仁遥荅曰：往者他盜自殺驢，但以皮與我耳。本非我殺，何以見追？〔四〕倩君還爲我語驢：我不殺汝，〔五〕然今又爲汝追福，於汝有利，當捨我也。此人許諾曰：驢若不許，我明日更來。如其許者，不來矣。言畢而出。

〔一〕「訇」字，高麗藏本作「嗷」。

〔二〕「殷安仁」，太平廣記引作「湯安仁」。

〔三〕「他」字原作「犯」，據高麗藏本、磧砂藏本改。

〔四〕「以」字，高麗藏本作「爲」。

〔五〕「我」字下，高麗藏本有「本」字。

明日遂不來。安仁於是爲驢追福，而舉家持戒菜食云爾。盧文勵説之。安仁今現在。〔一〕

唐洛州都督鄭公竇軌，性好殺戮。初爲益州行臺僕射，多殺將士。又害行臺尚書韋雲起。至貞觀二年冬，在洛州病甚困，忽自言：有人餉我瓜來。左右報：冬月無瓜也。公曰：一盤好瓜，何故無也？既而驚視曰：非瓜也，並是人頭，從我責命。〔二〕又曰：扶我起見韋尚書。言畢而薨。〔三〕

唐京師有人姓潘名果。年未弱冠，以武德時，任都水小吏。下歸家，與少年數人出田遊戲。過於塚閒，見一羊爲牧人所遺，獨立食草果。因與少年捉之，將以歸家。其羊中路鳴喚，果懼主聞，乃拔却羊舌。於是夜殺食之。後經至一年，果舌漸消縮盡。陳牒解吏，富平縣令鄭餘慶疑其虚詐，令開口驗之。乃見全無舌根，本纔如豆許不盡。官人問之因由，果取紙，書以荅之。元狀官人，一時彈指，教令爲羊追福，寫法華經等。果發心信敬，齋戒不絶，爲羊修福。後經一年，舌漸得生，平復如故。又詣官陳牒，縣官用爲里正。餘慶至貞觀十八年爲監察御史，自向臨説耳。〔四〕右三驗出冥報記。

〔一〕出冥報記卷下。又太平廣記卷四三六引，作出法苑珠林。

〔二〕「責」字，高麗藏本作「索」，太平廣記引作「債」。

〔三〕出冥報記卷下。又太平廣記卷一二六引，不載出處。

〔四〕出冥報記卷下。又太平廣記卷四三九引，作出法苑珠林。

唐武德年中，隰州大寧人賀悅永興爲鄰人牛犯其稼穡，乃以繩勒牛舌斷。〔一〕永興後生子三人，並皆瘖瘂，不能言語。〔二〕

唐雍州陸孝政，貞觀年中爲右衛隰川府左果毅。孝政爲性躁急，多爲殘害。府内先有蜜蜂一龕，分飛聚於宅南樹上。孝政于時遣人移就別龕。其蜂未去之間，孝政大怒，遂煮熱湯一盆，就樹沃蜂，總以死盡，殆無遺孑。至明年五月，孝政於廳晝寢，忽有一蜂螫其舌上，遂即洪腫塞口，數日而卒。〔三〕

唐隴西李義琰，貞觀年中爲華州縣尉。此縣忽失一人，莫知所在。其父母疑一讎怨家所害，詣縣陳請。義琰案之，不能得決。夜中就燭，〔四〕委細窮問。至乙夜，〔五〕義琰據案俛首，不覺死人即至，猶帶被傷之狀。云：某被傷姓名，被打殺置於某所井中，公可早檢。不然恐被移向他處，不可覓得。義琰即親往覓，果如所陳。尋而讎家，云始具伏。當時聞見者，莫不驚歎。〔六〕

〔一〕「以」字原作「至」，據高麗藏本改。

〔二〕太平廣記卷一三二引，作出法苑珠林。

〔三〕太平廣記卷一三二引，作出法苑珠林。

〔四〕「就」字，高麗藏本作「執」。

〔五〕「乙」字原作「一」，據高麗藏本改。

〔六〕太平廣記卷一二七引，作出法苑珠林。

唐魏州武强人齊士望，貞觀二十一年死，經七日而穌。自云：初死之後，被引見王。即付曹司别遣勘當。經四五日，勘簿云：與合死者同姓字，然未合即死。判官語士望曰：汝生平好燒雞子，宜受罪而歸。即命人送其出門。去曹司一二里，即見一城。聞城中有鼓吹之聲，士望欣然趨走而入。既入之後，城門已閉。其中更無屋宇，徧地皆是熱灰。士望周慞不知所計，燒灼其足，殊常痛苦。士望四顧，城門並開，及走向門，其扉即掩。凡經一日，有人命門者曰：開門放昨日罪人出。既出，即命人送歸。使者辭以路遥，遷延不送之。始求以錢絹，士望許諾。遂經歷川塗，踐履荆棘。行至一處，有如環堵，其中有坑深黑。士望懼之。使者推之，遂入坑内，不覺漸穌。尋乃造紙錢等待焉。使者依期還到。士望妻亦同見之云。〔一〕

唐封元則，渤海長河人也。至顯慶中爲光禄寺太官掌膳。時有西蕃客于闐王來朝。食料餘羊，〔二〕凡至數十百口。王並託元則送於僧寺，放作長生。元則乃竊令屠家烹宰，收其錢直。龍朔元年夏六月，洛陽大雨，震電霹靂元則，〔三〕於宣仁門外大街中殺之。折其項裂，血流灑地。觀者盈衢，

〔一〕太平御覽卷三八二引，作出法苑珠林。

〔二〕「料」字原作「斷」，據高麗藏本改。下同。

〔三〕「電」字，高麗藏本作「雷」。

莫不驚愕。〔一〕右五驗出冥報拾遺。

唐顯慶年中，長安城西路側店上有家新婦，誕一男。月滿日，親族慶會，買得一羊欲殺。羊數向屠人跪拜，屠人報家内。家内大小不以爲徵，遂即殺之，將肉釜煮。餘人貪料理葱蒜餅食，令産婦抱兒看煮肉。抱兒火前，〔二〕釜大極牢，忽然自破。釜湯衝灰，火直射母子，母子俱亡。親族及鄰人見者，莫不酸切。信之交驗，〔三〕豈得不慎。店人見聞之者，永斷酒肉，葷辛不食。在同店人向道自説。

〔一〕太平廣記卷三九三引，作出法苑珠林。

〔二〕「火前」原作「前火」，據高麗藏本改。

〔三〕「之」字，高麗藏本作「知」。

法苑珠林校注卷第七十四

偷盜部第五此別七部

述意部第一

夫禀形六趣，莫不貪欲爲原；受質二儀，並皆戀財爲本。雖復人畜兩殊，然慳惜無二。故臨財苟得，非謂哲人；見利忘義，匪成君子。且錢財玉帛，是外所依；旛華僧物，是内供養。理應省己貧窶，隨喜他富；〔一〕豈以自貧，貪奪他財。所以調達取華，遂便退落；憍梵損粟，反受牛身。迦葉乞餅，被

〔一〕「隨」字原作「雖」，據高麗藏本、磧砂藏本改。

女譏訶；〔一〕比丘齅香，池神呵責。〔二〕是知偷盜之僁，寧非大罪。所以朝餐無寄，夜寢無依。烏棲鹿宿，赤露攣捲。〔三〕傍路安眠，循鄽求食。遂使母逐鶬鴰而南去，子隨胡馬而北歸，夫類日影而西奔，婦似川流而東逝。莫不望故鄉而腸斷，念生處而號啼。淚交駛而散血，心鬱怏而聚眉。如斯之苦，皆由前身不施，劫盜中來。故經曰：「欲知過去因，當看現在果。欲知未來果，但觀現在因。」〔四〕是故勸諸行者，常須戒勗，勿起盜心，乃至遺落不貪，何況故偷他物也。

佛物部第二

如涅槃經云：「造立佛寺用珠華鬘供養，不問輒取，若知不知，皆得方便盜罪。」〔五〕又鼻柰耶論云：「若盜佛塔，聲聞塔中旛華，皆望施主結重罪，爲斷彼福故。」〔六〕又十誦律云：〔七〕「若盜佛圖物，

〔一〕「女」字，高麗藏本作「俗」。
〔二〕「呵」字，高麗藏本作「訶」，磧砂藏本作「雅」。
〔三〕「攣捲」，高麗藏本作「瘥癒」。
〔四〕此段出處待考。
〔五〕「罪」字原脱，據高麗藏本補。出大般涅槃經卷七。
〔六〕出鼻奈耶卷一。
〔七〕「又」字原作「有」，據高麗藏本改。

精舍中供養具，若有守護主，計主犯重罪。」如十誦：「偷佛舍利。」〔一〕薩婆多論：「盜佛像，並爲浄心供養，自念云：彼亦弟子，我亦弟子。如是之人雖不語取，供養，皆不犯罪。」〔二〕此謂施主情通者不犯。局者犯重罪。若依摩德勒伽論云：「爲轉賣活命，故盜佛像舍利者，犯大重罪。」〔三〕

法物部第三

如四分律云：「時有人盜他經卷。佛言：佛語無價，計紙墨，犯重罪。」〔四〕十誦律云：「借他經，拒逆不還，令主生疑者，犯方便罪。」〔五〕由心未決。若絶者，犯重。正法念經云：「若盜他祕方者，犯重罪。」〔六〕唯識並決論云：〔七〕「闇取他經論讀，乃至一句，皆犯盜竊文句罪。」此應是主心祕悋者犯。若汎爾餘經，情通不惜者，取讀無過也。五百問事口決云：「不得口吹經塵，以口氣惡故。」像塵亦爾。若燒故經，得重

〔一〕出十誦律卷五十二。

〔二〕出薩婆多毘尼毘婆沙卷二結盜戒因緣。

〔三〕出薩婆多部毘尼摩得勒伽卷六。

〔四〕出四分律卷五十五。

〔五〕出十誦律卷五十八。

〔六〕此段出處待考。

〔七〕此論不見著録。

罪，如燒父母。不知有罪者，犯輕。」〔一〕數有惡人偷佛銅像，燒鑄聖容，將供身命。逆中之極，無過於此。或偷華旛，用充衣服，或將賣活命。如是等罪，未來受殃，無有出期。

僧物部第四

如五分律云：「貸僧物不還，計直犯重。」〔二〕又觀佛三昧經云：「盜僧鬘物者，過殺八萬四千父母等罪。」〔三〕又寶梁經云：「寧啗身肉，終不得用三寶物。」〔四〕又依方等經云：「華聚菩薩云：五逆四重，我亦能救。盜僧物者，我不能救。」〔五〕

又大集經濟龍品云：「時有諸龍得宿命心，自念過去業，涕泣雨淚，來至佛前，各如是言：我憶往昔於佛法中，或爲俗人親屬因緣，或復聽法因緣，所有信心捨施種種華果飲食，共諸比丘依次而食。或有説言：我曾噢啗四方衆僧華果飲食。或有説言：我往寺舍布施衆僧，或復禮拜，如是噢啗。乃至七

〔一〕出目連問戒律中五百輕重事經問佛事品。
〔二〕此段出處待考。
〔三〕出觀佛三昧海經卷上。
〔四〕出大寶積經卷一百十三寶梁聚會第四十四營事比丘品。
〔五〕出大方等陀羅尼經卷三。

佛已來，曾作俗人，有信心人爲供養故，施諸華果種種飲食。比丘得已，迴施於我。我得便食。由彼業緣，於地獄中經無量劫，大猛火中，或燒或煮，或飲洋銅，或吞鐵丸。從地獄出，墮畜生中；捨畜生身，生餓鬼中。如是種種，備受辛苦。佛告諸龍：此之惡業，與盜佛物等無差別。〔一〕比丘逆業，其罪如半。然此惡報難可得脱。〔二〕於賢劫中，值最後佛，名曰樓至，於彼佛世，罪得除滅。」〔三〕

述曰：何故盜用僧物，其罪偏重耶？荅曰：隨盜一物，即望十方凡聖，上至諸佛，下及凡僧，隨境無邊，還結無邊等罪。微塵尚可知數，此人罪報不可測量。所以者何？爲其施主，本捨一毫一粒，擬供十方出家凡聖，令其食用，日夜修道，不欲供俗。是以鳴鍾一響，遐邇同餐，凡聖並資，俱成道業。冥資施主，得益無邊。惟斯福利，功齊法界。招善既多，獲罪寧少。今見愚迷衆生，不簡貴賤，不信三寶，苟貪福物，將用資身。或食啗僧食，受用華果；或騎僧雜畜，將僧奴用；〔四〕或借貨僧物，經久不還，見僧屢索，反加陵毀；或倚官形勢，〔五〕伺求僧過。如是等損，具列難盡。靜思此咎，豈不痛心！今惜不

〔一〕「盜」字原作「到」，據高麗藏本、磧砂藏本改。
〔二〕「惡」字，高麗藏本、磧砂藏本作「罪」。
〔三〕出大方等大集經卷四十四日藏分中三昧濟龍品。
〔四〕「用」字，高麗藏本作「隨逐」，磧砂藏本作「逐」。
〔五〕「官」字原作「宫」，據高麗藏本、磧砂藏本改。

與者，非是慳惜不惠，爲慈愍白衣，慮受來苦。若當與者，非直損俗，亦罪及知事。未來生處，同受其殃。故佛本行經云：「一念之惡，能開五不善門：一、惡能燒人善根，二、從惡更生惡，三、爲聖人所訶，四、退失道果，五、死入惡道。」〔一〕既知不易，誠爲大誡，後時取受，省用之也。〔二〕

互用部第五

如寶梁寶印經云：「佛法二物不得互用。由無與佛法物作主，復無可諮白。不同僧物，〔三〕常住招提，互用有所諮。若用僧物修治佛塔者，依法取僧和合得用。不和合者，勸俗人修治。若佛塔有物，乃至一錢已上，以施主重心故捨。諸天及人於此物中應生佛想、塔想。乃至風吹爛壞，不得貿寶供養，以如來塔物無人作價也。」〔四〕

又十誦律云：「佛聽僧坊佛圖畜使人及象馬牛羊等，各有所屬，不得互用。」〔五〕又僧祇律云：「供

〔一〕此段出處待考。
〔二〕「省用之也」，高麗藏本作「省己用之」。
〔三〕「僧」字原作「借」，據高麗藏本改。
〔四〕出大寶積經卷一百十三寶梁聚會第四十四營事比丘品。
〔五〕此段出處待考。

養佛物，華多聽轉賣，買香燈。猶故多者，轉賣無盡財中。」〔二〕又五百問事口決云：「佛旛多者，欲作餘佛事用者得。若施主不許者，不得。」〔三〕又四分律云：「供養佛塔食，治塔人得食。」〔三〕又善見論云：「佛前獻佛飯食，侍佛比丘得食。若無比丘，白衣侍佛亦得食。」〔四〕又罪福決疑經云：「初獻佛時，上中下座必教白衣奉佛及僧。獻佛竟，行與僧食，不犯。若不爾者，食佛物故，千億歲墮阿鼻地獄。檀越不受師教，亦招前罪。〔五〕若生人間，九百萬歲墮下賤處。何以故？佛物無人能評價故。」若汎爾齋家及在僧寺二時常食，〔六〕獻佛聖僧食，不局入佛僧者，不須收贖。唱餘食後，一切得食。若情標施食，定入佛僧，不通白衣者，應贖已取食。

或施主本擬作釋迦，改作彌陀；本作大品，改充涅槃；本作僧房，改供僧食；本施二衆，改入一衆；本擬十方，迴入現前；本擬大衆，迴入別人；本擬衆僧，迴入白衣。皆違反施主，計錢多少，滿五成重，減五得蘭。故四分律云：「許此處，乃與彼處，皆得罪也。」〔七〕輕重之罪，量前施主。準此之文，檢

〔一〕出摩訶僧祇律卷三十三。

〔二〕出目連問戒律中五百輕重事經問法事品。

〔三〕出四分律卷五十七。

〔四〕此段出處待考。

〔五〕「罪」字，高麗藏本作「報」。

〔六〕「及」字原脱，據高麗藏本補。

〔七〕此段出處待考。

校佛像有餘綵色，不得作菩薩聖僧等形。〔一〕以師徒位别故，不得互用。乃可作餘莊嚴具，還將供養佛，不犯。若施主情通，〔二〕一鋪佛像，任意莊嚴種種道俗凡聖形像，諸雜供養，名華草木，山池鳥獸，不局佛像者，通作無罪。故五百問事云：「用佛綵色作鳥獸形得罪，除在佛前爲供養故不犯。」〔三〕數聞邊方道俗，〔四〕不閑戒律，雖有好心經營三寶，任己凡情，互用三寶物。乃至齋上聖僧錢，或將自入，或入常往，或作佛像，或畫壁上迦葉、阿難等形，並不合用。得罪具如上受請篇説。問曰：今時齋上有佛錢，未審此錢入何等用？荅曰：若施主本心定入造像，還如前互用文斷。只得造佛，〔五〕不得别用。若如今時齋家，凡僧食後，通出佛僧錢，知施主不别標局者，任將買香、沽油、造旛，營造佛堂，種種供佛受用，並得。但不得入經僧别人用。上來略述，並依經律文斷，不是人情。若不依法，反結無知不學之罪。自外不盡者，具如僧尼十卷律鈔廣説。故檢校三寶，事重不輕。自非明解戒律，深信因果，謹慎用心，怖怕業道，常勤作意，不護人情。如是之人，始堪作綱維知事。自外不合作。

又寶梁經云：「佛告迦葉：我聽二種比丘得營衆事。何等爲二？一、能净持戒，二、畏於後世，喻如金剛。復有二種。何等爲二？一、識知業報，二、有諸慙愧及以悔心。復有二種。何等爲二？一、阿

〔一〕「得」字原脱，據高麗藏本補。
〔二〕「主」字原脱，據高麗藏本補。
〔三〕出目連問戒律中五百輕重事經問佛事品。
〔四〕「聞」字原作「問」，據高麗藏本改。
〔五〕「得」字原作「稱」，據高麗藏本改。

羅漢，二、能修八背捨者。如是二種比丘，我聽營事，自無瘡疣，能護他人意。以此事難，故語迦葉：於佛法中，種種出家，種種性，〔一〕種種心，種種解脱，種種斷結。或有阿蘭若，或有乞食，或有樂住山林，或有樂近聚落清浄持戒，或有能離四扼，或有勤修多聞，或有辯説諸法，或有善持戒律，或有善持毗尼儀式，或有遊諸城邑聚落爲人説法。有如是等諸比丘僧營事比丘，善取如是諸人心相。」〔二〕

故經云：「彼營事比丘應當分別，常住僧物不得與招提僧，招提僧物不得與常住僧。此二種物不得互用。常住僧物招提僧物不得與佛物共雜。〔三〕佛物亦不得與二共雜。若常住僧物多而招提僧有所須者，營事比丘應集僧行籌索欲。僧和合者，應以常住僧物分與招提僧。若如來塔或有所須，若欲敗壞者，若常住僧物，〔四〕若招提僧物多者，營事比丘應集僧行籌索欲，〔五〕作如是言：是佛塔壞，今有所須。此常住僧物、招提僧物多。大德僧聽。若僧時到，僧忍聽。若僧不惜所得施物，若常住僧物、招提僧物，我今持用修治佛塔。若僧不和合，營事比丘應勸化在家人，求索財物，修治佛塔。若佛物多者，不得分

〔一〕「性」字，高麗藏本、磧砂藏本作「姓」。

〔二〕出大寶積經卷一百十三寶梁聚會第四十四營事比丘品。

〔三〕「共雜」原作「雜共」，據高麗藏本改。

〔四〕「物」字原脱，據高麗藏本補。

〔五〕「僧」字原脱，據高麗藏本補。

與常住招提僧。何以故？於此物中應生世尊想。佛所有物乃至一綫，皆是施主信心施佛。是故諸天世人於此物中生佛塔想，而況寶物。若於佛塔中，寧令風吹雨爛破盡，不應以此衣貿易寶物。何以故？如來塔物無人能與作價者，又佛無所須故。如是營事人者，三寶之物不應令雜。以自雜用，得大苦報，若受一劫，若過一劫，以侵三寶物故。」〔一〕

又寶梁經云：「佛言：營事比丘若生瞋心，於持戒大德人所，以自在故，驅令役使，故墮地獄。若得爲人，作奴僕，爲主苦役，人所鞭打。又營事比丘以自在故，更作重制，過僧常限謫罰比丘，非時令作。以此不善根故，墮於多釘小地獄中。生此中已，以百千釘釘挓其身，其身熾然如大火聚。又營事比丘於持戒有大德所，以重事怖之，以瞋心語故，生地獄中。其所得舌，長五百由旬，以百千釘而釘其舌。一一釘中，出大火焰。又營事比丘數得僧物，慳惜藏舉，或非時與僧，或復難與，或困苦與，或少與，或不與，或有與者，或不與者。以此不善根故，有穢惡餓鬼，常食糞丸。此人命終，當生其中，於百千歲，常不得食。或時食變爲糞屎，或作膿血。是故迦葉，營事比丘寧自啗身肉，終不雜用三寶之物作衣鉢飲食。」〔二〕

〔一〕　出大寶積經卷一百十三寶梁聚會第四十四營事比丘品。

〔二〕　出大寶積經卷一百十三寶梁聚會第四十四營事比丘品。

凡物部第六

如善見論云：「爲他別人乃至三寶守護財物。若謹慎掌護，堅鎖藏户，而賊從孔中屋中竊取，或逼迫取，非守物人能禁限者，但望本主結罪，皆不合徵。若主掌懈慢，不勤守護，爲賊所盜者，掌物人償之，以望守護主結罪故。」〔一〕十誦律云：「遠處受他寄物，在道損破，若好心捉破者，不應償；惡心捉破者，須償。若借他物，不問好心惡心，若破，一切須償。」〔二〕又十誦律云：「賊偷物來，或好心施，或因他逐，恐怖故施，得取，以成物主故。但莫從賊乞，自與者得取。取已染壞色著，有主識認者，應還。」〔三〕又摩德勒伽云：「若狂人自持物施，不知父母親眷者，得取。若父母可知，不自手與者，不得取。」〔四〕又十誦律云：「若取他虎殘肉者，犯小罪，由不斷望故。若取師子殘者，不犯，由斷望故。」〔五〕

〔一〕此段出處待考。

〔二〕此段出處待考。

〔三〕出十誦律卷五十八。

〔四〕出薩婆多部毘尼摩得勒伽卷七。

〔五〕出十誦律卷三十九。

又薩婆多論云：「盗一切鳥獸殘者，得小罪。」〔一〕今時儉世，多有俗人毁壞他鼠窟，取其貯粟胡桃雜果子等，準此犯罪。

四分律云：「若與想取，已有想取，糞掃想取，暫取想取，〔二〕親友意想取等，皆不犯。」〔三〕其親友者，依律要具七法，始名親友：「一、難作能作，二、難與能與，三、難忍能忍，四、密事相告，五、互相覆藏，六、遭苦不捨，七、貧賤不輕。」〔四〕如是七法，人能行者，是親善友，取而不犯也。

又增一阿含經云：「佛告比丘：若人作賊，偷盗他物，爲主所執，縛送付王，治其盗罪。王即遣人閉著牢獄，或截手足，或刵耳鼻，或剥其皮，或抽其筋，或取倒懸，或時鋸解，或以火炙，或時湯煮，或以生革縛絡其頭，〔五〕或復洋銅而灌其身，或以長橛而刺其腕，或使惡象而以蹈殺，或開其腹抽腸佇草；或時反縛打惡聲鼓，將詣市所，標下斬首；或復節節支解其形，或以刀破，或時箭射。如是種種苦切殺之。以此偷盗惡業因緣，命終之後生地獄中。猛火燒身，融銅灌口，鑊湯鑪炭，刀山劍樹，煻灰糞屎，磨磨碓擣。受如是等種種諸苦，酸楚毒痛，不可稱計。百千萬歲，脱出無期。地獄罪畢，生畜生中。象馬

〔一〕出薩婆多毘尼毘婆沙卷二結盗戒因緣。
〔二〕「暫取想取」原作「慙想」，據四分律改。
〔三〕出四分律卷一。
〔四〕出四分律卷四十一。
〔五〕「縛絡」原作「轉烙」，據高麗藏本改。

牛羊駝驢犬等，經百千歲，以償他力。畜生罪畢，生餓鬼中。飢渴苦惱，不可具言。初不聞有漿水之名，經百千歲，受如是苦。惡道罪畢，出生人中。若生人中，得二種報：一者、貧窮，衣不蓋形，食不充口。二者、常爲王賊火水及以惡賊之所劫奪。」〔一〕

又正法念經：「云何名盜？若人思惟：欲令種種穀麥，我獨成就，令世間人五穀不登。常作如是不善思惟：復於異時，衆生薄福，田苗不收。如是惡人，見世饑饉，心生歡喜，如我所念。於市糴賣，〔二〕曲心巧僞，量諸穀麥，誑惑於人，究竟成業。若心思惟，名爲思業；若作誑時，名爲誑業；作誑業已，名究竟業。」〔三〕

遺物部第七

如正法念經云：「若見道邊遺落之物，若金若銀及餘財寶，取已唱令：此是誰物？若有人言：此是我物。當問其相，實者當還。若無人認，七日持行，日日唱之。若無主認，以此實物付王大臣州郡令

〔一〕此段出處待考。

〔二〕「糴」字原作「糶」，據高麗藏本改。

〔三〕出正法念處經卷二十九。

長。若王大臣州郡令長見福德人，不取此物，後當護持佛法衆僧，是名不盗。」〔一〕

又僧祇律云：「若見遺衣物者，當唱令之。無主者懸著高顯處，〔二〕令人見。若言：是我物。〔三〕應問言：汝物何處失？荅相應者，與。若無識者，應停至三月已。若塔園中得者，即作塔用；僧園中得者，四方僧用。若貴物價者，謂金銀瓔珞，不得露現唱令。得寶人應審諦數看，有何相貌，然後舉之。人來認時，相應者，與。對衆多人與，不得屏處還。教受三歸，語言：佛不制戒者，汝眼看不得。若無人來認者，停至三年，如前處當界用之。若治塔得寶藏者，即作塔用。僧地亦然。」〔四〕故成實論云：「伏藏取用，無罪。佛在世時，給孤長者是聖人，亦取此物。故知無罪。」〔五〕又自然得物，不名劫盗。

又僧祇律云：「入聚落中有遺落物，不得取。與比丘者得，即是施主。聚落中風吹衣，不得作糞掃想取。若曠路無人處得取。」〔六〕又五分律云：「若舉衣經十二年不還者，集僧評價，作四方僧用。若

〔一〕出正法念處經卷三十五。

〔二〕「顯」字原作「頭」，據高麗藏本改。

〔三〕「我」字原作「何」，據高麗藏本改。

〔四〕出摩訶僧祇律卷十八。

〔五〕出成實論卷八十不善業道品。

〔六〕出摩訶僧祇律卷十八。

彼後還，以僧物償，不受者善。」〔一〕

正報頌曰：

劫盜供他用，〔二〕泥犂獨自沈。玃鳥金剛嘴，啄腦劈其心。灌口以銅汁，碎身鐵棒砧。怕懼周慞走，還投刀劍林。

習報頌曰：

劫盜所獲報，地獄被銷融。〔三〕罪畢生人道，飢貧以自終。共財被他制，何殊下賤中。寄言懷操者，當須思固窮。

感應緣略引六驗

漢蒼梧郡亭長龔壽

漢岐州郿縣斄亭長盜殺他人女

隋宜州有人姓皇甫名遷

〔一〕此段出處待考。

〔二〕「他」字原作「地」，據高麗藏本、磧砂藏本改。

〔三〕「融」字，高麗藏本作「鎔」。

唐魏王府長史韋慶植女
唐西京東市筆行趙氏女
唐主簿周基被吏盜死〔一〕

漢世何敞爲交阯刺史，行部到蒼梧郡高要縣。暮宿鵠奔亭。夜猶未半，有一女子從樓下出，自云：妾姓蘇名娥，字始珠。〔二〕本廣信縣修里人。早失父母，又無兄弟，夫亦久亡。有雜繒百二十匹，及婢一人，名致富。妾孤窮羸弱，不能自振，欲往傍縣賣繒。就同縣人王伯賃車牛一乘，直錢萬二千。載妾並繒，令致富執轡。乃以前年四月十日到此亭外。于時日暮，行人既絶，不敢前行，因即留止。致富暴得腹痛，妾往亭長舍乞漿取火。亭長龔壽操刀持戟，來至車傍，問妾曰：夫人從何所來？車上何載？丈夫安在？何故獨行？妾應之曰：何故問之？壽因捉妾臂曰：少愛有色，寧可相樂耶？妾時怖懼，不肯聽從。壽即以刀刺脅，一創立死。又殺致富。壽掘樓下埋妾并婢，取財物去。殺牛燒車，車釭及牛骨貯亭東空井中。妾死痛酷，無所告訴，故來自歸於明使君。敞曰：今欲發汝屍骸，以何爲驗？

〔一〕「基」字，據後正文應作「某」。
〔二〕「始珠」，高麗藏本作「恰姝」。

女子曰：妾上下皆著白衣，青絲履猶未朽也。掘之果然。敞乃遣吏捕壽，拷問具服。下廣信縣驗問，與娥語同。收壽父母兄弟皆繫獄。敞表：壽殺人，於常律不至族誅。但壽爲惡，隱密經年，王法所不能得，鬼神自訴，〔一〕千載無一。請皆斬之，以助陰殺。上報聽之。〔二〕

漢時有王忳，字少林，爲郿縣令。之縣，到鳌亭。亭常有鬼，數數殺人。忳宿樓上，夜有女子稱欲訴怨，無衣自蓋。忳以衣與之。乃進曰：妾本涪令妻也。欲往之官，過此亭宿。亭長殺妾大小十餘口，埋在樓下，奪取衣裳財物。亭長今爲縣門下遊徼。忳曰：當爲汝報之，勿復妄殺良善耶。鬼投衣而去。忳旦收遊徼詰問，即服。收同謀十餘人，并殺之。掘取諸喪，歸其家殯葬。亭永清寧。〔三〕人謡曰：信哉少林世無偶，飛被走馬與鬼語。飛被走馬，别爲他事，今所不録。右二驗出冤魂志。

隋大業八年，宜州城東南四十餘里有一家，姓皇甫。居家兄弟四人，大兄小弟並皆勤事生業，仁慈忠孝。其第二弟名遷，交遊惡友，不事生活。於後一時，母在堂内取六十錢，欲令市買，且置牀上。母向舍後，其遷從外來入堂，左右顧視，不見人，便偷錢將出私用。母還覓錢不得，不知兒將去，遂勘合家良賤。並云：不得。母恨不清合家，遂鞭打大小。大小皆怨。至後年，遷亡，託胎家内母豬腹中。經

〔一〕「自」字原闕，據太平廣記引補。

〔二〕太平廣記卷一二七引，作出還冤記。

〔三〕以上太平廣記卷一二七引，作出還冤記。

由三五月，産一豘子。年至兩歲。八月社至須錢，賣遠村社家，得錢六百文。社官將去。至於初夜，遂驚覺合家大小。先以鼻觸婦眠夢云：我是汝夫，爲取婆六十錢，枉及合家，浪受楚拷，令我作豬，今來償債。今將賣與社家，社家縛我欲殺。汝是我婦，何忍不語男女贖我！婦初一夢，忽寤心驚，仍未信之，復眠還夢如是。豬復以鼻觸婦，婦驚著衣，向堂報姑。姑已起坐，還夢同新婦。兒女亦同夢。見一夜裝束，令兒及將遷兄，并持錢一千二百文。母報兒云：社官儻不肯放，求倍與價。恐天明將殺，馳騎急去。去舍三十餘里，〔一〕兒既至彼，不云己親，恐辱家門。但云：不須殺，今欲贖豬。社家不肯：〔二〕吾今祭社時至，豬不與君。再三慇懃，不放。兒兒怕急，恐慮殺之，私憑一有識解信敬人。曾任縣令，具述委曲實情，後始贖得。既得豬已，驅向野田。兒語豬云：汝審是我弟，汝可急前還家。兒復語豬：審是我父，亦宜自前還家。豬聞此語，馳走在前，還舍。後經多時，鄉親並知。〔三〕兒女耻愧。比鄰相嫌者，並以豬譏罵。兒女私報豬云：爺今作業不善，受此豬身，男女出頭不得。爺生平之日，每共徐賢者交厚。爺向徐家，兒女送食往彼供爺。豬聞此語，灑淚馳走向徐家。至徐家離舍四十餘里。至

〔一〕「餘」字原脱，據高麗藏本補。
〔二〕「家」字，高麗藏本作「官」。
〔三〕「親」字高麗藏本作「里」。

大業十一年内，豬於徐家卒。信知業報不簡親疏，皎若目前，豈不慎歟！長安弘法寺静林法師是遷鄰里，〔一〕親見其豬。法師傳向道說之。〔二〕

唐貞觀中，魏王府長史京兆人韋慶植，有女先亡。韋夫婦痛惜之。後二年，慶植將聚親賓客備食，家人買得羊，未殺。夜慶植妻夢其亡女，著青裙白衫，頭髮上有一雙玉釵，是平生所服者，來見母，涕泣言：昔嘗用物，不語父母，作此業報，今受羊身，〔三〕來償父母命。明旦當見殺，青羊白頭者是。特願慈恩，垂乞性命。母驚悟，旦而自往觀羊，果有青羊，項膊皆白，頭上有兩點白相，當如玉釵形。母對之悲泣，止家人勿殺。待慶植至，放送之。俄而植至催食，厨人白言：夫人不許殺青羊。植怒，〔四〕即命殺之。宰夫懸羊欲殺，賓客數人已至，乃見懸一女子，容貌端正，訴客曰：是韋長史女，乞救命。客等驚愕，止宰夫。宰夫懼植怒，又但見羊鳴，遂即殺之。既而客坐不食。植怪問之，客具以言。慶植悲痛

〔一〕「林」字，高麗藏本作「琳」。

〔二〕太平廣記卷一三四引，作出法苑珠林。

〔三〕「今」字原作「令」，據高麗藏本、磧砂藏本改。

〔四〕「植」字原脱，據高麗藏本補。

發病，遂不起。京下士人多知此事。〔一〕崔尚書敦禮具爲臨説〔二〕

唐長安市里風俗，每至歲元日已後，遞作飲食相邀，號爲傳坐。東市筆生趙大次當設之。〔三〕有客先到，向後見其碓上有童女，年可十三四，著青裙白衫，以汲索繫頸，屬於碓柱，泣淚謂客曰：我主人女也。往年未死時，盜父母百錢，欲買脂粉。未及而死，其錢今在厨舍内西北角壁中。然我未用，既以盜之，坐此得罪，今當償父母命。言畢，化爲青羊白頭。客驚告主人。主人問其形貌，乃是小女，死亦二年矣。於厨壁取得百錢，似久安處。於是送羊僧寺，合門不復食肉。〔四〕盧文勵傳向臨説爾。〔五〕右二驗出冥報記。

唐冀州館陶縣主簿姓周，忘其名字。至顯慶四年十一月，奉使於臨渝關互市。當去之時，將佐使等二人從往。〔六〕周將錢帛稍多，二人乃以土囊壓而殺之，所有錢帛，咸盜將去，唯有隨身衣服充斂。至歲暮，乃入妻夢，具説被殺之狀，兼言所盜財物藏隱之處。妻乃依此告官。官司案辯，具得實狀，錢

〔一〕以上太平廣記卷一三四引，作出法苑珠林。
〔二〕出冥報記卷下。
〔三〕「趙大」，太平廣記引作「趙太」。
〔四〕以上太平廣記卷一三四引，作出法苑珠林。
〔五〕出冥報記卷下。
〔六〕「使」字，高麗藏本、磧砂藏本作「史」。

帛並獲。二人皆坐處死。相州智力寺僧慧永云：當親見明庭觀道士劉仁寬説之。〔一〕右一驗出冥報拾遺。〔二〕

〔一〕「當」字，太平廣記引作「嘗」。

〔二〕太平廣記卷一二七引，作出法苑珠林。

法苑珠林校注卷第七十五

邪婬部第六此别三部

述意部　訶欲部　姦僞部

述意部第一

夫婬聲敗德，智者之所不行；欲相迷神，聖人之所皆離。是以周幽喪國，信褒姒之愆；晉獻亡家，實麗姬之罪。獨角山上，不悟騎頸之羞；期在廟堂，寧悟焚身之痛！皆爲欲界衆生不修觀解，〔一〕繫地煩惱不能斷伏。且地水火風，誰爲宰主；身受心法，本性皆空。薄皮厚皮，周施不净；生藏熟藏，穢惡難論。常欲牽人墮三惡道，是以菩薩大士，恒修觀行。臭處流溢，偏身皆滿。六塵怨賊，每相觸惱；

〔一〕「不」字原作「之」，據高麗藏本改。

五陰旃陀，難可親近。凡夫顛倒，縱此貪迷。妄見妖姿，封著華態。〔一〕皓齒丹脣，長眉高髻。弄影逶迤，增妍美豔。所以洛川解珮，能税駕於陳王；漢曲弄珠，遂留情於交浦。〔二〕巫山臺上，託雲雨以去來；舒姑水側，〔三〕寄泉流而還往。遂使然香之氣，迴襲韓壽之衣；彈琴之曲，懸領相如之意。或因薦枕而成親，或藉掛冠而爲密。豈知形如聚沫，質似浮雲。内外俱空，須臾散滅。舉身不浄，合體無常。方棄溝渠，以充螻蟻。凡是衆生有此邪行，乖梵天道，障菩提業。爲四趣因，感三塗果。是知三有之本，實由婬業；六趣之報，特因愛染。以潤業偏重，故聖制不爲也。

訶欲部第二

第一、明貪欲滋多者。涅槃經偈云：

「若常愁苦，　愁遂增多。　如人喜眠，　眠則滋多。　貪婬嗜酒，　亦復如是。」〔四〕

又正法念經偈云：

〔一〕「封」字，高麗藏本作「戀」。

〔二〕「浦」字原作「甫」，據高麗藏本改。

〔三〕「舒」字，高麗藏本作「麻」。

〔四〕出大般涅槃經卷十九。

「如火益乾薪，增長火熾然；如是受樂者，愛火轉增長。薪火雖熾然，人皆能捨離；愛火燒世間，纏綿不可捨。」〔一〕

又智度論偈云：

「世人愚惑，貪著五欲，至死不捨。爲之後世，受無量苦。譬如愚人，貪著好果，上樹食之，不肯時下。人伐其樹，樹傾乃墮，身首毁壞，痛苦而死。得時樂少，失時苦多。如蜜塗刀，舐者貪甜，不知傷舌，後受大苦。」〔二〕

成實論偈云：

「貪欲實苦，凡夫顛倒，妄生樂想。智者見苦，見苦則斷。受欲無厭，如飲鹹水，轉增其渴；以增渴故，何得有樂？譬如狗齩，血塗枯骨，增涎唾合，想謂有美。貪欲亦爾，於無味中，邪倒力故，謂爲受味。故知色欲，苦實樂虚，要無貪求，方名真樂。」〔三〕

第二、明觀女不净者。但惟諸女，外假容儀，内懷臭穢。迷人著相，不覺虚誑。唯大智者，能知可

〔一〕出正法念處經卷二十三。

〔二〕出大智度論卷十七。

〔三〕出成實論卷九貪過品。

惡也。又禪祕要經云：「長老目連得羅漢道，本婦將從，盛服莊嚴，欲壞目連。目連爾時爲説偈云：

汝身骨乾立，皮肉相纏裹，不净内充滿，無一是好物。革囊盛屎尿，九孔常流出，如鬼無所宜，何足以自貴。汝身如行厠，薄皮以自覆，智者所棄遠，如人捨厠去。若人知汝身，如我所惡厭，一切皆遠離，如人避屎坑。〔一〕汝身自莊嚴，華香以瓔珞，凡夫所貪愛，智者所不惑。汝身不净聚，集諸穢惡物，如莊嚴厠舍，愚人以爲好。汝脅肋著脊，如椽依梁棟，五藏在腹内，不净如屎篋。汝身如糞舍，愚夫所貪保，飾以珠瓔珞，外好如畫瓶。若人欲染空，始終不可著，汝欲來燒我，如蛾自投火。一切諸欲毒，我今已滅盡，五欲已遠離，魔網已壞裂。我心如虛空，一切無所著，正使天欲來，不能染我心。」〔二〕

又增一阿含經云：「寧以火燒鐵錐而鑠于眼，〔三〕不以視色興起亂想。」〔四〕又正法念經云：「女人之

〔一〕「屎坑」，高麗藏本作「圊厠」。
〔二〕出禪法要解經卷上。
〔三〕「鑠」字，高麗藏本作「刺」。
〔四〕出增一阿含經卷四十九。

性，心多嫉妒。以是因緣，女人死後多生餓鬼趣中。」〔一〕雖有美言，心如毒害。强知虚詐，能惑世間。

第三、明女人難親可厭者。故優填王經偈云：

「女人最爲惡，　難與爲因緣。　恩愛一縛著，　牽人入罪門。」〔二〕

非直牽人入惡道，天中退落亦由女惑。故正法念經偈云：

「天中大繫縛，　無過於女色。　女人縛諸天，　將至三惡道。」〔三〕

又智度論云：「菩薩觀欲種種不净，於諸衰中，女衰最重。火刀、雷電、霹靂、怨家、毒蛇之屬，猶可暫近；女人慳妒、瞋諂、妖穢、鬭諍、貪嫉，不可親近。故佛説偈云：

寧以赤鐵，　宛轉眼中，　不以散心，　邪視女色。　含笑作姿，　憍慢羞慙，　迴面攝眼，

美言妒瞋。　行步妖穢，　以惑於人，　婬羅彌網，〔四〕　人皆投身。　坐卧行立，　迴眄巧媚，

薄智愚人，　爲之心醉。　執劍向敵，　是猶可勝，　女賊害人，　是不可禁。　毒蛇含毒，　猶

〔一〕出正法念處經卷十六。

〔二〕出優填王經。

〔三〕出正法念處經卷二十九。

〔四〕「彌」字，高麗藏本作「欲」。

可手捉，女情惑人，是不可觸。」〔一〕

又增一經偈云：

「莫與女交通，亦莫共言語。有能遠離者，則離於八難。」〔二〕

故薩遮尼乾子經：「尼乾子説偈云：

自妻不生足，好婬他婦女，是人無慚愧，受苦常無樂。現在未來世，愛苦及打縛，

捨身生地獄，受苦常無樂。」〔三〕

又雜譬喻經云：「佛在世時，有一婆羅門生于兩女，〔四〕女皆端正，乃故懸金，九十日内，募索有能訶我女醜者，便當與金。竟無募者。將至佛所，佛便訶言：此女皆醜，無有一好。阿難白佛言：此女實好而佛言惡，有何不好？佛言：人眼不視色，是爲好眼。耳鼻口亦爾。身不著細滑，是爲好身。手不盜他財，是爲好手。今觀此女，眼視色，耳聽音，鼻齅香，身喜細滑，手喜盜財，如此之者，皆不好也。」〔五〕

〔一〕出大智度論卷十四。

〔二〕出增一阿含經卷二十六。

〔三〕出大薩遮尼乾子所説經卷五問罪過品。

〔四〕「生于兩女」原作「生兩頭」，據高麗藏本改。

〔五〕此經已佚。

又佛說月明菩薩經云：「菩薩呵色欲法：女色者，世間之枷鎖，凡夫戀著，不能自拔。女色者，世間之重患，凡夫困乏，至死不免。女色者，世間之衰禍，凡夫遭之，無厄不至。行者既得捨之，若復顧念，是爲從獄得出，還復思入；從狂得正，而復樂之；從病得差，復思得病。智者怒之，知其狂而顛蹶，死無日矣。凡夫重色，甘爲之僕，終身馳驟，爲之辛苦。雖復鐵質寸斬，鋒鏑交至，甘心受之，不以爲患。狂人樂狂，不是過也。行者若能棄之不顧，是則破枷脱鎖，惡狂厭病，離於衰禍，既安且吉，得出牢獄，永無患難。女人之相，其言如蜜，而其心如毒。譬如渟淵澄鏡，而蛟龍居之；金山寶窟，而師子處之。當知此害，不可暫近。室家不和，婦人之由；毀宗敗族，婦人之罪。實是陰賊，滅人慧明；亦是獵圍，尠得出者。譬如高羅，羣鳥落之，不能奮飛；又如密網，衆魚投之，刳腸俎肌；〔一〕亦如暗坑，無目投之，如蛾赴火。是以智者知而遠之，不受其害；惡而穢之，不爲此物之所惑也。」〔二〕又佛般泥洹經云：「佛告柰女：好邪婬者有五自妨：一、多聲不好，二、王法所疾，三、懷異多疑，四、死入地獄，五、地獄罪竟受畜生形，皆罪所致。能自滅心不邪婬者，有五增福：一、多人稱譽，二、不畏縣官，三、身得安隱，

〔一〕「肌」字原作「几」，據高麗藏本改。
〔二〕出菩薩呵色欲法經。

四、死上天生，五、從立清淨，〔一〕得泥洹道。」〔二〕

姦僞部第三

又舊雜譬喻經云「昔有大姓家，子端正，以金作女像，語父母言：有女似此者，兒乃當取。時他國有女，貌亦端正，亦作金男，白父母言：有男似此，乃當嫁之。父母各聞，便遠聘合。時國王舉鏡自照，謂羣臣曰：天下人顔有如我不？諸臣荅曰：臣聞彼國有男，端正無比。則遣使請之。使至告之：王欲見賢者。則嚴車進。去已自念：王以我明達，故來相呼。則還取書，而見婦與奴爲姦。悵然懷憾，爲之結氣，顔色衰醜。臣見如此，謂行道消瘦，馬厩安之。夜於厩中，見王正大夫人與馬下人私通。心乃自悟：王大夫人尚當如此，何況我婦。意解心悦，顔色如故，則與王相見。王曰：何因止外三日？荅曰：臣來有忘，還歸取之，而見婦與奴爲姦。意忿，顔色衰變，故住厩中三日。昨見王正夫人來與養馬兒私通。〔三〕夫人乃爾，何況餘人。意解，顔色復故。王言：我婦尚爾，何況凡女。兩人俱捨，便入

〔一〕「立」字，高麗藏本作「意」。
〔二〕出般泥洹經卷上。
〔三〕「王」字原脱，據高麗藏本補。

山中，剃髮作沙門。思惟女人不可從事，精進不懈，俱得辟支佛道。」〔一〕

又舊雜譬喻經云：「昔有婦人生一女，端正無比。年始三歲，國王取視。呼道人相：後堪爲夫人不？道人報王：此女有夫，王後得之。王言：我當牢藏，豈可後得！便呼鶴來：汝處在何？鶴白王言：我止大山，半腹有樹，人畜不歷；下有洄水，船所不行。王言：我以此女寄汝將養。便撮持去，日日從王取飯與女。如是久後，上有一卵，〔二〕卒爲水漂去。有一樹枝，〔三〕逐水下流。有一男子，得抱持樹，墮洄水中，不得去。洄岸有蒲桃樹踊出，〔四〕住倚山傍。男子尋之，得上鶴樹，與女私通。女便藏之。鶴覺女身重，左右求得男子，舉撮棄之，如事白王。王曰：前道人善功相人也。〔五〕師曰：人有宿對，非力所制，逢對則可。畜生亦爾。」〔六〕

〔一〕出舊雜譬喻經卷上。

〔二〕「卵」字，高麗藏本作「聚」。

〔三〕「枝」字原作「奇」，據高麗藏本改。

〔四〕「洄岸」原作「迴」，據高麗藏本改。

〔五〕「功」字，高麗藏本作「巧」。

〔六〕出舊雜譬喻經卷上。

又舊雜譬喻經云：「昔有國王護持女急。正夫人語太子曰：〔一〕我爲汝母，生來不見國中，〔二〕欲一迴出。汝可白王。如是至三。太子白王，王則聽可。太子自爲御車，羣臣於路奉迎設拜。夫人出手開帳，令人得見。太子見女人而如是，〔三〕便詐腹痛而還。夫人言曰：我無相甚矣。太子自念：我母尚當如是，何況餘乎！夜便委國捨去，入山遊觀。時道邊有樹，下有泉水。太子上樹，逢見梵志獨行，入水池浴。出已飯食，作術吐出一壺。壺中有女，與屏處室，梵志得卧。女人復吐一壺，壺中有男，復與共卧。卧已吞壺。須臾之頃，梵志起已，復内婦著壺中。吞已，杖持而去。太子歸國白王：請梵志及諸臣下，作三人食，持著一邊。梵志既至，言：我獨自。太子曰：梵志，汝當出婦共食。梵志不得已，出婦。太子語婦：汝當出夫共食。如是至三。不得已，出男共食。食已便去。王問太子：汝何因知之？答曰：我母觀國，我爲御車。母開出手，令人見之。我念女人能多樂欲，便詐腹痛。還入山中，見梵志藏婦腹中。如是女人，姦不可絶。願大王放赦宮中，自在行來。王敕後宮，其欲行者，任從志也。師曰：天下不可信者，女人是也。」〔四〕

〔一〕「正」字，高麗藏本作「王」。

〔二〕「來」字原作「汝」，據高麗藏本改。

〔三〕「而」字，高麗藏本作「面」。

〔四〕出舊雜譬喻經卷上。

又雜譬喻經云：「昔有四姓，藏婦，不使人見。婦值青衣人作地突，與琢銀兒私通。夫後覺婦。婦言：我生不邪行，卿莫妄語。夫言：吾不信汝，當將汝至神樹所立誓。婦言：甚佳。夫持齋七日，始入齋室。婦密語琢銀兒：汝詐作狂，亂頭於市，逢人抱持，牽引棄之。夫齋竟，便將婦出。婦言：我不見市，卿將我過市。琢銀兒便來抱持，詐狂卧地。婦便哮呼其夫：〔一〕何爲使人抱持我耶？夫言：此是狂人，何須記録。夫婦俱到神所，叩頭言：我生來不作惡，但爲狂人所抱。婦便得活。夫默然而慙。佛言：當知一切女人姦詐如是，不可信也。」〔二〕

又十誦律云：「佛在舍衛國，有一婆羅門生女，面貌端正，顔色清淨，名曰妙光。相師占曰：是女後當與五百男共通。諸人聞已，女年十二，無有求者。時婆羅門有鄰比估客，常入海採寶。是估客於樓上遥見是女，即生欲心。問餘人言：是誰女耶？荅：是某甲婆羅門女。有取者耶？荅言：無有求者。問：何故無人求耶？荅曰：此女有一過罪，相師占曰：是女後當與五百男子共通。所以無求者。時估客念言：除沙門釋子，無入我舍者。〔三〕即往求取。女到家未久，估客結伴，欲入海中，唤守門者語言：我欲入海，莫聽男子强入我舍。除沙門釋子，此是無過。荅言：可爾。估客去後，沙門於舍乞

〔一〕「哮」字，高麗藏本作「號」。

〔二〕出舊雜譬喻經卷上。

〔三〕「我」字原作「或」，據高麗藏本、磧砂藏本改。

食。是女見已，語言：共我行欲。諸比丘不知白佛。佛言：此舍必有非梵行，汝不應往。此女後得病，於夜命終。其家人以莊嚴具，合棄死處。〔一〕時有五百羣賊，於此處行。見是死女，即生欲心，便就行欲。是女先語沙門婆羅門共我行欲，以此因緣，故墮惡道。在彼國北方生作婬龍，名毗摩達多。」〔二〕

正報頌曰：

邪婬入地獄，登彼刀葉林；熱鐵釘其口，洋銅灌入心；毒龍碎骨髓，金剛鼠食陰；銅柱緣上下，鐵牀卧隱深。

習報頌曰：

昏婬亂情色，受苦無表裏。餘業得人身，自妻恒背己。彼此懷猜忌，孰肯順情旨。稍有性靈人，寧得無慙恥。

感應緣略引十二驗

漢有談生冥婚怪

〔一〕「死」字，高麗藏本作「屍」。

〔二〕出十誦律卷四十。

晉有盧充冥婚怪
晉河間有男感女重生怪
晉有張世之男冥婚怪
晉馮馬子感女重生怪
晉桓道愍感婦重生怪
宋韓伯子等指廟女像冥婚怪
宋弘農人感得冥婚怪
齊王奂妬殺妾冥報怪
宋陳氏害前婦兒冥報怪〔一〕
唐岐州王志女冥婚怪
唐臨邛人韋犯誓外私冥報怪〔二〕

〔一〕「宋」字原作「齊」，據下正文改。
〔二〕「臨邛」原作「印」，據冥報記改。

漢有談生者，年四十無婦。常感激讀經書，通夕不卧。至夜半時，有一好女，〔一〕年十五六，姿顏服飾，天下無雙。來就談生，遂爲夫婦。言曰：我不與人同。夜，君慎勿以火照我也。至三年之後，乃可照耳。談生與爲夫婦，生一兒，已二歲矣。不能忍，夜伺其寐，便盜照視之。其腰已上，肉如人；腰已上，但是枯骨。婦覺，遂去，云：君負我。我已垂變身，何不能忍一年而竟相照耶？談生辭謝涕泣，不可復止，云：與君雖大義，今將離別。然顧念我兒，恐君貧不能自諧活。暫逐我去，方遺君物。談生逐入，華堂蘭室，物器不凡。乃以珠被與之，曰：可以自給。裂取談生衣裾留之，〔二〕辭別而去。後談生持被詣市。睢陽王買之，直錢千萬。王識之曰：是我女被，那得在市？此人必發吾女冢。乃收考談生。談生具以實對。王猶不信，乃往視女冢，冢全如故。乃復發視，果於棺蓋下得衣裾。呼其兒視，貌似王女。王乃信之，即出談生而復之。遂以爲女婿，表其兒爲郎中。〔三〕右一驗出搜神記。

晉時有盧充，范陽人。家西三十里，有崔少府墳。年二十時，〔四〕先冬至一日，出宅西獵戲。見有

〔一〕「好」字，高麗藏本作「姝」。
〔二〕「裾」字原作「裙」，據高麗藏本、磧砂藏本改。
〔三〕出搜神記卷十六。
〔四〕「年」字原脱，據高麗藏本補。

一麞，便射之。射已，麞倒而復走起。充步步趁之，不覺遠去。忽見道北一里門，〔一〕瓦屋四周，有如府舍。不復見麞。到門中，有一鈴下，唱客前。復有一人，捉一襆新衣，曰：府君以此衣將迎郎君。充便取著以進。見少府，語充曰：尊府君不以僕門鄙陋，近得書爲君索小女爲婚，故相迎耳。便以書示充。〔二〕充父亡時，充雖小，然亦識父手跡。便即歔欷，無復辭託。崔便敕內：盧郎已來，〔三〕便可使女郎莊嚴，就東廊。至黄昏，內白：女郎嚴飾竟。崔語充：君可至東廊。既至廊，婦已下車，立席頭，即共拜。時爲三日，供給飲食。三日畢，謂充曰：君可歸去。若女有相生男，當以相與。生女，當自留養。勅外數車送客。充便辭出。崔送至中門，執手涕零。出門見一獨車，駕青牛，又見本所著衣及弓箭，故在門外。尋遣傳教，將一人捉襆衣，與充相問曰：姻緣始爾，〔四〕別甚悵恨。今致衣一襲，被褥自副。充便上車去，馳如電逝。須臾至家。母問其故，充悉以狀對。別後四年三月三日，充臨水戲，忽

〔一〕「門」字，高麗藏本作「閒」。
〔二〕「充」字原脱，據高麗藏本補。
〔三〕「來」字原脱，據高麗藏本補。
〔四〕「緣」字原作「授」，高麗藏本作「媛」，今據搜神記改。

見傍水有獨車，乍沈乍浮。既而近岸，〔一〕四坐皆見，而充往開其車後户，見崔氏女與其三歲男兒共載。〔二〕女抱兒以還充，又與金鋺别，并贈詩一首曰：

煌煌靈芝質，　光麗何猗猗。　華豔當時顯，　嘉會表神奇。　含英未及秀，　中夏罹霜萎。

榮耀長幽滅，　世路永無施。　不悟陰陽運，　哲人忽來儀。　今時一别後，　何得重會時。

充取兒、鋺及詩畢，婦車忽然不見。充後乘車詣市賣鋺，冀有識者。有一婢識此鋺，還白大家曰：市中見一人乘車，賣崔女郎棺中金鋺。大家即是崔氏親姨母也。遣兒視之，果如婢言。乃上車叙其姓名，語充曰：昔我姨姊少府女出而亡。家親痛之，贈一金鋺著棺中。可説得鋺本末。充以事對，兒亦悲咽，便齎還白母。母即令充家迎兒還。五親悉集，兒有崔氏之狀，又有似充之貌。兒、鋺俱驗。姨母曰：此我外甥也。〔三〕即字温休。温休者，是幽婚也。兒大爲郡守，子孫冠蓋，相承至今。其後植，字子幹，有名天下。右此一驗出續搜神記。〔四〕

晉武帝世，河間郡有男女相悦，許相配適。既而男從軍積年，父母以女别適人，無幾而憂死。男還

〔一〕「近」字，高麗藏本作「上」。

〔二〕「三」字，高麗藏本作「四」。

〔三〕「甥」字原作「生」，據高麗藏本、磧砂藏本改。

〔四〕出搜神記卷十六。作續搜神記誤。

悲痛，乃至塚所，始欲哭之，叙哀而已。不勝其情，遂發塚開棺，即時穌活。因負還家，將養數日，平復。其夫乃往求之，其人不還，曰：卿婦已死，天下豈聞死人可復活耶？此天賜我，非卿婦也。於是相訟。郡縣不能决，以讞廷尉。廷尉奏以精誠之至，感於天地，故死而更生。在常理之外，非禮之所處，刑之所裁。斷以還開塚者。〔一〕右一驗出搜神記。〔二〕

晉時武都太守李仲文在郡喪女，年十八，權假葬郡城北。有張世之代爲郡。世之男字子長，年二十，侍從。在厩中夢一女，年可十七八，顏色不常。自言：前府君女，不幸早亡，會今當更生，心相愛樂，故來相就。如此五六夕，忽然晝見。衣服薰香殊絶，遂爲夫妻。寢息衣皆有汙，如處女焉。後仲文遣婢視女墓，因過世之婦相聞，入厩中，見此女一隻履在子長牀下。取之啼泣，呼言發塚。持履歸，以示仲文。仲文驚愕，遣問世之：君兒何由得亡女履耶？世之呼問兒，具陳本末。李、張並謂可怪。發棺視之，女體已生肉，顏姿如故。右脚有履，左脚無也。自爾之後，遂死，肉爛不得生。萬恨之心，當復何言！泣涕而别。〔三〕

晉時東平馮孝將爲廣州太守。兒名馬子，年二十餘，獨卧厩中。夜夢見女子，年十八九。言：我

〔一〕出搜神記卷十五。

〔二〕「右一」原作「此」，據高麗藏本、磧砂藏本改。

〔三〕出搜神後記卷四。

是前太守北海徐玄方女。不幸早亡，亡來出入四年，爲鬼所枉殺。案主録當八十餘，聽我更生。要當有依馬子乃得生活，又應爲君妻。能從所委，見救活不？馬子荅曰：可爾。與馬子剋期當出。至期日，牀前地頭髮正與地平。令人掃去，逾分明。始悟是所夢見者。遂屏除左右人，便漸漸額出，次頭面出，又次肩項形體頓出。〔一〕馬子便令坐對榻上，陳説語言，奇妙非常。遂與馬子寢息。每誡云：我尚虚爾。〔二〕即問何時得出？〔三〕荅曰：出當得本命生日，〔四〕尚未至。遂住廐中，言語聲音，人皆聞之。女計生日至，女具教馬子出己養之方法。語畢，拜去。馬子從其言，至日以丹雄雞一隻，黍飯一盤，清酒一升，醊其喪前。去廐十餘步，祭訖，掘棺出，開視女身，體貌全如故。徐徐抱出，著氈帳中。唯心下微暖，口有氣。令婢四人守養護之。常以青羊乳汁瀝其兩眼。始開口能咽粥，積漸能語。二百日中，持杖起行。一朞之後，顔色肌膚氣力悉復常。乃遣報徐氏，上下盡來。選吉日下禮，聘爲夫婦。生二男一女。長男字元慶，永嘉初爲祕書郎中。小男字敬度，作太傅掾。女適濟南劉子彦，徵士延世

〔一〕「又次肩」原作「一次」，據搜神後記改。

〔二〕「爾」字原作「自」，據搜神後記改。

〔三〕「即」字原作「節」，據搜神後記改。

〔四〕「命」字原作「生」，據搜神後記改。

之孫。〔一〕右二驗出續搜神記。

晉桓道愍者，譙人也。晉隆安四年喪婦。道愍内顧甚篤，纏痛無已。其年，夜始寢，視屏風上見有人手。驚起炳炬，照屏風外，乃其婦也。形貌莊飾，具如生平。愍了不畏懼，遂因共卧。言語往還，陳叙存亡。愍曰：卿亡來初無音影，今夕那得忽還？荅曰：欲還何極！人神道殊，各有司屬，無由自任耳。新婦生時，差無餘罪。正恒疑君憐愛婢使，以此妒忌之心，受報地獄，始護免脱。今當受生爲人，故來與君别也。愍曰：當生何處？可得相尋知不？荅曰：但知當生，不測何處。一爲世人，無容復知宿命，何由相尋求耶？至曉辭去，涕泗而别。愍送至步廊下而歸。已而方大怖懼，恍惚積日。〔二〕

宋咸寧中，太常卿韓伯子某，會稽内史王藴子某，光禄大夫劉躭子某，同遊蔣山廟。廟有數婦人像，〔三〕甚端正。某等醉，各指像以妻匹配戲弄之。即以其夕，三人同夢蔣侯遣傳教相聞曰：家子女並醜陋，而猥蒙榮顧。輙剋某月某日悉相迎。某等以其夢指適異常，試往相問，而果各得其夢，符協如一。於是大懼，備三牲詣廟謝罪乞哀。又俱夢蔣侯親來，降已曰：君等既以顧之，實貪。今對剋期垂

〔一〕出搜神後記卷四。

〔二〕太平廣記卷三一九引，作出法苑珠林。

〔三〕「廟」字原脱，據高麗藏本補。

及，〔一〕豈容方更中悔。經少時並亡。〔二〕右此一驗出志怪傳。〔三〕

宋時弘農華陰潼鄉陽首里人也。服八石，得水道仙，爲河伯。幽明録曰：餘杭縣南有上湖，〔四〕湖中央作塘。有一人乘馬看戲，將三四人至岑村飲酒，小醉暮還。時炎熱，因下馬入水中，枕石眠。馬斷走歸，從又悉追馬。至暮不返。〔五〕眠覺，日已向晡，不見人馬。見一婦來，年可十六七。一女郎再拜：〔六〕日既向暮，此閒大可畏。君作何計？問：女郎姓何？那得忽相聞。〔七〕復有一年少，年可十三四，甚了了，乘新車，車後二十人至，呼上車。云：大人暫欲相見。因迴車而去。道中駱驛把火，〔八〕尋城郭邑居，〔九〕至便入城，進廳事。上有信旛，題云：河伯信。見一人年三十許，顏容如畫。侍衛繁

〔一〕「剋」字原脱，據高麗藏本補。

〔二〕太平廣記卷二九三引志怪。

〔三〕上文實有二驗。

〔四〕「湖」字原作「湘」，據搜神記改。下同。

〔五〕「返」字原作「及」，據搜神記改。

〔六〕「一」字，高麗藏本作「云」，應屬上讀。

〔七〕「聞」字，高麗藏本作「問」。

〔八〕「中」字下原衍「路」字，據搜神記删。

〔九〕「郭」字原作「那」，據高麗藏本改。又「居」字，高麗藏本作「車」。

多，相對欣然。敕行酒炙，云：僕有小女，乃聰明，欲以給君箕箒。此人知神，敬畏不敢拒逆。便敕備辦，令就郎中婚。承白已辦，送絲布單衣及紗袷、絹裙、紗衫褌、履屐，皆精好。又給十小吏，青衣數十人。婦年可十八九，姿容婉媚。便成。三日後大會客拜閣。四日云：禮既有限，當發遣去。婦以金甌、麝香囊與婿，〔一〕泣涕而分。又與錢十萬，藥方三卷，云：可以施功布德。復云：十年當相迎。此人歸家，遂不肯別婚，辭親出家作道人。所得三卷方者：一卷脉經，一卷湯方，一卷丸方。周行救療，皆致神驗。後母老邁，兄喪，因還婚宦。〔二〕右此一驗出搜神記。

齊琅瑘王奐，仕齊至尚書左僕射，甚信釋典，而妬忌之深，便妄怒。〔三〕嘗在齋内使愛妾治髭，忽有烏銜黄梅過庭而墜。奐猜妾有密期，〔四〕擲果爲戲。使奴出外覘視，遇見一士向籬私遊。奴即往捉。而此人言瞋汙媟，便邇迸走。奴還白之。奐謂彌用有實，苦加覈問。妾備自陳，終不見察。即遣下階，笞殺之。妾解衣誓曰：今日之死，實爲枉横。若有人天道，當令官知。爾後數見妾來訴怨。俄而出爲雍州刺史，性漸狂異，如有憑焉。無故打殺小府長史劉興祖，誣其欲反。爲御史中丞孔稚珪所

〔一〕「婿」字下，高麗藏本有「别」字。
〔二〕出搜神記卷四。太平廣記卷二九五引，作出幽明録。
〔三〕「便妄怒」，高麗藏本作「便忘弘恕」，磧砂藏本作「便忘恕」。
〔四〕「猜」字，高麗藏本作「謂」。

奏。世祖遣中書舍人吕文顯、直閣將軍曹道剛領齊仗兵收奂。〔一〕奂子彪素稱凶剽，及女婿殷叡遂勸奂曰：曹、吕今來，不見真敕，恐爲姦變。政宜録取，馳以奏聞。奂納之，便配千餘人仗，閉門拒守。彪遂取與官軍戰，〔二〕彪敗而走。寧蠻長史裴叔業於城内舉兵攻奂斬之。時人以爲妄之報也。右二驗出冥祥記。〔三〕

宋東海徐某甲前妻許氏，生一男，名鐵臼，而許亡，某甲改娶陳氏。陳氏凶虐，志滅鐵臼。陳氏産一男，生而呪之曰：汝若不除鐵臼，非吾子也。因之名曰鐵杵，欲以杵擣鐵臼也。於是捶打鐵臼，備諸苦毒。飢不給食，寒不加絮。某甲性闇弱，又多不在。後妻恣意行其暴酷。鐵臼竟以凍餓病杖而死，時年十六。亡後旬餘，鬼忽還家，登陳牀曰：我鐵臼也。實無片罪，横見殘害。我母訴怨於天，今得天曹符來取鐵杵。當令鐵杵疾病與我遭苦時同。將去自有期日，我今停此待之。聲如生時，家人賓客不見其形，皆聞其語。於是恒在屋梁上住。陳氏跪謝搏頰，爲設祭奠。鬼云：不須如此。餓我令死，豈是一餐所能對謝。陳夜中竊語道之。鬼厲聲曰：何敢道我！今當斷汝屋棟。便聞鋸聲，屑亦隨落，拉然有響，如棟實崩。舉家走出，炳燭照之，亦了無異。鬼又罵鐵杵曰：汝既殺我，安坐宅上以爲快也。

〔一〕「齊」字原作「齋」，據高麗藏本、磧砂藏本改。
〔二〕「取」字，高麗藏本作「輒」。
〔三〕上文實是一驗。

當燒汝屋。即見火然，煙焰大猛，内外狼狽，俄爾自滅，茅茨儼然，不見虧損。日日罵詈，時復歌云：桃李華，嚴霜落。柰何桃李子，嚴霜早落已。聲甚傷切，似是自悼不得成長也。於時鐵杵六歲，鬼至便病，體痛腸大，〔一〕上氣妨食。鬼屢打之，處處青黶。月餘而死，鬼便寂然。〔二〕右一驗出冤魂志。

唐顯慶三年，岐州岐山縣王志任益州縣令，考滿還鄉。有在室女，面貌端正，未有婚聘，在道身亡。停在綿州殯殮，居棺寺，停累月。寺中先有學生，停一房内。夜初見此亡女來入房内，莊飾華麗，具申禮意，欲慕相就。學生容納，相知經月，女與學生一面銅鏡，巾櫛各一。志欲上道，女共學生具展哀情，密共辭别。家人求覓此物不得，令遣巡房求之，於學生房覓得。令遣左右縛打此人，將爲私盗。學生具説逗留口云：非唯得孃子此物，兼留下二衣，〔三〕共某辭别，留爲信物。令遣人開棺檢求，果無此衣。兼見女身似人幸處。既見此徵，遣人解放。借問此人：君居何處？荅曰：本是岐州人。因從父南任，父母俱亡，權遊諸州學問，不久當還。令給衣馬，莊束同歸，將爲女夫，憐愛甚重。〔四〕見西明寺僧法雲，本鄉梓州，具説如是。

〔一〕「腸」字，高麗藏本作「腹」。

〔二〕太平廣記卷一二〇引，作出還冤記。

〔三〕「下二衣」，高麗藏本作「上下衣」。

〔四〕太平廣記卷三二八引，作出法苑珠林。

唐武德中，臨邛人姓韋，〔一〕與一婦人言誓，期不相負。累年寵衰，婦人怨恨。韋懼其反己，自縊殺之。後數日，韋身徧癢，因發癩瘡而死。〔二〕韋孝諧説向臨云：是某從兄。右一驗出冥報記。

妄語部第七此別二部

述意部　引證部

述意部第一

惟夫稟形人世，逢斯穢濁之時；受質僞身，恒作虚妄之境。所以妄想虚搆，惑倒交懷。違心背境，出語皆虚。誑惑前人，令他妄解。致使萬苦争纏，百憂經萃。種虚妄之因，感得輕賤之報。地獄重苦，更加湯炭。迷法亂真，實由妄語也。

〔一〕「臨邛」原作「印」，據冥報記改。

〔二〕出冥報記卷下。又太平廣記卷一二〇引，作出法苑珠林。

引證部第二

又正法念經偈云：

「妄語言說者，惱一切衆生。彼常如黑暗，有命亦同死。語刀自割舌，云何舌不墮？若妄語言說，則失實功德。若人妄說語，口中有毒蛇。刀在口中住，炎火口中然。口中毒是毒，地上毒非毒。口毒割衆生，命終墮地獄。若人妄說語，自口中出膿。舌則是泥濁，〔一〕舌亦如熾火。若人妄讒語，彼人速輕賤。爲善人捨離，天則不攝護。常憎嫉他人，與諸衆生惡。方便惱亂他，因是入地獄。」〔二〕

又優婆塞戒經偈云：

「若復有人，樂於妄語；是人現得，惡口惡色。所言雖實，人不信受；衆皆憎惡，不喜見之。是名現世，惡業之報。捨此身已，入於地獄，受大苦楚，飢渴熱惱。是名後世，惡業之報。若得人身，口不具足；所說雖實，人不信受。見者不樂，雖

〔一〕「濁」字，高麗藏本作「犂」。
〔二〕出正法念處經卷五十。

說正法，　人不樂聞。　是一惡人，　因緣力故，　一切外物，　資生減少。」〔一〕

以此證知，妄語之人三世受苦。

又禪秘要經云：「若有四衆，於佛法中爲利養故，貪求無厭，爲好名聞而假僞作惡。實不坐禪，身口放逸，行放逸行；貪利養故，自言作禪。如是比丘，犯偷蘭遮。過時不説，自不改悔，經須臾間，即犯十三僧殘。若經一日，至於二日，當知此比丘是天人中賊，羅刹魁膾，必墮惡道，犯大重罪。若比丘比丘尼實不見白骨，自言見白骨，乃至阿那般那。是比丘比丘尼誑惑諸天龍鬼神等，此惡人輩，是波旬種。爲妄語故，自説言：我得不淨觀乃至頂法。此妄語人命終之後，疾於電雨，必定當墮阿鼻地獄，壽命一劫。從地獄出，墮餓鬼中，八千歲時，啗熱鐵丸。從餓鬼出，墮畜生中，生恒負重，死復剥皮。經五百生，〔二〕還生人中，聾盲瘖瘂，癃殘百病，以爲衣服。如是經苦，不可具説。」〔三〕

又正法念經偈云：

「甘露及毒藥，　皆在人口中。　甘露爲實語，　妄語則爲毒。　若人須甘露，　彼人住實語；　若人須毒者，　彼人妄語説。　毒不決定死，　妄語則決定。　若人妄語説，　彼得言死

〔一〕出優婆塞戒經卷三受戒品。

〔二〕「生」字，高麗藏本作「身」。

〔三〕出禪秘要法經卷下。

人。妄語不自利，亦不益他人。若自他不樂，云何妄語說？若人惡分別，喜樂妄說語，死墮火刀上，〔一〕得如是苦惱。毒害雖甚惡，唯能殺一身；妄語惡業者，百千身被壞。」〔二〕

又佛說須賴經云：「佛言：夫妄言者爲自欺身，亦欺他人。妄言者，令人身臭，心口無信，令其心惱。妄言者，令其口臭，令身失色，〔三〕天神所棄。妄言者，亡失一切諸善根本，於己愚冥，迷失善路。妄言者，一切惡本，斷絶善行閑居之本。」〔四〕

又正法念經：「閻羅王責疏罪人，說偈云：

實語得安樂，實語得涅槃。妄語生苦果，今來在此受。若不捨妄語，則得一切苦。實語不須買，易得而不難。實非異國來，非從異人求。何故捨實語，喜樂妄語說？妄語言說者，是地獄因緣。因緣前已作，唱喚何所益？妄語第一火，尚能燒大海；況燒妄語人，猶如燒草木。若人捨實語，而作妄言說；如是癡惡人，棄寶而取石。

〔一〕「死」字，高麗藏本作「飛」。

〔二〕出正法念處經卷九。

〔三〕「令身失色」原作「令其身色」，據須賴經改。高麗藏本作「令其身危」。

〔四〕出須賴經。

若人不自愛，　而愛於地獄，　自身妄語火，　此處自燒身。　實語甚易得，　莊嚴一切人。　捨實語妄語，〔一〕　癡故到此處。」〔二〕

又智度論說偈云：

「實語第一戒，　實語升天梯。　實語小如大，　妄語入地獄。」〔三〕

又薩婆多論云：「不妄語者，若說法、議論、傳語一切是非，莫自稱爲是，常令推寄有本，則無過也。」〔四〕不爾斧在口中。

又十誦律云：「若語高姓人云是下賤，若兩眼人云是一眼，並得妄語。又語一眼人，汝是瞎眼人，並得輕惱他罪。」〔五〕

正報頌曰：

妄語誑人巧，　地獄受罪拙。　焰鋸解其形，　熱鐵耕其舌；　灌之以洋銅，　磨之以剛鐵。

〔一〕「妄語」，高麗藏本作「妄說」。

〔二〕出正法念處經卷九。

〔三〕出大智度論卷四。

〔四〕「無」字原脱，據高麗藏本補。出薩婆多毗尼毗婆沙卷六九十事初戒。

〔五〕出十誦律卷五十五。

悲痛碎骨髓，呻吟常嗚咽。

習報頌曰：

妄語入三塗，三塗罪已决。餘業生人道，被謗常憂結。還爲他所誑，恨心如火熱。

智者勿尤人，驗果因須滅。

法苑珠林校注卷第七十六

惡口部第八此別二部

述意部　引證部

述意部第一

凡夫毒熾，恚火常然。逢緣起障，觸境生瞋。所以發言一怒，衝口燒心。損害前人，痛於刀割。乖菩薩之善心，違如來之慈訓。故業報差別經偈言：

「麤言觸惱人，　好發他陰私，　剛强難調伏，　生焰口餓鬼。」〔一〕

〔一〕出大勇菩薩分別業報略經。

引證部第二

如智度論云：「或有餓鬼先世惡口，好以麤言加彼衆生。衆生憎惡，見之如讎。以此罪故，墮餓鬼中。」〔一〕又法句經云：「雖爲沙門，不攝身口，麤言惡説，多所中傷，衆所不愛，智者不惜。身死神去，輪轉三塗。自生自死，苦惱無量，諸佛賢聖所不愛惜。」〔二〕假令衆生身雖無過，不慎口業，亦墮惡道。故智度論云：「時有一鬼，頭似豬頭，臭蟲從口出，身有金色光明。是鬼宿世作比丘，惡口罵詈客比丘。身持淨戒，故身有光明。口有惡言，故臭蟲從口出。」〔三〕增一阿含經云：「寧以利劍截割其舌，不以惡言麤語墮三惡道。」〔四〕

又護口經云：「過去迦葉如來出現於世，數説法教。教化已周，於無餘泥洹界而般涅槃。後時有三藏比丘，名曰黄頭。〔五〕衆僧告敕：一切雜使不令卿涉，但與諸後學者説諸妙法。時三藏比丘内心

〔一〕出大智度論卷十九。
〔二〕出法句譬喻經卷三象品。
〔三〕出大智度論卷三十四。
〔四〕出增一阿含經卷四十九。
〔五〕「頭」字，出曜經作「顔」。

輕慢，不免僧命，便與後學敷顯經義。唤受義者曰：〔一〕速前，象頭。次唤第二者曰：馬頭。復唤駱駝頭、驢頭、猪頭、羊頭、師子頭、虎頭。如是唤衆獸之類，不可稱數。雖授經義，不免其罪。身壞命終，入地獄中，經歷數千萬劫，受苦無量。餘罪未畢，從地獄出，生大海中，受水性形。一身百頭，形體極大。異類見之，皆悉馳走。」〔二〕

又出曜經云：「昔佛在世時，尊者滿足詣餓鬼界。見一餓鬼，形狀醜陋。見者毛豎，莫不畏懼。身出熾焰，如大火聚；口出蛆蟲，膿血流溢，臭氣叵近。或口出火，長數十丈；或眼耳鼻身體支節放諸火焰，長數十丈。脣口垂倒，像如野豬。身體縱廣一由旬地。手自抓摑，舉聲嘷哭，馳走東西。滿足見問：汝作何罪，今受此苦？餓鬼報曰：吾昔出家，戀著房舍，慳貪不捨。自恃豪族，〔三〕出言臭惡。若見持戒精進比丘，輒復罵辱。戾口戾眼，或戾是非，故受此苦。寧以利刀自割其舌，積劫受苦，不以一日罵謗精進持戒比丘。尊者若還閻浮提地時，以我形狀誡諸比丘：善護口過，勿妄出言。見持戒者，如念宣其德。自我受此餓鬼形來，數千萬歲，常受此苦。却後命終，當入地獄。說此語已，嘷哭投地，如

〔一〕「受」字原作「授」，據高麗藏本改。

〔二〕出護口意經。

〔三〕「恃」字原作「持」，據高麗藏本、磧砂藏本改。

太山崩，天翻地覆。斯由口過，故使然矣。」〔一〕

又百緣經云：「有長者婦懷妊，身體臭穢，都不可近。年滿生兒，連骸骨立，羸瘦憔悴，不可目視。又多糞屎，塗身而生。年漸長大，不欲在家，貪嗜糞穢，不肯捨離。父母諸親惡不欲見，驅令遠舍，使不得近。即便在外，常食糞穢。諸人見已，因爲立字，名嚪婆羅。值佛出家，得羅漢果。由過去世時，有佛出世，名拘留孫，出家爲寺主。有諸檀越，洗浴衆僧訖，復以香油塗身。有一羅漢，寺主見已，瞋恚罵詈：汝出家人，香油塗身，如似人糞塗汝身上。羅漢愍之，爲現神通。寺主見已，懺悔辭謝，願除罪咎。緣是惡罵，五百世中身常臭穢，不可附近。由昔出家，向彼悔故，今得值我，出家得道。是故衆生應護口業，莫相罵辱。」〔二〕

又賢愚經云：「昔佛在世時，與諸比丘向毗舍離，到棃越河，見人捕魚，網得一魚，身有百頭，有五百人挽不出水。是時河邊有五百人而共放牛，即借挽之。千人併力方得出水。見而怪之，衆人競看。佛與比丘往到魚所，而問魚言：汝是迦毗棃不？魚荅言：是。復問魚言：教匠汝者，今在何處？魚荅佛言：墮阿鼻獄。阿難見已，問其因緣。佛告阿難：乃往過去，迦葉佛時，有婆羅門生一男兒，字迦毗

〔一〕出出曜經卷十口品。
〔二〕出撰集百緣經卷五嚪婆羅似餓鬼緣。

梨，聰明博達，多聞第一。父死之後，其母問兒：汝今高朗，世間頗有更勝汝不？〔一〕兒荅母言：沙門殊勝。我有所疑，往問沙門，〔二〕爲我解説，令我開解。彼若問我，我不能荅。母即語言：汝今何不學習其法？兒荅母言：若欲習者，當作沙門。我是白衣，何緣得學？母語兒言：汝今且可僞作沙門，學達還家。兒受母教，即作比丘。經少時間，學通三藏，還來歸家。母復問兒：今得勝未？兒荅母言：由未勝也。母語兒言：自今以往，若共談論，儻不如時，便可罵辱，汝當能勝。兒受母教，後論不如，便罵言：汝等沙門，愚騃無識，頭如獸頭。百獸之頭，無不比之。緣是罵故，今受魚身，一身百頭，駝驢牛馬猪羊犬等衆獸之頭，無不備有。阿難問佛：何時當得脱此魚身？佛告阿難：此賢劫中，千佛過去，猶故不脱此魚身也。以是因緣，身口意業不可不慎。」〔三〕

又王玄策行傳云：「佛在世時遊毗耶梨城，〔四〕觀一切衆生有苦惱者，即欲救拔。乃觀見此國，有雞越吒二衆總五百人，於婆羅俱末底河網得摩竭大魚，十有八首，三十六眼，其頭多獸。自外同前。佛爲説法。魚聞法已，便即命終，得生天上而爲天子。却觀本身是大魚，蒙佛説法，遂得生天。乃持諸種香

〔一〕「間」字原作「問」，據高麗藏本、磧砂藏本改。
〔二〕「往」字原作「住」，據高麗藏本、磧砂藏本改。
〔三〕出賢愚因緣經卷十迦毘梨百頭品。
〔四〕「遊」字原脱，據高麗藏本補。

華瓔珞寶珠從天而下，至佛供養。于時二衆並發心悔過，即於俱末底河北一百餘步，燒焚魚網，銅瓶盛灰埋之。向説法處，於上起塔，尊像儼然，至今現在。雕飾如法，覩者生善。」

又百緣經云：「昔佛在世時，波斯匿王婦末利夫人産生一女，字曰金剛。面貌極醜，身體麤澀，猶如蛇皮；頭髮麤强，猶如馬尾。王見不喜，敕閉深宫，不令出外。年漸長大，任當嫁娶。便遣一臣，推覓一人，本是豪族，今貧乏者，卿可將來。臣受敕已，覓得付王。王將屏處密私語言：聞卿豪族，今者貧窮。我有一女，面貌極醜。卿幸納受，當相供給。時此貧人跪白王曰：正使大王以狗見賜，亦不敢違。豈況王女，末利所生。王即妻之。爲造宅舍，門户七重。王囑女夫：自捉户鉤，出入牢閉，勿使人見。王出財物，供給女婿，無所乏少。拜爲大臣。後與豪貴共爲邑會，聚會之契，令婦共趣。〔一〕自餘諸人，各將婦來，唯此大臣獨不將赴。衆人疑怪：彼人婦者，或能端正，或可極醜，不能顯現，是以不來。復於後會，密共勸酒，令使醉卧。解取門鉤，遣其五人，造家往看，至家開門。婦疑非夫，内自剋責，懊惱而言：我宿何罪，爲夫幽閉，不睹日月？即便至心遥禮世尊：願佛慈悲，來到我前，暫救苦厄。佛知其意，即於女前地中涌出，紺髮相現。其女舉頭，見佛髮相，敬心歡喜。女髮自然如紺青色。佛漸現面，女心倍喜，面復端正。惡相麤皮，自然化滅。佛悉現身，令盡見之。〔二〕更增歡喜，身體端正，猶

〔一〕「趣」字，高麗藏本作「赴」。

〔二〕「令盡見之」，高麗藏本作「令其盡見」。

如天女。佛便爲説種種法要，得須陀洹果。時佛去後，五人入見，端正少雙。觀看已竟，還閉門户，繫鈎本處。其人還家，見婦端正，欣然問言：汝是何人？婦荅夫言：我是汝婦。夫即語言：汝前極醜，何緣端正乃爾？婦便白夫，具説上事。婦復向夫：我欲見王，汝當爲我通白消息。夫往白王：女郎今者欲來相見。王荅女夫：莫道此事。急當牢閉，慎勿令出。女夫白王：女郎今者蒙佛威神，便得端正，天女無異。王聞是已，即遣往迎。見女端正，歡喜無量。將詣佛所而白佛言：不審此女宿種何福，乃生豪貴而復醜陋？佛告王言：乃往過去，波羅柰國有一長者，恒常供養一辟支佛，身體醜陋。時長者家有一小女，見辟支佛，惡心駡言：面貌醜陋，身皮麤惡，何期可憎！時辟支佛欲入涅槃，便現神力作十八變。其女見已，即時自責，求哀懺悔。緣於過去駡辟支故，生常醜陋。由還懺悔，今得端正。以供養故，所生之處，豪尊富貴，快樂無極。」〔一〕

又興起行經云：「釋迦過去以惡語道：迦葉禿頭沙門，何有佛道，故今六年受日食一麻、一米、大豆、小豆苦行。」〔二〕

又四分律云：「佛告諸比丘：往古世時，得刹尸羅國婆羅門有牛，晝夜養飤，刮刷摩抆。時得刹尸羅國復有長者牛，於城市街巷，徧自唱言：誰有力牛與我力牛共駕百車，賭金千兩。時婆羅門牛聞唱

〔一〕出撰集百緣經卷八波斯匿王醜女緣。

〔二〕出興起行經卷十佛説苦行宿緣經。

聲，自念：此婆羅門晝夜餧飤我，刮刷摩抆我，今宜當盡力自竭，取彼千兩金，報此人恩。時彼牛即語婆羅門：汝今當知，得刹尸羅國中有長者作是唱言：誰有牛與我牛共駕百車，賭金千兩。主今可往，至彼長者家語言：我有牛，可與汝牛共駕百車，賭金千兩。時婆羅門即往至長者家語言：我有牛，可與汝牛共駕百車，賭金千兩。長者報言：今正是時。婆羅門即牽己牛與長者牛，共駕百車，賭金千兩。時多人觀看。婆羅門於衆人前作毀呰語：一角可牽。〔一〕時牛聞毀呰語，即慚愧不肯出力，與對諍競。於是長者牛勝，婆羅門牛不如，輸金千兩。時婆羅門語彼牛言：我晝夜餧飤摩抆刮刷，望汝當與我盡力勝彼牛。云何今日反更使我輸金千兩耶？牛語婆羅門言：汝於衆人前毀呰我言：一角可牽。使我慚愧於衆人，是故不能復出力，與彼競駕。若能改往言，更不名字形相我者，便可往語彼長者言：能更與我牛共駕百車者，更倍出二千兩金。婆羅門語牛言：勿復令我更輸二千兩金。牛報婆羅門言：汝勿復在衆人前毀呰我言：一角可牽。於衆人前當讚歎我：好牽，端嚴好角。時婆羅門至彼長者家語言：能更與我牛共駕百車者，賭二千兩金。長者報言：今正是時。時婆羅門牛與長者牛共駕百車，賭二千兩金。多人共看。時婆羅門於衆人前讚歎言：好牽，端嚴好角。牛聞此語，即便勇力與彼競駕。婆羅門牛得勝，長者牛不如。婆羅門得二千兩金。爾時佛語諸比丘：凡人欲有所說，當說善語，不應

〔一〕「一角」，高麗藏本作「禿角」。下同。

說惡語。善語者善，惡語者自生熱惱。是故諸比丘，畜生得人毁呰，猶自慙愧，不堪盡力；況復於人，得他毁辱，能不有慙愧。」〔一〕故成實論云：「若人惡口種種罵詈，隨語受報。」〔二〕

又修行道地經偈云：

「口癡而心剛，不柔無善言，常懷惡兩舌，不念人善利，所言不了了，藏惡在於心，如灰覆炭火，設躡燒人足。其語常柔和，順從言可人，言行而相副，心身不傷人，譬如好華樹，成實亦甘美。佛尊解説是，心口之謀相。」〔三〕

又百緣經云：「爾時世尊初始成佛，便欲教化諸龍王故，即便往至須彌山下，〔四〕現比丘形，端坐思惟。時有金翅鳥王入大海中，捉一小龍，還須彌頂，規欲食啗。時彼小龍，命故未斷，遥見比丘，端坐思惟，至心求哀。尋即命終，生舍衛國婆羅門家，名曰負梨。端正殊妙，〔五〕世所希有。因爲立字，名須菩提。年漸長大，智慧聰明，無有及者。唯甚惡性，凡所眼見人及畜生，則便瞋罵，未曾休廢。父母

〔一〕出四分律卷十一。

〔二〕出成實論卷八六業品。

〔三〕出修行道地經卷二分別相品。

〔四〕「往」字原作「住」，據高麗藏本、磧砂藏本改。

〔五〕「殊」字，高麗藏本作「姝」。

親屬皆共厭患，無喜見者。遂便捨家入山林中。乃見鳥獸及以草木，〔一〕風吹動摇，亦生瞋恚，終無喜心。時有山神語須菩提言：汝今何故捨家來此山林之中？既不修善，則無利益，虚自疲苦。今有世尊在祇洹中，有大福德，能教衆生修善斷惡。今若至彼，必能除汝瞋恚惡毒。時須菩提聞山神語，即生歡喜，尋問之曰：今者世尊爲在何處？答曰：汝但瞑目，我自將汝至世尊所。時須菩提用山神語，瞑目須臾，不覺自然在祇洹中。見佛世尊三十二相，八十種好，光明普曜，如百千日。心懷歡喜，前禮佛足，却坐一面。佛即爲説瞋恚過惡：愚癡煩惱，燒滅善根，增長衆惡。後受果報，墮在地獄，備受苦痛，不可稱計。設復得脱，或作龍蛇、羅刹、鬼神，心常含毒，更相殘害。時須菩提聞世尊説是語已，心驚毛竪，尋自悔責。即於佛前懺悔罪咎，豁然獲得須陀洹果。〔二〕心懷喜悦，既入道次，佛即聽許：善來比丘。鬚髮自落，法服著身，便成沙門。精進修習，得阿羅漢果。諸天世人所見敬仰。時諸比丘見是事已，請説本緣。佛告比丘：此賢劫中有佛出世，號曰迦葉。於彼法中，有一比丘，常行勸化。一萬歲中，將諸比丘處處供養。於後時間，僧有少緣，竟不隨從。便出惡罵：汝等佷戾，似如毒龍。作是語已，尋即出去。以是業緣，五百世中受毒龍身，心常含毒，觸嬈衆生。今雖得人，宿習不除，故復生瞋。比佛告比丘：欲知爾時勸化比丘惡口罵者，今須菩提是。由於爾時供養僧故，今得值我，出家得道。比

〔一〕「獸」字原脱，據高麗藏本補。
〔二〕「得」字原脱，據高麗藏本補。

丘聞已，歡喜奉行。」〔一〕

又百緣經云：「佛在世時，王舍城中有一長者，財寶無量，不可稱計。其婦足滿十月，便欲産子，然不肯出。尋重有身，足滿十月，復産一子，先懷者住在右脇。如是次第懷妊九子，各滿十月而産。唯先一子故在胎中，不肯出外。其母極患，設諸湯藥以自療治，病無降損。囑及家中：我腹中子，故活不死。今若設終，必開我腹，取子養育。其母於時不免所患，即便命終。時諸眷屬載其尸骸詣諸塚間，請大醫耆婆破腹看之。得一小兒，形狀故小，頭髮皓白，俯僂而行。四向顧視，語諸親言：汝等當知，我由先身惡口罵辱衆僧，故處此熟藏中，經六十年，受是苦惱，難可叵當。諸親聞已，號啼悲哭，不能荅之。爾時世尊遥見此兒善根已熟，將諸大衆往到尸所。告小兒言：汝是長老比丘不？荅言：實是。第二、第三亦如是問，故言道是。時諸大衆見此小兒與佛荅對，各懷疑惑，前白佛言：今此老兒宿造何業，在腹髮白，俯僂而行，復與如來共相荅問？爾時世尊告諸大衆：此賢劫中，有佛出世，號曰迦葉。有諸比丘夏坐安居。衆僧和合，差一比丘，年在老耄，爲僧維那，共立制限：於此夏坐要得道者，聽共自恣。若未得者，不聽自恣。今此維那獨不得道，僧皆不聽布薩自恣。心懷懊惱而作是言：我獨爲爾營理僧事，令汝等輩安隱行道。今復還返，更不聽自恣布薩羯磨。即便瞋恚罵辱衆僧。尋即牽捉閉著

〔一〕出撰集百緣經卷十須菩提慈性緣。

室中，作是唱言：使汝等輩常處暗冥，不見光明，如我今者處此暗室。作是語已，自剄命終，墮地獄中，受大苦惱。今始得脱，故在胎中受是苦惱。衆僧聞已，各護三業，厭離生死，得四沙門果者，有發辟支佛心者，有發無上菩提心者。時諸親屬還將老兒詣家養育，年漸長大，放令出家，得阿羅漢果。佛告比丘：緣於往昔供養衆僧，及作維那營理僧事故，今得值我，出家得道。比丘聞已，歡喜奉行。」〔一〕

正報頌曰：

惡口如毒箭，著物則破傷。地獄開門待，投之以鑊湯；割舌令自啗，楚毒難思量。
若與身無益，慎口也何妨。

習報頌曰：

惡口多觸忤，地獄被燒然。人中有餘報，還聞刀劍言。設令有談論，諍訟被他怨。
往報甘心受，改惡善自鮮。〔二〕

感應緣 略引一驗

唐雍州醴泉縣東陽鄉人楊師操，至貞觀初，任司竹監。後因公事遷任藍田縣尉。貞觀二十一年爲

〔一〕出撰集百緣經卷十長老比丘在母胎中六十年緣。
〔二〕「鮮」字，嘉興藏本作「祥」。

身老還家，躬耕爲業。然操立性毒惡暴口。但一生已來，喜見人過。每鄉人有事，即録告官。縣司以操曾在朝流，少與顔色。然操長惡不改，〔一〕數忤擾官司，〔二〕覓鄉人事過，無問大小，恒生恐嚇。於自村社之内，無事横生整理，大小譏訶，是非浪作。但有牛羊縱暴，士女相争，即將向縣。縣令裴瞿曇用爲煩碎，初二三迴與理，後見事繁不與理。操後經州，或上表聞徹。惡心日盛，人皆不喜見。但操自知性惡，亦向人説云：吾性多急暴口。從武德已來，四度受戒，持行禮拜，日誦經論，化人爲善。然有大小侵己，操不能忍。後至永徽元年四月七日夜，忽有一人從東來，騎白馬，著青衣，直到操門。操見遂共温凉訖。〔三〕人云：東陽大監故遣我追你。爲你自生已來，毒心纏縛，不能忍捨。逢人即説勸善，己身持戒不全，慳貪不施。自道我有善心供養三寶，然未曾布施片財。雖口云慚愧，心中即生别計，惑亂凡俗。爲此唤汝。須臾不見來人。操身在門，忽然倒地，口不能言，唯心上少暖。家人舉將入舍卧，經宿不穌。然操已到東陽都録處。于時府君大衙未散，操遂私行曹司，皆有机案牀席，甚大精好。亦有囚人，或著枷鎖，或露頭散腰，或坐立行住。如是罪人，不可筭數。操向東行，過到一處。處孔極小，唯見火星流出，臭煙熢焞，不中人立。復有兩人，手把鐵棒，修理門首。操因問把棒人：此是何處曹司？

〔一〕「改」字，高麗藏本作「悛」。
〔二〕「忤」字，高麗藏本作「忓」。
〔三〕「操」字原脱，據高麗藏本補。

荅云：是猛火地獄，擬著持戒不全人，或修善中休人，知而故犯，死入此處。聞道有一楊師操，一生喜論人過，每告官司，道他長短。逢人詐言慙愧，有片侵欺，實不能忍。今欲遣入此處，故修理之。其人今日是四月八日，家人爲操身死，布施齋供，曹司平章，還欲放歸，未得進止。我在此閒待師操。操便叩頭禮謝，自云：楊師操者，弟子身是。願作方便，若爲得脱？此人荅云：你但至心禮十方佛，慇心懺悔，改却毒心，即遂往生，不來此處。雖懷惡意，一期能悔，如菩薩行，不惜身命，得生净土。師操得此語已，即便依教發露，慇懃懺悔。遂放還家，經三日得活。操得穌已，具述此事。操於後時便向慧靖禪師處改過懺悔。〔一〕身今見在，年至七十有五。每一食長齋，六時禮懺。操田臨官道，因行看麥，見牛三頭暴食麥苗。操就牛慙愧，不復驅出。歸家後日行麥不死，直有牛跡。〔二〕涇陽西界有陳王佛堂，多人聚集。操向衆人具述此事，道俗驚怪，禮懺彌殷。其夜作夢，見有人來，語操云：我是使人，故來試你。〔三〕你既止惡，更不追你。但你勤誡修善，不須憂之。有僧見操，傳向臨説。右一驗出冥祥記。〔四〕

〔一〕「慧」字，高麗藏本作「惠」。

〔二〕「直」字，高麗藏本作「但」。

〔三〕「試」字，高麗藏本作「誡」。

〔四〕「冥祥記」，據文末「傳向臨説」，應爲「冥報記」。

兩舌部第九此別二部

述意部　引證部

述意部第一

夫生老病死，無自出之期；菩提涅槃，有修入之路。諸佛所以得道，由行四攝，故凡聖歸依；菩薩所以成聖，由行六度，故黑白欽敬。今見流俗之徒，乃專搆屏辭，惡傳彼此，令他眷屬分離，朋友乖散。樂種不和之業，感得生離之苦。縱使善心教離惡人，亦是破壞，有益無罪。故成實論云：「若善心教化，雖爲別離，亦不得罪。」〔一〕若以惡心令他鬬亂，則是兩舌，得罪最深，謂墮地獄、畜生、餓鬼。若生人中，被他誹謗，唯得弊惡破壞眷屬。當知上說妄語過中，爲乖彼此而妄語者，據此義邊，即是兩舌。若說此罪，三世招苦。如上已說，不須重述。

〔一〕出成實論卷八十不善業道品。

引證部第二

如四分律云：「佛告諸比丘：汝等當聽。古昔有兩惡獸爲伴：一名善牙師子，二名善搏虎。〔一〕晝夜伺捕衆鹿。時有一野干，逐彼二獸後，食其殘肉，以自全命。時彼野干竊自生念：我今不能久與相逐。當以何方便鬭亂彼二獸，令不復相隨？時野干即往善牙師子所，如是語善牙：善搏虎有如是語言：我生處勝，種姓勝；形色勝汝，力勢勝汝。何以故？我日日得好美食，善牙師子逐我後，食我殘肉，以自全命。即説偈曰：

形色及所生，　大力而復勝，　善牙不能善。　善搏如是説。

善牙問野干言：汝以何事得知？荅言：汝等二獸共集一處，相見自知。爾時野干竊語善牙已，便往語善搏虎言：汝知不？善牙有如是語：而我今日種姓生處悉皆勝汝，力勢亦勝。何以故？我常食好肉，善搏虎食我殘肉而自活命。爾時即説偈言：

形色及所生，　大力而復勝，　善搏不能善。　善牙如是説。

善搏問言：汝以何事得知？荅言：汝等二獸共集一處，相見自知。後二獸共集一處，瞋眼相視。善牙

〔一〕「善搏」，高麗藏本作「善膊」。下同。

師子便作是念：我不應不問便先下手打彼。爾時善牙師子向善搏虎而説偈曰：

形色及所生，大力而復勝，善牙不如我。善搏説是耶？

彼自念言：必是野干鬬亂我等。善搏虎説偈荅善牙師子言：

善搏不説是：形色及所生，大力而復勝，善牙不能善。若受無利言，信他彼此語，親厚自破壞，便成於怨家。若以知真實，當滅除瞋惱。今可至誠説，令身得利益。今當善降伏，除滅惡知識，可殺此野干，鬬亂我等者。

即打野干殺。爾時佛告諸比丘：此二獸爲彼所破，共集一處，相見不悦；況復於人，爲人所破，心能不惱？」〔一〕

又正法念經：「閻羅王責疏罪人，説偈曰：

太喜多言語，增貪令他畏，口過自誇誕，兩舌第一處。」〔二〕

又華手經：「佛説偈言：

惡口而兩舌，好出他人過，如是不善人，無惡而不造。」〔三〕

〔一〕出四分律卷十一。

〔二〕出正法念處經卷八。

〔三〕出華手經卷九不退轉品。

又智度論云：「實語者，不假布施、持戒、學問多聞，但修實語，得無量福。」〔一〕

又報恩經：「佛說偈言：

佛告阿難：人生世間，禍從口出；當護於口，甚於猛火。猛火熾然，燒世間財；惡口熾然，燒七聖財。一切衆生，禍從口出；毁身之斧，滅身之禍。」〔二〕

正報頌曰：

兩舌鬬亂人，地獄被分裂；獄卒擘其口，焰刀割其舌。苦痛既如此，加之以飢渴；惡業不自由，還飲身中血。

習報頌曰：

讒毁害人深，固受三塗苦。設使得人身，餘報仍依怙。眷屬多弊惡，違逆恣瞋怒。但令惡不亡，〔三〕地獄無今古。

〔一〕出大智度論卷四十九。
〔二〕出大方便佛報恩經卷三論議品。
〔三〕「亡」字原作「忘」，據高麗藏本改。

感應緣 略引二驗

漢宋后憂死驗

唐婦女梁氏死後復穌驗

漢靈帝宋皇后無寵而居正位，後宮幸姬，衆共譖毀。初，中常侍王甫枉誅渤海王悝及妃。〔一〕妃即后之姑也。甫恐后怨之，乃與大中大夫程何共搆后執左道呪詛。靈帝信之，遂收后璽綬。后自致暴室而以憂死，父及兄弟並被誅。諸常侍小黄門在省閣者，皆憐宋氏無罪。帝後夢見桓帝怒曰：宋皇后無罪而聽用邪孽，使絶其命。渤海王悝既已自貶，〔二〕又受誅斃。今宋后及悝自訴於天。上帝震怒，罪在難救。夢殊明察。帝既覺而懼，以事問羽林左監許冰：此爲何祥？其可禳乎？冰對以宋后及渤海王無辜之狀，宜並改葬以安冤魂。返宋家之徒，復渤海之封，以消災咎。帝弗能用，尋亦崩焉。出冤魂志〔三〕

〔一〕「渤海王悝」原作「敦海王慄」，據太平廣記引改。下同。

〔二〕「自」字原作「之」，據高麗藏本改。

〔三〕太平廣記卷一一九引，作出還冤記。

唐咸陽有婦女姓梁，貞觀年中，死經七日而穌。自云：被人收，將至一大院內。見有大廳，有一官人，據案執筆，翼侍甚盛。令人勘問云：此婦女合死以不？有人更齎一案，勘云：與合死者同姓名，所以追耳。官人敕左右即欲放還。梁白官人云：不知梁更別有何罪，請即受罪而歸。官人即令勘案云：梁生平唯有兩舌惡駡之罪，更無餘罪。即令一人括舌，〔一〕一人執斧斫之。日常數四。凡經七日，始送令歸。初似落深崖，少時如睡而覺。家人視其舌上猶大爛腫。從此已後，永斷酒肉。至今猶存。出冥報拾遺記。〔二〕

綺語部第十此別二部

述意部　　引證部

述意部第一

夫忠言所以顯理，綺語所以乖真。由忠故有實，有實故德生，德生故所以成聖。由綺語故虛妄，虛

〔一〕「括」字，高麗藏本「拔」。

〔二〕太平廣記卷三八六引，作出冥報拾遺。

妄故罪生，罪生故受苦。故知越理求聖，要須實說。說若虛假，終爲乖理。謂言不正，皆名綺語。但諸綺語，不益自他，唯增放逸，長諸不善，死落三塗。〔一〕後生人時，所說正語，人亦不信。凡所言說，語不辯了，亦名綺語。故成實論云：「語雖是實，非時而說，亦落綺語也。」〔二〕

引證部第二

如智度論說偈言：

「有墮餓鬼中，　火焰從口出，　四向發口聲，　是爲口過報。　雖復多聞見，　在大衆說法，
以不成信業，　人皆不信受。　若欲廣名聞，　爲人所信受，　是故當至誠，　不應作綺語。」〔三〕

又薩婆多論云：「口中四過，互歷各作四句：一、或有兩舌非妄語非惡口。如有一人傳此人語向彼人說，當實說故，非妄語；軟語說故，非惡口；以分離心故，名兩舌。第二、或有兩舌是妄語非惡口。如有一人傳此人語向彼人說，以別離心故，是兩舌；以妄說故，是妄語；以軟語說故，非惡口。第三、或有兩舌是惡口非妄語。如有一人傳此人語向彼人說，以別離心故，是兩舌；以麤語說故，是惡口；

〔一〕「死」字原作「此」，據高麗藏本改。
〔二〕出成實論卷八十不善業道品。
〔三〕出大智度論卷五。

當實説故，非妄語。第四、或有兩舌是妄語是惡口。如有一人傳此人語向彼人説，以别離心故，是兩舌；以妄説故，是妄語；以惡聲説故，是惡口。自外妄語惡口各作四句，亦如是。」〔一〕綺語一種，各不相離，故不别説。故成實論云：「餘口三業，或合或離。綺語一種，必不相離。」〔二〕

正報頌曰：

綺語無義理，　令人心惑亂。　爲喪他善根，　烊銅擘口灌；　焰鐵燒其舌，　腹藏皆燋爛。　此痛不可忍，　悲號常叫喚。

習報頌曰：

浮言翳真理，　爲此沈惡趣。　去彼暫歸人，　出言無曉喻；　生無信仰心，　恒被他笑具。　爲人覺羞恥，　何不出典句。

感應緣略引四驗

漢有檀國蠻夷善閑呪術驗

〔一〕出薩婆多毘尼毘婆沙卷六九十事
〔二〕出成實論卷八十不善業道品。

晉天竺國人有數術驗
唐西國婆羅門祝術驗
唐盩厔縣程普樂少好音聲驗

漢明帝時，有檀國蠻夷善閑幻術，能徙易牛馬頭。上與羣臣共觀之，以爲笑樂。及三國時，吳有徐光者，不知何許人也，常行幻化之術。於市里內，〔一〕從人乞瓜，其主弗與。便從索子，掘地而種。顧眄之間，瓜生，俄而蔓莚生華，俄而成實。百姓咸矚目焉。子成，乃取而食之，因以賜觀者。向之鬻瓜者，反視所賣，皆耗矣。橘柚棗栗之屬，亦如其幻化，皆此類也。

晉永嘉年中，有天竺國人來度江南，言語譯道而後通。其人有數術，能截舌續斷，吐火變化。所在士女，聚共觀試。其將截舌，先吐以示賓客，然後刀截，流血覆地。乃取置器中，傳以示人，視之舌頭。觀其口內，唯半舌在。既而還取含之，有頃吐已示人，舌還如故。其續斷絹布與人各執一頭，對剪斷已，而取兩段，合持祝之，則復還連，與舊無異。時人多疑以爲幻作，陰而試之，猶是已絹。其吐火者，先有藥在器中，取一片與黍糠含之，再三吹吁而張口火出。因就熱處，取以爨之，則便火熾也。又書紙

〔一〕「里」字，高麗藏本作「鄽」。

及繩縷之屬投火中，衆詳共視，見其燒然，消磨了盡。乃撥灰中，舉而出之，故是向物。如此幻術，作者非一。時天下方亂，云：建安霍山可以避世。乃入東治，不知所在也。〔一〕

唐貞觀二十年，西國有五婆羅門來到京師。善能音樂、祝術、雜戲、截舌、抽腹、走繩、續斷。〔二〕又至顯慶已來，王玄策等數有使人向五印度。西國天王爲漢使設樂，或有騰空走索，履屐繩行，男女相避，歌戲如常。或有女人手弄三伎，〔三〕刀稍槍等，擲空手接，繩走不落。或有截舌自縛，解伏依舊，不勞人功。如是幻戲，種種難述。

唐雍州西盩厔縣西北，有元從人坊。元從人程普樂少好音聲。至永徽六年五月七日，因有微患，暴死五日，心暖不臭。家人不敢埋。至第六日平旦得穌，還如平生。說云：初死時有二青衣至牀前，通王喚君。普樂問：何王？答曰：閻羅王喚。爲何事？答曰：頃有勘問。〔四〕催急即行，不須更語。一人手撮普樂，逐出坊南門，漸向南山下。至一荒草處，有少鹹鹵，不生草。一大孔如大甕口，〔五〕語

〔一〕見搜神記卷二。
〔二〕「腹」字，高麗藏本作「腸」。
〔三〕「伎」字，高麗藏本作「仗」。
〔四〕「頃」字，高麗藏本作「須」。
〔五〕「一」字上，高麗藏本有「有」字。

樂云：入！樂懼不肯入。一人推入，不覺有損，直見王大殿，〔一〕捉杖人極衆。王共諸臣及宮妃后，在大殿上相隔幔坐。殿前大有諸音聲伎兒雜戲，引樂使人啓王云：所追人來。王問：是誰？程普樂，汝解俳説不？荅曰：不解。王迴顧問一伎兒姓張名舍兒：此人不解俳説，何故追唤？舍兒生平共普樂初善，後因相瞋挾怨。舍兒遂挾怨漫引此人。舍兒不敢誑王，還依實説。王怒，令戲殿前。音聲一時俱動，還見打鼓作舞緣竿。緣竿人初緣至頭，下時以竿内口直下，竿從後分出。至地還上。六根俱破，九孔流血。緣竿上下，並皆如是。復見黄唐以來伎兒，如齊宴子突出郎獨豬挑棒等數十人，令作俳説。時口中吐火抽舌，繞場周匝。百千鐵鳥諸惡毒蟲從空飛下，一時向舌上啄唼，受其極苦。叫聲動地，不喜人聞。餘之雜戲之人，諸小鐵蟲，見其一時拍手唱叫之聲，如煙如火，同時被燒。燒死還活，更相受苦，無暫停廢。音聲不捨，受苦不廢。王雖下杖，然遣獄卒手把鐵棒、利戟、鐵弓箭圍繞守，遣令作音樂，受苦不歇。普樂至獄五日，見此戲兒受苦如是。至第六日旦，王唤普樂語云：汝未合死，更檢案看。却後二年汝命筭盡，〔二〕當來受苦。如是此人，爲生平妄語、惡口、綺語，調弄僧尼，輕戲佛法。假託三寶，誑他財物，〔三〕專將養活婦兒。好殺豬羊，食啗酒肉。或因向伽藍食用僧物，汙穢不浄。如是

〔一〕「直」字下，高麗藏本有「入」字。
〔二〕「二」字，高麗藏本作「三」。
〔三〕「誑他財物」，高麗藏本作「誑取他物」。

等罪，不持齋戒，故受斯殃。汝雖無如此重罪，非無餘過，亦合受之。且放汝去，死時取汝。還令舊二人送到家内，見一牀許棘林，枝葉稠密。二人令入此林，此人初不肯入，二人急推，合眼而入。即覺身已在牀穌活。此普樂因見此徵，即向京來歷寺受戒，堅持不犯。菜食長齋，禮敬無虧。因向僧懺具説此言。

法苑珠林校注卷第七十七

慳貪部第十一此别二部

述意部　引證部

述意部第一

夫羣生惑病，著我爲端；凡品邪迷，慳貪爲本。所以善輕毫髮，惡重丘山；福少春冰，貧多秋雨。六情之網，未易能超；三毒之津，無由可度。身重常没，譬等河裏之魚；鼓翅欲飛，難同天上之鳥。致使貧貧相次，競加侵逼；苦苦連綿，争來損害。似飛蛾拂焰，自取燒然；如蠶作繭，非他纏縛。良由慳惜貪障，受罪飢寒；施是富因，常招豐樂也。

引證部第二

如分別業報經偈言：

「常樂修智慧，而不行布施；　所生常聰哲，　貧寠無財産。　唯樂行布施，　而不修智慧；　所生得大財，　愚暗無知見。　施慧二俱修，　所生具財智；　二俱不修者，　長夜處貧暗。」〔一〕

故攝論云：「慳惜是多財障，嫉妬是尊貴障。」〔二〕

又衆生起貪，無過色財。第一、愛色多過，如前已述。不同意者，今更略論。如涅槃經說：「譬如有人，以羅刹女而爲婦妾。是羅刹女，隨所生子，生已便啗。子既盡已，後啗其夫。愛羅刹女亦復如是。隨諸衆生生善根子，隨生隨食。善子既盡，復啗衆生，令墮地獄、畜生、餓鬼。又如有人性愛好華，不見華莖，毒蛇過患，即便前捉。捉已蛇螫，螫已命終。一切凡夫亦復如是。貪五欲華，不見是愛毒蛇過患，而便受取。即爲愛毒之所螫。命終之後，墮三惡道。」〔三〕第二、於財生貪者，貪財致禍，大苦所惱。乖背道俗，失於親疏。故智度論云：「財物是種種煩惱罪業因緣。若持戒、禪定、智慧種種善法，

〔一〕「暗」字，高麗藏作「賤」。出大勇菩薩分別業報略經。
〔二〕出攝大乘論釋卷九。
〔三〕出南本大般涅槃經卷十二。

是涅槃因緣。以是故，財物尚應自棄，何況好福田中而不布施。譬如有兄弟二人，各擔十斤金行道中，更無餘伴。兄先作是念：我何以不殺弟取金，〔一〕此曠路中人無知者。弟復生念，欲殺兄取金。兄弟各有惡心，語言視瞻皆異。兄弟即自悟，還生悔心：我等非人，與禽獸何異！同産兄弟而爲少金故，而生惡心。兄弟共至泉水邊，兄以金投著水中。弟言：善哉！善哉！弟復棄金水中。兄言：善哉！善哉！兄弟更互相問：何以故言善哉？各相荅言：我以此金故，生不善心，欲相危害。今得棄之，故言善哉。二辭各爾。以是因緣，常應自捨。」〔二〕

又大莊嚴論云：「我曾昔聞：舍衛國中佛與阿難曠野中行，於一田畔，見有伏藏。佛告阿難：是大毒蛇。阿難白佛：是惡毒蛇。爾時田中有一耕人，聞佛、阿難説有毒蛇，作是念言：我當視之，沙門以何爲惡毒蛇？即往其所，見真金聚，而作是言：沙門所言是毒蛇者，乃是好金。即取此金還置家中。其人先貧，衣食不供。以得金故，轉得富饒，衣食自恣。王家策伺，〔三〕怪其卒富而糺舉之，繫在獄中。先所得金既已用盡，猶不得免。將加刑戮。其人唱言：毒蛇，阿難。惡毒蛇，世尊。傍人聞之，以狀白王。王喚彼人而問之曰：何故唱言毒蛇，阿難：惡毒蛇，世尊？其人白王：我於往日，在田耕種，聞

〔一〕「何以不」原作「所以欲」，據高麗藏本改。
〔二〕出大智度論卷二十二。
〔三〕「策伺」，高麗藏本、磧砂藏本作「禁司」。

佛、阿難説言：毒蛇，惡毒蛇。我於今者方乃悟解。王聞此説，遂放去之。」〔一〕

又增一阿含經云：「昔佛在世時，舍衛城中有一長者，名曰婆提。居家巨富，財産無量，金銀不可稱計。其家雖富，慳悋守護，不著不啗。服飾飲食，極爲麤鄙，亦不施與妻子眷屬、奴婢僕從、朋友知識及諸沙門婆羅門等。復起邪見，斷於善根。然無子息，命終之後，所有財寶，盡没入官。波斯匿王自往收斂。〔二〕收攝已訖，迴至佛所而白佛言：〔三〕婆提長者今日命終之後，爲生何處？佛告王曰：婆提長者故福已盡，新業不造。由起邪見，斷於善根，命終生在啼哭地獄。波斯匿王聞佛所説，涕泣流淚而白佛言：婆提長者昔作何業，生在富家；復作何惡，然不得食此極富之樂？佛告王曰：過去久遠，有迦葉佛入涅槃後，時此長者生舍衛國，作田家子。有辟支佛來詣其家而從乞食，時此長者便持食施。辟支得食，飛空而去。長者見已，作是誓願：持此善根，使我世世所生之處不墮三塗，常多財寶。布施已後，復生悔心：我向者食應與奴僕，〔四〕不應與此秃頭沙門。佛告王曰：婆提長者由於過去施辟支佛食，發願功德，所生之處常多財寶，無所乏少。緣其施後生變悔心，在所生處雖處富貴，不得食此極

〔一〕出大莊嚴論經卷六。

〔二〕「自往收斂」原作「自然」，據高麗藏本改。

〔三〕「迴至佛所」，高麗藏本作「還詣佛所」，磧砂藏本作「迴向佛所」，南藏本作「迴至佛前」。

〔四〕「奴僕」，高麗藏本作「奴婢」。

富之樂。慳惜守護，不自衣食，復不施與妻子眷屬，亦不布施朋友知識及諸沙門婆羅門等。」〔一〕是故智者聞此因緣，若有財物應當布施，勿生慳悋。施時至心，〔二〕自手奉施，〔三〕與已歡喜，〔四〕莫生悔心。能如此施，得大果報，無量無邊。

又出曜經云：「昔佛在世時，舍衛國中有一長者，名曰難陀。巨富多財，金銀珍寶，象馬車乘，奴婢僕使，服飾田業，不可限量。一國之富，無有過者。雖處豪富而無信心，慳貪嫉妬。門閤七重，敕守門人：有人來乞，一不得入。中庭空上，安鐵疏籠，恐有飛鳥食啗穀米。四壁墻下，以白噤泥，〔五〕恐鼠穿穴，傷損財物。唯有一子，名栴檀香。臨終敕子：吾患必死。若吾死後，所有財寶，勿費損耗，莫與沙門及婆羅門。若有乞兒，莫施一錢。此諸財物足供七世。敕已命終，還生舍衛旃陀羅家盲母腹中。後生出胎，生盲無目。盲母念言：若生男者，吾今目冥，須見扶持。聞兒生盲，倍增愁憂，悲泣說偈言：

〔一〕出增一阿含經卷十三。

〔二〕「至」字原作「志」，據高麗藏本改。

〔三〕「施」字，高麗藏本作「與」。

〔四〕「與」字，高麗藏本作「施」。

〔五〕「噤」字，高麗藏本作「膠」。

子盲吾亦盲，　二俱無兩目。　遇此衰耗物，　益我愁憂苦。

是時盲母養兒已大，年八九歲，堪能行來。與杖一枚，食器一具，而告子曰：汝自乞活，不須住此。吾亦無目，復當乞求，以濟餘命。此盲小兒家家乞求，遂後漸至栴檀香家，在門外立，唱盲兒乞。時守門人瞋恚，捉手擲著深坑，傷折左臂，復打頭破。所乞得食，盡棄在地。有人臨見，甚憐愍傷，往語盲母。盲母聞已，匍匐拄杖，到盲兒所，抱著膝上，而語兒言：汝有何愆，遭此苦厄？子報母曰：我向者至栴檀香家門外而乞，便遇惡人打擲如是。佛時知已，告阿難言：禍災！禍災！難陀長者命終，與彼旃陀羅家盲婦作子，生無兩目。昔所居業，豪富無量，象馬七珍，不可稱計。而今復得親用不耶？然由慳貪，受此盲報。從此命終，入阿鼻獄。佛於過中，與比丘衆入國城，〔一〕人民圍繞，往到栴檀香門盲小兒所。時栴檀香聞佛在外，出門禮拜，在一面立。佛知衆集，復見栴檀，廣爲衆説慳貪嫉妬，受罪無量，加説惠施，〔二〕受福無窮。欲使離有，趣無爲道。爾時世尊欲與栴檀拔地獄苦，告小兒曰：汝是難陀長者非耶？小兒報曰：實是難陀。如是至三。大衆聞此，愕然而言：難陀長者乃受此形。時栴檀香聞見此事，悲泣墮淚，不能自止。禮佛求救，願拔罪根。即請佛僧，明日舍食。佛明日食竟，爲説妙法。

〔一〕「入」字原脱，據高麗藏本補。

〔二〕「加」字，高麗藏本作「如」。

時栴檀香得須陀洹果。佛告阿難：若人積財，不自衣食，復不布施，愚中之愚。」〔一〕是故智者應當行施，求離生死，莫生慳悋，受無邊苦。

又盧至長者經云：「昔佛在世時，舍衛城中有一長者，名曰盧至。其家巨富，財産無量，如毗沙門。由於往昔施勝福田，故獲斯報。然其施時不能志心，故今雖富，意長下劣。所著衣裳，垢弊不净；食則糠菜，以充其飢。渴唯飲水，行乘朽車。勤營家業，猶如奴僕。常爲世人之所蚩笑。後於一時，城中人民大作節會，莊嚴舍宅，懸繒旛蓋，香水灑地，散衆名華，種種嚴麗，伎樂歌舞，歡娛受樂，猶若諸天。盧至見已，便生念言：彼既歡會，我亦當爾。即疾歸家，自開庫藏，取得五錢。得已思念：若在家食，母妻眷屬，不可周徧。若至他舍，恐主所奪。於是即用兩錢買麨，兩錢酤酒，一錢買葱。從内家中，取鹽一把，衣衿裹之。齎出城外，趣一樹下。既至樹下，見多象馬，〔二〕恐來搏撮，即詣塚間，復見豬狗。尋更逃避，至空静處。酒中著鹽，〔三〕和麨飲之。時復噉葱，先不飲酒，即時大醉。醉已起舞，揚聲而歌。辭曰：

我今節慶會，　縱酒大歡樂，　逾過毗沙門，　亦勝天帝釋。

〔一〕出出曜經卷四欲品。

〔二〕「象馬」，高麗藏本作「烏鳥」。

〔三〕「著鹽」原作「鹽薑」，據高麗藏本改。磧砂藏本作「著薑」。

時值帝釋與諸天衆欲至佛所，遇見盧至醉舞而歌，言勝帝釋。帝釋默念：此慳貪人屏處飲酒，罵辱於我，我當惱之。即變己身作盧至形，往到其家，聚集母妻奴婢眷屬，於母前坐，而白母言：我於前後，有大慳鬼，隨逐於我。使我慳惜，不著不啗，不與眷屬，皆由慳鬼。今日出行，值一道人，與我好呪，得除慳鬼。然此慳鬼與我相似。彼若來者，當好打棒。其必詐稱我是盧至。一切家人莫信其語，急當閉門。慳鬼儻來，待我所作，然後開門。即作好食，合家充飽。復開庫藏，出諸財寶衣服瓔珞，賜與母妻居家眷屬，及施餘人。訖已作樂，歌舞歡樂，不可具説。人聞盧至慳鬼得除，皆來觀看。盧至酒醒，歸家到門。聞歌舞聲，極大驚愕。打門叫喚，都無聞者。帝釋聞喚，語衆人言：打門喚者，或是慳鬼。人聞慳鬼，開門走避。盧至得入，居家眷屬悉皆不認，言是慳鬼。即便捉脚，倒曳打棒，驅令出門。到巷大哭，唱言：怪哉！我今身形爲異於本，爲不異本？何故家人見棄如是，言我是鬼，都不見認？我於今者如何所導？〔一〕盧至爾時如似顛狂。傍人親里咸來慰喻：汝是盧至，我是汝親，故來看汝，汝好强意，當作方計，用自分明。盧至聞已，意用小安。收淚而言：請諸人等更看我面，我今實是盧至以不？人皆荅言：汝於今者實是盧至。即語衆人言：汝等皆能爲我作證不？衆人皆言：我爲汝證，實是盧至。盧至荅言：汝等若爾，聽説因緣：

〔一〕「如」字，磧砂藏本作「知」。「導」字，高麗藏本作「道」。

誰有年少人，與我極相似，共我所愛婦，同牀接膝坐。所親家眷屬，見打驅逐出，所親皆愛彼，安止我家中。我忍飢寒苦，積聚諸錢財，彼今自在用，我無一毫分。猶如毗沙門，自恣於衣食。城中諸人等，各各生疑怪，皆作如是言：此事當云何？中有明智者，而作如是言：此閒淫狡人，形貌似盧至，知其大慳貪，故來惱亂之。我等共證拔，不宜使棄捨。

爾時諸人聞是語已，皆悉同心，咸言：盧至，汝今云何？欲何所爲？盧至云：願爲我證。我欲見王，并願貸我二張白氎，可使直於四銖金許，當用上王。諸人皆笑言：盧至今乃是大施主。挾二張氎，到於王門，語守門人：爲我通王，我欲貢獻。門人驚笑，即入白王。王聞念言：盧至慳恪，將不死到，卒能如是。王即喚入。既到王前，以手挽氎，用奉於王。其腋急挾，挽不能得。便自迴身，盡力痛挽，方乃得出。既得出已，帝釋即化作兩束草。盧至見草，慚愧坐地，悲噎歔欷，不能得言。王見慈愍，而語之言：縱令是草，亦無所苦。欲有所説，隨汝意道。盧至悲噎向王説言：我見此草，羞慚極盛。不能以身陷入於地。不知今者爲有此身，爲無此身？知何所告？王聞愍念，語傍人言：彼既哀塞不能言者，知其意者當代道之。傍人荅王：不知何人形貌相似，至其家中，詐稱盧至。家人皆信，散用財物，一切蕩盡。家人不知，打棒驅出，反如路人。是以懊惱，不能得言。王聞，遣使喚相似者，並立王前。王見二人相貌言笑，一切相似。王謂後者是其盧至，語前者言：汝今復欲何所論道？盧至荅言：我是盧至，彼非盧至。王問後者：盧至慳貪，汝好惠施，云何稱言是盧至耶？即荅王言：我聞佛説，慳貪之者，墮餓鬼中，百千萬歲，受飢渴苦，畏怖因緣，故捨慳貪。王言：實爾。如似垢衣，灰浣即浄。煩惱垢心，聞法即除。王見是已，即别二人置於異處，各遣條牒，親屬頭數，種種財物，速書將來。二人持盡隱密之事，及以書迹，悉皆相似。王不能别。王喚母問。母語王言：此是我兒。彼非我子，是慳鬼也。王復問母：頗見身上瘡瘢黑子私密之事，可識以不？母荅王言：兒左脅下有小瘡瘢，〔一〕猶小豆許。王遣脱衣高舉臂看，見兩瘡瘢大小相似。王見大笑，怪未曾有。深自尅責：一切衆生愚暗所覆，不别真僞。〔二〕如此之事，唯佛能了。即以二人置於象上，共至佛所，請決所疑。爾時世尊舉相好臂莊嚴之手，語帝釋言：汝作何事？帝釋即滅盧至身相，還復本形，種種光明，合掌向佛而説偈言：

常爲慳所使，　不肯自衣食。　以五錢酒麨，　著鹽而食之。　飲已即大醉，　戲笑而歌舞，
輕罵我諸天。　以是因緣故，　我故苦惱之。

佛語帝釋：一切衆生皆有罪過，宜應放捨。化身還復釋形而白佛言：此人慳貪，不自衣食。五錢酒麨，著鹽和飲，酒醉歌舞，輕罵諸天。故我惱之。佛語帝釋：一切衆生皆有罪過，宜應放捨。佛語盧至：汝還歸家，看汝財物。盧至白佛：所有財物，帝釋用盡，歸家何爲？帝釋語言：我不損汝一毫財物。盧至語言：我不信釋，唯信佛語。以信佛故，即便得須陀洹果。時天龍八部及以四衆，凡聞是已，

〔一〕「左」字原作「在」，據高麗藏本、磧砂藏本改。
〔二〕「僞」字原作「爲」，據高麗藏本、磧砂藏本改。

得四道果，有種三乘因緣。

又羅旬踰經云：「佛在世時，有婆羅門子，薄福。相師占之無相。年至十二，父母逐出，遂行乞食。乃到祇洹。佛以大慈，以手摩頭。頭髮即墮，袈裟著身。佛爲立名，名羅旬踰。時共五部僧，每出分衛，而羅旬踰所在之部，以空鉢還。佛敕比丘，分以施之。如是非一。目連念言：由是比丘僧不得食。佛知其意，便與舍利弗俱，使目連與羅旬踰俱，各分爲一部。佛告目連：我所在處，汝不得往。目連即與羅旬踰俱行，適欲所至，便即見佛及舍利弗而在其門。如是經歷，過五百億國，遂不得食。目連私念：我於今日定不得食。羅旬甚大飢極，止恒水邊住。目連即到佛所。佛鉢中尚有餘食，即與目連。目連念言：我今飢甚，欲吞須彌，尚謂不飽。但此少飯，何足可食？佛告目連：但食此飯，勿憂不足。目連即食，飯既飽已，鉢中不減。舍利弗即念：羅旬今未得食，當大飢苦。白佛言：願乞餘飯與羅旬。佛即告言：我不惜飯，但羅旬宿行果報，不應得之。若謂不然，汝便可與。舍利弗便以飯與之。羅旬得，即欲食飯，〔二〕鉢便入地百丈。舍利弗以道力手尋鉢即得，以還羅旬。適欲食之，便誤覆鉢倒去，飯食皆散水中。羅旬還坐，定意自思，念言：我每與諸比丘俱行，輒無所得，空鉢而還。佛以飯與我，輒便覆去。皆由罪報，應當所受。便自思惟，結解垢除，得羅漢道。即便食土而般涅槃。欲知羅旬者，

〔一〕出盧至長者因緣經。

〔二〕「食」字，高麗藏本、磧砂藏本作「受」。

過去維衛佛時，是身爲凡人，常懷慳貪，不肯布施。時當欲飯，脱衣布地，恐飯粒落。有沙門過，從其分衛。羅旬見，謂之言：當何相與？便以手捧土與沙門。沙門即呪願言：是愚癡故耳。當使汝早得度脱。由來久遠，展轉生死，乃至於今，所在之處，輒不得食。於今得道，食土泥洹。與土沙門，舍利弗是。故知罪福，今皆受殃。」〔一〕又遺教三昧經云：「此羅旬踰宿世爲賢者子，作人嫉妬。見沙門來分衛，輒逆門户言：大人不在。沙門復至餘家，復牽餘家門户閉之，亦言：大人不在。故今分衛不能得。適欲見他布施飲食，歡喜行會，便復念言：我亦欲作沙門。故今窮困如是。」〔二〕

又僧一阿含經云：「是時有四大羅漢：目連、迦葉、阿那律、賓頭盧。集在一處而作是説：〔三〕我等共觀此羅閲城中，誰有不供養佛法衆作功德者？爾時有長者名跋提，饒財多寶，不可稱計。慳貪不肯布施於佛法衆，無有毫氂之善。故福已盡，更不造新。彼長者有七重門，皆有守人，不得使乞者詣門。復以鐵籠結覆中庭，〔四〕恐有飛鳥來至庭中。長者有妹，名曰難陀，亦復慳貪，亦懷邪見，無施福心，亦無取證得道之者。亦有七重門，還同前法，無可得詣門者。爾時跋提長者清旦食餅，是時阿那律

〔一〕此經已佚。

〔二〕此經已佚。

〔三〕「集」字原脱，據高麗藏本補。

〔四〕「結」字，高麗藏本、磧砂藏本作「絡」。

從長者舍地中踊出，〔一〕舒鉢向長者。是時長者極懷愁憂，即授少許餅與阿那律。是時阿那律得餅已，〔二〕還詣所在。是時長者便興瞋恚，語守門人言：我有教敕，無令人入，何故人來？守者報曰：門閤牢固，不知此道士爲從何來？爾時長者默然不言。時長者已食餅竟，次食魚肉。尊者大迦葉詣長者家，〔三〕從地踊出，舒鉢向長者。時長者甚懷愁憂，授少許魚肉與之。是時迦葉得肉，便於彼没，〔四〕還歸所在。是時長者倍復瞋恚，語守門者言：我先有教，不使人入，何故復使二沙門入家乞食？時守門人報曰：我等不見此沙門爲從何來？長者報曰：此秃頭沙門善於幻術，誑惑世人，無有正行。爾時長者婦去長者不遠而坐觀之，〔五〕語長者言：可自護口，勿作是語，謂言幻術。此諸沙門有大威神。所以來者，多所饒益。長者識此二比丘乎？長者報曰：我不識之。時婦報言：是斛飯王子名阿那律。當生之時，此地六變震動，遶舍一由旬内伏藏自出。時婦語長者：此豪族之子，修於梵行，得阿羅漢道，天眼第一。次第二比丘者，此羅閲城内大梵志，名迦毗羅，饒財多寶，不可稱計。有九百九十九頭

〔一〕「阿」字原脱，據高麗藏本補。「踊」字原作「涌」，據高麗藏本、磧砂藏本、南藏本、嘉興藏本改。
〔二〕「阿」字原脱，據高麗藏本補。
〔三〕「詣」字原作「於」，據高麗藏本、磧砂藏本改。
〔四〕「彼」字原作「被」，據高麗藏本、磧砂藏本、南藏本改。
〔五〕「觀」字，高麗藏本作「聞」。

牛耕田。〔一〕其息名曰比波羅耶檀那，身作金色。婦名婆陀，女中殊勝。設舉紫磨金在前，猶黑比白。時長者報言：我聞此二人名，然復不見。其婦報言：向前後來者即是其身。捨此玉女之寶，出家學道，今得阿羅漢，恒行頭陀，無有出也。我觀此義，故作是言：善自護口，莫謗聖人，言作幻術。此釋迦弟子皆是神德。時尊者目連著衣持鉢，飛騰虚空。長者見空中坐而作是説：汝是天耶？乾沓和耶？汝是鬼耶？汝是羅刹啗人鬼耶？目連報言：我非是羅刹鬼等。是時長者便説此偈：

　　爲天乾沓和，　羅刹鬼神耶？　又言非是天，　羅刹鬼神者。　不似乾沓和，　方域所遊行。

　　汝今名何等？　我今欲得知。

爾時目連復以偈報曰：

　　非天乾沓和，　非鬼羅刹種。　三世得解脱，　今我是人身。　所可降伏魔，　成於無上道。

　　師名釋迦文，　我名大目連。

是時長者語目連言：比丘何所教敕？目連報言：我欲與汝説法，善思念之。時長者復作是念：此諸沙門長夜著於飲食，今欲論者正當論食。若從我索，我當言無。然我少聽此人所説。爾時目連知長者心中所念，便説此偈：

〔一〕「有」字上，高麗藏本有「言」字。

如來說二施，　法施及財施。　今當說法施，　專心一意聽。

是時長者聞當說法施，便懷歡喜，語目連言：願時演說，聞當知之。目連報長者言：如來說五事大施，即是不殺、不盜、不婬、不妄語、不飲酒，盡形壽而修行之。長者聞已，極懷歡喜。今所說者，乃不用寶物。如我今日不堪殺生，〔一〕此可奉行。又我家中饒財多寶，終不偷盜，此亦我之所行。又我家中有上妙之女，終不婬他，〔二〕是我之所行。又我不好妄語之人，何況自當妄語。此亦是我之所行。如我今日意不念酒，何況自嘗。此亦是我之所行。是時長者語目連言：此五施者，我能奉行。我今可飯此目連。長者仰頭語目連言：可屈神下顧，就此而坐。是時目連尋聲下坐。長者躬自與目連食訖行水。長者念言：可持一端氎奉上目連。是時入藏内而選取不好者，便得好者。捨之更取，故爾還好。是時目連知長者心，便說此偈：

施與心鬬諍，　此福賢所棄。　施時非鬬時，　可時隨心施。

爾時長者知，便作是念：今目連知我心中所念。便持白氎奉上。目連即與呪願言：

觀察施第一，　知有賢聖人，　施中最爲上，　良田生果實。〔三〕

〔一〕「堪」字，高麗藏本作「敢」。
〔二〕「婬他」，高麗藏本作「邪婬」。
〔三〕「田」字原作「由」，據高麗藏本改。

時目連呪願已，受此白氎，使長者受福無窮。在一面坐已，目連漸與説法：施、戒、生天之論，訶欲不淨，出要爲樂。即於座上得法眼淨。以得見法，無有狐疑，而受五戒，自歸佛法聖衆。時目連以見長者得法眼淨，便説此偈：

如來所説經，　根原悉備具，　眼淨無瑕穢，　無疑無猶豫。」〔一〕

又增一阿含經云：「爾時有老母，名曰難陀，躬自作餅。時尊者賓頭盧時到，著衣持鉢，入羅閱城乞食。漸漸至老母難陀舍，從地涌出，舒手持鉢，從老母難陀乞食。是時老母見賓頭盧，極懷瞋恚，作是惡言：比丘當知，設汝眼脱，我終不乞汝食。是時賓頭盧即入三昧，便雙眼脱出。是時老母倍加瞋恚：正使沙門空中倒懸，終不與汝食。是時尊者復在空中倒懸。老母復倍瞋恚：正使沙門舉身煙出，我終不與汝食。是時尊者復舉身出煙。老母復倍瞋恚而作是語：〔二〕正使沙門舉身然者，我終不與汝食。是時賓頭盧使身盡然。老母見已，復作是語：正使沙門與身出水，我終不與汝食。時賓頭盧便舉身盡皆出水。老母見已，復作是語：正使沙門在我前死，終不與汝食。是時賓頭盧即無出入息，在老母前死。老母見不出入息，即懷恐怖，衣毛皆豎，而作是語：此沙門多所知識，國王所敬。聞我家死，必遭官事，恐不免濟。若還活者，我當與食。是時賓頭盧即從三昧起。時老母復作是念：此餅極

〔一〕出增一阿含經卷二十。

〔二〕「恚」字原脱，據高麗藏本補。又「瞋恚」，增一阿含經作「恚怒」。

大，當更作小者與之。時老母取小許麵作餅，餅遂長大。老母見已，此餅極大，當更作小者。然餅遂大，當取先作者與之。然復諸餅皆共相連。老母語賓頭盧曰：比丘須食者，便自取之。何故相嬈乃爾？賓頭盧報曰：大姊，我不須食。但須母欲有所說。老母報曰：何所誡敕？賓頭盧報曰：今持此餅往世尊所，若有誡敕，我共奉行。老母報曰：此事甚快。是時老母躬負此餅，從賓頭盧後，〔一〕往世尊所，頭面禮足，在一面立。白世尊曰：此母難陀是跋提長者姊。慳貪獨食，不肯施人。唯願世尊爲說篤信之法，使得開解。爾時世尊告老母曰：汝今持餅施佛及餘比丘僧、比丘尼、優婆塞、優婆夷，并貧窮者。然故有餅，可持棄凈地及無蟲水中，即以此餅次第賦之。及著凈水中，即時焰起。老母見已，尋懷恐懼。世尊漸與說法：施、戒、生天之論，苦、集、盡、道。即於座上得法眼凈，承事三尊，受持五戒。使發歡喜，禮佛而去。」〔二〕

又十誦律云：「佛在舍衛國時，有長老迦留陀夷得阿羅漢道，持鉢入城乞食。到一婆羅門舍，主人不在，婦閉門作煎餅。迦留陀夷比丘即入禪定起通，從外地没，涌出中庭，乃以指彈。婦即迴顧，作是念言：此沙門從何處來？〔三〕此必貪餅故來，我終不與。即語夷言：縱使眼脱，我亦不與。而以神

〔一〕「後」字，高麗藏本作「復」，應屬下讀。

〔二〕出增一阿含經卷二十。

〔三〕「來」字，高麗藏本、磧砂藏本作「入」。

力，即兩眼脱出。復念：縱出眼如椀，我亦不與。即變眼如椀。復念：縱若倒立我前，我亦不與。即於前倒立。復念：縱汝若死，我亦不與。即入滅受想定，心想皆滅，無所覺知。時婆羅門婦牽挽不動，即大驚怖，念是沙門常遊波斯匿王宫，末利夫人之師。若聞在我家死者，我等大衰。即語比丘言：汝若活者，我施與一餅。迦留陀夷便出於定。婦即看餅，先煎好者，意惜不與。更刮盆邊得一小麴，煎之轉勝。以先者與，適舉一餅，餘皆相著。迦留語言：姊與我幾許？舉四餅欲持與之。〔一〕迦留語言：我不須是餅，〔二〕可與祇洹中僧。是婦先世已種善根，即自思惟：是比丘實不貪餅，但愍我故而來乞耳。即持餅筐，詣祇洹中施衆僧竟，在迦留前坐。迦留陀夷觀其因緣，爲説妙法。即於座上得法眼浄，作優婆夷。反舍報夫，夫聞即詣迦留陀夷所。迦留陀夷爲説妙法，得法眼浄，作優婆塞。常盡財力，供養闍黎。乃至身死，猶命子供養，令後不斷。」〔三〕

又百緣經云：「佛在王舍城迦蘭陀竹林。爾時目連在一樹下，見一餓鬼，身如燋柱，腹如太山，咽如細針，髮如錐刀，纏刺其身。諸支節閒皆悉火然。渴乏欲死，脣口乾燋，欲趣河泉，變爲涸竭。假令

〔一〕「舉」字原作「與」，據高麗藏本改。
〔二〕「須」字原作「許」，據高麗藏本、磧砂藏本改。
〔三〕出十誦律卷十七。

天降甘露，〔一〕墮其身上，皆變爲火。目連即問業緣。餓鬼荅言：我渴乏不能荅，汝自問佛。目連即詣佛所，具述前事，向佛廣説：宿造何業受是苦惱？爾時世尊告目連言：汝今諦聽，吾當爲汝分別解説。此賢劫中波羅柰國有佛出世，號曰迦葉。有一沙門涉路而行，極患熱渴。時有女人，名曰惡見。井傍汲水，〔二〕往從乞水。〔三〕女報之曰：使汝渴死，我終不與，令我水減。不可持去。於時沙門既不得水，服道而去。時彼女人遂復慳貪，有求乞者終不施與。其後命終，墮餓鬼中。以是業緣，受如是苦。佛告目連：欲知彼時女人不施水者，今此餓鬼是。佛説是惡見緣時，諸比丘等捨慳貪業，得四沙門果者，或有發無上菩提心者。聞佛所説，歡喜奉行。」〔四〕

又付法藏經云：「時有僧伽耶舍羅漢，有大智慧，言辭清辯。昔雖出家，未證道迹。遊行大海邊，見一宮殿，七寶莊嚴，光明殊勝。僧伽耶舍見食時以到，即往彼宮説偈乞食。云：

飢爲第一病，　行爲第一苦，　如是知法者，　可得涅槃道。

是時舍主即出奉迎，敷置裀褥，請入就坐。耶舍見其家内有二餓鬼，裸形黑瘦，飢虚羸乏，鎖其身首，各

〔一〕「露」字，高麗藏本、磧砂藏本、南藏本作「雨」。

〔二〕「汲」字原作「給」，據高麗藏本改。

〔三〕「往」字原作「住」，據高麗藏本改。

〔四〕出撰集百緣經卷五惡見不施水墮餓鬼緣。

著一牀。復有一鉢，滿中香飯，以瓶盛水，安置其側。爾時舍主即取此食奉施比丘，語言：大德慎勿以食與此餓鬼。爾時比丘見其飢困，即以少飯而施與之。鬼得食已，即吐膿血，徧流在地，汙其宮殿。爾時比丘怪而問之：此鬼何緣受斯罪報？舍主荅曰：斯鬼前世，一是吾息，一是兒婦。我昔布施，作諸功德，而彼夫妻恒懷恚惜。我數數教誨，都不納受。因立誓曰：如此罪業，必獲惡報。若受罪時，我當看汝。由是因緣，得斯苦惱。小復前行，至一住處，堂閣嚴飾，種種奇妙。滿中衆僧經行禪思。日時以到，鳴椎集食。食將欲訖，爾時餚膳變成膿血，便以鉢器共相打擲，頭面破壞，血流汙身。而作是言：何爲惜食？今受此苦。耶舍前問其意。荅言：長老，〔一〕我等先世迦葉佛時同止一處。客比丘來，咸共瞋恚，藏惜飲食，而不共分。以此緣故，今受此苦。」〔二〕

正報頌曰：

貪欣詐道德，　刻削爲伎業。　巧誑懷萬端，　求利心千匝。　受罪地獄中，　習氣猶行劫。
交刀割肉盡，　白骨相連接。

習報頌曰：

〔一〕「老」字原作「者」，據高麗藏本、磧砂藏本、南藏本改。
〔二〕出付法藏因緣傳卷六。

爲茲貪欲故，惡道轉沈淪。罪畢生人道，餘風尚襲身。恒飽犲狼志，誰人喜見憐。〔一〕終身不悟此，可笑頑愚人。

感應緣 略引三驗

魏司馬宣王

魏胡人支法存

齊太守張善

魏司馬宣王功業日隆，又誅魏大將軍曹爽，簒奪之迹稍彰。王陵時爲揚州刺史，以魏帝制於强臣，不堪爲主。楚王彪年長而有才，欲迎立之。兖州刺史華以陵陰謀白宣王。宣王自將中軍討陵，掩然卒至。陵自知勢窮，乃單船出迎宣王。宣王送陵還京師。陵至項城，過賈逵廟側。陵呼曰：賈梁道，吾固盡心於魏之社稷，唯爾有神知之。陵遂飲藥死。三族皆誅。其年宣王有疾，白日見陵來，并賈逵爲

〔一〕「見」字，高麗藏本作「與」。

祟。因呼字曰：彦雲緩我。宣王身亦有打處，少日遂薨。〔一〕

魏支法存者，本是胡人，生長廣州。妙善醫術，遂成巨富。有八丈毾㲪，〔二〕作百種形像，光彩曜日。又有沈香八尺板牀，居常馚馥。王談爲廣州刺史，〔三〕大兒劭之屢求二物，法存不與。王談因存，掠係殺之，〔四〕而藉没家財焉。死後形見於府内，輒打閤下鼓，似若稱冤魂。如此經尋月，王談得病，恒見法存守之。少時遂亡。劭之至楊都又死。〔五〕此二驗出冤魂記。

齊陽翟太守張善，苛酷貪叨，惡聲流布。蘭臺遣御史魏暉儁就郡繩治。贓賄狼藉，罪當入死。善於獄中使人通啓，翻誣暉儁受納民賕，枉見推縛。文宣帝大怒，以爲法司阿曲，必須窮正。令尚書左丞盧斐覆之。斐遂希旨，成暉儁罪狀，奏報於市斬之。暉儁遺囑令史曰：我之情理，是君所具。今日之事，可復如何！當辦紙百張，筆兩管，墨一挺，以隨吾屍。若有靈祇，必望報雪。令史哀悼，貨賣衣裳爲之殯殮，并備紙筆。後十五日張善得病，唯云叩頭魏尚書。尚書者，世俗呼臺使之通稱也。未旬而死。

〔一〕太平廣記卷一一九引，作出還冤記。
〔二〕「丈」字原作「支」，據高麗藏本改。又「八丈」，太平廣記引作「八九尺」。
〔三〕「王談」，太平廣記引作「王譚」。下同。
〔四〕以上八字，太平廣記引作「王因狀法存豪縱殺」。
〔五〕太平廣記卷一一九引，作出還冤記。

纔踰兩月，盧斐坐譏駮魏史，爲魏收所奏，文帝毆殺之。此一驗出冥祥記。

法苑珠林校注卷第七十八

瞋恚部第十二此別二部

述意部　引證部

述意部第一

夫四蛇躁動，三毒奔馳；六賊相侵，百憂總萃。或宿重相嫌，伺求長短；素懷結忿，專加相害。了無仁義，頓失慈悲。殺法殺緣，教死讚死。或復潛行毒藥，密遣祝邪。遂使含毒腑臟，鴆裂甘心。令其銜悲長夜，抱痛幽泉。宛轉何辭，煩怨誰訴。故經曰：「長者宅中多生毒樹，羅刹海上屢乞浮囊。」〔一〕亦如乾薪萬束，豆火能焚；暗室百年，一燈便破。故知瞋心甚於猛火，行者應自防護。劫功德賊，無過

〔一〕此段出處待考。

斯害。若起一念恚火，便燒衆善功德。是以惡性之人，人畜皆畏，不簡善人，語則成毒。好壞他心，令他厭惡。人無愛者，衆所畏棄，如避狼虎。現被輕賤，死墮地獄。是故智者見此等過，以忍滅之，不畏衆苦也。

引證部第二

如正法念經云：「若起瞋恚，自燒其身。其心噤毒，顔色變異。他人所棄，皆悉驚避。衆人不愛，輕毁鄙賤。身壞命終，墮於地獄。以瞋恚故，無惡不作。是故智者捨瞋如火。知瞋過故，能自利益。爲欲自利，利益他人，應行慈忍。譬如大火，焚燒屋宅。有勇健者，以水滅之。智慧之水能滅恚火，亦復如是。能忍之人，第一善心，能捨瞋恚。衆人所愛，衆人樂見，人所信受。顔色清浄，其心寂静。心不躁動，善浄深心。離身口過，離心愁惱，離惡道畏，離於怨憎，離惡名稱，離於憂惱，離怨家畏，離於惡人惡口駡詈，離於悔畏，離惡聲畏，離無利畏，離於苦畏，離於慢畏。若人能離如是之畏，一切功德皆悉具足，名稱普聞，得現在未來二世之樂。衆人觀之，猶如父母。是忍辱人，衆人親近。是故瞋怒猶如毒蛇，如刀如火。以忍滅之，能皆盡除。能忍瞋恚，是名爲忍。若有善人能修行善，應作是念：忍者如寶，應善護之。」〔一〕但諸衆生善惡現別：愚人淩駡，過他爲勝；智人下默，以爲第一。愚人因起小諍，遂成大怨。若己得勝，他怨轉深。若自理屈，反加憂苦。若能慎言，不説人短；縱他駡我，皆是往業，非爲横報。

又六度集經云：「昔者菩薩身爲象王，其心弘遠。照知有佛法僧，常自三歸。每以普慈拯濟衆生。誓願得佛，當度一切。從五百象。時有兩妻。象王於水中得一蓮華，〔二〕厥色甚妙，以惠嫡妻。〔三〕嫡妻得華欣懌曰：冰寒尤甚，何緣有斯華乎？小妻貪嫉，恚而誓曰：會以重毒鴆殺汝矣。結氣而殞，魂靈感化爲四姓女，顏華絶人，智意流通，博識古今，仰觀天文，明時盛衰。王聞若兹，娉爲夫人。至即陳治國之政，義合忠臣。王悦而敬之，每言輒從。夫人曰：吾夢睹六牙之象，心欲其牙以爲珮几。王不致之，吾即死矣。王曰：無妖言，人聞見笑爾。夫人心生憂結。王請議臣四人，自云己夢曰：古今有斯象乎？一臣對曰：無有之也。一臣曰：王不夢也。一臣曰：嘗聞有之，所在彌遠。一臣曰：若能致之，帝釋今詳於兹矣。〔四〕四臣即召四方射師問之。南方師曰：吾亡父常云有之，然遠難致。臣上

〔一〕出正法念處經卷六十。

〔二〕「象」字原作「人」，據高麗藏本、磧砂藏本改。

〔三〕「嫡」字原作「適」，據高麗藏本、磧砂藏本改。下同。

〔四〕「帝」字原脱，據高麗藏本補。

聞云：斯人知之。王即現之。夫人曰：汝直南行三千里，入山行二日許，即至象所。道邊作坑，除汝鬚髮，著沙門服，於坑中射之。截取其牙，〔一〕將二寸來。象師如命，行之象處，先射象，却著法衣服，持鉢於坑中止住。象王見沙門，即低頭言：和南道士，將以何事試吾軀命？荅曰：欲得汝牙。象曰：吾痛難忍，疾取牙去，無亂吾心，令惡念生也。志念惡者，死入太山餓鬼畜生道中。夫懷忍行慈，惡來善往，菩薩之上行也。人即截牙。象曰：道士，汝當却行，無令羣象尋足跡也。象適人去遠，甚痛難忍，躃地大呼，奄然而死，即生天上。羣象四來，咸曰：何人殺吾王者？行索不得，還守王屍，悲痛哀號。師以牙還。王睹象牙，心即慟怖。夫人以牙著手中，適欲視之，雷電霹靂，椎之吐血，死入地獄。佛告諸沙門：爾時象王者，我身是也。大婦者，瞿夷是。〔二〕獵師者，調達是。夫人者，妙首是。〔三〕菩薩執志，度無極行，〔四〕持戒如是。」〔五〕

又智度論：「釋提問佛云：

〔一〕「截」字原作「藏」，據高麗藏本改。
〔二〕「瞿」字原作「裘」，據高麗藏本改。
〔三〕「妙」字原作「好」，據高麗藏本改。
〔四〕「行」字原脱，據高麗藏本補。
〔五〕出六度集經卷四象王本生。

佛荅云：

何物殺安隱？何物殺無憂？何物毒之根，吞滅一切善？

殺瞋則安隱，殺瞋則無憂。瞋爲毒之根，瞋滅一切善。」〔一〕

又雜寶藏經偈言：

「得勝增長怨，負則益憂苦。不諍勝負者，其樂最第一。」〔二〕

若行忍者，則有五德：一、無恨，二、無訶，三、衆人所愛，四、有好名聞，五、生善道。此之五德名平和事。

又長阿含經偈云：

「愚罵而智默，則爲住勝彼。彼愚無知見，謂我懷恐怖。我觀第一義，忍默爲最上。惡中之惡者，於瞋復生瞋。能於瞋不瞋，爲戰中最上。夫人有二緣，爲己亦爲他。衆人有諍訟，不報者爲勝。夫人有二緣，爲己亦爲他。見無諍訟者，不謂爲愚騃。若人有大力，能忍無力者，此力爲第一，於忍中最上。愚自謂有力，〔三〕此力非

〔一〕出大智度論卷十四。

〔二〕出雜寶藏經卷二迦尸國王白香象養育父母並和二國緣。

〔三〕「有」字原作「無」，據高麗藏本、磧砂藏本改。

爲力。如法忍力者，此力不可沮。」〔一〕

又修行道地經偈云：

「其口言柔軟，而心懷毒害。視人甚歡喜，相隨如可親，口言而柔順，〔二〕其心内含毒。如樹華色鮮，其實苦若毒。」〔三〕

又赤嘴烏喻經云：「昔有烏，名曰拘耆。此言赤嘴烏。遊在叢林樹，産孺諸子在於樹上。時有拘耆與一獼猴共爲親厚。時叢樹閒有一毒蛇，伺行不在，啗拘耆子，無復遺餘。拘耆失子，悲鳴啼呼，不知所在。熟自思惟，知蛇所啗。獼猴歸見，問之何爲？荅曰：蛇啗我子，了盡無餘。獼猴曰：我當報之。時毒蛇行，獼猴前嬈之。蛇怒，纏獼猴。獼猴捉得頭，曳至石上，磨破而死，棄擲而還。拘耆踊躍。畜生尚有報，何況於人！」〔四〕

又雜譬喻經云：「昔有一蛇，頭尾自諍。頭語尾曰：我應爲大。尾語頭曰：我應爲大。頭曰：我有耳能聽，有目能視，有口能食，行時在前，故可爲大。汝無此術。尾曰：我令汝去，故得去耳。若我

〔一〕「此」字原作「於」，據高麗藏本改。出長阿含經卷二十一。

〔二〕「言」字原作「一」，據高麗藏本、磧砂藏本改。

〔三〕出修行道地經卷二分别相品。

〔四〕此經已佚。

不去，以身繞木三匝，三日不已，不得求食，飢餓垂死。頭語尾曰：汝可放我，聽汝爲大。尾聞其言，即時放之。復語尾曰：汝既爲大，聽汝前行。尾在前行，未經數步，墮大深坑而死。」〔一〕喻衆生無智，强爲人我，終墮三塗。

又僧祇律云：「過去世時，有一羣雞，依榛林住。有貍侵食，唯餘一雌。〔二〕烏來覆之，共生一子。子作聲時，烏說偈言：

此兒非我有，　野父聚落母，　共合生兒子，　非烏復非雞。　若欲學翁聲，　復是雞所生。
若欲學母鳴，　其父復是烏。　學烏似雞鳴，　學雞作烏聲。　烏雞若兼學，　是二俱不成。」〔三〕

此喻道俗雖持禁戒，雜染不純。相中似善，口出惡言。欲喚是善，口復出惡。欲喚非善，相復出家。

又伐毒樹經云：「昔舍衛國有官園，生一毒樹。人遊樹下，皆悉頭痛欲裂，或患腰疼。伐已還生。樹中之妙，衆人見喜，不知諱者，皆來遭死。有智語之：當盡其根。適欲掘根，復恐定死。進更思惟：出家學道，亦復如是。佛說偈言：

伐樹不盡根，　雖伐猶復生。　伐愛不盡本，　數數復生苦。

〔一〕出雜譬喻經。
〔二〕「唯餘一雌」，高麗藏本作「雄雞唯有雌在後」。「雄雞」應屬上讀，「後」字應屬下讀。
〔三〕出摩訶僧祇律卷二十四。

心悟尅責，即得初果。」〔一〕

又孛經説偈云：

「惡從心生，反以自賊。如鐵生垢，消毁其形。樹繁華果，還折其枝。蚖蛇含毒，反害其軀。」〔二〕

又善見説偈云：

「若人起瞋心，譬如車奔逸；車士能制之，不足以爲難。人能制瞋心，此事最爲難。」〔三〕

又修行道地經偈云：

「其有縱瞋恚，〔四〕怨害向他人。後生墮蚖蛇，〔五〕或作殘賊獸。譬如竹樹劈，芭

〔一〕出出曜經卷五愛品。
〔二〕出孛經。
〔三〕出善見律毘婆沙卷十五。
〔四〕「縱」字原作「從」，據高麗藏本改。
〔五〕「蚖蛇」原作「蛇蚖」，據高麗藏本改正。

蕉驟懷妊。還害亦如是，故當發慈心。」〔一〕

又百緣經云：「佛在王舍城迦蘭陀竹林。時彼城中有一長者，名曰賢面，財寶無量，不可稱計。多諸諂曲，慳貪嫉妬，終無施心，乃至飛鳥驅不近舍。有諸沙門及婆羅門，貧窮乞匃，從其乞者，惡口駡之。其後命終，受毒蛇身，還守本財。有近之者，瞋目猛盛，怒眼視之，能令使死。頻婆娑羅王聞已，心懷驚怪：今此毒蛇，見人則害，唯佛能調。作是念已，即將羣臣，往詣佛所，頂禮佛足，却坐一面，具白前事。唯願世尊，降伏此蛇，莫使害人。佛唱許可。於其後日，著衣持鉢，往詣蛇所。蛇見佛來，瞋恚熾盛，欲螫如來。佛以慈力，於五指端，放五色光明，照彼蛇身。即得清凉，熱毒消除，心懷喜悦。舉頭四顧：是何福人能放此光照我身體，使得清凉，快不可言？爾時世尊見蛇調伏，而告本緣。蛇聞佛語，深自剋責，蓋障雲除。自憶宿命，作長者時所作惡業，今得是報。方於佛前，深生信敬。佛告之言：汝於前身不順我語，受此蛇形。今宜調順，受我教敕。蛇荅佛言：隨佛見授，不敢違敕。佛告蛇言：汝若調順，入我鉢中。佛語已竟，尋入鉢中。將詣林中。王及羣臣聞佛世尊調化毒蛇，盛鉢中來，合國人民皆往共看。蛇見衆人，深生慙愧，厭此蛇身，即便命終，生忉利天。即自念言：我造何福得來生天？即自觀察，見在世閒，受毒蛇身。由見佛故，生信敬心，厭惡蛇身，得來生此，受天快樂。今當還報佛世

〔一〕出修行道地經卷二慈品。

尊恩。賫持香華，光明照曜，來詣佛所，前禮佛足。供養訖已，却坐一面，聽佛説法。心開意解，得須陀洹果。即於佛前説偈讚佛：

巍巍大世尊，　功德悉滿足。　能開諸盲冥，　尋得於道果。　除去煩惱垢，　超越生死海。　今蒙佛恩德，　得閉三惡道。

爾時天子讚歎佛已，遶佛三匝，還詣天宮。時頻婆娑羅王聞佛説慳貪緣，時會諸人有得四沙門果者，有發無上菩提心者，歡喜奉行。」〔一〕

又百緣經云：「佛在驕薩羅國將諸比丘欲詣勒那樹下。至一澤中，有五百水牛，甚大凶惡。復有五百放牛之人，遥見佛來，將諸比丘從此道中行。高聲叫唤：唯願世尊莫此道行。此牛羣中有大惡牛，極突傷人，難可得過。爾時佛告放牛人言：汝等今者莫大憂怖。彼水牛者設來觝我，吾自知時。語言之頃，惡牛卒來，翹尾低角，刨地唤吼，跳踯直前。爾時如來於五指端化五師子，在佛左右，四面周匝，有大火坑。時彼惡牛甚大惶怖，四向馳走，無有去處。唯佛足前，有少許地，宴然清凉。馳奔趣向，心意泰然，復無怖畏。長跪伏首，甜世尊足。復便仰頭，視佛如來，喜不自勝。爾時世尊知彼惡牛心已調伏，即便爲牛而説偈言：

〔一〕出撰集百緣經卷六賢面慳貪受毒蛇身緣。

盛心興惡意，　欲來傷害我。　歸誠望得勝，　反來觝我足。

時彼水牛聞佛世尊説此偈已，深生慙愧，欻然悟解，蓋障雲除。知在先身在人道中所作惡業，倍生慙愧。不食水草，即便命終，生忉利天。忽然長大，如八歲兒。便自念言：我修何福生此天上？尋自觀察，知在世間受水牛身。蒙佛化度，得來生天。我今當還報佛之恩。作是念已，齎持香華，來詣佛所，光明赫奕，照佛世尊。前禮佛足，却坐一面。佛即爲其説四諦法。心開意解，得須陀洹果，遶佛三匝，還乎天宫。時諸五百放牛人於其晨朝來詣佛所，佛爲説法，心開意解，各獲道迹，求索出家。佛即告言：善來比丘。鬚髮自落，法衣著身，便成沙門。精勤修習，得阿羅漢果。時諸比丘見是事已，而白佛言：今此水牛及五百放牛人，宿造何業生水牛中？復修何福值佛世尊？佛告諸比丘：汝等欲知宿業所造諸惡業緣，今當爲汝等説。偈云：

宿造善惡業，　五劫而不朽。　善業因緣故，　今獲如是報。

於賢劫中，波羅柰國有佛出世，號曰迦葉。於彼法中，有一三藏比丘，將五百弟子遊行他國。在大衆中而共論議。有難問者，不能通達。便生瞋恚，反更惡罵：汝等今者無所曉知，强難問我，狀似水牛觝突人來。時諸弟子咸皆然可，各自散去。以是惡口業因緣故，五百世中生水牛中及放牛人，共相隨逐，乃至今者未得解脱。佛告諸比丘：欲知彼三藏比丘者，今此羣中惡水牛是。彼時弟子者，今五百放牛人是。佛説是水牛因緣時，各各自護身口意業，厭惡生死，得四沙門果，有發無上菩提心者。聞佛所説，

歡喜奉行。」〔一〕

正報頌曰：

愚人瞋恚重，地獄被燒然。犲狼諍圍繞，蚖毒競來前。齷齚怒目食，背脇縱橫穿。自作還自受，恚火競相煎。

習報頌曰：

怒心多毒害，沈没苦惡道。出彼得人身，餘報他還惱。見者求其過，憎嫌如毒草。此既無宜利，愚瞋何所寶。

感應緣略引十驗

梁曲阿人姓弘忘名

梁秣陵令朱貞

梁南陽樂蓋卿

〔一〕出撰集百緣經卷六佛度水牛生天緣。

梁西荆州刺史杜嶷〔一〕

梁參軍羊道生

梁刺史張臯

周文帝宇文泰

陳中書舍人虞陟

陳庾季孫

梁武昌太守張絢

梁裴植

梁武帝欲爲文皇帝陵上起寺，未有佳材。宣意有司，使加求訪。先有曲阿人姓弘，忘名，家甚富厚。乃共親族多賫財貨，往湘州治生。遂經數年，營得一栰，可長千步，材木壯麗，世所罕有。還至南津，南津校尉孟少卿希朝廷旨，乃周加繩墨。弘氏所賫衣裳繒綵，猶有殘餘，誣以涉道劫掠所得。并劾

〔一〕此條目録原闕，據正文内容補。

造作過制，非商估所宜，結正處死。没入其官，杭以充寺用。奏遂施行。弘氏臨刑之日，〔一〕敕其妻子，可以黄紙百張，并具筆墨置棺中也。死而有知，必當陳訴。又書少卿姓名數十吞之。可經一月，少卿端坐，便見弘來。初猶避捍，後稍款服，但言乞恩，嘔血而死。凡諸獄官及主書舍人，預此獄事及署奏者，以次殂没。未出一年，零落皆盡。皇基寺營構始訖，天火燒之，略無纖芥。所埋柱木，入地成灰也。〔二〕

梁秣陵令朱貞以罪下獄。廷尉平虞獻考覈其事，〔三〕結正入重。貞遣相聞與獻曰：我罪當死，不敢祈恩。但猶冀主上萬一弘宥耳。明日既是墓日，〔四〕乞得過此奏聞，可爾以不？獻荅云：此於理無爽，何爲不然，謹聞命矣。而朱事先入明日奏束。獻便遇客共飲致醉，遂忘抽出文書。旦日，家人合束内衣箱中。獻復不記。比至帝前，頓足香橙上，次第披之，方見此事。勢不可隱，便爾上聞。武帝大怒曰：朱貞合死，付外詳決。貞聞之，大恨曰：虞獻小子欺罔將死之人。鬼若無知，故同灰土。儻其有識，誓必報之。貞於市始當命絶，而獻已見其來。自爾後時時恒見。獻見來，甚惡之。又夢乘車在山

〔一〕「弘氏」二字原闕，據太平廣記引補。
〔二〕太平廣記卷一二〇引，作出還冤記。
〔三〕「虞獻」，太平廣記引作「虞獻」。下同。
〔四〕「墓日」，高麗藏本作「朱家墓日」，太平廣記引作「國家忌日」。

下，貞居山上推石壓之。月餘日，詭除曲阿令。拜之明日，詣謝章門闕下。其婦平常於宅暴卒。詭狼狽而還。入室哭婦，舉頭見貞在梁上。詭曰：朱秣陵在此，我婦豈得不死。言未訖，而屋無故忽崩。詭及男女婢使十餘人一時併命。右丞虞隲是其宗親，經始喪事。見詭還，暫下堂避之，僅得免難。〔一〕

梁廬陵王在荆州時，〔二〕嘗遣從事量括民田。南陽樂蓋卿亦充一使。〔三〕時公府舍人韋破虜發遣誡敕，失王本意。及蓋卿還，以違悞得罪。破虜惶懼，不敢引愆，但詘蓋卿云：自爲分雪，無勞訴也。〔四〕數日之閒，遂斬於市。蓋卿號叫，無由自陳。唯語家人以紙筆隨斂。〔五〕死後少日，破虜在槽上看牛，〔六〕忽見蓋卿挈頭而入。持一盤蒜虀與破虜。破虜奔走驚呼，不獲已而服之。因此得病，未幾而死。〔七〕

〔一〕太平廣記卷一二〇引，作出還冤記。
〔二〕「王」字下，太平御覽引有「蕭績」二字。
〔三〕「樂蓋卿」，太平御覽引作「樂孟卿」。下同。
〔四〕「勞」字原脱，據高麗藏本補。
〔五〕「唯」字，高麗藏本作「告」。
〔六〕「上」字原脱，據高麗藏本補。
〔七〕太平御覽卷九七七引，作出冤報記，文字略有異同。又太平廣記卷一二〇引，作出還冤記。

杜嶷，〔一〕梁州刺史懷瑶第二子也。任西荆州刺史。性甚豪忌。新納一妾，年貌兼美，寵愛殊深。妾得其父書云：比日困苦，欲有求告。妾倚簾讀之。嶷外還，而妾自以新來，羞以此事聞嶷，因嚼吞之。嶷謂是情人所寄，遂令剖腹取書。妾氣未斷，而書已出。嶷看訖歎曰：吾不自意，忽忽如此。傷天下和氣，其能久乎！其夜見妾訴嶷，旬日而死。〔二〕襄陽人至今以爲口實。

梁太山羊道生爲梁邵陵王中兵參軍。其兄海珍任溠州刺史，〔三〕道生乞假省之。臨還，兄於近路設頓待道生。〔四〕道生見縛一人於樹，就視，乃故舊部曲也。見道生，涕泣哀訴云：溠州欲賜殺，求之救濟。道生問：何罪？荅云：失意逃叛。道生曰：此罪可忿。〔五〕即下馬以佩刀剜其眼睛吞之。〔六〕部曲呼天號地。須臾海珍來，又勸兄決斬。至座良久，方覺眼在喉内，噎不肯下。索酒嚥之，頻傾數盃，終不能去。轉覺脹塞，遂不成醼而别。在路數日死。當時見者，莫不以爲有天道驗矣。〔七〕

〔一〕「杜嶷」，高麗藏本、太平廣記引作「杜嶷」。下同。
〔二〕以上太平廣記卷一二九引，作出廣古今五行記。
〔三〕「溠州」，高麗藏本作「漢州」。下同。
〔四〕「設」字原無，據太平廣記引補。又「待」字，太平廣記引作「祖送」。
〔五〕「罪」字，高麗藏本、磧砂藏本、太平廣記引均作「最」。
〔六〕「剜」字，高麗藏本作「剜」。「睛」字原作「精」，據高麗藏本改。
〔七〕太平廣記卷一二〇引，作出還冤記。

梁東徐州刺史張臯，僕射永之孫也。嘗被敗入北，有一土民，與臯盟誓，將送還南。遂即出家，名僧越。臯供養之。及在東徐，亦隨至任。恃其勳舊，頗以言語忤臯。臯便大怒，速遣兩門生，一人姓井，一人姓白，皆不得其名，夜往殺之。爾後夕夕夢見僧越云：報怨。少日出射，而箭帖青傷指，纔可見血，不以爲事。後因剫梨，〔一〕梨汁漬瘡，乃始膿爛。停十許日，膊上無故復生一瘡，膿血與指相通。月餘而死。〔二〕

周文帝宇文泰初爲魏丞相，值梁朝喪亂。梁孝元帝爲湘東王，時在荆州。特遣使通和，禮好甚至。與泰斷金立盟，結爲兄弟。後平侯景，孝元即位。泰猶人臣，不加崇敬，頗行陵侮。又求索無厭，或不愜意，遂遣兵襲江陵，俘虜朝士至于民庶百四十萬口，〔三〕而害孝元焉。又魏文帝先納茹茹主郁久閭阿那瓌女爲后，和親殊篤。害梁主之明年，〔四〕瓌爲齊國所敗，破國，率餘衆數千奔魏。而突厥舊與茹茹怨讎，即遣餉泰馬三千匹，求誅瓌等。泰遂許諾，伏突厥兵，與瓌謳會，〔五〕醉便縛之。即日滅郁久

〔一〕「剫」字原作「破」，據高麗藏本改。
〔二〕太平廣記卷一二〇引，作出還冤記。
〔三〕「俘虜」原作「虜俘」，據高麗藏本改。
〔四〕「主」字原作「王」，據高麗藏本改。
〔五〕「謳」字，太平廣記引作「醼」。

閭一姓五百餘人，流血至踝。茹茹臨死，多或仰天而訴。明年冬，泰獵於隴右，得病，見孝元及瓌爲祟。泰發怒肆駡，命索酒與之。兩月日死。〔一〕

陳主初立梁元帝第九子晉安王爲主，而輔戴之。會稽虞陟本梁武世爲中書舍人尚書右丞。于時夢見梁武謂陟曰：卿是我舊左右，可語陳公，莫殺我孫。若殺，於公不好。事甚分明。陟既未見有篡殺兆形，不敢言之。數日復夢如此。并語陟曰：卿若不傳我意，卿亦不佳。陟雖嗟惋，决無言理。少時之間，太史啓云：殿内當有急兵。陳主曰：急兵，正是我耳。倉卒遣亂兵害少主自立。爾後陟便得病，又夢梁武曰：卿不能爲我語陳主，致令禍及。卿與陳尋當知也。陟方封啓叙之。陳主爲人甚信鬼物。聞此大驚，〔二〕遣輿迎陟，面相訊訪。乃尤陟曰：卿那不道，奇事，奇事。六七日陟死。尋有韋載之怪也。〔三〕

陳庾季孫性甚好殺，〔四〕滋味漁獵，故是恒事。奴婢愆罪，亦或死之。〔五〕常大篤病，夢人謂曰：

〔一〕太平廣記卷一二六引，無出處。

〔二〕「此」字原脱，據高麗藏本補。

〔三〕太平廣記卷一二〇引，作出還冤記。

〔四〕「庾季孫」，太平廣記引作「康季孫」。

〔五〕「死」字原作「盡」，據太平廣記引改。

若能斷殺，此病當差，不爾必死。即於夢中誓不復殺。驚痞戰悸，汗流浹體，病亦漸瘳。後數年，有三門生竊其兩妾以叛。追尋獲之，即並毆殺。其夕，復夢見前人來云：〔一〕何故負信？此人罪不至死，私家不合擅刑。今改決無濟理。〔二〕投明嘔血，數日而終。〔三〕

梁武昌太守張絢常乘船行。有一部曲，役力小不如意，絢便躬捶之，一下即[illegible][illegible]無復活狀。絢遂推置江中。須臾頃，見此人從水而出，對絢斂手曰：罪不當死，官枉見殺，今來相報。即跳入絢口。絢因得病，少日而死。〔四〕

梁裴植隨其季叔叔業自南兗州入北，仕於元氏，位至尚書。植同堂妹夫韋伯鼎有學業，恃叔業氣，自以才智，常輕陵植。植憎之如讎。後於洛下誣告植謀爲廢立。植坐此死。百許日，伯鼎病，向空而語曰：裴尚書死，不獨見由，何以怒也。須臾而卒。万紐于中者，〔五〕北代人，仕魏世爲侍中領軍。明帝勳戚專權在內。尚書僕射郭祚、尚書裴植乃共勸高陽王雍出中。中聞之，逼有司誣奏其罪，矯詔並

〔一〕「夢」字原闕，據太平廣記引補。

〔二〕「改」字原作「段」，據高麗藏本、磧砂藏本改。

〔三〕太平廣記卷一二〇引，作出還冤記。

〔四〕太平廣記卷一二〇引，作出還冤記。

〔五〕「于中」，魏書卷三十一于忠傳、卷二十一上高陽王傳皆作「于忠」。

殺之。朝野憤怒，莫不切齒。二年中得病，見裴、郭爲祟。尋死。右此十驗出冥祥記。〔一〕

〔一〕「樂蓋卿」後有「杜嶷」一驗，應爲十一驗。

法苑珠林校注卷第七十九

邪見部第十三此別二部

述意部　引證部

述意部第一

夫創入佛法，要須信心爲首。譬如有人至於寶山，若無信手，空無所獲。故經說：「愚癡之人，不識因果，妄起邪見，謗無三寶四諦，無禍無福，乃至無善無惡，亦無善惡業報，亦無今代後代、衆生受生。如是之人，破善惡法，名斷善根，決定當墮阿鼻地獄也。」〔一〕

〔一〕此段出處待考。

引證部第二

如大品經云：「若人不信，謗大乘般若經，直墮阿鼻地獄，無量百千萬億歲中受極苦痛。從一地獄至一地獄。若此劫盡，生於他方大地獄中。他方劫盡，復生此方大地獄中。如是展轉徧十方界。他方劫盡，還生此閒大地獄中。地獄罪畢，生畜生中，亦徧十方界。畜生罪畢，來生人中無佛法處。貧窮下賤，諸根不具，常癡狂騃，無所別知。」〔一〕雖非愚畜，縱是聰人，妄生異執者，亦名邪見。故成實論云：「癡有差別。所以者何？非一切癡盡是不善。若癡增上，轉成邪見，則名不善業道。」〔二〕是故從癡增長邪見，則成重罪，必墮阿鼻地獄。直就邪見，自有輕重。輕者可轉，重不可轉。故菩薩地經云：「邪見有二種：一者可轉，二者不可轉。誹謗因果，言無聖人，名不可轉。非因見因，非果見果，是名可轉。是故惡業名爲邪見，善業者名爲正見。」〔三〕

不謗四諦迷聖道者，不知理道從自心生，唯常苦身以求解脱。如犬逐塊，不知尋本。故大莊嚴論云：「譬如師子打射時，而彼師子尋逐人來。譬如癡犬，有人打擲，便逐瓦石，不知尋本。言師子者，喻

〔一〕出摩訶般若波羅蜜經卷十三隨喜品。
〔二〕出成實論卷八十不善業道品。
〔三〕出菩薩善戒經卷九畢竟地行品。

智慧人，解求其本而滅煩惱。言癡犬者，即是外道，五熱炙身，不識心本。」〔一〕四面安火，上有日炙，身處其中，以苦求道。但諸凡愚，多迷真道，不知觀察身心無我，但學苦行以爲道者，即同外道妄行邪法，謬執乖真，唯成惡法。故智度論云：「邪見罪重故，雖持戒等身口業好，皆隨邪見惡心。如佛自說譬喻：如種苦種，雖復四大所成，皆作苦味。邪見之人，此亦如是。雖持戒精進，皆成惡法。」〔二〕不如不執，少行慧施。無執易化，有執難度。非直自壞，亦損他人。故成實論云：「寧止不行，勿行邪道。身壞命終，墮於惡趣。」〔三〕

又正法念經：「閻羅王說偈責疏罪人云：

汝邪見愚癡，　癡罥所縛人。　今墮此地獄，　在於大苦海。　惡見燒福盡，　人中最凡鄙。
汝畏地獄縛，　此是汝舍宅。　若屬邪見者，　彼人非黠慧。　一切地獄行，　怨家心所誑。
心是第一怨，　此怨最爲惡。　此怨能縛人，　送到閻羅處。

爾時世尊而說偈云：

〔一〕出大莊嚴論經卷二。
〔二〕出大智度論卷六十三。
〔三〕此段出處待考。

癡心彌泥魚，　住於愛舍宅。　作業時喜笑，　受苦時號哭。」〔一〕

又修行道地經偈云：

「其口有愚癡，　人心懷闇冥，　都不能念惡，　亦無念善心。　瞢瞢常昏昏，　萬事不能爲。如暴中炊煮，　無所能成熟。　多習愚癡者，　諸根不完具，　生於牛羊中，　然後墮地獄。」〔二〕

月光童子經，亦名佛説申日經云：「時有長者，名曰申日。取外道六師語，欲請佛僧。令長者中門外鑿作五丈六尺深坑，以炭火過半。細鐵爲椽，土薄覆上。設衆飲食，以毒著中。火坑不禁，毒飯足害。以此圖之，何憂不死。如教作之，外道皆喜。於是申日便詣佛所，慇懃請佛及諸聖衆。是時世尊愍其狂愚，欲濟脱之，默然受請。申日内喜，果如其計。豈知須彌之毒，大千刹火，刀劍鋒刃，不能動佛一毛之力。今以火坑毒飯欲毁於佛，譬如蚊蝱欲動大山，〔三〕蜖蠓之翅欲障日月。徒自毁壞，不如早悔。爾時長者罪蓋所覆，心不開解。世尊心念：今受長者申日之請，不與常同。廣現威神，震動十方。百千聖衆兼諸龍神，空飛地行，不可筭計，一時到家，爲作利益。佛以神德，即變火坑成七寶池。八味

〔一〕出正法念處經卷六。
〔二〕出修行道地經卷二分别相品。
〔三〕「動」字原作「墜」，據高麗藏本改。

具足，飲飯天甘，食者充悦。六師惶怖，各以逃竄。長者歸伏，稽首于地。嗚呼佛足，〔一〕長跪自陳：今以覺悟，從佛得度。諸來會者，皆樂法音，得福獲度，不可稱計。」〔二〕

又觀佛三昧經云：「爾時世尊告父王言：舍衛城中須達長者有一老母，名毗低羅，謹勤家業。長者敕使手執庫鑰，出内取與一切委之。須達請佛及僧，供給所須。時病比丘多所求索。老母慳貪，〔三〕瞋嫌佛法及與衆僧，而作是言：我長者愚癡迷惑，受沙門術。是諸乞士多求無厭，何道之有？作是語已，復發惡願：何時當得不聞佛名，不聞僧名。如是惡聲展轉，徧舍衛城。末利夫人聞此語已，而作是言：須達長者如好蓮華，人所樂見。云何復有毒蛇護之？唤須達婦而語之言：汝家老婦惡口誹謗，〔四〕何不擯出！時須達婦跪白夫人：央掘魔等弊惡之人，佛尚能伏，何況老婢！末利聞之，歡喜語言：我明請佛，汝遣婢來。到明食時，長者遣婢，持滿瓶金，助王供養。〔五〕末利見來而作是言：此邪見人，佛若化度，我必獲利。佛於爾時從正門入，難陀侍左，阿難侍右，羅睺佛後。老婢見佛，心驚毛

〔一〕「呼」字，高麗藏本作「于」。

〔二〕出月光童子經。

〔三〕「貪」字，高麗藏本作「惜」。

〔四〕「婦」字，高麗藏本作「婢」。

〔五〕「王」字原作「我」，據高麗藏本、磧砂藏本改。

豎，言：此惡人隨我後至。即時退走，從狗竇出。狗竇即閉，四門皆塞，唯正門開。婢即覆面，以扇自障。佛在其前，令扇如鏡，無所障礙。迴顧東視，東方有佛。南西北方，亦皆如是。舉頭仰看，上方有佛。低頭伏地，地化爲佛。以手覆面，手十指頭皆化爲佛。老婢閉目，心眼開見，虚空化佛，滿十方界。當時城中有二十五旃陀羅女，復有五十婆羅門女，及諸雜類，并及末利夫人宫中合五百女不信佛者，見佛如來足步虚空，爲於老婢現無數身，皆破邪見，頭頂禮佛，稱南無佛。稱已，尋見化佛如林，即發菩提。老婢邪見仍未生信。由見佛故，除却八十萬億劫中生死之罪。得見佛已，疾走歸家，白大家言：我於今日遇大惡對，見於瞿曇在王宫門，作諸幻化。身如金山，目逾青蓮，放勝光明。作此語已，入木籠中，以百張皮覆木籠上。白氎纏頭，却卧黑處。佛還祇洹，末利白佛：願化邪女，莫還精舍。佛告末利：此婢罪重，於佛無緣。於羅睺羅有大因緣。佛既還已，遣羅睺羅詣須達家度彼老婢。羅睺變作轉輪聖王。時千二百五十比丘化爲千子，到須達家。以彼老婢爲玉女寶。爾時聖王即便以如意珠照曜女面，令女自見如玉女寶。倍大歡喜，而作是言：諸沙門等高談大語，自言有道，無一效驗。聖王出世，弘利處多。令我老弊〔一〕如玉女寶。作是語已，五體投地，禮於聖王。時典藏臣宣王十善。女聞十善，心大歡喜：聖王所説，義無不善。爲王作禮，悔過自責，心既調伏。時羅睺羅及諸比丘還復本

〔一〕「老弊」，高麗藏本作「老婢」。

形。老婢見已，即作是言：佛法清淨，不捨衆生。如我弊惡，猶尚化度。即受五戒，成須陀洹。將詣佛所，爲佛作禮。懺悔前罪，求佛出家，得阿羅漢。於虚空中，作十八變。波斯匿王、末利夫人見，白佛言：此婢前世有何罪咎，生爲婢使？復有何福，值佛得道？佛告王曰：過去久遠，有佛出世，名一寶蓋燈王。入涅槃後，於像法中，有王名曰雜寶華光。子名快見，出家學道。自恃王子，常懷憍慢。和尚爲説甚深般若波羅蜜經大空之義。王子聞已，謬解邪説。師滅度後，即作是言：我大和尚空無智慧，但讚空義。願我後生不樂見也。我阿闍梨智慧辯才，願於生生，爲善知識。作是語已，教諸徒衆，皆行邪見。雖持禁戒，由謗般若，謬解邪説，命終之後，墮阿鼻獄，八千億劫受苦無量。〔一〕罪畢出獄，爲貧賤人，五百身中聾癡無目，千二百身恒爲人婢。佛告大王：時和尚者，今我身是。阿闍梨者，今羅睺羅是。王子比丘，老婢是。徒衆弟子，今邪見女等發菩提心者是。」〔二〕

又薩遮尼乾子經云：「昔佛在世時，鬱闍延城有嚴熾王問薩遮尼乾子言：若有惡人不信三寶，焚燒塔寺、經書、形像，惡言毁呰。言造作者無有福德，其供養者虚損現在，無益未來。或嫌塔寺及諸形像，妨是處所，破壞除滅，送置餘處；或破沙門房舍窟宅；或取佛物、法物、僧物、園林田宅、象馬車乘、奴婢六畜、衣服飲食一切珍寶；或捉沙門策役驅使，責其發調，罷令還俗；或時輕心種種戲弄；或時

〔一〕「千」字，高麗藏本作「十」。
〔二〕出觀佛三昧海經卷六觀四威儀品。

毁呰駡詈誹謗；或以杖木自手鞭打；或以種種傷害其身。如是惡人攝在何等衆生分中？荅言：大王，攝在惡逆衆生分中。大王，應當上品治罪。所以然者，以作根本極重罪故。有五種罪各爲根本。何等爲五？一、破壞塔寺，焚燒經像，取三寶物，自作教人，見作助喜，是名第一根本重罪。二、謗三乘法，毁呰留難，〔一〕隱蔽覆藏，是名第二根本重罪。三、若有沙門信心出家，剃除鬚髮，身著袈裟，或有持戒，或不持戒，繫閉牢獄，枷鎖打縛，策役驅使，責諸發調；或脱袈裟，逼令還俗；或斷其命。是名第三根本重罪。四、於五逆中若作一逆，是名第四根本重罪。五、謗無一切善惡業報，長夜常行十不善業，不畏後世，自作教人，堅住不捨，是名第五根本重罪。若犯如是根本重罪，而不自悔，决定燒滅一切善根，趣大地獄，受無閒苦，永無出期。若國内有如是惡人，毁滅三寶，一切羅漢諸佛聖人出國而去。諸天悲泣，善神不護。各自相殺，四方賊起。龍王隱伏，水旱不調，風雨失時，五穀不熟。人民飢餓，遞相食啗，白骨滿野，多饒疫病，死亡無數。人民不知自思是過，反怨諸天及善神祇。」〔二〕

又觀佛三昧經云：「有七種重罪，一一罪能令衆生墮阿鼻地獄，經八萬四千大劫：一、不信因果，二、毁無十方佛，三、斷學般若，四、犯四重，虚食信施，五、用僧祇物，六、逼掠淨行比丘尼，〔三〕七、六親

〔一〕「難」字原作「雖」，據高麗藏本、磧砂藏本改。

〔二〕出大薩遮尼乾子所説經卷四王論品。

〔三〕「掠」字原作「略」，據高麗藏本、磧砂藏本改。

所行不浄行。」〔一〕

又小五濁經云：「五逆罪外，别有五逆罪：第一、慢二親而事鬼神，第二、嫉妬國君，第三、復生輕薄，第四、賤其身命而貴其財，第五、去福就罪。」〔二〕

又中阿含經云：「佛告比丘：若凡愚人作身惡行、口惡行、意惡行，命終之後生於惡趣泥犁之中，受極苦痛，一向無樂。譬如有人犯盗，付王治其盗罪。王即遣人於晨朝時以一百戟而以刺之，彼命故存。至於日中，王復敕以二百戟刺，彼命故存。至於晡時，王復敕以三百戟刺，彼人身分，皆悉破盡，其命故存。佛告比丘：於意云何？此人被戟爲苦不耶？比丘荅佛：一戟刺時，猶尚苦痛，况三百戟！佛即以手取小沙石如豆等許，告諸比丘：我手中石比雪山石，何者爲多？比丘荅佛：雪山石多，不可爲喻。佛告比丘：三百戟苦，比泥犁苦，如小沙石。泥犁之苦，如雪山石，百千萬倍，不可爲喻。泥犁中苦，其事云何？若有衆生墮泥犂中，獄卒以斧燒令極熱，斫身八楞及以四方，經百千歲，極令苦痛，而不命終，要令惡盡；復坐鐵牀，以鐵鉗口，呑熱鐵丸，經百千歲；復坐鐵牀，洋銅灌口，經百千歲；復卧鐵地，以熱鐵釘，釘其身首，經百千歲；復出其舌，使舐鐵地，以釘釘之，如張牛皮，經百千歲；復挽項筋，縛著車上，經百千歲；復燒鐵地，令在上行，經百千歲；復燒火山，令下，舉足著上，血肉即消，舉足還

〔一〕出觀佛三昧海經卷五觀佛心品。

〔二〕此段出處待考。

生，經百千歲；復鑊煮之，經百千歲，極令苦痛而不命終，要令惡盡，乃得出耳。是爲泥犂地獄中苦。地獄罪畢，生於種種畜生之中，常處暗冥，共相啗食，受苦無量，不可具説。畜生罪畢，或生人中。若從畜生，爲人甚難；猶如盲龜，遇浮木孔。設生人中，貧窮下賤，爲他役使，形貌醜陋，或根殘缺，或復短命。若作惡業，身死還生在泥犂中，輪轉無窮，不可具説。佛告比丘：凡夫愚人作身、口、意三惡行者，獲罪如是。佛告比丘：若智慧人作身善行、口善行、意善行，命終生於善處，天上一向受樂。如轉輪王與七寶俱，人間四妙。佛告比丘：於意云何？此爲樂不？比丘荅佛：一寶一妙，猶爲極樂，何況七寶四妙居也！佛還以手取小沙石如豆等許，告諸比丘：我手中石比雪山石，何者爲多？比丘荅佛：雪山石多，不可爲喻。佛告比丘：轉輪王樂比天上樂，如小沙石；天上之樂如雪山石，百千萬倍，不可爲喻。天上之樂其事云何？若生天上，所受六塵，無不隨意，受極快樂，不可具説。若從天上來生人間，生帝王家，或生大姓，大富大貴，饒財多寶，名稱遠聞，端正殊妙，衆人所愛。佛告比丘：若智慧人作身、口、意三善行者，獲福如是。佛告比丘：此是世間有漏之樂。若修善根，回向菩提，於生死中所受果報，乃至涅槃，終無有盡。」〔一〕

又中阿含經云：「爾時斯和提中有王名蜱肆，極大豐樂，資財無量。共斯和提梵志居士北行，至尸

〔一〕出中阿含經卷五十三癡慧地經。

攝和林。遥見尊者鳩摩羅迦葉所，共相問訊，却坐一面。問迦葉曰：我如是見，如是説，無有後世，無衆生生。沙門鳩摩羅迦葉告曰：今此日月爲是今世，爲後世耶？王曰：雖作是説，然無後世，無衆生生。迦葉種種譬喻方便爲説，固執己見而不捨之。迦葉復告蜱肆：汝聽我説喻，若有慧者，聞喻則解其義。蜱肆，猶養豬人，彼行路時，見有熇糞甚多無主，便作是念：此糞可以養飽多豬，我寧可取，自重而去。即取負去。彼於中道遇天大雨，糞釋流漫，澆汙其身，故負持去，終不棄捨。彼則自受無量之惡，亦爲衆人之所憎惡。當知蜱肆，亦復如是。若汝此見欲取、怖癡終不捨者，汝便當受無量之惡，亦爲衆人之所憎惡。猶如養豬人。蜱肆王言：沙門雖作是説，但我此見欲取恚怖癡，終不能捨。尊者迦葉告曰：蜱肆，復聽我説最後譬喻。若汝知者，善；若不知者，我不復説法。蜱肆，猶如大豬爲五百豬王，行嶮難道。彼於中道遇見一虎。由見虎已，便作是念，而語虎曰：若欲鬬者，便可共鬬。若不爾者，借我道過。彼虎聞已，便語豬曰：聽汝共鬬，不借汝道。豬復語曰：虎汝小住，待我披著祖父時鎧，還當共戰。彼虎聞已而作是念：彼非我敵，況祖父鎧耶？便語豬曰：隨汝所欲。豬即還至本厠處所，宛轉糞中，塗身至眼已，便往虎所，語曰：汝欲鬬者，便可共鬬。若不爾者，借我道過。虎見豬已，復作是念：我常不食雜小蟲者，以惜牙故。況復當近此臭豬耶？虎念是已，便語豬曰：我借汝道，不與汝鬬。豬得過已，即還向虎而説頌曰：

虎汝有四足，　我亦有四足。　汝來共我鬬，　何意怖而走？

時虎聞已，亦復説頌而荅豬曰：

汝毛豎森森，　諸畜中下極。　豬汝可速去，　糞臭不可堪。

時豬自誇，復說頌曰：

摩竭鴦二國，　聞我共汝鬬，　汝來共我戰，　何以怖而走？

虎聞此已，復說頌曰：

舉身毛皆汙，　汝豬臭熏我。　汝鬬欲取勝，　我今與汝勝。

尊者迦葉告曰：蜱肆，若汝欲取恚怖癡終不捨者，汝便自受無量之惡，亦爲衆人之所憎惡。猶如彼虎與豬勝也。蜱肆王聞，歡喜奉受，求上妙智。」〔一〕

正報頌曰：

六賊奸邪僞，　七識亂乖真。　謗毀玄正理，　妄語役貪瞋。　惡業縱橫作，　忠信不喜聞。
一入無間地，〔二〕　萬苦競纏身。

習報頌曰：

邪見習癡業，　阿鼻受楚毒。　劫盡人中生，　復與邪相續。　邪正既相違，　自然成諂曲。
此心若不改，　連環未絕獄。

〔一〕出中阿含經卷十六蜱肆王經。
〔二〕「地」字，高麗藏本作「獄」。

感應緣略引十四驗

宋沈僧覆

宋沙門釋道志

宋東海唐文伯

宋廣陵周宗

宋瑯琊王淮之

宋沮渠蒙遜

魏崔皓〔一〕

周武帝

隋趙文昌

隋沙門釋慧雲叔

〔一〕「魏」字原作「宋」，據高麗藏本改。

唐太史令傅奕

唐刑部郎中宋行質

唐冀州姜滕生

唐姚明解

宋吴興沈僧覆，大明末本土饑荒，逐食至山陽。晝入村野乞食，夜還寄寓寺舍左右。時山陽諸寺小形銅像甚衆。僧覆與其鄉里數人，積漸竊取，遂囊篋數四悉滿焉。因將還家，共鑄爲錢。事既發覺，執送出都。入船便云：見人以火燒之。晝夜叫呼，自稱楚毒，不可堪忍。未及刑坐而死，舉體皆炘裂，狀如火燒。吴郡朱亨親識僧覆，具見其事。〔一〕

宋沙門道志者，北多寶僧也。嘗僧令知殿塔，自竊帳蓋等寶飾，所取甚衆。後遂偷像眉間相珠。〔二〕既而開穿垣壁，若外盜者。故僧衆不能覺也。積旬餘而得病，便見異人以戈矛刺之，時來時去。來輒驚嗷，應聲流血。初猶日中一兩如此。其後疾甚，刺者稍數，傷痍徧體，呻呼不能絶聲。同寺

〔一〕太平廣記卷一一六引。

〔二〕「相珠」原作「珠相」，據下文改。

僧衆頗疑其有罪，欲爲懺謝。始問，猶諱而不言。將盡二三日，乃具自陳列，泣涕請救。曰：吾愚悖不通，謂無幽途，失意作罪，招此殃酷。生受楚拷，死縈刀鑊。〔一〕已糜之身，唯垂哀恕。今無復餘物，唯衣被氈履，或足充一會，并煩請願，具爲懺悔。昔偷像相珠有二枚。一枚已屬嫗人，不可復得。一以質錢在陳照家，今可贖取。道志既死，諸僧合集，贖得相珠，并設齋懺。初工人復相珠時，展轉迴趣，終不安合。衆僧復爲禮拜燒香，乃得著焉。年餘而同學等於昏夜閒聞空中有語，詳聽即道志聲也。自說云：自死以來，備縈痛毒，方累年劫，未有出期。賴蒙衆僧哀憐救護，贖像相珠，故於苦酷之中時有間息。感恩罔已，故暫來稱謝。言此而已。聞其語時，腥腐臭氣，苦痛難過。言終久久，臭乃稍歇。此事在泰始末年。其寺好事者已具條記。〔二〕

宋唐文伯，東海贑榆人也。弟好蒱博，家資都盡。村中有寺，經過人或以錢上佛。弟屢竊取。久後病癩。卜者云：祟由盜佛錢。父怒曰：佛是何神，乃令我兒致此？吾當試更虜奪，若復能病可也。前縣令何欣之婦，上織成寶蓋帶四枚，乃盜取之，以爲腰帶。不盈百日，復得惡病發瘡，始起腰帶處。世時在元嘉年初爾。〔三〕

〔一〕「縈」字，高麗藏本作「嬰」。下同。

〔二〕太平廣記卷一一六引。

〔三〕太平廣記卷一一六引。

宋周宗者，廣陵肥如人也。元嘉七年，隨到彦之北伐。王師失利，與同邑六人逃竄閒行。於彭城北遇一空寺，無有僧徒。中有形像，以水精爲相。因共竊取，出村貿食。其一人羸病，等輩輕之，獨不得分。既各還家，三四年中，宗等五人相繼病癩而死。不得分者，獨獲全免。〔一〕

宋王淮之，字元曾，瑯瑘人也。世以儒專，不信佛法。常謂身神俱滅，寧有三世。元嘉中爲丹陽令，十年得病氣絶，少時還復暫甦。時建康令賀道力省疾下牀會。淮之語力曰：始知釋教不虚，人死神存，信有徵矣。道力曰：明府生平置論不爾，今何見而異？淮之歛眉荅云：神實不盡，佛教不得不信。語卒而終。〔二〕右五驗出冥祥記。

宋沮渠蒙遜時，有沙門曇摩讖者，博達多識，爲蒙遜之所信重。魏氏遣李順拜蒙遜爲涼王，仍求曇摩讖。蒙遜悋而不與。摩讖意欲入魏，屢從蒙遜請行。蒙遜怒殺之。既而左右白日見摩讖以劍擊蒙遜，〔三〕因疾而死。右一驗出寃魂記。〔四〕

〔一〕太平廣記卷一一六引。

〔二〕太平廣記卷九九引。

〔三〕「擊」字原作「繫」，據磧砂藏本、嘉興藏本改。

〔四〕「寃魂記」，高麗藏本作「宣魂志」。太平廣記卷一一九引，作出還寃記。

宋文帝元嘉二十三年丙戌，是北魏太平真君七年。太武皇帝信任崔皓邪佞諂諛，崇重寇謙之，〔一〕號爲天師。殘害釋種，毁破浮圖，廢棄法祀。時諸臣僉曰：〔二〕如康僧感瑞，〔三〕太皇創寺，若也除毁，恐貽後悔。又於後宫内掘地得一金像，皓乃穢之，陰處尤痛，叫聲難忍。太史卜曰：由犯大神故。於是廣祈名山，多賽祠廟，而屏苦尤重，内痛彌甚。有信宫人屢設諫曰：陛下所痛，由犯釋像。請祈佛者，容可止苦。皓曰：佛爲大神耶？試可求之。一請便愈，欣慶易心。乃以車馬迎康僧會法師，請求洗懺。從受五戒，深加敬重也。〔四〕太武皇帝方知寇謙之陰用邪悞，〔五〕乃加重罰，以置西郊，〔六〕埋身出口，令四衢行人皆用口厠，以盡形命。徒黨之流並皆斬決。至庚寅年，太武遭疾，方始感悟。兼有曇始白足禪師來相啓發，生愧悔心。即誅崔皓。到壬辰歲，太武帝崩，孫文成立，即起浮圖。毁經七年，還興三寶。至和平三年，昭玄都統沙門釋曇曜慨前陵廢，欣今再興，故於北臺石窟寺集諸僧衆譯經

〔一〕「寇謙之」原作「寇謙」，據唐高僧傳補。下同。
〔二〕「時」字原脱，據高麗藏本補。
〔三〕「如」字原脱，據高麗藏本補。
〔四〕「也」字原脱，據高麗藏本補。
〔五〕「太武皇帝」四字原脱，據高麗藏本補。
〔六〕「西」字原作「四」，據嘉興藏本改。

傳，〔一〕流通後賢之徒，使法藏住持，千載不墜。準此掘地獲像，明知秦周已有佛教，驗矣。〔二〕

昔後周承魏運，魏接晉基。餘則偏王，所無依據。而宋齊梁陳之日，自有司存。國亡帝落，遂即從諸筆削，可不然乎！周之先祖宇文覺者，即西魏大丞相黑泰之世子也。泰舉高陽王爲魏帝，西遷長安，改衣旛爲皂色，號大統元年。一十八載改年，廢帝立魏齊王，四年而薨。覺承魏禪，當年被廢。立弟毓爲帝，四年而崩。立弟邕爲帝，太祖第三子也。開闊大度，統御羣小。立十二年，殺叔大冢宰晉國公護父子十人，大臣六家，改元建德。至三年内納道士張賓妖佞，云：佛法於國不祥，可滅除之。至建德六年，東平齊國，又殄前代數百年來公私寺塔，埽地除盡。融刮聖容，焚燒經典。諸州佛寺出四十千，〔三〕盡賜王公。三方釋子，減三百萬，還歸編户。帝以爲大周天下無事，不謂禍災，身遂大患。志高慮遠，改元宣政，五月而崩。太子贇立。殺齊王父子八人，改元大成。二月立子衍爲太子，禪位與之。改元大象，自號天元皇帝，立四皇后，威儀服飾，倍多於古。大象二年五月，天元崩，子衍立。正月一日改元大定。二月禪位於隋。周凡五帝二十五年，治於長安。〔四〕右二驗出唐高僧傳記。

〔一〕「北」字原作「此」，「窟」字原作「室」，據唐高僧傳改。

〔二〕出唐高僧傳卷二釋曇曜傳。

〔三〕「諸州」，高麗藏本作「州縣」。

〔四〕出唐高僧傳卷三十釋靜藹傳。

隋開皇十一年，内大府寺丞趙文昌，身忽暴死。於數日唯心上暖，家人不敢入殮。後時得語。眷屬怪問，文昌説云：吾死已，有人引至閻羅王所，語昌云：汝一生已來作何福業？昌荅云：家貧，無物可營功德，唯專心誦持金剛般若。王聞此語，合掌斂膝，讚言：善哉！善哉！汝能受持般若，功德甚大，不可思議。王語所執之人：好須勘當，莫令錯將人來。使人少時之間，勘當知錯。即報王言：此人實錯，計活更合二十餘年。王聞此語，即語使人：汝引文昌向經藏内取金剛般若經將來。使人受教，即引文昌向西行五里，得到藏所。見數十間屋，甚精華麗。其中經卷皆悉徧滿。金軸寶帙，莊飾極好。文昌見已，善心彌發。一心合掌，閉目信手，抽取一卷，大小似舊誦者。文昌忙怕，恐非般若，求使却换。使人不肯。然見及題云：功德之中，最爲第一。昌即開看，乃是金剛般若。文昌歡喜，將至王所。令一人執卷在西，昌令東立，面向經卷。遣昌誦經，使人勘試，一字不遺，並皆通利。時王放昌還家，仍約束昌云：汝勤受持此經，勿令廢忘。令一人引昌從南門出。欲至門首，便見周武帝在門東房内，頸著三重鉗鎖，即唤昌云：汝是我本國人，暫來至此，須共汝語。文昌見唤，走至武帝所，便即拜之。帝云：汝識我不？文昌荅云：臣昔宿衛陛下，奉識陛下。武帝云：卿既是我舊臣，汝今還家，爲吾具向隋文皇帝説：吾諸罪並欲辯了，唯滅佛法罪重，未可得竟。當時以衛元嵩教我滅佛法。比來數追元嵩未得，以是不了。昌問：元嵩何處去，王追不得？武帝荅云：吾當時不解元嵩意，錯滅佛法。元嵩是三界外人，非是閻羅王所能管攝，以此追之不得。汝語隋帝，乞吾少物，營修功德，冀望福資，得出地獄。昌受囑辭行。少時出南門外，見一大糞坑，中有一人，頭髮片出。昌問引人：此是何人？〔一〕引人荅云：此是秦將白起，坑趙卒，寄禁此中，罪猶未了。引人將昌至家得活。昌經三日，所患漸瘳。昌以此事具奏文帝。文帝出敕，徧下國内，人出一錢，爲周武帝轉金剛般若經，兼三日持齋。仍敕録此事入於隋史。〔二〕

隋東川釋慧雲，范陽人。十二出家，遊聽爲務。年至十八，乘驢至於叔家。叔睹其驢快，將規害之。適持刀往，見東墻下有黄衣人，揚拳逆叱曰：此道人方爲通法大士，何忍欲害！叔懼告婦。婦曰：君心無剛，眼華所致耳。聞已復往，又見西墻下黄衣人云：勿殺道人，若殺大禍交及。叔怖乃止。明旦辭往姊家，叔又持刀送之，告雲曰：此路幽險，故送師度難。雲在前行，正在深阻，叔在其後揮刀欲斫，忽見姊夫在傍，遂得免害。雲都不知。雲後學問，名德高遠。至開皇年中，領徒五百來過叔家。叔見闡化，深慚昔釁，乃奉絹十匹。夫妻發露，雲始知之。乃爲説法，永斷毒心。常以此事每誡門人曰：吾昔不乘好物，何事累人。自預學徒，聞皆儉素。大有聲譽，不測終年。

唐太史令傅奕，本太原人。隋末徙至扶風。少好博學，善天文曆數，聰辯能劇談。自武德貞觀

〔一〕「人」字原作「物」，據高麗藏本改。

〔二〕太平廣記卷一〇二引，作出法苑珠林。

二十許年，〔一〕常爲太史令。性不信佛法，每輕僧尼，至以石像爲磚瓦之用。至貞觀十四年秋暴病卒。初奕與同伴傅仁均、薛賾並爲太史令。賾先負仁均錢五千，未償而仁均死。後賾夢見仁均，言語如平常。賾曰：因先所負錢，當付誰？仁均曰：可以付泥犂人。賾問：泥犂人是誰？荅曰：太史令傅奕是也。既而寤。是夜少府監馮長命又夢已在一處，多見先亡人。長命問：經文説罪福之報，未知當定有不？荅曰：皆悉有之。又問：如傅奕者，生平不信，死受何報？荅曰：罪福之有。〔二〕然傅奕已被配越州爲泥犂人矣。〔三〕言泥犂者，依經翻爲無間，即大地獄也。長命旦入殿，見薛賾，因説所夢。賾又自説泥犂人之事。二人同夜，闇相符會，共嗟歎之。罪福之事，不可不信。賾既見徵，仍送錢付奕，并爲説夢。後數日閒而奕忽卒。初亡之日，大有惡徵，不可具説。臨在殿庭，親見二官説夢皆同。

唐尚書刑部郎中宋行質，博陵人也。性不信佛，有慢謗之言。至永徽二年五月病死。至六月九日，尚書都官令史王璹暴死，經二日而甦。自言：初死之時，見四人來至其所，云：官府追汝。璹隨行，入一大門，見廳事甚壯，向北爲之。廳上西閒有一人坐，形容肥黑。廳東閒有一僧坐，與官相當。

〔一〕「二十」二字原脱，據高麗藏本補。

〔二〕「之」字，高麗藏本作「定」。

〔三〕以上太平廣記卷一一六引，作出地獄苦記。

皆面向北，各有牀几案褥。侍童子二百許人，或冠或辮，皆美容貌。階下有吏執文案，〔一〕有一老人著枷被縛，立東階下。璹至庭，亦已被縛。吏執紙筆問璹，辭曰：貞觀十八年任長安佐史之日，因何改李須達籍？荅曰：璹前任長安佐史，貞觀十六年轉選，至十七年，蒙授司農寺府史。〔二〕十八年改籍，非璹罪也。廳上大官讀其詞辯，顧謂東階下老囚曰：何因妄訴耶？囚曰：須達年實未至，由璹改籍。加須達年大，豈敢妄耶？璹云：璹至十七年改任，〔三〕告身見在，請追驗之。官司呼領璹者三人，解璹縛，將取告身。告身至，大官自讀之，謂老囚曰：他改任大分明，汝無理。令送老囚出北門外。昏闇多有城，城上皆有女墻，似是惡處。大官因書案上，謂璹曰：汝無罪，放汝去。璹辭拜，吏引璹至東階拜辭僧。〔四〕僧印璹臂曰：好去！吏引璹出東南行，度三重門，每皆勘視臂印，然後聽出。至第四門，門甚壯大，重樓朱粉，三户並開，狀如宫城門。守衛嚴切，〔五〕又驗印聽出門。東南行數十步，聞有人從

〔一〕「執」字原闕，據太平廣記引補。

〔二〕「史」字，高麗藏本作「吏」。

〔三〕「璹」字原脱，據高麗藏本補。

〔四〕「僧」字原脱，據高麗藏本補。

〔五〕「切」字原脱，據高麗藏本補。

後唤璹。〔一〕璹迴顧，見侍郎宋行質面色慘黑，色如溼地，露頭散腰，著故緋袍，頭髮短垂如胡人者，立於廳事階下。有吏主守之。西近城有一大木牌，高一丈二尺許，大書牌上曰：此是勘當擬過王人。其字大方尺餘，甚分明。廳事上有牀坐几案如官府者，而無人坐。行質見璹悲喜，口云：汝何故得來？璹曰：官追勘問改籍，無事放還。行質捉其兩手，謂璹曰：吾被官責問功德簿。吾手中無功德簿，坐此困苦。加之飢渴寒苦，不可言説。君可努力，至我家急語，令作功德也。如是慇懃數四屬之。〔二〕璹乃辭去，〔三〕行數十步，又呼璹還。未及言，廳上有官人來坐，怒璹曰：我方勘責事，汝何人，輒至囚處？使卒搭其耳，推令去。璹走又至一門，門吏曰：汝被搭耳，耳當聾。吾爲汝却其中物。因以手挑其耳，耳中鳴，乃驗。即放出門外，黑如漆。璹不知所在，以手摸西及南，皆是墻壁。唯東無障礙，而闇不可行。立待少時，見向者追璹之吏從門出來，謂璹曰：君尚能待我，甚善。可乞我錢一千。璹不應，内自思曰：吾無罪放來，何爲覓賄？〔四〕吏即謂曰：君不得無行，吾向若不早將汝過官，令二日受縛，豈不困耶？璹心然之，因媿謝曰：依命。吏曰：吾不用汝銅錢，欲得白紙錢，期十五日來取。璹許，因

〔一〕「後」字原闕，據太平廣記引補。

〔二〕「數」字原闕，據太平廣記引補。

〔三〕「乃」字原作「及」，據高麗藏本改。

〔四〕「覓」字原脱，據高麗藏本補。

問歸路。吏曰：但東行二百步，當見一處墻，穿破見明。可推倒之，即至君家。璹如言行，至墻推之，〔一〕良久乃倒。〔二〕依倒處出，即至其所居隆政坊南門矣。於是歸家，見人坐泣。入户而甦。至十五日，璹忘與錢。明日復病，困絶，見吏來，怒曰：君果無行，期與我錢，遂不與。今復將汝去。因即驅行，出金光門，令入坑。璹拜謝百餘拜，遂即放歸。又甦。璹告家人買紙百張，作錢送之。明日璹又病困，復見吏曰：君幸能與我錢，而錢不好。璹辭謝，請更作，許之。又甦。至二十日，璹令用六十錢買白紙百張作錢，并酒食，自於隆政坊西門渠水上燒之。既而身輕體健，遂念誦不廢。〔三〕臨聞其事，時與刑部侍郎劉燕客、大理少卿辛茂將在大理鞫問，請劉召璹至，與辛卿等對問之云爾。〔四〕右三驗出冥報記。

冀州故觀城人姜滕生，〔五〕武德末年，忽遇惡疾，遂入蒙山醫療。積年不損，後始還家。身體瘡爛，手足指落。夜眠忽夢見一白石像，可長三尺許，謂之曰：但爲我續手，令爾即差。至旦忽憶於武德

〔一〕「推」字原脱，據高麗藏本補。

〔二〕「倒」字原作「至」，據冥報記改。

〔三〕以上太平廣記卷三八〇引。

〔四〕出冥報記卷下。

〔五〕「姜滕生」，太平廣記引作「姜勝生」。下同。

初年在黍地裏打雀，於故村佛堂中取維摩經裂破，用繫杖頭嚇雀。有人見者云道：裂經大罪。滕生反更惡罵。遂入堂中，打白石像，右手總落。夢中所見，宛然舊像。遂往佛前頭面作禮，盡心悔過。雇匠續其像手，造經四十卷，營一精舍。一年之内，病得痊愈。鄉人號爲聖像。其堂及像並皆見在。〔一〕

唐姚明解者，本是普光寺沙門也。性聰敏，有文藻，工書翰，善丹青。至於鼓琴，亦當時獨絶。每欣俗網，不樂道門。至龍朔元年，舉應詔人躬赴洛陽。〔二〕及昇第歸俗，頗有餘言。未幾而卒。後託夢於相知净土寺僧智整曰：明解宿無福業，不遵内教，今受大罪，〔三〕非常飢乏。儻有故人之情，頗能惠一飡不？智整夢中許諾。及其寤後，乃爲設食。至夜纔眠，即見明解來愧謝之。至二年秋中，又託夢於畫工曰：我以不信佛法，今大受苦痛。努力爲我寫二三卷經。執手慇懃，賦詩言別。教畫工讀十八徧，令記。寤乃憶之。其詩曰：握手不能別，撫膺還自傷。痛矣時陰短，悲哉泉路長。松林驚野吹，荒壝落寒霜。言離何以贈，留心内典章。其畫工素不識字，忽寤，乃倩人録之，將示明解知友故人。皆曰是明解文體不惑。聞見者莫不惻然。京下道俗，傳之非一。出冥報記。〔四〕

〔一〕太平廣記卷一一六引。
〔二〕「躬」字原脱，據高麗藏本補。
〔三〕「今受大罪」，高麗藏本作「今大受罪」。
〔四〕「出冥報記」，高麗藏本作「右二驗出冥報拾遺」。

法苑珠林校注卷第八十

六度篇第八十五此有六部

布施部　持戒部　忍辱部　精進部　禪定部　智慧部

布施部第一此別一十一部

述意部　慳僞部　局施部　通施部　法施部　量境部

福田部　相對部　財施部　隨喜部　施福部

述意部第一

夫布施之業，乃是衆行之源。既標六度之初，又題四攝之首。所以給孤獨園，散黄金而不恪；須達拏王，施白象而無惜。尚能濟其厄難，忘己形軀。故薩埵投身以救飢羸之命，尸毗割股以代鷹鸇之餐。豈況國城妻子，何足經懷；寶貨倉儲，寧容在意。俗書尚云：〔一〕解衣推食，摩頂至踵。車馬衣裘，朋友共弊。莫不輕財重義，愛賢好士。且自財物無常，何關人事。苦心積聚，竟復何施！四怖交煎，五家争奪。何有智人而當寶翫？比見凡愚，恪惜家財，靡有捨心而喪軀命。但爲貪生，恒憂不活。遂使妻兒角目，兄弟鬩墻，〔二〕眷屬乖離，親朋隔絶。良由慳因、慳緣、慳法、慳業，乖菩薩之心，妨慈悲之道。不生救護之意，唯起煩惱之情。如是之愆，實由慳貪爲本也。

慳僞部第二

如菩薩處胎經：「佛説偈言：

世多愚惑人，　守慳不布施。　積財千萬億，　稱言是我有。　臨欲壽終時，　眼見惡鬼神；　刀風解其體，　無復出入息。　貪識隨善惡，　受報甚苦辛。　將至受罪時，　變悔無所及。」〔三〕

〔一〕「尚」字原脱，據高麗藏本補。
〔二〕「鬩」字原作「閲」，據高麗藏本、磧砂藏本改。
〔三〕出菩薩處胎經卷五善攝品。

又薩遮尼犍子經偈云：

「貪人多積聚，得不生厭足。無明顛倒心，常念侵損他。現在多怨憎，捨身墮惡道。是故有智者，應當念知足。惜財不布施，藏舉恐人知。捨身空手去，餓鬼中受苦。飢渴寒熱等，憂悲常煎煮。智者不積聚，爲破慳貪故。」〔一〕

又分別業報經偈云：

「修行大布施，急性多瞋怒。不依正憶念，後作大力龍。」〔二〕

又菩薩本行經云：「若見乞者面目頻蹙，當知是人開餓鬼門。」〔三〕

又大集經云：「有四法障礙大乘。何等爲四？一、不樂惠施，二、施已生悔，三、施已觀過，四、不念菩提心。復有四法：一、爲欲而施，二、爲瞋而施，三、爲癡而施，四、爲怖畏而施。復有四法：一、不至心施，二、不自手施，三、不現見施，四、輕慢施。」〔四〕

又優婆塞戒經云：「佛言：菩薩布施遠離四惡：一、破戒，二、疑網，三、邪見，四、慳悋。復離五

〔一〕出大薩遮尼乾子所問經卷五問罪過品。

〔二〕「力龍」原作「龍力」，據高麗藏本、磧砂藏本改。出大勇菩薩分別業報略經。

〔三〕此段出處待考。

〔四〕出大方等大集經卷十海慧菩薩品。

法：一、施時不選有德無德，二、施時不說善惡，三、施時不擇種姓，四、施時不輕求者，五、施時不惡口罵詈。復有三事，施已不得勝妙果報：一、先多發心，後則少與。二、選擇惡物，持以施人。三、既行施已，心生悔恨。復有八事，施已不得成就上果：一、施已見受者過，二、施時心不平等，〔一〕三、施已求受者作，四、施已喜自讚歎，五、說無後乃與之，六、施已惡口罵詈，七、施已求還二倍，八、施已生於疑心。如是施主則不能得親遇諸佛賢聖之人。若以具足色香味觸施於彼者，是名淨施。若偏爲良福田施，不樂常施，是人未來得果報時，不樂惠施。若人施已生悔，若劫他物持以布施，是人未來雖得財物，常耗不集。若惱眷屬，得物以施，是人未來雖得大報，身常病苦。若人先不能供養父母，惱其妻子奴婢困苦而布施者，是名惡人。是假名施，不名義施。如是施者，名無憐愍，不知恩報。是人未來雖得財寶，常失不集，不能出用，身多病苦。」〔二〕

局施部第三

述曰：或復有人許施貧者，令他歡喜；後悔不與，招苦轉多。或有衆生自無信施，見他行施，不能

〔一〕「等」字下原衍「施」字，據高麗藏本删。

〔二〕出優婆塞戒經卷五雜品。

隨喜，反生毁呰，令他不施，得罪最重。或有共物，偏用有過。如家中財物，妻子共感，多人有分，〔一〕非獨感得。於中獨悋，不肯惠施，障人修福，得惡最深。故正法念經云：「若有丈夫敕其婦人，令施沙門婆羅門等食。其婦慳惜，實有言無。語其夫言：家無所有，當以何等施與沙門及福人等。如是婦人，誑夫悋財而不布施，身壞命終，墮於針口餓鬼之中。由其積習，多造惡業，是故婦人多生餓鬼道中。何以故？女人貪欲嫉妬多故，不及丈夫。女人小心輕心不及丈夫。以是因緣，生餓鬼中。乃至嫉妬惡業，不失不壞不朽，於餓鬼中不能得脱。業盡得脱，從此命終生畜生中，受遮吒迦鳥身。此鳥唯食天雨，仰口承天雨水而飲之，不得飲餘水。常患飢渴，受大苦惱。畜生中死，生於人中。以餘業故，常困飢渴，受苦難窮，常行乞食。」〔二〕

或復於家共有供中偏食，不與他人，亦得重罪。故正法念經云：「多食美食而自食啗，不施妻子及餘眷屬。妻子等但得齅其香氣，不知其味。於妻子前而獨食之。以慳嫉故，同業眷屬而不施與。亦教他人不給妻子，起隨喜心。數造斯過而不改悔，不生慚愧。如是惡人，身壞命終，生於食氣餓鬼之中。既生之後，飢渴燒身，處處奔走，呻吟嘷叫，悲泣愁毒。唯恃塔廟及以天祀，有信之人設諸供養，因其香

〔一〕「人」字，高麗藏本作「少」字。

〔二〕出正法念處經卷十六。

氣及餘氣，以自活命。」〔一〕故知衆生獨用家物及偏獨食，皆得大罪。或慮無財，乃至水草亦不將施；後受貧苦，世世不絶。故優婆塞戒經云：「無財之人自説無財，是義不然。何以故？一切水草，人無不有。雖是國王，不必能施。雖是貧窮，非不能施。何以故？貧窮之人亦有食分。食已洗器，棄蕩滌汁，施應食者，亦得福德。若以塵麨施於蟻子，亦得無量福德果報。〔二〕天下極貧，誰當無此塵許麨耶？極貧之人，誰當赤露無衣服者？若有衣服，豈無一線一針施人繫瘡，一指許財作燈炷耶！善男子，天下之人誰現貧窮無有身者？〔三〕如其有身，見他作福，身應往助，執役掃灑，亦得福報。」〔四〕故成實論云：「掃一閻浮僧地，不如掃一手掌佛地。」〔五〕

又四分律及彌沙塞律云：「昔佛在世時，跋提城内有大居士，字曰瑘荼，〔六〕饒財珍富，有大威力，隨意所欲，周給人物。倉中有孔，大如車軸，穀米自出。婦以八升米作飯，飼四部兵及四方來者，食故

〔一〕出正法念處經卷十六。
〔二〕「福」字原作「佛」，據高麗藏本、磧砂藏本改。
〔三〕「有」字，高麗藏本、磧砂藏本、南藏本作「其」。
〔四〕出優婆塞戒經卷四雜品。
〔五〕出成實論卷七大小利業品。
〔六〕「瑘荼」原作「琝荼」，據高麗藏本、磧砂藏本、嘉興藏本改。下同。

不盡。其兒以千兩金與四部兵及四方乞者，隨意不盡。兒婦以一裹香塗四部兵及四方來乞者，隨意令足，香故不盡。奴以一犂耕田七壟，〔一〕出米滋多。其婢以八升穀與四部兵，人馬食之不盡。家內良賤共爭，各是我福力。瑕荼詣佛，請問誰力？佛言：汝等共有。昔王舍城有一織師。織師有婦，又有一兒，兒又有婦，有一奴一婢，一時共食。有辟支佛來就舍乞食，各欲當分捨與。辟支佛言：各減少許，於汝不少，在我得足。即共從之。辟支食已，於虛空中現諸神變方去。織師眷屬捨命生四天王天，至於他化，展轉七反。餘福此生果報齊等。」〔二〕

通施部第四

如涅槃經云：「菩薩凡行施時，不見受者持戒、破戒，是田、非田，此是知識，此非知識。施時不見是器、非器；不擇日時是處、非處；亦復不計饑饉豐樂；不見因果，此是衆生，此非衆生，是福、非福。雖復不見施者、受者及以財物，乃至不見斷及果報，而常行施無有斷絶。菩薩若見持戒、破戒乃至果報，終不能施。若不布施，則不具足檀波羅蜜；若不具足檀波羅蜜，則不能成阿耨菩提。譬如有人身被毒箭，其人眷屬欲令安隱，爲除毒故，即命良醫而爲拔箭。彼人方言：且待莫觸。我今當觀如是毒

〔一〕「耕田」原作「田耕」，據高麗藏本改。

〔二〕出四分律卷四十四、彌沙部和醯五分律卷二十二。

箭從何方來耶？誰之所射？爲是刹利婆羅門、毗舍、首陀？復更作念：是何木耶，竹耶，柳耶？其鏃鐵者，何冶所出？剛耶，柔耶？其毛羽者，是何鳥翼？烏鵄鷲耶？所有毒者爲從作生，自然而有？是人毒、惡蛇毒耶？如是癡人，竟未能知，尋便命終。菩薩亦爾。若行施時分别受者持戒、破戒乃至果報，終不能施。若不能施，則不具足檀波羅蜜乃至菩提。」〔一〕

又净業障經云：「若菩薩觀慳及施，不作二相；持戒、毁戒，不作二相；瞋恚、忍辱，懈怠、精進，亂心、禪定，愚癡、智慧，不作二相。是則名爲净諸業障。」〔二〕

又佛説太子須大拏經云：「佛告阿難：過去不可計劫，時有大國，名爲葉波。其王號曰温波。〔三〕王有二萬夫人，了無有子。王自禱祠諸神，夫人便覺有身。至滿十月，太子便生，字爲須大拏。至年十六，書藝悉備，大小已來，常好布施。太子年大，王爲納妃，名曼坻，國王女也，端正無比。太子有一男一女。太子自惟欲作檀波羅蜜，〔四〕出城遊觀。帝釋化作貧窮聾盲瘖瘂人，悉在道邊。太子見已，愁憂不樂。太子白王：欲從大王乞求一願，不審聽不？王荅：欲願何等？不違汝意。太子言：我願欲

〔一〕出大般涅槃經卷十五。

〔二〕出净業障經。

〔三〕「温」字，高麗藏本作「濕」。

〔四〕「自」字，高麗藏本作「思」。

得大王中藏所有珍寶，置四城門外及著市中，以用布施。在所求索，不逆其意。王語太子：恣汝所欲，不違汝也。太子即輦珍寶著四城門外及著市中，恣人所索。八方上下莫不聞知。千里萬里來者，恣意與之，不逆其意。時有敵國怨家，聞太子好喜布施，在所求索，〔一〕不逆其意。即會諸臣及衆道士，共集議言：葉波國王有行蓮華上白象，名須檀延者，多力健鬬，每與諸國共相攻伐，此象常勝。誰能往乞者？諸臣或言：〔二〕無能往者。中有婆羅門八人即白王言：我能往乞，當給我糧。王即給之。王便語言：能得象者，我重賞汝。道士八人即詣葉波國，至太子宫門，悉皆拄杖，倶翹一脚住。自説言：故從遠來，欲有所乞。太子聞之，甚大歡喜，便出迎之。前爲作禮，如子見父。因相慰勞，問何所求？道士荅言：我聞太子好喜布施，不逆人意。太子名字，流聞八方，上徹蒼天，下入黄泉。布施之功，德不可量。欲從太子乞行蓮華上白象。太子即將至厩中，令取一象。道士等八人言：我正欲得行蓮華上白象，名須檀延者。太子言：此大象是我父王之所愛重，王視如我。若與卿者，我即失父王意，或逐我出國。太子即自思惟：我前有要，在所布施，不逆人意。今不與者，違我本心。若不以此象施者，何從得成無上平等？即敕左右被象金鞍，疾牽來出。太子左手持水，澡道士手，右手牽象以授與之。八人

〔一〕「在所」，高麗藏本作「所在」。
〔二〕「或」字，高麗藏本作「咸」。

得象，即呪願太子，累騎白象，〔一〕歡喜而去。太子語道士言：卿速疾去。王若知者，便追奪卿。道士八人即便疾去。國中諸臣聞以象施怨家，皆大驚怖。王聞愕然：今得天下，有此象故。此象勝於六十象力。而太子用與怨家，恐將失國。當如之何？太子如是布施，中藏日空。臣恐舉國及其妻子皆以與人。王聞是語，益大不樂。王共諸臣議之，欲將種種刑罰太子。有大臣白王不許。但逐出國，置野田山中十二年許，當使慚愧。王即隨此大臣所言。王語太子：汝出國去，徙汝著檀特山十二年。太子白王：不敢違教。復願布施七日，展我微心，乃出國去。王言：汝正坐布施太劇，空我國藏，失我敵寶，故逐汝耳。促疾出去，不聽汝也。太子白言：不敢違戾大王教令。我自有私財，〔二〕願得布施，盡之乃去，不敢煩國。二萬夫人共詣王所，請留太子，布施七日，乃令出國。王即聽之。四遠來者，恣意與之。七日財盡，貧者得富，萬民歡喜。太子辭妻。妃聞愕然：太子何過，乃當是乎！太子具荅因緣，是故逐我。曼坻言：使國豐溢，富樂無極。但當努力共於山中求索道耳。太子言：人在山中，恐怖之處。汝快憍樂，〔三〕何能忍是。妃荅太子：我終不能相離也。王者以旛爲幟，火者以煙爲幟，婦者以

〔一〕「即呪願太子，累騎白象」，高麗藏本作「祝願太子，共騎白象」。
〔二〕「私」字原脱，據高麗藏本補。
〔三〕「快」字，高麗藏本作「常」。

夫爲幟。我但依怙太子。若有來乞丐者，我當應之。乃至有人索求是物之者，〔一〕隨太子所施。太子言：汝能爾者大善。太子與妃及其二子共至母所，辭别欲去。白其母言：願數諫王，以政治國，莫邪枉人。母聞辭别，感激悲哀。語傍人言：我身如石，心如剛鐵。奉事大王，未曾有過。今有一子而捨我去，我心何能不破而死！〔二〕太子與妃及二子俱爲父母作禮而去。二萬夫人以真珠各一顆，〔三〕以奉太子。四千大臣以七寶珠奉上太子。〔四〕太子從宫出城，悉施四遠，即時皆盡。國中大小數千萬人共送太子。觀者皆悉垂淚而别。〔五〕太子與妃俱載，自御而去。前去已遠，止息樹下。有婆羅門來乞馬，太子即卸車，以馬與之。以二子著車上，妃於後推，太子轅中步挽而去。適復前行，復逢婆羅門來乞車，太子即以車與之。適復前行，復有婆羅門來乞。太子言：我不於卿有所愛惜，我財物皆盡。婆羅門言：無財物者，與我身上衣。太子即解與之，更著一故衣。適復前行，復逢婆羅門來乞，太子以妃

〔一〕「求是物之者」，高麗藏本作「我及兒女者」。
〔二〕「而」字，高麗藏本作「如」。
〔三〕「顆」字，高麗藏本作「貫」。
〔四〕「以」字，高麗藏本作「作」。
〔五〕「悉」字，高麗藏本作「惜」。

衣服與之。轉復前行，復逢婆羅門來乞，太子兩兒衣服與之。太子布施車馬錢財衣被了盡無所有，〔一〕初無悔心大如毛髮。太子自負其兒，妃抱其女，步行而去，相隨入山。檀特山去葉波國六千餘里。去國遂遠，行在澤中，大苦飢渴。忉利帝釋即於曠澤化作城郭，伎樂衣食，彌滿城中。〔二〕有人出迎太子，便可於此留止飲食，以相娛樂。妃語太子：行道甚極，可暇止此不？太子言：父王徙我著檀特山中。於此留者，違父王命，非孝子也。隨便出城，顧視不復見城。轉復前行，到檀特山。山下有水，深不可度。妃語太子：且當住此，須水減乃度。太子言：父王徙我著山，於此住者，違父王教。太子慈心，水中有山，以堰斷水，褰衣而度。即心念言：水當澆灌，殺諸人畜。即還顧謂水言：復流如故。若有欲來至我所者，皆當令度。太子適語已，水即復流如故。前到山中，見山嶔崟，〔三〕樹木繁茂，百鳥悲鳴，流泉清池，美水甘果。太子語妃：觀是山中，亦有學道者。太子入山，山中禽獸皆大歡喜，來迎太子。山上有一道人，名阿周陀，年五百歲，有絶妙之德。太子作禮，却住白言：今在山中，何許有好果泉可止處耶？阿周陀言：是山中者，並是福地，所在可止。道人即言：〔四〕今此山中清净之處，卿云何將

〔一〕「無所有」三字原脱，據高麗藏本補。

〔二〕「彌」字，高麗藏本作「備」。

〔三〕「崟」字原作「岑」，據高麗藏本改。

〔四〕「即」字，高麗藏本作「復」。

妻子來而欲學道乎？太子未荅，曼坻即問道人言：在此學道爲幾何歲？道人言：四五百歲。曼坻言：計有吾我何時得道？道人言：我實不及此事也。太子即問道人言：頗聞葉波國王太子須大拏不？道人言：我數聞之，但未見耳。太子言：我正是須大拏也。道人問太子：所求何等？太子荅言：欲求摩訶衍。道人言：功德乃爾，今得摩訶衍不久也。太子得無上道時，我當作第一神足弟子。道人即指語太子所止處。太子即以法道結頭編髮，以水果爲飲食。即作草屋，男女別處。男名耶利，年七歲，著草衣，隨父出入。女名罽拏延，年六歲，著鹿皮衣，隨母出入。山中禽獸皆悉歡喜，來依附太子。空池皆生泉水，枯木皆生華葉。諸毒皆消，果樹並茂。太子男女在於水邊，與禽獸共戲。時拘留國有貧窮婆羅門，年四十乃取婦。婦大端正。婆羅門有十二醜，狀類似鬼。其婦惡見，呪欲令死。婦行汲水，道逢年少，嗤說其婿。持水既歸，〔一〕語其婿言：我適取水，年少調我。爲我索奴婢，我不自汲水，人亦不笑我。婿言：我貧，當何所得？婦言：不爲我索奴婢者，我當便去，不復共居。婦復言：〔二〕我常聞太子須大拏坐施太劇，父王徙著檀特山中，有一男一女，可乞之。時婆羅門即詣檀特山，至大水邊，但念太子，即便得度。時婆羅門遂入山中，逢獵師問太子處，即指示處。婆羅門即到太子所。太子遥見，甚大歡喜，迎爲作禮。因相慰勞，問：何所從來？婆羅門言：我從遠來，拘留國人。

〔一〕「既」字，高麗藏本作「且」。
〔二〕「復」字原脱，據高麗藏補。

久聞太子好喜布施，欲從太子乞丐。太子言：我不與卿惜，我所有盡賜，無以相與。婆羅門言：若無物者，與我兩兒以爲給使。如是至三。太子言：卿故遠來，無不相與。〔一〕時兩兒行戲，太子呼語言：此婆羅門遠來乞汝，我已許之，汝便隨去。太子即牽授與，地爲震動。兩兒不肯隨去，還至父前長跪，謂父言：我宿何罪，今遭值此，乃以國王種爲人奴婢？向父悔過。從是因緣，罪滅福生，世世莫復值是。太子語兒言：天下恩愛，皆當別離。一切無常，何可保守。我得無上道時，自當度汝。兩兒語父言：爲我謝母，今便永絶，恨不面別。自我宿罪，當遭此大苦。念母失我，憂苦愁勞。婆羅門言：我老且羸，小兒各當捨我至其母所，我當柰何得之？當縛付我。太子即反兩小兒手，使婆羅門自縛之，繫令相連，總持繩頭。兩兒不肯去，以捶鞭之，血出流地。太子見之，淚出墮地，地爲之沸。太子與諸禽獸皆送兩兒，不見乃還。時諸禽獸皆隨太子還至兩兒戲處，號呼自撲。兒於道中，以繩繞樹，不肯去，冀其母來。婆羅門以捶鞭之。兩兒言：莫復撾我，我自去耳。仰天呼言：山神樹神一切哀念。我不見母別，可語我母，拾果疾來，與我相見。母於山中，左足下癢，右目復瞤，兩乳汁出。便自思惟：未嘗有是怪，當用果爲？宜歸視我兒，得無有他。棄果走還。天王帝釋知太子以兒與人，恐妃障其善心，〔二〕便化作師子，當道而蹲。妃語師子：願小相避，使我得過。師子知婆羅門去遠，乃起避道，令妃得過。

〔一〕「無」字，高麗藏本作「何」。

〔二〕「障」字，高麗藏本作「敗」。

妃還見太子獨坐，不見兩兒。自至草屋，處處求之不見。便還至太子所，問：兩兒何在？太子不應。爲持與誰？早語我處，莫令我狂。如是至三，太子不應。妃更愁若：太子不應，益我迷荒。太子語妃：拘留國有一婆羅門來，從我乞兩兒，便以與之。妃聞感激，躃地而倒，如太山崩，宛轉啼哭而不可止。太子言：且止。汝識過去提和竭羅佛時本要不耶？我於爾時作婆羅門子，字鞞多衛。汝作婆羅門女，字須羅陀。〔一〕汝持華七莖，我持銀錢五百文，買汝五華，欲以散佛。汝以二華寄我上佛，而求願言：願我後生常爲卿妻。我於爾時與汝要言：欲爲我妻者，當隨我意，在所布施，不逆人心。唯不以父母施耳。其餘施者，皆隨我意。汝荅言：可。今以兒施而反亂我善心耶？妃聞太子言，心意開解，便識宿命，聽隨太子布施，疾得所願。天王帝釋見太子布施如此，即下試太子，知欲何求？化作婆羅門，亦有十二醜，到太子前而自說言：〔二〕常聞太子好喜布施，不逆人意，故來到此，願乞我妃。太子言：諾，大善可得。妃言：今以我與人，誰當供養太子者？太子荅言：今不以汝施者，何得成無上平等？太子即牽妃授之。天帝釋知見太子了無悔意，諸天讚歎，天地大動。時婆羅門便將妃去，行至七步，尋將妃還以寄太子：莫復與人。太子言：何爲不取？婆羅門語太子言：我非婆羅門，是天主帝釋，故來相試欲願何等。即復釋身。妃即作禮，從索三願：一、今將我兩兒去者婆羅門，還賣著我本國

〔一〕「須」字原脱，據高麗藏本補。
〔二〕「而」字下原衍「作」字，據高麗藏本删。

中。二、令我兩兒不苦飢渴。三、令我及太子早得還國。天主釋言：當如前願。太子言：願令衆生皆得度脱，〔一〕無復生老病死之苦。帝釋言：大哉所願無上，所願特尊，非我所及。帝釋言畢，忽然不見。是時拘留國婆羅門得兒還家，婦逆駡之：何忍持此兒還。此兒國王種，而無慈心，撾打令生瘡，身體皆膿血。捉持衒賣，更求使者。婿隨婦言，即行賣之。天帝行市言：此兒貴，無能買者。〔二〕乃引至葉波國。既至葉波國中，大臣人民識是太子兒，大王之孫，舉國悲哀。諸臣即問，所從得此兒來？婆羅門言：我自乞得。人欲奪取，中有長者而諫之曰：斯乃太子布施之心，以至於此。而今奪之，違太子意。不如白王，王聞知者，自當贖之。諸臣白王，王聞大驚，即呼婆羅門，使將兒入宫。王與夫人及諸宫女遥見兩兒，莫不哽噎。王問：何緣得此兒？婆羅門荅言：我從太子乞丐得耳。〔三〕王呼兩兒而欲抱之，兒皆啼泣而不肯就抱。王問婆羅門：賣索幾錢？婆羅門未荅。男兒便言：〔四〕男直銀錢一千，特牛一百頭。女直金錢二千，牸牛二百頭。王言：男兒人之所珍，何故男賤而女貴耶？兒言：後宫婇女與王無親，或出微賤，或但婢使，王意所幸，便得尊貴。王獨有一子而逐之深山，了無念子之意。是以

〔一〕「度」字，高麗藏本作「解」。
〔二〕「買」字原作「賣」，據高麗藏本、磧砂藏本改。
〔三〕「乞」字原作「求」，據高麗藏本改。
〔四〕「兒」字原作「女」，據高麗藏本改。

明知男賤而女貴也。王聞是語，感激悲哀，號泣交并，言：我大負汝。何故不就我抱，汝恚我乎？畏婆羅門耶？兒言：不敢怨王，亦不畏婆羅門。本是王孫，今爲奴婢。何有奴婢而就國王抱，是故不敢。王聞是語，倍增悲愴，即如其言。更呼兩兒，〔一〕兒便就抱。王抱兩孫，手摩其頂，問兩兒言：汝父在山，何所飲食？被服何等？兒具荅之。王即遣使促迎太子。使以王命告太子，太子荅言：王徙我山中一十二年爲期。今猶一年在，年滿當歸。使還白王，王更作手書以與太子：汝是智人，去時當忍，來時亦忍，云何恚我不還？太子得書，頂戴作禮，却繞七匝，便發視之。山中禽獸聞太子還，跳踉宛轉，自撲號呼，泉水爲空竭，禽獸爲不乳，百鳥皆悲鳴，用失太子故。太子與妃俱還本國。敵國怨家聞太子當還，即遣使者裝被白象，金銀鞍勒，以金鉢盛銀粟，銀鉢盛金粟，送於道中，〔二〕以還太子。辭謝悔過，言：前乞白象，愚癡故耳，坐我之故，逐徙太子。今聞來還，内懷歡喜。今以白象奉還太子，願垂納受，以除罪咎。太子荅言：譬如有人，設百味食，持有所上。其人嘔吐在地，豈復香潔可更食不？今我布施，譬亦若吐，還終不受。速乘象去，謝汝國王。苦屈使者遠相勞問。於是使者即乘象還，白王如是。因此象故，敵國之怨化爲慈仁。國王及衆臣等皆發無上平等道意。父王乘象，出迎太子。太子便前，頭面作禮，從王而歸。國中人民莫不歡喜，散華燒香以待太子。太子入宫，即到母前，頭面作禮而問起

〔一〕「更」字原作「便」，據高麗藏本改。

〔二〕「送」字，高麗藏本作「逆」。

居。王以寶藏付與太子，〔一〕恣意布施，轉勝於前。布施不休，自致得佛。佛告阿難：我宿命所行布施如是。太子須大拏者，我身是也。時父王者，今現我父閱頭檀是。爾時母者，今現我母摩耶是也。是時妃者，今瞿夷是。時山中道人阿周陀者，今目揵連是。時天主帝釋者，今舍利弗是。時獵師者，今阿難是。時男兒耶利者，今現我子羅雲是。女兒罽拏延者，今現羅漢末利母是。時乞兩兒婆羅門者，今調達是。時婆羅門婦者，今檀遮那摩是。勤苦如是，無央數劫，常行檀波羅蜜布施如是。」〔二〕

法施部第五

述曰：此明財法相對，校量優劣。故智度論云：「佛說施中法施第一。何以故？財施有量，法施無量。財施欲界報，法施出三界報。」〔三〕財施不能斷漏，法施清升彼岸。財施但感人天報，法施通感三乘果。財施愚智俱閑，法施唯局智人。財施唯能施者得福，法施通益能所。財施愚畜能受，法施唯局聰人。財施但益色身，法施能利心神。財施能增貪病，法施能除三毒。故大集經云：「施寶雖多，不

〔一〕「付與」原作「以付」，據高麗藏本改。
〔二〕出太子須大拏經。
〔三〕出大智度論卷二十二。

如至心誦持一偈。法施最妙，勝過飲食。」〔一〕

又未曾有因緣經云：〔二〕「天帝問曰：施食施法有何功德？惟願說之。野干荅曰：布施飲食，濟一日之命。施珍寶物，濟一世之乏，增益繫縛。說法教化，名爲法施，能令衆生出世間道。」〔三〕

又大丈夫論云：「財施者，人道中有；法施者，大悲中有。財施者，除衆生身苦；法施者，除衆生心苦。財施，貪愛多者，施與財寶；法施，愚癡多者，施與其法。財施者，爲其作無盡錢；法施者，爲其作無盡智慧。財施者，爲得身樂；法施者，爲得心樂。財施者，爲衆生所愛；法施者，爲世間所敬。財施者，爲愚人所愛；法施者，爲智者所愛。財施者，能與現樂；法施者，能與天道涅槃之樂。如偈曰：

佛智處虚空，大悲爲密雲，施法如世雨，〔四〕充滿陰界池。四攝爲方便，安樂解脱因，修治八正道，能得涅槃果。」〔五〕

又月燈三昧經云：「佛言：若有菩薩行於法施，有十種利益。何等爲十？一、棄捨惡事，二、能作

〔一〕出大方等大集經卷九。

〔二〕「因緣」二字原脱，據高麗藏本補。

〔三〕出未曾有因緣經卷上。

〔四〕「施法如世雨」，高麗藏本作「法施如甘雨」。

〔五〕出大丈夫論卷二法施品。

善事，三、住善人法，四、净佛國土，五、趣詣道場，六、捨所愛事，七、降伏煩惱，八、於諸衆生施福德分，九、於諸衆生修習慈心，十、見法得於喜樂。」〔一〕

又菩薩地持論云：「菩薩知彼邪見求法短者，不授其法，不與經卷。若性貪財賣經卷者，亦不施與法。若得經卷隱藏不現，〔二〕亦不施與法。若非彼人所知義者，亦不施與法。〔三〕若是彼所知義，於此經卷已自知義，則便持經隨所樂與。若未知義，自須修學。又知他人所有如是經，示語其處，若更書與。菩薩當自觀心，少有法慳者，當持經與，爲法施故，我寧以法施現世癡瘂，爲除煩惱，猶尚應施，況作將來智慧方便。」〔四〕

又優婆塞戒經云：「若有比丘、比丘尼、優婆塞、優婆夷，能教化人具足戒施多聞智慧，若以紙墨令人書寫，若自書寫如來正典，然後施人令得讀誦，是名法施。如是施者，未來天上得好上色。何以故？衆生聞法，斷除瞋心；以是因緣，未來世中得成上色。衆生聞法，慈心不殺；以是因緣，未來世中得壽命長。衆生聞法，不盜他財寶；以是因緣，未來世中多饒財寶。衆生聞法，開心樂施；以是因緣，未來

〔一〕出月燈三昧經卷六。
〔二〕「現」字，高麗藏本作「顯」。
〔三〕「法」字原脱，據高麗藏本補。
〔四〕出菩薩地持經卷四菩薩地持方便處施品。

世中身得大力。衆生聞法，離諸放逸；以是因緣，未來世中身得安樂。衆生聞法，除瞋癡心；以是因緣，未來世中得無礙辯才。衆生聞法，信心無疑；以是因緣，未來世中信心明了。戒施聞慧亦復如是。故知法施殊勝，過於財施。」〔一〕

問：既知法施勝過財施，今時衆生但學法施，不行財施，未知得不？荅：爲不解財施，迷心而施，苟求色聲人天樂報，恐墮三塗，不成出世。所以聖人慇懃歎法，令其悟解三事體空，而行財施，遠成菩提涅槃勝果。自餘戒忍六度萬行，皆藉智慧，開導成勝。

又智度論云：「前五度等，譬同盲人；第六般若，事同有目。」〔二〕若不得般若開導，前五便墮惡道，不成出世。若聞法施過於捨財，愚人不解，即便祕財，唯樂讀經。若行此法，不如有人解心捨施一錢，勝過迷心讀經百千萬卷。是以如來設教，意存解行。若唯解無行，解則便虛。若唯行無解，行則便孤。要具解行，方到彼岸。

又菩薩藏經云：「當知菩薩摩訶薩具足如是四攝之法。由是法故，菩薩摩訶薩恒處長夜，攝諸衆生。何等爲四？所謂布施、愛語、利行、同事。如是名爲四種攝法。所言施者，具有二種：一者財施，二者法施。是爲布施。言愛語者，謂於一切諸來求乞，或樂聞法，菩薩悉能愛語慰喻。言利行者，謂能

〔一〕出優婆塞戒經卷五雜品。
〔二〕出大智度論卷三十四。

滿足若自若他所有意樂。言同事者，隨己所有智及功德，爲他演説，攝受建立一切衆生，令其安住若智若法。言法施者，如所聞法廣爲他説。言愛語者，以無染心分別開示。言利行者，謂爲於他授誦經典乃至説法，無有厭倦。言同事者，以不捨離一切智心，安置含生於正法所。」〔一〕是故菩薩於一切時常行法施。若自無財，隨喜他施。若自有財，供養智人，還得聰報。

又賢愚經云：「時諸比丘咸皆生疑：賢者阿難本造何行，獲斯總持，聞佛所説，一言不失？俱往佛所而白佛言：賢者阿難本興何福而得如是無量總持？惟願世尊當見開示。佛告諸比丘：乃往過去阿僧祇劫，有一比丘度一沙彌，恒以嚴敕，教令誦經，日日課限。其經足者，便以歡喜；若其不足，苦切責之。於是沙彌常懷懊惱，讀經雖得，復無食調。若行乞食，疾得食時，讀經便足。乞食若遲，讀則不充；若經不足，當被切責。心懷愁悶，涕哭而行。時有長者見其涕哭，前呼問之：何以懊惱？沙彌荅曰：長者當知，我師嚴難，敕我讀經，日日課限。若其足者，即以歡喜；若其不充，苦切見責。我行乞食，若疾得者，讀經即足。若乞遲得，讀便不充；若不得經，便被切責。以是事故，我用愁耳。於時長者即語沙彌：〔二〕從今已往，〔三〕常詣我家，當供養食，令汝不憂。食已專心，勤加讀經。於時沙彌聞

〔一〕出大寶積經卷五十四菩薩藏會。

〔二〕「時」字原作「是」，據高麗藏本、磧砂藏本改。

〔三〕「往」字，高麗藏本、磧砂藏本作「後」。

是語已，得專心意，勤加讀經，課限不減，日日常度。師徒於是俱用歡喜。佛告比丘：「爾時師者，定光佛是。沙彌者，今我身是。時大長者供養食者，今阿難是。乃由過去造是行故，今得總持無有忘失。」〔一〕

〔一〕出賢愚因緣經卷十阿難總持品。

法苑珠林校注卷第八十一

量境部第六

述曰：謂能施之人，行有智愚。若智人行施，要觀前人有益便施，無益不施。故優婆塞戒經云：「若見貧窮者，先語言：汝能歸依三寶，受齋戒不？若言能者，先授三歸及齋戒，後則與施物。若言不能，後語言：能隨我語念一切法無常無我涅槃寂滅不？若言能者，教已便施。如其無財，教餘有財令作是施。」〔一〕若其愚人貪著財物，不知無常，人物屬他，戀著慳惜。菩薩見此無益之物，即令急施，廢修道業。故大莊嚴論云：「若物能令起惱，則不應畜。」〔二〕縱貪寶翫，〔三〕要必有離。如蜂作蜜，他得自不得，財寶亦如是。

〔一〕出優婆塞戒經卷五雜品。

〔二〕此段出處待考。

〔三〕「貪」字，高麗藏本作「令」。

又地持論云：「若菩薩布施令他受苦，若致逼迫，若被侵欺，及非法求自力他力不隨所欲。爲衆生故，寧自棄捨身命，不隨彼欲。令致逼迫則不施與，非是菩薩行淨施時。菩薩外不施者，若有衆生求毒火刀酒媒行作戲等一切非法，來求乞者，菩薩不施。若施與者而多起惡，墮於惡道，不到彼岸。」〔一〕若他來索我之身分，〔二〕即須施與，不須量他前人，起退屈心。

又智度論：「問：云何布施得到彼岸，不得到彼岸？答曰：如舍利弗於六十劫中行菩薩道，欲度彼岸。時有乞人來乞其眼。舍利弗言：眼無所任，何以索之？若須我身及以財物者，當以相與。答言：不須，唯欲得眼。若汝實行檀者，以眼見與。爾時舍利弗出一眼與之。乞者得眼，於舍利弗前嗅之，嫌臭，唾而棄地，又以脚蹋。舍利弗思惟言：如此弊人，難可度也。眼實無用而强索之，既得無用而棄，又以脚蹋，何弊之甚。如此人輩，不可度也。不如自調，早度生死。〔三〕思惟是已，於菩薩道退，迴向小乘，是名不到彼岸。若能不退，成辦佛道，名到彼岸。」〔四〕

〔一〕出菩薩地持經卷四菩薩地持方便處施品。
〔二〕「來」字，高麗藏本作「求」。
〔三〕「早」字原作「星」，據高麗藏本、磧砂藏本改。
〔四〕出大智度論卷十二。

福田部第七

如優婆塞戒經云：「若施畜生，得百倍報。施破戒者，得千倍報。施持戒者，得十萬報。施外道離欲人，得百萬報。施向道者，得千億報。施須陀洹，得無量報。向斯陀含，亦無量報。乃至施佛，亦無量報。我今爲汝分別諸福田，故作是說。若能至心生大憐愍，施於畜生，專心恭敬施於諸佛，其福正等，無有差別。言百倍得，如以壽命色力安辯施於彼者，施主後得壽命色力安樂辯才，各各百倍。乃至無量，亦復如是。是故我於契經中說：我施舍利弗，舍利弗亦施於我。然我得福多，非舍利弗得福多也。或有人説：受者作惡，罪及施主。是義不然。何以故？施主施時，爲破彼苦，非爲作罪。是故施主應得善果。受者作惡，罪自鍾己，不及施主。」〔一〕

問：若施聖人得福多者，云何經説智人行施，不揀福田？荅：今釋此意，義有多途。明能施之人，有愚智之別；所施之境，有悲敬之殊。悲是貧苦，敬是三寶。悲是田劣而心勝，敬是田勝而心劣。若取心勝施佛，則不如施貧。故像法決疑經云：「有諸衆生見他聚集，作諸福業，但求名聞，傾家財物以用布施。及見貧窮孤獨，呵罵驅出，不濟一毫。如此衆生，名爲顛倒作善，癡狂禍福，名爲不正作福。

〔一〕出優婆塞戒經卷五雜品。

如此人等，甚可憐愍。用財甚多，獲福甚少。善男子，我於一時告諸大衆：若人於阿僧祇身供養十方諸佛并諸菩薩及聲聞衆，不如有人施畜生一口飲食。其福勝彼百千萬倍，無量無邊。乃至施與餓狗蟻子等悲田最勝。」〔一〕

又智度論云：「如舍利弗以一鉢飯上佛。佛即迴施狗，而問舍利弗：誰得福多？舍利弗言：如我解佛法義，佛施狗得福多。」〔二〕若據敬法重人，識位修道，敬田即勝。故優婆塞戒經云：「若施畜生，得百倍報，乃至須陀洹，得無量報。」〔三〕羅漢辟支尚不如佛，況餘類也。若據平等而行施者，無問悲敬，等心而施，得福弘廣。故維摩經云：「分作二分：一分施彼難勝如來，一分與城中最下乞人，福田無二。」〔四〕

又賢愚經云：「佛姨母摩訶波闍波提，佛已出家，手自紡織，預作一端金色之氎，積心係想，唯俟於佛。既得見佛，喜發心髓，即持此氎奉上如來。佛告憍曇彌：汝持此氎往奉衆僧。波提重白佛言：自佛出家，心每思念。故手自紡織，規心俟佛。惟願垂愍，爲我受之。佛告之曰：知母專心，欲用施我。

〔一〕此經已佚。

〔二〕出大智度論卷三十二。

〔三〕出優婆塞戒經卷五雜品。

〔四〕出維摩詰所説經卷上菩薩品。

然恩愛心施，〔一〕福不弘廣。若施衆僧，獲報彌多。我知此事，是以相勸。」〔二〕

又居士請僧福田經云：「別請五百羅漢，不如僧次一凡夫僧。吾法中無受別請法。若有別請僧者，非吾弟子，是六師法，七佛所不可。」故知施有三種，故不可以一概論也。

相對部第八

述曰：此別有五種相對：第一、田財相對有四：一、田勝財劣，如童子施土與佛等。二、財勝田劣，如將寶施貧人等。三、田財俱勝，如將寶施佛等。四、田財俱劣，如將草施畜生等。第二、輕重相對有四：一、心重財輕，如貧女將一錢施大衆，得福弘多。二、財重心輕，如王夫人心慢，多將寶物施衆，得福尠少。下二可知。第三、空有相對：一、空心不空境，如雖學空觀，然惜財不施，還得貧報。二、空境不空心，知財不堅，恒多樂施，得福增多。下二可知。第四、多少相對：如法句喻經云：「施有四事。何等爲四？一者、施多得福報少，二者、施少得福報多，三者、施少得福報少，四者、施多得福報亦多。何謂施多得福報少？其人愚癡，殺生祭祠，飲酒歌舞，損費錢寶，無有福慧。是爲施多得福報少。何謂施少得福報多？能以慈心奉道德人。衆僧食已，精進學誦。施此雖少，其福彌大。是爲施少得福報多。

〔一〕「施」字原脱，據高麗藏本補。

〔二〕出賢愚因緣經卷十二波婆離品。

何謂施少得福報少？以慳貪惡意，施凡道士，俱兩愚癡。〔一〕是故施少得福報亦少。何謂施多得福報多？若有賢者，覺世無常，好心出財，起立塔寺，精舍園果，供養三尊。衣被履屣，牀榻厨饍。斯福如五大河流入于大海。福流如是，世世不斷。是謂施多其福報亦多。」〔二〕第五、染净相對。如智度論云：「佛法中有四種布施：一、施者清净，受者不净。二、施者不净，受者清净。三、施受俱净。四、施受俱不净。佛自供養佛故，是爲二俱清净。如東方寶積佛功德力所生華，寄十住法身普明菩薩送此華來，上散釋迦牟尼佛。知十方佛是一福田。是爲二俱清净。」〔三〕餘句可解。

財施部第九

如大寶積經云：「財施有五種：一、至心施，二、信心施，三、隨時施，四、自手施，五、如法施。」〔四〕述曰：然所施之財，有是有非。非法之物，縱將布施，得福尠少。如法之財，得福弘多。〔五〕如大

〔一〕「俱兩」，高麗藏本作「兩俱」。

〔二〕出法句譬喻經卷一述千品。

〔三〕出大智度論卷十。

〔四〕此段出處待考。

〔五〕「弘」字，高麗藏本作「彌」。

寶積經云：「所不應施復有五事：一、非理求財不以施人，物不净故。二、酒及毒藥不以施人，亂衆生故。三、罝羅機網不以施人，惱衆生故。四、刀杖弓箭不以施人，害衆生故。五、音樂女色不以施人，壞净心故。」〔一〕

又地持論云：「菩薩亦不以不如法食施。所謂施出家人餘殘飲食，便利洟唾，膿血汙食；不語不知飯及麥飯，不如法和應棄者；〔二〕謂不葱食雜汙，不肉食，不飲酒雜汙。如是和合不如法者，不以施人。」〔三〕

又智度論云：「若人鞭打拷掠閉繫，枉法得財而作布施；〔四〕生象馬牛中，雖受畜生形，負重鞭策，羈靽乘騎，而得好屋好食，爲人所重，以人供給。又如惡人多懷瞋恚，心曲不端而行布施；〔五〕當墮龍中，得七寶宫殿妙食好色。又如憍人多慢瞋心布施；墮金翅鳥中，常得自在，有如意寶珠以爲瓔珞，種種所須，皆得自恣，無不如意，變化萬端，無事不辦。又如宰官之人，枉濫人民，不順治法而取財

〔一〕此段出處待考。
〔二〕「不」字原脱，據高麗藏本補。
〔三〕出菩薩地持經卷四。
〔四〕「枉」字原闕，據大智度論補。
〔五〕「曲」字原作「由」，據大智度論改。

物，以用布施；墮鬼神中，作鳩槃茶鬼，能種種變化，五塵自娱。又如多瞋很戾，嗜好酒肉之人而行布施；墮地行夜叉鬼中，〔一〕常得種種歡樂，音樂飲食。又如有人剛愎强梁而能布施車馬代步；〔二〕墮虚空夜叉中，而有大力，所至如風。又如有人妬心好諍，而能以好房舍卧具衣服飲食布施；故生宫觀飛行夜叉中，有種種娱樂便身之物。」〔三〕若惱前人，强求人物而營福者，反招其罪。不如静心，修治内心，得利轉勝。

又優婆塞戒經云：「若惱眷屬得物以施，是人未來雖得大報，身當病苦。若先不能供養父母，惱其妻子，奴婢困苦，而布施者，是名惡人。是假名施，不名義施。如是施者，名無憐愍，不知報恩。是人未來雖得財寶，常求不集，不能出用，身多病苦。」〔四〕以此文證，强役人物營修福者，反招苦報，何名出益。今時末世，道俗訛替，競興齋講，强抑求財，營修塔寺。依經不合，反招前罪。不如静坐，内修實行。出離中勝，無過於此。若有浄心爲人説法，前人敬誠，求法捨施，即須爲説，令成福智。不得見有前判，雷同總撥，妄生譏謗，抑遏前福。

〔一〕「行」字原闕，據大智度論補。
〔二〕「愎」字原作「慢」，據高麗藏本改。
〔三〕出大智度論卷十二。
〔四〕出優婆塞戒經卷五雜品。

又無性攝論釋云：「謂菩薩見彼有情，於其財位有重業障，故不施與，令知惠施空無有果。設復施彼，亦不能受，何用施爲。如有頌言：

如母乳嬰兒，　一經月無倦；　嬰兒喉若閉，　乳母欲何爲？

寧使貧乏於財位，　遠離惡趣諸惡行，　勿被富貴亂諸根，〔一〕　令感當來衆苦器。」〔二〕

又增一阿含經云：「爾時世尊告諸比丘：應時之施，有五事益。云何爲五？一者、施遠來人，二者、施遠去人，三者、施病人，四者、儉時施，五者、若初得新果蓏若穀食等，先與持戒精進人，然後自食。」〔三〕是故欲行此五施，當念隨時施。若應時凈施者，還得應時果報。謂隨時所宜，凈心而施：若寒時施温室氈被薪火暖食等，若熱時施凉室輕衣水扇冷物等，渴時與漿，飢時給食，風雨送供，天和請僧。如是隨時應情令悦，未來獲福，還受順報。

又菩薩地持論云：「一切施者，略說有二種：一內物，二外物。菩薩捨身，是名內施。若爲食吐，

〔一〕「被」字原作「破」，據磧砂藏本、南藏本改。

〔二〕出攝大乘論無性釋卷八增上慧學分。

〔三〕出增一阿含經卷二十四。

衆生食已吐施，是名内外施。〔一〕除上所説，是名外施。菩薩内施有二種：一、隨所欲作，〔二〕他力自在，捨身布施。譬如有人爲衣食故，繫屬於人，爲他僕使。如是菩薩不爲利養，但爲無上菩提，爲安樂衆生，爲滿足檀波羅蜜，隨所欲作，他力自在，捨身布施。二、隨他所須，支節等一切施與。菩薩外施復有二種：〔三〕一、隨其所求，受用樂具，歡喜施與。二、奉事彼故，一切捨心，一切施與。菩薩内外物非無差别，等施一切。或有所施，或有不施。若於衆生樂而不安，不樂不安，則不施與。若於衆生安而不樂，亦安亦樂，是則盡施。」〔四〕

又大集經云：「菩薩有四種施具足智慧。何等爲四？一、以紙筆墨與法師，令書寫經。二、種種校飾莊嚴妙座，以施法師。三、以諸所須供養之具奉上法師。四、無諂曲心，讚歎法師。」〔五〕

又智度論云：「若人布施修福，不好有爲作業生活，則得生四天王處。若人布施，加以供養父母伯

〔一〕「外」字原脱，據高麗藏本補。

〔二〕「隨」字下原衍「時」字，據高麗藏本删。

〔三〕「二」字原作「三」，據菩薩地持經改。

〔四〕出菩薩地持經卷四菩薩地持初方便處施品。

〔五〕出大方等大集經卷三十無盡意菩薩品。

叔兄弟姊妹等，無瞋無恨，不好諍訟，又不喜諍訟之人，得生忉利天乃至他化自在天。」〔一〕

又優婆塞戒經云：「若以衣施，得上妙色。若以食施，得無上力。若以燈施，得淨妙眼。若以乘施，身受安樂。若以舍施，所須無乏。若以淨妙物施，後得好色，人所樂見，善名流布，所求如意，生上種姓。是不名爲惡。若爲自身造作衣服莊嚴之具種種器物，作已歡喜，自未服用，持以施人，是人未來得如意樹。若有人能日日立要，先施他食，然後自食，若違此要誓輸佛物，〔二〕犯則生愧。如其不違，即是微妙智慧因緣。如是施者，諸施中最上。是人亦得名上施主。若給妻子奴婢衣食，恒以憐愍歡喜心與，未來則得無量福德。若復觀田倉中多有鼠雀，犯暴穀米，恒生憐愍，復作是念：如是鼠雀因我得活。念已歡喜，無觸惱想。當知是人得福無量。」〔三〕

又大寶積經云：「若以華施，具陀羅尼七覺華故。若以香施，具戒定慧熏塗身故。若以果施，具足成就無漏果故。若以食施，具足命辯色力樂故。若以衣施，具足清淨色，除無慚愧故。若以燈施，具足佛眼，照了一切諸法性故。若以象馬車乘施，得無上乘，具足神通故。若以瓔珞施，具足八十隨形好故。若以珍寶施，具足大人三十二相故。若以筋力僕使施，具佛十力四無畏故。取要言之，乃至國城

〔一〕出大智度論卷十二。
〔二〕「輸」字原作「輪」，據高麗藏本、磧砂藏本改。
〔三〕出優婆塞戒經卷五雜品。

妻子頭目手足舉身施與，心無悋惜，爲得無上菩提度衆生故。」〔一〕

又大菩薩藏經云：「菩薩爲得阿耨菩提故，行檀那波羅蜜多時，所修布施，又得十種稱讚利益。何等爲十？一者、菩薩摩訶薩以上妙五欲施故，獲得清浄戒定慧聚及以解脱解脱知見聚，無不具足。二者、菩薩以上妙戲樂器施故，獲得清浄遊戲法樂，無不具足。三者、菩薩以足施故，感得圓滿法義之足，趣菩提座，無不具足。四者、菩薩以手施故，感得圓滿清浄法手，拯濟衆生，無不具足。五者、菩薩以耳鼻施故，獲得諸根圓滿成就，無不具足。六者、以支節施故，獲得清浄無染威嚴佛身，無不具足。七者、菩薩以目施故，獲得觀視一切衆生清浄法眼，無有障礙，無不具足。八者、菩薩以血肉施故，獲得堅固身命，攝持長養一切衆生，真實善權無不具足。九者、菩薩以髓腦施故，獲得圓滿不可破壞等金剛身，無不具足。十者、菩薩以頭施故，證得圓滿超過三界無上最上一切智智之首，無不具足。舍利子，菩薩摩訶薩爲得菩提，行如是施，攝受如是相貌，圓滿佛法，稱讚利益上妙功德，皆爲滿足檀那波羅蜜多故。

爾時世尊而説頌曰：

行施不求妙色財，　亦不願感天人趣，
我求無上勝菩提，　施微便感無量福。」〔二〕

又百緣經云：「佛在世時，舍衛城中有一長者，財寶無量，不可稱計。其婦生一男兒，端正殊妙，世

〔一〕此段出處待考。
〔二〕出大寶積經卷四十一菩薩藏會。

所希有。〔一〕當生之日，天降大雨。父母歡喜，舉國聞知，相師占善，因爲立字，名耶奢蜜多。不飲乳餔，其牙齒間自然八功德水，用自充足。年漸長大，見佛出家，得阿羅漢果。諸天世人，所見敬仰。時諸比丘見是事已，請佛爲説宿福因緣。爾時世尊告諸比丘：此賢劫中，有佛出家，號曰迦葉。於彼法中，有一長者，年極老耄，出家入道，不能精勤，又復重病。良醫瞻之，教當服酥，病乃可差。尋用醫教，取酥服之。於其夜中，藥發熱渴，馳走求水，水器皆空。復趣泉河，並皆枯竭。如是處處求水不得，深自悔責，於彼河岸，脱衣繫樹，捨之還來。至其明旦，以狀白師。師聞是語，即荅之言：汝遭此苦，狀似餓鬼。汝今可即取我瓶中水，至僧中行。即受教取瓶水，水盡涸竭。心懷憂怖，謂其命終必墮餓鬼。尋詣佛所，具陳上事而白世尊：幸爲見示。佛告比丘：汝今當於衆僧之中行好浄水，可得脱此餓鬼之身。聞已歡喜，即便僧中常行浄水。經二萬歲，即便命終。在所生處，其牙齒間常有清浄八功德水，自然充足，不飲乳餔。乃至今者遭值於我，出家得道。比丘聞已，歡喜奉行。」〔三〕

又阿育王經云：「昔佛在世時，與諸比丘及與阿難前後圍遶，入王舍城而行乞食。至於巷中，見二小兒：一名德勝，二名無勝。弄土而戲，擁土作城舍宅倉儲；以土爲麨，著於倉中。此二小兒見佛相好金色光明，偏照城内。德勝歡喜，掬倉中土名爲麨者，奉上世尊，而發願言：使我將來蓋於天地，廣

〔一〕「所」字原作「可」，據高麗藏本改。

〔三〕出撰集百緣經卷九耶舍蜜多緣。

設供養。緣是善根，發願功德，佛般涅槃一百年後作轉輪王，王閻浮提，住華氏城。王法治世，〔一〕號阿恕伽王。分佛舍利而作八萬四千寶塔。」〔二〕「其王信心，常請衆僧宮中供養。時王宮中有一婢使，最貧下賤。見王作福，自尅責言：王先身時布施如來一掬土故，今得富貴。今日重作，將來轉勝。我先身罪，今日厮下，又復貧窮，無可修福。將來轉賤，何有出期。思已啼哭。衆僧食訖，此婢掃地，糞掃中得一銅錢。以此一錢，即施衆僧，心生歡喜。其後不久得病命終，生阿育王夫人腹中。滿足十月，產生一女。端正殊妙，世之少雙。其女右手，恒常急捲。年滿五歲，夫人白王：所生女子，一手常捲。王即喚來，抱著膝上。王爲摩手，手即尋開。〔三〕當於掌中有一金錢。隨取隨生，〔四〕而無窮盡。須臾之間，金錢滿藏。王怪所以，即將往問夜奢羅漢上座：此女先身作何福德，於手掌中有此金錢，取已無窮？〔五〕上座荅言：此女先身是王宮人，於糞掃中得一銅錢，布施衆僧。以此善根，得生王家，以爲王

〔一〕「王」字，高麗藏本、磧砂藏本作「正」。
〔二〕出阿育王傳卷七本施土緣。
〔三〕「尋」字，高麗藏本作「自」。
〔四〕「生」字，高麗藏本作「有」。
〔五〕「取已無窮」，高麗藏本作「取無窮盡」。

女。緣昔一錢布施衆僧善根因緣，恒常手中把一大金錢，取無窮盡。」〔一〕

又雜寶藏經云：「昔耆闍崛山中多有僧住，諸方人聞，送供者衆。有一貧窮乞索女人，見諸長者送供詣山，作是念言：此必作會，我當往乞。便向山中，見諸長者以種種食供養衆僧。自思惟言：彼諸人等先世修福，今日富貴。今復重作，未來轉勝。我先不修，今世貧苦。今若不作，未來轉劇。思已啼哭，先於糞中拾得兩錢，恒常保惜，以俟乞索不得之時，當用買食。我今持以布施衆僧，分一二日不得食意。伺僧食訖，即便布施。維那僧前欲爲呪願。上座不聽，自爲呪願。復留食施。諸人既見上座乞食，諸人亦與。女大歡喜云：我得果報。將食出外，到一樹下，食訖而卧。施福所感，黄雲覆之。時值國王最大夫人亡來七日。王遣人訪，誰有福德，應爲夫人。使與相師至彼樹下，見此女人。相師占之：此女福德，堪爲夫人。即以香湯沐浴清净，與彼夫人衣服令著，大小相稱。千乘萬騎，將至王所。王見歡喜，心甚敬重。後時自念：我今所以得是福報，緣以兩錢施僧故爾。當知彼僧便爲於我有大重恩。即白王言：我先厮賤，王見洗拔，得爲夫人。次願聽往彼僧所報恩。王言：隨意。夫人即便車載飲食及以珍寶，詣山布施。上座即遣維那呪願，不自呪願。夫人念言：前施兩錢，見爲呪願。今載珍寶，不爲呪願。年少比丘，亦嫌此事。上座爾時語夫人言：心念嫌我，兩錢施時爲我呪願，今載珍寶不

〔一〕出阿育王傳卷七阿育王現報因緣。

爲呪願。我佛法中唯貴善心，不貴珍寶。夫人先施兩錢之時，善心極勝。今施珍寶，吾我貢高。是以我今不爲呪願。諸年少等亦莫嫌我。年少比丘聞已慚愧，悉皆獲得須陀洹果。夫人聽法慚愧，亦得須陀洹果。」〔一〕

又雜寶藏經云：「昔拘留沙國有惡生王詣園堂上，見一金猫從東北角入西南角。王時見已，即遣人掘得一銅盆，盆受三斛，滿中金錢。漸漸深掘，復得一盆。如是次第得三重盆，各受三斛，悉滿金錢。轉復傍掘，經於五里。步步之中，盡得銅盆，皆滿金錢。王雖得錢，怖不敢用。怪其所以，即詣尊者迦旃延所，説其因緣。尊者荅王：此王宿因所獲福報，但用無苦。王即請問往昔因緣。尊者荅王：乃往過去九十一劫，毗婆尸佛入般涅槃後，遺法之中，有諸比丘，四衢道頭，施座置鉢，在上教化，而作是言：誰有人能舉財著此堅牢藏中。若入此藏，王賊水火所不能奪。時有貧人，先因賣薪得錢三文，見僧教化，歡喜布施。即以此錢重著鉢中，發願而去。去家五里，步步歡喜。到門欲入，復遥向僧，至心頂禮，發願而入。時貧人者，今王身是。緣昔三錢歡喜施僧，世世尊貴，常得如是三重銅盆，滿中金錢。緣五里中步步歡喜，恒於五里有此金錢。」〔二〕以是因緣，若布施時，應當至心歡喜施與，勿生悔心。

〔一〕出雜寶藏經卷四貧女以兩錢布施即獲報緣。

〔二〕出雜寶藏經卷九金猫因緣。

隨喜部第十

如優婆塞戒經云：「佛言：若人有財，見有求者，言無言㨶，當知是人已説來世貧窮薄德。如是之人，名爲放逸。自説無財，是義不然。何以故？一切水草，人無不有。雖是國王，不必能施。雖是貧窮，非不能施。何以故？貧窮之人亦有食分。食已洗器，棄蕩滌汁，施應食者，亦得福德。若以塵麨施於蟻子，亦得無量福德果報。天下極貧，誰當無此塵許麨耶？〔一〕誰有一日不食三摶麨，命不全者？是故諸人應以食半施於乞者。善男子，極貧之人，誰有赤體無衣服者？若有衣服，豈無一線施人繫瘡，一指許財作燈炷耶？天下之人誰有貧窮當無身者？如其有身，見他作福，身應往助，歡喜無厭，亦名施主，亦得福德。或時有分，或有與等，或有勝者。以是因緣，我受波斯匿王食時，亦呪願王及貧窮人所得功德，等無差別。如人買香、塗香、末香、散香、燒香，如是四香有人觸者、買者、量者，等聞無異，而諸香不失毫釐。修施之德亦復如是。若多若少，若麤若細，若隨喜心，身往佐助，若遙見聞，心生歡喜。其心等故，所得果報無有差別。若無財物，見他施已，心不喜信，疑於福田，是名貧窮。若多財寶，自在無礙，有良福田；內無信心，不能奉施，亦名貧窮。是故智者自觀，餘一摶食，自食則生，施他則死，猶

〔一〕「無」字原作「以」，據高麗藏本、磧砂藏本改。

應施與，況復多耶？智者復觀世間，若有持戒多聞，乃至獲得阿羅漢果，猶不能遮斷飢渴等苦。房舍衣服飲食卧具病藥，皆由先世不施因緣。破戒之人若樂行施，是人雖墮餓鬼畜生，常得飽滿，無所乏少。雖富有四天下，受無量樂，猶不知足。是故我應爲無上道而行布施，不爲人天。何以故？無常故，有邊故。」〔一〕「若施主歡喜不悔，親近善人，財富自在，生上族家，得人天樂，至無上果，能離一切煩惱結縛。若施主能自手施已，生上姓家，遇善知識，多饒財寶，眷屬成就，能用能施。一切衆生喜樂見之，見已恭敬，尊重讚歎。」〔二〕

又大丈夫論云：「若慳心多者，雖復泥土，重於金玉。若悲心多者，雖施金玉，輕於草木。若慳心多者，喪失財寶，心大憂惱。若行施者，令受者喜悦，自亦喜悦。設有美食，若不施與而食啗者，不以爲美。設有惡食，得行布施，然後食者，心中歡悦，以爲極美。若行施竟，有餘自食。善丈夫者，心生喜樂，如得涅槃。無信心者，誰信是語。設有麤食，有飢者在前，尚不能施與，況餘勝妙而能與人。若人於大水邊，尚不能以少水施與衆生，況餘好財。是人於世間糞土，易得於水。慳貪之人，聞乞糞土，猶懷恪惜，況復財物。」〔三〕如有二人：一則大富，一則貧窮。有乞者來，如是二人俱懷苦惱。有財物者，

〔一〕出優婆塞戒經卷四雜品。

〔二〕出優婆塞戒經卷五雜品。

〔三〕出大丈夫論卷上施慳品。

懼其求索。無財物者：我當云何得少財物與之。如是二人，憂苦雖同，果報各異。貧悲念者，生天人中，受無量樂。富慳貪者，生餓鬼中，受無量苦。若菩薩，但有悲愍心便爲具足，況與少物。菩薩悲心念施，無有財物，見人乞時，不忍言無，悲苦墮淚。設聞他苦，尚不能堪忍，況復眼見他苦惱而不救濟者，無有是處。有悲心者，見貧苦衆生，無財可與，悲苦歎息，無可爲喻。救衆生者，見衆生受苦，悲泣墮淚。以墮淚故，知其心軟。菩薩淚有三時：一、見修功德人，以愛敬故爲之墮淚。二、見苦惱衆生無功德者，以悲愍故爲之墮淚。三、修大施時，悲喜踴躍墮淚。計菩薩墮淚已來，多四大海水。世間衆生捨於親屬，悲泣墮淚，不及菩薩見貧苦衆生無財施時悲泣墮淚。菩薩聞乞者聲，爲之墮淚。乞者見菩薩雨淚，雖不言與，當知必得。菩薩見乞者來時，極生悲苦。乞者得財物時，心生歡喜，得滅悲苦。菩薩聞乞者言時，悲泣墮淚，不能自止。乞者言足，爾時乃止。〔一〕菩薩修行施已，衆生滿足，便入山林修行禪定，滅除三毒。財物倍多，無乞可施，我今出家。」〔二〕「斷諸結使。菩薩發願度諸衆生。諸有所索，一切皆捨。有悲心者，爲他故涅槃尚捨，況復捨身命財，有何難也。捨財物者，不如捨身。捨身者，不如捨於涅槃。涅槃尚捨，何有不捨。悲心徹髓，得自在悲，作救濟者，大菩薩施都無難也。」〔三〕「菩

〔一〕「乃」字原脱，據高麗藏本補。
〔二〕出大丈夫論卷上財物施品。
〔三〕出大丈夫論卷上捨一切品。

薩悲心悉得知見一切衆生身者，無不是病，無有知者。以三事故，知其有病。何者爲三？飲食、衣服、湯藥，即是病相。菩薩悲心以三事得顯。何者爲三？即是財、法、無畏施也。〔一〕菩薩與一切衆生作樂，爲滅一切衆生苦故，捨身救之。菩薩不求果報，視如芻草。菩薩大悲作種種方便，猶如乳聚。以血施人，易於世人以水用施。如菩薩昔日五處出血，施諸夜叉鬼，踴躍歡喜，無可爲喻。」〔二〕

施福部第十一

如月燈三昧經云：「佛言：若有菩薩信樂檀波羅蜜者，有十種利益。何等爲十？一、降伏慳悋煩惱；二、修習捨心相續；三、共諸衆生同其資産，攝受堅固而至滅度；四、生豪富家；五、在所生處施心現前；六、常爲四衆之所愛樂；七、處於四衆不怯不畏；八、勝名流布，徧於諸方；九、手足柔軟，足掌安平；〔三〕十、乃至道樹不離善知識。」〔四〕

又大寶積經云：「樂施之人，獲五種名利。一、常得親近一切賢聖；二、一切衆生之所樂見；三、入

〔一〕「也」字原作「已」，據高麗藏本改。
〔二〕出大丈夫論卷上現悲品。
〔三〕「安」字，高麗藏本作「坦」。
〔四〕出月燈三昧經卷六。

大衆時人所宗敬，四、好名善譽流聞十方，五、能爲菩提作上妙因。」〔一〕

又菩薩善戒經云：「具足三種惠施，乃能受持菩薩禁戒：一者施，二者大施，三者無上施。第一施者，於四天下尚不悋惜，況於小物，是名爲施。第二大施者，能捨妻子。第三無上施者，頭目髓腦骨肉皮血，菩薩具足。如是三施，乃具於忍，能持禁戒。」〔二〕

又增一阿含經云：「若檀越主惠施之日，得五事功德。云何爲五？一者施命，二者施色，三者施安，四者施力，五者施辯。施命之時，欲得長壽。施色之時，欲得端正。施安之時，欲得無病。施力之時，欲得無能勝。施辯之時，欲得無上正真之辯。」〔三〕

又十住毗婆沙論云：「在家菩薩所貪惜物，若有乞人急從求索：汝以此物施與我者，速得成佛。菩薩即應思惟：若我今者不捨此物，此物必當遠離於我。設至死時，不隨我去。此物則是遠離之相。今爲發菩提，故須施與。後死時，心無有悔，必生善處。是得大利。若猶貪者，應辭謝乞者言：勿生瞋恨。我新發意，善根未具，於菩薩行法未得勢力。是以未能捨於此物。後得勢力，善根堅固，當以相

〔一〕此段出處待考。
〔二〕出菩薩善戒經卷一序品。
〔三〕出增一阿含經卷二十四。

與。」〔一〕

又優婆塞戒經云：「若施佛已，用與不用，果報已定。施人及僧，有二種福：一、從用生，二、從受生。何以故？施主施時，自破慳悋。受者用時，〔二〕破他慳悋。是故説言：從用生福。」〔三〕

〔一〕出十住毗婆沙論卷八入寺品。

〔二〕「受者用時」原作「受用者時」，據高麗藏本改。

〔三〕出優婆塞戒經卷五雜品。

法苑珠林校注卷第八十二

持戒部第二此別三部

述意部　勸持部　引證部

述意部第一

竊聞戒是人師，道俗咸奉；心爲業主，凡聖俱制。良由三寶所資，四生同潤。故經曰：「正法住，正法滅。」〔一〕意在兹乎！是以持戒爲德，顯自大經；性善可崇，明乎大論。或復方之日月，〔二〕譬若寶珠，義等塗香，事同惜水。越度大海，號曰牢船；生長善芽，又稱平地。是以菩薩稟受，微塵不缺；羅漢護持，纖芥無犯。寧當抱渴而死，弗飲水蟲；乃可被繫而終，無傷草棄。書云：「立身行道，揚名

〔一〕出勝鬘師子吼一乘大方便方廣經一乘章。

〔二〕「或」字，高麗藏本作「戒」。

於後世。」〔一〕言行忠信，戰戰兢兢。豈可放縱心馬，不加轡勒；馳騁情猴，〔二〕都無制鎖。浮囊既毁，前路何期；德瓶已破，勝緣長絶。或復要聚惡人，朋結凶黨。更相扇動，備造愆瑕。無慚無愧，不羞不恥。日更增甚，轉復沈浮。似若葶藶艾蒿，枝葉皆苦；訶梨果樹，徧體無甘。從明入闇，無復出期。劫數既遥，痛傷難忍。於是鑊湯奔沸，猛氣衝天；鑪炭赫曦，爆聲烈地。鎔銅灌口，則腹爛肝銷；銅柱逼身，則骨肉俱盡。宛轉嗚呼，何可言念。如斯等苦，實由毁戒也。

勸持部第二

如大莊嚴論云：「若能至心持戒，乃至殁命，得現果報。我昔聞難提跋提城有優婆塞兄弟二人，並持五戒。其弟爾時卒患脅痛，氣將欲絶。時醫語之：食新殺狗肉，并使服酒，所患必除。病者白言：其狗肉者，爲可於市買索食之。飲酒之事，願捨身命，終不犯戒而服於酒。其兄見弟極爲困急，〔三〕齎酒語弟：捨戒服酒以療其病。弟白兄言：我雖病急，願捨身命，終不犯戒而飲此酒。即説偈言：

怪哉臨命終，　破我戒瓔珞。　以戒莊嚴身，　不用殯葬具。　人身既難得，　遭值戒復難。

〔一〕出孝經。

〔二〕「猴」字，高麗藏本作「猨」。

〔三〕「見弟」二字原脱，據高麗藏本補。

願捨百千命，不毁破禁戒。　無量百千劫，　時乃值遇戒。　閻浮世界中，　人身極難得。雖復得人身，　值正法倍難。時復值法寶，　愚者不知取；　善能分別者，　此事亦復難。　戒寶入我手，　云何復欲奪。　乃是怨憎者，　非我之所親。

兄聞是已，荅其弟言：我以親故，不爲沮壞。弟白兄言：非爲親愛，乃是歿敗。即説偈言：

我欲向勝處，　毁戒令墮墜。　捨戒乃如是，　云何名親愛？　我勤習戒根，　乃欲見劫奪。所持五戒中，　酒戒最爲重。　今欲强毁我，　不得名爲親。

兄問弟言：云何以酒爲戒根本耶？弟即説偈以荅兄言：

若於禁戒中，　不盡心護持，　便爲違大悲。　草頭有酒滴，　尚不敢嘗觸。　以是故我知，酒是惡道因。　在家脩多羅，　説酒之惡報。　唯佛能分別，　誰有能測量。　佛説身口意，三業之惡行，　唯酒爲根本，　復墮惡行中。　往者優婆夷，　以酒因緣故，　遂毁餘四戒，　是名惡行數。　酒爲放逸根，　不飲閉惡道，　能獲信樂心，　去慳能捨財。　首羅聞佛説，　能獲無量益。　我都無異意，　而欲毁犯者。　略説而言之，　寧捨百千命，　不毁犯佛教。　寧使身乾枯，　終不飲此酒。　假使毁犯戒，　壽命百千年；　不如獲禁戒，　即時身命滅。　決定能使差，　我猶故不飲；　况今不定知，　爲差爲不差。　作是決定心，　心生大歡喜，　即獲見真

諦，　所患得消除。」〔一〕

惟大智之人，厭世修道，雖具持戒，内懷定慧，不現持相，内言實德。故華嚴經云：「何等爲離邪命戒？此菩薩不作持戒浄相欲使他知，内無實德，詐現實德，〔二〕現實德相。但持浄戒一向求法，究竟薩婆若。何等爲不起惡戒？此菩薩不自高貴，言我持戒。見犯戒人，亦不致呵，令其憂惱。但一其心持清浄戒。」〔三〕勝果尅得，不須疑惑。

又菩薩藏經云：「舍利子，菩薩摩訶薩行尸波羅蜜多故，獲得十種清浄尸羅，汝應知之。何等爲十？一者、於諸衆生曾無損害。二者、於他財物不行劫盜。三者、於他妻妾遠諸染習。四者、於諸衆生不興欺誑。五者、和合眷屬，無有乖離。六者、於諸衆生不起麤言，由能堪忍彼惡言故。七者、遠離綺語，凡有所言，諦審説故。八者、遠諸貪著，於他受用無我所故。九者、遠離瞋恚，善能忍受麤言辱故。十者、遠離邪見，由不敬事諸餘天仙及神鬼故。」〔四〕

又大寶積經云：「第二持十善業戒者，有五事利益：一、能制惡行，二、能作善心，三、能遮煩惱，

〔一〕出大莊嚴經論卷十五。

〔二〕「詐現實德」，高麗藏本無。

〔三〕「一其」原作「其一」，據高麗藏本改。出大方廣佛華嚴經卷十二菩薩十無盡藏品。

〔四〕出大寶積經卷四十三菩薩藏會。

四、成就净心，五、能增長戒。若人善修不放逸行，八萬四千無量戒品悉皆在十善戒中。」〔一〕

又月燈三昧經云：「佛言：若有菩薩能净持戒，〔二〕有十種利益。何等爲十？一、滿足一切智，二、如佛所學而學，三、智者不毁，四、不退誓願，五、安住於行，六、棄捨生死，七、慕樂涅槃，八、得無纏心，九、得勝三昧，十、不乏信財。」〔三〕

又六度集經云：「復有四種持戒，具足智慧。何等爲四？一、持戒常演説法，二、持戒常勤求法，三、持戒正分別法，四、持戒迴向菩提。」〔四〕

引證部第三

如大莊嚴論説：「我昔曾聞，有諸比丘與諸賈客入海採寶。既至海中，船舫破壞。爾時有一年少比丘，捉得一枚板。上座比丘不得板故，將没水中。于時上座恐怖惶懼，恐爲水漂，語年少言：汝寧不憶佛所制戒，當敬上座。汝所得板應以與我。爾時年少即便思惟：如來世尊實有斯語。諸有利樂，應

〔一〕此段出處待考。

〔二〕「若」字原脱，據高麗藏本補。

〔三〕出月燈三昧經卷六。

〔四〕出大方等大集經卷三十無盡意菩薩品。作六度集經誤。

先與上座。復作是念：我若以板用與上座，必没水中，洄澓波浪。大海之難，極爲深廣，我於今者命將不全。又我年少，初始出家，未得道果，以此爲憂。我今捨身用濟上座，正是其時。作是念已而説偈言：

我爲自全濟，〔一〕　爲隨佛語勝，　無量功德聚，　名稱徧十方。　軀命極鄙賤，　云何違聖教？　我今受佛戒，　至死必堅持。　爲順佛語故，　奉板遺身命。　若不爲難事，　終不獲難果。　我若持此板，　必度大海難；　若不順聖旨，　將没生死海。　我今没水死，　雖死猶名勝。　若捨佛所教，　失於天人利，　及以大涅槃，　無上第一樂。

説是偈已，即便捨板，持與上座。既授板已，于時海神感其精誠，即接年少比丘置於岸上。海神合掌白比丘言：我今歸依堅持戒者。汝今遭是危難之事，能持佛戒。海神説偈報曰：

汝真是比丘，　實是苦行者。　號爾爲沙門，　汝實稱斯名。　由汝德力故，　衆伴及財寶，　得免大海難，　一切安隱出。　汝言誓堅固，　敬順佛所説。　汝是大勝人，　能除衆患難。　我今當云何，　而不加擁護？　見諦能持戒，　斯事不爲難；　凡夫不毁禁，　此乃名希有。　比丘處安隱，　清净自謹慎，　能不毁禁戒，　此亦未爲難。　未獲於道迹，　處於大怖畏，　捨

〔一〕「全」字原作「令」，據大莊嚴經論改。

己所愛命，　護持佛教戒，　難爲而能爲，　此最爲希有。」〔一〕

又論云：「我昔曾聞有一比丘次第乞食，至穿珠家，立於門外。時彼珠師爲於國王穿摩尼珠。比丘衣赤，往映彼珠，其色紅赤。彼穿珠師即入其舍，爲比丘取食。時有一鵝，見珠赤色，其狀似肉，即便吞之。珠師持食以施比丘。尋即覓珠，不知所在。此珠價貴。珠師貧急，語比丘言：得我珠耶？比丘恐殺鵝取珠，當設何計得免斯患？即説偈言：

我今護他命，　身分受苦惱，　更無餘方便，　唯以命代彼。　若言他持去，　此言復不可。
設自得無過，〔二〕　不應作妄語。　我今捨身命，　爲此鵝命故。　故緣我護戒，　因用成解脱。

爾時珠師雖聞斯偈，語比丘言：若不見還，汝徒受苦，終不相置。比丘即四向望，無可恃怙，如鹿入圍，莫知所趣。比丘無救，亦復如是。爾時比丘即自斂身，端正衣服。彼人語比丘言：汝今與我鬭耶？比丘荅言：不共汝鬭，我自共結使鬭。又説偈言：

我捨身命時，　墮地如乾薪，　當使人稱美，　爲鵝能捨身。　亦使於後人，　皆生憂苦惱，
而捨如此身，　聞者勸精進。　修行於真道，　堅持於禁戒，　有便毁禁者，〔三〕　願樂於持戒。

〔一〕出大莊嚴經論卷三。
〔二〕「設」字原作「説」，據高麗藏本改。
〔三〕「者」字原作「戒」，據高麗藏本改。

時穿珠師即加棒打。以兩手并頭並皆被縛，四向顧望，莫知所告，而作是念：生死受苦，皆應如是。又說偈言：

我於過去世，婬盜捨身命，如是不可數；羊鹿及六畜，捨身不可計；彼時虛受苦。
爲戒捨身命，勝不毀禁戒。假欲自擁護，會歸於當滅；不如爲持戒，爲他護身命。
捨此危脆身，以取解脫命。我著糞掃衣，乞食以爲業，住止於樹下，以何因緣故，乃
當作盜賊，〔一〕汝宜善觀察。

爾時珠師語比丘言：何用多語。遂加繫縛，倍更搗打。以繩急絞耳眼口鼻，盡皆血出。時彼鵝者，即來食血。珠師瞋忿，打鵝即死。比丘問言：此鵝死活？珠師答言：鵝今死活，何足故問？時彼比丘即向鵝所，見鵝既死，涕泣不樂。即向鵝說偈言：

我受諸苦惱，望使此鵝活。今我命未絕，鵝在我前死。我望護汝命，受是極辛苦，
何意汝先死，我果報不成。

珠師問比丘言：鵝今於汝，竟是何親，愁惱乃爾？比丘答言：不滿我願，所以不樂。珠師問言：欲作何願？比丘以偈答言：

〔一〕「盜」字原作「偷」，據高麗藏本改。

菩薩往昔時，捨身以救鴿。我亦作是意，捨命欲代鵝。我得最勝心，欲全此鵝命，〔一〕久住常安樂。〔二〕由汝殺鵝故，心願不滿足。

爾時比丘更具説已。珠師即開鵝腹，而還得珠。既見珠已，便舉聲號哭，〔三〕語比丘言：汝護鵝命，不惜於身。使我造此非法之事。即説偈言：

汝藏功德事，如似灰覆火。我以愚癡故，燒然數百身。汝於佛標相，極爲甚相稱。我以愚癡故，不能善觀察，爲癡火所燒。願當暫留住，少聽我懺悔。猶如脚跌者，按地還得起。南無清浄行，南無堅持戒，遭是極苦難，不作毁缺行。〔四〕不遇如是惡，持戒非希有。要當值此苦，能持禁戒者，是則名爲難。爲鵝身受苦，不犯於禁戒，此事實難有。懺悔既訖已，即放比丘還。」〔五〕

又大莊嚴論説：「有諸比丘，曠野中行，爲賊劫掠，剥脱衣裳。時此羣賊懼諸比丘往告聚落，盡欲

〔一〕「全」字原作「令」，據大莊嚴經論改。

〔二〕「住」字原作「往」，據高麗藏本、磧砂藏本改。

〔三〕「便」字原作「更」，據高麗藏本改。

〔四〕「作」字原作「行」，據高麗藏本改。

〔五〕出大莊嚴經論卷十一。

殺害。賊中一人先曾出家，語同伴言：今者何爲盡欲殺害？比丘之法，不得傷草。今者以草繫諸比丘，彼畏傷故，終不能往四向馳告。賊即以草而繫縛之，捨之而去。諸比丘等既被草縛，恐犯禁戒，不得挽絶。身無衣服，爲日所炙，蚊虻蠅蚤之所唼嬈。從旦被縛，至於日夕，轉到日没，晦冥大暗。夜行禽獸，交横馳走，甚可怖畏。有老比丘語諸年少，説偈誡言：

若有智慧者，　能堅持禁戒，　求人天涅槃，　稱意而獲得；　名稱普聞知，　一切咸供養，
必得人天樂，　亦獲解脱果。　伊羅鉢龍王，　以其毁禁戒，　損傷樹葉故，　命終墮龍中。　諸
佛悉不記，　彼得出龍時。　能堅持禁戒，　斯事爲甚難。　戒相極衆多，　分别曉了難。　如
劍林棘叢，[一]　處中多傷毁，　愚劣不堪任，　護持如此戒。

是諸比丘爲苦所逼，不得屈伸及以轉動，恐傷草命，唯當護戒，至死不犯。即説偈言：

我等往昔來，　造作衆惡業，　或得生人道，　竊盗婬他妻，　王法受刑戮，　計算不能數。
復受地獄苦，　如是亦難計。　或受畜生身，　牛羊及雞犬，　麞鹿禽獸等，　爲他所殺害，　喪
身無崖限，　未曾有少利。　我等於今者，　爲護聖戒故，　分捨是微命，　必獲大利益。　我等
今危厄，　必定捨軀命，　若當命終後，　生天受快樂。　若毁犯禁戒，　現在惡名聞，　爲人所

〔一〕「叢」字原作「聚」，據高麗藏本改。

輕賤，命終墮惡道。今當共立要，於此至没命，假使此日光，暴我身命乾，我要持佛
戒，終不中毁犯。假使遇惡獸，摑裂我身首，終不敢毁犯，釋師子禁戒。我寧持戒
死，不願犯戒生。

諸比丘等聞老比丘説是偈已，各正其身，不動不摇。譬如大樹，無風之時，枝葉不動。時彼國王遇出田獵，〔一〕漸漸遊行，至諸比丘所繫之處。王遥見之，心生疑惑，謂是露形尼犍子等，遣人往看。諸比丘等深生慚愧，障蔽其身。使人審知釋子沙門，何以知之？右肩黑故。即便還白言：大王，彼是沙門，非爲尼犍。即説偈言：

王今應當知，彼爲賊所劫，慚愧爲草繫，如鉤制大象。

于時大王聞是事已，深生疑怪，默作是念：我今宜往彼比丘所。作是念已，即説偈言：

青草用繫手，猶如鸚鵡翅，又如祠天羊，不動亦不摇。雖知處危難，默住不傷草，
如林爲火焚，犛牛爲尾死。

説是偈已，往至其所，以偈問曰：

身體極丁壯，無病似有力，以何因緣故，草繫不動摇？汝等豈不知，身自有力耶？

〔一〕「王」字原作「三」，據高麗藏本、磧砂藏本改。

爲呪所迷惑？爲是苦行耶？爲是厭患身？願速説其意。

於是比丘以偈苔王曰：

守諸禁戒故，不敢挽頓絶。佛説諸草木，悉是鬼神村，〔一〕我等不敢違，是以不能絶。如似呪場中，爲蛇畫境界，以神呪力故，毒蛇不敢度。牟尼尊畫界，我等不敢越。我等雖護命，會歸於磨滅；願以持戒死，終不犯戒生。有德及無德，俱共捨壽命。有德慧命存，并復有名稱；無德喪慧命，亦復失名譽。我等諸沙門，以持戒爲力，於戒爲良田，能生諸功德，生天之梯隥，名稱之種子，得聖之橋津，諸利之首目。誰有智慧者，欲壞戒德瓶？

爾時國王聞説偈已，心甚歡喜。即爲比丘解草繫縛而説偈言：

善哉能堅持，釋師子所説。寧捨己身命，護法不毀犯。我今亦歸命，如是顯大法。歸依離熱惱，牟尼解脱尊。堅持禁戒者，我今亦歸命。」〔二〕

〔一〕「村」字，高麗藏本作「宅」。
〔二〕出大莊嚴經論卷三。

感應緣略引二驗

梁沙門釋法聰

隋沙門釋法充

後梁南襄陽景空寺釋法聰，南陽新野人。卓然神正，性潔如玉。蔬藿是甘，無求滋饌。因至襄陽繖蓋山白馬泉，築室方丈，以爲棲心之宅。入谷兩所，置蘭若舍。今巡山者，尚識故基焉。初梁晉安王承風來問，將至禪室。馬騎相從，無故却退。王慚而返，夜感惡夢。後更再往，馬退如故。王乃潔齋，躬盡虔敬，方得進見。初至寺側，但覩一谷，猛火洞然。良久佇望，忽變爲水。經停傾仰，水滅堂現。以事相詢，乃知爾時入水火定也。堂内所坐繩牀兩邊，各有一虎，王不敢進。聰乃以手按頭著地，閉其兩目，召王令前，方得展禮。因告境内多弊虎災，請聰救援。聰即入定，須臾有十七大虎來至。便與受三歸戒，勅勿犯暴百姓。又命弟子以布繫諸虎頸，滿七日已，當來於此。王至期日，設齋衆集。諸虎亦至，便與飲食解布，遂爾無害。其日將王臨白馬泉。内有白龜，就聰手中取食。謂王曰：此是雄龍。又臨靈泉，有五色鯉魚，亦就手食。云：此是雌龍。王與羣吏嗟賞其事，大施而旋。有凶黨左右數十壯人，〔一〕夜來欲劫所施之物。遇虎哮吼，遮遏其道。又見大人倚立禪室。傍有松樹，止至其膝。〔二〕執金剛杵，將有守護。竟夜迴遑，日午方返。王怪其來，方以事首，遂表奏聞。初聰住禪室，每有白鹿白雀馴伏棲止。行往所及，慈救爲先。因見屠者驅豬百餘頭。聰三告曰：解脱首楞嚴。豬遂繩解散去。諸屠大怒，將事加手，並佐然不動。便歸過悔罪，因斷殺業。又於漢水漁人牽網所，〔三〕如前三告，引網不得，方復歸心，空網而返。又荆州苦旱，長沙寺遣僧至聰所請雨，使還大降，陂池皆滿。後卒於江陵天官寺，〔四〕即是梁太一年也。〔五〕其寺現有碑記。〔六〕

隋江州廬山化城寺釋法充，俗姓畢，九江人也。常誦法華、大品。末住廬山半頂化城寺修定。自非僧事，未嘗安履。〔七〕每勸僧衆，無以女人入寺，上損佛化，下墜俗謡。然以寺基事重，有不從者。充歎曰：生不值佛，已是罪緣。正教不行，義須早死。何慮方土不奉戒乎？遂於此山香鑪峰自投而下，

〔一〕「黨」字原闕，據唐高僧傳補。
〔二〕「止至」原作「至止」，據唐高僧傳改。
〔三〕「所」字原闕，據唐高僧傳補。
〔四〕「天官寺」，高麗藏本作「天宮寺」。
〔五〕「太一年」，高麗藏本作「太初年」，梁皆無此年號，唐高僧傳作「大定五年」。
〔六〕出唐高僧傳卷二十釋法聰傳。
〔七〕「安」字，唐高僧傳作「妄」。

誓粉身骨，用生净土。便於中虚，頭忽倒垂，〔一〕冉冉而下，處於深谷，不損一毛。寺衆不知，後有人上峰頂路，望下千有餘仞。聞人語聲，就而尋之，乃是充也。身命猶存，口誦如故。迎還至寺，僧感死諫，爲斷女人。經于六年，方乃卒也。時屬隆暑，屍不臭爛。世當開皇之末年也。〔二〕右二驗出唐高僧傳。

忍辱部第三 此別四部

述意部　勸忍部　忍德部　引證部

述意部第一

蓋聞忍之爲德，最是尊上；持戒苦行，所不能及。是以羼提比丘，被刑殘而不恨；忍辱仙人，〔三〕受割截而無瞋。且慈悲之道，救拔爲先；菩薩之懷，愍惻爲用。常應徧遊地獄，代其受苦；廣度衆生，施以安樂。豈容微復觸惱，大生瞋恨；乃至惡眼出聲，慘顔厲色，遂相捶打，便以杖加。或父子兄弟，自相損害，朋友眷屬，反更侵傷。惡逆甚於鴟梟，含毒逾於蜂蠆。所以歷劫怨讎，生生不絶也。

〔一〕「垂」字，唐高僧傳作「上」。
〔二〕出唐高僧傳卷二十釋法充傳。
〔三〕「仙人」，高麗藏本作「仙主」。

勸忍部第二

如菩薩藏經云：「夫忿恚者，速能損害百千大劫所集善根。若諸善根爲瞋害已，復當經於百千大劫，方始勤苦修行聖道。若如是者，阿耨菩提極難可得。是故我當被忍辱鎧，以堅固力，摧忿恚軍。舍利子，我今爲汝廣説其事。我念過去爲大仙人，名修行處。時有惡魔，化作五百健罵丈夫，恒尋逐我，與諸惡罵。〔一〕晝夜去來，行住坐卧，僧坊静室，聚落俗家，若在街巷，若空閑處，隨我坐立，是諸化魔以麤惡言，毁罵訶責。滿五百年，未曾休廢。舍利子，我自憶昔五百歲中，爲諸魔羅之所訶毁，未曾於彼起微恨心，恒興慈救而用觀察。」〔二〕

又成實論云：「惡口罵辱，小人不堪，如石雨鳥。〔三〕惡口罵詈，大人堪受，如華雨象。」〔四〕行者常觀前人本末因緣，或於過去爲我父母，養育我身，不避罪福；未曾報恩，何須起瞋。或爲兄弟妻子眷屬；或是聖人，昔爲善友；凡情不識，何須加毁。

〔一〕「與」字，高麗藏本作「興」。
〔二〕出大寶積經卷四十五菩薩藏會。
〔三〕「鳥」字原作「象」，據高麗藏本改。
〔四〕出成實論卷十二四無量定品。

又攝論云：「由觀五義，以除瞋恚：一、觀一切衆生無始已來，於我有恩。二、觀一切衆生恒念念滅，何人能損？何人被損？三、觀唯法無衆生，有何能損及所損？四、觀一切衆生皆自受苦，云何復欲加之以苦？五、觀一切衆生皆是我子，云何於中欲生損害？由此五觀，故能滅瞋。」〔一〕

又報恩經云：「假使熱鐵輪，在我頂上旋，終不爲此苦，而發於惡言。」〔二〕成論云：「行慈心者，卧安覺安，不見惡夢，天護人愛，不毒不兵，水火不喪。」〔三〕

又四分律偈云：

「忍辱第一道，　佛説無爲最。　出家惱他人，　不名爲沙門。」〔四〕

又遺教經云：「能行忍者，乃可名爲有力大人。」〔五〕又經云：「見人之過，口不得言。己身有惡，則應發露。」〔六〕又書云：「聞人之過，如聞父母之名，耳可得聞，口不得言。」〔七〕又經云：「讚人之善，

〔一〕出攝大乘論釋卷九釋入因果勝相。

〔二〕出大方便佛報恩經卷三。

〔三〕出成實論卷十二四無量品。

〔四〕出四分律比丘戒本。

〔五〕出佛遺教經。

〔六〕此段出處待考。

〔七〕出後漢書卷五十四馬援傳。

不言己美。」〔一〕又書云：「君子揚人之美，不伐其善。」〔二〕又經云：「布施不望彼報。若得人惠，毫髮已上，皆當呪願，慚愧奉受。」〔三〕又書云：「公子有德於人，願公子忘之。人有德於公子，願公子勿忘。」〔四〕又云：「施人慎勿念，受施慎勿忘。」〔五〕又經云：「恕己可爲喻，勿殺勿行杖。」〔六〕又書云：「己所不欲，勿施於人。」〔七〕當知内外之教，〔八〕其本均同。雖形有黑白，然立行無殊。若乖斯旨，便同鄙俗，何依内外？如經云：「佛爲衆生説法，斷除無明暗惑。猶若良醫，隨疾授藥。」〔九〕是名内教。又書云：「天道無親，唯仁是與。」〔一〇〕是名外教。又若出家之人，能觀苦空無常無我，厭離生死，至求

〔一〕此段出處待考。
〔二〕此段出處待考。
〔三〕此段出處待考。
〔四〕史記卷七十七信陵君列傳。
〔五〕出文選卷五十六崔子玉座右銘。
〔六〕出法句經卷上刀杖品。
〔七〕出論語卷六顏淵。
〔八〕「之」字原脱，據高麗藏本補。
〔九〕此段出處待考。
〔一〇〕此段出處待考。

出世，是爲依内。若乖斯行，翻爲外俗。在家之人，若能厭捨俗情，欣慕高志，專崇三寶，珍持四德，奉行孝悌，仁義禮智，貞和愛敬。能行斯行，翻同爲内。若違斯旨，還同外道。在俗之人，能隨内教，便悟真理，心常會道，漸進勝途，至趣菩提。既知如是，欲行此行，唯須自卑，推德與他。如拭塵巾，攬垢向已，持浄與人。故經云：「退而得者，佛道也。」〔一〕故書云：「君子讓而得之。」〔二〕爲是義故，常須進勝他人，恒須尅己責躬也。〔三〕

忍德部第三

如大寶積經云：「第三忍辱有十事：一、不觀於我及我所相，二、不念種姓，三、破除憍慢，四、惡來不報，五、觀無常想，六、修於慈悲，七、心不放逸，八、捨於飢渴苦樂等事，九、斷除瞋恚，十、修習智慧。若人能成如是十事，當知是人能修於忍。」〔四〕

又月燈三昧經云：「佛言：若有菩薩住於慈忍，有十種利益。何等爲十？一、火不能燒，二、刀不

〔一〕此段出處待考。

〔二〕出論語卷一學而。

〔三〕「尅己責躬」，高麗藏本作「剋責己躬」。

〔四〕此段出處待考。

能割，三、毒不能中，四、水不能漂，五、爲非人所護，六、得身相莊嚴，七、閉諸惡道，八、隨其所樂生於梵天，九、晝夜常安，十、其身不離喜樂。」〔一〕

又私呵昧經云：「佛言：忍有六事得一切智。何等爲六？一、得身力，二、得口力，三、得意力，四、得神足力，五、得道力，六、得慧力。」〔二〕

又六度集經云：「復有四種忍辱具足智慧。何等爲四？一、於求法時忍他惡駡，二、於求法時不避飢渴寒熱風雨，三、於求法時隨順和尚阿闍梨行，四、於求法時能忍空無相無願。」〔三〕

又比丘避女人惡名經偈云：

「雖聞多惡名，　苦行者忍之。　不應苦自言，　亦不應起惱。　聞聲恐怖者，　是則林中獸。

是輕躁衆生，　不成出家法。　仁者當堪耐，　下中上惡聲，　執心堅住者，　是則出家法。

不由他人語，　令汝成劫賊；　亦不由他語，　令汝得羅漢。　如汝自知己，　諸天亦復知。」〔四〕

〔一〕出月燈三昧經卷六。

〔二〕出私呵昧經。

〔三〕出大方等大集經卷三十無盡意菩薩品。作六度集經誤。

〔四〕出比丘避女人惡名欲自殺經。

引證部第四

如五分律云：「佛告諸比丘：過去世時，阿練若池水邊有二鴈，與一龜共結親友。後時池水涸竭，二鴈作是議言：今此池水涸竭，親友必受大苦。議已，語龜言：此池水涸竭，汝無濟理。可啣一木，我等各啣一頭，將汝著大水處。啣木之時，慎不可語。即便啣之，經過聚落。諸小兒見，皆言：鴈啣龜去，鴈啣龜去。龜即瞋言：何預汝事。即便失木，墮地而死。爾時世尊因此説偈言：

夫士之生，　斧在口中。　所以斫身，　由其惡言。　應毀反譽，　應譽反毀。　自受其殃，
終無復樂。

佛言：龜者，調達是也。昔以瞋語致有死苦。今復瞋罵如來，墮大地獄。」〔一〕

又法句喻經云：「昔者羅雲未得道時，心性麤獷，言少誠信。佛敕羅雲：汝到賢提精舍中住，守口攝意，勤修經戒。羅雲奉教，作禮而去。住九十日，慚愧自悔，晝夜不息。佛往見之，羅雲歡喜，趣前禮佛，安繩牀坐。佛踞繩牀，告羅雲曰：澡盤取水，爲吾洗足。羅雲受教，爲佛洗足。洗足已訖，佛語羅雲：汝見澡盤中洗足水不？羅雲白佛：唯然見之。佛語羅雲：此水可用飲食以不？羅雲白言：不可

〔一〕出彌沙塞部和醯五分律卷二十五。

復用。所以者何？此水本實清浄，今以洗足，受於塵垢，是故不可復用。佛語羅雲：汝亦如是。雖爲吾子，國王之孫，捨世榮禄，得爲沙門。不念精進，攝身守口，三毒垢穢，充滿胸懷。亦如此水，不可復用。佛語羅雲：棄澡盤中水。羅雲即棄。佛語羅雲：澡盤雖空，可用盛飲食不耶？白佛言：不可復用。所以然者，用有澡盤之名，曾受不浄故。佛語羅雲：汝亦如是。雖爲沙門，口無誠信，心性剛强，不念精進，曾受惡名。亦如澡盤不中盛食。佛以足指撥却澡盤，應時輪轉而走，自跳而墮，數返乃止。佛語羅雲：汝寧惜澡盤恐破不？羅雲白佛：洗足之器，賤價之物，意中雖惜，不大殷勤。佛語羅雲：汝亦如是。雖爲沙門，不攝身口，麤言惡説，多所中傷，衆所不愛，智者不惜。身死神去，輪轉三塗，自生苦惱。無量諸佛賢聖所不愛惜，亦如汝言，不惜澡盤。羅雲聞之，慚愧怖悸。譬如戰象，兩牙二耳，四脚及尾，九兵皆嚴，先須護鼻。所以者何？象鼻軟脆，中箭即死。人犯九惡，唯當護口。所以護口，當畏三塗。十惡盡犯，不護口者，如象損鼻。人犯十惡，不惟三塗毒痛辛苦。即説偈云：

我如象鬭，　不恐中箭。　常以誠信，　度無戒人。　譬象調伏，　可中王乘。　調爲尊人，
乃受誠信。

羅雲聞佛懇惻之誨，感激自厲，尅骨不忘，精進柔和，懷忍如地，識想静寂，即得阿羅漢道。」〔一〕

〔一〕出法句譬喻經卷三象喻品。

又羅雲忍辱經云：「爾時羅雲向一不信婆羅門家乞食，慳惜不與。羅雲被打，頭破血出，復撮沙投鉢中。〔一〕羅雲含忍，心不加報。即持鉢至河，洗頭鉢已，而自説云：我自行分衛，無事横忤我。我痛斯須間，柰彼長苦何！猶如利劍割臭屍，臭屍不知痛，非劍之不利。又如天甘露，飼彼溷豬食，溷豬捨之走，非是甘露之不美。我以佛真言，訓世凶愚。凶愚不思，豈不然乎！還已白佛。佛言：夫惡心之興，是以之衰。輕薄惡人，命終于夜半，當入無擇地獄之中。獄鬼加痛，毒無不至。八萬四千歲，其壽乃終。魂神更受含毒蟒身。毒還自害其身，終而復始，續受蝮形。常食沙土，萬歲乃畢。以瞋恚意向持戒人，故受毒身。以沙土投鉢中故，世世食沙土而死。罪畢爲人，母懷之時，當有重病，家中日耗。兒生鈍頑，都無手足。其親驚怪，皆曰：何妖？來爲不祥。即取捐之，著於四衢。路人往來，無不愕然。競以瓦石刀杖擊頭陷腦，窮苦旬日乃死。死後魂靈即復便生，輒無手足，鈍頑如前。經五百世，重罪乃畢。後生爲人，常有頭痛之患。夫人處世不能忍者，所生之處不值佛世，違法遠僧，常在三塗。若蒙餘福，得出爲人，稟性常愚，凶虐自逐。爲人醜陋，衆所惡憎。生輒貧窮，聖賢不祐。」〔二〕

又雜阿含經云：「爾時尊者舍利弗、大目犍連住耆闍崛山中。時尊者舍利弗新剃髮時，有伽吒及優波伽吒鬼。優波伽吒鬼見尊者舍利弗新剃鬢髮，語伽吒鬼言：我今當往打彼沙門頭。伽吒鬼言：

〔一〕「投」字原脱，據高麗藏本補。

〔二〕出羅雲忍辱經。

汝莫作是語。此沙門大德大力，汝莫起瞋，長夜得大不饒益苦。如是再三說。時優波伽吒鬼再三不用伽吒鬼語，即以手打尊者舍利弗頭。打已尋自言喚：燒我，伽吒！煮我，伽吒！再三喚已，陷入地中，墮阿毗地獄。目連聞舍利弗爲鬼所打，即往問言：云何尊者苦痛可忍不？舍利弗答言：尊者目連，雖復苦痛，意能堪忍，不至大苦。目連語舍利弗言：奇哉！尊者舍利弗，真爲大德大力。此鬼若以手打耆闍崛山者，能令碎如糠糟，〔一〕況復打人而不苦痛。爾時舍利弗語目連：我實不大苦痛。時舍利弗、大目揵連共相慰勞，時世尊以天耳聞其語聲已，即說偈言：

其心如剛石，　堅住不傾動。　染著心已離，　瞋者不反報。　若如此修心，　何有苦痛憂。」〔二〕

又新婆沙論云：「曾聞過去此賢劫中，有王名羯利。時有仙人號爲忍辱，住一林中，勤修苦行。時羯利王除去男子，與内宮眷屬作諸妓樂，遊戲林間，縱意娛樂。經久疲厭，而便睡眠。内宮諸女，爲華果故，遊諸林間。遥見仙人，於自所止，端身靜思。便馳趣之，皆集其所。到已頂禮，圍遶而坐。仙人即爲説欲之過，所謂諸欲皆是不净臭穢之法，是可呵責，是可厭患。誰有智者，當習近之。諸姊皆應生厭捨離。王從睡覺，不見諸女，便作是念：將無有人誘奪去耶？即拔利劍，處處求覓。乃見諸女在仙

〔一〕「糟」字，高麗藏本作「糩」。

〔二〕出雜阿含經卷五十。

人邊，圍遶而坐。生大瞋恚：是何大鬼，誘我諸女？即前問之：汝是誰耶？荅言：我是仙人。復問：在此作何事耶？荅曰：修忍辱道。王作是念：此人見我瞋故，便言我修忍辱。我今試之。即復問言：汝得非想非非想處定耶？荅言：不得。次第責問，乃至：汝得初靜慮耶？荅言：不得。王倍瞋忿，語言：汝是未離欲人，云何恣情觀我諸女？復言：我是修忍辱人。可伸一臂，試能忍不？爾時仙人便伸一臂。王以利劍斬之，如斷藕根，墮於地上。王復責問：汝是何人？荅言：我是修忍辱人。時王復命伸餘一臂，即復斬之，如前責問。仙人亦如前荅言：我是修忍辱人。如是次斬兩足，復截兩耳，又割其鼻。一一責問，荅皆如前。令仙人身七分墮地，作七瘡已，王心便止。仙人告言：王今何故自生疲厭？假使斷我一切身分，猶如芥子，乃至微塵，我亦不生一念瞋忿。所言忍辱，終無有二。復發是願：如汝今日，我實無辜而斷我身，令成七分，作七瘡孔。我未來世得阿耨菩提時，以大悲心，不待汝請，最初令汝修七種道，斷七隨眠。當知爾時忍辱仙人者，即今世尊釋迦牟尼是。羯利王者，即今具壽憍陳那是。故憍陳那見聖諦已，佛以神力除破闇障，〔一〕令其憶念過去世事，〔二〕使便自見爲羯利王，佛爲仙人，自以利劍斷佛七支作七瘡孔，佛不瞋恨，反以誓願欲饒益之。佛豈違背昔願。憍陳那聞已，

〔一〕「破」字，高麗藏本作「彼」。

〔二〕「事」字，高麗藏本作「時」。

極懷耻愧，合掌恭敬。」〔一〕

〔一〕出阿毗達磨大毗婆沙論卷一百八十二。

法苑珠林校注卷第八十三

精進部第四 此別四部

述意部　懈惰部　策修部　進益部

述意部第一

夫忍行之情猶昧，審的之旨未顯，所以策惰，令心不懈。是故經曰：「汝等比丘，當勤精進。十力慧日，既已潛没，汝等當爲無明所覆。」〔一〕又言：「闡提之人，屍卧終日，當言成道，無有是處。」〔二〕釋論云：「在家懈怠，失於俗利。出家懶惰，喪於法寶。」〔三〕是以斯那勇猛，諸佛稱揚；迦葉精奇，如來

〔一〕出南本大般涅槃經卷二。
〔二〕此段出處待考。
〔三〕此段出處待考。

述讚。書云：「夙興夜寐，竭力致身，乃曰忠臣，方稱孝子。」〔一〕故知於逸懈怠之所不尚，精進劬勞無時不可。豈得恣其愚懷，縱情憍蕩。致使善根種子，不復開敷；道樹枝條，彌加枯萃。況復命屬死王，名繫幽府。奄歸長夜，頓罷資糧。冥曹考問，將何酬荅？當於此時，悔惰何及？〔二〕是故今者勸諸行人，聞身餘力，預備前糧。常須檢校三業，勿令違於六時。每於晝夜，從旦至中，從中至暮，從暮至夜，從夜至曉，乃至一時、一刻、一念、一刹那，檢校三業，幾心行善，幾心行惡，幾心行孝，幾心行逆，幾心知厭離財色心，幾心行貪著財色心，幾心行人天善根業，幾心行三塗不善業，幾心厭離名聞著我心，幾心貪求名聞著我心，幾心欣修三乘出世心，幾心輕慢三乘深樂世間心。如是善惡，日夜相違。行者常須檢校，勿令放逸，墮於邪網。恒省三業，遞相誡勗，心口相訓。心語口言：汝常説善，莫説非法。口還語心：汝思正法，莫思非法。心復語身：汝勤精進，莫行懈怠。如是我心自制，我口自慎，我身自禁。如是自策，足得高昇，何勞他控，橫起怨憎？〔三〕故經曰：「身行善，口行善，意行善，定生善道。身行

〔一〕出詩經小雅、論語卷一學而。

〔二〕「惰」字，高麗藏本作「恨」。

〔三〕「憎」字原作「僧」，據高麗藏本、磧砂藏本、嘉興藏改。

惡，口行惡，意行惡，定生惡趣。」〔一〕又如快馬顧影馳走，〔二〕不同駑畜加諸杖捶。若不自誡，要假他呵，反增觸惱，益罪尤深也。

懈惰部第二

如菩薩本行經云：「佛告阿難：夫懈怠者，衆行之累。居家懈怠，則衣食不供，產業不舉。出家懈怠，不能出離生死之苦。一切衆事皆由精進而得興起。是時帝釋便說偈言：

欲求最勝道，　不惜其軀命，　棄身如糞土，　解了無吾我。　雖用財寶施，　此事不爲難；
勇猛如是者，　精進得佛疾。」〔三〕

又增一阿含經云：「若有人懈惰，種不善行，於事有損。若能不懈惰，此最精妙。所以然者，彌勒菩薩經三十劫，應當作佛。我以精進力勇猛之心，使彌勒在後成佛。是故當念精進，勿有懈怠。」〔四〕

又譬喻經云：「迦葉佛時，有兄弟二人，俱爲沙門。兄持戒坐禪，一心求道而不布施。弟布施修福

〔一〕此段出處待考。
〔二〕「快馬」，高麗藏本作「駃騠」。
〔三〕出菩薩本行經卷上。
〔四〕出增一阿含經卷十一。

而喜破戒。兄從釋迦出家，得阿羅漢果，衣常不充，食常不飽。弟生象中，爲象多力，能却怨敵，國王所愛。金銀珍寶，瓔珞其身，封數百户邑，供給此象，隨其所須。時兄比丘值世大儉，遊行乞食，七日不得。末後得少麤食，劣得濟命。〔一〕先知此象是前世弟，便往詣象，手捉象耳而語之言：我昔與汝俱有罪也。象思比丘語，即識宿命，見前因緣，愁憂不食。象子怖懼，便往白王。王問象子：先無人犯此象不？象子荅曰：無他異人，唯一沙門來至象邊，須臾便去。王即遣人覓得沙門，問言：至象邊何所道耶？沙門荅曰：我語象云：我與汝俱有罪耳。沙門向王具説如上。王意便悟，即放沙門。〔二〕

又增一阿含經云：「爾時世尊與無央數之衆而爲説法，有一長老比丘向世尊舒脚而睡。有脩摩那沙彌，年向八歲，去世尊不遠，結跏趺坐，繫念在前。〔三〕世尊遥見長老比丘舒脚而眠，復見沙彌端坐思惟，便説偈言：

所謂長老者，　未必剃髮鬚，　雖復年齒長，　不免於惡行。　若有見諦法，　無害於羣前，
捨諸穢惡行，　此名爲長老。　我今謂長老，　未必先出家，　修其善本業，　分別於正行。　設
有年幼少，　諸根無漏缺，　此謂名長老，　分別正法行。

〔一〕「濟」字，高麗藏本作「存」。
〔二〕出雜譬喻經。
〔三〕「繫」字，高麗藏本、磧砂藏本作「計」。

爾時世尊告諸比丘：汝等頗見此長老舒脚而睡乎？諸比丘對曰：如是悉見。世尊告曰：此長老比丘，前五百世中恒爲龍身。今設命終，當生龍中。所以然者，無有恭敬於佛法衆。若無恭敬之心於佛法衆者，命終皆當生龍中。汝等頗見脩摩那沙彌年向八歲，去我不遠，端坐思惟不？諸比丘對曰：悉見。世尊曰：此沙彌却後七日，當得四神足及得四諦之法。以是之故，恒常勤加恭敬佛法之衆。」〔一〕

又佛説馬有八態譬人經云：「佛告諸比丘：馬有弊惡八態。何等爲八？一態者、解羈韁時，便掣車欲走。二態者、車駕跳梁，欲齧其人。三態者、便舉前兩脚掣車而走。四態者、便蹹車軨。五態者、便人立持軛，〔二〕摩身抄車却行。〔三〕六態者、便傍行斜走。七態者、便掣車馳走，得值濁泥，止住不行。八態者、懸菟餧之，熟視不食。其主牽去，欲駕之時，遽含嚙噬，飲食不得。佛言：人亦有弊惡八態。何等爲八？一態者、聞説經便走，不欲樂聽。如馬解羈韁，掣車走時。二態者、聞説經意不解，不知語所趣向，便瞋跳梁，不欲樂聞。如馬駕車時跳梁，欲齧人時。三態者、聞説經便逆不受。如馬舉前兩脚掣車走時。四態者、聞説經便罵。如馬蹹車軨時。五態者、聞説經便起去。如馬人立持軛，摩身

〔一〕出增一阿含經卷二十二。
〔二〕「便」字，高麗藏本作「使」。
〔三〕「抄車」，高麗藏本作「拶車」。下同。

抄車却行時。六態者、聞説經不肯聽，輒頭斜視耳語。〔一〕如馬傍行斜走時。七態者、聞説經便欲窮難，問之不能相應荅，便死抵妄語。如馬得濁泥便止，不復行。八態者、聞説經不肯聽，及念婬泆多求，不欲聽受。死入惡道時，乃遽欲學問行道，亦不能復得行道。如馬懸蒭餧之，熟視不肯食，其主牽去欲駕之，乃遽含噏噬，亦不得食。佛言：我説馬有八惡態，〔二〕人亦有八惡態。如是比丘聞經歡喜，作禮而去。」〔三〕

策修部第三

如持世經云：「寶光菩薩於閻浮檀金佛所發於精進。但爲入如是法方便門，二十億歲終不生惡心，若利養心。又寶光菩薩如是精進二十億歲，未曾發起婬怒癡心。」〔四〕又「無量意菩薩、無量力菩薩於四萬歲中終不睡眠，常不滿腹食，亦不卧，若坐，若經行，但念五取陰相。」〔五〕

〔一〕「斜」字原作「邪」，據高麗藏本改。
〔二〕「惡態」原作「態惡」，據高麗藏本改。
〔三〕出馬有八態譬人經。
〔四〕出持世經卷四本事品。
〔五〕出持世經卷二五陰品。

又大集經云：「法語比丘二萬年中無有睡眠，然後上昇虚空一多羅樹，結跏趺坐，滿一千年不動不搖，法喜爲食，獲得比智，樂説無礙。」〔一〕

又譬喻經云：「羅閲祇國沙門坐自誓曰：我不得道，終不起。欲睡眠，作錐長八寸，刺兩髀痛不得眠，一年得道。」〔二〕

又薄俱羅經云：「薄俱羅稱言：我從出家以來，十八年中，未曾偃卧，脅一著牀，背有所倚。」〔三〕

又遺教經云：「汝等比丘，若勤精進，則事無難者。是故汝等常勤精進，譬如小水常流，則能穿石。若行者之心數數懈廢，譬如鑽火，未熱而息，雖欲得火，火難可得。是名精進。」〔四〕

又智度論云：「身精進爲少，心精進爲大。外精進爲少，内精進爲大。復次，佛説意業力大故。如仙人瞋時，能令大國磨滅。復次，身口作五逆罪，大果報一劫在阿鼻地獄。受意業力，得生非有想非無想處，壽八萬大劫；亦在十方佛國，壽命無量。以是故身口精進爲少，意精進爲大。」〔五〕如是諸經廣

〔一〕出大方等大集經卷七不眴菩薩品。
〔二〕此經已佚。
〔三〕出中阿含經卷八薄拘羅經。
〔四〕出佛遺教經
〔五〕出大智度論卷二十九。

歎精進，一心正念，速得道果，未必要須多聞。

又智度論云：「若人欲得所聞皆持，應當一心憶念，令念增長。於相似事繫念，令知所不見事。」〔二〕如周利槃陀迦比丘，繫心拭屣物中，念憶禪定，除心垢法，乃得羅漢果。彼人暗鈍，令誦掃箒兩字，猶不俱得。得掃忘箒，得箒忘掃。如此矇鈍，尚得聖道。何況利人，不得聖道。天下極鈍，豈過於此。佛法貴行，不貴不行。但能勤行，縱復寡聞，亦先入道。

又毗婆沙論云：「如二人俱至一方，一乘疾馬，一乘鈍馬。雖乘鈍馬，以前發故，先有所至。信解脱人，勤行精進，先至涅槃。」〔三〕即是周利等也。

又六度集經云：「佛告弟子：當勤精進，聽聞諷誦，莫得懈怠，陰蓋所覆。吾念過去無數劫時，有佛名一切度王。是時衆中有兩比丘：一名精進辯，一名德樂止，共聽法。精進辯者，聞經歡喜，應時即得阿惟越致，神通具足。德樂止者，睡眠不覺，獨無所得。時精進辯謂德樂止言：佛者難值，億百千世，時乃一出。當勤精進，爲衆善本。如何睡眠？時德樂止聞其教詔，便即經行。於祇樹間，甫始經行，復往睡眠。如是煩亂，不能自定。詣泉側坐，欲思惟，復生眠睡。時精進辯便以善權往而度之。化作蜂王，飛趣其眼，如欲螫之。時德樂止驚覺而坐，畏此蜂王。須臾復睡。時蜜蜂王飛入腋下，螫其胸

〔二〕此段出處待考。
〔三〕出阿毘曇毘婆沙論卷四十七。

腹。德樂止驚，心中愫悸，不敢復睡。時泉水中有雜色華，種種鮮潔。時蜜蜂王飛住華上，食甘露味。時德樂止端坐視之，畏復飛來，不敢睡眠。思惟蜂王，觀其根本。蜂王食味，不出華中。須臾之頃，蜂王睡眠，墮汙泥中。身體沐浴已，復還飛住其華上。時德樂止向蜜蜂王説偈言：

是食甘露者，其身得安隱，不當復持歸，徧及其妻子。如何墮泥中，自汙其身體？

如是爲無黠，毁其甘露味。又如此華者，不宜久住中。日没華還合，求出則不能；

當須日光明，爾乃復得出。長夜乏疲冥，如是甚勤苦。

時蜜蜂王向德樂止説偈報言：

佛者譬甘露，聽聞無厭足，不當有懈怠，無益於一切。五道生死海，譬如墮汙泥；

愛欲所纏裹，無智爲甚迷。日出衆華開，譬佛之色身；日入華還合，世尊般泥日。

值見如來世，當勤精進受，除去睡陰蓋，莫呼佛常在。深法之要慧，不以色因緣；其

現有著者，當知爲善權。善權之所度，有益不唐舉，而現此變化，亦以一切故。

時德樂止聽聞其説，即得不起法忍，解諸法本，逮陀鄰尼。佛告阿難：爾時精進辯者，今我身是。德樂止者，彌勒是也。我於爾時俱與彌勒共聽經法。彌勒爾時睡眠，獨無所得。我不行善權而救度者，彌

勒至今在生死中，未得度脱。」〔一〕

又法句喻經云：「昔有比丘，日至城外曠野塚閒，路由他田，乃得達過。其主見已，便興瞋恚：此何道人，日此來往，不修道德？即問道人：汝何乞士，在吾田中縱横往來，乃成人蹤？道人報曰：吾有鬬訟，來求證人，故行田中。田主宿緣鈎連，應蒙得度，便逐道人私匿從行。見曠塚閒，屍骸狼藉，膖脹臭爛，鳥獸食啗，散落異處。或有食啗盡不盡者，有似灰鴿色者，疽蟲吮嗽，臭穢難近。比丘舉手語彼人曰：此諸鳥獸，是我證人。其人問曰：此諸鳥獸，何爲證人？汝今比丘，與誰共諍？比丘報曰：心之爲病，多諸漏患。我觀此骸，分別惡露。便還房室，還自觀身，從頭至足，與彼無異。然此心意，流馳萬端，追逐幻僞色聲香味細滑之法。我今欲誡心之源本：汝心當知，興起是念，無令將吾入地獄餓鬼之中。我今凡夫，未脱諸縛。然此心賊不見從命。以是之故，日往曠野，爲説惡露不净之想。復與心説：心爲卒暴，亂錯不定。心今當改，無造惡緣。時彼田主聞道人教，以手揮淚，哽咽難言。然彼田主於迦葉佛十千歲中修不净想，尋時分别三十六物惡露不净。爾時比丘及彼田主，即彼曠野大畏塚閒得須陀洹道。」〔二〕故知前聖後聖，通誡殷勤，不得輕怠，自損來報。眷屬非久，暫時緣合。善惡交報，親疏何定。不得偏執，貪著室家。縱得榮位，暫時非久。比見愚俗，不知無常，廣事田宅，愛戀妻兒，貪求

〔一〕出六度集經卷六佛説蜜蜂王經。

〔二〕出出曜經卷一無常品。作法句喻經誤。

名利，不知厭足。生平不知修福，死去還屬他人。

又法句喻經說云：「昔者外國有清信士，供養三寶，初無厭極。時有沙門與共親友，逮得神通，生死已盡。時清信士因得疾病，醫藥加治，不能得差。時婦在邊，悲哀辛苦：共爲夫婦，獨受斯痛。卿設無常，我何所依？兒女孤單，何所恃怙？夫聞悲戀，應時即死，魂神還在婦鼻中，化作一蟲。婦甚啼哭，不能自止。時道人往與婦相見，知婿命過，鼻中作蟲。故欲諫喻，令損愁憂。婦見道人來，增益悲哀：柰何和尚，夫婿已死。時婦洟鼻，蟲便墮地。婦即慚愧，欲以脚蹈。道人告曰：止止，莫殺。是卿夫婿化作此蟲。婦白道人：我夫奉經持戒，精進難及，何緣壽終墮此蟲中？道人荅曰：用卿恩愛，悲哀呼嗟，起恩愛心，戀慕愁憂。用是壽終，即墮蟲中。道人爲蟲說經：卿精進奉經持法，福應生天，在諸佛前。但坐恩愛戀慕之想，墮此蟲中，亦可慚愧。蟲聞此言，心開意解，便自剋責。即時壽終，便得上生。是以今者唯應檢校，知心善惡，改過爲福，省己爲人，不得懈怠，自損來報。」〔一〕

進益部第四

如月燈三昧經云：「佛言：若有菩薩能行精進，有十種利益。何等爲十？一、他不折伏。二、得佛

〔一〕此經已佚。

所攝。三、爲非人所護。四、聞法不忘。五、未聞能聞。六、增長辯才。七、得三昧性。八、少病少惱。九、隨所得食，食已能消。十、如優鉢羅華，不同於朽。」〔一〕

又大寶積經云：「第四精進有十念：一、念佛無量功德。二、念法不思議解脱。三、念僧清浄無染。四、念行大慈，安立衆生。五、念行大悲，拔濟衆苦。六、念正定聚，勸樂修善。七、念邪定聚，拔令反本。八、念諸餓鬼飢渴熱惱。九、念諸畜生長受衆苦。十、念諸地獄備受燒煮。菩薩如是思惟十念、三寶功德，專念不亂，是名正念精進。」〔二〕

又六度經云：「復有四種精進，具足智慧。何等爲四？一、勤於多聞，二、勤於總持，三、勤於樂説，四、勤於正行。」〔三〕

感應緣略引六驗

晉沙門帛僧光

晉沙門竺曇猷

〔一〕出月燈三昧經卷六。

〔二〕此段出處待考。

〔三〕出大方等大集經卷三十無盡意菩薩品。作六度集經誤。

宋沙門釋僧規

宋大司農何澹之

梁沙門釋慧景

隋沙門釋曇詢

晉剡隱嶽山有帛僧光，或云曇光，未詳何許人。少習禪業。晉永和初，遊于江東，投剡之石城山。山民咸云：此裏舊有猛獸之災及山神縱暴，〔一〕人蹤久絶。光了無懼色，雇人開剪，〔二〕負杖而前。行入數里，忽大風雨，羣虎嘷鳴。光於山南見一石室，乃止其中，安禪合掌，以爲棲禪之處。至明旦雨息，乃入村乞食，夕復還中。經三日，乃見山神，或作虎形，或作蛇身，競來怖光。光一皆不恐。經三日，又夢見山神自言：移往章安縣韓石山住，推室以相奉。爾後採薪通流，道俗宗事。樂禪來學者，起茅茨於室側，漸成寺舍，因名隱嶽。光每入定，輒七日不起。處山五十三載，春秋一百一十歲。晉太元之末，以衣蒙頭，安坐而卒。衆僧咸謂依常入定。過七日後，怪其不起，乃共看之，顏色如常，唯鼻中無

〔一〕「裏」字，高麗藏本及高僧傳作「中」。

〔二〕「雇」字原作「顧」，據高麗藏本改。又「剪」字，高麗藏本作「薙」。

氣。神遷雖久而形骸不析。至宋孝建二年，郭鴻任剡，入山禮拜，試以如意撥胸，颯然風起，衣飢消散，唯白骨在焉。鴻大愧懼，收之於室，以塼壘其外而泥之。〔一〕畫其形像，于今尚存。〔二〕

晉始豐赤城山有曇猷，或云法猷，燉煌人。少居苦行，習禪定。後遊江左，止剡之石城山，乞食坐禪。嘗行到一行蠱家乞食。猷呪願竟，忽見蜈蚣從食中跳出，猷快食無他。後移始豐赤城山石室坐禪。有猛虎數十，蹲在猷前，猷誦經如故。一虎獨睡，猷以如意扣虎頭訶：何不聽經！俄而羣虎皆去。有頃，壯蛇競出，大者十餘圍，循環往復，舉頭向猷，經半日復去。後一日，神現形語猷曰：〔三〕法師威德既重，來止此山，弟子輒推室以相奉。猷曰：貧道尋山，願得相值，何不共住？神曰：弟子無爲不爾。但部屬未狎法化，〔四〕卒難制御。遠人來往，或相侵觸。人神道異，是以去耳。猷曰：本是何神，居之久近，欲移何處去耶？神曰：弟子夏帝之子，居于此山二千餘年。寒石山是家舅所治，〔五〕當往彼住。尋還山陰廟，臨別執手，贈猷香三奩。於是鳴鞞吹角，陵雲而去。赤城山有孤巖獨立，秀出千

〔一〕「壘」字原作「累」，據高麗藏本改。

〔二〕出高僧傳卷十一帛僧光傳。

〔三〕「語」字，高麗藏本作「詣」。

〔四〕「狎」字，高僧傳作「洽」。

〔五〕「寒」字原作「韓」，據高麗藏本改。

雲。猷摶石作梯，昇巖宴坐，接竹傳水，以供常用，禪學造者十有餘人。王羲之聞而故往，仰峰高挹，致敬而返。赤城巖與天台瀑布、靈溪四明並相連屬，而天台懸崖峻峙，峰嶺切天。古老相傳云：上有往時精舍，得道者居之。雖有石橋跨澗，而橫石斷人，且莓苔青滑。自終古已來，無得至者。猷行至橋所，聞空中聲曰：知君誠篤，今未得度。却後十年，自當來也。猷心悵然，夕留中宿，聞行道唱布薩聲。旦復欲前，〔一〕見一人鬚眉皓白，問猷所之。猷具荅意。公曰：君生死身，何可得去？吾是山神，故相告耳。猷乃退還，道經一石室，過中憩息。俄而雲霧晦合，室中盡明，〔二〕猷神色無擾。明旦見人著單衣袷來曰：〔三〕此乃僕之所居，昨行不在家中，遂致搔動，大深愧怍。猷曰：若是君室，請以相還。神曰：僕家室已移，請留令住。猷停少時。猷恨不得度石橋，後潔齋累日，復欲更往，見橫石洞開。度橋少許，睹精舍神僧，果如所說。因共燒香中食。〔四〕食畢，神僧謂猷曰：却後十年，自當來此，今未得住。於是而反。顧看橫石，還合如初。晉太元中，有妖星現。帝並下勑諸國，〔五〕有德沙門，令齋懺悔

〔一〕「旦」字原作「且」，據高麗藏本改。

〔二〕「明」字，高僧傳作「鳴」。

〔三〕「袷」字，高僧傳作「幘」。

〔四〕「共」字原闕，據高僧傳補。

〔五〕「並」字，高僧傳作「普」。「勑」字原脱，據高麗藏本補。

禳災。猷乃祈誠冥感，至六日旦，見青衣小兒來悔過云：横勞法師。是夕星退。別説云：禳星是帛僧光，未詳孰是。猷以太元之末卒於山室。屍猶平坐，而舉體緑色。晉義熙末，隱士神世標入山登巖，故見猷屍不朽。其後欲往觀者，輒雲霧所惑，無得窺也。〔一〕右此二驗出梁高僧傳。

宋沙門僧規者，武當寺僧也。時京兆張瑜于此縣，常請僧規在家供養。永初元年十二月五日，無痾忽暴死。二日而穌愈。自説云：五日夜五更中，〔二〕聞門巷閒嘵嘵有聲。須臾見有五人炳炬火，執信旛，逕來入屋，叱喝僧規。〔三〕規因頓卧悅然，五人便以赤繩縛將去。行至一山，都無草木，土色堅黑，有類石鐵。山側左右，白骨填積。山數十里，至三歧路。有一人甚長壯，被鎧執仗，問五人：有幾人來？荅曰：政一人耳。五人又將規入一道中。俄至一城，外有屋數十，築壤爲之。屋前有立木，長十餘丈，上有鐵梁，形如桔槔。左右有匱貯土，土有品數，或有十斛形，亦如五升大者。有一人衣幘並赤，語規曰：汝生世時有何罪福，依實説之，勿妄言也。規惶怖未荅。赤衣人如局吏云：可開簿檢其罪福也。有頃吏至長木下，提一匱土，懸鐵梁上稱之，如覺低昂。吏謂規曰：此稱量罪福之秤也。汝福少罪多，應先受罰。俄有一人衣冠長者謂規曰：汝沙門也。何不念佛？我聞悔過，可度八難。規於

〔一〕出高僧傳卷十一竺曇猷傳。
〔二〕「五更」，高麗藏本、南藏本作「二更」。
〔三〕「喝」字原作「咀」，據高麗藏本改。

是一心稱佛。衣冠人謂吏曰：可更爲此人稱之，既是佛弟子，幸可度脱。吏乃復上匱稱之，稱乃正平。既而將規至監官前辯之。監官執筆觀簿，〔一〕遲疑久之。又有一人朱衣玄冠，佩印綬，執玉板，來曰：算簿上未有此人名也。監官愕然，命左右收録去。須臾見反縛向五人來。監官曰：殺鬼何以濫將人來。乃鞭之。少頃有使者稱：天帝唤道人來。既至帝宫，經見踐歷，略皆金寶，精光晃昱，不得凝視。帝左右朱衣寶冠，飾以華珍。帝曰：汝是沙門，何不勤業，而爲小鬼横收捕也。規稽首諸佛，祈恩請福。帝曰：汝命未盡，今當還生。宜勤精進，勿屢遊白衣家。殺鬼取人，亦多枉濫，如汝比也。規曰：横濫之厄，當以何方而濟免之？帝曰：廣設福業，最爲善也。若不辦爾，可作八關齋。生免横禍，死離地獄，亦其次也。語畢遣規去。行還未久，見一精舍，大有沙門。見武當寺主白法師、弟子慧進皆在焉。居宇宏整，資待自然。規請欲居之，有一沙門曰：此是福地，非君所得處也。使者將規還，至瑜家而去。

何澹之，東海人，宋大司農。不信經法，多行殘害。永初中得病，見一鬼形甚長壯，牛頭人身，手執鐵叉，晝夜守之。憂怖屏營，使道家作章符印録，備諸禳絶，而猶見如故。相識沙門慧義聞其病往候，澹之爲説所見。慧義曰：此是牛頭阿旁也。罪福不昧，唯人所招。君能轉心向法，則此鬼自消。澹之

〔一〕「官」字原脱，據高麗藏本補。

迷很不革，頃之遂死。右此二驗出冥祥記。

梁大同二年，有慧景法師爲寺主，道素高潔。有慧振法師先於寺後山上起頭陀屋二間，恒有善神衛護。普通元年四月二十日，有新受戒僧慧徵往屋中誦戒，小有疲懈。山神現形，又著烏衣，身長一丈，手執索。慧徵驚懼還寺。普通八年四月十五日，寺僧僧覆往此屋中，誓一夏誦經。初爾一日，誦習不懈。至第二日，還寺消息。須臾之間，山上石下，聲如雷電，有一塊石打屋。僧覆驚起辭謝，〔一〕誦經不敢復眠。大同四年四月十二日中，竟有一客僧名法珍，緣家在壽陽，來寺禮拜。仍至寺後山上。〔二〕既見石窟中舊有好泉水，水甚清潔，仍就此坐禪。俄爾之間，空中有聲，語令避去。其都不動。須臾虎來，以前脚撮其頭，血流出面，四十餘日，瘡差而去。中大同元年二月五日，攝山神現形，著菩薩巾，披袈裟，形貌極端正，侍從左右三十餘人。又一人捉香鑪在前，來入禪堂，詣弘誓法師所。自坐胡牀，與法師共語，并請寺衆行道。又至其年四月四日夜，爾時大風，禪堂僧智遠等聞外如有數十人行聲。〔三〕至後夜，見堂户邊有一木。慧景、智遠等仍還大寺解齋。比還，開禪堂户已見此。景在禪牀坐，見一紙書，令安置故禪堂後石窟中。慧虔初捧不移，末道當移石窟，即便輕舉。至其年五月十四

〔一〕「起」字下原衍一「起」字，據高麗藏本删。

〔二〕「山」字下原衍一「山」字，據高麗藏本、磧砂藏本删。

〔三〕「如」字原脱，據高麗藏本補。

日，復更書一片石，與景遠二僧，令於禪堂後種竹。自稱名菩提。

隋懷州柏尖山寺釋曇詢，俗姓楊，弘農華陰人也。謹攝自修，宗稟心學。遠訪巖隱，遊至白鹿山北霖落泉寺，逢曇準禪師，授以禪法。又往稠禪師所，問其津道。極相禮遇，善洽禪味。後經三夏，移住鹿土谷修禪。屬枯泉重出，麍麖繞院。故得美水馴獸，日濟道鄰。從學之徒，相慶兹瑞。時因請法，暫往雲門。值徑陰霧，昏暗失路，忽蒙山神示道，方會本途。此乃化感幽冥，神明翊衛。時有盜者來竊蔬菜，將欲出園，乃爲羣蜂所螫。詢聞來救，慈心將治，得全餘命。嘗有趙人遠至，殷勤致禮。陳云：弟子因病死穌，往見閻羅王詰問，罪當就獄。賴蒙詢師來爲請命，王因放免。生來未面，遠訪方委。又山行值二虎鬬，累日不歇。詢執錫分之，以身爲翳。語云：汝同居林藪，計無大乖。幸各分路，何須固忿。虎聞，低頭飲氣而散。屢逢熊虎交諍不歇，皆詢往救，略同前述。入鳥不亂，獸見如偶。又陰德感物，顯用成仁。每入禪定，七日爲期。白虎入房，同居窟宅。獨處静院，不出十年。隋文重德，屢送璽書，兼賜香供，重疊累載。以開皇初年，風疹忽增，卒於柏尖山寺，春秋八十。初遘疾彌留，忽有神光照燭，香風拂扇。又感異鳥，白頸赤身，遶院空飛，聲唳哀切。氣至大漸，鳥住堂基，自然狎附，不畏人物。或在房門，至于卧席，悲叫逾甚，〔一〕血沸眼中。既爾往化，鳥便飛出，外空旋轉，奄然翔逝。又感猛虎

〔一〕「悲叫」，高麗藏本作「悲鳴」。

遶院悲吼，〔一〕兩宵雲昏，〔二〕三日結慘。又加山崩石墜，林摧澗塞，驚動人畜，栖惶失據。其哀感靈祥，疇能殫記。右此二驗出唐高僧傳。〔三〕

〔一〕「悲吼」，高麗藏本作「㺚虓」。
〔二〕「雲」字，高麗藏本作「霧」。
〔三〕前一驗出處待考。後一驗出唐高僧傳卷二十釋曇詢傳。

法苑珠林校注卷第八十四

禪定部第五此別五部

述意部　引證部　頭陀部　利益部　定障部〔一〕

述意部第一

夫神通勝業，非定不生；無漏慧根，非靜不發。故經曰：「深修禪定，得五神通。心在一緣，是三昧相。」〔二〕書亦有言：「當使形如枯木，心若死灰。」〔三〕不充詘於富貴，不隕穫於貧賤。棲神冥漠之內，遺形塵埃之表。故攝心一處，便是功德叢林；散意片時，即名煩惱羅刹。所以曇光釋子，降猛虎於

〔一〕「定障部」，高麗藏本作「禪定部」。下正文標題同。
〔二〕此段出處待考。
〔三〕出淮南子卷七精神訓。

膝前；螺髻仙人，宿巢禽於頂上。是知大士常修宴坐，不斷煩惱而入涅槃，不捨道法，現凡夫事。又能觀察此身從頭至足，三十六物，八萬户蟲，不净、無常、苦、空、非我。但衆生心性，譬若獮猴，戲跳攀緣，歡娱奔逸，不能冥目束體，端心勤意。剛强難化，憍戾不調。習近五塵，流轉三界。黏外道之黐，貫天魔之杖。於是永淪苦海，長墜嶮獄。皆由放散情慮，擾亂心神。似風裏之燈，譬波中之月。摇漾輕動，浮游汎濫。影既不現，照豈得明。所以衆惡賴此而興，諸善由斯併廢。良由不修斷惑，常起貪瞋，未服無知，偏多樂受。遂令障定之惑，〔一〕重沓争來；妨静之緣，交加競集。五蓋覆心，禪門已閉；六塵在念，亂想常馳。類狂象之無鉤，似戲猿之得樹。故須念念策心，新新集起。豈前念皆惡，遂尅苦而静塵；後念起善，便縱意而揚惡。所以論美四時，經歎一慮。然後方能正想，革絶凡懷。若違此理，聖亦不可。今萬境森羅，不能自觸。要須因倚諸根，内想感發。何以知然？今有心感於内，事發於外；惑緣於外，起染於内。故知内外相資，表裏遞用。君臣心識，不可備捨。故經云：「心王若正則六臣不邪，〔二〕識意昏沈則其主不明。」〔三〕今悔六臣，當各慚愧；制馭六根，不令馳散也。

〔一〕「障」字，高麗藏本作「禪」。
〔二〕「若」字原脱，據高麗藏本補。
〔三〕「沈」字原脱，據高麗藏本、磧砂藏本補。此段出處待考。

引證部第二

如法句經心意品說云：「昔佛在世時，有一道人，在河邊樹下學道。十二年中，貪想不除，走心散意，但念六欲：目色、耳聲、鼻香、口味、身受、心法。身靜意遊，曾無寧息。十二年中不能得道。佛知可度，化作沙門，往至其所，樹下共宿。須臾月明，有龜從河中出，來至樹下。復有水狗，飢行求食，與龜相逢，便欲啗龜。龜縮其頭尾及其四脚，藏於甲中，不能得啗。水狗小遠，復出頭足，行步如故。不能柰何，遂便得脱。於是道人問化沙門：此龜有護命之鎧，水狗不能得其便。化沙門荅言：吾念世人不如此龜，不知無常，放恣六情，外魔得便。形壞神去，生死無端，輪轉五道，苦惱百千，皆意所造。宜自勉勵，求滅度安。於是化沙門即說偈言：

藏六如龜，　防意如城。　慧與魔戰，　勝則無患。」〔一〕

又求離牢獄經云：「時有阿育王弟，名善容，亦名違陀首祇。入山遊獵，見諸梵志裸形苦行而無所得。王弟見而問曰：汝在此行道，有何患累而無成辦？梵志報曰：坐有羣鹿數共合會，我見心動不能自制。王弟聞已，尋生惡念：此等梵志，服風食氣，氣力羸惙，猶有婬欲，過患不除。釋子沙門，飲食甘

〔一〕出法句譬喻經卷一心意品。

美，在好牀坐，衣服隨時，香華自熏，〔一〕豈得無欲？時阿育王聞弟有此議論，即懷憂慼。〔二〕吾唯有一弟，忽生邪見。恐永迷没，我當方宜除其惡念。即還宫内敕諸妓女，各自嚴粧，至善容所，共相娱樂。未預敕大臣：吾有所圖。若我敕卿殺善容者，卿等便諫，須待七日，隨王殺之。時諸妓女即往娱樂。未經時頃，王躬自往，語弟：云何爲將吾妓女妻妾恣意自娱？奮其威怒，以輪擲空，召諸大臣，即告之曰：卿等知不？吾未衰老，亦無外寇强敵來侵境者。吾曾聞古昔諸賢有此諺言：夫人有福，四海歸伏。福盡德薄，〔三〕肘腋叛離。如我自察，未有斯變。然我弟善容誘吾妓女妻妾，縱情自恣。事既如是，豈有我乎！汝等將去，詣市殺之。諸臣諫曰：惟願大王聽臣微言。唯有此一弟，又少息胤，無繼嗣者。願聽七日爲王，求依王命。時王默然，聽臣所諫。王復寬恩，敕語諸臣：命聽王子著吾服飾，天冠威容，如吾不異。内吾宫裏，作唱妓樂，共娱樂之。復敕一臣：爾今日始，〔四〕著鎧持仗，拔好利劍，往語善容王子曰：知期七日終，正爾當到，〔五〕努力開劋，五欲自娱。今不自適，死後有悔，良亦無益。

〔一〕「熏」字原作「重」，據高麗藏本改。
〔二〕「慼」字原作「感」，據高麗藏本改。
〔三〕「福盡」原作「盡其」，據高麗藏本改。
〔四〕「爾」字，高麗藏本作「自」。
〔五〕「正爾」原作「止」，據高麗藏本、磧砂藏本改。

一日過已，臣復往語：餘有六日。如是次第，乃至一日。臣往白言：王子當知，六日已過，唯明日在，當就於死。努力恣情，五欲自娛。至七日到，王遣使問：云何王子，七日之中，意志自由，快樂不乎？弟報王曰：大王當知，不見不聞，有何快樂？王問弟曰：著吾服飾，入吾宮殿，衆妓自娛，食以甘美。何以面欺不見不聞不快樂耶？弟白王言：應死之人，雖未命絶，與死何異。當有何情著於五欲？王告弟曰：咄愚所啓。汝今一身，憂慮百端，一身斷滅，在欲不樂。豈況沙門，憂念三世，一身死壞，復受一身，億百千世，身身受苦，無量患惱。雖出爲人，與他走使，或生貧家，衣食窮乏。念此辛酸，故出家爲道，求於無爲度世之要。設不精勤，當復更歷劫數之苦。是時王子心開意解，前白王言：今聞王教，乃得惺悟。生老病死，實可厭患，愁憂苦惱，流轉不息。唯願大王見聽爲道，謹慎修行。王告弟曰：宜知是時。弟即辭王，出爲沙門。奉持禁戒，晝夜精勤，遂得阿羅漢果，六通清徹，無所罣礙。」〔一〕

又阿育王傳云：「阿育王聞弟得道，深心歡喜。稽首禮敬，請長供養。既厭世苦，不樂人間，誓依林野，以養餘命。阿育王即使鬼神於自城内爲造山水，山高數十丈，〔二〕斷絶人物，不得往來。乃應王命，率捨衣資，造石像一軀，身高丈六。即於山龕石室供養其弟。此山及像，今並在焉。」〔三〕

〔一〕出求離牢獄經。即出曜經卷六別本。

〔二〕「山」字原脱，據高麗藏本補。

〔三〕此段出處待考。

頭陀部第三

夫五欲蓋纏，並是禪障。既能除棄，其心寂静，堪能修道。故此章内具明十二頭陀之行。少欲知足，無過此等。西云頭陀，此云抖擻。能行此法，即能抖擻煩惱，去離貪著。如衣抖擻，能去塵垢。是故從喻爲名，故名頭陀。〔一〕經論别明，各云十二。通别總論，合有十六。如衣中有四，食中有六，處中有六，故合十六。衣中四者：一、糞掃衣，二、毳衣，三、納衣，四、三衣。食中六者：〔二〕一、乞食。二、次第乞食。三、不作餘食法食。四、一坐食。五、一團食，亦名節量食。六、中後不飲漿。處中六者：一、阿蘭若處，二、在塚間，三、在樹下，四、在露地，五、是常坐，六、是隨坐。就此十六隱顯離合，故説十二。如衣中四者，依四分律及智度論，同唯説二：一、著納衣，二、著三衣。不論餘二。〔三〕依涅槃經，衣中説三：一、著糞掃衣，二、著毳衣，三、畜三衣。不論納衣。〔四〕食中六者，涅槃説三：所謂乞食，一

〔一〕「名」字原脱，據高麗藏本補。

〔二〕「中」字下原衍「有」字，據高麗藏本删。

〔三〕見四分律卷四十一、大智度論卷六十八。

〔四〕見大般涅槃經卷二十七。

坐食，一團食。〔一〕所以不説次第乞者，以能如法乞食之時，必有次第，故不別説。但能一團，一坐食，自然不作餘食法，中後飲漿，故不別説。四分律中説食有四：三種同前，加次第乞。〔二〕智度論中説食有五，不説不作餘食法食。處中六者，依智度論説五，除却隨坐。〔三〕涅槃及律皆具説六。〔四〕今依諸部，通有十六也。

又十住毗婆沙論，十二頭陀名體稍別：「一、盡形乞食，二、受阿練若，三、著糞掃衣，四、一坐食，五、常坐，六、食後不受非時飲，七、但有三衣，八、毳衣，九、隨敷坐，十、樹下住，十一、空地住，十二，死人間住。第一、盡形乞食有十種利：一、所用活命，自屬不屬他。二、衆生施我食者，令供三寶，然後當食。三、若有施我食者，當生悲心，我當勸進，令善住施，作已乃食。四、隨順佛教故。五、易滿易養。六、行破憍慢法。七、無見頂善根。八、見我乞食餘食，修善法者亦當效我。九、不與男子大小有諸因緣事。十、次第乞食故，於衆生中生平等心，即種助一切智。第二、受阿練若處亦有十利：一、自在來去。二、無我無我所。三、隨意所住，無有障礙。四、心轉樂習阿練若住處。五、住處少欲少事。六、不

〔一〕見大般涅槃經卷二十一。
〔二〕見四分律卷四十一。
〔三〕見大智度論卷六十八。
〔四〕見大般涅槃經卷二十七。四分律卷四十一。

惜身命，爲具足功德故。七、遠離衆鬧語故。八、雖行功德，不求恩報。九、隨順禪定，易得一心。十、於空處住，易生無障礙想。第三、著糞掃衣亦有十利：一、不以衣故，與在家者和合。二、不以衣故，現乞衣相。三、亦不方便説得衣相。四、不以衣故，四方求索。五、若不得衣，亦不憂。六、得亦不喜。七、賤物易得，無有過患。八、順行初受四依法。九、入在麤衣數中。十、不爲人所貪著。第四、一坐食亦有十利：一、無有求第二食疲苦，二、於所受輕少，三、無有所用疲苦，四、食前無疲苦，五、入在細行食法，六、食消後食，七、少妨患，八、少疾病，九、身體輕便，十、身受快樂。第五、常坐亦有十利：一、不貪身樂，二、不貪眠睡樂，三、不貪卧具樂，四、無卧時脅著席苦，五、不隨身欲，六、易得坐禪，七、易讀誦經，八、少睡眠，九、身輕易起，十、求坐卧具衣服心薄。第六、食後不受非時飲亦有十利：一、不多食，二、不滿食，三、不貪美味，四、少所求欲，五、少妨患，六、少疾病，七、易滿，八、易養，九、知足，十、坐禪讀經，身不疲極。第七、但有三衣亦有十利：一、於三衣外無求受疲苦，二、無有守護疲苦，三、所畜物少，四、唯身所著爲足，五、細戒能行，六、行來無累，七、身體輕便，八、隨順阿練若處住，九、處處所往無所顧惜，十、隨順道行。第八、受毳衣亦有十利：一、在麤衣數，二、少所求索，三、隨意可坐，四、隨意可卧，五、浣濯則易，六、染時亦易，七、少有蟲壞，八、難壞，九、更不受餘衣，十、不失求道。第九、隨坐亦有十利：一、無求好精舍住疲苦，二、無求好坐卧具疲苦，三、不惱上座，四、不令下座愁惱，五、少欲，六、少事，七、隨得而用，八、少用則少務，九、不起諍訟因緣，十、不奪他所用。第十、樹下坐亦有十利：一、無有求房舍疲苦，二、無有求坐卧具疲苦，三、無有所愛疲苦，四、無有受用疲苦，五、無處名字，六、無鬭諍事，七、隨順四依法，八、少而易得無過，九、隨順修道，十、無衆閙行。第十一、死人閒住亦有十利：一、常得無常想，二、常得死想，三、常得不淨想，四、常得一切世間不可樂想，五、常得遠離一切所愛人，六、常得悲心，七、遠離戲調，八、心常厭離，九、勤行精進，十、能除怖畏。第十二、空地坐亦有十利：一、不求樹下，二、遠離我所有，三、無有諍訟，四、若餘去無所顧惜，五、少戲調，六、能忍風雨寒熱蚊虻毒蟲等，七、不爲音聲刺棘所刺，八、不令衆生瞋恨，九、自亦無有愁恨，十、無衆閙行處。」〔一〕

又寶梁經云：「佛告迦葉：比丘若欲至阿蘭若處，當思八法。何等爲八？一、我當捨身，二、應當捨命，三、當捨利養，四、離一切所愛樂處，〔二〕五、於山間死當如鹿死，六、阿蘭若處受阿蘭行，七、當以法自活，八、非以煩惱自活。」〔三〕

利益部第四

如大寶積經云：「菩薩修定復有十法，不與二乘共。何等爲十？一、修定無有吾我，具足如來諸禪

〔一〕出十住毘婆沙論卷六解頭陀品。

〔二〕「愛」字原作「受」，據高麗藏本改。

〔三〕出大寶積經卷一百十四寶梁聚會。

定故。二、修定不味不著，捨離染心，〔一〕不求己樂。三、修定具諸通業，爲知衆生諸心行故。四、修定爲知衆生心，度脱一切諸衆生故。五、修定行於大悲，斷諸衆生煩惱結故。六、修定諸禪三昧，善知入出，過於三界故。七、修定常得自在，具足一切諸善法故。八、修定其心寂滅，勝於二乘諸禪三昧故。九、修定常入智慧，過諸世間到彼岸故。十、修定能興正法，紹隆三寶，使不斷絶故。如是定者，不與聲聞辟支佛共。」〔二〕

又六度集經云：「復有四種禪定，具足智慧。何等爲四？一、常樂獨處，二、常樂一心，三、求禪及通，四、求無礙佛智。」〔三〕

又月燈三昧經云：「佛言：若有菩薩住於宴坐，有十種利益。何等爲十？一、其心不濁，二、住不放逸，三、三世諸佛愛念，四、信正覺行，五、於佛智不疑，六、知恩報恩，七、不謗正法，八、善能防禁，九、到調伏地，十、證四無礙智。又佛言：若有菩薩愛樂空閑，有十種利益。何等爲十？一、省世事務，二、遠離衆閙，三、無有違諍，四、住無惱處，五、不增有漏，六、不起諍訟，七、安住静默，八、隨順相續解脱，九、速證解脱，十、少施功而得三昧。又佛言：若有菩薩能與禪相應，有十種利益。何等爲十？一、安

〔一〕「染」字原作「深」，據高麗藏本改。
〔二〕此段出處待考。
〔三〕出大方等大集經卷三十無盡意菩薩品。作六度集經誤。

住儀式，二、行慈境界，三、無諸惱熱，四、守護諸根，五、得食喜樂，六、遠離愛欲，七、修禪不空，八、解脱魔羂，九、安住佛境，十、解脱成熟。又佛言：若有菩薩樂於陀頭乞食，有十種利益。何等爲十？一、摧我慢幢。二、不求親愛。三、不爲名聞。四、住在聖種。五、不諂不誑，不現異相，又不憿慢。六、不自高舉。七、不毁他人。八、斷除愛恚。九、若入人家，不爲飲食而行法施。十、有所説法，爲人信受。」〔一〕

又智度論云：「三昧有二種：一佛，二菩薩。是諸菩薩於菩薩三昧中得自在，非佛三昧。」〔二〕如諸佛要集經中説云：「文殊師利欲見佛集，不能得到，諸佛各還本處。文殊師利到諸佛集處，有一女人近彼佛坐，入於三昧。文殊師利入禮佛足已，白佛言：云何此女人得近佛坐而我不得？佛告文殊師利：汝覺此女人令從三昧起。汝自問之。文殊師利即彈指覺之而不可覺。以大聲喚，亦不可覺。捉手牽亦不可覺。又以神足動大千世界，猶亦不覺。文殊師利白佛言：世尊，我不能令覺。是時佛放大光明，照下方世界，是中有一菩薩，名棄諸蓋，即時從下方出，來到佛所，頭面禮佛足，在一面立。佛告棄諸蓋菩薩：汝覺此女人。即時彈指，此人從三昧起。〔三〕文殊師利白佛：以何因緣，我動三千大千

〔一〕出月燈三昧經卷六。
〔二〕出大智度論卷十。
〔三〕「人」字，高麗藏本作「女」。

世界，不能令此女起？棄諸蓋菩薩一彈指，便從三昧起？佛告文殊師利：汝因此女人初發菩提意，是女人因棄諸蓋菩薩初發菩提意，以是故汝不能令覺。汝於諸佛三昧中功德未滿，是棄諸蓋菩薩於三昧中得自在。佛三昧中始少多入，而未得自在故耳。」〔一〕

定障部第五

如禪祕要經云：「阿練若比丘因五種事發狂：一者、因亂聲，二者、因惡名，三者、因利養，四者、因外風，五者、因內風。」〔二〕「爾時世尊而說呪曰：

南無佛陀　南無達摩　南無僧伽　南無摩訶梨　師毗闍羅闍　藹咄陀達陀　娑滿馱吠闍邏翅〔三〕矢馳切〔四〕　陀邏崛荼誓荼　遮利遮利　摩訶遮利吁摩利　吁摩勒翅矢馳切悉躭鞞闍鞞阿闍鞞利　究匊匊翅矢馳切薩婆陀羅尼翅矢馳切阿扇　提摩俱　應詣吁彌吁彌摩吁〔五〕　摩吁　摩婆

〔一〕出諸佛要集經卷下。
〔二〕出治禪病秘要法卷上。
〔三〕「娑」字原作「婆」，據治禪病秘要法改。
〔四〕「矢馳」原作「久驗」，據治禪病秘要法改。下同。
〔五〕「應詣吁彌吁彌摩吁」，治禪病秘要法作「棃應詣吁彌吁彌吁」，高麗藏本作「摩詣吁彌吁彌摩呵」。

娑訶

爾時世尊說此呪已，告舍利弗：「如此神呪，過去無量諸佛所說。我今現在亦說此呪。未來彌勒、賢劫菩薩亦當宣說如此神呪。功德如自在天，能令後世五百歲中諸惡比丘得淨心意，調和善治四大增損，亦治心内四百四病，四百四脉所起壞界，九十八使性欲種子，亦治業障犯戒諸惡，永盡無餘。此名善治七十二種病憂惱陀羅尼，亦名拔五種陰無明根本陀羅尼，亦名現前見一切佛及諸聲聞，爲說真法破諸結使。」〔一〕

感應緣 略引六驗

晉沙門支曇蘭

宋沙門釋玄高

宋沙門釋普恒

齊沙門釋僧稠

隋沙門釋法進

〔一〕出治禪病秘要法卷下。

唐沙門釋慧融

晉始豐赤城山有支曇蘭，青州人。蔬食樂禪，讀誦三十萬言。晉太元中遊剡，後憩始豐赤城山。見一處林泉清曠而居之。經于數日，忽見一人長數丈，呼蘭令去。又見諸異形禽獸以恐蘭，見蘭恬然自得，乃屈膝而禮拜云：珠欺王是家舅，今往韋鄉山就之，推此處以相奉。爾後三年，忽聞車騎隱隱，從者彌峰。俄而有人著幘，稱珠欺王，通既前，從其妻子男女等二十三人，並形貌端正，有逾於世。既至蘭所，暄凉訖。蘭問：住在何處？荅云：樂安縣韋鄉山。久服夙聞，今與家累仰投，乞受歸戒。蘭即授之。受法竟，嚫錢一萬，蜜二器，辭别而去。便聞鳴笳動吹，響振山谷。蘭禪衆十餘，共所聞見。晉元熙中卒於山室，春秋八十有三矣。〔一〕

宋僞魏平城有釋玄高，姓魏，本名靈育，馮翊萬年人也。母寇氏，本信外道。始適魏氏，首孕一女，即高之長姊。生便信佛，乃爲母祈願，願門無異見，得奉大法。母以僞秦弘始三年，夢見梵僧，散華滿室，覺便懷胎。至四年二月八日生男。家内忽有異香及光明照壁，迄旦乃息。母以兒生瑞兆，因名靈育。時人重之，復稱世高。年十二，辭親入山，久之未許。異日有一書生寓高家宿，云：欲入中常山

〔一〕出高僧傳卷十一支曇蘭傳。

隱。父母即以高憑之。是夕咸見村人共相祖送。明旦村人並來候高，父母云：昨已相送，今復覓耶？村人云：都不知行，豈容已送。父母方悟，昨之迎送，乃神人也。高既背俗乖世，改名玄高。聰敏生知，學不加思。至年十五，已爲山僧説法。受戒已後，專精禪律。聞關中有浮陀跋禪師在石羊寺弘法，高往師之。旬日之中，妙通禪法。跋陀歎曰：善哉佛子，乃能深悟如此。於是卑顔推遜，不受師禮。高乃杖策西秦，〔一〕隱居麥積山。山學百人，崇其義訓，稟其禪道。時有長安沙門釋曇弘，秦地高足，〔二〕隱在此山。與高相會，以同業友善。〔三〕是時乞佛熾槃跨有隴西，西接涼土。常有學徒三百餘人。有玄紹者，秦州隴西人。學究諸禪，神力自在。手指出水，供高洗漱，其水香浄，倍異於常。每得非世華香，以獻三寶。靈異如紹者，又十一人。紹後入堂術山，蟬蜕而逝。後共曇弘乃向河南。國王及臣民近道候迎，内外敬奉，崇爲國師。河南化畢，進遊涼土。沮渠蒙遜深相敬事，集會英賓，發高勝解。時西海有樊僧印，〔四〕亦從高受學。志狹量褊，得少爲足，便謂已得羅漢，頓盡禪門。高乃密以神力，令印於定中備見十方無極世界，諸佛所説法門不同。印於一夏尋其所見，永不能盡。方知定水無

〔一〕「杖策」原作「策杖」，據高麗藏本改。
〔二〕「足」字，高僧傳作「僧」。
〔三〕「善」字原闕，據高僧傳補。
〔四〕「樊僧印」原作「樊會僧印」，衍「會」字，據高麗藏本、磧砂藏本删。

底，大生愧懼。時魏虜託跋燾僭據平城，〔一〕軍侵凉境。燾舅陽平王杜超請高同還僞都。〔二〕既達平城，大流法化。僞太子託跋晃事高爲師。晃一時被讒，爲父所疑，乃告高曰：空羅枉苦，何由得脱？高令作金光明齋，七日懇懺。燾乃夢見其祖及父皆執劍烈威，問：汝何故信讒言，枉疑太子？燾驚寤，大集羣臣，説神告以所夢。諸臣咸言：太子無過，實如皇靈降誥。燾於太子無復疑焉，蓋高誠感之力也。時崔皓、寇天師並先得寵於燾，恐晃纂承之日，奪其威柄。乃譖云：太子前事，實有謀心。但結高公道術，故令先帝降夢。如此物論，〔三〕事迹稍形。若不誅除，必爲巨害。燾遂納之，勃然大怒，即敕收高。高先嘗密語弟子云：佛法應衰，吾與崇公當其禍首。于時聞者莫不慨然。時有凉州沙門釋慧崇，是僞魏尚書韓萬德之門師。德既次於高，亦被疑阻。至僞太平五年九月，高與崇公俱被幽縶。其月十五日就禍，卒於平城之東隅，春秋四十有三，是歲宋元嘉二十一年也。當爾之夕，門人莫知。是夜三更，忽見光繞高先所住處塔三匝，還入禪窟中。因聞光中有聲云：吾已逝矣。諸弟子方知已化，哀號痛絶。

〔一〕「託跋燾」，高僧傳作「拓跋燾」。下同。
〔二〕「杜超」原作「杜」，據高僧傳改。
〔三〕「此」字原作「彼」，據高麗藏本改。

既而迎屍於城南曠野，沐浴遷殯，〔一〕兼營理崇公别在異處。〔二〕一都道俗，無不嗟駭。弟子玄暢時在雲中，去魏都六百里。旦忽見一人告之以變，仍給六百里馬。於是揚鞭而返，晚間至都。見師已亡，悲痛斷絶。因與同學共泣曰：法今既滅，頗復興不？如脱更興，請和尚起坐。和尚德匪常人，必當照之矣。言畢，高兩眼稍開，光色還悦，體通汗出，其汗甚香。須臾起坐，謂弟子曰：大法應化，隨緣盛衰。盛衰在迹，〔三〕理恒湛然。但念汝等不久復應如我耳，唯有玄暢當得南度。汝等死後，法當更興。善自修心，無令中悔。言已便卧即絶也。明旦遷柩，欲闍維之，國制不許，於是營頓即窆。〔四〕道俗悲哀，號泣望斷。有沙門法達，爲僞國僧正。欽高日久，未獲受業。忽聞殂死，因而哭曰：聖人去世，當復何依？累日不食。常呼：高上聖人自在，何能不一現？應聲見高飛空而至，達頂禮求哀，願見救護。高曰：君業重難救，當如之何！〔五〕自今以後，依方等懺悔，當得輕受。達曰：脱得苦報，願見矜救。高曰：不忘一切，寧獨在君。達又曰：法師與崇公並生何處？高曰：吾願生惡世，救護衆生，即已還生

〔一〕「遷」字原作「還」，據高麗藏本改。

〔二〕「理」字原作「埋」，據高麗藏本、磧砂藏本改。

〔三〕「盛衰」二字原脱，據高麗藏本補。

〔四〕「頓」字，高僧傳作「墳」。

〔五〕「如之」，高麗藏本及高僧傳作「可如」。

閻浮。崇公常祈安養，已果心矣。達又問：不審法師已階何地？高曰：我諸弟子自有知者。言訖奄然不見。達密訪高諸弟子。咸云：是得忍菩薩。至僞太平七年，託跋燾果毁滅佛法，悉如高言。〔一〕

宋蜀安樂寺有釋普恒，姓郭，蜀郡成都人也。爲兒童時，嘗於日光中見聖僧在雲中説法，向家人叙之，並未信語。後苦求出家，止治下安樂寺。獨處一房，不立眷屬，習靖業禪，善入出住。與蜀韜律師爲同意。自説入火光三昧，光從眉直下，至金剛際。於光中見諸色像，先身業報，頗亦明了。宋昇明，〔二〕時人謂是戲言。將終之日，微有病相。唯緣家一奴看之。〔三〕明旦平坐而卒，手屈三指。試將隨伸，伸已還屈。生時體黑，死已鮮白。於是大衆依得道法闍維。積薪始然，便有五色煙起，殊香芬馥。州將王玄載乃爲之贊曰：

大覺渺無像，　懸應貴忘靖。　一念會道場，　空過萬劫永。　信心虚東想，　遇聖藻西影。
妙趣澄三界，　傳神四禪境。　俗物故參差，　真性理恒炳。　韜光寄浮世，　遺德方化迥。〔四〕

〔一〕出高僧傳卷十一釋玄高傳。
〔二〕「宋昇明」原作「方升」，據高麗藏本改。此處有脱文，高僧傳作：「宋昇明三年卒，春秋七十有八。未亡一月日，忽與親友告别，竟無慼顔。」
〔三〕「緣」字，高僧傳作「俗」。
〔四〕出高僧傳卷十一釋普恒傳。

齊鄴西龍山雲門寺釋僧稠，姓孫。元出昌黎，末居鉅鹿之癭陶焉。性愛純懿，〔一〕孝信知名。以勤學世典，備通經史，而道機潛扣，欻厭世煩。一覽佛經，渙然神解。初從道房禪師受習止觀。次於趙州障洪山道明禪師所，受十六特勝法。嘗於鵲山靜處，感神來嬈。抱肩築腰，氣噓頂上。稠以死要心，因證深定，九日不起。後從定覺，情想澄然。究略世間，全無樂者。便詣少林寺祖師三藏，呈己所證。跋陀曰：自葱嶺已東，禪學之最，汝其第一矣。乃更授深要。即住嵩嶽寺。僧有百人，泉水纔足。忽見婦人弊衣挾箒，却坐階上，聽僧誦經。衆不測爲神人也，〔二〕便訶遣之。婦有愠色，以足蹋泉立竭，身亦不現。衆以告稠，稠呼優婆夷，三呼乃出。便謂神曰：衆僧行道，宜加擁護。婦人以足撥於故泉，水即上涌。時共深異，威儀如此。後詣懷州西王屋山修習前法。聞兩虎交鬬，咆響振巖，乃以錫杖中觸，各散而去。一時忽有仙經兩卷，在于牀上。稠曰：我本修佛道，豈拘域中長生者乎！須臾自失。其感幽顯，皆此類也。又移懷州馬頭山。魏孝明宿承令德，前後三召，乃固辭不赴。又移北轉常山。定州刺史婁叡、彭城王高潋等請至受法，道俗奔赴，禮貺填充。爲名利所纏者，説偈止之，悉皆儉素。齊文宣天保二年下詔曰：久聞風德，常思言遇。今敕定州，令師赴鄴，教化羣生。義無獨善，希即荷錫，暫遊承明。思欲弘宣至道，濟斯苦壞。至此之日，脱須還山，當任東西，無所留縶。稠居山積稔，業

〔一〕「愛」字原作「受」，據高麗藏本改。
〔二〕「爲神人也」原作「謂爲神也」，據高麗藏本改。

濟一生，聞有敕召，絶無承命，苦相敦喻，方遂允請。即日拂衣，將出山闕，兩岫忽然驚震，響聲悲切，駭擾人畜，禽獸飛走。如是三日。稠顧曰：慕道懷仁，觸類斯在。豈非愛情易守，放蕩難持耶！乃不約事留，杖策漳滏。帝躬舉大駕，出郊迎之。天下歸善，皆由稠矣。又於雲門山寺，所住禪窟，前有深坑。見被毛之人偉而胡貌，置釜然火，水將沸涌。俄有大蟒從水中出，欲入釜内。稠以足撥之，蟒遂入水，毛人亦隱。其夜因致男子神來，頂拜稠云：弟子有兒，歲歲爲惡神所啗。〔一〕兒子等惜命不敢當。弟子衰老將死，故自供食。蒙師護故，得免斯難。稠索水潠之，奄成雲霧。時或讒稠於宣帝，以倨傲無敬者。帝大怒，自來加害。稠冥知之，生來不至僧厨，忽無何而到云：明有大客至，多作供設。至夜五更，先備牛轝，獨往谷口，去寺二十餘里，孤立道側。須臾帝至，怪問其故。稠曰：恐身血不浄，穢污伽藍，在此候耳。帝下馬禮伏，愧悔無已。謂尚書令楊遵彦曰：如此真人，何可毁謗也。乃躬負稠身往寺。稠磬折不受。帝曰：弟子負師偏天下，未足謝愆。因謂曰：弟子前身曾作何等？荅曰：作羅刹王。是以今猶好殺。即祝盆水，令帝自視，見其形影如羅刹像焉。每年元日，常問一歲吉凶。後至天保十年云：今年不能好。文宣不悦。帝問：師復何如？荅曰：貧道亦不久。至十月，帝崩。明年即是齊乾明元年，四月十三日辰時，絶無患惱，端坐卒於山寺，春秋八十有一。當終之時，異香滿寺，聞者

〔一〕「歲」字原脱一，據高麗藏本補。

悚神。敕慰殷勤，令依中國闍維之法。四部彌山，人兼數萬，香柴千計。日正中時，以火焚之。道俗哀慟，哭響流川。登有白鳥數百，徘徊煙上，悲鳴相切，移時乃逝。乃於寺之西北，建以甎塔，每有靈景異香，應于道俗。康存之日，宣帝謂稠曰：弟子未見佛之靈異，頗得睹不？稠曰：此非沙門所宜。帝遂强之。乃投袈裟于地，帝使數十人舉之，不能得動。稠命沙彌取之，初無重焉。因爾篤信彌厚。〔一〕右此四驗出梁高僧傳。〔二〕

隋益州響應山寺釋法進，不知氏族，爲輝禪師弟子。常於竹林坐禪，〔三〕有四老虎繞於左右。師語勿泄其相也。師後教爲水觀，家人取柴，見繩牀上有好清水，拾兩白石，安著水中。進暮還寺，彌覺背痛。具問家人，云安石子。語令明往，所除此石。〔四〕及旦，進禪，家人還見如初清水。即除石子，所苦便愈。因爾習定，不出此山。開皇中，蜀王秀臨益州，妃患，請進治損。後辭還山，王及妃躬送向山。王及妃見進足離地四五寸。以大業十三年正月八日終於此山。〔五〕

〔一〕出唐高僧傳卷十九釋僧稠傳。

〔二〕應爲三出梁高僧傳，一出唐高僧傳。

〔三〕「常」字原脱，據高麗藏本補。

〔四〕「所」字，唐高僧傳作「可」。

〔五〕出唐高僧傳卷二十二釋法進傳。

唐長安普光寺僧慧融，字圓照，俗姓張氏，南陽人也。幼而精進，不犯微惡。少年落髮，即樂禪伍。嘗隱居泰山，後奉敕追入京，住普光寺。時遊終南山，或來或往。往嘗登山，逢雪深厚，不能得進。忽有一虎近前，弭耳俯伏。慧融知其意，乃乘之，虎遂負融而上。常有雙鳥於山林中，前行引路。至永徽初，遷神於本寺，寺僧於慧融房舍上見五色光起。及於山中焚身，肌骨總銷，唯心不爛。〔一〕右此二驗出唐高僧傳中。

〔一〕此段出處待考。唐高僧傳卷二十四釋明浄傳附慧融傳，較此爲略。

法苑珠林校注卷第八十五

智慧部第六此別三部

述意部　引證部　利益部

述意部第一

夫二種莊嚴，慧名最勝；三品次第，智日無過。故經言：「五度無智，似若愚盲。」〔一〕所以般若勝出世間，破除諸有。釋論又言：「佛是衆生母，般若能生佛。」〔二〕是則智爲一切衆生之祖母。故外書

〔一〕出摩訶般若婆羅蜜經卷十一。

〔二〕此段出處待考。

云：「叡哲欽明，乃稱放勳之德；仁義禮智，方曰宣尼之道。」〔一〕當惟智慧之法，不可不修；出世之因，無宜弗習。能排巨暗，譬滿月之照三途；巧遣衆毒，似摩祇之除萬惡。豈可任無恒没，守此長迷；取相交纏，我心縈結。常多有愛，恒富無明；未達因緣，不修對治。所以鬱鬱慢山，殆高嵩華；滔滔愛水，遂廣滄溟。或横執斷常，偏論即離。神黄神白，我見我知。一脚恒翹，五邊長炙。食草學牛，啗糞如犬。或盛談下諦，寧識中道之宗；或封執四圍，豈悟大乘之旨。或謂冥初生覺，其外不知；世間定常，唯此爲貴。或復言非有想，是證涅槃；計自在天，能成世界。戇愚昏瞢，庸魯頑疏。著指求月，守株㑥兔。〔二〕尚疑駝馬，寧分菽麥。雖知歡笑，將鸚鸝而不殊；徒識語言，與狌狌而不異。良由不識空理，常處無明。凡是倒心，〔三〕皆名邪見。五住煩惱，未減一毫；百八使纏，森然尚在。是故大士爲求八字，不惜軀命；恐在纏中，逢苦即退。故自尅心，以牢其志也。

引證部第二

如華嚴經云：「菩薩爲求法故，能施法者，作如是言：若能投身七仞火坑，當與汝法。菩薩聞此，

〔一〕見尚書卷一堯典舜典、孟子卷六告子。

〔二〕「㑥」字原作「求」，據高麗藏本改。

〔三〕「倒」字原作「例」，據高麗藏本改。

歡喜無量。作是思惟：我爲法故，尚不惜身命，於阿鼻地獄諸惡趣中受無量苦。況入人間微小火坑而得聞法。」〔一〕依集一切功德三昧經云：「釋迦過去久遠作五通仙人，名曰最勝。」〔二〕依智度論云：「釋迦文佛本爲菩薩時，名曰樂法。時世無佛，不聞善語。四方求法，精進不懈，了不能得。爾時魔變作婆羅門而語之言：我有佛所説一偈。汝能以皮爲紙，以骨爲筆，以血爲墨，書寫此偈，當以與汝。樂法即時自念：我世世喪身無數，不得是利。即自剥皮，暴之令乾，欲書其偈。魔便滅身。是時佛知其至心，即從下方踊出，爲説深法。即得無生法忍。」〔三〕

又涅槃經云：「菩薩爲法因緣，剜身爲燈，氎纏皮肉，酥油灌之，燒以爲炷。菩薩爾時受是大苦，自呵其心而作是言：如是苦者，於地獄苦百千萬分猶未及一。汝於無量百千劫中受大苦惱，都無利益。汝若不能受是輕苦，云何而能於地獄中救苦衆生？菩薩摩訶薩作是觀時，身不覺苦。其心不退，不動不轉。菩薩爾時應自深知，我定當得阿耨菩提。菩薩爾時具足煩惱，未有斷者，爲法因緣，能以頭目髓腦手足血肉施於衆生。以釘釘身，投巖赴火。菩薩爾時雖受如是無量衆苦，其心不退，不動不轉。菩

〔一〕出大方廣佛華嚴經卷二十四十地品。
〔二〕出集一切福德三昧經卷中。
〔三〕出大智度論卷四十九。

薩當知我今定有不退之心，當得阿耨菩提。」〔一〕

又大集經云：「菩薩爲於一字一句之義，能以十方世界珍寶奉施法王。一偈因緣，捨於身命。雖於無量恒河沙等劫修行布施，不如一聞菩提之事，心生歡喜，於正法所，樂聞樂説。常爲諸佛諸天所念。以念力故，世閒所有經典書論，悉能通達。」〔二〕

又大方便報恩經云：「菩薩常勤求善知識，爲聞佛法乃至一句一偈一義，三界煩惱，皆悉萎悴。菩薩至心求佛語時，渴法情重，不惜身命。設踐熱鐵猛火之地，不以爲患。菩薩爲一偈故，尚不惜身命，況十二部尊經。爲一偈故，尚不惜命，況餘財物。聞法利益故，身得安樂，深生信心、直心、正見。見説法者，如見父母，心無憍慢。爲衆生故，至心聽法，不爲利養。爲衆生故，不爲自利。爲正法故，不畏王難、飢渴、寒熱、虎狼、惡獸、盜賊等事。先自調伏煩惱諸根，然後聽法。」〔三〕

又華嚴經云：「菩薩如是方便求法，所有珍寶無貴惜者。於此物中，不生難想。若得一句未曾聞法，勝得三千大千世界滿中珍寶。得聞一偈，勝得轉輪聖王、釋提桓因、梵天王處。菩薩作是念言：我受一句法，設令三千大千世界大火滿中，上從梵天而自投下，何況小火。我尚盡受一切諸地獄苦，猶應

〔一〕出大般涅槃經卷三十二。
〔二〕出大方等大集經卷六。
〔三〕出大方便佛報恩經卷七親近品。

求法，何況人中諸小苦惱。爲求法故，發如是心。如所聞法，心常喜樂，悉能正觀。」〔一〕

未曾有經云：「昔毗摩國徙陀山有一野干，爲師子所逐，墮一丘野井，已經三日。開心分死，自說偈言：

一切皆無常，　恨不飴師子。　柰何死厄身，〔二〕　貪命無功死。　無功已可恨，　復汙人中水。　懺悔十方佛，　願垂照我心，　前代諸惡業，〔三〕　現償皆令盡。　從是值明師，　修行盡作佛。

帝釋聞之，與八萬諸天到其井側曰：不聞聖教，久處幽冥，向說非凡，願更宣法。野干荅曰：天帝無訓，不識時宜。法師在下，自處其上。初不修敬而問法要。帝釋於是以天衣接取，叩頭懺悔。憶念我昔曾見世人先敷高座，後請法師。諸天即各脱寶衣，積爲高座。野干升座曰：有二大因緣：一者、說法開化天人，福無量故。二者、爲報施食恩故。天帝白曰：得免井厄，功報應大，云何恩不及耶？荅曰：生死各宜。有人貪生，有人樂死。有愚癡人，不知死後更生，違遠佛法，不值明師，貪生畏死，死墮地獄。有智慧人，奉事三寶，遭遇明師，改惡修善。如斯之人，惡生樂死，死生天上。天帝曰：如尊所

〔一〕出大方廣佛華嚴經卷二十四十地品。
〔二〕「厄身」，高麗藏本作「丘井」。
〔三〕「業」字，高麗藏本作「報」。

誨，全命無功者，願聞施食施法。荅曰：布施飢食，濟一日之命；施珍寶者，濟一世之乏，增益生死。說法教化者，能令衆生出世間道，得三乘果，免三惡道，受人天樂。是故佛說以法作施，功德無量。天帝曰：師今此形，爲是業報，爲是應化？荅曰：是罪非應。〔一〕天帝曰：我謂是聖，方聞罪報，未知其故，願聞因緣。荅曰：昔生波羅㮈國波頭摩城爲貧家子，刹利之種。幼懷聰朗，特好學習。至年十二，逐師於山，不失時節。經五十年，九十六種經書，靡所不達。皆由和尚之恩，其功難報。由先學慧，自識宿命。由受王位，奢婬著樂。報盡命終，生地獄畜生。自下云云，略而不述。時帝釋與八萬諸天從受十善，今還天宫。和尚何時捨此罪報，得生天上？野干曰：尅後七日，當捨此身生兜率天。汝等便可願生彼天，多有菩薩說法教化。七日命盡，生兜率天宫。復識宿命，行十善道。」〔二〕

又賢愚經云：「佛在波羅㮈國，於林澤中爲諸天人四輩之類顯說妙法。時虚空中有五百鴈爲羣，聞佛音聲，深心愛樂，迴翔欲下。獵師張羅，鴈墮其中，爲獵師所殺。生忉利天處父母膝上，若八歲兒，端嚴無比，光若金山。便自念言：我何因生此？即識宿命，愛法果報。即共持華，下閻浮提，至世尊所，禮足白言：我蒙法音，生在妙天。願重開示。佛說四諦，得須陀洹果，即還天上。」〔三〕

〔一〕「非」字原作「是」，據高麗藏本、磧砂藏本、南藏本改。
〔二〕出未曾有因緣經卷上。
〔三〕出賢愚因緣經卷十三五百雁聞佛法生天品。

利益部第三

又大寶積經云：「第六菩薩修行智慧，復有十法不與二乘共。何等爲十？一、思惟分別定慧根本，二、思惟不捨斷常二邊，三、思惟因緣生起諸法，四、思惟無衆生我人壽命，五、思惟無三世去來住法，六、思惟無發行不斷因果，七、思惟法空而植善不懈，八、思惟無相而度衆生不廢，九、思惟無願而求菩提不離，十、思惟無作而現受身不捨。如是慧者，不與聲聞辟支佛共。」〔一〕

又月燈三昧經云：「佛言：若有菩薩能行般若，有十種利益。何等爲十？一、一切悉捨不取施想，二、持戒不缺而不依戒，三、住於忍力而不住衆生想，四、行於精進而離身心，五、修禪定而無所著，六、魔王波旬不能擾亂，七、於他言論其心不動，八、能達生死海底，九、於諸衆生起增上悲，十、不樂聲聞辟支佛道。」又「佛言：若有菩薩信樂多聞，有十種利益。何等爲十？一、知煩惱資助，二、知清浄資助，三、遠離疑惑，四、住正真見，〔二〕五、遠離非道，六、安住正路，七、開甘露門，八、近佛菩提，九、與一切衆生而作光明，十、不畏惡道。」〔三〕

〔一〕此段出處待考。

〔二〕「住正真見」，高麗藏本作「作正直見」。

〔三〕出月燈三昧經卷六。

又六度集經云：「復有四種智慧具足智慧。何等爲四？一、不住斷見，二、不入常見，三、了十二緣，四、忍無我行。菩薩復有四種擁護法具足智慧。何等爲四？一、擁護法師如己君主，二、護諸善根，三、將護世間，四、護利益他。〔一〕菩薩復有四種無厭足行具足智慧：一、樂於多聞無有厭足，二、樂於説法無有厭足，三、行慧無有厭足，四、行智無有厭足。」〔二〕

又華嚴經云：「佛子，一切諸佛有十種未曾失時。何等爲十？一切諸佛成等正覺，未曾失時。一切諸佛善根業報，未曾失時。一切諸佛授菩薩記，未曾失時。一切諸佛隨應衆生示現神力，未曾失時。一切諸佛現如來身，未曾失時。一切諸佛悉行於捨，未曾失時。一切諸佛入城聚落，未曾失時。一切諸佛攝歡喜衆生，未曾失時。一切諸佛於難化衆生而不放捨之，〔三〕爲調伏故，未曾失時。一切諸佛示現不可思議自在神力，未曾失時。佛子，是爲一切諸佛十種未曾失時。」〔四〕

頌曰：

〔一〕「他」字下，高麗藏本有「人」字。
〔二〕出大方等大集經卷三十無盡意菩薩品。作六度集經誤。
〔三〕「於」字原闕，據華嚴經補。「不」字原脱，據高麗藏本補。
〔四〕出大方廣佛華嚴經卷三十佛不思議法品。

三塗阻隔，六度相應。〔一〕施戒忍進，禪智開蒙。四等慈照，三學哀矜。〔二〕唯斯福利，實由心崇。染浄隨情，取捨我躬。解興惑喪，〔三〕息妄休徵。〔四〕六蔽久纏，八正虛融。福智雙感，理量俱通。

感應緣 略引七驗

晉亭湖神廟

魏沙門釋志湛

唐沙門釋慧因

唐沙門釋慧稜

唐沙門釋法敏

〔一〕「應」字，高麗藏本作「宗」。

〔二〕「矜」字，高麗藏本作「忡」。

〔三〕「惑」字，高麗藏本作「或」。

〔四〕「息妄休徵」，高麗藏本作「自妄休窮」。

唐沙門釋空藏

唐司元大夫妻蕭氏

昔揚州江畔有亭湖神，嚴峻甚惡。于時有一客僧婆羅門，名曰法藏，善能持呪，辟諸邪毒，並皆有驗。别有小僧，就藏學呪。經於數年，學業成就，亦能降伏諸邪毒惡。故詣亭湖神廟止宿，誦呪伏神。其夜見神，遂致殞命。藏師聞弟子誦呪致死，懷忿自來。夜到神廟，瞋意誦呪。神來出見，自亦致死。同寺有僧，每恒受持般若，聞師徒並亡，遂來神所，於廟夜誦金剛般若。至夜半中，聞有風聲極大。迅速之間，見有一物，其形偉大，壅聳驚人，奇特可畏，口齒長利，眼光如電，種種神變，不可具述。經師端坐正念誦經，刹那匪懈，情無怯怕，都不憂懼。神見形泰，攝諸威勢，來至師前，右膝著地，合掌恭敬聽經訖。師問神曰：檀越是何神靈，初來猛峻，後乃容豫？神荅云：弟子惡業報得如是。是此湖神，然甚信敬。經師又問：若神信敬，何意前二師並皆打死？荅云：前二師死者，爲不能受持大乘經典，瞋心誦呪。見弟子來，逆前放罵，專誦惡語，欲降弟子，弟子不伏。于時二僧見弟子形惡，自然怖死。亦非弟子故殺二僧。左近道俗，見前二僧被殺，謂經師亦死，相率往看，且見平安，容儀歡泰。時人甚怪，競共問由，具荅前意。實因般若威力，聖教不虛。諸人因此發心，受持般若者衆。

魏泰嶽人頭山銜草寺釋志湛，齊州山茌縣人，〔一〕是朗公曾孫之弟子也。立行純厚，省事少言。住銜草寺，寺即宋求那跋摩之所立也。遊諸禽獸，而不驚亂。常誦法華，用爲恒業。將終之日，沙門寶誌奏梁武曰：北方山茌縣僧住銜草寺，是須陀洹聖人。今日入涅槃。揚都道俗聞誌此告，〔二〕皆遣遥禮。端坐氣絶，兩手各舒一指。有西天竺僧解云：若是二果聖人，各舒兩指。湛舒一指，定是初果。收葬人頭山，造塔安之。鳥獸不汙，今猶在焉。又雍州有僧亦誦法華，隱于白鹿山。感一童子，常來供給。〔三〕至終置屍巖下，餘骸枯朽，唯舌多年不壞。又齊武成世，并州東看山側有人掘地，見一處土，其色黄白，與傍有異。尋見一物，狀人兩脣，其内有舌，鮮紅赤色。以事奏聞。問諸道人，無能知者。沙門大統法師上奏曰：此持法華者，令六根不壞。殷誦千徧，定感此徵。乃敕中書舍人高珍曰：卿是信向之人，自往看之，必有靈異。宜遷置净所，設齋供養。珍奉敕至彼，集諸持法華沙門，各執香爐，潔齋旋遶，而祝曰：菩薩涅槃，年代已遠。像法流行，奉無謬者，請現靈感。纔始發聲，脣舌一時鼓動，雖無響及，而似讀誦。諸同見者，莫不毛豎。珍以狀聞，詔遣藏之石函，遷于山室。又魏太和初年，北代京閹官自慨形殘，不逮餘人。旋奏乞入山修道，出敕許之。乃齎一部華嚴，晝夜讀誦，禮悔匪懈。夏首歸

〔一〕「茌」字原作「茬」，據唐高僧傳改。下同。

〔二〕「聞」字原作「問」，「此告」二字原闕，據唐高僧傳改補。

〔三〕「來」字原闕，據唐高僧傳補。

山，至六月末，髭鬚盡生，陰相復現丈夫相狀，宛然復舊。具狀奏聞，高祖增信，内宫驚訝。於是北代之國，華嚴轉盛。〔一〕右此二驗見侯君素集。〔二〕

唐西京大莊嚴寺釋慧因，俗姓于，吴郡海鹽人也。稟靈温裕，清鑒倫通。後造長干辯法師所，稟學三論。窮實相之微言，弘滿字之幽旨。寫水一器，青更逾藍。辯後歸静山林，便以學徒相委，受業弟子五百餘人，踵武傳燈將三十載。陳太建八年，安居之始，忽感幽使云：王請法師。部從相諠，絲竹交響。當即氣同捨壽，體如平日。時經七夕，若起深定。學徒請問，乃云：試看箱内，見有何物？尋檢，有絹兩束。因曰：此爲䞋遺。重問其故。曰：妄想顛倒，知何不爲。吾被閻羅王召，〔三〕夏坐講大品般若。於冥道中謂經三月。又見地獄衆相，五苦次第。非夫慈該幽顯，行極感通，豈能起彼冥祈，神遊異域者矣。以貞觀元年二月十二日卒于莊嚴寺，春秋八十有九。〔四〕

唐襄州紫金寺釋慧稜，姓申屠。凡有法論，皆令覆述，吐言質朴，談理入微。時人同號得意稜也。至貞觀十四年正月半，襄州有感通寺䄍法師曰：夢見閻羅王請稜公，欲講三論。䄍公講法華如何？稜

〔一〕出唐高僧傳卷三十八釋志湛傳。

〔二〕即侯君素旌異記。見集神州三寶感通録卷下引。又唐高僧傳亦云：「並見侯君素旌異記。」

〔三〕「召」字原作「命」，據高麗藏本改。

〔四〕出唐高僧傳卷十五釋慧因傳。

曰：善哉！慧稜發願，常處地獄，教化衆生，講大乘經。既有此徵，斯願畢矣。至九月末，蔣王見稜氣弱，送韶州乳二兩，逼令服之。其夕夢見一衣冠者曰：勿服此乳。閻羅王莊嚴道場已竟，大有乳藥。至十月半黄昏時，遂覺不忩。〔一〕告弟子曰：吾五藏已崩，無有痛所。四更起坐，告寺主寶度曰：憶年八歲往龍泉寺借觀音。未至耆闍，已講三徧，皎如目前。説言未訖，外有大聲告曰：法師早起燒香，使人即到。度曰：何人？荅曰：閻羅王使迎稜法師來。即起燒香洗浴懺悔禮佛訖，還房中與度别。食粥未了，便取一生私記焚之。曰：此私記於他讀之，不得其致矣。至小食時，異香忽來。稜斂容便卒，即十四年十月十六日也，春秋六十有五。〔二〕

唐越州静林寺釋法敏，姓孫，丹陽人也。法華、三論，常講不絶。至貞觀元年，出還丹陽講華嚴、涅槃。至二年，於越州，田都督追還一音寺講。道俗數千，慶之嘉會。至十九年，會稽士俗請往静林講華嚴經。至六月末，正講衆集，有蛇懸半身在敏頂上，長七尺許，作黄金色，吐五色光。講畢方隱。〔三〕至夏終，還一音寺。夜有赤衣二人禮敏曰：法師講四部大經，功德難量。須往他方教化，故從東方來迎法師。弟子數十人同見此相。至八月十七日，爾前三日三夜無故暗冥。恰至將逝，忽放大光，夜明如

〔一〕「忩」字原作「愈」，據高麗藏本改。

〔二〕出唐高僧傳卷十六釋慧稜傳。

〔三〕「講畢」，高麗藏本作「訖講」，唐高僧傳作「終講」。

日，因爾遷化。春秋六十有七。停喪七日，異香不滅。道俗感歎，咸悉相送。〔一〕

唐京師會昌寺釋空藏，姓王氏。先祖晉陽，今在雍州之新豐縣。母初孕之日，自然不食酒肉，葷辛不嘗。以同身子，密加異之。既誕之後，靈鑒日陳，情用高遠。讀誦經論，思存拔濟。〔二〕聰勤無比，日誦萬言。至年長大，總誦經論三百餘卷，鈔摘衆經大乘要句十有餘卷，流行於世。賢劫千佛，日禮一徧。春夏方等，常坐不卧，翹勤難加，寸陰不虧。以貞觀十六年五月十二日終於會昌，〔三〕春秋七十有四。遺身於龍池寺側，收骨起塔。其髏骨兩耳相通，〔四〕頂有雙孔，眼眶含竅，〔五〕各有三焉。弟子等追惟永往，樹碑會昌寺。左僕射燕國公于志寧爲文。〔六〕又有釋遺俗，常誦法華千有餘徧。以貞觀初因疾將終，遺囑友人慧廓曰：比雖誦經，意望靈驗。身死之後，不須露骸，埋之十載，屈爲發出。舌根爛不？審若不壞，爲起一塔，以示經感。言訖而終，依囑而埋。至貞觀十一年，廓與知友就墓開之，身

〔一〕出唐高僧傳卷十七釋法敏傳。

〔二〕「思」字原作「恩」，據高麗藏本改。

〔三〕「十二」原作「十三」，據高麗藏本、磧砂藏本改。

〔四〕「相通」，唐高僧傳作「通明」。

〔五〕「含」字原作「合」，據唐高僧傳改。

〔六〕出唐高僧傳卷三十八釋空藏傳。

肉都盡，唯舌不朽。一縣士庶女男咸覩敬仰。以函盛舌，於陽陸北性谷南岸爲建塔銘。〔一〕識者尊嚴，發信誦經。又有京城西豐谷鄉南福水南史村史呵誓，〔二〕少懷善念，常誦法華。臨終之時，感有異香，氛氲滿村。埋後十年，妻亡，開墓同殯，見舌鮮明，異常紅赤。〔三〕又蕭僕射宋國公兄太府寺大卿，榮位高貴，國史具傳。欣懷道業，無棄寸陰。暗誦法華，萬有餘徧。兄弟各造千部法華。書生潔净，勘校無謬，莊飾函盛，散付流通。請受人名各録一通，躬自禮敬，日夜一徧。宋公自撰經疏十有餘卷。廣集諸家，向有三十，採掇菁華，揉以胸臆。四時無事，陞座恒講。至於開題之首，每召京城名德，朝野宰貴，躬臨座席，以申賓主。況卿情好讀誦，所寫法華千部，躬自勘校。每日朝參，必使侍人執經在前。至於公事，何有閑隙，便自勘讀，日誦一徧，以爲常式。靈祥徵迹，頗難記録。家門高遠，不可傳述。〔四〕右此四驗出唐高僧傳。

唐蕭氏是司元大夫崔義起妻，是蕭鏗女。鏗是僕射之姪。蕭氏爲人，妬忌多瞋，好打奴婢，不信業報。至麟德元年，從駕洛陽。到二年正月身亡，死在地獄。蕭氏手下常所愛婢名閏玉，年可十八。雖

〔一〕「陽陸」、「性谷」，唐高僧傳分别作「湯陸」、「甘谷」。

〔二〕「誓」字，磧砂藏本、唐高僧傳作「擔」。

〔三〕出唐高僧傳卷三十八釋遺俗傳。

〔四〕出唐高僧傳卷三十八釋慧齡傳附。

是獠婢，容貌端正，性識聰敏，信樂佛法。至二月，家内爲夫人設三七日齋。僧正食時，夫人自來看，枷項鎖腰，獄卒衛從。餘人不知，唯此婢見。夫人靈著此婢，言音共夫人生平語音無異。使傳語向家内大小云：吾適崔家已來，爲性多瞋，横生嫉妬，好打奴婢，兼不信因果。今至地獄，受罪極重，備經諸苦，不可具説。聞家内今三七日爲吾設齋，請求獄官放一日假，暫來看齋。語汝男女合家大小，吾自共汝同住已來，身三口四意怒三毒，好瞋打汝，兼嫉妬大夫所看婢妾。種種不善，發起惡業，今受報苦，不可具陳。願汝男女合家大小内外眷屬，從汝懺悔，願施歡喜。然汝男女憶吾乳餔之恩，將吾生平受用資具，速捨修福，望拔冥苦。至七七日，爲吾設齋之時，令此功德早得成就。吾至齋日，更請官人，望得復來。語大夫及兒女等：大夫生平急性多瞋，不得過分瞋打奴婢。勸信三寶，恭敬上下，修持齋戒，檀忍不絶。臨去之時，語男女云：吾且將閏玉去，使在地獄看吾受罪苦痛如何。經五六日，還放迴來。此婢令汝男女知吾受罪苦痛虚實。作此語已，閏玉即死，唯心上暖，餘分並冷。身卧在地，不敢埋之。此婢既至地獄，見一大殿，院門嚴兵守衛，云是王殿，不敢窺窬。行至東院，别見一廳，上有大官人，云是斷罪官。復過廳院東，有地獄種種苦具，一如圖畫。夫人語婢云：汝看吾受罪之苦。作此語已，即有種種獄卒羅刹撲擲夫人。屠割身肉，鑊湯煎煮。煮已還活，活已復歷諸獄。鐵鉗抽舌，鐵烏啄之。復卧鐵牀，飛烏猛火一時著身。死已還活，活已復受諸苦，不可具陳。夫人穌已，即見其父蕭鏗乘紫金蓮華座，騰空而來。鏗生平已來，及歷任諸官，皆不食酒肉葷辛，常誦法華經，日别一徧。恭敬三寶，晝夜六時，禮誦無闕。今生善處，見女受苦，故來相救。即語女云：吾生平之日，每勸汝生信止怒。汝不用吾語，今致其殃。汝復何因，將此婢來？女報父言：爲兒生平不信，今受罪苦，故將此婢看兒受罪輕重，令傳向家内男女，使其生信。父聞印可，即語女言：吾雖生善處，未能全救汝苦。汝努力自勵發心，兼藉家内福善共相助佐，决望得出，上昇人天。作此語已，忽有一婆羅門師，年少端正，亦乘空而來。語夫人曰：由汝不信因果，今受罪苦。未知此婢性識如何？吾欲教誦經，使傳家内，令世人生信。夫人報云：請師但教，此婢聰明，誦經可得。師即先教誦金剛般若。初受二三行，有忘一二句者。後續授之，漸得半紙一紙，少時誦得不忘。復教誦藥師、法華，一受不忘。此之三部，皆作梵音，不作漢語。文詞典正，音韻清亮。文句皆熟，即已放歸。臨來語云：汝至家内，逢人爲誦。漢人道俗，不别汝音，令覓婆羅門善梵語者，試看誦之，始知善惡。世人多有信邪事道，不樂佛法。既見汝獠婢尚能誦得三本梵經，豈可不生信心。儻得一人迴邪入正，非但夫人得福，亦令汝後報不入三塗。既受此語已，放出至家，惺了如舊。即集家内尊卑，具説夫人地獄受罪苦事。猶恐曹主兒郎等不信，即卧在地，作夫人在地獄受苦之事。或云：看夫人吞熱鐵丸，開口咽之，口赤腹熱如火。或云：看夫人受鐵犂耕舌，吐舌二三尺餘。〔一〕或云：看夫人受鐵牀苦，身體紅赤，熱氣如火。如是變現種種苦痛之相已，然後穌醒。復説見夫人父誡敕之事。復説見婆羅門教誦經意，夫人得出地獄，上昇天報。此婢即爲家内正坐而誦，

〔一〕「吐」字原作「出」，據高麗藏本改。

文文句句，皆作梵音，聲氣清亮，令人樂聞。室家大小見此善惡靈驗，罕所未聞。夫人男女大小五體自撲，號哭哀慟，逾痛初亡。道俗羣官，聞者皆勸，易心歸信，齋戒不絶。麟德元年，有西域四婆羅門來獻佛東頂骨。因親眷屬將軍薛仁軌家内設齋，諸親聚集。諸官人共議云：此婢雖誦得梵經，某等皆不別之。故邀屈請，得此四婆羅門至將軍舍齋，復唤得此婢，不語四僧云在地獄中誦得，誑云別有婆羅門教誦得此三部經，密試虚實。即對四僧令婢誦之，且誦金剛般若訖，此四婆羅門一時皆起，合掌怪歎，希奇未曾有也。何因漢人能得如此？更爲誦藥師、法華訖，彌加歡喜，恭敬如師。即譯語傳云：此女何因得如此善巧音詞，文句典正，經熟不錯。吾西域善能誦者，未能如是。此非凡人能得如此。諸官人等始爲説實，四僧泣淚：非是聖力冥加，豈能如是言詞典正。諸官道俗見者悲歎，深信佛法，不敢輕慢。將軍因見此事，奏上聞徹。皇帝敕語百官：信知佛法衆聖之上，冥祐所資，孰能不信。百官拜謝，慶所未聞。良由三寶景福恩重，慈蔭四生，非臣下愚所能籌度，聖凡受益，豈得不信。〔一〕崔大夫亦麟德二年亡，宅在西京宫城東翼善坊西門大巷南壁上道。至其家見婢誦經，具説如是也。

〔一〕此下三十九字注文原脱，據高麗藏本補。

法苑珠林校注卷第八十六

懺悔篇第八十六此有六部

述意部　引證部　違順部　會意部　儀式部　洗懺部

述意部第一

敬惟佛日潛暉，正像寢訛；人情嶮異，世序澆瀉。仰別大師，千有七百。衆生頑嚚，善根羸薄。正法既衰，邪見增長。内無勝解，常爲五住自縈；〔一〕外失良緣，致使四魔得便。故放縱三毒，〔二〕馳騁

〔一〕「五住」，高麗藏本作「五蓋」。

〔二〕「故」字原脱，據高麗藏本補。

六塵。日夜攀緣，無非搆禍。招釁之咎，積罪尤多。今既覺悟，盡誠懺悔。然懺悔之儀，須憑聖教。教有大小，罪有輕重。通塞不同，開遮有異。是故第一廣引聖教，明懺成不。〔一〕如七衆之人，曾經受得五、八、十、具、三聚等戒。若犯小乘初四重戒不覆藏者，依律開許，盡形學悔，不限時節。若覆藏者，縱有懺悔，依律不許。第二篇已下，隨犯輕重，覆與不覆，但識名種，依律得除。具存大教，非此所明。若犯大乘三聚等戒，除謗方等邪見重緣，業思極重，戒體不全，縱有好心，懺犯大難。必須懇意，用心徹到。犯餘輕者，懺悔可通。今依方等、佛名經等，無問在家出家，大小乘戒，若有犯者，不牒名種，所以開懺。惟此懺悔，爲除罪障，冀免業非，欣慕清昇。遠求大聖，思極大事，不可容易，自非具閑聖教，無宜得滅。知罪真妄，染凈虚融，心境開合，常須作意，不起攀緣，罪方伏除也。

引證部第二

如最妙初教經云：「佛告舍利弗：我憶往昔有一比丘名曰欣慶，犯四重禁。來至僧中，九十九夜懺悔自責。罪業即滅，戒根即生，如初受戒時無有異也。如人移樹，餘處得生，彌更滋長，乃得成樹。破戒懺悔，亦復如是。爾時破戒比丘自隱犯罪，〔二〕心生慚愧，轉加苦行，乃經七年，道成羅漢。説是

〔一〕「成」字下原衍「持」字，據高麗藏本、磧砂藏本删。

〔二〕「隱」字，高麗藏本作「知」。

品時，五百破戒比丘，以慚愧故，戒根還復。」〔一〕

又大莊嚴經論云：「若人學問，雖復毁行，以學問力，能尋得迴。以是義故，應勤學問。我昔曾聞有一多聞比丘，住阿練若處。時有寡婦數數往來此比丘所，〔二〕聽其說法。于時學問比丘於此寡婦心生染著。以染著故，所有善法漸漸劣弱。爲凡夫心結使所使，〔三〕與此婦女共爲言要。婦女言：汝今若能罷道還俗，我當相從。彼時比丘即便罷道。既罷道已，不能堪任世間苦惱，身體羸瘦，不解生業，未知少作而大得財。即自思惟：我於今者作何方計得生活耶？復作是念：唯客殺羊，用功極輕，兼得少利。作是念已，求覓是處。以凡夫心易朽敗故，造作斯業，還與屠兒共爲親友。於賣肉時，有一相識乞食道人，於道路上遇值得見，見已便識。頭髮蓬亂，著青色衣，身上有血，猶如閻羅羅剎。所執肉稱，悉爲血汙。見其稱肉，欲賣與人。比丘見已，即長歎息，作是思惟：佛語真實。凡夫之心，輕躁不停，極易迴轉。先見此人勤修學問，護持禁戒，何意今日忽爲此事！作是念已，即說偈言：

汝若不調馬，　放逸造衆惡。　云何離慚愧，　捨棄調伏法？　威儀及進止，　爲人所樂見。
飛鳥及走獸，　睹之不驚畏，　行恐傷蟻子，　慈哀憐衆生，　如是悲愍心，　今爲安所在？

〔一〕此經已佚。
〔二〕「此」字原脱，據高麗藏本補。
〔三〕「所使」二字原脱，據高麗藏本補。

凡夫之人，其心不定。若得見諦，是名沙門、婆羅門。復説偈云：

勇悍而自稱，　謂己真沙門。　爲此不調心，　忽作斯大惡。

説是偈已，尋即思惟：我今作何方便令其開悟？如佛言曰：若教人時，先當令其觀於四諦。今當爲説作業根本。〔一〕作是念已而語之言：汝於今者極善稱量。時賣肉者作是念言：此比丘既不買肉，何故語我極善稱量？作是念已，即説偈言：

此必有悲愍，　而來見濟拔。　如斯之比丘，　久離市易法。　見吾爲惡業，　故來欲救度。　實是賢聖人，　爲我作利益。

説是偈已，尋憶昔者爲比丘時，造作諸行，念先所誦經名曰苦聚欲過欲味。思惟是已，即以肉稱，遠投于地，於生死中深生厭患。語彼比丘：大德！大德！而説偈言：

欲味及欲過，　何者爲最多？　我以慚愧鞊，　捉持智慧稱。　思量如此事，　心已得通達。　不見其有利，　鈍者欲衰患。　以是故我今，　宜應捨離欲，　往詣於僧坊，　復還求出家。

時羆道比丘説此偈已，即捨惡業，出家精勤，得阿羅漢果。」〔二〕以此文證，破戒犯重，迴心學道，勤修則出。雖復依理，要須專精，起勇猛心，不惜身命。常須自省，勿起邪念。立大誓願，不限劫數，盡於未

〔一〕「作」字原作「佛」，據高麗藏本改。

〔二〕出大莊嚴經論卷六。

來，盡欲度脱等衆生界，拔苦與樂。知心妄動，遠離前境。新業不起，舊結伏除，縱有重過，即能輕微。業惡雖重，不如善心。故涅槃經云：「譬如氎華，雖有千斤，終不能敵真金一兩。如恒河中，投一升鹽，水無鹹味，飲者不覺。」〔一〕喻能觀心强，即滅重罪。

又虚空藏經云：「若優婆塞、優婆夷等破五戒，犯八戒齋；出家比丘、比丘尼、沙彌、沙彌尼、式叉摩那犯四重禁；在家菩薩毁六重禁。如是愚人，世尊先於毗尼中決定驅擯，如大石破。〔二〕今於此經説大悲虚空藏能救諸苦，及説呪以除罪咎。設有此人，云何爲證？佛告優波離：有三十五佛教救世大悲，汝當敬禮。爾時當著慚愧衣，如眼生瘡，深生耻愧。如癩病人，隨良醫教。汝亦如是，應生慚愧。既慚愧已，一日乃至七日禮十方佛，稱三十五佛名，别稱大悲虚空藏菩薩名。澡浴身體，燒衆名香，堅黑沈水。明星出時，長跪合掌，悲泣雨淚，稱虚空藏名，白言：大德大悲菩薩，愍念我故，爲我現身。爾時當起是想，虚空藏菩薩頂上有如意珠，其如意珠紫金色。若見如意珠，即見天冠。此天冠中有三十五像現，如意珠中十方佛像現。虚空藏菩薩身長二十五由旬，〔三〕若現大身，與觀世音等。此菩薩結跏趺坐，手捉如意珠王。其如意珠演説衆法音，與毗尼合。若此菩薩憐愍衆生，作比丘像，及一切像。

〔一〕出南本大般涅槃經卷二十九。
〔二〕「大」字原作「火」，據高麗藏本改。
〔三〕「二十五」，高麗藏本作「二十」。

若於夢中，若坐禪時，以摩尼珠印印彼臂，印文上有除罪字。得此字已，還入僧中，如本説戒。若優婆塞得此字者，不障出家。設不得此字，便於空中有聲唱言：〔一〕罪滅！罪滅！〔二〕若無空聲使知毗尼者，夢見虛空藏告言：毗尼菩薩，某甲比丘，某甲優婆塞，更令懺悔一日乃至七日，禮三十五佛。虛空藏菩薩力故，汝罪輕微。知法者復教令塗治圊廁，經八百日。日日告言：汝作不净事，汝今一心塗一切圊廁，莫令人知。塗已澡浴，禮三十五佛，稱虛空藏，向十二部經五體投地，説汝過惡。如是懺悔，復經三七日。爾時智者應集親厚，於佛像前，稱三十五佛名，稱虛空藏名，文殊師利、賢劫菩薩爲其作證，更白羯磨，如前受戒。此人苦行力故，罪報永除，不障三種菩提業。佛告優波離：汝持是觀虛空藏法，爲未來世無慚愧衆生多犯惡者，廣分別説。説是語時，虛空藏結跏趺坐，放金色光，如意珠中現三十五佛已，白佛言：世尊，我此如意珠寶説首楞嚴座。是故衆生見此珠者，得如意自在。爾時世尊敕優波離：汝持此經，不得多衆廣説，但爲一人持毗尼者。爲未來世無眼衆生作眼目故，慎莫忘失。時優波離聞佛所説，歡喜奉行。」〔三〕

又依佛名經云：「爾時佛告舍利弗：若善男子善女人求阿耨菩提者，當先懺悔一切諸罪。若比丘

〔一〕「於」字原作「有」，據高麗藏本改。
〔二〕「罪滅」二字原脱，據高麗藏本補。
〔三〕出觀虛空藏菩薩經。

犯四重，比丘尼犯八重戒，式叉摩那、沙彌、沙彌尼犯出家根本，若優婆塞犯優婆塞重戒，〔一〕若優婆夷犯優婆夷重戒，〔二〕乞懺悔者，當净洗浴，著新净衣，不食葷辛。當在静處，修治室内，以好華旛莊嚴道場，香泥塗地。懸四十九枚旛，莊嚴佛座，安置佛像。燒種種香，散種種華。興大慈悲，願苦衆生未度者令度。於一切衆生下心，如僮僕心。若比丘犯四重禁，如是晝夜四十九日，當對八清净僧發露所犯罪。七日一對發露，至心殷重，悔昔所作。一心歸命十方諸佛，稱名禮拜。隨力隨分，如是至心滿四十九日，罪必除滅。是人得清净時，當有相現。若於覺中，若於夢中，十方諸佛與其記别。或見菩薩與其記别，將詣道場，共爲己伴。或與摩頂，永滅罪相。或自見身入大會中，處在衆次。或自現身處衆説法。或見法師净行沙門將詣道場，示其諸佛。舍利弗，若比丘懺悔罪時，若見如是相者，當知是人罪垢得滅，除不至心。若比丘尼懺悔八重罪者，當如比丘法，滿足四十九日，當得清净，除不至心。若優婆塞、優婆夷懺悔重戒，應當至心恭敬三寶。若見沙門，恭敬禮拜，生難遭想。當請詣道場，設種種供養。當請一比丘，心敬重者，就其發露所犯諸罪，至心懺悔。一心歸命十方諸佛，稱名禮拜。如是滿足七日，必得清净，除不至心。舍利弗，若比丘、比丘尼、優婆塞、優婆夷欲懺悔諸罪，當洗浴著新净衣。修治室内，敷好高座，安置佛像。懸四十九枚旛，種種華香供養。誦此三十五佛名，日夜六時懺悔。滿二

〔一〕下一「塞」字原作「夷」，據佛名經改。

〔二〕下一「夷」字原作「塞」，據佛名經改。

十五日，滅四重八重等罪。式叉摩那、沙彌、沙彌尼亦如是。」〔一〕

又大方等陀羅尼經云：「爾時文殊師利白佛言：世尊，若有比丘，世尊去世後，〔二〕毁四重禁，比丘尼毁八重禁；若菩薩，若沙彌、沙彌尼、優婆塞、優婆夷，若毁如是一一諸戒，當云何滅如是等過？佛言：快哉文殊，乃能請問如是等事。汝慈悲勝故，能發是問。汝若不發是問，我終不説彼惡。汝今諦聽，當爲汝説。若我去世後，若有惡律儀比丘，毁四重禁，默受供養而不改悔。當知是比丘必受地獄苦而無疑也。我今當出良藥，救彼比丘。汝今諦聽，當爲汝説：

離婆離婆諦一仇呵仇呵帝二陀羅離帝三尼呵羅帝四毗摩離帝五莎呵六

文殊師利，此陀羅尼是過去七佛所造。〔三〕如是七七亦不可計數，亦不可説。〔四〕此陀羅尼救攝衆生。現在十方不可計不可數七佛，亦讀誦此陀羅尼救攝衆生、末世惡律儀比丘，令其堅固，住清浄地。若有比丘毁四重禁，至心憶念此陀羅尼，誦千四百徧已，乃一懺悔。請一比丘以爲證人。自陳其罪，向形像前，八十七日懺悔已，是諸戒根若不還生，終無是處。若不堅固阿耨菩提心，亦無是處。又文殊師利，

〔一〕出佛名經卷八。
〔二〕下一「世」字原脱，據高麗藏本補。
〔三〕「造」字，高麗藏作「宣」。
〔四〕「可」字下，高麗藏本有「計」字。

云何當知得清浄戒？善男子，若其夢中，見有師長手摩其頭，若父母、婆羅門、耆舊有德人，若與飲食衣服卧具湯藥，當知是人住清浄地，具清浄戒。若見如是一相者，應向師説。如法除滅如是罪咎。若比丘尼毁八重禁者，若欲除滅八重禁者，先請一比丘了知内外律者，陳其罪咎，向彼比丘。彼比丘應如法而教此内外律所説：〔一〕

阿隸離婆其羅帝一羅帝婆二摩羅帝三阿摩羅帝四莎呵五

善男子，此陀羅尼若有讀誦受持，如法修行，九十七日，誦四十九偏，乃一懺悔，隨師修行。是諸惡業若不除滅，終無是處。若於夢中見如上事，當知彼尼住清浄地，具清浄戒。若有沙彌、沙彌尼、優婆塞、優婆夷毁諸禁戒者，亦應請一比丘了知内外律者。向形像前，若尊經般若前，自陳其過，向此比丘説。此比丘應教浄律之法所説：〔二〕

伊伽羅帝一慕伽羅帝二阿帝摩羅帝三郁伽羅帝四婆羅帝婆五座羅伽竭帝六座羅竭帝七豆羅奢竭帝八毗奢竭帝九離婆竭帝十婆羅隸阿隸十一其羅隸阿隸十二持羅隸阿隸十三其蘭隸阿隸十四提蘭隸阿隸十五毗羅隸阿隸十六莎訶十七

善男子，我爲慈愍一切衆生故，説此陀羅尼。若有下劣沙彌、沙彌尼、優婆塞、優婆夷亦讀誦修行此陀

〔一〕「如」字原作「知」，「説」字原作「謂」，據高麗藏本改。

〔二〕「説」字原作「謂」，據高麗藏本改。

羅尼，誦四百徧，乃一懺悔。如是次第四十七日。當懺悔時，應自陳過，令其耳聞。如上所說，夢中得見一一事者，當知是沙彌等住清净地，具清净戒。佛告文殊師利：如汝所念，行者應修五事，持諸戒境界。所謂不犯陀羅尼義，不謗方等經，不見他過，不毁大乘，不毁小乘，不離善友，常説衆生妙行。復有五事：不談上界所見，亦不談所行好醜之事，亦應日三時塗地，亦應日誦一徧，日一懺悔。如是五事，是行者業不犯戒。復有五事：若有比丘行此法者，〔一〕及與白衣，不得祭祠鬼神，亦復不得輕於鬼神，亦復不得破鬼神廟。假使有人祭祠鬼神，亦不得輕，亦不得與彼人往來。如是五事，是行者業護戒境。復有五事：不得與謗方等經家往來，不得與破戒比丘往來，不得與破五戒優婆塞往來，不得與獵師家往來，不得與常説比丘過人往來。復有五事：不得與腦皮家往來，不得與藍染家往來，不得與養蠶家往來，不得與壓油家往來，不得與掘鼠藏家往來。復有五事：不得與劫人家往來，不得與偷人家往來，不得與燒僧坊家往來，不得與偷僧祇物人往來，不得與乃至偷一比丘物人往來。復有五事：不得與畜豬羊雞犬家往來，不得與觀星宿家往來，不得與婬女家往來，不得與寡婦家往來，不得與沽酒家往來。如是七種五事，是行者業護境界。」〔二〕

〔一〕「行此」原作「此行」，據高麗藏本改。

〔二〕出大方等陀羅尼經卷四護戒分。

違順部第三

夫四重五逆，佛海死屍；小乘經律，譬同斬首。既律無開緣，懺不復本。依大乘經，許其洗蕩。如呪枯木，還生華果。雖許此懺，須立大心。順教奉行，如死還活。大士所行，義不唐捐。身戒心慧，志常修習。既慚且愧，精勵形心。心想尚虛，罪豈定性？今欲科約行業，條列順違。善惡罪福，〔一〕具兼二種。先就惡業以論違順：違於涅槃，順於生死。辯此違順，略顯十心。有罪行者，須識業相，量事而行矣。一者、無明顛倒，煩惱醉惑，觸境生著，昏暗不醒，所以造罪。二者、内既癡醉，外爲惡友所迷，隨順非法，惡心轉熾，所以造罪。三者、内外緣具，自破己善，亦破他善，於諸善事，無隨喜心，所以造罪。四者、既不修善，惟惡是緣，〔二〕縱恣三業，無惡不爲，所以造罪。五者、所造惡事，雖未廣多，而惡心周普，奪一切樂與一切苦，所以造罪。六者、惡念相續，晝夜不斷，心純念惡，初無停息，所以造罪。七者、隱覆瑕疵，藏諱罪過，内懷姦詐，外現賢善，所以造罪。八者、身色强健，謂我常存，增狀作罪，不畏惡道，所以造罪。九者、頑癡凶很，魯扈抵突，無慚無愧，行無羞恥，所以造罪。十者、撥無因果，不信善惡，斷諸善根，作一闡提，不可救療，所以造罪。如上十心，無明爲本。增加不已，極至闡提。順入生

〔一〕「福」字原作「緣」，據高麗藏本改。
〔二〕「緣」字，高麗藏本作「從」。

死，從暗入暗。織作結業，無解脱期。是名無明違順心也。既識生死罪惡之人，遇佛大慈，加攝哀念。立改過法，開解脱門。令我善根，重得生長。如王登位，宥罪緩刑。將行懺除，修善改惡。善中違順，亦具十心。常須運想，對治前罪。從後立儀，一一觀破。此正悔過立行本基也。一者、正信因果，不迷不謬，爲善獲福，爲惡得罪。雖無作者，果報不失。雖念念滅，業不敗亡。信爲道源，智爲能入，既信且智，衆善根本。用此正信，翻破不信一闡提心。由備此心，方能起懺。二者、悔罪要方，慚愧爲本。我慚此罪，不預人流，恨我此罪，不蒙天罰，〔一〕是爲白法，亦是三乘行人第一義天出世白法，是爲慚愧，翻破無愧之黑法也。要具此心，方能行懺。後條例爾。三者、怖畏無常。命如水沫，一息不還，隨業流轉。覺無常已，食息無閑。是爲無常，翻破保常不畏惡道心也。四者、發露向他，説罪輕重。以露罪故，罪即焦枯。如露樹根，枝葉彫落。是爲發露，翻破覆藏，現净心也。五者、斷相續心，畢竟捨惡，尅决雄猛，猶若剛刀。是爲决定要期斷惡，翻破惡念相續心也。六者、發菩提心。普拔一切苦，普與一切樂。此心弘廣，無所不徧。是爲大乘菩提之心，翻破徧惡心也。七者、修功補過。勤策三業，精進不休。是爲修功立德，翻破不修三業無辜起惡心也。八者、守護正法。不念外道邪師，破壞佛法。誓欲光顯，令久住世。是爲守護，翻破滅一切善事心也。九者、念十方佛無量功德，神通智慧，欲加護我，慈

〔一〕「罰」字，高麗藏本作「護」。

哀我苦，賜我除罪清净良藥。是爲翻破念惡知識心也。十者、觀罪性空。罪從心生，心若可得，罪不可無。我心自空，空云何有？善心亦然。罪福無主，非内非外，亦無中間，不常自有。但有名字，名之爲心；但有名字，名爲罪福。如是名字，名字即空。還源反本，畢竟清净。是爲觀罪性空，翻破無明顛倒執著心也。若無明滅故，諸行滅；諸行滅故，生死滅。是爲十二因緣大樹壞，亦名苦集子果兩縛脱，亦名道滅二諦顯。是爲方等觀慧，日月照明。衆生遇此重恩，故得見十方佛也。此標大意，具説如經。

會意部第四

問：經説懺悔能滅罪業，云何唯説觀理智心能滅諸業？釋言：懺悔有二：一是迷心，依事懺悔。謂佛像前行道禮敬，發願要期，斷除事惡。二是智心，依理懺悔。謂觀身心，斷除結使。但所造業有輕有重。若論輕業，事懺亦滅。若論重業有可轉者，〔一〕亦能轉重令輕，謂三塗業，人中輕受。故十住婆沙論云：「我言懺悔，罪則輕薄，於少時受。」〔二〕故知事懺轉重令輕，牽報不定。由不斷結故，有漏力微，不盡故業，後必受報，非全不定。〔三〕今故偏説觀理斷結。無惑潤業，故不牽生，隨所斷處，故業永

〔一〕「可」字原脱，據高麗藏本補。

〔二〕出十住毘婆沙論卷六分別功德品。

〔三〕「全」字原作「令」，據高麗藏本改。

盡。於現造業，亦不招生。則於過現所造善惡，方是究竟牽報不定。今據此義，是以偏説。故諸智者欲斷過現三途重業，〔一〕即學觀理，永免惡道。是故初果名爲觝債。故攝論云：「若無苦下無明，諸行不生。若行已生，無修道無明，諸行不熟。何以故？須陀洹人不造感生報業故，阿那含人不受下界生報。」〔二〕

又優婆塞戒經云：〔三〕「若人具有欲界諸業得阿那含果，能轉後業現在受之。羅漢亦爾。」〔四〕故知觀理是真懺故。華嚴經偈云：

「一切業障海，　皆由妄想生。　若欲懺悔者，　當求真實相。」〔五〕

又大寶積經云：「百千萬劫久習結業，以一實觀，即皆消滅。」〔六〕又諸法無行經云：「若菩薩能見一切衆生性即涅槃性，則能畢竟滅業障罪故。」〔七〕又普賢菩薩經云：「觀心無心，從顛倒想起。如此

〔一〕「現」字原脱，據高麗藏本補。

〔二〕此段出處待考。

〔三〕「經」字原脱，據高麗藏本補。

〔四〕出優婆塞戒經卷七業品。

〔五〕出觀普賢菩薩行法經。作華嚴經誤。

〔六〕此段出處待考。

〔七〕出諸法無行經卷上。

想心，從妄想起。如空中風，無依止處。」〔一〕故知善惡取性作相，由未悟理，非無妄業。後若悟理，前業即滅。無法可住，故不招生。如正觀理時，當思諸障本唯空寂，恒與諸佛同一真性。恒沙萬德，法界無殊，但無明障厚，不能睹見。以不見故，恒於佛前破戒違道，十惡五逆，無過不爲。猶如一堂，延及凡聖，在堂供養。有多盲人，以無目故，遂於衆前具造諸惡。時有智人，愍之不已，遂語盲人曰：此堂具有凡聖僧衆，汝云何對之公然造惡？盲人聞已，慚愧怖畏，謝過無地。遂即伸意告白僧衆曰：弟子某甲，敬白合堂師衆。弟子無福，少來失明。雖與師等同在一堂，不能睹見。以盲不見，遂於師前無過不爲。今因善友開導，始知有師。慚愧怖畏，不可具陳。弟子今從合堂師等求哀懺悔，唯願師等受弟子歸誠懺悔。然此盲人雖自無眼，不見僧衆。然知僧衆先皆見己，受其懺悔。我等亦然。昔造罪時，恒在佛前。今欲悔過，了知諸佛悉皆已見。但一切諸佛，三達靈智，五眼明照。知無不盡，莫問遠近。內外明闇，如掌觀珠。隨機赴感，不差時也。

又知罪緣無有自性，但以妄想因緣，虛受是苦。故維摩經云：「心垢故衆生垢，心净故衆生净。妄想是垢，無妄想是净。罪性不在內，不在外，不在中間。心亦不在內，不在外，不在中間。如其心然，罪垢亦然。」〔二〕如是却推，罪性皆空，發智慧火，了無明闇。無始已來所造諸惡，猶如闇室。懺悔正解，

〔一〕出觀普賢菩薩行法經。

〔二〕出維摩詰所說經卷上弟子品。

狀若明燈，明燈一照，〔一〕昏闇皆除。不以闇來無始能摧燈也。明闇解惑，爾來無始；迷因謬果，〔二〕具造諸非，事等如闇。今欲悔除，依佛性力，發正見火，事等明燈。燈起闇除，解生惑喪，義無不滅也。亦如霜雪，待日而除。亦如病疾，待良藥除。亦如迷方，待悟而正。亦如惡類衆薪，悔如巨火，〔三〕須臾殄滅。是故涅槃經云：「譬如氎華千斤，不如真金一兩。」〔四〕造罪雖多，不如少善。既對佛造愆，還同盲人向僧懺悔。罪無自性，從緣而滅。故業報差别經偈云：

「若人造重罪，　作已深自責，　懺悔更不造，　能拔根本業。」〔五〕

既知真僞，即知所緣罪業從事而生，惑情障解。迷而不覺，故有斯罪。如雲覆日，如闇冥室。今之悟心，緣理而生。解興惑喪，如光滅暗。前心雖起重罪，後念觀理，妄心即滅，妄境不生。久熏不已，業種自亡。故未曾有經云：「前心作惡，如雲覆日；後心起善，如炬消暗。」〔六〕又大集經云：「如百年垢

〔一〕「明燈」二字原脱，據高麗藏本補。
〔二〕「謬」字原作「證」，據高麗藏本改。
〔三〕「巨」字，高麗藏本作「豆」。
〔四〕出南本大般涅槃經卷二十九。
〔五〕出佛爲首迦長者説業報差别經。
〔六〕此段出處待考。

衣，可於一日浣令鮮净。如是百千劫中所集諸不善業，以佛法力故，善順思惟，可於一日一時盡能消滅也。」〔一〕

儀式部第五

此之一門，行者欲懺，要對三寶勝緣境前，偏袒露膊，脱去巾履。女人不勞袒膊，具服威儀。合掌恭敬，請一大德耆年宿邁，自心敬者，先當奉請十方三寶以爲良緣。故人述偈云：

歸命十方一切佛，　頂禮無邊净覺海；　亦禮妙法不思議，　真如自性清净藏。　住於極愛一子地，　得道得果諸聖人；　我以身口清净意，　咸各歸命稽首禮。

然後請懺悔主云：大德一心念，我弟子某甲，今請大德爲懺悔阿闍梨。願大德爲我作懺悔阿闍梨。我依大德，故得懺悔。慈愍故。一偏亦得，三偏彌善。

第二懺悔。師先教識前罪性輕重，具如初意。依論懺悔，總有四種：一、更相易脱懺，是凡夫下品懺法。二、永斷相續懺，是上品凡夫懺法。三、燋業懺，是賢人懺法。四、滅業懺，是聖人懺法。前二是事中懺，敵對而除，未能滅業，且伏而不起。由不依理觀，未入聖位。雖得免非，未來不入惡道。然此

〔一〕出大方等大集經卷十八虚空藏菩薩品。

業性常在，以熏成種故。如人斫樹，但去枝條，其根仍在。後二懺悔，要須緣空悟理，心境虚融。常須作意，見諦漸修，然後得滅。今且依第二凡夫永斷相續懺，令業伏不行。常依善友，發大誓願。臨命終時，亦得隨願往生十方淨土，永離三惡。以住娑婆，恐心怯弱，不能堅固意欲退者，當以五法佐助，得不悔果：一信，二慚，三愧，四善知識，五宗敬戒。一、信者，〔一〕爲道源功德母，一切善法因之而生。二、慚者，自不作罪。三、愧者，不教他作罪。又慚者，内自羞人；愧者，羞天。有慚愧故，則能恭敬父母師長、一切凡聖。四、善知識者，〔二〕是全梵行。五、戒者，是汝大師故。三寶是凡聖所依，故須歸敬。戒師臨時種種開誘，令發大心，永斷後犯。臨時誡勗，不可預述。

洗懺部第六

如舍利弗悔過經云：「佛言：若有善男子善女人欲求阿羅漢道，欲求辟支佛道，欲求佛道者，欲知去來之事者，常以平旦、日中、日入、人定、夜半、雞鳴時，澡漱正衣服，叉手禮拜十方佛，〔三〕自在所向。當悔過言：某等宿命從無數劫以來，所犯過惡，至今世所犯婬泆，所犯瞋恚，所犯愚癡；不知佛時，不

〔一〕「者」字原脱，據高麗藏本補。
〔二〕「者」字原脱，據高麗藏本、磧砂藏本、南藏本補。
〔三〕「佛」字原脱，據高麗藏本補。

知法時，不知比丘僧時，不知善惡時；若身有犯過，若口犯過，若心犯過；若意欲害佛嫉惡經道，若鬬比丘僧，若殺阿羅漢，若自殺父母；若犯身三、口四、意三；自殺生，教人殺生，見人殺生代其喜；身自行盜，教人行盜，見人行盜代其喜；身自欺人，教人欺人，見人欺人代其喜；身自兩舌，教人兩舌，見人兩舌代其喜；身自罵詈，教人罵詈，見人罵詈代其喜；身自妄言，教人妄言，見人妄言代其喜；身自嫉妬，教人嫉妬，見人嫉妬代其喜；身自貪餮，教人貪餮，見人貪餮代其喜；身自不信，教人不信，見人不信代其喜；身不信作善得善，作惡得惡，見人作惡代其喜；身自盜佛寺中財物，若比丘僧財物，教人行盜，見人行盜代其喜；身自輕稱小斗短尺欺人，以重稱大斗長尺侵人，見人侵人代其喜；身自故作賊，教人作賊，見人作賊代其喜；身自惡逆，教人惡逆，見人惡逆代其喜；身諸所更以來生五處者，在泥犂中時，在禽獸中時，在薜荔中時，在人中時，在天中時，身在此五道中生時所犯過惡：〔一〕不孝父母，不孝於師，不敬於善友，不敬於善沙門道人，不敬長老，輕易父母，輕易於師父，輕易求阿羅漢道者，輕易求辟支佛道者，若誹謗嫉妬之，見佛道言非，見惡道言是，見正言不正，見不正言正。某等諸所作過惡，願從十方諸佛求哀悔過。令某等今世不犯此過殃，令某等後世亦不被此過殃。所以從十方諸佛求哀者何？佛能洞視徹聽，不敢於佛前欺詐。某等有過惡，不敢覆藏。從今以後，皆不敢復犯。佛語舍利

〔一〕「五道」，高麗藏本作「五逆」。

弗：若有善男子善女人，意不欲入三塗者，諸所作過，皆當悔過，不當覆藏。不欲生邊地無三寶處，皆當悔過，不當覆藏。乃至欲得三乘道果者，皆當悔過，不當覆藏。佛語舍利弗：若使天下男子女人皆得阿羅漢及辟支佛，若有人供養天下阿羅漢辟支佛滿千，不如持悔過經於晝夜各三過讀一日。其得福勝供養天下阿羅漢辟支佛百倍、千倍、萬倍、億倍。」〔一〕

又依普賢觀經云：「懺悔六根本意。由業障故，不浄六根，具造十惡，處處貪著，徧六情根。此六根業，枝條華葉，悉滿三界。一切生處，增長無明。今欲懺悔，廣請諸佛菩薩，讀誦大乘，至心徹到，發願求破壞身心一切惡業。念念之中，得見普賢十方諸佛。故説偈云：

若有眼根惡，　業障眼不浄。〔二〕　但當誦大乘，　思念第一義，　是名懺悔眼，　盡諸不善業。

耳根聞亂聲，　壞亂和合義，　由是起狂亂，　猶如癡猨猴。　但當誦大乘，　觀法空無相，　永離一切惡，　天耳聞十方。

鼻根著諸香，　隨染起諸觸，　如此狂惑鼻，　隨染生諸塵。

若誦大乘經，　觀法如實際，　永離諸惡業，　後世不復生。　舌根起五種，　惡口不善業。　若欲自調順，　應勤修慈心，　思法真寂義，　無諸分別相。　心想如猨猴，〔三〕　無有暫停時。

〔一〕出舍利弗悔過經。

〔二〕「眼」字，高麗藏本作「説」。

〔三〕「想」字，高麗藏本作「根」。

若欲折伏者，當誦大乘經，念佛大覺身，力無畏所成。身爲機關主，如塵隨風轉，六賊遊戲中，自在無罣礙。若欲滅此惡，永離諸塵勞，當處涅槃城，安樂心惔泊。但當誦大乘，念諸菩薩母，無量勝方便，從思實相得。如此等六法，名爲六情根，一切業障海，皆從妄想生。若欲懺悔者，端坐念實相，衆罪如霜露，慧日能消除。是故應至心，懺悔六情根。〔一〕

述曰：余自勤力檢討一切經論，雖復教人總懺罪法，然文多散落，不可具録。將前二經懺文稍略，所以偏引出之。竊尋衆生無始至今，造過極多，名數塵沙。若依前懺，又恐洗蕩不可周净。今此已下，更依隋代曇遷、靈裕二法師總懺十惡，冀望周悉。雖是凡夫所撰，然文義皆採拾地持經論聖意，而纘集之。依之修行，皆合佛意。古今諸德懺文甚多，比校周悉，未能逾下二文也。

十惡懺文曇遷法師撰。

弟子某甲，普爲一切法界衆生，發露無始已來所作罪業。或殺害君親及真人羅漢，兵戈征討，鋒刃殺戮，遊獵禽獸，網捕蟲魚。或經作惡王，刑罰差濫。乃至含靈，稟性蠢動，凡諸生類，殘害殺傷。及猛

〔一〕出觀普賢菩薩行法經。

獸鷙鳥，遞相噉食。或盜佛物、法物、僧物及他財寶。居官因事，納貨受財。或非己室家，外行婬穢，莫簡親屬，不避僧尼，横起愛憎，妄相妬忌。或虚詐妄語，誑惑君親，不知不見，言知言見。憑託鬼神，詭誑世俗。或讒諂兩舌，鬬亂二邊，將此惡言，向彼陳説；持彼惡語，復向此論。阻隔君臣，離間骨肉。一切和合，由其破壞。或出言麤獷，毁呰他人。呵叱任情，駡詈在口。或不以正言，乃爲綺語。説善爲惡，以臭爲香，名長爲短，説白爲黑。謬言詭語，調弄於人。或志在貪味，求取不節。性多瞋忿，恚怒自纏。或不識正理，迷惑邪見。謗佛法僧，説無因果。不信修善受人天樂，不信爲惡受地獄苦。或謂此身無因而得，或謂未來斷無因果。毁壞塔寺，焚燒經典，融刮佛像以取金銅，汙穢伽藍，違越禁戒，飲酒噉肉及食五辛。愚癡邪見，無惡不造。凡此所陳十種惡業，自作教他，見作隨喜。從無始已來，定有斯罪。以罪因緣，能令衆生墮於地獄、畜生、餓鬼。若生人間，短命多病，常處卑賤及以貧窮。共人有財，不得自在。婦不良謹，二妻相諍。多被謗毁，爲人誑惑。所有眷屬，弊惡破壞。不值好語，常聞惡聲。凡所陳説，恒有諍訟。假説真言，人不信受。吐發音詞，又不辯正。貪財無厭，所求不獲。常爲他人伺其長短，不善知識共相惱害。恒生邪見之家，常懷諂曲之心。無始已來十不善業，皆從煩惱邪見而生。今依佛性正見力故，發露懺悔，皆得除滅。譬如明珠，投之濁水；以珠威德，水即澄清。佛性威德，亦復如是。投諸衆生四重五逆煩惱濁水，皆即澄清。弟子某甲及一切法界衆生，自從今身乃至成佛，願

更不造此等諸罪，歸命敬禮常住三寶。懺悔已訖，次禮懺功德，發願説偈云：〔一〕

願於未來世，見無量壽佛，無邊功德身。我及餘信者，既見彼佛已，願得離垢眼，成無上菩提，普及於含識。

總懺十惡偈文靈裕法師撰。

自惟我生死，過去無初際，乃至於今生，相續不斷絶。愚癡暗覆故，三毒火常然；雖有身與心，而不能自悟。徒蒙一切佛，〔二〕放智慧日光，照我二種身，亦未之知覺。懷惑生諸趣，無類而不更，諦思此因緣，〔三〕誰非己眷屬。又念諸衆生，元同一心海，因妄想識浪，幻起諸趣身。是身無種種，與我同如性，因於失念故，彼我分別生。由之起愛憎，常共相鬭諍，日夜懷嫌恨，思念相報及。遂於衆生中，無一不傷害，貪奪於資生，非分起染欲。虚誑無實語，惡口不擇言，兩舌相破壞，綺語調弄人。貪海無厭足，瞋火然復然，邪見背正教，諂曲無誠信。違犯諸如來，一切清净戒，嫌恨與愛

〔一〕「云」字原脱，據高麗藏本、磧砂藏本、南藏本補。
〔二〕「徒」字原作「從」，據高麗藏本改。
〔三〕「諦」字原作「競」，據高麗藏本改。

憎，無心而不有。是罪若不懺，長夜熏自心，積熏而不已，變成地獄處，及與諸苦具。諸佛於爾時，皆悉不能救。唯除自發露，所造諸愆咎，應佛菩薩心，隨順本净性。無始時無明，自此漸微薄，是故懷慚愧，深心悔諸罪。願佛放慈光，照及苦衆生，所有煩惱聚，皆悉令消滅。自性清净心，從此至究竟，平等真法界，於今得圓滿。

下有九行偈，長安延興寺玄琬律師撰曰：

傷己無始隨自心，順入欲流隨洄澓，〔一〕於中孤獨無救護，具造無邊百種苦。所受諸苦時報定，〔二〕諸佛威神不能救，困逼事窮苦對至，方乃有此一念悟。以其無明瞖瞙厚，三毒之火常熾然，意欲遠離不能離，如癰已熟待破時。唯願諸佛放慈光，時復照及極苦者。往昔所造三業罪，及今現起一切惡，未來應生諸煩惱，頂禮懺悔願滅除。

頌曰：

五體悔前朝，三屈懺中夕。嗚椎誡旭旦，哀我苦勞役。引目寓金言，悲傷塵垢積。

〔一〕「隨」字，高麗藏本作「墮」。

〔二〕「受」字原作「愛」，據高麗藏本改。

咄哉形非我，　嗟往恒沈溺。　踟蹰歧路嵎，〔一〕　揮手謝中析。　洗滌歸誠懺，　皎潔淩雲釋。
蕭索業苦離，　昇陟隨緣益。　雖未齊高蹤，　且免幽途歷。

感應緣 略引三驗

晉沙門慧達
梁沙門法寵
唐沙門德美

晉沙門慧達，姓劉，名薩荷，西河離石人也。未出家時，長於軍旅，不聞佛法，尚氣武，好畋獵。年三十一，暴病而死，體尚溫柔。家未殮，至七日而穌。說云：將盡之時，見有兩人執縛將去，向西北行。行路轉高，稍得平衢，兩邊列樹。見有一人執弓帶劍，當衢而立，指語兩人，將荷西行。見屋舍甚多，白壁赤柱。荷入一家，有女子美容服，荷就乞食。空中聲言：勿與之也。有人從地踊出，執鐵杵將欲擊之。荷遽走，歷入十許家皆然。遂無所得。復西北行，見一嫗乘車，與荷一卷書。荷受之。西至一家，

〔一〕「嵎」字，高麗藏本作「危」。

館宇華整，有嫗坐于户外，口中虎牙。屋内牀帳光麗，竹席青几。復有女子處之。問：荷得書來不？荷以書卷與之。女取餘書比之。俄見兩沙門謂荷：汝識我不？荷荅：不識。沙門曰：今宜歸命釋迦文佛。荷如言發念。因隨沙門俱行，遥見一城，類長安城，而色甚黑，蓋鐵城也。見人身甚長大，膚黑如漆，頭髮曳地。沙門曰：此獄中鬼也。其處甚寒，有冰如席飛散，著人頭頭斷，著脚脚斷。二沙門云：此寒冰獄也。荷便自識宿命，〔一〕知兩沙門往維衛佛時，並其師也。作沙彌時，以犯俗罪，不得受戒。世雖有佛，竟不得見從。再得人身，一生羌中，今生晉中。又見從伯在此獄裏，謂荷曰：昔在鄴時，不知事佛。見人灌像，聊試學之，而不肯還直。今故受罪。猶有灌福，幸得生天。次見刀山地獄。次第經歷，觀見甚多，獄獄異城，不相雜厠。人數如沙，不可稱計。楚毒科法，略與經説相符。自荷履踐地獄，示有光景。俄而忽見金色，暉明皎然。見人長二丈許，相好嚴華，體黄金色。左右並曰：觀世大士也。皆起迎禮。有二沙門，形質相類，並行而東。荷作禮畢，菩薩具爲説法，可千餘言。末云：凡爲亡人設福，若父母兄弟，爰至七世姻媾親戚、朋友路人，或在精舍，或在家中，亡者受苦，即得免脱。七月望日沙門受臘，此時設供，彌爲勝也。若制器物，以充供養器。器標題言：爲某人親奉上三寶。福施彌多，其慶逾速。沙門白衣，見身爲過，及宿世之罪，種種惡業，能於衆中盡自發露，不失事條，勤

〔一〕「自」字原脱，據高麗藏本補。

誠懺悔者，罪即消滅。如其弱顔羞慚，恥於大衆露其過者，可在屏處默自記説。不失事者，罪亦除滅。若有所遺漏，非故隱蔽，雖不獲免，受報稍輕。若不能悔，無慚愧心，此名執過不反。命終之後，剋墜地獄。又他造塔及與堂殿，雖復一土一木，若染若碧，率誠供助，獲福甚多。若見塔殿或有草穢，不加耘除，蹈之而行，禮拜功德隨即盡矣。又曰：經者尊典，化導之津，波羅蜜經功德最勝，首楞嚴亦其次也。若有善人讀誦經處，其地皆爲金剛。但肉眼衆生不能見耳。能勤諷持，不墮地獄。般若定本及如來鉢，後當東至漢地。能立一善於此經鉢，受報生天，倍得功德。所説甚廣，略要載之。荷臨辭去，謂曰：汝應歷劫備受罪報。以嘗聞經法，生歡喜心。今當見受輕報，一過便免。汝得濟活，可作沙門。洛陽、臨淄、建業、鄮陰、成都五處，並有阿育王塔。又吴中兩石像，育王所使鬼神造也。頗得真相，能往禮拜者，不墮地獄。語已東行。荷作禮而别。出南大道，廣百餘步。道上行者，不可稱計。道邊有高座，高數十丈，有沙門坐之。左右僧衆，列倚甚多。有人執筆，北面而立。謂荷曰：在襄陽時，何故殺鹿？跪荅曰：他人射鹿，我加創耳。又不噉肉，何緣受報？時即見襄陽殺鹿之地，草樹山澗，忽然滿目。所乘黑馬並皆能言。悉證荷殺鹿年月時日。荷懼然無對。須臾有人以叉叉之，投鑊湯中。自視四體，潰然爛碎。有風吹身，聚小岸邊，忽然不覺，還復全形。執筆者復問：汝又射雉，亦嘗殺鴈。言已又投鑊湯，如前爛法。受此報已，乃遣荷去。入一大城，有人居焉。謂荷曰：汝受輕罪，〔一〕又得還生，是福力所扶。而今以後，復作罪不？乃遣人送荷。遥見故身，意不欲還。送人推引，久久乃附形而得穌活。奉法精勤，遂即出家，字曰慧達。太元末尚在京師。後往許昌，不知所終。右此一驗出冥祥記也。

梁揚都宣武寺沙門法寵，姓馮，南陽冠軍人也。年三十八，正勝寺法願道人善通樊許之術，謂寵曰：君年滿當死，無可避處。唯祈誠諸佛，懺悔先愆排脱，或可冀耳。寵因引鏡驗之，見面有黑氣。於是貨賣衣鉢、資餘，併市香供，飛舟東逝，直至海鹽。居在光興。閑房禮懺，杜絶人物。晝忘食息，夜不解衣。迄至四十歲暮之夕，忽覺兩耳腫痛，彌生怖懼。其夜懺達四更，聞户外有人言曰：君死業已盡。遽即開户，都無所見。明晨借問，僉言黑氣都除，兩耳乃是生骨。斯實由懺蕩之殷，故使延壽也。以普通五年三月十六日卒于所住，春秋七十有四。右此一驗出梁高僧傳。〔二〕

唐京師會昌寺釋德美，姓王，清河臨清縣人。年在童稚，天然樂善。口有所演，恒歌讚唄。擁塵聚戲，必先爲塔。每見形像，生知禮敬。由是親故密而異之，知非紹續之胤也。〔三〕任從師學，十九出家。

〔一〕「罪」字，高麗藏本作「報」。

〔二〕出唐高僧傳卷六釋法寵傳。作梁高僧傳誤。

〔三〕「續」字原作「俗」，據唐高僧傳改。

雖經論備閲，而以律要在心。〔一〕故四分一部，博通心首。往太白山誦佛名一部一十二卷。每行懺時，誦而加拜。布服蔬食，不衣皮帛。初依九隴太白僧邕禪師受業。後住京師慧雲寺，值静默禪師，又從請業。每至夏禮懺，將散道場，去期七日，苦加勇勵。萬五千佛，日别一徧。精誠難及，多感徵祥。自從小至終，美禮千徧，承師静默，大有福德。嘗於興善年别千僧，七日行道。期滿厚嚫，人奉十縑。將及散晨，外起加倍。故自開皇之末，終於大業十年，年别大施，其例咸爾。默將滅度，以普福田，用委於美。美頂行之。悲敬兩田，年别一會。又普盆錢，夏末常施。大業末中，夏召千僧，七日行道。忽感異人形服率麤，〔二〕來告美曰：日時既熱，〔三〕何不作餅，以用供養。且溲二十斛麵，作兩日調。明旦將設，半夜便起，打麵動案，人物驚亂。并作切麵，以供大衆。須臾麵命煮隨熟，〔四〕千人同飽，咸共欣慶。餅復堅韌，一無所壞。試尋看匠，通問失所。合衆悲怪，感招斯應。又至武德之始，創立會昌，延美而住。乃於西院造懺悔堂。像設華嚴，堂宇宏麗。誓共含生，斷諸惡業。鎮長禮懺，潔净方等。欲有昇壇，要憑美懺。又於一時，井忽枯竭，懺徒駐立，無由洗懺。美執香鑪，臨井加祈，應時泉涌，過同

〔一〕「律」字原作「津」，據高麗藏本改。
〔二〕「麤」字，唐高僧傳作「然」。
〔三〕「日時既熱」，高麗藏本、唐高僧傳作「時既炎熱」。
〔四〕「須臾」下，高麗藏本有「切」字。此句唐高僧傳作「須臾打切麵已將半，命人煮之，隨熟内水」。

舊足。時共歎怪，福加所資。〔一〕所畜舍利，藏以寶函，隨身所往，必齎供養。每有起塔，祈請散給。精祈通感，隨請皆給。又至秋夏，常行徒跣，恐蹈蟲蟻，慈濟含生。又年别般舟，一夏不坐。或止口過，三年不言。或行不輕，通禮七衆。或節儉衣食，四分之一。如斯苦行，其相實繁。或生常輟想，專固西方，口誦彌陀，終于命盡。以貞觀十一年十二月二十六日合掌稱佛，卒于會昌，春秋六十矣。〔二〕屍送南山鴟鳴埠。〔三〕弟子等收骸起塔，〔四〕樹碑會昌，侍中于志寧爲文。〔五〕右此一驗出唐高僧傳。

〔一〕「加」字，高麗藏本作「力」。
〔二〕「六十」，唐高僧傳作「六十三」。
〔三〕「埠」字，唐高僧傳作「阜」。
〔四〕「收」字原作「將」，據高麗藏本改。
〔五〕出唐高僧傳卷三十九釋德美傳。

中國佛教典籍選刊

法苑珠林校注

六

〔唐〕釋道世撰

周叔迦 蘇晉仁 校注

橋梁。運度大海，喻之浮囊。能除昏暗，〔一〕喻之燈光。防非止惡，喻之戒善。歸趣解脱，終藉尸羅。莊飾法身，喻之瓔珞。如是之喻，亦有無量。豈不敬之，勵意奉持也！

勸持部第二

如涅槃經云：「欲見佛性，證大涅槃，必須深心修持浄戒。若毁浄戒，是魔眷屬，非我弟子。」〔二〕

又大品經云：「我若不持戒，當墮三惡道中。尚不得人身，況能成就衆生，浄佛國土，具一切種智！」〔三〕

又薩遮尼揵子經云：「我若不持戒，乃至不得疥癩野干身，何況當得功德之身？」〔四〕

又華嚴經偈云：

「戒是無上菩提本，　應當具足持浄戒。　若能堅持於禁戒，　則是如來所讚歎。」〔五〕

〔一〕「能」字，高麗藏本作「照」。

〔二〕此段出處待考。

〔三〕出摩訶般若波羅蜜經卷九滅諍品。

〔四〕出大薩遮尼乾子所説經卷九如來無邊功德品。

〔五〕出大方廣佛華嚴經卷六賢首菩薩品。

犯突吉羅，菩薩不隨。」〔一〕故經云：「菩薩摩訶薩持四重禁及突吉羅，敬重堅固，等無差別。作是願言：寧以此身投於熾然盛火深坑，〔二〕終不毀犯三世諸佛禁戒，與居士女等而行不净。復作是願：寧以熱鐵周匝纏身，終不敢以破戒之身，受於信心檀越衣服。復作是願：寧以此口吞熱鐵丸，終不敢以破戒之口食於信心檀越飲食。復作是願：寧卧此身大熱鐵上，終不敢以破戒之身受信心檀越牀卧敷具。復作是願：寧以此身受三百鉾，終不敢以破戒之身受信心檀越醫藥。復作是願：寧以此身投熱鐵鑊，終不敢以破戒之身受信心檀越房舍。復作是願：寧以鐵椎打碎此身令如微塵，終不敢以破戒之身受信心檀越禮拜。復作是願：寧以熱鐵挑其兩目，不以染心貪視好色。寧以鐵錐偏耳劖刺，不以染心聽受諸聲。寧以利刀割去其鼻，不以染心貪著諸香。寧以利刀割去其舌，不以染心貪著美味。寧以利斧斬斫其身，不以染心貪著諸觸。何以故？以是因緣，能令行者墮於地獄、餓鬼、畜生。又發願言：菩薩護持如是諸禁戒已，悉以施與一切衆生，願令衆生得清净戒，不折戒，不退戒，隨順戒，畢竟戒，具足成就波羅蜜戒。菩薩摩訶薩修持如是清净戒時，即得住於初不動地。」〔三〕

〔一〕出大般涅槃經卷十一。

〔二〕「盛」字，高麗藏本作「猛」。

〔三〕出大般涅槃經卷十一。

述曰：菩薩既能如是堅持禁戒，得不退果。今勸道俗有能仰慕者，從受三聚净戒、〔一〕十無盡戒、二十四戒、在家出家所有諸戒，如二百五十戒、五百戒等，悉能圓護；是真佛子，開佛性門，入涅槃道。

又十輪經云：「或有戒壞見不壞，於聖道中堪任法器。」〔二〕四句分別，思意可知。故涅槃經云：「於乘緩者，乃名爲緩。於戒緩者，不名爲緩。」〔三〕亦有四句分別可知。

又辯意長者子經云：「佛爲辯意長者子説：要有五事，行得生天。以偈頌曰：

不殺得長壽，無病常解脱，一切受天位，身安光影至。不盗常大富，自然錢財寶，七寶爲宫殿，娱樂心常好。男女俱不婬，身體香潔净，所生常端正，德行自然明。不欺口氣香，言語常聰明，談論不吃謇，所説衆奉用。酒食不過口，無有誤亂意，若當所生處，天人常奉侍。若其壽終後，二十五神護，五福自然來，光影甚煒燁。」〔四〕

又大莊嚴論云：「昔有旃陀利家，生其七男。六兄並得須陀洹道，唯小者故處凡夫。母人旃陀利身得阿那含果。兄弟七人盡持五戒。彼國常儀，旃陀利行殺。國中男女犯殺盗婬及餘衆罪，盡使旃陀

〔一〕「從」字原作「縱」，據高麗藏本改。

〔二〕出大方廣十輪經卷五衆善相品。

〔三〕出大般涅槃經卷六。

〔四〕出辯意長者子經。

利殺之。時國王召彼大兄言：有應死之徒，汝行殺之。其拜自陳：特願弘恕。我受五戒，守身謹慎，乃至蟻子亦不敢殺，不能爲非。寧自殺身，不敢犯戒。時王奮怒，敕市殺之。復白王言：身是王民，心是我心。恣王欲殺，殺心不得仰從王命。即令梟首。次召諸弟五人，皆言受戒不敢行殺。〔一〕王瞋恚盛，盡使殺之。次復召小弟，母子俱來。王見母來，倍復瞋怒。前殺六子，母不送行。今召小子，何故便來。母曰：願聽微言，以自宣理。前六子者，盡得須陀洹道。正使大王取彼六人碎身如塵，終不興惡如一毛髮。今此小者處在凡夫，〔二〕身雖修善，未蒙道法。是故念子既未得聖道，或能失意，畏王教令，自惜形命，毁戒行殺，身壞命終，入大地獄。憐念子故，是以送來。王復問母：前死六子，盡得須陀洹道耶？荅曰：盡得。王復問母：母得何道？荅曰：得阿那含道。王聞斯語，自投于地，稱怨自責：我造罪根，〔三〕坐不安席。即自嚴辦香油酥薪，〔四〕取六死屍而闍維之，爲起六偷婆。與之供養，日三懺悔。復出財貨，給彼老母。至於齋日，數數懺悔，望得罪薄，免於地獄。」〔五〕故涅槃經云：「須陀洹

〔一〕「言」字原脱，據高麗藏本補。
〔二〕「者」字，高麗藏本作「子」。
〔三〕「我造」原作「造我」，據高麗藏本改。
〔四〕「酥」字原作「蘇」，據高麗藏本、磧砂藏本改。
〔五〕出大莊嚴論經卷八。

果雖生惡國，以道力故，猶故持戒，不起殺盗婬、兩舌、飲酒等過。」〔一〕

又雜寶藏經云：「昔有尊者阿羅漢，字祇夜多。佛時去世七百年後，出罽賓國。時罽賓國有一惡龍，名阿利那，數作災害。時有二千羅漢各盡神力，驅遣此龍，令出國界。其中有百羅漢，以神通動地。又有五百人放大光明。復有五百人入禪定經行。諸人各盡其神力，不能使動。時尊者祇夜多最後往到龍池所，三彈指言：龍！汝今出去，不得住此。龍即出去，不敢停住。爾時二千羅漢語尊者言：我與尊者俱得漏盡解脱，法身悉皆平等。而我等各各盡其神力，不能令動。尊者云何以三彈指，令龍遠入大海也？于時尊者荅言：我凡夫已來，受持禁戒，至突吉羅，等心護持，如四重無異。今諸人等所以不能動此龍者，〔二〕神力不同，故不能動。」〔三〕

又賢愚經云：「時有乞食比丘，持戒清潔。有一沙彌弟子，護持禁戒，没命不犯。有優婆塞長請其師，日別送食，就處供養。時優婆塞合家良賤，並外作客。唯留一女守舍，忘不送食。爾時尊者日時恐晚，即告沙彌：汝往取食。沙彌善攝威儀，到家打門。女問：是誰？荅言：沙彌爲師迎食。女心歡喜：我願遂矣。即與開門。是女端正，容貌殊妙，年始十六，婬欲火燒，於沙彌前作諸妖媚，摇眉顧影，

〔一〕出大般涅槃經卷二十九。

〔二〕「等」字原作「者」，據雜寶藏經改。

〔三〕出雜寶藏經卷七羅漢祇夜多驅惡龍入海緣。

現染欲相。沙彌見已念言：此女爲有風病、顛狂病耶？是女將無欲結所使，欲嬈毁我浄行耶？堅攝威儀，顔色不變。時女即便五體投地，白沙彌言：我常願者，今已時至。我恒於汝欲有所陳，未得静便。想汝於我，亦常有心。當與我願。我此舍中多有珍寶，如毗沙門天宫寶藏，而無有主。汝可屈意，爲此舍主。我爲汝婢，供給使令。必莫違我，滿我所願。沙彌心念：我有何罪，遇此惡緣？我今寧捨身命，不可毁破禁戒。又復思惟：我若逃突，女欲心盛，捨於慚愧，走外牽捉，及誹謗我。街陌人見，不離汙辱。我今當於此處捨命。方便語言：牢閉門户，我入一房作所應事。女即閉門。沙彌入房，關擢門户，得一小刀，〔一〕心甚歡喜。脱身衣服，置於架上。合掌跪向佛涅槃處，自立誓願：我今不捨佛法僧，不捨和尚阿闍梨，亦不捨戒行。正爲持戒，捨此身命。願所往生，出家學道，浄修梵行，盡漏成道。即刎頸死，血流汙身。時女怪遲，趣户看之，見户不開。唤無應聲。方便開户，見其已死，失本容色。欲心尋息，慚結懊惱。自摵頭髮，〔二〕分裂面目，宛轉灰土之中。悲呼泣淚，迷悶斷絶。其父會還，打門唤女，女默不應。父怪其静，使人蹋門。門開視之，見女如是。即問女言：汝何爾耶？女默不荅。心自思惟：我若實對，甚可慚愧。若言沙彌毁辱我者，則謗良善，當墮地獄，受罪無極。不應欺誑，即以實荅，具述前緣。父聞女言，心無驚懼。即告女言：一切諸法，皆悉無常。汝莫憂懼。即入房内，見

〔一〕「小」字，高麗藏本作「刹」。

〔二〕「摵」字，高麗藏本作「拔」。

沙彌身，血皆流汙，赤如栴檀。即前作禮，讚言：善哉！護持佛戒，能捨身命。載死沙彌，至平坦地，積衆香木，闍毗供養。父即請師，廣爲大衆説微妙法。一切見聞，皆發道心。」〔一〕

三歸部第三此別六部

述意部　功能部　神衛部　歸意部　受法部　得失部

述意部第一

夫三寶應化，隨機感益。一音演説，各得類解。故論云：「歸依佛者，謂一切智五分法身也。歸依法者，謂滅諦涅槃也。歸依僧者，謂諸賢聖學無學功德自他身盡處也。」〔二〕即自他惑滅所無之處，故云盡處也。故般若經云：「一切聖人皆以無爲法得名。」〔三〕無爲即無漏之別因也。由此三寶常住於世，不爲世法之所陵慢，以稱寶也。如世珍寶，爲生所重。今此三寶爲諸羣生、三乘七衆之所歸仰，故名三歸也。

〔一〕出賢愚因緣經卷五沙彌守戒自殺品。

〔二〕出薩婆多毘尼毘婆沙卷一。

〔三〕出金剛般若波羅蜜經。

功能部第二

如希有校量功德經云：「爾時長老阿難向佛而作是言：若善男子善女人能如是言：我今歸依佛，歸依法，歸依僧，得幾所功德？我實未解，唯願如來分別演説，令諸衆生得正知見。爾時世尊告阿難言：諦聽，善思念之，吾當爲汝分別解説。假使滿閻浮提須陀洹人，其有善男子善女人滿一百年，持於世間一切所有娱樂之具，盡給施與，復以四事具足供養，乃至滅度之後，收其舍利起七寶塔，同前供養。於意云何？得福多不？阿難白佛：甚多，世尊。佛言：不如善男子善女人以淳净心，作如是言：我今歸依佛、法、僧。所得功德於彼福德百分不及，一千分、萬分乃至算數譬喻所不能及。佛告阿難：假使滿西瞿陀尼斯陀含人，滿二百年如前供養，亦不可及。假使滿東弗婆提阿那含人，滿三百年如前供養，亦所不及。假使滿北方鬱單越滿中阿羅漢，滿四百年如前供養，亦所不及。假使滿四天下辟支佛，滿十千年如前供養，亦所不及。假使滿三千大千世界諸佛如來，若有善男子善女人二萬歲中如前供養，雖得無量無邊不可算數福德，猶不如有人以淳净心作如是言：我今歸依佛，歸依法，歸依僧。所得功德勝前百倍、千倍、萬倍，不可算數，言辭譬類不能知及。爾時世尊復告阿難：若有人能歸依佛竟，歸依法竟，歸依僧竟，乃至一彈指頃能受十善，受已修行，以是因緣，得無量無邊功德。若復有人能一日一夜受八戒齋已，如説修行，所得功德勝前福德千倍、萬倍、百千萬倍，乃至算數譬喻所不能及。若能受持五戒，盡其形壽，如説修行，所得功德勝前福德百倍、千倍、萬倍、億倍，非算數譬喻所能知及。若復有人受沙彌戒、沙彌尼戒，復勝於前。若復有人受式叉摩那戒，復勝於前。若復有人受比丘尼大戒，復勝於前。若復有人盡形壽受大比丘戒，修行不缺，復勝於前。阿難聞説三歸依處，乃至盡壽獲大功德，歎未曾有。是經微妙不可思議，明甚深義，功德廣大，難可校量。〔一〕是故佛言：名爲希有希有經，汝當奉行。」〔二〕

又善生經云：「若人受三自歸，所得果報，不可窮盡。如四大寶藏，舉國人民七年之中，運出不盡。受三歸者，其福過彼，不可勝計。」〔三〕

又校量功德經云：「有四洲中滿二乘果，〔四〕有人盡形供養乃至起塔，不如男子女人作如是言：我某甲歸依佛法僧，所得功德不可思議。」〔五〕以諸福中惟三寶勝故。若起謗毁，獲罪無邊，以善惡例同故。耆域、調達俱出佛血。由心善惡，致同劫壽，苦樂有異。

〔一〕「校」字原作「格」，據高麗藏本改。
〔二〕出希有校量功德經。
〔三〕出優婆塞戒經卷五八戒齋品。
〔四〕「有四洲」，高麗藏本作「四大洲」。
〔五〕出希有校量功德經。

又雜阿含經云：「與須達舍受三歸，〔一〕終生天上。有懷妊者，爲其胎子，受三自歸。子生已後，有正知見，復教三歸。設有奴婢、客人懷妊生子，亦如是教。若買奴婢，能受三歸及以五戒，然後買之，不能不買。乃至乞貸舉息，要受三歸，然後與之。若有施三寶物者，從世尊聞，稱名呪願，乃得生天。佛言：善哉，如來有無上知見，審知方便，皆得生天。」〔二〕故知三歸功力最大，不得不受。

又法句喻經云：「昔者天帝釋五德離身，自知命盡，當下生世間，在陶作家受驢胎。自知福盡，甚大愁憂。自念三界之中，濟人苦厄，唯有佛耳。於是馳往佛所，稽首作禮，伏地至心，三自歸命佛法聖衆。未起之間，其命忽出，〔三〕便至陶家驢母腹中作子。時驢自解走瓦坯閒，破壞坯器。其主打之，尋時傷胎。其神即還入故身中，五德還備，〔四〕復爲天帝。佛三昧覺，讚言：善哉天帝，能於殞命之際歸命三尊。罪對已畢，不更勤苦。爾時世尊以偈頌曰：

所行非常，謂興衰法。夫生輒死，此滅爲樂。譬如陶家，埏埴作器。一切要壞，人命亦然。

〔一〕「舍」字原作「含」，據雜阿含經改。

〔二〕出雜阿含經卷四十七。

〔三〕「其命忽出」，法句譬喻經作「其命忽盡」，高麗藏本作「其神忽出」。

〔四〕「備」字原作「福」，據高麗藏本改。

帝釋聞偈，知無常之要，達罪福之變，解興衰之本，尊寂滅之行，歡喜奉受，得須陀洹道。」〔一〕

又僧護經云：「爾時世尊告僧護比丘：汝於海中所見龍王，由聞法故，雖受龍身，命終之後生兜率天。天中命盡，得受人身。彌勒出世，作大長者，財富巨億，爲大檀越，供養彌勒世尊及比丘僧，四事具足。是諸龍王猶尚能得如是功德，況我弟子，如法出家，坐禪誦經，三業具足，必證涅槃。爾時世尊無問自說云：

歸依佛者，　得大吉利；　晝夜心中，　不離念佛。
歸依法者，　得大吉利；　晝夜心中，　不離念法。
歸依僧者，　得大吉利；　晝夜心中，　不離念僧。」〔二〕

又舊雜譬喻經云：「昔釋迦佛往到第二忉利天上，爲母說經。時有一天，壽命垂盡，有其七事，爲之應現：一者、項中光滅，二者、頭上傅飾華萎，三者、面色變，四者、衣上有塵，五者、腋下汗出，六者、身形瘦，七者、離本座。即自思惟：壽終之後，當棄天樂，下生拘夷那竭國受疥癩母豬腹中作子。甚預愁憂，不知何計得免此罪。有天語言：今佛在此，爲母說經。佛爲三世一切之救，唯佛能脱卿之重罪。何不往歸？即到佛所，稽首作禮。未及發問，佛告天子：一切萬物皆歸無常，汝素所知。何爲憂愁？天白佛言：雖知天福不可得久。恨離此座，當爲母豬，以是爲毒。人趣受身，不敢爲恐也。佛言：欲

〔一〕出法句譬喻經卷一無常品。
〔二〕出因緣僧護經。

脱豬身，當三自歸言：南無佛，南無法，南無比丘僧。歸命佛，歸命法，歸命比丘僧。如是日三。天從佛教，晨夜自歸。於後七日，天命壽盡，來至維耶離國作長者子。〔一〕在母胞胎，日三自歸。始生墮地，亦跪自歸。其母娩身，又無惡露。母傍侍婢，怖而棄走；母亦深怪，兒墮地語，謂之熒惑，意欲殺之。退自念言：我少子息，若殺此兒，父必罪我。即具白長者所由。父言：止止，此兒非凡。人生百歲，尚不曉歸，況兒墮地，能自稱佛。好養視之，無令輕慢。兒遂長大，七歲與其輩類於道邊戲。時佛弟子舍利弗、目乾連適過兒傍。兒言：我和南。〔二〕舍利弗等驚怪，小兒能禮比丘。兒言：道人不識我耶？佛於天上爲母説經，我時爲天，當下作豬。從佛受教，自歸得人。汝豈不知耶？比丘即入禪定，亦尋知之。即爲呪願。因請佛及僧，供養畢訖，佛爲説法。父母及兒内外眷屬，應時皆得阿惟越致，自歸之福也。」〔三〕

神衛部第三

依七佛經云：「三歸有九神衛護行者。其九是何？歸佛有三神：一名陀摩斯那，二名陀摩婆羅

〔一〕「來」字原脱，據高麗藏本補。

〔二〕「南」字原作「尚」，據高麗藏本改。

〔三〕出舊雜譬喻經卷下。

那，三名陀摩流支。歸法有三神：一名法寶，二名呵責，三名辯意。歸僧有三神：一名僧寶，二名護衆，三名安隱。」〔一〕

又依灌頂經云：「佛在舍衛國與大衆説法。於是異道有一鹿頭梵志來到佛所，稽首作禮，既跪合掌，〔二〕白佛言：久聞瞿曇名聲遠振。今欲捨置異學，受三自歸并五戒法。佛言：善哉，善哉！梵志，汝能捨置餘道，歸命我者，當自悔過。生死之罪，其劫無量，不可稱計。梵志言：諾！受教。即净身口意。復作是言：唯願世尊，施我法戒，終身奉行，不敢毁缺。佛告梵志：汝能一心更三自歸已，我當爲汝及十方人敕天帝釋所遣諸鬼神，以護男子女輩受三歸者。梵志因問佛言：何等是耶？願欲聞之，開化十方諸受歸者。佛言：如是灌頂善神，今當爲汝略説三十六：

四天上遣神，名彌栗頭不羅婆，漢言善光。〔三〕主疾病。

四天上遣神，名彌栗頭婆訶娑，漢言善明。主頭痛。

四天上遣神，名彌栗頭婆邏波，〔四〕漢言善力。主寒熱。

〔一〕出七佛八菩薩所説大陀羅尼神咒經卷四。

〔二〕「既」字原作「互」，據磧砂藏本、南藏本改。

〔三〕「漢」字原作「此」，據高麗藏本、磧砂藏本、南藏本改。下同。

〔四〕「婆」字，高麗藏本作「娑」。

四天上遣神，名彌栗頭旃陀羅，漢言善月。主腹滿。
四天上遣神，名彌栗頭陁利奢，漢言善現。主癰腫。
四天上遣神，名彌栗頭訶樓訶，漢言善供。主癲狂。
四天上遣神，名彌栗頭伽婆帝，〔一〕漢言善捨。主愚癡。
四天上遣神，名彌栗頭志抳哆，漢言善寂。主瞋恚。
四天上遣神，名彌栗頭菩提薩，〔二〕漢言善覺。主婬欲。
四天上遣神，名彌栗頭提波羅，漢言善天。主邪鬼。
四天上遣神，名彌栗頭呵婆帝，漢言善住。主傷亡。
四天上遣神，名彌栗頭不若羅，漢言善福。主冢墓。
四天上遣神，名彌栗頭苾闍伽，漢言善術。〔三〕主四方。
四天上遣神，名彌栗頭伽麗婆，漢言善帝。主怨家。
四天上遣神，名彌栗頭羅闍遮，漢言善王。主偷盜。

〔一〕「婆」字，高麗藏本作「娑」，灌頂經作「娑婆」。
〔二〕「菩提」，高麗藏本作「提婆」。
〔三〕「術」字原作「衎」，據高麗藏本、灌頂經改。

四天上遣神，名彌栗頭修乾陀，漢言善香。主債主。

四天上遣神，名彌栗頭檀那波，漢言善施。主劫賊。

四天上遣神，名彌栗頭支多那，漢言善意。主疫毒。

四天上遣神，名彌栗頭羅婆那，漢言善吉。主五瘟。

四天上遣神，名彌栗頭三鉢摩那，〔一〕漢言善山。主蜚尸。

四天上遣神，名彌栗頭三摩陀，漢言善調。主注連。

四天上遣神，名彌栗頭戾禘駝，漢言善備。主注復。

四天上遣神，名彌栗頭波利陀，漢言善哉。〔二〕主相引。

四天上遣神，名彌栗頭波利那，漢言善净。主惡黨。

四天上遣神，名彌栗頭虔伽地，漢言善品。主蠱毒。

四天上遣神，名彌栗頭毗梨馱，漢言善語。〔三〕主恐怖。

四天上遣神，名彌栗頭支陀那，漢言善壽。主厄難。

〔一〕「那」字，高麗藏本作「耶」。

〔二〕「哉」字，高麗藏本作「敌」，灌頂經作「敬」。

〔三〕「語」字，高麗藏本、磧砂藏本作「結」，南藏本作「黨」。

四天上遣神，名彌栗頭伽林摩，漢言善遊。主産乳。

四天上遣神，名彌栗頭阿留伽，漢言善願。主縣官。

四天上遣神，名彌栗頭闍利陀，漢言善國。〔一〕主口舌。

四天上遣神，名彌栗頭阿伽馱，漢言善照。主憂惱。

四天上遣神，名彌栗頭阿呵婆，〔二〕漢言善言。〔三〕主不安。

四天上遣神，名彌栗頭婆和邏，漢言善主。〔四〕主百怪。

四天上遣神，名彌栗頭汝利那，〔五〕漢言善藏。主嫉妬。

四天上遣神，名彌栗頭周陀那，漢言善音。主呪詛。

四天上遣神，名彌栗頭韋陀羅，漢言善妙。主厭禱。

佛語梵志：是爲三十六部神王。此諸善神，凡有萬億恒沙鬼神以爲眷屬。陰相番代，以護男子女人等

〔一〕「國」字，高麗藏本作「因」。

〔二〕「婆」字，高麗藏本作「娑」。

〔三〕下「言」字，高麗藏本作「生」。

〔四〕「主」字，高麗藏本作「至」。

〔五〕「汝」字，高麗藏本作「波」。

輩。受三歸者，當書神王名字，帶在身上。行來出入，〔一〕無所畏也。辟除邪惡，消滅不善。梵志言：諾，唯天中天！」〔二〕

歸意部第四

如優婆塞戒經云：「長者善生言：如佛先說，有來乞者，當先教令受三歸依，然後施者，何耶？云何名爲三歸？佛言：善男子，爲破諸苦，斷除煩惱，受於無上寂滅之樂。以是因緣，受三歸依。如汝所問，云何三歸者？謂佛、法、僧。佛者，能說壞煩惱因，得正解脱。法者，即是壞煩惱因真實解脱。僧者，禀受破煩惱因，得正解脱。或有說言：若如是，即是一歸。是義不然，何以故？如來出世及不出世，正法常有，無分別者。如來出已，則有分別。是故應當別歸依佛。如來出世及不出世，正法常有，無有持者。如來出已，則有持者。是故應當別歸依法。如來出世及不出世，正法常有，無有受者。如來出已，則有受者。佛弟子衆，能禀受故。是故應當別歸依僧。正道解脱，是名爲法。無師獨覺，是名爲佛。能如法受，是名爲僧。若無三歸，云何說有四不壞信？」〔三〕

〔一〕「出入」原作「入出」，據高麗藏本改。

〔二〕「唯」字原脱，據高麗藏本補。出灌頂經卷三三歸五戒帶佩護身咒經。

〔三〕出優婆塞戒經卷五净三歸品。

又薩婆多論：「問：云何爲歸？云何爲趣？答曰：歸者是滅諦道諦少分。趣者是口語。復有説趣者能起口語心是也。復有説信可此法，是名爲趣。問曰：歸者爲歸色身，爲歸法身耶？答曰：歸法身。若爾，何故壞色身犯逆？答曰：色身是法身器，故害即得逆。問曰：歸依佛者，爲獨歸一佛，爲通三世佛耶？答曰：諸佛同一法身，故須通歸，不獨歸釋迦佛。」〔一〕雖緣一佛爲境，發言之時，理須通歸。餘二法、僧，理亦通歸。問曰：佛法境界，塵沙無量，何故但説三種，不增不減耶？答曰：若廢三從境，境別塵沙。若廢境從三，三歸攝盡，則該通法界。

又大莊嚴經論云：「我昔曾聞有一比丘，常被盜賊。一日之中，堅閉門户。賊復來至，扣門而喚。比丘荅言：我見汝時，極大驚怖。汝可内手於彼向中，〔二〕當與汝物。賊即内手，置於向中。比丘以繩繫之於柱。比丘執杖開門，打之一下已，語言：歸依佛。賊以畏故，即便隨語，歸依於佛。復打二下，語言：歸依法。賊畏死故，復言歸依法。第三打時，復語之言：歸依僧。賊時畏故，〔三〕復言歸依僧。即自思惟：今此道人有幾歸依？若多有者，必不見放。身體疲痛，即求出家。有人問言：汝先作賊，造諸惡行，以何事故出家修道？荅彼人言：我亦觀察佛法之利，然後出家。我於本日遇善知識，以

〔一〕出薩婆多毘尼毘婆沙卷一。
〔二〕「向」字，高麗藏本作「窗」。下同。
〔三〕「時」字原脱，據高麗藏本補。

杖打我三下，唯有少許命在不絶。如來世尊實一切智，若教弟子四歸依者，我命即絶。佛遠見斯事，故教比丘打賊三下，使我不死。是故唯説三歸，不説四歸。」〔一〕

受法部第五

依毗尼母論：「三歸有五種：一、翻邪，二、五戒，三、八戒，四、十戒，五、大戒。」〔二〕五、八、十戒三歸，下依受文自別。大戒三歸者，佛初度人未秉羯磨已前，有受三歸得戒者，有善來得戒者。今此宗中但明信邪日久，今創易心歸正。佛令先受三歸，後始懺悔。是名翻邪三歸。故智度論云：「先受三歸，後始懺悔。若久來信佛，不須先受三歸。但依五戒、八戒三歸，先懺悔已，後受三歸，然後説戒相。」〔三〕

依智度論：「正欲受時，具修威儀，至一出家人前。〔四〕戒師爲説善惡兩法，令識邪正，生其欣厭，開拓心神。然後爲授云：我某甲盡形壽歸依佛，歸依法，歸依僧。三説。我某甲盡形壽歸依佛竟，歸依

〔一〕出大莊嚴經論卷六。
〔二〕出毗尼母經卷一。
〔三〕出大智度論卷十三。
〔四〕「一」字原脱，據高麗藏本補。

法竟，歸依僧竟。三説。」〔一〕初三歸依竟，即發善法。次三結已，唯有身口，無教屬己。〔二〕故薩婆多論云：「若淳重心受，具教無教。若輕慢心受，但有其教，無其無教。」〔三〕言教無教者，猶是作無作戒也。

得失部第六

如薩婆多論：「問：他人爲求受歸趣者，是人爲得不？荅：或有得不得者。如迦尸女瘂不能言。」〔四〕餘人爲受者，得。自若能言，不得歸戒也。

又依大集經云：「妊身女人恐胎不安，先受三歸已，兒無加害。乃至生後，身心具足，善神擁護。」〔五〕

問曰：總别云何？荅曰：二種皆得。故善見論云：「受有兩種：一、别受言：我某甲歸依佛、歸依佛竟。法僧亦爾。二、總受者，如前受者是也。若師教言：歸依佛。弟子荅言不正，云歸依弗。若師

〔一〕出大智度論卷十三。

〔二〕「教」字原作「我」，據高麗藏本改。

〔三〕出薩婆多毘尼毘婆沙卷一。

〔四〕出阿毘曇毘婆沙論卷十八。作薩婆多論誤。

〔五〕出大方等大集經卷三十二日密分四方菩薩集品。

言佛，弟子言弗，不得成。若師及弟子言俱不正者，不成三歸。若師教言：歸依佛。弟子荅言：爾。或言不出口，或逐師語不具，〔一〕又不稱己名字，並不成歸。」〔二〕或中邊二國言音不同，不相領解者，不成。若指事教解者，得成。如似夷人好樂殺生。戒師手執其刀，用擬畜生：汝自今已去，更不得如此殺，汝能持不？胡夷領頭荅言：好。亦得成受戒。

問曰：先後云何？荅曰：如薩婆多論云：「若弟子先稱法，後稱佛，不成三歸，以三寶位差別故。若愚癡無所曉知，不是惡心説不次者，自不得罪，亦成三歸。若先知解，故倒説者，得罪，亦不成三歸。」〔三〕

問曰：對趣云何？荅曰：如薩婆多論云：「趣通五道，皆得三歸。」〔四〕除重地獄，自外山閒樹下、空野海邊、輕繫地獄，皆得成歸，無受戒法。

又成實論：「問曰：餘道衆生得戒律儀不？荅曰：經説：諸龍亦得受一日戒，故知得有。」〔五〕又

〔一〕「逐」字原作「遂」，據高麗藏本改。
〔二〕出善見律毘婆沙卷十六。
〔三〕出薩婆多毘尼毘婆沙卷一總序戒法異名等。
〔四〕出薩婆多毘尼毘婆沙卷一。
〔五〕出成實論卷八七善律儀品。

善見論云：「龍神等得受三歸五戒不？」〔一〕荅曰：如薩婆多論説：「龍畜等以業報無所知曉，故不成受。餘經中説，〔二〕得受八齋，但增其善，不得齋也。」〔三〕又如四分律説：「龍得三歸者，如賈人兄弟等。」〔四〕但得翻邪三歸，無其戒也。雖律中龍神得受三歸者，此並知解人語，識其意趣，方與受戒。自外愚癡豬羊蠡蛤等，並不發歸。

問曰：漸頓云何？荅曰：如依薩婆多論，漸頓俱不得。〔五〕問曰：若爾，何故經論云有一語二語優婆塞等？荅曰：此是制前，制後不得。問：得從一二三人各受一歸不？荅曰：不得。問曰：得一年二年受不？荅曰：隨日多少，受皆得也。

〔一〕出善見律毘婆沙卷十七。
〔二〕「餘」字原作「除」，據薩婆多論改。
〔三〕出薩婆多毘尼毘婆沙卷一。
〔四〕出四分律卷三十二。
〔五〕見薩婆多毘尼毘婆沙卷一。

法苑珠林校注卷第八十八

五戒部第四 此别六部

述意部第一

夫世俗所尚，仁義禮智信也。含識所資，不殺盜婬妄酒也。雖道俗相乖，漸教通也。故發於仁者則不殺，奉於義者則不盜，敬於禮者則不婬，悦於信者則不妄，師於智者則不酒。斯蓋接化於一時，非即修本之教。修本教者，是謂正法。内訓弘道，必始于因，因者，〔一〕殺盜婬妄酒也。此則在於實法，

〔一〕「因」字原脱，據高麗藏本補。

指事直言，故不假飾詞，託名現意。如斯而修因，不期果而果證，不羡樂而樂彰。若略近而望遠，棄小而保大，則無所歸趣矣。故知受持本教之因，自證乎仁義之果。所以知其然，今見奉戒不殺，不求仁而仁著；持戒不盜，不欣義而義敷；守戒不婬，不祈禮而禮立；遵戒不妄，不慕信而信揚；受戒捨酒，不行智而智明。如斯之實，可謂振綱持綱，萬目開張，振機馭寓，以離寒暑。復何功可以加之，何德可以背之！若不是修，昧於所欲，徒役慮於形名，勞心乎百氏，倦形神於宵夜，求耳目於良晨。〔一〕何乖道之遠，逝而不反者乎！得其本，則無欲而不辦矣。始知吞舟之魚，不產溝洫之水；鵬鵾之鳥，豈翔尺鷃之林也。

遮難部第二

夫欲受戒者，戒師先須問其遮難。故成實論：「問遮逆罪人、賊住、汙比丘尼等，〔二〕不聽作比丘。是等諸人若爲白衣，得善律儀，不遮修行、施、慈等善，但有世間戒。以是人爲惡業所汙，亦障聖道，〔三〕

〔一〕「求」字，高麗藏本作「喪」。

〔二〕「尼」字原脱，據高麗藏本補。

〔三〕「障」字原作「彰」，據高麗藏本、南藏本改。

故不聽出家。」〔一〕

又優婆塞戒經云：「佛言：若欲受優婆塞戒，增長財命，先當諮啓所生父母，次報妻子奴婢等，次白國王。此須白者，爲國王禁制，不許受戒，所以須白。若先不禁，不勞須白也。既問聽已，誰有出家發菩提心者，便往其所。頭面作禮，軟言問訊，作如是言：大德，我是丈夫，具男子身，欲受菩薩優婆塞戒。惟願大德憐愍故聽。一説便得。若受聲聞別解脱戒，縱無發菩提心人，但發小乘心，出家五衆人邊受，並得戒也。〔二〕是時比丘應作是言：汝之父母、妻子、奴婢、國主並聽不？若言聽者，復應問言：汝不曾負佛法僧物及他物耶？若言不負，復應問言：汝今身中將無内外身心病耶？若言無者，復應問言：汝不於諸比丘比丘尼所作非法耶？若言不作，復應問言：汝將不作五逆罪耶？汝不作盜法人不？汝非無根二根人不？汝不受八戒齋不犯重耶？汝父母師病不棄去耶？汝將非殺發菩提心人耶？汝不盜現前僧物耶？汝不兩舌惡口成於惡人耶？汝不於母女姊妹作非法耶？汝不於大衆作妄語乎？若言無者，復應語言：善男子，此戒甚難，能爲沙彌十戒、大比丘戒及菩薩戒乃至菩提而作根本。至心受持，則能獲得如是等戒無量利益。若有毁破如是戒者，則於無量無邊世中處三惡道，受大苦惱。汝今欲得無量利益，能至心受不？若言能者，次教受三歸。復應問言：此戒甚難。若歸佛已，寧捨身命，終不依於自在天等。若歸法已，寧捨

〔一〕出成實論卷八七善律儀品。

〔二〕「也」字原脱，據高麗藏本補。

身命，不依於外道典籍。〔一〕若歸僧已，寧捨身命，終不依於外道邪衆。汝能如是至心歸依於三寶不？若言能者，應令滿六月日親近承事出家智者。智者復應至心觀其身四種威儀。若知是人能如教作，過六月已，和合衆僧滿二十人，作白羯磨云：大德僧聽。是某甲今於僧中乞受優婆塞戒，已六月中净四威儀，至心受持，净莊嚴地。是人丈夫具男子身。若僧聽者，皆默然。不聽者説。」〔二〕一説便得。若非信邪，舊來正信者，不須受此翻邪三歸六月試。直問遮難，教令懺悔已，即與授五戒、八戒、三歸便得，〔三〕不同此也。〔四〕

受法部第三

若欲受戒，具修威儀，對一出家五衆人前受。故智度論云：「我某甲歸依佛，歸依法，歸依僧。三説。我某甲歸依佛竟，歸依法竟，歸依僧竟。三説。我是釋迦牟尼佛優婆塞夷，證知我某甲從今日盡壽歸依。〔五〕戒師應言：汝優婆塞聽。是多陀阿伽度、阿羅訶、三藐三佛陀、知人見人，爲優婆塞説五戒。

〔一〕「於」字原脱，據高麗藏本補。下二「於」字同。
〔二〕出優婆塞戒經卷三受戒品。
〔三〕「授」字原作「受」，據高麗藏本改。
〔四〕「不」字下原衍「得」字，據高麗藏本、磧砂藏本删。
〔五〕「我」字下原衍二「我」字，據大智度論删。

如是汝盡受持。〔一〕何等爲五？一、盡形壽不殺生，是優婆塞戒。是中盡形壽不應故殺生。是事若能，當言：諾。雖論言諾，〔二〕改諾云能，無咎。二、盡形壽不偷盜，是優婆塞戒。是中盡形壽不應偷盜。是事若能，當言：能。三、盡形壽不邪婬，是優婆塞戒。是中盡形壽不應邪婬。是事若能，當言：能。四、盡形壽不妄語，是優婆塞戒。是中盡形壽不應妄語。是事若能，當言：能。五、盡形壽不飲酒，是優婆塞戒。是中盡形壽不應飲酒。是事若能，當言：能。既説相已，又應語言：是優婆塞五戒盡受持，〔三〕當供養三寶，勤修福德。」〔四〕遠求佛道，近證人天。歲三長月六齋，〔五〕若能持者，並須爲之。若受一戒者，文中應除五之一字。直云：我爲不殺戒優婆塞。餘文如前。前三歸依，第三徧已，即發五戒。後時三結，直付囑之。故薩婆多論：「問曰：若不受三歸，得五戒不？荅：不得。要先受三歸，後方得戒。」〔六〕下受八戒，亦同此法。

〔一〕「受」字原作「壽」，據高麗藏本改。

〔二〕「諾」字原作「語」，據高麗藏本改。

〔三〕「受」字原作「壽」，據高麗藏本改。

〔四〕出大智度論卷十三。

〔五〕「六」字原脱，據高麗藏本補。

〔六〕出薩婆多毘尼毘婆沙卷一總序戒法異名等。

戒相部第四

若薩婆多論：「問曰：五戒中幾是實戒？荅曰：前四是實，後一是遮。所以同結者，以是放逸根本，能犯四戒。如迦葉佛時有優婆塞，由飲酒故婬他妻，盜他雞殺。他人來問時，荅言不作，便犯妄語。亦能造四逆，唯不能破僧。」〔一〕

若受不殺戒者，乃至一切有形蠢動皆不得加害，及食雜肉葷辛等，〔二〕皆不得犯。故楞伽經云：「佛告大慧：菩薩有無量因緣不應食肉。我今略説十種因緣：〔三〕一、謂一切衆生從本已來，展轉因緣常爲六親。以親想故，不應食肉。二、驢騾駱駝狐狗牛馬人畜等肉，屠者雜賣故。三、不净氣分所生長故。四、衆生聞氣，悉生恐怖。如旃陀羅，狗見憎惡，恐怖羣吠故。五、令修行者慈心不生故。六、凡愚所嗜，臭穢不净，無善名稱故。七、令諸呪術不成就故。八、以殺生者見形起識，染味著故。九、彼食肉者，諸天所棄，令口氣臭多惡故。十、空閑林中，虎狼聞香。我嘗説言：凡所飲食作子肉想，作服藥

〔一〕出薩婆多毘尼毘婆沙卷一總序戒法異名等。

〔二〕「食」字原脱，據高麗藏本補。

〔三〕「種」字原作「重」，據高麗藏本、磧砂藏本、南藏本改。

想故。此過去有王，名師子蘇陀婆，食種種肉，遂至人肉。臣民不忍，即便謀反。」〔一〕如斑足王經說。

又涅槃經云：「夫食肉者斷大慈種。行住坐卧，一切衆生聞其肉氣，悉生恐怖。譬如有人，近師子已，衆人見之，聞師子臭，亦生恐怖。如人噉蒜，臭穢可惡，餘人見之，聞臭捨去。設遠見之，猶不欲視，況當近之，水陸空行，悉捨之走。咸言：此人是我等怨。是故菩薩不習食肉也。」〔二〕義云：五戒優婆塞等，如俗家井水，多有細小諸蟲，盡須漉看，還置本處。欲有行動，亦須賫漉袋自隨。

若受不盜戒者，下至一枝草一粒穀等，皆不得取。故智度論云：「憍梵鉢提試看一粒穀生熟，不還本主，犯於業道，尚五百世爲牛，乃至成羅漢已，猶自呞食。」〔三〕

若受不邪婬戒者，如智度論云：「除己妻外，餘之男女、鬼神、畜生可得行婬者，悉是邪行。雖是自妻不犯，然須避於非處。謂自妻非道及得身已，亦須禁之，恐傷胎故。産三年内，亦須避慎，謂防乳竭。」〔四〕若別有乳母，不在制限。又成實論云：「自妻非處，謂口及大便處。及一切女人爲父母、兒所

〔一〕出楞伽阿跋多羅寶經卷四。

〔二〕出大般涅槃經卷四。

〔三〕此段出處待考。

〔四〕出大智度論卷十三。

護，出家女人等爲法護故，亦名邪婬。若無主女人，衆人前自來爲妻如法者，不犯。」〔一〕又提謂經云：「年三長、月六齋、三明日、月、燈火下，及八王日，亦名八節日，並須禁之。」〔二〕八王日，如下述。

若受不妄語戒者，但使心虚，無問境之虚實，並犯。又智度論：「問曰：何故優婆塞慎口律儀及淨命耶？荅曰：白衣居家，受世間樂，兼修福德，不能盡行戒法。是故佛令持五戒。復於口業，妄語最重。以妄語故，能作餘過。或故作不故作，若但妄語，已攝三事。若説實語，四種正語皆已攝盡。於諸善中，實爲最大。」〔三〕又成實論云：「雖是實語，以非時故，即名綺語。或是時以隨順衰惱無利益故，或雖利益，以言無本末，〔四〕義理不次，惱心説故，皆名綺語。」〔五〕又摩德勒伽論云：「爲他傳罵，皆得罪故。」〔六〕又薩婆多論云：「妄語兩舌惡口相歷，各作四句。一、是妄語非兩舌惡口。傳他此語向彼説，以不實故是妄語，不以分離心故非兩舌，軟語説故非惡口。餘句類互可知。」〔七〕又成實論云：「餘

〔一〕出成實論卷八十不善業道品。
〔二〕此經已逸。
〔三〕出大智度論卷十三。
〔四〕「末」字原闕，據成實論補。
〔五〕出成實論卷八十不善業道品。
〔六〕出薩婆多部毘尼摩得勒伽卷二。
〔七〕出薩婆多毘尼毘婆沙卷六九十事。

三業，或合或離。綺語一種，必不相離。」〔一〕又善生經云：「若當妄語，亦攝綺語、兩舌、惡口義。」〔二〕又薩婆多論云：「不妄語者，若説法義論，傳一切是非，莫自稱爲是。常令推寄有本，則無過也。不爾，斧在口中。」〔三〕

若受不飲酒戒者，如四分律云：「若飲酒者，乃至不得以草滴酒口中。」〔四〕又智度論云：「飲酒有三十五過失。何等三十五？荅曰：一、現世財物虚竭。何以故？飲酒醉亂，心無節限，用費無度故。二、衆病之門。三、鬬諍之本。四、裸露無耻。五、醜名惡露，〔五〕人所不敬。六、無復智慧。七、應所得物而不得，已所得物而散失矣。八、伏匿之事盡向人説。九、種種事業，廢不成辦。十、醉爲愁本。何以故？醉中多失，醒則慚愧憂愁。十一、身力轉少。十二、身色壞。十三、不知敬父。十四、不知敬母。十五、不敬沙門。十六、不敬婆羅門。十七、不敬叔伯及尊長。何以故？醉悶憒惱，無所别故。十

〔一〕出成實論卷八十不善業道品。
〔二〕此段出處待考。
〔三〕出薩婆多毘尼毘婆沙卷六九十事初戒。
〔四〕出四分律卷十六。
〔五〕「露」字，大智度論作「聲」。

八、不尊敬佛。十九、不敬法。二十、不敬僧。二十一、近朋黨惡人。〔一〕二十二、疏遠賢善。二十三、作破戒人。二十四、無慚愧。二十五、不守六情。二十六、縱色放逸。〔二〕二十七、人所憎惡，不喜見之。二十八、貴重親屬及諸知識所共擯棄。二十九、行不善法。三十、棄捨善法。三十一、明人智士所不信用。何以故？酒放逸故。三十二、遠離涅槃。三十三、種狂癡因緣。三十四、身壞命終，墮惡道泥犁中。三十五、若得爲人，所生之處，常當狂騃。如是種種過失，是故不飲酒。」〔三〕

又薩婆多論云：「五戒優婆塞聽販賣，但不得作五業：一、不得販賣畜生。自有者聽直賣，不得與屠兒家。二、不得販賣弓刀箭矟。自有者聽直賣，不得與屠兒殺害家。三、不得酤酒爲業。自有者聽直酤。四、不得壓油爲業，外國麻中有蟲故犯。唯此無蟲應不犯。五、不得作五大色染，多殺蟲故。如秦地染青，亦多殺蟲，入五大色數。」〔四〕又善生經云：「受戒者五處不應行：謂屠兒、婬女、酒肆、國王、旃陀羅舍等。有五種業不應作：謂賣毒藥、釀皮、樗蒱、圍碁六博、歌舞唱伎等，並不得爲，亦不得

〔一〕「近」字原脱，據高麗藏本補。
〔二〕「色」字，大智度論作「己」。
〔三〕出大智度論卷十三。
〔四〕出薩婆多毘尼毘婆沙卷一總序戒法異名等。

親近如是人等。」〔一〕又寶雲經云：「持戒之人不聽向破戒家乞食。」〔二〕又阿含經云：「遠惡近善，有四法當急走避之百由旬。一由旬四十里，百由旬四千里。四法者：一、惡友，二、惡衆，三、或多語笑，四、或瞋或鬬。」〔三〕

又優婆塞五戒相經云：「佛告諸比丘：犯殺有三種奪人命：一自作，二教人，三遣使。自作者，自身作奪他命。教人者，語他人言：捉是人，繫縛奪命。遣使者，語他人言：汝識某甲不？汝捉是人，繫縛奪命。是使隨語奪彼命時，優婆塞犯不可悔罪。復有三種：一、用內色，二、用非內色，三、用內非內色。第一、用內色殺者，謂用手打，若用足及餘身分令彼死，是犯不可悔罪。若不即死，後因是死，亦犯不可悔。若後不死，是得中罪，可悔。第二、用不內色殺者，若人以木石刀矟弓箭等令彼死者，同前得罪。第三、用內非內色殺者，以手捉木石等打令死者，得罪同前。復有不以此三殺，但合諸毒藥著眼、耳、鼻、身上、食中、被褥等中，令彼死者，亦同前罪。若優婆塞或作火坑，漫心造者，若人墮死，犯不可悔罪。非人鬼神等墮中死者，犯中罪可悔。畜生死者，犯下罪可悔。若都無死者，〔四〕犯三方便可悔

〔一〕出優婆塞戒經卷三受戒品。
〔二〕此段出處待考。
〔三〕此段出處待考。
〔四〕「死」字原脱，據高麗藏本補。

輕罪。若尅心唯爲人造火坑，不通餘者，若人墮死，犯不可悔。不死犯方便。非人畜生死者，不犯。若優婆塞或用口業呪術令死，或有歎死讚死，或有氣力人心起惡念令死，或墮胎令死，得罪重輕並同前準。不犯者，或有行來出入，悮墮木石等死者，並不犯。」〔一〕餘如内律具説。

「第二、盜戒者，以三種取他重物，犯不可悔：一、用心，二、用身，三、離本處。第一用心者，謂發心思惟，欲爲偷盜。第二用身者，謂用身分等取他物。第三離本處者，隨物在處，舉著餘處。並得重罪。復有三種取人重物，犯不可悔罪：一、自取，二、教他取，三、遣使取。復有五重取他重物，犯不可悔：一、苦切取，二、輕慢取，三、詐稱他名字取，四、强奪取，五、受寄取。〔二〕重物者，若盜五錢，若五錢直，得者犯不可悔罪。復有七種取他物，犯不可悔：一、非己想，二、不同意，三、不暫用，四、知有主，五、不狂，六、不心亂，七、不病壞心。具此七者，取他重物，犯不可悔。取他不滿五錢輕物，犯中可悔。翻前七種取他物者，輕重俱不犯。」〔三〕

「第三、婬戒者，邪婬有四處：一、男，二、女，三、黄門，四、二根。女者，人女、非人女、畜生女。男者，人男、非人男、畜生男。黄門、二根各有三種，同前。若優婆塞與人女、非人女、畜生女三處行婬，謂

〔一〕出優婆塞五戒相經。

〔二〕「寄」字原作「記」，據優婆塞五戒相經改。

〔三〕出優婆塞五戒相經。

口、大小便處，犯不可悔。若人男、非人男、畜生男、黄門、二根二處行婬，謂口及大便處，犯不可悔。若發心欲行婬未和合者，〔一〕犯下可悔罪。若二身和合，止而不婬，犯中可悔。除其三處，餘處行婬，此皆可悔。若人死乃至畜生死者，身根未壞，於彼三處共彼行婬，犯不可悔。輕處同上。若優婆塞雖不受戒，犯佛弟子净戒人者，雖無犯戒之罪，然後永不得五戒、八戒乃至出家具足戒。若顛狂心亂，痛惱所纏，不自覺者，不犯。佛告諸比丘：吾有二身：一、生身，二、戒身。若善男子爲吾生身起七寶塔至于梵天，若人虧之，其罪尚有可悔。虧吾戒身，其罪無量，受罪如伊羅鉢龍王，犯不可悔也。」〔二〕

「第四、妄語戒者，佛告諸比丘：吾以種種呵責妄語，讚歎不妄語者。乃至戲笑尚不應妄語，何況故妄語！是中犯者，若優婆塞不知不見過人聖法，自言我是阿羅漢四等果人，乃至四禪、慈悲喜捨、得四空定、不净觀、阿那般那念，天來龍來到我所供養我，彼問我義，我荅彼問，皆犯不可悔罪。若實見言不見，實聞言不聞，實疑言不疑，有而言無，無而言有，如是等小妄語者，犯可悔罪。若發心欲妄語，未出言，犯下可悔。言而不盡意者，犯中可悔。若自言得聖道者，便犯不可悔。若狂心、亂心、不覺語者，不犯。」〔三〕

〔一〕「欲」字原作「未」，據高麗藏本改。
〔二〕出優婆塞五戒相經。
〔三〕出優婆塞五戒相經。

「第五、飲酒戒者，佛告諸比丘：若言我是佛弟子者，不得飲酒，乃至小草頭、一滴，亦不得飲。酒有二種：穀酒，木酒。穀酒者，以諸五穀雜米作酒者是。木酒者，或用根莖葉果，用種種子果草雜作酒者是。酒色、酒香、酒味，飲能醉人者，是名爲酒。若嘗咽者，亦名爲飲。若飲穀酒，咽咽犯。若飲酢酒，若飲甜酒，若噉麴能醉人者，若噉糟，若飲酒澱，若飲似酒色、似酒香、似酒味，能令人醉者，並隨咽咽犯。若但作酒色，無酒香，無酒味，不能醉人，及餘飲者，皆不犯。」〔一〕若依四分律：「病比丘等餘藥治不差，以酒爲藥者，不犯。顛狂、心亂、病惱、不覺知者，亦不犯。」〔二〕

得失部第五

問曰：漸頓云何？荅曰：皆得。故成實論：「問云：有人言五戒具受，此事云何？荅曰：隨受多少，皆得戒律儀。但取要爲五。」〔三〕故優婆塞戒經云：「或有一分，或有少分，或有無分，或有多分，或有滿分。若受三歸已，不受五戒，名優婆塞。若受三歸，受持一戒，是名一分。受三歸已，受持二戒，是名少分。若受三歸已，受持一戒，若破一戒，是名無分。若受三歸已，受持四戒，是名多分。若受三歸

〔一〕出優婆塞五戒相經。
〔二〕出四分律卷十六。
〔三〕出成實論卷八五戒品。

已，受持五戒，是名滿分。汝今欲受何分？爾時智者當隨意授。」〔一〕又智度論云：「戒有五種：始從不殺，乃至不飲酒。若受一戒，是一分行。若受二戒、三戒，是名少分行。若受四戒，是名多分行。若受五戒，是名滿分行。斷婬者，受五戒已，於戒師前，更作誓言：我今日於自夫婦不復行婬。是名五戒。」〔二〕增一阿含經亦云：「一分、二分，得受。」〔三〕問曰：既得漸受，可從五師各得受一不？答曰：如付法藏經云：「尊者薄拘羅受一不殺生戒，得五不死報。」〔四〕問曰：得重受不者，既受五戒，後時更得重受不？答曰：依成實論：「得重發戒。」〔五〕故四分律，末利夫人第二、第三重向佛受，亦得。〔六〕

問曰：長短者，得五、三、十日限分受不？答曰：依成實論，亦得多日，盡其終受。〔七〕故十誦律，或晝或夜，受五戒，亦獲少善。〔八〕

〔一〕出優婆塞戒經卷三净戒品。

〔二〕出大智度論卷十三。

〔三〕出增一阿含經卷二十。

〔四〕出付法藏因緣傳卷三。

〔五〕此段出處待考。

〔六〕見四分律卷十八。

〔七〕見成實論卷八七善律儀品。

〔八〕見十誦律卷二十五。

又優婆塞戒經云：「佛言：智者當觀戒有二種：一、世戒，二、第一義戒。若不依於三寶受戒，是名世戒。是戒不堅，如彩色無膠。是故我先歸依三寶，然後受戒。夫世戒者，不能破壞先諸惡業。受三歸戒，則能壞之。雖作大罪，亦不失戒。何以故？戒力勢故。如俱有二人同共作罪，一者受戒，二者不受戒。已受者犯，則罪重。不受者犯，則罪輕。何以故？毁佛語故。罪有二種：一者性重，二者遮重。是二種罪復有輕有重，〔一〕或有人能重罪作輕，輕罪作重。如鴦掘魔受於世戒，伊羅鉢龍受於義戒。鴦掘魔破於性重，不得重罪。伊羅鉢龍壞於遮制，而得重罪。是故不應以戒同故，得果亦同。」〔二〕

神衛部第六

依七佛經云：「若有人能受持五戒，感得二十五神侍衛。殺戒有五神：一名波吒羅，二名摩那斯，三名婆睺那，四名呼奴吒，五名頗羅吒。盜戒有五神：一名法善，二名佛奴，三名僧喜，四名廣額，五名慈善。婬戒有五神：一名貞潔，二名無欲，三名净潔，四名無染，五名蕩滌。妄戒有五神：一名美旨，二名實語，三名質直，四名直荅，五名和合語。飲酒戒有五神：一名清素，二名不醉，三名不亂，四名無

〔一〕下「有」字原作「者」，據高麗藏本改。
〔二〕出優婆塞戒經卷六五戒品。

失，五名護戒。」〔一〕

又灌頂經云：「佛告梵志：若持五戒者，有二十五善神營衛護人身。在人左右，守於宫宅門户之上，使萬事吉祥。唯願世尊爲我説之。佛言：梵志，我今略演。敕天帝釋使四天王遣諸善神，營護汝身。如是章句善神名字，二十五王其名如是。神名蔡芻毗愈他尼，主護某身，辟除邪鬼。神名輸多利輸陀尼，主護某六情，悉令完具。神名毗樓遮那世波，主護某腹内五臟平調。神名阿陀龍摩坻，主護某血脉悉令通暢。神名婆羅桓尼和婆，主護某爪指無所毁傷。神名坻摩阿毗婆馱，主護某出入行來安寧。神名阿脩輸婆羅陀，主護某所噉飲食甘香。神名婆羅摩亶雄雌，主護某夢安覺歡悦。神名婆羅門地鞞哆，主護某不爲蟲毒所中。神名那摩呼哆耶舍，主護某不爲霧露惡毒所害。〔二〕神名佛馱仙陀樓哆，主護某鬭諍口舌不行。神名鞞闍耶藪多婆，主護某不爲瘟瘧鬼所持。神名涅坭醯馱多耶，主護某不爲縣官所得。神名阿邏多賴都耶，主護某舍宅四方逐凶殃。神名波羅那佛曇，主護某平定舍宅八神。神名阿提梵者珊耶，主護某不爲冢墓鬼所嬈。神名因臺羅因臺羅，主護某門户，辟除邪惡。神名阿伽風施婆多，主護某不爲水氣鬼神所害。神名佛曇彌摩多哆，主護某不爲災火所延。神名多賴叉三蜜陀，主護某不爲偷盗所侵。神名阿摩羅斯兜嘻，主護某若入山林，不爲虎狼所害。神名那羅門闍兜

〔一〕出七佛八菩薩所説大陀羅尼神咒經卷四。

〔二〕「惡」字原脱，據高麗藏本補。

帝，主護某不爲傷亡所嬈。神名鞞尼乾那波，主護某除諸鳥鳴狐鳴。神名荼鞞鬬毗舍羅，主護某除犬鼠變怪。神名伽摩毗那闍尼佉，主護某不爲凶注所牽。佛告梵志言：若男子女人帶佩此二十五灌頂章句善神名者，若入軍陣鬬諍之時，刀不傷身，箭射不入，鬼神羅刹終不嬈近。若到蠱道家，亦不能害。若行來出入，有小魔鬼，亦不得近。帶佩此神王名著身，〔一〕夜無惡夢。縣官盜賊、水火災怪、怨家鬬謀、口舌鬬亂，自然歡喜，兩作和解，俱生慈心，惡意悉滅。妖魅魍魎、邪忤薜荔、外道符呪厭禱之者，樹木精魅、百蟲精魅、鳥獸精魅、溪谷精魅、門中鬼神、户中鬼神、井竈鬼神、洿池鬼神、厠溷中鬼神一切諸鬼神皆不得留住某甲身中。若男子女人帶此三歸五戒善神名字者，某甲入山陵溪谷，曠路抄賊自然不現，師子虎狼羆熊蚖蛇悉自縮藏，不害人也。」〔二〕

八戒部第五此別六部

述意部　會名部　功能部　得失部　受法部　戒相部

〔一〕「佩」字原脱，據高麗藏本補。
〔二〕出灌頂經卷三三歸五戒帶佩護身咒經。

述意部第一

夫戒定慧品，造化宏圖；衆聖式遵，萬靈攸重。余以戒律宗要，定慧歸承。如有乖張，明心莫顯。是故大悲赴難，立行法以檢之。惑網之夫，設理蹤而證入；業種之客，依相迹而繩持。庶使念念退省，新新進策。爲功不已，情過乃彰。但善惡由己，起則昇沈。不作則已，作則業成。業繩惑網，膠固彌密。自非傾誠苦尅，折挫身心，哀愴往因，畏懼求果，决誓要期，永斷相續。故文言嚴飾道場，澡浴塵垢，著新潔衣，内外俱净。對説罪根，發露悔過。舉身投地，如太山崩。五體殷重，歸依三寶，敬誠迴向，然後受戒。此戒時節雖促，既懇意標心，爲成三聚净戒，爲救四趣衆生，此則功超人天，德齊佛位。故智度論云：「譬同猛將。」〔一〕亦爲與佛等也。

會名部第二

問曰：諸經論中，何名八關齋，亦名關戒耶？荅曰：前八是關閉八惡，不起諸過。不非時食者是齋。齋者，齊也。謂禁止六情，不染六塵，齊斷諸惡，具修衆善，故名齋也。又齋戒體一名别。若尋名

〔一〕出大智度論卷十三。

定體，體容少别。齋者，過中不食爲名。戒者，防非止惡爲義。故薩婆多論云：「八箇是戒。第九是齋。」〔一〕齋戒合數，故有九也。

功能部第三

如齋法經云：「譬如天下十六大國，滿中衆寶，不可稱説，不如一日受佛齋法。比其福者，則十六國爲一豆耳。」〔二〕又中阿含經云：「多聞聖弟子持八支齋時，意念如來十號名字，若有惡思不善皆滅。」〔三〕又優婆塞戒經云：「若有人以四大寶藏，滿中七寶，持布施人，所得功德，不如有人一日一夜受持八戒，除五逆罪，餘一切罪皆悉消滅。是則得無量果報，至無上樂。彌勒出時百年受齋，不如今日五濁世時一日一夜。」〔四〕又智度論：「問曰：五戒，一日戒，何者爲勝？荅曰：有因緣故，二戒俱等。但五戒終身持，八戒一日持。又五戒常持時多而戒少，一日戒時少而戒多。若無大心，雖復終身持，不

〔一〕出薩婆多毘尼毘婆沙卷一。
〔二〕出齋經。
〔三〕出中阿含經卷五十五持齋經。
〔四〕出優婆塞戒經卷五八戒齋品。

如有大心一日戒也。譬如懦夫爲將，〔一〕雖復將兵終身，卒無功名。若英雄奮發，禍亂立定，一日之勳，名蓋天下。八戒比於餘戒，亦復如是。」〔二〕

又智度論：「問曰：白衣居家唯有此五戒，更有餘法耶？荅曰：有一日戒，六齋日持，功德無量。若十二月至十五日受持此戒，福最多也。問曰：何故六齋日受八戒修福德？荅曰：是日鬼神逐人，欲奪人命，疾病凶衰，令人不吉。是以劫初聖人教人持齋修善治福，〔三〕以避凶衰。是時齋法，不受八戒，直以一日不食爲齋。後佛出世，始教一日一夜，如諸佛受持八戒，過中不食。是功德將人至涅槃樂。又論引四天王經中，佛說：月六齋日，使者太子及四天王自下觀察衆生。不布施持戒、孝順父母，使者便上忉利，以啓帝釋。諸天心皆不悦。若布施持戒、孝順父母多者，諸天帝釋心皆歡喜。是時釋提波那氏即說偈言：

六齋神足月，　受持清淨戒，　是人壽終後，　功德必如我。

佛告釋提桓因：云何妄語？若持一日戒功德福報，必得如我，是爲實說。所在之處有持此戒者，惡鬼遠之，住處安隱。是故於六齋日持齋受戒，得福增多。問曰：何故諸惡鬼神等輩於此六齋日惱害衆

〔一〕「懦」字原作「輭」，據高麗藏本改。
〔二〕出大智度論卷十三。
〔三〕「是」字原脱，據高麗藏本補。

生？答曰：天地本起經説：劫初成時，有異梵天王子，是摩醯首羅等諸鬼神父。修其梵志苦行，滿天上十二歲。於此六日，每割肉血以著火中。過十二歲已，天王來下，語天子言：汝求何願？答言：我求有子。天王言：供養仙人法，以燒香甘果等。汝云何以肉血著火中，如罪惡法？汝破善法，樂爲惡事，令汝生惡子，噉肉飲血。當説是時，火中有八大鬼出，身黑如墨，髮黄眼赤，有大光明。摩醯首羅神等從此八鬼生。以是故，摩醯首羅等神於此六日有大勢力，惱害衆生。諸鬼之中，摩醯首羅最大。第一、二月之中皆有日分。摩醯首羅一月有四日分，謂八日、十四日、二十三日、二十九日。餘神一月有二日分，〔一〕謂月一日、十六日。其月二日、十七日、十五日、三十日屬一切神。摩醯首羅爲諸神王，又得日多，故數四日爲齋。餘日是一切神日，亦數爲齋。是故諸惡鬼神於此六日輒有勢力也。但佛法之中，日無好惡，隨世惡日因緣故，佛教衆生齋戒，以除其患也。」〔二〕

又提謂經云：「提謂長者白佛言：世尊，歲三齋皆有所因。何以正用正月、五月、九月？六日齋用月八日、十四日、十五日、二十三日、二十九日、三十日？佛言：正月者，少陽用事，萬神代位，陰陽交精，萬物萌生，道氣養之。故使太子正月一日持齋，寂然行道，以助和氣，長養萬物，故使竟十五日。五月者，太陽用事，萬物代位，草木萌類，生畢百物。懷妊未成，成者未壽，皆依道氣。故持五月一日齋，

〔一〕「有」字原脱，據高麗藏本補。
〔二〕出大智度論卷十三。

竟十五日，以助道氣，成長萬物。九月者，少陰用事，乾坤改位，萬物畢終，衰落無牢，衆生蟄藏，神氣歸本，因道自寧。故持九月一日齋，竟十五日。春者，萬物生；夏者，萬物長；秋者，萬物收；〔一〕冬者，萬物藏。依道生没，天地有大禁。故使弟子樂善者避禁持齋，救神故爾。長者提謂白佛言：三長齋何以正用一日至十五日？〔二〕復言：如何名禁？佛言：四時交代，陰陽易位，歲終三覆八校，〔三〕一月六奏。三界皓皓，五處録籍。衆生行異，五官典領，校定罪福。行之高下，品格萬途。諸天、帝釋、太子使者、日月鬼神、地獄、閻羅、百萬神衆等，俱用正月一日、五月一日、九月一日，四布案行，帝王、臣民、八夷、飛鳥走獸、鬼龍行之善惡，知與四天王，月八日、十五日、盡三十日，所奏同不，平均天下，〔四〕使無枉錯，覆校三界衆生罪福多少。所屬福多者，即生天上。即敕四鎮、五官、大王司命增壽益算。下閻羅王，攝五官，除罪名，定福禄。故使持是三長齋。是故三覆。八校者，八王日是也。亦是天帝釋、輔鎮、五官、四王、地獄王、阿須倫諸天，案行比校，定生注死，增減罪福多少，有道意無道意，大意小意，開解不開解，出家不出家，案比口數，皆用八王日。何等八王日？謂立春、春分、立夏、夏至、立秋、秋分、

〔一〕「秋者，萬物收」五字原脱，據高麗藏本補。

〔二〕「用」字原作「月」，據高麗藏本改。

〔三〕「八」字原作「以」，據高麗藏本改。

〔四〕「所奏同不，平均天下」原作「所奏同無，不均天下」，據高麗藏本改。

立冬、冬至，是謂八王日。天地諸神陰陽交代，故名八王日。月八日、十四日、十五日、二十三日、二十九日、三十日，皆是天地用事之日。上下弦、望、朔、晦，皆録命上計之日。故使於此日自守持齋，以還自校，使不犯禁，自致生善處。」〔一〕

又增一阿含經云：「若善男子善女人欲得八關齋離諸苦者，得盡諸漏，入涅槃城。當求方便，成此八齋。人中榮位，不足爲貴；天上快樂，不可稱計。欲求無上之福者，當求此齋。欲生六欲天、色無色界天者，當持此齋。欲求一方、二方、三方、四方天子轉輪聖王位者，亦獲其願。欲求聲聞、緣覺、佛乘者，悉成其願。吾今成就，由其持戒，八戒十善，無願不獲。」〔二〕

又涅槃經云：「佛言：大王，波羅柰國有屠兒，名曰廣額。於日日中，殺無量羊。見舍利弗，即受八戒，經一日夜。以是因緣，命終得爲北方天王毗沙門子。如來弟子尚有如是大功德果，況復佛也。」〔三〕

又優婆塞戒經云：「佛言：善男子，〔四〕後世衆生身長八丈，壽命滿足八萬四千歲，是時受戒。復

〔一〕此經已佚。

〔二〕出增一阿含經卷十六。

〔三〕出大般涅槃經卷十九。

〔四〕「善」字原脱，據高麗藏本補。

有於今惡世受戒。是二所得果報正等。何以故？三善根平等故。」〔一〕

又賢愚經云：「昔迦葉佛滅度之後，遺法垂末，有二梵志到比丘邊俱受八戒。一願生天，一願作國王。願生天者，至家爲婦逼非時食。由破戒故，乃生龍中。願作王者，持戒完具，得生王家，作大國王。其王園中多有甘果，常遣一人隨時看送。其人後時於園泉中得一果柰，〔二〕色香甚美。持與門監，展轉奉王。王食此柰，甚覺甘美。便問夫人，展轉相推，到於園監。王即喚來而責之曰：如此美柰，何爲不送？園監於是具陳本末。王瞋語言：自今以後，常送斯柰。園監啓王：此柰無種，何由可辦？王復語言：若不能得，當斬汝身。其人還園，舉聲大哭。時有一龍，從泉而出，變身爲人，問其哭由。園監具説。龍聞入水，即以金槃盛柰與之，遣持奉王，并滕吾意。云：吾及王本是親友。乃昔在世時，俱爲梵志，共受八戒，各求所願。汝戒完具，得爲人王。吾戒不全，故生龍中。今欲奉修八關齋法，求捨此身。當爲吾覓八關齋文，持來與我。若其相違，吾覆汝國，用作大海。園監奉柰，具説龍意。王聞甚憂，良由時世，無有佛法，齋法難得。王敕一臣：龍索齋法，仰卿得之。若不得者，吾當殺卿。大臣至

〔一〕出優婆塞戒經卷六五戒品。

〔二〕「園泉」，賢愚經作「泉水」，高麗藏本作「園中」。又「果」字，高麗藏本作「顆」。

家，甚懷憂愁。臣父見子面色不悦，問知委由。其父語言：吾家堂柱今日忽放光明。〔一〕試破看之，〔二〕必有異事。〔三〕尋即破之，得經二卷。一是十二因緣，二是八關齋文。得已奉王。王得歡喜，自送與龍。龍得此經，便用好寶贈遺於王。王及於龍重修八戒，壽盡生天，同共一處。至釋迦佛出世之時，來至佛所。佛爲説法，二天俱得須陀洹果。既得果已，還歸天上。」〔四〕

又智度論云：「若人欲求最大善利，應當持戒。戒如大地，一切萬物有形之類皆依地住。戒亦如是，一切善法皆依戒住。若世閒人下品持戒，得生人中。中品持戒，生於天上。乃至上品清净持戒，得至佛道。若破戒者，墮三惡道。是故佛言：持戒之人，無事不得。破戒之人，一切皆失。譬如有人，厭患貧窮，供養諸天滿十二年，求索富貴。天愍此人，自現其身而問之曰：汝求何等？貧人荅言：我求富貴，欲令心中所願皆得。天與一器，名曰得瓶，〔五〕而語之言：所須之物從此瓶出。其人得已，應意所欲，無所不得。得如意已，具作好舍，象馬車乘，七寶具足，供給賓客，事事無乏。客問之言：汝先貧

〔一〕「家」字原脱，據高麗藏本補。又「今日忽放」，高麗藏本作「每見」。
〔二〕「看之」原作「之看」，據高麗藏本改。
〔三〕「必有異事」，高麗藏本作「儻有異物」。
〔四〕出賢愚因緣經卷一二梵志受齋品。
〔五〕「得」字，大智度論作「德」。

窮，今日何由得如此富？彼人荅言：我得天瓶，瓶能出此種種衆物，故富如是。客語之言：出瓶見示，并所出物。彼人聞已，即爲出瓶。瓶中引出種種衆物。其人憍泆，立瓶上舞。瓶即破壞，一切衆物一時失滅。持戒之人亦復如是。若能持戒，種種妙樂無願不得。若人破戒，憍泆自恣，亦如彼人破瓶失利也。」〔一〕

得失部第四

如薩婆多論云：「若人欲受八戒，先自恣女色，或作音樂，或貪飲食，種種戲笑，如是放逸，盡心故作，然後受戒。不問中前中後，皆不得戒。若無本心受戒，種種放逸，後遇知識即爲受戒，不問中前中後，並得成受。」〔二〕

又善生經云：「若諸貴人，常敕作惡；若欲受齋，先當宣令所屬之境，齋日莫行惡事。如是清淨得齋。若不遮者，不成，以惡律儀故。」〔三〕

〔一〕出大智度論卷十三。
〔二〕出薩婆多毘尼毘婆沙卷一總序戒法異名等。
〔三〕出優婆塞戒經卷五八戒齋品。

又俱舍論云：「若先作意於齋日受者，雖食竟亦得受。」〔一〕

又薩婆多論云：「若受八戒，應言一日一夜不殺等，令言論斷絶，莫使與終身戒雜亂。」〔二〕

又成實論：「問曰：是八齋，但應具受，爲得分受？答曰：隨力能持多少，皆得成受。復有人言：此法但一日一夜受，是事云何？答曰：隨受多少並得。或一日一夜，或半日半夜，或一月半月等。」〔三〕

增一阿含經云：「若受八關齋，先須懺悔前罪，然後受戒。」〔四〕懺悔方法，如前懺悔篇說。簡人問其遮難，如前五戒中說。

受法部第五

依智度論：「受云：我某甲今一日一夜歸依佛，歸依法，歸依僧，爲净行優婆塞。女云夷。三說。我某甲歸依佛竟，歸依法竟，歸依僧竟，一日一夜爲净行優婆塞竟。三說。既受得戒已，次當爲説戒相。如諸佛盡壽不殺生，我某甲一日一夜不殺生亦如是。如諸佛盡壽不偷盜，我某甲一日一夜不偷盜亦如

〔一〕出阿毘達磨俱舍釋論卷十一。

〔二〕出薩婆多毘尼毘婆沙卷一總序戒法異名等。

〔三〕出成實論卷八八戒齋品。

〔四〕出增一阿含經卷十六。

是。如諸佛盡壽不婬泆，我某甲一日一夜不婬泆亦如是。如諸佛盡壽不妄語，我某甲一日一夜不妄語亦如是。如諸佛盡壽不飲酒，我某甲一日一夜不飲酒亦如是。如諸佛盡壽不著香華瓔珞，不香油塗身，不著香薰衣，不自歌舞作樂，亦不往觀聽；我某甲一日一夜不著香華瓔珞，不香油塗身，不著香薰衣，不自歌舞作樂，亦不往觀聽，亦如是。如諸佛盡壽不坐高大牀上，我某甲一日一夜不坐高大牀上亦如是。如諸佛盡壽不過中食，我某甲一日一夜不過中食亦如是。我某甲受行八戒，隨學諸佛，名爲布薩。願持是福，不墮三惡八難，亦不求輪王梵王世界之樂；願斷諸煩惱，〔一〕逮得薩雲若，成就佛道。」〔二〕布薩者，秦言共住。〔三〕故僧祇律云：「佛告比丘：今是齋日，唤優婆塞浄洗浴，著浄衣，受布薩。」〔四〕

又薩婆多論云：「必無人受者，但心念口言，自歸三寶，我持八戒，亦得。」〔五〕又成實論云：「有人

〔一〕「斷諸煩惱」，高麗藏本作「諸煩惱消除」。

〔二〕出大智度論卷十三。

〔三〕「秦」字原作「此」，據高麗藏本、磧砂藏本、南藏本改。

〔四〕出摩訶僧祇律卷二十九。

〔五〕此段出處待考。

言：此戒要從他受，其事云何？是亦不定。若無人時，但心念口言：乃至我持八戒，亦得。」〔一〕女人受戒，不假祖膊。自外法用，並同前說。

戒相部第六

既受得戒已，理須識相護持。若不識相，遇緣還犯。前之五戒，一同五戒中說。後之三戒，今重料簡。離莊嚴具者，如俱舍論云：「離非舊莊嚴。何以故？若常所用莊嚴，不生極醉亂故。」〔二〕

述曰：有與女人授戒，不許飲乳小兒同宿，恐云破戒；又不許木牙八尺牀上坐卧，令在地鋪；又不許白素木椀非時飲水，恐受膩破齋。如是種種妄行禁制，皆不合聖教，反結無知不學之罪。縱共父兄等同宿，但於戒不犯，非名破戒。

又薩婆多論云：「若已受八戒而鞭打衆生，或言待至明日當打，皆令戒不清净，非是破戒。」〔三〕又阿含經云：「高廣大牀者，梐下足長尺六非高，闊四尺非廣，長八尺非大。越此量者，方名高廣大牀。復有八種牀：初四約物辯貴，體不合坐，下四約人辯大，縱令地鋪，擬於尊人，亦不合坐。一金牀，二銀

〔一〕出成實論卷八八戒齋品。
〔二〕出阿毘達磨俱舍釋論卷十一分別業品。
〔三〕出薩婆多毘尼毘婆沙卷一總序戒法異名等。

牀，三牙牀，四角牀，五佛牀，六辟支佛牀，七羅漢牀，八師僧牀。」〔一〕父母牀座不在禁限。

第七、辯位者，如薩婆多論云：「問：七衆外有木叉戒不？荅：八戒是。」〔二〕以此義推，〔三〕受八戒人不入七衆攝。若知位處，應在五戒優婆塞上坐，以受戒多故。故智度論將八戒譬如健將。又成實論云：「八戒優婆塞者，此言善宿男，是人善心離破戒宿故。」〔四〕優婆塞者，諸經亦云清信士，亦云近佛男。優婆夷者，亦云清信女，亦云近佛女也。如依西域俗人受持五八戒者，〔五〕始得喚爲優婆塞、優婆夷。衣服居止，舉動合宜，亞類出家人，在於不持戒者上坐。不同此地無法白衣，業行昏馳，穢染雜濁者，雷同呼爲優婆塞等，亦稱爲賢者。無鑒之甚，勿過於此。

又是法非法經云：「佛告諸比丘：有賢者，非賢者。何等非賢者法？若比丘大姓欲學道，有餘同學非大姓故，爲自驕身，欺慢餘人，非賢者法。復何等爲賢者法？〔六〕謂學計我不必大姓，能斷貪瞋

〔一〕出增一阿含經卷十六。
〔二〕出薩婆多毘尼毘婆沙卷一總序戒法異名等。
〔三〕「以」字原脱，據高麗藏本補。
〔四〕出成實論卷八八戒齋品。
〔五〕「受持五八戒者」，高麗藏本作「信持五戒八戒者」。
〔六〕「復」字原脱，據高麗藏本補。

癡。或時有非大姓家方便受法，如法説行，不自譽，亦不欺人，是名賢者法也。」〔一〕

又十住毗婆沙論云：「問曰：齋法云何？荅曰：應作是言：如諸聖人常離殺生，棄捨刀仗，常無瞋恚，有慚愧心，慈悲衆生；我某甲今一日一夜遠離殺生，棄捨刀仗，無有瞋恚，有慚愧心，慈悲衆生，以如是法隨學聖人。如諸聖人常離不與取，身行清净，受而知足；我今一日一夜遠離劫盜不與取，求受清净自活，以如是法隨學聖人。如諸聖人常斷婬泆，遠離世樂；我今一日一夜除斷婬泆，遠離世樂，净修梵行，以如是法隨學聖人。如諸聖人常離妄語，習持真實語，正直語；我今一日一夜遠離妄語，習持真實語，正直語，以如是法隨學聖人。如諸聖人常遠離酒，酒是放逸處；我今一日一夜遠離於酒，以如是法隨學聖人。如諸聖人常遠離歌舞作樂、華香瓔珞、嚴身之具；我今一日一夜遠離歌舞作樂、華香瓔珞、嚴身之具，以如是法隨學聖人。如諸聖人常遠離高廣大牀處，在小榻草蓐爲座；我今一日一夜遠離高廣大牀處，在小榻草蓐爲座，以如是法隨學聖人。如諸聖人常過中不食，遠離非時行、非時食；我今一日一夜過中不食，遠離非時行、非時食，以如是法隨學聖人。如偈説曰：

殺盜婬妄語，　飲酒及華香，　瓔珞歌舞等，　高牀過中食，　聖人所捨離；　我今亦如是，

以此福因緣，　一切共成佛。」〔二〕

〔一〕出是法非法經。

〔二〕出十住毗婆沙論卷六入寺品。

又佛説齋經云：「佛在舍衛城東丞相家殿。丞相母名維耶，早起沐浴，著綵衣與諸子婦俱出，稽首佛足，一面坐。佛問維耶：沐浴何早？對曰：欲與諸子婦俱受齋戒。〔一〕佛言：齋有三輩。樂何等齋？維耶長跪言：願聞何謂三齋？佛言：一爲牧牛齋，二爲尼揵齋，三爲佛法齋。牧牛齋者，如牧牛人求善水草，飲食其牛，暮歸思念：何野有豐饒，須天明當往？若族姓男女已受齋戒，意在居家利養，念美飲食，育養身者，是爲如彼牧牛人意，不得大福，非大明慧。第二尼揵齋者，當月十五日齋時，伏地受齋戒，爲十由延内諸神拜言：我今日齋，不敢爲惡，不爲妻子奴婢，非是我有，至到明日。如彼尼揵外道，不得大福，非大明慧。第三佛法齋者，内道弟子月六齋日受持八戒。何謂八耶？第一戒者，盡一日一夜持心無殺意，慈念衆生，不得殘害蜎動之類，如清浄戒，以一心習。第二戒者，盡一日一夜持心無貪意，思念布施，却慳貪意，如清浄戒，以一心習。第三戒者，一日一夜持心無婬意，不念房室，修治梵行，不爲邪欲，如清浄戒，以一心習。第四戒者，一日一夜持心無妄語，思念至誠，言不爲詐，心口相應，如清浄戒，以一心習。第五戒者，一日一夜持心不飲酒，不醉迷亂，去放逸意，如清浄戒，以一心習。第六戒者，一日一夜持心無求安，不著華香，不傅脂粉，不爲歌舞倡樂，如清浄戒，以一心習。第七戒者，一日一夜持心無求安，不卧好牀，卑牀、草席，捐除睡卧，思念經道，如清浄戒，以一心習。第八戒

〔一〕「子婦」原作「佛」，據高麗藏本改。

者，一日一夜持心奉法，時過中不食，如清净戒，以一心習。」〔一〕

〔一〕出齋經。

法苑珠林校注卷第八十九

十善部第六 此别五部

述意部第一

夫以聖道遠而難希，净心近而易惑。爲山基於一簣，爲佛起於初念。故萬里之剋，離初步而不登；三祇之功，非始心而罔就。是知行人發足，常步此心。開示初學，須崇十善。今既五濁交亂，過犯滋彰。不作則已，作便極重。用此量情，如何輕侮。〔一〕如經：「犯重罪人比此閻浮一萬六千年，始同

〔一〕「侮」字原作「悔」，據高麗藏本改。

他化自在天壽一日一夜。用此長日壽命一萬六千歲，比閻浮提日月則經九百二十一億六十千歲，在阿鼻地獄。」〔一〕若更頑固，不信佛經，即依觀佛三昧經，過殺八萬四千父母等罪，深重難計，弗可除滅。〔二〕比見道俗，〔三〕於其齋日，唯受五、八、三聚戒等。論其十善，都無受者。良由僧等，隱匿聖教，致令不弘，失於道分。故未曾有經云：「下品十善，謂一念頃。中品十善，謂一食頃。上品十善，謂從旦至午，於此時中，心念十善，止於十惡。故野干心念十善，七日不食，得生兜率天。」〔四〕又上生經云：「我滅度後，四衆八部欲生第四天，當於一日至第七日，繫念彼天，持佛禁戒，思念十善，行十善道。以此功德迴向願生彌勒佛前，隨念往生。」〔五〕言七日者，且從近論，尚感彼天；況復一生而不剋獲？

問曰：天上勝報不可思議，如何七日便感大福？荅曰：善因雖微，獲果甚大。如小爝火，能燒大山。一善能破大惡，亦如少燈能破多闇，輕日能消重露，小子能生大樹。世事尚然，何況善力也！

〔一〕出雜阿毘曇心論卷二。
〔二〕見觀佛三昧海經卷五。
〔三〕「比」字上原衍「爲」字，據高麗藏本删。
〔四〕出未曾有因緣經卷上。
〔五〕出觀彌勒菩薩上生兜率天經。

懺悔部第二

述曰：比見愚夫不肯受懺，口出妄言，云：我但不作惡，即名爲善。何須令我更復受懺？〔一〕荅曰：大聖興教，事同符印。若不受行，便無公驗。故須願祈，不造衆惡。依願起行，可得承受。如牛雖有力挽車，要須御者，能有所至。若不預作，輒然起善，内無軌轄，後遇罪緣，便造不止。由先無願，故造衆惡。大聖知機，故令受善。若謂我不造惡便是善者，汝不作善亦應是惡。如牛馬驢騾亦不殺生，豈是善耶？此乃心在無記，無罪福業。故須起念，專志深重，方成業道。

如未曾有經云：「時有外道婆羅門婦，名曰提韋。夫亡家貧，自責孤窮，欲自燒身祠天，求當來福。時有道人，名曰辯才，教化提韋女人云：譬如有牛，厭患車故，欲使車壞。前車若壞，續得後車，軛其項領，〔二〕罪未畢故。人亦如是。假令燒壞百千萬身，罪業因緣相續不滅。如阿鼻獄燒諸罪人，一日之中，八萬過死，八萬更生。過一劫已，其罪方畢。況復汝今一過燒身，欲求滅罪，何有得理？提韋白言：當設何方，令得罪滅？辯才荅言：前心作惡，如雲覆月。後心起善，如炬消闇。自有方便，滅除殃罪。現世安隱，後生善處。提韋聞已，心大歡喜，憂怖即除。即率家内奴婢眷屬五百餘人，圍繞叩頭，

〔一〕「受懺」原作「懺受」，據高麗藏本改。
〔二〕「軛」字原作「枙」，據高麗藏本改。

恭敬合掌，白辯才言：尊向所說滅罪事由，願更爲說除罪之法，當如法行。辯才荅曰：起罪之由，出身口意。身業不善：殺、盗、邪婬。口業不善：妄言、兩舌、惡口、綺語。意業不善：嫉妬、瞋恚、憍慢邪見。是爲十惡，受惡罪報。今當一心，丹誠懺悔。若於過去，若於今身，有如是罪，今悉懺悔，出罪滅罪。當自立誓，救度眷屬，代其懺悔。所修福善，施與一切受苦衆生，令其得樂。衆生有罪，我當代受。緣是受身，至成佛道。懺悔訖已，更賜餘善，當勤奉行。辯才更爲受十善之法。」〔一〕具如下法。

受法部第三

述曰：若欲受戒，要對一出家五衆人前受。具修威儀，跙跪合掌，請一戒師云：我某甲今請大德爲我作十善戒師阿闍梨。願大德爲我作十善戒師阿闍梨。我依大德故，得受十善。慈愍故。如是三說。此雖無文，然準受大戒請師，義亦無爽。不請雖成，不如請之生善。然此十善，是三乘之根本，人天之良藥，得受妙果，實由師訓。豈得不請？縱對大衆一時同請，亦得。此之受法，大意有二：初對人受，後自受法。初對人受，依經略引一文。且依未曾有經云：「汝今當誠心歸佛、歸法、歸比丘僧。如是三說。今當盡形受十善道。我弟子某甲從今盡形不殺、不盗、不邪婬，是身善業；不妄言、兩舌，不惡口、綺語，是口善業；不嫉妬、瞋恚、憍慢邪

〔一〕出未曾有因緣經卷下。

見，是意善業。是則名爲十善戒法。」〔一〕第二依文殊師利問經受十善法。〔二〕此之十善，共出家沙彌十戒文同。然此經意，亦通在家，菩薩亦得同受。是故經云：「爾時文殊師利白佛言：云何歸依佛？佛告文殊：歸依佛者，應如是言：大德，我某甲乃至菩提歸依佛，乃至菩提歸依法，乃至菩提歸依僧。如是三説。我某甲已歸依佛竟，已歸依法竟，已歸依僧竟。如是三説。次受戒相者：大德，我持菩薩戒，我某甲乃至菩提不殺衆生，離殺生想；乃至菩提不盜，亦離盜想；乃至菩提不非梵行，離非梵行想；乃至菩提不妄語，離妄語想；乃至菩提不飲諸酒，離飲酒想；乃至菩提不著香華，亦不生想；乃至菩提不歌舞作樂，離歌舞想；乃至菩提不坐卧高廣大牀，離大牀想；乃至菩提不過中食，離過中食想；乃至菩提不捉金銀生像，離捉金銀想；乃至當具六波羅蜜，大慈大悲。」〔三〕

第二明自受法。若無出家人可對受時，於其齋日，向佛像前，至誠懺已，自發善願，要期受云：我某甲歸依佛，歸依法，歸依僧。如是三説。我某甲歸依佛竟，歸依法竟，歸依僧竟。如是三説。次受戒相云：我某甲盡形壽於一切有情上，不簡凡聖，行大慈心。乃至菩提，不起殺心，乃至不起邪見。如是三説。我某甲盡形壽於一切有情上，不簡凡聖，行大慈心，乃至菩提，不起殺心竟，乃至不起邪見竟。如是

〔一〕出未曾有因緣經卷下。

〔二〕「二」字原作「一」，據高麗藏本、磧砂藏本、南藏本改。

〔三〕出文殊師利問經卷上世間戒品。

三説。前對人受依此而受亦得。雖非正文，準意無妨也。

戒相部第四

依大般若經第四百七十三卷云：「自受持十善業道，亦勸他受持十善業道，無倒稱揚受持十善業道法，歡喜讚歎受持十善業道者。」〔一〕五戒、八戒、出家戒等，並皆如是自受勸持。

又文殊問經云：「文殊師利白佛言：出世間戒有幾種？佛告文殊師利：若以心分別男女、非男女等，是菩薩犯波羅夷。若以心分別畜生、鬼神、諸天男女、非男女等，是菩薩犯波羅夷。若以身口行不堪得三乘，不起慈悲心，是菩薩犯波羅夷。若以身口行不堪得三乘，若他物起盗想，犯波羅夷。若以身口行不堪得三乘，若起妄語心，犯波羅夷。」〔二〕

又梵網經云：「佛告諸菩薩言：我今半月半月自誦諸佛法戒，汝等一切菩薩乃至十地諸菩薩，亦誦是戒，諸佛之本源，行菩薩道之根本。若受戒者，國王、王子、百官、宰相、比丘、比丘尼、十八梵天、六欲天、〔三〕庶民、黄門、婬男、婬女、奴婢、八部鬼神、金剛神、畜生乃至變化人，但解法師言，盡受得戒，

〔一〕出大般若波羅蜜多經卷四百七十三。

〔二〕出文殊師利問經卷上出世間戒品。

〔三〕「欲」字原脱，據高麗藏本補。

皆名第一清净者。佛告諸佛子言：有十重波羅提木叉，若受菩薩戒不誦此戒者，非菩薩，非佛種子。我亦如是誦，一切菩薩已學，一切菩薩當學，一切菩薩今學。已略説波羅提木叉相貌，應當學，敬心奉持。

佛告佛子：若自殺、教人殺、方便殺、讃歎殺，見作隨喜，乃至呪殺，殺業、殺法、殺因、殺緣，乃至一切有命者不得故殺。是菩薩應起常住慈悲心、孝順心，方便救護；而自恣心快意殺生，是菩薩第一波羅夷罪。言波羅夷者，此云極重罪。

若佛子自盗、教人盗、方便盗，盗業、盗法、盗因、盗緣，呪盗乃至鬼神有主劫賊物，一切財物，一針一草，不得故盗；而菩薩應生佛性孝順慈悲心，常助一切人生福生樂；而反更盗人物，是菩薩第二波羅夷罪。

若佛子自婬、教人婬，乃至一切女人不得故婬，婬因、婬業、婬法、婬緣，乃至畜生女、諸天鬼神女及非道行婬；而菩薩應生孝順心，救度一切衆生，净法與人；而反更起一切人婬，不擇畜生，乃至母姊六親行婬，無慈悲心，是菩薩第三波羅夷罪。

若佛子自妄語、教人妄語、方便妄語，妄語因、妄語業、妄語法、妄語緣，乃至不見言見，見言不見，身心妄語；而菩薩常生正語、正見，亦生衆生正語、正見；而反更起一切衆生邪語、邪見、邪業，是菩薩第四波羅夷罪。

若佛子自酤酒、教人酤酒，酤酒因、酤酒業、酤酒法、酤酒緣，一切酒不得酤，是酒起罪因緣；而菩薩應生一切衆生明達之慧；而反更生衆生顛倒心，是菩薩第五波羅夷罪。

若佛子口自説出家在家菩薩、比丘、比丘尼罪過，教人説罪過，罪過因、罪過業、罪過法、罪過緣；而菩薩聞外道惡人及二乘惡人説佛法中非法非律，常生悲心，教化是惡人輩，令生大乘善信；而菩薩反更自説佛法中罪過，是菩薩第六波羅夷罪。

若佛子口自讚毁他，亦教人自讚毁他，毁他因、毁他業、毁他法、毁他緣；而菩薩應代一切衆生受加毁辱，惡事向自己，好事與他人；若自揚己德，隱他人好事，令他人受毁者，是菩薩第七波羅夷罪。

若佛子自慳、教人慳，慳因、慳業、慳法、慳緣；而菩薩見一切貧窮人來乞者，隨前人所須，一切給與；而菩薩惡心、瞋心，乃至不施一錢、一針、一草，有求法者，不爲説一句、一偈、一微塵許法，而反更罵辱，是菩薩第八波羅夷罪。

若佛子自瞋、教人瞋，瞋因、瞋業、瞋法、瞋緣；而菩薩應生一切衆生中善根無諍之事，常生悲心；而反更於一切衆生中，乃至於非衆生中，以惡口罵辱，加以手打，及以刀杖，意猶不息；前人求悔，善言懺謝，猶瞋不解，是菩薩第九波羅夷罪。

若佛子自謗三寶，教人謗三寶，謗因、謗業、謗法、謗緣；而菩薩見外道及以惡人一言謗佛音聲，如三百鉾刺心；況口自謗，不生信心孝順心，而反更助惡人邪見人謗，是菩薩第十波羅夷罪。

若善學諸人者，〔一〕是菩薩十波羅提木叉，應當學。於中不應一一犯如是微塵許，何況具足犯十戒。若有犯者，不得現身發菩提心，亦失國王位、轉輪王位，亦失比丘、比丘尼位，亦失十發趣、十長養、十金剛、十地佛性、常住妙果，一切皆失。墮三惡道中二劫、三劫，不聞父母三寶名字。以是不應一一犯。汝等一切諸菩薩今學、當學、已學，是十戒應當學，敬心奉持。八萬威儀品當廣明。」〔二〕學此十戒已，更有四十八輕法，並須當學。以文煩不述。學者看彼。

功能部第五

如大集經云：「佛言：諸仁者，休息殺生，獲十種功德。何等爲十？一、於諸衆生得無所畏；二、於諸衆生得大慈心；三、斷惡習氣；四、少諸病惱，爲事決斷；五、得壽命長；六、爲非人護持；七、寤寐安隱，無諸惡夢；八、無諸怨讎；九，不畏惡道；十、身壞命終，得生善道。諸仁者，是名休息殺生得十功德。若能以此善根迴向無上菩提，是人不久證無上智。到菩提時，於彼國土，離諸刀杖，〔三〕長壽衆生來生其國。

〔一〕「人」字原作「仁」，據高麗藏本、磧砂藏本、南藏本、嘉興藏本改。
〔二〕出梵網經盧舍那佛説菩薩心地戒品卷下。
〔三〕「刀杖」，高麗藏本作「殺害」。

佛言：休息偷盗，獲十種功德。何等爲十？一、具大果報爲事決斷；二、所有財物，不共他有；三、不共五家；四、衆人愛敬，無有厭足；五、遊行諸方，無有留難；六、行來無畏；七、以樂布施；八、不求財寶，自然速得；九、得則不散；〔一〕十、身壞命終，得生善道。諸仁者，是名休息偷盗，得十種功德。若能以此善根迴向無上菩提，是人不久得無上智。到菩提時，於彼國土，具足種種華果、樹林、衣服、瓔珞、莊嚴之具，珍奇寶物，無不充滿。

佛言：休息邪婬，獲十種功德。何等爲十？一、得諸根律儀，爲事決斷；二、得住離欲清浄；三、不惱於他；四、衆人喜樂；五、衆人樂觀；六、能發精進；七、見生死過；八、常樂布施；九、常樂求法；十、身壞命終，得生善道。諸仁者，是名休息邪婬得十種功德。若能以此善根迴向無上菩提，是人不久得無上智。到菩提時，於彼國土，無有生具，亦無女根，不行婬欲，皆悉化生。

佛言：休息妄語，獲十種功德。何等爲十？一、衆人保任，所言皆信；二、於一切處乃至諸天，發言得中；三、口出香氣，如優鉢羅華；四、於人天中獨作證明；五、衆人愛敬，離諸疑惑；六、常出實論；七、心意清浄；八、常無諂語，言必應機；九、常多歡喜；十、身壞命終，得生善道。諸仁者，是名休息妄語得十種功德。若能以此善根迴向無上菩提，是人不久得無上智。到菩提時，於彼國上，無有

〔一〕「則」字，高麗藏本作「財」。

生具，衆妙寶香，常滿其國。

佛言：休息兩舌，獲十種功德。何等爲十？一、身不可壞平等；二、眷屬不可壞平等；三、善友不可壞平等；四、信不可壞平等；五、法不可壞平等；六、威儀不可壞平等；七、奢摩他不可壞平等；八、三昧不可壞平等；九、忍不可壞平等；十、身壞命終，得生善道。諸仁者，是名休息兩舌得十種功德。若能以此善根迴向無上菩提，是人不久得無上智。到菩提時，於彼國土，所有眷屬、一切魔怨及他朋黨所不能壞。

佛言：休息惡口，獲十種功德。何等爲十？一、得柔軟語；二、捷利語；三、合理語；四、美潤語；五、言必得中；六、直語；七、無畏語；八、不敢輕陵語；九、法語清辯；十、身壞命終，得生善道。諸仁者，是名休息惡口得十種功德。若能以此善根迴向無上菩提，是人不久得無上智。到菩提時，於彼國土，法聲充徧，離諸惡語。

佛言：休息綺語，獲十種功德。何等爲十？一、天人愛敬；二、明人隨喜；三、常樂實事；四、不爲明人所嫌，共住不離；五、聞言能領；六、常得尊重愛敬；七、常得愛樂阿蘭若處；八、愛樂賢聖默然；九、遠離惡人，親近賢聖；十、身壞命終，得生善道。諸仁者，是名休息綺語得十種功德。若能以此善根迴向無上菩提，是人不久得無上智。到菩提時，於彼國土，端正衆生來生其國，强記不忘，樂住離欲。

佛言：休息貪欲，獲十種功德。何等爲十？一、身根不缺；二、口業清浄；三、意不散亂；四、得勝果報；五、得大富貴；六、衆人樂觀；七、所得果報眷屬不可破壞；八、常與明人相會；九、不離法聲；十、身壞命終，得生善道。諸仁者，是名休息貪欲得十種功德。若能以此善根迴向無上菩提，是人不久得無上智。到菩提時，於彼國土，離於魔怨及諸外道。

佛言：休息瞋恚，獲十種功德。何等爲十？一、離一切瞋；二、樂不積財；三、衆聖喜樂；四、常與賢聖相會；五、得利益事；六、顏容端正；七、見衆生樂則生歡喜；八、得於三昧；九、得身口意，光澤調柔；十、身壞命終，得生善道。諸仁者，是名休息瞋恚得十種功德。若能以此善根迴向無上菩提，是人不久得無上智。得菩提時，於彼國土，所有衆生悉得三昧，來生其國，心極清浄。

佛言：休息邪見，獲十種功德。何等爲十？一、心性柔善，朋侣賢良；二、信有業報，乃至奪命不起諸惡；三、敬信三寶，設爲活命，不信天神；四、得於正見，不恠異事，亦不簡擇良日吉時；五、常生人天，離諸惡道；六、常樂福德，明人讚譽；七、棄俗禮儀，常求聖道；八、離斷常見，入因緣法；九、常與正趣正發心人共相會遇；十、身壞命終，得生善道。諸仁者，是名休息邪見得十種功德。若能以此善根迴向無上菩提，是人速滿六波羅蜜，於浄佛土而成正覺。得菩提已，於彼佛土，功德智慧、一切善根、莊嚴衆生來生其國，不信天神，離惡道畏，於彼命終還生善道。」〔一〕

〔一〕出大方等大集經卷五十月藏分諸惡鬼神得敬信品。

三聚部第七此別十三部

述意部　損益部　簡德部　懺悔部　受法部　請證部

戒相部　勸請部　隨喜部　迴向部　發願部　優劣部

受捨部

述意部第一

夫十善五戒，必須形受；菩薩净戒，可以心成。故戒法理曠事深，在家出家平等而受。慧芽因斯以成，定水沿兹而滿。必莊嚴於六度，瓔珞乎四等。雖復棟宇未成，而基階已廣。唯斯戒本，流來漢地，源始晉末。中天竺沙門曇無讖者，賫此戒經及優婆塞法，東渡流沙，撮舉章條，抄出戒本。涼州有道進法師者，道心超絕，慧力俊猛。流聞戒來，乃馳往燉煌，躬自迎接。戒法既至，時無其師。於是謹依經文，自誓而受。于時涼州道俗並未之知也。既而彼寺道朗法師夢進從佛受記，又僧尼信士十有餘人，咸同此夢，互相徵告。俄而進還，果受斯戒。朗年德崇重，西土之望。既愛樂大乘，兼證瑞夢。心喜内充，既從進受，以爲菩薩勝地，超過三乘，遂屈其年臘，降爲法弟。既而名德僧尼、清信士女，次第受業三千許人。涼州刺史聞進戒行，奉遵師禮。於是菩薩戒法流布京國。自爾已來，黑白依持，受者無量。願斯甘露，等雨大千。謹撰兹記，録其始末耳。

損益部第二

依瓔珞經云：「佛言：佛子，今爲諸菩薩結一切戒根本，所謂三聚戒。是佛子受十無盡戒已，其受者過度四魔，越三界苦。從生至生，不失此戒，常隨行人，乃至成佛。梵網經云：「十無盡戒者：一、不殺生，二、不偷盜，三、不邪婬，四、不妄語，五、不飲不酤酒，〔一〕六、不自讚毁他，七、不説在家出家菩薩過失，八、不貪，九、不瞋，十、不謗三寶。是名十無盡戒也。」佛子，若過去未來現在一切衆生不受是菩薩戒者，不名有情識者，畜生無異，不名爲人。常離三寶海，非菩薩、非男、非女，名爲畜生，名爲邪見人，名爲外道，不近人情。故知菩薩戒有受法而無捨法，有犯不失，盡未來際。若有人欲受菩薩戒者，法師先爲解説，使其樂著，然後爲受。又復法師能於一切國土中教化一人出家、受菩薩戒者，是法師其福勝造八萬四千塔。況復二人、三人乃至百人、千人等，福報不可稱量。其法師者，夫婦六親得互爲師，其受者入諸佛界菩薩數中，超過三劫生死之苦，是故應受。有而犯者，勝無不犯。又犯名菩薩，不犯名外道。以是故有受一分戒名一分菩薩，乃至二三四十分，名具足受戒。是故心盡，戒亦盡；心無盡故，戒亦無盡。六道衆生受得戒者，但解語，得

〔一〕「不酤」二字原脱，據高麗藏本補。

戒不失也。」〔一〕

又善生經云：「有二因緣失菩薩戒：一者、退菩提心，二者、得上惡心。離是二因緣，乃至他世地獄、畜生、餓鬼之中，終不失戒。若於後世更受菩薩戒時，不名新得，名爲開示瑩净。」〔二〕

又梵網經云：「爾時智者向十方佛爲受戒人唱説羯磨已，十方諸佛及諸菩薩遥見是人，生子想、弟想。咸皆垂心，憐愍護念。由佛菩薩遥護念故，使受戒之人功德增長，不失善根。〔三〕令受戒人舉身毛孔，從頂至足，如凉風入體，舉身悚慄。當知受者具其戒相，冥中爾時應有十方諸佛，以正法眼，見此行者，有實真心。釋迦牟尼佛於聖衆中，應唱如是言，告諸大衆：彼世界中某甲國土某甲菩薩，從某甲智者請菩薩戒。此人無師，我爲作師。憐愍故。」〔四〕

又「佛言：佛子與人受戒時，唯除有七逆罪不得受菩薩戒。五逆罪外，加殺和尚、阿闍梨。一切國王、王子、大臣、百官、比丘、比丘尼、信男女、婬男女、十八梵天、無根、二根、黄門、奴婢、一切鬼神、金剛神、畜生及變化人，但解法師語，盡得受戒。應教：身所著袈裟，皆使壞色，與外道相異。又云：若佛

〔一〕出菩薩瓔珞本業經卷下。

〔二〕出菩薩善戒經優婆離問菩薩受戒法。作善生經誤。

〔三〕「根」字，高麗藏本作「法」。

〔四〕出菩薩地持經。作梵網經誤。

子、太子欲受國王位時，受轉輪王位時，百官受位時，應先受菩薩戒。一切鬼神救護王身、百官之身，諸佛歡喜。既得戒已，生孝順心、恭敬心，見上座和尚、阿闍梨、大德、同學、同見、同行者，而菩薩反生憍心、癡心、慢心，不起迎逆禮拜，一一不如法。若欲供養時，以自賣身、國城、男女、七寶、百物而供給之。若不爾者，犯輕垢罪。」〔一〕

簡德部第三 自下諸門，並依地持論撰此戒法。

敬尋聖教，〔二〕窺受萬途；〔三〕竊謂地持，最爲樞要。今且謹依，撰成大轍；擬爲自用，詎敢兼人。夫論受戒，唯有二種：一者、弟子戒師，千里之内，七衆俱是。然七衆之中，比丘最上。比丘之内，又定耆宿爲勝。然耆宿之德，復有三種：一者、同法菩薩，明種性備足。二者、已發願菩薩，謂發心具足。三者、有智有力，善語善説，能誦能持者，畢竟復同。蓋具此三德，方堪爲師。若全無此行，則不任爲師。弟子者，亦具種性、發心，方聽受戒。

第二、請師者，普賢觀經云：「將欲受菩薩戒，先請佛菩薩爲師。請云：弟子某甲等普及法界衆

〔一〕出梵網經盧舍那佛説菩薩心地戒品卷下。

〔二〕「敬」字，高麗藏本作「緬」。

〔三〕「窺」字，高麗藏本作「規」。

生，奉請釋迦如來以爲和尚，奉請文殊師利菩薩爲阿闍梨，奉請彌勒菩薩爲教授師，奉請十方諸佛爲證明師，奉請十方菩薩以爲己伴。我今依大乘甚深妙義，歸依佛，歸依法，歸依僧。如是三說。[一]既請得師，是以次爲聽許。故欲受戒者，具修威儀，禮戒師已，應作是言：我於大德乞受菩薩戒。大德於我不憚勞者，哀愍故聽許。三說。戒師荅言：好！既許可已，即教學方廣摩德勒伽論、五明論等，令知犯不犯、染汙不染汙，柔軟中上及四十二戒亦須諳委。[二]然後對佛爲受。若先學大乘者，便許而即受，弗同此例。謂從戒師聽可之後，或三年，或百日，或一日，於道場内偏袒右肩，禮三世十方一切諸佛，禮一切大地菩薩。禮佛菩薩已，念彼諸佛乃與菩薩三聚功德，及禮戒師，長跪曲身，作是言：唯願大德授我菩薩戒。三說。作是言已，長養净心，惟在得戒，無餘念也。

懺悔部第四

夫欲納受净法，要須洗蕩内心，方堪得受。凡污心之垢，唯迷與障。迷者，謗無三寶；障者，廣起十惡。今教懺者，正懺此二。又依梵網經云：「若教戒法師見欲受戒人，應教請二師：和尚，阿闍梨。二師應問言：汝有七遮罪不？若現身有七遮罪，師不與受。無七遮者得受。若有犯十戒者，教懺悔。

[一] 出觀普賢菩薩行法經。
[二] 「柔」字原脱，據高麗藏本補。

在佛菩薩形像前，日日六時誦十戒四十八輕戒。若敬禮三世千佛，得見好相。若一七日，二、三七日，乃至一年，要見好相。佛來摩項，見光華種種異相，便得滅罪。若無好相，雖懺無益。縱是現身，亦不得戒。若曾受戒，或犯四十八輕戒者，對首懺罪滅，〔一〕不同七遮。」又「若欲受戒時，問言：現身不作七逆罪耶？不得與七逆人受戒。七逆者：一、出佛身血，二、殺父，三、殺母，四、殺和尚，五、殺阿闍梨，六、破羯磨轉法輪僧，七、殺聖人。若具七遮，即身不得戒。餘一切人得受戒。出家人法，不向國王禮拜，不向父母禮拜，不向六親禮拜，不向鬼神禮拜。但解法師語，百里千里來求法者，而菩薩法師以惡心、瞋心，而不即與授一切衆生戒，犯輕垢罪。」〔二〕

我弟子某甲，仰啓十方諸佛。弟子從本際有識已來，乃至今身，或自不信三寶，或教人不信三寶，或見作隨喜；或自輕慢三寶，或教人輕慢三寶，或見作隨喜；或自侵損三寶，或教人侵損三寶，或見作隨喜；或自殺、盜、婬，或教人殺、盜、婬，或見作隨喜；或自妄語、兩舌、惡口、綺語，或教人妄語、兩舌、惡口、綺語，或見作隨喜；或自貪、瞋、癡，或教人貪、瞋、癡，或見作隨喜。於此衆罪不生慚愧，失菩薩戒，不自覺知。今於佛前至誠懺悔，願衆罪永斷無餘。志心敬禮一切諸佛。一遍亦得，三遍彌善。

〔一〕「首」字，高麗藏本、磧砂藏本、南藏本作「手」。

〔二〕出梵網經盧舍那佛説菩薩心地戒品卷下。

受法部第五

此門有四：一、定其種性，二、定其發心，三、定其漸頓，四、正爲受戒。第一、問言：汝某甲善男子善女人聽。法姊法妹，汝是菩薩不？荅言：是。戒師若坐若立問者皆得。所以坐得者，爲戒師老而無力故。所以立得者，爲戒師少而有力故。某甲者，蓋題其父母師長所制名也，非謂稱其榮族、皇帝、明府之號也。設稱亦不發戒，但背法逐情，非重道之儀也。

第二、問：發菩薩願不？荅言：已發。菩薩願者，正是道心別名也。

第三、問其漸頓。依菩薩善戒經云：「優波離問菩薩戒法：菩薩摩訶薩成就戒法、利益衆生者，先當具足學優婆塞戒，沙彌戒、比丘戒。若不具優婆塞戒、得沙彌戒者，無有是處。若不具沙彌戒得比丘戒者，亦無是處。若不具如是三種戒者，得菩薩戒，亦無是處。譬如重樓，四級次第。不由初級至二級者，無有是處。不由二級至於三級，不由三級至於四級者，亦無是處。」〔一〕若依薩婆多論云：「若欲受沙彌戒，先受優婆塞五戒。若欲受比丘具戒，先受沙彌十戒。如人入海，從淺至深。如是入佛法大海

〔一〕出菩薩善戒經優婆離問菩薩受戒法。

者，亦當如是。若有難緣不得漸受者，頓受比丘具戒者，亦得三種戒。」〔一〕然授者得小罪。〔二〕準前菩薩亦應如是。依地持論，頓發大乘心，直受菩薩戒，亦得。〔三〕

第四、正爲受戒。戒師問：汝善男子善女人欲於我所受一切菩薩戒，所謂律儀戒、攝善法戒、攝衆生戒。是諸戒過去、未來、現在一切菩薩所住戒。過去一切菩薩已學，未來一切菩薩當學，現在一切菩薩今學。汝能受不？答言：能。三説。今言善男子女人者，止爲一人。若對多人，則言某甲等。

第二、明心念受法者。若無德行之人可對受者，是行者應具威儀，至佛像前，禮佛已，跙跪白云：我某甲白十方世界一切諸佛及入大地諸菩薩衆。我今於諸佛菩薩前，受一切菩薩戒，所謂律儀戒、攝善法戒、攝衆生戒。此諸戒過去、未來、現在一切菩薩所住戒。過去一切菩薩已學，未來一切菩薩當學，現在一切菩薩今學。三説。梵網經云：「若從師受，不假好相，以戒師展轉相承有力故。若對佛像前自誓受者，要請得好相，方得受戒。」〔四〕以不從師受，自無力故，要須請聖加被。若於定中，若於夢中，若於覺中，感得好相，與聖教相應者，方得。若受戒者，但出自口，立誓要期，受詞法用，一如依師受

〔一〕出薩婆多毘尼毘婆沙卷一。

〔二〕「授」字，磧砂藏本、南藏本作「受」。

〔三〕見菩薩地持經卷五。

〔四〕出梵網經盧舍那佛説菩薩心地戒品卷下。

法也。

請證部第六

既受得戒，即須請證。先請菩薩，後請於佛。初請菩薩者，謂大地菩薩。大地者，謂種性地、解行地乃至十地，普賢乃至賢首是也。受人跱跪，戒師爲起禮於十方諸菩薩衆，作是言：我弟子某甲仰啟十方大地微塵數諸菩薩衆，〔一〕文殊師利、金剛幢、功德林菩薩等。此某甲菩薩等在某國世界某伽藍某像前，於我某甲所，三說。受菩薩戒。我爲作證。三說。請諸佛者，謂十方一切諸佛。且就一教東方善德佛乃至下方明德佛等一切諸佛。第一大師，現知見覺，於一切衆生現知見覺。今某甲菩薩於某世界某伽藍某像前，於我某甲所三說。受菩薩戒。我爲作證。三說。以其白故，無量諸佛、大地菩薩前，法有瑞現：或有光明，或有涼風，或有妙香。以有相現故，十方諸佛於此某甲菩薩起子想，大地菩薩起弟想。以起子想、弟想故，有慈心愛念，令此菩薩從受已後，犯即尋悔，專精念住，堅持不犯；乃至菩提，終無退轉，具足三十二相、八十種好、一切清浄十力、四無畏、三念處、三不護業、大悲不忘法，〔二〕斷除諸習，一切種妙智、百四十不共法，悉皆備滿。乘大慈悲，遊騰十方，廣度衆生，不辭勞倦。一切衆

〔一〕「啟」字原作「起」，據高麗藏本、磧砂藏本、南藏本改。

〔二〕「忘」字，高麗藏本作「妄」。

生，咸同此益。

戒相部第七

蓋大聖度人，功唯在戒。凡論戒也，樞要有三：一、在家戒，謂五戒、八戒是。二、出家戒，謂十戒、二百五十戒是。三、道俗通行戒，謂三聚戒是。然此三聚復有三種：一者戒種，種性是。二者戒心，菩提心、四無量是。三者戒行，六度、四攝是。然此度攝，若隨威儀，則名三聚；若依行位，乃稱爲七；若就德位，遂號七地及十三住。凡如此說，皆是戒法不同也。

上來略述戒體，宗要如是。自下廣明。行者既受得戒已，須識戒相。知其受時，了達輕重、功能多少。並宜誦持，勿令忘失。我菩薩戒弟子某甲，從某年某月某日某時於某師所，〔一〕依地持論受得菩薩三聚净戒。其三是何？一者、攝律儀戒。謂惡無不離，起證道行，是斷德因，終成法身。止即是持，作便是犯。順教奉修，慎而不爲。二者、攝善法戒。謂善無不積，起助道行，是智德因，終成報身。作即是持，止便是犯。順教奉修，以成行德。三者、攝衆生戒。謂無生不度，起不住道行，是恩德因，終成應身。作即是持，止便是犯。

〔一〕「月」字上原脱「某」字，據高麗藏本補。

攝律儀戒者，要唯有四、一者、不得爲利養故，自讚毁他，無慚波羅夷。二者、不得故慳，不施前人，無慚波羅夷。三者、瞋心打罵衆生，前人慚謝，不受其懺，無慚波羅夷。四者、癡心謗大乘，無慚波羅夷。此即通明三聚所離過。能離體者，謂身、口、意業思也。攝善法戒者，善無不積，謂身口意善及聞思修三慧、十波羅蜜、八萬四千助道行，順教奉修，以成行德。攝衆生戒者，四無量爲心，四攝爲行。四無量者，謂慈、悲、喜、捨。悲能拔苦盡；慈能與樂滿；喜謂慶衆生離苦究竟，樂法滿足；捨謂令衆生行佛行處，至佛至處，方生捨心。四攝爲行者，謂布施、愛語、利益、同事。菩薩將欲攝物，先以財濟，免其形苦；次以愛語，曉悟其心，令其信解言行。利攝者，依前信解，次令起行。行謂戒定慧等，令物奉修，〔一〕是行利攝。同事者，修行既滿，轉依究竟，成就三身，同聖者所證。故地持論云：「布施、愛語，未發心令發心。行利，未成熟令成熟。同利，未解脱令解脱。」〔二〕上來所列，令受戒者誦之，知受戒時節，依師稟教，略識持犯也。

述曰：既受得戒，依經亦須識六重、八重等戒。初六重者，如依優婆塞戒經云：「若優婆塞受持戒已，雖爲天人乃至蟻子，悉不應殺。若受戒已，若口教殺，若身自殺，是人即失優婆塞戒。尚不得暖法，

〔一〕「物」字，高麗藏本作「總」。

〔二〕出攝大乘論釋卷十一依戒學勝相。作地持論誤。

況四沙門果。是名初重。如是不得偷盜，不得虛説我得不净觀，不得邪婬，不得宣説四衆所有過非，〔一〕不得沽酒。若破是等戒，即失優婆塞戒。尚不得暖法，況得四沙門果。」〔二〕是名六重。

第二、八重戒者，如依菩薩善戒經云：「菩薩有二種：一者、在家六重，二者、出家八重法。若犯一一重法，現在不能莊嚴無量無上菩提，不能令心寂静，是則名爲名字菩薩，非義菩薩，是名菩薩旃陀羅也。菩薩心有上、中、下。若後四重下、中心犯，不名爲犯。若以上心惡心犯者，是名爲犯。上者所謂樂作四事，心無慚愧，不知懺悔，不見犯罪，讚破戒者，是名上惡心犯。菩薩雖犯如是四重，終不失於菩薩戒也。」〔三〕八重者，如比丘四重，後加菩薩不得爲貪利養故自讚其身等，如前四波羅夷。帖初四重，便爲八重。

若依梵網經、地持論，有受是菩薩戒，有四十二輕垢戒不得犯。且逐要略述三五，餘在廣文。是故經云：「若佛子，常應一心受持誦讀此戒。剥皮爲紙，刺血爲墨，以髓爲水，析骨爲筆，書寫佛戒。木皮穀紙絹等亦應悉書持。〔四〕常以七寶無價香華、一切雜寶爲箱，盛其戒律。〔五〕若不如法供養者，犯輕

〔一〕「非」字，高麗藏本作「罪」。
〔二〕出優婆塞戒經卷三受戒品。
〔三〕出菩薩善戒經優婆離問菩薩受戒法。
〔四〕「木」字，高麗藏本作「麻」。
〔五〕「盛其戒律」，高麗藏本作「盛經律卷」。

垢罪。若佛子，不得畜刀仗弓箭，販賣輕稱小斗，因官形勢，取人財物，害心繫縛，破壞成功，長養猫狸豬狗。若故養者，犯輕垢罪。若佛子，以惡心故，觀一切男女軍陣等鬬，亦不得聽諸音樂、雜戲、摴蒱，作賊使命。若故作者，犯輕垢罪。若佛子，以惡心故，爲利養販賣男女財色，自手作食，自磨自舂，占相吉凶，呪術工巧，調鷹方法，和百種毒藥，〔一〕都無慈心，犯輕垢罪。若以惡心自謗三寶，詐現親附，口便説空，〔二〕行在有中。若見外道一切惡人劫賊賣佛菩薩父母形像，販賣經律，販賣僧尼，而菩薩見是事已，方便教化贖之。若不贖者，犯輕垢罪。」〔三〕既略識持犯，即須禮退。故地持論云：「令受戒者禮佛一拜，大地菩薩一拜。」〔四〕不云禮法，義準通禮，三拜彌善。

勸請部第八

述曰：法師陞座訖，讚唄供養時，將爲大衆敷演法要，藉聖加被，方得宣釋。大衆同時運心，請聖加被。十方凡聖，説聽二衆加於觀心，内益勝智，外增言辯，方能識欲知根，所説無倒。又加聽者，一心

〔一〕「百種」，高麗藏本作「合」。
〔二〕「便」字，高麗藏本作「僞」。
〔三〕出梵網經盧舍那佛説菩薩心地戒品卷下。
〔四〕出菩薩地持經卷五方便處戒品。

恭敬，無倒聽聞。故阿含經偈云：

「聽者端視如渴飲，　一心入於語義中，　聞法踊躍心悲喜，　如是之人可爲説。」〔一〕

又同請諸佛轉正法輪。十方世界應成諸佛，於念念中出興於世，越過數量。前念既爾，後念亦然。皆待請十方諸佛。十方凡聖處法界堂，咸請久住，轉正法輪。然諸凡聖，敬人重法，心至誠故，諸佛隨機受請，轉正法輪。隨者，諸佛赴機受請轉法輪時，我及聖衆常預勸請之流，無空過者。何以故？念念常勸請故，令諸衆生聞法悟解，捨邪入正，越凡得聖。治我無始已來，教人爲惡，破壞他善，奪他勝利，謗佛法僧，塵沙障業。然諸衆生既聞法已，悟入得證，展轉教導一切衆生，盡未來際常無斷絶也。

十住毗婆沙論云：

「十方一切佛，　現在成道者；　我請轉法輪，　安樂諸衆生。　十方一切佛，　若欲捨壽命；　我今頭面禮，　勸請令久住。」〔二〕

述曰：前偈請佛轉正法輪，增長智慧，治我無始已來自作教人謗法之罪。後偈請佛久住，受人供養，增長福業，治我自作教他謗佛惡業之罪。此則福智雙行也。

願令我身心，　猶如明淨鏡；　十方諸佛土，　自在於中現。　彼一一刹海，　諸佛身充滿。

〔一〕出大智度論卷一。作阿含經誤。

〔二〕出十住毘婆沙論卷五除業品。

諦觀諸佛身，真實無去來，各放勝光明，微妙難思議。照除我煩惱，如日消垂露。得除煩惱已，證見十方佛。於一一佛前，觀請修供養。身心若未盡，勸請無休息。復願我身心，猶如淨法界；一一毛孔内，流出諸佛雲。佛雲難思議，普覆衆生類，隨彼所見聞，如意受安樂。衆生界若盡，心緣界可盡。〔一〕願我淨心内，佛出無休廢。

隨喜部第九

竊惟我所修，施等諸善根，皆從法界流，見諸佛所行。計我愚且鄙，常應没諸惡；何其年將暮，得發施等心。自慶希所得，踊躍無有量。因見諸衆生，修行凡夫善，乃至一彈指，我心悉隨喜。況諸大菩薩，成諸波羅蜜，滿足諸地道，而當不欣慕。是故我慶悦，稽首諸法藏。

迴向部第十

罪中之大罪，惡中之大惡，於諸衆生内，其唯我一人。自非諸佛力，及衆生菩

〔一〕「心緣界可盡」，高麗藏本、磧砂藏本作「心可緣界盡」。

提，〔一〕以自所作業，望消己罪者，會無如之何。是以隨所作，一切諸善根，不敢私自計，〔二〕盡迴施衆生。即復爲衆生，持彼所施善，迴向大菩提，令究竟解脱。彼既成佛已，各以自在力，皆共攝受我，使行菩提道，令佛入境界。故我於衆生，最後成正覺，所以浄身心，頂禮大迴向。

發願部第十一

初有十大願，出攝論文。自下諸願並是人述耳。

「一、供養願，願供養勝緣福田師法主。二、受持願，願受持勝妙正法。三、轉法輪願，願於大集中轉未曾有法輪。四、修行願，願如説修行一切菩薩正行。五、成熟願，願成熟此器世界衆生三乘善根。六、承事願，願往諸佛土常見諸佛，恒得敬事，聽受正法。七、浄土願，願清浄自土，安立正法及能修行衆生。八、不離願，願於一切生處恒不離諸佛菩薩，得同意行。九、利益願，願於一切生處恒作利益衆生事，無有空過。十、正覺願，願與一切衆生同得無上菩提，恒作佛事。」〔三〕

願我作大地，廣長無限量；爲諸衆生等，作真歸依處。凡有受用者，成就對治道。

〔一〕「菩提」，高麗藏本作「善根」。

〔二〕「計」字，高麗藏本、磧砂藏本、南藏本作「許」。

〔三〕出攝大乘論釋卷十。

滅諸妄想識，生長菩提心，甚深無障礙，受用不可盡。願我作大水，具足八功德；唯洗衆生心，煩惱諸垢穢，悉令畢竟净，滿足佛菩提。願我作大火，日月諸星光；燒竭寒冰獄，普照闇冥國。於彼諸衆生，救攝無有餘，悉令得見道，解脱一切過。願我作大風，微密滿虚空；諸有熱惱處，扇之以清凉，惔然受安樂。願我作虚空，寂然無障礙，攝受諸衆生，一切無有餘；其有受用者，皆得二無我，以空三昧樂，而共相娱樂。願作藥樹王，徧覆衆生界；見聞及服藥，除病消衆毒 毒消病已除，煩惱亦皆無，次以真如來，〔一〕充滿佛法身。願我作飲食，色香美味具，於諸衆生前，一切皆示現，隨其所味樂，一切皆滿足，至於生死際，是食爾乃消。願我作衣服，輕軟色微妙，小大隨形量，温凉稱物情；等心施衆生，決定無有餘，令彼心清净，具足妙莊嚴。

願我先世及以今身所種善根，以此善根施與一切無邊衆生，悉共迴向無上菩提。令我此願念念增長，世世所生，常繫在心，終不忘失，常爲陀羅尼之所守護也。

優劣部第十二

惟居家持戒，凡有四種：一曰下，二曰中，三曰上，四曰上上。若爲現樂，怖畏惡名；或爲家法，助

〔一〕「來」字，高麗藏本作「味」。

隨他意，或避苦役，求離諸難，是爲下人持戒。若爲世間福樂，堅持禁戒，是爲中人持戒。若爲諸法無常，欲求離苦無爲，常樂涅槃，是爲上人持戒。若爲憐愍衆生，專求佛道，了知諸法，深觀實相，不畏惡道，規招勝樂，是爲上上人持戒。故智度論云：「下持戒者生人中。中持戒者生六欲天中。上持戒者行四禪、四空定，生無色清淨天中。又下清淨持戒，得羅漢道。中清淨持戒，得辟支佛道。上清淨持戒，得佛道。」〔一〕又正法念經云：「若畏師持戒名下持戒。非畏師持戒名中持戒。畏惡道持戒是名上持戒。」〔二〕

受捨部第十三

如大乘菩薩戒有三種：謂前三聚淨戒是也。此戒受已，謂與心俱。心無後際，故戒不失。又善戒經云：「有二因緣失菩薩戒：一、退菩薩心，二、得增上惡心。離是二緣，乃至捨身他世，地獄、畜生，終不失戒。後若更受，不名新得，名爲開示瑩淨。」〔三〕故長也。

又優婆塞五戒威儀經云：「諸大德，一心諦聽。我今欲説三世諸佛菩薩成就利益一切衆生功德

〔一〕出大智度論卷十三。
〔二〕出正法念處經卷二十五。
〔三〕出菩薩善戒經優婆離問菩薩受戒法。

戒。如是住菩薩戒者，即是前四波羅夷。若有犯者，不名菩薩，現身不能莊嚴菩提，又復不能令心寂靜，是似菩薩，非實菩薩。犯有三種：有輭、中、上。〔一〕若輭、中心犯，是不名失。若是增上心犯，是名爲失。何者是上？若犯上四，數數樂犯，心無慚耻，不自悔責，是名上犯。菩薩雖犯於上四事，不即永失。不同比丘犯於四重，即爲永失。菩薩不爾。何以故？比丘犯四，更無受路。菩薩雖犯，脱可更受，是故不同。」〔二〕

若依小乘，戒有四種：一、在家五戒、八戒，二、出家十戒、二百五十戒。此之四種，一受得已，謂與形俱。身存戒在，身謝戒亡，故短大乘戒也。

依毗曇論云：「別解脱戒捨有四種：一、作法捨，二、命終捨，三、斷善根捨，四、二形生捨。」〔三〕又薩婆多論云：「若受齋戒已，遇惡因緣，逼欲捨戒者，不必要從出家人邊捨，趣得一人即成捨。」〔四〕

述曰：若有犯戒難緣、逼其犯者，寧可捨却爲之，後時無過。故論云：「若五戒中犯一重戒，不成

〔一〕「輭」字原作「燸」，據高麗藏本改。下同。
〔二〕出優婆塞五戒威儀經。
〔三〕出雜阿毘曇心論卷三。
〔四〕出薩婆多毘尼毘婆沙卷一。

受八戒。若八戒中犯一重戒，不成出家受十戒。乃至具戒亦爾。」〔一〕所言四重者：謂盜滿五錢，成重非處，〔二〕行婬殺人，自稱得聖。隨犯一戒，即名犯重。於戒律中無懺悔法。若依方等大乘經等，方開受懺。亦有諸師不許向優婆塞等説四重者，恐成誤錯。若不許者，何故欲受戒前展轉遣問？若捨時，隨對一人前捨，並得，無問道俗皆成。

問曰：受時所以要對出家人前成受，〔三〕捨時對白衣亦得？答曰：受戒欲似登山採寶，所以稍難；捨戒欲似下坂棄珠，所以甚易。故四分律云：「若有捨戒者，於佛法爲死。」〔四〕受生則難，趣死極易。捨時應云：大德一心念，我先受得五戒爲優婆塞夷，今對大德捨，却作在家白衣。一説便成。八戒亦然。後若好心發時，欲更受戒，應先懺前罪，後受亦得。

頌曰：

大慈振法鼓，　開悟無明聾。　鑪冶心穢垢，　防非如利鋒。　護鵝不惜命，　守草養生同。

〔一〕出薩婆多毘尼毘婆沙卷一。
〔二〕「成」、「非」二字原脱，據高麗藏本補。
〔三〕「所」字，疑應作「何」。
〔四〕出四分律卷一。

五篇遮輕重，七聚蕩心胸。晨朝宣寶偈，夕夜虔誠恭。近求出苦海。〔一〕遠念法身蹤。
七支净三業，五分滿金容。各願堅固戒，净土得相逢。

感應緣略引十驗

齊沙門尚統〔二〕
晉沙門慧永
晉沙門法安
晉沙門曇邕
齊沙門法度
梁沙門智順
隋沙門净業
隋沙門靈幹

〔一〕「求」字，高麗藏本作「未」。
〔二〕「尚統」，高麗藏本作「上統」。下正文同。

唐華州張法義〔一〕

唐冀州夏侯均〔二〕

齊尚統師傳云：「漢明初感，摩騰、法蘭唯有二人初來至此，不得受具。但與道俗剃髮，被服縵條，唯受五戒十戒而已。伏惟如來出世八年，始興羯磨。震旦在白木條東二萬七千里，開持律五人得受大戒。自後至漢第十桓帝一百餘年内，猶用三歸、五戒、十戒迭相傳授。桓帝已後，北天竺國有五西國僧來到漢地，與大僧受具足戒。一名支法領，二名支謙，三名竺法護，四名竺道生，五名支婁讖。其時大律未有，支法領口誦出戒本一卷，羯磨本一卷，在此流行。今時名舊羯磨。後到魏黄初三年，曇摩迦羅又譯出戒律。後至元孝文世，有光律師驗舊羯磨及以戒本，文有加減，多少不足，依大律本次第刊集，〔三〕現世流行，號爲新羯磨。于時尼衆來求受戒。支法領曰：如律所明，唯開邊地五人僧受具戒，不論尼衆。是時尼等辭退而還，泣淚如雨，不能自勝。後到漢末魏初，東天竺國有二比丘尼來到長安。見比丘尼衆問曰：汝誰邊受戒？尼衆荅曰：我到大僧所，受五戒、十戒而已。二尼歎曰：邊地尼等悉

〔一〕「華州」，高麗藏本、磧砂藏本、南藏本作「居士」。

〔二〕「冀州」，高麗藏本、磧砂藏本、南藏本作「居士」。

〔三〕「刊」字，高麗藏本作「删」。

未有具。爲還本國，化得一十五人來。三人在雪山凍死，二人墮黑嵎死，餘到此土，唯有十人。在此諸尼，悉赴京師，與授具戒。後到吴地，亦與彼尼受具訖已。西尼思憶本鄉，即附舶南海而還。及至上船，唯有七人，三人命終。來去經途，十有餘年。〔一〕後至魏文帝三年内，敕設無遮大會。魏帝敕問：此土僧尼得戒源由，有何靈驗？諸大德等咸皆不荅。于時即有比丘請向西國，問聖人得戒源由。發足長安，到於天竺，見一羅漢，啓白：震旦僧尼得戒以不？羅漢荅曰：我是小聖，不知得不？汝在此住，吾爲汝上昇兜率奉問彌勒世尊，得不得來報。即便入定，向兜率天，具問前事。彌勒荅曰：僧尼並得戒訖。仍請靈驗。彌勒即取金華云：若邊地僧尼得戒，願金華入羅漢手掌。不得莫入。發願既訖，將華按手，其華入掌中，高一尺影現。彌勒語曰：汝到震旦比丘所，亦當如我此法。羅漢下來，如彌勒法，以華按比丘手，即入掌中，高一尺影現。瑞應既徵，其時即有遠方道俗，來相欽仰，求受三歸五戒，乃有無數。即號爲華手比丘。當去之時，有一十八人，自餘慕住西國，或有冒涉流沙，風寒命過。唯有華手比丘獨還漢地。當本去日，有迦毗羅神現身語華手曰：道路懸遠，多諸險難。弟子送師至彼，來往清吉。未到之間，魏文帝殿前有金華空中現。文帝問太史曰：有何變怪？太史荅曰：西域正法欲來到此。不盈一月，華手比丘掌中金華來到此土。初至之日，空裏金華即滅不現。大瑞既徵，故戒福

〔一〕「有」字，高麗藏本作「七」。

永傳也。」

晉廬山有釋慧永，姓潘，河内人也。貞素自然，清心克己，言常含笑，語不傷物。躭好經典，善於講説。蔬食布衣，卒以終歲。樂住廬山，與遠同止。又别立一茅室於嶺上，每欲禪思，輒往居焉。時有至房者，並聞殊香之氣。永屋中常有一虎，人或畏者，輒驅令上山。人去後，還復循伏。〔一〕永嘗出邑，薄晚還山至烏橋。烏橋營主醉，騎馬當道，遮永不聽去。日時向晚，永以杖遥指馬，馬即驚走，營主倒地。永捧慰還營，因爾致疾。明晨往寺，向永悔過。永曰：非貧道本意，恐戒神爲耳。白黑聞知，歸心者衆矣。至晉義熙十年，遇疾危篤，而專謹戒律，執志愈勤。雖枕痾懷苦，〔二〕而顔色怡悦。未盡少時，忽斂衣合掌，求屣欲起，如有所見。衆咸驚問，荅云：佛來。言終而卒，春秋八十有三。道俗在山，咸聞異香，七日乃歇。〔三〕

晉新陽有釋法安，一名慈欽，未詳何許人，是遠公之弟子。善持戒行，講説衆經，兼習禪業。於晉義熙年中，新陽縣虎災，縣有大社，樹下築神廟。左右居民以百數人，遭虎死者夕有一兩。安嘗遊其縣，暮投此村。民以畏虎，早閉門閭。安逕之樹下，通夜坐禪。向曉聞虎負人而至，投之樹北。見安如

〔一〕「循」字，高麗藏本作「馴」。
〔二〕「懷」字原脱，據南藏本補。
〔三〕出高僧傳卷六釋慧永傳。

喜如驚，跳伏安前。安爲説法授戒。虎踞地不動，有頃而去。旦村人追虎至樹下，見安大驚，謂是神人。遂傳之一縣，士庶宗奉。虎災由此而息。因改神廟，留安立寺，左右田園皆捨爲衆業。後欲作畫像，須銅青，困不能得。〔一〕夜夢見一人近其牀前云：〔二〕此下有銅鐘。寤即掘之，果得二口，因以青成像。後以銅助遠公鑄佛。安後不知所終。〔三〕

晉廬山有釋曇邕，姓楊，關中人。形長八尺，雄武過人。南投廬山，事遠爲師。内外經書，多所綜涉。志尚傳法，不憚疲苦。乃於山之西南，别立茅宇，與弟子曇果，澄思禪門。嘗於一時，果夢見山神求受五戒。果曰：家師在此，可往諮受。後少時，邕見一人著單袷衣，風姿端雅，從者二十許人，〔四〕請受五戒。邕以果先夢，知是山神，乃爲説法授戒。神䞋以外國匕筯，禮拜辭别，倏忽不見。後往荆州，卒於竹林寺。〔五〕

齊琅瑘攝山有釋法度，黄龍人。少出家，遊學北土，備綜衆經，而專以苦節成務。宋末遊于京師，

〔一〕「困」字原作「因」，據高麗藏本改。
〔二〕「近」字，高麗藏本、磧砂藏本作「迂」。
〔三〕出高僧傳卷六釋法安傳。
〔四〕「二」字原作「三」，據高麗藏本改。
〔五〕出高僧傳卷六釋曇邕傳。

高士齊郡明僧紹抗迹人外，隱居琅琊之攝山。挹度清卓，待以師友之禮。及亡，捨所居爲棲霞寺，請度居之。先有道士欲以寺地爲館，住者輒死。及後爲寺，猶多恐動。自度居之，羣妖皆息。經歲許閒，忽有人馬鼓角之聲。俄見一人持紙名通度曰靳尚。〔一〕度前之。尚形甚都雅，羽衛亦嚴。致敬已，乃言：弟子王有此山七百餘年。神道有法，物不得干。前諸棲託，或非真正，故死病相繼，亦其命也。法師道德所歸，謹捨以奉給。并願受五戒，永結來緣。度曰：人神道殊，無容相屈。且檀越血食祭祀，此最五戒所禁。尚曰：若備門徒，輒先去殺。於是辭去。明旦度見一人送錢一萬，香燭刀子。疏云：弟子靳尚奉供。至月十五日，度爲設會，尚又來同衆禮拜行道，受戒而去。攝山廟巫夢神告曰：吾已受戒於度法師，祠祀勿得殺戮。由是廟同薦，止菜脯而已。度嘗動散，寢於地。見尚從外來，以手摩頭足而去。頃之復來，持一瑠璃甌。甌中如水，以奉度，〔二〕味甘而冷。度所苦即閒。其徵感若此。齊竟陵王子良、始安王等並遥恭以師敬，資給四事，六時無闕。以齊永元二年卒於山中，春秋六十四矣。〔三〕梁山陰雲門寺有釋智順，本姓徐，琅琊臨沂人。秉禁無疵，陶練衆經。齊竟陵文宣王特深禮異。以天監六年卒于山寺，春秋六十一。初順疾甚，不食多日，一時中竟，忽索齋飲。弟子曇和以順絶穀日

〔一〕「紙名」，高麗藏本作「名紙」。
〔二〕「以奉度」，高麗藏本作「與度含」。
〔三〕出高僧傳卷八釋法度傳。

久，密以半合米雜煮以進順。順咽而還吐，索水洗漱，語和云：汝永出雲門寺，不得還住。其執節精苦，皆此類也。臨終之日，房内頗聞異香，亦有見天華天蓋者。〔一〕右六驗出梁高僧傳。〔二〕

隋終南山悟真道場釋浄業，漢東隋人也。精研律部，博綜異聞，確乎内湛，令譽外馳。仁壽二年，被舉送舍利于安州之景藏寺。初欲於十力寺置之。行至景藏寺，忽感異香滿院，衆共嗟怪，因而樹立。將下舍利，赤光挺出，照于人物。寺重閣上聞衆人行聲，及往掩捕，扃閉如初，一人不見。塔北有池，沙門浄範爲諸道俗受菩薩戒，乃有羣魚游躍，首皆南向，似受歸相。範即乘船入水，爲魚授戒。魚皆迴頭遶船，如有聽受，都無有懼。業慶其遇，乃以舍利置於佛堂，先有塑菩薩一軀，不可移動。〔三〕至明乃見迴首面向舍利，狀類天然，一無損處。屢興別瑞，傳言不盡。大業十二年二月十八日卒於本寺，春秋五十有三。〔四〕

隋西京大禪定寺道場釋靈幹，俗姓李氏，金城狄道人也。而立性翹仰，恭攝成節，三業護持，均禁遮性。仁壽二年奉敕送舍利於洛州，置塔於漢王寺。初建塔所，屢放神光，風起燈滅，而通夕明亮，不

〔一〕出高僧傳卷八釋智順傳。

〔二〕「六」字，高麗藏本、磧砂藏本作「五」，蓋以首驗非出自高僧傳。

〔三〕「動」字，高麗藏本作「轉」。

〔四〕出唐高僧傳卷十四釋浄業傳。

須燈照。又感異香從風而至。道俗通見。四月八日下舍利時，寺院之内，樹葉皆萎，烏鳥悲叫。及填平滿，還如常日。以大業八年正月二十九日卒於本寺，春秋七十有八。〔一〕右二驗出唐高僧傳。

唐華州鄭縣人張法義，年少貧野，不修禮度。貞觀十一年入華山伐樹，遇見一僧，坐巖穴中。法義便就與語。會天晦冥，不歸留宿夜。〔二〕僧設松柏末以供食之，謂法義曰：貧道久不欲外人知。檀越出，慎勿言相見。因爲説俗人多罪累，死皆惡道。至心懺悔，可以滅之。乃令浄浴清浄，披僧衣，爲懺悔。旦而別去。至十九年，法義病死，埋於野外，貧無棺槨，以雜木瘞之而穌，〔三〕自推木出歸家。家人驚愕，審問知活，乃喜。法義自説：初有兩人來取，乘空行至官府。入大門，又巡巷南行十許里。〔四〕巷左右皆有官曹，門閤相對，不可勝數。法義至一曹，見官人遥責使者曰：是華州張法義也。本限三日至，何因乃淹七日？使者云：法義家狗惡，兼有祝師祝神見打甚困。袒而示背，背青腫。官曰：稽過多咎，與杖二十。言杖亦畢，血流灑地。官曰：將法義過録事。録事署發文書，令送付判官。判官

〔一〕出唐高僧傳卷十四釋靈幹傳。

〔二〕「留宿夜」原作「能宿不」，據高麗藏本改。

〔三〕「雜」字，高麗藏本、磧砂藏本作「新」。

〔四〕「巷」字，高麗藏本作「街」。下同。

召主典，取法義案。案簿甚多，盈一牀。主典對法義前披檢云：案簿多先朱勾畢。〔一〕有未朱勾者，則録之曰：貞觀十一年，法義父使刈禾，義反顧張目私駡。不孝，合杖八十。始録一條，即見昔巖穴中僧來。判官起迎問：何事？僧曰：張法義是貧道弟子，其罪並懺悔訖滅除，天曹案中已勾畢。今枉追來，不合死。主典云：經懺悔者，此案勾了。至如張目駡父，雖蒙懺悔，事未勾了。僧曰：若不如此，當取案勘之，應有福利。仰判官令主典將法義過王。〔二〕王宫東殿宇宏壯，侍衛數千人。僧亦隨至王所。王起迎僧。王曰：師當直來耶？荅曰：未當次直。有弟子張法義被録來，此人宿罪，並貧道勾訖，未合死。主典又以張目視父事過王。王曰：張目懺悔，此不合免。然師爲來請，可特放七日。法義白僧曰：七日既不多，後來恐不見師，請即住隨師。師曰：七日，七年也。可早去。法義固請隨僧，僧因請王筆書法義掌中作一字，又請王印印之。曰：可急去，還家憑福報。後來不可見我，宜以掌印呈王，王自當放汝也。法義乃辭出。僧令送出，至其家内正黑，義不敢入。使者推之，遂活。覺在土中，甚輕薄，以手推排得出。因入山，就山僧修福。義掌中所印之處，文不可識，然皆爲瘡，終莫能愈，

〔一〕「案」字，高麗藏本、磧砂藏本作「去」。

〔二〕「王」字原脱，據高麗藏本補。

至今尚存。〔一〕隴西王博叉與法義鄰近，委之。王爲臨説。〔二〕右一驗出冥報記。

夏侯均者，冀州阜城人也。顯慶二年病，經四十餘日，昏亂殆死。自云：被配作牛，頻經苦訴。訴云：嘗三度於隱師處受戒懺悔。自省無過，何忍遣作牛身，受苦如是？均已被配磨坊，經二十日苦使。後爲勘當受戒是實不虚，始得免罪。此人生平甚有膂力，酗酒好鬬。今現斷酒肉，清信賢者，爲隱師弟子，齋戒不絶。右一驗出冥報拾遺。

〔一〕以上太平廣記卷一一五引，作出法苑珠林。
〔二〕出冥報記卷下。

法苑珠林校注卷第九十

破戒篇第八十八此有二部

述意部　引證部

述意部第一

惟茲戒德，本願深重。救生利物，稱斯爲最。是以受之甚易，持之稍難。若非精懃護持，大果何容得證？恐差之毫毛，失之千里。若其小過覆藏，則爲難滅；大罪發露，更是可原。故知有過須悔，得入七衆；守愚不反，長墜三塗。〔一〕所以此之一章，通明道俗持犯損益。若是居家白衣，曾有微信，受得

〔一〕「守愚不反，長墜三塗」，高麗藏本作「守愚不懺，長棄三塗」。

戒者，不勝名利，失意有違，故此兼明。若是攸攸白衣，業識風馳，昏沈財色，好貪名利，樂著五欲，不信佛法者，此定罪人，非此所明。今時述者，出家僧尼及優婆塞等，恐乖佛教，虚染名利，故今偏説。若是上品白衣，見佛呵責出家人罪，即自勸勵，省己不爲。出家清虚，高慕玄軌，尚有失意乖違，被佛詰責，我等白衣，無慚無愧，公然造罪，晝夜匪懈，未曾耻改。所以如來棄捨我等，不蒙教誨，即自改過，息意不犯。譬如智人，先誡己身；他人見責，亦自改悔。故書云：「見賢思齊，見不賢而内自省。」〔一〕若是下品凡愚，無識之人，見佛呵責犯過衆僧，唯加輕笑，退敗善心，不自思己，〔二〕愚戇之甚，劇於畜生。亦如醉人，墮卧糞坑，嘔吐狼藉，屎尿汙身，仰視岸人，反呵不止。此亦如是。是故如來雖欲救拔，無其出路。故經云：「譬如有人墮在糞坑，全身没入，無髮可拔，知何欲救也！」〔三〕

引證部第二

如大品經云：「佛告諸比丘：我若不持戒者，當墮三惡道中。尚不得下賤人身，況能成就衆生淨

〔一〕出論語卷二里仁。
〔二〕「己」字，高麗藏本作「忖」。
〔三〕此段出處待考。

佛國土，〔二〕具一切種智。」〔三〕又薩遮尼揵經云：「若不持戒，乃至不得疥癩野干身，何況當得功德之身。」〔三〕又梵網經云：「若佛子信心出家，受佛禁戒，故起心毀犯聖戒者，不得受一切檀越供養，亦不得飲用國王水土。五千大鬼常遮其前。鬼言：大賊！入坊舍城邑宅中，鬼復掃其脚跡。一切世人罵言：佛法中賊。一切衆生眼不欲見。犯戒之人，畜生無異，木頭無異。」〔四〕

又寶梁經云：「若破戒比丘受持戒者禮敬供養，不自知惡，得八輕法。何等爲八？一、作愚癡；二、口瘖瘂；三、受身矬陋；四、顔貌醜惡，其面側戾，見者嗤笑；五、轉受女身，作貧窮婢使；六、其形羸瘦，夭損壽命；七、人所不敬，常有惡名；八、不值佛世。佛言：若有非沙門，自言是沙門；非梵行，自言梵行。於此大地乃至無有涕唾處，況舉足下足，去來屈伸。何以故？過去大王持此大地施與持戒有德行者，令修行中道。是破戒比丘一切信施不及此人，況僧房舍之處，衣鉢卧具醫藥，信施所不應受。若有破戒比丘，如分一毛以爲百分，若有惡比丘受人信施如一毛分，隨所受毛分，即損施主。譬如

〔一〕「就」字原作「熟」，據高麗藏本改。
〔二〕出摩訶般若波羅蜜經卷九滅諍品。
〔三〕出大薩遮尼乾子所説經卷九如來無過功德品。
〔四〕出梵網經盧舍那佛説菩薩心地戒品卷下。

師子獸王，若有死已，無有能得食其肉者。師子身中自生諸蟲，還食其肉。於我法中出如是等諸惡比丘，〔一〕貪惜利養，爲貪所覆，不識惡法，能壞我法。當知是惡比丘成就四法：一、不敬佛，二、不敬法，三、不敬僧，四、不敬戒。爾時世尊而説偈言：

心求利養，　口言知足。　邪命求利，　常無快樂。　其心多奸，　欺誑一切。　如此之心，
都不清净。　諸天神龍，　有天眼者。　諸佛世尊，　咸共知之。

佛告迦葉：云何旃陀羅沙門？迦葉，譬如旃陀羅常於塚間行求死屍，無慈悲心視於衆生，得見死屍，心大喜悦。如是沙門旃陀羅常無慈心，至施主家，行不善心；所求得已，生貴重心。從施主家受利養已，不教佛法。親近在家，亦無慈心，常求利養。是名沙門旃陀羅。如是旃陀羅爲一切人之所捨離。如旃陀羅所至之處，不到善處。何以故？自行惡法故。如是沙門旃陀羅所至之處，亦不到善道，多作惡業，無遮惡道法故。譬如敗種，終不生芽。如是敗壞沙門，雖在佛法，不生善根，不得沙門果。」〔二〕

又涅槃經云：「猶如大海不宿死屍，如鴛鴦鳥不住圊厠，釋提桓因不與鬼住，鳩翅羅鳥不栖枯樹。」〔三〕破戒之人亦復如是。

〔一〕「等」字原闕，據大寶積經補。
〔二〕出大寶積經卷一百十三寶梁聚會。
〔三〕出南本大般涅槃經卷十八。

又迦葉經云：「佛告迦葉：於正法中得出家者，應作是念：十方世界現在諸佛悉知我心，莫於佛法作沙門賊。迦葉，云何名沙門賊？沙門賊有四種。何等爲四？迦葉，若有比丘整理法服，似像比丘而破禁戒，作不善法，是名第一沙門之賊。二者、於日暮後，其心思惟不善之法，是名第二沙門之賊。三者、未得聖果，自知凡夫，爲利養故，自稱我得阿羅漢果，是名第三沙門之賊。四者、自讚毁他，是名第四沙門之賊。迦葉，譬如有人具大勢力，於三千大千世界衆生所有珍寶，一切樂具，刀杖加害，皆悉奪取。迦葉，於汝意云何？此人得罪寧爲多不？迦葉白佛言：甚多，世尊。佛告迦葉：若有凡夫未得聖果，爲利養故，自稱我得須陀洹果，若受一食，罪多於彼。我觀沙門法中，更無有罪重於妄稱得聖果者。佛告迦葉：出家之人，微細煩惱，復有四種。何等爲四？一、見他得利，心生嫉妬。二、聞經禁戒而返毁犯。三、違反佛語，覆藏不悔。四、自知犯戒，受他信施。出家之人具此煩惱，如負重擔入於地獄。迦葉，出家之人有四放逸，入於地獄。何等爲四？一、多聞放逸，自恃多聞而生放逸。二、利養放逸，得利養故而生放逸。三、親友放逸，依恃親友而生放逸。四、頭陀放逸，自恃頭陀，自高毁人。是名四種放逸，墮於地獄。爾時摩訶迦葉白佛言：世尊，當來末世，後五百歲，有相似沙門，身披袈裟，毁滅如來無量阿僧祇劫所集阿耨菩提。佛告迦葉：汝莫問此。何以故？彼愚癡人實有過惡，一切魔事皆悉信受。如來不説彼人得道。假使千佛出興於世，種種神通説法教化，於彼惡欲，不可令息。迦葉白佛言：世尊，我寧頂戴四天下一切衆生，山河聚落，滿於一劫，若減一劫，不能聞彼愚癡衆生不信之音。世尊，我寧坐於一胡麻上滿於一劫，若減一劫，不能聞彼不信癡人破戒之音。世尊，我寧在於大劫火中若行、若立、若坐、若卧，百千億歲，不能聞彼不信癡人破戒之音。世尊，我寧受於一切衆生瞋恚駡辱，撾打加害，不能聞彼不信癡人偷法大賊毁禁之聲。」〔一〕

又莊嚴論偈云：

「詐僞謟佞者，　心住利養中。　由貪利養故，　不樂閑静處。　心常緣利養，　晝夜不休息。　彼處有衣食，　某是我親友，　必來請命我，　心意多攀緣。　敗壞寂静心，　不樂空閑處，　常樂在人閒，　由利毁敗故。　墜墮三惡道，　障於出世道。」〔二〕

以此文證，愚人背道，專求名利，唯成惡業，常順生死，恒處暗冥。若聞禁戒，廣學多聞，即言我是下根凡愚，自非大聖，何能具依。若聞王課，種種苦使，勒同俗役，便言我是出家净行沙門，高於人天，重逾金玉，豈預斯事。故佛藏經云：「譬如蝙蝠欲捕鳥時，則入穴爲鼠；欲捕鼠時，則飛空爲鳥，而實無有大鳥之用。其身臭穢，但樂暗冥。舍利弗，破戒比丘亦復如是。既不入於布薩自恣，亦不入王者使役，不名白衣，不名出家。如燒屍殘木，不復中用。」〔三〕

〔一〕出大寶積經卷八十八摩訶迦葉會。
〔二〕出大莊嚴論經卷七。
〔三〕出佛藏經卷上净戒品。

又成實論云：「不爲修善故食，則唐養怨賊，亦壞施主福，損人供養。如是不應食人之食。」〔一〕

又佛藏經云：「得出家已，自稱沙門，不能堪受如實佛化。於此法中，不能修心，不得滋味，振手而去，墮在惡道。猶如豚子，捨牀褥去。」〔二〕

「破戒比丘，當於百千萬億劫數割截身肉，以償施主。若生畜生，身常負重。所以者何？如枏一髮爲千億分，破戒比丘尚不能消一分供養，況能消他衣服、飲食、卧具、醫藥。如是等人，於我法中出家求道而得重罪。舍利弗，如是之人，於我法中爲是逆賊，爲是法賊，爲是欺誑詐僞之人。但求活命，貪重衣食，是則名爲樂世奴僕。」〔三〕

又增一阿含經云：「或有人得供養衣被、飲食、牀褥、卧具、病瘦醫藥。彼得已，便自食噉，不起染著之心，亦無有欲意，不起諸想，都無此念，自知出要之法。設使不得利養，不起亂念，心無增減。猶師子王食噉小畜。爾時彼獸王亦不作是念：此者好，此者不好。不起染著之心，亦無欲意，不起諸想。此人亦復如是。又如有人，受人供養，得已便自食噉，起染著心，生愛欲意，不知出要。設使不得，恒生此想念。彼人得供養已，向諸比丘而自貢高，毁蔑他人：我能得利養，此諸比丘不能得之。猶如羣豬

〔一〕出成實論卷十四定具中初五定具品。

〔二〕出佛藏經卷下囑累品。

〔三〕出佛藏經卷上净戒品。

中有一豬出羣已，詣大糞聚。此豬飽食屎已，還至豬羣中，便自貢高：我能得此好食，諸豬不能得食。此亦如是。比丘當學師子王，莫如豬也。」〔一〕

又智度論云：「有出家人，樂合湯藥，種穀植樹等，不净活命者，是名下口食。觀視星宿、日月、風雨、雷電、霹靂，不净活命者，是名仰口食。諂媚豪勢，通使四方，巧言多求，不净活命者，是名方口食。若學種種呪術，卜算吉凶，心術不正，如是等不净活命者，是名維口食。」〔二〕

「又有五種邪命。何者爲五？一者、爲利養故，詐現異相奇特。二者、爲利養故，自説功德。三者、爲利養故，占相吉凶，廣爲人説。四者、爲利養故，高聲現威，令人畏敬。五者、爲利養故，稱説所得供養，以動人心。」〔三〕當知出家之人，爲求利養，種種邪命而活其身，皆是破戒，不免惡道也。又出家之人，須常離著。若偏執一處，即多住著，於己偏親，於他生嫉。

又摩訶迦葉經云：「佛告彌勒：當來末世，〔四〕後五百歲，自稱菩薩而行狗法。譬如有狗，前至他家，見後狗來，心生瞋恚，齜齴吠之。內心起想，謂是我家。比丘亦爾。先至他施家，生已家想。既貪

〔一〕出增一阿含經卷十一。
〔二〕出大智度論卷三。
〔三〕出大智度論卷十九。
〔四〕「世」字原作「時」，據高麗藏本、磧砂藏本、南藏本、嘉興藏本改。

此想，見後比丘，瞋目視之，心生嫉恚，互相誹謗。言：某比丘有如是過，汝莫親近。心生嫉妬，行餓鬼因，貧窮之因。」〔一〕即成論説五慳之中，〔二〕家慳攝也。

又菩薩藏經云：「復次，舍利子，出家菩薩復有五法：若成就者，不值佛世，不親善友，不具無難，失壞善根，不隨安住律儀菩薩修學正法，亦不速悟無上菩提。舍利子，何等名爲出家菩薩成就五法？一者、毀犯尸羅，二者、誹謗正法，三者、貪著名利，四者、堅執我見，五者、能於他家多生慳嫉。舍利子，如是名爲出家菩薩成就五法，不值佛世，乃至不獲無上正等菩提。舍利子，譬如餓狗，慞惶緣路，遇值瓅骨，久無肉膩，但見赤塗，言是厚味，便就銜之，至多人處，四衢道中。以貪味故，涎流骨上，妄謂甜美，或齩或舐，或齧或吭，〔三〕歡愛纏附，初無捨離。時有刹帝利、婆羅門及諸長者，皆大富貴，來遊此路。時此餓狗，遥見彼來，心生熱惱，作如是念：彼來人者，將無奪我所重美味。便於是人發大瞋恚，出深毒聲，惡眼邪視，露現齒牙，便行齧害。舍利子，於意云何？彼來人者應爲餘事，豈復求此無肉赤塗之骨瓅耶？舍利子白佛言：世尊。不也，世尊。不也，善逝。佛告舍利子：若如是者，彼慳餓狗以何等故出深毒聲，現牙而吠？舍利子言：如我意解，恐彼來人貪著美膳，必能奪我甘露良味。由如是

〔一〕出大寶積經卷八十八摩訶迦葉會。
〔二〕「成論」原作「戒」，據高麗藏本改。
〔三〕「吭」字原作「吠」，據高麗藏本改。

意，現牙吠耳。佛告舍利子：如是，如汝所言。當來末世，有諸比丘，於他施主，勤習家慳，躭著屎尿，妄加纏裹。雖值如來，具足無難，而便委棄，不修正檢。此之比丘，我説其行如前癡狗。舍利子，我今出世，憐愍衆生，欲止息故，專思此事。爲如是等諸惡比丘説此譬喻。復次，舍利子，是諸菩薩摩訶薩爲欲利益安樂無量衆生故，求於佛智，行毗利耶波羅蜜多。爲諸菩薩摩訶薩於己身肉，尚行惠施，況復規求妄想惡肉，而於他家起諸慳嫉。舍利子，彼諸比丘慳他家故，我説是人爲癡丈夫，爲活命者，爲守財穀奴僕隸者，爲重世財寶玩縛者，唯於衣食所欽尚者，爲求妄想貪嗜惡肉起慳嫉者。舍利子，我今更説如是正法。彼諸比丘先至他家，不應見餘比丘而生嫉妬。若有比丘違我法教，見餘比丘，或作是言：此施主家先爲我識。汝從何來，乃在此耶？我於此家極爲親密，調謔交顧。汝從何來，輒相侵奪？舍利子，以何等故，彼慳比丘於後來者偏生嫉妬？舍利子，由諸施家許其衣鉢、飲食、卧具、病緣醫藥，及供身等資生什物。彼作是念，恐彼施主將先許物施後來者。〔一〕由如是故，即此比丘於施主家起三種過：一者、起住處過。見餘比丘，或起恨言：我於今者當離此處。二者、凡所習近，當言未知應與不應。三者、於不定家，妄起諸過。舍利子，彼慳比丘於後來人發三惡言：一者、説住處過。以諸惡事增益其家，令後比丘心不樂住。二者、於後比丘所有實言，反爲虚説。三者、詐現善相，諂附是人。伺

〔一〕「物」字原作「於」，據高麗藏本改。

有微隙，對衆唤舉。舍利子，如是比丘於他施主家生慳嫉者，速滅一切所有白衣法，〔一〕永盡無遺。」〔二〕

又迦葉經云：「出家之人有四放逸，入於地獄。一、多聞放逸，二、利養放逸，三、親友放逸，四、頭陀放逸。」〔三〕此四放逸之人，良由惡人入於佛法，不求出世，苟貪名利，以活身命，故入惡道。

又最妙勝定經云：「千年之後，三百年中，浩浩亂哉！逃奴走婢，亡家失國，〔四〕多不存活，入吾法中。猶如羣賊劫奪良善。當爾之時，十二部經沈没於地，不復讀誦經典。設有頭陀者，多不如法。常遊聚落，不在山林。乃至法師解説佛語，萬不著一。爾時多有白衣，若男若女，持戒净行，呵責比丘。白衣去後，共相謂言：今我解者，如佛口説。或邪言綺語，無義之語，以作義語，如盲人指天上日若大若小等。」〔五〕

又正法念經云：「彼惡比丘現持戒相，令彼檀越心信敬已，共諸朋侶，數數往到彼檀越家。如是比

〔一〕「衣」字原脱，據高麗藏本補。
〔二〕出大寶積經卷四十七菩薩藏會。
〔三〕出大寶積經卷八十八摩訶迦葉會。
〔四〕「亡家失國」，高麗藏本作「亡失破國」，磧砂藏本作「亡破失國」。
〔五〕此經已逸。

丘隨己所聞，少知佛法，共其同侶，爲彼檀越説所知法。如是方便，欲令檀越迴彼比丘所得利養而施與之。如是比丘形相沙門第一大賊，到檀越家，方便劫奪他人財利，及以供養。如是比丘見他財利，見他供養，生貪嫉者，不曾少時眼開合頃，暫作善法。彼惡比丘破戒沙門，捨離坐禪、讀誦等業，無一念間不攝地獄、餓鬼、畜生。」〔一〕以此文證，貪利招苦，勿現善相，以求名利。故諸出家縱能持戒，勿解經義，未必斷惑，由不觀理、不斷結故。多現善相，謂己過人。設聞勝智，説實無我，則不信受，言非正理。因茲謗法及行道者，增長我慢，死墜地獄。是故愚人縱能依戒，以無法智，〔二〕多起罪行。

又大寶積經云：「出家之人有二種縛：一者見縛，二者利養縛。又有二種障法：一者親近白衣，二者憎惡善人。又有二種癰瘡：一者求見他過，二者自覆其罪。又有二種不净心：一者讀誦外道經書，二者多畜諸好衣鉢。」〔三〕

又涅槃經云：「出家之人有四種惡病，是故不得四沙門果。何等四病？謂四惡欲：一爲衣欲，二爲食欲，三爲卧具欲，四爲有欲。有四良藥能療是病：一、糞掃衣，能治比丘爲衣惡欲。二、乞食，能破比丘爲食惡欲。三、樹下坐，能破比丘爲卧具惡欲。四、身心寂静，能破比丘爲有惡欲。以是四藥，除

〔一〕出正法念處經卷四十九。
〔二〕「法智」，高麗藏本作「道法」。
〔三〕出大寶積經卷一百十二普明菩薩會。

是四病，是名聖行。如是聖行，則得名爲少欲知足也。」〔一〕

又大集經云：「破戒人者，一切十方無量諸佛所不護念。雖名比丘，不在僧數。何以故？入魔界故。我都不聽毁戒之人，受人信施，如葶藶子。何以故？是人遠離如來法故。」〔二〕

又正法念經偈云：

「若無讀誦心，　無禪無漏盡；　雖有比丘形，　如是非比丘。　寧食蛇毒蟲，　及以烊金等；　終不破禁戒，　而食僧飲食。」〔三〕

故大莊嚴經論偈言：

「若毁犯禁戒，　現世惡名聞，　爲人所輕賤，　命終墮惡道。」〔四〕

又智度論說：「破戒之人，人所不敬。其家如塜，人所不到。破戒之人，失諸功德。譬如枯樹，人不愛樂。破戒之人，如霜蓮華，人不喜見。破戒之人，惡心可畏，譬如羅刹。破戒比丘，雖形似善人，內

〔一〕出大般涅槃經卷二十七。
〔二〕出大方等大集經卷三十一日藏分護法品。
〔三〕出正法念處經卷四。
〔四〕出大莊嚴論經卷三。

無善法。雖復剃頭染衣，次第捉籌，名爲比丘，實非比丘。破戒之人，若著法服，則是熱銅鐵鍱以纏其身。〔一〕若持鉢盂，則是盛烊銅器。若所噉食，即是吞燒鐵丸，〔二〕飲熱烊銅。若受人供養供給，則是地獄獄卒守人。若入精舍，則是入大地獄。若坐衆僧牀榻，是爲坐熱鐵牀上。破戒之人，常懷怖懼。如重病人，常畏死至。」〔三〕

「破戒之人死後墮惡道中。若在銅橛地獄，獄卒羅刹問諸罪人：汝何處來？答言：我苦極悶，不知來處，但患飢渴。若言渴者，是時獄卒即驅逐人，令坐熱銅橛上，以鐵鉗開口，灌以烊銅。若言飢者，坐之銅橛，吞以鐵丸，入口口燋，入咽咽爛，入腹腹破，燋然五藏爛壞，直過墮地。此諸人等，由宿行因緣，〔四〕劫盜他財以自供口。諸出家人或時詐病，多求酥油石蜜，或無禪無戒，無有智慧，而多受人施，或惡口傷人。如是等種種因緣，宿業力故，墮銅橛地獄中。」〔五〕不可稱説。行者應當一心，受持戒律。

又未曾有經云：「有諸比丘，言行不同，心口相違，或爲利養錢財飲食，或爲名譽要集眷屬，或有厭

〔一〕「熱」字原作「熟」，據高麗藏本、磧砂藏本、嘉興藏本、南藏本改。
〔二〕「燒」字，高麗藏本作「熱」。
〔三〕出大智度論卷十三。
〔四〕「行」字原作「何」，據高麗藏本改。
〔五〕出大智度論卷十六。

惡王法使役，出家爲道，都無有心向三脱門，度三有苦。以不净心貪受信施，不知後世彌劫受殃，償其宿債。設更修善生天，仍有餘罪，天中亦受。」〔一〕

又正法念經云：「若有天人，於先世有偷盗業未盡，〔二〕爾時自見諸天女等奪其所著莊嚴之具，奉餘天子等。」〔三〕不可具述。

又像法決疑經云：「未來世中一切俗人輕賤三寶，正以比丘比丘尼不如法故。身披法服，經理俗緣；或復市肆販賣自活；或復涉路商賈求利；或作畫師，經生像匠、工巧之業；或占相男女舍屋田園種種吉凶；或飲酒醉，歌舞作樂，圍碁六博；或貪財求利，延時歲月，廢忘經業；或呪術治病，假託經書，修禪占事，以邪活命；或行醫針灸，合和湯藥，診脉處方。男女交雜，因私致染。〔四〕敗善增惡，招俗譏謗，良由於此。」〔五〕

夫出家之人，爲求解脱，先須離罪，以戒爲首。若不依戒，衆善不生。如人無頭，諸根亦壞，名爲死

〔一〕此段出處待考。
〔二〕「世」字原作「時」，據高麗藏本、磧砂藏本、南藏本改。以上二句高麗藏本作「若於先世有偷盗業」。
〔三〕出正法念處經卷三十一。
〔四〕「私」字，高麗藏本作「斯」。
〔五〕像法決疑經已佚。

人。故解脱道論云：「如人無頭，一切諸根不能取塵，是時名死。如是比丘，以戒爲頭。若頭斷已，失諸善法，於佛法爲死。」〔一〕亦如死屍，大海不納。故四分律偈云：

「譬如有死屍，大海不容受；爲疾風所飄，棄之於岸上。」〔二〕

又智度論偈云：

「衆僧大海水，結戒爲畔際。若有破戒者，終不在僧數。」〔三〕

又僧祇律云：「爾時有比丘將一沙彌歸看親里。路經曠野中道，有非人化作龍，右遶沙彌，以華散上。讚言：善哉，大得善利。捨家出家，不捉金銀及錢。比丘到親里家問訊已，欲還時，親里婦語沙彌言：汝今還去，道迴多乏，可持是錢去，市易所須。沙彌受取，繫著衣頭而去。中道非人見沙彌持錢在比丘後行，復化作龍來，左遶沙彌，以土坌上。説是言：汝失善利，出家修道而捉錢行。沙彌便啼。比丘顧視，問沙彌言：汝何故啼？沙彌言：我不憶有過，無故得惱。師言：汝有所捉耶？荅言：持是錢來。師言：捨棄。棄已，非人復如前供養。爾時大目揵連共專頭沙彌食後，到閻浮提阿耨大池上坐禪。時專頭沙彌見池邊金沙，便作是念：我今當盛是沙，可著世尊澡灌下。尊者目連從禪覺已，即以

〔一〕出解脱道論卷一分别戒品。
〔二〕出四分律卷一。
〔三〕出大智度論卷二十二。

神足乘虛而還。時專頭沙彌爲非人所持，不能飛空。時目連迴見，喚沙彌來。荅言：我不能得往。問：汝有所持耶？荅言：持是金沙。汝應捨棄。捨已，即乘空而去。以是因緣具白世尊。佛言：從今日不聽沙彌捉金銀及錢。」〔一〕

又百喻經云：「昔有愚人，養育七子，一子先死。時此愚人見子既死，便欲停置於其家中，自欲棄去。傍人見已而語之言：生死道異，當速莊嚴致於遠處。爾時愚人聞此語已，即自思念：若不得留，要當葬者，須更殺一子，停擔兩頭，乃可勝致。於是更殺一子而擔負之，遠葬林野。時人見之，深生嗤笑，怪未曾有。譬如比丘私犯一戒，情憚改悔，默然覆藏，自說清淨。或有知者，即語之言：出家之人，守持禁戒，如護明珠，不使缺落。汝今云何違犯所受，欲不懺悔？犯戒者言：苟須懺者，更就犯之，然後當出。遂更犯戒，多作不善，爾乃頓出。如彼愚人，一子既死，又殺一子。今此比丘亦復如是。」〔二〕

又涅槃經：「佛說偈言：

莫輕小惡，　以爲無殃。　水滴雖微，　漸盈大器。」〔三〕

又百喻經云：「昔有國王有一好樹，高廣極大，當生勝果，香而甜美。時有一人來至王所。王語之

〔一〕出摩訶僧祇律卷二十九。

〔二〕出百喻經卷一子死欲停置家中喻。

〔三〕出大般涅槃經卷十五。

言：此之樹上，將生美果，汝能食不？即荅王言：此樹高廣，雖欲食之，何由能得？即便斷樹，望得其果。既無所獲，徒自勞苦。後還欲豎，樹已枯死，都無生理。世間之人，亦復如是。如來法王有持戒樹，修諸功德。不解方便，反毁其禁。如彼伐樹，復欲還活，都不可得。破戒之人，〔一〕亦復如是。」〔二〕

又戒消災經云：「佛在世時，有一縣人，皆奉行五戒十善，無釀酒者。中有大姓家子，欲遠賈販。臨途，父母語曰：汝勤持五戒十善，慎莫飲酒，犯佛重戒。行到他國，見舊同學，歡喜出蒲萄酒，欲共飲之。固辭不飲。主人殷勤，不獲，從之。後還家具首上事。父母報言：汝違吾戒，亂法之漸，非孝子也。便以得物，逐令出國。乃到他國，住客舍家。主人事三鬼神，能作人形，對面飲食，與人語言。事之積年，居財空盡，而家疾病，死喪不絕。私共論之。鬼知人意，鬼共議言：此人財産空訖，正爲吾等，未曾有益。今相厭患，宜求珍寶，以施與之。便行盜他國王庫藏好寶，積置園中。即報言：汝事吾歷年，勤苦甚久。今欲福汝，使得饒富。主人欣然，入園見物，負輦歸舍，辭謝受恩。明日設食請鬼。神詣門見舍衛國人在主人舍，便奔走而去。主人追呼：既已顧下，走去何爲？神曰：卿舍尊客，吾焉得前。重復驚走。主人思惟：吾舍之中，無有異人，正有此人。即出言語，恭設已竟，因問之曰：卿有何功德，吾所事神畏子而走？客具説佛功德。主人言：吾欲奉持五戒。因從客受三自歸五戒，一心精

〔一〕「破」字原作「石」，據高麗藏本、磧砂藏本、嘉興藏本、南藏本改。

〔二〕出百喻經卷二斫樹取果喻。

進，不敢懈怠。因問佛處。荅：在舍衛國給孤獨園。主人一心到彼。經歷一亭中，有一女人端正，是噉人鬼婦。行路迴遠，時日逼暮，從女人寄宿。女人即報言：慎勿留此，宜急前去。男子自念：前舍衛國人具佛四戒，我神尚畏。我已受三歸五戒，心不懈怠，何畏懼乎！遂自留宿。時噉人鬼見護戒威神，去亭四十里，一宿不歸。明日男子進前，見鬼所噉人，骨骸狼藉，心怖而悔。退自思惟：不如攜此女人將歸本土，共居如故。即却迴還，因從女人復求留宿。女人謂男子曰：何須迴耶？荅曰：行計不成，故迴還耳，復寄一宿。女人言：卿死矣。吾夫是噉人之鬼，方來不久。卿宜急去。此男子不信，還止不去。更迷惑婬意，復生不信，不復信佛三歸五戒。天神即去，鬼得來還。女人恐畏食此男子，藏之瓮中。鬼聞人氣，謂婦言：爾得肉耶？吾欲噉之。婦言：我不行，何從得肉！婦問鬼言：卿昨何以不歸？鬼言：坐汝所爲而舍宿尊客，令吾被逐。瓮中男子愈益恐怖。婦言：何以不得肉乎？鬼言：只爲汝舍佛弟子，天神逐我出四十里外，露宿震怖，于今不安，故不得肉。婦因問夫：佛戒云何？鬼言：大飢極急，以肉將來，不須問此。此是無上正真之戒，吾所敢說耶？婦言：但爲我說之，我當與卿肉。鬼因爲說三歸五戒。鬼初一說戒時，婦輒受之。至第五戒，心報口誦。〔一〕男子於瓮中識五戒，隨受之。天帝釋知此二人心自歸依佛，即遣善神五十人擁護兩人。鬼遂走去。到明日，婦問男子：汝怖

〔一〕「報」字，高麗藏本作「執」。

乎？答曰：大怖。蒙仁者恩，心悟識佛。婦言：男子何以迴還？答曰：吾見新舊死人，骸骨縱横，恐畏故還耳。婦言：骨是吾所棄者。吾本良家之女，爲鬼所略，將吾作妻，悲窮無訴。今蒙仁恩，得聞佛戒，離於此鬼。二人共還，〔一〕道逢四百九十八人，〔二〕共到佛所，一心聽經，心開意解。皆作沙門，得阿羅漢果。然此二人是四百九十八人前世之師。人求道時，要當得其本師及其善友，爾乃解耳。」〔三〕

又灌頂經云：「佛告梵志：昔迦羅柰大國有婆羅門子，名曰執持。富貴大姓，不奉三寶，事九十五種之道，以求福祐。久久之後，聞其國中有賢長者輩，盡奉佛法僧化導，皆得富貴，長壽安隱，又能度脱生老病死，受法無窮，今世後世不入三惡道中。執持長者作是念言：不如捨置餘道，奉敬三寶。即便詣佛，頭面著地，爲佛作禮，白佛言：今我所事非真，故歸命於佛耳。當哀愍我。故去濁穢之行，受佛清净法言。〔四〕於是世尊爲受三歸五戒法竟，作禮而去。於是以後，長者執持到他國中，見人殺生，盜人財物；見好色女，貪愛戀之；見人好惡，便論導之；〔五〕見飲酒者，便欲追之。心意如是，無一時

〔一〕「二人共還」，高麗藏本作「後還」。
〔二〕「逢」字原作「塗」，據高麗藏本改。
〔三〕出戒消災經。
〔四〕「法」字原作「快」，據高麗藏本改。
〔五〕「導」字，灌頂經作「説」。

定。便自念言：悔從佛受三歸五戒重誓之法。作如是念：我當歸佛三歸五戒之法。即詣佛所而白佛言：前受三歸五戒之法，多所禁制，〔一〕不得復從本意所作。念自思惟，欲罷，不能事佛，可爾與不？〔二〕何以故？佛法尊重，非凡類所事，當可還法戒乎？佛默然不應。言猶未絶口中，〔三〕便有自然鬼神持鐵椎拍長者頭，復有鬼神解脱其衣裳，復有鬼神以鐵鉤就其口中曳取其舌，有婬女鬼神以刀揣割其陰，又有鬼神烊銅沃其口中，前後左右諸鬼神競來分裂，〔四〕取其血，噉食之。長者執持恐怖戰掉，〔五〕無所歸投，面如土色。又有自然之火，焚燒其身。求生不得，求死不得。諸鬼神輩急持長者不令得動。佛見如是，哀愍念之，因問長者：汝今當復云何？長者口噤，不能復言，但得舉手自搏而已。從佛求哀，悔惡歸善。佛便以威神救度長者。諸鬼神王見佛世尊以威神力救度長者，各各住立一面。長者於是小得穌息，便起叩頭，前白佛言：我身中有是五賊，牽我入三惡道中。坐欲作罪，違負所受。願佛哀我，受我懺悔。佛言：汝自心口所爲，當咎阿誰？長者白佛：我從今日改往修來，奉受三

〔一〕「所」字原作「可」，據高麗藏本改。
〔二〕「與」字，灌頂經作「以」。
〔三〕「猶」字原作「已」，據灌頂經改。
〔四〕「競」字原作「竟」，據高麗藏本改。
〔五〕「掉」字原作「恌」，據高麗藏本改。

歸及五戒法，持月六齋，奉三長齋，燒香散花，懸雜旛蓋，供事三寶。從今已去，不敢復犯破歸戒法。佛言：如此言者，是爲大善。汝今受是三歸五戒，莫復如前受戒法也。破是歸戒，名爲再犯。若三犯者，爲五官所得便，輔王小臣、都録監司、五帝使者之所得便，收神録命，皆依本罪。是故我説是言勸受歸戒者：鬼神護助，諸天歡喜，十方無量諸佛菩薩羅漢皆共稱歎是清信士女。論其終時，佛皆分身而往迎之，不使持戒男女人墮惡道中。若戒羸者，當益作福。」〔一〕

頌曰：

茫茫惚惚，〔二〕夙夜昏馳；色心染著，不覺日滋。身色漏剋，〔三〕朝夕推移。戒瓶既破，浄報何施。七支不護，三業失威。聖賢共捨，神鬼競嗤，浄衆不納，擯同死屍。一墜幽塗，萬劫長縻。

感應緣略引四驗

晉沙門竺曇遂

〔一〕出灌頂經卷三三歸五戒佩帶護身咒經。

〔二〕「惚惚」，高麗藏本作「恍惚」。

〔三〕「色」字，高麗藏本作「危」。

宋沙門釋智達
宋沙門釋曇典
隋沙門釋慧曇

晉太元中謝家沙門竺曇遂，年二十餘。白皙端正，流俗沙門。身嘗行經青溪廟前過，因入廟中看。暮歸夢一婦人來語云：君當來作我廟中神不？復夕，曇遂夢問婦人是誰？婦人云：我是青溪中姑。如此一月許，便卒。病臨死，謂同學年少：我無福，亦無大罪。死乃當作青溪廟神。諸君行便，可見看之。既死，後諸年少道人既至，便靈語相勞問，音聲如昔時。〔一〕臨去云：久不聞唄，〔二〕思一聞之。其伴慧覲便爲作唄訖。其猶唱讚語云：歧路之訣，尚有悽慘；況此之乖，形神分散。窈冥之歎，情何可言。既而歔欷，悲不自勝。〔三〕諸道人等皆爲流涕。右此一驗出續搜神記。〔四〕

宋沙門智達者，益州索寺僧也。行頗流俗而善經唄。年二十三。宋元徽三年六月病死，身暖不

〔一〕「昔」字，高麗藏本作「其生」。
〔二〕「聞」字原作「問」，據高麗藏本、磧砂藏本、南藏本、嘉興藏本改。
〔三〕「悲」字原脱，據高麗藏本補。
〔四〕出搜神後記卷五。

殮。遂經二日穌還，〔一〕至三日旦而能言視。自説言：始困之時，見兩人皆著黄布袴褶，一人立于户外，一人逕造牀前。曰：上人應去，可下地也。達曰：貧道體羸，不堪涉道。此人復曰：可乘轝也。言卒而轝至。達既昇之，意識怳然，不復見家人屋室及所乘轝。〔二〕四望極目，但覩荒野，途逕艱危。示道登躡，驅之不得休息。〔三〕至于朱門，墻闔甚華。達入至堂下。堂上有一貴人，朱衣冠幘，據牀傲坐，姿貌嚴肅，〔四〕甚有威容。左右兵衛百許人，皆朱衣拄刀，〔五〕列直森然。貴人見達，乃斂顔正色，謂曰：出家之人，何宜多過。達曰：有識以來，不憶作罪。問曰：誦戒廢不？達曰：初受具足之時，實常習誦。比逐齋講，恒事轉經，故於誦戒時有虧廢。復曰：沙門時不誦戒，〔六〕此非罪何爲？可且誦經。達即誦法華三契而止。貴人敕所録達使人曰：可送置惡地，勿令太苦。二人引達將去。行數十里，稍聞轟磕，鬧聲沸火，而前路轉闇。次至一門，高數十丈，色甚堅黑，蓋鐵門也。墻亦如之。達心

〔一〕「穌」字原作「稍」，據高麗藏本改。
〔二〕「室」字原脱，據高麗藏本補。
〔三〕「驅」字原脱，據高麗藏本補。
〔四〕「肅」字原作「遠」，據高麗藏本、磧砂藏本、南藏本、嘉興藏本改。
〔五〕「衣」字原脱，據高麗藏本補。
〔六〕「時」字，高麗藏本作「而」。

自念：經説地獄，此其是矣。乃大恐怖，悔在世時不修業行。及大門裏，鬧聲轉壯，久久静聽，方知是人叫呼之響。門裏轉闇，無所復見。時火光乍滅乍揚，見有數人反縛前行。後有數人執扠扠之，血流如泉。其一人乃達從伯母。彼此相見，意欲共語。有人曳之殊疾，不遑得言。入門二百許步，見有一物，形如米囤，可高丈餘。二人執達擲置囤上。囤裏有火，焰燒達身，半體皆爛，痛不可忍。自囤墜地，悶絶良久。二人復將達去。見有鐵鑊十餘，皆煮罪人。人在鑊中，隨沸出没。鑊側有人，以扠刺之。或有攀鑊出者，兩目沸凸，舌出尺餘，肉盡炘爛而猶不死。諸鑊皆滿，唯有一鑊尚空。二人謂達曰：上人即時應入此中。達聞其言，肝膽塗地，乃請之曰：君聽貧道，一得禮佛。便至心稽首，願免此苦。伏地食頃，祈悔特至。既而四望，無所復見。唯覩平原茂樹，風景清明，而二人猶導達行。至一樓下，樓形高小，上有人裁得容坐。謂達曰：沙門現受輕報，殊可欣也。達於樓下，忽然不覺還就身時。達今猶存在索寺也。齋戒愈堅，禪誦彌固。

宋沙門釋曇典，白衣時年三十，忽暴疾而亡，經七日方活。説初亡時，見兩人驅將去，使輦米。伴輦可有數千人，〔一〕晝夜無休息。見二道人云：我是汝五戒本師，來慰問之。師將往詣官主云：〔二〕是貧道弟子，且無大罪，歷算未窮，即見放遣。二道人送典至家，住其屋上。具約示典：可作沙門，勤

〔一〕「伴輦」，高麗藏本作「麮輦」。

〔二〕「師」字，高麗藏本作「即」。

修道業。言訖下屋。道人推典著屍腋下，於是而穌。後出家經二十年，以元嘉十四年亡。右二驗出冥祥記。

隋東川釋慧曇，〔一〕不知何人。辯聰令逸，大小通明。住寶明寺，襟帶衆經。以四月十五日臨說戒時，僧並集堂，曇居上首，乃白衆曰：戒本防非，人人誦得。何勞徒衆，數數聞之。可令一僧豎義，〔二〕令後生開悟。曇氣岸風格，當時無敢抗者，咸順從之。訖於後夏末，〔三〕常廢說戒。至七月十五日旦，將昇草座，失曇所在。大衆以新歲未受，〔四〕交廢自恣，一時崩騰，四出追覓。乃於寺側三里許，於古塚間得之。遍體血流，如刀割處。借問其故。云：有一丈夫，執三尺大刀，勵色瞋曇，改變布薩，妄充豎義。刀膾身形，痛毒難忍。因接還寺，竭情懺悔，〔五〕乃經十載，說戒布薩，讀誦衆經，以爲常業。臨終之日，異香迎之，神色無亂，欣然而卒。咸嘉徵祥，即世懲革。右此一驗出唐高僧傳。〔六〕

〔一〕「釋慧曇」，唐高僧傳作「釋僧雲」。下同。

〔二〕「令」字原作「今」，據高麗藏本、磧砂藏本、南藏本改。

〔三〕「後」字，唐高僧傳無。

〔四〕「新歲未受」原作「斯歲末受」，據高麗藏本改。

〔五〕「竭」字原作「端」，據高麗藏本改。

〔六〕出唐高僧傳卷三十四釋僧雲傳。此條目録題爲「隋沙門釋慧曇」，且正文開頭云「隋東川釋慧曇」，其實事跡爲「齊鄴下寶明寺沙門釋僧雲」事，出唐高僧傳卷三十四。唐高僧傳此卷又有「隋東川沙門釋慧雲」傳，蓋作者誤將「齊沙門釋僧雲」事入「隋沙門釋慧雲」名下，又將「雲」字誤爲「曇」字。

法苑珠林校注卷第九十一

受齋篇第八十九此有二部

述意部　引證部

述意部第一

夫正法所以流布，貴在尊經；福田所以增長，功由齋戒。故捨一餐之供，福紹餘糧；施一錢之資，果超天報。所以福田可重，財累可輕，共樹無遮之會，等招無限之福也。

引證部第二

如舊雜譬喻經云：「昔有四姓請佛飯，時有一人賣牛湩。大姓留止飯，教持齋戒，受聽經已。〔一〕及歸，〔二〕婦言：我朝相待未飯。便强令夫飯，壞其齋意。雖爾，七生天上，七生世間。師曰：一日持齋，有六十萬歲餘糧。復有五福：一曰少病，二曰身安隱，三曰少婬意，四曰少睡卧，五曰得生天上，常識宿命所行事也。」〔三〕

又「波斯匿王欲賞末利夫人香瓔，唤出宫視。夫人於齋日著素服而出，在六萬夫人中，明如日月，倍好加常。王意悚然加敬，問曰：有何道德，炳然有異？夫人白王：自念少福，禀斯女形，情態垢穢，日夜命促，懼墜三塗。是以月月奉佛法齋，割愛從道，世世蒙福。願以香瓔奉施世尊。」〔四〕

又中阿含經云：「爾時鹿子母毗舍佉平旦沐浴，著白净衣，將子婦等眷屬往詣佛所，稽首作禮。白世尊曰：我今持齋善。世尊問曰：居士婦今持何等齋耶？齋有三種。云何爲三？一者、放牛兒齋，二

〔一〕「教持齋戒，受聽經已」，高麗藏本作「教持齋受戒聽經已」。
〔二〕「及」字，高麗藏本作「乃」。
〔三〕出舊雜譬喻經卷上。
〔四〕出法句譬喻經卷二。

者、尼揵齋，三者、聖八支齋。云何名放牛兒齋者？若放牛兒，朝放澤中，晡收還村。彼還村時，作如是念：我今日在此處放牛，明日當在彼處放牛。我今日在此處飲牛，明日當在彼處飲牛。我牛今日在此處宿止，明日當在彼處宿止。如是有人，若持齋時，作是思惟：我今日食如此之食，明日當食如彼食也。我今日飲如此之飲，明日當飲如彼飲也。我今日含消如此含消，明日當含消如彼含消。其人於此晝夜樂著欲過。是名放牛兒齋。若如是持齋，不獲大利，不得大果，無大功德，不得廣布。云何名尼揵齋耶？若出家尼揵者，彼勸人曰：汝於東方過百由延外，有衆生者，擁護彼故，棄捨刀杖。如是南西北方亦爾。或脱衣裸形，我無父母妻子。勸進虚妄之言，將爲真諦。或執苦行自餓諸邪法等。是名尼揵齋也。若如是持齋者，亦不獲大利，不得大果，無大功德，不得廣布。云何名爲聖八支齋？多聞聖弟子，若持齋時，作是思惟：阿羅訶真人盡形壽，離殺斷殺，棄捨刀杖，有慚有愧，有慈悲心，饒益一切，乃至蜫蟲，於殺浄心，乃至盡形壽離非時食，斷非時食，一食不夜食，樂於時食。我以此支於阿羅訶等同無異，是故説齋。彼住此聖八支齋已，於上當復憶念如來無所著等十號，出世浄法，捨離穢汙、惡不善法，是名聖八支齋也。若族姓女持聖八支齋者，身壞命終，得生六欲天，遠得四沙門果。」〔一〕

又僧祇律云：「佛住舍衛城，南方有邑，名大林。時有商人驅八頭牛，到北方倶多國，有一商人共

〔一〕出中阿含經卷五十五持齋經。

在澤中放牛。時有離車捕龍食之，捕得一龍女。女受布薩法，無有害心，然離車穿鼻牽行。商人見之，即起慈心，問離車言：汝牽此龍欲作何等？荅言：我欲殺噉。商人言：勿殺，我與汝一牛貿取。捕者不肯。乃至八牛，方言：此肉多美。今爲汝故，我當放之。時商人放龍女去已。〔一〕商人念言：此是惡人，恐復追逐。更遣捕取，〔二〕放别池中，隨逐看之。龍變爲人，語商人言：天施我命，今欲報恩。可共入宫，當報天恩。商人荅言：龍性卒暴，瞋恚無常，或能殺我。荅：不爾。前人繫我，我力能殺彼人。但以受布薩法，都無殺心。何況天今施我壽命而當加害。若不去者，小住此中，我先摒擋，即便入去。後入宫内，見龍門邊二龍繫在一處。商人問言：汝爲何事被繫？荅言：此龍女半月中三日受齋法。我兄弟守護此龍女。爲不堅固，爲離車所捕，以是被繫。唯願天慈語令放我。龍女摒擋已，即呼入宫，坐寶牀上。龍女白言：龍中有食能盡壽消者，有二十年消者，有七年消者，有閻浮提人食者。未知天今欲食何食？荅言：欲須閻浮提食。即持種種飲食與之。商人問龍女言：此龍何故被繫？龍女言：此有過，我欲殺之。商人言：汝莫殺。不爾，要當殺之。商人言：汝放彼者，我當食耳。白言：不得直爾放之，當罰六月擯置人間。商人見龍宫中種種寶物，莊嚴宫殿。商人便問言：汝有如是莊嚴，用受布薩何爲？荅言：我龍法有五事苦。何等爲五？謂生時、眠時、婬時、瞋時、死時。一日之中，

〔一〕「商人」下原衍「恐」字，據高麗藏本删。此句僧祇律作「即取八牛，放龍女去」。

〔二〕「遣」字原作「遺」，據高麗藏本改，僧祇律作「還」。

三過皮肉落地，熱沙熡身。〔一〕復問：汝欲求何等？荅言：人道中生。爲畜生中苦，不知法故。欲就如來出家。龍女即與八餅金，〔二〕語言：此金足汝父母眷屬終身用之不盡。語言：汝合眼。即以神變持著本國。以八餅金持與父母。此是龍金，截已更生，盡壽用之，不可盡時。」〔三〕思念仁慈，不得不行。暫救龍女，恩報彌重。〔四〕況持大齋，受福寧小。

又菩薩受齋經云：「某自歸佛，自歸法，自歸比丘僧。某身所行惡，口所言惡，意所念惡，今已除棄。某若干日若干夜受菩薩齋，自歸菩薩。佛告須菩提：菩薩齋日有十戒：第一、菩薩齋日，不得著脂粉華香。第二、菩薩齋日，不得歌舞、打鼓、伎樂、裝飾。〔五〕第三、菩薩齋日，不得卧高牀上。第四、菩薩齋日，過中已後不得復食。第五、菩薩齋日，不得持刀、金銀、珍寶。第六、菩薩齋日，不得乘車牛馬。第七、菩薩齋日，不得捶兒子、奴婢、畜生。第八、菩薩齋日，皆持是齋，從分檀布施得福。菩薩齋日，去卧時於佛前叉手言：今日一切十方其有持齋戒者，行六度者，某皆助安，無量勸助，歡喜福施。

〔一〕「熡」字原作「薄」，據高麗藏本改。
〔二〕「餅」字原作「鉼」，據高麗藏本改。下同。
〔三〕出摩訶僧祇律卷三十二。
〔四〕「重」字原作「鍾」，據高麗藏本改。
〔五〕「打」字，高麗藏本作「捶」。

十方一切人非人等所在勤苦厄難之處，皆令得福，解脱憂苦。出生爲人，安隱富樂無極。第九、菩薩齋日，不得飲食盡器中。第十、菩薩齋日，不得與女人相形笑共座席。女人亦爾。是爲十戒，不得犯，不得教人犯，亦不得勸勉人犯。菩薩解齋法言：南無佛，南無法，南無比丘僧。某若干日若干夜持菩薩齋，從分檀布施當得六波羅蜜。如諸菩薩六萬菩薩法。齋日夜，一分禪，一分讀經，一分卧，是爲菩薩齋日法。從正月十四日受，十七日解。從四月八日受，十五日解。從七月一日受，十六日解。從九月十四日受，十六日解。」〔一〕

述曰：既受齋已，若欲解齋，要待明相出時，始得食粥。不爾，破齋。何名明相？如薩婆多論云：「明相有三種色：若日照閻浮提樹，則有黑色；若照樹葉，則有青色；若過樹葉，則有白色。於三色中，白色爲正。」〔二〕始得解齋，食其粥也。

頌曰：

令月建清齋，　佳辰召無疆。　四部依時集，　七衆會昇堂。　蕭條清梵舉，　哀怨動宫

〔一〕出菩薩受齋經。

〔二〕出薩婆多毗尼毗婆沙卷四不離衣宿。

商。〔一〕香氣騰空上，乘風散遐方。歎德研沖邃，詞辨暢玄芳。析煩呈妙句，〔二〕臨時拆婉章。〔三〕緇素相依託，財法發神光。福田今夕滿，恩慧導存亡。〔四〕

感應緣略引四驗

東晋沙門法顯

宋沙門僧伽達多

宋居士郭銓

高齊沙門寶公〔五〕

東晉徐州吴寺太子思惟像者。昔晉沙門法顯勵節西天，歷遊聖迹。往投一寺，大小逢迎。顯時遇

〔一〕「怨」字，高麗藏本作「婉」。

〔二〕「析」字，高麗藏本作「滌」。

〔三〕「拆」字，高麗藏本作「折」。

〔四〕「導」字，高麗藏本作「建」。

〔五〕「實公」，高麗藏本作「寶公」。下正文同。

疾，主人上座親事經理，敕沙彌爲客僧覓本鄉齋食，倏忽往還。脚有瘡血，云往彭城吴蒼鷹家求食，爲犬所嚙。顯怪其旋轉之間，而遊數萬里外，方悟寺僧並非常人也。後隨舶還國，故往彭城追訪，得吴蒼鷹，具狀問之。荅有是事。便詣餘血塗門之處。〔一〕顯曰：此羅漢聖人血也，當時見爲覓食耳，如何遂損耶？鷹聞慚悚，即捨宅爲寺，自往揚都求諸經像。正濟江中，船遂傾側。忽有雙骨各長一丈，隨波騰漾，掩入船中，即得安流昇岸。以事奏聞，乃龍齒也。鷹求像未獲，泝江西上，暫息林間。遇見婆羅門僧持此像行曰：欲往徐州與吴蒼鷹供養。鷹曰：必如來言，弟子是也。便付像，將還至京。詔令摸取十軀，皆足下施銘，而人莫辨新舊，任鷹採取。〔二〕像又降夢，示其本相，恰取還得本像。東還徐州，每放異光。元魏孝文請入北臺。至高齊，後主遣使者常彪之迎還鄴下。齊滅周廢，爲僧藏之。大隋開教，還重光顯。今在相州大慈寺。〔三〕右此一驗見晉史雜録。〔四〕

宋京師道林寺有沙門僧伽達多、僧伽羅多等，並博通經論，偏以禪思爲業。以元嘉之初，來遊宋境。達多常在山中坐禪。日時將逼，念欲受齋，乃有羣鳥銜果，飛來授之。達多思惟：昔獮猴奉蜜，佛

〔一〕「詣」字，高麗藏本作「指」。

〔二〕「採」字，高麗藏本作「探」。

〔三〕出集神州三寶感通録卷中。

〔四〕「史」字原作「文」，據高麗藏本改。

亦受而食之。今飛鳥授食，何爲不可。於是受進食之。〔一〕右一驗出梁高僧傳。

宋順陽郭銓，字仲衡，晉益州刺史。亡後三十餘載，元嘉八年，忽見形詣女婿南陽劉凝之家，車衛甚盛。謂凝之曰：僕有謫事，可見爲作四十僧會，〔二〕當得免也。言終不見。劉謂是魍魎，不以在意。後夕銓又與女夢，言：吾有謫罰，已告汝婿，令爲設會，不能見矜耶！女晨起見銓從户過，怒言：竟不能相救，今便就罪。女號踊留之，問：當何處設齋？荅云：可歸吾舍。倏然復没。凝之即狼狽供辦。會畢，有人稱銓信與凝相聞。言：感君厚惠，事始獲宥。言已失去，於是而絶。〔三〕右一驗出冥祥記。

高齊初沙門實公者，〔四〕嵩山高栖士也。旦從林慮向白鹿山，因迷失道。日將隅中，忽聞鍾聲，尋響而進，巖岫重阻。登陟而趣，乃見一寺，獨據深林。三門正南，赫奕輝焕。前至門所看額，云靈芝寺。〔五〕門外五六犬，其大如牛，〔六〕白毛黑喙，或踊或卧，以眼眄實。實怖將返，須臾胡僧外來。實唤

〔一〕出高僧傳卷三畺良耶舍傳。

〔二〕「四十」，高麗藏本作「三十」。

〔三〕太平廣記卷三二四引。

〔四〕「實公」，集神州三寶感通録作「嵩公」。下同。

〔五〕「靈芝寺」，高麗藏本及集神州三寶感通録作「靈隱之寺」。

〔六〕「大」字原作「犬」，據高麗藏本改。

不應，亦不迴顧，直入門内。犬亦隨入。良久，實見無人，漸入次門。屋宇四周，房門並閉。進至講堂，唯見牀榻，高座儼然。實入西南隅牀上坐。久之，忽聞棟閒有聲，仰視見開孔如井大，比丘前後從孔飛下，遂至五六十人，依位坐訖。自相借問：今日齋時，何處食來？或言豫章、成都、長安、隴右、蔚北、嶺南、五天竺等，無處不至，動即千萬餘里。末後一僧從空而下，諸人競問：來何太遲？荅曰：今日相州城東彼岸寺鑒禪師講會，各各竪義，大有後生聰俊難問，詞旨鋒起，殊爲可觀。不覺遂晚而至。實本事鑒爲和上，既聞此語，望得參話，希展上流，整衣將起。咨諸僧曰：〔一〕鑒是實和上。諸僧直視，忽隱寺所。獨坐磐石柞木之下，向之寺宇，一無所見。唯覩巖谷，禽鳥翔集，喧亂切心。出以問尚統法師。尚曰：此寺石趙時佛圖澄法師所造，〔二〕年歲久遠，賢聖居之，非凡所住。或汎或隱，遷徙無定。今山行者，猶聞鍾聲。〔三〕見侯君素旌異記録。〔四〕

〔一〕「咨」字，高麗藏本作「荅」。

〔二〕「石」字原作「名」，據集神州三寶感通録改。

〔三〕出集神州三寶感通録卷下。

〔四〕太平廣記卷九九引。

破齋篇第九十此有二部

述意部　引證部

述意部第一

惟無常苦空之悲，念生老病死之患。長夜悲倒懸之苦，〔一〕漂淪哀陷墜之溺。〔二〕思之痛傷，亦深可懼也。良由福田輕薄，信施難消。齋戒無固，事等坯瓶；易毁難持，又同霜露。我人轉盛，著逾膠漆。不懼累劫之殃，但憂一身之命。所以飽食長眠，何異狏犬；破齋夜食，鬼道無殊。是故施主失應時之福，衆僧損良田之種也。

〔一〕「悲」字原脱，據高麗藏本、磧砂藏本、南藏本、嘉興藏本補。

〔二〕「淪」字原作「輪」，「哀」字原脱，據高麗藏本改補。

引證部第二

如舍利弗問經云：「舍利弗白佛言：有諸檀越造僧伽藍，厚置資給，供來往僧。〔一〕有似出家僧，非時就典食僧索食而食。與者食者，得何等罪？其本檀越得何等福？佛言：非時食者，是破戒人，是犯盜人。非時與者，亦破戒人，亦犯盜人。盜檀越物，是不與取。非施主意，施主無福；以失物故，猶有發心置立之善。舍利弗言：時受時食，食不盡者，非時復食，或有時受，至非時食，復得福不？佛言：時食净者，是即福田，是即出家，是即僧伽，是即天人良友，是即天人導師。其有不净者，猶爲破戒，是大劫盜，是即餓鬼，爲罪窟宅。非時索者，以時非時輒與。是與食者，是名退道，是名惡魔，是名三惡道，是名破器，是名癩病人，壞善果故，偷乞自活。是故諸婆羅門不非時食，外道梵志亦不邪命食，況我弟子知法行法而當爾耶？凡如此者，非我弟子。是盜我法利，著無法人，是名盜食非法之人。盜與盜受一團一撮片鹽片酢，皆死墮燋腸地獄，吞熱鐵丸。從地獄出，生豬狗中，食諸不净。又生惡鳥，人怪其聲。後生餓鬼，還伽藍中，處其圊内，噉食糞穢。並百千萬歲，更生人中，貧窮下賤，人所棄惡，不可言說，人不信用。不如盜一人物，其罪尚輕，割奪多人故，良福田故，斷絶出世道故。」〔二〕

〔一〕「往」字原作「世」，據高麗藏本改。
〔二〕出舍利弗問經。

又犍陀國王經云：「佛在世時，時有國王，號名犍陀，奉事婆羅門。婆羅門居在山中，多種果樹。時有擔樵人，毁其果樹。婆羅門見之，便將詣王所言：是人無狀，殘敗我果樹，王當治殺。王敬事婆羅門，不敢違之，即爲殺之。自後未久，有牛食人稻，其主逐捶，折其一角，血流滿面，痛不可忍。牛遥到王所白言：我實無狀，食此人少稻，今折我角。稻主亦追到王所。王曉鳥獸語。王語牛言：我當爲汝殺之。牛即報言：今雖殺此人，亦不能令我不痛，但當約敕，後莫取之如我。〔一〕王便感念言：我事婆羅門，但坐果樹，令我殺人，不如此牛。今事此道，復不免生死，何用此道。便到佛所，五體投地，爲佛作禮，願受五戒十善。佛言：布施持戒，現世得福。忍辱精進，一心智慧，其德無量，〔二〕後生天上。王即歡喜，得須陀洹。阿難白佛言：此王與牛本何因緣？佛言：乃昔拘那含牟尼佛時，王與牛爲兄弟，作優婆塞，共持齋戒一日一夜。王守法精進，不敢懈怠，壽終昇天。天上壽盡，下爲國王。牛時犯齋夜食，後受其罪。罪畢復作牛五百世。尚有宿識，故來開悟王意。牛後七日壽終，上生天上。佛言：四輩弟子受持齋戒，不可犯也。」〔三〕

又法句喻經云：「佛在舍衛國祇樹給孤獨園精舍中，爲天人龍鬼神説法。東方有國，名鬱多羅波

〔一〕「之」字，犍陀國王經作「人」。又「取之如我」，高麗藏本作「如之」。
〔二〕「德」字，高麗藏本作「福」。
〔三〕出犍陀國王經。

提，有婆羅門等五百人，相率欲詣恒水岸邊。有三祠神池，沐浴垢穢，裸形求仙，如尼揵法。道由大澤，迷不得過。中道乏糧，遥望見一大樹，如有神氣，想有人居。馳趣樹下，了無所見。婆羅門等舉聲大哭，飢渴委厄，窮死斯澤。樹神現身，問諸梵志：道士那來，今欲何行？同聲荅曰：欲詣神池，澡浴望仙。今日飢渴，幸哀矜濟。樹神舉手，百味飲食從手流溢。給衆飲食，皆得飽滿。其餘飲食，足供道糧。臨當别去，詣神請問：本行何德，致此巍巍？神荅梵志：吾本所居，在舍衛國。時國大臣，名曰須達，飯佛衆僧，於市市酪。無提酪者，倩我提之，往到精舍，使我斟酌，訖行澡水，儼然聽法。一切歡喜，稱善無量。時我奉齋，暮還不餐。婦怪問我：不審何恨？荅曰：不恨也。見長者須達於園飯佛，請我往齋，齋名八關。其婦瞋恚，忿然言曰：瞿曇亂俗，奚足採納。君毁遣則禍從此釁。〔一〕 蹴迫不已，便共俱食。時我爾夜年壽算盡，終於夜半，神來生此。爲此愚婦，破我齋法。不卒其業，〔二〕來生斯澤，作此樹神。提酪之福，手出飲食。若終齋法，應生天上，封受自然。即爲梵志而作頌曰：

祠祀種禍根，　日夜長枝條。　唐苦敗身本，　法齋度世仙。」〔三〕

又百緣經云：「佛在舍衛國祇樹給孤獨園，於其初夜有五百天子，齎持香華，光明赫奕，照祇洹林，

〔一〕「君毁遣」，高麗藏本作「君不毁食」。此句法句譬喻經作「君不毁遺則禍從此興」。

〔二〕「卒」原作「率」，據法句譬喻經改。

〔三〕出法句譬喻經卷二刀仗品。

來詣佛所，禮已却坐。佛爲説法，得須陀洹果。遶佛三匝，還詣天宫。於其晨朝，阿難請問諸天來緣。佛告阿難：乃往過去迦葉佛時，有二婆羅門，隨從國王來詣佛所，禮拜問訊。時彼從中有一優婆塞，勸二婆羅門共受齋法，一求生天，二求人王。受已俱還，詣婆羅門聚會之處。〔一〕諸婆羅門言：汝等飢渴，可共飲食。慇懃數勸，不免其意。求生天者，即便飲食，以破齋故，不果所願。其後命終，生於龍中。不食得作國王。〔二〕以其先身共受齋故，生彼國王園池水中。時守園人日日常送種種果蓏奉上獻王。於池水中得一美果，色香甚好。作是念言：我雖出入，常爲門監所見前却。我持此果，當用與之。作是念已，尋即持與。門監得已，復作是念：我雖出入，復爲黄門所見前却，當用與之。作是念已，尋即持與。黄門得已，復作是念：夫人爲我常向大王歎譽我德，我持此果，當用與之。作是念已，即便持與。夫人得已，復上大王。王得果已，即便食之。覺甚香美，即問夫人：汝今何處得是果來？夫人即時如實對曰：我從黄門得是果來。如是展轉推到園子。王即召呼：吾園之中有是美果，何不見送，乃與他人？園子於是本末自陳。王不聽言而告之曰：自今以後，常送此果。若不送者，吾當殺汝。園子還歸，入其園中，號啼涕泣，不能自制。此果無種，何由可得？時彼龍王聞是哭聲，化作人形，來問之言：汝今何以啼哭乃爾？園子具荅所由。龍聞是語，還入水中，取好美果，著金槃上，持與園子。因復

〔一〕「詣」字，高麗藏本作「諸」。

〔二〕「不食」，高麗藏本作「其不食者」，百緣經作「第二人者，終不飲食」。

告言：汝持此果奉上獻王，并説吾意云：我及國王，昔佛在世，本是親友，俱作梵志，共受八齋，各求所願。汝戒完具，得作國王。吾戒不全，生在龍中。我今還欲奉修齋法，求捨此身。願爲語汝王，爲我求八關齋文，送來與我。若其相違，吾覆汝國，用作大海。園子於是納受果桱，奉獻王已，因復説龍所囑之語。王聞是已，甚用不樂。所以然者，當爾之時，乃至無有佛法之名，況復得有八關齋文。若其不獲，恐見危害。思念此理，無由可辦。時彼國王有一大臣，最可敬重，而告之言：龍從我索八關齋文，仰卿得之。大臣荅曰：今世無法，云何可得？王復告言：汝若不獲，吾必殺卿。大臣聞已，却退至家，顔色異常，甚用愁惱。時臣有父，年在耆舊，每從外來，見子顔色改易異常，尋即問言。即向父説委曲諸理。〔一〕父荅子言：吾家堂柱，我見有光。汝爲就伐，試取破看之。得經二卷：一是十二因緣，二是八關齋文。大臣得已，甚用歡喜，著金桱上，奉獻與王。王得之喜，不能自勝，送與龍王。龍王得已，甚用歡慶，賫持珍寶，贈遺與王。各還所止，共五百龍子，勤加奉修八關齋法。其後命終，生忉利天。來供養我，是彼光耳。佛告阿難：欲知彼時五百龍子奉修齋法者，今五百天子是。佛説是緣時，有得四沙門果者，有發無上菩提心者。聞佛所説，歡喜奉行。」〔二〕

又遺教法律云：「若出家人乘車馬，一日除五百日齋，一歲三百六十日乘，計除却十八萬日齋。舍

〔一〕「諸」字，高麗藏本作「情」。

〔二〕出撰集百緣經卷六二梵志共受齋緣。

利弗問佛：何故比丘乘騎，除五百日齋者？佛言：比丘是知禁律人，他見生謗，令他得罪。除老病暫乘不犯。」問曰：何故不論俗人？答曰：出家清虛，慈愍衆生，〔一〕故他人怪。白衣穢濁，常造罪人，殺戮尋常，何論輕重。〔二〕故人見不怪也。

頌曰：

貪心未嘗滿，福善未曾憂。專求美飲食，飽謦無恥羞。昏塵全未拭，心垢豈能除。

破齋常夜食，辜負施難消。〔三〕苦長命自短，〔四〕業催暗中遊。漂浪四流海，〔五〕難逢六度舟。小惡猶不改，大善何能修。類同園池龍，焉得齊高流。

感應緣 略引三驗

晉俗人孫稚

〔一〕「慈」字，高麗藏本作「恕」。

〔二〕「重」字，高麗藏本作「罪」。

〔三〕「消」字，高麗藏本作「訓」。

〔四〕「苦」字，高麗藏本、磧砂藏本作「天」。

〔五〕「流」字，高麗藏本作「暴」。

齊王氏四娘

唐李思一

晉孫稚，字法暉，齊國般陽縣人也。父祚，晉太中大夫。稚幼而奉法。年十八，以咸康元年八月病亡。祚後移居武昌。至三年四月八日，沙門于法階行尊像經家門。夫妻大小出觀，見稚亦在人衆之中，隨侍像行。見父母，拜跪問訊，隨共還家。祚先病。稚云：無他禍祟，不自將護所致耳，五月當差。言畢辭去。其年七月十五日復歸，跪拜問訊，悉如生時，説其外祖父爲太山府君。見稚，説稚母字曰：汝是某甲兒耶？未應便來，那得至此。稚答：伯父將來，欲以代讁。〔一〕有教推問，欲鞭罰之，稚救解得原。〔二〕稚兄容，字思淵，時在其側。稚謂曰：雖離故形，在優樂處，但讀書無他作。願兄勿復憂也，但勤精進，繫念修善，福自隨人矣。我二年學成，當生國王家。同輩有五百人，今在福堂。學成皆當上生第六天上。我本亦應上生，但以解救先人因緣纏縛，故獨生王家耳。到五年七月七日，復歸，説：郗城當有寇難。事例甚多，悉皆如言。家人祕之，故無傳者。又云：先人多有罪讁，宜爲作福。我今受

〔一〕「讁」字，高麗藏本作「謫」。

〔二〕「救」字，高麗藏本作「軟」。

身人中，不須復營，但救先人也。願父兄勤爲功德。作福食時，務使鮮潔。一一如法者，受上福。次者，次福。若不能然，然後費設耳。〔一〕當使平等，心無彼我，其福乃多。祚時有婢，稚未還時，忽病殆死，周身皆痛。〔二〕稚云：此婢欲叛，我前與鞭，不復得去耳。推問，婢云：前實欲叛，與人爲期，日垂至而便住云云。〔三〕

齊王氏名四娘，永明三年病死。下屍在地，爲莊飾者覺其心煖，故未殯殮。經二宿，肌體稍温，氣息漸還。俄而能言。自説：有二人録其將去，至一大門。有一沙門踞胡牀坐，見之甚驚，問：何故來？乃罵此二人云：汝誤録人來，各鞭四十。語此四娘：〔四〕女郎可去。荅曰：向來怳怳，不知道路，請人示津。沙門即命一人力送之。〔五〕行少地，見其先死奴子倚高樓上。驚問：四娘那忽至此，欲見新婦不？荅：不知處。唤奴自送，奴云：不得奉送。四娘但去前路，應相值也。投一馬鞭與之曰：謹執此鞭，自知行路，可行數里，便見新婦。即四娘之嫂也。正被苦謫，四體磣縛，如裝鵝鴨法，懸于路

〔一〕「然後」二字，高麗藏本作「徒」。

〔二〕「周」字，高麗藏本作「通」。

〔三〕太平廣記卷三二〇引，作出法苑珠林。

〔四〕「語」字原作「餘」，據高麗藏本、磧砂藏本、南藏本、嘉興藏本改。

〔五〕「力」字，高麗藏本無。

側，相見悲號。新婦自説生時作罪，今貽此楚毒。欲屈手搏頰，求乞哀助，而手被攣格，不得至頰。又聞左右受苦之聲而不覩形。四娘問：此爲何聲？荅曰：此是無行衆僧，破齋犯戒，獲此苦報，呼叫聲也。於是沿路而歸，須臾至家。見其屍骸，意甚憎惡，不復願還，不覺有人排其蹈著，乃得就身而稍蘇活。其人今休然尚存。右二驗出冥祥記。〔一〕

唐隴西李思一，今居相州之滏陽縣。貞觀二十年正月已死，經日而蘇。語在冥報記。至永徽三年五月又死，經一宿而蘇。説云：以年命未盡，蒙王放復歸。於王前見相州滏陽縣法觀寺僧辯珪，又見會福寺僧弘亮及慧寶。三人並在王前辯荅。見冥官云：慧寶死期未至，宜修功德。辯珪、弘亮今歲必死。辯珪等是年果相繼卒。後寺僧令一巫者，就弘亮等舊房召二僧問之。辯珪曰：我爲破齋，今受大苦。兼語諸弟子等曰：爲我作齋，救拔苦難。弟子輩即爲營齋。巫者又云：辯珪已得免罪。弘亮云：我爲破齋，兼妄持人長短，今被拔舌，痛苦不能多言。相州智力寺僧慧永等説之。右一驗出冥報拾遺。

〔一〕「二」字原作「一」，據高麗藏本改。

賞罰篇第九十一 此有二部

述意部　引證部

述意部第一

夫好生惡死，含識之所同欣；喜利怒害，〔一〕仁智之所不免。是以居終蹈義，或愜於情；枉性傷和，每切餘恨。史遷曰：「死有輕於鴻毛。」莊周曰：「生則重於天下。」故生死違性，〔二〕則怨酷冥道；賞罰乖序，則哀聲氣結。影響於耳目，瘠痳於精爽。無往不復，吁可畏哉。庶權豪之地，覽明鏡而紲威；利欲之情，啓元龜而克念。無辜者獲腰領之全，履福者同劫石之壽也。

〔一〕「利怒」原作「怒利」，據高麗藏本改。

〔二〕「故」字原脱，據高麗藏本補。

引證部第二

如百喻經云：「昔有二人共種甘蔗而作誓言：種好者賞，其不好者當重罰之。時二人中一者念言：甘蔗極甜，若壓取汁，還灌甘蔗樹，必得勝。既取汁溉，冀望滋味，反敗種子。所有甘蔗，一切都失。世人亦爾，欲求善福，恃己豪貴，倚形挾勢，逼脅下民，陵奪財物，用作福善。不知將來，反獲其殃。如壓甘蔗，彼此都失。」〔一〕

阿育王經云：「昔阿育王婦蓮華夫人產一子，面貌端正，依付法藏，名曰法增。目似駒那羅眼，因字駒那羅。王甚愛敬。長爲取婦，字真金鬘。後共王至雞頭摩寺，到上座所。上座夜奢知必失眼，常爲說法眼無常相。王大夫人帝失羅叉見眼端正，染心逼之。子聞掩耳，不順其志。夫人瞋恚，常求其短，欲挑其眼。後時北方乾陀羅國，城名得叉尸羅，人民叛逆，王遣鎮之。後時王病，口中糞臭，身諸毛孔糞汁流出，無人能治。敕喚駒那，欲紹王位。帝失羅叉聞已念言：彼若爲王，我無活理。即作方便而白王言：我能治王。即敕國內似王病者，皆敕將來，我爲治之。時有一兒有如此病，〔二〕婦爲問醫。醫

〔一〕出百喻經卷一灌甘蔗喻。

〔二〕「兒」字，高麗藏本作「男」。

語：將來爲汝治之。既至醫所，即送與夫人。夫人殺之，破腹見蟲。上去糞隨，〔一〕下行亦爾。與種種藥，不能令死。後乃與葱，〔二〕蟲便即死。以是因緣，勸王食葱。王食蟲死，逐糞道出，王病得差。語夫人言：欲得何願？荅言：欲得七日作王。王即聽之。既得王已，詐作王書，語得叉人云：駒那羅有大罪過，急挑眼出。詐作書已竟，向王眠睡，偷王齒印。王夢驚覺，語夫人言：夢見二鷲，欲挑我子駒那羅眼。言已還眠，復夢覺。語夫人言：夢見駒那羅頭髮甚長，在地而坐。夫人安慰，王復還眠。眠已，夫人得印，印書遣使齎去。王復夢見牙齒墮落。曉召相師，占夢吉凶。師言：此夢必是王子失眼之相。王聞合掌，歸命四方護佛道神信法僧者，願護我子。書至彼國，駒那得書，即信其語。雇旃陀羅使挑其眼，無肯挑者。但緣業熟，自然有人面十八醜，〔三〕來求挑眼。王語醜人：先挑一眼，著我手中。舉刀向眼，一切人民稱怨，大喚：怪哉，苦哉！啼哭懊惱，不能自勝。」〔四〕

又付法藏傳云：「求一惡人令出右眼，置掌觀之。便念耶舍本所勸誡，而作是言：説眼無常，猶如幻化。昔時奇妙，今觀何愛。當捨危朽之法，專求最勝清净慧眼。作是觀時，得須陀洹。更出一眼，重

〔一〕「隨」字原作「墮」，據高麗藏本改。

〔二〕「葱」字，高麗藏本作「蒜」。下同。

〔三〕「十」字，高麗藏本作「有」。

〔四〕出阿育王傳卷三駒那羅本緣。

深思察，厭惡情至，得斯陀含。其妻金鬘聞夫挑眼，號哭雨淚，驚泣而來。見已悶絶，良久乃穌。時駒那羅以偈曉之曰：

昔吾爲惡業，　今日還自受。　一切世間苦，　恩愛會别離。　汝當諦思惟，　何應大啼哭。」〔一〕

又阿育王經云：「時駒那羅王荅婦：我等自造，今日受之。恩愛會離，何用啼爲。〔二〕使人驅出。夫婦相將，彈琴歌乞，以自存活。展轉而行，歸還本國。欲入王宫，門人約之，即至門外象厩中宿。向曉彈琴，自宣苦事。王聞琴聲，情切憶子，即遣人唤。既至王所，王見眼盲，形容瘦惡，衣裳弊壞，都不識别。見少形相，尋即問言：汝是我子駒那羅不？荅言：我是。王聞其語，悶絶躃地，水灑乃穌。抱著膝上，手摩拭眼，啼泣而言：汝眼本似駒那羅，故遂爲字。今悉無有，以何爲名。誰挑汝眼，使汝辛苦憔悴乃爾。速疾語我。我今見汝形體憔悴，譬如猛火燒我身心，都悉壞盡。子語王言：願莫憂惱。我自造業，不可怨他。得父王書，齒印敕挑。王立誓言：若我敕挑，當自截舌。若與齒印，當拔我齒。若我眼見，自挑其眼。王後推察，知是羅叉作書遣挑。王呼罵曰：不吉惡物，何地載汝。汝於今者不

〔一〕出付法藏因緣傳卷四。
〔二〕「啼」字下，高麗藏本有「哭」字。

自陷没。汝實我怨，詐懷親附。種種罵訖，積胡膠火而燒殺之。」〔一〕

又付法藏傳云：「時駒那羅王子起大悲心，而白父言：今若加報於彼，必當累劫共爲怨害。譬如因聲即有響應。亦如嬰兒未識義理，罵辱父母，無謙敬心。而此父母豈於其兒起瞋恨耶？一切衆生亦復如是。常爲煩惱之所覆蔽，愚癡無智，猶如小兒。云何仿彼而生瞋恚？王心毒盛，不受其語，大積薪油而焚殺之。」〔二〕

又阿育王經云：「爾時諸比丘見而問尊者優波毱多：有何因緣？尊者答曰：駒那羅往昔波羅柰國作一獵師，於山窟中得五百鹿，若都殺者，肉則臭爛。挑其眼出，日食一鹿。從是已來，五百身中，常被挑眼。又於過去拘留孫佛入涅槃後，時有國王名曰端嚴，爲起石塔，七寶莊嚴。王死之後，有一惡王名曰不信，壞塔取寶，唯留土木。駒那爾時爲長者子，還以七寶修治此塔，復造大像，共佛齊等。發誓願言：使我來世如似此佛，得勝解脱。緣本造塔，生尊貴家。由昔作像，常得端正。以發願故，今獲道迹。」〔三〕

〔一〕出阿育王傳卷三駒那羅本緣。
〔二〕出付法藏因緣傳卷四。
〔三〕出阿育王傳卷三駒那羅本緣。

又依王玄策西國行記云：「其王心知繼室姦宄，飲氣而怒，捶加刑繼室所。〔一〕是時輔佐並流配雪山東北磧鹵不毛之地。摩訶菩提寺聖僧名宴沙大阿羅漢。王聞高德，攜盲子具白前事，垂哀眼明。僧受王請，普告國衆：吾明晨説深法，人持器來，以承涕淚。〔二〕是日道俗競馳遠赴，聞説十二因緣。時衆悲傷，泣血而已。收淚總置金槃。師立誓曰：向所説法，其理若當，願以衆淚洗王子目，令得復明。理若不當，盲目如故。於是將淚洗眼，眼遂平復。時王及子不勝喜慶。時衆咸悦，皆稱：善哉！聖力乃爾。王子即是駒那羅王，於今塔猶存焉。」

又佛本行經云：「爾時世尊乞食時至，著衣持鉢，獨自而行，欲乞於食。漸漸到彼大兵將村。入彼邑已，即詣兵將婆羅門家。到其家已，即便進入，於其門内鋪座而坐。爾時兵將大婆羅門有於二女：一名難陀，二名波羅。時彼二女出向佛邊，到佛所已，頂禮佛足，却住一面。佛爲説法，得須陀洹果。乞受三歸五戒已，即取佛鉢，將好香美飲食滿盛鉢中，以用奉佛。爾時世尊受彼食已，從村而出。爾時提婆大婆羅門從他轉聞，彼大沙門來至於此。聞已即作思念：我昔曾請彼大沙門，許施飲食。我今貧煎，當作何計？妻報夫提婆言：乞聽可説，未審爾不？我憶往昔年少之時，兵將大婆羅門曾弄於我，欲求世事。我時不聽，彼暫指觸。而今聖夫將我與彼行於世事，從其隨索多少錢物。得已而爲彼大沙門

〔一〕「捶」字原作「剩」，據高麗藏本改。
〔二〕「承」字，高麗藏本作「盛」。

作食布施。爾時提婆報其妻言：此事不然。我婆羅門理不合作如是之事。其提婆即詣兵將所，白言：善哉，善哉！唯願借貸我五百錢。若我能償，此事善哉。脱不能償，我之夫婦二人詳共入汝家，爲汝作力。爾時兵將即與提婆錢足五百，而語之言：汝今將去，隨意所用。其事若訖，更不得轉從他借貸，〔一〕持以償我。如汝所要，身自出力覓錢與我。爾時提婆從兵將邊，依法受取五百錢已，至自己家，付與其妻備辦飲食。即詣林中而往佛邊，〔二〕欲請如來。善哉，大德沙門瞿曇，唯願受我明日飯食。是時世尊默然受請。辭佛而去，至自己家。城内一切巷陌皆賣熟食。〔三〕爾時提婆即於彼夜嚴備多種甘美飯食，其夜悉辦如是諸味。過夜天明，家内灑掃鋪牀座訖，即至佛邊。長跪諮白：飲食已辦，願赴我家。爾時世尊既至食時，著衣持鉢，漸漸而行。至提婆家，隨鋪而坐。夫婦自手擎持多種微妙清净衆味飲食，立於佛前，以奉世尊。唯願如來自恣而食。是時提婆奉佛食訖，別於佛邊鋪座而坐。坐已，世尊即爲提婆如應説法，令歡喜已，從座而起，隨意而去。爾時提婆送佛而出，其提婆妻從他借衣著。見佛出還，即便解衣置於一處，而掃除地。時有一賊，忽爾來偷其衣將去。時妻爲失衣故，心大

〔一〕「轉」字原作「傳」，據高麗藏本改。
〔二〕「即」字原作「既」，據高麗藏本改。
〔三〕「賣」字原作「買」，據高麗藏本改。

愁惱。提婆送佛還家，見婦大亂。〔一〕即便問言：何故如是煩惱？妻報夫言：當知所借衣，不知誰偷，忽然失去。是時提婆聞此語已，心地迷悶，不知所爲。作如是言：我以從他貸五百錢用爲供具，汝今從他借衣而著，忽復失去。我家貧短，以何備償？當作何計？爾時提婆求欲自死，即便往至屍陀林中，上大樹上，欲自撲地，而不能墮。即復大愁。然彼賊人執其衣裳，至屍陀林，忽爾還來，在於提婆所上樹下，掘地埋之。以土覆上，於上大便，放訖而去。時彼提婆在於樹上，遥見此事。賊去以後，從樹而下，掘取其衣，還將向舍。時提婆妻掃除舍内，處處分除。其屋一角，忽然自陷，低頭觀覩，地下見有一赤銅瓶，其中有金。乃至略説，見第二瓶，第三第四，悉皆是瓶。更復觀看其下，更見一赤銅甕，亦滿中金。彼見金已，即大驚叫，指示夫言：聖夫聖夫，速來速來，我已得之。爾時提婆聞婦聲已，作是思惟：此婦可憐，何故失心，如是誑語，云我已得於物？其前他處借衣失去，我已得衣，衣現在此。〔二〕其何故唱言我已得之？是時提婆將衣入家，問其妻言：居家著者，汝何所得？彼婦即便指示其金，語言：聖夫，我得於此也。〔三〕是時提婆復語妻言：汝所失衣，我亦得也。而彼婦取衣，向所借處還歸其

〔一〕「大」字，高麗藏本、磧砂藏本作「迷」。
〔二〕「衣」字原脱，據高麗藏本補。
〔三〕「於此」原作「此已」，據高麗藏本改。

主。爾時提婆作是思惟：我今獨自不能淹消爾多許金。〔一〕即便携將五百錢，直還向兵將邊而償其債。到已語彼大兵將言：我從仁者貸五百錢，今以還汝。是時兵將語提婆言：我前語汝，不得從他舉錢償我，唯出自家身力償我。提婆復言：我不從他貸取此物。兵將復問：汝從何得？提婆報言：我從地得此之金藏。彼不承信。爾時提婆即將兵將到自己家，示其金藏。爾時兵將見一聚炭，語提婆言：汝何誑也！語我是炭，用作金相。是時提婆復更重語彼兵將言：此實真金，非是火炭。如是再過三過已，以手觸彼金藏，唱示言：此是金非炭。復作誓願：如我善業因緣力故，得此金者，乞示兵將見。如此語已，炭即爲金。兵將見此地藏金已，復問：汝今供養阿誰？爲天爲仙，并及善人，而彼與汝如是願報。提婆報言：我於今日家唯供養是大沙門，奉施飯食，或應藉彼功德，果報當成。兵將報言：此之金藏，悉皆是彼善業因緣，故生此報。無人能奪，無人能斷，汝莫作疑，安隱而食。爾時提婆作如是念：以施大沙門食，生大功德，心生歡喜，踊躍無量，遍滿其體。復詣佛邊重請佛至家飯佛。以後夫妻二人鋪座聽法。佛知彼等心行體性，諸使薄少。爲説四諦，得須陀洹果。時諸比丘即諮問言：彼之提婆及妻等昔作何業，得此果報？復至佛邊，得諸聖法？更造何業，先貧後富，一旦如是？佛告比丘：昔迦葉佛所受三歸五戒而不行布施者，今提婆是。然命終乞願，願值於我。以是因緣，今得值我。

〔一〕「爾」字原作「食」，據高麗藏本改。

以不行布施，今得貧報。隨將食布施於我，得現世報。以是因緣，汝諸比丘輩等應常須向佛法僧邊，生於恭敬希有之心。猶如提婆身現受福。以慳貪不肯布施，今受貧賤困苦之患。」〔一〕

頌曰：

有義便合，無義便離。離卦非吉，合象成規。有功可賞，無功可治。勿得枉濫，反報無疑。

感應緣略引一十三驗

周杜國之伯恒

漢王濟左右

漢羽林中郎游殷

晉富陽縣令王範

晉張駿

〔一〕出佛本行集經卷四十教化兵將品。

晉羊聃〔一〕

晉孔基

晉庾亮

齊真子融

齊文宣帝高洋

梁劉大夫不得字

陳武帝陳霸先

唐王玄策行傳西域業稱

周杜國之伯名曰恒，爲周大夫。宣王之妾曰女鳩，欲通之，杜伯不可。女鳩訴之宣王曰：恒竊與妾交。宣王信之，囚杜伯于焦。使薛甫與司工錡殺杜伯。〔二〕其友左儒九諫而王不聽，左儒死之。杜伯既死，即爲人見王曰：恒之罪何哉？王召祝而以杜伯語告之。祝曰：始殺杜伯，誰與王謀之？王

〔一〕「羊聃」，太平廣記引同。高麗藏本、磧砂藏本、南藏本、嘉興藏本作「羊珊」，下正文同。

〔二〕「司工錡」，太平廣記引作「司空錡」。下同。

曰：司工錡也。祝曰：何不殺錡以謝之？宣王乃殺錡，使祝以謝杜伯。杜伯猶爲人而至，言其無罪。司工錡又爲人而至，曰：臣何罪之有？宣王告皇甫曰：祝也與我謀而殺人。吾所殺者又皆爲人而見，當柰何乎？皇甫曰：殺祝以謝之。宣王乃殺祝以兼謝焉。又無益也，皆爲人而至。祝亦曰：我焉知之，柰何以此爲罪而殺臣也？後三年，遊於圃田，從人滿野。日中，杜伯乘白馬素衣，司工錡爲左，祝爲右，朱衣朱冠，起於道左，執朱弓朱矢射宣王，〔一〕中心折脊，伏于弓衣而死。〔二〕

漢時王濟左右，〔三〕嘗於閤中就婢取濟衣物，婢欲姦之。其人云不敢。婢言：若不從我，我當大叫。此人卒不肯。婢遂呼云：某甲欲姦我，濟即令人殺之。此人具自陳訴，濟猶不信，故牽將去。顧謂濟曰：枉不可受，要當訟府君於天。後濟乃病，忽見此人語之曰：前具告實，既不見理，今便應去。濟數日卒。〔四〕

漢時游殷，〔五〕字幼齊，漢世爲羽林中郎將。先與司隸校尉胡軫有隙，軫遂誣搆殺之。殷死月餘，

〔一〕「朱矢」，太平廣記引作「彤矢」。
〔二〕太平廣記卷一一九引，作出還冤記。
〔三〕此句太平廣記引作「晉王濟侍者」。
〔四〕太平廣記卷一二九引，作出還冤記。
〔五〕「游殷」，太平廣記引作「游敦」。下同。

軫得病，目睛脱，但言：伏罪，伏罪。游幼齊將鬼來。於是遂死。〔二〕

晉富陽縣令王範有妾桃英，殊有姿色，遂與閤下丁豐、史華期二人姦通。範嘗出行不還，帳内都督孫元弼聞丁豐户中有環珮聲，覘視，見桃英與同被而卧。元弼叩户扇叱之，桃英即起，攬裙理鬢，躡履還内。元弼又見華期帶珮桃英麝香。二人懼元弼告之，乃共謗元弼與桃英有私。範不辨察，遂殺元弼。有陳超者當時在座，勸成元弼罪。後範代還，超亦出都看範。行至赤亭山下，值雷雨。日暮，忽然有人扶超腋，逕曳將去，入荒澤中。電光照見一鬼，面甚青黑，眼無瞳子。曰：吾孫元弼也。訴冤皇天，早見申理，連時候汝，乃今相遇。超叩頭流血。鬼曰：王範既爲事主，當先殺之。賈景伯、孫文度在太山玄堂下共定死生名録。桃英魂魄亦收在女青亭者，是第三地獄名，在黄泉下，專治女鬼。投至天明，失鬼所在。超至楊都詣範，未敢説之。便見鬼從外來，逕入範帳。至夜，範始眠，忽然大魇，連呼不醒。家人牽青牛臨範上，并加桃人左索，向明小穌。十許日而死，妾亦暴亡。超亦逃走長干寺，易姓名爲何規。後五年三月三日，臨水酒酣。超云：今當不復畏此鬼也。低頭，便見鬼影已在水中。以手搏超，鼻血大出，可一升許。數日而殂。〔三〕

晉時張駿據有涼州，忌害鎮軍將軍武威陰鑒，以其宗族强大而多功也。遂諷其主簿魏纂，使誣鑒

〔二〕太平廣記卷一一九引，作出還冤記。

〔三〕太平廣記卷一二九引，作出還冤記。

謀反。駿逼鑒自殺。後三年纂病，見鑒在側，遂死。

晉時羊聃，字彭祖，晉世廬陵太守。爲人剛克麤暴，恃國姻親，縱恣尤甚。睚眦之嫌，輒加刑殺。征西大將軍庾亮檻送，具以狀聞。有司奏聃殺郡將吏及民簡良等二百九十人，徒謫一百餘人，應棄市。依八議請宥。顯宗詔曰：此事古今所未有。此而可忍，孰不可忍！何八議之有！可獄所賜命。聃兄子賁先尚南郡公主，自表解婚，詔不許。琅琊孝王妃山氏，聃之甥也，苦以爲請。於是司徒王導啓：聃罪不可容恕，宜極重法。山太妃憂感動疾，〔一〕陛下罔極之恩，宜蒙生全之宥。於是下詔曰：〔二〕山太妃唯此一舅，發言摧鯁，乃至吐血，情慮深重。朕丁荼毒，受太妃撫育之恩，同於慈親。若不堪難忍之病，以致頓斃，朕亦何顔以寄。今便原聃生命，以慰太妃渭陽之恩。於是除名爲民。少時疾病，恒見簡良等曰：枉豈可受，今來相取，自申黄泉。經宿而死。〔三〕

晉時會稽孔基，勤學有志操，憑結族人孔敞。敞使其二子以基爲師，而敞子並凶猥，趣尚不同。〔四〕

〔一〕「憂感」原作「感舅」，據高麗藏本、磧砂藏本、南藏本、嘉興藏本改。

〔二〕「詔」字下原衍「下」字，據高麗藏本删。

〔三〕太平廣記卷一二六引，作出還冤記。

〔四〕「並凶猥，趣尚不同」，太平廣記引作「並凶狠，趣向不軌」。

基屢言之於敞，此兒常有忿恚。敞尋喪亡，服制既除，基以宿舊，乃齎羊酒往看嗐子。〔一〕子猶懷宿怨，〔二〕潛遣奴於路側殺基。奴還未至，仍見基來，張目攘袂，厲聲言曰：姦醜小豎，人面獸心。吾蒙顧在昔，敦戢平生，有何怨惡，候道見害。慢天忘父，人神不容，要當斷汝家種。從此之後，數數見形孔氏。無幾，大兒向厠，忽便絶倒。駱驛往看，已斃於地。次者尋復病殂。〔三〕兄弟無後。〔四〕

晉時庾亮誅陶稱後，咸康五年冬節，會文武數十人，忽然悉起，向階拜揖。庾驚問故，並云：陶公來。陶公是稱父侃也。庾亦起迎。陶公扶兩人，悉是舊時傳詔。左右數十人皆操戈仗。陶公謂庾曰：老僕舉君自代，不圖此恩，反戮其孤，故來相問。陶稱何罪，身已得訟於帝矣。庾不得一言，遂寢疾。入年一日死。〔五〕右此八驗出冤魂志。

齊真子融，齊世嘗爲井陘關檢租使。〔六〕贓貨甚多，爲人所糺。齊主欲以行法，意在窮治，乃付并

〔一〕「嗐子」，太平廣記引作「二子」。

〔二〕「子」字，太平廣記引作「二子」。

〔三〕「殂」字，太平廣記引作「疽而死卒致」。

〔四〕太平廣記卷一一九引，作出還冤記。

〔五〕「入」字原作「八」，據高麗藏本、磧砂藏本、南藏本改。

〔六〕「檢」字，太平廣記引作「收」。

州城局參軍事崔法瑗與中書舍人蔡暉共考其獄。〔一〕然子融之事，皆在赦前。瑗等覩望上意，抑爲赦後。子融臨刑之際，冤訴百端。〔二〕既不見理，乃誓曰：若此等平吉，是無天道。後十五日，法瑗無病暴死。〔三〕經一年許，蔡暉卧疾，膚肉爛墮都盡，苦楚百許日，方殂。〔四〕

齊文宣帝高洋既死，太子殷嗣位，年號乾明。文宣同母弟常山王演本在并州，權勢甚重。因文宣山事，〔五〕隨梓宫出鄴，以地望見疑，仍留爲録尚書事。王遂忿怒，潛生異計，上省之日，内外百僚皆來集會，即收縛乾明腹心尚書令楊遵彦等五人，皆爲事狀，奏斬之。尋亦廢乾明而自立，是爲孝昭帝。後在并州，望氣者奏：鄴中有天子氣。平秦王高歸彦勸殺乾明，遂鎖向并州盡殺之。〔六〕其年孝昭數見文宣作諸妖怪，就其索兒。備爲厭禳，終不能遣而死。〔七〕

梁江陵陷時，有關内人梁元暉俘獲一士大夫，姓劉，位曰新城，失其名字。先此人先遭侯景亂，喪

〔一〕「崔法瑗」原作「崔瑗」，據太平廣記引補。
〔二〕「冤」字，高麗藏本、磧砂藏本、南藏本及太平廣記引作「怨」。
〔三〕「法瑗」原作「去瑗」，據高麗藏本、磧砂藏本、南藏本、嘉興藏本改。
〔四〕太平廣記卷一一九引，作出還冤記。
〔五〕「事」字，太平廣記引作「陵」。
〔六〕「鎖」字，太平廣記引作「録」。又「殺」字原闕，據太平廣記引補。
〔七〕太平廣記卷一二〇引，作出還冤記。

失家口，唯餘小男，年始數歲，躬自擔抱，又著連枷，值雪塗不能前進。〔一〕元暉逼令棄去，劉君愛惜，以死爲請。遂强奪取，擲之雪中，杖拍交下，〔二〕驅蹙使去。劉乃步步迴首，號叫斷絶。辛苦頓弊，加以悲傷，數日而死。死後元暉日日見劉曳手索兒。因此得病。雖復對之悔謝，來殊不已。元暉載病到家而終。〔三〕

陳武帝霸先既害梁大司馬王僧辯，次討諸將。義興太守韋載，〔四〕黄門郎放第四子也，爲王公固守。陳主頻遣攻圍，不克。後重征之，誘説載曰：「王公親黨皆已殄滅。此一孤城，何所希冀，過爾相拒耶？若能見降，不失富貴。」載答曰：「士感知己，本爲王公，所以抗禦大軍，致成讎敵。今亦承明公盡定江左，窮城自守，必無生路。但鋒刃屢交，殺傷過甚。軍人忿怒，恐不見全。老母在堂，彌懼禍及。所以苟延日月，未能束手耳。必有誓約，不敢久勞神武。」陳主乃遣刑白馬爲誓。載遂開門，陳主亦示寬信，還揚都。後陳主即位，遣載從征，以小遲晚，因宿憾斬之。尋於大殿看事，〔五〕便見載來，驚起入

〔一〕「前」字原脱，據高麗藏本補。

〔二〕「拍」字，太平廣記引作「捶」。

〔三〕「而」字原作「卒」，據高麗藏本改。太平廣記卷一二〇引，作出還冤記。

〔四〕「韋載」，太平廣記引作「韋戴」。下同。

〔五〕「看」字，太平廣記引作「視」。

内，移坐光嚴殿，載又逐入。顧訪左右，皆無所見。因此得病死。〔一〕右四驗出冥祥記。

唐王玄策行傳云：「摩伽陀國法，若犯罪者，不加拷掠，唯以神稱稱之。稱人之法，以物與人，輕重相似者，置稱一頭，人處一頭。兩頭衡平者，又作一符，亦以別物等其輕重。即以符繫人項上，以所稱別物添前物，若人無罪，即稱物頭重。若人有罪，則物頭輕。據此輕重，以善惡科罪，剜眼、截腕、斬指、刖足，視犯輕重以行其刑。若小罪負債之流等，並鎖其兩脚，用爲罰罪。」

〔一〕太平廣記卷一二〇引，作出還冤記。

法苑珠林校注卷第九十二

利害篇第九十二此有二部

述意部　引證部

述意部第一

夫三界含識，〔一〕四生稟命，六情攀緣，七識結業。欲火所燒，貪心難滿。事等駛河，乍同沃焦。故以尺波寸影，大力所不能駐；月御日車，雄才莫之能遏。其間飲苦飡毒，抱痛銜悲。身口爲十使所由，意思乃八疵之主。皆爲愛著妻子，財色鈎靽。致使無始至今，恒受八苦。自作教他，相續不絕。見

〔一〕「含」字原作「舍」，據高麗藏本、磧砂藏本、南藏本、嘉興藏本改。

善不讚，聞惡隨喜。焚林涸澤，走犬揚鷹。窮鄭衛之響，極甘旨之味。戲笑爲惡，倏忽成非。侮慢形像，凌踐塔寺，不敬方等，毁離和合。自定權衡，棄他升斗。〔一〕愧心負理，慚謝欺親。雖七尺非他，方寸在我，而能悋其情性，〔二〕在人未易。恣此心口，衆罪所集。並願道俗，各運丹誠，洗蕩邪貪，永離慾火，身口清浄，行願具足。消三障業，朗三達智。五眼六通，得意自在；五蓋六塵，於兹永絶也。

引證部第二

如大莊嚴論云：「佛言：我昔曾聞，有一比丘，在一國中，城邑聚落，競共供養。同出家者，憎嫉誹謗。比丘弟子聞是誹謗，白其師言：某甲比丘誹謗和上。時彼和上聞是語已，即唤謗者，善言慰喻，以衣與之。諸弟子等白其師言：彼誹謗人，是我之怨，云何和上慰喻與衣？師荅之言：彼誹謗者於我有恩，應當供養。即説偈言：

如雹害禾穀，〔三〕　有人能遮斷；　田主甚歡喜，　報之以財帛。　彼謗是親厚，　不名爲怨家；　遮我利養雹，　我應報其恩。　如彼提婆達，　利養雹所害；　由其貪著故，　善法無

〔一〕「升斗」，高麗藏本作「斗斛」。

〔二〕「性」字原脱，據高麗藏本補。

〔三〕「雹」字原作「電」，據高麗藏本改。下同。

毫釐。如以毛繩戮，皮斷肉骨壞。髓斷及爾心，利養過毛繩。絶於持戒皮，能破禪定肉。折於智慧骨，〔一〕滅妙善心髓。由貪利養故，不樂閑静處；心常緣利養，晝夜不休息。」〔二〕

又雜寶藏經云：「爾時阿闍世王爲提婆達多日送五百釜飯，多得利養。諸比丘皆白世尊知。佛言：比丘莫羨提婆得利養事。即説偈言：

芭蕉生實苦，蘆竹葦亦然。駏驉懷妊死，騾驢亦復然。愚貪利養苦，〔三〕智者所嗤笑。」〔四〕

「是故佛語比丘：利養者，是大災害。能作障難，乃至羅漢亦爲利養之所障難。比丘問言：此能作何障？佛言：利養之害，能破皮、破肉、破骨、破髓。」〔五〕「爲破精戒之皮，〔六〕禪定之肉，智慧之骨，微妙

〔一〕「折」字，高麗藏本作「析」。
〔二〕出大莊嚴論經卷七。
〔三〕「苦」字，高麗藏本作「害」。
〔四〕出雜寶藏經卷三老仙緣。
〔五〕出增一阿含經卷五。
〔六〕「精」字，高麗藏本作「淨」。

善心之髓。」〔一〕

又百喻經云：「昔有婆羅門，自謂多知，無不明達。欲顯其德，遂至他國，抱兒而哭。有人問言：汝何故哭？婆羅門言：今此小兒七日當死，愍其夭傷，以是哭耳。時人語言：人命難知，計算喜錯，或能不死，何爲見哭？婆羅門言：日月可暗，星宿可落，我之所記，終無違失。爲名利故，至七日頭，自殺其子，以證己説。時諸世人却後七日，聞其兒死，咸皆歎言：真是智者，所言不錯。心生信服，悉來致敬，猶如佛之四輩弟子。爲利養故，自稱得道。有愚人法，殺善法子，詐現慈德，故使將來受苦無窮。如婆羅門爲驗己言，殺子惑世。」〔二〕

又百喻經云：「昔有一人，其婦端正，唯有鼻醜。其夫出外，見他婦女面貌端正，其鼻甚好，便截他鼻，持來歸家。急喚其婦：汝速出來，與汝好鼻。即割其鼻，以他鼻著。既不相著，復失其鼻，唐使其婦受大苦痛。世間愚人亦復如是。聞他宿舊沙門有大名德，爲人恭敬，得大利養。便自假稱，妄言有德。既失其利，復傷其行。如截他鼻，徒自傷損。世間愚人亦復如是。」〔三〕

又百喻經云：「往有商人貸他半錢，久不得償，即便往債。前有大河，雇他兩錢，然後得渡。到彼

〔一〕出大智度論卷十四。
〔二〕出百喻經卷一婆羅門殺子喻。
〔三〕出百喻經卷二爲婦貿鼻喻。

往債，竟不見得。來還渡河，復雇兩錢。爲半錢債，而失四錢，兼有道路疲勞之困。所債甚少，所失極多，果被衆人之所怪笑。世人亦爾，求少名利，致毁大行。苟容己身，不顧禮義，現受惡名，後得苦報。」〔一〕

又增一阿含經云：「世尊告諸比丘：有人似師子者，有似羊者。云何似師子者？或有人得供養衣食等，便自食噉，不起染著之心。設不得利養，不起亂念，無增減心。猶如師子王食噉小畜，不生好惡染著之心。云何似羊？猶如有人受人供養，便自食噉，起染著心，不知惡道而自貢高。猶如羣羊，有一羊出羣已，詣大糞聚，飽食屎已，還至羊羣而自貢高：我得好食，諸羊不得。是故比丘當學師子王，莫如食糞羊也。」〔二〕

又毗尼母經云：「若有比丘於好於惡，心生平等。見他得利，如己所得，心生隨喜。如此比丘，堪爲世人作師。迦葉，入聚落時，不礙、不縛、不取。欲得利者求利，欲得福者求福，如自己得利，歡喜亦復同之。

如手空中轉，〔三〕　無礙無繫縛。　若善入聚落，　衰利心平等。　同梵共入衆，　不生嫉

〔一〕出百喻經卷一債半錢喻。

〔二〕出增一阿含經卷十一。

〔三〕「手」字，高麗藏本作「毛」。

妬心。汝所親識舍，無別新舊處，是名師行法。」〔一〕

又佛藏經云：「舍利弗，汝今一心善聽，我當語汝。若有一心行道比丘，千億天神皆共同心，以諸樂具欲共供養。舍利弗，諸人供養坐禪比丘，不及天神。是故舍利弗，汝勿憂念不得自供養。」又云：「或有比丘因以我法出家受戒，於此法中勤行精進，雖天神諸人不念，但能一心精進行道者，終亦不念衣食所須。所以者何？如來福藏無量難盡。舍利弗，設使一切世間人皆共出家，隨順法行，於白毫相百千億分不盡其一。舍利弗，如來如是無量福德。若諸比丘所得飲食及所須物，趣得皆足。舍利弗，是故比丘應如是念，不應於所須物行諸邪命惡法。」〔二〕

又迦葉經云：「時五百比丘云：我等不能精進，恐不能消信施供養，請乞歸俗。文殊師利菩薩讚言：若不能消信施之食，寧可一日數百歸俗，不應一日破戒，受人信施。爾時世尊告文殊師利菩薩言：善男子，若有修禪解脱者，我聽彼人受信施食。」〔三〕

又僧護經云：「爾時舍衛國中有五百商人，共立誓言，欲入大海。商人共議，求覓法師，將入大海。

〔一〕出毘尼母經卷六。

〔二〕出佛藏經卷下了戒品。

〔三〕出大寶積經卷八十八摩訶迦葉會。

時問法師利可得往還。〔一〕衆中有一長者告諸商人：我有門師，名曰僧護，可請爲師。辯才多智，甚能説法。時諸商人往到僧護所，頭面作禮，白言：我等欲入大海，今請大德作説法師。我等聞法，可得往還。僧護荅曰：可白和上舍利弗。商人受教，往白舍利弗。言：可共問佛。時舍利弗及僧護將諸商人，詣佛禮已，具白所由。爾時世尊知僧護比丘廣度衆生，即便聽許。時諸商人踊躍歡喜，即與僧護法師俱入大海。未至寶所，龍王捉住。時諸商人甚大驚怖，跽跪合掌，而仰問言：是何神祇，而捉船住。若欲所須，應現身形。爾時龍王忽然現身。時諸商人即便問曰：欲何所索？龍王荅曰：以此僧護比丘與我。商人荅曰：從佛世尊及舍利弗所而請將來，云何得與？龍王荅曰：若不與我，盡没殺汝。時諸商人即大驚怖。尋自思惟：曾於佛所聞如是偈言：

　　爲護一家，　寧捨一人；　爲護一村，　寧捨一家；　爲護一國，　寧捨一村；　爲護身命，
　寧捨國財。

時諸商人俛仰不已，將僧護比丘捨與龍王。〔二〕龍王歡喜，將詣宫中。爾時龍王即以四龍聰明智慧者作僧護弟子。龍王白言：尊者爲我教此四龍各一阿含。第一龍者教增一阿含，第二龍者教中阿含，第三龍者教雜阿含，第四龍者教長阿含。僧護荅曰：可爾。僧護即教第一龍者，默然聽受。第二龍者，

〔一〕「時問法師利」，高麗藏本作「時聞法利」。
〔二〕「將」字原脱，據高麗藏本補。

眠目口誦。第三龍者，迴顧聽受。第四龍者，遠住聽受。此四龍子聰明智慧，於六月中誦四阿含，領在心懷，盡無遺餘。時大龍王詣僧護所，拜跪問訊：不愁悶耶？僧護荅曰：甚大愁悶。龍王問曰：何故愁悶？僧護荅曰：受持法者，要須軌則。此諸龍等在畜生道，無軌則心，不如佛法受持踊習。龍王白言：大德不言呵諸龍等。所以者何？以護師命，故作此聽。龍有四毒，不得如法受持讀誦。何以故？初受默者，以聲毒故，不得如法。若出聲者，必害師命。是故默然而受。第二閉目受者，以見毒故，不得如法。若見師者，必害師命。是故閉目而受。第三迴顧受法，以氣毒故，不得如法。若氣嘘師，必害師命。是以迴顧而受。第四遠住受者，以觸毒故，不得如法。若身觸師，必害師命。是以遠住而受。時諸商人採寶迴還，〔一〕至失師處，共相謂言：我等本時於此失師，今若還到佛所，舍利弗、目連諸尊者等若問於我：僧護法師何在？當以何荅？爾時龍王知商人還，即持僧護來付商人。告商人曰：此是汝師僧護比丘。時諸商人踊躍歡喜，平安得出。爾時僧護問諸商人曰：水陸二道，從何道去？商人白言：水道甚遠，經過六月，糧食將盡，不可得達。即共詳議，從陸道去，於中路宿。僧護告商人曰：要離衆宿。汝等夜發，高聲喚我。商人敬諾。僧護出衆，夜宿坐禪，中夜眠息。商人夜發，迭互相喚，僧護不覺，即便捨去。夜勢將盡，大風雨起，僧護始寤，揚聲大喚，竟無應者。心口念言：此便大罪，伴

〔一〕「諸」字原脱，據高麗藏本補。

棄我去。爾時僧護失伴獨去，涉路未遠，聞揵椎聲，尋聲向寺，路值一人。即便問曰：何因緣故，打揵椎聲？其人荅曰：入温室浴。僧護念言：我從遠來，可就僧浴。即入僧房，見諸人等狀似衆僧，共入温室。見諸浴具、衣瓶、缸器、浴室，盡皆火燃。爾時僧護共入温室。〔一〕入已火燃，筋肉消盡，骨如燋炷。僧護驚怖，問諸比丘：汝是何人？比丘荅曰：閻浮提人。爲性難信，汝到佛所，便可問佛。即便驚怖，捨寺逃走。進路未遠，復值一寺。其寺嚴博，殊麗精好。〔二〕亦聞椎聲。復見比丘，即便問言：何因打椎聲？比丘荅言：衆僧食飯。尋自思惟：我今遠來，甚成飢乏，亦須食之。入僧房已，見僧和集。食器、敷具，悉皆火燃。人及房舍，盡皆火燃，如前不異。僧護問言：汝是何人？其人荅言更不異前。僧護驚怖，更疾捨去。進路未遠，復值一寺。其寺嚴麗，更不異前。入僧房已，復見諸比丘坐於火牀，互相抙捶，〔三〕肉盡筋出，五藏骨髓，亦如燋炷。僧護問曰：汝是何人？比丘荅言：閻浮提人。〔四〕爲性難信，汝到佛所，便可問佛。僧護驚怖，復疾捨去。進路未遠，復值一寺。如是入寺，見諸衆僧共坐而食。諸比丘言：汝今出去。僧護踟蹰，未及出去。見諸比丘鉢中唯是人糞，熱沸涌出。時諸比丘

〔一〕「僧護」，高麗藏本作「僧衆」。
〔二〕「麗」字原作「能」，據高麗藏本改。
〔三〕「抙捶」，高麗藏本作「抓搔」。
〔四〕「提」字原脱，據高麗藏本補。

皆悉食噉。食已火燃，咽喉五藏皆成煙焰，流下直過。見已驚怖，復疾而去。其去未遠，復見一寺。其寺嚴麗。如前不異。即入僧房，見諸比丘手把鐵椎，互相棒打，摧碎如塵。見已驚怖，復更進路。其去未遠，復見一寺。其寺嚴好，亦不異前。即入僧房，聞打椎聲。僧護問曰：何故打椎？諸比丘荅言：欲飲甜㯽。僧護即自念言：我今渴乏，須飲甜㯽。即入衆中，見諸食器、牀卧、敷具。諸比丘等互相罵辱，諸食器中盛滿融銅。諸比丘等皆共飲噉。食已火燃，咽喉五藏，皆成炭火，流下直過。見已驚怖，進路而去。其去不遠，見大肉地，其火焰熾，叫聲號疼，苦楚難忍。見已驚怖，進路而去。其去未遠，復見大地，如前無異。復更前進，見大肉甕，盡皆火燃，熬疼難忍，如前無異。復更前進，亦見肉甕，盡皆火燃，如前無異。復更前進，見一肉瓶，其火焰熾，叫聲號苦，毒痛難忍。復更前進，見一肉瓶，其火焰熾，如前不異。復更前進，見大肉泉，其火焰熾，爛皮浩沸，〔一〕苦聲楚毒，亦不異前。見已驚怖，復更前進。進路未遠，更見一大肉甕，其火焰熾，苦事如前。復更前進，見一比丘手捉利刀而自劓鼻。劓已復生，生已復劓，終而復始，無有休息。復更前進，見一比丘，手捉斲斤自斫，斫已復生，如前不異。復更前進，見一比丘，水中獨立，口自唱言：水水不息。而受苦毒。復更前進，見一比丘，在鐵刺園中，立鐵刺上，苦聲號叫，亦不異前。復更前進，見一肉廳，其火焰熾，苦聲號叫，與前無異。復更前進，見一

〔一〕「浩」字，高麗藏本作「涌」。

肉橛，形如象牙，其火焰熾，受苦如前。復更前進，見一駱駝，火燒身體，苦聲號叫，亦不異前。復更前進，見馬一疋，火燒身體，苦聲號叫，亦不異前。復更前進，見一白象，熾火燒身，苦不異前。復更前進，見一驢身，猛火燒身，苦不異前。復更前進，見一羝羊，猛火燒身，苦不異前。復更前進，見一肉臺，大火焰熾，苦不異前。復更前進，見一肉臺，如前不異。復更前進，見一肉房，猛火燒身，苦聲號叫，亦不異前。復更前進，見一肉牀，苦火燒身，亦不異前。復更前進，見一肉秤，火燒伸縮，苦不異前。復更前進，見一肉拘執，火燒伸縮，苦不異前。復更前進，見一肉繩牀，火燒受苦，亦不異前。復更前進，見一肉壁，火燒搖動，苦不異前。復更前進，見一肉索，火燒受苦，復不異前。復更前進，見一廁井，尿屎涌沸，苦不異前。復更前進，見一高座，上有比丘，攝心端坐，猛火焚燒，苦聲如前。復更前進，更見一高座，受苦皆上，[一]亦不異前。復更前進，見肉揵椎，火燒苦聲，亦不異前。復更前進，見肉胡歧支，胡名拘脩羅，猛火燒身，受苦如前。復更前進，見一肉山，火燒爛臭，振動號吼，苦不異前。復更前進，見須曼那華樹，火燒受苦，亦不異前。復更前進，見一肉華樹，火燒出聲，苦亦不異前。復更前進，見肉果樹，火燒苦聲，亦不異前。復更前進，見一肉樹，火燒受苦，亦不異前。復更前進，見一肉柱，火燒受苦，亦不異前。復更前進，見一肉柱，獄卒斧斫，受苦如前。復更前進，見十四肉樹，火燒受苦，亦不異前。

[一]「皆上」，僧護經作「比丘」。

復更前進，見二比丘，以棒相打，〔一〕頭腦破裂，膿血流出，消已還生，終而復始，苦不休息。僧護比丘出更前進，見二沙彌，眠卧相抱，猛火燒身，苦不休息。僧護比丘見已驚怖，問沙彌言：汝是何人？受如是苦。沙彌荅言：閻浮提人。受性難信，汝到世尊所，便可問佛。見已驚怖，復更前進，在路遥見林樹榮茂，可樂往趣。入林見五百仙人遊止林間。仙人見僧護比丘，馳散避去。共相謂言：釋迦弟子汙我等園。僧護比丘從仙人借樹，寄止一宿，明當早去。仙人衆中第一上座，有大慈悲，敕諸小仙借沙門樹。僧護即得一樹，於其樹下敷尼師壇，跏趺而坐。於初夜中，伏滅五蓋；中夜眠息；後夜端坐，高聲作唄。時諸仙人聞作唄聲，悟解性空，證不還果。見法歡喜，詣沙門所，頭面作禮，請祈沙門，受三歸依。於佛法中，求欲出家。爾時僧護即度仙人如法出家，教修禪法，不久得定，證羅漢果。如栴檀林，自相圍遶，得道比丘，賢聖爲衆。爾時僧護比丘與諸弟子共詣祇洹精舍。到於佛所，頭面禮足，却住一面。爾時世尊慰勞諸比丘：汝等行路不疲苦耶？乞食易得不？爾時僧護白佛言：我等行路不大疲苦，乞食易得，不生勞苦，得見世尊。爾時世尊爲大衆説法。僧護比丘在大衆中高聲唱説已先所見地獄因緣。佛告僧護：汝先所見比丘浴室，此非浴室，是地獄人。此諸罪人，迦葉佛時是出家比丘，不依戒律，順己愚情，以僧浴具及諸器物隨意而用。持律比丘常教軌則，不順其教。從迦葉佛涅槃已來，受

〔一〕「棒」字，高麗藏本、磧砂藏本作「拳」。

地獄苦，至今不息。佛告僧護：汝初見寺者，非是僧寺，亦非比丘，是地獄人。迦葉佛時是出家人，五德不成，四方僧物不打揵椎，衆共默用。以是因緣，受火牀苦，至今不息。第二寺者，亦非僧寺，是地獄人。迦葉佛時是出家人，五德不具。有諸檀越，造作寺廟，四事豐足。檀越初心造寺之時，要打揵椎，作廣濟之意。是諸比丘不打揵椎，默然受用。有客比丘來，不得飲食，還空鉢出。以是因緣，受火牀苦，迭相抖捶，〔一〕筋肉消盡，骨如燋炷，至今不息。第三寺者，非是僧寺，是地獄人。迦葉佛時是出家人，懈怠共住，共相謂言：我等今者可共請一持律比丘，共作法事，可得如法。即共推覓一净行比丘，共住食宿。此净行比丘復更推覓同行比丘。時净行人轉轉增多，前怠比丘即便追逐，令出寺外。時破戒人於夜分中，以火燒寺，滅諸比丘。以是因緣，手捉鐵椎，互相摧滅，受大苦惱，至今不息。第四寺者，非是僧寺，亦是地獄。迦葉佛時是出家人，常住寺中。有諸檀越，施僧雜食，應現前分。時有客僧來，舊住比丘以慳心故，待客出去，後方分物。未及將分，蟲出臭爛，捐棄於外。以是因緣，入地獄中，噉糞屎食，至今不息。第五寺者，非是僧寺，是地獄人。迦葉佛時是出家人，臨中食上，不如法食，惡口相罵。以是因緣，受鐵牀苦，諸食器中沸火漫流，筋肉消盡，骨如燋炷，至今不息。第六寺者，非是僧寺，是地獄人。迦葉佛時是出家人，不打揵椎，默然共飲衆僧甜漿，恐外僧來。以慳因緣，故墮地獄，飲

〔一〕「迭相抖捶」，高麗藏本作「遞相抓搔」。

噉融銅，至今不息。爾時佛告僧護比丘：汝見第一地獄者，迦葉佛時是出家人。衆僧田中爲己私種，不酬僧直。故受地獄，至今不息。第二地獄者，迦葉佛時是白衣人。在僧田中種，不酬僧直。故受地獄，作大肉地，受諸苦惱，至今不息。汝見第一肉缸者，非是肉缸，乃是罪人。迦葉佛時是衆僧上座。不能坐禪，不解戒律，飽食熟睡，但能論説無益之語，精饍供養，在先飲噉。以是因緣，入地獄中，作大肉缸，火燒受苦，至今不息。第二缸者，是出家人，爲僧當厨。輭美供養，在先食噉；麤澀惡者，僧中而行。故作肉缸，火燒受苦，至今不息。第三缸者，是僧净人，作飲食時，美妙好者，先自嘗噉，或與婦兒。麤澀惡者，方僧中行。以是因緣，在地獄中，作大肉缸，火燒受苦，至今不息。爾時世尊復告僧護比丘：汝見第一瓶者，非是瓶耶，是地獄人。迦葉佛時是出家人，爲僧當厨。應朝食者留至後日，後日食者至第三日。以是因緣，入地獄中，作大肉瓶，火燒受苦，至今不息。第二瓶者，是出家人。有諸檀越，奉送酥瓶，供養現前衆僧，人人應分。此當事人見有客僧，留隱在後。客僧去已，然後乃分。以是因緣，入地獄中，作大肉瓶，火燒受苦，至今不息。汝見水中立人者，迦葉佛時是出家人。爲僧當水，見僧用水過多，逐可意處與之，即捉其水，餘者不給。以是因緣，入地獄中，水中獨立，唱言水水，受苦至今不息。汝見大甕者，迦葉佛時是出家人。爲僧典果菜。香美好者，先自食噉，酢果澀菜，然後與僧。或逐隨意選好者與。以不平等，故入地獄，作大肉甕，火燒受苦，至今不息。汝見刀劓鼻者，迦葉佛時是出家人。佛僧净地，涕唾汙地。故入地獄，刀劓其鼻，火燒受苦，至今不息。汝見比丘手捉斲斤自斲己舌，是地獄人。迦葉佛時是出家沙彌，爲僧當分石蜜。斲作數段，於斧刃許少著石蜜，沙彌噉舐，故受斲舌苦，至今不息。爾時世尊復告僧護比丘：汝見泉者，是地獄人。迦葉佛時是出家沙彌。爲僧當蜜，先自嘗噉，後殘與僧，減少不徧。故入地獄，作大肉泉，火燒沸爛，受大苦惱，今猶不息。汝見比丘鐵刺上立者，是地獄人。迦葉佛時是出家人。以惡口毁呰罵諸比丘，〔一〕故入地獄，立鐵刺上，火燒受苦，至今不息。汝見肉廳者，是地獄人。迦葉佛時是出家人。五德不具，爲僧當厨。精美好者，先自食噉，或將與白衣，使食殘者與衆僧。故受地獄苦，至今不息。汝見肉橛者，〔二〕是地獄人。迦葉佛時是出家人。寺中常住，僧墻壁上浪豎諸橛，非爲僧事，懸己衣鉢。故入地獄，作大肉橛，火燒受苦，至今不息。爾時世尊復告僧護：汝見第一駝者，是地獄人。迦葉佛時是出家人。寺中上座，長受事分。或得一人二人食分。持律比丘如法教授：上座之法不應如是。時老比丘荅律師言：汝無所知，聲如駱駝。我於衆中身爲上座，呪願説法，或時作唄，計勞應得。汝等何故恒瞋責我？以是因緣，入地獄中，受駱駝身，火燒號叫，受苦至今不息。汝見馬者，是地獄人。迦葉佛時作僧凈人，使用供養，過分食噉，或與眷屬知識白衣。諸比丘等呵責語言：汝不應爾。其人惡口呵諸比丘：汝猶如馬，常食不飽。我爲僧作，甚大勞苦，功熟應得。故入地獄，受於馬身，火燒身體，受大苦惱，至今不息。汝見象者，是地獄人。迦葉佛時是出家人，爲僧當厨。諸檀越等持諸供養，向寺施僧。或食後，檀越白言：大德可打揵椎，集

〔一〕「呰」字原脱，據高麗藏本補。

〔二〕「肉」字原脱，據高麗藏本補。

僧施食。比丘惡口荅白衣言：諸比丘等猶如白象，食不飽耶？向食已竟，停留後日。故入地獄，受白象身，火燒受苦，至今不息。汝見驢者，是地獄人。迦葉佛時是出家人。爲僧當厨，五德不具。分僧飲食，恒自長受二三人分。持律比丘如法呵責。此人荅言：我當僧厨及園果菜，常勞僧事，甚大勞苦。汝諸比丘不知我恩，狀似如驢，但養一身，何不默然。故入地獄，作驢受苦，至今不息。汝見羝羊者，是地獄人。迦葉佛時是出家人，爲僧寺主。當田内外檢校，不敕弟子諸小比丘，不如法打椎。諸律師等白言：寺主何不時節鳴椎集僧比丘？荅言：我當營僧，甚成勞苦，汝諸比丘猶如羝羊，噉食而住。何不自打？故入地獄，受羝羊身，火燒痛毒，受苦至今不息。爾時世尊復告僧護：汝見肉臺者，實非肉臺，是地獄人。迦葉佛時是出家人。當彼僧房敷具，閉僧房門，將僧户鑰，四方遊行。衆僧於後不得敷具及諸房舍。以是因緣，故入地獄，作大肉臺，火燒受苦，至今不息。汝見第二大肉臺者，是地獄人。迦葉佛時是出家人，爲僧寺主。選好房舍而自受用，及與知識。不依戒律隨次分房。不平等故，入地獄中，〔一〕作大肉臺，受苦萬端，至今不息。汝見肉房者，是地獄人。迦葉佛時是出家人。住僧房中，以爲己有，終身不移。不依戒律，以次分房。故作大肉房，火燒受苦，至今不息。汝見肉繩牀者，是地獄人。迦葉佛時是出家人。提僧繩牀，〔二〕如自己有。不依戒律，以次分牀。故入地獄，作大肉繩牀，

〔一〕「中」字原脱，據高麗藏本補。
〔二〕「提」字，高麗藏本作「捉」。

火燒受苦，至今不息。汝見第二繩牀者，是地獄人。迦葉佛時是出家人。破僧繩牀，自用燃火。故入地獄，作大肉繩牀，火燒受苦，至今不息。汝見敷具者，是地獄人。迦葉佛時是出家人。用僧敷具，如自己有，以脚蹋上，不依戒律。故入地獄，作肉敷具，火燒伸縮，受苦萬端，至今不息。汝見肉拘執者，是地獄人。迦葉佛時是出家人。以僧拘執，如自己有，不依戒律，或用破壞。故入地獄，作肉拘執，火燒受苦，至今不息。汝見繩牀者，是地獄人。迦葉佛時是出家人。恃王勢力，似如聖德。四輩弟子聖心讚歎，時彼比丘默受讚歎。施好繩牀及諸好飲食，作聖心受。故入地獄，作肉繩牀，火燒受苦，至今不息。汝見肉壁者，是地獄人。迦葉佛時是出家人。衆僧壁上豎橛破壁，懸己衣鉢。故入地獄，作大肉壁，火燒受苦，至今不息。汝見肉索者，是地獄人。迦葉佛時是出家人。捉衆僧索，私自己用。故墮地獄，作大肉索，火燒受苦，至今不息。汝見厠井者，是地獄人。迦葉佛時是出家人。住寺比丘，佛僧浄地，大小便利，不擇處所。持律比丘如法呵責。不受教誨，糞氣臭穢，熏諸衆僧。故入地獄，作肉厠井，火燒受苦，至今不息。汝見高座法師者，是地獄人。迦葉佛時是出家人。不明律藏，重作輕説，説輕爲重。有根之人説作無根，無根之人説道有根；應懺悔者説言不懺，不應懺悔者强説道懺悔。故入地獄，坐高座上，火燒受苦，至今不息。汝見第二高座法師者，是地獄人。迦葉佛時是大法師。邪命説法，得利養家，如理而説。無利養時，法説非法，非法説法。故入地獄，處鐵高座，火燒受苦，至今不息。汝見肉揵椎號叫聲者，是地獄人。迦葉佛時是出家人。以三寶物非法打椎，詐作羯磨，捉三寶物，爲己受用。故入地獄，作肉揵椎，火燒受苦，至今不息。汝見拘脩羅者，實非歧支，是地獄人。迦葉佛時是出家人。爲僧寺主，以僧厨食，衒賣得物，用作衣裳，斷僧供養。故入地獄，作肉歧支，火燒受苦，至今不息。汝見第二拘脩羅者，實非歧支，是地獄人。迦葉佛時是出家人。作僧寺中分物維那，以春分物轉至夏分，夏分中衣物向冬分中分。故入地獄，作肉拘脩羅，火燒受苦，至今不息。汝見肉山者，是地獄人。迦葉佛時是出家人。爲僧典座，五德不具，少有威勢，偷衆僧物，斷僧衣裳。故入地獄，作大肉山，火燒受苦，至今不息。爾時世尊復告僧護：汝始初見須曼那柱，實非是柱，是地獄人。迦葉佛時是出家人。當佛刹人，四輩檀越須曼那華散供養佛，華既乾已，比丘掃取賣之，將爲己用。故入地獄，作須曼那柱，火燒受苦，至今不息。第二汝見須曼那華柱者，是地獄人。迦葉佛時是出家人。當供養刹柱，四輩檀越以須曼那華油，用供養佛。比丘減取，以爲己用。故墮地獄，作大須曼那柱，火燒受苦，至今不息。汝見華樹者，是地獄人。迦葉佛時是出家人。當僧果菜園，有好華果，爲己私用，或與白衣。故入地獄，作大華樹，火燒受苦，至今不息。汝見果樹者，是地獄人。迦葉佛時是出家人。當僧果菜，香美好果，私自食噉，或與白衣。故入地獄，作肉果樹，火燒受苦，至今不息。汝見肉樹者，是地獄人。迦葉佛時是出家人。爲僧當薪，以衆僧薪將己房中，私自燃火，或與白衣知識。故入地獄，作大肉樹，火燒受苦，至今不息。爾時世尊復告僧護：汝見第一柱者，實非是柱，是地獄人。迦葉佛時是出家人。寺中常住，破佛刹柱，爲己私用。故入地獄，作大肉柱，火燒受苦，至今不息。汝見第二柱者，是地獄人。迦葉佛時是白衣人。以刀刮取像上金色。故入地獄，作大肉柱，獄卒捉斧，斲身受苦，猛火燒身，至今不息。汝見第三柱者，是地獄人。迦葉佛時是出家人。爲僧當事，用僧梁柱，浪與白衣。故入地獄，作大肉柱，火燒受苦，至今不息。汝見第四樹者，是地獄人。迦葉佛時是出家人。五德不具，作大衆主，爲僧斷事，隨愛恚怖癡，斷事不平。故入地獄，作四肉樹，火燒受苦，至今不息。汝見第五樹者，是地獄人。迦葉佛時是出家人。在寺常住，不依戒律分諸敷具。好者自取，或隨瞋愛好惡差別。於佛法中，塵沙比丘應隨次與。以不平等故，以是因緣，此十四人墮地獄中，〔一〕作大肉樹，火燒受苦，至今不息。汝見二比丘者，是地獄人。迦葉佛時是出家人。於大衆中鬬諍相打。故入地獄，猛火燒身，受相打苦，至今不息。汝見二沙彌者，是地獄人。迦葉佛時是出家人。共一被褥，相抱眠卧。故入地獄，火燒被褥中，相抱受苦，至今不息。爾時世尊重告僧護：以是因緣，我今語汝：在地獄中出家人多，白衣尠少。所以者何？出家之衆，多喜犯戒，不順毗尼，互相欺凌，私用僧物，或分飲食不能平等。是故我今更重告汝：當勤持戒，頂戴奉行。是諸罪人於過去世時，出家破戒，雖不精進，〔二〕四輩檀越見諸比丘威儀似僧，恭敬僧寶，四事供養，猶故能令得大果報，無量無邊，不可思議。若一比丘恒於毗尼僧伽藍中，如法行道，依時鳴椎。若施此人，得福無量，説不可盡，何況供養四方衆僧。爾時世尊復告僧護：若出家人營僧事業，難持净戒。是諸比丘初出家時，樂持净戒，求涅槃心，四輩檀越供養，是諸比丘應受供養。堅持净戒，後不生惱。而説偈言：

〔一〕「十四」原作「四十」，據高麗藏本改。

〔二〕「不」字，高麗藏本、磧砂藏本、南藏本作「復」。

持戒最爲樂，身不受衆苦，睡眠得安隱，寤則心歡喜。

爾時世尊復告僧護：有九種人常處阿鼻地獄中。何等爲九？一、食衆僧物，二、食佛物，三、殺父，四、殺母，五、殺阿羅漢，六、破和合僧，七、破比丘浄戒，八、犯浄行尼戒，九、作一闡提。是九種人恒在地獄。復有五種人二處受報：一、地獄，二、餓鬼。何者爲五？一、斷施衆僧物，二、斷施僧食，三、劫僧賜物，四、應得能令不得，五、法説非法，非法説法。此五種人受是二報，餘業不盡，五道中受。而説偈言：

行惡感地獄，造善受天樂。若能修空定，漏盡證羅漢。歡喜受他施，三衣常知足，定慧修三業，安樂在山谷。寧食熱鐵丸，燋熱如焰火；破戒不應受，〔一〕得信檀越食。

爾時世尊於大衆中説因緣已，時四部衆歡喜奉行。

六、説法本因緣。」〔二〕

浴室及六寺，二地總三缸，兩瓶漫肉泉，一甕刀劓鼻，斵舌水中立，立刺肉廳樧，駝馬白象驢，羝羊雙肉臺，肉房二繩牀，肉秤及拘執，牀壁肉繩索，厠井兩高座，椎二拘脩山，兩肉須曼柱，華果一肉樹，一樹三肉樧，兩雙十四樹，兩僧二沙彌，合有五十

〔一〕「受」字原作「定」，據高麗藏本改。

〔二〕出因緣僧護經。

頌曰：

愚夫貪世利，　俗士重虛名。　三空既難辯，　八風恒易傾。　物我久空性，　色心仍自縈。
盛年愛華好，　老死丘墓成。　居高非慮禍，　持滿不憂盈。　名利甘刀害，　將非安久禎。
凡愚苟求利，　譬犬見穢精。　不知禍來至，　焉知怨苦聲。

感應緣上來道俗不勝名利，受現報者極多。並散在諸篇，〔一〕且引一驗，不繁廣述。〔二〕屢見白衣無識俗人，見佛呵責弟子，即謂自是好人，偏見僧過。若依經說，白衣之罪如皂衣膩服，雖有外汙，不覺別色。出家之人，猶如净氍，雖放蠅糞微汙，即覺易除。所以白衣造罪，入於地獄，如石沈水，無有出時。出家之人造罪入地獄如拍毱，〔三〕著地即反。何以故？以造罪時，生極慚耻，作已尋懺故。亦如滴水在於熱鐵，〔四〕隨滴似濕，亦濕還乾。何以故？以火熏故。俗人造罪入獄，猶如箭射，無却反義。亦如似鐵椎入於深泥，亦無出義。何以故？以尤害心故。亦如老象入泥，無力可出。若富貴之人，便生我慢，凌突三寶，殺害自在，貪染財色，晝夜無厭，不生羞

〔一〕「在」字原脱，據高麗藏本補。
〔二〕「繁」字原作「繫」，據高麗藏本、磧砂藏本、南藏本、嘉興藏本改。
〔三〕「入地獄」三字原脱，據高麗藏本補。
〔四〕「鐵」字，高麗藏本作「鏉」。

恥，何異畜生。反謗賢良，輕侮佛法。静思此事，〔一〕深可痛心。若是貧賤之徒，貪求衣食，王役驅馳，公私擾擾，夙夜孜孜。不信之者，衣食交絶，困苦切身，劫剥三寶，毁盗六親，養活妻兒，存己軀命。所以從苦至苦，苦遍十方；從闇入闇，闇冥法界。菩薩爲此斂眉，〔二〕諸佛於兹泣血。忽惟斯理，哀痛更深者也。

後魏崇真寺僧慧嶷，死經七日。時與五比丘次第於閻羅王所閲過。嶷以錯召，放令還活，具説王前事意，如生官無異。五比丘者，亦是京邑諸寺道人，與嶷同簿而過。一比丘云是寶明寺僧智聰。自云：生來坐禪苦行爲業，得昇天堂。復有比丘云是般若寺僧道品。自云：誦涅槃經四十卷，亦昇天堂。復有一比丘云是融覺寺僧曇謨最。狀注云：講華嚴、涅槃，恒常領衆千人，解釋義理。王言：講經衆僧，我慢貢高，心懷彼我，憍己凌物。比丘之中，第一麤行。最報王言：立身已來，實不憍慢，惟好講經。王言：付司。即有青衣十人，送最向於西北，入門，屋舍皆黑，似非好處。復一比丘云是禪林寺僧道弘。自云：教化四輩檀越，造一切經，人中金像十軀。王言：沙門之體，必須攝心道場，志念禪誦，不預世事，勤心念戒，不作有爲。教化求財，貪心即起，三毒未除。付司依式。還有青衣執送，與最同入一處。又有比丘云是靈覺寺僧寶真。自云：未出家之前，曾作隴西太守，自知苦空，歸依三寶，割捨家資，造靈覺寺。寺成捨官入道。雖不禪誦，禮拜不闕。王曰：卿作太守之日，曲情枉法，劫奪人

〔一〕「思」字原作「恩」，據高麗藏本、磧砂藏本、南藏本、嘉興藏本改。

〔二〕「斂」字，高麗藏本作「顰」。

財，以充己物。假作此寺，非卿之力，何勞説此。亦復付司準式。青衣送入黑門，似非好處。慧嶷爲以錯召免問，放令還活，具説王前過時事意。時人聞已，奏胡太后。太后聞之，以爲靈異，即遣黄門侍郎依嶷所陳訪問聰等五寺。並云有此。死來七日，生時業行，如嶷所論不差。事出洛陽伽藍記。〔一〕

〔一〕出洛陽伽藍記卷二崇真寺。

法苑珠林校注卷第九十三

酒肉篇第九十三此有三部

述意部　飲酒部　食肉部

述意部第一

夫酒爲放逸之門，大聖知其苦本。所以遠酣肆，離酒緣，棄醉朋，近法友，出昏門，入醒境。肉是斷大慈之種，大聖知其殺因。所以去腥臊，净身口，噉蔬菜，澄心神，招慈善，感延年。故俗書禮記云：「見其生不忍見其死，聞其聲不忍食其肉。」〔一〕斯亦不殺之義也。若使噉食酒肉之者，即同畜生豺狼

〔一〕出大戴禮記卷三保傅篇。

禽獸，亦即具殺一切眷屬，食噉諸親。反讎怨報，歷劫長夜，無有窮已。如經論説：「有一女人五百世害狼兒，狼兒亦五百世害其子。又有女人五百世斷鬼命根，鬼亦五百世斷其命根。」〔一〕故知經歷六道，備受怨報。或經爲師長，或是父母，或是兄弟，或是姊妹，或是兒孫，或是朋友。今是凡身，各無道眼，不能分别，還相噉食，不自覺知。噉食之時，此物有靈，即生瞋恨，還成怨讎。向到至親，反變成怨。如是之事，豈可不思。暫争舌端，一時少味，永與至親，〔二〕長爲怨對。可爲痛心，難以言説。是故涅槃經云：「一切肉者悉斷，及自死者。」〔三〕自死猶斷，何況不自死者！

又楞伽經云：「爲利殺衆生，以財網諸肉，二業俱不善，死墮叫呼獄。」〔四〕何謂以財網肉？陸設罝罘，水設網罟，此是以網網肉。若於屠殺人閒以錢買肉，此是以財網肉。若令此人不以財網肉者，習惡律儀，捕害衆生，〔五〕此人爲當專自供口，亦復别有所擬。若别有所擬，向食肉者豈無殺分？何得云我不殺生？此是灼然，違背經文，斷大慈種，障不見佛也。

〔一〕出阿毘曇毘婆沙論卷七。
〔二〕「至」字原作「慈」，據高麗藏本改。
〔三〕出大般涅槃經卷四。
〔四〕出楞伽阿跋多羅寶經卷四。
〔五〕「害」字原作「肉」，據高麗藏本改。

飲酒部第二

述曰：此之一教，有權有實。權則漸誘之訓，以輕脱重，初開無犯。據其障理，非無其過。若約實教，輕重俱禁，始末不犯，是名持戒。初據權説者，故未曾有經云：「爾時國王太子名曰祇陀，聞佛所説十善道法，果報無窮。長跪叉手，白佛言：佛昔令我受持五戒，今欲還捨。所以者何？五戒法中酒戒難持，畏得罪故。世尊告曰：汝飲酒時，爲何惡耶？祇陀白佛：國中豪强，時時相率，賫持酒食，共相娱樂，以致歡樂，自無惡也。何以故？得酒念戒，無放逸故。是故飲酒不行惡也。佛言：善哉！善哉！祇陀，汝今已得智慧方便，若世間人能如汝者，終身飲酒，有何惡哉！如是行者，乃應生福，無有罪也。若人飲酒，不起惡業；歡喜心故，不起煩惱；善心因緣，受善果報。如持五戒，〔一〕何有失乎！飲酒念戒，益增其福。先持五戒，今受十善，功德倍勝十善報也。時波斯匿王白佛言：世尊，如佛所説，心歡喜時，不起惡業，名有漏善者，是事不然。何以故？人飲酒時，心則歡喜；歡喜心故，不起煩惱；無煩惱故，不行惱害；不害物故，三業清净；清净之道，即無漏業。世尊，憶念我昔遊行獵戲，忘將厨宰。於深山中，覺飢欲食。左右荅言：王朝去時，不被命敇，令將厨宰，即時無食。我聞是語已，走馬

〔一〕「持」字原作「是」，據高麗藏本、磧砂藏本改。

還宮，教令索食。王家厨監名脩迦羅。脩迦羅言：即無現食，今方當作。我時飢逼，忿不思惟，敕臣斬殺厨監。臣被王教，即共議言：簡括國中，唯此一人忠良直事。今若殺者，更無有能爲王監厨，稱王意者。時末利夫人聞王教敕殺脩迦羅，情甚愛惜。知王飢乏，即令辦具好肉美酒，沐浴名香，莊嚴身體，將諸妓女，往至我所。我見夫人裝束嚴麗，將從妓女、好酒肉來，瞋心即歇。何以故？末利夫人持五戒斷酒不飲，我心常恨。今日忽然將酒肉來，共相娱樂。展釋情故，即與夫人飲酒食肉，作衆妓樂，歡喜娱樂，恚心即滅。夫人知我忘失怒意，即遣黄門輒傳我命，令諸外臣莫殺厨監。〔一〕即奉教旨。我至明旦，深自悔責，愁憂不食，顏色顦顇。夫人問我：何故憂愁？爲何患耶？我言：吾因昨日爲飢火所逼，瞋恚心故，殺脩迦羅。自計國中更無有人，堪監我厨，如脩迦羅者。爲是之故，悔恨愁耳。夫人笑曰：其人猶在，願王莫愁。我重問曰：爲實如是，爲戲言耶？荅言：實在，非戲言也。我令左右喚厨監來。使者往召，須臾將來。我大歡喜，憂悔即除。王白佛言：末利夫人持佛五戒，月行六齋。一日之中，終身五戒，已犯飲酒、妄語二戒，八齋戒中頓犯六戒。此事云何？所犯戒罪輕耶，重耶？世尊荅曰：如此犯戒，得大功德，無有罪也。何以故？爲利益故。如我前説。夫人修善凡有二種：一、有漏善，二、無漏善。末利夫人所犯戒者，入有漏善；不犯戒者，名無漏善。依語義者，破戒修善，名有漏善；依義語

〔一〕「諸」字，高麗藏本作「語」。

者，凡心所起善，皆無漏業。王白佛言：如世尊説，末利夫人飲酒破戒，不起惡心而有功德，無罪報者，一切人民亦復皆然。何以故？我念近昔，〔一〕舍衛城中有諸豪族刹利王公，因小諍競，乃致大怨。各各結謀，興兵相伐。兩家並是國親，非可執録。紛紜鬭戰，不從理諫，深爲憂之。復自念言：昔太子時共大臣提韋羅相忿，情實不分，意欲誅滅。因太后與酒，飲已情和。思惟是已，即敕忠臣，令辦好酒及諸甘饍。又使宣令國中豪族羣臣士民，悉皆令集，欲有所論國中大事。諸臣諍競，兩徒眷屬各有五百，應召來集於王殿上，莊嚴大樂。王敕忠臣辦瑠璃椀，椀受三升。諸寶椀中，盛滿好酒。我於衆前先罄一椀。王曰：今論國事，想無異心。今當人人辦此一椀甘露良藥，然後論事。咸言：唯諾。作唱大樂。諸人得酒，并聞音樂，心中歡樂，亡失讎恨。因酒息諍而得太平，此豈非是酒之功也！竊見世間窮貧小人、奴客婢使、夷蠻之人，或因節日，或於酒店，聚會飲酒，歡樂心故，不須人教，各各起舞。未得酒時，都無是事。是故當知，人因飲酒，則致歡樂；心歡樂時，不起惡念；不起惡念，則是善心；善心因緣，應受善報。獼猴得酒，尚能起舞，況於世人。如世尊説，施善善報，施惡惡報。末利夫人皆由前身以好施人故，今得好報。世尊，云何令持五戒，月行六齋，六齋之日不得莊嚴香華服飾，作倡妓樂，又復不聽附近夫壻？愛好之姿，竟何所施？徒云其功，豈非苦也？佛告王曰：大王所難，非不如是。末利

〔一〕「昔」字，高麗藏本作「者」。

夫人在年少時，若我不敕令受戒法，修智慧者，云何當有今日之德，以能得度，復度王身，如斯之功，復歸誰也？」〔一〕

述曰：此第二約其實説，輕重不犯，真名持戒。故大聖知時，量機通塞。通則開禁隨時，量前損益。如匿王欲殺厨監，〔二〕太子欲殺其父，此並因酒忘忿，得全身命，免其大罪。以輕脱重，不受累殃。然非無飲酒之咎，來報之罪。不得見有前開，遂即雷同總犯。各須量其教意，復省己身行德優劣，得預聖人。斯匿、末利開禁，以既不同，此即須依經，纖毫勿犯，最爲殊勝。故四分律云：「是我弟子者，乃不以草頭滴酒入口。」〔三〕何況多飲。是故咽咽結提。

又成論：「問云：飲酒是實罪耶？荅曰：非也。所以者何？飲酒不爲惱衆生故而是罪因。若人飲酒，則開不善門，以能障定及諸善法。如殖衆果，必有墻障。故知酒過，如果無園。」〔四〕

又優婆塞經云：「若復有人樂飲酒者，是人現世喜失財物，身心多病，常樂鬬諍，惡名遠聞，喪失智慧，心無慚愧，得惡色力，常爲一切之所呵責，人不樂見，不能修善。是名飲酒現世惡報。捨此身已，處

〔一〕出未曾有因緣經卷下。
〔二〕「欲」字原脱，據高麗藏本補。
〔三〕出四分律卷十六。
〔四〕出成實論卷八五戒品。

在地獄，受飢渴等無量苦惱。是名後世惡業之果。若得人身，心常狂亂，不能繫念思惟善法。是一惡因緣力故，令一切外物資生，悉皆臭爛。」〔一〕

又長阿含經云：「其飲酒者有六種失：一者失財，二者生病，三者鬬争，四者惡名流布，五者恚怒暴生，六者智慧日損。」〔二〕

又智度論：「飲酒有三十五失，如前受戒篇說。」〔三〕

又沙彌尼戒經云：「不得飲酒，不得嗜酒，不得嘗酒。酒有三十六失，失道破家，危身喪命，皆悉由之。牽東引西，持南著北，不能諷經，不敬三尊，輕易師友，不孝父母，心閉意塞，世世愚癡，不值大道，其心無識，故不飲酒。欲離五陰、五欲、五蓋，得五神通，得度五道，故不飲酒。」〔四〕

又薩遮尼乾子經偈云：

「飲酒多放逸，　現世常愚癡，　忘失一切事，　常被智者呵。　來世常闇鈍，　多失諸功德。

〔一〕「臭」字原作「具」，據優婆塞戒經改。出優婆塞戒經卷三受戒品。

〔二〕出長阿含經卷十一善生經。

〔三〕出大智度論卷十三。

〔四〕出沙彌尼戒經。

是故黠慧人，　離諸飲酒失。」〔一〕

又十住婆沙論：「問曰：若有人捨施酒，未知得罪以不？荅曰：施者得福，受者不得飲。」〔二〕故論云：「是菩薩或時樂捨一切，須食與食，須飲與飲。若以酒施，應生是念：今是行檀時，隨所須與，後當方便教使離酒，得念智慧，令不放逸。何以故？檀波羅蜜法，悉滿人願。在家菩薩以酒施者，是則無罪。」〔三〕

又梵網經云：「若自身手過酒器與人飲酒者，五百世中無手，何況自飲。不得教一切人飲，及一切衆生飲酒，況自飲酒。」〔四〕

又優婆塞五戒相經云：「佛在支提國跋陀羅婆提邑。是處有惡龍，名菴婆羅提陀，〔五〕兇暴惡害，〔六〕無人得到其處，象馬無能近者，乃至諸鳥不得過上。秋穀熟時，並皆破滅。時有長老莎伽陀羅

〔一〕出大薩遮尼乾子所説經卷五問罪過品。

〔二〕此段出處待考，十住婆沙論中無此問答。

〔三〕出十住毗婆沙論卷七五戒品。

〔四〕出梵網經盧舍那佛説菩薩心地戒品卷下。

〔五〕「婆羅」原作「羅婆」，據優婆塞五戒相經改。

〔六〕「害」字下原衍「人」字，據優婆塞五戒相經删。

漢比丘遊行支提國，漸到跋陀羅波提邑。過是夜已，晨朝著衣持鉢入村乞食。時聞此邑有惡龍，兇暴害人、鳥獸，及破滅秋穀。聞已，乞食到菴婆羅提陀龍住處，〔一〕衆鳥樹下，敷座具，大坐。龍聞衣氣，即發瞋恚，從身出煙。長老莎伽陀即入三昧，以神通力，身亦出煙。龍倍瞋恚，身上出火。莎伽陀復入火光三昧，身亦出火。龍復雨雹，莎伽陀即變雹作釋俱餅、髓餅等。龍復放霹靂，莎伽陀變作種種歡喜丸。龍復雨弓箭刀矟，莎伽陀即變作優鉢羅華、波頭摩華等。龍復雨毒蛇、蜈蚣、土虺、蚰蜒，〔二〕莎伽陀即變作優鉢羅華瓔珞、瞻蔔華瓔珞等。如是等龍所有勢力盡現向莎伽陀，皆不能勝，即失威力光明。莎伽陀知龍力盡，不能復動，即變作細身，從龍兩耳入，從兩眼出；兩眼出已從鼻入；〔三〕從鼻入已從口中出；在龍頭上往來經行，不傷龍身。爾時龍見如是事已，心即大驚，怖畏毛豎，〔四〕合掌向莎伽陀言：我歸依汝。莎伽陀荅言：汝莫歸依我，當歸依我師佛。龍荅言：我從今歸依三寶，知我盡形作佛優婆塞。是龍受三自歸作佛弟子已，更不復作如先兇惡事。諸人及鳥獸皆得到所，秋穀不傷。名聲流

〔一〕「陀」字原闕，據優婆塞五戒相經補。
〔二〕「土」字，高麗藏本作「蝮」。
〔三〕「兩眼出」三字原闕，據優婆塞五戒相經補。
〔四〕「畏」字原闕，據優婆塞五戒相經補。

布諸國，皆知長老莎伽陀能降伏惡龍，折伏令善。〔一〕因莎伽陀名聲流布，諸人皆作食，傳争請之。是中有一貧女人，信敬請得莎伽陀。是女爲辦酥乳糜食之。女人作念思惟：〔二〕是沙門噉是酥乳糜，或當冷發。便取似水色酒持與莎伽陀，莎伽陀不看便飲。飲已爲説法，便去。過向寺中，爾時酒勢便發，近寺門邊，不覺倒他。僧伽梨衣、漉水囊、鉢杖等各在一處，身在一處，醉無所覺。佛與阿難行到是處，見是比丘，知而故問：阿難，此是何人？荅言：世尊，此是長老莎伽陀。佛即語阿難：是處爲我敷座，辦水集僧。阿難受教敷座，辦水集僧已，白佛言：僧已集。佛自知時，佛即洗足，坐已，問諸比丘：汝等曾見聞有龍名菴婆羅提陀，兇暴惡害，先無有人到其住處，乃至鳥獸無能到上。秋穀熟時，破滅諸穀。莎伽陀能折伏令善，鳥獸得到泉上。是中有見聞者言：見聞此事。佛語諸比丘：於汝意云何？此善男子莎伽陀，今能折伏蝦蟆不？荅言：不能。佛言：聖人飲酒，尚如是失，何況凡夫。如是過罪，皆由飲酒。今從自後，若言我是佛弟子者，不得飲酒，乃至小草頭一滴亦不得飲。佛種種呵責飲酒過失已，依律因此比丘便制不飲酒戒。」〔三〕

問曰：未審天上有酒味不？荅曰：無實麴米所造之酒，但有業化所作酒也。故正法念經云：「彼

〔一〕「伏」字原脱，據高麗藏本補。
〔二〕「作」字原脱，據高麗藏本補。
〔三〕出優婆塞五戒相經酒戒。

夜摩天男共天女衆入池遊戲，同飲天酒，離於醉過，現樂功德。味觸色香皆悉具足。其中諸天有以珠器而飲酒者，受用酥酡之食，色觸香味皆悉具足。彼如是念：此水爲酒，令我得飲。即於念時，皆是天酒，離於醉過。天既飲之，增長勝樂；善業力故，心生歡喜。然彼諸天自業力故，如是受樂。」〔一〕

「有鳥名爲常樂，見彼諸天在歡喜河而飲酒故，爲説偈言：

没入放逸海，　貪著諸境界。　此酒能迷心，　何用復飲酒？　爲境界火燒，　不知作不作，
園林主貪心〔二〕　何用復飲酒？

彼常樂鳥見樂飲酒天在河飲酒，爲調伏故，如是説偈。」〔三〕

又正法念經：「閻羅王責數罪人説偈云：

酒能亂人心，　令人如羊等，　不知作不作，　如是應捨酒。　若酒醉之人，　如死人無異；
若欲常不死，　彼人應捨酒。　酒是諸過處，　恒常不饒益，　一切惡道階，　黑闇所在處。　飲
酒到地獄，　亦到餓鬼處，　行於畜生業，　是酒過所誑。　酒爲毒中毒，　地獄中地獄，　病中
之大病，　是智者所説。　若人飲酒者，　無因緣歡喜，　無因緣而瞋，　無因緣作惡。　於佛所

〔一〕出正法念處經卷五十一。
〔二〕「主」字，高麗藏本作「生」。
〔三〕出正法念處經卷五十二。

生癡，壞世出世事，燒解脱如火，所謂酒一法。若人能捨酒，正行於法戒，彼到第一處，無死無生處。」〔一〕

問曰：無病飲得罪，有病開飲不？答曰：依四分律：「實病餘藥治不差，以酒爲藥者，不犯。」〔二〕

問曰：開飲幾許？答曰：依文殊師利問經云：「若合藥，醫師所説多藥相和，少酒多藥得用。」〔三〕

又舍利弗問經云：「舍利弗白佛言：云何世尊説遮道法，不得飲酒如葶藶子，是名破戒，開放逸門。云何迦蘭陀竹園精舍有一比丘，疾病經年，危篤將死。時優波離問言：汝須何藥？我爲汝覓，天上人間，乃至十方，是所應用，我皆爲取。答曰：我所須藥，是違毗尼。故我不覓，以至於此。寧盡身命，無容犯律。優波離言：汝藥是何？答曰：須酒五升。優波離曰：若爲病開，如來所許。爲乞得酒，服已消差。差已懷慚，猶謂犯律。往至佛所，慇懃悔過。佛爲説法，聞已歡喜，得羅漢道。佛言：酒有多失，開放逸門。飲如葶藶子，犯罪已積。若消病苦，非先所斷。」〔四〕

述曰：不得見前文開，籠通總飲。必須實病，重困臨終，先用餘藥治皆不差，要須酒和得差者，依

〔一〕出正法念處經卷八。

〔二〕出四分律卷十六。

〔三〕出文殊師利問經卷上菩薩戒品。

〔四〕出舍利弗問經。

前方開。比見無識之人，身力强壯，日别馳走，不依衆儀，少有微患，便長情貪，不護道業，妄引經律，云佛開種種湯藥、名衣上服施佛及僧，因公傍私，詭誑道俗。是故智人守戒如命，不敢犯之。是故薩遮尼乾子經偈云：

「酒爲放逸根，　不飲閉惡道。　寧捨百千身，　不毁犯法教。　寧使身乾枯，　終不飲此酒。　假使毁犯戒，　壽命滿百年；　不如護禁戒，　即時身磨滅。　決定能使差，　我猶故不飲，　況今不定知，　爲差爲不差。　作是決定心，　心生大歡喜，　即獲見真諦，　所患即消除。」〔一〕

當知衆生所有病者，皆由貪瞋我慢爲因。從因有果，得此苦報，非由不得藥酒，病不得差。故涅槃經云：「一切衆生有四毒箭，則爲病因。何等爲四？一貪欲，二瞋恚，三愚癡，〔二〕四憍慢。若有病因，則有病生。所謂愛熱肺病，上氣吐逆，膚體瘤瘤，其心悶亂，下痢噦噎，小便淋瀝，眼耳疼痛，腹背脹滿，顛狂乾消，鬼魅所著，如是種種身心諸病。」〔三〕若識病本，斷惡修善，三世苦報，永除不受。若不觀理，縱用天下藥酒所治，其病轉增，難可得差。

〔一〕出大莊嚴經論卷十五。作薩遮尼乾子經誤。
〔二〕「愚癡」原作「癡愚」，據高麗藏本、磧砂藏本、南藏本、嘉興藏本改。
〔三〕出大般涅槃經卷十一。

又毗尼母經云：「尊者彌沙塞説曰：莎提比丘少小因酒長養身命。後出家已，不得酒故，四大不調。諸比丘白佛。佛言：病者聽甕上嗅之。若差，不聽嗅。不差者，聽用酒洗身。若復不差，聽用酒和麵作餅食之。若復不差，聽酒中自漬。」〔一〕

又新婆沙論云：「如契經，尊者舍利子於憍薩羅國住一林中。時有活命出家外道，亦住彼林，鄰近尊者。去林不遠，諸村邑中，有時廣設四月節會。時彼外道巡諸村邑，飽食豬肉，恣情飲酒，竊持殘者還至林中。見舍利子坐一樹下，酒所昏故，起輕慢心，我今與彼雖俱出家，我獨富樂而彼貧苦。尋趣尊者，作是頌曰：

我已飽酒肉，　復竊持餘來。　地上草木山，　皆視如金聚。

時舍利子聞已念言：此死外道，都無慚愧，乃能無賴説此伽陀。我今亦應對彼説頌。作是念已，即説頌言：

我常飽無相，　恒住空定門。　地上草木山，　皆視如唾處。

今此頌中，尊者舍利子作師子吼，説三解脱門。謂於初句説無相解脱門，於第二句説空解脱門，於後二句説無願解脱門。」〔二〕

〔一〕「自」字，高麗藏本作「浸」。出毘尼母經卷五。

〔二〕出阿毘達磨大毘婆沙論卷一百五。

食肉部第三

述曰：此之一教，亦有權實。言權教者，據毗尼律中，世尊初成道，爲度麤惡凡夫，未堪説細。且於漸教之中，説三種浄肉，離見、聞、疑，不爲己殺，鳥殘自死者，開聽食之。先麤後細，漸令離過，是別時之意，不了之説。若據實教，始從得道至涅槃夜，大聖慇懃，始終不開。

又涅槃經云：「一切衆生聞其肉氣，皆悉恐怖，生畏死想。水陸空行有命之類，悉捨之走，咸言：此人是我等怨。是故菩薩不習食肉。爲度衆生，示現食肉。雖現食之，其實不食。」〔一〕

但諸衆生有執見者，不解如來方便説意，便即偏執毗尼局教。「言佛聽食三種浄肉，亦謗我言：如來自食。彼愚癡人成大罪障，〔二〕長夜墮於無利益處，亦不得見現在未來賢聖弟子，況當得見諸佛如來！大慧，諸聲聞人等常所應食米、麵、油、蜜等，能生浄命。非法貯畜，非法受取，我説不浄，尚不聽食，何況聽食肉血不浄耶？」〔三〕非直食肉壞善障道，乃至邪命諂曲以求自活，亦是障道。

又文殊師利問經云：「若爲己殺不得噉，若肉如材木，已自腐爛，欲食得食。若欲噉肉者，當説此

〔一〕出大般涅槃經卷四。
〔二〕「愚癡」原作「癡愚」，據高麗藏本、磧砂藏本、南藏本、嘉興藏本改。
〔三〕出入楞伽經卷十。

呪：

多經咃此言如是。阿㮛摩阿㮛摩此言無我無我。阿視婆多阿視婆多此言無壽命無壽命。那舍那舍此言失失。陀呵陀呵此言燒燒。婆弗婆弗此言破破。僧柯慓多弭〔一〕此言有爲。莎呵此言除殺去。

此呪三説，乃得噉肉。飯亦不食。何以故？若無思惟，飯不應食，何況當噉肉。佛告文殊師利：以衆生無慈悲力，懷殺害意，爲此因緣，故斷食肉。若能不懷害心，大慈悲心，爲教化一切衆生故，無有過罪。」〔二〕

問曰：酒是和神之藥，肉爲充飢之饍。古今同味。今獨何見鄙而不食？若使佛教清禁，居喪禮制，即如對於嚴君，敕賜俗食，豈關僧過，拒而不食耶？答曰：貪財喜色，貞夫所鄙；好膳嗜美，廉士所惡。割情從道，前賢所歎；抑慾崇德，往哲同嗟。況肉由殺命，酒能亂神。不食是理，寧可爲非。縱逢上抑，終須嚴斷。雖違君命，還順佛心。

問曰：肉由害命，斷之且然。酒不損生，何爲頓制？若使無損計罪，無過言非，飲漿食飯，亦應得罪，而實不爾。酒何偏斷？答曰：結戒隨事，得罪據心。肉體因害，食之即罪。酒性非損，過由弊神。餘處生過，過生由酒，斷酒即除。所以遮制不同，非謂酒體是罪。

〔一〕「慓」字，文殊師利問經作「慄」。

〔二〕出文殊師利問經卷上菩薩戒品。

問曰：罪有遮、性，酒體生罪。今有耐酒之人，能飲不醉，又不弊神，亦不生罪。此人飲酒，應不得罪。斯則能飲無過，不能招咎，何關斷酒以成戒善？可謂能飲耐酒，當名持戒；少飲即醉，是大罪人。答曰：制戒防非，本爲生善。戒是上善，身口無違。緣中止息，遮性兩斷，乃名戒善。今耐酒之人，既不亂神，未破餘戒，實理非罪。正以飲生罪因，外違遮教，緣中生犯，仍名有罪。以乖不飲，猶非持戒。

第一據實有損者，依經：食肉之人有十種過失。第一、明一切衆生，無始已來，皆是己親，不合食肉。故入楞伽經云：「我觀衆生，輪迴五道，同在生死，共相生育，遞爲父母、兄弟、姊妹，若男若女，中表内外，六親眷屬。或生餘道，善道惡道，常爲眷屬。以是因緣，我觀衆生，更相噉肉，無非親者。由食肉味，遞互相噉，常生害心，增長苦業，流轉生死，不得出離。佛説是時，諸惡羅刹聞佛所説，悉捨惡心，止不食肉。遞相勸發菩提之心，護衆生命，過自護身。離一切惡，諸肉不食。悲泣流淚，白言：世尊，我聞佛説，諦觀六道，我所噉肉，皆是我親。乃知食肉衆生，是我大怨，斷大慈種，長不善業，是大苦本。我從今日斷不食肉，及我眷屬亦不聽食。如來弟子有不食肉者，〔一〕我當晝夜親近擁護。若食肉者，我當與作大不饒益。大慧，羅刹惡鬼常食肉者，聞我所説，尚發慈心，捨肉不食，況我弟子行善法者，當聽食肉？若食肉者，當知即是衆生大怨，斷我聖種。大慧，若我弟子聞我所説，不諦觀察而食肉者，當

〔一〕「肉」字原脱，據高麗藏本補。

知即是旃陀羅種，非我弟子，我非其師。」〔一〕

第二、明食肉衆生，見者皆悉驚怖，故不應食。如彼經説：「食肉之人，衆生聞氣，悉皆驚怖，逃走遠離。是故菩薩修如實行，爲化衆生，不應食肉。譬如旃陀羅獵師屠兒，捕魚鳥人，一切行處，衆生遥見，作如是念：我今定死。而此來者是大惡人，不識罪福，斷衆生命，求現前利。今來至此，爲覓我等。今我等身，悉皆有肉，是故今來，我等定死。大慧，由人食肉，能令衆生見者皆生如是驚怖。大慧，一切虚空、地中衆生，見食肉者，皆生恐怖而起疑念：我於今者爲死爲活？如是惡人，不修慈心，亦如豺狼遊行世間，常覓肉食。如牛噉草，蜣蜋逐糞，不知飽足。我身是肉，正是其食。不應逢見，即捨逃走，離之遠去。如人畏懼羅刹無異。」〔二〕

第三、明食肉之人壞他信心，是故不應食肉。如彼經云：「若食肉者，衆生即失一切信心。便言：世間無可信者。斷於信根。是故大慧，菩薩爲護衆生信心，一切諸肉悉不應食。何以故？世間有人見食肉故，謗毁三寶，作如是言：於佛法中何處當有真實沙門、婆羅門、修梵行者，捨於聖人本所應食，食於衆生，猶如羅刹。斷我法輪，絶滅聖種，一切皆由食肉者過。是故大慧，我弟子者，爲護惡人毁謗三

〔一〕出入楞伽經卷九遮食肉品。

〔二〕出入楞伽經卷九遮食肉品。

實，乃至不應生念肉想，何況食噉也。」〔一〕

第四、明慈心少欲行人不應食肉。如彼經説：「菩薩爲求出離生死，應當專念慈悲之行，少欲知足，厭世間苦，速求解脱。若捨憒鬧，就於空閑，住屍陀林，阿蘭若處，塚間樹下，獨坐思惟。觀諸世間，無一可樂。妻子眷屬如枷鎖想，宫殿臺觀如牢獄想，觀諸珍寶如糞聚想，見諸飲食如膿血想，受諸飲食如塗癰瘡想。趣得存命，繫念聖道，不爲貪味。酒肉、葱韮、蒜薤臭味，〔二〕悉捨不食。若如是者，是真修行，堪受一切人天供養。若於世間不生厭離，貪著諸味，酒肉葷辛皆便噉食，不應受於世間信施也。」〔三〕

第五、明食肉之人皆是過去曾作惡羅刹，由習氣故，今故貪肉。是故不應食肉也。如彼經説：「有諸衆生，過去曾修無量因緣，有微善根，得聞我法，信心出家。在我法中，過去曾作羅刹眷屬，虎狼、師子、猫狸中生。雖在我法，食肉餘習，見食肉者歡喜親近。入諸城邑、聚落、塔寺，飲酒噉肉，以爲歡樂。諸天下觀，猶如羅刹爭噉死屍，等無有異。而不自知已失我衆，成羅刹眷屬。雖服袈裟，剃除鬚髮，有

〔一〕出入楞伽經卷九遮食肉品。

〔二〕「臭」字，高麗藏本作「葷」。

〔三〕出入楞伽經卷九遮食肉品。

命看見，心生恐怖，如畏羅刹。」〔一〕此明食肉皆是過去曾作羅刹，師子、虎狼、猫狸中來，故應裁斷也。

第六、明食肉之人，學世呪術，尚不得成，況出世法，何由可證？是故行者不應食肉。如彼經説：「世間邪見諸呪術師，若其食肉，呪術不成。爲成邪術，尚不食肉。況我弟子，爲求如來無上聖道，出世解脱，修大慈悲，精勤苦行，猶恐不得，何處當有如是解脱，爲彼癡人食肉而得其報？是故大慧，我諸弟子爲求出世解脱樂故，不應食肉也。」〔二〕

第七、明衆生皆愛身命，〔三〕與己無别。是故行者不應食肉。如彼經説：「食肉能起色力，〔四〕嗜味人多貪著。〔五〕應當諦觀一切世間有身命者，各自寶重，畏於死苦。護惜己身，人畜無别。寧當樂存疥野干身，不能捨命受諸天樂。何以故？畏死苦故。以是觀察，死爲大苦，是可畏法。自身畏死，云何當得而食他肉？是故大慧，欲食肉者，先自念身，次觀衆生，不應食肉也。」〔六〕

〔一〕出入楞伽經卷九遮食肉品。

〔二〕出入楞伽經卷九遮食肉品。

〔三〕「愛」字原作「受」，據高麗藏本、磧砂藏本改。

〔四〕「起」字，高麗藏本作「壯」。

〔五〕「嗜」字原作「貪」，據高麗藏本改。

〔六〕出入楞伽經卷九遮食肉品。

第八、明食肉之人，諸天賢聖皆悉遠離，惡神恐怖，是故行者不應食肉。如彼經説：「夫食肉者，諸天遠離，何況聖人。是故菩薩爲見聖人，當修慈悲，不應食肉。大慧，食肉之人，睡眠亦苦，起時亦苦。若於夢中見種種惡，驚怖毛竪，心常不安。無慈心故，乏諸善力。若其獨在空閑之處，多爲非人而伺其便。虎狼師子亦來伺求，欲食其肉。心常驚怖，不得安隱也。」〔一〕

第九、明食肉之人，净者尚不應食，況不净肉。是故行者不應食肉。如彼經説：「我説凡夫爲求净命，噉於净食，尚應生心，如子肉想，何況聽食非聖人食。聖人離著，以肉能生無量諸過故，失於出世一切功德。云何言我聽諸弟子食諸肉血不净等味？言我聽者，是則謗我。」〔二〕故内律云：「食生肉血等，得偷蘭遮罪。」〔三〕

第十、明食肉之人死則還生惡羅刹等中。是故行者不應食肉。如彼經説：「食肉衆生，依於過去食肉熏故，〔四〕多生羅刹、師子、虎狼、豺豹、猫狸、鵄梟、鵰鷲、鷹鷂等中。有命之類各自護身，不令得便受飢餓苦，常生惡心，念食他肉。命終復墮惡道受生，人身難得，何況當有得涅槃道。當知食肉有如

〔一〕出入楞伽經卷九遮食肉品。
〔二〕出入楞伽經卷九遮食肉品。
〔三〕出四分律卷四十二。
〔四〕「熏」字原作「重」，據高麗藏本改。

是等無量諸過。是故行者不食肉者，即是無量功德之聚也。」〔一〕

又鴦掘魔經云：「文殊師利白佛言：世尊，因如來藏故諸佛不食肉耶？佛言：如是。一切衆生無始生死，生生輪轉，無非父母兄弟姊妹。猶如伎兒，變易無常。自肉他肉，則是一肉。是故諸佛悉不食肉。復告文殊：一切衆生界我界，即是一界。所食之肉，〔二〕即是一肉。是故諸佛悉不食肉。佛告文殊：若自死牛，牛主持皮用作革屣，施持戒人，爲應受不？若不受者，是比丘法。若受者，非慈悲。〔三〕然不破戒。以從展轉離殺因緣故也。」又此經説：「衆生身内有八十萬户蟲。若斷一衆生命，即斷八十萬户蟲命。〔四〕若炙、若煮、若淹、若暴，皆有小蟲、飛蛾、蠅蛆而附近之。如是展轉傍殺無量生命。雖不自手而殺，然屠者不敢自食，皆爲食肉之人殺之。故知食肉之人，即兼有殺業之罪。或有出家僧尼，躬在伽藍，共諸白衣公然聚會，飲酒食肉，葷辛雜穢，汙染伽藍，不愧尊顔，如斯渾雜，豈勝外道？〔五〕

〔一〕出入楞伽經卷九遮食肉品。
〔二〕「食」字原作「肉」，據高麗藏本改。
〔三〕「慈」字原脱，據高麗藏本補。
〔四〕出央掘魔羅經卷四。
〔五〕「豈勝」，高麗藏本作「奚如」。

又尼羅浮陀地獄經云：「身如段肉，無有識知。此是何人？皆由飲酒。」〔一〕出家僧尼豈不深信經教，心生重愧。自棄正法，同於外道。若噉衆生父肉，衆生亦噉父肉；若噉衆生母肉，衆生亦噉母肉。如是姊兄、弟妹、男女六親，並有相對，怨怨相酬，未可得脱。

又沙彌尼戒經云：「不得殺生，慈愍羣生，如父母念子。加哀蠕動，猶如赤子。何謂不殺？護身口意，身不殺人畜喘息之類，手亦不爲，亦不教人。見殺不食，聞殺不食，疑殺不食，爲我殺不食。口不説言當殺、當害、報怨，亦不得言死快、殺快，某肉肥、某肉瘦，某肉多好，某肉少惡。意亦不念。哀念衆生，〔二〕如己骨髓，如父如母，如子如身，等無差别，普等一心，常志大乘。」〔三〕

又賢愚經云：「佛告波斯匿王曰：過去久遠阿僧祇劫，此閻浮提有一大國，名波羅柰。於時國王名波羅摩達。王將四種兵入山獵戲。王到澤上，馳逐禽獸。單隻一乘，獨到深林。王時疲極，下馬小休。爾時林中有牸師子，懷欲心盛，行求其偶，不能得值。於林間見王獨坐，婬意轉盛。思欲從王，近到其邊，舉尾背住。王知其意，而自思惟：此是猛獸，力能殺我。若不從意，儻見危害。王以怖故，即從師子。成欲事已，師子還去。諸兵羣從已復來到。王與人衆即還宫城。爾時師子從是懷胎，日月滿

〔一〕此爲逸經。
〔二〕「念」字，高麗藏本作「愍」。
〔三〕出沙彌尼戒經。

足，便生一子，形盡似人，唯足斑爛。師子憶識，知是王有。便銜擔來，著於王前。王亦思憶，知是己兒，即收取養。以足斑駮，字爲斑足。養之漸大，雄才志猛。父王崩亡，斑足繼治。時斑足王有二夫人：一是王種，二是婆羅門種。斑足出遊，勸二夫人隨我後往。誰先到者，當與一日極相娱樂。其墮後者，吾不見之。王去之後，其二夫人極自莊飾，嚴駕俱往，到於道中，見於天祠。梵志種者，下車作禮。禮已後到。王從本言而不前之。於是夫人瞋怨天神：由禮汝故，使王見薄。若有天力，何不護我。後壞天祠，令平如地。守天祠神，悲惱至宫，欲傷王宫。天神遮不聽入。有一仙人，住止山中，王恒供養。日日食時，飛來入宫，不食餚饍，粗食麤供。偶值一日，仙人不來。天神知之，化作其形，坐於常處，不肯就食，欲得魚肉。即如語辦。食已還去。明舊仙來，爲設肉食。仙人瞋王。王言：大仙先日敕作，今何不食？仙人語言：昨日有患，一日不來。是誰語汝，但相輕試？令王是後十二年中恒食人肉。作是語竟，飛還山中。是後厨監忘不辦肉。臨時無計，出外求肉。見死小兒，肥白在地。念且稱急，〔一〕即却頭足，擔至厨中，加諸美藥，作食與王。王得食之，覺美倍常。即問厨監：由來食肉，未有斯美。此是何肉？厨監惶怖，腹拍王前：〔二〕若王原罪，乃敢實説。王荅之言：但實説之，不問汝罪。厨監白王，具述前報。王言：此肉甚美。自今已後，如是求辦。厨監白王：前者偶值死兒，更求

〔一〕「且」字原作「日」，據高麗藏本改。

〔二〕「腹拍王前」，高麗藏本作「復白王言」。

叵得。王又語言：汝但密求。設令有覺，斷處由我。厨監受教，夜恒密捕，得便殺之，日日供王。於時城中人民之類，各各行哭，云亡失兒。展轉相問，何由乃爾？諸臣聚議，當試微伺。即於街里處處安人。〔一〕見王厨監，拽他小兒，伺捕得之，縛將詣王，具以前事白王。王言：是我所教。諸臣懷恨，各自外議：王便是賊，食我等子。噉人之王，云何共治？當共除之，去此禍害。一切同心，咸共齊謀。一時同合，即圍其王，當取殺之。王見兵集，驚怖問言：汝等何故而圍逼我？諸臣荅言：夫爲王者，養民爲事。方驅子厨殺人爲食。〔二〕不任苦酷，〔三〕故欲殺王。王語諸臣：自今已後，更不復爲。唯見恕放，當自改勵。諸臣語曰：終不相放，不須多云。時王聞已，自知必死，即語諸臣：雖當殺我，小緩須臾，聽我一言。即自立誓：我身由來所修善行，爲王正治，供養仙人。合集衆德，迴今今日我得變成飛行羅刹。其語已訖，尋語而成，即飛虚空，告諸臣曰：汝等合力欲强殺我。賴我大幸，復能自拔。自今已後，汝等好忍所愛妻兒，我次第食。語訖飛去，止山林間，飛行搏人，擔以爲食。人民之類，恐怖藏避。如是之後，殺噉多人。諸羅刹輩附爲翼從，徒衆漸多，所害轉廣。後諸羅刹白斑足王：我等奉事爲王，願爲一會。王即許之。當取諸王令滿五百，與汝爲會。許之已訖，一一往取，閉著深山。已得四百九

〔一〕「里」、「安人」，高麗藏本分別作「街」、「察探」。
〔二〕「子厨」，賢愚經作「厨子」，高麗藏本作「厨宰」。
〔三〕「苦」字，高麗藏本作「苛」。

十九王，殘少一人。後捕得須陀素彌王，大有高德。從羅刹王乞得七日假，假滿還來。須陀素彌廣爲説法，分別殺罪及其惡報。復説慈心不殺之福。斑足歡喜，敬戴爲禮，承用其教，無復害心。即放諸王，各還本國。須陀素彌即佐兵衆，還將斑足，安置本國。前仙人誓十二年滿，自是已後，更不噉人，遂還霸王，治民如舊。爾時須陀素彌王者，今我身是。斑足王者，今鴦掘摩羅是。爾時諸人十二年中爲斑足王所食噉者，今此諸人爲鴦掘摩羅所殺者是。此諸人等世世常爲鴦掘所殺。我亦世世降之以善。鴦掘摩者，指鬘比丘是。時波斯匿王復白佛言：指鬘比丘殺此多人，食已得道，當受報不？佛告大王：行必有報。今此比丘在於房中，地獄之火，從毛孔出，極患苦痛，酸切叵言。佛敕一比丘：汝持户排，往指鬘房，刺户孔中。比丘即往奉教爲之，排入户内，尋自融消。比丘驚愕，還來白佛。佛告比丘：行報如是。王及衆會，莫不信解。」〔一〕

頌曰：

財色與酒，名爲三惑。臣躭喪家，君重亡國。肉障大慈，辛遮净德。懷道君子，斯穢不欲。

〔一〕出賢愚因緣經卷十一無惱指鬘品。

法苑珠林校注卷第九十四

感應緣略引一十四驗

漢駱子淵

晉沙門法遇

晉新野庾紹之

宋蔣小德

宋沙門竺慧熾

吴諸葛恪

周武帝

隋趙文若

唐孫迴璞

唐頓丘李氏
唐參軍鄭師辯
唐京兆韋知十
唐雍州謝氏
唐洛州任五娘

漢孝昌時，有虎賁駱子淵者，自云洛陽人。孝昌中戍於彭城。其同營人樊元寶得假還京師，子淵附書一封，令至云：〔一〕宅在靈臺南，近洛水。卿但至彼，家人自出相看。元寶如其言，至臺南了無人家。徙倚欲去，忽見一老公，問云：何從而來，彷徨於此？元寶具向道之。老公云：吾兒也。取書引元寶入。遂見館閣崇寬，屋宇佳麗。既坐，令婢取酒，須臾婢抱一死小兒而過。元寶初甚怪之。俄而酒至，酒色甚紅，香美異常。兼設珍羞，海陸備有。飲訖告退，老公送元寶出，云：後會難期，以爲悽恨，別甚慇懃。老公還入。元寶不復見其門巷，但見高崖對水，淥波東傾。唯見一童子可年十五，新溺死，鼻中血出。方知所飲酒乃是血也。及還彭城，子淵已失矣。元寶與子淵同戍三年，不知是洛水之

〔一〕「令至」，洛陽伽藍記作「令達其家」。

神也。出洛陽寺記録。〔一〕

晉有荆州長沙寺僧釋法遇，不知何許人。〔二〕弱年好學，篤志墳素。〔三〕事道安爲師，解悟非常。乃避地東下，止江陵長沙寺。講説衆經，受業者四百餘人。時有一僧飲酒，廢夕燒香。遇但止罰而不遺，安公遥聞之，以竹筒盛一荆子，手自緘封，題以寄遇。遇開封見杖，即曰：此由飲酒也。我訓領不勤，遠貽憂賜。即命維那鳴椎集衆，以杖筒置香橙上。行香畢，遇乃起出衆前，向筒致敬。於是伏地，令維那行杖三下，内杖筒中，垂淚自責。時境内道俗，莫不歎息。因之學徒勵業甚衆。既而與慧遠書曰：吾人微暗短，不能率衆。和尚雖隔在異域，猶遠垂憂念。吾罪深矣。後卒於江陵，春秋六十矣。

右此一驗出梁高僧傳。〔四〕

晉新野庾紹之，小字道覆，晉湘東太守。與南陽宋協中表昆弟，情好綢繆。紹元興末病卒。義熙中忽見形詣協，形貌衣服具如平生，而兩脚著械。既至，脱械置地而坐。協問：何由得顧？荅云：暫蒙假歸，與卿親好，故相過也。協問鬼神之事。紹輒漫略，不甚諧對。唯云：宜勤精進，不可殺生。若

〔一〕出洛陽伽藍記卷三大統寺。

〔二〕「許」字原脱，據高麗藏本補。

〔三〕「素」字原作「典」，據高麗藏本改。

〔四〕出高僧傳卷五釋法遇傳。

不能都斷，可勿宰牛，食肉之時，無噉物心。協云：五藏與肉，乃復異耶？荅曰：心者，善神之宅也，其罪尤重。具問親戚，因談世事。未復求酒。協時時餌茱萸酒，因爲設之。酒至對杯不飲。云：有茱萸氣。協曰：爲惡之耶？荅云：下官皆畏之，非獨我也。紹爲人語聲高壯，此言論時，不異恒日。有頃協兒邃之來。紹聞屐聲，極有懼色。謂協曰：生氣見陵，不復得住。與卿三年別耳。因貫械而起，出户便滅。協後爲正員郎，果三年而卒。〔一〕

宋蔣小德，江陵人也。爲岳州刺史。〔二〕朱循時爲聽事監師。少而信向，勤謹過人。循大喜之，每有法事，輒令典知其務。大明末年，得病而死。夜三更將殯，便穌活。言：有使者稱王命召之，小德隨去。既至，王曰：君精勤小心，虔奉大法。帝敕精旨，以君專至，宜速生善地。而君算猶長，故令吾特相召也。君今日將受天中快樂欣然。小德嘉諾。王曰：君可且還家，所欲屬寄及作功德，可速之，七日復來也。小德受言而歸，路由一處，有小屋殊陋弊，逢新寺難公於此屋前。既素識，具相問訊。難云：貧道自出家來，未嘗飲酒。旦就蘭公。〔三〕蘭公苦見勸逼，飲一升許。被王召，用此故也。貧道若不坐此，當得生天，今乃居此弊宇。三年之後，方得上耳。小德至家，欲驗其言，即夕遣人參訊難公。

〔一〕太平廣記卷三二一引。
〔二〕「岳」字原作「兵」，據高麗藏本、磧砂藏本、南藏本、嘉興藏本改。
〔三〕「旦」字，高麗藏本作「早」。

果以此日於蘭公處睡卧，至夕而亡。小德既愈，七日内大設福供，至期奄然而卒。朱循即免家兵户。蘭、難二僧並居新寺。難道行尤精，不同餘僧。

宋沙門竺慧熾，新野人，住在江陵四層寺。永初二年卒，弟子爲設七日會。其日將夕，燒香竟，道賢沙門因往視熾弟子，至房前，忽曖曖若人形。詳視，乃慧熾也。容貌衣服，不異生時。謂賢曰：〔一〕君旦食肉美不？賢曰：美。熾曰：我坐食肉，今生餓狗地獄。道賢懼讋，未及得荅。熾復言：汝若不信，試看我背後。乃迴背示賢，見三黄狗形，半似驢，眼甚赤，光照户内，狀欲嚙熾而復止。賢駭怖悶絶，良久乃穌。具説其事。右此三驗出冥祥記。

吴幼帝即位，諸葛恪輔政，孫峻爲侍中大將軍。恪强愎傲物，峻嶮側而好權。鳳皇三年，恪攻新城，無功而還。峻將以幼帝饗恪而殺之。其日恪精神擾動，通夕不寐。張約、滕胤以峻謀告恪。恪曰：豎子其何能爲，不過因酒食行酖毒耳。將親信人以藥酒自隨。恪將入，畜犬追銜其衣裾，不得去者三。恪顧拊犬頭曰：怖那？無苦也。既入，峻伏兵殺之。峻後病，夢爲恪所擊。狂言常稱見恪。遂死。出冤魂志。

周武帝好食雞卵，一食數枚。有監膳儀同，名拔虎，常進御食有寵。隋文帝即位，猶復監膳進食。

〔一〕「曰」字原脱，據高麗藏本補。

開皇中暴死，而心尚暖。家人不忍殯之，三日乃穌，能語。先云：舉我見至尊，爲武帝傳說。既見而請。文帝引問，言曰：始忽見人來喚，隨至一處，有大地穴。所行之道徑入，纔到穴口，遥見西方有百騎來，儀衛如王者。俄至穴口，乃周武帝也。儀同拜之。帝曰：王喚汝證我事耳，汝身無罪。言訖即入宫中。使者亦引儀同令見宫門，引入庭前。見武帝與王同坐，而有加敬之容。使者令儀同拜王。王問曰：汝爲帝作食，前後進白團幾枚？儀同不識白團，顧左右。左右教曰：名雞卵爲白團也。儀同即荅：帝食白團，實不記數。王謂帝曰：此人不記，當須出之。帝慘然不樂而起。忽見庭前有鐵牀，并獄卒數十人，皆牛頭人身。帝已卧牀上，獄卒用鐵梁壓之，帝兩脅剖裂處，雞子全出，俄與牀齊，可十餘斛乃盡。王命數之訖，牀及獄卒，忽然不見。帝又已在王坐。帝謂儀同云：爲我相聞大隋天子。昔與我共食，倉庫玉帛亦我儲之。我今身爲滅佛法，極受大苦。可爲吾作功德也。於是文帝敕天下人出一錢，爲追福焉。臨外祖齊公親見問時節，歸家具說。〔一〕

後隋大業中，雍州長安縣有人姓趙，名文若，死經七日。家人大斂，將欲入棺，乃縮一脚。家人懼怕，不敢入棺，文若得活。眷屬喜問所由。文若報云：當死之時，見人引向閻羅王所。問文若：汝生存之時作何福業？文若荅王：受持金剛般若經。王歎云：善哉！此福第一。汝雖福善，且將示汝其

〔一〕出冥報記卷下。

受罪之處。令一人引文若北行十步，至一墻孔，令文若入孔。隔壁有人引手，從孔中捉文若頭引出，極大辛苦。得度墻外，見大地獄，鑊湯苦具，罪人受苦，不可具述。乃有衆多豬羊、雞魚、鵝鴨之屬，競來從文若債命。文若云：吾不食汝身，何故見逼？諸畜生等各報云：汝往日時某年某月某處食我頭脚四支，節節分張，人各飲噉，何故諱之？文若見畜引實，不敢拒逆，唯知一心念佛，深悔諸罪。不出餘言，求與諸畜得活之時，具修福善，報謝諸畜。諸畜見爲修福，一時放却。其引使人過，將文若至王所，說見受罪處訖。王付一椀釘，令文若食之。并用五釘釘文若頭頂及以手足，〔一〕然後放過。文若得穌，具説此事。極患頭痛及以手足。〔二〕久後修福，痛漸得差。從爾已來，精勤誦持金剛般若，不敢遺漏寸陰。但見道俗親疏，並勸受持般若。後因使至一驛廳上，暫時偃息，似如欲睡。於時夢見一青衣婦女，急速而來，請救乞命。文若驚寤，即喚驛長，問云：汝不爲吾欲殺生不？驛長荅云：實爲公欲殺一小羊。文若問云：其羊作何色？荅云：是青羖羜羊。文若報云：汝急放却，吾與價值，贖取放之。良由般若威力，冥資感應也。〔三〕

〔一〕「頂」字，高麗藏本作「項」。

〔二〕「極」字，高麗藏本作「然」。

〔三〕太平廣記卷三八一引，作出冥祥記，「祥」字應爲「報」字之誤。

唐殿中侍醫孫迴璞，〔一〕濟陰人也。至貞觀十三年，從車駕幸九成宮三善谷，〔二〕與魏太師鄰家。嘗夜二更聞外有人喚孫侍醫聲。璞起出看，謂是太師之命。既出，見兩人謂璞曰：官喚。璞曰：我不能步行。即取璞馬乘之。隨二人行，乃覺天地如晝日光明。璞怪訝而不敢言。二人引璞出谷，歷朝堂東，又東北行六七里，至苜蓿谷。遥見有兩人持韓鳳方行，語所引璞二人曰：汝等錯追，〔三〕我所得者是。汝宜放彼人。即放璞。璞循路而還，〔四〕了了不異平生行處。既至家，繫馬，見婢當户眠。喚之不應。越度入户，〔五〕見其身與婦並眠，欲就之而不得。但著南壁立，大聲喚婦，終不應。屋内極明，見壁角中有蜘蛛網中二蠅，一大一小。并見梁上所著藥物，無不分明。唯不得就牀，自知是死，甚憂悶，恨不得共妻别。倚立南壁，久之微睡，忽驚覺。覺身已卧牀上，而屋中闇黑無所見。喚婦令起然火，而璞方大汗流。起視蜘蛛網，歷然不殊。見馬亦大汗，鳳方是夜暴死。後至十七年，璞奉敕馳驛往齊州療齊王祐疾。還至洛州東孝義驛，忽見一人來問曰：君是孫迴璞不？璞曰：是。君何問爲？荅

〔一〕「侍」字下原衍「御」字，據高麗藏本删。
〔二〕「從」字下原衍「王」字，據高麗藏本删。
〔三〕「追」字原脱，據高麗藏本補。
〔四〕「還」字下原衍「往」字，據高麗藏本删。
〔五〕「越」字原作「起」，據高麗藏本改。

曰：我是鬼耳。魏太師有文書追君爲記室。因出文書示璞。璞視之，則鄭國公魏徵署也。璞驚曰：鄭公不死，何爲遣君送書？鬼曰：已死矣。今爲太陽都録大監，故令我召君。迴璞引坐共食。鬼甚喜，謝璞。璞請曰：我奉敕使未還，鄭公不宜追我。還京奏事畢，然後聽命可乎？鬼許之。於是晝則同行，夜便同宿。〔一〕送至閿鄉，鬼辭曰：吾取過所，度關待君。璞度關出西門，見鬼已在門外。復同行至滋水。鬼又與璞别，曰：待君奏事訖，相見也。君可勿食葷辛。璞許諾。既奏事畢，而訪鄭公已薨。校其薨日，則孝義驛之前日也。璞自以必死，與家人訣别，而請僧行道，造像寫經，可六七日。夜夢前鬼來召，引璞上高山，山巔有大宮殿。既入見衆君子迎，謂曰：此人修福，不得留之，可放去。即推璞墮山，於是驚悟。遂至今無恙矣。〔二〕迴璞自爲臨說。〔三〕

唐冀州頓丘縣有老母，姓李，年可七十。無子孤老，唯有奴婢兩人。家鎮沽酒，添灰少量，分毫經紀。貞觀年中，因病氣斷，死經兩日。凶器已具，但以心上少温，然始穌活。口云：初有兩人，並著赤衣，門前召出之。有上符遣追，便即隨去。行至一城，有若州郭。引到側院，見一官人，衣冠大袖，憑案而坐，左右甚多。階下大有著枷鎖人，防援如生。官府者遣問老母：何因行濫沽酒，多取他物？擬作

〔一〕「便」字原作「則」，據高麗藏本改。
〔二〕太平廣記卷三七七引，作出冥祥記，「祥」字應爲「報」字之誤。
〔三〕出冥報記卷中。

法華經已向十年，何爲不造？老母具言：酒使婢作，量亦是婢。經已付錢一千文與隱師。即遣追婢，須臾即至，勘當元由。婢即答四十放還。遣問隱師，報云是實。乃語老母云：放汝七日去，經了當來，得生善處。遂爾得活。復有人聞，勘校老母初死之時，婢得惡忤，〔一〕久而始穌。腹背青腫，蓋是四十杖迹。隱禪師者，本是客僧，配寺頓丘，年向六七十。自從出家，即頭陀乞食，常一食齋，未嘗暫輟。遠近大德，並皆敬慕。老母病死之夜，〔二〕隱師夢有赤衣人來問。夢中荅云：造經是實。老母乃屈鄉閭眷屬及隱禪師行道，雇諸經生衆手寫經。經了正當七日。還見往者二人來前。母云：使人已來，並皆好住。聲絶即死。隱師見存，道俗欽敬。〔三〕

唐東宫右監門兵曹參軍鄭師辯，年未弱冠時，暴死，〔四〕三日而穌。自言：初有數人見收，將行，入官府大門。見有囚百餘人，皆重行，北面立，凡爲六行。其前行者，形狀肥白，好衣服，如貴人。後行漸瘦惡，或著枷鎖，或但去巾帶，皆行連袂，嚴兵守之。師辯至，配入第三行東頭第三立，亦去巾帶連袂。辯憂懼，專心念佛。忽見生平相識僧來入兵團内，兵莫之止。因至辯所，謂曰：平生不修福，今忽

〔一〕「忤」字，磧砂藏本、南藏本作「疾」，太平廣記引作「逆」。

〔二〕「病」字原脱，據高麗藏本補。

〔三〕太平廣記卷一〇九引，作出冥祥記，「祥」字應爲「報」字之誤。

〔四〕「暴」字下原衍「爲」字，據高麗藏本删。

如何？辯求哀請救。僧曰：吾今救汝得出，可持戒耶？辯許諾。須臾吏引入諸囚至官前，以次訊問。〔一〕至門外爲授五戒，用瓶水灌其額，謂曰：日西當活。又以黄帔一枚與辯曰：披此至家，褺置浄處也。〔二〕仍示歸路。辯披之而歸。至家褺帔，置牀角上。既而目開身動，家人驚散，謂欲起屍。唯母不去，問曰：汝活耶？辯曰：日西當活。辯意時疑日午，問母。母曰：夜半。方知死生相違，晝夜相反。既至日西，能食而愈。猶見帔在牀頭。及辯能起，帔形漸滅，而尚有光，七日乃盡。辯遂持五戒。後數年，有友人勸食豬肉。辯不得已，食一臠。是夜夢己化爲羅刹，爪齒各長數尺，捉生豬食之。既曉，覺口腥，唾出血。使人視，滿口盡是凝血。辯驚不敢復食肉。又數年娶妻，妻家逼食，後乃無驗。然而辯自五六年來身臭，〔三〕常有大瘡洪爛。然身不能愈，或恐以破戒之故也。臨昔與辯同直東宫，見其自説云爾。〔四〕右此五驗出冥報記。

唐右金吾兵曹京兆韋知十，至永徽中，煮一羊脚，半日猶生。知十怒。家人曰：用柴十倍於常，不知何意如此？更命重煮，還復如故。乃命剖之，其中遂得一銅像，長徑寸焉。光明照灼，相好成就。其

〔一〕此處日本卷子本有「至辯，因見向者僧爲官説其福業，官曰：放之。僧因引辯出」二十二字。

〔二〕「褺」字，高麗藏本作「家」，太平廣記引無。

〔三〕「身」字原脱，據高麗藏本補。

〔四〕出冥報記卷中，又太平廣記卷三七九引。

家一生不敢食酒肉。〔一〕中山郎餘令親聞説之。

唐雍州萬年縣閻村，即灞、滻之間也。有婦姓謝，適同縣元氏。有女適迴龍村人來阿照。謝氏永徽末亡。龍朔元年八月，託夢於來氏女。曰：我爲生時酤酒，小作升方，取價太多，量酒復少。今坐此罪，於北山下人家爲牛，近被賣與法界寺夏侯師家。今將我向城南耕稻田，非常辛苦。及寤，其女涕泣爲阿照言之。至二年正月，有法界寺尼至阿照村。女乃問尼。尼報云：有夏侯師是實。女即就寺訪之。云：近於北山下買得一牛，見在城南耕地。其女涕泣求請，寺尼乃遣人送其女就之。此牛平常唯一人禁制，若遇餘人，必陸梁觝觸。見其女至，乃舐其遍體，又流淚焉。女即憑夏侯師贖之，乃隨其女去。今現在阿照家養飼。女常呼爲阿娘，承奉不闕。京師王侯妃媵多令召視，競施錢帛。〔二〕

唐龍朔元年，洛州景福寺比丘尼修行，房中有侍童任五娘死。後修行爲五娘立靈，經月餘日。其姊及弟於夜中忽聞靈座上呻吟。其弟初甚恐懼，後乃問之。荅曰：我生時於寺上食肉，坐此大苦痛。我體上有瘡，恐污牀席，汝可多將灰置牀上也。弟依其言置灰。後看牀上，大有膿血。又語弟曰：姊患不能縫衣。汝大藍縷，宜將布來，我爲汝作衫及韈。弟置布於靈牀上，經宿即成。又語其姊曰：兒

〔一〕以上太平廣記卷九九引，作出冥報記，誤，應是冥報拾遺。
〔二〕太平廣記卷一三四引，作出冥報記，誤，應是冥報拾遺。

小時患漆，〔一〕遂殺一螃蟹取汁，塗瘡得差。今入刀林地獄。肉中現有折刀七枚。願姊慈念，〔二〕爲作功德救助。知姊煎迫，交不濟辦。但隨身衣服，無益死者，今並未壞，請以用之。姊未報間，乃曰：兒自取去。良久又曰：衣服已來，見在牀上。其姊試往觀之，乃所斂之服也。遂送净土寺寶獻師處，憑寫金剛般若經，每寫一卷了，即報云：已出一刀。凡寫七卷了，乃云：七刀並得出訖，今蒙福助，即往託生。與姊及弟，哭别而去。吴興沈玄法説。净土寺僧智整所説亦同。〔三〕右此三驗出冥報拾遺。

依宣律師感應記云：四天王等告宣師曰：佛在世時，放大光明，佛告天人龍鬼神等：我之正法滅後，多有諸比丘執我小乘教迹，不解毗尼意，道我聽諸比丘食肉。於是諸比丘等在僧伽藍内，殺害衆生，猶如獵師屠肆之處。復有比丘，純著繒帛，遊行婬女酒肆之舍。不習三藏，不持禁戒。痛哉！苦哉！諸惡比丘謗讟我教，舌何不落！告諸比丘：我於無量劫來，捨頭目髓腦，或於饑饉世作大肉身，施彼餓者。或内外財施，未曾悋惜。從初發心乃至成佛，豈教弟子噉衆生肉耶？我既涅槃，諸惡比丘次補我處，爲天人師，開導衆生，令得道果。豈有天人之師口噉衆生肉耶？我初成道時，雖開毗尼中聽食三種净肉，亦非四生之類。是諸禪定之肉，是不思議肉，非汝所知。何故謗讟我教？我於涅槃、楞伽經

〔一〕「患漆」，南藏本、嘉興藏本作「患染」，太平廣記引作「染患」。

〔二〕「念」字原作「流」，據高麗藏本改。

〔三〕太平廣記卷一〇三引，作出冥報記，誤，應是冥報拾遺。

中，一切生命雜肉皆已斷訖，不聽持戒之人食諸衆生身肉。若有惡比丘導毗尼教中聽食魚肉，聽著蠶衣者，此是魔説。我成道已來，至於涅槃，唯服麤布白氎三衣，未著繒帛，何爲謗我耶？〔一〕

穢濁篇第九十四此有四部

述意部　五辛部　噎氣部　便利部

述意部第一

夫五陰虚假，四大浮危。受斯僞質，事等畫瓶；感此穢形，又同坯器。内外無實，觸塗皆染。加復閻浮穢質，不净充軀。常飡酒肉，恒食葷辛。臭氣上衝，諸天衣裂。善神捨衛，惡鬼交侵。凡夫僧尼，尚不樂近，何況聖賢而不遠離。兼復八苦煎逼，九横摧年。念念遷流，心心起滅。徒染六情，終墜三惡。願各修身，净其心口也。

〔一〕各本於此皆不分卷，獨此本分爲九十四卷下，今據各本併爲一卷。

五辛部第二

如楞伽經云：「佛言：大慧，如是一切葱韮薤蒜，臭穢不浄，能障聖道，亦障世間人天浄處，何況諸佛浄土果報。酒亦如是。」〔一〕

又涅槃經云：「乃至食葱韮蒜薤，亦皆如是，當生苦處，穢汙不浄，能障聖道，亦障世間人天浄處，何況諸佛浄土果報。酒亦如是，能障聖道，能損善業，能生諸過。」〔二〕

又雜阿含經云：「不應食五辛。何等爲五？一者木葱，二者革葱，三者蒜，四者興渠，五者蘭葱。」〔三〕

又梵網經云：「若佛子不得食五辛：大蒜、革葱、慈葱、蘭葱、興渠。是五種不得食。」〔四〕

又五辛報應經云：「七衆等不得食肉葷辛讀誦經論，得罪。有病開在伽藍外白衣家服。已滿四十

〔一〕出入楞伽經卷八遮食肉品。

〔二〕此段出處待考。

〔三〕此段出處待考。

〔四〕出梵網經盧舍那佛説菩薩心地戒品卷下。

九日，香湯澡浴竟，然後許讀誦經論，不犯。」〔一〕

又僧祇、十誦、五分律等，〔二〕更無餘治，開病比丘服蒜。聽七日在一邊小房内，不得卧僧牀縟。衆大小便處講堂處，皆不得到。又不得受請及僧中食，不得就佛禮拜，得在下風處遥禮。七日滿已，澡浴熏衣，方得入衆。若有患瘡，醫教須香治者，佛令先供養佛已，然後許塗身。還在屏處，一同前法。出家性潔，尚令作法如是，況穢俗凡人，輒開食耶？

嚏氣部第三

如僧祇律云：「若在禪坊中嚏者，不得放恣大嚏。若嚏來時當忍，以手掩鼻。若不可忍者，應手遮鼻而嚏。勿涕唾汙比座。若上座嚏者，應言和南。下座嚏，默然。」〔三〕

又四分律云：「時世尊嚏。諸比丘呪願言：長壽。時有居士嚏及禮拜比丘，佛令比丘呪願言：長壽。」〔四〕

〔一〕此經已逸。

〔二〕見十誦律卷三十八、摩訶僧祇律卷三十一、彌沙塞部和醯五分律卷二十六。

〔三〕出摩訶僧祇律卷三十五。

〔四〕出四分律卷五十三。

又僧祇律云：「佛言：若急下風來者當制。若不可忍者，當向下坐。不得在前縱氣。〔一〕若氣來不可忍者，當下道在下風放之。」〔二〕

又毗尼母經云：「氣有二種：一者上氣，二者下氣。上氣欲出時，莫當人張口令出，要迴面向無人處張口令出。若下氣欲出時，不聽衆中出，要作方便出外，至無人處令出，然後來入衆。莫使衆譏嫌汙賤。入塔時不應放下氣。安塔樹下大衆中皆不得令出氣。師前大德上座前，亦不得放下氣出聲。〔三〕若腹中有病急者，應出外，莫令人生汙賤心。」〔四〕

便利部第四

如優鉢祇王經云：「伽藍法界地漫大小行者，五百身墮拔波地獄，後經二十小劫，常遺肘手抱此大小便處臭穢之地，乃至黃泉。」〔五〕

〔一〕「不」字原作「若」，據高麗藏本改。

〔二〕出摩訶僧祇律卷三十五。

〔三〕「氣」字原作「風」，據高麗藏本改。

〔四〕出毘母經卷六。

〔五〕此經已佚。

又毗尼母經云：「諸比丘住處房前閒處，小便汙地，臭氣皆不可行。佛聞之，告諸比丘：從今已去，不聽諸比丘僧伽藍處處小行。當聚一屏猥處，若瓦瓶，若水筩，埋地中。就中小行已，以物蓋頭，莫令有臭氣。」〔一〕

又毘尼母經云：「若上厠去時，應先取籌草。至户前，三彈指作聲。若人非人令得覺知。若無籌，不得壁上拭，不得厠板梁柱上拭，不得用石，不得用青草土塊，軟木皮、軟葉奇木，皆不得用。所應用者，木竹葦作籌。度量法，極長者一搩手，短者四指。已用者，不得振令汙浄者，不得著浄籌中，是名上厠用籌法。上厠有二處：一者起止處，二者用水處。用水處坐起褰衣，一切如起止處無異。厠户前著浄瓶水。復應著一小瓶。若自有瓶者，當自用。若無瓶者，用厠邊小瓶，不得直用僧大瓶水令汙。是名上厠用水法。塔前、衆僧前、和尚阿闍梨前，不得張口大洟唾著地。若欲洟唾，當屏猥處，莫令人惡賤，是名洟唾法。」〔二〕

又三千威儀云：「若不洗大小便，比丘得突吉羅罪。亦不得浄僧座具上坐，及禮三寶。設禮無福德。」〔三〕又「至舍後上厠，有二十五事：一、欲大小便，當行時，不得道上爲上座作禮。二、亦莫受人

〔一〕出毗尼母經卷六。
〔二〕出毘尼母經卷六。
〔三〕出大比丘三千威儀卷上。

禮。三、往時當直低頭視地。四、已往當三彈指。五、已有人彈指，不得逼。六、已上正住，彈指乃踞。七、正踞中。八、不得一足前一足却。九、不得令身倚。十、斂衣不得使垂圊中。十一、不得大咽使面赤。十二、當直視前，不得顧聽。十三、不得汙壁。十四、不得低頭視圊中。十五、不得視陰。十六、不得以手持陰。十七、不得草蓋地。十八、不得持草畫壁作字。十九、用水不得大費。二十、不得汙湔。二十一、用水不得使前手著後手。二十二、用土當三過。二十三、當用澡豆。二十四、三過用水。二十五、設見水草土盡，當語直日主者。若自手取爲善。」〔一〕

又僧祇律云：「大小行已，不用水洗而受用僧座具牀縟，得罪。」〔二〕

又十誦律云：「不洗大行處，不得坐卧僧卧具上，得罪。」〔三〕

又摩德勒伽論云：「不洗大小行處，不得禮拜。除無水處，〔四〕若爲非人所瞋，水神所瞋，或爲服藥等開，不犯。」〔五〕

〔一〕出大比丘三千威儀卷下。
〔二〕出摩訶僧祇律卷三十四。
〔三〕出十誦律卷五十七。
〔四〕「除」字原作「餘」，據摩德勒伽論改。
〔五〕出薩婆多部毘尼摩得勒伽卷六。

又三千威儀經云：「不洗浄禮佛者，設禮無功德也。」〔一〕

又雜譬喻經云：「有一比丘不彈指來大小便，濽汙中鬼面上。魔鬼大恚，欲殺沙門，沙門持戒。〔二〕魔鬼隨逐伺覓其短，不能得便。」〔三〕既知此事，上厠必須謦嘘作聲。〔四〕

又賢愚經云：「昔佛在世時，舍衛城中有一貧人，名曰尼提。極貧下賤，常客除糞。佛知應度，即將阿難往到其所。正值尼提擔糞出城，而欲棄之，瓶破汙身。遥見世尊，深生慚愧，不忍見佛。佛到其所，廣爲説法。即生信心，欲得出家。佛使阿難將至河中，與水洗訖，將詣祇洹，佛爲説法，得須陀洹。尋即出家，得阿羅漢果。國人及王聞其出家，皆生怨恨：云何佛聽此人出家？波斯匿王即往佛所，欲破此事。正值尼提在祇洹門大石上坐，縫補故衣。七百諸天香華供養。王見歡喜，請通白佛。尼提比丘身没石中，出入自在。通白已竟，王到佛所，先問此事：向者比丘姓字何等？佛告王曰：〔五〕是王國中下賤之人，除糞尼提。王聞佛語，謗心即除。到尼提所，執足作禮，懺悔辭謝。王白佛言：尼提比

〔一〕出大比丘三千威儀卷上。
〔二〕「沙門」二字原脱，據高麗藏本補。
〔三〕此經已佚。
〔四〕「嘘」字，高麗藏本作「欬」。
〔五〕「王」字原脱，據高麗藏本補。

丘宿作何業，受此賤身？佛告王曰：昔迦葉佛入涅槃後，有一比丘，出家自在，秉捉僧事。身暫有患，懶起出入，便利器中，使一弟子擔往棄之。然其弟子是須陀洹。以是因緣，流浪生死，恒爲下賤，五百世中爲人除糞。由昔出家持戒功德，今得值佛出家得道。」〔一〕以是義故，不得房内便利，具招前罪。數見俗人懈怠，不能自運，置穢器在房便利，令他日别將棄。未來定墮地獄，縱得出獄，猶作豬狗蜣蜋厠蟲也。

又佛説除災患經云：「佛告阿難：乃前世過去迦葉佛時，人壽二萬歲，佛事終竟，復捨壽命。爾時有王者，名曰善頸，供養舍利，起七寶塔，高一由延。一切衆生然燈燒香，香華繒綵，供養禮事。時有衆女欲供養塔，便共相率，掃除塔地。時有狗糞汙穢塔地，有一女人手撮除棄。復有一人見其以手除地狗糞，便唾笑之，曰：汝手以汙，不可復近。彼女逆駡：汝弊婬物。水洗我手，便可復净。佛天人師，敬意無已。手除不净已，便澡手遶塔求願：今掃塔地，汙穢得除，令我世世勞垢消滅，清净無穢。時諸女人掃塔地者，今此會中諸女人是。爾時掃地，願滅塵勞，服甘露味。爾時以手除狗糞女者，今柰女是。爾時發願，不與汙穢會，所生清净。以是福報，不因胞胎臭穢之處，每因華生。以其爾時發一惡聲，駡言婬女，故今受是婬女之名。以值佛聞法，得須陀洹。」〔二〕

又雜寶藏經云：「南天竺法家有一童女，必使早起，净掃庭中門户左右。有長者女早起掃地，會值

〔一〕出賢愚因緣經卷六尼提度緣品。
〔二〕出除恐災害經。

如來於門前過，見生歡喜，注意看佛。壽命旋促，即終生天。夫生天者，法有三念。自思惟言：本是何身？自知人身。今生何處？定知是天。昔作何業來生於此？知由見佛歡喜善業，〔一〕得此果報。感佛重恩，來供養佛。佛爲説法，得須陀洹。」〔二〕

又新婆沙論云：「昔怛叉尸羅國有一女人，至月光王捨千頭處，禮無憂王所起靈廟。見有狗糞在佛座前。尋作是思：此處清净，如何狗糞汙穢其中？以手捧除，香泥塗飾。善業力故，今此女人遍體生香，如栴檀樹，口中常出青蓮華香。」〔三〕若諸衆生由不護净故，因内煩惱，感諸外穢。故論頌言：

「世間諸穢草，　能穢汙良田。　如是諸貪穢，　穢汙諸含識。　世間諸穢草，　能穢汙良田。　如是諸瞋穢，　穢汙諸含識。　世間諸穢草，　能穢汙良田。　如是諸癡穢，　穢汙諸含識。」〔四〕

又賢愚經云：「佛在世時，羅閲城邊有一汪水，汙泥不净，多諸糞穢。國中人民以屎尿投中。有一大蟲，其形像蛇，加有四足，於其汪水東西馳走，或没或出，經歷年載，常處其中，受苦無量。爾時世尊

〔一〕「知」字原脱，據高麗藏本補。
〔二〕出雜寶藏經卷五女因掃地見佛生歡喜生天緣。
〔三〕出阿毘達磨大毘婆沙論卷一百十四。
〔四〕此段出處待考。

將諸比丘，至彼坑所，問諸比丘：汝識此蟲宿緣行不？諸比丘咸言：不知。佛言：毗婆尸佛時，有衆賈客入海取寶，大獲珍寶，平安還到。選寶上者，用施衆僧，規俟僧食。僧受其寶，付授摩摩帝。於後僧食向盡，從其求索，不與。衆僧苦索，摩摩帝瞋恚而語之言：〔一〕汝曹噉屎。此寶屬我，何緣乃索。由其欺僧惡口駡故，身壞命終，墮阿鼻地獄。身常宛轉沸屎之中，九十一劫，乃從獄出。今墮此中。自從七佛已來，皆作其蟲。至賢劫千佛，各各皆爾。」〔二〕

又百緣經云：「佛在王舍城迦蘭陀竹林時，尊者舍利弗、大目揵連，設欲食時，先觀地獄畜生餓鬼，然後方食。目連見一餓鬼，身如燋柱，腹如太山，咽如細針，髮如錐刀，纏刺其身。諸支節間，皆悉火出，呻吟大喚，四向馳走，求索屎尿以爲飲食。疲苦終日而不能得。即問鬼言：汝造何業受如是苦？餓鬼荅言：有日之處，不煩燈燭。如來世尊今現在世，汝可自問。我今飢渴，不能荅汝。爾時目連尋往佛所，具問如來。所造業行，受如是苦，具以上問。爾時世尊告目連曰：汝今善聽，吾爲汝説。此賢劫中，舍衛城中有一長者，財寶無量，不可稱計。常令僕使壓甘蔗汁，以輸大家。有辟支佛，甚患渴病。良醫處藥，教服甘蔗汁，病乃可差。時辟支佛往長者家，乞甘蔗汁。時彼長者見來歡喜，敕其婦富那奇：我有急緣，定欲出去。汝今在後取甘蔗汁施辟支佛。時婦荅言：汝但出去，我後自與。時夫出

〔一〕「摩」字原脱一，據高麗藏本補。

〔二〕出賢愚因緣經卷十三汪水中蟲品。

已，取辟支佛鉢，於其屏處，小便鉢中。以甘蔗汁，蓋覆鉢上，與辟支佛。辟支受已，尋知非是，投棄於地，空鉢還歸。其後命終，墮餓鬼中，常爲飢渴所見逼切。以是業緣，受如是苦。佛告目連：欲知爾時彼長者婦，今富那奇餓鬼是。佛説是時，諸比丘等捨慳貪緣，厭惡生死，有得四沙門果者，有發辟支佛心者，有發無上菩提心者。爾時諸比丘聞佛所説，歡喜奉行。」〔一〕

頌曰：

噉他身血肉，　貪毒無慈矜。　養兹身穢質，　蟲寓内消融。　不護僧净器，　受此厠中蟲。
後報入地獄，　苦痛未知窮。

感應緣略引三驗

宋釋慧果

齊釋弘明

唐謝弘敬妻許氏〔二〕

〔一〕出撰集百緣經卷五富那奇墮餓鬼緣。

〔二〕「謝弘敬」，高麗藏本及太平廣記引作「謝弘敞」。下正文同。

宋京師瓦官寺有釋慧果，婺州人。少以蔬食苦行自業。宋初遊京師，止瓦官寺，誦法華、十地。嘗於厠前見一鬼，致敬於果云：昔爲衆僧作維那，小不如法，墮在噉糞鬼中。法師德素高明，又慈悲爲意，願助以拔濟之方也。又云：昔有錢三千文，埋在柿樹根下。願取以爲福。果即告衆，掘取，果得錢三千文，爲造法華一部，并設齋。後夢見此鬼云：已得改生，大勝昔日。果以宋太始六年卒，春秋七十有六。〔一〕

齊永明中會稽釋弘明者，止雲門寺，誦法華，禮懺爲業。每旦水瓶自滿，實諸天童子爲給使也。又感虎來入室，伏牀前，久之乃去。又見小兒來聽經，云：昔是此寺沙彌，爲盜僧厨食，今墮厠中。聞上人讀經，故力來聽。願助方便，冀免斯累。明爲説法，領解方隱。後山精來惱，明乃捉取，以腰繩繫之。鬼謝，遂放，因之永絶。〔二〕右二驗出梁高僧傳。

唐吴王文學陳郡謝弘敬妻，高陽許氏。武德初年遇患，死經四日而穌。説云：被二三十人拘至地獄，未見官府，即聞唤，雖不識面，似是姑夫沈吉光語音。許問云：語聲似是沈丈，何因無頭？南閒人呼姑姨夫皆爲某姓丈也。吉光即以手提其頭，置於膊上，而語許曰：〔三〕汝且在此閒，勿向西院。待

〔一〕出高僧傳卷十二釋慧果傳。又見集神州三寶感通録卷下。
〔二〕出高僧傳卷十二釋弘明傳。又見集神州三寶感通録卷下。
〔三〕「語」字，高麗藏本及太平廣記引作「誠」。

吾爲汝造請，即應得出。遂於語處而住，更不東西。看其吉光栖遑，似有經紀。凡經再宿，吉光始來，語許云：汝今此來，王欲令汝作其女伎。儻引見，〔一〕不須道解絃管。如其不爲所悉，可引吾爲證也。少間有吏抱案引入。王果問之：解絃管不？許云：不解。復云：沈吉光具知。王問吉光。答云：不解。王曰：宜早放還，不須留也。於時吉光欲發遣，即共執案人籌度，不解其語。執案人云：娘子功德力雖强，然爲先有少罪，隨便受却，身業俱净，豈不快哉！更别引入一大院，其門極小，亦大見有人受罪。許甚驚懼，乃求於主者曰：生平修福，何罪而至斯耶？答曰：娘子曾以不净盌盛食與親，須受此罪，方可得去。遂以銅汁灌口，非常苦毒。比穌時，口内皆爛。光即云：可於此人處受一本經。記取將歸，受持勿怠。自今已去，保年八十有餘。許生曾未誦經，穌後遂誦得經一卷。詢訪人間，所未曾有。今見受持，讀誦不闕。其經見在，文多不載。穌活之後，吉光尚存。以後二年，方始遇害。凡諸親屬有欲死者，三年以前並於地下預見。許之從父弟仁則説之云爾。右此一驗出冥報記。〔二〕

〔一〕「引」字下原衍「汝」字，據高麗藏本、磧砂藏本、南藏本删。

〔二〕太平廣記卷三八六引。

法苑珠林校注卷第九十五

病苦篇第九十五此有六部

述意部　引證部　瞻病部　醫療部　安置部　斂念部

述意部第一

夫三界遐曠，六道繁興，莫不皆依四大相資，五根成體。聚則爲身，散則歸空。然風火性殊，地水質異，各稱其分，皆欲求適。求適之理既難，所以調和之乖爲易。忽一大不調，四大俱損。如地大增，則形體黴黑，肌肉青瘀，癥瘕結聚，如鐵如石。若地大虧，則四肢損弱，或失半體，或偏枯殘戾，或毁明失聰。若水大增，則膚肉虚滿，體無華色，舉身萎黄，神顔常喪，〔一〕手脚潰腫，膀胱脹急。若水大損，則瘦削骨立，筋現脉沈，脣舌乾燥，耳鼻燋閉，五臟内煎，津液外竭，六腑消耗，不能自立。若火大增，則舉體煩燰，燋熱如燒，癰癤疽腫，瘡痍潰爛，膿血流溢，臭穢競充。若火大損，則四體羸瘠，腑臟如冰，焦膈凝寒，口若含霜，夏暑重裘，未嘗温慰，食不消化，恒常嘔逆。若風大增，則氣滿胸塞，腑胃痞隔，手足緩弱，四體疼痺。若風大損，則身形羸瘠，氣裁如線，動轉疲乏，引息如抽，咳嗽噫噦，咽舌難急，腹厭背僂，心内若冰，頸筋喉脉，奮作鼓脹。如是種種，皆是四大乍增乍損，致有痾疾。既一大嬰羸，則三大皆苦。展轉皆病，俱生煎惱。四大交反，良由苦報。無愧無恥，無恩無義。常隨四時，資給所須。晝夜將養，未曾荷恩。片失供承，便招病苦。既知無恩，徒勞養育。縱加美食華服，終成糞穢。但趣得支身，以除飢寒，終不爲汝踵前蓄積。以勞我心，廢求修道。良田身爲苦器，陰是坯瓶，易損難持。四大浮虚，互相乖反；〔二〕五陰緣假，多生惱患。所以稟形人世，逢穢濁之時；受質僞身，居怖畏之境。幽冥無量，鬼神恒沙。種族尤多，草籌未辨。或依房依廟，附岳附丘。凡有含靈，並皆祇響。致使神爽冥昧，識慮昏茫。至於寤寐，多有恐怖。庶得臨危攝念，無俟三稱；在嶮逢安，寧勞千遍。願增益神道，加足威光，以善利生，無相惱害。誠言可録，信驗有徵矣。

〔一〕「常」字原作「怛」，據高麗藏本、磧砂藏本、南藏本、嘉興藏本改。

〔二〕「互」字，高麗藏本作「亟」。

引證部第二

如佛説醫經云：「人身中本有四病：一地，二水，三火，四風。風增氣起，火增熱起，水增寒起，土增力盛。本從是四病，起四百四病。故土屬身，水屬口，火屬眼，風屬耳。火少寒多目冥。春正月、二月、三月寒多。夏四月、五月、六月風多。以西國夏中多風熱，微不同漢地也。秋七月、八月、九月熱多。西國於此秋時，熱始隆盛，亦不同漢地也。冬十月、十一月、十二月有風有寒。何以故春寒多者？以萬物皆生，以寒出故寒多。何以故夏風多者？以萬物榮華，陰陽合聚故風多。何以故秋熱多者？以萬物成熟故熱多。何以故冬有風有寒者？以萬物終亡，熱去故有風寒。三月、四月、五月、六月、七月時得卧。何以故？以風多故身放。八月、九月、十月、十一月、十二月、正月、二月不時不得卧。何以故？以寒多身縮。春三月有寒故，不得食麥豆，宜食粇米醍醐諸熱物。以西國麥冷，粇米等熱也。夏三月風，不得食芋豆麥，宜食粇米乳酪。秋三月有熱，不得食粇米醍醐。宜食細米麨蜜稻黍。冬三月有風寒，陽興陰合，宜食粇米胡豆羹醍醐。有時卧風起，有時滅。有時卧火起，有時滅。有時寒水起，有時滅。人得病有十因緣：一、久坐不卧，二、食無貸，三、憂愁，四、疲極，五、淫泆，六、嗔恚，七、忍大便，八、忍小便，九、制上風，

十、制下風。從是十因緣生病。有九因緣命未當盡，爲其横死。」〔一〕又智度論云：「四百四病者，四大爲身，常相侵害，一一大中，百一病起。冷病有二百二，水風起故。熱病有二百二，地火起故。火熱相，地堅相。堅相故難消，難消故能起熱病。血肉筋骨脉髓等是地分。除其業報者，一切法皆和合因緣生也。」〔二〕

瞻病部第三

夫四大難調，六腑更反。以有報身，忽嬰疢疾。或有捨俗出家，孤遊獨宿；或有貧病老弱，無人侍衛。若不互看，命將安寄？故四分律：「佛言：自今已去，應看病人，應作瞻病人。若欲供養我者，應先供養病人。」〔三〕乃至路值五衆出家人病，〔四〕佛制七衆皆令住看。若捨而不看，皆結有罪故。諸佛心者，以大慈悲爲體。隨順我語，即是佛心也。

〔一〕出佛醫經。
〔二〕出大智度論卷五十八。
〔三〕出四分律卷四十一。
〔四〕「乃」字原作「及」，據高麗藏本改。

如僧祇律云：〔一〕「若道逢出家五衆病人，即應覓車乘馱載，令如法供養。乃至死時，亦應闍維殯埋，不得捨棄。病人有九法成就，必當横死：一、知非饒益食而貪食，二、不知籌量，三、内食未消而食，四、食未消而摘吐出，五、已消應出而强持，六、食不隨病，七、隨病食而不籌量，八、懈怠，九、無慧。」〔二〕

又增一阿含經云：「爾時世尊告諸比丘：若瞻病人成就五法，不得時差，恒在牀縟。云何爲五？一、瞻病之人不別良藥，二、懈怠無勇猛心，三、常喜瞋恚，亦好睡眠，四、但貪衣食故，瞻視病人，五、不以法供養故，亦不與病人語談往反。是謂瞻病之人成就五法，不得時差。」〔三〕翻前五法，病得速差。

又生經：「世尊以偈讚曰：

人當瞻疾病，　問訊諸危厄，　善惡有報應，　如種果猶實。　世尊則爲父，　經法以爲母，
同學者兄弟，　因是而得度。」〔四〕

又彌勒所問本願經云：「佛語阿難：我本求道時，勤苦無數，乃得成佛，其事非一。佛言阿難：乃往過世時，有太子，號曰所現，端正姝好，從園觀出，道見一人得病困篤。見已有哀傷之心，問於病人：

〔一〕「如」字原作「若」，據高麗藏本、磧砂藏本、南藏本、嘉興藏本改。
〔二〕出摩訶僧祇律卷二十八。
〔三〕出增一阿含經卷二十四。
〔四〕出生經卷三比丘疾病經。

以何等藥得療卿病？病者荅曰：唯王身血得療我病。爾時太子即以利刀刺身出血，以與病者。至心施與，意無悔恨。爾時太子者，即我身是。四大海水尚可斗量，〔一〕我身施血不可稱限。又往過世有王太子，號曰蓮花王，端正姝好，從園觀出，〔二〕道見一人身體病癩。〔三〕見已哀念，問於病者：以得何藥療於汝病？病者荅曰：得王身髓以塗我身，其病乃愈。是時太子即破身骨，以得其髓，持與病者。歡喜惠施，心無悔恨。爾時太子者，即我身是。四大海水尚可斗量，身髓布施不可稱計。又往去世有王，號曰月明，端正姝好，從宮而出，道見盲者貧窮飢餓，隨道乞丐，往趣王所。爾時月明王見此盲人，哀之淚出，謂於盲者：有何等藥得療卿病？盲者荅曰：唯得王眼，能愈我病，眼乃得視。是時月明王自取兩眼，〔四〕以施盲者。其心清然，無一悔意。爾時月明王者，即我身是。須彌之山尚可稱知斤兩，我眼布施不可稱計。佛語阿難：彌勒菩薩本求道時，不持耳鼻身命等施，以成佛道。但以善權方便安樂之行，得致無上正真之道。〔五〕阿難白佛：以何善權得致佛道？佛語阿難：彌勒菩薩晝夜各三，正

〔一〕「斗」字原作「升」，據高麗藏本、磧砂藏本、南藏本改。下同。

〔二〕「出」字原脱，據高麗藏本補。

〔三〕「癩」字，高麗藏本作「癘」。

〔四〕「月」字原闕，據彌勒所問本願經補。

〔五〕「致」字，高麗藏本作「彼」。

衣束體，叉手，下膝著地，向十方佛説此偈言：

我悔一切過，　勸助衆道德。　歸命禮諸佛，　令得無上慧。」〔一〕

又法句喻經云：「昔有一國，名曰賢提。時有長老比丘長病委頓，羸瘦垢穢，在賢提精舍中卧，無瞻視者。佛將五百比丘往到其所，使諸比丘傳共視之，爲作漿粥。而諸比丘聞其臭處，皆共賤之。佛使帝釋取其湯水，佛以金剛之手洗病比丘身體。地尋震動，豁然大明，莫不驚肅。國王臣民、天龍鬼神、無央數人，往到佛所，稽首作禮，白佛言：佛爲世尊，三界無比，道德已備，云何屈意洗病比丘？佛告國王及衆會者言：如來所以出現於世，正爲此窮厄無護者耳。供養病瘦沙門道人，及諸貧窮孤獨老人，其福無量，所願如意，會當得道。王白佛言：今此比丘宿有何罪，困病積年，療治不差？佛告王曰：往昔有王，名曰惡行，治政嚴暴。使一多力五百，王令鞭人。〔二〕五百假王威怒，私作寒暑。若欲鞭者，齎其價數，得物者鞭輕，不得鞭重。舉國患之。有一賢者爲人所謀，應當得鞭。報五百言：吾是佛弟子，素無罪過，爲人所枉，願小垂恕。五百聞是佛弟子，輕手過鞭，無著身者。五百壽終，墮地獄中，拷掠萬毒。罪滅復出，墮畜生中，恒被撾杖，五百餘世。罪畢爲人，常嬰重病，痛不離身。爾時國王者，今調達是。五百者，今此病比丘是。時賢者，今吾身是。吾以前世爲其所恕，鞭不著身，是故世尊

〔一〕出彌勒菩薩所問本願經。

〔二〕「鞭」字下原衍「此」字，據高麗藏本删。

躬爲洗之。人作善惡，殃福隨人。雖更生死，不可得免。於是世尊即説偈言：

撾杖良善，　妄讒無罪，　其殃十倍。　災迅無赦，　生受酷痛，　形體毁折，　自然惱病，　失意恍惚，　人所輕笑。　或縣官厄，　財産秏盡，　親戚離别，　舍宅所有，　災火焚燒，　死入地獄，　如是爲十。

時病比丘聞佛此偈及宿命事，剋心自責，所患除愈，得阿羅漢道。賢提國王没命奉行，得須陀洹道。」〔一〕

又善生經云：「瞻病人不應生厭。若自無物，出外求之。若不得，貸三寶物。看差已，十倍還之。」〔二〕

五百問事云：「看病人，將病人物，爲病人供給所須，不問病者，或問起嫌，並不得用。若已取者，應償。不還，犯重罪。」〔三〕

又四分律云：「看病得五功德：一、知病人可食不可食，可食便與。二、不惡賤病人大小便利唾吐。三、有慈愍心，不爲衣食故看。四、能經理湯藥，乃至差，若命終。五、能爲病人説法歡喜，己身善

〔一〕出法句譬喻經卷二刀仗品。

〔二〕出優婆塞戒經卷三攝取品。

〔三〕出目連問戒律中五百輕重事問疾病事品。

法增長。」〔一〕

醫療部第四

夫人有四肢五藏，壹覺壹寐，呼吸吐納，精氣往來。流而爲榮衛，彰而爲氣色，發而爲音聲。此人之常數也。陽用其精，陰用其形，天人所同也。及其失也，蒸則生熱，否則生寒。結而爲瘤贅，陷而爲癰疽。奔而爲之喘，〔二〕竭而爲焦。故良醫導之以針石，救之以藥劑。聖人和之以至德，輔之以人事。故體有可愈之疾，天地有可消之災也。

如增一阿含經云：「爾時世尊告諸比丘：有三大患。云何爲三？一、風爲大患，二、痰爲大患，三、冷爲大患。然有三良藥治：若風患者，酥爲良藥，及酥所作飯食。若痰患者，蜜爲良藥，及蜜所作飯食。若冷患者，油爲良藥，及油所作飯食。是謂三大患，有此三藥治。如是比丘亦有三大患：一、貪欲，二、瞋恚，三、愚癡。然有三良藥治：一、若貪欲起時，以不浄往治，及思惟不浄道。二、若瞋恚大患者，以慈心往治，及思惟慈心道。三、若愚癡大患者，以智慧往治，及思惟因緣所起道。〔三〕是謂比丘有

〔一〕出四分律卷四十一。
〔二〕「之」字，據上下文義疑衍。
〔三〕「思惟」二字原脱，據高麗藏本補。

此三大患，有此三藥治。」〔一〕

又金光明經云：「佛在世時，有持水長者，善知醫方，救諸病苦。持水長者有子，名曰流水。端正第一，威德具足，受性聰敏，善解諸論。見諸衆生受諸苦惱，時長者子即至父所，説偈問言：

云何當知，四大諸根，衰損代謝，而得諸病？云何當知，飲食時節，若食食已，身火不滅？云何當知，治風及熱，水過肺病，及以等分？何時動風，何時動熱，何時動水，以害衆生？時父長者，即以偈頌，解説醫方，而荅其子：三月是夏，三月是秋，三月是冬，三月是春。是十二月，三三而説。從如是數，一歲四時。若二二説，足滿六時。三三本攝，二二現時。隨是時節，消息飲食；是能益身，醫方所説。隨時歲中，諸根四大，代謝增損，令身得病。有善醫師，隨順四時，三月將養，調和六大，隨病飲食，及以湯藥。多風病者，夏則發動。其熱病者，秋則發動。等分病者，冬則發動。其肺病者，春則增劇。有風病者，夏則應服，肥膩鹹酢，及以熱食。有熱病者，秋服冷甜，等分冬服，甜酢肥膩。肺病春服，肥膩辛熱。飽食然後，則發肺病；於食消時，則發熱病。食消已後，則發風病。如是四大，隨三時

〔一〕出增一阿含經卷十二三寶品。

發。病風羸損，補以酥膩；熱病下藥，服呵梨勒。等病應服，三種妙藥，所謂甜辛，及以酥膩。肺病應服，隨時吐藥。若風熱病，肺病等分，違時而發，應當任師，籌量隨病，飲食湯藥。」〔一〕

又智度論云：「般若波羅蜜能除八萬四千病根本。此之八萬四千，皆從四病起：一貪，二瞋，三癡，四三毒等分。此之四病各分二萬一千。以不净觀除貪欲二萬一千煩惱，以慈悲觀除瞋恚二萬一千煩惱，以因緣觀除愚癡二萬一千煩惱，總用上藥除等分病二萬一千煩惱。譬如寶珠能除黑暗，般若波羅蜜亦能除三毒煩惱病。」〔二〕

安置部第五

蓋聞三界之宅，實四大之器；六塵之境，是五陰所居。良由妄想虛搆，惑倒交興，致使萬苦争纏，百憂總萃。今既報熟，命臨風燭。然衆生貪著，至死不覺。恐在舊所戀愛資財，染著眷屬。佛教移處，令生厭離，知無常將至，使興心正念也。〔三〕

〔一〕出金光明經卷三除病品。

〔二〕出大智度論卷五十九。

〔三〕「正」字原脱，據高麗藏本補。

如僧祇律云：「若是大德病者，應在露現處上好房中，擬道俗問訊生善。瞻病人每須燒香然燈，香汁塗地，供待人客。」〔一〕

依西域祇洹寺圖云：「寺西北角日光没處，爲無常院。若有病者，安置在中。堂號無常，多生厭背。去者極衆，還唯一二。其堂内安一立像，金色塗香，〔二〕面向東方。當置病人，在像前坐。若無力者，令病人卧，面向西方，觀佛相好。其像手中繫一五色綵旛，令病人手執旛脚，作往生净土之意。坐處雖有便利，世尊不以爲惡。原其此土，本是雜穢之處，猶降靈俯接下類羣生。况今將命投佛，寧相棄捨。隨病人所樂何境，或作彌陀、彌勒、阿閦、觀音等形，如前安置。燒香散華，供養不絶，生病者善心。」

斂念部第六

夫三界非有，五陰皆無。四倒十纏，共相和合。一切如電，揮萬劫於俄傾；丘井易淪，終漂沈於苦海。迷途遂遠，弱喪亡歸。形軀七尺，〔三〕莫知其假。耳目之外，終自空談。靡依靡救，不信不受。生

〔一〕出摩訶僧祇律卷二十八。
〔二〕「香」字，高麗藏本作「者」。
〔三〕「形軀」，高麗藏本作「區區」。

靈一謝，再返無期。所以撫心自測，〔一〕臨危安泰也。故十誦律云：「看病人應隨病者先所習學而讚歎之。」〔二〕不得毁呰，退本善心。又四分律云：「爲病人說法，令其歡喜。」〔三〕又毗尼母論云：「病人不用看病人語，看病人違病者意，並得罪。」〔四〕

又華嚴經臨終爲病人說偈云：

「又放光明名見佛，　彼光覺悟命終者，　念佛三昧必見佛，　命終之後生佛前。　見彼臨終勸念佛，〔五〕　又示尊像令瞻敬，　又復勸令歸依佛，〔六〕　因是得成見佛光。」〔七〕

往生論云：「若善男子善女人修五念成就者，畢竟得生安樂國土，見彼阿彌陀佛。何等爲五？一者禮拜，二者讚歎，三者作願，四者觀察，五者迴向。」〔八〕又隨願往生經云：「佛告普廣菩薩：若四輩

〔一〕「測」字，高麗藏本作「惻」。

〔二〕出十誦律卷二十八。

〔三〕出四分律卷四十一。

〔四〕出薩婆多部毘尼摩得勒伽卷七。作毘尼母論誤。

〔五〕「見」字原作「念」，「佛」字原作「善」，據華嚴經改。

〔六〕「令」字原作「念」，據高麗藏本改。

〔七〕出大方廣佛華嚴經卷七賢者菩薩品。

〔八〕出無量壽經優波提舍願生偈。

男子女人臨終之日，願生十方佛刹土者，當先洗浴身體，著鮮潔之衣，燒衆名香，懸繒旛蓋，歌讚三寶，讀誦尊經。爲病者説因緣譬喻，〔一〕善巧言詞，微妙經義。苦空非實，四大假合，形如芭蕉，中無有實，又如電光，不得久停。故云：色不久鮮，當歸壞敗。精誠行道，可得度苦。隨心所願，無不獲果。」〔二〕

述曰：如前教已，復將經像至病人所，題其經名、像名，告語示之。使開目覩見，令其惺悟。兼請有德智人，讀誦大乘，明揚讚唄。旛華亂墜，宛轉目前。香氣氛氳，當注鼻根。恒與善語，勿傳惡言。以臨終時多有惡業相現，不能立志排除。是故瞻病之人，特須方便善巧誘訹，使心心相續，刹那不駐。乘此福力，作往生净土之意。故智度論云：「從生作善，臨終惡念，便生惡道。從生從惡，臨終善念而生天上。」〔三〕又維摩經云：「憶所修福，念於净命。」〔四〕又正法念經云：「若有衆生持戒，於破戒病人，不求恩惠，心不疲厭，供養病人，命終生普觀天，五欲縱逸，不知厭足。」〔五〕

頌曰：

〔一〕「譬」字原脱，據高麗藏本補。
〔二〕出灌頂經卷十一隨願往生十方净土經。
〔三〕此段出處待考。
〔四〕出維摩詰所説經卷中文殊師利問疾品。
〔五〕出正法念處經卷二十三。

紫紈未可得，漳濱徒再離。一逢犬馬病，賁育罷驅馳。既無九轉術，復闕萬金奇。〔一〕不看授鹽掌，〔二〕唯夢蓮花池。

感應緣略引一十四驗

晉歐議曹掾

晉陳國袁無忌

晉沙門康法朗

晉沙門安慧則

晉沙門竺法義

宋羅璵妻費氏

宋江安令王文明

宋吳興李清

〔一〕「闕」字原作「闚」，據高麗藏本、磧砂藏本、南藏本、嘉興藏本改。

〔二〕「不看授鹽掌」，高麗藏本作「不著授盥掌」。

宋沙門曇穎

魏王長豫

齊釋慧進

隋釋僧善

唐薛孤訓

唐沙門徹師

晉南郡議曹掾姓歐，得病經年，骨消肉盡。巫醫備至，無復方計。其子夜如得睡眠，夢見數沙門來視其父。明旦便往詣佛圖，見諸沙門，問：佛爲何神？沙門爲説事狀。便將諸道人歸，請讀經。再宿，病人自覺病如輕。晝得小眠，如舉頭見門中有數十小兒，皆五綵衣，手中有持旛仗者、刀矛者，於門走入。有兩小兒在前，徑至簾前。忽便還走，語後衆人：小住，小住。屋中經是道人。〔一〕遂不復來前。自此後，病漸漸得差。右此一驗出靈鬼志。〔二〕

〔一〕「經」字，高麗藏本作「純」，太平廣記引作「總」。

〔二〕太平廣記卷一六一引。

晉陳國袁無忌，寓居東平。永嘉初得疫癘，家百餘口，死亡垂盡。往避大宅，權住田舍。有一小屋，兄弟共寢，板牀薦席數重。夜眠失曉，牀出在户外。宿昔如此。兄弟怪怖皆不眠。後見一婦人來在户前，知忌等不眠，前却户外。時未署明，月朗見之。綵衣白莊，頭上有花鍤及銀釵、象牙梳。〔一〕忌等便逐之。初繞屋走四倒，頭髮及花鍤之屬皆墮落。忌悉拾之。仍復出門南走。臨道有井，遂入井中。忌還眠。天曉視花鍤及釵牙梳，並是真物。掘壞井，得一楸棺，三分井水所漬。忌便易棺器衣服，還其物，於高燥處葬之，遂斷。右此一驗出志怪集。〔二〕

晉沙門康法朗學於中山。永嘉中與一比丘，〔三〕西入天竺。行過流沙千有餘里，見道邊敗壞佛圖，無復堂殿，蓬蒿没人。法朗等下瞻禮拜，見有二僧，各居其傍。〔四〕一人讀經，一人患痢，穢汙盈房。其讀經者了不營視。朗等惻然興念，留爲煮粥，掃除浣濯。至六日，病者稍困，注痢如泉。朗等共料理之。其夜朗等並謂病者必不移旦。至明晨往視，容色光悦，痛狀休然。屋中穢物，皆是華馨。朗等乃

〔一〕「花鍤」原作「范鍤」，據高麗藏本改。下同。

〔二〕太平廣記卷三二二引，作志怪録。

〔三〕「一」字原作「四」，據高麗藏本、磧砂藏本、南藏本改。

〔四〕「傍」字原作「一」，據高麗藏本改。

悟是得道冥士以試人也。〔一〕病者曰：隔房比丘是我和尚，久得道慧，可往禮覲。法朗等先嫌讀經沙門無慈愛心。聞已，乃作禮悔過。讀經者曰：諸君誠契并至，同當入道。朗公宿學業淺，此世未得願也。謂朗伴云：慧此居，〔二〕植根深，當現世得願。因而留之。法朗後還中山，爲大法師，道俗宗之。右此一驗出冥祥記。〔三〕

晉洛陽大市寺有安慧則，未詳氏族。少無恒性，卓越異人，而工正書，善能談吐。晉永嘉年中，天下疫病，則晝夜祈誠，願大神降藥，以愈萬民。一日出寺門，見兩石形如甕。則疑是異物，取看之，果有神水在内。病者飲服，莫不皆愈。後止洛陽大市寺，手自細書黄縑，寫大品一部，合爲一卷。字如小豆，而分别可識。〔四〕凡十餘本。以一本與汝南周仲智妻胡母氏供養。胡母過江，齎經自隨。後爲災火所延，倉卒不暇取經，悲泣懊惱。火息後，乃於灰中得之。首軸顔色，一無虧損。于時同見聞者，莫不迴邪改信。此經今在京師簡靖寺靖首尼處。右此一驗出梁高僧傳。〔五〕

〔一〕「冥」字，高麗藏本作「真」，太平廣記引作「之」。
〔二〕「此居」，高麗藏本作「此若」，太平廣記引作「若」。
〔三〕太平廣記卷八九引。
〔四〕「别」字，高僧傳作「明」。
〔五〕出高僧傳卷十安慧則傳。

晉沙門竺法義，山居好學，住在始寧保山。後得病積時，攻治備至，而了不損。日就緜篤，遂不復自治，唯歸誠觀世音。如此數日，晝眠，夢見一道人來候其病，因爲治之，刳出腸胃，湔洗腑臟。見有結聚不净物甚多。洗濯畢，還内之，語義曰：汝病已除。眠覺，衆患豁然，尋得復常。案其經云：或現沙門梵志之像。意者義公所夢其是乎！義以太元七年亡。自竺長舒至義六事，並宋尚書令傳亮所撰。亮自云其先君與義遊處，義每説其事，輒懔然增肅焉。〔一〕

宋羅璵妻費氏者，寧蜀人。父悦，宋寧州刺史。費少而敬信，誦法華經數年，勤至不倦。後忽得病苦，心痛守命。闔門遑懼，屬纊待時。費氏心念：我誦經勤苦，宜有善祐，庶不於此遂致死也。既而睡卧食頃，如寤如夢。見佛於窗中授手，以摩其心，應時都愈。一堂男女婢僕悉覩金光，亦聞香氣。璵從妹即琰外族曾祖尚書中兵郎費愔之夫人也。于時省疾牀前，亦具聞見。於是大興信悟，虔戒至終。每以此瑞進化子姪焉。〔二〕

宋時王文明，宋泰始末作江安令。妻久病，女於外爲母作粥，將熟，變而爲血。棄之更作，亦復如初。如此者再。母尋亡没。其後兒女在靈前哭，忽見其母卧靈牀上，貌如平生。諸兒號感，〔三〕奄然

〔一〕太平廣記卷一一〇引，作出述異記。

〔二〕太平廣記卷一〇九引，作出述異記

〔三〕「感」字，太平廣記引作「戚」。

而滅。文明先愛其妻手下婢，妊身將産。葬其妻日，使婢守屋，餘人悉詣墓所。部伍始發，妻便現形，入户打婢。其後諸女爲父辦食，殺雞刳洗已竟，雞忽跳起，軒首長鳴。文明尋卒，諸男相繼喪亡。〔一〕

右此三驗出述異記。

宋李清者，吴興於潛人也。仕桓温大司馬府參軍督護。於府得病，還家而死。經久穌活。〔二〕説云：初見傳教持信旛唤之，云：公欲相見。清謂是温召，即起束帶而去。出門見一竹輿，便令入中。二人推之，疾速如馳。至一朱門，見阮敬。時敬死已三十年矣。敬問清曰：卿何時來？知我家何似？清云：卿家異惡。敬便雨淚言：知吾子孫如何？荅云：具可。〔三〕敬云：〔四〕我今令卿得脱，汝能料理吾家不？清云：能。若能如此，不負大恩。敬言：僧達道人是官師，甚被敬禮。當苦告之。還内，良久遣人出云：門前四層寺，官所起也。僧達常以平旦入寺禮拜，宜就求哀。清往其寺，見一沙門，語曰：汝是我前七生時弟子，已經七世受福，迷著世樂，忘失本業，背正就邪，當受大罪，今可改悔。和尚明出，當相佐助。清還先輿中，夜寒噤凍。至曉門開，僧達果出至寺。清便隨逐稽顙。僧達云：汝當

〔一〕太平廣記卷三二五引，作出述異記。
〔二〕「久」字，高麗藏本及太平廣記引作「夕」。
〔三〕「具」字，高麗藏本及太平廣記引作「且」。
〔四〕「敬云」二字原闕，據太平廣記引補。

革心爲善，歸命佛法，歸命比丘僧。受此三歸，可得不横死。受持勤者，亦不經苦難。清便奉受。又見昨所遇沙門，長跪請曰：此人僧中宿世弟子，〔一〕忘失正法，〔二〕方將受苦。先緣所追，今得歸命，願垂慈愍。荅曰：先是福人，當易拔濟耳。便還向朱門。俄遣人出云：李參軍可去。敬時亦出，與清一青竹枝，令閉眼騎之。清如其語，忽然至家。家中啼哭及鄉親塞堂，欲入不得。會買材還，家人及客赴監視之，唯屍在地。清入至屍前，聞其屍臭。自念悔還。但外人逼突，不覺入屍時，於是而活。即營理敬家，分宅以居。於是歸心三寶，勤信佛教，遂作佳流弟子。右此一驗出冥祥記。〔三〕

宋長干寺有釋曇穎，會稽人。少出家，謹於戒行，誦經十餘萬言。止長干寺。善巧宣唱，天然獨絶。穎嘗患癬瘡，積治不除。房内恒供養一觀世音像，晨夕禮拜，求差此疾。異時忽見一蛇，從像後緣壁上屋。須臾有一鼠子從屋墮地，涎涶沐身，狀如已死。穎候似活，即取竹刮除涎涶。又聞蛇所吞鼠，能療瘡疾。即行取涎涶以傅癬上。所傅既遍，鼠亦還活。信宿之閒，瘡痍頓盡。方悟蛇之與鼠，皆是祈請所致。於是君王所重，名播遐邇。後卒所住，年八十一。右一驗出唐高僧傳。〔四〕

〔一〕「中」字原作「乎」，據高麗藏本改，太平廣記引作「達」。

〔二〕「失正」原作「正失」，據高麗藏本改。

〔三〕太平廣記卷三七九引。

〔四〕出高僧傳卷十三釋曇穎傳。作唐高僧傳誤。

魏中書郎王長豫，有美名。父丞相至所珍愛。遇疾轉篤，丞相憂念特至。政在牀上坐，不食已積日。忽爲現一人，形狀甚壯，著鎧執刀。王問：君是何人？荅曰：僕是蔣侯也。公兒不佳，欲爲請命，故來耳，勿復憂。王欣喜動容。即命求食，食遂至數升。内外咸未達所以。食畢忽復慘然謂王曰：中書命盡，非可救者。言終不見。右此一驗見幽明録。〔一〕

前齊永明中，揚都高座寺釋慧進者，少雄勇遊俠。年四十，忽悟非常，因出家。蔬食布衣，誓誦法華。用心勞苦，執卷便病。迺發願造百部，以悔先障。始聚得一千六百文，賊來索物。進示經錢，賊慚而退。爾後遂成百部，故病亦愈。誦經既度，情願又滿，迴此誦業，願生安養。聞空中告曰：汝願已足，必得往生。無病而卒，八十餘矣。右此一驗出冥祥記。〔二〕

隋文成郡馬頭山釋僧善，姓席氏，絳郡正平人也。仁壽之歲，其道彌隆。及疾篤將極，告弟子曰：吾患腸中冷結者。昔在少年，山居服業，糧粒既斷，嬾往追求。噉小石子，用充日夕。因覺爲病。死後破腸看之，果如所言。若吾終後，不須焚燎，外損物命。可坐于甕中埋之。以大業初年卒于大黄巖中。道俗依言而殯。絳州僧襲比丘，承習善公，不虧化法。善師終日，他行不見。後尋其遺骸，莫知所在。忽聞爆聲震裂，響發林谷。見地分涌，甕出于外，骸骨如雪，唯舌存焉。紅赤鮮映，逾於生日。因取舌、

〔一〕太平廣記卷二九三引。

〔二〕出集神州三寶感通録卷下，又太平廣記卷二〇九引。

骨兩以爲塔。右一驗出唐高僧傳。〔一〕

唐貞觀二十年征龜兹。有薛孤訓者，爲行軍倉曹參軍。及屠龜兹城後，乃於精舍剥佛面取金。旬日之間，眉毛總落。還至伊州，乃於佛前悔過。所得金者，皆迴造功德。未幾，眉毛復生。〔二〕

唐絳州南孤山陷泉寺沙門徹禪師，〔三〕曾行遇癩人在穴中。徹引出山中，爲鑿穴給食，令誦法華經。素不識字，加又頑鄙。句句授之，終不辭倦。誦經向半，夢有教者。自後稍聰，得五六卷。瘡漸覺愈。一部既了，鬢眉平復，膚色如常。故經云：病之良藥。斯言驗矣。〔四〕右二驗出冥報拾遺。

〔一〕出唐高僧傳卷二十一釋僧善傳。

〔二〕太平廣記卷一一六引，作出冥祥記，誤，應是冥報拾遺。

〔三〕「徹禪師」，集神州三寶感通録作「僧徹禪師」。

〔四〕出集神州三寶感通録卷下，又太平廣記卷一〇九引。

法苑珠林校注卷第九十六

捨身篇第九十六此有二部

述意部　引證部

述意部第一

夫色性無象，觸必歸空。三世若假，八微終散。雖復迴天震地之威，會歸磨滅；齊冠楚組之麗，靡救埃壤。所以形非定質，衆緣所聚。四塵不同，風火恒異。析而離之，本非一物。燕肝越膽，未足爲譬。菩薩利生，方窮其旨。而積此淪昏，生生不已。一念儵值，曾未移時。障習相蕩，旋迷厥路。横指呼空，名之爲有；養己傷命，號之爲毒。蓄身外之財，以充其慾；攘非己之分，用成其侈。豈直温肌嗛腹，〔一〕若此而已哉！至於積篋盈藏，溢俎充庖。無始迄今，供此幻我，亦未厭足。靜思此事，豈不罪歟？今既覺過，徒畜坯瓶。物我俱空，寶惜何在？是以體知幻僞，大士常心；捨妄求真，菩薩恒願。證知三界爲晨夜之宅，惺悟四生爲夢幻之境。〔二〕外云：生則以身命爲逆旅，死當以天地爲棺槨。内云：王子投身，功逾九劫；剞肌貿鴿，駭震三千。〔三〕將今類古，冀望同爾。欲使白牛有長路之能，寶舟有彼岸之力也。

引證部第二

如金光明經云：「佛告大衆：過去有王名摩訶羅陀，常行善法，無有怨敵。時有三子，殊特第一。第一太子，名摩訶波那羅，次子名摩訶提婆，小子名摩訶薩埵。是三王子，於園遊戲，漸到竹林，憩駕止息。第一王子作如是言：我於今日心甚怖懼。〔四〕於是林中，將無衰損。第二王子復作是言：我於今日不自惜身，但離所愛，心憂愁耳！第三王子復作是言：我於今日獨無怖懼，亦無愁惱。山中空寂，神

〔一〕「肌」字原作「肥」，據高麗藏本改。
〔二〕「惺」字原脱，據高麗藏本補。
〔三〕「駭」字原作「骸」，據高麗藏本改。
〔四〕「懼」字原作「懅」，據高麗藏本改。

仙所讚。是處閑静，能令行人安隱受樂。轉復前行，見有一虎，適産七日而有七子，圍繞周匝，飢餓窮悴，身體羸損，命將欲絶。第一王子見是虎已，作如是言：怪哉此虎，産來七日，七子圍繞，不得求食。若爲飢逼，必還啗子。第三王子言：君等誰能與此虎食？第二王子言：此虎飢餓，餘命無幾，不容餘處爲其求食，命必不濟。誰能爲此不惜身命？第一王子言：一切難捨，不過己身。第二王子言：我等今者以貪惜故，於此身命不能放捨，智慧薄少，故於是事而生驚怖。若諸大士欲利益他，生大悲心，不足爲難。時諸王子心大愁憂，久住視之，目未曾捨。作是觀已，尋便離去。爾時第三王子作是念言：我今捨身時已到矣！何以故？我從昔來，多棄是身，都無所爲。隨時將養，令無所乏，而不知恩，反生怨害，然復不免無常敗壞。今捨此身，作無上業，於生死海中，作大橋梁，永離憂患無常變異，智慧功德具足成就。即便語言：兄等今者可與眷屬還其所止。爾時王子摩訶薩埵還至虎所，脱身衣裳，置竹枝上，作是誓言：我今爲利諸衆生故，證於最勝無上道故，欲度三有諸衆生故。是時王子作是誓已，即自放身，卧餓虎前。以大悲力，虎無能爲。王子念言：虎今羸瘦，身無勢力，不能得我身血肉食，即起求刀，了不能得。即以乾竹刺頸出血。是時大地六種震動，日無精光。又雨雜華，種種妙香。時虚空中有諸天見，心生歡喜，歎未曾有：善哉大士，真大悲者。爲衆生故，能捨難捨，不久當證清净涅槃。是虎見血汙王子身，即便舐血，啗食其肉，唯留餘骨。爾時兩兄見地大動，日無精光，雨諸華香：必是我弟捨所愛身。時二王子心大愁怖，涕泣悲歎，容貌顦顇，復共相將，還至虎所。見弟所著衣裳，皆悉在一竹枝之上，骸骨髮爪，布散狼藉，流血處處，徧汙其地。見已悶絶，不自勝持，投身骨上，良久乃悟。〔一〕即起舉首，呼天而哭：我弟幼稚，才能過人，父母所愛。奄忽捨身，以飼餓虎。我今還宫，父母設問，當云何荅？我寧在此併命一處，不忍還見父母眷屬。時小王子所將侍從各散諸方，互相謂言：今者我天爲何所在？爾時王妃於睡眠中，夢乳被割，牙齒墮落，得三鴿雛，一爲鷹食。爾時王妃大地動時，即便驚寤。心大愁怖，而説偈言：

今日何故，大地大水，一切皆動，物不安所？日無精光，如有覆蔽；我心憂苦，目瞤瞤動。如我今者，所見瑞相，必有災異，不祥苦惱。

於是王妃説是偈已，時有青衣在外，已聞王子消息，心驚惶怖。尋即入内，啓白王妃，作如是言：向者在外，聞諸侍從推覓王子，不知所在。王妃聞已，生大憂惱，至大王所，具傳此事。王聞悶絶，悲哽苦惱，抆淚而言：如何今日失我心中所愛重者？爾時世尊欲重宣此義而説偈言：

我於往昔，無量劫中，捨所重身，以求菩提。若爲國王，及作王子，常捨難捨，以求菩提。我念宿命，有大國王，其王名曰，摩訶羅陀。是王有子，能大布施，其子名曰，摩訶薩埵。復有二兄，長者名曰，大波那羅，次名大天。三人同遊，至一

〔一〕「悟」字，金光明經作「蘇」。

空山，見新産虎，飢窮無食。時勝大王，〔一〕生大悲心，我今當捨，所重之身。此虎或爲，〔二〕飢餓所逼，倘能還食，自所生子。即上高山，自投虎前，爲令虎子，得全性命。是時大地，及諸大山，皆悉震動，驚諸蟲獸。虎狼師子，四散馳走，世間皆暗，無有光明。是時二兄，故在竹林，心懷憂惱，愁苦涕泣。漸漸推求，遂至虎所，見虎虎子，血汙其口。又見骸骨，髮毛爪齒，處處迸血，狼藉在地。是二王子，見是事已，心更悶絶，自躃於地。以灰塵土，自塗坌身，忘失正念，生狂癡心。所將侍從，覩見是事，亦生悲慟，失聲號哭。互以冷水，共相噴灑，然後穌息，而復得起。是時王子，當捨身時，正值後宫，妃后婇女，眷屬五百，共相娱樂。王妃是時，兩乳汁出，一切肢節，痛如針刺，心生愁惱，似喪愛子。於是王妃，疾至王所，其聲微細，悲泣而言。大王今當，諦聽諦聽。憂愁盛火，今來燒我。我今二乳，俱時汁出，身體苦切，如被針刺。我見如是，不祥瑞相，恐更不復，見所愛子。今以身命，奉上大王，願速遣人，求覓我子。夢三鴿雛，在我懷抱。其最小者，可適我心。有鷹飛來，奪我而去。夢是事已，即生憂惱。我今愁怖，恐命不濟，願速遣人，推求

〔一〕「勝大王」，磧砂藏本作「勝天王」，金光明經作「勝大士」。
〔二〕「或」字原作「何」，據磧砂藏本、南藏本、嘉興藏本改。

我子。是時王妃，説是語已，即時悶絶，而復躃地。王聞是語，復生憂惱，以不得見，所愛子故。其王大臣，及諸眷屬，悉皆聚集，在王左右。哀哭悲號，聲動天地。爾時城内，所有人民，聞是聲已，驚愕而出。各相謂言，今是王子，爲活來耶，爲已死亡？如是大士，常出軟語，爲衆所愛，今難可見。已有諸人，入林推求，不久自當，得定消息。諸人爾時，憧惶如是，而復悲號，哀動神祇。爾時大王，即從座起，以水灑妃，良久乃穌。還得正念，微聲問王，我子今者，爲死活耶？爾時王妃，念其子故，倍復懊惱，心無暫捨，可惜我子，形色端正，如何一旦，捨我終亡？云何我身，不先薨殁，而見如是，諸苦惱事？善子妙色，猶浄蓮華，誰壞汝身，使令分離？將非是我，昔日怨讎，挾本業緣，而殺汝耶？我子面目，浄如滿月，不圖一旦，遇斯禍對。寧使我身，破碎如塵，不令我子，喪失身命。我所見夢，已爲得報，直我無情，能堪是苦。如我所夢，牙齒墮落，二乳一時，汁自流出。必定是我，失所愛子。夢三鴿雛，鷹奪一去。三子之中，必定失一。爾時大王，即告其妃，我今當遣，大臣使者，周徧東西，推求覓子。汝今且可，莫大憂愁。大王如是，慰喻妃已，即便嚴駕，出其宫殿。心生愁惱，憂苦所切，雖在大衆，顔貌憔悴。即出其城，覓所愛子。爾時亦有，無量諸人，哀號動地，尋從王後。是時大王，既出城已，四向顧望，求覓其子，煩惋心亂，靡知所在。最後遥見，有一信來，頭蒙塵土，血汙其衣，灰糞塗身，悲號而至。爾時大王，摩訶羅陀，見是使已，倍生懊惱，舉首號叫，仰天而哭。先所遣臣，尋復來至。既至王所，作如是言，願王莫愁，諸子猶在。不久當至，令王得見。須臾之頃，復有臣來，見王愁苦，顏貌憔悴，身所著衣，垢膩塵汙。大王當知，一子已終，二子雖在，哀悴無賴。第三王子，見虎新產，飢窮七日，恐還食子。見是虎已，生大悲心，〔一〕發大誓願，當度衆生，於未來世，證成菩提。即上高處，投身虎前。虎飢所逼，便起啗食。一切血肉，已爲都盡，唯有骸骨，狼藉在地。是時大王，聞臣語已，轉復悶絶，失念躃地。憂愁盛火，熾然其身。諸臣眷屬，亦復如是。以水灑王，良久乃穌，復起舉首，號天而哭。復有臣來，而白王言，向於林中，見二王子，愁憂苦毒，悲號涕泣，迷悶失志，自投於地。臣即求水，灑其身上，良久之頃，乃還穌息。望見四方，大火熾然，扶持暫起，尋復躃地。舉首悲哀，號天而哭。乍復讚歎，其弟功德。是時大王，以離愛子，其心迷悶，氣力惙然，憂惱涕泣。並復思惟，是最小子，我所愛重，無常大鬼，奄便吞食。其餘二子，今雖存在，而爲憂火，之所焚燒。或能爲是，喪失命根。我宜速往，至彼林中，迎載諸子，急還宮殿。其母在後，憂苦逼切，心肝分裂，或能失命。若見二子，慰喻其

〔一〕「生大悲心」，高麗藏本、磧砂藏本、南藏本作「深生悲心」。

心，可使終保，餘年壽命。爾時大王，駕乘名象，與諸侍從，欲至彼林。即於中路，見其二子，號天扣地，稱弟名字。時王即前，抱持二子，悲號涕泣，隨路還宫。速令二子，覲見其母。佛告樹神，汝今當知，爾時王子，摩訶薩埵，捨身飼虎，今我身是。爾時大王，摩訶羅陀，於今父王，輪頭檀是。爾時王妃，今摩耶是。第一王子，今彌勒是。第二王子，今調達是。爾時虎者，今瞿夷是。時虎七子，今五比丘，及舍利弗，目揵連是。

爾時大王摩訶羅陀及其妃后，悲號涕泣，悉皆脱身御服瓔珞，與諸大衆，往竹林中，收其舍利，即於此處起七寶塔。〔一〕是時王子摩訶薩埵臨捨命時，作是誓願：願我舍利，於未來世，過算數劫，常爲衆生而作佛事。」〔二〕

又法華經藥王菩薩本事品略要云：「爾時佛告宿王華菩薩：乃往過去無量恒河沙劫，有佛號日月净明德如來。爾時彼佛爲一切衆生喜見菩薩及衆菩薩、諸聲聞衆説法華經。是喜見菩薩樂習苦行，於日月净明德佛法中，精進經行，一心求佛。滿萬二千歲已，而自念言：我雖以神力供養於佛，不如以身供養。即服諸香油千二百歲已，香油塗身，於日月净明德佛前，以天寶衣而自纏身，灌諸香油，以神通

〔一〕「於」字原作「以」，據高麗藏本改。
〔二〕出金光明經卷四捨身品。

力而自然身。光明徧照八十億恒河沙世界。其中諸佛同時讚言：善哉！善哉！是真精進，是名真法供養如來。其身火然千二百歲。過是已後，其身乃盡。喜見菩薩作如是法供養已，命終之後，復生日月浄明德佛國中，於浄德王家，結跏趺坐，忽然化生。而白父言：日月浄明德佛今故現在。我先供養佛已，得解一切衆生語言陀羅尼，復聞是法華經。我今當還供養此佛。乃至彼佛入涅槃已，收佛舍利，作八萬四千寶塔。即於八萬四千塔前，然百福莊嚴臂七萬二千歲而以供養。令無數求聲聞衆、無量阿僧祇人發阿耨菩提心。爾時諸菩薩天人阿脩羅等，見其無臂，憂惱悲哀：喜見菩薩是我等師，教化我者，而今燒臂，身不具足。于時一切衆生喜見菩薩於大衆中立此誓言：我捨兩臂，必當得佛金色之身。若實不虚，令我兩臂還復如故。作是誓已，自然還復。當爾之時，大千世界六種震動，天雨寶華，一切人天得未曾有。佛告宿王華菩薩：於汝意云何？一切衆生喜見菩薩豈異人乎？今藥王菩薩是也。若有發心欲得阿耨菩提者，能然手指，乃至足一指，供養佛塔，勝以國城妻子及三千大千國土珍寶而供養者。」〔一〕

問曰：菩薩捨身得自殺罪不？荅曰：依律未捨命前，得方便小罪偷蘭遮。若捨命已，無罪可屬，〔二〕所以不得殺人大罪。若依大乘菩薩，厭離生死，爲供養佛及爲一切衆生，興大悲心，無害他意，

〔一〕出妙法蓮華經卷六藥王菩薩本事品。

〔二〕「罪」字原作「者」，據高麗藏本改。

反招其福，何容得罪？故文殊師利問經云：「佛言：若殺自身，無有罪報。何以故？如菩薩殺身，唯得功德，我身由我故。若身由我得罪果者，剪爪傷指便當得罪。何以故？自傷身故。菩薩捨身，非是無記，唯得福德。是煩惱滅，故身滅，故得清浄身。譬如垢衣，以灰汁瀞濯，〔一〕垢滅衣在。」〔二〕自外經明，菩薩捨身，非唯一二。如月光捨頭，尸毗割股，〔三〕或作師子象王捨身與皮，〔四〕或作鹿身禽王濟厄樵人，或作大龜大鱉救人水難，或作大魚肉山施饑拔苦。〔五〕如是具列非一，並散配别篇。恐以文繁，不可重述。

頌曰：

襲勝無遺生，季業有窮盡。〔六〕嵇叟理既迫，霍子命亦殞。屢屢厚霜指，〔七〕納納衝風菌。邂逅竟既時，〔八〕修短非所慭。恨我君子志，不得巖上泯。送心正覺前，

〔一〕「瀞」字原作「淖」，據高麗藏本改。

〔二〕出文殊師利問經卷下雜問品。

〔三〕「股」字原作「刳」，據高麗藏本改。

〔四〕「身」字，高麗藏本作「牙」。

〔五〕「拔」字原作「救」，據高麗藏本、磧砂藏本、南藏本改。

〔六〕「季」字原作「李」，據高麗藏本、磧砂藏本、南藏本、嘉興藏本改。

〔七〕「指」字，高麗藏本作「柏」。

〔八〕「既」字，高麗藏本作「慨」。

斯痛久已忍。既知人我空，何愁心不謹。唯願乘來生，怨親同識朕。〔一〕

感應緣略引九驗

黄帝時甯封子

宋沙門釋慧紹

宋沙門釋僧瑜

宋沙門釋慧益

梁沙門釋道度

周沙門釋僧崖

周沙門釋静藹

隋沙門釋大志

唐沙門釋會通

〔一〕「識」字原作「誠」，據高麗藏本改。

甯封子，黄帝時人也。世傳爲黄帝陶正。有人過之，爲其掌火，能出入五色煙，久則以教封子。封子積火自燒，而隨煙上下，視其炭燼，猶有其骨。時人共葬之甯北山中，故謂之甯封子焉。右此一驗出搜神記。〔一〕

宋臨川招提寺有釋慧紹，不知氏族。小兒時，母哺魚肉輒吐，咽菜不疑。於是便蔬食。至八歲出家，爲僧要弟子，精勤稟勵，苦行標節。後隨要止臨川招提寺，乃密有燒身之意，常雇人斫薪，積於東山石室，高數丈。中央開一龕，足容己身。乃還寺辭要，要苦諫不從。即於焚身之日，於東山設大衆八關齋，并告别知識。其日闔境奔波，車馬人衆及齎金寶者，不可稱數。至初夜行道，紹自行香。行香既竟，執燭然薪，入中而坐，誦藥王本事品。衆既不見紹，悟其已去。禮拜未畢，悉至薪所。〔二〕積已洞然，誦聲未息。火至額，聞唱一心，言已奄絶。大衆咸見有一星，其大如斗，直下煙中，俄而上天。則見者咸謂天宫迎紹。經三日，薪聚乃盡。紹臨燒謂同學曰：吾燒身處當生梧桐，慎莫伐之。其後三日果生焉。紹焚身是元嘉二十八年，年二十八。〔三〕

〔一〕出搜神記卷一。

〔二〕「薪」字原作「積」，據高麗藏本改。

〔三〕出高僧傳卷十二釋慧紹傳。

宋廬山招隱寺有釋僧瑜，〔一〕姓周，吴興餘杭人。弱冠出家，業素純粹。元嘉十五年，與同學曇温、慧光等於廬山南嶺共建精舍，名曰招隱。瑜嘗以爲結累三塗，情形故也。情將盡矣，形亦宜捐。藥王之蹤，獨何云遠？於是屢發言誓，始契燒身。以宋孝建二年六月三日，集薪爲龕，并請僧設齋，告衆辭别。是日也，雲霧晦合，密雨交零。瑜乃誓曰：若我所志克明，天當清朗。如其無感，便當滂注。使此四輩知神應之無晦也。言已，雲景明霽。至初夜竟，便入薪龕中，合掌平坐，誦藥王品。火焰交至，猶合掌不散。道俗知者，奔赴彌山，〔二〕并稽首作禮，願結因緣。咸見紫氣騰空，久之乃歇。時年四十四。其後旬有四日，瑜房中生雙桐樹，根枝豐茂，巨細相如，〔三〕貫壤直聳，遂成奇樹理。〔四〕識者以爲娑羅寶樹，剋炳泥洹。瑜之庶幾，故見斯證。因號爲雙桐沙門。吴郡張辯爲平南長史，親覩其事。具爲傳贊曰：

悠悠玄機，茫茫至道。出入生死，孰爲妙寶。其一。自昔藥王，殊化絶倫。往聞其説，今覩斯人。其二。英英沙門，慧定心固。凝神紫氣，表迹雙樹。其三。其德可樂，其操可責。文之作矣，或

〔一〕「招隱寺」原作「招提寺」，據高僧傳改。
〔二〕「奔赴彌山」，高麗藏本作「奔走彌盛」。
〔三〕「如」字，高僧傳作「似」。
〔四〕「奇樹理」，高僧傳作「連奇樹理」，高麗藏本作「奇樹」。

颺髣髴。〔一〕其四。〔二〕

宋釋慧益，廣陵人。少出家，隨師止壽春。宋孝建中，出都憩竹林寺。精勤苦行，誓欲燒身。衆人聞者，或毁或讚。至大明四年，始就却粒，唯餌麻麥。到六年，又絶麥等，但食酥油。有頃，又斷酥油，唯服香丸。雖四大緜微，而神情警正。孝武深加敬異，致問慇懃。遣太宰江夏王義恭詣寺諫益，益誓志無改。至大明七年四月八日，將就焚燒，乃於鍾山之南置鑊辦油。其日朝乘牛車，而以人牽，自寺之山。以帝王是兆民所憑，又三寶所寄，乃自力入臺。至雲龍門，不能步下，令人啓聞：慧益道人今就捨身，詣門奉辭，深以佛法仰囑。帝聞改容，即躬出雲龍門。益既見帝，重以佛法憑囑。于是辭去。帝亦續至。諸王妃后，道俗士庶，填滿山谷，投衣棄寶，不可勝計。益乃入鑊，據一小牀，以吉貝自纏，〔三〕上加一長帽，以油灌之，將就著火。帝令太宰至鑊所請喻曰：道行多方，何必殞命？幸願三思，更就異途。益雅志確然，曾無悔念。乃荅曰：微軀賤命，何足上留天心？聖慈同己者，〔四〕願度世人出家。降敕即許。益乃自手執燭以然帽。帽熾棄燭，合掌誦藥王品。火至眉，誦聲猶分明，及眼乃昧。貴賤

〔一〕「或」字，高僧傳作「式」。

〔二〕出高僧傳卷十二釋僧瑜傳。

〔三〕「吉貝」，高麗藏本作「刼貝」，磧砂藏本、南藏本作「古貝」，高僧傳作「衣具」。

〔四〕「同己」，高僧傳作「罔已」。

哀嗟，響振幽谷，莫不彈指稱佛，惆悵抆淚。火至明旦乃盡。帝於時聞空中笳管，異香芬苾。帝盡日方始還宮。〔一〕夜夢見益振錫而至，更囑以佛法。明日帝爲設齋度人。令齋主唱白，具叙徵祥。燒身之處，謂藥王寺，〔二〕以擬本事也。〔三〕

梁普通年，小莊嚴寺有道度禪師。戒行淳直，善明摩訶衍。梁帝欽重，齊同四果。禪師每厭此身，將同毒樹。若身命無常，棄屍陀林，施以鳥獸，於檀度成滿，亦爲善業。八萬户蟲，不可燒盡，非所勸也。乃積薪柴，漸就減食。至普通七年十一月三日，鍾自虚鳴。寺衆驚恐，莫測何相。其月八日，鍾復自鳴，乃與大衆共結善緣。爾後不復更食，唯用澡瓶以汲清水，日飲一升。至二十五日朝，寺衆同往，見瓶發五色光曜，雜彩氛氲。〔四〕至二十九日旦，寺主僧全等數人共登禪室，遥見龕中紫光外照。其日將暮，忽有羣鳥五六百頭，同集一樹，俄頃西飛。是夜二更初竟，寺有雜色光，映燭房宇。至五更中，聞山頂上火聲振裂，〔五〕驚走往觀，見禪師合掌火中。春秋六十有六。刺史武陵王乃遣灑掃收斂，於其

〔一〕「帝」字下原衍「于」字，據高麗藏本、磧砂藏本、南藏本、嘉興藏本删。

〔二〕「謂」字，高僧傳作「起」，高麗藏本作「造」。

〔三〕出高僧傳卷十二釋慧益傳。

〔四〕「彩」字，高麗藏本作「氣」。

〔五〕「裂」字原作「烈」，據高麗藏本改。

處而建塔焉。後時聞山頂有石磬之聲，聲甚清徹。先燒身之處，有大樹枯死十有餘年。禪師入山恒坐樹下，後春遂生枝葉。〔一〕右此一驗出梁高僧傳〔二〕

周益州沙門釋僧崖，姓牟氏。〔三〕而幼年少言，不雜俳戲。每遊山泉，必先禮而後飲。或諦觀不瞬，〔四〕坐以終日。人問其故，荅曰：是身可惡，我思之耳。後必燒之。及年長從戎，毅然剛正。嘗隨伴捕魚，得已分者，用投諸水。謂伴曰：殺非好業。我今舉體皆現生瘡，誓斷獵矣。遂燒其獵具。時獵首領數百人，共築池塞，資以養魚。崖率衆重往彼觀望，〔五〕忽有異蛇，長一尺許，頭尾皆赤，須臾長大，乃至丈餘，圍五六尺。獵衆奔散。〔六〕蛇便趣水，舉尾入雲，赤光徧野，久久乃滅。尋爾衆聚，具論前事。崖曰：此無憂也，但斷殺業，蛇不害人。勸停池堰，衆未之許。俄而隄防決壞。遂即出家。以周武成元年六月，於益州城西路首，以布裹左右五指燒之。有問：燒指可不痛耶？崖曰：痛由心起。

〔一〕此段出處待考，高僧傳無此文。

〔二〕「一」字應作「四」。

〔三〕「姓」字原作「奴」，據高麗藏本改。

〔四〕「觀」字原闕，據唐高僧傳補。

〔五〕「衆重」，唐高僧傳作「家僮」。

〔六〕「獵」字原作「獵」，據唐高僧傳改。

心既無痛，指何所痛？時人同號以爲僧崖菩薩。或有問曰：似有風疾，何不治之？荅曰：身皆空耳，知何所治！又曰：根大有對，何謂爲空？荅曰：四大五根，復何住耶？衆服其言。孝愛寺兑法師者，有大見解。承崖發迹，乃率弟子數十人往彼禮敬，解衣施之，顧大衆曰：真解般若，非徒口説。由是道俗通集，倍加崇信。如是經日，左手指盡，火次掌骨，髓沸上涌，將滅火焰，乃以右手殘指挾竹挑之。有問其故。崖曰：緣諸衆生不能行忍，今勸不忍者忍，不燒者燒耳。兼又説法勸勵，令行慈斷肉。雖煙焰具熾，以日繼夕，并燒二手，眉目不動。又令四衆説法誦經，或及諸切詞要義，〔一〕則頷頭微笑。時或心怠，私有言者，〔二〕崖顧曰：我在山中，初不識字。今聞經語，句句與心相應。何不至心靜聽？若乖我者，則空燒此手，何異樵頭耶？於是大衆懍然，莫不專肅。其後復告衆曰：末劫輕慢，心轉薄淡。見像如木頭，聞經如風過馬耳。今爲寫大乘經教，故燒身手，欲令信重佛法也。闔境士女，聞者皆來，遶數萬匝。崖怡然澄静，容色不動。頻集城西大道，談論法化。初有細雨，殆將沾漬，便斂心入定，即雲散月明。而燒臂掌骨五枝，如殘燭燼，忽然各生，並長三寸，白如珂雪。僧尼僉曰：若菩薩滅後，願奉舍利起塔供養。崖乃以口嚙新生五骨，拔而折之，吐施大衆曰：可爲塔也。至七月十四日，忽有大聲，狀如地動天裂，人畜驚駭。於上空中，或見犬羊龍蛇軍器等像。少時還息。人以事問。崖曰：此

〔一〕「諸」字原作「語」，據唐高僧傳改。

〔二〕「者」字原作「志」，據唐高僧傳改。

無苦也，驚睡三昧耳。吾欲捨身，可辦供具。時孝愛寺導禪師戒行精苦，耆年大德。捨六度錫杖并及紫被，贈崖入火。犍爲僧淵遠送班納，意願隨身。于時人物諠擾，施財山積。初不知二德所送物也。至明日平旦，忽告侍者法陀曰：汝往取導師錫杖紫被及納袈裟來，爲吾著之。便往造焚身所。于時道俗十餘萬衆，擁轝而哭。崖曰：但守菩提心，義無哭也。便登高座，爲衆説法。時時舉目，視於薪積，欣然獨笑。有頃右脅而寢，都無氣息，狀若木石。偶忽起問日時。將欲下足，先白衆僧曰：佛法難值，宜共護持。先所積柴，壘以爲樓，高數十丈。〔一〕上作乾麻小室，〔二〕以油潤之。崖緩步至樓，遶旋三匝，禮拜四門，便登其上。憑欄下望，令念般若。有施主王撰懼曰：我若放火，便燒聖人，將獲重罪。崖陰知之，告撰上樓，臂摩頂曰：汝莫憂造樓得罪，乃大福也。促命下火，皆懼畏之，置炬著地。崖以臂挾炬，先燒西北，次及西南。麻燥油濃，赫然熾合。於盛火中放火設禮。比第二拜時，身面已自焦坼。重復一禮時，身踣炭上。及薪盡火滅，骨肉皆化，唯心尚存，赤而且濕。肝腸脾胃，猶自相連。更以四十車柴燒之，腸胃雖卷，而心如本。兑法師乃命收取，〔三〕葬于塔下。初未燒前，有問者曰：菩薩滅度，願示瑞相。崖曰：我身可盡，心不可壞也。衆謂心神無形，不由燒蕩。及後心存，方知先見。然

〔一〕「十丈」，唐高僧傳作「丈許」。

〔二〕「麻」字原闕，據唐高僧傳補。

〔三〕「兑法師」原作「導法師」，據高麗藏本改。

崖自生及終，頻現異相，有數十條。曾於一家將欲受戒，無何，笑曰：將捨寶物，生疑慮耶？衆相推問，有楊氏婦欲施銀釵，恐夫責及，因決捨之。有孝愛寺僧佛興者，〔一〕偏嗜飲啗，流俗落度。隨崖輿後，私發願曰：今值聖人，誓斷酒肉。及返至寺，見黄色人曰：汝能斷肉，大是好事。汝若食一衆生肉，即食一切衆生肉。若又食者，〔二〕即食一切父母眷屬肉矣。必欲食者，當如死屍中蟲，蟲即肉也。又曰：日有六時，念善大好。若不能具，一時亦好。如是一念，其心亦好，皆能滅惡也。見其言詞真正，音句和雅。將欲致問，不久而滅。於是佛興翹心精進，遶塔念誦。又聞空中聲曰：汝勤持齋，願令衆生得不食身，又令餓鬼身常飽滿。覩其感被，皆崖力也。初登柴樓，有沙門僧育在大建昌寺門，見有火光，高四五丈，廣三四丈，從地而起，上衝樓邊，久久乃滅。又初焚日，州寺大德沙門寶海問曰：等是一火，何故菩薩受燒都無痛相？〔三〕崖曰：衆生有相，故痛耳。又曰：常云代衆生受苦，爲實得不？荅曰：既爲心代受，何以不得？又曰：菩薩自燒，衆生罪熟，各自受苦，何由可代？荅曰：猶如燒手，一念善根即能滅惡，豈非代耶？乃謂侍者智炎曰：我滅度後，好供養病人，並難可測。其本多是諸佛聖人乘權應化。自非大心平等，何能恭敬，此是實行也。坐中疑崖非聖人者。乃的呼其人名曰：諸佛應

〔一〕「佛興」，唐高僧傳作「佛與」。下同。

〔二〕「又」字原作「有」，據高麗藏本改。

〔三〕「相」字原作「想」，據唐高僧傳改。

世，形無定方。或作醜陋諸病，乃至畜生下類。檀越慎之，勿妄輕也。及將動火，皆覩異相：或見圓蓋覆崖，有二道人處其蓋上。或見五色光如人形像，在四門者。或見炭樓之上，如日出形。并雨諸華，大者如兩斛兜許，小者如鍾乳片，五色交亂，紛紛而下。接取非一，榅觸皆消。及崖滅後，郫縣人於郫江邊，見空中有油絡輿，崖在其上，身服斑納黄，偏袒紫被，捉錫杖。後有五六百僧，皆罩竹繖，乘空西没。又潼州靈果寺僧慧榮者，〔一〕承崖滅度，乃爲設大齋於故市中。至於食前，忽見黑雲從東南來，翳日際會。仍雨龍毛，五色分明，長者尺五，短猶六寸。又雨諸華旛，香煙滿空繽紛，大衆通見。又初收心舍利至常住寺中，皆見華叢含盛，光榮庭宇。又阿迦膩吒寺僧慧勝者，抱病在牀，不見焚身，心懷悵恨。夢崖將一沙彌來，帊裹三斛許香并檀屑，分爲四聚，以遶於勝，下火焚香。勝怖曰：凡夫耳，未能燒身也。崖曰：無怖，用熏病耳。烬燼既盡，即覺爽健。又請現瑞，荅曰：我在益州，詭名崖耳。真名光明偏照寶藏菩薩。勝從覺後，力倍於常。有時在外村爲崖設會，勝自唱導曰：潼州福重，道俗見瑞。我等障厚，都無所見。因即應聲，二百人許悉見天華如雪，紛紛滿天，映日而下。至中食竟，華形漸大，如七寸槃，皆作金色，明浄曜目。四衆競接，都不可得。或緣樹登高，望欲取之，皆飛上去。又成都民王僧貴者，自崖焚後，舉家斷肉。後因事故，將欲解素，私自評論。時屬二更，忽聞門外唤檀越聲。比至

〔一〕「榮」字原作「策」，據唐高僧傳改。

開門，見一道人語曰：慎勿食肉。言情酸切，行啼而去。從後走趁，似近而遠，忽失所在。又焚身後八月中，獽人牟難當者，於就嶠山頂行獵，搦箭弓弩，〔一〕舉眼望鹿，忽見崖騎一青麖。獵者驚曰：汝在益州已燒身死，今那在此？崖曰：誰道許誑人耳？汝能燒身不？射獵得罪也，汝當勤力作田矣。便爾別去。又至冬閒，崖兒子於溪中，忽聞山谷喧動，若數萬衆。舉望見崖，從以兩僧，執錫而行。因追及之，欲捉袈裟。崖曰：汝何勞捉我。乃指前鷄豬曰：此等音聲，皆有詮述。如汝等語，他人不解。餘國言音，汝亦不解。人畜有殊，皆有佛性。但爲惡業，故受此形。汝但力田，莫養禽畜。言極周委，故其往往現形，預知人意，率皆此也。具如沙門忘名集及費長房三寶録并益部集異記。〔二〕

周終南山釋静藹，姓鄭氏，滎陽人也。夙標俗譽，以温潤知名，而神器夷簡，卓然物表。乃撫心曰：余生年不幸，會五濁交亂，失於物議，得在可鄙。進退惟咎，高蹈可乎？遂心口相弔，擯影嵩岳。尋括經論，用忘痞痳。復聞有天竺梵僧，碩學高行，世之不測。西達咸陽，求道情通，掩抑十年。後附節終南，有終焉之志。煙霞風月，用袪亡返。山本無水，須便澗飲。嘗於昏夕，〔三〕覺人侍立，忽降虎來前，跑地而去。及明觀之，漸見潤濕。使人淘掘，飛泉通涌。從是已來，遂省挹酌。今錫谷避世堡虎

〔一〕「弓」字，唐高僧傳作「聲」。

〔二〕出唐高僧傳卷三十七釋僧崖傳。

〔三〕「嘗」字原作「當」，據高麗藏本改。

庖泉是也。後周武滅法，於建德三年五月行虐關中。其禍既畢，至六月十五日罷朝。有金城公任民部於所治府與諸左右彷徉天望。忽見五六段物飛騰虛空，〔一〕在於鳥路。大者上摩青霄，小如十斛堈許。〔二〕漸漸微没。自餘數段，小復低下，其色黄白，卷舒空際，類旛無脚。爾日天晴氣静，纖塵不動，但增炎曦而已。因往冬官府，〔三〕道經圜土，比見重墻上有黄書横拖棘上。〔四〕及往取之，乃是摩訶般若經第十九卷。問其所由，荅云：從天而下，飛揚墮此。于時三寶初滅，刑法嚴峻。略示連席之官，乃藏諸衣袖，還緘篋笥。初武帝知藹志烈，欣欲見之。乃敕三衛二十餘人，巡山訪覓氈衣道人。朕將位以上卿，共治天下。藹居山幽隱，追尋不獲。後於太一山錫谷潛遁。覩大法淪廢，道俗無依，身被報纏，〔五〕無力毗贊。告弟子曰：吾無益於世，即事捨身。故先詰衆，〔六〕初不慕從。藹且廣集大小乘三寶集記二十餘卷，藏諸巖穴，使後代再興。後厭身情迫，獨據别巖，告弟子下山，明當早至。藹乃跏

〔一〕「騰」字原脱，據高麗藏本補。
〔二〕「堈」字，高麗藏本作「囷」，唐高僧傳作「囤」。
〔三〕「冬官」，唐高僧傳作「東宫」。
〔四〕「横」字原闕，據唐高僧傳補。
〔五〕「報纏」，唐高僧傳作「斬線」。
〔六〕「詰」字，唐高僧傳作「告」。

坐磐石，留一內衣，自條身肉，段段布於石上。引腸掛于松枝，〔一〕不傷臟腑。〔二〕自餘筋肉手足頭面，臠析都盡，并唯骨現。以刀割心，捧之而卒。侍人心驚，通夜失寐。明晨走赴，猶覩合掌捧心，身面西向，跏坐如初。所傷餘骸，一無餘血。但見白乳滂流，凝于石上。〔三〕遂壘石封外，就而殮焉。即周宣政元年七月十六日也，春秋四十有五。弟子等有聞當世，具諸別傳。親侍沙門慧宣者，内外博通，奇有志力。痛山頹之莫仰，悲梁壞之無依。爰述芳猷，樹碑塔所。後有訪道思賢者，入山禮敬，循諸崖險，乃見藹書遺偈在于石壁。題云：初欲血書本意，不謂變爲白色。即是菩薩之慈血也，遂以墨書。〔四〕其文曰：諸有緣者，在家出家，若男若女，皆悉好住。於佛法中，莫生退轉。若退轉者，即失善利。吾以三因緣捨此身命：一、見身多過，二、不能護法，三、欲速見佛。輒同古聖，列偈叙之：

無益之身，　惡煩人功，　解形窮石，　散體崖松。〔五〕　天人脩羅，　山神樹神，　有求道者，
觀我捨身。　願令衆生，　見我骸骨，　煩惱大船，　皆爲覆没。　願令衆生，　聞我捨命，

〔一〕「腸」字原作「腹」，據高麗藏本、磧砂藏本、南藏本、嘉興藏本改。

〔二〕「不傷臟腑」，唐高僧傳作「五藏都皆外見」。

〔三〕「上」字原作「山」，據高麗藏本改。

〔四〕以上二句唐高僧傳作「即是魔業不遂，所以墨書」。

〔五〕「崖」字，唐高僧傳作「巖」。

天耳成就，菩提究竟。願令衆生，憶念我時，具足念力，多聞總持。此報一罷，四大彫零，泉林逕絶，〔一〕巖室無聲。普施禽獸，乃至蜫蟲，食肉飲血，善根内充。願我未來，速成善逝，身心自在，要相拔濟。此身不净，底下屎囊，〔二〕九孔常流，如漏隄塘。此身可惡，不可瞻觀，薄皮裹血，垢汙塗漫。此身臭穢，猶如死狗，六六合成，不從化有。觀此臭身，無常所囚，進退無免，會遭蟻螻。此身難保，有命必輸，狐狼所啗，〔三〕終成蟲蛆。天人男女，好醜貴賤，死火所燒，暫見如電。死法侵人，怨中之怨，吾以爲讎，誓斷根源。此身無樂，毒蛇之篋，四大圍遶，百病交涉。有名苦聚，老病死藪，身心熱惱，多諸過咎。此身無我，以不自在，無實横計，凡夫所宰。久遠迷惑，妄倒所使，喪失善根，畜生同死。棄捨百千，〔四〕血乳成海，骨積大山，當來兼倍。未曾爲利，虚受勤苦，衆生無益，於法無補。忍痛捨施，功用無

〔一〕「逕」字原作「遥」，據高麗藏本改。

〔二〕「底」字原作「氐」，據高麗藏本、磧砂藏本、南藏本改。

〔三〕「狐」字原作「豺」，據高麗藏本改。

〔四〕「棄」字原作「畜」，據高麗藏本改。

邊，誓不退轉，出離四顛。〔一〕捨此穢形，願生浄土，一念華開，彌陀佛所。速見十方，諸佛賢聖，長辭三塗，正道決定。報得五通，自在飛行，寶樹餐法，證大無生。法身自在，不斷三有，殄除魔道，護法爲首。十地滿足，神化無方，德備四勝，號稱法王。〔二〕願捨此身，早令得通，〔三〕法身自在，在諸趣中。隨有利處，護法救緣，〔四〕後業應盡，〔五〕有爲皆然。三界無常，來不由己，〔六〕他殺及死，終歸如是。智者不樂，應當是思，衆緣既湊，業盡今時。〔七〕

隋廬山甘露峰釋大志，姓顧氏，會稽山陰人。師事天台智者大師，伏膺日久。顗覩其容，知其神

〔一〕「顛」字，唐高僧傳作「淵」，高麗藏本作「纏」。

〔二〕據唐高僧傳，自下句始此偈皆爲五字。如下：「願捨此身已，早令身自在，法身自在已，在在諸趣中。隨有利益處，護法救衆生，又復業應盡，有爲法皆然。三界皆無常，時來不自在，他殺及自死，終歸如是處。智者所不樂，應當如是思，衆緣既運湊，業盡於今日。」

〔三〕「得通」，高麗藏本作「自在」。

〔四〕「緣」字，高麗藏本作「生」。

〔五〕「後」字，高麗藏本作「復」。

〔六〕「由己」，高麗藏本作「自在」。

〔七〕出唐高僧傳卷三十釋静藹傳。

志。故見者眄睞，測非凡器。後於蓮華山甘露峰南建静觀道場，頭陀爲業。介爾一身，不避虓虎。聞有惡獸，輒往投之，皆避不咍。經于七載，禪業無絶。晚住此山福林寺。會大業屏除，流徙隱逸，慨法陵遲，一至於此。乃變服毁形，麤布爲衣，在佛堂内，高聲慟哭。三日三夕，初不斷絶。寺僧慰喻，志曰：余歎惡業乃如此耶？要盡此形骸，〔一〕申明正教。遂往東都上表曰：願陛下興顯三寶，當然一臂於嵩岳，用報國恩。帝乃許之。敕設大齋，七衆通集。志不食三日，登大棚上，燒鐵鑪赤，用烙其臂，並令焦黑。以刀截斷，肉裂骨現。又烙其骨，令焦黑已，布裹蠟灌，下火然之，光曜巖岫。于時大衆見其苦行，皆痛心髓，不安其足。而志雖加燒烙，詞色不變，言笑如故。或誦法句，歎佛爲德。〔二〕或爲衆説法，言談苦切。〔三〕臂燒既盡，如先下棚，七日入定，跏坐而卒，時年四十有三矣。〔四〕

唐終南山豹林谷沙門釋會通，雍州萬年禦宿川人。少欣儉素，〔五〕遊泊林泉，苦節戒行，是其本志。投終南豹林谷，潛隱綜業，誦法華經，至藥王品，便欣厭捨。私集柴木，誓必行之。以貞觀末年静

〔一〕「形」字原闕，據唐高僧傳補。

〔二〕「歎佛爲德」，唐高僧傳作「或歎佛德」，高麗藏本作「歎佛功德」。

〔三〕「言談苦切」，唐高僧傳作「聲聲不絶」。

〔四〕出唐高僧傳卷二十七釋大志傳。

〔五〕「儉素」，唐高僧傳作「道檢」。

夜，林中積薪爲窟，誦至藥王，便令下火。風驚焰發，煙火俱盛。卓爾跏坐，聲誦如故。尋爾西南有大白光，流入火聚，身方偃僕。至曉身火俱滅，乃收其骨，爲起塔銘。又貞觀之初，荆州有比丘尼姊妹，同誦法華，深厭形器，俱欲捨身。節約衣食，欽崇苦行，服諸香油，漸斷粒食。後頓絶味，唯食香蜜。精力所被，神志鮮爽。周告道俗，剋日燒身。以貞觀三年二月八日，於荆州大街置二高座，乃以蠟布纏身至頂，唯出面目。衆聚如山，歌讚雲會。誦法華經，至藥王燒處。其姊先以火拄妹頂訖，妹又以火拄姊頂。清夜兩炬，一時同曜。焰下至眼，聲相轉鳴。〔一〕漸下鼻口，方乃歇滅。恰至明晨，合座洞舉，一時火化，骸骨摧朽，唯二舌俱存。舉衆欣嗟，爲起高塔。又近并州城西有一書生，年可二十四五。誦法華經，誓燒供養。乃集數束蒿，乾籠積之。人問其故，密而不述。後於中夜，放火自燒。及人往救，火盛已死。又貞觀年中，西京弘福寺有僧名玄覽，趙州房子人。常樂禪誦，禮悔爲業。每語法屬曰：雖同恒業，而誓欲捨身。至貞觀十八年四月初，脱諸衣服，總作一幞，付本寺僧。唯著一覆單衣，密去至京東渭陰洪陂坊側。且臨渭水，稱念禮訖，投身波中。衆人接出，覽告衆曰：吾誓捨身命久矣。意欲仰學大士，難捨能捨。諸經正行，幸勿固遮而妨其業。衆悟意盛，故乃從之。又即入水，合掌稱佛，廣發願已，便投旋渦。於三日後，其屍方出。村人接取，爲起塔銘。本寺怪其不歸，便開衣幞，乃見遺文

〔一〕「鳴」字，唐高僧傳作「明」。

云：敬白十方三世諸佛：弟子玄覽自出家來一十二夏。雖沾僧數，大業未成。今欲修行檀波羅蜜行，如薩埵捨身，尸毗割股，魚王肉山，經文具載。請從前聖，敢附後塵。衣物衆具，任從佛教。臨終之日，人多不委。同學見書，方往尋究知死，符同遺文不異。〔一〕右此四驗出唐高僧傳。

〔一〕出唐高僧傳卷三十七釋會通傳、釋玄覽傳。

法苑珠林校注卷第九十七

送終篇第九十七此有四部

述意部　捨命部　遣送部　受生部

述意部第一

惟四大毒器，有穢斯充；六賊狂主，是境皆著。無復逆流之期，惟有循環之勢。至如析一毛以利天下，則悋而弗爲；撤一飡以續餘糧，則惜而不與。淪滯生死，封執有爲。諸佛爲其斂眉，菩薩於茲泣血。竊見俗徒貴勝，父母喪亡，多造葬儀，廣殺生命。聚集親族，供待賓客，苟求現勝，不避業因。或畏外譏，不循内典。所以父亡於斯重苦，母終偏增湯炭。是以宛轉三界，緜歷六道。四趣易歸，萬劫難啓。痛慈母之幽靈，愍逆子之酬毒。但亢陽如久，必思甘雨之澤；災癘若多，剋待良醫之藥。惟斯考妣，既是凡夫，能無惡業。罪因不滅，苦報難排。若不憑諸勝福，樂果何容得證。庶使臨終發願，令入屍陀，葬具資身，並修功德。冀濟飛走之飢，得免將來之債也。

捨命部第二

如十二品生死經云：「佛言：人死有十二品。何等十二？一曰無餘死者，謂阿羅漢，無所著也。二曰度於死者，謂阿那舍，不復還也。三曰有餘死者，謂斯陀含，往而還也。四曰學度死者，謂須陀洹，見道迹也。五曰無欺死者，謂八等人也。六曰歡喜死者，謂行一心也。七曰數數死者，謂惡戒人也。八曰悔死者，謂凡夫也。九曰横死者，謂孤獨苦也。十曰縛著死者，謂畜生也。十一曰燒灼死者，謂地獄也。十二曰飢渴死者，謂餓鬼也。比丘當曉知是，勿爲放逸也。」〔一〕

又淨土三昧經云：「若人造善惡業，生天墮獄，臨命終時，各有迎人。病欲死時，眼自見來迎。應生天上者，天神持天衣伎樂來迎。應生他方者，眼見尊人爲説妙言。若爲惡墮地獄者，眼見兵士持刀楯矛戟索圍繞之。所見不同，口不能言。各隨所作，得其果報。天無枉濫，平直無二，隨其所作，天網治之。」〔二〕

又華嚴經云：「人欲終時，見中陰相。若行惡業者，見三惡受苦，或見閻羅持諸兵杖，囚執將去，或

〔一〕出十二品生死經。
〔二〕此經已逸。

聞苦聲。若行善者，見諸天宮殿，伎女莊嚴，遊戲快樂，如是勝事。」〔一〕

又法句喻經云：「昔佛在祇洹精舍爲天人説法。有一長者，居在路側，財富無數。正有一子，其年二十。新爲娶妻，未滿七日，夫婦相敬，欲至後園，上春三月看戲園中。有一柰樹，高大好華。婦欲得華，無人取與。夫爲上樹，乃至細枝，枝折墮死。居家大小，奔赴兒所，呼天號哭，斷絶復穌。聞者莫不傷心。棺斂送還，家啼不止。世尊愍傷其愚，往問訊之。長者室家大小見佛，悲感作禮，具陳辛苦。佛語長者：止息聽法。萬物無常，不可久保。生則有死，罪福相追。此兒三處爲其哭泣，懊惱斷絶，亦復難勝。竟爲誰子？何者爲親？於是世尊即説偈言：

命如華果熟，　常恐會零落。　已生皆有苦，　孰能致不死？　從初樂愛欲，　可望入胞影。
受形命如電，　晝夜流難止。　是身爲死物，　精神無形法。　作命死復生，　罪福不敗亡。
終始非一世，　從癡愛長久。　自作受苦樂，　身死神不喪。

長者聞偈，意解忘憂，長跪白佛：此兒宿命作何罪釁，盛美之壽而便中夭？唯願解説本所行罪。佛告長者：乃往昔時有一小兒，持弓箭入神樹中戲。邊有三人，亦在中看。樹上有雀，小兒欲射。三人勸言：若能中雀，世間健兒。小兒意美，引弓射之，中雀即死。三人共笑，助之歡喜，而各自去。經歷生

〔一〕出大方廣佛華嚴經卷六十。

死數劫之中，所在相會受罪。三人中一人有福，今在天上。一人生海中，爲化生龍王。一人今日長者身是。小兒者，前生天上，爲天作子；命終來下，爲長者作子；〔一〕墮樹命終，即生海中，爲龍王作子。即以生日，金翅鳥王而取食之。今日三處懊惱涕泣，寧可言也。以其前世助其喜故，此三人受報如此。於是世尊即說偈言：

識神造三界，　善不善三處；　陰行而默至，　所往如響應。　色欲不色有，　一切因宿行；　如種隨本像，　自然報如影。

佛說偈已，長者意解。大小歡喜，皆得須陀洹道。」〔二〕

又四分律：「爾時世尊爲利益衆生王命終說偈云：

一切要歸盡，　高者會當墮。　生者無不死，　有命皆無常。　衆生墮有數，　一切皆有爲。

一切諸世間，　無有不老死。　衆生是常法，　生生皆歸死。　隨其所造業，　罪福有果報。

惡業墮地獄，　善業生天上。　高行生善道，　得無漏涅槃。」〔三〕

〔一〕「命終來下，爲長者作子」九字原闕，據法句譬喻經補。高麗藏本作「壽終爲長者作子」。

〔二〕出法句譬喻經卷四生死品。

〔三〕出四分律卷五十一。

遣送部第三

述曰：生死連環，不離俗諦。雖復出家，志求勝道。分段未捨，變易未除，仍依三界，隨俗遷流。至於存亡，皆依内外。臨終之日，安置得所，葬送威儀，具存下説。且論亡屍，安置南北，魂魄不同，今此略述。

禮記禮運曰：「體魄則降，知氣在上。死者北首，生者南向。」〔一〕郊特牲曰：「魂氣歸於天，形魄歸於地。故祭求諸陰陽之義。」〔二〕祭義曰：「氣也者，神之盛。魄也者，鬼之盛。」〔三〕左傳昭七曰：〔四〕「子産對趙景子曰：人生始化曰魄，〔五〕既生魄，陽曰魂。用物精多則魂魄强。是以有精爽至於神明。匹夫匹婦强死，其魂魄猶能憑依於人，以爲淫厲。况良霄乎！」〔六〕

〔一〕出禮記卷七禮運。
〔二〕出禮記卷八郊特牲。
〔三〕出禮記卷十四祭義。
〔四〕「七」字原作「二」，據左傳改。
〔五〕「始」字原作「死」，據左傳改。
〔六〕出左傳卷二十一昭公七年。

淮南子曰：「天氣爲魂，地氣爲魄。魄問於魂曰：道何以爲體？魂曰：以無。有形乎？魄曰：有形也。若也無有，何而問也？魂曰：吾直有所遇之耳。視之無形，聽之無聲，謂之幽冥。幽冥者，所以喻道而非道也。問曰：既知魂與魄別，今時俗亡，何故以衣唤魂，不云唤魄？答曰：魂是靈，魄是屍。故禮以初亡之時，以己所著之衣，將向屍魄之上。以魂外出，故將衣唤魂。魂識己衣，尋衣歸魄。若魂歸於魄，則屍口纊動。若魂不歸於魄，則口纊不動。以理而言，故云招魂，不言唤魄。」〔一〕

王肅喪服要記曰：「魯哀公葬其父。孔子問曰：寧設魂衣乎？哀公曰：魂衣起伯桃。伯桃荆山之下，道逢寒死。友人羊角哀往迎其屍，愍魂神之寒，故改作魂衣。吾父生服錦繡，死于衣被，何用衣爲？〔二〕問曰：何須旛上書其姓名？答曰：旛招魂，置其乾地。以魂識其名，尋名入於闇室，亦投之於魄。或入於重室。直龍切。重者也，重去聲。以重之内，具安祭食。以存亡各别，明闇不同，故鬼神闇食，生人明食。故重用籧篨裹其食具，以安重内，置其坤地也。」

依如西域葬法有四：一、水漂，二、火焚，三、土埋，四、施林。五分律云：「若火燒時，安在石上，不

〔一〕出淮南子卷十六説山訓。

〔二〕以上太平御覽卷八八六引。

得草土上，恐傷蟲故。」〔一〕四分律云：「如來、輪王二人悉火葬。」〔二〕餘人通前四葬者多。五分律云：「屍應埋之。」〔三〕此謂王法不許施身，復恐夏燒殺蟲，故令埋之。自外無難，水林亦得。又依四分律及五百問事云：若見如來塔廟及見五衆出家人塚塔大於己者，〔四〕皆須展轉依生時年臘而設禮之。若一切白衣見出家人塚塔，不簡大小，皆須敬禮。〔五〕

述曰：既知如此，諸道俗等若見師僧父母亡柩，外來弔人小於亡者，至其屍所，如常設禮已，先執孝子手默慰弔之，後至大德所，具展哀情，弔而拜之。亦見愚癡白衣，妄行法教，展轉教他，不聽禮父母叔伯尊親亡靈。口云：我既受戒，彼爲鬼神，故不合禮，恐破戒故。此不合教，反招無知之罪。伏惟師尊等長養我法身，父母叔伯等長養我生身。依斯乳哺，長大成人。思此恩德，昊天難報。歷劫酬恩，豈一生能謝。不存敬恩，反起慢惰，繼踵鄙夫，何成孝子！故世尊極聖，尚自躬扶亡父屍送，況下凡愚，輒

〔一〕出彌沙塞和醯五分律卷二十一。
〔二〕此段出處待考。
〔三〕出彌沙塞和醯五分律卷二十一。
〔四〕「衆」字原作「種」，據高麗藏本改。
〔五〕見四分律卷四十九、五十，目連問戒律中五百輕重事問比丘死亡事。

生怠慢。故涅槃經云：「知恩者，大悲之本。不知恩者，甚於畜生。」〔一〕

又净飯王泥洹經云：「白净王在舍夷國病篤將終，思見世尊及難陀等。世尊在王舍城耆闍崛山中，去此懸遠五十由旬。世尊在靈鷲山，天耳遥聞父思憶聲。即共阿難等乘空而至，以手摩王額上。慰勞王已，爲王説摩訶波羅本生經。王聞，得阿那含果。王捉佛手，捧置心上。佛又説法，得阿羅漢果。無常對至，命盡氣絶，忽就後世。至闍維時，佛共難陀在喪頭前，肅恭而立。阿難、羅雲在喪足後。阿難陀長跪白佛言：唯願聽我擔伯父棺。羅雲復言：唯願聽我擔祖王棺。世尊慰言：當來世人皆兇暴不報父母育養之恩。爲是不孝衆生設化法故，如來躬欲擔於父王之棺。即時三千大千世界六種震動。一切衆山嶺峩涌没，如水上船。爾時一切諸天龍神皆來赴喪，舉聲啼哭。四天王將鬼神億百千衆，皆共舉喪。白佛言：佛爲當來諸不孝父母者故，以大慈悲親欲自身擔父王棺。四王俱白佛言：我等是佛弟子，從佛聞法，得須陀洹。以是之故，我曹宜擔父王之棺。佛聽四王擔父王棺，皆變爲人。〔二〕一切人民莫不啼泣。世尊躬自手執香爐前行，詣於墓所。令千羅漢往大海渚上，取牛頭栴檀種種香木，以火焚之。佛言：苦空無常，猶如幻化、水月、鏡像。燒身既竟，爾時諸王各持五百瓶乳以用滅火。火滅之後，競共收骨，藏置金剛函。即於其上，便共起塔。懸繒旛蓋，供養塔廟。佛告衆會：父王净飯

〔一〕出大智度論卷四十九。作涅槃經誤。

〔二〕「皆」字，高麗藏本、磧砂藏本作「即」。

是清净人，生净居天。」〔一〕

又佛母泥洹經云：「大愛道比丘尼，即是佛姨母，不忍見佛後當滅度，欲先滅度。與除饉女五百人，即是比丘尼也。康僧會法鏡經云：「凡夫貪染六塵，猶餓夫食飯，不知厭足。今聖人斷貪除六情飢饉，故號出家尼爲除饉女也。」以手摩佛足，遶佛三匝，稽首而去。現神足德，於自座没，從東方來，在虚空中作十八變。八方上下亦復如是。放大光明，以照諸冥，上曜諸天。五百除饉變化俱然，同時泥洹。佛勸理家作五百輿牀，麻油香華，樟柟梓材，事各五百。真伎正音，當以供養。一切凡聖覩之，莫不哀泣。闍維畢，捧舍利詣佛所。於是四方各二百五十應真神足飛來，稽首佛足，至舍利所。千比丘俱皆就坐。佛告阿難：取舍利盛之以鉢，著吾手中。阿難如命。告諸比丘：斯聚舍利，本是穢身，兇愚急暴，嫉妬陰謀，敗道壞德。今母能拔，興丈夫行，獲應真道。遷靈本無，〔二〕何其健哉！敕公興廟供養。」〔三〕

又增一阿含經云：「佛告阿難陀、羅雲：汝等輿大愛道身，〔四〕我當親自供養。爾時釋提桓因、四天王等前白佛言：唯願勿自勞神，我等自當供養。佛言：止，止！所以然者，父母生子，多有所益。長

〔一〕出净飯王般涅槃經。

〔二〕「本」字原作「卒」，據佛母泥洹經改。

〔三〕出佛母般泥洹經。

〔四〕「輿」字，增一阿含經作「舉」。

養恩重，乳哺懷抱。要當報恩，不得不報。過去未來諸佛母先取滅度，諸佛皆自供養耶維舍利也。時毗沙門天王使諸鬼神往栴檀林，取栴檀薪，至曠野之間。佛躬自輿牀一脚，阿難輿一脚，飛在虛空，往至塚間。爾時佛自取栴檀木，著大愛道身上。佛言：有四人應起塔供養：一者佛，二者辟支佛，三者漏盡阿羅漢，四者轉輪聖王。皆以十善化物故。爾時人民即取舍利，各起塔供養。」〔一〕依雜阿含經：「愛道姨母，即是難陀親母也。」〔二〕

又增一阿含經云：「四部弟子中略取前後者，且列八人。比丘中最初得道者，如拘鄰比丘，善能勸化，不失威儀。最後得道者，如須跋陀羅，臨得道日，入般涅槃。比丘尼中最初得道者，如大愛道尼。最後得道者，如陀羅俱夷國尼。優婆塞中最初得道者，如商客男。最後得道者，如俱夷那摩羅。優婆夷中最初得道者，如難婆女。最後得道者，如藍優婆夷。」〔三〕

受生部第四

夫生則八識扶持，死則四大離散。迅矣百齡，終歸磨滅。巡環三界，運轉靡停。故經曰：「有始必

〔一〕出增一阿含經卷五十大愛道般涅槃品。
〔二〕出雜阿含經卷三十八。
〔三〕出增一阿含經卷三。

終，既生則滅。」〔一〕聖教不虛，目覩交臂。所以於此緣中，略述六門。

第一門中。臨命終時，檢身冷熱，驗其善惡，具知來報。故瑜伽論云：「此有情者，非色非心，假爲命者，大小皆同，死通漸頓。諸師相傳：造善之人，從下冷觸，至臍以上，暖氣後盡，即生人中。若至頭面，熱氣後盡，即生天道。若造惡者，與此相違。從上至腰，熱後盡者，生於鬼趣。從腰至膝，熱氣盡者，生於畜生。從膝已下，乃至脚盡，生地獄中。無學之人入涅槃者，或在心暖，或在頂也。」〔二〕然瑜伽論云：「羯羅藍義，最初託處，即名肉心。如是識於此處最初託，即從此處最後捨。」釋云：「依瑜伽論：由造善生上，〔三〕故從下漸捨，至肉心後，方說上捨。由造惡生下，故先從上捨，至肉心後，方從下捨也。」〔四〕

俱舍論云：「若人正死，於身分中意識斷滅。若一時死，身根共意識一時俱滅。〔五〕若人次第死，此中偈曰：

〔一〕此段出處待考。

〔二〕此段出處待考。

〔三〕「生上」原作「上生」，據高麗藏本改。

〔四〕出瑜伽師地論卷一。

〔五〕「若一時死身」原作「若一時身死」，據俱舍論改。

次第死脚臍，　於心意識斷。　下人天不生，〔一〕　中上非惡道。」〔二〕

論中釋曰：「若人必往惡道受生及人道，〔三〕如此等人，次第於脚於臍於心意識斷滅。不更受生，是名不生，謂阿羅漢，〔四〕此人於心意識斷絶。有餘部説，於頭上。何以故？身根於此等處與意識俱滅故。若人正死，此身根如熱石上水，〔五〕漸漸縮滅，於脚等處次第而滅。」〔六〕釋云：俱舍論述小乘義，故云身於此等處與意識俱滅。若依大乘，身根於此等處與本識俱滅也。

第二、受生方法者。依俱舍論云：「爲行至應生道處故，起此中陰。衆生由宿業勢力所生眼根，〔七〕雖住最遠處，能見應生處。於中見父母變異事。若應成男，〔八〕於母即起男人欲心。若應成女，於父即起女人欲心。倒此心起瞋。此中有衆生，由二起顛倒心，故求欲戲，往至生處。是即樂得屬

〔一〕「天」字原作「生」，據高麗藏本改。

〔二〕出阿毘達磨俱舍釋論卷八。

〔三〕「人道」下，俱舍論有「天道」二字。

〔四〕「脚於臍於心意識斷滅。不更受生，是名不生，謂」十八字原闕，據俱舍論補。

〔五〕「上」字原闕，據俱舍論補。

〔六〕出阿毘達磨俱舍釋論卷八。

〔七〕「根」字原脱，據高麗藏本補。

〔八〕「應」字原作「變」，據俱舍論改。下句同。

已。〔一〕是時不浄已至胎處，即生歡喜，仍託彼生。從此刹那，是衆生五陰和合堅實，中有五陰即滅。如此方説受生。若胎是男，依母左脇，面向母背蹲坐。若胎是女，依母右脇，向母腹而住。若胎非男非女，隨欲類託生住，亦皆如此。無有中有異於男女，皆具根故。是故或男或女，託生而住。後時在胎中增長，或作黄門，若託胎卵二生，道理如此。若衆生欲受濕生，愛樂香故，至生處。此香或浄或不浄，隨宿業故。若是化生，愛樂處所故，〔二〕至生處。若爾，地獄衆生云何生樂處所？由心顛倒故。此衆生見寒風冷雨觸惱身，見地獄火猛，熾盛可愛，欲得暖觸，故往入彼。復見身爲熱風光及火焰等所炙，苦痛難忍，見寒地獄清涼，愛樂冷觸，故往入彼。」〔三〕胎卵二生，於父母變異事生愛。濕化二生，不由託赤白爲身，故無此變。濕生但愛著香故至所生處，隨業善惡，所愛之香自有浄穢。化生但愛所依之處。地獄雖是苦處，然罪人樂，亦得愛處，於中受生。何以故？非愛不受生故。論云：「如往昔造作，能感如此生業，〔四〕見身是如此位，見彼衆生亦爾，是故往彼。先舊諸師作如此説。」〔五〕若衆生年三十時，

〔一〕「即」字，俱舍論作「事」。
〔二〕「愛」字原作「受」，據高麗藏本改。
〔三〕出阿毘達磨俱舍釋論卷六。
〔四〕「業」字原作「樂」，據俱舍論改。
〔五〕出阿毘達磨俱舍釋論卷八。

行殺生業，網捕衆生。行此事時，必有伴類。此業能感地獄生。後於中陰中，見自身如昔年三十行網捕時，故言位。又見昔伴，與昔不差。見地獄時，如昔見江湖。諸伴類等相牽，共入其中。緣此起戀，即於中受生。後解昔所造業雖多，〔一〕必以一業牽地獄生。或於年二十時作此業，或三十時作此業。後於中陰中見自身，如昔作業時少老。見地獄衆生並如己年時。年時既相似，於此衆生起戀，即往就彼。由此愛故受生。依經部師作如此釋。

又瑜伽論云：「若居薄福者，當生下賤家。彼於死時及入胎時，便聞種種紛亂之聲。及自妄見，入於叢林竹葦蘆荻等中。若多福者，當生尊貴家。彼於爾時便自聞有寂静美妙可意音聲，及自妄見昇宫殿等可意相見。」〔二〕

又俱舍論云：「若人臨終起邪見心，是人以先不善爲因，邪見爲緣，〔三〕故墮地獄。有論師言：一切不善，皆是地獄。因此不善之餘，生畜生餓鬼中。又婬業盛故，墮畜生中。如婬欲盛故，生於鴿雀鴛鴦之中。瞋恚盛故，生於蚖蝮蛇蠍中。〔四〕愚癡盛故，生豬羊蚌蛤中。憍慢盛故，生於師子虎狼中。掉

〔一〕「所造」原作「造所」，據高麗藏本改。
〔二〕出瑜伽師地論卷一。
〔三〕「爲因邪見」四字原脱，據高麗藏本補。
〔四〕「蠍」字原作「螫」，據高麗藏本改。

戲盛故，生獮猴中。慳嫉盛故，生餓狗中。若有少分施善餘福，雖生在畜生，於中微樂。身口二業雖由心爲主，然其口業受報者多。如罵人輕躁，喻如獮猴，即生猴中。若言貪悏如烏，語如狗吠，駃如豬羊，聲如驢鳴，行如駱駝，自高如象，惡如逸牛，婬如鳥雀，怯如貓貍，諂如野狐。如是諸惡，隨口受報。」〔一〕然由三毒爲本。三毒之中，貪愛爲重。如捉布一頭，餘則盡隨。故智論云：〔二〕「若不斷愛，愛則潤生。」〔三〕是故四生皆由愛起。如說：「多欲生鳥雀中。多貪味故，厠中受生。又愛欲故卵生。貪香味故受濕生。隨其所愛故，起殷重業，則受化生。」〔四〕若殷重心樂行罪業，死時妄見地獄，受其化生。若殷重愛福，上界化生。故成論云：「如樹根不拔，其樹猶生。貪根不拔，苦樹常在。」〔五〕

又瑜伽論云：「云何生？我愛無閒已生故，無始樂著戲論因已熏習故，净不净業因已熏習故。彼所依體，由二種因增上力故，從種子，即於是處，中有異熟無閒得生。死時如稱兩頭，低昂時等，而此中

〔一〕出成實論卷六六業品。
〔二〕「智論」，高麗藏本作「智度論」。
〔三〕此段出處待考。
〔四〕出成實論卷十一明因品。
〔五〕出成實論卷十一明因品。

必具諸根。造惡業者所得中有，如黑羺光，或陰暗夜。作善業者如白衣光，或晴明夜。」〔一〕俱舍論云：「此中有具足五根，金剛等所不能礙。」〔二〕須彌山下金剛中，有蝦蟆於中受生。中有細色，金剛不能礙之。有天眼者，能見此事重舉所聞事證。〔三〕「曾聞人說，燒鐵令熱，破之見蟲。」〔四〕

第三、壽量長短者。俱舍論云：「若不定生處，於餘處此道中皆得受生。譬如牛於夏時欲事偏多，狗於秋時，熊於冬時，馬於春時，野干等欲事無時。是時此衆生應生牛中。若非夏時，則生野干中。若應生狗中，非時則生野干中。」〔五〕

又俱舍：小乘師有四釋不同：一、說極促時，死已即受陰生。二、說得住七日，〔六〕七日滿已處中有，不限時節。三、說得住四十九日，生緣未具，死已更受，亦不限時節。四、說隨受生緣，乃至經劫住，不命終。第五依瑜伽論云：「若未得生緣，極七日住，死而復生。乃至七七日受死生。自此已後，決得

〔一〕出瑜伽師地論卷一。
〔二〕出阿毘達磨俱舍釋論卷六。
〔三〕「重」字原作「蟲」，據高麗藏本改。
〔四〕出阿毘達磨俱舍釋論卷六。
〔五〕出阿毘達磨俱舍釋論卷六。
〔六〕「日」字原脱，據高麗藏本補。

生緣。」〔一〕此與前四皆不同也。

第四、通力遲速者。俱舍論云：「此中陰遊空而去。如人捨命，應至無量世界外受生，俄頃即到。二乘通力未出一世界，中陰已至無量世界外。縱佛神力亦不能遮，令不往生，得住餘道，以業力定故。」〔二〕論業通盛者，據勝凡夫二乘神通。婆沙論云：「神足勝者，據佛神通速也。」〔三〕

第五、互見不同者。依俱舍論云：「若同生道中陰，定互相見。若人有天眼最清净，是一道慧類，此人亦得見彼生。若報得天眼則不能見，以最細故。」〔四〕薩婆多部云：若同於人道中受生，同是人道中陰，互得相見。此義爲定，不能見餘道中陰。若人修得天眼，此天眼則是道類，能見中陰色。若報得天眼，則不能見中陰色，中陰色細餘色故。依正量部云：天道中陰，備能見五道中陰色。人道中陰能見四道，除天道中陰，非其所能見。如是次第除前，乃至地獄道中陰，除前四道中陰，非其所見，唯見地獄道中陰。

第六、身量大小者。俱舍論云：「身量如六七歲小兒，而識解聰利。若菩薩在中陰，如圓滿少病

〔一〕出瑜伽師地論卷一。
〔二〕出阿毘達磨俱舍釋論卷六。
〔三〕出阿毘曇毘婆沙論卷三十六。
〔四〕出阿毘達磨俱舍釋論卷六。

人，具大小相。是故雖在中陰，正欲入胎，而能徧照萬俱胝剡浮洲。」〔一〕

頌曰：

高堂信逆旅，壞業理常牽。玉匣方委觀，金臺不復延。挽聲隨逕遠，薤影帶松懸。詎能留十念，唯應逐四緣。幻工作同異，變弄作多身；愚俗諍人我，誰復非謂真。謬者疑久固，達者知幻賓；親疏既無定，何勞非蒼旻。〔二〕

感應緣略引一十九驗

漢山陽有女孕未生二月兒啼腹中

漢朔方有女趙春病死棺殮六日出棺

漢李娥死十四日復生

漢陳留史姁臨死遺囑有徵

漢馮貴人亡死將百歲賊發塚顏色如故

〔一〕出阿毘達磨俱舍釋論卷六。

〔二〕「非」字，高麗藏本作「悲」。

漢遼西人見遼水中浮棺内人語云是伯夷之弟孤竹君也

漢北海營陵有道人能令人與已死人相見

漢武帝幸李夫人後卒帝哀見之帳中

漢杜嘏家葬而婢誤不得出經十年開塚而婢尚生

魏洛陽沙門達多發墓得生人死來十二年

晉唐遵暴死經夕見有靈徵可驗

晉沙門訶羅竭存亡皆有靈徵神異難測

晉沙門竺法慧存亡亦有靈徵神化難測

宋沙門慧遠有弟子名黄遷存亡有驗

宋有一人忘其姓寢起魂復在被中眠

宋有兒將死遠方魂歸報父母

隋沙門玄景存亡亦有徵祥可驗

唐裴則男暴死而穌説冥道可驗

唐崔軌卒後於妻家請立靈

漢哀帝建平四年四月，山陽方與女子田無嗇孕。未生二月，兒啼腹中。及生不舉，葬之陌上。三日有人過，聞兒啼聲。母掘養之。〔一〕

漢平帝元始元年二月，朔方廣牧女子趙春病死，棺殮六日，出在棺外。自言見夫死父曰：年二十七，汝不當死。太守譚以聞。説曰：至陰爲陽，下人爲上。〔二〕其後王莽簒位。〔三〕

漢建安中李娥死，十四日復生。其語具作鬼神。〔四〕獻帝初平中，長沙桓氏死月餘，其母聞棺中有聲，發之遂生。〔五〕

漢陳留考城史妁，字威明。年少時，嘗得病臨死，謂其母曰：我死當復生，埋我以竹杖，拄我瘞上。若杖拔，〔六〕掘出我。及死埋之，拄如其言。七日往視之，杖果拔出。即掘屍出活。走至井上，浴已，平復如故。復與鄰人乘船至下邳賣鋤，不時售。思欲歸，謂人曰：我方暫歸。人不信之，何有千里暫

〔一〕出搜神記卷六。

〔二〕此句下搜神記有「厥妖人死復生」一句。

〔三〕出搜神記卷六。

〔四〕出搜神記卷十五。

〔五〕出搜神記卷六。

〔六〕「杖」字原作「林」，據高麗藏本改。下同。

得歸耶？荅曰：一宿便還。即不相信，作書得報，以爲驗實。其一宿便還，果得報書，具知消息。考城令江夏鄳賈和聞之，姊病在鄉里，欲急知消息，請往省之。路遥三千，再宿報書，具知委曲。〔一〕

漢馮貴人亡，死將百歲。盗賊發塚，顔色如故，但肉微冷。羣賊幸之，致相妬忌，然後事覺。〔二〕

漢令支縣有孤竹城，〔三〕古孤竹之國也。靈帝光和元年，遼西人見遼水中有浮棺，欲斫破之。棺中人語曰：我是伯夷之弟，孤竹君也。海水壞我棺槨，是以漂流。汝斫我何爲？人懼不敢斫，因爲立廟祀祠。吏民有欲發視者，皆無何而死。〔四〕

漢北海營陵有道人，能令人與已死人相見。其同郡人婦死已數年，聞而往見之曰：願令我一見亡婦，死不恨矣。道人曰：可，卿往見之。若聞鼓聲，疾出勿留。乃語其相見之制。於是與婦言語悲喜，恩情如生。良久聞鼓音聲恨恨，不能得住。當出户時，奄閉其衣裾户閒，掣絶而去。至後歲餘，此人身亡。室家葬之，開塚見婦棺蓋下有衣裾。〔五〕

〔一〕出搜神記卷十五。
〔二〕出搜神記卷十五。
〔三〕「令支」，搜神記作「不其」。
〔四〕出搜神記卷十六。
〔五〕出搜神記卷二。

漢武帝幸李夫人。夫人後卒，帝哀思不已。方士少翁言能致其神。乃施帷帳，明燈燭。帝遥望見美女居帳中，如李夫人之狀，而不得就視之。〔一〕

漢杜嘏家葬，〔二〕而婢誤不得出。後十餘年開塚附葬，而婢尚生。其始如瞑，有頃漸問之，自謂當一再宿耳。初婢埋時年至十五。及開塚後，更生十五六年，嫁之有子。〔三〕右此九驗出搜神記言。〔四〕

魏菩提寺，西域人所立也，在慕義里。沙門達多發墓取塼，得一人，以送。時太后與魏明帝在華林都堂，以爲妖異。謂黄門侍郎徐紇曰：上古已來，頗有此事不？紇曰：昔魏時發塚，得霍光女婿范明友家奴。説漢朝廢立，與史書相符，不足爲異也。后令紇問其姓名，死來幾年？何所飲食？死者荅曰：臣姓崔，名涵，字子洪，博陵安平人。父名暢，母姓魏。家在城西埠財里。死時年十五，今乃二十七。在地下十二年，常似醉卧，無所食也。時復遊行，或遇飲食，如似夢中，不甚辯了。后即遣門下録事張儁詣埠財里訪涵父母。果有崔暢，其妻姓魏。儁問暢曰：卿有死兒不？暢曰：有息子洪，年十五而亡。儁曰：爲人所發，今日穌活，在華林園。主上遣我來相問。暢聞驚怖曰：實無此兒，向者謬言。

〔一〕出搜神記卷二。

〔二〕此句搜神記作「晉世杜錫字世嘏家葬」。

〔三〕出搜神記卷十五。

〔四〕「搜神記言」，高麗藏本作「搜神異記」。

儁還，具以實聞啓后，后遣儁送涵向家。暢聞涵至門前，起火手持刀，魏氏把桃杖拒之：汝不須來。吾非汝父，汝非我子。急手速去，可得無殃。涵遂捨去，遊於京師巷内，常宿寺門下。汝南王賜黄衣一通。性畏日，不仰視天，又畏水火及兵刃之屬。常走於路，疲則止，不徐行也。時人猶謂是鬼。洛陽大市北有奉終里，里内之人多賣送死之具及諸棺槨。涵謂曰：作柏棺，勿以桑木爲欀。人問其故。涵曰：吾在地下見發鬼兵，有一鬼稱是柏棺，應免兵主。吏曰：你雖柏棺，桑木爲欀。遂不免兵。京師仰聞此，柏木踴貴。人疑賣棺者貨涵，〔一〕故發此言。見洛陽寺記。〔二〕

晉唐遵，字保道，上虞人也。晉太元八年暴病而死，經夕得穌。云：有人呼將去，至一城府，未進頃，見其從叔自城中出，驚問遵：汝何故來？遵荅：違離姑姊，並歷年載。欲往問訊，本明當發。夜見數人急呼來此。即時可得歸去，而不知還路。從叔云：汝姑喪已二年。汝大姊兒道文近被録來，既蒙恩放，仍留看戲，不即還去。積日方歸，家已殯殮，乃入棺中。又摇動棺器，冀望其家覺悟開棺。棺遂至路，落棺車下。〔三〕其家或欲開之，乃問卜者。卜云：不吉。遂不敢開，不得復生。今爲把沙之役，辛勤極苦。汝宜速去，勿復住此。且汝小姊又已喪亡，今與汝姑共在地獄，日夕憂苦，不知何時可得免

〔一〕「疑」字原作「擬」，據高麗藏本改。
〔二〕出洛陽伽藍記卷三菩提寺。
〔三〕「棺」字原作「檀」，據高麗藏本改。

脱。汝今還去，可語其兒，勤修功德，庶得免之。於此示遵歸路。將别又囑遵曰：汝得還生，良爲殊慶。在世無幾，儵如風塵。天堂地獄，苦樂報應，吾昔聞其語，今覩其實。汝宜深勤善業，務爲孝敬，受法持戒，慎不可犯。〔一〕一去人身，入此罪地，幽窮苦酷，自悔何及。勤以在心，不可忽也。〔二〕我家親屬，生時不信罪福，今並遭塗炭，長受楚毒，燋爛傷痛，無時暫休。欲求一日改惡爲善，當何得耶？悉我所具知，〔三〕故以囑汝，勸化家内，共加勉勵。言已涕泣，因此而别。遵隨路而歸，俄而至家。家治棺將竟，方營殯殮。遵既附屍，屍尋氣通，移日稍差。勸示親識，並奉大法。初遵姑適南郡徐漢，長姊適江夏樂瑜，其小姊適吴興嚴晚。〔四〕途路懸遠，久斷音息。遵既差，遂至三郡尋訪姑及小姊。姊子果並喪亡。長姊亦説兒道文殮後，棺動墮車，皆如叔言。既聞遵説道文横死之意，姊追加痛恨，重爲製服。

右此一驗出冥祥記。

晉洛陽有釋訶羅竭者，本樊陽人。〔五〕少出家，誦經二百萬言。性虚玄，守戒節，善舉措，美容色。

〔一〕「可」字原脱，據高麗藏本補。

〔二〕「忽」字，高麗藏本作「忘」。

〔三〕「知」字原脱，據高麗藏本補。

〔四〕「其」字原作「于」，據高麗藏本改。

〔五〕「樊」字原作「楚」，據高僧傳改。高麗藏本作「襄」。

多行頭陀，獨宿山野。晉武帝太康九年暫至洛陽，時疫疾甚流，祝者皆愈。至晉惠帝元康元年，乃西入止婁至山石室中坐禪。〔一〕此室去水既遠，時人欲爲開澗。竭曰：不假相勞。乃自起以左脚蹋室西石壁，壁陷没指。既拔足已，水從中出。清香濡美，四時不絶。來飲者皆止飢渴，除疾病。至元康八年，端坐從化。弟子依國法闍維之。焚燎累日，而屍猶坐火中，永不灰燼。乃移還石室内。後西域人竺定，字安世，晉咸和中往其國，親自觀視，見屍儼然平坐，亡已三十餘年。定後至京，傳之道俗。〔二〕

晉竺法慧，本關中人，方直有戒行。入嵩高山，事佛圖蜜爲師。晉康帝建元元年至襄陽，〔三〕止羊叔子寺，不受别請。每乞食，輒賫繩牀自隨，於閑曠之路，則施之而坐。時遇雨，以油帔自覆。雨止唯見繩牀，不知慧所在。訊問未息，慧已在牀。每語弟子法昭曰：汝過去時折一鷄脚，其殃尋至。俄而昭爲人所擲，脚遂永疾。後語弟子云：新野有一老公當命過，吾欲度之。仍行於畦畔之間，果見一公將牛耕田。慧從乞牛，公不與。慧前自捉牛鼻，公懼其異，遂以施之。慧牽牛呪願，七步而反，以牛還

〔一〕「西」字原闕，據高僧傳補。
〔二〕出高僧傳卷十釋訶羅竭傳。
〔三〕下「元」字原闕，據高僧傳補。

公。公少日而亡。〔一〕後征西庾稚恭鎮襄陽，〔二〕既素不奉法，聞慧有非常之迹，甚嫉之。慧預告弟子曰：吾宿對尋至。誡勸眷屬，令勤修福善。恭後二日果收而刑之，春秋五十八矣。臨死語衆人云：猶枉刑吾。吾死後三日，天當暴雨。至期果洪注，城門外深一丈。恭眷屬居民等並皆没死。〔三〕右此二驗出梁高僧傳也。

宋慧遠沙門者，江陵長沙寺僧也。師慧印，善禪法，號曰禪師。遠本印蒼頭，名黄遷。年二十時，印每入定，輒見遷先世乃是其師，故遂度爲弟子。常寄江陵市西楊道産家，行般舟，勤苦歲餘，因爾遂頗有感變。或一日之中赴十餘處齋。雖復終日竟夜行道轉經，而家家悉見黄遷在焉。衆稍敬異之，以爲得道。孝建二年，一日自言死期。謂道産曰：明夕吾當於君家過世。至日道産設八關，然燈通夕。初夜中夜，遷猶豫衆行道，休然不異。四更之後，乃稱疲而卧，顔色稍變，有頃而盡。闔境爲設三七齋，起塔，塔今猶存。死後久之，現形多寶寺，謂曇珣道人云：明年二月二十三日，當與諸天共相迎也。言已而去。曇珣即於長沙禪房設齋九十日，捨身布施。至其日，苦乏氣，自知必終。大延道俗，盛設法

〔一〕「公」字下原衍「爲」字，據高僧傳删。
〔二〕「庾稚恭」原作「庾恭移」，據高僧傳改。
〔三〕出高僧傳卷十竺法慧傳。

會。三更中呼問衆僧有聞見不？衆曰：〔一〕不覺異也。珣曰：空中有奏樂聲，馨煙甚異。〔二〕黄遷之契，今其至矣。衆僧始還堂就席，而珣已盡。右此一驗出冥祥記。

宋時有一人忘其姓名，與婦同寢。天曉婦起出後，夫尋出外。婦還，見其夫猶在被中眠。須臾奴子外來，云：郎求鏡。婦以奴詐，乃指牀上以示奴。奴云：適從郎處來。〔三〕於是馳白其夫。其夫大愕，便入，夫婦共視被中人，高枕安寢，正是其形，了無一異。慮是其魂神，不敢驚動。乃共以手徐徐撫牀，遂冉冉入席，漸漸消滅。夫婦惋怖如此。少時夫得病，性理乖錯，於是終卒。〔四〕右此一驗出續搜神記。

宋時有諸生遠學，其父母然火夜作。兒至前歎息曰：今我但魂歸耳，非復生人。父母問之，兒曰：此月初病，以今日某時亡。今在瑯琊任子成家，明日當殮，來迎父母。父母曰：去此千里，雖復顛到，〔五〕那得及汝？兒曰：外有車乘，去自得至耳。父母從之，上車忽若睡頃，比鷄鳴，已至其所。視

〔一〕「曰」字原作「自」，據高麗藏本改。
〔二〕「馨煙甚異」，高麗藏本作「靄煙香異」。
〔三〕「處」字原作「聞」，據高麗藏本改，搜神後記作「間」。
〔四〕出搜神後記卷三。
〔五〕「顛到」原作「顛倒」，據高麗藏本改。

其駕乘，但魂車木馬。遂與主人見，〔一〕臨兒悲哀，問其疾消息，如言。右此一驗出搜神記。〔二〕

隋相州鄴下釋玄景，姓石氏，滄州人也。〔三〕統解玄微，純講大乘。後因卧疾三日，告侍人曰：玄景欲見彌勒佛，云何乃作夜摩天主？又云：賓客極多，事須看視。有問其故，荅云：凡夫識想，何可檢校。向有天衆欲來邀迎耳。爾後異香充户，衆共聞之。又曰：吾欲去矣，當願生世爲善知識。遂終於所住，即大業二年六月也。自生常立願云：沈骸水中。及没後，遵用前旨，葬于紫陌河深瀅之中。三日往觀，所沈之處，反成沙墳，極高峻，而水分兩派。道俗異其雅瑞，傳迹于今。〔四〕右此一驗出唐高僧傳也。

唐曹州離狐人裴則男，貞觀末，年二十，一日死，經三日而穌。自云：初死，被一人將至王所。王衣白，非常鮮潔。王遣此人將牛耕地。此人訴云：〔五〕兄弟幼小，無人扶侍二親。王即憫之，乃遣使將向南。至第三重門，入見鑊湯及刀山劍樹，又見數千人頭皆被斬，布列地上。此頭並口云：大飢。當村有一老母，年向七十，其時猶未死，遂見在鑊湯前然火。觀望訖，還至王前。見同村人張成亦未

〔一〕「與」字原闕，據搜神後記補。

〔二〕出搜神後記卷三。作搜神記誤。

〔三〕「州」字原作「洲」，據高麗藏本、磧砂藏本、南藏本、嘉興藏本改。

〔四〕出唐高僧傳卷二十一釋玄景傳。

〔五〕「訴」字原作「許」，據高麗藏本改。

死。有一人訴成云：毁破某屋。王遣使檢之。報云：是實。成曰：成犁地，不覺犁破其塚，非故然也。王曰：汝雖非故，心終爲不謹耳。遂令人杖其腰七下。有頃，王曰：汝更無事，放汝早還。王乃使人送去，遣北出踰墻。及登墻，望見其舍，遂聞哭聲。乃跳下墻，忽覺起坐。既穌之後，具爲鄉曲言之。邑人視張成腰上有七下杖迹，迹極青黑。問其毁墓，荅云：不虚。老母尋病，未幾而死。右此一驗出冥報拾遺。〔一〕

唐瑯琊王之弘，〔二〕貞觀年中爲沁州和川縣令。有女適博陵崔軌。軌於和川，會病而卒。卒經數十日，其家忽於夜中聞軌語聲。初時傾家驚恐，其後乃以爲常。聞語云：軌是女婿，雖不合於妻家立靈，然以苦無所依，但爲置立也。妻從其請，朝夕置食，不許置肉，唯令下其素食。〔三〕恒勸禮佛，不聽懈怠。又具説地獄中事云：人一生恒不免殺生及不孝。自餘之罪，蓋亦小耳。又云：軌雖無罪，然大資福助，爲軌數設齋供，并寫法華、金剛般若、觀音等經，各三兩部，兼舊功德，如獲羅漢。〔四〕自兹以後，即不復來。王家一依其言，寫經設供。軌忽更來愧謝，因云：今即取别。舉家哭而送之。軌有遺

〔一〕太平廣記卷三八二引。

〔二〕「王之弘」，太平廣記引作「王弘之」。

〔三〕「唯」字原作「雖」，據高麗藏本改。

〔四〕「羅漢」，高麗藏本作「濟」。

腹之子，已年四五歲。云：軌此子必有仕宦，願善養畜。自此已後，不復更來。〔一〕右此一驗見王之弘自説也。

〔一〕太平廣記卷一一五引，作出法苑珠林。

法苑珠林校注卷第九十八

法滅篇第九十八此有九部

述意部第一

竊惟正像推移，教流末代。人有邪正，法有訛替。或憑真以構僞，或飾虚以亂真。假託之文，詞意淺雜；玉石朱紫，無所逃形。復由世漸澆浮，人心改變。妄想居懷，專崇業禍。增長三毒，彌招四惡。

所以懷瞑巨夜，〔一〕了無思旦之心；欣慕六塵，不覺五刀隨後。〔二〕名利既侵，我人逾盛。致使凶黨之徒，輕舉邪風；淳正之輩，時遭佞讒。所以教流震旦，六百餘年，惡王虐法，三被殘屏。禍不旋踵，畢顧前良；殃咎已形，取笑天下。嗚呼來業，深可痛歟！良由寡學所纏，故得師心獨斷。法隨潛隱，災患集身。若元披圖八藏，綜文義之成明；尋繹九識，達情智之迷解者。則五翳有除昏之期，三明有逾光之日也。

五濁部第二

如地持論云：「所謂五濁者：一曰命濁，二曰衆生濁，三曰煩惱濁，四曰見濁，五曰劫濁。謂今世短壽，人極百歲，是名命濁。若諸衆生不識父母，不識沙門婆羅門及宗族尊長，不修義理，不作所作，不畏今世後世惡業果報，不修惠施，不作功德，不修齋法，不持禁戒，是名衆生濁。若此衆生增非法貪，刀劍布施，器仗布施，諍訟鬬亂，諂曲虚誑，妄語攝受邪法，及餘惡不善法生，是名煩惱濁。若於今世，法壞法沒，像法漸起，邪法轉生，是名見濁。若飢饉劫起，疾病劫起，刀兵劫起，是名劫濁。」〔三〕

〔一〕「懷瞑」，高麗藏本作「無明」。
〔二〕「刀」字原作「力」，據高麗藏本改。
〔三〕出菩薩地持經卷七方便處菩提品。

又俱舍論云：「何者爲五濁？一命濁，二劫濁，三惑濁，四見濁，五衆生濁。下劫將末，〔一〕命等五濁，最麤最下，已成滓故，説名爲濁。由前二濁，次第損減壽命及損減樂具；復由二濁，損減助善。何以故？因此二濁，有諸衆生多習欲塵樂行及自苦行，能損在家出家助善。由後一濁，損減自身量、〔二〕色、無病、力、智、念、正勤、不動，此德壞故。」〔三〕

又持人菩薩經云：「如來今興，在五濁世。何謂五濁？一、人多弊惡，不識義理。二、六十二疑，邪見强盛，不受道教。三、人多愛欲，塵勞興隆，不知去就。四、人壽命短，往古世時八萬四千歲以爲甚損；今壽百歲，或長或短。五、小劫轉盡，三災當起，無不被害。若有在此五濁惡世，能信樂佛正真慧，是爲甚難。」〔四〕

又依順正理論云：「此五濁但爲次第顯五衰相極增盛時。何等名爲五種衰相？一、壽命衰損，時極短故。二、資具衰損，少光澤故。三、善品衰損，欣惡行故。四、寂静衰損，展轉相違成諠諍故。五、

〔一〕「末」字原作「來」，據俱舍論改。

〔二〕「損」字原脱，據高麗藏本補。

〔三〕出阿毘達磨俱舍釋論卷九。

〔四〕出持人菩薩所問經卷一妙慧超王佛品。

自體衰損，非出世間功德器故。爲欲次第顯此五種衰損不同，故分五濁。」〔一〕

又薩遮尼乾子經云：「佛告文殊師利：諸佛如來有十二種勝妙功德，猶如醍醐，於諸味中最爲勝上，清浄第一，能浄一切諸佛國土，如來於中成阿耨菩提。何等十二？一、示現劫濁，二、示現時濁，三、示現衆生濁，四、示現煩惱濁，五、示現命濁，六、示現三乘差別濁，七、示現不浄佛國土濁，八、示現難化衆生濁，九、示現説種種煩惱濁，十、示現外道亂濁，十一、示現魔濁，十二、示現魔業濁。善男子，一切諸佛國土皆是出世功德莊嚴，具足清浄，無有諸濁。如此過者，皆是諸佛方便力，爲利衆生。汝等應知。」〔二〕

又大五濁經云：「佛涅槃後當有五亂：一者、當來比丘從白衣學法，世之一亂。二者、白衣上坐，比丘處下，世之二亂。三者、比丘説法，不行承受；白衣説法，以爲無上。世之三亂。四者、魔家比丘自生，現在於世間以爲真道諦；佛法正典自爲不明，詐僞爲信。世之四亂。五者、當來比丘畜養妻子，奴僕治生，但共諍訟，不承佛教，世之五亂。」〔三〕

今時屢見無識白衣，觸事不閑，詐爲知法。房室不捨，然爲師範。愚癡俗人以用指南，虚棄功夫，

〔一〕出阿毘達磨順正理論卷三十二辯緣起品。

〔二〕出大薩遮尼乾子所説經卷二一乘品。

〔三〕此經已逸。

終勤無益。未來生世猶不免獄。故智度論云：「有其盲人自不見道，妄言見道。引他五百盲人，並墮糞坑。」〔一〕自處長津，焉能救溺。

時節部第三

如阿難七夢經云：「阿難有七種夢，來問於佛：一、夢陂池火焰滔天。〔二〕二、夢日月没，星宿亦没。三、夢出家比丘轉在於不净坑塹之中，在家白衣登頭而出。四、夢羣豬來觝突栴檀林壞之。〔三〕五、夢頭戴須彌山，不以爲重。六、夢大象棄出小象。七、夢師子王名華撒頭上，〔四〕有七毫毛在地而死。一切禽獸見故怖畏。後見身中蟲出，然後食之。以此惡夢，來問於佛。佛告阿難：汝於夢者，〔五〕皆爲當來五濁惡世，不損汝也。何爲憂色？第一、夢陂池火焰滔天者，當來比丘善心轉少，惡逆熾盛，共相殺害，不可稱計。第二、夢日月没，星宿亦没者，佛泥洹後，一切聲聞隨佛泥洹，不在世間，衆生眼

〔一〕此段出處待考。
〔二〕「夢」字原脱，據高麗藏本補。
〔三〕「壞之」原作「怪之」，據高麗藏本改。下同。
〔四〕「撒」字原作「薩」，據阿難七夢經改。
〔五〕「於」字，高麗藏本作「所」。

滅。第三、夢出家比丘轉在於不浄坑塹之中，在家白衣登頭出者，當來比丘懷毒嫉妬，至相殺害。道士斬頭，白衣親之，〔一〕死入地獄。白衣精進，死生天上。第四夢者，羣豬來觝突栴檀林壞之者，當來白衣來入塔寺，誹謗衆僧，求其長短，破塔害僧。第五夢者，頭戴須彌山不以爲重者，佛泥洹後，阿難當爲千阿羅漢出經之師，一句不忘，受悟亦多，不以爲重。第六、夢大象棄小象者，將來邪見熾盛，壞我佛法，有德之人皆隱不見。第七、夢師子死者，佛泥洹後一千四百七十歲，四部諸弟子修德之心，一切惡魔不得嬈亂。七毫者，此是七百年後事。」〔二〕

又摩耶經云：「摩耶問阿難言：汝於往昔已來，聞世尊說，如來正法幾時當滅？阿難垂淚而便荅言：我於往昔，曾聞世尊說於當來法滅之後事。云：佛涅槃後，摩訶迦葉共阿難結集法藏。事悉畢已，摩訶迦葉於狼迹山中，入滅盡定。我亦當得果證，次第隨後入般涅槃。當以正法付囑優波掬多。優波掬多善說法要，如富樓那廣說度人。又復勸化阿輸迦王，令於佛法堅固正信，以舍利廣起八萬四千諸塔。更經二百歲已，有尸羅難陀比丘善說法要，於閻浮提度十二億人。三百歲已，有青蓮華眼比丘善說法要，度得半億人。四百歲已，有牛口比丘善說法要，度得一萬人。五百歲已，有寶天比丘善說法要，度得二萬人，八部衆生發阿耨菩提心。正法於此，便就滅盡。六百歲已，九十六種外道等邪見競

〔一〕「白衣親之」，阿難七夢經作「白衣視之，諫訶不從」。

〔二〕出阿難七夢經。

興，破滅佛法。有一比丘，名曰馬鳴，善說法要，降伏一切諸外道輩。七百歲已，有一比丘，名曰龍樹，善說法要，滅邪見幢，然正法燈。八百歲後，諸比丘等樂好衣服，縱逸嬉戲，百千萬人中有一兩得道果者。九百歲已，奴爲比丘，婢爲比丘尼。一千歲已，諸比丘等聞不净觀，阿那波那，瞋恚不欲。無量比丘，若一若兩，思惟正受。千一百歲已，諸比丘等，如世俗人媒嫁行媒，〔一〕於大衆中毁謗毗尼。千二百歲已，是諸比丘及比丘尼作非梵行。若有子息，男爲比丘，女爲比丘尼。千三百歲已，袈裟變白，不受染色。千四百歲已，時諸四衆猶如獵師，樂好殺生，貪賣三寶物。千五百歲已，俱睒彌國有三藏比丘，善說法要。從於十五日布薩已，時羅漢比丘昇於高座，說清净戒云：此所應作，此不應作。彼三藏比丘弟子荅羅漢言：汝今身口不清净，云何而乃說是麤言？羅漢荅言：我久清净身口意業，無諸過患。三藏弟子聞此語已，倍更怨忿，即於座上殺彼羅漢。時羅漢弟子而作是言：我師所說合於法理。云何汝等殺我和上？即以利刀殺彼三藏。天龍八部莫不憂惱。惡魔波旬及外道衆踴躍歡喜，競破塔寺，殺害比丘。一切經藏皆悉流移，至鳩尸那竭，阿耨達龍王悉持入海。於是佛法而滅盡也。時摩訶摩耶聞此語已，號哭懊惱，即向阿難而說偈言：

一切皆歸滅，〔二〕　無有常安者。　須彌及海水，　劫盡亦消竭。　世間諸豪强，　會必還

〔一〕「媒嫁」，摩耶經作「嫁娶」。

〔二〕「滅」字原作「減」，據高麗藏本、磧砂藏本、南藏本、嘉興藏本改。

衰朽。我子於往昔，勤苦集衆行。故得成正覺，爲衆説法藏。如何於爾時，皆悉潛没盡！」〔一〕

度女部第四

如善見論云：「由度女人出家，正法唯得五百歲住。由世尊制比丘尼行八敬教，正法還得千年。復問：千年已，正法爲都滅耶？答：不都滅。於千年中得三達智，復千年中得愛盡羅漢，無三達智。復千年中得阿那含，復千年中得斯陀含，復千年中得須陀洹。總得一萬年，初五千歲得道，後五千歲學而不得道。於萬歲後一切經書文字滅盡，但現剃頭袈裟法服而已。」〔二〕

又毗尼母經云：「尊者迦葉責阿難爲女人求出家中，彼有十事謫阿難：一者、若女人不出家者，諸檀越等常應各各器盛食，在道側跖跪，授與沙門。二者、若女人不出家者，諸檀越等常應與衣服卧具，逆於道中，求沙門受用。三者、若女人不出家者，諸檀越等常應乘象馬車乘，在於道側，以五體投地，求沙門蹈而過。四者、若女人不出家者，諸檀越輩常應在於路中，以髮布地，求沙門蹈而過。五者、若女人不出家者，諸檀越輩常應恭心請諸沙門，到舍供養。六者、若女人不出家者，諸檀越輩見諸沙門，常

〔一〕出摩訶摩耶經卷下。
〔二〕出善見律毗婆沙卷十六。

應恭心，净掃其地，脱體上衣布地，令沙門坐。七者、若女人不出家者，諸檀越輩常應脱體上衣，拂比丘足上塵。八者、若女人不出家者，諸檀越輩常應舒髮，拂比丘足上塵。九者、若女人不出家者，沙門威德過於日月，況諸外道，豈能正視於沙門首。十者、若女人不出家者，佛之正法應住千歲，今減五百年。一百年中得堅固解脱，一百年中得堅固定，一百年中得堅固持戒，一百年中得堅固多聞，一百年中得堅固布施。初百歲中有，解脱堅固法。

安住於此中，　悉能達解義。　第二百歲中，　復有堅固定。　第三百歲中，　持戒亦不毁。
第四百歲中，　有能多聞者。　第五百歲中，　復有能布施。　從是如來法，　念念中漸滅，　如
車輪轉已，　隨轉時有盡。　正法所以隱，　阿難之愆咎。　爲女人出家，　勸請調御師。　正
法應住世，　滿足於千年。　五百已損減，　餘者悉如本。　是故五百歲，　五百興於世，　解脱
定持戒，　多聞及布施。」〔一〕

佛鉢部第五

如蓮華面經云：「佛告阿難：於未來時，罽賓國土當作大法之會，有金毗羅等五天子。滅度之後，

〔一〕出毗尼母經卷三。

有富蘭那外道弟子，名蓮華面。聰明智慧，身如金色。此大癡人已曾供養四阿羅漢。當供養時，作如是誓：願我未來破壞佛法。以其供養阿羅漢故，世世受於端正之身，於最後身生國王家。身爲國王，名寐吱曷羅俱邏，而滅我法。此大癡人破碎我鉢。既破鉢已，生於阿鼻大地獄中。此大癡人命終之後，有七天子次第捨身，生罽賓國，復更建立如來正法，大設供養。阿難，以破鉢故，我諸弟子漸汙淨戒，樂作不善。智慧之人，悉皆滅度。有諸國王，不依王法。其國人民，多行十不善業。以惡業故，此閻浮提五種失味：所謂酥、油、鹽、石蜜、漿。〔一〕故佛破鉢當至北方。爾時北方諸衆生等，見佛破鉢，大設供養，有發三乘心者。以衆生善根力感故，我此碎鉢，自然還復，如本不異。於後不久，我鉢即於閻浮提没，現娑伽龍王宫中。當没之時，此閻浮提七日七夜皆大黑暗，日月威光悉不復現，地大震動。天人等衆皆大號哭，淚下如雨。初没之時，如來法律亦没不現。爾時魔王見法律滅，心大歡喜。以教衆生廣作惡故，生身陷入阿鼻地獄。爾時娑伽羅龍王見鉢供養，至于七日，禮拜右遶，有發三乘心者。如是我鉢於龍宫没，四天王宫出，至于七日，大設供養，各發三乘心。過七日已，於四天王宫没，〔二〕三十三天宫出。佛母摩耶夫人見佛鉢已，憂愁苦惱，如箭入心，難可堪忍，宛轉于地，猶如圓木。作如是言：如來涅槃一何疾哉！脩伽陀滅，何其太速！世間眼滅，佛樹傾倒，佛須彌山崩，佛燈亦滅。法泉枯

〔一〕「漿」字原脱，據高麗藏本補。蓮華面經作「蜜」。

〔二〕「王」字原脱，據高麗藏本補。

竭，無常魔日，萎佛蓮華。爾時夫人以手捧鉢，告於天衆：此是我釋迦如來常受用鉢，今來至此。爾時帝釋七日七夜大設供養，有發三乘心者。過七日已，於三十三天没，炎摩天中出。爾時炎摩天王見佛鉢已，七日七夜種種供養，有發三乘心者。過七日已，於炎摩天没，兜率陀天出。爾時兜率天王見佛鉢已，七日七夜種種供養。過七日已，於兜率天没，化樂天出。爾時化樂天王見佛鉢已，七日七夜種種供養，有發三乘心者。爾時天王以手捧鉢而説偈言：以前諸天各説偈歎，以文繁故，不具録出。

希有大導師，　悲愍於衆生，　爲利衆生故，　使鉢來於此。

佛告阿難：此閻浮提及餘十方所有佛鉢，及佛舍利，皆在娑伽羅龍王宫中。如是我鉢及我舍利，於未來世於此地没，直過八萬由旬，住金剛際。未來之世，諸衆生等壽命八萬四千歲時，彌勒如來，其聲猶如大梵天鼓、迦陵伽音。爾時我鉢及我舍利，從金剛際出，至閻浮提彌勒佛所，住虚空中，放五色光，所謂青、黄、赤、白頗梨、雜色。彼五色光復至其餘一切天處。到彼天已，於其光中出聲説偈：

一切行無常，　一切法無我，　及寂滅涅槃，　此三是法印。

其光復至一切地獄，亦説此偈。所放光明，復至十方世界，於其光中亦説此偈。佛告阿難：如是我鉢及我舍利所放光明，十方世界作佛事已，還至本處，於虚空中，成大光明雲蓋而住。舍利及鉢現此神通時，八十百億衆生得阿羅漢果；千億衆生剃髮出家，信心清浄；一萬衆生發阿耨菩提心，皆不退轉。彌勒以手捧鉢及佛舍利，告諸天人一切大衆：汝等當知此鉢舍利，乃是釋迦牟尼如來雄猛大士，能令無量百千那由他億諸衆生等住涅槃城，出優曇華百千億倍，鉢及舍利，故來至此。爾時彌勒佛爲我此

鉢及我舍利起四寶塔，以舍利鉢置此塔中，大設供養，恭敬禮拜。」〔一〕

依道宣律師住持感應云：「問天人持鉢因緣。天人荅曰：如來成道已，至第三十八年，於祇洹精舍重閣講堂上。佛告文殊師利菩薩：汝往戒壇所，鳴鐘召十方天龍及比丘諸大菩薩衆等，普集祇洹。文殊依教召集，皆來祇洹。世尊以神通力化祇洹精舍如妙樂國。眉間放光，徧照十方，地皆六種震動。有百億釋迦同來集會，十億妙光佛亦集祇洹。世尊跏趺坐，入金剛三昧，地又大動。從三昧起，出大音聲，普告三千界一切諸來大衆：我初踰城，至瓶沙王國，入山修道。天魔迷我道路，山神示我道處，即語我言：我曾於往古迦葉佛般涅槃時，留一故瓦鉢，囑我護持。待如來下生，令我付世尊。世尊成道，先須受我此鉢，次及四天王鉢。我語山神：若得成佛，當如汝言。我後入河澡浴，受二女乳糜時，爾時山神即奉我鉢。我時受用，將盛乳糜食。地便六種震動。我持此鉢來，經三十八年，未曾損失。我入王舍城受彼國王請。我既食訖，即命羅睺先將我鉢，還於彼龍池洗之。羅睺洗鉢，便損破爲五片。我即以鉛錫綴彼破鉢。此非羅睺過失，欲表示未來世諸惡比丘比丘尼等輕毁法器，於初五百年分我毗尼藏遂有五部，分我脩多羅爲十八部。至正法滅盡，分我三藏復爲五百部。彼無智比丘，本無慈心，不發弘誓，救度衆生，但起諍論，增我慢幢，〔二〕速滅正法。至于千歲，正法皆滅。諸惡比丘滿閻浮提及餘

〔一〕出蓮華面經卷下。

〔二〕「增」字原脱，據高麗藏本補。

天下，不持禁戒。諸惡比丘尼猶如婬女，不行八敬，將我應量之器，遊行酒肆，或入婬舍，貯酒盛肉。痛哉，苦哉！法豈不滅也。

爾時諸比丘同聲白佛言：我於今朝入城乞食，還所居方，各洗應量器，同時皆破，各分五段。方欲問佛。向聞世尊已説未來表法將滅，心生大怖。爾時世尊告諸比丘：我留菩薩僧合有八十億人，不取涅槃。後惡世中護持聖教，各以通力化惡比丘，令敬佛鉢。

爾時世尊即從座起，往至戒壇所，從北面昇壇。諸比丘捧鉢，世尊自受。又告羅睺：將我破鉢來。佛受鉢已，即擲于空，上至有頂。如是次第，同名牟尼各擲相次，猶如貫珠，上至色界頂已，次第還下，直至戒壇。百億諸來佛亦命侍者取鉢，各施牟尼佛共相住持，使來世惡僧尼等，令生慚愧。世尊受已，還擲上界，相次重疊，還至壇所。爾時世尊化彼破瓦鉢狀如諸天金幢，放大光明，照十方國。

又佛在世時，告天帝釋言：汝施我真珠并天工匠。又告天魔：汝施我七寶。又告娑竭龍王：汝施我摩尼珠。帝釋天龍等即奉珠寶，於三七日中並集戒壇所，造作珠塔。用七寶莊嚴，上安摩尼珠。以佛神力故，於三七日中一時皆成。合得八百億真珠七寶塔，以盛如來瓦鉢。爾時魔王白佛言：我自造珠塔，用盛世尊鉢。我雖是天魔，敬順佛語故，於未來世不令惡人損壞聖教，化惡比丘令生慚愧。佛即聽許。純用摩尼以成一大塔，高四十由旬，以盛佛鉢。世尊涅槃時，付囑魔王造塔，令付帝釋及四天王并大魔王：汝自守護。我涅槃後，正法滅盡已，將我鉢塔安置戒壇南，十二年中住。汝等四天王日夜常自供養守護，勿令損失。過十二年已，將付娑竭龍王，安置彼宮中毗尼大藏所。又敕龍王：當造十六塔，爲鉢塔眷屬。還經十二年後，付囑帝釋四天王將往須彌頂，帝釋歡喜園中金砂池南住。佛告揵闥婆王八部神等：汝於四十年中作天音樂，供養寶塔。爲彼惡世中持戒弟子，守護應器，如護眼睛。佛告帝釋四天王等：汝於須彌山金剛窟中，取彼黄砂石，多造石鉢，置新塔中。大小形量，如我破鉢。皆作五綴形，安置彼塔中。汝等守護，勿令損失。後經一百年，至阿育王造塔竟，汝將我塔徧大千國，至十億家，或縱廣萬里，當安兩鉢塔於彼國土中。周覓名山古聖住處，於彼安置。又告北天王：〔一〕汝至楞伽山採取牛頭栴檀香，於日三時中，當至彼塔所燒香供養，勿令斷絶。我令自在天安置諸鉢塔。又遣四天王及揵闥婆王燒香奏樂，常爲供養。汝等天人龍神等，未解我意。此爲未來非法比丘比丘尼令其改惡生善故，使安置如是。」

訛替部第六

如付法藏經云：「阿難比丘化諸衆生，皆令度脱。最後至一竹林之中，聞有比丘誦法句經偈云：

若人生百歲，不見水老鶴；〔二〕
不如生一日，而得覩見之。

阿難聞已，慘然而歎：世間眼滅，何其速哉！煩惱諸惡，如何便起，違反聖教，自生妄想？此非佛語，不

〔一〕「北」字下，高麗藏本有「方」字。

〔二〕「老鶴」，高麗藏本作「潦涸」。

可修行。汝今當知，二人謗佛：一、雖多聞而生邪見。二、不解深義，顛倒妄說。有此二法，爲自毀傷，不能令人離三惡道。汝今諦聽，我演佛偈：

若人生百歲，　不解生滅法；　不如生一日，　而得解了之。

爾時比丘即向其師説阿難語。師告之曰：阿難老朽，智慧衰劣，言多錯謬，不可信矣。汝今但當如前而誦。阿難後時聞彼比丘在竹林下，猶誦前偈，即問其意。荅言：尊者，吾師告我：阿難老朽，言多虚妄。汝今但當依前誦習。阿難思惟：彼輕我言，或受餘教。即入三昧，推求勝德，不見有人能迴彼意。便作是言：異哉無常！甚大雄猛，〔一〕散壞如是無量賢聖，令諸世間皆悉空曠，常處黑暗怖畏中行。邪見熾盛，不善增長。誹謗如來，斷絶正教。永當沈没生死大河，開惡趣門，閉人天路，於無量劫受諸苦惱。我於今日宜入涅槃。」〔三〕

又新婆沙論：「問：齊何當言正法住？荅：若時行法者住。齊何當言正法滅？荅：若時行法者滅。問：何故復作此論？荅：爲欲分別契經義故。如契經説：迦葉波，當知如來所覺所説法毗柰耶，非地界、水界、火界、風界所能滅没。然有一類補特伽羅，當出於世，惡欲惡行，成就惡法。非法説法，法説非法；非毗柰耶説毗柰耶，於毗柰耶説非毗柰耶。彼能滅我三無數劫所集正法，令無有餘。契經

〔一〕「雄」字原作「劫」，據高麗藏本、磧砂藏本、南藏本、嘉興藏本改。
〔三〕出付法藏因緣傳卷二。

雖作是説，而不分別齊何當言正法住，齊何當言正法滅。彼經是此論所依根本，彼所不分別者，今應分別，故作斯論。此中有二種正法：一、世俗正法，二、勝義正法。世俗正法，謂名、句、文身，即素怛纜、毗柰耶、阿毗達磨。勝義正法，謂聖道，即無漏根、力、覺、支、道支。行法者亦有二種：一、持教法，二、持證法。持教法者，謂讀誦解説素怛纜等。持證法者，謂能修證無漏聖道。若持教者相續不滅，能令世俗正法久住。若持證者相續不滅，能令勝義正法久住。彼若滅時，正法則滅。故契經説：我之正法不依墻壁柱等而住，但依行法有情相續而住。問：何故世尊不決定説法住時分耶？答：欲顯正法隨行法者住久近故。謂行法者若行正法，恒如佛在世時及如來滅度未久時者，則佛正法常住於世，無有滅没。若無如是行正法者，則彼正法速疾滅没。若度女人出家，不令行八尊重法者，則佛正法應滅五百歲住。由佛令彼行八尊重法故，正法住世還滿千年。」〔一〕

又迦旃延説法滅盡偈云：

「尊者迦旃延，　體道修律護，　見諸卒暴者，　以偈開法路。　正法垂欲没，　人年纔壽百，
正法之光明，　在世不久没。　正法已滅盡，　比丘衆迷惑，　當捨諸經法，　聖覺之所講。　釋
置經義理，　更互相求短。　吾身所聞傳，　獨步無儔伴。　持中以著下，　舉下著於中，　不復

〔一〕出阿毘達磨大毘婆沙論卷一百八十三。

識次第，所說貴不窮。證據設乖謬，反說無本末。聞受皆浮漫，講論無清話。各各共諍訟，用生毒害心。貪得利供養，隨俗共浮沈。喜樂於憒擾，不慕處靜默。展轉相侵欺，以自養妻息。或時有比丘，客從遠方來，寺主先自安，閑居乃聽之。見遠方比丘，顏色不悅和，得其捨之去，於心乃爲快。常念瞋恚惡，憍慢爲自大，所求無厭足，恣意隨塵穢。毒事相續行，不欲誦受經。終日笑歌儛，冥暮寢不醒。斯等共聚會，言不及經理，但說縣官賊，流俗行來事。假使有學者，衆人所供養，羡者求出家，〔一〕言學比丘法。所行不如教。〔二〕自從利養起，其年既幼少，多畜衆弟子。其心懷諍亂，不能究所學，莫能謹慎戒，墮落於邪見。苟且無羞恥，不能修慎行，亦不樂法會，汲汲著利養。適共鬬諍已，遂乃結讎怨，諸魔及官屬，用斯得人便。諸天龍鬼神，來欲聽經教，傾企遲聞戒，但更聞諍訟。諸天人懷恨，不可比丘行，行來共講言，佛法欲滅盡。吾等捨天樂，故來欲受法，不得聞正法，不如棄之去。其有尊鬼神，心樂佛法者，不念諸比丘，不復行擁護。於是弊鬼神，凶暴行毒害，取比丘精氣，令命無有餘。偷狗無羞恥，懈怠懷毒意；斯等將來世，反當見敬事。有仁賢比丘，具

〔一〕「家」字原作「處」，據高麗藏本改。
〔二〕「所行不如教」原作「法如行不教」，據高麗藏本改。

足知廉恥，於彼失法時，乃更不見待。譬如師子王，處在林樹間，豺狼及犬狐，不敢食其肉。命過身出蟲，還自噉其肉，晝夜共噉食，毁滅其形體。正法在於世，〔一〕終不自没盡，因有像法故，正法則滅盡。譬如海中船，貪重故沈没；佛法斯亦然，利養故滅盡。諸比丘遭患，如人喪二親；今日最末世，佛正法滅盡。從今日以往，無復説經典，法律及禁戒，當何從聞聽。諸天樹木鬼，曠野屠神明，悲感心憂惱，宛轉不自寧。法燈爲已没，正學已毁滅，今世最崩頽，法鼓不復鳴。諸魔設歡喜，聚會相慶賀，舉手而讚言，今是佛末世。知後將來世，當有是患難，益當加精進，勉力求度脱。」〔二〕

破戒部第七

如蓮華面經：「佛告阿難：我今當説，未來之時，有諸破戒比丘，身著袈裟，遊行城邑，往來聚落，住親里家。〔三〕彼非比丘，又非白衣，畜養婦妾，産育男女。復有比丘往婬女家，婬比丘尼，貯畜金銀，

〔一〕「世」字原作「是」，據高麗藏本、磧砂藏本、南藏本、嘉興藏本改。
〔二〕出佛使比丘迦旃延説法滅盡偈。
〔三〕「住」字原作「往」，據高麗藏本、磧砂藏本改。

造作生業，以自活命。復有通致使驛，以自活命。復有專行醫藥，以自活命。復有圍碁六博，以自活命。復有爲他卜筮，以自活命。復有爲他誦呪，驅遣鬼神，多取財物，以自活命。復有專行殺生，以自活命。復有私自費用佛法僧物，以自活命。復有内實犯戒，外示護持，受人信施。復有祕悋僧物，不與客僧。復有悋惜僧房牀座，不與客僧。復有比丘實非羅漢而詐稱羅漢，欲令人知，多受供養，但爲活命，不爲修道。復有興利商賈，以自養活。復有專行盜偷，以自養活。復有畜養雜畜乃至賣買，以自養活。復有販賣奴婢，以自養活。復有屠殺牛羊，以自養活。復有受募入陣，征戰討伐，多殺衆人，以求勳賞。復有專行劫奪，攻破城邑及與聚落，以自活命。如是無量地獄因緣，捨命之後，皆墮地獄。譬如師子身肉，所有衆生不敢食彼，唯師子身自生諸蟲，還自噉食師子之肉。佛告阿難：我之佛法，非餘能壞。是我法中諸惡比丘，猶如毒刺，破我三阿僧祇劫積行勤苦所集佛法。爾時阿難聞此事已，心大怖畏，身毛皆豎。即白佛言：如來速入涅槃，今正是時。何用見此未來之世如是惡事？佛言：阿難，未來之世，多有在家白衣，得生天上；多有出家之人，墮於地獄、餓鬼、畜生善惡之業，終不敗亡。我於過去曾作商人，入於大海，活多人故，手殺一人。以是業緣，乃至成佛，猶尚身受金鏘之報。」〔一〕

又當來變經云：「爾時世尊告諸比丘：將來之世，當有比丘因有一法，不從法化，令法毁滅，不得

〔一〕出蓮華面經卷上。

長益。何謂爲一？謂不護禁戒，不能守心，不修智慧，放逸其意，唯求善名，不順道教，不肯勤慕度世之業。是爲一事令法毁滅。復有二事令法毁滅。何謂爲二？一、不護禁戒，不攝其心，不修智慧，畜妻養子，放心恣意賈作治生，〔一〕以共相活。二、伴黨相著，憎奉法者，欲令陷墮，故爲言義，謂之諛諂。私記惡行，外揚清白。是爲二事令法毁滅。復有三事令法毁滅。何謂爲三？一、既不護禁戒，不能攝心，不修智慧。二、自讀文字，不諦句讀，以上著下，以下著上，頭尾顛倒，不能明了義之所歸，自以爲是。三、明者呵之，不從其教，反懷瞋恨，謂相嫉妬。議識者少，多不别理，咸云爲是。是爲三事令法毁滅。復有四事令法毁滅。何謂爲四？一、將來比丘捨空閑處修道之業。二、喜遊人閒憒鬧之中，行來比丘談言，求好袈裟五色之服。三、高望遠視以爲綺雅，自以高德，無能及者，雜碎之智比日月之明而已。四、不攝三事，不護根門，行婦女閒，宣文飾詞，多言合偶，以動人心，使清變濁。身行荒亂，正法廢遲。是爲四事令法毁滅。若有比丘欲諦學道，棄捐綺飾，不求名聞，質朴守真。宣傳正經、佛之雅典、深法之化，不用多言，按本説經，不捨正句，希言屢中，不失佛意。麤衣趣食，得美不甘，得麤不惡，衣食好醜，隨施者意。守諸根門，不違佛教，勤修佛法，猶救頭然。雖不值佛出世，出家爲道，學不唐捐。平其本心，愍念一切。」〔二〕

〔一〕「放」字原「於」，據高麗藏本改。

〔二〕出當來變經。

又十誦律云：「正法滅於像法時，有五非法：一、比丘小得心止，便謂已得聖法。二、白衣生天，出家墮地獄。三、有人捨世閒業，出家破戒。四、破戒人多人佐助，持戒者無人佐助。五、乃至羅漢亦被罵辱。更有五怖畏，未來有應知：一、自身不修身戒心慧，復度他出家，亦不能令他修身戒心慧。二、畜沙彌。三、與他依止。四、如是人與净人、沙彌近住，不知三相，掘地斬草，用水溉灌。五、雖誦持三藏，前後雜亂。」〔一〕

諍訟部第八

如雜阿含經云：「佛言：此摩偷羅國將來之世，我之正法千歲不滅。過千歲後，有非法出。閻浮提中惡風暴雨，多諸災患。人民飢饉，觸物磨滅，飲食失味，珍寶沈没。西方有王名鉢羅婆，北方有王名耶婆那，南方有王名非釋迦，東方有王名兜沙羅。此之四王，皆多眷屬，殺害比丘，破壞塔寺，四方盡亂。時諸比丘來集中國拘睒彌國。王名摩因陀羅西那，生子手似血塗，身似甲冑，有大勇力。及五百大臣同日生子，皆血手冑身。時拘睒彌國一日雨血。王見惡相，即大恐怖，請問相師。相師荅王：今生子當王閻浮提，多殺害人。即因爲名難當，年漸長大。四惡王從四方來，王大憂怖。有天神言：大

〔一〕出十誦律卷四十九。

王且立難當爲王，足能降伏彼四惡王。便依神言，捨位與子。以髻中明珠冠其子首，集五百大臣香水灌頂，令往征伐。諸臣之子身被甲冑，從王俱征。與四惡王共戰，殺之都盡。王閻浮提，治在拘睒彌國。後有三藏羅漢出現，爲王説法。王聞法已，憂惱即止，於佛法中大生敬信。而發聲唱言：自今以後，我施諸比丘無恐畏事，適意爲樂。而問比丘言：前四惡王毀滅佛法有幾年歲？諸比丘荅云：經十二年。王心念言，作師子吼：我當十二年中供養五衆，種種豐足。供施之日，天當降雨。香澤之雨，徧閻浮提，一切實種皆得增長。後經不久，三藏門徒弟子共諸比丘不和。有惡比丘遂殺阿羅漢及三藏法師。心生懊惱，諸邪見輩競破塔廟及害比丘。從是佛法索然頓滅。爾時人天聞佛所説，莫不揮淚。」〔一〕

又法滅盡經云：「佛告阿難：吾般泥洹法欲滅時，五逆濁世，魔道興盛。諸魔沙門壞亂吾道，著俗衣裳，樂好袈裟五色之服，飲酒炙肉，殺生貪味，無有慈心，更相憎嫉。時有菩薩精進修德者，衆魔比丘咸共嫉之，誹謗揚惡，擯黜驅遣，不令得住。自共於後，〔二〕不修道德，寺廟空荒，不復修理，展轉毀壞。但貪財物，積聚不散，不作福業。販賣奴婢，耕田種殖，焚燒山林，傷害衆生，無有慈心。奴爲比丘，婢爲比丘尼，無有道德，婬嫉濁亂，男女不別。令道薄淡，皆由斯輩。或避縣官，依倚吾道，求作比丘，不

〔一〕出雜阿含經卷二十五。

〔二〕「共」字，高麗藏本作「此」。

修戒律。月半月盡，雖名誦戒，厭倦懈怠，不欲聽聞。不樂讀誦經律，設有讀者，不識字句，爲强言是，不諮明者。貢高求名，虚無雅步，以爲榮貴，望人供養。諸魔比丘命終死後，精神當墮無擇地獄五逆罪中，餓鬼畜生，靡不更歷，於無邊恒沙劫受罪竟，乃出生在邊國無三寶處。法欲滅時，女人精勤，恒作功德。男子懈怠，不用法語。眼見沙門，如視糞土，無有信心，法輪殄没。當爾之時，諸天泣淚，水旱不調，五穀不熟，災疫流行，死亡者衆。人民勤苦，縣官侵剋，不循道理，皆思樂亂。惡人轉多，善者甚少。日月轉促，人命轉短。菩薩比丘，衆魔驅逐，不預衆會。菩薩入山福德之處，淡泊自守，以爲傾快。壽命延長，諸天衛護。一切十二部經尋復化滅，不見文字。沙門袈裟自然變白。聖王去後，吾法滅盡。譬如油燈臨欲滅時，光更猛盛，於是便滅。吾法盡時，亦如燈滅。自此之後，難可覼縷。如是久後，彌勒當下世間作佛。天下太平，毒氣消除，雨潤和適，五穀滋茂，草木榮敷。大人長八丈，皆壽八萬四千歲。衆生得度，不可稱計。」〔一〕

損法部第九

如仁王經云：「後五濁世，比丘、比丘尼、四部弟子、天龍八部、一切神王、國王、大臣、太子、王子，

〔一〕出法滅盡經。

自恃高貴，滅破吾法。明作制法，制我弟子比丘、比丘尼，不聽出家行道，亦復不聽造作佛像形、佛塔形。立統官制衆，案籍記僧。比丘地立，白衣高座。兵奴爲比丘，受别請法。知識比丘，共爲一心。親善比丘，爲作齋會求福，如外道法，都非吾法。當知爾時正法將滅不久。大王，法末世時，有諸比丘四部弟子、國王大臣，各作非法之行，横與佛法衆僧作大法制。作諸罪過，非法非律，繫縛比丘，如獄囚法。當爾之時，法滅不久。大王，我滅度後，未來世中四部弟子、諸小國王、太子、王子，乃是住持護三寶者，轉更滅破三寶。如師子身中蟲，自食師子肉，非外道也。各壞我佛法，得大罪過。正教衰薄，民無正行，以漸爲惡，其壽日減。至若千百歲，人壞佛教，無復孝子，六親不和，天神不祐，疾疫惡鬼，日來侵害，災怪首尾，連禍縱横。死入地獄、餓鬼、畜生。若出爲人，兵奴果報，如響如影，如人夜書，火滅字存。三界果報，亦復如是。大王，未來世中，一切國王、太子、王子、四部弟子，横與佛弟子書記制戒，如白衣法，如兵奴法。若我弟子比丘、比丘尼，立籍爲官所使，都非我弟子，是兵奴法，立統官攝僧，典主僧籍，大小僧統共相攝縛。如獄囚法、兵奴之法。當爾之時，佛法不久。」〔一〕

又舍利弗問經云：「佛告舍利弗：我尋泥洹，大迦葉等當共分别爲比丘比丘尼作大依止，如我不異。迦葉傳付阿難，阿難復付末田地，末田地復付舍那婆私，舍那婆私傳付優波笈多。優波笈多後，孔

〔一〕出仁王般若波羅蜜經卷下囑累品。

雀輸柯王世弘經律。〔一〕其孫名曰弗沙蜜多羅，嗣正王位。顧問羣臣：云何令我名事不滅？時有臣言：唯有二事。何等爲二？猶如先王造八萬四千塔，捨傾國物供養三寶，此其一也。若其不爾，便應反之，毁塔滅法，殘害息心四衆，此其二也。名雖好惡，俱不朽也。王曰：我無威德以及先王，當建次業以成名行。即御四兵，攻雞雀寺。寺有二石師子，號吼動地。王大驚怖，退走入城。人民看者，嗟泣盈路。王益忿怒，自不敢入，驅逼兵將，詐行死害。就令勤與呼攝七衆一切集會。問曰：壞塔好不？壞房好不？僉曰：願皆勿壞。如不得已，壞房可耳。王大忿勵曰：云何不可？因遂害之。無問少長，血流成川，壞諸塔寺八百餘所。諸清信士，舉聲號叫，悲哭懊惱。王取囚繫，加其鞭罰。五百羅漢登南山獲免。山谷隱嶮，軍甲不能至。王恐不濟，〔二〕賞募諸國，若得一首，即賞金錢三千。時有君徒鉢歎阿羅漢，乃佛所囑累流通，〔三〕一人化作無量人，捉無量比丘比丘尼頭，處處受金。王諸庫藏，一切空竭。王益忿怒，君徒鉢歎阿羅漢現身入滅盡定。王自加害，定力所持，初無傷損。次燒經臺，火始就然，飈焰及經。彌勒菩薩以神通力，接我經律，上兜率天。次至身齒塔。塔神曰：有蟲行神先索我女，我薄不與。今誓令護法，以女與之，使王心伏。蟲行神喜，手捧大山，用以壓王及四部兵衆，一時皆死。

〔一〕「輸」字原作「輪」，據高麗藏本改。

〔二〕「濟」字原作「洗」，據高麗藏本改。

〔三〕「乃」字原作「及」，據高麗藏本改。

王家子孫於斯頓盡。其後有王，性甚良善。彌勒菩薩化作三百童子，下於人間，以求佛道，從五百羅漢諮受法教。國土男女復共出家，還復滋繁。羅漢上天接取經律，還於人間。時有比丘，名曰總聞，諮諸羅漢及與國王，〔一〕分我經律，多立臺館，爲求學來難。」〔二〕

王玄策行傳云：「摩伽陀國菩提寺主達磨師問漢敕使，知此佛法盛行。達磨師云：佛法當令盛在四方也。昔有迦羯王夢大海水，中心濁，四邊清。請迦葉佛解云：後釋迦末代佛法，中天竺無，所以中濁也。總向四方，所以四邊清也。」

述曰：自佛法東流已來，震旦已三度爲諸惡王廢損佛法。第一、赫連勃勃號爲夏國，被破長安，遇僧皆殺。第二、魏太武用崔皓言，夷滅三寶，後悔，皓加五刑。第三、周武帝但令還俗。此之三君爲滅佛法，皆不得久。身患癩瘡，死入地獄。有人暴死，見入地獄，受大極苦。具如別傳唐臨冥報記述。

頌曰：

聖迹隱顯，　隨人廢興。　至誠即感，　匪信難矜。　冀存敬學，　教被真宗。　迷斯厥理，　寧解困窮。

〔一〕「王」字原作「土」，據高麗藏本改。

〔二〕出舍利弗問經。

法苑珠林校注卷第九十九

雜要篇第九十九此有十部

述意部　四依部　四果部　四食部　净口部　鳴鐘部　入衆部　求法部　衰相部　雜行部

述意部第一

夫神理無聲，因言詞以寫意；言詞無迹，緣文字以圖音。故字爲言蹄，〔一〕言爲理筌。音義合符，不可偏失。是以文字應用，彌綸宇宙。雖迹繁翰墨，而理契乎神。但以經論浩博，具録難周；記傳紛

〔一〕「蹄」字原作「罤」，據高麗藏本、磧砂藏本、南藏本改。

綸，事有廣略。所以導達羣方，開示後學。設教緣迹，焕然備悉。訓俗事源，鬱爾咸在。搜檢條章，討撮樞要，緝綴紙筆，具列前篇。其餘雜務，汲引濟俗，現可行者，疏之於後。冀令昏昧漸除，法燈遐照也。

四依部第二

夫根鈍時澆，信堅難具；行淺德劣，智正易迷。要須機教相符，文理洞備。故經曰：「雖誦千章，不行何益。」〔一〕今立正義，須憑宗意。教有權實，行有昏明。故得月而指自忘，得意而言自息。豈意得道門猶行封滯。故經説四依，區分三位。一是人四依。即是四依開士。謂從初賢至於極聖，人資無漏，法體性空。據此依承，聖無邪倒。二是行四依。即是乞食，著糞掃衣，頭陀蘭若，樹下而坐。三是法四依。如下具述。立此三法，成末代之龜鏡，信是衆行之宗師。大聖致詞，終無虚設。準教行事，畢正非邪。初二四依，非今俗用，附在别章。具述法依，驗知邪正。惟以無相好佛尚惑魔形，況有識凡夫能無受亂。故立法依，顯成楷定也。

第一、依法不依人者。人惟情有，法乃軌模。性空正理，體離非妄。即用此法爲正法依。涅槃經

〔一〕出增一阿含經卷二十四。

極教，盛明斯轍。〔一〕今行事者，隨情妄述，多棄法逐人。從人起則，致乖遺寄，陷溺身心。若能反彼俗心，憑準教量，隱心行務，知非性空。乘持此心，以爲道路。一分知非，明順空理；一分厭觀，明違有事。如此安心，分名修趣法性真道。

第二、依義不依語者。語是言説，正是張筌。義爲達理，〔二〕化物之道。證解已後，慮絶杜言。法尚應捨，何況非法。故經有捨筏之喻，人懷目擊之談。不意言筌意表，〔三〕得意息言；月喻妙指，無宜不曉。今謂得義，乃是誦言。真行道者，常觀常破。常觀依語，常破隨義。謂言隨義，還是誦言。但無始妄習，執見鏗然。静退詳研，方知此過。不爾奔飛，追聲不及，又何思惟。

第三、依智不依識者。謂識現行，隨塵分别。眼色耳聲，躭迷不覺。與牛羊而等度，同邪凡而共行。大聖示教，境是自心；下愚冰執，塵爲識外。所以化導無由捨之。是知滯歸凡識，倒遺聖心；愚迷履歷，常淪三倒。勇勵特達，念動即知，名爲依識。知流須返，名隨分智。如是加功，漸增明大；後見塵境，知非外來。境非心外，是自心相。安有愚迷，妄生憎愛。思擇不已，解異牛羊。有人問：卿立

〔一〕見大般涅槃經卷六。
〔二〕「達」字原作「遠」，據高麗藏本改。
〔三〕上一「意」字，高麗藏本作「以」。

如此論明智愚遼，如何達觀猶稱凡識？答：聖智無涯，積空顯德，豈惟一述，即爲清升？〔一〕此但得語，隨言還執。深知此執，無始習熏，三祇無閒，方能傾盡。雜血之乳，不可漏言；起伏之相，於是乎在。如經說：初地行施，餘隨分修。高軌立儀，令人修學，何言一解，剩能窮智？必智可窮，未曰高勝。今人口誦其空，心未忘有。騰空不起，入火逾難。俱是心相封迷故爾。後得通達，隨心轉用。豈不烏之遊空，自常如布之火浣，不足怪也。

第四、依了義經不依不了義經者。此之兩經，並聖言量。凡入道者，率先曉之，則無事不通，有疑皆決。但羣生性識深淺利鈍不同，致令大聖隨情別說。然據至道，但是自心。故經云：「三界上下，法義唯心。」〔二〕此就世界依報以明心也。又云：「如如與真際，涅槃及法界，種種意生身，佛說唯心量。」〔三〕此據出世法體以明心也。〔四〕終窮至實，畢到斯源；隨流赴感，〔五〕還宗了義。故加以法，約

〔一〕「爲」字，高麗藏本作「謂」。

〔二〕出大方廣佛華嚴經卷二十五十地品。

〔三〕出楞伽阿跋多羅寶經卷三。

〔四〕「世」字原作「界」，據高麗藏本改。

〔五〕「赴」字原作「計」，據高麗藏本改。

定權機也。〔一〕

如大集經云：「復次，舍利弗，菩薩摩訶薩有四依法，亦不可盡。何等爲四？依義不依語，依智不依識，依了義經不依不了義經，依法不依人。云何依義不依語？語者，若入世法而有可說；義者，解出世法，無文字相。語者，若說布施、戒、忍、進、禪、智慧，調伏擁護；義者，知施、戒、忍、進、禪、智慧入於平等。語者，稱說生死；義者，知生死性。語者，說涅槃味；義者，知涅槃無性。語者，若說諸乘隨所安止；義者，善知諸乘入一相智門。語者，若說諸捨；義者，三種清淨。語者，說身口意受持淨戒功德威儀；義者，了身口意皆無所作而能護持一切淨戒。語者，若說忍辱，斷除恚怒、貢高、憍慢；義者，了達諸法，得無生忍。語者，若說勤行一切善根；義者，安住精進，無有始終。語者，若說諸禪、解脱三昧、三摩跋提；義者，知滅盡定。語者，悉能聞持一切文字智慧根本；義者，知是慧義不可宣說。語者，說三十七助道之法；義者，正知修行諸助道法能證於果。語者，說苦集道諦；義者，證於滅諦。語者，說無明根本乃至生緣老死；義者，知無明滅乃至老死滅。語者，說助定慧法；義者，明解脱智。語者，說貪恚癡；義者，解不善根即是解脱。語者，說障礙法；義者，得無礙解脱。語者，稱說三寶無量功德；義者，三寶功德離欲法性，同無爲相。語者，說從發心至坐道場，修集莊嚴菩提功德；義者，以

〔一〕見大智度論卷九。

一念慧覺一切法。舍利弗，舉要言之，能説八萬四千法聚，是名爲語；知諸文字不可宣説，是名爲義。

云何依智不依於識？識者，四識住處，何等爲四？色識住處，受想行識住處；智者，解了四識，性無所住。識者，若識地大、水火風大；智者，識住四大，法性無別。識者，眼識色住，耳鼻舌身意識法住；智者，內性寂滅，外無所行，了知識法無有憶想。識者，專取所緣，思惟分別；智者，心無所緣，不取相貌，於諸法中無所悕求。識者，行有爲法；智者，知無所行，無爲法性，無有識知。識者，生住滅相；智者，無生住滅相。舍利弗，是名依智不依於識。

云何依了義經不依不了義經？不了義經者，分別修道；了義經者，不分別果。不了義經者，所作何業，信有果報；了義經者，盡諸煩惱。不了義經者，呵諸煩惱；了義經者，讚白浄法。不了義經者，説生死苦惱；了義經者，説生死涅槃一相無二。〔一〕不了義經者，讚説種種莊嚴文字；了義經者，説甚深經，難持難了。不了義經者，多爲衆生説罪福相，令聞法者心生欣慼；了義經者，凡所演説，必令聽者心得調伏。不了義經者，若説我人衆生等無有施受者，而爲他説有施受；了義經者，説空無相、無願、無作，無有我人衆生、作者、受者，常説無量諸解脱門。是名依了義經不依不了義經。

云何依法不依於人？人者，攝取人見、作者、受者；法者，解無人見、〔二〕作者、受者。人者，凡夫、

〔一〕「説」字原脱，據高麗藏本補。

〔二〕「解」字下原衍「脱」字，據高麗藏本删。

善人、信行人、八人、四果人、辟支佛人、菩薩人。一人出世，多所利益，多人受樂。憐愍世間，生大悲心，於人天中，多所饒潤。所謂諸佛等依世諦故，爲化衆生，故作是説。若有攝取如是見者，是謂依人。如來爲化攝人見者，故説依法不依於人。一切平等，無別異性，猶如虚空。若有依止是法性者，終不復離一相之法，同一法性。是故言依一切法不依於人。舍利弗，是名菩薩摩訶薩四依無盡。」〔一〕

四果部第三

如修行道地經云：「其修行者已得初果道迹，知諸五欲皆歸無常，不能盡除。所以者何？由見色聲香味細滑之念，故起愛欲，未能斷除。譬如梵志净潔自喜，詣下舍後，卒汙於指。行語金師：指汙不净，以火燒之。金師諫曰：勿發是心。有餘方便，除此不净。以灰土拭之，用水洗之。設吾火燒，卿不能忍。火熱毒痛，自觸其身，更甚于前。梵志子聞，即懷瞋恚，便罵金師：莫以己心量度他人。自不能忍，謂人不堪。吾無所求，爲手有垢，〔二〕不敢行路，畏人觸我。吾儻近之，失吾道德。世所道術，天文地理，一切典籍，無不知之。曷因不净著五手指，〔三〕勿得停久，當隨我言，除其指穢也。金師聞之，燒

〔一〕出大方等大集經卷二十九無盡意菩薩品。

〔二〕「吾無所求，爲手有垢」，高麗藏本作「吾無所用，手有垢汙」。

〔三〕「五」字，高麗藏本作「吾」。

鑽正赤，〔一〕以搨彼指。梵志得熱，痛不能忍，掣指著口。金師大笑，謂年少言：卿自稱譽，聰明博學，採古知今，無不該通，〔二〕清浄無瑕。於今無耐，持不浄指，含著口中。當知輕躁，未足爲師。梵志報曰：不遭痛時，見指不浄。適遇火毒，即忘指穢。求道如是，長夜修習，離於愛欲。適見好色，婬意還動。所以者何？諸根未制，諸漏未盡，邪根未除，正定未發，宿愛不除，染欲還起。於是頌曰：

以見色欲求所習，　雖便解義至道迹，　頭戴想華續聞香，　如江詣海志欲然。

第二道迹斯陀含人，自念我身不宜習此婬欲，如餘凡夫。説情欲穢，樂於無欲。晝夜觀察，修習惡露，〔三〕婬怒癡尠，得往來道。一反還世，斷勤苦原。以得往還，於諸愛欲，無起清浄，婬怒癡薄。心常未斷，固有惱患。譬如男子，有婦端正，面目無瑕，以諸瓔珞莊嚴其身。夫甚愛敬，雖有是色，然是婬鬼，非是真人，須人肉血，以爲飲食。有人語夫：卿婦羅刹，肉血爲食。夫不信人。數數語之，夫心遂疑，意欲試之。夜卧揚出，鼾聲如眠，婦謂定眠，竊起出城，詣於塚閒。夫尋逐後，見婦脱衣及諸寶飾，却著一面。面色變惡，口出長牙，頭上焰然，眼赤如火，甚爲可畏。前近死人，手擘其肉，口齧食之。夫

〔一〕「鑽」字，高麗藏本作「鉗」，磧砂藏本、南藏本作「砧」。
〔二〕「該」字原作「開」，據高麗藏本改。
〔三〕「惡露」，高麗藏本、磧砂藏本作「汙露」。下同。

見如是，爾乃知之，非人是鬼。便急還家，〔一〕卧於牀上。婦即尋還，來趣夫牀，復卧如故。其夫見婦，莊嚴瓔珞，面色端正，乃還親近。假使念之，在於塚閒，噉死人肉。心雖穢厭，又懷恐怖。迴心觀婦，還起欲心。得往還道斯陀含人，若見外形端正姝好，婬意還動。若説惡露，瑕穢不净，婬意即滅。於是頌曰：

變化人身如脱鎧，　作婬鬼形詣塚閒，　便噉死屍如食飲，　夫爾乃知是羅刹。

第三道迹阿那含人，得不還者，見前得往還者，心自念言：吾於欲界三結已薄，其餘尠耳。還觀聖諦，見欲愛之瑕，多苦少安，不宜習欲。如凡衆庶，志在情欲，如蒼蠅著屍。吾何不除，令婬怒癡得滅無餘，得盡漏禪，然後安隱。譬如有人在於盛暑，不能堪熱，求扇自扇，慕水洗浴，往來如意。見婬怒癡以爲甚熱，念求不還。於是修行，作惡露觀，永脱色欲及諸怒癡。諦見五陰所從起滅。〔二〕滅盡爲定，知見如是，便斷五結而無陰蓋，得不還道。阿那含果不退還世，以脱愛欲，無有諸礙婬鬼之患。即獲清涼，無有衆熱。若觀色欲，常見不净，則知瑕穢。譬如遠方有賈客來，各當疲極。值二十九日，夜冥無月。至於半夜，來到城門。門閉不開，繞至南墻，有汪水天雨之池，死屍鷄狗雜類之蟲，或活或死，或沈

〔一〕「家」字原脱，據高麗藏本補。

〔二〕「從起」原作「起從」，據高麗藏本改。

或浮，百千萬億，跳踉戲樂。〔一〕并及城中掃除糞穢，〔二〕髮毛便利，悉棄水中。衆人遠客，初未曾至，不識是非，疲極飢渴，恣意飲之。并患熱乏，脱衣沐浴。身覺止疲，安隱喜卧。至於天明，疲解痟已，更詣池所，欲取水用。見水不浄，非常汙惡。或有捨走，或有閉目，或有塞鼻，或有嘔吐。於是頌曰：

譬如城傍水，　種種居不浄。　遠來值門閉，　衆共止此池。　初來不覺知，　飢渴而取飲；
并洗除熱乏，　疲極得卧寐。　天曉至水邊，　審覩知不浄；　衆人共厭惡，　各各懷嘔吐。
以得第三道，　見欲樂不安，　入禪定無患，　觀欲如瑕水。

爾時那含修行道時，樂於禪定，省於愛欲。如彼賈客惡不浄水。亦如嬰兒，癡弄不浄，年漸長大，捨前所戲，更樂餘事。至於老邁，悉捨前法，以法自娱。已得不還之道，亦復如是。見諸生死五道所樂，猶如小兒戲。轉更精進，欲脱始終，不樂求生。於是頌曰：

譬如有小兒，　在地弄不浄；　年遂向長大，　捨戲轉樂餘。　修行亦如是，　求護度三界，
爾時遂精進，　具足成四道。

第四無學羅漢修行道時，以在學地，不樂始終，都無所樂。弗貪三界，斷一切結。三毒永亡，志念根力及諸覺意，見滅爲寂。譬如王放醉象，牙利兇惡，遇者皆死。亦如毒龍，常吐毒氣，值者悉亡。亦

〔一〕「樂」字原作「中」，據高麗藏本改。
〔二〕「及」字原作「至」，據高麗藏本改。

如蚖蝮，常懷瞋毒，觸者並害。三毒煩惱亦復如是。興觸皆害，墜墮三界。唯有十力，覺意解脱，而能除斷。修行自念，當如今時，已成羅漢，得無所著，諸漏永盡，修潔梵行，所作已辦，棄捨重擔，逮得己利。生死已斷，獲平等慧，成無學法，以度彼此。於是頌曰：

其王放醉象，　兇害牙甚利。　諸龍蛇懷毒，　遇者皆當死。　皆化令調伏，　還得善攝心。　衆患盡無餘，　三界無所畏。　修行住學地，　不動成聖道，　已逮得己利，　度苦常獲安。　已絶於五品，　具足成六通，　蠲除諸塵勞，　如水浣衣垢。　是謂爲正士，　隨順佛聖教，　最上無塵垢，　故説無學地。」〔一〕

四食部第四

如增一阿含經云：「爾時世尊告諸比丘：衆生之類，有四種食，長養衆生。何等爲四？所謂段食，或大或小，更樂食，念食，識食。是謂四食。彼云何段食？謂今人中所食諸入口之物，可食噉者，是謂段食。云何更樂食？謂衣裳繖蓋，雜香華熏，火及香油，與婦人集聚，諸餘身體所更樂者，是謂更樂食。云何念食？謂意中所念、所想、所思惟者，或以口説，或以體觸及諸所持之法，是謂念食。云何識食？

〔一〕　出修行道地經卷六學地品。

謂意之所知，梵天爲首乃至有想無想天以識爲食，是謂識食。以此四食流轉生死。」〔一〕又增一阿含經云：「世尊告阿那律曰：一切諸法由食而存。眼以眠爲食，耳以聲爲食，鼻以香爲食，舌以味爲食，身以細滑爲食，意以法爲食。涅槃以無放逸爲食。」〔二〕「爾時佛告諸比丘：如此妙法，夫觀食有九事，人閒有四食：一、段食，二、更樂食，三、念食，四、識食。復有五種是出世閒食：一、禪悦食，二、願食，三、念食，四、八解脱食，五、喜食。是出世閒之食。當共專念，捨除四種之食，求辦出世之食。」〔三〕

又正法念經云：「若有衆生信心悲心，以種種食施人，命終生質多羅天，受種種樂。命終得受人身，大富饒財，常行正法。」〔四〕

又正法念經云：「若有衆生見諸病人，施其湯藥，令離病苦，命終生欲境天，受五欲樂。從天命終，若得人身，大富多財。若見病人臨終渴病，以石蜜漿若冰水施，此人命終生清涼天，受天快樂。從天命終，得受人身，常離飢渴。」〔五〕

〔一〕出增一阿含經卷二十一。
〔二〕出增一阿含經卷三十一。
〔三〕出增一阿含經卷四十一。
〔四〕出正法念處經卷二十三。
〔五〕出正法念處經卷二十三。

又五分律云：「若月直監食人，欲知生熟鹹酢，得貯掌中，舌舐嘗之。」〔一〕齋法經不許口嘗者，爲無好之貪心嘗，故犯也。

净口部第五

如十誦律云：「云何漱口？佛言：以水著口中，三迴轉之，是名净口法。」〔二〕

又僧祇律云：「爾時世尊大會説法。有比丘口臭，在下風而住。佛知而故問：是比丘何故獨坐？荅言：世尊制戒，不聽嚼木，所以口臭。恐熏汙人，故在下風。佛言：聽用嚼木，極長六指，極短四指以上。嚼時當在屏處，先净洗手，嚼已，水洗棄之。嚼時不得咽之。若醫言爲差病須咽者，聽。若無齒者，當用灰滷、土塼、礓石、草木，洗口已食。」〔三〕「若食上欲行水，當净水先洗手器，〔四〕然後行水。若手汙者，當以葉承取。若口飲時，不得没脣，使器著額，當拄脣而飲。飲時不得盡飲，當留少許，洮蕩

〔一〕此段出處待考。
〔二〕出十誦律卷六十。
〔三〕出摩訶僧祇律卷三十四。
〔四〕「當」字原作「嘗」，據高麗藏本改。

已，〔一〕從口處棄之。行水人當好護净器。若見没脣著額者，〔二〕當放置一處，以草作識，令人知不净。若行非時漿飲，亦如前法。」〔三〕

又僧祇律云：「比丘晨起應净洗手，不得麤洗五指。復不得齊至腕，當齊手腕以前令净，不得麤魯洗，不得揩令血出，當以巨磨草木，若灰土澡豆皂莢洗手，揩令作聲。净洗手已，更相揩者，便名不净，應更洗手。比丘食前當護净手，〔四〕若摩頭捉衣等，更須洗。」〔五〕比丘尚爾，白衣亦然。讀經受食等，唯用行水，〔六〕手净尚爾，何況手殺生命，飲血噉肉以汙身口。縱欲傳法，心亦不净。

又四分律云：「時諸比丘患屋内臭。佛言：應灑掃。若故臭，以香泥泥。若復臭，應屋四角懸香。」〔七〕

又十誦律云：「時有比丘不嚼楊枝，口中氣臭，白佛。佛言：聽嚼楊枝。有五利益：一、口不苦，

〔一〕「洮」字，僧祇律作「掏」。

〔二〕「脣」字原脱，據高麗藏本補。

〔三〕出摩訶僧祇律卷三十五。

〔四〕「護净」二字原作「度」，據僧祇律改。

〔五〕出摩訶僧祇律卷十七。

〔六〕「唯用行水」，高麗藏本作「准用行之」。

〔七〕出四分律卷五十二。

二、口不臭，三、除風，四、除熱病，五、除痰癊。復有五事利益：一、除風，二、除熱，三、口味，四、能食，五、眼明。」〔一〕

又四分律云：「不嚼楊枝有五過失：一、口氣臭，二、不善別味，三、熱癊病不消，四、不引食，五、眼不明。」〔二〕

又五分律云：「嚼已應洗棄之，以恐蟲食故死。」〔三〕

又三千威儀云：「用楊枝有五事：一、斷當如度，二、破當如法，三、嚼頭不得過，三、分四梳齒當中三齒，五、當汁澡自用。刮舌有五事：一、不得過三反。二、舌上血出當止。三、不得大振手，汙僧伽梨若足。四、棄楊枝莫當人道。五、當著屏處。」〔四〕

鳴鐘部第六

如付法藏經云：「時有國王，名罽膩吒。貪虐無道，數出征伐，勞役人民，不知厭足。欲王四海，戍

〔一〕出十誦律卷四十。

〔二〕出四分律卷五十三。

〔三〕出彌沙塞和醯五分律卷二十七。

〔四〕出大比丘三千威儀卷上。

備邊境，親戚分離。若斯之苦，何時寧息。宜可同心，共屏除之。然後我等，乃當快樂。因王病瘧，以被鎮之，人坐其上，須臾氣絶。由聽馬鳴比丘説法緣故，生大海中，作千頭魚。劍輪迴注，斬截其首。續復尋生，次第更斬。如是展轉，乃至無量。須臾之間，頭滿大海。時有羅漢爲僧維那。王即白言：今此劍輪，聞揵椎音即便停止。於其中間苦痛小息，唯願大德垂哀矜愍，若鳴揵椎，延令長久。羅漢愍念，爲長打之。過七日已，受苦便畢。而此寺上因彼王故，次第相傳，長打揵椎。至於今日，猶故如本。」〔一〕

述曰：既知經意，鳴鐘濟苦，兼以集衆。即須維那，將欲打鐘，斂容合掌，發願利生之意，因鐘念善，便受苦畢。

又增一阿含經云：「若打鐘時，願一切惡道諸苦，並皆停止。若聞鐘聲，兼説偈讚，得除五百億劫生死重罪：

降伏魔力怨，　除結盡無餘，　露地擊揵椎，　比丘聞當集。　諸欲問法人，　度流生死海，
聞此妙響音，　盡當來集此。」〔二〕

依別經偈云：

〔一〕出付法藏因緣傳卷五。
〔二〕「盡」字原作「善」，據高麗藏本改。出增一阿含經卷二十四。

聞鐘卧不起，　護塔善神瞋，　現在緣果薄，　來報受蛇身。　所在聞鐘聲，　卧者必須起，

合掌發善心，　賢聖皆歡喜。

洪鐘震響覺羣生，　聲徧十方無量土，　含識羣生普聞知，　拔除衆生長夜苦。　六識常昏

終夜苦，　無明被覆久迷情，　晝夜聞鐘開覺悟，　怡神凈刹得神通。

依宣律師住持感應記云：「祇洹戒律院内有銅鐘，重三十萬斤。四天王共造，欲集大千聖衆。目連以通力擊之，聲震遠聞。臺高七十丈，〔一〕鐘形如吴地者。四面多有日月星辰山川河海之像，兼斗斛秤尺之形。目連所擊，隨事所表，聲出告知。凡僧打者，但聲出而已。其戒場院内，復有大鐘，臺高四百尺，上有金鐘，重十萬斤，形如盃器。上有千輪王像，亦有千子，各各具足。復有九龍八功德水種種諸相莊嚴。此之大鐘，劫初之時，輪王所造。聖人受戒已得通者擊之，聲震三千。一切聖人聞皆證果。惡趣聞者，得宿命通。〔二〕祇洹别有論師院，有一銅鐘，形如腰鼓。是乾闥婆王之所造也。上有梵王、帝釋、魔王、四王、八部男子等像。若有異學外道欲來擊論，則使神通羅漢擊之，聲震三千。諸外道等將欲擊揚，聞此鐘聲，諸根訥鈍，無敢發言。若有好心請決疑者，聞此鐘聲，開發菩提，得不退轉。

復有别院，名脩多羅院。有一石鐘，形如吴樣，如青碧玉，可受十斛。鼻上有三十三天像。四面以

〔一〕「七十」，高麗藏本作「七」。

〔二〕「得宿命通」，高麗藏本作「識宿命」。

金銀隱起，東西兩面有大寶珠，陷在腹中。大如五升，八角分曜。狀若華形，周匝作十方諸佛初成道像。至初日出時，鐘上有諸化佛説十二部經。舍衛城童男童女悉來聽之，聞法證聖。犯欲之者，則不聞法。摩尼大將以金剛杵擊之，百億世界中聲聞，於光明中悉聞百千釋迦佛説脩多羅經。此鐘是拘樓秦佛所造，彼佛滅度後，娑竭龍王收去。至釋迦佛興，龍復將來。至佛滅度已，鐘先唱言：却後三月當般涅槃。鐘鼻諸天聞皆涕泣。龍後將去。

又阿難房前有一鐘磬，〔二〕可受五升。磬子四邊悉黄金鏤，作過去佛教弟子文。鼻上以紫磨金爲九龍形。背上立天人像。執椎擊之，聲震三千。音中亦説諸佛教誡弟子法。此磬梵天王造。及佛滅後，娑竭龍王亦收入海宫中。」

入衆部第七

如四分律云：「凡欲入衆，當具五法：一、應以慈心。二、應自卑下，如拭塵巾。三、應知坐起法。若見上座，不應安坐；若見下座，不應起立。四、至彼僧中，〔三〕不爲雜説談世俗事，若自説，若請他

〔二〕「鐘」字，高麗藏本作「銅」。

〔三〕「至彼」原作「彼至」，據高麗藏本改。

說。五、若見僧中不可意事，〔一〕心不安忍，應作默然住之。」〔二〕故智度論云：「佛聖弟子住和合故，有二種法：一、賢聖語，二、賢聖默。」〔三〕今見齋會之處，後生前到已，得上好之處。若見上座老師來，都不起迎逆，遜讓坐處。滅法之深，實猶年少。復見向他貴勝之家，或經新喪重孝，或爲考妣遠忌設齋，僧衆放蕩情歡，諠鬧亂衆。〔四〕豈免俗譏高僧之類。〔五〕

三千威儀經云：「凡欲上牀，當具七法：一、庠踞牀；二、不得匍匐上；三、不使牀有聲；四、不得大拂牀有聲；五、不得大吒歎息，思惟世事；六、不得狗羣卧；七、以時節早起。」〔六〕

地持論云：「若見衆生，當慰問歡顔，先語平視，和色正念在前。」〔七〕「若菩薩知他衆生有實功德，以嫌恨心不向人說，亦不讚歎，有讚歎者不唱善哉，是名爲犯。衆多犯，是犯染汙起。」〔八〕故梁攝論

〔一〕「意」字原脱，據高麗藏本補。

〔二〕出四分律卷六十。

〔三〕出大智度論卷七十七。

〔四〕「鬧」字原作「席」，據高麗藏本改。

〔五〕「譏」字原作「談」，據高麗藏本改。

〔六〕出大比丘三千威儀卷上。

〔七〕出菩薩地持經卷七方便處四攝品。

〔八〕出菩薩地持經卷五方便處戒品。

云：「菩薩若見衆生，當歡笑先言，然後共語。」〔一〕故五分律云：「不忍辱人有五過失：一、兇惡不忍，二、後悔恨，三、多人不愛，四、惡聲流布，五、死墮惡道。」〔二〕

求法部第八

如增一阿含經云：「若不成就六法，則不能遠塵離垢，得法眼浄。何等爲六？一、不樂聞法，二、雖聞法不攝耳聽，三、不爲知解，四、未得法不方便勤求，五、所得法不善守護，六、不成就順忍。反此六種，則能遠塵離垢，得法眼浄。」〔三〕

又薩婆多論云：「無有白衣得佛道者，要有三十二相，出家，著法衣，威儀具足。」〔四〕

雜心論云：「知足現在處起，少欲於未來世處起。」〔五〕現在不取一錢難，未來不取轉輪王易。〔六〕

〔一〕此段出處待考。

〔二〕出四分律卷五十九。作五分律誤。

〔三〕出阿毘曇毘婆沙論卷三。作增一阿含經誤。

〔四〕出薩婆多毘尼毘婆沙卷七九十事。

〔五〕出雜阿毘曇心論卷八。

〔六〕「不取」二字原脱，據高麗藏本補。

又涅槃經云：「於未得之財不生貪，名少欲。於已得之財不生貪，名知足。」〔一〕知足是現在，少欲是未來。

衰相部第九

如分別緣起初勝法門經云：「世尊告曰：老有五種衰損：一者、鬚髮衰損。以彼鬚髮色變壞故。二者、身相衰損。形色膚力皆衰損故。三者、作業衰損。發言氣上，喘息逾急，身戰掉故。住便僂曲，以其腰脊皆無力故。坐即低屈，身羸弱故。行必按杖，身虛劣故。凡所思惟，智識愚鈍，念惛亂故。四者、受用衰損。於現資具受用劣故，於戲樂具一切不能現受用故，於諸色根所行境界，不能速疾明利而行，或不行故。五者、命根衰損。壽量將盡，鄰近死故。遇少死緣，不堪忍故。」〔二〕

阿含經云：「頭白有四因緣：一者火多，二者憂多，三者病多，四者種早白人。病瘦有四因緣：一少食，二有憂，三多愁，四有病未調。有四事先不語人：一頭白，二老，三病，四死。是四事亦不可避，亦不可却。一切味不過八種：一苦，二澀，三辛，四鹹，五澹，六甜，七酢，八不了味。」〔三〕

〔一〕出南本大般涅槃經卷二十五。

〔二〕出分別緣起初勝法門經卷上。

〔三〕「不了味」，高麗藏本作「不了了味」。出阿含口解十二因緣經。

雜行部第十

四分律云：「跋難陀比丘在道行，持大圓蓋。諸居士遥見，謂是王若大臣，恐怖避道，諦視乃知。比丘白佛。佛言：比丘不應持蓋在道行，亦不許懸。爲天雨時，聽在寺内，樹皮、若葉、若竹作蓋。亦不許捉王大扇。〔一〕若行患熱，聽以樹葉雜物作扇。〔二〕時諸比丘患蟲、草、塵、露墮身上。佛言：聽作拂。若以草樹皮葉，或以縷線裁碎繒帛作。時有比丘得尾拂。佛言：聽畜。時有年少比丘不解時事，數相涉聽，用算子記數。」〔三〕

又四分律云：「時諸比丘自作伎，若吹唄供養。佛言：不應爾。彼畏慎不敢令白衣作伎供養。佛言：聽。」又「佛言：彼不知供養塔飲食，誰當應食？佛言：比丘，若沙彌，若優婆塞，若經營作者，應食。」〔四〕

又薩婆多論云：「凡出家人市買之法，不得下價索他物，得突吉羅罪。衆僧衣未三唱，得益價；三

〔一〕「許」字原作「應」，據高麗藏本改。

〔二〕「聽」字原作「應」，據高麗藏本改。

〔三〕「記」字下原衍一「記」字，據高麗藏本删。出四分律卷五十二。

〔四〕出四分律卷五十二。

唱已，不應益。衆僧亦不應與衣，已屬他故。比丘三唱得衣，不應悔。設悔莫還，衆僧亦莫還。」〔一〕

又新婆沙論：「問：異生、聖者，誰有怖耶？有作是説：異生有怖，異生舊名凡夫。聖者無怖。所以者何？聖者已離五怖畏故。五怖畏者：一、不活畏，二、惡名畏，三、怯衆畏，四、命終畏，五、惡趣畏。」〔二〕

又雜寶藏經云：「佛言：此如意珠是摩竭大魚腦中出，魚身長二十八萬里。此珠名曰金剛堅也。有第一力，耐使一切被毒之人見悉消滅。又見光觸身，亦復消毒。第二力者，熱病之人見則除愈。光觸其身，亦復得差。第三力者，人有無量百千怨家，捉此珠者悉得親善。諸天一爪甲，價直一閻浮提人物。」〔三〕

又四分律云：「時諸比丘患蛇入屋，未離欲比丘恐怖。佛言：聽驚。若以筒盛，棄之；若以繩繫，置地解放。有鼠入屋，作檻盛出，棄之。患蝎、蜈蚣、蚰蜒入屋。若以弊物，若泥團掃箒，盛裹棄之。在外解放。」〔四〕「若房舍夜患蝙蝠，晝患鵂鳥入。佛言：聽織作籠疏障，若作向櫺子遮。時有老病比丘

〔一〕出薩婆多毘尼毘婆沙卷五三十事。

〔二〕出阿毘達磨大毘婆沙論卷七十五。

〔三〕此段出處待考。

〔四〕出四分律卷四十二。

拾虱棄地。佛言：不應爾。聽以器盛，若綿拾著中。若虱走出，應作筒盛。若虱出筒，應作蓋塞。」〔一〕隨其寒暑，加以膩食，將養之也。

又四分律云：「時六羣比丘誦外道安置舍宅吉凶符書呪、枝節呪、刹利呪、知人生死吉凶呪、解諸音聲呪。佛言：不應爾。彼教他彼以活命。佛言：皆不應爾。爾時世尊在毗舍離國。時諸離奢乘象馬車，乘輦輿，捉持刀劍，來欲見世尊。彼留刀杖在寺外，入内問訊世尊。時諸白衣持刀劍來，寄諸比丘藏，畏慎不敢受。佛言：爲檀越牢堅固藏舉者聽。」〔二〕

又五百問事云：「不得口吹經上塵。像塵準之。雖非正經，然須慎之。亦不得燒故經，得重罪，如燒父母。不知有罪者輕。」〔三〕

又僧祇律云：「然火向有七事無利益：一、壞眼，二、壞色，三、身羸，四、衣垢壞，五、卧具壞，六、生犯戒緣，七、增世俗話。」〔四〕看病法者，僧祇律云：「病人有九法成就，必當横死：一、知非饒益食貪食，二、不知籌量，三、内食未消而食，四、食未消而嘔吐出，五、已消應出而强持，六、食不隨病，七、隨病

〔一〕出四分律卷五十。
〔二〕出四分律卷五十三。
〔三〕出目連問戒律中五百輕重事問法事品。
〔四〕出摩訶僧祇律卷十七。

食而不籌量，八、懈怠，九、無慧。」〔一〕

又月上女經云：「維摩詰妻名曰無垢，其妻九月生女，名爲月上。」〔二〕又佛説離垢施女經云：「波斯匿王有女，名曰維摩羅達，晉言離垢施。厥年十二，端正殊妙，極有聰慧。」〔三〕又轉女身經云：「須達長者妻名曰净日，有女名無垢光。」〔四〕

頌曰：

拾遺簡要，　冀捨危嶮。　萬行貞固，　六塵方掩。　烈烈霜心，　昭昭玉瞼。　如彼瓊珪，
皎無瑕點。

〔一〕出摩訶僧祇律卷二十八。

〔二〕出月上女經卷上。

〔三〕出離垢施女經。

〔四〕出轉女身經。

法苑珠林校注卷第一百

傳記篇第一百此有六部

述意部　翻譯部　雜集部　般若部　興福部　曆算部

述意部第一

蓋聞九河流跡，策組靈丘；四徹中繩，書藏羣玉。亦有青丘紫府，三皇刻石之文；緑檢黄繩，六甲靈飛之字。豈若如來祕藏，譬彼明珠；諸佛所師，同夫净鏡。鹿苑四諦之法，尼園八藏之文。香山巨力，豈云能負；龍宫寶篋，亦未能算。〔一〕良由吾師釋迦，德本深構，樹自三祇之初；妙果獨高，成於百劫之末。總法界而爲智，竟虚空以作身。寧惟氣稟二儀，道周萬物而已哉！故身無不在，量極規矩之外；智無不爲，用絶思議之表。不可以人事測，豈得以處所論。乃三界之大師，萬古之獨步。吾自庸才，談何以盡。縱使周公之制禮作樂，孔子之述易删詩；予賜之言語，商偃之文學；爰及左元放、葛仙子、〔二〕河上公、柱下史，並驅驅於方内，何足道哉！自我含靈福盡，法王斯逝。遂使北首提河，春秋有八十矣。應身粒碎，流血何追。争决最後之疑，競奉臨終之供。嗚呼智炬，慈雲消滅，長夜諸子，誠可悲夫！於是瞻相好於香檀，記筌蹄於貝葉。〔三〕三藏受持，四依補處。而我師風教無墜，特恃斯乎！但正像侵移，羣情矯薄。人代今古，暨乎季運。既當徂北，稍復東漸。〔四〕所以金人夢劉莊之寢，摩騰佇蔡愔之勸。遺教之流漢地，創發此焉，迄今六百餘年矣。自後康僧會、竺法護、〔五〕佛圖澄、鳩摩什，繼

〔一〕「算」字，高麗藏本作「籌」。

〔二〕「仙子」，高麗藏本作「稚川」。

〔三〕「蹄」字原作「罤」，據高麗藏本改。

〔四〕「復」字原作「後」，據高麗藏本改。

〔五〕「護」字原作「維」，據高麗藏本、磧砂藏本、南藏本、嘉興藏本改。

踵來儀，盛宣方等。遂使道生、道安之侣，慧嚴、慧觀之徒，並能銷聲柱冠，〔一〕翕然歸向。爰至皇唐，玄奘法師德隆終古，聲高宇宙。涉歷諸國百有五十，翻譯經論千有五百。盡善盡美，可稱可讚。前後寶軸，幾向五千。法門弘闡，緇朋繁熾。道俗蒙益，焉可勝言。吾少習周孔之文典，晚慕黄老之玄言。俱是未越苦河，猶淪火宅。可久可大，其惟佛教也歟！遂乃希前代之清塵，仰羣英之遠迹，歸斯正道，拔自沈泥。本號離欲之逸人，摧邪之大將。吾欣儔黨，其謂此乎！今列前後翻譯總有一十八代，所出衆經五千餘卷。佛法東流，三度滅法。失譯經本三百一十部，五百三十八卷。今此所列，總述帝王年代，大小乘經，部帙綱要，具録人法，寄在大本。〔二〕兼述古今道俗，英賢博學，依傍佛經所出百家諸子，向有三千餘卷。又列帝王前後興福多少。又列佛降閻浮隱顯年代，略算時節，如是要用，並附其後。庶將來哲，同鑒博記矣。

翻譯部第二

竊觀上代有經已來，賢德筆受，每至度語，無不稱云譯胡爲漢。且東夏九州，名西域爲天竺者，是總名也。或云身毒，如梵稱此方爲脂那，或云真丹，或作震旦。此蓋承聲有楚夏耳。若當稱漢，漢止劉

〔一〕「柱」字，高麗藏本作「桂」。

〔二〕「本」字原作「命」，據高麗藏本改。

氏兩代一號。已後禪讓，魏晉不同，須依帝王稱謂甄别。今爲此録，悉改正之。又胡之雜戎，乃是西方邊俗，類此方有羌蠻夷之屬，〔一〕何得經書乃云胡語？佛生天竺，彼土士族婆羅門者，總稱爲梵。梵者，清浄也。承胤光音色天。其光音天，梵世最爲下。劫初來此，食地肥者，身重不去，因即爲人。仍其本名，故稱爲梵。語言及書，既象於天，是以彼云梵書、梵語。如舊日僧，悉稱俗姓，云釋迦者，起自秦代。有沙門釋道安獨拔當時，居然超悟。乃云：既存剃染，紹繼釋迦，子雖異父而姓無殊，今者出家宜悉稱釋。及翻四含，果云：「四姓出家，同一釋種。」衆咸歎服。其四姓者：一、刹帝利，此是王種。二、婆羅門，是高行人。三名毗舍，如此土民。四名首陀，最爲卑下，如此土皂隸。而安正當晉秦之時，刊定目録，删注羣經。自號彌天，楷模季葉。猶言譯胡爲秦，此亦崑山之一礫，未盡美焉。但上來有胡言處，並以梵字替之，庶後哲善談，得其正真者也。

後漢朝傳譯道俗一十二人，所出經律等三百三十四部。四百一十六卷。失譯經一百二十五部，一百四十八卷也。

前魏朝傳譯僧六人，所出經律等一十三部。二十四卷。

南吴孫氏傳譯道俗四人，所出經傳等一百四十八部。一百八十五卷。失譯經一百一十部，二百九十一卷。

西晉朝傳譯道俗一十三人，所出經戒等四百五十一部。七百一十七卷。失譯經八部，一十五卷。

〔一〕「方」字原作「互」，據高麗藏本改。

東晉朝傳譯道俗二十七人，所出經傳等二百六十三部。五百八十五卷。失譯經五十三部，五十六卷。
前秦苻氏傳譯僧八人，所出經傳等四十部。二百三十八卷。
西秦乞伏氏傳譯僧一人，所出經十四部。二十一卷。失譯經八部，十一卷。
後秦姚氏傳譯僧八人，所出經傳一百二十四部。六百六十二卷。
北凉沮渠氏傳譯道俗八人，所出經傳三十二部。二百二十四卷。失譯經五部，一十七卷。
宋朝傳譯道俗二十三人，所出經傳二百一十部。四百九十卷。
前齊朝傳譯道俗一十九人，〔一〕所出經傳四十七部。三百四十六卷。
梁朝傳譯道俗二十一人，所出經律傳等九十部。七百八十卷。
後魏元氏傳譯道俗一十三人，所出經論傳録八十七部。三百二卷。
後齊高氏傳譯道俗二人，所出經論七部。五十三卷。
後周宇文氏傳譯道俗一十一人，所出經論天文等三十部。一百四卷。
陳朝傳譯道俗三人，所出經論傳疏等四十部。三百四十七卷。
隋朝傳譯道俗二十餘人，所出經論等九十餘部。五百一十餘卷。

〔一〕「一」字，高麗藏本、嘉興藏本作「二」。

皇朝傳譯僧等十有一人，所出經論等二百餘部。一千五百餘卷。

衆經律論傳合八百部。三千三百六十一卷，五萬六千六百七十紙。〔一〕三百二十六帙。除新翻經。

大乘經一譯二百四部。六百八十五卷，一萬一千四十三紙。〔二〕六十六帙。

大乘經重翻二百二部。四百九十七卷，七千二百九十紙。四十九帙。

小乘經一譯一百八部。四百三十五卷，六千六百九十紙。四十九帙。

小乘經重翻九十六部。一百一十四卷，九百七十七紙。六帙。

小乘律三十五部。二百七十四卷，五千八百一十三紙。二十八帙。

大乘論七十四部。五百二卷，九千一百四十紙。〔三〕五十二帙。

小乘論三十三部。六百七十六卷，一萬二千一百七十七紙。六十八帙。

賢聖集傳四十九部。一百八十四卷，二千八百八紙。一十八帙。

〔一〕「六百」，高麗藏本作「一百」。

〔二〕「三」字，高麗藏本作「二」。

〔三〕「四」字，高麗藏本作「三」。

雜集部第三

自仙苑告成，金河浄濟。敷字羣品，汲引塵朦。隨機候而設謀猷，逐性欲而陳聲教。網羅一化，統括大千。受其道者難訾，傳其宗者易曉。遂能流被東夏，時經六百。翻譯方言，卷數五千。英俊道俗，依傍聖宗，所出文記三千餘卷，莊嚴佛法，顯揚聖教。文華旨奥，殊妙可觀。歷代隱顯，部帙散落，雖有大數，不足者多。尋訪長安，減向千卷。唯聞廬山東林之寺，即是晉時慧遠法師所造伽藍。綱維住持一切諸經，〔一〕及以雜集，各造別藏，安置並足。知事守固，禁掌極牢。更相替代，傳授領數。〔二〕慮後法滅，知教全焉。今隨所見聞者具列如左：後有見者，冀補茲處。〔三〕

耆闍崛山解見僧祐録　衆經目

右二部，〔四〕西晉沙門竺法護出。

即色遊玄論　辯三乘論　釋朦論　聖不辯知論　道行指歸　本業四諦序　本起四諦序

〔一〕「綱」字原作「網」，據高麗藏本、磧砂藏本、南藏本、嘉興藏本改。

〔二〕「授」字原作「受」，據高麗藏本改。

〔三〕「後有見者，冀補茲處」八字原脱，據高麗藏本補。

〔四〕「部」字原作「本」，據高麗藏本改。

右七部七卷，東晉哀帝時沙門支遁撰。字道林。

毗曇指歸一卷

右哀帝時沙門竺僧度撰。〔一〕

歷遊天竺記傳一卷

右東晉平陽沙門釋法顯撰。

法性論　明報應論　釋三報論　辯心識論　不敬王者論　沙門袒服論　佛影讚　妙法蓮華經序　修行方便禪經序　三法度論序　大智度論序、大智度論要略鈔二十卷　問大乘中深義十八科并羅什法師荅

右十三部，總有三十五卷。晉孝武及安帝時，廬山沙門釋慧遠撰。

神無形論一卷

右東晉帝時揚都瓦官寺沙門釋僧敷撰。

維摩詰經子注五卷〔二〕　窮通論

〔一〕「度」字，高麗藏本作「虔」。

〔二〕「詰」字原脱，據高麗藏本補。

右二部六卷，晉孝武帝時，廬山東林寺沙門釋曇說撰。〔一〕是遠法師弟子。

人物始義論一卷

右晉成帝時沙門釋法暢撰。〔二〕

高逸沙門傳一卷

右晉孝武帝時剡東仰山沙門釋法濟撰。

立本論九篇〔三〕　六識指歸十二首

右二卷，晉孝武帝時，荆州上明寺沙門釋曇徵撰。

馬鳴菩薩傳　龍樹菩薩傳　提婆菩薩傳　實相論什法師注

右四卷，至後秦晉安帝時天竺國鳩摩羅什法師譯撰。

般若無知論　不真空論　物不遷論　涅槃無名論

右四卷，晉安帝時京兆沙門釋僧肇撰。

釋駁論一卷

〔一〕「說」字，高麗藏本作「詵」。

〔二〕「成帝」，高麗藏本作「武帝」。

〔三〕「本」字原作「命」，據高麗藏本、磧砂藏本、南藏本、嘉興藏本改。

右晉安帝時沙門釋道恒撰。

善不受報論　佛無浄土論　應有緣論　頓悟成佛論　佛性當有論　法身無色論　二諦論

右七卷，宋朝初龍光寺沙門釋竺道生撰。

三寶記二十卷　浄住子二十卷　宣明驗三卷　雜義記二十卷

右四部六十三卷，齊司徒竟陵文宣王蕭子良撰。

承天達性論　冤魂志一卷〔一〕　誡殺訓一卷

右三部，齊光禄大夫顔之推撰。

述僧中食論一卷

右南齊沈休文撰。

冥祥記一部十卷

右齊王琰撰。

出三藏集記十六卷　法苑集一十五卷　弘明集一十四卷　世界記一十卷　薩婆多師資傳五卷

釋迦譜四卷　大集等三經記　賢愚經記　集三藏因緣記　律分五部記　經來漢地四部記　律分十八

〔一〕「一」字，高麗藏本作「二」。

部記　十誦律五百羅漢記　善見律毗婆沙記

右十四部七十二卷，至梁朝揚州建安寺沙門釋僧祐撰。

衆經要覽法偈二十一首一卷

右梁武帝時沙門釋道歡撰。

起信論疏二卷

右梁太清四年真諦法師出。

衆經要鈔一部并目録十八卷

右梁帝敕莊嚴寺沙門釋僧旻等於定林上寺撰出。

華林佛殿衆經目録四卷

右梁帝敕安樂寺沙門釋僧紹撰。

經律異相一部并目録五十五卷　名僧傳并序目三十一卷　衆經供聖僧法五卷　衆經目録四卷　衆經護國鬼神名録三卷　衆經諸佛名三卷十六年出　衆經擁護國土龍王名録一卷〔一〕　衆經懺悔滅罪法三卷〔二〕　出要律儀二十卷

〔一〕「龍王」，高麗藏本作「諸龍」。

〔二〕「法」字原脱，據高麗藏本補。

右此九部一百二十二卷，梁帝敕莊嚴寺沙門釋寶唱等撰集。

大般涅槃經子注一部七十卷

右梁朝建安寺沙門釋慧朗注。〔一〕

義林一部八十卷

右梁簡文帝敕開善寺沙門釋智藏等二十大德撰。

内典博要一部四十卷

右湘東王記室虞孝敬撰。頗同皇覽、類苑之流，後得出家，改名慧命。

高僧傳一部十四卷并目録

右梁朝會稽嘉祥寺沙門釋慧皎撰。

伏魔詔一卷

右梁朝僧會撰。

轉法輪論一部一百八十卷

右梁朝敕大德并學士撰。

〔一〕「朗」字，高麗藏本作「明」。

婆羅門天文一部二十卷

右梁武帝天和年摩勒國沙門釋達摩流支法師譯出。〔一〕

大品經子注一部五十卷或百卷

右梁武帝注。

法寶連璧一部二百卷

右梁簡文帝蕭綱在儲宮日，躬覽内經，指撝科域，令諸學士編寫連成，有同華林徧略。

京師塔寺記一部二十卷

右梁朝尚書兵部郎中兼史學士臣劉璆奉敕撰。

神不滅論一卷

右梁朝鄭道子撰。

婆藪槃豆傳一卷　翻外國語七卷　衆經通序二卷

右三部十卷，陳朝西天竺優禪尼國三藏法師拘那羅，陳翻云真諦譯出。

洛陽地伽藍記一部五卷

〔一〕「摩」字原脱，據高麗藏本補。

右元魏鄴都期城郡守楊衒之撰。

五明論：一、聲論，二、醫方論，三、工巧論，四、呪術論，五、因明論。

右此五論，至魏明帝時，波頭摩國三藏律師攘那跋陀羅共闍那耶舍於長安舊城譯出。

周衆經要二十二卷　一百二十法門一卷

右此二部，魏丞相王宇文黑泰命沙門釋曇顯等撰。

釋老子化胡傳一卷　十八條難道章一卷

右二卷，周朝新州願果寺沙門釋僧勔撰。〔一〕

散華論一部八卷

右周朝揚州栖玄寺沙門釋慧善撰。

至道論　淳德論　遣執論　不殺論　去是非論　修空論　影喻論　法界寶人銘　厭食想文　僧崖菩薩傳　韶法師傳　驗善知識傳

右十二卷，周朝武帝時沙門釋亡名著。

三寶集一部十一卷

〔一〕「勔」字，高麗藏本作「勐」。

右周朝武帝時沙門釋静藹依諸經撰。

二依論一卷〔一〕

右周朝武帝時沙門釋道安撰。

笑道論一部三卷

右周武帝勅前司隸母極伯甄鸞銓衡佛道二教作。

周高祖問難佛法一部二卷

右周武帝共前僧鄴都任道林論議，武帝勅撰。

王氏破邪論一卷

右周武帝時相州前沙門王明廣對衛元嵩破佛法事。

安民論十二卷　陶神論十卷　因果論二卷　聖迹記一卷

右四部二十五卷，隋朝相州大慈寺沙門釋靈裕撰。

對根起行雜録集三十六卷　三階位別録集四卷

右二部四十卷，隋初西京真寂寺沙門釋信行撰。

〔一〕「二依」，高麗藏本作「三教」。

衆經目録集七卷

右隋朝開皇十四年，大興善寺沙門釋法經等二十大德奉敕撰。揚化寺沙門明穆、日嚴寺沙門彦琮區域條分，甄縷緝維。〔一〕

十種大乘論一卷

右隋大興善寺沙門釋僧粲撰。

論場一部三十一卷

右隋大興善寺沙門成都釋僧琨集。

凡聖六行法二十卷亦有十卷、七卷、五卷、三卷、一卷成者。

右此六部凡四十六卷，〔二〕隋滄州逸沙門釋道正撰。

達摩笈多傳四卷　通極論一卷　辯教論一卷　辨正論一卷　通學論一卷　善財童子諸知識録

新譯經序　福田論一卷　僧官論一卷　西域玄志十卷〔三〕

右此十部二十二卷，隋朝日嚴寺沙門釋彦琮撰。

〔一〕「維」字，高麗藏本作「綴」。

〔二〕「六部」，高麗藏本作「一部」。

〔三〕「十」字原作「一」，據高麗藏本改。

述釋道安智度論解二十四卷　存廢論一卷　傷學論一卷　厭修論一卷

右四部二十七卷，隋朝長安舍衛寺沙門釋慧影撰。

旌異傳一部二十卷

右隋朝相州秀才儒林郎侯君素奉文皇帝敕撰。

通命論二卷

右隋朝晉王府祭酒徐同卿撰。

内外傍通比校數法一卷

右隋朝翻經學士涇陽劉憑撰。

開皇三寶録一部一十五卷

右隋朝翻經學士成都費長房撰。

衆經法戒一部十卷〔一〕

右隋開皇十五年文帝敕令有司撰。

翻經法式論十卷　諸寺碑銘三卷

〔一〕「戒」字，高麗藏本作「式」。

右此二部十三卷，後隋翻經沙門釋明則所撰。

序内法一卷　内訓一卷

右此二卷，後隋翻經沙門釋行炬撰。

香城甘露一部五百卷

右後隋敕慧日道場沙門釋智果并有司共撰。

三德論一卷　入道方便門二卷　鏡喻論一卷　無礙緣起一卷　十種讀經儀一卷　無盡藏儀一卷

發戒緣起二卷　法界圖一卷　十不退論一卷〔一〕　禮佛儀式一卷

右此十部一十二卷，大唐西京延興寺沙門釋玄琬撰。

破邪論一卷　辯正論八卷

右此兩部九卷，皇朝終南山龍田寺沙門釋法琳撰。

析疑論一卷　續詩苑英華十卷　注金剛般若經一卷　諸經講序一卷

右此四部十三卷，皇朝西京紀國寺沙門釋慧净撰。

内德論一卷

〔一〕「退」字原脱，據高麗藏本補。

右皇朝門下典儀李師政撰。

辯量三教論三卷　禪觀四詮論十卷

右此二部十三卷，皇朝京師西明寺沙門釋法雲撰。

注僧尼戒本二卷疏記四卷　注羯磨二卷疏記四卷　行事刪補律儀三卷　釋門正行懺悔儀三卷　釋門亡物輕重儀一卷　釋門章服儀一卷　釋門歸敬儀一卷　釋門護法儀一卷　釋氏譜略一卷　聖迹見在圖贊一卷　佛化東漸圖贊三卷　釋迦方志二卷　古今佛道論衡四卷　大唐内典録十卷　續高僧傳三十卷　後集續高僧傳十卷　廣弘明集三十卷　東夏三寶感通記三卷　西明寺録一卷　感通記一卷　祇洹圖二卷　遺法住持感應七卷

右此二十二部一百二十七卷，皇朝西明寺沙門釋道宣撰。

禪林鈔記一部三十卷

右西京弘福寺沙門會隱、西明寺沙門玄則等十人，皇朝麟德二年奉敕北門西龍門修書所於一切經略出。

注金剛般若舍衛國二卷

右皇朝麟德二年西明寺沙門玄則注。

右皇朝左衛長史兼弘文館學士楊尚善撰。〔一〕

顯常論二卷

右皇朝李玄冀撰。

辯真論一卷

右皇朝元萬頃撰。

歸心録三十卷

右威衛録事蕭宣慈撰。

般若部第四

大般若經梵本二十萬頌，翻成六百卷。合有四處，一十六會，慈恩寺玄奘法師譯。

第一會在王舍城鷲峰山説，梵本一十三萬二千六百頌。

右翻成四百卷，七十九品，單譯。

第二會在王舍城鷲峰山説，梵本二萬五千頌。

〔一〕「楊」字，高麗藏本、磧砂藏本、南藏本、嘉興藏本作「陽」。

右翻成七十八卷，八十五品，重譯。當大品、放光、光讚三本，總八十卷。今翻成七十八卷。依梵本同。

第三會在王舍城鷲峰山說，梵本一萬八千頌。

右翻成五十九卷，三十一品，單譯。

第四會在王舍城鷲峰山說，梵本八千頌。

右翻成一十八卷，二十九品，重譯。當小品、道行、新道行、明度四本。今翻成一十八卷。依梵本同。

第五會在王舍城鷲峰山說，梵本四千頌。

右翻成一十卷，二十四品，單譯。

第六會在王舍城鷲峰山說，梵本二千五百頌。

右翻成八卷，一十七品，重譯。當勝天王般若。

第七會在室羅筏誓多林給孤獨園說，梵本八百頌。

右翻成二卷，無品，重譯。當文殊般若。

第八會在室羅筏誓多林給孤獨園說，梵本四百頌。

右翻成一卷，無品，單譯。

第九會在室羅筏誓多林給孤獨園說，梵本三百頌。

右翻成一卷，無品，重譯。當金剛般若。

第十會在他化自在天王宫末尼寶藏殿上説，梵本三百頌。

右翻成一卷，無品，單譯。

第十一會在室羅筏誓多林給孤獨園説施波羅蜜多，梵本二千頌。

右翻成五卷，無品，單譯。

第十二會在室羅筏誓多林給孤獨園説戒波羅蜜多，梵本二千頌。

右翻成五卷，無品，單譯。

第十三會在室羅筏誓多林給孤獨園説忍波羅蜜多，梵本四百頌。

右翻成一卷，無品，單譯。

第十四會在室羅筏誓多林給孤獨園説勤波羅蜜多，梵本八百頌。

右翻成二卷，無品，單譯。

第十五會在王舍城鷲峰山説定波羅蜜多，梵本八百頌。

右翻成二卷，無品，單譯。

第十六會在王舍城竹林園白鷺池側説慧波羅蜜多，梵本二千五百頌。

右翻成八卷，無品，單譯。

此十六會序

右長安西明寺沙門玄則撰。

興福部第五

自釋教之來震旦，開濟極焉。發悟疏通，廓清塵染。其中瑞應，具編前聞。且述數條，用呈後學。昔士行尋教，意在大乘。將發西域，乃有留難。遂以經投火，〔一〕經身不灰，火爲之滅，遂東達此土，即放光經是也。又曇無讖獲涅槃經，至于涼土。盜者夜竊，舉而不起，稽首謝焉。周武之淩法也，像毁經焚，咸見藏經相從騰上，奄入空際。如斯衆矣，不可具書。然弘教在人，有國爲本。度人立寺，圖像譯經，時約相求。故叙由來，昌明佛教。而漢魏以往，固無德而稱聞。晉宋迄今，輒略銓序。

右西晉二京，合寺一百八十所；譯經一十三人，七十三部；僧尼三千七百人。

晉世祖武皇帝。大弘佛事，廣樹伽藍。晉惠帝。洛下造興勝寺，〔二〕常供百僧。晉愍帝。於長安造通靈、白馬二寺。晉中宗元帝。江左造瓦官、龍宮二寺，度丹陽千僧。晉肅宗明帝。造皇興、道場二寺，〔三〕集義學百僧。晉顯宗成帝。造中興、鹿野二寺，集義學千僧。晉太宗簡文帝。造像、度僧、立寺，長干寺起木塔。晉烈宗武帝。造皇太，初立本起

〔一〕「以」字原作「化」，據高麗藏本改。

〔二〕「勝」字，高麗藏本作「福」。

〔三〕「皇興」，高麗藏本作「興皇」。

寺。晉安帝。於育王塔立大石寺。

右東晉一百四載，立寺一千七百六十八所，譯經二十七人，二百六十三部，僧尼二萬四千人。〔一〕

宋高祖武帝。口誦梵本，手寫戒經，造靈根、法王等四寺，常供千僧。宋太宗明帝。造丈八金像，解齋感佛舍利。造弘普中寺，召諸名僧。〔二〕宋太祖文帝。奉齋不殺，造禪寂寺，常供千僧。

右宋時合寺一千九百一十三所，譯經二百二十部，〔三〕僧尼三萬六千人。

齊太祖高帝。手寫法華，口誦般若。四月八日常鑄金像。七月十五日普寺造盆，供僧三百，造陟屺、正觀二寺。〔四〕齊世祖武帝。造招玄、遊賢二寺，〔五〕三百名僧，三教格量，四年教定。齊高宗明帝。寫一切經，造千佛像，口誦般若，常持法華，造歸依寺，召集禪僧，常持六齋。

右齊時合寺二千一十五所，譯經七十二部，僧尼三萬二千五百人。

〔一〕「僧尼」下原衍「度」字，據高麗藏本删。

〔二〕「諸」字，高麗藏本作「請」。

〔三〕「二十」，高麗藏本作「一十」。

〔四〕「正」字，高麗藏本作「止」。

〔五〕「招」字，高麗藏本作「昭」。

梁高祖武帝。制五時論，傳四方等。造光宅、同泰五寺，常供千僧，國内普持六齋八戒。梁太宗簡文帝。造慈敬、報恩二寺，刺血自寫般若十部，願忌日不食而齋，撰集記二百餘卷，法寶連璧亦二百餘卷。梁中宗元帝。造天居、天宫二寺，供有千僧，自講法華、成實。

右梁時合寺二千八百四十六所，譯經二百四十八部，僧尼八萬二千七百人。

梁宣帝。梁明帝。

右二主中興社稷，荆州造天皇、陟屺、大明等諸寺。治在江陵，一州佛寺一百八所，僧尼三千二百人。

陳高祖武帝。揚州造東安、興皇、天居四寺，寫一切經一十二藏，造金銅像一百萬軀，度二萬人，〔一〕治故寺三十二所。陳世祖文帝。寫五十藏經，度僧尼二千人，治故寺六十所也。陳高宗宣帝。揚州禁中造太皇寺七級木塔。又造崇皇寺剎，高十五丈，下安佛爪。造金像二萬餘軀，治故寺五十所，故像一百三十萬軀。寫十二藏經，度一萬人。

右陳時三主四十四年，寺有一千二百三十二，國家新寺一千七百，官造者六十八所，郭内大寺三百餘所。僧尼三萬二千人。譯經十一部。輿地圖云：梁武都下舊有七百餘寺，屬侯景作亂，焚燒蕩盡。有陳既統國及下人，備皆修葺，表塔相望，星羅揚輦，經像之富，不可殫言。

〔一〕「度二萬人」，高麗藏本作「度僧七千人」。

魏元氏太祖道武皇帝。〔一〕於虞地造十五級塔。又立開泰、定國二寺，寫一切藏經，造千金像。三百名僧每月法集。魏高宗文成帝。重復佛教，更開釋門，凡度僧尼三萬人。魏顯祖獻文帝。造招隱寺，召坐禪僧。魏高祖孝文帝。於鄴造安養寺，召四方僧。六宮侍女皆持年三長月六齋。〔二〕月别造像，放人出家。手不釋卷，須便爲誦。爲先皇再治大行俱施，〔三〕度僧尼一萬四千。魏世宗宣武帝。於式乾殿自講維摩，造普通、大定四寺，常供千僧。魏肅宗孝明帝。於鄴下造大覺寺。魏敬宗孝莊帝。造五精舍，一萬石像。西魏武帝。長安造陟屺寺，供二百僧。魏文帝。造般若寺，用給貧者。口誦法華，身持佛戒。

右元魏君臨一十七帝，一百七十年。國家大寺四十七所，北臺恒安鐫石置龕，東三十里。王公等寺八百三十九所，百姓所造寺者三萬餘所。總度僧尼二百餘萬。譯經四十九部。佛教東流，此焉爲盛。惟太武時信用司徒崔皓佞說，〔四〕淩廢正教，潛隱七年。後知詐佞，戮誅崔氏，還復佛教，光闡於前。

〔一〕「道」字原作「燾」，據高麗藏本、磧砂藏本、南藏本改。
〔二〕「侍」字原作「舍」，據高麗藏本、磧砂藏本、南藏本改。
〔三〕「俱」字，高麗藏本作「供」。
〔四〕「皓」字原作「浩」，據高麗藏本、磧砂藏本、南藏本、嘉興藏本改。

齊高祖文宣皇帝。登祚受禪，於僧朗、稠禪師受菩薩戒。畿内斷肉禁酒，〔一〕放鷹除網。又斷天下屠宰，年三月六，勸民齋戒，公私葷辛，亦除滅之。度人八千。齊肅宗孝明帝。爲先皇寫經一十二藏，合三萬八千四十七卷，度三千許僧。齊世祖武成帝。造寶塔，轉大品經。

右高齊六君，二十八載，皇家立寺四十三所，譯經一十四部，度人與魏相接。

周孝明帝。爲先皇造織成像，高二丈六尺，等身檀像一十二軀，并諸侍衛。周太祖文帝。於長安造追遠、〔二〕陟岵、〔三〕大乘等六寺。度僧千人。又造五寺，供養實禪師衆。〔四〕周孝宣帝。重隆佛日，造素像四龕，一萬餘軀。寫般若經二千卷。〔五〕六齋八戒，常弘不絶。

右周時宇文氏五帝，二十五年。合寺九百三十一所，譯經一十六部。孝愍皇帝創基未久，佛法不閑，高祖神武皇帝不信三寶，現報重患。

隋高祖文皇帝。開皇三年，周朝廢寺，咸乃興立之。〔六〕名山之下，各爲立寺。一百餘州，立舍利塔。度僧尼二十三萬人，

〔一〕「斷肉」二字原脱，據高麗藏本補。
〔二〕「於」字原作「至」，據高麗藏本改。
〔三〕「岵」字原作「屺」，據高麗藏本、南藏本、嘉興藏本改。
〔四〕「衆」字原脱，據高麗藏本補。
〔五〕「二」字，高麗藏本作「三」。
〔六〕「興」字原作「與」，據高麗藏本改。

立寺三千七百九十二所。寫經四十六藏，一十三萬二千八十六卷。修故經三千八百五十三部，造像十萬六千五百八十軀。自餘別造，不可具知之。隋煬帝。爲孝文皇帝、獻皇后，長安造二禪定并二木塔，并立別寺一十所，官供十年。修故經六百一十二藏，二萬九千一百七十二部。治故像十萬一千軀，造新像三千八百五十軀。度僧六千二百人矣。

右隋代二君，四十七年。寺有三千九百八十五所，度僧尼二十三萬六千二百人，譯經八十二部。

唐高祖太武皇帝纂堯居晉，契武基周。雲起龍騰，撫期今世。〔一〕叶一匡以興運，〔二〕因九合而樂推。發自參墟，克定京室。子俗之規已布，約法之教使申。井集五星，化覃四表。地網還正，〔三〕天維更張。自東徂西，遠安邇肅。而義旗初指，經途華陰，望祀靈壇，以求多祉。神祠之右，式構伽藍，寘曰靈仙，妙同神製。金碧交映，黼藻相輝。晝觀巉巖，斜臨貝闕；華臺森聳，近對蓮峰。寫像書經，備修禔福。又於京內造會昌、勝業、慈悲、證果四寺，及集仙尼寺。又捨舊第爲興聖寺，并州造義興寺。並堂宇輪奐，像設雕華。武德元年，於朱雀門南通衢之上，普建道場，設無遮會。詵詵法侶，若鷲嶺之初開；濟濟名賓，似鶴林之始集。車馬偪側，士女駢填。競庇禪枝，如争禊飲。又爲太祖元皇帝、元貞皇

〔一〕「期今」，高麗藏本作「斯令」。
〔二〕「匡」字，高麗藏本作「主」。
〔三〕「網」字，高麗藏本作「紐」。

后，造栴檀等身像三軀。圖九五之神儀，模四八之靈相。剞劂之飾，豈有劣於優填；鎏金之華，實無慚於斯匿。又於其年仲春之月，命沙門四十九人入内行道。遂使天宫梵説，再流響於紫微；王城祕典，復揚音於黄屋。爾後崇信，不墜於時。

太宗文皇帝稟太易太初之氣，資天皇天帝之靈。幽房啓高陽之基，姚墟構重華之業。赤光流户，紫氣衝天。龍顔鳳儀之形，日角月懸之兆，河目海口之異，豐上兑下之奇。〔一〕聰聖玄覽，知來藏往；探幽入微，窮神盡性。凡厥天授，其體自然。往潛初德，經綸天下。屬隋氏版蕩，宇内分崩。火燎崑峰，水飛滄海。皆爲逐鹿之意，各開僭號之儀。河右以來，龍虵等斃；中原之地，玉石俱焚。遂使地表天垂，競有來蘇之歎；上京要服，人興杼軸之悲。我皇居帝子之親，膺天策之命。龔行九伐，〔二〕總統六軍。莫不瓦解冰銷，風從草偃。凱歌獻捷，無與論功。既而氛祲廓清，區宇平一。高祖凝神毓聖，馳想煙霞之外。往以萬方昏墊，百神愆祀。屈潁陽之高風，拯率土之沈溺。黔黎蒙再造之德，庶類荷裁成之恩。〔三〕不以黄屋爲心，俯以蒼生爲念。脱屣之懷，無忘於靈府；釋負之志，〔四〕有形於明發。喜

〔一〕「兑」字，磧砂藏本、南藏本作「悦」，高麗藏本作「鋭」。
〔二〕「伐」字，高麗藏本作「伍」。
〔三〕「裁」字原作「載」，據高麗藏本改。
〔四〕「負」字，高麗藏本作「貧」。

禘郊之可託，祈宗祀之有主。〔一〕考時練日，傳大寶於少陽矣。自光膺監撫，作貳春宫，聿遵三善，爰貞萬國。及天下重啓，寶曆惟新。臨赤縣而大誓莊嚴，撫黔黎而廣興利益。開四等之日，徧燭堯雲；揚六度之風，横流舜雨。貞觀元年獻春之月，爰詔合京衆僧德行之者，並令入内殿行道，各滿七日。有司供備，務在精華。至三年，帝恐年穀不登，憂矜在慮。爰發綸旨，簡精誠宿德并侍者二七人，于天門街祈雨七日。聖力冥扶，稼苗重稑。家豐萬箱之斂，國富九年之資。自爾已來，常豐不絶。往以初建義旗，神兵剋殄。矢石之下，恐結冤魂。其年冬，令京城僧尼七日行道，所有衣服悉用檀那。藉此勝因，竭誠懺盪。戰場之處，並置伽藍，昭仁、等覺十有餘寺。〔二〕至三年春，又奉詔，令僧尼每月二七日行道，轉仁王等經。官給齋供，用爲常法。又敕波頗三藏，兼閑三教，備舉十科，釋慧乘等一十九人，興善翻譯。又爲太武皇帝於終南山造龍田寺，並送武帝等身像六軀，永充供養。又爲穆太后造弘福寺。寺成之後，帝親幸焉。自點佛睛，極隆嚫施。因喚大德十人，親對言論，於時寺主道意語言及太后，〔三〕悲不自勝，掩淚吞聲。久而言曰：朕以早喪慈親，無由反哺。風樹之痛，有切於懷。庶憑景福，上資冥祐。朕比以老子居左，師等不有怨乎？意曰：僧等此者，安心行道，何敢忘焉。帝曰：佛道大小，朕以

〔一〕「祈宗祀」，高麗藏本作「忻宗祐」。

〔二〕「等覺」原作「覺等」，據高麗藏本改。

〔三〕「於」字原作「與」，據高麗藏本、磧砂藏本、南藏本、嘉興藏本改。

久知。釋李尊卑，通人自鑒。豈以一時在上，即爲勝也。朕以宗承柱下，且將老子居先。植福歸心，投誠自別。比來檀捨，僉向釋門。凡所葺修，俱爲佛寺。諸法師等，知朕意焉。又爲穆皇后於慶善館側造慈德寺。沙門玄奘振錫五天，搜揚正法，旋鑣八水，思闡微言。十有九年，奉詔翻譯。前後褒賞，格顯常倫；中使相望，無空旬日。躬留神思，爲製序文。控引經宗，褒揚佛理。所度僧衆三萬餘人。至於金銀等身真珠像等，動過萬計，差難備舉。

今上皇帝乃聖乃神，多能多藝。無爲之政遠嗣驪連，有道之風實方炎昊。閑田息訟，比屋可封。山瀆効靈，中外禔福。棟梁三寶，荷負四生。宿植善根，久修勝業。崇信之道，發自天資；孝敬之心，率由真性。昔在儲貳，明發永懷。爰遺有司，奉爲文德皇太后造慈恩寺。考茲形勝，襟帶市朝。爰命梟人，開基締構。甫移銀牓，即此金園。法侶摩肩，朝貴延首。其地高墉負郭，百雉紆餘；層城結隅，九重延袤。於是廣闢寶坊，備諸輪奐。瞻星測景，置臬衡繩。玉舄垂輝，金鋪耀彩。長廊中宿，反宇干霄。浮柱繡桷，上圖雲氣；飛軒鏤檻，下帶虹蜺。影塔儼其相望，經臺鬱其並架。罄丹青之矩矱，殫藻繢之瓌奇。寶鐸鏘風，金槃承露。疏鐘夜徹，清梵朝聞。定慧之所依憑，靈異之所棲宅。又叙文帝序經意爲述聖記，文多不載。暨乎恭膺寶位，慶祚惟新。思罔極於先皇，濡惠津於羣品。鼎湖之駕，邈矣不追；長陵之魂，悠然滋永。聿興净業，標樹福田。先帝所幸之宫翠微、玉華，並捨爲寺。供施殷厚，像設雕華。每至武皇穆后之諱，〔一〕盡京僧尼七日行道。太宗及文德皇太后忌日，普及僧尼，三七日行道。造像書經，度僧設供，備諸聞見，可略言焉。顯慶之際，常令玄奘法師入内翻譯，及慈恩大德，更代行道，不替於時。又出詔爲皇太子西京造西明寺。因幸東都，即於洛下又造敬愛寺。寺别用錢各過二十萬貫。寺宇堂殿，尊像旛華，妙極天仙，巧窮神鬼。又爲諸王、公主於西京造資戒、崇敬、招福、福壽二十餘寺。爰敕内宫，式模遺影，造繡像一格，舉高十有二丈。驚目駭聽，絶後光前。五色相宣，六文交映。託修揚於素手，寫滿月於雙針。麗越燕緹，絢逾蜀錦。布護列九華之彩，紛綸含七曜之光。送在慈恩，長充供養。萬機餘暇，八正爲心。親紆聖思，躬操神筆，製大慈恩寺、隆國寺碑文及書。湛露凝華，縟緹流韻，刊乎貞石，傳之不朽。激揚至理，藻鏡玄冲。屢詔緇黄，考窮名教。每論之席，躬自覽焉。銓定是非，事詳論集。既告成天地，登岱勒封。讓德上玄，推功大聖。乃發明詔，頒示黎元。天下諸州各營一寺，咸度七僧。隨有嘉祥，用題厥目。逖聽圖史，循覽帝王。道被寰區，仁霑動植。誓日觀以崇祀，昭明堂以闡化。牢籠真俗，囊括古今，未有我皇之盛也。總章元年下詔西京，更置明堂、乾封二縣，用旌厥德，傳諸後昆。

右三代以來，一國寺有四千餘所，僧尼六萬餘人，經像莫知億載，譯經一千五百餘卷。

〔一〕「皇」字原作「王」，據高麗藏本改。

曆算部第六

唐貞觀十三年冬十月，敕遣刑部尚書劉德威、禮部侍郎令狐德棻、侍御史韋悰、雍州司功毛明素等，問法琳法師曰：依辯正論第五卷云：姚長謙曆言：佛是昭王甲寅歲生，穆王壬申之歲始滅度。〔一〕因何法顯傳云聖殷王時生。推於像正之記言：佛周平王時出。依道安作論云：確執桓王。費長房爲録，固言莊王。何故傳述乖紊，無的可依。仰具顯先後不同，遐邇所以。法師對曰：琳聞大聖應生，本期利物。有感斯現，無機不矚。故經云：一音所暢，各隨類解。論聲既爾，語體亦然。而傳記所明，非無片理。琳今正據，取彼多家，先列其真，後陳其妄。謹依魏國曇謨最法師、齊朝尚統法師及修曆博士姚長謙等，〔二〕據周穆王天子傳、周書異記、前漢劉向列仙傳序，并古舊二録，後漢法本内傳及傳毅法王本記，〔三〕吴尚書令闞澤等衆書，準阿含經等，委細推究，冀得依實。佛是姬周第五主昭王瑕即位二十三年癸丑之歲七月十五日，現白象形，降自兜率，託净飯宫，摩耶受胎。故後漢法本内傳云：「明帝問摩騰法師曰：佛生日月可知以不？騰曰：佛以癸丑之年七月十五日託陰摩耶。」即此年也。昭王二

〔一〕「申」字，高麗藏本作「子」。

〔二〕「齊朝尚統法師」六字原脱，據高麗藏本補。

〔三〕「傳毅」原作「傳教」，據高麗藏本改。

十四年甲寅之歲四月八日，于嵐毗園内波羅樹下右脅而誕。故普曜經云：「普放大光，照三千界。」〔一〕即周書異記云：「昭王二十四年甲寅之歲四月八日，江河泉池忽然汎漲，井皆溢出。宮殿人舍，山川大地，咸悉震動。其夜即有五色光氣入貫太微，徧於西方，盡作青紅之色。昭王即問太史蘇由：是何祥耶？蘇由曰：有大聖人生於西方，故現此瑞。昭王曰：於天下何如？蘇由曰：即時無他，至一千年外，聲教被此。昭王即遣鐫石記之，埋在南郊天祠前。」佛生即當此年。昭王四十二年壬申之歲四月八日夜半，逾城出家。故瑞應經云：「太子年十九，四月八日夜半，天人於窗中叉手白言：〔二〕時可去矣。因命馬行。」〔三〕即此年也。周第六主穆王滿二年癸未二月八日，〔四〕佛年三十成道。故普曜經云：「菩薩明星出時，豁然大悟。」〔五〕即此年也。穆王五十二年壬申之歲二月十五日，佛年七十九，方始滅度。故涅槃經云：「二月十五日臨涅槃時，出種種光，地大震動，聲至有頂，光徧三千。」〔六〕即周

〔一〕出普曜經卷二降神處胎品。
〔二〕「人」字原脱，據高麗藏本補。
〔三〕出太子瑞應本起經卷上。
〔四〕「主」字原脱，據高麗藏本補。
〔五〕出普曜經卷六行道禪思品。
〔六〕出大般涅槃經卷一。

書異記云：「穆王即位五十二年壬申之歲二月十五日旦，暴風忽起，發損人舍，傷折樹木，山川大地皆悉震動。午後天陰雲黑，西方有白虹十二道，南北通過，連夜不滅。穆王問太史扈多曰：是何徵也？扈多對曰：西方有大聖人滅度，衰相現耳。」佛入涅槃，即此年也。始自昭王二十四年甲寅之歲，誕應以來，總算年月，至今大唐貞觀十三年己亥之歲，正經一千六百一十八載。〔一〕復算至今大唐乾封三年，更有十九年，帖前總有一千六百三十七年。復從乾封三年至開元十一年癸亥之歲，更有五十五年，帖前總計當一千六百九十二年。又按王玄策西域行傳云：「摩伽陀國菩提寺大德僧賒那去線陀據經算出云：釋迦菩薩年至十九，四月十五日初夜出城，至三十成道，至七十九入般涅槃已來，算至咸亨二年，始有一千三百九十五年。」爲西國曆算共此不同，故延促有異，前出是，後述非也。

今按法顯傳云：聖出殷王時生者。但法顯雖外遊諸國，傳未可依，年月特乖，殊俗實爲河漢。又異二安乙丑，尚統甲寅，諸無所據，未足爲驗。又像正之記，罕見依憑。安云爲論，〔二〕據羅什記。羅什記者，承安世高。安世高者，以漢桓帝時在洛陽翻譯。信執筆者，據桓帝時。但羅什秦時始來，世高漢時先至。二師相去，垂隔三百年，信彼相承，依而爲記。非是安論造次謬陳，並由當時傳者之過。又

〔一〕以上二句原作「至今大唐咸亨二年辛未之歲，正經一千六百九十九載」，高麗藏本作「至今大唐咸亨二年己亥之歲，正經一千六百載」，磧砂藏本、南藏本作「至今大唐咸亨二年申未己亥之歲，正經一千六百載」，今據趙城藏本改。此下一段直至「一千六百九十二年」原無，據趙城藏本、高麗藏本、磧砂藏本、南藏本補。此段疑爲後人攙入，因道世唐高宗總章元年撰成此書，弘道元年去世，不應載開元年間事。

〔二〕「云」字，高麗藏本作「公」。

隋翻經學士費長房言：〔一〕佛莊王時生者。房以二莊同世，周莊十年即魯莊七年也。但據恒星爲驗，而云佛生。未悟恒星別由他事。又按文殊師利涅槃經云：〔二〕「佛滅度後二百五十年，文殊至雪山中化五百仙人訖，還歸本土。放大光明，徧照世界，入於涅槃。」〔三〕恒星之瑞，即其時也。長房言二月八日生者，乃是四月，非二月也。然長房所判，未究事根。長房云：周以十一月爲正。言四月者，今二月也。雖云二月，終是四月。按春秋一部，年用魯侯之年，月取周王之月。星本瑞於周世，須據周之日月。長房乃云佛以莊王十年二月八日生者，太爲孟浪。若是二月，不應論星。長房又云佛以四月八日下託胎者，〔四〕託胎既用周月，現生還是周辰。今言二月，是亦非也。若周十一月爲正，如來不容十一月生。凡人正月胎即十月生，四月胎即正月生。佛俯同世，七月胎故，乃四月生。王邵齊志云：「周四月者，夏之六月。」以此却推，四月生者，是七月胎。今言六月，取其節氣，雖援七月，終屬六月。信知王

〔一〕「隋」字原作「循」，據高麗藏本改。
〔二〕「涅槃」原作「般若」，據高麗藏本改。
〔三〕出文殊師利般涅槃經。
〔四〕「云」字原脱，據高麗藏本補。

邵所説不差。〔一〕又長房言佛以周惠王十九年癸亥二月明星出時成道者，〔二〕亦有大過。何者？按劉向古舊二録云：周惠王時已漸佛教，一百五年後老子方説五千文。若以惠王之時始成佛者，不應經教已傳洛京。又計惠王即莊王孫也。以癸亥年推，其相去唯三十年，不應始得成佛，經已來此。尋如來化世四十九年，迦葉結集在佛没後，法門東漸，正是周時。劉向之言，誠非謬矣。長房之録，定不可依。詳夫聖應無方，理難窺測。况乃東西敻遠，年代遐遥。復遭六國縱横，秦焚五典。爲年紀者不少，序帝曆者多家。而互有差違，增減出没，皆師己意，各謂指南。琳今麤述見聞，詳諸史牒，略有遐邇，揚摧先後。

感應緣略引三驗

叙三寶感通靈應嘉祥意

叙後漢明帝感通初至意〔三〕

叙宋沙門求那感通換頭意

〔一〕「差」字原作「善」，據高麗藏本改。

〔二〕「年」字原脱，據高麗藏本補。

〔三〕「至」字原脱，據高麗藏本補。

夫三寶弘護，各有司存。佛僧兩位，表師資之有從；聲教一門，顯化導之靈府。故佛僧隨機識見之緣出没，法爲除惱滅障之候常臨。〔一〕所以捨身偈句，恒列於懸崖；遺法文言，總集在於龍殿。良是三聖敬重，藉顧復之劬勞；幽明荷恩，慶静倒之良術。所以受持讀誦，必降徵祥；如説修行，無不通感。天竺往事，固顯常談；震旦見緣，紛綸恒有。士行投經於火聚，焰滅而不焦；賊徒盗葉於客堂，既重而不舉。或合藏騰於天府，〔二〕或單瑞於王臣。〔三〕或七難由之獲銷，或二求因之果遂。斯徒衆矣，不述難聞。敢隨傳録，用程諸後。故經不云乎，爲信者施，疑則不説。至如石開矢入，心決致然；水流冰度，情疑類斷。斯等尚爲士俗常傳。況慧捷重空，道超羣有，心量所指，窮數極微。因緣之業，若影隨形；祥瑞之徒，有合符契。義非隱默，故述而集之。然尋閲前事，事出傳記。志怪之與冥祥，旌異之與徵應，此等衆矣，備可覽之。恐難信其文，故重勸其敬也。

烏仗那國舊都達麗羅川中有大伽藍，側有刻木慈氏像，高百餘尺。金容晃曜，靈鑑潛通。有阿羅漢名末田底迦，擕挈匠人，昇覩史多天，親觀妙色，三返畢功。有此像來，法流東漸。逮於炎漢明帝内

〔一〕「除惱」二字原脱，據高麗藏本補。

〔二〕「合」字，高麗藏本作「龕」。

〔三〕「單」字，高麗藏本作「呈」。

記云：「永平七年歲在甲子九月，晝星西見。帝夢神人身長丈六，面作真金色，頂有日月光明，〔一〕飛行自在，出没無礙。曉問臣吏，莫不咸慶。太子舍人墩煌傅毅奏稱：臣聞外國净飯王太子號悉達多，捨轉輪王位，出家成道，名釋迦文。陛下夢瞥，將無感也。即敕使西尋，過四十餘國，届舍衛都。僧云：佛久滅度。遂抄聖教六十萬五千言，以白馬馱還。所經嶮隘，餘畜皆死，白馬轉强，嘉其神異，洛陽立白馬寺焉。」〔二〕貝葉真文，西流爲始；佛光背日，東照爲初。於是聲教霑洽，馳鶩福林；風猷鼓扇，載驅上國。源派樞要，實建此晨。周書亦云：丈六身似赤銅色，以爲别爾。誠感未純，教來流及。

宋京師中興寺有求那跋陀羅，此云功德賢，中天竺人。幼學五明諸論、陰陽呪術，靡不該博。落髮之後，專精志學，博通三藏。爲人慈和恭恪，事師盡禮。頃之辭小乘師，進學大乘。大乘師試令探取經匣，即得大品、華嚴。師嘉歎曰：汝於大乘有重緣矣。於是講誦弘宣，莫能酬抗。至宋元嘉十二年至廣州。刺史韋朗表聞，〔三〕宋太祖遣信迎接。既至京都，太祖交言，欣若傾蓋。初住祇洹寺。後譙王鎮荆州，請與俱行，安止辛寺。王欲請譯華嚴等經。而跋陀自忖，未善宋言，有懷愧歎。即旦夕禮懺，請觀世音，乞求冥應。遂夢有人，白服持劍，擎一人首，來至其前。曰：何故憂耶？跋陀具以事對。荅

〔一〕「頂」字原作「項」，據高麗藏本改。
〔二〕出漢法本内傳。
〔三〕「韋」字，高麗藏本、磧砂藏本作「車」。

曰：無所憂。即以劍易首，更安新頭。語令迴轉。曰：得無痛耶？荅曰：不痛。豁然便寤，心神喜悦。旦起言義，〔一〕備領宋語。於是就講。元嘉將末，譙王屢有怪夢。跋陀荅曰：京都將有禍亂。未及一年，元兇搆逆。及孝建之初，譙王陰謀逆節。跋陀顔容憂悴，未及發言。譙王問其故。跋陀諫之懇切，乃流涕而曰：必無所冀，貧道不容扈從。〔二〕譙王以其物情所信，乃逼與俱下。至梁山之敗，大艦轉迫，去岸懸遠，判無全濟。唯一心稱觀世音，手捉筇杖，投身江中。水齊至膝，以杖刺水。水流深駛，見一童子尋後而至。以手牽之，顧謂童子：汝小兒何能度我？怳惚之間，覺行十餘步，仍得上岸。即脱衲衣，欲賞童子。顧覓不見，舉身毛竪，方知神力焉。後於秣陵界鳳皇樓西起寺。每至夜半，輒有推户而唤，視不見人。衆屢厭夢。跋陀燒香祝願曰：汝宿緣在此。我今起寺，行道禮懺，常爲汝等。若住者，爲護寺善神。若不能住，各隨所安。既而道俗十餘人，同夕夢見鬼神千數，皆荷擔移去。寺衆遂安。今陶後渚白塔寺，即其處也。〔三〕

頌曰：

稽首諸佛，　願護神威。　當陳誠請，　罔或尤譏。　沈晦未悟，　圓覺所歸。　久淪愛海，

〔一〕「起言」，高麗藏本作「超道」。

〔二〕「不容」，高麗藏本作「爲客不得」。

〔三〕出高僧傳卷三求那跋陀羅傳。

舟檝攸希。異執乖競，和合是依。玄離取有，理絶過違。慢乖八正，戲入百非。同捨異辯，染净混微。簡金去礫，琢玉除羼。能仁普鑒，凝慮研機。契成大道，孰敢毁誹。諤諤崇德，唯唯侵衰。惟願留德，〔一〕慶有發揮。望矜悃悃，垂誨慈悲。採集聖教，纂要承暉。十周方成，三業勞疲。冀傳末代，簡略知機。〔二〕八邪息諍，四句殄非。祛惑存信，熏成智微。〔三〕含生同感，願各轉依。

〔一〕「德」字，高麗藏本作「聽」。
〔二〕「簡」字，高麗藏本作「聞」。
〔三〕「熏」字原作「重」，據高麗藏本改。

附録

一、唐京師西明寺釋道世傳

釋道世，字玄惲，姓韓氏，厥先伊闕人也，祖代因官爲京兆人焉。生且渥潤，漸而聰敏。俄厭衆沙，思參救蟻。二親鍾愛，遏絶其請。久而遂心。時年十二，於青龍寺出家，從執德瓶，止臨欣鑑。律宗研覈，書籍鑽尋。特慕上乘，融明實性。於時籍甚，三輔欽歸。

顯慶年中，大帝以玄奘師所翻經論，未幾，詔入内，及慈恩寺大德，更代行道，不替於時。世亦預其選。及爲皇太子造西明寺，爰以英博召入斯寺。

時道宣律師當塗行律，世且旁敷。同驅五部之車，共導三乘之軌。人莫我及，道望芬然。復因講貫之餘，仍覽甚深之藏。以爲古今綿代，製作多人，雖雅趣佳辭，無足於傳記。由是搴文囿之菁華，嗅大義之瞻蔔，以類編録，號法苑珠林。總一百篇，勒成十帙。始從劫量，終乎雜記。部類之前，各序别論。令學覽之人，就門隨部，檢括所知。如提綱焉，如舉領焉。世之用心周乎十稔，至總章元年畢軸。蘭台郎李儼爲之都序。此文行於天下。

又著善惡業報及信福論，共二十三卷。大小乘禪門觀及大乘觀，共十一卷。受戒儀式、禮佛儀式，共六卷。四分律討要五卷。四分律尼鈔五卷。金剛經集注三卷。十部都一百五十三卷。世頗多著述，未測其終。名避太宗廟諱，多行字耳，故時稱玄惲焉。

録自中華書局點校本宋高僧傳卷四

二、重刊後記

道光辛巳九月，燕園主人以事遣戍，姝實從行，發願刻經一部，默求佛力弘護，及早賜環。然三藏真文，浩如煙海，因思法苑珠林一書，爲内典之多聞總持，作真丹之人天眼目，利鈍諸根，皆得誘掖，權實互用，足證薰修。前此唯明時妙德庵支那撰述本，流傳既少，舛謬滋多。爰謀重刊行世，而剞劂之貲爲費頗鉅。女君聞之，欣然出簪珥，質錢鳩工，并普告閨閣諸大家，共襄是舉。檀施無吝，勝果遂圓。謹將姓名各列於卷之末。至刊正訛誤，則悉依釋藏，庶復唐宋百卷之舊觀云。丁亥三月琴川申林女子董姝記。

三、法苑珠林補遺

法苑珠林卷三十八敬塔篇感應緣數則各本有目無文，現據集神州三寶感通録卷上補。

石趙青州東城塔

石趙青州古城寺塔者，代歷周秦，莫知其地。石趙時佛圖澄者在鄴，勒虎敬重，廣置寺塔，而少露盤，方欲作之。澄曰：臨菑城中有阿育王寺，猶有佛像露盤在深林巨樹下，上有伏石，可尋而取也。虎使求之，依言指授，入地二十丈獲之，至鄴。阿育聲之轉耳。頃訪故地處所，故慧達在冥中告云：雒陽、臨菑、建鄴、鄮縣、成都五處並育王塔，禮者不入地獄。故知此塔不虚名也。

姚秦河東蒲坂塔

姚秦河東蒲坂古塔者，後秦姚略叔父爲晉王，鎮於河東。古老傳云，蒲坂古塔即阿育王所立也，疑之屢有光現。依掘得佛骨於石函銀匣中，照耀殊常，送以上略。略乃親迎，覩於灞上。今蒲州東坂有救苦寺，僧住立大像極宏冠，而古塔不樹云。

周瓜州城東古塔

周瓜州城東古基者，乃周朝阿育王寺也。廢教已後，隋雖興法，更不置寺。今爲寺莊，塔有舍覆，東西廊廡，周迴墻匝，時現光相，士俗敬重。每道俗宿齋，集會興福，官私上下，乞願有應云云。

周沙州城内大乘寺塔

周沙州城内廢大乘寺塔者，周朝古寺，見有塔基。相傳云是育王本塔，纔有災禍，多來求救云云。

周洛州故都西塔

周洛州故都塔者，在城西一里，故白馬寺南一里許古基。俗傳爲阿育王舍利塔，疑即迦葉、摩騰所將來者。降邪通正，故立塔表以傳真云云。

周涼州姑臧故塔

周涼州姑臧塔者，依檢諸傳，咸云姑臧有育王塔。然姑臧郡名，今以爲縣，屬州。漢書河西四郡則張掖、姑臧、酒泉、燉煌也。然塔未詳。

周甘州刪丹縣故塔

周甘州刪丹塔者，今名爲縣，在甘州東一百二十里，縣城東弱水北大道側土堆者，俗傳是阿育王塔。但有古基，荒廢極久，斯即疑爲姑臧塔也。

周晉州霍山南塔

周晉州北霍山南原大堆塔者，遠近道俗咸稱是育王塔。余曾遊焉，地居爽塏，南望迥敞。亦是古基，村落希遠。

齊代州城東古塔

齊代州城東古塔，俗云阿育王寺。考北朔雁門，周時北狄地也。故詩云：北逐玁狁，至于太原。然朔方馬邑，古城大冢往往非一，此非北狄所有。明知本是夏人爲狄所侵，故至太原也。

隋并州净明寺塔

隋并州子城東净明寺塔者，本號育王，是僧所住。唐初已來，僧散寺空，尼請居之。余往問塔，全無蹤跡，但有空名，遂失其本。

隋并州楡社縣塔

隋并州大谷楡社塔者，今在縣郭下育王寺中，見有僧住。中有小塔，古今相傳，此是本塔，亦未聞異相。

法苑珠林卷三十九伽藍篇感應緣中巖州林慮山靈隱聖寺一條，高麗藏本、磧砂藏本、南藏本、嘉興藏本均有目無文，現據集神州三寶感通録卷下補。

齊巖州林慮山靈隱聖寺

高齊初，沙門嵩公者，嵩山高棲士也。旦從林慮向白鹿山，因迷失道，日將過中，忽聞鐘聲，尋響而進。巖岫重阻，登陟而趣，乃見一寺，獨據深林。三門正南，赫奕暉焕。前至門所，看額云靈隱之寺。門外五六犬，其狀如牛，白毛黑喙，或踴或卧，以眼眄嵩。嵩怖將返，須臾梵僧外來，嵩唤不應，亦不迴顧，直入門内，犬亦隨入。良久，嵩見無人，漸入次門，屋宇四周，房門並閉。進至講堂，唯見床榻，高座儼然。嵩入西南隅床上坐。久之，忽聞棟間有聲，仰視見開孔如口大，有比丘前後從孔飛下，遂至五六十人，依位坐訖。自相借問：今日齋時何處食來？或言豫章成都長安隴西薊北嶺南，無處不至，動即千萬餘里。末後一僧從空而下，諸人競問：來何太遲？答曰：今日相州城東彼岸寺鑒禪師講會，各各豎義。大有後生聰俊，難問鋒起，殊爲可觀，不覺遂晚而至。嵩本事鑒，既聞此語，望得參話，希展上流。整衣將起，奄然失地，獨坐磐石柞木之下。向之寺宇，一無所見，唯多巖谷禽鳥翔集。嵩出以問上統法師。法師曰：此寺石趙時浮圖澄所造，年歲久遠，賢聖居之，或現或隱，遷徙無定。今山行者猶聞鐘聲云云。

初版責編　毛雙民

中華書局